श्रीमन्महाभारतम्
THE MAHĀBHĀRATAM

महापुराणम्

१. ब्रह्ममहापुराणम्
२. पद्ममहापुराणम्
३. विष्णुमहापुराणम्
४. शिवमहापुराणम्
५. भागवतमहापुराणम्
६. नारदीयमहापुराणम्
७. मार्कण्डेयमहापुराणम्
८. अग्निमहापुराणम्
९. भविष्यमहापुराणम्
१०. ब्रह्मवैवर्तमहापुराणम्
११. लिंगमहापुराणम्
१२. वाराहमहापुराणम्
१३. स्कन्दमहापुराणम्
१४. वामनमहापुराणम्
१५. कूर्ममहापुराणम्
१६. मत्स्यमहापुराणम्
१७. गरुडमहापुराणम्
१८. ब्रह्माण्डमहापुराणम्
१९. वायुमहापुराणम्
२०. विष्णुधर्मोत्तर महापुराणम्

वासुकी पुराण :: देवीभागवत

हरिवंश पुराण :: भृंगीशपुराण

एकाम्रपुराण

श्रीमन्महाभारतम्
THE MAHÁBHÁRATAM

चतुर्धरवंशावतंसश्रीमन्नीलकण्ठविरचितभारतभावदीपाख्यटीकया समेतम् ।

राष्ट्रिय संस्कृत संस्थान निदेशक, लालबहादुर शास्त्री केन्द्रीय संस्कृत विद्यापीठ प्राचार्य,

डॉ० मण्डन मिश्र

प्रणीतया भूमिकया सनाथितम् ।

प्रथम खण्ड १. आदि पर्व २. सभा पर्व

NAG PUBLISHERS
11A/ U.A. Jawahar Nagar, Delhi-110007

This publication has been brought out with the financial assistance from the Govt. of India, Ministry of Hunan Resource Development.

[If any defect is found in this book please return per V. P. P: for postage to the publisher for free exchange].

© NAG PUBLISHERS

(i) 11A/U. A. (Post Office Building), Jawahar Nagar, Delhi-110007
(ii) 8A/ U.A. 3, Jawahar Nagar, Delhi-110007
(iii) Jalalpur Mafi (Chunar-Mirzapur) U. P.

ISBN 81-7081-183-X
I S B N : 81-7081-182-1 (7 Vols Set)

R E P R I N T
1988
Price Rs. 433.00

PRINTED IN INDIA

Published by Nag Sharan Singh for Nag Publishers 11A/U. A., Jawahar Nagar, Delhi-110007 and printed at New Gian Offset Printers 495, D. D. A. Complex, Shahzada Bagh Extn , Daya Basti, Delhi.

पुरोवाक्

अतुलनीयं खलु महाभारतम्—

आख्यानोपाख्यानसमृद्धिमत्त्वात् सर्वविधविषयचर्चासमन्वितत्वाद् विषयप्रस्तुतिवैविध्यविलसितत्वाच्च सुरभारतीभाण्डागारविभूषणं महाभारतं संस्कृतवाङ्मयमेव नैवापितु समस्तस्य जगतो ग्रन्थराशिमतिशेतेऽत्र विषये विपश्चिदपश्चिमानां नैवास्ति काचिदपि विप्रतिपत्तिः। सुरभारतीभाण्डागारविभूषणत्वेन विख्यातस्य महाभारताख्यग्रन्थरत्नस्याख्यानोपाख्यानसम्पदा प्राचीनैः काव्यशास्त्राचार्यवर्यैरपि सम्मानिताऽस्ति; तैरुपजीव्यकाव्यगणनाप्रसङ्गे महाभारतस्य नाम विशेषरूपेण चर्चितम्। एवमेव भारतीयकाव्यकदम्बके सर्वाधिकमवदानं महाभारतस्य वरीवर्तीति विवेचयद्भिराधुनिकैस्साहित्यसमीक्षकैरस्य ग्रन्थस्याख्यानोपाख्यानसम्पत्तेः प्रभावातिशयो बहुधा विगीयते। वस्तुत आख्यानोपाख्यानसहस्रमण्डितस्य महाभारतस्य साम्यं विश्वस्मिन्नपि वाङ्मये नैव विलोक्यते। महाभारताख्येऽस्मिन् ग्रन्थे ह्याख्यानोपाख्यानवैपुल्येन सह विषयवैपुल्यमपि विराजते। आख्यानोपाख्यानसहस्रसमन्वितेऽत्र महाभारते खलु लोकविख्यातानां ग्रन्थान्तरप्रस्तुतानाञ्च विश्वेषामपि विषयाणाञ्चर्चा विलसतीति हेतोर्जगति प्रसिद्धमस्ति—"यदिहास्ति तदन्यत्र यन्नेहास्ति न तत् क्वचित्।"

संसारे महाभारतमिति विख्यातेऽत्र सुरभारतीभाण्डागारविभूषणे विपुलविषयप्रकाशनसामर्थ्येन सह विषयप्रस्तुतिवैविध्यविलासोऽपि विलोक्यतेऽत एव लोके केचिद् विद्वांसो महाभारताख्यमेनं ग्रन्थमितिहासरूपेण स्वीकुर्वन्ति तथा चान्ये सुधियोऽस्य काव्यत्वं शास्त्रत्वञ्च ख्यापयन्ति। वस्तुतो ग्रन्थेऽत्र ग्रन्थकारप्रत्यक्षीकृतानां पाण्डवादिसम्बद्धानां घटनानां याथातथ्येन वर्णनमस्तीति हेतोरस्य ग्रन्थस्येतिहासत्वं सिद्ध्यति तथा च "जयनामेतिहासोऽयम्" इत्यादिभिर्ग्रन्थप्रस्तुतैर्वाक्यैरप्येतस्य ग्रन्थस्येतिहासत्वं सम्पोष्यते। काव्यशास्त्रविशारदास्तु महाभारते प्रस्तुतस्य पाण्डवादिजीवनचरित्रास्य चित्ताकर्षकत्वं रसात्मकताञ्चानुसृत्यामुं ग्रन्थं काव्योत्तममिति कथयन्ति तथा चान्ये सुधियोऽस्मिन् ग्रन्थे बहुत्र कपिलगौतमकणादादितत्त्वविशारदविरचितग्रन्थसाम्यं विभातीति हेतोरस्य ग्रन्थस्य शास्त्रोत्तमत्वं साधयन्ति। एवञ्च काव्यत्वशास्त्रत्वयोः

सम्मेलनमत्रास्तीति विचार्य ध्वन्यालोककारेणानन्दवर्धनेनास्य ग्रन्थस्य शास्त्रकाव्यमित्यभिधानं विहितम्। इत्थं हीतिहासत्वकाव्यत्वशास्त्रत्वादीनां विविधधर्माणां सङ्गमनवशादयं ग्रन्थो वस्तुतो विश्ववाङ्मयमतिशेते। लोके यद्यपि स्कन्दपुराणादीनामप्याख्यानसम्पदा विषयवैपुल्यञ्च जनैर्बहुधा प्रशंस्यते तथात्वे सत्यपि महाभारतवत्तत्र प्रभावातिशयस्य चित्ताकर्षकतायाश्च दर्शनाभावान्महाभारतसाम्यं नैवास्तीति निश्चप्रचम्। एवमेव महाभारतमिवोपजीव्यकाव्यत्वेनार्षकृतित्वेन च विख्याते वाल्मीकीयरामायणेऽपि महाभारतसमानाऽऽख्यानोपाख्यानसमृद्धिर्नास्ति न च तत्रैतादृशं विषय-वैपुल्यं विषयप्रस्तुतिवैविध्यञ्च विलसतीति हेतोर्महाभारतं महाभारतोपममस्तीति प्रसिद्ध्यति।

ग्रन्थस्याकारस्तन्निर्माणकालश्च—

सम्प्रत्यष्टादशपर्वात्मको महाभारताख्यो ग्रन्थः समुपलभ्यतेऽस्यैषु विभिन्नेषु संस्करणेषु श्लोकानां संख्याभिन्ना विलोक्यते। प्रायशः श्लोकानां सहस्राशीतिर्महाभारतीयसंस्करणेषु प्राप्यते। अस्य विशालकायस्य ग्रन्थस्यैतत्स्वरूपं कस्मिन् काले सम्पन्नमिति विषये विपश्चितां मतवैभिन्न्यं विभाति। प्राचीनभारतीयविद्वत्परम्परामतानुसारं महाभारतस्य लक्षश्लोकात्मकता प्रसिद्धा तथा चास्य लक्षश्लोकात्मकस्य महाभारतस्य विरचनं कृष्णद्वैपायनवेदव्यासेन पञ्चसहस्रवर्षपूर्वं विहितमिति प्रसिद्धिर्वर्तते। तथा च प्राचीना भारतीयविद्वत्परम्परा लक्षश्लोकशरीरस्य महाभारतस्यापरमभिधानं जय आसीदिति स्वीकरोति। महाभारतस्य समुपलभ्यमानेषु संस्करणेषु स्वर्गारोहणपर्वपर्यन्तानामष्टादशानां पर्वणां श्लोकसंख्या लक्षान्न्यूना वर्ततेऽतो ह्यस्य ग्रन्थस्य लक्षश्लोकात्मकता कथं सिद्ध्यतीति प्रश्नस्य समाधानार्थं प्राचीनैर्भारतीयविपश्चिदपश्चिमैः प्रतिपाद्यते यद्धि महाभारतस्य खिलरूपेण विख्यातस्य हरिवंशपुराणस्यापि श्लोकसंख्या महाभारतीये श्लोकसहस्रशतके गणनीयाऽस्ति। हरिवंशपुराणस्य महाभारतीयाङ्गत्वेन ख्यातिश्चिरात्प्रवर्तते यथा हि तत्र ध्वन्यालोकस्य चतुर्थोद्योते महाभारतस्याङ्गिरसविचारावसरे काव्यशास्त्राचार्यवर्येणानन्दवर्धनेनापि हरिवंशे महाभारतसमाप्तिर्निर्दिष्टाऽस्ति। इत्थं खलु महाभारतस्य कृष्णद्वैपायनवेदव्यासविरचितत्वं लक्षश्लोकपरिमितत्वमष्टादशपर्वधरत्वं हरिवंशवर्णनसमाप्तिपर्यन्तत्वं जयापरपर्यायत्वञ्च भारतीयप्राचीनग्रन्थेषु बहुत्र बहुधा चर्चितमस्ति तथापि वैदेशिकैस्तथा च कैश्चनाधुनिकैर्भारतीयैर्विषयेऽस्मिन् विमतिः प्रदर्शिता प्रदर्श्यते च।

वैदेशिकानां तथा च केषाञ्चनाधुनिकानां भारतीयानां महाभारतस्वरूपविषये मतमस्ति यत्कृष्णद्वैपायनेन विरचितस्य ग्रन्थस्य नाम जय आसीन्नतु महाभारतमिति। सोऽयं जयाख्यो ग्रन्थोऽतिस्वल्पाकार आसीदिति सम्भाव्यते तथा च तत्र जयाख्ये ग्रन्थे पाण्डवविजयबर्णनपर्यन्ता

महाभारतीया कथाऽवर्ततेति प्रकल्प्यते। परवर्तिनि युगे भरतवंशीयानामन्येषां नृपतीनाञ्चरित्रस्य जयकाव्येन सह संयोगे कृते सति जयस्य परिवर्धितं स्वरूपं भारतमिति विख्यातमभूत्। ततश्च परवर्तिभिर्नैकैः सुकविभिराख्यानान्तराणां भारते समायोजनं कृतं येन ह्ययं ग्रन्थो महाभारतमिति नाम्ना प्रसिद्धमभूत्। इत्थं वैदेशिकानां मतानुसारं महाभारतं विभिन्नसहस्राब्दीवर्तिनां नैकेषां कवीनां कृतिसमायोजनान्निर्मितमिति विज्ञायते। कैश्चिदाधुनिकैर्विद्वद्भिः प्रकाशितं यत्खलु जयाख्ये काव्ये श्रीमद्भगवद्गीतोपनिषदपि नावर्तत तस्या अपि संयोजनं कालान्तरे जातम्। एवमेव महाभारतस्य कथांशविशेषाणां रचनाविषये वैदेशिकैर्विद्वद्भिर्विभिन्नानि मतानि प्रस्तुतानि। मतानन्त्यस्य हेतुरस्ति कृष्णद्वैपायनशैलीपरिचयाभावः।

महाभारतस्य नैककविकृतित्वं साधयद्भिः पण्डितम्मन्यैराधुनिकैर्विवेचकैः कथ्यते यन्महाभारतस्य समुपलब्धेषु संस्करणेषु प्रकाशितं यद् ग्रन्थस्यास्य वैशम्पायनेन सौतिना च द्विधा प्रवचनं विहितमेतेन प्रवक्तृभेदेन महाभारतस्य विभिन्नकालवर्तिकविकृतित्वं विज्ञायते। इदं कथनं युक्तियुक्तं नैव प्रतिभाति। महाभारतस्य सर्वेष्वेव संस्करणेषु वर्णितं यत्खलु जनमेजयेन विहितस्य नागयज्ञस्य समाप्तौ जनमेजयजिज्ञासानिवृत्तये कृष्णद्वैपायनवेदव्यासस्य प्रेरणया तच्छिष्यो वैशम्पायनो गुरुसमुपदिष्टं महाभारतवृत्तं प्रास्तौत् ततश्च नागयज्ञे वैशम्पायनप्रोक्तं तदिदं महाभारतीयं वृत्तं मया श्रुतमिति सूचितवता सौतिना सर्वं तदेव वृत्तं शौनकादीन् प्रति नैमिषारण्ये कथितमेतेन निर्देशेन समस्तस्य महाभारतीयवृत्तवर्णनस्य द्वैपायनकृतित्वं नैव खण्डितं भवति। सोऽयं वैशम्पायनो ग्रन्थकारस्य कृष्णद्वैपायनस्य शिष्य आसीत्तथा च सौतिः कृष्णद्वैपायनशिष्यस्य लोमहर्षणस्य पुत्रोऽवर्ततेति सर्वत्र पुराणेषु प्रसिद्धम्। गुरुविरचितग्रन्थस्य प्रवचनं सभायां येन शिष्येन कृतं स शिष्यो गुरुकल्पनामेव तत्र प्रास्तौदित्येव तत्कथनानुसारं विज्ञायते। न च प्रवक्तृभेदेन ग्रन्थभेदोऽथवा भूयान् विस्तारोऽभूदिति। एतौ महाभारतप्रवक्तारौ वैशम्पायनः सौतिश्च ग्रन्थकारस्य शिष्यः शिष्यपुत्रश्चास्तामिति निर्देशेन महाभारतस्य रचना विभिन्नासु सहस्राब्दीषु शताब्दीषु वा सम्पन्नेति कथनस्याप्यनौचित्यं सिद्ध्यति।

केचिद् विद्वांसो महाभारतस्य विशालाकारवत्त्वमधिकृत्यास्य ग्रन्थस्यानेककविकृतित्वं मन्वते। ते हि लक्षश्लोकात्मकस्य ग्रन्थस्य विरचनमेकजनसाध्यं नैवाङ्गीकुर्वन्ति। महामुनेः कृष्णद्वैपायनस्य प्रतिभाप्रकर्षस्य परिचयाभाव एवैतादृशाः विचाराः समुत्पद्यन्ते। वस्तुतस्तु ब्रह्मसूत्ररचयितुरष्टादशपुराणकर्तुर्वेदव्यासस्य बुद्धिवैभवमतुलनीयमवर्ततेत्यत्र नास्ति संशीतिलेशोऽतो हि प्रबलप्रमाणाभावे वैदेशिकप्रस्तुतो महाभारतरचनाविषयको विचारः प्रकल्पनमात्रमेवास्तीति प्रतीयते।

महाभारतपर्वसंख्यारहस्यम्—

कृष्णद्वैपायनकृतिरूपेण विख्यातेषु ग्रन्थेष्वष्टादशसंख्या बहुत्र विलोक्यते । यथाहि वेदव्यासविरचितानां ब्राह्मादीनां महापुराणानां संख्याऽष्टादश प्रसिद्धा । "अष्टादशपुराणानां कर्ता सत्यवतीसुतः" इत्यादिभिर्निर्देशैः कृष्णद्वैपायनाख्येन सत्यवतीसुतेनाष्टादशैव पुराणानि विलिखितानीति प्रतिपद्यते । एवमेव कृष्णद्वैपायनकृतिप्रमुखस्य महाभारतस्य पर्वणामपि संख्याऽष्टादश वर्तते । एवञ्च महापुराणेषु प्रमुखतमस्य श्रीमद्भागवतस्य श्लोकानां संख्याऽष्टादशसहस्रात्मिका विख्याता तथैव महाभारतस्य प्रमुखांशस्य श्रीमद्भगवद्गीताया अध्यायानां संख्याऽष्टादश विद्यते । इत्थं बहुत्राष्टादशसंख्यापरिग्रहो वेदव्यासेन विहितस्तत्र केनापि रहस्येन भाव्यमिति विवेचयद्भिः ओझोपाह्वश्रीमधुसूदनैस्तथा चतुर्वेदोपाह्वश्रीगिरिधरशर्मप्रभृतिभिर्वैदिकविज्ञानानुशीलनपरैर्भारतीयमनीषिभिः प्रकाशितं यत्कृष्णद्वैपायनेन परिगृहीता सेयमष्टादश संख्या सृष्टिविद्यासम्बद्धा वर्तते । शतपथब्राह्मणे (८।४।१।१३) सृष्टिसंज्ञकेष्टिकानाञ्चर्चाप्रसङ्गे विवेचितं यत् "तस्य द्वादश मासाः, पञ्चर्तवः, संवत्सर एव प्रतूर्तिः ।" एतेन शतपथब्राह्मणवचनेन विज्ञायते यत्खलु वैदिकविज्ञानानुसारम् अष्टादशसंख्या संवत्सरचक्रस्य कालचक्रस्य सृष्टिप्रक्रियायाश्च बोधं कारयति । तत्र सांख्यदर्शनेऽप्यष्टादशसंख्यायाः सृष्टिविद्यायाश्च परस्परं सम्बन्धविशेषः प्रतिभाति । सांख्यदर्शनसम्मता या तत्त्वपञ्चविंशतिर्विज्ञायते तत्र प्रकृतिपुरुषयोर्नित्यत्वनिर्देशात्सृज्यमानानां तत्त्वानां संख्या त्रयोविंशतिरिति प्रतिपद्यते । तत्र सृज्यमानेषु तत्त्वेषु तन्मात्रापञ्चकं महाभूतपञ्चकस्यैव सूक्ष्मरूपमस्तीति विचारानुसारं तत्त्वसंख्याऽष्टादशैव मुख्यचिन्तनीयतां भजते । इत्थमष्टादशसंख्या सविशेषं सृष्टिविद्यया सह सम्बद्धाऽस्तीति परिचीयतेअनेन विवेचनेनेदमपि सिद्ध्यति यत्खलु महामुनिः कृष्णद्वैपायनो यत्र यत्र ग्रन्थविशेषे प्रसङ्गविशेषे चाष्टादशसंख्यां परिगृहीतवान् तत्र सृष्टिविद्याप्रकाशनपरत्वं वर्तते । वस्तुत इयमष्टादशसंख्या ग्रन्थविशेषस्य प्रसङ्गविशेषस्य च सृष्टिविद्याप्रकाशनपरत्वं निगूढं निर्दिशति । अत्र विशाले महाभारतेऽपि सृष्टिविद्या सप्रपञ्चं यथाप्रसङ्गं विवेचिताऽत एव कृष्णद्वैपायनो निगूढं निर्देष्टुमस्य ग्रन्थस्य विभाजनमष्टादशभिः पर्वभिः कृतवानिति प्रतिभाति । ग्रन्थस्याध्यायानां पर्वणां श्लोकादीनां वा संख्या ग्रन्थकारस्य चिन्तनविशेषं द्योतयतीति प्राचीनग्रन्थकारैरपि निर्दिष्टमस्ति । भरतमुनिविरचितस्य नाट्यशास्त्रस्य व्याख्यानं विरचयता श्रीमदभिनवगुप्ताचार्येणाभिनवभारत्याः प्रारम्भे नाट्यशास्त्रीयाध्यायसंख्यारहस्यं प्राकाशि यत्खलु नाट्यशास्त्रस्य षट्त्रिंशदध्यायाः प्रत्यभिज्ञादर्शनसम्मतानां षड्त्रिंशतसंख्याकानां तत्त्वानां प्रतीकभूताः सन्ति । महाभारतीयपर्वणामष्टादशत्वं रहस्यविशेषं निगूढं निर्दिशतीति भारतीयविद्वत्परम्पराऽभिमतस्य पुष्टिरष्टादशसंख्याविभूषितानां महापुराणानां सृष्टिविद्याप्रकाशनपरत्वमधिकृत्य सविशेषं विजायते । अत्राष्टदशपर्व-

विभूषिते महाभारतेऽपि सृष्टिविद्या सुविशदं प्रकाशिताऽस्तीति महाभारतस्य परिशीसनेन सम्यक् प्रतिपद्यतेऽत एव महाभारतीयपर्वसंख्या सृष्टिविद्याप्रकाशनपरतां निगूढं निर्दिशतीति विचारस्यौचिसं परिचीयते ।

महाभारतस्य जयसंज्ञायाः रहस्यम्

क्रृष्णद्वैपायनमहामुनिना महाभारताख्यस्य स्वग्रन्थस्य सृष्टिविद्याप्रकाशनपरत्वं निर्देष्टुमस्य ग्रन्थस्य विभाजनमष्टादशभिः पर्वभिर्विहितं यतो ह्येषा संख्या सृष्टिविद्यासम्बद्धाऽस्तीति विचारमनुसृत्य सुधीभिर्महाभारतस्य "जय" इत्यभिधानमपि सृष्टिविद्यानिर्देशकं वरीवर्तीति साध्यते । महाभारतस्य पर्य्यायभूतोऽयं जयशब्दः प्रकारान्तरेणाष्टादशसंख्यामभिदधाति । जयशब्दे विद्यमानो जकारः स्पर्शसंज्ञकवर्णेष्वष्टमस्थानभागस्ति तथा च यकारो ह्यन्तःस्थवर्णेषु प्रथमोऽस्तीति दृशा जयशब्दे प्रयुक्ताभ्यां जकारयकाराभ्यां क्रमशोऽष्टसंख्याया एकसंख्यायाश्च बोधो भवति तथा चाङ्कानां वामतो गतिरितिसिद्धान्तानुसारमाभ्यां वर्णाभ्यामष्टादशसंख्यायाः प्रतीतिर्जायते । ज्योतिषशास्त्रे वर्णविशेषाणां संख्याविशेषबोधकत्वं सुप्रथितमस्ति परन्तु तत्र संख्यानिर्देशार्थं वर्णविशेषाः विभक्ततया व्यवह्रियन्ते न तु शब्दविशेषाकारधरत्वेन यथा ह्यत्र जकारयकारौ जयशब्दाकारेण प्रयुक्तौ स्तः । कृष्णद्वैपायनविरचितस्य महाभारतस्य कूटश्लोकप्राधान्यं परिचिन्वानाः सुधिय एव जयशब्दवर्तिनोर्जकारयकारयोर्विभागं विभाव्यास्य शब्दस्याष्टादशसंख्याबोधकतां प्रत्येतुं प्रभवन्ति ।

कूटकाव्यधारास्रोतो वै महाभारतम्—

संस्कृतवाङ्मये कूटरचनानां वैपुल्यं विराजते । वैदिकसाहित्येऽपि निगूढानां सृष्टिचक्रसम्बद्धानां विषयाणां प्रकाशनं येषु मन्त्रेषु विद्यते तेषां कूटत्वं विद्वद्भिरुररीक्रियतेऽत एव कूटरचनाविषयकचर्चाऽवसरे वैदिकवाङ्मयस्यापि निर्देशो विद्वद्भिर्विधीयते तथापि चमत्कारवतीनां कटरचनान्तु प्रथमदर्शनं महाभारत एव भवतीति साहित्यसमीक्षकमण्डलस्वीकृतं तथ्यमस्ति । यथा हि महाभारतमाख्यानसमृद्धिमत्त्वात् परवर्तिना भारतीयसुकविवृन्देन विरच्यमानानां कृतीनामुपजीव्यत्वेन विख्यातं तथैवेदं कूटकाव्यधारास्रोतोरूपेणापि प्रसिद्धमस्ति । तत्र सुरभारतीभाण्डागारविभूषणस्य महाभारतस्य यमकश्लेषाश्रितकूटानि सविशेषं महत्त्वं भजन्ते । अस्य ग्रन्थस्य प्रथमपर्वणि पाण्डवानां लाक्षागृहप्रवासादिकं वर्णयता कृष्णद्वैपायनेन तस्य विशिष्टभवनस्य लाक्षानिर्मितत्वं विदुरो युधिष्ठिरमकथयदिति प्रकाशितमस्ति । तत्र लाक्षागृहवर्णनप्रसङ्गे युधिष्ठिरं प्रति विदुरस्य समुपदेशं प्रस्तोतुं कृष्णद्वैपायन एतत्कूटपद्यं प्रास्तौत्—

प्राज्ञः प्राज्ञप्रलापज्ञः प्रलापज्ञमिदं वचः ।
प्राज्ञं प्राज्ञः प्रलापज्ञं प्रलापज्ञो वचोऽब्रवीत् ॥

म० भा० १।१४५।२०

अत्र पद्ये प्राज्ञप्रलापज्ञशब्दयोर्बहुधाऽऽवृत्तिरतो हि यमकालङ्कारस्य

विच्छित्तिर्विभाति। अस्य यमकश्लेषानुप्राणितस्य कूटश्लोकस्य व्याख्यानावसरे टीकाकारैः प्राज्ञशब्दस्य बुद्धिमान्, ग्राम्यजनः, सुदुर्विज्ञश्चेति त्रयोऽर्थाः निर्दिष्टास्तथा च प्रलापज्ञशब्दस्य ग्राम्यजनभाषाव्यवहारविज्ञः संस्कृतेतरजनवत्प्रलपनमात्रविज्ञश्चेत्यर्थद्वयं निर्दिष्टम्। पूर्वार्धस्थिते प्राज्ञः प्रलापज्ञश्चेति पदे तु विदुरस्य वैशिष्ट्यबोधके स्तस्तथा च प्रलापज्ञमिति पदं युधिष्ठिरस्य विशेषणमस्ति। उत्तरार्धस्थिते प्राज्ञं प्रलापज्ञञ्चेति पदे वचोविशेषणत्वेन प्रयुक्ते स्तः। एवञ्च तत्रैव स्थितं प्राज्ञः प्रलापज्ञश्चेति पदद्वयं षष्ठीविभक्तियुतं विद्यते। इत्थं खल्वत्र शब्दश्लेषस्य विभक्तिश्लेषस्य च चमत्कृतिर्विलसति। एवं हि यमकश्लेषविच्छित्तिविमूढैर्जनैर्वक्तुरभिप्रेतार्थो वेत्तुं नैव पार्यते। टीकाविलोकनं विना कथमप्यर्थबोधो नैव भवति।

अनेकार्थकशब्दविन्यासपूर्वकं विरचितानां कूटश्लोकानां विच्छित्तयः प्रतिपर्वं महाभारते विलसन्ति। तत्र कर्णपर्वणि कर्णप्रक्षिप्तस्य नागबाणस्य वर्णनं विदधता कृष्णद्वैपायनेनानेकार्थकशब्दावृत्ति-चमत्कारो निम्नलिखिते पद्ये प्रस्तुतोऽस्तिः—

गोकर्णा सुमुखीकृतेन इषुणा गोपुत्रसम्प्रेषिता।
गोशब्दात्मजभूषणं सुविहितं सुव्यक्तगोऽसुप्रभम्॥
दृष्ट्वा गोगतकं जहार मुकुटं गोशब्दगोपूरि वै।
गोकर्णासनमर्दयच्च न यथा का प्राप्य मृत्योर्वशम्।

म० भा० ८।९०।४२

अत्र पद्ये सप्तवारं गोशब्दस्य प्रयोगो विभिन्नेष्वर्थेषु विहितोऽस्ति। गोकर्णा (सर्पिणी) पार्थस्यार्जुनस्य मुकुटं जहार, परन्त्वर्जुनस्सुरक्षितोऽतिष्ठतेति-वर्णयितुं वेदव्यासः कर्णस्यार्जुनस्य मुकुटस्य सर्पिण्याश्च विशेषणत्वेन गोशब्दस्य विशिष्टबुद्धिगम्यं विचित्रं प्रयोगं व्यधात्। सर्पस्य चक्षुःश्रवस्त्वं सुप्रथितमेवास्ति, तदेव लोकप्रसिद्धं सर्पाभिधानं वेदव्यासेन गोकर्णशब्देनात्र प्रस्तुतम्। गवि-चक्षुषि कर्णः श्रवण सामर्थ्यं यस्याः सा (गोकर्णा) चक्षुःश्रवाः सर्पिणी। सर्पार्थे गोशब्दस्य प्रयोगोऽत्र द्विवारं विहितस्तत्र चतुर्थे चरणे गोकर्णशब्दस्य समासगर्भितत्वेन निगूढार्थकता सविशेषं प्रकाशते। कर्णस्य सूर्यपुत्रत्वं निर्देष्टुमत्र गोपुत्रशब्दस्य प्रयोगः कृतस्तत्र गोमत्स्थाने गोशब्दस्य प्रयोगादस्य नानार्थकस्य शब्दस्यार्थग्रहणं दुःशक्यतरं सञ्जातम्। यतो हि मतुप्प्रत्ययस्य लोप आर्षो विद्यते लोके तु मतुप्प्रत्ययलोपस्य व्यवहारो नैव विलोक्यतेऽत एव पाठकचित्ते सविशेषं भ्रान्तिर्विजायते। एवमेव सुव्यक्तगोऽसुप्रभमित्यत्र पदे गोशब्दस्य रश्मिरूपो ह्यर्थोऽभिधेयत्वेन विवक्षितः परन्तु गोगतकमित्यत्र तु गोशब्दो लक्षणया हयरश्मिप्रदेशं बोधयति। एवञ्च गोशब्दात्मजभूषणमित्यत्र तथा च गोशब्दगोपूरीति पदे "गोशब्द"

इति वर्णावलिः समानरूपेण विराजते परन्तु प्रथमस्थले गौः पृथिवी तया शब्द्यते याऽसौ गौशब्दाअदितिरित्यर्थो विवक्षां भजतेऽपरत्र स्थले गोभिः रश्मिभिः शब्द्यते योऽसौ रश्मिमान् सूर्य इत्यर्थो विवक्षितोऽस्ति। वस्तुत एतादृशं नानार्थकशब्दप्रयोगवैचित्र्यमन्यत्र वेदव्यासपरवर्तिनि संस्कृतसाहित्ये दुर्लभमेव महाकविश्रीहर्षविरचिते नैषधीयचरिते नलपञ्चकवर्णनप्रसङ्गे महाभारतीयस्यास्य नानार्थकशब्दप्रयोगस्य प्रतिफलनमस्तीति प्रकल्पयितुं शक्यते। एवमेव नानार्थकशशब्दप्रयोगवैचित्र्यवतो महाभारतस्य प्रभावो हिन्दीभाषानिबद्धे सूरदाससाहित्ये सविशेषं विलोक्यते। यथा हि वेदव्यासेनेह गोशब्दस्य नानार्थकता सवैचित्र्यं प्रस्तुता तथैव सूरदासो निम्नलिखितायां नायिकोक्तौ सारङ्गशब्दस्य विभिन्नार्थेषु प्रयोगं प्रास्तौत्—

सारङ्ग सारङ्ग धरहि मिलावहु।
सारङ्ग विनय करति सारङ्ग, सौ सारङ्ग दुख बिसराबहु।
सारङ्गसमै बृहत अति सारङ्ग सारङ्ग तिनहिं दिखावहु।
सारङ्ग गति सारङ्ग धर जे हैं, सारङ्ग जाहि मिलावहु।
सारङ्ग चरन सुभग कर सारङ्ग सारङ्ग नाम बुलावहु।
सूरदास सारङ्ग उपकारिनि सारङ्ग मरत जियावहु।

सूरविरचितेऽत्र पद्ये स्थितस्य सारङ्गशब्दस्य टीकाकारैश्चतुर्दशष्वर्थेषु सङ्गतिः प्रकाशिताऽतो हि वेदव्यासकाव्यात्खलु शब्दस्यार्थवैपुल्यमत्र प्रतिभाति परन्तु निगूढार्थकतामधिकृत्य कृष्णद्वैपायनविहितस्य शब्दप्रयोगवैचित्र्यस्य साम्यं नैव विलोक्यते। एवमेव सुवर्णशब्दस्यानेकार्थकतामाश्रित्य विरचिते निम्नलिखिते संस्कृतपद्येऽपि समासाभाववशान्निगूढार्थकता-चमत्कृति-विलासो नैव विलोक्यते—

सुवर्णस्य सुवर्णस्य सुवर्णस्य च जानकि।
प्रेषिता तव रामेण सुवर्णस्य च मुद्रिका॥

इत्थं हि ज्ञायते यत्खलु विशाले विभिन्नभारतीयभाषानिबद्धे कूटकाव्ये यन्निगूढार्थकताचमत्कारसवैभिन्न्यं विलोक्यते तस्य सर्वस्यैकत्र दर्शनं महाभारते कर्तुं शक्यते।

नानार्थकशब्दानां प्रयोगेण सह महाभारते निगूढार्थकताचमत्कृतिविलासार्थं कविना विशिष्टानां शब्दानां विचित्रविधिना विन्यासो विहितस्तेषां शब्दानां विशिष्ट व्युत्पत्त्यां तौ विचारितायां वक्त्रभिप्रायः प्रकाशते यथा हि जतुगृहवृत्तवर्णनावसरे युधिष्ठिरं बोधयितुं विदुरस्योक्तिरियम्—

अलोहं निशितं शस्त्रं शरीरपरिकर्तनम्।
यो वेत्ति न तु तं घ्नन्ति प्रतिघातविदं द्विषः॥

कक्षघ्नः शिशिरघ्नश्च महाकक्षे बिलौकसः ।
न दहेदिति चात्मानं यो रक्षति स जीवति ॥

म० भा० १।१४५।२२-२३

एवं हि शब्दानां नानार्थकत्वं व्युत्पत्तिवैविध्यञ्चानुसृत्य वैशिष्ट्यं विद्योत्यते। तथा च वेदार्थोपबृंहकेऽस्मिन् ग्रन्थे वैदिकवाङ्मयवत्प्रतीक-संवलितानां कूटानामपि प्राचुर्यं विलसति।

सुरभारती-विभूषणात्मकेऽस्मिन् ग्रन्थे कूटप्रयोगस्य विषये कथा-वर्तते यद्धि विशालकायस्य ग्रन्थस्य लेखकत्वमङ्गीकृतवता सर्वज्ञेन श्रीगणेशेन "लेखनसमये सततं कथानकं वक्तव्यं येन हि लिखतो मे लेखनी नावसीदेत्" इति पणः प्रस्तुतस्तदा वेदव्यासेन कथितमासीद् यदबुध्वा मा लिख" एवं पणे कृते यथाऽवसरं विचारविशेषापेक्षामनुसृत्य वेदव्यासः कूटश्लोकविशेषं प्रोक्तवान् येन हि लेखको विचारमग्नो भवेत्तथाऽग्रिम-वृत्तयोजनार्थं वक्ता वेदव्यासः समयं लभेत। एतेषां कूटश्लोकानां विरचनवैशिष्ट्यविषये महाभारतारम्भे लिखितमस्ति यत्—

ग्रंथग्रंथिं तदा चक्रे मुनिर्गूढं कुतूहलात् । १।१।७७
सर्वज्ञोऽपि गणेशो यत्क्षणमास्ते विचारयन् ।
तावच्चकार व्यासोऽपि श्लोकानन्यान् बहूनपि । १।१।८०

लेखकस्य गणेशस्य व्यामोहनार्थं वेदव्यासो दुर्विज्ञेयार्थानां कूट-श्लोकानामष्टाशीतिःशतानि महाभारते प्रकाशितवानिति प्रसिद्धिरस्ति; तत्र महाभारतारम्भे सौतिना प्रकाशितं यद्धि—

अष्टौ श्लोकसहस्राणि अष्टौ श्लोकशतानि च ।
अहं वेद्मि शुको वेत्ति सञ्जयो वेत्ति वा न वा ।

एतस्य सौतिवचनस्य प्रामाण्यविषये भवतु विमतिर्विदुषां तथाप्ये-तेनेदन्तु सिद्ध्यति यत्खलु महाभारतस्य कूटश्लोकानां दुर्विज्ञेयत्वं चिरात् प्रथितमासीत्। एतेषां महाभारतीयकूटश्लोकश्लोकानामभिधानं ग्रन्थग्रन्थिरिति ग्रन्थेऽत्र प्रस्तुतं वर्तते, नैषधीयचरितमहाकाव्यलेखकः श्रीहर्षोऽपि स्वविरचितकूटपद्यानामभिधानं ग्रन्थग्रन्थिरिति व्यधात्तत्र ग्रन्थान्ते लिखितमस्ति "ग्रन्थग्रन्थिरिह न्यासि प्रयत्नान्मया।" तेषां नैष-धीयचरितस्थानां कूटपद्यानां रचनायाः प्रयोजनं महाभारतीयकूट-पद्यरचनाप्रयोजनाद् भिन्नतां भजते तथापि ग्रन्थद्वयवर्तिनां कूटपद्यानां चमत्कारे तु साम्यं प्रतिभाति। वस्तुतस्तु महाभारतीयानां कूटपद्यानां प्रचुरं वैविध्यं वर्ततेऽत एव परवर्तिना केनचन कविना सर्वेषां कूटचमत्का-राणामनुकरणं विधातुं नैवाशक्यत तत्र प्रतीकप्रधानानां महाभारतीयकूट-श्लोकानां प्रभावस्तु हेवज्रतन्त्रे तथा च गोरक्षनाथादिविरचिते साहित्ये विलोक्यते तथा च शब्दप्रयोगविच्छित्तिमयानां कूटानां प्रभावः श्रीहर्ष-

प्रभृतिसुकविकृतिषु सुभाषिताभिधानेषु विभिन्नकविविरचितेषु मुक्तकेषु समुपलभ्यते ।

शान्तो हि महाभारतस्याङ्गिरसः—

सर्वत्रैव प्रबन्धकाव्येषु रसविशेषस्याङ्गित्वेन प्राधान्येन च सन्निवेशः प्रतिभावद्भिः कविभिर्विधेय इति काव्यशास्त्राचार्यप्रस्तुतसिद्धान्तमनुसृत्य महाभारतीय-रसविचारे प्रसृतेऽस्य प्रबन्धस्याङ्गिरसो हि शान्तोऽस्तीति प्रतिपद्यते । कर्णादीनां दानं प्रत्युत्साही ग्रन्थेऽस्मिन् प्रस्तुतस्तथा च विभिन्नान्नां धार्तराष्ट्रपाण्डवपक्षीयानां नृपतीनामत्र काव्ये युद्धोत्साहः प्रामुख्येन प्रकाशितोऽस्तीति हेतोरस्य काव्यस्य वीररस एवाङ्गीति भ्रान्तिर्विजायते परन्तु ग्रन्थस्य पर्यालोचनेन परिचीयते यत्खल्वत्र सांसारिकवैभवस्यासारवत्त्वमेवञ्च कृष्णाख्यपरमेश्वरस्य माहात्म्यमेव प्रधानप्रतिपाद्यतां भजते । धार्तराष्ट्राणां पाण्डवानामितरेषाञ्च नृपतीनां वैभवस्य वर्णनमंत्र वैराग्यानुभूतिजननार्थमङ्गत्वेन प्रकाशितमस्ति । अतिसामर्थ्यवतां विपुलविभूतिमताञ्च पाण्डवानामेवमेव धनधान्यसमृद्धिमतां यादवानामपि विनाशं वर्णितवता कृष्णद्वैपायनेन वैभवस्य तथा च पराक्रमादीनां सर्वेषां गुणानामनित्यत्वं निर्दिष्टमस्ति । वीरकरुणश्रृङ्गारबीभत्सरौद्रभयानकहास्याद्भुतानामष्टानामपि रसानां विभावानुभावसञ्चारिणो महाकाव्येऽस्मिन् बहुधा बहुत्र सम्यक् परिपोषं प्राप्तवन्तस्तथापि वीरादीनामत्राङ्गत्वमेव विद्यते । यद्यपि युद्धवर्णनबहुलत्वादस्मिन् काव्ये बहुत्र वीररसस्य सर्वातिशायी विलासः प्रतिभाति परन्तु तस्य प्रबन्धव्यापकता नैवास्ति। वीररसस्य भूयसीं विलसितीं प्रस्तूयात्र कविवरो द्वैपायनो वैभववतां पाण्डवादिवीराणां विनाशलीलां प्रास्तौत्तेनाङ्गभूतस्य वीररसस्य विलासोऽङ्गिनश्शान्तरसस्य सविशेषं परिपोषकोऽस्तीति काव्यशास्त्रविदामभिमतम् । एवमेव रौद्ररसस्यापि विशदं वर्णन प्रबन्धस्याङ्गिभूतस्य शान्तरसस्य परिपोषे नास्ति बाधकमित्यत्रापि नास्ति काव्यशास्त्रविदां विमतिरित्थं हि वीरादीनामन्येषां रसानां विभिन्नावसरे विहितः परिपोषः शान्तरसस्याङ्गित्वं नैव व्याहन्तीति सिद्धम् ।

काव्यशास्त्राचार्यविचारानुसारमङ्गिरसस्य प्रबन्धव्याप्तिरपेक्षिताऽस्ति तथा चाङ्गिरसस्य पुनः पुनरनुसन्धानं प्रबन्धे विधेयतां भजते । अङ्गिरसविषयकः सोऽयं काव्यशास्त्रीयसिद्धान्तो वेदव्यासेन सर्वथा पालितोऽस्तीतिग्रंथस्यास्य पर्यालोचनेन परिचीयते । यद्यपि महाभारते विभिन्नस्थलेषु वीरादीनाभङ्गभूतानां प्रचुरविलासो विद्यते तथापि प्रबन्धव्यापित्वं शान्तरसस्यैव सिद्ध्यति यथा हि ग्रंथारम्भे तत्रादिपर्वणि जरत्कारोः पितृभिः सह संलापं प्रस्तुवन् कविवरः प्राणिनां नरकगमनादिवर्णनमाध्यमेनास्मिन् प्रबन्धे शान्तरसस्य प्रामुख्यं प्रकटितवान् ततश्च पुनस्तत्रादिपर्वण्येव वृद्धस्य महाराजस्य ययातेः यौवनप्राप्तिकामनां प्रकाश्य यया-

त्यष्टकसंलापमुखेन विविधकर्मविपाकान् द्वैपायनः प्रास्तौत्। तदनन्तरं सभापर्वणि पाण्डवानां दिग्विजयादिकं प्रस्तुतवता कविवरेण भीष्मादिवचनोपन्यासपूर्वकं श्रीकृष्णमहिमा सबिस्तरं प्रस्तुतः। वनपर्वणि तु वेदव्यासादीनां मुनीनां वचनानि शान्तरसानुकूलानि भूयांसि विराजन्ते तथा चात्र पर्वणि पाण्डवानां तीर्थयात्रां वर्णयता कविना भूयो भूयः शान्तरसस्य विभावादयः प्रस्तुताः। विराटपर्वण्यपि युधिष्ठिरविहितं दुर्गास्तवनं प्रस्तुतवता द्वैपायनेन शान्तरसस्य पुनरनुसन्धानं कृतमेवञ्च तत्रोद्योगाख्ये पञ्चमे पर्वणि विविधविषयवर्णनपूर्वकं कविवरो धृतराष्ट्रं प्रति सनत्सुजातेन कृतं मोक्षोपदेशं विशदरूपेण प्रकाशितवान्। भीष्मद्रोणकर्णशल्यपर्वसु वीररसस्य सौप्तिकपर्वणि च रौद्ररसस्य भूयसा विलासेन सह श्रीकृष्णस्य पुनः पुनः स्तवनं प्रस्तुतवता कविवरेण शान्तरसस्य विलासो विहितः तथा च युद्धारम्भेऽर्जुनस्य निर्विण्णतां श्रीकृष्णकृतं समुपदेशञ्च सविस्तरं पठितवतां पाठकानां चित्ते जातः संसारासारताबोधो विशिष्टस्थैर्यं भजते। युद्धवर्णनान्तरं स्त्रीपर्वणि करुणेन सह शान्तस्याप्यनुभूतिर्विशिष्टरूपेण भवत्येव।

तदनन्तरं महाभारतस्य द्वादशे पर्वणि शान्तिपर्वणि सर्वतः पूर्वं युधिष्ठिरनिर्वेदः समुपन्यस्तस्तत्र कर्णस्य सहोदरत्वं विज्ञातवतो युधिष्ठिरस्योक्तिषु निर्वेदप्रकाशनातिशयः परिलक्ष्यते। शान्तिपर्वानन्तरमनुशासनाश्वमेधिकाश्रमवासिकमौसलमहाप्रस्थानिकस्वर्गारोहणाख्येषु प्रबन्धान्तिमेषु षट्सु पर्वसु शास्त्रविज्ञवचनोपन्यासं विदधता कृष्णद्वैपायनेन संसारासारताविवेचनं सम्यक् प्रस्तुतमत एव प्रबन्धस्यास्याङ्गिरसः शान्तोऽस्तीति काव्यशास्त्रविद्भिङ्गिक्रियते। तत्र ध्वन्यालोकस्य चतुर्थोद्योते महाभारतस्याङ्गीरसं विवेचयताऽऽनन्दवर्धनेन स्पष्टमेव समुद्घोषितं यद्धि "महाभारतेऽपि शास्त्रकाव्यरूपच्छायान्वयिनि वृष्णिपाण्डवविरसावसानवैमनस्यदायिनीं समाप्तिमुपनिबध्नता महामुनिना वैराग्यजननतात्पर्यप्राधान्यं स्वप्रबन्धस्य दर्शयता मोक्षलक्षणः पुरुषार्थः शान्तो रसश्च मुख्यतया विवक्षाविषयत्वेन सूचितः।"

महाभारतप्रारम्भेऽनुक्रमणिकापर्वणि महाभारतप्रतिपादितानां विषयाणां समुल्लेखो विराजते परन्तु तत्रशान्तरसस्य चर्चा नैवास्तीति हेतोः कथं ह्यस्य प्रबन्धस्याङ्गिरसः शान्तः? इति विचिकित्सायाः निवृत्तये ध्वनिकारेणानन्द वर्धनेन निर्दिष्टं यत्खलु प्रधानविवक्षितस्यास्य नामनिर्देशात्स्वशब्दवाच्यता रस दोषः समापतेदिति दृशा शान्तस्य नामोल्लेखं परित्यजन् वेदव्यासो व्यङ्ग्यरूपेणैव शान्तरसं समुपनिबध्नात् तथा च ग्रन्थ मध्ये—

यथा यथा विपर्येति लोकतन्त्रमसारवत्।
तथा तथा विरागोऽत्र जायते नाऽत्र संशयः॥

इत्यादिभिर्वाक्यैर्बहुधा संसारासारता ग्रन्थकारेण विवेचितैव। वस्तुतः कृष्णद्वैपायनेन महामुनिना महाभारतस्य रचना मोक्षोपदेशार्थमेवञ्च सांसारिकमुखभोगानित्यत्वं साधयितुं विहितेति प्रतिपद्यते।

वेदव्यासस्य व्यक्तित्वं कृतिमत्त्वञ्च——

महाभारतरचयितुः कृष्णद्वैपायनवेदव्यासस्य महाभारतीयकथानायकैः पाण्डवैस्तथा च धार्तराष्ट्रैः साकं पारिवारिकसम्बन्ध आसीदिति महाभारते पुराणेषु च प्रथितमस्ति। धृतराष्ट्रस्य पाण्डोश्च समुत्पत्तिः कृष्णद्वैपायनवीर्याद्विजातेति दृशा कृष्णद्वैपायनः पाण्डवानां धार्तराष्ट्राणाञ्च पितामहोऽवर्तत। महाभारतारम्भे सौतिना प्रकाशितं यत्खलु "सत्यवती"-इतिविख्याता मत्स्यगन्धानाम्नी निषादकन्या पराशरमुनिसमागमात् कृष्णवर्णमेकं पुत्रं यमुनाद्वीपे जनयामास। सोऽयं पुत्रः कृष्णद्वैपायन इति नाम्ना प्रसिद्धिं लेभे। सत्यवतीगर्भजोऽयं बालो महातपस्वी सञ्जातः। कालान्तरे हि निषादकन्या सत्यवती शान्तनुपत्नीत्वमवाप्य चित्राङ्गदविचित्रवीर्याभिधानौ पुत्रौ जनयामास। तत्र चित्राङ्गदे निःसन्ताने मृते विचित्रवीर्यं वीर्याच्चापि सन्तानसमुद्भवाभावे सा दुःखिताऽभूत्। तस्मिन् समये सा सत्यवती पराशरसंयोगात्समुत्पन्नं स्वप्रथमतनयं कृष्णद्वैपायनमाहूय नियोगविधिना कुरुवंशविस्तारं समपादयत्। मातुः सत्यवत्या आदेशं पालयितुं कृष्णद्वैपायनः पाराशरः शान्तनवस्य विचित्रवीर्यस्य पत्नीभ्यामम्बिकाऽम्बालिकाभ्यां साकं समागमं व्यधाद् येन हि धृतराष्ट्रः पाण्डुश्च समुत्पन्नावित्थं हि कुरुवंशस्य विस्तारकत्वं कृष्णद्वैपायनस्य प्रसिद्धमस्ति। एष कृष्णद्वैपायनः पराशरपुत्रत्वेन शक्तिपौत्रत्वेन वसिष्ठनप्तृत्वेन शुकदेवजनकत्वेन च प्रसिद्धो यथा हि—

व्यासं वशिष्ठनप्तारं शक्तेः पौत्रमकल्मषम्।
पराशरात्मजं व्यासं वन्दे शुकतातं तपोनिधिम्॥

अत्र व्यासवन्दनायां कृष्णद्वैपायनवेदव्यासस्य पारिवारिकपरम्परायाः स्पष्टनिर्देशो विराजते।

कृष्णद्वैपायनस्य प्रमुखं कर्म वेदव्यसनं विद्यते। अनेन महामुनिना वेदसंहितायाः विभागाः कृतास्ततो हि वेदव्यास इति पदवी प्राप्ता। कृष्णद्वैपायनात्पूर्वमन्यैर्यैः खलु बेदव्यसनं कृतं तेषामपि संज्ञा वेदव्यास इति वर्तते। पुराऽणानुसारं वेदव्यासानां विष्णववतारत्वं प्रथितमस्ति यथा हि विष्णुपुराणे प्रकाशितमस्ति—

'द्वापर द्वापर विष्णुर्व्यासरूपी महामुने।
वेदमेकं सुबहुधा कुरुते जगतो हितः॥
वीर्यं तेजो बलं चाल्पं मनुष्याणामवेक्ष्य हि।
हिताय सर्वभूतानां वेदभेदान् करोति सः॥

वि० पु० ३।३।५-६

एतेन परिचीयते यत्खलु वेदव्यसनं कृष्णद्वैपायनात्पूर्वं यैः कृतं तेऽपि वेदव्याससंज्ञकाः सन्ति। अयं हि कृष्णद्वैपायनो वैवस्वतमन्वन्तरस्याष्टाविंशतितमे द्वापरे वेदव्यसनं व्यधादितः पूर्वं द्वापरसप्तविंशत्यां यैर्विष्णववतारैः खलु लोके वेदव्यसनं विहितं तेषां नामानि ब्रह्मा, प्रजापतिः, शुक्राचार्यो बृहस्पतिः सूर्यः, यम इन्द्रो वसिष्ठः सारस्वतस्त्रिधामास्त्रिशिखो भरद्वाजोऽन्तरिक्षो वर्णी त्र्य्यारुणो धनञ्जयः ऋतुञ्जयो भरद्वाजो गौतमो हर्य्यात्मा वाजश्रवाः सोमसुषमायणतृणबिन्दुर्भार्गव ऋक्षः (वाल्मीकिः) शक्तिः पराशरो जातुकर्णश्चेति पुराणेषु प्रकाशितानि सन्ति। अत्र वेदव्यासनामावल्यां कृष्णद्वैपायनस्य पिता षड्विंशतिसंख्यकवेदव्यासत्वेन प्रस्तुतस्तथा च कृष्णद्वैपायनमातृमहस्य वसिष्ठस्य नाम खल्वष्टमवेदव्यासत्वेन निर्दिष्टमस्ति कृष्णद्वैपायनस्य तत्पितुः मातृमहस्य च कथं युगभेदो भवितुमर्हतीति विषये विद्वद्भिर्बहुधा प्रकल्प्यते। केचिदेषां महापुरुषाणां दीर्घजीवित्वं कल्पयन्ति। अत्र सूच्यां भरद्वाजस्य द्विवारं नामोल्लेखो वर्ततेऽनेन परिचीयते यत्खलु नैकेषां समानवंशसम्भवत्वमनुसृत्यैकस्याः संज्ञायाः बहुत्र व्यवहारो जातोऽर्थात् भरद्वाजवंशजस्यापि संज्ञा भरद्वाज इत्येव प्रचलिताऽभूत्। अत्र नाम साम्यमनुसृत्येत्थमपि प्रकल्प्यते यद् विभिन्नेषु युगेषु विभिन्नाः भरद्वाजा अभूवन्निति। एवमेव पराशरवशिष्ठयोर्नामनी युगान्तरेऽन्याभ्यां महापुरुषाभ्यां धृते स्तः। इत्थं पूर्ववर्तिनां सप्तविंशतिवेदव्यासानां परिचयस्याभावोऽस्ति परन्तु कृष्णद्वैपायनस्यान्तिमवेदव्यासस्य महाभारतयुद्धकालवर्तित्वमैतिहासिकाः स्वीकुर्वन्त्येवञ्च पुरालेखैरैतिहासिकप्रमाणान्तरैश्च कृष्णद्वैपायनस्य स्थितिः पञ्चसहस्रवर्षपूर्वं साध्यते तथा च पुराणवचनैरस्य पाण्डुजनकत्वं प्रथितमस्ति।

वेदव्यसनातिरिक्तं कृष्णद्वैपायनेन ब्रह्मसूत्राख्यस्य जीवेश्वराद्वैतस्थापकस्य वेदान्तदर्शनप्रमुखग्रंथस्य रचना कृता तथा चाष्टादश महापुराणानि कृष्णद्वैपायनेन विरचितानीति प्रसिद्धमस्ति। अनेनैव विविधविद्याविशारदेन कृष्णद्वैपायनेन जयापरपर्यायस्य महाभारताख्यस्यास्य ग्रंथस्यापि विरचनं विहितमिति भारतीयानां विपश्चिदामभिमतमस्ति।

महाभारतस्य वेदमूलकता—

महाभारतस्य पुराणानाञ्च रचनायाः प्रमुखोद्देश्यं वेदसंरक्षणमासीद् यथाहि कथित मस्ति—

इतिहासपुराणाभ्यां वेदं समपबृंहयेत्।
बिभेत्यल्पश्रुताद् वेदो मामयं प्रहरिष्यति॥

इतिहासरूपेऽत्र महाभारतेऽपि वेदव्यासः पुराणवदेव वेदार्थोपबृंहणं कृतवान्। तत्र पुराणेतिहासग्रन्थेषु वेदार्थोपबृंहणार्थं वेदमन्त्राणां यथावत् पाठोऽपि बहुत्र प्रस्तुतस्तथा च क्वचित्क्वचित्पाठपरिवर्तनपूर्वकं वेदमन्त्राः प्रस्तुताः सन्ति यथा हि महाभारते धृतराष्ट्रं प्रति सनत्सुजातोक्तिर्विद्यते—

पूर्णात् पूर्णान्युद्धरन्ति पूर्णात् पूर्णानि चक्रिरे ।
हरन्ति पूर्णात् पूर्णानि पूर्णमेवावशिष्यते ।।

अत्र हि प्रज्ञाचक्षुषं धृतराष्ट्रं ब्रह्मविद्यां समुपदिशतः सनत्सुजातस्योक्तौ खल्वीशोपनिषदः स्पष्टप्रभावो विलोक्यते । अत्रोपनिषदः "पूर्णमदः पूर्णमिदं पूणात्पूर्णमुदच्यते" इत्यादिकं वाक्यं किञ्चित्पदपरिवर्तनपूर्वकं यथावदेव प्रकाशितमस्ति । तथा च श्रीमद्भगवद्गीतोपनिषदि सर्वासामुपनिषदां सारः संगृहीतोऽस्तीति विद्वद्विचारमनुसृत्य महाभारतस्य वेदार्थोपबृंहणपरत्वं स्पष्टमेव ।

वेदार्थोपबृंहणार्थं विरचिते महाभारते "सत्यं वद धर्मं चर" इति संक्षिप्तस्य वेदवाक्यस्य प्रबन्धव्यापकता विभाति यतो हि युधिष्ठिरस्य समग्रं जीवनचरित्रममुमेव वेदमन्त्रमधिकृत्य प्रवर्तते । यथा हि प्रबन्धाङ्गिरसस्य प्रबन्धव्याप्तिं पुनः पुनः समुन्मीलनञ्च विधातुं कविवरेण यथाप्रसङ्गं शान्तरसस्य विभावादिकं प्रस्तुतं तथैव "सत्यं वद धर्मं चर" इति वेदोपदेशस्यापि महाभारते प्रबन्धव्यापकता प्रतिभाति । इत्थं हि महाभारतस्य पुराणानां ब्रह्मसूत्राणाञ्च सर्वासामेव वेदव्यासकृतीनां वेदसम्बन्धः प्रतीयते । एवं हि कृष्णद्वैपायनो वेदमन्त्रसंहिताव्यसनेन सह वेदार्थस्यापि व्यसनं व्यधादिति परिचीयते ।

महाभारते धर्मस्य माहात्म्यं तत्स्वरूपञ्च—

कृष्णद्वैपायनवेदव्यासो महाभारते पुरुषार्थचतुष्टयस्य विवेचनं विहितवानतो हि प्रसिद्धमस्ति—

अर्थशास्त्रमिदं प्रोक्तं धर्मशास्त्रमिदं महत् ।
कामशास्त्रमिदं प्रोक्तं व्यासेनामितबुद्धिना ।।

म० भा० १।१।३८३

अत्र पद्ये मोक्षशब्दस्य प्रयोगाभावान्मोक्षप्रतिपादनाभावो महाभारते नैव कल्पनीयम् । यथा हि प्रबन्धाङ्गिरसस्य शान्तस्य नामोल्लाखाभावेऽपि महाभारतस्य शान्तप्रधानत्वं व्यज्यते तथैव प्रबन्धे निर्वेदजनकस्य वृत्तस्य प्रकाशनबाहुल्यादस्य ग्रन्थस्य मोक्षशास्त्रत्वमपि प्रसिद्ध्यति । ब्रह्मसूत्रे पुराणेषु च मोक्षाख्यस्यान्तिमपुरुषार्थस्य सविस्तरं विवेचनमस्ति परन्त्वत्र महाभारते धर्मरूपस्य मोक्षसाधनमार्गस्य चर्चा प्राधान्यं भजते । मोक्षप्राप्तिरपि धर्माचरणं विना न युज्यते यथा हि मनुस्मृतौ प्रकाशिमस्ति—

अनधीत्य द्विजो वेदान् अनुत्पाद्य सुतानपि ।
अनिष्ट्वा शक्तितो यज्ञैर्मोक्षमिच्छन् पतत्यधः ।।

इत्थं हि स्मृतिवचनमनुसृत्य वेदव्यासो मोक्षप्राप्तिप्रसङ्गेऽपि धर्मस्यापेक्षां मत्वा जीवने धर्माचरणस्य प्राधान्यं प्रकाशितवान् । वेदव्यासेन जीवने धर्माचरणस्य माहात्म्यं प्रकाशयताऽर्थकामयोरपि प्राप्तिर्धर्माधीनेति

प्रतिपादितमस्ति, तस्य समुद्घोषणा वर्तते--

ऊर्ध्वबाहुर्विरौम्येष न कश्चित् शृणोति मे ।
धर्मादर्थश्च कामश्च स किमर्थं न सेव्यते ॥

धर्मस्य लाभो देहत्यागान्तरमेव न प्राप्यो वर्ततेऽपितु धर्मफलं जीवनेऽपि विलोक्यतेऽत एव वर्णाश्रमधर्माणां जीवनोपयोगित्वं प्रकाशयितुं शान्तिपर्वणि भीष्ममुखेन प्रकटितं यत्—

सर्वत्र विहितो धर्मः सत्यप्रेत्य तपः फलम् ।
बहुद्वारस्य धर्मस्य नेहास्ति विफला क्रिया ॥

अस्मिन् जगत्यधर्माचरणरतानां जनानां समृद्धिं विलोक्याधर्मे मतिर्नैव विधेयेति प्रतिपादयतो लोमशमहर्षिणो महाभारतवनपर्वणि कथनं वर्तते—

वर्धत्यधर्मेण नरस्ततो भद्राणि पश्यति ।
ततः सपत्नान् जयति समूलस्तु विनश्यति ॥ म० भा० ५।९४।४

अयमेवाभिप्रायः शान्तिपर्वणि भीष्मोक्तिरूपेणेत्थं प्रस्तुतोऽस्ति—

धर्मादपेतं यत्कर्म यद्यपि स्यान्महत्फलम् ।
न तत्सेवेत मेधावी न तद्धितमिहोच्यते ॥

म० भा० १२।२९३।८

महर्षिणा वेदव्यासेनात्र महाभारते युधिष्ठिरपक्षस्य धर्ममयत्वं दुर्योधनपक्षस्य चाधर्ममयत्वं सम्यक् प्रस्तुतवता धर्मस्याधर्मस्य च सविस्तरं विवेचनं विहितमिति हेतोर्महाभारतारम्भे ग्रन्थप्रतिपाद्यप्रकाशनावरे प्रकटितं यत्—

दुर्योधनो मन्युमयो महाद्रुमः स्कन्धः कर्णः शकुनिस्तस्य शाखाः ।
दुःशासनः पुष्पफले समृद्धे मूलं राजा धृतराष्ट्रोमनीषी ॥
युधिष्ठिरो धर्ममयो महाद्रुमः स्कन्धोऽर्जुनो भीमसेनोऽस्य शाखाः ।
माद्रीसुतौ पुष्पफले समृद्धे मूलं कृष्णो ब्रह्म च ब्राह्मणाश्च ॥

म० भा० १।१।११०-१११

इत्थं हि प्रतिभाति यन्महाभारतस्य मुख्यं प्रतिपाद्यं धर्माचरणमेव वर्तते। "धर्मो हि विश्वस्य जगतः प्रतिष्ठा" इति विचारं प्रकाशयता वेदव्यासेनात्र ग्रन्थे धर्माचरणं प्रति सततं जागरूकैर्भाव्यमिति समुपदिष्टमस्ति। धर्मस्य माहात्म्यमधिकृत्य महाभारतारम्भे प्रकाशितमस्ति—

धर्मे मतिर्भवतु वः सततोत्थितानां
स ह्येक एव परलोकगतस्य बन्धुः ।
अर्थाः स्त्रियश्च निपुणैरपि सेव्यमाना
नैवाप्तभावमुपयान्ति न च स्थिरत्वम् ॥

म० भा० १।२।३९१

धर्माचरणसमुपदेवप्रधाने महाभारते सर्वेषामेव वर्णाश्रमधर्माणां यथाप्रसङ्गं विवेचनं प्रस्तुतमस्ति तथा चैषां सर्वेषां धर्माणामाश्रयो नृपो भवतीति प्रतिपादितम्। समाजे राज्ञो महत्त्वं प्रकाशयता भीष्मेण तत्र शान्तिपर्वणि स्पष्टमेव निर्दिष्टं यत्—

न चेद् राजा भवेद् दाता कुतः स्युर्मोक्षकांक्षिणः।
अन्नाद् गृहस्था लोकेऽस्मिन् भिक्षवस्तत एव च॥
अन्नात् प्राणः प्रभवति अन्नदः प्राणदो भवेत्।
गृहस्थेभ्योऽपि निर्मुक्ता गृहस्थानेव संश्रिताः।
प्रभवं च प्रतिष्ठाञ्च दान्ताः विन्दन्त आसते॥

इत्थं हि लोके गृहस्थाश्रमस्य सर्वाश्रमाश्रयत्वं प्रतिपादितवता वेदव्यासेन सर्वेषां वर्णधर्माणामाश्रमधर्माणाञ्च प्रतिष्ठा नृपाश्रिता भवतीति प्रकाशितम्।

वेदव्यासमतानुसारं गृहस्थाश्रमिकर्तव्येषु पञ्चमहायज्ञानुष्ठानं सर्वातिशायि विद्यतेऽत एव महाभारते शान्तिपर्वणि विघसाशिनां प्रशंसा विशदरूपेण प्रस्तुता। तत्र शान्तिपर्वणि प्रकाशितं यत्कदाचिद् अजातश्मश्रूणां बालसंन्यासिनां समुपदेशार्थमिन्द्रेण विघसाशिप्रशंसाप्रसङ्गे प्रोक्तम्—

सायं प्रातर्विभज्यान्नं स्वकुटुम्बे यथाविधि।
दत्त्वातिथिभ्यो देवेभ्यः पितृभ्यः स्वजनाय च।
अवशिष्टानि येऽश्नन्ति तानाहुर्विघसाशिनः॥

म० भा० १२।११।२३-२४

पञ्चमहायज्ञाचरणनिष्ठस्य युधिष्ठिरस्य जीवनचरित्रं प्रस्तुवन् वेदव्यासो महाभारते विभिन्नाख्यानोपाख्यानैर्धर्मस्य व्यापकं विवेचनं कृतवान्। वस्तुतोऽस्मिन् महाभारते युधिष्ठिरजीवनचरित्रस्य प्रकाशनव्याजेव मानवधर्मस्य साङ्गोपाङ्गं विवेचनं विहितमस्तीति हेतोः प्रसङ्गविशेषे प्रस्तुतानां विभिन्नानां धर्माणां परस्परं विरोध आभासते परन्तु समग्रग्रन्थपर्यालोचनेन परिचीयते यत्खल्वत्र युधिष्ठिरस्य जीवनं विरोधपरिहारपूर्वकंधर्माचरणस्यादर्शरूपेण प्रस्तुतमस्ति।

भारतभावदीपस्य वैशिष्ट्यम्—

कृष्णद्वैपायनवेदव्यासविरचितस्य महाभारताख्यग्रन्थस्य भावं प्रकाशयितुं बहुभिष्टीकाकारैः प्रयतितमेवञ्च कैश्चिद् विपश्चिदपश्चिमैर्महाभारतीयांशविशेषाणां श्रीमद्भगवद्गीतोपनिषत्प्रभृतीनां सविस्तरं विवेचनं प्रस्तुतमेतेषु महाभारतविवेचकेषु महापुरुषेषु नीलकण्ठाचार्यस्य प्रमुखतमं पदं विद्यते। भारतभावदीपे प्रस्तुतेऽन्यासां महाभारतीयटीकानां प्रायशो विलोप इव विजातः। सम्प्रति तासां चर्चा संस्कृतसाहित्येतिहासग्रन्थेष्वेव विद्यते। क्रिष्टाब्दानां सप्तदशशतकस्योत्तरार्द्धे महाराष्ट्रप्रदेशादागत्य काशीपण्डितमण्डलं सुशोभितवता श्रीनीलकण्ठेन भारतभावदी-

पाख्या सर्वातिशायिनी या महाभारतटीका विरचिता तस्याः महत्त्वं निगूढभावप्रकाशनमाश्रित्य प्रवर्तते। वस्तुतो भारतभावदीपाख्येऽत्र व्याख्याने पदस्वरूपपरिचयकारिणी पद्धतिर्नैवास्ति स्वीकृता, भावप्रकाशनस्यैव प्राधान्यं परिलक्ष्यते। स्वविरचितायाः भारतभावदीपाख्यटीकायाः विषये नीलकण्ठस्य सविनयं कथनं विद्यते—

टीकान्तराणीन्दुरविप्रभाणि बाह्यार्थरत्नानि च कासयन्तु।
अन्तर्निगूढार्थचयप्रकाशे दीपः क्षमो भारतमन्दिरेऽस्मिन् ॥

वस्तुतष्टीकान्तरेषु कूटपद्यानां विवेचनवैशिष्ट्यं भवतु नाम परन्तु समस्तस्य ग्रन्थस्य प्रतिपाद्यन्त्वस्य भारतभावदीपस्यैव प्रकाशेनालोकितं भवतीति दृशा नीलकण्ठाचार्यविहितस्य व्याख्यानस्य विशिष्टो महिमा विद्यते।

महाभारतस्य प्रारम्भो नारायणं नमस्कृत्य नरञ्चैव नरोत्तममित्यादि मङ्गलपद्येन भवतीति स्वीकुर्वाणेन नीलकण्ठाचार्येणास्य पद्यस्य व्याख्याने सर्वशास्त्राणां सारः प्रकाशितोऽस्ति। भारतभावदीपाख्यस्य व्याख्यानस्य वैशिष्ट्यं विद्यते यत्खल्वत्र पर्वारम्भे सर्वतः प्राक् पर्वाख्यानसङ्गतिप्रकाशनपूर्वकं वेदव्यासरचनाऽभिप्रायो दर्शितोऽस्ति यथा हि भक्तप्रवरो नीलकण्ठाचार्यः पाण्डवानां लाक्षागृहादिवृत्तमादिपर्वणि प्रस्तूय सभापर्ववृत्तव्याख्यानात्पूर्वं सर्वप्रथमं विवेचितवान् यद्धि "तत्र पूर्वस्मिन् पर्वण्यन्ते शार्ङ्गकाः ज्ञानबलादेव वह्निमुखाद्विमुक्ता इत्युक्तं तच्च ज्ञानं भगवद्भक्तिबलादेव लभ्यते इति प्रतिपादनायेदं सभापर्व आरभ्यते। तदग्रे नीलकण्ठो लिखतिस्म यत्। द्वेषेणापि भगवद्ध्यानं भगवत्सायुज्यप्रापकमिति शिशुपालनिर्याणेन ध्यानमाहात्म्यम्, निरपराधिष्वपि पाण्डवेषु दुर्योधनादीनां द्वेषोत्पत्त्याऽभक्तदोषाः, द्यूते द्रौपदीत्राणेन भक्तपक्षपातित्वं समर्थानामपि पाण्डवानां सापराधेष्वपि दुर्योधनादिष्वकोपेन भक्तानां तितिक्षा चेति भक्तगुणाश्च दर्शिताः।" इत्थं सभापर्ववृत्तस्य भक्तिशास्त्रविषयकविवेचनं प्रकाशितवतः श्रीनीलकण्ठाचार्यस्य भक्तिवादवैचक्षण्यं स्पष्टमेव विद्योतते।

कृष्णद्वैपायनवेदव्यासेनाष्टादशपर्वात्मके महाभारते पुरुषार्थचतुष्टयस्य विशदं विवेचनं विहितमिति भारतभावं प्रकाशयता श्रीनीलकण्ठाचार्येण प्रकाशितं यद्धि वेदव्यासस्तत्रादिपर्वणि सभापर्वणि वनपर्वणि च धर्मस्य विशदं विवेचनं विधाय विराटोद्योगभीष्मद्रोणाख्येषु चतुर्षु पर्वस्वर्थस्य प्रकाशनानन्तरमधर्मस्यानर्थस्य धर्माभासस्यानर्थाभासस्य चापि प्रकाशनापेक्षाऽस्तीति विचार्य कर्णादिकानि पर्वाणि व्यरचयत्। तत्र कर्णपर्वप्रारम्भे श्रीनीलकण्ठः पर्वकथानकसङ्गतिं निर्देष्टुं व्यलिखत् "ननु विराटादिपर्वचतुष्टयतात्पर्यक्रमेणार्थलुब्धानामर्थः सेवयाऽनीत्या कपटपूर्वकेण कुलवृद्धवधेन नृशंसानृतपूर्वकेण महागुरुवधेन च सिद्ध्यति इत्युक्तं तावतैवार्थनिरूपणं समाप्तम् अतः परं काममोक्षावेव निरूपणीयाविति कर्ण-

पर्वादित्रयं नारम्भणीयमिति चेत्सत्यम् यथा धर्मार्थौ निरूपितौ, एवं धर्माभासोऽर्थाभासश्च निरूपणीयः परिहाराय । एवमधर्मानर्थौ अधर्माभासानर्थाभासौ च निरूपणोयौ हानोपादानाय च । तदर्थमुत्तरग्रन्थः काममोक्षयोः प्रागावश्यकः ।" कर्णपर्वारम्भस्थेनैतेन नीलकण्ठाचार्यकथनेन भारतभावदीपाख्यायाष्टीकायाः सम्यक् स्वरूपावबोधो खलु भवति । शास्त्रविचारविहीनैः कैश्चित्पण्डितम्मन्यैः भीष्मद्रोणादिविरोधिनां पाण्डवानां पक्षो नैवन्याययुक्त आसीदिति कथ्यते, भारतभावदीपव्याख्यानेनैतादृशीनां विविधानां विप्रतिपत्तीनां निरासो विधीयते ।

वस्तुतोऽयं भारतभावदीपो महाभारतस्य व्याख्यानमुखेन भारतदेशस्य विचारधारां शास्त्रपरम्परां संस्कृतिञ्च दीपयति । वेदव्यासस्याभिप्रायप्रकाशनतत्परेण नीलकण्ठाचार्येणात्र महाभारतव्याख्याने वेदव्यासकृत्यन्ताराणां पुराणानां ज्ञानस्य भूयान् प्रयोगो विहित इति परिलक्ष्यते । महाभारते तु भक्तेः सूक्ष्मरूपेणैव चर्चा विलसति परन्तु महाभारतीयव्याख्यानेऽस्मिन् भक्तिधारा बहुधा प्रवहति तत्र कारणमस्ति वेदव्यासविरचितस्य पुराणराशेः परिशीलनम् ।

महाभारतभावं प्रकाशयितुं प्रवृत्तेन नीलकण्ठाचार्येण वेदव्यासस्य कटरचनानिपुणत्वमपि सम्यग् विज्ञातमासीत्तेन हि कूटश्लोकानां यत् स्फोटनं प्रस्तुतं तस्यैव पण्डितमण्डल्यां प्रचारो दरीदृश्यते । वस्तुतो नीलकण्ठाचार्यव्याख्यानं हृदयहारितां भजते ।

वर्षपञ्चकात्पूर्वं मानवसंसाधन विकास मन्त्रालयेन तदानीं संयुक्तशिक्षा सचिवपदमलङ्कुर्वाणायाः श्रीमत्याः कपिलावास्त्यायनमहोदयायाः सत्परामर्शमनुसृत्य पौराणिकवाङ्मयस्य तथाचान्येषां महत्त्वपूर्णसंस्कृत ग्रन्थानां पुनर्मुद्रणार्थं निर्णयः कृतः । अयं निर्णयः संस्कृतवाङ्मयस्य संरक्षणेतिहासे विशिष्टं महत्त्वं भजते । मन्त्रालयेन निर्धारितस्यास्य कार्यत्रमस्य क्रियान्वयने नागप्रकाशनस्य संस्थापकस्य श्रीनागशरणसिंहमहोदयस्य सविशेषं योगदानं विद्यते । अयं हि महाभारतस्य पुनर्मुद्रणविधिरपि तस्यैप प्रयासेन सम्पन्नः । अस्य ग्रन्थस्य पुनर्मुद्रणेन नागप्रकाशनस्य विशिष्टग्रन्थप्रकाशनगौरवं सविशेषं वर्धितमस्ति । एतस्य सत्प्रयासस्य कृते श्री नागमहोदयानां हार्दिकमभिनन्दनं विदधामि ।

विदुषामाश्रवः

डा० मण्डनमिश्रः

निदेशकः राष्ट्रिय संस्कृतसंस्थानस्य

प्राचार्यः श्रीलालबहादुरशास्त्रीकेन्द्रीयसंस्कृत विद्यापीठस्य

ऋषिपञ्चमी

वि० सं० २०४५

अथ श्रीमहाभारते सटीकं आदिपर्व प्रारभ्यते

आदिपर्व-१
द्रौपदी
अर्जुन.
द्रुपदराजा.

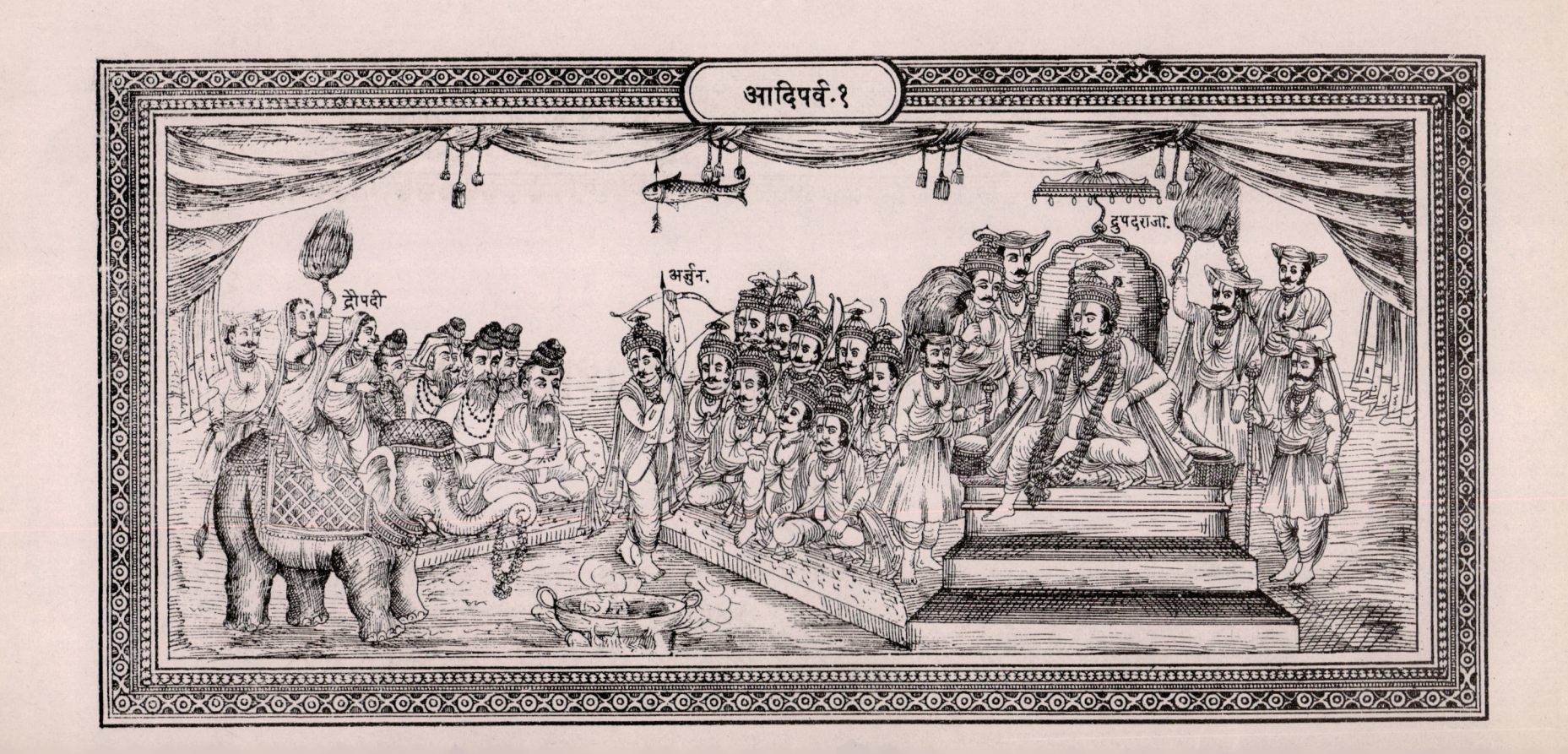

श्रीः

आदिपर्व ।

१

अनुक्रमणिका ।

अ०	विषयः	पृष्ठांकाः
१	(१) अनुक्रमणिकापर्व ।	१
२	(२) पर्वसंग्रहपर्व ।	१४
३	(३) पौष्यपर्व ।	२४
	(४) पौलोमपर्व ।	३१
४	कथाप्रवेशः ।	३२
५	पुलोमाग्निसंवादः	३२
६	अग्निशापः	३२
७	अग्निशापमोचनम्	३३
८	प्रमद्वरासर्पदंशः	३३
९	प्रमद्वरासंजीवनम्	३४
१०	रुरुडुण्डुभसंवादः	३४
११	डुण्डुभशापमोक्षः	३४
१२	सर्पसत्रप्रस्तावना	३५
	(५) आस्तीकपर्व ।	
१३	जरत्कारुतात्पितृसंवादः	३५
१४	वासुकिस्वसृवरणम्	३६
१५	सर्पाणां मातृशापप्रस्तावः	३६
१६	सर्पाद्युत्पात्तिः	३६

२

आदिपर्वानुक्रमणिका

१७ अमृतमन्थनम् ३७
१८ नारायणेन मोहिनीरूपं धृत्वा देवानाममृतप्राशनम् ३७
१९ देवासुरयुद्धम् ३८
२० सौपर्णाख्यानारम्भः ३९
२१ कद्रूविनतयोरुच्चैःश्रवसो दर्शनाय गमनम् ३९
२२ सर्पैर्मातृवचनादुच्चैःश्रवःपुच्छवेष्टनम् ३९
२३ गरुडोत्पत्तिः ४०
२४ अरुणेन सूर्यसारथ्यकरणम् ४०
२५ विनतागरुडाभ्यां कद्रूसर्पवहनम् ४१
२६ इन्द्रेण जलवर्षणम् ४१
२७ सर्पैर्दास्यमोचनोपायकथनम् ४१
२८ अमृताहरणाय गरुडगमनम् ४२
२९ गरुडकश्यपसंवादः ४२
३० उत्पातान्दृष्ट्वा देवैरमृतरक्षणम् ४३
३१ गरुडस्य पक्षीन्द्रत्वेऽभिषेकः ४४
३२ देवगरुडयुद्धम् ४५
३३ अमृतं गृहीत्वा गच्छतो गरुडस्य विष्णुदर्शनम् ४६
३४ इन्द्रगरुडसख्यं विनतादास्यमोचनम् ४६
३५ सर्पनामकथनम् ४७
३६ शेषवृत्तकथनम् ४७
३७ वासुक्यादिमन्त्रणम् ४८
३८ एलापत्रवाक्यम् ४८
३९ जरत्कार्वन्वेषणम् ४९
४० परीक्षिदुपाख्यानम् ४९
४१ परीक्षिच्छापः ५०
४२ काश्यपागमनम् ५१
४३ तक्षकदंशः ५१
४४ जनमेजयराज्याभिषेकः ५२
४५ जत्कारुपितृदर्शनम् ५२
४६ वासुकिजरत्कारुसमागमः ५३
४७ जरत्कारुनिर्गमः ५४
४८ आस्तीकोत्पत्तिः ५४
४९ परीक्षिद्वृत्तम् ५५
५० परीक्षिन्मन्त्रिसंवादः ५६
५१ सर्पसत्रोपक्रमः ५७
५२ „ ५७
५३ सर्पसत्रे वासुकिवाक्यम् ५७
५४ आस्तीकागमनम् ५८
५५ आस्तीककृतराजस्तवः ५८
५६ आस्तीकवरप्रदानम् ५९
५७ सर्पनामकथनम् ६०
५८ आस्तीकपर्वसमाप्तिः ६०

(६) अंशावतरणपर्व

५९ कथानुबन्धः ६१
६० „ ६१
६१ भारतसूत्रम् ६२
६२ महाभारतप्रशंसा ६३
६३ व्यासाद्युत्पत्तिः ६५
६४ अंशावतरणपर्वसमाप्तिः ६७

(७) संभवपर्व

६५ आदित्यादिवंशकथनम् ६८
६६ देवर्षितिर्यक्स्थावराद्युत्पत्तिः ६९
६७ राज्ञां वंशादिनिरूपणम् अंशावतरणसमाप्तिः ७१
६८ शकुन्तलोपाख्यानारम्भः ७३
६९ मृगयार्थं दुष्यन्तस्य वनगमनम् ७४
७० दुष्यन्तस्य कण्वाश्रमगमनम् ७४
७१ शकुन्तलया विश्वामित्रोपाख्यानकथनम् ७५
७२ शकुन्तलाजन्म ७६
७३ शकुन्तलाविवाहः ७७
७४ शकुन्तलाया भरतोत्पत्तिः ७७
७५ ययात्युपाख्यानारम्भः ८०
७६ कचोपाख्यानम् ८१
७७ कचदेवयान्याः परस्परं शापदानम् ८३
७८ शर्मिष्ठादेवयान्योर्विरोधः देवयान्याः कूपादुद्धरणं च ८३
७९ शुक्रदेवयानी संवादः ८४
८० शर्मिष्ठया देवयानीदास्यस्वीकारः ८५

८१	ययातिदेवयान्योर्विवाहमङ्गलम्	८४	९७	शन्तनूपाख्यानम्	९५	११६	दुःशीलोत्पत्तिः	१११	१३६	कर्णाभिषेकः	१२८
८२	शर्मिष्ठादेवयान्यो राज्ञः पुत्रोत्पत्तिः	८६	९८	भीष्मोत्पत्तिः	९८	११७	धृतराष्ट्रेपुत्रनामानि	१११	१३७	कर्णस्य भीमेनाधिक्षेपः	१२९
८३	ययातेः शुक्रशापाज्जराप्राप्तिः	८७	९९	आपवोपाख्यानम् । गङ्गायाः स्वलोकगमनम्	९९	११८	पाण्डुमृगशापः	११२	१३८	द्रुपदशासनम्	१३०
८४	ययातिना पूरोर्धरदानम्	८८	१००	सत्यवतीलाभोपाख्यानम्	१००	११९	पाण्डोस्तपश्चर्या	११३	१३९	पाण्डवान्कर्ण विज्ञाय धृतराष्ट्रस्य चिन्ता	१३१
८५	पुरो राज्याभिषेचनम्	८९	१०१	चित्राङ्गदोपाख्यानम्	१०२	१२०	पाण्डुपृथासंवादः	११४	१४०	कणिकनीतिः	१३२
८६	ययातेः स्वर्यात्रा उत्तरयायातारम्भश्च	८९	१०२	विचित्रवीर्यस्योपरमः	१०२	१२१	व्युषिताश्वोपाख्यानम्	११५	(८) जतुगृहपर्व ।	
८७	इन्द्रययातिसंवादः	८९	१०३	भीष्मसत्यवतीसंवादः	१०३	१२२	कुन्तीपुत्रोत्पत्त्यनुशासनम्	११५	१४१	दुर्योधनेर्ष्या	१३४
८८	ययातेः स्वर्गाच्यावनम्	९०	१०४	दीर्घतमस उपाख्यानम्	१०४	१२३	पाण्डवोत्पत्तिः	११६	१४२	दुर्योधनपरामर्शः	१३५
८९	ययात्यष्टकसंलापः	९०	१०५	सत्यवत्युपदेशः	१०५	१२४	"	११८	१४३	वारणावतयात्रा	१३६
९०	"	९१	१०६	विचित्रवीर्यसुतोत्पत्तिः	१०६	१२५	पाण्डोर्मरणम्	११८	१४४	पुरोचनोपदेशः	१३६
९१	"	९३	१०७	अणीमाण्डव्योपाख्यानम्	१०७	१२६	ऋषिसंवादः	११९	१४५	वारणावतगमनम्	१३६
९२	अष्टकप्रतर्दनयोर्ययातिना संलापः	९३	१०८	"	१०७	१२७	पाण्डोरन्त्येष्टिः	१२०	१४६	भीमयुधिष्ठिरसंवादः	१३८
९३	ययातेः पुनः स्वर्गगमनम् । ययात्युपाख्यानसमाप्तिः	९४	१०९	पाण्डुराज्याभिषेकः	१०८	१२८	भीमसेनरसपानम्	१२०	१४७	जतुगृहवासः	१३८
			११०	धृतराष्ट्रविवाहः	१०८	१२९	भीमप्रयागमनम्	१२२	१४८	जतुगृहदाहः	१३८
९४	पुरुवंशकथनम्	९५	१११	कर्णोत्पत्तिः	१०८	१३०	द्रोणस्य भार्गवाख्रप्राप्तिः	१२२	१४९	गङ्गोत्तरणम्	१३८
९५	"	९६	११२	कुन्तीविवाहः	१०९	१३१	भीष्मद्रोणसमागमः	१२४	१५०	पाण्डवानां वनप्रवेशः	१३९
९६	महाभिषोपाख्यानारम्भः	९६	११३	पाण्डुदिग्विजयः	१०९	१३२	द्रोणशिष्यपरीक्षा	१२५	१५१	भीमजलाहरणम्	१४०
			११४	विदुरपरिणयः	११०	१३३	द्रोणग्राहमोक्षणम्	१२७	(९) हिडिम्बवधपर्व ।	
			११५	गान्धारीपुत्रोत्पत्तिः	११०	१३४	अस्त्रदर्शनम्	१२७	१५२	भीमेन हिडिम्बासंवादः	१४१
						१३५	"	१२८			

आदिपर्वानुक्रमणिका

१५३ हिडिम्बयुद्धम्	१४१	१७१ तपत्युपाख्यानम्	१५३
१५४ हिडिम्बवधः	१४२	१७२ ,,	१५३
१५५ घटोत्कचोत्पत्तिः	१४३	१७३ ,,	१५४
१५६ व्यासदर्शनम्	१४४	१७४ पुरोहितवरणम्	१५५
(१०) बकवधपर्व		१७५ विश्वामित्रपराभवः	१५५
१५७ ब्राह्मणचिन्ता	१४४	१७६ वासिष्ठशोकः	१५६
१५८ ब्राह्मणीवाक्यम्	१४५	१७७ सौदाससुतोत्पत्तिः	१५७
१५९ ब्राह्मणकन्यापुत्रवाक्य	१४६	१७८ और्वोत्पत्तिः	१५८
१६० कुन्तीप्रश्नः	१४६	१७९ लोकविनाशार्थं तपस्यत और्वस्य	
१६१ भीमेन बकवधाङ्गीकारः	१४६	निवारणम्	१५८
१६२ कुन्तीयुधिष्ठिरसंवादः	१४७	१८० और्वेण समुद्रे क्रोधत्यागः	१५८
१६३ बकभीमसेनयोर्युद्धम्	१४७	१८१ पराशरेण राक्षसनाशार्थं यज्ञा-	
१६४ बकवधः	१४८	रम्भः तस्य मध्ये समातिष्ठ	१५९
(११) चैत्ररथपर्व ।		१८२ कल्माषपादकथा	१६०
१६५ द्रौपदीसंभवः	१४९	१८३ पाण्डवैर्धौम्यस्य पौरोहित्ये	
१६६ ,,	१४९	वरणम्	१६०
१६७ ,,	१४९	**(१२) स्वयंवरपर्व ।**	
१६८ पाञ्चालदेशयात्रा	१५०	१८४ पाण्डवागमनम्	१६१
१६९ द्रौपदीजन्मान्तरकथनम्	१५१	१८५ धृष्टद्युम्नवाक्यम्	१६१
१७० गन्धर्वपराभवः	१५१	१८६ राजनामकीर्तनम्	१६२

१८७ राज्ञां पराङ्मुखीभवनम्	१६२	२०३ भीष्मवाक्यम्	३२५
१८८ लक्ष्यच्छेदनम्	१६३	२०४ द्रोणवाक्यम्	१७२
१८९ कृष्णवाक्यम्	१६३	२०५ विदुरवाक्यम्	१७३
१९० पाण्डवप्रत्यागमनम्	१६४	२०६ विदुरद्रुपदसंवादः	१७४
१९१ रामकृष्णगमनम्	१६५	२०७ पुरनिर्माणम्	१७४
१९२ धृष्टद्युम्नप्रत्यागमनम्	१६५	२०८ युधिष्ठिरनारदसंवादः	१७५
(१३) वैवाहिकपर्व		२०९ सुन्दोपसुन्दोपाख्यानम्	१७६
१९३ पुरोहितयुधिष्ठिरसंवादः	१६६	२१० ,,	१७६
१९४ युधिष्ठिरादेपरीक्षणम्	१६७	२११ ,,	१७७
१९५ द्वैपायनागमनम्	१६७	२१२ ,,	१७७
१९६ व्यासवाक्यम्	१६८	**(१५) अर्जुनवनवासपर्व ।**	
१९७ पञ्चेन्द्रोपाख्यानम्	१६८	२१३ अर्जुनतीर्थयात्रा	१७८
१९८ द्रौपदीविवाहः	१७०	२१४ उलूपीसंगमः	१७८
१९९ द्रौपदीं प्रति कुन्त्या आशी-		२१५ चित्राङ्गदासंगमः	१७९
र्वादः	१७०	२१६ तीर्थग्राहविमोचनम्	१८०
१४) विदुरागमनराज्यलम्भपर्व ।		२१७ अर्जुनस्य गोकर्णक्षेत्रे गमनम्	१८०
२०० दुर्योधनवाक्यम्	१७०	२१८ अर्जुनस्य द्वारकागमनम्	१८१
२०१ धृतराष्ट्रदुर्योधनसंवादः	१७१	**(१६) सुभद्राहरणपर्व ।**	
२०२ धृतराष्ट्रमन्त्रजम्	१७२	२१९ युधिष्ठिरानुज्ञा	१८१
		२२० बलदेवक्रोधः	१८२

आदिपर्वानुक्रमणिका ५

(१७) हरणाहरणपर्व । १८३

(१८) खाण्डवदाहपर्व ।

२२२ ब्राह्मणरूप्यनलागमनम् १८४
२२३ अग्निपराभवः १८५
२२४ अर्जुनाग्निसंवादः १८७
२२५ गाण्डीवादिदानम् १८७
२२६ इन्द्रक्रोधः १८८
२२७ देवकृष्णार्जुनयुद्धम् १८८

(१९) मयदर्शनपर्व ।

२२८ मयदानवरक्षणम् १८९
२२९ शार्ङ्गकोपाख्यानम् १९०
२३० जरिताविलापः १९१
२३१ जरितायाः स्थानान्तरगमनम् १९२
२३२ आग्निना मार्जारदाहः १९२
२३३ मन्दपालं प्रति भार्यया पुत्रैश्चोपालम्भः १९३
२३४ कृष्णार्जुनमयादीनां नदीकूले उपवेशनम् १९४

आदिपर्वसमाप्तिः ।

आदिपर्व १ अवान्तरपर्वाणि १९ अध्यायाः २३४ श्लोकाः ८३७३.

श्रीगणेशायनमः ॥ ॥ श्रीवेदव्यासायनमः ॥ ॥ श्रीगुरुभ्योनमः ॥ ॥ यंवक्रंमुकुराइवेंद्रि [illegible] ुस्तत्स्थविमादिनापिचविराट्सूत्रेशभावंगतम् [illegible] क्ष
रमणुंतयक्कोपनेभ्रत्रयाःश्रीगोपालमुपास्महेश्रुतिशिरोवंशीरवैर्दर्शितम् ॥ १ ॥ बाह्यःस्तेनाभिभाषीबहिरुदवासितंपातितकोंऽप्रतिष्ठोमीमांसाभ्रातिहार्यैंभजतिगुणगणंयस्यसंख्यातिसांख्यः ॥ हृत्पीठे
योगशुद्धेनिहितमुपनिषद्वाहवृन्दैःपरंमेभाग्यंश्रीलक्ष्मणार्योजगतिविजयतेयस्यलेशाःशिवाद्याः ॥ २ ॥ हरिविधिवसिष्ठशक्तिपराशरव्यासशुकदेवान् ॥ वैशंपायनमुग्रश्रवसंचनुमःपुराणगुरुमुख्यान्
॥ ३ ॥ कणभक्षमक्षचरणंजैमिनिकपिलौपतंजलिंचनुमः ॥ श्रीमद्व्यासवचोंबुधिनयसीकरवर्षिणोमुदिरान् ॥ ४ ॥ सर्वविद्येशतामाविश्विकोर्षूपूर्वपूरुषौ ॥ श्रीनारायणधीरेशरूपौहरिहरौनुमः
॥ ५ ॥ बहून्समाहृत्यविभिन्नदेश्यान्कोशान्विनिश्चित्यचपाठमग्र्यम् ॥ प्राचांगुरूणामनुसृत्यवाचमारभ्यतेभारतभावदीपः ॥ ६ ॥ टीकांतराणींदुर्विप्रभाणिबाह्यार्थरत्नानिचकासयंतु ॥ अंत
र्निगूढार्थचयप्रकाशेदीपःक्षमोभारतमंदिरेऽस्मिन् ॥ ७ ॥ ईशप्रसादादवितुंस्ववंश्यान्भगीरथेनेवमयाप्रणीता ॥ एषामहाभारततीर्थगंगालोकत्रयीजाड्यमलंधुनोतु ॥ ८ ॥ उत्तानोऽविहकोशवि
ग्रहबलंपद्येषुनैवाश्रितंगंभीरेषुनसेतवोनाविहिताःकूटाननस्फोटिताः ॥ नाछिन्नानतमश्वराननतिर्भक्काननाह्लादितानोदीनानविभीषणाश्चविहिताःश्रीलक्ष्मणार्यश्रितैः ॥ ९ ॥ इहखलुभगवान्
पाराशर्यः परमकारुणिको मंदमध्यममतीननुग्रहीतुं चतुर्दशविद्यास्थानरहस्यान्येकत्रप्रदिदर्शयिषुर्महाभारताख्यमितिहासंप्रणेष्यन् प्रारिप्सितस्यग्रंथस्यनिष्प्रत्यूहपरिपूरणायप्रचयगमनायच कृतं
मंगलं शिष्यशिक्षाबैश्लोकरूपेणनि बध्नन्नर्थात्तत्रप्रेक्षावत्प्रवृत्त्यंगमभिधेयंप्रदिदर्शयति नारायणमिति । नरोऽविद्यावच्छिन्नंचैतन्यंजीवः तेनाविषयीकृतेऽनवच्छिन्नचैतन्यरूपेब्रह्मणिशुक्तौरजतवत्कलिप

॥ श्रीवेदव्यासायनमः ॥ नारायणं नमस्कृत्य नरं चैव नरोत्तमम् ॥ देवीं सरस्वतीं चैव ततो जयमुदीरयेत् ॥ १ ॥

तंचराचरमपृशब्दवाच्यंनारं तदेवायनंशुक्तीदप्रंशस्यरजतामिवप्रवेशस्थानंयस्यसनारायणः । स्वास्मिन्जीवकल्पितस्यप्रपंचस्यसत्तास्फूर्तिप्रदत्वेनकारणीभूतइत्यर्थः । यथोक्तं । ‘आपोनाराइतिप्रो
क्ताआपोवैनरसूनवः ॥ अयनंतस्यताःपूर्वंतेननारायणःस्मृतः’ इति तंनारायणंनमस्कृत्य तथानरमुक्तरूपंनमस्कृत्य एनंविशिनष्टि नरोत्तममिति । जीवोहिचेतनत्वेनजडवर्गादुत्कृष्टस्ततउत्कृष्टतरः
कारणात्मानारायणस्ततोप्युत्कृष्टतमंनिरुपाधिचैतन्यं‘सत्यंज्ञानमनंतंब्रह्म विज्ञानमानंदंब्रह्म’ इत्यादिश्रुतिषुप्रसिद्धं तदेवनरोत्तमस्यनिरस्ताविद्यस्यजीवस्यनिष्प्रपंचंपारमार्थिकंरूपमितियुक्तं तत्रोत्तमत्व
विशेषणं । यथोक्तं । ‘पिंडब्रह्मांडनेतृत्वान्नरोजीवेश्वरावुभौ ॥ तयोश्चनयनाच्छुद्धंब्रह्मापिनरउच्यते ॥ नरजानामपांकार्यंनारंब्रह्मांडमिष्यते ॥ तद्यस्यवसतिस्थानंतेननारायणोविभुः ॥ स्वा
विद्यासृष्टपिंडेनतादात्म्यंयोगतोनरः ॥ सजीवःसपरंब्रह्मनरोत्तमपदाभिधम् ॥ तद्द्योतिकांगिरंनत्वाततोव्यासस्तयैवसन् ॥ संसारजयिनंग्रंथंजयनामानमीरयेत्’इति । एवंचजीवाविद्याकल्पितत्वाज्जग
तोमिथ्यात्वंब्रह्मणश्चतत्रसत्तास्फूर्तिप्रदत्वेनसत्यत्वंजीवस्यतदभिन्नत्वंचेतिविषयोदर्शितः । अविद्यानिवृत्तौतत्कृतस्यप्रपंचस्यत्रैकालिकबाधादात्यंतिक्यनर्थनिवृत्तिःप्रयोजनं । अर्थात्तत्कामोऽधि
कारी । ग्रंथस्योक्तविषयस्यचज्ञाप्यज्ञापकभावःसंबंधइतिचदर्शितं । देवींनरनारायणनरोत्तमतत्त्वप्रद्योतनीं सरस्वतींचनमस्कृत्यैवततोव्यासस्तयैवसरस्वत्यापरमकारुणिकयाजनबोधायाविष्टो
जयंजयोनामेतिहासोयमितिवक्ष्यमाणत्वाज्जयसंज्ञंभारताख्यमितिहासंवा । ‘अष्टादशपुराणानिरामस्यचरितंतथा ॥ कार्ष्णंवेदंपंचमंचयन्महाभारतंविदुः ॥ तथैवविष्णुधर्माश्चशिवधर्माश्चशाश्व
ताः ॥ जयेतिनामतेषांचप्रवदंतिमनीषिणः’ ॥ इतिभाविष्यवचनात्पुराणादिकंवा । ‘चतुर्णांपुरुषार्थानामपिहेतौजयोस्त्रियां’ इतिकोशादन्यंवासर्वपुरुषार्थप्रतिपादकंग्रंथंशारीरकसूत्रभाष्यादिरूपमुदीरयेदु–

चारयेत् । अत्रलिङ्गमंगलाचरणस्यग्रंथपाठेप्यावश्यकत्वंदर्शयतारचनारंभेसुतरांतद्दर्शितं । नन्वेतन्नपठनीयंनव्याख्येयंचपौरुषेयत्वात्पुरुषेषुचभ्रमविप्रलंभकत्वयोःसंभवादितिचेन्न । सर्वज्ञेषुवेदैक प्रमाणेषुमन्वादिषुतदसंभवात् । पूर्वतंत्रेचस्मृत्यादिधर्मप्रामाण्यस्यसिद्धत्वात् । यस्यांतुस्मृतौलोभमूलकत्वंप्रत्यक्षंदृश्यतेयथावैसर्जनहोमीयंवासोऽध्वर्युःपरिगृह्णातिइतितत्रास्त्वप्रामाण्यं । नत्वष्ट काःकर्तव्याः प्रपाःकर्तव्या ऊर्ध्वपुंड्रंमृदाकुर्यादित्यादीनां तासांलोभमूलकत्वादर्शनात् । यांजनाःप्रतिनंदंति 'धन्वन्निवप्रपाअसि त्वमग्ने श्रोणामेकउदकंगामवाजति' इतिमंत्रलिंगानुमितविधिमूलक त्वाच्च । धन्वन्धन्वनिनिरुदकप्रदेशे । किमुश्रेष्ठःषळूनाआर्भवंत्रिष्टुबन्तमित्यनुक्रमणिकायां किमुश्रेष्ठइतिसूक्तस्यचतुर्दशर्चस्यऋभुदैवत्यस्यनवमदशम्यावेतेऋचौ 'आपोभूयिष्ठाइत्येको अब्रवी॒दग्निर्भूयिष्ठइत्यन्योअब्रवीत् । वधर्यंतींबहुभ्यःप्रैकोअब्रवीदृतावदंतश्चमसाँअपिंशत १ श्रोणामेकउदकंगामवाजतिमांसमेकःपिंशतिसूनयाभृतम् ॥ आनिम्रुचःशकृदेकोअपाभरत्किंस्वित्पुत्रे भ्यःपितराउपावतुः' २ । अत्रऋभ्वाख्यदेवतास्तुतिव्याजेनश्रेयःसाधनानिविधीयंते । हेऋभवःभवतांमध्येएकःकश्चित्तीर्थाश्रयेणैवप्राप्तदेवताभावआपएवभूयिष्ठाउत्कृष्टतमाइत्यब्रवीदेवंयज्ञादिनाप्रा प्तदेवताभावोऽन्योऽग्निर्भूयिष्ठइत्यब्रवीत् । वधर्यंतीं अवपूर्वाद्धृञोविच्प्रत्ययेभागुरिमतेनाकारलोपेचेदंरूपं । स्वरादिपाठादव्ययत्वंनिपातत्वादाद्युदात्तत्वंच । वधरित्यव्ययंपालनार्थे अवगत्यधारयती तियोगात् । तदर्थयंतींगच्छंतींचेतोवृत्तिंदयांबहुभ्यःप्रमाणेभ्योनिश्चित्यैकोदययैवप्राप्तदेवताभावःप्रकर्षेणाब्रवीत् । तेयूयंऋताऋतानिसत्यान्येवैतान्यवादीनिदेवताभावप्राप्तिसाधनानिवदंतउपदिशंतो यज्ञेषुचमसान्सोमयुक्तान्अपिंशतव्यभजंत । अत्रह्येवमुपाख्यायते । ऋभवोनामत्रयोदेवाएकंचमसमासेदुस्तत्रवह्निरपितद्रूपंगृहीत्वाआगतस्तेतमतिसारूप्यात्पृथग्ज्ञातुमशक्ताएकंचमसं चतुर्धाव्यभजंतेति । यद्वा सत्यवादिनामेवतीर्थादिफलदमितिऋतावदंतइत्यस्यार्थः । श्रोणामेकः हेऋभवःभवतांमध्येएकःश्रोणांश्लक्ष्णांगांमृदंगोपीचंदनादिरूपांतीर्थनिकटस्थांमुख्यकर्मभूतां प्रत्युदकंजलंगौणंकर्मअवाजत्यवगमयति अंतर्भावितण्यर्थोयं श्रोणांगामुदकेनमिश्रयतीत्यर्थः । श्रोणांगांरक्तचंदनादिरूपांवा । तथाएकःसूनयाहिंसयातत्कर्त्राआभृतमाहृतंमांसंगोरोचना ख्यंपिंशतिपिनष्टिउदकेनसहेतिशेषः । निम्रुचःनितरामस्तंगच्छतोदग्धेंधनस्याग्नेःसंबंधिशकृत्गोमयं शुष्कगोमयोत्थंभस्मेतियावत् अपाभरदपाहृतवान् । अत्राप्युदकेनसहेति शेषः । व्यवहिताश्चेतिछंदसिव्यवहितेनाप्युपसर्गेणक्रियायाःसंबंधः । हृग्रहोर्भश्छंदसीतिहस्यभः । एतानिमंत्रपदान्यसंपूर्णार्थत्वात्स्वार्थलाभायब्राह्मणमपेक्षंते । इषेत्वोर्जेत्वेत्यादिमं त्रवत् । तत्रयथा । इषेत्वेतिशाखामाच्छिनत्तिउर्जेत्वेत्यनुमार्ष्टीतिब्राह्मणानुसारात् हेशाखेत्वात्वामिषेअन्नायाच्छिनद्मीतिऊर्जेपशुभ्यःअनुमार्ज्मीतिव्याख्यातं । एवमिहापिवासुदेवोपनि षद्ब्राह्मणतंत्रपुराणोपबृंहणानुसारादूर्ध्वपुंड्रार्थंश्लक्ष्णांमृदंजलेनमिश्रयेदितिव्याख्येयं । तथाकालाग्निरुद्रबृहज्जाबालाद्युपनिषद्ब्राह्मणतंत्रपुराणोपबृंहणानुसारात्त्रिपुंड्रंकर्तुंनिम्रुचःशकृदपाभरदिति चव्याख्येयं । एवमितरस्यापिपादस्यब्राह्मणमंत्रलिंगादुपबृंहणस्मृतिभ्यश्चाष्टकाप्रपाविधिवदनुमेयं । तथाचश्रोणामितिपदस्यरक्तामितिव्याख्यानेसौरशाक्तगाणेशानांरक्तमेवपार्थिवंद्रव्यं पुंड्रार्थंतत्तत्तंत्रेविधीयते । वैष्णवानांपीतं शैवानांभस्मेति । अनेनतत्तत्पुंड्रविशेषोपलक्षिततत्तद्देवताभजनेनापिदेवताभावंप्राप्नुवंतीतिविधीयते केवलवैदिकानांतु श्रोणांश्लक्ष्णामितिव्याख्या नेनत्रितयस्यापिसमुच्चयः 'स्नात्वापुंड्रंमृदाकुर्याद्धुत्वाचैवतुभस्मना । देवान्विप्रान्समभ्यर्च्यचंदनेनसमाचरेत्'इतिस्मृतिभ्यः । अत्रगोरोचनाग्रहणंचंदनाद्यष्टगंधोपलक्षणार्थं । एतेषांविकल्प समुच्चयपक्षाणांपितृपैतामहपरंपराक्रमेणव्यवस्थामाह । किंस्वित्पुत्रेभ्यःपितराउपावतुरितिपुत्रहितार्थंयत्किंचिद्व्रतंपितरौमातापितरौपितृपितामहौवाउपेत्यस्वीकृत्यअवतुःव्रतंसम्यक्परिपालया मासतुः तद्देवतस्यपुत्रस्यश्रेयःसाधनमित्यर्थः । एवंसत्यवादिनांतीर्थानियज्ञादयस्तंत्रमार्गेणसूर्याद्यन्यतमोपास्तिःकेवलवैदिकताचेतिदेवताभावप्राप्तिसाधनानीतिमंत्रद्वयतात्पर्यंसिद्धं । तस्मादस्मदादिभि रल्पज्ञैर्दृष्टमूलमदृष्टमूलंवामन्व्यासादिसर्वज्ञप्रणीतंस्मृतिजातंवेदवद्वेदविदांवचनमितिन्यायेनागमयितव्यंपठनीयंव्याख्येयंचेतिसर्वमनवद्यम् १

॥ १ ॥ ॥ १ ॥ ॥ १ ॥

महतःशास्त्रस्यारंभे बहुविघ्नसंभावनया स्वोपास्यंवासुदेवंद्वादशाक्षरेणप्रणम्य 'यस्यदेवेपराभक्तिर्यथादेवेतथागुरौ ॥ तस्यैतेकथिताह्यर्थाःप्रकाशंतेमहात्मनः' इत्युक्तेरीश्वरवत्परात्परगुरुंपितामहं परद्गुरून्वसिष्ठमरीच्यादीन्प्रजापतींश्चप्रणम्याहंमनुरभवंसूर्यश्चेत्यादिनावामदेवइवस्वकीयंब्रह्मभावमयमात्माब्रह्मेतिशास्त्रमनुसंदधानःप्रत्यगात्मानमेवनमस्करोति ओंनमःकृष्णद्वैपायनायेति । ततोविघ्नविनायकान्नमस्कृत्यसुखासीनानितिभारतारंभश्लोकेऽपेक्षितंपूरयतिगद्येन । लोमहर्षणपुत्रइति । 'लोमानिहर्षयांचक्रेश्रोतॄणांयःस्वभाषितैः । कर्मणाप्रथितस्तेनलोमहर्षणसंज्ञया'इतिकौर्मेनिरुक्तार्थनाम्नःपुत्रउग्रश्रवाः उग्रस्यनृसिंहतापनीयोपनिषत्प्रतिपाद्यस्यवस्तुनःश्रवःश्रवणंयस्यसः अधिगतोपनिषद्रहस्यइत्यर्थः । सौतिः सूतजातेरुत्पत्तिरुक्तावायुपुराणे । 'वैन्यस्यतुपृथोर्यज्ञेवर्तमानेमहात्मनः ॥ सुत्यायामभवत्सूतःप्रथमंवर्णवैकृतम् ॥ ऐन्द्रेणहविषातत्रहविःपृक्तंबृहस्पतेः ॥ जुहावेंद्रायदैवेनततःसूतोव्यजायत ॥ शिष्यहव्येनसंपृक्तमभिभूतंगुरोर्हविः ॥ अधरोत्तरचारेणजज्ञेतद्वर्णवैकृतं'इति । वर्णवैकृतमितिब्राह्मण्यांक्षत्रियात्सूतइतियाज्ञवल्क्योक्तंविलोमजत्वं । तस्यसूतस्यापत्यंसौतिः पौराणिकःपुराणेकृतश्रमः । नैमिषारण्ये । वाराहे 'एवंकृत्वाततोदेवोमुनिंगौरमुखंतदा ॥ उवाचनिमिषेणेदंनिहतंदानवंबलम् ॥ अरण्येऽस्मिंस्ततस्त्वेतन्नैमिषारण्यसंज्ञितम्'इत्युक्तरूपे । नैमिशेतिपाठेतु वायवीये । 'एतन्मनोमयंचक्रंमयासृष्टंविसृज्यते ॥ यत्रास्यशीर्यतेनेमिःसदेशस्तपसःशुभः ॥ इत्युक्त्वासूर्यसंकाशंचक्रंसृष्ट्वामनोमयम् ॥ प्रणिपत्यमहादेवंविससर्जपितामहः ॥ तेऽपिहृष्टतराविप्राःप्रणम्यजगतांप्रभुम् ॥ प्रययुस्तस्यचक्रस्ययत्रनेमिर्व्यशीर्यत ॥ तद्वनंतेनविख्यातंनैमिशंमुनिपूजितम्'इतितन्निर्वचनंद्रष्टव्यं । शौनकस्य शौनःसर्वविवेकदृगितिलीलावत्यां शौनएवशौनकस्तस्य । कुलपतेः 'एकोदशसहस्राणियोन्नदानादिनाभरेत् ॥ सवैकुलपतिः'इत्युक्तलक्षणस्य । सत्रे येयजमानास्तएवऋत्विजोयस्मिन्बहुकर्तृकेक्रतौससत्रसंज्ञः । यथोक्तं । 'बहुभ्योदीयतेयत्रतृप्यंतिप्राणिनोबहु ॥ कर्तारोबहवोयत्रतत्सत्रमभिधीयते'इति १ सुखासीनानिति । कर्मच्छिद्रेषु सुखंस्वरूपानंदंविचारयितुमासीनान् अभ्यगच्छत्आभिमुख्येनस्वयमेवतेषांपुरःकथांवक्तुंकौतूहलितयागतवान् । 'नानाहूतोऽध्वरंगच्छेदन्यत्रतुकुतूहलात्' इत्युक्तेः । संशितव्रतान्सम्यक्शितंतीक्ष्णंखड्गधारावदनास्कन्दनीयंव्रतंब्रह्मचर्यादिकंयेषांतान् २ नैमिषारण्यवासिनामाश्रममनुप्राप्तंतंतपस्विनःपरिवव्रुरितिसंबंधः । अनुप्राप्तइतिपाठेतूत्तरार्धेतमित्यध्याहार्यम् ३ तपोधनानांतपोवृद्धिरेवप्रष्टव्याऽतस्तांस्तपोवृद्धिमपृच्छत् पृच्छेर्द्विकर्मकत्वात् । तपोवृद्धानितिपाठेतपोऽपृच्छदित्यन्वयः ४ निर्दिष्टमिहोपविश्यतामितिदर्शितम् ५ प्रस्तावयन्नुपोद्धातयन् । प्राप्तवयाइतिपाठेवृद्धइत्यर्थः ६ उपोद्धातमेवाह कुतइति । विहृतोनीतः ७ एवमिति । सम्यक्शब्दतःशुद्धं । यथावदर्थतःशुद्धं । वचनसंपन्नःशब्दप्रयोगकौशलयुक्तः । तेषांचरिताश्रयंतेषांमुनीनांचादन्येषांराजादीनांचसंबंधीनियानिचरितानितेषामाश्रयभूतंवचनम् ८

ओंनमोभगवतेवासुदेवाय ॥ ओंनमःपितामहाय ॥ ओंनमःप्रजापतिभ्यः ॥ ओंनमःकृष्णद्वैपायनाय ॥ ओंनमःसर्वविघ्नविनायकेभ्यः ॥ लोमहर्षणपुत्रउग्रश्रवाःसौतिःपौराणिकोनैमिषारण्येशौनकस्यकुलपतेर्द्वादशवार्षिकेसत्रे १ सुखासीनानभ्यगच्छद्ब्रह्मर्षीन्संशितव्रतान् ॥ विनयावनतोभूत्वाकदाचित्सूतनंदनः २ तमाश्रममनुप्राप्तंनैमिषारण्यवासिनाम् ॥ चित्राःश्रोतुंकथास्तत्रपरिवव्रुस्तपस्विनः ३ अभिवाद्यमुनींस्तांस्तुसर्वानेवकृतांजलिः ॥ अपृच्छत्सतपोवृद्धिंसद्भिश्चैवाभिपूजितः ४ अथतेषूपविष्टेषुसर्वेष्वेवतपस्विषु ॥ निर्दिष्टमासनंभेजेविनयाल्लौमहर्षणिः ५ सुखासीनंततस्तंतुविश्रांतमुपलक्ष्यच ॥ अथापृच्छदृषिस्तत्रकश्चित्प्रस्तावयन्कथाः ६ कुतआगम्यतेसौतेक्वचायंविहृतस्त्वया ॥ कालःकमलपत्राक्षशंसैतत्पृच्छतोमम ७ एवंपृष्टोऽब्रवीत्सम्यग्यथावल्लौमहर्षणिः ॥ वाक्यंवचनसंपन्नस्तेषांचचरिताश्रयम् ८

भावितात्मनोविशोधितचित्तानां । सौतिरुवाच । जनमेजयस्यराजर्षेरित्यक्षराधिक्यमार्षं यत्तु'जन्मनैवातिशुद्धेनशत्रूनेजितवान्यतः । एजृकंपनेधातुर्हिजन्मेजयइतिश्रुतः' इतिनिरुच्यचतुरक्षरंना
मेत्याहुस्तन्निर्मूलं 'जनमेजयःपारिक्षितः'इतिश्रौताक्षरसंख्याविरोधात् जन्मशब्दस्यानुपसर्गत्वाच्चैङिपररूपंदुर्लभंच । युक्तंतुजनशब्दपूर्वादेजृभ्रेजृभ्राजृदीप्तावितिदीप्त्यर्थाण्ण्यंतादेजेःखशितिखशिमु
मागमेजनमेजयइति ९ पार्थिवेंद्रस्यसमीपेकृष्णद्वैपायनप्रोक्ताबैशंपायनेनकथिताश्चेतिसंबंधः १० विशंप्रजांपातीतिविशंपोजनमेजयस्तस्यायनंगुरुत्वेनाश्रयभूतोविशंपायनःसएववैशंपायनः
स्वार्थेतद्धितः । यद्वा विरिवविर्जीवः पक्षिवद्देहांतरसंक्रमणात् शंपःसुखस्यपालकईशः तयोरयनमधिष्ठानंशुद्धंब्रह्म तदधीतेतद्वेदेतिवावैशंपायनस्तेनवैशंपायनेन । ताःश्रुत्वातंदेशंगतवानस्मीतिसंबं
धः । महाभारतं । 'चत्वारएकतोवेदामहाभारतमेकतः ॥ महर्षिभिःसमागत्यतुलामारोपितंपुरा ॥ महत्त्वाद्भारवत्वाच्चमहाभारतमुच्यते'इत्युक्तलक्षणं तत्रसंश्रिताःसम्यक्श्रिताः सर्ववेदा
र्थगर्भाइत्यर्थः तप्पर्वमरुद्भ्यामित्यन्यत्रस्मृतेर्मत्वर्थीयस्तप्प्रत्ययोबाहुलकाद्भारशब्दादपीतिज्ञेयम् ११ तीर्थानिजलप्राधान्यात्पुष्करादीनि आयतनानिस्थलप्राधान्यान्नैमिषादीनि १२ । १३

तस्मिन्सदसिविस्तीर्णेमुनीनांभावितात्मनाम् ॥ सौतिरुवाच ॥ जनमेजयस्यराजर्षेःसर्पसत्रेमहात्मनः ९ समीपेपार्थिवेन्द्रस्यसम्यक्पारिक्षितस्यच ॥ कृष्णद्वैपायनप्रो
क्ताःसुपुण्याविविधाःकथाः १० कथिताश्चापिविधिवद्याबैशंपायनेनवै ॥ श्रुत्वाऽहंताविचित्रार्थामहाभारतसंश्रिताः ११ बहूनिसंपरिक्रम्यतिर्थान्यायतनानिच ॥
समन्तपंचकंनामपुण्यंद्विजनिषेवितम् १२ गतवानस्मितंदेशंयुद्धंयत्राभवत्पुरा ॥ कुरूणांपांडवानांचसर्वेषांचमहीक्षिताम् १३ दिदृक्षुरागतस्तस्मात्समीपंभवता
मिह ॥ आयुष्मन्तःसर्वएवब्रह्मभूताहिमेमताः ॥ अस्मिन्यज्ञेमहाभागाःसूर्यपावकवर्चसः १४ कृताभिषेकाःशुचयःकृतजप्याहुताग्नयः ॥ भवन्तआसनेस्वस्थाब्रवी
मिकिमहंद्विजाः १५ पुराणसंहिताःपुण्याःकथाधर्मार्थसंश्रिताः ॥ इतिवृत्तंनरेन्द्राणामृषीणांचमहात्मनाम् १६ ॥ ऋषयऊचुः ॥ द्वैपायनेनयत्प्रोक्तंपुराणंपरम
र्षिणा ॥ सुरैर्ब्रह्मर्षिभिश्चैवश्रुत्वायदभिपूजितम् १७ तस्याख्यानवरिष्ठस्यविचित्रपदपर्वणः ॥ सूक्ष्मार्थन्याययुक्तस्यवेदार्थैर्भूषितस्यच १८ भारतस्येति
हासस्यपुण्यांग्रंथार्थसंयुताम् ॥ संस्कारोपगतांब्राह्मींनानाशास्त्रोपबृंहिताम् १९

१४ कृतेति । आसनेस्वस्थाभवंतोभवंत्वितिशेषः । आसतेइतिपाठेस्वास्थ्यंपृच्छतिकथांप्रस्तोतुमित्यर्थः अहंचपुराणादिष्वन्यतमंकिंब्रवीमीत्याज्ञापयतेतिशेषः १५ पुराणेति । 'सर्गश्चप्र
तिसर्गश्चवंशोमन्वंतराणिच ॥ वंशानुचरितंचेतिपुराणंपंचलक्षणं' इतिस्मृत्युक्तं । पुराणंपुरापिनवं वर्णपदानुपूर्वीविभ्रंशेपिप्रतिकल्पंतदर्थानांसर्गादीनांसमाननामरूपत्वात् । 'सूर्याचंद्रमसौधातायथा
पूर्वमकल्पयत्'इतिश्रुतेः पुराणस्यसंहिताःधर्माश्रिताः कथादानमोक्षधर्माद्याः अर्थाश्रिताराजधर्माद्याः । नरेंद्राणांनलरामादीनामितिवृत्तमाचारप्रकारं ऋषीणांभृग्वादीनां चात्पतिव्रतादीनाम् १६
सुरैर्ब्रह्मर्षिभिश्चयदभिपूजितं स्वस्वलोकेइतिशेषः १७ विचित्राणिस्वरूपतोऽर्थतश्चरम्याणिपदानि वाक्यादेरुपलक्षणं पर्वाणिपौष्यपौलोमादीन्यादिसभादीनिवायत्रतस्य । सूक्ष्माअतर्क्याअर्था
आत्मतत्त्वादयः । 'अचिंत्याःखलुयेभावानतांस्तर्केणयोजयेत् ॥ नाप्रतिष्ठिततर्केणगंभीरार्थस्यनिश्चयः' ॥ 'नैषातर्केणमतिरापनेया'इतिस्मृतिभ्यां । न्यायस्तत्प्रतीत्यनुकूलायुक्तिः वेदार्थैर्वेदता
त्पर्यविषयभूतैरर्थैश्चभूषितस्य १८ संस्कारोपगतांपदादिव्युत्पत्तिमतीं ब्राह्मींवाचं । 'ब्राह्मीगौर्भारतीभाषा'इत्यमर । नानाशास्त्रैरुपबृंहितामुद्दीपितां शास्त्रांतराविरुद्धामित्यर्थः १९

राज्ञोऽग्रेइतिशेषः २० वेदैश्चतुर्भिःसंयुक्तांचतुर्वेदार्थवतीं । संमितामितिपाठेतुल्यामित्यर्थः । पुण्यांश्रेयोवर्धिनीं पापभयापहांचित्तशोधिकां २१ मंगलाचरणपूर्वकंमुनिभिःप्रार्थितमर्थंवक्तुंप्रति
जानीते आद्यमित्यादिचतुर्भिः । हरिंनमस्कृत्यमहर्षेर्मतंप्रवाक्ष्यामीतितृतीयचतुर्थयोरन्वयः अत्रभूबीजांकुरतरुफलोपमाःपंचईश्वरपुरुषाःशुद्धशबलसूत्रविराड्विष्णुसंज्ञाःनिरुपाधिमायोपाधिमाया
कार्यापंचीकृतमहाभूतोपाधिपंचीकृतमहाभूतोपाधिपुरुषाकारमूर्त्युपाधिविशिष्टचैतन्यरूपाः । तत्रत्रोनत्रोद्दिशतिनमस्कार्यत्वेन आद्यंपुरुषंनिरुपाधिचैतन्यमीशानंमायिनंतुमहेश्वरमितिश्रुतिप्र
सिद्धं पुरुहूतंयज्ञेषुपुरुभिर्बहुभिर्होतृभिर्हूतमाहूतं पुरुभिःसामगैःस्तुतं अध्वर्युभिरिष्टंचेत्यपिद्रष्टव्यं । 'तद्यदिदमाहुरमुंयजामुंयजेत्येतस्यैवसाविसृष्टिः'इतिहिरण्यगर्भाख्येसूत्रेसर्वयष्टव्यदेवतात्मत्वश्रुतेः
'यदेनमृग्भिःशंसंतियजुर्भिर्यजंतिसामभिःस्तुवंति'इतिस्मृतेश्च । 'पुरुहंपुरुभूयिष्ठं'इत्यमरः । एतदेवत्रयंव्युत्क्रमेणविशिनष्टि व्यक्ताव्यक्तंसनातनमिति । व्यक्तंसूत्रात्माहविर्भोक्तृत्वफलप्रदातृत्वादियोगात्
अव्यक्तंईशानःसुप्तिप्रलययोःसर्वलयात्मत्वात् सनातनमखंडदंडायमानं एतेनतस्माद्व्यक्तमुत्पन्नमितिस्मृतेश्चेतरयोरुत्पत्तिमत्त्वेनलयोदर्शितः ऋतंयथाभूतं यथास्फटिकेस्वतःशुद्धेहिंगुलाश्रयत्वेरक्तत्वं
तत्रैवस्फटिकांशप्रमोषेपद्मरागत्वंतत्रैवचंद्रिकायाभिंद्रनीलत्वंचाध्यस्यते तथाचैतन्येमायायोगादीशत्वमीशेऽप्यविद्यायोगात्सूत्रत्वंसूत्रेऽप्यविद्यादार्ढ्याद्विराट्त्वंचाध्यस्यते तत्रोत्तरोत्तरापेक्षयापूर्वपूर्वंऋत
परमर्तत्वाद्यःपुरुषएव । एकमितिमायाद्युपाधिकृतभेदनिरासः । अक्षरं अशेःसरन् व्यापकं तेनआकाशात्पृथिव्यादेरिवनास्मात्पृथगुपाधेरपिसत्त्वमस्तीतिदर्शितं अतएवब्रह्मनिरवधिकबृहत्त्वाद्देशतः

जनमेजयस्ययांराज्ञोवैशंपायनउक्तवान् ॥ यथावत्सऋषिस्तुष्ट्यासत्रे द्वैपायनाज्ञया २०
वेदैश्चतुर्भिःसंयुक्तांव्यासस्याद्भुतकर्मणः ॥ संहितांश्रोतुमिच्छामःपुण्यांपापभयापहाम् २१
॥ सौतिरुवाच ॥ आद्यंपुरुषमीशानंपुरुहूतंपुरुष्टुतम् ॥ ऋतमेकाक्षरंब्रह्मव्यक्ताव्यक्तंसना
तनम् २२ असच्चसदसच्चैवयद्विश्वंसदसत्परम् ॥ परावराणांस्रष्टारंपुराणंपरमव्ययम् २३

कालतोवस्तुतश्चपरिच्छेदशून्यम् २२ चतुर्थंविराजमाह असच्चेति । यत्सदसत्परंसदसद्भ्यांकार्यकारणाभ्यांसूत्रेशाभ्यांपरमन्यत्सनातनाख्यं तदेववस्तुविश्वंविराड्रूपमित्यर्थः । ब्रह्मैवेदंसर्वमित्यादिश्रुतेः ।
किंभूतंविश्वं सत्दृश्यमानत्वात् असच्च नेहनानास्तिकिंचनेतितत्त्वज्ञानबाध्यत्वश्रुतेः । नन्वाद्यंतयोरसत्मध्येचसत्घटादिकंदृष्टंनेत्याह असच्चेति । रज्जूरगवत्प्रतिभासमानमपिकालत्रयेऽपिनास्तीत्यर्थः
फलोपमंपंचमंविष्णुमाह परेति । परेसूत्रात्मानःअवरेविराडादिघटांताः बहुत्वमनंतशक्तित्वसूचनार्थं तेषांस्रष्टारं नन्वंडांतरुत्पन्नस्यकथंपरादिस्रष्टृत्वमतआह पुराणमिति । पुराऽपिनवं
अनादिरेवसन्ब्रह्मांडांतश्चतुर्भुजेनरूपेणाविर्भूतोऽनंतशक्तिःपरिणतबीजगर्भफलमंकुरादीनामिवपरावराणांस्रष्टाभवतीत्यर्थः अतएवपरमव्ययमत्यंतंव्ययशून्यं । संसारस्यानंत्यात्तत्कारणीभूतस्यत
स्यव्ययोनयुज्यतइत्यर्थः । ननुसोयमात्माचतुष्पादित्यादिनानिरुपाधितुर्यप्रतिपत्तयेपरमात्मनस्त्रीण्येवसोपाधिकानिरूपाणिविश्वतैजसप्राज्ञसंज्ञानिमांडूक्यादिषुश्रूयंतेनतुचतुर्थमितिचेत् सत्यं ।
तथापि । 'यएषोंतरादित्येहिरण्मयःपुरुषोदृश्यतेहिरण्यश्मश्रुर्हिरण्यकेशः । अरश्चण्यश्चार्णवौतृतीयस्यामितोदिवीत्यादिप्रभुमितंहिरण्मयंवेश्म'इतिच्छांदोग्येपुरुषाकृतेर्ब्रह्मणस्तल्लोकादेश्चश्रवणात् । कौषीत
किब्राह्मणेचपर्यंकस्थस्यब्रह्मणस्तेनसहसंवादादेश्चश्रवणात्तदप्यस्तीतिगम्यते । आरण्यकेऽपिगंधमादनप्रवेशेधौम्यवाक्येमहामेरुर्महाभागेत्यादिनामेरुपृष्ठेब्रह्मलोकादन्यंविष्णुलोकं'प्राच्यांनारायणस्थानं
मेरावातिविराजते'इत्यादिना'स्थानमेतन्महाभागध्रुवमक्षयमव्ययं'इत्यंतेनग्रंथेनोक्तविशेषणमामनंति तत्रैवचतत्प्राप्तानामनावृत्तिःस्मृता । 'तत्रगत्वापुनर्नेमंलोकमायांतिभारत'इति । स्थानांतरे
ऽप्यश्चावृत्तिर्गीतासूक्ता । 'आब्रह्मभुवनाल्लोकाःपुनरावर्तिनोऽर्जुन'इति । इमावेवब्रह्मविष्णुलोकावभिप्रेत्य चिंतितंचतुर्थेकार्यंबादरिरित्यत्रच्छांदोग्येह्यर्चिरादिमार्गंप्रकृत्यश्रूयते सएतान्ब्रह्मगमयती—

--त्यत्रमानवःपुरुषउपासकान्कार्यंब्रह्मप्रापयत्युतविष्णवाख्यंपरमिति । प्राणोब्रह्मकंब्रह्मखंब्रह्मेतिप्रकृत्य यद्वावकंतदेवखंयदेवखंतदेवकमितिकखयोरभेदमुक्त्वा प्राणंचहास्मैतदाकाशंचोचुरितिप्राणाकाशा
ख्ययोःकार्यकारणब्रह्मणोरुपास्यत्वेनोपसंहारात्संशयः तत्रपरस्मिन्ब्रह्मणि 'नतस्यप्राणाउत्क्रामंत्यत्रैवसमवनीयंते' इतिश्रुतिप्रसिद्धंपारमार्थिकंगत्यभावमभिप्रेत्यकार्यंब्रह्मैवगतिप्राप्यमितिपूर्वःपक्षः ।
॥ ३ ॥ दृश्यतेपरमितिसिद्धांतः । अस्मिन्पक्षेश्रुतिसूत्रयोःस्वारस्यंकतकेऽवगंतव्यं । ईक्षतिकर्माधिकरणेभाष्येऽपिहिएवंविधेपूर्वोत्तरपक्षौसर्वत्रदृश्येते । यत्तूक्तंपरमेश्वरेहिरण्यश्मश्रुत्वादिरूपश्रवणंनोपपद्यतेइति
तत्रब्रूमः स्यात्परमेश्वरस्यापीच्छावशान्मायामयंरूपंसाधकानुग्रहार्थमित्यादिनातद्वादिहापिज्ञेयं । तत्रपूर्वपक्षेफलंइमंमानवमावर्तंनावर्ततइत्यन्तेइममितिविशेषणान्मानवांतरेआवृत्तिरिति । सिद्धांते ॥ ३ ॥
तु'नचपुनरावर्तते' इतिश्रुत्यंतरात् 'यतोवाइमानिभूतानिजायंते' इतिवदिदंशब्दउपप्रदर्शनार्थइत्यनावृत्तिरिति । कथंतर्हिभाष्येसूत्रक्रममुल्लंघ्यपरंगतिप्राप्यमितिप्रापय्यकार्यमेवगतिप्राप्यमितिसिद्धांतितं ।
शृणु । नोव्योमापरोऽयदितिपरव्योमाख्यस्याव्याकृताकाशस्यसर्वजगत्कारणस्यापिसृष्टेःप्राङ्निषेधश्रवणात्तस्माद्व्यक्तमुत्पन्नमितितदुत्पत्तिश्रुतेर्हिरण्यश्मश्रुत्वादिमतोऽपिकारणब्रह्मणःशुद्धापे
क्षयाकार्यत्वंविवक्षित्वातद्विषयत्वंगतिश्रुतीनांवर्णितं परशब्देनचशुद्धंविवक्षित्वा तत्रगत्ययोगश्चदर्शितइति । नचाहिरण्यश्मश्रुत्वादिश्रवणंकार्यब्रह्मविषयमेवेतिवाच्यं 'अंतस्तद्धर्मोपदेशात्
हरउत्तरेभ्यः' इत्यादिन्यायैस्तस्यजगत्कारणत्वसिद्धेः । 'इयमेवर्गग्निःसामवागेवर्क्प्राणःसाम' इत्यादिनाऋक्सामात्मकत्वेननिरूपितस्यकृत्स्नस्याधिदैविकाध्यात्मिकप्रपंचस्य'तस्यर्क्सामचगेष्णा
विति' तदंगुलिपर्वमात्रत्वोक्तेश्चतस्माच्छास्त्रांत्यन्यायेनयदधीनंजगद्व्यापारवर्जमितरेषामुपासनासिद्धानांहिरण्यगर्भादीनामैश्वर्यंयेनसहतेषांभोगसाम्यंयथैतांदेवतांसर्वाणिभूतान्यवंत्येवंहैवंविदंसर्वाणिभूतान्यवंति'इ
तिलिंगान्नम्यते यस्य'सभूमिंसर्वतोवृत्वाऽत्यतिष्ठद्दशांगुलं'इति घटादिभ्योमृदइवइंद्रजालादिंद्रजालिकस्येवच विकारवर्तितदवर्तिचरूपंस्थितिश्चश्रूयते यल्लोकंप्राप्तानामनावृत्तिस्तत्कृत्यभूतचतु
र्वक्त्रेणसहमुक्तिराधिकारिकाणामभुक्तविद्याफलानांतल्लोकगतानामपियावदधिकारंकल्पांतरेऽप्यवस्थितिश्चेतिश्रूयते तस्यविग्रहादिकंसर्वैशास्त्रप्रामाण्यादभ्युपेयं अयमेवभगवत्पादीयेवेदांतसा
रेवनवृक्षदृष्टांतेनस्थूलसूक्ष्मकारणोपाधिभेदेनात्रिविधेसमष्टिव्यष्टीप्रतिपाद्यसमष्टिर्वनदृष्टांतेनप्रतिपादितः । किंच शुद्धेब्रह्मणिप्रणिधीयमानंचित्तंस्थूलसूक्ष्मक्रमात्सर्वैचिदात्मनिप्रविलापयेदितिपं
चीकरणोक्तक्रमेणस्वाभाविकपरिच्छेदाभिमानंत्यक्त्वाऽहमेवेदंसर्वोऽस्मीतिमन्यते । सोऽस्यपरमोलोकइतिशास्त्रीयसार्वात्म्याभिमानयुक्तंव्यक्तभावनामंतरेणसहसाकर्तुमशक्यं 'अव्यक्ता
हिगतिर्दुःखंदेहवद्भिरवाप्यते'इत्युक्तेः देहवद्भिर्देहाभिमानवद्भिः । तस्मात्भावनामयंप्रणिधानमयंचेतिद्विविधमपिध्यानंशुद्धंवस्तुप्रपित्सोरावश्यकं । तत्राद्यंनष्टवनितावदसन्निहितविषयंपुरुष
व्यापारतंत्रं तेनवशीकृतंचित्तंक्रमशोमूर्त्याकारतःप्रच्याव्याव्यक्तमात्रालंबनोभूत्वाविराडादौकारणेब्रह्मणिविस्रंभणिदध्यात् । अयमेवध्यानक्रमःश्रीमद्भागवतादिसर्वपुराणेषूक्तः । प्रणिधानं
चवस्तुतत्त्वविषयंपूर्वोक्तस्फटिकदृष्टांतेनआत्मन्यध्यस्तस्याविराडादित्रयस्यरज्जुसर्पस्येवचित्तस्थिरीकरणेनाधिष्ठानभूतशुद्धवस्तुदर्शनेनप्रविलापनकरणं तच्चदर्शनंदग्धेंधनानलवत्स्वयमुपशांतंचे
त्सुषुप्तिसरूपाकाचिदानंदावस्थाविर्भवति । साचश्रूयते 'यथानिरिंधनोवह्निःस्वयोनावुपशाम्यति । एवंवृत्तिक्षयाच्चित्तंस्वयोनावुपशाम्यति'इति । तत्रमांडूक्यादौयद्यपिप्रणिधानगोचरमेव
रूपत्रयमुक्तंतथापिमंदाधिकारिणांभावनागोचरमपिचतुर्थंसोपाधिकमैश्वरंरूपंश्रुत्युक्तंप्रत्याख्येयं । नन्वस्यानित्यत्वेतल्लोकादिकमपिनित्यंवाच्यं तथाचसृष्टेःप्राक्'सदेवसोम्येदमग्रआसीदेकमेवा ॥ ३ ॥
द्वितीयम्'इतित्रिविधभेदशून्यसन्मात्रसद्भावावधारणंविरुध्येतेतिचेन्न व्यवहारपरमार्थदृष्टिभ्यामुभयोपपत्तेः । तथाहि । 'नरूपमस्येहतथोपलभ्यतेनांतोनचादिर्नचसंप्रतिष्ठा । अश्वत्थ
मेनंसुविरूढमूलमसंगशस्त्रेणदृढेनच्छित्त्वा' । अस्यार्थः ' नरूपमस्यनानोस्यच्छित्त्वैनमितिचेश्वरः । इंद्रजालोपमत्वेनभवाश्वत्थंन्यरूपयत् १ सम्यग्दृशावीक्ष्यमाणंरूपंनास्योपलभ्यते

एतत्प्रयोक्तुर्नित्यत्वादयमाद्यंतवर्जितः ॥ २ ॥ रज्जुसर्पसमस्यास्यतुच्छाज्ञानोद्भवत्वतः ॥ प्रतिष्ठाख्यंलयस्थानंनास्तिकुंभस्यमृद्यथा ॥ ३ ॥ अस्यद्वैतेन्द्रजालस्ययदुपादानकारणम् ॥ अज्ञानंतदुपा
श्रित्यब्रह्मकारणमुच्यते ॥ ४ ॥ इत्येवंवार्तिकाचार्यैरुपचारात्परात्मनः ॥ उक्तोपादानतातस्माद्प्रतिष्ठोभवद्रुमः ॥ ५ ॥ दुःस्वप्नइवसंसारःसंगमात्रेणदुःखदः ॥ तमसंगासिनाच्छित्वाप्रयाहिपरमं
पदम् ॥ ६ ॥ नित्यंबद्धदृशामिंद्रजालंशुद्धदृशांत्विदम् ॥ कालत्रयेऽपिनास्तीतिन्यायमत्रापियोजयेत् ॥ ७ ॥ प्रवाहनित्यंजगदित्याहुर्मीमांसकाःस्फुटम् ॥ व्यवहारेभाट्टनयोह्यस्माकमपिसंमतः
॥ ८ ॥ नकार्यत्वादनित्योऽयंनंदनंदनविग्रहः ॥ उपचाराद्धिकार्यस्वंतत्रपौराणिकाजगुः ॥ ९ ॥ देवानांकार्यसिद्ध्यर्थमाविर्भवतिसायदा ॥ उत्पन्नेतितदालोकेसानित्याप्यभिधीयते ॥ १० ॥
दुर्गाविनायकोविष्णुर्भवोभानुरितीहहि ॥ नामरूपांतराण्यस्यशृणुमःपार्थसारथेः ॥ ११ ॥ वेदान्तेष्वपिनित्यत्वंखादीनांव्यावहारिकम् ॥ सिद्धवत्कृत्यदृष्टांतेकीर्त्यतेहिपरिस्फुटम् ॥ १२ ॥
तथाह्याकाशवत्सर्वगतश्चनित्यइत्याकाशात्मनोर्दृष्टांतदार्ष्टांतिकयोःसर्वगतत्वनित्यत्वेसंगच्छेते अन्यथाद्वयोरपिसत्यत्वेसर्वगतत्वस्यैवासंभवइत्यास्तांतावत् । ततश्चयथाऽस्मदादिसुप्तिकालेसयदास्व
पितितदैवंवाक्सर्वैर्नामभिःसहाप्येतिचक्षुःसर्वैरूपैःसहाप्येतीत्यादिनाश्रूयमाणेऽपिसर्वनामरूपप्रलयेइतरेषांव्यवहारोनविच्छिद्यते । एवंब्राह्मप्रलयकालेऽपिवैकुंठवासिनामिति । सदेवसोम्येत्यादि
कमपि'आदावंतेचयन्नास्तिवर्तमानेपितत्तथा'इतिन्यायेननेहनानास्तिकिंचनेतिश्रूयमाणस्यव्यवहारकालेऽपिप्रपंचासत्वस्यप्रदर्शनार्थंनतुकादाचित्कस्यतदसत्वस्यज्ञापनार्थं । नासतोविद्यतेभावइत्यस
दुत्पत्तिनिषेधात् । नांतोनचादिरितिगीताविरोधाच्च । तस्माद्खंडदंडायमानेंद्रजालतुल्यस्यजगतोदर्शनादर्शनेएवोदयलयावित्यभिप्रायेणसृष्टिश्रुतयइत्याकाशवद्व्यावहारिकंविष्णुमूर्त्यादेरपिनित्य
त्वमितिसिद्धं । परमार्थतस्तुननिर्विशेषचिन्मात्रादन्यकालत्रयेऽप्यस्तीतिदिक् । 'रज्ज्वज्ञानात्सर्पभीतिपातक्षतामिवक्रमात् ॥ आत्माज्ञानादहंसंगक्रियादेहंसमुत्थितम् ॥ १ ॥ घृतवल्लीयते
सुप्तौवासनामात्रदेहकः ॥ बोधेसहन्यतेचैवपुनःपुनरहंभ्रमः ॥ २ ॥ अहंतद्वासनाधारानाज्ञानेसतिशाम्यति ॥ संगक्रियादेहचक्रंनानष्टेऽहंविनश्यति ॥ ३ ॥ रज्जुज्ञानाद्भयंनश्ये
न्नतुपातोद्भवंक्षतम् ॥ आत्मज्ञानात्तथासंगोनतुकर्मोद्भवंवपुः ॥ ४ ॥ यावत्कर्मवपुस्तावद्यावद्देहश्चातिष्ठति ॥ तावत्कर्माहंभ्रमश्चवर्तेतेदग्धवस्त्रवत् ॥ ५ ॥ तत्रैवंसतिकर्मोत्थंकर्म
नाशात्प्रणश्यति ॥ अकर्मजंतुबोधेनबाध्यतेनतुनश्यति ॥ ६ ॥ एवंश्रीकृष्णदेहोऽयमकर्मोत्थोननश्यति ॥ ७ ॥ बोधेनबाध्यतेचैवस्वप्नेदृष्टइवेश्वरः ॥ ७ ॥ अन्योन्यबाधकौजाग्रत्स्व
प्नावात्मनिकल्पितौ ॥ नोत्पद्येतेननश्येतेरज्ज्वांसर्पस्रजाविव ॥ ८ ॥ आत्मैवहीश्वरोऽस्माकंधीदर्पणपृथक्कृतः धीनाशएवतद्बाधःकार्यत्वाद्धीश्चनश्यति ॥ ९ ॥ नन्वैश्वर्यम
कार्यत्वान्ननश्येत्प्रत्यगात्मनः ॥ बाढंबाधस्तुतस्यस्यान्मायाबाधेनसर्वथा' ॥ १० ॥ अत्रोक्तंवार्तिकसारे ॥ 'ब्रह्मत्वादेवजीवस्यभ्रांतजीवत्ववारणात् ॥ वशित्वाद्याब्रह्मधर्माःशिष्यंते
ऽतोऽयमीश्वरः ॥ ११ ॥ निवृत्तत्वाज्जीवधर्माभासंतेनैवकस्यचित् ॥ अनिवृत्ताईशधर्माअकर्मापादितत्त्वतः ॥ १२ ॥ भांतितेत्वीश्वरस्यापिबुद्धानांचस्वबुद्धितः । ईश्वरस्यततो
धर्माःसंतुनत्विहविस्मयः ॥ १३ ॥ तिष्ठत्स्वपीशधर्मेषुधर्माणांमायिकत्वतः । ईशोनिर्धर्मकोबोध्योविमुक्त्यर्थंमुमुक्षुभिः' इति । प्रपंचस्तुतत्रैवद्रष्टव्यः कस्यचिद्विदेहमुक्तादेः अयंचेश्वरोऽयम
२ धर्मवत्स्वस्वबुद्धिभेदाद्वर्णइवालिपिभेदादाकारभेदेनविष्णुरितिसांबइतिचशास्त्राद्दृश्यतेएवंतल्लोकोऽपिवैकुंठइतिकैलासइतिच । 'एकंसंतंबहुधाकल्पयन्ति' 'योदेवानांनामधाएकएव'इत्यादिश्रुतिभ्यः ।
'तंयथायथोपासतेतथेतःप्रेत्यभवंति'इतिश्रुतेस्तद्भावनावतांतत्सारूप्यप्राप्तिःकीटभृंगन्यायेनभवतिनतुतदैक्यप्राप्तिरितिव्युत्पादितंवेदांतकतके । केचित्तुपूर्वोक्तमनःप्रणिधानात्मकध्यानसंप्रदायानभि
ज्ञाएतल्लोकप्राप्तिरेवमुक्तिरयमेवेश्वरोनसमष्टयाख्योऽन्यईश्वरोऽस्तीतिवदंति तेसर्वशास्त्रप्रसिद्धंमुक्तौद्वैतादर्शनंबाधमानाःस्वाप्ययसंपत्त्योरित्यादिन्यायेननहिद्रष्टुर्दृष्टेर्विपरिलोपोविद्यतेऽविनाशित्वान्नतु
तद्द्वितीयमस्तिततोऽन्यद्यद्विभक्तंपश्येतिसुप्तिकैवल्ययोरविशेषाद्द्वैतादर्शनश्रवणेनचविरुध्यन्ते । अनयैवचश्रुत्याद्वितीयाभावादेवद्वैतादर्शनंनतुदृग्लोपादितिवदंत्याद्वैतस्येंद्रजालतुल्यत्वंदर्शितं तेन

विष्णुःसर्वोत्तमःशिवोजीवःशिवःसर्वोत्तमोविष्णुर्जीवइत्युपासकानामाग्रहेविष्णवाद्युत्कर्षप्रतिपादकश्रीभागवतसूतसंहितादीनामनार्षत्वासुरत्वादिवचनैर्दूषणंचशास्त्रमर्यादानवबोधमूलमेव ॥ विकल्पो
विशिष्टफलत्वादितिन्यायेनऐकात्म्येचित्तावतारार्थंयस्यकस्यचिदप्याकारस्यालंबनीयत्वात् । यत्तुशैववैष्णवपुराणेष्वितरनिंदास्मरणंतन्नहिनिंदानिंद्यंनिंदितुंप्रवर्ततेअपितुविधेयंस्तोतुमितिन्यायेनविधे
॥ ४ ॥ यस्तुत्यर्थं । यथाउद्यन्तंखलुवाआदित्यआहवनीयेनरश्मीन्संदधातीत्युपक्रम्य'प्रातःप्रातरनृतंतेवदंतिपुरोदयाज्जुव्हतियेऽग्निहोत्रं । दिवाकीर्त्यमदिवाकीर्तयंतःसूर्योज्योतिर्नतदाज्योतिरेषाम्' इति । आदित्यो
वाअस्तंयन्नग्निमनुप्रविशतीतिश्रुतिमुपजीव्ययदुदितेसूर्येप्रातर्जुहुयात् । यथाऽतिथयेप्रद्रुतायशून्यायावसथायाहार्यंहरंतितादृगेवतदित्युदितानुदितहोमयोः प्रकरणेइतरनिंदाविधेयस्तुत्यर्थैवतद्वन्नतुतत्रनिंदा
यांतात्पर्यमस्ति उभयस्यापित्याज्यत्वापत्तेः । नहिविष्णुभजनंशिवभजनंवातदंगमूर्ध्वपुंड्रत्रिपुंड्रादिवासुरापानादिवद्रागतःप्राप्तं येननिंदार्थवादानुमितनिषेधशास्त्रबलादनर्थकरंस्यात् । यद्वा सत्यपिनि ॥ १ ॥
षेधेशास्त्रतःप्राप्तत्वादतिरात्रे षोडशिनंगृह्णातिनातिरात्रेषोडशिनंगृह्णातीतिविहितप्रतिषिद्धत्वात्षोडशिग्रहणाग्रहणवद्विकल्प्यतां विशिष्टफलत्वेनाविरोधेवासमुच्चीयतांनतुतद्विधायकशास्त्राप्रामाण्यमध्यव
सातुंशक्यं इतरस्यापितथात्वापत्तेःसर्वपुराणोच्छेदप्रसंगः तस्मात्स्यालशुनकन्यायेनशिवविष्णुगोचरनिंदास्तुतीसंकेतभेदमाश्रित्यकार्यकारणब्रह्मगोचरतयाव्याख्येये यथाहिकश्चित्कुतुकीमुग्धांभार्यां
कोपयितुंगृहशुनकंस्यालनाम्नासंकेत्यगालयति साचमज्ञातरमयंगालयतीतिकुप्यति तद्वच्छैवोविष्णुशब्देनकार्यंब्रह्मविवक्षित्वाब्रह्मजनाद्भावनातारतंम्येनैश्वर्यतारतम्यवत्तयाहीनस्यपदांपुंसांदुःखकरत्वा
न्नरकशब्दोदितस्यब्रह्मलोकस्यप्राप्तिरिष्यते एवंपक्षांतरेऽपि । तथाचव्याख्यातंमोक्षधर्मेषुजापकोपाख्याने । अमूनियानिस्थानानिदेवानांपरमात्मनामित्यादिनान्तस्यस्थानवरस्येहसर्वेनिरयसं
ज्ञिताःइत्यंतेन । तमिमंपौराणंभाषाभेदमजानंतःपामराःशैववैष्णवापसदाः ' ब्रह्माणंकेशवंरुद्रंभेदभावेनमोहिताः ॥ पश्यंत्येकंनजानंतिपाखंडोपहताजनाः । इतितत्रैवस्मर्यमाणंशिवविष्णवोर्भेददर्श
ने दोषमुदाहृत्याभेदश्रुतीश्चापश्यंतोमूलकारणमेवांत्यात्कार्यान्नटइवतत्तद्रूपेणभासतइतिशास्त्रतत्त्वमजानंतोऽन्यतररूपपरिग्रहेणेतरंनिंदंतःपरस्परंकलहायमानाः स्वामिद्रोहान्नरकायैवसज्जंतइत्यलंप्रसक्ता
नुप्रसक्तोक्त्या । तस्मादस्तिचतुर्थ्यआत्मनःपादेभ्योऽतिरिक्तोविष्णवाख्यःपंचमःपुरुषःसोयंप्रतिपाद्यते परावराणांस्रष्टारमित्यादिना । नन्वयंनंदनंदनोयदिपरावराणामुच्चनीचानांस्रष्टातर्हिवैषम्य
नैर्घृण्यभागीस्यात् नचतत्तत्प्राणिकर्मापेक्षोविषमानर्थान्सृजतीतिवाच्यं । कर्मणएवमुख्यत्वेनतस्याकिंचित्करत्वात् कर्मणश्चकृष्यादेःसर्वांगोपसंहारवतोविनेश्वरानुग्रहंफलसाधनत्वदृष्टेः तस्मा
दुपासनार्थत्वेनकल्पनामात्रंतद्विग्रहादिकमितिचेत्सत्यं देवताधिकरणन्यायेनोपासनायामद्वैतेवाशास्त्रस्यपरमतात्पर्यवत्वेपितत्प्रतिपत्त्युपायतयाश्रुतस्येश्वरस्यावांतरतात्पर्यविषयतयांगविधीनामिवदेवताविग्रहादि
विधीनांप्रामाण्यंसिद्धं मानांतराविरोधात् नचवैषम्यादिदोषः दाशतय्यांनिरस्तत्वात् । तथाहि ' नसस्वोदक्षोवरुणध्रुतिःसासुरामन्युर्विभीदकोअचित्तिः ॥ अस्तिज्यायान्कनी
यसउपारेस्वप्नश्चनेदनृतस्यप्रयोता ' इतिमंत्रे सःस्वोदक्षोनयेनमहद्यशस्यंकर्मकृतंतत्स्वसामर्थ्यंनभवतिकिंतु हेवरुणपरमेश्वर सातवैवध्रुतिस्तत्त्वदीयमेवाधिष्ठातृत्वंतवैवमाहात्म्यंतदित्यर्थः नन्वन्यसाम
र्थ्येनान्यःकरोतीत्ययुक्तमितिचेत्तत्राह सुरेति । यथासुरामद्यं मन्युःक्रोधः विभीदकोविभीतकस्तत्स्थःकलिःअचित्तिर्भूतावेशपित्ताद्युद्रेकजन्माउन्मादः एतेअशक्तमपिपुरुषंवशीकृत्यमहाशक्त
साध्यमपिकर्मकारयंति तद्वदीश्वरोपिसर्वस्मिन्यशस्येकर्मणिजीवंप्रवर्तयतीत्यर्थः । अयंभावः नहित्वदारेनिमिषश्चनेशेइतिश्रुतेरीश्वरानुग्रहंविनानिमिषोऽपिस्वयंचलितुंनईष्टइतिसर्वापि
सात्विकीराजसीतामसीवाप्रवृत्तिरीश्वरायत्तैव तथापियथासर्वरसप्रकृतेर्मधुरैकस्वभावस्यजलस्येक्षुरसातिशयेनमाधुर्यमभिव्यक्तं । जंबीरमरीचरसयोस्तुस्वाभाविकंतदभिभूतमौपाधिकमम्ल ॥ ४ ॥
त्वंकटुत्वंचाभिव्यक्तं । एवंसर्वजगत्प्रकृतेःसत्वैकस्वभावस्येश्वरस्यनंदनंदनविग्रहेऽतिशयेनसत्वमभिव्यक्तं अतएवतस्मिन्निरतिशयंधर्मज्ञानवैराग्यैश्वर्यादिकमस्ति कामक्रोधाभिमानिदेवता
विग्रहेसत्वंतिरोभूतं औपाधिकंलोभप्रवृत्त्यादिकंप्रमादमोहादिकंचाविर्भूतं तथाचयथागोधूमादिचूर्णमिक्षुरसाद्यनुग्रहात्तत्तद्रसवद्भवति एवंजीवांतःकरणमपिईश्वरानुग्रहाद्धर्मोपगंकामाद्यनुग्र-

हाल्लोभोपगंचभवति अतएवभगवद्गीतासूक्तं । 'ईश्वरःसर्वभूतानांहृद्देशेऽर्जुनतिष्ठति ॥ भ्रामयन्सर्वभूतानियंत्रारूढानिमायया'इतिसर्वभूतांतर्यामिणप्रकृत्य 'तमेवशरणंगच्छसर्वभावेनभारत ॥ तत्प्रसा दात्परांशांतिंमत्संस्थामधिगच्छसि'इतितदनुग्रहफलंशांत्यादिकमित्युक्तं तथा । 'अथकेनप्रयुक्तोऽयंपापंचरतिपूरुषः ॥ अनिच्छन्नपिवार्ष्णेयबलादिवनियोजितः'इतिप्रश्नेऽस्योत्तरं कामएषक्रोध एषइत्यादिनाकामक्रोधलोभाएवपुरुषंपापेप्रवर्तयंतिनत्वीश्वरइत्युक्तं । 'एषह्येवासाधुकर्मकारयति' । 'ईश्वरप्रेरितोगच्छेत्स्वभ्रंवास्वर्गमेववा'इत्यादिश्रुतिस्मृतिजातंतुपर्जन्यवदीश्वरस्यासाधारणकारणत्वमि त्याह नचतावताजलवत्सर्वांतर्यामिणोऽपीश्वरस्यवैषम्यादिगंधोऽस्ति कल्पादयश्चाचारव्यभिचारएवाभिभवंतीतिपरंपरयाकर्मापेक्षत्वमपीश्वरस्ययुज्यतेअंकुरादिजननस्यकार्यत्वेनाकर्तृकत्वानुपप त्तेश्चतत्कर्ताईश्वरःसिद्धएवास्ति । क्वतर्ह्यसावित्यइआह 'अस्तिज्यायान्कनीयसउपारे'इति उभावप्येकत्वादनुपाधिनारूपेणज्येष्ठौसोपाधिनाकनिष्ठौतथाप्युपाधिशुद्ध्यशुद्ध्यतिशयादीश्वरोज्याया न्जीवःकनीयान्तस्यसंघाताभिमानिन उपारेसमीपे अंतर्यामितयाऽस्ति 'अंतःप्रविष्टःशास्ताजनानांसर्वात्मा'इत्यादिश्रुत्यंतरप्रसिद्धेः । केनलिंगेनतर्ह्यसौज्ञेयइत्यतआह 'स्वप्नश्चनेदनृतस्यप्रयोता'इति । स्व प्नश्चनस्वप्नइवइत्एव अनृतस्यमिथ्याभूतस्यैवाऽहंकारादिघटांतस्यप्रपंचस्यप्रयोता युमिश्रणामिश्रणयोःप्रकर्षेणभूयोभूयःसंयोजयितावियोजयिताच योदृष्टिसमयांसृष्टिमिंद्रजालवदाविर्भावयतितिरो भावयतिसभगवान्महामायावीसमस्तपापसंछेदनकामैराराधनीयइतिभावः । नन्वमूर्तस्यांतर्यामिणस्तस्यकथमाराधनंकर्तव्यमित्यतआह 'अरंदासोनमीळ्हुषेकराण्यहंदेवायभूर्णयेऽनागाः ॥ अ चेतयदचितोदेवोअर्योगृत्संरायेकवितरोजुनाति'इति नशब्दइवार्थः अहंमिळ्हुषेभूयसींधनस्यवृष्टिंकृतवतेस्वामिनेदासोनदासइवदेवायचतुर्भुजमूर्तयेअरंकराणि अलंकरवाणि प्रार्थनायांलोट् यथादा

मंगल्यंमंगलंविष्णुंवरेण्यमनघंशुचिम् ॥ नमस्कृत्यहृषीकेशंचराचरगुरुंहरिम् २४

साःस्वामिनंस्रक्चंदनमुकुटादिनाऽलंकुर्वंत्येवमहंपार्थिवंनंदनंदनविग्रहंभूषयेयमित्यर्थः अनागाःनिषिद्धाचरणवर्जितः । ननु चेतनोह्यलंक्रियमाणःसद्यःफलंददातिकिमचेतनायालंकरणेनेत्यतआह भूर्णयेभूरिमनुष्यराजाद्यपेक्षयाअधिकंद्रव्यादिकंनयतिभक्तायप्रापयतीतिभूर्णिस्तस्मैभूर्णये अचेतनोऽप्ययंसर्वान्कामान्दास्यतीतिभावः । ननुदृष्टविरुद्धमेतत् नहिप्रतिमाराधनेनधनंप्रतिमातः प्राप्यतइत्यतआह अचेतयदिति । अयंःभुक्तिमुक्तिकामैरभिगम्यःस्वामीदेवःप्रतिमादिरूपःअचितश्चेतनारहितान्सर्वान्पिंडानचेतयच्चेतनायुक्तान्करोति अहल्यावत् । भूतनिर्देशश्छांदसः । अयं भावः । देहइवप्रतिमायामपितीव्रभावनावताचैतन्यंस्पष्टमुपलभ्यते प्रसिद्धंचैतत्प्रतिमोन्मेषणंमंत्रशास्त्रे उपाख्यायतेचपुराणादौ । तस्मात्प्रतिमायाश्चेतनाधिष्ठितत्वेनचेतनस्यचसर्वपुरुषप्रवर्तकत्वेन ततःफलसंभावनास्तीति । एवंपरमेश्वरेश्रीमाधवादिप्रतिमारूपेसर्वपुरुषार्थप्रदेसत्यपिकवितरोबुद्धिमत्तरोजनोगृत्संप्राणं 'प्राणोवैगृत्सः' इतिश्रुतेः प्राणवंतंजीवंतंराजादिंरायेधनार्थंजुनातिअनु सरति नानाविधैःकाव्यैःक्षुद्रंप्रभुंप्रस्तौत्यहोदौर्भाग्यमस्येतिश्रुतिरुरस्ताडंमंदानाक्रोशति । कवितमस्तुपरमेश्वरमेवनंदनंदनापरपर्यायंसमस्तपुरुषार्थकामःशरणीकुर्यादितिभावः तस्माद्युक्तमुक्तंपरावरा णांस्रष्टारमिति २३ मंगल्यंमंगलावहं मंगलंस्वरूपेणैव । 'एषह्येवानंदयातीति आनंदोब्रह्म'इतिचश्रुतिभ्यां । 'विष्णुंयज्ञात्मानं यज्ञोवैविष्णुः'इतिश्रुतेः । वरेण्यंवरणीयंभोगमोक्षकांक्षिभिरवश्यमादर णीयं अनघमागंतुकदोषास्पर्शिनं । शुचिंस्वभावशुद्धं । शिवमितिपाठे'शिवमद्वैतंचतुर्थंमन्यंते'इतिश्रुतिप्रसिद्धंनिर्गुणं । हृषीकेशंहृषीकाणामिंद्रियाणामीशितारं । चराचरगुरुंचराचराणांगुरुंविद्याप्रदम तएवहरिंसंसारहरणम् २४

ईदृशंहरिंनमस्कृत्यव्यासस्यमतमथातोब्रह्मजिज्ञासेत्यादिसूत्रैर्निर्णीतंयद्ब्रह्माद्वैतंतत्प्रकर्षेणनानोपाख्यानोपबृंहणेनवक्ष्यामि तत्रश्रद्धोत्पादनार्थंमहर्षेरित्यादिव्यासविशेषणं ऋषीणांमन्त्रद्रष्टॄणांमहत
इतितन्मतस्यश्रौतत्वमुक्तं अद्भुतकर्मणइतिब्रह्माद्वैतप्रतिपत्त्युपायभूतेननानाख्यानदृष्टांतप्रणयनेनविचित्रग्रंथकारित्वमुक्तं २५ आचख्युरिति । कवयःक्रांतदर्शिनः २६ त्रैकालिकानामपिकवी
नामेतदाख्यानेगुणमाह इदमिति । ज्ञानंज्ञानसाधनंत्रयीरूपंद्विजातिभिस्त्रैवर्णिकैर्यद्धार्यतेतदिदमितिहासरूपेणत्रिषुलोकेषुजातितउत्तममध्यमाधमजनेषुप्रतिष्ठितंज्ञानकरत्वेनेत्यर्थः २७ समयैःसंके
तैः । ‘समयाःशपथाचारकालसिद्धांतसंविदः’इत्यमरः । दिव्यमानुषैर्वैदिकलौकिकैःसंस्कृतप्राकृतैर्वा तथाह्यमृतमंथनादौजलादिषुघृतादिपदप्रयोगोवेदनिघंटुप्रसिद्धोदृश्यते तथाजतुगृहदाहेपार्श्वचरादि
पुक्कसम्लादिशब्दाम्लेच्छप्रसिद्धादृश्यंते छंदोवृत्तैस्त्रिष्टुबादिच्छंदोंतर्गतैरिंद्रवज्रादिभिर्वृत्तैः २८ निष्प्रभेइति । यत्प्रजानांबीजंजगदुपादानमेकंनिमित्तांतरानपेक्षमव्ययमपरिणामिकूटस्थंवस्तुतद्बृहदंडंब्रह्मां
डरूपमभूत् । ‘तदात्मानंस्वयमकुरुत । सच्चत्यच्चाभवत्’ इत्यादिश्रुतिभ्योब्रह्मणएवसर्वभावावगमात्कदांडमभूदित्याकाक्षायामस्मिन्प्रजानांबीजेनिष्प्रभेप्रकर्षेणभानंविशेषविज्ञानंरूपाद्याकारंतद्र
हितेसति प्रलयकालेबुद्धिबोद्धव्ययोरभावात् निरालोकेआलोक्यतेऽनेनेत्यालोकःसत्त्वमीश्वरोपाधिभूतंविक्षेपशक्तिमन्मायाख्यंतद्रहिते मायायाअप्यभावेकुतोऽण्डोत्पत्तिरतआह सर्वतस्तमसावृत

महर्षेःपूजितस्येहंसर्वलोकैर्महात्मनः ॥ प्रवक्ष्यामिमतंपुण्यंव्यासस्याद्भुतकर्मणः २५ आचख्युःकवयःकेचित्संप्रत्याचक्षतेपरे ॥ आख्यास्यंतितथैवान्येइति
हासमिमंभुवि २६ इदंतुत्रिषुलोकेषुमहज्ज्ञानंप्रतिष्ठितम् ॥ विस्तरैश्चसमासैश्चधार्यतेयद्द्विजातिभिः २७ अलंकृतंशुभैःशब्दैःसमयैर्दिव्यमानुषैः ॥ छंदोवृत्तै
श्चविविधैरन्वितंविदुषांप्रियम् २८ निष्प्रभेऽस्मिन्निरालोकेसर्वतस्तमसावृते ॥ बृहदंडमभूदेकंप्रजानांबीजमव्ययम् २९ युगस्यादौनिमित्तंतन्महद्दिव्यंप्रचक्ष
ते ॥ यस्मिन्संश्रूयतेसत्यंज्योतिर्ब्रह्मसनातनम् ३० अद्भुतंचाप्यचिंत्यंचसर्वत्रसमतांगतम् ॥ अव्यक्तंकारणंसूक्ष्मंयत्तत्सदसदात्मकम् ३१ यस्मात्पितामहो
जज्ञेप्रभुरेकःप्रजापतिः ॥ ब्रह्मासुरगुरुःस्थाणुर्मनुःकःपरमेष्ठ्यथ ३२ प्राचेतसस्तथादक्षोदक्षपुत्राश्चसप्त वै ॥ ततः प्रजानांपतयःप्राभवन्नेकविंशतिः ३३

इति । मायायाआवरणशक्तिरूपात्तुच्छात्तमसएवस्वप्नप्रपंचवदंडमुत्पन्नमित्यर्थः । तथाचश्रुतिः ‘नोव्योमापरोयात्’ इतिसृष्टेःप्राग्व्याकृताख्यमायायाअपिसत्त्वंनिषिध्यन्तुच्छ्येनाभ्वपिहितंयदासीत्
तमसस्तन्महिनाजायतैकं’इतितमोमात्रात्सृष्टिंदर्शयति २९ युगस्यब्रह्मकल्पस्यादौजातंतन्निमित्तंचतुर्विधभूतग्रामोपादानं यस्मिन्नंडेब्रह्मप्रविष्टमितिशेषः । तत्सृष्ट्वातदेवानुप्राविशत्’ इतिश्रुतेः
किंतत्सत्यंविकारत्वहीनं । वाचारंभणंविकारइतिविकारस्यानृतत्वश्रुतेः । किंजडप्रकृतिरूपं न ज्योतिश्चिद्रूपं सनातनंसततैकरूपं ३० अद्भुतं प्रत्यगात्मत्वेपिदुर्ज्ञेयत्वात् अचिंत्यंवाङ्म
नसातीतत्वात् सर्वत्रदेशकालेवस्तुनिचसमतांसाम्यंऐक्यमितियावत् गतंप्राप्तं अव्यक्तमव्याकृतं कारणंहेतुः सूक्ष्मंबाह्येंद्रियाविषयत्वात् सदसदात्मकंतुच्छातुच्छव्यावृत्तस्वरूपं अनिर्वचनी
यमित्यर्थः ३१ यस्मादंडात्पितामहः ‘सवैशरीरीप्रथमः’ ‘हिरण्यगर्भःसमवर्ततताग्रे’इत्यादिश्रुतिप्रसिद्धःअस्यरजःसत्त्वतमोगुणप्रधानानित्रीणिरूपाण्याह ब्रह्मा सुरगुरुर्विष्णुः स्थाणूरुद्रः । ब्रह्मणो
विभूतीःसृष्टिकर्मप्रधानाआह मनुरित्यादिना ३२ दक्षपुत्राःसप्त । क्रोधस्तमोदमश्चैवविक्रीतोंगिरास्तथा ॥ कर्दमोऽश्वश्चसप्तैतेदक्षपुत्राःप्रकीर्तिताः’इत्यन्यत्रोक्ताः । एकविंशतिर्मरीच्यादयः
ऋषयः सप्त मनवश्चतुर्दशेति यथोक्तंब्रह्मांडपुराणे । ‘ऋषयःसप्तपूर्वेयेमनवश्चचतुर्दश ॥ एतेप्रजानांपतयएभिःकल्पःसमाप्यते’ इति ३३

विष्णोर्विभूतिंपालनकर्मप्रधानामश्व्यंतामाह पुरुषश्चेति । यंमत्स्यकूर्ममैरालादिविग्रहं ३४ स्थाणोर्विभूतीःसंहारकर्मप्रधानाआह यक्षाइति । ततोब्रह्मांडाद्ब्रह्मष्यांद्याःकृत्स्नसंसारसंहारकज्ञान
प्रधानाः ३५ आपइत्यादिकंषट्कंवह्निवुरुषयोरप्युपलक्षणं दिशःद्यौरित्येताभ्यांतदभिमानिनौचंद्रसूर्यौगृह्येते अंतरिक्षमाकाशः एतच्चमूर्त्यष्टकंस्थाणोरेवविभूतिः ३६ संवत्सरादिःकालोऽपि
संहारकत्वात्स्थाणोरेवविभूतिः यच्चान्यदपिदृष्टंश्रुतंवातत्सर्वंततएवांडात्संभूतमितिपूर्वेणसंबंधः ३७ यदिदंदृश्यते बाह्यंरूपादि आंतरंचाहंकारतद्धर्मसुखदुःखादिसाक्षिदृश्यं तत्सर्वंयुगक्षयेकल्पांतेपुनः
संक्षिप्यतेकूर्मांगवत्तिरोभवतिस्वाधिष्ठानेब्रह्मण्येवशुक्काविवरजतं ३८ प्रतिकल्पंसृष्टेःसमाननामरूपत्वमाह यथेति ३९ कल्पानामानंत्यमाह एवमिति । अनाद्यंतंपरमात्मावगत्यवसानं ४० एवंपिंडब्र
ह्मांडात्मिकांजडसृष्टिमुक्त्वातदभिमानिचेतनसृष्टिमाह त्रयस्त्रिंशदिति । शाकल्यब्राह्मणे त्रयश्चत्रीचशतात्रयश्चत्रीचसहस्रेत्याद्युपक्रम्यमहिमानएवैषामेतेत्रयस्त्रिंशद्देवदेवाइत्युक्तेस्त्रयस्त्रिंशद्देवदेवास्तावंति
शतानिसहस्राणिवातेषामेवविभूतिरित्यर्थः तेचाष्टौवसवएकादशरुद्राद्वादशादित्याः इंद्रःप्रजापतिश्च तत्रवसवःपृथिव्यग्नीअंतरिक्षवायू आदित्यदिवौ चंद्रोनक्षत्राणिच रुद्राएकादशेंद्रियाणि
आदित्याद्वादशमासाः इंद्रःपर्जन्यः प्रजापतिर्यज्ञः एतेषामभिमानिनश्चेतनाअत्रविवक्षिताः शरीरसृष्टेःप्रागुक्तत्वात् सोयंसृष्टिसंक्षेपः विस्तरस्त्वन्यत्रोक्तः ‘तिस्रःकोटयस्तुरुद्राणामादित्या

पुरुषश्चाप्रमेयात्मायंसर्वेऋषयोविदुः ॥ विश्वेदेवास्तथादित्यावसवोऽथाश्विनावपि ३४ यक्षाःसाध्याःपिशाचाश्चगुह्यकाःपितरस्तथा ॥ ततःप्रसूताविद्वां
सःशिष्टाब्रह्मर्षिसत्तमाः ३५ राजर्षयश्चबहवःसर्वेःसमुदितागुणैः ॥ आपोद्यौःपृथिवीवायुरंतरिक्षंदिशस्तथा ३६ संवत्सरर्तवोमासाःपक्षाहोरात्रयःक्रमात् ॥
यच्चान्यदपितत्सर्वंसंभूतंलोकसाक्षिकम् ३७ यदिदंदृश्यतेकिंचिद्भूतंस्थावरजंगमम् ॥ पुनःसंक्षिप्यतेसर्वंजगत्प्राप्तेयुगक्षये ३८ यथर्तावृतुलिंगानि
नानारूपाणिपर्यये ॥ दृश्यंतेतानितान्येवतथाभावायुगादिषु ३९ एवमेतदनाद्यंतंभूतसंहारकारकम् ॥ अनादिनिधनंलोकेचक्रंसंपरिवर्तते ४० त्रय
स्त्रिंशत्सहस्राणित्रयस्त्रिंशच्छतानिच ॥ त्रयस्त्रिंशच्चदेवानांसृष्टिःसंक्षेपलक्षणा ४१ दिवःपुत्रोबृहद्भानुश्चक्षुरात्माविभावसुः ॥ सवितासऋचीकोऽर्कोभानु
राशावहोरविः ४२ पुत्राविवस्वतःसर्वेसह्यास्तेषांतथावरः ॥ देवभ्राट्तनयस्तस्यसुभ्राडितिततःस्मृतः ४३

नांदशस्मृताः ॥ अग्नीनांपुत्रपौत्रंतुसंख्यातुंनैवशक्यते’इति ४१ कतमएकादेवतेतिप्राणइतिसब्रह्मेत्युपसंहारेतत्रैवोक्तमेकंसूत्रात्मानंचेतनंविवक्षित्वातद्विभूतयोऽन्येचेतनाइत्याह दिवःपुत्रइत्यादि
नासुविस्तराइत्यंतेन । दिवोनानारूपेणद्योतमानायामायायाःपुत्रइवपुत्रोगर्भस्थत्वात् मायायांचित्प्रतिबिंबःसूत्रात्मेत्यर्थः तस्यैवावयवाबृहद्भान्वादयएकादशसमनस्केंद्रियाधिष्ठातृदेवता । दि
ग्वातार्कप्रचेतोश्विवह्नींद्रोपेंद्रमित्रप्रजापतिबृहस्पतिसंज्ञाअप्यत्रसूर्यपर्यायैरेवाभिधीयंते सूर्यआत्माजगतस्तस्थुषश्चेतिश्रुतेस्तद्विभूतयोऽन्यादेवताइतिस्मृतेश्चदिग्गादीनांसूर्याविभूतित्वात् । सबृहत्सभानुः
सचक्षुरितिप्रत्येकंतच्छब्दःसंबध्यते अत्रबृहदादिपदार्थस्तु ‘बृहद्व्योममयत्वेनश्रोत्रमिंद्रियमुच्यते ॥ द्रव्याणांभासनाद्भानुशब्देनोक्तंत्वगिंद्रियं ॥ १ ॥ चक्षुःप्रसिद्धमात्मातुप्रेयस्त्वाद्रसनेंद्रियं ॥
वागग्निदैवतत्वेनविभावसुपदोदिता ॥ २ ॥ कर्मणांप्रसवात्पाणामतौसवितृशब्दितौ ॥ विशिष्टगतिमत्त्वाद्प्यर्कःपादेंद्रियंमतं ॥ ३ ॥ उपस्थस्याद्दचीकाख्यऋचांसर्वांगतेजसां ॥ संगमोर
तिकालेत्रेत्येवमेवमरीचिकः ॥ ४ ॥ वायुराशावहःप्रोक्तोभासनादवनाच्चसः ॥ भानूरविश्चोच्यतेतौघ्राणपायुपदोदितौ’इति ॥ ५ ॥ ४२ पुत्राःप्रतिबिंबाः विवस्वतःसूर्यवत्सर्वावभासकस्यचै
तन्यस्य । यद्वा विशेषेणवस्तेआच्छादयतिसर्वंज्ञेयंव्याप्नोतीतिविवोज्ञानंतद्वान् आजानसिद्धज्ञानवान्ब्रह्मा ‘ज्ञानमप्रतिमंयस्यवैराग्यंचजगत्पतेः ॥ ऐश्वर्यंचैवधर्मश्चसहासिद्धंचतुष्टयं’इतिस्मृतेः ।—

तस्यपुत्र्यपिभार्याभूताद्यौः । 'प्रजापतिर्वैस्वांदुहितरमभ्यध्यायद्दिवमित्यन्यआहुः'इतिश्रुतेस्तस्यामुत्पन्नाबृहद्भान्वादयइतिज्ञेयं । पुराविवस्वतइतिपाठेविवस्वतःसंबंधीदिवःपुत्रइतियोज्यं । महानेवम
ह्योमनुःस्वार्थेऽच्यत् तेषांमध्येवरःश्रेष्ठोबुद्धितत्त्वाभिमानीत्यर्थः तस्यतनयोदेवभ्राट्देवैरिंद्रियैर्भ्राजतेदीप्यतेइत्यहंकारोदेवभ्राट् । अहमिदंपश्याम्यहमिदंशृणोमीत्याद्यनुभवात् । तस्यपुत्रःसुभ्राट्भौ
॥ ६ ॥ तिकंमनस्तद्धिसंकल्पविकल्पात्मकंसत्सर्वविषयप्रकल्पकंतत्तद्विषयरूपेणसुतरांस्पष्टंभ्राजतेइतिसुभ्राट्पदवाच्यं यथोक्तमक्षपादैः 'रूपादयोविषयाःसंकल्पकृताः'इति । रत्नगर्भस्तुतत्रसृज्यसंहार्ययोरतिबा
हुल्यंवक्तुंतन्मध्येसंक्षेपतोदेवानांसृष्टिमाह त्रयस्त्रिंशदिति । त्रयस्त्रिंशद्यानितान्येवशतानिबिंदुत्रययुक्तानिपुनस्तान्येवत्रयस्त्रिंशत्सहस्राणिचबिंदुचतुष्टययुतानितदात्रयस्त्रिंशत्कोटयइत्यर्थः देवानांसृष्टिःसृज्य
मानादेवाः । कृदभिहितोभावोद्रव्यवत्प्रकाशतइतिन्यायात् । यद्वात्रयस्त्रिंशाधिकशतत्रययुक्तषट्त्रिंशत्सहस्राणिदेवानांसंक्षेपतः । तत्रतावद्ब्रह्मणोजन्मसमनंतरमेवप्रथमकल्पेसृष्टिक्रममाहदिवःपुत्रइत्या ॥ ३ ॥
दिना अतएवैतत्कल्पीयसूर्यवंशसृष्टिक्रमाविरोधोनाशंकनीयः । दिवःपुत्रइत्येकंनाम दिवःपुत्रादयोद्वादशविवस्वंतःसूर्याजाताः नकारलोपश्छांदसः तेषांसह्योऽवरःकनिष्ठः मह्यइतित्वपाठःतस्यपृथङ्
निर्देशोवंशकरत्वात् तेभ्यःसह्यवंश्येभ्यएवायमेतत्कल्पीयकुरुवंशादिसद्दशस्तस्मिन्कल्पेऽप्येषांवंशानांसंभवात् अतएवयदुभरतययातिवंशानांपृथगुपादानं यद्वा तेभ्यएवेदानीमिहोत्पन्नेभ्यः कुरुवंशा
दयइत्यर्थः । विमलबोधव्याख्याऽत्रदिवःपुत्रइत्यारभ्यसंभूताबहवोवंशाइत्यंतेन । ननुद्वौवंशौराज्ञामिहोक्तौसूर्यवंशश्चंद्रवंशश्च तत्रादित्यवंशस्तावत्ब्रह्मणोमरीचिर्मरीचेःकश्यपःकश्यपाद्विवस्वान्विवस्व
तोमनुर्मनोरिक्ष्वाकुरिक्ष्वाकोर्विकुक्षिःसएवशशादस्ततःकाकुत्स्थस्तस्मादनेनास्ततःपृथुःपृथोरार्द्रस्ततोबृहदश्वस्तस्माद्धुंधुमारादयोयावन्मरुत्तइतितावदादित्यवंशः । सोमवंशस्तावत् ब्रह्मणोऽत्रिरत्रेः
सोमःसोमाद्बुधस्ततःपुरूरवाःपुरुरवसआयुरायोर्नहुषस्ततोययातिर्ययातेःपुरुप्रभृतयोयावद्देववज्रपुत्रइति । एतौद्वौराजवंशौ ततःकेऽमीदिवःपुत्रादयोराजानः तथापुराविवस्वतश्चेतिनसंगतं विवस्वतः
पूर्वंकश्यपस्ततःपूर्वंब्रह्माततश्चकथमुच्यतेपुराविवस्वतश्चेति तथासुभ्राजश्चत्रयःपुत्रादशज्योतिरादयइत्यपिनसंगतं तेहिदशज्योतिरादयःपार्थिवाउभयोरपिवंशयोःपुराणेतिहासादिषुनश्रूयंते । अत्रोच्यते ।
काचिदसंगतिर्नात्र तत्रदिवःपुत्रस्तावदादित्यएवस्वरश्मिभिर्दिवःपूरणात् बृहद्भानुरपिसएव बृंहतोविश्वव्यापकाभानवोऽस्येति चक्षुर्विश्वप्रकाशकत्वादात्माचसएव साहिब्रह्मज्योतिरित्यागमप्रामाण्या
द्विभावसुश्चसएव ऋतुषुविविधप्रकाररश्मयोयस्य सविताचसएवऋतुक्रमेणलोकोपकारार्थंसलिलगर्भप्रसवात् मरीचिकःसएव लोकोपकारार्थंमरीचीन्कायतिकीर्तयतिप्रकाशयतीतियावत् मरीचिभिः
सहस्ररश्मिभिःकीर्त्यतइतिवा अर्कःऋमृगतौस्मृतोधातुरस्यकप्रत्ययेगुणः । आहच 'ऋसृगतौस्मृतोधातुस्तस्मात्कप्रत्ययःस्मृतः । गतोयस्मात्परोनास्तितस्मादर्कःसउच्यते । भानुःसएव लोकोपका
रार्थंभाःनौतिप्रस्तौतीति आशावहइतिलोकानामाशामावहत्याराध्यमानःसफलीकरोति रविरिति । 'अवेतिरक्षणेधातुःप्रत्ययेऽस्यरुडागमः । अवतित्रीनिमाँल्लोकांस्तेनासौरविरुच्यते' इति । पुरेति ।
पुराकल्पेएतेदिवःपुत्रादयःपुंशब्दाविवस्वतोवाचकाःपठ्यंतेपुराकल्पविद्भिः तेषांशब्दानांमध्येऽवरोजघन्योमह्यशब्दःमह्यशब्दोऽपिगर्भधारकवाचकतयापावनाद्वाअनघतयापठ्यते मह्योमहीगर्भाधायक
त्वात् उक्तंच 'पौषस्यकृष्णसप्तम्यांमह्यासहभवेद्रविः । देवभ्राट्तनयस्तस्य' इति तस्यमह्यानंतरंदेवान्भ्राजयतिरश्मिभिःतनयोविस्तारकःतस्मादनंतरंसुभ्राडितिसुष्ठुशीलःपुत्रः सुभ्राजसोऽनंतरंत्रयः
पुत्रादशज्योतिरादयोग्रहनक्षत्रतारकाप्रकाशकारश्मयःप्रादुरासन् तेचपूरणाज्जगत्त्राणाद्वापावनाद्वाऽनवयोनित्वात्पुत्राउच्यंते बहुशश्चास्यवामीयेसूक्तेपुत्रशब्दोरश्मिषुदृष्टोविस्तरातिशयान्नप
ठ्यते अत्रदशशतसहस्रशब्दारश्मिबहुत्ववाचकास्तेभ्योऽयंकुरुवंशश्चेत्याद्युच्चावचोभयवंशप्रभवराजाभिधानमस्तुसूर्यस्यैवोभयवंशहेतुत्वकथनपरं । तथाहि आदित्यान्मनुर्मनोरिक्ष्वाकुरित्या ॥ ६ ॥
दिपौत्रःसूर्यवंशः तथाऽऽदित्यान्मनुर्मनोरिडाइडातःपुरूरवाइत्यादिनादौहित्रःसोमवंशइति । अतएभिःश्लोकैरादित्यस्तुतिभिस्तन्मूलकत्वंकथितं । उक्तंच 'आदित्यमूलमखिलंत्रैलोक्यंयदुनंदन।
भवत्यस्माज्जगत्सर्वंसदेवासुरमानुषं'इत्यादिसर्वमवदातम् ४३

दशज्योतींषि 'धूम्राऽर्चिरूष्माज्वलिनीज्वालिनीविस्फुलिंगिनी ४४ सुश्रीःसुरूपाकपिलाहव्यकव्यवहातथा'इतिदशकलारूपाणियस्यसदशज्योतिरग्निः । शतज्योतिश्चंद्रःसहिहृदयायतनः 'चंद्रमामनसो भूत्वाहृदयंप्राविशत्'इतिश्रुतेः । हृदयस्यचशतंचैकाचनाड्यस्तासांमूर्धन्यासौरीक्रममुक्तिस्थानप्रापिकाइतराःशतंजन्मांतरहेतुगतिप्रदास्तासांप्रकाशकत्वाच्चंद्रःशतज्योतिः । सहस्रज्योतिःसूर्यः । ज्योतेरितीदंतत्त्वमार्षम् ४५ तेभ्यःसमष्टिमनःकल्पितेभ्योऽग्निचंद्रसूर्येभ्यःक्रमादयंपुरोवर्तीब्राह्मणवंशःकुर्वादिवंशइक्ष्वाकुवंशश्चसंभृताइतियोज्यं तादृशादग्नेर्ब्राह्मणउत्पन्नइतिचकाराद्वालभ्यते । आग्नेयोवैब्राह्मणइतिश्रुतेर्ब्राह्मणस्याग्निवंश्यत्वं इतरेषांचंद्रसूर्यवंश्यत्वंप्रसिद्धमेव ४६ राजर्षीणां राज्ञामृषीणांचेतिद्वन्द्वः भूतसर्गाःजरायुजांडजस्वेदजोद्भिज्जसृष्टयः ४७ भूतस्थानानीतिनॄणांवासस्थानानिराजकृतानिदुर्गनगरादीनि ब्राह्मणकृतानितीर्थक्षेत्रादीनि त्रिविधंरहस्यंधर्मरहस्यं कृष्णद्रोहिणोऽपिशिशुपालस्यकृष्णैकत्वप्राप्तिस्तत्ररहस्यं यथाकथंचित्तीव्राभिनिवेशेनध्यानमेवश्रेयइतिसोऽधर्माभासोऽपिधर्मएव तथाहिंसाफलोधर्मोऽप्यधर्मएव यथासत्यवादिनश्चोरेभ्यःकार्पटिकमार्गतत्त्वेनोपदिशतइति । एवमर्थकामयोरपिरहस्यमूह्यं । वेदाःकर्मकांडः योगउपासनाकांडः सविज्ञानोज्ञानकांडसहितः । धर्मःस्मार्तः अर्थकामौलोकप्रसिद्धौ ४८ धर्मेति । एतत्त्रयप्रतिपादकानिशास्त्राणिमीमांसाकोककामंदकानि । लोकयात्राविधानंचलोकयात्रायेननिर्वहतितस्याऽऽयुर्वेदधनुर्वेदगांधर्ववेदादेर्विधानंज्ञापनंच

सुभ्राजस्तुत्रयःपुत्राःप्रजावंतोबहुश्रुताः ॥ दशज्योतिःशतज्योतिःसहस्रज्योतिरेवच ४४ दशपुत्रसहस्राणिदशज्योतेर्महात्मनः ॥ ततोदशगुणाश्चान्येशतज्योतेरिहात्मजाः ४५ भूयस्ततोदशगुणाःसहस्रज्योतिषःसुताः ॥ तेभ्योऽयंकुरुवंशश्चयदूनांभरतस्यच ४६ ययातीक्ष्वाकुवंशश्चराजर्षीणांचसर्वशः ॥ संभूताबहवोवंशाभूतसर्गाःसुविस्तराः ४७ भूतस्थानानिसर्वाणिरहस्यंत्रिविधंचयत् ॥ वेदायोगःसविज्ञानोधर्मोऽर्थःकामएवच ४८ धर्मकामार्थयुक्तानिशास्त्राणिविविधानिच ॥ लोकयात्राविधानंचसर्वंतद्दृष्टवानृषिः ४९ ॥ इतिहासाःसवैयाख्याविविधाःश्रुतयोऽपिच ॥ इहसर्वमनुक्रांतमुक्तंग्रंथस्यलक्षणम् ५० विस्तीर्यैतन्महज्ज्ञानमृषिःसंक्षिप्यचाब्रवीत् ॥ इष्टंहिविदुषांलोकेसमासव्यासधारणम् ५१ मन्वादिभारतंकेचिदास्तीकादितथापरे ॥ तथोपरिचराद्यन्येविप्राःसम्यगधीयते ५२ विविधंसंहिताज्ञानंदीपयंतिमनीषिणः ॥ व्याख्यातुंकुशलाःकेचिद्ग्रंथान्धारयितुंपरे ५३ तपसाब्रह्मचर्येणव्यस्यवेदंसनातनम् ॥ इतिहासमिमंचक्रेपुण्यंसत्यवतीसुतः ५४ ॥ ॥

एतत्सर्वंतेभ्यःसंभूतमितिपूर्वेणसंबन्धः सर्वंतद्दृष्टवान्योगबलेनऋषिर्व्यासः ४९ सवैयाख्याःव्याख्यामधिकृत्यकृतोग्रन्थोवैयाख्यस्तद्युक्ताः यथाब्रह्मविदाप्नोतिपरमितिसूत्रस्यव्याख्यासत्यंज्ञानमितिमंत्रः अनुव्याख्यानंतस्माद्वाएतस्मादितिब्राह्मणम् । एवमत्रापिप्रथमेऽध्यायेसूत्रितस्यार्थस्यद्वितीयतृतीयाभ्यांव्याख्यानमुत्तरग्रंथेनानुव्याख्यानंच विविधाःलिंगादिनार्थप्रत्यायकाःप्रपाःकर्तव्याइत्यादिस्मृतिमूलभूताः'धन्वन्निवप्रपाअसित्वमग्ने'इत्यादयः । हेअग्नेत्वंधन्वन्निरुदकेप्रदेशेप्रपेवलोकतृप्तिकरोऽसीतितदर्थः प्रपाअसीत्यत्रासंधिश्छांदसः । इहेति । अनुक्रांतमनुक्रमेणोक्तमिदमेवयथोक्तंग्रन्थस्यलक्षणंविषयःप्रतिपाद्योर्थः ५० समासःसंक्षेपःव्यासोविस्तरः ५१ वर्णानुपूर्वीभेदेऽपिप्रतिकल्पमर्थानांसमाननामरूपक्रमत्वाद्भारतारंभेमतभेदमाह मन्वादीति । मनुर्मन्त्रोनारायणंनमस्कृत्येति ओंनमोभगवतेवासुदेवायेतिवा तदादिइतिप्राञ्चः । दिवःपुत्रोवैवस्वतमनुसंज्ञोमनुस्तदादीतितत्त्वं आस्तीकमास्तीकचरितंतदादि उपरिचरोवसुस्तच्चरितादिवा ५२ बह्वर्थत्वाद्विविधंज्ञानंदीपयंतिप्रकाशयंति ५३ व्यस्यवेदमाध्वर्यवादिकांडशोविभज्य तेनवेदार्थोऽत्रसंगृहीतइतिदर्शितम् ५४ ॥ ॥ ॥ ॥

तदाख्यानवरिष्ठंसइत्यादि अच्छेद्यममरैरपीत्यंतोग्रंथःस्पष्टार्थः ५५ । ५६ । ५७ । ५८ अभ्याशेसमीपे वसुरुपरिचरस्तस्यकन्यावासवीसत्यवतीतस्याःपुत्रोवासवेयोव्यासः ५९ कृष्णो व्यासः ६० । ६१ । ६२ उन्मेषमुपबृंहणं ६३ । ६४ । ६५ । ६६ पाशुपतंपशूनांजीवानांपत्युरंतर्यामिणइदंमाहात्म्यंपाशुपतं हेतुनासात्विकादिकर्मणासमंतुल्यं ६७ । ६८ कल्पानां धनुर्वेदोक्तशास्त्रादिविधीनांदुर्गसेनाव्यूहरचनादिविधीनांवा । 'कल्पःशास्त्रेविधौन्यायेसंवर्तेब्रह्मणोदिने'इतिमेदिनी । वाक्यजातिविशेषाःराजामात्यचेटादिवक्तृविशेषप्रयुक्तवैलक्षण्यानिस्तुतिनिंदान्यायदेशा

अ०

॥ ७ ॥

॥ १ ॥

पराशरात्मजोविद्वान्ब्रह्मर्षिःसंशितव्रतः ॥ तदाख्यानवरिष्ठंसकृत्वाद्वैपायनःप्रभुः ५५ कथमध्यापयानीहशिष्यानित्यन्वचिंतयत् ॥ तस्यतच्चिन्तितंज्ञात्वाऋ षेर्द्वैपायनस्यच ५६ तत्राजगामभगवान्ब्रह्मालोकगुरुःस्वयम् ॥ प्रीत्यर्थंतस्यचैवर्षेर्लोकानांहितकाम्यया ५७ तंदृष्ट्वाविस्मितोभूत्वाप्रांजलिःप्रणतःस्थितः ॥ आसनंकल्पयामाससर्वैर्मुनिगणैर्वृतः ५८ हिरण्यगर्भमासीनंतस्मिंस्तुपरमासने ॥ परिवृत्यासनाभ्याशेवासवेयःस्थितोऽभवत् ५९ अनुज्ञातोऽथकृष्णस्तुब्रह्म णापरमेष्ठिना ॥ निषसादासनाभ्याशेप्रीयमाणःशुचिस्मितः ६० उवाचसमहातेजाब्रह्माणंपरमेष्ठिनम् ॥ कृतंमयेदंभगवन्काव्यंपरमपूजितम् ६१ ब्रह्मन्वेद रहस्यंचयच्चान्यत्स्थापितंमया ॥ सांगोपनिषदांचैववेदानांविस्तरक्रिया ६२ इतिहासपुराणानामुन्मेषंनिर्मितंचयत् ॥ भूतंभव्यंभविष्यंचत्रिविधंकालसंज्ञितम् ६३ जरामृत्युभयव्याधिभावाभावविनिश्चयः ॥ विविधस्यचधर्मस्यह्याश्रमाणांचलक्षणम् ६४ चातुर्वर्ण्यविधानंचपुराणानांचकृत्स्नशः ॥ तपसोब्रह्मचर्य स्यपृथिव्याश्चंद्रसूर्ययोः ६५ ग्रहनक्षत्रताराणांप्रमाणंचयुगैःसह ॥ ऋचोयजूंषिसामानिवेदाध्यात्मंतथैवच ६६ न्यायशिक्षाचिकित्साचदानंपाशुपतंतथा ॥ हेतुनैवसमंजन्मदिव्यमानुषसंज्ञितम् ६७ तीर्थानांचैवपुण्यानांदेशानांचैवकीर्तनम् ॥ नदीनांपर्वतानांचवनानांसागरस्यच ६८ पुराणांचैवदिव्यानांकल्पानां युद्धकौशलम् ॥ वाक्यजातिविशेषाश्चलोकयात्राक्रमश्चयः ६९ यच्चापिसर्वगंवस्तुतच्चैवप्रतिपादितम् ॥ परंनलेखकःकश्चिदेतस्यभुविविद्यते ७० ॥ ब्रह्मोवाच ॥ तपोविशिष्टादपिवैविशिष्टान्मुनिसंचयात् ॥ मन्येश्रेष्ठतरंत्वांवैरहस्यज्ञानवेदनात् ७१ जन्मप्रभृतिसत्यांतेवेद्मिगांब्रह्मवादिनीम् ॥ त्वयाचकाव्यमित्युक्तंतस्मा त्काव्यंभविष्यति ७२ अस्यकाव्यस्यकवयोनसमर्थाविशेषणे ॥ विशेषणेगृहस्थस्यशेषास्त्रयइवाश्रमाः ७३ काव्यस्यलेखनार्थायगणेशःस्मर्यतांमुने ॥ ॥ सौतिरुवाच ॥ एवमाभाष्यतंब्रह्माजगामस्वंनिवेशनम् ७४ ततःसस्मारहेरम्बंव्यासःसत्यवतीसुतः ॥ स्मृतमात्रोगणेशानोभक्तचिंतितपूरकः ७५ तत्राजगा मविघ्नेशोवेदव्यासोयतःस्थितः ॥ पूजितश्चोपविष्टश्चव्यासेनोक्तस्तदाऽनघ ७६ लेखकोभारतस्यास्यभवत्वंगणनायक ॥ मयैवप्रोच्यमानस्यमनसाकल्पितस्यच ७७ श्रुत्वैतत्प्राहविघ्नेशोयदिमेलेखनीक्षणम् ॥ लिखतोनावतिष्ठेततदास्यांलेखकोह्यहम् ७८ ॥ ॥

दयोवापरकृत्यादिरूपार्थवादभेदावा लोकयात्राक्रमोनीतिशास्त्रं ६९ । ७० मुनिसंचयान्मुनिसमूहात् विशिष्टात्कुलेन ७१ गांवाचं ब्रह्मवादिनींवेदवादिनीं ७२ विशेषणेअतिशायने ७३ । ७४ । ७५ यतोयत्रदेशे ७६ । ७७ । ७८ ॥ ॥ ॥ ॥ ॥ ॥ ॥

॥ ७ ॥

अबुध्वाअर्थमितिशेषः ओमित्यंगीकारे ७९ ग्रंथग्रंथिंग्रंथेदुर्भेद्यस्थानं ८० । ८१ श्लोककूटंश्लोकेषुगूढार्थं अन्यार्थत्वेसत्यर्थांतरप्रत्यायकत्वमित्यर्थः अर्थस्यप्रमेयस्यगूढत्वात् प्रश्रितस्यप्रमेयेण
स्वप्रकाशार्थंश्रितंशब्दप्रमाणंतस्यापिगौण्यादिवृत्तिभेदेनगूढत्वं यथामत्स्यःस्वभङ्गंनिमिषतीति ८२ यद्यदायावत् ८३ काम्कमिति तुमुन्ण्वुलौक्रियायांक्रियार्थायामितिण्वुलानेत्रोन्मीलनंकर्तुमि
त्यर्थः एतत्प्रकाशनंकृतामितितृतीयेनान्वयः ८४ । ८५ प्रकाशनंविकसनं ८६ । ८७ विटंकाःपक्ष्युपवेशनस्थानानि'कपोतपालिकायांतुविटंकंपुंनपुंसकं'इत्यमरः ८८ सारोमज्जा ८९

व्यासोऽप्युवाचतंदेवमबुद्ध्वामालिखक्वचित् ॥ ओमित्युक्त्वागणेशोऽपिबभूवकिललेखकः ७९ ग्रंथग्रंथिंतदाचक्रेमुनिर्गूढंकुतूहलात् ॥ यस्मिन्प्रतिज्ञयाप्राहमुनिर्द्वै
पायनस्त्विदम् ८० अष्टौश्लोकसहस्राणिअष्टौश्लोकशतानिच ॥ अहंवेद्मिशुकोवेत्तिसंजयोवेत्तिवानवा ८१ तच्छ्लोककूटमद्यापिग्रथितंसुदृढंमुने ॥ भेत्तुंनशक्यतेऽर्थस्य
गूढत्वात्प्रश्रितस्यच ८२ सर्वज्ञोऽपिगणेशोयत्क्षणमास्तेविचारयन् ॥ तावच्चकारव्यासोऽपिश्लोकानन्यान्बहूनपि ८३ अज्ञानतिमिरांधस्यलोकस्यतुविचेष्ट
तः ॥ ज्ञानांजनशलाकाभिर्नेत्रोन्मीलनकारकम् ८४ धर्मार्थकाममोक्षार्थैःसमासव्यासकीर्तनैः ॥ तथाभारतसूर्येणनृणांविनिहतंतमः ८५ पुराणपूर्णचंद्रेणश्रु
तिज्योत्स्नाःप्रकाशिताः ॥ नृबुद्धिकैरवाणांचकृतमेतत्प्रकाशनम् ८६ इतिहासप्रदीपेनमोहावरणघातिना ॥ लोकगर्भगृहंकृत्स्नंयथावत्संप्रकाशितम् ८७ सं
ग्रहाध्यायबीजोवैपौलोमास्तीकमूलवान् ॥ संभवस्कंधविस्तारःसभारण्यविटंकवान् ८८ अरणीपर्वरूपाढ्योविराटोद्योगसारवान् ॥ भीष्मपर्वमहाशाखोद्रोणपर्व
पलाशवान् ८९ कर्णपर्वसितैःपुष्पैःशल्यपर्वसुगंधिभिः ॥ स्त्रीपर्वैषीकविश्रामःशांतिपर्वमहाफलः ९० अश्वमेधामृतरसस्त्वाश्रमस्थानसंश्रयः ॥ मौसलःश्रुति
संक्षेपःशिष्टद्विजनिषेवितः ९१ सर्वेषांकविमुख्यानामुपजीव्योभविष्यति ॥ पर्जन्यइवभूतानामक्षयोभारतद्रुमः ९२ ॥ सौतिरुवाच ॥ तस्यवृक्षस्यवक्ष्या
मिशश्वत्पुष्पफलोदयम् ॥ स्वादुमेध्यरसोपेतमच्छेद्यममरैरपि ९३ मातुर्नियोगाद्धर्मात्मागांगेयस्यचधीमतः ॥ क्षेत्रेविचित्रवीर्यस्यकृष्णद्वैपायनःपुरा ९४
त्रीनग्नीनिवकौरव्यान्जनयामासवीर्यवान् ॥ उत्पाद्यधृतराष्ट्रंचपांडुंविदुरमेवच ९५ जगामतपसेधीमान्पुनरेवाश्रमंप्रति ॥ तेषुजातेषुवृद्धेषुगतेषुपरमांगतिम्
९६ अब्रवीद्भारतंलोकेमानुषेऽस्मिन्महानृषिः ॥ जनमेजयेनपृष्टःसन्ब्राह्मणैश्चसहस्रशः ९७ शशासशिष्यमासीनंवैशंपायनमंतिके ॥ ससदस्यैःसहासीनःश्रा
वयामासभारतम् ९८ कर्मान्तरेषुयज्ञस्यचोद्यमानःपुनःपुनः ॥ विस्तरंकुरुवंशस्यगांधार्याधर्मशीलताम् ९९

विश्रमंत्यस्यामितिविश्रामश्छाया ९० आश्रमेति आश्रमवासिकस्थंडिलः मौसलादिग्रंथःश्रुतिस्थानीयदीर्घशाखांतः ९१ । ९२ पुष्पंधर्मःफलंमोक्षस्तदुभयंसत्याख्यं । 'पुष्पंहिफलंवाचः
३ सत्यं'इतिश्रुतेः अतएवक्रमात्स्वादुचाच्छेद्यंच ९३ भारतसूत्रभूतश्लोकत्रयमाह मातुरिति । मातुःसत्यवत्यागांगेयस्यभीष्मस्यचनियोगाच्चतुकामतःक्षेत्रेअंबिकादिषुक्रमेणधृतराष्ट्रादीन्जनया
मास ९४ । ९५ तेषुधृतराष्ट्रादिषुजातेषुपुत्रपौत्रादिरूपेणप्रादुर्भूतेषु प्रवृद्धेषुराज्यभागिषु पुत्रपौत्रादीनांराज्यार्थिनांपरमांगतिंमृत्युंगतेषु ९६ । ९७ शशासत्वमेतान्भारतंश्राव
येत्याज्ञापितवान् ९८ कर्मांतरेषुकर्मच्छिद्रेषु ९९

क्षत्तुर्विदुरस्य १०० धार्त्तराष्ट्राणांदुर्योधनादीनां १०१ । १०२ तावत्तावत्संख्याकं अध्यर्धशतंसार्धशतम् ३ शुकग्रहणंतत्सदृशायैवदेयमितिज्ञापनार्थं ४ षष्टिंशतसहस्राणिषष्टिलक्षाणिश्लोकाः ५ । ६ । ७ । ८ मयोच्यमानंवैशंपायनेनोक्तंनिबोधतअर्थतोबुध्यध्वं ९ इदानींभारततात्पर्यसंग्राहकौद्वौश्लोकौपठति दुर्योधनइति । मन्युःक्रोधःतेनद्वेषेर्ष्यासूयादिकमपिग्राह्यं तन्मयोमहाननुच्छेद्योद्रुमोदुर्योधनस्तेनसहात्यंतमैक्यंप्राप्ताःकर्णशकुनिदुःशासनास्तस्यस्कंधशाखापुष्पादितुल्यास्तादृशाएव तस्यमूलंराजाधृतराष्ट्रः सचामनीषीमनोनिग्रहासमर्थः तेनैवहिपुत्रस्नेहांधेनदत्तावसरोदुर्योधनोदृढमूलोऽभवत् अन्यथाबाल्यएवविदुरादिवचसातस्यत्यागेकृतेसतिगराग्निदानद्रौपदीकचग्रहणादिमूलःकुलक्षयोनजातःस्यात् । एतेनदृढाज्ञानमूलोदैन्यतरुःक्रोधलोभादिस्कंधोहिंसास्तेयादिशाखोवधबंधनरकादिफलपुष्पःपुरुषार्थकामैर्मूलाज्ञानच्छेदेननाशनीयइतिसूचितं । ‘ मन्युःपुमान्क्रुधि दैन्येशोकेचयज्ञेच’इतिमेदिनीकोशः ११० युधिष्ठिरइति । धर्मःपुण्यं तेनतत्कारणीभूतश ॥ १ ॥

क्षत्तुःप्रज्ञांधृतिंकुंत्याः सम्यग्द्वैपायनोऽब्रवीत् ॥ वासुदेवस्यमाहात्म्यंपांडवानांचसत्यताम् १०० दुर्वृत्तंधार्तराष्ट्राणामुक्तवान्भगवानृषिः ॥ इदंशतसहस्रंतुलोकानांपुण्यकर्मणाम् १०१ उपाख्यानैःसहज्ञेयमाद्यंभारतमुत्तमम् ॥ चतुर्विंशतिसाहस्रींचक्रेभारतसंहिताम् १०२ उपाख्यानैर्विनातावद्भारतंप्रोच्यतेबुधैः ॥ ततोऽध्यर्धशतंभूयःसंक्षेपंकृतवानृषिः ३ अनुक्रमणिकाध्यायंवृत्तांतानांसपर्वणाम् ॥ इदंद्वैपायनःपूर्वंपुत्रमध्यापयच्छुकम् ४ ततोऽन्येभ्योऽनुरूपेभ्यःशिष्येभ्यःप्रददौविभुः ॥ षष्टिंशतसहस्राणिचकारान्यांससंहिताम् ५ त्रिंशच्छतसहस्रंचदेवलोकेप्रतिष्ठितम् ॥ पित्र्येपंचदशप्रोक्तंगंधर्वेषुचतुर्दश ६ एकंशतसहस्रंतुमानुषेषुप्रतिष्ठितम् ॥ नारदोऽश्रावयद्देवानसितोदेवलःपितॄन् ७ गंधर्वयक्षरक्षांसिश्रावयामासवैशुकः ॥ अस्मिंस्तुमानुषेलोकेवैशंपायनउक्तवान् ८ शिष्योव्यासस्यधर्मात्मासर्ववेदविदांवरः ॥ एकंशतसहस्रंतुमयोक्तंवैनिबोधत ९ दुर्योधनोमन्युमयोमहाद्रुमःस्कंधःकर्णःशकुनिस्तस्यशाखाः ॥ दुःशासनःफलपुष्पेसमृद्धेमूलंराजाधृतराष्ट्रोऽमनीषी ११० युधिष्ठिरोधर्ममयोमहाद्रुमःस्कंधोऽर्जुनोभीमसेनोऽस्यशाखाः ॥ माद्रीसुतौपुष्पफलेसमृद्धेमूलंकृष्णोब्रह्मचब्राह्मणाश्च ११ पांडुर्जित्वाबहून्देशान्बुद्ध्याविक्रमणेनच ॥ अरण्येमृगयाशीलोन्यवसन्मुनिभिःसह ११२

मदमसत्याहिंसादिकंग्राह्यं तन्मयोमहाद्रुमोयुधिष्ठिरः तदेकात्मानोऽर्जुनभीममाद्रेयास्तस्यस्कंधादितुल्यास्तादृशाएव तस्यमूलंकृष्णःशुद्धसत्वमयज्ञानविग्रहःपरमात्मा तेनहिदृढंज्ञातेनधर्मोदृढमूलोभवेदन्यथाकामादिभिरुपहतःस्यात् ‘योवाएतदक्षरंगार्ग्यविदित्वाऽस्मिँल्लोकेयजतिददातितपस्तप्यतेऽपिबहूनिवर्षसहस्राण्यंतवदेवास्यतद्भवति’इतिश्रुतेः । ज्ञानस्यमूलंब्रह्मवेदः वेदाद्धियोगक्रत्वाख्यपरापरधर्मज्ञानंजायते धर्मस्यशब्दमूलत्वादितिन्यायात् । वेदस्यापिमूलंब्राह्मणास्तत्संप्रदायप्रवर्त्तकत्वात् एवंचब्राह्मणानामुपदेष्टृत्वेनवेदस्यप्रमाणत्वेनपरमात्मनोऽनुग्राहकत्वेनचधर्ममूलत्वं । एतेनवेदब्राह्मणभक्तेनसंपाद्यमानोवेदोक्तोयोगादिधर्मवृक्षोऽहिंसासत्यादिस्कंधोधारणाध्यानादिशाखस्तत्त्वसाक्षात्कारफलःपुरुषार्थकामेनभगवदाराधनबलेनसंपादनीयइतिसूचितं ११ मातुर्नियोगादितिपूर्वोक्तस्यैवसूत्रभूतस्यश्लोकत्रयस्यवृत्तिरूपोऽध्यायशेषस्तत्रदुर्योधनस्यमन्युमयत्वादिकंयुधिष्ठिरस्यधर्ममयत्वादिकंचव्याख्यायते पांडुर्जित्वेत्यादि ११२ ॥ ८ ॥

मृगव्यवायनिधनान्मृगरूपिणोॠषेर्व्यवायनिधनंमैथुनकालेमारणंतस्माद्धेतोः कृच्छ्रामतिकष्टामापदंप्रजोत्पत्तिप्रतिबंधकत्वमापिव्यवायकालेमरिष्यसीतिशापंप्राप तत्रापदिएवंसत्यामपिपार्थानां पांडवानांजन्मप्रभृति जातकर्मादिसंस्कारःप्रभृतिशब्दार्थः तच्चाऽऽचारविधेःक्रमश्चशीलरक्षाख्योऽभूदितिशेषः १३ नचैतद्वयंविरुद्धमित्याह मात्रोरिति । चशब्दोहेतौ यस्माद्धर्मोपनिषदंप्रतिधर्मःकुलस्त्रीभिरापद्यपत्यार्थेविशिष्टःपुमान्प्रार्थनीयइत्येवंरूपोव्यासवसिष्ठादिभ्योऽपत्यवत्सुविचित्रवीर्यकल्माषपादादिराजदारेषुदृष्टस्तस्यसंरक्षणार्थाउपनिषद्दुर्वाससादत्ताविद्यातामावर्तितां प्रतोप्रतीत्य धर्मादीनांमात्रोःमातरौप्रति अभ्युपपत्तिःरेतःसेकार्थंगमनमुपपन्नं तस्मात्सत्यामप्यापदिपांडोःपुत्रजन्मादिकंनाविरुद्धमेतादित्यर्थः ११४ अत्रमातृभ्यामित्यनेनपितुर्मरणंसूच्यते १५ ऋषिभिरिति । यत् यदासंवृद्धाइतिपूर्वेणान्वयः तदाधार्त्तराष्ट्रान्धृतराष्ट्रसंबंधिगृहान्प्रत्यानीताइत्यर्थः १६ पुत्राश्चेत्यादिधृतराष्ट्रादीन्प्रतियथायोग्यंयोज्यं पांडवाःपांडोःपुत्राएते १७ तानिति । शिष्टाःसाधवः १८ नत

मृगव्यवायनिधनात्कृच्छ्रांप्रापसआपदम् ॥ जन्मप्रभृतिपार्थानांतत्राचारविधिक्रमः ११३ मात्रोरभ्युपपत्तिश्चधर्मोपनिषदंप्रति ॥ धर्मस्यवायोःशक्रस्यदेवयोश्चतथा श्विनोः ११४ तापसैःसहसंवृद्धामातृभ्यांपरिरक्षिताः ॥ मेध्यारण्येषुपुण्येषुमहतामाश्रमेषुच १५ ऋषिभिर्यत्तदानीताधार्तराष्ट्रान्प्रतिस्वयम् ॥ शिशवश्चाभिरूपा श्चजटिलाब्रह्मचारिणः १६ पुत्राश्चभ्रातरश्चेमेशिष्याश्चसुहृदश्चवः ॥ पांडवाएतइत्युक्त्वामुनयोऽन्तर्हितास्ततः १७ तांस्तैर्निवेदितान्दृष्ट्वापांडवान्कौरवास्तदा ॥ शिष्टाश्चवर्णाःपौरायेतेहर्षाच्चुकुशुर्भृशम् १८ आहुःकेचिन्नतस्यैतेतस्यैतइतिचापरे ॥ यदाचिरमृतःपांडुःकथंतस्येतिचापरे १९ स्वागतंसर्वथादिष्ट्यापांडोःप श्यामसंततिम् ॥ उच्यतांस्वागतमितिवाचोऽश्रूयंतसर्वशः १२० तस्मिन्नुपरतेशब्देदिशःसर्वानिनादयन् ॥ अंतर्हितानांभूतानांनिःस्वनस्तुमुलोऽभवत् २१ पुष्पवृष्टिःशुभागंधाःशंखदुन्दुभिनिःस्वनाः ॥ आसन्प्रवेशेपार्थानांतदद्भुतमिवाभवत् २२ तत्प्रीत्याचैवसर्वेषांपौराणांहर्षसंभवः ॥ शब्दआसीन्महांस्तत्रदिवस्पृ क्कीर्तिवर्धनः २३ तेऽधीत्यनिखिलान्वेदाञ्शास्त्राणिविविधानिच ॥ न्यवसन्पांडवास्तत्रपूजिताअकुतोभयाः २४ युधिष्ठिरस्यशौचेनप्रीताःप्रकृतयोऽभवन् ॥ धृत्याचभीमसेनस्यविक्रमेणार्जुनस्यच १२५

स्यैतइतिपित्रपेक्षयाअत्युदारमूर्तित्वात् तस्यैतइतिमात्रोःसतीत्वात् । अतिदुष्टानामुक्तिर्यदेति चिरमृतश्चिरंशापदग्धोऽल्पकालाश्चशिशवइतिसंदेहबीजं । यद्वाचिरंऋतोदीप्तःकामेनेतिशेषः विप्रशापात् 'ऋतमुंछशिलेजले सत्येदीप्तेपूजितेस्यात्'इतिमेदिनो । यद्वा ऋतात्सत्यमुपैमीतिव्रतोपायनीयमंत्रलिंगाद्दतंब्रह्मचर्याख्यंसत्यंतद्वान् १९ स्वागतंशोभनमागमनंयुष्माकंयतोवयंदिष्ट्याभाग्येनपांडोःसंततिंपश्यामेतिपौरैरुक्तेस्वागतंसम्यगागतमस्माभिर्युष्मान्प्रतीतिउच्यतांवदतांपांडवानामपिवाचोऽश्रूयंत सर्वशःसर्वैः १२० संदिग्धानांसंदेहापनोदकंतदादेवचेष्टितमाहद्वाभ्यां तस्मिन्निति । निःस्वनोनिश्चितस्वनःपांडवएतइत्येवंरूपःशब्दः २१ अद्भुतंदिव्यपुष्पवृष्ट्यादिअत्याश्चर्यं २२ तत्प्रीत्यातेषुपांडवेषुप्रेम्णा हर्षसंभवःसाधुशब्दः दिवस्पृक्स्प्रष्टा २३ अकुतोभयानिर्भयाः १२४ शौचेनेति । 'आचारापरिहारश्चसंसर्गश्चाप्यनिंदितैः ॥ आचारेचव्यवस्थानंशौचमित्यभिधीयते ' । शीलेनेतिपाठेशीलमप्येतदेव । ' इष्टानिष्टार्थसंपत्तौचित्तस्याविकृतिर्धृतिः ॥ सर्वातिशयसामर्थ्यंविक्रमंपरिचक्षते ' २१५

'वृत्तानुवृत्तिःशुश्रूषाक्षांतिरागस्यविक्रिया ॥ जितेंद्रियत्वंविनयोऽथवाऽनुद्धतशीलता ॥ शौर्यमध्यवसायःस्याद्बलिनोऽपिपराभवे' १२६ समवायेसमाजे भर्तारंस्वयमेववृणुतइतिभर्तृस्वयंवरां कर्म अधोमुखेनोपरिस्थस्यभ्रमतोमत्स्यस्यवेधनं २७ पूज्यःसमरेषुदुष्प्रेक्ष्योऽपिचाभवदित्यन्वयः २८ पार्थिवानेकैकशः गणान्संधीभूतांश्चजित्वा आजहारसंपादितवान् २९ गुणैःऋत्विगातमधनजायाबुद्ध्यादिभिः १३० जरासंधंभीमेनचैद्यंशिशुपालंकृष्णेनचघातयित्वायुधिष्ठिरेणराजसूयःप्राप्तइतिपूर्वेणसंबंधः ३१ अर्हणान्युपायनानि मणयोविषरोगादिहरादिव्योपलाः रत्नानिवज्रवैदुर्यादीनि ३२ प्रावाराण्युपरिवस्त्राणि आवरणानिपरिधानीयानि यद्वा वासःशब्देनैवतेषांग्रहणात्प्रावाराणिशिबिराणि आवरणानिजवनिकाः कंबलरत्नान्यजिनरत्नानिचकंबलादिष्वत्युत्कृष्टानि

गुरुशुश्रूषयाक्षांत्यायमयोर्विनयेनच ॥ तुतोषलोकःसकलस्तेषांशौर्यगुणेनच १२६ समवायेततोराज्ञांकन्यांभर्तृस्वयंवराम् ॥ प्राप्तवानर्जुनःकृष्णांकृत्वाकर्मसुदुष्करम् २७ ततःप्रभृतिलोकेऽस्मिन्पूज्यःसर्वधनुष्मताम् ॥ आदित्यइवदुष्प्रेक्ष्यःसमरेष्वपिचाभवत् २८ ससर्वान्पार्थिवान्जित्वासर्वांश्चमहतोगणान् ॥ आजहारार्जुनोराज्ञोराजसूयंमहाक्रतुम् २९ अन्नवान्दक्षिणावांश्चसर्वैःसमुदितोगुणैः ॥ युधिष्ठिरेणसंप्राप्तोराजसूयोमहाक्रतुः १३० सुनयाद्वासुदेवस्यभीमार्जुनबलेनच ॥ घातयित्वाजरासंधंचैद्यंचबलगर्वितम् ३१ दुर्योधनंसमागच्छन्नर्हणानिततस्ततः ॥ मणिकांचनरत्नानिगोहस्त्यश्वधनानिच ३२ विचित्राणिचवासांसिप्रावारावरणानिच ॥ कंबलाजिनरत्नानिरांकवास्तरणानिच ३३ समृद्धांतांतथादृष्ट्वापांडवानांतदाश्रियम् ॥ ईर्ष्यासमुत्थःसुमहांस्तस्यमन्युरजायत ३४ विमानप्रतिमांतत्रमयेनसुकृतांसभाम् ॥ पांडवानामुपहृतांसदृष्ट्वापर्यतप्यत ३५ तत्रावहसितश्चासीत्प्रस्कंदन्निवसंभ्रमात् ॥ प्रत्यक्षंवासुदेवस्यभीमेनानभिजातवत् ३६ सभोगान्विविधान्भुंजन्रत्नानिविविधानिच ॥ कथितोधृतराष्ट्रस्यविवर्णोहरिणःकृशः ३७ अन्वजानात्ततोद्यूतंधृतराष्ट्रःसुतप्रियः ॥ तच्छ्रुत्वावासुदेवस्यकोपःसमभवन्महान् ३८ नातिप्रीतमनाश्चासीद्विवादांश्चान्वमोदत ॥ द्यूतादीननयान्घोरान्विविधांश्चाप्युपैक्षत ३९ निरस्यविदुरंभीष्मंद्रोणंशारद्वतंकृपम् ॥ विग्रहेतुमुलेतस्मिन्दहन्क्षत्रंपरस्परम् ४० जयत्सुपांडुपुत्रेषुश्रुत्वासुमहदप्रियम् ॥ दुर्योधनमतंज्ञात्वाकर्णस्यशकुनेस्तथा ४१ धृतराष्ट्रश्चिरंध्यात्वासंजयंवाक्यमब्रवीत् ॥ शृणुसंजयसर्वंमेनचासूयितुमर्हसि १४२

जातौजातौयदुत्कृष्टंतद्रत्नमितिकोशात् रांकवास्तरणानि रंकुःपशुविशेषस्तल्लोमजानिपक्ष्मलान्यास्तरणानि ३३ ईर्ष्यापरोत्कर्षासहिष्णुत्वंतदुत्थोमन्युःक्रोधः सुमहान्यावद्देहभावी ३४ सुकृतांपुण्यकृतां ३५ अनभिजातवद्ग्रामीणवदवहासितः जलेस्थलभ्रमात्स्थलेजलभ्रमाद्द्वारेद्वारभ्रमाच्चप्रस्कंदन्स्खलन् किंकृत्वेव संभ्रमादिवसंभ्रमंभ्रमियंत्रंप्राप्येव ३६ हरिणःपांडुरः । ' हरिणःपांडुरःपांडुः ' इत्यमरः ३७ ततःपुत्रकार्श्यादिज्ञानानंतरंसुतप्रियोनतुधर्मप्रियः ३८ नातीति । यद्विवादान्वमोदतयच्चानयानुपैक्षत तत्रहेतुःदहन्क्षत्रंपरस्परमित्युत्तरेणसंबंधः हेतौशतृप्रत्ययः क्षत्रस्यदाहायेत्यर्थः दुष्टसंहारार्थत्वात्तदवतारस्य ३९ निरस्याऽवगणय्य प्रवृत्तेसतीतिशेषः ४० दुर्योधनमतंजयोमृत्युर्वाऽस्तुनतुराज्यार्धंदेयमिति ४१ ध्यात्वावृत्तमर्थमनुस्मृत्यअसूयितुंमदोषंप्रज्ञाचक्षुंदूषयितुंनार्हसि १४२

तत्रहेतुः श्रुतवानसीति । श्रुतवानधीती मेधावीपाठतोऽर्थतश्चग्रंथधारकः बुद्धिमानूहापोहकुशलः अतएवप्राज्ञानांपंडितानांसंमतः नचप्रीयेनैवप्रीतिमानस्मि ४३ । ४४ अचक्षुःकार्पण्याद्दांध्येनदीन
त्वात्पुत्रप्रीत्याचतत्सहामिसहे अचेतनमल्पबुद्धिं ४५ सभायामारोहणेदर्शनेच ४६ अमर्षणःअशांतःनिरुत्साहोऽभूदितिशेषः सुश्रियंशोभनाश्रीर्यस्यतंयुधिष्ठिरंसंप्राप्तुंवशेकर्तुं श्रियमक्षत्रियो
यथेतिपाठांतरेस्पष्टोर्थः ४७ गांधारराजःशकुनिः तत्रतस्मिन्द्यूतेमंत्रितेसतिपूर्वंपश्चाच्चयद्यज्जातंजयाशाप्रतिरोधकंतत्सर्वंमयानिगद्यमानंशृणु ४८ लोकद्वयहितज्ञानाभावेपिमूढालौकिकवृत्ता
र्थस्मृतिमात्रेणस्वात्मानंस्तुवंतीतिधृतराष्ट्रोक्तिव्याजेनदर्शयति श्रुत्वेति । केचित्तुप्रज्ञाचक्षुषमितिविशेषणादनागतार्थकथनंधृतराष्ट्रेणक्रियतेयदाऽश्रौषमित्यादिनेत्याहुस्तन्न अश्रौषमितिभूतार्थे

श्रुतवानसिमेधावीबुद्धिमान्प्राज्ञसंमतः ॥ नविग्रहेममममतिर्नचप्रीयेकुलक्षये १४३ नमेविशेषःपुत्रेषुस्वेषुपांडुसुतेषुवा ॥ वृद्धंमामभ्यसूयंतिपुत्रामन्युपरायणाः
४४ अहंत्वचक्षुःकार्पण्यात्पुत्रप्रीत्यासहामितत् ॥ मुह्यंतंचानुमुह्यामिदुर्योधनमचेतनम् ४५ राजसूयेश्रियंदृष्ट्वापांडवस्यमहौजसः ॥ तच्चावहसनंप्राप्य
सभारोहणदर्शने ॥ अमर्षणःस्वयंजेतुमशक्तःपांडवान्रणे ॥ निरुत्साहश्चसंप्राप्तुंसुश्रियंक्षत्रियोऽपिसन् ४७ गांधारराजसहितश्छद्मद्यूतममंत्रयत् ॥ त
त्रयद्यद्यथाज्ञातंमयासंजयतच्छृण ४८ श्रुत्वातुममवाक्यानिबुद्धियुक्तानितत्त्वतः ॥ ततोज्ञास्यसिमांसौतेप्रज्ञाचक्षुषमित्युत ४९ यदाऽश्रौषंधनुरायम्य
चित्रंविद्धंलक्ष्यंपातितंवैपृथिव्याम् ॥ कृष्णांहृतांप्रेक्षतांसर्वराज्ञांतदानाशंसेविजयायसंजय १५० यदाऽश्रौषंद्वारकायांसुभद्रांप्रसह्योढांमाधवीमर्जुनेन ॥
इंद्रप्रस्थंवृष्णिवीरौचयातौतदानाशंसेविजयायसंजय ५१ यदाऽश्रौषंदेवराजंप्रवृष्टंशरैर्दिव्यैर्वारितंचार्जुनेन ॥ अग्निंतथातर्पितंखांडवेचतदानाशंसेविजयाय
संजय ५२ यदाऽश्रौषंजातुषाद्वेश्मनस्तान्मुक्तान्पार्थान्पंचकुंत्यासमेतान् ॥ युक्तंचैषांविदुरंस्वार्थसिद्धौतदानाशंसेविजयायसंजय ५३ यदाऽश्रौषंद्रौपदींरंगम
ध्येलक्ष्यंभित्त्वानिर्जितामर्जुनेन ॥ शूरान्पंचालान्पांडवेयांश्चयुक्तांस्तदानाशंसेविजयायसंजय ५४ यदाऽश्रौषंमागधानांवरिष्ठंजरासंधंक्षत्रमध्येज्वलंतम् ॥
दोर्भ्यांहतंभीमसेनेनगत्वातदानाशंसेविजयायसंजय ५५ यदाऽश्रौषंदिग्जयेपांडुपुत्रैर्वशीकृतान्भूमिपालान्प्रसह्य ॥ महाक्रतुंराजसूयंकृतंचतदानाशंसे
विजयायसंजय १५६

लुङ्प्रयोगानुपपत्तेः ४९ सकृदपिकेनचिन्निमित्तेनस्थालीपुलाकन्यायेनपरप्राबल्येनिश्चितेप्राकृताअपिबलवतासहप्रसंगंनकुर्वंतिधृतराष्ट्रपुत्रस्तुजयाशाविच्छेदकेष्वनेकेषुनिमित्तेषुदृष्टेष्वपितांनजहौ अ
होमोहस्यमाहात्म्यमितिवर्णयन्अर्थाद्धारतार्थंचसंगृह्णाति यदाऽश्रौषंधनुरित्यादिभिःसप्तषष्ट्याश्लोकैः । प्रेक्षतांप्रेक्षमाणानांताननादृत्यलक्ष्यंपातितं तथैवद्रुपदेनप्रतिज्ञातत्वात् विजयायविज
यार्थं तदातदारभ्यनाशंसेआशांनकरोमि १५० माधवींमधुवंशजां प्रसह्ययदूनप्यभिभाव्य वृष्णिवीरौरामकृष्णौ महत्यप्यपराधेयेनसौहार्दंगतौतत्रकाऽस्माकंजयाशेतिभावः ५१
प्रवृष्टंवर्षणेप्रवृत्तं कर्तरिक्तः ५२ जातुषाल्लाक्षामयात् विदुरंचैषांपांडवानांस्वार्थसिद्धौयुक्तंयदाऽश्रौषं ५३ केवलाअप्यस्माकमजेयाःपांडवाःकिमुतपंचालैरतिशूरैःसमेताइतिभावः ५४
ज्वलंतंभासमानं दोर्भ्यामेवनशस्त्रेण ५५ प्रसह्यदंडेनैवनतुभेदादिना १५६

यदाऽश्रौषंद्रौपदीमिति । पतिव्रताकोपात्पांडवानांक्षोभाश्चनष्टाजगाशेत्यर्थः ५७ यदावाससामितिअचिंत्यमहिमत्वाद्रौपद्यानास्माकंजयः कितवःआक्षिकोधूर्तः ५८ अक्षवत्यांपाशवत्यांद्यूतक्रिडायां सौबलेनशकुनिनाअन्वागतंअनुगतं ५९ चेष्टाःबाहुवीक्षणाद्याः ६० ब्राह्मणानुग्रहादपितेषामेवजयइत्याह यदाऽश्रौषंस्नातकानामितिद्वाभ्यां । स्नातकाःसमापितविद्याव्रताः ६१ यदाऽश्रौषमर्जुनमित्यादिचतुर्भिरर्जुनस्यामानुषीशक्तिर्दर्शिता ६२ शंसितंप्रशंस्यं सत्यसंधमवितथप्रतिज्ञं ६३ । ६४। ६५ । ६६ यदाऽश्रौषंघोषेति । वल्कलधारिभ्यःपांडवेभ्यःस्वैश्वर्यंप्रकाशयितुंवत्सांक

|| १ ||

यदाऽश्रौषंद्रौपदीमश्रुकंठींसभांनीतांदुःखितामेकवस्त्राम् ॥ रजस्वलांनाथवतीमनाथवत्तदानाशंसेविजयायसंजय १५७ यदाऽश्रौषंवाससांतत्रराशिंसमाक्षिपत्कितवोमंदबुद्धिः ॥ दुःशासनोगतवान्नैवचांततदानाशंसेविजयायसंजय ५८ यदाऽश्रौषंहृतराज्यंयुधिष्ठिरंपराजितंसौबलेनाक्षवत्याम् ॥ अन्वागतंभ्रातृभिरप्रमेयैस्तदानाशंसेविजयायसंजय ५९ यदाऽश्रौषंविविधास्तत्रचेष्टाधर्मात्मनांप्रस्थितानांवनाय ॥ ज्येष्ठप्रीत्याक्लिश्यतांपांडवानांतदानाशंसेविजयायसंजय १६० यदाऽश्रौषंस्नातकानांसहस्रैरन्वागतंधर्मराजंवनस्थम् ॥ भिक्षाभुजांब्राह्मणानांमहात्मनांतदानाशंसेविजयायसंजय ६१ यदाऽश्रौषमर्जुनंदेवदेवंकिरातरूपंत्र्यंबकंतोष्ययुद्धे ॥ अवाप्तवंतंपाशुपतंमहास्त्रंतदानाशंसेविजयायसंजय ६२ यदाऽश्रौषंत्रिदिवस्थंधनंजयंशक्रात्साक्षाद्दिव्यमस्त्रंयथावत् ॥ अधीयानंशंसितंसत्यसंधंतदानाशंसेविजयायसंजय ६३ यदाऽश्रौषंकालकेयास्ततस्तेपौलोमानोवरदानाच्चदृप्ताः ॥ देवैरजेयानिर्जिताश्चार्जुनेनतदानाशंसेविजयायसंजय ६४ यदाऽश्रौषमसुराणांवधार्थेकिरीटिनंयांतममित्रकर्शनम् ॥ कृतार्थंचाप्यागतंशक्रलोकात्तदानाशंसेविजयायसंजय ६५ यदाऽश्रौषंवैश्रवणेनसार्धंसमागतंभीममन्यांश्चपार्थान् ॥ तस्मिन्देशेमानुषाणामगम्येतदानाशंसेविजयायसंजय ६६ यदाऽश्रौषंघोषयात्रागतानांबंधंगंधर्वैर्मोक्षणंचार्जुनेन ॥ स्वेषांसुतानांकर्णबुद्धौरतानांतदानाशंसेविजयायसंजय ६७ यदाऽश्रौषंयक्षरूपेणधर्मंसमागतंधर्मराजेनसूत ॥ प्रश्नान्कांश्चिद्विब्रुवाणंचसम्यक्तदानाशंसेविजयायसंजय १६८ यदाऽश्रौषंनविदुर्मामकास्तान्प्रच्छन्नरूपान्वसतःपांडवेयान् ॥ विराटराष्ट्रेसहकृष्णयाचतदानाशंसेविजयायसंजय ६९ यदाऽश्रौषंमामकानांवरिष्ठान्धनंजयेनैकरथेनभग्नान् ॥ विराटराष्ट्रेवसतामहात्मनातदानाशंसेविजयायसंजय ७० यदाऽश्रौषंसत्कृतांमत्स्यराज्ञासुतांदत्तामुत्तरामर्जुनाय ॥ तांचार्जुनःप्रत्यगृण्हात्सुतार्थेतदानाशंसेविजयायसंजय ७१ यदाऽश्रौषंनिर्जितस्याधनस्यप्रव्राजितस्यस्वजनात्प्रच्युतस्य ॥ अक्षौहिणीःसप्तयुधिष्ठिरस्यतदानाशंसेविजयायसंजय १७२

|| १० ||

नन्यानेनघोषयात्रागतानांधार्तराष्ट्राणां यैर्मत्सुताबद्धास्तेषामपिजेतृन्मत्सुताजेतुंशक्ताइत्यर्थः ६७ धर्मानुग्रहादपितेषामेवजयइत्याह यदाऽश्रौषंयक्षेति १६८ कृष्णायाद्रौपद्यावेदनेपुनर्द्वादशवर्षाणिवनवासस्त्रयोदशेप्रच्छन्नचर्येतिप्रतिज्ञानात् ६९ विराटराष्ट्रेगोग्रहे ७० मत्स्यराज्ञाविराटेन समासांतविधेरनित्यत्वान्नटच् ७१ निर्जितत्वादिनात्यंतपराभूतस्यापिसप्ताक्षौहिणीसंपत्तेर्दैवानुकूल्यात्तेषामजय्यत्वंदृढमित्यर्थः ७२

इमांगांपृथिवींयस्यएकंविक्रमंपदमात्रमाहुः यस्येंद्राद्याइतिपाठे विक्रमंपराक्रमएकमसाधारणं ७३ वदतोनारदस्यमुखादितिशेषः ७४ । ७५ बहुधावैश्वरूप्येण ७६ पृथांकुंतीं ७७ तेषांपांडवानां ७८ स्वयूथ्यकलहोऽपिपराजयावहइत्याह यदाऽश्रौषंकर्णइति ७९ गंडोऽस्यास्तीतिगंडीखड्गमृगः 'गंडःस्यात्पुंसिखड्गिनि'इतिमेदिनी तेनसहवातिगच्छतीतिगंडिवंतस्यपृष्ठवंशंतद्वि

यदाऽश्रौषंमाधवंवासुदेवंसर्वात्मनापांडवार्थेनिविष्टम् ॥ यस्येमांगांविक्रममेकमाहुस्तदानाशंसेविजयायसंजय ७३ यदाऽश्रौषंनरनारायणौतौकृष्णार्जुनौवदतोनारदस्य ॥ अहंद्रष्टाब्रह्मलोकेचसम्यक्तदानाशंसेविजयायसंजय ७४ यदाऽश्रौषंलोकहितायकृष्णंशमार्थिनमुपयातंकुरूणाम् ॥ शमंकुर्वाणमकृतार्थंचयांतंतदानाशंसेविजयायसंजय ७५ यदाश्रौषंकर्णदुर्योधनाभ्यांबुद्धिंकृतांनिग्रहेकेशवस्य ॥ तंचात्मानंबहुधादर्शयानंतदानाशंसेविजयायसंजय ७६ यदाऽश्रौषंवासुदेवेप्रयातेरथस्यैकामग्रतस्तिष्ठमानाम् ॥ आर्तांपृथांसांत्वितांकेशवेनतदानाशंसेविजयायसंजय ७७ यदाऽश्रौषंमंत्रिणंवासुदेवंतथाभीष्मंशांतनवंचतेषाम् ॥ भारद्वाजंचाशिषोऽनुब्रुवाणंतदानाशंसेविजयायसंजय ७८ यदाऽश्रौषंकर्णउवाचवाक्यंनाहंयोत्स्येयुध्यमानेत्वयीति ॥ हित्वासेनामपचक्रामचापितदानाशंसेविजयायसंजय ७९ यदाऽश्रौषंवासुदेवार्जुनौतौतथाधनुर्गांडिवमप्रमेयम् ॥ त्रीण्युग्रवीर्याणिसमागतानितदानाशंसेविजयायसंजय १८० यदाऽश्रौषंकश्मलेनाभिपन्नेरथोपस्थेसीदमानेऽर्जुनेवै ॥ कृष्णंलोकान्दर्शयानंशरीरेतदानाशंसेविजयायसंजय ८१ यदाऽश्रौषंभीष्मममित्रकर्शनंनिघ्नंतमाजावयुतंरथानाम् ॥ नैषांकश्चिद्वध्यतेख्यातरूपस्तदानाशंसेविजयायसंजय ८२ यदाऽश्रौषंचापगेयेनसंख्येस्वयंमृत्युंविहितंधार्मिकेण ॥ तच्चाकार्षुःपांडवेयाःप्रहृष्टास्तदानाशंसेविजयायसंजय ८३ यदाऽश्रौषंभीष्ममत्यंतशूरंहतंपार्थेनाहवेष्वप्रधृष्यम् ॥ शिखंडिनंपुरतःस्थापयित्वातदानाशंसेविजयायसंजय ८४ यदाऽश्रौषंशरतल्पेशयानंवृद्धंवीरंसादितंचित्रपुंखैः ॥ भीष्मंकृत्वासोमकानल्पशेषांस्तदानाशंसेविजयायसंजय ८५ यदाऽश्रौषंशांतनवेशयानेपानीयार्थेचोदितेनार्जुनेन ॥ भूमिंभित्त्वातर्पितंतत्रभीष्मंतदानाशंसेविजयायसंजय ८६ यदावायुश्चंद्रसूर्यौचयुक्तौकौन्तेयानामनुलोमाजयाय ॥ नित्यंचास्मान्श्वापदाभीषयंतितदानाशंसेविजयायसंजय ८७ यदाद्रोणोविविधानस्त्रमार्गान्निदर्शयन्समरेचित्रयोधी ॥ नपांडवान्श्रेष्ठतरान्निहंतितदानाशंसेविजयायसंजय ८८ यदाऽश्रौषंचास्मदीयान्महारथान्व्यवस्थितानर्जुनस्यांतकाय ॥ संशप्तकान्निहतानर्जुनेनतदानाशंसेविजयायसंजय ८९ यदाऽश्रौषंव्यूहमभेद्यमन्यैर्भारद्वाजेनात्तशस्त्रेणगुप्तम् ॥ भित्त्वासौभद्रंवीरमेकंप्रविष्टंतदानाशंसेविजयायसंजय १९०

कारोगांडिवं दीर्घमध्योऽप्ययंशब्दःक्वचिदस्तितदार्षं १८० कश्मलेनमोहेन ८१ अयुतंदशसहस्राणि ८२ आपगेयेनभीष्मेणविहितंप्रकाशितं तच्चमृत्युप्रापकंद्वारं ८३ तदेवाह यदाऽश्रौषंभीष्ममिति ८४ सोमकानेवाल्पशेषान्कृत्वानत्वन्यान् ८५ भूमिंभित्त्वेत्यलौकिकंकर्म ८६ वायोरानुलोम्यंदक्षिणपृष्ठवाहित्वंचंद्रसूर्ययोर्लाभस्थानस्थत्वेन । शक्रसूर्याविति पाठेशक्रस्यानुकूल्यंपरेषांसैन्येऽशनिपातादिना श्वापदाःश्वकपिक्रोष्ट्रादयः ८७ । ८८ । ८९ । १९०

पार्थमशक्नुवंतोहंतुमितिशेषः तेनअर्जुनकोपाग्नेरत्यंतंप्रदीपनात्नास्माकंजयाशेत्यर्थः ९१ मूढाननेनसर्वेषांक्षयएवभविष्यतीतिजयोऽप्ययंपराजयएवेत्यजानतः सैंधवेजयद्रथेउक्तमयैनंनहनिष्या मिचेदग्निंप्रवेक्ष्यामीतिप्रतिज्ञातं ९२ । ९३ । ९४ । ९५ युयुधानंयुध्यमाने वाष्र्णेयेसात्यकौ ९६ कर्णमासाद्यापिवधान्मुक्तमप्राप्तमृत्युंभीमंयदाऽश्रौषमित्यन्वयः आतुध्यसर्वतोव्यथयित्वा वचोभिर्नितुमनसाकुत्सयित्वा मूढऔदरिकेत्यादिशब्दैर्निंदित्वोपेक्षितमितिशेषः ९७ अमर्षयन्मर्षणंसहनंकृतवंतः अशक्त्या ९८ व्यंसितांव्यर्थीकृतां माधवेनकर्णस्यापिधियः प्रवर्त्तकेन घोररूपेइति

॥ ११ ॥

यदाऽभिमन्युंपरिवार्यबालंसर्वेहत्वाहृष्टरूपाबभूवुः ॥ महारथाःपार्थमशक्नुवंतस्तदानाशंसेविजयायसंजय १९१ यदाऽश्रौषमभिमन्युंनिहत्यहर्षान्मूढान्क्रोश ॥ १ ॥
तोधार्त्तराष्ट्रान् ॥ क्रोधादुक्तंसैन्धवेचार्जुनेनतदानाशंसेविजयायसंजय ९२ यदाऽश्रौषंसैन्धवार्थेप्रतिज्ञांप्रतिज्ञातांतद्वधायार्जुनेन ॥ सत्यांतीर्णांशत्रुमध्येचतेन
तदानाशंसेविजयायसंजय ९३ यदाऽश्रौषंश्रांतहयेधनंजयेमुक्त्वाहयान्पाययित्वोपवृत्तान् ॥ पुनर्युक्त्वावासुदेवंप्रयातंतदानाशंसेविजयायसंजय ९४ य
दाऽश्रौषंवाहनेष्वक्षमेषुरथोपस्थेतिष्ठतापांडवेन ॥ सर्वान्योधान्वारितानर्जुनेनतदानाशंसेविजयायसंजय ९५ यदाऽश्रौषंनागबलैःसुदुःसहंद्रोणानीकंयुयु
धानंप्रमथ्य ॥ यातंवार्ष्णेयंयत्रतौकृष्णपार्थौतदानाशंसेविजयायसंजय ९६ यदाऽश्रौषंकर्णमासाद्यमुक्तंवधाद्भीमंकुत्सयित्वावचोभिः ॥ धनुष्कोट्यातु
द्यकर्णेनवीरंतदानाशंसेविजयायसंजय ९७ यदाद्रोणःकृतवर्माकृपश्चकर्णोद्रौणिर्मद्रराजश्चशूरः ॥ अमर्षयन्सैन्धवंवध्यमानंतदानाशंसेविजयायसंजय ९८
यदाऽश्रौषंदेवराजेनदत्तांदिव्यांशक्तिंव्यंसितांमाधवेन ॥ घटोत्कचेराक्षसेघोररूपेतदानाशंसेविजयायसंजय ९९ यदाऽश्रौषंकर्णघटोत्कचाभ्यांयुद्धेमुक्तांसू
तपुत्रेणशक्तिम् ॥ ययावध्यःसमरेसव्यसाचीतदानाशंसेविजयायसंजय २०० यदाऽश्रौषंद्रोणमाचार्यमेकंधृष्टद्युम्नेनाभ्यतिक्रम्यधर्मम् ॥ रथोपस्थेप्रायग
तंविशस्तंतदानाशंसेविजयायसंजय २०१ यदाऽश्रौषंद्रौणिनाद्वैरथस्थंमाद्रीसुतंनकुलंलोकमध्ये ॥ समंयुद्धेमंडलेभ्यश्चरंतंतदानाशंसेविजयायसंजय २०२ यदा
द्रोणेनिहतेद्रोणपुत्रोनारायणंदिव्यमस्त्रंविकुर्वन् ॥ नैषामंतंगतवान्पांडवानांतदानाशंसेविजयायसंजय २०३ यदाऽश्रौषंभीमसेनेनपीतंरक्तंभ्रातुर्युधिदुःशा
सनस्य ॥ निवारितंनान्यतमेनभीमंतदानाशंसेविजयायसंजय २०४ ॥ यदाऽश्रौषंकर्णमत्यंतशूरंहतंपार्थेनाहवेष्वप्रधृष्यम् ॥ तस्मिन्भ्रातॄणांविग्रहेदेवगुह्येत
दानाशंसेविजयायसंजय २०५ यदाऽश्रौषंद्रोणपुत्रंचशूरंदुःशासनंकृतवर्माणमुग्रम् ॥ युधिष्ठिरंधर्मराजंजयंतंतदानाशंसेविजयायसंजय २०६ यदाऽश्रौषंनि
हतंमद्रराजंरणेशूरंधर्मराजेनसूत ॥ सदासंग्रामेस्पर्धतेयस्तुकृष्णंतदानाशंसेविजयायसंजय २०७ ॥ ११ ॥

घटोत्कचस्यापिवध्यत्वेनतद्वधेनापिकृष्णस्यहर्षएवनक्षातिरितिभावः ९९ यदाकर्णघटोत्कचाभ्यांयुद्धेक्रियमाणेइतिशेषः अर्जुनस्यावध्यत्वेसिद्धेकाजयाशेतिभावः २०० प्रायगतंमरणार्थमनश नंप्रायस्तत्रगतंतदर्थंनिश्चलंस्थितं विशस्तंछिन्नं १ द्रौणिनानकुलमितिद्रौणेर्निकृष्टत्वमुक्तं २ । ३ । ४ देवगुह्येपार्थानांकर्णेसोदर्यत्वाज्ञानात्प्रवृत्तेविग्रहेयुद्धे ५ युधिष्ठिरंद्रोणपुत्रादीन्जयं तमित्यन्वयः ६ मद्रराजंशल्यंस्पर्धतेजेतुमिच्छतीत्यर्थः २०७

यदाऽश्रौषंकलहेति । पुनर्द्यूतप्रसंजनेनापिजयाशानास्तीतिभावः २०८ भग्नाशक्तिर्मंत्रोत्साहादिजंसामर्थ्यंयस्य ९ प्रच्छन्नोऽपिपरैरदृष्टश्चेद्दैवात्कालांतरेऽपिजयाशास्यात्सापिनास्तीत्याह यदाऽश्रौषंपां डवानिति । अमर्षणं अशक्तस्यातितिक्षोर्मरणमवश्यंभावीतिभावः १० मिथ्याहतंनाभेरधःप्रहारात्कपटेनहतंतस्मिन्हतेजयाशानास्तिमूलोच्छेदादितिभावः २११ यदाऽश्रौषंद्रोणेति । दुष्कर्मकारिणोदु र्योधनस्यदारेषुकश्चिन्महानुभावःपुत्रमपिनोत्पादयिष्यत्यतस्तद्द्वारापिजयाशानास्तीतिभावः १२ अनुयातेनहंतुमनुद्रुतेन अग्रिमश्लोकत्रयेणस्वीयस्याप्यश्वत्थाम्नोऽतिजुगुप्सितकर्मत्वान्मणिहीनत्वा

यदाऽश्रौषंकलहद्यूतमूलंमायाबलंसौबलंपांडवेन ॥ हतंसंग्रामेसहदेवेनपापंतदानाशंसेविजयायसंजय २०८ यदाऽश्रौषंश्रांतमेकंशयानंह्रदंगत्वास्तंभयित्वातदंभः ॥ दुर्योधनंविरथंभग्नशक्तिंतदानाशंसेविजयायसंजय ९ यदाऽश्रौषंपांडवांस्तिष्ठमानान्गत्वान्ह्रदेवासुदेवेनसार्धम् ॥ अमर्षणंधर्षयतःसुतंमेतदानाशंसेविजयायसंज य २१० यदाऽश्रौषंविविधांश्चित्रमार्गान्गदायुद्धेमंडलशश्चरन्तम् ॥ मिथ्याहतंवासुदेवस्यबुद्ध्यातदानाशंसेविजयायसंजय ११ यदाऽश्रौषंद्रोणपुत्रादिभिस्तै र्हतान्पंचालान्द्रौपदेयांश्चसुप्तान् ॥ कृतंबीभत्समयशस्यंचकर्मतदानाशंसेविजयायसंजय १२ यदाऽश्रौषंभीमसेनानुयातेनाश्वत्थाम्नापरमास्त्रंप्रयुक्तम् ॥ क्रुद्धे नैषीकमवधीद्येनगर्भंतदानाशंसेविजयायसंजय १३ यदाऽश्रौषंब्रह्मशिरोऽर्जुनेनस्वस्तीत्युक्त्वाऽस्त्रमस्त्रेणशांतम् ॥ अश्वत्थाम्नामणिरत्नंचदत्तंतदानाशंसेविजयाय संजय १४ यदाऽश्रौषंद्रोणपुत्रेणगर्भेवैराट्यावैपात्यमानेमहास्त्रैः ॥ द्वैपायनःकेशवोद्रोणपुत्रंपरस्परेणाभिशापैःशशाप १५ शोच्यागांधारीपुत्रपौत्रैर्विही नातथाबंधुभिःपितृभिर्भ्रातृभिश्च ॥ कृतंकार्यंदुष्करंपांडवेयैःप्राप्तंराज्यमसपत्नंपुनस्तैः १६ कष्टंयुद्धेदशशेषाःश्रुतामेत्रयोऽस्माकंपांडवानांचसप्त ॥ द्व्यूना विंशतिराहताऽक्षौहिणीनांतस्मिन्संग्रामेभैरवेक्षत्रियाणाम् १७ तमस्त्वतीवविस्तीर्णंमोहआविशतीवमाम् ॥ संज्ञांनोपलभेसूतमनोविह्वलतीवमे १८ ॥ सौ तिरुवाच ॥ इत्युक्त्वाधृतराष्ट्रोऽथविलप्यबहुदुःखितः ॥ मूर्छितःपुनराश्वस्तःसंजयंवाक्यमब्रवीत् १९ ॥ धृतराष्ट्रउवाच ॥ संजयैवंगतेप्राणांस्त्यक्तुमिच्छामि माचिरम् ॥ स्तोकंह्यपिनपश्यामिफलंजीवितधारणे २२० ॥ सौतिरुवाच ॥ तंतथावादिनंदीनंविलपंतंमहीपतिम् ॥ निःश्वसंतंयथानागंमुह्यमानंपुनःपुनः २१ गावल्गणिरिदंधीमान्महार्थंवाक्यमब्रवीत् ॥ संजयउवाच ॥ श्रुतवानसिवैराजन्महोत्साहान्महाबलान् २२ द्वैपायनस्यवदतोनारदस्यचधीमतः ॥ मह त्सुराजवंशेषुगुणैःसमुदितेषुच २३ जातान्दिव्यास्त्रविदुषःशक्रप्रतिमतेजसः ॥ धर्मेणपृथिवींजित्वायज्ञैरिष्ट्वाऽऽप्तदक्षिणैः २२४

द्बहुशापग्रस्तत्वाच्च दुर्योधनक्षेत्रेषुपुत्रजननद्वाराराज्यलाभरूपजयाशंसापिनास्तीतिसूच्यते यदाशशापतदानाशंसेविजयायेत्यंतिमश्लोकेपूर्वानुकर्षेणान्वयः १३ । १४ । १५ शोच्यागांधारी अहंतु तामपिशोचन्शोच्यतरइतिभावः । यद्वा गांधार्य्येवशोच्यानत्वहमुदासीनत्वात् नमेविशेषइतिप्रागुक्तेः अतःपांडवानांजयोऽपिममैवजयइतिभावः १६ त्रयःकृपोऽश्वत्थामाकृतवर्माच सप्तकृष्ण सात्यकीपंचपांडवाश्च १७ तमःशोकावेशाच्चक्षुरावरणंबाह्यं मोहःकार्याकार्ययोरप्रतिपत्तिः अतएवसंज्ञाविशेषविज्ञानंनोपलभे विह्वलतिशोकेनाकुलीभवति १८ अतएवमूर्छितोऽन्तःसंज्ञाशून्यः १९ । २२० । २१ गवल्गणस्यापत्यंगावल्गणिःसंजयः २२ । २३ । २२४

२५ । २६ । २७ । २८ चित्यैश्चयनवतिक्रतौविहिताश्चैत्याःस्तेचतेयूपाश्चतैरंकिता २९ चतुर्विंशदितीकारलोपस्त्वार्षः २३० । ३१ । ३२ । ३३ । ३४ । ३५ । ३६ । ३७ । ३८ । ३९ तवपुत्रा इवेतिनिधनेदृष्टांतः अतएवतवपुत्रादुरात्मानइत्युच्यते ४० त्यागोदानं आस्तिक्यंगुरुवेदवाक्यादिषुफलावश्यंभावनिश्चयः सत्यंभूतद्रोहवर्जितंयथार्थभाषणं दयापरदुःखप्रहाणेच्छा आर्जवमकौ

अस्मिँल्लोकेयशःप्राप्यततःकालवशंगतान् ॥ शैब्यंमहारथंवीरंसंजयंजयतांवरम् २२५ सुहोत्रंरंतिदेवंचकाक्षीवंतमथौशिजम् ॥ बाल्हीकंदमनंचैद्यंश ॥ १ ॥
र्यातिमजितंनलम् २२६ विश्वामित्रममित्रघ्नमंबरीषंमहाबलम् ॥ मरुत्तंमनुमिक्ष्वाकुंगयंभरतमेवच २७ रामंदाशरथिंचैवशशबिंदुंभगीरथम् ॥ कृतवीर्यंमहाभागंतथैवजनमेजयम् २८ ययातिंशुभकर्माणंदेवैर्योयाजितःस्वयम् ॥ चैत्ययूपांकिताभूमिर्यस्येयंसवनाकरा २९ इतिराज्ञांचतुर्विंशन्नार देनसुरर्षिणा ॥ पुत्रशोकाभितप्तायपुराश्वैत्यायकीर्तितम् २३० तेभ्यश्चान्येगताःपूर्वंराजानोबलवत्तराः ॥ महारथामहात्मानःसर्वैःसमुदितागुणैः ३१ पूरुःकुरुर्यदुःशूरोविष्वगश्वोमहाद्युतिः ॥ अणुहोयुवनाश्वश्चककुत्स्थोविक्रमीरघुः ३२ विजयोवीतिहोत्रोऽङ्गोभवःश्वेतोबृहद्गुरुः ॥ उशीनरःशतरथःकं कोदुलिदुहोद्रुमः ३३ दंभोद्भवःपरोवेनःसगरःसंकृतिर्निमिः ॥ अजेयःपरशुःपुण्ड्रःशंभुर्देवावृधोऽनघः ३४ देवाह्वयःसुप्रतिमःसुप्रतीकोबृहद्रथः ॥ महोत्सा होविनीतात्मासुक्रतुर्नैषधोनलः ३५ सत्यव्रतःशांतभयः सुमित्रः सुबलः प्रभुः ॥ जानुजंघोऽनरण्योऽर्कःप्रियभृत्यःशुचिव्रतः ३६ बलबंधुर्निरामर्दःकेतुशृं गोबृहद्बलः ॥ धृष्टकेतुर्बृहत्केतुर्दीप्तकेतुर्निरामयः ३७ अविक्षिच्चपलोधूर्तःकृतबंधुर्दृढेषुधिः ॥ महापुराणसंभाव्यःप्रत्यंगःपरहाश्रुतिः ३८ एतेचान्ये चराजानःशतशोऽथसहस्रशः ॥ श्रूयन्तेशतशश्चान्येसंख्याताश्चैवपद्मशः ३९ हित्वासुविपुलान्भोगान्बुद्धिमंतोमहाबलाः ॥ राजानोनिधनंप्राप्तास्त वपुत्राइवप्रभो २४० येषांदिव्यानिकर्माणिविक्रमस्त्यागएवच ॥ माहात्म्यमपिचास्तिक्यंसत्यंशौचंदयार्जवम् ४१ विद्वद्भिःकथ्यतेलोकेपुराणैःकविस त्तमैः ॥ सर्वर्द्धिगुणसंपन्नास्तेचापिनिधनंगताः ४२ तवपुत्रादुरात्मानःप्रतप्ताश्चैवमन्युना ॥ लुब्धादुर्वृत्तभूयिष्ठानतान्शोचितुमर्हसि ४३ श्रुतवान सिमेधावीबुद्धिमान्प्राज्ञसंमतः ॥ येषांशास्त्रानुगाबुद्धिर्नतेमुह्यन्तिभारत ४४ निग्रहानुग्रहौचापिविदितौतेनराधिप ॥ नात्यंतमेवानुवृत्तिःकार्यातेपुत्रर क्षणे ४५ भवितव्यंतथातच्चनानुशोचितुमर्हसि ॥ दैवंप्रज्ञाविशेषेणकोनिवर्तितुमर्हति २४६

टिल्यं ४१ तेचापितथाविधाअपि ४२ दुरात्मानादुष्टचित्ताः प्रतप्तास्तीक्ष्णाः दुर्वृत्तमेवभूयिष्ठंयेषांतेतथा ४३ स्वयंकृतेऽनर्थेकिंशोकेनेत्याह श्रुतवानसीत्यादिना ४४ निग्रहःपांडवेषु अनुग्रहःस्वपुत्रेषु तौत्वत्कृतौतवैवविदितावतःस्वपुत्राणांरक्षणेत्वयाऽनुवृत्तिर्ध्यानंनकार्यं श्रूयतइतिपाठेअन्यैःकृतेतिनश्रूयतेऽतस्त्वयापिनकार्या गराग्निदानादिपापकृतांनाशस्यावश्यंभावित्वादितिभा वः ४५ बुद्धिःकर्मानुसारिणीतिन्यायेनप्राकृतस्यकर्मणोदुर्निवारत्वाच्चस्वकृतेऽपिनात्यंतंपश्चात्तापेनशोकःकर्तव्यइत्याह भवितव्यमिति २४६

मार्गमवश्यमेवभोक्तव्यंकृतंकर्मशुभाशुभमित्येवंरूपांपद्धतिं । ननुप्राकृतमेवशोचामीतिचेन्नेत्याह कालेति । यथातरुषुफलपुष्पाद्युद्गमःकालैकहेतुस्तथापुरुषेषुसदसद्बुद्ध्युद्गमोऽपीत्यर्थः भावाभा वौवस्तूनामुद्भवानुद्भवावैश्वर्यानैश्वर्येवा २४७ कालोनिमेषादिर्वत्सरांतोभूतानिजरायुजादीनिसृजतिसंहरतेचप्रजास्ताएव । एवंशोचंतंधृतराष्ट्रंतरतिशोकमात्मविदितिश्रुतेरात्मज्ञानप्रदानेननिःशोकं कर्तुंप्रथमंजीवानांकालादृष्टादिपारतंत्र्यप्रदर्शनेनाकिंचित्करत्वप्रबोधनेनचतस्यवैराग्यमुत्पाद्यात्मानमुपदिशति । संहरंतंप्रजाःकालंकालःशमयतेपुनरिति । मृत्युमृत्युंनमाम्यहमितिश्रुतेःकालस्यापिका लःपरमात्मास्तीत्यर्थः निर्दहतिप्रजाःकालइतिपाठेतुयोनिर्दहतिकालस्तमपिकालःशमयतइतियत्तच्छब्दाध्याहारेणयोज्यं ४८ कालोहीति । अयंमहाकालोह्यतिप्रसिद्धोवेदे । ‘एषह्येवसाधुकर्मकारय तितंयमेभ्योलोकेभ्यउन्निनीषतएषह्येवासाधुकर्मकारयतितंयमधोनिनीषते’ इत्यादौ कुरुतेभावानर्थान्क्वचित्प्रयोजकत्वेनक्वचित्प्रयोज्यत्वेन ईशानीशरूपोऽयमेवेत्यर्थः प्रजाअव्यक्तमहदादयः ४९ सुप्तेषुतेष्वेवलीनेषुजागर्ति सुप्तौप्रलयेमोक्षेचालुप्तदृक्शक्तिरास्ते । ‘नहिद्रष्टुर्दृष्टेर्विपरिलोपोदृश्यतेऽविनाशित्वात्’इतिश्रुतेः कालोहिप्रसिद्धंदुरतिक्रमोऽलंघनीयः । ‘पुरुषान्नपरंकिंचित्साकाष्ठासा परागतिः’इतिश्रुतेः चरतिशास्यशास्तृभावेन । ‘अंतःप्रविष्टःशास्ताजनानांसर्वात्मा’ इतिश्रुतेः अविधृतोनकेनचित्विधृतः सर्वाधिष्ठानत्वात् अतएवसमआत्मा समआत्मेतिविद्यात् निर्दोषंहि

विधातृविहितंमार्गंनकश्चिदतिवर्तते ॥ कालमूलमिदंसर्वंभावाभावौसुखासुखे २४७ कालःसृजतिभूतानिकालःसंहरतेप्रजाः ॥ संहरंतंप्रजाःकालंकालःशमयते पुनः ४८ कालोहिकुरुतेभावान्सर्वलोकेशुभाशुभान् ॥ कालःसंक्षिपतेसर्वाःप्रजाविसृजतेपुनः ४९ कालःसुप्तेषुजागर्तिकालोहिदुरतिक्रमः ॥ कालःसर्वेषुभूतेषु चरत्यविधृतःसमः २५० अतीतानागताभावायेचवर्ततिसांप्रतम् ॥ तान्कालनिर्मितान्बुद्ध्वानसंज्ञांहातुमर्हसि ५१ ॥ सौतिरुवाच ॥ इत्येवंपुत्रशोकार्तंधृतराष्ट्रं जनेश्वरम् ॥ आश्वास्यस्वस्थमकरोत्सूतोगावल्गणिस्तदा ५२ अत्रोपनिषदंपुण्यांकृष्णद्वैपायनोऽब्रवीत् ॥ विद्वद्भिःकथ्यतेलोकेपुराणेकविसत्तमैः २५३ भारताध्ययनंपुण्यमपिपादमधीयतः ॥ श्रद्दधानस्यपूयन्तेसर्वपापान्यशेषतः २५४

समंब्रह्मेतिप्रत्यगभिन्नेब्रह्मणिसमशब्दप्रयोगात् २५० सर्वमात्मप्रभवामितिबुद्ध्वासंज्ञांज्ञाननिष्ठांनत्यक्तुमर्हसि इतोऽन्यस्यशोकतरणोपायस्याभावादित्यर्थः ५१ स्वस्थंशोकहेतुंदेहाद्यभिमानंत्या जयित्वानिरुपाधौस्वस्वरूपेप्रतिष्ठितमकरोदित्यर्थः ५२ अत्रशोकार्तानांस्वास्थ्यकरणेविषयेउपनिषदं । ‘उपनीयेममात्मानंब्रह्मापास्तद्वयंयतः । निहंत्यविद्यांतज्जंचतस्मादुपनिषद्भवेत्’इति । ‘यथोक्त विद्याहेतुत्वाद्ग्रंथोऽप्युपनिषद्भवेत्’ इतिचवचनात् ब्रह्मात्मैकत्वविद्याप्रतिपादकंग्रंथंसूत्रवृत्त्योःप्रागुक्तयोर्वार्तिकस्थानीयमुपनिषच्छब्दवाच्यमब्रवीत् यद्यप्यत्रपुरुषार्थचतुष्टयप्रतिपादनंदृश्यतेतथाप्यर्थ कामयोर्लोकप्रसिद्धयोरेवस्वरूपव्याक्रियैवपराक्रियेतिन्यायेनहानार्थमनुवादाद्धर्मस्यचाविविदिषंतियज्ञेनेत्यादिश्रुत्याविद्याशेषत्वस्यदर्शितत्वात्परमतात्पर्यंविद्यायामेवेतिध्येयं । अस्याःसांप्रदायिकत्व माह विद्वद्भिरिति । कथ्यतेअनादिसिद्धमेवकीर्त्यते नतुकादंबर्यादिवदभिनवकथाकल्प्यते कविसत्तमैःपूर्वपूर्वकल्पीयैर्व्यासादिभिः एवंचव्यासादिशब्दानांसेनापत्यादिशब्दवदाधिका रिकवचनत्वेनव्यक्त्यनित्यत्वेऽपितदर्थानांनित्यत्वान्नपुराणानांसकर्तृकत्वमात्रादनित्यत्वं अतएवसुमंतुजैमिनिवैशंपायनपैलसूत्रभाष्यभारतमहाभारतधर्माचार्याइतिमंत्रस्यपुराणादिप्रणेत्राचार्यसं ग्रहवतोनित्येनतर्पणविधिनासंयोगःसंगच्छते अन्यथानित्यानित्यसंयोगविरोधोदुर्वारःस्यात् अतएवपुराणेपुरापिनवे ५३ भारतेति । नित्येब्रह्मयज्ञेऋचोऽधीतेपयआहुतिभिरेवदेवतास्तर्पयतीत्यृगादीना मिवइतिहासपुराणानामपिमृताहुतिभिरितितदध्ययनफलश्रुतिरपियुज्यतइत्यभिप्रेत्याह पुण्यमिति । पूयन्तेनश्यंति अस्यश्लोकस्यचतुर्थांशोच्चारणमात्रादपिसर्वपापनाशःकिंवाच्यंकृत्स्नाध्ययनात्तदर्थ स्यज्ञानात्साक्षात्काराद्वेतिभावः २५४

एवंग्रंथस्यस्वास्थ्यंमुख्यंफलंपापक्षयंगुणफलंचोक्त्वाऽत्रप्रतिपाद्यंविषयमाह देवाइति । देवादीनांशुभकर्माणइतिविशेषणेनतेषांशुभंकर्मैवोपादेयंविवक्षितं तस्यैवपरंपरयापरमपुरुषार्थहेतुत्वात् ५५ मुख्यं विषयमाह भगवानिति । 'ऐश्वर्यस्यसमग्रस्यज्ञानस्ययशसःश्रियः । वैराग्यस्यचधर्मस्यषण्णांभगइतींगना' इत्युक्तरूपषड्गुणैश्वर्यवान्परमात्मावासुदेवोवसुदेवोत्पन्नशरीरोपाधिःसर्वशरीरोपाधिरपितेनशरीरेणातिमानुषाणिवह्निपानादीनिकर्माणिकृतवानितितदुपादानं । तथाहि ब्रह्माणंप्रतिभगवद्वाक्यं 'विधेऽहंसर्वोऽस्मिव्रजपृथुकगोवत्सवदहंबिभर्मिब्रह्मांडंगिरिवदहमग्निज्वलनवत् । सृजामिद्रौपधावसनवदहंप्राणभृदहंयदत्राहंतृणोमुनिरितिमदन्यन्नाकिमपि' इति । तस्यवास्तवंरूपमाह सनातनइति । आकाशादिवत्प्रवाहनित्यतयावामायायाआद्यंतशून्यत्वाद्वातन्मयस्यभगवच्छरीरस्यनित्यत्वापरपर्यायंसनातनत्वंयुज्यतइत्यर्थः सवासुदेवोहिप्रसिद्धं सत्यमनुष्ठीयमानंकर्म ऋतंतदेववेदात्ज्ञायमानं पवित्रंपापनाशकं पुण्यंअभ्युदयहेतुः सर्वकर्मफलभूतंब्रह्मांडंसएवेतिभावः ५६ अस्यैवनिर्विशेषत्वमाह शाश्वतंशश्वन्निरंतरंभवंशाश्वतंतेनवस्तुतोदेशतश्चापरिच्छिन्नं अतएवब्रह्मबृहत् परमंकार्यकारणातीतं ध्रुवंकूटस्थं ज्योतिश्चिन्मात्रं सनातनंकालतोऽपरिच्छिन्नं यस्येदृशस्याऽपिमायया विग्रहवतः ५७ ईदृशादपियस्मादसदनिर्वचनीयंसदसच्चकार्यंकारणंचतदुभयात्मकंविश्वंजातं संततिर्ब्रह्मादिः प्रवृत्तिर्यज्ञादिः ५८ आत्मनीत्यध्यात्मंदेहे यत्पंचभूतकार्यरूपागुणाः

देवादेवर्षयोह्यत्रतथाब्रह्मर्षयोऽमलाः ॥ कीर्त्यन्तेशुभकर्माणस्तथायक्षामहोरगाः ५५ भगवान्वासुदेवश्चकीर्त्यतेऽत्रसनातनः ॥ सहिसत्यमृतंचैवपवित्रंपुण्यमेवच ५६ शाश्वतंब्रह्मपरमंध्रुवंज्योतिःसनातनम् ॥ यस्यदिव्यानिकर्माणिकथयंतिमनीषिणः ५७ असच्चसदसच्चैवयस्माद्विश्वंप्रवर्तते ॥ संततिश्चप्रवृत्तिश्चजन्ममृत्युपुनर्भवाः ५८ अध्यात्मंश्रूयतेयच्चपंचभूतगुणात्मकम् ॥ अव्यक्तादिपरंयच्चसएवपरिगीयते ५९ यत्तद्यतिवरामुक्ताध्यानयोगबलान्विताः ॥ प्रतिबिंबमिवादर्शेपश्यंत्यात्मन्यवस्थितम् २६० श्रद्दधानःसदायुक्तःसदाधर्मपरायणः ॥ आसेवन्निममध्यायंनरःपापात्प्रमुच्यते ६१ अनुक्रमणिकाध्यायंभारतस्येममादितः ॥ आस्तिकःसततंशृण्वन्नकृच्छ्रेष्ववसीदति ६२ उभेसंध्येजपन्किंचित्सद्योमुच्येतकिल्बिषात ॥ अनुक्रमण्यायावत्स्यादन्हाराऽयाचसंचितम् २६३

श्रोत्रादयस्तदात्मकं 'प्राणन्नेवप्राणोनामभवतिवदन्वाक्पश्यन्चक्षुःशृण्वन्श्रोत्रंमन्वानोमनः' इत्यादिश्रुतौयच्छ्रूयतेजीवरूपमितित्वंपदार्थमनूद्यतत्पदार्थमाह अव्यक्तादि अव्यक्तस्याऽऽदिभूतं यत्परंनिर्विशेषंच तयोरभेदमाह सएवेति परिगीयतेवेदेअयमात्माब्रह्मअहंब्रह्मास्मीत्यादौ । नन्वंतःप्रविष्टःशास्ताजनानामितिशास्तृशास्यभावेनश्रुतयोरीशजीवयोराजभृत्यवद्भेदऔपचारिकोनतुतात्विकइतिचेन्न अंतःप्रविष्टइतिश्रुतेः किंजीवोऽणुर्विभुर्वा नाद्यः अणूदेशास्तुःप्रवेशायोगात् प्रवेशेचसांतरालस्याणुत्वायोगात् मध्यमस्यचसावयत्वेनघटादिवदनित्यत्वावश्यंभावात् । नद्वितीयः विभुनोश्चतयोःकालाकाशादेरिवतुल्यत्वेनमिथःशास्यशास्तृत्वायोगात् तस्मादुपादानोपादीयभावेनवाधिष्ठानाध्यस्तभावेनवाईशजीवयोःप्रवेष्टृप्रवेश्यभावेनशास्तृशास्यभावस्तेनेशस्यांतःप्रविष्टत्वंसंगच्छते तथाचतयोरभेदोऽपितात्विकएव ५९ अत्रविद्वदनुभवंप्रमाणयति यत्तदिति । आत्मनिहार्दाकाशेपश्यंतिप्रत्यगभेदेन प्रतिबिंबमिवआदर्शइत्यसंदिग्धत्वेदृष्टांतोनतुदृश्यत्वे अन्यथा दृश्यस्यजडत्वापत्त्यावाङ्मनसातीतत्वश्रुतिव्याकोपएव ६० युक्तोनियमवान् आसेवन्जपन् ६१ आदितःनारायणंनमस्कृत्येत्यारभ्यानेनभारतकथांशमात्रंपराशरात्मजोविद्वानित्यतएवारभ्यतद्वक्तव्यमितिनादर्तव्यमितिभावः ६२ जपन्किंचिदनुक्रमण्याःकांश्चिदपिश्लोकान् २६३

एतद्भारतस्यवपुःशरीरं सत्यंब्रह्मअमृतंदेवभावश्चात्रैवास्तीत्यर्थः उत्तरग्रंथस्त्वस्यराज्ञइवपरिवारस्थानीयःतत्त्वंत्वत्रैवसूत्रितमित्यर्थः ६४ आरण्यकमुपनिषत् ओषधिभ्योयवादिभ्यः अमृतंयज्ञशे
षम् ६५ इतिहासानांशिवरहस्यादीनांमध्ये ६६ इतिहासेति । 'यन्द्वत्यंमायिनंमृगंतमुत्वंमाययावधीति'इतिमंत्रावयवोहिरामायणीयमारीचवधज्ञेनैवोपबृंहितुंशक्योनत्वन्येनातस्तस्मादल्पश्रुताद्वेद
स्यभयमुचितमेववेदार्थजिज्ञासुनेदमवश्यमध्येतव्यमित्यर्थः ६७ कार्ष्णंकृष्णेनव्यासेनप्रोक्तं वेदंपुरुषार्थचतुष्कंवेदयंतं ६८ । ६९ । ७० । ७१ तुलयाधृतंन्यूनाधिकभावेनपरीक्षितं सरहस्येभ्यःसोप
निषत्केभ्यः अधिकमर्थगौरवयुक्तं ७२ महत्वेग्रंथतआधिक्ये गुरुत्वेअर्थतआधिक्ये ७३ । २७४ नन्वत्रानर्थकोयुद्धादिप्रलापोभूयान्दृश्यतेकणिकनीत्यादिश्चाधर्मप्रवर्तकोऽपिग्रंथोऽस्ति त
तश्चक्वचिद्धर्मादिकथनेसत्यपिविषसंपृक्तान्नवत्कृत्स्नमप्येतद्धेयमेवस्यादित्याशंक्याह तपइति । तपःकृच्छ्रचांद्रायणादि कल्कःपापंतदभावोनकल्कः'कल्कोऽस्त्रीशमलैनसोः'इत्यमरः नभ्राडादिवन्नत्रः
प्रकृतिभावः तपोनिर्मलंनैर्मल्यसाधनमित्यर्थः विरोधित्वंवानत्रर्थःतेनतपःपापनाशकमित्यर्थः अध्ययनंवेदस्यस्वाभाविकःस्वस्ववर्णाश्रमादिपुरस्कारेणविहितःशमोदमस्तपःशौचमित्यादिर्वेदविधिर्वे

भारतस्यवपुर्ह्येतत्सत्यंचामृतमेवच ॥ नवनीतंयथादध्नोद्विपदांब्राह्मणोयथा २६४ आरण्यकंचवेदेभ्यओषधिभ्योऽमृतंयथा॥ ह्रदानामुदधिःश्रेष्ठोगौर्वरिष्ठाचतुष्प
दाम् ६५ यथैतानीतिहासानांतथाभारतमुच्यते ॥ यश्चैनंश्रावयेच्छ्राद्धेब्राह्मणान्पादमंततः ६६ अक्षय्यमन्नपानंवैपितॄंस्तस्योपतिष्ठते ॥ इतिहासपुराणाभ्यांवे
दंसमुपबृंहयेत् ६७ बिभेत्यल्पश्रुताद्वेदोमामयंप्रहरिष्यति ॥ कार्ष्णंवेदमिमंविद्वान्श्रावयित्वार्थमश्नुते ६८ भ्रूणहत्यादिकंचापिपापंजह्यादसंशयम् ॥ यइमंशु
चिरध्यायंपठेत्पर्वणिपर्वणि ६९ अधीतंभारतंतेनकृत्स्नंस्यादितिमेमतिः ॥ यश्चैनंशृणुयान्नित्यमार्षंश्रद्धासमन्वितः २७० सदीर्घमायुःकीर्तिंचस्वर्गतिंचाप्नुया
न्नरः ॥ एकतश्चतुरोवेदाभारतंचैतदेकतः ७१ पुराकिलसुरैःसर्वैःसमेत्यतुलयाधृतम् ॥ चतुर्भ्यःसरहस्येभ्योवेदेभ्योह्यधिकंयदा ७२ तदाप्रभृतिलोकेऽस्मिन्म
हाभारतमुच्यते ॥ महत्त्वेचगुरुत्वेचध्रियमाणंयतोऽधिकम् ७३ महत्त्वाद्भारवत्त्वाच्चमहाभारतमुच्यते ॥ निरुक्तमस्ययोवेदसर्वपापैःप्रमुच्यते ७४ तपोनकल्को
ऽध्ययनंनकल्कःस्वाभाविकोवेदविधिर्नकल्कः ॥ प्रसह्यवित्ताहरणंनकल्कस्तान्येवभावोपहतानिकल्कः २७५ ॥ इतिश्रीमन्महाभारतेआदिपर्वणिअनुक्रमणिका
पर्वणिप्रथमोध्यायः ॥ १ ॥ छ ॥ छ ॥ छ ॥ ॥ अनुक्रमणीपर्वसमाप्तम् ॥

दोक्तोविधिरग्निहोत्रसंध्योपासनादिः प्रसह्यप्रकर्षेणसोढ्वाक्षुधादिदुःखमपिसोढ्वावित्तस्यआहरणंशिलोंछादिनाअर्जनंतदपिनकल्कोनैर्मल्यसाधनं तान्येवतपआदीनिभावेनाचित्ताभिप्रायेणोपहतानि
कल्कःपापंपापहेतुर्भवंति यथाशीतादिसहनंवानप्रस्थैःकटकस्थैश्चतुल्यवत्क्रियतेतथापिभावभेदात्तदेकस्यस्वर्गायान्यस्यनरकायभवति वक्ष्यतिच । 'चत्वारिकर्माण्यभयंकराणिभयंप्रयच्छंत्ययथा
कृतानि ॥ मानाग्निहोत्रमुतमानमौनंमानेनाधीतमुतमानयज्ञः'इति एवंशिलोंछादिकमपिदंभेनकृतंपापायान्यथाश्रेयसेभवति एवंभारतेऽपिधर्मब्रह्मप्रतिपादनेएवपरमतात्पर्यं अर्थवादजातमपियुधि
ष्ठिरादिवद्व्यवहर्तव्यंनदुर्योधनादिवदित्याशयेनोक्तं तत्रहीनंपक्षमुपाददानःस्वार्थाद्भ्रश्यतितेनाधीतमपिभारतंपापायैवभवतीत्यर्थः तथाचसर्वस्मादपिग्रंथात्सारमेवादेयमितरत्त्याज्यमितिश्रूयते ।
'ग्रंथमभ्यस्यमेधावीज्ञानविज्ञानतत्परः ॥ पलालमिवधान्यार्थीत्यजेद्ग्रंथमशेषतः'इति ॥ २७५ ॥ आदिपर्वणि नीलकंठीये भारतभावदीपे प्रथमोऽध्यायः ॥ १ ॥ ॥ छ ॥

एवंप्रथमेऽध्यायेसूत्रितानामर्थानांप्रकरणशोविभागंशिष्याणामवधानायप्रदर्शयिष्यन्वैराग्यमुत्पादयितुंकुरुषुपरशुरामकृतंक्षत्रक्षयंप्रसंगात्प्रदर्शयति समंतेति । ' समंतपंचकंनामपुण्यंद्विजनिषेवितं ॥ गतवानस्मितंदेशंयुद्धंयत्राभवत्पुरा' इत्यादिनायदुक्तमेतत्सर्वंतंदेशंतद्युद्धंचश्रोतुमिच्छामहेवयं १ ममवत्तः कथाअन्याः २ क्षत्रंक्षत्रियजातिं अमर्षःस्वपितुःक्षत्रियेणहतत्वाज्जातस्यक्रोधस्यासहनंतेनचोदितःप्रेरितः ३ रौधिरान्रुधिरपूर्णान् ४ नोऽस्माभिः रुधिरेणपितृणांतर्पणात्सर्वाहिंसापितृतृप्त्याद्युद्देशेनैवकर्तव्यानकामकारेणेतिसूचितम् ५ । ६ । ७ यदितिसार्धेनक्रोधकृतंसर्वंपापाद्वै

॥ अथपर्वसंग्रहपर्व ॥ ॥ ऋषयऊचुः ॥ ॥ समंतपंचकमितियदुक्तंसूतनंदन ॥ एतत्सर्वंयथातत्त्वंश्रोतुमिच्छामहेवयम् १ ॥ सौतिरुवाच ॥ शृणुध्वं ममभोविप्राब्रुवतश्चकथाःशुभाः ॥ समन्तपंचकाख्यंचश्रोतुमर्हथसत्तमाः २ त्रेताद्वापरयोःसन्धौरामः शस्त्रभृतांवरः ॥ असकृत्पार्थिवंक्षत्रंजघानामर्षचोदितः ३ ससर्वंक्षत्रमुत्साद्यस्ववीर्येणानलद्युतिः ॥ समंतपंचकेपंचचकाररौधिरान्ह्रदान् ४ सतेषुरुधिरांभःसुह्रदेषुक्रोधमूर्च्छितः ॥ पितॄन्संतर्पयामासरुधिरेणेतिनःश्रुतम् ५ अथर्चीकादयोऽभ्येत्यपितरोराममब्रुवन् ॥ रामराममहाभागप्रीताःस्मतवभार्गव ६ अनयापितृभक्त्याचविक्रमेणतवप्रभो ॥ वरंवृणीष्वभद्रंते यमिच्छसिमहाद्युते ७ ॥ रामउवाच ॥ यदिमेपितरःप्रीतायद्यनुग्राह्यतामयि ॥ यच्चरोषाभिभूतेनक्षत्रमुत्सादितंमया ८ अतश्चपापान्मुच्येऽहमेषमेप्रार्थितो वरः ॥ ह्रदाश्चतीर्थभूतामेभवेयुर्भुविविश्रुताः ९ एवंभविष्यतीत्येवंपितरस्तमथाब्रुवन् ॥ तंक्षमस्वेतिनिषिषिधुस्ततःसविरराम ह १० तेषांसमीपेयोदेशोह्रदानां रुधिरांभसाम् ॥ समंतपंचकमितिपुण्यंतत्परिकीर्तितम् ११ येनलिंगेनयोदेशोयुक्तःसमुपलक्ष्यते ॥ तेनैवनाम्नातंदेशंवाच्यमाहुर्मनीषिणः १२ अंतरेचैवसंप्राप्तेक लिद्वापरयोरभूत् ॥ समंतपंचकेयुद्धंकुरुपांडवसेनयोः १३ तस्मिन्परमधर्मिष्ठेदेशेभूदोषवर्जिते ॥ अष्टादशसमाजग्मुरक्षौहिण्योयुयुत्सया १४ समेत्यतंद्विजा स्ताश्चतत्रैवनिधनंगताः ॥ एतन्नामाभिनिर्वृत्तंतस्यदेशस्यवैद्विजाः १५ पुण्यश्चरमणीयश्चसदेशोवःप्रकीर्तितः ॥ तदेतत्कथितंसर्वंमयाब्राह्मणसत्तमाः ॥ यथादे शःसविख्यातस्त्रिषुलोकेषुसुव्रताः १६ ॥ ऋषयऊचुः ॥ अक्षौहिण्यइतिप्रोक्तंयत्त्वयासूतनंदन ॥ एतदिच्छामहेश्रोतुंसर्वमेवयथातथम् १७ अक्षौहिण्याःपरीमाणं नराश्वरथदंतिनाम् ॥ यथावच्चैवनोब्रूहिसर्वंहिविदितंतव १८ ॥ सौतिरुवाच ॥ एकोरथोगजश्चैकोनराःपंचपदातयः ॥ त्रयश्चतुरगास्तज्ज्ञैःपत्तिरित्यभिधीयते १९ पत्तिंतुत्रिगुणामेतामाहुःसेनामुखंबुधाः ॥ त्रीणिसेनामुखान्येकोगुल्मइत्यभिधीयते २० त्रयोगुल्मागणोनामवाहिनीतुगणास्त्रयः ॥ स्मृतास्तिस्रस्तुवाहि न्यःपृतनेतिविचक्षणैः २१ चमूस्तुपृतनास्तिस्रस्तिस्रश्चम्वस्त्वनीकिनी ॥ अनीकिनींदशगुणांप्राहुरक्षौहिणींबुधाः २२

वहीनबलेषुशस्त्रनिक्षेपादितिभावः ८ । ९ निषिषिधुर्निषिद्धवंतः अक्षराधिक्यमार्षं अभ्यासलोपोवाआर्षः । सिषिधुरितिपाठेशशासुः । हिंसातोविरमस्वेतिशिक्षितवंतइत्यर्थः १० । ११ । १२ १३ भूदोषाःनिम्नोन्नतकंटकित्वादयस्तद्रहिते १४ समंतेऽह्रदानांपंचकं समंतपंचकं तत्परिसरवर्तीदेशोऽपितन्नामेत्युक्तं । तत्रसमंतशब्दस्यावयवार्थंदर्शयति समेत्येति । समेतानामंतोनाशोयस्मिन्निति समंतइत्यर्थः अभिनिर्वृत्तंनिर्व्यूढं १५ । १६ । १७ । १८ पदातयइतिरथादिगतानांनराणांव्युदासः १९ । २० । २१ । २२

२३ । २४ । २५ । २६ ‘ अक्षौहिण्याःपरीमाणंखाद्रिभूत्यक्षिभिर्गजैः २१८७० ॥ रथैरेतै २१८७० हयैस्त्रिघ्नैः ६५६१० पंचघ्नैश्च १०९३५० पदातिभिः’ इतिसंग्रहः २७ पिंडिताए
कीभूताः संधिरार्षः २८ । २९ । ३० । ३१ द्रौणिरश्वत्थामा हार्दिक्यःकृतवर्मा गौतमःकृपाचार्यः ३२ पर्वसंग्रहंवक्तुंप्रस्तौतियत्तुशौनकेत्यादिना हेशौनकहेवृद्धतम श्वयतेर्वृद्ध्यर्थान्नि
ष्ठायांशूनावृद्धास्तेषुवृद्धतरत्वेनविदितःशौनकः वृश्छणादिसूत्रेणार्हणादिर्वृत्र् । तेतवसत्रेयद्भारताख्यानंमत्तःप्रवृत्तंतज्जनमेजयस्यसत्रेव्यासशिष्येणकथितमित्युत्तरेणसंबंधः ३३ ननुसर्पसत्रेजनमेज
यंप्रतियद्वैशंपायनेनोक्तंतदेवशौनकंप्रतिसूतेनवक्तुंप्रतिज्ञातं तत्रपौष्यंपौलोममास्तीकंचकिमित्यप्रतिज्ञातमप्युच्यतेसूतेनेतिचेत्तत्राह कथितमिति । सत्रेव्यासशिष्येणयत्कथितंतत्रभारतेपौष्यंपौलो
ममास्तीकंचमहीक्षितांयशोवीर्यंचवक्तुमितिशेषः आदितःस्मृतमितियोजना स्मरणंतुविस्तरार्थं । अयंभावः ‘तद्विज्ञानार्थंसगुरुमेवाभिगच्छेत्समित्पाणिःश्रोत्रियंब्रह्मनिष्ठं अविद्ययामृत्युंतीर्त्वा’इत्या
दिश्रुतेर्गुरुसेवामाहात्म्यंगुरूणांचमाहात्म्यंयज्ञादीनांविद्यार्थत्वंचनिरूपणीयं तेष्वन्यतमाभावेऽपिविद्यानैवोदेतुमर्हतीतितदर्थमत्राचार्येणाख्यायिकामुखेनैवपौष्येगुरुशुश्रूषामाहात्म्यं पौलोमेभार्गवाणां

अक्षौहिण्याःप्रसंख्याताऽरथानांद्विजसत्तमाः ॥ संख्यागणिततत्त्वज्ञैःसहस्राण्येकविंशतिः २२ शतान्युपरिचैवाष्टौतथाभूयश्चसप्ततिः ॥ गजानांचपरीमाण
मेतदेवविनिर्दिशेत २४ ज्ञेयंशतसहस्रंतुसहस्राणिनवैवतु ॥ नराणामपिपंचाशच्छतानित्रीणिचानघाः २५ पंचषष्टिसहस्राणितथाश्वानांशतानिच ॥ द
शोत्तराणिषट्प्राहुर्यथावदिहसंख्यया २६ एतामक्षौहिणींप्राहुःसंख्यातत्त्वविदोजनाः ॥ यांवःकथितवानस्मिविस्तरेणतपोधनाः २७ एतयासंख्ययाह्यास
न्कुरुपांडवसेनयोः ॥ अक्षौहिण्योद्विजश्रेष्ठाःपिंडिताष्टादशैवतु २८ समेतास्तत्रवैदेशेतत्रैवनिधनंगताः ॥ कौरवान्कारणंकृत्वाकालेनाद्भुतकर्मणा २९ अ
हानियुयुधेभीष्मोदशैवपरमास्त्रवित् ॥ अहानिपंचद्रोणस्तुररक्षकुरुवाहिनीम् ३० अहनीयुयुधेद्वेतुकर्णःपरबलार्दनः ॥ शल्योऽर्धदिवसंचैवगदायुद्धमतःपरम्
३१ तस्यैवदिवसस्यान्तेद्रौणिहार्दिक्यगौतमाः ॥ प्रसुप्तंनिशिविश्वस्तंजघ्नुर्यौधिष्ठिरंबलम् ३२ यत्तुशौनकसत्रेतेभारताख्यानमुत्तमम् ॥ जनमेजयस्यतत्सत्रेव्या
सशिष्येणधीमता ३३ कथितंविस्तरार्थंचयशोवीर्यंमहीक्षिताम् ॥ पौष्यंतत्रचपौलोममास्तीकंचादितःस्मृतम् ३४ विचित्रार्थपदाख्यानमनेकसमयान्वितम् ॥
प्रतिपन्नंनरैःप्राज्ञैर्वैराग्यमिवमोक्षिभिः ३५ आत्मेववेदितव्येषुप्रियेष्विवहिजीवितम् ॥ इतिहासःप्रधानार्थःश्रेष्ठःसर्वागमेष्वयम् ३६ अनाश्रित्यैदमाख्यानं
कथाभुविनविद्यते ॥ आहारमनपाश्रित्यशरीरस्येवधारणम् ३७ तदेतद्भारतंनामकविभिस्तूपजीव्यते ॥ उदयप्रेप्सुभिर्भृत्यैरभिजातइवेश्वरः ३८

गुरूणांमहाभाग्यमुक्तं आस्तीकेजरत्कारोरप्रतिपन्नगार्हस्थ्यस्याकृतार्थत्वदर्शनेनयज्ञादीनामाविद्यकानामपिविद्यांगत्वमुक्तं । विविदिषंतियज्ञेनेत्यादिश्रुतेः तस्मान्महोपनिषदारंभेएतत्त्रयक
थनमावश्यकमित्याख्यायिकामुखेनकथ्यमानगहनोऽप्यर्थःसुग्रहोभवतीत्यभिप्रेत्यमहीभृतांयशोवीर्यंचोक्तमिति ३४ मोक्षिभिर्मोक्षार्थिभिर्नरैः प्रतिपन्नंशरणीकृतंवैराग्यमिव यथापरवैराग्यस्यनां
तरीयकंफलंकैवल्यमेवमेतच्छ्रवणस्यापीतिभावः ३५ आत्मेति आत्मज्ञानमेवस्वतःपुरुषार्थत्वादात्मैवमुख्यंवेदितव्यं तत्प्रमाणस्यतत्त्वावेदकत्वात् अन्यत्ज्ञानंतुसर्वंपुरुषसंस्कारद्वाराकर्मांगं । यथो
क्तंभट्टपादैः । ‘ सर्वत्रैवहिविज्ञानंसंस्कारत्वेनगम्यते ॥ परांगंचात्मविज्ञानादन्यत्रेत्यवधार्यतां’इति । प्रधानार्थोब्रह्मावाप्तिप्रयोजनः ३६ । ३७ कविभिःकाव्यकर्तृभिः व्यासोच्छिष्टं
जगत्सर्वमितिप्रसिद्धेस्तेषामद्भुतकाव्यरचनेइदमेवालंबनमित्यर्थः अभिजातःकुलीनः ३८

उत्तमाचरमाबुद्धिर्ब्रह्मविद्याख्यांतःकरणवृत्तिः ३९ प्रज्ञयाऽभिपन्नंप्राप्तंतस्य ४० पर्वणामुपक्रमोपसंहारैकरूप्यादिनाएकमर्थंपूरयतिकात्स्न्येनप्रतिपादयन्तितानिपर्वाणिप्रकरणानितेषांसंग्रहःसम्यक्विविच्यग्रहोयस्मिन्सपर्वसंग्रहोद्वितीयंपर्व ४१ अत्रकेवलस्यसोपाख्यानस्यचभारतस्यस्मरणेआद्ययोःपर्वणोस्तात्पर्यंपौष्यादित्रयस्यतूक्तमेवेतिपर्वपंचकतात्पर्यमुक्तं तत्रास्तीकेकर्मप्राधान्यमुक्तंतत्कर्मिणोदेवभावंप्राप्यापीहजन्मलभंतेइत्यादावंशावतरणमुक्तंषष्ठे अंशावतारणंदेवानांभूमौभागशोऽवतरणमादिःप्रथमंपर्वेत्यर्थः तेनपूर्वोक्तासूतप्रतिज्ञासंगच्छते संभवेअत्रलब्धजन्मनामपिनतेषांनियमेनार्गतिःकिंतुसर्पनागादितामसयोनिप्राप्तिरपिकर्मवशाद्भवतीत्युक्तंसप्तमे तत्राप्यर्थार्थिनोबंधूनप्यन्यायेनघ्नंतोतिजातुषेदर्शितमष्टमे तथाकामुकाःस्त्रियोबंधूनपिवातयंतीत्यविश्वसनीयास्ताइ

इतिहासोत्तमेयस्मिन्नर्पिताबुद्धिरुत्तमा ॥ स्वरव्यंजनयोःकृत्स्नालोकवेदाश्रयेववाक् ३९ तस्यप्रज्ञाभिपन्नस्यविचित्रपदपर्वणः ॥ सूक्ष्मार्थन्याययुक्तस्यवेदार्थैर्भूषितस्यच ४० भारतस्येतिहासस्यश्रूयतांपर्वसंग्रहः ॥ पर्वानुक्रमणीपूर्वंद्वितीयःपर्वसंग्रहः ४१ पौष्यंपौलोममास्तीकमादिरंशावतारणम् ॥ ततःसंभवपर्वोक्तमद्भुतंरोमहर्षणम् ४२ दाहोजतुग्रहस्यात्रहैडिंबंपर्वचोच्यते ॥ ततोबकवधःपर्वपर्वचैत्ररथंततः ४३ ततःस्वयंवरोदेव्याःपांचाल्याःपर्वचोच्यते ॥ क्षात्रधर्मेणनिर्जित्यततोवैवाहिकंस्मृतम् ४४ विदुरागमनंपर्वराज्यलंभस्तथैवच ॥ अर्जुनस्यवनेवासःसुभद्राहरणंततः ४५ सुभद्राहरणादूर्ध्वंज्ञेयाहरणहारिका ॥ ततःखांडवदाहाख्यंतत्रैवमयदर्शनम् ४६ सभापर्वततःप्रोक्तंमंत्रपर्वततःपरम् ॥ जरासंधवधःपर्वपर्वदिग्विजयंकथा ४७ पर्वदिग्विजयादूर्ध्वंराजसूयिकमुच्यते ॥ ततश्चार्घाभिहरणंशिशुपालवधस्ततः ४८ द्यूतपर्वततःप्रोक्तमनुद्यूतमतःपरम् ॥ ततआरण्यकंपर्वकिर्मीरवधउच्यते ४९ अर्जुनस्याभिगमनंपर्वज्ञेयमतःपरम् ॥ ईश्वरार्जुनयोर्युद्धंपर्वकैरातसंज्ञितम् ५० इंद्रलोकाभिगमनंपर्वज्ञेयमतःपरम् ॥ नलोपाख्यानमपिचधार्मिकंकरुणोदयम् ५१ तीर्थयात्राततःपर्वकुरुराजस्यधीमतः ॥ जटासुरवधःपर्वयक्षयुद्धमतःपरम् ५२ निवातकवचैर्युद्धंपर्वचाजगरंततः ॥ मार्कंडेयसमास्याचपर्वानंतरमुच्यते ५३ संवादश्चततःपर्वद्रौपदीसत्यभामयोः ॥ घोषयात्राततःपर्वमृगस्वप्नोद्भवंततः ५४ व्रीहिद्रौणिकमाख्यानमैंद्रद्युम्नंतथैवच ॥ द्रौपदीहरणंपर्वजयद्रथविमोक्षणम् ५५

तिहैडिंबेनवमेदर्शितं श्वशूकरभक्ष्यस्यापिशरीरस्यार्थेपरप्राणानपिपामराःप्रत्यहमाददतइतिबकवधेदशमेसूचितं ततःकष्टतरांगतिंतमःप्रधानाःप्राणिनःप्राप्नुवंतीतिप्रबंधेन परीक्ष्यलोकान्कर्मचितान्ब्राह्मणोनिर्वेदमायान्नास्त्यकृतःकृतेनेतिश्रुत्यर्थउपबृंहितः एवमग्रेऽपितत्तदाख्यानतात्पर्योन्नयनेनराजसानांसात्विकानांचगतिःपरोक्षणीया अग्रेप्रतिप्रकरणंवक्ष्यमाणत्वादिहग्रंथविस्तरभयान्नप्रपंच्यते ४२ चैत्ररथमंगारपर्णचरितंपर्व ४३ । ४४ विदुरागमनंराज्यलंभश्चैकंपर्व लंभोलाभः ४५ हरणंदायःपारिबर्हमितियावत् तस्यहारिकासमानयनं खांडवदाहोमयदर्शनंचैकैकंपर्व ४६ सभापर्वसभारचनंपर्व मंत्रोराजसूयार्थंमंत्रणं ४७ । ४८ अनुद्यूतंपुनर्द्यूतं ४९ अभिगमनंतपसेगमनं ५० यक्षयुद्धंभीमेन ५१ । ५२ समास्यासहावस्थानं ५३ घोषयात्राकौरवाणां मृगस्वप्नोधर्मराजस्य ५४ ऐंद्रद्युम्नमित्यत्रक्रमोनविवक्षितःसंख्यायांतात्पर्यात् समास्यांतर्गतंचेदंपर्व ५५

५६ कुंडलाहरणंकर्णस्य आरणेयमरणीहरणंब्राह्मणस्य धर्मेणप्रवेशोविराटनगरे समयस्यप्रतिज्ञातस्यप्राक्प्रवेशाद्यर्थस्य ५७ अभिमन्योरर्जुनपुत्रस्य ५८ संजययानंपांडवान्प्रति ५९ ६० भगवद्यानंकौरवान्प्रति ६१ । ६२ । ६३ विवादपर्वकृष्णकर्णसंवादरूपंपर्व ६४ संख्याभीष्मकृता उलूकदूतस्यपांडवान्प्रत्यागमनं ६५ अभिषेचनंसैनापत्ये ६६ जंबूखंड

पतिव्रतायामाहात्म्यंसावित्र्याश्चैवमद्भुतम् ॥ रामोपाख्यानमत्रैवपर्वज्ञेयमतःपरम् ५६ कुंडलाहरणंपर्वततःपरमिहोच्यते ॥ आरणेयंततःपर्ववैराटंतदनंतरम् ॥
पांडवानांप्रवेशश्चसमयस्यचपालनम् ५७ कीचकानांवधःपर्वपर्वगोग्रहणंततः ॥ अभिमन्योश्चवैराट्याःपर्ववैवाहिकंस्मृतम् ५८ उद्योगपर्वविज्ञेयमतऊ
र्ध्वंमहाद्भुतम् ॥ ततःसंजययानाख्यंपर्वज्ञेयमतःपरम् ५९ प्रजागरंतथापर्वधृतराष्ट्रस्यचिंतया ॥ पर्वसानत्सुजातंवैगुह्यमध्यात्मदर्शनम् ६० यानसंधिस्ततः
पर्वभगवद्यानमेवच ॥ मातलीयमुपाख्यानंचरितंगालवस्यच ६१ सावित्रंवामदेव्यंचवैन्योपाख्यानमेवच ॥ जामदग्न्यमुपाख्यानंपर्वषोडशराजकम् ६२
सभाप्रवेशःकृष्णस्यविदुलापुत्रशासनम् ॥ उद्योगःसैन्यनिर्याणंविश्वोपाख्यानमेवच ६३ ज्ञेयंविवादपर्वात्रकर्णस्यापिमहात्मनः ॥ निर्याणंचततःपर्वकुरुपांडव
सेनयोः ६४ रथातिरथसंख्याचपर्वोक्तंतदनंतरम् ॥ उलूकदूतागमनंपर्वामर्षविवर्धनम् ६५ अंबोपाख्यानमत्रैवपर्वज्ञेयमतःपरम् ॥ भीष्माभिषेचनंपर्वतत
श्चाद्भुतमुच्यते ६६ जंबुखंडविनिर्माणंपूर्वोक्तंतदनंतरम् ॥ भूमिपर्वततःप्रोक्तंद्वीपविस्तारकीर्तनम् ६७ पूर्वोक्तंभगवद्गीतापर्वभीष्मवधस्ततः ॥ द्रोणाभिषे
चनंपर्वसंशप्तकवधस्ततः ६८ अभिमन्युवधःपर्वप्रतिज्ञापर्वचोच्यते ॥ जयद्रथवधःपर्वघटोत्कचवधस्ततः ६९ ततोद्रोणवधःपर्वविज्ञेयंलोमहर्षणम् ॥ मोक्षो
नारायणास्त्रस्यपर्वानंतरमुच्यते ७० कर्णपर्वततोज्ञेयंशल्यपर्वततःपरम् ॥ ह्रदप्रवेशनंपर्वगदायुद्धमतःपरम् ७१ सारस्वतंततःपर्वतीर्थवंशानुकीर्तनम् ॥ अत
ऊर्ध्वंसुबीभत्संपर्वसौप्तिकमुच्यते ७२ ऐषीकंपर्वचोद्दिष्टमतऊर्ध्वंसुदारुणम् ॥ जलप्रदानिकंपर्वस्त्रीविलापस्ततःपरम् ७३ श्राद्धपर्वततोज्ञेयंकुरूणामौर्ध्वदेहिकम् ॥
चार्वाकनिग्रहःपर्वरक्षसोब्रह्मरूपिणः ७४ आभिषेचनिकंपर्वधर्मराजस्यधीमतः ॥ प्रविभागोगृहाणांचपर्वोक्तंतदनंतरम् ७५ शांतिपर्वततोयत्रराजधर्मानुशास
नम् ॥ आपद्धर्मश्चपर्वोक्तंमोक्षधर्मस्ततःपरम् ७६ शुकप्रश्नाभिगमनंब्रह्मप्रश्नानुशासनम् ॥ प्रादुर्भावश्चदुर्वासःसंवादश्चैवमायया ७७ ततःपर्वपरिज्ञेयमानुशास
निकंपरम् ॥ स्वर्गारोहणिकंचैवततोभीष्मस्यधीमतः ७८ ततोऽश्वमेधिकंपर्वसर्वपापप्रणाशनम् ॥ अनुगीताततःपर्वज्ञेयमध्यात्मवाचकम् ७९ पर्वचाश्रम
वासाख्यंपुत्रदर्शनमेवच ॥ नारदागमनंपर्वततःपरमिहोच्यते ८० मौसलंपर्वचोद्दिष्टंततोघोरंसुदारुणम् ॥ महाप्रस्थानिकंपर्वस्वर्गारोहणिकंततः ८१

विनिर्माणंजंबुद्वीपसन्निवेशः भूमिपर्वण्येवद्वीपविस्तारकीर्तनं ६७ । ६८ प्रतिज्ञाजयद्रथवधार्थं ६९ । ७० ह्रदप्रवेशनंदुर्योधनस्य गदायुद्धंतस्यैवभीमेन ७१ । ७२ जलप्रदानि केएवस्त्रीविलापनं ७३ कुरूणामौर्ध्वदेहिकंश्राद्धंपर्व चार्वाकस्यब्रह्मरूपिणोराक्षसस्यविप्रक्षोभान्निग्रहःपर्व ७४ । ७५ शांतिपर्वाहद्वाभ्यां शांतीति ७६ भामयेतिपाठांतरं उभयत्रापि सुलभयेत्यर्थः ७७ अनुशासनंधर्माधर्मोपदेशस्तत्संबंधमानुशासनिकम् ७८ । ७९ । ८० । ८१

हरिवंशः पुराणंप्राक्प्रवृत्तंपर्वखिलसंज्ञितं शाखांतरस्थंशाखान्तरेयदपेक्षावशात्पठ्यतेतात्खिलमितिवैदिकीप्रसिद्धिः । यथाबह्वृचानांश्रीसूक्तमेधासूक्तादीनांसंहिताकालेपाठोदृश्यते एवमस्मिन्नितिहासेयत्पुराणांतरस्थमाकांक्षावशात्पठ्यतेतत्खिलंहरिवंशाख्यमित्याह हरिवंशइति । अतएवास्यखिलस्यपुराणमितिविशेषणं तथाहि अत्रविष्णुचर्याविष्णुपुराणोक्तासाकल्येनदृश्यते ८२ एवंभाविष्यपुराणकथाच खिलेष्वेवाद्भुतंमहदितिपृथग्वाक्यं अद्भुतंपुष्करवाराहनारसिंहवामनप्रादुर्भावादिकैलासयात्रात्रिपुरवधांतं एतदेवपर्वशतं । एकैकस्मिन्महाप्रकरणेअवांतरप्रकरणानामंतर्भावविवक्षयाऽष्टादशसंख्यात्वेनलौमहर्षणिनोक्तं ८३।८४ तत्रकस्मिन्महापर्वणिकत्यवांतरपर्वाणितेषुचकेकेऽर्थाःप्रतिपाद्याएकैकस्मिन्महापर्वणिश्लोकसंख्याचकाइत्येतद्वक्तुमुपक्रमते समासइति । अयंबुद्धिस्थोऽनुक्रमण्यध्यायःसचभारतस्यसमासःसंक्षेपपर्वेत्यर्थः अत्रप्रस्तुतेद्वितीयेऽध्यायेपर्वसंग्रहः । एवंपौष्यादिभिश्चप्रयदर्शनांतैःसप्तदशभिश्चैवमेकोनाविंशत्यापर्वभिरादिपर्व । आदित्वंचास्यनप्राथम्यात्किंतुसर्वेषामादिरुत्पत्तिरिहकीर्त्यतइति । एवंसभादीनामपिसंज्ञातत्तदेकैकार्थप्राधान्याद्बोध्या अत्रायंसंग्रहः । 'आदौसभारण्यविराटउद्यमेभीष्मेगुरौसूर्यजशल्यसौप्तिके । स्त्रीशांतिदानाश्वमखाश्रमस्थितौमौसल्यया

हरिवंशस्ततःपर्वपुराणंखिलसंज्ञितम् ॥ विष्णुपर्वशिशोश्चर्याविष्णोःकंसवधस्तथा ८२ भविष्यपर्वचाप्युक्तंखिलेष्वेवाद्भुतंमहत् ॥
एतत्पर्वशतंपूर्णंव्यासेनोक्तंमहात्मना ८३ यथावत्सूतपुत्रेणलौमहर्षणिनाततः ॥ उक्तानिनैमिषारण्येपर्वाण्यष्टादशैवतु ८४
समासोभारतस्यायमत्रोक्तःपर्वसंग्रहः ॥ पौष्यंपौलोममास्तीकमादिरंशावतारणम् ८५ संभवोजतुवेश्माख्यंहिडिंबबकयोर्वधः ॥
तथाचैत्ररथंदेव्याःपांचाल्याश्चस्वयंवरः ८६ क्षात्रधर्मेणनिर्जित्यततोवैवाहिकंस्मृतम् ॥ विदुरागमनंचैवराज्यलंभस्तथैवच ८७
वनवासोऽर्जुनस्यापिसुभद्राहरणंततः ॥ हरणाहरणंचैवदहनंखांडवस्यच ८८ मयस्यदर्शनंचैवआदिपर्वणिकथ्यते ॥
पौष्येपर्वणिमाहात्म्यमुत्तंकस्योपवर्णितम् ८९ पौलोमेभृगुवंशस्यविस्तारःपरिकीर्तितः ॥ आस्तीकेसर्वनागानांगरुडस्यचसंभवः
९० क्षीरोदमथनंचैवजन्मोच्चैःश्रवसस्तथा ॥ यजतःसर्पसत्रेणराज्ञःपारिक्षितस्यच ९१ कथेयमभिनिर्वृत्ताभरतानांमहात्मनाम् ॥
विविधाःसंभवाराज्ञामुक्ताःसंभवपर्वणि ९२

नद्युगमेखिलेषुच ॥ पर्वाणिधृ १८ त्यंक ९ नृप १६ वार्धी ४ द् ११ धी ५ भै ८ क १ केद् ४ त्रि ३ धीः ५ ॥ वार्द्धी ४ न्दु १ द्वि २ त्रि ३ भू १ भू १ भू १ ग्रामा ३ श्चेतिशतंक्रमात्'इति ८५। ८६ । ८७ । ८८ अत्रप्राधान्यतस्तत्तदाख्यानतात्पर्याणिगाणेश्यांसंगृहीतानि 'कुडचवद्दृषवद्भूत्वाव्यन्योयःसेवतेगुरुं । तंविद्यादेवताश्चानुगृह्णन्तीत्याहपौष्यकृत् । खलोनप्रार्थनासाध्यःसचदैवेनताडितः । अभ्येतिमृदुतांपश्चादुत्तंकेतक्षकोयथा' ८९ 'शास्त्रोल्लंघनतोवान्हिपुलोमानाववापतुः । शापमृत्यूइतिपुनःपौलोमेतुर्यईरितम् । लोकान्मन्त्रान्महेंद्राच्चब्राह्मणेवीर्यमद्भुतम् । तक्षकोयेनखेतस्थावित्यास्तीकेऽनुवर्णितम् । अन्याय्यमपिमात्रोक्तंसद्योयोनानुतिष्ठति । तंभस्मीकुर्वतेविप्रावेदाश्चाहिगणंयथा । मिथ्यावादेनयेदासीकृतास्तत्संततिःस्वकम् । संततिंनाशयत्येवगरुत्मानिवपन्नगान् । आयुर्हानिर्महान्शोकोहिंसायांचातिसंभ्रमः । रुरोरिवभवंत्येवदारसक्तस्यदुर्मतेः । प्रजयापैतृकमृणंछेत्तुंदारान्करोतिचेत् । तदाजरत्कारुरिवकार्यांतेप्रव्रजेद्गृहात् ९० तत्त्वामृतंशास्त्रसिंधोःसमंलब्धंसुरासुरैः । आस्वादितंविष्णुभक्तैःसुरैर्नान्यैःस्त्रियाजितैः । देवपंक्तौसुधांलेभेदैत्योदेहच्छिदासमम् । सूचितश्चित्तचक्षुर्भ्यांकाश्यामिवमहेश्वरात्' ९१ । ९२

'स्त्रियामाधंतिसंतोऽपीत्युक्तंव्यासस्यजन्मनि ॥ देवासुरनरेष्वेवंसंतीत्यंशावतारणे ९३ अत्यल्पस्यापिपापस्यविपाकमतिदारुणम् । अन्वभूतांचिरंब्रह्मन्नणीमांडव्यडुंडुभौ ९४ । ९५ शि
ष्टानांचेतसस्तुष्टिर्धर्मेप्रामाण्यमश्नुते ॥ शकुंतलामीहमानंदुष्यंतस्यमनोयथा ९६ पितुर्दुःखंहरन्पुत्रःश्रेयोलक्ष्मींचविंदति ॥ भीष्मवत्पूरुवन्मानात्पतंतिचययातिवत् ९७ । ९८ । ९९
१०० क्षेत्रबीजेविनाद्रोणधृष्टद्युम्नवपुर्जनिः ॥ केवलात्कर्मणइतिप्रोक्तंसंभवपर्वणि १ विषघार्यग्निभिर्लुब्धाघातयंतिस्मबांधवान् ॥ ईश्वरस्तानवत्येवेत्युक्तंजातुषपर्वणि २ । ३ । ४ । ५

अन्येषांचैवशूराणामृषेर्द्वैपायनस्यच ॥ अंशावतरणंचात्रदेवानांपरिकीर्तितम् ९३ दैत्यानांदानवानांचयक्षाणांचमहौजसाम् ॥ नागानामथसर्पाणांगंधर्वाणां
पतत्रिणाम् ९४ अन्येषांचैवभूतानांविविधानांसमुद्भवः ॥ महर्षेराश्रमपदेकण्वस्यचतपस्विनः ९५ शकुंतलायांदुष्यंताद्भरतश्चापिजज्ञिवान् ॥ यस्यलोकेषुना
म्नेदंप्रथितंभारतंकुलम् ९६ वसूनांपुनरुत्पत्तिर्भागीरथ्यांमहात्मनाम् ॥ शांतनोर्वेश्मनिपुनस्तेषांचारोहणंदिवि ९७ तेजोंशानांचसंपातोभीष्मस्याप्यत्रसंभवः ॥
राज्यान्निवर्तनंतस्यब्रह्मचर्यव्रतेस्थितिः ९८ प्रतिज्ञापालनंचैवरक्षाचित्रांगदस्यच ॥ हतेचित्रांगदेचैवरक्षाभ्रातुर्यवीयसः ९९ विचित्रवीर्यस्यतथाराज्येसंप्रतिपा
दनम् ॥ धर्मस्यनृषुसंभूतिरणीमांडव्यशापजा १०० कृष्णद्वैपायनाच्चैवप्रसूतिर्वरदानजा ॥ धृतराष्ट्रस्यपांडोश्चपांडवानांचसंभवः १ वारणावतयात्रायांमंत्रो
दुर्योधनस्यच ॥ कूटस्यधार्तराष्ट्रेणप्रेषणंपांडवान्प्रति २ हितोपदेशश्चपथिधर्मराजस्यधीमतः ॥ विदुरेणकृतोयत्रहितार्थंम्लेच्छभाषया ३ विदुरस्यचवाक्येन
सुरुंगोपक्रमक्रिया ॥ निषाद्याःपंचपुत्रायाःसुप्तायाजतुवेश्मनि ४ पुरोचनस्यचात्रैवदहनंसंप्रकीर्तितम् ॥ पांडवानांवनेघोरेहिडिंबायाश्चदर्शनम् ५ तत्रैवचहि
डिंबस्यवधोभीमान्महाबलात् ॥ घटोत्कचस्यचोत्पत्तिरत्रैवपरिकीर्तिता ६ महर्षेर्दर्शनंचैवव्यासस्यामिततेजसः ॥ तदाज्ञयैकचक्रायांब्राह्मणस्यनिवेशने ७ अ
ज्ञातचर्ययावासोयत्रतेषांप्रकीर्तितः ॥ बकस्यनिधनंचैवनागराणांचविस्मयः ८ संभवश्चैवकृष्णायाधृष्टद्युम्नस्यचैवह ॥ ब्राह्मणात्समुपश्रुत्यव्यासवाक्यप्रचोदि
ताः ९ द्रौपदींप्रार्थयंतस्तेस्वयंवरदिदृक्षया ॥ पंचालानभितोजग्मुर्यत्रकौतूहलान्विताः १० अंगारपर्णंनिर्जित्यगंगाकूलेऽर्जुनस्तदा ॥ सख्यंकृत्वाततस्तेनत
स्मादेवचशुश्रुवे ११ तापत्यमथवासिष्ठमौर्वंचाख्यानमुत्तमम् ॥ भ्रातृभिःसहितःसर्वैःपंचालानभितोययौ १२

अविश्वास्याःस्त्रियःकामाद्घातयंत्यपिबांधवान् ॥ इतिदर्शितवान्व्यासोहिडिंबवधपर्वणि ६ । ७ यस्मिन्गेहेपुरेवापिवसेत्पुण्यतमोजनः ॥ उपकुर्यात्तमित्येवमुक्तंबकवधेऽपिच ८ । ९
११० ब्राह्मणानुग्रहादेवक्षत्रंजयतिनान्यथा ॥ इतितापसदृष्टांतादाहचैत्ररथेमुनिः १२ सूर्यस्यकन्यांतपतींनष्टंराज्यंचलब्धवान् ॥ वसिष्ठस्यप्रसादेनराजासंवरणोयथा ॥ वसिष्ठस्यशतंपुत्रा
न्नाशयामासकौशिकः ॥ नैनंबबाधिरेब्रह्महत्यास्तास्तपसोबलात् ॥ प्राज्ञःखलार्दितोदेहंसंत्यक्ष्यतिनतुक्षमाम् ॥ नशशापवसिष्ठोहिपुत्रघ्नमपिकौशिकम् ॥ कौशिकेक्रौर्यंतपसोराधेयेशौर्यभीरुते ॥
खलेचवाचिमाधुर्यंबीजसंस्कारसंकरात् ॥ ब्राह्मणोगर्भसंस्थोऽपिमाननीयोमनीषिणाम् ॥ और्वोहिमातुरूरुस्थःक्षत्रमंधमचीकरत् ' १२

'लोकवेदविरोधेऽपिमातुर्वाक्यंनलंघयेत् ॥ इत्येकस्यांरेमिरेऽमीपंचेत्युक्तंस्वयंवरे ॥ ननुवेदाविरुद्धेयमेकस्याबहुभर्तृता ॥ नैकस्यैबहवोनैकाद्रौपतीइतिचश्रुती' ॥ नैकस्यैबहवःसहपतयइति तस्मान्नैकाद्वौपतीविंदतेइतिचश्रुतिविशेषः । 'अग्नीन्पंचक्रमात्प्राप्यहव्यमेतिमनुष्यतां ॥ अग्नयस्त्वग्निरर्कःक्ष्मापुरुषोयोषिदित्यपि ॥ अग्नौप्रास्ताहुतिःसम्यगादित्यमुपतिष्ठते ॥ आदित्याज्जायतेवृष्टि वृष्टेरन्नंततःप्रजाः ॥ द्रोणोवह्निचतुष्कोत्थोयोषिदग्नेरभावतः ॥ अग्नित्रयोत्थितासोताभूत्यापित्रोरभावतः ॥ अग्निद्वयोत्थितादेवानस्पृशंतिक्षितिंहिते ॥ देवजाःपार्थमाद्रेयाभूपमग्निविवर्जिताः ॥ क्षिप्तमात्रेहविर्वह्नौमिथुनत्वमुपागतं ॥ एकाग्निजावतःपुत्रौद्रुपदस्यसुराधिकौ ॥ सर्वेसर्वात्मकादेवाविरजोवयवायतः ॥ सर्वेएवसमाःसर्वेऽनंताइतिहिवेदगीः ॥ नतेषांव्यभिचारोऽस्तिनचेरस्यमौकथं ॥ पितापुत्रौसतींकुंतीमुपेयातांसुरोत्तमौ ॥ द्रौपदींदेवजांपार्थादेवजात्यदिभुंजते ॥ नतेषामत्रदोषोऽस्तिदेवाएवहितेस्वयं ॥ श्रूयतेनहिवैदेवान्पापंगच्छतिसर्वथा ॥ तस्माद्यज्ञे देवभावंप्रार्थयीतनिरेनसं ॥ एतद्देवाहिकेव्यासोनानाख्यानोपबृंहणैः ॥ दर्शयामासलोकानांसंशयस्यापनुत्तये १३ । १४ । १५ । १६ । १७ । प्रणमंतिजिघांसंतोऽप्यनुकूलेविधात

पांचालनगरेचापिलक्ष्यंभित्त्वाधनंजयः ॥ द्रौपदींलब्धवानत्रमध्येसर्वमहीक्षिताम् १३ भीमसेनार्जुनौयत्रसंरब्धान्पृथिवीपतीन् ॥ शल्यकर्णौचतरसाजितवंतौमहामृधे १४ दृष्ट्वातयोश्चतद्वीर्यमप्रमेयममानुषम् ॥ शंकमानौपांडवांस्तान्रामकृष्णौमहामती १५ जग्मतुस्तैःसमागंतुंशालांभार्गववेश्मनि ॥ पंचानामेकपत्नीत्वेविमर्शोद्रुपदस्यच १६ पंचेंद्राणामुपाख्यानमत्रैवाद्भुतमुच्यते ॥ द्रौपद्यादेवविहितोविवाहश्चाप्यमानुषः १७ क्षत्तुश्चधार्तराष्ट्रेणप्रेषणंपांडवान्प्रति ॥ विदुरस्यचसंप्राप्तिर्दर्शनंकेशवस्यच १८खांडवप्रस्थवासश्चतथाराज्यार्धसर्जनम् ॥ नारदस्याज्ञयाचैवद्रौपद्याःसमयक्रिया १९ सुंदोपसुंदयोस्तद्वदाख्यानंपरिकीर्तितम् ॥ अनंतरंचद्रौपद्यासहासीनंयुधिष्ठिरम् २० अनुप्रविश्यविप्रार्थेफाल्गुनोगृह्यचायुधम् ॥ मोक्षयित्वागृहंगत्वाविप्रार्थंकृतनिश्चयः २१ समयंपालयन्वीरोवनंयत्रजगामह ॥ पार्थस्यवनवासेचउलूप्यापथिसंगमः २२ पुण्यतीर्थानुसंयानंबभ्रुवाहनजन्मच ॥ तत्रैवमोक्षयामासपंचसोऽप्सरसःशुभाः २३ शापाद्ग्राहत्वमापन्नाब्राह्मणस्यतपस्विनः ॥ प्रभासतीर्थेपार्थेनकृष्णस्यचसमागमः २४ द्वारकायांसुभद्राचकामयानेनभामिनी ॥ वासुदेवस्यानुमतेप्राप्ताचैवकिरीटिना २५

रि ॥ पांडुपुत्रान्धार्तराष्ट्राइत्युक्तंविदुरागमे ॥ यान्खलादग्धुमिच्छंतितान्वर्धयतिकेशवः ॥ निरस्ताःपांडवादारान्राज्यंकीर्तिंचलेभिरे १८ । १९ एकात्मानोऽपिभिद्यन्तेस्त्रीभिःसुन्दोपसुंदवत् ॥ तस्मात्सख्युरपिस्त्रीभिर्नसंभाषेतबुद्धिमान् ॥ विप्रार्थान्पालयेज्ज्ञात्वाप्यापदंद्वादशाब्दिकीं ॥ इतिदर्शितवान्व्यासआर्जुन्यातीर्थयात्रया २० । २१ । २२ २३ । २४ नज्ञातीनांवचःप्रेक्ष्यंवरेश्रेयस्युपागते ॥ इतीवकृष्णोविजयंस्वस्वसारमहारयत् ॥ मातुलस्यसुतांपार्थोधर्मतोभगिनींसतीं ॥ कथंजहारधर्मात्माऽपीतिचेत्तच्छृणुष्वमे ॥ भ्रातृस्वस्रोःसुतौभ्रातृस्वसारौयदिशौनक ॥ सतमादूर्ध्वमप्येषसंबंधश्छिद्यतांकथं ॥ तस्मात्तयोःस्वसृभ्रातृभावोभाक्तोविगोत्रयोः ॥ दांपत्यभावस्तुतयोर्मंत्रलिंगात्परिस्फुटः ॥ आयाहींद्रपथिभिरीळितेभिर्यज्ञमिमंनोभागधेयंजुषस्व ॥ तृप्तांजहुर्मातुलस्येवयोषाभागस्तेपैतृष्वसेयीवपामिव ॥ योषापत्यंमातुलीयंयथाभागःपितृष्वसुः ॥ पुत्रस्यैवंवपान्तेंऽशंजुषस्वेन्द्रेत्यृषिर्जगौ' २५

'मानघ्नस्यापिजामातुर्गानंसंवर्द्धयेद्बुधः । स्वसुर्हर्त्रेऽर्जुनायापिदद्युर्वित्तानिवृष्णयः २६ । २७ अग्निमप्यग्निमान्द्यार्त्तंनरनारायणावृषी ॥ खांडवौषधिदानेननीरोगंचक्रतुर्यथा ॥ देवोऽपिदैह्यदुःखार्तोमानु
षादेस्तुकाकथा ॥ शरणीकरणीयोऽतःसर्वदुःखापहोहरिः' ॥ भुजंगस्याश्वसेनस्य २८ 'पित्र्याद्दणादमुक्तस्यसकलंसुकृतंवृथा ॥ वियोनात्रप्यतःपुत्रान्जनयेन्मंदपालवत् ॥ शार्ङ्गकान्स्वतपोरक्ष
न्नागंमातार्जुनोमयं ॥ भवाग्नितर्तुकामोऽतस्त्रीनेतान्शरणंव्रजेत्' २९ । ३० चतुराशीतीतिदैर्घ्यमार्षम् । 'इत्यादिपर्वतात्पर्यंसंक्षेपेणोपवर्णितं ३१ सभापर्वादितात्पर्यंमुख्यतःकथ्यतेऽधुना ॥
दानवेन्द्रेणतुष्टेनसभादत्ताऽद्भुताभुवि ॥ दिविदैवीसभायज्ञप्राप्यातस्याःशताधिका ३२ ततःशतगुणाब्राह्मीलभ्याविष्णोःसमर्चनात् ॥ इत्युक्त्वानारदःपार्थंयज्ञेशार्चामचीकरत् ॥ बहूनांयो
वधेयत्तस्तंछलेनापिनिर्दहेत् ॥ जरासंधवधेनैतद्दर्शितंमुनिनामुने ३३ वित्तार्जनंमखायैवमहतामितिदर्शयत् ॥ ऊचेदिग्वजयादूर्ध्वंराजसूयक्रतुक्रियां ३४ तत्रैवार्घाभिहरणेविष्णुर्देवनर

गृहीत्वाहरणंप्राप्तेकृष्णेदेवकिनंदने ॥ अभिमन्योःसुभद्रायांजन्मचोत्तमतेजसः २६ द्रौपद्यास्तनयानांचसंभवोऽनुप्रकीर्तितः ॥ विहारार्थंचगतयोःकृष्णयोर्यमु
नामनु २७ संप्राप्तिश्चक्रधनुषोःखांडवस्यचदाहनम् ॥ मयस्यमोक्षोज्वलनाद्भुजंगस्यचमोक्षणम् २८ महर्षेर्मन्दपालस्यशार्ङ्ग्यांतनयसंभवः ॥ इत्येतदादिप
र्वोक्तंप्रथमंबहुविस्तरम् २९ अध्यायानांशतेद्वेतुसंख्यातेपरमर्षिणा ॥ सप्तविंशतिरध्यायाव्यासेनोत्तमतेजसा ३० अष्टौश्लोकसहस्राणिअष्टौश्लोकशतानिच
॥श्लोकाश्चचतुराशीतिर्मुनिनोक्तामहात्मना ३१ द्वितीयंतुसभापर्वबहुवृत्तांतमुच्यते ॥ सभाक्रियापांडवानांकिंकराणांचदर्शनम् ३५ लोकपालसभा
ख्यानंनारदाद्देवदर्शिनः ॥ राजसूयस्यचारंभोजरासंधवधस्तथा ३३ गिरिव्रजेनिरुद्धानांराज्ञांकृष्णेनमोक्षणम् ॥ तथादिग्विजयोऽत्रैवपांडवानांप्रकीर्ति
तः ३४ राज्ञामागमनंचैवसार्हणानांमहाक्रतौ ॥ राजसूयेऽर्घसंवादेशिशुपालवधस्तथा ३५ यज्ञेविभूतिंतांदृष्ट्वादुःखामर्षान्वितस्यच ॥ दुर्योधनस्या
वहासोभीमेनचसभातले ३६ यत्रास्यमन्युरुद्भूतोयेनद्यूतमकारयत्॥ यत्रधर्मसुतंद्यूतेशकुनिःकितवोऽजयत् ३७ यत्रद्यूतार्णवेमग्नांद्रौपदींनौरिवार्णवात् ॥ धृत
राष्ट्रोमहाप्राज्ञःस्नुषांपरमदुःखिताम् ३८ तारयामासतांस्तीर्णान्ज्ञात्वादुर्योधनोनृपः ॥ पुनरेवततोद्यूतेसमाह्वयतपांडवान् ३९ जित्वासवनवासायप्रेषयामासतां
स्ततः॥ एतत्सर्वंसभापर्वसमाख्यातंमहात्मना ४० अध्यायाःसप्ततिर्ज्ञेयास्तथाचाष्टौप्रसंख्यया ॥ श्लोकानांद्वेसहस्रेतुपंचश्लोकशतानिच ४१ श्लोकाश्चैकादश
ज्ञेयाःपर्वण्यस्मिन्द्विजोत्तमाः॥ अतःपरंतृतीयंतुज्ञेयमारण्यकंमहत् ४२ वनवासंप्रयातेषुपांडवेषुमहात्मसु॥ पौरानुगमनंचैवधर्मपुत्रस्यधीमतः ४३

र्षिषु ॥ आदौपूज्योऽथतद्द्वेष्टासद्योनश्येदितीरितं ॥ गोप्यःकामाद्भयात्कंसोद्वेषाच्चैद्यादयोनृपाः ॥ तीव्रध्यानाद्धरेःसाम्यंलेभिरेकीटभृंगवत् ३५ नतथाशूलयक्ष्माद्याःपीडयंतिगदानरा
न् ॥ यथापरेषामुत्कर्षःपापिनंधार्तराष्ट्रवत्' ३६ कितवोद्यूतकारः ३७ द्रौपदींतारयामासे·युत्तरेणान्वयः । 'नबाह्योनांतरःशत्रुर्बाधतेभगवज्जनं ॥ क्रोधदुःशासनौकृष्णामापद्यपिनते
रतुः ३८ ज्ञात्वापिपरमाहात्म्यंनखलःखलतांत्यजेत् ॥ दृष्ट्वापिकृष्णमहात्म्यंनैवाशाम्यत्सुयोधनः' ॥ द्यूतेद्यूतनिमित्तं ३९ 'सत्यंसतांमहान्पाशोयेनबद्धाःपदात्पदं ॥ वंचिताअपिनो
चेलुःसमर्थाअपिपांडवाः,' ४० । ४१ । ४२ पौरानुगमनंपौरकर्तृकमनुगमनम् ४६

'विप्राथभास्करंभेजेननुराज्यायधर्मराट् ॥ धर्मायाभ्यर्चयेद्देवंनराज्यायेतिदर्शयन् ॥ प्रव्राजितःपथिरिपुंयद्धन्यान्मंगलायतत् ॥ पांडवानांप्रवसतांकिर्मीरोन्मथनंयथा ४४ उपदेशोहिमूर्खाणांप्रकोपायनशांतये ॥ भ्रातरंपथ्यवक्तारंधृतराष्ट्रोव्यवासयत्' ४५ । ४६ । ४७ । ४८ शत्रुस्तवऊरूभेत्स्यतीतिशापोत्सर्गः ४९ अत्रधृतराष्ट्रसमीपेकथितइतिशेषः ५० निकृत्या

आदि. १

अ०

॥ १८ ॥

अन्नौषधीनांचकृतेपांडवेनमहात्मना ॥ द्विजानांभरणार्थंचकृतमाराधनंरवेः ४४ धौम्योपदेशात्तिग्मांशुप्रसादादन्नसंभवः ॥ हितंचब्रुवतःक्षत्तुःपरित्यागोऽम्बिकासुतात् ४५ त्यक्तस्यपांडुपुत्राणांसमीपगमनंतथा ॥ पुनरागमनंचैवधृतराष्ट्रस्यशासनात् ४६ कर्णप्रोत्साहनाच्चैवधार्तराष्ट्रस्यदुर्मतेः ॥ वनस्थान्पांडवान्हन्तुंमन्त्रोदुर्योधनस्यच ४७ तंदुष्टभावंविज्ञायव्यासस्यागमनंद्रुतम् ॥ निर्याणप्रतिषेधश्चसुरभ्याख्यानमेवच ४८ मैत्रेयागमनंचात्रराज्ञश्चैवानुशासनम् ॥ शापोत्सर्गश्चतेनैवराज्ञोदुर्योधनस्यच ४९ किर्मीरस्यवधश्चात्रभीमसेनेनसंयुगे ॥ वृष्णीनामागमश्चात्रपंचालानांचसर्वशः ५० श्रुत्वाशकुनिनाद्यूतेनिकृत्यानिर्जितांश्चतान् ॥ क्रुद्धस्यानुप्रशमनंहरेश्चैवकिरीटिना ५१ परिदेवनंचपांचाल्यावासुदेवस्यसन्निधौ ॥ आश्वासनंचकृष्णेनदुःखार्तायाःप्रकीर्तितम् ५२ तथासौभवधाख्यानमत्रैवोक्तंमहर्षिणा ॥ सुभद्रायाःसपुत्रायाःकृष्णेनद्वारकांपुरीम् ५३ नयनंद्रौपदेयानांधृष्टद्युम्नेनचैवह ॥ प्रवेशःपांडवेयानांरम्येद्वैतवनेततः ५४ धर्मराजस्यचात्रैवसंवादःकृष्णयासह ॥ संवादश्चतथाराज्ञाभीमस्यापिप्रकीर्तितः ॥ ५५ समीपंपांडुपुत्राणांव्यासस्यागमनंतथा ॥ प्रतिस्मृत्याथविद्यायादानंराज्ञोमहर्षिणा ५६ गमनंकाम्यकेचापिव्यासेप्रतिगतेततः ॥ अस्त्रहेतोर्विवासश्चपार्थस्यामिततेजसः ५७ महादेवेनयुद्धंचकिरातवपुषासह ॥ दर्शनंलोकपालानामस्त्रप्राप्तिस्तथैवच ५८ महेन्द्रलोकगमनमस्त्रार्थेचकिरीटिनः ॥ यत्रचिंतासमुत्पन्नाधृतराष्ट्रस्यभूयसी ५९ दर्शनंबृहदश्वस्यमहर्षेर्भावितात्मनः ॥ युधिष्ठिरस्यचार्तस्यव्यसनंपरिदेवनम् ६० नलोपाख्यानमत्रैवधर्मिष्ठंकरुणोदयम् ॥ दमयंत्याःस्थितिर्यत्रनलस्यचरितंतथा ६१ तथाऽक्षहृदयप्राप्तिस्तस्मादेवमहर्षितः ॥ लोमशस्यागमस्तत्रस्वर्गात्पांडुसुतान्प्रति ६२ वनवासगतानांचपांडवानांमहात्मनाम् ॥ स्वर्गेप्रवृत्तिराख्याताळोमशेनार्जुनस्यवै ६३ सन्देशादर्जुनस्यात्रतीर्थाभिगमनक्रिया ॥ तीर्थानांचफलप्राप्तिःपुण्यत्वंचापिकीर्तितम् ६४ पुलस्त्यतीर्थयात्राचनारदेनमहर्षिणा ॥ तीर्थयात्राचतत्रैवपांडवानांमहात्मनाम् ६५ कर्णस्यपरिमोक्षोऽत्रकुंडलाभ्यांपुरंदरात् ॥ तथायज्ञविभूतिश्चगयस्यात्रप्रकीर्तिता ६६ आगस्त्यमपिचाख्यानंयत्रवातापिभक्षणम् ॥ लोपामुद्राभिगमनमपत्यार्थमृषेस्तथा ६७

॥ २ ॥

च्छलेन ५१ परिदेवनंविलापः ५२ महर्षिणाकृष्णेन ५३ । ५४ । ५५ । ५६ । ५७ 'देवतासुप्रसन्नासुदेवशत्रून्विनाशयेत् ॥ इतीवदेवैर्दत्तास्त्रोनिर्जघानार्जुनोऽसुरान् ॥ अकामेकामिनीशापोदेहगुप्त्यैकचिद्भवेत् ॥ पार्थस्येवोर्वशीशापःप्रच्छन्नंवासमीप्सतः' ५८ । ५९ व्यसनंद्यूतजमनर्थं ६० 'स्थितिर्विपद्यपिसतांमर्यादाप्रतिपालनं ॥ दुःखेद्दुःखाधिकान्पश्येत्तेनशोकोऽपनीयते ॥ इतीवश्रावितोराजानलोपाख्यानमद्भुतं' ६१ । ६२ स्वर्गेप्रवृत्तिःस्वर्गीयवृत्तांतः ६३ । ६४ । ६५ । ६६ ऋषेरगस्त्यस्य ६७

॥ १८ ॥

क्रोधी।पुत्रान्कलत्रंचहंतिलोकाश्चभूरिशः ॥ जमदग्निःसपुत्रोऽत्रनिदर्शनमुदीरितम् १६८ । ६९ देवत्वंदेवतानांहिब्राह्मण्याच्च्यवनोयतः ॥ शर्यातियज्ञेनासत्यौकृतवान्सोमपायिनौ' । सोमस्यपी
तंपानंतद्वन्तौसोमपीतिनौ ७० । ७१ पुत्रेणपशुभूतेन । 'याजकोनरकंयातिनयाज्यःपापमाचरन् ॥ जंतुंहत्वासोमकायशतंपुत्रान्ददद्यथा ' ७२ अजिज्ञासतूपरीक्षितवान् ' उत्कृत्यापिस्वमांसा
निदत्त्वावाप्यखिलंवपुः ॥ शिबिःकपोतमिवचत्रायेतशरणागतं ७३ । ७४ नैयायिकानांमुख्येनयुक्तिरेवबलीयसी' नतुश्रुतिरितिमन्यमानेन ७५ सागरंप्राप्तंसागरंगतंपितरंकहोडंऋषिरष्टावक्रः ।

ऋश्यशृंगस्यचरितंकौमारब्रह्मचारिणः ॥ जामदग्न्यस्यरामस्यचरितंभूरितेजसः १६८ कार्तवीर्यवधोयत्रहैहयानांचवर्ण्यते ॥ प्रभासतीर्थेपांडूनांवृष्णिभिश्चस
मागमः ६९ सौकन्यमपिचाख्यानंच्यवनोयत्रभार्गवः ॥ शर्यातियज्ञेनासत्यौकृतवान्सोमपीतिनौ ७० ताभ्यांचयत्रसमुनिर्यौवनंप्रतिपादितः ॥ मांधा
तुश्चाप्युपाख्यानंराज्ञोऽत्रैवप्रकीर्तितम् ७१ जंतूपाख्यानमत्रैवयत्रपुत्रेणसोमकः ॥ पुत्रार्थमयजद्राजालेभेपुत्रशतंचसः ७२ ततःश्येनकपोतीयमुपाख्यान
मनुत्तमम् ॥ इंद्राग्नीयत्रधर्मश्चाप्यजिज्ञासच्छिबिंनृपम् ७३ अष्टावक्रीयमत्रैवविवादोयत्रबंदिना ॥ अष्टावक्रस्यविप्रर्षेर्जनकस्याध्वरेऽभवत् ७४ नैयायिका
नांमुख्येनवरुणस्यात्मजेनच ॥ पराजितोयत्रबंदीविवादेनमहात्मना ७५ विजित्यसागरंप्राप्तंपितरंलब्धवानृषिः ॥ यवक्रीतस्यचाख्यानंरैभ्यस्यचमहा
त्मनः ॥ गंधमादनयात्राचवासोनारायणाश्रमे ७६ नियुक्तोभीमसेनश्चद्रौपद्यागंधमादने ॥ व्रजन्पथिमहाबाहुर्दृष्टवान्पवनात्मजम् ७७ कदलीषंडमध्य
स्थंहनूमन्तंमहाबलम् ॥ यत्रसौगंधिकार्थेऽसौनलिनींतामधर्षयत् ७८ यत्रास्ययुद्धमभवत्सुमहद्राक्षसैःसह ॥ यक्षैश्चैवमहावीर्यैर्मणिमत्प्रमुखैस्तथा ७९ ज
टासुरस्यचवधोराक्षसस्यवृकोदरात् ॥ वृषपर्वणोराजर्षेस्ततोऽभिगमनंस्मृतम् १८० आर्ष्टिषेणाश्रमेचैषांगमनंवासएवच ॥ प्रोत्साहनंचपांचाल्याभीमस्या
त्रमहात्मनः ८१ कैलासारोहणंप्रोक्तंयत्रयक्षैर्बलोत्कटैः ॥ युद्धमासीन्महाघोरंमणिमत्प्रमुखैःसह ८२ समागमश्चपांडूनांयत्रवैश्रवणेनच ॥ समागमश्चा
र्जुनस्यतत्रैवभ्रातृभिःसह ८३ अवाप्यदिव्यान्यस्त्राणिगुर्वर्थंसव्यसाचिना ॥ निवातकवचैर्युद्धंहिरण्यपुरवासिभिः ८४ निवातकवचैर्घोरैर्दानवैःसुरशत्रु
भिः ॥ पौलोमैःकालकेयैश्चयत्रयुद्धंकिरीटिनः ८५ वधश्चैषांसमाख्यातोराज्ञस्तेनैवधीमता ॥ अस्त्रसंदर्शनारंभोधर्मराजस्यसन्निधौ ८६ पार्थस्यप्रतिषेधश्च
नारदेनसुरर्षिणा ॥ अवरोहणंपुनश्चैवपाण्डूनागंधमादनात् ८७ भीमस्यग्रहणंचात्रपर्वताभोगवर्ष्मणा ॥ भुजगेंद्रेणबलिनातस्मिन्सुगहनेवने ८८
अमोक्षयद्यत्रचैनंप्रश्नानुक्त्वायुधिष्ठिरः ॥ काम्यकागमनंचैवपुनस्तेषांमहात्मनाम् १८९ 'नवेद्यंयुक्तितोलभ्यंनचवेदोगुरुंविना ॥ अष्टावक्रयवक्रीतकथाभ्यामे

तदीरितं ७६ निर्गुणःपरमात्माऽयंदेहंव्याप्यावतिष्ठते ॥ इत्युक्त्वाहकपींद्रायनावमन्येनलंघये' ७७ सौगंधिकार्थेकल्हारार्थे । 'सौगंधिकंतुकल्हारेपद्मरागेऽपिकत्तृणे'इतिमेदिनी । नलिनींपुष्करिणीं
अधर्षयदाकुलीकृतवान् ७८ । ७९ 'तीर्थयात्राखलवधौसमानावितिदर्शयन् ॥ पपाठतीर्थयात्रांतेजटासुरवधादिकं' ८०।८१ । ८२ ।८३ ।८४ । ८५ राज्ञोऽग्रइतिशेषः तेनैवार्जुनेनैवएषांदानवानां
वधआख्यातः ८६ । ८७ 'शारीराद्बलतोब्रह्मन्बलंवैद्यंमहत्तमम् ॥ भीमंह्यजगरग्रस्तंधर्मराजोह्यमोचयत्' ॥ पर्वतवत्आभोगःपरिपूर्णत्वंयस्यतादृशंवर्ष्मशरीरंयस्यतेनपर्वततुल्येनेत्यर्थः ८८।१८९

१९० समास्यायांसहोपवेशने ९१ । ९२ 'यावत्कीर्तिरकीर्तिर्वातावत्स्वर्नरकेऽथवा ॥ पुमानस्तीतिजानीयादिंद्रद्युम्ननिदर्शनात् ९३ पित्रोःशुश्रूषयाव्याधःसिद्धःपत्युःपतिव्रता ॥ सिद्धयंतिब्राह्मणा वह्नेर्योगिनस्त्वात्मसेवया ॥ पतिव्रतानांधर्मांश्चद्रौपदीसत्यभामयोः ॥ संवादादधिगंतव्याःसेव्यास्तासांसुखावहाः ९४ । ९५ साधूनभिबुभूषुर्हिस्वयमेवाभिभूयते ॥ इतिसंदर्शयन्नाहघोष यात्रांमहामुनिः ॥ नदेवब्राह्मणार्थेऽपिहिंसाबह्वीप्रशस्यते ॥ इतिसंदर्शयन्नाहमृगस्वप्ननिदर्शनं ९६ व्रीहिद्रोणिकदृष्टांतादृत्तिशुद्धोऽतिथिप्रियः ॥ अत्यल्पेनापिदानेन.सिद्धयतीत्येतदीरितं ९७ दौर्वाससेतुमाहात्म्यंकारुण्यंचेरितंहरेः ॥ तत्तृप्त्याहिजगत्तृप्तमत्यल्पेनापितृप्यतः' ९८ भीमोभयंकरः भीमःपांडवः पंचसटमितिपाठेऽपिसएवार्थः 'परस्त्रीस्पर्शमात्रेणजयद्रथदशास्ययोः ।

तत्रस्थांश्चपुनर्द्रष्टुंपांडवान्पुरुषर्षभान् ॥ वासुदेवस्यागमनमत्रैवपरिकीर्तितम् १९० मार्कण्डेयसमास्यायामुपाख्यानानिसर्वशः ॥ पृथोर्वैन्यस्ययत्रोक्तमा ख्यानंपरमर्षिणा ९१ संवादश्चसरस्वत्यास्तार्क्ष्यर्षेःसुमहात्मनः ॥ मत्स्योपाख्यानमत्रैवप्रोच्यतेतदनंतरम् ९२ मार्कण्डेयसमास्याचपुराणंपरिकीर्त्यते ॥ ऐन्द्रद्युम्नमुपाख्यानंधौन्धुमारंतथैवच ९२ पतिव्रतायाश्चाख्यानंतथैवांगिरसंस्मृतम् द्रौपद्याःकीर्तितश्चात्रसंवादःसत्यभामया ९४ पुनर्द्वैतवनंचैवपांडवाः समुपागताः ॥ घोषयात्राचगंधर्वैर्यत्रबद्धःसुयोधनः ९५ ह्रियमाणस्तुमंदात्मामोक्षितोऽसौकिरीटिना ॥ धर्मराजस्यचात्रैवमृगस्वप्ननिदर्शनात् ९६ का म्यकेकाननश्रेष्ठेपुनर्गमनमुच्यते ॥ व्रीहिद्रौणिकमाख्यानमत्रैवबहुविस्तरम् ९७ दुर्वाससोऽप्युपाख्यानमत्रैवपरिकीर्तितम् ॥ जयद्रथेनापहारोद्रौपद्याश्चा श्रमांतरात् ९८ यत्रैनमन्वयाद्भीमोवायुवेगसमोजवे ॥ चक्रेचैनंपंचशिखंयत्रभीमोमहाबलः ९९ रामायणमुपाख्यानमत्रैवबहुविस्तरम् ॥ यत्ररामेणवि क्रम्यनिहतोरावणोयुधि २०० सावित्र्याश्चाप्युपाख्यानमत्रैवपरिकीर्तितम् ॥ कर्णस्यपरिमोक्षोऽत्रकुंडलाभ्यांपुरंदरात् १ यत्रास्यशक्तिंतुष्टोऽसावदादेकव धायच ॥ आरणेयमुपाख्यानंयत्रधर्मोऽन्वशात्सुतम् २ जग्मुर्लब्धवरायत्रपांडवाःपश्चिमांदिशम् ॥ एतदारण्यकंपर्वतृतीयंपरिकीर्तितम् ३ अत्राध्यायश तेद्वेतुसंख्ययापरिकीर्तिते ॥ एकोनसप्ततिश्चैवतथाध्यायाःप्रकीर्तिताः ४ एकादशसहस्राणिश्लोकानांषट्शतानिच ॥ चतुःषष्टिस्तथाश्लोकाःपर्व ण्यस्मिन्प्रकीर्तिताः ५ अतःपरंनिबोधेदंवैराटंपर्वविस्तरम् ॥ विराटनगरेगत्वाश्मशानविपुलांशमीम् ६ दृष्ट्वासन्निदधुस्तत्रपांडवाह्यायुधान्युत ॥ यत्रप्रविश्यनगरंछद्मनान्यवसंस्तुते ७ पांचालींप्रार्थयानस्यकामोपहतचेतसः ॥ दुष्टात्मनोवधोयत्रकीचकस्यवृकोदरात् ८ पांडवान्वेषणार्थंचरा ज्ञोदुर्योधनस्यच ॥ चाराःप्रस्थापिताश्चात्रनिपुणाःसर्वतोदिशम् ९

आद्यःपंचसटोजातःसकुटुंबोहतःपरः ९९ कायार्थीमित्रमान्विच्छन्नृशंसःस्यान्महानपि ॥ जघानवालिनंरामोनिर्दोषमपिसाहसात् ॥ पतिव्रतायामाहात्म्यंकुलद्वयसुखावहं ॥ भर्तृमृत्युर्हरंचैवसा वित्र्याहनिदर्शनं' परिमोक्षोवियोगः १ 'कर्णोदातापात्रमिंद्रोदेयंस्वात्मसमंधनं शक्त्याविनिमयात्तज्ज्ञोधर्मोनाभ्यभवद्रिपुं' ॥ आरणेयंअरणीहरणं धर्मेणमृगरूपिणा । 'सर्वत्रचोदितार्था नामुपसंहारवर्णनं ॥ आरणेयेधर्मपार्थसंवादव्याजतःकृतं ॥ आदिरेकोनविंशत्यापर्वभिर्नवभिःसभा ॥ आरण्यकंषोडशभिर्धर्ममेवन्यरूपयत् ३ । ४ । ५ धर्मउक्तस्त्रिभिःसेवानीतियुद्धादिहेतुकं शोकमोगफलंचार्थवक्तिपर्वभिरष्टभिः ६ । ७ विराटेप्रथमंप्रोक्तःसेवाधर्मःप्रवेशने ॥ तत्रापिखलबाधास्तीत्युक्तंकीचकदारणे' ८ । ९

२१० । ११ 'पौरुषंदर्शयित्वैवस्वामिनेगोत्रनामनी ॥ प्रकीर्तयेदितिप्रोचेमुनिर्गोग्रहपर्वणि १२ । १३ धर्मेणैवापदंतीर्त्वापरंसौभाग्यमश्नुते ॥ अभिमन्योर्विवाहाख्येपर्वण्येतत्प्रदर्शितं १४ । १५
१६ । १७ । १८ । १९ । २० मंदात्मास्वार्थानभिज्ञः । दुर्मतिर्विक्षिप्तचित्तः । 'एकएवसहायोऽलमीशःकिंसैन्यकोटिभिः ॥ इतिवत्रेऽर्जुनःकृष्णंनसैन्यंधार्तराष्ट्रवत्' २१ । २२ । २३
२४ वैचित्रवीर्यस्यपांडवस्यपुरोधसःसकाशात्वचःइंद्रविजयतात्पर्यंपुरोहितप्रेषणौचित्यंचसमादायाभ्युपेत्यसंजयंप्रेषयामासेत्युत्तरेणसंबंधः । 'भवेत्सहायवान्पूर्वंसाम्नाशत्रुमथार्थयेत् ॥ उद्योग

नचप्रवृत्तिस्तैर्लब्धापांडवानांमहात्मनाम् ॥ गोग्रहश्चविराटस्यत्रिगर्तैःप्रथमंकृतः २१० यत्रास्ययुद्धंसुमहत्तैरासीद्रोमहर्षणम् ॥ ह्रियमाणश्चयत्रासौभीमसेनेनमो
क्षितः ११ गोधनंचविराटस्यमोक्षितंयत्रपांडवैः ॥ अनंतरंचकुरुभिस्तस्यगोग्रहणंकृतम् १२ समस्तायत्रपार्थेननिर्जिताःकुरवोयुधि ॥ प्रत्याहृतंगोधनंचवि
क्रमेणकिरीटिना १३ विराटेनोत्तरादत्तास्नुषायत्रकिरीटिनः ॥ अभिमन्युंसमुद्दिश्यसौभद्रमरिघातिनम् १४ चतुर्थमेतद्विपुलंवैराटंपर्ववर्णितम् ॥ अत्रापि
परिसंख्याताअध्यायाःपरमर्षिणा १५ सप्तषष्टिरथोपूर्णाश्लोकानामपिमेशृणु ॥ श्लोकानांद्वेसहस्रेतुश्लोकाःपंचाशदेवतु १६ उक्तानिवेदविदुषापर्वण्यस्मिन्मह
र्षिणा ॥ उद्योगपर्वविज्ञेयंपंचमंशृण्वतःपरम् १७ उपप्लव्येनिविष्टेषुपांडवेषुजिगीषया ॥ दुर्योधनोऽर्जुनश्चैववासुदेवमुपस्थितौ १८ सहाय्यमस्मिन्समरेभवान्नौ
कर्तुमर्हति ॥ इत्युक्तेवचनेकृष्णोयत्रोवाचमहामतिः १९ अयुध्यमानमात्मानंमंत्रिणंपुरुषर्षभौ ॥ अक्षौहिणींवासैन्यस्यकस्यकिंवाददाम्यहम् २२० वव्रेदुर्योध
नःसैन्यंमंदात्मायत्रदुर्मतिः ॥ अयुध्यमानंसचिवंवव्रेकृष्णंधनंजयः २१ मद्रराजंचराजानमायांतंपांडवान्प्रति ॥ उपहारैर्वंचयित्वावर्त्मन्येवसुयोधनः २२ वरदं
तंवरंवव्रेसाहाय्यंक्रियतांमम ॥ शल्यस्तस्मैप्रतिश्रुत्यजगामोद्दिश्यपांडवान् २३ शांतिपूर्वंचाकथयद्यत्रेन्द्रविजयंनृपः ॥ पुरोहितप्रेषणंचपांडवैःकौरवान्प्रति २४
वैचित्रवीर्यस्यवचःसमादायपुरोधसः ॥ तथेंद्रविजयंचापियानंचैवपुरोधसः २५ संजयंप्रेषयामासशमार्थीपांडवान्प्रति ॥ यत्रदूतंमहाराजोधृतराष्ट्रःप्रताप
वान् २६ श्रुत्वाचपांडवान्यत्रवासुदेवपुरोगमान् ॥ प्रजागरःसंप्रजज्ञेधृतराष्ट्रस्यचिंतया २७ विदुरोयत्रवाक्यानिविचित्राणिहितानिच ॥ श्रावयामासराजानंधृ
तराष्ट्रंमनीषिणम् २८ तथासनत्सुजातेनयत्राध्यात्ममनुत्तमम् ॥ मनस्तापान्वितोराजाश्रावितःशोकलालसः २९ प्रभातेराजसमितौसंजयोयत्रवाविभो ॥
ऐकात्म्यंवासुदेवस्यप्रोक्तवानर्जुनस्यच २३० यत्रकृष्णोदयापन्नःसंधिमिच्छन्महामतिः ॥ स्वयमागाच्छमंकर्तुंनगरंनागसाह्वयम् ३१ प्रत्याख्यानंचकृष्ण
स्यराज्ञादुर्योधनेनवै ॥ शमार्थेयाचमानस्यपक्षयोरुभयोर्हितम् २३२

७ संजयप्रेष्यपर्वभ्यामेतदीरितं' २५ । २६ । २७ । २८ शोकेलालसाआसक्तिर्यस्यसतथाभूतस्तापहरमध्यात्मंश्रावितोऽपितापंनजहावितिभावः ॥ 'ननिद्रातिपरार्थार्थीनचबुध्यांतबोधितः ॥
इतिप्रजागरेसानत्सुजातेचापिवर्णितं' २९ समितौसभायां ऐकात्म्यमेकचित्तत्वं वस्तुतस्तुयत्रकुत्रचित्प्रसंगेवासुदेवार्जुनयोर्जीवेशयोरैकात्म्यमभेदमेवशास्तिसंजयः तज्ज्ञानंविनाराज्ञःशोकतरणासंभ
वात् राजातुमौढ्याद्धिलोकपरतयैवतमर्थंनिगृह्णातीतिनास्यशोकोनश्यतीतिशास्त्रहृदयं ॥ २३० ॥ संधिमविरोधं नागोहस्तीतेनसमानंसज्ञं हस्तिनापुरमित्यर्थः ३१ । २३२

३३ । ३४ दुष्टंकृष्णनिग्रहरूपं योगेश्वरत्वंवैश्वरूप्यं । 'ऐश्वर्यंवैश्वरूप्यंचहरेःश्रुत्वाऽवलोक्यच ॥ दुर्योधनोनमेनेऽस्यवाक्यंम्लेच्छःश्रुतेरिव' ३५ अनुमंत्रितउपजापितः । उपायपूर्वंभेदपूर्वं । शौटीर्यात्गर्वात् । 'अपित्रैलोक्यराज्यस्यहेतोर्विश्वस्तमाश्रितं । नत्यजेद्देहनाशेऽपीत्युक्तंकर्णोपजापतः ३६ । ३७ । ३८ । ३९ । निंदंत्यसंतोऽपिसतोवैडालव्रतिकाइति ॥ युधिष्ठिरमिवोलूकइत्यूचेबादरायणः ४० यद्बलाज्जयमाशास्तेधार्तराष्ट्रस्तमर्कजं ॥ प्राहार्द्धरथइत्युच्चैर्भीष्मस्तेजोवधेप्सया ॥ नकिंचित्तपसोऽसाध्यंयतोजन्मांतरंविना ॥ पुंस्त्वंशिखंडिनीप्रापेत्यंबोपाख्या

दंभोद्भवस्यचाख्यानमत्रैवपरिकीर्तितम् ॥ वरान्वेषणमत्रैवमातलेश्चमहात्मनः ३३ महर्षेश्चापिचरितंकथितंगालवस्यवै ॥ विदुलायाश्चपुत्रस्यप्रोक्तंचाप्यनुशासनम् ३४ कर्णदुर्योधनादीनांदुष्टंविज्ञायमंत्रितम् ॥ योगेश्वरत्वंकृष्णेनयत्रराज्ञांप्रदर्शितम् ३५ रथमारोप्यकृष्णेनयत्रकर्णोऽनुमंत्रितः ॥ उपायपूर्वंशौटीर्यात्प्रत्याख्यातश्चतेनसः ३६ आगम्यहास्तिनपुरादुपप्लव्यमरिंदमः ॥ पांडवानांयथावृत्तंसर्वमाख्यातवान्हरिः ३७ तेतस्यवचनंश्रुत्वामंत्रयित्वाचयद्धितम् ॥ सांग्रामिकंततःसर्वंसज्जंचक्रुःपरंतपाः ३८ ततोयुद्धायनिर्यातानराश्वरथदंतिनः ॥ नगराद्धास्तिनपुराद्बलसंख्यानमेवच ३९ यत्रराज्ञाह्युलूकस्यप्रेषणंपांडवान्प्रति ॥ श्वोभाविनिमहायुद्धेदौत्येनकृतवान्प्रभुः २४० रथातिरथसंख्यानमंबोपाख्यानमेवच ॥ एतत्सुबहुवृत्तांतंपंचमंपर्वभारते ४१ उद्योगपर्वनिर्दिष्टंसंधिविग्रहमिश्रितम् ॥ अध्यायानांशतंप्रोक्तंषडशीतिर्महर्षिणा ४२ श्लोकानांषट्सहस्राणितावंत्येवशतानिच ॥ श्लोकाश्चनवतिःप्रोक्तास्तथैवाष्टौमहात्मना ४३ व्यासेनोदारमतिनापर्वण्यस्मिंस्तपोधनाः ॥ अतःपरंविचित्रार्थंभीष्मपर्वप्रचक्षते ४४ जंबूखंडविनिर्माणंयत्रोक्तंसंजयेनह ॥ यत्रयौधिष्ठिरंसैन्यंविषादमगमत्परम् ४५ यत्रयुद्धमभूद्घोरंदशाहानिसुदारुणम् ॥ कश्मलंयत्रपार्थस्यवासुदेवोमहामतिः ४६ मोहजंनाशयामासहेतुभिर्मोक्षदर्शिभिः ॥ समीक्ष्याधोक्षजःक्षिप्रंयुधिष्ठिरहितेरतः ४७ रथादाप्लुत्यवेगेनस्वयंकृष्णउदारधीः ॥ प्रतोदपाणिराधावद्भीष्मंहन्तुंव्यपेतभीः ४८ वाक्यप्रतोदाभिहतोयत्रकृष्णेनपांडवः ॥ गांडीवधन्वासमरेसर्वशस्त्रभृतांवरः ४९ शिखंडिनंपुरस्कृत्ययत्रपार्थोमहाधनुः ॥ विनिघ्नन्निशितैर्बाणैरथाद्भीष्ममपातयत् २५० शरतल्पगतश्चैवभीष्मोयत्रबभूवह ॥ षष्ठमेतत्समाख्यातंभारतेपर्वविस्तृतम् ५१ अध्यायानांशतंप्रोक्तंतथासप्तदशापरे ॥ पंचश्लोकसहस्राणिसंख्ययाऽष्टौशतानिच ५२ श्लोकाश्चचतुराशीतिरस्मिन्पर्वणिकीर्तिताः ॥ व्यासेनवेदविदुषासंख्याताभीष्मपर्वणि ५३

नईरितं' ४१ संधिविग्रहमिश्रितंकृष्णदौत्येनसंधिरुलूकदौत्येनविग्रहस्ताभ्यांमिश्रितं ४२ । ४३ । ४४ । ४५ । 'भ्रश्येत्पतिंविनासेनाकूर्मामलकमुष्टिवत् ॥ इतिसेनापतिंभीष्मंचक्रेकौरवनंदनः ॥ वैराजदर्शनादूर्ध्वंपरब्रह्मान्ववेक्षणं ॥ इतोवजंबूखंडादिगीतायाःपूर्वमीरितं' । कश्मलंविषादं ४६ मोहजंममतोत्थंसमीक्ष्यभीष्मस्यदुर्जयत्वमितिशेषः ४७ 'श्रुतिःस्मृतेर्बलवतीभक्तौत्वेतद्विपर्ययः ॥ भीष्मंजिघांसतापार्थमुनेनैतत्प्रदर्शितं ४८ । ४९ । ५० । नदेहमनुशीर्यन्तेवैष्णवाजिनमृत्यवः । भीष्मःकालांतराकांक्षीशरतल्पेऽवमाचिरं' ५१ । ५१ । ५३

'क्षात्राद्ब्राह्मंमहः श्रेष्ठमितिमत्वासुयोधनः ॥ जयाशयास्वमाचार्यंसैनापत्येऽभ्यषेचयत् ' ५४ । ५५ संशप्तकास्तुयेसंख्येसर्वथाप्यनिवर्तिनस्तेअपनिन्युरपहृतवंतः रणाजिराद्रणस्थानात् ५६ । ५७
५८ 'संशप्तकवधोत्साहीजिष्णुःपुत्रवधार्दितः ॥ प्रतिज्ञांमहतींकृत्वातीर्णःश्रीपतिमायया ५९ । ६० । ६१ । ६२ । ६३ संतोऽप्यसाधुतांयांतिप्रतिकूलेविधातरि ॥ द्रोणस्यमृत्यु
कालेहिधर्मोऽप्यनृतभागभूत् ॥ अनृतेनहतोद्रोणोनत्यानारायणास्त्रकं ॥ नानोपायैररीनूहत्वास्वीयान्रक्षितवान्हरिः ' ६५ । ६६ । ६७ । ६८ । ६९ । २७० । ७१

द्रोणपर्वततश्चित्रंबहुवृत्तांतमुच्यते ॥ सैनापत्येऽभिषिक्तोऽथयत्राचार्यःप्रतापवान् ५४ दुर्योधनस्यप्रीत्यर्थंप्रतिजज्ञेमहास्त्रवित् ॥ ग्रहणंधर्मराजस्यपांडुपुत्रस्य
धीमतः ५५ यत्रसंशप्तकाःपार्थमपनिन्यूरणाजिरात् ॥ भगदत्तोमहाराजोयत्रशक्रसमोयुधि ५६ सुप्रतीकेननागेनसहिशांतःकिरीटिना ॥ यत्राभिमन्युंबह
वोजघ्नुरेकंमहारथाः ५७ जयद्रथमुखाबालंशूरमप्राप्तयौवनम् ॥ हतेऽभिमन्यौक्रुद्धेनयत्रपार्थेनसंयुगे ५८ अक्षौहिणीःसप्तहत्वाहतोराजाजयद्रथः ॥ यत्रभी
मोमहाबाहुःसात्यकिश्चमहारथः ५९ अन्वेषणार्थंपार्थस्ययुधिष्ठिरनृपाज्ञया ॥ प्रविष्टौभारतींसेनामप्रधृष्यांसुरैरपि २६० संशप्तकावशेषंचकृतंनिः
शेषमाहवे ॥ संशप्तकानांवीराणांकोटयोनवमहात्मनाम् ६१ किरीटिनाभिनिष्क्रम्यप्रापितायमसादनम् ॥ धृतराष्ट्रस्यपुत्राश्चतथापाषाणयोधिनः ६२
नारायणाश्चगोपालाःसमरेचित्रयोधिनः ॥ अलंबुषःश्रुतायुश्चजलसंधश्चवीर्यवान् ६३ सौमदत्तिर्विराटश्चद्रुपदश्चमहारथः ॥ घटोत्कचादयश्चान्येनिहताद्रो
णपर्वणि ६४ अश्वत्थामाऽपिचात्रैवद्रोणेयुधिनीपातिते ॥ अस्त्रंप्रादुश्चकारोग्रंनारायणममर्षितः ६५ आग्नेयंकीर्त्यतेयत्ररुद्रमाहात्म्यमुत्तमम् ॥ व्यासस्यचा
प्यागमनंमहात्म्यंकृष्णपार्थयोः ६६ सप्तमंभारतेपर्वमहदेतदुदाहृतम् ॥ यत्रतेपृथिवीपालाःप्रायशोनिधनंगताः ६७ द्रोणपर्वणियेशूरानिर्दिष्टाःपुरुषर्ष
भाः ॥ अत्राध्यायशतंप्रोक्तंतथाऽध्यायाश्चसप्ततिः ६८ अष्टौश्लोकसहस्राणितथानवशतानिच ॥ श्लोकानवतथैवात्रसंख्यातास्तत्त्वदर्शिना ६९ पाराशर्ये
णमुनिनासंचिंत्यद्रोणपर्वणि ॥ अतःपरंकर्णपर्वप्रोच्यतेपरमाद्भुतम् २७० सारथ्येविनियोगश्चमद्रराजस्यधीमतः ॥ आख्यातंयत्रपौराणंत्रिपुरस्यनिपात
नम् ७१ प्रयाणेपरुषश्चात्रसंवादःकर्णशल्ययोः ॥ हंसकाकीयमाख्यानंतत्रैवाक्षेपसंहितम् ७२ वधःपांड्यस्यचतथाअश्वत्थाम्नामहात्मना ॥ दंडसे
नस्यचततोदंडस्यचवधस्तथा ७३ द्वैरथेयत्रकर्णेनधर्मराजोयुधिष्ठिरः ॥ संशयंगमितोयुद्धेमिषतांसर्वधन्विनाम् ७४ अन्योन्यंप्रतिचक्रोधोयुधिष्ठिरकिरी
टिनोः ॥ यत्रैवानुनयःप्रोक्तोमाधवेनार्जुनस्यहि ७५ प्रतिज्ञापूर्वकंचापिवक्षोदुःशासनस्यच ॥ भित्त्वावृकोदरोरक्तंपीतवान्यत्रसंयुगे ७६ द्वैरथेयत्रपार्थे
नहतःकर्णोमहारथः ॥ अष्टमंपर्वनिर्दिष्टमेतद्भारतचिन्तकैः ७७

७२ । ७३ मिषतांपश्यतां ७४ । ७५ 'कार्याकार्यविचारंहिक्रोधाविष्टानकुर्वते ॥ अपिबच्छोणितंभ्रातुर्भीमसेनोहिसंयुगे ७६ सौरिरैन्द्रिंनिजघ्नेशागिदानींतद्विपर्ययः ॥
सहायोहंतुरीशानःपक्षपातविवर्जितः'

म. भा. टी. ॥ २१ ॥

७८ । ७९ । २८० । ८१ । ८२ 'जयाशाजीविताशाचसुक्षीणस्यापिदुस्त्यजा ॥ शल्येन्हदंचशरणंकृतवान्यत्सुयोधनः' ८३ । ८४ । ८५ समवायेसमये । 'युद्धांतेतीर्थयात्रांच

एकोनसप्ततिःप्रोक्ताअध्यायाःकर्णपर्वणि ॥ चत्वार्येवसहस्राणिनवश्लोकशतानिच ७८ चतुःषष्टिस्तथाश्लोकाःपर्वण्यस्मिन्प्रकीर्तिताः ॥ अतःपरंविचित्रार्थंशल्यपर्वप्रकीर्तितम् ७९ हतप्रवीरेसैन्येतुनेतामद्रेश्वरोऽभवत् ॥ यत्रकौमारमाख्यानमभिषेकस्यकर्मच २८० वृत्तानिरथयुद्धानिकीर्त्यन्तेयत्रभागशः ॥ विनाशःकुरुमुख्यानांशल्यपर्वणिकीर्त्यते ८१ शल्यस्यनिधनंचात्रधर्मराजान्महात्मनः ॥ शकुनेश्चवधोऽत्रैवसहदेवेनसंयुगे ८२ सैन्येचहतभूयिष्ठेकिंचिच्छिष्टेसुयोधनः ॥ ह्रदंप्रविश्यतत्रासौसंस्तभ्यापोव्यवस्थितः ८३ प्रवृत्तिस्तत्रचाख्यातायत्रभीमस्यलुब्धकैः ॥ क्षेपयुक्तैर्वचोभिश्चधर्मराजस्यधीमतः ८४ ह्रदात्समुत्थितोयत्रधार्तराष्ट्रोऽत्यमर्षणः ॥ भीमेनगदयायुद्धंयत्रासौकृतवान्सह ८५ समवायेचयुद्धस्यरामस्यागमनंस्मृतम् ॥ सरस्वत्याश्चतीर्थानांपुण्यतापरिकीर्तिता ८६ गदायुद्धंचतुमुलमत्रैवपरिकीर्तितम् ॥ दुर्योधनस्यराज्ञोऽथयत्रभीमेनसंयुगे ८७ ऊरूभग्नौप्रसह्याजौगदयाभीमवेगया ॥ नवमंपर्वनिर्दिष्टमेतदद्भुतमर्थवत् ८८ एकोनषष्टिरध्यायाःपर्वण्यत्रप्रकीर्तिताः ॥ संख्याताबहुवृत्तांताःश्लोकसंख्याऽत्रकथ्यते ८९ त्रीणिश्लोकसहस्राणिद्वेशतेविंशतिस्तथा ॥ मुनिनासंप्रणीतानिकौरवाणांयशोभृता २९० अतःपरंप्रवक्ष्यामिसौप्तिकंपर्वदारुणम् ॥ भग्नोरुंयत्रराजानंदुर्योधनममर्षणम् ९१ अपयातेषुपार्थेषुत्रयस्तेऽभ्याययूरथाः ॥ कृतवर्माकृपोद्रौणिःसायाह्नेरुधिरोक्षितम् ९२ समेत्यददृशुर्भूमौपतितंरणमूर्धनि ॥ प्रतिजज्ञेदृढक्रोधोद्रौणिर्यत्रमहारथः ९३ अहत्वासर्वपंचालान्धृष्टद्युम्नपुरोगमान् ॥ पांडवांश्चसहामात्यान्नविमोक्ष्यामिदंशनम् ९४ यत्रैवमुक्त्वाराजानमपक्रम्यत्रयोरथाः ॥ सूर्यास्तमनवेलायामासेदुस्तेमहद्वनम् ॥ ९५ न्यग्रोधस्याथमहतोयत्राधस्ताद्व्यवस्थिताः ॥ ततःकाकान्बहून्रात्रौदृष्ट्वोलूकेनहिंसितान् ९६ द्रौणिःक्रोधसमाविष्टःपितुर्वधमनुस्मरन् ॥ पंचालानांप्रसुप्तानांवधंप्रतिमनोदधे ९७ गत्वाचशिबिरद्वारिदुर्दर्शंतत्रराक्षसम् ॥ घोररूपमपश्यत्सदिवमावृत्यधिष्ठितम् ९८ तेनव्याघातमस्त्राणांक्रियमाणमवेक्ष्यच ॥ द्रौणिर्यत्रविरूपाक्षंरुद्रमाराध्यसत्वरः ९९ प्रसुप्तान्निशिविश्वस्तान्धृष्टद्युम्नपुरोगमान् ॥ पंचालान्सपरीवारान्द्रौपदेयांश्चसर्वशः ३००

त्यब्रूतेवादरायणः । तेनजानीमहेहिंसाधर्म्यापिदुरीतप्रदा ८६ नाधर्मेणविनाशत्रुःशक्योनिर्जेतुमुल्बणः ॥ भीमसेनोह्यधोनाभेःप्रजहारसुयोधनम्' ८७ । ८८ । ८९ । २९० । ९१ ९२ । ९३ । दंशनंकवचं ९४ । ९५ । ९६ । ९७ । ९८ । ९९ 'विद्वुषोब्राह्मणस्यापिदैन्यात्स्याद्दारुणामतिः ॥ अश्वत्थामाऽपियत्सुप्तानभीश्चन्यवधीद्रुषा' ३००

कृतवर्मणेति ३०१ । २ । ३ । उपाविशद्भर्तृनुपरुद्धवती ४ । ५ । ६ । ७ । ८ जितकाशनोजयश्लाविनः ९ । ३१०११ सौप्तिकैषीकेआख्यानेअत्रपर्वणिसंबद्धेइत्यर्थः १२।१३।१४ १५ आयोधनं
युद्धस्थानं १६।१७क्षत्रियाःक्षत्रियस्त्रियः १८।१९।३२० 'अर्थार्थीवधमाप्नोतिविलपंतिचतत्स्त्रियः ॥ तस्मादर्थंनलिप्सेतश्रेयोर्थीधार्तराष्ट्रवत् ॥ द्विनवाक्षौहिणीर्हत्वालेभेराज्यंयुधिष्ठिरः ॥ एवंभूतक्षयेणै

कृतवर्मणाचसहितःकृपेणचनिजघ्निवान् ॥ यत्रामुच्यंततेपार्थाःपंचकृष्णबलाश्रयात ३०१ सात्यकिश्चमहेष्वासःशेषाश्चनिधनंगताः ॥ पंचालानांप्रसुप्तानांय
त्रद्रोणसुताद्वधः २ धृष्टद्युम्नस्यसूतेनपांडवेषुनिवेदितः ॥ द्रौपदीपुत्रशोकार्त्तापितृभ्रातृवधार्दिता ३ कृतानशनसंकल्पायत्रभर्तृनुपाविशत् ॥ द्रौपदीव
चनाद्यत्रभीमोभीमपराक्रमः ४ प्रियंतस्याश्चिकीर्षन्वैगदामादायवीर्यवान् अन्वधावत्सुसंक्रुद्धोभारद्वाजंगुरोःसुतम् ३०५ भीमसेनभयाद्यत्रदैवेनाभिप्रचो
दितः ॥ अपांडवायेतिरुषाद्रौणिरस्त्रमवासृजत् ३०६ मैवमित्यब्रवीत्कृष्णःशमयंस्तस्यतद्वचः ॥ यत्रास्त्रमस्त्रेणचतच्छमयामासफाल्गुनः ३०७ द्रौणे
श्चद्रोहबुद्धित्वंवीक्ष्यपापात्मनस्तदा ॥ द्रौणिद्वैपायनादीनांशापाश्चान्योन्यकारिताः ३०८ मणिंतथासमादायद्रोणपुत्रान्महारथात ॥ पांडवाःप्रददुर्हृष्टाद्रौ
पद्यैजितकाशिनः ३०९ एतद्वैदशमंपर्वसौप्तिकंसमुदाहृतम् ॥ अष्टादशास्मिन्नध्यायाःपर्वण्युक्तामहात्मना ३१० श्लोकानांकथितान्यत्रशतान्यष्टौ
प्रसंख्यया ॥ श्लोकाश्चसप्ततिःप्रोक्तामुनिनाब्रह्मवादिना ३११ सौप्तिकैषीकेसंबद्धेपर्वण्युत्तमतेजसा ॥ अतऊर्ध्वमिदंप्राहुःस्त्रीपर्वकरुणोदयम् ३१२ पुत्रशोका
भिसंतप्तःप्रज्ञाचक्षुर्नराधिपः ॥ कृष्णोपनीतांयत्रासावायसींप्रतिमांदृढाम् ३१३ भीमसेनद्रोहबुद्धिर्धृतराष्ट्रोबभंजह ॥ तथाशोकाभितप्तस्यधृतराष्ट्रस्यधीमतः
१४ संसारगहनंबुद्ध्याहेतुभिर्मोक्षदर्शनैः ॥ विदुरेणचयत्रास्यराज्ञआश्वासनंकृतम् १५ धृतराष्ट्रस्यचात्रैवकौरवायोधनंतथा ॥ सांतःपुरस्यगमनंशोकार्त
स्यप्रकीर्तितम् १६ विलापोवीरपत्नीनांयत्रातिकरुणःस्मृतः ॥ क्रोधावेशःप्रमोहश्चगांधारीधृतराष्ट्रयोः १७ यत्रतान्क्षत्रियाःशूरान्संग्रामेष्वनिवर्तिनः ॥
पुत्रान्भ्रातृन्पितृंश्चैवददृशुर्निहतान्रणे १८ पुत्रपौत्रवधार्त्तायास्तथात्रैवप्रकीर्तिता ॥ गांधार्याश्चापिकृष्णेनक्रोधोपशमनक्रिया १९ यत्रराजामहाप्राज्ञःस
र्वधर्मभृतांवरः ॥ राज्ञांतानिशरीराणिदाहयामासशास्त्रतः ३२० तोयकर्मणिचारब्धेराज्ञामुदकदानिके ॥ गूढोत्पन्नस्यचाख्यानंकर्णस्यपृथयाऽऽत्मनः २१ सुतस्यै
तदिहप्रोक्तंव्यासेनपरमर्षिणा ॥ एतदेकादशंपर्वशोकवैक्लव्यकारणम् २२ प्रणीतंसज्जनमनोवैक्लव्याश्रुप्रवर्तकम् ॥ सप्तविंशतिरध्यायाःपर्वण्यस्मिन्प्रकीर्तिताः
२३ श्लोकसप्तशतोचापिपंचसप्ततिसंयुता ॥ संख्ययाभारताख्यानमुक्तंव्यासेनधीमता २४ अतःपरंशांतिपर्वद्वादशंबुद्धिवर्धनम् ॥ यत्रनिर्वेदमापन्नोधर्मराजोयु
धिष्ठिरः २५ घातयित्वापितृन्भ्रातृन्पुत्रान्संबंधिमातुलान् ॥ शांतिपर्वणिधर्माश्चव्याख्याताःशारतल्पिकाः ३२६ वभवत्यर्थःसतामपि ॥ बंधूनपिनयेद्युद्धेस्वर्गश्राद्धैश्चतर्प

येत् । इत्येवंनिर्मलंक्षात्रंकर्मोक्तंतेयकर्मणि २१ । २२ । २३ । २४ अर्थात्मौक्ष्यादियोगेवायत्सुखंकामशब्दितं ॥ तदापुःपांडवाःक्लेशैर्लब्धराज्याःपृथग्गृहाः॥ चतुर्भिरेवंवैराटमेकादशभिरुद्यमं ॥ पंचभिर्भीष्म
मष्टाभिर्द्रोणमेकेनसूर्यजं ॥ चतुर्भिःपंचभिःशल्यसौप्तिकस्त्र्यभिधानिच ॥ पर्वभिर्दीपयंत्यर्थंशांत्यादिःकामदीपिका' । निर्वेदंदुःखं २५ शारतल्पिकःशराएवतल्पोयस्यतेनभीष्मेणव्याख्याताइत्यर्थः ३२६

‘ यथोक्तंदंडयन्दण्डयान्धर्ममक्षयमश्नुते ॥ भूपइत्येवतद्धर्माःसापद्धर्मानिरूपिताः ’ ॥ कालहेतुप्रदर्शिनःकालोदुर्भिक्षादिर्हेतुर्वैररोगादिश्चतत्प्रदर्शिनःदेशकालाद्यपेक्षयावर्तितव्यमित्यर्थः २७ सर्वज्ञत्वंकार्याकार्यविभागज्ञत्वं २८ । २९ । ३३० । ३१ । प्रकृतिंस्वभाविकोमवस्थां । ‘ सर्वाधिकारिकामोक्षधर्माःसम्यगुदीरिताः ॥ तत्राधिकारसिद्ध्यर्थंदानधर्माश्चकीर्तिताः ’ ३२ व्यवहारआचारःधर्मार्थीयोधर्मार्थयोर्हितः ३३ सत्यस्यहिंसाशून्यस्ययथार्थभाषणस्यपरागतिःपराकाष्ठा ३४ महाभाग्यंमहात्म्यं रहस्यमल्पायासेनापिमहाफलप्रदत्वं देशकालोपसंहितंतीर्थपर्वोपधानात् ३५ ‘ स्वच्छंदमरणःसर्वोयोगोभीष्मसमोभवेत् ॥ इतिप्रदर्शयन्भीष्मनिर्याणंचाप्यवर्णयत् ३६ । ३७ । ३८ वाराणस्यामविज्ञातोवसेद्विघ्नभयात्सुधीः ॥ व्याससैत्रेयसंवैतैरेतत्सम्यक्प्रदर्शितं ॥ काश्यां

राजभिर्वेदितव्यास्तेसम्यग्ज्ञानबुभुत्सुभिः ॥ आपद्धर्माश्चतत्रैवकालहेतुप्रदर्शिनः २७ यान्बुद्ध्वापुरुषःसम्यक्सर्वज्ञत्वमवाप्नुयात् ॥ मोक्षधर्माश्चकथिताविचित्राबहुविस्तराः २८ द्वादशंपर्वनिर्दिष्टमेतत्प्राज्ञजनप्रियम् ॥ अत्रपर्वणिविज्ञेयमध्यायानांशतत्रयम् २९ विंशच्चैवतथाध्यायानवचैवतपोधनाः ॥ चतुर्दशसहस्राणितथासप्तशतानिच ३३० सप्तश्लोकास्तथैवात्रपंचविंशतिसंख्यया ॥ अतऊर्ध्वंचविज्ञेयमनुशासनमुत्तमम् ३१ यत्रप्रकृतिमापन्नःश्रुत्वाधर्मविनिश्चयम् ॥ भीष्माद्भागीरथीपुत्रात्कुरुराजोयुधिष्ठिरः ३२ व्यवहारोऽत्रकात्स्र्त्येनधर्मार्थीयःप्रकीर्तितः ॥ विविधानांचदानानांफलयोगाःप्रकीर्तिताः ३३ तथापात्रविशेषाश्चदानानांचपरोविधिः ॥ आचारविधियोगश्चसत्यस्यचपरागतिः ३४ महाभाग्यंगवांचैवब्राह्मणानांतथैवच ॥ रहस्यंचैवधर्माणांदेशकालोपसंहितम् ३५ एतत्सुबहुवृत्तांतमुत्तमंचानुशासनम् ॥ भीष्मस्यात्रैवसंप्राप्तिःस्वर्गस्यपरिकीर्तिता ३६ एतत्त्रयोदशंपर्वधर्मनिश्चयकारकम् ॥ अध्यायानांशतंत्वत्रषट्चत्वारिंशदेवतु ३७ श्लोकानांतुसहस्राणिप्रोक्तान्यष्टौप्रसंख्यया ॥ ततोऽश्वमेधिकंनामपर्वप्रोक्तंचतुर्दशम् ३८ तत्संवर्तमरुत्तीयंयत्राख्यानमनुत्तमम् ॥ सुवर्णकोशसंप्राप्तिर्जन्मचोक्तंपरोक्षितः ३९ दग्धस्यास्त्राग्निनापूर्वंकृष्णात्संजीवनंपुनः ॥ चर्यायांहयमुत्सृष्टंपांडवस्यानुगच्छतः ३४० तत्रतत्रचयुद्धानिराजपुत्रैरमर्षणैः ॥ चित्रांगदायाःपुत्रेणपुत्रिकायाधनंजयः ३४१ संग्रामेबभ्रुवाहेनसंशयंचात्रदर्शितः ॥ अश्वमेधेमहायज्ञेनकुलाख्यानमेवच ४२ इत्याश्वमेधिकंपर्वप्रोक्तमेतन्महाद्भुतम् ॥ अध्यायानांशतंचैवत्रयोऽध्यायाश्चकीर्तिताः ३४३ त्रीणिश्लोकसहस्राणितावंत्येवशतानिच ॥ विंशतिश्चतथाश्लोकाःसंख्यातास्तत्त्वदर्शिना ३४४ ततस्त्वाश्रमवासाख्यंपर्वपंचदशंस्मृतम् ॥ यत्रराज्यंसमुत्सृज्यगांधार्यासहितोनृपः ३४५ धृतराष्ट्रोऽऽश्रमपदंविदुरश्चजगामह ॥ यंदृष्ट्वाप्रस्थितंसाध्वीपृथाप्यनुययौतदा ३४६

मृतस्यकुणपंशिवलिंगत्वमृच्छति ॥ अपूर्वमेतत्संवर्तमरुत्तीयेप्रकाशितं ॥ क्रममुक्तिप्रसिद्ध्यर्थमश्वमेधोऽपिकीर्तितः ॥ तत्त्वस्यदुर्ग्रहत्वाच्चपुनरध्यात्ममीरितं ’ । तत्पुराणप्रसिद्धंसंवर्तमरुत्तीयं ३९ चर्यायांपर्यटने ३४० । ४१ संशयंप्राणांतं गंगाशापमोक्षार्थंधनंजयोदर्शितः । ‘कृशेनश्रद्धयादत्तमत्यल्पमपिसज्जने ॥ अश्वमेधाधिकंपुण्यंततइत्याहनाकुले ’ ४२ । ४३ । ४४ । ४५ धृतराष्ट्रोऽऽश्रमपदमित्यत्राकारस्यपूर्वरूपमार्षं । ‘ तपोहिततमंनृणांभोगानरकयोनयः ॥ इतीवकुंतीपुत्राणांराज्यंत्यक्त्वावनंययौ ४६

४७ ‘मायामात्रंसुतादीनिविज्ञायाश्चर्यपर्वतः । धृतराष्ट्रइवत्यक्त्वाशोकंमोक्षंसमाश्रयेत्’ ४८ । ४९ संजयश्चसुगतिंगतइत्यनुवर्तते ३५० । ५१ पंचश्लोकशतानिचेत्यत्रपंचश्लोकशतंचेतिसमास
पंचाधिकंशतमित्यर्थः तेनात्रएकादशशतीहश्लोकसंख्याज्ञेया तावत्याएवपुस्तकेषूपलंभात् ५२ । ५३ । ५४ आपानेसुरापानस्थाने पानकलिताःसुरापानेनवशीकृताः एरकानिर्ग्रंथितृणं
५५ रामकृष्णौमहत्परंब्रह्मापिसंतौकालंनातिचक्रामतुः समर्थावपिमर्यादांनोल्लंघितवंतावित्यर्थः । ‘ब्राह्मक्षोभात्सुरापानाद्विनष्टाःसर्वयादवाः । तस्मादेतद्द्वयंसद्भिर्नैवकार्यंकदाचन’ ५६ आ

पुत्रराज्यंपरित्यज्यगुरुशुश्रूषणेरता ॥ यत्रराजाहतान्पुत्रान्पौत्रानन्यांश्चपार्थिवान् ३४७ लोकांतरगतान्वीरानपश्यत्पुनरागतान् ॥ ऋषेःप्रसादात्कृष्णस्यदृष्ट्वाऽ
श्चर्यमनुत्तमम् ४८ त्यक्त्वाशोकंसदारश्चसिद्धिंपरमिकांगतः ॥ यत्रधर्मंसमाश्रित्यविदुरःसुगतिंगतः ४९ संजयश्चसहामात्योविद्वान्गावल्गणिर्वशी ॥ ददर्शनारदं
यत्रधर्मराजोयुधिष्ठिरः ३५० नारदाच्चैवशुश्राववृष्णीनांकदनंमहत् ॥ एतदाश्रमवासाख्यंपर्वोक्तंमहदद्भुतम् ५१ द्विचत्वारिंशदध्यायाःपर्वैतदभिसंख्यया ॥
सहस्रमेकंश्लोकानांपंचश्लोकशतानिच ५२ षडेवचतथाश्लोकाःसंख्यातास्तत्त्वदर्शिना ॥ अतःपरंनिबोधेदंमौसलंपर्वदारुणम् ५३ यत्रतेपुरुषव्याघ्राःशस्त्रस्पर्श
हतायुधि ॥ ब्रह्मदंडविनिष्पिष्टाःसमीपेलवणांभसः ५४ आपानेपानकलितादैवेनाभिप्रचोदिताः ॥ एरकारूपिभिर्वज्रैर्निजघ्नुरितरेतरम् ५५ यत्रसर्वक्ष
यंकृत्वातावुभौरामकेशवौ ॥ नातिचक्रामतुःकालंप्राप्तंसर्वहरंमहत् ५६ यत्रार्जुनोद्वारवतीमेत्यवृष्णिविनाकृताम् ॥ दृष्ट्वाविषादमगमत्परांचार्तिंनरर्षभः ५७
ससंस्कृत्यनरश्रेष्ठंमातुलंशौरिमात्मनः ॥ ददर्शयदुवीराणामापानेवैशसंमहत् ५८ शरीरंवासुदेवस्यरामस्यचमहात्मनः ॥ संस्कारंलंभयामासवृष्णीनांचप्रधान
तः ५९ सवृद्धबालमादायद्वारवत्यास्ततोजनम् ॥ ददर्शापदिकष्टायांगांडीवस्यपराभवम् ३६० सर्वेषांचैवदिव्यानामस्त्राणामप्रसन्नताम् ॥ नाशंवृष्णिकलत्रा
णांप्रभावानामनित्यताम् ६१ दृष्ट्वानिर्वेदमापन्नोव्यासवाक्यप्रचोदितः ॥ धर्मराजंसमासाद्यसंन्यासंसमरोचयत् ६२ इत्येतन्मौसलंपर्वषोडशंपरिकीर्तितम् ॥
अध्यायाऽष्टौसमाख्याताःश्लोकानांचशतत्रयम् ६३ श्लोकानांविंशतिश्चैवसंख्यातातत्त्वदर्शिना ॥ महाप्रस्थानिकंतस्मादूर्ध्वंसप्तदशंस्मृतम् ६४ यत्रराज्यंपरि
त्यज्यपांडवाःपुरुषर्षभाः ॥ द्रौपद्यासहितादेव्यामहाप्रस्थानमास्थिताः ६५ यत्रतेऽग्निंददृशिरेलौहित्यंप्राप्यसागरम् ॥ यत्राग्निनाचोदितश्चपार्थस्तस्मैमहात्म
ने ६६ ददौसंपूज्यतद्दिव्यंगांडीवंधनुरुत्तमम् ॥ यत्रभ्रातॄन्निपतितान्द्रौपदींचयुधिष्ठिरः ६७ दृष्ट्वाहित्वाजगामैवसर्वाननवलोकयन् ॥ एतत्सप्तदशंपर्वमहाप्र
स्थानिकंस्मृतम् ६८ यत्राध्यायास्त्रयःप्रोक्ताःश्लोकानांचशतत्रयम् ॥ विंशतिश्चतथाश्लोकाःसंख्यातास्तत्त्वदर्शिना ३६९

र्तिंपीडां ५७ वैशसंपरस्परंविशसनं ५८ । ५९ ‘सर्वेक्षयांतानिचयावृष्णीनामपिसंक्षयात् ॥ पराभवादर्जुनस्यपतनांताःसमुच्छ्रयाः’ ३६० अप्रसन्नतामस्फुरणं ६१ संन्यासंराज्यत्यागं
६२ अध्यायाष्टौसंधिरार्षः ६३ । ६४ महाप्रस्थानंदेहत्यागार्थमुद्गमनं ६५ । ६६ ‘स्वस्यमृत्युंविनिश्चित्यपरंशोचेतकःपुमान् । युधिष्ठिरइवोपेक्षांकुर्याद्बन्धोर्मुमूर्षतः’ ६७ । ६८
शतंचत्रयंचेतिसमासेशतत्रयमित्यस्यत्र्यधिकंशतमित्यर्थः ततश्चत्रयोविंशत्यधिकंशतंश्लोकाइत्यर्थः तावतामेवोपलंभात् ६९

॥ २३ ॥ ३७० आनृशंस्यात्कारुण्यात् । ' आनृशंस्यंपरोधर्मोयेनराजायुधिष्ठिरः । श्वानंभ्रातॄन्विनादैवरथंस्वर्गंचनारुहत् ७१ एवंसर्वत्रतात्पर्यंकथायामुन्नयेद्यतः । नप्रवृत्तिनिवृत्तिभ्यांविनावाचःकृतार्थता । अर्थोधर्मायभोगायधर्मःस्वर्गायमुक्तये । कामोधर्मार्थनाशायमोक्षःस्वार्थस्त्रिवर्गजित् ' स्वर्गमिति राज्यांतेमहतामपियातनाप्राप्तिरस्तीतिदर्शितमितिभावः ७२ । ७३ निर्देशेयमस्यशासनेयातनायामित्यर्थः अनुदर्शितः ईदृक्फलमैश्वर्यसुखमस्तीतिबोधितः ७४ । ७५ । ७६ । ७७ । ७८ खिलेषुआख्यानांतरेषुसत्स्वपिहरिवंशभविष्ययोर्ग्रहणंतयोरभ्यर्हितत्वप्रदर्शनार्थं । दशश्लोकसहस्राणीति हरिवंशेभविष्यांतग्रंथस्यद्वादशसहस्रोन्मितत्वंनतुकृत्स्नहरिवंशस्यअधिकस्यग्रंथस्यदर्शनात्तावन्मात्रविवक्षायांचलक्षपूर्तेरयोगात् । तथाह्यत्रकंठोक्तायाःसंख्यायाःसंकलनेषण्णवतिःसहस्राणिद्वेशतेषोड

स्वर्गपर्वततोज्ञेयंदिव्यंयत्तदमानुषम् ॥ प्राप्तंदैवरथंस्वर्गान्नेष्टवान्यत्रधर्मराट् ३७० आरोढुंसुमहाप्राज्ञआनृशंस्याच्छुनाविना ॥ तामस्याविचलांज्ञात्वास्थितिंधर्ममहात्मनः ७१ स्वरूपंयत्रतत्त्यक्त्वाधर्मेणाऽसौसमन्वितः ॥ स्वर्गप्राप्तःसचतथायातनाविपुलाभृशम् ७२ देवदूतेननरकंयत्रव्याजेनदर्शितम् ॥ शुश्रावयत्रधर्मात्माभ्रातॄणांकरुणागिरः ७३ निदेशेवर्तमानानांदेशेतत्रैववर्तताम् ॥ अनुदर्शितश्चधर्मेणदेवराज्ञाचपांडवः ७४ आप्लुत्याकाशगंगायांदेहंत्यक्त्वासमानुषम् ॥ स्वधर्मनिर्जितंस्थानंस्वर्गेप्राप्यसधर्मराट् ७५ मुमुदेपूजितःसर्वैःसेन्द्रैःसुरगणैःसह ॥ एतदष्टादशंपर्वप्रोक्तंव्यासेनधीमता ७६ अध्यायाःपंचसंख्याताःपर्वण्यस्मिन्महात्मना ॥ श्लोकानांद्वेशतेचैवप्रसंख्यातेतपोधनाः ७७ नवश्लोकास्तथैवान्येसंख्याताःपरमर्षिणा ॥ अष्टादशैवमेतानिपर्वाण्येतान्यशेषतः ७८ खिलेषुहरिवंशश्चभविष्यंचप्रकीर्तितम् ॥ दशश्लोकसहस्राणिविंशच्छ्लोकशतानिच ७९ खिलेषुहरिवंशेचसंख्यातानिमहर्षिणा ॥ एतत्सर्वंसमाख्यातंभारतेपर्वसंग्रहः ३८० अष्टादशसमाजग्मुरक्षौहिण्योयुयुत्सया ॥ तन्महादारुणंयुद्धमहान्यष्टादशाभवत् ८१ योविद्याच्चतुरोवेदान्सांगोपनिषदोद्विजः ॥ नचाख्यानमिदंविद्यान्नैवसस्याद्विचक्षणः ८२ अर्थशास्त्रमिदंप्रोक्तंधर्मशास्त्रमिदंमहत् ॥ कामशास्त्रमिदंप्रोक्तंव्यासेनामितबुद्धिना ८३ श्रुत्वात्विदमुपाख्यानंश्राव्यमन्यन्नरोचते ॥ पुंस्कोकिलगिरंश्रुत्वारूक्षाध्वांक्षस्यवागिव ८४ इतिहासोत्तमादस्माज्जायन्तेकविबुद्धयः ॥ पंचभ्यइवभूतेभ्योलोकसंविधयस्त्रयः ८५ अस्याख्यानस्यविषयेपुराणंवर्ततेद्विजाः ॥ अंतरिक्षस्यविषयेप्रजाइवचतुर्विधाः ८६ क्रियागुणानांसर्वेषामिदमाख्यानमाश्रयः ॥ इंद्रियाणांसमस्तानांचित्राइवमनःक्रियाः ८७ अनाश्रित्यैतदाख्यानंकथाभुविनविद्यते ॥ आहारमनपाश्रित्यशरीरस्येवधारणम् ३८८

शचश्लोकाः । परिशेषात्पुष्करप्रादुर्भावाद्युपरितनग्रंथेकैलासयात्रासहितोकिंचिदूनंसहस्रचतुष्टयंज्ञेयं तेनततोप्यर्धशतंभूयःसंक्षेपंकृतवानृषिःअनुक्रमणिकाध्यायमित्यादौभूयःशब्दादध्यर्धशताधिकंलक्षंपरिपूर्णंज्ञेयं । अष्टादशसहस्राणीत्यादयोविगीतपाठास्त्विष्टसंख्याप्रातिकूल्यादुपेक्षणीयाः ७९ । ३८० युयुत्सयायोद्धुमिच्छया ८१ अंगानिशिक्षाकल्पादीनिउपनिषदोरहस्यविद्यास्तत्सहितान् सांगोपनिषदः विचक्षणःस्वार्थज्ञः ८२ । ८३ ध्वांक्षस्यकाकस्य ८४ लोकसंविधयस्त्रयआध्यात्माधिभूताधिदैवानांसम्यग्विधयोरचनाः ८५ विषयेदेशेअंतरित्यर्थः पुराणमष्टादशभेदंपाद्मादि चतुर्विधाजरायुजांडजस्वेदजोद्भिज्जाः ८६ क्रियालौकिक्योवैदिक्यश्चतासांगुणाउत्कृष्टफलसाधनानि अथवा क्रियादानध्यानादयः गुणाःशमादयः मनसिइंद्रियाणीवात्रसर्वेशास्त्रार्थाःप्रतिष्ठिताइत्यर्थः ८७ । ३८८ ॥ २३ ॥

इदंकविभिरुपजीव्यतेएतच्छायाहरणेनैवकाव्यनिर्वाहात् ८९ विशेषणेअतिशयकरणे अनेनग्रंथस्यसर्वोत्कृष्टत्वमुक्तं ३९० भारतसंप्रदायप्रवर्तकान्वाचकानाशिषाऽभिनंदति धर्मेइति ९१ श्रो
तॄन्प्रोत्साहयति द्वैपायनेति । अप्रमेयंनास्तिप्रकृष्टंमेयंविज्ञेयंयस्मादित्यप्रमेयं अवश्यंश्राव्यमित्यर्थः पुण्यंपुण्यहेतुः पवित्रंपविरिवपविर्वज्रतुल्योमृत्युस्तस्मात्त्रायतइतिपवित्रं मृत्युतरणमित्यर्थः ।
यस्मात्पापहरं पुण्यहेतुत्वादेवशिवंकल्याणं समधिगच्छतिशब्दतोर्थतश्चजानाति । यद्वा अप्रमेयमाशयस्यगंभीरत्वादगाधं पुण्यंज्योतिष्टोमादिवत्स्वर्ग्यं पवित्रं संध्योपासनादिवच्चित्तशुद्धिकरं
पापहरंप्रायश्चित्तवद्ब्रह्महत्यादिदोषघ्नं शिवंयोगाभ्यासवत्सर्वकल्याणप्रदं पुष्करमादितीर्थंशुंडाग्रंवातदुपाहृतजलैः एतच्छृण्वतस्तीर्थफलंसाम्राज्यफलंचानायाससिद्धंभवतीतिभावः ९२ संध्यांसं
ध्यायांअत्यंतसंयोगेद्वितीया आख्यायपठित्वाप्रमुच्यते तस्मात्पापादितिशेषः ९३ । ९४ । ९५ आख्यानमिति । इदमाख्यानंपर्वसंग्रहेणकृतेनसुखावगाहंसुखग्राह्यंभवतीतिशेषः । द्विन्याय्यमितिपाठे
द्वौशब्दार्थौन्याय्यौन्यायादनपेतौयस्मिंस्तद्द्विन्याय्यं अन्येतुद्वाभ्यांसंक्षेपविस्तराभ्यांकृतेनपर्वसंग्रहेणशतपर्वाष्टादशपर्वरूपेणन्याय्यं एतच्छ्रवणेनकृत्स्नग्रंथार्थावधारणादितिव्याचख्युः तत्रपर्वसंग्रहो

इदंकविवरैःसर्वैराख्यानमुपजीव्यते ॥ उदयप्रेप्सुभिर्भृत्यैरभिजातइवेश्वरः ८९ अस्यकाव्यस्यकवयोनसमर्थाविशेषणे ॥ साधोरिवगृहस्थस्यशेषास्त्रयइवा
श्रमाः ३९० धर्मेमतिर्भवतुवःसततोत्थितानांसह्येकएवपरलोकगतस्यबंधुः ॥ अर्थाःस्त्रियश्चनिपुणैरपिसेव्यमानानैवाप्तभावमुपयांतिनचस्थिरत्वम् ९१
द्वैपायनौष्ठपुटनिःसृतमप्रमेयंपुण्यंपवित्रमथपापहरंशिवंच ॥ योभारतंसमधिगच्छतिवाच्यमानंकिंतस्यपुष्करजलैरभिषेचनेन ९२ यदह्नाकुरुतेपापंब्राह्मण
स्त्विंद्रियैश्चरन् ॥ महाभारतमाख्यायसंध्यांमुच्यतिपश्चिमाम् ९३ यद्रात्रौकुरुतेपापंकर्मणामनसागिरा ॥ महाभारतमाख्यायपूर्वांसंध्यांप्रमुच्यते ९४
योगोशतंकनकशृंगमयंददातिविप्रायवेदविदुषेचबहुश्रुताय ॥ पुण्यांचभारतकथांशृणुयाच्चनित्यंतुल्यंफलंभवतितस्यचतस्यचैव ९५ आख्यानंतदिदमनुत्तमंमहा
र्थंविज्ञेयंमहदिहपर्वसंग्रहेण ॥ श्रुत्वाऽऽदौभवतिनृणांसुखावगाहंविस्तीर्णंलवणजलंयथाप्लवेन ३९६ ॥ इतिश्रीमहाभारते आदिपर्वणि संग्रहपर्वणिद्वितीयो
ऽध्यायः ॥ २ ॥ ॥ ७ ॥ ॥ समाप्तंपर्वसंग्रहपर्व ॥

वररुचिप्रोक्तया कादिनवटादिनवपादिपंचयाद्यष्टाविति परिभाषयाक्रियते । ‘ आदिध्यान १९ सभाधनं ९ वनचयं १६ वैराटभू ४ द्योगयुक् ११ भीष्मद्रोणम ५ जं ८ चकर्णकु १ तथाशल्येभ ४
सौप्तग ३ म् ॥ स्त्रीशं ५ शांतिभ ४ दानधर्मकु १ हयेज्यारा २ श्रमावासगं ३ कं १ कं १ मौसलयानयोर्द्युगतिकं १ वंशेख २ मेतच्छतं ’ । आदिपर्वणिएकोनविंशतिःपर्वाणीत्यर्थः एवमग्रेपि
भीष्मेम ५ द्रोणेज ८ हयेज्याअश्वमेधिकंर २ यानंमहाप्रस्थानिकं द्युगतिःस्वर्गारोहणं वंशेहरिवंशे एतच्छतंपर्वणामितिशेषः शेषंस्पष्टं । श्लोकसंख्यापिप्रागुक्तैवज्ञेया । अथसर्वपर्वतात्पर्यसंग्रहः
‘ आदौसर्वेद्वयोःक्रत्वृतधृतिगुरुसत्तीर्थसेवोत्थधर्मःसेवानीत्यार्यहत्याप्रमुखदुरितजःशोकदोऽर्थोष्टसूक्तः ॥ एकस्मिन्काममोक्षावसुखमयसुखौषट्सुमुक्त्यैददीज्यातापोवैराग्यहानेस्वरीपनीखिलकृत्कृष्णभ
क्तिःखिलेषु ’ ॥ ददिर्दानं तापःकृच्छ्रादिकं तापआश्रमवासेउक्तइतिसर्वत्रानुषज्यते । हानंत्यागः स्वःस्वर्गतिरापिक्रममुक्त्यैभवतीत्यर्थः । ‘ यःसर्गप्रतिसर्गवंशतइदंचिद्योनिचित्कर्तृकंचिद्रूपंजडप्रात्थतंतुपटवज्झू
तोर्णवद्वीजवत् ॥ सत्वात्मैमनुभेदपूर्वचरितैर्वैराग्ययोगौदिशन्प्रभोःपंचांगपुराणकर्तरमलंव्यासस्वहृद्देहिमे ’ ३९६ ॥ इतिश्रीमहाभारते आदिपर्वणिनीलकंठीये भारतभावदीपे द्वितीयोऽध्यायः ॥ २ ॥

जनमेजयस्यसर्पसत्रेकथंयंप्रवृत्तेत्युक्तंतदुपोद्धातत्वेनजनमेजयस्यसरमाशापादिकमाह जनमेजयःपारिक्षितइत्यादिना दीर्घसत्रंबहुवार्षिकंसत्रमुपास्तेअनुतिष्ठति सारमेयःश्वा १ रोरूयमाणोभृशं रुदन् २ । ३ । ४ । ५ नावेक्षेहविषामवेक्षणमपिनकृतंतत्रावलेहनंदूरतोऽपास्तमित्यर्थः । 'कुक्कुटःपक्षवातेनश्वाऽऽद्दष्ट्यान्नंप्रदूषयेत्' इतिवचनाच्छुनादृष्टमपिहविर्दुष्यतीत्याहुः ६ । ७ । ८ सा

॥ २४ ॥ ॥ अथपौष्यपर्व ॥ सौतिरुवाच ॥ जनमेजयःपारिक्षितःसहभ्रातृभिःकुरुक्षेत्रेदीर्घसत्रमुपास्ते ॥ तस्यभ्रातरस्त्रयःश्रुतसेनउग्रसेनोभीमसेनइति ॥ तेषुतत्सत्रमु ॥ ३ ॥
पासीनेष्वागच्छत्सारमेयः १ जनमेजयस्यभ्रातृभिरभिहतोरोरूयमाणोमातुःसमीपमुपागच्छत् २ ॥ तंमातारोरूयमाणमुवाच ॥ किंरोदिषिकेनास्यभिहत
इति ३ सएवमुक्तोमातरंप्रत्युवाचजनमेजयस्यभ्रातृभिरभिहतोऽस्मीति ४ तंमाताप्रत्युवाचव्यक्तंत्वयातत्रापराद्धंयेनास्यभिहतइति ५ सतांपुनरुवाचनापरा
ध्यामिकिंचिन्नावेक्षेहवींषिनावलिहइति ६ तच्छ्रुत्वातस्यमातासरमापुत्रदुःखार्तातत्सत्रमुपागच्छद्यत्रसजनमेजयःसहभ्रातृभिर्दीर्घसत्रमुपास्ते ७ सतयाक्रुद्धया
तत्रोक्तोऽयंमेपुत्रोनकिंचिदपराध्यतिनावेक्षतेहवींषिनावलेढिकिमर्थमभिहतइति ८ नकिंचिदुक्तवंतस्तेसातानुवाचयस्मादयमभिहतोऽनपकारीतस्माददृष्टंत्वां
भयमागमिष्यतीति ९ जनमेजयएवमुक्तोदेवशुन्यासरमयाभृशंसंभ्रान्तोविषण्णश्चासीत् १० सतस्मिन्सत्रेसमाप्तेहास्तिनपुरंप्रत्येत्यपुरोहितमनुरूपमन्वि
ष्यमाणःपरंयत्नमकरोद्योमेपापकृत्यांशमयेदिति ११ सकदाचिन्मृगयांगतःपारिक्षितोजनमेजयःकस्मिंश्चित्स्वविषयआश्रममपश्यत् १२ तत्रकश्चिदृषि
रासांचक्रेश्रुतश्रवानाम ॥ तस्यतपस्यभिरतःपुत्रआस्तेसोमश्रवानाम १३ तस्यतंपुत्रमभिगम्यजनमेजयःपारिक्षितःपौरोहित्यायवव्रे १४ सनमस्कृ
त्यतमृषिमुवाचभगवन्नयंतवपुत्रोममपुरोहितोऽस्त्विति १५ सएवमुक्तःप्रत्युवाचजनमेजयं भोजनमेजय पुत्रोऽयंममसर्प्यांजातोमहातपस्वीस्वाध्यायसंपन्नोमत्त
पोवीर्यसंभृतोमच्छुक्रंपीतवत्यास्तस्याःकुक्षौजातः १६ समर्थोऽयंभवतःसर्वाःपापकृत्याःशमयितुमंतरेणमहादेवकृत्याम् १७ अस्यत्वेकमुपांशुव्रतंयदेनंक
श्चिद्ब्राह्मणःकंचिदर्थमभियाचेत्तंतस्मैदद्यादयंयद्येतदुत्सहसेततोनयस्वैनमिति १८ तेनैवमुक्तोजनमेजयस्तंप्रत्युवाचभगवंस्तत्तथाभविष्यतीति १९ सतं
पुरोहितमुपादायोपावृत्तोभ्रातॄनुवाचमयाऽयंवृतउपाध्यायोयदयंब्रूयात्तत्कार्यमविचारयद्भिर्भवद्भिरिति ॥ तेनैवमुक्ताभ्रातरस्तस्यतथाचक्रुःसतथाभ्रातॄन्संदिश्य
तक्षशिलांप्रत्यभिप्रतस्थेतंचदेशंवशेस्थापयामास २०

तानुवाच साधुनीतानभिलक्ष्यजनमेजयंप्रत्युवाचेत्यर्थः अदृष्टमतर्कितं ९ संभ्रांतोऽत्यंतंभीतः विषण्णोवाङ्मनःकायक्रियाविकलः एतेननिरपराधिनांहिंसाहिंसकस्यसद्योदुःखावहेतिदर्शितं ॥ २४ ।
१० पापकृत्यांशापरूपांबलायुःप्राणनिकृंतनींदेवतां शमयेदक्रोधनांकुर्यात् ११ । १२ । १३ । १४ । १५ सर्प्यांसर्पजातीयायांजातत्वाद्दिचित्रोत्पत्तिमत्त्वाद्लौकिकशक्तिमानितिभा
वः १६ । १७ उपांशुव्रतंनिगूढवन्नियमः १८ । १९ उपावृत्तःस्वदेशंप्रत्यागतः तक्षशिलांदेशविशेषंविजेतुमितिशेषः २०

एतस्मिन्निति । एवंगुरुप्रसादादपेतभयोविजयीउत्तंकेनप्रोत्साहितः सर्पसत्रंकृतवानितिवक्तुंतद्गुरोर्वेदस्यप्रशंसाप्रसंगादितरावपितत्सहाध्यायिनावारुण्युपमन्यूप्रस्तौति तेनचगुरुभक्तिमाहात्म्यमत्रमुख्यंप्र मेयंज्ञेयं । धौम्यौनामतः अपोऽत्तीत्यपोदःअब्भक्षस्तस्यापत्यमापोदः । अयोदइतिपाठे अयोदोलोहदंतः । दच्छब्दात्समासांतोडट् । उपाध्यायस्यतेकाण्वायिसादंताइतिवाक्यशेषात् क्रूरवचाइत्यर्थः २१

एतस्मिन्नंतरेकश्चिदृषिर्धौम्योनामापोदस्तस्यशिष्यास्त्रयोबभुवुः उपमन्युरारुणिर्वेदश्चेति २१ सएकंशिष्यमारुणिंपांचाल्यंप्रेषयामासगच्छकेदारखंडंबधानेति २२सउपाध्यायेनसंदिष्टआरुणिःपांचाल्यस्तत्रगत्वातत्केदारखंडंबद्धुंनाशकत ॥ सक्लिश्यमानोऽपश्यदुपायंभवत्वेवंकरिष्यामि २३ सतत्रसंविवेशकेदारखंडे शयानेचतथातस्मिंस्तदुदकंतस्थौ २४ ततःकदाचिदुपाध्यायआपोदोधौम्यःशिष्यानपृच्छतक्वआरुणिःपांचाल्योगतइति २५ तेतंप्रत्यूचुर्भगवंस्त्वयैवप्रे षितोगच्छकेदारखंडंबधानेति ॥ सएवमुक्तस्तान्शिष्यान्प्रत्युवाचतस्मात्तत्रसर्वेगच्छामोयत्रसगतइति २६ सतत्रगत्वातस्याह्वानायशब्दंचकार ॥ भो आरुणेपांचाल्यक्वासिवत्सैहीति २७ सतच्छ्रुत्वाआरुणिरुपाध्यायवाक्यंतस्मात्केदारखंडात्सहसोत्थायतमुपाध्यायमुपतस्थे २८ प्रोवाचचैनमयमस्म्यत्रकेदा रखण्डेनिःसरमाणमुदकमवारणीयंसंरोद्धुंसंविष्टोभगवच्छब्दंश्रुत्वैवसहसाविदार्यकेदारखंडंभवंतमुपस्थितः २९ तदभिवादयेभगवंतमाज्ञापयतुभवान्कमर्थंकरवाणी ति ३० सएवमुक्तउपाध्यायःप्रत्युवाचयस्माद्भवान्केदारखंडंविदार्योत्थितस्तस्मादुद्दालकएवनाम्नाभवान्भविष्यतीत्युपाध्यायेनानुगृहीतः ३१ यस्माच्चत्वया मद्वचनमनुष्ठितंतस्माच्छ्रेयोऽवाप्स्यसि ॥ सर्वेचतेवेदाःप्रतिभास्यंतिसर्वाणिचधर्मशास्त्राणीति ३२ सएवमुक्तउपाध्यायेनेष्टंदेशंजगाम ॥ अथापरःशिष्यस्त स्यैवापोदस्यधौम्यस्योपमन्युर्नाम ३३ तंचोपाध्यायःप्रेषयामासवत्सोपमन्योगारक्षस्वेति ३४ सउपाध्यायवचनादरक्षद्गाः सचाहनिगारक्षित्वादिवसक्षये गुरुगृहमागम्योपाध्यायस्याग्रतःस्थित्वानमश्चक्रे ३५ तमुपाध्यायःपीवानमपश्यदुवाचैनंवत्सोपमन्योकेनवृत्तिंकल्पयसिपीवानसिदृढमिति ३६ सउपा ध्यायंप्रत्युवाचभोभैक्ष्येणवृत्तिंकल्पयामीति तमुपाध्यायःप्रत्युवाच ३७ मय्यनिवेद्यभैक्ष्यंनोपयोक्तव्यमिति ॥ सतथेत्युक्तोभैक्ष्यंचरित्वोपाध्यायायन्यवेदयत् ३८ सतस्मादुपाध्यायःसर्वमेवभैक्ष्यमगृह्णात ॥ सतथेत्युक्तःपुनररक्षद्गाअहनिरक्षित्वानिशामुखेगुरुकुलमागम्यगुरोरग्रतःस्थित्वानमश्चक्रे ३९ तमुपाध्या यस्तथापिपीवानमेवदृष्ट्वोवाच ॥ वत्सोपमन्योसर्वमशेषतस्तेभैक्ष्यंगृह्णामिकेनेदानींवृत्तिंकल्पयसीति ४० सएवमुक्तउपाध्यायंप्रत्युवाच ॥ भगवतेनिवेद्यपूर्व मपरंचरामितेनवृत्तिंकल्पयामीतितमुपाध्यायःप्रत्युवाच ४१

केदारोमहाक्षेत्रांतर्गतंचतुरस्रंतस्यखंडोजलनिरोधभित्तिस्तांबधानबध्नीहि केदारेबहुजलप्रवेशेनबीजनाशोमाभूदितिभावः २२ नाशकत् शिष्यपरीक्षार्थंगुरुणायोगबलेनजलप्रवाहस्यदुर्वारत्वसंपादनादित्य र्थः २३ । २४ । २५ । २६ । २७ । २८ । २९ । ३० उत्ऊर्ध्वंदारयतीत्युद्दालकःरलयोरभेदादुद्दालकइतिनिरुक्तिःण्वुल् ३१ श्रेयऐहिकामुष्मिकसुखमपवर्गश्च सर्वेचेति । विनाप्यध्ययनमैकाग्र्येणगु रुमाराधयतासर्वाऽपिविद्यालभ्यतइतिभावः ३२ । ३३ । ३४ । ३५ पीवानंपुष्टं भूयोन्नादिरसंपीतवंतमित्यर्थः वृत्तिंजीविकां ३६ । ३७ । ३८ । ३९ । ४० । ४१

वृत्त्युपरोधोवृत्तिप्रतिबंधः ४२ । ४३ चरसिभक्षयसि ४४ उपयोक्तुंभोक्तुं ४५ । ४६ । ४७ । ४८ । ४९ अर्कपत्राण्यर्कवृक्षपत्राणि ५० क्षारेति । अन्यदपिक्षारादिरूपंद्रव्यंचक्षुरुपघातकमेवेतिभावः । तीक्ष्णविपाकैःपाककालेउदरेऽग्निज्वालेवतापकैः ५१ । ५२ । ५३ । ५४ । ५५ कर्तारावितिलुडंतं तौत्वांचक्षुष्मंतंकरिष्यतइत्यर्थः । अत्रगुर्वनुज्ञातउपमन्युर्ऋग्भिरश्विनौतुष्टावेतिस्मर्यते एतासामृचांकर्मसमवेतार्थप्रकाशकत्वंतत्तत्समानार्थऋगंतरोदाहरणपूर्वकंकर्ममीमांसकाःप्राहुः तदनुरागबलेनचानंतत्वादीनिब्रह्मलिंगान्यन्यथानिन्युस्तन्मंदं आसांकर्मणिविनियोगस्यादर्शनात् प्रत्यक्षब्रह्मलिंगैरर्थवत्वोपपत्तौलिंगमात्रात्कर्मणस्तत्रऋग्विनियोगस्यचकल्पनायाअनुदयात् । किंच । 'समारोप्यस्यरूपेणविषयोरूपवान्भवेत् ॥ विषयस्यतुरूपेणसमारोप्यंनरूपवत्' इति

नैषान्याय्यागुरुवृत्तिरन्येषामपिभैक्ष्योपजीविनांवृत्त्युपरोधंकरोषिइत्येवंवर्त्तमानोलुब्धोऽसीति ४२ सतथेत्युक्त्वागाअरक्षद्रक्षित्वाचपुनरुपाध्यायगृहमागम्योपाध्यायस्याग्रतःस्थित्वानमश्चक्रे ४३ तमुपाध्यायस्तथापिपीवानमेवदृष्ट्वापुनरुवाच ॥ वत्सोपमन्योअहंतेसर्वंभैक्ष्यंगृह्णामिनचान्यच्चरसिपीवानसिभृशंकेनवृत्तिंकल्पयसीति ४४ सएवमुक्तस्तमुपाध्यायंप्रत्युवाच ॥ भोएतासांगवांपयसावृत्तिंकल्पयामीति ॥ तमुवाचोपाध्यायोनैतन्न्याय्यंपयउपयोक्तुंभवतोमयानाभ्यनुज्ञातमिति ४५ सतथेतिप्रतिज्ञायगारक्षित्वापुनरुपाध्यायगृहमेत्यगुरोरग्रतःस्थित्वानमश्चक्रे ४६ तमुपाध्यायःपीवानमेवदृष्ट्वोवाच ॥ वत्सोपमन्योभैक्ष्यंनाश्नासिनचान्यच्चरसिपयोनपिबसिपीवानसिभृशंकेनेदानींवृत्तिंकल्पयसीति ४७ सएवमुक्तउपाध्यायंप्रत्युवाच ॥ भोःफेनंपिबामियमिमेवत्सामातॄणांस्तनात्पिबंतउद्गिरंति ४८ तमुपाध्यायः प्रत्युवाच ॥ एतेत्वदनुकंपया गुणवंतोवत्साः प्रभूततरंफेनमुद्गिरंति ॥ तदेषामपिवत्सानांवृत्त्युपरोधंकरोष्येवंवर्तमानः फेनमपिभवान्नपातुमर्हतीति सतथेतिप्रतिश्रुत्यपुनररक्षद्गाः ४९ तथाप्रतिषिद्धोभैक्ष्यंनाश्नातिनचान्यच्चरतिपयोनपिबतिफेनंनोपयुंक्ते सकदाचिदरण्येक्षुधार्तोऽर्कपत्राण्यभक्षयत् ५० सतैरर्कपत्रैर्भक्षितैःक्षारतिक्तकटुरूक्षैस्तीक्ष्णविपाकैश्चक्षुष्युपहतोऽन्धोबभूव ॥ ततःसोऽन्धोऽपिचंक्रम्यमाणःकूपेपपात ५१ अथतस्मिन्ननागच्छतिसूर्येचास्ताचलावलंबिनिउपाध्यायःशिष्यानवोचत् ॥ नायात्युपमन्युःतऊचुर्वनंगतोगारक्षितुमितितानाहउपाध्यायः ५२ मयोपमन्युःसर्वतःप्रतिषिद्धःसनियतंकुपितस्ततोनागच्छतिचिरंततोऽन्वेष्यइत्येवमुक्त्वाशिष्यैःसार्धमरण्यंगत्वातस्याह्वानायशब्दंचकार भोउपमन्योक्वासिवत्सैहीति ५३ सउपाध्यायवचनंश्रुत्वाप्रत्युवाचोच्चैरयमस्मिन्कूपेपतितोऽहमिति तमुपाध्यायःप्रत्युवाचकथंत्वमस्मिन्कूपेपतितइति ५४ उपाध्यायंप्रत्युवाचअर्कपत्राणिभक्षयित्वाऽन्धीभूतोऽस्म्यतःकूपेपतितइति तमुपाध्यायःप्रत्युवाच ५५ अश्विनौस्तुहितौदेवभिषजौत्वांचक्षुष्मंतंकर्ताराविति ॥ सएवमुक्तउपाध्यायेनोपमन्युरश्विनौस्तोतुमुपचक्रमेदेवावश्विनौवाग्भिर्ऋग्भिः ५६

न्यायेनयथारोपितभुजंगधर्मेणभीषणत्वादिनारज्जुर्विशेष्यतेनतुरज्जुधर्मेणाभिगम्यत्वादिनाभुजंगोविशेष्टुंशक्यःतत्स्वरूपलोपप्रसंगात् एवंब्रह्माध्यस्ताश्विदेवताधर्मेणविग्रहवत्त्वादिनाब्रह्मविशेष्टुंशक्यं नतुब्रह्मधर्मेणास्थूलत्वादिनादेवताविशेष्टुंशक्यातत्स्वरूपलोपप्रसंगात् । अतएवाकाशश्रुतिः'सर्वाणिहवाइमानिभूतान्याकाशादेवसमुत्पद्यंते' इत्यनन्यथासिद्धभूतोपादानत्वप्रकाशनसामर्थ्यरूपब्रह्मलिंगाद्ब्रह्मपरतयानीताआकाशस्तल्लिंगादित्यत्र । दृश्यतेचउभाउ नूनमितिमन्त्रेवितन्वातेधियइत्यश्विनोरंतर्यामित्वंतच्चधियोनःप्रचोदयादित्यनेनतुल्यार्थंब्रह्मलिंगं सृण्येवेतिमंत्रेजर्भरीतुर्फरीतुइतिर्भर्तृत्वहंतृत्वे–

ब्रह्मलिंगे ' जर्भरीभर्तारावित्यर्थस्तुर्फरीतूहंतारौ ' इतियास्कीयनिर्वचनात् नचैतान्यसतिबाधकेसंकोचयितुंशक्यानि शास्त्रदृष्टिन्यायेनाश्विविग्रहोपलक्षितब्रह्मोपदेशार्थत्वोपपत्तेः अत्रहींद्रेणप्रतर्दनंप्रति मामेवविजानीहीत्युक्तेर्देवतात्मनएववेद्यत्वापत्तौयच्छास्त्रदृष्टंशुद्धंब्रह्मतदभिप्रायेणायमुपदेशोनदेवतात्माभिप्रायेणेतिस्थितं अश्विनावितिद्वित्वंतुद्वासुपर्णेत्यस्यामृचितयोरन्यःपिप्पलंस्वाद्वत्तीतिसत्वम नश्नन्योऽभिपश्यतीत्यादिपैंगिरहस्यव्याख्यातप्रकारेणोपाध्युपधेयभूतसत्त्वचैतन्यभेदाभिप्रायेण तेनात्रमायोपाधिकंजगत्कारणंब्रह्मप्रतिपाद्यते तज्ज्ञानस्यपरमपुरुषार्थहेतुत्वात् चक्षुःप्राप्तिस्तु ' त स्माअक्षीनासत्याविचक्षआधत्तंदस्राभिषजावनर्वन् ' इतिमंत्रेऽश्विनोश्चक्षुःप्रदत्वदर्शनादवांतरफलं विचक्षेविचक्षुषे आधत्तंदत्तवंतौ अनर्वन्वाहनशून्येकुंठितगतावपिभिषजौभैषज्यकरणेनानुग्राहकौअतएव लिंगात्सूर्यचंद्रपरत्वमस्याःस्तुतेर्विरुद्धं आख्यायिकातुगुरुदेवताभक्तेर्विद्याप्राप्त्यर्थत्वसूचनार्था । भिषक्कमंत्वाभिषजांशृणोमीतिपरमेश्वरेभिषक्त्वश्रवणाद्देवभिषजावित्युक्तं शेषंस्पष्टार्थं ५६ ऋ ग्भिरित्युक्तंतान्नचःपठति प्रपूर्वगौसृष्टेःप्राग्विद्यमानौ । ' सदेवसोम्येदमग्रआसीदेकमेवाद्वितीयं ' इतिश्रुतेः । पूर्वजौतावेवहिरण्यगर्भात्मकतांगतौपूर्वोत्पन्नौ । ' सवैशरीरीप्रथमः ' इतिश्रुतेः । चित्रभानू विचित्रप्रपंचाकारेणभासमानौ ' ऐतदात्म्यमिदंसर्वं ' इतिश्रुतेः । गिराश्रवणजज्ञानेन वाशब्दश्चार्थे तपसामननध्यानात्मकेनालोचनेन आशंसामिप्रत्यगात्मत्वेनप्राप्तुमिच्छामि । हियस्मादनंतौदेशकाल वस्तुभिरपरिच्छिन्नौ एतेनसत्त्वस्यावस्तुत्वमुक्तमन्यथावितोवस्तुपरिच्छेदापत्तेः यस्मादनंतौतस्मादाशंसाम्यभयाय 'ब्रह्मविद्ब्रह्मैवभवति' इतिश्रुतेः तज्ज्ञानादहमप्यनंतः स्यामित्यर्थः । अन्यथाद्वितीयाद्वैभयं

प्रपूर्वगौपूर्वजौचित्रभानूगिरावाऽऽशंसामितपसाह्यनन्तौ ॥
दिव्यौसुपर्णौविरजौविमानावधिक्षिपंतौभुवनानिविश्वा १ ॥ ५७
हिरण्मयौशकुनीसांपरायौनासत्यदस्रौसुनसौवैजयन्तौ ॥ शुक्लं
वयंतौतरसासुवेमावधिव्ययंतावसितंविवस्वतः २ ॥ ५८

भवतीतिश्रुतेःसंसारभयानिवृत्तिप्रसंगः । दिव्यौवृत्तितदुपारूढचैतन्यरूपेणद्योतमानौ । सुपर्णौपक्षिवच्छरीरवृक्षारूढौ । अधिक्षिपंतौभुवनानिविश्वा सत्त्वगतविक्षेपशक्त्यासर्वाणिभुवनानिविक्षिपंतौ तदेत त्सत्त्वंयेनस्वप्नंपश्यतीतिश्रुतेः विश्वाविश्वानि सुपांसुलुगितिसुपोडादेशः । विरजौरजःशब्दिताःपरमाणवोवारजःप्रधानंसांख्याभिमतंगुणत्रयंवातद्रहितौ सृष्टौतदनपेक्षावित्यर्थः बहुस्यांप्रजायेयेतितदा त्मानंस्वयमकुरुतेतिस्वस्यैवबहुभवनाशंसनकरणश्रवणात् । विमानौविगतंमानंप्रमासाधनंयतस्तौ तुच्छयेनाभ्वपिहितंयदासीदितिसत्त्वस्यतुच्छत्वान्मानासहिष्णुत्वेनविमानत्वं चितस्तुयतोवाचो निवर्ततेअप्राप्यमनसासहेतिवाङ्मनसातीतत्वादमानत्वं ५७ अस्यैवसूत्रभूतस्यविवरणार्थाउत्तरश्लोकाःप्रपूर्वगावितिसृष्टेःप्राक्पूर्वशब्देनकालसत्ताप्रतीयतेतांनिराचष्टेकालस्यैवाश्विप्रवर्त्यत्वंवदन् हिरण्म याविति । हिरण्मयौशकुनी 'हिरण्मयःशकुनिर्ब्रह्मनामा' इतिश्रुतेःरमणीयावसंगौचेत्यर्थः। सांपरायौसर्वस्यलयाधिष्ठानभूतौ । स्वयंचनासत्यदस्रौ असत्यंरज्जुभुजंगादिदस्रमुपक्षयधर्मकंघटादि तदुभयाभाव रूपौ । सुनसौशोभननासिकौविग्रहधर्मोऽयं । वैनिश्चितं जयंतौकालं । एतदेवाह विवस्वतः ल्यब्लोपेपंचमी विवस्वन्तंसूर्यंसृष्ट्वातद्द्वाराअसितंकृष्णंरात्रिजातंशुक्लंदिनजातंचतंतुस्थानीयंतेनसंवत्सररूपं पटंवयंतौतंतुवायाविव । तेनचपटेनतरसावेगेनसुवेमौसुमार्गौ वेतिलोकोयेनससुवेमः वेतेरौणादिकोमन् । तौदेवपितृयाणावधिव्ययंतावुपस्थापयंतौ 'शुक्लकृष्णेगतीह्येतेजगतःशाश्वतेमते' इतिभगवद्वचना त् । एतावेवकर्मफलोपभोगायतल्लोकमार्गप्रदौकालस्यचप्रवर्तकौ तस्माच्चाद्वैततत्त्वक्षतिरितिभावः ५८

एवंब्रह्माद्वैतंप्रसाध्यैतद्देववीतरागैर्ज्ञातंसन्मुक्त्यैऽन्यथाबंधायभवतीत्याह । सुपर्णस्यपरमात्मनोबलेनकालशक्त्याग्रस्तांवर्त्तिकांसुवर्णसरूपांजीवपक्षिणीं अश्विनौदेवौसौभगायमहतेभाग्यायकैवल्याय अमुंचतांमोचितवंतौ मुक्त्युपायविदावित्यर्थः व्यतिरेकमुखेनमुक्त्युपायमाह तावदिति । माययाअज्ञानेनसहवसत्तमाअतिशयेनवसंतोऽत्यंतंमूढाःपुरुषाः अरुणारागादिविषशक्रांताः गाइंद्रियाणियांतियावत् अनमंतननतवंतः इंद्रियकैंकर्ययावदासेदित्यर्थः तावत्सुवृत्तावनात्मदोषास्पर्शिनौ युवांजीवा मरूपै.कर्मीभूतौ उदाउदकप्रधानेनशरीरेण आपःपुरुषवचसइतिश्रुतेः उंदोक्लेदनेइत्यस्मात्क्विप्यनिंदितामितिनलोपेउदेतिरूपं इत्थंभावेतृतीया तद्रूपेणाऽवहन्नूढवंतः रागादिग्रस्तायावद्भवंत्यात्मानंदेहमेवतावन्मन्यंतेतेनश्चसंसरंतितस्माद्रागादिजयोमुक्त्युपायइत्युक्तंभवति ५९ कालेकृतंकर्मापिमुक्त्युपायइत्याह धेनवोऽभिमतफलदोग्ध्र्योगावोऽहोरात्ररूपाःषष्टिश्चत्रिशताश्चसंख्याताएकंवत्संसंवत्सरंसुवतेनिर्वर्तयंतितंवत्संगौणकर्मभूतं नानागोष्ठाः पृथक्फलाअपिविहिताःक्रियामुख्यकर्मभूताएकदोहनाएकमेवाविविहितमःस्वंदुह्यतेतत्दोहनंदोह्यंयेषांते अकर्तरिचकारकेइतिकर्मणिल्युट् दुहंतिविविदिषवः विविदिषंतियज्ञेनेत्यादिश्रुतेः यथोक्तंयज्ञनेत्यादिवाक्यंशतपथाविहितंकर्मवृंदंगृहीत्वास्वोत्पत्त्याज्ञानासिद्धंपुरुषंविविदिषामात्रसाध्येयुनक्तीति एकदोहना यंवत्संदुहंतितंतावश्विनौप्रसिद्धौगोस्थानीयौदुहतः अश्विनावेवकालंप्रसुवातेइत्यर्थः एतच्चयुवांदिशाजनयथ

ग्रस्तांसुपर्णस्यबलेनवर्तिकामिमुंचतामश्विनौसौभगाय ॥ तावत्सुवृत्तावनमंतमायायावसत्तमागाअरु
णाउदाऽवहन् ३ ॥ ५९ षष्टिश्चगावस्त्रिशताश्चधेनवएकंवत्संसुवतेतंदुहंति ॥ नानागोष्ठाविहिताएक
दोहनास्तावश्विनौदुहतोघर्ममुक्थ्यम् ४॥ ६० एकांनाभिंसप्तशताअराःश्रिताःप्रधिष्वन्याविंशतिरर्पि
ताअराः ॥ अनेमिचक्रंपरिवर्ततेऽजरंमायाऽश्विनौसमनक्तिचर्षणी ५॥ ६१ एकंचक्रंवर्ततेद्वादशारंष
णाभिमेकाक्षमृतस्यधारणम् ॥ यस्मिन्देवाअधिविश्वेविषक्तास्तावश्विनौमुंचतंमाविषीदतम् ६ ॥ ६२

इत्यत्रस्पष्टीकरिष्यते । कीदृशंवत्सं घर्मंतापकंसंहर्तारमितियावत् उक्थ्यंउत्तिष्ठत्यस्मात्कार्यजातं उत्पादकमित्यर्थः ६० एतत्कालचक्रमजरंसर्वान्देवमनुष्यान्क्षिणोतीत्याह चक्रस्यांतरमध्यमबाह्यवलयानिनाभिप्रधिनेमयःतेषांसंभेदकाष्ठानितिर्यंचिअराः एवंसतिएकांनाभिंसंवत्सराख्यांसप्तशताअराविंशतिश्चाराः तेचार्धशोऽहानिरात्रयश्चश्रितानाभिंप्रधिषुचमध्यमवलयखंडेषुतेचद्वादशमाससंज्ञाः द्वादशप्रधयश्चक्रमितिश्रुतेः तेष्वर्पिताः नेमिचक्रंनियतप्रचारमिदंतुनतथाप्रत्यहंदिनमानभेदेनपरिवर्तते अजरंअक्षयं मायामायामयं हेअश्विनौयुवाभ्यांप्रवर्तितमित्यर्थात्समनक्तिस्पृशति के चर्षणीऐहिक्यामुष्मिक्यौप्रजे ततश्चद्विविधमपिभोगंनेच्छेत्क्षयिष्णुत्वादितिभावः ६१ एवंभचक्रस्यषष्टिघटिकात्मकैकाहोरात्रंनिर्वर्त्यप्रदक्षिणप्रक्रमैःषष्ट्यधिकशतत्रयसंमितैःसावनाख्यंसंवत्सरचक्रंजगदायुःक्षेपणमुक्तंद्वाभ्यां इदानींप्रदक्षिणावर्तेभचक्रेसूर्यचंद्रयोरप्रदक्षिणप्रक्रमेणनिर्वर्त्येसौरचांद्रसंवत्सरचक्रेकर्मोपयोगिनीआह तत्रैकस्मिन्शंकौप्रोताःषट्शलाकाःपृथगंताश्चद्वादशारंषण्णाभिएकंचक्रंभवति तत्रसंवत्सरोऽक्षः मेषाद्याराशयोद्वादशाराः षड्ऋतवोनाभयः तच्चक्रंऋतस्यकर्मफलस्यधारणंध्रियतेऽस्मिन्निति तथा अत्रहेतुः यस्मिन्विश्वेदेवाःकालाभिमानिनोऽधिविषक्ताः व्यवहिताश्चेतिच्छंदसिव्यवहिताक्रिययाप्युपसर्गाणांसंबंधस्मरणात् तावश्विनौ मामांमुंचतंमोचयतंअस्माच्चक्रादितिशेषः किंभूतंमां विषीदतंजन्मादिदुःखेनविषादंप्राप्नुवंतं नुमभावश्छांदसः ततःकालोचितकर्मकरणोचिताः कालाभिमानिन्योदेवतास्तृप्यंतीष्टफलंचयजमानायप्रयच्छंत्यन्यथाविपरीतंकुर्वन्तीतिभावः ६२

एवंकर्मणांविविदिषोत्पादनद्वाराविद्याहेतुत्वमुक्त्वा सर्वंखल्विदंब्रह्मतज्जलानितिशांतउपासीतेतिश्रुत्युक्तांब्रह्मोपास्तिमाहचित्तैकाग्र्याय अश्विनौवृत्तभूयौवृत्तांनिर्वृत्तमुत्पन्नंवियदादितस्यभूयंभावः भु
वोभावेइतिक्यप् अश्विनौकृत्स्नप्रपंचात्मकावित्यर्थः एतदेवाश्विनोर्लयकारणप्रदर्शनेनद्रढयति अश्विनौइद्दुंसोमंतद्दुपलक्षितानिकर्माणि अमृतंतत्फलभूतमैहिकामुष्मिकंभोग्यजातं दासपत्नी सु
पांसुलुगितिपूर्वसवर्णः अपःनैरुक्तप्रसिद्धेः अबुपलक्षितंवियदादिचतिरोधत्तांरज्जुरिवस्वाध्यस्तभुजंगमंतर्हितंकुरुतः अश्विनावेवसर्वात्मरूपेणोपास्यावितिभावः एवमुपासनालब्धचित्तैकाग्र्यस्यप्र
त्यक्तत्वख्यापनायब्रह्मणएवतावद्बंधप्रसक्तिमाह हित्वेति । अश्विनौस्वरूपेणब्रह्मैवसंतौबलस्यगिरिंसाधनसंपत्तेरुच्छ्रायमनाद्यविद्ययाहित्वागाःइंद्रियाणिमुदाविषयेंद्रियसंयोगजहर्षेणचरंतौचारयंतौवि
षयभूमिषु तद्वृष्टिमह्वातस्यामुदोवृष्टिस्तद्वृष्टिस्तन्माहात्म्येनप्रस्थितौविषयजसुखाधिमाहात्म्यात्पराकूप्रावण्यमेवप्राप्तौ अत्र नायमात्माबलहीनेनलभ्यइत्यत्रबलशब्दस्यबोधसाधनसंपद्वाचित्वंदृष्टं गिरि
शब्दस्यापि गिरतिहवैद्विषंतंपाप्मानमितिश्रौतनिर्वचनबलात्साधनसंपदुच्छ्रायपरतयाव्याख्यानंकृतं एवंचानादिविषयवासनावशाद्ब्रह्मैवबद्धमितिदर्शितम् ६३ अस्यजीवस्यब्रह्मात्मतावबोधार्थं
तत्पदार्थस्वरूपंतावदाह हेअश्विनौयुवांअग्रेसृष्टेःप्राक्दशदिशःप्राच्याद्याजनयथः अत्राकाशेएवसूर्योपाधिकीदिक्कल्पनाऽतस्तत्स्रष्टृत्वमप्याह मूर्ध्निअर्थाद्दिशांअंतरिक्षेइत्यर्थः रथयानंरथेनयानंगम
नमस्यतंसूर्यंसमानंसर्वेषामेकंतथाविर्यंतिव्योमानिकल्पभेदात्सृष्टिभेदाद्वाबहुत्वं जनयथइत्यनुवर्तते तासांदिशांयातं अर्थात्तत्संबंधिनःसूर्यस्ययातंगमनमसूर्यकृतदिक्कालावनुलक्ष्यऋषयःप्रयांतिकर्म

अश्विनाविंदुममृतंवृत्तभूयौतिरोधत्तामश्विनौदासपत्नी ॥ हित्वागिरिमश्विनौगामुदाचरंतौतद्वृष्टिमह्नाप्रस्थितौबलस्य ७ ॥ ६३ युवांदिशोजनयथोदशाग्रे
समानंमूर्ध्निरथयानंवियंति ॥ तासांयातमृषयोऽनुप्रयान्तिदेवामनुष्याःक्षितिमाचरंति ८ ॥ ६४ युवांवर्णान्विकुरुथोविश्वरूपांस्तेऽधिक्षियन्तेभुवनानिविश्वा ॥
तेभानवोऽप्यनुसृताश्चरंतिदेवामनुष्याःक्षितिमाचरंति ९ ॥ ६५ तौनासत्यावश्विनौवांमहेऽहंस्रजंचयांबिभृथःपुष्करस्य ॥ तौनासत्यावमृतावृतावृधावृतेदेवा
स्तत्प्रपदेनसूते १० ॥ ६६

भिःप्रचरंति तथादेवामनुष्याश्चयथाधिकारंक्षितिमैश्वर्यमाचरंतिआसमंताद्भुंजते ६४ एवंभूतसृष्टिमुक्त्वाभौतिकींसृष्टिमाह भोअश्विनौयुवांवर्णान्तेजोबन्नानिलोहितशुक्लकृष्णवर्णवंतिविकुरुथःपर
स्परमिश्रणेनविविधाकारान्कुरुथः । 'सेयंदेवतैक्षतहंताहमिमास्तिस्रोदेवताअनेनजीवेनात्मनानुप्रविश्यनामरूपेव्याकरवाणितासांत्रिवृतंत्रिवृतमेकैकांकरवाणि'इतिश्रुतेः विश्वरूपान् त्रीणिरूपाणीत्ये
वसत्यमितिश्रुतेःसर्वेषांरूपाणांत्रिष्वेवांतर्भावाद्वर्णानांवैश्वरूप्यंतेवर्णाअधियंतेजनयंतिभुवनानिचतुर्दशभौतिकानि विश्वासर्वाणि तेप्रसिद्धाजीवाःअर्थाद्भानवोंऽशाइवांशाअपिविश्वानिभूतान्यनुसृताः
देहेंद्रियबुद्धिरूपविकारानुसारिणोभूत्वाचरंतिविषयान्भुंजतेतएतेदेवामनुष्याअन्येऽपिपश्वादयःक्षितिंभूमिमाश्रित्यचरंतिवर्तंते । अत्राद्यश्लोकेन'तस्माद्वाएतस्मादात्मनआकाशःसंभूतः' इत्यादिश्रुतेर
र्थोदर्शितः द्वितीयेईक्षणादिप्रवेशांतासृष्टिरीशेनकल्पितेत्येतत्प्रदर्शनेनतत्पदार्थतत्त्वंसर्वभूतस्रष्टृत्वंसर्वांतःप्रविष्टत्वंचेत्येवंलक्षणंप्रदर्शितम् ६५ उक्तविधंतत्पदार्थमनूद्यसएवसंघातप्रवर्त्तकोजीवोनान्यस्त
तोऽस्तीत्याह तौप्रसिद्धौनासत्यावश्विनौवांयुवांमहेपूजयेऽहं वांयुवांपुष्करस्य व्योमपुष्करमंबरं आकाशोऽव्याकृतमव्यक्तमित्यनर्थांतरंतस्य स्रजंसृज्यतेइतिस्रक्कार्यजातंबिभृथःप्रविश्यधारयथस्तद
पिमहेइत्यनुषज्यते तौनासत्यौ अमृतौनित्यमुक्तौ ऋतावृधौऋतस्यकर्मफलस्योपबृंहकौ नहिवृतिवृधीत्यादिनादीर्घः ऋतेविनादेवावागाद्यभिमानिनोऽग्न्यादयः तत्प्रपदेतेषांवागादिविषयाणांव
चनादीनांप्रपदेप्राप्त्ययेनसूतेनसुवतेनसमर्थाभवंति सूतेइतिच्छांदसोव्यत्ययः 'कोह्येवान्यात्कःप्राण्यात् यदेषआकाशआनंदोनस्यात्' इतिश्रुतेः नचेतनंप्रवर्तकमृतेशकटवदचेतनःसंघातःप्रवर्ततइतिभावः ।

तदेवं नान्योऽतोऽस्तिद्रष्टेतिचेतनांतरनिषेधात्तत्त्वमर्मादिजीवेशयोरभेदश्रवणात्प्रपंचस्यचवाचारंभणंविकारोनामधेयमित्यनृतत्वश्रवणाच्चाद्वैतंब्रह्मशास्त्रसिद्धमत्रापिअश्विनोर्जगदुपादानत्वोक्त्या तौनासत्यावितिपदद्वयेनतत्त्वंपदार्थयोःपूर्वापरार्धयोस्तुल्यशब्दोपादानेनजीवेशाभेदप्रतिपादनेनचप्रसाधितम् ६६ एवंब्रह्मविद्यांसमाप्यकेषांचिन्मतेसंघातएवचेतयतेनान्यस्ततश्चेतनोऽस्तीतितद्दूषण पूर्वकंस्वस्यचक्षुःप्रार्थयते । युवानौमातापितरौ अन्नात्पुरुषइतिश्रुतेः मुखेनान्नरूपंगर्भं प्रथमंलभेतांततएतदेतंगर्भं छांदसंक्लीबत्वं पुंसिरेतोरूपेणयोषितिशोणितरूपेणपरिणतंगतासुरचेतनोदेहः प्रपदेनप्रकर्षेणपद्यतेसुखमनेनेतिप्रपदमुपस्थेंद्रियं । सर्वेषामानंदानामुपस्थएकायनमितिश्रुतेः तेनपूर्वंरेतःसिक्त्सूतेपश्चात्स्त्री अतःसंघातस्यमलपिंडवदचेतनत्वंसिद्धं सद्योजातउत्पन्नमात्रोगर्भोबालोमातरमत्तिस्तनपानेप्रवर्ततइत्यर्थः तदेतज्जन्मांतरीयानुभवाहितसंस्कारमंतरेणनसंभवतीत्यस्तिपूर्वसिद्धःसंघातादन्यश्चेतनस्तत्प्रवर्तकइतिसिद्धं तावश्विनौस्तः अश्व्युपलक्षितंब्रह्म ताविति

मुखेनगर्भंलभेतांयुवानौगतासुरेतत्प्रपदेनसूते ॥ सद्योजातोमातरमत्तिगर्भस्तावश्विनौमुंचथोजीवसेगाः ११ ॥ ६७ स्तोतुंनशक्नोमिगुणैर्भवंतौचक्षुर्विहीनःपथिसंप्रमोहः ॥ दुर्गेऽहमस्मिन्पतितोऽस्मिकूपेयुवांशरण्यौशरणंप्रपद्ये १२ ॥ ६८ इत्येवंतेनाभिष्टुतावश्विनावाजग्मतुराहतुश्चैनंप्रीतौस्वएषतेऽपूपोऽशानैनमिति ६९ सएवमुक्तःप्रत्युवाचनानृतमूचतुर्भगवंतौनत्वहमेतमपूपमुपयोक्तुमुत्सहेगुरवेऽनिवेद्येति ७० ॥ ततस्तमश्विनावूचतुः ॥ आवाभ्यांपुरस्ताद्भवतउपाध्यायेनैवमेवाभिष्टुताभ्यामपूपोदत्तउपयुक्तःसतेनानिवेद्यगुरवेत्वमपितथैवकुरुष्वयथाकृतमुपाध्यायेनेति ७१ सएवमुक्तःप्रत्युवाचएतत्प्रत्यनुनयेभवंतावश्विनौनोत्सहेऽहमनिवेद्यगुरवेऽपूपमुपयोक्तुमिति ७२ तमश्विनावाहतुःप्रीतौस्वस्तवानयागुरुभक्त्या ॥ उपाध्यायस्यतेकार्ष्णायसादंताभवतोऽपिहिरण्मयाभविष्यंतिचक्षुष्मांश्चभविष्यसीतिश्रेयश्चावाप्स्यसीति ७३ सएवमुक्तोऽश्विभ्यांलब्धचक्षुरुपाध्यायसकाशमागम्याभ्यवादयत् ७४ आचचक्षेचसचास्यप्रीतिमान्बभूव ७५ आहचैनंयथाऽश्विनावाहतुस्तथात्वंश्रेयोऽवाप्स्यसि ७६ सर्वेचतेवेदाःप्रतिभास्यंतिसर्वाणिचधर्मशास्त्राणीति ॥ एषातस्यापिपरीक्षोपमन्योः ७७ अथापरःशिष्यस्तस्यैवापोदस्यधौम्यस्यवेदोनामतमुपाध्यायःसमादिदेश वत्सवेदइहास्यतांतावन्ममगृहेकंचित्कालंशुश्रूषुणाचभवितव्यंश्रेयस्तेभविष्यतीति ७८ सतथेत्युक्त्वागुरुकुलेदीर्घकालंगुरुशुश्रूषणपरोऽवसत ॥ गौरिवनित्यंगुरुणाधूर्षुनियोज्यमानःशीतोष्णक्षुत्तृष्णादुःखसहःसर्वत्राप्रतिकूलस्तस्यमहताकालेनगुरुःपरितोषंजगाम ७९

विधेयापेक्षयाद्वित्वंशैत्यंहियत्साप्रकृतिर्जलस्येतिवत् एतेनतत्त्वमसीतिवाक्यार्थउक्तः जीवसेजीवनाय गाश्चक्षुंषिमुंचथश्चक्षुःप्रतिबंधापनयनंक्रियास्तामित्यर्थः ६७ । ६८ अपूपोबहुच्छिद्रःस्नेहपक्वंभक्ष्यं यावंत्यपूपच्छिद्राणीतिव्रतविशेषेप्रसिद्धेः मधुविद्यायांमध्वपूपशब्देनमधुपेश्याबहुबिलायाग्रहणात्तत्सदृशेनैवापूपद्रव्येणभावितव्यमितिच अशानभक्षय ६९ । ७० । ७१ । ७२ दंताइवदंताःसुखदुःखभोजकत्वात्कर्माणि कृष्णमयोमलिनत्वादन्धकरत्वाच्चाविद्यातन्मयाः उपाध्यायःकेवलकर्मार्जितेएवसुखदुःखेभुंक्तेइत्यर्थः तवतुहरतीतिहिरण्यंसंकल्पस्तन्मयास्तत्प्रधानदंता अतस्त्वं 'सयदिपितृलोककामोभवतिसंकल्पादेवास्यपितरःसमुत्तिष्ठंति' इतिश्रुतेः संकल्पमात्रसिद्धविषयोपनीतंसुखंभोक्ष्यसिब्रह्मवित्त्वादित्यर्थः एतेनानात्मज्ञस्यापिगुरोराराधनात्मज्ञानंभक्तस्यभवति एकलव्यस्येवमृन्मयद्रोणाराधनादितिदर्शितं श्रेयोज्ञानं ७३ । ७४ । ७५ यथाश्विनावित्युक्त्यास्वस्यतादृक्श्रेयःप्रदानेसामर्थ्याभावःसूचितउपाध्यायेन ७६ एषातस्येतिसूतवाक्यं ७७ शुश्रूषुणासेवापरेण ७८ गौर्बलीवर्दः ७९

अत्रोद्दालकपरीक्षायास्तात्पर्यमत्यल्पमपिगुरुकार्यंदेहत्यागेनापिकर्त्तव्यं । उपमन्युपरीक्षायाअस्यावश्यकमप्याहारादिकंगुरुणाप्रतिषिद्धंचेत्त्यक्तव्यमेवेति । वेदपरीक्षायाअनर्हेऽपिकर्मणिगुरुणाप्रवियुक्तःशीतोष्णादिनाबाध्यमानोऽपिनविषीदेदनुग्रहइत्येवमत्वातिष्ठेदिति एवमग्रेऽप्याख्यायिकातात्पर्याण्यूह्यानि ८० 'अथसेवामनिच्छंतंगुरुमर्थेनतोषयेत् । गुर्वर्थेयतमानंतमनुगृह्णंतिदेवताः इत्येतद्दर्शयितुमुत्तंकाख्यायिकामाह सउपाध्यायेनेत्यादिना । सवेदःसमावृतोमेखलाजिनादिब्रह्मचर्याश्रमलिंगंत्यक्त्वास्नातकत्वंप्राप्तः नेयेषनकामितवान् ८१ । ८२ । नियोजयामासअग्निशुश्रूषादावि

तत्परितोषाच्चश्रेयःसर्वज्ञतांचावाप ॥ एषातस्यापिपरीक्षावेदस्य ८० सउपाध्यायेनानुज्ञातःसमावृत्तस्तस्माद्गुरुकुलवासाद्गृहाश्रमंप्रत्यपद्यततस्यापिस्वगृहेव
सतस्त्रयःशिष्याबभूवुःसशिष्यान्नकिंचिदुवाचकर्मवाक्रियतांगुरुशुश्रूषाचेति ॥ दुःखाभिज्ञोहिगुरुकुलवासस्यशिष्यान्परिक्लेशेनयोजयितुंनेयेष ८१ अथकस्मिं
श्चित्कालेवेदंब्राह्मणंजनमेजयःपौष्यश्चक्षत्रियावुपेत्यवरयित्वोपाध्यायंचक्रतुः ८२ सकदाचिद्याज्यकार्येणाभिप्रस्थितउत्तंकनामानंशिष्यंनियोजयामास ८३
भोयत्किंचिदस्मद्गृहेपरिहीयतेतदिच्छाम्यहमपरिहीयमानंभवताक्रियमाणमितिसएवंप्रतिसंदिश्योत्तंकंवेदःप्रवासंजगाम ८४ अथोत्तंकःशुश्रूषुर्गुरुनियोगमनुति
ष्ठमानोगुरुकुलेवसतिस्म ॥ सतत्रवसमानउपाध्यायस्त्रीभिःसहिताभिराहूयोक्तः ८५ उपाध्यायिनीतेऋतुमतीउपाध्यायश्चप्रोषितोऽस्यायथाऽयमृतुर्वंध्योनभ
वतितथाक्रियतामेषाविषीदतीति ८६ एवमुक्तस्ताःस्त्रियःप्रत्युवाच ॥ नमयास्त्रीणांवचनादिदमकार्यंकरणीयम् ॥ नह्यहमुपाध्यायेनसंदिष्टोऽकार्यमपित्वयाकार्य
मिति ८७ तस्यपुनरुपाध्यायःकालांतरेणगृहमाजगामतस्मात्प्रवासात् ॥ सतुतद्वृत्तंतस्याशेषमुपलभ्यप्रीतिमानभूत् ८८ उवाचचैनंवत्सोत्तंककिंतेप्रियंकरवा
णीति ॥ धर्मतोहिशुश्रूषितोऽस्मिभवतातेनप्रीतिःपरस्परेणनौसंवृद्धातदनुजानेभवंतंसर्वानेवकामानवाप्स्यसिगम्यतामिति ८९ सएवमुक्तःप्रत्युवाचाकंतप्रियं
करवाणोति एवमाहुः ९० यश्चाधर्मेणवैब्रूयाद्यश्चाधर्मेणपृच्छति ॥ तयोरन्यतरःप्रैतिविद्वेषंचाधिगच्छति ९१ सोऽहमनुज्ञातोभवताइच्छामीष्टंगुर्वर्थमुपहर्तु
मिति ॥ तेनैवमुक्तउपाध्यायःप्रत्युवाचवत्सोत्तंकउष्यतांतावदिति ९२ सकदाचिदुपाध्यायमाहोत्तंकआज्ञापयतुभवान्किंतेप्रियमुपाहरामिगुर्वर्थमिति ९३
तमुपाध्यायःप्रत्युवाचवत्सोत्तंकबहुशोमांचोदयसिगुर्वर्थमुपाहरामीतितद्गच्छैनांप्रविश्योपाध्यायिनींपृच्छकिमुपाहरामीति ९४

तिशेषः ८३ । ८४ वसमानोवसन् उपाध्यायस्त्रीभिरुपाध्यायाश्रमस्थाभिः ८५ वंध्यउपागमशून्यः पाठांतरेएतत्कर्म विषीदतिपरिहीयते ८६ । ८७ । ८८ । ८९ । आहुर्वृद्धाः ९० यश्चेति । 'याजनेहिदत्तंवैतेतमयाजयंस्तस्माद्दद्याज्यःप्रतिगृह्णंतोवैतेतमयाजयंस्तस्मात्प्रतिगृह्णतायाज्यामुभयेराध्रुवंति ' इतिश्रूयते तद्वदध्यापनेऽपियाजनेप्रतिग्रहवर्ज्जीविकारूपेददद्देवाध्याप्यःप्रतिगृह्णंतैवाध्याप्यमितिधर्मः तत्रयोदक्षिणायाअग्रहणेनाधर्मेणयोब्रूयादध्यापयेत् यश्चाधर्मेणतस्याअसमर्पणेनपृच्छत्यधीते अन्यतरःअदाताअप्रतिग्रहीतावा प्रैतिम्रियते विद्वेषंचान्यतरोऽदानादप्रतिग्रहाद्वाधिगच्छतिमद्दत्तदक्षिणायाअग्रहेतेवअधर्मःस्यान्ममचत्वयिद्वेषःस्यादहमनेनकृतार्थोनकृतइतिभावः ९१ उष्यतामिति । कालांतरेएतस्यगुरुदक्षिणादाननिर्बंधमपनेष्यामीतिभावः ९२ । ९३ । ९४

९५ पिनद्धेपरिहिते ९६ पुण्यकंव्रतविशेषः परिवेषणमन्नादिदानं ९७ ऋषभोवृषभःस्वाध्यायाध्ययनजोधर्मः तमधिरूढःपुमांस्तदधिष्ठातापरमेश्वरः ९८ तेनप्रेरितंउत्तंकःपुरीषंधर्मफलममृतंमरण भयनिवृत्तयेभक्षयस्वांगीकुरुष्व ९९ सतदनिच्छन्नपिबलादिंद्रेणधर्मफलंग्राहितः १०० सतुपुरीषमेवेदमितिमत्वाभक्षयित्वाउत्थितोऽनुपविश्यैवापउपस्पृश्यकार्यशैघ्र्यात्प्रतस्थे अत्रऋषभादिरूपकेण

एषायद्ब्रवीतितदुपाहरस्वेति ॥ सएवमुक्तउपाध्यायेनोपाध्यायिनीमपृच्छद्भगवत्युपाध्यायेनास्म्यनुज्ञातोगृहंगंतुमिच्छामीष्टंतेगुर्वर्थमुपहृत्यानृणोगंतुमिति ९५ तदाज्ञापयतुभवतीकिमुपाहरामिगुर्वर्थमिति ॥ सैवमुक्तोपाध्यायिनीमुत्तंकंप्रत्युवाच ॥ गच्छपौष्यंप्रतिराजानंकुंडलेभिक्षितुंतस्यक्षत्रिययापिनद्धे ९६ आनयस्व चतुर्थेऽहनिपुण्यकंभवितातोभ्यामाबद्धाभ्यांशोभमानाब्राह्मणान्परिवेष्टुमिच्छामि ॥ तत्संपादयस्वएवंहिकुर्वतःश्रेयोभविताऽन्यथाकुतःश्रेयइति ९७ सएवमुक्त स्तयाप्रातिष्ठतोत्तंकःसपथिगच्छन्नपश्यदृषभमतिप्रमाणंतमधिरूढंचपुरुषमतिप्रमाणमेवसपुरुषउत्तंकमभ्यभाषत ९८ भोउत्तंकैतत्पुरीषमस्यऋषभस्यभक्षय स्वेतिसएवमुक्तोनैच्छत ९९ तमाहपुरुषोभूयोभक्षयस्वोत्तंकमाविचारयोपाध्यायेनापितेभक्षितंपूर्वमिति १०० सएवमुक्तोबाढमित्युक्त्वातदातद्वृषभस्यमूत्रं पुरीषंचभक्षयित्वोत्तंकःसंभ्रमादुत्थितएवापउपस्पृश्यप्रतस्थे १ यत्रसक्षत्रियःपौष्यस्तमुपेत्यासीनमपश्यदुत्तंकः ॥ सउत्तंकस्तमुपेत्याशीर्भिरभिनंद्योवाच २ अर्थीभवंतमुपागतोऽस्मीतिसएनमभिवाद्योवाच ॥ भगवन्पौष्यःखल्वहंकिंकरवाणीति ३ तमुवाचगुर्वर्थंकुंडलयोरर्थेनाभ्यागतोऽस्मीति ॥ येवैतेक्षत्रियया पिनद्धेकुंडलेतेभवान्दातुमर्हतीति ४ तंप्रत्युवाचपौष्यःप्रविश्यांतःपुरंक्षत्रियायाच्यतामिति ॥ सतेनैवमुक्तःप्रविश्यांतःपुरंक्षत्रियांनापश्यत् ५ सपौष्यंपुनरु वाचनयुक्तंभवताऽहमनृतेनोपचरितुंनहितेऽन्तःपुरेक्षत्रियासन्निहितानैनांपश्यामि ६ सएवमुक्तःपौष्यःक्षणमात्रंविमृश्योत्तंकंप्रत्युवाच ॥ नियतंभवानुच्छिष्टःस्म रतावन्नहिसाक्षत्रियाउच्छिष्टेनाशुचिनाशक्याद्रष्टुंपतिव्रतात्वात्सैषानाशुचेर्दर्शनमुपैतीति ७ अथैवमुक्तउत्तंकःस्मृत्वोवाचास्तिखलुमयोत्थितेनोपस्पृष्टंगच्छता चेति ॥ तंपौष्यःप्रत्युवाचएषतेव्यतिक्रमोनोत्थितेनोपस्पृष्टंभवतीतिशीघ्रंगच्छताचेति ८ अथोत्तंकस्तंतथेत्युक्त्वाप्राङ्मुखउपविश्यसुप्रक्षालितपाणिपादवद नोऽनिःशब्दाभिरफेनाभिरनुष्णाभिर्हृद्गताभिरद्भिस्त्रिःपीत्वाद्विःपरिमृज्यखान्यद्भिरुपस्पृश्याचांतःपुरंप्रविवेश ९ ततस्तांक्षत्रियामपश्यत्साचदृष्ट्वैवोत्तंकंप्रत्युत्था याभिवाद्योवाचस्वागतंतेभगवन्नाज्ञापयकिंकरवाणीति ११० सतामुवाचैतेकुंडलेगुर्वर्थंमेभिक्षितेदातुमर्हसीति ॥ साप्रीतातेनतस्यसद्भावेनपात्रमयमनतिक्रमणी यश्चेतिमत्वातेकुंडलेऽवमुच्यास्मैप्रायच्छदाहचैनमेतेकुंडलेतक्षकोनागराजःसुभृशंप्रार्थयत्यप्रमत्तोनेतुमर्हसीति ११

धर्मबलादनिष्टनिवृत्तिरिष्टप्राप्तिश्चभवतीतिदर्शितं १ । २ । ३ । ४ तावतैवापराधेनक्षत्रियांनापश्यत् अशुचित्वदोषादेवेदानींतनानांदेवर्षिदर्शनादिकंनजायतइतिभावः ५ । ६ पतिव्रतात्वादिति पातिव्रत्याद्देवतावदल्पापराधेऽपिस्त्रियोदुर्लक्ष्याभवंतीतितद्धर्ममाहात्म्यंदर्शितं ७ अथेति तिष्ठतागच्छताचोपस्पृष्टमाचमनंकृतं तदकृतमेवेत्यर्थः ८ खानिइंद्रियाणि ९ । ११० सद्भावेनगुरुभक्त्या ११

हेभगवतित्वंनिवृतानिश्चिंताभवइत्युवाचेतिसंबंधः १२ । १३ । १४ । १५ । १६ । १७ । १८ । १९ अत्रसत्रशापप्रयोजनसत्पात्रेकेशकीटाद्यवपन्नमन्नंददद्ंधोभवतीतिदर्शितं तस्मात्परीक्ष्यदे
यमितिभावः विनापराधंदत्तःशापोऽपिनिष्फलोभवतीत्यप्युन्नेयं राज्ञादत्तस्यशापस्यवैयर्थ्यदर्शनात् १२० नचिराच्छीघ्रं २१ प्रत्यादातुमुपसंहर्तुं २२ नवनीतवत्शीघ्रद्रावि वाक्क्षुरवत्सद्यो

सएवमुक्तस्तांक्षत्रियांप्रत्युवाचभगवतिसुनिर्वृताभव ॥ नमांशक्तस्तक्षकोनागराजोधर्षयितुमिति १२ सएवमुक्त्वातांक्षत्रियामामंत्र्यपौष्यसकाशमागच्छत् ॥
आहचैनंभोःपौष्यप्रीतोऽस्मीतितमुत्तंकंपौष्यःप्रत्युवाच १३ भगवंश्चिरेणपात्रमासाद्यतेभवांश्चगुणवानतिथिस्तदिच्छेश्राद्धंकर्तुंक्रियतांक्षणइति १४ तमुत्तंकःप्र
त्युवाचकृतक्षणएवास्मिशीघ्रमिच्छामि ॥ यथोपपन्नमन्नमुपस्कृतंभवतेति सतथेत्युक्त्वायथोपपन्नेनान्नेनैनंभोजयामास १५ अथोत्तंकःसकेशंशीतमन्नंदृष्ट्वाअशुच्येतदि
तिमत्वातंपौष्यमुवाच ॥ यस्मान्मेअशुच्यन्नंददासितस्मादन्धोभविष्यसीति १६ ॥ तंपौष्यःप्रत्युवाच ॥ यस्मात्त्वमप्यदुष्टमन्नंदूषयसितस्मात्त्वमनपत्योभविष्य
सीति तमुत्तंकःप्रत्युवाच १७ नयुक्तंभवताऽन्नमशुचिदत्त्वाप्रतिशापंदातुंतस्माद्न्नमेवप्रत्यक्षीकुरु ॥ ततःपौष्यस्तदन्नमशुचिदृष्ट्वातस्याशुचिभावमपरोक्षयामा
स १८ अथतदन्नंमुक्तकेश्यास्त्रियापत्कृतमनुष्णंसकेशंचाशुच्येतदितिमत्वातमृषिमुत्तंकंप्रसादयामास १९ भगवन्नेतदज्ञानादन्नंसकेशमुपाहृतंशीतंतत्क्षामयेभवंतंन
भवेयमंधइति ॥ तमुत्तंकःप्रत्युवाच १२० नमृषाब्रवीमिभूत्वात्वमंधोनचिरादनंधोभविष्यसीति ॥ ममापिशापोभवतादत्तोनभवेदिति २१ तंपौष्यःप्रत्युवाच
नचाहंशक्तःशापंप्रत्यादातुंनहिमेमन्युरद्याप्युपशमंगच्छतिकिंचैतद्भवतानज्ञायतेतथा २२ नवनीतंहृदयंब्राह्मणस्यवाचिक्षुरोनिशितस्तीक्ष्णधारः ॥ तदुभयमेत
द्विपरीतंक्षत्रियस्यवाङ्नवनीतंहृदयंतीक्ष्णधारमिति २३ तदेवंगतेनशक्तोऽहंतीक्ष्णहृदयत्वात्तंशापमन्यथाकर्तुंगम्यतामितितमुत्तंकःप्रत्युवाच ॥ भवताऽहम
न्नस्याशुचिभावमालक्ष्यप्रत्यनुनीतःप्राक्चतेऽभिहितं २४ यस्माददुष्टमन्नंदूषयसितस्मादनपत्योभविष्यसीति दुष्टेचान्नेनैषममशापोभविष्यतीति २५
साधयामस्तावदित्युक्त्वाप्रातिष्ठतोत्तंकस्तेकुंडलेगृहीत्वासोऽपश्यदथपथिनग्नंक्षपणकमागच्छन्तंमुहुर्मुहुर्दृश्यमानमदृश्यमानंच २६ अथोत्तंकस्तेकुंडलेसंन्यस्य
भूमावुदकार्थंप्रचक्रमे एतस्मिन्नंतरेसक्षपणकस्त्वरमाणउपसृत्यतेकुंडलेगृहीत्वाप्राद्रवत् २७ तमुत्तंकोऽभिसृत्यकृतोदककार्यःशुचिःप्रयतोनमोदेवेभ्योगुरुभ्यश्च
कृत्वामहताजवेनतमन्वयात् २८ तस्यतक्षकोदृढमासन्नःसतंजग्राहगृहीतमात्रःसतद्रूपंविहायतक्षकस्वरूपंकृत्वासहसाधरण्यांविवृतंमहाबिलंप्रविवेश २९ प्रवि
श्यचनागलोकंस्वभवनमगच्छत् ॥ अथोत्तंकस्तस्याःक्षत्रियायावचःस्मृत्वातंतक्षकमन्वगच्छत् ३० सतद्बिलंदण्डकाष्ठेनचखाननचाशकत् ॥ तंक्लिश्यमानमिं
द्रोऽपश्यत्सवज्रंप्रेषयामास ३१ गच्छास्यब्राह्मणस्यसाहाय्यंकुरुष्वेति ॥ अथवज्रंदंडकाष्ठमनुप्रविश्यतद्बिलमदारयत् ३२

विच्छेदिकासुखर्जीवितादेरित्यर्थः २३ गम्यतांत्वयेतिशेषः तेत्वया २४ । २५ साधयामः शापाभावंनिश्चिनुमः क्षपणकंपाखंडभिक्षुक २६ उदकार्थंशौचाचमनादिप्रचक्रमेकर्तुमितिशेषः २७ नमस्कृत्वे-
तिसंबंधः २८ दृढमासन्नःअत्यंतसन्निहितः २९ अन्वगच्छदाज्ञातवान् ३० । ३१ । ३२

प्रासादाद्देवनृदेवगृहाणि हर्म्याणिधनिकानांगृहाणि । वलभ्योमध्योच्छ्रिताउभयतोनमत्पक्षागृहविशेषाः निर्यूहाःपट्टशालाः ३३ ऐरावतोराजायेषांते समितौरणेशोभनाःश्लाघिनः जीमूताइवशस्त्रधाराःक्षरंतः सविद्युतःपवनस्यैवईरितंगमनंयेषांतेनाःशीघ्राःसफलाश्च शस्त्रधाराइत्यध्याहारः ३४ कल्माषकुंडलाश्चित्रकुंडलाः ३५ । ३६ अर्कांशूनामतितीक्ष्णानां अयंधृतराष्ट्रऐरावतभ्रातायदाएजतिदीप्यते । एजृभ्रेजृभ्राजृदीप्तावित्यस्यधातोरूपं । तदाष्टाधिकान्यष्टाविंशतिसहस्राणिसर्पाणांप्रग्रहा सूर्यहयरश्मिभूतानागायांति सौरंतेजोपियत्तेजसानिरुद्धंप्रग्रहसर्पान्नदग्धुमीष्टइत्यर्थः सार्धः ३७ । ३८ । ३९ । ४० । ४१ महद्द्युम्निरितोर्थविशेषइतिप्राञ्चः महद्द्युम्निसूर्येतत्समीपेनागमुख्यतांप्रार्थयन्कुरुक्षेत्रेऽवसादितिपूर्वेणसंबंधः कुरुक्षेत्रवासमात्रादेवमहत्स्थानंप्राप्यतइत्याशयः घुमानित्यत्रेमनिचआदिलोपआर्षः अत्रायमाख्यायिकातात्पर्यार्थः कुंडलरत्नंवस्तुतत्त्वंतक्षकेणेवपाखंडिनाअपहृतंपरमेश्वरप्रसादलब्धविवेकवज्रबलेनपाखंडमताबिलरूवदार्याविवेकमनुनागराजबिलतुल्यमांतरमांतरंकोशंपूर्वपूर्वकोशाद्गमाणियतरंप्रविश्य तत्रत्यांसत्यसंकल्पत्वादिसंपदंदृष्ट्वा तदभिमानिनांसर्पतुल्यानामिंद्रियबुद्ध्यादिस्थानीयानामनुनयेनापितत्वरत्नंयदानप्राप्तं तदा

तमुत्तंकोऽनुविवेशतेनैवबिलेनप्रविश्यचतंनागलोकमपर्यन्तमनेकविधप्रासादहर्म्यवलभीनिर्यूहशतसंकुलमुच्चावचक्रीडाश्चर्यस्थानावकीर्णमपश्यत् ३३ सतत्रनागांस्तानस्तुवदेभिःश्लोकैः ॥ यऐरावतराजानःसर्पाःसमितिशोभनाः ॥ क्षरंतइवजीमूताःसविद्युत्पवनेरिताः ३४ सुरूपाबहुरूपाश्चतथाकल्माषकुंडलाः ॥ आदित्यवन्नाकपृष्ठेरेजुरैरावतोद्भवाः ३५ बहूनिनागवेश्मानिगंगायास्तीरउत्तरे ॥ तत्रस्थानपिसंस्तौमिमहतःपन्नगानहम् ३६ इच्छेत्कोऽर्कांशुसेनायांचर्तुमैरावतंविना ॥ शतान्यशीतिरष्टौचसहस्राणिचविंशतिः ३७ सर्पाणांप्रग्रहायांतिधृतराष्ट्रोऽयदेजति ॥ येचैनमुपसर्पंतियेचदूरपथंगताः ३८ अहमैरावतज्येष्ठभ्रातृभ्योऽकरवंनमः ॥ यस्यवासःकुरुक्षेत्रेखांडवेचाभवत्पुरा ३९ तंनागराजमस्तौषंकुंडलार्थायतक्षकम् ॥ तक्षकश्चाश्वसेनश्चनित्यंसहचरावुभौ ४० कुरुक्षेत्रंचवसतांनदीमिक्षुमतीमनु ॥ जघन्यजस्तक्षकस्यश्रुतसेनेतियःसुतः ४१ अवसद्योमहद्द्युम्निप्रार्थयन्नागमुख्यताम् ॥ करवाणिसदाचाहंनमस्तस्मैमहात्मने ४२ एवंस्तुत्वासविप्रर्षिरुत्तंकोभुजगोत्तमान् ॥ नैवतेकुंडलेलेभेततश्चिंतामुपागमत् ४३ एवंस्तुवन्नपिनागान्यदातेकुंडलेनालभत्तदाऽपश्यत्स्त्रियौतंत्रेअधिरोप्यसुवेमेपटंवयन्त्यौ ॥ तस्मिंस्तंत्रेचकृष्णाःसिताश्चतंतवश्चक्रंचापश्यद्द्वादशारंषड्भिःकुमारैःपरिवर्त्यमानंपुरुषंचापश्यदश्वंचदर्शनीयम् ४४

संकटस्थःस्वयमेवपूर्वार्जितसांगाध्ययनधर्मबलादालोचितवानिति तत्रवेदेऽपिछांदोग्यादौगुरुशुश्रूषयातुष्टःपरमात्मास्वयमेवानुगृह्णातीतिदृष्टं यथासत्यकामस्यउपाध्यायगवीरभिरक्षतोऽमानुषेभ्यऋषभादिभ्योविद्यालाभः तथाउपकोसलस्यगुरोरग्नीन्सेवमानस्याग्निभ्यएवविद्यालाभः एवमुत्तंकस्यापिब्रह्मचर्यदार्ढ्यात्प्रजापतेरिवस्वतएवज्ञानमुद्भावितियुज्यतएवेति ४२ । ४३ तत्रसंवत्सरात्मकपटरूपकेणप्रपंचस्वरूपमत्रनिरूप्यते तत्रस्त्रियौविद्याविद्येमायाच तंत्रंयत्रदीर्घतंतवःप्रोताभवंतितत्स्थानीयमविद्याकामकर्मात्मकंवासनाजालंतत्रह्येतत्सर्वंप्रतिष्ठितं पटःसंसारस्तंवयंत्यावविच्छिन्नतंतुसंतानेननिर्वर्तयंत्यौ प्रकाशाप्रकाशाभ्यामेवरज्जूरगादिजायतेनत्वन्यतरेणतादृशत्वात्संसारस्यचिदचिद्रूपयुवतीद्वयनिर्वर्त्यत्वंयुक्तं तस्मिंस्तंत्रेसुवेमेशोभनेवेमेतिर्यक्तंतुविक्षेपणतुल्येपुण्यपापे तत्प्रयोज्येसितकृष्णतंतुस्थानीयेसुखदुःखे चक्रंतत्स्थूलशरीरं षड्भिर्वक्ष्यमाणैःकुमारैःपरिवर्त्यमानंसंचार्यप्राणंपुरुषंचतदधिष्ठातारमंतर्यामिणंमायाविनं अश्वंचाध्रुवस्वभावंबुद्धिवशवर्तित्वाचिरोहितासंगस्वभावंजीवं चात्दर्शनीयमहंप्रत्ययगोचरंचापश्यत् ४४

सतान्सर्वांस्तुष्टावएभिर्वक्ष्यमाणैःश्लोकैः मंत्रवदेदगतऋग्भागवत् तत्त्वार्थप्रकाशकैरितिशेषः । मंत्रवादेतिपाठेमंत्रवादोमंत्रस्वरूपं १४५ श्लोकानेवाह त्रीणीति । अत्रसंवत्सरःप्रजापतिरितिश्रुतेःसंवत्सररूपकेणप्रजापतिंविश्वात्मानंकृत्स्नसंसाराभिमानिनंसमष्टिजीवंस्तौति तत्रसंवत्सरस्यषष्ठ्यधिकशतत्रयमहोरात्रादर्शपूर्णमासाख्यानिचतुर्विंशतिपर्वाणिषड्ऋतवश्चेत्यवयवाः एवंप्रजापतेरपिचतुर्विंशतेस्तत्त्वानांयोगेसंघातरूपेचक्रेस्थूलसूक्ष्मशरीरात्मके तत्त्वानिचमूलप्रकृतिर्महान्अहंकारःपंचतन्मात्राणिएकादशेंद्रियाणिपंचमहाभूतानीति तत्रध्रुवेयावन्मोक्षस्थायिनि चक्रेचक्रवदनिशंभ्राम्यमाणे मध्येअंतर्यामीनित्यंचरतिविषयान्भुंक्तेभोक्तात्मा अत्रास्मिन्नेवप्रत्यग्रूपेत्रीणिशतानिषष्टिश्चवासनातंतुयूथानिसमर्पितानि । तथाहृदयस्यहितानाड्योद्वासप्ततिःसहस्राणीतिश्रूयमाणसंख्याकानाड्यस्तत्तल्लोकगतिप्रदाःसंति तासांचैकैकस्मिँल्लोकेशब्दादीनांपंचानामपिसत्त्वात्प्रत्येकंपंचविधत्वं तथाचविस्त...णतावत्सहस्रसंख्याकाअपिसंक्षेपात्त्रीणिशतानिषष्टिश्चोच्यंते एवंचास्मिन्भोक्तरितावत्योवासनाअर्पिताइत्यर्थः षट्कुमाराःजीवगताअविद्यास्मितारागद्वेषाभिनिवेशाख्याः 'तमोमोहोमहामोहस्तामिस्रोह्यंधसंज्ञितः । अविद्यापंचपर्वैषाप्रादुर्भूतामहात्मनः' इतिस्मृत्युक्तमआद्याख्यावापंचक्लेशाः । अनित्याशुचिदुःखानात्मसुनित्यशुचिदुःखात्मधीरविद्या अहमेवमहानस्मीतिधीरस्मिता शेषाःप्रसिद्धाः षष्ठीऐश्वरीमायाच एतेषट्कुमाराइवविवेकवैराग्यबलवतासुजेयाअपितेपरिवर्त्तयंतिजन्ममरणप्रबंधंघटीयंत्रवदनिशंचालयंतीत्यर्थः ॥ १ ॥ ४६ तंत्रंचेदमिति । इदंतंत्रंवासनाजालंविश्वरूपेविश्वरूपातावन्मायैवतामनुचितिरपिविश्वरूपा 'इंद्रोमायाभिःपुरुरूपईयते ।

सतान्सर्वांस्तुष्टावएभिर्मंत्रवदेवश्लोकैः १४५ त्रीण्यर्पितान्यत्रशतानिमध्येषष्टिश्चनित्यंचरतिध्रुवेऽस्मिन् ॥ चक्रेचतुर्विंशतिपर्वयोगेषड्वैकुमाराःपरिवर्तयंति ॥ १ ॥ ४६ तंत्रंचेदंविश्वरूपेयुवत्यौवयतस्तंतून्सततंवर्त्तयंत्यौ ॥ कृष्णान्सितांश्चैवविवर्त्तयंत्यौभूतान्यजस्रंभुवनानिचैव ॥ २ ॥ ४७ वज्रस्यभर्त्ताभुवनस्यगोप्तावृत्रस्यहंतानमुचेर्निहंता ॥ कृष्णेवसानोवसनेमहात्मासत्यानृतेयोविविनक्तिलोके ॥ ३ ॥ १४८

रूपंरूपंप्रतिरूपोबभूव 'इत्यादिश्रुतिभ्यः । युवत्यौबाल्यवार्धक्यकृतापकर्षशून्ये वयतःसंतनुतः कथंसततंतंतून्वासनामयान्वर्त्तयंत्यौचालयंत्यौ तंतुवायाविवइमेएवबुद्धिचिदाभासरूपाभ्यांघटादिकंकवलीकृत्यतत्तद्विषयांवासनांद्रढयतइत्यर्थः । यद्वा युवत्यौधाताविधातारौ तत्रधातामायोपाधिरीश्वरःपर्जन्यवत्साधारणंकारणं विधाताविविधवासनामयत्वेनाविचित्ररूपःसन्कर्त्ताजीवस्तत्तद्बीजवदसाधारणंकारणं तावेतौप्रयोज्यप्रयोजकरूपेणेदंतंत्रंसंसाराख्यंवयतइत्यादियथायोग्यंव्याख्येयं । कृष्णान्दुःखरूपान्सितान्सुखमयान् विवर्त्तयंत्यौ वैपरीत्येनसुखेदुःखबुद्धिंदुःखेसुखबुद्धिंचसंपादयंत्यौ तथाऽऽजस्रंभूतानिजरायुजादीनिभुवनानितदाश्रयरूपाणिचतुर्दशतानिसर्वाणिविवर्तयंत्यावित्यनुकृष्यते ऊर्ध्वाधरीभावेनचालयंत्यावित्यर्थः ॥ २ ॥ ४७ एवंबंधस्वरूपंप्रदर्श्यतस्याज्ञानकार्यत्वेनज्ञानमात्रापनोद्यत्वमाह वज्रस्येति । योऽयंचक्रेचरतिमौढ्यदशायांसएवसाधकदशायांवज्रस्यविवेकस्यभर्त्ताभवति शास्त्रश्रवणेनगुर्वाद्यनुग्रहात् अतएवभुवनस्यगोप्ताविवेकवत्वादेवसर्वभूताभयदायी वृत्रस्यस्वरूपावरकस्याज्ञानस्यनिहंता सर्वत्रेंद्रवृत्रवज्रशब्दानामात्ममायाविवेकवाचित्वमाश्वमेधिकेस्पष्टीभविष्यति अनयैवदिशाकृत्स्नोवेदाऽर्थोऽपिनिर्वोढव्यः । नमुचेःनमुंचतीत्यावरणापगमेसत्यपिप्रतिबिंबभ्रमवदित्यज्ञानगतविक्षेपशक्तिर्नमुचिस्तस्यापिनिहंता भूयश्चांतेविश्वमायानिवृत्तिरितिसत्यपिविद्ययाऽविद्योच्छेदेतद्विक्षेपशक्तेर्देहांतएवनाशश्रवणात् कृष्णेविद्याविद्येमायाकार्यत्वादुभेअपिकृष्णे यथोक्तंश्रीमद्भागवते । 'विद्याविद्येममतनूविद्ध्युद्धवशरीरिणाम् । मोक्षबंधकरीआद्येमाययामेविनिर्मिते' इति । वसनेवसनवदावरके वसानऊरीकृतवान्–

उभेअपिस्वरूपाद्बहिर्भूतेइत्यर्थः अतएवमहात्माव्यापकस्तेनत्रिविधपरिच्छेदशून्यत्वमुक्तं । अस्याचिद्रूपत्वमाह सत्यानृते सत्यमबाधितंप्रत्यगात्मतत्त्वंअनृतमहंकारादितदुभयंयोविविनक्तिपृथक्करो तियस्तस्मैनमइत्युत्तरेणसंबंधः स्थूलसूक्ष्मकारणाख्योपाधित्रयंनिरस्यस्वमहिमप्रतिष्ठोभवतीत्यर्थः एतेनदृश्यस्याहंकारादेःपृथक्करणेनदृङ्मात्रमात्मतत्त्वमितिदर्शितम् ॥ ३ ॥ ४८ अस्यैवंभूतस्यचि दात्मनःसमष्टिव्यष्टिपिंडांतःप्रविष्टत्वंदर्शयति यइति । यआत्मापूर्वोक्तो वैश्वानरंविराजंविश्वंवावाहनंस्वारोहणस्थानमभ्युपैतिअभितउपैत्युपगच्छति । तत्सृष्ट्वातदेवानुप्राविशदितिश्रुतेः उपाध्या त्मतांधत्तेइत्यर्थः । आकस्मिकत्वमभ्युपगंतव्याभ्युपगमयोर्वारयति पुराणमिति । कार्यरूपेणक्षयिष्णुमपिकारणरूपेणसततंसंतमित्यर्थः अपांगर्भमिवगर्भंप्रतिबिंबभूतं नतुब्रह्मैकदेशभूतं तस्यासंगत्वादनं शत्वाच्च वाजिनं इंद्रियंवैवीर्यंवाजिनामितिश्रुतेश्चिदात्मनोजडशक्तिरूपं यएवंभूतोऽपिजीवत्वंमिथ्यैवप्रतिबिंबरूपेणापद्यतेतस्मैनमोऽस्तु जगदीश्वरायचतुर्दशभुवननियंत्रे । लोकत्रयंजाग्रत्स्वप्नसुषु

योवाजिनंगर्भमपांपुराणंवैश्वानरंवाहनमभ्युपैति ॥ नमोऽस्तुतस्मैजगदीश्वरायलोकत्रयेशायपुरंदराय ॥ ४ ॥ ४९ ततःसएनंपुरुषःप्राहप्रीतो ऽस्मितेहमनेनस्तोत्रेणकिंतेप्रियंकरवाणीति सतमुवाच १५० नागामेवशमीयुरिति सचैनंपुरुषःपुनरुवाचएतमश्वमपानेधमस्वेति ५१ ततोऽश्व स्यापानमधमत्ततोऽश्वाद्धम्यमानात्सर्वस्रोतोभ्यःपावकार्चिषःसधूमानिष्पेतुः ५२ ताभिर्नागलोकउपधूपितेऽथसंभ्रांतस्तक्षकोऽग्नेस्तेजोभयाद्विष ण्णःकुंडलेगृहीत्वासहसाभवनान्निष्क्रम्योत्तंकमुवाच ५३ इमेकुंडलेगृह्णातुभवानिति सतेप्रतिजग्राहोत्तंकः प्रतिगृह्यचकुंडलेऽचिंतयत् ५४ अद्यत त्पुण्यकमुपाध्यायिन्यादूरंचाहमभ्यागतःसकथंसंभावयेयमितिततएनंचिंतयानमेवसपुरुषउवाच ५५ उत्तंकएनमेवाश्वमधिरोहत्वांक्षणेनैवोपाध्या यकुलंप्रापयिष्यतीति ५६ सतथेत्युक्त्वातमश्वमधिरुह्यप्रत्याजगामोपाध्यायकुलंउपाध्यायिनीचस्नाताकेशानावापयंत्युपविष्टोत्तंकोनागच्छतीति शापायास्यमनोदधे ५७ अथैतस्मिन्नंतरेसउत्तंकःप्रविश्यउपाध्यायकुलंउपाध्यायिनीमभ्यवादयत्तेचास्यैकुंडलेप्रायच्छत्साचैनंप्रत्युवाच ५८ उ त्तंकदेशेकालेऽभ्यागतःस्वागतंतेवत्सत्वमनागसिमयानशप्तःश्रेयस्तवोपस्थितंसिद्धिमाप्नुहीति ५९ अथोत्तंकउपाध्यायमभ्यवादयत् ॥ तमुपाध्यायः प्रत्युवाचवत्सोत्तंकस्वागतंतेकिंचिरंकृतमिति १६०

प्तानितेषामीशाय एवंतत्त्वंपदवाच्यार्थरूपित्वमुक्तंतल्लक्ष्यार्थरूपित्वमाह पुरंदरायेति । पुराणिव्यष्टिसमष्ट्यात्मकानित्रीणित्रीणिशरीराणिदारयतिविद्ययाऽविद्योच्छेदेनसमूलमुन्मूलयतीतितथा सर्वोपाधिशून्यचिन्मात्रायेत्यर्थः पुराणिदारयतीतिस्थितेवाच्यंयमपुरंदरौचेतिखशमुमागमश्चनिपात्येते ॥ ४ ॥ ४९ । १५० एतमश्वमपानेधमस्वेतिवैराजमैश्वर्यंप्रदर्शयेत्यर्थः ५१ स्रो तोभ्यःशरीररन्ध्रेभ्यः १५२ उपधूपितेधूमेनव्याप्ते ततएवसर्वेश्वरत्वाविर्भावात्तक्षकःशरणागतोबभूवेतितात्पर्यम् १५३ । १५४ । १५५ । १५६ ततएवसत्यसंकल्पत्वाख्यंवैराजं भावमारूढःक्षणेनगुरुकुलंप्राप । आवापयंतीदंतपत्रिकयावेणीरूपेणसंग्रथनंकेशानांकारयंती १५७ । १५८ यदिक्षणंनागतःस्यास्तर्ह्यनागसिअपराधाभावेऽपिमयाशप्तःस्याइत्यर्थः श्रेय स्तत्त्वज्ञानं सिद्धिमणिमाद्यैश्वर्यम् १५९ । १६०

६१ इदानींस्वयमपरोक्षीकृतमर्थंगुरुमुखेनाधिगंतुमुत्तंकःपृच्छति तत्रचेत्यादिना ६२ । ६३ सोपचारंसानुनयं ६४ 'आचार्याद्धैवविद्याविदितासाधिष्ठंप्रापत्' इतिश्रुतेरमानुषैरुक्ताऽपिविद्यागुरुमुखेनदृढीकृता बाढंफलवतीभवतीतिभावः ६५ स्त्रियौधाताविधाताचेति । दधातिमत्तास्फूर्तीकार्येष्वितिधाताचितिः विविधरूपेणदधातिधारयत्यात्मानमित्यनेकविकारवतीमायाविधाता रात्रिवद्व्यामोहकत्वा दुःखंरात्रिः अहर्वत्प्रसादकत्वात्सुखमहः ऋतुवदनिशंभ्रममाणत्वादृतुशब्देनाविद्यादिपंचकंमायाचेतिपूर्वोक्तमेवषट्कं संवत्सरःप्रजापतिःसर्वोपाधित्वसाम्यादुदाहृतश्रुतेश्च नहिसंवत्सराख्यःकालो नामकिंचित्सूर्यादिपरिस्पंदाल्पत्वबहुत्वादिनानुमेयंवस्तुनिर्जीर्णत्वनूतनत्वादिव्यवहारहेतुतयासिद्धमिदानींतदानीमित्यादिव्यवहारालंबनंद्रव्यमस्ति घटादिद्रव्यस्यैवपूर्वापरदेशसंबंधेननूतनत्वातीत

तमुत्तंकउपाध्यायंप्रत्युवाच ॥ भोस्तक्षकेणमेनागराजेनविघ्नःकृतोऽस्मिन्कर्मणितेनास्मिनागलोकंगतः ६१ तत्रचमयादृष्टेस्त्रियौतंत्रेऽधिरोप्यपटंवयन्त्यौतस्मिंश्च कृष्णाःसिताश्चतंतवःकिंतत् ६२ तत्रचमयाचक्रंदृष्टंद्वादशारंषड्भिनंकुमाराःपरिवर्त्तयंतितदपिकिम् ॥ पुरुषश्चापिमयादृष्टःसचापिकः ॥ अश्वश्चातिप्रमाणो दृष्टःसचापिकः ६३ पथिगच्छताचमयाऋषभोदृष्टस्तंचपुरुषोऽधिरुढस्तेनास्मिसोपचारमुक्तउत्तंकास्यऋषभस्यपुरीषंभक्षयउपाध्यायेनापितेभक्षितमिति
६४ ततस्तस्यवचनान्मयातदृषभस्यपुरीषमुपयुक्तंसचापिकः ॥ तदेतद्भवतोपदिष्टमिच्छेयंश्रोतुंकिंतदिति ॥ सतेनैवमुक्तउपाध्यायःप्रत्युवाच ६५
येतेस्त्रियौधाताविधाताचयेचतेकृष्णाःसितास्तंतवस्तेरात्र्यहनी ॥ यदपितच्चक्रंद्वादशारंषड्भिःकुमाराःपरिवर्तयंतितेपिऽषड्ऋतवःसंवत्सरश्चक्रम् ६६ यःपुरुषः
सपर्जन्यःयोऽश्वःसोऽग्निःयऋषभस्त्वयापथिगच्छतादृष्टःसऐरावतोनागराट् ६७ यश्चैनमधिरूढःपुरुषःसचेंद्रःयदपितेभक्षितंतस्यऋषभस्यपुरीषंदमृतं
तेनखल्वसितस्मिन्नागभवनेनव्यापन्नस्त्वम् ६८ सहिभगवानिंद्रोममसखात्वदनुक्रोशादिममनुग्रहंकृतवान् ॥ तस्मात्कुंडलेगृहीत्वापुनरागतोऽसि ६९
तत्सौम्यगम्यतामनुजानेभवंतंश्रेयोऽवाप्स्यसीति ॥ सउपाध्यायेनानुज्ञातोभगवानुत्तंकःक्रुद्धस्तक्षकंप्रतिचिकीर्षमाणोहास्तिनपुरंप्रतस्थे १७० सहा
स्तिनपुरंप्राप्यनचिराद्विप्रसत्तमः ॥ समागच्छतराजानमुत्तंकोजनमेजयम् १७१

त्वाद्यवस्थाभेदेनचतदुपपत्तेःकिमंतर्गडुनाकालेनेतिप्रजापतिरेवसंवत्सरशब्दार्थः ६६ यःपुरुषःसपर्जन्यः पर्जन्यवत्तापनाशकत्वादाचार्यरूपईश्वरः योऽश्वःसोऽग्निर्भोक्ताजीवइत्यर्थः इराअन्नं तद्वानिरावान्ऋतुस्ततउत्पन्नऐरावतोधर्मः नागराडिवाप्रकंप्यः शेषमुक्तार्थं ६७ नव्यापन्नोनमृतः ६८ सहीति । ममजीवस्यसखा परमेश्वरोह्यंतरात्मत्वात्सर्वेषांसखा । द्वासुपर्णासयुजासखायेतिमंत्रवर्णात् सहिसर्वान्स्वधर्मस्थाननुगृह्णाति तत्प्रतिकूलस्यतक्षकस्येवकुलक्षयंचकरोतित्याख्यायिकातात्पर्यं 'खलोनप्रार्थनासाध्यःसचदैवेनदंडितः । अभ्येतिमृदुतांपश्चादुत्तंकेतक्षकोयथा' ६९ प्रतिचिकीर्षमाणः हेतौशानच् तक्षकंबाधितुमित्यर्थः १७० हर्षकालेराजानमर्थयेतेतिभावः १७१

१७२ शब्दतइतिशब्दोऽर्थस्तेनसंपन्नयाविशिष्टार्थवत्या ७३ । ७४ । ७५ । ७६ । ७७ । ७८ योऽस्मान्द्वेष्टियंचवयंद्विष्मस्तंहन्मीतिमंत्रलिंगानुमितेत्रृहर्शितव्यएवेत्यस्मिन्विधौसाध्ये दृष्टंयत्कर्मसर्पसत्राख्यंतस्यकार्यस्यावश्यानुष्ठेयस्यकर्तव्यतायावाकालंमन्ये अपचितिंप्रतिक्रियां ७९ । १८० । ८१ मुख्यमपराधमाह यियासुमिति । विषहरणायजिगमिषुमर्थदानेनन्यवर्तयत् पिपासुमितिपाठेररिक्षिषुमित्यर्थः ८२ । ८३ । ८४ । ८५ वाक्यहविषावाक्यरूपेणोद्दीपकेनहविषाघृतादिना ८६ । ८७ वृत्तंमृतं 'वृत्तोऽतीतेदृढेख्यातेवर्तुलेऽपिमृते

पुरातक्षशिलासंस्थंनिवृत्तमपराजितम् ॥ सम्यग्विजयिनंदृष्ट्वासमंतान्मंत्रिभिर्वृतम् १७२ तस्मैजयाशिषःपूर्वंयथान्यायंप्रयुज्यसः ॥ उवाचैनंवचःकालेशब्दसंपन्नयागिरा ७३ ॥ उत्तंकउवाच ॥ अन्यस्मिन्करणीयेतुकार्येपार्थिवसत्तम ॥ बाल्यादिवान्यदेवत्वंकुरुषेनृपसत्तम ७४ ॥ सौतिरुवाच ॥ एवमुक्तस्तुविप्रेणसराजाजनमेजयः ॥ अर्चयित्वायथान्यायंप्रत्युवाचद्विजोत्तमम् ७५ ॥ जनमेजयउवाच ॥ आसांप्रजानांपरिपालनेनस्वंक्षत्रधर्मंपरिपालयामि ॥ प्रब्रूहिमेकिंकरणीयमद्ययेनासिकार्येणसमागतस्त्वम् ७६ ॥ सौतिरुवाच ॥ सएवमुक्तस्तुनृपोत्तमेनद्विजोत्तमःपुण्यकृतांवरिष्ठः ॥ उवाचराजानमदीनसत्वंस्वमेवकार्यंनृपतेकुरुष्व ७७ ॥ उत्तंकउवाच ॥ तक्षकेणमहींद्रेंद्रयेनतेहिंसितःपिता ॥ तस्मैप्रतिकुरुष्वत्वंपन्नगायदुरात्मने ७८ कार्यकालंहिमन्येऽहंविधिदृष्टस्यकर्मणः ॥ तद्गच्छापचितिंराजन्पितुस्तस्यमहात्मनः ७९ तेनह्यनपराधीसदष्टोदुष्टांतरात्मना ॥ पंचत्वमगमद्राजावज्राहतइवद्रुमः १८० बलदर्पसमुत्सिक्तस्तक्षकःपन्नगाधमः ॥ अकार्यंकृतवान्पापोयोऽदशत्पितरंतव ८१ राजर्षिवंशगोप्तारममरप्रतिमंनृपम् ॥ यियासुंकश्यपंचैवन्यवर्तयतपापकृत् ८२ होतुमर्हसितंपापंज्वलितेहव्यवाहने ॥ सर्पसत्रेमहाराजत्वरितंतद्विधीयताम् ८३ एवंपितुश्चापचितिंकृतवांस्त्वंभविष्यसि ॥ ममप्रियंचसुमहत्कृतंराजन्भविष्यति ८४ कर्मणःपृथिवीपालममयेनदुरात्मना ॥ विघ्नःकृतोमहाराजगुर्वर्थंचरतोऽनघ ८५ ॥ सौतिरुवाच ॥ एतच्छ्रुत्वातुनृपतिस्तक्षकायचुकोपह ॥ उत्तंकवाक्यहविषादीप्तोऽग्निर्हविषायथा ८६ अपृच्छत्सतदाराजामंत्रिणस्तान्सुदुःखितः ॥ उत्तंकस्यैवसान्निध्येपितुःस्वर्गगतिंप्रति ८७ तदैवहिसराजेंद्रोदुःखशोकाप्लुतोऽभवत् ॥ यदैववृत्तंपितरमुत्तंकादश्रुणोत्तदा १८८ ॥ इति श्रीमहाभारते आदिपर्वणि पौष्यपर्वणि पौष्याख्याने तृतीयोऽध्यायः ॥ ३ ॥
॥ समाप्तंचपौष्यपर्व ॥ ॥ ॥

वृते'इतिविश्वः तक्षकविषेणेतिशेषः 'धर्मोद्यमेऽनुकूलाःस्युर्देवास्तत्प्रतिबध्नतः । तक्षकस्यैवदुःखाप्तिरितिपौष्येव्यवस्थितम्' इतिरत्नगर्भः १८८ ॥ इति आदिपर्वणि नीलकंठीये भारतभावदीपे तृतीयोऽध्यायः ॥ ३ ॥ ॥ छ ॥

एवंकृतोपोद्घातंभारतमारभते लोमहर्षणेत्यादिपूर्ववद्व्याख्येयं अत्रसौतिरुवाचेतिपाठेलोमहर्षणपुत्रादीनांसृष्टिप्रवाहानादितयाप्रतिकल्पंसमाननामरूपाधिकारपुरुषविशेषवचनानां 'सूर्याचंद्रमसौधाता
यथापूर्वमकल्पयत्'इत्यादिश्रुतिभ्यः स्थानपतिसेनापत्यादिशब्दवदधिकारविशेषवाचित्वादेतत्कल्पीयसौतिवचनंपूर्वकल्पीयलोमहर्षणपुत्रादिपरमिति एवंसर्पसत्रादिकथाऽपिकृतत्रेतादियुगस्थानुरुरु
प्रभृतीन्प्रत्युच्यमानापूर्वकल्पीयसर्पसत्रादिपरेतिध्येयं १ पौराणिकःपुराणंपण्यंजीविकास्येतिव्युत्पत्तिंनिराकरोतिपुराणेकृतश्रमइति । अत्रब्राह्मण्यांक्षत्रियात्सूतइतिस्मृत्युक्तोविलोमजोजातिसूतःसंजया
धिरथादिरन्यः यस्यजीविकासारथ्यंवापुराणराज्ञांशौर्यौदार्यादिवर्णनेनस्वामिप्रोत्साहनंच । अतएवास्यपौराणिकइतिसंज्ञा उग्रश्रवास्तुसौतिरेवनजातिसूतः तथात्वेतत्रापिसूतशब्दप्रयोगोपपत्तेःसौ
तिरित्यपत्यार्थस्यतद्धितस्यानर्थक्यंस्यात् किंतर्हि 'अग्निकुंडसमुद्भूतसूतनिर्मलमानस'इतिरोमहर्षणंप्रतिशौनकवचनस्यपुराणांतरेदर्शनादग्निजोरोमहर्षणःसूतस्तस्यचब्राह्मणसंकल्पाद्ब्रह्मासनार्हत्वं धृष्टद्युम्न
स्यक्षत्रियत्ववत् ब्रह्मासनंचवैशंपायनशांतव्रतमार्कंडेयादितुल्यस्तत्सजातीयएवार्हतिनहीनः नहिमहांतःशौनकादयोहीनात्परंरहस्यंजगृहुरितिवक्तुंयुक्तं नहीनतःपरमभ्याददीतेत्यत्रैवतन्निषेधात् । नीचाद

॥ अथपौलोमपर्व ॥ लोमहर्षणपुत्रउग्रश्रवाःसौतिःपौराणिकोनैमिषारण्येशौनकस्यकुलपतेर्द्वादशवार्षिकेसत्रेऋषीनभ्यागतानुपतस्थे १ पौराणिकःपुराणेकृत
श्रमःसकृतांजलिस्तानुवाच ॥ किंभवंतःश्रोतुमिच्छंतिकिमहंब्रवाणीति २ ॥ तमृषयऊचुः ॥ परमंलोमहर्षणेवक्ष्यामस्त्वांनःप्रतिवक्ष्यसिवचःशुश्रूषतांकथा
योगंनःकथायोगे ३ तत्रभगवान्कुलपतिस्तुशौनकोऽग्निशरणमध्यास्ते ४ योऽसौदिव्याःकथावेददेवतासुरसंश्रिताः ॥ मनुष्योरगगंधर्वकथावेदचसर्वशः ५
सचाप्यस्मिन्मखेसौतेविद्वान्कुलपतिर्द्विजः ॥ दक्षोधृतव्रतोधीमान्शास्त्रेचारण्यकेगुरुः ६ सत्यवादीशमपरस्तपस्वीनियतव्रतः ॥ सर्वेषामेवनोमान्यःसतावत्प्र
तिपाल्यताम् ७ तस्मिन्नध्यासतिगुरावासनंपरमार्चितम् ॥ ततोवक्ष्यसियत्त्वांसप्रक्ष्यतिद्विजसत्तमः ८ ॥ सौतिरुवाच ॥ एवमस्तुगुरौतस्मिन्नुपविष्टे
महात्मनि ॥ तेनपृष्टःकथाःपुण्यावक्ष्यामिविविधाश्रयाः ९ सोऽथविप्रर्षभःसर्वंकृत्वाकार्यंयथाविधि ॥ देवान्वाग्भिःपितॄनद्भिस्तर्पयित्वाऽऽजगामह १० यत्रब्र
ह्मर्षयःसिद्धाःसुखासीनाधृतव्रताः ॥ यज्ञायतनमाश्रित्यसूतपुत्रपुरःसराः ११ ऋत्विक्ष्वथसदस्येषुसवैगृहपतिस्तदा ॥ उपविष्टेषूपविष्टःशौनकोऽथाब्रवीदिद
म् १२ ॥ इति श्रीमहाभारते आदिपर्वणि पौलोमपर्वणिकथाप्रवेशोनामचतुर्थोऽध्यायः ॥ ४ ॥ ॥ ॥ ॥

प्युत्तमांविद्यांग्राह्येतिस्त्वापद्विषयमेतत् अतएवतद्धलरामेणब्रह्महत्याव्रतंचीर्णमितिस्मर्यतेतत्रसूतशब्दस्तुकथाप्रवक्तृत्वसामान्यात् तस्माद्ब्राह्मणएवपुराणप्रवक्तृत्वेनवरणीयःश्रोतुकामैर्नहीनः पौराणि
कपदंनजातिसूतपरमपितुपुराणाध्येतृब्राह्मणपरमिति २ परममिति । हेलोमहर्षणेत्वांपरमंवचोवक्ष्यामः परमंब्रह्मवक्ष्यामस्त्वत्प्रयोजकत्वेनवाचयिष्यामः शौनकेसमागतेइतिशेषः कथायोगंकथास
मुदायं शुश्रूषतांनः त्वंप्रतिवक्ष्यसीतिज्ञात्वेतिशेषः नोऽस्माकंकथायोगेकथाप्रसंगेइतिव्यवहितान्वयेनयोज्यं ३ अग्निशरणमग्निगृहं ४ वेदतात्पर्यंबोद्धुमितिशेषः ५ शास्त्रेविधिनिषेधप्रधानेकर्मकांडे
आरण्यकेउपनिषदिज्ञानकांडे ६ प्रतिपाल्यतांप्रतीक्ष्यतां ७ ततःतत्प्रथमार्थेतसिः ८ । ९ वाग्भिर्ब्रह्मयज्ञीयाभिः यद्दचोऽधीतेपयआहुतिभिरेवतद्देवतास्तर्पयतीत्यादिवचनात् आजगामेतिच्छेदः
१० । ११ । १२ ॥ इति आदिपर्वणि नीलकंठीये भारतभावदीपेचतुर्थोऽध्यायः ॥ ४ ॥ ॥ ॥ ॥ ॥ ॥

पुराणमिति । पुराणंपुरावृत्तं १ । २ कल्याःसमर्थाः तवत्वत्तःश्रोतुमितिसंबंधः ३ कथितंमर्त्यमितिशेषः ४ ततोमयेति । पितुःसकाशान्मयाऽधीतमित्यावर्तनीयं ५ । ६ पुराणस्याश्रयःउपोद्धातस्तत्संयुतं ७
८ । ९ पूर्वपितामहःकुलप्रधानपुरुषः १० नियतःशमादिमान् नियताशनःहितंमितंमेध्यंवाऽश्नाति नत्वनशनमेवेतिभावः नियतेंद्रियइतिपाठेयमनियमयुक्तः ११ । १२ । १३ । १४ । १५ हृच्छयेनका

॥ शौनकउवाच ॥ पुराणमखिलंतातपितातेऽधीतवान्पुरा ॥ कच्चित्त्वमपितत्सर्वमधीषेलोमहर्षणे १ पुराणेहिकथादिव्याआदिवंशाश्चधीमताम् ॥ कथ्यंतेये
पुराऽस्माभिःश्रुतपूर्वाःपितुस्तव २ तत्रवंशमहंपूर्वंश्रोतुमिच्छामिभार्गवम् ॥ कथयस्वकथामेतांकल्याःस्मश्रवणेतव ३ ॥ सौतिरुवाच ॥ यदधीतंपुरासम्यक्
द्विजश्रेष्ठैर्महात्मभिः ॥ वैशंपायनविप्राग्र्यैस्तैश्चापिकथितंयथा ४ यदधीतंचपित्रामेसम्यक्चैवततोमया ॥ तावच्छृणुष्वयोदेवैःसेन्द्रैःसर्षिमरुद्गणैः ५ पूजितःप्रव
रोवंशोभार्गवोभृगुनंदन ॥ इमंवंशमहंपूर्वंभार्गवंतेमहामुने ६ निगदामियथायुक्तंपुराणाश्रयसंयुतम् ॥ भृगुर्महर्षिर्भगवान्ब्रह्मणावैस्वयंभुवा ७ वरुणस्यक्रतौजातः
पावकादितिनःश्रुतम् ॥ भृगोःसुदयितःपुत्रश्च्यवनोनामभार्गवः ८ च्यवनस्यचदायादःप्रमतिर्नामधार्मिकः ॥ प्रमतेरप्यभूत्पुत्रोघृताच्यांरुरुरित्युत ९ रुरोरपिसुतो
जज्ञेशुनकोवेदपारगः ॥ प्रमद्वरायांधर्मात्मातवपूर्वपितामहः १० तपस्वीचयशस्वीचश्रुतवान्ब्रह्मवित्तमः ॥ धार्मिकःसत्यवादीचनियतोनियताशनः ११
॥ शौनकउवाच ॥ सूतपुत्रयथातस्यभार्गवस्यमहात्मनः ॥ च्यवनत्वंपरिख्यातंतन्ममाचक्ष्वपृच्छतः १२ ॥ सौतिरुवाच ॥ भृगोःसुदयिताभार्यापुलोमेत्यभि
विश्रुता ॥ तस्यांसमभवद्गर्भोभृगुवीर्यसमुद्भवः १३ तस्मिन्गर्भेऽथसंभूतेपुलोमायांभृगूद्वह ॥ समयेसमशीलिन्यांधर्मपत्न्यांयशस्विनः १४ अभिषेकायनिष्क्रां
तेभृगौधर्मभृतांवरे ॥ आश्रमंतस्यरक्षोऽथपुलोमाभ्याजगामह १५ तंप्रविश्याश्रमंदृष्ट्वाभृगोर्भार्यामनिंदिताम् ॥ हृच्छयेनसमाविष्टोविचेताःसमपद्यत १६
अभ्यागतंतुतद्रक्षःपुलोमाचारुदर्शना ॥ न्यमंत्रयतवन्येनफलमूलादिनातदा १७ तांतुरक्षस्तदाब्रह्मन्हृच्छयेनाभिपीडितम् ॥ दृष्ट्वाहृष्टमभूद्राजन्जिहीर्षुस्ताम
निंदिताम् १८ जातमित्यब्रवीत्कार्यंजिहीर्षुर्मुदितःशुभाम् ॥ साहिपूर्वंवृतातातेनपुलोम्नातुशुचिस्मिता १९ तांतुप्रादात्पितापश्चाद्भृगवेशास्त्रवत्तदा ॥ तस्यतत्कि
ल्बिषंनित्यंहृदिवर्ततिभार्गव २० इदमंतरमित्येवंहर्तुंचक्रेमनस्तदा ॥ अथाग्निशरणेऽपश्यज्ज्वलंतंजातवेदसम् २१ तमपृच्छत्ततोरक्षःपावकंज्वलितंतदा ॥ शंस
मेकस्यभार्येयमग्नेपृच्छेऋतेनवै २२ मुखंत्वमसिदेवानांवदपावकपृच्छते ॥ मयाहीयंवृतापूर्वंभार्यार्थेवरवर्णिनी २३ पश्चादिमांपिताप्रादाद्भृगवेऽनृतकारकः ॥ सेयं
यदिवरारोहाभृगोर्भार्यारहोगता २४ तथासत्यंसमाख्याहिजिहीर्षाम्याश्रमादिमाम् ॥ समन्युस्तत्रहृदयंप्रदहन्निवतिष्ठति ॥ मत्पूर्वभार्यायदिमांभृगुरापसुमध्यमाम् २५

मेन १६ । १७ । १८ कथंपरदारेषुकामइत्यतआह साहीति । बाल्येकिलरुदतींकन्यांरोदननिवृत्त्यर्थंभीषयितुंपित्राउक्तंरेरक्षएनांगृहाणेतितावतैवगृहेसन्निहितेनरक्षसावृतामभेयंभार्येतिभावः १९ । २० । २१
२२ । २३ अतएवतस्याःपिताअनृतकारकः अनृतकारिणेइतिपाठेतुभृगोरेवविशेषणं । परिहासेनापिददामीत्युक्त्वानदत्तंचेद्दोषोभवतीतिभावः वरारोहाश्रेष्ठनितंबा २४ । २५ ॥ ॥

शंकमानंछलवचनेनपूर्वमद्यंदत्तापश्चाद्विधिपूर्वकंभृगवेदत्ताऽतोममवाइयंभृगोर्वेतिसंदिहानम् २६ कवेसर्वज्ञ २७ यद्दितथेति । मत्पूर्वासाचेद्भृगुश्चानृतकारीचेत्तर्हिसत्यंब्रूहि २८ । २९ भृगोरित्युक्तेऽनृतंपूर्वं
रक्षःपरिग्रहत्वात्तस्याः रक्षसइत्युक्तेभृगुतःशापभयम् ३० । ३१ । ३२ । ३३ सेयमिति । यात्वयापूर्वंहृतासेयंत्वदीयैवेयमित्यर्थः ३४ ॥ इति आदिपर्वणि नीलकंठीये भा० पंचमोऽध्यायः ॥ ५ ॥

॥ सौतिरुवाच ॥ एवंरक्षस्तमामंत्र्यज्वलितंजातवेदसम् ॥ शंकमानंभृगोर्भार्यांपुनःपुनरपृच्छत २६ त्वमग्नेसर्वभूतानामंतश्चरसिनित्यदा ॥ साक्षिवत्पुण्यपापे
षुसत्यंब्रूहिकवेवचः २७ मत्पूर्वाऽपहृताभार्याभृगुणाऽनृतकारिणा ॥ सेयंयदितथामेत्वंसत्यमाख्यातुमर्हसि २८ श्रुत्वात्वत्तोभृगोर्भार्यांहरिष्याम्याश्रमादिमाम् ॥
जातवेदःपश्यतस्तेवदसत्यांगिरंमम २९ ॥ सौतिरुवाच ॥ तस्यैतद्वचनंश्रुत्वासप्तार्चिर्दुःखितोऽभवत् ॥ भीतोऽनृताच्चशापाच्चभृगोरित्यब्रवीच्छनैः ३०
॥ अग्निरुवाच ॥ त्वयावृतापुलोमेयंपूर्वंदानवनंदन ॥ किंत्वियंविधिनापूर्वंमंत्रवन्नवृतात्वया ३१ पित्रातुभृगवेदत्तापुलोमेयंयशस्विनी ॥ ददातिनपितातुभ्यंवर
लोभान्महायशाः ३२ अथेमांवेददृष्टेनकर्मणाविधिपूर्वकम् ॥ भार्यामृषिर्भृगुःप्रापमांपुरस्कृत्यदानव ३३ सेयमित्यवगच्छामिनानृतंवक्तुमुत्सहे ॥ नानृतंहिसदा
लोकेपूज्यतेदानवोत्तम ३४ ॥ इति श्रीमहाभारते आदिपर्वणि पौलोमपर्वणिपुलोमाग्निसंवादेपंचमोऽध्यायः ॥ ५ ॥ सौतिरुवाच ॥ अग्नेरथवचःश्रुत्वातद्रक्षःप्रज
हारताम् ॥ ब्रह्मन्वराहरूपेणमनोमारुतरंहसा १ ततःसगर्भोनिवसन्कुक्षौभृगुकुलोद्वहः ॥ रोषान्मातुश्च्युतःकुक्षेश्च्यवनस्तेनसोऽभवत् २ तंदृष्ट्वामातुरुदराच्च्युत
मादित्यवर्चसम् ॥ तद्रक्षोभस्मसाद्भूतंपपातपरिमुच्यताम् ३ सातमादायसुश्रोणीससारभृगुनंदनम् ॥ च्यवनंभार्गवंपुत्रंपुलोमादुःखमूर्च्छिता ४ तांददर्शस्वयं
ब्रह्मासर्वलोकपितामहः ॥ रुदतींबाष्पपूर्णाक्षींभृगोर्भार्यामनिंदिताम् ५ सांत्वयामासभगवान्वधूंब्रह्मापितामहः ॥ अश्रुबिंदूद्भवातस्याःप्रावर्ततमहानदी ६
आवर्तंतीसृतिंतस्याभृगोःपत्न्यास्तपस्विनः ॥ तस्यामार्गंसृतवतींदृष्ट्वातुसरितंतदा ७ नामतस्यास्तदानद्याश्चक्रेलोकपितामहः ॥ वधूसरेतिभगवांश्च्यवनस्या
श्रमंप्रति ८ सएवंच्यवनोजज्ञेभृगोःपुत्रःप्रतापवान् ॥ तंददर्शपितातत्रच्यवनंतांचभाविनीम् ॥ सपुलोमांततोभार्यांपप्रच्छकुपितोभृगुः ९ ॥ भृगुरुवाच ॥
केनासिरक्षसेतस्मैकथितात्वंजिहीर्षते ॥ नहित्वांवेदतद्रक्षोमद्भार्यांचारुहासिनीम् १० तत्त्वमाख्याहितंह्यद्यशप्तुमिच्छाम्यहंरुषा ॥ बिभेतिकोनशापान्मेकस्य
चायंव्यतिक्रमः ११ ॥ पुलोमोवाच ॥ अग्निनाभगवंस्तस्मैरक्षसेऽहंनिवेदिता ॥ ततोमामनयद्रक्षःक्रोशंतींकुररीमिव १२ साऽहंतवसुतस्यास्यतेजसापरिमो
क्षिता ॥ भस्मीभूतंचतद्रक्षोमामुत्सृज्यपपातवै १३ ॥ सौतिरुवाच ॥ इतिश्रुत्वापुलोमायाभृगुःपरममन्युमान् ॥ शशापाग्निमतिक्रुद्धःसर्वभक्षोभविष्यसि १४
॥ इति श्रीमहाभारते आदिपर्वणि पौलोमपर्वणि अग्निशापेषष्ठोऽध्यायः ॥ ६ ॥ ॥ ॥ ॥

छलवचनाद्वैधएवविधिःश्रेयान् तयोःसाम्यंपश्यन्नग्निःशापंप्राप आद्यस्यप्राबल्यंमन्त्रानोराक्षसोनाशंचप्रापेतिषष्ठाध्यायतात्पर्यं अग्नेरथेति १ तेनचुच्यावेतियोगेन २ । ३ । ४ । ५ । ६ सृतिंमार्गं ७
८ । ९ मद्भार्यामियंममैवभार्यानतुभृगोरित्येवंरूपेणत्वांरक्षोनवेदेत्यर्थः तवेयंभार्येतिकेनकथितासि १० । ११ । १२ । १३ । १४ ॥ इति आदिपर्वणि नीलकंठीये भारतभावदीपे षष्ठोऽध्यायः ॥ ६ ॥

म.भा.टी. ॥ ३३ ॥ आदि०१ अ० ॥ ७ ॥

शप्तस्त्विति १ सत्यंचवदतःसमं सत्यंयथार्थं समंपक्षपातहीनं व्यभिचारःअपराधः २ । ३ । ४ । ५ योगेनयोमसिद्धिबलेन मूर्तिषुगार्हपत्यदक्षिणाग्न्यादिषु सत्रेष्वनेककर्तृकेषुगवामयनादिषु क्रियासुस्मार्तासुगर्भाधानादिषु मखेज्योतिष्टोमादौ ६ । ७ आपःसोमाज्यपयःप्रभृतयोऽग्नौहूयमानादेवपितृरूपाः । आपःपुरुषवचसोभवंतीतिश्रुतेरग्नौहुताआपएवदेवताशरीररूपेणपरिणमंतइत्यर्थः ८ देवादिभावस्यापिकर्मप्राप्यत्वाद्देवानांपितॄणांचमिथोभेदोनास्त्येवतुल्यहेतुकत्वादित्याह देवताइति ९ । १० अमावास्याममावास्यायां हूयंतेइज्यंते ११ संहारंतिरो

॥ सौतिरुवाच ॥ शप्तस्तुभृगुणावह्निःक्रुद्धोवाक्यमथाब्रवीत् ॥ किमिदंसाहसंब्रह्मन्कृतवानसिमांप्रति १ धर्मेप्रयतमानस्यसत्यंचवदतःसमम् ॥ पृष्टोयदब्रुवंसत्यंव्यभिचारोऽत्रकोमम २ पृष्टोहिसाक्षीयःसाक्ष्यंजानानोऽप्यन्यथावदेत् ॥ सपूर्वानात्मनःसप्तकुलेहन्यात्तथापरान् ३ यश्चकार्यार्थतत्त्वज्ञोजानानोऽपिनभाषते ॥ सोऽपितेनैवपापेनलिप्यतेनात्रसंशयः ४ शक्तोऽहमपिशप्तुंत्वांमान्यास्तुब्राह्मणामम ॥ जानतोऽपिचतेब्रह्मन्कथयिष्येनिबोधतत् ५ योगेनबहुधात्मानंकृत्वातिष्ठामिमूर्तिषु ॥ अग्निहोत्रेषुसत्रेषुक्रियासुचमखेषुच ६ वेदोक्तेनविधानेनमयियद्धूयतेहविः ॥ देवताःपितरश्चैवतेनतृप्ताभवंतिवै ७ आपोदेवगणाःसर्वेआपःपितृगणास्तथा ॥ दर्शश्चपौर्णमासश्चदेवानांपितृभिःसह ८ देवताःपितरस्तस्मात्पितरश्चापिदेवताः ॥ एकीभूताश्चदृश्यन्तेपृथक्त्वेनचपर्वसु ९ देवताःपितरश्चैवभुंजतेमयियद्धुतम् ॥ देवतानांपितॄणांचमुखमेतदहंस्मृतम् १० अमावास्यांहिपितरःपौर्णमास्यांहिदेवताः ॥ मन्मुखेनैवहूयंतेभुंजतेचहुतंहविः ११ सर्वभक्षःकथंत्वेषांभविष्यामिमुखंत्वहम् ॥ सौतिरुवाच ॥ चिंतयित्वाततोवह्निश्चक्रेसंहारमात्मनः १२ द्विजानामग्निहोत्रेषुयज्ञसत्रक्रियासुच ॥ निरोंकारवषट्काराःस्वधास्वाहाविवर्जिताः १३ विनाऽग्निनाप्रजाःसर्वास्ततआसन्सुदुःखिताः ॥ अथर्षयःसमुद्विग्नादेवान्गत्वाब्रुवन्वचः १४ अग्निनाशात्क्रियाभ्रंशाद्भ्रांतालोकास्त्रयोऽनघाः ॥ विधध्वमत्रयत्कार्यंनस्यात्कालात्ययोयथा १५ अथर्षयश्चदेवाश्चब्रह्माणमुपगम्यतु ॥ अग्नेरावेदयन्शापंक्रियासंहारमेवच १६ भृगुणावैमहाभागशप्तोऽग्निःकारणांतरे ॥ कथंदेवमुखोभूत्वायज्ञभागाग्रभुक्तथा १७ हुतभुक्सर्वलोकेषुसर्वभक्षत्वमेष्यति ॥ श्रुत्वातुतद्वचस्तेषामग्निमाहूयविश्वकृत् १८ उवाचवचनंश्लक्ष्णंभूतभावनमव्ययम् ॥ लोकानामिहसर्वेषांत्वंकर्ताचांतएवच १९ त्वंधारयसिलोकांस्त्रीन्क्रियाणांचप्रवर्तकः ॥ सतथाकुरुलोकेशनोच्छिद्येरन्यथाक्रियाः २० कस्मादेवंविमूढस्त्वमीश्वरःसन्हुताशन ॥ त्वंपवित्रंसदालोकेसर्वभूतगतिश्चह २१ नत्वंसर्वशरीरेणसर्वभक्षत्वमेष्यसि ॥ अपानेह्यर्चिषोयास्तेसर्वंभक्ष्यंतिताःशिखिन् २२ क्रव्यादाचतनुर्यातेसासर्वंभक्षयिष्यति ॥ यथासूर्यांशुभिःस्पृष्टंसर्वंशुचिविभाव्यते २३ तथात्वदर्चिर्निर्दग्धंसर्वंशुचिभविष्यति ॥ त्वमग्नेपरमंतेजःस्वप्रभावाद्विनिर्गतम् २४ ॥ ॥

भावम् १२ । १३ । १४ क्रियाभ्रंशादग्निहोत्रादिलोपात् भ्रांताःकर्तव्याकर्तव्यविमूढाः १५ । १६ । १७ । १८ भूतभावनंजरायुजादिभूतकर्तारम् १९ । २० । २१ भक्ष्यंतिभक्षयिष्यंति शिखिन्अग्ने २२ क्रव्यादामनुष्याद्यमेध्यमांसभक्षिणी २३ स्वप्रभावाद्विनिर्गतंशापंसत्यंकुर्वितिभावः । यथोक्तंशिक्षायां 'आत्माबुद्ध्यासमेत्यार्थान्मनोयुंक्तेविवक्षया । मनःकायाग्निमाहंतिसप्रेरयतिमारुतम् । मारुतस्तूरसिचरन्मंद्रंजनयतिस्वरम्'इत्याद्युक्तत्वादग्नेर्वागधिष्ठातृत्वाच्च २४ ॥ ॥ ॥

॥ ३३ ॥

२५ । २६ । २७ ब्राह्मणैरनपराधबाधितोऽपिनतेषुप्रतीकारंप्रयुंजीतेत्यध्यायतात्पर्यं २८ । २९ इतिआदिपर्वणिनीलकंठीये भारतभावदीपेसप्तमोऽध्यायः ॥ ७ ॥ सचापीति १ । २। ३। ४ । ५ प्रजज्ञिवानुत्पादितवान् ६ । ७ । ८ । ९ । १० । ११ । १२ । १३ । १४ । १५ भगदैवतेपूर्वयोःफल्गुन्योरितिलौकिकाः फल्गुनीनक्षत्रमर्यमादेवताफल्गुनीनक्षत्रंभगोदेवतेतिश्रुतेरुत्तराफल्गुन्योर्वाविवाहं

स्वतेजसैवतंशापंकुरुसत्यमृषेर्विभो ॥ देवानांचात्मनोभागंगृहाणत्वंमुखेहुतम् २५ ॥ सौतिरुवाच ॥ ॥ एवमस्त्वितितंवन्हिःप्रत्युवाचपितामहम् ॥ जगाम शासनंकर्तुंदेवस्यपरमेष्ठिनः २६ देवर्षयश्चमुदितास्ततोजग्मुर्यथागतम् ॥ ऋषयश्चयथापूर्वंक्रियाःसर्वाःप्रचक्रिरे २७ दिविदेवामुमुदिरेभूतसंघाश्चलौकिकाः ॥ अग्निश्चपरमांप्रीतिमवापहतकल्मषः २८ एवंसभगवाञ्छापंलेभेऽग्निर्भृगुतःपुरा ॥ एवमेषपुरावृत्तइतिहासोऽग्निशापजः ॥ पुलोम्नश्चविनाशोऽयंच्यवनस्यचसंभवः २९ ॥ इतिश्रीमहाभारते आदिपर्वणिपौलोमपर्वणि अग्निशापमोचने सप्तमोऽध्यायः ॥ ७ ॥ ॥ सौतिरुवाच ॥ सचापिच्यवनोब्रह्मन्भार्गवोजनयत्सुतम् ॥ सुकन्यायांमहात्मानंप्रमतिंदीप्ततेजसम् १ प्रमतिस्तुरुरुंनामघृताच्यांसमजीजनत् ॥ रुरुःप्रमद्वरायांतुशुनकंसमजीजनत् २ शुनकस्तुमहासत्वःसर्वभार्गवनंदनः ॥ जातस्तपसितीव्रेचस्थितःस्थिरयशास्ततः ३ तस्यब्रह्मन्रुरोःसर्वंचरितंभूरितेजसः ॥ विस्तरेणप्रवक्ष्यामितच्छृणुत्वमशेषतः ४ ऋषिरासीन्महापूर्वंतपोविद्यासमन्वितः ॥ स्थूलकेशइतिख्यातःसर्वभूतहितेरतः ५ एतस्मिन्नेवकालेतुमेनकायांप्रजज्ञिवान् ॥ गंधर्वराजोविप्रर्षेविश्वावसुरितिस्मृतः ६ अप्सरामेनकातस्यतंगर्भंभृगुनंदन ॥ उत्ससर्जयथाकालंस्थूलकेशाश्रमंप्रति ७ उत्सृज्यचैवतंगर्भंनद्यास्तीरेजगामसा ॥ अप्सरामेनकाब्रह्मन्निर्दयानिरपत्रपा ८ कन्याममरगर्भाभांज्वलंतीमिवचश्रिया ॥ तांददर्शसमुत्सृष्टांनदीतीरेमहानृषिः ९ स्थूलकेशःसतेजस्वीविजनेबंधुवर्जिताम् ॥ सतांदृष्ट्वातदाकन्यांस्थूलकेशोमहाद्विजः १० जग्राहचमुनिश्रेष्ठःकृपाविष्टःपुपोषच ॥ ववृधेसावरारोहातस्याश्रमपदेशुभे ११ जातकाद्याःक्रियाश्चास्याविधिपूर्वंयथाक्रमम् ॥ स्थूलकेशोमहाभागश्चकारसुमहानृषिः १२ प्रमदाभ्योवरासातुसत्वरूपगुणान्विता ॥ ततःप्रमद्वरेत्यस्यानामचक्रेमहानृषिः १३ तामाश्रमपदेतस्यरुरुर्दृष्ट्वाप्रमद्वराम् ॥ बभूवकिलधर्मात्मामदनोपहतस्तदा १४ पितरंसखिभिःसोऽथश्रावयामासभार्गवम् ॥ प्रमतिश्चाभ्ययाचत्तांस्थूलकेशंयशस्विनम् १५ ततःप्रादात्पिताकन्यांरुरवेतांप्रमद्वराम् ॥ विवाहंस्थापयित्वाग्रेनक्षत्रेभगदैवते १६ ततःकतिपयाहस्यविवाहेसमुपस्थिते ॥ सखीभिःक्रीडतीसार्धंसाकन्यावरवर्णिनी १७ नापश्यत्संप्रसुप्तंवैभुजंगंतिर्यगायतम् ॥ पदाचैनंसमाक्रामन्मुमूर्षुःकालचोदिता १८ सतस्याःसंप्रमत्तायाश्चोदितःकालधर्मणा ॥ विषोपलिप्तान्दशनान्भृशमंगेन्यपातयत् १९ सादष्टातेनसर्पेणपपातसहसाभुवि ॥ विवर्णाविगतश्रीकाभ्रष्टाभरणचेतना २० निरानंदकरीतेषांबंधूनांमुक्तमूर्धजा ॥ व्यसुरप्रेक्षणीयासाप्रेक्षणीयतमाऽभवत् २१ प्रसुप्तेवाभवच्चापिभुविसर्पविषार्दिता ॥ भूयोमनोहरतराबभूवतनुमध्यमा २२ ॥ ॥ ॥ ॥

स्थापयित्वानिश्चित्य १६ विवाहेसमुपस्थितेप्रागेवविवाहाच्छन्दतः परिग्रहमात्रेणभार्यात्वेनकल्पितायाअपिनाशेरुरोर्दुरंतदुःखावाप्तिरितिपरिग्रहस्यदुःखदत्वंव्यक्तम् १७ । १८ कालधर्मणामृत्युना विषोपलिप्तान्सर्पविषान् १९ । २० व्यसुर्विगतप्राणा २१ । २२ ॥ ॥ ॥ ॥ ॥ ॥

२३ । २४ । २५ ।२६। २७॥ इतिआदिपर्वणिनीलकंठीये भारतभावदीपे अष्टमोऽध्यायः ॥ ८ ॥ ॥ महामहिम्नाप्यायुषःक्षणोऽपिदुर्लभइत्यर्थमध्यायआरभ्यतेतेषुतत्रेत्यादिः १।२ । ३ । ४ । ५ । ६

ददर्शतांपिताचैवयेचैवान्येतपस्विनः ॥ विचेष्टमानांपतितांभूतलेपद्मवर्चसम् २३ ततःसर्वेद्विजवराःसमाजग्मुःकृपान्विताः ॥ स्वस्त्यात्रेयोमहाजानुःकुशिकः शंखमेखलः २४ उद्दालकःकठश्चैवश्वेतश्चैवमहायशाः ॥ भरद्वाजःकौणकुत्स्यआर्ष्टिषेणोऽथगौतमः २५ प्रमतिःसहपुत्रेणतथान्येवनवासिनः ॥ तांतेकन्यांव्य सुंदृष्ट्वाभुजंगस्यविषार्दिताम् २६ रुरुदुःकृपयाऽऽविष्टारुरुस्त्वार्तोबहिर्ययौ ॥ तेचसर्वेद्विजश्रेष्ठास्तत्रैवोपाविशंस्तदा २७ ॥ इतिश्रीमहाभारतेआदिपर्वणि पौ० प० प्रमद्वरासर्पदंशेअष्टमोऽध्यायः ॥ ८ ॥ ॥ सौतिरुवाच ॥ तेषुतत्रोपविष्टेषुब्राह्मणेषुमहात्मसु ॥ रुरुश्चुक्रोशगहनंवनंगत्वाऽतिदुःखितः १ शोकेनाभिह तःसोऽथविलपन्करुणंबहु ॥ अब्रवीद्वचनंशोचन्प्रियांस्मृत्वाप्रमद्वराम् २ शेतेसाभुवितन्वंगीममशोकविवर्धिनी ॥ बांधवानांचसर्वेषांकिंनुदुःखमतःपरम् ३ यदि दत्तंतपस्तप्तंगुरवोवामयायदि ॥ सम्यगाराधितास्तेनसंजीवतुममप्रिया ४ यथाचजन्मप्रभृतियतात्माऽहंधृतव्रतः ॥ प्रमद्वरातथाह्येषासमुत्तिष्ठतुभामिनी ५ एवंलालप्यतस्तस्यभार्यार्थेदुःखितस्यच ॥ देवदूतस्तदाऽभ्येत्यवाक्यमाहरुरुंवने ६ ॥ देवदूतउवाच ॥ अभिधत्सेहयद्वाचारुरोदुःखेनतन्मृषा ॥ यतोमर्त्य स्यधर्मात्मन्नायुरस्तिगतायुषः ७ गतायुरेषाकृपणागंधर्वाप्सरसोःसुता ॥ तस्माच्छोकेमनस्तातमाकृथास्त्वंकथंचन ८ उपायश्चात्रविहितःपूर्वंदेवैर्महात्मभिः ॥ तंयदीच्छसिकर्तुंत्वंप्राप्स्यसीहप्रमद्वराम् ९ ॥ रुरुरुवाच ॥ कउपायःकृतोदेवैर्ब्रूहितत्त्वेनखेचर ॥ करिष्येऽहंतथाश्रुत्वात्रातुमर्हतिमांभवान् १० ॥ देवदूतउवाच ॥ आयुषोऽर्धंप्रयच्छत्वंकन्यायैभृगुनंदन ॥ एवमुत्थास्यतिरुरोतवभार्याप्रमद्वरा ११ ॥ रुरुरुवाच ॥ ॥ आयुषोऽर्धंप्रयच्छामिकन्यायैखेचरोत्तम ॥ शृंगाररूपा भरणासमुत्तिष्ठतुमेप्रिया १२ ॥ सौतिरुवाच ॥ ॥ ततोगंधर्वराजश्चदेवदूतश्चसत्तमौ ॥ धर्मराजमुपेत्येदंवचनंप्रत्यभाषताम् १३ धर्मराजायुषोर्धेनरुरोर्भार्याप्रम द्वरा ॥ समुत्तिष्ठतुकल्याणीमृतैवंयदिमन्यसे १४ ॥ धर्मराजउवाच ॥ प्रमद्वरांरुरोर्भार्यांदेवदूतयदीच्छसि ॥ उत्तिष्ठत्वायुषोऽर्धेनरुरोरेवसमन्विता १५ ॥ सौ तिरुवाच ॥ एवमुक्तेततःकन्यासोदतिष्ठत्प्रमद्वरा ॥ रुरोस्तस्यायुषोऽर्धेनसुप्तेववरवर्णिनी १६ एतद्दृष्टंभविष्येहिरुरोरुत्तमतेजसः ॥ आयुषोऽतिप्रवृद्धस्यभार्या र्थेऽर्धमलुप्यत १७ ततइष्टेऽहनितयोःपितरौचक्रतुर्मुदा ॥ विवाहंतौचरेमातेपरस्परहितैषिणौ १८ सलब्ध्वादुर्लभांभार्यांपद्मकिंजल्कसुप्रभाम् ॥ व्रतंचक्रेविनाशा यजिह्मगानांधृतव्रतः १९ सदृष्ट्वाजिह्मगान्सर्वांस्तीव्रकोपसमन्वितः ॥ अभिहंतियथासत्त्वंगृह्यप्रहरणंसदा २० सकदाचिद्वनंविप्रोरुरुरभ्यागमन्महत् ॥ शयानं तत्रचापश्यत्डुंडुभंवयसाऽन्वितम् २१ ॥ ॥ ॥ ॥

गतायुषआयुर्लाभोनास्ति ७ । ८ । ९ । १० । ११ । १२ । १३ । १४ रुरोरेवनान्यस्यदंपत्योरेकात्मकत्वात् १५ । १६ नचैवमायुषोऽर्धप्रदानेनेतरेषामप्यायुर्लाभोभवतीत्याह भविष्येरुरोरेवजातकेइदं दृष्टंनान्यत्रेत्यर्थः १७ । १८ एवंकामप्रतीघातेक्रोधावेशादविवेकेनाधर्ममपिमहान्तोऽनुतिष्ठंतीत्याह व्रतमिति । व्रतंनियमं जिह्मगानांसर्पाणां १९ गृह्यगृहीत्वा २० डुंडुभंनिर्विषंस्थूलसर्पं वयसान्वितंवृद्धं २१

२२ संरंभादावेशात् २३ ॥ इतिआदिपर्वणिनीलकंठीये भारतभावदीपे नवमोऽध्यायः ॥ ९ ॥ ॥ ममेति १ । २ अहिर्गंधेनसर्पसादृश्यमात्रेण ३ अत्राध्यायेविधेयांशमाह एकानर्थानिति
अनर्थोहानिः अर्थोलाभः तत्रार्थःसुखंचकर्तुर्भोक्तुश्चभवति अनर्थोदुःखंचैकस्यापराधेनसर्वेषांतत्सजातीयानांभवतीत्यर्थः धर्मवित् यस्यापराधःसएवदंडयोनान्यइतिधर्मस्तज्ज्ञः ४ । ५ । ६ । ७ । ८ ॥ इति

ततउद्यम्यदंडंसकालदंडोपमंतदा ॥ जिघांसुःकुपितोविप्रस्तमुवाचाऽथडुंडुभः २२ नापराध्यामितेकिंचिदहमद्यतपोधन ॥ संरंभाच्चकिमर्थंमामभिहंसिरुषाऽ
न्वितः २३ ॥ इतिश्रीमहाभारते आदिपर्वणिपौ०प०प्रमद्वराजीवने नवमोऽध्यायः ॥ ९ ॥ ॥ रुरुरुवाच ॥ ममप्राणसमाभार्यादष्टासीद्भुजगेनह ॥ तत्रमेसमयो
घोरआत्मनोरगवैकृतः १ भुजंगंवैसदाहन्यांयंयंपश्येयमित्युत ॥ ततोऽहंत्वांजिघांसामिजीवितेनाद्यमोक्ष्यसे २ ॥ डुंडुभउवाच ॥ अन्येतेभुजगाब्रह्मन्येदशंतीह
मानवान् ॥ डुंडुभानहिगंधेननत्वंहिंसितुमर्हसि ३ एकानर्थान्पृथगर्थानेकदुःखान्पृथक्सुखान् ॥ डुंडुभान्धर्मविद्भूत्वानत्वंहिंसितुमर्हसि ४ ॥ सौतिरुवाच ॥
इतिश्रुत्वावचस्तस्यभुजगस्यरुरुस्तदा ॥ नावधीद्भयसंविग्नमृषिंमत्वाऽथडुंडुभम् ५ उवाचचैनंभगवान्रुरुःसंशमयन्निव ॥ काममांभुजगब्रूहिकोऽसीमांविक्रियां
गतः ६ ॥ डुंडुभउवाच॥ अहंपुरारुरोनाम्नाऋषिरासंसहस्रपात् ॥ सोहंशापेनविप्रस्यभुजगत्वमुपागतः ७ ॥ रुरुरुवाच ॥ किमर्थंशप्तवान्क्रुद्धोद्विजस्त्वांभुजगो
त्तम ॥ कियंतंचैवकालंतेवपुरेतद्भविष्यति ८ ॥ इतिश्रीमहाभारते आदिपर्वणिपौलोमपर्वणि रुरुडुंडुभसंवादे दशमोऽध्यायः ॥ १० ॥ ॥ डुंडुभउवाच ॥
सखाबभूवमेपूर्वंखगमोनामवैद्विजः ॥ भृशंसंशितवाक्ताततपोबलसमन्वितः १ समयाक्रीडताबाल्येकृत्वातार्णंभुजंगमम् ॥ अग्निहोत्रेप्रसक्तस्तुभीषितःप्रमुमो
हवै २ लब्ध्वासचपुनःसंज्ञांमामुवाचतपोधनः ॥ निर्दहन्निवकोपेनसत्यवाक्संशितव्रतः ३ यथावीर्यस्त्वयासर्पःकृतोऽयंमद्बिभीषया ॥ तथावीर्योभुजंगस्त्वंममशा
पाद्भविष्यसि ४ तस्याहंतपसोवीर्यंजानन्नासंतपोधन ॥ भृशमुद्विग्नहृदयस्तमवोचमहंतदा ५ प्रणतःसंभ्रमाच्चैवप्रांजलिःपुरतःस्थितः ॥ सखेतिसहसेदंतेनर्मा
र्थंवैकृतंमया ६ क्षंतुमर्हसिमेब्रह्मन्शापोऽयंविनिवर्त्यताम् ॥ सोऽथमामब्रवीद्दृष्ट्वाभृशमुद्विग्नचेतसम् ७ मुहुरुष्णंविनिःश्वस्यसुसंभ्रांतस्तपोधनः ॥ नानृतंवैमया
प्रोक्तंभवितेदंकथंचन ८ यत्तुवक्ष्यामितेवाक्यंशृणुतन्मेतपोधन ॥ श्रुत्वाचहृदितेवाक्यमिदमस्तुसदाऽनघ ९ उत्पत्स्यतिरुरुर्नामप्रमतेरात्मजःशुचिः ॥ तंदृष्ट्वा
शापमोक्षस्तेभवितानचिरादिव १० सत्वंरुरुरितिख्यातःप्रमतेरात्मजोऽपिच ॥ स्वरूपंप्रतिपद्याहमद्यवक्ष्यामितेहितम् ११ सडौंडुभंपरित्यज्यरूपंविप्रर्षभ
स्तदा ॥ स्वरूपंभास्वरंभूयःप्रतिपेदेमहायशाः १२ इदंचोवाचवचनंरुरुमप्रतिमौजसम् ॥ अहिंसापरमोधर्मःसर्वप्राणभृतांवर १३ तस्मात्प्राणभृतःसर्वान्नहिं
स्याद्ब्राह्मणःक्वचित् ॥ ब्राह्मणःसौम्यएवेहभवतीतिपराश्रुतिः १४ ॥ ॥ ॥ ॥ ॥ ॥

आदिपर्वणिनीलकंठीये भारतभावदीपे दशमोऽध्यायः ॥ १० ॥ ॥ नर्मपूर्विकाऽपिपरपीडानकर्तव्याकिमुतवास्तवीसाप्यधर्मेणेत्याहाध्यायेन सखाबभूवेत्यादिना ' खगमोनाम वाडवइतिपाठेवाड
वोब्राह्मणः संशितवाक्तीक्ष्णवचनः १ तार्णंतृणमयम् २ । ३ । ४ । ५ संभ्रमाद्भयात् पुरइत्यपेक्षितेपुरतइत्यार्षम् ६ । ७ । ८ । ९ । १० । ११ । १२ । १३ सौम्योऽतीक्ष्णस्वभावः १४

अहिंसाअविधिदृष्टहिंसायाअभावः १५ । १६ । १७ परित्राणंदृष्टमितिशेषः परैर्हिंस्यमानस्यब्राह्मणेनत्राणंकर्त्तव्यंनतुहिंसेत्यर्थः १८ । १९ ॥ इतिआदिपर्वणिनीलकंठीये भारतभावदीपे एका
दशोऽध्यायः ॥ ११ ॥ ॥ ॥ कथमिति १ । २ । ३ नष्टमंतर्हितम् ४ । ५ 'सद्रोहंसत्यवचनमतिरागश्चयोषिति ॥ अनागसामपिद्रोहःपौलोमेऽर्थाद्विनिंदितः'इतिरत्नगर्भः ६ ॥ इति
आदिपर्वणिनीलकंठीये भारतभावदीपे द्वादशोऽध्यायः ॥ १२ ॥ ॥ ॥ पौलोमेदारपरिग्रहस्यमहाद्रोहहेतुत्वमुक्त्वासंततिमात्रार्थंसआवश्यकोनतुभोगार्थमितिदर्शयितुमास्तीकाख्यानमारभते

॥ ३५ ॥

वेदवेदांगविन्नामसर्वभूताभयप्रदः ॥ अहिंसासत्यवचनंक्षमाचेतिविनिश्चितम् १५ ब्राह्मणस्यपरोधर्मोवेदानांधारणाऽपिच ॥ क्षत्रियस्यहियोधर्मःसहिनेष्यतवै
तव १६ दंडधारणमुग्रत्वंप्रजानांपरिपालनम् ॥ तदिदंक्षत्रियस्यासीत्कर्मवैशृणुमेरुरो १७ जनमेजयस्ययज्ञेऽस्मिन्सर्पाणांहिंसनंपुरा ॥ परित्राणंचभीतानां
सर्पाणांब्राह्मणादपि १८ तपोवीर्यबलोपेताद्वेदवेदांगपारगात् ॥ आस्तीकाद्द्विजमुख्याद्वैसर्पसत्रेद्विजोत्तम १९ ॥ इतिश्रीमहाभारते आदिपर्वणिपौलोमपर्वणि
डुंडुभशापमोक्षे एकादशोऽध्यायः ॥ ११ ॥ ॥ ॥ रुरुरुवाच ॥ कथंहिंसितवान्सर्पान्सराजाजनमेजयः ॥ सर्पावाहिंसितास्तत्रकिमर्थंद्विजसत्त
म १ किमर्थंमोक्षिताश्चैवपन्नगास्तेनधीमता ॥ आस्तीकेनद्विजश्रेष्ठश्रोतुमिच्छाम्यशेषतः २ ॥ ऋषिरुवाच ॥ श्रोष्यसित्वंरुरोसर्वमास्तीकचरितंमहत् ॥ ब्राह्म
णानांकथयतामित्युक्त्वांतरधीयत ३ ॥ सौतिरुवाच ॥ रुरुश्चापिवनंसर्वंपर्यधावत्समंततः ॥ तमृषिंनष्टमन्विच्छन्संश्रांतोन्यपतद्भुवि ४ समोहंपरमंगत्वानष्टसं
ज्ञइवाभवत् ॥ तदृषेर्वचनंतथ्यंचिंतयानःपुनःपुनः ५ लब्धसंज्ञोरुरुश्चायात्तदाचख्यौपितुस्तदा ॥ पिताचास्यतदाख्यानंपृष्टःसर्वंन्यवेदयत् ६ ॥ इतिश्रीमहा
भारते आदिपर्वणि पौलोमपर्वणि सर्पसत्रप्रस्तावनायां द्वादशोऽध्यायः ॥ १२ ॥ ॥ समाप्तं पौलोमपर्व ॥ ॥ अथास्तीकपर्व ॥ शौनकउवाच ॥
किमर्थंराजशार्दूलःसराजाजनमेजयः ॥ सर्पसत्रेणसर्पाणांगतोऽन्तंतद्वदस्वमे १ निखिलेनयथातत्त्वंसौतेसर्वमशेषतः ॥ आस्तीकश्चद्विजश्रेष्ठःकिमर्थंजयतांवरः
२ मोक्षयामासभुजगान्प्रदीप्ताद्वसुरेतसः ॥ कस्यपुत्रःसराजासीत्सर्पसत्रंयआहरत् ३ सचद्विजातिप्रवरःकस्यपुत्रोऽभिधत्स्वमे ॥ सौतिरुवाच ॥ महदाख्यान
मास्तीकंयथैतत्प्रोच्यतेद्विज ४ सर्वमेतदशेषेणशृणुमेवदतांवर ॥ शौनकउवाच ॥ श्रोतुमिच्छाम्यशेषेणकथामेतांमनोरमाम् ५ आस्तीकस्यपुराणर्षेर्ब्राह्मणस्यय
शस्विनः ॥ ॥ सौतिरुवाच ॥ इतिहासमिमंविप्राःपुराणंपरिचक्षते ६ कृष्णद्वैपायनप्रोक्तंनैमिषारण्यवासिषु ॥ पूर्वंप्रचोदितःसूतःपितामेलोमहर्षणः ७
शिष्योव्यासस्यमेधावीब्राह्मणेष्विदमुक्तवान् ॥ तस्मादहमुपश्रुत्यप्रवक्ष्यामियथातथम् ८ इदमास्तीकमाख्यानंतुभ्यंशौनकपृच्छते ॥ कथयिष्याम्यशेषेणसर्वपा
पप्रणाशनम् ९ आस्तीकस्यपिताह्यासीत्प्रजापतिसमःप्रभुः ॥ ब्रह्मचारीयताहारस्तपस्युग्रेरतःसदा १० ॥ ॥ ॥ ॥

किमर्थमिति । अंतमंतकरत्वम् १ जयतांजितेन्द्रियाणां यद्वा'अराजासन्विप्रयासमंततस्त्वतःपृथिवींजयन्परीयाय इतिब्राह्मणाद्विप्रयैवजयतामितिव्याख्येयं जपतामित्यपिकेचित्पठंति २ वसुरेतसोऽग्नेः आहरत्
कृतवान् ३ । ४ । ५ परिचक्षतेमाहशाइतिशेषः ६ तदेवाह पूर्वमिति ७ तस्मादित्यनेनस्वस्यसंप्रदायविश्वस्फुटीकृतम् ८ । ९ ब्रह्मचारीअकृतदारत्वान्नित्यंवेदाध्ययनमात्रपरः १० ॥

यायावराणांग्रामैकरात्रवासिनांगृहस्थानां येभ्योऽयंपक्षहोमसंप्रदायःप्रवृत्तः तथाचभरद्वाजः । 'यायावरानामब्राह्मणाआसंस्तेऽर्धमासायाग्निहोत्रमजुहवन्निति' ११ यत्रसायंगृहइत्येकंपदं यत्रैवसायं
कालस्तत्रैवगृहमस्येतिसतथा १२ दीक्षांव्रतनियमंचरन् १३ वायुभक्षोजितपवनः आहरणमाहारोविषयभोगस्तच्छून्योनिराहारः अनिमिषोजितनिद्रः इतस्ततोवृक्षादिभ्यःशीर्णपर्णादिकंपरितःकाले
सर्वदाचरन्नश्नन् १४ अटमानोनित्यंपर्यटनकरः अत्रप्रक्षीणसंतानस्यवंशस्यगतिमनेनरूपकेणप्रदर्शयति लंबमानानित्यादिना १५ । १६ वीरणस्तंबकेतृणस्तंबे अत्रगर्तोभूलोकः ऊर्ध्वपादत्वाधोमुख

जरत्कारुरितिख्यातऊर्ध्वरेतामहातपाः ॥ यायावराणांप्रवरोधर्मज्ञःसंशितव्रतः ११ सकदाचिन्महाभागस्तपोबलसमन्वितः ॥ चचारपृथिवींसर्वांयत्रसायंगृहोमु
निः १२ तीर्थेषुचसमाप्लावंकुर्वन्नटतिसर्वशः ॥ चरन्दीक्षांमहातेजादुश्चरामकृतात्मभिः १३ वायुभक्षोनिराहारःशुष्यन्ननिमिषोमुनिः ॥ इतस्ततःपरिचरन्दीप्तपा
वकसप्रभः १४ अटमानःकदाचित्स्वान्सददर्शपितामहान् ॥ लंबमानान्महागर्तेपादैरूर्ध्वैरवाङ्मुखान् १५ तानब्रवीत्सदृष्ट्वैवजरत्कारुःपितामहान् ॥ केभवंतोऽ
वलम्बन्तेगर्तेह्यस्मिन्नधोमुखाः १६ वीरणस्तंबकेलग्नाःसर्वतःपरिभक्षिते ॥ मूषकेननिगूढेनगर्तेऽस्मिन्नित्यवासिना १७ ॥ पितरऊचुः ॥ यायावरानामवयमृषयः
संशितव्रताः ॥ संतानप्रक्षयाद्ब्रह्मन्नधोगच्छाममेदिनीम् १८ अस्माकंसंततिस्त्वेकोजरत्कारुरितिस्मृतः ॥ मंदभाग्योऽल्पभाग्यानांतपएवंसमास्थितः १९
नसपुत्राञ्जनयितुंदारान्मूढश्चिकीर्षति ॥ तेनलंबामहेगर्तेसंतानस्यक्षयादिह २० अनाथास्तेननाथेनयथादुष्कृतिनस्तथा ॥ कस्त्वंबंधुरिवास्माकमनुशोचसि
सत्तम २१ ज्ञातुमिच्छामहेब्रह्मन्कोभवानिहनःस्थितः ॥ किमर्थंचैवनःशोच्याननुशोचसिसत्तम २२ ॥ जरत्कारुरुवाच ॥ ममपूर्वेभवंतोवैपितरःसपितामहाः ॥
ब्रूतकिंकरवाण्यद्यजरत्कारुरहंस्वयम् २३ ॥ ॥ पितरऊचुः ॥ ॥ यतस्वयत्नवांस्तातसंतानायकुलस्यनः ॥ आत्मनोऽर्थेऽस्मदर्थेचधर्मइत्येववाविभो २४ न
हिधर्मफलैस्तातनतपोभिःसुसंचितैः ॥ तांगतिंप्राप्नुवंतीहपुत्रिणोयांव्रजंतिवै २५ तद्दारग्रहणेयत्नंसंतत्यांचमनःकुरु ॥ पुत्रकास्मन्नियोगात्त्वमेतन्नःपरमंहितम्
२६ ॥ जरत्कारुरुवाच ॥ नदारान्वैकरिष्येऽहंनधनंजीवितार्थतः ॥ भवतांतुहितार्थायकरिष्येदारसंग्रहम् २७ समयेनचकर्ताऽहमनेनविधिपूर्वकम् ॥ यथा
यद्युपलप्स्यामिकरिष्येनान्यथाह्यहम् २८ सनाम्नीयाभवित्रीमेदित्सिताचैवबंधुभिः ॥ भैक्ष्यवत्तामहंकन्यामुपयंस्येविधानतः २९ दरिद्रायहिमेभार्यांकोदास्य
तिविशेषतः ॥ प्रतिग्रहीष्येभिक्षांतुयदिकश्चित्प्रदास्यति ३० एवंदारक्रियाहेतोःप्रयतिष्येपितामहाः ॥ अनेनविधिनाशश्वन्नकरिष्येऽहमन्यथा ३१ ॥

त्वाभ्यां स्वर्गस्थत्वेऽपिपातभयेनव्याकुलत्वमुक्तं वीरणस्तंबोवंशस्तोमः मूषकः कालः १७ । १८ । १९ । २० । २१ नःस्थितोऽस्माकंस्वामीवेतिशेषः २२ । २३ । २४ । २५ । २६ नदारानित्यध्या
यतात्पर्यमुक्तं भोगायधनदारसंग्रहोनकार्यःकिंतुपुत्रकृत्वोरेवार्थेइतिभावः २७ । २८ सनाम्नीति । प्रायेणवस्तूनांयथार्थनामत्वाज्जरत्कारुशब्देनतपसाजीर्यमाणशरीरत्वंविवक्षितं तादृशोऽहंसदृशीमे
वभार्यांस्वीकरिष्यामि बंधुभिर्दित्सितामिति 'ऋत्विजेविततेकर्मणिदद्यादलंकृत्यसदैवोगोमिथुनंदत्वोपयच्छेतसआर्षः'इत्यार्त्विज्यगोमिथुनपूर्वयोर्दैवार्षयोर्विवाहयोर्व्यावृत्तिर्दर्शिता भैक्ष्यवदितितस्याब्राह्मप्राजाप
त्यविधिनाअलंकृतायाअनलंकृतायावालाभेऽप्यन्नवस्त्रादिनाभरणेममधनादिकंनास्तीतिचदर्शितं उपयंस्येपरिणेष्ये २९ । ३० । ३१ ॥ ॥ ॥

२२ ॥ इतिआदिपर्वणिनीलकंठीये भारतभावदीपे त्रयोदशोऽध्यायः ॥ १३ ॥ ततइति । निवेशायदारसंग्रहाय पाठांतरेयतित्रिर्ब्रह्मचारी १ तिस्रोवाचःकन्याभिक्षांदेहीत्येवंरूपाः २ । ३ । ४ । ५ प्रतीच्छप्र
तिगृह्णीष्व ६ । ७ ॥ इतिआदिपर्वणिनीलकंठीये भारतभावदीपे चतुर्दशोऽध्यायः ॥ १४ ॥ एवमास्तीकोत्पत्तिप्रकारमुक्त्वातत्सर्पसत्रनिमित्तंसर्पाणांमातृशापमुपक्षिपति मात्राहीत्यादिना । अनिलसार

तत्रचोत्पत्स्यतेजंतुर्भवतांतारणायवै ॥ शाश्वतंस्थानमासाद्यमोदंतांपितरोमम ३२ ॥ इतिश्रीमहाभारतेआदिपर्वणि आस्तीकपर्वणिजरत्कारुतत्पितृसंवादेत्रयोदशोऽध्यायः ॥ १३ ॥ ॥ सौतिरुवाच ॥ ततोनिवेशायतदासविप्रःसंशितव्रतः ॥ महींचचारदारार्थीनचदारानविंदत १ सकदाचिद्वनंगत्वाविप्रःपितृवचः स्मरन् ॥ चुक्रोशकन्याभिक्षार्थीतिस्रोवाचःशनैरिव २ तंवासुकिःप्रत्यगृह्णादुद्यम्यभगिनींतदा ॥ नसतांप्रतिजग्राहनसनाम्नीतिचिंतयन् ३ सनाम्नींचोद्यतांभार्यांगृह्णीयामितितस्यहि ॥ मनोनिविष्टमभवज्जरत्कारोर्महात्मनः ४ तमुवाचमहाप्राज्ञोजरत्कारुर्महातपाः ॥ किंनाम्नीभगिनीयंतेब्रूहिसत्यंभुजंगम ५ ॥ वासुकिरुवाच ॥ जरत्कारोजरत्कारुःस्वसेयमनुजामम ॥ प्रतिगृह्णीष्वभार्यार्थेमयादत्तांसुमध्यमाम् ॥ त्वदर्थंरक्षितापूर्वंप्रतीच्छेमांद्विजोत्तम ६ एवमुक्त्वाततःप्रादाद्भार्यार्थेवरवर्णिनीम् ॥ सचतांप्रतिजग्राहविधिदृष्टेनकर्मणा ७ ॥ इतिश्रीमहाभारते आदिपर्वणिआस्तीकपर्वणि वासुकिस्वसृवरणे चतुर्दशोऽध्यायः ॥ १४ ॥ ॥ ॥ सौतिरुवाच ॥ ॥ मात्राहिभुजगाःशप्ताःपूर्वंब्रह्मविदांवर ॥ जनमेजयस्यवोयज्ञेधक्ष्यत्यनिलसारथिः १ तस्यशापस्यशांत्यर्थंप्रददौपन्नगोत्तमः ॥ स्वसारमृषयेतस्मैसुव्रतायमहात्मने २ सचतांप्रतिजग्राहविधिदृष्टेनकर्मणा ॥ आस्तीकोनामपुत्रश्चतस्यांजज्ञेमहामनाः ३ तपस्वीचमहात्माचवेदवेदांगपारगः ॥ समःसर्वस्यलोकस्यपितृमातृभयापहः ४ अथदीर्घस्यकालस्यपांडवेयोनराधिपः ॥ आजहारमहायज्ञंसर्पसत्रमितिश्रुतिः ५ तस्मिन्प्रवृत्तेसत्रेतुसर्पाणामंतकायवै ॥ मोचयामासतान्नागानास्तीकःसुमहातपाः ६ भ्रातॄंश्चमातुलांश्चैवतथैवान्यान्सपन्नगान् ॥ पितॄंश्चतारयामाससंतत्यातपसातथा ७ व्रतैश्चविविधैर्ब्रह्मन्स्वाध्यायैश्चानृणोऽभवत् ॥ देवांश्चतर्पयामासयज्ञैर्विविधदक्षिणैः ८ ऋषींश्चब्रह्मचर्येणसंतत्याचपितामहान् ॥ अपहृत्यगुरुंभारंपितॄणांसंशितव्रतः ९ जरत्कारुर्गतःस्वर्गंसहितःस्वैःपितामहैः ॥ आस्तीकंचसुतंप्राप्यधर्मंचानुत्तमंमुनिः १० जरत्कारुःसुमहताकालेनस्वर्गमेयिवान् ॥ एतदाख्यानमास्तीकंयथावत्कथितंमया ॥ प्रब्रूहिभृगुशार्दूलकिमन्यत्कथयामिते ११ ॥ इतिश्रीमहाभारतेआदिपर्वणि आस्तीकप० सर्पाणांमातृशापप्रस्तावेपंचदशोऽध्यायः ॥ १५ ॥ ॥ शौनकउवाच ॥ सौतेत्वंकथयस्वेमांविस्तरेणकथांपुनः ॥ आस्तीकस्यकवेःसाधोःशुश्रूषापरमाहिनः १ मधुरंकथ्यतेसौम्यश्लक्ष्णाक्षरपदंत्वया ॥ प्रीयामहेभृशंतातपितेवेदंप्रभाषसे २ अस्मच्छुश्रूषणेनित्यंपिताहिनिरतस्तव ॥ आचष्टैतद्यथाख्यानंपितातेत्वंतथावद ३ ॥ ॥ ॥

थिर्वन्हिः धक्ष्यतिदाहंकरिष्यति १ । २ जज्ञेजातः ३ पितृमातृपक्षीयाणांभयापहःपितृमातृभयापहइतिमध्यमपदलोपः ४ आजहारचक्रे ५ । ६ भ्रातॄन्मातुलपुत्रान् ७ । ८ । ९ । १० । ११
॥ इतिआदिपर्वणिनीलकंठीये भारतभावदीपे पंचदशोऽध्यायः ॥ १५ ॥ ॥ ॥ सौतेइति । शुश्रूषाश्रोतुमिच्छा १ । २ अस्मच्छुश्रूषणेअस्माकंश्रावणे आचष्टसाकल्येनव्यक्तंकथितवान् ३

कथयतःपितुःसकाशात् ४ देवयुगेसत्ययुगे रूपेणप्रकाशेनाद्भुतेइतिसंबंधः । 'रूपंस्वभावेसौंदर्येआलोकेपशुशब्दयोः'इतिमेदिनी अद्भुतइत्यादेःपूर्वरूपमार्षम् ५ । ६ वरातिसर्गोवरदानम् ७ । ८ तेजसादीप्त्या विक्रमेणपराभिभवसामर्थ्येन ओजसातेजसेतिपाठेओजसाइंद्रियबलेन ९ पुत्रंपुनातीतितंपवित्रंवरंदिव्यपुत्रद्वयलाभरूपम् १० । ११ । १२ यथादशाष्टत्तानवनवतिः तथादशाष्टत्तादशदशतिः शतमित्यर्थः दशदशतीर्दशशतानीत्यर्थः १३ । १४ सोपस्वेदेषुऊष्मवत्सु तत्रह्यंडांतर्जलमूष्मणाशीघ्रंघनीभवतीति पंचशतेपंचशत्याःपूरणेकालेसंवत्सरेपूर्णेसतीतिशेषः १५ मिथुनंनिःसृतंसत् नव्यदृ

सौतिरुवाच ॥ ॥ आयुष्मन्निदमाख्यानमास्तीकंकथयामिते ॥ यथाश्रुतंकथयतःसकाशाद्वैपितुर्मया ४ पुरादेवयुगेब्रह्मन्प्रजापतिसुतेशुभे ॥ आस्तांभगिन्यौरूपेणसमुपेतेऽद्भुतेऽनघ ५ तेभार्येकश्यपस्यास्तांकद्रूश्चविनताचह ॥ प्रादात्ताभ्यांवरंप्रीतःप्रजापतिसमःपतिः ६ कश्यपोधर्मपत्नीभ्यांमुदापरमयायुतः ॥ वरातिसर्गंश्रुत्वैवंकश्यपादुत्तमंचते ७ हर्षादप्रतिमांप्रीतिंप्रापतुःस्मवरस्त्रियौ ॥ वव्रेकद्रूःसुतान्नागान्सहस्रंतुल्यवर्चसः ८ द्वौपुत्रौविनतावव्रेकद्रूपुत्राधिकौबले ॥ तेजसावपुषाचैवविक्रमेणाधिकौचतौ ९ तस्यैभर्तावरंप्रादादत्यर्थंपुत्रमीप्सितम् ॥ एवमस्त्वितितंचाहकश्यपंविनतातदा १० यथावत्प्रार्थितंलब्ध्वावरंतुष्टाऽभवत्तदा ॥ कृतकृत्यातुविनतालब्ध्वावीर्याधिकौसुतौ ११ कद्रूश्चलब्ध्वापुत्राणांसहस्रंतुल्यवर्चसाम् ॥ धार्यौप्रयत्नतोगर्भावित्युक्त्वासमहातपाः १२ तेभार्येवरसंतुष्टेकश्यपोवनमाविशत् ॥ सौतिरुवाच ॥ कालेनमहताकद्रूरंडानांदशतीर्दश १३ जनयामासविप्रेंद्रद्वेचांडेविनतातदा ॥ तयोरंडानिनिदधुःप्रहृष्टाःपरिचारिकाः १४ सोपस्वेदेषुभांडेषुपंचवर्षशतानिच ॥ ततःपंचशतेकालेकद्रूपुत्राविनिःसृताः १५ अंडाभ्यांविनतायास्तुमिथुनंनव्यदृश्यत ॥ ततःपुत्रार्थिनीदेवीव्रीडिताचतपस्विनी १६ अंडंबिभेदविनतातत्रपुत्रमपश्यत ॥ अध्यर्धकायसंपन्नमितरेणाप्रकाशता १७ सपुत्रःक्रोधसंरब्धःशशापैनामितिश्रुतिः ॥ योऽहमेवंकृतोमातस्त्वयालोभपरीतया १८ शरीरेणासमग्रेणतस्माद्दासीभविष्यसि ॥ पंचवर्षशतान्यस्याययाविस्पर्धसेसह १९ एषचत्वांसुतोमातर्दासीत्वान्मोचयिष्यति ॥ यद्येनमपिमातस्त्वंमामिवांडविभेदनात् २० नकरिष्यस्यनंगंवाव्यंगंवापितपस्विनम् ॥ प्रतिपालयितव्यस्तेजन्मकालोऽस्यधीरया २१ विशिष्टंबलमीप्सत्यापंचवर्षशतात्परः ॥ एवंशप्त्वाततःपुत्रोविनतामंतरिक्षगः २२ अरुणोदृश्यतेब्रह्मन्प्रभातसमयेयदा ॥ आदित्यरथमध्यास्तेसारथ्यंसमकल्पयत् २३ गरुडोऽपियथाकालंजज्ञेपन्नगभोजनः ॥ सजातमात्रोविनतांपरित्यज्यखमाविशत् २४ आदास्यन्नात्मनोभोज्यमन्नंविहितमस्ययत् ॥ विधात्राभृगुशार्दूलक्षुधितःपतगेश्वरः २५ ॥ इतिश्रीमहाभारते आदिपर्वणि आस्तीकपर्वणि सर्पादीनामुत्पत्तौ षोडशोऽध्यायः ॥ १६ ॥ ॥ ॥ ॥

शतनदृष्टं स्वरूपेणेतिशेषः व्रीडितासपत्न्याःपुत्रसमृद्ध्यालज्जिता १६ अपश्यतअपश्यत् अध्यर्धेतिचचरणादारभ्याऽर्धादुपरितनेनदेहेनकृत्स्नोऽन्येनाकृत्स्नइत्यर्थः पूर्वार्धेतिपाठःसुगमः १७ क्रोधसंरब्धःक्रोधेनद्वेषेणसंरब्धोऽभिनिविष्टः १८ । १९ । २० अनंगंमामिवावाव्यंगमदृढावयवं प्रतिपालयितव्यःप्रतीक्षणीयः २१ । २२ । २३ । २४ भर्तृशुश्रूषयैवनारीणांमनोरथसिद्धिरीर्ष्ययाचसिद्धमपिसुखंहीयतइत्यध्यायतात्पर्यं । विधात्राविहितमितियोजना २५ ॥ इतिश्रीआदिपर्वणिनीलकंठीये भारतभावदीपे षोडशोऽध्यायः ॥ १६ ॥ ॥ ॥ ॥

एतस्मिन्निति । समायातेएकीभूते १ । २ । ३ । ४ ज्वलंतंमेरुंसमागम्यदिवौकसोऽमृतायमंत्रयितुमारब्धाइतिषष्ठेनान्वयः किंकृत्वातस्यमेरोःशृंगमुपारुह्येतिसंबंधः ५ अप्रमेयमतिमनोहरत्वान्मनसावा चावाकलयितुमशक्यम् ६ आवारितमाचीर्णम् ७ अगम्यमप्राप्यं अन्यैःप्राकृतैः ८ अनंतकल्पं अनंतोविष्णुराकाशोवाततईषदूनं बहुगुणाढ्यत्वादतिप्रमाणत्वाच्च ईषदसमाप्तौकल्पम् उद्विद्धमुच्चं ९ । १० । ११ कलशइवकलशोमंथनाधारत्वादुदधिःसमुद्रः कलशोदधिः क्षीरसमुद्रइतिकेचित् कलाःपाषाणमयाःपर्वतामैनाकादयःशेरतेऽस्मिन्नितिकलशःसमुद्रःसचोदधिः उदकानिधीयंते

॥ सौतिरुवाच ॥ एतस्मिन्नेवकालेतुभगिन्यौतेतपोधन ॥ अपश्यतांसमायातेउच्चैःश्रवसमंतिकात् १ यंतंदेवगणाःसर्वेहृष्टरूपमपूजयन् ॥ मथ्यमानेऽमृतेजातमश्वरत्नमनुत्तमम् २ अमोघबलमश्वानामुत्तमंजगतांवरम् ॥ श्रीमंतमजरंदिव्यंसर्वलक्षणपूजितम् ३ ॥ ॥ शौनकउवाच ॥ ॥ कथंतदमृतंदेवैर्मथितंक्वचशंसमे ॥ यत्रजज्ञेमहावीर्यःसोऽश्वराजोमहाद्युतिः ४ ॥ ॥ सौतिरुवाच ॥ ॥ ज्वलंतमचलंमेरुंतेजोराशिमनुत्तमम् ॥ आक्षिपंतंप्रभांभानोःस्वशृंगैःकांचनोज्ज्वलैः ५ कनकाभरणंचित्रंदेवगंधर्वसेवितम् ॥ अप्रमेयमनाधृष्यमधर्मबहुलैर्जनैः ६ व्यालैरावारितंघोरैर्दिव्यौषधिविदीपितम् ॥ नाकमावृत्यतिष्ठंतमुच्छ्रयेणमहागिरिम् ७ अगम्यंमनसाऽप्यन्यैर्नदीवृक्षसमन्वितम् ॥ नानापतगसंघैश्चनादितंसुमनोहरैः ८ तस्यशृंगमुपारुह्यबहुरत्नाचितंशुभम् ॥ अनंतकल्पमुद्विद्धंसुराःसर्वेमहौजसः ९ तेमंत्रयितुमारब्धास्तत्रासीनादिवौकसः ॥ अमृतायसमागम्यतपोनियमसंयुताः १० तत्रनारायणोदेवोब्रह्माणमिदमब्रवीत् ॥ चिंतयत्सुसुरेष्वेवंमंत्रयत्सुचसर्वशः ११ देवैरसुरसंघैश्चमथ्यतांकलशोदधिः ॥ भविष्यत्यमृतंतत्रमथ्यमानेमहोदधौ १२ सर्वौषधीःसमावाप्यसर्वरत्नानिचैवह ॥ मंथध्वमुदधिंदेवावेत्स्यध्वममृतंततः १३ ॥ इतिश्रीमहाभारते आदिपर्वणिआस्तीकपर्वणि अमृतमंथनेसप्तदशोऽध्यायः ॥ १७ ॥ ॥ सौतिरुवाच ॥ ततोऽभ्रशिखराकारैर्गिरिशृंगैरलंकृतम् ॥ मंदरंपर्वतवरंलताजालसमाकुलम् १ नानाविहंगसंघुष्टंनानादंष्ट्रिसमाकुलम् ॥ किन्नरैरप्सरोभिश्चदेवैरपिचसेवितम् २ एकादशसहस्राणियोजनानांसमुच्छ्रितम् ॥ अधोभूमेःसहस्रेषुतावत्स्वेवप्रतिष्ठितम् ३ तमुद्धर्तुमशक्तावैसर्वेदेवगणास्तदा ॥ विष्णुमासीनमभ्येत्यब्रह्माणंचेदमब्रुवन् ४ भवंतावत्रकुर्वीतांबुद्धिंनैःश्रेयसींपराम् ॥ मंदरोद्धरणेयत्नःक्रियतांचहितायनः ५ ॥ ॥ सौतिरुवाच ॥ ॥ तथेतिचाब्रवीद्विष्णुर्ब्रह्मणासहभार्गव ॥ अचोदयदमेयात्माफणींद्रंपद्मलोचनः ६ ततोऽनंतःसमुत्थायब्रह्मणापरिचोदितः ॥ नारायणेनचाप्युक्तस्तस्मिन्कर्मणिवीर्यवान् ७ अथपर्वतराजानंतमनंतोमहाबलः ॥ उज्जहारबलाद्ब्रह्मन्सवनंसवनौकसम् ८ ततस्तेनसुराःसार्धंसमुद्रमुपतस्थिरे ॥ तमूचुरमृतस्यार्थेनिर्मथिष्यामहेजलम् ९ ॥ ॥

ऽस्मिन्नितियोगाज्जलसमुद्रइत्यर्थः विशेषणंविशेष्येणबहुलमितिसमासः कलशब्दोदृषदिरूढोलाढेषु क्षोभ्यतांकलशःसर्वैरितिवाक्यशेषात् आर्यप्रसिद्ध्यभावेम्लेच्छप्रसिद्ध्याप्यर्थनिर्णयाभ्युपगमात् १२ वेत्स्यध्वंलप्स्यध्वम् १३ ॥ इतिआदिपर्वणिनीलकंठीये भारतभावदीपे सप्तदशोऽध्यायः ॥ १७ ॥ ॥ ॥ ततइति १ । २ । ३ । ४ । ५ । ६ अनंतःशेषः ७ पर्वतराजानं अनित्यत्वात्समासांतश्च सवनंसूतेनेनेत्यमृतप्रसवसाधनं वनैःसहितंवा ८ तेनपर्वतभृताऽनंतेन तंसमुद्रमूचुः जलंतवेतिशेषः ९ ॥ ॥ ॥

१० अकूपारेसमुद्रसमीपे द्वितीयांतपाठेउपेत्येत्यध्याहारः अधिष्ठानंगौरवात्तलंजिगमिषतोमंदरस्याधारः ११। १२ मंथानंमंथनदंडं नेत्रंमंथनरज्जुं १३ एकमंतंएकंप्रदेशंमुखभागंउपाश्लिष्टाःदृढं धृतवंतः १४ अनंतइतिशेषोविष्णुपक्षीयः वासुकेःशिरउत्क्षिप्योत्क्षिप्यभूमावाक्षिपंस्तन्मुखनिःसृतंविषंस्वयंसोढवानितिभावः १५ वासुकिमुखोत्थंवाय्वादिदेवोपकारायाभूदित्याह वासुकेरितिद्वाभ्यां। आक्षिप्यतआक्षिप्यमाणस्य एतेनमेघस्यधूमज्योतिर्वातवारिमयत्वमुक्तं १६। १७। १८। १९ जलचरामत्स्यादयः अस्मदादिवत्पार्थिवांशप्रधानशरीराः २० वारुणानिवरुणलोकस्थानिआप्यांश

अपांपतिरथोवाचममाप्यंशोभवेत्ततः ॥ सोढाऽस्मिविपुलंमर्दंमंदरभ्रमणादिति १० ऊचुश्चकूर्मराजानमकूपारेसुरासुराः ॥ अधिष्ठानंगिरेरस्यभवान्भवितुमर्हति ११ कूर्मेणतुतथेत्युक्तापृष्ठमस्यसमर्पितम् ॥ तंशैलंतस्यपृष्ठस्थंयंत्रेणेंद्रोन्यपीडयत् १२ मंथानंमंदरंकृत्वातथानेत्रंचवासुकिम् ॥ देवामथितुमारब्धाःसमुद्रंनिधिमंभसाम् १३ अमृतार्थेपुराब्रह्मंस्तथैवासुरदानवाः ॥ एकमंतमुपाश्लिष्टानागराज्ञोमहासुराः १४ विबुधाःसहिताःसर्वेयतःपुच्छंततःस्थिताः ॥ अनंतोभगवान्देवोयतोनारायणस्ततः ॥ शिरउत्क्षिप्यनागस्यपुनःपुनरवाक्षिपत् १५ वासुकेरथनागस्यसहसाऽऽक्षिप्यतःसुरैः ॥ सधूमाःसार्चिषोवातानिष्पेतुरसकृन्मुखात् १६ तेधूमसंघाःसंभूतामेघसंघाःसविद्युतः ॥ अभ्यवर्षन्सुरगणान्श्रमसंतापकर्शितान् १७ तस्माच्चगिरिकूटाग्रात्प्रच्युताःपुष्पवृष्टयः ॥ सुरासुरगणान्सर्वान्समंतात्समवाकिरन् १८ बभूवात्रमहानादोमहामेघरवोपमः ॥ उदधेर्मथ्यमानस्यमंदरेणसुरासुरैः १९ तत्रनानाजलचराविनिष्पिष्टामहाद्रिणा ॥ विलयंसमुपाजग्मुःशतशोलवणांभसि २० वारुणानिचभूतानिविविधानिमहीधरः ॥ पातालतलवासीनिविलयंसमुपानयत् २१ तस्मिंश्चभ्राम्यमाणेऽद्रौसंघृष्यंतःपरस्परम् ॥ न्यपतन्पतगोपेताःपर्वताग्रान्महाद्रुमाः २२ तेषांसंघर्षजश्चाग्निरर्चिभिःप्रज्वलन्मुहुः ॥ विद्युद्भिरिवनीलाभ्रमावृणोन्मंदरंगिरिम् २३ ददाहकुंजरांस्तत्रसिंहांश्चैवविनिर्गतान् ॥ विगतासूनिसर्वाणिसत्वानिविविधानिच २४ तमग्निममरश्रेष्ठःप्रदहंतमितस्ततः ॥ वारिणामेघजेनेंद्रःशमयामाससर्वशः २५ ततोनानाविधास्तत्रसुस्रुवुःसागरांभसि ॥ महाद्रुमाणांनिर्यासाबहवश्चौषधीरसाः २६ तेषाममृतवीर्याणांरसानांपयसैवच ॥ अमरत्वंसुराजग्मुःकांचनस्यचनिःस्रवात् २७ ततस्तस्यसमुद्रस्यतज्जातमुदकंपयः ॥ रसोत्तमैर्विमिश्रंचततःक्षीरादभूद्घृतम् २८ ततोब्रह्माणमासीनंदेवावरदमब्रुवन् ॥ श्रांताःस्मसुभृशंब्रह्मन्नोद्भवत्यमृतंचतत् २९ विनानारायणंदेवंसर्वेऽन्येदेवदानवाः ॥ चिरारब्धमिदंचापिसागरस्यापिमंथनम् ३० ततोनारायणंदेवंब्रह्मावचनमब्रवीत् ॥ विधत्स्वैषांबलंविष्णोभवानत्रपरायणम् ३१ ॥ विष्णुरुवाच ॥ बलंददामिसर्वेषांकर्मैतद्येसमास्थिताः ॥ क्षोभ्यतांकलशःसर्वैर्मंदरःपरिवर्त्यताम् ३२ ॥ ॥

प्रधानदेहानि २१ पर्वताग्रात्पतमानानांद्रुमाणांसंघर्षाज्जातोऽग्निःपर्वतंव्याप्नुवंस्तत्रस्थान्पश्वादीन्ददाहेत्याह त्रिभिस्तस्मिन्नित्यादिभिः २२ । २३ । २४ । २५ । २६ तेषांद्रुमौषधीनांयेऽमृतवीर्यारसास्तज्जेनपयसाक्षीरेणकांचनस्यस्वर्णमयस्यपर्वतस्यनिःस्रवात्दिव्यप्रभावानेकमणिभ्योनिःसृतात्जलाच्चसुराअमृतत्वंजग्मुः २७ ततःपयोनिःस्रवंप्राप्य समुद्रस्यतत्क्षारंउदकं लवणांभसीत्युपक्रमात् पयःक्षीरंजातं यथाक्षारमक्षारंवाजलंगवितृणादिरसंप्राप्यक्षीरंभवतितद्वदित्यर्थः पयोऽपिरसोत्तमैर्विमिश्रमस्ति ततोहेतोःक्षीरादभूद्घृतं २८ । २९ । ३० । ३१ । ३२ ॥ ॥ ॥ ॥

३३ शतसहस्रंलक्षंअनंताअंशवः आप्यायनीयौषधिभेदात्रश्मयोयस्यसशतसहस्रांशुः शतसःस्रांतइतिपाठेअंतशब्दोगम्यप्रदेशपरः ३४ घृतेनद्यावापृथिवीऽआपृणेथामितिमंत्रलिंगात्घृतंजलं तस्मात्श्रीरुत्पन्नाद्धौषधिरसाज्जलस्यक्षीरत्वंततोघृतमितिक्रमेणसारत्वमात्रंविवक्षितं ३५ मरीचिविकचःरश्मिभिरुज्ज्वलः नारायणउरोगतइत्यसंधिरार्षः ३६ । ३७ । ३८ । ३९ ऐरावणऐरावतः महानागोमहाहस्ती ४० । ४१ । ४२ । ४३ निराशाः विषमप्येतैर्गृहीतमस्माभिस्तुतद्ग्रहणासमर्थैःकथममृतंलब्धुंशक्यमितिभावः महान्अंतःसंहारोयेनतन्महांतं ४४ अभिसंश्रितःसंमुखः

॥ सौतिरुवाच ॥ नारायणवचःश्रुत्वाबलिनस्तेमहोदधेः ॥ तत्पयःसहिताभूयश्चक्रिरेभृशमाकुलम् ३३ ततःशतसहस्रांशुर्मथ्यमानात्तुसागरात् ॥ प्रसन्नात्मासमुत्पन्नःसोमःशीतांशुरुज्ज्वलः ३४ श्रीरनंतरमुत्पन्नाघृतात्पांडुरवासिनी ॥ सुरादेवीसमुत्पन्नातुरगःपांडुरस्तथा ३५ कौस्तुभस्तुमणिर्दिव्यउत्पन्नोघृतसंभवः ॥ मरीचिविकचःश्रीमान्नारायणउरोगतः ३६ श्रीःसुराचैवसोमश्चतुरगश्चमनोजवः ॥ यतोदेवास्ततोजग्मुरादित्यपथमाश्रिताः ३७ धन्वंतरिस्ततोदेवोवपुष्मानुदतिष्ठत ॥ श्वेतंकमंडलुंबिभ्रदमृतंयत्रतिष्ठति ३८ एतदत्यद्भुतंदृष्ट्वादानवानांसमुत्थितः ॥ अमृतार्थेमहान्नादोममेदमितिजल्पताम् ३९ श्वेतैर्दन्तैश्चतुर्भिस्तुमहाकायस्ततःपरम् ॥ ऐरावणोमहानागोऽभवद्वज्रभृताधृतः ४० अतिनिर्मथनादेवकालकूटस्ततःपरः ॥ जगदावृत्यसहसासधूमोऽग्निरिवज्वलन् ४१ त्रैलोक्यंमोहितंयस्यगंधमाघ्रायतद्विषम् ॥ प्राग्रसल्लोकरक्षार्थंब्रह्मणोवचनाच्छिवः ४२ दधारभगवान्कंठेमंत्रमूर्तिर्महेश्वरः ॥ तदाप्रभृतिदेवस्तुनीलकंठइतिश्रुतिः ४३ एतत्तदद्भुतंदृष्ट्वानिराशादानवाःस्थिताः ॥ अमृतार्थेचलक्ष्म्यर्थेमहांतंवैरमाश्रिताः ४४ ततोनारायणोमायांमोहिनींसमुपाश्रितः ॥ स्त्रीरूपमद्भुतंकृत्वादानवानभिसंश्रितः ४५ ततस्तदमृतंतस्यैददुस्तेमूढचेतसः ॥ स्त्रियैदानवदैतेयाःसर्वेतद्गतमानसाः ४६ ॥ इति श्रीमहाभारते आदिपर्वणि आस्तीकपर्वणि अमृतमंथनेअष्टादशोऽध्यायः ॥ १८ ॥

॥ सौतिरुवाच ॥ अथावरणमुख्यानिनानाप्रहरणानिच ॥ प्रगृह्याभ्यद्रवन्देवान्सहितादैत्यदानवाः १ ततस्तदमृतंदेवोविष्णुरादायवीर्यवान् ॥ जहारदानवेंद्रेभ्योनरेणसहितःप्रभुः २ ततोदेवगणाःसर्वेपपुस्तदमृतंतदा ॥ विष्णोःसकाशात्संप्राप्यसंभ्रमेतुमुलेसति ३ ततःपिबत्सुतत्कालेंदेवेष्वमृतमीप्सितम् ॥ राहुर्विबुधरूपेणदानवःप्रापिबत्तदा ४ तस्यकंठमनुप्राप्तेदानवस्यामृतेतदा ॥ आख्यातंचंद्रसूर्याभ्यांसुराणांहितकाम्यया ५ ततोभगवतातस्यशिरश्छिन्नमलंकृतम् ॥ चक्रायुधेनचक्रेणपिबतोऽमृतमोजसा ६ तच्छैलशृंगप्रतिमंदानवस्यशिरोमहत् ॥ चक्रच्छिन्नंखमुत्पत्यननादातिभयंकरम् ७ तत्कबंधंपपातास्यविस्फुरद्धरणीतले ॥ सपर्वतवनद्वीपांदैत्यस्याकंपयन्महीम् ८ ततोवैरविनिर्बंधःकृतोराहुमुखेनवै ॥ शाश्वतश्चंद्रसूर्याभ्यांग्रसत्यद्यापिचैवतौ ९ विहायभगवांश्चापिस्त्रीरूपमतुलंहरिः ॥ नानाप्रहरणैर्भीमैर्दानवान्समकंपयत् १० ॥ ॥ ॥ ॥

मोहनार्थमित्यर्थः ४५ 'अमृतादपिविभ्रंशःसंगमात्रेणयोषितां । दधतामोहिनीरूपंहरिणैवंप्रकाशितम्'इतिरत्नगर्भः ४६ ॥ इतिआदिपर्वणि नीलकंठीये भारतभावदीपे अष्टादशोऽध्यायः ॥ १८ ॥
अथेति । आवरणमुख्यानिकवचाग्र्याणि प्रहरणान्यायुधानि १ । २ संभ्रमेऽभयेषाममृतादेरसति ३ । ४ । ५ । ६ । ७ । ८ । ९ । १० ॥ ॥ ॥ ॥

११ प्रासाहस्तक्षेप्याःक्षुद्रभल्लाः विंध्ये'करकाडी'इतिप्रसिद्धाः तोमरादीर्घदंडास्तएवाक्षेप्यालाटेप्विट्टाइतिप्रसिद्धाः विविधानिशस्त्राणियमदंष्ट्रादीनिलोकप्रसिद्धानि'जमधड'इत्यादीनि १२ असिःखड्गः शक्तिर्हस्तक्षेप्योलोहदंडः पृथुबुध्नोगदासरलःसएव १३ पट्टिशःखड्गविशेषउभयतोधारस्तीक्ष्णाग्रः'पट्टा'इतिप्रसिद्धः १४ । १५ । १६ परिघःपरितोहंतीतितथासर्वतःकंटकितोलोहदंडः एवमग्रेऽपिलोकप्रसिद्ध्यनुसारेणयोगबलेनचायुधवाचिनांशब्दानामर्थोबोध्यः १७ । १८ । १९ । २० संयतियुद्धे २१ । २२ । २३ प्रवेरितंप्रेरितं अत्रोपसर्गस्यभागुरिमतेनाकारलोपः २४ विगलितारिक्ताम

ततःप्रवृत्तःसंग्रामःसमीपेलवणांभसः ॥ सुराणामसुराणांचसर्वघोरतरोमहान् ११ प्रासाश्चविपुलास्तीक्ष्णान्यपतंतसहस्रशः ॥ तोमराश्चसुतीक्ष्णाग्राःशस्त्राणि
विविधानिच १२ ततोऽसुराश्चक्रभिन्नावमंतोरुधिरंबहु ॥ असिशक्तिगदारुग्णानिपेतुर्धरणीतले १३ छिन्नानिपट्टिशैश्चैवशिरांसियुधिदारुणैः ॥ तप्तकांचनमा
लीनिनिपेतुरनिशंतदा १४ रुधिरेणानुलिप्तांगानिहताश्चमहासुराः ॥ अद्रीणामिवकूटानिधातुरक्तानिशेरते १५ हाहाकारःसमभवत्तत्रतत्रसहस्रशः ॥ अन्यो
न्यंछिन्दतांशस्त्रैरादित्येलोहितायति १६ परिघैरायसैस्तीक्ष्णैःसन्निकर्षेचमुष्टिभिः ॥ निघ्नतांसमरेऽन्योन्यंशब्दोदिवमिवास्पृशत् १७ छिंधिभिंधिप्रधावत्वंपात
याभिसरेतिच ॥ व्यश्रूयन्तमहाघोराःशब्दास्तत्रसमंततः १८ एवंसुतुमुलेयुद्धेवर्तमानेमहाभये ॥ नरनारायणौदेवौसमाजग्मतुराहवम् १९ तत्रदिव्यंधनुर्दृष्ट्वानरस्यभ
गवानपि ॥ चिंतयामासतच्चक्रंविष्णुर्दानवसूदनम् २० ततोऽम्बराच्चिंतितमात्रमागतंमहाप्रभंचक्रममित्रतापनम् ॥ विभावसोस्तुल्यमकुंठमंडलंसुदर्शनंसंयतिभी
मदर्शनम् २१ तदागतंज्वलितहुताशनप्रभंभयंकरंकरिकरबाहुरच्युतः ॥ मुमोचवैप्रबलवदुग्रवेगवान्महाप्रभंपरनगरावदारणम् २२ तदंतकज्वलनसमानवर्चसंपुनः
पुनर्न्यपततवेगवत्तदा ॥ विदारयद्दितिदनुजान्सहस्रशःकरेरितंपुरुषवरेणसंयुगे २३ दहत्क्वचिज्ज्वलनइवावलेलिहत्प्रसह्यतान्सुरगणान्न्यकृंतत ॥ प्रवेरितंवियतिमुहुः
क्षितौतथापपौरणेरुधिरमथोपिशाचवत् २४ तथाऽसुरागिरिभिरदीनचेतसोमुहुर्मुहुःसुरगणमार्दयंस्तदा ॥ महाबलाविगलितमेघवर्चसःसहस्रशोगगनमभिप्रपद्यह
२५ अथांबराद्भयजननाःप्रपेदिरेसपादपाबहुविधमेघरूपिणः ॥ महाद्रयःपरिगलिताग्रसानवःपरस्परंद्रुतमभिहत्यसस्वनाः २६ ततोमहीप्रविचलितासकाननामहा
द्रिपाताभिहतासमंततः ॥ परस्परंभृशमभिगर्जतांमुहूरणाजिरेभृशमभिसंप्रवर्तिते २७ नरस्ततोवरकनकाग्रभूषणैर्महेषुभिर्गगनपथंसमावृणोत् ॥ विदारयन्गिरि
शिखराणिपत्रिभिर्महाभयेऽसुरगणविग्रहेतदा २८ ततोमहीलवणजलंचसागरंमहासुराःप्रविविशुरर्दिताःसुरैः ॥ वियद्गतंज्वलितहुताशनप्रभंसुदर्शनंपरिकुपितंनि
शम्यते २९ ततःसुरैर्विजयमवाप्यमंदरःस्वमेवदेशंगमितःसुपूजितः ॥ विनाद्यखंदिवमपिचैवसर्वशस्ततोगताःसलिलधरायथागतम् ३० ॥

घास्तत्तुल्यदीप्तयः श्वेतभास्वराइत्यर्थः २५ बहुविधानीलपीतादिधातुमत्त्वात् । मेघरूपित्वंगगनगामित्वात् २६ गणशब्दितारुद्रानुचरोपलक्षितादेवाः असुराश्चगणाश्चतेषांविग्रहे 'गणःप्रमथसंख्यौघे'इतिमेदिनी २७ । २८ निशम्यविज्ञाय तेअसुराः २९ सलिलधराअमृतभृतोदेवाः ३० ॥ ॥ ॥ ॥

किरीटिनेनराय । 'तुल्यायासेऽप्यविबुधानाब्धिजंविमुखाहरेः ॥ देवास्तुवशगाविष्णोःप्रापुरेतदिहोच्यते'इतिरत्नगर्भः ३१. ॥ इतिआदिपर्वणिनीलकंठीये भारतभावदीपे एकोनविंशोऽध्यायः ॥ १९ ॥
एतदिति १. । २ विपणावहेपणंकुर्वहे ३ दीव्यविजिगीषस्व दासीभावायमांवादासीकर्तुंत्वंवादासीभवितुंब्रूहीत्यर्थः ४ । ५ जिह्मंकौटिल्यं ६ नावपद्यंतनानुमोदितवंतः ७ । ८ । ९ । १० दंदशूकाः

ततोऽमृतंसुनिहितमेवचक्रिरेसुराःपरांमुदमभिगम्यपुष्कलाम् ॥ ददौचतंनिधिममृतस्यरक्षितुंकिरीटिनेबलभिदथामरैःसह ३१ ॥ इतिश्रीमहाभारते आदिपर्वणि आस्तीकपर्वणि अमृतमंथनसमाप्तिर्नामएकोनविंशोऽध्यायः ॥ १९ ॥ ॥ सौतिरुवाच ॥ एतत्तेकथितंसर्वममृतंमथितंतथा ॥ यत्रसोऽश्वःसमुत्पन्नःश्रीमानतुलविक्रमः १ यंनिशम्यतदाकद्रूर्विनतामिदमब्रवीत् ॥ उच्चैःश्रवाहिकिंवर्णोभद्रेप्रब्रूहिमाचिरम् २ ॥ विनतोवाच ॥ श्वेतएवाश्वराजोऽयंकिंवात्वंमन्यसेशुभे ॥ ब्रूहिवर्णंत्वमप्यस्यततोऽत्रविपणावहे ३ ॥ ॥ कद्रूरुवाच ॥ ॥ कृष्णवालमहंमन्येहयमेनंशुचिस्मिते ॥ एहिसार्धंमयादीव्यदासीभावायभामिनि ४ ॥ सौतिरुवाच ॥ ॥ एवंतेसमयंकृत्वादासीभावायवैमिथः ॥ जग्मतुःस्वगृहानेवश्वोद्रक्ष्यावइतिस्मह ५ ततःपुत्रसहस्रंतुकद्रूर्जिह्मंचिकीर्षती ॥ आज्ञापयामासतदावालाभूत्वाऽञ्जनप्रभाः ६ आविशध्वंहयंक्षिप्रंदासीनस्यामहंयथा ॥ नावपद्यंतयेवाक्यंताञ्शशापभुजंगमान् ७ सर्पसत्रेवर्तमानेपावकोवःप्रधक्ष्यति ॥ जनमेजयस्यराजर्षेःपांडवेयस्यधीमतः ८ शापमेनंतुशुश्रावस्वयमेवपितामहः ॥ अतिक्रूरंसमुत्सृष्टंकद्र्वादैवादतीवहि ९ सार्धंदेवगणैःसर्वैर्वाचंतामन्वमोदत ॥ बहुत्वंप्रेक्ष्यसर्पाणांप्रजानांहितकाम्यया १० तिग्मवीर्यविषाह्येतेदंदशूकामहाबलाः ॥ तेषांतीक्ष्णविषत्वाद्धिप्रजानांचहितायच ११ युक्तंमात्राकृतंतेषांपरपीडोपसर्पिणाम् ॥ अन्येषामपिसत्वानांनित्यंदोषपरास्तुये १२ तेषांप्राणांतिकोदंडोदैवेनविनिपात्यते ॥ एवंसंभाष्यदेवस्तुपूज्यकद्रूंचतांतदा १३ आहूयकश्यपंदेवइदंवचनमब्रवीत् ॥ यदेतेदंदशूकाश्चसर्पाजातास्त्वयाऽनघ १४ विषोल्बणामहाभोगामात्राशप्ताःपरंतप ॥ तत्रमन्युस्त्वयातातनकर्तव्यःकथंचन १५ दृष्टंपुरातनंह्येतद्यज्ञेसर्पविनाशनम् ॥ इत्युक्त्वासृष्टिकृद्देवस्तंप्रसाद्यप्रजापतिम् ॥ प्रादाद्विषहरींविद्यांकश्यपायमहात्मने १६ ॥ इतिश्रीम० आदिपर्वणिआस्तीकप० सौपर्णेविंशोऽध्यायः ॥ २० ॥ ॥ सौतिरुवाच ॥ ततोरजन्यांव्युष्टायांप्रभातेऽभ्युदितेरवौ ॥ कद्रूश्चविनताचैवभगिन्यौतेतपोधन १ अमर्षितेसुसंरब्धेदास्येकृतपणेतदा ॥ जग्मतुस्तुरगंद्रष्टुमुच्चैःश्रवसमंतिकात् २ ददृशातेऽथतेतत्रसमुद्रंनिधिमंभसाम् ॥ महांतमुदकागाधंक्षोभ्यमाणंमहास्वनम् ३ तिमिंगिलझषाकीर्णंमकरैरावृतंतथा ॥ सत्वैश्चबहुसाहस्रैर्नानारूपैःसमावृतम् ४ भीषणैर्विकृतैरन्यैर्घोरैर्जलचरैस्तथा ॥ उग्रैर्नित्यमनाधृष्यंकूर्मग्राहसमाकुलम् ५

भृशंदंशनशीलाः ११. । १२ । १३ । १४ महाभोगामहाशरीराः १५ विषहरींविषघ्नीं विषहरामितिपाठः १६ ॥ इतिआदिपर्वणिनीलकंठीये भारतभावदीपे विंशोऽध्यायः ॥ २० ॥ ॥
॥ ॥ ततइति । व्युष्टायांव्यतीतायां १ दास्येविषये २ उदकेनागाधंतलस्पर्शशून्यं क्षोभ्यमाणंमकरादिभिः ३ । ४ । ५ ॥ ॥ ॥

६ पातालज्वलनोवाडवाग्निस्तस्यावासं बांधवंशरणं बंधनमितिपाठेकारागारं ७। ८। ९ वेलायादोलआंदोलनंतज्जेनानिलेनचलं १०। ११ गांपृथ्वीं विंदतालंभमानेन हेतौशतृप्रत्ययः तेन हेतुनाविक्षोभितेनजलेनाविलंव्याप्तं १२ अत्रिणातलान्वेषिणेतिशेषः गाधंतलं पातालस्यापितलमधःस्थं अव्ययंपातालादिव्ययेऽप्यविनाशं १३ सेवतःसेवमानस्य युगादिकालशयनंयुगंकृतादि कंतस्यआदिभूतोयुगादिकालस्तस्मिन्शयनंतल्पभूतं १४ डिंबाहवेडिंबोभयवतामाक्रंदस्तद्वतिआहवे 'डिंबोभयध्वनावंडे'इतिमेदिनी । तिग्माहवइतिपाठःस्पष्टार्थः १५ वडवाअश्वातस्यामुखादुत्पन्नो

आकरंसर्वरत्नानामालयंवरुणस्यच ॥ नागानामालयंरम्यमुत्तमंसरितांपतिम् ६ पातालज्वलनावासमसुराणांचबांधवम् ॥ भयंकरंचसत्वानांपयसांनिधिमर्ण
वम् ७ शुभंदिव्यममर्त्यानाममृतस्याकरंपरम् ॥ अप्रमेयमचिंत्यंचसुपुण्यजलमद्भुतम् ८ घोरंजलचरारावरौद्रंभैरवनिःस्वनम् ॥ गंभीरावर्तकलिलंसर्व
भूतभयंकरम् ९ वेलादोलानिलचलंक्षोभोद्वेगसमुच्छ्रितम् ॥ वीचीहस्तैःप्रचलितैर्नृत्यंतमिवसर्वतः १० चंद्रवृद्धिक्षयवशादुद्वृत्तोर्मिसमाकुलम् ॥ पांचज
न्यस्यजननंरत्नाकरमनुत्तमम् ११ गांविंदताभगवतागोविंदेनामितौजसा ॥ वराहरूपिणाचांतर्विक्षोभितजलाविलम् १२ ब्रह्मर्षिणाव्रतवतावर्षाणांशतमत्रि
णा ॥ अनासादितगाधंचपातालतलमव्ययम् १३ अध्यात्मयोगनिद्रांचपद्मनाभस्यसेवतः ॥ युगादिकालशयनंविष्णोरमिततेजसः १४ वज्रपातनसंत्रस्त
मैनाकस्याभयप्रदम् ॥ डिंबाहवार्दितानांचअसुराणांपरायणम् १५ वडवामुखदीप्ताग्नेस्तोयहव्यप्रदंशिवम् ॥ अगाधपारंविस्तीर्णमप्रमेयंसरित्पतिम् १६ महान
दीभिर्बह्वीभिःस्पर्धयेवसहस्रशः ॥ अभिसार्यमाणमनिशंददृशातेमहार्णवम् ॥ आपूर्यमाणमत्यर्थंनृत्यमानमिवोर्मिभिः १७ गंभीरंतिमिमकरोग्रसंकुलंतंगर्जंतं
जलचररावरौद्रनादैः ॥ विस्तीर्णंददृशतुरंबरप्रकाशंतेऽगाधंनिधिमुरुमंभसामनंतम् १८ ॥ इतिश्रीमहाभारते आदिपर्वणिआस्तीकपर्वणि सौपर्णेएकविंशति
तमोऽध्यायः ॥ २१ ॥ ॥ सौतिरुवाच ॥ नागाश्चसंविदंकृत्वाकर्तव्यमितितद्वचः ॥ निःस्नेहावैदहेन्माताअसंप्राप्तमनोरथा १ प्रसन्नामोक्षयेदस्मांस्तस्माच्छा
पाच्चभामिनी ॥ कृष्णंपुच्छंकरिष्यामस्तुरगस्यनसंशयः २ तथाहिगत्वातेतस्यपुच्छेवालाइतिस्मृताः ॥ एतस्मिन्नंतरेतेतुसपत्न्यौपणितेतदा ३ ततस्तेपणितं
कृत्वाभगिन्यौद्विजसत्तम ॥ जग्मतुःपरयाप्रीत्यापरंपारंमहोदधेः ४ कद्रूश्चविनताचैवदाक्षायण्यौविहायसा ॥ आलोकयंत्यावक्षोभ्यंसमुद्रंनिधिमंभसाम् ५ वायुनाऽती
वसहसाक्षोभ्यमाणंमहास्वनम् ॥ तिमिंगिलसमाकीर्णंमकरैरावृतंतथा ६ संयुतंबहुसाहस्रैःसत्त्वैर्नानाविधैरपि ॥ घोरैर्घोरमनाधृष्यंगंभीरमतिभैरवम् ७ आकरंसर्व
रत्नानामालयंवरुणस्यच ॥ नागानामालयंचापिसुरम्यंसरितांपतिम् ८ पातालज्वलनावासमसुराणांतथाऽऽलयम् ॥ भयंकराणांसत्वानांपयसोनिधिमव्ययम् ९

दीप्तोयोऽग्निस्तस्मैतोयहव्यप्रदं गाधःपारश्चनास्तियस्यसोऽगाधपारस्तं अतएवविस्तीर्णं विशेषेणस्तीर्णंसमंततआस्तीर्णं १६ अभिसार्यमाणमभितोगम्यमानं १७ तेकद्रूविनते अगाधंपूर्वरूप मार्षं १८ ॥ इतिआदिपर्वणिनीलकंठीये भारतभावदीपे एकविंशतितमोऽध्यायः ॥ २१ ॥ नादाश्वसंविदंकृत्वेतिद्वादशश्लोकमध्यायंकेचिन्नपठंति कांश्चिदत्रत्यान्श्लोकान्पूर्वत्रैवचपठंति अन्येतुपंचषा न्पठंत्यपीत्यत्रकोशशुद्धिंनमतीमः संविदंमिथआलोचनं १ । २ पणितेपणंकृतवत्यौ ३ । ४ उक्तानुक्तविशेषणैःपुनःस्तौतिसमुद्रं अक्षोभ्यमित्यादिना ५ । ६ । ७ । ८ । ९ ॥ ॥ ॥

१० । ११ । १२ ॥ इतिआदिपर्वणिनीलकंठीये भारतभावदीपे द्वाविंशोऽध्यायः ॥ २२ ॥ ॥ तमिति १ शशांककिरणवत्प्रख्यादीप्तिर्यस्यतंतादृशमपिकालवालंकृष्णकेशं २ निशम्य दृष्ट्वा ३ । ४ । ५ कामरूपःइच्छाकृतमेवरूपंयस्यसतथा ६ उद्भासमुत्कर्षेणभासमानः ७ और्वोवाडवः ८ विभावसुंवन्हिं ९ अग्नेमात्वमितिदेवानांभ्रमवर्णनमग्निगरुडयोरतिसादृश्यकथनार्थम् १० । ११ । १२ । १३ । १४ अत्रापिपूर्ववत्सुपर्णोपाधिकंब्रह्मैवस्तूयते नहिविष्णुवाहनेपक्षिमात्रेप्रकृतानिसर्वाणिविशेषणान्यंजसासंगच्छंते । 'इंद्रंमित्रंवरुणमग्निमाहुरथोदिव्यःससुपर्णोगरुत्मान् । एकंसद्विप्राबहुधावदंत्यग्नियमंमातरिश्वानमाहुः'इतिश्रुतेरिंद्रादिबहुप्रकारेणसदेवैकमुच्यतइत्यवगमात् ऋषिःप्रणवरूपोमंत्रः मंत्राणांसर्वेषांद्रष्टामधुच्छंदआदिरूपोवा महाभागःकृत्स्नस्ययज्ञ

शुभ्रंदिव्यममर्त्यानाममृतस्याकरंपरम् ॥ अप्रमेयमचिंत्यंचसुपुण्यजलसंमितम् १० महानदीभिर्बह्वीभिस्तत्रतत्रसहस्रशः ॥ आपूर्यमाणमत्यर्थंनृत्यंतमिववचोर्मिभिः ११ इत्येवंतरलतरोर्मिसंकुलंतंगंभीरंविकसितमंबरप्रकाशम् ॥ पातालज्वलनशिखाविदिपितांगंगर्जंतंद्रुतमभिजग्मतुस्ततस्ते १२ ॥ इतिश्रीमहाभारते आदिपर्वणिआस्तीकप०सौपर्णेसमुद्रदर्शनंनाम द्वाविंशोऽध्यायः॥२२॥ ॥ सौतिरुवाच ॥ तंसमुद्रमतिक्रम्यकद्रूर्विनतयासह ॥ न्यपतत्तुरगाभ्याशेनचिरादिवशीघ्रगा १ ततस्तेतंहयश्रेष्ठंददृशातेमहाजवम् ॥ शशांककिरणप्रख्यंकालवालमुभेतदा २ निशम्यचबहून्वालान्कृष्णान्पुच्छसमाश्रितान् ॥ विषण्णरूपांविनतांकद्रूर्दास्येन्ययोजयत् ३ ततःसाविनतातस्मिन्पणितेनपराजिता ॥ अभवद्दुःखसंतप्तादासीभावंसमास्थिता ४ एतस्मिन्नंतरेचापिगरुडःकालआगते ॥ विनामात्रामहातेजाविदार्यांडमजायत ५ महासत्त्वबलोपेतःसर्वाविद्योतयन्दिशः ॥ कामरूपःकामगमःकामवीर्योविहंगमः ६ अग्निराशिरिवोद्भासन्समिद्धोऽतिभयंकरः ॥ विद्युद्विस्पष्टपिंगाक्षोयुगांताग्निसमप्रभः ७ प्रवृद्धःसहसापक्षीमहाकायोनभोगतः ॥ घोरोघोरस्वनोरौद्रोवह्निरौर्वइवापरः ८ तंदृष्ट्वाशरणंजग्मुर्देवाःसर्वेविभावसुम् ॥ प्रणिपत्याब्रुवंश्चैनमासीनंविश्वरूपिणम् ९ अग्नेमात्वंप्रवर्धिष्ठाःकच्चिन्नोनदिधक्षसि ॥ असौहिराशिःसुमहान्समिद्धस्तवसर्पति १० ॥ ॥ अग्निरुवाच ॥ नैतदेवंयथायूयंमन्यध्वमसुरार्दनाः ॥ गरुडोबलवानेषममतुल्यश्चतेजसा ११ जातःपरमतेजस्वीविनतानंदवर्धनः ॥ तेजोराशिमिमंदृष्ट्वायुष्मान्मोहःसमाविशत् १२ नागक्षयकरश्चैवकाश्यपेयोमहाबलः ॥ देवानांचहितेयुक्तस्त्वहितोदैत्यरक्षसाम् १३ नभीःकार्याकथंचात्रपश्यध्वंसहितामम ॥ एवमुक्तास्तदागत्वागरुडंवाग्भिरस्तुवन् १४ तेदूरादभ्युपेत्यैनंदेवाःसर्षिगणास्तदा ॥ देवाऊचुः ॥ त्वमृषिस्त्वंमहाभागस्त्वंदेवःपतगेश्वरः १५ त्वंप्रभुस्तपनःसूर्यःपरमेष्ठीप्रजापतिः ॥ त्वमिंद्रस्त्वंहयमुखस्त्वंशरस्त्वंजगत्पतिः १६ त्वंमुखंपद्मजोविप्रस्त्वमग्निःपवनस्तथा ॥ त्वंहिधाताविधाताचत्वंविष्णुःसुरसत्तमः १७

स्यभोक्ता देवोद्योतमानः पतगानांजीवपक्षिणामीश्वरोऽतिशीघ्रगोवा । तद्भावतोऽन्यानत्येतिशश्वदितिश्रुतेः १५ प्रभुश्चेतनाचेतनस्यकृत्स्नस्याधिष्ठाता तपनस्तपतीतितपनोऽन्तकर्त्ता सूर्यःसूते इतिसूर्यउत्पादकः उपादानमित्यर्थः परमेष्ठीहिरण्यगर्भरूपेणप्रजापतिर्दक्षादिरूपेणचनिमित्तमपीत्यर्थः त्वमिंद्रोदेवराजः हयमुखोहयग्रीवावतारः त्वंशरोमहादेवस्यत्रिपुरवधेबाणभूतोविष्णुः १६ त्वंमुखं 'ब्राह्मणोऽस्यमुखमासीत्'इतिश्रुतेः पद्मजश्चतुर्मुखः विप्रोविज्ञानवान् अग्निर्वायुश्चेत्यादिसर्वदेवतात्मा धाताचितिः विधातामायेतिप्राग्व्याख्यातमेव विष्णुर्व्यापकः सुरसत्तमोदेवेश्वरः १७

महान्महत्तत्वं अभिभूःअभितोभवतीत्यभिभूरभिमानोऽहंकारइत्यर्थः । शश्वत्सर्वदा अमृतमविकृतं महद्यशः । तस्यनाममहद्यशइतिश्रुतेर्निर्गुणंब्रह्म त्वंप्रभाःसूर्यादीनांतेजांसि त्वमभिप्रेतंबुद्धिवृत्तिः प्राणंरक्षणं १८ बलस्यपुण्यस्य ऊर्मिमान्सागरः अतएवादीनंरजआदिनाऽनुपक्षीणंसत्वंयस्यसः अतएवसमृद्धिरैश्वर्यंतद्वान् दुर्विषहोयुद्धे त्वत्तःसृतंनिर्गतंसर्वं अहीनकीर्तेपुण्यश्लोक अनागतादिचत्वमेव १९ उत्तमश्चिन्मात्रः चराचरंचेतनाचेतनंस्थावरजंगमंवा गभस्तिभिर्वृत्तिज्ञानैः भानुरिवकिरणैः अवभाससेघटादिज्ञानरूपेण यथोक्तं । ,परागर्थप्रमेयेषुयाफलत्वेनसंमता । संवित्सैवेहमेयोऽर्थोवेदांतोक्तिप्रमाणतः'इति । भानुमतःसूर्यस्य अंतकोमृत्युः ध्रुवाध्रुवंक्षराक्षरंप्रधानपुरुषात्मकं २० युगपरिवर्त्तनंसहस्रकृत्वोजायमानंतस्यांतस्तत्कर्त्ता कालस्यापिकालइत्यर्थः २१ खगेश्वरमुपेत्यसमीपेगत्वा

त्वंमहानभिभूःशश्वदमृतंत्वंमहद्यशः ॥ त्वंप्रभास्त्वमभिप्रेतंत्वंनस्त्राणमनुत्तमम् १८ बलोर्मिमान्साधुरदीनसत्वःसमृद्धिमान्दुर्विषहस्त्वमेव ॥ त्वत्तःसृतंसर्वमही
नकीर्तेह्यनागतंचोपगतंचसर्वम् १९ त्वमुत्तमःसर्वमिदंचराचरंगभस्तिभिर्भानुरिवावभाससे ॥ समाक्षिपन्भानुमतःप्रभांमुहुस्त्वमंतकःसर्वमिदंध्रुवाध्रुवम् २० दिवा
करःपरिकुपितोयथादहेत्प्रजास्तथादहसिहुताशनप्रभ ॥ भयंकरःप्रलयइवाग्निरुत्थितोविनाशयन्युगपरिवर्त्तनांतकृत् २१ खगेश्वरंशरणमुपागतावयंमहौजसंज्व
लनसमानवर्चसम् ॥ तडित्प्रभंवितिमिरमभ्रगोचरंमहाबलंगरुडमुपेत्यखेचरम् २२ परावरंवरदमजय्यविक्रमंतवौजसासर्वमिदंप्रतापितम् ॥ जगत्प्रभोतप्तसुवर्ण
वर्चसात्वंपाहिसर्वांश्वसुरान्महात्मनः २३ भयान्वितानभसिविमानगामिनोविमानिताविपथगतिंप्रयांतिते ॥ ऋषेःसुतस्त्वमसिदयावतःप्रभोमहात्मनःखगवर
कश्यपस्यह २४ समाक्रुधःकुरुजगतोदयांपरांत्वमीश्वरःप्रशममुपैहिपाहिनः ॥ महाशनिस्फुरितसमस्वनेनतेदिशोऽम्बरंत्रिदिवमियंचमेदिनी २५ चलंतिनःखग
हृदयानिचानिशंनिगृह्यतांवपुरिदमग्निसन्निभम् ॥ तवद्युतिंकुपितकृतांतसन्निभांनिशम्यनश्चलतिमनोऽव्यवस्थितम् ॥ प्रसीदनःपतगपतेप्रयाचतांशिवश्चनोभवभ
गवन्सुखावहः २६ एवंस्तुतःसुपर्णस्तुदेवैःसर्षिगणैस्तदा ॥ तेजसःप्रतिसंहारमात्मनःसचकारह २७ ॥ इतिश्रीम॰आ॰आस्ती॰सौपर्णेत्रयोविंशोऽध्यायः ॥ २३ ॥
॥ सौतिरुवाच ॥ सश्रुत्वाऽथात्मनोदेहंसुपर्णःप्रेक्ष्यचस्वयम् ॥ शरीरप्रतिसंहारमात्मनःसंप्रचक्रमे १ ॥ सुपर्णउवाच ॥ नमेसर्वाणिभूतानिबिभियुर्देहदर्शनात् ॥ भी
मरूपात्समुद्विग्नास्तस्मात्तेजस्तुसंहरे २ ॥ सौतिरुवाच ॥ ततःकामगमःपक्षीकामवीर्योविहंगमः ॥ अरुणंचात्मनःपृष्ठमारोप्यसपितुर्गृहात् ३ मातुरंतिकमागच्छ
त्परंतीरंमहोदधेः ॥ तत्रारुणश्चनिक्षिप्तोदिशंपूर्वांमहाद्युतिः ४ सूर्यस्तेजोभिरत्युग्रैर्लोकान्दग्धुमनायदा ॥ रुरुरुवाच ॥ किमर्थंभगवान्सूर्योलोकान्दग्धुमनास्तदा ५

वयंशरणमुपागताइतिसंबंधः २२ परावरंकारणंकार्यंच अजय्योजेतुमशक्योविक्रमोयस्यतं २३ विमानगामिनोदेवाःविमानिताःपराजिताः विपथगतिंहीनमार्गांनुसृतिं २४ सत्वंमाक्रुधःक्रोधंमाकार्षीः महाशनेःस्फुरितंतेनसमस्तुल्यःस्वनःशब्दस्तेनदिशश्चलंतीत्युत्तरादपकृष्यते २५ निगृह्यतांसंक्षिप्तंक्रियतां अव्यवस्थितमितिच्छेदः व्याकुलमित्यर्थः २६ । २७ । ॥ इति आदिपर्वणि नीलकंठीये भारतभावदीपेत्रयोविंशतितमोऽध्यायः ॥ २३ ॥ ॥ सइति । ससुपर्णःस्तुतिव्याजेनदेवैर्बोधितस्तेभ्यआत्मनोदेहंस्वरूपंश्रुत्वाप्रेक्ष्यानुभूयचसर्वभूताभयायसौम्योबभूवेत्यर्थः १ समुद्विग्नाजनाइतिशेषः २ अरुणंमातुर्विवशतयायत्रकुत्रापिस्थितं ३ सूर्योदग्धुमनायदाऽभूत्तदापूर्वांदिशंगत्वातत्रसूर्यस्याग्रेऽरुणोनिक्षिप्तइतियोज्यं ४ । ५ ॥ ॥ ॥ ॥

आदित्यस्यमूर्तिबहुत्वेनचंद्रादित्यैरितिबहुवचनं ६ चंद्रादित्येकत्वंचसमाहारात् ग्रहेणराहुणाग्रहणेनवा ७ सुराणामर्थायहिताय ८ सहंतेमर्षयंति सहदेवैरितिपाठेदिवौकसउपदेवामरीच्यादयःप्रजाप
तयः ९ तस्मादस्ताचलंगत्वेतिल्यब्लोपेपंचमी १० संतापयतसमतापयत अडभावकार्षः तिरोभूतएवसन्नेवंदहत्युदयेतुभस्मीकरिष्यतिलोकानित्याह ततइत्यादिना ११ । १२ । १३ । १४ दृश्य

किमस्यापहृतं देवैर्येनेमंमन्युराविशत् ॥ प्रमतिरुवाच ॥ चंद्रादित्यैर्यदाराहुराख्यातोह्यमृतंपिबन् ६ वैरानुबंधंकृतवांश्चंद्रादित्येतदाऽनघ ॥ वध्यमानेग्रहेणा
थआदित्येमन्युराविशत् ७ सुरार्थायसमुत्पन्नोरोषोराहोस्तुमांप्रति ॥ बह्वनर्थकरंपापमेकोऽहंसमवाप्नुयाम् ८ सहायएवकार्येषुनचकृच्छ्रेषुदृश्यते ॥ पश्यंतिग्रस्य
मानंमांसहंतेवैदिवौकसः ९ तस्माल्लोकविनाशार्थंह्यवतिष्ठेनसंशयः ॥ एवंकृतमतिःसूर्योह्यस्तमभ्यगमद्गिरिम् १० तस्माल्लोकविनाशायसंतापयतभास्करः ॥
ततोदेवानुपागम्यप्रोचुरेवंमहर्षयः ११ अद्यार्धरात्रसमयेसर्वलोकभयावहः ॥ उत्पत्स्यतेमहान्दाहस्त्रैलोक्यस्यविनाशनः १२ ततोदेवाःसर्षिगणाउपगम्य
पितामहम् ॥ अब्रुवन्किमिवेहाद्यमहद्दाहकृतंभयम् १३ नतावद्दृश्यतेसूर्यःक्षयोऽयंप्रतिभातिच ॥ उदितेभगवन्भानौकथमेतद्भविष्यति १४ ॥ पितामहउवाच॥
एषलोकविनाशायरविरुद्यंतुमुद्यतः ॥ दृश्यन्नेवहिलोकान्सभस्मराशीकरिष्यति १५ तस्यप्रतिविधानंचविहितंपूर्वमेवहि ॥ कश्यपस्यसुतोधीमानरुणेत्यभि
विश्रुतः १६ महाकायोमहातेजाःसस्थास्यतिपुरोरवेः ॥ करिष्यतिचसारथ्यंतेजश्चास्यहरिष्यति १७ लोकानांस्वस्तिचैवंस्यादृषीणांचदिवौकसाम् ॥
॥ प्रमतिरुवाच ॥ ततःपितामहाज्ञातःसर्वंचक्रेतदाऽरुणः १८ उदितश्चैवसविताह्यरुणेनसमावृतः ॥ एतत्तेसर्वमाख्यातंयत्सूर्यंमन्युराविशत् १९ अरुणश्चय
थैवास्यसारथ्यमकरोत्प्रभुः ॥ भूयएवापरंप्रश्नंशृणुपूर्वमुदाहृतम् २० ॥ इति श्रीमहाभारते आदिपर्वणि आस्तीकपर्वणि सौपर्णेचतुर्विंशोऽध्यायः ॥ २४ ॥
॥ सौतिरुवाच ॥ ततःकामगमःपक्षीमहावीर्योमहाबलः ॥ मातुरंतिकमागच्छत्परंपारंमहोदधेः १ यत्रसाविनतातस्मिन्पणितेनपराजिता ॥ अतीवदुः
खसंतप्तादासीभावमुपागता २ ततःकदाचिद्विनतांप्रणतांपुत्रसन्निधौ ॥ कालेचाहूयवचनंकद्रूरिदमभाषत ३ नागानामालयंभद्रेसुरम्यंचारुदर्शनम् ॥
समुद्रकुक्षावेकांतेतत्रमांविनतेनय ४ ततःसुपर्णमातातामवहत्सर्पमातरम् ॥ पन्नगान्गरुडश्चापिमातुर्वचनचोदितः ५ ससूर्यमभितोयातिवैनतेयोविहंगमः ॥
सूर्यरश्मिप्रतप्ताश्चमूर्छिताःपन्नगाऽभवन् ६ तदवस्थान्सुतान्दृष्ट्वाकद्रूःशक्रमथास्तुवत् ॥ नमस्तेसर्वदेवेशनमस्तेबलसूदन ७ नमुचिघ्ननमस्तेऽस्तुसहस्राक्षशचीपते ॥
सर्पाणांसूर्यतप्तानांवारिणात्वंप्लवोभव ८ त्वमेवपरमंत्राणमस्माकममरोत्तम ॥ ईशोह्यसिपयःस्रष्टुंत्वमनल्पंपुरंदर ९ ॥ ॥

न्यपश्यन् कंड्वादेराकृतिगणत्वाद्दृशेरपिस्वार्थेयक् १५ प्रतिविधानंप्रतीकारः १६ । १७ । १८ । १९ । २० ॥ इति आदिपर्वणि नीलकंठीये भारतभावदीपे चतुर्विंशतितमोऽध्यायः ॥ २४ ॥
ततइति १ । २ । ३ । ४ । ५ अभितःसंमुखं पन्नगा अभवन् संधिरार्षः ६ अत्रापींद्रोपाधिकंब्रह्मस्तूयते नमस्तेइत्यादिना । लोकस्रष्टृत्वसंहर्तृत्वादेस्तल्लिंगदर्शनात् ७ । ८ । ९ ॥ ॥

१.० । १.१ ज्योतिश्चिद्रूपम् १२ सर्वममृतंमोक्षः आपेक्षिकेह्यमृतत्वेसर्वत्वंनास्ति मोक्षेऽवशिष्यमाणंयद्रूपंतत्त्वमेवेत्यर्थः सोमईश्वरः परमैःश्रेष्ठैरर्चितः । 'सोमःपवतेजनितामतीनांजनितादिवोजनि
तापृथिव्याः । जनिताग्नेर्जनितासूर्यस्यजनितेंद्रस्यजनितोतविष्णोः'इतिश्रुतिप्रसिद्धः १.३ बहुलःकृष्णपक्षः १४ कालोपादानत्वात्तद्रूपत्वमुक्त्वाभूय्योमांबुरूपत्वमाह त्वमुत्तमेति १.५ यज्ञभोक्ताऽ
पित्वमेवेत्याह महायशाइति १६ यज्ञफलदोऽपित्वमेवेत्याह त्वंविप्रैरिति । त्वद्धेतोस्त्वत्प्राप्तये । विविदिषंतियज्ञेनेत्यादिश्रुतेः वेदांगानिषट्यज्ञसाद्गुण्यार्थं तत्रशिक्षापाठशुद्ध्यर्थम् कल्पःप्रयोगज्ञाना

त्वमेवमेघस्त्वंवायुस्त्वमग्निर्विद्युतोऽम्बरे ॥ त्वमभ्रगणविक्षेप्तात्वामेवाहुर्महाघनम् १० त्वंवज्रमतुलंघोरंघोषवांस्त्वंबलाहकः ॥ स्रष्टात्वमेवलोकानांसंहर्ताचापरा
जितः ११ त्वंज्योतिःसर्वभूतानांत्वमादित्योविभावसुः ॥ त्वंमहद्भूतमाश्चर्यंत्वंराजात्वंसुरोत्तमः १२ त्वंविष्णुस्त्वंसहस्राक्षस्त्वंदेवस्त्वंपरायणम् ॥ त्वंसर्वममृतंदे
वत्वंसोमःपरमार्चितः १३ त्वंमुहूर्त्तस्तिथिस्त्वंचत्वंलवस्त्वंपुनःक्षणः ॥ शुक्लस्त्वंबहुलस्त्वंचकलाकाष्ठात्रुटिस्तथा ॥ संवत्सरर्त्तवोमासारजन्यश्चदिनानिच १४
त्वमुत्तमासगिरिवनावसुन्धरासभास्करंवितिमिरमंबरंतथा ॥ महोदधिःसतिमितिमिंगिलस्तथामहोर्मिमान्बहुमकरोझषाकुलः १५ महायशास्त्वमितिसदाऽभि
पूज्यसेमनीषिभिर्मुदितमनामहर्षिभिः ॥ अभिष्टुतःपिबसिचसोममध्वरेवषट्कृतान्यपिचहवींषिभूतये १६ त्वंविप्रैःसततमिहेज्यसेफलार्थंवेदांगेष्वतुलबलौघगी
यसेच ॥ त्वद्धेतोर्यजनपरायणाद्विजेंद्रावेदांगान्यभिगमयंतिसर्वयत्नैः १७ ॥ इति श्रीमहाभारते आदिपर्वणि आस्तीकपर्वणि सौपर्णे पंचविंशोऽध्यायः ॥ २५ ॥
सौतिरुवाच ॥ एवंस्तुतस्तदाकद्रवाभगवान्हरिवाहनः ॥ नीलजीमूतसंघातैःसर्वमंबरमावृणोत् १ मेघानाज्ञापयामाससवर्षध्वममृतंशुभम् ॥ तेमेघामुमुचुस्तो
यंप्रभूतंविद्युदुज्ज्वलाः २ परस्परमिवात्यर्थंगर्जंतःसततंदिवि ॥ संवर्तितमिवाकाशंजलदैःसुमहाद्भुतैः ३ सृजद्भिरतुलंतोयमजस्रंसुमहारवैः ॥ संप्रनृत्तमिवाकाशं
धारोर्मिभिरनेकशः ४ मेघस्तनितनिर्घोषैर्विद्युत्पवनकंपितैः ॥ तैर्मेघैःसततासारंवर्षद्भिरनिशंतदा ५ नष्टचंद्रार्ककिरणमंबरंसमपद्यत ॥ नागानामुत्तमोहर्षस्त
थावर्षतिवासवे ६ आपूर्यतमहीचापिसलिलेनसमंततः ॥ रसातलमनुप्राप्तंशीतलंविमलंजलम् ७ तदाभूरभवच्छन्नाजलोर्मिभिरनेकशः ॥ रामणीयकमाग
च्छन्मात्रासहभुजंगमाः ८ ॥ इति श्रीमहाभारते आदिपर्वणि आस्तीकपर्वणि सौपर्णेषड्विंशोऽध्यायः ॥ २६ ॥ ॥ सौतिरुवाच ॥ संप्रहृष्टास्ततोनागा
जलधाराप्लुतास्तदा ॥ सुपर्णेनोह्यमानास्तेजग्मुस्तंद्वीपमाशुवै १ तंद्वीपंमकरावासंविहितंविश्वकर्मणा ॥ तत्रतेलवणंघोरंददृशुःपूर्वमागताः २ ॥ ॥

र्थम् व्याकरणसूत्रादिसिद्ध्यर्थम् छंदोगायत्र्योयाज्यानुवाक्याभवंतीतिविध्यपेक्षितगायत्र्यादिज्ञानार्थम् निरुक्तंवेदार्थज्ञानार्थम् ज्योतिषंकर्मकालज्ञानार्थमिति एतान्येववेदांगानि १.७ ॥ इति
आदिपर्वणिनीलकंठीये भारतभावदीपे पंचविंशोऽध्यायः ॥ २५ ॥ ॥ एवमिति । हरयोऽश्वावाहनेरथेयस्यहरिवाहनः १ । २ संवर्तितंसंवर्त्तःकल्पांतःसंजातोऽस्मिन्निवसंवर्तितमिव ३ । ४ सतता
सारमनवच्छिन्नधारासंपातंयथास्यात्तथा ५ । ६ । ७ रामणीयकंद्वीपविशेषम् ८ ॥ इति आदिपर्वणि नीलकंठीये भारतभावदीपे षड्विंशोऽध्यायः ॥ २६ ॥ ॥ ॥ संप्रहृष्टाइति । तंद्वीपंराम
णीयकमेव १. लवणंलवणासुरंपूर्वंददृशुः पुनर्गमनेसनास्तीतिभावः २ ॥ ॥ ॥ ॥ ॥

३ पद्माकरैः सरोभिः ४ ह्रदैर्नदीषुगंभीरप्रदेशैः ५ । ६ । ७ मनःसंहर्षायजातंमनःसंहर्षजं जनेःसर्वविभक्त्युपपदाड्डुः । प्रजापतेर्योमनःसंहर्षःसंकल्पोल्लासस्तज्जंवा ८ सर्वैर्गुणैरितिशेषः ९ । १० सुरम्यमितोऽपिरमणीयम् ११ । १२ दुर्योगाद्दुष्टभावात् वितथंशुक्लेऽपिकृष्णत्वंदृष्ट्वा सर्पैर्बालभूतैः उपधिनाच्छलेन १३ । १४ धनक्रीतोविद्यार्थीपणजितोवादास्यंकरोतितेषांमुक्तिर्दानेनविद्याला

सुपर्णसहिताःसर्पाःकाननंचमनोमरम् ॥ सागरांबुपरिक्षिप्तंपक्षिसंघनिनादितम् २ विचित्रफलपुष्पाभिर्वनराजिभिरावृतम् ॥ भवनैरावृतंरम्यैस्तथापद्माकरैरपि ३ प्रसन्नसलिलैश्चापिह्रदैर्दिव्यैर्विभूषितम् ॥ दिव्यगंधवहैःपुण्यैर्मारुतैरुपवीजितम् ४ उत्पतद्भिरिवाकाशंवृक्षैर्मलयजैरपि ॥ शोभितंपुष्पवर्षाणिमुंचद्भिर्मारुतोद्धतैः ५ वायुविक्षिप्तकुसुमैस्तथाऽन्यैरपिपादपैः ॥ किरद्भिरिवतत्रस्थान्नागान्पुष्पांबुवृष्टिभिः ६ मनःसंहर्षजंदिव्यंगंधर्वाप्सरसांप्रियम् ॥ मत्तभ्रमरसंघुष्टंमनोज्ञाकृतिदर्शनम् ७ रमणीयंशिवंपुण्यंसर्वैर्जनमनोहरैः ॥ नानापक्षिरुतंरम्यंकद्रूपुत्रप्रहर्षणम् ८ तत्तेवनंसमासाद्यविजह्रुःपन्नगास्तदा ॥ अब्रुवंश्चमहावीर्यंसुपर्णंपतगेश्वरम् ९ वहास्मानपरंद्वीपंसुरम्यंविमलोदकम् ॥ त्वंहिदेशान्बहून्रम्यान्व्रजन्पश्यसिखेचर १० सविचिंत्याब्रवीत्पक्षीमातरंविनतांतदा ॥ किंकारणंमयामातःकर्तव्यंसर्पभाषितम् ११ ॥ विनतोवाच ॥ दासीभूतास्मिदुर्योगात्सपत्न्याःपतगोत्तम ॥ पणंवितथमास्थायसर्पैरुपधिनाकृतम् १२ तस्मिंस्तुकथितेमात्राकारणेगगनेचरः ॥ उवाचवचनंसर्पांस्तेनदुःखेनदुःखितः १३ किमाहृत्यविदित्वावाकिंवाकृत्वेहपौरुषम् ॥ दास्याद्वोविप्रमुच्येयंतथ्यंवदतलेलिहाः १४ ॥ सौतिरुवाच ॥ श्रुत्वातमब्रुवन्सर्पाआहरामृतमोजसा ॥ ततोदास्याद्विप्रमोक्षोभवितातवखेचर १५ ॥ इतिश्रीमहाभारतेआदिपर्वणि आस्तीकपर्वणिसौपर्णेसप्तविंशोऽध्यायः ॥ २७ ॥

॥ सौतिरुवाच ॥ इत्युक्तोगरुडःसर्पैस्ततोमातरमब्रवीत् ॥ गच्छाम्यमृतमाहर्तुंभक्ष्यमिच्छामिवेदितुम् १ विनतोवाच ॥ समुद्रकुक्षावेकांतेनिषादालयमुत्तमम् ॥ निषादानांसहस्राणितान्भुक्त्वाऽमृतमानय २ नचतेब्राह्मणंहंतुंकार्याबुद्धिःकथंचन ॥ अवध्यःसर्वभूतानांब्राह्मणोह्यनलोपमः ३ अग्निरर्कोविषंशस्त्रंविप्रोभवतिकोपितः ॥ गुरुर्हिसर्वभूतानांब्राह्मणःपरिकीर्तितः ४ एवमादिभीरूपैस्तुसतांवैब्राह्मणोमतः ॥ सतेतातनहंतव्यःसंक्रुद्धेनापिसर्वथा ५ ब्राह्मणानामभिद्रोहोनकर्तव्यःकथंचन ॥ नह्येवमग्निर्नादित्योभस्मकुर्यात्तथाऽनघ ६ यथाकुर्यादभिक्रुद्धोब्राह्मणःसंशितव्रतः ॥ तदेतैर्विविधैर्लिंगैस्त्वंविद्यास्तंद्विजोत्तमम् ७ भूतानामग्रभूर्विप्रोवर्णश्रेष्ठःपितागुरुः ॥ ॥ गरुडउवाच ॥ ॥ किंरूपोब्राह्मणोमातःकिंशीलःकिंपराक्रमः ८ किंस्विदग्निनिभोभातिकिंस्वित्सौम्यप्रदर्शनः ॥ यथाऽहमभिजानीयांब्राह्मणंलक्षणैःशुभैः ९ तन्मेकारणतोमातःपृच्छतोवक्तुमर्हसि ॥ विनतोवाच ॥ यस्तेकंठमनुप्राप्तोनिगीर्णंबडिशंयथा १० दहेदंगारवत्पुत्रतंविद्याद्ब्राह्मणर्षभम् ॥ विप्रस्त्वयानहंतव्यःसंक्रुद्धेनापिसर्वदा ११ ॥ ॥ ॥ ॥

भेनपणंतरजयेनवाभवतीतिकिमेतेषुमयाकर्तव्यमित्याह किमिति । लेलिहाःभोसर्पाः १५ । १६ ॥ इतिआदिपर्वणिनीलकंठीये भारतभावदीपे सप्तविंशोऽध्यायः ॥ २७ ॥ ॥ इत्युक्तइति १ । २ । ३ । ४ । ५ । ६ । ७ । ८ । ९ बडिशंमत्स्यादिधरणार्थोगलग्रहः १० । ११ ॥ ॥ ॥ ॥ ॥

हार्दात्स्नेहात् १२ । १३ विप्रकृतावंचिता १४ । १५ इहासतीतिपाठेआसीना । चक्षिङोङित्करणाज्ज्ञापकादनुदात्तेत्त्वलक्षणस्यात्मनेपदस्यानित्यत्त्वादसेःशतृप्रत्ययः । स्वस्तिकारेकल्याणकरणे
अरिष्टंनिर्विघ्नंयथास्यात्तथा १६ कालेसमये १७ भूधरजान्पर्वतजान्वृक्षान् १८ भुजंगभोजिनोगरुडस्य १९ । २० परिचपलस्तेषांग्रहणायसर्वतोभ्रमन् २१ ॥ इतिआदिपर्वणिनीलकंठीये

प्रोवाचचैनंविनतापुत्रहार्दाददिदंवचः ॥ जठरेनचजीर्येद्यस्तंजानीहिद्विजोत्तमम् १२ पुनःप्रोवाचविनतापुत्रहार्दाददिदंवचः ॥ जानंत्यप्यतुलंवीर्यमाशीर्वादपरा
यणा १३ प्रीतापरमदुःखार्त्तानागैर्विप्रकृतासती ॥ ॥ विनतोवाच ॥ ॥ पक्षौतेमारुतःपातुचंद्रसूर्यौचपृष्ठतः १४ शिरश्चपातुवह्निस्तेवसवःसर्वतस्तनुम् ॥
अहंचतेसदापुत्रशांतिस्वस्तिपरायणा १५ इहासीनाभविष्यामिस्वस्तिकारेरतासदा ॥ अरिष्टंव्रजपंथानंपुत्रकार्यार्थसिद्धये १६ ॥ ॥ सौतिरुवाच ॥ ॥ ततः
समातुर्वचनंनिशम्यवितत्यपक्षौनभउत्पपात ॥ ततोनिषादान्बलवानुपागतोबुभुक्षितःकालइवांतकोऽपरः १७ सतान्निषादानुपसंहरंस्तदारजःसमुद्धूयनभःस्पृ
शंमहत् ॥ समुद्रकुक्षौचविशोषयन्पयःसमीपजान्भूधरजान्विचालयन् १८ ततःसचक्रेमहदाननंतदानिषादमार्गंप्रतिरुध्यपक्षिराट् ॥ ततोनिषादास्त्वरिताः
प्रवव्रजुर्यतोमुखंतस्यभुजंगभोजिनः १९ तदाननंविवृतमतिप्रमाणवत्समभ्ययुर्गगनमिवार्दिताःखगाः ॥ सहस्रशःपवनरजोविमोहितायथाऽनिलप्रचलितपाद
पेवने २० ततःखगोवदनममित्रतापनःसमाहरत्परिचपलोमहाबलः ॥ निषूदयन्बहुविधमस्यजीविनोबुभुक्षितोगगनचरेश्वरस्तदा २१ ॥ इतिश्रीमहाभारतेआ
दिपर्वणि आस्तीकपर्वणिसौपर्णे अष्टाविंशोऽध्यायः ॥ २८ ॥ ॥ सौतिरुवाच ॥ ॥ तस्यकंठमनुप्राप्तोब्राह्मणःसहभार्यया ॥ दहन्दीप्तइवांगारस्तमुवाचां
तरिक्षगः १ द्विजोत्तमविनिर्गच्छतूर्णमास्यादपावृतात् ॥ नहिमेब्राह्मणोवध्यःपापेष्वपिरतःसदा २ ब्रुवाणमेवंगरुडंब्राह्मणःप्रत्यभाषत ॥ निषादीममभार्येयं
निर्गच्छतुमयासह ३ ॥ ॥ गरुडउवाच ॥ ॥ एतामपिनिषादींत्वंपरिगृह्याशुनिष्पत ॥ तूर्णंसंभावयात्मानमजीर्णंममतेजसा ४ ॥ ॥ सौतिरुवाच ॥
ततःसविप्रोनिष्क्रांतोनिषादीसहितस्तदा ॥ वर्जयित्वाचगरुडमिष्टंदेशंजगामह ५ सहभार्येविनिष्क्रांतेतस्मिन्विप्रेचपक्षिराट् ॥ वितत्यपक्षावाकाशमुत्पपातमनो
जवः ६ ततोऽपश्यत्सपितरंपृष्टश्चाख्यातवान्पितुः ॥ यथान्यायममेयात्मातंचोवाचमहानृषिः ७ ॥ कश्यपउवाच ॥ कच्चिद्वःकुशलंनित्यंभोजनेबहुलंसुत ॥
कच्चिच्चमानुषेलोकेतवान्नंविद्यतेबहु ८ ॥ ॥ गरुडउवाच ॥ ॥ मातामेकुशलाशश्वत्तथाभ्रातातथाह्यहम् ॥ नहिमेकुशलंतातभोजनेबहुलेसदा ९ अहंहिसर्पैः
प्रहितःसोममाहर्त्तुमुत्तमम् ॥ मातुर्दास्यविमोक्षार्थमाहरिष्येतमद्यवै १० मात्राचात्रसमादिष्टोनिषादान्भक्षयेतिह ॥ नचमेतृप्तिरभवद्भक्षयित्वासहस्रशः ११
तस्माद्भक्ष्यंत्वमपरंभगवन्प्रदिशस्वमे ॥ यद्भुक्त्वाऽमृतमाहर्त्तुंसमर्थःस्यामहंप्रभो १२ ॥ ॥ ॥

भारतभावदीपे अष्टाविंशोऽध्यायः ॥ २८ ॥ ॥ ॥ तस्येति १ । २ । ३ संभावयसंजीवय ४ । ५ । ६ पृष्टआख्यातवांश्चवक्ष्यमाणरीत्या ७ वोयुष्माकं मातृभ्रात्रपे
क्षयाबहुत्वम् ८ भोजनेबहुलेविषयेममकुशलंनहि पूर्णाहारस्याभावात् ९ सोममम्रतम् १० । ११ । १२ ॥ ॥ ॥

१३ कूर्माग्रजंकूर्मभूतंज्येष्ठभ्रातरम् १४ । १५ । १६ विभागंकरिष्यामीतिकीर्तयत्येवनतुकृतवान् १७ । १८ । १९ अंतरेषुच्छिद्रेषुपतंति अन्योन्यस्यछिद्राणिबहुलीकृत्यनाशहेतुंवैरमुद्दीपयंतीत्यर्थः २० 'कनिष्ठान्पुत्रवत्पश्येज्ज्येष्ठोभ्रातापितुःसमः'इतिगुरुशास्त्रेऽलंघनीयेशासनेऽनिबद्धानामतिशंकिनांमर्यादाभंगभयेन २१ । २२ । २३ आख्यानतात्पर्यमाह एवमिति।

क्षुत्पिपासाविघातार्थंभक्ष्यमाख्यातुमेभवान् ॥ ॥ कश्यपउवाच ॥ ॥ इदंसरोमहापुण्यंदेवलोकेऽपिविश्रुतम् १३ यत्रकूर्मोग्रजंहस्तीसदाकर्षत्यवाङ्मुखः ॥ तयोर्जन्मांतरेवैरंसंप्रवक्ष्याम्यशेषतः १४तन्मेतत्त्वंनिबोधत्स्वयत्प्रमाणौचतावुभौ ॥ आसीद्विभावसुर्नाममहर्षिःकोपनोभृशम् १५ भ्रातातस्यानुजश्चासीत्सुप्रतीकोमहातपाः ॥ सनेच्छतिधनंभ्रातासहैकस्थंमहामुनिः १६ विभागंकीर्त्तयत्येवसुप्रतीकोहिनित्यशः ॥ अथाब्रवीच्चतंभ्रातासुप्रतीकंविभावसुः १७ विभागंबहवोमोहात्कर्तुमिच्छंतिनित्यशः ॥ ततोविभक्तास्त्वन्योऽन्यंविकुध्यंतेऽर्थमोहिताः १८ ततःस्वार्थपरान्मूढान्पृथग्भूतान्स्वकैर्धनैः ॥ विदित्वाभेदयंत्येतानमित्रामित्ररूपिणः १९ विदित्वाचापरेभिन्नानंतरेषुपतंत्यथ ॥ भिन्नानामतुलोनाशःक्षिप्रमेवप्रवर्त्तते २० तस्माद्विभागंभ्रातॄणांनप्रशंसंतिसाधवः ॥ गुरुशास्त्रेनिबद्धानामन्योन्येनाभिशंकिनाम् २१ नियंतुंनहिशक्यस्त्वंभेदतोधनमिच्छसि ॥ यस्मात्तस्मात्सुप्रतीकहस्तित्वंसमवाप्स्यसि २२ शप्तस्त्वेवंसुप्रतीकोविभावसुमथाब्रवीत् ॥ त्वमप्यंतर्जलचरःकच्छपःसंभविष्यसि २३ एवमन्योन्यशापात्तौसुप्रतीकविभावसू ॥ गजकच्छपतांप्राप्तावर्थार्थंमूढचेतसौ २४ रोषदोषानुषंगेणतिर्यग्योनिगतावुभौ ॥ परस्परद्वेषरतौप्रमाणबलदर्पितौ २५ सरस्यस्मिन्महाकायौपूर्ववैरानुसारिणौ ॥ तयोरन्यतरःश्रीमान्समुपैतिमहागजः २६ यस्यबृंहितशब्देनकूर्मोऽप्यंतर्जलेशयः ॥ उत्थितोऽसौमहाकायःकृत्स्नंविक्षोभयन्सरः २७ यंदृष्ट्वावेष्टितकरःपतत्येषगजोजलम् ॥ दंतहस्ताग्रलांगूलपादवेगेनवीर्यवान् २८ विक्षोभयंस्ततोनागःसरोबहुरुषाकुलम् ॥ कूर्मोऽप्यभ्युद्यतशिरायुद्धायाभ्येतिवीर्यवान् २९ षडुच्छ्रितोयोजनानिगजस्तद्द्विगुणायतः ॥ कूर्मस्त्रियोजनोत्सेधोदशयोजनमंडलः ३० तावुभौयुद्धसंमत्तौपरस्परवधैषिणौ ॥ उपयुज्याशुकर्मेदंसाधयेहितमात्मनः ३१ महाभ्रघनसंकाशंतंभुक्त्वाऽमृतमानय ॥ महागिरिसमप्रख्यंघोररूपंचहस्तिनम् ३२ ॥ ॥ सौतिरुवाच ॥ ॥ इत्युक्त्वागरुडंसोऽथमांगल्यमकरोत्तदा ॥ युध्यतःसहदेवैस्तेयुद्धेभवतुमंगलम् ३३ पूर्णकुंभोद्विजागावोयच्चान्यत्किंचिदुत्तमम् ॥ शुभंस्वस्त्ययनंचापिभविष्यतितवांडज ३४ युध्यमानस्यसंग्रामेदेवैःसार्धंमहाबल ॥ ऋचोयजूंषिसामानिपवित्राणिहवींषिच ३५ रहस्यानिचसर्वाणिसर्वेवेदाश्चतेबलम् ॥ इत्युक्तोगरुडःपित्रागतस्तंह्रदमंतिकात् ३६ अपश्यन्निर्मलजलंनानापक्षिसमाकुलम् ॥ सतत्स्मृत्वापितुर्वाक्यंभीमवेगोऽन्तरिक्षगः ३७ नखेनगजमेकेनकूर्ममेकेनचाक्षिपत् ॥ समुत्पपातचाकाशंततउच्चैर्विहंगमः ३८ ॥ ॥ ॥

लोभात्तामसींयोनिंगच्छंतीतिभावः २४ । २५ । २६ । २७ आवेष्टितकरःकुंडलीकृतशुंडादंडः २८ । २९ । ३० उपयुज्यभुक्त्वा ईहितमीप्सितम् ३१ । ३२ । ३३ । ३४ ३५ तेतुभ्यंबलंदास्यंतीतिशेषः ३६ । ३७ । ३८ ॥ ॥ ॥ ॥ ॥

सोऽलंबं सःअलंबंनिरालबंयथास्यात्तथा गगनमार्गेणतीर्थंभक्षणायमेरुशृंगंक्षेत्रमासाद्यवृक्षानारोढुं ३९ कनकेकनकाचलेस्थिताःशाखिनः ४० । ४१ रोहीवरौहिणोवटः स्वार्थेत
द्धितः राक्षसवायसादिवत् । 'रोहीरोहितकेऽश्वत्थवटपादपयोःपुमान्'इतिमेदिनी ४२ । ४३ । ४४ ॥ इति आदिपर्वणि नीलकंठीये भारतभावदीपे ऊनत्रिंशोऽध्यायः ॥ २९ ॥ ॥ स्पृष्टमात्रेति
१ । २ । ३ । ४ । ५ अतिदैवंदेवैरपिकर्तुमशक्यं ६ गुरुमिति । गुरुशब्दपूर्वाड्डीङ्विहायसागतावस्माड्डः आदेरकारश्चपृषोदरादित्वात्गरुडशब्दोनिष्पन्नइत्यर्थः ७ । ८ । ९ । १० । ११ अचिंत्य

सोऽलंबंतीर्थमासाद्यदेववृक्षानुपागमत् ॥ तेभीताःसमकंपंततस्यपक्षानिलाहताः ३९ ननोभंज्यादितितदादिव्याःकनकशाखिनः ॥ प्रचलांगान्सतान्दृष्ट्वामनो
रथफलद्रुमान् ४० अन्यानतुलरूपांगानुपचक्रामखेचरः ॥ कांचनैराजतैश्चैवफलैर्वैदूर्यशाखिनः ॥ सागरांबुपरिक्षिप्तान्भ्राजमानान्महाद्रुमान् ४१ तमुवाच
खगश्रेष्ठंतत्ररौहिणपादपः ॥ अतिप्रवृद्धःसुमहानापतंतंमनोजवम् ४२ ॥ रौहिणउवाच ॥ यैषाममममहाशाखाशतयोजनमायता ॥ एतामास्थायशाखांत्वंखादे
मौगजकच्छपौ ४३ ततोद्रुमंपतगसहस्रसेवितंमहीधरप्रतिमवपुःप्रकंपयन् ॥ खगोत्तमोद्रुतमभिपत्यवेगवान्बभंजतामविरलपत्रसंचयाम् ४४ इति श्रीमहाभारते
आदिपर्वणि आस्तीकपर्वणि सौपर्णेऊनत्रिंशोऽध्यायः ॥ २९ ॥ ॥ ॥ सौतिरुवाच ॥ स्पृष्टमात्रातुपद्भ्यांसागरुडेनबलीयसा ॥ अभज्यततरोःशाखाभग्नांचै
कामधारयत् १ तांभंक्त्वासमहाशाखांस्मयमानोविलोकयन् ॥ अथात्रलंबतोऽपश्यद्वालखिल्यानधोमुखान् २ ऋषयोह्यत्रलंबंतेनहन्यामितितानृषीन् ॥ तपो
रतान्लंबमानान्ब्रह्मर्षीनभिवीक्ष्यसः ३ हन्यादेतान्संपतंतीशाखेत्यथविचिंत्यसः ॥ नखैर्दृढतरंवीरःसंगृह्यगजकच्छपौ ४ सतद्विनाशसंत्रासादभिपत्यखगा
धिपः ॥ शाखामास्येनजग्राहतेषामेवान्ववेक्षया ५ अतिदैवंतुतत्तस्यकर्मदृष्ट्वामहर्षयः ॥ विस्मयोत्कंपहृदयानामचक्रुर्महाखगे ६ गुरुंभारंसमासाद्योड्डीनएष
विहंगमः ॥ गरुडस्तुखगश्रेष्ठस्तस्मात्पन्नगभोजनः ७ ततःशनैःपर्यपतत्पक्षैःशैलान्प्रकंपयन् ॥ एवंसोऽभ्यपतद्देशान्बहून्सगजकच्छपः ८ दयार्थंवालखिल्या
नांनचस्थानमविंदत ॥ सगत्वापर्वतश्रेष्ठंगंधमादनमंजसा ९ ददर्शकश्यपंतत्रपितरंतपसिस्थितम् ॥ ददर्शतंपिताचापिदिव्यरूपंविहंगमम् १० तेजोवीर्यबलो
पेतंमनोमारुतरंहसम् ॥ शैलशृंगप्रतीकाशंब्रह्मदंडमिवोद्यतम् ११ अचिंत्यमनभिध्येयंसर्वभूतभयंकरम् ॥ महावीर्यधरंरौद्रंसाक्षादग्निमिवोद्यतम् १२ अप्रधृष्य
मजेयंचदेवदानवराक्षसैः ॥ भेत्तारंगिरिशृंगाणांसमुद्रजलशोषणम् १३ लोकसंलोडनंघोरंकृतांतसमदर्शनम् ॥ तमागतमभिप्रेक्ष्यभगवान्कश्यपस्तदा ॥ विदित्वा
चास्यसंकल्पमिदंवचनमब्रवीत् १४ ॥ कश्यपउवाच ॥ पुत्रमासाहसंकार्षीर्मासद्योलप्स्यसेव्यथाम् ॥ मात्वांदहेयुःसंक्रुद्धावालखिल्यामरीचिपाः १५
॥ सौतिरुवाच ॥ ततःप्रसादयामासकश्यपःपुत्रकारणात् ॥ वालखिल्यान्महाभागांस्तपसाहतकल्मषान् १६ ॥ ॥ ॥ ॥ ॥

मद्भुताकारत्वात् अनभिध्येयंक्रूरमूर्तित्वात् तदेवाह सर्वेति १२ । १३ । १४ वालखिल्यानामतः मरीचिपाः सूर्यमरीचीनेवपीत्वातृप्यंति । असौवाआदित्योदेवमधुरइत्यादिनाछांदोग्यप्रसिद्धम
धुविद्याविदइत्यर्थः १५ शाखांमुक्त्वागिरिंसमभ्ययुरितिसंबंधः १६ ॥ ॥ ॥ ॥ ॥ ॥

१७ । १८ शाखयामुखस्थयाव्याक्षिप्तंविकलंवदनंवचनक्रियायस्यसतथा अव्यक्तवर्णंयथास्यात्तथाऽपृच्छदित्यर्थः १९ । २० । २१ । २२ गजकच्छपयोःपरिमाणमुक्तंशाखायास्तदाह नतामिति । परिणहेत्परितोबध्नीयात्वेष्टयेत् वध्रीएकतंतुकाचर्मरज्जुः शतचर्मीएकेनगोचर्मणाकृतयारज्ज्वाआक्रांताभूर्गोचर्ममात्राइयंतुशतगोचर्मरज्ज्वाप्यनाक्रमणीयेत्यतिपुष्टत्वमुक्तंशाखायाः २३ । २४ । २५

॥ कश्यपउवाच ॥ प्रजाहितार्थमारंभोगरुडस्यतपोधनाः ॥ चिकीर्षतिमहत्कर्मतदनुज्ञातुमर्हथ १७ ॥ सौतिरुवाच ॥ एवमुक्ताभगवतामुनयस्तेसमभ्ययुः ॥ मुक्त्वाशाखांगिरिंपुण्यंहिमवंतंतपोऽर्थिनः १८ ततस्तेष्वपयातेषुपितरंविनतासुतः ॥ शाखाव्याक्षिप्तवदनःपर्यपृच्छतकश्यपम् १९ भगवन्क्वविमुंचामितरोःशाखामिमामहम् ॥ वर्जितंमानुषैर्देशमाख्यातुभगवान्मम २० ततोनिःपुरुषंशैलंहिमसंरुद्धकंदरम् ॥ अगम्यंमनसाप्यन्यैस्तस्याचख्यौसकश्यपः २१ तंपर्वतंमहाकुक्षिमुद्दिश्यसमहाखगः ॥ जवेनाभ्यपतत्तार्क्ष्यःसशाखागजकच्छपः २२ नतांवध्रीपरिणहेच्छतचर्मामहातनुम् ॥ शाखिनोमहतींशाखांयांप्रगृह्ययौखगः २३ सततःशतसाहस्रंयोजनांतरमागतः ॥ कालेननातिमहतागरुडःपतगेश्वरः २४ सतंगत्वाक्षणेनैवपर्वतंवचनात्पितुः ॥ अमुंचन्महतींशाखांसस्वनंतत्रखेचरः २५ पक्षानिलहतश्चास्यप्राकंपतसशैलराट् ॥ मुमोचपुष्पवर्षंचसमागलितपादपः २६ शृंगाणिचव्यशीर्यंतगिरेस्तस्यसमंततः ॥ मणिकांचनचित्राणिशोभयंतिमहागिरिम् २७ शाखिनोबहवश्चापिशाखयाऽभिहतास्तया ॥ कांचनैःकुसुमैर्भांतिविद्युत्वंतइवांबुदाः २८ तेहेमविकचाभूमौयुताःपर्वतधातुभिः ॥ व्यराजञ्छाखिनस्तत्रसूर्यांशुप्रतिरञ्जिताः २९ ततस्तस्यगिरेःशृंगमास्थायसखगोत्तमः ॥ भक्षयामासगरुडस्तावुभौगजकच्छपौ ३० तावुभौभक्षयित्वातुसतार्क्ष्यःकूर्मकुंजरौ ॥ ततःपर्वतकूटाग्रादुत्पपातमहाजवः ३१ प्रावर्त्तंताथदेवानामुत्पाताभयशंसिनः ॥ इंद्रस्यवज्रंदयितंप्रजज्वालभयात्ततः ३२ सधूमान्यपतत्सार्चिर्दिवोल्कानभसश्च्युता ॥ तथावसूनांरुद्राणामादित्यानांचसर्वशः ३३ साध्यानांमरुतांचैवयेचान्येदेवतागणाः ॥ स्वंस्वंप्रहरणंतेषांपरस्परमुपाद्रवत् ३४ अभूतपूर्वंसंग्रामेतदादेवासुरेऽपिच ॥ ववुर्वाताःसनिर्घाताःपेतुरुल्काःसहस्रशः ३५ निरभ्रमेवचाकाशंप्रजगर्जमहास्वनम् ॥ देवानामपियोदेवःसोऽप्यवर्षतशोणितम् ३६ मम्लुर्माल्यानिदेवानांनेशुस्तेजांसिचैवहि ॥ उत्पातमेघारौद्राश्ववव्रृषुःशोणितंबहु ३७ रजांसिमुकुटान्येषामुत्थितानिव्यधर्षयन् ॥ ततस्त्राससमुद्विग्नःसहदेवैःशतक्रतुः ॥ उत्पातान्दारुणान्पश्यन्नित्युवाचबृहस्पतिम् ३८ ॥ इंद्रउवाच ॥ किमर्थंभगवन्घोराउत्पाताःसहसोत्थिताः ॥ नचशत्रुंप्रपश्यामियुधियोनःप्रधर्षयेत् ३९ ॥ बृहस्पतिरुवाच ॥ तवापराधाद्देवेंद्रप्रमादाच्चशतक्रतो ॥ तपसावालखिल्यानांमहर्षीणांमहात्मनाम् ४०

२६ । २७ । २८ हेमविकचाःहेमवदुज्ज्वलाः २९ । ३० । ३१ । ३२ सधूमेति दिवाअन्हि ३३ अभूतपूर्वंयथास्यात्तथापाद्रवत् प्रहरणमायुधं जात्यभिप्रायेणैकवचनं ३४ सनिर्घाताअशनिनिर्घातसहिताः उल्काःवन्हिविस्फुलिंगसंघाः ३५ देवानांदेवःपर्जन्यः ३६ । ३७ । ३८ । ३९ अपराधाद्वालखिल्यावमानात् प्रमादात्स्वबलदर्पेणानवधानात् ४० ॥

४१ असाध्यमन्येषांसाधयेत् ४२। ४३। ४४। ४५। कवचानिधातुमयानिकंठादिनाभित्राणानि ४६ चर्माणिचर्ममयानिहस्तावापोर्ध्वमुखीप्रभृतीनि भानुमंतिदीप्तिमंति ४७। ४८ स्वदेहरूपा
णिस्वदेहानुरूपाणि ४९। ५० ज्वलनवत्समिद्धैर्दीप्यमानैर्वपुर्भिःप्रकाशिनः ५१ विगलितमिवाकस्मादागतमिव ५२ ॥ इतिआदिपर्वणिनीलकंठीये भारतभावदीपे त्रिंशोऽध्यायः ॥ ३० ॥

कश्यपस्यमुनेःपुत्रोविनतायाश्चखेचरः ॥ हर्तुंसोममभिप्राप्तोबलवान्कामरूपधृक् ४१ समर्थोबलिनांश्रेष्ठोहर्तुंसोमंविहंगमः ॥ सर्वंसंभावयाम्यस्मिन्नसाध्यमपि
साधयेत् ४२ ॥ सौतिरुवाच ॥ श्रुत्वैतद्वचनंशक्रःप्रोवाचामृतरक्षिणः ॥ महावीर्यबलःपक्षीहर्तुंसोममिहोद्यतः ४३ युष्मान्संबोधयाम्येषयथानसहरेद्बलात् ॥
अतुलंहिबलंतस्यबृहस्पतिरुवाचह ४४ तच्छ्रुत्वाविबुधावाक्यंविस्मितायत्नमास्थिताः ॥ परिवार्यामृतंतस्थुर्वज्रीचेन्द्रःप्रतापवान् ४५ धारयंतोविचित्राणि
कांचनानिमनस्विनः ॥ कवचानिमहार्हाणिवैदूर्यविकृतानिच ४६ चर्माण्यपिचगात्रेषुभानुमंतिदृढानिच ॥ विविधानिचशस्त्राणिघोररूपाण्यनेकशः ४७ शि
ततीक्ष्णाग्रधाराणिसमुद्यम्यसुरोत्तमाः ॥ सविस्फुलिंगज्वालानिसधूमानिचसर्वशः ४८ चक्राणिपरिघांश्चैवत्रिशूलानिपरश्वधान् ॥ शक्तीश्चविविधास्तीक्ष्णाः
करवालांश्चनिर्मलान् ॥ स्वदेहरूपाण्यादायगदाश्चोग्रप्रदर्शनाः ४९ तैःशस्त्रैर्भानुमद्भिस्तेदिव्याभरणभूषिताः ॥ भानुमंतःसुरगणास्तस्थुर्विगतकल्मषाः ५०
अनुपमबलवीर्यतेजसोधृतमनसःपरिरक्षणेऽमृतस्य ॥ असुरपुरविदारणाःसुराज्वलनसमिद्धवपुःप्रकाशिनः ५१ इतिसमरवरंसुराःस्थितास्तेपरिघसहस्रशतैःसमा
कुलम् ॥ विगलितमिवचांबरांतरंतपनमरीचिविकाशितंबभासे ५२ ॥ इतिश्रीमहाभारते आदिपर्वणि आस्तीकपर्वणि सौपर्णे त्रिंशोऽध्यायः ॥ ३० ॥ ॥
शौनकउवाच ॥ कोऽपराधोमहेंद्रस्यकःप्रमादश्चसूतज ॥ तपसावालखिल्यानांसंभूतोगरुडःकथम् १ कश्यपस्यद्विजातेश्चकथंवैपक्षिराट्सुतः ॥ अधृष्यःसर्वभू
तानामवध्यश्चाभवत्कथम् २ कथंचकामचारीसकामवीर्यश्चखेचरः ॥ एतदिच्छाम्यहंश्रोतुंपुराणेयदिपठ्यते ३ ॥ सौतिरुवाच ॥ विषयोऽयंपुराणस्ययन्मांत्वं
परिपृच्छसि ॥ शृणुमेवदतःसर्वमेतत्संक्षेपतोद्विज ४ यजतःपुत्रकामस्यकश्यपस्यप्रजापतेः ॥ साहाय्यमृषयोदेवागंधर्वाश्चददुःकिल ५ तत्रेध्मानयनेशक्रोनियु
क्तःकश्यपेनह ॥ मुनयोवालखिल्याश्चयेचान्येदेवतागणाः ६ शक्रस्तुवीर्यसदृशमिध्मभारंगिरिप्रभम् ॥ समुद्यम्यानयामासनातिकृच्छ्रादिवप्रभुः ७ अथापश्य
दृषीन्ह्रस्वानंगुष्ठोदरवर्ष्मणः ॥ पलाशवर्तिकामेकांवहतःसंहतान्पथि ८ प्रलीनान्स्वेष्विवांगेषुनिराहारांस्तपोधनान् ॥ क्लिश्यमानान्मंदबलान्गोष्पदेसंप्लुतो
दके ९ तान्सर्वान्विस्मयाविष्टोवीर्योन्मत्तःपुरंदरः ॥ अवहस्याभ्यगाच्छीघ्रंलंघयित्वाऽवमन्यच १० तेऽथरोषसमाविष्टाःसुभृशंजातमन्यवः ॥ आरेभिरेमहत्कर्म
तदाशक्रभयंकरम् ११ जुहुवुस्तेसुतपसोविधिवज्जातवेदसम् ॥ मंत्रैरुच्चावचैर्विप्रायेनकामेनतच्छृणु १२ ॥ ॥ ॥

कोपराधइति १। २। ३। ४ यजतोयजमानस्य वर्त्तमानसामीप्येवर्तमानवन्निर्देशः यियक्षमाणस्येत्यर्थः ५ इध्मान्यग्निसमिंधनार्थाःसमिधः ६। ७ अंगुष्ठोदरप्रमाणंवर्ष्मशरीरंयेषांतान् वर्तिकां
दीर्घयष्टिं संहतान्एकीभूतान् ८ स्वेष्वंगेषुप्रलीनानिवातिकृशानित्यर्थः क्लिश्यमानानिति गोष्पदमात्रेऽपिजलेमज्जनेनेत्यर्थः ९। १० जातमन्यवोदीनाः। मन्युर्दैन्येक्रतौक्रुधि'इतिकोशः ११। १२

यावदिच्छितंवीर्यंगतिश्चयस्येतिकामवीर्यःकामगश्च १३ दारुणःइंद्रप्रत्येव १४ । १५ कर्मसिद्धिमपृच्छत सिद्धंवःकर्मेत्यपृच्छदित्यर्थः १६ एवमस्तुसिद्धमस्तु १७ । १८ । १९ पतत्रीणां पक्षिणां । पतेरत्रिन्नइत्यौणादिकत्रिन्प्रत्ययांतोऽयं 'विविष्करपतत्रयः'इत्यमरः २० । २१ । २२ । २३ । २४ पुंसवनेऋतुकाले २५ । २६ । २७ । २८ कारयिष्यतइतिस्वार्थेणिच्

कामवीर्यःकामगमोदेवराजभयप्रदः ॥ इंद्रोऽन्यःसर्वदेवानांभवेदितियतव्रताः १३ इंद्राच्छतगुणःशौर्येवीर्येचैवमनोजवः ॥ तपसोनःफलेनाद्यदारुणःसंभवत्विति १४ तच्छ्रुत्वाभृशसंतप्तोदेवराजःशतक्रतुः ॥ जगामशरणंतत्रकश्यपंसंशितव्रतम् १५ तच्छ्रुत्वादेवराजस्यकश्यपोऽथप्रजापतिः ॥ वालखिल्यानुपागम्यकर्मसिद्धिमपृच्छत १६ एवमस्त्वितितंचापिप्रत्यूचुःसत्यवादिनः ॥ तान्कश्यपउवाचेदंसांत्वपूर्वंप्रजापतिः १७ अयमिंद्रस्त्रिभुवनेनियोगाद्ब्रह्मणःकृतः ॥ इंद्रार्थेचभवंतोऽपियत्नवंतस्तपोधनाः १८ नमिथ्याब्रह्मणोवाक्यंकर्तुमर्हथसत्तमाः ॥ भवतांहिनमिथ्याऽयंसंकल्पोवैचिकीर्षितः १९ भवत्वेषपतत्रीणामिंद्रोऽतिबलसत्ववान् ॥ प्रसादःक्रियतामस्यदेवराजस्ययाचतः २० एवमुक्ताःकश्यपेनवालखिल्यास्तपोधनाः ॥ प्रत्यूचुरभिसंपूज्यमुनिश्रेष्ठंप्रजापतिम् २१ ॥ वालखिल्याऊचुः ॥ ॥ इंद्रार्थोऽयंसमारंभःसर्वेषांनःप्रजापते ॥ अपत्यार्थंसमारंभोभवतश्चायमीप्सितः २२ तदिदंसफलंकर्मत्वयैवप्रतिगृह्यताम् ॥ तथाचैवंविधत्स्वात्रयथाश्रेयोऽनुपश्यसि २३ ॥ ॥ सौतिरुवाच ॥ ॥ एतस्मिन्नेवकालेतुदेवीदाक्षायणीशुभा ॥ विनतानामकल्याणीपुत्रकामायशस्विनी २४ तपस्तप्त्वाव्रतपरास्नातापुंसवनेशुचिः ॥ उपचक्रामभर्तारंतामुवाचाथकश्यपः २५ आरंभःसफलोदेविभवितायस्त्वयेप्सितः ॥ जनयिष्यसिपुत्रौद्वौवीरौत्रिभुवनेश्वरौ २६ तपसावालखिल्यानांममसंकल्पजौतथा ॥ भविष्यतोमहाभागौपुत्रौत्रैलोक्यपूजितौ २७ उवाचचैनांभगवान्कश्यपःपुनरेवह ॥ धार्यतामप्रमादेनगर्भोऽयंसुमहोदयः २८ एतौसर्वपतत्रीणामिंद्रत्वंकारयिष्यतः ॥ लोकसंभावितौवीरौकामरूपौविहंगमौ २९ शतक्रतुमथोवाचप्रीयमाणःप्रजापतिः ॥ त्वत्सहायौमहावीर्यौभ्रातरौतेभविष्यतः ३० नैताभ्यांभवितादोषःसकाशात्तेपुरंदर ॥ व्येतुतेशक्रसंतापस्त्वमेवेंद्रोभविष्यसि ३१ नचाप्येवंत्वयाभूयःक्षेप्तव्याब्रह्मवादिनः ॥ नचावमान्यादर्पात्तेवाग्वज्राभृशकोपनाः ३२ एवमुक्तोजगामेंद्रोनिर्विशंकस्त्रिविष्टपम् ॥ विनताचापिसिद्धार्थाबभूवमुदितातथा ३३ जनयामासपुत्रौद्वावरुणंगरुडंतथा ॥ विकलांगोऽरुणस्तत्रभास्करस्यपुरःसरः ३४ पतत्रीणांचगरुडमिंद्रत्वेनाऽभ्यषिंचत ॥ तस्यैतत्कर्मसुमहच्छ्रूयतांभृगुनंदन ३५ ॥ इतिश्रीमहाभारते आदिपर्वणिआस्तीकपर्वणिसौपर्णेएकत्रिंशोऽध्यायः ॥ ३१ ॥ ॥ ॥ ॥ सौतिरुवाच ॥ ॥ ततस्तस्मिन्द्विजश्रेष्ठसमुदीर्णेतथाविधे ॥ गरुडःपक्षिराट्तूर्णंसंप्राप्तोविबुधान्प्रति १

रामोराज्यमचीकरदितिवत् २९ । ३० । ३१ दर्पात्तेत्वया ३२ । ३३ । ३४ गरुडंइंद्रत्वे नानरःहिरण्यगर्भः अभ्यषिंचत गरुडइंद्रत्वेनाभ्यषिच्यतेतिपाठेहिरण्यगर्भेणेतिशेषः ३५ ॥ इतिआदिपर्वणिनीलकंठीये भारतभावदीपे एकत्रिंशोऽध्यायः ॥ ३१ ॥ ॥ ततइति । तस्मिन्देवानीकेतथाविधेनानायुधाद्युपेते समुदीर्णेसंग्रामायोद्यतेसति १ ॥ ॥ ॥

ततस्तेषा षष्ठ्यर्थेतसिः २ भौमनःविश्वकर्मा ३ विनिहतोमृतकल्पःकृतः ४ । ५ । ६ संलोडयामासआकुलीचकार ७ । ८ अपोवाहअपसारितवान् ९ । १० अंतरिक्षस्थंगरुडमितिशेषः ११ । १२ । १३ व्यक्षिपत्विशेषेणक्षिप्तवान् १४ । १५ । १६ । १७ अश्वक्रंदादयोनवयक्षाः १८ । १९ । २० । २१ अतएवउत्क्रांतजीवितान्कृत्वेत्याह २२ । २३ नवत्याःनवतीः

तंदृष्ट्वाऽतिबलंचैवप्राकम्पन्तसुरास्ततः ॥ परस्परंचप्रत्यघ्नन्सर्वप्रहरणान्युत २ तत्रचासीदमेयात्माविद्युदग्निसमप्रभः ॥ भौमनःसुमहावीर्यःसोमस्यपरिरक्षिता ३
सतेनपतगेन्द्रेणपक्षतुंडनखक्षतः ॥ मुहूर्त्तमतुलंयुद्धंकृत्वाविनिहतोयुधि ४ रजश्चोद्धूयसुमहत्पक्षवातेनखेचरः ॥ कृत्वालोकान्निरालोकांस्तेनदेवानवाकिरत् ५
तेनावकीर्णारजसादेवामोहमुपागमन् ॥ नचैवंददृशुश्छन्नारजसाऽमृतरक्षिणः ६ एवंसंलोडयामासगरुडस्त्रिदिवालयम् ॥ पक्षतुंडप्रहारैस्तुदेवान्सविददारह ७
ततोदेवःसहस्राक्षस्तूर्णंवायुमचोदयत् ॥ विक्षिपेमांरजोवृष्टिंतवेदंकर्ममारुत ८ अथवायुरपोवाहतद्रजस्तरसाबली ॥ ततोवितिमिरेजातेदेवाःशकुनिमार्दयन् ९
ननादोच्चैःसबलवान्महामेघइवाम्बरे ॥ वध्यमानःसुरगणैःसर्वभूतानिभीषयन् १० उत्पपातमहावीर्यःपक्षिराट्परवीरहा ॥ समुत्पत्यांतरिक्षस्थंदेवानामुपरि
स्थितम् ११ वर्मिणोविबुधाःसर्वेनानाशस्त्रैरवाकिरन् ॥ पट्टिशैःपरिघैःशूलैर्गदाभिश्चसवासवाः १२ क्षुरप्रैर्ज्वलितैश्चापिचक्रैरादित्यरूपिभिः ॥ नानाशस्त्रविसर्गै
स्तैर्वध्यमानःसमंततः १३ कुर्वन्सुतुमुलंयुद्धंपक्षिराण्नव्यकंपत ॥ निर्दहन्निवचाकाशेवैनतेयःप्रतापवान् ॥ पक्षाभ्यामुरसाचैवसमंताद्व्यक्षिपत्सुरान् १४ ते
विक्षिप्तास्ततोदेवादुद्रुवुर्गरुडार्दिताः ॥ नखतुंडक्षताश्चैवसुस्रुवुःशोणितंबहु १५ साध्याःप्राचींसगंधर्वावसवोदक्षिणांदिशम् ॥ प्रजग्मुःसहितारुद्राःपतगेंद्रप्र
धर्षिताः १६ दिशंप्रतीचीमादित्यानासत्यावुत्तरांदिशम् ॥ मुहुर्मुहुःप्रेक्षमाणायुद्धमानामहौजसः १७ अश्वक्रन्देनवीरेणरेणुकेनचपक्षिराट् ॥ क्रथनेनचशूरेण
तपनेनचखेचरः १८ उलूकश्वसनाभ्यांचनिमेषेणचपक्षिराट् ॥ प्ररुजेनचसंग्रामंचकारपुलिनेनच १९ तान्पक्षनखतुंडाग्रैरभिनद्विनतासुतः ॥ युगांतकाले
संक्रुद्धःपिनाकीवपरंतप २० महाबलामहोत्साहास्तेनतेबहुधाक्षताः ॥ रेजुरभ्रघनप्रख्यारुधिरौघप्रवर्षिणः २१ तान्कृत्वापतगश्रेष्ठःसर्वानुत्क्रांतजीवितान् ॥
अतिक्रांतोऽमृतस्यार्थेसर्वतोऽग्निमपश्यत २२ आवृण्वानंमहाज्वालमर्चिर्भिःसर्वतोऽम्बरम् ॥ दहंतमिवतीक्ष्णांशुंचंडवायुसमीरितम् २३ ततोनवत्यानवतीर्मुखा
नांकृत्वामहात्मागरुडस्तपस्वी ॥ नदीःसमापीयमुखैस्ततस्तैःसुशीघ्रमागम्यपुनर्जवेन २४ ज्वलंतमग्निंतममित्रतापनःसमास्तरत्पत्ररथोनदीभिः ॥ ततःप्रचक्रे
वपुरन्यदल्पंप्रवेष्टुकामोऽग्निमभिप्रशाम्य २५ ॥ इतिश्रीमहाभारते आदिपर्वणिआस्तीकप॰सौपर्णेद्वात्रिंशोऽध्यायः ॥ ३२ ॥ ॥ ॥

शताधिकाष्टसाहस्री नवतीरितिबहुवचनात्साप्यनेकगुणा ततश्चानंतैर्मुखैरित्यर्थः नवत्योनवतीरितिपाठेङितामाडभावआर्षः २४ समास्तरत्आच्छादितवान् शामितवान् अग्निमभिप्रशाम्यप्रवेष्टु
कामः सोमसमीपमितिशेषः २५ ॥ इतिआदिपर्वणिनीलकंठीये भारतभावदीपे द्वात्रिंशोऽध्यायः ॥ ३२ ॥ ॥ ॥ ॥ ॥

जांबूनदमयइति । प्रविवेशचक्रमित्युत्तरेणान्वयः १ चक्रंयंत्रंक्षुरपर्यंतंसमंततःकदंबमुकुलवद्धक्षुरसहस्रयुतं चक्रवद्वेगेनवंभ्रम्यमाणं यत्रप्रविष्टोमशकोऽपिसहस्रधाछिद्यते परिभ्रमंतमितिपुंस्त्वमार्षं अयस्मयंलोहमयं अयस्मयादीनिछंदसीतिभत्वमार्षम् २ । ३ अराःचक्रस्यनाभिनेम्योःसंभेदकाष्ठानितेषामंतरेणमध्यतः अंगंसंक्षिप्याणुतरंकृत्वा ४ । ५ । ६ । ७ । ८ तयोःअंगेदेहौ आच्छिनत्

॥ ४६ ॥

॥ सौतिरुवाच ॥ जांबूनदमयोभूत्वामरीचिनिकरोज्ज्वलः ॥ प्रविवेशबलात्पक्षीवारिवेगइवार्णवम् १ सचक्रंक्षुरपर्यंतमपश्यदमृतांतिके ॥ परिभ्रमंतमनिशंतीक्ष्णधारमयस्मयम् २ ज्वलनार्कप्रभंघोरंछेदनंसोमहारिणाम् ॥ घोररूपंतदत्यर्थंयंत्रंदेवैःसुनिर्मितम् ३ तस्यांतरंसदृष्ट्वैवपर्यवर्त्ततखेचरः ॥ अरांतरेणाभ्यपतत्संक्षिप्यांगंक्षणेनह ४ अधश्चक्रस्यचैवात्रदीप्तानलसमद्युती ॥ विद्युज्जिह्वौमहावीर्यौदीप्तास्यौदीप्तलोचनौ ५ चक्षुर्विषौमहाघोरौनित्यंक्रुद्धौतरस्विनौ ॥ रक्षार्थमेवामृतस्यददर्शभुजगोत्तमौ ६ सदासंरब्धनयनौसदाचानिमिषेक्षणौ ॥ तयोरेकोऽपियंपश्येत्सतूर्णंभस्मसाद्भवेत् ७ तयोश्चक्षूंषिरजसासुपर्णःसहसाऽऽवृणोत् ॥ ताभ्यामदृष्टरूपोऽसौसर्वतःसमताडयत् ८ तयोरंगेसमाक्रम्यवैनतेयोऽन्तरिक्षगः ॥ आच्छिनत्तरसामध्येसोममभ्यद्रवत्ततः ९ समुत्पाट्यामृतंतत्रवैनतेयस्ततोबली ॥ उत्पपातजवेनैवयंत्रमुन्मथ्यवीर्यवान् १० अपीत्वैवामृतंपक्षीपरिगृह्याशुनिःसृतः ॥ आगच्छदपरिश्रांतआवार्यार्कप्रभांततः ११ विष्णुनाचतदाऽऽकाशेवैनतेयःसमेयिवान् ॥ तस्यनारायणस्तुष्टस्तेनालौल्येनकर्मणा १२ तमुवाचाव्ययोदेवोवरदोऽस्मीतिखेचरम् ॥ सववेतवतिष्ठेयमुपरीत्यंतरिक्षगः १३ उवाचचैनंभूयोऽपिनारायणमिदंवचः ॥ अजरश्चामरश्चस्याममृतेनविनाऽप्यहम् १४ एवमस्त्वितितंविष्णुरुवाचविनतासुतम् ॥ प्रतिगृह्यवरौतौचगरुडोविष्णुमब्रवीत् १५ भवतेऽपिवरंदद्यांवृणोतुभगवानपि ॥ तंवव्रेवाहनंविष्णुर्गरुत्मंतंमहाबलम् १६ ध्वजंचचक्रेभगवानुपरिस्थास्यसीतितम् ॥ एवमस्त्वितितंदेवमुक्त्वानारायणंखगः १७ वव्राजतरसावेगाद्वायुंस्पर्धन्महाजवः ॥ तंव्रजंतंखगश्रेष्ठंवज्रेणेंद्रोऽभ्यताडयत् १८ हरंतममृतंरोषाद्गरुडंपक्षिणांवरम् ॥ तमुवाचेंद्रमाक्रंदेगरुडःपततांवरः १९ प्रहसन्श्लक्ष्णयावाचातथावज्रसमाहतः ॥ ऋषेर्मानंकरिष्यामिवज्रंयस्यास्थिसंभवम् २० वज्रस्यचकरिष्यामितवैवचशतक्रतो ॥ एतत्पत्रंत्यजाम्येकंयस्यांतंनोपलप्स्यसे २१ नचवज्रनिपातेनरुजामेऽस्तीहकाचन ॥ एवमुक्त्वाततःपत्रमुत्ससर्जसपक्षिराट् २२ तदुत्सृष्टमभिप्रेक्ष्यतस्यपर्णमनुत्तमम् ॥ हृष्टानिसर्वभूतानिनामचक्रुर्गरुत्मतः २३ सुरूपंपत्रमालक्ष्यसुपर्णोऽयंभवत्विति ॥ तद्दृष्ट्वामहदाश्चर्यंसहस्राक्षःपुरंदरः ॥ खगोमहदिदंभूतमितिमत्वाऽभ्यभाषत २४ ॥ शक्रउवाच ॥ बलंविज्ञातुमिच्छामियत्तेपरमनुत्तमम् ॥ सख्यंचानंतमिच्छामित्वयासहखगोत्तम २५ ॥ इतिश्रीमहाभारतेआदिपर्वणिआस्तीकपर्वणिसौपर्णेत्रयस्त्रिंशोऽध्यायः ॥ ३३ ॥

खंडशःकृतवान् ९ यंत्रमुन्मथ्यअमृतकुंभंसमुत्पाट्यउत्पपातेत्यन्वयः १० आवार्यवारयित्वा तिरस्कृत्येत्यर्थः ११ समेयिवान्संगतः अलौल्येनामृतपानलोभराहित्येन १२ उपरिध्वजेइत्यर्थः १३ । १४ । १५ । १६ । १७ स्पर्धावानिवाचरतीतिस्पर्धन् वायुंजेतुमिच्छन्नित्यर्थ १८ आक्रंदेकलकले १९ ऋषेःदधीचेः २० पत्रं पक्षं २१ । २२ । २३ सुपर्णशब्दंनिर्वक्ति सुरूपमिति २४ । २५ ॥ इतिआदिपर्वणिनीलकंठीये भारतभावदीपे त्रयस्त्रिंशोऽध्यायः ॥ ३३ ॥ ॥ ॥ ॥ ॥

सख्यमिति १ कामंस्वेच्छया बलंशारीरसामर्थ्यं गुणोबुद्धिसामर्थ्यंज्ञानौदार्यादि २ निमित्तेरणभूमौशत्रोःपुरस्तादात्मस्तवोऽपिकर्त्तव्यइतिभावः ३ । ४ संपिंडितान्एकीकृतान् संपीडितानित्यपपाठः स्थाणुस्थावरं ५ किरीटीइंद्रः सर्वलोकहितःसर्पेभ्योऽमृतंदातुमनिच्छत्वात् ६ । ७ नकार्यमिति । विष्णुनाऽमृतंविनाप्यमरत्वस्यदत्तत्वात् ८ किंचित्कारणंमातुर्दास्यविमोक्षरूपमितिभावः समादातुंपातुं नहिममकश्चिद्देवेभ्यआप्तोऽस्तीतिभावः ९ । १० । ११ उपधिकृतंछलकृतं दास्यनिमित्ततः निमित्तमिंद्राश्वस्यकृष्णकेशत्वं दास्यमितिपाठेनिमित्ततोऽरुणशापात् १२ ईशःसमर्थःअर्थितांअन्यस्मै

॥ गरुडउवाच ॥ सख्यंमेऽस्तुत्वयादेवयथेच्छसिपुरंदर ॥ बलंतुममजानीहिमहच्चासह्यमेवच १ कामंनैतत्प्रशंसंतिसंतःस्वबलसंस्तवम् ॥ गुणसंकीर्तनंचापि स्वयमेवशतक्रतो २ सखेतिकृत्वातुसखेपृष्टोवक्ष्याम्यहंत्वया ॥ नह्यात्मस्तवसंयुक्तंवक्तव्यमनिमित्ततः ३ सपर्वतवनामुर्वींससागरजलामिमाम् ॥ वहेपक्षेणवैश क्रत्वामप्यत्रावलंबिनम् ४ सर्वान्संपिंडितान्वापिलोकान्सस्थाणुजंगमान् ॥ वहेयमपरिश्रांतोविद्धीदंमेमहद्बलम् ५ ॥ सौतिरुवाच ॥ इत्युक्तवचनंवीरंकिरीटीश्रीम तांवरः ॥ आहशौनकदेवेंद्रःसर्वलोकहितःप्रभुः ६ एवमेवयथाऽऽत्थत्वंसर्वंसंभाव्यतेत्वयि ॥ संगृह्यतामिदानींमेसख्यमत्यंतमुत्तमम् ७ नकार्यंयदिसोमेनममसोमः प्रदीयताम् ॥ अस्मांस्तेहिप्रबाधेयुर्येभ्योदद्याद्भवानिमम् ८ ॥ गरुडउवाच ॥ किंचित्कारणमुद्दिश्यसोमोऽयंनीयतेमया ॥ नदास्यामिसमादातुंसोमंकस्मैचि दप्यहम् ९ यत्रेमंतुसहस्राक्षनिक्षिपेयमहंस्वयम् ॥ त्वमादायततस्तूर्णंहरेथास्त्रिदिवेश्वर १० ॥ शक्रउवाच ॥ वाक्येनानेनतुष्टोऽहंयत्त्वयोक्तमिहांडज ॥ यमि च्छसिवरंमत्तस्तंगृहाणखगोत्तम ११ ॥ सौतिरुवाच ॥ इत्युक्तःप्रत्युवाचेदंकद्रूपुत्राननुस्मरन् ॥ स्मृत्वाचैवोपधिकृतंमातुर्दास्यनिमित्ततः १२ ईशोऽहमपिसर्व स्यकरिष्यामितुतेऽर्थिताम् ॥ भवेयुर्भुजगाःशक्रममभक्ष्यामहाबलाः १३ तथेत्युक्त्वाऽन्वगच्छत्तंततोदानवसूदनः ॥ देवदेवंमहात्मानंयोगिनामीश्वरंहरिम् १४ सचान्वमोदत्तंचार्थंयथोक्तंगरुडेनवै ॥ इदंभूयोवचःप्राहभगवांस्त्रिदशेश्वरः १५ हरिष्यामिविनिक्षिप्तंसोममित्यनुभाष्यतम् ॥ आजगामततस्तूर्णंसुपर्णोमातुरं तिकम् १६ अथसर्पानुवाचेदंसर्वान्परमहृष्टवत् ॥ इदमानीतममृतंनिक्षेप्स्यामिकुशेषुवः १७ स्नातामंगलसंयुक्तास्ततःप्राश्नीतपन्नगाः ॥ भवद्भिरिदमासी नैर्यदुक्तंतद्वचस्तदा १८ अदासीचैवमातेयमद्यप्रभृतिचास्तुमे ॥ यथोक्तंभवतामेतद्वचोमेप्रतिपादितम् १९ ततःस्नातुंगताः सर्पाःप्रत्युक्त्वाततथेत्युत ॥ शक्रो ऽप्यमृतमाक्षिप्यजगामत्रिदिवंपुनः २० अथागतास्तमुद्देशंसर्पाःसोमार्थिनस्तदा ॥ स्नाताश्चकृतजप्याश्चप्रहृष्टाःकृतमंगलाः २१ यत्रैतदमृतंचापिस्थापितं कुशसंस्तरे ॥ तद्विज्ञायहृतंसर्पाःप्रतिमायाकृतंचतत् २२ सोमस्थानमिदंचेतिदर्भांस्तेलिलिहुस्तदा ॥ ततोद्विधाकृताजिह्वाःसर्पाणांतेनकर्मणा २३ ॥

अमृतंनदेयमित्यर्थेप्सुतां १३ तंगरुडंतथेत्युक्त्वाहरिमन्वगच्छदनुसृतवान् स्वोक्तिनिर्वाहार्थमितिभावः १४ । १५ विनिक्षिप्तंत्वयेतिशेषः अनुभाष्यहेगरुडेतिसंबोध्य १६ इदंवःयुष्माकममृतंनतुमम कुशेषुनिक्षेप्स्यामिगृह्णीतेतिभावः १७ । १८ भवतांभवद्भिः मेमया १९ । २० । २१ प्रतिमायाकृतं मायाकृतंयथादास्यंतथाऽमृतदानमपीतरेणकृतमित्यर्थः । २२ । २३ ॥ ॥

पवित्रममृतंविद्यतेयेपुतेपविविवि्रणः हृतंदेवलोकादाहृतंसर्पसमीपे २४। २५ 'पदंमहत्प्राप्तुमिच्छुर्नीचोनीचतरंव्रजेत्। अमृतप्रेप्सवोयाताभुजंगास्ताक्ष्यर्भक्ष्यतां' । रत्नगर्भस्तु । 'विप्रस्यावज्ञयाशक्रोमातुः सर्पाविपक्षताः । सुपर्णस्त्वभयःप्रीत्याहरेरप्युपरिस्थितः' २६ ॥ इति आदिपर्वणि नी०भा०चतुस्त्रिंशोऽध्यायः ॥ ३४ ॥ भुजंगमानामिति । भुजंगमानांमात्राशापोदत्तस्तस्यकारणंअवज्ञयामातुराज्ञा

॥ ४७ ॥ अभवंश्चामृतस्पर्शाद्दर्भास्तेऽथपवित्रिणः ॥ एवंतदमृतंतेनहृतमाहृतमेवच ॥ द्विजिह्वाश्चकृताःसर्पागरुडेनमहात्मना २४ ततःसुपर्णःपरमप्रहर्षवान्विहृत्य मात्रासहतत्रकानने ॥ भुजंगभक्षःपरमार्चितःखगैरहीनकीर्तिर्विनतामनंदयत् २५ इमांकथांयःशृणुयान्नरःसदापठेतवाद्विजगणमुख्यसंसदि ॥ असंशयंत्रिदिव ॥ ३६ ॥
मियात्सपुण्यभाङ्महात्मनःपतगपतेःप्रकीर्तनात् २६ ॥ इतिश्रीमहाभारते आदिपर्वणि आस्तीकपर्वणि सौपर्णेचतुस्त्रिंशोऽध्यायः ॥ ३४ ॥ ॥ ॥
॥ शौनकउवाच ॥ भुजंगमानांशापस्यमात्राचैवसुतेनच ॥ विनतायास्त्वयाप्रोक्तंकारणंसूतनंदन १ वरप्रदानंभर्त्राचकद्रूविनतयोस्तथा ॥ नामनीचैवतेप्रो क्तेपक्षिणोर्वैनतेययोः २ पन्नगानांतुनामानिनकीर्तयसिसूतज ॥ प्राधान्येनापिनामानिश्रोतुमिच्छामहेवयम् ३ ॥ सौतिरुवाच ॥ बहुत्वान्नामधेयानिपन्नगानां तपोधन ॥ नकीर्तयिष्येसर्वेषांप्राधान्येनतुमेशृणु ४ शेषःप्रथमतोजातोवासुकिस्तदनंतरम् ॥ ऐरावतस्तक्षकश्चकर्कोटकधनंजयौ ५ कालियोमणिनागश्चना गश्चापूरणस्तथा ॥ नागस्तथापिंजरकएलापत्रोऽथवामनः ६ नीलानीलौतथानागौकल्माषशबलौतथा ॥ आर्यकश्चोग्रकश्चैवनागःकलशपोतकः ७ सुमना ख्योदधिमुखस्तथाविमलपिंडकः ॥ आप्तःकर्कोटकश्चैवशंखोवालिशिखस्तथा ८ निष्टानकोहेमगुहोनहुषःपिंगलस्तथा ॥ बाह्यकर्णोहस्तिपदस्तथामुद्गरपिंडकः ९ कंबलाश्वतरौचापिनागःकालीयकस्तथा ॥ वृत्तसंवर्त्तकौनागौद्वौचपद्मावितिश्रुतौ १० नागःशंखमुखश्चैवतथाकूश्मांडकोऽपरः ॥ क्षेमकश्चतथानागोनागः पिंडारकस्तथा ११ करवीरःपुष्पदंष्ट्रोबिल्वकोबिल्वपांडुरः ॥ मूषकादःशंखशिराःपूर्णभद्रोहरिद्रकः १२ अपराजितोज्योतिकश्चपन्नगःश्रीवहस्तथा ॥ कौरव्यो धृतराष्ट्रश्चशंखपिंडश्चवीर्यवान् १३ विरजाश्चसुबाहुश्चशालिपिंडश्चवीर्यवान् ॥ हस्तिपिंडःपिठरकःसुमुखःकौणपाशनः १४ कुठरःकुंजरश्चैवतथानागःप्रभाकरः ॥ कुमुदःकुमुदाक्षश्चतित्तिरिर्हलिकस्तथा १५ कर्दमश्चमहानागोनागश्चबहुमूलकः ॥ कर्कराकर्करौनागौकुंडोदरमहोदरौ १६ एतेप्राधान्यतोनागाःकीर्तिताद्विज सत्तम ॥ बहुत्वान्नामधेयानामितरेनानुकीर्तिताः १७ एतेषांप्रसवोयश्चप्रसवस्यचसंततिः ॥ असंख्येयेतिमत्वातान्नब्रवीमितपोधन १८ बहूनीहसहस्राणिप्रयु तान्यर्बुदानिच ॥ अशक्यान्येवसंख्यातुंपन्नगानांतपोधन १९ ॥ इतिश्रीमहाभारते आदिपर्वणि आस्तीकपर्वणि सर्पनामकथनेपंचत्रिंशोऽध्यायः ॥ ३५ ॥
॥ शौनकउवाच ॥ आख्याताभुजगास्तातवीर्यवंतोदुरासदाः ॥ शापंतंतेऽभिविज्ञायकृतवंतःकिमुत्तरम् १ ॥ ॥ ॥

कारित्वं विनतायाःसुतेनशापोदत्तस्तस्यकारणंसपत्नीर्ष्या १। २। ३। ४। ५। ६। ७। ८। ९। १०। ११। १२। १३। १४। १५। १६। १७। १८। १९ ॥ इति आदिपर्वणि नी० भारतभावदीपे पंचत्रिंशोऽध्यायः ॥ ३५ ॥ ॥ ॥ पित्राचार्यादिभ्यःपूज्यतयाऽपिमाताऽनृताभिसंधिनीचेत्त्याज्यैवेतिदर्शयितुंशेषाध्यायमारभते आख्याताइत्यादिना उत्तरमनंतरं १ ॥ ४७ ॥

२ । ३ । ४ स्नायुःशिराः ५ । ६ । ७ । ८ । ९ । १० । ११ प्रेत्यभावेऽपिदेहांतरेऽपि १२ । १३ । १४ । १५ । १६ धर्मेवेदबोधितेऽर्थे शमेमनोजये तपसितत्त्वालोचने १७ दमेनबाह्येंद्रियजयेन

॥ सौतिरुवाच ॥ तेषांतुभगवाञ्छेषःकद्रूंत्यक्त्वामहायशाः ॥ उग्रंतपःसमातस्थेवायुभक्षोयतव्रतः २ गंधमादनमासाद्यबदर्यांचतपोरतः ॥ गोकर्णेपुष्करारण्ये
तथाहिमवतस्तटे ३ तेपुतेषुचपुण्येषुतीर्थेष्वायतनेषुच ॥ एकांतशीलोनियतःसततंविजितेंद्रियः ४ तप्यमानंतपोघोरंतंददर्शपितामहः ॥ संशुष्कमांसत्वक्स्ना
युंजटाचीरधरंमुनिम् ५ तमब्रवीत्सत्यधृतिंतप्यमानंपितामहः ॥ किमिदंकुरुषेशेषप्रजानांस्वस्तिवैकुरु ६ त्वंहितीव्रेणतपसाप्रजास्तापयसेऽनघ ॥ ब्रूहिकामं
चमेशेषयस्तेहृदिव्यवस्थितः ७ ॥ शेषउवाच ॥ सोदर्याममसर्वेहिभ्रातरोमंदचेतसः ॥ सहतैर्नोत्सहेवस्तुंतद्भवाननुमन्यताम् ८ अभ्यसूयंतिसततंपरस्परम
मित्रवत् ॥ ततोऽहंतपआतिष्ठंनैतान्पश्येयमित्युत ९ नमर्षयंतिससुतांसततंविनतांचते ॥ अस्माकंचापरोभ्रातावैनतेयोऽन्तरिक्षगः १० तंचद्विषंतिसततं
सचापिबलवत्तरः ॥ वरप्रदानात्सपितुःकश्यपस्यमहात्मनः ११ सोऽहंतपःसमास्थायमोक्ष्यामीदंकलेवरम् ॥ कथंमेप्रेत्यभावेऽपिनतैःस्यात्सहसंगमः १२ तमे
वंवादिनंशेषंपितामहउवाचह ॥ जानामिशेषसर्वेषांभ्रातॄणांतेविचेष्टितम् १३ मातुश्चाप्यपराधाद्वैभ्रातॄणांतेमहद्भयम् ॥ कृतोऽत्रपरिहारश्चपूर्वमेवभुजंगम १४
भ्रातॄणांतवसर्वेषांनशोकंकर्तुमर्हसि ॥ वृणीष्वचवरंमत्तःशेषयत्तेऽभिकांक्षितम् १५ दास्यामिहिवरंतेऽद्यप्रीतिर्मेपरमात्वयि ॥ दिष्ट्याबुद्धिश्चतेधर्मेनिविष्टापन्न
गोत्तम ॥ भूयोभूयश्चतेबुद्धिर्धर्मेभवतुसुस्थिरा १६ ॥ शेषउवाच ॥ एषएववरोदेवकांक्षितोमेपितामह ॥ धर्मेमेरमतांबुद्धिःशमेतपसिचेश्वर १७ ॥ ब्रह्मोवाच ॥
प्रीतोऽस्म्यनेनतेशेषदमेनचशमेनच ॥ त्वयात्विदंवचःकार्यमन्नियोगात्प्रजाहितम् १८ इमांमहींशैलवनोपपन्नांससागरग्रामविहारपत्तनाम् ॥ त्वंशेषसम्यक्चलितां
यथावत्संगृह्यतिष्ठस्वयथाऽचलास्यात् १९ ॥ शेषउवाच ॥ यथाहदेवोवरदःप्रजापतिर्महीपतिर्भूतपतिर्जगत्पतिः ॥ तथामहींधारयिताऽस्मिनिश्चलांप्रयच्छतां
मेशिरसिप्रजापते २० ॥ ब्रह्मोवाच ॥ अधोमहींगच्छभुजंगमोत्तमस्वयंतवैषाविवरंप्रदास्यति ॥ इमांधरांधारयतात्वयाहिमेमहत्प्रियंशेषकृतंभविष्यति २१ ॥ सौति
रुवाच ॥ तथैवकृत्वाविवरंप्रविश्यसप्रभुर्भुवोभुजगवराग्रजस्थितः ॥ बिभर्तिदेवींशिरसामहीमिमांसमुद्रनेमिंपरिगृह्यसर्वतः २२ ब्रह्मोवाच ॥ शेषोऽसिनागोत्तमधर्मदे
वोमहीमिमांधारयसेयदेकः ॥ अनंतभोगैःपरिगृह्यसर्वांयथाऽहमेवंबलभिद्यथावा २३ ॥ सौतिरुवाच ॥ अधोभूमौवसत्येवंनागोऽनंतःप्रतापवान् ॥ धारयन्वसुधामे
कःशासनाद्ब्रह्मणोविदुः २४ सुपर्णंचसहायंवैभगवानमरोत्तमः ॥ प्रादादनंतायतदावैनतेयंपितामहः २५ ॥ इ० भा० आ० प० आ० प० शेषवृत्तकथनेषट्त्रिंशोऽध्यायः ॥ ३६ ॥

प्रश्रयेणचेतिपाठेप्रश्रयोविनयः १८ तिष्ठस्वप्रकाशनस्थेयाख्ययोश्चेतितङ् १९ प्रयच्छतामुत्थाप्यभवानितिशेषः २० । २१ । २२ अनंतभोगैःफणाभिः २३ । २४ सहायंमित्रं २५ ॥ इतिआदि० नी० भा० षट्त्रिंशोऽध्यायः ॥ ३६ ॥ ॥ ॥ ॥ ॥ ॥

मातुरिति । पश्यतेवशीक्रियतेनगोत्तमोयेनपन्नगोत्तमः अमृतमंथनकालेमंदरंपरिवर्त्तयन्वासुकिःपूर्वोक्तरूपंमातुःशापंश्रुत्वा १ ततोयोगबलेनशरीरांतरमादायसमंत्रयामास । अयंभावः मंथनव्यापृतेनागरा जेप्रथमोत्पन्नमश्वंनिमित्तीकृत्यकद्रूःपुत्रान्शशाप तंचशापंनिवर्त्तयितुंमंत्रयत्सुसर्पेष्वेलापत्रेणतत्प्रतीकारोपायेउक्तेऽपिकार्यगौरवादप्रत्ययाच्चामृतमंथनांतेवासुकिर्ब्रह्माणंगतवान् । तेनचएलापत्रोक्तमेवव चनमुक्त्वासांत्वितः अतएवाथदेवासुराःसर्वेइत्यादिरग्रिमाध्यायस्थाविचारानंतरमप्यमृतमंथनकथासंगच्छते २ । ३ अभिशप्तानांसाक्षाच्छप्तानां ४ सत्यस्यसत्यलोकपतेरग्रतः । अव्ययस्यजरामरणव

॥ सौतिरुवाच ॥ मातुःसकाशात्तंशापंश्रुत्वावैपन्नगोत्तमः॥ वासुकिश्चिन्तयामासशापोऽयंनभवेत्कथम् १ ततःसमंत्रयामासभ्रातृभिःसहसर्वशः ॥ ऐरावतप्रभृतिभिः सर्वधर्मपरायणैः २ ॥ वासुकिरुवाच ॥ अयंशापोयथोद्दिष्टोविदितंवस्तथाऽनघाः ॥ तस्यशापस्यमोक्षार्थंमंत्रयित्वायतामहे ३ सर्वेषामेवशापानांप्रतिघातोहिविद्यते ॥ नतुमात्राभिशप्तानांमोक्षःक्वचनविद्यते ४ अव्ययस्याप्रमेयस्यसत्यस्यचतथाग्रतः ॥ शप्ताइत्येवमेश्रुत्वाजायतेहृदिवेपथुः ५ नूनंसर्वविनाशोऽयमस्माकंसमुपागतः ॥ नह्येतांसोव्ययोदेवःशपंतींप्रत्यषेधयत् ६ तस्मात्संमंत्रयामोऽद्यभुजंगानामनामयम् ॥ यथाभवेद्धिसर्वेषांमानःकालोऽत्यगादयम् ॥ सर्वएवहिनस्तावद्बुद्धिमंतोविचक्षणाः ७ अपिमंत्रयमाणाहिहेतुंपश्याममोक्षणे ॥ यथानष्टंपुरादेवागूढमग्निंगुहागतम् ८ यथासयज्ञोनभवेद्यथावाऽपिपराभवः ॥ जनमेजयस्यसर्पाणांविनाशकरणायवै ९ ॥ सौतिरुवाच ॥ तथेत्युक्त्वाततःसर्वेकाद्रवेयाःसमागताः ॥ समयंचक्रिरेतत्रमंत्रबुद्धिविशारदाः १० एकेतत्राब्रुवन्नागावयंभूत्वाद्विजर्षभाः ॥ जनमेजयंतुभिक्षामोयज्ञस्तेनभवेदिति ११ अपरेत्वब्रुवन्नागास्तत्रपंडितमानिनः ॥ मंत्रिणोऽस्यवयंसर्वेभविष्यामःसुसंमताः १२ सनःप्रक्ष्यतिसर्वेषुकार्येष्वर्थविनिश्चयम् ॥ तत्रबुद्धिंप्रदास्यामोयथायज्ञोनिवर्त्स्यति १३ सनोबहुमतान्राजाबुद्ध्वाबुद्धिमतांवरः ॥ यज्ञार्थंप्रक्ष्यतिव्यक्तंनेतिवक्ष्यामहेवयम् १४ दर्शयंतोबहून्दोषान्प्रेत्यचेहचदारुणान् ॥ हेतुभिःकारणैश्चैवयथायज्ञोभवेन्नसः १५ अथवायउपाध्यायःक्रतोस्तस्यभविष्यति ॥ सर्पसत्रविधानज्ञोराजकार्यहितेरतः १६ तंगत्वादशतांकश्चिद्भुजंगःसमरिष्यति ॥ तस्मिन्मृतेयज्ञकारेक्रतुःसनभविष्यति १७ येचान्येसर्पसत्रज्ञाभविष्यंत्यस्यचर्त्विजः ॥ तांश्चसर्वान्दशिष्यामःकृतमेवंभविष्यति १८ अपरेत्वब्रुवन्नागाधर्मात्मानोदयालवः ॥ अबुद्धिरेषाभवतांब्रह्महत्यानशोभनम् १९ ॥ ॥ ॥

र्जितस्य । अप्रमेयस्यानंतमाहात्म्यस्य । ब्रह्मणोऽग्रेशप्ताइतिश्रुत्वा ५ सोऽव्ययोदेवोब्रह्मा ६ अनामयंकुशलं । मानःकालोऽत्यगात्प्राक्सत्रारंभात्प्रतीकारःकर्त्तव्यइत्यर्थः ७ अपीति । यथागूढमग्निंमंत्रेणदेवाअपश्यन्नेवंमोक्षणेहेतुंपश्यामेत्यर्थः । गुहागतंस्वकारणेवायौलीनमतएवनष्टमदर्शनंगतं ८ जनमेजयस्यसयज्ञोयथानभवेद्यथावायज्ञस्यपराभवःस्यात्तथापश्यामेत्यनुपज्यते विनाशकरणायप्रवृत्त इतिशेषः ९ समयंऐकमत्यं मंत्रबुद्धिविशारदानीतिनिश्चयनिपुणाः १० भिक्षामोयाचयामहे ११ । १२ निवर्त्स्यतिनिवृत्तोभविष्यति १३ । १४ प्रेत्यदोषाःहिंसाकृतानरकाः इहदोषाःपुरराष्ट्रदंशादयः हेतुभिर्विप्रशापामोघत्वादिभिःकारणैस्तन्मूलैर्विप्रावज्ञादिभिःप्रदर्शितैरितिशेषः । तथाचनसर्पस्यापराधोस्तीत्युक्त्वायज्ञंनिषेत्स्यामइत्यर्थः १५ । १६ । १७ । १८ । १९ ॥ ॥ ॥

सम्यगिति। सम्यगविकलःसतांधर्मोदेवब्राह्मणप्रार्थनातन्मूला व्यसनेआपदि शांतिरापन्नाशः । एकभूपहत्यादोषोऽनेकर्त्विगादिवधेनमार्ज्यतेचेत्तावद्दोषापमार्जनेकृत्स्नजगद्वधःकर्तव्योभविष्यतीत्याह अधर्मेति। सधर्ममूलेतिपाठेमूलंकृष्णोब्रह्मचब्राह्मणाश्चेत्युक्तेर्विष्णुवेदब्राह्मणरूपंधर्ममूलंसमानमविरुद्धंयस्यांसासधर्ममूलेत्यर्थः २०। २१ स्रुग्भांडंस्रुगादियज्ञपात्रं प्रमत्तानांव्यग्राणां २२। २३। २४। २५ २६। २७। २८ नोऽस्माकं नैष्ठिकीपार्यंतिकी ईक्षणमेवश्रवःश्रोत्रंयस्यतथाभूतहेवासुके २९। ३० नैषेति। नमतानसंमताममेतिशेषः ३१ किंतत्रेति । अत्यापदिब्राह्मणएवशरणीकरणीयइतिभावः ३२

सम्यक्सद्धर्ममूलावैव्यसनेशांतिरुत्तमा ॥ अधर्मोत्तरतानामकृत्स्नंव्यापादयेज्जगत् २० अपरेत्वब्रुवन्नागाःसमिद्धंजातवेदसम् ॥ वर्षैर्निर्वापयिष्यामोमेघाभूत्वास विद्युतः २१ स्रुग्भांडंनिशिगत्वाचअपरेभुजगोत्तमाः ॥ प्रमत्तानांहरंत्वाशुविघ्नएवंभविष्यति २२ यज्ञेवाभुजगास्तस्मिन्शतशोऽथसहस्रशः ॥ जनान्दशंतुवै सर्वेनैवंत्रासोभविष्यति २३ अथवासंस्कृतंभोज्यंदूषयंतुभुजंगमाः ॥ स्वेनमूत्रपुरीषेणसर्वभोज्यविनाशिना २४ अपरेत्वब्रुवंस्तत्रऋत्विजोऽस्यभवामहे ॥ यज्ञ विघ्नंकरिष्यामोदीयतांदक्षिणाइति २५ वश्यतांचगतोऽसौनःकरिष्यतियथेप्सितम् ॥ अपरेत्वब्रुवंस्तत्रजलेप्रक्रीडितंनृपम् २६ गृहमानीयबध्नीमःक्रतुरेवंभवे न्नसः ॥ अपरेत्वब्रुवंस्तत्रनागाःपंडितमानिनः २७ दशामस्तंप्रगृह्याशुकृतमेवंभविष्यति ॥ छिन्नंमूलमनर्थानांमृतेतस्मिन्भविष्यति २८ एषानोनैष्ठिकीबुद्धिः सर्वेषामीक्षणश्रवः ॥ अथयन्मन्यसेराजन्द्रुतंतत्संविधीयताम् २९ इत्युक्त्वासमुदैक्षंतवासुकिंपन्नगोत्तमम् ॥ वासुकिश्चापिसंचिंत्यतानुवाचभुजंगमान् ३० नैषावोनैष्ठिकीबुद्धिर्मताकर्तुंभुजंगमाः ॥ सर्वेषामेवमेबुद्धिःपन्नगानांनरोचते ३१ किंतत्रसंविधातव्यंभवतांस्याद्धितंतुयत् ॥ श्रेयःप्रसादनंमन्येकश्यपस्यमहा त्मनः ३२ ज्ञातिवर्गस्यसौहार्दादात्मनश्चभुजंगमाः ॥ नचजानातिमेबुद्धिःकिंचित्कर्तुंवचोहिवः ३३ मयाहीदंविधातव्यंभवतांयद्धितंभवेत् ॥ अनेनाहंभृशं तप्येगुणदोषौमदाश्रयौ ३४ ॥ इतिश्रीमहाभारतेआदिपर्वणि आस्तीकपर्वणिवासुक्यादिमंत्रणे सप्तत्रिंशोऽध्यायः ॥ ३७ ॥ ॥ सौतिरुवाच ॥ सर्पाणांतु वचःश्रुत्वासर्वेषामितिचेतिच ॥ वासुकेश्चवचःश्रुत्वाएलापत्रोऽब्रवीदिदम् १ नसयज्ञोनभवितानसराजातथाविधः ॥ जनमेजयःपांडवेयोयतोऽस्माकंमहद्भयम् २ दैवेनोपहतोराजन्योभवेदिहपूरुषः ॥ सदैवमेवाश्रयतेनान्यत्तत्रपरायणम् ३ तदिदंदैवमस्माकंभयंपन्नगसत्तमाः ॥ दैवमेवाश्रयामोऽत्रशृणुध्वंचवचोमम ४ अहं शापेसमुत्सृष्टेसमश्रौषंवचस्तदा ॥ मातुरुत्संगमारूढोभयात्पन्नगसत्तमाः ५ देवानांपन्नगश्रेष्ठास्तीक्ष्णास्तीक्ष्णाइतिप्रभो ॥ पितामहमुपागम्यदुःखार्त्तानांमहा द्युते ६ ॥ देवाऊचुः ॥ काहिलब्ध्वाप्रियान्पुत्रान्शपेदेवंपितामह ॥ ऋतेकद्रूंतीक्ष्णरूपांदेवदेवतवाग्रतः ७ ॥ ॥ ॥

२३ मयेति। ज्ञातिरक्षानाशनिमित्तौगुणदोषौमदाश्रयौज्येष्ठत्वान्ममेत्यर्थः ३४ ॥ इतिआदिपर्वणिनीलकंठीये भारतभावदीपे सप्तत्रिंशोध्यायः ॥ ३७ ॥ सर्पाणामिति। इतिचेतिचेतितद्वचनाभिनयप्रदर्शनं १ नेति। भवितैवेत्यर्थः नतथाविधोयस्यराष्ट्रमृत्विजःस्वरूपंवाद्रष्टुंशक्यंतादृशंनभवति मंत्रवीर्यसंपन्नत्वात् २ दैवेनेति। दृष्टदोषाभावेऽप्यागतात्रिपन्नदृष्टोपायपरिहार्येत्यर्थः ३। ४ अहमितियुग्मं । वक्तुर्व्या कुलत्वात्समानार्थंसंबोधनद्वयंदेवानांवचःसमश्रौषमितिसंबंधः वचएवाह तीक्ष्णास्तीक्ष्णाइति। स्त्रियइतिशेषः पुत्रमपिशपंतीनांस्त्रीणांदौष्ट्यमालक्ष्य हाकष्टंकथंस्त्रीसंगिनांसुखंस्यादिति

१७ चिंतयादुःखार्त्तानाम् ५। ६। ७ ॥ ॥ ॥ ॥ ॥ ॥

तथेति । त्वयाप्येतन्नोपेक्षणीयमितिभावः ८ उपेक्षाकारणंब्रह्मोवाच बहवइति ९ दंदशूकाःदंशनशीलाः । क्षुद्राअल्पेऽपिनिमित्तेप्राणग्राहकाः । पापाचारानिर्निमित्तंहिंसकाः । मातापितापिष्ठान्घ्नंति किमुतान्येइतिभावः १० । ११ । १२ । १३ । १४ । १५ स्वसाभगिनी मोक्ष्यतिमोक्षयिष्यति १६ । १७ । १८ । १९ ॥ इति आदिपर्वणिनीलकंठीये भारतभावदीपे अष्टत्रिंशोऽध्यायः ॥ ३८ ॥

तथेतिचवचस्तस्यास्त्वयाऽप्युक्तंपितामह ॥ एतदिच्छामविज्ञातुंकारणंयन्नवारिता ८ ॥ ब्रह्मोवाच ॥ बहवःपन्नगास्तीक्ष्णाघोररूपाविषोल्बणाः ॥ प्रजानांहित कामोऽहंनचवारितवांस्तदा ९ येदंदशूकाःक्षुद्राश्चपापाचाराविषोल्बणाः ॥ तेषांविनाशोभवितानतुयेधर्मचारिणः १० यन्निमित्तंचभवितामोक्षस्तेषांमहाभया त्‌ ॥ पन्नगानांनिबोधध्वंतस्मिन्कालेसमागते ११ यायावरकुलेधीमान्भविष्यतिमहानृषिः ॥ जरत्कारुरितिख्यातस्तपस्वीनियतेंद्रियः १२ तस्यपुत्रोजर त्कारोर्भविष्यतितपोधनः ॥ आस्तीकोनामयज्ञंसप्रतिषेत्स्यतितंतदा ॥ तत्रमोक्ष्यंतिभुजगायेभविष्यंतिधार्मिकाः १३ ॥ देवाऊचुः ॥ समुनिप्रवरोब्रह्मन्जरत्का रुर्महातपाः ॥ कस्यांपुत्रंमहात्मानंजनयिष्यतिवीर्यवान् १४ ॥ ब्रह्मोवाच ॥ सनामायांसनामासकन्यायांद्विजसत्तमः ॥ अपत्यंवीर्यसंपन्नंवीर्यवान्जन यिष्यति १५ वासुकेःसर्पराजस्यजरत्कारुःस्वसाकिल ॥ सतस्यांभवितापुत्रःशापान्नागांश्चमोक्ष्यति १६ एलापत्रउवाच ॥ एवमस्त्वितितंदेवाःपितामहम थाब्रुवन् ॥ उक्त्वैवंवचनंदेवान्विरिंचिस्त्रिदिवंययौ १७ सोऽहमेवंप्रपश्यामिवासुकेभगिनींतव ॥ जरत्कारुरितिख्यातांतांतस्मैप्रतिपादय १८ भैक्षवद्भिक्षमाणाय नागानांभयशांतये ॥ ऋषयेसुव्रतायैनामेषमोक्षःश्रुतोमया १९ ॥ इतिश्रीमहाभारते आदिपर्वणि आस्तीकपर्वणि एलापत्रवाक्येअष्टत्रिंशोऽध्यायः ॥ ३८ ॥

॥ सौतिरुवाच ॥ एलापत्रवचःश्रुत्वातेनागाद्विजसत्तम ॥ सर्वेप्रहृष्टमनसःसाधुसाध्वित्यथाब्रुवन् १ ततःप्रभृतितांकन्यांवासुकिःपर्यरक्षत ॥ जरत्कारुंस्वसारंवैपरं हर्षमवापच २ ततोनातिमहान्कालःसमतीतइवाभवत् ॥ अथदेवासुराःसर्वेममंथुर्वरुणालयम् ३ तत्रनेत्रमभून्नागोवासुकिर्बलिनांवरः ॥ समाप्यैवचतत्कर्मपिताम हमुपागमन् ४ देवावासुकिनासार्धंपितामहमथाब्रुवन् ॥ भगवन्शापभीतोऽयंवासुकिस्तप्यतेभृशम् ५ अस्यैतन्मानसंशल्यंसमुद्धर्तुंत्वमर्हसि ॥ जनन्याःशापजं देवज्ञातीनांहितमिच्छतः ६ हितोह्ययंसदास्माकंप्रियकारीचनागराट् ॥ प्रसादंकुरुदेवेशशमयास्यमनोज्वरम् ७ ॥ ब्रह्मोवाच ॥ मयैवतद्वितीर्णंवैवचनंमनसाऽ मराः ॥ एलापत्रेणनागेनयदस्याभिहितंपुरा ८ तत्करोत्वेषनागेंद्रःप्राप्तकालंवचःस्वयम् ॥ विनशिष्यंतियेपापानतुयेधर्मचारिणः ९ उत्पन्नःसजरत्कारुस्तप स्युग्रेरतोद्विजः ॥ तस्यैषभगिनींकालेजरत्कारुंप्रयच्छतु १० एलापत्रेणयत्प्रोक्तंवचनंभुजगेनह ॥ पन्नगानांहितंदेवास्तत्तथानतदन्यथा ११ सौतिरुवाच ॥ एतच्छ्रुत्वातुनागेंद्रःपितामहवचस्तदा ॥ संदिश्यपन्नगान्सर्वान्वासुकिःशापमोहितः १२ ॥ ॥ ॥ ॥

एलापत्रेति १ । २ समतीतइवअत्यल्पत्वात् शापात्प्राक्प्रहृदयोत्पत्तिस्ततोऽपिप्राक्प्रवृत्तंमंथनमनुवदतिशापमोक्षोपायंप्रदर्शयितुं अथेत्यादिना ३ नेत्रंरज्जुः ४ । ५ शल्यंशापजं ६ प्रियकारीप्रतिकल्पंनेत्रीभूयमंथनोपयोगित्वात् ७ । ८ । ९ । १० । ११ । १२ ॥ ॥ ॥ ॥ ॥

जरत्कारौजरत्कारुमिमित्तंतदन्वेषणायेत्यर्थः समादधवसम्यक्नियोजितवान् १३ अन्वेषणफलमाह जरत्कारुरिति १४ ॥ इति आदिपर्वणि नीलकंठीये भारतभावदीपे एकोनचत्वारिंशोऽध्यायः ॥ ३९ ॥ ॥ ॥ जरत्कारुरिति १ । २ जरत्कारुनामनिर्वक्ति जरेति । जरच्छब्दःक्षयवाचीकारुशब्दोदारुणवाची तस्यास्तीकपितुः शरीरंकारुकामाद्युद्भवमूलत्वाद्दारुणमासीत्तस्यतेनतपसाक्षेपणंकृतमतोऽसौजरत्कारुरित्यर्थः ३ वासुकेर्भगिनीतथेतित्राद्दश्येव । अभर्तृकायायुवत्याःशरीरक्षेपणमेवश्रेयस्करमितिभावः ४ प्राहसत् अतिजीर्णयोरपिब्रह्मचर्यविनाशःप्रसक्त

स्वसारमुद्यम्यतदाजरत्कारुमृषिंप्रति ॥ सर्पान्बहूञ्जरत्कारौनित्ययुक्तान्समादधत् १३ जरत्कारुर्यदाभार्यामिच्छेद्वरयितुंप्रभुः ॥ शीघ्रमेत्यतदाख्येयंतन्नःश्रेयोभविष्यति १४ ॥ इति श्रीमहाभारते आदिपर्वणि आस्तीकपर्वणि जरत्कार्वन्वेषणेएकोनचत्वारिंशोऽध्यायः ॥ ३९ ॥ ॥ शौनकउवाच ॥ जरत्कारुरितिख्यातोयस्त्वयासूतनंदन ॥ इच्छामितदहंश्रोतुंऋषेस्तस्यमहात्मनः १ किंकारणंजरत्कारोर्नामैतत्प्रथितंभुवि ॥ जरत्कारुनिरुक्तिंत्वंयथावद्वक्तुमर्हसि २ ॥ सौतिरुवाच ॥ जरेतिक्षयमाहुर्वैदारुणंकारुसंज्ञितम् ॥ शरीरंकारुतस्यासीत्तत्सधीमाञ्शनैःशनैः ३ क्षपयामासतीव्रेणतपसेत्यतउच्यते ॥ जरत्कारुरितिब्रह्मन्वासुकेर्भगिनीतथा ४ एवमुक्तस्तुधर्मात्माशौनकःप्राहसत्तदा ॥ उग्रश्रवसमामंत्र्यउपपन्नमितिब्रुवन् ५ ॥ शौनकउवाच ॥ उक्तंनामयथापूर्वंसर्वंतच्छ्रुतवानहम् ॥ यथातुजातोह्यास्तीकएतदिच्छामिवेदितुम् ॥ तच्छ्रुत्वावचनंतस्यसूतःप्रोवाचशास्त्रतः ६ ॥ सौतिरुवाच ॥ ॥ संदिश्यपन्नगान्सर्वान्वासुकिःसुसमाहितः ॥ स्वसारमुद्यम्यतदाजरत्कारुमृषिंप्रति ७ अथकालस्यमहतःसमुनिःसंशितव्रतः ॥ तपस्यभिरतोधीमान्सदारान्नाभ्यकांक्षत ८ सतूर्ध्वरेतास्तपसिप्रसक्तःस्वाध्यायवान्वीतभयःकृतात्मा ॥ चचारसर्वांपृथिवींमहात्मानचापिदारान्मनसाऽध्यकांक्षत ९ ततोऽपरस्मिन्संप्राप्तेकालेकस्मिंश्चिदेवतु ॥ परिक्षिन्नामराजासीद्ब्रह्मन्कौरववंशजः १० यथापांडुर्महाबाहुर्धनुर्धरवरोयुधि ॥ बभूवमृगयाशीलःपुराऽस्यप्रपितामहः ११ मृगान्विध्यन्वराहांश्चतरक्षून्महिषांस्तथा ॥ अन्यांश्चविविधान्वन्यांश्चचारपृथिवीपतिः १२ सकदाचिन्मृगंविद्ध्वाबाणेनानतपर्वणा ॥ पृष्ठतोधनुरादायससारगहनेवने १३ यथैवभगवान्रुद्रोविद्ध्वायज्ञमृगंदिवि ॥ अन्वगच्छद्धनुष्पाणिःपर्यन्वेष्टुमितस्ततः १४ नहितेनमृगोविद्धोजीवन्गच्छतिवैवने ॥ पूर्वरूपंतुतत्तूर्णंसोऽगात्स्वर्गगतिंप्रति १५ परिक्षितोनरेन्द्रस्यविद्धोयन्नष्टवान्मृगः ॥ दूरंचापहृतस्तेनमृगेणसमहीपतिः १६ परिश्रांतःपिपासार्त्तआससादमुनिंवने ॥ गवांप्रचारेष्वासीनंवत्सानांमुखनिःसृतम् १७ भूयिष्ठमुपयुंजानंफेनमापिबतांपयः ॥ तमभिद्रुत्यवेगेनसराजासंशितव्रतम् १८ अपृच्छद्धनुरुद्यम्यतंमुनिंक्षुच्छ्रमान्वितः ॥ भोभोब्रह्मन्नहंराजापरीक्षिदभिमन्युजः १९ ॥ ॥

इत्याश्चर्यंमत्वेतिभावः आमंत्र्यहेउग्रश्रवइतिसंबोध्य उपपन्नंयुक्तं यत्तुल्यवयोरूपयोर्विवाहइतिभावः ५ । ६ । ७ । ८ । ९ सर्पसत्रकारणंवक्तुमाह ततइत्यादिना । ततोवासुकेराश्वासनानंतरंअपरस्मिन्पश्चाद्भूतेकस्मिंश्चित्काले । अमंगलत्वान्नामाप्यनाच्यंकलेस्तदादौइत्यर्थः १० । ११ । १२ । १३ । १४ पूर्वरूपमिति । परिक्षितःतूर्णंस्वर्गगतिंप्रतितत्मृगस्यादर्शनंपूर्वरूपंकारणं सराजाअगात्प्राप्तवान् ततएवहिमूढोराजाविप्रावमाननांशापमूलभूतांकृतवानित्यर्थः १५ । १६ प्रचारेषुगोष्ठेषु १७ उपयुंजानंभक्षयंतं १८ । १९ ॥ ॥ ॥ ॥

२० समासजत् आरोपयामास धनुष्कोट्याधनुष्प्रांतेन २१ सराजेति। तंतथागतंद्दष्ट्वासमाधिस्थंदृष्ट्वाक्रोधमुत्सृज्यव्यथितःसन्जगामनगरं व्यथितेनापिसर्पापसारणंनकृतंदीर्घद्रोहित्वात्क्षत्रस्यकिंचित्क्रोधोऽ मुवर्ततएवेतिज्ञेयं तथोक्तंपौष्येण क्षत्रियस्यवाक्सूनृताहृदयंतीक्ष्णधारमिति २२ तदिदमुक्तं स्वधर्मनिरतमिति । स्वधर्मस्तीक्ष्णहृदयत्वंतन्निरतं जातिस्वभावज्ञोमुनिःसमाक्षिप्तोऽप्यधर्षयत् धृष्टत्वंको"

॥ ५० ॥ मयाविद्धोमृगोनष्टःकच्चित्तंदृष्टवानसि ॥ समुनिस्तंतुनोवाचकिंचिन्मौनव्रतेस्थितः २० तस्यस्कंधेमृतंसर्पंक्रुद्धोराजासमासजत् ॥ समुत्क्षिप्यधनुष्कोट्यासचैनं समुपैक्षत २१ नसकिंचिदुवाचैनंशुभंवायदिवाऽशुभम् ॥ सराजाक्रोधमुत्सृज्यव्यथितस्तंतथागतम् ॥ दृष्ट्वाजगामनगरमृषिस्त्वासीत्तथैवसः २२ नहितंरा ॥ ४१ ॥
जशार्दूलंक्षमाशीलोमहामुनिः ॥ स्वधर्मनिरतंभूपंसमाक्षिप्तोऽप्यधर्षयत् २३ नहितंराजशार्दूलस्तथाधर्मपरायणम् ॥ जानातिभरतश्रेष्ठस्ततएनमधर्षयत् २४ तरुणस्तस्यपुत्रोऽभूत्तिग्मतेजामहातपाः ॥ शृंगीनाममहाक्रोधोदुष्प्रसादोमहाव्रतः २५ सदेवंपरमासीनंसर्वभूतहितेरतम् ॥ ब्रह्माणमुपतस्थेवैकालेकाले सुसंयतः २६ सतेनसमनुज्ञातोब्रह्मणागृहमेयिवान् ॥ सख्योक्तःक्रीडमानेनसतत्रहसताकिल २७ संरंभात्कोपनोऽतीवविषकल्पोमुनेःसुतः ॥ उद्दिश्यपितरंत स्ययच्छ्रुत्वारोषमाहरत् ॥ ऋषिपुत्रेणधर्मार्थेकृशेनद्विजसत्तम २८ ॥ कृशउवाच ॥ तेजस्विनस्तवपितातथैवचतपस्विनः ॥ शवंस्कंधेनवहतिमाशृंगिन्गर्वितो भव २९ व्याहरत्स्वृषिपुत्रेषुमास्मकिंचिद्वचोवद ॥ अस्मद्विधेषुसिद्धेषुब्रह्मवित्सुतपस्विषु ३० क्वतेपुरुषमानित्वंक्वतेवाचस्तथाविधाः ॥ दर्पजाःपितरंद्रष्टाय स्त्वंशवधरंतथा ३१ पित्राचतवतत्कर्मनानुरूपमिवात्मनः ॥ कृतंमुनिजनश्रेष्ठयेनाहंभृशदुःखितः ३२ ॥ इति श्रीमहाभारते आदिपर्वणि आस्तीकपर्वणि परिक्षिदुपाख्यानेचत्वारिंशोऽध्यायः ॥ ४० ॥ ॥ सौतिरुवाच ॥ एवमुक्तःसतेजस्वीशृंगीकोपसमन्वितः ॥ मृतधारंगुरुंश्रुत्वापर्यतप्यतमन्युना १ सतंकृशम भिप्रेक्ष्यसूनृतांवाचमुत्सृजन् ॥ अपृच्छत्तंकथंतातःसमेऽद्यमृतधारकः २ ॥ कृशउवाच ॥ राज्ञापरिक्षितातातमृगयांपरिधावता ॥ अवसक्तःपितुस्तेऽद्यमृतः स्कंधेभुजंगमः ३ ॥ शृंग्युवाच ॥ किंमेपित्राकृतंतस्यराज्ञोऽनिष्टंदुरात्मनः ॥ ब्रूहितत्कृशतत्त्वेनपश्यमेतपसोबलम् ४ ॥ कृशउवाच ॥ सराजामृगयांयातः परिक्षिदभिमन्युजः ॥ ससारमृगमेकाकीविद्ध्वाबाणेनशीघ्रगम् ५ नचापश्यन्मृगंराजाचरंस्तस्मिन्महावने ॥ पितरंतेसदृष्ट्वैवपप्रच्छानभिभाषिणम् ६ तंस्था णुभूतंतिष्ठंतंक्षुत्पिपासाश्रमातुरः ॥ पुनःपुनर्मृगंनष्टंपप्रच्छपितरंतव ७ सचमौनव्रतोपेतोनैवतंप्रत्यभाषत ॥ तस्यराजाधनुष्कोट्यासर्पंस्कंधेसमासजत् ८ शृंगिंस्तवपितासोऽपितथैवास्तेयतव्रतः ॥ सोऽपिराजास्वनगरंप्रस्थितोगजसाह्वयम् ९ ॥ ॥ ॥ ॥

पस्यनिग्रहेधैर्यमकरोत् २३ । २४ । २५ । २६ । २७ संरंभात्क्रोधावेशात् कोपनस्तीक्ष्णः २८ । २९ । ३० । ३१ पित्राचेति । तत्तत्रधर्षणेविषयेअपराधाख्यंचतवपित्रानकृतंयेनतत्रपितुर्धर्षणेनाहं भृशंदुःखितोऽस्मि आत्मनइवदृष्टांतः । विनापराधंतवपितुर्धर्षणाद्दृष्टामत्पितुर्धर्षणयेवाहंभृशंदुःखितोऽस्मीत्यर्थः ३२ ॥ इति आदिपर्वणि नीलकंठीये भारतभावदीपे चत्वारिंशोऽध्यायः ॥ ४० ॥ ॥ ५० ॥
एवमुक्तइति मन्युनाक्रोधेन १ । २ । ३ । ४ । ५ अनभिभाषिणंमौनशीलं ६ नष्टंपलायनेनादर्शनंगतं ७ । ८ गजसाह्वयंहस्तिनापुरं ९ ॥ ॥ ॥

॥

१० क्रोधवेगबलात्कृतःक्रोधावेशपरवशः ११ कृच्छ्रगतस्यमौनव्रतधरस्य राज्ञाचासौकिल्बिषीचराजकिल्बिषी १२ आशीविषोदंष्ट्राविषः १३ नेतानेष्यति १४ । १५ । १६ । १७ । १८ । १९
विषयेदेशे २० तस्यपापंद्रोहं सर्वथाअस्मास्वपराधेनापिवर्त्तमानस्य २१ इतोनाशितोधर्मोहंत्येव धर्मनाशमेवाह यदीत्यादिना २२ । २३ । २४ राज्ञापरिक्षितारक्षितव्याः अस्यनाशेप्रजोच्छेदकृ

॥ सौतिरुवाच ॥ श्रुत्वैवमृषिपुत्रस्तुशवंस्कंधेप्रतिष्ठितम् ॥ कोपसंरक्तनयनःप्रज्वलन्निवमन्युना १० आविष्टःसहिकोपेनशशापनृपतिंतदा ॥ वायुपस्पृश्यतेजस्वी
क्रोधवेगबलात्कृतः ११ ॥ शृंग्युवाच ॥ योऽसौवृद्धस्यतातस्यतथाकृच्छ्रगतस्यह ॥ स्कंधेमृतंसमास्राक्षीत्पन्नगंराजकिल्बिषी १२ तंपापमतिसंक्रुद्धस्तक्षकः
पन्नगेश्वरः ॥ आशीविषस्तिग्मतेजामद्वाक्यबलचोदितः १३ सप्तरात्रादितोनेतायमस्यसदनंप्रति ॥ द्विजानामवमंतारंकुरूणामयशस्करम् १४ ॥ सौतिरुवाच ॥
इतिशप्त्वाऽतिसंक्रुद्धःशृंगीपितरमभ्यगात् ॥ आसीनंगोव्रजेतस्मिन्वहंतंशवपन्नगम् १५ सतमालक्ष्यपितरंशृंगीस्कंधगतेनवै ॥ शवेनभुजगेनासीद्भूयःक्रोधसमा
कुलः १६ दुःखाच्चाश्रूणिमुमुचेपितरंचेदमब्रवीत् ॥ श्रुत्वेमांधर्षणांताततवतेनदुरात्मना १७ राज्ञापरिक्षिताकोपादशपंतमहंनृपम् ॥ यथाऽर्हतिसएवोग्रंशापंकुरु
कुलाधमः ॥ सप्तमेऽहनितंपापंतक्षकःपन्नगोत्तमः १८ वैवस्वतस्यसदनंनेतापरमदारुणम् ॥ तमब्रवीत्पिताब्रह्मंस्तथाकोपसमन्वितम् १९ ॥ शमीकउवाच ॥
नमेप्रियंकृतंतातनैषधर्मस्तपस्विनाम् ॥ वयंतस्यनरेन्द्रस्यविषयेनिवसामहे २० न्यायतोरक्षितास्तेनतस्यपापंनरोचये ॥ सर्वथावर्त्तमानस्यराज्ञोह्यस्मद्विधैःसदा
२१ क्षंतव्यंपुत्रधर्मोहिहतोहंतिनसंशयः ॥ यदिराजानसंरक्षेत्पीडानःपरमाभवेत् २२ नशक्नुयामचरितुंधर्मंपुत्रयथासुखम् ॥ रक्षमाणावयंताताराजभिर्धर्मदृष्टिभिः
२३ चरामोविपुलंधर्मंतेषांभागोऽस्तिधर्मतः ॥ सर्वथावर्त्तमानस्यराज्ञःक्षंतव्यमेवहि २४ परिक्षित्तुविशेषेणयथाऽस्यप्रपितामहः ॥ रक्षत्यस्मांस्तथाराज्ञारक्षि
तव्याःप्रजाविभो २५ तेनेहक्षुधितेनाद्यश्रांतेनचतपस्विना ॥ अजानताकृतंमन्येव्रतमेतदिदंमम २६ अराजकेजनपदेदोषाजायंतिवैसदा ॥ उद्वृत्तंसततंलोकंरा
जादंडेनशास्तिवै २७ दंडात्प्रतिभयंभूयःशांतिरुत्पद्यतेतदा ॥ नोद्विग्नश्चरतेधर्मंनोद्विग्नश्चरतेक्रियाम् २८ राज्ञाप्रतिष्ठितोधर्मोधर्मात्स्वर्गःप्रतिष्ठितः ॥ राज्ञोयज्ञ
क्रियाःसर्वायज्ञाद्देवाःप्रतिष्ठिताः २९ देवाद्वृष्टिःप्रवर्तेतवृष्टेरोषधयःस्मृताः ॥ ओषधिभ्योमनुष्याणांधारयन्सततंहितम् ३० मनुष्याणांचयोधाताराजाराज्यकरः
पुनः ॥ दशश्रोत्रियसमोराजाइत्येवंमनुरब्रवीत् ३१ तेनेहक्षुधितेनाद्यश्रांतेनचतपस्विना ॥ अजानताकृतंमन्येव्रतमेतदिदंमम ३२ कस्मादिदंत्वयाबाल्यात्स
हसादुष्कृतंकृतम् ॥ नह्यर्हतिनृपःशापमस्मत्तःपुत्रसर्वथा ३३ ॥ इति श्रीमहाभारते आदिपर्वणि आस्तीकपर्वणि परिक्षिच्छापेएकचत्वारिंशोऽध्यायः ॥ ४१ ॥

तंपापंतवेतिभावः २५ व्रतमजानतेतिसंबंधः २६ दोषादस्युपीडादयः जायंतउद्भवंति २७ । २८ । २९ धारयन्कुर्वन्मनुष्याणांहितम् ३० धातापोषकः श्रोत्रियोवेदाध्यायी अक्षराधिक्यमार्षम्
३१ । ३२ बाल्यादविवेकात् ३३ ॥ इति आदिपर्वणि नीलकंठीये भारतभावदीपे एकचत्वारिंशोऽध्यायः ॥ ४१ ॥ ॥ ॥ ॥

यद्येतदिति १ स्वैरेष्वपिपरिहासादिष्वपि २ । ३ वयस्थोऽपिप्रौढोऽपिवाच्यःशास्यः ४ प्रभवतांयोगैश्वर्यवतांकोपोऽतीववर्धते ५ सचतपांनाशकइतिशिक्षणीयएवत्वंमयेत्याशयेनाह सोऽहमिति । बालतांविवेकशून्यतां साहसमाकस्मिकमकार्यकारित्वंपुत्रत्वंचावेक्ष्यत्वयिवक्तव्यमुपदेश्यत्वंपश्यामि ६ सत्वमिति । क्रोधाहननेधर्मंहास्यस्येवेत्यर्थः ७ यतीनामामुष्मिकहितार्थंयतमानानाम् ८ । ९

॥ ५१ ॥

॥ शृंग्युवाच ॥ यद्येतत्साहसंतातयदिवादुष्कृतंकृतम् ॥ प्रियंवाऽप्यप्रियंवातेवागुक्तानमृषाभवेत् १ नैवान्यथेदंभवितापितरेषब्रवीमिते ॥ नाहंमृषाब्रवीम्येवं स्वैरेष्वपिकुतःशपन् २ ॥ शमीकउवाच ॥ जानाम्युग्रप्रभावंत्वांतातसत्यगिरंतथा ॥ नानृतंचोक्तपूर्वंतेनैतन्मिथ्याभविष्यति ३ पित्रापुत्रोवयस्थोऽपिसततं वाच्यएवतु ॥ यथास्याद्गुणसंयुक्तःप्राप्नुयाच्चमहद्यशः ४ किंपुनर्बालएवत्वंतपसाभावितःसदा ॥ वर्धतेचप्रभवतांकोपोऽतीवमहात्मनाम् ५ सोऽहंपश्यामिवक्तव्यं त्वयिधर्मभृतांवर ॥ पुत्रत्वंबालतांचैवत[illegible]क्ष्यचसाहसम् ६ सत्वंशमपरोभूत्वावन्यमाहारमाचरन् ॥ चरक्रोधमिमंहत्वानैवंधर्मंप्रहास्यसि ७ क्रोधोहिधर्मंहरति यतीनांदुःखसंचितम् ॥ ततोधर्मविहीनानांगतिरिष्टानविद्यते ८ शमएवयतीनांहिक्षमिणांसिद्धिकारकः ॥ क्षमावतामयंलोकःपरश्चैवक्षमावताम् ९ तस्माच्चरेथाः सततंक्षमाशीलोजितेंद्रियः ॥ क्षमयाप्राप्स्यसेलोकान्ब्रह्मणःसमनंतरान् १० मयातुशममास्थाययच्छक्यंकर्तुमद्यवै ॥ तत्करिष्याम्यहंतातप्रेषयिष्येनृपायवै ११ ममपुत्रेणशप्तोसिबालेनकृशबुद्धिना ॥ ममेमांधर्षणांत्वत्तःप्रेक्ष्यराजन्नमर्षिणा १२ ॥ सौतिरुवाच ॥ एवमादिश्यशिष्यंसप्रेषयामाससुव्रतः ॥ परिक्षितेनृप तयेदयापन्नोमहातपाः १३ संदिश्यकुशलप्रश्नंकार्यवृत्तांतमेवच ॥ शिष्यंगौरमुखंनामशीलवंतंसमाहितम् १४ सोऽभिगम्यततःशीघ्रंनरेन्द्रंकुरुवर्धनम् ॥ विवेशभ वनंराज्ञःपूर्वंद्वास्थैर्निवेदितः १५ पूजितस्तुनरेन्द्रेणद्विजोगौरमुखस्तदा ॥ आचख्यौचपरिश्रांतोराज्ञःसर्वमशेषतः १६ शमीकवचनंघोरंयथोक्तंमंत्रिसन्निधौ ॥ गौरमुखउवाच ॥ शमीकोनामराजेन्द्रवर्ततेविषयेतव १७ ऋषिःपरमधर्मात्मादांतःशांतोमहातपाः ॥ तस्यत्वयानरव्याघ्रसर्पःप्राणैर्वियोजितः १८ अवसक्तो धनुष्कोट्यास्कंधेमौनान्वितस्यच ॥ क्षांतवांस्तवतत्कर्मपुत्रस्तस्यनचक्षमे १९ तेनशप्तोऽसिराजेंद्रपितुरज्ञातमद्यवै ॥ तक्षकःसप्तरात्रेणमृत्युस्तवभविष्यति २० तत्ररक्षांकुरुष्वेतिपुनःपुनरथाऽब्रवीत् ॥ तदन्यथानशक्यंचकर्तुंकेनचिदप्युत २१ नहिशक्नोतितंयंतुंपुत्रंकोपसमन्वितम् ॥ ततोऽहंप्रेषितस्तेनतवराज न्हितार्थिना २२ ॥ सौतिरुवाच ॥ इतिश्रुत्वावचोघोरंसराजाकुरुनंदनः ॥ पर्यतप्यततत्पापंकृत्वाराजामहातपाः २३ तंचमौनव्रतंश्रुत्वावनेमुनिवरं तदा ॥ भूयएवाभवद्राजाशोकसंतप्तमानसः २४ ॥ ॥ ॥ ॥

ब्रह्मणःसमनंतरानप्रयासस्थानक्रममुक्तिप्रदानित्यर्थः १० प्रेषयिष्येसंदेशहरमितिशेषः ११ । १२ । १३ । १४ । १५ परिश्रांतः परिवर्जने श्रमहीनः १६ । १७ । १८ नचक्षमेनक्षांतवान् १९ तेनच पितुरज्ञातंयथास्यात्तथाशप्तोऽसि २० । २१ । २२ पापंकृत्वैवपर्यतप्यतनतुमृत्युंश्रुत्वा २३ ब्राह्मणस्यावज्ञातत्रापिमौनिनस्तत्रापिमयिदयालोरित्यालोच्यशोकोऽतीवतस्यबभूवेत्याहतंचेत्यादिना २४

अनुक्रोशात्मतांदयालुताम् २५। २६। २७। २८ सर्वतएवात्मानंगोपायेदितिशास्त्रादात्मरक्षार्थंयत्नंकृतवानित्याह प्रासादमित्यादिना २९। ३०। ३१ आरूढंप्रासादारूढं नलभतेद्रष्टुमपिनशक्नोति
आरोढुमितिपाठेएनंप्रासादमितिद्रष्टव्यं राजसत्तमंराज्ञःसमीचीनतमम् ३२ चिकित्सितुंनिर्विषंकर्तुं ३३ । ३४ अर्थःस्पष्टएवभविता धर्मोऽपिसर्वलोकोपकारकस्यराज्ञोजीवनेन एतेनभृत्यस्या

अनुक्रोशात्मतांतस्यशमीकस्यावधार्यच ॥ पर्यतप्यतभूयोऽपिकृत्वातत्किल्बिषंमुनेः २५ नहिमृत्युंतथाराजाश्रुत्वावैसोऽन्वतप्यत ॥ अशोचदमरप्रख्योयथा
कृत्वेहकर्मतत् २६ ततस्तंप्रेषयामासराजागौरमुखंतदा ॥ भूयःप्रसादंभगवान्करोत्विहममेतिवै २७ तस्मिंश्चगतमात्रेऽथराजागौरमुखेतदा ॥ मंत्रिभिर्मंत्रया
माससहसंविग्नमानसः २८ संमंत्र्यमंत्रिभिश्चैवसतथामंत्रतत्त्ववित् ॥ प्रासादंकारयामासएकस्तंभंसुरक्षितम् २९ रक्षांचविदधेतत्रभिषजश्चौषधानिच ॥ ब्राह्मणा
न्मंत्रसिद्धांश्चसर्वतोवैन्ययोजयत् ३० राजकार्याणितत्रस्थःसर्वाण्येवाकरोच्चसः ॥ मंत्रिभिःसहधर्मज्ञःसमंतात्परिरक्षितः ३१ नचैनंकश्चिदारूढंलभतेराजसत्त
मम् ॥ वातोऽपिनिश्चरंस्तत्रप्रवेशेविनिवार्यते ३२ प्राप्तेचदिवसेतस्मिन्सप्तमेद्विजसत्तमः ॥ काश्यपोऽभ्यागमद्विद्वांस्तंराजानंचिकित्सितुम् ३३ श्रुतंहितेनतद
भूद्यथातंराजसत्तमम् ॥ तक्षकःपन्नगश्रेष्ठोनेष्यतेयमसादनम् ३४ तंदष्टंपन्नगेंद्रेणकरिष्येऽहमपज्वरम् ॥ तत्रमेऽर्थश्चधर्मश्चभवितेतिविचिंतयन् ३५ तंददर्शसनागें
द्रस्तक्षकःकाश्यपंपथि ॥ गच्छंतमेकमनसंद्विजोभूत्वावयोऽतिगः ३६ तमब्रवीत्पन्नगेंद्रःकाश्यपंमुनिपुंगवम् ॥ क्वभवांस्त्वरितोयातिकिंचकार्यंचिकीर्षति ३७
॥ काश्यपउवाच ॥ नृपंकुरुकुलोत्पन्नंपरीक्षितमरिंदमम् ॥ तक्षकःपन्नगश्रेष्ठस्तेजसाऽद्यप्रधक्ष्यति ३८ तंदष्टंपन्नगेंद्रेणतेनाग्निसमतेजसम् ॥ पांडवानांकुलकरंरा
जानममितौजसम् ॥ गच्छामित्वरितंसौम्यसद्यःकर्तुमपज्वरम् ३९ ॥ तक्षकउवाच ॥ अहंसतक्षकोब्रह्मंस्तंधक्ष्यामिमहीपतिम् ॥ निवर्तस्वनशक्तस्त्वंमयादष्टंचि
कित्सितुम् ४० ॥ काश्यपउवाच ॥ अहंतंनृपतिंगत्वात्वयादष्टमपज्वरम् ॥ करिष्यामीतिमेबुद्धिर्विद्याबलसमन्विता ४१ ॥ इतिश्रीमहाभारतेआदिपर्वणिआस्ती
कपर्वणिकाश्यपागमनेद्विचत्वारिंशोऽध्यायः ॥ ४२ ॥ ॥ तक्षकउवाच ॥ यदिदष्टंमयेहत्वंशक्तःकिंचिच्चिकित्सितुम् ॥ ततोवृक्षंमयादष्टमिमंजीवयकाश्यप १
परंमंत्रबलंयत्तेतद्दर्शययतस्त्वच ॥ न्यग्रोधमेनंधक्ष्यामिपश्यतस्तेद्विजोत्तम २ ॥ काश्यपउवाच ॥ दशनागेंद्रवृक्षंत्वंयद्येतदभिमन्यसे ॥ अहमेनंत्वयादष्टंजी
वयिष्येभुजंगम ३ ॥ सौतिरुवाच ॥ एवमुक्तःसनागेंद्रःकाश्यपेनमहात्मना ॥ अदशद्वृक्षमभ्येत्यन्यग्रोधंपन्नगोत्तमः ४ सवृक्षस्तेनदष्टस्तुपन्नगेनमहात्मना ॥
आशीविषविषोपेतःप्रजज्वालसमंततः ५ तंदग्ध्वासनगंनागःकाश्यपंपुनरब्रवीत् ॥ कुरुयत्नंद्विजश्रेष्ठजीवयैनंवनस्पतिम् ६ ॥ सौतिरुवाच ॥ भस्मीभूतं
ततोवृक्षंपन्नगेंद्रस्यतेजसा ॥ भस्मसर्वंसमाहृत्यकाश्यपोवाक्यमब्रवीत् ७ विद्याबलंपन्नगेंद्रपश्यमेऽद्यवनस्पतौ ॥ अहंसंजीवयाम्येनंपश्यतस्तेभुजंगम ८

पिनिष्कपटंमहत्सेवांकुर्वतोधर्मवृद्धिरस्तीतिज्ञेयं ३५ । ३६ । ३७ । ३८। ३९। ४०। ४१ ॥ इतिआदिपर्वणिनीलकंठीये भारतभावदीपे द्विचत्वारिंशोऽध्यायः ॥ ४२ ॥ ॥ ॥
यदीति १। २ दशदंशंकुरु ३। ४। ५ नगंवृक्षं ६। ७। ८ ॥ ॥ ॥ ॥ ॥ ॥ ॥

९ । १० नैतदिति । हेब्रह्मन्नत्वयिसर्वशक्तिमतिब्रह्मीभूतेएतदद्भुतंन एतदितिपाठेयथाश्रुतोऽर्थः ११ । १२ प्राप्तुमभिलषितंफलमित्यन्वयः घटमानस्ययसज्जमानस्य १३ । १४ निरंशुःराह्वादिनाहतप्रभः १५ स्वापतेयंहिरण्यं स्वंधनंतस्यपतिः । अग्निर्भुवद्रयिपतीरयीणामितिलिंगावरयिरितिधननाम स्वपतेरिदंस्वापतेयं । आग्नेयंवैहिरण्यमितिश्रुतेश्च । 'द्रव्यंवित्तंस्वापतेयं'इत्यमरः १६ । १७ प्रदध्यौध्यानंच

ततःसभगवान्विद्वान्काश्यपोद्विजसत्तमः ॥ भस्मराशीकृतंवृक्षंविद्ययासमजीवयत् ९ अंकुरंकृतवांस्तत्रततःपर्णद्वयान्वितम् ॥ पलाशिनंशाखिनंचतथाविटपिनंपुनः १० तंदृष्ट्वाजीवितंवृक्षंकाश्यपेनमहात्मना ॥ उवाचतक्षकोब्रह्मन्नैतदित्यद्भुतंत्वयि ११ द्विजेंद्रयद्विषंहन्यामममवामद्विधस्यवा ॥ कंत्वमर्थमभिप्रेप्सुर्यासितत्रतपोधन १२ यत्तेऽभिलषितंप्राप्तुंफलंतस्मान्नृपोत्तमात् ॥ अहमेवप्रदास्यामितत्तेयद्यपिदुर्लभम् १३ विप्रशापाभिभूतेचक्षीणायुषिनराधिपे ॥ घटमानस्यतेविप्रसिद्धिःसंशयिताभवेत् १४ ततोयशःप्रदीप्तंतेत्रिषुलोकेषुविश्रुतम् ॥ निरंशुरिवघर्मांशुरंतर्धानमितोव्रजेत् १५ ॥ ॥ काश्यपउवाच ॥ धनार्थीयाम्यहंतत्रतन्मेदेहिभुजंगम ॥ ततोऽहंविनिवर्तिष्येस्वापतेयंप्रगृह्यवै १६ ॥ तक्षकउवाच ॥ यावद्धनंप्रार्थयसेतस्माद्राज्ञस्ततोऽधिकम् ॥ अहमेवप्रदास्यामिनिवर्तस्वद्विजोत्तम १७ ॥ सौतिरुवाच ॥ तक्षकस्यवचःश्रुत्वाकाश्यपोद्विजसत्तमः ॥ प्रदध्यौसुमहातेजाराजानंप्रतिबुद्धिमान् १८ दिव्यज्ञानःसतेजस्वीज्ञात्वातंनृपतिंतदा ॥ क्षीणायुषंपांडवेयमपावर्ततकाश्यपः १९ लब्ध्वावित्तंमुनिवरस्तक्षकाद्यावदीप्सितम् ॥ निवृत्तेकाश्यपेतस्मिन्समयेनमहात्मनि २० जगामतक्षकस्तूर्णंनगरंनागसाह्वयम् ॥ अथशुश्रावगच्छन्सतक्षकोजगतीपतिम् २१ मंत्रैर्गदैर्विषहरैरक्ष्यमाणंप्रयत्नतः ॥ ॥ सौतिरुवाच ॥ सचिंतयामासतदामायायोगेनपार्थिवः २२ मयावंचयितव्योऽसौकउपायोभवेदिति ॥ ततस्तापसरूपेणप्राहिणोत्सभुजंगमान् २३ फलदर्भोदकंगृह्यराज्ञेनागोऽथतक्षकः ॥ तक्षकउवाच ॥ गच्छध्वंयूयमव्यग्राराजानंकार्यवत्तया २४ फलपुष्पोदकंनामप्रतिग्राहयितुंनृपम् ॥ सौतिरुवाच ॥ तेतक्षकसमादिष्टास्तथाचक्रुर्भुजंगमाः २५ उपनिन्युस्तथाराज्ञेदर्भानापःफलानिच ॥ तच्चसर्वंसराजेंद्रःप्रतिजग्राहवीर्यवान् २६ कृत्वातेषांचकार्याणिगम्यतामित्युवाचतान् ॥ गतेषुतेषुनागेषुतापसच्छद्मरूपिषु २७ अमात्यान्सुहृदश्चैवप्रोवाचसनराधिपः ॥ भक्षयंतुभवंतोवैस्वादूनीमानिसर्वशः २८ तापसैरुपनीतानिफलानिसहितामया ॥ ततोराजाससचिवःफलान्यादातुमैच्छत २९ विधिनासंप्रयुक्तोवैऋषिवाक्येनतेनतु ॥ यस्मिन्नेवफलेनागस्तमेवाभक्षयत्स्वयम् ३० ततोभक्षयतस्तस्यफलात्कृमिरभूदणुः ॥ ऱ्हस्वकःकृष्णनयनस्ताम्रवर्णोऽथशौनक ३१ सतंगृह्यनृपश्रेष्ठःसचिवानिदमब्रवीत् ॥ अस्तमभ्येतिसविताविषादद्यनमेभयम् ३२ सत्यवागस्तुसमुनिःकृमिर्मांदशतामयम् ॥ तक्षकोनामभूत्वावैतथापरिहृतंभवेत् ३३ तेचैनमन्ववर्तंतमंत्रिणःकालचोदिताः ॥ एवमुक्त्वासराजेंद्रोग्रीवायांसन्निवेश्यह ३४ ॥ ॥

के राजानंप्रतिराज्ञोमृत्युमुद्दिश्येत्यर्थः १८ । १९ समयेनकालेनसंकेतविशेषेणगुप्तवेषेणेतिवा २० । २१ गदैर्दंशस्थानेक्षुरेणोत्कीर्णेमर्द्यमानैरौषधविशेषैः २२ । २३ । २४ । २५ आपःअपः २६ तेषांकार्याणिपारितोषिकदानानि २७ । २८ आदातुंभक्षितुं २९ विधिनादैवेन तमेवतदेव ३० ऱ्हस्वकःकुत्सितोऱ्हस्वः ३१ । ३२ परिहृतंपरिहारःब्राह्मणावमाननादोषस्यभवेत् ३३ । ३४

॥ ५२ ॥

३५ । ३६ ॥ इतिआदिपर्वणिनीलकंठीये भारतभावदीपे त्रिचत्वारिंशोऽध्यायः ॥ ४३ ॥ ॥ ॥ तेतथेति १ । २ सीमंतःस्त्रीणांद्विफालबद्धेषुकेशेषुमध्येसिंदूररेखातंकुर्वाणं पद्मवद्रक्तवर्णे
त्वात् आकाशस्यचनीलत्वात् ३ अशनिताडितोवज्राहतः ४ । ५ । ६ प्रपितामहोयुधिष्ठिरः ७ वपुष्टमाकाशिराजकन्या ८ । ९ । १० वरंवरणीयं प्रतीतरूपा दृष्टरूपा प्रतीतंप्रख्यातंरूपंसौन्दर्यं

कृमिकंप्राहसत्तूर्णंमुमूर्षुर्नष्टचेतनः ॥ प्रहसन्नेवभोगेनतक्षकेणत्ववेष्ट्यत ३५ तस्मात्फलाद्विनिष्क्रम्ययत्तद्राज्ञेनिवेदितम् ॥ वेष्टयित्वाचवेगेनविनद्यचमहास्वनम् ॥
अदशत्पृथिवीपालंतक्षकःपन्नगेश्वरः ३६ ॥ इतिश्रीम० आदि० आस्ती० तक्षकदंशेत्रिचत्वारिंशोऽध्यायः ॥ ४३ ॥ सौतिरुवाच ॥ तेतथामंत्रिणोदृष्ट्वाभोगेनपरि
वेष्टितम् ॥ विषण्णवदनाःसर्वेरुरुदुर्भृशदुःखिताः १ तंतुनादंततःश्रुत्वामंत्रिणस्तेप्रदुद्रुवुः ॥ अपश्यंततथायांतमाकाशेनागमद्भुतम् २ सीमंतमिवकुर्वाणंनभसः
पद्मवर्चसम् ॥ तक्षकंपन्नगश्रेष्ठंभृशंशोकपरायणाः ३ ततस्तुतेतद्गृहमग्निनावृतंप्रदीप्यमानंविषजेनभोगिनः ॥ भयात्परित्यज्यदिशःप्रपेदिरेपपातराजाऽशनिताडि
तोयथा ४ ततोनृपेतक्षकतेजसाहतेप्रयुज्यसर्वाःपरलोकसत्क्रियाः ॥ शुचिर्द्विजोराजपुरोहितस्तदातथैवतेतस्यनृपस्यमंत्रिणः ५ नृपंशिशुंतस्यसुतंप्रचक्रिरेसमे
त्यसर्वेपुरवासिनोजनाः ॥ नृपंयमाहुस्तममित्रघातिनंकुरुप्रवीरंजनमेजयंजनाः ६ सबालएवार्यमतिर्नृपोत्तमःसहैवतैर्मंत्रिपुरोहितैस्तदा ॥ शशासराज्यंकुरुपुंगवा
ग्रजोयथाऽस्यवीरःप्रपितामहस्तथा ७ ततस्तुराजानममित्रतापनंसमीक्ष्यतेतस्यनृपस्यमंत्रिणः ॥ सुवर्णवर्माणमुपेत्यकाशिपंवपुष्टमार्थंवरयांप्रचक्रमुः ८ ततः
सराजाप्रददौवपुष्टमांकुरुप्रवीरायपरीक्ष्यधर्मतः ॥ सचापितांप्राप्यमुदायुतोऽभवन्नचान्यनारीषुमनोदधेक्वचित् ९ सरःसुफुल्लेषुवनेषुचैवप्रसन्नचेताविजहारवीर्यवान् ॥
तथासराजन्यवरोविजह्रिवान्यथोर्वशींप्राप्यपुरापुरूरवाः १० वपुष्टमाचापिवरंपतिव्रताप्रतीतरूपासमवाप्यभूपतिम् ॥ भावेनरामारमयांबभूवविहारकालेष्ववरोध
सुंदरी ११ ॥ इतिश्रीमहाभारते आदिपर्वणिआस्तीकपर्वणि जनमेजयराज्याभिषेके चतुश्चत्वारिंशोऽध्यायः ॥ ४४ ॥ ॥ सौतिरुवाच ॥ एतस्मिन्नेवका
लेतुजरत्कारुर्महातपाः ॥ चचारपृथिवींकृत्स्नांयत्रसायंगृहोमुनिः १ चरन्दीक्षांमहातेजादुश्चरामकृतात्मभिः ॥ तीर्थेष्वाप्लवनंकृत्वापुण्येषुविचचारह २ वायु
भक्षोनिराहारःशुष्यन्नहरहर्मुनिः ॥ सददर्शपितॄन्गर्तेलंबमानानधोमुखान् ३ एकतंत्ववशिष्टंवैवीरणस्तंबमाश्रितान् ॥ तंतन्तुंचशनैराखुमाददानंबिलेशयम् ४
निराहारान्कृशान्दीनान्गर्तेस्वत्राणमिच्छतः ॥ उपसृत्यसतान्दीनान्दीनरूपोऽभ्यभाषत ५ केभवंतोऽवलम्बन्तेवीरणस्तंबमाश्रिताः ॥ दुर्बलंखादितैर्मूलैराखुना
बिलवासिना ६ वीरणस्तंबकेमूलंयदप्येकमिहस्थितम् ॥ तदप्ययंशनैराखुरादत्तेदशनैःशितैः ७ छेत्स्यतेऽल्पावशिष्टत्वादेतदप्यचिरादिव ॥ ततस्तुपतितारो
ऽत्रगर्तेव्यक्तमधोमुखाः ८ तस्यमेदुःखमुत्पन्नंदृष्ट्वायुष्मानधोमुखान् ॥ कृच्छ्रमापदमापन्नान्प्रियंकिंकरवाणिवः ९ ॥ ॥

यस्याइतिवा भावेनानुरागातिशयेन । 'अनुभूतमिहाकूतंमृगयापदमापदां । विष्णुरातोऽपियद्रागादगात्तक्षकभक्ष्यताम्'इतिरत्नगर्भः ११ ॥ इतिआदिपर्वणिनीलकंठीये भारतभावदीपे चतुश्चत्वारिं
शोऽध्यायः ॥ ४४ ॥ एतस्मिन्निति १ । २ । ३ । ४ स्वत्राणंस्वरक्षां दीनरूपः करुणापीडितत्वात् ५ । ६ । ७ पतितारःपतिष्यथ ८ कृच्छ्रंदुस्तरंयथास्यात्तथाआपदंआपन्नान्प्राप्तान् ९

१.०१.१ तद्व्यपोहितुंअस्मदीयंकृच्छ्रंअपनेतुं १२ प्रवदतांप्रवक्तॄणांअध्यापकानां १३ ज्ञानंसंज्ञायया संज्ञयात्वांजानीमःमूर्छितकल्पाःस्मइत्यर्थः १४ । १५ । १६ । १७ । १८ नियतात्माजितचित्तः महात्मामहामतिः १९ कृच्छ्रंसंकटं आपादिताः प्रापिताः २० नाथवत्तयादययापरवशतया २१ । २२ । २३।२४।२५। २६ मंदात्मानमदीर्घदर्शिनं अचेतसंपाषाणतुल्यं २७ । २८ । २९

तपसोऽस्यचतुर्थेनतृतीयेनाथवापुनः ॥ अर्धेनवापिनिस्तर्तुमापदंत्वनमाचिरम् १० अथवाऽपिसमग्रेणतरंतुतपसामम ॥ भवंतःसर्वएवेहकाममेवंविधीयताम् ११ ॥ पितरऊचुः ॥ ॥ वृद्धोभवान्ब्रह्मचारीयोनस्त्रातुमिहेच्छसि ॥ नतुविप्राग्र्यतपसाशक्यतेतद्व्यपोहितुम् १२ अस्तिनस्ताततपसःफलंप्रवदतांवर ॥ संतानप्रक्षयाद्ब्रह्मन्पतामनिरयेऽशुचौ १३ संतानंहिपरोधर्मएवमाहपितामहः ॥ लंबतामिहनस्तातनज्ञानंप्रतिभातिवै १४ येनत्वांनाभिजानीमोलोकेविख्यातपौरुषम् ॥ वृद्धोभवान्महाभागोयोनःशोच्यान्सुदुःखितान् १५ शोचतेचैवकारुण्याच्छृणुयेवैवयंद्विज ॥ यायावरानामवयमृषयःसंशितव्रताः १६ लोकात्पुण्यादिहभ्रष्टाःसंतानप्रक्षयान्मुने ॥ प्रनष्टंनस्तपस्तीव्रंनहिनस्तंतुरस्तिवै १७ अस्तित्वेकोऽद्यनस्तंतुःसोपिनास्तियथातथा ॥ मंदभाग्योऽल्पभाग्यानांतपएकंसमास्थितः १८ जरत्कारुरितिख्यातोवेदवेदांगपारगः ॥ नियतात्मामहात्माचसुव्रतःसुमहातपाः १९ तेनस्मतपसोलोभात्कृच्छ्रमापादितावयम् ॥ नतस्यभार्यापुत्रोवाबांधवोवाऽस्ति कश्चन २० तस्माल्लंबामहेगर्तेनष्टसंज्ञाह्यनाथवत् ॥ सवक्तव्यस्त्वयादृष्टोह्यस्माकंनाथवत्तया २१ पितरस्तेऽवलंबन्तेगर्तेदीनाअधोमुखाः ॥ साधुदारान्कुरुष्वेतिप्रजामुत्पादयेतिच २२ कुलतंतुर्हिनःशिष्टस्त्वमेवैकस्तपोधन ॥ यस्त्वंपश्यसिनोब्रह्मन्वीरणस्तंबमाश्रितान् २३ एषोऽस्माकंकुलस्तंबआस्तेस्वकुलवर्धनः ॥ यानिपश्यसिवैब्रह्मन्मूलानीहास्यवीरुधः २४ एतेनस्तंतवस्तातकालेनपरिभक्षिताः ॥ यत्त्वेतत्पश्यसिब्रह्मन्मूलमस्यार्धभक्षितम् २५ यत्रलंबामहेगर्तेसोऽप्येकस्तपआस्थितः ॥ यमाखुंपश्यसिब्रह्मन्कालएषमहाबलः २६ सतंतपोरतंमंदंशनैःक्षपयतेतुदन् ॥ जरत्कारुंतपोलब्धंमंदात्मानमचेतसम् २७ नहिनस्तत्तपस्तस्यतारयिष्यतिसत्तम ॥ छिन्नमूलान्परिभ्रष्टान्कालोपहतचेतसः २८ अधःप्रविष्टान्पश्यास्मान्यथादुष्कृतिनस्तथा ॥ अस्मासुपतितेष्वत्रसहसर्वैःसबांधवैः २९ छिन्नःकालेनसोऽप्यत्रगंतावैनरकंततः ॥ तपोवाऽप्यथवायज्ञोयच्चान्यत्पावनंमहत् ३० तत्सर्वमपरंतातनसंतत्यासमंमतम् ॥ सतातदृष्ट्वाब्रूयास्तंजरत्कारुंतपोधन ३१ यथादृष्टमिदंचात्रत्वयाऽऽख्येयमशेषतः ॥ यथादारान्प्रकुर्यात्सपुत्रानुत्पादयेद्यथा ३२ तथाब्रह्मंस्त्वयावाच्यःसोऽस्माकंनाथवत्तया ॥ बांधवानांहितस्येहयथाचात्मकुलंतथा ३३ ॥ ॥ ॥ ॥

३० अपरंज्ञानादर्वाचीनं । 'किंप्रजयाकरिष्यामोयेषांनोऽयमात्मायंलोकः'इतिश्रुतेः । 'किमर्थावयमध्येष्यामहेकिमर्थावयंयक्ष्यामहेवाचिहिप्राणंजुहुमः'इत्यादिश्रुतेश्चपित्र्यादृणमज्ञानमेवेतिभावः ३१ । ३२ बांधवानामित्यादिसार्धःश्लोकः तस्यबांधवानामस्माकंसर्वेषांमध्येकस्त्वं यथाआत्मकुलंतथाबंधुभिर्वाअस्मान् अनुशोचसितत्तस्माज्ज्ञातुमिच्छामः कोभवानिहतिष्ठतीतियोजना ३३ ॥

३४ ॥ इतिआदिपर्वणिनीलकंठीये भारतभावदीपे पंचचत्वारिंशोऽध्यायः ॥ ४५ ॥ एतदिति १ । २ दुष्टाकृतिर्यस्यतस्यदुष्कृतेः ३ दिष्ट्याभाग्येन ४ । ५ भावितंभावयुक्तम ६ निवेक्ष्येनिवेशंविवा हंकरिष्ये ७ । ८ नभरेयंधारणपोषणेनकुर्यां ९ शाश्वतानित्याः अव्ययाअपक्षयशून्याः १० । ११ । १२ याचामियाचे १३ । १४ । १५ । १६ । १७ । १८ जरत्कारौसमाहिताःजरत्कारोरन्वेषणे

कस्त्वंबंधुमिवास्माकमनुशोचसिसत्तम ॥ श्रोतुमिच्छामसर्वेषांकोभवानिहतिष्ठति ३४ ॥ इति श्रीमहाभारते आदिपर्वणि आस्तीकपर्वणि जरत्कारुपितृ दर्शनेपंचचत्वारिंशोऽध्यायः ॥ ४५ ॥ ॥ सौतिरुवाच ॥ एतच्छ्रुत्वाजरत्कारुर्भृशंशोकपरायणः ॥ उवाचतान्पितॄन्दुःखाद्बाष्पसंदिग्धयागिरा १ ॥ जरत्का रुरुवाच ॥ ममपूर्वेभवंतोवैपितरःसपितामहाः ॥ तद्ब्रूतयन्मयाकार्यंभवतांप्रियकाम्यया २ अहमेवजरत्कारुःकिल्बिषीभवतांसुतः ॥ तेदंडंधारयतमेदुष्कृतेरकृ तात्मनः ३ ॥ पितरऊचुः ॥ पुत्रदिष्ट्याऽसिसंप्राप्तइमंदेशंयदृच्छया ॥ किमर्थंचत्वयाब्रह्मन्नकृतोदारसंग्रहः ४ ॥ जरत्कारुरुवाच ॥ ममायंपितरोनित्यंहृद्यर्थःपरिव र्त्तते ॥ ऊर्ध्वरेताःशरीरंवैप्रापयेयममुत्रवै ५ नदारान्वैकरिष्येऽहमितिमेभावितंमनः ॥ एवंदृष्ट्वातुभवतःशकुंतानिवलंबतः ६ मयानिवर्त्तिताबुद्धिर्ब्रह्मचर्यात्पिता महाः ॥ करिष्येवःप्रियंकामंनिवेक्ष्येऽहमसंशयम् ७ सनाम्नींयद्यहंकन्यामुपलप्स्येकदाचन ॥ भविष्यतिचयाकाचिद्भैक्ष्यवत्स्वयमुद्यता ८ प्रतिग्रहीतातामस्मिन भरेयंचयामहम् ॥ एवंविधमहंकुर्यांनिवेशंप्राप्नुयांयदि ॥ अन्यथानकरिष्येऽहंसत्यमेतत्पितामहाः ९ तत्रचोत्पत्स्यतेजंतुर्भवतांतारणायवै ॥ शाश्वताश्चाव्यया श्चैवतिष्ठंतुपितरोमम १० ॥ सौतिरुवाच ॥ एवमुक्त्वातुसपितॄंश्चचारपृथिवींमुनिः ॥ नचस्मलभतेभार्यांवृद्धोऽयमितिशौनक ११ यदानिर्वेदमापन्नःपितृभिश्चो दितस्तथा ॥ तदाऽरण्यंसगत्वोच्चैश्चुक्रोशभृशदुःखितः १२ सत्वरण्यगतःप्राज्ञःपितॄणांहितकाम्यया ॥ उवाचकन्यांयाचामितिस्रोवाचःशनैरिमाः १३ यानि भूतानिसंतीहस्थावराणिचराणिच ॥ अंतर्हितानिवायानितानिशृण्वंतुमेवचः १४ उग्रेतपसिवर्त्ततेपितरश्चोदयंतिमाम् ॥ निविशस्वेतिदुःखार्ताःसंतानस्यचि कीर्षया १५ निवेशायाखिलांभूमिंकन्याभैक्ष्यंचरामिभोः ॥ दरिद्रोदुःखशीलश्चपितृभिःसन्नियोजितः १६ यस्यकन्यास्तिभूतस्ययेमयेहप्रकीर्तिताः ॥ तेमेक न्यांप्रयच्छंतुचरतःसर्वतोदिशम् १७ ममकन्यासनाम्नीयाभैक्ष्यवच्चोदिताभवेत् ॥ भरेयंचैवयांनाहंतामेकन्यांप्रयच्छत १८ ततस्तेपन्नगायेवैजरत्कारौसमाहिताः ॥ तामादायप्रवृत्तिंतेवासुकेःप्रत्यवेदयन् १९ तेषांश्रुत्वासनागेंद्रस्तांकन्यांसमलंकृताम् ॥ प्रगृह्यारण्यमगमत्समीपंतस्यपन्नगः २० तत्रतांभैक्ष्यवत्कन्यांप्रादात्तस्मै महात्मने ॥ नागेन्द्रोवासुकिर्ब्रह्मन्नसतांप्रत्यगृह्णत २१ असनामेतिवैमत्वाभरणेचाविचारिते ॥ मोक्षभावेस्थितश्चापिद्वंद्वभूतःपरिग्रहे २२ ततोनामसकन्यायाःप प्रच्छभृगुनंदन ॥ वासुकिंभरणंचास्यानकुर्यामित्युवाचह २३ ॥ इतिश्रीम॰ आदिपर्वणि आस्तीकपर्वाणि वासुकिजरत्कारुसमागमेषट्चत्वारिंशोऽध्यायः ॥ ४६ ॥

यत्ताः १९ । २० । २१ असनामेति । मोक्षेस्थितस्यपरिग्रहोदुःखायेतिपितृप्रयोजनमात्रंकार्यमित्याशयः २२ । २३ ॥ इतिआदिपर्वणि नीलकंठीये भारतभावदीपे षट्चत्वारिंशोऽध्यायः ॥ ४६ ॥

वासुकिरिति १ प्रतीच्छप्रतिगृहाण २ । ३ । ४ । ५ । ६ स्पर्ध्यंबहुमूल्यंतूलिकाद्यास्तरणंतेनसंयुतम् ७ । ८ विप्रियेकृतेत्वांतवगृहेवासंचत्यजेयम् ९ । १० दुःखशीलंदुःखप्रदस्वभावं श्वेतकाकीयैः श्वाचएतश्चकाकश्चतेषामिमेश्वेतकाकीयास्तैः नित्यजागरूकत्वभयचकितत्वेंगितज्ञत्वैः उपाचरदाराधितवती । 'एतःकर्बुरआगते'इतिमेदिनीकोशाद्वर्णवाच्यपिएतशब्दस्तद्वतिमृगेवर्त्ततेशोणादिपदवत् । श्वेतइत्यत्रओमाङोश्चेतिपररूपं अन्येतुश्वेतकाकोबकस्तदीयैः तंहिवर्षासुनीडस्थंबक्येवपुष्णातितद्वदिति ११ । १२ । १३ । १४ उत्संगेअंके १५ । १६ दुःखशीलोदुःखप्रदशीलो धर्मात्माच क

॥ सौतिरुवाच ॥ वासुकिस्त्वब्रवीद्वाक्यंजरत्कारुमृषिंतदा ॥ सनाम्नीतवकन्येयंस्वसामेतपसान्विता १ भरिष्यामिचतेभार्यांप्रतीच्छेमांद्विजोत्तम ॥ रक्षणंच करिष्येऽस्याःसर्वशक्त्यातपोधन ॥ त्वदर्थंरक्ष्यतेचैषामयामुनिवरोत्तम २ ॥ ऋषिरुवाच ॥ नभरिष्येऽहमेतांवैएषमेसमयःकृतः ॥ अप्रियंचनकर्त्तव्यंकृतेचैनांत्य जाम्यहम् ३ ॥ सौतिरुवाच ॥ प्रतिश्रुतेतुनागेनभरिष्येभगिनीमिति ॥ जरत्कारुस्तदावेश्मभुजगस्यजगामह ४ तत्रमंत्रविदांश्रेष्ठस्तपोवृद्धोमहाव्रतः ॥ जग्राह पाणिंधर्मात्माविधिमंत्रपुरस्कृतम् ५ ततोवासगृहंरम्यंपन्नगेंद्रस्यसंमतम् ॥ जगामभार्यामादायस्तूयमानोमहर्षिभिः ६ शयनंतत्रसंक्लृप्तंस्पर्ध्यास्तरणसंवृतम् ॥ तत्रभार्यासहायोवैजरत्कारुरुवासह ७ सतत्रसमयंचक्रेभार्ययासहसत्तमः ॥ विप्रियंमेनकर्त्तव्यंनचवाच्यंकदाचन ८ त्यजेयंविप्रियेचत्वांकृतेवासंचतेगृहे ॥ एत द्गृहाणवचनंमयायत्समुदीरितम् ९ ततःपरमसंविग्नास्वसानागपतेस्तदा ॥ अतिदुःखान्वितावाक्यंतमुवाचैवमस्त्विति १० तथैवसाचभर्त्तारंदुःखशीलमुपा चरत् ॥ उपायैःश्वेतकाकीयैःप्रियकामायशस्विनी ११ ऋतुकालेततःस्नाताकदाचिद्वासुकेःस्वसा ॥ भर्त्तारंवैयथान्यायमुपतस्थेमहामुनिम् १२ तत्रतस्याः समभवद्गर्भोज्वलनसन्निभः ॥ अतीवतेजसायुक्तोवैश्वानरसमद्युतिः १३ शुक्लपक्षेयथासोमोव्यवर्धततथैवसः ॥ ततःकतिपयाहस्यजरत्कारुर्महायशाः १४ उत्संगेऽस्याःशिरःकृत्वासुष्वापपरिखिन्नवत् ॥ तस्मिंश्चसुप्तेविप्रेंद्रेसवितास्तमियाद्गिरिम् १५ अह्नःपरिक्षयेब्रह्मंस्ततःसाऽचिंतयत्तदा ॥ वासुकेर्भगिनी भीताधर्मलोपान्मनस्विनी १६ किंनुमेसुकृतंभूयाद्भर्तुरुत्थापनंनवा ॥ दुःखशीलोहिधर्मात्माकथंनास्यापराध्नुयाम् १७ कोपोवाधर्मशीलस्यधर्मलोपोऽथवापुनः ॥ धर्मलोपोगरीयान्वैस्यादित्यत्राकरोन्मतिम् १८ उत्थापयिष्येयद्येनंध्रुवंकोपंकरिष्यति ॥ धर्मलोपोभवेदस्यसंध्यातिक्रमणेध्रुवम् १९ इतिनिश्चित्यमनसाजरत्का रुर्भुजंगमा ॥ तमृषिंदीप्ततपसंशयानमनलोपमम् २० उवाचेदंवचःश्लक्ष्णंततोमधुरभाषिणी ॥ उत्तिष्ठत्वंमहाभागसूर्योऽस्तमपगच्छति २१ संध्यामुपास्वभग वन्नपःस्पृष्ट्वायतव्रतः ॥ प्रादुष्कृताग्निहोत्रोऽयंमुहूर्तोरम्यदारुणः २२ संध्याप्रवर्त्ततेचेयंपश्चिमायांदिशिप्रभो ॥ एवमुक्तःसभगवान्जरत्कारुर्महातपाः २३ भार्यां प्रस्फुरमाणौष्ठइमंवचनमब्रवीत् ॥ अवमानःप्रयुक्तोऽयंत्वयामममभुजंगमे २४ ॥ ॥ ॥ ॥

थंकेनप्रकारेणापराधिनीनभवेयमित्यर्थः १७ कर्त्तव्यकोटिद्वयमुपन्यस्यधर्मलोपमेवगुरूकरोति कोपोवेति १८ । १९ । २० । २१ प्रादुष्कृतोऽग्निहोत्रोवन्हिर्यस्मिन्सप्रादुष्कृताग्निहोत्रः । 'अग्निहोत्रोऽग्निहविषोः'इतिमेदिनी । रम्योधर्मसाधनत्वात् दारुणोभूतादिप्रचारात् २२ । २३ । २४ ॥ ॥ ॥ ॥

विभावसोःसूर्यस्य २५ । २६ । २७ । २८ । २९ । ३० मिथोऽन्योन्यं ३१ । ३२ चिंताभ्रातृकार्यविषयिणी शोकोभर्तृवियोगजः ३३ । ३४ । ३५ । ३६

समीपेतेनवत्स्यामिगमिष्यामियथागतम् ॥ शक्तिरस्तिनवामोरुमयिसुप्तेविभावसोः २५ अस्तंगंतुंयथाकालमितिमेहृदिवर्त्तते ॥ नचाप्यवमतस्येहवासोरोचेत
कस्यचित् २६ किंपुनर्धर्मशीलस्यममवामद्विधस्यवा ॥ एवमुक्ताजरत्कारुर्भर्त्राहृदयकंपनम् २७ अब्रवीद्भगिनीतत्रवासुकेःसन्निवेशने ॥ नावमानात्कृतवतीत
वाहंविप्रबोधनम् २८ धर्मलोपोनतेविप्रस्यादित्येतन्मयाकृतम् ॥ उवाचभार्यामित्युक्तोजरत्कारुर्महातपाः २९ ऋषिःकोपसमाविष्टस्त्यक्तुकामोभुजंगमाम् ॥
नमेवागनृतंप्राहगमिष्येऽहंभुजंगमे ३० समयोह्येषमेपूर्वंत्वयासहमिथःकृतः ॥ सुखमस्म्युषितोभद्रेब्रूयास्त्वंभ्रातरंशुभे ३१ इतोमयिगतेभीरुगतःसभगवानिति ॥
त्वंचापिमयिनिष्क्रांतेनशोकंकर्तुमर्हसि ३२ इत्युक्तासाऽनवद्यांगीप्रत्युवाचमुनिंतदा ॥ जरत्कारुंजरत्कारुश्चिंताशोकपरायणा ३३ बाष्पगद्गदयावाचामुखेनपरि
शुष्यता ॥ कृतांजलिर्वरारोहापर्यश्रुनयनाततः ३४ धैर्यमालंब्यवामोरुर्हृदयेनप्रवेपता ॥ नमामर्हसिधर्मज्ञपरित्यक्तुमनागसम् ३५ धर्मेस्थितांस्थितोधर्मेसदा
प्रियहितेरताम् ॥ प्रदानेकारणंयच्चममतुभ्यंद्विजोत्तम ३६ तदलब्धवतींमंदांकिंमांवक्ष्यतिवासुकिः ॥ मातृशापाभिभूतानांज्ञातीनांममसत्तम ३७ अपत्यमी
प्सितंत्वत्तस्तच्चतावन्नदृश्यते ॥ त्वत्तोह्यपत्यलाभेनज्ञातीनांमेशिवंभवेत् ३८ संप्रयोगोभवेन्नायंमममोघस्त्वयाद्विज ॥ ज्ञातीनांहितमिच्छंतीभगवंस्त्वांप्रसाद
ये ३९ इममव्यक्तरूपंमेगर्भमाधायसत्तम ॥ कथंत्यक्त्वामहात्मासन्गंतुमिच्छस्यनागसम् ४० एवमुक्तस्तुसमुनिर्भार्यांवचनमब्रवीत् ॥ यद्युक्तमनुरूपंचजरत्कारुं
तपोधनः ४१ अस्त्ययंसुभगेगर्भस्तववैश्वानरोपमः ॥ ऋषिःपरमधर्मात्मावेदवेदांगपारगः ४२ एवमुक्त्वासधर्मात्माजरत्कारुर्महानृषिः ॥ उग्रायतत्पसेभूयोजगा
मकृतनिश्चयः ४३ ॥ इतिश्रीमहाभारतेआदिपर्वणि आस्तीकपर्वणि जरत्कारुनिर्गमे सप्तचत्वारिंशोऽध्यायः ॥ ४७ ॥ ॥ ॥ ॥ सौतिरुवाच ॥
गतमात्रंतुभर्त्तारंजरत्कारुरवेदयत् ॥ भ्रातुःसकाशमागत्ययाथातथ्यंतपोधन १ ततःसभुजगश्रेष्ठःश्रुत्वासुमहदप्रियम् ॥ उवाचभगिनींदीनांतदादीनतरःस्व
यम् २ ॥ ॥ वासुकिरुवाच ॥ ॥ जानासिभद्रेयत्कार्यंप्रदानेकारणंचयत् ॥ पन्नगानांहितार्थायपुत्रस्तेस्यात्ततोयदि ३ ससर्पसत्रात्किलनोमोक्षयिष्यतिवीर्य
वान् ॥ एवंपितामहःपूर्वमुक्तवांस्तुसुरैःसह ४ अप्यस्तिगर्भःसुभगेतस्मात्तेमुनिसत्तमात् ॥ नचेच्छाम्यफलंतस्यदारकर्ममनीषिणः ५ कामंचममनन्याय्यं
प्रष्टुंत्वांकार्यमीदृशम् ॥ किंतुकार्यगरीयस्त्वात्ततस्त्वाहमचूचुदम् ६ दुर्वार्यतांविदित्वाचभर्तुस्तेऽतितपस्विनः ॥ नैनमन्वागमिष्यामिकदाचिद्धिशपेत्समाम् ७

३७ । ३८ संप्रयोगःसंबंधः मोघोनिष्फलः ३९ । ४० । ४१ । ४२ । ४३ ॥ इतिआदिपर्वणिनीलकंठीये भारतभावदीपे सप्तचत्वारिंशोऽध्यायः ॥ ४७ ॥ ॥ ॥ गतमात्र
मिति १ । २ । ३ । ४ । ५ अचूचुदंकार्यसिद्धिंवक्तुंप्रेरितवान् ६ । ७ ॥ ॥ ॥ ॥ ॥ ॥ ॥

८ जरत्कारुस्ततोवाक्यमित्युक्त्वाप्रत्यभाषतेतिवाक्यंवचनीयंमयोच्यतइतिशेषः इत्युक्त्वाप्रत्यभाषतगुरुवचनारंभेह्येवंवक्तारोभवंतिपश्चात्संदेशंवदंति । यथोक्तंब्रह्मवैवर्ते'इदंवचनमुक्त्वाऽग्रेवाक्यंवाक्यविशारदः' । चकारावश्यकंकर्मनर्मदातीरमाश्रितः'इति ९ ममेदंकार्यमुद्दिश्यअस्तीत्युत्तरंदत्तवानितिशेषः १० वितथंतेनउक्तपूर्वंनस्मरामि सांपरायेसंकटे । 'सांपरायोरणापदोः'इतिकोशः ११ । १२

आचक्ष्वभद्रेभर्तुःस्वंसर्वमेवविचेष्टितम् ॥ उद्धरस्वचशल्यंमेघोरंहृदिचिरस्थितम् ८ जरत्कारुस्ततोवाक्यमित्युक्त्वाप्रत्यभाषत ॥ आश्वासयंतीसंतप्तंवासुकिंपन्नगेश्वरम् ९ ॥ ॥ जरत्कारुरुवाच ॥ ॥ पृष्टोमयाऽपत्यहेतोःसमहात्मामहातपाः ॥ अस्तीत्युत्तरमुद्दिश्यममेदंगतवांश्चसः १० स्वैरेष्वपिनतेनाहंस्मराभिवितथंवचः ॥ उक्तपूर्वंकुतोराजन्सांपरायेसवक्ष्यति ११ नसंतापस्त्वयाकार्यःकार्यंप्रतिभुजंगमे ॥ उत्पत्स्यतिचतेपुत्रोज्वलनार्कसमप्रभः १२ इत्युक्त्वासहिमांभ्रातर्गतोभर्तातपोधनः ॥ तस्माद्व्येतुपरंदुःखंतवेदंमनसिस्थितम् १३ ॥ ॥ सौतिरुवाच ॥ ॥ एतच्छ्रुत्वासनागेंद्रोवासुकिःपरयामुदा ॥ एवमस्त्वितितद्वाक्यंभगिन्याःप्रत्यगृह्णत १४ सांत्वमानार्थदानैश्चपूजयाचारुरूपया ॥ सोदर्यांपूजयामासस्वसारंपन्नगोत्तमः १५ ततःप्रववृधेगर्भोमहातेजामहाप्रभः ॥ यथासोमोद्विजश्रेष्ठशुक्लपक्षोदितोदिवि १६ अथकालेतुसाब्रह्मन्प्रजज्ञेभुजगस्वसा ॥ कुमारंदेवगर्भाभंपितृमातृभयापहम् १७ ववृधेसतुतत्रैवनागराजनिवेशने ॥ वेदांश्चाधिजगेसांगान्भार्गवाच्च्यवनान्मुने १८ चीर्णव्रतोबालएवबुद्धिसत्वगुणान्वितः ॥ नामचास्याभवत्ख्यातंलोकेष्वास्तीकइत्युत १९ अस्तीत्युक्त्वागतोयस्मात्पितागर्भस्थमेवतम् ॥ वनंतस्मादिदंतस्यनामास्तीकेतिविश्रुतम् २० सबालएवतत्रस्थश्चरन्नमितबुद्धिमान् ॥ गृहेपन्नगराजस्यप्रयत्नात्परिरक्षितः २१ भगवानिवदेवेशःशूलपाणिर्हिरण्मयः ॥ विवर्धमानःसर्वांस्तान्पन्नगानभ्यहर्षयत् २२ ॥ इतिश्रीमहाभारते आदिपर्वणिआस्तीकपर्वणि आस्तीकोत्पत्तौ अष्टचत्वारिंशोध्यायः ॥ ४८ ॥

॥ शौनकउवाच ॥ यदपृच्छत्तदाराजामंत्रिणोजनमेजयः ॥ पितुःस्वर्गगतिंतन्मेविस्तरेणपुनर्वद १ ॥ ॥ सौतिरुवाच ॥ ॥ शृणुब्रह्मन्यथाऽपृच्छन्मंत्रिणोनृपतिस्तदा ॥ यथाचाख्यातवंतस्तेनिधनंतत्परीक्षितः २ ॥ जनमेजयउवाच ॥ ॥ जानंतिस्मभवंतस्तद्यथावृत्तंपितुर्मम ॥ आसीद्यथासनिधनंगतःकालेमहायशाः ३ श्रुत्वाभवत्सकाशाद्धिपितुर्वृत्तमशेषतः ॥ कल्याणंप्रतिपत्स्यामिविपरीतंनजातुचित् ४ ॥ ॥ सौतिरुवाच ॥ ॥ मंत्रिणोऽथाब्रुवन्वाक्यंपृष्टास्तेनमहात्मना ॥ सर्वेधर्मविदःप्राज्ञाराजानंजनमेजयम् ५ ॥ ॥ मंत्रिणऊचुः ॥ ॥ शृणुपार्थिवयद्ब्रूषेपितुस्तवमहात्मनः ॥ चरितंपार्थिवेन्द्रस्ययथानिष्ठांगतश्चसः ६ धर्मात्माचमहात्माचप्रजापालःपितातव ॥ आसीदिहयथावृत्तःसमहात्माशृणुष्वतत् ७ ॥ ॥ ॥ ॥

१३ । १४ । १५ । १६ प्रजज्ञेजनयामास १७ । १८ बुद्धिःकार्यनिष्ठा सत्त्वगुणइतिसत्त्वकार्याणिधर्मज्ञानवैराग्यैश्वर्याणितैरन्वितः १९ । २० । २१ हिरण्मयःदीप्तिमान् २२ ॥ इतिआदिपर्वणिनीलकंठीये भारतभावदीपे अष्टचत्वारिंशोऽध्यायः ॥ ४८ ॥ ॥ सर्पसत्रंप्रस्तावयन्शौनकउवाच यदपृच्छदिति १ निधनंमरणं २ । ३ कल्याणंसर्वलोकहितंचेत्प्रतिपत्स्यामिप्रतीकारंकरिष्यामिनान्यथेत्यर्थः ४ । ५ ब्रूषेपृच्छसि निष्ठांसमाप्तिं ६ धर्मात्माउदारचित्तः महात्मामहानुभावः कलिनिग्राहकत्वात् ७ ॥ ॥

चातुर्वर्ण्यंचतुरोवर्णान् ८ । ९ । १० स्वधिष्ठिताःसुष्ठुपालिताः बभारपोषितवान् ११ । १२ शारद्वतस्यकृपाचार्यस्य १३ सोत्तरायामितिपादपूरणार्थःसंधिः अजीजनज्जातः १४ राजध
र्मोग्रंथस्तस्यार्थःफलंतदुक्तानुष्ठानं शाब्दभावनायांप्रवृत्तेरेवभाव्यत्वात् तत्रकुशलोदक्षः १५ आत्मवान्बुद्धिमान् मेधावीबहुग्रंथधारणसमर्थः षड्वर्गःकामादिस्तस्यजेताषड्वर्गजित् नीतिशास्त्रंकामं
दकीयपालकाव्यादि १६ षष्टिवर्षाणिजन्मतःषष्टिवर्षपर्यंतंनतुराज्यलाभात् अपालयत्पालितवान् षट्त्रिंशेवर्षेलब्धराज्यश्चतुर्विंशतिवर्षपर्यंतंतत्पालनस्यदृष्टत्वादित्यर्थः दिष्टंधर्माधर्मौतयोरंतमवसानं

चातुर्वर्ण्यंस्वधर्मस्थंसकृत्वापर्यरक्षत ॥ धर्मतोधर्मविद्राजाधर्मोविग्रहवानिव ८ ररक्षपृथिवींदेवींश्रीमानतुलविक्रमः ॥ द्वेष्टारस्तस्यनैवासन्सचद्वेष्टिनकंचन ९ समः
सर्वेषुभूतेषुप्रजापतिरिवाभवत् ॥ ब्राह्मणाःक्षत्रियावैश्याःशूद्राश्चैवस्वकर्मसु १० स्थिताःसुमनसोराजंस्तेनराज्ञास्वधिष्ठिताः॥ विधवाऽनाथविकलान्कृपणांश्चबभा
रसः ११ सुदर्शःसर्वभूतानामासीत्सोमइवापरः ॥ तुष्टपुष्टजनःश्रीमान्सत्यवाग्दृढविक्रमः १२ धनुर्वेदेतुशिष्योऽभून्नृपःशारद्वतस्यसः ॥ गोविंदस्यप्रियश्चासी
त्पितातेजनमेजय १३ लोकस्यचैवसर्वस्यप्रियआसीन्महायशाः ॥ परिक्षीणेषुकुरुषुसोत्तरायामजीजनत् १४ परिक्षिदभवत्तेनसौभद्रस्यात्मजोबली ॥ राजध
र्मार्थकुशलोयुक्तःसर्वगुणैर्वृतः १५ जितेन्द्रियश्चात्मवांश्चमेधावीधर्मसेविता ॥ षड्वर्गजिन्महाबुद्धिर्नीतिशास्त्रविदुत्तमः १६ प्रजाइमास्तवपिताषष्टिवर्षाण्यपाल
यत् ॥ ततोदिष्टांतमापन्नःसर्वेषांदुःखमावहन् १७ ततस्त्वंपुरुषश्रेष्ठधर्मेणप्रतिपेदिवान् ॥ इदंवर्षसहस्राणिराज्यंकुरुकुलागतम् ॥ बालएवाभिषिक्तस्त्वंसर्वभूतानु
पालकः १८ ॥ जनमेजयउवाच ॥ नास्मिन्कुलेजातुबभूवराजायोनप्रजानांप्रियकृत्प्रियश्च ॥ विशेषतःप्रेक्ष्यपितामहानांवृत्तंमहद्वृत्तपरायणानाम् १९ कथंनिध
नमापन्नःपितामम तथाविधः ॥ आचक्षध्वंयथावन्मेश्रोतुमिच्छामितत्त्वतः २० ॥ सौतिरुवाच ॥ एवंसंचोदिताराज्ञामंत्रिणस्तेनराधिपम् ॥ ऊचुःसर्वेयथावृत्तंराज्ञः
प्रियहितैषिणः २१ ॥ मंत्रिणऊचुः ॥ सराजापृथिवीपालःसर्वशस्त्रभृतांवरः ॥ बभूवमृगयाशीलस्तवराजन्पितासदा २२ यथापांडुर्महाबाहुर्धनुर्धरवरोयुधि ॥
अस्मास्वासज्ज्यसर्वाणिराजकार्याण्यशेषतः २३ सकदाचिद्वनगतोमृगंविव्याधपत्रिणा ॥ विद्ध्वाचान्वसरत्तूर्णंतंमृगंगहनेवने २४ पदातिर्बद्धनिस्त्रिंशस्ततायुध
कलापवान् ॥ नचाससादगहनेमृगंनष्टंपितातव २५ परिश्रांतोवयस्थश्चषष्टिवर्षोजरान्वितः॥ क्षुधितःसमहारण्येददर्शमुनिसत्तमम् २६ सतंपप्रच्छराजेन्द्रोमुनिंमौन
व्रतेस्थितम् ॥ नचकिंचिदुवाचेदंपृष्टोऽपिसमुनिस्तदा २७ ततोराजाक्षुच्छ्रमार्तस्तंमुनिंस्थाणुवत्स्थितम् ॥ मौनव्रतधरंशांतंसद्योमन्युवशंगतः २८ नबुबोधचतंश
जामौनव्रतधरंमुनिम् ॥ सतंक्रोधसमाविष्टोधर्षयामासतेपिता २९ मृतंसर्पंधनुष्कोट्यासमुत्क्षिप्यधरातलात् ॥ तस्यशुद्धात्मनःप्रादात्स्कंधेभरतसत्तम ३० ॥

विदेहकैवल्यमित्यर्थः १७ । १८ पितामहानांपांडवानां १९ आचक्षध्वं भ्वादेराकृतिगणत्वाच्छपोलुङ्न २० । २१ । २२ । २३ गहनेदुर्गमे २४ निस्त्रिंशःखङ्गः ततायुधकलापवान्ततो
विस्तीर्णआयुधानांबाणादीनांकलापस्तूणस्तद्वान् । 'कलापःसंहतौबर्हेकांचीभूषणतूणयोः'इतिमेदिनी २५ वयस्थोप्रौढः २६ । २७ । २८ । २९ । ३० ॥ ॥ ॥

३१ ॥ इतिआदिपर्वणिनीलकंठीये भारतभावदीपे एकोनपंचाशत्तमोऽध्यायः ॥ ४९ ॥ ॥ ततइति १ । २ ब्रह्माणमाचार्यं पूजांतस्यैवचकार तेनानुज्ञातस्तत्राऽऽचार्यगृहेतंसर्पधरंस्वपितरंसख्युः सहाध्यायिनःसकाशाच्छ्रुत्वेतिसंबंधः ३ । ४ । ५ अंगेषुवागादिषुयतंनियतंशमदमवंतमित्यर्थः ६ अक्षुद्रंगंभीरं अनसूयंपरगुणेषुदोषाविष्करणशून्यं तवपित्राविनिकृतमपकृतम् ७ । ८ । ९ प्रदहिष्यति

॥ ५६ ॥

नचोवाचसमेधावीतमथोसाध्वसाधुवा ॥ तस्थौतथैवचाक्रुद्धःसर्पस्कंधेनधारयन् ३१ ॥ इतिश्रीमहाभारते आदिपर्वणि आस्तीकपर्वणि पारिक्षितीयेएकोनपंचाशत्तमोऽध्यायः ॥ ४९ ॥ ॥ मंत्रिणऊचुः ॥ ततःसराजाराजेन्द्रस्कन्धेतस्यभुजंगमम् ॥ मुनेःक्षुत्क्षामआसज्ज्यस्वपुरंप्रययौपुनः १ ऋषेस्तस्यतुपुत्रोऽभूद्गविजातोमहायशाः ॥ शृंगीनाममहातेजास्तिग्मवीर्योऽतिकोपनः २ ब्रह्माणंसमुपागम्यमुनिःपूजांचकारह ॥ सोऽनुज्ञातस्ततस्तत्रशृंगीशुश्रावतंतदा ३ सख्युःसकाशात्पितरंपित्रातेधर्षितंपुरा ॥ मृतंसर्पंसमासक्तंस्थाणुभूतस्यतस्यतम् ४ वहंतंराजशार्दूलस्कंधेनानपकारिणम् ॥ तपस्विनमतीवाथतंमुनिप्रवरंनृप ५ जितेन्द्रियंविशुद्धंचस्थितंकर्मण्यथाद्भुतम् ॥ तपसाद्योतितात्मानंस्वेष्वंगेषुयतंतदा ६ शुभाचारंशुभकथंसुस्थितंतमलोलुपम् ॥ अक्षुद्रमनसूयंचवृद्धंमौनव्रतेस्थितम् ॥ शरण्यंसर्वभूतानांपित्राविनिकृतंतव ७ शशापाथमहातेजाःपितरंतेरुषान्वितः ॥ ऋषेःपुत्रोमहातेजाबालोऽपिस्थविरद्युतिः ८ सक्षिप्रमुदकंस्पृष्ट्वारोषादिदमुवाचह ॥ पितरंतेऽभिसंधायतेजसाप्रज्वलन्निव ९ अनागसिगुरौयोमेमृतंसर्पमवासृजत् ॥ तंनागस्तक्षकःक्रुद्धस्तेजसाप्रदहिष्यति १० आशीविषस्तिग्मतेजामद्वाक्यबलचोदितः ॥ सप्तरात्रादितःपापंपश्यमेतपसोबलम् ११ इत्युक्त्वाप्रययौतत्रपितायत्राऽस्यसोऽभवत् ॥ दृष्ट्वाचपितरंतस्मैतंशापंप्रत्यवेदयत् १२ सचापिमुनिशार्दूलःप्रेरयामासतेपितुः ॥ शिष्यंगौरमुखंनामशीलवंतंगुणान्वितम् १३ आचख्यौसचविश्रांतोराज्ञःसर्वमशेषतः ॥ शप्तोऽसिममपुत्रेणयत्तोभवमहीपते १४ तक्षकस्त्वांमहाराजतेजसाऽसौदहिष्यति ॥ श्रुत्वाचतद्वचोघोरंपितातेजनमेजय १५ यत्तोऽभवत्परित्रस्तस्तक्षकात्पन्नगोत्तमात् ॥ ततस्तस्मिंस्तुदिवसेसप्तमेसमुपस्थिते १६ राज्ञःसमीपंब्रह्मर्षिःकाश्यपोगंतुमैच्छत ॥ तंददर्शाथनागेंद्रस्तक्षकःकाश्यपंतदा १७ तमब्रवीत्पन्नगेंद्रःकाश्यपंत्वरितंद्विजम् ॥ क्वभवांस्त्वरितोयातिकिंचकार्यंचिकीर्षति १८ ॥ काश्यपउवाच ॥ यत्रराजाकुरुश्रेष्ठःपरिक्षिन्नामवैद्विज ॥ तक्षकेणभुजंगेनधक्ष्यतेकिलसोऽद्यवै १९ गच्छाम्यहंतंत्वरितःसद्यःकर्तुमपज्वरम् ॥ मयाऽभिपन्नंतंचापिनसर्पोधर्षयिष्यति २० ॥ तक्षकउवाच ॥ किमर्थंतंमयादष्टंसंजीवयितुमिच्छसि ॥ अहंसतक्षकोब्रह्मन्पश्यमेवीर्यमद्भुतम् २१ नशक्तस्त्वंमयादष्टंतंसंजीवयितुंनृपम् ॥ इत्युक्त्वातक्षकस्तत्रसोऽदशद्वैवनस्पतिम् २२ सदष्टमात्रोनागेनभस्मीभूतोऽभवन्नगः ॥ काश्यपश्चततोराजन्नजीवयततंनगम् २३ ततस्तंलोभयामासकामंब्रूहीतितक्षकः ॥ सएवमुक्तस्तंप्राहकाश्यपस्तक्षकंपुनः २४ ॥ ॥ ॥

॥ ५० ॥

प्रधक्ष्यति १० पश्यहेमत्पितृद्रोहिन् ११ । १२ । १३ । १४ दहिष्यतिधक्ष्यति १५ । १६ । १७ । १८ । १९ अभिपन्नंत्रातं धर्षयिष्यत्यभिभविष्यति २० । २१ । २२ । २३ कामंकाम्यमानमर्थम् २४

२५ । २६ द्विपदांपुरुषाणां निवर्त्ततेनिवृत्तः २७ । २८ २९ । ३० एवंपार्थिवस्योत्तंकस्यचपराभवंश्रुत्वा ३१ । ३२ । ३३ । ३४ । ३५ संहतविषःसम्यक्कृहतंनष्टंविषंयस्यमतथा संहृतविषइतिपाठेस्पष्टोर्थः ३६ । ३७ । ३८ यस्यदास्यामियातनां यस्यप्रयासंकृत्वा यत्नुप्रयत्नेअस्मादसमासेऽप्यार्षत्वात्क्त्वोल्यप् यातनांप्रतिक्रियां समागतंसमागमं भावेनिष्ठा ३९ । ४० पुरुषंद्विजाविति पाठे द्विजावंडजः

धनलिप्सुरहंतत्रयामीत्युक्तश्चतेनसः ॥ तमुवाचमहात्मानंतक्षकःश्लक्ष्णयागिरा २५ यावद्धनंप्रार्थयसेराज्ञस्तस्मात्ततोऽधिकम् ॥ गृहाणमत्तएवत्वंसन्निवर्त्तस्व
ानघ २६ सएवमुक्तोनागेनकाश्यपोद्विपदांवरः ॥ लब्ध्वावित्तंनिववृतेतक्षकाद्यावदीप्सितम् २७ तस्मिन्प्रतिगतेविप्रेछद्मनोपेत्यतक्षकः ॥ तंनृपंनृपतिश्रेष्ठंपि
तरंधार्मिकंतव २८ प्रासादस्थंयत्तमपिदग्धवान्विषवह्निना ॥ ततस्त्वंपुरुषव्याघ्रविजयायाभिषेचितः २९ एतद्दृष्टंश्रुतंचापियथावन्नृपसत्तम ॥ अस्माभिर्निखि
लंसर्वंकथितंतेऽतिदारुणम् ३० श्रुत्वाचैनंनरश्रेष्ठपार्थिवस्यपराभवम् ॥ अस्यचर्षेरुत्तंकस्यविधत्स्वयदनंतरम् ३१ ॥ सौतिरुवाच ॥ एतस्मिन्नेवकालेतुसराजा
जनमेजयः ॥ उवाचमंत्रिणःसर्वानिदंवाक्यमरिंदमः ३२ ॥ जनमेजयउवाच ॥ अथतत्कथितंकेनयद्वृत्तंतद्वनस्पतौ ॥ आश्चर्यभूतंलोकस्यभस्मराशीकृतंतदा ३३
यद्वृक्षंजीवयामासकाश्यपस्तक्षकेणवै ॥ नूनंमंत्रैर्हतविषोनप्रणश्येतकाश्यपात् ३४ चिंतयामासपापात्मामनसापन्नगाधमः ॥ दष्टंयदिमयाविप्रःपार्थिवंजीवयिष्यति
३५ तक्षकःसंहतविषोलोकेयास्यतिहास्यताम् ॥ विचिंत्यैवंकृतातेनध्रुवंतुष्टिर्द्विजस्यवै ३६ भविष्यतिह्युपायेनयस्यदास्यामियातनाम् ॥ एकंतुश्रोतुमिच्छामितद्वृ
त्तंनिर्जनेवने ३७ संवादंपन्नगेंद्रस्यकाश्यपस्यचकस्तदा ॥ श्रुतवान्दृष्टवांश्चापिभवत्सुकथमागतम् ॥ श्रुत्वातस्यविधास्येऽहंपन्नगांतकरींमतिम् ३८ ॥ मंत्रिणऊचुः ॥
शृणुराजन्यथाऽस्माकंयेनतत्कथितंपुरा ॥ समागतंद्विजेंद्रस्यपन्नगेंद्रस्यचाध्वनि ३९ तस्मिन्वृक्षेनरःकश्चिदिंधनार्थायपार्थिव ॥ विचिन्वन्पूर्वमारूढःशुष्कशाखा
वनस्पतौ ४० नबुध्येतामुभौतौचनगस्थंपन्नगद्विजौ ॥ सहतेनैववृक्षेणभस्मीभूतोऽभवन्नृप ४१ द्विजप्रभावाद्राजेंद्रव्यजीवत्सवनस्पतिः ॥ तेनागम्यद्विजश्रेष्ठपुंसा
ऽस्मासुनिवेदितम् ४२ यथावृत्तंतुतत्सर्वंतक्षकस्यद्विजस्यच ॥ एतत्तेकथितंराजन्यथादृष्टंश्रुतंचयत् ॥ श्रुत्वाचनृपशार्दूलविधत्स्वयदनंतरम् ४३ ॥ सौतिरुवाच ॥
मंत्रिणांतुवचःश्रुत्वासराजाजनमेजयः ॥ पर्यतप्यतदुःखार्त्तःप्रत्यपिंषत्करंकरे ४४ निःश्वासमुष्णमसकृद्दीर्घंराजीवलोचनः ॥ मुमोचाश्रूणिचतदानेत्राभ्यांप्ररु
दन्नृपः ४५ उवाचचमहीपालोदुःखशोकसमन्वितः ॥ दुर्धरंबाष्पमुत्सृज्यस्पृष्ट्वाचापोयथाविधि ४६ मुहूर्त्तमिवचध्यात्वानिश्चित्यमनसानृपः ॥ अमर्षीमंत्रिणः
सर्वानिदंवचनमब्रवीत् ४७ ॥ जनमेजयउवाच ॥ श्रुत्वैतद्भवतांवाक्यंपितुर्मेस्वर्गतिंप्रति ॥ निश्चितेयंममममतिर्याचतांमेनिबोधत ॥ अनंतरंचमन्येऽहंतक्षकाय
दुरात्मने ४८ प्रतिकर्त्तव्यमित्येवंयेनमेहिंसितःपिता ॥ शृंगिणंहेतुमात्रंयःकृत्वादग्ध्वाचपार्थिवम् ४९ ॥ ॥

सर्पोविप्रश्च । 'दंतविप्रांडजाद्विजाः' इत्युक्तेः अर्थभेदेऽपिसरूपत्वादेकशेषः ४१ व्यजीवत्विशेषेणात्युल्लसितेनरूपेणजीवितवान् आगम्यआगत्य । बाल्यपीतिपक्षेऽनुनासिकलोपाभावः द्विजश्रेष्ठपुं
साब्राह्मणदासेन ४२ । ४३ करंकरेनिधायप्रत्यपिंषत् क्रोधावेशात्घर्षितवानित्यर्थः ४४ । ४५ । ४६ । ४७ अनंतरमव्यवहितंयथास्यात्तथा ४८ । ४९ ॥

५० । ५१ मोहात्मदीयसामर्थ्याज्ञानात् ५२ 'यदिक्षितायुर्यदिवापरेतोयदिमृत्योरंतिकंनीतएव ॥ तमाहरामिनिर्ऋतेरुपस्थादस्पार्षमेनंशतशारदाय'इतिमंत्रवर्णाद्ब्राह्मणस्यायुःप्रदानेऽपिसामर्थ्यमस्त्यतस्तं बहुधनदानेननिवर्त्तयतस्तक्षकस्यैवापराधोऽयमित्याह महानिति । ददिदितिहेतौशतृप्रत्ययः द्रव्यंदत्त्वाऽपितेनैवनृपोबलान्मारितइत्यर्थः ५३ अपचितिंवैरनिर्यातनम् ५४ ॥ इतिआदिपर्वणिनीलकंठीये भारतभावदीपे पंचाशत्तमोऽध्यायः ॥ ५० ॥ एवमुक्त्वेति १ । २ । ३ । ४ महंमम ५ । ६ त्वन्नान्यस्त्वमेवनान्यः यद्वात्वत्तत्त्वत्तोनान्योऽस्ति ७ । ८ आहरिष्यामिकरिष्यामि संभ्रियंतु

इयंदुरात्मतातस्यकाश्यपंयोन्यवर्त्तयत् ॥ यद्यागच्छेत्सवैविप्रोननुजीवेत्पितामम ५० परिहीयेतकिंतस्ययदिजीवेत्सपार्थिवः ॥ काश्यपस्यप्रसादेनमंत्रिणांविनयेनच ५१ सतुवारितवान्मोहात्काश्यपंद्विजसत्तमम् ॥ संजिजीवयिषुंप्राप्तंराजानमपराजितम् ५२ महानतिक्रमोह्येषतक्षकस्यदुरात्मनः ॥ द्विजस्ययोददद्द्रव्यंमानृपंजीवयेदिति ५३ उत्तंकस्याप्रियंकर्त्तुमात्मनश्चमहत्प्रियम् ॥ भवतांचैवसर्वेषांगच्छाम्यपचितिंपितुः ५४ इतिश्रीमहाभारते आदिपर्वणि आस्तीकपर्वणि पारीक्षिन्मंत्रिसंवादेपंचाशत्तमोऽध्यायः ॥ ५० ॥ सौतिरुवाच ॥ एवमुक्त्वाततःश्रीमान्मंत्रिभिश्चानुमोदितः ॥ आरुरोहप्रतिज्ञांससर्पसत्रायपार्थिवः १ ब्रह्मन्भरतशार्दूलोराजापारिक्षितस्तदा ॥ पुरोहितमथाहूयऋत्विजोवसुधाधिपः २ अब्रवीद्वाक्यसंपन्नःकार्यसंपत्करंवचः ॥ योमेहिंसितवांस्तातंतक्षकःसदुरात्मवान् ३ प्रतिकुर्यांतथातस्यतद्भवंतोब्रुवंतुमे ॥ अपितत्कर्मविदितंभवतांयेनपन्नगम् ४ तक्षकंसंप्रदीप्तेऽग्नौप्रक्षिपेयंसबांधवम् ॥ यथातेनपितामह्यंपूर्वंदग्धोविषाग्निना ॥ तथाऽहमपितंपापंदग्धुमिच्छामिपन्नगम् ५ ॥ ऋत्विजऊचुः ॥ अस्तिराजन्महत्सत्रंत्वदर्थंदेवनिर्मितम् ॥ सर्पसत्रमितिख्यातंपुराणेपरिपठ्यते ६ आहर्त्तातस्यसत्रस्यत्वन्नान्योऽस्तिनराधिप ॥ इतिपौराणिकाःप्राहुरस्माकंचास्तिसक्रतुः ७ एवमुक्तःसराजर्षिर्मेनेदग्धंहितक्षकम् ॥ हुताशनमुखेदीप्तेप्रविष्टमितिसत्तम ८ ततोऽब्रवीन्मंत्रविदस्तान्राजाब्राह्मणांस्तदा ॥ आहरिष्यामितत्सत्रंसंभाराःसंभ्रियंतुमे ९ ततस्तऋत्विजस्तस्यशास्त्रतोद्विजसत्तम ॥ तंदेशंमापयामासुर्यज्ञायतनकारणात् १० यथावद्वेदविद्वांसःसर्वेबुद्धेःपरंगताः ॥ ऋद्ध्यापरमयायुक्तमिष्टंद्विजगणैर्युतम् ११ प्रभूतधनधान्याढ्यमृत्विग्भिःसुनिषेवितम् ॥ निर्मायचापिविधिवद्यज्ञायतनमीप्सितम् १२ राजानंदीक्षयामासुःसर्पसत्राप्तयेतदा ॥ इदंचासीत्तत्रपूर्वंसर्पसत्रेभविष्यति १३ निमित्तंमहदुत्पन्नंयज्ञविघ्नकरंतदा ॥ यज्ञस्यायतनेतस्मिन्क्रियमाणेवचोऽब्रवीत् १४ स्थपतिर्बुद्धिसंपन्नोवास्तुविद्याविशारदः ॥ इत्यब्रवीत्सूत्रधारःसूतःपौराणिकस्तदा १५ यस्मिन्देशेचकालेचमापनेयंप्रवर्त्तिता ॥ ब्राह्मणंकारणंकृत्वानायंसंस्थास्यतेक्रतुः १६ एतच्छ्रुत्वातुराजाऽसौप्राग्दीक्षाकालमब्रवीत् ॥ क्षत्तारंनहिमेकश्चिदज्ञातःप्रविशेदिति १७ ॥ इतिश्रीमहाभारते आदिपर्वणि आस्तीकपर्वणि सर्पसत्रोपक्रमे एकपंचाशत्तमोऽध्यायः ॥ ५१ ॥ ॥ ॥ ॥ ॥

संभ्रियंतां ९ । १० । ११ । १२ दीक्षयामासुर्दीक्षांग्राहितवंतः सर्पसत्राप्तयेसर्पसत्रफलाप्तये भविष्यतिभाविनि १३ । १४ इतिवक्ष्यमाणं यस्मिन्देशेइत्यादि सूतोजात्या पौराणिकःशिल्पागमवेत्ता १५ नायंसंस्थास्यतेनसमाप्स्यते १६ दीक्षाकालस्यमागितिप्राग्दीक्षाकालंक्षत्तारंद्वाःस्थं १७ ॥ इतिआदिपर्वणिनीलकंठीये भारतभावदीपे एकपंचाशत्तमोऽध्यायः ॥ ५१ ॥ ॥ ॥

ततइति । पर्यक्रामन्पराक्रांतवंतः १ मंत्रवन्मंत्रयुक्तंयथास्यात्तथा २ आजुहुवुःआहूतवंतः ३ । ४ चित्रभानुमग्निम् ५ । ६ प्रमाणतःप्रमाणंप्राप्य ७ । ८ । ९ परिघोमहाद्वारार्गलादंडस्तत्तुल्याः

॥ सौतिरुवाच ॥ ततःकर्मप्रवृत्तेसर्पसत्रविधानतः ॥ पर्यक्रामंश्चविधिवत्स्वेस्वेकर्मणियाजकाः १ प्रावृत्यकृष्णवासांसिधूम्रसंरक्तलोचनाः ॥ जुहुवुर्मंत्रवच्चैवस मिद्धंजातवेदसम् २ कंपयंतश्चसर्वेषामुरगाणांमनांसिच ॥ सर्पानाजुहुवुस्तत्रसर्वानग्निमुखेतदा ३ ततःसर्पाःसमापेतुःप्रदीप्तेहव्यवाहने ॥ विचेष्टमानाःकृपणमा ह्वयंतःपरस्परम् ४ विस्फुरंतःश्वसंतश्चवेष्टयंतःपरस्परम् ॥ पुच्छैःशिरोभिश्चभृशंचित्रभानुंप्रपेदिरे ५ श्वेताःकृष्णाश्चनीलाश्चस्थविराःशिशवस्तथा ॥ नदन्तो विविधान्नादान्पेतुर्दीप्तेविभावसौ ६ क्रोशयोजनमात्राहिगोकर्णस्यप्रमाणतः ॥ पतंत्यजस्रंवेगेनवन्हावग्निमतांवर ७ एवंशतसहस्राणिप्रयुतान्यर्बुदानिच ॥ अवशा निविनष्टानिपन्नगानांतुतत्रवै ८ तुरगाइवतत्रान्येहस्तिहस्ताइवापरे ॥ मत्ताइवचमातंगामहाकायामहाबलाः ९ उच्चावचाश्चबहवोनानावर्णाविषोल्बणाः ॥ घोरा श्चपरिघप्रख्यादंदशूकामहाबलाः ॥ प्रपेतुरग्नावुरगामातृवाग्दंडपीडिताः १० ॥ इति श्रीमहाभारते आदिपर्वणि आस्तीकपर्वणि सर्पसत्रोपक्रमेद्विपंचाशत्तमोऽ ध्यायः ॥ ५२ ॥ ॥ शौनकउवाच ॥ सर्पसत्रेतदाराज्ञःपांडवेयस्यधीमतः ॥ जनमेजयस्यकेत्वासन्नृत्विजःपरमर्षयः १ केसदस्याबभूवुश्चसर्पसत्रेसुदा रुणे ॥ विषादजननेऽत्यर्थंपन्नगानांमहाभये २ सर्वंविस्तरशस्तातभवाञ्छंसितुमर्हति ॥ सर्पसत्रविधानज्ञाविज्ञेयाःकेचसूतज ३ ॥ सौतिरुवाच ॥ हंततेकथयिष्या मिनामानीहमनीषिणाम् ॥ येऋत्विजःसदस्याश्चतस्यासन्नृपतेस्तदा ४ तत्रहोताबभूवाथब्राह्मणश्चंडभार्गवः ॥ च्यवनस्यान्वयेख्यातोजातोवेदविदांवरः ५ उद्गाता ब्राह्मणोवृद्धोविद्वान्कौत्सोऽथजैमिनिः ॥ ब्रह्माऽभवच्छार्ङ्गरवोऽथाध्वर्युश्चापिपिंगलः ६ सदस्यश्चाभवद्व्यासःपुत्रशिष्यसहायवान् ॥ उद्दालकःप्रमतकःश्वेतकेतुश्च पिंगलः ७ असितोदेवलश्चैवनारदःपर्वतस्तथा ॥ आत्रेयःकुंडजठरौद्विजःकालघटस्तथा ८ वात्स्यःश्रुतश्रवावृद्धोजपस्वाध्यायशीलवान् ॥ कोहलोदेवशर्माच मौद्गल्यःःसमसौरभः ९ एतेचान्येचबहवोब्राह्मणावेदपारगाः ॥ सदस्याश्चाभवंस्तत्रसत्रेपारिक्षितस्यह १० जुह्वत्स्वृत्विक्ष्वथतदासर्पसत्रेमहाक्रतौ ॥ अहयः प्रापतंस्तत्रघोराःप्राणिभयावहाः ११ वसामेदोवहाःकुल्यानागानांसंप्रवर्तिताः ॥ ववौगंधश्चतुमुलोदह्यतामनिशंतदा १२ पततांचैवनागानांधिष्ठितानांतथांबरे ॥ आश्रूयतानिशंशब्दःपच्यतांचाग्निनाभृशम् १३ तक्षकस्तुसनागेंद्रःपुरंदरनिवेशनम् ॥ गतःश्रुत्वैवराजानंदीक्षितंजनमेजयम् १४ ततःसर्वंयथावृत्तमाख्यायभु जगोत्तमः ॥ अगच्छच्छरणंभीतआगस्कृत्वापुरंदरम् १५ तमिन्द्रःप्राहसुप्रीतोनतवास्तीहतक्षक ॥ भयंनागेन्द्रतस्माद्वैसर्पसत्रात्कदाचन १६ ॥ ॥

मातृवाग्दंडपीडिताइतितैर्मातुर्वचनंनानुष्ठितंतएवपेतुरित्यर्थः १० ॥ इतिआदिपर्वणि नीलकंठीये भारतभावदीपे द्विपंचाशत्तमोऽध्यायः ॥ ५२ ॥ ॥ सर्पसत्रइति । ऋत्विजोयज्ञेकर्मकराः १ सदस्या उपद्रष्टारः २ विधानज्ञेषुविज्ञेयाःश्रेष्ठाः ३ । ४ । ५ । ६ । ७ । ८ । ९ । १० । ११ । १२ पच्यतांपच्यमानानाम् १३ । १४ आगःआपराधंकृत्वा १५ । १६ ॥ ॥

म.भा.टी. १७ । १८ । १९ ।२० । २१ । २२ । २३ । २४ । २५ । २६ ॥ इति आदिपर्वणि नीलकंठीये भारतभावदीपे त्रिपंचाशत्तमोऽध्यायः ॥ ५३ ॥ ॥ ॥ ततआहूयेति १ । २ आदि०१

॥ ५८ ॥ प्रसादितोमयापूर्वंतवार्थायपितामहः ॥ तस्मात्तवभयंनास्तिव्येतुतेमानसोज्वरः १७ ॥ सौतिरुवाच ॥ एवमाश्वासितस्तेनततःसभुजगोत्तमः ॥ उवासभवने अ०
तस्मिन्नृशक्रस्यमुदितःसुखी १८ अजस्रंनिपतत्स्वग्रौनागेषुभृशदुःखितः ॥ अल्पशेषपरीवारोवासुकिःपर्यतप्यत १९ कश्मलंचाविशद्घोरंवासुकिंपन्नगोत्तमम् ॥
रुघूर्णमानहृदयोभगिनीमिदमब्रवीत् २० दह्यंत्यंगानिमेभद्रेनदिशःप्रतिभांतिच ॥ सीदामीवचसंमोहाद्घूर्णतीवचमेमनः २१ दृष्टिर्भ्राम्यतिमेऽतीवहृदयंदीर्य ॥ ५४ ॥
तीवच ॥ पतिष्याम्यवशोऽद्याहंतस्मिन्दीप्तेविभावसौ २२ पारिक्षितस्ययज्ञोऽसौवर्ततेऽस्मजिघांसया ॥ व्यक्तंमयाऽपिगंतव्यंप्रेतराजनिवेशनम् २३ अयंस
कालःसंप्राप्तोयदर्थमसिमेस्वसः ॥ जरत्कारौमयादत्तात्रायस्वास्मान्सबांधवान् २४ आस्तीकःकिलयज्ञंतंवर्तन्तंभुजगोत्तमे ॥ प्रतिषेत्स्यतिमांपूर्वंस्वयमाहपिता
महः २५ तद्वत्सेब्रूहिवत्संस्वंकुमारंवृद्धसंमतम् ॥ ममाद्यत्वंसभृत्यस्यमोक्षार्थंवेदवित्तमम् २६ ॥ इति श्रीम० आदि० आस्तीक० सर्पसत्रेवासुकिवाक्येत्रिपंचाशत्त
मोऽध्यायः ॥ ५३ ॥ सौतिरुवाच ॥ ततआहूयपुत्रंस्वंजरत्कारुर्भुजंगमा ॥ वासुकेर्नागराजस्यवचनादिदमब्रवीत् १ अहंतवपितुःपुत्रभ्रात्रादत्तानिमित्ततः ॥
कालःसचायंसंप्राप्तस्तत्कुरुष्वयथातथम् २ ॥ आस्तीकउवाच ॥ किंनिमित्तंममपितुर्दत्तात्वंमातुलेनमे ॥ तन्ममाचक्ष्वतत्त्वेनश्रुत्वाकर्ताऽस्मितत्तथा ३
॥ सौतिरुवाच ॥ ततआचष्टसातस्मैबांधवानांहितैषिणी ॥ भगिनीनागराजस्यजरत्कारुरविक्लवा ४ ॥ जरत्कारुरुवाच ॥ पन्नगानामशेषाणांमाताकद्रूरिति
श्रुता ॥ तयाशप्तारुषितयासुतायस्मान्निबोधतत् ५ उच्चैःश्रवाःसोऽश्वराजोयन्मिथ्यानकृतोमम ॥ विनतार्थायपणितेदासभावायपुत्रकाः ६ जनमेजयस्यवोयज्ञेध
क्ष्यत्यनिलसारथिः ॥ तत्रपंचत्वमापन्नाःप्रेतलोकंगमिष्यथ ७ तांचशप्तवतींदेवःसाक्षाल्लोकपितामहः ॥ एवमस्त्वितितद्वाक्यंप्रोवाचानुमुमोदच ८ वासुकिश्चापि
तच्छ्रुत्वापितामहवचस्तदा ॥ अमृतेमथितेतातदेवाञ्छरणमीयिवान् ९ सिद्धार्थाश्चसुराःसर्वेप्राप्यामृतमनुत्तमम् ॥ भ्रातरंमेपुरस्कृत्यपितामहमुपागमन् १०
तेतंप्रसादयामासुःसुराःसर्वेऽब्जसंभवम् ॥ राज्ञावासुकिनासार्धंशापोऽसौनभवेदिति ११ ॥ देवाऊचुः ॥ वासुकिर्नागराजोऽयंदुःखितोज्ञातिकारणात् ॥ अभि
शापःसमातुस्तुभगवन्नभवेत्कथम् १२ ॥ ब्रह्मोवाच ॥ जरत्कारुर्जरत्कारुंयांभार्यांसमवाप्स्यति ॥ तत्रजातोद्विजःशापान्मोक्षयिष्यतिपन्नगान् १३ एतच्छ्रुत्वा
तुवचनंवासुकिःपन्नगोत्तमः ॥ प्रादान्मामभरप्रख्यतवपित्रेमहात्मने १४ प्रागेवानागतेकालेतस्मात्त्वंमय्यजायथाः ॥ अयंसकालःसंप्राप्तोभयान्नस्त्रातुमर्हसि १५
भ्रातरंचापिमेतस्मात्त्रातुमर्हसिपावकात् ॥ नमोघंतुकृतंतत्स्याद्यदहंतवधीमते ॥ पित्रेदत्ताविमोक्षार्थंकथंवापुत्रमन्यसे १६ ॥ ॥ ॥ ५८ ॥

३ आचष्टव्यक्तंकथितवती अविक्लवाअनाकुला अविह्वलेतिपाठेसाध्वी ४ । ५ । ६ । ७ । ८ । ९ । १० । ११ अभिशापःशापः १२ । १३ । १४ । १५ । १६ ॥ ॥

सास्तीकइतिपादपूरणार्थःसुलोपः सोस्तीकइत्यपपाठः १७। १८। १९। २० । २१ मयिअयमस्मान्मोचयिष्यत्येवंरूपोमनःसंकल्पोजातुकदाचिन्मिथ्यान्यथान २२ ब्रह्मवेदः मातृदेवोभवेतिमातुरा
ज्ञाकरत्वविधानपरस्तदन्यकरणप्रयुक्तोदंडोमातृशापरूपोब्रह्मदंडः २३ । २४ । २५ ततःसइति । वासुकेश्चिताज्वरंस्वयंगृहीत्वेत्यर्थः २६ ।२७। २८ । २९ । ३० ॥ इतीआदिपर्वणिनीलकंठीये भारत

सौतिरुवाच ॥ एवमुक्तस्तथेत्युक्त्वासाऽऽस्तीकोमातरंतदा ॥ अब्रवीद्दुःखसंतप्तंवासुकिंजीवयन्निव १७ अहंत्वांमोक्षयिष्यामिवासुकेपन्नगोत्तम ॥ तस्माच्छा
पान्महासत्वसत्यमेतद्ब्रवीमिते १८ भवस्वस्थमनानागनहितेविद्यतेभयम् ॥ प्रयतिष्येतथाराजन्यथाश्रेयोभविष्यति १९ नमेवागनृतंप्राहस्वैरेष्वपिततोऽन्य
था ॥ तंवैनृपवरंगत्वादीक्षितंजनमेजयम् २० वाग्भिर्मंगलयुक्ताभिस्तोषयिष्येऽद्यमातुल ॥ यथासयज्ञोनृपतेर्निवर्तिष्यतिसत्तम २१ ससंभावयनागेन्द्रमयिसर्वं
महामते ॥ नतेमयिमनोजातुमिथ्याभवितुमर्हति २२ ॥ वासुकिरुवाच ॥ आस्तीकपरिघूर्णामिहृदयंमेविदीर्यते ॥ दिशोनप्रतिजानामिब्रह्मदंडनिपीडितः २३
॥ आस्तीकउवाच ॥ नसंतापस्त्वयाकार्यःकथंचित्पन्नगोत्तम ॥ प्रदीप्ताग्नेःसमुत्पन्नंनाशयिष्यामितेभयम् २४ ब्रह्मदंडंमहाघोरंकालाग्निसमतेजसम् ॥ नाशयिष्या
मिमाऽत्रत्वंभयंकार्षीःकथंचन २५ ॥ सौतिरुवाच ॥ ततःसवासुकेर्घोरमपनीयमनोज्वरम् ॥ आधायचात्मनोऽङ्गेषुजगामत्वरितोभृशम् २६ जनमेजयस्यतं
यज्ञंसर्वैःसमुदितंगुणैः ॥ मोक्षायभुजगेंद्राणामास्तीकोद्विजसत्तमः २७ सगत्वाऽपश्यदास्तीकोयज्ञायतनमुत्तमम् ॥ वृतंसदस्यैर्बहुभिःसूर्यवन्हिसमप्रभैः २८ स
तत्रवारितोद्वाःस्थैःप्रविशन्द्विजसत्तमः ॥ अभितुष्टावतंयज्ञंप्रवेशार्थीपरंतपः २९ सप्राप्ययज्ञायतनंवरिष्ठंद्विजोत्तमःपुण्यकृतांवरिष्ठः ॥ तुष्टावराजानमनंतकीर्तिं
मृत्विक्सदस्यांश्चतथैवचाग्निम् ३० ॥ इतिश्रीमहाभारते आदिपर्वणि आस्तीकपर्वणिसर्पसत्रेआस्तीकागमनेचतुःपंचाशत्तमोऽध्यायः ॥ ५४ ॥ ॥ ॥
॥ आस्तीकउवाच ॥ सोमस्ययज्ञोवरुणस्ययज्ञःप्रजापतेर्यज्ञआसीत्प्रयागे ॥ तथायज्ञोऽयंतवभारताग्र्यपारिक्षितस्वस्तिनोऽस्तुप्रियेभ्यः १ शक्रस्ययज्ञःशतसं
ख्यउक्तस्तथापरंतुल्यसंख्यंशतंवै ॥ तथायज्ञोऽयंतवभारताग्र्यपारीक्षितस्वस्तिनोऽस्तुप्रियेभ्यः २ यमस्ययज्ञोहरिमेधसश्चयथायज्ञोरंतिदेवस्यराज्ञः ॥ तथाय
ज्ञोऽयंतवभारताग्र्यपारीक्षितस्वस्तिनोऽस्तुप्रियेभ्यः ३ गयस्ययज्ञःशशबिंदोश्चराज्ञोयज्ञस्तथावैश्रवणस्यराज्ञः ॥ तथायज्ञोऽयंतवभारताग्र्यपारीक्षितस्वस्तिनोऽ
स्तुप्रियेभ्यः ४ नृगस्ययज्ञस्त्वजमीढस्यचासीद्यथायज्ञोदाशरथेश्चराज्ञः ॥ तथायज्ञोऽयंतवभारताग्र्यपारिक्षितस्वस्तिनोऽस्तुप्रियेभ्यः ५ यज्ञःश्रुतोदिविदेव
स्यसूनोर्युधिष्ठिरस्याजमीढस्यराज्ञः ॥ तथायज्ञोऽयंतवभारताग्र्यपारिक्षितस्वस्तिनोऽस्तुप्रियेभ्यः ६ कृष्णस्ययज्ञःसत्यवत्याःसुतस्यस्वयंचकर्मप्रचकारयत्र ॥
तथायज्ञोऽयंतवभारताग्र्यपारिक्षितस्वस्तिनोऽस्तुप्रियेभ्यः ७ ॥ ॥ ॥ ॥

भावदीपे चतुःपंचाशत्तमोऽध्यायः ॥ ५४ ॥ ॥ ॥ सोमस्येति । स्वस्तिनोऽस्तुप्रियेभ्यः नइतियजमानादीन्वासुकिप्रभृतींश्चात्मीयत्वेनाभिसंधायतेभ्यःस्वस्तिकल्याणमस्त्वित्याशास्ते १ शक्रस्येति ।
यथाशतंशतक्रतोर्यज्ञाःयथावातत्तोऽपिपरंतुल्यसंख्यंशतंशतक्रतवोवातथाऽयंतवयज्ञोऽयुतक्रतुतुल्यइत्यर्थः २ । ३ । ४ । ५ देवस्यधर्मराजस्य ६ । ७ ॥ ॥ ॥

॥ ५९ ॥ नैषामिति । ज्ञानशब्दः कर्मण्युत्पन्नो ज्ञेयवचनः अद्यसंप्रतिज्ञातुंज्ञेयंनविद्यतेसर्वस्यज्ञातत्वादित्यर्थः अतएवतेभ्योदत्तंसाक्षाद्ब्रह्मण्येवार्पितमतस्तस्यकदाचिदपिदानजपुण्यस्यनाशोनास्तीत्यर्थः ८ लोकेषुपरलोकसाधनेषु । दीक्षाःदीक्षावंतःकुशलाः दक्षाइत्यपिपाठः ९ अग्निंस्तौति विभावसुरिति । वष्टिकाम्यते वष्टिदेवानितिपाठेप्रापयितुमितिशेषः १० त्वंवावरुणइत्यत्रत्वंवाराजेत्यपिपाठः ११ नचत्वदन्यस्त्राताभूपतिरस्तिइदानीं । नचजज्ञेप्रागपि । अस्तियज्ञेइत्यपिपाठः तथासति यज्ञेत्राताऽस्तीतियोज्यं तेनप्रकृतहिंसानिवृत्तिःकर्तव्येतिव्यज्यते १२ । १३ निभृतंगुप्तं नियतोनिगृहीतः १४ वसूनांश्रियांनिवासोऽसि वसवोऽष्टौतत्संबंधिनीनांश्रियां १५ रामोभार्गवः और्वत्रिताद्दषी १६ तेषामृत्विगादीनांभावितानिमनसासंकल्पितानि । इंगितानिबहिश्चेष्टितानिवक्त्रादिचिन्हानिआ

॥ ५६ ॥ इमेचतेसूर्यसमानवर्चसःसमासतेवृत्रहणःक्रतुंयथा ॥ नैषांज्ञातुंविद्यतेज्ञानमद्यदत्तंयेभ्योनप्रणश्येत्कदाचित् ८ ऋत्विक्समोनास्तिलोकेषुचैवद्वैपायनेनेतिविनिश्चितंमे ॥ एतस्यशिष्याहिक्षितिंसंचरंतिसर्वर्त्विजःकर्मसुस्वेषुदीक्षाः ९ विभावसुश्चित्रभानुर्महात्माहिरण्यरेताहुतभुक्कृष्णवर्त्मा ॥ प्रदक्षिणावर्तशिखःप्रदीप्तोहव्यंतवेदंहुतभुग्वष्टिदेवः १० नेहत्वदन्योविद्यतेजीवलोकेसमोनृपःपालयिताप्रजानाम् ॥ धृत्याचतेप्रीतमनाःसदाऽहंत्वंवावरुणोधर्मराजोयमोवा ११ शक्रःसाक्षाद्वज्रपाणिर्यथेहत्रातालोकेऽस्मिंस्त्वंतथेहप्रजानाम् ॥ मतस्त्वंनःपुरुषेन्द्रेहलोकेनचत्वदन्योभूपतिरस्तिजज्ञे १२ खट्वांगनाभागदिलीपकल्पययातिमांधातृसमप्रभाव ॥ आदित्यतेजःप्रतिमानतेजाभीष्मोयथाराजसिसुव्रतस्त्वम् १३ वाल्मीकिवत्तेनिभृतंस्ववीर्यंवसिष्ठवत्तेनियतश्चकोपः ॥ प्रभुत्वमिंद्रत्वसमंमतंमेद्युतिश्चनारायणवद्विभाति १४ यमोयथाधर्मविनिश्चयज्ञःकृष्णोयथासर्वगुणोपपन्नः ॥ श्रियांनिवासोऽसियथावसूनांनिधानभूतोऽसितथाक्रतूनाम् १५ दंभोद्भवेनासिसमोबलेनरामोयथाशास्त्रविदस्त्रविच्च ॥ और्वत्रिताभ्यामसितुल्यतेजादुष्प्रेक्षणीयोऽसिभगीरथेन १६ ॥ सौतिरुवाच ॥ एवंस्तुताःसर्वएवप्रसन्नाराजासदस्याऋत्विजोहव्यवाहः ॥ तेषांदृष्ट्वाभावितानींगितानिप्रोवाचराजाजनमेजयोऽथ १७ ॥ इतिश्रीमहाभारते आदिपर्वणिआस्तीकपर्वणिसर्पसत्रे आस्तीककृतराजस्तवे पंचपंचाशत्तमोऽध्यायः ५५ ॥ ॥ जनमेजयउवाच ॥ बालोऽप्ययंस्थविरइवावभाषतेनायंबालःस्थविरोऽयंमतोमे ॥ इच्छाम्यहंवरमस्मैप्रदातुंतन्मेविप्राःसंविदध्वंयथावत् १ ॥ सदस्याऊचुः ॥ बालोऽपिविप्रोमान्यएवेहराज्ञांविद्वान्योवैसपुनर्वैयथावत् ॥ सर्वान्कामांस्त्वत्तएवार्हतेऽद्ययथाचनस्तक्षकएतिशीघ्रम् २ ॥ सौतिरुवाच ॥ व्याहर्तुकामेवरदेनृपेद्विजंवरंवृणीष्वेतिततोऽभ्युवाच ॥ होतावाक्यंनातिहृष्टांतरात्माकर्मण्यस्मिंस्तक्षकोनैतितावत् ३ ॥ जनमेजयउवाच ॥ यथाचेदंकर्मसमाप्यतेमेयथाचवैतक्षकएतिशीघ्रम् ॥ तथाभवंतःप्रयतंतुसर्वेपरंशक्त्यासहिमेविद्विषाणः ४ ॥ ॥ ॥

स्तीकातिथ्यविषयाणि । भारतस्त्विंगितानीतिपाठेभारतोराजाभरतवंशजत्वात् १७ ॥ इतिआदिपर्वणिनीलकंठीये भारतभावदीपे पंचपंचाशत्तमोऽध्यायः ॥ ५५ ॥ ॥ ॥ ॥
बालोऽपीति । संविदध्वमैकमत्यंकुरुध्वं १ एतिशीघ्रंप्राग्वरदानादितितथाकर्त्तव्यमितिभावः २ तक्षकस्तावन्नैतीतिवाक्यंहोताउवाचेतिसंबंधः तावद्वरोनदेयइतिभावः ३ विद्विषाणःद्वेषंकृतवान् । लिटः कानच् अभ्यासलोपआर्षः दिद्विषाणइतिवापाठः ४ ॥ ॥ ॥ ॥ ॥ ॥

शस्त्राणिशंसनमंत्रदेवताः । शास्त्राणीतिपाठेपुराकल्परूपाअर्थवादाः ५ । ६ पुराणंपूर्वकल्पीयवृत्तांतं आगम्यज्ञात्वातेनास्मिन्नपिकल्पेतथैवभवितेतिभावः ७ । ८ । ९ । १० विभावसौ

॥ ऋत्विजऊचुः ॥ यथाशस्त्राणिनःप्राहुर्यथाशंसतिपावकः ॥ इंद्रस्यभवनेराजंस्तक्षकोभयपीडितः ५ यथासूतोलोहिताक्षोमहात्मापौराणिकोवेदितवान्पुर
स्तात् ॥ सराजानंप्राहपृष्टस्तदानींयथाहुर्विप्रास्तद्वदेतन्नृदेव ६ पुराणमागम्यततोब्रवीम्यहंदत्तंतस्मैवरमिंद्रेणराजन् ॥ वसेहत्वंमत्सकाशेसुगुप्तोनपावकस्त्वांप्रद
हिष्यतीति ७ एतच्छ्रुत्वादीक्षितस्तप्यमानआस्तेहोतारंचोदयन्कर्मकाले ॥ होताचयत्तोऽस्यांजुहावाथमंत्रैरथोमहेंद्रःस्वयमाजगाम ८ विमानमारुह्यमहानुभा
वःसर्वैर्देवैःपरिसंस्तूयमानः ॥ बलाहकैश्चाप्यनुगम्यमानोविद्याधरैरप्सरसांगणैश्च ९ तस्योत्तरीयेनिहितःसनागोभयोद्विग्नःशर्मनैवाभ्यगच्छत् ॥ ततोराजामंत्र
विदोऽब्रवीत्पुनःक्रुद्धोवाक्यंतक्षकस्यांतमिच्छन् १० ॥ जनमेजयउवाच ॥ इंद्रस्यभवनेविप्रायदिनागःसतक्षकः ॥ तमिंद्रेणैवसहितंपातयध्वंविभावसौ ११
॥ सौतिरुवाच ॥ जनमेजयेनराज्ञातुनोदितस्तक्षकंप्रति ॥ होताजुहावतत्रस्थंतक्षकंपन्नगंतथा १२ हूयमानेतथाचैवतक्षकःसपुरंदरः ॥ अकाशेददृशेचैवक्षणेन
व्यथितस्तदा १३ पुरंदरस्तुतंयज्ञंदृष्ट्वोरुभयमाविशत् ॥ हित्वातुतक्षकंत्रस्तःस्वमेवभवनंययौ १४ इंद्रेगतेतुराजेंद्रतक्षकोभयमोहितः ॥ मंत्रशक्त्यापावकार्चिःस
मीपमवशोगतः १५ ॥ ऋत्विजऊचुः ॥ वर्त्ततेतवराजेंद्रकर्मैतद्विधिवत्प्रभो ॥ अस्मैतुद्विजमुख्यायवरंत्वंदातुमर्हसि १६ ॥ जनमेजयउवाच ॥ बालाभिरूपस्यत
वाप्रमेयवरंप्रयच्छामियथानुरूपम् ॥ वृणीष्वयत्तेऽभिमतंहृदिस्थितंतत्तेप्रदास्याम्यपिचेददेयम् १७ ॥ ऋत्विजऊचुः ॥ अयमायातितूर्णंसतक्षकस्तेवशंनृप ॥ श्रूय
तेऽस्यमहान्नादोनदतोभैरवंरवम् १८ नूनंमुक्तोवज्रभृतासनागोभ्रष्टोनाकान्मंत्रविस्रस्तकायः ॥ घूर्णन्नाकाशेनष्टसंज्ञोऽभ्युपैतितीव्रान्निःश्वासान्निःश्वसन्पन्नगेंद्रः १९ सौ
तिरुवाच ॥ पतिष्यमाणेनागेंद्रतक्षकेजातवेदसि ॥ इदमंतरमित्येवंतदाऽऽस्तीकोऽभ्यचोदयत् २० ॥ आस्तीकउवाच ॥ वरंददासिचेन्मह्यंवृणोमिजनमेजय ॥ सत्रं
तेविरमत्वेतन्नपतेयुरिहोरगाः २१ एवमुक्तस्तदातेनब्रह्मन्पारिक्षितस्तुसः ॥ नातिहृष्टमनाश्चेदमास्तीकंवाक्यमब्रवीत् २२ सुवर्णंरजतंगाश्चयच्चान्यन्मन्यसेविभो ॥
तत्तेदद्यांवरंविप्रननिवर्तेत्क्रतुर्मम २३ आस्तीकउवाच ॥ सुवर्णंरजतंगाश्चनत्वांराजन्वृणोम्यहम् ॥ सत्रंतेविरमत्वेतत्स्वस्तिमातृकुलस्यनः २४ ॥ सौतिरुवाच ॥
आस्तीकेनैवमुक्तस्तुराजापारिक्षितस्तदा ॥ पुनःपुनरुवाचेदमास्तीकंवदतांवरः २५ अन्यंवरयभद्रंतेवरंद्विजवरोत्तम ॥ अयाचतनचाप्यन्यंवरंसभृगुनंदन २६ ततो
वेदविदस्तातसदस्याःसर्वएवतम् ॥ राजानमूचुःसहितालभतांब्राह्मणोवरम् २७ ॥ इतिश्री०आदि०आस्तीक०आस्तीकवरप्रदानंनामषट्पंचाशत्तमोऽध्यायः ५६

वन्हौ ११ । १२ । १३ भयंआविशत्प्राप्तवान् १४ । १५ इंद्रादपिब्राह्मणसामर्थ्यमधिकंतथाऽपिब्राह्मणैर्देवहेलनंनकर्त्तव्यमित्याशयेनऋत्विजऊचुः वर्त्ततइति १६ हेबाल १७ । १८
नाकात्स्वर्गात् १९ । २० । २१ । २२ । २३ । २४ । २५ । २६ । २७ ॥ इतिश्रीआदिपर्वणिनीलकंठीये भारतभावदीपे षट्पंचाशत्तमोऽध्यायः ॥ ५६ ॥ ॥ ॥

येमर्पाइति १ । २ । ३ । ४ । ५ । ६ । ७ । ८ । ९ । १० । ११ । १२ । १३ । १४ । १५ । १६ । १७ । १८ । १९ । २० । २१ । २२ योजनायामविस्ताराअपिमंत्रसामर्थ्यात्स्वल्पप्रमाणाःअग

॥ ६० ॥ ॥ शौनकउवाच ॥ येमर्पाःसर्पसत्रेऽस्मिन्पतिताहव्यवाहने ॥ तेषांनामानिसर्वेषांश्रोतुमिच्छामिसूतज १ ॥ सौतिरुवाच ॥ सहस्राणिबहून्यस्मिन्प्रयुतान्यर्बुदानिच ॥ नशक्यंपरिसंख्यातुंबहुत्वाद्द्विजसत्तम २ यथास्मृतितुनामानिपन्नगानांनिबोधमे ॥ उच्यमानानिमुख्यानांहुतानांजातवेदसि ३ वासुकेःकुलजातांस्तुप्राधान्येननिबोधमे ॥ नीलरक्तान्सितान्घोरान्महाकायान्विषोल्बणान् ४ अवशान्मातृवाग्दंडपीडितान्कृपणान्हुतान् ॥ कोटिशोमानसःपूर्णःशलःपालोहलीमकः ५ पिच्छलःकौणपश्चक्रःकालवेगप्रकालनः ॥ हिरण्यबाहुःशरणःकक्षकःकालदंतकः ६ एतेवासुकिजानागाःप्रविष्टाहव्यवाहने ॥ अन्येचबहवोविप्रतथैवकुलसंभवाः ॥ प्रदीप्ताग्नौहुताःसर्वेघोररूपामहाबलाः ७ तक्षकस्यकुलेजातान्प्रवक्ष्यामिनिबोधतान् ॥ पुच्छांडकोमंडलकःपिंडसेक्तारभेणकः ८ उच्छिखःशरभोभंगोबिल्वतेजाविरोहणः ॥ शिलीशलकरोमूकःसुकुमारःप्रवेपनः ९ मुद्गरःशिशुरोमाचसुरोमाचमहाहनुः ॥ एतेतक्षकजानागाःप्रविष्टाहव्यवाहनम् १० पारावतःपारियातःपांडरोहरिणःकृशः ॥ विहंगःशरभोमेदःप्रमोदःसंहतापनः ११ ऐरावतकुलादेतेप्रविष्टाहव्यवाहनम् ॥ कौरव्यकुलजान्नागान्शृणुमेत्वंद्विजोत्तम १२ एरकःकुंडलोवेणीवेणीस्कंधःकुमारकः ॥ बाहुकःशृंगवेरश्चधूर्तकःप्रातरातकौ १३ कौरव्यकुलजास्त्वेतेप्रविष्टाहव्यवाहनम् ॥ धृतराष्ट्रकुलेजातान्शृणुनागान्यथातथम् १४ कीर्त्यमानान्मयाब्रह्मन्वातवेगान्विषोल्बणान् ॥ शंकुकर्णःपिठरकःकुठारमुखसेचकौ १५ पूर्णांगदःपूर्णमुखःप्रहासःशकुनिर्दरिः ॥ अमाहठःकामठकःसुषेणोमानसोऽव्ययः १६ भैरवोमुंडवेदांगःपिशंगश्चोद्रपारकः ॥ ऋषभोवेगवान्नागःपिंडारकमहाहनू १७ रक्तांगःसर्वसारंगःसमृद्धपटवासकौ ॥ वराहकोवीरणकःसुचित्रश्चित्रवेगिकः १८ पराशरस्तरुणकोमणिःस्कंधस्तथाऽरुणिः ॥ इतिनागामयाब्रह्मन्कीर्तिताःकीर्तिवर्धनाः १९ प्राधान्येनबहुत्वात्तुनसर्वेपरिकीर्तिताः ॥ एतेषांप्रसवोयश्चप्रसवस्यचसंततिः २० नशक्यंपरिसंख्यातुंयेदीप्तंपावकंगताः ॥ त्रिशीर्षाःसप्तशीर्षाश्चदशशीर्षास्तथाऽपरे २१ कालानलविषाघोराहुताःशतसहस्रशः ॥ महाकायामहावेगाःशैलशृंगसमुच्छ्रयाः २२ योजनायामविस्ताराद्वियोजनसमायताः ॥ कामरूपाःकामबलादीप्तानलविषोल्बणाः २३ दग्धास्तत्रमहासत्रेब्रह्मदंडनिपीडिताः २४ ॥ इति श्रीमहाभारते आदिपर्वणि आस्तीकपर्वणि सर्पनामकथने सप्तपंचाशत्तमोऽध्यायः ॥ ५७ ॥ ॥ ॥ ॥ ॥ ॥ सौतिरुवाच ॥ इदमत्यद्भुतंचान्यदास्तीकस्यानुशुश्रुम ॥ तथावरैश्छंद्यमानेराज्ञापारिक्षितेनहि १ इंद्रहस्ताच्च्युतोनागःखएवयदतिष्ठत ॥ ततश्चिंतापरोराजाबभूवजनमेजयः २ ॥ ॥ ॥ ॥ ॥ ५८ ॥

स्त्यकरगतसमुद्रवद्वन्हौप्रवेशयोग्याभवंति २३ ब्रह्मवेदस्तत्तुल्यंमातृवाक्यंतद्रूपोदंडोब्रह्मदंडस्तेननिपीडिताः २४ ॥ इतिआदिपर्वणिनीलकंठीये भारतभावदीपेसप्तपंचाशत्तमोऽध्यायः॥५७॥ इदमिति १ । २

३ । ४ । ५ खंचगांचान्तराद्यावापृथिव्योर्मध्येअंतरिक्षइत्यर्थः ६ । ७ । ८ । ९ । १० सयज्ञउपरराभेत्यन्वयः ११ स्थपतयेशिल्पिने १२ । १३ अवभृथंयज्ञसमाप्तिं १४ सुसंस्कृत वस्त्रा

हूयमानेभृशंदीप्तेविधिवद्वसुरेतसि ॥ नस्मसप्रापतद्वन्हौतक्षकोभयपीडितः ३ ॥ शौनकउवाच ॥ किंसूततेषांविप्राणांमंत्रग्रामोमनीषिणाम् ॥ नप्रत्यभात्तदाऽग्नौ
यत्सपपातनतक्षकः ४ ॥ सौतिरुवाच ॥ तमिंद्रहस्ताद्विस्त्रस्तंविसंज्ञंपन्नगोत्तमम् ॥ आस्तीकस्तिष्ठतिष्ठेतिवाचस्तिस्रोऽभ्युदैरयत् ५ वितस्थेसोऽन्तरिक्षेचहृदयेन
विदूयता ॥ यथातिष्ठतिवैकश्चित्खंचगांचांतरानरः ६ ततोराजाऽब्रवीद्वाक्यंसदस्यैश्चोदितोभृशम् ॥ काममेतद्भवत्वेवंयथाऽऽस्तीकस्यभाषितम् ७ समाप्यता
मिदंकर्मपन्नगाःसंत्वनामयाः ॥ प्रीयतामयमास्तीकःसत्यंसूतवचोऽस्तुतत् ८ ततोहलहलाशब्दःप्रीतिदःसमजायत ॥ आस्तीकस्यवरेदत्तेतथैवोपरराभच ९ सयज्ञः
पांडवेयस्यराज्ञःपारिक्षितस्यह ॥ प्रीतिमांश्चाभवद्राजाभारतोजनमेजयः १० ऋत्विग्भ्यःससदस्येभ्योयेतत्रासन्समागताः ॥ तेभ्यश्चप्रददौवित्तंशतशोऽथसहस्रशः
११ लोहिताक्षायसूतायतथास्थपतयेविभुः ॥ येनोक्तंतस्यतत्राग्रेसर्पसत्रनिवर्तने १२ निमित्तंब्राह्मणइतितस्मैवित्तंददौबहु ॥ दत्त्वाद्रव्यंयथान्यायंभोजनाच्छा
दनान्वितम् १३ प्रीतस्तस्मैनरपतिरप्रमेयपराक्रमः ॥ ततश्चकारावभृथंविधिदृष्टेनकर्मणा १४ आस्तीकंप्रेषयामासगृहानेवसुसंस्कृतम् ॥ राजाप्रीतमनाःप्रीतंकृत
कृत्यंमनीषिणम् १५ पुनरागमनंकार्यमितिचैनंवचोब्रवीत् ॥ भविष्यसिसदस्योमेवाजिमेधमहाक्रतौ १६ तथेत्युक्त्वाप्रदुद्रावतदाऽस्तीकोमुदायुतः ॥ कृत्वास्व
कार्यमतुलंतोषयित्वाचपार्थिवम् १७ सगत्वापरमप्रीतोमातुलंमातरंचताम् ॥ अभिगम्योपसंगृह्यतथावृत्तंन्यवेदयत् १८ ॥ सौतिरुवाच ॥ एतच्छ्रुत्वाप्रीयमाणाःस
मेतायेतत्रासन्पन्नगावीतमोहाः ॥ आस्तीकेवैप्रीतिमंतोबभूवुरूचुश्चैनंवरमिष्टंवृणीष्व १९ भूयोभूयःसर्वशस्तेऽब्रुवंस्तांकिंतेप्रियंकरवामाद्यविद्वन् ॥ प्रीतावयंमो
क्षिताश्चैवसर्वेकामंकिंतेकरवामाद्यवत्स २० ॥ आस्तीकउवाच ॥ सायंप्रातर्येप्रसन्नात्मरूपालोकेविप्रामानवायेपरेऽपि ॥ धर्माख्यानंयेपठेयुर्ममेदंतेषांयुष्मन्नैवकिं
चिद्भयंस्यात् २१ तैश्चाप्युक्तोभागिनेयःप्रसन्नैरेतत्सत्यंकाममेवंवरंते ॥ प्रीत्यायुक्ताःकामितंसर्वशस्तेकर्त्तारःस्मप्रवणाभागिनेय २२ असितंचार्त्तिमंतंचसुनीथं
चापियःस्मरेत् ॥ दिवावायदिवारात्रौनास्यसर्पभयंभवेत् २३ योजरत्कारुणाजातोजरत्कारौमहायशाः ॥ आस्तीकःसर्पसत्रेवःपन्नगान्योऽभ्यरक्षत ॥ तंस्मरंतंम
हाभागानमांहिंसितुमर्हथ २४ सर्पापसर्पभद्रंतेगच्छसर्पमहाविष ॥ जनमेजयस्ययज्ञांतेआस्तीकवचनंस्मर २५ आस्तीकस्यवचःश्रुत्वायःसर्पोननिवर्त्तते ॥ शतधा
भिद्यतेमूर्ध्निशिंशवृक्षफलंयथा २६ ॥ सौतिरुवाच ॥ सएवमुक्तस्तुतदाद्विजेंद्रसमागतैस्तैर्भुजगेंद्रमुख्यैः ॥ संप्राप्यप्रीतिंविपुलांमहात्माततोमनोगमनायाथदध्रे २७

लंकरणादिभिःशोभितं १५ । १६ प्रदुद्रावशीघ्रंमातुलायहर्षमाख्यातुं १७ । १८ । १९ । २० । २१ प्रवणानम्राः २२ प्रसंगात्सर्पभयनिवर्त्तकान्मंत्रान्पठति असितमित्यादीन्
१ तत्रद्वितीयःषट्पादः २३ । २४ । २५ । २६ । २७ ॥ ॥ ॥

दिष्टांतंमोक्षं २८ । २९ । ३० । ३१ कौतूहलंकीदृक्सर्पसत्रमित्याश्चर्यं । 'रहस्यंसौपर्णेकुमतिसुमतीकद्रुविनतेभुजंगाःकामाद्याःसुकृतमरुणस्तापशमनः ॥ सुपर्णःप्रत्यग्धीःकृतकममृतंनेच्छतिफणीतदिच्छन्व ध्याशोद्यजनिरिहरिशिक्रौपरनरौ १ अमृतमथनगुह्यंयत्नतौल्येऽपिदैवैरमृतममुरसंघःस्त्रीमनस्कोनलेभे । अपिफणिमखगोप्यंसाध्वसाध्वोरपिस्तोभयमभयमवश्यंविप्रहेलाश्रयाभ्यां' १ रत्नगर्भस्तु । 'संततिस्तुतिरास्तीकेतथासर्वापदामपि । निर्दाचिर्ब्राह्मणात्तस्यशक्तिश्चातीवकथ्यते' ३२ ॥ इतिआदिपर्वणिनीलकंठीये भारतभावदीपे अष्टपंचाशत्तमोऽध्यायः ॥ ५८ ॥ ॥ ॥

मोक्षयित्वातुभुजगान्सर्पसत्राद्द्विजोत्तमः ॥ जगामकालेधर्मात्मादिष्टांतंपुत्रपौत्रवान् २८ इत्याख्यानंमयाऽऽस्तीकंयथावत्तवकीर्तितम् ॥ यत्कीर्तयित्वासर्पेभ्यो नभयंविद्यतेक्वचित् २९ ॥ सौतिरुवाच ॥ यथाकथितवान्ब्रह्मन्प्रमतिःपूर्वजस्तव ॥ पुत्रायरुरवेप्रीतःपृच्छतेभार्गवोत्तम ३० यद्वाक्यंश्रुतवांश्चाहंतथाचकथि तंमया ॥ आस्तीकस्यकवेर्विप्रश्रीमच्चरितमादितः ३१ श्रुत्वाधर्मिष्ठमाख्यानमास्तीकंपुण्यवर्धनम् ॥ यन्मांत्वंपृष्टवान्ब्रह्मन्श्रुत्वाडुंडुभभाषितम् ॥ व्येतुतेसु महद्ब्रह्मन्कौतूहलमरिंदम ३२ ॥ इतिश्रीमहाभारते आदिपर्वणिआस्तीकपर्वणि सर्पसत्रेअष्टपंचाशत्तमोऽध्यायः ॥ ५८ ॥ ॥ समाप्तंचास्तीकपर्व ॥ अथां शावतरणपर्व ॥ शौनकउवाच ॥ भृगुवंशात्प्रभृत्येवत्वयामेकीर्तितंमहत् ॥ आख्यानमखिलंतातसौतेप्रीतोऽस्मितेनते १ वक्ष्यामिचैवभूयस्त्वांयथावत्सूतनंदन ॥ याःकथाव्याससंपन्नास्ताश्चभूयोविचक्ष्वमे २ तस्मिन्परमदुष्पारेसर्पसत्रेमहात्मनाम् ॥ कर्मांतरेषुयज्ञस्यसदस्यानांतथाऽध्वरे ३ याबभूवुःकथाश्चित्रायेष्वर्थेषुय थातथम् ॥ त्वत्तइच्छामहेश्रोतुंसौतेत्वंवैप्रचक्ष्वनः ४ ॥ सौतिरुवाच ॥ कर्मांतरेष्वकथयन्द्विजावेदाश्रयाःकथाः ॥ व्यासस्त्वकथयच्चित्रमाख्यानंभारतंमहत् ५ ॥ शौनकउवाच ॥ महाभारतमाख्यानंपांडवानांयशस्करम् ॥ जनमेजयेनपृष्टःसन्कृष्णद्वैपायनस्तदा ६ श्रावयामासविधिवत्तदाकर्मांतरेतुसः ॥ तामहंविधि वत्पुण्यांश्रोतुमिच्छामिवैकथाम् ७ मनःसागरसंभूतांमहर्षेर्भावितात्मनः ॥ कथयस्वसतांश्रेष्ठसर्वरत्नमयीमिमाम् ८ सौतिरुवाच ॥ हंततेकथयिष्यामिमहदा ख्यानमुत्तमम् ॥ कृष्णद्वैपायनमतंमहाभारतमादितः ९ शृणुसर्वमशेषेणकथ्यमानंमयाद्विज ॥ शंसितुंतन्महान्हर्षोममापीहप्रवर्तते १० ॥ इतिश्रीमहाभारते आदिपर्वणि अंशावतरणपर्वणि कथानुबंधेएकोनषष्टितमोऽध्यायः ॥ ५९ ॥ ॥ सौतिरुवाच ॥ श्रुत्वातुसर्पसत्रायदीक्षितंजनमेजयम् ॥ अभ्यगच्छदृषिर्विद्वा न्कृष्णद्वैपायनस्तदा १ जनयामासयंकालीशक्तेःपुत्रात्पराशरात् ॥ कन्यैवयमुनाद्वीपेपांडवानांपितामहम् २ ॥ ॥ ॥

भृगिवति १ विचक्ष्वविशेषेणस्पष्टंकथय २ । ३ । ४ कर्मांतरेष्विति । वेदाश्रयाःशौनःशेपाख्यानादयः अकथयद्वैशंपायनंकथाःकथयितुंप्रयोजितवान् वेदाश्रयाभ्योऽपिकयाभ्यश्चत्राःकथाः श्रेष्ठतराइतिभावः ५ । ६ । ७ भावितःयोगसंस्कृतआत्मामनोयस्यसभावितात्मातस्य । पाठांतरे नहितृप्यामिकथ्यतितर्वायिकथयतिसति ८ । ९ । १० ॥ इतिआदिपर्वणि नीलकंठीये भारतभावदीपे एकोनषष्टितमोऽध्यायः ॥ ५९ ॥ ॥ ॥ श्रुत्वेति १ कालीसत्यवती २ ॥ ॥ ॥ ॥

इष्टयाइच्छयादेहंसद्योऽवीवृधववर्धितवान् देवीमितिपाठे देवींमातरंवरदानेनवासरस्वतींवाउपबृंहणैरवीवृधववर्धितवान् देवीवृद्धिमेवाह वेदानिति । चाद्वेदार्थान् अधिजगेअधिगतवान् ३ यन्नेतीति । यत्तपआदिनाकश्चिन्नैतिनात्येतिनातिशेतेइतिप्राञ्चः यद्वस्तुतपआदिनाकश्चिन्नैतिनप्राप्नोतितदध्यात्मतत्त्वमधिजगेइतिपूर्वेणसंबंधः । तथाच'नकर्मणानप्रजयाधनेन नायमात्माप्रवचनेनलभ्योनमेधया नबहुनाश्रुतेन'इत्यादिश्रुतिभ्यस्तपआदिनाऽपिदुष्प्रापमात्मतत्त्वंजातमात्रएवाधिगतवानित्यर्थः मन्युनायज्ञेन ४ विव्यासविभक्तवान् हौत्राध्वर्यवौद्गात्राणिकांडानित्रेताऽनुपयुक्तंकांडंचपृथक्कृतवानित्यर्थः । परावरंनिरुपाधिसोपाधिब्रह्मणीजानातीतिपरावरज्ञःब्रह्मर्षिःब्राह्मणश्चासौमंत्रद्रष्टाचेत्यर्थः । कविःक्रांतंअतीतादितद्दर्शी ५ पुण्यकीर्तिर्महायशाः । योगुणौघःश्रूयमाणस्तादृशगुणार्जने पुरुषंव्यापारयतिसाकीर्तिः यथायुधिष्ठिरस्यधर्मनिष्ठत्वं । कृविक्षेपेऽस्मात्संज्ञायांक्तिच् । यश्चगुणौघोवृद्ध्यमाणःपुरुषमाह्लादयत्येवनप्रवर्त्तयतिसयशःयथाज्योत्स्नाचंद्रस्य यथाविष्णोर्लोकत्रया

जातमात्रश्चयःसद्यइष्टयादेहमवीवृधव ॥ वेदांश्चाधिजगेसांगान्सेतिहासान्महायशाः ३ यन्नेतितपसाकश्चिन्नवेदाध्ययनेनच ॥ नव्रतैर्नोपवासैश्चनप्रसूत्यानमन्युना ४ विव्यासैकंचतुर्धायोवेदंवेदविदांवरः ॥ परावरज्ञोब्रह्मर्षिःकविःसत्यव्रतःशुचिः ५ यःपांडुंधृतराष्ट्रंचविदुरंचाप्यजीजनव ॥ शांतनोःसंततिंतन्वन्पुण्यकीर्तिर्महायशाः ६ जनमेजयस्यराजर्षेःसमहात्मासदस्तथा ॥ विवेशसहितःशिष्यैर्वेदवेदांगपारगैः ७ तत्रराजानमासीनंददर्शजनमेजयम् ॥ वृतंसदस्यैर्बहुभिर्देवैरिवपुरंदरम् ८ तथामूर्धाभिषिक्तैश्चनानाजनपदेश्वरैः ॥ ऋत्विग्भिर्ब्रह्मकल्पैश्चकुशलैर्यज्ञसंस्तरे ९ जनमेजयस्तुराजर्षिर्दृष्ट्वातमृषिमागतम् ॥ सगणोऽभ्युद्ययौतूर्णंप्रीत्याभरतसत्तमः १० कांचनंविष्टरंतस्मैसदस्यानुमतःप्रभुः ॥ आसनंकल्पयामासयथाशक्रोबृहस्पतेः ११ तत्रोपविष्टंवरदंदेवर्षिगणपूजितम् ॥ पूजयामासराजेंद्रःशास्त्रदृष्टेनकर्मणा १२ पाद्यमाचमनीयंचअर्घ्यंगांचविधानतः ॥ पितामहायकृष्णायतदर्हायन्यवेदयव १३ प्रतिगृह्यतुतांपूजांपांडवाज्जनमेजयाव ॥ गांचैवसमनुज्ञाप्यव्यासःप्रीतोऽभवत्तदा १४ तथाचपूजयित्वातंप्रणयात्प्रपितामहम् ॥ उपोपविश्यप्रीतात्मापर्यपृच्छदनामयम् १५ भगवानपितंदृष्ट्वाकुशलंप्रतिवेद्यच ॥ सदस्यैःपूजितःसर्वैःसदस्यान्प्रत्यपूजयव १६ ततस्तुसहितःसर्वैःसदस्यैर्जनमेजयः ॥ इदंपश्चाद्द्विजश्रेष्ठंपर्यपृच्छत्कृतांजलिः १७ ॥ जनमेजयउवाच ॥ कुरूणांपांडवानांचभवान्प्रत्यक्षदर्शिवान् ॥ तेषांचरितमिच्छामिकथ्यमानंत्वयाद्विज १८ ॥ ॥ ॥

क्रमणंपदत्रयेण वसिष्ठस्यवाक्षमा रामस्यसेतुर्यशः ६ सदःयज्ञमंडपं ७ देवैरित्यत्रमेधैरितिपाठेमेधाशब्दान्मत्वर्थीयोऽर्शआद्यच् मेधावद्भिर्बहुभिर्बृहस्पतिभिरिवेत्यभूतोपमा बृहस्पतेरेकत्वाव ८ मूर्ध्नि पट्टस्थानेऽभिषिक्तैर्मूर्धाभिषिक्तैः यज्ञसंस्तरेयज्ञांगानांरचनानुष्ठानेइत्यर्थः ९ । १० । ११ । १२ पितामहायब्रह्मतुल्यायकृष्णायव्यासाय १३ विष्टरादिभिर्मधुपर्कार्चनंदर्शितं तत्रनिवेदितांगांसमनुज्ञापितवान्व्यासोमागामनागामदितिमितिमंत्रलिंगात्तस्याअवध्यत्वंमन्यमानः । 'तद्यथैवादोमनुष्यराजआगतेऽन्यस्मिन्वार्हत्युक्षाणंवावेहतंवाक्षदंते'इत्यर्थवादस्तुरागप्राप्तानुवादसरूपोनविधायकः । मावधिष्टेतिनिषेधलिंगस्यअनागामितिनिरपराधत्वहेतूपोद्बलितस्यप्रबलतरत्वाव । वेहतंवंध्यांगां क्षदंतेहिंसंति १४ उपोपविश्यसमीपेउपविश्य १५ प्रतिवेद्यप्रतिख्याप्य अत्रपूजास्तुतिरेव १६ इदंवक्ष्यमाणं १७ प्रत्यक्षदर्शिवान्प्रत्यक्षदर्शी । अन्येभ्योऽपिदृश्यतइतिवनिप् १८ ॥ ॥ ॥ ॥ ॥

भेदोवैरं अक्लिष्टंरागद्वेषादिशून्यंकर्मयेषांतेषामक्लिष्टकर्मणां १९ पितामहानांप्रपितामहानां २० । २१ । २२ । २३ भेदंवैरमूलंसर्वविनाशंचतत्फलं २४ ॥ इति आदिपर्वणि नैलकंठीये भारतभावदीपे षष्टितमोऽध्यायः ॥ ६० ॥ गुरवइति । मनोबुद्धिसमाधिभिःमनइत्यष्टांगोपलक्षणं । बुद्धीतिभक्तिश्रद्धयोः । समाधिश्चित्तैकाग्र्यं । संपूज्यनमस्कारादिनामानयित्वा १ । २ प्रोत्साहतिवप्रोत्साहयतीव । परिस्पंदमुत्प्रोत्साहयतीवमेइतिपाठेपरिस्पंदशब्देक्लीबत्वमार्षं गुरोर्वक्त्रपरिस्पंदस्त्वंकथांकथयेत्याज्ञावचनंतज्जन्यामुत्प्रीतिःसाप्रोत्साहयति ३ । ४ । ५ नचिरात्शीघ्रं

कथंसमभवद्भेदस्तेषामक्लिष्टकर्मणाम् ॥ तच्चयुद्धंकथंवृत्तंभूतांतकरणंमहत् १९ पितामहानांसर्वेषांदैवेनाविष्टचेतसाम् ॥ कात्स्न्र्येनैतन्ममाचक्ष्वयथावृत्तंद्विजोत्तम २० ॥ सौतिरुवाच ॥ ॥ तस्यतद्वचनंश्रुत्वाकृष्णद्वैपायनस्तदा ॥ शशासशिष्यमासीनंवैशंपायनमंतिके २१ ॥ व्यासउवाच ॥ ॥ कुरूणांपांडवानांचयथाभेदोऽभवत्पुरा ॥ तदस्मैसर्वमाचक्ष्वयन्मत्तःश्रुतवानसि २२ गुरोर्वचनमाज्ञायसतुविप्रर्षभस्तदा ॥ आचचक्षेततःसर्वमितिहासंपुरातनम् २३ राज्ञेतस्मैसदस्येभ्यःपार्थिवेभ्यश्चसर्वशः ॥ भेदंसर्वविनाशंचकुरुपांडवयोस्तदा २४ ॥ इतिश्रीमहाभारतेआदिपर्वणिअंशावतरणपर्वणिकथानुबंधेषष्टितमोऽध्यायः ॥ ६० ॥ ॥ वैशंपायनउवाच ॥ गुरवेप्राङ्नमस्कृत्यमनोबुद्धिसमाधिभिः ॥ संपूज्यचद्विजान्सर्वांस्तथान्यान्विदुषोजनान् १ महर्षेर्विश्रुतस्येहसर्वलोकेषुधीमतः ॥ प्रवक्ष्यामिमतंकृत्स्नंव्यासस्यास्यमहात्मनः २ श्रोतुंपात्रंचराजंस्त्वंप्राप्येमांभारतींकथाम् ॥ गुरोर्वक्त्रपरिस्पंदोमनःप्रोत्साहतीवमे ३ शृणुराजन्यथाभेदःकुरुपांडवयोरभूत् ॥ राज्यार्थेद्यूतसंभूतोवनवासस्तथैवच ४ यथाचयुद्धमभवत्पृथिवीक्षयकारकम् ॥ तत्तेऽहंकथयिष्यामिपृच्छतेभरतर्षभ ५ मृतेपितरितेवीराःवनादेत्यस्वमंदिरम् ॥ नचिरादेवविद्वांसोवेदेधनुषिचाभवन् ६ तांस्तथासत्ववीर्यौजःसंपन्नान्पौरसंमतान् ॥ नामृष्यन्कुरवोदृष्ट्वापांडवान्श्रीयशोभृतः ७ ततोदुर्योधनःक्रूरःकर्णश्चसहसौबलः ॥ तेषांनिग्रहनिर्वासान्विविधांस्तेसमारभन् ८ ततोदुर्योधनःक्रूरःकुलिंगस्यमतेस्थितः ॥ पांडवान्विविधोपायैराज्यहेतोरपीडयत् ९ ददावथविषंपापोभीमायधृतराष्ट्रजः ॥ जरयामासतद्वीरःसहान्नेनवृकोदरः १० प्रमाणकोट्यांसंसुप्तंपुनर्बद्ध्वावृकोदरम् ॥ तोयेषुभीमंगंगायाःप्रक्षिप्यपुरमाव्रजत् ११ यदाविबुद्धःकौन्तेयस्तदासंछिद्यबंधनम् ॥ उदतिष्ठन्महाबाहुर्भीमसेनोगतव्यथः १२ आशीविषैःकृष्णसर्पैःसुप्तंचैनमदंशयत् ॥ सर्वेष्वेवांगदेशेषुनममारचशत्रुहा १३ तेषांतुविप्रकारेषुतेषुतेषुमहामतिः ॥ मोक्षणेप्रतिकारेचविदुरोमहितोऽभवत् १४ स्वर्गस्थोजीवलोकस्ययथाशक्रःसुखावहः ॥ पांडवानांतथानित्यंविदुरोऽपिसुखावहः १५ यदातुविविधोपायैःसंवृतैर्विवृतैरपि ॥ नाशकद्विनिहंतुंतान्दैवभाव्यर्थरक्षितान् १६ ॥ ॥ ॥

विद्वांसोऽभवन् ६ सत्वंदेहबलं वीर्यमुत्साहः ओजश्चित्तेंद्रियबलं ७ । ८ कुलिंगस्यपक्षिणोमतेसाहसेसहिसिंहदंष्ट्रांतर्गतंमांसमादातुंपतते कलिंगस्येत्यपपाठः ९ साहसमेवाह ददावित्यादिना १० प्रमाणकोट्यांगंगायास्तीर्थविशेषे । वृकनामाबहुभक्षोऽग्निरुदरेयस्यसवृकोदरः ११ । १२ । १३ विप्रकारेष्वपकारेषु । मोक्षणेप्राप्तापच्निवारणे प्रतिकारेप्रातिभट्येनशत्रोरप्यापद्विनिपातने १४ । १५ संवृतैर्गुप्तैः विवृतैःप्रकाशैः । दैवभाव्यर्थरक्षितान्दैवेनादृष्टेनभावीकुरुक्षयपांडवराज्यलाभादिरर्थस्तस्यैरक्षितान् १६ ॥ ॥ ॥

वृषःकर्णः जातुषंलाक्षामयं १७ । १८ क्षत्ताविदुरः १९ वेनक्षत्तुर्मंत्रणेन २० । २१ पुरोचनादात्मानंरक्षमाणाःरक्षंतः सुरुंगामुभयतोबिलंविवरं २२ । २३ वननिर्झरेवननिर्झरसमीपे अवबोधनात्
प्राकट्यात् २४ । २५ । २६ । २७ । २८ निहत्यनागराणांशोकमपनीतवानित्यर्थः २९ स्वयंवृणुतेइतिस्वयंवरातां ३० । ३१ शांतनवेनभीष्मेण ३२ । ३३ । ३४ । ३५ । ३६ । ३७ । ३८ । ३९

ततःसंमंत्र्यसचिवैर्वृषदुःशासनादिभिः ॥ धृतराष्ट्रमनुज्ञाप्यजातुषंगृहमादिशत् १७ सुतप्रियैषीतान्राजापांडवानंबिकासुतः ॥ ततोविवासयामासराज्यभोगबुभु
क्षया १८ तेप्रातिष्ठंतसहितानगरान्नागसाह्वयात् ॥ प्रस्थानेचाभवन्मंत्रीक्षत्तातेषांमहात्मनाम् १९ तेनमुक्ताजतुगृहान्निशीथेप्राद्रवन्वनम् ॥ ततःसंप्राप्यकौन्तेया
नगरंवारणावतम् २० न्यवसंतमहात्मानोमात्रासहपरंतपाः ॥ धृतराष्ट्रेणचाज्ञप्ताउषिताजातुषेगृहे २१ पुरोचनाद्रक्षमाणाःसंवत्सरमतंद्रिताः ॥ सुरुंगांकारयि
त्वातुविदुरेणप्रचोदिताः २२ आदीप्यजातुषंवेश्मदग्ध्वाचैवपुरोचनम् ॥ प्राद्रवन्भयसंविग्नामात्रासहपरंतपाः २३ ददृशुर्दारुणंरक्षोहिडिंबंवननिर्झरे ॥ हत्वाच
तंराक्षसेंद्रंभीताःसमवबोधनात् २४ निशिसंप्राद्रवन्पार्थाधार्तराष्ट्रभयार्दिताः ॥ प्राप्ताहिडिंबाभीमेनयत्रजातोघटोत्कचः २५ एकचक्रांततोगत्वापांडवाःसंशित
व्रताः ॥ वेदाध्ययनसंपन्नास्तेऽभवन्ब्रह्मचारिणः २६ तेतत्रनियताःकालंकंचिदूषुर्नरर्षभाः ॥ मात्रासहैकचक्रायांब्राह्मणस्यनिवेशने २७ तत्रासससादक्षुधितंपुरु
षादंवृकोदरः ॥ भीमसेनोमहाबाहुर्बकंनाममहाबलम् २८ तंचापिपुरुषव्याघ्रोबाहुवीर्येणपांडवः ॥ निहत्यतरसावीरोनागरान्पर्यसांत्वयत् २९ ततस्तेशुश्रुवुः
कृष्णांपंचालेषुस्वयंवराम् ॥ श्रुत्वाचैवाभ्यगच्छंतगत्वाचैवालभंततताम् ३० तेतत्रद्रौपदींलब्ध्वापरिसंवत्सरोषिताः ॥ विदिताहास्तिनपुरंप्रत्याजग्मुररिंदमाः ३१
तेउक्ताधृतराष्ट्रेणराज्ञाशांतनवेनच ॥ भ्रातृभिर्विग्रहस्तातकथंवोनभवेदिति ३२ अस्माभिःखांडवप्रस्थेयुष्मद्वासोऽनुचिंतितः ॥ तस्माज्जनपदोपेतंसुविभक्तम
हापथम् ३३ वासायखांडवप्रस्थंव्रजध्वंगतमत्सराः ॥ तयोस्तेवचनाज्जग्मुःसहसर्वैःसुहृज्जनैः ३४ नगरंखांडवप्रस्थंरत्नान्यादायसर्वशः ॥ तत्रतेन्यवसन्पार्थाःसंव
त्सरगणान्बहून् ३५ वशेशस्त्रप्रतापेनकुर्वंतोऽन्यान्महीभृतः ॥ एवंधर्मप्रधानास्तेसत्यव्रतपरायणाः ३६ अप्रमत्तोत्थिताःक्षांताःप्रतपंतोऽहितान्बहून् ॥ अजय
द्भीमसेनस्तुदिशंप्राचींमहायशाः ३७ उदीचीमर्जुनोवीरःप्रतीचींनकुलस्तथा ॥ दक्षिणांसहदेवस्तुविजिग्येपरवीरहा ३८ एवंचक्रुरिमांसर्वेवशेकृत्स्नांवसुंधराम् ॥
पंचभिःसूर्यसंकाशैःसूर्येणचविराजता ३९ षट्सूर्येवाभवत्पृथ्वीपांडवैःसत्यविक्रमैः ॥ ततोनिमित्तेकस्मिंश्चिद्धर्मराजोयुधिष्ठिरः ४० वनंप्रस्थापयामासतेजस्वी
सत्यविक्रमः ॥ प्राणेभ्योऽपिप्रियतरंभ्रातरंसव्यसाचिनम् ४१ अर्जुनंपुरुषव्याघ्रंस्थिरात्मानंगुणैर्युतम् ॥ सवैसंवत्सरंपूर्णंमासंचैकंवनेवसत् ४२ ततोऽगच्छद्धृषी
केशंद्वारवत्यांकदाचन ॥ लब्धवांस्तत्रबीभत्सुर्भार्यांराजीवलोचनाम् ४३ अनुजांवासुदेवस्यसुभद्रांभद्रभाषिणीम् ॥ साशचीवमहेंद्रेणश्रीःकृष्णेनेवसंगता ४४

४० । ४१ सवैसंवत्सरंपूर्णंमासंचैकंवनेवसदिति । दशसंख्यापूरकत्वात्पूर्णशब्देनदशगुणमुच्यतेसंवत्सरंपूर्णमेकंचतथामासंपूर्णमेव । तेनएकादशसंवत्सरादशमासाश्चभवंति । तेषांचसौराणां
प्रत्यब्दंसपादपंचदिनवृद्ध्यासाधनाद्वादशाब्दाभवंति । अन्येतुमासशब्देनद्वादशसंख्यांलक्षयंतएकशब्दस्यैवपर्ध्यमेकवचनानुपपत्तिंचनेच्छंते । वनेइत्युपलक्षणंनगरस्यापि ४२ । ४३ । ४४ ॥

म.भा.टी. आदि०१ अ० ॥ ६२ ॥

४५ नातीति । खांडवदाहहतिशेषः ४६ व्यवसायएवमेवेदंकरिष्यामीतिनिश्चयः ४७ बाणैर्युक्तावितिशेषः कपिलक्षणंवानरध्वजं यत्रखांडवदाहे ४८ । ४९ अक्षैःपाशैर्द्यूतेनेत्यर्थः ५० । ५१
५२ विहतभूयिष्ठंनष्टप्रायं ५३ ॥ इतिआदिपर्वणिनीलकंठीये भारतभावदीपे एकषष्टितमोऽध्यायः ॥ ६१ ॥ ॥ ॥ कथितमिति १ । २ । ३ अवध्यान्भीष्मद्रो

॥ ६३ ॥ सुभद्रायुयुजेप्रीत्यापांडवेनार्जुनेनह ॥ अतर्पयच्चकौन्तेयःखांडवेहव्यवाहनम् ४५ बीभत्सुर्वासुदेवेनसहितोनृपसत्तम ॥ नातिभारोहिपार्थस्यकेशवेनसहाभवत् ४६ व्यवसायसहायस्यविष्णोःशत्रुवधेष्विव ॥ पार्थायाग्निर्ददौचापिगांडीवंधनुरुत्तमम् ४७ इषुधीचाक्षयैर्बाणैरथंचकपिलक्षणम् ॥ मोक्षयामासबीभत्सुर्मयंयत्रमहासुरम् ४८ सचकारसभांदिव्यांसर्वरत्नसमाचिताम् ॥ तस्यांदुर्योधनोमंदोलोभंचक्रेसुदुर्मतिः ४९ ततोऽक्षैर्वंचयित्वाचसौबलेनयुधिष्ठिरम् ॥ वनंप्रस्थापयामाससप्तवर्षाणिपंचच ५० अज्ञातमेकंराष्ट्रेचततोवर्षंत्रयोदशम् ॥ ततश्चतुर्दशेवर्षेयाचमानाःस्वकंवसु ५१ नालभंतमहाराजततोयुद्धमवर्त्तत ॥ ततस्तेक्षत्रमुत्साद्यहत्वादुर्योधनंनृपम् ५२ राज्यंविहतभूयिष्ठंप्रत्यपद्यंतपांडवाः ॥ एवमेतत्पुरावृत्तंतेषामक्लिष्टकर्मणाम् ॥ भेदोराज्यविनाशायजयश्चजयतांवर ॥ ५३ ॥ इतिश्रीमहाभारतेआदिपर्वणि अंशावतरणपर्वणिभारतसूत्रंनामएकषष्टितमोऽध्यायः ॥ ६१ ॥ ॥ ॥ ॥

जनमेजयउवाच ॥ कथितंवैसमासेनत्वयासर्वंद्विजोत्तम ॥ महाभारतमाख्यानंकुरूणांचरितंमहत् १ कथांत्वनघचित्रार्थांकथयस्वतपोधन ॥ विस्तरश्रवणेजातंकौतूहलमतीवमे २ सभवान्विस्तरेणेमांपुनराख्यातुमर्हति ॥ नहितृप्यामिपूर्वेषांशृण्वानश्चरितंमहत् ३ नतत्कारणमल्पंवैधर्मज्ञायत्रपांडवाः ॥ अवध्यान्सर्वशोजघ्नुःप्रशस्यंतेचमानवैः ४ किमर्थंतेनरव्याघ्राःशक्ताःसंतोह्यनागसः ॥ प्रयुज्यमानान्संक्लेशान्क्षान्तवतोदुरात्मनाम् ५ कथंनागायुतप्राणोबाहुशालीवृकोदरः ॥ परिक्लिश्यन्नपिक्रोधंधृतवान्वैद्विजोत्तम ६ कथंसाद्रौपदीकृष्णाक्लिश्यमानादुरात्मभिः ॥ शक्तासतीधार्तराष्ट्रान्नादहत्क्रोधचक्षुषा ७ कथंव्यसनिनंद्यूतेपार्थौमाद्रीसुतौतदा ॥ अन्वयुस्तेनरव्याघ्राबाध्यमानादुरात्मभिः ८ कथंधर्मभृतांश्रेष्ठःसुतोधर्मस्यधर्मवित् ॥ अनर्हःपरमंक्लेशंसोढवान्सयुधिष्ठिरः ९ कथंचबहुलाःसेनाःपांडवःकृष्णसारथिः ॥ अस्यन्नेकोऽनयत्सर्वाःपितृलोकंधनंजयः १० एतदाचक्ष्वमेसर्वंयथावृत्तंतपोधन ॥ यद्यच्चकृतवंतस्तेतत्रतत्रमहारथाः ११ ॥

वैशंपायनउवाच ॥ क्षणंकुरुमहाराजविपुलोऽयमनुक्रमः ॥ पुण्याख्यानस्यवक्तव्यःकृष्णद्वैपायनेरितः १२ महर्षेःसर्वलोकेषुपूजितस्यमहात्मनः ॥ प्रवक्ष्यामिमतंकृत्स्नंव्यासस्यामिततेजसः १३ इदंशतसहस्रंहिश्लोकानांपुण्यकर्मणाम् ॥ सत्यवत्यात्मजेनेहव्याख्यातममितौजसा १४ यइदंश्रावयेद्विद्वान्येचेदंशृणुयुर्नराः ॥ तेब्रह्मणःस्थानमेत्यप्राप्नुयुर्देवतुल्यताम् १५ इदंहिवेदैःसमितंपवित्रमपिचोत्तमम् ॥ श्राव्याणामुत्तमंचेदंपुराणमृषिसंस्तुतम् १६ अस्मिन्नर्थश्चकामश्चनिखिलेनोपदेक्ष्यते ॥ इतिहासेमहापुण्येबुद्धिश्चपरिनैष्ठिकी १७

णादीन् ४ । ५ बाहुशालीबाहुबलवान् कथंक्रोधंधृतवानानिरुद्धवान् ६ शक्तादग्धुमितिशेषः ७ । ८ । ९ अस्यन्शरान्क्षिपन् सकथंक्लेशंसोढवानित्यनुषज्यते १० । ११ । १२ । १३
१४ । १५ ऋषिभिर्मन्त्रैस्तद्द्रष्टृभिर्वासंस्तुतंसमंस्तुतंवा १६ परिनैष्ठिकीपरिनिष्ठामोक्षस्तदुचिता १७ ॥ ॥ ॥ ॥

॥ ६३ ॥

१८ । १९ । २० पुंसवनंपुमांसःसूयंतेऽस्मिन्नश्रुते २१ महिषीपट्टराज्ञी २२ । २३ । २४ । २५ अनसूयतांगुणेषुदोषारोपमकुर्वतां २६ । २७ । २८ । २९ । ३० । ३१ । ३२ । ३३ अनेक

अक्षुद्रान्दानशीलांश्चसत्यशीलाननास्तिकान् ॥ कार्ष्णंवेदमिमंविद्वाञ्छ्रावयित्वाऽर्थमश्नुते १८ भ्रूणहत्याकृतंचापिपापंजह्यादसंशयम् ॥ इतिहासमिमंश्रुत्वा
पुरुषोऽपिसुदारुणः १९ मुच्यतेसर्वपापेभ्योराहुणाचंद्रमायथा ॥ जयोनामेतिहासोऽयंश्रोतव्योविजिगीषुणा २० महींविजयतेराजाशत्रूंश्चापिपराजयेत् ॥ इदं
पुंसवनंश्रेष्ठमिदंस्वस्त्ययनंमहत् २१ महिषीयुवराजाभ्यांश्रोतव्यंबहुशस्तथा ॥ वीरंजनयतेपुत्रंकन्यांवाराज्यभागिनीम् २२ धर्मशास्त्रमिदंपुण्यमर्थशास्त्रमिदं
परम् ॥ मोक्षशास्त्रमिदंप्रोक्तंव्यासेनामितबुद्धिना २३ संप्रत्याचक्षतेचेदंतथाश्रोष्यंतिचापरे ॥ पुत्राःशुश्रूषवःसंतिप्रेष्याश्चप्रियकारिणः २४ शरीरेणकृतंपापं
वाचाचमनसैवच ॥ सर्वंसंत्यजतिक्षिप्रंयइदंशृणुयान्नरः २५ भरतानांमहज्जन्मशृण्वतामनसूयताम् ॥ नास्तिव्याधिभयंतेषांपरलोकभयंकुतः २६ धन्यंयशस्य
मायुष्यंपुण्यंस्वर्ग्यंतथैवच ॥ कृष्णद्वैपायनेनेदंकृतंपुण्यचिकीर्षुणा २७ कीर्त्तिंप्रथयतालोकेपांडवानांमहात्मनाम् ॥ अन्येषांक्षत्रियाणांचभूरिद्रविणतेजसाम् २८
सर्वविद्यावदातानांलोकेप्रथितकर्मणाम् ॥ यइदंमानवोलोकेपुण्यार्थेब्राह्मणाञ्छुचीन् २९ श्रावयेतमहापुण्यंतस्यधर्मःसनातनः ॥ कुरूणांप्रथितंवंशंकीर्त्तयन्सततं
शुचिः ३० वंशमाप्नोतिविपुलंलोकेपूज्यतमोभवेत् ॥ योऽधीतेभारतंपुण्यंब्राह्मणोनियतव्रतः ३१ चतुरोवार्षिकान्मासान्सर्वपापैःप्रमुच्यते ॥ विज्ञेयःसचवेदानां
पारगोभारतंपठन् ३२ देवाराजर्षयोह्यत्रपुण्याब्रह्मर्षयस्तथा ॥ कीर्त्यंतेधूतपाप्मानःकीर्त्यतेकेशवस्तथा ३३ भगवांश्चापिदेवेशोयत्रदेवीचकीर्त्यते ॥ अनेकज
ननोयत्रकार्तिकेयस्यसंभवः ३४ ब्राह्मणानांगवांचैवमाहात्म्यंयत्रकीर्त्यते ॥ सर्वश्रुतिसमूहोऽयंश्रोतव्योधर्मबुद्धिभिः ३५ यइदंश्रावयेद्विद्वान्ब्राह्मणानिहपर्वसु ॥ धूत
पाप्माजितस्वर्गोब्रह्मगच्छतिशाश्वतम् ३६ श्रावयेद्ब्राह्मणान्श्राद्धेयश्चेमंपादमंततः ॥ अक्षय्यंतस्यतच्छ्राद्धमुपावर्त्तेत्पितॄनिह ३७ अह्नायदेनःक्रियतेइन्द्रियैर्मन
साऽपिवा ॥ ज्ञानादज्ञानतोवापिप्रकरोतिनरश्चयत् ३८ तन्महाभारताख्यानंश्रुत्वैवप्रविलीयते ॥ भरतानांमहज्जन्ममहाभारतमुच्यते ३९ निरुक्तमस्ययोवेद
सर्वपापैःप्रमुच्यते ॥ भरतानांयतश्चायमितिहासोमहाद्भुतः ४० महतोह्येनसोमर्त्यान्मोचयेदनुकीर्त्तितः ॥ त्रिभिर्वर्षैर्लब्धकामःकृष्णद्वैपायनोमुनिः ४१ नि
त्योत्थितःशुचिःशक्तोमहाभारतमादितः ॥ तपोनियममास्थायकृतमेतन्महर्षिणा ४२ तस्मान्नियमसंयुक्तैःश्रोतव्यंब्राह्मणैरिदम् ॥ कृष्णप्रोक्तामिमांपुण्यांभार
तीमुत्तमांकथाम् ४३ श्रावयिष्यंतियेविप्रायेचश्रोष्यंनिमानवाः ॥ सर्वथावर्त्तमानावैनतेशोच्याःकृताकृतैः ४४ ॥ ॥

जननःअनेकेभ्यःषड्भ्यःकृत्तिकाभ्योजननमुत्पत्तिरस्मिन्नितितथा ३४ सर्वश्रुतिसमूहःसर्वासांश्रुतीनांकर्मब्रह्मपराणांसमूहएवायम् ३५ । ३६ । ३७ । ३८ । ३९ । ४० । ४१ । ४२ । ४३
सर्वथासाधुनाऽसाधुनावाकर्मणावर्त्तमानाअपिकृताकृतैःक्रमेणपापपुण्यैस्तेनशोच्याः । एतच्छ्रवणादेवसर्वप्रत्यवायपरिहारोभवतीतिभावः ४४ ॥ ॥

२

सिद्धिर्धर्मफलंचित्तशुद्ध्यादिः ४५ नतामिति । स्वर्गादप्येतच्छ्रवणंसुखकरंमुक्तिहेतुत्वादितिभावः ४६ श्राद्धःश्रद्धावान् ४७ । ४८ श्रव्यमर्थतोरम्यम् ४९ । ५० । ५१ सदोत्थायीसदोद्युक्त ५२ अद्भुतत्वमेवाह धर्मेचेति । धर्मादिचतुष्टयेउपादेयेचकारचतुष्टयोक्तेअधर्मानर्थदुःखसंसाररूपेचतुष्केहातव्येचविषयेहेयमुपादेयंचकृत्स्नमत्रैवनिरूपितं । इतोऽधिकंग्रंथांतरेनास्तीतिकात्स्न्येंनसर्वे षांशास्त्राणामर्थंज्ञातुकामेनैतदेवाद्रर्तव्यमित्यर्थः ५३ ॥ इतिआदिपर्वणिनीलकंठीये भारतभावदीपे द्विषष्टितमोऽध्यायः ॥ ६२ ॥ ॥ राजेति । रंजकत्वाद्राजा महीपतिःपृथ्वीपालकः १ वसुःउप

नरेणधर्मकामेनसर्वःश्रोतव्यइत्यपि ॥ निखिलेनेतिहासोऽयंततःसिद्धिमवाप्नुयात् ४५ नतांस्वर्गगतिंप्राप्यतुष्टिंप्राप्नोतिमानवः ॥ यांश्रुत्वैवमहापुण्यमितिहासमु पाश्नुते ४६ शृण्वन्श्राद्धःपुण्यशीलःश्रावयंश्चेदमद्भुतम् ॥ नरःफलमवाप्नोतिराजसूयाश्वमेधयोः ४७ यथासमुद्रोभगवान्यथामेरुर्महागिरिः ॥ उभौख्यातौरत्न निधीतथाभारतमुच्यते ४८ इदंहिवेदैःसमितंपवित्रमपिचोत्तमम् ॥ श्रव्यंश्रुतिसुखंचैवपावनंशीलवर्धनम् ४९ यइदंभारतंराजन्वाचकायप्रयच्छति ॥ तेनसर्वा महीदत्ताभवेत्सागरमेखला ५० पारिक्षितकथांदिव्यांपुण्यायविजयायच ॥ कथ्यमानांमयाकृत्स्नांशृणुहर्षकरीमिमाम् ५१ त्रिभिर्वर्षैःसदोत्थायीकृष्णद्वैपायनो मुनिः ॥ महाभारतमाख्यानंकृतवानिदमद्भुतम् ५२ धर्मेचार्थेचकामेचमोक्षेचभरतर्षभ ॥ यदिहास्तितदन्यत्रयन्नेहास्तिनतत्क्वचित् ५३ ॥ इतिश्रीमहाभारते आदिपर्वणिअंशावतरणपर्वणि महाभारतप्रशंसायांद्विषष्टितमोऽध्यायः ॥ ६२ ॥ ॥ वैशंपायनउवाच ॥ राजोपरिचरोनामधर्मनित्योमहीपतिः ॥ बभूवमृ गयांगंतुंसदाकिलधृतव्रतः १ सचेदिविषयंरम्यंवसुःपौरवनंदनः ॥ इन्द्रोपदेशाज्जग्राहरमणीयंमहीपतिः २ तमाश्रमेन्यस्तशस्त्रंनिवसंतंतपोनिधिम् ॥ देवाःशक्रपुरो गावैराजानमुपतस्थिरे ३ इन्द्रत्वमर्होराजाऽयंतपसेत्यनुचिंत्यवै ॥ तंसांत्वेनन्पंसाक्षात्तपसःसंन्यवर्तयन् ४ ॥ देवाऊचुः ॥ नसंकीर्येतधर्मोऽयंपृथिव्यांपृथिवीपते त्वयाहिधर्मोविधृतःकृत्स्नंधारयतेजगत् ५ ॥ इन्द्रउवाच ॥ लोकेधर्मंपालयत्वंनित्ययुक्तःसमाहितः ॥ धर्मयुक्तस्ततोलोकान्पुण्यान्पश्यसिशाश्वतान् ६ दिविष्ठस्य भुविष्ठस्त्वंसखाभूतोममप्रियः ॥ रम्यःपृथिव्यांयोदेशस्तमावसनराधिप ७ पशव्यश्चैवपुण्यश्चप्रभूतधनधान्यवान् ॥ स्वारक्ष्यश्चैवसौम्यश्चभोग्यैर्भूमिगुणैर्युतः ८ अ र्थवानेषदेशोहिधनरत्नादिभिर्युतः ॥ वसुपूर्णाचवसुधावसचेदिषुचेदिप ९ धर्मशीलाजनपदाःसुसंतोषाश्चसाधवः ॥ नचमिथ्याप्रलापोऽत्रस्वैरेष्वपिकुतोऽन्यथा १० नच पित्राविभज्यन्तेपुत्रागुरुहितेरताः ॥ युंजतेधुरिनोगाश्चकृशान्संधुक्षयंतिच ११ सर्वेवर्णाःस्वधर्मस्थाःसदाचेदिषुमानद ॥ नतेऽस्त्यविदितंकिंचित्रिषुलोकेषुयद्भवेत् १२

रिचरः २ । ३ साक्षात्प्रत्यक्षीभूय ४ नसंकीर्येतनिर्नायकत्वात् ५ । ६ । ७ पशव्यःपशुभ्योहितःस्वारक्ष्यःस्वःस्वर्गस्तत्तुल्यःअतएवरक्ष्यः ८ । ९ । १० गाःबलीवर्दान् देशोऽकृष्टपच्यइ तिहलधुरिनयुंजतेनापिशकटधुरि । पृष्ठवाहैरेवतत्कार्यसिद्धेरितिभावः कृशान्दीनानाथादीन्संधुक्षयंतिपुष्टान्कुर्वंति । यद्वा वृषभान्कृशान्नधुरियुंजतेप्रत्युतसंधुक्षयंतीति । अन्येतुगाःस्त्रीगवीःता सामप्यांश्रादिदुर्देशेषुधुरियोजनंदृष्टंतदिहनास्तीत्याहुः ११ नतइति । आत्मज्ञानात्सर्वज्ञोभविष्यसीत्यर्थः १२ ॥ ॥ ॥ ॥

उपपत्स्यतेउपस्थास्यते १३ । १४ वैजयंतींविजयहेतुं अविक्षतमेवधारयिष्यतिपालयिष्यतिनतुविक्षतं । अनयाशस्त्रमेवत्वांनबाधिष्यतइतिभावः १५ लक्षणंचिह्नं १६ इष्टप्रदानमीप्सितदानमु
द्दिश्ययष्टिंददौ १७ शक्रस्यपूजार्थमानार्थं तस्यायष्टेः गतेसंवत्सरेसंवत्सरांतेयष्टिप्रवेशोऽद्यापिमहाराष्ट्रादिषुदृश्यते १८ । १९ अपरेद्युःप्रतिपदिद्वितीयसंवत्सरादौ । अत्युच्छ्रयऊर्ध्वस्थापनं । पिटकैःमं
जूषारूपैर्वस्त्रमयैःकोशैः । यद्वाकांच्यामिवपिटकाःस्वर्णादिमयावेष्टकाःपेठ्यइतिभाषायांप्रसिद्धाग्राह्याः । 'पिटकःपेटकःपेटामंजूषाऽथविहंगिका'इत्यमरः २० हंसरूपेणयुक्तोऽहंसरूपी तस्यैवबुद्धिस्थ

दैवोपभोग्यंदिव्यंत्वामाकाशेस्फाटिकंमहत् ॥ आकाशगंत्वांमद्दत्तंविमानमुपपत्स्यते १३ त्वमेकःसर्वमर्त्येषुविमानवरमास्थितः ॥ चरिष्यस्युपरिस्थोहिदेवोवि
ग्रहवानिव १४ ददामितेवैजयंतींमालामम्लानपंकजाम् ॥ धारयिष्यतिसंग्रामेयात्वांशस्त्रैरविक्षतम् १५ लक्षणंचैतदेवेहभवितातेनराधिप ॥ इंद्रमालेतिवि
ख्यातंधन्यमप्रतिमंमहत् १६ यष्टिंचवैणवींतस्मैददौवृत्रनिषूदनः ॥ इष्टप्रदानमुद्दिश्यशिष्टानांप्रतिपालिनीम् १७ तस्याःशक्रस्यपूजार्थंभूमौभूमिपतिस्तदा ॥
प्रवेशंकारयामासगतेसंवत्सरेतदा १८ ततःप्रभृतिचाद्यापियष्टेःक्षितिपसत्तमैः ॥ प्रवेशःक्रियतेराजन्यथातेनप्रवर्त्तितः १९ अपरेद्युस्ततस्तस्याःक्रियतेऽत्युच्छ्रयो
नृपैः ॥ अलंकृतायाःपिटकैर्गंधमाल्यैश्चभूषणैः २० माल्यदामपरिक्षिप्ताविधिवत्क्रियतेऽपिच ॥ भगवान्पूज्यतेचात्रहंसरूपेणचेश्वरः २१ स्वयमेवगृहीते
नवसोःप्रीत्यामहात्मनः ॥ सतांपूजांमहेंद्रस्तुदृष्ट्वादेवःकृतांशुभाम् २२ वसुनाराजमुख्येनप्रीतिमानब्रवीत्प्रभुः ॥ येपूजयिष्यंतिनराराजानश्चमहंमम २३ कार
यिष्यंतिचमुदायथाचेदिपतिर्नृपः ॥ तेषांश्रीर्विजयश्चैवसराष्ट्राणांभविष्यति २४ तथास्फीतोजनपदोमुदितश्चभविष्यति ॥ एवंमहात्मनातेनमहेंद्रेणनराधि
प २५ वसुःप्रीत्यामघवतामहाराजोऽभिसत्कृतः ॥ उत्सवंकारयिष्यंतिसदाशक्रस्ययेनराः २६ भूमिरत्नादिभिर्दानैस्तथापूज्याभवंतिते ॥ वरदानमहायज्ञै
स्तथाशक्रोत्सवेनच २७ संपूजितोमघवतावसुश्चेदीश्वरोनृपः ॥ पालयामासधर्मेणचेदिस्थःपृथिवीमिमाम् २८ इंद्रप्रीत्याचेदिपतिश्चकारेंद्रमहंवसुः ॥ पुत्रा
श्चास्यमहावीर्याःपंचासन्नमितौजसः २९ नानाराज्येषुचसुतान्ससम्राडभ्यषेचयत् ॥ महारथोमागधानांविश्रुतोयोबृहद्रथः ३० प्रत्यग्रहःकुशाम्बश्चयमाहुर्म
णिवाहनम् ॥ मावेल्लश्चयदुश्चैवराजन्यश्चापराजितः ३१ एतेतस्यसुताराजन्राजर्षेर्भूरितेजसः ॥ न्यवेशयन्नामभिःस्वैस्तेदेशांश्चपुराणिच ३२ वासवाःपंच
राजानःपृथग्वंशाश्चशाश्वताः ॥ वसंतमिंद्रप्रासादेआकाशेस्फाटिकेचतम् ३३ उपतस्थुर्महात्मानंगंधर्वाप्सरसोनृपम् ॥ राजोपरिचरेत्येवंनामतस्याथविश्रुतम्
३४ पुरोपवाहिनींतस्यनदींशुक्तिमतींगिरिः ॥ अरौत्सीच्चेतनायुक्तःकामात्कोलाहलःकिल ३५ ॥ ॥

स्यरूपस्यविशेषणंस्वयमेवगृहीतेनेति । हंसरूपेणवासवइतिपाठेस्पष्टोऽर्थः २१ देवःकृतामितिपाठः विसर्गाभावेतुदेवेतिजनमेजयसंबोधनं २२ महमुत्सवं । 'महउद्धवउत्सवः'इत्यमरः २३ । २४
२५ । २६ वरदानंचमहायज्ञाश्चतैः २७ । २८ । २९ । ३० । ३१ । ३२ वासवावसुपुत्राः । इंद्रप्रासादेइंद्रदत्तेविमाने ३३ । ३४ पुरोपवाहिनींपुरसमीपेवहंतीमरौत्सीदात्मन्येवारुरोध ३५

३६ नदीराज्ञेन्यवेदयन्मिथुनमित्यनुषज्ज्यते ३७ । ३८ । ३९ पुंसवनेपुंप्रसवयोग्येकाले तदहस्तस्मिन्दिने ४० । ४१ । ४२ । ४३ । ४४ । ४५ । ४६ । ४७ सिंहावलोकनेनाशोकमेवविशिनष्टि मधुगंधैरिति ४८ वायुनाकामोद्दीपकेन धूम्रंमलिनंरतिकर्मतदर्थं मुदंस्त्रीविषयांप्रीतिमनुसृत्यतामेवमनसाऽगात्तयासहमानसंसुरतमकरोदित्यर्थः प्रचस्कंदपपात ४९ मिथ्याप्रसवशून्यत्वेनालीकमायं

गिरिंकोलाहलंतंतुपदावसुरताडयत् ॥ निश्चक्रामततस्तेनप्रहारविवरेणसा ३६ तस्यांनद्यांसजनयन्मिथुनंपर्वतःस्वयम् ॥ तस्माद्विमोक्षणात्प्रीतानदीराज्ञेन्यवेदयत् ३७ यःपुमानभवत्तत्रतंसराजर्षिसत्तमः ॥ वसुर्वसुप्रदश्चक्रेसेनापतिमरिंदमः ३८ चकारपत्नींकन्यांतुतथातांगिरिकांनृपः ॥ वसोःपत्नीतुगिरिकाकामकालंन्यवेदयत् ३९ ऋतुकालमनुप्राप्तास्नातापुंसवनेशुचिः ॥ तदहःपितरश्चैनमूचुर्जहिमृगानिति ४० तंराजसत्तमंप्रीतास्तदामतिमतांवर ॥ सपितॄणांनियोगंतमनतिक्रम्यपार्थिवः ४१ चकारमृगयांकामीगिरिकामेवसंस्मरन् ॥ अतीवरूपसंपन्नांसाक्षाच्छ्रियमिवापराम् ४२ अशोकैश्चंपकैश्चूतैरनेकैरतिमुक्तकैः ॥ पुन्नागैःकर्णिकारैश्चबकुलैर्दिव्यपाटलैः ४३ पाटलैर्नारिकेलैश्चचंदनैश्चार्जुनैस्तथा ॥ एतैरम्यैर्महावृक्षैःपुण्यैःस्वादुफलैर्युतम् ४४ कोकिलाकुलसन्नादंमत्तभ्रमरनादितम् ॥ वसंतकालेतत्तस्यवनंचैत्ररथोपमम् ४५ मन्मथाभिपरीतात्मानापश्यद्गिरिकांतदा ॥ अपश्यन्कामसंतप्तश्चरमाणोयदृच्छया ४६ पुष्पसंछन्नशाखाग्रंपल्लवैरुपशोभितम् ॥ अशोकंस्तबकैश्छन्नंरमणीयमपश्यत ४७ अधस्तात्तस्यच्छायायांसुखासीनोनराधिपः ॥ मधुगंधैश्चसंयुक्तंपुष्पगंधमनोहरम् ४८ वायुनाप्रेर्यमाणस्तुधूम्रायमुदमन्वगात् ॥ तस्यरेतःप्रचस्कंदचरतोगहनेवने ४९ स्कन्नमात्रंचतद्रेतोवृक्षपत्रेणभूमिपः ॥ प्रतिजग्राहमिथ्यामेनपतेद्रेतइत्युत ५० इदंमिथ्यापरिस्कन्नंरेतोमेनभवेदिति ॥ ऋतुश्चतस्याःपत्न्यामेनमोघःस्यादितिप्रभुः ५१ संचिंत्यैवंतदाराजाविचार्यचपुनःपुनः ॥ अमोघत्वंचविज्ञायरेतसोराजसत्तमः ५२ शुक्रप्रस्थापनेकालंमहिष्याःप्रसमीक्ष्यवै ॥ अभिमंत्र्याथतच्छुक्रमाराात्तिष्ठंतमाशुगम् ५३ सूक्ष्मधर्मार्थतत्त्वज्ञोगत्वाश्येनंततोऽब्रवीत् ॥ मत्प्रियार्थमिदंसौम्यशुक्रंममगृहंनय ५४ गिरिकायाःप्रयच्छाशुतस्याह्यार्त्तवमद्यवै ॥ गृहीत्वातत्तदाश्येनस्तूर्णमुत्पत्यवेगवान् ५५ जवंपरममास्थायप्रदुद्रावविहंगमः ॥ तमपश्यदथायांतंश्येनंश्येनस्तथाऽपरः ५६ अभ्यद्रवच्चतंसद्योदृष्ट्वैवामिषशंकया ॥ तुंडयुद्धमथाकाशेतावुभौसंप्रचक्रतुः ५७ युध्यतोरपतद्रेतस्तच्चापियमुनांभसि ॥ तत्राद्रिकेतिविख्याताब्रह्मशापाद्वराप्सराः ५८ मीनभावमनुप्राप्ताबभूवयमुनाचरी ॥ श्येनपादपरिभ्रष्टंतद्वीर्यमथवासवम् ५९ जग्राहतरसोपेत्यसाऽद्रिकामत्स्यरूपिणी ॥ कदाचिदपिमत्सींतांबबंधुर्मत्स्यजीविनः ६० मासेचदशमेप्राप्तेतदाभरतसत्तम ॥ उज्जह्रुरुदरात्तस्याःस्त्रींपुमांसंचमानुषम् ६१ आश्चर्यभूतंतद्गत्वाराज्ञेऽथप्रत्यवेदयन् ॥ कायेमत्स्याइमौराजन्संभूतौमानुषाविति ६२ तयोःपुमांसंजग्राहराजोपरिचरस्तदा ॥ समत्स्योनामराजाऽसीद्धार्मिकःसत्यसंगरः ६३ ॥

६० । ६१ । ६२ अभिमंत्र्यपुत्रोत्पत्तिलिंगैर्मंत्रैःस्पृष्ट्वा आरात्विमानैकदेशसमीपे ५३ । ५४ आर्तवमृतुकालीनंस्नानम् ५५ । ५६ । ५७ युध्यतोःसतोः अद्रिकागिरिकेतिनामसाम्याद्गिरिकायाएवाप्सरसोन्यूहभेदेनदेहद्वयंज्ञेयं । अन्यथाराज्ञोमिथ्यासंकल्पत्वापत्तेः ५८ । ५९ । ६० मासेदशमेप्राप्तेबबंधुरितिसंबंधः उज्जह्रुःउद्धृतवंतः ६१ कायेदेहे मत्स्याःमत्स्ययोषायाः ६२ । ६३ ॥

६४ ६५ । ६६ मत्स्यसगंधिनीमत्स्यसमानगंधा दाशायकैवर्त्ताय ६७ । ६८ । ६९ । ७० चकमेकामितवान् ७१ । ७२ नीहारंधूमिकां ७३ । ७४ पितुर्वशइच्छातदनुसारिणींपितृवशानुगां ७५
७६ नस्थातुंजीवितुंनोत्सहे कन्यात्वदूषणादित्यर्थः ७७ । ७८ । ७९ । ८० स्त्रीभावेयोगुणःपुष्पवत्त्वातेनभूषिता सद्यःपुष्पवत्यभूदित्यर्थः ८१ । ८२ वरंकन्याभावंसौगंध्यंचलब्ध्वासद्योगर्भंचसुषा

साऽप्सरामुक्तशापाचक्षणेनसमपद्यत ॥ यापुरोक्ताभगवतातिर्यग्योनिगताशुभा ६४ मानुषौजनयित्वात्वंशापमोक्षमवाप्स्यसि ॥ ततःसाजनयित्वातौविश
स्तामत्स्यघातिना ६५ संत्यज्यमत्स्यरूपंसादिव्यंरूपमवाप्यच ॥ सिद्धर्षिचारणपथंजगामाथवराप्सराः ६६ साकन्यादुहितातस्यामत्स्यामत्स्यसगंधिनी ॥
राज्ञादत्ताचदाशायकन्येयंतेभवत्विति ६७ रूपसत्त्वसमायुक्तासर्वैःसमुदितागुणैः ॥ सातुसत्यवतीनाममत्स्यघात्यभिसंश्रयात् ६८ आसीत्सामत्स्यगंधैववकंचित्का
लंशुचिस्मिता ॥ शुश्रूषार्थंपितुर्नावंवाहयंतींजलेचताम् ६९ तीर्थयात्रांपरिक्रामन्नपश्यद्वैपराशरः ॥ अतीवरूपसंपन्नांसिद्धानामपिकांक्षिताम् ७० दृष्ट्वैवसच
तांधीमांश्चकमेचारुहासिनीम् ॥ दिव्यांतांवासवींकन्यांरंभोरूंमुनिपुंगवः ७१ संगमंममकल्याणिकुरुष्वेत्यभ्यभाषत ॥ साऽब्रवीत्पश्यभगवन्पारावारेस्थिता
नृषीन् ७२ आवयोर्दृष्टयोरेभिःकथंतुस्यात्समागमः ॥ एवंतयोक्तोभगवान्नीहारमसृजत्प्रभुः ७३ येनदेशःससर्वस्तुतमोभूतइवाभवत् ॥ दृष्ट्वासृष्टंतुनीहारंतत
स्तंपरमर्षिणा ७४ विस्मितासाऽभवत्कन्याव्रीडिताचतपस्विनी ॥ सत्यवत्युवाच ॥ विद्धिमांभगवन्कन्यांसदापितृवशानुगाम् ७५ त्वत्संयोगाच्चदुष्येतकन्या
भावोममाऽनघ ॥ कन्यात्वेदूषितेवाऽपिकथंशक्ष्येद्विजोत्तम ७६ गृहंगंतुमृषेचाहंधीमन्नस्थातुमुत्सहे ॥ एतत्संचिंत्यभगवन्विधत्स्वयदनंतरम् ७७ एवमुक्तवतीं
तांतुप्रीतिमानृषिसत्तमः ॥ उवाचमत्प्रियंकृत्वाकन्यैवत्वंभविष्यसि ७८ वृणीष्वचवरंभीरुयंत्वमिच्छसिभाविनि ॥ वृथाहिनप्रसादोमेभूतपूर्वःशुचिस्मिते ७९
एवमुक्तावरंवव्रेगात्रसौगंध्यमुत्तमम् ॥ सचास्यैभगवान्प्रादान्मनसःकांक्षितंभुवि ८० ततोलब्धवराप्रीतास्त्रीभावगुणभूषिता ॥ जगामसहसंसर्गमृषिणाऽद्भुतक
र्मणा ८१ तेनगंधवतीत्येवंनामास्याःप्रथितंभुवि ॥ तस्यास्तुयोजनाद्गंधमाजिघ्रंतनराभुवि ८२ तस्यायोजनगंधेतिततोनामापरंस्मृतम् ॥ इतिसत्यवती
हृष्टालब्ध्वावरमनुत्तमम् ८३ पराशरेणसंयुक्तासद्योगर्भंसुषावसा ॥ जज्ञेचयमुनाद्वीपेपाराशर्यःसवीर्यवान् ८४ समातरमनुज्ञाप्यतपस्येवमनोदधे ॥ स्मृतोऽ
हंदर्शयिष्यामिकृत्येष्वितिचसोऽब्रवीत् ८५ एवंद्वैपायनोजज्ञेसत्यवत्यांपराशरात् ॥ न्यस्तोद्वीपेसयद्बालस्तस्माद्द्वैपायनःस्मृतः ८६ पादापसारिणंधर्मंसतु
विद्वान्युगेयुगे ॥ आयुःशक्तिंचमर्त्यानांयुगावस्थामवेक्ष्यच ८७ ब्रह्मणोब्राह्मणानांचतथाऽनुग्रहकांक्षया ॥ विव्यासवेदान्यस्मात्सतस्माद्व्यासइतिस्मृतः ८८

वेतिसंबंधः ८३ । ८४ । ८५ द्वीपमेवाऽयनंन्यासस्थानंयस्यद्वीपायनः स्वार्थेतद्धितः द्वीपायनएवद्वैपायनइतिनामनिर्वक्ति न्यस्तइति ८६ पादापसारिणंयुगेयुगेपादशःक्षीयमाणं कलेरादौपादमा
त्रमवशिष्टमित्यर्थः एवमायुरादिह्रासंचावेक्ष्य ८७ ब्रह्मणोवेदस्य । अनुग्रहोरक्षणं । विव्यासशाखाभेदेनविस्तारितवान् अतोव्यासइत्यपितस्यनामेत्यर्थः ८८ ॥ ॥ ॥ ॥

महाभारतपंचमानितिभारतंपंचमोवेदः सर्वश्रुतिसमूहोऽयमित्यसकृदुक्तेःइतरपुराणवदिदंनमंतव्यमित्यर्थः ८९ भारतस्यमूलभूताःसंहितामंत्रब्राह्मणरूपावेदाः तैःसुमंतुप्रभृतिभिः प्रकाशिताइदमस्य
मूलमिदमस्यमूलमितिस्पष्टीकृतास्तेनप्रत्यक्षवेदमूलमेतदितिभावः ९० वसुवीर्याद्दष्टानांवसूनामंशात् ९१। ९२ आहूयसमीपमानीय आहत्येतिपाठेअधिक्षिप्य ९३। ९४ वधःपीडाऽपमानोवा ९५
९६। ९७ कुंतिभोजस्यकन्यायांकुंत्याम् ९८। ९९ अनादिनिधनइतिस्थूलदेहधर्मयोर्जन्ममरणयोर्व्यावृत्तिःदेवोदीव्यमानोजगत्कर्ता । किंतैजसोन प्रभुर्जीवस्यस्वप्नेऽपिजगत्कर्तृत्वाभावात् । अन्यथा
स्वप्नेप्रतिकूलसृष्ट्यनुपपत्तिः । एतेनकर्मद्वाराऽपिजगत्कर्तृत्वंजीवस्यलांगलंगवादीनुद्वहतीतिवन्निमित्तत्वमात्रेणनत्वीश्वरत्वेनेतिदर्शितं । अव्यक्तमव्याकृतं । किंसौषुप्तंकारणं । यथोक्तं'सुषुप्ताख्यंतमोऽ
ज्ञानंयद्बीजंस्वप्नबोधयोः'इतितद्व्यावर्त्तयतिअक्षरमितिनक्षरत्यपरिणामित्वात्तत्तुक्षयोद्भवयुक्तं । एतेनव्यष्टिस्थूलसूक्ष्मकारणदेहव्यावर्त्तनेनत्वंपदार्थशोधउक्तः । अन्यथाभगवतिजन्माद्यप्रसक्तेरस्त
द्वारकमनादिनिधनइतिविशेषणमनुपपन्नं । तत्पदार्थमाह ब्रह्मबृहत्प्रधानंप्रधीयतेऽस्मिन्सर्वमितिलयस्थानंत्रिगुणात्मकंसत्वरजस्तमोमयं १०० अस्यसांख्याभिमतमनात्मत्वंपरिणामित्वंचवारय

वेदानध्यापयामासमहाभारतपंचमान् ॥ सुमंतुंजैमिनिंपैलंशुकंचैवस्वमात्मजम् ८९ प्रभुर्वरिष्ठोवरदोवैशंपायनमेवच ॥ संहितास्तैःपृथक्त्वेनभारतस्यप्रकाशिताः
९० तथाभीष्मःशांतनवोगंगायाममितद्युतिः ॥ वसुवीर्यात्समभवन्महावीर्योमहायशाः ९१ वेदार्थविच्चभगवानृषिर्विप्रोमहायशाः ॥ शूलेप्रोतःपुराणर्षिरचौ
रश्चौरशंकया ९२ अणीमांडव्यइत्येवंविख्यातःसमहायशाः ॥ सधर्ममाहूयपुरामहर्षिरिदमुक्तवान् ९३ इषीकयामयाबाल्यादेकाविद्धाह्यकाशकुंतिका ॥ तत्किल्बिषं
स्मरेधर्मनान्यत्पापमहंस्मरे ९४ तन्मेसहस्रममितंकस्मान्नेहाजयत्तपः ॥ गरीयान्ब्राह्मणवधःसर्वभूतवधाद्यतः ९५ तस्मात्त्वंकिल्बिषीधर्मशूद्रयोनौजनिष्यसि ॥
तेनशापेनधर्मोऽपिशूद्रयोनावजायत ९६ विद्वान्विदुररूपेणधार्मीतनुरकिल्बिषी ॥ संजयोमुनिकल्पस्तुजज्ञेसूतोगवल्गणात् ९७ सूर्याच्चकुंतिकन्यायांजज्ञेकर्णो
महाबलः ॥ सहजंकवचंबिभ्रत्कुंडलोद्योतिताननः ९८ अनुग्रहार्थंलोकानांविष्णुर्लोकनमस्कृतः ॥ वसुदेवात्तुदेवक्यांप्रादुर्भूतोमहायशाः ९९ अनादिनिधनोदेवःस
कर्ताजगतःप्रभुः ॥ अव्यक्तमक्षरंब्रह्मप्रधानंत्रिगुणात्मकम् १०० आत्मानमव्ययंचैवप्रकृतिंप्रभवंप्रभुम् ॥ पुरुषंविश्वकर्माणंसत्वयोगंध्रुवाक्षरम् १०१

त्यात्मानमव्ययमितिविशेषणाभ्यां प्रधानत्वादेवप्रकृतिमुपादानं । प्रभवमुत्पत्तिनिमित्तं । प्रभुमधिष्ठातारं । ननुघटादेर्मृदुपादानंचक्रंनिमित्तंकुलालःकर्त्ता । अत्रतुत्रयमपिदेवएवेयुक्तंतत्कथ
मित्याशंक्य । तत्सृष्ट्वातदेवानुप्राविशदितिश्रुत्यर्थमाह पुरुषंपूर्पुवसतीतिपुरुषः । पुरश्च'ज्ञानेंद्रियाणिखलुपंचतथापराणिकर्मेन्द्रियाणिमनआदिचतुष्टयंच । प्राणादिपंचकमथोवियदादिकंचकामश्चकर्म
चतमःपुनरष्टमीपूः'इत्युक्ताः । आत्मानमेवस्वाविद्ययापूर्यष्टकाकारंकृत्वातत्रप्रविष्टइत्यर्थः एवमैश्वरींप्रवेशांतांसृष्टिमुक्त्वाजाग्रदादिविमोक्षांतांजैवींसृष्टिं 'तदनुप्रविश्यसच्चत्यच्चाभवत्'इतिश्रुत्युक्तांसं
गृह्णातिविश्वकर्माणमिति विश्वंपृथिव्यप्तेजोरूपंसच्छब्दवाच्यंवाय्वाकाशादिरूपंत्यच्छब्दवाच्यंचेत्येवमादिरूपंकर्मघटादिश्चक्रियाफलभूतंयस्येतिविश्वकर्मातं । एवंविशेषणैरेवब्रह्मणएवजीवभावंप्रदर्श्यत
न्निवृत्त्युपायमपितैरेवप्रत्याययति सत्वयोगंसत्वेनैवधर्मज्ञानवैराग्यमूलेनयोगःप्राप्तिरस्यतं । सत्ववतोब्रह्मभावप्राप्तावालंबनमाह ध्रुवाक्षरंप्रणवाख्यवर्णस्वरूपं । वाच्यवाचकयोरभेदात्प्रणवमात्राभिरकारो
कारमकारार्धमात्राभिरुपासिताभिस्तदर्थभूताविराट्सूत्रांतर्यामितुरीयाख्याःप्राप्यंतइतिभावः १०१ ॥ ॥ ॥ ॥

॥ ६६ ॥

एतेषुकतमोमुख्यःप्राप्यइत्यतआह अनंतमिति । देशतःकालतोवस्तुतश्चापरिच्छिन्नंतुरीयमित्यर्थः । ननुतत्तदवस्थायांसर्वेषामानंत्यमविशिष्टमित्याशंक्याह अचलमबाधितंइतरेषांबाधोऽस्तीत्यापेक्षि
कमनंतत्वमितिभावः । नन्वेवंकारणत्वादिनिषेधशून्यमेवस्यान्नेत्याह देवंद्योतमानंचिद्रूपमित्यर्थः । एवंतर्वंकुरबीजद्वाराभुवइवविराट्सूत्रेशद्वारातुरीयप्राप्तिमुक्त्वातत्रैवद्वारांतरमाह हंसंसंन्या
साश्रमरूपं तत्रह्यविक्षेपेणश्रवणादिकंसिध्यतीतिसोऽपिद्वारं । नारायणंफलस्थानीयंपंचमंमहाविष्णुं । एतद्विग्रहध्यानद्वारैवहिविराडादिभावमारोहंतिध्यायिनः । फलगर्भेबीजानीवास्यगर्भेऽनं
तानिकारणानिसंतीत्येनंतुरीयविशेषणैरेवविशिनष्टि प्रभुंप्रभवत्यस्मात्कार्यमितिजगद्भ्रमाधिष्ठानं । धातारंकार्येसत्तास्फूर्त्योःसमर्पकं । अजमुरगोपादानभूतरज्जुवदजातं । अव्यक्तमप्रकटं ।

अनंतमचलंदेवंहंसंनारायणंप्रभुम् ॥ धातारमजमव्यक्तंयमाहुःपरमव्ययम् १०२ कैवल्यंनिर्गुणंविश्वमनादिमजमव्ययम् ॥ पुरुषःसविभुःकर्तासर्वभूतपितामहः ३
धर्मसंवर्धनार्थायप्रजज्ञेऽन्धकवृष्णिषु ॥ अस्त्रज्ञौतुमहावीर्यौसर्वशास्त्रविशारदौ ४ सात्यकिःकृतवर्माचनारायणमनुव्रतौ ॥ सत्यकाद्धृदिकाच्चैवजज्ञातेऽस्त्रविशार
दौ ५ भरद्वाजस्यचस्कन्नंद्रोण्यांशुक्रमवर्धत ॥ महर्षेरुग्रतपसस्तस्माद्द्रोणोव्यजायत ६ गौतमान्मिथुनंजज्ञेशरस्तंबाच्छरद्वतः ॥ अश्वत्थाम्नश्चजननीकृपश्चैव
महाबलः ७ अश्वत्थामाततोजज्ञेद्रोणादेवमहाबलः ॥ तथैवधृष्टद्युम्नोऽपिसाक्षादग्निसमद्युतिः ८ वैतानेकर्मणिततेपावकात्समजायत ॥ वीरोद्रोणविनाशायधनु
रादायवीर्यवान् ९ तत्रैववेद्यांकृष्णाऽपिजज्ञेतेजस्विनीशुभा ॥ विभ्राजमानावपुषाबिभ्रतीरूपमुत्तमम् ११० प्रह्लादशिष्योनग्नजित्सुबलश्चाभवत्ततः ॥ तस्यप्रजा
धर्महंत्रीजज्ञेदेवप्रकोपनात् ११ गांधारराजपुत्रोऽभूच्छकुनिःसौबलस्तथा ॥ दुर्योधनस्यजननीजज्ञातेऽर्थविशारदौ १२ कृष्णद्वैपायनाज्जज्ञेधृतराष्ट्रोजनेश्वरः ॥
क्षेत्रेविचित्रवीर्यस्यपांडुश्चैवमहाबलः १३ धर्मार्थकुशलोधीमान्मेधावीधूतकल्मषः ॥ विदुरःशूद्रयोनौतुजज्ञेद्वैपायनादपि १४ पांडोस्तुजज्ञिरेपंचपुत्रादेवसमाः
पृथक् ॥ द्वयोःस्त्रियोर्गुणज्येष्ठस्तेषामासीद्युधिष्ठिरः १५ धर्माद्युधिष्ठिरोजज्ञेमारुताच्चवृकोदरः ॥ इंद्राद्धनंजयःश्रीमान्सर्वशस्त्रभृतांवरः १६ जज्ञातेरूपसंपन्नाव
श्विभ्यांचयमावपि ॥ नकुलःसहदेवश्चगुरुशुश्रूषणेरतौ १७ तथापुत्रशतंजज्ञेधृतराष्ट्रस्यधीमतः ॥ दुर्योधनप्रभृतयोयुयुत्सुःकरणस्तथा ११८ ॥ ॥

अधिष्ठानव्यक्तौह्यध्यस्तमेवलुप्येताऽतोव्यक्तं । परं आदित्यवर्णतमसःपरस्तादित्यादयोमंत्रायंकारणात्परंप्राहुः । अतएवाव्ययंनाशबाधाभ्यांहीनं १०२ कैवल्यंकेवलमेवकैवल्यमसंगं । निर्गुणं
रूपादिभिश्चक्षुरादिभिश्चहीनं । अत्रविग्रहवत्त्वात्प्रसक्तंपरिच्छिन्नत्वंकारणवत्त्वंजन्ममरणंचेतितच्चतुष्कंक्रमेणव्यावर्त्तयति विश्वमनादिमजमव्ययमिति मायिकत्वाद्विग्रहस्यनतत्कृतपरिच्छेदादयो
ऽस्मिन्संभवंतीत्यर्थः । यएवंरूपोनारायणःसएवदेवकीसूनुरित्याह पुरुषइत्यादिसार्धेन । सएवंभूतोऽस्त्रज्ञौरामकृष्णौजज्ञे तदुभयरूपेणजातइत्यर्थः ३ । ४ विशारदौप्रयोगकुशलौ ५ द्रोण्यांगिरिद्
र्यां ६ शरस्तंबाच्छरस्तंबस्कन्नाद्द्वैधीभूताद्रेतसः ७ । ८ वैतानेत्रेताग्निसाध्ये ९ । ११० तस्यसुबलस्यप्रजापुंरूपैवशकुनिरूपा दुर्योधनमातुर्धर्महंतृत्वंपुत्रद्वारैव ११ । १२ । १३ प्रसं
गात्पुनर्विदुरजन्मोक्तिः १४ । १५ । १६ । १७ युयुत्सुःशताधिकः । करणस्तु ‘वैश्यायांक्षत्रियाज्जातःकरणःपरिकीर्तितः’इतिस्मृत्युक्तः ११८ ॥ ॥ ॥

११९ । २० । २१ । २२ । २३ । २४ स्थूणोनाम्ना २५ । २६ । २७ ॥ इतिआदिपर्वणिनीलकंठीये भारतभावदीपे त्रिषष्टितमोऽध्यायः ॥ ६३ ॥ यएतइति १ । २ । ३ त्रिःसप्तकृत्वएकविंशतिवारान्

ततोदुःशासनश्चैवदुःसहश्चापिभारत ॥ दुर्मर्षणोविकर्णश्चचित्रसेनोविविंशतिः ११९ जयःसत्यव्रतश्चैवपुरुमित्रश्चभारत ॥ वैश्यापुत्रोयुयुत्सुश्चएकादशमहारथाः

१२० अभिमन्युःसुभद्रायामर्जुनादभ्यजायत ॥ स्वस्रीयोवासुदेवस्यपौत्रःपांडोर्महात्मनः २१ पांडवेभ्योहिपांचाल्यांद्रौपद्यांपंचजज्ञिरे ॥ कुमारारूपसंपन्नाः

सर्वशास्त्रविशारदाः २२ प्रतिविंध्योयुधिष्ठिरात्सुतसोमोवृकोदरात् ॥ अर्जुनाच्छुतकीर्तिस्तुशतानीकस्तुनाकुलिः २३ तथैवसहदेवाच्चश्रुतसेनःप्रतापवान् ॥

हिडिंबायांचभीमेनवनेजज्ञेघटोत्कचः २४ शिखंडीद्रुपदाज्जज्ञेकन्यापुत्रत्वमागता ॥ यांयक्षःपुरुषंचक्रेस्थूणःप्रियचिकीर्षया २५ कुरूणांविग्रहेतस्मिन्समागच्छ

न्बहून्यथ ॥ राज्ञांशतसहस्राणियोत्स्यमानानिसंयुगे २६ तेषामपरिमेयानांनामधेयानिसर्वशः ॥ नशक्यानिसमाख्यातुंवर्षाणामयुतैरपि ॥ एतेतुकीर्तितामु

ख्यायैराख्यानमिदंततम् १२७ ॥ इतिश्रीमहाभारते आदिपर्वणि अंशावतरणपर्वणिव्यासाद्युत्पत्तौ त्रिषष्टितमोऽध्यायः ॥ ६३ ॥ जनमेजयउवाच ॥

यएतेकीर्तिताब्रह्मन्येचान्येनानुकीर्तिताः ॥ सम्यक्कृतान्श्रोतुमिच्छामिराज्ञश्चान्यान्सहस्रशः १ यदर्थमिहसंभूतादेवकल्पामहारथाः ॥ भुवितन्मेमहा

भागसम्यगाख्यातुमर्हसि २ ॥ वैशंपायनउवाच ॥ रहस्यंखल्विदंराजन्देवानामितिनःश्रुतम् ॥ तत्तुतेकथयिष्यामिनमस्कृत्वास्वयंभुवे ३ त्रिःसप्तकृत्वःपृथि

वींकृत्वानिःक्षत्रियांपुरा ॥ जामदग्न्यस्तपस्तेपेमहेंद्रेपर्वतोत्तमे ४ तदानिःक्षत्रियेलोकेभार्गवेणकृतेसति ॥ ब्राह्मणान्क्षत्रियाराजन्सुतार्थिन्योऽभिचक्रमुः ५ ता

भिःसहसमापेतुर्ब्राह्मणाःसंशितव्रताः ॥ ऋतावृतौनरव्याघ्रनकामान्नानृतौतथा ६ तेभ्यश्चलेभिरेगर्भंक्षत्रियास्ताःसहस्रशः ॥ ततःसुषुविरेराजन्क्षत्रियान्वीर्यव

त्तरान् ७ कुमारांश्चकुमारीश्चपुनःक्षत्राभिवृद्धये ॥ एवंतद्ब्राह्मणैःक्षत्रंक्षत्रियासुतपस्विभिः ८ जातंवृद्धंचधर्मेणसुदीर्घेणायुषाऽन्वितम् ॥ चत्वारोऽपिततोवर्णा

बभूवुर्ब्राह्मणोत्तराः ९ अभ्यगच्छन्नृतौनारींनकामान्नानृतौतथा ॥ तथैवान्यानिभूतानितिर्यग्योनिगतान्यपि १० ऋतौदारांश्चगच्छंतितत्तथाभरतर्षभ ॥ त

तोऽवर्धंतधर्मेणसहस्रशतजीविनः ११ ताःप्रजाःपृथिवीपालधर्मव्रतपरायणाः ॥ आधिभिर्व्याधिभिश्चैवविमुक्ताःसर्वशोनराः १२ अथेमांसागरापांगींगांगजेंद्रगता

खिलाम् ॥ अध्यतिष्ठत्पुनःक्षत्रंसशैलवनपत्तनाम् १३ प्रशासतिपुनःक्षत्रेधर्मेणेमांवसुंधराम् ॥ ब्राह्मणाद्यास्ततोवर्णालेभिरेमुदमुत्तमाम् १४ कामक्रोधोद्भवान्दो

षान्निरस्यचनराधिपाः ॥ धर्मेणदंडंदंड्येषुप्रणयंतोऽन्वपालयन् १५ तथाधर्मपरेक्षत्रेसहस्राक्षःशतक्रतुः ॥ स्वादुदेशेचकालेचवर्षेणापालयत्प्रजाः १६ नबालएव

म्रियतेतदाकश्चिज्जनाधिप ॥ नचस्त्रियंप्रजानातिकश्चिदप्राप्तयौवनः १७ ॥ ॥ ॥ ॥ ॥

४ । ५ । ६ । ७ । ८ ब्राह्मणोत्तराःब्राह्मणप्रधानाः ९ । १० जीविनोजीविन्यः ११ आधिभिःशोकादिभिः व्याधिभिर्ज्वरादिभिः १२ अपांगइवापांगःप्रांतःसागरांतामित्यर्थः अध्यतिष्ठदधिष्ठित

वान् हेगजेंद्रगत १३ । १४ । १५ स्वादुरोचकंयथास्याचथा १६ । १७ ॥ ॥ ॥ ॥ ॥ ॥ ॥

१८। १९ ब्रह्मवेदंनविक्रीणते भृतकाध्यापनंनकुर्वंतइत्यर्थः २० वैश्याःस्वयंधुरिगाबलीवर्दान्नयुंजते २१ फेनपान्अतृणादानभिलक्ष्यनदुहंतिधेनूरितिशेषः कूटमानैःकपटतुलाप्रस्थादिभिः
२२। २३। २४ ऋतुषुवसंतादिषुस्वस्वकाले २५। २६ समुदितेमुदितयाप्रीत्यासहिते २७। २८ देवत्वंराज्यंदेवभावंवा २९। ३०। ३१। ३२। ३३। ३४। ३५। ३६

एवमायुष्मतीभिस्तुप्रजाभिर्भरतर्षभ ॥ इयंसागरपर्यंतासमापूर्यतमेदिनी १८ ईजिरेचमहायज्ञैःक्षत्रियाबहुदक्षिणैः ॥ सांगोपनिषदान्वेदान्विप्राश्चाधीयतेतदा १९
नचविक्रीणतेब्रह्मब्राह्मणाश्चतदानृप ॥ नचशूद्रसमभ्यासेवेदानुच्चारयंत्युत २० कारयंतःकृषिंगोभिस्तथावैश्याःक्षिताविह ॥ युंजतेधुरिनोगाश्चकृशांगांश्चाप्यजीव
यन् २१ फेनपांश्चतथावत्सान्नदुहंतिस्ममानवाः ॥ नकूटमानैर्वणिजःपण्यंविक्रीणतेतदा २२ कर्माणिचनरव्याघ्रधर्मोपेतानिमानवाः ॥ धर्ममेवानुपश्यंतश्चक्रुर्धर्मपरा
यणाः २३ स्वकर्मनिरताश्चासन्सर्वेवर्णानराधिप ॥ एवंतदानरव्याघ्रधर्मोनह्रसतेक्कचित् २४ कालेगावःप्रसूयंतेनार्यश्चभरतर्षभ ॥ भवंत्यृतुषुवृक्षाणांपुष्पाणिच
फलानिच २५ एवंकृतयुगेसम्यग्वर्तमानेतदानृप ॥ आपूर्यतमहीकृत्स्नाप्राणिभिर्बहुभिर्भृशम् २६ एवंसमुदितेलोकेमानुषेभरतर्षभ ॥ असुराजज्ञिरेक्षेत्रेराज्ञांतुम
नुजेश्वर २७ आदित्यैर्हितदादैत्याबहुशोनिर्जितायुधि ॥ ऐश्वर्याद्भ्रंशिताःस्वर्गात्संबभूवुःक्षिताविह २८ इहदेवत्वमिच्छंतोमानुषेषुमनस्विनः ॥ जज्ञिरेभुविभूते
षुतेषुतेष्वसुराविभो २९ गोष्वश्वेषुचराजेंद्रखरोष्ट्रमहिषेषुच ॥ क्रव्यात्सुचैवभूतेषुगजेषुचमृगेषुच ३० जातैरिहमहीपालजायमानैश्चतैर्मही ॥ नशशाकात्मना
ऽऽत्मानमियंधारयितुंधरा ३१ अथजातामहीपालाःकेचिद्बहुमदान्विताः ॥ दितेःपुत्रादनोश्चैवतदालोकइहाऽच्युताः ३२ वीर्यवंतोऽवलिप्तास्तेनानारूपधरा
महीम् ॥ इमांसागरपर्यन्तांपरीयुररिमर्दनाः ३३ ब्राह्मणान्क्षत्रियान्वैश्यान्शूद्रांश्चैवाप्यपीडयन् ॥ अन्यानिचैवसत्वानिपीडयामासुरोजसा ३४ त्रासयंतोऽभिनि
घ्नंतःसर्वभूतगणांश्चते ॥ विचेरुःसर्वशोराजन्महींशतसहस्रशः ३५ आश्रमस्थान्महर्षींश्चधर्षयंतस्ततस्ततः ॥ अब्रह्मण्यावीर्यमदामत्तामदबलेनच ३६ एवंवीर्य
बलोत्सिक्तैर्भूरियत्नैर्महासुरैः ॥ पीड्यमानामहीराजन्ब्रह्माणमुपचक्रमे ३७ नद्यमीभूतसत्वौघाःपन्नगाःसनगांमहीम् ॥ तदाधारयितुंशेकुःसंक्रांतांदानवैर्बलात्
३८ ततोमहीमहीपालभारार्त्ताभयपीडिता ॥ जगामशरणंदेवंसर्वभूतपितामहम् ३९ सासंवृतंमहाभागैर्देवद्विजमहर्षिभिः ॥ ददर्शदेवंब्रह्माणंलोककर्त्तारमव्ययम्
४० गंधर्वैरप्सरोभिश्चदेवकर्मसुनिष्ठितैः ॥ वंद्यमानंमुदोपेतैर्ववंदेचैनमेत्यसा ४१ अथविज्ञापयामासभूमिस्तंशरणार्थिनी ॥ सन्निधौलोकपालानांसर्वेषामेव
भारत ४२ तत्प्रधानात्मनस्तस्यभूमेःकृत्यंस्वयंभुवः ॥ पूर्वमेवाभवद्राजन्विदितंपरमेष्ठिनः ४३ ॥ ॥ ॥ ॥

महीउपचक्रमेगंतुमितिशेषः महाराजेतिपाठांतरेतुमहीतिशेषः ३७ नद्यमीइति। भूतसत्वौघाः भूतानांशेषकूर्मदिग्गजानांधराभृतांसत्वौघाबलसंघाः पन्नगाःशेषाः बहुवचनंतेषांप्रत्येकंबहूनाम
प्यसामर्थ्यंकिंपुनरेकैकस्येतिसूचनार्थं। नद्येनामितिपाठेएनांबुद्धिस्थांभूमिं ३८। ३९ अव्ययमजरत्वादपक्षयशून्यं ४० एनंब्रह्माणं सापृथ्वी ४१। ४२ तद्भूमेःकृत्यं प्रधानात्मनःप्रधानजयी
आत्मामनोयस्यतस्य सांख्ययोगानांहिप्रधानजयिनःसर्वज्ञत्वंसर्वशक्तित्वंचभवतीतिप्रसिद्धं सर्वज्ञस्यनाविदितंकिंचिदस्तीत्यर्थः प्रधानात्मनःकारणात्मनस्तद्भूमेःकृत्यमितिवाऽर्थः ४३ ॥ ॥

तदेवाह स्रष्टाहीति ४४ अस्यत्रिमूर्तित्वमाह प्रभवइति । ईशोविष्णुः ४५ । ४६ । ४७ विरोधायविरोधमूलकाय भूभारनाशायेत्यर्थः ४८ । ४९ तथ्यंयथार्थं । अर्थ्यंप्रार्थनीयं । पथ्यंहितकरं ५० कृतक्षणाःकृतनियमाः ५१ पृथुचार्वचितेक्षणःपृथुनीचार्वचितेसदयनिपातेईक्षणेयस्यसः । पृथुवक्षांचितेक्षणइतिपाठेवक्षःशब्दोऽकारांतः पृथुनिवक्षेवक्षस्यंचितंगमनंययोस्तेध्यानारूढतयाईक्षणेयस्यसः

स्रष्टाहिजगतःकस्मान्नसंबुध्येतभारत ॥ ससुरासुरलोकानामशेषेणमनोगतम् ४४ तामुवाचमहाराजभूमिंभूमिपतिःप्रभुः ॥ प्रभवःसर्वभूतानामीशःशंभुःप्रजा
पतिः ४५ ॥ ब्रह्मोवाच ॥ यदर्थमभिसंप्राप्तामत्सकाशंवसुंधरे ॥ तदर्थंसन्नियोक्ष्यामिसर्वानेवदिवौकसः ४६ ॥ वैशंपायनउवाच ॥ इत्युक्त्वासमहींदेवो
ब्रह्माराजन्विसृज्यच ॥ आदिदेशतदासर्वान्विबुधान्भूतकृत्स्वयम् ४७ अस्याभूमेर्निरसितुंभारंभागैःपृथक्पृथक् ॥ अस्यामेवप्रसूयध्वंविरोधायेतिचाब्रवीत्
४८ तथैवचसमानीयगंधर्वाप्सरसांगणान् ॥ उवाचभगवान्सर्वानिदंवचनमर्थवत् ४९ ॥ ब्रह्मोवाच ॥ स्वैःस्वैरंशैःप्रसूयध्वंयथेष्टंमानुषेषुच ॥ अथशक्रादयःसर्वे
श्रुत्वासुरगुरोर्वचः ॥ तथ्यमर्थ्यंचपथ्यंचतस्यतेजगृहुस्तदा ५० अथतेसर्वशोंऽशैःस्वैर्गंतुंभूमिंकृतक्षणाः ॥ नारायणममित्रघ्नंवैकुंठमुपचक्रमुः ५१ यःसचक्रगदा
पाणिःपीतवसाःशितिप्रभः ॥ पद्मनाभःसुरारिघ्नःपृथुचार्वञ्चितेक्षणः ५२ प्रजापतिपतिर्देवःसुरनाथोमहाबलः ॥ श्रीवत्सांकोहृषीकेशःसर्वदैवतपूजितः ५३
तंभुवःशोधनायेंद्रउवाचपुरुषोत्तमम् ॥ अंशेनावतरस्वेत्येवंतथेत्याहचतंहरिः ५४ ॥ इतिश्रीमहाभारते आदिपर्वणिअंशावतरणपर्वणिचतुःषष्टितमोऽध्यायः ॥ ६४ ॥
॥ समाप्तमंशावतरणपर्व ॥ अथसंभवपर्व ॥ वैशंपायनउवाच ॥ अथनारायणेनेंद्रश्चकारसहसंविदम् ॥ अवतर्तुंमहींस्वर्गादंशतःसहितःसुरैः १ आदिश्यचस्वयं
शक्रःसर्वानेवदिवौकसः ॥ निर्जगामपुनस्तस्मात्क्षयान्नारायणस्यह २ तेऽमरारिविनाशायसर्वलोकहितायच ॥ अवतेरुःक्रमेणैवमहींस्वर्गाद्दिवौकसः ३ ततोब्रह्म
र्षिवंशेषुपार्थिवर्षिकुलेषुच ॥ जज्ञिरेराजशार्दूलयथाकामंदिवौकसः ४ दानवान्राक्षसांश्चैवगंधर्वान्पन्नगांस्तथा ॥ पुरुषादानिचान्यानिजघ्नुःसत्वान्यनेकशः ५
दानवाराक्षसाश्चैवगंधर्वाःपन्नगास्तथा ॥ नतान्बलस्थान्बाल्येऽपिजघ्नुर्भरतसत्तम ६ ॥ जनमेजयउवाच ॥ देवदानवसंघानांगंधर्वाप्सरसांतथा ॥ मानवानांच
सर्वेषांतथावैयक्षरक्षसाम् ७ श्रोतुमिच्छामितत्त्वेनसंभवंकृत्स्नमादितः ॥ प्राणिनांचैवसर्वेषांसंभवंवक्तुमर्हसि ८ ॥ वैशंपायनउवाच ॥ हंततेकथयिष्यामिनमस्कृत्य
स्वयंभुवे ॥ सुरादीनामहंसम्यग्लोकानांप्रभवाप्ययम् ९ ब्रह्मणोमानसाःपुत्राविदिताःषण्महर्षयः ॥ मरीचिरत्र्यंगिरसौपुलस्त्यःपुलहःक्रतुः १० मरीचेःकश्यपःपुत्रः
कश्यपात्तुइमाःप्रजाः ॥ प्रजज्ञिरेमहाभागादक्षकन्यास्त्रयोदश ११ अदितिर्दितिर्दनुःकालादनायुःसिंहिकातथा ॥ क्रोधाप्राधाचविश्वाचविनताकपिलामुनिः १२

५२ । ५३ शोधनायकंटकभूतखलोन्मूलनाय ५४ ॥ इतिआदिपर्वणिनीलकंठीये भारतभावदीपे चतुःषष्टितमोऽध्यायः ॥ ६४ ॥ ॥ अथेति १ क्षयात्स्थानात् २ । ३ । ४ । ५ दानवादयो बाल्येएवदेवान्कुतोनहतवंतइत्याशंक्याह दानवाइति । बाल्येऽपिबलिनएवदेवाइतितेषामवध्याएवेत्यर्थः ६ । ७ । ८ हंततिवाक्यारंभे प्रभवाप्ययमुत्पत्तिप्रलयं ९ । १० । ११ । १२ ॥ ॥

कद्रूश्चमनुजव्यघ्रदक्षकन्यैवभारत ॥ एतासांवीर्यसंपन्नंपुत्रपौत्रमनंतकम् १३ अदित्यांद्वादशादित्याःसंभूताभुवनेश्वराः ॥ येराजन्नामतस्तांस्तेकीर्तयिष्यामिभा
रत १४ धातामित्रोऽर्यमाशक्रोवरुणस्त्वंशएवच ॥ भगोविवस्वान्पूषाचसवितादशमस्तथा १५ एकादशस्तथात्वष्टाद्वादशोविष्णुरुच्यते ॥ जघन्यजस्तुस
र्वेषामादित्यानांगुणाधिकः १६ एकएवदितेःपुत्रोहिरण्यकशिपुःस्मृतः ॥ नाम्नाख्यातास्तुतस्येमेपंचपुत्रामहात्मनः १७ प्रह्लादःपूर्वजस्तेषांसंह्लादस्तदनंतरम् ॥
अनुह्लादस्तृतीयोभूत्तस्माच्चशिबिबाष्कलौ १८ प्रह्लादस्यत्रयःपुत्राख्याताःसर्वत्रभारत ॥ विरोचनश्चकुंभश्चनिकुंभश्चेतिभारत १९ विरोचनस्यपुत्रोऽभूद्बलिरे
कःप्रतापवान् ॥ बलेश्वप्रथितःपुत्रोबाणोनाममहासुरः २० रुद्रस्यानुचरःश्रीमान्महाकालेतियंविदुः ॥ चत्वारिंशद्दनोःपुत्राःख्याताःसर्वत्रभारत २१ तेषांप्रथ
मजोराजाविप्रचित्तिर्महायशाः ॥ शंबरोनमुचिश्चैवपुलोमाचेतिविश्रुतः २२ असिलोमाचकेशीचदुर्जयश्चैवदानवः ॥ अयःशिराअश्वशिराअश्वशंकुश्ववीर्यवान् २३
तथागगनमूर्धाचवेगवान्केतुमांश्वसः ॥ स्वर्भानुरश्वोऽश्वपतिर्वृषपर्वाऽजकस्तथा २४ अश्वग्रीवश्चसूक्ष्मश्चतुहुंडश्चमहाबलः ॥ इषुपादेकचक्रश्चविरूपाक्षह
राहरौ २५ निचंद्रश्चनिकुंभश्चकुपटःकपटस्तथा ॥ शरभःशलभश्चैवसूर्याचंद्रमसौतथा ॥ एतेख्यातादनोर्वंशेदानवाःपरिकीर्तिताः २६ अन्यौतुखलुदेवा
नांसूर्याचंद्रमसौस्मृतौ ॥ अन्यौदानवमुख्यानांसूर्याचंद्रमसौतथा २७ इमेचवंशाःप्रथिताःसत्ववंतोमहाबलाः ॥ दनुपुत्रामहाराजदशदानववंशजाः २८ ए
काक्षोमृतपावीरःप्रलंबनरकावपि ॥ वातापीशत्रुतपनःशठश्चैवमहासुरः २९ गविष्ठश्चवनायुश्चदीर्घजिह्वश्चदानवः ॥ असंख्येयाःस्मृतास्तेषांपुत्राःपौत्राश्चभार
त ३० सिंहिकासुषुवेपुत्रंराहुंचंद्रार्कमर्दनम् ॥ सुचंद्रंचंद्रहर्तारंतथाचंद्रप्रमर्दनम् ३१ क्रूरस्वभावंक्रूरायाःपुत्रपौत्रमनंतकम् ॥ गणःक्रोधवशोनामक्रूरकर्माऽरिम
र्दनः ३२ दनायुषःपुनःपुत्राश्चत्वारोसुरपुंगवाः ॥ विक्षरोबलवीरौचवृत्रश्चैवमहासुरः ३३ कालायाःप्रथिताःपुत्राःकालकल्पाःप्रहारिणः ॥ प्रविख्यातामहा
वीर्यादानवेषुपरंतपाः ३४ विनाशनश्चक्रोधश्चक्रोधहंतातथैवच ॥ क्रोधशत्रुस्तथैवान्येकालकेयाइतिश्रुताः ३५ आसुराणामुपाध्यायःशुक्रस्त्वृषिसुतोऽभवत् ॥
ख्याताश्चोशनसःपुत्राश्चत्वारोऽसुरयाजकाः ३६ त्वष्टाधरस्तथाऽत्रिश्चद्वावन्यौरौद्रकर्मिणौ ॥ तेजसासूर्यसंकाशाब्रह्मलोकपरायणाः ३७ इत्येषवंशप्रभवःक
थितस्तेतरस्विनाम् ॥ असुराणांसुराणांचपुराणेसंश्रुतोमया ३८ एतेषांयदपत्यंतुनशक्यंतदशेषतः ॥ प्रसंख्यातुंमहीपालगुणभूतमनंतकम् ३९ तार्क्ष्यश्चा
रिष्टनेमिश्चतथैवगरुडारुणौ ॥ आरुणिर्वारुणिश्चैववैनतेयाःप्रकीर्तिताः ४० शेषोनंतोवासुकिश्चतक्षकश्चभुजंगमः ॥ कूर्मश्चकुलिकश्चैवकाद्रवेयाःप्रकीर्तिताः ४१ भी
मसेनोग्रसेनौचसुपर्णोवरुणस्तथा ॥ गोपतिर्धृतराष्ट्रश्चसूर्यवर्चाश्चसप्तमः ४२ ॥ ॥ ॥

म.भा.टी.

४३ । ४४ । ४५ । ४६ । ४७ । ४८ । ४९ । ५० । ५१ । ५२ । ५३ । ५४ । ५५ ब्राह्मणवेश्मसंनिधाविति पाठे ब्राह्मणेषु वैद्यो विद्यावान् तत्संनिधौ ५६ ॥ इति आदिपर्वणि नीलकंठीये भारत

सत्यवागर्कपर्णश्चप्रयुतश्चापिविश्रुतः ॥ भीमश्चित्ररथश्चैवविख्यातःसर्वविद्वशी ४३ तथाशालिशिराराजन्पर्जन्यश्चचतुर्दशः ॥ कलिःपंचदशस्तेषांनारदश्चैवषोडशः ॥ इत्येतेदेवगंधर्वामौनेयाःपरिकीर्त्तिताः ४४ अथप्रभूतान्यन्यानिकीर्त्तयिष्यामिभारत ॥ अनवद्यांमनुंवंशामसुरांमार्गणप्रियाम् ४५ अरूपांसुभगांभासीमितिप्राधाव्यजायत ॥ सिद्धःपूर्णश्चबर्हिश्चपूर्णायुश्चमहायशाः ४६ ब्रह्मचारीरतिगुणःसुपर्णश्चैवसप्तमः ॥ विश्वावसुश्चभानुश्चसुचंद्रोदशमस्तथा ४७ इत्येतेदेवगंधर्वाःप्राधायाःपरिकीर्त्तिताः ॥ इमंत्वप्सरसांवंशंविदितंपुण्यलक्षणम् ४८ प्राधाऽसूतमहाभागादेवीदेवर्षितःपुरा ॥ अलंबुषामिश्रकेशीविद्युत्पर्णातिलोत्तमा ४९ अरुणारक्षिताचैवरंभातद्वन्मनोरमा ॥ केशिनीचसुबाहुश्चसुरतासुरजातथा ५० सुप्रियाचातिबाहुश्चविख्यातौचहाहाहूहूः ॥ तुंबुरुश्चेतिचत्वारःस्मृतागंधर्वसत्तमाः ५१ अमृतंब्राह्मणागावोगंधर्वाप्सरसस्तथा ॥ अपत्यंकपिलायास्तुपुराणेपरिकीर्त्तितम् ५२ इतितेसर्वभूतानांसंभवःकथितोमया ॥ यथावत्संपरिख्यातोगंधर्वाप्सरसांतथा ५३ भुजंगानांसुपर्णानांरुद्राणांमरुतांतथा ॥ गवांचब्राह्मणानांचश्रीमतांपुण्यकर्मणाम् ५४ आयुष्यश्चैवपुण्यश्चधन्यःश्रुतिसुखावहः ॥ श्रोतव्यश्चैवसततंश्राव्यश्चैवानसूयता ५५ इमंतुवंशंनियमेनयःपठेन्महात्मनांब्राह्मणदेवसन्निधौ ॥ अपत्यलाभंलभतेसपुष्कलंश्रियंयशःप्रेत्यचशोभनांगतिम् ५६ ॥ ॥ इति श्रीमहाभारते आदिपर्वणि संभवपर्वणि आदित्यादिवंशकथने पंचषष्टितमोऽध्यायः ॥ ६५ ॥

॥ वैशंपायनउवाच ॥ ब्रह्मणोमानसाःपुत्राविदिताःषण्महर्षयः ॥ एकादशसुताःस्थाणोःख्याताःपरमतेजसः १ मृगव्याधश्चसर्पश्चनिर्ऋतिश्चमहायशाः ॥ अजैकपादहिर्बुध्न्यःपिनाकीचपरंतपः २ दहनोऽथेश्वरश्चैवकपालीचमहाद्युतिः ॥ स्थाणुर्भगश्चभगवान्रुद्राएकादशस्मृताः ३ मरीचिरंगिराअत्रिःपुलस्त्यःपुलहःक्रतुः ॥ षडेतेब्रह्मणःपुत्रावीर्यवंतोमहर्षयः ४ त्रयस्त्वंगिरसःपुत्रालोकेसर्वत्रविश्रुताः ॥ बृहस्पतिरुतथ्यश्चसंवर्तश्चधृतव्रताः ५ अत्रेस्तुबहवःपुत्राःश्रूयंतेमनुजाधिप ॥ सर्वेवेदविदःसिद्धाःशांतात्मानोमहर्षयः ६ राक्षसाश्चपुलस्त्यस्यवानराःकिन्नरास्तथा ॥ यक्षाश्चमनुजव्याघ्रपुत्रास्तस्यचधीमतः ७ पुलहस्यसुताराजन्शलभाश्चप्रकीर्तिताः ॥ सिंहाःकिंपुरुषाव्याघ्रायक्षाईहामृगास्तथा ८ क्रतोःक्रतुसमाःपुत्राःपतंगसहचारिणः ॥ विश्रुतास्त्रिषुलोकेषुसत्यव्रतपरायणाः ९ दक्षस्त्वजायतांगुष्ठाद्दक्षिणाद्भगवानृषिः ॥ ब्रह्मणःपृथिवीपालशांतात्मासुमहातपाः १० वामादजायतांगुष्ठाद्भार्यातस्यमहात्मनः ॥ तस्यांपंचाशतंकन्याःसएवाजनयन्मुनिः ११ ताःसर्वास्त्वनवद्यांग्यःकन्याःकमललोचनाः ॥ पुत्रिकाःस्थापयामासनष्टपुत्रःप्रजापतिः १२ ददौसदशधर्मायसप्तविंशतिमिंदवे ॥ दिव्येनविधिनाराजन्कश्यपायत्रयोदश १३

भावदीपेपंचषष्टितमोऽध्यायः ॥ ६५ ॥ ॥ ब्रह्मणइति । षण्महर्षयःस्थाणुश्चसप्तमइतिबोध्यं तत्रादौस्थाणुसंततिमेवाह एकादशेति १ । २ । ३ । ४ । ५ । ६ । ७ ईहामृगाःवृकाः ८ पतंगसहचारिणःसूर्यसहचरावालखिल्याः ९ । १० । ११ । १२ । १३ ॥ ॥ ॥ ॥

१.४ बुद्धिर्निश्चयः । मतिःपरामर्शः । कीर्त्यादयोदशधर्मद्वाराणिधर्मप्रवेशमार्गाः १.५ नयनेज्ञापने १.६ नक्षत्रयोगिन्योनक्षत्रनामयुक्ताः । विधानतःविधानार्थमभवन् । पैतामहोदेवोधर्मः ।
पितामहस्तनाज्जातत्वात् तस्यपितामहस्यपुत्रोदक्षःतदंगुष्ठाज्जातत्वात् तस्यसंबंधिनीवसुनाम्नीकन्यातस्यांधर्माद्वसवोऽष्टौजाताइत्यर्थः वसोस्तुवसवःपुत्राइत्यन्यत्रोक्तेः १.७ । १.८ धूम्रायाइति

नामतोधर्मपत्न्यस्ताःकीर्त्यमानानिबोधमे ।। कीर्तिर्लक्ष्मीर्धृतिर्मेधापुष्टिःश्रद्धाक्रियातथा १४ बुद्धिर्लज्जामतिश्चैवपत्न्योधर्मस्यतादश ।। द्वाराण्येतानिधर्मस्यविहि
तानिस्वयंभुवा १५ सप्तविंशतिःसोमस्यपत्न्योलोकस्यविश्रुताः ।। कालस्यनयनेयुक्ताःसोमपत्न्यःशुचिव्रताः १६ सर्वानक्षत्रयोगिन्योलोकयात्राविधानतः ।।
पैतामहोमुनिर्देवस्तस्यपुत्रःप्रजापतिः ।। तस्याष्टौवसवःपुत्रास्तेषांवक्ष्यामिविस्तरम् १७ धरोध्रुवश्चसोमश्चअहश्चैवानिलोऽनलः ।। प्रत्यूषश्चप्रभासश्चवसवोऽष्टौ
प्रकीर्तिताः १८ धूम्रायास्तुधरःपुत्रोब्रह्मविद्योध्रुवस्तथा ।। चंद्रमास्तुमनस्विन्याःश्वासायाःश्वसनस्तथा १९ रतायाश्चाप्यहःपुत्रःशांडिल्याश्चहुताशनः ।। प्रत्यू
षश्चप्रभासश्चप्रभातायाःसुतौस्मृतौ २० धरस्यपुत्रोद्रविणोहुतहव्यवहस्तथा ।। ध्रुवस्यपुत्रोभगवान्कालोलोकप्रकालनः २१ सोमस्यतुसुतोवर्चावर्चस्वीयेन
जायते ।। मनोहरायाःशिशिरःप्राणोऽथरमणस्तथा २२ अह्नःसुतस्तथाज्योतिःशमःशांतस्तथामुनिः ।। अग्नेःपुत्रःकुमारस्तुश्रीमाञ्छरवणालयः २३ तस्य
शाखोविशाखश्चनैगमेयश्चपृष्ठजः ।। कृत्तिकाऽभ्युपपत्तेश्चकार्तिकेयइतिस्मृतः २४ अनिलस्यशिवाभार्यातस्याःपुत्रोमनोजवः ।। अविज्ञातगतिश्चैवद्वौपुत्राव
निलस्यतु २५ प्रत्यूषस्यविदुःपुत्रमृषिंनाम्नाऽथदेवलम् ।। द्वौपुत्रौदेवलस्यापिक्षमावंतौमनीषिणौ ।। बृहस्पतेस्तुभगिनीवरस्त्रीब्रह्मवादिनी २६ योगसक्ता
जगत्कृत्स्नमसक्ताविचचारह ।। प्रभासस्यतुभार्यासावसूनामष्टमस्यह २७ विश्वकर्मामहाभागोजज्ञेशिल्पप्रजापतिः ।। कर्ताशिल्पसहस्राणांत्रिदशानांचवर्ध
किः २८ भूषणानांचसर्वेषांकर्ताशिल्पवतांवरः ।। योदिव्यानिविमानानित्रिदशानांचकारह २९ मनुष्याश्चोपजीवंतियस्यशिल्पंमहात्मनः ।। पूजयंतिचयंनि
त्यंविश्वकर्माणमव्ययम् ३० स्तनंतुदक्षिणंभित्त्वाब्रह्मणोनरविग्रहः ।। निःसृतोभगवान्धर्मःसर्वलोकसुखावहः ३१ त्रयस्तस्यवराःपुत्राःसर्वभूतमनोहराः ।। श
मःकामश्चहर्षश्चतेजसालोकधारिणः ३२ कामस्यतुरतिर्भार्याशमस्यप्राप्तिरंगना ।। नंदातुभार्याहर्षस्ययासुलोकाःप्रतिष्ठिताः ३३ मरीचेःकश्यपःपुत्रःकश्यप
स्यसुरासुराः ।। जज्ञिरेनृपशार्दूललोकानांप्रभवस्तुसः ३४ त्वाष्ट्रीतुसवितुर्भार्यावडवारूपधारिणी ।। असूयतमहाभागासाऽन्तरिक्षेऽश्विनावुभौ ३५ द्वादशै
वादितेःपुत्राःशक्रमुख्यानराधिप ।। तेषामवरजोविष्णुर्यत्रलोकाःप्रतिष्ठिताः ३६ ।। ।। ।।

२४ वसोरेवधूम्रादीनिनामांतराणिकल्पभेदात् । अन्याएतानदक्षकन्याइतिवा १९ । २० । २१ । २२ । २३ कृत्तिकानांषण्णांमातृत्वेनाभ्युपपत्तेरंगीकारात् २४ । २५ । २६ । २७ । २८ । २९
३० । ३१ त्रयइति । अत्रधर्मसंतानानांसर्वेषांनामान्यन्वर्थकानि ३२ । ३३ । ३४ वडवाअश्वा अंतरिक्षेअश्विनावसूत नासिकयाशुक्रप्रक्षेपात् ३५ । ३६ ।। ।।

त्रयस्त्रिंशत अष्टौवसवएकादशरुद्राद्वादशादित्याःप्रजापतिश्चवषट्कारश्च ३७ । ३८ । ३९ । ४० । ४१ शुक्रोग्रहत्वादेवलोकानांप्राणयात्रायांवर्षाऽवर्षादिकार्यनियुक्तः ४२ योगाचार्यइति । चाऽपीव्यस्तौ सुराणामपिचगुरुरितिसंबंधः देवानांगुरुरेवयोगाचार्योयोगबलेनकायद्वयंकृत्वादेवानामप्याचार्योऽभवदित्यर्थः । तथाचमैत्रायणीयेसमाम्नातं । बृहस्पतिर्हिशुक्रोभूत्वेंद्रस्याभया यासुरेभ्यःक्षयायेमामविद्यामसृजदिति ४३ । ४४ । ४५ । ४६ । ४७ । ४८ । ४९ धर्मप्रधानासृष्टिरुक्ताऽथाधर्मप्रधानांविवक्षुस्तत्रश्रोतॄणामनादरनिवृत्त्यर्थमुभयसाधारणींसृष्टिं मध्येप्राह द्वाविति । ययोर्लक्षणंलोकेतिष्ठतितावन्यौधर्माधर्मभयात्कार्यात्परावुदासीनौब्रह्मणःपुत्रौयौधाताविधाताचेतिसंज्ञावंतौमनुनासहनित्यंस्थिताविितियोजना । इयमत्रप्रक्रिया । 'वृत्तितत्स्थ चिदाभासावुभौव्याप्नुवतोघटं । तत्राज्ञानंधियानश्येदाभासेनघटःस्फुरेत' । अस्यार्थः यथादीपप्रभाचक्षुर्भ्यांयुगपद्घटोव्याप्यतेतत्रप्रभयाघटावरकंतमोनश्यतिचक्षुषाघटःप्रकाशतेतद्वद्वृत्तितत्स्थचिदा भासाभ्यांघटाज्ञाननाशघटस्फुरणेक्रियेतेइति तेअत्रक्रमाद्धातृविधातृसंज्ञे तयोर्लक्षणंजाड्यस्फुरणात्मकंलोकेदृश्यते । जडोघटःस्फुरतिघटइतिस्फुरणजन्यहर्षविषादयोर्मताजीवोमनुस्तेनसहनित्यसंबद्धौ

त्रयस्त्रिंशतइत्येतेदेवास्तेषामहंस्तव ॥ अन्वयंसंप्रवक्ष्यामिपक्षैश्चकुलतोगणाम् ३७ रुद्राणामपरःपक्षःसाध्यानांमरुतांतथा ॥ वसूनांभार्गवंविद्याद्विश्वेदेवांस्तथैव च ३८ वैनतेयस्तुगरुडोबलवानरुणस्तथा ॥ बृहस्पतिश्चभगवानादित्येष्वेवगण्यते ३९ अश्विनौगुह्यकान्विद्धिसर्वौषध्यस्तथापशून् ॥ एतेदेवगणाराजन्कीर्तितास्तेऽनुपूर्वशः ४० यान्कीर्तयित्वामनुजःसर्वपापैःप्रमुच्यते ॥ ब्रह्मणोहृदयंभित्त्वानिःसृतोभगवान्भृगुः ४१ भृगोःपुत्रःकविर्विद्वाञ्छुक्रःकविसुतोग्रहः ॥ त्रैलोक्यप्राणयात्रार्थंवर्षावर्षेभयाभये ॥ स्वयंभुवानियुक्तःसन्भुवनंपरिधावति ४२ योगाचार्योमहाबुद्धिर्दैत्यानामभवद्गुरुः ॥ सुराणांचापिमेधावीब्रह्मचारीयतव्रतः ४३ तस्मिन्नियुक्तेविधिनायोगक्षेमायभार्गवे ॥अन्यमुत्पादयामासपुत्रंभृगुरनिंदितम् ४४ च्यवनंदीप्ततपसंधर्मात्मानंयशस्विनम् ॥ यःसरोषाच्च्युतोगर्भान्मातुर्मोक्षायभारत ४५ आरुषीतुमनोःकन्यातस्यपत्नीमनीषिणः ॥ और्वस्तस्यांसमभवदूरुंभित्त्वामहायशाः ४६ महातेजामहावीर्योबालएवगुणैर्युतः ॥ ऋचीकस्तस्यपुत्रस्तुजमदग्निस्ततोऽभवत् ४७ जमदग्नेस्तुचत्वारआसन्पुत्रामहात्मनः ॥ रामस्तेषांजघन्योऽभूदजघन्यैर्गुणैर्युतः ॥ सर्वशस्त्रेषुकुशलःक्षत्रियांतकरोवशी ४८ और्वस्यासीत्पुत्रशतंजमदग्निपुरोगमम् ॥ तेषांपुत्रसहस्राणिबभूवुर्भुविविस्तरः ४९ द्वौपुत्रौब्रह्मणस्त्वन्यौययोस्तिष्ठतिलक्षणम् ॥ लोकेधाताविधाताचयौस्थितौमनुनासह ५० तयोरेवस्वसादेवीलक्ष्मीःपद्मगृहाशुभा ॥ तस्यास्तुमानसाःपुत्रास्तुरगाव्योमचारिणः ५१ ॥ ॥

धाताविधातारौ । सुषुप्तावपिसूक्ष्मवृत्तिस्फुरणयोःसत्त्वात् । आनंदभुक्चेतोमुखइतिश्रुतेः । सुखमहमस्वाप्समित्यनुभूतसौषुप्तसुखपरामर्शाच्च ततश्चसर्वंदृष्टंश्रुतंब्रह्मपुत्राभ्यांव्याप्तंब्रह्मैव । तत्रदीपवदुदासीनाऽपिचिदात्माबुद्धितादात्म्याध्यासात्तदीयदोषाक्रांतोरागद्वेषादिमानिवभवति । विद्वांस्तुसर्वस्यचिद्विलासत्वंमत्वाअधर्मादिकृथादिभ्योऽपिनोद्विजेतेतिभावः ५० ननुकेयंविद्याययासर्वंचिन्मात्रमित्येवपश्यतितस्याःकर्मजन्यत्वेउपासनाजन्यत्वेवाऽनित्यत्वापत्तिःप्रकारांतरस्यचासंभवादित्याशंक्याह तयोरेवेति । यथाधीस्फुरणेप्रमाणपरतंत्रेनकर्तुमकर्तुमन्यथाकर्तुंवाशक्येतथैवेयंविद्येतिसादृश्यं स्वसृशब्देनलक्ष्यते । देवीद्योतमानाशुद्धसत्त्वमयीअहंब्रह्मास्मीतिवाक्यजन्याधीवृत्तिर्दशमस्त्वमितिवाक्यजावृत्तिर्दशमत्वमिवब्रह्मभावंजीवस्यगोचरयंती । लक्ष्मीःपरब्रह्मोपलक्षकत्वात् । पद्मगृहाहृदयगुहायामेवस्फुरंती । शुभाबंधनिवर्तकत्वात् । नचैवंवृत्तिविषयत्वेब्रह्मणोऽनात्मत्वंघटादिवत्स्यादितिवाच्यं । वृत्तिव्याप्यत्वेऽपिफलव्याप्यत्वानंगीकारात् । यथोक्तं 'फलव्याप्यत्वमेवास्यशास्त्रकृद्भिर्नि

राकृतं । ब्रह्मण्यज्ञाननाशायप्रवृत्तिर्याप्तिरपेक्ष्यते'इति। तथाचवस्तुतत्त्वविषयिण्येवविद्या अविद्योन्मूलिकानकर्मोपास्तिरूपायेनानित्यास्यादितिभावः । अस्याःफलमाह तस्याइति । तस्याविद्यायाः पुत्राइवपुत्राः
फलानि । मानसामनःसंकल्पमात्रजन्याःपित्रादयः । 'संकल्पादेवास्यपितरःसमुत्तिष्ठंति'इतिश्रुतेः । अस्यहार्दंब्रह्मविदः ।' तुरगाःतुरंगच्छंतितेतुरगाःसद्योमनःसंहार्याएव । यतोव्योमचारिणः
व्योम्निहार्दाकाशेचारिणः । 'यएवंवेदाहंब्रह्मास्मीतिसइदंसर्वंभवति'इतिश्रुतेर्ब्रह्मज्ञानात्सार्वात्म्यंस्वीयमवगच्छतःसर्वप्राप्तिरस्तीत्यर्थः । तस्मादधर्मप्रभवसृष्टिश्रवणेऽपिनर्बिगानंकार्यंसर्वस्यब्रह्ममात्रत्वात्

वरुणस्यभार्यायाज्येष्ठाशुक्राद्देवीव्यजायत ॥ तस्याःपुत्रंबलंविद्धिसुरांचसुरनंदिनीम् ५२ प्रजानामन्नकामानामन्योन्यपरिभक्षणात् ॥ अधर्मस्तत्रसंजातःसर्व
भूतविनाशकः ५३ तस्यापिनिर्ऋतिर्भार्यानैर्ऋतायेनराक्षसाः ॥ घोरास्तस्यास्त्रयःपुत्राःपापकर्मरताःसदा ५४ भयोमहाभयश्चैवमृत्युर्भूतांतकस्तथा ॥ नतस्य
भार्यापुत्रोवाकश्चिदस्त्यंतकोहिसः ५५ काकींश्येनींतथाभासींधृतराष्ट्रींतथाशुकीम् ॥ ताम्रातुसुषुवेदेवीपंचैतालोकविश्रुताः ५६ उलूकान्सुषुवेकाकीश्येनीश्ये
नान्व्यजायत ॥ भासीभासानजनयद्गृध्रांश्चैवजनाधिप ५७ धृतराष्ट्रीतुहंसांश्चकलहंसांश्चसर्वशः ॥ चक्रवाकांश्चभद्रातुजनयामाससैवतु ५८ शुकीचजनयामासशु
कानेवयशस्विनी ॥ कल्याणगुणसंपन्नासर्वलक्षणपूजिता ५९ नवक्रोधवशानारीःप्रजज्ञेक्रोधसंभवाः ॥ मृगीचमृगमंदाचहरीभद्रमनाअपि ६० मातंगीत्वथशा
र्दूलीश्वेतासुरभिरेवच ॥ सर्वलक्षणसंपन्नासुरसाचैवभामिनी ६१ अपत्यंतुमृगाःसर्वेमृग्यानरवरोत्तम ॥ ऋक्षाश्चमृगमंदायाःसृमराश्चपरंतप ६२ ततस्त्वैरावतं
नागंजज्ञेभद्रमनाःसुतम् ॥ ऐरावतःसुतस्तस्यादेवनागोमहागजः ६३ हर्याश्चहरयोऽपत्यंवानराश्चतरस्विनः ॥ गोलांगूलांश्चभद्रंतेहर्याःपुत्रान्प्रचक्षते ६४
प्रजज्ञेत्वथशार्दूलीसिंहान्व्याघ्राननेकशः ॥ द्वीपिनश्चमहासत्वान्सर्वानेवनसंशयः ६५ मातंग्यपिचमातंगानपत्यानिनराधिप ॥ दिशांगजंतुश्वेताख्यंश्वेताऽ
जनयदाशुगम् ६६ तथादुहितरौराजन्सुरभिर्वैव्यजायत ॥ रोहिणीचैवभद्रंतेगंधर्वीतुयशस्विनी ६७ विमलामपिभद्रंतेअनलामपिभारत ॥ रोहिण्यांजज्ञिरेगा
वोगंधर्व्यांवाजिनःसुताः ॥ सप्तपिंडफलान्वृक्षाननलाऽपिव्यजायत ६८ अनलायाःशुकीपुत्रीकंकस्तुसुरसासुतः ॥ अरुणस्यभार्याश्येनीतुवीर्यवंतौमहाबलौ ६९
संपातिंजनयामासवीर्यवंतंजटायुषम् ॥ सुरसाऽजनयन्नागान्कद्रूःपुत्रांस्तुपन्नगान् ७० द्वौपुत्रौविनतायास्तुविख्यातौगरुडारुणौ ॥ इत्येषसर्वभूतानांमहतां
मनुजाधिप ॥ प्रभवःकीर्तितःसम्यङ्मयामतिमतांवर ७१ यंश्रुत्वापुरुषःसम्यङ्मुक्तोभवतिपाप्मनः ॥ सर्वज्ञतांचलभतेगतिमग्र्यांचविंदति ७२ ॥ इति श्री
महाभारते आदिपर्वणि संभवपर्वणि षट्षष्टितमोऽध्यायः ॥ ६६ ॥ ॥ ॥ ॥ ॥

५१ एवमुपपादितारंभंसृष्ट्यंतरंवक्तुमुपक्रमते वरुणस्येत्यादिना । वरुणस्यशुक्रात्ज्येष्ठाबलंपुत्रंसुरांचपुत्रींव्यजायतेतिसंबंधः ५२ । ५३ । ५४ । ५५ । ५६ । ५७ । ५८ । ५९ । ६० । ६१
६२ । ६३ । ६४ । ६५ । ६६ । ६७ पिंडफलान्सप्त । 'खर्जूरतालहिंतालौतालीखर्जूरिकातथा । गुवाकानारिकेलश्चसप्तपिंडफलाद्रुमाः'इत्युक्तरूपान् । इहपुराणांतरविरोधोनामभेदात्कल्पभेदाद्वाऽ
पनेयः ६८ । ६९ । ७० । ७१ । ७२ ॥ ॥ इति आदिपर्वणि नीलकंठीये भारतभावदीपे षट्षष्टितमोऽध्यायः ६६ ॥ ॥ ॥ ॥ ॥ ॥

म.भा.टी. देवानामिति अध्यायोनिगदव्याख्यातः१ । २ । ३ । ४ । ५ । ६ । ७ । ८ । ९ । १० । ११ । १२ । १३ । १४ । १५ । १६ । १७ । १८ । १९ । २० । २१ । २२ । २३ । २४ । २५ । २६ । २७ । २८ । २९ आदि०१

॥ ७१ ॥ ॥ जनमेजयउवाच ॥ देवानांदानवानांचगंधर्वोरगरक्षसाम् ॥ सिंहव्याघ्रमृगाणांचपन्नगानांपतत्रिणाम् १ सर्वेषांचैवभूतानांसंभवंभगवन्नहम् ॥ श्रोतुमिच्छामि अ०
तत्त्वेनमानुषेषुमहात्मनाम् ॥ जन्मकर्मचभूतानामेतेषामनुपूर्वशः २ ॥ वैशंपायनउवाच ॥ मानुषेषुमनुष्येंद्रसंभूतायेदिवौकसः ॥ प्रथमंदानवांश्चैवतांस्तेव
क्ष्यामिसर्वशः ३ विप्रचित्तिरितिख्यातोयआसीद्दानवर्षभः ॥ जरासंधइतिख्यातःसआसीन्मनुजर्षभः ४ दितेःपुत्रस्तुयोराजन्हिरण्यकशिपुःस्मृतः ॥ सजज्ञेमा ॥ ६७ ॥
नुषेलोकेशिशुपालोनरर्षभः ५ संह्लादइतिविख्यातःप्रह्लादस्यानुजस्तुयः ॥ सशल्यइतिविख्यातोजज्ञेवाह्लीकपुंगवः ६ अनुह्लादस्तुतेजस्वीयोऽभूत्ख्यातोजघ
न्यजः ॥ धृष्टकेतुरितिख्यातःसबभूवनरेश्वरः ७ यस्तुराजन्शिबिर्नामदैतेयःपरिकीर्तितः ॥ द्रुमइत्यभिविख्यातःसआसीद्भुविपार्थिवः ८ बाष्कलोनामयस्तेषा
मासीदसुरसत्तमः ॥ भगदत्तइतिख्यातःसजज्ञेपुरुषर्षभः ९ अयःशिराअश्वशिराअयःशंकुश्चवीर्यवान् ॥ तथागगनमूर्धाचवेगवांश्चात्रपंचमः १० पंचैतेजज्ञिरे
राजन्वीर्यवंतोमहासुराः ॥ केकयेषुमहात्मानःपार्थिवर्षभसत्तमाः ॥ केतुमानितिविख्यातोयस्ततोऽन्यःप्रतापवान् ११ अमितौजाइतिख्यातःसोग्रकर्मानराधिपः ॥
स्वर्भानुरितिविख्यातःश्रीमान्यस्तुमहासुरः १२ उग्रसेनइतिख्यातउग्रकर्मानराधिपः ॥ यस्त्वश्वइतिविख्यातःश्रीमानासीन्महासुरः १३ अशोकोनामराजाऽ
भून्महावीर्योऽपराजितः ॥ तस्मादवरजोयस्तुराजन्नश्वपतिःस्मृतः १४ दैतेयःसोऽभवद्राजाहार्दिक्योमनुजर्षभः ॥ वृषपर्वेतिविख्यातःश्रीमान्यस्तुमहासुरः १५
दीर्घप्रज्ञइतिख्यातःपृथिव्यांसोऽभवन्नृपः ॥ अजकस्त्ववरोराजन्यआसीद्वृषपर्वणः १६ सशाल्वइतिविख्यातःपृथिव्यामभवन्नृपः ॥ अश्वग्रीवइतिख्यातःसत्ववा
न्योमहासुरः १७ रोचमानइतिख्यातःपृथिव्यांसोऽभवन्नृपः ॥ सूक्ष्मस्तुमतिमान्राजन्कीर्तिमान्यःप्रकीर्तितः १८ बृहद्रथइतिख्यातःक्षितावासीत्सपार्थिवः ॥
तुहुंडइतिविख्यातोयआसीदसुरोत्तमः १९ सेनाबिंदुरितिख्यातःसबभूवनराधिपः ॥ इषुपान्नामयस्तेषामसुराणांबलाधिकः २० नग्नजिन्नामराजाऽऽसीद्भुविवि
ख्यातविक्रमः ॥ एकचक्रइतिख्यातआसीद्यस्तुमहासुरः २१ प्रतिविंध्यइतिख्यातोबभूवप्रथितःक्षितौ ॥ विरूपाक्षस्तुदैतेयश्चित्रयोधीमहासुरः २२ चित्रध
र्मेतिविख्यातःक्षितावासीत्सपार्थिवः ॥ हरस्त्वरिहरोवीरआसीद्योदानवोत्तमः २३ सुबाहुरितिविख्यातःश्रीमानासीत्सपार्थिवः ॥ अहरस्तुमहातेजाःशत्रुपक्ष
क्षयंकरः २४ बाह्लिकोनामराजासबभूवप्रथितःक्षितौ ॥ निचंद्रश्चन्द्रवक्त्रस्तुयआसीदसुरोत्तमः २५ मुंजकेशइतिख्यातःश्रीमानासीत्सपार्थिवः ॥ निकुंभस्त्व
जितःसंख्येमहामतिरजायत २६ भूमौभूमिपतिश्रेष्ठोदेवाधिपइतिस्मृतः ॥ शरभोनामयस्तेषांदैतेयानांमहासुरः २७ पौरवोनामराजर्षिःसबभूवनरोत्तमः ॥ ॥ ७१ ॥
कुपटस्तुमहावीर्यःश्रीमान्राजन्महासुरः २८ सुपार्श्वइतिविख्यातःक्षितौजज्ञेमहीपतिः ॥ कपटस्तुराजन्राजर्षिःक्षितौजज्ञेमहासुरः २९ ॥

पार्वतेयइतिख्यातःकांचनाचलसन्निभः ॥ द्वितीयःशलभस्तेषामसुराणांबभूवह ३० प्रल्हादोनामबाल्हीकःसबभूवनराधिप ॥ चंद्रस्तुदितिजश्रेष्ठोलोकेताराधि
पोपमः ३१ चंद्रवर्मेतिविख्यातःकांबोजानांनराधिपः ॥ अर्कइत्यभिविख्यातोयस्तुदानवपुंगवः ३२ ऋषिकोनामराजर्षिर्बभूवनृपसत्तमः ॥ मृतपाइतिविख्या
तोयआसीदसुरोत्तमः ३३ पश्चिमानूपकंविद्धितंनृपंनृपसत्तम ॥ गविष्ठस्तुमहातेजायःप्रख्यातोमहासुरः ३४ द्रुमसेनइतिख्यातःपृथिव्यांसोऽभवन्नृपः ॥ मयू
रइतिविख्यातःश्रीमान्यस्तुमहासुरः ३५ सविश्वइतिविख्यातोबभूवपृथिवीपतिः ॥ सुपर्णइतिविख्यातस्तस्मादवरजस्तुयः ३६ कालकीर्तिरितिख्यातःपृथिव्यां
सोऽभवन्नृपः ॥ चंद्रहंतेतियस्तेषांकीर्तितःप्रवरोऽसुरः ३७ शुनकोनामराजर्षिःसबभूवनराधिपः ॥ विनाशनस्तुचंद्रस्ययआख्यातोमहासुरः ३८ जानकिर्नामविख्या
तःसोऽभवन्मनुजाधिपः ॥ दीर्घजिह्वस्तुकौरव्ययउक्तोदानवर्षभः ३९ काशिराजःसविख्यातःपृथिव्यांपृथिवीपते ॥ ग्रहंतुसुषुवेयंतुसिंहिकाऽर्केंदुमर्दनम् ॥ सक्रा
थइतिविख्यातोबभूवमनुजाधिपः ४० दनायुषस्तुपुत्राणांचतुर्णांप्रवरोऽसुरः ॥ विक्षरोनामतेजस्वीवसुमित्रोनृपःस्मृतः ४१ द्वितीयोऽविक्षराद्यस्तुनराधिपम
हासुरः ॥ पांड्यराष्ट्राधिपइतिविख्याःसोऽभवन्नृपः ४२ बलीवीरइतिख्यातोयस्त्वासीदसुरोत्तमः ॥ पौण्ड्रमात्स्यकइत्येवंबभूवसनराधिपः ४३ वृत्रइत्यभिवि
ख्यातोयस्तुराजन्महासुरः ॥ मणिमान्नामराजर्षिःसबभूवनराधिपः ४४ क्रोधहंतेतियस्तस्यबभूवावरजोऽसुरः ॥ दंडइत्यभिविख्यातःसआसीन्नृपतिःक्षितौ ४५
क्रोधवर्धनइत्येवंयस्त्वन्यःपरिकीर्तितः ॥ दंडधारइतिख्यातःसोऽभवन्मनुजर्षभः ४६ कालेयानांतुयेपुत्रास्तेषामष्टौनराधिपाः ॥ जज्ञिरेराजशार्दूलशार्दूलस
मविक्रमाः ४७ मगधेषुजयत्सेनस्तेषामासीत्सपार्थिवः ॥ अष्टानांप्रवरस्तेषांकालेयानांमहासुरः ४८ द्वितायस्तुततस्तेषांश्रीमान्हरिहयोपमः ॥ अपराजि
तइत्येवंसबभूवनराधिपः ४९ तृतीयस्तुमहातेजामहामायोमहासुरः ॥ निषादाधिपतिर्जज्ञेभुविभीमपराक्रमः ५० तेषामन्यतमोयस्तुचतुर्थःपरिकीर्तितः ॥
श्रेणिमानितिविख्यातःक्षितौराजर्षिसत्तमः ५१ पंचमस्त्वभवत्तेषांप्रवरोयोमहासुरः ॥ महौजाइतिविख्यातोबभूवेहपरंतपः ५२ षष्ठस्तुमतिमान्योवैतेषामा
सीन्महासुरः ॥ अभीरुरितिविख्यातःक्षितौराजर्षिसत्तमः ५३ समुद्रसेनस्तुनृपस्तेषामेवाभवद्गुणात ॥ विश्रुतःसागरांतायांक्षितौधर्मार्थतत्त्ववित ५४ बृहन्ना
माष्टमस्तेषांकालेयानांनराधिप ॥ बभूवराजाधर्मात्मासर्वभूतहितेरतः ५५ कुक्षिस्तुराजन्विख्यातोदानवानांमहाबलः ॥ पार्वतीयइतिख्यातःकांचनाचलसन्निभः
५६ क्रथनश्चमहावीर्यःश्रीमान्राजामहासुरः ॥ सूर्याक्षइतिविख्यातःक्षितौजज्ञेमहीपतिः ५७ असुराणांतुयःसूर्यःश्रीमांश्चैवमहासुरः ॥ दरदोनामबाल्हीको
वरःसर्वमहीक्षिताम् ५८ गणःक्रोधवशोनामयस्तेराजन्प्रकीर्तितः ॥ ततःसंजज्ञिरेवीराःक्षिताविहनराधिपाः ५९ ॥ ॥

६० । ६१ । ६२ । ६३ । ६४ । ६५ । ६६ । ६७ । ६८ । ६९ । ७० । ७१ । ७२ । ७३ । ७४ । ७५ । ७६ । ७७ । ७८ । ७९ । ८० । ८१ । ८२ । ८३ । ८४ । ८५ अत्रेरिति

मद्रकः कर्णवेष्टश्च सिद्धार्थः कटिकस्तथा ॥ सुवीरश्च सुबाहुश्च महावीरोऽथ बाल्हिकः ६० क्रथो विचित्रः सुरथः श्रीमान्नीलश्च भूमिपः ॥ चीरवासाश्च कौरव्य भूमिपाल
श्च नामतः ६१ दंतवक्रश्च नामासीद्दुर्जयश्चैव दानवः ॥ रुक्मी च नृपशार्दूलो राजा च जनमेजयः ६२ आषाढो वायुवेगश्च भूरितेजास्तथैव च ॥ एकलव्यः सुमित्रश्च
वाटधानोऽथ गोमुखः ६३ कारूषकाश्च राजानः क्षेमधूर्तिस्तथैव च ॥ श्रुतायुरुद्वहश्चैव बृहत्सेनस्तथैव च ६४ क्षेमोग्रतीर्थः कुहरः कलिंगेषु नराधिपः ॥ मतिमांश्च म
नुष्येंद्र ईश्वरश्चेति विश्रुतः ६५ गणात्क्रोधवशादेष राजपूगोऽभवत्क्षितौ ॥ जातः पुरा महाभागो महाकीर्तिर्महाबलः ६६ कालनेमिरिति ख्यातो दानवानां महाबलः ॥
स कंस इति विख्यात उग्रसेनसुतो बली ६७ यस्त्वासीद्देवको नाम देवराजसमद्युतिः ॥ स गंधर्वपतिर्मुख्यः क्षितौ जज्ञे नराधिपः ६८ बृहस्पतेर्बृहत्कीर्तेर्देवर्षेर्विद्धि भारत ॥
अंशाद्द्रोणं समुत्पन्नं भारद्वाजमयोनिजम् ६९ धन्विनां नृपशार्दूल यः सर्वास्त्रविदुत्तमः ॥ महाकीर्तिर्महातेजाः स जज्ञे मनुजेश्वर ७० धनुर्वेदे च वेदे च यं तं वेदविदो विदुः
॥ वरिष्ठं चित्रकर्माणं द्रोणं स्वकुलवर्धनम् ७१ महादेवांतकाभ्यां च कामात्क्रोधाच्च भारत ॥ एकत्वमुपपन्नानां जज्ञे शूरः परंतपः ७२ अश्वत्थामा महावीर्यः शत्रुपक्षभयावहः
॥ वीरः कमलपत्राक्षः क्षितावासीन्नराधिपः ७३ जज्ञिरे वसवस्त्वष्टौ गंगायां शांतनोः सुताः ॥ वसिष्ठस्य च शापेन नियोगाद्वासवस्य च ७४ तेषामवरजो भीष्मः
कुरूणामभयंकरः ॥ मतिमान्वेदविद्वाग्मी शत्रुपक्षक्षयंकरः ७५ जामदग्न्येन रामेण सर्वास्त्रविदुषां वरः ॥ योऽयुध्यत महातेजा भार्गवेण महात्मना ७६ यस्तु राजन्कृ
पो नाम ब्रह्मर्षिरभवत्क्षितौ ॥ रुद्राणां तु गणाद्विद्धि संभूतमतिपौरुषम् ७७ शकुनिर्नाम यस्त्वासीद्राजा लोके महारथः ॥ द्वापरं विद्धि तं राजन्संभूतमरिमर्दनम् ७८
सात्यकिः सत्यसंधश्च योऽसौ वृष्णिकुलोद्वहः ॥ पक्षात्स जज्ञे मरुतां देवानामरिमर्दनः ७९ द्रुपदश्चैव राजर्षिस्तत एवाभवद्गणात् ॥ मानुषे नृपलोकेऽस्मिन्सर्वशस्त्रभृतां
वरः ८० ततश्च कृतवर्माणं विद्धि राजञ्जनाधिपम् ॥ तमप्रतिमकर्माणं क्षत्रियर्षभसत्तमम् ८१ मरुतां तु गणाद्विद्धि संजातमरिमर्दनम् ॥ विराटं नाम राजानं परराष्ट्रप्र
तापनम् ८२ अरिष्टायास्तु यः पुत्रो हंस इत्यभिविश्रुतः ॥ स गंधर्वपतिर्जज्ञे कुरुवंशविवर्धनः ८३ धृतराष्ट्र इति ख्यातः कृष्णद्वैपायनात्मजः ॥ दीर्घबाहुर्महातेजाः
प्रज्ञाचक्षुर्नराधिपः ॥ मातुर्दोषादृषेः कोपादंध एव व्यजायत ८४ तस्यैवावरजो भ्राता महासत्त्वो महाबलः ॥ स पाण्डुरिति विख्यातः सत्यधर्मरतः शुचिः ८५ अत्रेस्तु
सुमहाभागं पुत्रं पुत्रवतां वरम् ॥ विदुरं विद्धि तं लोके जातं बुद्धिमतां वरम् ८६ कलेरंशस्तु संजज्ञे भुवि दुर्योधनो नृपः ॥ दुर्बुद्धिर्दुर्मतिश्चैव कुरूणामयशस्करः ८७ जगतो
यस्तु सर्वस्य विद्विष्टः कलिपूरुषः ॥ यः सर्वां घातयामास पृथिवीं पृथिवीपते ८८ उद्दीपितं येन वैरं भूतांतकरणं महत् ॥ पौलस्त्या भ्रातरश्चास्य जज्ञिरे मनुजेष्विह ८९

'यश्चोदितो भास्करेऽभूत्स नष्टेऽसोऽप्यत्रात्रिर्भगवानाजगाम' इत्यत्रेर्भास्करकार्यकारित्वस्मरणादत्रिशब्देन सूर्यो गृह्यते तस्य पुत्रं धर्मं विदुरं विद्धीत्यर्थः ८६ । ८७ । ८८ । ८९ ॥ ॥ ॥ ॥

९०।९१।९२।९३।९४।९५।९६।९७।९८।९९।१००।१।२।३।४।५।६।७।८।९।१०।११।१२।१३।१४।१५।१६।१७।१८।१९।१२०

शतंदुःशासनादीनांसर्वेषांक्रूरकर्मणाम् ॥ दुर्मुखोदुःसहश्चैवयेचान्येनानुकीर्तिताः ९० दुर्योधनसहायास्तेपौलस्त्याभरतर्षभ ॥ वैश्यापुत्रोयुयुत्सुश्चधार्त्तराष्ट्रःश
ताधिकः ९१ ॥ जनमेजयउवाच ॥ ज्येष्ठानुज्येष्ठतामेषांनामधेयानिवाविभो ॥ धृतराष्ट्रस्यपुत्राणामानुपुर्व्येणकीर्तय ९२ ॥वैशंपायनउवाच ॥ दुर्योधनोयुयु
त्सुश्चराजन्दुःशासनस्तथा ॥ दुःसहोदुःशलश्चैवदुर्मुखश्चतथापरः ९३ विविंशतिर्विकर्णश्चजलसंधःसुलोचनः ॥ विंदानुविंदौदुर्धर्षःसुबाहुर्दुष्प्रधर्षणः ९४ दुर्मर्ष
णोदुर्मुखश्चदुष्कर्णःकर्णएवच ॥ चित्रोपचित्रौचित्राक्षश्चारुचित्रांगदश्चह ९५ दुर्मदोदुःष्प्रहर्षश्चविवित्सुर्विकटःसमः ॥ ऊर्णनाभःपद्मनाभस्तथानंदोपनंदकौ
९६ सेनापतिःसुषेणश्चकुंडोदरमहोदरौ ॥ चित्रबाहुश्चित्रवर्मासुवर्मादुर्विरोचनः ९७ अयोबाहुर्महाबाहुश्चित्रचापसुकुंडलौ ॥ भीमवेगोभीमबलोबलाकीभीमवि
क्रमः ९८ उग्रायुधोभीमशरःकनकायुर्दृढायुधः ॥ दृढवर्मादृढक्षत्रःसोमकीर्तिरनूदरः ९९ जरासंधोदृढसंधःसत्यसंधःसहस्रवाक् ॥ उग्रश्रवाउग्रसेनःक्षेममूर्तिस्त
थैवच १०० अपराजितःपंडितकोविशालाक्षोदुराधनः १ दृढहस्तःसुहस्तश्चवातवेगसुवर्चसौ ॥ आदित्यकेतुर्बह्वाशीनागदत्तानुयायिनौ २ कवचीनिषंगीदंडी
दंडधारोधनुर्ग्रहः ॥ उग्रोभीमरथोवीरोवीरबाहुरलोलुपः ३ अभयोरौद्रकर्माचतथादृढरथश्चयः ॥ अनाधृष्यःकुंडभेदीविरावीदीर्घलोचनः ४ दीर्घबाहुर्महाबाहु
र्व्यूढोरुःकनकांगदः ॥ कुंडजश्चित्रकश्चैवदुःशलाचशताधिका ५ वैश्यापुत्रोयुयुत्सुश्चधार्तराष्ट्रःशताधिकः ॥ एतदेकशतंराजन्कन्याचैकाप्रकीर्तिता १०६ नाम
धेयानुपूर्व्याचज्येष्ठानुज्येष्ठतांविदुः ॥ सर्वेत्वतिरथाःशूराःसर्वेयुद्धविशारदाः ७ सर्वेवेदविदश्चैवराजन्शास्त्रेचपारगाः ॥ सर्वेसंग्रामविद्यासुविद्याभिजनशोभिनः ८
सर्वेषामनुरूपाश्चकृतादारामहीपते ॥ दुःशलांसमयेराजन्सिंधुराजायकौरवः ९ जयद्रथायप्रददौसौबलानुमतेतदा ॥ धर्मस्यांशंतुराजानंविद्धिराजन्युधिष्ठिरम्
११० भीमसेनंतुवातस्यदेवराजस्यचार्जुनम् ॥ अश्विनोस्तुतथैवांशौरूपेणाप्रतिमौभुवि ११ नकुलःसहदेवश्चसर्वभूतमनोहरौ ॥ यस्तुवर्चाइतिख्यातःसोम
पुत्रःप्रतापवान् १२ सोऽभिमन्युर्बृहत्कीर्त्तिरर्जुनस्यसुतोऽभवत् ॥ यस्यावतरणेराजन्सुरान्सोमोऽब्रवीदिदम् १३ नाहंदद्यांप्रियंपुत्रंममप्राणैर्गरीयसम् ॥ समयः
क्रियतामेषनशक्यमतिवर्त्तितुम् १४ सुरकार्येहिनःकार्यमसुराणांक्षितौवधः ॥ तत्रयास्यत्ययंवर्चानचस्थास्यतिवैचिरम् १५ ऐंद्रिर्नरस्तुभवितायस्यनारायणः
सखा ॥ सोर्जुनेत्यभिविख्यातःपांडोःपुत्रःप्रतापवान् १६ तस्यार्थंभवितापुत्रोबालोभुविमहारथः ॥ ततःषोडशवर्षाणिस्थास्यत्यमरसत्तमाः १७ अस्यषोड
शवर्षस्यससंग्रामोभविष्यति ॥ यत्रांशावःकरिष्यंतिकर्मवीरनिषूदनम् १८ नरनारायणाभ्यांतुससंग्रामोविनाकृतः ॥ चक्रव्यूहंसमास्थाययोधयिष्यंतिवःसुराः
९५ १९ विमुखाञ्छात्रवान्सर्वान्कारयिष्यतिमेसुतः ॥ बालःप्रविश्यचव्यूहमभेद्यंविचरिष्यति १२० ॥ ॥ ॥

म.भा.टी. ॥ ७३ ॥
२१ । २२ । २३ । २४ । २५ । २६ । २७ । २८ । २९ । ३० । ३१ । ३२ । ३३ । ३४ । ३५ । ३६ । ३७ । ३८ । ३९।४० । ४१ । ४२ । ४३ । ४४ । ४५ । ४६ । ४७।४८।४९।५०। ५१

महारथानांवीराणांकदनंचकरिष्यति ॥ सर्वेषामेवशत्रूणांचतुर्थांशंनयिष्यति १२१ दिनार्धेनमहाबाहुःप्रेतराजपुरंप्रति ॥ ततोमहारथैर्वीरैःसमेत्यबहुशोरणे २२
दिनक्षयेमहाबाहुर्मयाभूयःसमेष्यति ॥ एकंवंशकरंपुत्रंवीरंवैजनयिष्यति २३ प्रनष्टंभारतंवंशंसभूयोधारयिष्यति ॥ एतत्सोमवचःश्रुत्वातथास्त्वितिदिवौकसः
२४ प्रत्यूचुःसहिताःसर्वेताराधिपमपूजयन् ॥ एवंतेकथितंराजंस्तवजन्मपितुःपितुः २५ अग्नेर्भागंतुविद्धित्वंधृष्टद्युम्नंमहारथम् ॥ शिखंडिनमथोराजंस्त्रीपूर्वंवि
द्धिराक्षसम् २६ द्रौपदेयाश्चयेपंचबभूवुर्भरतर्षभ ॥ विश्वान्देवगणान्विद्धिसंजातान्भरतर्षभ २७ प्रतिविंध्यःसुतसोमःश्रुतकीर्तिस्तथापरः ॥ नाकुलिस्तुशता
नीकःश्रुतसेनश्चवीर्यवान् २८ शूरोनामयदुश्रेष्ठोवसुदेवपिताऽभवत् ॥ तस्यकन्यापृथानामरूपेणासदृशीभुवि २९ पितुःस्वस्रीयपुत्रायसोऽनपत्यायवीर्यवान् ॥
अग्रमग्रेप्रतिज्ञायस्वस्यापत्यस्यवैतदा १३० अग्रजातेतितांकन्यांशूरोऽनुग्रहकांक्षया ॥ अददत्कुंतिभोजायसतांदुहितरंतदा ३१ सानियुक्तापितुर्गेहेब्राह्मणाति
थिपूजने ॥ उग्रंपर्यचरद्घोरंब्राह्मणंसंशितव्रतम् ३२ निगूढनिश्चयंधर्मेयंतंदुर्वाससंविदुः ॥ तमुग्रंशंसितात्मानंसर्वयत्नैरतोषयत् ३३ तुष्टोऽभिचारसंयुक्तमाचच
क्षेयथाविधि ॥ उवाचचैनांभगवान्प्रीतोऽस्मिसुभगेतव ३४ यंयंदेवंत्वमेतेनमंत्रेणावाहयिष्यसि ॥ तस्यतस्यप्रसादात्त्वंदेविपुत्राञ्जनिष्यसि ३५ एवमुक्ताचसा
बालातदाकौतूहलान्विता ॥ कन्यासतीदेवमर्कमाजुहावयशस्विनी ३६ प्रकाशकर्ताभगवांस्तस्यांगर्भंदधौतदा ॥ अजीजनत्सुतंचास्यांसर्वशस्त्रभृतांवरम् १३७
सकुंडलंसकवचंदेवगर्भश्रियाऽन्वितम् ॥ दिवाकरसमंदीप्त्याचारुसर्वांगभूषितम् ३८ निगूहमानाजातंवैबंधुपक्षभयात्तदा ॥ उत्ससर्जजलेकुंतीतंकुमारंयशस्विनम्
३९ तमुत्सृष्टंजलेगर्भंराधाभर्तामहायशाः ॥ राधायाःकल्पयामासपुत्रंसोऽधिरथस्तदा १४० चक्रतुर्नामधेयंचतस्यबालस्यतावुभौ ॥ दंपतीवसुषेणेतिदिक्षुसर्वा
सुविश्रुतम् ४१ संवर्धमानोबलवान्सर्वास्त्रेषूत्तमोऽभवत् ॥ वेदांगानिचसर्वाणिजजापजयतांवरः ४२ यस्मिन्कालेजपन्नास्तेधीमान्सत्यपराक्रमः ॥ नादेयंब्राह्म
णेष्वासीत्तस्मिन्कालेमहात्मनः ४३ तमिंद्रोब्राह्मणोभूत्वापुत्रार्थेभूतभावनः ॥ ययाचेकुंडलेवीरंकवचंचसहांगजम् ४४ उत्कृत्यकर्णोह्यददत्कवचंकुंडलेतथा ॥ श
क्तिंशक्रोददौतस्मैविस्मितश्चेदमब्रवीत् ४५ देवासुरमनुष्याणांगंधर्वोरगरक्षसाम् ॥ यस्मिन्क्षेप्स्यसिदुर्धर्षसएकोनभविष्यति ४६ पुरानामचतस्यासीद्वसुषेण
इतिक्षितौ ॥ ततोवैकर्तनःकर्णःकर्मणातेनसोऽभवत् ४७ आमुक्तकवचोवीरोयस्तुजज्ञेमहायशाः ॥ सकर्णइतिविख्यातःपृथायाःप्रथमःसुतः ४८ सतुसूतकुले
वीरोवव्रधेराजसत्तम ॥ कर्णंनरवरश्रेष्ठंसर्वशस्त्रभृतांवरम् ४९ दुर्योधनस्यसचिवंमित्रंशत्रुविनाशनम् ॥ दिवाकरस्यतंविद्धिराजन्नंशमनुत्तमम् १५० यस्तुना
रायणोनामदेवदेवःसनातनः ॥ तस्यांशोमानुषेष्वासीद्वासुदेवःप्रतापवान् ५१ ॥ ॥ ॥ ॥

॥ ७३ ॥

५२ । ५३ । ५४।५५ । ५६ । ५७।५८ । ५९ सुबलात्मजागांधारी ६० । ६१ । ६२ धन्यंधनप्रदंयशस्यंयशस्करं ६३ प्रभवाप्ययःपरमात्मा विश्वोत्पत्तिप्रलयाधिष्ठानत्वात् तंवेत्तीतिप्रभवाप्ययवित्कृत्स्ने
तिशेषः कृच्छ्रेषुसंसारगहनेषु । अयंभावः यथाशास्त्रेवियदादिसृष्टिर्ब्रह्मोपादानिकाब्रह्माद्वैतप्रतिपत्त्येकीर्त्यते । वियत्प्राणपादयोःसृष्टिश्रुतीनांपरस्परविरोधपरिहारश्चकीर्त्यते । तथापिसृष्टौतात्पर्यंनास्ति
एवमिहापिनांशावतरणेतात्पर्यमस्तिकिंतुतद्द्वाराब्रह्माद्वैतप्रतिपत्तावेव । तथासृष्टिस्मृतीनांविरोधःकल्पभेदाभिप्रायेणवावर्णनीयउपेक्षणीयोवास्वार्थेतात्पर्याभावादितिदिक् ६४ ॥ इतिआदिपर्वणिनीलकंठीये

शेषस्यांशश्चनागस्यबलदेवोमहाबलः ॥ सनत्कुमारंप्रद्युम्नंविद्धिराजन्महौजसम् ५२ एवमन्येमनुष्येंद्राबहवोंऽशादिवौकसाम् ॥ जज्ञिरेवसुदेवस्यकुलेकुलविवर्ध
नाः ५३ गणस्त्वप्सरसांयोवैमयाराजन्प्रकीर्तितः ॥ तस्यभागःक्षितौजज्ञेनियोगाद्वासवस्यह ५४ तानिषोडशदेवीनांसहस्राणिनराधिप ॥ बभूवुर्मानुषेलोके
वासुदेवपरिग्रहः ५५ श्रियस्तुभागःसंजज्ञेरत्यर्थंपृथिवीतले ॥ भीष्मकस्यकुलेसाध्वीरुक्मिणीनामनामतः ५६ द्रौपदीत्वथसंजज्ञेशचीभागादनिंदिता ॥ द्रुपद
स्यकुलेकन्यावेदिमध्यादनिंदिता ५७ नातिह्रस्वानमहतीनीलोत्पलसुगंधिनी ॥ पद्मायताक्षीसुश्रोणीस्वसितांचितमूर्धजा ५८ सर्वलक्षणसंपूर्णावैदूर्यमणिस
न्निभा ॥ पंचानांपुरुषेंद्राणांचित्तप्रमथनीरहः ५९ सिद्धिर्धृतिश्चयेदेव्यौपंचानांमातरौतुते ॥ कुंतीमाद्रीचजज्ञातेमतिस्तुसुबलात्मजा १६० इतिदेवासुराणांतेगं
धर्वाप्सरसांतथा ॥ अंशावतरणंराजन्राक्षसानांचकीर्तितम् ६१ येपृथिव्यांसमुद्भूताराजानोयुद्धदुर्मदाः ॥ महात्मानोयदूनांचयेजाताविपुलेकुले ६२ ब्राह्मणाः
क्षत्रियावैश्यामयातेपरिकीर्तिताः ॥ धन्यंयशस्यंपुत्रीयमायुष्यंविजयावहम् ॥ इदमंशावतरणंश्रोतव्यमनसूयता ६३ अंशावतरणंश्रुत्वादेवगंधर्वरक्षसाम् ॥
प्रभवाप्ययवित्प्राज्ञोनकृच्छ्रेष्ववसीदति १६४ ॥ इति श्रीमहाभारते आदिपर्वणि संभवपर्वण्यंशावतरणसमाप्तौ सप्तषष्टितमोऽध्यायः ॥ ६७ ॥ ॥ ॥
॥ जनमेजयउवाच ॥ त्वत्तःश्रुतमिदंब्रह्मन्देवदानवरक्षसाम् ॥ अंशावतरणंसम्यग्गंधर्वाप्सरसांतथा १ इमंतुभूयइच्छामिकुरूणांवंशमादितः ॥ कथ्यमानंत्वया
विप्रविप्रर्षिगणसन्निधौ २ ॥ वैशंपायनउवाच ॥ पौरवाणांवंशकरोदुष्यंतोनामवीर्यवान् ॥ पृथिव्याश्चतुरंतायागोप्ताभरतसत्तम ३ चतुर्भागंभुवःकृत्स्नंयोभुंक्तेम
नुजेश्वरः ॥ समुद्रावरणांश्चापिदेशान्ससमितिंजयः ४ आम्लेच्छावधिकान्सर्वान्सभुंक्तेरिपुमर्दनः ॥ रत्नाकरसमुद्रांतांश्चातुर्वर्ण्यजनावृतान् ५ नवर्णसंकरकरोन
कृष्याकरकृज्जनः ॥ नपापकृत्कश्चिदासीत्तस्मिन्राजनिशासति ६ धर्मेरतिंसेवमानाधर्मार्थावभिपेदिरे ॥ तदानरानरव्याघ्रतस्मिन्जनपदेश्वरे ७ नासीच्चौरभयं
तातनक्षुधाभयमण्वपि ॥ नासीद्व्याधिभयंचापितस्मिन्जनपदेश्वरे ८ स्वधर्मेरेमिरेवर्णादैवेकर्मणिनिःस्पृहाः ॥ तमाश्रित्यमहीपालमासंश्चैवाकुतोभयाः ९ का
लवर्षीचपर्जन्यःसस्यानिरसवंतिच ॥ सर्वरत्नसमृद्धाचमहीपशुमतीतथा १० ॥ ॥ ॥ ॥

भारतभावदीपे सप्तषष्टितमोऽध्यायः ॥ ६७ ॥ त्वत्तइति १ । २ चतुरंतायाश्चतुःसमुद्रावच्छिन्नायाः ३ चतुर्भागंभागचतुष्कंसर्वामितियावत् ४ । ५ नकृष्याकरकृत्कृषिकृन्न । भुवोऽकृष्टपच्यत्वात् ।
आकरःसुवर्णादिधातूत्पत्तिस्थानं तत्रापियत्नंनकरोति पृथिव्यारत्नैर्धातुभिश्चपूर्णत्वात् ६ । ७ । ८ दैवेकर्मणिवृष्ट्याद्यर्थेकारीर्यादिकाम्यकर्मणि ९ तदेवाह कालेति । वसुमतीतिपाठेधनवती १०

वज्रसंहननोदृढदेहः ११ सवनकाननं वनंजलमुपवनंवा । चत्वारःप्रक्षेपविक्षेपपरिक्षेपाभिक्षेपाख्याःपंथानोयस्यतद्गदायुद्धं । प्रक्षेपोदूरस्थेशत्रौत्यागः । विक्षेपःसमीपस्थेकोट्यामहारः । परिक्षेपोबहुषुसमंतात्परिभ्रमणेनशत्रूणांक्षेपः । अभिक्षेपोऽग्रेणताडनं १२ । १३ । १४ आदिशत्शशास १५ ॥ इतिआदिपर्वणिनीलकंठीये भारतभावदीपे अष्टषष्टितमोऽध्यायः ॥ ६८ ॥ ॥ ॥ ॥

स्वकर्मनिरताविप्रानानृतंतेषुविद्यते ॥ सचाद्भुतमहावीर्योवज्रसंहननोयुवा ११ उद्यम्यमंदरंदोर्भ्यांवहेत्सवनकाननम् ॥ चतुष्पथगदायुद्धेसर्वप्रहरणेषुच १२
नागपृष्ठेऽश्वपृष्ठेचबभूवपरिनिष्ठितः ॥ बलेविष्णुसमश्चासीत्तेजसाभास्करोपमः १३ अक्षोभ्यत्वेऽर्णवसमःसहिष्णुत्वेधरासमः ॥ संमतःसमहीपालःप्रसन्नपुरराष्ट्र
वान् १४ भूयोधर्मपरैर्भावैर्मुदितंजनमादिशत् १५ ॥ इतिश्रीमहाभारते आदिपर्वणि संभवपर्वणिशाकुंतलोपाख्यानेअष्टषष्टितमोऽध्यायः ॥ ६८ ॥
॥ जनमेजयउवाच ॥ ॥ संभवंभरतस्याहंचरितंचमहामतेः ॥ शकुंतलायाश्चोत्पत्तिंश्रोतुमिच्छामितत्त्वतः १ दुष्यंतेनचवीरेणयथाप्राप्ताशकुंतला ॥ तंवैपुरु
षसिंहस्यभगवन्विस्तरंत्वहम् २ श्रोतुमिच्छामितत्त्वज्ञसर्वंमतिमतांवर ॥ ॥ वैशंपायनउवाच ॥ ॥ सकदाचिन्महाबाहुःप्रभूतबलवाहनः ३ वनंजगामगहनंह
यनागशतैर्वृतः ॥ बलेनचतुरंगेणवृतःपरमवल्गुना ४ खड्गशक्तिधरैर्वीरैर्गदामुसलपाणिभिः ॥ प्रासतोमरहस्तैश्चययौयोधशतैर्वृतः ५ सिंहनादैश्चयोधानांशं
खदुंदुभिनिःस्वनैः ॥ रथनेमिस्वनैश्चैवसनागवरबृंहितैः ६ नानायुधधरैश्चापिनानावेषधरैस्तथा ॥ ह्रेषितस्वनमिश्रैश्चक्ष्वेडितास्फोटितस्वनैः ७ आसीत्किल
किलाशब्दस्तस्मिन्गच्छतिपार्थिवे ॥ प्रासादवरशृंगस्थाःपरयानृपशोभया ८ ददृशुस्तंस्त्रियस्तत्रशूरमात्मयशस्करम् ॥ शक्रोपममित्रघ्नंपरवारणवारणम् ९
पश्यंतःस्त्रीगणास्तत्रवज्रपाणिंस्ममेनिरे ॥ अयंसपुरुषव्याघ्रोरणेवसुपराक्रमः १० यस्यबाहुबलंप्राप्यनभवंत्यसुहृद्गणाः ॥ इतिवाचोब्रुवंत्यस्ताःस्त्रियःप्रेम्णानरा
धिपम् ११ तुष्टुवुःपुष्पवृष्टीश्चससृजुस्तस्यमूर्धनि ॥ तत्रतत्रचविप्रेंद्रैःस्तूयमानःसमंततः १२ निर्ययौपरमप्रीत्यावनंमृगजिघांसया ॥ तंदेवराजप्रतिमंमत्तवारण
धूर्गतम् १३ द्विजक्षत्रियविट्शूद्रानिर्यान्तमनुजग्मिरे ॥ ददृशुर्वर्धमानास्तेआशीर्भिश्चजयेनच १४ सुदूरमनुजग्मुस्तंपौरजानपदास्तथा ॥ न्यवर्तन्तततःपश्चाद
नुज्ञातानृपेणह १५ सुपर्णप्रतिमेनाथरथेनवसुधाधिपः ॥ महीमापूरयामासघोषेणत्रिदिवंतथा १६ सगच्छन्ददृशेधीमान्नंदनप्रतिमंवनम् ॥ बिल्वार्कखदिराकी
र्णंकपित्थधवसंकुलम् १७ विषमंपर्वतप्रस्थैरश्मभिश्चसमावृतम् ॥ निर्जलंनिर्मनुष्यंचबहुयोजनमायतम् १८ मृगसिंहैर्वृतंघोरैरन्यैश्चापिवनेचरैः ॥ तद्वनंमनु
जव्याघ्रःसभृत्यबलवाहनः १९ लोडयामासदुष्यंतःसूदयन्विविधान्मृगान् ॥ बाणगोचरसंप्राप्तांस्तत्रव्याघ्रगणान्बहून् २० पातयामासदुष्यंतोनिर्बिभेदचसाय
कैः ॥ दूरस्थान्सायकैःकांश्चिदभिनत्सनराधिपः २१ अभ्याशमागतांश्चान्यान्खड्गेननिरकृंतत ॥ कांश्चिदेणान्समाजघ्नेशक्त्याशक्तिमतांवरः २२ ॥

संभवमिति १ । २ । ३ चतुरंगेणहस्त्यश्वरथपादातवता वल्गुरम्यं ४ । ५ । ६ । ७ । ८ परवारणवारणंशत्रुगजानांनिवारकंसिंहं ९ । १० । ११ । १२ धूर्गतंस्कंधारूढं १३ । १४ । १५ अथरथेनपौरपरावृत्त्यनंतरं १६ । १७ । १८ । १९ । २० । २१ । २२ ॥ ॥ ॥ ॥ ॥

२३ । २४ । २५ औत्सुक्यात्वैयग्र्यात् २६ । २७ संसाध्यपाकादिनासंस्कृत्य २८ प्रकुट्यचूर्णीकृत्य गजावनगजाः २९ । ३० । ३१ ॥ इति आदिपर्वणि नीलकंठीये भारतभावदीपे एकोन

गदामंडलतत्त्वज्ञश्चचारामितविक्रमः ॥ तोमरैरसिभिश्चापिगदामुसलकंपनैः २३ चचारसविनिघ्नन्वैवन्यांस्तत्रमृगद्विजान् ॥ राज्ञाचाद्भुतवीर्येणयोधैश्चसमर
प्रियैः २४ लोड्यमानंमहारण्यंतत्यजुःस्ममृगाधिपाः ॥ तत्रविद्रुतयूथानिहतयूथपतीनिच २५ मृगयूथान्यथौत्सुक्याच्छब्दंचक्रुस्ततस्ततः ॥ शुष्काश्चापि
नदीर्गत्वाजलनैराश्यकर्शिताः २६ व्यायामक्लांतहृदयाःपतंतिस्मविचेतसः ॥ क्षुत्पिपासापरीताश्चश्रांताश्चपतिताभुवि २७ केचित्तत्रनरव्याघ्रैरभक्ष्यंतबुभु
क्षितैः ॥ केचिदग्निमथोत्पाद्यसंसाध्यचवनेचराः २८ भक्षयंतिस्ममांसानिप्रकुट्यविधिवत्तदा ॥ तत्रकेचिद्गजामत्ताबलिनःशस्त्रविक्षताः २९ संकोच्याग्रकरा
न्भीताःप्राद्रवंतिस्मवेगिताः ॥ शकृन्मूत्रंसृजन्तश्चक्षरंतःशोणितंबहु ३० वन्यागजवरास्तत्रममृदुर्मनुजान्बहून् ॥ तद्वनंबलमेघेनशरधारेणसंवृतम् ॥ व्यरोचतमृ
गाकीर्णंराज्ञाहतमृगाधिपम् ३१ ॥ इतिश्रीमहाभारते आदिपर्वणिसंभवपर्वणि शकुंतलोपाख्यानेएकोनसप्ततितमोऽध्यायः ॥ ६९ ॥ ॥ वैशंपायनउवाच ॥
ततोमृगसहस्राणिहत्वासबलवाहनः ॥ राजामृगप्रसंगेनवनमन्यद्विवेशह १ एकएवोत्तमबलःक्षुत्पिपासाश्रमान्वितः ॥ सवनस्यांतमासाद्यमहच्छून्यंसमासदत् २
तच्चाप्यतीत्यनृपतिरुत्तमाश्रमसंयुतम् ॥ मनःप्रल्हादजननंदृष्टिकांतमतीवच ३ शीतमारुतसंयुक्तंजगामान्यन्महद्वनम् ॥ पुष्पितैःपादपैःकीर्णमतीवसुखशा
द्वलम् ४ विपुलंमधुरारावैर्नादितंविहगैस्तथा ॥ पुंस्कोकिलनिनादैश्चझिल्लीकगणनादितम् ५ प्रवृद्धविटपैर्वृक्षैःसुखच्छायैःसमावृतम् ॥ षट्पदाघूर्णिततलं
लक्ष्म्यापरमयायुतम् ६ नापुष्पःपादपःकश्चिन्नाफलोनापिकंटकी ॥ षट्पदैर्नाप्यपाकीर्णस्तस्मिन्वैकाननेऽभवत् ७ विहगैर्नादितंपुष्पैरलंकृतमतीवच ॥ सर्व
र्तुकुसुमैर्वृक्षैःसुखच्छायैःसमावृतम् ८ मनोरमंमहेष्वासोविवेशवनमुत्तमम् ॥ मारुताकलितास्तत्रद्रुमाःकुसुमशाखिनः ९ पुष्पवृष्टिंविचित्रांतुव्यसृजंस्तेपुनःपुनः
दिवस्पृशोऽथसंघुष्टाःपक्षिभिर्मधुरस्वनैः १० विरेजुःपादपास्तत्रविचित्रकुसुमांबराः ॥ तेषांतत्रप्रवालेषुपुष्पभारावनामिषु ११ रुवंतिरावान्मधुरान्षट्पदाम
धुलिप्सवः ॥ तत्रप्रदेशांश्चबहून्कुसुमोत्करमंडितान् १२ लतागृहपरिक्षिप्तान्मनसःप्रीतिवर्धनान् ॥ संपश्यन्सुमहातेजाबभूवमुदितस्तदा १३ परस्पराश्लिष्टशा
खैःपादपैःकुसुमान्वितैः ॥ अशोभतवनंतत्तुमहेंद्रध्वजसन्निभैः १४ सिद्धचारणसंघैश्चगंधर्वाप्सरसांगणैः ॥ सेवितंवनमत्यर्थंमत्तवानरकिन्नरम् १५ सुखःशीतःसुगं
धीचपुष्परेणुवहोऽनिलः ॥ परिक्रामन्वनेवृक्षानुपैतीवरिरंसया १६ एवंगुणसमायुक्तंददर्शसवनंनृपः ॥ नदीकच्छोद्भवंकांतमुच्छ्रितध्वजसन्निभम् १७ प्रेक्षमाणोव
नंतत्तुसुप्रहृष्टविहंगमम् ॥ आश्रमप्रवरंरम्यंददर्शचमनोरमम् १८ नानावृक्षसमाकीर्णंसंप्रज्वलितपावकम् ॥ तंतदाऽप्रतिमंश्रीमानाश्रमंप्रत्यपूजयत् १९

सप्ततितमोऽध्यायः ॥ ६९ ॥ ॥ ततइति १ शून्यंवृक्षादिरहितमूषरं २ । ३ । ४ । ५ लक्ष्म्याशोभया ६ नाप्यपाकीर्णःअनावृतोन ७ । ८ कुसुमवच्छाखावंतःकुसुमशाखिनः ९ । १० । ११ । १२
१३ महेंद्रेपर्वतेध्वजाइवध्वजाउच्चतरावृक्षास्तत्तुल्यैरिंद्रध्वजवदत्युच्चैर्वा १४ । १५ रिरंसयारमयितुमिच्छया १६ नदीकच्छोद्भवं कच्छःसजलोऽनूपप्रदेशः १७ । १८ । १९ ॥ ॥ ॥

२० महाकच्छैःमहातुन्नकैः(नांदुरखीतिभाषायां) बृहद्भिःपुष्टैः । 'अथकच्छःस्यादनूपेतुन्नकद्रुमे'इतिमेदिनी । मालिनीमभित आश्रममध्येनैवमालिनीगच्छतिनतुप्रांतेन २१।२२ अप्रतिरथःअप्रतिमः २३।२४।२५
२६ काश्यपस्यकश्यपगोत्रस्यकण्वस्य २७ । २८ । २९ । ३० । ३१ । ३२ । ३३ । ३४ । ३५ । ३६ विततेषुवैतानिकेषुइष्टिपशुसोमादिषुप्रवर्तमानेषु ३७ यज्ञविद्यायामंगभूतानिकल्पसूत्रादीनि
३८ भारुंडसामानिपूगयज्ञियसामानिचसाम्नामवांतरभेदाः ३९ । ४० शब्दसंस्कारःयथास्थानकरणप्रयत्नमुच्चारणं । स्थानंताल्वादि । करणंजिह्वाग्रादि । प्रयत्नोघोषादिः ४१ यज्ञसंस्तरःइष्टि

यतिभिर्वालखिल्यैश्चवृतंमुनिगणान्वितम् ॥ अग्न्यगारैश्चबहुभिःपुष्पसंस्तरसंस्तृतम् २० महाकच्छैर्बृहद्भिश्चविभ्राजितमतीवच ॥ मालिनीमभितोराजन्नदींपु
ण्यांसुखोदकाम् २१ नैकपक्षिगणाकीर्णांतपोवनमनोरमाम् ॥ तत्रव्यालमृगान्सौम्यान्पश्यन्प्रीतिमवापसः २२ तंचाप्रतिरथःश्रीमानाश्रमंप्रत्यपद्यत ॥ देव
लोकप्रतीकाशंसर्वतःसुमनोहरम् २३ नदींचाश्रमसंश्लिष्टांपुण्यतोयांददर्शसः ॥ सर्वप्राणभृतांतत्रजननीमिवधिष्ठिताम् २४ सचक्रवाकपुलिनांपुष्पफेनप्रवाहि
नीम् ॥ सकिन्नरगणावासांवानरर्क्षनिषेविताम् २५ पुण्यस्वाध्यायसंघुष्टांपुलिनैरुपशोभिताम् ॥ मत्तवारणशार्दूलभुजगेंद्रनिषेविताम् २६ तस्यास्तीरेभगवतः
काश्यपस्यमहात्मनः ॥ आश्रमप्रवरंरम्यंमहर्षिगणसेवितम् २७ नदीमाश्रमसंबद्धांदृष्ट्वाऽऽश्रमपदंतथा ॥ चकाराभिप्रवेशायमतिंसनृपतिस्तदा २८ अलंकृतं
द्वीपवत्यामालिन्यारम्यतीरया ॥ नरनारायणस्थानंगंगयेवोपशोभितम् २९ मत्तबर्हिणसंघुष्टंप्रविवेशमहद्वनम् ॥ तत्सचैत्ररथप्रख्यंसमुपेत्यनरर्षभः ३० अती
वगुणसंपन्नमनिर्देश्यंचवर्चसा ॥ महर्षिंकाश्यपंद्रष्टुमथकण्वंतपोधनम् ३१ ध्वजिनीमश्वसंबाधांपदातिगजसंकुलाम् ॥ अवस्थाप्यवनद्वारिसेनामिदमुवाचसः ३२ मु
निंविरजसंद्रष्टुंगमिष्यामितपोधनम् ॥ काश्यपंस्थीयतामत्रयावदागमनंमम ३३ तद्वनंनंदनप्रख्यमासाद्यमनुजेश्वरः ॥ क्षुत्पिपासेजहौराजामुदंचावापपुष्क
लाम् ३४ सामात्योराजलिंगानिसोऽपनीयनराधिपः ॥ पुरोहितसहायश्चजगामाश्रममुत्तमम् ३५ दिदृक्षुस्तत्रतमृषिंतपोराशिमथाव्ययम् ॥ ब्रह्मलोकप्र
तीकाशमाश्रमंसोऽभिवीक्ष्यह ॥ षट्पदोद्गीतसंघुष्टंनानाद्विजगणायुतम् ३६ ऋचोबह्वृचमुख्यैश्चप्रेर्यमाणाःपदक्रमैः ॥ शुश्रावमनुजव्याघ्रोविततेष्विहकर्मसु
३७ यज्ञविद्यांगविद्भिश्चयजुर्विद्भिश्चशोभितम् ॥ मधुरैःसामगीतैश्चऋषिभिर्नियतव्रतैः ३८ भारुंडसामगीताभिरथर्वशिरसोद्गतैः ॥ यतात्मभिःसुनियतैःशुशुभेसतदा
ऽऽश्रमः ३९ अथर्ववेदप्रवराःपूगयज्ञियसामगाः ॥ संहितामीरयंतिस्मपदक्रमयुतांतुते ४० शब्दसंस्कारसंयुक्तैर्ब्रुवद्भिश्चापरैर्द्विजैः ॥ नादितःसबभौश्रीमान्ब्रह्मलोकइ
वापरः ४१ यज्ञसंस्तरविद्भिश्चक्रमशिक्षाविशारदैः ॥ न्यायतत्वात्मविज्ञानसंपन्नैर्वेदपारगैः ४२ नानावाक्यसमाहारसमवायविशारदैः ॥ विशेषकार्यविद्भिश्चमोक्षधर्मपरायणैः ४३

कादुपधानक्रमः न्यायतत्त्वंयुक्तेर्मर्यादा । आत्मविज्ञानंस्वानुभवः ४२ नानावाक्यानामेकशाखागतानांसमिधोयजतीत्यादिप्रयाजाद्यंगविधिपराणां प्रयोगविधिपराणांप्रयोगविधिनादर्शपौर्णमासाभ्यां
यजेतेत्यादिनाएकवाक्यत्वंसमाहारः । भिन्नशाखास्थानांगुणविधीनामेकस्यांशाखायामुपसंहारःसमवायः तत्रविशारदैः विशेषकार्यमुपासनाब्रह्मलोकफला कर्मभ्योविशिष्टत्वाचस्याः मोक्षधर्मेतिपृथ
गुपादानेनमोक्षस्यविशेषकार्यत्वंनिरस्तं ४३ ॥ ॥ ॥ ॥ ॥

स्थापनंप्रथमंस्वसिद्धांतव्यवस्था । ततस्तत्रशंकाक्षेपः । तस्याःपरिहारःसिद्धांतस्तैर्यापरमार्थज्ञतांगतैः । शब्दोव्याकरणम् । कालेतिज्यौतिषम् । शिक्षाकल्पावप्येतैरेवोपलक्षणीयौ ४४ द्रव्यंव्रीह्या
दि । कर्मनिर्वापादि । गुणोऽष्टाकपालत्वादिः । कार्यंफलंस्वर्गादि । कारणंयागादि । पक्षीति । द्रव्यादीनांप्रकाशकंइषेत्वेत्यादिवाक्यम् । पक्षिवानररुतमिवाव्यक्तार्थंमंत्रादिरूपंतदर्थाभिज्ञैः व्यासग्रंथोऽ
विस्तृतप्रबंधइषेत्वेतिशाखामाच्छिनत्तीतितदीयब्राह्मणादिस्तंसम्यगाश्रितैःनतुस्वकपोलकल्पितैःप्रकारैर्मंत्रान्व्याचक्षतइत्यर्थः ४५ लोकेएवआयतंतेतेलोकायतिकाःतेषुलोकरंजनपरेषुमुख्यैः ४६ । ४७

स्थापनाक्षेपसिद्धांतपरमार्थज्ञतांगतैः ॥ शब्दच्छंदोनिरुक्तज्ञैःकालज्ञानविशारदैः ४४ द्रव्यकर्मगुणज्ञैश्चकार्यकारणवेदिभिः ॥ पक्षिवानररुतज्ञैश्चव्यासग्रंथसमा
श्रितैः ४५ नानाशास्त्रेषुमुख्यैश्चशुश्रावस्वनमीरितम् ॥ लोकायतिकमुख्यैश्चसमंतादनुनादितम् ४६ तत्रतत्रचविप्रेंद्रान्नियतान्संशितव्रतान् ॥ जपहोमपरा
न्विप्रान्ददर्शपरवीरहा ४७ आसनानिविचित्राणिरुचिराणिमहीपतिः ॥ प्रयत्नोपहितानिस्मदृष्ट्वाविस्मयमागमत् ४८ देवतायतनानांचप्रेक्ष्यपूजांकृतांद्विजैः ॥
ब्रह्मलोकस्थमात्मानंमेनेसनृपसत्तमः ४९ सकाश्यपतपोगुप्तमाश्रमप्रवरंशुभम् ॥ नातृप्यत्प्रेक्षमाणोवैतपोवनगुणैर्युतम् ५० सकाश्यपस्यायतनंमहाव्रतैर्वृतंस
मंतादृषिभिस्तपोधनैः ॥ विवेशसामात्यपुरोहितोऽरिहाविविक्तमत्यर्थमनोहरंशुभम् ५१ ॥ इतिश्रीमहाभारते आदिपर्वणिसंभवपर्वणि शकुंतलोपाख्यानेसप्तति
तमोऽध्यायः ॥ ७० ॥ ॥ वैशंपायनउवाच ॥ ततोगच्छन्महाबाहुरेकोऽमात्यान्विसृज्यतान् ॥ नापश्यच्चाश्रमेतस्मिंस्तमृषिंसंशितव्रतम् १ सोऽपश्यमा
नस्तमृषिंशून्यंदृष्ट्वातथाऽऽश्रमम् ॥ उवाचकइहेत्युच्चैर्वनंसन्नादयन्निव २ श्रुत्वाऽथतस्यतंशब्दंकन्याश्रीरिवरूपिणी ॥ निश्चक्रामाश्रमात्तस्मात्तापसीवेषधारिणी ३
सातंदृष्ट्वैवराजानंदुष्यंतमसितेक्षणा ॥ स्वागतंतइतिक्षिप्रमुवाचप्रतिपूज्यच ४ आसनेनार्चयित्वाचपाद्येनार्घ्येणचैवहि ॥ पप्रच्छानामयंराजन्कुशलंचनराधि
पम् ५ यथावदर्चयित्वाऽथपृष्ट्वाचानामयंतदा ॥ उवाचस्मयमानेवकिंकार्यंक्रियतामिति ६ तामब्रवीत्ततोराजाकन्यांमधुरभाषिणीम् ॥ दृष्ट्वाचैवानवद्यांगींयथा
वत्प्रतिपूजितः ७ आगतोऽहंमहाभागमृषिंकण्वमुपासितुम् ॥ क्वगतोभगवान्भद्रेतन्ममाचक्ष्वशोभने ८ ॥ शकुंतलोवाच ॥ गतःपितामेभगवान्फलान्याहर्तुमा
श्रमात् ॥ मुहूर्तंसंप्रतीक्षस्वद्रष्टास्येनमुपागतम् ९ ॥ वैशंपायनउवाच ॥ अपश्यमानस्तमृषिंतथाचोक्तस्तयाचसः ॥ तांदृष्ट्वाचवरारोहांश्रीमतींचारुहासिनीं
१० विभ्राजमानांवपुषातपसाचदमेनच ॥ रूपयौवनसंपन्नामित्युवाचमहीपतिः ११ कात्वंकस्यासिसुश्रोणिकिमर्थंचागतावनम् ॥ एवंरूपगुणोपेताकुतस्त्वम
सिशोभने १२ दर्शनादेवहिशुभेत्वयामेऽपहृतंमनः ॥ इच्छामित्वामहंज्ञातुंतन्ममाचक्ष्वशोभने १३ ॥ ॥ ॥ ॥

४८ । ४९ । ५० । ५१ ॥ इतिआदिपर्वणिनीलकंठीये भारतभावदीपे सप्ततितमोऽध्यायः ॥ ७० ॥ ॥ ततइति १ । २ । ३ । ४ अनामयमारोग्यं कुशलंराष्ट्रादिक्षेमम् ५ । ६ । ७ । ८ द्रष्टा
सिद्रक्ष्यसि ९ अपश्यमानइति । तथाचस्वागतादिप्रकारेणविजनेसंलापरूपाभ्यांसतयामोहितइत्यर्थः १० । ११ । १२ दर्शनादेवेति । शुभेकल्याणावहे एतेनस्वस्यतत्परिग्रहाधिकारोऽस्तीतिदर्शितं तत्रप्र
माणंस्वचेतसःप्रवृत्तिरेव यथोक्तमभियुक्तैः । 'असंशयंक्षत्रपरिग्रहक्षमायदार्यमस्यामभिलाषिमेमनः ॥ सतांहिसंदेहपदेषुवस्तुषुप्रमाणमंतःकरणस्यप्रवृत्तयः' इति १३ ॥ ॥

हसतीहसंती १४ । १५ । १६ । १७ आगमोगुरूपदेशः इदंमज्जन्मादिपुरायथाऽभूत्तथाशृणुइत्युत्तरेणान्वयः १८ अभ्यचोदयत्पृष्टवान् १९ । २० । २१ । २२ । २३ । २४ मेअविघ्नमितिछेदः २५ २६ । २७ । २८ । २९ । ३० बभारपोषितवान् मतंगस्त्रिशंकुः । व्याधतांगतः विवाहविघ्नदोषदर्शिनःपितुःकोपादितिशेषः ३१ आश्रममभ्येत्यतपस्तस्थेतिशेषः नद्याःकौशिक्याः ३२ । ३३

॥ ७८ ॥ एवमुक्तातुसाकन्यातेनराज्ञातमाश्रमे ॥ उवाचहसतीवाक्यमिदंसुमधुराक्षरम् १४ कण्वस्याहंभगवतोदुष्यंतदुहितामता ॥ तपस्विनोधृतिमतोधर्मज्ञस्यमहा त्मनः १५ ॥ दुष्यंतउवाच ॥ ऊर्ध्वरेतामहाभागेभगवाँल्लोकपूजितः ॥ चलेद्धिवृत्ताद्धर्मोपिनचलेत्संशितव्रतः १६ कथंत्वंतस्यदुहितासंभूतावरवर्णिनी ॥ सं शयोमेमहानत्रतन्मेछेत्तुमिहार्हसि १७ ॥ शकुंतलोवाच ॥ यथाऽयमागमोमह्यंयथाचेदमभूत्पुरा ॥ शृणुराजन्यथातत्त्वंयथाऽस्मिदुहितामुनेः १८ ऋषिःकश्चि दिहागम्यममजन्माभ्यचोदयत् ॥ तस्मैप्रोवाचभगवान्यथातच्छृणुपार्थिव १९ ॥ कण्वउवाच ॥ तप्यमानःकिलपुराविश्वामित्रोमहत्तपः ॥ सुभृशंतापयामास शक्रंसुरगणेश्वरम् २० तपसादीप्तवीर्योऽयंस्थानान्मांच्यावयेदिति ॥ भीतःपुरंदरस्तस्मान्मेनकामिदमब्रवीत् २१ गुणैरप्सरसांदिव्यैर्मेनकेत्वंविशिष्यसे ॥ श्रे योमेकुरुकल्याणियत्त्वांवक्ष्यामितच्छृणु २२ असावादित्यसंकाशोविश्वामित्रोमहातपाः ॥ तप्यमानस्तपोघोरंममकंपयतेमनः २३ मेनकेतवभारोऽयंविश्वामि त्रःसुमध्यमे ॥ शंसितात्मासुदुर्धर्षउग्रेतपसिवर्त्तते २४ समांनच्यावयेत्स्थानात्तंवैगत्वाप्रलोभय ॥ चरतस्यतपोविघ्नंकुरुमेऽविघ्नमुत्तमम् २५ रूपयौवनमाधुर्य चेष्टितस्मितभाषणैः ॥ लोभयित्वावरारोहेतपसस्तंनिवर्तय २६ ॥ मेनकोवाच ॥ महातेजाःसभगवांस्तथैवचमहातपाः ॥ कोपनश्चतथाह्येनंजानातिभगवान पि २७ तेजसस्तपसश्चैवकोपस्यचमहात्मनः ॥ त्वमप्युद्विजसेयस्यनोद्विजेयमहंकथम् २८ महाभागंवसिष्ठंयःपुत्रैरिष्टैर्व्ययोजयत् ॥ क्षत्रजातश्चयःपूर्वमभव द्ब्राह्मणोबलात् २९ शौचार्थंयोनदींचक्रेदुर्गमांबहुभिर्जलैः ॥ यांतांपुण्यतमांलोकेकौशिकीतिविदुर्जनाः ३० बभारयत्रास्यपुराकालेदुर्गेमहात्मनः ॥ दारान्मतं गोधर्मात्माराजर्षिर्व्याधतांगतः ३१ अतीतकालेदुर्भिक्षेअभ्येत्यपुनराश्रमम् ॥ मुनिःपारेतिनद्यावैनामचक्रेतदाप्रभुः ३२ मतंगंयाजयांचक्रेयत्रप्रीतमनाःस्व यम् ॥ त्वंचसोमंभयाद्यस्यगतःपातुंसुरेश्वर ३३ चकारान्यंचलोकंवैकुद्धोनक्षत्रसंपदा ॥ प्रतिश्रवणपूर्वाणिनक्षत्राणिचकारयः ॥ गुरुशापहतस्यापित्रिशंकोः शरणंददौ ३४ एतानियस्यकर्माणितस्याहंभृशमुद्विजे ॥ यथाऽसौनदहेत्क्रुद्धस्तथाज्ञापयमांविभो ३५ तेजसानिर्दहेल्लोकान्कंपयेद्धरणींपदा ॥ संक्षिपेच्चमहामे रुंतूर्णमावर्त्तयेद्दिशः ३६ तादृशंतपसायुक्तंप्रदीप्तमिवपावकम् ॥ कथमस्मद्विधानारीजितेंद्रियमभिस्पृशेत् ३७ हुताशनमुखंदीप्तंसूर्यचंद्राक्षितारकम् ॥ कालजि ह्वंसुरश्रेष्ठकथमस्मद्विधास्पृशेत् ३८ यमश्चसोमश्चमहर्षयश्चसाध्याविश्वेवालखिल्याश्चसर्वे ॥ एतेपियस्योद्विजंतेप्रभावात्तस्मात्कस्मान्मादृशीनोद्विजेत ३९ ॥ ॥ ७९ ॥

शरणंत्राणं त्रिशंकोःत्रीणिपितुःकोपोवसिष्ठधेनोर्वधोत्र्यागोमांसभक्षणंचेतिशंकूनिशंकुतुल्यानिपापानियस्यसत्रिशंकुस्तस्य । यथोक्तंहरिवंशेत्रिशंकुंप्रतिवसिष्ठेन । 'पितुश्चपरितोषेणगुरोर्दोग्ध्रीवधेनच ॥ अप्रोक्षितोपयोगाच्चत्रिविधस्तेव्यतिक्रमः'इति ३४ तस्यतस्मात् ३५ आवर्त्तयेदेकीकुर्यात् ३६ । ३७ सूर्यचंद्रावेवाक्ष्णोःसंबंधिनीतारकेयस्य तावपिभ्रूभंगमात्रेणस्त्रष्टुंसमर्थइत्यर्थः ३८ । ३९ ॥

४० प्रक्रीडितायाः प्रकृष्टंक्रीडितंयस्याः विवृणोतुअपसारयतु ४१ तस्मिन्कामस्यवायुसाहाय्यकेइंद्रेणविहितेसंदिष्टेसति ४२ ॥ इतिआदिपर्वणिनीलकंठीये भारतभावदीपे एकसप्ततितमोऽध्यायः ॥ ७१ ॥
एवमुक्तइति । सदागतिंवायुं १ । २ । ३ । ४ । ५ गृद्धांसक्तां विवृतामनाच्छादितां ६ भावंसंसर्गात्संदर्शनात्तस्यांमनश्चकार तयाहेतुभूतया ७ न्यमंत्रयतएहीत्याकारितवान् व्यहरतांविहारंचक्रतुः

त्वयैवमुक्ताचकथंसमीपमृषेर्नगच्छेयमहंसुरेंद्र ॥ रक्षांतुमेचिंतयदेवराजयथात्वदर्थंरक्षिताऽहंचरेयम् ४० कामंतुमेमारुतस्तत्रवासःप्रक्रीडितायाविवृणोतुदेव ॥ भवेच्चमेमन्मथस्तत्रकार्येसहायभूतस्तुतवप्रसादात् ४१ वनाच्चवायुःसुरभिःप्रवायात्तस्मिन्कालेतमृषिंलोभयंत्याः ॥ तथेत्युक्त्वाविहितेचैवतास्मिंस्ततोययौसाश्रमंकौशिकस्य ४२ ॥ इतिश्रीमहाभारते आदिपर्वणिसंभवपर्वणि शकुंतलोपाख्याने एकसप्ततितमोऽध्यायः ॥ ७१ ॥ ॥ कण्वउवाच ॥ एवमुक्तस्तयाशक्रः संदिदेशसदागतिम् ॥ प्रातिष्ठततदाकालेमेनकावायुनासह १ अथापश्यद्वरारोहातपसादग्धकिल्बिषम् ॥ विश्वामित्रंतप्यमानंमेनकाभीरुराश्रमे २ अभिवाद्यततःसातंप्राक्रीडदृषिसन्निधौ ॥ अपोवाहचवासोऽस्यामारुतःशशिसन्निभम् ३ साऽगच्छत्त्वरिताभूमिंवासस्तदभिलिप्सती ॥ स्मयमानेवसव्रीडंमारुतंवरवर्णिनी ४ पश्यतस्तत्रतत्रर्षेरप्यग्निसमतेजसः ॥ विश्वामित्रस्ततस्तांतुविषमस्थामनिंदिताम् ५ गृद्धांवाससिसंभ्रांतांमेनकांमुनिसत्तमः ॥ अनिर्देश्यवयोरूपामपश्यद्विवृतांतदा ६ तस्यारूपगुणान्दृष्ट्वासतुविप्रर्षभस्तदा ॥ चकारभावंसंसर्गात्तयाकामवशंगतः ७ न्यमंत्रयतचाप्येनांसाचाप्यैच्छदनिंदिता ॥ तौतत्रसुचिरंकालमुभौव्यहरतांतदा ८ रममाणौयथाकामंयथैकदिवसंतथा ॥ जनयामाससमुनिर्मेनकायांशकुंतलाम् ९ प्रस्थेहिमवतोरम्येमालिनीमभितोनदीम् ॥ जातमुत्सृज्यतंगर्भंमेनकामालिनीमनु १० कृतकार्याततस्तूर्णमगच्छच्छक्रसंसदम् ॥ तंवनेविजनेगर्भंसिंहव्याघ्रसमाकुले ११ दृष्ट्वाशयानंशकुनाःसमंतात्पर्यवारयन् नेमांहिंस्युर्वनेबालांक्रव्यादामांसगृद्धिनः १२ पर्यरक्षंततांतत्रशकुंतामेनकात्मजाम् ॥ उपस्प्रष्टुंगतश्चाहमपश्यंशयितामिमाम् १३ निर्जनेविपिनेरम्येशकुंतैःपरिवारिताम् ॥ आनयित्वाततश्चैनांदुहितृत्वेन्यवेशयम् १४ शरीरकृत्प्राणदातायस्यचान्नानिभुंजते ॥ क्रमेणैतेत्रयोऽप्युक्ताःपितरोधर्मशासने १५ निर्जनेतुवनेयस्माच्छकुंतैःपरिवारिता ॥ शकुन्तलेतिनामास्याःकृतंचापिततोमया १६ एवंदुहितरंविद्धिममविप्रशकुंतलाम् ॥ शकुंतलाचपितरंमन्यतेमामनिंदिता १७ ॥ शकुंतलोवाच ॥ एतदाचष्टपुष्टःसन्ममजन्ममहर्षये ॥ सुतांकण्वस्यमामेवंविद्धित्वंमनुजाधिप १८ कण्वंहिपितरंमन्येपितरंस्वमजानती ॥ इतितेकथितंराजन्यथावृत्तंश्रुतंमया १९ ॥ इतिश्रीमहाभारते आदिपर्वणिसंभवपर्वणि शकुंतलोपाख्याने द्विसप्ततितमोऽध्यायः ॥ ७२ ॥ ॥ ॥ ॥

८ । ९ । १० । ११ । १२ उपस्प्रष्टुमाह्निकंजलकार्यंकर्तुं १३ । १४ शरीरकृन्निषेक्ता । प्राणदाताऽभयप्रदः १५ निर्जनइति । शकुंतैःपरिवारिताउपात्तेति लाआदानेऽस्मात्कप्रत्ययेशकुंतलेतिनामनिर्वचनं १६ । १७ । १८ । १९ ॥ इतिआदिपर्वणिनीलकंठीये भारतभावदीपे द्विसप्ततितमोऽध्यायः ॥ ७२ ॥ ॥ ॥ ॥ ॥

सुव्यक्तमिति । गोत्रप्रवर्त्तकोऽपितपसाब्राह्मणोऽपिजातितःक्षत्रियएवविश्वामित्रइतिभावः । इतऊर्ध्ववातस्यब्राह्मणत्वमितिकल्प्यं १ । २ । ३ गांधर्वोवरवध्वोरैकमत्येनकृतः ४ फलाहारः फलान्याहर्तुंगतः ५ । ६ नस्त्रीस्वातंत्र्यमर्हतीतिन्यायविरोधमाशंक्याह आत्मनइति ७ पूर्वोक्तगांधर्वविवाहस्यकर्त्तव्यतांवक्तुंविवाहभेदानाह अष्टाविति । ब्राह्मोऽलंकृत्यकन्यादानम् । तद्वदेवयज्ञांतेऋत्विजेदानंदैवः । सहोभौधर्मंचरतामितिबुद्ध्यादानंप्राजापत्यः । वराद्गोमिथुनंशुल्कंगृहीत्वादानमार्षः । बहुधनंगृहीत्वादानमासुरः ८ गांधर्वोव्याख्यातः । सुप्तानांप्रमत्तानांवाऽपहरेत्सपैशाचः । हत्वाभित्त्वाचशीर्षाणिरुदतींरुदद्भ्योहरेत्सराक्षसः इत्येतेऽष्टौक्रमाद्व्याख्याताः ९ । १० पंचानांब्राह्मादीनांत्रयोब्राह्मदैवप्राजापत्याधर्म्याः द्वावार्षासुरौकन्याशुल्कग्रह

॥ दुष्यंतउवाच ॥ सुव्यक्तंराजपुत्रीत्वंयथाकल्याणिभाषसे ॥ भार्यामेभवसुश्रोणिब्रूहिकिंकरवाणिते १ सुवर्णमालांवासांसिकुण्डलेपरिहाटके ॥ नानापत्तनजेशुभ्रेमणिरत्नेचशोभने २ आहरामितवाद्याहंनिष्कादीन्यजिनानिच ॥ सर्वंराज्यंतवाद्यास्तुभार्यामेभवशोभने ३ गांधर्वेणचमांभीरुविवाहेनैहिसुंदरि ॥ विवाहानांहिरंभोरुगांधर्वःश्रेष्ठउच्यते ४ ॥ शकुंतलोवाच ॥ फलाहारोगतोराजन्पितामेइतआश्रमात् ॥ मुहूर्त्तंसंप्रतीक्षस्वसमांतुभ्यंप्रदास्यति ५ ॥ दुष्यंतउवाच ॥ इच्छामित्वांवरारोहेभजमानामनिंदिते ॥ त्वदर्थंमांस्थितंविद्धित्वद्गतंहिमनोमम ६ आत्मनोबंधुरात्मैवगतिरात्मैवचात्मनः ॥ आत्मनैवात्मनोदानंकर्तुमर्हसिधर्मतः ७ अष्टावेवसमासेनविवाहाधर्मतःस्मृताः ॥ ब्राह्मोदैवस्तथैवार्षःप्राजापत्यस्तथाऽऽसुरः ८ गांधर्वोराक्षसश्चैवपैशाचश्चाष्टमःस्मृतः ॥ तेषांधर्म्यान्यथापूर्वंमनुःस्वायंभुवोऽब्रवीत् ९ प्रशस्तांश्चतुरःपूर्वान्ब्राह्मणस्योपधारय ॥ षडानुपूर्व्याक्षत्रस्यविद्धिधर्म्याननिंदिते १० राज्ञांतुराक्षसोऽप्युक्तोविट्शूद्रेष्वासुरःस्मृतः ॥ पंचानांतुत्रयोधर्म्याअधर्म्यौद्वौस्मृताविह ११ पैशाचआसुरश्चैवनकर्त्तव्यौकदाचन ॥ अनेनविधिनाकार्योधर्मस्यैषागतिःस्मृता १२ गांधर्वराक्षसौक्षत्रेधर्म्यौतौमाविशंकिथाः ॥ पृथग्वायदिवामिश्रौकर्त्तव्यौनात्रसंशयः १३ सात्वंममसकामस्यसकामावरवर्णिनी ॥ गांधर्वेणविवाहेनभार्याभवितुमर्हसि १४ शकुंतलोवाच ॥ यदिधर्मपथस्त्वेषयदिचात्माप्रभुर्मम ॥ प्रदानेपौरवश्रेष्ठशृणुमेसमयंप्रभो १५ सत्यंमेप्रतिजानीहियथावक्ष्याम्यहंरहः ॥ मयिजायेतयःपुत्रःसभवेत्त्वदनंतरः १६ युवराजोमहाराजसत्यमेतद्ब्रवीमिते ॥ यद्येतदेवंदुष्यंतअस्तुमेसंगमस्त्वया १७ ॥ वैशंपायनउवाच ॥ एवमस्त्वितितांराजाप्रत्युवाचाविचारयन् ॥ अपिचत्वांहिनेष्यामिनगरंस्वंशुचिस्मिते १८ यथात्वमर्हासुश्रोणिसत्यमेतद्ब्रवीमिते ॥ एवमुक्त्वासराजर्षिस्तामनिंदितगामिनीम् १९ जग्राहविधिवत्पाणावुवासचतयासह ॥ विश्वास्यचैनांसप्रायादब्रवीच्चपुनःपुनः २० ॥ ॥ ॥ ॥

णादधर्म्यौ ११ तयोरप्यासुरःपैशाचवदत्यंतंहेयइत्याह पैशाचइति १२ परिशेषाद्गांधर्वराक्षसौक्षत्रियस्यधर्म्यावित्याह गांधर्वेति । मिश्रौरुक्मिणीविवाहे १३ । १४ । १५ । १६ १७ । १८ । १९ उवाससंगंकृतवान् । अत्राधिको 'मूकाश्चैवकिराताश्चकुब्जवामनकैःसह । सहिताकंचुकिवरैर्वाहिनीसूतमागधैः'इतिश्लोकःपठ्यते तस्यार्थः मूकाःअंतःपुररक्षणयोग्याहितमितभाषिणः किराताश्चामरवाहिन्यःस्त्रियः । 'किरातोम्लेच्छभेदेस्याद्भूनिंबेऽल्पतनावपि ॥ स्त्रियांचामरवाहिन्यांकुट्टनीदुर्गयोरपि'इतिमेदिनी । कुब्जवामनकाःचंदनपुष्पोदकादिकराश्चेटयश्चेटाश्च कंचुकिनःअंतःपुराध्यक्षाः'कंचुक्यंतःपुराध्यक्षे'इतिमेदिनी वाहिनीप्रेष्याइतिशेषः २० ॥ ॥ ॥ ॥ ॥

तयात्राहिन्या २१ । २२ । २३ । २४ । २५ । २६ । २७ । २८ । २९ परंशत्रुं । चक्रंसैन्यं । 'चक्रःकोकेम्बुमान्क्लीबंव्रजेसैन्यरथांगयोः' इतिमेदिनी । इदमेवचक्रवर्त्तिशब्दप्रवृत्तिनिमित्तम्

प्रेषयिष्येतवार्थायवाहिनींचतुरंगिणीम् ॥ तयात्वाऽऽनाययिष्यामिनिवासंस्वंशुचिस्मिते २१ ॥ वैशंपायनउवाच ॥ इतितस्याःप्रतिश्रुत्यसनृपोजनमेजय ॥
मनसाचिंतयन्प्रायात्काश्यपंप्रतिपार्थिवः २२ भगवांस्तपसायुक्तःश्रुत्वाकिंनुकरिष्यति ॥ एवंसचिंतयन्नेवप्रविवेशस्वकंपुरम् २३ मुहूर्त्तयातेतस्मिंस्तुकण्वो
ऽप्याश्रममागमत् ॥ शकुंतलाचपितरंन्हियानोपजगामतम् २४ विज्ञायाथचतांकण्वोदिव्यज्ञानोमहातपाः ॥ उवाचभगवान्प्रीतःपश्यन्दिव्येनचक्षुषा २५
त्वयाऽद्यभद्रेरहसिमामनादृत्ययःकृतः ॥ पुंसासहसमायोगोनसधर्मोपघातकः २६ क्षत्रियस्यहिगांधर्वोविवाहःश्रेष्ठउच्यते ॥ सकामायाःसकामेननिर्मंत्रोरह
सिस्मृतः २७ धर्मात्माचमहात्माचदुष्यंतःपुरुषोत्तमः ॥ अभ्यगच्छःपतिंयत्त्वंभजमानंशकुंतले २८ महात्माजनितालोकेपुत्रस्तवमहाबलः ॥ यइमांसाग
रापांगींकृत्स्नांभोक्ष्यतिमेदिनीम् २९ परंचाभिप्रयातस्यचक्रंतस्यमहात्मनः ॥ भविष्यत्यप्रतिहतंसततंचक्रवर्त्तिनः ३० ततःप्रक्षाल्यपादौसाविश्रांतंमुनिमब्र
वीत् ॥ विनिधायततोभारंसन्निधायफलानिच ३१ ॥ शकुंतलोवाच ॥ मयापतिर्वृतोराजादुष्यंतःपुरुषोत्तमः ॥ तस्मैससचिवायत्वंप्रसादंकर्त्तुमर्हसि ३२ ॥ कण्वउ
वाच ॥ प्रसन्नएवतस्याहंत्वत्कृतेवरवर्णिनि ॥ गृहाणचवरंमत्तस्त्वंशुभेयदभीप्सितम् ३३ ॥ वैशंपायनउवाच ॥ ततोधर्मिष्ठतांवव्रेराज्याच्चास्खलनंतथा ॥ शकुं
तलापौरवाणांदुष्यंतहितकाम्यया ३४ ॥ इतिश्रीमहाभारते आदिपर्वणि संभवपर्वणिशकुंतलोपाख्यानेत्रिसप्ततितमोऽध्यायः ॥ ७३ ॥ वैशंपायनउवाच ॥
प्रतिज्ञायतुदुष्यंतेप्रतियातेशकुंतलाम् ॥ गर्भंसुषाववामोरुःकुमारममितौजसम् १ त्रिषुवर्षेषुपूर्णेषुदीप्तानलसमद्युतिम् ॥ रूपौदार्यगुणोपेतंदौष्यंतिंजनमे
जय २ जातकर्मादिसंस्कारंकण्वःपुण्यकृतांवरः ॥ विधिवत्कारयामासवर्धमानस्यधीमतः ३ दन्तैःशुक्लैःशिखरिभिःसिंहसंहननोमहान् ॥ चक्रांकितकरःश्रीमा
न्महामूर्धामहाबलः ४ कुमारोदेवगर्भाभःसतत्राशुव्यवर्धत ॥ षड्वर्षएवबालःसकण्वाश्रमपदंप्रति ५ सिंहव्याघ्रान्वराहांश्चमहिषांश्चगजांस्तथा ॥ बबंधवृक्षे
बलवानाश्रमस्यसमीपतः ६ आरोहन्दमयंश्चैवक्रीडंश्चपरिधावति ॥ ततोऽऽस्यनामचक्रुस्तेकण्वाश्रमनिवासिनः ७ अस्त्वयंसर्वदमनःसर्वंहिदमयत्यसौ ॥ सस
र्वदमनोनामकुमारःसमपद्यत ८ विक्रमेणौजसाचैवबलेनचसमन्वितः ॥ तंकुमारमृषिर्दृष्ट्वाकर्मचास्यातिमानुषम् ९ समयोयौवराज्यायेत्यब्रवीच्चशकुंतलाम् ॥
तस्यतद्बलमाज्ञायकण्वःशिष्यानुवाचह १० शकुंतलामिमांशीघ्रंसहपुत्रामितोगृहात् ॥ भर्तुःप्रापयतागारंसर्वलक्षणपूजिताम् ११ नारीणांचिरवासोहिबांधवेषु
नरोचते ॥ कीर्तिचारित्रधर्मघ्नस्तस्मान्नयतमाचिरम् १२ तथेत्युक्त्वातुतेसर्वेप्रातिष्ठंतमहौजसः ॥ शकुंतलांपुरस्कृत्यसपुत्रांगजसाह्वयम् १३ ॥

३० । ३१ । ३२ । ३३ । ३४ ॥ इतिआदिपर्वणिनीलकंठीये भारतभावदीपे त्रिसप्ततितमोऽध्यायः ॥ ७३ ॥ ॥ ॥ प्रतिज्ञायेति १ । २ । ३ । ४ । ५ । ६ । ७ । ८
विक्रमःपराभिभवसामर्थ्यं ओजःकांतिः । बलंशारीरम् ९ । १० । ११ नरोचतेनशोभते । चारित्रंशीलं धर्मःपातिव्रत्यम् १२ । १३ ॥ ॥

१४ । १५ । १६ । १७ । १८ । १९ धर्मार्थकामसंबंधं । धर्मेचार्थेचकामेचनातिचरितव्यात्वयेयंनातिचरामि'इतिविवाहमंत्रप्रकाशितंवैवाहिकसंबंध २० । २१ । २२ । २३ २४ । २५ साक्ष्येणसाक्षिधर्मेणौदासीन्यबोधरूपेण २६ । २७ हृच्छयमंतर्यामिणं मुनिनारायणं २८ । २९ । ३० निर्यातयतिपरिहरति दुष्कृतंपापं ३१ वियातयतिविशेषेणयातनांपीडांकरोतिदुष्कृ

गृहित्वाऽमरगर्भाभंपुत्रंकमललोचनम् ॥ आजगामततःसुभ्रूर्दुष्यंतंविदिताद्धनात् १४ अभिसृत्यचराजानंविदिताचप्रवेशिता ॥ सहतेनैवपुत्रेणबालार्कसमतेजसा
१५ निवेदयित्वातेसर्वेआश्रमंपुनरागताः ॥ पूजयित्वायथान्यायमब्रवीच्चशकुंतला १६ अयंपुत्रस्त्वयाराजन्यौवराज्येऽभिषिच्यताम् ॥ त्वयाह्ययंसुतोराजन्मय्यु
त्पन्नःसुरोपमः ॥ यथासमयमेतस्मिन्वर्त्तस्वपुरुषोत्तम १७ यथामत्संगमेपूर्वंयःकृतःसमयस्तथा ॥ तंस्मरस्वमहाभागकण्वाश्रमपदंप्रति १८ सोऽथश्रुत्वैवतद्वा
क्यंतस्याराजास्मरन्नपि ॥ अब्रवीन्नस्मरामीतिकस्यत्वंदुष्टतापसि १९ धर्मकामार्थसंबंधंनस्मरामित्वयासह ॥ गच्छवातिष्ठवाकामंयद्वापीच्छसितत्कुरु २० सैव
मुक्तावरारोहाव्रीडितेवतपस्विनी ॥ निःसंज्ञेवचदुःखेनतस्थौस्थूणेवनिश्चला २१ संरंभामर्षताम्राक्षीस्फुरमाणौष्ठसंपुटा ॥ कटाक्षैर्निर्दहंतीवतिर्यग्राजानमैक्षत २२
आकारंगूहमानाचमन्युनाचसमीरिता ॥ तपसासंभृतंतेजोधारयामासवैतदा २३ सामुहूर्त्तमिवध्यात्वादुःखामर्षसमन्विता ॥ भर्तारमभिसंप्रेक्ष्यक्रुद्धावचनमब्रवीत्
२४ जानन्नपिमहाराजकस्मादेवंप्रभाषसे ॥ नजानामीतिनिःशंकंयथाऽन्यःप्राकृतोजनः २५ अत्रतेहृदयंवेदसत्यस्यैवानृतस्यच ॥ कल्याणंवदसाक्ष्येणमाऽऽ
त्मानमवमन्यथाः २६ योऽन्यथासंतमात्मानमन्यथाप्रतिपद्यते ॥ किंतेननकृतंपापंचोरेणात्मापहारिणा २७ एकोऽहमस्मीतिचमन्यसेत्वंनहृच्छयंवेत्सिमुनिं
पुराणम् ॥ योवेदिताकर्मणःपापकस्यतस्यांतिकेत्वंवृजिनंकरोषि २८ मन्यतेपापकंकृत्वानकश्चिद्वेत्तिमामिति॥ विदंतिचैनंदेवाश्चयश्चैवांतरपूरुषः २९ आदित्यचंद्राव
निलानलौचद्यौर्भूमिरापोहृदयंयमश्च॥ अहश्चरात्रिश्चउभेचसंध्येधर्मश्चजानातिनरस्यवृत्तम् ३० यमोवैवस्वतस्तस्यनिर्यातयतिदुष्कृतम् ॥ हृदिस्थितःकर्मसा
क्षीक्षेत्रज्ञोयस्यतुष्यति ३१ नतुतुष्यतियस्यैषपुरुषस्यदुरात्मनः ॥ तंयमःपापकर्माणंवियातयतिदुष्कृतम् ३२ योवमन्यात्मनात्मानमन्यथाप्रतिपद्यते ॥ नत
स्यदेवाःश्रेयांसोयस्यात्माऽपिनकारणम् ३३ स्वयंप्राप्तेतिमामेवंमाऽवमंस्थाःपतिव्रताम् ॥ अर्चार्हांनार्चयसिमांस्वयंभार्यामुपस्थिताम् ३४ किमर्थंमांप्राकृतवदु
पप्रेक्षसिसंसदि ॥ नखल्वहमिदंशून्येरौमिकिंनशृणोषिमे ३५ यदिमेयाचमानायावचनंनकरिष्यसि ॥ दुष्यंतशतधामूर्धातत्तेऽद्यस्फुटिष्यति ३६ भार्यांपतिः
संप्रविश्यसयस्माज्जायतेपुनः ॥ जायायास्तद्धिजायात्वंपौराणाःकवयोविदुः ३७ यदागमवतःपुंसस्तदपत्यंप्रजायते ॥ तत्तारयतिसंतत्यापूर्वप्रेतान्पितामहान् ३८

तंदुष्टंकृतमस्यतं ३२ नकारणंश्रेयसेइत्यर्थः ३३ । ३४ । ३५ । ३६ पौराणाःकवयोवैदिकास्तज्जायाजायाभवतियदस्यांजायतेपुनरित्यादिमंत्रविदः ३७ आगमवतोवेदोक्तमंथादिकर्मविदोय त्सद्मितप्रभात्मपत्यंजायतेतत्तारयति ३८ ॥ ॥ ॥ ॥

पुन्नाम्नइत्यतःपरं 'पौत्रेणलोकान्जयतेपौत्रेणानंत्यमश्नुते ॥ अथपौत्रस्यपुत्रेणमोदंतेप्रपितामहाः'इतिपठंति तत्रपुत्रेणनरकादुद्धृतःपौत्रेणस्वर्गंनीयतेप्रपौत्रेणततोऽप्युपरिनीयते । पुत्रेणैवस्वर्गंनीतःपौ
त्रेणब्रह्मलोकंप्रापितआनंत्यंमोक्षंलभते तेनासौप्रपौत्रमपेक्षतइत्यर्थः ३९ । ४० । ४१ । ४२ पितरःपितृश्राद्धैतैषिण्यः मातरोमातृवद्दुःखहंत्र्यः ४३ । ४४ विषमेषुनरकेष्वेकएवपततीतितमेकपा

पुन्नाम्नोनरकाद्यस्मात्पितरंत्रायतेसुतः ॥ तस्मात्पुत्रइतिप्रोक्तःस्वयमेवस्वयंभुवा ३९ साभार्यायागृहेदक्षासाभार्यायाप्रजावती ॥ साभार्यायापतिप्राणासाभार्याया
पतिव्रता ४० अर्धंभार्यामनुष्यस्यभार्याश्रेष्ठतमःसखा ॥ भार्यामूलंत्रिवर्गस्यभार्यामूलंतरिष्यतः ४१ भार्यावंतःक्रियावंतःसभार्यागृहमेधिनः ॥ भार्यावंतःप्रमो
दंतेभार्यावंतःश्रियाऽन्विताः ४२ सखायःप्रविविक्तेषुभवंत्येताःप्रियंवदाः ॥ पितरोधर्मकार्येषुभवन्त्यार्तस्यमातरः ४३ कांतारेष्वपिविश्रामोजनस्याध्वनिकस्यवै ॥
यःसदारःसविश्वास्यस्तस्माद्दाराःपरागतिः ४४ संसरंतमपिप्रेतंविषमेष्वेकपातिनम् ॥ भार्यैवान्वेतिभर्त्तारंसततंयापतिव्रता ४५ प्रथमंसंस्थिताभार्यापतिंप्रेत्यप्र
तीक्षते ॥ पूर्वंमृतंचभर्तारंपश्चात्साध्व्यनुगच्छति ४६ एतस्मात्कारणाद्राजन्पाणिग्रहणमिष्यते ॥ यदाप्नोतिपतिर्भार्यामिहलोकेपरत्रच ४७ आत्मात्मनैवज
नितःपुत्रइत्युच्यतेबुधैः ॥ तस्माद्भार्यांनरःपश्येन्मातृवत्पुत्रमातरम् ४८ भार्यायांजनितंपुत्रमादर्शेष्विवचाननम् ॥ ल्हादतेजनिताप्रेक्ष्यस्वर्गंप्राप्येवपुण्यकृत्
४९ दह्यमानामनोदुःखैर्व्याधिभिश्चातुरानराः ॥ ल्हादंतेस्वेषुदारेषुघर्मार्ताःसलिलेष्विव ५० सुसंरब्धोऽपिरामाणांनकुर्यादप्रियंनरः ॥ रतिंप्रीतिंचधर्मंचता
स्वायत्तमवेक्ष्यहि ५१ आत्मनोजन्मनःक्षेत्रंपुण्यंरामाःसनातनम् ॥ ऋषीणामपिकाशक्तिःस्रष्टुंरामामृतेप्रजाम् ५२ प्रतिपद्ययदासूनुर्धरणारेणुगुंठितः ॥ पितु
राश्लिष्यतेऽङ्गानिकिमस्त्यभ्यधिकंततः ५३ सत्वंस्वयमभिप्राप्तंसाभिलाषमिमंसुतम् ॥ प्रेक्षमाणंकटाक्षेणकिमर्थमवमन्यसे ५४ अंडानिबिभ्रतिस्वानिनभिंदंति
पिपीलिकाः ॥ नभरेथाःकथंनुत्वंधर्मज्ञःसन्स्वमात्मजम् ५५ नवाससांनरामाणांनापांस्पर्शस्तथाविधः ॥ शिशोरालिंग्यमानस्यस्पर्शःसूनोर्यथासुखः ५६ ब्राह्म
णोद्विपदांश्रेष्ठोगौर्वरिष्ठाचतुष्पदाम् ॥ गुरुर्गरीयसांश्रेष्ठःपुत्रःस्पर्शवतांवरः ५७ स्पृशतुत्वांसमाश्लिष्यपुत्रोऽयंप्रियदर्शनः ॥ पुत्रस्पर्शात्सुखतरःस्पर्शोलोकेनवि
द्यते ५८ त्रिषुवर्षेषुपूर्णेषुप्रजाताऽहमरिंदम ॥ इमंकुमारंराजेंद्रतवशोकविनाशनम् ५९ आहर्त्तावाजिमेधस्यशतसंख्यस्यपौरव ॥ इतिवागंतरिक्षेमांसूतकेऽ
भ्यवदत्पुरा ६० ननुनामांकमारोप्यस्नेहाद्ग्रामांतरंगताः ॥ मूर्ध्निपुत्रानुपाघ्रायप्रतिनंदंतिमनवाः ६१ वेदेष्वपिवदंतीमंमंत्रग्रामंद्विजातयः ॥ जातकर्मणिपुत्राणां
तवापिविदितंतथा ६२ अंगादंगात्संभवसिहृदयादधिजायसे ॥ आत्मावैपुत्रनामासिसजीवशरदःशतम् ६३ जीवितंत्वदधीनंमेसंतानमपिचाक्षयम् ॥ तस्मा
त्त्वंजीवमेपुत्रसुसुखीशरदांशतम् ६४ ॥ ॥ ॥ ॥ ॥

२७ तिनमप्यनुगमनंकरोतिभर्त्तारंनरकादुद्धर्तुं । यथोक्तं । 'व्यालग्राहीयथाव्यालंबलादुद्धरतेबिलात् ॥ नरकस्थंपतितंद्रुतपतिप्राणानुगासती'इति ४५ । ४६ । ४७ मातृवज्जन्मभूमिवत् ४८ । ४९ । ५०
सुसंरब्धोऽप्यतिक्रुद्धोपि रामाणांरम्यस्त्रीणां ५१ । ५२ प्रतिपद्यप्रत्येत्य ५३ । ५४ । ५५ शिशोरजातदंतस्यसूनोः ५६ । ५७ । ५८ । ५९ । ६० । ६१ । ६२ मंत्रग्राममेतत्पठति अंगादिति । शरदोवर्षाणि ६३ । ६४

स्मानमात्मानंद्वितीयंप्रतिबिंबेइवतवसादृश्यमत्रपश्येतिभावः ६५ एकःसन्पुत्रेजातेयोगीवद्द्विधाकृतोद्वैरूप्यंगतः ६६ । ६७ । ६८ साप्रसिद्धा अजीजनत्मामितिशेषः ६९ अवकीर्याऽधस्त्यक्त्वा अ

त्वदंगेभ्यःप्रसूतोऽयंपुरुषात्पुरुषोऽपरः ॥ सरसीवामलेत्मानंद्वितीयंपश्यवैसुतम् ६५ यथाह्याहवनीयोऽग्निर्गार्हपत्यात्प्रणीयते ॥ तथात्वत्तःपसूतोऽयंत्वमेकःसन् द्विधाकृतः ६६ मृगावकृष्टेनपुरामृगयांपरिधावता ॥ अहमासादिताराजन्कुमारीपितुराश्रमे ६७ उर्वशीपूर्वचित्तिश्चसहजन्याचमेनका ॥ विश्वाचीचघृताची चषडेवाप्सरसांवराः ६८ तासांसामेनकानामब्रह्मयोनिर्वराप्सराः ॥ दिवःसंप्राप्यजगतींविश्वामित्रादजीजनत् ६९ सामांहिमवतःप्रस्थेसुषुवेमेनकाऽप्सराः ॥ अवकीर्यचमांयातापरात्मजमिवासती ७० किंनुकर्माशुभंपूर्वंकृतवत्यन्यजन्मनि ॥ यदहंबांधवैस्त्यक्ताबाल्येसंप्रतिचत्वया ७१ कामंत्वयापरित्यक्तागमिष्यामि स्वमाश्रमम् ॥ इमंतुबालंसंत्यक्तुंनार्हस्यात्मजमात्मनः ७२ ॥ दुष्यंतउवाच ॥ नपुत्रमभिजानामित्वयिजातंशकुंतले ॥ असत्यवचनानार्यःकस्तेश्रद्धास्यतेव चः ७३ मेनकानिरनुक्रोशाबंधकीजननीतव ॥ ययाहिमवतःपृष्ठेनिर्माल्यमिवचोज्झिता ७४ सचापिनिरनुक्रोशःक्षत्रयोनिःपितातव ॥ विश्वामित्रोब्राह्मणत्वे लुब्धःकामवशंगतः ७५ मेनकाऽप्सरसांश्रेष्ठामहर्षीणांपिताचते ॥ तयोरपत्यंकस्मात्त्वंपुंश्चलीवप्रभाषसे ७६ अश्रद्धेयमिदंवाक्यंकथयंतीनलज्जसे ॥ विशेषतोम त्सकाशेदुष्टतापसिगम्यताम् ७७ क्वमहर्षिःसचैवाग्र्यःसाऽप्सराक्वचमेनका ॥ क्वचत्वमेवंकृपणातापसीवेषधारिणी ७८ अतिकायश्चतेपुत्रोबालोऽतिबलवानयम् ॥ कथमल्पेनकालेनशालस्तंभइवोद्गतः ७९ सुनिकृष्टाचतेयोनिःपुंश्चलीवप्रभाषसे ॥ यदृच्छयाकामरागाज्जातामेनकयाह्यसि ८० सर्वमेतत्परोक्षंमेयत्त्वंवदसितापसि ॥ नाहंत्वामभिजानामियथेष्टंगम्यतांत्वया ८१ ॥ शकुंतलोवाच ॥ राजन्सर्षपमात्राणिपरच्छिद्राणिपश्यसि ॥ आत्मनोबिल्वमात्राणिपश्यन्नपिनपश्यसि ८२ मेनकात्रिदशेष्वेवत्रिदशाश्चानुमेनकाम् ॥ ममैवोद्रिच्यतेजन्मदुष्यंततवजन्मनः ८३ क्षितावटसिराजेंद्रअंतरिक्षेचराम्यहम् ॥ आवयोरंतरंपश्यमेरुसर्षपयोरिव ८४ महेन्द्रस्यकुबेरस्ययमस्यवरुणस्यच ॥ भवनान्यनुसंयामिप्रभावंपश्यमेनृप ८५ सत्यश्चापिप्रवादोऽयंयंप्रवक्ष्यामितेऽनघ ॥ निदर्शनार्थंनद्वेषात्तच्छ्रुत्वातंक्षंतुमर्हसि ८६ विरूपोयावदादर्शेनात्मनःपश्यतेमुखम् ॥ मन्येतेतावदात्मानमन्येभ्योरूपवत्तरम् ८७ यदास्वमुखमादर्शेविकृतंसोऽभिवीक्षते ॥ तदांतरं विजानीतेआत्मानंचेतरंजनम् ८८ अतीवरूपसंपन्नोनकंचिदवमन्यते ॥ अतीवजल्पन्दुर्वाचोभवतीहविहेठकः ८९ मूर्खोहिजल्पतांपुंसांश्रुत्वावाचःशुभाशुभाः ॥ अशुभंवाक्यमादत्तेपुरीषमिवसूकरः ९० प्राज्ञस्तुजल्पतांपुंसांश्रुत्वावाचःशुभाशुभाः ॥ गुणवद्वाक्यमादत्तेहंसःक्षीरमिवांभसः ९१ अन्यान्परिवदन्साधुर्यथाहि परितप्यते ॥ तथापरिवदन्नन्यांस्तुष्टोभवतिदुर्जनः ९२ अभिवाद्ययथावृद्धान्संतोगच्छंतिनिर्वृतिम् ॥ एवंसज्जनमाक्रुश्यमूर्खोभवतिनिर्वृतः ९३ ॥

सतीअपत्यस्नेहहीना ७० । ७१ । ७२ । ७३ । ७४ तवपितरौनीचौ उच्चौचेत्कथंत्वमेवंभाषसइत्याहद्वाभ्यां सचेति ७५ । ७६ । ७७ । ७८ । ७९ । ८० परोक्षमविश्वसनीयम् ८१।८२ । ८३ ८४ । ८५ । ८६ । ८७ । ८८ विहेठकोनिंदकःपरोपतापकोवा हेठविबाधायां ८९ । ९० । ९१ । ९२ निर्वृतःसुखी ९३ ॥ ॥ ॥

यत्रविषयेपरैःसद्भिर्वाच्यानिंद्याःसंतोदुरात्मानःपराग्साधूभिंद्यानाहुः ९४। ९५ अनास्तिकःआस्तिकाद्भिन्नः ९६ इहश्रियंघ्नंति लोकानमुत्र ९७। ९८ स्वपत्नीप्रभवानन्यासुचोत्पन्नांश्चतुर्विधानेवं
पंचपुत्रान्प्रचक्षते कृतान्उपनयनादिनासंस्कृतान् ९९ ।१०० आत्मानंपालयन्पालनहेतोः १।२।३।४। ५ समयोनियमः संगतंसख्यं ६। ७ अत्र। 'ऋतेऽपिगर्दभीक्षीरात्पयःपास्यति

सुखंजीवंत्यदोषज्ञामूर्खादोषानुदर्शिनः ॥ यत्रवाच्याःपरैःसंतःपरानाहुस्तथाविधान् ९४ अतोहास्यतरंलोकेकिंचिदन्यन्नविद्यते ॥ यत्रदुर्जनमित्याहदुर्जनःसज्जनं
स्वयम् ९५ सत्यधर्मच्युतात्पुंसःक्रुद्धादाशीविषादिव ॥ अनास्तिकोऽप्युद्विजतेजनःकिंपुनरास्तिकः ९६ स्वयमुत्पाद्यवैपुत्रंसदृशंयोनमन्यते ॥ तस्यदेवाःश्रियं
घ्नंतिनचलोकानुपाश्नुते ९७ कुलवंशप्रतिष्ठांहिपितरःपुत्रमब्रुवन् ॥ उत्तमंसर्वधर्माणांतस्मात्पुत्रंनसंत्यजेत् ९८ स्वपत्नीप्रभवान्पंचलब्धान्क्रीतान्विवर्धितान् ॥
कृतानन्यासुचोत्पन्नान्पुत्रान्वैमनुरब्रवीत् ९९ धर्मकीर्त्यावहान्नॄणांमनसःप्रीतिवर्धनाः ॥ त्रायंतेनरकाज्जाताःपुत्राधर्मप्लवाःपितॄन् १०० सत्वंनृपतिशार्दूलपु
त्रंनत्यक्तुमर्हसि ॥ आत्मानंसत्यधर्मौचपालयन्पृथिवीपते ॥ नरेंद्रसिंहकपटंनवोढुंत्वमिहार्हसि १ वरंकूपशताद्वापीवरंवापीशतात्क्रतुः ॥ वरंक्रतुशतात्पुत्रःसत्यं
पुत्रशताद्वरम् २ अश्वमेधसहस्रंचसत्यंचतुलयाधृतम् ॥ अश्वमेधसहस्राद्धिसत्यमेवविशिष्यते ३ सर्ववेदाधिगमनंसर्वतीर्थावगाहनम् ॥ सत्यंचवचनंराजन्समं
वास्यान्नवासमम् ४ नास्तिसत्यसमोधर्मोनसत्याद्विद्यतेपरम् ॥ नहितीव्रतरंकिंचिदनृतादिहविद्यते ५ राजन्सत्यंपरंब्रह्मसत्यंचसमयःपरः ॥ मात्याक्षीःसमयं
राजन्सत्यंसंगतमस्तुते ६ अनृतेचेत्प्रसंगस्तेश्रद्दधासिनचेत्स्वयम् ॥ आत्मनाहंतगच्छामित्वादृशेनास्तिसंगतम् ७ त्वामृतेऽपिहिदुष्यंतशैलराजावतंसकाम् ॥
चतुरंतामिमामुर्वींपुत्रोमेपालयिष्यति ८ ॥ वैशंपायनउवाच ॥ एतावदुक्त्वाराजानंप्रातिष्ठतशकुंतला ॥ अथांतरिक्षाद्दुष्यंतंवागुवाचाशरीरिणी ९ ऋत्विक्
पुरोहिताचार्यैर्मंत्रिभिश्चवृतंतदा ॥ भस्त्रामातापितुःपुत्रोयेनजातःसएवसः ११० भरस्वपुत्रंदुष्यंतमावमंस्थाःशकुंतलाम् ॥ रेतोधाःपुत्रउन्नयतिनरदेवयमक्षयात्
११ त्वंचास्यधातागर्भस्यसत्यमाहशकुंतला ॥ जायाजनयतेपुत्रमात्मनोऽङ्गंद्विधाकृतम् १२ तस्माद्भरस्वदुष्यंतपुत्रंशाकुंतलंनृप ॥ अभूतिरेषायस्त्यक्त्वाजीवे
ज्जीवंतमात्मजम् १३ शाकुंतलंमहात्मानंदौष्यंतिंभरपौरव ॥ भर्तव्योऽयंत्वयायस्मादस्माकंवचनादपि १४ तस्माद्भवत्वयंनाम्नाभरतोनामतेसुतः ॥ तच्छ्रु
त्वापौरवोराजाव्याहृतंत्रिदिवौकसाम् १५ पुरोहितममात्यांश्चसंप्रहृष्टोऽब्रवीदिदम् ॥ शृण्वंत्वेतद्भवंतोऽस्यदेवदूतस्यभाषितम् १६ अहंचाप्येवमेवैनंजानामिस्वय
मात्मजम् ॥ यद्यहंवचनादेवगृह्णीयामिस्वमात्मजम् ॥ भवेद्धिशंक्यालोकस्यनैवशुद्धोभवेदयम् ११७ ॥ ॥ ॥

मेसुतः'इतिक्वचित्पठ्यते। तस्यायंभावः गर्दभीक्षीरवस्त्वयादत्तमपिराज्यंपरित्यज्यस्वभुजबलेनैवमत्पुत्रोराज्यंकरिष्यतीति। त्वामिति चतुरंतांचतुःसमुद्रांतां ८। ९ भस्त्राचर्मकोशस्तत्रनिहितंबीजंयथा
तदीयंनभवतिएवंमाताऽपिभस्त्रेव येनहेतुनायोजातःसएवसःकार्यस्यकारणानन्यत्वात् ११० भरस्वधारयस्वपोषयस्वबा रेतोधाःरेतःसेक्तायःसएवपुत्रःपितुरनन्यएवेत्यर्थः उन्नयत्यूर्ध्वंनयति यमक्षयान्नर
कात्पितॄनितिशेषः ११ धातानिषेक्ता १२ अभूतिरभाग्यं १३। १४। १५। १६ गृह्णीयामिगृह्णीयां इतोलोपाभावआर्षः ११७ ॥ ॥ ॥

११८ पितृकर्माणिपित्राकर्त्तव्यान्युपनयनादीनि १९ सभाज्यमानःपूज्यमानः १२० । २१ । २२ । २३ । २४ । २५ । २६ । २७ । २८ चक्रंरथचक्रंआज्ञावा अन्यतरेणसर्वंव्याप्नोतीतिचक्रवर्तीसार्वभौमः सर्वभूमीश्वरः २९ पद्मानांकोटिशतानां १३० ३१ । ३२ सत्यंब्रह्म आर्जवंधर्मः तेएवपरमधनंप्राप्यंयेषांतान् १३३ ॥ इतिआदिपर्वणिनीलकंठीये भारतभावदीपे चतुःसप्ततितमोऽध्यायः ॥ ७४ ॥ वंशस्यभारतत्वेनिमित्तमुक्त्वातमेवाहप्रजापतेरित्यादिना १ । २ । ३ प्राचेतसःप्राचेदेशाययज्ञक्रियया अततिसततंगच्छतीतिप्राचेताःचतुर्थ्याअलुक् । अतसातत्यगमनेऽस्मात्समेरअतमानाइत्यादौयज्ञ

॥ ॥ वैशंपायनउवाच ॥ ॥ तंविशोध्यतदाराजादेवदूतेनभारत ॥ हृष्टःप्रमुदितश्चापिप्रतिजग्राहतंसुतम् ११८ ततस्तस्यतदाराजापितृकर्माणिसर्वशः ॥ कारयामाससमुदितःप्रीतिमानात्मजस्यह १९ मूर्ध्निचैनमुपाघ्रायसस्नेहंपरिषस्वजे ॥ सभाज्यमानोविप्रैश्चस्तूयमानश्चबंदिभिः ॥ समुदंपरमांलेभेपुत्रसंस्पर्शजांनृपः १२० तांचैवभार्यांदुष्यंतःपूजयामासधर्मतः ॥ अब्रवीच्चैवतांराजासांत्वपूर्वमिदंवचः २१ कृतोलोकपरोक्षोऽयंसंबंधोऽयंत्वयासह ॥ तस्मादेतन्मयादेवित्वच्छुद्ध्यर्थंविचारितम् २२ मन्यतेचैवलोकस्तेस्त्रीभावान्मयिसंगतम् ॥ पुत्रश्चायंवृतोराज्येमयातस्माद्विचारितम् २३ यच्चकोपितयाऽत्यर्थंत्वयोक्तोऽस्म्यप्रियंप्रिये ॥ प्रणयिन्याविशालाक्षितत्क्षांतंतेमयाशुभे २४ तामेवमुक्त्वाराजर्षिर्दुष्यंतोमहिषींप्रियाम् ॥ वासोभिरन्नपानैश्चपूजयामासभारत २५ दुष्यंतस्तुतदाराजापुत्रंशाकुंतलंतदा ॥ भरतंनामतःकृत्वायौवराज्येऽभ्यषेचयत् २६ तस्यतत्प्रथितंचक्रंप्रावर्ततमहात्मनः ॥ भास्वरंदिव्यमजितंलोकसन्नादनंमहत् २७ सविजित्यमहिपालांश्चकारवशवर्तिनः ॥ चचारचसतांधर्मंप्रापचानुत्तमंयशः २८ सराजाचक्रवर्त्यासीत्सार्वभौमःप्रतापवान् ॥ ईजेचबहुभिर्यज्ञैर्यथाशक्रोमरुत्पतिः २९ याजयामासतंकण्वोविधिवद्भूरिदक्षिणम् ॥ श्रीमान्गोविततंनामवाजिमेधमवापसः ॥ यस्मिन्सहस्रंपद्मानांकण्वायभरतोददौ १३० भरताद्भारतीकीर्तिर्येनेदंभारतंकुलम् ॥ अपरेयेचपूर्वेवैभारताइतिविश्रुताः ३१ भरतस्यान्ववायेहिदेवकल्पामहौजसः ॥ बभूवुर्ब्रह्मकल्पाश्चबहवोराजसत्तमाः ३२ येषामपरिमेयानिनामधेयानिसर्वशः ॥ तेषांतुतेयथामुख्यंकीर्तयिष्यामिभारत ॥ महाभागान्देवकल्पान्सत्यार्जवपरायणान् १३३ ॥ इतिश्रीम० आदिप० संभवप० शकुंतलोपाख्यानेचतुःसप्ततितमोऽध्यायः ॥ ७४ ॥

॥ वैशंपायनउवाच ॥ प्रजापतेस्तुदक्षस्यमनोर्वैवस्वतस्यच ॥ भरतस्यकुरोःपूरोराजमीढस्यचानघ १ यादवानामिमंवंशंकौरवाणांचसर्वशः ॥ तथैवभरतानांचपुण्यंस्वस्त्ययनंमहत् २ धन्यंयशस्यमायुष्यंकीर्तयिष्यामितेऽनघ ॥ तेजोभिरुदिताःसर्वेमहर्षिसमतेजसः ३ दशप्राचेतसःपुत्राःसंतःपुण्यजनाःस्मृताः ॥ मुखजेनाग्निनायैस्तेपूर्वंदग्धामहौजसः ४ ॥ ॥ ॥ ॥

सातत्यार्थत्वेनदृष्टादसुन् तस्यप्राचेतसःप्राचीनबर्हिषः । यद्वा प्राचेअततंतृणमस्येतिप्राचेतसः । नीचातंधक्ष्यतसन्नशुष्कमित्यादौतृणेऽप्यतसशब्दोदृष्टः । अविमृष्टविधेयांशत्वदोषमाश्रित्यप्रचेतसामयंपिताप्राचेतसइतिवा । अस्मिन्पक्षद्वयेसुपांसुलुगितिषष्ठ्याःसुः । अन्येतुप्रचेतसइतिपाठंप्रकल्प्यप्राचीनबर्हिषइत्यध्याहरंति । पुण्यजनाःपुण्योत्पादकास्तपःशीलाइत्यर्थः यैस्तेमहौजसोमहाप्रभावाद्दक्षोषधयोदग्धाः । येतेपूर्वमितिपाठेतुयेपूर्वंपुण्यजनाराक्षसाःस्मृतास्तेऽमीमहौजसोवृक्षाभूमिमावृत्यप्राणिनांपीडाकरादग्धायैरितिशेषः ४ ॥ ॥ ॥

५ वीरिण्यावीरणपुत्र्या ६ मोक्षंमोक्षहेतुंसांख्यज्ञानंविवेकजंविज्ञानं एतेनज्ञाततत्त्वाःप्रजानकामयंतइतिदर्शितं । तथाचश्रुतिः 'किंप्रजयाकरिष्यामोयेषांनोऽयमात्माऽयंलोकः'इति ७ ततइति । स्त्रियःप्रा
येणज्ञानानर्हाइतिभावः । तथाचश्रुतिःस्त्रियाअशास्यंमनइति । अभिसंदधेपुत्रिकाएवदौहित्रद्वाराममपुत्राइतिमेनेसंकल्पितवान्वा ८ । ९ । १० । ११ मार्तंडस्यविवस्वतः यमश्चेतिपुनरुक्तिर्मनुतःक
निष्ठत्वप्रख्यापनार्था १२ । १३ । १४ । १५ । १६ चतुर्थान्नाभागादन्योऽयंनाभागारिष्टोदशमः १७ अन्योन्यभेदात्परस्परवैरात् १८ मातैवलक्ष्यपुंभावाराज्यदानात्पिताऽप्यभूत् मुख्यःपितातुबु

तेभ्यःप्राचेतसोजज्ञेदक्षोदक्षादिमाःप्रजाः ॥ संभूताःपुरुषव्याघ्रसहिलोकपितामहः ५ वीरिण्यासहसंगम्यदक्षःप्राचेतसोमुनिः ॥ आत्मतुल्यानजनयत्सहस्रंसंशि
तव्रतान् ६ सहस्रसंख्यान्संभूतान्दक्षपुत्रांश्चनारदः ॥ मोक्षमध्यापयामाससांख्यज्ञानमनुत्तमम् ७ ततःपंचाशतंकन्याःपुत्रिकाअभिसंदधे ॥ प्रजापतिःप्र
जादक्षःसिसृक्षुर्जनमेजय ८ ददौदशसधर्मायकश्यपायत्रयोदश ॥ कालस्यनयनेयुक्ताःसप्तविंशतिमिंदवे ९ त्रयोदशानांपत्नीनांयातुदाक्षायणीवरा ॥ मारीचः
कश्यपस्त्वस्यामादित्यान्समजीजनत् १० इंद्रादीन्वीर्यसंपन्नान्विवस्वंतमथापिच ॥ विवस्वतःसुतोजज्ञेयमोवैवस्वतःप्रभुः ११ मार्तंडस्यमनुर्धीमानजायतसुतः
प्रभुः ॥ यमश्चापिसुतोजज्ञेख्यातस्तस्यानुजःप्रभुः १२ धर्मात्मासमनुर्धीमान्यत्रवंशःप्रतिष्ठितः ॥ मनोर्वंशोमानवानांततोऽयंप्रथितोऽभवत् १३ ब्रह्मक्षत्राद
यस्तस्मान्मनोर्जातास्तुमानवाः ॥ ततोऽभवन्महाराजब्रह्मक्षत्रेणसंगतम् १४ ब्राह्मणामानवास्तेषांसांगंवेदमधारयन् ॥ वेनंधृष्णुंनरिष्यंतंनाभागेक्ष्वाकुमेवच
१५ कारूषमथशर्यातिंतथाचैवाष्टमीमिलाम् ॥ पृषध्रंनवमंप्राहुःक्षत्रधर्मपरायणम् १६ नाभागारिष्टदशमान्मनोःपुत्रान्प्रचक्षते ॥ पंचाशत्तुमनोःपुत्रास्तथैवा
न्येऽभवन्क्षितौ १७ अन्योन्यभेदात्तेसर्वेविनेशुरितिनःश्रुतम् ॥ पुरूरवास्ततोविद्वानिलायांसमपद्यत १८ सावैतस्याभवन्मातापिताचैवेतिनःश्रुतम् ॥ त्र
योदशसमुद्रस्यद्वीपानश्नन्पुरूरवाः १९ अमानुषैर्वृतःसत्त्वैर्मानुषःसन्महायशाः ॥ विप्रैःसविग्रहंचक्रेवीर्योन्मत्तःपुरूरवाः २० जहारचसविप्राणांरत्नान्युत्क्रोश
तामपि ॥ सनत्कुमारस्तंराजन्ब्रह्मलोकादुपेत्यह २१ अनुदर्शंततश्चक्रेप्रत्यगृह्णान्नचाप्यसौ ॥ ततोमहर्षिभिःक्रुद्धैःसद्यःशप्तोव्यनश्यत २१ लोभान्वितोबलम
दान्नष्टसंज्ञोनराधिपः ॥ सहिगंधर्वलोकस्थानुर्वश्यासहितोविराट् २३ आनिनायक्रियार्थेऽग्नीन्यथावद्विहितांस्त्रिधा ॥ षट्सुताजज्ञिरेचैलादायुर्धीमानमावसुः २४
दृढायुश्चवनायुश्चशतायुश्चोर्वशीसुताः ॥ नहुषंवृद्धशर्माणंरजिंगयमनेनसम् २५ स्वर्भानवीसुतानेतानायोःपुत्रान्प्रचक्षते ॥ आयुषोनहुषःपुत्रोधीमान्सत्यपराक्र
मः २६ राज्यंशशाससुमहद्धर्मेणपृथिवीपते ॥ पितॄन्देवानृषीन्विप्रान्गंधर्वोरगराक्षसान् २७ ॥ ॥ ॥

धएव त्रयोदशद्वीपाः अवांतरभेदात् । तेचस्वर्णप्रस्थश्चंद्रशुक्लआवर्तनोरमणकोमंदरहरिणःपांचजन्यःसिंहलोलंकारोमकपत्तनंसिद्धपुरंयमकोटिरित्येकादशजंबूद्वीपस्योपद्वीपाः द्वादशोजंबुद्वीपः प्लक्षादिषट्कं
चेत्यष्टादशद्वीपाः प्लक्षादिषट्कस्यैकत्वविवक्षयात्रयोदश १९।२०।२१ अनुदर्शंदर्शोदर्शनंसपश्चाद्यस्यश्रुतियुक्त्युपदेशोऽनुदर्शस्तंततस्तद्रूपदेशमित्यर्थः । पाठांतरेतु अनुदर्शयांचक्रेपूर्वराजचरितमितिशेषः । तंपा
तयांप्रथममासपपातपश्चादित्यादौदर्शनेनाम्रंतानुप्रयोगयोस्ततइतिव्यवधानेऽपिनदोषः २२ विराड्विराजमानः २३ त्रिधागार्हपत्यदक्षिणाग्न्याहवनीयभेदेन आयुःशब्दःषकारांतःसांतश्च २४ । २५ । २६ । २७

सहत्वेति । ऋषिभ्यःकरंजग्राहेत्यर्थः २८ कारयामासचकार स्वार्थेणिच् २९ तेजसादेहकांत्या । विक्रमेणपराभिभवसामर्थ्येन । ओजसाबुद्धींद्रियबलेन ३० । ३१ । ३२ । ३३ । ३४ । ३५ शाश्वतीर्व
र्हीःसमावर्षाणिआच्छर्तप्राप्तवान् ३६ । ३७ साह्यंसोढुंमर्षितुंयोग्यंजराग्रहणजंदुःखंकुरुतअंगीकुरुतसाह्यंसाहायकंवा ३८ कार्यंप्रयोजनं । कार्यंकर्तव्यम् ३९ । ४० व्रतनिर्बंधाच्छुक्रशापाच्चकामरूपःपुरुषा
र्थोहीनः ४१ शरीरेणशरीरस्थजरयायुक्तइतिशेषः वोयुष्माकंमध्येकामंकामसुखम् ४२ । ४३ तेज्ञयातवआज्ञया पूर्वरूपमाकारलोपोवार्षः ४४ । ४५ । ४६ । ४७ । ४८ कामानांकामभोगेनअवेत्यका

नहुषःपालयामासब्रह्मक्षत्रमथोविशः ॥ सहत्वादस्युसंघातानृषीन्करमदापयत् २८ पशुवच्चैवतान्पृष्ठेवाहयामासवीर्यवान् ॥ कारयामासचेन्द्रत्वमभिभूयदिवौकसः २९ तेजसातपसाचैवविक्रमेणौजसातथा ॥ यतिंययातिंसंयातिमायातिमयतिंध्रुवम् ३० नहुषोजनयामासषट्सुतान्प्रियवादिनः ॥ यतिस्तुयोगमास्थायब्रह्मभूतोऽभवन्मुनिः ३१ ययातिर्नाहुषःसम्राडासीत्सत्यपराक्रमः ॥ सपालयामासमहीमीजेचबहुभिर्मखैः ३२ अतिभक्त्यापितॄनर्चन्देवांश्चप्रयतःसदा ॥ अन्वगृह्णात्प्रजाःसर्वाययातिरपराजितः ३३ तस्यपुत्रामहेष्वासाःसर्वैःसमुदितागुणैः ॥ देवयान्यांमहाराजशर्मिष्ठायांचजज्ञिरे ३४ देवयान्यामजायेतांयदुस्तुर्वसुरेवच ॥ द्रुह्युश्चानुश्चपूरुश्चशर्मिष्ठायांचजज्ञिरे ३५ सशाश्वतीःसमाराजन्प्रजाधर्मेणपालयन् ॥ जरामार्च्छन्महाघोरांनाहुषोरूपनाशिनीम् ३६ जराऽभिभूतःपुत्रान्सराजावचनमब्रवीत् ॥ यदुंपूरुंतुर्वसुंचद्रुह्युंचानुंचभारत ३७ यौवनेनचरन्कामान्युवायुवतिभिःसह ॥ विहर्तुमहमिच्छामिसाह्यंकुरुतपुत्रकाः ३८ तंपुत्रोदेवयानेयःपूर्वजोवाक्यमब्रवीत् ॥ किंकार्यंभवतःकार्यमस्माकंयौवनेनते ३९ ययातिरब्रवीत्तंवैजरामेप्रतिगृह्यताम् ॥ यौवनेनत्वदीयेनचरेयंविषयानहम् ४० यजतोदीर्घसत्रैर्मेशापाच्चोशनसोमुनेः ॥ कामार्थःपरिहीणोऽयंतप्येयंतेनपुत्रकाः ४१ मामकेनशरीरेणराज्यमेकःप्रशास्तुवः ॥ अहंतन्वाऽभिनवयायुवाकाममवाप्नुयाम् ४२ तेनतस्यप्रत्यगृह्णन्यदुप्रभृतयोजराम् ॥ तमब्रवीत्ततःपूरुःकनीयान्सत्यविक्रमः ४३ राजंश्चराभिनवयातन्वायौवनगोचरः ॥ अहंजरांसमादायराज्येस्थास्यामितेऽऽज्ञया ४४ एवमुक्तःसराजर्षिस्तपोवीर्यसमाश्रयात् ॥ संचारयामासजरांतदापुत्रेमहात्मनि ४५ पौरवेणाथवयसाराजायौवनमास्थितः ॥ यायातेनापिवयसाराज्यंपूरुरकारयत् ४६ ततोवर्षसहस्रांतेययातिरपराजितः ॥ स्थितःसनृपशार्दूलःशार्दूलसमविक्रमः ४७ ययातिरपिपत्नीभ्यांदीर्घकालंविहृत्यच ॥ विश्वाच्यासहितोरेमेपुनश्चैत्ररथेवने ४८ नाध्यगच्छत्तदातृप्तिंकामानांसमहायशाः ॥ अवेत्यमनसाराजन्निमांगाथांतदाजगौ ४९ नजातुकामःकामानामुपभोगेनशाम्यति ॥ हविषाकृष्णवर्त्मेवभूयएवाभिवर्धते ५० पृथिवीरत्नसंपूर्णाहिरण्यंपशवःस्त्रियः ॥ नालमेकस्यतत्सर्वमितिमत्वाशमंव्रजेत् ५१ यदानकुरुतेपापंसर्वभूतेषुकर्हिचित् ॥ कर्मणामनसावाचाब्रह्मसंपद्यतेतदा ५२ ॥ ॥ ॥

मसेवयातृप्त्यभावंज्ञात्वा ४९ हविषासमिदाज्यादिना ५० एकस्यकामिनःसर्वंनालमपर्याप्तम् । शमंकामशांतिं ५१ सर्वथाकामशमेब्रह्मैवभवतीत्याह यदेति । पापंकामंभूतेषुपंचभूतात्मकेषुरूपादिषुविषयेषु । चतस्रोहिकामस्यावस्थाः प्रसुप्तातन्वीविच्छिन्नाउदाराच तत्रसुप्तिप्रलययोर्बीजमात्रावशेषाप्रसुप्तावासनामात्रशेषेमनसिस्थिता । तन्वीतुलब्धप्रवृत्तिकेमनसिरूपादिदर्शनेनोद्भूतामनोरथात्मिका ।

विच्छिन्नाचसमाधिकाले तद्दामूलज्ञानस्याभावात् । उदाराभोगकाले तत्रकर्मणेतिउदारायाव्यावृत्तिः । वाचेतितन्व्याः । मनसेतिप्रसुप्तायाः । यदैवंतदैवब्रह्मसंपद्यतेसमाधौविदेहकैवल्यंच । तथाचश्रुतिः
'यदासर्वेप्रमुच्यंतेकामायेऽस्यहृदिश्रिताः । अथमर्त्योऽमृतोभवत्यत्रब्रह्मसमश्नुते'इतिसर्वेउदाराद्याः ५२ अयमेवकामःकिंचिद्विघ्नितःक्रोधोभवतिसोऽपिस्वपरभयदायीनाशनीयइत्याह यदाचेति । भयेच्छाद्वे
षराहित्यादेवब्रह्मसंपद्यतइत्यर्थः ५३ कामप्रवणंमनोबुद्ध्याकामतुच्छत्वनिश्चयेनसमाधायनिगृह्य ५४ अतृप्तइति । द्विधाहिकामनिवृत्तिःदोषदृष्ट्यातृप्त्याच तेचविवेकविज्ञानोत्थेइतिविवेकवतोराज्ञो

यदाचायंनबिभेतियदाचास्मान्नबिभ्यति ॥ यदानेच्छतिनद्वेष्टिब्रह्मसंपद्यतेतदा ५३ इत्यवेक्ष्यमहाप्राज्ञःकामानांफल्गुतांनृप ॥ समाधायमनोबुद्ध्याप्रत्यगृह्णा
ज्जरांसुतात् ५४ दत्त्वाचयौवनंराजापूरुंराज्येऽभिषिच्यच ॥ अतृप्तएवकामानांपूरुंपुत्रमुवाचह ५५ त्वयादायादवानस्मित्वंमेवंशकरःसुतः ॥ पौरवोवंशइति
तेख्यातिंलोकेगमिष्यति ५६ ॥ वैशंपायनउवाच ॥ ततःसनृपशार्दूलपूरुंराज्येभिषिच्यच ॥ ततःसुचरितंकृत्वाभृगुतुंगेमहातपाः ५७ कालेनमहतापश्चा
त्कालधर्ममुपेयिवान् ॥ कारयित्वात्वनशनंसदारःस्वर्गमाप्तवान् ५८ ॥ इतिश्रीमहाभारतेआदिपर्वणिसंभवपर्वणि ययात्युपाख्यानेपंचसप्ततितमोऽध्यायः ॥७५॥
जनमेजयउवाच ॥ ययातिःपूर्वजोऽस्माकंदशमोयःप्रजापतेः ॥ कथंसशुक्रतनयांलेभेपरमदुर्लभाम् १ एतदिच्छाम्यहंश्रोतुंविस्तरेणतपोधन ॥ आनुपूर्व्याचमे
शंसराज्ञोवंशकरान्पृथक् २ ॥ वैशंपायनउवाच ॥ ययातिरासीन्नृपतिर्देवराजसमद्युतिः ॥ तंशुक्रवृषपर्वाणौवव्राते वैयथापुरा ३ तत्तेऽहंसंप्रवक्ष्यामिपृच्छतेजनमेजय ॥
देवयान्याश्चसंयोगंययातेर्नाहुषस्यच ४ सुराणामसुराणांचसमजायतवैमिथः ॥ ऐश्वर्यंप्रतिसंघर्षस्त्रैलोक्येसचराचरे ५ जिगीषयाततोदेवाववृिरेऽङ्गिरसंमुनिम् ॥
पौरोहित्येनयाज्यार्थेकाव्यंतूशनसंपरे ६ ब्राह्मणौतावुभौनित्यमन्योन्यस्पर्धिनौभृशम् ॥ तत्रदेवानिजघ्नुर्यान्दानवान्युधिसंगतान् ७ तान्पुनर्जीवयामासकाव्यो
विद्याबलाश्रयात् ॥ ततस्तेपुनरुत्थाययोधयांचक्रिरेसुरान् ८ असुरास्तुनिजघ्नुर्यान्सुरान्समरमूर्धनि ॥ नतान्संजीवयामासबृहस्पतिरुदारधीः ९ नहिवेदसतांवि
द्यांयांकाव्योवेत्तिवीर्यवान् ॥ संजीविनींततोदेवाविषादमगमन्परम् १० तेतुदेवाभयोद्विग्नाःकाव्यादुशनसस्तदा ॥ ऊचुःकचमुपागम्यज्येष्ठंपुत्रंबृहस्पतेः ११
भजमानान्भजस्वास्मान्कुरुनःसाह्यमुत्तमम् ॥ यासाविद्यानिवसतिब्राह्मणेऽमिततेजसि १२ शुक्रेतामाहरक्षिप्रंभागभाङ्नोभविष्यसि ॥ वृषपर्वसमीपेहिशक्यो
द्रष्टुंत्वयाद्विजः १३ रक्षतेदानवांस्तत्रनसरक्षत्यदानवान् ॥ तमाराधयितुंशक्तोभवान्पूर्ववयाःकविम् १४ देवयानींचदयितांसुतांतस्यमहात्मनः ॥ त्वमाराधयि
तुंशक्तोनान्यःकश्चनविद्यते १५ शीलदाक्षिण्यमाधुर्यैराचारेणदमेनच ॥ देवयान्यांहितुष्टायांविद्यांतांप्राप्स्यसिध्रुवम् १६ ॥ ॥ ॥

दोषदृष्ट्याकामेभ्योनिवृत्तावपिब्रह्मज्ञानाभावादतृप्तिरितिभावः ५५ दायादवान्पुत्रवान् ५६ सुचरितंसत्कर्म भृगुतुंगेपर्वतविशेषे ५७ कारयित्वाकृत्वा पारयित्वेतिपाठेसमाप्य ५८ ॥ इति आदिपर्व
णिनीलकंठीये भारतभावदीपे पंचसप्ततितमोऽध्यायः ॥ ७५ ॥ ॥ ययातिरिति १ । २ विप्रदानवौवव्रातेजामातृत्वेनेतिशेषः ३ । ४ सुराणामिति । त्रैलोक्यैश्वर्यविषयेप्रतिसंघर्षो
वयमीश्वराभविष्यामोवयमीश्वराभविष्यामइतिस्पर्धा ५ जिगीषयेतिसार्धश्लोकः याज्यार्थेऽन्योन्यस्पर्धिनावितिसंबंधः ६ । ७ । ८ । ९ । १० । ११ । १२ । १३ रक्षते कर्मव्यतिहारेतङ् शुक्रंहि
दानवारक्षंत्ययमस्मत्तोमागादिति शुक्रस्तुतान्रक्षत्येव अदानवान्देवान् मृतसंजीविन्यानरक्षति १४ । १५ । १६ ॥ ॥ ॥ ॥

१७ । १८ । १९ । २० । २१ भृगोःपुत्रःकविस्तत्पुत्रःशुक्रःकाव्यः सकविरित्यप्युपचारादुच्यते शुक्रेणरुद्रशुक्ररूपेण २२ प्राप्तःकालं प्राप्तापन्नेचद्वितीययेतिसमासः प्राप्तकालंकचं २३ । २४ प्रेषणैःप्रेष्यत्वादिभिः २५ । २६ अतीयुःब्राह्मणस्यावध्यत्वमतिक्रांतवंतइत्यर्थः २७ । २८ । २९ उवाचशुक्रंप्रति ३० । ३१ । ३२ संशब्दयशब्दंकृत्वा ३३ । ३४ भाविनिहेशुद्धभाववति

तथेत्युक्त्वाततःप्रायाद्बृहस्पतिसुतःकचः ॥ तदाऽभिपूजितोदेवैःसमीपेवृषपर्वणः १७ सगत्वात्वरितोराजन्देवैःसंप्रेषितःकचः ॥ असुरेन्द्रपुरेशुक्रंदृष्ट्वावाक्यमुवाचह १८ ऋषेरंगिरसःपौत्रंपुत्रंसाक्षाद्बृहस्पतेः ॥ नाम्नाकचमितिख्यातंशिष्यंगृह्णातुमांभवान् १९ ब्रह्मचर्यंचरिष्यामित्वय्यहंपरमंगुरो ॥ अनुमन्यस्वमांब्रह्मन्सहस्रंपरिवत्सरान् २० ॥ शुक्रउवाच ॥ कचसुस्वागतंतेऽस्तुप्रतिगृह्णामितेवचः ॥ अर्चयिष्येऽहमर्च्यंत्वामर्चितोऽस्तुबृहस्पतिः २१ ॥ वैशंपायनउवाच ॥ कचस्तुतंतथेत्युक्त्वाप्रतिजग्राहतद्व्रतम् ॥ आदिष्टंकविपुत्रेणशुक्रेणोशनसास्वयम् २२ व्रतस्यप्राप्तकालंसयथोक्तंप्रत्यगृह्णत ॥ आराधयन्नुपाध्यायंदेवयानींचभारत २३ नित्यमाराधयिष्यंस्तौयुवायौवनगोचरे ॥ गायन्नृत्यन्वादयंश्चदेवयानीमतोषयत् २४ सशीलयन्देवयानींकन्यांसंप्राप्तयौवनाम् ॥ पुष्पैःफलैःप्रेषणैश्चतोषयामासभारत २५ देवयान्यपितंविप्रंनियमव्रतधारिणम् ॥ गायंतीचललंतीचरहःपर्यचरत्तथा २६ पंचवर्षशतान्येवंकचस्यचरतोव्रतम् ॥ तत्रातीयुरथोबुद्ध्वादानवास्तंततःकचम् २७ गारक्षंतंवनेदृष्ट्वारहस्येकममर्षिताः ॥ जघ्नुर्बृहस्पतेर्द्वेषाद्विद्यारक्षार्थमेवच २८ हत्वाशालावृकेभ्यश्चप्रायच्छँल्लवशःकृतम् ॥ ततोगावोनिवृत्तास्ताअगोपाःस्वंनिवेशनम् २९ सादृष्ट्वारहितागाश्चकचेनाभ्यागतावनात् ॥ उवाचवचनंकालेदेवयान्यथभारत ३० ॥ देवयान्युवाच ॥ आहुतंचाग्निहोत्रंतेसूर्यश्चास्तंगतःप्रभो ॥ अगोपाश्चागतागावःकचस्तातनदृश्यते ३१ व्यक्तंहतोमृतोवापिकचस्तातभविष्यति ॥ तंविनानचजीवेयमितिसत्यंब्रवीमिते ३२ ॥ शुक्रउवाच ॥ अयमेहीतिसंशब्द्यमृतंसंजीवयाम्यहम् ॥ ततःसंजीविनींविद्यांप्रयुज्यकचमाह्वयत् ३३ भित्त्वाभित्त्वाशरीराणिवृकाणांसविनिर्गतः ॥ आहूतःप्रादुरभवत्कचोहृष्टोऽथविद्यया ३४ कस्माच्चिरायितोऽसीतिपृष्टस्तामाहभार्गवीम् ॥ समिधश्चकुशादीनिकाष्ठभारंचभाविनि ३५ गृहीत्वाऽऽश्रममारात्तंवटवृक्षंसमाश्रितः ॥ गावश्चसहिताःसर्वावृक्षच्छायामुपाश्रिताः ३६ असुरास्तत्रमांदृष्ट्वाकस्त्वमित्यभ्यचोदयन् ॥ बृहस्पतिसुतश्चाहंकचइत्यभिविश्रुतः ३७ इत्युक्तमात्रेमांहत्वापेषीकृत्वातुदानवाः ॥ दत्त्वाशालावृकेभ्यस्तुसुखंजग्मुःस्वमालयम् ३८ आहूतोविद्ययाभद्रेभार्गवेणमहात्मना ॥ त्वत्समीपमिहायातःकथंचित्समजीवितः ३९ हतोऽहमितिचाचख्यौपृष्टोब्राह्मणकन्यया ॥ सपुनर्देवयान्योक्तःपुष्पाहारोयदृच्छया ४० वनंययौकचोविप्रोददृशुर्दानवाश्चतम् ॥ पुनस्तंपेषयित्वातुसमुद्रांभस्यमिश्रयन् ४१ चिरंगतंपुनःकन्यापित्रेतंसंन्यवेदयत् ॥ विप्रेणपुनराहूतोविद्ययागुरुदेहजः ॥ पुनरावृत्यतद्वृत्तंन्यवेदयततद्यथा ४२ ॥ ॥

३५ । ३६ । ३७ पेषःपिष्टं पिष्टीकृत्येत्यर्थः । पेषीकृत्वेतिसमासेपिक्त्वोल्यबादेशाभावआर्षः ३८ समंसंपूर्णंजीवितंयस्यसः अंतरामरणेह्यप्राप्तविद्यत्वाद्वयर्थंजीवनमितिभावः ३९ । ४० । ४१ गुरुदेहजःकचः । आवृत्यआगत्य । तद्वृत्तमसुरचेष्टितं ४२ ॥ ॥ ॥ ॥ ॥

ब्राह्मणायशुक्राय ४३ प्रेषणकृत्कार्यकर्त्ता ४४। ४५। ४६ मर्त्यें त्वंतुमत्प्रभावादमरकल्पोऽसि ब्रह्मवेदः तस्यनमनंस्वार्थप्रकाशेन ४७ प्रभावान्ममेतिशेषः उपस्थानेसंध्योपस्थानकाले त्रिसंध्यमित्यर्थः
४८। ४९। ५० समाह्वयदाक्रोशंकृतवान् संरंभात्क्रोधात् सर्वान्दैत्यानेकत्राहूयोपालब्धवानित्यर्थः उपालंभमेवाह असंशयमिति। द्विषंतीतिमध्यमपुरुषाप्रयोगःक्रोधावेशसूचनार्थः ५१ मामब्राह्मणमु
दरेकचस्यपाकेनब्रह्महत्याप्रसंजनेनकर्तुमिच्छंति व्यभिचरंतिविरुद्धमाचरंतिमदुदरेब्राह्मणप्रवेशनेन अंतःपरिपाकः ५२। ५३ तपसःसंक्षयोगुरूदरविदारणात् क्लेशंसंकीर्णोदरेवासजम् ५४ चाहैर्वीमायां

ततस्तृतीयंहत्वातंदग्ध्वाकृत्वाचचूर्णशः ॥ प्रायच्छन्ब्राह्मणायैवसुरायामसुरास्तथा ४३ देवयान्यथभूयोऽपिपितरंवाक्यमब्रवीत् ॥ पुष्पाहारःप्रेषणकृत्कच
स्तातनदृश्यते ४४ व्यक्तंहतोमृतोवापिकचस्तातभविष्यति ॥ तंविनानचजीवेयंकचंसत्यंब्रवीमिते ४५ ॥ शुक्रउवाच ॥ बृहस्पतेःसुतःपुत्रिकचःप्रेतगतिंगतः ॥
विद्ययाजीवितोऽप्येवंहन्यतेकरवामकिम् ४६ मैवंशुचोमारुददेवयानिनत्वादृशीमर्त्यमनुप्रशोचते ॥ यस्यास्तवब्रह्मचब्राह्मणाश्चसेंद्रादेवावसवोऽथाश्विनौच ४७ सु
रद्विषश्चैवजगच्चसर्वमुपस्थानेसन्नमंतिप्रभावात् ॥ अशक्योऽसौजीवयितुंद्विजातिःसंजीवितोवध्यतेचैवभूयः ४८ ॥ देवयान्युवाच ॥ यस्यांगिरावृद्धतमःपिताम
होबृहस्पतिश्चापिपितातपोनिधिः ॥ ऋषेःपुत्रंतमथोवापिपौत्रंकथंनुशोचेयमहंनरुद्याम् ४९ सब्रह्मचारीचतपोधनश्चसदोत्थितःकर्मसुचैवदक्षः ॥ कचस्यमार्गं
प्रतिपत्स्येनभोक्ष्येप्रियोहिमेताकचोऽभिरूपः ५० ॥ वैशंपायनउवाच ॥ सपीडितोदेवयान्यामहर्षिःसमाह्वयत्संरंभाच्चैवकाव्यः ॥ असंशयंमामसुराद्विषंतिये
मेशिष्यानागतान्सूदयंति ५१ अब्राह्मणंकर्तुमिच्छंतिरौद्रास्तेमांयथाव्यभिचरंतिनित्यम् ॥ अप्यस्यपापस्यभवेदिहांतःकंब्रह्महत्यानदहेदपीन्द्रम् ५२ गुरोर्हिभी
तोविद्ययाचोपहूतःशनैर्वाक्यंजठरेव्याजहार ॥ वैशंपायनउवाच ॥ तमब्रवीत्केनपथोपनीतस्त्वंचोदरेतिष्ठसिब्रूहिविप्र ५३ ॥ कचउवाच ॥ तवप्रसादान्नजहा
तिमांस्मृतिःस्मरामिसर्वंयच्चयथाचवृत्तम् ॥ नत्वेवंस्यात्तपसःसंक्षयोमेततःक्लेशंघोरमिमंसहामि ५४ असुरैःसुरायांभवतोऽस्मिदत्तोहत्वादग्ध्वाचूर्णयित्वाचकाव्य ॥
ब्राह्मींमायांचासुरींविप्रमायांत्वयिस्थितेकथमेवातिवर्तेत् ५५ ॥ शुक्रउवाच ॥ किंतेप्रियंकरवाण्यद्यवत्सेवधेनमेजीवितंस्यात्कचस्य ॥ नान्यत्रकुक्षेर्ममभेदनेनदृश्येत्क
चोमद्गतोदेवयानि ५६ ॥ देवयान्युवाच ॥ द्वौमांशोकावग्निकल्पौदहेतांकचस्यनाशस्तवचैवोपघातः ॥ कचस्यनाशेममशर्मनास्तितवोपघातेजीवितुंनास्मिशक्ता ५७
॥ शुक्रउवाच ॥ संसिद्धरूपोऽसिबृहस्पतेःसुतयस्त्वांभक्तंभजतेदेवयानी ॥ विद्यामिमांप्राप्नुहिजीवनींत्वंनचेदिन्द्रःकचरूपीत्वमद्य ५८ ननिवर्तेत्पुनर्जीवन्कश्चिदन्योममो
दरात् ॥ ब्राह्मणंवर्जयित्वैकंतस्माद्विद्यामवाप्नुहि ५९ पुत्रोभूत्वाभावयभावितोमामस्माद्देहादुपनिष्क्रम्यतात ॥ समीक्षेथाधर्मवतीमवेक्षांगुरोःसकाशात्प्राप्यविद्यांसविद्यः ६०

मायात्रयविदित्वयिसतिकोदेवोऽसुरोब्राह्मणोवाऽतिक्रामेदतस्त्वदुदरभेदनंममदुःसाध्यमेवेतिभावः ५५। ५६। ५७ नचेदिंद्रः इंद्रश्चेत्त्वंतर्हित्वामुदरेजीर्णंकरिष्याम्येवेतिभावः ५८ नेति। त्वंतुब्राह्मणत्वा
दवध्योममेत्यर्थः ५९ भावयजीवय भावितोमयाजीवितःकृतघ्नोमाभूरितिभावः ६० ॥ ॥ ॥ ॥

शुक्रस्यान्होरवेर्ताअसयेशुक्रात्यये ६१ ब्रह्मराशिंवेदराशिं ६२ यःश्रोत्रयोरिति । यथाममश्रोत्रयोरयंशुक्रोऽमृतममरणसाधनींविद्यांनिषिक्तवान्तथान्योऽपियोमेममनविद्यस्यविद्याशून्यस्य समासेऽपिनञो नभ्राडादिवत्प्रकृतिभावःश्रोत्रयोःसद्वस्तुनिषिंचेत् योयत्सत् पुंस्त्वमार्षं अमृतंमोक्षरूपं तंनिषेक्तारमहंपितरंमातरंचमन्ये तस्मैनिषेक्त्रेनद्रुह्येत् अस्यकृतमनेनोपकृतंजानन्नद्रुह्येऽहं क्रुधद्रुहेर्ष्येतिसंप्रदानत्वं ६३ ऋतस्यकर्मोपास्तिज्ञानकांडात्मकस्यवेदस्य निधीनांविद्यानांनिधिमाश्रयम् । विद्यायानिधित्वंगोपायमाशेवधिष्टेऽहमस्मीतिविद्यावचनात् । मामां शेवधिर्निधिः प्रतिष्ठाविद्याफलंतच्छून्याअप्रति

॥ ८३ ॥

॥ वैशंपायनउवाच ॥ गुरोःसकाशात्समवाप्यविद्यांभित्त्वाकुक्षिंनिर्विचक्रामविप्रः ॥ कचोऽभिरूपस्तत्क्षणाद्ब्राह्मणस्यशुक्लात्ययेपौर्णमास्यामिवेन्दुः ६१ दृष्ट्वाच तंपतितंब्रह्मराशिमुत्थापयामासमृतंकचोऽपि ॥ विद्यांसिद्धांतामवाप्याभिवाद्यततःकचस्तंगुरुमित्युवाच ६२ यःश्रोत्रयोरमृतंसन्निषिंचेद्विद्यामविदुषस्ययथाममा यम् ॥ तंमन्येऽहंपितरंमातरंचतस्मैनद्रुह्येत्कृतमस्यजानन् ६३ ऋतस्यदातारमनुत्तमस्यनिधिंनिधीनामपिलब्धविद्याः ॥ येनाद्रियंतेगुरुमर्चनीयंपापाँल्लोकां स्तेव्रजंत्यप्रतिष्ठाः ६४ ॥ वैशंपायनउवाच ॥ सुरापानाद्वंचनांप्राप्यविद्वान्संज्ञानाशंचैवमहातिघोरम् ॥ दृष्ट्वाकचंचापितथाभिरूपंपीतंतदासुरयामोहितेन ६५ समन्युरुत्थायमहानुभावस्तदोशनाविप्रहितंचिकीर्षुः ॥ सुरापानंप्रतिसंजातमन्युःकाव्यःस्वयंवाक्यमिदंजगाद ६६ योब्राह्मणोऽद्यप्रभृतीहकश्चिन्मोहात्सु रांपास्यतिमंदबुद्धिः ॥ अपेतधर्माब्रह्महाचैवसस्यादस्मिँल्लोकेगर्हितःस्यात्परेच ६७ मयाचैतांविप्रधर्मोक्तिसीमांमर्यादांवैस्थापितांसर्वलोके ॥ संतोविप्राःशुश्रुवां सोगुरूणांदेवालोकाश्चोपशृण्वंतुसर्वे ६८ इतीदमुक्त्वासमहानुभावस्तपोनिधीनांनिधिरप्रमेयः ॥ तान्दानवान्दैवविमूढबुद्धीनिदंसमाहूयवचोऽभ्युवाच ६९ आ चक्षेवोदानवाबालिशाःस्थसिद्धःकचोवत्स्यतिमत्सकाशे ॥ संजीविनींप्राप्यविद्यांमहात्मातुल्यप्रभावोब्राह्मणोब्रह्मभूतः ७० एतावदुक्त्वावचनंविरराममसभार्गवः ॥ दानवाविस्मयाविष्टाःप्रययुःस्वंनिवेशनम् ७१ गुरोरुष्यसकाशेतुदशवर्षशतानिसः ॥ अनुज्ञातःकचोगंतुमियेषत्रिदशालयम् ७२ ॥ इतिश्रीमहाभारतेआदिपर्वणि संभवपर्वणिययात्युपाख्यानेषट्सप्ततितमोऽध्यायः ॥ ७६ ॥ ॥ वैशंपायनउवाच ॥ समावृत्तव्रतंतंतुविसृष्टंगुरुणातदा ॥ प्रस्थितंत्रिदशावासंदेवयान्यब्र वीदिदम् १ ऋषेरंगिरसःपौत्रवृत्तेनाभिजनेनच ॥ भ्राजसेविद्ययाचैवतपसाचदमेनच २ ऋषिर्यथाऽङ्गिरामान्यःपितुर्ममममहायशाः ॥ तथामान्यश्चपूज्यश्चमम भूयोबृहस्पतिः ३ एवंज्ञात्वाविजानीहियद्ब्रवीमितपोधन ॥ व्रतस्थेनियमोपेतेयथावर्ताम्यहंत्वयि ४ ससमावृत्तविद्योमांभक्तांभजितुमर्हसि ॥ गृहाणपाणिंविधि वन्ममंत्रपुरस्कृतम् ५ ॥ कचउवाच ॥ पूज्योमान्यश्चभगवान्यथातवपितामम ॥ तथात्वमनवद्यांगिपूजनीयतरामम ६ ॥ ॥

ष्ठाः । निधीनांचतुरन्वयानामितिपाठेअध्ययनमर्थज्ञानमनुष्ठानंशिष्येभ्यःप्रतिपादनंचेतिचत्वारिकर्माणितेष्वन्वयःसंबंधोयेषांनिधीनांविद्यानामित्यर्थः ६४ । ६५ । ६६ । ६७ । ६८ । ६९ बालिशाममोदरे कचंपातयित्वाशीघ्रंतत्कार्यंसिद्धंकृतवंतः ७० । ७१ उष्यउषित्वा ७२ ॥ इतिआदिपर्वणिनीलकंठीये भारतभावदीपे षट्सप्ततितमोऽध्यायः ॥ ७६ ॥ ॥ ॥ समावृत्तव्रतमिति । समा वृत्तव्रतंसमाप्तव्रतम् १ । २ । ३ । ४ । ५ । ६ ॥ ॥ ॥ ॥

७ । ८ गुरुःपुत्रोयस्यआंगिरसःपुत्रःपौत्रः ९ । १० । ११ । १२ । १३ । १४ उत्थिताअनलसा १५ । १६ अननुज्ञातस्त्वदुक्तकार्ये १७ आर्षमार्षप्रणीतं सादरयाराचिवाह कामतःशप्ता ऽस्मिनधर्मतः १८ । १९ । २० । २१ । २२ प्रणश्यिताप्रणंक्ष्यति भागभाक्भागीऽयमेदकचोवेदेशंयुशब्देनोच्यते । यदेवब्राह्मणोक्तोश्रद्दधानो । यजातैशंयुमेवतस्यबार्हस्पत्यंयज्ञस्याशीर्गे

प्राणेभ्योऽपिप्रियतराभार्गवस्यमहात्मनः ॥ त्वंभद्रेधर्मतःपूज्यागुरुपुत्रीसदाममम ७ यथाममगुरुर्नित्यंमान्यःशुक्रःपितातव ॥ देवयानितथैवत्वंनैवंमांवक्तुमर्हसि ८ ॥ देवयान्युवाच ॥ गुरुपुत्रस्यपुत्रोवैनत्वंपुत्रश्चमेपितुः ॥ तस्मात्पूज्यश्चमान्यश्चममापित्वंद्विजोत्तम ९ असुरैर्हन्यमानेचकचत्वयिपुनःपुनः ॥ तदाप्रभृतियाप्रीतिस्तांत्वमद्यस्मरस्वमे १० सौहार्देचानुरागेचवेत्थमेभक्तिमुत्तमाम् ॥ नमामर्हसिधर्मज्ञत्यक्तुंभक्तामनागसम् ११ ॥ कचउवाच ॥ अनियोज्येनियोगेमांनियुनंक्षिशुभव्रते ॥ प्रसीदसुभ्रुत्वंमह्यंगुरोर्गुरुतराशुभे १२ यत्रोषितंविशालाक्षित्वयाचंद्रनिभानने ॥ तत्राहमुषितोभद्रेकुक्षौकाव्यस्यभाविनि १३ भागिनीधर्मतोमेत्वंमैवंवोचःसुमध्यमे ॥ सुखमस्म्युषितोभद्रेनमन्युर्विद्यतेमम १४ आपृच्छेत्वांगमिष्यामिशिवमाशंसमेपथि ॥ अविरोधेनधर्मस्यस्मर्तव्योऽस्मिकथांतरे ॥ अप्रमत्तोत्थितानित्यमाराधयगुरुंमम १५ देवयान्युवाच ॥ यदिमांधर्मकामार्थेप्रत्याख्यास्यसियाचितः ॥ ततःकचनतेविद्यासिद्धिमेषागमिष्यति १६ ॥ कचउवाच ॥ गुरुपुत्रीतिकृत्वाऽहंप्रत्याचक्षेनदोषतः ॥ गुरुणाचाननुज्ञातःकाममेवंशपस्वमाम् १७ आर्षंधर्मंब्रुवाणोऽहंदेवयानियथात्वया ॥ शप्तोनार्होऽस्मिशापस्यकामतोऽद्यनधर्मतः १८ तस्माद्भवत्यायःकामोनतथासभविष्यति ॥ ऋषिपुत्रोनतेकश्चिज्जातुपाणिंग्रहीष्यति १९ फलिष्यतिनतेविद्यायत्त्वंमामात्थतत्तथा ॥ अध्यापयिष्यामितुयंतस्यविद्याफलिष्यति २० ॥ वैशंपायनउवाच ॥ एवमुक्त्वाद्विजश्रेष्ठोदेवयानींकचस्तदा ॥ त्रिदशेशालयंशीघ्रंजगामद्विजसत्तमः २१ तमागतमभिप्रेक्ष्यदेवाइंद्रपुरोगमाः ॥ बृहस्पतिंसभाज्येदंकचंवचनमब्रुवन् २२ ॥ देवाऊचुः ॥ यत्त्वयास्मद्धितंकर्मकृतंवैपरमाद्भुतम् ॥ नतेयशःप्रणशिताभागभाक्भविष्यसि २३ ॥ इतिश्रीमहाभारते आदिपर्वणि संभवपर्वणि ययात्युपाख्यानेसप्तसप्ततितमोऽध्यायः ॥ ७७ ॥ ॥ वैशंपायनउवाच ॥ कृतविद्येकचेप्राप्तेहृष्टरूपादिवौकसः ॥ कचादधीत्यतांविद्यांकृतार्थाभरतर्षभ १ सर्वएवसमागम्यशतक्रतुमथाब्रुवन् ॥ कालस्तेविक्रमस्याद्यजहिशत्रून्पुरंदर २ एवमुक्तस्तुसहितैस्त्रिदशैर्मघवांस्तदा ॥ तथेत्युक्त्वाप्रचक्रामसोऽपश्यतवनेस्त्रियः ३ क्रीडंतीनांतुकन्यानांवनेचैत्ररथोपमे ॥ वायुभूतःसवस्त्राणिसर्वाण्येवव्यमिश्रयत् ४ ततोजलात्समुत्तीर्यकन्यास्ताःसहितास्तदा ॥ वस्त्राणिजगृहुस्तानियथासन्नान्यनेकशः ५ ॥ ॥ ॥ ॥

च्छतिएतन्मेमेत्यब्रवीत्किंमेप्रजायाइतियोऽपगुरातैशतेनयातयाद्योनिहनत्सहस्रेणयातयाद्योलोहितंकरवद्यावतः प्रस्कंद्यपांसून्संगृह्णात्तावतःसंवत्सरान्पितृलोकंनप्राजानादितितस्माद्ब्राह्मणायनापगुरेतननिहन्यान्नलोहितंकुर्यादितिश्रुतोवरस्तद्भाक् अपगुरेतनगालयेत् शताद्योनरकविशेषाः २३ ॥ इतिआदिपर्वणिनीलकंठीये भारतभावदीपे सप्तसप्ततितमोऽध्यायः ॥ ७७ ॥ ॥ ॥ कृतविद्य इति १ । २ मघवानिंद्रः मखेषुमघवान्नसावितिभट्टिः प्रचक्रामभूतलंप्रतीतिशेषः ३ वायुभूतइंद्रः कन्याद्वयद्वाराशुक्रदानवयोर्विरोधोत्पादनार्थम् ४ । ५ ॥ ॥

म.भा.टी. ॥ ८४ ॥

६ । ७ समुदाचारःसदाचारः ८ । ९ । १० आदुन्वस्वेति । अत्रयथाइंद्रेणयुजातरुषेमवृत्रमित्यत्रउःसिपूशपूचेतिबहुलंछंदसीतिबाहुलकाद्विकरणत्रयमेत्रमिहाप्यार्षत्वातश्नुःशप्चेतिविकरणद्वयं । आदुन्वस्व आभिमुख्येनवक्षस्ताडनादिनासंतापंप्राप्नुहि । विदुन्वस्वपांसुपुलुंठनादिना । द्रुह्यद्रोहंचिरकालिकंक्रोधंकुरु । कुप्यस्वसद्यःपरानिष्टफलोयत्नःकोपस्तंकुरु । रिक्तादरिद्रा ११ प्रतियोद्धारंप्रहर्त्तारंश

तत्रवासोदेवयान्याःशर्मिष्ठाजगृहेतदा ॥ व्यतिमिश्रमजानंतीदुहितावृषपर्वणः ६ ततस्तयोर्मिथस्तत्रविरोधःसमजायत ॥ देवयान्याश्चराजेंद्रशर्मिष्ठायाश्चतत्कृते ७ ॥ देवयान्युवाच ॥ कस्माद्गृह्णासिमेवस्त्रंशिष्याभूत्वाममासुरि ॥ समुदाचारहीनायानतेसाधुभविष्यति ८ ॥ शर्मिष्ठोवाच ॥ आसीनंचशयानंचपितातेपितरंमम ॥ स्तौतिवंदीवचाभीक्ष्णंनीचैःस्थित्वाविनीतवत् ९ याचतस्त्वंहिदुहितास्तुवतःप्रतिगृह्णतः ॥ सुताहंस्तूयमानस्यददतोऽप्रतिगृह्णतः १० आदुन्वस्वविदुन्वस्वद्रुह्यकुप्यस्वयाचकि ॥ अनायुधासायुधायारिक्ताक्षुभ्यसिभिक्षुकि ११ लप्स्यसेप्रतियोद्धारंनहित्वांगणयाम्यहम् ॥ वैशंपायनउवाच ॥ समुच्छ्रयंदेवयानींगतांसक्तांचवाससि १२शर्मिष्ठाप्राक्षिपत्कूपेततःस्वपुरमागमत् ॥ हतेयमितिविज्ञायशर्मिष्ठापापनिश्चया १३ अनवेक्ष्यययौवेश्मक्रोधवेगपरायणा ॥ अथतंदेशमभ्यागाद्ययातिर्नहुषात्मजः १४ श्रांतयुग्यःश्रांतहयोमृगलिप्सुःपिपासितः ॥ सनाहुषःप्रेक्षमाणउदपानंगतोदकम् १५ ददर्शराजातांतत्रकन्यामग्निशिखामिव ॥ तामपृच्छत्सदृष्ट्वैवकन्याममरवर्णिनीम् १६ सांत्वयित्वानृपश्रेष्ठःसाम्नापरमवल्गुना ॥ कात्वंताम्रनखीश्यामासुमृष्टमणिकुंडला १७ दीर्घंध्यायसिचात्यर्थंकस्माच्छोचसिचातुरा ॥ कथंचपतिताऽस्यस्मिन्कूपेवीरुत्तृणावृते १८ दुहिताचैवकस्यत्वंवदसत्यंसुमध्यमे ॥ ॥ देवयान्युवाच ॥ ॥ योऽसौदेवैर्हतान्दैत्यानुत्थापयतिविद्यया १९ तस्यशुक्रस्यकन्याऽहंसमांनूनंनबुध्यते ॥ एषमेदक्षिणोराजन्पाणिस्ताम्रनखांगुलिः २० समुद्धरगृहीत्वामांकुलीनस्त्वंहिमेमतः ॥ जानामिहित्वांसंशांतंवीर्यवंतंयशस्विनम् २१ तस्मान्मांपतितामस्मात्कूपादुद्धर्तुमर्हसि ॥ वैशंपायनउवाच ॥ तामथोब्राह्मणींराजाविज्ञायनहुषात्मजः २२ गृहीत्वादक्षिणेपाणावुज्जहारततोऽवटात् ॥ उद्धृत्यचैनांतरसातस्मात्कूपान्नराधिपः २३ आमंत्रयित्वासुश्रोणींययातिःस्वपुरंययौ ॥ गतेतुनाहुषेतस्मिन्देवयान्यप्यनिंदिता २४ उवाचशोकसंतप्ताघूर्णिकामागतांपुरः ॥ देवयान्युवाच ॥ त्वरितंघूर्णिकेगच्छशीघ्रमाचक्ष्वमेपितुः २५ नेदानींसंप्रवेक्ष्यामिनगरंवृषपर्वणः ॥ ॥ वैशंपायनउवाच ॥ ॥ सातत्रत्वरितंगत्वाघूर्णिकाऽसुरमंदिरम् २६ दृष्ट्वाकाव्यमुवाचेदंसंभ्रमाविष्टचेतना ॥ आचचक्षेमहाप्राज्ञंदेवयानींवनेहताम् २७ शर्मिष्ठयामहाभागदुहित्रावृषपर्वणः ॥ श्रुत्वादुहितरंकाव्यस्तत्रशर्मिष्ठयाहताम् २८ त्वरयानिर्ययौदुःखान्मार्गमाणःसुतांवने ॥ दृष्ट्वादुहितरंकाव्योदेवयानींततोवने २९ ॥

त्रंप्राप्येव समुच्छ्रयंसत्यवचनेनमहत्त्वं १२ । १३ । १४ युग्यारथवाहकाः । हयाःकेवलाश्वाः । उदकंपीयतेऽस्मादित्युदपानंकूपं १५ । १६ वल्गुनामंजुना । श्यामाषोडशवार्षिकीयौवनारूढा सुमृष्टानिदिव्यानि १७ वीरुधोलताः १८ । १९ । २० । २१ । २२ अवटाद्गर्तात् २३ । २४ घूर्णिकांदासीं २५ । २६ हताताडितां २७ । २८ । २९ ॥ ॥

नियच्छंतिप्रयच्छंतिआत्मदोषैर्हेतुभिः स्वकर्मभिरेवसुखदुःखेजनात्प्राप्येतेनतुजनस्यापराधइत्यर्थः ३० एतदेवाह मन्येइति । निष्कृतिःफलभोगेननिरसनं ३१ । ३२ तीक्ष्णंमर्मभित् यतःपरुषंनिष्ठुरा क्षरं ३३ । ३४ इदंपूर्वोक्तं ३५ । ३६ । ३७ नाहुषोययातिः ममऐश्वर्यंनिर्द्वंद्वमप्रतिपक्षंबलमस्ति ३८ ईश्वरत्वमेवाह यच्चेति । स्वयंभुवातत्त्वमसीत्यादिनावेदनकरणेनतुष्टेनगुरुणेतिशेषः ३९ अहं

बाहुभ्यांसंपरिष्वज्यदुःखितोवाक्यमब्रवीत् ॥ आत्मदोषैर्नियच्छंतिसर्वेदुःखसुखेजनाः ३० मन्येदुश्चरितंतेऽस्तियस्येयंनिष्कृतिःकृता ॥ देवयान्युवाच ॥ निष्कृतिर्मेऽस्तुवामास्तुशृणुष्वावहितोमम ३१ शर्मिष्ठयायदुक्ताऽस्मिदुहित्रावृषपर्वणः ॥ सत्यंकिलैतत्साप्राहदैत्यानामसिगायनः ३२ एवंहिमेकथयतिशर्मिष्ठावार्षपर्वणी ॥ वचनंतीक्ष्णपरुषंक्रोधरक्तेक्षणाभृशम् ३३ स्तुवतोदुहितानित्यंयाचतःप्रतिगृह्णतः ॥ अहंतुस्तूयमानस्यददतोऽप्रतिगृह्णतः ३४ इदंमामाहशर्मिष्ठादुहितावृषपर्वणः ॥ क्रोधसंरक्तनयनादर्पपूर्णापुनःपुनः ३५ यद्यहंस्तुवतस्तातदुहिताप्रतिगृह्णतः ॥ प्रसादयिष्येशर्मिष्ठामित्युक्तातुसखीमया ३६ ॥ शुक्रउवाच ॥ स्तुवतोदुहितानत्वंयाचतःप्रतिगृह्णतः ॥ अस्तोतुःस्तूयमानस्यदुहितादेवयान्यसि ३७ वृषपर्वैवतद्वेदशक्रोराजाचनाहुषः ॥ अचिंत्यंब्रह्मनिर्द्वंद्वमैश्वरंहिबलंमम ३८ यच्चकिंचित्सर्वगतंभूमौवायदिवादिवि ॥ तस्याहमीश्वरोनित्यंतुष्टेनोक्तःस्वयंभुवा ३९ अहंजलंविमुंचामिप्रजानांहितकाम्यया ॥ पुष्णाम्यौषधयःसर्वाइतिसत्यंब्रवीमिते ४० ॥ वैशंपायनउवाच ॥ एवंविषादमापन्नांमन्युनासंप्रपीडिताम् ॥ वचनैर्मधुरैःश्लक्ष्णैःसांत्वयामासतांपिता ४१ इति श्रीमहाभारते आदिपर्वणि संभवपर्व० ययात्युपाख्यानेऽष्टसप्ततितमोऽध्यायः ॥ ७८ ॥ शुक्रउवाच ॥ यःपरेषांनरोनित्यमतिवादांस्तितिक्षते ॥ देवयानिविजानीहितेनसर्वमिदंजितम् १ यःसमुत्पतितंक्रोधंनिगृह्णातिहयंयथा ॥ सयंतेत्युच्यतेसद्भिर्नयोरश्मिषुलंबते २ यःसमुत्पतितंक्रोधमक्रोधेननिरस्यति ॥ देवयानिविजानीहितेनसर्वमिदंजितम् ३ यःसमुत्पतितंक्रोधंक्षमयेहनिरस्यति ॥ यथोरगस्त्वचंजीर्णांसवैपुरुषउच्यते ४ यःसंधारयतेमन्युंयोऽतिवादांस्तितिक्षते ॥ यश्चतप्तोनतपतिदृढंसोऽर्थस्यभाजनम् ५ योयजेदपरिश्रांतोमासिमासिशतंसमाः ॥ नकुद्ध्येद्यश्चसर्वस्यतयोरक्रोधनोऽधिकः ६ यत्कुमाराःकुमार्यश्चवैरंकुर्युरचेतसः ॥ नतत्प्राज्ञोऽनुकुर्वीतनविदुस्तेबलाबलम् ७ ॥ देवयान्युवाच ॥ वेदाहंतातबालाऽपिधर्माणांयदिहांतरम् ॥ अक्रोधेचापिवादेचवेदचापिबलाबलम् ८ शिष्यस्याशिष्यवृत्तेस्तुनक्षंतव्यंबुभूषता ॥ तस्मात्संकीर्णवृत्तेषुवासोममनरोचते ९ पुमांसोयेहिनिंदंतिवृत्तेनाभिजनेनच ॥ नतेषुनिवसेत्प्राज्ञःश्रेयोऽर्थीपापबुद्धिषु १० येत्वेनमभिजानंतिवृत्तेनाभिजनेनवा ॥ तेषुसाधुषुवस्तव्यंसवासःश्रेष्ठउच्यते ११ ॥ ॥ ॥ ॥ ॥

मनुरभवंसूर्यश्चेतिवदन्वामदेवइवस्वस्यसार्वात्म्यानुभवमाह अहमिति ४० । ४१ ॥ इतिआदिपर्वणिनीलकंठीये भारतभावदीपे अष्टसप्ततितमोऽध्यायः ॥ ७८ ॥ यइति । अतिवादान्निंदावचनानि १ रश्मिषुक्रोधफलभूतास्वापत्सु पक्षेस्पष्टोऽर्थः २ अक्रोधेनक्रोधविरोधिन्याक्षमया ३ । ४ अर्थस्यपुरुषार्थचतुष्टयस्य ५ यजेत्पितृयज्ञेन'तस्मान्मासिपितृभ्यःक्रियते'इतिश्रुतेः । एतेनअन्ययज्ञेभ्यःपितृयज्ञःश्रेष्ठइतिसूचितं ६ यदिति । अचेतसोमूढाः बाल्यात्शर्मिष्ठयाकृतमस्माभिःक्षंतव्यमेवेत्यर्थः ७ । ८ । ९ । १० । ११ ॥ ॥ ॥

१२ । १३ ॥ इतिआदिपर्वणिनीलकंठीये भारतभावदीपे ऊनाशीतितमोऽध्यायः ॥ ७९ ॥ ॥ ॥ ततइति । काव्यःकविपुत्रः । समन्युःसक्रोधः १ । २ पुत्रेष्विति । ननुपितृकृतंपुत्रेणभुज्यतेचेच्छास्त्रफलंप्रयोक्तरीतिन्यायविरोधापत्तिरितिचेन्न । 'योवैभागिनंभागान्नुदतेचयतेवैनंसयदिवैनंनचयतेऽथपुत्रमथपौत्रंचयते'इतिधनमानभागिनांदूरीकरणादवश्यंस्वयंपुत्रःपौत्रोवाक्षयतीति

८९ वाग्दुरुक्तंमहाघोरंदुहितुर्वृषपर्वणः ॥ ममभ्रनातिहृदयमग्निकामइवारणिम् १२ नह्यतोदुष्करतरंमन्येलोकेष्वपित्रिषु ॥ यःसपत्नश्रियंदीप्तांहीनश्रीःपर्युपासते ॥ अ०
मरणंशोभनंतस्यइतिविद्वज्जनाविदुः १३ ॥ इति श्रीमहाभारते आदिपर्वणि संभवपर्वणि ययात्युपाख्यानेऊनाशीतितमोऽध्यायः ॥ ७९ ॥ वैशंपायनउवाच ॥
ततःकाव्योभृगुश्रेष्ठःसमन्युरुपगम्यह ॥ वृषपर्वाणमासीनमित्युवाचाविचारयन् १ नाधर्मश्चरितोराजन्सद्यःफलतिगौरिव ॥ शनैरावर्त्यमानोहिकर्तुर्मूलानिकृंतति ८०
२ पुत्रेषुवानप्तृषुवानचेदात्मनिपश्यति ॥ फलत्येवध्रुवंपापंगुरुभुक्तमिवोदरे ३ यदघातयथाविप्रंकचमांगिरसंतदा ॥ अपापशीलंधर्मज्ञंशुश्रूषुंमद्गृहेरतम् ४ वधाद
नर्हतस्तस्यवधाच्चदुहितुर्मम ॥ वृषपर्वन्निबोधेदंत्यक्ष्यामित्वांसबांधवम् ॥ स्थातुंत्वद्विषयेराजन्नशक्ष्यामित्वयासह ५ अहोमार्मभिजानासिदैत्यमिथ्याप्रला
पिनम् ॥ यथेममात्मनोदोषंननियच्छस्युपेक्षसे ६ ॥ वृषपर्वोवाच ॥ नाधर्मंनमृषावादंत्वयिजानामिभार्गव ॥ त्वयिधर्मश्चसत्यंचतत्प्रसीदतुनोभवान् ७ यद्य
स्मानपहायत्वमितोगच्छसिभार्गव ॥ समुद्रंसंप्रवेक्ष्यामोनान्यदस्तिपरायणम् ८ ॥ शुक्रउवाच ॥ समुद्रंप्रविशध्वंवादिशोवाद्रवतासुराः ॥ दुहितुर्नाप्रियंसोढुं
शक्तोऽहंदयिताहिमे ९ प्रसाद्यतांदेवयानीजीवितंयत्रमेस्थितम् ॥ योगक्षेमकरस्तेऽहमिंद्रस्येवबृहस्पतिः १० ॥ वृषपर्वोवाच ॥ यत्किंचिदसुरेंद्राणांविद्यते
वसुभार्गव ॥ भुविहस्तिगवाश्वंचतस्यत्वंममचेश्वरः ११ ॥ शुक्रउवाच ॥ यत्किंचिदस्तिद्रविणंदैत्येंद्राणांमहासुर ॥ तस्येश्वरोऽस्मियद्येषादेवयानीप्रसाद्यताम्
१२ ॥ वैशंपायनउवाच ॥ एवमुक्तस्तथेत्याहवृषपर्वामहाकविः ॥ देवयान्यंतिकंगत्वातमर्थंप्राहभार्गवः १३ ॥ देवयान्युवाच ॥ यदित्वमीश्वरस्तातराज्ञो
वित्तस्यभार्गव ॥ नाभिजानामितत्तेहंराजातुवदतुस्वयम् १४ ॥ वृषपर्वोवाच ॥ यंकाममभिकामाऽसिदेवयानिशुचिस्मिते ॥ तत्तेऽहंसंप्रदास्यामियदिवापिहिदु
र्लभम् १५ ॥ देवयान्युवाच ॥ दासींकन्यासहस्रेणशर्मिष्ठामभिकामये ॥ अनुमांतत्रगच्छेत्सायत्रदद्याच्चमेपिता १६ ॥ वृषपर्वोवाच ॥ उत्तिष्ठत्वंगच्छधा
त्रिशर्मिष्ठांशीघ्रमानय ॥ यंचकामयतेकामंदेवयानीकरोतुतम् १७ ॥ वैशंपायनउवाच ॥ ततोधात्रीतत्रगत्वाशर्मिष्ठांवाक्यमब्रवीत् ॥ उत्तिष्ठभद्रेशर्मिष्ठेज्ञातीनांसुख
मावह १८ त्यजतिब्राह्मणःशिष्यान्देवयान्याप्रचोदितः ॥ सायंकामयतेकामंसकार्योऽद्यत्वयाऽनघे १९ ॥ ॥ ॥

श्रुतेः । न्यायस्यतुजातेष्ट्यादिवत्पुत्रगतमपिफलंतदैकात्म्याभिमानात्पितर्यपिवक्तुंशक्यमतोनन्यायकोपः । मृतेऽपिपितरिपुत्राणांदारिद्र्यदौर्जन्यादिनाश्राद्धलोपादिकृतंदुःखादिफलमन्वेत्येवेति
मुग्ध्रूकंपुत्रेषुत्रेत्यादि ३ । ४ । ५ उपेक्षसेशपथमात्रेणमांसांत्वयसिनतुदुष्टंदोषंनिगृह्णासि ६ । ७ । ८ । ९ । १० । ११ । १२ महाकविरित्यादिपृथग्वाक्यं १३ । १४ । १५ दासीमिति । इदंदेव
यान्याप्रार्थितं दासीसहस्रंशर्मिष्ठापरिवारभूतादासीसहस्रादन्यत् । द्वाभ्यांकन्यासहस्राभ्यामितिवाक्यशेषात् १६ । १७ । १८ । १९ ॥ ॥ ॥

२० । २१ । २२ । २३ । २४ । २५ विज्ञानंब्रह्मानुभवः विद्यामृतसंजीविनी २६ । २७ ॥ इति आदिपर्वणि नीलकंठीये भारतभावदीपे अशीतितमोऽध्यायः ॥ ८० ॥ ॥ ॥

॥ शर्मिष्ठोवाच ॥ यंसाकामयतेकामंकरवाण्यहमद्यतम् ॥ यद्येवमाह्वयेच्छुक्रोदेवयानीकृतेहिमाम् ॥ मद्दोषान्माऽगमच्छुक्रोदेवयानीचमत्कृते २० ॥ वैशंपाय
नउवाच ॥ ततःकन्यासहस्रेणवृताशिबिकयातदा ॥ पितुर्नियोगात्त्वरितानिश्चक्रामपुरोत्तमात् २१ ॥ शर्मिष्ठोवाच ॥ अहंदासीसहस्रेणदासीतेपरिचारिका ॥
अनुत्वांतत्रयास्यामियत्रदास्यतितेपिता २२ ॥ ॥ देवयान्युवाच ॥ स्तुवतोदुहिताऽहंतेयाचतःप्रतिगृह्णतः ॥ स्तूयमानस्यदुहिताकथंदासीभविष्यसि २३
शर्मिष्ठोवाच ॥ येनकेनचिदार्त्तानांज्ञातीनांसुखमावहेत् ॥ अतस्त्वामनुयास्यामियत्रदास्यतितेपिता २४ ॥ वैशंपायनउवाच ॥ प्रतिश्रुतेदासभावेदुहित्रावृष
पर्वणः ॥ देवयानीनृपश्रेष्ठपितरंवाक्यमब्रवीत् २५ ॥ देवयान्युवाच ॥ प्रविशामिपुरंताततुष्टाऽस्मिद्विजसत्तम ॥ अमोघंतवविज्ञानमस्तिविद्याबलंचते २६
॥ वैशंपायनउवाच ॥ ॥ एवमुक्तोदुहित्रासद्विजश्रेष्ठोमहायशाः ॥ प्रविवेशपुरंहृष्टःपूजितःसर्वदानवैः २७ ॥ इतिश्रीमहाभारते आदिपर्वणिसंभवपर्वणि
ययात्युपाख्यानेऽशीतितमोऽध्यायः ॥ ८० ॥ ॥ ॥ ॥ वैशंपायनउवाच ॥ अथदीर्घस्यकालस्यदेवयानीनृपोत्तम ॥ वनंतदेवनिर्याता
क्रीडार्थंवरवर्णिनी १ तेनदासीसहस्रेणसार्धंशर्मिष्ठयातदा ॥ तमेवदेशंसंप्राप्तायथाकामंचचारसा २ ताभिःसखीभिःसहितासर्वाभिर्मुदिताभृशम् ॥ क्रीडंत्योऽ
भिरताःसर्वाःपिबंत्योमधुमाधवीम् ३ खादन्त्योविविधान्भक्ष्यान्विदशंत्यःफलानिच ॥ पुनश्चनाहुषोराजामृगलिप्सुर्यदृच्छया ४ तमेवदेशंसंप्राप्तोजलार्थीश्रम
कर्शितः ॥ ददर्शदेवयानींसशर्मिष्ठांताश्चयोषितः ५ पिबंतीर्ललमानाश्चदिव्याभरणभूषिताः ॥ उपविष्टांचददृशेदेवयानींशुचिस्मिताम् ६ रूपेणाप्रतिमांता
सांस्त्रीणांमध्येवराङ्गनाम् ॥ शर्मिष्ठयासेव्यमानांपादसंवाहनादिभिः ७ ॥ ययातिरुवाच ॥ द्वाभ्यांकन्यासहस्राभ्यांहेकन्येपरिवारिते ॥ गोत्रेचनामनोचैवद्व
योःपृच्छाम्यहंशुभे ८ ॥ देवयान्युवाच ॥ आख्यास्याम्यहमादत्स्ववचनंमेनराधिप ॥ शुक्रोनामासुरगुरुःसुतांजानीहितस्यमाम् ९ इयंचमेसखीदासीयत्राहंत
त्रगामिनी ॥ दुहितादानवेंद्रस्यशर्मिष्ठावृषपर्वणः १० ॥ ययातिरुवाच ॥ कथंतुतेसखीदासीकन्येयंवरवर्णिनी ॥ असुरेंद्रसुतासुभ्रूःपरंकौतूहलंहिमे ११ ॥ देव
यान्युवाच ॥ सर्वएवनरश्रेष्ठविधानमनुवर्त्तते ॥ विधानविहितंमत्वामाविचित्राःकथाःकृथाः १२ राजवद्रूपवेषौतेब्राह्मींवाचंबिभर्षिच ॥ कोनामत्वंकुतश्चासिकस्य
पुत्रश्चशंसमे १३ ॥ ॥ ययातिरुवाच ॥ ब्रह्मचर्येणवेदोमेकृत्स्नःश्रुतिपथंगतः ॥ राजाहंराजपुत्रश्चययातिरितिविश्रुतः १४ ॥ ॥ देवयान्युवाच ॥ ॥ केनास्य
र्थेननृपतेइमंदेशमुपागतः ॥ जिघृक्षुर्वारिजंकिंचिदथवामृगलिप्सया १५ ॥ ॥ ॥

अर्थेति १ तेनस्वयंवृतेन शर्मिष्ठयास्वीयदासीसहस्रोपेतया २ मधुमाधवींमधुवृक्षजांमदिरां ३ । ४ । ५ पिबंतीःपेयं । ललमानाःक्रीडंतीः ६ । ७ द्वाभ्यामित्युक्तार्थं गोत्रेवंशकराट्
षी ८ । ९ । १० । ११ विधानंदैवं अनुवर्त्ततेअनुसरत्यास्ति १२ । १३ राज्ञोरूपंब्राह्मीवाक्केत्यत्रहेतुद्वयंव्युत्क्रमेणाह ब्रह्मेति १४ अर्थेनकार्येण वारिजंमीनंपद्मादिवा १५ ॥ ॥ ॥

अनुयुक्तोऽस्मिपलायितेमृगेश्रांतोऽस्मि १६ । १७ । १८ संसृष्टं उच्छिन्नस्यक्षत्रस्यब्राह्मणवीर्यादेवपुनरुद्भवाद्ब्रह्मणाक्षत्रंसंसृष्टं क्षत्रियकन्यासुलोपामुद्रादिषुब्राह्मणानामुत्पत्तिदर्शनात्क्षत्रेणब्रह्मसंहि तंसंमिश्रं ऋषिर्बुधादिलायांपुरूरवास्ततआयुस्ततोनहुषस्ततस्त्वमिति क्षत्रियकन्यायांब्राह्मणाज्जातोब्राह्मणःक्षत्रियदारेषुब्राह्मणाज्जातस्तुक्षत्रियएवेत्याग्रहेपीलायांक्षत्रियदारत्वाभावाद्युष्माकमृषित्व मेवतथ्यमित्यर्थः हेअंग वहस्वपरिणयस्व १९ एकस्येश्वरस्यदेहोदेहावयवामुखबाहूरुपादास्तदुद्भवाः २० प्रागेवत्वयाममपाणिग्रहणंकृतमतइदानींविचारावसरोनास्तीत्याशयेनाह पाणीति ।

॥ ययातिरुवाच ॥ मृगलिप्सुरहंभद्रेपानीयार्थमुपागतः ॥ बहुधाऽप्यनुयुक्तोऽस्मितदनुज्ञातुमर्हसि १६ ॥ देवयान्युवाच ॥ द्वाभ्यांकन्यासहस्राभ्यांदास्याश र्मिष्ठयासह ॥ त्वदधीनाऽस्मिभद्रंतेसखाभर्ताचमेभव १७ ॥ ययातिरुवाच ॥ विद्ध्यौशनसिभद्रंतेनत्वामर्होऽस्मिभाविनि ॥ अविवाह्याहिराजानोदेवयानिपि तुस्तव १८ ॥ देवयान्युवाच ॥ संसृष्टंब्रह्मणाक्षत्रंक्षत्रेणब्रह्मसंहितम् ॥ ऋषिश्चाप्यृषिपुत्रश्चनाहुषांगवहस्वमाम् १९ ॥ ययातिरुवाच ॥ एकदेहोद्भवावर्णाश्च त्वारोऽपिवरांगने ॥ पृथग्धर्माःपृथक्शौचास्तेषांतुब्राह्मणोवरः २० ॥ देवयान्युवाच ॥ पाणिधर्मोनाहुषाऽयंनपुंभिःसेवितःपुरा ॥ तंमेत्वमग्रहीरग्रेवृणोमित्वाम हंततः २१ कथंनुमेमनस्विन्याःपाणिमन्यःपुमान्स्पृशेत् ॥ गृहीतमृषिपुत्रेणस्वयंवाप्यृषिणात्वया २२ ॥ ययातिरुवाच ॥ क्रुद्धादाशीविषात्सर्पाज्ज्वलनात्सर्व तोमुखात् ॥ दुराधर्षतरोविप्रोज्ञेयःपुंसाविजानता २३ ॥ ॥ देवयान्युवाच ॥ कथमाशीविषात्सर्पाज्ज्वलनात्सर्वतोमुखात् ॥ दुराधर्षतरोविप्रइत्यात्थपुरुषर्ष भ २४ ॥ ययातिरुवाच ॥ एकमाशीविषोहंतिशस्त्रेणैकश्चवध्यते ॥ हंतिविप्रःसराष्ट्राणिपुराण्यपिहिकोपितः २५ दुराधर्षतरोविप्रस्तस्माद्भीरुमतोमम ॥ अतो ऽदत्तांचपित्रात्वांभद्रेनविवहाम्यहम् २६ ॥ देवयान्युवाच ॥ दत्तांवहस्वतन्मात्वंपित्राराजन्वृतोमया ॥ अयाचतोभयंनास्तिदत्तांचप्रतिगृह्णतः २७ ॥ वैशंपायन उवाच ॥त्वरितंदेवयान्याऽथसंदिष्टंपितुरात्मनः॥ सर्वंनिवेदयामासधात्रीतस्मैयथातथम् २८ श्रुत्वैवचसराजानंदर्शयामासभार्गवः ॥ दृष्ट्वैवचागतंशुक्रंययातिःपृथिवी पतिः ॥ ववंदेब्राह्मणंकाव्यंप्रांजलिःप्रणतःस्थितः २९ ॥ देवयान्युवाच ॥ राजाऽयंनाहुषस्तातदुर्गमेपाणिमग्रहीत् ॥ नमस्तेदेहिमामस्मैलोकेनान्यंपतिंवृणे ३० ॥ शुक्रउवाच ॥ वृतोऽनयापतिर्वीरसुतयात्वंममेष्टया ॥ गृहाणेमांमयादत्तांमहिषींनहुषात्मज ३१ ॥ ययातिरुवाच ॥ अधर्मोनस्पृशेदेषमहान्मामिहभार्गव ॥ वर्णसंकरजोब्रह्मन्निितित्वांप्रवृणोम्यहम् ३२ ॥ शुक्रउवाच ॥ अधर्मात्त्वांविमुंचामिवृणुत्वंवरमीप्सितम् ॥ अस्मिन्विवाहेमाग्लासीरहंपापंनुदामिते ३३ वहस्व भार्यांधर्मेणदेवयानींसुमध्यमाम् ॥ अनयासहसंप्रीतिमतुलांसमवाप्नुहि ३४ इयंचापिकुमारीतेशर्मिष्ठावार्षपर्वणी ॥ संपूज्यासततंराजन्माचैनांशयनेह्वयेः ३५

पाणिधर्मःपाणिग्रहणाख्योधर्मः २१ । २२ ययातिस्तुस्वस्यशर्मिष्ठासक्त्यादेवयान्याःप्रकोपेसतिशुक्राद्भीतःसन्मनस्येवोवाच क्रुद्धादिति २३ । २४ । २५ अदत्तामितिच्छेदः २६ यामां भयंक्षत्रियेणब्राह्मणीपरिणयनदोषजं २७ । २८ । २९ दुर्गमेसंकटे ३० । ३१ । ३२ ईप्सितंवरंचवृणीष्वेत्युक्तोऽपीदानींनवृतवान् पश्चात्त्वन्यत्रजरासंक्रमणसामर्थ्यरूपः शुक्रेणैवस्वप्रतिज्ञासिद्धयेदत्तइतिध्येयं ३३ । ३४ । ३५ ॥ ॥ ॥ ॥ ॥

३६ । ३७ । ३८ ॥ इतिआदिपर्वणि नीलकंठीये भारतभावदीपे एकाशीतितमोऽध्यायः ॥ ८१ ॥ ॥ ययातिरिति १ । २ । ३ । ४ व्यजायतअजनयत् ५ । ६ । ७ प्रजाताप्रजारूपेणविततावल्लीवत् ८ । ९ । १० रहितेविजने ११ । १२ । १३ । १४ अवहंऊढवानहम् १५ नर्मयुक्तंपरिहासयुक्तंवचनमनृतमपिनहिनस्ति दोषजनकंनभवतीत्यर्थः स्त्रीषुगम्यास्वहमेनांनरमयेइत्युक्तिरत्र

॥ वैशंपायनउवाच ॥ एवमुक्तोययातिस्तुशुक्रंकृत्वाप्रदक्षिणम् ॥ शास्त्रोक्तविधिनाराजाविवाहमकरोच्छुभम् ३६ लब्ध्वाशुक्रान्महद्वित्तंदेवयानींतदोत्तमाम् ॥ द्विसहस्रेणकन्यानांतथाशर्मिष्ठयासह ३७ संपूजितश्चशुक्रेणदैत्यैश्चनृपसत्तमः ॥ जगामस्वपुरंहृष्टोऽनुज्ञातोऽथमहात्मना ३८ ॥ इति श्रीमहाभारते आदिपर्वणि संभवप० ययात्युपाख्याने एकाशीतितमोऽध्यायः ॥ ८१ ॥ ॥ वैशंपायनउवाच ॥ ययातिःस्वपुरंप्राप्यमहेंद्रपुरसन्निभम् ॥ प्रविश्यांतःपुरंतत्रदेवयानींन्यवेशयत् १ देवयान्याश्चानुमतेसुतांतांवृषपर्वणः ॥ अशोकवनिकाभ्याशेगृहंकृत्वान्यवेशयत् २ वृतांदासीसहस्रेणशर्मिष्ठांवार्षपर्वणी ॥ वासोभिरन्नपानैश्चसंविभज्यसुसत्कृताम् ३ देवयान्यातुसहितःसनृपोनहुषात्मजः ॥ विजहारबहूनब्दान्देववन्मुदितःसुखी ४ ऋतुकालेतुसंप्राप्तेदेवयानीवरांगना ॥ लेभेगर्भंप्रथमतःकुमारंचव्यजायत ५ गतेवर्षसहस्रेतुशर्मिष्ठावार्षपर्वणी ॥ ददर्शयौवनंप्राप्ताऋतुंसाचान्वचिंतयत् ६ ऋतुकालश्चसंप्राप्तोनचमेऽस्तिपतिर्वृतः ॥ किंप्राप्तंकिंनुकर्तव्यंकिंवाकृत्वाकृतंभवेत् ७ देवयानीप्रजाताऽसौवृथाऽहंप्राप्तयौवना ॥ यथातयावृतोभर्त्तातथैवाहंवृणोमितम् ८ राज्ञापुत्रफलंदेयमितिमेनिश्चितामतिः ॥ अपीदानींसधर्मात्माइयान्मेदर्शनंरहः ९ अथनिष्क्रम्यराजाऽसौतस्मिन्कालेयदृच्छया ॥ अशोकवनिकाभ्याशेशर्मिष्ठांप्रेक्ष्यधिष्ठितः १० तमेकंरहितेदृष्ट्वाशर्मिष्ठाचारुहासिनी ॥ प्रत्युद्गम्यांजलिंकृत्वाराजानंवाक्यमब्रवीत् ११ ॥ शर्मिष्ठोवाच ॥ सोमस्येंद्रस्यविष्णोर्वायमस्यवरुणस्यच ॥ तववानाहुषगृहेकःस्त्रियंद्रष्टुमर्हति १२ रूपाभिजनशीलैर्हित्वंराजन्वेत्थमांसदा ॥ सात्वांयाचेप्रसाद्याहमृतुंदेहिनराधिप १३ ॥ ययातिरुवाच ॥ वेद्मित्वांशीलसंपन्नांदैत्यकन्यामनिंदिताम् ॥ रूपंचतेनपश्यामिसूच्यग्रमपिनिंदितम् १४ अब्रवीदुशनाकाव्योदेवयानींयदाऽवहम् ॥ नेयमाह्वयितव्यातेशयनेवार्षपर्वणी १५ ॥ शर्मिष्ठोवाच ॥ ननर्मयुक्तंवचनंहिनस्तिनस्त्रीषुराजन्नविवाहकाले ॥ प्राणात्ययेसर्वधनापहारेपंचानृतान्याहुरपातकानि १६ पृष्टंतुसाक्ष्येप्रवदंतमन्यथावदंतिमिथ्यापतितंनरेन्द्र ॥ एकार्थतायांतुसमाहितायांमिथ्यावदंतंत्वनृतंहिनस्ति १७ ॥ ययातिरुवाच ॥ राजाप्रमाणंभूतानांसनश्येदमृषावदन् ॥ अर्थकृच्छ्रमपिप्राप्यनमिथ्याकर्त्तुमुत्सहे १८ ॥

ताऽपिकृताचेन्नहिनस्ति धनेत्युपलक्षणंरूयादरेपि १६ स्त्रीष्वनृतंनहिनस्तिप्रत्युतसत्यादरेगतस्त्यागएवहिनस्तीत्याह पृष्टंत्विति । साक्ष्येपृष्टंनदस्यैरन्यथाप्रवदंतंपुरुषंपतितंयद्वदंतितन्मिथ्या । गोब्राह्मणस्त्रीदीनानाथाद्यर्थेकूटसाक्ष्यस्यापिपुण्यहेतुत्वात् । तथाचाहिंसाहेतुःसत्यमप्यनृतमेवअहिंसाहेतुरनृतमपिसत्यमेवेतिभावः।प्रकृतमाह।एकार्थतायामेकप्रयोजनतायांसमाहितायामावयोस्त्वदाराधनरूपेप्रयोजनेतुल्यत्वेननिश्चितेसतिदेवयान्येवममभार्यानशर्मिष्ठेतिमिथ्यावदंतंत्वामेवानृतंहिनस्तीत्यर्थः १७ । १८ ॥ ॥ ॥

एकार्थतामेवव्याचष्टे समाविति। हेराजन्एतौविवाहौमतौबुद्धावारूढौसमौतुल्यावेव यदैवदेवयान्यात्वंमनसावृतस्तदैवमयापीत्यर्थः अतोयस्त्वंसख्याःपतिःसएवचकारान्ममापिपतिः । एतच्छ्लोकप्रसि द्धयाद्रढयति समंसहविवाहं सख्यासहैवेतरासांविवाहंसिद्धमाहुः द्वयोःप्रदेयद्रव्यत्ववरणीयत्वादेस्तुल्यत्वात् । अतोमेमयावृतोऽसिऋतुप्राप्त्यै यतःपतिरसि १९ राजातुभार्यासमत्वंदासीनार्हती

॥ शर्मिष्ठोवाच ॥ समावेतौमतौराजन्पतिःसख्याश्चयःपतिः ॥ समंविवाहमित्याहुःसख्यामेऽसिवृतःपतिः १९ ॥ ययातिरुवाच ॥ दातव्यंयाचमानेभ्यइतिमे व्रतमाहितम् ॥ त्वंचयाचसिमांकामंब्रूहिकिंकरवाणिते २० ॥ शर्मिष्ठोवाच ॥ अधर्मात्पाहिमांराजन्धर्मंचप्रतिपादय ॥ त्वत्तोऽपत्यवतीलोकेचरेयंधर्ममुत्तमम् २१ त्रयएवाधनाराजन्भार्यादासस्तथासुतः ॥ यत्तेसमधिगच्छंतियस्यैतेतस्यतद्धनम् २२ देवयान्याभुजिष्याऽस्मिवश्याचतवभार्गवी ॥ साचाहंचत्वयाराजन् भजनीयेभजस्वमाम् २३ ॥ वैशंपायनउवाच ॥ एवमुक्तस्तुराजासतथ्यमित्यभिजज्ञिवान् ॥ पूजयामासशर्मिष्ठांधर्मंचप्रत्यपादयत् २४ ससमागम्यशर्मिष्ठां यथाकाममवाप्यच ॥ अन्योन्यंचाभिसंपूज्यजग्मतुस्तौयथागतम् २५ तस्मिन्समागमेसुभ्रूःशर्मिष्ठाचारुहासिनी ॥ लेभेगर्भंप्रथमतस्तस्मान्नृपतिसत्तमात् २६ प्रजज्ञेचततःकालेराजन्राजीवलोचना ॥ कुमारंदेवगर्भाभंराजीवनिभलोचनम् २७ ॥ इतिश्रीमहाभारते आदिपर्वणिसंभवपर्वणिययात्युपाख्याने द्व्यशीतितमोऽध्यायः ॥ ८२ ॥ ॥ वैशंपायनउवाच ॥ श्रुत्वाकुमारंजातंतुदेवयानीशुचिस्मिता ॥ चिंतयामासदुःखार्ताशर्मिष्ठांप्रतिभारत १ अभिगम्यच शर्मिष्ठांदेवयान्यब्रवीदिदम् ॥ देवयान्युवाच ॥ किमिदंवृजिनंसुभ्रुकृतंवैकामलुब्धया २ ॥ शर्मिष्ठोवाच ॥ ऋषिरभ्यागतःकश्चिद्धर्मात्मावेदपारगः ॥ समयावर दःकामंयाचितोधर्मसंहितम् ३ नाहमन्यायतःकाममाचरामिशुचिस्मिते ॥ तस्मादृषेर्ममापत्यमितिसत्यंब्रवीमिते ४ ॥ देवयान्युवाच ॥ शोभनंभीरुयद्येवमथ सज्ञायतेद्विजः ॥ गोत्रनामाभिजनतोवेत्तुमिच्छामितंद्विजम् ५ ॥ शर्मिष्ठोवाच ॥ तपसातेजसाचैवदीप्यमानंयथारविम् ॥ तंदृष्ट्वाममसंप्रष्टुंशक्तिर्नासीच्छुचि स्मिते ६ ॥ देवयान्युवाच ॥ यद्येतदेवंशर्मिष्ठेनमन्युर्विद्यतेमम ॥ अपत्यंयदितेलब्धंज्येष्ठाच्छ्रेष्ठाच्चवैद्विजात् ७ ॥ वैशंपायनउवाच ॥ अन्योन्यमेवमुक्त्वातुसं प्रहस्यचतेमिथः ॥ जगामभार्गवीवेश्मतथ्यमित्यवजग्मुषी ८ ययातिर्देवयान्यांतुपुत्रावजनयन्नृपः ॥ यदुंचतुर्वसुंचैवशक्रविष्णूइवापरौ ९ तस्मादेवतुराजर्षेः शर्मिष्ठावार्षपर्वणी ॥ द्रुह्युंचानुंचपूरुंचत्रीन्कुमारानजीजनत् १० ततःकालेतुकस्मिंश्चिद्देवयानीशुचिस्मिता ॥ ययातिसहिताराजन्जगामरहितंवनम् ११ ददर्शचतदातत्रकुमारान्देवरूपिणः ॥ क्रीडमानान्सुविश्रब्धान्विस्मिताचेदमब्रवीत् १२ ॥ ॥ ॥

त्येवंमत्वाप्रकारांतरेणतदभीष्टंदातुंप्रतिजानीते दातव्यमिति २० अधर्मात्त्वदन्यवरणजाद्व्यभिचारात् २१ ननुत्वमपिपित्रादत्तेनधनेनधर्मंचरंतीगतिंप्राप्नुहिकिंसंततयेत्याशंक्याह त्रयइति २२ भुजि ष्यादेवयान्याभुक्तंत्वामिच्छतीतियोगाद्दासी २३ भुजिष्यात्वमस्यास्तथ्यमित्यभिजज्ञिवानभितःसाकल्येनज्ञातवान् धर्मंऋतुदानेनआर्तत्राणं २४ । २५ । २६ प्रजज्ञेप्रजनितवती २७ ॥ इतिआ दिपर्वणि नीलकंठीये भारतभावदीपे द्व्यशीतितमोऽध्यायः ॥ ८२ ॥ ॥ श्रुत्वेति १ । २ । ३ । ४ । ५ । ६ । ७ अवजग्मुषीज्ञातवती ८ । ९ । १० । ११ । १२ ॥ ॥

१३ वंशोवःकइत्यत्रापिसंबध्यते १४ प्रदेशिन्यातर्जन्या १५ राजानप्राॅलिंगितुमितिशेषः नाभ्यनंदतदूरीकृतवानित्यर्थः १६ । १७ । १८ । १९ । २० । २१ । २२ २३ । २४ । २५ । २६ । २७
अधरोत्तरंनीचस्याभिवृद्धिरुत्तमस्यन्हासः अतिवृत्तास्मिराज्ञःसकाशादपत्यत्रयाधिगमेनातिक्रांतोछंघिताऽस्मि २८ । तदेवाह त्रयइति २९ । ३० अधर्ममेवप्रियमकुथाः ३१ नान्यचेतसानकामलोभेन

॥ देवयान्युवाच ॥ कस्यैतेदारकाराजन्देवपुत्रोपमाःशुभाः ॥ वर्चसारूपतश्चैवसदृशामेमतास्तव १३ ॥ वैशंपायनउवाच ॥ एवंपृष्ट्वातुराजानंकुमारान्पर्य
पृच्छत ॥ देवयान्युवाच ॥ किंनामधेयंवंशोवःपुत्रकाःकश्चवःपिता ॥ प्रब्रूतमेयथातथ्यंश्रोतुमिच्छामितंह्यहम् १४ तेऽदर्शयन्प्रदेशिन्यातमेवनृपसत्तमम् ॥ शर्मि
ष्ठांमातरंचैवतथाऽऽचख्युश्चदारकाः १५ ॥ वैशंपायनउवाच ॥ इत्युक्त्वासहितास्तेतुराजानमुपचक्रमुः ॥ नाभ्यनंदतातान्राजादेवयान्यास्तदांतिके १६ रुदं
तस्तेऽथशर्मिष्ठामभ्ययुर्बालकास्ततः ॥ श्रुत्वातुतेषांबालानांसव्रीडइवपार्थिवः १७ दृष्ट्वातुतेषांबालानांप्रणयंपार्थिवंप्रति ॥ बुद्ध्वाचतत्त्वंसादेवीशर्मिष्ठामिदमब्रवीत्
१८ ॥ देवयान्युवाच॥मदधीनासतीकस्मादकार्षीर्विप्रियंमम ॥ तमेवासुरधर्मत्वमास्थितानबिभेषिमे १९ ॥ शर्मिष्ठोवाच ॥ यदुक्तमृषिरित्येवतत्सत्यंचारुहासिनि ॥
न्यायतोधर्मतश्चैवचरंतीनबिभेमिते २० यदात्वयावृतोभर्तावृतएवतदामया ॥ सखीभर्ताहिधर्मेणभर्ताभवतिशोभने २१ पूज्याऽसिममहमान्याचज्येष्ठाचब्राह्म
णीह्यसि ॥ त्वत्तोऽपिमेपूज्यतमोराजर्षिःकिंनवेत्थतत् २२ ॥ वैशंपायनउवाच ॥ श्रुत्वातस्यास्ततोवाक्यंदेवयान्यब्रवीदिदम् ॥ राजन्नाद्येहवत्स्यामिविप्रियंमेकृतं
त्वया २३ सहसोत्पतितांश्यामांदृष्ट्वातांसाश्रुलोचनाम् ॥ तूर्णंसकाशंकाव्यस्यप्रस्थितांव्यथितस्तदा २४ अनुवव्राजसंभ्रांतःपृष्ठतःसांत्वयन्नृपः ॥ न्यवर्ततनचैव
स्मक्रोधसंरक्तलोचना २५ अविब्रुवंतीकिंचित्साराजानंसाश्रुलोचना ॥ अचिरादेवसंप्राप्ताकाव्यस्योशनसोऽन्तिकम् २६ सातुदृष्ट्वैवपितरमभिवाद्याग्रतःस्थिता ॥
अनंतरंययातिस्तुपूजयामासभार्गवम् २७ ॥ देवयान्युवाच ॥ अधर्मेणजितोधर्मःप्रवृत्तमधरोत्तरम् ॥ शर्मिष्ठयाऽतिवृत्ताऽस्मिदुहित्रावृषपर्वणः २८ त्रयोऽ
स्यांजनिताःपुत्राराज्ञाऽनेनययातिना ॥ दुर्भगायाममद्वौतुपुत्रौतातब्रवीमिते २९ धर्मज्ञइतिविख्यातएषराजाभृगूद्वह ॥ अतिक्रांतश्चमर्यादांकाव्यैतत्कथया
मिते ३० ॥ शुक्रउवाच ॥ धर्मज्ञःसन्महाराजयोऽधर्ममकृथाःप्रियम् ॥ तस्माज्जरात्वामचिराद्धर्षयिष्यतिदुर्जया ३१ ययातिरुवाच ॥ ऋतुंवैयाचमाना
याभगवन्नान्यचेतसा ॥ दुहितुर्दानवेन्द्रस्यधर्म्यमेतत्कृतंमया ३२ ऋतुंवैयाचमानायानददातिपुमानृतुम् ॥ भ्रूणहेत्युच्यतेब्रह्मन्सइहब्रह्मवादिभिः ३३ अभिका
मांस्त्रियंयश्चगम्यांरहसियाचितः ॥ नोपैतिसचधर्मेषुभ्रूणहेत्युच्यतेबुधैः ३४ इत्येतानिसमीक्ष्याहंकारणानिभृगूद्वह ॥ अधर्मभयसंविग्नश्शर्मिष्ठामुपजग्मिवान्
३५ ॥ शुक्रउवाच ॥ नन्वहंप्रत्यवेक्ष्यस्तेमदधीनोऽसिपार्थिव ॥ मिथ्याचारस्यधर्मेषुचौर्यंभवतिनाहुष ३६ ॥ वैशंपायनउवाच ॥ क्रुद्धेनोशनसाशप्तोययाति
नाहुषस्तदा ॥ पूर्ववयःपरित्यज्यजरांसद्योऽन्वपद्यत ३७ ॥ ॥ ॥ ॥ ॥ ॥

१० ३२ । ३३ । ३४ नकांचनपरिहरेदितिश्रुतिनिषेधातिक्रमरूपादधर्मस्यभयात्संविग्नः । अनन्यपूर्विकांगम्यायांकांचनस्त्रियमृतुंयाचमानांनपरिहरेत्समस्याचक्षीतेतिश्रुत्यर्थः ३५ प्रत्यवेक्ष्यः अस्मिन्कर्म
णिमदाज्ञाऽपित्वयाप्रार्थनीयेतिभावः ३६ । ३७ ॥ ॥ ॥ ॥ ॥ ॥

३८ । ३९ । ४० ज्येष्ठस्यराज्याप्रदानजंपापं ४१ । ४२ ॥ इतिआदिपर्वणिनीलकंठीये भारतभावदीपे त्र्यशीतितमोऽध्यायः ॥ ८३ ॥ ॥ ॥ ॥ जरामिति १ वली त्वचःसंवलनं । पलितानिकेशरोम्णांशौक्ल्यं । पर्यगुःपरितःशरीरेमत्तानिप्राप्तानि । यौवनेयौवनसाध्येकामभोगे २ पाप्मानंभोगसामर्थ्येऽपितदिच्छारूपंचित्तस्यदौस्थ्यं चरेयंभुंजीय ३ । ४

॥ ययातिरुवाच ॥ अतृप्तोयौवनस्याहंदेवयान्यांभृगूद्वह ॥ प्रसादंकुरुमेब्रह्मन्जरेयंनविशेच्चमाम् ३८ ॥ शुक्रउवाच ॥ नाहंमृषाब्रवीम्येतज्जरांप्राप्तोऽसिभूमिप ॥ जरांत्वेतांत्वमन्यस्मिन्संक्रामययदीच्छसि ३९ ॥ ययातिरुवाच ॥ राज्यभाक्सभवेद्ब्रह्मन्पुण्यभाक्कीर्तिभाक्तथा ॥ योमेदद्याद्वयःपुत्रस्तद्भवाननुमन्यताम् ४० ॥ शुक्रउवाच ॥ संक्रामयिष्यसिजरांयथेष्टंनहुषात्मज ॥ मामनुध्यायभावेननचपापमवाप्स्यसि ४१ वयोदास्यतितेपुत्रोयःसराजाभविष्यति ॥ आयुष्मान्कीर्तिमांश्चैवबह्वपत्यस्तथैवच ४२ ॥ इति श्रीमहाभारते आदिपर्वणि संभवपर्वणि ययात्युपाख्यानेत्र्यशीतितमोऽध्यायः ॥ ८३ ॥ वैशंपायनउवाच ॥ जरांप्राप्यययातिस्तुस्वपुरंप्राप्यचैवहि ॥ पुत्रंज्येष्ठंवरिष्ठंचयदुमित्यब्रवीद्वचः १ ॥ ययातिरुवाच ॥ जरावलीचमांतातपलितानिचपर्यगुः ॥ काव्यस्योशनसःशापान्नचतृप्तोऽस्मियौवने २ त्वंयदोप्रतिपद्यस्वपाप्मानंजरयासह ॥ यौवनेनत्वदीयेनचरेयंविषयानहम् ३ पूर्णेवर्षसहस्रेतुपुनस्तेयौवनंत्वहम् ॥ दत्त्वास्वंप्रतिपत्स्यामिपाप्मानंजरयासह ४ ॥ यदुरुवाच ॥ जरायांबहवोदोषाःपानभोजनकारिताः ॥ तस्माज्जरांनतेराजन्ग्रहीष्यइतिमेमतिः ५ सितश्मश्रुर्निरानंदोजरयाशिथिलीकृतः ॥ वलीसंगतगात्रस्तुदुर्दर्शोदुर्बलःकृशः ६ अशक्तःकार्यकरणेपरिभूतःसयौवतैः ॥ सहोपजीविभिश्चैवतांजरांनाभिकामये ७ संतितेबहवःपुत्रामत्तःप्रियतरानृप ॥ जरांग्रहीतुंधर्मज्ञतस्मादन्यंवृणीष्ववै ८ ॥ ययातिरुवाच ॥ यत्त्वंमेहृदयाज्जातोवयःस्वंनप्रयच्छसि ॥ तस्माद्राज्यभाक्तातप्रजातवभविष्यति ९ तुर्वसोप्रतिपद्यस्वपाप्मानंजरयासह ॥ यौवनेनचरेयंवैविषयांस्तवपुत्रक १० पूर्णेवर्षसहस्रेतुपुनर्दास्यामियौवनम् ॥ स्वंचैवप्रतिपत्स्यामिपाप्मानंजरयासह ॥ ११ ॥ तुर्वसुरुवाच ॥ नकामयेजरांतातकामभोगप्रणाशिनीम् ॥ बलरूपांतकरणींबुद्धिप्राणप्रणाशिनीम् १२ ॥ ययातिरुवाच ॥ यत्त्वंमेहृदयाज्जातोवयःस्वंनप्रयच्छसि ॥ तस्मात्प्रजासमुच्छेदंतुर्वसोतवयास्यति १३ संकीर्णाचारधर्मेषुप्रतिलोमचरेषुच ॥ पिशिताशिषुचांत्येषुमूढराजाभविष्यसि १४ गुरुदारप्रसक्तेषुतिर्यग्योनिगतेषुच ॥ पशुधर्मेषुपापेषुम्लेच्छेषुत्वंभविष्यसि १५ वैशंपायनउवाच ॥ एवंसतुर्वसुंशप्त्वाययातिःसुतमात्मनः ॥ शर्मिष्ठायाःसुतंद्रुह्युमिदंवचनमब्रवीत् १६ ॥ ययातिरुवाच ॥ द्रुह्योत्वंप्रतिपद्यस्ववर्णरूपविनाशिनीम् ॥ जरांवर्षसहस्रंमेयौवनंस्वंददस्वच १७ पूर्णेवर्षसहस्रेतुपुनर्दास्यामियौवनम् ॥ स्वंचादास्यामिभूयोऽहंपाप्मानंजरयासह १८ ॥ द्रुह्युरुवाच ॥ नगजंनरथंनाश्वंजीर्णोभुंक्तेनचस्त्रियम् ॥ वाक्संगश्चास्यभवतितांजरांनाभिकामये १९ ॥

दोषाःकफाद्याधिक्याद्वमनादयः ५ दोषानेवाह सितेति ६ । ७ । ८ । ९ । १० । ११ । १२ । १३ । १४ तिर्यग्योनीनामिवगतंप्रकाशमैथुनाद्याचरणंयेषांतेषु १५ । १६ । १७ । १८ वाक्संगोदंतानांपतनात्कफादिवृद्धेश्चवाचःसंगइवसंगःसक्तत्वं अभ्यक्तत्वमितिवावत् १९ ॥ ॥ ॥ ॥ ॥

२० पीठकानांराजयोग्यानांनरयानविशेषाणां'तखतरावा'इतिम्लेच्छेषुप्रसिद्धानां २१ । २२ । २३ । २४ प्रतिलप्स्यसेप्रजास्ताश्चविनशिष्यंतीतिद्वयोःसंबंधः २५ अग्निप्रस्कंदनंश्रौतस्मार्त्ताद्यग्निसाध्यकर्म
त्यागस्तत्परः २६ वरीयान्स्वभ्रातृभ्योमहान् । जरादेहेंद्रियशक्तिघातः २७ । २८ । २९ अंजसाआर्जवेन ३० यथेप्सितानित्यस्ययावज्जीवमपीतिभावः ३१ । ३२ । ३३ । ३४ ॥ इतिआदिपर्वणिनील०

॥ ययातिरुवाच ॥ यत्त्वंमेहृदयाज्जातोवयःस्वंनप्रयच्छसि ॥ तस्माद्दुह्योप्रियःकामोनतेसंपत्स्यतेक्कचित् २० यत्राश्वरथमुख्यानामश्वानांस्याद्गतंनच ॥ हस्तिनां
पीठकानांचगर्दभानांतथैवच २१ बस्तानांचगवांचैवशिबिकायास्तथैवच ॥ उडुपप्लवसंतारोयत्रनित्यंभविष्यति ॥ अराजाभोजशब्दंत्वंतत्रप्राप्स्यसिसान्वयः २२
॥ ययातिरुवाच ॥ अनोत्वंप्रतिपद्यस्वपाप्मानंजरयासह ॥ एकंवर्षसहस्रंतुचरेयंयौवनेनते २३ ॥ अनुरुवाच ॥ जीर्णःशिशुवदादत्तेऽकालेऽन्नमशुचिर्यथा ॥ न
जुहोतिचकालेऽग्निंतांजरांनाभिकामये २४ ॥ ययातिरुवाच ॥ यत्त्वंमेहृदयाज्जातोवयःस्वंनप्रयच्छसि ॥ जरादोषस्त्वयाप्रोक्तस्तस्मात्त्वंप्रतिलप्स्यसे २५
प्रजाश्चयौवनप्राप्ताविनशिष्यंत्यनोतव ॥ अग्निप्रस्कंदनपरस्त्वंचाप्येवंभविष्यसि २६ ॥ ययातिरुवाच ॥ पूरोत्वंमेप्रियःपुत्रस्त्वंवरीयान्भविष्यसि ॥ जरावली
चमांतातपलितानिचपर्यगुः २७ काव्यस्योशनसःशापान्नचतृप्तोऽस्मियौवने ॥ पूरोत्वंप्रतिपद्यस्वपाप्मानंजरयासह ॥ कंचित्कालंचरेयंवैविषयान्वयसातव २८
पूर्णेवर्षसहस्रेतुपुनर्दास्यामियौवनम् ॥ स्वंचैवप्रतिपत्स्यामिपाप्मानंजरयासह २९ ॥ वैशंपायनउवाच ॥ एवमुक्तःप्रत्युवाचपूरुःपितरमंजसा ॥ यथाऽऽत्थमां
महाराजतत्करिष्यामितेवचः ३० प्रतिपत्स्यामितेराजन्पाप्मानंजरयासह ॥ गृहाणयौवनंमत्तश्चरकामान्यथेप्सितान् ३१ जरयाऽहंप्रतिच्छन्नोवयोरूपधरस्तव ॥
यौवनंभवतेदत्त्वाचरिष्यामियथाऽऽत्थमाम् ३२ ॥ ययातिरुवाच ॥ पूरोप्रीतोऽस्मितेवत्सप्रीतश्चेदंददामिते ॥ सर्वकामसमृद्धातेप्रजाराज्येभविष्यति ३३ एवमु
क्त्वाययातिस्तुस्मृत्वाकाव्यंमहातपाः ॥ संक्रामयामासजरांतदापूरौमहात्मनि ३४ ॥ इति श्रीमहाभारते आदिपर्वणि संभवपर्वणि ययात्युपाख्यानेचतुरशी
तितमोऽध्यायः ॥ ८४ ॥ ॥ वैशंपायनउवाच ॥ पौरवेणाथवयसाययातिर्नहुषात्मजः ॥ प्रीतियुक्तोनृपश्रेष्ठश्चचारविषयान्प्रियान् १ यथाकामंयथोत्साहंयथा
कालंयथासुखम् ॥ धर्माविरुद्धंराजेंद्रयथाऽर्हतिसएवहि २ देवानतर्पयद्यज्ञैःश्राद्धैस्तद्वत्पितृनपि ॥ दीनाननुग्रहैरिष्टैःकामैश्चद्विजसत्तमान् ३ अतिथीनन्नपानैश्च
विशश्चपरिपालनैः ॥ आनृशंस्येनशूद्रांश्चदस्यून्सन्निग्रहेणच ४ धर्मेणचप्रजाःसर्वायथावदनुरंजयन् ॥ ययातिःपालयामाससाक्षादिंद्रइवापरः ५ सराजासिंहवि
क्रांतोयुवाविषयगोचरः ॥ अविरोधेनधर्मस्यचचारसुखमुत्तमम् ६ ससंप्राप्यशुभान्कामांस्तृप्तःखिन्नश्चपार्थिवः ॥ कालंवर्षसहस्रांतंसस्मारमनुजाधिपः ७ परिसं
ख्यायकालज्ञःकलाःकाष्ठाश्चवीर्यवान् ॥ यौवनंप्राप्यराजर्षिःसहस्रपरिवत्सरान् ८ विश्वाच्यासहितोरेमेव्यभ्राजन्नंदनेवने ॥ अलकायांसकालंतुमेरुशृंगेतथोत्तरे ९

भारतभावदीपे चतुरशीतितमोऽध्यायः ॥ ८४ ॥ पौरवेणेति चचारबुभोज १ ।२।३। ४ । ५ विषयादिव्यगंधादयोगोचरेवशेयस्यसविषयगोचरः ६। ७ परीति । सौरवर्षेहिप्रत्यब्दंपंचदिनानिपंचदशनाड्यस्त्रिं
शत्पलानिएकात्रिंशदक्षराणिवर्धंते सावनैःषष्ट्यधिकशतत्रयदिनात्मकैर्वर्षैरायुर्गण्यतेऽतःकलाःकाष्ठाश्च । 'अष्टादशनिमेषास्तुकाष्ठात्रिंशत्तुताःकला'इत्युक्तरूपाःसंख्यायेत्युक्तं ८ अलकायांकुबेरपुर्याम् ९

म.भा.टी. आदि०१. अ०

पश्यतेसकालं कालोऽपितंग्रसितुंपश्यतीत्याशयेनकर्मव्यतिहारेतङ् १० । ११ एतदेवज्ञात्वापश्चात्तापेनाह नजात्वित्यादि १२ । १३ । १४ । १५ ब्रह्मज्ञानमेवात्यंतिकतृप्तिहेतुर्नविषयभोग इत्याशयेनाह तस्मादिति । एनांतृष्णांद्वंद्वानिशीतोष्णमानापमानसुखदुःखादीनितद्रहितोनिर्द्वंद्वः द्वंद्वकल्पकस्यमानसस्यब्रह्मणिनिधानात् अतएवनिर्ममोऽहंकारस्यैवममतामूलस्यत्यागात् १६ । १७

॥ ८९ ॥ यदासपश्यतेकालंधर्मात्मातंमहीपतिः ॥ पूर्णंमत्वाततःकालंपूरुंपुत्रमुवाचह १० यथाकामंयथोत्साहंयथाकालमरिंदम ॥ सेविताविषयाःपुत्रयौवनेनमयातव ११ नजातुकामःकामानामुपभोगेनशाम्यति ॥ हविषाकृष्णवर्त्मेवभूयएवाभिवर्धते १२ यत्पृथिव्यांव्रीहियवंहिरण्यंपशवःस्त्रियः ॥ एकस्यापिनपर्याप्तंतस्मात्तृष्णांपरित्यजेत् १३ यादुस्त्यजादुर्मतिभिर्यानजीर्यतिजीर्यतः ॥ योऽसौप्राणांतिकोरोगस्तांतृष्णांत्यजतःसुखम् १४ पूर्णंवर्षसहस्रंमेविषयासक्तचेतसः ॥ तथाप्यनुदिनंतृष्णाममैतेष्वभिजायते १५ तस्मादेनामहंत्यक्त्वाब्रह्मण्याधायमानसम् ॥ निर्द्वंद्वोनिर्ममोभूत्वाचरिष्यामिमृगैःसह १६ पूरोप्रीतोऽस्मिभद्रंतेगृहाणेदंस्वयौवनम् ॥ राज्यंचेदंगृहाणत्वंत्वंहिमेप्रियकृत्सुतः १७ ॥ वैशंपायनउवाच ॥ प्रतिपेदेजरांराजाययातिर्नाहुषस्तदा ॥ यौवनंप्रतिपेदेचपूरुःस्वंपुनरात्मनः १८ अभिषेक्तुकामंनृपतिंपूरुंपुत्रंकनीयसम् ॥ ब्राह्मणप्रमुखावर्णाइदंवचनमब्रुवन् १९ कथंशुक्रस्यनप्तारंदेवयान्याःसुतंप्रभो ॥ ज्येष्ठंयदुमतिक्रम्यराज्यंपूरोःप्रयच्छसि २० यदुर्ज्येष्ठस्तवसुतोजातस्तमनुतुर्वसुः ॥ शर्मिष्ठायाःसुतोद्रुह्युस्ततोऽनुःपूरुरेवच २१ कथंज्येष्ठानतिक्रम्यकनीयान्राज्यमर्हति ॥ एतत्संबोधयामस्त्वांधर्मंत्वंप्रतिपालय २२ ॥ ययातिरुवाच ॥ ब्राह्मणप्रमुखावर्णाःसर्वेशृण्वंतुमेवचः ॥ ज्येष्ठंप्रतियथाराज्यंनदेयंमेकथंचन २३ ममज्येष्ठेनयदुनानियोगोनानुपालितः ॥ प्रतिकूलःपितुर्यश्चनसपुत्रःसतांमतः २४ मातापित्रोर्वचनकृद्धितःपथ्यश्चयःसुतः ॥ सपुत्रःपुत्रवद्यश्चवर्त्ततेपितृमातृषु २५ यदुनाऽहमवज्ञातस्तथातुर्वसुनाऽपिच ॥ द्रुह्युनाचानुनाचैवमय्यवज्ञाकृताभृशम् २६ पूरुणातुकृतंवाक्यंमानितंचविशेषतः ॥ कनीयान्ममदायादोधृतायेनजराक्मम २७ ममकामःसचकृतःपूरुणामित्ररूपिणा ॥ शुक्रेणचवरोदत्तःकाव्येनोशनसास्वयम् २८ पुत्रोयस्त्वाऽनुवर्त्तेतसराजापृथिवीपतिः ॥ भवतोऽनुनयाम्येवंपूरूराज्येऽभिषिच्यताम् २९ ॥ प्रकृतयऊचुः ॥ यःपुत्रोगुणसंपन्नोमातापित्रोर्हितःसदा ॥ सर्वमर्हतिकल्याणंकनीयानपिसत्तमः ३० अर्हःपूरुरिदंराज्यंयःसुतःप्रियकृत्तव ॥ वरदानेनशुक्रस्यनशक्यंवक्तुमुत्तरम् ३१ ॥ वैशंपायनउवाच ॥ पौरजानपदैस्तुष्टैरित्युक्तोनाहुषस्तदा ॥ अभ्यषिंचत्ततःपूरुंराज्येस्वेसुतमात्मनः ३२ दत्त्वाचपूरवेराज्यंवनवासायदीक्षितः ॥ पुरात्सनिर्ययौराजाब्राह्मणैस्तापसैःसह ३३ यदोस्तुयादवाजातास्तुर्वसोर्यवनाःस्मृताः ॥ द्रुह्योःसुतास्तुवैभोजाअनोस्तुम्लेच्छजातयः ३४ पूरोस्तुपौरवोवंशोयत्रजातोऽसिपार्थिव ॥ इदंवर्षसहस्राणिराज्यंकारयितुंवशी ३५ ॥ इतिश्रीमहाभारते आदिपर्वणिसंभवपर्वणिययात्युपाख्यानेपूर्वयायातसमाप्तौपंचाशीतितमोऽध्यायः ॥८५॥ ॥ ८५ ॥

१८ कनीयसंकनीयांसं १९ नप्तारंदौहित्रं २० । २१ । २२ । २३ नियोगःआज्ञा २४ मातेति । अनौरसोऽपियःपुत्रवद्वर्त्ततेसएवपुत्रोनत्वन्यः २५ । २६ । २७ । २८ । २९ । ३० । ३१ । ३२ । ३३ ॥ ८९ ॥
३४ कारयितुंकर्तुं ३५ ॥ इति आदिपर्वणि नीलकंठीये भारतभावदीपे पंचाशीतितमोऽध्यायः ॥ ८५ ॥ ॥ ॥ ॥ ॥ ॥

एवमिति १ । २ । ३ । ४ । ५ । ६ । ७ । ८ । ९ । १० । ११ अंत्येषुम्लेच्छेषु १२ । १३ शिलोंछवृत्तिं । 'उंछःकणशआदनंकणिशाद्यर्जनंशिलं' । तच्चवनेएवनतुनगरेक्षेत्रेषुवा १४ । १५ पंचाग्नय
श्चत्वारोग्नयःपंचमःसूर्यः १६ आवृत्यव्याप्य । रोदसीद्यावाभूमी । पृथिव्यामिवस्वर्गेऽपिमुख्योभूदित्यर्थः १७ ॥ इतिआदिपर्वणिनीलकंठीये भारतभावदीपेषडशीतितमोऽध्यायः ॥ ८६ ॥ स्वर्गत

॥ वैशंपायनउवाच ॥ एवंसनाहुषोराजाययातिःपुत्रमीप्सितम् ॥ राज्येऽभिषिच्यमुदितोवानप्रस्थोऽभवन्मुनिः १ उषित्वाचवनेवासंब्राह्मणैःसंशितव्रतः ॥ फलमू
लाशनोदीतस्ततःस्वर्गमितोगतः २ सगतःस्वर्निवासंतंनिवसन्मुदितःसुखी ॥ कालेननातिमहतापुनःशक्रेणपातितः ३ निपतन्प्रच्युतःस्वर्गादप्राप्तोमेदिनीतलम् ॥
स्थितआसीदंतरिक्षेसतदेतिश्रुतंमया ४ ततएवपुनश्चापिगतःस्वर्गमितिश्रुतम् ॥ राज्ञावसुमतासार्धमष्टकेनचवीर्यवान् ५ प्रतर्दनेनशिबिनासमेत्यकिलसंसदि ॥
जनमेजयउवाच ॥ कर्मणाकेनसदिवंपुनःप्राप्तोमहीपतिः ६ सर्वमेतदशेषेणश्रोतुमिच्छामितत्त्वतः ॥ कथ्यमानंत्वयाविप्रविप्रर्षिगणसंनिधौ ७ देवराजसमोह्या
सीद्ययातिःपृथिवीपतिः ॥ वर्धनःकुरुवंशस्यविभावसुसमद्युतिः ८ तस्यविस्तीर्णयशसःसत्यकीर्तेर्महात्मनः ॥ चरितंश्रोतुमिच्छामिदिविचेहचसर्वशः ९ ॥ वैशं
पायनउवाच ॥ हंततेकथयिष्यामिययातेरुत्तमांकथाम् ॥ दिविचेहचपुण्यार्थांसर्वपापप्रणाशिनीम् १० ययातिर्नाहुषोराजापूरुंपुत्रंकनीयसम् ॥ राज्येऽभिषिच्य
मुदितःप्रवव्राजवनंतदा ११ अंत्येषुसविनिक्षिप्यपुत्रान्यदुपुरोगमान् ॥ फलमूलाशनोराजावनेसंन्यवसच्चिरम् १२ शंसितात्माजितक्रोधस्तर्पयन्पितृदेवताः ॥
अग्नींश्चविधिवज्जुह्वन्वानप्रस्थविधानतः १३ अतिथीन्पूजयामासवन्येनहविषाविभुः ॥ शिलोंछवृत्तिमास्थायशेषान्नकृतभोजनः १४ पूर्णंवर्षसहस्रंचएवंवृत्तिरभू
न्नृपः ॥ अब्भक्षःशरदस्त्रिंशदासीन्नियतवाङ्मनाः १५ ततश्चवायुभक्षोऽभूत्संवत्सरमतंद्रितः ॥ तथापंचाग्निमध्येचतपस्तेपेसवत्सरम् १६ एकपादःस्थितश्चा
सीत्षण्मासाननिलाशनः ॥ पुण्यकीर्तिस्ततःस्वर्गंजगामावृत्यरोदसी १७ ॥ इतिश्रीमहाभारते आदिपर्वणि संभवपर्वणिउत्तरयायातेषडशीतितमोऽध्यायः ॥
॥ ८६ ॥ ॥ वैशंपायनउवाच ॥ स्वर्गतःसतुराजेंद्रोनिवसन्देववेश्मनि ॥ पूजितस्त्रिदशैःसाध्यैर्मरुद्भिर्वसुभिस्तथा १ देवलोकंब्रह्मलोकंसंचरन्पुण्यकृद्वशी ॥
अवसत्पृथिवीपालोदीर्घकालमितिश्रुतिः २ सकदाचिन्नृपश्रेष्ठोययातिःशक्रमागमत् ॥ कथांतेतत्रशक्रेणसपृष्टःपृथिवीपतिः ३ ॥ शक्रउवाच ॥ यदासपूरुस्तवरू
पेणराजन्जरांगृहीत्वाप्रचचारभूमौ ॥ तदाचराज्यंसंप्रदायैवतस्मैत्वयाकिमुक्तःकथयेहसत्यम् ४ ॥ ययातिरुवाच ॥ गंगायमुनयोर्मध्येकृत्स्नोऽयंविषयस्तव ॥
मध्येपृथिव्यास्त्वंराजाभ्रातरोऽन्त्याधिपास्तव ५ अक्रोधनःक्रोधनेभ्योविशिष्टस्तथातितिक्षुरतितिक्षोर्विशिष्टः ॥ अमानुषेभ्योमानुषाश्चप्रधानाविद्वांस्तथैवाविदुषः
प्रधानः ६ आक्रुश्यमानोनाक्रोशेन्मन्युरेवतितिक्षतः ॥ आक्रोष्टारंनिर्दहतिसुकृतंचास्यविंदति ७ ॥ ॥ ॥

इति १ । २ । ३ । ४ अंत्याधिपाःप्रांत्यदेशाधिपाः ५ विद्वत्त्वाभिमानात्किंमयासर्वज्ञस्येंद्रस्यपुरोवक्तव्यमित्यविमृशन्ययातिराह अक्रोधनइति । वैशिष्ट्यंपूजातारतम्यार्थमुच्यते । समासमाभ्यांविषम
समेपूजातइतिसमयोर्विषमांविषमयोःसमांचपूजांप्रयुंजानस्यापांक्तेयत्वस्मरणात् ६ आक्रुश्यमानइति अस्यआक्रोष्टुःसुकृतंतितिक्षुर्विन्दतिनत्वाक्रोशी । प्रत्याक्रोशीतुस्वीयमपिसुकृतंनाशयतीतिभावः ७

नारुंतुदइति । कोपेननन्नृशंसवादीतिवाचापरपीडांनकुर्यादित्युक्तं । नहीनतःपरमभ्याददीतेतिहीनेनाभिचारादिकर्मणापरंशत्रुंनवशेकर्तुमिच्छेदितिनमनसाऽपिपरपीडांकुर्यादित्युक्तं । अरुःक्षतंतद्वद त्यंतंतुदतिव्यथयतीतिकंटकवन्नस्यादितिपदार्थः । ननृशंसवादीस्यादित्येतत्सार्धेनप्रपंचयति यथाऽस्येति । उषतींदहंतीं रुषतीमितिपाठेहिंस्रां ८ विद्यादलक्ष्मीकतममित्यनेनपरुषवचसांदर्शनमप्यल क्ष्मीकरत्वात्परिहार्यमित्युक्तम् ९ केतर्ह्यनुसर्तव्याइत्यतआह सद्भिरिति । असतामतिवादान्दुष्टानामतिक्रमवचनानितितिक्षेत १० । ११ नहीदृशमिति । दयादिचतुष्कंसंवननंसंभजनंपरमेश्वरस्या राधनं १२ । १३ इतिआदिपर्वणि नीलकंठीये भारतभावदीपे सप्ताशीतितमोऽध्यायः ॥ ८७ ॥ ॥ ॥ किमयंपरोपदेशमेवकृतवानुतस्वयमप्यनुद्वेगकरमेववदतीतिपरीक्षितुमिंद्र

नारुंतुदःस्यान्ननृशंसवादीनहीनतःपरमभ्याददीत ॥ यथाऽस्यवाचापरउद्विजेतनतांवदेदुषतींपापलोक्याम् ८ अरुंतुदंपुरुषंतीक्ष्णवाचंवाक्कंटकैर्वितुदंतंमनुष्यान् ॥ विद्यादलक्ष्मीकतमंजनानांमुखेनिबद्धांनिर्ऋतिंवहंतम् ९ सद्भिःपुरस्तादभिपूजितःस्यात्सद्भिस्तथापृष्ठतोरक्षितःस्यात् ॥ सदाऽसतामतिवादांस्तितिक्षेत्सतांवृत्तं चाददीतार्यवृत्तः १० वाक्सायकावदनान्निष्पतंतियैराहतःशोचतिरात्र्यहानि ॥ परस्यनामर्मसुतेपतंतितान्पंडितोनावसृजेत्परेषु ११ नहीदृशंसंवननंत्रिषुलोके षुविद्यते ॥ दयामैत्रीचभूतेषुदानंचमधुराचवाक् १२ तस्मात्सांत्वंसदावाच्यंनवाच्यंपरुषंक्वचित् ॥ पूज्यान्संपूजयेद्दद्यान्नचयाचेत्कदाचन १३ ॥ इतिश्रीमहा भारते आदिपर्वणि संभवपर्वणि उत्तरयायाते सप्ताशीतितमोऽध्यायः ॥ ८७ ॥ ॥ इंद्रउवाच ॥ सर्वाणिकर्माणिसमाप्यराजन्गृहंपरित्यज्यवनंगतोऽसि ॥ तत्त्वांपृच्छामिनहुषस्यपुत्रकेनासितुल्यस्तपसाययाते १ ॥ ययातिरुवाच ॥ नाहंदेवमनुष्येषुगंधर्वेषुमहर्षिषु ॥ आत्मनस्तपसातुल्यंकंचित्पश्यामिवासव २ ॥ इंद्रउवाच ॥ यदाऽवमंस्थाःसदृशःश्रेयसश्चअल्पीयसश्चाविदितप्रभावः ॥ तस्माल्लोकास्त्वंतवंतस्तवेमेक्षीणेपुण्येपतिताऽस्यद्यराजन् ३ ॥ ययातिरुवाच ॥ सुर र्षिगंधर्वनरावमानात्क्षयंगतामेयदिशक्रलोकाः ॥ इच्छाम्यहंसुरलोकाद्विहीनःसतांमध्येपतितुंदेवराज ४ ॥ इंद्रउवाच ॥ सतांसकाशेपतिताऽसिराजंश्च्युतः प्रतिष्ठांयत्रलब्धाऽसिभूयः ॥ एतद्विदित्वाचपुनर्ययातेत्वंमाऽवमंस्थाःसदृशःश्रेयसश्च ५ वैशंपायनउवाच ॥ ततःप्रहायामरराजजुष्टान्पुण्याँल्लोकान्पतमानंययातिम् ॥ संप्रेक्ष्यराजर्षिवरोऽष्टकस्तमुवाचसद्धर्मविधानगोप्ता ६ ॥ अष्टकउवाच ॥ कस्त्वंयुवावासवतुल्यरूपःस्वतेजसादीप्यमानोयथाऽग्निः ॥ पतस्युदीर्णांबुधरांधकारात्खा त्खेचराणांप्रवरोयथाऽर्कः ७ दृष्ट्वाचत्वांसूर्यपथात्पतंतंवैश्वानरार्कद्युतिमप्रमेयम् ॥ किंनुस्विदेतत्पततीतिसर्वेवितर्कयंतःपरिमोहिताःस्मः ८ दृष्ट्वाचत्वांधिष्ठितंदेव मार्गेशक्रार्कविष्णुप्रतिमप्रभावम् ॥ अभ्युद्गतास्त्वांवयमद्यसर्वेतत्त्वंप्रपातेतवजिज्ञासमानाः ९ नचापित्वांधृष्णुमःप्रष्टुमग्रेनचत्वमस्मान्पृच्छसियेवयंस्मः ॥ तत्त्वांपृच्छामिस्पृहणीयरूपकस्यत्वंवाकिंनिमित्तंत्वमागाः १० ॥ ॥ ॥ ॥ ॥

उवाच सर्वाणीति १ ययातिःस्वोत्कर्षोक्त्यापराभिभवमजानन्यथार्थमेवमत्वाह नाहमिति २ अवमंस्थाःसर्वेभ्यआत्मनआधिक्योक्त्या सदृशःसदृशान् अल्पीयसइति । नृगादीनामपिकृकलासादिरूप त्वदर्शनात्तिर्यंचोपिनावमंतव्याः । किमुतसदृशोमनुष्याःश्रेयांसोदेवाऋषयश्चेत्यर्थः ३ । ४ च्युतःप्रतिष्ठांयत्रलब्धाऽसिभूयइतिइंद्रेणस्वस्यदयालुत्वंदर्शितं । यत्रपतित्वाप्रतिष्ठांलब्धाऽसिल प्स्यसि ५ । ६ । ७ । ८ । ९ । १० ॥ ॥ ॥ ॥ ॥ ॥

११ । १२ आवपनेसंग्रहे १३ ॥ इतिआदिपर्वणिनीलकंठीये भारतभावदीपे अष्टाशीतितमोऽध्यायः ॥ ८८ ॥ ॥ ॥ अहमिति १ स्वदौहित्रेपुनत्ययोगात्तेषांस्तब्धोऽयमितिधीर्माभूदित्येतद
र्थमपनीततपोविद्यागर्वत्वाद्वयःश्रैष्ठ्यमेवपुरस्कृत्याह अहंहिपूर्वोवयसेति २ । ३ अवादीरित्येतद्दूषणपूर्वकंविद्यातपसोःश्रैष्ठ्येअष्टकेनस्तुतेतत्रस्वानुभूतंविघ्नंदर्शयन्ययातिरुवाच प्रतिकूलमिति । कर्मणांपु
ण्यानांप्रतिकूलंनाशकंपापंगर्वस्तच्चाप्रवणेऽनम्रेदर्पवतिवर्तते । पापलोक्यंनरकप्रदं एतत्पापमसतांसंबंधिसंतोनानुवर्ततेइदानीमपि । किंचप्राञ्चोऽपिसंतोयथैषांकर्मणामनुकूलाउपबृंहकाःस्युस्तथाते
नप्रकारेणदंभदर्पादिराहित्येनआसन् । अहंत्वतद्विधत्वात्स्वर्गादिंद्रेणच्यावितइत्याशयः ४ अभूद्धनंमेविपुलंगतंतदिति । तद्दंभादिराहित्येनप्रसिद्धंधनंपुण्यंमेममविपुलंयदभूत्तद्गतंनष्टंदर्पादित्यर्थः । पु

भयंतुतेव्येतुविषादमोहौत्यजाशुचैवेंद्रसमप्रभाव ॥ त्वांवर्त्तमानंहिसतांसकाशेनालंप्रसोढुंबलहाऽपिशक्रः ११ संतःप्रतिष्ठाहिसुखच्युतानांसतांसदैवामरराजकल्प ॥
तेसंगताःस्थावरजंगमेशाःप्रतिष्ठितस्त्वंसदृशेषुसत्सु १२ प्रभुरग्निःप्रतपनेभूमिरावपनेप्रभुः ॥ प्रभुःसूर्यःप्रकाशित्वेसतांचाभ्यागतःप्रभुः १३ ॥ इतिश्रीमहाभार
तेआदिपर्वणिसंभवपर्वणि उत्तरयायातेअष्टाशीतितमोऽध्यायः ॥ ८८ ॥ ॥ ययातिरुवाच ॥ अहंययातिर्नहुषस्यपुत्रःपूरोःपितासर्वभूतावमानात् ॥
प्रभ्रंशितःसुरसिद्धर्षिलोकात्परिच्युतःप्रपताम्यल्पपुण्यः १ अहंहिपूर्वोवयसाभवद्भ्यस्तेनाभिवादंभवतांनप्रयुंजे ॥ योविद्ययातपसाजन्मनावावृद्धःसपूज्योभवति
द्विजानाम् २ ॥ अष्टकउवाच ॥ अवादीस्त्वंवयसायःप्रवृद्धःसवैराजन्नाभ्यधिकःकथ्यतेच ॥ योविद्ययातपसासंप्रवृद्धःसएवपूज्योभवतिद्विजानाम् ३
॥ ययातिरुवाच ॥ प्रतिकूलंकर्मणांपापमाहुस्तद्वर्त्ततेऽप्रवणेपापलोक्यम् ॥ संतोऽसतांनानुवर्त्ततिचैतद्यथाचैषामनुकूलास्तथाऽऽसन् ४ अभूद्धनंमेविपुलंगतंत
द्विचेष्टमानोनाधिगंतातदस्मि ॥ एवंप्रधार्यात्महितेनिविष्टोयोवर्त्ततेसविजानातिधीरः ५ महाधनोयोयजतेसुयज्ञैर्यःसर्वविद्यासुविनीतबुद्धिः ॥ वेदानधीत्यतप
सायोज्यदेहंदिवंसमायात्पुरुषोवीतमोहः ६ नजातुहृष्येन्महताधनेनवेदानधीयीतानहंकृतःस्यात् ॥ नानाभावाबहवोजीवलोकेदैवाधीनानष्टचेष्टाधिकाराः ॥ त
त्तत्प्राप्यनविहन्येतधीरोदिष्टंबलीयइतिमत्वाऽऽत्मबुद्ध्या ७ सुखंहिजंतुर्यदिवाऽपिदुःखंदैवाधीनंविंदतेनात्मशक्त्या ॥ तस्माद्दिष्टंबलवन्मन्यमानोनसंज्वरेन्नापि
हृष्येत्कथंचित् ८ दुःखैर्नतप्येन्नसुखैःप्रहृष्येत्समेनवर्त्तेतसदैवधीरः ॥ दिष्टंबलीयइतिमन्यमानोनसंज्वरेन्नापिहृष्येत्कथंचित् ९ भयेनमुह्याम्यष्टकाहंकदाचि
त्संतापोमेमानसोनास्तिकश्चित् ॥ धातायथामांविदधीतलोकेध्रुवंतथाऽहंभवितेतिमत्वा १० ॥ ॥ ॥ ॥ ॥

नरिदानींतच्चेष्टमानोऽपितत्पुनर्नाधिगंताऽस्मि । एवंप्रधार्यमामिकांगतिंज्ञात्वाधीरोधियमीरयन्धीदोषेणकामादिनाऽनभिभूतोभवेदित्यर्थः ५ वीतमोहोमानमकुर्वन् ६ एतदेवाह नजात्विति । धने
नतपसा । तर्हित्वमेवकुतोऽहंकारंकृतवानित्यतआह नानेति । जीवलोकेऽस्मिन्जीवानानाभावाःपृथक्स्वभावाः केचिद्धर्मरुचयः केचिद्विपरीताः यतोदैवाधीनाः अतएवनष्टास्तथाभूताचेष्टाउद्योगो
धिकारोयोग्यताचयेषांतेतथा । मूढानांपुण्येपंडितानांपापेचप्रवृत्तिकरंदैवमेवबलवदित्यर्थः । एवंविद्वांस्तुतत्प्राप्यनविहन्येत तत्तत्सुखंदुःखंवाप्राप्यनविहन्येत । हर्षविषादाभ्यामात्मानंनहिंस्यादि
१. त्यर्थः ७ एतदेवविवृणोति सुखंहीतिद्वाभ्यां ८ । ९ भयंतुतेव्येतुविषादमोहावितियदष्टकेनोक्तंतत्रोत्तरमाह भयेइति । धातादिष्टं १० ॥ ॥ ॥

अहमिवान्येऽपिदिष्टार्थीनाएवेत्याह संस्वेदजाइति । एतेऽपिदिष्टक्षयेपुण्यपापोच्छेदेस्वांप्रकृतिंपरंब्रह्मभजंतिप्राप्नुवंति आरोहक्रमेणमोक्षयोग्यांयोनिंप्राप्येतिशेषः । यद्वा जाबालोपनिषदिअविमुक्तप्रक्र त्य'अत्रहिजंतोःप्राणेषूत्क्रममाणेषुरुद्रस्तारकंब्रह्मव्याचष्टेयेनासावमृतीभूत्वामोक्षीभवति'इति जंतुपदेनप्राणिमात्रसाधारणेनसंस्वेदजादीनामपिसाक्षाद्वाराणस्यांमोक्षाधिकारदर्शनात् । आथर्वणेरामताप नीयेर्माणकर्णिकायांवाक्षेत्रेगंगायांवातटेपुनरित्युपक्रम्यकृमिकीटकादयोऽप्याशुमुक्ताःसंतुनचान्यथेतिजंतुशब्दविवरणाच्चास्तुसाक्षादेवस्वेदजादीनामपिदिष्टक्षयस्तेनमोक्षयोग्यांयोनिंप्राप्येत्यध्याहारदो षोऽप्यपास्तः । अत्राप्याश्वमेधिकेसंवर्त्तमरुत्तीयेएतद्दर्शितं । 'उन्मत्तवेषंबिभ्रत्सचंक्रमीतियथासुखं । वाराणस्यांमहाराजदर्शनेप्सुर्महेश्वरं । तस्याद्वारंसमासाद्यन्यसेथाःकुणपंक्वचित् । तंदृष्ट्वायोनिवर्त्ते

संस्वेदजाअंडजाश्चोद्भिदश्चसरीसृपाःकृमयोऽथाप्सुमत्स्याः ॥ तथाश्मानस्तृणकाष्ठंचसर्वेदिष्टक्षयेस्वांप्रकृतिंभजंति ११ अनित्यतांसुखदुःखस्यबुद्ध्वाकस्मात्सं तापमष्टकाहंभजेयम् ॥ किंकुर्यांवैकिंचकृत्वानतप्येतस्मात्संतापंवर्जयाम्यप्रमत्तः १२ ॥ वैशंपायनउवाच ॥ एवंब्रुवाणंनृपतिंययातिमथाष्टकःपुनरेवान्वपृच्छत् ॥ मातामहंसर्वगुणोपपन्नंतत्रस्थितंस्वर्गलोकेयथावत् १३ ॥ अष्टकउवाच ॥ येयेलोकाःपार्थिवेंद्रप्रधानास्त्वयाभुक्तायंचकालंयथावत् ॥ तान्मेराजन्ब्रूहिसर्वान्य थावत्क्षेत्रज्ञवद्भाषसेत्वंहिधर्मान् १४ ॥ ययातिरुवाच ॥ राजाऽहमासमिहसार्वभौमस्ततोलोकान्महतश्चाजयंवै ॥ तत्रावसंवर्षसहस्रमात्रंततोलोकंपरमस्म्यभ्युपे तः १५ ततःपुरींपुरुहूतस्यरम्यांसहस्रद्वारांशतयोजनायताम् ॥ अध्यावसंवर्षसहस्रमात्रंततोलोकंपरमस्म्यभ्युपेतः १६ ततोदिव्यमजरंप्राप्यलोकंप्रजापतेर्लो कपतेर्दुरापम् ॥ तत्रावसंवर्षसहस्रमात्रंततोलोकंपरमस्म्यभ्युपेतः १७ सदेवदेवस्यनिवेशनेचविहृत्यलोकानवसंयथेष्टम् ॥ संपूज्यमानस्त्रिदशैःसमस्तैस्तुल्यप्रभा वद्युतिरीश्वराणाम् १८ तथावसंनंदनेकामरूपीसंवत्सराणामयुतंशतानाम् ॥ सहाप्सरोभिर्विहरन्पुण्यगंधान्पश्यन्नगान्पुष्पितांश्चारुरूपान् १९ तत्रस्थितंमांदेव सुखेषुसक्तंकालेऽतीतेमहतिततोऽतिमात्रम् ॥ दूतोदेवानामब्रवीदुग्ररूपोध्वंसेत्युच्चैस्त्रिःप्लुतेनस्वरेण २० एतावन्मेविदितंराजसिंहततोभ्रष्टोऽहंनंदनात्क्षीणपु ण्यः ॥ वाचोऽश्रौषंचांतरिक्षेसुराणांसानुक्रोशाःशोचतांमांनरेंद्र २१ अहोकष्टंक्षीणपुण्योययातिःपतत्यसौपुण्यकृत्पुण्यकीर्तिः ॥ तानब्रुवंपतमानस्ततोऽहंसतां मध्येनिपतेयंकथंनु २२ तैराख्याताभवतांयज्ञभूमिःसमीक्ष्यचेमांत्वरितमुपागतोऽस्मि ॥ हविर्गंधंदेशिकंयज्ञभूमेर्धूमापांगंप्रतिगृह्यप्रतीतः २३ ॥ इतिश्रीमहा भारतेआदिपर्वणिसंभवपर्वणि उत्तरयायातेएकोननवतितमोऽध्यायः ॥ ८९ ॥ ॥ ॥ अष्टकउवाच ॥ यदाऽवसोनंदनेकामरूपीसंवत्सराणामयुतंशता नाम् ॥ किंकारणंकार्तयुगप्रधानहित्वाचत्वंवसुधामन्वपद्यः १ ॥ ॥ ॥ ॥

तत्संवर्त्तोमहीपते' । इतिकुणपदर्शनेनमहेश्वरदर्शनसिद्धिंसूचयतावाक्यजातेन ११ अहंतुदिष्टक्षयाभावात्प्राप्तेपिदुःखेनतप्येइत्याह अनित्यतामिति १२ मातामहमिति । तत्रस्थितमंतरिक्षेस्थितं १३ तानिति । क्षेत्रज्ञवत्क्षेत्रंमहाभूतादिधृत्यंतंतज्जानंतोनारदादयःक्षेत्रज्ञास्तद्वत् १४ । १५ । १६ । १७ । १८ । १९ । २० । २१ । २२ तैरिति । देशिकमुपदेष्टारं धूमएवापांगइवसूचकोयस्यतंधूमापां गं प्रतीतोहृष्टः २३ ॥ इतिश्रीआदिपर्वणि नीलकंठीयेभारतभावदीपे एकोननवतितमोऽध्यायः ॥ ८९ ॥ यदेति । कार्त्तयुगप्रधान कृतयुगेभवाःकार्त्तयुगाअत्यंतनिष्पापास्तेषांमुख्यतमेत्यर्थः १

२ तस्मिन्निति । मेमम । अपामसोमममृताअभूमेतिकर्मफलस्यमित्यत्वंश्रुतवतः । अत्रपातविषयेमनःसंमुह्यतइत्येकःप्रश्नः । नचपुनरावर्त्ततइतिप्रजापतिलोकादनावृत्तिःश्रुता । त्वयाप्रजापतेर्लोकं पतेर्दुरापमितितत्रावसंवर्षसहस्रमात्रमितिचततोऽपिस्वस्यावृत्तिरुदिता । तत्रकस्यप्रजापतेःकिंधामविशिष्टाअनावृत्तियोग्याउपयांतीत्यन्यःप्रश्नः । तत्राद्यस्योत्तरं भूयस्तुकिंपृच्छसिराजसिंहेत्यंतं । शेषग्रंथोद्वितीयस्येतिविभागः ३ इमंभौममिति । भूमिरेवभौमोनरकआध्यात्मादितापत्रयवत्त्वात्तंपतंतिप्राप्नुवंति इमंप्राप्ताश्चतेबहुधापुत्रपौत्रादिरूपेणविविधवासनामूलेनविट्वृद्धिंविषमांवृद्धिंलभंते । 'बहुप्रजानिर्ऋतिमाविवेश'इतिश्रुतेः कालपाशमेवदृढयंतीत्यर्थः । तेके ये कंकेतिगृध्रादेरुपलक्षणं । गोमायुइतिश्वादेः । तेषांबलंसंघस्तस्याशनंभक्ष्यंशरीरंतस्यार्थेक्षीणाः । दिव्येनभौमेनवादेहे नभोगान्भोक्तुंकृतश्रमाइत्यर्थः ४ तस्मादेतत्काम्यकर्मदुष्टंनिषिद्धंगर्हणीयमाभिचारिकंचवर्जनीयं ५ ननुकंकादिभक्षितस्यकथंस्वरूपसत्ताकथंवाशरीरांतरेणाविर्भावइतिदेहात्मवादमाश्रित्यशंकते भौमोनरकश्चकइति पृच्छतिचयदातुतानिति ६ उत्तरमाह ऊर्ध्वमिति । नदेहनाशेनात्मनाशःकृतहानादिप्रसंगात् किंतु । 'योनिमन्येप्रपद्यंतेशरीरत्वायदेहिनः । स्थाणुमन्येऽनुसंयांतियथाकर्मयथाश्रुतं,

॥ ययातिरुवाच ॥ ज्ञातिःसुहृत्स्वजनोवायथेहक्षीणेवित्तेत्यज्यतेमानवैर्हि ॥ तथातत्रक्षीणपुण्यंमनुष्यंत्यजंतिसद्यःसेश्वरादेवसंघाः २ ॥ अष्टकउवाच ॥ तस्मिन्कथंक्षीणपुण्याभवंतिसंमुह्यतेमेऽत्रमनोऽतिमात्रम् ॥ किंवाविशिष्टाःकस्यधामोपयांतितद्वैब्रूहिक्षेत्रवित्त्वंमतोमे ३ ॥ ययातिरुवाच ॥ इमंभौमंनरकंतेपतंतिलालप्यमानानरदेवसर्वे ॥ येकंकगोमायुबलाशनार्थेक्षीणाविवृद्धिंबहुधाव्रजंति ४ तस्मादेतद्वर्जनीयंनरेंद्रदुष्टंलोकेगर्हणीयंचकर्म ॥ आख्यातंतेपार्थिवसर्वमेव भूयश्चेदानींवदकिंतेवदामि ५ ॥ अष्टकउवाच ॥ ॥ यदातुतान्वितुदंतेवयांसितथागृध्राःशितिकंठाःपतंगाः ॥ कथंभवंतिकथमाभवंतिनभौममन्यंनरकंशृणोमि ६ ॥ ययातिरुवाच ॥ ॥ ऊर्ध्वंदेहात्कर्मणाजृंभमाणाद्व्यक्तंपृथिव्यामनुसंचरंति ॥ इमंभौमंनरकंतेपतंतिनावेक्षंतेवर्षपूगाननेकान् ७ षष्टिंसहस्राणिपतंतिव्योम्नितथाअशीतिंपरिवत्सराणि ॥ तान्वैतुदंतिपततःप्रपातंभीमाभौमाराक्षसास्तीक्ष्णदंष्ट्राः ८ ॥ ॥ अष्टकउवाच ॥ ॥ यदेनसस्तेपततस्तुदंतिभीमाभौमाराक्षसास्तीक्ष्णदंष्ट्राः ॥ कथंभवंतिकथमाभवंतिकथंभूतागर्भभूताभवंति ९ ॥ ॥ ययातिरुवाच ॥ अस्रंरेतःपुष्पफलानुपृक्तमन्वेतितद्वैपुरुषेणसृष्टम् ॥ सवैतस्यारजआपद्यतेवैसगर्भभूतःसमुपैतितत्र १० ॥ ॥ ॥ ॥ ॥ ॥ ॥

इतिश्रुतेर्निमित्तभूतेनकर्मणामातुरुदरेजृंभमाणंदेहंप्राप्यनिर्गमादूर्ध्वंव्यक्तंसर्वलोकप्रत्यक्षंयथास्यात्तथापृथिव्यांसंचरंति तदेवसंचरणंभौमोनरकः । कुतोऽस्यनरकत्वमतआह नावेक्षंतेवर्षपूगाननेकान् यस्मादत्रपतितागतंवयोनबुध्यन्तेकर्मभूमिंप्राप्यापिस्वहितायनयततेऽतोऽतिमौढ्यप्रदोऽयंलोकोनरकएवेत्यर्थः । एतेनकंकादिभक्षितस्यापिसत्त्वंदेहयोगश्चास्तीत्युक्तं ७ स्वर्गतस्यापिपुनःपातावश्यं भावादयंलोकोदुष्परिहरइत्याह षष्टिमिति।षष्टिंसहस्राण्यशीतिंचसहस्राणिपरिवत्सराणिव्योम्निस्वर्गेस्थित्वापतंतीतियोजना रक्षरक्षेतिवदंतोदारादयोभौमाराक्षसाः८ स्वर्गच्युतिप्रकारंपृच्छति यदेनसस्तेपततस्तुदं तियतयान् एनसःपापाद्धेतोःपततःस्वर्गाच्च्यवमानान्तेराक्षसास्तुदंतितेपुरुषाःकथंभवंतिप्रपातभ्रष्टाइवकथंनशीर्यंते । कथंवाआभवंतिइंद्रियादिमंतोभवंति । कथंवागर्भत्वंप्राप्नुवंतीतिप्रश्नत्रयं ९ तत्रयावत्संपातमुषित्वाऽथैतमेवाध्वानंपुनर्निवर्त्ततेयथैतमाकाशमाकाशाद्वायुंवायुर्भूत्वाधूमोभवतिधूमोभूत्वाऽभ्रंभवतिअभ्रंभूत्वामेघोभवतिमेघोभूत्वाप्रवर्षंतितइहव्रीहियवाओषधिवनस्पतयस्तिलमाषाइतिजायंतेइति श्रुत्यनुसार्युत्तरं । अस्रंरेतइति । अस्रशब्दोदुःखाश्रुवाचीसन्नापःपुरुषवचसोभवंतीतिश्रुतेर्देहारंभकेष्वबहुलेषुभूतसूक्ष्मेषुवर्त्तते । स्वर्गाच्च्याव्यमानस्यदुःखाज्जलमयंशरीरंभवतीतियुज्यतेच

तदस्नमेवरेतोदेहबीजंपुष्पफलस्थानीयेनचरणाख्येनकर्मशेषेणानुपृक्तंरमणीयचरणारमणीयांयोनिमापद्यंतइतिश्रुतेरन्वेत्यनुसरतिजीवः । तज्जलानुगमस्नंपुरुषेणरेतःसिचासृष्टंसंसृष्टंभवतिसभूतसूक्ष्माष्टतो जीवोरेतोभावंप्राप्तःसंस्तस्याःस्त्रियोरजोगर्भपेशीतामापद्यतेप्राप्नोति ततोगर्भभूतोभवति १० कथमस्नरेतःसिचासंसृज्यतेतदाह वनस्पतीनोषधीश्चाविशंति ओषधिपुंसंसृष्टमस्नंतद्भुजिसंसृज्यतइ त्यर्थः । ओषधिसंसर्गोऽप्यस्नस्यपृथिव्यंबुवाय्वंतरिक्षक्रमेणोदाहृतश्रुतेरित्यर्थः । अपोवायुंपृथिवींमंतरिक्षमित्यत्रपृथिवीअद्भ्यःपूर्वंबोध्या । वाय्वंबुनोर्मध्येधूमाभ्रमेघा अपिबोध्याः उदाहृतश्रुतेरेव । एवमोषधिभूताःसंतोद्विपदंमनुष्यशकुंतादिचतुष्पदंपश्वादिचाविश्येतिशेषः ततोगर्भभूताभवंति ११ एवंयदेनसस्तेपततइतिश्लोकेनकृतस्यप्रश्नत्रयस्योत्तरमुक्तं । तेनैवस्थूलदेहाद्विवेचितंजीवंसूक्ष्मादपि विवेक्तुंप्रश्नमवतारयति अन्यद्वपुरिति । नरयोनिमापद्यमानोजीवःस्वेनकायेनजेवेनैवरूपेणगर्भमातुरुदरंयातिउततत्रप्रवेष्टुमन्यद्वपुरुपाधिभूतंविदधाति १२ शरीरेति । अन्यजन्मानंगीकारेशरीरविशेषं करणानिसंज्ञांचनायंलभेत् मलपिंडवत् । अंगीकारेचतेषांस्वाभाविकत्वादुपाधिसंतत्यविच्छेदाद्वानित्यसंसारित्वंस्यात् १३ तदेतदनाद्येकोपाधिस्वीकारेणपरिहरति वायुःसमुत्कर्षतीति । वायु र्व्यष्टिलिंगं 'वायुर्वैगौतमतत्सूत्रं वायुरेवव्यष्टिर्वायुःसमष्टिः'इतिश्रुतिभ्यां । 'पंचप्राणमनोबुद्धिदशेंद्रियसमन्वितं । अपंचीकृतभूतोत्थंसूक्ष्मांगंभोगसाधनम्'इत्युक्तरूपंतत्कर्तृ । गर्भस्थानंमुख्यकर्मभूतं । ऋतौस्त्रीरजसि । रेतःपूर्वोक्तं । पुष्परसेन पुष्पंकर्मफलोत्पादकत्वसाम्यात्तस्यरसोऽपूर्वंतेनानुपृक्तंगौणकर्मसमुत्कर्षति 'अग्नौप्रास्ताहुतिःसम्यगादित्यमुपतिष्ठते । आदित्याज्जायतेवृष्टिर्वृष्टेरन्नंततः

वनस्पतीनोषधीश्चाविशंतिअपोवायुंपृथिवींचांतरिक्षम् ॥ चतुष्पदंद्विपदंचातिसर्वमेवंभूतागर्भभूताभवंति ११ ॥ अष्टकउवाच ॥ अन्यद्वपुर्विदधातीहगर्भमुता होस्वित्स्वेनकायेनयाति ॥ आपद्यमानोनरयोनिमेतामाचक्ष्वमेसंशयात्प्रब्रवीमि १२ शरीरभेदादिसमुच्छ्रयंचचक्षुःश्रोत्रेलभतेकेनसंज्ञाम् ॥ एतत्तत्त्वंसर्वमाच क्ष्वपृष्टःक्षेत्रज्ञंत्वांतातमन्यामसर्वे १३ ॥ ययातिरुवाच ॥ वायुःसमुत्कर्षतिगर्भयोनिमृतौरेतःपुष्परसानुपृक्तम् ॥ सतत्रतन्मात्रकृताधिकारःक्रमेणसंवर्धयती हगर्भम् १४ सजायमानोविग्रहीतमात्रःसंज्ञामधिष्ठायततोमनुष्यः ॥ सश्रोत्राभ्यांवेदयतीहशब्दंसवैरूपंपश्यतिचक्षुषाच १५ घ्राणेनगंधंजिह्वयाऽथोरसंचत्व चास्पर्शंमनसावेदभावम् ॥ इत्यष्टकेहोपहितंहिविद्धिमहात्मनांप्राणभृतांशरीरे १६ ॥ ॥

प्रजाः'इतिस्मृतेः । 'पंचम्यामाहुतावापःपुरुषवचसोभवंति'इतिश्रुतेश्च सोमाज्यपयआदिरूपाःकर्मसमवायिनीर्देहांतरारंभिकाअपोरेतोरूपागृहीत्वालिंगोपाधिर्जीवोगर्भाशयंविशतीत्यर्थः । अन्यथा ऋतौसिक्तमपिरेतःपूयेन्नसंभवेन्नस्थिरीभवेच्च । सवायुस्तत्रगर्भाशयेतन्मात्राणिसूक्ष्मभूतानितैरुपादानभूतैःकृतोऽधिकारोयावदपवर्गमवस्थानंयस्यसतन्मात्रकृताधिकारएवंभूतोवायुःक्रमेणगर्भंवर्धयति यथाहुर्नैरुक्ताः 'शुक्रातिरेकेपुमान्भवतिशोणितातिरेकेस्त्रीभवतिद्वाभ्यांसमेननपुंसकोभवतिशुक्रभिन्नेनयमोभवति । एकरात्रोषितंकललंभवतिपंचरात्राद्बुद्बुदाःसप्तरात्रात्पेशीद्विःसप्तरात्रादर्बुदः पंचविंशतिरात्रःस्वस्थितोघनोभवतिमासमात्रात्कठिनोभवतिद्विमासाभ्यंतरेशिरःसंपद्यतेमासत्रयेणग्रीवाव्यादेशोमासचतुष्टयेनत्वग्व्यादेशःपंचमेमासेनखरोमव्यादेशःषष्ठेमुखनासिकाक्षिश्रोत्रंचसंभवतिसप्तमेचलन समर्थोभवत्यष्टमेबुद्ध्याऽध्यवस्यतिनवमेसर्वांगसंपूर्णोभवति । मृतश्चाहंपुनर्जातोजातश्चाहंपुनर्मृतः' इत्यादि जातश्चवायुनास्पृष्टस्तन्नस्मरतिजन्ममरणमंतेचशुभाशुभंकर्मेत्यंतेनग्रंथेन १४ सइतियुग्मं । सगर्भोजायमानोवर्धमानः । विगृहीतमात्रोविग्रहेणसर्वांगकलापेनसंपन्नमात्रःसंज्ञांप्राग्भवीयांवासनामधिष्ठायानुसंधायततोजातःसन्योनेर्बहिर्निःसरणान्मनुष्योहमित्यभिमानवान्भवति । एवंभूतस्यप्राणभृतोजीवस्यप्राणाख्यंलिंगंशरीरेस्थूलेउपहितमुपाधिंविद्धि स्वतस्तुमहात्मनोविभोः किंतदुपहितंयेनश्रोत्रादिरूपेणशब्दादीन्विषयान्जानीतइतिद्वयोःश्लोकयोरन्वयः १५ । १६ ॥

तन्मात्रकृताधिकारइतिलिंगस्ययावन्मोक्षस्थायित्वमुक्तंतदाक्षिपति यःसांस्थितइति । संस्थितोमृतःस्थूलदेहदाहेनैवलिंगदेहदाहःकुतोनभवतीत्यर्थः १७ स्वप्नवद्देहांतरप्राप्तौसत्यांनायंदोषःसंभवती
त्याह हित्वासोऽसून्सुप्तवन्निष्टनित्वा ससंस्थितःअसून्प्राणान्हित्वाधारयित्वागृहीत्वेत्यर्थः । धाञःक्त्वाप्रत्ययेपरेदधातेर्हिरितिहिभावः । 'तमुत्क्रामंतंप्राणोऽनूत्क्रामतिप्राणमनूत्क्रामंतंसर्वेप्रा
णाअनूत्क्रामंति'इत्यसुसहितस्यैवलोकांतरप्राप्तिश्रुतेः निष्टनित्वाशब्दंकृत्वा सुप्तवत्स्वप्नवदन्यांयोनिंदेहंभजते । हित्वात्यक्त्वादेहंस्थूलं १८ पुरोधायसुकृतंदुष्कृतंवेत्युक्तंतद्विभजतेपुण्यांयोनि
मिति । आरोहे 'अन्यंनवतरंकल्याणतररूपंकुरुतेपित्र्यंवागांधर्वंवादैवंवाप्राजापत्यंवाब्राह्मंवा'इतिश्रुतेःपित्र्याद्यन्यतमांयोनिं । अवरोहेतुरमणीयचरणाअभ्याशोहयत्तेरमणीयांयोनिंप्रपद्यंतेब्रा
ह्मणयोनिंवाक्षत्रिययोनिंवेतिपुण्यांयोनिंभजंति । एवंपापामपि । पापकृतोनारकींयोनिंभुक्त्वाकपूयचरणाःकपूयांयोनिमापद्यंतेश्वयोनिंवासूकरयोनिंवाचांडालयोनिंवेतिश्रुतेःपापांयोनिंभजंति ।
कीटाःपतंगाश्चभवंतिपापाः पापैकस्वभावाः । अथैतयोःपथोर्नकतरेणचनतानीमानिक्षुद्राण्यसकृदावर्तीनिजायस्वम्रियस्वेत्येतत्तृतीयंस्थानमितिश्रुतेः कीटादियोनिमसकृद्व्रजंति अतएवयोनिसंचा

॥ अष्टकउवाच ॥ यःसंस्थितःपुरुषोदह्यतेवानिखन्यतेवाऽपिनिकृष्यतेवा ॥ अभावभूतःसविनाशमेत्यकेनात्मनाचेतयतेपरस्तात् १७ ॥ ययातिरुवाच ॥ हित्वा
सोऽसून्सुप्तवन्निष्टनित्वापुरोधायसुकृतंदुष्कृतंवा ॥ अन्यांयोनिंपवनाग्रानुसारीहित्वादेहंभजतेराजसिंह १८ पुण्यांयोनिंपुण्यकृतोव्रजंतिपापांयोनिंपापकृतोव्र
जंति ॥ कीटाःपतंगाश्चभवंतिपापानमेविवक्षाऽस्तिमहानुभाव १९ चतुष्पदाद्विपदाःषट्पदाश्चतथाभूतागर्भभूताभवंति ॥ आख्यातमेतन्निखिलेनसर्वंभूयस्तुकिं
पृच्छसिराजसिंह २० ॥ अष्टकउवाच ॥ किंस्वित्कृत्वालभतेतातलोकान्मर्त्यःश्रेष्ठांस्तपसाविद्ययावा ॥ तन्मेपृष्टःशंससर्वंयथावच्छुभाँल्लोकान्येनगच्छेत्क्रमेण
२१ ॥ ययातिरुवाच ॥ तपश्चदानंचशमोदमश्चह्रीरार्जवंसर्वभूतानुकंपा ॥ स्वर्गस्यलोकस्यवदंतिसंतोद्वाराणिसप्तैवमहांतिपुंसाम् ॥ नश्यंतिमानेनतमोभिभूताः
पुंसःसदैवेतिवदंतिसंतः २२ अधीयानःपंडितंमन्यमानोयोविद्ययाहंतियशःपरेषाम् ॥ तस्यांतवंतश्चभवंतिलोकानचास्यतद्ब्रह्मफलंददाति २३ चत्वारिकर्माण्यभयं
कराणिभयंप्रयच्छंत्ययथाकृतानि ॥ मानाग्निहोत्रमुतमानमौनंमानेनाधीतमुतमानयज्ञः २४ नमानमान्योमुदमाददीतनसंतापंप्राप्नुयाच्चावमानात् ॥ संतःसतः
पूजयंतीहलोकेनासाधवःसाधुबुद्धिंलभंते २५ इतिदद्यामितियजइत्यधीयइतिव्रतम् ॥ इत्येतानिभयान्याहुस्तानिवर्ज्यानिसर्वशः २६ ॥ ॥

रस्यदुःखबहुलत्वान्नमेविवक्षाऽस्तिमहानुभावजायामेस्यादथप्रजायेयवित्तंमेस्यादथकर्मकुर्वीयेतिश्रूयमाणजायादिभारंवोढुमिच्छाममनास्तिकिंतुभूमिंप्राप्यनैष्कर्म्यमेवसाधयिष्यामीतिभावः १९ । २० एवं
स्थूलात्सूक्ष्माच्चदेहाद्विवेचितस्यदेहिनस्तत्संबंधादुत्क्रांतिगत्यागतयोदर्शिताः आगतेश्चनमेविविक्षास्तीतितुच्छत्वंचोक्तं अतुच्छस्थानप्रापकमुपायंपृच्छति किंस्विदिति । श्रेष्ठान्आवृत्तिशून्यान् ।
तपसाकर्मणाविद्ययाउपास्त्यावा २१ उत्तरमाहसार्धेन तपश्चदानंचेति । नश्यंतिमानेनतमोभिभूताःपुंसइति । तपआदयःसप्तस्वर्गस्यद्वारभूताअपिपुंसःपुरुषस्यमानेनाहमेवश्रेष्ठःकर्त्तेत्यभिमानेनन
श्यंति यतस्तेतमोभिभूतामानरूपेणतमसाऽभिभूताःषंढीकृताः २२ दर्पवताकृतमध्ययनादिनमोक्षोपयोगिनापिस्वर्गदंप्रत्युतभयावहमित्याहद्वाभ्यां अधीयानइति २३ चत्वारीत्यत्रअधीतंब्रह्म
चारिणोधर्मः । मौनंयतेः । यज्ञाग्निहोत्रेइतरयोर्द्वयोरपिसाधारणे २४ अतोमानापमानादिद्वंद्वसहिष्णुर्भवेदित्याह नमानमान्यइति २५ इतिदद्यामितिदांभिकस्यस्वधर्मप्रकाशनाभिनयः
अतस्तपआदिदंभविवर्जितंचेन्मोक्षद्वारंनान्यथेत्यर्थः २६ ॥ ॥ ॥ ॥ ॥ ॥ ॥

तपसाविद्ययावेतितपोविद्ययोःकतरदावृत्तिशून्यस्थानप्रापकमितिपृष्टेतपसस्तत्राराादुपकारकत्वमुक्त्वाविद्यायाःसाक्षादेवतत्प्रापकत्वमाह येचेति । मनीषिणोमनोनिग्रहशीलस्यप्रमातुराश्रयंस्वाध्या साधिष्ठानं । पुराणंपुरापिनवंकूटस्थं । कार्यकारणवृद्धिकारिनभवतीत्यर्थः मानसस्यमार्गःपराक्प्रावण्यंतेनरुद्धमाष्टत्यंद्रस्तुयेविद्वांसोवेदयंतेविदंति स्वार्थेणिच् । तमेवैकंजानथआत्मानंनचे दवेदीन्महतीविनष्टिः । निष्कलंनिष्क्रियंशांतमित्याद्यागमेनानुमानानुभवाभ्यांचजानंति तद्वस्तुवोयुष्माकंश्रेयः यस्मात्तेब्रह्मणासंयोगमेत्यैक्यंप्राप्यपरांशांतिंकैवल्यंप्राप्नुयुस्तेइहजीवत्येवदेहेप्रेत्यदेहा भिमानाद्व्युत्थाय । तथाचश्रुतिः ‘शरीरात्समुत्थायपरंज्योतिरुपसंपद्यस्वेनरूपेणाभिनिष्पद्यते’इति २७ ॥ इति आदिपर्वणि नीलकंठीये भारतभावदीपे नवतितमोऽध्यायः ॥ ९० ॥ चर्रान्नति । अस्मिन्धर्मेविषयेबहूनिमार्गाणिद्वाराणिवेदयंतिवैदिकाः १ चत्वारिकर्माण्यभयंकराणीत्याश्रमकर्मणामभयंकरत्वमुक्तंतदेवविस्तरेणाह आहूताध्यायीत्यादिना २ । ३ । ४ अनोकशायी शून्यागारदेवालयकुलालशालादौगृहस्थागारभिन्नेस्थानेशयीत ओकइतिसलोपआर्षः लघुःपरिग्रहशून्यः ५ यदहरेवविरजेत्तदहरेवप्रव्रजेदितिश्रुत्युक्तंपरिग्रहत्यागकालमाह राज्येति । लोक्यंतइतिलोकाः

येचाश्रयंवेदयंतेपुराणंमनीषिणोमानसमार्गरुद्धम् ॥ तद्वःश्रेयस्तेनसंयोगमेत्यपरांशांतिंप्राप्नुयुःप्रेत्यचेह २७ ॥ इतिश्रीमहाभारते आदिपर्वणि संभवपर्वणि उत्तरयायाते नवतितमोऽध्यायः ॥ ९० ॥ ॥ अष्टकउवाच ॥ चरन्गृहस्थःकथमेतिधर्मान्कथंभिक्षुःकथमाचार्यकर्मा ॥ वानप्रस्थःसत्पथेसन्निविष्टोबहून्यस्मिन्संप्रतिवेदयंति १ ॥ ययातिरुवाच ॥ आहूताध्यायीगुरुकर्मस्वचोद्यःपूर्वोत्थायीचरमंचोपशायी ॥ मृदुर्दांतोधृतिमानप्रमत्तःस्वाध्यायशीलःसिध्यतिब्रह्मचारी २ धर्मागतंप्राप्यधनंयजेतदद्यात्सदैवातिथीन्भोजयेच्च ॥ अनाददानश्चपरैरदत्तंसैषागृहस्थोपनिषत्पुराणी ३ स्ववीर्यजीवीवृजिनान्निवृत्तोदातापरेभ्योनपरोपतापी ॥ तादृङ्मुनिःसिद्धिमुपैतिमुख्यांवसन्नरण्येनियताहारचेष्टः ४ अशिल्पजीवीगुणवांश्चैवनित्यंजितेंद्रियःसर्वतोविप्रयुक्तः ॥ अनोकशायीलघुरल्पप्रचारश्चरन्देशानेकचरःसभिक्षुः ५ रात्र्याययावाऽभिजिताश्चलोकाभवंतिकामाभिजिताःसुखाश्च ॥ तामेवरात्रिंप्रयतेतविद्वानरण्यसंस्थोभवितुंयतात्मा ६ दशैवपूर्वान्दशचापरांश्चज्ञातीनथात्मानमथैकविंशम् ॥ अरण्यवासीसुकृतेदधातिविमुच्यारण्येस्वशरीरधातून् ७ ॥ अष्टकउवाच ॥ कतिस्विदेवमुनयःकतिमौनानिचाप्युत ॥ भवंतीतितदाचक्ष्वश्रोतुमिच्छामहेवयम् ८ ॥ ययातिरुवाच ॥ अरण्येवसतोयस्यग्रामोभवतिपृष्ठतः ॥ग्रामेवावसतोऽरण्यंसमुनिःस्याज्जनाधिप ९ ॥ अष्टकउवाच ॥ कथंस्विद्वसतोऽरण्येग्रामोभवतिपृष्ठतः ॥ ग्रामेवावसतोऽरण्यंकथंभवतिपृष्ठतः १० ॥ ॥ ॥ ॥ ॥

शब्दाद्याविषयाययैवरात्र्यायदैवाभिजितास्तुच्छीकृताःसुखाःसुखावहाअपिकामाभिजितावशवर्तिनोऽपितामेवरात्रिंतदैवसर्वपरिग्रहंसंन्यस्यारण्यसंस्थः ‘अथयदरण्यायनमित्याचक्षतेब्रह्मचर्यमेवतदरश्चहवैण्यश्चा र्णवौब्रह्मलोकेतृतीयस्यामितोदिवि’इतिश्रुतिप्रसिद्धंब्रह्मनिष्ठांकर्तुंयतेतेत्यर्थः ६ अरण्यवासीहार्दब्रह्मनिष्ठस्तत्रैवहार्दशरीरधातून्स्थूलसूक्ष्मभूतरूपान्विमुच्यप्रविलाप्यतमपिहार्दंसुकृतेनिष्कलेब्रह्मणितस्मात्तत्सुकृत मुच्यतइतिश्रुतिप्रसिद्धेचिदेकरसेदधातिप्रविलापयति ७ सर्वेष्वाश्रमेषुसिद्धिरस्तीत्युक्तंराज्यायेतिसंन्यासेचात्यादरोदर्शितस्तत्किंतत्रैवमोक्षोऽस्त्युताश्रमांतरेष्वपीतिसंशयानःपृच्छति कतीति । मुनयोमो क्षिणः । मौनानिमोक्षमार्गाः ८ योगीज्ञानीचेतिद्वौमुनीइत्याह अरण्यइति । अरण्येवसतोऽन्तर्निष्ठस्ययोगिनोग्रामोवाह्यंवस्तुपृष्ठतःसमीपतएवभवति योगप्रभावात्सर्वमस्यास्तीत्यर्थः ग्रामेलोकेवसतो मायापुरदर्शिनइवद्विचंद्रन्यायेनतद्वाधेनाधिष्ठानदृष्टिर्नित्यमप्रमुषिताऽस्तीत्यर्थः ९ द्वयमप्येतदाश्चर्यमितिमत्वापृच्छति कथमिति १० ॥ ॥ ॥ ॥

आद्यंतीव्रवैराग्यपूर्वकंयोगमभ्यस्यतःसुलभमित्याह नग्राम्यमिति ११ द्वितीयंविवेकिनःसंन्यासिनःसुलभमित्याह अनग्निरनिकेतइति । अनग्निःसंन्यासी अनिकेतःकुटीचकव्यावृत्तःपरमहंसः
अतएवागोत्रचरणोगोत्रंजन्मवंशश्चरणंविद्यावंशस्तद्व्यपदेशशून्यः कौपीनेतिस्पष्टार्थं १२ । १३ एवंप्रकारेणग्रामेऽपिवसतोविवेकिनोऽरण्यमेवसमीपेऽस्तीत्याह तथास्येति । त्यक्तकर्माजितेंद्रियोमौनंयो
गविवेकान्यतरदभ्यस्यन्नसिध्यतीत्याह यस्त्विति १४ धौतदंतंशुद्धाहारं । आहारशुद्धौसत्वशुद्धिरितिश्रुतेस्तदपेक्षणात् । कृत्तनखंत्यक्तहिंसासाधनं अतएवसदास्नातंनित्यंशुद्धचित्तं । अलंकृतंयो
गैश्वर्येणशमादिनाच । असितंवासनाबंधशून्यं । सितकर्माणंहिंसायुक्तंधर्ममपित्यजंतं । 'यंयंलोकंमनसासंविभातिविशुद्धसत्वकामयतेयांश्चकामान् ॥ तंतंलोकंजयतेतांश्चकामांस्तस्मादात्मज्ञंह्यर्चयेद्भू
तिकामः'इतिश्रुतेःसर्वोऽपितमर्चितुमर्हतीति १५ मंदाधिकारिणाकामादिजयायतपोऽपिकर्त्तव्यमित्याह तपसेति । इमंवैराग्येणजित्वातुच्छंकृतंपरंस्वर्गंविजयतेप्राप्नोति १६ मध्यमंप्रतिप्राह यदातु
निर्द्वंद्वःसुखदुःखमानापमानादिद्वंद्वदुःखरहितोमौनंसमास्थितोध्यानमनुतिष्ठन्निमंलोकंजित्वाप्रविलाप्यपरंलोकंब्रह्मविजयतेप्राप्नोति १७ उत्तमंप्रतिप्राह आस्येनेति । मुखेनैवाहारंमृगयतेनतुरसे
सज्जते एवंसुबालःस्तनपानवद्विषयान्गृह्णन्नपिनगृह्णातिप्रत्यङ्मात्रनिष्ठत्वात् । सचक्षुरचक्षुरिवेत्यादिश्रुतेः । 'अथास्यलोकःसर्वोऽयमात्माभवति । सर्वस्यात्माभवतिसर्वमस्यात्माभवति'इतिश्रुतेः ।

॥ ययातिरुवाच ॥ नग्राम्यमुपयुंजीतयआरण्योमुनिर्भवेत् ॥ तथाऽस्यवसतोऽरण्येग्रामोभवतिपृष्ठतः ११ अनग्निरनिकेतश्चाप्यगोत्रचरणोमुनिः ॥ कौपिना
च्छादनंयावत्तावदिच्छेच्चचीवरम् १२ यावत्प्राणाभिसंधानंतावदिच्छेच्चभोजनम् ॥ तथाऽस्यवसतोग्रामेऽरण्यंभवतिपृष्ठतः १३ यस्तुकामान्परित्यज्यत्यक्तकर्माजि
तेंद्रियः ॥ आतिष्ठेच्चमुनिर्मौनंसलोकेसिद्धिमाप्नुयात् १४ धौतदंतंकृत्तनखंसदास्नातमलंकृतम् ॥ असितंसितकर्माणंकस्तमर्हतिनार्चितुम् १५ तपसाकर्शितःक्षामः
क्षीणमांसास्थिशोणितः ॥ सचलोकमिमंजित्वालोकंविजयतेपरम् १६ यदाभवतिनिर्द्वंद्वोमुनिर्मौनंसमास्थितः ॥ अथलोकमिमंजित्वालोकंविजयतेपरम् १७
आस्येनतुयदाहारंगोवन्मृगयतेमुनिः ॥ अथास्यलोकःसर्वोऽयंसोऽमृतत्वायकल्पते १८ ॥ इतिश्री महाभारते आदिपर्वणि० संभवपर्वणि० उत्तरयायाते एकनवतित
मोऽध्यायः ॥ ९१ ॥ अष्टकउवाच ॥ कतरस्त्वनयोःपूर्वंदेवानामेतिसात्मताम् ॥ उभयोर्धावतोराजन्सूर्याचंद्रमसोरिव १ ॥ ययातिरुवाच ॥ अनिकेतोगृहस्थेषु
कामवृत्तेषुसंयतः ॥ ग्रामएववसन्भिक्षुस्तयोःपूर्वतरंगतः २ अप्राप्यदीर्घमायुस्तुयःप्राप्तोविकृतिंचरेत् ॥ तप्यतेयदितत्कृत्वाचरेत्सोऽन्यत्तपस्ततः ३ ॥

अतःसोऽमृतत्वायकल्पते १८ ॥ इतिआदिपर्वणिनीलकंठीये भारतभावदीपे एकनवतितमोऽध्यायः ॥ ९१ ॥ ॥ ॥ कतरइति । एतयोर्योगिज्ञानिनोर्मध्येदेवानांसात्मतांब्रह्मप्राप्तिं । 'आत्मा
ह्येषांसभवति'इतिश्रुतेः एषांदेवानां सविद्वानितिश्रुतिपदयोरर्थः । धावतोर्यतमानयोःकःपूर्वंकृतकृत्योभवतीत्यर्थः १ उत्तरं अनिकेतइति । संयतोधारणाध्यानसमाधिमान् । अनिकेतोभिक्षुर्गृ
हस्थोवायोगीमुच्यतइतिपूर्वार्धार्थः । ज्ञानीपूर्वोक्तरूपस्तुसद्योमुच्यतइत्युत्तरार्धार्थः । अयंभावः ज्ञानिनःश्रुतियुक्तिभ्यांजगन्मिथ्यात्वनिश्चयावक्षणिकेनापिनिर्विकल्पसाक्षात्कारेणब्रह्माद्वैतनिश्चयोभव
ति योगिनस्तुतदभावान्निर्विकल्पसमाध्यभ्यासबलेनैवद्वैतविस्मरणंसंपादनीयमितिविलंबाच्छ्रमसाध्यामुक्तिरिति गृहस्थेषुवसन्नपिस्वयंसंयतः २ अस्यैवमस्मिन्जन्मन्यलब्धोत्तमभूमेर्जन्मांतरेपिन
ह्लाभोऽस्तीत्याह अप्राप्येति । आयुःसाधनंकालंवा दीर्घमुक्तविधनिष्ठापर्याप्तं विकृतिंदिव्यादिव्यविषयभोगंयोगसिद्धिबलेनचरेत् सोऽपिसौभर्यादिवत्पश्चात्तापंप्राप्तःसन्पुनर्योगंचरतिइह
जन्मनिजन्मांतरेवायोगभ्रष्टःस्मृतिप्रामाण्यादित्यर्थः ३ ॥ ॥ ॥ ॥ ॥

ज्ञानिनस्ततआधिक्यमाह पापानामिति । यस्तुमानवोज्ञानीनित्यमविनाशिवस्तुब्रह्माख्यंविभृयात्तत्त्वमसीतिशास्त्रात्प्रत्यगात्मत्वेनावधारयेत्सपापानांकर्मणां कर्मणिषष्ठी तानिसुखंयथेष्टमाचरन्नपि मुच्यतएवेत्यर्थः । 'नलिप्यतेकर्मणापापकेन। हत्वाऽपिसइमाँल्लोकान्नहंतिननिबद्ध्यते'इत्यादिशास्त्रात् ४ इदंपदमप्राप्तोमोक्षेच्छयाधर्ममेवसेवेतेत्याह तद्वाइति । यःपुरुषोऽनर्थबुद्धिर्नास्त्यर्थेमोक्षेबुद्धिर्य स्यसतथाभूतःसन्स्वर्गाद्यर्थधर्मंसेवते । तत्सेवनंनृशंसमसत्यंचमुमुक्षाहीनत्वादनित्यफलत्वाच्च । विविदिषंतियज्ञेनदानेनेत्यादिश्रुतिसिद्धंधर्मस्यमोक्षहेतुत्वंपरित्यज्यकाम्यधर्मकृतआत्मानंनानादुःखम येसंसारेपातयित्वाघ्नंतीत्यर्थः । एवमनीशस्याजितेंद्रियस्यार्थोधनमपिनृशंसमसत्यंच । यत्तुमोक्षार्थंकर्मकरणंतदार्जवंकर्मणामुचितंफलं । तदेवसमाधिर्योगसिद्धिमूलं । तदार्यंतदेवगम्यंप्राप्यंज्ञानसाधन मित्यर्थः । ऋगतौअस्मात्ऋहलोर्ण्यत् । द्वयोरपियोगज्ञानमार्गयोर्मूलंनिष्कामधर्मएवेत्यर्थः ५ केनकतरस्यांदिशिप्रहितोऽसीत्यन्वयः ६ विप्रहीणश्च्युतः । उक्त्वाआपृच्छ्य । वोयुष्मान् ७ । ८

पापानांकर्मणांनित्यंबिभ्रयाद्यस्तुमानवः ॥ सुखमप्याचरन्नित्यंसोऽत्यंतंसुखमेधते ४ तद्वैनृशंसंतदसत्यमाहुर्यःसेवतेधर्ममनर्थबुद्धिः ॥ अर्थोऽप्यनीशस्यतथैव राजंस्तदार्जवंससमाधिस्तदार्यम् ५ ॥ अष्टकउवाच ॥ केनासिहूतःप्रहितोऽसिराजन्युवास्रग्वीदर्शनीयःसुवर्चाः ॥ कुतआयातःकतरस्यांदिशित्वमुताहोस्वि त्पार्थिवंस्थानमस्ति ६ ॥ ययातिरुवाच ॥ इमंभौमंनरकंक्षीणपुण्यःप्रवेष्टुमुर्वींगगनाद्विप्रहीणः ॥ उक्त्वाऽहंवःप्रपतिष्याम्यनंतरंत्वरंतिमांलोकपाब्रह्मणोये ७ सतांसकाशेतुवृतःप्रपातस्तेसंगतागुणवंतस्तुसर्वे ॥ शक्राच्चलब्धोहिवरोमयैषपतिष्यताभूमितलंनरेंद्र ८ ॥ अष्टकउवाच ॥ पृच्छामित्वांमाप्रपतप्रपातंयदि लोकाःपार्थिवसंतिमेऽत्र ॥ यद्यंतरिक्षेयदिवादिविस्थिताःक्षेत्रज्ञंत्वांतस्यधर्मस्यमन्ये ९ ॥ ययातिरुवाच ॥ यावत्पृथिव्यांविहितंगवाश्वंसहारण्यैःपशुभिःपार्वतैश्च ॥ तावल्लोकादिवितेसंस्थितावैतथाविजानीहिनरेंद्रसिंह १० ॥ अष्टकउवाच ॥ तांस्तेददामिमाप्रपतप्रपातंयेमेलोकादिविराजेंद्रसंति ॥ यद्यंतरिक्षेयदिवादिविश्रिता स्तानाक्रमक्षिप्रममपेतमोहः ११ ॥ ययातिरुवाच ॥ नास्मद्विधोब्राह्मणोब्रह्मविच्चप्रतिग्रहेवर्ततेराजमुख्य ॥ यथाप्रदेयंसततंद्विजेभ्यस्तथाऽददंपूर्वमहंनरेंद्र १२ नाब्राह्मणःकृपणोजातुजीवेद्याञ्चाऽपिस्याद्ब्राह्मणीवीरपत्नी ॥ सोऽहंनैवाकृतपूर्वंचरेयंविधित्समानःकिमुतत्रसाधु १३ ॥ प्रतर्दनउवाच ॥ पृच्छामित्वांस्पृहणी यरूपप्रतर्दनोऽहंयदिमेसंतिलोकाः ॥ यद्यंतरिक्षेयदिवादिविश्रिताःक्षेत्रज्ञंत्वांतस्यधर्मस्यमन्ये १४ ॥ ययातिरुवाच ॥ संतिलोकाबहवस्तेनरेंद्रअप्येकैकः सप्तसप्ताप्यहानि ॥ मधुच्युतोघृतपृक्ताविशोकास्तेनांतवंतःप्रतिपालयंति १५ ॥ प्रतर्दनउवाच ॥ तांस्तेददानिमाप्रपतप्रपातंयेमेलोकास्तववतेवैभवंतु ॥ यद्यंतरिक्षेयदिवादिविश्रितास्तानाक्रमक्षिप्रममपेतमोहः १६ ॥ ॥ ॥ ॥ ॥

प्रपातंपतित्वामाप्रपतपातंमाप्राप्नुहीत्यर्थः । कषादित्वादनुप्रयोगःसमूलघातंन्यवधीदरींश्चेत्यादिवत् । लोकाभोग्यविषयाः । दिविमेरुपृष्ठे । अंतरिक्षेनक्षत्रमंडलादौ । क्षेत्रंसिद्धंस्थानंतदभिज्ञं ९ १० आक्रमआक्रमस्व ११ ब्राह्मणोऽपिब्रह्मविद्विद्विदेवप्रतिग्रहेवर्तेतनत्वन्यः अस्मद्विधस्तुनैवबर्त्तेतेत्यर्थः १२ कृपणोयाञ्चादैन्ययुक्तः । वीरस्यविद्ययादिग्विजयिनःपत्नी । तत्रकर्मभूमौसाधु सत्कर्मविधित्समानःकर्त्तुमिच्छन्किमुकथंचरेयंनैवकुर्यामित्यर्थः । विवित्समानइतिपाठेतत्रस्वर्गेसाधुर्लब्धुमिच्छन् १३ । १४ प्रत्येकंसप्तसप्ताप्यहानिसेविताःसंतोनांतवंतः । मधुच्युतः सुखस्रवाः घृतपृक्तास्तेजोयुक्ताः । तेत्वांप्रतिपालयंतिप्रतीक्षंते १५ । १६ ॥ ॥ ॥ ॥

नृशंसंनिंद्यं १७ । १८ अन्यैराजभिर्यत्प्रतिग्रहाख्यंनकृतंतदपूर्वंप्रथममहमेवकथंकुर्यामितिभावः १९ ॥ इति आ[illegible]
यतयान् तपतेप्रकाशयति २ । ३ शिशुकातशिशुमारप्रधानात्कालचक्रातशंकमानः । 'अहश्चरात्रिश्चउभेचसंध्येधर्मश्चजानातिनरस्यवृत्तं'इत्युक्तेः । मिथ्या[illegible]दुस्तरामातभावः ।

॥ ययातिरुवाच ॥ नतुल्यतेजाःसुकृतंकामयेतयोगक्षेमंपार्थिवपार्थिवःसन् ॥ दैवादेशादापदंप्राप्यविद्वांश्चरेन्नृशंसंनहिजातुराजा १७ धर्म्यंमार्गंयतमानोयशस्यंकु
र्यान्नृपोधर्ममवेक्षमाणः ॥ नमद्विधोधर्मबुद्धिःप्रजानन्कुर्यादेवंकृपणंमांयथाऽऽत्थ १८ कुर्यादपूर्वंनकृतंयदन्यैर्विधित्समानःकिमुतत्रसाधु ॥ ब्रुवाणमेवंनृपतिंययातिं
नृपोत्तमोवसुमानब्रवीत्तम् १९ ॥ इति श्रीमहाभारते आदिपर्वणि संभवपर्वणि उत्तरयायाते द्विनवतितमोऽध्यायः ॥ ९२ ॥ ॥ वसुमानुवाच ॥ पृच्छामित्वां
वसुमानौषदश्विर्यद्यस्तिलोकोदिविमेनरेंद्र ॥ यद्यंतरिक्षेप्रथितोमहात्मन्क्षेत्रज्ञंत्वांतस्यधर्मस्यमन्ये १ ॥ ययातिरुवाच ॥ यदंतरिक्षंपृथिवीदिशश्चयत्तेजसातपतेभा
नुमांश्च ॥ लोकास्तावंतोदिविसंस्थितावैतेनांतवंतःप्रतिपालयंति २ ॥ वसुमानुवाच ॥ तांस्तेददानिमाप्रपतप्रपातंयेमेलोकस्तवतेवैभवंतु ॥ क्रीणीष्वैतांस्तृणके
नापिराजन्प्रतिग्रहस्तेयदिधीमन्प्रदुष्टः ३ ॥ ययातिरुवाच ॥ नमिथ्याऽहंविक्रयंवैस्मरामिवृथागृहीतंशिशुकाच्छंकमानः ॥ कुर्यांनचैवाकृतपूर्वमन्यैर्विधित्समानः
किमुतत्रसाधु ४ ॥ वसुमानुवाच ॥ तांस्त्वंलोकान्प्रतिपद्यस्वराजन्मयादत्तान्यदिनेष्टःक्रयस्ते ॥ अहंनतान्वैप्रतिगंतानरेंद्रसर्वेलोकास्तवतेवैभवंतु ५ ॥ शिबि
रुवाच ॥ पृच्छामित्वांशिबिरौशीनरोऽहंममापिलोकायदिसंतीहतात ॥ यद्यंतरिक्षेयदिवादिविश्रिताःक्षेत्रज्ञंत्वांतस्यधर्मस्यमन्ये ६ ॥ ययातिरुवाच ॥ यत्त्वंवा
चाहृदयेनापिसाधून्परीप्समानान्नावमंस्थानरेंद्र ॥ तेनानंतादिविलोकाःश्रितास्तेविद्युद्रूपाःस्वनवंतोमहांतः ७ ॥ शिबिरुवाच ॥ तांस्त्वंलोकान्प्रतिपद्यस्वराजन्मया
दत्तान्यदिनेष्टःक्रयस्ते ॥ नचाहंतान्प्रतिप्रत्स्येहदत्त्वायत्रगत्वानानुशोचंतिधीराः ८ ॥ ययातिरुवाच ॥ यथात्वमिंद्रप्रतिमप्रभावस्तेचाप्यनंतानरदेवलोकाः ॥
तथाऽद्यलोकेनरमेऽन्यदत्तेतस्माच्छिबेनाभिनंदामिदेयम् ९ ॥ अष्टकउवाच ॥ नचेदेकैकशोराजँल्लोकान्नःप्रतिनंदसि ॥ सर्वेप्रदायभवतेगंतारोनरकंवयम् १० ॥
ययातिरुवाच ॥ यदर्होऽहंतद्यतध्वंसंतःसत्याभिनंदिनः ॥ अहंतन्नाभिजानामियत्कृतंनमयापुरा ११ ॥ अष्टकउवाच ॥ कस्यैतेप्रतिदृश्यंतेरथाःपंचहिरण्मयाः ॥
यानारुह्यनरोलोकानभिवांछतिशाश्वतान् १२ ॥ ययातिरुवाच ॥ युष्मानेतेवहिष्यंतिरथाःपंचहिरण्मयाः ॥ उच्चैःसंतःप्रकाशंतेज्वलंतोऽग्निशिखाइव १३ ॥
अष्टकउवाच ॥ आतिष्ठस्वरथान्राजन्विक्रमस्वविहायसम् ॥ वयमप्यनुयास्यामोयदाकालोभविष्यति १४ ॥ ययातिरुवाच ॥ सर्वैरिदानींगंतव्यंसहस्वर्गजितो
वयम् ॥ एषनोविरजःपंथादृश्यतेदेवसद्मनः १५ ॥ ॥ ॥ ॥

'शिशुकःशिशुमारेस्यात्'इतिमेदिनी । शिशुकान्मंदबालकादितिवा ४ । ५ । ६ परीप्समानान्याचकान् नावमंस्थानावमानंकृतवानसि स्वनवंतःप्रख्याताइत्यर्थः ७ । ८ । ९ गंतारोग्म
त्वाप्राप्स्यामः नरकंभूलोकं १० यतध्वंकर्तुं नाभिजानामिनांगीकरोमि ११ । १२ प्रकाशंतेदृश्यंते । ज्वलंतोदीप्यमानाः १३ । १४ । १५ ॥ ॥

म.भा.टी. ॥ ९५ ॥ आदि०१ अ० ॥९५॥

१६ । १७ देवयानायब्रह्मलोकमार्गप्राप्तयेयावत्सर्वस्वमददत्सर्वत्यागीत्यर्थः अन्येपितृयानेनैवगताइत्यर्थाज्ज्ञेयं १८ सौम्यमक्रूरत्वं विविदिषा पालनेच्छा १९ सत्यमेवश्रेयःसाधनमितिविधातुंपूर्वो क्तमप्रश्नोत्तरेअनुवदति अथाष्टकइत्यादिना २० । २१ प्रकाशंप्रागुक्तमपिस्पष्टतरं २२ छादनंजीविकात्वेनपरिधानं अतीतफलत्वादस्यधर्मस्यस्वमुखेनकीर्त्तनंनदोषः । अन्यथाधर्मःक्षरतिकीर्त्तनादि

॥ वैशंपायनउवाच ॥ तेऽधिरुह्यरथान्सर्वेप्रयातान्नृपसत्तमाः ॥ आक्रमंतोदिवंभाभिर्धर्मेणावृत्यरोदसी १६ ॥ अष्टकउवाच ॥ अहंमन्येपूर्वमेकोऽस्मिगंतासखाचें द्रःसर्वथामेमहात्मा ॥ कस्मादेवंशिबिरौशीनरोऽयमेकोऽत्यगात्सर्ववेगेनवाहान् १७ ॥ ययातिरुवाच ॥ अददद्देवयानाययावद्वित्तमविंदत ॥ उशीनरस्यपुत्रोऽयंत स्माच्छ्रेष्ठोहिवःशिबिः १८ दानंतपःसत्यमथाऽपिधर्मोह्रीःश्रीःक्षमासौम्यमथोविविदिषा ॥ राजन्नेतान्यप्रमेयाणिराज्ञःशिबेःस्थितान्यप्रतिमस्यबुद्ध्या १९ एवंवृ त्तोह्रीनिषेवश्चयस्मात्तस्माच्छिबिरत्यगाद्वैरथेन ॥ वैशंपायनउवाच ॥ अथाष्टकःपुनरेवान्वपृच्छन्मातामहंकौतुकेनेंद्रकल्पम् २० पृच्छामित्वांनृपतेब्रूहिसत्यंकुत श्चकश्चासिसुतश्चकस्य ॥ कृतंत्वयायद्धिनतस्यकर्तालोकेत्वदन्यःक्षत्रियोब्राह्मणोवा २१ ॥ ययातिरुवाच ॥ ययातिरस्मिनहुषस्यपुत्रःपूरोःपितासार्वभौमस्त्विहा सम् ॥ गुह्यंचार्थंमामकेभ्योब्रवीमिमातामहोहंभवतांप्रकाशम् २२ सर्वामिमांपृथिवींनिर्जिगायप्रादामहंछादनंब्राह्मणेभ्यः ॥ मेध्यानश्वानेकशतान्सुरूपांस्तदादेवाः पुण्यभाजोभवंति २३ अदामहंपृथिवींब्राह्मणेभ्यःपूर्णामिमामखिलांवाहनेन ॥ गोभिःसुवर्णेनधनैश्चमुख्यैस्तदाऽददंगाःशतमर्बुदानि २४ सत्येनमेद्यौश्चवसुंधराचत थैवाग्निर्ज्वलतेमानुषेषु ॥ नमेवृथाव्याहृतमेववाक्यंसत्यंहिसंतःप्रतिपूजयंति २५ यदष्टकप्रब्रवीमीहसत्यंप्रतर्दनंचौषदश्विंतथैव ॥ सर्वेचलोकामुनयश्चदेवाःसत्येनपू ज्याइतिमेमनोगतम् २६ योनःस्वर्गजितःसर्वान्यथावृत्तंनिवेदयेत् ॥ अनसूयुर्द्विजाग्र्येभ्यःसलभेन्नःसलोकताम् २७ ॥ वैशंपायनउवाच ॥ एवंराजासमहात्माह्यती वस्वैर्दौहित्रैस्तारितोमित्रसाहः ॥ त्यक्त्वामहींपरमोदारकर्मास्वर्गंगतःकर्मभिर्व्याप्यपृथ्वीम् २८ ॥ इति श्रीमहाभारते आदिपर्वणि संभवपर्वणि उत्तरयायातसमाप्तौ त्रिनवतितमोऽध्यायः ॥ ९३ ॥

॥ जनमेजयउवाच ॥ भगवञ्श्रोतुमिच्छामिपूरोर्वंशकरान्नृपान् ॥ यद्वीर्यान्यादृशांश्चापियावतोयत्पराक्रमान् १ नह्यस्मि ञ्शीलहीनोवानिर्वीर्योवानराधिपः ॥ प्रजाविरहितोवाऽपिभूतपूर्वःकथंचन २ तेषांप्रथितवृत्तानांराज्ञांविज्ञानशालिनाम् ॥ चरितंश्रोतुमिच्छामिविस्तरेणतपो धन ३ ॥ वैशंपायनउवाच ॥ हंततेकथयिष्यामियन्मांत्वंपरिपृच्छसि ॥ पूरोर्वंशधरान्वीराञ्छक्रप्रतिमतेजसः ॥ भूरिद्रविणविक्रांतान्सर्वलक्षणपूजितान् ४ प्रवी रेश्वररौद्राश्वास्त्रयःपुत्रामहारथाः ॥ पूरोःपौष्ट्यामजायंतप्रवीरोवंशकृत्ततः ५ मनस्युरभवत्तस्माच्छूरसेनीसुतःप्रभुः ॥ पृथिव्याश्चतुरंतायागोप्ताराजीवलोचनः ६ शक्तःसंहननोवाग्मीसौवीरीतनयास्त्रयः ॥ मनस्योरभवन्पुत्राःशूराःसर्वेमहारथाः ७ ॥ ॥ ॥

त्युक्तेरश्रेयसेस्यात् । प्रस्थेदत्वाविपिनंब्राह्मणेभ्यइतिप्राठेब्राह्मणेभ्योदत्वाविपिनंवनंप्रस्थेप्रतस्थेऽहंप्रस्थानंकृतवानस्मि अभ्यासलोपआर्षः । मेध्यानश्वान्यदादेवेभ्यउत्सृजतितदादेवास्तंपुण्यवंतंभजंतीत्यर्थः २३ । २४ । २५ । २६ । २७ । २८ इतिआदिपर्वणिनी०भारतभावदीपे त्रिनवतितमोऽध्यायः ॥ ९३ ॥ भगवन्निति १ । २ । ३ । ४ । ५ चतुरंतायाश्चतुःसमुद्रावच्छिन्नायाः ६ । ७

॥ ९५ ॥

९।१०।११।१२।१३।१४।१५।१६।१७।१८।१९।२० वितथंविगतस्तथाभावोजनकसादृश्यंयत्रतत्तादृशंपुत्रजन्म २१।२२।२३।२४।२५ सर्वैःसत्रसंज्ञैर्यज्ञैः २६।२७

अन्वग्भानुप्रभृतयोमिश्रकेश्यांमनस्विनः ॥ रौद्राश्वस्यमहेष्वासादशाप्सरसिसूनवः ८ यज्वानोजज्ञिरेशूराःप्रजावंतोबहुश्रुताः ॥ सर्वेसर्वास्त्रविद्वांसःसर्वेधर्मपरा
यणाः ९ ऋचेयुरथकक्षेयुःकृकणेयुश्चवीर्यवान् ॥ स्थंडिलेयुर्वनेयुश्चजलेयुश्चमहायशाः १० तेजेयुर्बलवान्धीमान्सत्येयुश्चेंद्रविक्रमः ॥ धर्मेयुःसन्नतेयुश्चदशमोदे
वविक्रमः ११ अनाधृष्टिरभूत्तेषांविद्वान्भुवितथैकराट् ॥ ऋचेयुरथविक्रांतोदेवानामिववासवः १२ अनाधृष्टिसुतस्त्वासीद्राजसूयाश्वमेधकृत् ॥ मतिनारइति
ख्यातोराजापरमधार्मिकः १३ मतिनारसुताराजंश्चत्वारोऽमितविक्रमाः ॥ तंसुर्महानतिरथोद्रुह्युश्चाप्रतिमद्युतिः १४ तेषांतंसुर्महावीर्यःपौरवंवंशमुद्वहन् ॥ आ
जहारयशोदीप्तंजिगायचवसुंधराम् १५ इलिनंतुसुतंतंसुर्जनयामासवीर्यवान् ॥ सोऽपिकृत्स्नामिमांभूमिंविजिग्येजयतांवरः १६ रथंतर्यांसुतान्पंचपंचभूतोपमां
स्ततः ॥ इलिनोजनयामासदुष्यंतप्रभृतीन्नृपान् १७ दुष्यंतंशूरभीमौचप्रवसुंवसुमेवच ॥ तेषांश्रेष्ठोभवद्राजादुष्यंतोजनमेजय १८ दुष्यंताद्भरतोजज्ञेविद्वान्शा
कुंतलोनृपः ॥ तस्माद्भरतवंशस्यविप्रतस्थेमहद्यशः १९ भरतस्तिसृषुस्त्रीषुनवपुत्रानजीजनत् ॥ नाभ्यनंदततान्राजानानुरूपाममेत्युत २० ततस्तान्मातरः
क्रुद्धाःपुत्रान्निन्युर्यमक्षयम् ॥ ततस्तस्यनरेंद्रस्यवितथंपुत्रजन्मतत् २१ ततोमहद्भिःक्रतुभिरीजानोभरतस्तदा ॥ लेभेपुत्रंभरद्वाजाद्भुमन्युंनामभारत २२ ततः
पुत्रिणमात्मानंज्ञात्वापौरवनंदनः ॥ भुमन्युंभरतश्रेष्ठयौवराज्येऽभ्यषेचयत् २३ ततोदिविरथोनामभुमन्योरभवत्सुतः ॥ सुहोत्रश्चसुहोताचसुहविःसुयजुस्तथा
२४ पुष्करिण्यामृचीकश्चभुमन्योरभवन्सुताः ॥ तेषांज्येष्ठःसुहोत्रस्तुराज्यमापमहीक्षिताम् २५ राजसूयाश्वमेधाद्यैःसोऽयजद्बहुभिःसवैः ॥ सुहोत्रःपृथिवींकृ
त्स्नांबुभुजेसागरांबराम् २६ पूर्णांहस्तिगजाश्वैश्चबहुरत्नसमाकुलाम् ॥ ममज्जेवमहीतस्यभूरिभारावपीडिता २७ हस्त्यश्वरथसंपूर्णामनुष्यकलिलाभृशम् ॥ सु
होत्रेराजनितदाधर्मतःशासतिप्रजाः २८ चैत्ययूपांकिताचासीद्भूमिःशतसहस्रशः ॥ प्रवृद्धजनसस्याचसर्वदैवव्यरोचत २९ ऐक्ष्वाकीजनयामाससुहोत्रात्पृथिवीप
तेः ॥ अजमीढंसुमीढंचपुरुमीढंचभारत ३० अजमीढोवरस्तेषांतस्मिन्वंशःप्रतिष्ठितः ॥ षट्पुत्रान्सोऽप्यजनयत्तिसृषुस्त्रीषुभारत ३१ ऋक्षंधूमिन्यथानीलोदु
ष्यंतपरमेष्ठिनौ ॥ केशिन्यजनयज्जन्हुंसुतौव्रजनरूपिणौ ३२ तथेमेसर्वपंचालादुष्यंतपरमेष्ठिनोः ॥ अन्वयाःकुशिकाराजन्जन्होरमिततेजसः ३३ व्रजनरूपि
णयोर्ज्येष्ठमृक्षमाहुर्जनाधिपम् ॥ ऋक्षात्संवरणोजज्ञेराजन्वंशकरःसुतः ३४ आर्क्षेसंवरणेराजन्प्रशासतिवसुंधराम् ॥ संक्षयःसुमहानासीत्प्रजानामितिनःश्रुतम्
३५ व्यशीर्यततताराष्ट्रंक्षयैर्नानाविधैस्तदा ॥ क्षुन्मृत्युभ्यामनावृष्ट्याव्याधिभिश्चसमाहतम् ३६ अभ्यघ्नन्भारतांश्चैवसपत्नानांबलानिच ॥ चालयन्वसुधां
चेमांबलेनचतुरंगिणा ३७ अभ्ययात्तंचपांचाल्योविजित्यतरसामहीम् ॥ अक्षौहिणीभिर्दशभिःसएनंसमरेजयत् ३८ ॥ ॥

२८।२९।३०।३१।३२।३३ व्रजनरूपिणयोरित्यक्षराधिक्यमार्षम् ३४ आर्क्षेऋक्षपुत्रे ३५ क्षयैर्नाशहेतुभिःक्षुत्प्रभृतिभिः ३६।३७ अभ्ययात्तंसंवरणं एनंसंवरणमेव ३८ ॥

पलायन अडभावआर्षः ३९ । ४० । ४१ । ४२ । ४३ । ४४ । ४५ ओमित्यंगीकारे विषाणवत्गिरिशृंगवच्छ्रेष्ठभूतम् ४६ बलिभृतः करदान् ४७ सौरीसूर्यकन्या ४८ । ४९ । ५० । ५१ अश्ववतए

ततःसदारःसामात्यःसुपुत्रःससुहृज्जनः ॥ राजासंवरणस्तस्मात्पलायतमहाभयात् ३९ सिंधोर्नदस्यमहतोनिकुंजेन्यवसत्तदा ॥नदीविषयपर्यंतेपर्वतस्यसमीपतः ४० तत्रावसन्बहून्कालान्भारतादुर्गमाश्रिताः ॥ तेषांनिवसतांतत्रसहस्रंपरिवत्सरान् ४१ अथाभ्यगच्छद्भरतान्वसिष्ठोभगवानृषिः ॥ तमागतंप्रयत्नेनप्रत्युद्गम्या भिवाद्यच ४२ अर्घ्यमभ्याहरंस्तस्मैतेसर्वेभारतास्तदा ॥ निवेद्यसर्वमृषयेसत्कारेणसुवर्चसे ४३ तमासनेचोपविष्टंराजावव्रेस्वयंतदा ॥ पुरोहितोभवान्नोऽस्तुरा ज्यायप्रयतेमहि ४४ ओमित्येवंवसिष्ठोऽपिभारतान्प्रत्यपद्यत ॥ अथाभ्यषिंचत्साम्राज्येसर्वक्षत्रस्यपौरवम् ४५ विषाणभूतंसर्वस्यांपृथिव्यामितिनःश्रुतम् ॥ भरताध्युषितंपूर्वंसोऽध्यतिष्ठत्पुरोत्तमम् ४६ पुनर्बलिभृतश्चैवचक्रेसर्वमहीक्षितः ॥ ततःसपृथिवींप्राप्यपुनरीजेमहाबलः ४७ आजमीढोमहायज्ञैर्बहुभिर्भूरिदक्षिणैः ॥ ततःसंवरणात्सौरीतपतीसुषुवेकुरुम् ४८ राजत्वेतंप्रजाःसर्वाधर्मज्ञइतिवव्रिरे ॥ तस्यनाम्नाऽभिविख्यातंपृथिव्यांकुरुजांगलम् ४९ कुरुक्षेत्रंसतपसापुण्यंचक्रे महातपाः ॥ अश्ववंतमभिष्यंतंतथाचैत्ररथंमुनिम् ५० जनमेजयंचविख्यातंपुत्रांश्चास्यानुशुश्रुम ॥ पंचैतान्वाहिनीपुत्रान्व्यजायतमनस्विनी ५१ अविक्षितः परिक्षित्तुशबलाश्वस्तुवीर्यवान् ॥ आदिराजोविराजश्चशाल्मलिश्चमहाबलः ५२ उच्चैःश्रवाभंगकारोजितारिश्चाष्टमःस्मृतः ॥ एतेषामन्ववायेतुख्यातास्तेकर्मजैर्गुणैः ॥ जनमेजयादयःसप्ततथैवान्येमहारथाः ५३ परीक्षितोऽभवन्पुत्राःसर्वेधर्मार्थकोविदाः ॥ कक्षसेनोग्रसेनौतुचित्रसेनश्चवीर्यवान् ५४ इंद्रसेनःसुषेणश्च भीमसेनश्चनामतः ॥ जनमेजयस्यतनयाभुविख्यातामहाबलाः ५५ धृतराष्ट्रःप्रथमजःपांडुर्बाल्हीकएवच ॥ निषधश्चमहातेजास्तथाजांबूनदोबली ५६ कुंडोदरःपदातिश्चवसातिश्चाष्टमःस्मृतः ॥ सर्वेधर्मार्थकुशलाःसर्वभूतहितेरताः ५७ धृतराष्ट्रोऽथराजाऽऽसीत्तस्यपुत्रोऽथकुंडिकः ॥ हस्तीवितर्कःक्राथश्चकुंडिनश्चापिपंचमः ५८ हविःश्रवास्तथेन्द्राभोभुमन्युश्चापराजितः ॥ धृतराष्ट्रसुतानांतुत्रीनेतान्प्रथितान्भुवि ५९ प्रतीपंधर्मनेत्रंचसुनेत्रंचापिभारत ॥ प्रतीपःप्रथितस्तेषांबभूवाप्रतिमोभुवि ६० प्रतीपस्यत्रयःपुत्राजज्ञिरेभरतर्षभ ॥ देवापिःशांतनुश्चैवबाल्हीकश्चमहारथः ६१ देवापिश्चप्रवव्राजतेषांधर्महितेप्सया ॥ शांतनुश्चमहींलेभेबाल्हीकश्चमहारथः ६२ भरतस्यान्वयेजाताःसत्ववंतोनराधिपाः ॥ देवर्षिकल्पानृपतेबहवोराजसत्तमाः ६३ एवंविधाश्चाप्यपरेदेवकल्पामहारथाः ॥ जातामनोरन्ववायेऐलवंशविवर्धनाः ६४ ॥ इति श्रीमहाभारते आदिपर्वणि संभवपर्वणिपुरुवंशानुकीर्तने चतुर्नवतितमोऽध्यायः ॥ ९४ ॥ जनमेजयउवाच ॥ श्रुतस्त्वत्तोमयाब्रह्मन्पूर्वेषांसंभवोमहान् ॥ उदाराश्चापिवंशेऽस्मिन्राजानोमेपरिश्रुताः १ ॥ ॥ ॥

वाविक्षिदितिसंज्ञांतरम् ५२ । ५३ । ५४ । ५५ । ५६ । ५७ । ५८ सुतानांकुंडिकादीनांमध्येप्रथितानाहुरितिशेषः सुतानाहुरितिपाठेतुएतांस्तेभ्योन्यान्वक्ष्यमाणान्प्रथितानाहुरितिव्याख्येयम् ५९ । ६० ६१ । ६२ । ६३ । ६४ ॥ इति आदिपर्वणि नीलकंठीये भारतभावदीपे चतुर्नवतितमोऽध्यायः ॥ ९४ ॥ ॥ ॥ श्रुतइति १ ॥ ॥ ॥

२ । ३ । ४ गुणाद्दातृत्वादयः । प्रभावोदेवतादिवशित्वम् । वीर्यंशारीरंबलम् । ओजोमानसंसामर्थ्यंधैर्यादि । सत्वमदीनत्वम् । उत्साहःप्रयतमानता ५ । ६ 'अदितेर्दक्षोऽजायतदक्षाद्वाऽदितिःइति
किंतुलघ्वर्थसंयुक्तंप्रियाख्यानंनमामति ॥ प्रीणात्यतोभवान्भूयोविस्तरेणब्रवीतुमे २ एतामेवकथांदिव्यामाप्रजापतितोमनोः ॥ तेषामाजननंपुण्यंकस्यनप्रीति
मावहेत् ३ सद्धर्मगुणमाहात्म्यैरभिवर्धितमुत्तमम् ॥ विष्टभ्यलोकांस्त्रीनेषांयशःस्फीतमवस्थितम् ४ गुणप्रभाववीर्यौजःसत्वोत्साहवतामहम् ॥ नतृप्यामिकथांश्शृ
ण्वन्नमृतास्वादसंमिताम् ५ ॥ वैशंपायनउवाच ॥ शृणुराजन्पुरासम्यङ्मयाद्वैपायनाच्छ्रुतम् ॥ प्रोच्यमानंमयाकृत्स्नंस्ववंशजननंशुभम् ६ दक्षाददितिरदिते
र्विवस्वान्विवस्वतोमनुर्मनोरिलाइलायाःपुरूरवाःपुरूरवसआयुरायुषोनहुषोनहुषाद्ययातिर्ययातेर्द्वेभार्येबभूवतुः ७ उशनसोदुहितादेवयानीवृषपर्वणश्चदुहिताश
र्मिष्ठानाम ८ अत्रानुवंशश्लोकोभवति ॥ यदुंचतुर्वसुंचैवदेवयानीव्यजायत ॥ द्रुह्युंचानुंचपूरुंचशर्मिष्ठावार्षपर्वणी ९ तत्रयदोर्यादवाःपूरोःपौरवाः १० पूरोस्तु
भार्याकौसल्यानामतस्यामस्यजज्ञेजनमेजयोनामयस्त्रीनश्वमेधानाजहारविश्वजिताचेष्ट्वावनंविवेश ११ जनमेजयःखल्वनंतांनामोपयेमेमाधवींतस्यामस्यजज्ञेप्रा
चिन्वानयःप्राचींदिशंजिगाययावत्सूर्योदयात्ततस्तस्यप्राचिन्वत्त्वम् १२ प्राचिन्वान्खल्वश्मकीमुपयेमेयादवींतस्यामस्यजज्ञेसंयातिः १३ संयातिःखलुदृषद्वतोदु
हितरंवरांगीनामोपयेमेतस्यामस्यजज्ञेअहंयातिः १४ अहंयातिःखलुकृतवीर्यदुहितरमुपयेमेभानुमतींनामतस्यामस्यजज्ञेसार्वभौमः १५ सार्वभौमःखलुजित्वाज
हारकैकेयींसुनंदांनामतामुपयेमेतस्यामस्यजज्ञेजयत्सेनोनाम १६ जयत्सेनःखलुवैदर्भीमुपयेमेसुश्रवांनामतस्यामस्यजज्ञेअवाचीनः १७ अवाचीनोऽपिवैदर्भीम
परामेवोपयेमेमर्यादांनामतस्यामस्यजज्ञेअरिहः १८ अरिहःखल्वांगीमुपयेमेतस्यामस्यजज्ञेमहाभौमः १९ महाभौमःखलुप्रासेनजितिमुपयेमेसुयज्ञांनामतस्या
मस्यजज्ञेअयुतनायीयःपुरुषमेधानामयुतमानयत्तेनास्यायुतनायित्वम् २० अयुतनायीखलुपृथुश्रवसोदुहितरमुपयेमेकामांनामतस्यामस्यजज्ञेअक्रोधनः २१ स
खलुकालिंगींकरंभांनामोपयेमेतस्यामस्यजज्ञेदेवातिथिः २२ देवातिथिःखलुवैदेहीमुपयेमेमर्यादांनामतस्यामस्यजज्ञेऽरिहोनाम २३ अरिहःखल्वांगेयीमुपयेमे
सुदेवांनामतस्यांपुत्रमजीजनदृक्षम् २४ ऋक्षःखलुतक्षकदुहितरमुपयेमेज्वालांनामतस्यांपुत्रंमतिनारंनामोत्पादयामास २५ मतिनारःखलुसरस्वत्यांगुणसमन्वितं
द्वादशवार्षिकंसत्रमाहरत् ॥ समाप्तेचसत्रेसरस्वत्यभिगम्यतंभर्तारंवरयामासतस्यांपुत्रमजीजनत्तंसुंनाम २६ अत्रानुवंशश्लोकोभवति ॥ तंसुंसरस्वतीपुत्रंमतिनारा
दजीजनत् ॥ ईलिनंजनयामासकालिंग्यांतंसुरात्मजम् २७ ईलिनस्तुरथंतर्यांदुष्यंताद्यान्पंचपुत्रानजीजनत् २८ दुष्यंतःखलुविश्वामित्रदुहितरंशकुंतलांनामोपये
मेतस्यामस्यजज्ञेभरतः २९ ॥ ॥ ॥ ॥ ॥ ॥

परिश्रुतयोःसृष्टिक्रमयोरंत्यमाह दक्षाददितिरिति । आद्यस्तुहरिवंशेवक्ष्यते । अदितेर्दक्षोद्वादशइति । अनयोश्चपक्षयोःकल्पभेदेनव्यवस्था ७ । ८ । ९ । १० । ११ यावत्सूर्योदयादुदयाचलपर्यंतम् । एके
३३ नैवाह्वाइतितुभावः १२ । १३ । १४ । १५ । १६ । १७ । १८ । १९ । २० । २१ । २२ । २३ । २४ । २५ । २६ । २७ । २८ । २९ ॥ ॥

म.भा.टी. ३० । ३१ । ३२ । ३३ । ३४ । ३५ । ३६ । ३७ । ३८ । ३९ । ४० । ४१ । ४२ । ४३ । ४४ । ४५ । ४६ । ४७ । ४८ । ४९ । ५० । ५१ । ५२ । ५३ । ५४ । ५५ । ५६ । ५७ । ५८ । ५९ आदि०२

अत्रानुवंशश्लोकौभवतः ॥ भस्त्रामातापितुःपुत्रोयेनजातःसएवसः ॥ भरस्वपुत्रंदुष्यंतंमाऽवमंवस्थाःशकुंतलाम् ३० रेतोधाःपुत्रउन्नयतिनरदेवयमक्षयात् ॥ त्वं अ०
॥ २७ ॥ चास्यधातागर्भस्यसत्यमाहशकुंतला ३१ ततोऽस्यभरतत्वंभरतःखलुकाशेयीमुपयेमेसार्वसेनींसुनंदांनामतस्यामस्यजज्ञेभुमन्युः ३२ भुमन्युःखलुदाशार्हीमुपये
मेविजयांनामतस्यामस्यजज्ञेसुहोत्रः ३३ सुहोत्रःखल्विक्ष्वाकुकन्यामुपयेमेसुवर्णांनामतस्यामस्यजज्ञेहस्ती ॥ यइदंहास्तिनपुरंस्थापयामासएतदस्यहास्तिनपुर ॥ २६ ॥
त्वम् ३४ हस्तीखलुत्रैगर्तीमुपयेमेयशोधरांनामतस्यामस्यजज्ञेविकुंठनोनाम ३५ विकुंठनःखलुदाशार्हीमुपयेमेसुदेवांनामतस्यामस्यजज्ञेअजमीढोनाम ३६ अज
मीढस्यचतुर्विंशंपुत्रशतंबभूवकैकेय्यांगांधार्यांविशालायामृक्षायांचेतिपृथक्पृथग्वंशधरानृपतयः ॥ तत्रवंशकरःसंवरणः ३७ संवरणःखलुवैवस्वतींतपतींना
मोपयेमेतस्यामस्यजज्ञेकुरुः ३८ कुरुःखलुदाशार्हीमुपयेमेशुभांगींनामतस्यामस्यजज्ञेविदूरः ३९ विदूरस्तुमाधवीमुपयेमेसंप्रियांनामतस्यामस्यजज्ञेअनश्वा
नाम ४० अनश्वाखलुमागधीमुपयेमेअमृतांनामतस्यामस्यजज्ञेपरीक्षित् ४१ परीक्षित्खलुबाहुदामुपयेमेसुयशांनामतस्यामस्यजज्ञेभीमसेनः ४२ भीमसेनःख
लुकैकेयीमुपयेमेकुमारींनामतस्यामस्यजज्ञेप्रतिश्रवानाम ४३ प्रतिश्रवसःप्रतीपःखलुशैब्यामुपयेमेसुनंदांनामतस्यांपुत्रानुत्पादयामासदेवापिंशांतनुंबाल्हीकंचेति
४४ देवापिःखलुबालएवारण्यंविवेश शांतनुस्तुमहीपालोबभूव ४५ अत्रानुवंशश्लोकोभवति ॥ यंयंकराभ्यांस्पृशतिजीर्णंससुखमश्नुते ॥ पुनर्युवाचभव
तितस्मात्तंशांतनुंविदुः ॥ इतितदस्यशांतनुत्वम् ४६ शांतनुःखलुगंगांभागीरथीमुपयेमेतस्यामस्यजज्ञेदेवव्रतोनामयमाहुर्भीष्ममिति ४७ भीष्मःखलुपितुः
प्रियंचिकीर्षयासत्यवतींमातरमुदवाहयत्यामाहुर्गंधकालीमिति ४८ तस्यांपूर्वंकानीनोगर्भःपराशराद्द्वैपायनोऽभवत्तस्यामेवशांतनोरन्यौद्वौपुत्रौबभूवतुः
४९ विचित्रवीर्यश्चित्रांगदश्चतयोरप्राप्तयौवनएवचित्रांगदोगंधर्वेणहतःविचित्रवीर्यस्तुराजासीत् ५० विचित्रवीर्यःखलुकौसल्यात्मजेऽम्बिकांबालिकेकाशिराजदु
हितरावुपयेमे ५१ विचित्रवीर्यस्त्वनपत्यएवविदेहत्वंप्राप्तस्ततःसत्यवत्यचिंतयन्मादौष्यंतोवंशउच्छेदंव्रजेदिति ५२ साद्वैपानमृषिंमनसाचिंतयामाससतस्याः
पुरतःस्थितःकिंकरवाणीति ५३ सातमुवाचभ्रातातवानपत्यएवस्वर्यातोविचित्रवीर्यःसाध्वपत्यंतस्योत्पादयेति ५४ सतथेत्युक्त्वात्रीन्पुत्रानुत्पादयामासधृत
राष्ट्रंपांडुंविदुरंचेति ५५ तत्रधृतराष्ट्रस्यराज्ञःपुत्रशतंबभूवगांधार्यांवरदानाद्द्वैपायनस्य ५६ तेषांधृतराष्ट्रस्यपुत्राणांचत्वारःप्रधानाबभूवुःदुर्योधनोदुःशा
सनोविकर्णश्चित्रसेनश्चेति ५७ पांडोस्तुद्वेभार्येबभूवतुःकुंतीपृथानाममाद्रीचेत्युभेस्त्रीरत्ने ५८ अथपांडुर्मृगयांचरन्मैथुनगतमृषिमपश्यन्मृग्यांवर्तमानंतथै ॥ २७ ॥
वाद्भुतमनासादितकामरसमतृप्तंचबाणेनाजघान ५९ ॥ ॥ ॥ ॥ ॥

६० । ६१ । ६२ । ६३ । ६४ । ६५ । ६६ । ६७ । ६८ । ६९ । ७० । ७१ । ७२ । ७३ । ७४ । ७५ । ७६ । ७७ । ७८ । ७९ । ८० । ८१ । ८२ । ८३ । ८४

सबाणविद्ध उवाचपांडुंचरताधर्ममिमंयेनत्वयाऽभिज्ञेनकामरसस्याहमनवाप्तकामरसोनिहतस्तस्मात्त्वमप्येतामवस्थामासाद्यानवाप्तकामरसःपंचत्वमाप्स्यसिक्षिप्रमेवे
तिसविवर्णरूपस्तथापांडुःशापंपरिहरमाणोनोपासर्पतभार्येवाक्यंचोवाच ६० स्वचापल्यादिदंप्राप्तवानहंशृणोमिचनानपत्यस्यलोकाःसंतीति ॥ सात्वं
मदर्थेपुत्रानुत्पादयेतिकुंतीमुवाचसातथोक्तापुत्रानुत्पादयामास ॥ धर्माद्युधिष्ठिरंमारुताद्भीमसेनंशक्रादर्जुनमिति ६१ ॥ तांसंहृष्टःपांडुरुवाच ॥ इयंतेसपत्न्यनप
त्यासाध्वस्याअपत्यमुत्पाद्यतामिति ॥ एवमस्त्विवतिकुंतीतांविद्यांमाद्याःप्रायच्छत् ६२ माद्यामश्विभ्यांनकुलसहदेवावुत्पादितौ ६३ माद्रींखल्वलंकृतांदृष्ट्वापां
डुर्भावंचक्रेसतांस्पृष्ट्वैवविदेहत्वंप्राप्तः ६४ तत्रैनंचिताग्निस्थंमाद्रीसमन्वारुरोह ॥ उवाचकुंतींयमयोरप्रमत्तयात्वयाभवितव्यमिति ६५ ततस्तेपांडवाःकुंत्यास
हिताःहास्तिनपुरमानीयतापसैर्भीष्मस्यचविदुरस्यचनिवेदिताः ॥ सर्ववर्णानांचनिवेद्यांतर्हितास्तापसाबभूवुःप्रेक्षमाणानांतेषाम् ६६ तच्चवाक्यमुपश्रुत्यभगव
तामंतरिक्षात्पुष्पवृष्टिःपपातदेवदुंदुभयश्चप्रणेदुः ६७ प्रतिगृहीताश्चपांडवाःपितुर्निधनमावेदयंतस्तस्यौर्ध्वदेहिकंन्यायतश्चकृतवंतस्तांस्तत्रनिवसतःपांडवा
न्बाल्यात्प्रभृतिदुर्योधनोनामर्षयत् ६८ पापाचारोराक्षसींबुद्धिमाश्रितोऽनेकैरुपायैरुद्धर्तुंचव्यवसितोभावित्वाच्चार्थस्यनशकितास्तेसमुद्धर्तुम् ६९ ततश्चधृतरा
ष्ट्रेणव्याजेनवारणावतमनुप्रेषितागमनमरोचयन् ७० तत्रापिजतुगृहेदग्धुंसमारब्धानशकिताविदुरमंत्रितेनेति ७१ तस्माच्चहिडिंबमंतराहत्वाएकचक्रांगताः ७२
तस्यामप्येकचक्रायांबकंनामराक्षसंहत्वापांचालनगरमधिगताः ७३ तत्रद्रौपदींभार्यामविंदन्स्वविषयंचाभिजग्मुः ७४ कुशलिनःपुत्रांश्चोत्पादयामासुः प्रतिविंध्यं
युधिष्ठिरःसुतसोमंवृकोदरःश्रुतकीर्तिमर्जुनःशतानीकंनकुलःश्रुतकर्माणंसहदेवइति ७५ युधिष्ठिरस्तुगोवासनस्यशैब्यस्यदेविकांनामकन्यांस्वयंवराल्लेभे तस्यां
पुत्रंजनयामासयौधेयंनाम ७६ भीमसेनोऽपिकाश्यांबलंधरांनामोपयेमेवीर्यशुल्कांतस्यांपुत्रंसर्वगंनामोत्पादयामास ७७ अर्जुनःखलुद्वारवतींगत्वाभगिनींवासुदे
वस्यसुभद्रांभद्रभाषिणींभार्यामुदावहत् ॥ स्वविषयंचाभ्याजगामकुशलीतस्यांपुत्रमभिमन्युमतीवगुणसंपन्नंदयितंवासुदेवस्याजनयत् ७८ नकुलस्तुचैद्यांकरेणुम
तींनामभार्यामुदावहत्तस्यांपुत्रंनिरमित्रंनामाजनयत् ७९ सहदेवोऽपिमाद्रीमेवस्वयंवरेविजयांनामोपयेमेमद्रराजस्यद्युतिमतोदुहितरंतस्यांपुत्रमजनयत्सुहोत्रंनाम ८०
भीमसेनस्तुपूर्वमेवहिडिंबायांराक्षसंघटोत्कचंपुत्रमुत्पादयामास ८१ इत्येतएकादशपांडवानांपुत्रास्तेषांवंशकरोऽभिमन्युः ८२ सविराटस्यदुहितरमुपयेमेउत्तरां
नाम ॥ तस्यामस्यपरासुर्गर्भोऽभवत्तमुत्संगेनप्रतिजग्राहपृथानियोगात्पुरुषोत्तमस्यवासुदेवस्यषाण्मासिकंगर्भमहमेनंजीवयिष्यामीति ८३ सभगवतावासुदेवेनासं
जातबलवीर्यपराक्रमोऽकालजातोऽस्त्राग्निनादग्धस्तेजसास्वेनसंजीवितः ॥ जीवयित्वाचैनमुवाचपरिक्षीणेकुलेजातोऽभवत्वयंपरिक्षिन्नामेति ८४ ॥ ॥

८५ । ८६ । ८७ । ८८ । ८९ । ९० ॥ इतिआदिपर्वणि नीलकंठीये भारतभावदीपे पंचनवतितमोऽध्यायः ॥ ९५ ॥ ॥ भीष्मोत्पत्तिंवक्तुंतत्पितुःशान्तनोरुत्पत्तिमाह इक्ष्वाकुवंशेति १ । २ । ३

परिक्षित्खलुमाद्रवतींनामोपयेमेत्वन्मातरंतस्यांभवान्जनमेजयः ८५ भवतोवपुष्टमायांद्वौपुत्रौजज्ञाते शतानीकःशंकुकर्णश्चशतानीकस्यवैदेह्यांपुत्रउत्पन्नोऽश्व

॥ ९८ ॥ मेधदत्तइति ८६ एषपूरोर्वंशःपांडवानांचकीर्तितोधन्यःपुण्यःपरमपवित्रःसततंश्रोतव्योब्राह्मणैर्नियमवद्भिरनंतरंक्षत्रियैःस्वधर्मनिरतैःप्रजापालनतत्परैर्वैश्यैरपि अ०

चश्रोतव्योऽधिगम्यश्चतथाशूद्रैरपित्रिवर्णशुश्रूषुभिःश्रद्दधानैरिति ८७ इतिहासमिमंपुण्यमशेषतःश्रावयिष्यंतियेनराःश्रोष्यंतिवानियतात्मानोविमत्सरामैत्रावेद ॥ ९६ ॥

परास्तेऽपिस्वर्गजितःपुण्यलोकाभवंतिसततंदेवब्राह्मणमनुष्याणांमान्याःसंपूज्याश्च ८८ परंहीदंभारतंभगवताव्यासेनप्रोक्तंपावनंयेब्राह्मणादयोवर्णाःश्रद्दधाना

अमत्सरामैत्रावेदसंपन्नाःश्रोष्यंतितेऽपिस्वर्गजितःसुकृतिनोऽशोच्याःकृताकृतेभवंति ८९ भवतिचात्रश्लोकः ॥ इदंहिवेदैःसमितंपवित्रमपिचोत्तमम् ॥ धन्यंयश

स्यमायुष्यंश्रोतव्यंनियतात्मभिः ९० ॥ इतिश्रीमहाभारते आदिपर्वणि संभवपर्वणि पूरुवंशानुकीर्त्तने पंचनवतितमोऽध्यायः ॥ ९५ ॥ वैशंपायनउवाच ॥

इक्ष्वाकुवंशप्रभवोराजाऽऽसीत्पृथिवीपतिः ॥ महाभिषइतिख्यातःसत्यवाक्सत्यविक्रमः १ सोऽश्वमेधसहस्रेणराजसूयशतेनच ॥ तोषयामासदेवेशंस्वर्गंलेभेततः

प्रभुः २ ततःकदाचिद्ब्रह्माणमुपासांचक्रिरेसुराः ॥ तत्रराजर्षयोह्यासन्सचराजामहाभिषः ३ अथगंगासरिच्छ्रेष्ठासमुपायात्पितामहम् ॥ तस्यावासःसमुद्धूतंमारु

तेनशशिप्रभम् ४ ततोऽभवन्सुरगणाःसहसाऽवाङ्मुखास्तदा ॥ महाभिषस्तुराजर्षिरशंकोदृष्टवान्नदीम् ५ सोऽपध्यातोभगवताब्रह्मणातुमहाभिषः ॥ उक्तश्चजातो

मर्त्येषुपुनर्लोकानवाप्स्यसि ६ ययाहृतमनाश्चासिगंगयात्वंहिदुर्मते ॥ सातेवैमानुषेलोकेविप्रियाण्याचरिष्यति ७ यदातेभवितामन्युस्तदाशापाद्विमोक्ष्यसे ॥

॥ वैशंपायनउवाच ॥ सचिंतयित्वानृपतिर्नृपानन्यांस्तपोधनान् ८ प्रतीपंरोचयामासपितरंभूरितेजसम् ॥ महाभिषंतुतंदृष्ट्वानदीधैर्याच्च्युतंनृपम् ९ तमेव

मनसाध्यायंत्युपावर्त्तत्सरिद्वरा ॥ सातुविध्वस्तवपुषःकश्मलाभिहतान्नृप १० ददर्शपथिगच्छंतीवसून्देवान्दिवौकसः ॥ तथारूपांश्चतान्दृष्ट्वापप्रच्छसरितांवरा

११ किमिदंनष्टरूपाःस्थकच्चित्क्षेमंदिवौकसाम् ॥ तामूचुर्वसवोदेवाःशप्ताःस्मोवैमहानदि १२ अल्पेऽपराधेसंरंभाद्वसिष्ठेनमहात्मना ॥ विमूढाहिवयंसर्वेप्रच्छन्नमृ

षिसत्तमम् १३ संध्यांवसिष्ठमासीनंतमत्यभिसृताःपुरा ॥ तेनकोपाद्वयंशप्तायोनौसंभवतेतिह १४ नतच्छक्यंनिवर्त्तयितुंयदुक्तंब्रह्मवादिना ॥ त्वमस्मान्मानुषी

भूत्वासृजपुत्रान्वसून्भुवि १५ नमानुषीणांजठरंप्रविशेमवयंशुभे ॥ इत्युक्तातैश्चवसुभिस्तथेत्युक्त्वाऽब्रवीदिदम् १६ ॥ गंगोवाच ॥ मर्त्येषुपुरुषश्रेष्ठःकोवःकर्त्ताभ

विष्यति ॥ वसवऊचुः ॥ प्रतीपस्यसुतोराजाशांतनुर्लोकविश्रुतः ॥ भवितामानुषेलोकेसनःकर्त्ताभविष्यति १७ ॥ गंगोवाच ॥ ममाप्येवंमतंदेवायथामांवदता

नघाः ॥ प्रियंतस्यकरिष्यामियुष्माकंचैतदीप्सितम् १८ ॥ ॥ ॥ ॥ ९८ ॥

४ । ५ अपध्यातः शप्तः ६ । ७ । ८ । ९ विध्वस्तवपुषोदिवश्च्युतत्वात् १० । ११ । १२ । १३ अत्यभिसृताअतिक्रांतवंतःवक्ष्यमाणेनतद्धेनुहरणेनेतिशेषः १४ सृजउत्पादय १५ । १६ । १७ । १८

नचिरकालंशीघ्रं नोऽस्माकं १९ । २० तुरीयार्धमष्टमांशं एकमष्टभिरष्टमांशैरेकोधौर्भवितायोसुख्योऽपराधी २१।२२।२३ ॥ इति आ० नीलकंठीये भारतभावदीपे षण्णवतितमोऽध्यायः ॥ ९६ ॥

॥ वसवऊचुः ॥ जातान्कुमारान्स्वानप्सुप्रक्षेप्तुंवैत्वमर्हसि ॥ यथानचिरकालंनोनिष्कृतिःस्यात्त्रिलोकगे १९ ॥ गंगोवाच ॥ एवमेतत्करिष्यामिपुत्रस्तस्यविधी
यताम् ॥ नास्यमोघःसंगमःस्यात्पुत्रहेतोर्मयासह २० ॥ वसवऊचुः ॥ तुरीयार्धंप्रदास्यामोवीर्यस्यैकैकशोवयम् ॥ तेनवीर्येणपुत्रस्तेभवितातस्यचेप्सितः २१ नसं
पत्स्यतिमर्त्येषुपुनस्तस्यतुसंततिः ॥ तस्मादपुत्रःपुत्रस्तेभविष्यतिसवीर्यवान् २२ एवंतेसमयंकृत्वागंगयावसवःसह ॥ जग्मुःसंहृष्टमनसोयथासंकल्पमंजसा २३
॥ इतिश्रीमहाभारते आदिपर्वणि संभवपर्वणि महाभिषोपाख्याने षण्णवतितमोऽध्यायः ॥ ९६ ॥ ॥ वैशंपायनउवाच ॥ ततःप्रतीपोराजासीत्सर्वभूतहितः
सदा ॥ निषसादसमाबह्वीर्गंगाद्वारगतोजपन् १ तस्यरूपगुणोपेतागंगास्त्रीरूपधारिणी ॥ उत्तीर्यसलिलात्तस्माल्लोभनीयतमाकृतिः २ अधीयानस्यराजर्षेर्दि
व्यरूपामनस्विनी ॥ दक्षिणंशालसंकाशमूरुंभेजेशुभानना ३ प्रतीपस्तुमहीपालस्तामुवाचयशस्विनीम् ॥ करोमिकिंतेकल्याणिप्रियंयत्तेऽभिकांक्षितम् ४
स्त्र्युवाच ॥ त्वामहंकामयेराजन्भजमानांभजस्वमाम् ॥ त्यागःकामवतीनांहिस्त्रीणांसद्भिर्विगर्हितः ५ ॥ प्रतीपउवाच ॥ नाहंपरस्त्रियंकामाद्गच्छेयंवरवर्णि
नि ॥ नचासवर्णांकल्याणिधर्म्यंमेतद्धिमेव्रतम् ६ ॥ स्त्र्युवाच ॥ नाश्रेयस्म्यस्मिनागम्यानवक्तव्याचकर्हिचित् ॥ भजंतींभजमांराजन्दिव्यांकन्यांवरस्त्रियम् ७
॥ प्रतीपउवाच ॥ त्वयानिवृत्तमेतत्तुयन्मांचोदयसिप्रियम् ॥ अन्यथाप्रतिपन्नंमांनाशयेद्धर्मविप्लवः ८ प्राप्यदक्षिणमूरुंमेत्वमाश्लिष्टावरांगने ॥ अपत्यानांस्नुषा
णांचभीरुविद्ध्येतदासनम् ९ सव्योरुःकामिनीभोग्यस्त्वयासचविवर्जितः ॥ तस्मादहंनाचरिष्येत्वयिकामंवरांगने १० स्नुषामेभवसुश्रोणिपुत्रार्थंत्वांवृणोम्यहम् ॥
स्नुषापक्षंहिवामोरुत्वमागम्यसमाश्रिता ११ ॥ स्त्र्युवाच ॥ एवमप्यस्तुधर्मज्ञसंयुज्येयंसुतेनते ॥ त्वद्भक्त्यातुभजिष्यामिप्रख्यातंभारतंकुलम् १२ पृथिव्यांपा
र्थिवायेचतेषांयूयंपरायणम् ॥ गुणानहिमयाशक्यावक्तुंवर्षशतैरपि १३ कुलस्ययेवःप्रथितास्तत्साधुत्वमथोत्तमम् ॥ समयेनेहधर्मज्ञआचरेयंचयद्विभो १४ तत्सर्व
मेवपुत्रस्तेनमीमांसेतकर्हिचित् ॥ एवंवसंतीपुत्रेतेवर्धयिष्याम्यहंरतिम् १५ पुत्रैःपुण्यैःप्रियैश्चैवस्वर्गंप्राप्स्यतितेसुतः ॥ वैशंपायनउवाच ॥ तथेत्युक्त्वातुसारा
जंस्तत्रैवांतरधीयत १६ पुत्रजन्मप्रतीक्षन्वैसराजातदधारयत् ॥ एतस्मिन्नेवकालेतुप्रतीपःक्षत्रियर्षभः १७ तपस्तेपेसुतस्यार्थेसभार्यःकुरुनंदन ॥ तयोःसमभव
त्पुत्रोवृद्धयोःसमहाभिषः १८ शांतस्यजज्ञेसंतानस्तस्मादासीत्सशांतनुः ॥ संस्मरंश्चाक्षयाँल्लोकान्विजातान्स्वेनकर्मणा १९ पुण्यकर्मकृदेवासीच्छांतनुःकुरुसत्त
मः ॥ प्रतीपःशांतनुंपुत्रंयौवनस्थंततोऽन्वशात् २० पुरास्त्रीमांसमभ्यागाच्छांतनोभूतयेतव ॥ त्वामाव्रजेद्यदिरहःसापुत्रवरवर्णिनी २१ ॥ ॥ ॥

ततइति १ । २ । ३ । ४ । ५ । ६ दिव्यांदिविभवां ७ त्वयाहेतुभूतया निवृत्तंनिरस्तं ८ आश्लिष्टासंगता ९ । १० । ११ । १२ । १३ समयेननियमेन १४ नमीमांसेतनविचारयेत् १५ । १६ । १७
१८ शांतनुरुत्पद्यस्तुर्याचमाह शान्तस्येति । शांतस्योपरतस्यवंशस्यसंतानोविस्तारइतिशांततनुः तकारलोपेनशांतनुरितिनाम । संस्मरन्निति व्यवहितमपिज्ञानबलेनजानातीत्यर्थः १९ । २० । २१ ॥

नानुयोक्तव्यानवक्तव्या २२ । २३ । २४ । २५ । २६ । २७ सर्वानवद्यौदार्योदार्यानिधानम् २८ । २९ । ३० । ३१ । ३२ ॥ इतिआदिपर्वणि नीलकंठीये भारतभावदीपे सप्तनवतितमोऽध्यायः ॥ ९७ ॥

कामयानाऽभिरूपाढ्यादिव्यस्त्रीपुत्रकाम्यया ॥ मास्वयानानुयोक्तव्याकाऽसिकस्यासिचांगने २२ यच्चकुर्यान्नतत्कर्मसाप्रष्टव्यात्वयाऽनघ ॥ मन्नियोगाद्भजंतीं ताम्भजेथाइत्युवाचतम् २३ ॥ वैशंपायनउवाच ॥ एवंसंदिश्यतनयंप्रतीपःशांतनुंतदा ॥ स्वेचराज्येऽभिषिच्यैनंवनंराजाविवेशह २४ सराजाशांतनुर्धीमान्देवराजसमद्युतिः ॥ बभूवमृगयाशीलःसततंवनगोचरः २५ समृगान्महिषांश्चैवविनिघ्नन्राजसत्तमः ॥ गंगामनुचचारैकःसिद्धचारणसेविताम् २६ सकदाचिन्महाराजददर्शपरमांस्त्रियम् ॥ जाज्वल्यमानांवपुषासाक्षाच्छ्रियमिवापराम् २७ सर्वानवद्यांसुदतींदिव्याभरणभूषिताम् ॥ सूक्ष्मांबरधरामेकांपद्मोदरसमप्रभाम् २८ तांदृष्ट्वाहृष्टरोमाऽभूद्विस्मितोरूपसंपदा ॥ पिबन्निवचनेत्राभ्यांनातृप्यतनराधिपः २९ साचदृष्ट्वैवराजानंविचरंतंमहाद्युतिम् ॥ स्नेहादागतसौहार्दानातृप्यतविलासिनी ३० तामुवाचततोराजासांत्वयन्श्लक्ष्णयागिरा ॥ देवीवादानवीवात्वंगंधर्वीचाथवाऽप्सराः ३१ यक्षीवापन्नगीवाऽपिमानुषीवासुमध्यमे ॥ याचेत्वांसुरगर्भाभभार्यामेभवशोभने ३२ ॥ इतिश्रीमहाभारते आदिपर्वणिसंभवपर्वणि शांतनूपाख्यानेसप्तनवतितमोऽध्यायः ॥ ९७ ॥ वैशंपायनउवाच ॥ एतच्छ्रुत्वावचोराज्ञःसस्मितंमृदुवल्गुच ॥ वसूनांसमयंस्मृत्वाऽथाभ्यगच्छदनिंदिता १ उवाचचैवराज्ञःसाल्हादयंतीमनोगिरा ॥ भविष्यामिमहीपालमहिषीतेवशानुगा २ यत्तुकुर्यामहंराजन्शुभंवायदिवाऽशुभम् ॥ नतद्वारयितव्याऽस्मिनवक्तव्यातथाऽप्रियम् ३ एवंहिवर्तमानेऽहंत्वयिवत्स्यामिपार्थिव ॥ वारितात्रिप्रियंचोक्तात्यजेयंत्वामसंशयम् ४ तथेतिसायदातूक्तातदाभरतसत्तम ॥ प्रहर्षमतुलंलेभेप्राप्यतंपार्थिवोत्तमम् ५ आसाद्यशांतनुस्तांचबुभुजेकामतोवशी ॥ नप्रष्टव्येतिमन्वानोनसतांकिंचिदूचिवान् ६ सतस्याःशीलवृत्तेनरूपौदार्यगुणेनच ॥ उपचारेणचरहस्तुतोषजगतीपतिः ७ दिव्यरूपाहिसादेवीगंगात्रिपथगामिनी ॥ मानुषंविग्रहंकृत्वाश्रीमंतंवरवर्णिनी ८ भाग्योपनतकामस्यभार्याचोपनताऽभवत् ॥ शांतनोर्नृपसिंहस्यदेवराजसमद्युतेः ९ संभोगस्नेहचातुर्यैर्हावलास्यमनोहरैः ॥ राजानंरमयामासयथारेमेतथैवसः १० सराजारतिसक्तत्वादुत्तमस्त्रीगुणैर्हृतः ॥ संवत्सरानृतून्मासान्नबुबुधेनबहून्गतान् ११ रममाणस्तयासार्धंयथाकामंनरेश्वरः ॥ अष्टावजनयत्पुत्रांस्तस्याममरसन्निभान् १२ जातंजातंचसापुत्रंक्षिपत्यंभसिभारत ॥ प्रीणाम्यहंत्वामित्युक्त्वागंगास्रोतस्यमज्जयत् १३ तस्यतन्नप्रियंराज्ञःशांतनोरभवत्तदा ॥ नचतांकिंचनोवाचत्यागाद्भीतोमहीपतिः १४ अथैनामष्टमेपुत्रेजातेप्रहसतीमिव ॥ उवाचराजादुःखार्त्तःपरीप्सन्पुत्रमात्मनः १५ मावधीःकस्यकाऽसीतिकिंहिनस्सिसुतानिति ॥ पुत्रघ्निसुमहत्पापंसंप्राप्तंतेसुगर्हितम् १६ ॥ स्त्र्युवाच ॥ पुत्रकामनतेहन्मिपुत्रंपुत्रवतांवर ॥ जीर्णस्तुममवासोऽयंयथाससमयःकृतः १७

एतदिति । अनिंदितागंगा १ राज्ञःशांतनोः २ । ३ । ४ । ५ । ६ । ७ । ८ भाग्योपनतकामस्यशुभादृष्टेनप्राप्ताभिलषितस्य ९ हावःशृंगारजोभावः लास्यंसुकुमारनृत्यं १० । ११ पाठांतरेअमराणामपिवर्णिनश्चित्रकरान् १२ प्रीणामिमानुषदेहवियोजनेनप्रीणयामि त्वांदेवनारूपं स्रोतसिप्रवाहे १३ । १४ । १५ तेत्वया १६ । १७ ॥ ॥ ॥ ॥

१८।१९ धात्रीगर्भधारिणी २० तज्जननीहेतोर्ब्रह्मसभायांमयितवाभिलाषात् २१ संश्रुतोंगीकृतः २२ आपवस्यवसिष्ठस्य २३ एषपुत्रोमेमयाअष्टानांवसूनांसन्निधौकृतस्त्वदर्थंसंप्रार्थितः किंभूतः वसूनांपर्यायारूपांतराण्येकैकस्याष्टमांशप्रदानात् तेषांवासःस्थानंसर्वेषामंशैर्घटितोऽयंमयात्वदर्थंप्रार्थितइत्यर्थः २४ ॥ इतिआदिपर्वणि नीलकंठीये भारतभावदीपे अष्टनवतितमोऽध्यायः ॥ ९८ ॥

अहंगंगाजन्हुसुतामहर्षिगणसेविता ॥ देवकार्यार्थसिद्ध्यर्थमुषिताऽहंत्वयासह १८ इमेऽष्टौवसवोदेवामहाभागामहौजसः ॥ वसिष्ठशापदोषेणमानुषत्वमुपागताः
१९ तेषांजनयितानान्यस्त्वदृतेभुविविद्यते ॥ मद्विधामानुषीधात्रीलोकेनास्तीहकाचन २० तस्मात्तज्जननीहेतोर्मानुषत्वमुपागता ॥ जनयित्वावसूनष्टौजिता
लोकास्त्वयाऽक्षयाः २१ देवानांसमयस्त्वेषवसूनांसंश्रुतोमया ॥ जातंजातंमोक्षयिष्येजन्मतोमानुषादिति २२ तत्तेशापाद्विनिर्मुक्ताआपवस्यमहात्मनः ॥ स्व
स्तितेऽस्तुगमिष्यामिपुत्रंपाहिमहाव्रतम् २३ एषपर्यायवासोमेवसूनांसन्निधौकृतः ॥ मत्प्रसूतिंविजानीहिगंगादत्तमिमंसुतम् २४ ॥ इतिश्रीमहाभारते आदि
पर्वणि संभ० भीष्मोत्पत्तावष्टनवतितमोऽध्यायः ॥ ९८ ॥ शांतनुरुवाच ॥ आपवोनामकोन्वेषवसूनांकिंचदुष्कृतम् ॥ यस्याभिशापात्तेसर्वेमानुषींयोनिमागताः
१ अनेनचकुमारेणत्वयादत्तेनकिंकृतम् ॥ यस्यचैवकृतेनायंमानुषेषुनिवत्स्यति २ ईशावैसर्वलोकस्यवसवस्तेचवैकथम् ॥ मानुषेषूदपद्यंततन्ममाचक्ष्वजान्हवि ३
॥ वैशंपायनउवाच ॥ एवमुक्तातदागंगाराजानमिदमब्रवीत् ॥ भर्तारंजाह्नवीदेवीशांतनुंपुरुषर्षभ ४ ॥ गंगोवाच ॥ यंलेभेवरुणःपुत्रंपुराभरतसत्तम ॥ वसिष्ठना
मासमुनिःख्यातआपवइत्युत ५ तस्याश्रमपदंपुण्यंमृगपक्षिसमन्वितम् ॥ मेरोःपार्श्वेनगेंद्रस्यसर्वर्तुकुसुमावृतम् ६ सवारुणिस्तपस्तेपेतस्मिन्भरतसत्तम ॥ वने
पुण्यकृतांश्रेष्ठःस्वादुमूलफलोदके ७ दक्षस्यदुहितायातुसुरभीत्यभिशब्दिता ॥ गांप्रजातातुसादेवीकश्यपाद्भरतर्षभ ८ अनुग्रहार्थंजगतःसर्वकामदुहांवरा ॥
तांलेभेगांतुधर्मात्माहोमधेनुंसवारुणिः ९ सातस्मिंतापसारण्येवसंतीमुनिसेविते ॥ चचारपुण्येरम्येचगौरपेतभयातदा १० अथतद्वनमाजग्मुःकदाचिद्भरतर्षभ ॥
पृथ्वाद्यावसवःसर्वेदेवादेवर्षिसेवितम् ११ तेसदारावनंतच्चव्यचरंतसमंततः ॥ रेमिरेरमणीयेषुपर्वतेषुवनेषुच १२ तत्रैकस्याथभार्यातुवसोर्वासवविक्रम ॥ संचरंतीव
नेतस्मिन्गांददर्शसुमध्यमा १३ नंदिनींनामराजेंद्रसर्वकामधुगुत्तमाम् ॥ साविस्मयसमाविष्टाशीलद्रविणसंपदा १४ द्यवेवैदर्शयामासतांगांगोवृषभेक्षण ॥ आपी
नांचसुदोग्ध्रींचसुवालधिखुरांशुभाम् १५ उपपन्नांगुणैःसर्वैःशीलेनानुत्तमेनच ॥ एवंगुणसमायुक्तांवसवेवसुनंदिनी १६ दर्शयामासराजेंद्रपुरापौरवनंदन ॥ द्यौस्त
दातांतुदृष्ट्वैवगांगजेन्द्रेन्द्रविक्रम १७ उवाचराजंस्तांदेवींतस्यारूपगुणान्वदन् ॥ एषागौरुत्तमादेवीवारुणेरसितेक्षणा १८ ऋषेस्तस्यवरारोहेयस्येदंवनमुत्तमम् ॥
अस्याःक्षीरंपिबेन्मर्त्यःस्वादुयोवैसुमध्यमे १९ दशवर्षसहस्राणिसजीवेत्स्थिरयौवनः ॥ एतच्छ्रुत्वातुसादेवीनृपोत्तमसुमध्यमा २० तमुवाचानवद्यांगीभर्तारंदीप्त
तेजसम् ॥ अस्तिमेमानुषेलोकेनरदेवात्मजासखी २१ ॥ ॥ ॥ ॥ ॥

आपवोनामेति १।२।३।४।५।६।७ गांप्रजातानंदिनींजनितवती ८।९।१०।११।१२।१३। १४ द्यवेद्युसंज्ञायवसवे वालधिःपुच्छं १५ वसुनंदिनीवसुप्रिया १६।१७।१८।१९।२०।२१

२२ । २३ । २४ । २५ । २६ । २७ प्रपातोवसिष्ठशापरूपोभृगुपतनंवा नर्तकिंतःरागांधत्वात् २८ । २९ । ३० । ३१ सुवालधिंसुपुच्छां ३२ । ३३ । ३४ । ३५ । ३६ । ३७ । ३८ । ३९

नाम्नाजितवतीनामरूपयौवनशालिनी ॥ उशीनरस्यराजर्षेःसत्यसंधस्यधीमतः २२ दुहिताप्रथितालोकेमानुषेरूपसंपदा ॥ तस्याहेतोर्महाभागसवत्सांगांममे प्सिताम् २३ आनयस्वामरश्रेष्ठत्वरितंपुण्यवर्धन ॥ यावदस्याःपयःपीत्वासासखीमममानद २४ मानुषेषुभवत्वेकाजरारोगविवर्जिता ॥ एतन्ममहाभागकर्तु मर्हस्यनिंदित २५ प्रियंप्रियतरंह्यस्मान्नास्तिमेऽन्यत्कथंचन ॥ एतच्छ्रुत्वावचस्तस्यादेव्याःप्रियचिकीर्षया २६ पृथ्वाद्यैर्भ्रातृभिःसार्धंद्यौस्तदातांजहारगाम् ॥ तयाकमलपत्राक्ष्यानियुक्तोद्यौस्तदानृप २७ ऋषेस्तस्यतपस्तीव्रंनशशाकनिरीक्षितुम् ॥ हृतागौःसातदातेनप्रपातस्तुनतर्कितः २८ अथाश्रमपदंप्राप्तःफला न्यादायवारुणिः ॥ नचापश्यत्सगांतत्रसवत्सांकाननोत्तमे २९ ततःसमृगयामासवनेतस्मिंस्तपोधनः ॥ नाध्यागमच्चमृगयंस्तांगांमुनिरुदारधीः ३० ज्ञात्वातथा ऽपनीतांतांवसुभिर्दिव्यदर्शनः ॥ ययौक्रोधवशंसद्यःशशापचवसूंस्तदा ३१ यस्मान्मेवसवोजह्रुर्गांवैदोग्ध्रींसुवालधिम् ॥ तस्मात्सर्वेजनिष्यंतिमानुषेषुनसं शयः ३२ एवंशशापभगवान्वसूंस्तान्भरतर्षभ ॥ वशंक्रोधस्यसंप्राप्तआपवोमुनिसत्तमः ३३ शप्त्वाचतान्महाभागस्तपस्येवमनोदधे ॥ एवंसशप्तवान्राजन्वसून ष्टौतपोधनः ३४ महाप्रभावोब्रह्मर्षिर्देवान्क्रोधसमन्वितः ॥ अथाश्रमपदंप्राप्तास्तेवैभूयोमहात्मनः ३५ शप्ताःस्मइतिजानंतऋषिंतमुपचक्रमुः ॥ प्रसादयंतस्तमृ षिंवसवःपार्थिवर्षभ ३६ लेभिरेनचतस्मात्तेप्रसादमृषिसत्तमात् ॥ आपवात्पुरुषव्याघ्रसर्वधर्मविशारदात् ३७ उवाचचसधर्मात्माशप्तायूयंधरादयः ॥ अनुसंवत्स रात्सर्वेशापमोक्षमवाप्स्यथ ३८ अयंतुयत्कृतेयूयंमयाशप्ताःसवत्स्यति ॥ द्यौस्तदामानुषेलोकेदीर्घकालंस्वकर्मणः ३९ नानृतंतच्चिकीर्षामिक्रुद्धोयुष्मान्यदब्रुवम् ॥ नप्रजास्यतिचाप्येषमानुषेषुमहामनाः ४० भविष्यतिचधर्मात्मासर्वशास्त्रविशारदः ॥ पितुःप्रियहितेयुक्तःस्त्रीभोगान्वर्जयिष्यति ४१ एवमुक्त्वावसून्सर्वान्सजगा ममहानृषिः ॥ ततोमामुपजग्मुस्तेसमेतावसवस्तदा ४२ अयाचंतचमांराजन्वरंतच्चमयाकृतम् ॥ जातान्जातान्प्रक्षिपास्मान्स्वयंगंगेत्वमंभसि ४३ एवं तेषामहंसम्यक्शप्तानांराजसत्तम ॥ मोक्षार्थंमानुषाल्लोकाद्यथावत्कृतवत्यहम् ४४ अयंशापादृषेस्तस्यएकएवनृपोत्तम ॥ द्यौराजन्मानुषेलोकेचिरंवत्स्यति भारत ४५ ॥ वैशंपायनउवाच ॥ एतदाख्यायसादेवीतत्रैवांतरधीयत ॥ आदायचकुमारंतंजगामाथयथेप्सितम् ४६ सतुदेवव्रतोनामगांगेयइतिचाभवत् ॥ द्युनामाशांतनोःपुत्रःशांतनोरधिकोगुणैः ४७ शांतनुश्चापिशोकार्तोजगामस्वपुरंततः ॥ तस्याहंकीर्तयिष्यामिशांतनोरधिकान्गुणान् ४८ महाभाग्यंचनृप तेर्भारतस्यमहात्मनः ॥ यस्येतिहासोद्युतिमान्महाभारतमुच्यते ४९ ॥ इतिश्रीमहाभारतेआदिपर्वणिसंभवपर्वणिआपवोपाख्यानेनवनवतितमोऽध्यायः ॥ ९९

नप्रजास्यत्यात्मनःप्रजेच्छांनकरिष्यति क्वजंतोयं ४० तत्रहेतुःपितुरिति ४१ । ४२ । ४३ । ४४ । ४५ । ४६ । ४७ । ४८ । ४९ ॥ इति आदिपर्वणिनीलकंठीये भारतभावदीपे नवनवतितमोऽध्यायः ॥ ९९ ॥ ॥ ॥ ॥ ॥ ॥ ॥ ॥ ॥

सराजेति १। २।३ ।४। ५। ६। ७। ८। ९। १०। ११ पुटभेदनेपत्तने। 'पत्तनंपुटभेदनं'इत्यमरः १२ दानंबहिर्वेदि । धर्मःस्वाचारः। तपोजपोपवासादि । योगआत्मानुसंधानं ।

॥ वैशंपायनउवाच ॥ सराजाशांतनुर्धीमान्देवराजर्षिसत्कृतः ॥ धर्मात्मासर्वलोकेषुसत्यवागितिविश्रुतः १ दमोदानंक्षमाबुद्धिर्ह्रीर्धृतिस्तेजउत्तमम् ॥ नित्या
न्यासन्महासत्वेशांतनौपुरुषर्षभे २ एवंसगुणसंपन्नोधर्मार्थकुशलोनृपः ॥ आसीद्भरतवंशस्यगोप्तासर्वजनस्यच ३ कंबुग्रीवःपृथुव्यंसोमत्तवारणविक्रमः ॥ अन्वि
तःपरिपूर्णार्थैःसर्वैर्नृपतिलक्षणैः ४ तस्यकीर्तिमतोवृत्तमवेक्ष्यसततंनराः ॥ धर्मएवपरःकामादर्थाच्चेतिव्यवस्थिताः ५ एतान्यासन्महासत्वेशांतनौपुरुषर्षभे ॥
नचास्यसदृशःकश्चिद्धर्मतःपार्थिवोऽभवत् ६ वर्तमानंहिधर्मेषुसर्वधर्मभृतांवरम् ॥ तंमहीपामहीपालंराजराज्येऽभ्यषेचयन् ७ वीतशोकभयाबाधाःसुखस्वप्नप्रति
बोधनाः ॥ पतिंभारतगोप्तारंसमपद्यंतभूमिपाः ८ तेनकीर्तिमताशिष्टाःशक्रप्रतिमतेजसा ॥ यज्ञदानक्रियाशीलाःसमपद्यंतभूमिपाः ९ शांतनुप्रमुखैर्गुप्तेलोके
नृपतिभिस्तदा ॥ नियमात्सर्ववर्णानांधर्मोत्तरमवर्तत १० ब्रह्मपर्यचरत्क्षत्रंविशःक्षत्रमनुव्रताः ॥ ब्रह्मक्षत्रानुरक्ताश्चशूद्राःपर्यचरन्विशः ११ सहास्तिनपुरेरम्ये
कुरूणांपुटभेदने ॥ वसन्सागरपर्यंतामन्वशासद्वसुंधराम् १२ सदेवराजसदृशोधर्मज्ञःसत्यवागृजुः ॥ दानधर्मतपोयोगाच्छ्रियापरमयायुतः १३ अरागद्वेषसंयुक्तः
सोमवत्प्रियदर्शनः ॥ तेजसासूर्यकल्पोऽभूद्वायुवेगसमोजवे ॥ अंतकप्रतिमःकोपेक्षमयापृथिवीसमः १४ वधःपशुवराहाणांतथैवमृगपक्षिणाम् ॥ शांतनौपृथि
वीपालेनावर्ततततथानृप १५ ब्रह्मधर्मोत्तरेराज्येशांतनुर्विनयात्मवान् ॥ समंशशासभूतानिकामरागविवर्जितः १६ देवर्षिपितृयज्ञार्थमारभ्यंततदाक्रियाः ॥ नचा
धर्मेणकेषांचित्प्राणिनामभवद्वधः १७ असुखानामनाथानांतिर्यग्योनिषुवर्तताम् ॥ सएवराजासर्वेषांभूतानामभवत्पिता १८ तस्मिन्कुरुपतिश्रेष्ठेराजराजेश्वरे
सति ॥ श्रितावागभवत्सत्यंदानधर्माश्रितंमनः १९ ससमाःषोडशाष्टौचचतस्रोऽष्टौतथाऽपराः ॥ रतिमप्राप्नुवन्स्त्रीषुबभूववनगोचरः २० तथारूपस्तथाचार
स्तथावृत्तस्तथाश्रुतः ॥ गांगेयस्तस्यपुत्रोऽभून्नाम्नादेवव्रतोवसुः २१ सर्वास्त्रेषुसनिष्णातःपार्थिवेष्वितरेषुच ॥ महाबलोमहासत्वोमहावीर्योमहारथः २२ सकदा
चिन्मृगंविध्वागंगामनुसरन्नदीम् ॥ भागीरथीमल्पजलांशांतनुर्दृष्टवान्नृपः २३ तांदृष्ट्वाचिंतयामासशांतनुःपुरुषर्षभः ॥ स्यंदतेकिंन्वियंनाद्यसरिच्छ्रेष्ठायथापुरा
२४ ततोनिमित्तमन्विच्छन्ददर्शसमहामनाः ॥ कुमारंरूपसंपन्नंबृहंतंचारुदर्शनम् २५ दिव्यमस्त्रंविकुर्वाणंयथादेवंपुरंदरम् ॥ कृत्स्नांगंगांसमावृत्यशरैस्तीक्ष्णै
रवस्थितम् २६ तांशरैराचितांदृष्ट्वानदींगंगांतदंतिके ॥ अभवद्विस्मितोराजादृष्ट्वाकर्मातिमानुषम् २७ जातमात्रंपुरादृष्ट्वातंपुत्रंशांतनुस्तदा ॥ नोपलेभेस्मृतिं
धीमानभिज्ञातुंतमात्मजम् २८ सतुतंपितरंदृष्ट्वामोहयामाससमायया ॥ संमोह्यतुततःक्षिप्रंतत्रैवांतरधीयत २९ ॥ ॥ ॥

एतच्चतुष्टयात् १३ । १४ । १५ ब्रह्मधर्मोत्तरेअहिंसाधर्मप्रधाने । विनयात्मवान्विनयवानात्मवान्जितचित्तश्च १६ । १७ । १८ वाक्सत्यंश्रितामभवत् १९ षोडशादीनांसंकलनेषट्त्रिंशत्समाःवर्षाणि
२० । २१ अस्त्रेषुमंत्रमयेषुशस्त्रेषु पार्थिवेषुधनुर्बाणगदादिपृथिवीविकारेषुशस्त्रेषु २२ शरसंधानेनगंगाप्रवाहस्यनिरोधादल्पजलां २३ स्यंदतेप्रस्रवति २४। २५ । २६ । २७ अभिज्ञातुंपरिवेत्तुं २८ । २९

ग.भा.टी. ३० । ३१ । ३२ । ३३ । ३४ अधिजगेअधीतवान् ३५ उशनाः शुक्रः ३६ अंगिरसःपुत्रोबृहस्पतिः ३७ । ३८ । ३९ । ४० । ४१ सोऽऽत्मानंसआत्मानं ४२ । ४३ । ४४ । ४५ । ४६ आदि०१

॥ २०१॥ तदद्भुतंततोदृष्ट्वातत्रराजासशांतनुः ॥ शंकमानःसुतंगंगामब्रवीद्दर्शयेतिह ३० दर्शयामासतंगंगाबिभ्रतीरूपमुत्तमम् ॥ गृहीत्वादक्षिणेपाणौतंकुमारमलंकृतम् अ०
३१ अलंकृतामाभरणैर्विरजोंबरसंवृताम् ॥ दृष्टपूर्वामपिसतांनाभ्यजानात्सशांतनुः ३२ ॥ गंगोवाच ॥ यंपुत्रमष्टमंराजंस्त्वंपुरामय्यविंदथाः ॥ सचायंपुरुषव्या
घ्रसर्वास्त्रविदनुत्तमः ३३ गृहाणेमंमहाराजमयासंवर्धितंसुतम् ॥ आदायपुरुषव्याघ्रनयस्वैनंगृहंविभो ३४ वेदानधिजगेसांगान्वसिष्ठादेषवीर्यवान् ॥ कृतास्त्रः ॥१००॥
परमेष्वासोदेवराजसमोयुधि ३५ सुराणांसंमतोनित्यमसुराणांचभारत ॥ उशनावेदयच्छास्त्रमयंतद्वेदसर्वशः ३६ तथैवांगिरसःपुत्रःसुरासुरनमस्कृतः ॥ यद्वे
दशास्त्रंतच्चापिकृत्स्नमस्मिन्प्रतिष्ठितम् ३७ तवपुत्रेमहाबाहौसांगोपांगंमहात्मनि ॥ ऋषिःपरैरनाधृष्योजामदग्न्यःप्रतापवान् ३८ यदस्त्रंवेदरामश्चतदेतास्मि
न्प्रतिष्ठितम् ॥ महेष्वासमिमंराजन्राजधर्मार्थकोविदम् ३९ मयादत्तंनिजंपुत्रंवीरंवीरगृहंनय ॥ वैशंपायनउवाच ॥ तयैवंसमनुज्ञातःपुत्रमादायशांतनुः
४० भ्राजमानंयथाऽऽदित्यमाययौस्वपुरंप्रति ॥ पौरवस्तुपुरींगत्वापुरंदरपुरोपमाम् ४१ सर्वकामसमृद्धार्थंमेनेसोऽऽत्मानमात्मना ॥ पौरवेषुततःपुत्रंराज्यार्थ
मभयप्रदम् ४२ गुणवंतंमहात्मानंयौवराज्येऽभ्यषेचयत् ॥ पौरवान्शांतनोःपुत्रःपितरंचमहायशाः ४३ राष्ट्रंचरंजयामासवृत्तेनभरतर्षभ ॥ सतथासहपुत्रे
णरममाणोमहीपतिः ४४ वर्तयामासवर्षाणिचत्वार्यमितविक्रमः ॥ सकदाचिद्वनंयातोयमुनामभितोनदीम् ४५ महीपतिरनिर्देश्यमाजिघ्रद्गंधमुत्तमम् ॥ त
स्यप्रभवमन्विच्छन्विचचारसमंततः ४६ सददर्शतदाकन्यांदाशानांदेवरूपिणीम् ॥ तामपृच्छत्सदृष्ट्वैवकन्यामसितलोचनाम् ४७ कस्यत्वमसिकाचासिकिंच
भीरुचिकीर्षसि ॥ साऽब्रवीद्दाशकन्याऽस्मिधर्मार्थंवाहयेतरीम् ४८ पितुर्नियोगाद्भद्रंतेदाशराज्ञोमहात्मनः ॥ रूपमाधुर्यगंधैस्तांसंयुक्तांदेवरूपिणीम् ४९
समीक्ष्यराजादाशेयींकामयामासशांतनुः ॥ सगत्वापितरंतस्यावरयामासतांतदा ५० पर्यपृच्छत्ततस्तस्याःपितरंसोऽऽत्मकारणात् ॥ सचतंप्रत्युवाचेदंदाश
राजोमहीपतिम् ५१ जातमात्रैवमेदेयावरायवरवर्णिनी ॥ हृदिकामस्तुमेकश्चित्तंनिबोधजनेश्वर ५२ यदीमांधर्मपत्नींत्वंमत्तःप्रार्थयसेऽनघ ॥ सत्यवागसिसत्येन
समयंकुरुमेततः ५३ समयेनप्रदद्यांतेकन्यामहमिमांनृप ॥ नहिमेत्वत्समःकश्चिद्वरोजातुभविष्यति ५४ ॥ शांतनुरुवाच ॥ श्रुत्वातववरंदाशव्यवस्येयमहंतव ॥
दातव्यंचेत्प्रदास्यामिनत्वदेयंकथंचन ५५ ॥ दाशउवाच ॥ अस्यांजायेतयःपुत्रःसराजापृथिवीपते ॥ त्वदूर्ध्वमभिषेक्तव्योनान्यःकश्चनपार्थिव ५६ ॥ वैशं
पायनउवाच ॥ नाकामयततंदातुंवरंदाशायशांतनुः ॥ शरीरजेनतीव्रेणदह्यमानोऽपिभारत ५७ ॥ ॥ ॥

दाशानांधीवराणां ४७ तरिंनावं ४८ । ४९ । ५० । ५१ । ५२ । ५३ । ५४ व्यवस्येयंविनिश्चिनुयांदेयंनवेति ५५ । ५६ शरीरजेनकामेन ५७ ॥ ॥ ॥ ॥ ॥१०१॥

५८ । ५९ । ६० हरिणःपांडुगात्रः ६१ । ६२ । ६३ । ६४ । ६५ । ६६ विद्यासंतानंशिष्यप्रशिष्यद्वारा ६७ एवमिति । एतत्संतानस्यश्रेयःसाधनत्वंमनुष्येषुतदन्यासुप्रजासुपश्वादिषुचप्रसिद्धं । 'नापुत्रस्यलोकोऽस्तीतितत्सर्वेपशवोविदुः । तस्मात्पुत्रोमातरंस्वसारंचाधिरोहति'इतिमंत्रलिंगात् ६८ अपत्यंश्रेयःसाधनमितियत्तत्रमेसंशयोनास्ति तस्मान्मंदपालवत्यथाकथंचित्प्रजोत्पादनंकर्त्तव्यमि

सचिंतयन्नेवतदादाशकन्यांमहीपतिः ॥ प्रत्ययाद्धास्तिनपुरंकामोपहतचेतनः ५८ ततःकदाचिच्छोचंतंशांतनुंध्यानमास्थितम् ॥ पुत्रोदेवव्रतोऽभ्येत्यपितरं
वाक्यमब्रवीत् ५९ सर्वतोभवतःक्षेमंविधेयाःसर्वपार्थिवाः ॥ तत्किमर्थमिहाभीक्ष्णंपरिशोचसिदुःखितः ६० ध्यायन्निवचमांराजन्नाभिभाषसिकिंचन ॥ नचाश्वे
नविनिर्यासिविवर्णोहरिणःकृशः ६१ व्याधिमिच्छामितेज्ञातुंप्रतिकुर्यांहितत्रवै ॥ एवमुक्तःसपुत्रेणशांतनुःप्रत्यभाषत ६२ असंशयंध्यानपरोयथावत्सतथाशृणु ॥
अपत्यंनस्त्वमेवैकःकुलेमहतिभारत ६३ शस्त्रनित्यश्चसततंपौरुषेपर्यवस्थितः ॥ अनित्यतांचलोकानामनुशोचामिपुत्रक ६४ कथंचित्तवगांगेयविपत्तौनास्ति
नःकुलम् ॥ असंशयंत्वमेवैकःशतादपिवरःसुतः ६५ नचाप्यहंवृथाभूयोदारान्कर्तुमिहोत्सहे ॥ संतानस्याविनाशायकामयेभद्रमस्तुते ६६ अनपत्यतैकपुत्र
त्वमित्याहुर्धर्मवादिनः ॥ अग्निहोत्रंत्रयीविद्यासंतानमपिचाक्षयम् ६७ सर्वाण्येतान्यपत्यस्यकलांनार्हंतिषोडशीम् ॥ एवमेतन्मनुष्येषुतच्चसर्वप्रजास्विति ६८
यदपत्यंमहाप्राज्ञतत्रमेनास्तिसंशयः ॥ एषात्रयीपुराणानांदेवतानांचशाश्वती ६९ त्वंचशूरःसदामर्षीशस्त्रनित्यश्चभारत ॥ नान्यत्रयुद्धात्तस्मात्तेनिधनंविद्यते
क्वचित् ७० सोऽस्मिसंशयमापन्नस्त्वयिशांतेकथंभवेत् ॥ इतितेकारणंतातदुःखस्योक्तमशेषतः ७१ ॥ वैशंपायनउवाच ॥ ततस्तत्कारणंराज्ञोज्ञात्वासर्वमशे
षतः ॥ देवव्रतोमहाबुद्धिःप्रज्ञयाचान्वचिंतयत् ७२ अभ्यगच्छत्तदैवाशुवृद्धामात्यंपितुर्हितम् ॥ तमपृच्छत्तदाऽभ्येत्यपितुस्तच्छोककारणम् ७३ तस्मैसकुरु
मुख्याययथावत्परिपृच्छते ॥ वरंशशंसकन्यांतामुद्दिश्यभरतर्षभ ७४ ततोदेवव्रतोवृद्धैःक्षत्रियैःसहितस्तदा ॥ अभिगम्यदाशराजंकन्यांवव्रेपितुःस्वयम् ७५ तं
दाशःप्रतिजग्राहविधिवत्प्रतिपूज्यच ॥ अब्रवीच्चैनमासीनंराजसंसदिभारत ७६ त्वमेवनाथःपर्याप्तःशांतनोर्भरतर्षभ ॥ पुत्रःशस्त्रभृतांश्रेष्ठःकिंतुवक्ष्यामितेवचः
७७ कोहिसंबंधकंश्लाघ्यमीप्सितंयौनमीदृशम् ॥ अतिक्रामन्नतप्येतसाक्षादपिशतक्रतुः ७८ अपत्यंचैतदार्यस्ययोयुष्माकंसमोगुणैः ॥ यस्यशुक्रात्सत्यवतीसंभूता
वरवर्णिनी ७९ तेनमेबहुशस्तातपितातेपरिकीर्तितः ॥ अर्हःसत्यवतींवोढुंधर्मज्ञःसनराधिपः ८० असितोह्यपिदेवर्षिःप्रत्याख्यातःपुरामया ॥ सत्यवत्या
भृशंचार्थीसआसीदृषिसत्तमः ८१ कन्यापितृत्वात्किंचित्तुवक्ष्यामित्वांनराधिप ॥ बलवत्सपत्नतामत्रदोषंपश्यामिकेवलम् ८२ यस्यहित्वंसपत्नःस्यागंधर्वस्यासुर
स्यवा ॥ नसजातुचिरंजीवेत्त्वयिक्रुद्धेपरंतप ८३ एतावानत्रदोषोहिनान्यःकश्चनपार्थिव ॥ एतज्जानीहिभद्रंतेदानादानेपरंतप ८४ ॥ ॥ ॥

तिभावः त्रयीवेदः । सोऽयंलोकःपुत्रेणैवजय्योनान्येनकर्मणा । कर्मणापितृलोकोविद्ययादेवलोकइत्यादिः । पुराणानांमूलभूता देवतानांप्रमाणभूता ६९ । ७० । ७१ । ७२ । ७३ वरंवरणीयं ७४ । ७५ । ७६ । ७७ । ७८ । ७९ । ८० । ८१ । ८२ । ८३ । ८४ ॥ ॥ ॥ ॥ ॥

८५ । ८६ । ८७ । ८८ । ८९. कौमारिकाणांकुमारीस्नेहवतां ९.० । ९१ । ९२ । ९३ । ९४ । ९५ । ९६ । ९७ भीष्मोऽयं भयंकरकर्मकारित्वात् ९८ । ९९ । १०० । १ । २ । १०३

॥ वैशंपायनउवाच ॥ एवमुक्तस्तुगांगेयस्तद्युक्तंप्रत्यभाषत ॥ शृण्वतांभूमिपालानांपितुरर्थायभारत ८५ इदंमेव्रतमादत्स्वसत्यंसत्यवतांवर ॥ नैवजातोनवाऽजा
तईदृशंवक्तुमुत्सहेत् ८६ एवमेतत्करिष्यामियथात्वमनुभाषसे ॥ योऽस्यांजनिष्यतेपुत्रःसनोराजाभविष्यति ८७ इत्युक्तःपुनरेवाथतंदाशःप्रत्यभाषत ॥ चिकी
र्षुर्दुष्करंकर्मराज्यार्थेभरतर्षभ ८८ त्वमेवनाथःसंप्राप्तःशांतनोरमितद्युते ॥ कन्यायाश्चैवधर्मात्मन्प्रभुर्दानायचेश्वरः ८९ इदंतुवचनंसौम्यकार्यंचैवनिबोधमे ॥ कौ
मारिकाणांशीलेनवक्ष्याम्यहमरिंदम ९० यत्त्वयासत्यवत्यर्थेसत्यधर्मपरायण ॥ राजमुध्येप्रतिज्ञातमनुरूपंतवैवतत् ९१ नान्यथातन्महाबाहोसंशयोऽत्रनकश्चन ॥
तवापत्यंभवेद्यत्तुतत्रनःसंशयोमहान् ९२ ॥ वैशंपायनउवाच ॥ तस्यैतन्मतमाज्ञायसत्यधर्मपरायणः ॥ प्रत्यजानात्तदाराजन्पितुःप्रियचिकीर्षया ९३ ॥ गांगे
यउवाच ॥ दाशराजनिबोधेदंवचनंमेनृपोत्तम ॥ शृण्वतांभूमिपालानांयद्ब्रवीमिपितुःकृते ९४ राज्यंतावत्पूर्वमेवमयात्यक्तंनराधिपाः ॥ अपत्यहेतोरपिचकरि
ष्येऽद्यविनिश्चयम् ९५ अद्यप्रभृतिमेदाशब्रह्मचर्यंभविष्यति ॥ अपुत्रस्यापिमेलोकाभविष्यंत्यक्षयादिवि ९६ ॥ वैशंपायनउवाच ॥ तस्यतद्वचनंश्रुत्वासंप्रहृ
ष्टतनूरुहः ॥ ददानीत्येवतंदाशोधर्मात्माप्रत्यभाषत ९७ ततोऽन्तरिक्षेऽप्सरसोदेवाःसर्षिगणास्तदा ॥ अभ्यवर्षंतकुसुमैर्भीष्मोऽयमितिचाब्रुवन् ९८ ततःसपि
तुरर्थायतामुवाचयशस्विनीम् ॥ अधिरोहरथंमातर्गच्छावःस्वगृहानिति ९९ ॥ वैशंपायनउवाच ॥ एवमुक्त्वातुभीष्मस्तांरथमारोप्यभाविनीम् ॥ आगम्यहा
स्तिनपुरंशांतनोःसंन्यवेदयत् १०० तस्यतद्दुष्करंकर्मप्रशशंसुर्नराधिपाः ॥ समेताश्चपृथक्चैवभीष्मोयमितिचाब्रुवन् १ तच्छ्रुत्वादुष्करंकर्मकृतंभीष्मेणशांतनुः
॥ स्वच्छंदमरणंतुष्टोददौतस्मैमहात्मने २ नतेमृत्युःप्रभवितायावज्जीवितुमिच्छसि ॥ त्वत्तोह्यनुज्ञांसंप्राप्यमृत्युःप्रभविताऽनघ १०३ ॥ इतिश्रीमहाभारते
आदिपर्वणि संभवपर्वणि सत्यवतीलाभोपाख्याने शततमोऽध्यायः ॥ १०० ॥ ॥ ॥ ॥ वैशंपायनउवाच ॥ ततोविवाहेनिर्वृत्तेसराजा
शांतनुर्नृपः ॥ तांकन्यांरूपसंपन्नांस्वगृहेसंन्यवेशयत् १ ततःशांतनवोधीमान्सत्यवत्यामजायत ॥ वीरश्चित्रांगदोनामवीर्यवान्पुरुषेश्वरः २ अथापरंमहेष्वासं
सत्यवत्यांसुतंप्रभुः ॥ विचित्रवीर्यंराजानंजनयामासवीर्यवान् ३ अप्राप्तवतितस्मिंस्तुयौवनंपुरुषर्षभे ॥ सराजाशांतनुर्धीमान्कालधर्ममुपेयिवान् ४ स्वर्गतेशां
तनौभीष्मश्चित्रांगदमरिंदमम् ॥ स्थापयामासवैराज्येसत्यवत्यामतेस्थितः ५ सतुचित्रांगदःशौर्यात्सर्वांश्चिक्षेपपार्थिवान् ॥ मनुष्यंनहिमेनेसकंचित्सदृशमात्मनः
६ तंक्षिपंतंसुरांश्चैवमनुष्यानसुरांस्तथा ॥ गंधर्वराजोबलवांस्तुल्यनामाऽभ्ययात्तदा ७ तेनास्यसुमहद्युद्धंकुरुक्षेत्रेबभूवह ॥ तयोर्बलवतोस्तत्रगंधर्वकुरुमुख्ययोः
॥ नद्यास्तीरेसरस्वत्याःसमास्तिस्रोऽभवद्रणः ८ ॥ ॥ ॥ ॥ ॥ ॥

॥ इतिआदिपर्वणि नीलकंठीये भारतभावदीपे शततमोऽध्यायः ॥ १०० ॥ ॥ ॥ ॥ ॥ ततइति १ । २ । ३ कालधर्मंमृत्युं ४ । ५ । ६ तुल्यनामाचित्रांगदनामा ७ । ८

९ अंतायकृत्वाअंतंकर्तुंयुद्धंकृत्वेत्यर्थः १० । ११ । १२ । १३ । १४ ॥ इतिआदिपर्वणिनीलकंठीये भारतभावदीपे एकाधिकशततमोऽध्यायः ॥ १०१ ॥ ॥ ॥ हतेइति १ । २ । ३ । ४

तस्मिन्विमर्देतुमुलेशस्त्रवर्षसमाकुले ॥ मायाधिकोऽवधीद्वीरंगंधर्वःकुरुसत्तमम् ९ सहत्वातुनरश्रेष्ठंचित्रांगदमरिंदमम् ॥ अंतायकृत्वागंधर्वोदिवमाचक्रमेततः १०
तस्मिन्पुरुषशार्दूलेनिहतेभूरितेजसि ॥ भीष्मःशांतनवोराजाप्रेतकार्याण्यकारयत् ११ विचित्रवीर्यंचतदाबालमप्राप्तयौवनम् ॥ कुरुराज्येमहाबाहुरभ्यषिंचदनं
तरम् १२ विचित्रवीर्यःसतदाभीष्मस्यवचनेस्थितः ॥ अन्वशासन्महाराजपितृपैतामहंपदम् १३ सधर्मशास्त्रकुशलंभीष्मंशांतनवंनृपः ॥ पूजयामासधर्मेणसचै
नंप्रत्यपालयत् १४ ॥ इतिश्रीमहाभारते आदिपर्वणि संभवपर्वणि चित्रांगदोपाख्याने एकाधिकशततमोऽध्यायः ॥ १०१ ॥ ॥ ॥ वैशंपायन
उवाच ॥ हतेचित्रांगदेभीष्मोबालेभ्रातरिकौरव ॥ पालयामासतद्राज्यंसत्यवत्यामतेस्थितः १ संप्राप्तयौवनंदृष्ट्वाभ्रातरंधीमतांवरः ॥ भीष्मोविचित्रवीर्यस्यविवा
हायाकरोन्मतिम् २ अथकाशिपतेर्भीष्मःकन्यास्तिस्रोऽप्सरोपमाः ॥ शुश्रावसहिताराजन्वृण्वानावैस्वयंवरम् ३ ततःसरथिनांश्रेष्ठोरथेनैकेनशत्रुजित् ॥ जगामानु
मतेमातुःपुरींवाराणसींप्रभुः ४ तत्रराज्ञःसमुदितान्सर्वतःसमुपागतान् ॥ ददर्शकन्यास्ताश्चैवभीष्मःशांतनुनंदनः ५ कीर्त्यमानेषुराज्ञांतुतदानामसुसर्वशः ॥ ए
काकिनंतदाभीष्मंवृद्धंशांतनुनंदनम् ६ सोद्विग्नाइवतंदृष्ट्वाकन्याःपरमशोभनाः ॥ अपाक्रामंतताःसर्वावृद्धइत्येवचिंतया ७ वृद्धःपरमधर्मात्मावलीपलितधारणः ॥
किंकारणमिहायातोनिर्लज्जोभरतर्षभः ८ मिथ्याप्रतिज्ञोलोकेषुकिंवदिष्यतिभारत ॥ ब्रह्मचारीतिभीष्मोहिवृथैवप्रथितोभुवि ९ इत्येवंप्रब्रुवंतस्तेहसंतिस्मनृपा
धमाः ॥ वैशंपायनउवाच ॥ क्षत्रियाणांवचःश्रुत्वाभीष्मश्चुक्रोधभारतः १० भीष्मस्तदास्वयंकन्यावरयामासताःप्रभुः ॥ उवाचचमहीपालान्राजन्जलदनिः
स्वनः ११ रथमारोप्यताःकन्याभीष्मःप्रहरतांवरः ॥ आहूयदानंकन्यानांगुणवद्भ्यःस्मृतंबुधैः १२ अलंकृत्ययथाशक्तिप्रदायचधनान्यपि ॥ प्रयच्छंत्यपरेक
न्यांमिथुनेनगवामपि १३ वित्तेनकथितेनान्येबलेनान्येऽनुमान्यच ॥ प्रमत्तामुपयंत्यन्येस्वयमन्येचविंदते १४ आर्षविधिंपुरस्कृत्यदारान्विंदंतिचापरे ॥ अष्टमं
तमथोवित्तविवाहंकविभिर्वृतम् १५ स्वयंवरंतुराजन्याःप्रशंसंत्युपयांतिच ॥ प्रमथ्यतुहृतामाहुर्ज्यायसींधर्मवादिनः १६ ताइमाःपृथिवीपालाजिहीर्षामिबलादितः ॥
तेयतध्वंपरंशक्त्याविजयायेतरायवा १७ स्थितोऽहंपृथिवीपालायुद्धायकृतनिश्चयः ॥ एवमुक्त्वामहीपालान्काशिराजंचवीर्यवान् १८ सर्वाःकन्याःसकौरव्योरथमारो
प्यचस्वकम् ॥ आमंत्र्यचसतान्प्रायाच्छीघ्रंकन्याःप्रगृह्यताः १९ ततस्तेपार्थिवाःसर्वेसमुत्पेतुरमर्षिताः ॥ संस्पृशंतःस्वकान्बाहून्दशंतोदशनच्छदान् २० तेषामा
भरणान्याशुत्वरितानांविमुंचताम् ॥ आमुंचतांचवर्माणिसंभ्रमःसुमहानभूत् २१ ताराणामिवसंपातोबभूवजनमेजय ॥ भूषणानांचसर्वेषांकवचानांचसर्वशः २२

५ । ६ । ७ । ८ । ९ । १० । ११ आहूयेतिब्राह्मः १२ मिथुनेनगृहीतेनेत्यार्षः १३ वित्तेनेत्यासुरः । बलेनेतिराक्षसः अनुमान्येतिगांधर्वः । प्रमत्तामितिपैशाचः । स्वयमन्येइतिप्राजापत्यः १४
आर्षविधियज्ञं तेनदैवउक्तःएतेऽष्टौविवाहाःप्राग्व्याख्याताः । अष्टमंराक्षसंविवाहम् १५ प्रशंसंतिस्वयंवरमिति १६ । १७ । १८ । १९ । २० । २१ । २२ ॥ ॥

प्रकीर्यद्भिर्भूषणैरुपलक्षिता अनुसस्रुरितितृतीयेनान्वयः २३ । २४ । २५ । २६ । २७ । २८ । २९ । ३० । ३१ अन्यान्प्रतितस्यरथचारिणोलाघवंशैघ्र्यंपरध्वजादिच्छेदेयततवशत्रवोऽप्यपूजयन्निति

॥१०३॥ सवर्मभिर्भूषणैश्चप्रकीर्यद्भिरितस्ततः ॥ सक्रोधामर्षजिह्मभ्रूकषायीकृतलोचनाः २३ सूतोपक्लृप्तान्रुचिरान्सदश्वैरुपकल्पितान् ॥ रथानास्थायतेवीराःसर्वप्रहरणान्विताः २४ प्रयांतमथकौरव्यमनुसस्रुरुदायुधाः ॥ ततःसमभवद्युद्धंतेषांतस्यचभारत ॥ एकस्यचबहूनांचतुमुलंलोमहर्षणम् २५ तेत्विषून्दशसाहस्रांस्तस्मिन्युगपदाक्षिपन् ॥ अप्राप्तांश्चैवतानाशुभीष्मःसर्वांस्तथाऽन्तरा २६ अच्छिनच्छरवर्षेणमहतालोमवाहिना ॥ ततस्तेपार्थिवाःसर्वेसर्वतःपरिवार्यतम् २७ ववृषुःशरवर्षेणवर्षेणेवाद्रिमंबुदाः ॥ सतंबाणमयंवर्षंशरैरावार्यसर्वतः २८ ततःसर्वान्महीपालान्पर्यविध्यत्त्रिभिस्त्रिभिः ॥ एकैकस्तुततोभीष्मंराजन्विव्याधपंचभिः २९ सचतान्प्रतिविव्याधद्वाभ्यांद्वाभ्यांपराक्रमन ॥ तद्युद्धमासीत्तुमुलंघोरंदेवासुरोपमम् ३० पश्यतांलोकवीराणांशरशक्तिसमाकुलम् ॥ सधनूंषिध्वजाग्राणिवर्माणिचशिरांसिच ३१ चिच्छेदसमरेभीष्मःशतशोऽथसहस्रशः ॥ तस्यातिपुरुषानन्यांल्लाघवंरथचारिणः ३२ रक्षणंचात्मनःसंख्येशत्रवोऽप्यभ्यपूजयन् ॥ तान्विनिर्जित्यतुरणेसर्वशस्त्रभृतांवरः ३३ कन्याभिःसहितःप्रायाद्भारतोभारतान्प्रति ॥ ततस्तंपृष्ठतोराजन्शाल्वराजोमहारथः ३४ अभ्यगच्छदमेयात्माभीष्मंशांतनवंरणे ॥ वारणंजघनेभिंदन्दंताभ्यामपरोयथा ३५ वासितामनुसंप्राप्तोयूथपोबलिनांवरः ॥ स्त्रीकामस्तिष्ठतिष्ठेतिभीष्ममाहसपार्थिवः ३६ शाल्वराजोमहाबाहुरमर्षेणप्रचोदितः ॥ ततःसपुरुषव्याघ्रोभीष्मःपरबलार्दनः ३७ तद्वाक्याकुलितःक्रोधाद्विधूमोऽग्निरिवज्वलन् ॥ विततेषुधनुष्पाणिर्विकुंचितललाटभृत् ३८ क्षत्रधर्मंसमास्थायव्यपेतभयसंभ्रमः ॥ निवर्त्तयामासरथंशाल्वंप्रतिमहारथः ३९ निवर्त्तमानंतंदृष्ट्वाराजानःसर्वएवते ॥ प्रेक्षकाःसमपद्यंतभीष्मशाल्वसमागमे ४० तौवृषाविवनर्दन्तौबलिनौवासितांतरे ॥ अन्योन्यमभिवर्तेतांबलविक्रमशालिनौ ४१ ततोभीष्मंशांतनवंशरैःशतसहस्रशः ॥ शाल्वराजोनरश्रेष्ठःसमवाकिरदाशुगैः ४२ पूर्वमभ्यर्दितंदृष्ट्वाभीष्मंशाल्वेनतेनृपाः ॥ विस्मिताःसमपद्यंतसाधुसाध्वितिचाब्रुवन् ४३ लाघवंतस्यतेदृष्ट्वासमरेसर्वपार्थिवाः ॥ अपूजयंतसंहृष्टावाग्भिःशाल्वंनराधिपम् ४४ क्षत्रियाणांततोवाचःश्रुत्वापरपुरंजयः ॥ क्रुद्धःशांतनवोभीष्मस्तिष्ठतिष्ठेत्यभाषत ४५ सारथिंचाब्रवीत्क्रुद्धोयाहियत्रैषपार्थिवः ॥ यावदेनंनिहन्म्यद्यभुजंगमिवपक्षिराट् ४६ ततोऽस्त्रंवारुणंसम्यग्योजयामासकौरवः ॥ तेनाश्वांश्चतुरोऽमृद्नाच्छाल्वराजस्यभूपते ४७ अस्त्रैरस्त्राणिसंवार्यशाल्वराजस्यकौरवः ॥ भीष्मोनृपतिशार्दूलन्यवधीत्तस्यसारथिम् ४८ अस्त्रेणचास्याथैंद्रेणन्यवधीत्तुरगोत्तमान् ॥ कन्याहेतोर्नरश्रेष्ठभीष्मःशांतनवस्तदा ४९ जित्वाविसर्जयामासजीवंतंनृपसत्तमम् ॥ ततःशाल्वःस्वनगरंप्रययौभरतर्षभ ५० ॥१०२॥

संबंधः ३२ । ३३ । ३४ वासितांकरिणींप्राप्तंवारणंयथाऽपरोऽनुप्राप्तोजघनेभिंदन्निति संबंधः । 'वासितास्त्रीकरेण्वोश्च' इत्यमरः ३५ । ३६ । ३७ । ३८ । ३९ । ४० वृषौरेतःसेककामौगजौ गोवृषावेववा तत्ताहचर्याद्वासितापुष्पिणीगौस्तदंतरेतन्निमित्तम् ४१ । ४२ । ४३ । ४४ । ४५ । ४६ । ४७ । ४८ । ४९ जीवंतंप्राणमात्रावशेषितम् ५० ॥ ॥ ॥ ॥१०३॥

५१ । ५२ । ५३ । ५४ । ५५ काश्यस्यकाशिराजस्य ५६ अनुजाःकनिष्ठाः ५७ । ५८ । ५९ । ६० । ६१ । ६२ तस्यवैवाहिकस्यकर्मणःकाले ६३ । ६४ । ६५ । ६६ बृहत्यौचतेश्यामे

स्वराज्यमन्वशाञ्चैवधर्मेणनृपतिस्तदा ॥ राजानोयेचतत्रासन्स्वयंवरदिदृक्षवः ५१ स्वान्येवतेऽपिराष्ट्राणिजग्मुःपरपुरंजयाः ॥ एवंविजित्यताःकन्याभीष्मःप्रहरतां
वरः ५२ प्रययौहास्तिनपुरंयत्रराजासकौरवः ॥ विचित्रवीर्योधर्मात्माप्रशास्तिवसुधामिमाम् ५३ यथापिताऽस्यकौरव्यःशांतनुर्नृपसत्तमः ॥ सोऽचिरेणैवकालेन
अत्यक्रामन्नराधिप ५४ वनानिसरितश्चैवशैलांश्वविविधान्द्रुमान् ॥ अक्षतःक्षपयित्वाऽरीन्संख्येसंख्येयविक्रमः ५५ आनयामासकाश्यस्यसुताःसागरगासुतः ॥
स्नुषाइवसधर्मात्माभगिनीरिवचानुजाः ५६ यथादुहितरश्चैवपरिगृह्ययमौकुरून् ॥ आनिन्येसमहाबाहुर्भ्रातुःप्रियचिकीर्षया ५७ ताःसर्वगुणसंपन्नाभ्राताभ्रात्रेयवी
यसे ॥ भीष्मोविचित्रवीर्यायप्रददौविक्रमाहृताः ५८ एवंधर्मेणधर्मज्ञःकृत्वाकर्मातिमानुषम् ॥ भ्रातुर्विचित्रवीर्यस्यविवाहायोपचक्रमे ५९ सत्यवत्यासहमिथः
कृत्वानिश्चयमात्मवान् ॥ विवाहंकारयिष्यंतंभीष्मंकाशिपतेःसुता ॥ ज्येष्ठातासामिदंवाक्यमब्रवीद्धसतीतदा ६० मयासौभपतिःपूर्वंमनसाहिवृतःपतिः ॥ तेनचा
स्मिवृतापूर्वमेषकामश्चमेपितुः ६१ मयावरयितव्योऽभूच्छाल्वस्तस्मिन्स्वयंवरे ॥ एतद्विज्ञायधर्मज्ञधर्मतत्त्वंसमाचर ६२ एवमुक्तस्तयाभीष्मःकन्ययाविप्रसंसदि ॥
चिंतामभ्यगमद्वीरोयुक्तांतस्यैवकर्मणः ६३ विनिश्चित्यसधर्मज्ञोब्राह्मणैर्वेदपारगैः ॥ अनुजज्ञेतदाज्येष्ठामंबांकाशिपतेःसुताम् ६४ अंबिकांबालिकेभार्येप्रादाद्भ्रात्रेय
वीयसे ॥ भीष्मोविचित्रवीर्यायविधिदृष्टेनकर्मणा ६५ तयोःपाणीगृहीत्वातुरूपयौवनदर्पितः ॥ विचित्रवीर्योधर्मात्माकामात्मासमपद्यत ६६ तेचापिबृहतीश्या
मेनीलकुंचितमूर्धजे ॥ रक्ततुंगनखोपेतेपीनश्रोणिपयोधरे ६७ आत्मनःप्रतिरूपोऽसौलब्धःपतिरितिस्थिते ॥ विचित्रवीर्यंकल्याण्यौपूजयामासतुःशुभे ६८ सचा
श्विरूपसदृशोदेवतुल्यपराक्रमः ॥ सर्वासामेवनारीणांचित्तप्रमथनोरहः ६९ ताभ्यांसहसमाःसप्तविहरन्पृथिवीपतिः ॥ विचित्रवीर्यस्तरुणोयक्ष्मणासमगृह्यत ७०
सुहृदांयतमानानामाप्तैःसहचिकित्सकैः ॥ जगामास्तमिवादित्यःकौरव्योयमसादनम् ७१ धर्मात्मासतुगांगेयश्चिंताशोकपरायणः ॥ प्रेतकार्याणिसर्वाणितस्यस
म्यगकारयत् ७२ राज्ञोविचित्रवीर्यस्यसत्यवत्यामतेस्थितः ॥ ऋत्विग्भिःसहितोभीष्मःसर्वैश्चकुरुपुंगवैः ७३ ॥ इति श्रीमहाभारतेआदिपर्वणि संभवपर्वणि
विचित्रवीर्योपरमे द्व्यधिकशततमोऽध्यायः ॥ १०२ ॥ ॥ वैशंपायनउवाच ॥ ततःसत्यवतीदीनाकृपणापुत्रगृद्धिनी ॥ पुत्रस्यकृत्वाकार्याणिस्नुषाभ्यांसह
भारत १ समाश्वास्यस्नुषेतेचभीष्मंशस्त्रभृतांवरम् ॥ धर्मंचपितृवंशंचमातृवंशंचभाविनी ॥ प्रसमीक्ष्यमहाभागागांगेयंवाक्यमब्रवीत् २ शांतनोर्धर्मनित्यस्यकौरव्य
स्ययशस्विनः ॥ त्वयिपिंडश्चकीर्तिश्चसंतानंचप्रतिष्ठितम् ३ ॥ ॥ ॥ ॥ ॥

चप्रौढअप्रसूतेच बृहतीपुष्पवद्रक्तश्यामेइत्यन्ये ६७ स्थितेतत्रैवनिष्ठावत्यौ ६८ । ६९ । ७० । ७१ । ७२ । ७३ ॥ इति आदिपर्वणि नीलकंठीये भारतभावदीपे द्व्यधिकश
ततमोऽध्यायः ॥ १०२ ॥ ॥ ततइति १ । २ । ३ ॥ ॥ ॥ ॥ ॥ ॥ ॥

४ इतरेणविस्तरेण ५ । ६ आश्वस्यविश्वासंप्राप्य ७ । ८ । ९ । १० राज्येचैवराज्यएववाआत्मानमभिषिच्यस्वअभिषेचय कुरुब्रह्मचर्यसंकल्पात्प्रभृतित्यक्तान् संततर्थमंगीकुरु मानिमज्जीर्मानिम

यथाकर्मशुभंकृत्वास्वर्गोपगमनंध्रुवम् ॥ यथाचायुर्ध्रुवंसत्येत्वयिधर्मस्तथाध्रुवः ४ वेत्थधर्मांश्चधर्मज्ञसमासेनेतरेणच ॥ विविधास्त्वंश्रुतीर्वेत्थवेदांगानिचसर्वशः ५
व्यवस्थानंचतेधर्मेकुलाचारंचलक्षये ॥ प्रतिपत्तिंचकृच्छ्रेषुशुक्रांगिरसयोरिव ६ तस्मात्सुभृशमाश्वस्यत्वयिधर्मभृतांवर ॥ कार्येत्वांविनियोक्ष्यामितच्छ्रुत्वाकर्तुं
मर्हसि ७ ममपुत्रस्तवभ्रातावीर्यवान्सुप्रियश्चते ॥ बालएवगतःस्वर्गमपुत्रःपुरुषर्षभ ८ इमेमहिष्यौभ्रातुस्तेकाशिराजसुतेशुभे ॥ रूपयौवनसंपन्नेपुत्रकामेचभा
रत ९ तयोरुत्पादयापत्यंसंतानायकुलस्यनः ॥ मन्नियोगान्महाबाहोधर्मंकर्तुमिहार्हसि १० राज्येचैवाभिषिच्यस्वभारताननुशाधिच ॥ दारांश्चकुरुधर्मेणमानि
मज्जीःपितामहान् ११ ॥ वैशंपायनउवाच ॥ तथोच्यमानोमात्रासुहृद्भिश्चपरंतपः ॥ इत्युवाचाथधर्मात्माधर्म्यमेवोत्तरंवचः १२ असंशयंपरोधर्मस्त्वयामा
तरुदाहृतः ॥ त्वमपत्यंप्रतिचमेप्रतिज्ञांवेत्थवैपराम् १३ जानासिचयथावृत्तंशुल्कहेतोस्त्वदंतरे ॥ ससत्यवतिसत्यंतेप्रतिजानाम्यहंपुनः १४ परित्यजेयंत्रैलो
क्यंराज्यंदेवेषुवापुनः ॥ यद्वाऽप्यधिकमेताभ्यांनतुसत्यंकथंचन १५ त्यजेच्चपृथिवीगंधमापश्चरसमात्मनः ॥ ज्योतिस्तथात्यजेद्रूपंवायुःस्पर्शगुणंत्यजेत् १६
प्रभांसमुत्सृजेदर्कोधूमकेतुस्तथोष्मताम् ॥ त्यजेच्छब्दंतथाऽऽकाशंसोमःशीतांशुतांत्यजेत् १७ विक्रमंवृत्रहाजह्याद्धर्मंजह्याच्चधर्मराट् ॥ नत्वहंसत्यमुत्स्रष्टुंव्यव
सेयंकथंचन १८ एवमुक्तातुपुत्रेणभूरिद्रविणतेजसा ॥ मातासत्यवतीभीष्ममुवाचतदनंतरम् १९ जानामितेस्थितिंसत्येपरांसत्यपराक्रम ॥ इच्छन्सृजेथास्त्रींल्लो
कानन्यांस्त्वंस्वेनतेजसा २० जानामिचैवंसत्यंतन्मदर्थेयच्चभाषितम् ॥ आपद्धर्ममवेक्ष्यवहपैतामहींधुरम् २१ यथातेकुलतंतुश्चधर्मश्चनपराभवेत् ॥ सुहृदश्च
प्रहृष्येरंस्तथाकुरुपरंतप २२ लालप्यमानांतामेवंकृपणांपुत्रगृद्धिनीम् ॥ धर्मादपेतंब्रुवतींभीष्मोभूयोऽब्रवीदिदम् २३ राज्ञिधर्मानवेक्षस्वमानःसर्वान्व्यनीनशः ॥
सत्याच्च्युतिःक्षत्रियस्यनधर्मेषुप्रशस्यते २४ शांतनोरपिसंतानंयथास्यादक्षयंभुवि ॥ तत्तेधर्मंप्रवक्ष्यामिक्षात्रंराज्ञिसनातनम् २५ श्रुत्वातंप्रतिपद्यस्वप्राज्ञैःसह
पुरोहितैः ॥ आपद्धर्मार्थकुशलैर्लोकतंत्रमवेक्ष्यच २६ ॥ इति श्रीम० आ० सं० भीष्मसत्यवतीसंवादेत्र्यधिकशततमोऽध्यायः ॥ १०३ ॥ भीष्मउवाच ॥
जामदग्न्येनरामेणपितुर्वधममृष्यता ॥ राजापरशुनापूर्वंहैहयाधिपतिर्हतः १ शतानिदशबाहूनांनिकृत्तान्यर्जुनस्यवै ॥ लोकस्याचरितोधर्मस्तेनातिकिलदुश्चरः २
पुनश्चधनुरादायमहास्त्राणिप्रमुंचता ॥ निर्दग्धंक्षत्रमसकृद्रथेनजयतामहीम् ३ एवमुच्चावचैरस्त्रैर्भार्गवेणमहात्मना ॥ त्रिःसप्तकृत्वःपृथिवीकृतानिःक्षत्रियापुरा ४
एवंनिःक्षत्रियेलोकेकृतेतेनमहर्षिणा ॥ ततःसंभूयसर्वाभिःक्षत्रियाभिःसमंततः ५ उत्पादितान्यपत्यानिब्राह्मणैर्वेदपारगैः ॥ पाणिग्राहस्यतनयइतिवेदेषुनिश्चितम् ६

ज्जय ११ । १२ । १३ त्वदंतरेत्वन्निमित्तं १४ । १५ । १६ । १७ । १८ भूरिद्रविणतेजसाबहुबलोत्साहवता १९ । २० । २१ । २२ । २३ । २४ । २५ । २६ । २७ ॥ इतिआदिपर्वणि नीलकं
ठीये भारतभावदीपे त्र्यधिकशततमोऽध्यायः ॥ १०३ ॥ जामदग्न्येनेति १ निकृत्तानिछिन्नानि २ । ३ । ४ । ५ ब्राह्मणैःसंभूयसंगंकृत्वोत्पादितानीतिसंबंधः ६ ॥ ॥ ॥

ननुकथंतर्हि'माताभस्त्रापितुःपुत्रोयेनजातःसएवसः'इत्युक्तं । 'अन्योदर्योमनसामंतवाउ'इतिश्रुतेरन्योदर्योमनसाऽपिनमंतव्योममायंपुत्रइतितन्निर्वचनात्'नशेषोअग्ने अन्यजातमस्ति'इतिश्रुतेश्चान्यक्षेत्रेऽन्यस्मा त्स्वस्माद्वाजातःशेषशब्दितोनसत्रपुत्रःकिंतुक्षेत्रपतेरेवेतिनिश्चयात् । तेनदत्तक्रीतान्यक्षेत्रजादीनामपुत्रत्वंसिद्धमतआह धर्ममिति। धर्मममायंपुत्रोभविष्यतीत्यभिलाषं । अथखलुक्रतुमयःपुरुषइतिसंकल्प प्राधान्यश्रुतेःस्त्रीपुंसयोर्मध्येयस्यसंकल्पोदृढस्तस्यैवपुत्रइत्यर्थः । माताभस्त्रेतितुविवाहविषयं । नन्वेवंशालिक्षेत्रेयवबीजादपिशाल्यंकुरोत्पत्तिःस्यादितिचेन्न दावाग्निदग्धात्कदलीकांडादपिवेत्रांकुरोत्प त्तिदृष्टेःश्वमस्तकेन्युप्तगोधूमयावनालादेःपलांडुलशुनांकुरोत्पत्तिदृष्टेश्चभावनाविशेषजन्यधर्मस्यैवविशेषाधायकत्वाभ्युपगमात् । धनादिनोपनिमंत्रणाच्चक्षेत्रपतेरेवसासंततिर्नविप्रस्य लोकेपीति कल्माषपाद

धर्ममनसिसंस्थाप्यब्राह्मणांस्ताःसमभ्ययुः ॥ लोकेऽप्याचरितोदृष्टःक्षत्रियाणांपुनर्भवः ७ ततःपुनःसमुदितंक्षत्रंसमभवत्तदा ॥ इमंचैवात्रवक्ष्येऽहमितिहासंपुरा तनम् ८ अथोतथ्यइतिख्यातआसीद्धीमानृषिःपुरा ॥ ममतानामतस्यासीद्भार्यापरमसंमता ९ उतथ्यस्ययवीयांस्तुपुरोधास्त्रिदिवौकसाम् ॥ बृहस्पतिर्बृहत्ते जाममतामन्वपद्यत १० उवाचममतातंतुदेवरंवदतांवरम् ॥ अंतर्वत्नीत्वहंभ्रात्राज्येष्ठेनारम्यतामिति ११ अयंचमेमहाभागकुक्षावेवबृहस्पते ॥ औतथ्योवेदमत्रा पिषडंगंप्रत्यधीयत १२ अमोघरेतास्त्वंचापिद्वयोर्नास्त्यत्रसंभवः ॥ तस्मादेवंगतेत्वद्यउपारमितुमर्हसि १३ एवमुक्तस्तदासम्यक्बृहस्पतिरुदारधीः ॥ कामा त्मानंतदाऽऽत्मानंनशशाकनियच्छितुम् १४ सबभूवततःकामीतयासार्धमकामया ॥ उत्सृजंतंतुतंरेतःसगर्भस्थोऽभ्यभाषत १५ भोस्तातमागमःकामंद्वयोर्नास्तीह संभवः ॥ अल्पावकाशोभगवन्पूर्वंचाहमिहागतः १६ अमोघरेताश्चभवान्नपीडांकर्तुमर्हति ॥ अश्रुत्वैवतुतद्वाक्यंगर्भस्थस्यबृहस्पतिः १७ जगाममैथुनायैवममतां चारुलोचनाम् ॥ शुक्रोत्सर्गंततोबुद्ध्वातस्यागर्भगतोमुनिः १८ पद्भ्यामारोधयन्मार्गंशुक्रस्यचबृहस्पतेः ॥ स्थानमप्राप्तमथतच्छुक्रंप्रतिहतंतदा १९ पपातसह साभूमौततःक्रुद्धोबृहस्पतिः ॥ तंदृष्ट्वापतितंशुक्रंशशापसरुषाऽन्वितः २० उतथ्यपुत्रंगर्भस्थंनिर्भर्त्स्यभगवानृषिः ॥ यन्मांत्वमीदृशेकालेसर्वभूतेप्सितेसति २१ एवमात्थवचस्तस्मात्तमोदीर्घंप्रवेक्ष्यसि ॥ सवैदीर्घतमानामशापादृषिरजायत २२ बृहस्पतेर्बृहत्कीर्तेर्बृहस्पतिरिवौजसा ॥ जात्यंधोवेदवित्प्राज्ञःपत्नींलेभेस विद्यया २३ तरुणींरूपसंपन्नांप्रद्वेषींनामब्राह्मणीम् ॥ सपुत्राञ्जनयामाससगौतमादीन्महायशाः २४ ऋषेरुतथ्यस्यतदासंतानकुलवृद्धये ॥ धर्मात्माचमहात्माच वेदवेदांगपारगः २५ गोधर्मंसौरभेयाच्चसोऽधीत्यनिखिलंमुनिः ॥ प्रावर्ततततदाकर्तुंश्रद्धावांस्तमशंकया २६ ततोवितथमर्यादंतंदृष्ट्वामुनिसत्तमाः ॥ क्रुद्धामोहाभि भूतास्तेसर्वेतत्राश्रमौकसः २७ अहोऽयंभिन्नमर्यादोनाश्रमेवस्तुमर्हति ॥ तस्मादेनंवयंसर्वेपापात्मानंत्यजामहे २८ ॥ ॥

क्षेत्रेमदयंत्यांवसिष्ठेनपुत्राउत्पादिताइतिलोकेऽप्याचरितोऽनुष्ठितोदृष्टःक्षत्रियाणांभवउत्पत्तिर्ब्राह्मणेभ्यइतिशेषः ७ । ८ । ९ अन्वपद्यतउपगतवान् १० आरम्यतामुपरम्यतां ११ । १२ । १३ आत्मानंचित्तं नियच्छितुंनियंतुं १४ तयाकामनिग्रहाशक्तया १५ कामंमैथुनंमागमः १६ । १७ । १८ । १९ तंशशापेतिसंबंधः २० । २१ दीर्घतमःअंधत्वं २२ । २३ । २४ सम्यक्तानंविस्ता रोयस्यतस्यकुलस्यवृद्धयेविस्तीर्णस्यापिवृद्धयेइत्यर्थः २५ गोधर्मंप्रकाशमैथुनंसौरभेयात्कामधेनुपुत्रादधीत्याधिगम्य २६ मोहाभिभूतत्वमपापेपापदर्शित्वात् २७ । २८ ॥ ॥

पुत्रलाभालब्धपुत्रा । तदागोधर्मकाले । नतुतोषवेमुनयःपत्नीचतंत्यक्तवंइत्यर्थः यतःअतएवप्रद्वेषीतितस्यानाम २९ द्वेक्षिद्वेपंकरोषि पतिःपालनादुपसर्गेभ्यः । भरणादक्षादिनार्भर्ताच ३० अहंतुभ त्युतस्त्वद्भरणाशक्तासतीनभरेयं तदातदेव लुप्तोपमा पूर्ववदित्यर्थः ३१ । ३२ धनमर्थश्चोपभोगादिः ३३ नभरेयंयथापुरा भर्तृतरंकरिष्यामीत्याशयः ३४ एकएवेति । ननुयदेकस्मिन्पूपेद्वेरशनेपरि व्ययतितस्मादेकोद्वेजायेविदतेयन्नेकांरशनांद्वयोर्यूपयोःपरिव्ययतितस्मान्नैकाद्वौपतीविंदतइत्यार्थवादिकनिषेधविषेरेकस्याःपतिद्वयस्याप्राप्तत्वात्कथमियंदीर्घतमसामर्यादाक्रियतेइतिचेत्तत्राह मृतेइति । तस्मा देकस्यबह्व्योजायाभवंतिनैकस्यैबहवःसहपतयइति श्रुत्यंतरेसहशब्दात्पर्यायेणानेकपतित्वमसंजनाद्रागतःप्राप्तत्वाच्चतन्निषेधोपपत्तिः सहशब्दोऽपिरागतःप्राप्तानुवादएवनविधायकः अन्यथार्त्विहितप्रतिपिद्ध

इत्यन्योऽन्यंसमाभाष्यतेदीर्घतमसंमुनिम् ॥ पुत्रलाभाचसापत्नीनतुतोषपतिंतदा २९ प्रद्विषंतींपतिर्भार्याकिंमांद्वेक्षीतिचाब्रवीत् ॥ प्रद्वेष्युवाच ॥ भार्यायाभ रणाद्भर्तापालनाच्चपतिःस्मृतः ३० अहंत्वद्भरणाशक्ताजात्यंधंससुतंतदा ॥ नित्यकालंश्रमेणार्तानभरेयंमहातपः ३१ ॥ भीष्मउवाच ॥ तस्यास्तद्वचनंश्रुत्वा ऋषिःकोपसमन्वितः ॥ प्रत्युवाचततःपत्नींप्रद्वेषींससुतांतदा ३२ नीयतांक्षत्रियकुलेधनार्थश्चभविष्यति ॥ प्रद्वेष्युवाच ॥ त्वयादत्तंधनंविप्रनेच्छेयंदुःखकार णम् ३३ यथेष्टंकुरुविप्रेंद्रनभरेयंपुरायथा ॥ दीर्घतमाउवाच ॥ अद्यप्रभृतिमर्यादामयालोकेप्रतिष्ठिता ३४ एकएवपतिर्नार्यायावज्जीवंपरायणम् ॥ मृतेजीवति वातस्मिन्नापरंप्राप्नुयान्नरम् ३५ अभिगम्यपरंनारीपतिष्यतिनसंशयः ॥ अपतीनांतुनारीणामद्यप्रभृतिपातकम् ३६ यद्यस्तिचेद्धनंसर्वंवृथाभोगाभवंतुताः ॥ अ कीर्तिःपरिवादाश्चनित्यंतासांभवंतुवै ३७ इतितद्वचनंश्रुत्वाब्राह्मणीभृशकोपिता ॥ गंगायांनीयतामेषपुत्राइत्येवमब्रवीत् ३८ लोभमोहाभिभूतास्तेपुत्रास्तंगौत मादयः ॥ बद्ध्वोडुपेपरिक्षिप्यगंगायांसमवासृजन् ३९ कस्मादंधश्चवृद्धश्चभर्तव्योऽयमितिस्मते ॥ चिंतयित्वाततःक्रूराःप्रतिजग्मुरथोगृहान् ४० सोऽनुस्रोत स्तदाविप्रःप्लवमानोयदृच्छया ॥ जगामसुबहून्देशानंधस्तेनोडुपेनह ४१ तंतुराजाबलिर्नामसर्वधर्मविदांवरः ॥ अपश्यन्मज्जनगतःस्रोतसाऽभ्याशमागतम् ४२ जग्राहचैनंधर्मात्माबलिःसत्यपराक्रमः ॥ ज्ञात्वाचैवंसवव्रेऽथपुत्रार्थेभरतर्षभ ४३ संतानार्थंमहाभागभार्यासुममानद ॥ पुत्रान्धर्मार्थकुशलानुत्पादयितुमर्हसि ४४ एवमुक्तःसतेजस्वीतंतथेत्युक्तवानृषिः ॥ तस्मैसराजास्वांभार्यांसुदेष्णांप्राहिणोत्तदा ४५ अंधंवृद्धंचतंमत्वानसादेवीजगामह ॥ स्वांतुधात्रेयिकांतस्मैवृद्धाय प्राहिणोत्तदा ४६ तस्यांकाक्षीवदादीन्सशूद्रयोनावृषिस्तदा ॥ जनयामासधर्मात्मापुत्रानेकादशैवतु ४७ काक्षीवदादीन्पुत्रांस्तान्दृष्ट्वासर्वानधीयतः ॥ उवाचतमृ षिंराजाममेमइतिभारत ४८ नेत्युवाचमहर्षिस्तंममैमइतिचाब्रवीत् ॥ शूद्रयोनौमयाहीमेजाताःकाक्षीवदादयः ४९ ॥ ॥

त्वादनेकपतित्वेविकल्पःस्यात् । कथंतर्हिद्रौपद्याःपंचपांडवामारिषायाश्चदशप्राचेतसइदानींतनानांचद्वित्रादयःपतयोदृश्यंतइतिचेन्न । नदेवचरितंचरेदितिन्यायेनदेवताकल्पेषुपर्यनुयोगायोगात् । नीचा नांपशुप्रायाणांचाचारस्याप्रामाण्याच्चअधिकारिविषयवत्वाच्चनियोगस्येतिदिक् ३५ । ३६ भोगःपुंयोगः । वृथाऐहिकप्रतिष्ठाकरसंततिशून्यः । मत्युतान्यथैवतत्स्यादित्याहाकीर्तिश्चेति ३७ । ३८ उडुपेप्लवे । 'उडुपंतुप्लवःकोल'इत्यमरः ३९ । ४० । ४१ मज्जनगतःस्नानार्थंगतः स्रोतसाप्रवाहेण अभ्याशंसमीपं ४२ । ४३ । ४४ । ४५ । धात्रेयिकांदासीं ४६ । ४७ । ४८ । ४९

५० । ५१ अंगेषुस्पृष्ट्वास्वरूपज्ञानार्थमितिभावः संधिरार्षः ५२ । ५३ । ५४ । ५५ यथेप्सितंब्राह्मणेभ्योवंशवृद्धिमित्यर्थः ५६ ॥ इतिआदिपर्वणि नीलकंठीयेभारतभावदीपे चतुरधिकशततमोऽध्यायः ॥ १०४ ॥ ॥ पुनरिति १ । २ संसज्जमानयास्खलनवत्या ३ विश्वासादंतरंगत्वबुद्धेः । संतानायविस्ताराय ४ आपद्धर्ममवेक्ष्येतिशेषः धर्मोधर्मरक्षकः ५ सत्यंवचनमितिशेषः तरीनौका ६ । ७

अंधंवृद्धंचमांदृष्ट्वासुदेष्णामहिषीतव ॥ अवमन्यददौमूढाशूद्रांधात्रेयिकांमम ५० ततःप्रसादयामासपुनस्तमृषिसत्तमम् ॥ बलिःसुदेष्णांस्वांभार्यांतस्मैसप्राहिणोत्पुनः ५१ तांसदीर्घतमाऽङ्गेषुस्पृष्ट्वादेवीमथाब्रवीत् ॥ भविष्यंतिकुमारास्तेतेजसाऽऽदित्यवर्चसः ५२ अंगोवंगःकलिंगश्चपुंड्रःसुह्मश्चतेसुताः ॥ तेषांदेशाःसमाख्याताःस्वनामकथिताभुवि ५३ अंगस्यांगोऽभवद्देशोवंगोवंगस्यचस्मृतः ॥ कलिंगविषयश्चैवकलिंगस्यचसस्मृतः ५४ पुंड्रस्यपुंड्राःप्रख्याताःसुह्माःसुह्मस्यचस्मृताः ॥ एवंबलेःपुरावंशःप्रख्यातोवैमहर्षिजः ५५ एवमन्येमहेष्वासाब्राह्मणैःक्षत्रियाभुवि ॥ जाताःपरमधर्मज्ञावीर्यवंतोमहाबलाः ॥ एतच्छ्रुत्वात्वमप्यत्रमातःकुरुयथेप्सितम् ५६ ॥ इतिश्रीमहाभारते आदिपर्वणि संभवपर्वणि भीष्मसत्यवतीसंवादेचतुरधिकशततमोऽध्यायः ॥ १०४ ॥ ॥ भीष्मउवाच ॥ पुनर्भरतवंशस्यहेतुंसंतानवृद्धये ॥ वक्ष्यामिनियतंमातस्तन्मेनिगदतःशृणु १ ब्राह्मणोगुणवान्कश्चिद्धनेनोपनिमंत्र्यताम् ॥ विचित्रवीर्यक्षेत्रेषुयःसमुत्पादयेत्प्रजाः २ ॥ वैशंपायनउवाच ॥ ततःसत्यवतीभीष्मंवाचासंसज्जमानया ॥ विहसंतीवसव्रीडमिदंवचनमब्रवीत् ३ सत्यमेतन्महाबाहोयथावदसिभारत ॥ विश्वासात्तेप्रवक्ष्यामिसंतानायकुलस्यनः ४ नतेशक्यमनाख्यातुमापद्धर्मंतथाविधम् ॥ त्वमेवनःकुलेधर्मस्त्वंसत्यंत्वंपरागतिः ५ तस्मान्निशम्यसत्यंमेकुरुष्वयदनंतरम् ॥ धर्मयुक्तस्यधर्मार्थंपितुरासीत्तरीमम ६ साकदाचिदहंतत्रगताप्रथमयौवनम् ॥ अथधर्मविदांश्रेष्ठःपरमर्षिःपराशरः ७ आजगामतरींधीमांस्तरिष्यन्यमुनांनदीम् ॥ सतार्यमाणोयमुनांमामुपेत्याब्रवीत्तदा ८ सांत्वपूर्वंमुनिश्रेष्ठःकामार्तोमधुरंवचः ॥ उक्तंजन्मकुलंमह्यमस्मिदाशसुतेत्यहम् ९ तमहंशापभीताचपितुर्भीताचभारत ॥ वरैरसुलभैरुक्तानप्रत्याख्यातुमुत्सहे १० अभिभूयसमांबालांतेजसावशमानयत् ॥ तमसालोकमावृत्यनौगतामेवभारत ११ मत्स्यगंधोमहानासीत्पुरामममजुगुप्सितः ॥ तमपास्यशुभंगंधमिमंप्रादात्समेमुनिः १२ ततोमामाहसमुनिर्गर्भमुत्सृज्यमामकम् ॥ द्वीपेऽस्याएवसरितःकन्यैवत्वंभविष्यसि १३ पाराशर्योमहायोगीसबभूवमहानृषिः ॥ कन्यापुत्रोममपुराद्वैपायनइतिश्रुतः १४ योव्यस्यवेदांश्चतुरस्तपसाभगवानृषिः ॥ लोकेव्यासत्वमापेदेकार्ष्ण्यात्कृष्णत्वमेवच १५ सत्यवादीशमपरस्तपस्वीदग्धकिल्बिषः ॥ समुत्पन्नःसतुमहान्सहपित्राततोगतः १६ ॥ ॥ ॥ ॥ ॥ ॥

८ । ९ उक्ताप्रलोभितेत्यर्थः १० बालांपुंयोगमनिच्छंतींबालामिव ११ । १२ मामकंगर्भमुत्सृज्यकन्यैवत्वंभविष्यसीतिमुनिवचनाज्जातापत्यायाअपिकन्यात्वाविनाशात्पुनर्दाशसंसर्गजंहीनवर्णत्वंनाभूत् कन्यात्वावस्थायांकामभक्षादिनिषेधाभावात् । किंचपृथासत्यवत्योरनिच्छंत्योरेवसूर्यपराशराभ्यामपत्योत्पादनंकृतमतोनतयोःकन्यात्वोच्छित्तिरितिभावः १३ । १४ कार्ष्ण्यात्कृष्णत्वात् ईश्वरादनन्यत्वाद्देवकृष्णत्वमित्यर्थः १५ । १६ ॥ ॥ ॥ ॥ ॥ ॥ ॥

६

व्यक्तंनिःसंशयं १७ । १८ । १९ । २० अनुबध्यतेऽनेनेत्यनुबंधः फलं परिणामेसुखकरमेवार्थादिकंतद्विपर्ययंवाऽर्थनाशादिकंपश्येत् । अत्यल्पदोषानुसंधानेनमहतःफलस्यनाशोनकार्यइत्यभिप्रायः २१

सनियुक्तोमयाव्यक्तंत्वयाचाप्रतिमद्युतिः ॥ भ्रातुःक्षेत्रेषुकल्याणमपत्यंजनयिष्यति १७ सहिमामुक्तवांस्तत्रस्मरेःकृच्छ्रेषुमामिति ॥ तंस्मरिष्येमहाबाहोयदिभीष्म त्वमिच्छसि १८ तवह्यनुमतेभीष्मनियतंसमहातपाः ॥ विचित्रवीर्यक्षेत्रेषुपुत्रानुत्पादयिष्यति १९ ॥ वैशंपायनउवाच ॥ महर्षेःकीर्तनेतस्यभीष्मःप्रांजलिरब्र वीत् ॥ धर्ममर्थंचकामंचत्रीनेतान्योऽनुपश्यति २० अर्थमर्थानुबंधंचधर्मंधर्मानुबंधनम् ॥ कामंकामानुबंधंचविपरीतान्पृथक्पृथक् २१ योविचिंत्यधियाधीरोव्य वस्यतिसबुद्धिमान् ॥ तदिदंधर्मयुक्तंचहितंचैवकुलस्यनः २२ उक्तंभवत्यायच्छ्रेयस्तन्मह्यंरोचतेभृशम् ॥ वैशंपायनउवाच ॥ ततस्तस्मिन्प्रतिज्ञातेभीष्मेणकुरु नंदन २३ कृष्णद्वैपायनंकालीचिंतयामासवैमुनिम् ॥ सवेदान्विब्रुवन्धीमान्मातुर्विज्ञायचिंतितम् २४ प्रादुर्बभूवाविदितःक्षणेनकुरुनंदन ॥ तस्मैपूजांततःकृत्वासु तायविधिपूर्वकम् २५ परिष्वज्यचबाहुभ्यांप्रस्नवैरभ्यषिंचत ॥ मुमोचबाष्पंदाशेयीपुत्रंदृष्ट्वाचिरस्यतु २६ तामद्भिःपरिषिच्यार्तांमहर्षिरभिवाद्यच ॥ मातरंपूर्वजः पुत्रोव्यासोवचनमब्रवीत् २७ भवत्यायदभिप्रेतंतदहंकर्तुमागतः ॥ शाधिमांधर्मतत्त्वज्ञेकरवाणिप्रियंतव २८ तस्मैपूजांततोऽकार्षीत्पुरोधाःपरमर्षये ॥ सचतांप्रतिजग्रा हविधिवन्मंत्रपूर्वकम् २९ पूजितोमंत्रपूर्वंतुविधिवत्प्रीतिमापसः ॥ तमासनगतंमातापृष्ट्वाकुशलमव्ययम् ३० सत्यवत्यथवीक्ष्यैनमुवाचेदमनंतरम् ॥ मातापित्रोः प्रजायंतेपुत्राःसाधारणाःकवे ३१ तेषांपितायथास्वामीतथामातानसंशयः ॥ विधानविहितःसत्वंयथामेप्रथमःसुतः ३२ विचित्रवीर्योब्रह्मर्षेतथामेऽवरजःसुतः ॥ यथैवपितृतोभीष्मस्तथात्वमपिमातृतः ३३ भ्राताविचित्रवीर्यस्ययथावापुत्रमन्यसे ॥ अयंशांतनवःसत्यंपालयन्सत्यविक्रमः ३४ बुद्धिंनकुरुतेऽपत्येतथाराज्याऽनु शासने ॥ सत्वंव्यपेक्षयाभ्रातुःसंतानायकुलस्यच ३५ भीष्मस्यचास्यवचनान्नियोगाच्चममानघ ॥ अनुक्रोशाच्चभूतानांसर्वेषांरक्षणायच ३६ आनृशंस्याच्चयद्ब्रूयांत च्छ्रुत्वाकर्तुमर्हसि ॥ यवीयसस्तवभ्रातुर्भार्येसुरसुतोपमे ३७ रूपयौवनसंपन्नेपुत्रकामेचधर्मतः ॥ तयोरुत्पादयापत्यंसमर्थोह्यसिपुत्रक ३८ अनुरूपंकुलस्यास्यसं तत्याःप्रसवस्यच ॥ व्यासउवाच ॥ वेत्थधर्मंसत्यवतिपरंचापरमेवच ३९ तथातवमहाप्राज्ञेधर्मेप्रणिहितामतिः ॥ तस्मादहंत्वन्नियोगाद्धर्ममुद्दिश्यकारणम् ४० ईप्सितंतेकरिष्यामिदृष्टंह्येतत्सनातनम् ॥ भ्रातुःपुत्रान्प्रदास्यामिमित्रावरुणयोःसमान् ४१ व्रतंचरेतांतेदेव्यौनिर्दिष्टमिहयन्मया १ संवत्सरंयथान्यायंततःशुद्धेभवि ष्यतः ४२ नहिमामव्रतोपेताउपेयात्काचिदंगना ॥ सत्यवत्युवाच ॥ सद्योयथाप्रपद्येतेदेव्यौगर्भंतथाकुरु ४३ अराजकेषुराष्ट्रेषुप्रजाऽनाथाविनश्यति ॥ नश्यंति चक्रियाःसर्वानास्तिवृष्टिर्नदेवता ४४ ॥ ॥ ॥ ॥ ॥ ॥ ॥

२२ । २३ । २४ । २५ । २६ । २७ । २८ । २९ । ३० । ३१ विधानविहितःपूर्वपुण्यप्रसूतः ३२ । ३३ । ३४ व्यपेक्षयास्नेहानुबंधेन ३५ नियोगादाज्ञातः । अनुक्रोशात् कृपातः ३६ आनृशंस्या दनैष्ठुर्यात् ३७ । ३८ परंधर्मंनिवृत्तिरूपं अपरंधर्मंप्रवृत्तिरूपं आमुष्मिकमैहिकमितिवा ३९ । ४० । ४१ देव्यौराजभार्ये ४२ । ४३ । ४४ ॥ ॥ ॥ ॥

४५ । ४६ । ४७ । ४८ । ४९ । ५० । ५१ यथाभीष्मेणोक्तंतथामांप्रापयइष्टार्थेनयोजय ५२ उद्वक्ष्यतिधुरंधुरउद्वहनंकरिष्यति ५३ एनांपुरुषांतरस्पर्शमनिच्छंतीमितिसूचयति कथंचिदिति ५४

कथंचाराजकंराष्ट्रंशक्यंधारयितुंप्रभो ॥ तस्माद्गर्भंसमाधत्स्वभीष्मःसंवर्धयिष्यति ४५ ॥ व्यासउवाच ॥ यदिपुत्रःप्रदातव्योमयाभ्रातुरकालिकः ॥ विरूपतांमे
सहतांतयोरेतत्परंव्रतम् ४६ यदिमेसहतेगंधंरूपंवेषंतथावपुः ॥ अद्यैवगर्भंकौसल्याविशिष्टंप्रतिपद्यताम् ४७ ॥ वैशंपायनउवाच ॥ एवमुक्त्वामहातेजाव्यासः
सत्यवतींतदा ॥ शयनेसाचकौसल्याशुचिवस्त्राद्यलंकृता ४८ समागमनमाकांक्षेदितिसोऽन्तर्हितोमुनिः ॥ ततोऽभिगम्यसादेवीस्नुषांरहसिसंगताम् ४९ धर्म्यमर्थ
समायुक्तमुवाचवचनंहितम् ॥ कौसल्येधर्मतंत्रंत्वांयद्ब्रवीमिनिबोधतत् ५० भरतानांसमुच्छेदोव्यक्तंमद्भाग्यसंक्षयात् ॥ व्यथितांमांचसंप्रेक्ष्यपितृवंशंचपीडि
तम् ५१ भीष्मोबुद्धिमदान्मह्यंकुलस्यास्यविवृद्धये ॥ साचबुद्धिस्त्वय्यधीनापुत्रिप्रापयमांतथा ५२ नष्टंचभारतंवंशंपुनरेवसमुद्धर ॥ पुत्रंजनयसुश्रोणिदेवरा
जसमप्रभम् ॥ सहिराज्यधुरंगुर्वीमुद्वक्ष्यतिकुलस्यनः ५३ साधर्मतोऽनुनीयैनांकथंचिद्धर्मचारिणीम् ॥ भोजयामासविप्रांश्चदेवर्षीनतिथींस्तथा ५४ ॥ इतिश्री
महाभारते आदिपर्वणि संभवपर्वणि सत्यवत्युपदेशेपंचाधिकशततमोऽध्यायः ॥ १०५ ॥ ॥ वैशंपायनउवाच ॥ ततःसत्यवतीकालेवधूंस्नातामृतौतदा ॥
संवेशयंतीशयनेशनैर्वचनमब्रवीत् १ कौसल्येदेवरस्तेऽस्तिसोऽद्यत्वाऽनुप्रवेक्ष्यति ॥ अप्रमत्ताप्रतीक्षैनंनिशीथेह्यागमिष्यति २ श्वश्र्वास्तद्वचनंश्रुत्वाशयानाश
यनेशुभे ॥ साऽचिंतयत्तदाभीष्ममन्यांश्चकुरुपुंगवान् ३ ततोऽम्बिकायांप्रथमंनियुक्तःसत्यवागृषिः॥ दीप्यमानेषुदीपेषुशरणंप्रविवेशह ४ तस्यकृष्णस्यकपिलांजटांदी
प्तेचलोचने ॥ बभ्रूणिचैवश्मश्रूणिदृष्ट्वादेवीन्यमीलयत् ५ संबभूवतयासार्धंमातुःप्रियचिकीर्षया ॥ भयात्काशिसुतातंतुनाशक्नोदभिवीक्षितुम् ६ ततोनिष्क्रांतमा
गम्यमातापुत्रमुवाचह ॥ अप्यस्यांगुणवान्पुत्रराजपुत्रोभविष्यति ७ निशम्यतद्वचोमातुर्व्यासःसत्यवतीसुतः ॥ नागायुतसमप्राणोविद्वान्राजर्षिसत्तमः ८
महाभागोमहावीर्योमहाबुद्धिर्भविष्यति ॥ तस्यचापिशतंपुत्राभविष्यंतिमहात्मनः ९ किंतुमातुःसवैगुण्यादंधएवभविष्यति ॥ तस्यतद्वचनंश्रुत्वामातापुत्रमथाब्र
वीत् १० नांधःकुरूणांनृपतिरनुरूपस्तपोधन ॥ ज्ञातिवंशस्यगोप्तारंपितृणांवंशवर्धनम् ११ द्वितीयंकुरुवंशस्यराजानंदातुमर्हसि ॥ सतथेतिप्रतिज्ञायनिश्चक्रा
ममहायशाः १२ साऽपिकालेनकौसल्यासुषुवेऽन्धंतमात्मजम् ॥ पुनरेवतुसादेवीपरिभाष्यस्नुषांततः १३ ऋषिमावाहयत्सत्यायथापूर्वमरिंदम ॥ ततस्तेनैववि
धिनामहर्षिस्तामपद्यत १४ अंबालिकामथाभ्यागादृषिंदृष्ट्वाचसाऽपितम् ॥ विवर्णापांडुसंकाशासमपद्यतभारत १५ तांभीतांपांडुसंकाशांविषण्णांप्रेक्ष्यभारत ॥
व्यासःसत्यवतीपुत्रइदंवचनमब्रवीत् १६ यस्मात्पांडुत्वमापन्नाविरूपंप्रेक्ष्यमामिह ॥ तस्मादेषसुतस्तेवैपांडुरेवभविष्यति १७ ॥ ॥

॥ इति आ० नीलकंठीये भारतभावदीपे पंचाधिकशततमोऽध्यायः ॥ १०५ ॥ ॥ ततइति १ अनुप्रवेक्ष्यतिपुत्ररूपेणतत्रोदरमागमिष्यति २ साअचिंतयदित्यनेनगर्भधारणकालेयंपुरुषंस्त्री
चिंतयतितादृग्गुणःपुत्रोभवतीतिसूचितम् ३ शरणंगृहं'शरणंगृहरक्षित्रोः'इत्यमरः ४ । ५ । ६ । ७ । ८ । ९ । १० । ११ । १२ । १३ सत्यासत्यवती १४ । १५ । १६ । १७ ॥ ॥

१८ । १९ । २० । २१ । २२ । २३ । २४ । २५ । २६ अभुजिष्याअदासी २७ भ्राता भुजिष्यापुत्रस्यापिभ्रातृत्वंपित्रन्वयात् २८ । २९ प्रलंभमात्मस्थानेदासीनियोजनम् ३० । ३१ एतइति क्षे

नामचास्यैतदेवेहभविष्यतिशुभानने ॥ इत्युक्त्वासनिराक्रामद्भगवानृषिसत्तमः १८ ततोनिष्क्रांतमालोक्यसत्यापुत्रमथाब्रवीत् ॥ शशंससपुनर्मात्रेतस्यबालस्यपांडुताम् १९ तंमातापुनरेवान्यमेकंपुत्रमयाचत ॥ तथेतिचमहर्षिस्तांमातरंप्रत्यभाषत २० ततःकुमारंसादेवीप्राप्तकालमजीजनत् ॥ पांडुलक्षणसंपन्नंदीप्यमानमिवश्रिया २१ यस्यपुत्रामहेष्वासाजज्ञिरेपंचपांडवाः ॥ ऋतुकालेततोज्येष्ठांवधूंतस्मैन्ययोजयत् २२ सातुरूपंचगंधंचमहर्षेःप्रविचिंत्यतम् ॥ नाकरोद्वचनंदेव्याभयात्सुरसुतोपमा २३ ततःस्वैर्भूषणैर्दासींभूषयित्वाऽप्सरोपमाम् ॥ प्रेषयामासकृष्णायततःकाशिपतेःसुता २४ सातमृषिमनुप्राप्तंप्रत्युद्गम्याभिवाद्यच ॥ संविवेशाभ्यनुज्ञातासत्कृत्योपचचारह २५ कामोपभोगेनरहस्तस्यांतुष्टिमगादृषिः ॥ तयासहोषितोराजन्महर्षिःसंशितव्रतः २६ उत्तिष्ठन्नब्रवीदेनामभुजिष्याभविष्यसि ॥ अयंचतेशुभेगर्भःश्रेयानुदरमागतः ॥ धर्मात्माभवितालोकेसर्वबुद्धिमतांवरः २७ सजज्ञेविदुरोनामकृष्णद्वैपायनात्मजः ॥ धृतराष्ट्रस्यवैभ्रातापांडोश्चैवमहात्मनः २८ धर्मोविदुररूपेणशापात्तस्यमहात्मनः ॥ मांडव्यस्यार्थतत्त्वज्ञःकामक्रोधविवर्जितः २९ कृष्णद्वैपायनोऽप्येतत्सत्यवत्यैन्यवेदयत् ॥ प्रलंभमात्मनश्चैवशूद्रायाःपुत्रजन्मच ३० सधर्मस्यानृणोभूत्वापुनर्मात्रासमेत्यच ॥ तस्यैगर्भंसमावेद्यतत्रैवांतरधीयत ३१ एतेविचित्रवीर्यस्यक्षेत्रेद्वैपायनादपि ॥ जज्ञिरेदेवगर्भाभाःकुरुवंशविवर्धनाः ३२ ॥ इति श्रीमहाभारते आदिपर्वणि संभवपर्वणि विचित्रवीर्यसुतोत्पत्तौषडधिकशततमोऽध्यायः ॥ १०६ ॥

॥ जनमेजयउवाच ॥ किंकृतंकर्मधर्मेणयेनशापमुपेयिवान् ॥ कस्यशापाच्चब्रह्मर्षेःशूद्रयोनावजायत १ ॥ वैशंपायनउवाच ॥ बभूवब्राह्मणःकश्चिन्मांडव्यइतिविश्रुतः ॥ धृतिमान्सर्वधर्मज्ञःसत्येतपसिचस्थितः २ सआश्रमपदद्वारिवृक्षमूलेमहातपाः ॥ ऊर्ध्वबाहुर्महायोगीतस्थौमौनव्रतान्वितः ३ तस्यकालेनमहतातस्मिंस्तपसिवर्त्ततः ॥ तमाश्रममनुप्रापादस्यवोलोप्त्रहारिणः ४ अनुसार्यमाणाबहुभीरक्षिभिर्भरतर्षभ ॥ तेतस्यावसथेलोप्त्रंदस्यवःकुरुसत्तम ५ निधायचभयाल्लीनास्तत्रैवानागतेबले ॥ तेषुलीनेष्वथोशीघ्रंततस्तद्रक्षिणांबलम् ६ आजगामततोऽपश्यंस्तमृषिंतस्करानुगाः ॥ तमपृच्छंस्ततोराजंस्तथावृत्तंतपोधनम् ७ कतमेनपथायातादस्यवोद्विजसत्तम ॥ तेनगच्छामहेब्रह्मन्यथाशीघ्रतरंवयम् ८ तथातुरक्षिणांतेषांब्रुवतांसतपोधनः ॥ नकिंचिद्वचनंराजन्नब्रवीत्साध्वसाधुवा ९ ततस्तेराजपुरुषाविचिन्वानास्तमाश्रमम् ॥ ददृशुस्तत्रलीनांस्तांश्चौरांस्तद्द्रव्यमेवच १० ततःशंकासमभवद्रक्षिणांतंमुनिंप्रति ॥ संयम्यैनंततोराज्ञेदस्यूंश्चैवन्यवेदयन् ११ तंराजासहतैश्चौरैरन्वशाद्वध्यतामिति ॥ सरक्षिभिस्तैरज्ञातःशूलेप्रोतोमहातपाः १२ ॥ ॥ ॥ ॥

त्वंदास्याअपीत्यनेनैवगम्यतइतिकेचित् ३२ ॥ इतिआदिपर्वणि नीलकंठीये भारतभावदीपे षडधिकशततमोऽध्यायः ॥ १०६ ॥ ॥ किंकृतमिति १ । २ । ३ । ४ लोप्त्रंलुप्यतइतिव्युत्पत्त्या चोरापहृतंधनम् ५ । ६ । ७ । ८ । ९ । १० संयम्यचोरवन्निगृह्य ११ । १२ ॥ ॥ ॥ ॥

१३ । १४ ऋषीन्वेदान्समुपानयत्स्वाधीनानकरोत् चिरंवेदनार्तोऽपिवेदान्नविस्मृतवानित्यर्थः । यद्वा ऋषीन्मुनीन्स्वसमीपेउपानयदित्युक्तंतदेवविवृणोति शूलाग्रइत्यादिना १५ दर्शयतःस्वानिष्ट
पाणिप्रकाशयंतः १६ । १७ ॥ इति आ०नी०भा०सप्ताधिकशततमोऽध्यायः ॥१०७॥ ततइति । दोषतोनकमपिदोषिणंकथयामि स्वकृतमेवभुंजेइत्यर्थः १ । २ । ३ । ४ । ५ मूलेदेहान्तःप्रविष्टशूलभा
गस्यांतिके । 'मूलंविवृत्तेंतिके'इतिमेदिनी ६ व्यचरदाचरत्तपइतिशेषः ७ अणीशूलाग्रंतद्युक्तोमांडव्यः ८ उपालभतगर्हितवान् ९ । १० । ११ । १२ । १३ दिशोदेशनाःधर्मशास्त्राणि यतोनप्रज्ञास्यंतिबाल

ततस्तेशूलमारोप्यतंमुनिंरक्षिणस्तदा ॥ प्रतिजग्मुर्महीपालंधनान्यादायतान्यथ १३ शूलस्थःसतुधर्मात्माकालेनमहताततः ॥ निराहारोऽपिविप्रर्षिर्मरणंनाभ्य
पद्यत १४ धारयामासचप्राणानृषींश्चसमुपानयत् ॥ शूलाग्रेतप्यमानेनतपस्तेनमहात्मना १५ संतापंपरमंजग्मुर्मुनयस्तपसाऽन्विताः ॥ तेरात्रौशकुनाभूत्वास
न्निपत्यतुभारत ॥ दर्शयंतोयथाशक्तितमपृच्छन्द्विजोत्तमम् १६ श्रोतुमिच्छामहेब्रह्मन्किंपापंकृतवानसि ॥ येनेहसमनुप्राप्तंशूलेदुःखभयंमहत् १७ ॥ इति
श्रीमहाभारते आदिपर्वणि संभ० अणीमांडव्योपाख्याने सप्ताधिकशततमोऽध्यायः ॥ १०७ ॥ ॥ वैशंपायनउवाच ॥ ततःसमुनिशार्दूलस्तानुवाचतपोध
नान् ॥ दोषतःकंगमिष्यामिनहिमेऽन्योपराध्यति १ तंदृष्ट्वारक्षिणस्तत्रतथाबहुतिथेऽहनि ॥ न्यवेदयंस्तथाराज्ञेयथावृत्तंनराधिप २ श्रुत्वाचवचनंतेषांनिश्चित्यस
हमंत्रिभिः ॥ प्रसादयामासतदाशूलस्थमृषिसत्तमम् ३ ॥ राजोवाच ॥ यन्मयाऽपकृतंमोहादज्ञानादृषिसत्तम ॥ प्रसादयेत्वांतत्राहंनमेत्वंक्रोद्धुमर्हसि ४ एवमुक्त
स्ततोराज्ञाप्रसादमकरोन्मुनिः ॥ कृतप्रसादंराजातंततःसमवतारयत् ५ अवतार्यचशूलाग्रात्तच्छूलंनिश्चकर्षह ॥ अशक्नुवंश्चनिष्क्रष्टुंशूलंमूलेसचिच्छिदे ६ सतथां
तर्गतेनैवशूलेनव्यचरन्मुनिः ॥ तेनातितपसालोकान्विजिग्येदुर्लभान्परैः ७ अणीमांडव्यइतिचततोलोकेषुगीयते ॥ सगत्वासदनंविप्रोधर्मस्यपरमात्मवित् ८
आसनस्थंततोधर्मंदृष्ट्वोपालभतप्रभुः ॥ किंनुतदुष्कृतंकर्ममयाकृतमजानता ९ यस्येयंफलनिर्वृत्तिरीदृश्यासादितामया ॥ शीघ्रमाचक्ष्वमेतत्त्वंपश्यमेतपसोबलम्
१० ॥ धर्मउवाच ॥ पतंगिकानांपुच्छेषुत्वयेषीकाप्रवेशिता ॥ कर्मणस्तस्यतेप्राप्तंफलमेतत्तपोधन ११ स्वल्पमेवयथादत्तंदानंबहुगुणंभवेत् ॥ अधर्मएवंविप्रर्षेबहु
दुःखफलप्रदः १२ ॥ अणीमांडव्यउवाच ॥ कस्मिन्कालेमयातत्तुकृतंब्रूहियथातथम् ॥ तेनोक्तोधर्मराजेनबालभावेत्वयाकृतम् १३ ॥ अणीमांडव्यउवाच ॥
बालोहिद्वादशाद्वर्षाज्जन्मतोयत्करिष्यति ॥ नभविष्यत्यधर्मोऽत्रनप्रज्ञास्यंतिवैदिशः १४ अल्पेऽपराधेऽपिमहान्ममदंडस्त्वयाधृतः ॥ गरीयान्ब्राह्मणवधः
सर्वभूतवधादपि १५ शूद्रयोनावतोधर्ममानुषःसंभवविष्यसि ॥ मर्यादांस्थापयाम्यद्यलोकेधर्मफलोदयाम् १६ आचतुर्दशकाद्वर्षान्नभविष्यतिपातकम् ॥
परतःकुर्वतामेवदोषएवभविष्यति १७ ॥ ॥ ॥ ॥ ॥

त्वात् १४ब्राह्मणवधोब्राह्मणपीडनं १५ मर्यादामिति । बालोहीतिहेतूपन्यासपूर्वकंद्वादशवर्षपर्यन्तंकृताकृतप्रत्यवायोनास्तीत्युत्सर्गउक्तःस्वयंतुवर्षद्वयंतत्राधिकंप्रचिक्षेप १६ चतुर्दशादूर्ध्वंपापमस्तीतिपौराणंमत
मिदं । वस्तुतस्तूक्तहेतोःपुण्यपापविभागज्ञानपर्यन्तमेवपापानुत्पत्तिः । तेनपंचवर्षाद्यंतरएवदोषोनास्तीत्यादिवचनंविद्वदभिप्रायं । अन्यथाकलिशेषेअल्पायुष्ट्वेनपाभावप्रसंगःस्यात् १७ ॥ ॥

१८ दीर्घदर्शी सर्वकालपरामर्शी शमपरोनिर्वैरः १९ ॥ इतिआदिपर्वणि नीलकंठीये भारतभावदीपे अष्टाधिकशततमोऽध्यायः ॥ १०८ ॥ तेष्विति । कुरुजांगलंदेशः कुरुवःपुरुषाःकुरुक्षेत्रेतेषांवासस्थानं १ देशंस्तौति ऊर्ध्वेति । ऊर्ध्वसस्याप्रचुरसस्या २ । ३ कुरून्स्तौति शूराश्चेति ४ । ५ । ६ । ७ स्थानंस्तौति तन्महेति ८ । ९ । १० । ११ । १२ । १३ विमृज्य परराष्ट्रस्थाअपिसुखार्थिनोऽत्रै

॥१०८॥ वैशंपायनउवाच ॥ एतेनत्वपराधेनशापात्तस्यमहात्मनः ॥ धर्मोविदुररूपेणशूद्रयोनावजायत १८ धर्मेचार्थेचकुशलोलोभक्रोधविवर्जितः ॥ दीर्घदर्शीशमप रःकुरूणांचहितेरतः १९ ॥ इतिश्रीम० आ० सं० भ० अणीमांडव्योपाख्याने अष्टाधिकशततमोऽध्यायः ॥ १०८ ॥ वैशंपायनउवाच ॥ तेषुत्रिषुकुमारेषुजाते षुकुरुजांगलम् ॥ कुरवोऽथकुरुक्षेत्रंत्रयमेतदवर्धत १ ऊर्ध्वसस्याऽभवद्भूमिःसस्यानिरसवंतिच ॥ यथर्तुवर्षीपर्जन्योबहुपुष्पफलाद्रुमाः २ वाहनानिप्रहृष्टानिमुदि तामृगपक्षिणः ॥ गंधवंतिचमाल्यानिरसवंतिफलानिच ३ वणिग्भिश्चान्वकीर्यंतनगराण्यथशिल्पिभिः ॥ शूराश्चकृतविद्याश्चसंतश्चसुखिनोऽभवन् ४ नाभवन्दस्यवः केचिन्नाधर्मरुचयोजनाः ॥ प्रदेशेष्वपिराष्ट्राणांकृतंयुगमवर्तत ५ धर्मक्रियायज्ञशीलाःसत्यव्रतपरायणाः ॥ अन्योन्यप्रीतिसंयुक्ताव्यवर्धंतप्रजास्तदा ६ मानक्रोध विहीनाश्चनरालोभविवर्जिताः ॥ अन्योऽन्यमभ्यनंदंतधर्मोत्तरमवर्तत ७ तन्महोदधिवत्पूर्णंनगरंवैव्यरोचत ॥ द्वारतोरणनिर्यूहैर्युक्तमभ्रचयोपमैः ८ प्रासादशतसं बाधंमहेंद्रपुरसन्निभम् ॥ नदीषुवनखंडेषुवापीपल्वलसानुषु ॥ काननेषुचरम्येषुविजन्हुर्मुदिताजनाः ९ उत्तरैःकुरुभिःसार्धंदक्षिणाःकुरवस्तथा ॥ विस्पर्धमाना व्यचरंस्तथादेवर्षिचारणैः १० नाभवत्कृपणःकश्चिन्नाभवन्विधवाःस्त्रियः ॥ तस्मिन्जनपदेरम्येकुरुभिर्बहुलीकृते ११ कूपारामसभावाप्योब्राह्मणावसथास्तथा ॥ बभूवुःसर्वर्धियुतास्तस्मिन्राष्ट्रेसदोत्सवाः १२ भीष्मेणधर्मतोराजन्सर्वतःपरिरक्षिते ॥ बभूवरमणीयश्चचैत्ययूपशतांकितः १३ सदेशःपरराष्ट्राणिविमृज्याभिप्रव र्धितः ॥ भीष्मेणविहितंराष्ट्रेधर्मचक्रमवर्त्तत १४ क्रियमाणेषुकृत्येषुकुमाराणांमहात्मनाम् ॥ पौरजानपदाःसर्वेबभूवुःपरमोत्सुकाः १५ गृहेषुकुरुमुख्यानांपौराणां चनराधिप ॥ दीयतांभुज्यतांचेतिवाचोऽश्रूयंतसर्वशः १६ धृतराष्ट्रश्चपांडुश्चविदुरश्चमहामतिः ॥ जन्मप्रभृतिभीष्मेणपुत्रवत्परिपालिताः १७ संस्कारैःसंस्कृता स्तेतुव्रताध्ययनसंयुताः ॥ श्रमव्यायामकुशलाःसमपद्यंतयौवनम् १८ धनुर्वेदेचवेदेचगदायुद्धेऽसिचर्मणि ॥ तथैवगजशिक्षायांनीतिशास्त्रेषुपारगाः १९ इतिहासपु राणेषुनानाशिक्षासुबोधिताः ॥ वेदवेदांगतत्त्वज्ञाःसर्वत्रकृतनिश्चयाः २० पांडुर्धनुषिविक्रांतोनरेष्वभ्यधिकोऽभवत् ॥ अन्येभ्योबलवानासीद्धृतराष्ट्रोमहीपतिः २१ त्रिषुलोकेषुनत्वासीत्कश्चिद्विदुरसंमितः ॥ धर्मनित्यस्तथाराजन्धर्मेचपरमंगतः २२ प्रनष्टंशांतनोर्वंशंसमीक्ष्यपुनरुद्धृतम् ॥ ततोनिर्वचनंलोकेसर्वराष्ट्रेष्ववर्त्तत २३ वीरसूनांकाशिसुतेदेशानांकुरुजांगलम् ॥ सर्वधर्मविदांभीष्मःपुराणांगजसाह्वयम् २४ धृतराष्ट्रस्त्वचक्षुष्ट्वाद्राज्यंनप्रत्यपद्यत ॥ पारसवत्वाद्विदुरोराजापांडुर्बभूवह २५

वप्रविष्टाइत्यर्थः १४ । १५ । १६ । १७ श्रमःशास्त्राभ्यासः । व्यायामोबाहुयुद्धाद्यभ्यासः १८ । १९ । २० । २१ धर्मेचपरममात्मदर्शनंगतःप्राप्तः । 'अयंतुपरमोधर्मोयद्योगेनात्मदर्शनं' इतियाज्ञवल्क्योक्ते

२६ ॥ इति आदिपर्वणि नीलकंठीये भारतभावदीपे नवाधिकशततमोऽध्यायः ॥ १०९ ॥ गुणैरिति १ । २ । ३ । ४ यादवीयादवस्यशूरस्यकुंतिभोजस्यवाअपत्यं ८ । ६ ७ । ८ । ९ । १०

कदाचिदथगांगेयःसर्वनीतिमतांवरः ॥ विदुरंधर्मतत्त्वज्ञंवाक्यमाहयथोचितम् २६ ॥ इतिश्रीमहाभारते आदिपर्वणि संभवपर्वणि पांडुराज्याभिषेकेनवाधिकशत
तमोऽध्यायः ॥ १०९ ॥ भीष्मउवाच ॥ गुणैःसमुदितंसम्यगिदंनःप्रथितंकुलम् ॥ अत्यन्यान्पृथिवीपालान्पृथिव्यामधिराज्यभाक् १ रक्षितंराजभिःपूर्वैर्धर्म
विद्भिर्महात्मभिः ॥ नोत्सादमगमच्चेदंकदाचिदिहनःकुलम् २ मयाचसत्यवत्याचकृष्णेनचमहात्मना ॥ समवस्थापितंभूयोयुष्मासुकुलतंतुषु ३ तच्चैतद्वर्धतेभूयः
कुलंसागरवद्यथा ॥ तथामयाविधातव्यंत्वयाचैवनसंशयः ४ श्रूयतेयादवीकन्यास्वनुरूपाकुलस्यनः ॥ सुबलस्यात्मजाचैवतथामद्रेश्वरस्यच ५ कुलीनारूपवत्य
श्चताःकन्याःपुत्रसर्वशः ॥ उचिताश्चैवसंबंधेतेऽस्माकंक्षत्रियर्षभाः ६ मन्येवरयितव्यास्ताइत्यहंधीमतांवर ॥ संतानार्थंकुलस्यास्ययद्वाविदुरमन्यसे ७ ॥ विदुर
उवाच ॥ भवान्पिताभवान्माताभवान्नःपरमोगुरुः ॥ तस्मात्स्वयंकुलस्यास्यविचार्यकुरुयद्धितम् ८ ॥ वैशंपायनउवाच ॥ अथशुश्रावविप्रेभ्योगांधारींसुबला
त्मजाम् ॥ आराध्यवरदंदेवंभगनेत्रहरंहरम् ९ गांधारीकिलपुत्राणांशतंलेभेवरंशुभा ॥ इतिशुश्रावतत्त्वेनभीष्मःकुरुपितामहः १० ततोगांधारराजस्यप्रेषयामास
भारत ॥ अचक्षुरितितत्रासीत्सुबलस्यविचारणा ११ कुलंख्यातिंचवृत्तंचबुद्ध्यातुप्रसमीक्ष्यसः ॥ ददौतांधृतराष्ट्रायगांधारींधर्मचारिणीम् १२ गांधारीत्वथशुश्राव
धृतराष्ट्रमचक्षुषम् ॥ आत्मानंदित्सितंचास्मैपित्रामात्राचभारत १३ ततःसापट्टमादायकृत्वाबहुगुणंतदा ॥ बबंधनेत्रेस्वेराजन्पतिव्रतपरायणा १४ नाभ्यसूयां
पतिमहमित्येवंकृतनिश्चया ॥ ततोगांधारराजस्यपुत्रःशकुनिरभ्ययात् १५ स्वसारंवयसालक्ष्म्यायुक्तामादायकौरवान् ॥ तांतदाधृतराष्ट्रायददौपरमसत्कृताम् ॥
भीष्मस्यानुमतेचैवविवाहंसमकारयत् १६ दत्त्वासभगिनींवीरोयथार्हंचपरिच्छदम् ॥ पुनरायात्स्वनगरंभीष्मेणप्रतिपूजितः १७ गांधार्यपिवरारोहाशीलाचार
विचेष्टितैः ॥ तुष्टिंकुरूणांसर्वेषांजनयामासभारत १८ वृत्तेनाराध्यतान्सर्वान्गुरून्पतिपरायणा ॥ वाचाऽपिपुरुषानन्यान्सुव्रतानान्वकीर्तयत् १९ ॥ इति श्रीमहा
भारते आदिपर्वणि संभवपर्वणि धृतराष्ट्रविवाहे दशाधिकशततमोऽध्यायः ॥ ११० ॥ ॥ वैशंपायनउवाच ॥ शूरोनामयदुश्रेष्ठोवसुदेवपिताऽभवत् ॥
तस्यकन्यापृथानामरूपेणाप्रतिमाभुवि १ पितृष्वस्रीयायसतामनपत्यायभारत ॥ अग्र्यमग्रेप्रतिज्ञायस्वस्यापत्यंससत्यवाक् ॥ २ ॥ अग्रजामथतांकन्यांशूरोऽनु
ग्रहकांक्षिणे ॥ प्रददौकुंतिभोजायसखासख्येमहात्मने ३ नियुक्तासापितुर्गेहेब्राह्मणातिथिपूजने ॥ उग्रंपर्यचरत्तत्रब्राह्मणंसंशितव्रतम् ४ निगूढनिश्चयंधर्मेयंतं
दुर्वाससंविदुः ॥ तमुग्रंसंशितात्मानंसर्वयत्नैरतोषयत् ५ ॥ ॥ ॥ ॥ ॥ ॥

प्रेषयामासदूतमितिशेषः ११ । १२ दित्सितंदातुमिष्टं १३ बहुगुणंबहुधागुणितं १४ नाभ्यसूयांपत्युरभिभवंनकुर्यां १५ । १६ । १७ । १८ नान्वकीर्त्तयत्नप्रत्युत्तरंदत्तवती १९ ॥ इतिआदिपर्वणि
 नी० भा० दशाधिकशततमोऽध्यायः ॥ ११० ॥ शूरइति १ अग्र्यंप्रथमं । अग्रेजन्मतः । पूर्वंप्रतिज्ञायमयाप्रथममपत्यंतुभ्यंदेयमितिप्रतिश्रुत्य २ । ३ । ४ धर्मेनिगूढनिश्चयंबहिःक्रौर्यदर्शनपरत्वात् ५

आपद्धर्मान्ववेक्षयेतिभाविसंतानप्रतिबंधस्यानागतावेक्षणेन । अभिचारोवश्याकर्षणादिदृष्टफलंतद्युक्तं ६ । ७ । ८ । ९ । १० । ११ स्वापराद्धोऽपि संधिरार्षः १२ । १३ महांमम १४ । १५ । १६

तस्यैसप्रददौमंत्रमापद्धर्मान्ववेक्षया ॥ अभिचाराभिसंयुक्तमब्रवीच्चैवतांमुनिः ६ यंयंदेवंत्वमेतेनमंत्रेणावाहयिष्यसि ॥ तस्यतस्यप्रभावेणतवपुत्रोभविष्यति ७ तथोक्तासातुविप्रेणकुंतीकौतूहलान्विता ॥ कन्यासतीदेवमर्कमाजुहावयशस्विनी ८ साददर्शतमायांतंभास्करंलोकभावनम् ॥ विस्मिताचानवद्यांगीदृष्ट्वातन्म हदद्भुतम् ९ तांसमासाद्यदेवस्तुविवस्वानिदमब्रवीत् ॥ अयमस्म्यसितापांगिब्रूहिकिंकरवाणिते १० ॥ कुन्त्युवाच ॥ कश्चिन्मेब्राह्मणःप्रादाद्वरंविद्यांचश त्रुहन् ॥ तद्विजिज्ञासयाऽऽह्वानंकृतवत्यस्मितेविभो ११ एतस्मिन्नपराधेत्वांशिरसाऽहंप्रसादये ॥ योषितोहिसदारक्ष्याःस्वापराद्धाऽपिनित्यशः १२ ॥ सूर्यउवाच ॥ वेदाहंसर्वमेवैतद्यद्दुर्वासावरंददौ ॥ संत्यज्यभयमेवेहक्रियतांसंगमोमम १३ अमोघंदर्शनंमह्यमाहूतश्चास्मितेशुभे ॥ वृथाह्वानेऽपितेभीरुदोषःस्यान्नात्रसंशयः १४ ॥ वैशंपायनउवाच ॥ एवमुक्ताबहुविधंसांत्वपूर्वंविवस्वता ॥ सातुनैच्छद्वरारोहाकन्याऽहमितिभारत १५ बंधुपक्षभयाद्भीतालज्जयाचयशस्विनी ॥ तामर्कः पुनरेवेदमब्रवीद्भरतर्षभ १६ मत्प्रसादान्नतेराज्ञिभवितादोषइत्युत ॥ एवमुक्त्वासभगवान्कुंतिराजसुतांतदा १७ प्रकाशकर्तातपनःसंबभूवतयासह ॥ तत्रवीरः समभवत्सर्वशस्त्रभृतांवरः ॥ आमुक्तकवचःश्रीमान्देवगर्भःश्रियाऽन्वितः १८ सहजंकवचंबिभ्रत्कुंडलोद्द्योतिताननः ॥ अजायतसुतःकर्णःसर्वलोकेषुविश्रुतः १९ प्रादाच्चतस्यैकन्यात्वंपुनःसपरमद्युतिः ॥ दत्वाचतपतांश्रेष्ठोदिवमाचक्रमेततः २० दृष्ट्वाकुमारंजातंसावार्ष्णेयीदीनमानसा ॥ एकाग्रंचिंतयामासाकिंकृत्वा सुकृतंभवेत् २१ गूहमानाऽपचारंसाबंधुपक्षभयात्तदा ॥ उत्ससर्जकुमारंतंजलेकुंतीमहाबलम् २२ तमुत्सृष्टंजलेगर्भंराधाभर्तामहायशाः ॥ पुत्रत्वेकल्पयामास सभार्यःसूतनंदनः २३ नामधेयंचचक्रातेतस्यबालस्यतावुभौ ॥ वसुनासहजातोऽयंवसुषेणोभवत्विति २४ सवर्धमानोबलवान्सर्वास्त्रेषूद्यतोऽभवत् ॥ आपृष्ठता पादादित्यमुपातिष्ठतवीर्यवान् २५ तस्मिन्कालेतुजपतस्तस्यवीरस्यधीमतः ॥ नादेयंब्राह्मणेष्वासीत्किंचिद्वसुमहीतले २६ तमिंद्रोब्राह्मणोभूत्वाभिक्षार्थीसमु पागमत् ॥ कवचंप्रार्थयामासफाल्गुनस्यहितेरतः २७ स्वशरीरात्समुत्कृत्यकवचंस्वंनिसर्गजम् ॥ विप्ररूपायशक्रायददौकर्णःकृतांजलिः २८ प्रतिगृह्यतुदेवेश स्तुष्टस्तेनास्यकर्मणा ॥ ददौशक्तिंसुरपतिर्वाक्यंचेदमुवाचह २९ देवासुरमनुष्याणांगंधर्वोरगरक्षसाम् ॥ यमेकंजेतुमिच्छेथाःसोऽनयानभविष्यति ३० प्राङ्नाम तस्यकथितंवसुषेणइतिक्षितौ ॥ कर्णोवैकर्त्तनश्चैवकर्मणातेनसोऽभवत् ३१ ॥ इति श्रीमहाभारतेआदि०संभवपर्वणिकर्णसंभवेएकादशाधिकशततमोऽध्यायः ॥१११॥

१७ । १८ । १९ । २० । २१ गूहमानाछादयंती अपचारमनाचारं २२ । २३ वसुनाकुंडलकवचादिद्रव्येणबद्धइतिवसुषेणः २४ आपृष्ठतापान्मध्यान्हात्परतइत्यर्थः २५ । २६ । २७ । २८ । २९ ३० कर्णइति । सहजकवचकर्त्तनात्कर्णः । विशेषतःकर्त्तनेनवैकर्त्तनः स्वार्थेतद्धितः । वस्तुतस्तुविकर्त्तनस्यसूर्यस्यापत्यत्वाद्वैकर्त्तनः ३१ ॥ इतिआदि०नी०भा० एकादशाधिकशततमोऽध्यायः ॥ १११ ॥

सत्त्वेति । धर्मारामा धर्मैकनिष्ठा १ । २ । ३ । ४ । ५ । ६ । ७ । ८ । ९ । १० । ११ । १२ । १३ ॥ इतिआदिपर्वणि नीलकंठीये भारतभावदीपे द्वादशाधिकशततमोऽध्यायः ॥ ११२ ॥ १

॥ वैशंपायनउवाच ॥ सत्वरूपगुणोपेताधर्मारामामहाव्रता ॥ दुहिताकुंतिभोजस्यपृथापृथुललोचना १ तांतुतेजस्विनींकन्यांरूपयौवनशालिनीम् ॥ व्यावृण्व
न्पार्थिवाःकेचिदतीवस्त्रीगुणैर्युताम् २ ततःसाकुंतिभोजेनराज्ञाऽऽहूयनराधिपान् ॥ पित्रास्वयंवरेदत्तादुहिताराजसत्तम ३ ततःसारंगमध्यस्थंतेषांराज्ञांमनस्विनी ॥
ददर्शराजशार्दूलंपांडुंभरतसत्तमम् ४ सिंहदर्पंमहोरस्कंवृषभाक्षंमहाबलम् ॥ आदित्यमिवसर्वेषांराज्ञांप्रच्छाद्यवैप्रभाः ५ तिष्ठंतंराजसमितौपुरंदरमिवापरम् ॥ तंदृ
ष्ट्वासाऽनवद्यांगीकुंतिभोजसुताशुभा ६ पांडुंनरवरंरंगेहृदयेनाकुलाऽभवत् ॥ ततःकामपरीतांगीसकृत्प्रचलमानसा ७ व्रीडमानास्रजंकुंतीराज्ञःस्कंधेसमासजत् ॥
तंनिशम्यवृतंपांडुंकुंत्यासर्वेनराधिपाः ८ यथागतंसमाजग्मुर्गजैरश्वैरथैस्तथा ॥ ततस्तस्याःपिताराजन्विवाहमकरोत्प्रभुः ९ सतयाकुंतिभोजस्यदुहित्राकुरुनंदनः ॥
युयुजेऽमितसौभाग्यःपौलोम्यामघवानिव १० कुंत्याःपांडोश्वराजेंद्रकुंतिभोजोमहीपतिः ॥ कृत्वोद्वाहंतदातंतुनानावसुभिरर्चितम् ॥ स्वपुरंप्रेषयामाससराजाकुरुसत्त
म ११ ततोबलेनमहतानानाध्वजपताकिना ॥ स्तूयमानःसचाशीर्भिर्ब्राह्मणैश्वमहर्षिभिः १२ संप्राप्यनगरंराजापांडुःकौरवनंदनः ॥ न्यवेशयततांभार्यांकुंतींस्वभव
नेप्रभुः १३ ॥ इतिश्रीमहाभारते आदिपर्वणि संभवपर्वणि कुंतीविवाहेद्वादशाधिकशततमोऽध्यायः ॥ ११२ ॥ ॥ वैशंपायनउवाच ॥ ततःशांतनवोभी
ष्मोराज्ञःपांडोर्यशस्विनः ॥ विवाहस्यापरस्यार्थेचकारमतिमान्मतिम् १ सोऽमात्यैःस्थविरैःसार्धंब्राह्मणैश्वमहर्षिभिः ॥ बलेनचतुरंगेणययौमद्रपतेःपुरम् २ तमाग
तमभिश्रुत्यभीष्मंवाहीकपुंगवः ॥ प्रत्युद्गम्यार्चयित्वाचपुरंप्रावेशयन्नृपः ३ दत्वातस्यासनंशुभ्रंपाद्यमर्घ्यंतथैवच ॥ मधुपर्कंचमद्रेशःपप्रच्छागमनेऽर्थिताम् ४ तंभी
ष्मःप्रत्युवाचेदंमद्रराजंकुरूद्वहः ॥ आगतंमांविजानीहिकन्यार्थिनमरिंदम ५ श्रूयतेभवतःसाध्वीस्वसामाद्रीयशस्विनी ॥ तामहंवरयिष्यामिपांडोरर्थेयशस्विनीम् ६
युक्तरूपोहिसंबंधेत्वंनोराजन्वयंतव ॥ एतत्संचिंत्यमद्रेशगृहाणास्मान्यथाविधि ७ तमेवंवादिनंभीष्मंप्रत्यभाषतमद्रपः ॥ नहिमेऽन्योवरस्त्वत्तःश्रेयानितिमतिर्मम ८
पूर्वैःप्रवर्तितंकिंचित्कुलेऽस्मिन्नृपसत्तमैः ॥ साधुवायदिवाऽसाधुतन्नातिक्रांतुमुत्सहे ९ व्यक्तंतद्भवतश्वापिविदितंनात्रसंशयः ॥ नचयुक्तंतथावक्तुंभवान्देहीतिसत्तम १०
कुलधर्मःसनोवीरप्रमाणंपरमंचतत् ॥ तेनत्वांनब्रवीम्येतदसंदिग्धंवचोऽरिहन् ११ तंभीष्मःप्रत्युवाचेदंमद्रराजंजनाधिपः ॥ धर्मएषपरोराजन्स्वयमुक्तःस्वयंभुवा १२ नात्र
कश्चनदोषोऽस्तिपूर्वैर्विधिरयंकृतः ॥ विदितेयंचतेशल्यमर्यादासाधुसंमता १३ इत्युक्त्वासमहातेजाःशातकुंभंकृताकृतम् ॥ रत्नानिचविचित्राणिशल्यायादात्सहस्रशः १४

ततइति १ । २ । ३ । ४ । ५ । ६ । ७ । ८ यद्यपिकन्याशुल्कग्रहणमासुरेविवाहेदृष्टंतथाऽपिकुलधर्मत्वादपरिहार्यमित्याह पूर्वैरिति ९ । १० । ११ धर्मएषः आर्षेऽपिविवाहेकन्याशुल्कत्वेनगोमिथुनग्रहण
स्यविधानात्तथाचशिष्टाहतत्वादयमपिधर्मःस्वयंभुवावेदेनैवोक्तइत्यवसेयम् । एतेनविगीतोऽपिकुलाचारोनत्याज्यइत्युक्तम् १२ । १३ शातकुंभंकांचनं कृताकृतंघटितमघटितंच १४ ॥

व्यसृजत्प्रादात् १५ । १६ । १७ । १८ । १९ । २० त्रिदशाःत्रिंशत् २१ । २२ । २३ । २४ आगस्कृतश्चोरमायाःपर्वताद्याश्रयित्वात् २५ । २६ । २७ । २८ । २९ । ३० कुरुकर्मसुयोजिताःकुरूणांदासभूताः

गजानश्वान्रथांश्चैववासांस्याभरणानिच ॥ मणिमुक्ताप्रवालंचगांगेयोव्यसृजच्छुभम् १५ तत्प्रगृह्यधनंसर्वंशल्यःसंप्रीतमानसः ॥ ददौतांसमलंकृत्यस्वसारंकौरवर्षभे १६ सतांमाद्रीमुपादायभीष्मःसागरगासुतः ॥ आजगामपुरींधीमान्प्रविष्टोगजसाह्वयम् १७ ततइष्टेऽहनिप्राप्तेमुहूर्तेसाधुसंमते ॥ जग्राहविधिवत्पाणिंमाद्र्याःपांडुर्नराधिपः १८ ततोविवाहेनिर्वृत्तेसराजाकुरुनंदनः ॥ स्थापयामासतांभार्यांशुभेवेश्मनिभाविनीम् १९ सताभ्यांव्यचरत्सार्धंभार्याभ्यांराजसत्तमः ॥ कुंत्यामाद्र्याचराजेन्द्रोयथाकामंयथासुखम् २० ततःसकौरवोराजाविहृत्यत्रिदशानिशाः ॥ जिगीषयामहींपांडुर्निरक्रामत्पुरात्प्रभो २१ सभीष्मप्रमुखान्वृद्धानभिवाद्यप्रणम्यच ॥ धृतराष्ट्रंचकौरव्यंतथाऽन्यान्कुरुसत्तमान् ॥ आमंत्र्यप्रययौराजातैश्चैवाप्यनुमोदितः २२ मंगलाचारयुक्ताभिराशीर्भिरभिनंदितः ॥ गजवाजिरथौघेनबलेनमहताऽगमत् २३ सराजादेवगर्भाभोविजिगीषुर्वसुंधराम् ॥ हृष्टपुष्टबलैःप्रायात्पांडुःशत्रूननेकशः २४ पूर्वमागस्कृतोगत्वादशार्णाःसमरेजिताः ॥ पांडुनानरसिंहेनकौरवाणांयशोभृता २५ ततःसेनामुपादायपांडुर्नानाविधध्वजाम् ॥ प्रभूतहस्त्यश्वयुतांपदातिरथसंकुलाम् २६ आगस्कारीमहीपानांबहूनांबलदर्पितः ॥ गोप्तामगधराष्ट्रस्यदीर्घोराजगृहेहतः २७ ततःकोशंसमादायवाहनानिचभूरिशः ॥ पांडुनामिथिलांगत्वाविदेहाःसमरेजिताः २८ तथाकाशिषुसुह्मेषुपुंड्रेषुचनरर्षभः ॥ स्वबाहुबलवीर्येणकुरूणामकरोद्यशः २९ तंशरौघमहाज्वालंशस्त्रार्चिषमरिंदमम् ॥ पांडुपावकमासाद्यव्यदह्यंतनराधिपाः ३० तेससेनाःससेनेनविध्वंसितबलान्नृपाः ॥ पांडुनावशगाःकृत्वाकुरुकर्मसुयोजिताः ३१ तेनतेनिर्जिताःसर्वेपृथिव्यांसर्वपार्थिवाः ॥ तमेकंमेनिरेशूरंदेवेष्विवपुरंदरम् ३२ तंकृतांजलयःसर्वेप्रणतावसुधाऽधिपाः ॥ उपाजग्मुर्धनंगृह्यरत्नानिविविधानिच ३३ मणिमुक्ताप्रवालंचसुवर्णंरजतंबहु ॥ गोरत्नान्यश्वरत्नानिरथरत्नानिकुंजरान् ३४ खरोष्ट्रमहिषीश्चैवयच्चकिंचिदजाविकम् ॥ कंबलाजिनरत्नानिरांकवास्तरणानिच ॥ तत्सर्वंप्रतिजग्राहराजानागपुराधिपः ३५ तदादाययमौपांडुःपुनर्मुदितवाहनः ॥ हर्षयिष्यन्स्वराष्ट्राणिपुरंचगजसाह्वयम् ३६ शांतनोराजसिंहस्यभरतस्यचधीमतः ॥ प्रनष्टःकीर्तिजःशब्दःपांडुनापुनराहृतः ३७ येपुराकुरुराष्ट्राणिजह्रुःकुरुधनानिच ॥ तेनागपुरसिंहेनपांडुनाकरदीकृताः ३८ इत्यभाषंतराजानोराजामात्याश्चसंगताः ॥ प्रतीतमनसोहृष्टाःपौरजानपदैःसह ३९ प्रत्युद्ययुश्चतंप्राप्तंसर्वेभीष्मपुरोगमाः ॥ तेनदूरमिवाध्वानंगत्वानागपुरालयात् ४० आवृतंददृशुर्हृष्टालोकंबहुविधैर्धनैः ॥ नानायानसमानीतैरत्नैरुच्चावचैस्तदा ४१ हस्त्यश्वरथरत्नैश्चगोभिरुष्ट्रैस्तथाऽविभिः ॥ नांतंददृशुरासाद्यभीष्मेणसहकौरवाः ४२ सोऽभिवाद्यपितुःपादौकौसल्यानंदवर्धनः ॥ यथाऽर्हंमानयामासपौरजानपदानपि ४३ ॥

कृताः ३१ । ३२ । ३३ । ३४ नागपुराधिपोहस्तिनापुरेशः ३५ । ३६ । ३७ । ३८ प्रतीतमनसोनिष्कलुषचित्ताःअतएवहृष्टाः ३९ नदूरमिवअदूरमिव जयोत्साहेनमार्गश्रमाभावात् ४० । ४१ । ४२ । ४३

४४ । ४५ ॥ इतिआदिपर्वणिनीलकंठीये भारतभावदीपे त्रयोदशाधिकशततमोऽध्यायः ॥ ११३ ॥ ॥ ॥ धृतराष्ट्राभ्यनुज्ञातइति १ । २ । ३ । ४ अश्वमेधशतैरत्नतुल्यैर्महाम

प्रमृद्यपुरराष्ट्राणिकृतार्थंपुनरागतम् ॥ पुत्रमाश्लिष्यभीष्मस्तुहर्षादश्रूण्यवर्त्तयत् ४४ सतूर्यशतशंखानांभेरीणांचमहास्वनैः ॥ हर्षयन्सर्वशःपौरान्विवेशगजसा
ह्वयम् ४५ ॥ इतिश्रीमहाभारतेआदिपर्वणि संभवपर्वणि पांडुदिग्विजयेत्रयोदशाधिकशततमोऽध्यायः ॥ ११३ ॥ ॥ वैशंपायनउवाच ॥ धृतराष्ट्राभ्यनुज्ञातः
स्वबाहुविजितंधनम् ॥ भीष्मायसत्यवत्यैचमात्रेचोपजहारसः १ विदुरायचवैपांडुःप्रेषयामासतद्धनम् ॥ सुहृदश्चापिधर्मात्माधनेनसमतर्पयत् २ ततःसत्यवती
भीष्मंकौसल्यांचयशस्विनीम् ॥ शुभैःपांडुजितैरर्थैस्तोषयामासभारत ३ ननंदमाताकौसल्यातमप्रतिमतेजसम् ॥ जयंतमिवपौलोमीपरिष्वज्यनरर्षभम् ४
तस्यवीरस्यविक्रांतैःसहस्रशतदक्षिणैः ॥ अश्वमेधशतैरीजेधृतराष्ट्रोमहामखैः ५ संप्रयुक्तस्तुकुंत्याचमाद्याचभरतर्षभ ॥ जिततंद्रीस्तदापांडुर्बभूववनगोचरः ६
हित्वाप्रासादनिलयंशुभानिशयनानिच ॥ अरण्यनित्यःसततंबभूवमृगयापरः ७ सचरन्दक्षिणंपार्श्वंरम्यंहिमवतोगिरेः ॥ उवासगिरिपृष्ठेषुमहाशालवनेषुच ८ रराज
कुंत्यामाद्याचपांडुःसहवनेचरन् ॥ करेण्वोरिवमध्यस्थःश्रीमान्पौरंदरोगजः ९ भारतंसहभार्याभ्यांखड्गबाणधनुर्धरम् ॥ विचित्रकवचंवीरंपरमास्त्रविदंनृपम् ॥
देवोऽयमित्यमन्यंतचरंतंवनवासिनः १० तस्यकामांश्चभोगांश्चनरानित्यमतंद्रिताः ॥ उपजन्हुर्वनांतेषुधृतराष्ट्रेणचोदिताः ११ अथपारसवींकन्यांदेवकस्यम
हीपतेः ॥ रूपयौवनसंपन्नांसशुश्रावापगासुतः १२ ततस्तुवरयित्वातामानीयभरतर्षभः ॥ विवाहंकारयामासविदुरस्यमहामतेः १३ तस्यांचोत्पादयामासवि
दुरःकुरुनंदनः ॥ पुत्रान्विनयसंपन्नानात्मनःसदृशान्गुणैः १४ ॥ इतिश्रीमहाभारतेआदिपर्वणिसंभवपर्वणिविदुरपरिणयेचतुर्दशाधिकशततमोऽध्यायः ॥ ११४ ॥
॥ वैशंपायनउवाच ॥ ततःपुत्रशतंजज्ञेगांधार्यांजनमेजय ॥ धृतराष्ट्रस्यवैश्यायामेकश्चापिशतात्परः १ पांडोःकुंत्यांचमाद्यांचपुत्राःपंचमहारथाः ॥ देवे
भ्यःसमपद्यंतसंतानायकुलस्यवै २ ॥ जनमेजयउवाच ॥ कथंपुत्रशतंजज्ञेगांधार्यांद्विजसत्तम ॥ कियताचैवकालेनतेषामायुश्चकिंपरम् ३ कथंचैकःसवैश्यायां
धृतराष्ट्रसुतोऽभवत् ॥ कथंचसदृशींभार्यांगांधारींधर्मचारिणीम् ४ आनुकूल्येवर्तमानांधृतराष्ट्रोऽभ्यवर्त्तत ॥ कथंचशप्तस्यसतःपांडोस्तेनमहात्मना ५ समुत्प
न्नादैवतेभ्यःपुत्राःपंचमहारथाः ॥ एतद्विद्वन्यथान्यायंविस्तरेणतपोधन ६ कथयस्वनमेतृप्तिःकथ्यमानेषुबंधुषु ॥ वैशंपायनउवाच ॥ क्षुच्छ्रमाभिपरिग्लानं
द्वैपायनमुपस्थितम् ७ तोषयामासगांधारीव्यासस्तस्यैवरंददौ ॥ सावव्रेसदृशंभर्तुःपुत्राणांशतमात्मनः ८ ततःकालेनसागर्भंधृतराष्ट्रादथाग्रहीत् ॥ संवत्सरद्वयं
तंतुगांधारीगर्भमाहितम् ९ अप्रजाधारयामासततस्तांदुःखमाविशत् ॥ श्रुत्वाकुंतीसुतंजातंबालार्कसमतेजसम् १० ॥ ॥ ॥

खैःपंचमहायज्ञैः गर्भान्धस्यश्रौतयज्ञेष्वनधिकारात् ५ । ६ । ७ । ८ । ९ । १० । ११ पारसवींव्याख्यातरूपांब्राह्मणेमशूद्रायांजातां १२ । १३ । १४ ॥ इति आदिपर्वणि नीलकंठीये
भारतभावदीपे चतुर्दशाधिकशततमोऽध्यायः ॥ ११४ ॥ ॥ ॥ ततइति १ । २ । ३ । ४ । ५ । ६ । ७ । ८ । ९ । १० ॥ ॥ ॥ ॥

११. लोहाष्ठीलालोहमयागंडिकातद्वत् संहताकठिना १२ । १३ । १४ । १५ । १६ । १७ । १८ । १९ । २० । २१. अवदधेधृतवती २२ । २३ । २४ । २५ । २६ । २७ खरावचननादच्चव्यक्तमव्यक्तंच

उदरस्यात्मनःस्थैर्यमुपलभ्यान्वचिंतयत् ॥ अज्ञातंधृतराष्ट्रस्ययत्नेनमहताततः ११ सोदरंघातयामासगांधारीदुःखमूर्छिता ॥ ततोजज्ञेमांसपेशीलोहाष्ठीलेवसंहता
१२ द्विवर्षसंभृताकुक्षौतामुत्स्रष्टुंप्रचक्रमे ॥ अथद्वैपायनोज्ञात्वात्वरितःसमुपागमत् १३ तांसमांसमयींपेशींददर्शजपतांवरः ॥ ततोऽब्रवीत्सौबलेयींकिमिदंतेचि
कीर्षितम् १४ साचात्मनोमतंसत्यंशशंसपरमर्षये ॥ गांधार्युवाच ॥ ज्येष्ठंकुंतीसुतंजातंश्रुत्वारविसमप्रभम् १५ दुःखेनपरमेणेदमुदरंघातितंमया ॥ शतंचकिल
पुत्राणांवितीर्णंमेत्वयापुरा १६ इयंचमेमांसपेशीजातापुत्रशतायवै ॥ व्यासउवाच ॥ एवमेतत्सौबलेयिनैतज्जात्वन्यथाभवेत् १७ वितथंनोक्तपूर्वंमेस्वैरेष्वपिकुतोऽ
न्यथा ॥ घृतपूर्णंकुंडशतंक्षिप्रमेवविधीयताम् १८ सुगुप्तेषुचदेशेषुरक्षाचैवविधीयताम् ॥ शीताभिरद्भिरष्ठीलामिमांचपरिषिंचय १९ ॥ वैशंपायनउवाच ॥ सासि
च्यमानात्वष्ठीलाबभूवशतधातदा ॥ अंगुष्ठपर्वमात्राणांगर्भाणांपृथगेवतु २० एकाधिकशतंपूर्णंयथायोगंविशांपते ॥ मांसपेश्यास्तदाराजन्क्रमशःकालपर्ययात् २१
ततस्तांस्तेषुकुंडेषुगर्भानवदधेतदा ॥ स्वनुगुप्तेषुदेशेषुरक्षांवैव्यदधात्ततः २२ शशंसचैवभगवान्कालेनैतावतापुनः ॥ उद्घाटनीयान्येतानिकुंडानीतिचसौबलीम्
२३ इत्युक्त्वाभगवान्व्यासस्तथाप्रतिनिधायच ॥ जगामतपसेधीमान्हिमवंतंशिलोच्चयम् २४ जज्ञेक्रमेणचैतेनतेषांदुर्योधनोनृपः ॥ जन्मतस्तुप्रमाणेनज्येष्ठोराजा
युधिष्ठिरः २५ तदाऽऽख्यातंतुभीष्मायविदुरायचधीमते ॥ यस्मिन्नहनिदुर्धर्षोजज्ञेदुर्योधनस्तदा २६ तस्मिन्नेवमहाबाहुर्जज्ञेभीमोऽपिवीर्यवान् ॥ सजातमात्रए
वाथधृतराष्ट्रसुतोनृप २७ रासभारावसदृशंरुरावचननादच ॥ तंखराःप्रत्यभाषंतगृध्रगोमायुवायसाः २८ वाताश्चप्रववुश्चापिदिग्दाहश्चाभवत्तदा ॥ ततस्तुभीतवद्रा
जाधृतराष्ट्रोऽब्रवीदिदम् २९ समानीयबहून्विप्रान्भीष्मंविदुरमेवच ॥ अन्यांश्चसुहृदोराजन्कुरून्सर्वांस्तथैवच ३० युधिष्ठिरोराजपुत्रोज्येष्ठोनःकुलवर्धनः ॥
प्राप्तःस्वगुणतोराज्यंनतस्मिन्वाच्यमस्तिनः ३१ अयंत्वनंतरस्तस्मादपिराजाभविष्यति ॥ एतद्विब्रूतमेतथ्यंयदत्रभविताध्रुवम् ३२ वाक्यस्यैतस्यनिधनेदिक्षुसर्वा
सुभारत ॥ क्रव्यादाःप्राणदन्घोराःशिवाश्चाशिवशंसिनः ३३ लक्षयित्वानिमित्तानितानिघोराणिसर्वशः ॥ तेऽब्रुवन्ब्राह्मणाराजन्विदुरश्चमहामतिः ३४ यथेमा
निनिमित्तानिघोराणिमनुजाधिप ॥ उत्थितानिसुतेजातेज्येष्ठेतेपुरुषर्षभ ३५ व्यक्तंकुलांतकरणोभवितैषसुतस्तव ॥ तस्यशांतिःपरित्यागेगुप्तावपनयोमहान्
३६ शतमेकोनमप्यस्तुपुत्राणांतेमहीपते ॥ त्यजैनमेकंशांतिंचेत्कुलस्येच्छसिभारत ३७ एकेनकुरुवैक्षेमंकुलस्यजगतस्तथा ॥ त्यजेदेकंकुलस्यार्थेग्रामस्यार्थेकु
लंत्यजेत् ३८ ग्रामंजनपदस्यार्थेआत्मार्थेपृथिवींत्यजेत् ॥ सतथाविदुरेणोक्तस्तैश्चसर्वैर्द्विजोत्तमैः ३९ नचकारतथाराजापुत्रस्नेहसमन्वितः ॥ ततःपुत्रशतंपूर्णं
धृतराष्ट्रस्यपार्थिव ४० मासमात्रेणसंजज्ञेकन्याचैकाशताधिका ॥ गांधार्यांक्लिश्यमानायामुदरेणविवर्धता ४१ ॥ ॥ ॥

शब्दंखरसदृशमेवाकरोत् २८ । २९ । ३० । ३१ । ३२ । ३३ । ३४ । ३५ । ३६ । ३७ । ३८ । ३९ । ४० । ४१ ॥ ॥ ॥ ॥

४२ करणइवकरणःक्षत्रियाद्वैश्यायांजातत्वान्नतुवैश्याच्छूद्रायां ४३ । ४४ ॥ इतिआदिपर्वणि नीलकंठीये भारतभावदीपे पंचदशाधिकशततमोऽध्यायः ॥ ११५ ॥ ॥ धृतराष्ट्रस्येति १

धृतराष्ट्रंमहाराजंवैश्यापर्यचरत्किल ॥ तस्मिन्संवत्सरेराजन्धृतराष्ट्रान्महायशाः ४२ जज्ञेधीमांस्ततस्तस्यांयुयुत्सुःकरणोनृप ॥ एवंपुत्रशतंजज्ञेधृतराष्ट्रस्यधीम
तः ४३ महारथानांवीराणांकन्याचैकाशताधिका ॥ युयुत्सुश्चमहातेजावैश्यापुत्रःप्रतापवान् ४४ ॥ इतिश्रीमहाभारते आदिपर्वणि संभवपर्वणि गांधारीपु
त्रोत्पत्तौपंचदशाधिकशततमोऽध्यायः ॥ ११५ ॥ ॥ जनमेजयउवाच ॥ धृतराष्ट्रस्यपुत्राणामादितःकथितंत्वया ॥ ऋषेःप्रसादात्तुशतंनचकन्याप्रकी
र्तिता १ वैश्यापुत्रोयुयुत्सुश्चकन्याचैकाशताधिका ॥ गांधारराजदुहिताशतपुत्रेतिचानघ २ उक्तामहर्षिणातेनव्यासेनामिततेजसा ॥ कथंत्विदानींभगवन्क
न्यांत्वंतुब्रवीषिमे ३ यदिभागशतंपेशीकृतातेनमहर्षिणा ॥ नप्रजास्यतिचेद्भूयःसौबलेयीकथंचन ४ कथंतुसंभवस्तस्यादुःशलायावदस्वमे ॥ यथावदिहविप्रर्षे
परंमेऽत्रकुतूहलम् ५ ॥ वैशंपायनउवाच ॥ साध्वयंप्रश्नउद्दिष्टःपांडवेयब्रवीमिते ॥ तांमांसपेशींभगवान्स्वयमेवमहातपाः ६ शीताभिरद्भिरासिच्यभागंभा
गमकल्पयत् ॥ योयथाकल्पितोभागस्तंतंधात्र्यातथानृप ७ घृतपूर्णेषुकुंडेषुएकैकंप्राक्षिपत्तदा ॥ एतस्मिन्नंतरेसाध्वीगांधारीसुदृढव्रता ८ दुहितुःस्नेहसंयोगमनु
ध्यायवरांगना ॥ मनसाऽचिंतयद्देवीएतत्पुत्रशतंमम ९ भविष्यतिनसंदेहोनब्रवीत्यन्यथामुनिः ॥ ममेयंपरमातुष्टिर्दुहितामेभवेद्यदि १० एकाशताधिकाबाला
भविष्यतिकनीयसी ॥ ततोदौहित्रजाल्लोकादबाह्योऽसौपतिर्मम ११ अधिकाकिलनारीणांप्रीतिर्जामातृजाभवेत् ॥ यदिनाममममापिस्याद्दुहितैकशताधिका
१२ कृतकृत्याभवेयंवैपुत्रदौहित्रसंवृता ॥ यदिसत्यंतपस्तप्तंदत्तंवाऽप्यथवाहुतम् १३ गुरवस्तोषितावाऽपितथाऽस्तुदुहितामम ॥ एतस्मिन्नेवकालेतुकृष्ण
द्वैपायनःस्वयम् १४ व्यभजत्सतदापेशींभगवानृषिसत्तमः ॥ गणयित्वाशतंपूर्णमंशानामाहसौबलीम् १५ ॥ व्यासउवाच ॥ पूर्णंपुत्रशतंत्वेतन्नमिथ्यावागु
दाहृता ॥ दौहित्रयोगायभागएकःशिष्टःशतात्परः १६ एषातेसुभगाकन्याभविष्यतियथेप्सिता ॥ ततोऽन्यंघृतकुंभंचसमानाय्यमहातपाः ॥ तंचापिप्राक्षिप
त्तत्रकन्याभागंतपोधनः १७ एतत्तेकथितंराजन्दुःशलाजन्मभारत ॥ ब्रूहिराजेंद्रकिंभूयोवर्त्तयिष्यामितेऽनघ १८ ॥ इति श्रीमहाभारते आदिपर्वणि संभव
पर्वणि दुःशलोत्पत्तौषोडशाधिकशततमोऽध्यायः ११६ ॥ ॥ जनमेजयउवाच ॥ ज्येष्ठाऽनुज्येष्ठतांतेषांनामानिचपृथक्पृथक् ॥ धृतराष्ट्रस्यपुत्राणा
मानुपूर्व्यात्प्रकीर्त्तय १ ॥ वैशंपायनउवाच ॥ दुर्योधनोयुयुत्सुश्चराजन्दुःशासनस्तथा ॥ दुःसहोदुःशलश्चैवजलसंधःसमःसहः २ विंदानुविंदौदुर्धर्षःसुबाहुर्दु
ष्प्रधर्षणः ॥ दुर्मर्षणोदुर्मुखश्चदुष्कर्णःकर्णएवच ३ विविंशतिर्विकर्णश्चशलःसत्वःसुलोचनः ॥ चित्रोपचित्रौचित्राक्षश्चारुचित्रःशरासनः ४ ॥ ॥

२ । ३ नप्रजास्यति प्रजामात्मनो नेच्छति क्यजंतोयंशब्दः । सर्वप्रातिपादिकेभ्यःक्यचिलालसायांसुगसुगावितिवार्तिकात्सुगागमः ४ । ५ । ६ । ७ । ८ । ९ । १० अबाह्यःदौहित्रजानपिलोका
न्प्राप्स्यतीत्यर्थः ११ । १२ । १३ । १४ । १५ । १६ । १७ । १८ ॥ इति आदिपर्वणि नीलकंठीये भारतभावदीपे षोडशाधिकशततमोऽध्यायः ११६ ॥ ॥ ज्येष्ठेति १ । २ । ३ । ४

म.भा.टी. आदि०१

५ । ६ । ७ । ८ । ९ । १० । ११ । १२ । १३ । १४ । १५ । १६ । १७ । १८ ॥ इति आदिपर्वणि नीलकंठीये भारतभावदीपे सप्तदशाधिकशततमोऽध्यायः ॥ ११७ ॥ ॥ कथितइति । आर्षः ऋषिप्रसादहेतुकः । अमनुष्योमनुष्येष्वदृष्टः । युगपद्बहूनांजननात् १ । २ । ३ । ४ । ५ । ६ । ७ । ८ कामेति । कामक्रोधाद्यताअपिमूढाःपापाचारस्वभावाईदृशानिनृशंसानिबीभत्सानिवर्जयंत्यत

॥ ११२ ॥ दुर्मदोदुर्विगाहश्चविवित्सुर्विकटाननः ॥ ऊर्णनाभःसुनाभश्चतथानंदोपनंदकौ ५ चित्रबाणश्चित्रवर्मासुवर्मादुर्विमोचनः ॥ अयोबाहुर्महाबाहुश्चित्रांगश्चित्रकुंडलः ६ भीमवेगोभीमबलोबलाकीबलवर्धनः ॥ उग्रायुधःसुषेणश्चकुंडधारोमहोदरः ७ चित्रायुधोनिषंगीचपाशीवृंदारकस्तथा ॥ दृढवर्मादृढक्षत्रःसोमकीर्तिरनूदरः ८ ॥ ११८ ॥ दृढसंधोजरासंधःसत्यसंधःसदःसुवाक् ॥ उग्रश्रवाउग्रसेनःसेनानीर्दुष्पराजयः ९ अपराजितःकुंडशायीविशालाक्षोदुराधरः ॥ दृढहस्तःसुहस्तश्चवातवेगसुवर्चसौ १० आदित्यकेतुर्बह्वाशीनागदत्तोऽग्रयाय्यपि ॥ कवचीक्रथनःकुंडीकुंडधारोधनुर्धरः ११ उग्रभीमरथौवीरौवीरबाहुरलोलुपः ॥ अभयोरौद्रकर्माचतथादृढरथाश्रयः १२ अनाधृष्यःकुंडभेदीविरावीचित्रकुंडलः ॥ प्रमथश्चप्रमाथीचदीर्घरोमश्चवीर्यवान् १३ दीर्घबाहुर्महाबाहुर्व्यूढोरःकनकध्वजः ॥ कुंडाशीविरजाश्चैवदुःशलाचशताधिका १४ इतिपुत्रशतंराजन्कन्याचैवशताधिका ॥ नामधेयानुपूर्व्येणविद्धिजन्मक्रमंनृप १५ सर्वेत्वतिरथाःशूराःसर्वेयुद्धविशारदाः ॥ सर्वेवेदविदश्चैव सर्वेसर्वास्त्रकोविदाः १६ सर्वेषामनुरूपाश्चकृतादारामहीपते ॥ धृतराष्ट्रेणसमयेपरीक्ष्यविधिवन्नृप १७ दुःशलांचापिसमयेधृतराष्ट्रोनराधिपः ॥ जयद्रथायप्रददौ विधिनाभरतर्षभ १८ ॥ इति श्रीमहाभारते आदिपर्वणि संभवपर्वणि धृतराष्ट्रपुत्रनामकथने सप्तदशाधिकशततमोऽध्यायः ॥ ११७ ॥

॥ जनमेजयउवाच ॥ कथितोधार्तराष्ट्राणामार्षःसंभवउत्तमः ॥ अमनुष्योमनुष्याणांभवताब्रह्मवादिना १ नामधेयानिचाप्येषांकथ्यमानानिभागशः ॥ त्वत्तःश्रुतानिमेब्रह्मन्पांडवानांचकीर्तय २ तेहिसर्वेमहात्मानोदेवराजपराक्रमाः ॥ त्वयैवांशावतरणेदेवभागाःप्रकीर्तिताः ३ एतदिच्छाम्यहंश्रोतुमतिमानुषकर्मणाम् ॥ तेषामाजननंसर्वंवैशंपायनकीर्तय ४ ॥ वैशंपायनउवाच ॥ राजापांडुर्महारण्येमृगव्यालनिषेविते ॥ चरन्मैथुनधर्मस्थंददर्शमृगयूथपम् ५ ततस्तांचमृगींतंचरुक्मपुंखैःसुपत्रिभिः ॥ निर्बिभेदशरैस्तीक्ष्णैःपांडुःपंचभिराशुगैः ६ सचराजन्महातेजाऋषिपुत्रस्तपोधनः ॥ भार्ययासहतेजस्वीमृगरूपेणसंगतः ७ संसक्तश्चतयामृग्यामानुषीमीरयन्गिरम् ॥ क्षणेनपतितोभूमौविललापाकुलेंद्रियः ८ ॥ मृगउवाच ॥ काममन्युपरीताहिबुद्ध्याविरहिताअपि ॥ वर्जयंतिनृशंसानिपापेष्वपिरतानराः ९ नविधिंग्रसतेप्रज्ञाप्रज्ञांतुग्रसतेविधिः ॥ विधिपर्यागतानर्थान्प्राज्ञोनप्रतिपद्यते १० शश्वद्धर्मात्मनांमुख्येकुलेजातस्यभारत ॥ कामलोभाभिभूतस्यकथंतेचलितामतिः ११ ॥ पांडुरुवाच ॥ शत्रूणांयावधेवृत्तिःसाम्रृगाणांवधेस्मृता ॥ राज्ञांमृगनमांमोहात्त्वंगर्हयितुमर्हसि १२ ॥ ॥ ॥ ॥ ११२ ॥

स्त्वंनृशंसकर्तासर्वेभ्योऽप्यधमइत्यर्थः ९ विधिर्दैवं नग्रसतेनातिक्रामति । प्रज्ञाशास्त्रीयाबुद्धिः । प्राज्ञःप्रज्ञावानर्थान्विधिपर्यागतान्दैवोपगतान्नप्रतिपद्यतेनवेत्तिकिंतुप्रज्ञाबलेनैवैतन्मयाकृतमितिमन्यतेऽतोनायंतवापराधइतिभावः प्रज्ञावानितिपाठेतुप्रज्ञावानेवैतज्जानातिनमूढइत्यर्थः १० तथापिमोहइत्याश्चर्यमित्याह शश्वदिति ११ पाठांतरे मृगयुतांमृगहंतृत्वं १२ ॥ ॥ ॥

अच्छन्ननाप्राकट्येन। माययाप्रच्छन्नरूपेण । चोवार्थे १३ सत्रमासीनोऽनुतिष्ठन् । व्रतस्थानांतत्रापिब्राह्मणानामपिमृगयादृष्टैव।किंपुनर्ममराज्ञः । प्रोक्ष्येत्यनेनोपाकरणसंज्ञपनादिकंलक्ष्यते । मुखं व्यादायस्वपितीतिवन्मृगयांकृत्वाप्रोक्षयामासेतिव्याख्येयं १४ प्रमाणंवेदः । अस्मान्वर्तमानान् । ननुपर्यग्निकृतानारण्यानुत्सृजतीत्यारण्यानामुन्सर्गएवविहितोनवधइत्याशंक्याह अगस्त्यस्येति । अभिचारेणशत्रुमारणेन । अतिचारेणेतिपाठेशास्त्रातिक्रमेण । वपाकदलीगर्भपत्रसदृशोमांसापूपः । तस्मादगस्त्यप्रदर्शितेनमार्गेणशत्रुवधकामानृपाःशत्रुवन्मृगानघ्नंति १९ नरिपूनिति । रंध्रेविशत्र

अच्छन्ननामाययाचमृगाणांवधइष्यते ॥ सएवधर्मोराज्ञांतुतद्विद्वंकिंनुगर्हसे १३ अगस्त्यःसत्रमासीनश्चकारमृगयामृषिः ॥ आरण्यान्सर्वदैवत्यान्मृगान्प्रो
क्ष्यमहावने १४ प्रमाणदृष्टधर्मेणकथमस्मान्विगर्हसे ॥ अगस्त्यस्याभिचारेणयुष्माकंचवपाहुता १५ ॥ मृगउवाच ॥ नरिपून्वैसमुद्दिश्यविमुंचंतिनराःशरान् ॥
रंध्रएषांविशेषेणवधकालःप्रशस्यते १६ ॥ पांडुरुवाच ॥ प्रमत्तमप्रमत्तंवाविवृतंघ्नंतिचौजसा ॥ उपायैर्विविधैस्तीक्ष्णैःकस्मान्मृगविगर्हसे १७ ॥ मृगउवाच ॥
नाहंघ्नंतंमृगान्राजन्विगर्हेचात्मकारणात् ॥ मैथुनंतुप्रतीक्ष्यंमेत्वयेहाद्यानृशंस्यतः १८ सर्वभूतहितेकालेसर्वभूतेप्सितेतथा ॥ कोहिविद्वान्मृगंहन्याच्चरंतंमैथुनंवने
१९ अस्यांमृग्यांचराजेंद्रहर्षान्मैथुनमाचरम् ॥ पुरुषार्थफलंकर्तुंतत्त्वयाविफलीकृतम् २० पौरवाणांमहाराजतेषामक्लिष्टकर्मणाम् ॥ वंशेजातस्यकौरव्यनानुरूप
मिदंतव २१ नृशंसंकर्मसुमहत्सर्वलोकविगर्हितम् ॥ अस्वर्ग्यमयशस्यंचाप्यधर्मिष्ठंचभारत २२ स्त्रीभोगानांविशेषज्ञःशास्त्रधर्मार्थतत्त्ववित् ॥ नार्हस्त्वंसुरसंकाशकर्तुं
मस्वर्ग्यमीदृशम् २३ त्वयानृशंसकर्तारःपापाचाराश्चमानवाः ॥ निग्राह्याःपार्थिवश्रेष्ठत्रिवर्गपरिवर्जिताः २४ किंकृतंतेनरश्रेष्ठमामिहानागसंघ्नता ॥ मुनिंमूलफ
लाहारंमृगवेषधरंनृप २५ वसमानमरण्येषुनित्यंशमपरायणम् ॥ त्वयाऽहंहिंसितोयस्मात्तस्मात्त्वामप्यहंशपे २६ द्वयोर्नृशंसकर्तारमवशंकाममोहितम् ॥ जीवि
तांतकरोभावएवमेवागमिष्यति २७ अहंहिकिंदमोनामतपसाभाविवोमुनिः ॥ व्यपत्रपन्मनुष्याणांमृग्यांमैथुनमाचरम् २८ मृगोभूत्वामृगैःसार्धंचरामिगहने
वने ॥ नतुतेब्रह्महत्येयंभविष्यत्यविजानतः २९ मृगरूपधरंहत्वामामेवंकाममोहितम् ॥ अस्यतुत्वंफलंमूढप्राप्स्यसीदृशमेवहि ३० प्रिययासहसंवासंप्राप्यकाम
विमोहितः ॥ त्वमप्यस्यामवस्थायांप्रेतलोकंगमिष्यसि ३१ अंतकालेहिसंवासंययागंताऽसिकांतया ॥ प्रेतराजपुरंप्राप्तंसर्वभूतदुरत्ययम् ॥ भक्त्यामतिमतांश्रेष्ठ
सैवत्वाऽनुगमिष्यति ३२ वर्तमानःसुखेदुःखंयथाहंप्रापितस्त्वया ॥ तथात्वांचसुखंप्राप्तंदुःखमभ्यागमिष्यति ३३ ॥ ॥

त्वव्यसनाक्रांतत्वादिसमयेशरान्नविमुंचंतीतिसंबंधः । किंत्वेषांशत्रूणांवधकालःसर्वलोकप्रसिद्धःसंग्रामआभिमुख्यादिमान्सएवप्रशस्यतेऽन्योनिंद्यतइत्यर्थः १६ प्रमत्तमसावधानं तीक्ष्णैर्गुप्तशस्त्रैराग्ने यादिभिर्विवृतंव्यक्तंघ्नंतिमृगान् । मत्तभीतपलायितादीनांशत्रूणांवधोनिंद्योनतुमृगादीनामित्याशयः १७ । १८ । १९ हर्षातऋश्यशृंगादितुल्यःपुत्रोमेभविष्यतीत्युत्साहात् । पुरुषार्थफलंपुरु षैर्मैथुनेनार्थनीयंफलंपुत्रस्तंकर्तुमुत्पादयितुं २० । २१ । २२ । २३ त्रिवर्गेति । धर्मार्थकामहीनाः २४ तेत्वया २५ । २६ द्वयोःस्त्रीपुंसयोर्नृशंसंनिंद्यंमैथुनासक्तयोर्वधस्तस्यकर्तारं २७ । २८ २९ । ३० । ३१ प्राप्तंत्वात्वां ३२ । ३३ ॥ ॥ ॥ ॥ ॥ ॥

आदि०१ अ० ॥११९॥

३४ ॥ इतिश्रादिपर्वणिनीलकंठीयेभारतभावदीपे अष्टादशाधिकशततमोऽध्यायः ॥ ११८ ॥ ॥ तमिति । राजाऽतिक्रम्यतंपर्यदेवयदितिसंबंधः कीदृशंतंव्यतीतंमारितमित्यर्थः १ कामजालं
विधित्साजालं २ । ३ । ४ देवैस्त्यक्तस्य अपुत्रतयास्वर्गगमनानर्हत्वात् ५ मोक्षंमोक्षमार्गंव्यवस्याभिनिश्चिनोमिश्रेयस्करत्वेन । तत्रहिपुत्राद्यनपेक्षादृष्टाकिंप्रजयाकरिष्यामोयेषांनोऽयमात्माऽयंलो
कइति । इष्टमेवैतज्ज्ञातमित्याह बंधोहीति । बंधःपुत्रैषणादिः सुवृत्तिंब्रह्मचर्याख्यांवृत्तिं । पितुर्व्यासस्य ६ तपसाश्रवणमननात्मकेनालोचनेन आत्मानंचित्तंयोजयिष्यामिसमाधातुमिच्छामि ।
तत्रसाधनान्याह तस्मादिति । एकःस्त्रीहीनः एकाकीशिष्यादिभिःसहायैर्हीनः ७ इमान्वानप्रस्थाश्रमान्सन्निहितान् पांसुनेतिभूमिशायित्वमुक्तं ८ । ९ निराशीर्निर्नमस्कारः आशिषंनमस्कारंवाने

॥ वैशंपायनउवाच ॥ एवमुक्त्वासुदुःखार्तोजीवितात्सव्यमुच्यत ॥ मृगःपांडुश्चदुःखार्तःक्षणेनसमपद्यत ३४ ॥ इतिश्रीमहाभारतेआदिपर्वणिसंभवपर्वणिपां
डुमृगशापेऽष्टादशाधिकशततमोऽध्यायः ॥ ११८ ॥ ॥ वैशंपायनउवाच ॥ तंव्यतीतमतिक्रम्यराजास्वमिवबांधवम् ॥ सभार्यःशोकदुःखार्तःपर्यदेवयदा
तुरः १ ॥ पांडुरुवाच ॥ सतामपिकुलेजाताःकर्मणाबतदुर्गतिम् ॥ प्राप्नुवंत्यकृतात्मानःकामजालविमोहिताः २ शश्वद्धर्मात्मनाजातोबालएवपितामम ॥ जी
वितांतमनुप्राप्तःकामात्मैवेतिनःश्रुतम् ३ तस्यकामात्मनःक्षेत्रेराज्ञःसंयतवागृषिः ॥ कृष्णद्वैपायनःसाक्षाद्भगवान्मामजीजनत् ४ तस्याद्यव्यसनेबुद्धिःसंजाते
यंममाधमा ॥ त्यक्तस्यदेवैरनयान्मृगयांपरिधावतः ५ मोक्षमेवव्यवस्यामिबंधोहिव्यसनंमहत् ॥ सुवृत्तिमनुवर्तिष्येतामहंपितुरव्ययाम् ६ अतीवतपसाऽऽ
त्मानंयोजयिष्याम्यसंशयम् ॥ तस्मादेकोऽहमेकाकीएकैकस्मिन्वनस्पतौ ७ चरन्भैक्ष्यंमुनिर्मुंडश्चरिष्याम्याश्रमानिमान् ॥ पांसुनासमवच्छन्नःशून्यागारकृ
तालयः ८ वृक्षमूलनिकेतोवात्यक्तसर्वप्रियाप्रियः ॥ नशोचन्नप्रहृष्यंश्चतुल्यनिंदात्मसंस्तुतिः ९ निराशीर्निर्नमस्कारोनिर्द्वंद्वोनिष्परिग्रहः ॥ नचाप्यवहसन्कं
चिन्नकुर्वन्भ्रुकुटींक्वचित् १० प्रसन्नवदनोनित्यंसर्वभूतहितेरतः ॥ जंगमाजंगमंसर्वमविहिंसंश्चतुर्विधम् ११ स्वासुप्रजास्विवसदासमःप्राणभृतांप्रति ॥ एककालं
चरन्भैक्ष्यंकुलानिदशपंचवा १२ असंभवेवाभैक्ष्यस्यचरन्ननशनान्यपि ॥ अल्पमल्पंचभुंजानःपूर्वालाभेनजातुचित् १३ अन्यान्यपिचरंल्लोभादलाभेसप्तपूरयन् ॥
अलाभेयदिवालाभेसमदर्शीमहातपाः १४ वास्यैकंतक्षतोबाहुंचंदनेनैकमुक्षतः ॥ नाकल्याणंनकल्याणंचिंतयन्नुभयोस्तयोः १५ नजिजीविषुवत्किंचिन्नमुमूर्षु
वदाचरन् ॥ जीवितंमरणंचैवनाभिनंदन्नचद्विषन् १६ याःकाश्चिज्जीवताशक्याःकर्तुमभ्युदयक्रियाः ॥ ताःसर्वाःसमतिक्रम्यनिमेषादिव्यवस्थिताः १७

च्छामीत्यर्थः । निर्द्वंद्वःसुखदुःखादिहीनः । निष्परिग्रहःकंथापादुकादिहीनः १० । ११ पूर्वसंन्यासिधर्मानेवकरिष्यामीत्युक्तमिदानींसंन्यासमेवकरिष्यामीत्याह एककालमितिसार्धः
पूर्वालाभेपूर्वमेकैकस्मिन्वनस्पतौचरन्भैक्ष्यमित्युक्तंतदभावेसप्तेति कुलानिगृहाणि १२ नजातुचिन्नकदाचित् १३ लोभादन्यानिदशाधिकानिचरन् अलाभेअपूर्तौ १४ वास्यावास्येन
काष्ठतक्षणेन सुपोडादेशआर्षोविभक्तिलोपोवा १५ । १६ अभ्युदयक्रियाःस्वर्गादिहेतुदर्शपूर्णमासादयः । समतिक्रम्यप्राजापत्येष्ट्यादिपूर्वकंविधिवत्त्यक्त्वा । निमेषादिःकालस्तत्र
व्यवस्थितानियतकालाः १७ ॥ ॥ ॥ ॥ ॥ ॥ ॥ ॥

॥ ११३॥

अनवस्थास्वनित्यफलासुसंपरित्यक्तोधर्मसाध्योऽर्थोब्रह्मलोकांतोयेनसः । मुनिर्णिक्तात्मकल्मषःयस्माद्धर्मेणसम्यक्क्षालितंचित्तकल्मषंरागादितस्मात्तेनकृतार्थेननातःपरंकार्यमस्तीत्यर्थः १८ रागादिक्षयोऽपितन्मूलभूतपापक्षयादेवेत्याहनिर्मुक्तइति । वागुराइववागुराबंधनान्यविद्याकामकर्माणि । सधर्माअसंगः १९ संस्थापयिष्यामिनाशयिष्यामि निर्भयंमार्गंसंसारभयरहितं २० बाह्यसाधनाधीनेसुकृपणेमार्गेकर्ममार्गे 'योवाएतदक्षरंगार्ग्यविदित्वाऽस्मिँल्लोकेयजतिददातितपस्तप्यतेऽपिबहूनिवर्षसहस्राण्यंतवदेवास्यतद्भवतियोवाएतदक्षरंगार्ग्यविदित्वाऽस्माल्लोकात्प्रैतिसकृपणः' इतिश्रुतिनिंदिते । स्ववीर्यक्षयशोचितेस्वस्यप्रत्यगात्मनोवीर्यं 'सर्वस्यवशीसर्वस्येशानःसर्वस्याधिपतिः' इत्यादिश्रुतिप्रसिद्धंवशित्वादितस्यक्षयोविषयसंगकृतोह्रासस्तेनशोचितेशोच्ये । ननु'न्यायागतधनस्तत्त्वज्ञाननिष्ठोऽतिथिप्रियः ।

तासुचाप्यनवस्थासुत्यक्तसर्वेंद्रियक्रियः ॥ संपरित्यक्तधर्मार्थःसुनिर्णिक्तात्मकल्मषः १८ निर्मुक्तःसर्वपापेभ्योव्यतीतःसर्ववागुराः ॥ नवशेकस्यचित्तिष्ठन्सधर्मामातरिश्वनः १९ एतयासततंधृत्याचरन्नेवंप्रकारया ॥ देहंसंस्थापयिष्यामिनिर्भयंमार्गमास्थितः २० नाहंसुकृपणेमार्गेस्ववीर्यक्षयशोचिते ॥ स्वधर्मात्सततापेतंचरेयंवीर्यवर्जितः २१ सत्कृतोऽसत्कृतोवाऽपियोऽन्यंकृपणचक्षुषा ॥ उपैतिवृत्तिंकामात्मासशुनांवर्ततेपथि २२ ॥ वैशंपायनउवाच ॥ एवमुक्त्वासुदुःखार्तोनिःश्वासपरमोनृपः ॥ अवेक्षमाणःकुंतींचमाद्रींचसमभाषत २३ कौसल्याविदुरःक्षत्ताराजाचसहबंधुभिः ॥ आर्यासत्यवतीभीष्मस्तेचराजपुरोहिताः २४ ब्राह्मणाश्चमहात्मानःसोमपाःसंशितव्रताः ॥ पौरवृद्धाश्चयेतत्रनिवसंत्यस्मदाश्रयाः ॥ प्रसाद्यसर्वेवक्तव्याःपांडुःप्रव्रजितोवनम् २५ निशम्यवचनंभर्तुर्वनवासेधृतात्मनः ॥ तत्समंवचनंकुंतीमाद्रीचसमभाषताम् २६ अन्येऽपिह्याश्रमाःसंतियेशक्याभरतर्षभ ॥ आवाभ्यांधर्मपत्नीभ्यांसहतप्तुंतपोमहत् २७ शरीरस्यापिमोक्षायस्वर्ग्यंप्राप्यमहाफलम् ॥ त्वमेवभविताभर्तास्वर्गस्यापिनसंशयः २८ प्रणिधायेंद्रियग्रामंभर्तृलोकपरायणे ॥ त्यक्त्वाकामसुखेह्यावांतप्स्यावोविपुलंतपः २९ यदिचावांमहाप्राज्ञत्यक्ष्यसित्वंविशांपते ॥ अद्यैवावांप्रहास्यावोजीवितंनात्रसंशयः ३० ॥ पांडुरुवाच ॥ यदिव्यवसितंह्येतद्युवयोर्धर्मसंहितम् ॥ स्ववृत्तिमनुवर्तिष्येतामहंपितुरव्ययाम् ३१ त्यक्त्वाग्रामसुखाहारंतप्यमानोमहत्तपः ॥ वल्कलीफलमूलाशीचरिष्यामिमहावने ३२ अग्नौजुह्वन्नुभौकालावुभौकालावुपस्पृशन् ॥ कृशःपरिमिताहारश्चीरचर्मजटाधरः ३३ शीतवातातपसहःक्षुत्पिपासानवेक्षकः ॥ तपसादुश्चरेणेदंशरीरमुपशोषयन् ३४ ॥ ॥ ॥

श्राद्धकृत्सत्यवादीचगृहस्थोऽपिविमुच्यते' इतिस्मृतेर्गृहएवमोक्षसिद्धौकिंसंन्यासेनेत्याशंक्याह स्वधर्मादिति । जायामेस्यादथप्रजायेयेतिश्रुतेःप्रजोत्पादनमेवगृहस्थधर्मस्ततोऽपेतेगार्हस्थ्येकिमवस्थानेनेत्याशयः । वीर्यवर्जितोऽपत्योत्पादनसामर्थ्यरहितः २१ अपत्योत्पादनमपिब्राह्मणद्वारासुसंपाद्यमित्याशंक्याह सत्कृतइति । अन्यंपुरुषं दृष्टिवृत्तिप्रदं । कृपणचक्षुषाअपत्यंमेदेहीतियाञ्चादीनदृष्ट्या । कामात्माअपत्यकामआत्माचित्तंयस्यसः । कामपूर्त्यर्थंतेशुनामिवापत्यकामानामपितत्कृतंमहद्दुःखमस्त्यतःपारिव्राज्यमेवश्रेयइतिभावः २२ । २३ क्षत्ताऽविदुरएवकौसल्यादिसाहचर्यात् २४ । २५ तत्समसमुक्तस्ययोग्यं २६ । २७ । २८ । २९ । ३० । ३१ । ३२ । ३३ । ३४ ॥ ॥ ॥ ॥ ॥ ॥ ॥

विमृशन् हिंसादिदोषं । पक्कापक्केन पक्कफलादि अपक्कंकंदादि । पक्षापक्षेणेतिपाठेपक्षांतकर्मइष्टयादिकंपक्षस्तदन्यदग्निहोत्रादिकमपक्षः ३५ अप्रियाणिचनाचरिष्यामि तथाकुलवासिनांश्रोत्रादीनां ३६ आरण्यावानप्रस्थास्तेषांशास्त्राणिधर्मविधायकानितेषांमध्येविहितमुग्रमास्थास्येअंगीकरिष्ये आसमापनावधियावत्समाप्ति ३७ निष्कंग्रैवेयकं ३८ । ३९ रतिंस्त्रीसंगं परमात्मिकांपरमोनूतनत्वादुत्कृष्टआत्मा 'आत्मा

एकांतशीलीविमृशन्पक्कापक्केनवर्तयन् ॥ पितॄन्देवांश्चवन्येनवाग्भिरद्भिश्चतर्पयन् ३५ वानप्रस्थजनस्यापिदर्शनंकुलवासिनाम् ॥ नाप्रियाण्याचरिष्यामिकिंपुनर्ग्रामवासिनाम् ३६ एवमारण्यशास्त्राणामुग्रमुग्रतरंविधिम् ॥ कांक्षमाणोऽहमास्थास्येदेहस्यास्यासमापनात् ३७ ॥ वैशंपायनउवाच ॥ इत्येवमुक्त्वाभार्येतेराजाकौरवनंदनः ॥ ततश्चूडामणिंनिष्कमंगदेकुंडलानिच ३८ वासांसिचमहार्हाणिस्त्रीणामाभरणानिच ॥ प्रदायसर्वविप्रेभ्यःपांडुःपुनरभाषत ३९ गत्वानागपुरंवाच्यंपांडुःप्रव्रजितोवनम् ॥ अर्थंकामंसुखंचैवरतिंचपरमात्मिकाम् ४० प्रतस्थेसर्वमुत्सृज्यसभार्यःकुरुनंदनः ॥ ततस्तस्यानुयातारस्तेचैवपरिचारकाः ४१ श्रुत्वाभरतसिंहस्यविविधाःकरुणागिरः ॥ भीममार्तस्वरंकृत्वाहाहेतिपरिचुक्रुशुः ४२ उष्णमश्रुविमुंचंतस्तंविहायमहीपतिम् ॥ ययुर्नागपुरंतूर्णंसर्वमादायतद्धनम् ४३ तेगत्वानगरंराज्ञोयथावृत्तंमहात्मनः ॥ कथयांचक्रिरेराज्ञस्तद्धनंविविधंददुः ४४ श्रुत्वातेभ्यस्ततःसर्वंयथावृत्तंमहावने ॥ धृतराष्ट्रोनरश्रेष्ठःपांडुमेवान्वशोचत ४५ नशय्यासनभोगेषुरतिंविंदतिकर्हिचित् ॥ भ्रातृशोकसमाविष्टस्तमेवार्थंविचिंतयन् ४६ राजपुत्रस्तुकौरव्यपांडुर्मूलफलाशनः ॥ जगामसहपत्नीभ्यांततोनागशतंगिरिम् ४७ सचैत्ररथमासाद्यकालकूटमतीत्यच ॥ हिमवंतमतिक्रम्यप्रययौगंधमादनम् ४८ रक्ष्यमाणोमहाभूतैःसिद्धैश्चपरमर्षिभिः ॥ उवाससमहाराजसमेषुविषमेषुच ४९ इंद्रद्युम्नसरःप्राप्यहंसकूटमतीत्यच ॥ शतशृंगेमहाराजतापसःसमतप्यत ५० ॥ इतिश्रीमहाभारतेआदिपर्वणि संभवप० पांडुचरितेऊनविंशत्यधिकशततमोऽध्यायः ॥ ११९ ॥ वैशंपायनउवाच ॥ तत्रापितपसिश्रेष्ठेवर्तमानःसवीर्यवान् ॥ सिद्धचारणसंघानांबभूवप्रियदर्शनः १ शुश्रूषुरनहंवादीसंयतात्माजितेंद्रियः ॥ स्वर्गंगंतुंपरांक्रांतःस्वेनवीर्येणभारत २ केषांचिदभवद्भ्राताकेषांचिदभवत्सखा ॥ ऋषयस्त्वपरेचैनंपुत्रवत्परिपालयन् ३ सतुकालेनमहताप्राप्यनिष्कल्मषंतपः ॥ ब्रह्मर्षिसदृशःपांडुर्बभूवभरतर्षभ ४ अमावास्यांतुसहिताऋषयःसंशितव्रताः ॥ ब्रह्माणंद्रष्टुकामास्तेसंप्रतस्थुर्महर्षयः ५ संप्रयातानृषीन्दृष्ट्वापांडुर्वचनमब्रवीत् ॥ भवंतःक्वगमिष्यंतिब्रूतमेवदतांवराः ६ ॥ ऋषयऊचुः ॥ समवायोमहानद्यब्रह्मलोकेमहात्मनाम् ॥ देवानांचऋषीणांचपितॄणांचमहात्मनाम् ॥ वयंतत्रगमिष्यामोद्रष्टुकामाःस्वयंभुवम् ७ ॥ वैशंपायनउवाच ॥ पांडुरुत्थायसहसागंतुकामोमहर्षिभिः ॥ स्वर्गपारंतितीर्षुःसशतशृंगादुदङ्मुखः ८ प्रतस्थेसहपत्नीभ्यामब्रुवंस्तंचतापसाः ॥ उपर्युपरिगच्छंतःशैलराजमुदङ्मुखाः ९ दृष्टवंतोगिरौरम्येदुर्गान्देशान्बहून्वयम् ॥ विमानशतसंबाधांगीतस्वरनिनादिताम् १० ॥

वैपुत्रनामाऽसि'इतिश्रुतेःपुत्रःसययातां ४० । ४१ । ४२ । ४३ । ४४ । ४५ । ४६ । ४७ । ४८ । ४९ । ५० इति आदिपर्वणि नीलकंठीये भारतभावदीपे ऊनविंशत्यधिकशततमोऽध्यायः ॥ ११९ ॥ तत्रापीति १ । २ परिपालयन् अडभावआर्षः ३ । ४ अमावास्यांप्राप्य ५ । ६ । ७ । ८ । ९ विमानशतेनसंबाधंसंकटंयस्यांसा 'संबाधःसंकटेभगे'इतिमेदिनी १० ॥ ॥

११ । १२ । १३ सिद्धाश्चपरमर्षयइति । वक्ष्यमाणऋणचतुष्टयनिर्मुक्ताःसिद्धादिव्यज्ञानवंतःपरमर्षयस्तेऽपियांति त्वंतुनतथेतिभावः । तत्रलोकदृष्टंहेतुमाह । गच्छंत्याविति १४ तमेवंमुनीनामाशयं बुद्ध्वापांडुरुवाच अप्रजस्येति । नपरिचक्षतेपरितःसर्वथानपश्यंति १५ । १६ नाशोममैव यतःपितॄणामेषनिश्चयः । अप्रजस्यस्वर्गद्वारनिरोधेनयज्ञादिकंविफलीकर्तव्यमित्येषनिश्चयःपितॄणां तेनतादृशोऽस्वर्ग्योभूमौसन्नपिनष्टप्रायएवकिमुतदेहनाशेइतिभावः एतदेवविवृणोति ऋणैरित्यादिना १७ । १८ । १९ ऋषिदेवमनुष्याणामृणादितिशेषः २० इतरेषांपितॄणामृणात्तुनाशोऽप्रकाशताममआत्मनिदेहेनश्यतिसति । सोयंलोकःपुत्रेणैवजय्योनान्येनकर्मणेतिश्रुतेः स्वदेहनाशेऽपिपुत्ररूपेणास्त्येवपुत्राभावेतुनास्त्येवेत्यर्थः तदेवाह पित्र्यादृणादिति २१ । २२ । २३

आक्रीडभूमिर्देवानांगंधर्वाप्सरसांतथा ॥ उद्यानानिकुबेरस्यसमानिविषमाणिच ११ महानदीनितंबांश्चगहनान्गिरिगह्वरान् ॥ संतिनित्यहिमादेशानिर्वृक्षमृगपक्षिणः १२ संतिक्वचिन्महादर्योदुर्गाःकाश्चिद्दुरासदाः ॥ नातिक्रामेतपक्षीयान्कुतएवेतरेमृगाः १३ वायुरेकोहियात्यत्रसिद्धाश्चपरमर्षयः ॥ गच्छंत्यौशैलराजेऽस्मिन्राजपुत्र्यौकथंत्विमे १४ नसीदेतामदुःखार्हेमागमोभरतर्षभ ॥ पांडुरुवाच ॥ अप्रजस्यमहाभागानद्वारंपरिचक्षते १५ स्वर्गेतेनाभितप्तोऽहमप्रजस्तुब्रवीमिवः ॥ पित्र्यादृणादनिर्मुक्तस्तेनतप्येतपोधनाः १६ देहनाशेध्रुवोनाशःपितॄणामेषनिश्चयः ॥ ऋणैश्चतुर्भिःसंयुक्ताजायंतेमानवाभुवि १७ पितृदेवर्षिमनुजैर्देयंतेभ्यश्चधर्मतः ॥ एतानितुयथाकालंयोनबुध्यतिमानवः १८ नतस्यलोकाःसंतीतिधर्मविद्भिःप्रतिष्ठितम् ॥ यज्ञैस्तुदेवान्प्रीणातिस्वाध्यायतपसामुनीन् १९ पुत्रैःश्राद्धैःपितॄंश्चापिआनृशंस्येनमानवान् ॥ ऋषिदेवमनुष्याणांपरिमुक्तोऽस्मिधर्मतः २० त्रयाणामितरेषांतुनाशआत्मनिनश्यति ॥ पित्र्यादृणादनिर्मुक्तइदानीमस्मितापसाः २१ इहतस्मात्प्रजाहेतोःप्रजायंतेनरोत्तमाः ॥ यथैवाहंपितुःक्षेत्रेजातस्तेनमहर्षिणा २२ तथैवास्मिन्ममक्षेत्रेकथंवैसंभवेत्प्रजा ॥ ॥ ऋषयऊचुः ॥ अस्तिवैतवधर्मात्मन्विद्मदेवोपमंशुभम् २३ अपत्यमनघंराजन्वयंदिव्येनचक्षुषा ॥ दैवोदिष्टंनरव्याघ्रकर्मणेहोपपादय २४ अक्लिष्टंफलमव्यग्रोविंदतेबुद्धिमान्नरः ॥ तस्मिन्दृष्टेफलेराजन्प्रयत्नंकर्तुमर्हसि २५ अपत्यंगुणसंपन्नंलब्धाप्रीतिकरंह्यसि ॥ वैशंपायनउवाच ॥ तच्छ्रुत्वातापसवचःपांडुश्चिंतापरोऽभवत् २६ आत्मनोमृगशापेनजानन्नुपहतांक्रियाम् ॥ सोऽब्रवीद्विजनेकुंतींधर्मपत्नींयशस्विनीम् ॥ अपत्योत्पादनेयत्नमापदित्वंसमर्थय २७ अपत्यंनामलोकेषुप्रतिष्ठाधर्मसंहिता ॥ इतिकुंतिविदुर्धीराःशाश्वतंधर्मवादिनः २८ इष्टंदत्तंतपस्तप्तंनियमश्चस्वनुष्ठितः ॥ सर्वमेवानपत्यस्यनपावनमिहोच्यते २९ सोऽहमेवंविदित्वैतत्प्रपश्यामिशुचिस्मिते ॥ अनपत्यःशुभाँल्लोकान्नप्राप्स्यामीतिचिंतयन् ३० मृगाभिशापान्नष्टंमेजननंह्यकृतात्मनः ॥ नृशंसकारिणोभीरुयथैवोपहतंपुरा ३१ इमेवैबंधुदायादाःषट्पुत्राधर्मदर्शने ॥ षडेवाबंधुदायादाःपुत्रास्ताञ्छृणुमेपृथे ३२ ॥ ॥ ॥ ॥

दैवोदिष्टंदृष्टादृष्टकारणकलापजन्यत्वात्कार्यमात्रस्येत्यर्थः २४ अव्यग्रोविंदतेऽतोव्यग्रोमाभूदित्यर्थः २५ लभतेइतिलब्धातादृशोऽसिलप्स्यसीत्यर्थः २६ क्रियांपुत्रोत्पादिकां २७ धर्मसंहिताधर्ममयी २८ । २९ । ३० मृगाभिशापान्मृगरूपस्यमुनेःशापान्नष्टमसद्रूपंजातंजननंस्त्रीतंगारूयंरतिकर्मयतउपहतं । यथामृगस्यतथैवांतरामैथुनंममापिमरणप्राप्तिनिश्चयान्नतुक्लीबत्वात् ३१ धर्मदर्शनेधर्मशास्त्रेउक्ताइतिशेषः बंधुदायादारिक्थहराः अबंधुदायादास्तदन्ये ३२ ॥ ॥ ॥ ॥ ॥ ॥ ॥ ॥

पडाद्यानाह स्वयंजातऊढायांवोढुःसकाशाज्जातः१.तस्यामेवोत्तमानुग्रहाज्जातःप्रणीतः २ परिक्रीतोरेतोमूल्यदानेनतस्यामेवजनितः ३ पौनर्भवःपूर्वमन्येनऊढापश्चादन्येनतस्यांद्वितीयतोजातोधर्मतोयद्य पिपूर्वस्यक्षेत्रजस्तथाऽपितस्यापिपरिणेतृत्वात्तदीयएव ४ कानीनः विवाहात्प्रागेवाऽस्यांयोजायतेपुत्रःसमेपुत्रोभविष्यतीतिसमयबंधेनयादीयतेतस्यामुत्पन्नः ५ स्वैरिण्यामप्यूढायामेवानीचाज्जातः कुंडनामा ६ एतेष्वाद्यचतुर्थावौरसौपंचमोव्यवहितौरसइतरेक्षेत्रजास्त्रयः ३३ अथपड्बंधुदायादाः । दत्तोमातापितृभ्यांसमर्पितः १ क्रीतोधनादिकंदत्वागृहीतः २ कृत्रिमश्चेतिचकारोभिन्नक्रमः क्रीतश्चे तिसंबंधः कृत्रिमउक्तप्रकाराष्टकाभावेऽपियःस्वयमुपगच्छेतअहंतवपुत्रोऽस्मीत्युपेयात्सतृतीयः ३ सहोढोयस्यमातागर्भवत्येवऊढासचतुर्थः ४ कर्णादिसदृशस्यकानीनस्याप्यत्रैवांतर्भावः । ज्ञातिरेताव्य

स्वयंजातःप्रणीतश्चपरिक्रीतश्चयःसुतः ॥ पौनर्भवश्चकानीनःस्वैरिण्यांयश्चजायते ३३ दत्तःक्रीतःकृत्रिमश्चउपगच्छेत्स्वयंचयः ॥ सहोढोज्ञातिरेताश्चहीनयोनि धृतश्चयः ३४ पूर्वपूर्वतमाभावेमत्वालिप्सेतवैसुतम् ॥ उत्तमादेवरात्पुंसःकांक्षंतेपुत्रमापदि ३५ अपत्यंधर्मफलदंश्रेष्ठंविंदंतिमानवाः ॥ आत्मशुक्रादपिपृथेमनुः स्वायंभुवोऽब्रवीत् ३६ तस्मात्प्रहेष्याम्यद्यत्वांहीनःप्रजननात्स्वयम् ॥ सदृशाच्छ्रेयसोवात्वंविद्ध्यपत्यंयशस्विनि ३७ शृणुकुंतिकथामेतांशारदंडायिनींप्रति ॥ सावीरपत्नीगुरुणानियुक्तापुत्रजन्मनि ३८ पुष्पेणप्रयतास्नातानिशिकुंतिचतुष्पथे ॥ वरयित्वाद्विजंसिद्धंहुत्वापुंसवनेऽनलम् ३९ कर्मण्यवसितेतस्मिन्सातेनैव सहावसत् ॥ तत्रत्रीन्जनयामासदुर्जयादीन्महारथान् ४० तथात्वमपिकल्याणिब्राह्मणात्तपसाऽधिकात् ॥ मन्नियोगाद्यतक्षिप्रमपत्योत्पादनंप्रति ४१ ॥ इति श्रीमहाभारते आदिपर्वणि संभवपर्वणिपांडुपृथासंवादे विंशत्यधिकशततमोऽध्यायः ॥ १२० ॥

॥ वैशंपायनउवाच ॥ ॥ एवमुक्तामहाराजकुंती पांडुमभाषत ॥ कुरूणामृषभंवीरंतदाभूमिपतिंपतिम् १ नमामर्हसिधर्मज्ञवक्तुमेवंकथंचन ॥ धर्मपत्नीमभिरतांत्वयिराजीवलोचने २ त्वमेवतुमहाबाहोमय्यप त्यानिभारत ॥ वीरवीर्योपपन्नानिधर्मतोजनयिष्यसि ३ स्वर्गंमनुजशार्दूलगच्छेयंसहितात्वया ॥अपत्यायचमांगच्छत्वमेवकुरुनंदन ४ नह्यहंमनसाऽप्यन्यंगच्छेयं त्वदृतेनरम् ॥ त्वत्तःप्रतिविशिष्टश्चकोऽन्योऽस्तिभुविमानवः ५ इमांचतावद्धर्मात्मन्पौराणींशृणुमेकथाम् ॥ परिश्रुतांविशालाक्षकीर्त्तयिष्यामियामहम् ६ व्यु षिताश्वइतिख्यातोबभूवकिलपार्थिवः ॥ पुरापरमधर्मिष्ठःपूरोर्वंशविवर्धनः ७ तस्मिंश्चयजमानेवैधर्मात्मनिमहाभुजे ॥ उपागमंस्ततोदेवाःसेंद्रादेवर्षिभिःसह ८ अमाद्यदिंद्रःसोमेनदक्षिणाभिर्द्विजातयः ॥ व्युषिताश्वस्यराजर्षेस्ततोयज्ञेमहात्मनः ९ देवाब्रह्मर्षयश्चैवचक्रुःकर्मस्वयंतदा ॥ व्युषिताश्वस्ततोराजन्नतिमर्त्या न्व्यरोचत १० सर्वभूतान्प्रतियथातपनःशिशिरात्यये ॥ सविजित्यगृहीत्वाचनृपतीन्राजसत्तमः ११ ॥ ॥ ॥

वहितभ्रात्रादेःपुत्रःपंचमः ५ 'सर्वेषामेकपुत्राणांयद्येकोऽपिभवेत्सुतः । सर्वेतेतेनपुत्रेणपुत्रिणोमनुरब्रवीत्'इतिस्मृतेःसाक्षाद्भ्रातुःपुत्रस्यौरसत्वाविशेषात् हीनयोनौधृतउत्पादितःषष्ठः ६ । ३४ प्रणीते विशेषमाह उत्तमादिति ३५ श्रेष्ठंपितुःकुलादपियःप्रशस्यतमस्तज्जंश्रेष्ठमपत्यमितिसामानाधिकरण्यं श्रेष्ठादनन्यत्वादपत्यस्य ३६ प्रहेष्यामि गतिवृद्धिकर्मणोहिनोतेरूपं । अद्येतिक्षिप्रवचनसं योगाल्लृट् त्वांशरणंगतोऽस्मित्वर्धयामित्येवतिचार्थः ३७ शारदंडायनेर्भार्या ३८ गुरुणाभर्त्रा पुष्पेणआर्त्तवेनउपलक्षितेन प्रयतारजस्वलाव्रतवती । स्नाताचतुर्थेऽह्नि ३९ । ४० यतयतस्व ४१ ॥ इति आदिपर्वणि नीलकंठीये भारतभावदीपे विंशत्यधिकशततमोऽध्यायः ॥ १२० ॥ ॥ एवमिति १ । २ । ३ । ४ । ५ । ६ । ७ । ८ । ९ । १० । ११ ॥ ॥ ॥

अकालयद्वशीकृतवान् १२ । १३ । १४ । १५ जहारआहृतवान्चकारेत्यर्थः । सोमसंस्थाःअग्निष्टोमात्यग्निष्टामादयःसप्त १६ काक्षीवतीकक्षीवतोदुहिता १७ । १८ । १९ । २० । २१ मृतंमरणमम्

प्राच्यानुदीच्यान्पाश्चात्यान्दाक्षिणात्यानकालयत् ।। अश्वमेधेमहायज्ञेव्युषिताश्वःप्रतापवान् १२ बभूवसहिराजेंद्रोदशनागबलान्वितः ।। अप्यत्रगाथांगायंति येपुराणविदोजनाः १३ व्युषिताश्वेयशोवृद्धेमनुष्येंद्रेकुरूत्तम ।। व्युषिताश्वःसमुद्रांतांविजित्येमांवसुंधराम् १४ अपालयत्सर्ववर्णान्पितापुत्रानिवौरसान् ।। यजमानोमहायज्ञैर्ब्राह्मणेभ्योधनंददौ १५ अनंतरत्नान्यादायसजहारमहाक्रतून् ।। सुषावचबहून्सोमान्सोमसंस्थास्ततानच १६ आसीत्काक्षीवतीचास्यभार्यापरम संमता ।। भद्रानाममनुष्येंद्ररूपेणासदृशीभुवि १७ कामयामासतुस्तौचपरस्परमितिश्रुतम् ।। सतस्यांकामसंपन्नोयक्ष्मणासमपद्यत १८ तेनाचिरेणकालेनजगामास्तमिवांशुमान् ।। तस्मिन्प्रेतेमनुष्येंद्रेभार्याऽस्यभृशदुःखिता १९ अपुत्रापुरुषव्याघ्रविललापेतिनःश्रुतम् ।। भद्रापरमदुःखार्त्तातन्निबोधजनाधिप २० ।। भद्रोवाच ।। नारीपरमधर्मज्ञसर्वाभर्तृविनाकृता ।। पतिंविनाजीवतियानसाजीवतिदुःखिता २१ पतिविनामृतंश्रेयोनार्याःक्षत्रियपुंगव ।। त्वद्गतिंगंतुमिच्छामि प्रसीदस्वनयस्वमाम् २२ त्वयाहीनाक्षणमपिनाहंजीवितुमुत्सहे ।। प्रसादंकुरुमेराजन्नितस्तूर्णंनयस्वमाम् २३ पृष्ठतोऽनुगमिष्यामिसमेषुविषमेषुच ।। त्वामहं नरशार्दूलगच्छंतमनिवर्तितुम् २४ छायेवानुगताराजन्सततंवशवर्तिनी ।। भविष्यामिनरव्याघ्रनित्यंप्रियहितेरता २५ अद्यप्रभृतिमांराजन्कष्टाहृदयशोषणाः ।। आधयोऽभिभविष्यंतित्वामृतेपुष्करेक्षण २६ अभाग्ययामयानूनंवियुक्ताःसहचारिणः ।। तेनमेविप्रयोगोऽयमुपपन्नस्त्वयासह २७ विप्रयुक्तातुयापत्यामुहूर्तमपि जीवति ।। दुःखंजीवतिसापापानरकस्थेवपार्थिव २८ संयुक्ताविप्रयुक्ताश्चपूर्वदेहेकृतामया ।। तदिदंकर्मभिःपापैःपूर्वदेहेषुसंचितम् २९ दुःखंमामनुसंप्राप्तंराजं स्त्वद्विप्रयोगजम् ।। अद्यप्रभृत्यहंराजन्कुशसंस्तरशायिनी ।। भविष्याम्यसुखाविष्टात्वद्दर्शनपरायणा ३० दर्शयस्वनरव्याघ्रशाधिमामसुखान्विताम् ।। कृपणां चाथकरुणंविलपंतींनरेश्वर ३१ ।। कुंत्युवाच ।। एवंबहुविधंतस्यांविलपंत्यांपुनःपुनः ।। तंशवंसंपरिष्वज्यवाक्किलाऽन्तर्हिताऽब्रवीत् ३२ उत्तिष्ठभद्रेगच्छत्वंददानीहवरंतव ।। जनयिष्याम्यपत्यानित्वय्यहंचारुहासिनि ३३ आत्मकीयेवरारोहेशयनीयेचतुर्दशीम् ।। अष्टमींवाऋतुस्नातासंविशेथामयासह ३४ एवमुक्तातुसादेवीतथाचक्रेपतिव्रता ।। यथोक्तमेवतद्वाक्यंभद्रापुत्रार्थिनीतदा ३५ सातेनसुषुवेदेवीशवेनभरतर्षभ ।। त्रीन्शाल्वांश्चतुरोमद्रान्सुतान्भरतसत्तम ३६ तथात्वमपि मय्येवंमनसाभरतर्षभ ।। शक्तोजनयितुंपुत्रांस्तपोयोगबलान्वितः ३७ ।। इतिश्रीमहाभारतेआदिपर्वणिसंभवपर्वणिव्युषिताश्वोपाख्यानेएकविंशत्यधिकशततमोध्यायः ।। १२१ ।। ।। वैशंपायनउवाच ।। एवमुक्तस्तयाराजातांदेवींपुनरब्रवीत् ।। धर्मविद्धर्मसंयुक्तमिदंवचनमुत्तमम् १ ।। ।।

तंमुक्तिर्वानतुब्रह्मलोकांतमैश्वर्यं २२ । २३ । अनिवर्तितुंगच्छंतंम्रियमाणमित्यर्थः २४ । २५ आधयोमनोव्यथाः २६ सहचारिणोमिथुनिनः २७ । २८ । २९ । ३० । ३१ शवंप्रेतशरीरंसंपरिष्वज्य विलपंत्यामित्यन्वयः ३२ । ३३ । ३४ । ३५ । ३६ । ३७ ।। इतिआदिपर्वणिनीलकंठीयेभारतभावदीपे एकविंशत्यधिकशततमोऽध्यायः ।। १२१ ।। ।। एवमिति १ ।। ।।

म.भा.टी. आदि०१ अ० ॥ ११६॥ ॥१२२॥

२ । ३ अनावृताःसर्वैर्द्रष्टुंयोग्याः । कामचारोरतिसुखंतदर्थंविहारिण्य.पर्यटनशीलाः । स्वतंत्राभर्त्रादिभिरनिवार्याः ४ पतीन्व्युच्चरमाणानांव्यभिचरंतानां ५ अनुविधीयंतेअनुमार्यंतेईश्वरेण ६ दृश्यतेच वेदेनकांचनपरिहरेदितिवामदेव्यव्रतेपुमैथुनार्थिन्याःस्त्रियाःप्रत्याख्याननिषेधः ७ नचिरादल्पकालतः ८ । ९ । १० श्वेतकेतोर्मातरं पितुःसमक्षं ११ । १२ । १३ । १४ स्थिताव्यवस्थिताः । नचक्ष मेनक्षमांकृतवान् । यथास्तेनोभ्रूणहैवमेषभवतियोऽयोनौरेतःसिंचतीत्ययोनावदारेषुपुंसांगमनात्प्रत्यवायःश्रुतिसिद्धः । तथाअमीषांनिष्कृतंजारिणीवेतिमंत्रेजारिण्यानिष्कृतेःपीडायाश्चदर्शनात्स्त्रीणाम

॥ पांडुरुवाच ॥ एवमेतत्पुराकुंतिव्युषिताश्वश्वकारह ॥ यथात्वयोक्तंकल्याणिसह्यासीदमरोपमः २ अथत्विदंप्रवक्ष्यामिधर्मतत्त्वंनिबोधमे ॥ पुराणमृषिभिर्दृष्टं धर्मविद्भिर्महात्मभिः ३ अनावृताःकिलपुरास्त्रियआसन्वरानने ॥ कामचारविहारिण्यःस्वतंत्राश्चारुहासिनि ४ तासांव्युच्चरमाणानांकौमारात्सुभगेपतीन् ॥ नाध र्मोऽभूद्वरारोहेसहिधर्मःपुराऽभवत् ५ तंचैवधर्मंपौराणंतिर्यग्योनिगताःप्रजाः ॥ अद्याप्यनुविधीयंतेकामक्रोधविवर्जिताः ६ प्रमाणदृष्टोधर्मोऽयंपूज्यतेचमहर्षिभिः ॥ उत्तरेषुचरंभोरुकुरुष्वद्यापिपूज्यते ७ स्त्रीणामनुग्रहकरःसहिधर्मःसनातनः ॥ अस्मिंस्तुलोकेनचिरान्मर्यादेयंशुचिस्मिते ८ स्थापितायेनयस्माच्चतन्मेविस्तरतः शृणु ॥ बभूवोद्दालकोनाममहर्षिरितिनःश्रुतम् ९ श्वेतकेतुरितिख्यातःपुत्रस्तस्याभवन्मुनिः ॥ मर्यादेयंकृतातेनधर्म्यावैश्वेतकेतुना १० कोपात्कमलपत्राक्षि यदर्थंतन्निबोधमे ॥ श्वेतकेतोःकिलपुरासमक्षंमातरंपितुः ११ जग्राहब्राह्मणःपाणौगच्छावइतिचाब्रवीत् ॥ ऋषिपुत्रस्ततःकोपंचकारामर्षचोदितः १२ मातरंतां तथादृष्ट्वानीयमानांबलादिव ॥ क्रुद्धंतंतुपितादृष्ट्वाश्वेतकेतुमुवाचह १३ मातातकोपंकार्षीस्त्वमेषधर्मःसनातनः ॥ अनावृताहिसर्वेषांवर्णानामंगनाभुवि १४ यथा गावःस्थितास्तातस्वेस्वेवर्णेतथाप्रजाः ॥ ऋषिपुत्रोऽथतंधर्मंश्वेतकेतुर्नचक्षमे १५ चकारचैवमर्यादामिमांस्त्रीपुंसयोर्भुवि ॥ मानुषेषुमहाभागेनत्वेवान्येषुजंतुषु १६ तदाप्रभृतिमर्यादास्थितेयमितिनःश्रुतम् ॥ व्युच्चरंत्याःपतिंनार्याअद्यप्रभृतिपातकम् १७ भ्रूणहत्यासमंघोरंभविष्यत्यसुखावहम् ॥ भार्यांतथाव्युच्चरतःकौमार ब्रह्मचारिणीम् १८ पतिव्रतामेतदेवभवितापातकंभुवि ॥ पत्यानियुक्तायाचैवपत्नीपुत्रार्थमेवच १९ नकरिष्यतितस्याश्चभविष्यतितदेवहि ॥ इतितेनपुराभीरुम र्यादास्थापिताबलात् २० उद्दालकस्यपुत्रेणधर्म्यावैश्वेतकेतुना ॥ सौदासेनचरंभोरुनियुक्तापुत्रजन्मनि २१ मदयंतीजगामर्षिंवसिष्ठमितिनःश्रुतम् ॥ तस्माल्लेभेच सापुत्रमश्मकंनामभाविनी २२ एवंकृतवतीसापिभर्तुःप्रियचिकीर्षया ॥ अस्माकमपितेजन्मविदितंकमलेक्षणे २३ कृष्णद्वैपायनाद्भीरुकुरूणांवंशवृद्धये ॥ अत एतानिसर्वाणिकारणानिसमीक्ष्यवै २४ ममैतद्वचनंधर्म्यंकर्तुमर्हस्यनिंदिते ॥ ऋतावृतौराजपुत्रिस्त्रियाभर्त्तापतिव्रते २५ नातिवर्त्तव्यइत्येवंधर्मंधर्मविदोविदुः ॥ शेषेष्वन्येषुकालेषुस्वातंत्र्यंस्त्रीकिलार्हति २६ ॥ ॥ ॥ ॥ ॥ ॥ ॥

पिपरसंगेदोपोऽस्त्येवोक्तःतथापिश्रौतार्थस्यैवकयाचिद्भंग्याव्यवस्थेयंविहितेतिज्ञेयं । अथवाव्युच्चरणेतेजस्विनांनदोषःकिंतुपृथग्जनानामेवेतितात्पर्यं अन्यथाकृष्णस्यापिपारदार्यदोषप्रसक्तेः । अहल्यादिजा राणामिंद्रादीनांतदप्रसक्तेश्चेत्यास्तांतावत् १५ । १६ । १७ । १८ प्रकृतोपयुक्तमाह पत्येति । अयुक्तमपिभर्त्राज्ञयास्त्रीभिरवश्यंकर्तव्यमितिभावः १९ । २० । २१ । २२ । २३ । २४ । २५ । २६

पुराणंयुगांतरीयं २७ । २८ रक्तांगुलिभिर्नितरांभातीतिरक्तांगुलिनिभः । पद्मपत्रंनिभाउपमायस्यसतथा २९ । ३० । ३१ । ३२ । ३३ । ३४ अभिचारोदेवताकर्षणशक्तिस्तद्युक्तं ३५ । ३६ । ३७
३८ । ३९ विलंबासहःपांडुरुवाचाद्यैवेति ४० नःक्षत्रियाणांधर्मःपालनमधर्मेणनसंयुज्यतिनसंभवत्यतःकेवलाद्धर्मादेवपुत्रएष्टव्यइतिभावः । यंधर्मइतिमन्यतेलोकःसनोधर्मइतिसंबंधः ४१ धार्मिकश्चेत्तत्रहेतु
माह धर्मेणेति । धर्मेणस्वविहितेनलौकिकवैदिकाचारेण ४२ उपचारआदरः अभिचारोव्याख्यातस्ताभ्यां ४३ भर्त्रातथोक्तासतीतथेत्युक्तेतियोजना प्रदक्षिणमाज्ञानुकूलमवर्त्ततवर्त्तनंकृतवती ४४

धर्ममेवंजनाःसंतःपुराणंपरिचक्षते ॥ भर्ताभार्यांराजपुत्रिधर्म्यंवाऽधर्म्यमेववा २७ यद्ब्रूयात्तत्तथाकार्यमितिवेदविदोविदुः ॥ विशेषतःपुत्रगृद्धीहीनःप्रजननात्स्व
यम् २८ यथाऽहमनवद्यांगिपुत्रदर्शनलालसः ॥ तथारक्तांगुलिनिभःपद्मपत्रनिभःशुभे २९ प्रसादार्थंमयातेऽयंशिरस्यभ्युद्यतोऽञ्जलिः ॥ मन्नियोगात्सुकेशांते
द्विजातेस्तपसाऽधिकात् ३० पुत्रान्गुणसमायुक्तानुत्पादयितुमर्हसि ॥ त्वत्कृतेऽहंपृथुश्रोणिगच्छेयंपुत्रिणांगतिम् ३१ ॥ वैशंपायनउवाच ॥ एवमुक्तातततः
कुंतीपांडुंपरपुरंजयम् ॥ प्रत्युवाचवरारोहाभर्तुःप्रियहितेरता ३२ पितृवेश्मन्यहंबालानियुक्ताऽतिथिपूजने ॥ उग्रंपर्यचरंतत्रब्राह्मणंसंशितव्रतम् ३३ निगूढनि
श्चयंधर्मेयंतंदुर्वाससंविदुः ॥ तमहंसंशितात्मानंसर्वयत्नैरतोषयम् ३४ समेऽभिचारसंयुक्तमाचष्टभगवान्वरम् ॥ मंत्रंत्विमंचमेप्रादादब्रवीच्चैवमामिदम् ३५ यंयंदे
वंत्वमेतेनमंत्रेणावाहयिष्यसि ॥ अकामोवासकामोवावशंतेसमुपैष्यति ३६ तस्यतस्यप्रसादात्तेराज्ञिपुत्रोभविष्यति ॥ इत्युक्ताऽहंतदातेनपितृवेश्मनिभारत ३७
ब्राह्मणस्यवचस्तथ्यंतस्यकालोऽयमागतः ॥ अनुज्ञातात्वयादेवमाह्वयेयमहंनृप ३८ तेनमंत्रेणराजर्षेयथास्यान्नौप्रजाहिता ॥ आवाहयामिकंदेवंब्रूहिसत्यवतां
वर ॥ त्वत्तोऽनुज्ञाप्रतीक्षांमांविद्ध्यस्मिन्कर्मणिस्थिताम् ३९ ॥ पांडुरुवाच ॥ अद्यैवत्वंवरारोहेप्रयतस्वयथाविधि ॥ धर्ममावाहयशुभेसहिलोकेषुपुण्यभाक् ४०
अधर्मेणननोधर्मःसंयुज्यतिकथंचन ॥ लोकश्चायंवरारोहेधर्मोऽयमितिमन्यते ४१ धार्मिकश्चकुरूणांसभविष्यतिनसंशयः ॥ धर्मेणचापिदत्तस्यनाधर्मेरंस्यते
मनः ४२ तस्माद्धर्मंपुरस्कृत्यनियतात्वंशुचिस्मिते ॥ उपचाराभिचाराभ्यांधर्ममावाहयस्ववै ४३ ॥ वैशंपायनउवाच ॥ सातथोक्तातथेत्युक्तातेनभर्त्रावरांगना ॥
अभिवाद्याभ्यनुज्ञाताप्रदक्षिणमवर्तत ४४ ॥ इतिश्रीमहाभारते आदिपर्वणि संभवपर्वणि कुंतीपुत्रोत्पत्त्यनुज्ञाने द्वाविंशत्यधिकशततमोऽध्यायः ॥ १२२ ॥
॥ वैशंपायनउवाच ॥ संवत्सरधृतेगर्भेगांधार्याजनमेजय ॥ आह्वयामासवैकुंतीगर्भार्थंधर्ममच्युतम् १ साबलिंत्वरितादेवीधर्मायोपजहारह ॥ जजापविधिवज्ज
प्यंदत्तंदुर्वाससापुरा २ आजगामततोदेवोधर्मोमंत्रबलात्ततः ॥ विमानेसूर्यसंकाशेकुंतीयत्रजपस्थिता ३ विहस्यतांततोब्रूयाःकुंतिकिंतेददाम्यहम् ॥ सातंवि
हस्यमानाऽपिपुत्रंदेह्यब्रवीदिदम् ४ ॥ ॥ ॥ ॥ ॥

॥ इति आदिपर्वणि नीलकंठीये भारतभावदीपे द्वाविंशत्यधिकशततमोऽध्यायः ॥ १२२ ॥ ॥ ॥ ॥ संवत्सरधृतेइति १ जप्यंमंत्रंधर्मदेवतारूपं २ विमानेस्थित्वाआजगामेत्यन्वयः
जपस्थिताजपनिष्ठा ३ ततोविहस्यतामब्रवीदित्यपकृष्यते । हेकुंतिकिंतेददामितद्ब्रूयाइतिसंबंधः । ब्रूयादित्यपपाठोलकारव्यत्ययोवाऽऽर्षः । विहस्यमानाधर्मेण ४ ॥ ॥

५ ऐंद्रेज्येष्ठानक्षत्रे । अष्टमेसंवत्सरारंभात । अभिजितेऽभिजितिर्त्रिंशन्मुहूर्त्तस्यान्होऽष्टमेमुहूर्त्ते । दिवाशुक्लपक्षे । मध्यगतेतुलायनगते । तिथौपूर्णायांपंचम्यां । अयंयोगःप्रायेणाश्विनशुक्लपंचम्यांभवतीतितत्रैवधर्मराजस्यजन्मेत्यर्थः ६ । ७ । ८ प्रथितोमहान् विश्रुतःकीर्तिमान् ९ । १० । ११ । १२ । १३ । १४ । १५ अंकात्पतनेहेतुमाह कुंतीति १६ संसुप्तंयेनशिलाऽपिचूर्णीभूताताद्दशोऽप्या

संयुक्तासाहिधर्मेणयोगमूर्तिधरेणह ॥ लेभेपुत्रंवरारोहासर्वप्राणभृतांहितम् ५ ऐंद्रेचंद्रसमायुक्तेमुहूर्त्तेऽभिजितेष्टमे ॥ दिवामध्यगतेसूर्येतिथौपूर्णेऽतिपूजिते ६ समृद्धयशसंकुंतीसुषावप्रवरंसुतम् ॥ जातमात्रेसुतेतस्मिन्वागुवाचाशरीरिणी ७ एषधर्मभृतांश्रेष्ठोभविष्यतिनरोत्तमः ॥ विक्रांतःसत्यवाक्चैवराजापृथ्व्यांभविष्यति ८ युधिष्ठिरइतिख्यातःपांडोःप्रथमजःसुतः ॥ भविताप्रथितोराजात्रिषुलोकेषुविश्रुतः ९ यशसातेजसाचैववृत्तेनचसमन्वितः ॥ धार्मिकंतंसुतंलब्ध्वापांडुस्तांपुनरब्रवीत् १० प्राहुःक्षत्रंबलज्येष्ठंबलज्येष्ठंसुतंवृणु ॥ ततस्तथोक्ताभर्त्रातुवायुमेवाजुहावसा ११ ततस्तामागतोवायुर्मृगारूढोमहाबलः ॥ किंतेकुंतिददाम्यद्यब्रूहियत्तेहृदिस्थितम् १२ सासलज्जाविहस्याहपुत्रंदेहिसुरोत्तम ॥ बलवंतंमहाकायंसर्वदर्पप्रभंजनम् १३ तस्माज्जज्ञेमहाबाहुर्भीमोभीमपराक्रमः ॥ तमप्यतिबलंजातंवागुवाचाशरीरिणी १४ सर्वेषांबलिनांश्रेष्ठोजातोऽयमितिभारत ॥ इदमत्यद्भुतंचासीज्जातमात्रेवृकोदरे १५ यदंकात्पातितोमातुःशिलांगात्रैर्व्यचूर्णयत् ॥ कुंतीव्याघ्रभयोद्विग्नासहसोत्पतिताकिल १६ नान्वबुध्यतसंसुप्तमुत्संगेस्वेवृकोदरम् ॥ ततःसवज्रसंघातःकुमारोन्यपतद्गिरौ १७ पततातेनशतधाशिलागात्रैर्विचूर्णिता ॥ तांशिलांचूर्णितांदृष्ट्वापांडुर्विस्मयमागतः १८ यस्मिन्नहनिभीमस्तुजज्ञेभरतसत्तम ॥ दुर्योधनोऽपितत्रैवप्रजज्ञेवसुधाधिप १९ जातेवृकोदरेपांडुरिदंभूयोऽन्वचिंतयत् ॥ कथंनुमेवरःपुत्रोलोकश्रेष्ठोभवेदिति २० दैवेपुरुषकारेचलोकोऽयंसंप्रतिष्ठितः ॥ तत्रदैवंतुविधिनाकालयुक्तेनलभ्यते २१ इंद्रोहिराजादेवानांप्रधानइतिनःश्रुतम् ॥ अप्रमेयबलोत्साहोवीर्यवानमितद्युतिः २२ तंतोषयित्वातपसापुत्रंलप्स्येमहाबलम् ॥ यंदास्यतिसमेपुत्रंसवरीयान्भविष्यति २३ अमानुषान्मानुषांश्चसंग्रामेसहनिष्यति ॥ कर्मणामनसावाचातस्मात्तप्स्येमहत्तपः २४ ततःपांडुर्महाराजोमंत्रयित्वामहर्षिभिः ॥ दिदेशकुंत्याःकौरव्योव्रतंसांवत्सरंशुभम् २५ आत्मनाचमहाबाहुरेकपादस्थितोऽभवत् ॥ उग्रंसतपआस्थायपरमेणसमाधिना २६ आरिराधयिषुर्देवंत्रिदशानांतमीश्वरम् ॥ सूर्येणसहधर्मात्मापर्यतप्यतभारत २७ तंतुकालेनमहतावासवःप्रत्यपद्यत ॥ शक्रउवाच ॥ पुत्रंतवप्रदास्यामित्रिषुलोकेषुविश्रुतम् २८ ब्राह्मणानांगवांचैवसुहृदांचार्थसाधकम् ॥ दुर्हृदांशोकजननंसर्वबांधवनंदनम् २९ सुतंतेऽग्र्यंप्रदास्यामिसर्वामित्रविनाशनम् ॥ इत्युक्तःकौरवोराजावासवेनमहात्मना ३० उवाचकुंतींधर्मात्मादेवराजवचःस्मरन् ॥ उदर्कस्तवकल्याणितुष्टोदेवगणेश्वरः ३१ दातुमिच्छतितेपुत्रंयथासंकल्पितंत्वया ॥ अतिमानुषकर्माणंयशस्विनमरिंदमम् ३२ ॥ ॥

घातेसतियस्यनिद्राभंगोऽपिनजातोनिर्वेदनत्वात्वज्रशरीरत्वादित्यर्थः उत्संगेसमीपे १७ । १८ १९ । २० । २१ । २२ । २३ । २४ । २५ समाधिनाध्यानेन । परमेणानन्यवृत्तिना २६ सूर्येणसहउदयादस्तमयावधि २७ । २८ । २९ । ३० । ३१ । ३२ ॥ ॥ ॥ ॥ ॥ ॥

३३ । ३४ । ३५ । ३६ आभाष्यहेकुंतिइतिसंबोध्य ३७ । ३८ । ३९ वहिष्यतिपालयिष्यति ४० । ४१ मेधानश्वमेधान् ४२ । ४३ । ४४ । ४५ । ४६ । ४७ देवनिकायानांदेवतानिल
नीतिमंतंमहात्मानमादित्यसमतेजसम् ॥ दुराधर्षंक्रियावंतमतीवाद्भुतदर्शनम् ३३ पुत्रंजनयसुश्रोणिधामक्षत्रियतेजसाम् ॥ लब्धःप्रसादोदेवेंद्रात्तमाह्वयशुचि
स्मिते ३४ ॥ वैशंपायनउवाच ॥ एवमुक्तातत:शक्रमाजुहावयशस्विनी ॥ अथाजगामदेवेंद्रोजनयामासचार्जुनम् ३५ जातमात्रेकुमारेतुवागुवाचाशरीरिणी ॥
महागंभीरनिर्घोषानभोनादयतीतदा ३६ शृण्वतांसर्वभूतानांतेषांचाश्रमवासिनाम् ॥ कुंतीमाभाष्यविस्पष्टमुवाचेदंशुचिस्मिताम् ३७ कार्तवीर्यसमःकुंतिशि
वतुल्यपराक्रमः ॥ एषशक्रइवाजय्योयशस्तेप्रथयिष्यति ३८ अदित्याविष्णुनाप्रीतिर्यथाऽभूदभिवर्धिता ॥ तथाविष्णुसमःप्रीतिंवर्धयिष्यतितेऽर्जुनः ३९ एषम
द्रान्वशेकृत्वाकुरूंश्चसहसोमकैः ॥ चेदिकाशिकरूषांश्चकुरुलक्ष्मींवहिष्यति ४० एतस्यभुजवीर्येणखांडवेहव्यवाहनः ॥ मेदसासर्वभूतानांतृप्तिंयास्यतिवैपराम् ४१
ग्रामणीश्चमहीपालानेषजित्वामहाबलः ॥ भ्रातृभिःसहितोवीरस्त्रीन्मेधानाहरिष्यति ४२ जामदग्न्यसमःकुंतिविष्णुतुल्यपराक्रमः ॥ एषवीर्यवतांश्रेष्ठोभविष्यति
महायशाः ४३ एषयुद्धेमहादेवंतोषयिष्यतिशंकरम् ॥ अस्त्रंपाशुपतंनामतस्मात्तुष्टादवाप्स्यति ४४ निवातकवचानामदैत्याविबुधविद्विषः ॥ शक्राज्ञयामहाबाहु
स्तान्वधिष्यतितेसुतः ४५ तथादिव्यानिचास्त्राणिनिखिलेनाहरिष्यति ॥ विप्रनष्टांश्रियंचायमाहर्तापुरुषर्षभः ४६ एतामत्यद्भुतांवाचंकुंतीशुश्रावसूतके ॥ वाचमु
च्चरितामुच्चैस्तांनिशम्यतपस्विनाम् ४७ बभूवपरमोहर्षःशतशृंगनिवासिनाम् ॥ तथादेवनिकायानांसेंद्राणांचदिवौकसाम् ४८ आकाशेदुंदुभीनांचबभूवतुमुलः
स्वनः ॥ उदतिष्ठन्महाघोषःपुष्पवृष्टिभिरावृतः ४९ समवेत्यचदेवानांगणाःपार्थमपूजयन् ॥ काद्रवेयावैनतेयागंधर्वाप्सरसस्तथा ॥ प्रजानांपतयःसर्वेसप्तचैवमह
र्षयः ५० भरद्वाजःकश्यपोगौतमश्चविश्वामित्रोजमदग्निर्वसिष्ठः ॥ यश्चोदितोभास्करेऽभूत्प्रनष्टेसोऽप्यत्रात्रिर्भगवानाजगाम ५१ मरीचिरंगिराश्चैवपुलस्त्यःपुलहः
क्रतुः ॥ दक्षःप्रजापतिश्चैवगंधर्वाप्सरसस्तथा ५२ दिव्यमाल्यांबरधराःसर्वालंकारभूषिताः ॥ उपगायंतिबीभत्सुंनृत्यंतेऽप्सरसांगणाः ५३ तथामहर्षयश्चापिजेपु
स्तत्रसमन्ततः ॥ गंधर्वैःसहितःश्रीमान्प्रागायतचतुंबुरुः ५४ भीमसेनोग्रसेनौचऊर्णायुरनघस्तथा ॥ गोपतिर्धृतराष्ट्रश्चसूर्यवर्चास्तथाऽष्टमः ५५ युगपस्तृणपःका
र्ष्णिर्नंदिश्चित्ररथस्तथा ॥ त्रयोदशःशालिशिराःपर्जन्यश्चचतुर्दशः ५६ कलिःपंचदशश्चैवनारदश्चात्रषोडशः ॥ ऋत्वाबृहत्त्वाबृहकःकरालश्चमहामनाः ५७ ब्रह्म
चारीबहुगुणःसुवर्णश्चेतिविश्रुतः ॥ विश्वावसुर्भुमन्युश्चसुचंद्रश्चशरुस्तथा ५८ गीतमाधुर्यसंपन्नौविख्यातौचहहाहुहू ॥ इत्येतेदेवगंधर्वाजग्मुस्तत्रनराधिप ५९ तथै
वाप्सरसोहृष्टाःसर्वालंकारभूषिताः ॥ ननृतुर्वैमहाभागाजगुश्चायतलोचनाः ६० अनूचानाऽनवद्याचगुणमुख्यागुणावरा ॥ अद्रिकाचतथासोमामिश्रकेशीत्वलंबुषा
६१ मरीचिःशुचिकाचैवविद्युत्पर्णातिलोत्तमा ॥ अंबिकालक्षणाक्षेमादेवीरंभामनोरमा ६२ ॥ ॥ ॥ ॥
यानांविमानानां तेनतत्स्थानांदेवानामितिलक्ष्यते ४८ । ४९ । ५० । ५१ । ५२ । ५३ । ५४ । ५५ । ५६ । ५७ । ५८ । ५९ । ६० । ६१ । ६२ ॥ ॥ ॥

६३ । ६४ । ६५ । ६६ । ६७ । ६८ । ६९ । ७० । ७१ । ७२ । ७३ । ७४ । ७५ । ७६ । ७७ । ७८ ॥ इति आदि० नी० भा० त्रयोविंशत्यधिकशततमोऽध्यायः ॥ १२३ कुंतीति १ विगुणेप्रजोत्पादना

असिताश्चसुबाहुश्चसुप्रियाश्चवपुस्तथा ॥ पुंडरीकासुगंधाचसुरसाचप्रमाथिनी ६३ काम्याशारद्वतीचैवनचतुस्तत्रसंघशः

मेनकासहजन्याचकर्णिकापुंजिकस्थला ६४ ऋतुस्थलाघृताचीचविश्वाचीपूर्वचित्त्यपि ॥ उम्लोचेतिचविख्याताप्रम्लोचेतिचतादश ६५ ऊर्वश्येकादशीतासांजगुश्चायतलोचनाः ॥ धाताऽर्यमाचमित्रश्चवरुणोंऽशोभगस्तथा ६६ इंद्रोविवस्वान्पूषाचत्वष्टाचसवितातथा ॥ पर्जन्यश्चैवविष्णुश्चआदित्याद्वादशस्मृताः ॥ महिमानंपांडवस्यवर्धयंतोऽम्बरेस्थिताः ६७ मृगव्याधश्चसर्पश्चनिर्ऋतिश्चमहायशाः ॥ अजैकपादहिर्बुध्न्यःपिनाकीचपरंतप ६८ दहनोऽथेश्वरश्चैवकपालीचविशांपते ॥ स्थाणुर्भगश्चभगवान्रुद्रास्तत्रावतस्थिरे ६९ अश्विनौवसवश्चाष्टौमरुतश्चमहाबलाः ॥ विश्वेदेवास्तथासाध्यास्तत्रासन्परितःस्थिताः ७० कर्कोटकोऽथसर्पश्चवासुकिश्चभुजंगमः ॥ कच्छपश्चाथकुंडश्चतक्षकश्चमहोरगः ७१ आययुस्तपसायुक्तामहाक्रोधामहाबलाः ॥ एतेचान्येचबहवस्तत्रनागाव्यवस्थिताः ७२ तार्क्ष्यश्चारिष्टनेमिश्चगरुडश्चासितध्वजः ॥ अरुणश्चारुणिश्चैववैनतेयाव्यवस्थिताः ७३ तांश्चदेवगणान्सर्वांस्तपःसिद्धामहर्षयः ॥ विमानगिर्यग्रगतान्ददृशुर्नेतरेजनाः ७४ तद्दृष्ट्वामहदाश्चर्यंविस्मितामुनिसत्तमाः ॥ अधिकांस्मततोवृत्तिमवर्तन्पांडवान्प्रति ७५ पांडुस्तुपुनरेवैनांपुत्रलोभान्महायशाः ॥ वक्तुमैच्छद्धर्मपत्नींकुंतीत्वेनमथाब्रवीत् ७६ नातश्चतुर्थंप्रसवमापत्स्वपिवदंत्युत ॥ अतःपरंस्वैरिणीस्याद्बंधकीपंचमेभवेत् ७७ सत्वंविद्वन्धर्ममिममधिगम्यकथंनुमाम् ॥ अपत्यार्थंसमुत्क्रम्यप्रमादादिवभाषसे ७८ ॥ इतिश्रीमहाभारते आदिपर्वणिसंभवपर्वणिपांडवोत्पत्तौत्रयोविंशत्यधिकशततमोध्यायः ॥ १२३ ॥

॥ वैशंपायनउवाच ॥ कुंतीपुत्रेषुजातेषुधृतराष्ट्रात्मजेषुच ॥ मद्रराजसुतापांडुंरहोवचनमब्रवीत् १ नमेऽस्तित्वयिसंतापोविगुणेऽपिपरंतप ॥ नावरत्वेवरार्हायाःस्थित्वाचानघनित्यदा २ गांधार्याश्चैवनृपतेजातंपुत्रशतंतथा ॥ श्रुत्वानमेतथादुःखमभवत्कुरुनंदन ३ इदंतुमेमहद्दुःखंतुल्यतायामपुत्रता ॥ दिष्ट्यात्विदानींभर्तुर्मेकुंत्यामप्यस्तिसंततिः ४ यदित्वपत्यसंतानंकुंतिराजसुतामयि ॥ कुर्यादनुग्रहोमेस्यात्तवचापिहितंभवेत् ५ संरंभोहिसपत्नीत्वाद्वक्तुंकुंतिसुतांप्रति ॥ यदितुत्वंप्रसन्नोमेस्वयमेनांप्रचोदय ६ ॥ पांडुरुवाच ॥ ममाप्येषसदामाद्रिहृद्यर्थःपरिवर्त्तते ॥ नतुत्वांप्रसहेवक्तुमिष्टानिष्टविवक्षया ७ तवत्विदंमतंमत्वाप्रयतिष्याम्यतःपरम् ॥ मन्येध्रुवंमयोक्तासावचनंप्रतिपत्स्यते ८ ॥ वैशंपायनउवाच ॥ ॥ ततःकुंतींपुनःपांडुर्विविक्तइदमब्रवीत् ॥ कुलस्यममसंतानंलोकस्यचकुरुप्रियम् ९ ममचापिंडनाशायपूर्वेषामपिचात्मनः ॥ मत्प्रियार्थंचकल्याणिकुरुकल्याणमुत्तमम् १०

धिकृतेअवरत्वेकनिष्ठात्वे वरार्हायाःकुंत्याअपेक्षया २।३। ४।५ संरंभोऽभिमानः ६ ममेति। इष्टमनिष्टंवावक्ष्यसीतिसंदेहेनत्वांवक्तुंनप्रसहेइत्यर्थः ७ मत्वाज्ञात्वा प्रतिपत्स्यतेअंगीकरिष्यति ८ संतानमविच्छेदंलोकस्यप्रियं बलवत्प्रजात्वेननिर्भयत्वं ९ ममपूर्वेषांचापिंडविनाशायपिंडविनाशाभावाय बहुषुपुत्रेषुकस्यचिदपिपुत्रस्यसंततेरविच्छेदसंभवादित्यर्थः कल्याणंपुत्रांतरोत्पादनं १० ॥

यशसइति । कृतकृत्याअपियशोर्थंदेवगुर्वाद्याराधनंकुर्वंतीत्यर्थः ११ । १२ । १३ । १४ एवंपांडुंप्रत्युक्त्वाकुंत्यामंत्रेकृतेसतिकुंतीमाद्रीमब्रवीदितियोजना १५ । १६ । १७ अत्यश्विनौअश्विभ्यामधिकौ १८ । १९ । २० । २१ अनुसंवत्सरंसंवत्सरमनुपश्चाज्जाताअपिदेवताभावात्सर्वेपंचसंवत्सराइवादृश्यंतेत्यर्थः । यद्वापंचापिपुत्राव्यराजंतसंवत्सराःप्रभवादयइवानुसंवत्सरंजाताइतियोज्यं २२ । २३

यशसोऽर्थायचैवत्वंकुरुकर्मसुदुष्करम् ॥ प्राप्याधिपत्यमिंद्रेणयज्ञैरिष्टंयशोऽर्थिना ११ तथामंत्रविदोविप्रास्तपस्तप्त्वासुदुष्करम् ॥ गुरूनभ्युपगच्छंतियशसोऽर्थाय
भाविनि १२ तथाराजर्षयःसर्वेब्राह्मणाश्चतपोधनाः ॥ चक्रुरुच्चावचंकर्मयशसोऽर्थायदुष्करम् १३ सात्वंमाद्रींप्लवेनैवतारयैनामनिंदिते ॥ अपत्यसंविभागेनपरांकी
र्तिमवाप्नुहि १४ ॥ वैशंपायनउवाच ॥ एवमुक्ताऽब्रविन्माद्रींसकृच्चिंतयदैवतम् ॥ तस्मात्तेभविताऽपत्यमनुरूपमसंशयम् १५ ततोमाद्रीविचार्यैवंजगाममनसाऽश्वि
नौ ॥ तावागम्यसुतौतस्यांजनयामासतुर्यमौ १६ नकुलंसहदेवंचरूपेणाप्रतिमौभुवि ॥ तथैवतावपियमौवागुवाचाशरीरिणी १७ सत्वरूपगुणोपेतौभवतो
ऽत्यश्विनाविति ॥ भासतस्तेजसाऽत्यर्थंरूपद्रविणसंपदा १८ नामानिचक्रिरेतेषांशतशृंगनिवासिनः ॥ भक्त्याचकर्मणाचैवतथाऽऽशीर्भिर्विशांपते १९ ज्येष्ठंयुधिष्ठिरे
त्येवंभीमसेनेतिमध्यमम् ॥ अर्जुनेतितृतीयंचकुंतीपुत्रानकल्पयन् २० पूर्वजंनकुलेत्येवंसहदेवेतिचापरम् ॥ माद्रीपुत्रावकथयंस्तेविप्राःप्रीतमानसाः २१ अनुसंव
त्सरंजाताअपितेकुरुसत्तमाः ॥ पांडुपुत्राव्यराजंतपंचसंवत्सराइव २२ महासत्वामहावीर्यामहाबलपराक्रमाः ॥ पांडुर्दृष्ट्वासुतांस्तांस्तुदेवरूपान्महौजसः २३ मुदं
परमिकांलेभेननंदचनराधिपः ॥ ऋषीणामपिसर्वेषांशतशृंगनिवासिनाम् २४ प्रियाबभूवुस्तासांचतथैवमुनियोषिताम् ॥ कुंतीमथपुनःपांडुर्माद्र्यर्थेसमचोदयत् २५
तमुवाचपृथाराजन्रहस्युक्तातदासती ॥ उक्तासकृद्द्वंद्वमेषालेभेतेनास्मिवंचिता २६ बिभेम्यस्याःपरिभवात्कुस्त्रीणांगतिरीदृशी ॥ नाज्ञासिषमहंमूढाद्वंद्वाह्वानेफल
द्वयम् २७ तस्मान्नाहंनियोक्तव्यात्वयैषोऽस्तुवरोमम ॥ एवंपांडोःसुताःपंचदेवदत्तामहाबलाः २८ संभूताःकीर्तिमंतश्चकुरुवंशविवर्धनाः ॥ शुभलक्षणसंपन्नाःसोमव
त्प्रियदर्शनाः २९ सिंहदर्पामहेष्वासाःसिंहविक्रांतगामिनः ॥ सिंहग्रीवामनुष्येंद्राववृधुर्देवविक्रमाः ३० विवर्धमानास्तेतत्रपुण्येहैमवतेगिरौ ॥ विस्मयंजनयामासु
र्महर्षीणांसमेयुषाम् ३१ तेचपंचशतंचैवकुरुवंशविवर्धनाः ॥ सर्वेववृधुरल्पेनकालेनाप्स्विवनीरजाः ३२ ॥ इति श्रीमहाभारते आदिपर्वणि संभवपर्वणि पांडवो
त्पत्तौचतुर्विंशत्यधिकशततमोऽध्यायः ॥ १२४ ॥ ॥ वैशंपायनउवाच ॥ दर्शनीयांस्ततःपुत्रान्पांडुःपंचमहावने ॥ तान्पश्यन्पर्वतेरम्येस्वबाहुबलमाश्रितः १
सपुष्पितवनेकालेकदाचिन्मधुमाधवे ॥ भूतसंमोहनेराजासभार्योव्यचरद्वनम् २ पलाशैस्तिलकैश्चूतैश्चंपकैःपारिभद्रकैः ॥ अन्यैश्चबहुभिर्वृक्षैःफलपुष्पसमृद्धिभिः ३

२४ । २५ । २६ । २७ । २८ । २९ । ३० । ३१ तेपंचपांडवाःशतंचान्येधार्तराष्ट्राः नीरजाःपद्माइव ३२ ॥ इति आदिपर्वणि नीलकंठीये भारतभावदीपे चतुर्विंशत्यधिकशततमोऽध्यायः ॥ १२४ ॥
दर्शनीयामिति १ मधुमाधवेचैत्रवैशाखयोःसंधौतदात्मकेवसंते २ । ३ ॥ ॥ ॥ ॥

४ । ५ वयःस्थांयुवतीं तनुवाससंसूक्ष्मवस्त्रांकिंचिद्दिदृशांगामित्यर्थः ६ । ७ । ८ कामपरीतात्मा कामेनव्याप्तचित्तः ९ । १० बुद्धिर्भयनिश्चयःचेतसाविचारेण ११ कालस्यातीतत्वादिव्यवहारहेतोः

जलस्थानैश्चविविधैःपद्मिनीभिश्चशोभितम् ॥ पांडोर्वनंतत्संप्रेक्ष्यप्रजज्ञेहृदिमन्मथः ४ प्रहृष्टमनसंतत्रविचरंतंयथाऽमरम् ॥ तंमाद्र्यनुजगामैकावसनंबिभ्रतीशुभम् ५समीक्षमाणःसतुतांवयस्थांतनुवाससम् ॥ तस्यकामःप्रववृतेगहनेऽग्निरिवोद्गतः६रहस्येकांतुतांदृष्ट्वाराजाराजीवलोचनाम् ॥ नशशाकनियंतुंतंकामंकामवशीकृतः७ ततएनांबलाद्राजानिजग्राहरहोगताम् ॥ वार्यमाणस्तयादेव्याविस्फुरंत्यायथाबलम्८सतुकामपरीतात्मातंशापंनान्वबुध्यत ॥ माद्रींमैथुनधर्मेणसोऽन्वगच्छद्बलादिव ९जीवितांतायकौरव्यमन्मथस्यवशंगतः ॥ शापजंभयमुत्सृज्यविधिनासंप्रचोदितः१० तस्यकामात्मनोबुद्धिःसाक्षात्कालेनमोहिता ॥ संप्रमथ्येंद्रियग्रामंप्रनष्टासहचेतसा११सतयासहसंगम्यभार्ययाकुरुनंदनः ॥ पांडुःपरमधर्मात्मायुयुजेकालधर्मणा१२ततोमाद्रीसमालिंग्यराजानंगतचेतसम् ॥ मुमोचदुःखजंशब्दंपुनःपुनरतीवहि १३ सहपुत्रैस्ततःकुंतीमाद्रीपुत्रौचपांडवौ ॥ आजग्मुःसहितास्तत्रयत्रराजातथागतः१४ततोमाद्र्यब्रवीद्राजन्नार्ताकुंतीमिदंवचः॥ एकैवत्वमिहागच्छतिष्ठंत्वत्रैवदारकाः १५ तच्छ्रुत्वावचनंतस्यास्तत्रैवाधायदारकान् ॥ हताऽहमितिविक्रुश्यसहसैवाजगामसा १६ दृष्ट्वापांडुंचमाद्रींचशयानौधरणीतले ॥ कुंतीशोकपरीतांगीविललाप सुदुःखिता १७ रक्ष्यमाणोमयानित्यंवीरःसततमात्मवान् ॥ कथंत्वामत्यतिक्रांतःशापंजानन्वनौकसः १८ ननुनामत्वयामाद्रिरक्षितव्योनराधिपः ॥ साकथंलोभितवतीविजनेत्वंनराधिपम् १९ कथंदीनस्यसततंत्वामासाद्यरहोगताम् ॥ तंविचिंतयतःशापंप्रहर्षःसमजायत २० धन्यात्वमसिबाल्हीकिमत्तोभाग्यतरातथा ॥ दृष्टवत्यसियद्वक्त्रंप्रहृष्टस्यमहीपतेः २१ ॥ माद्र्युवाच ॥ विलपंत्यामयादेविवार्यमाणेनचासकृत् ॥ आत्मानवारितोऽनेनसत्यंदिष्टंचिकीर्षुणा २२ ॥ कुंत्युवाच ॥ अहंज्येष्ठाधर्मपत्नीज्येष्ठंधर्मफलंमम ॥ अवश्यंभाविनोभावान्मामांमाद्रिनिवर्तय २३ अन्विष्यामीहभर्तारमहंप्रेतवशंगतम् ॥ उत्तिष्ठत्वंविसृज्यैनमिमान्पालयदारकान् २४ ॥ माद्र्युवाच ॥ अहमेवानुयास्यामिभर्तारमपलायिनम् ॥ नहितृप्ताऽस्मिकामानांज्येष्ठामामनुमन्यताम् २५ मांचाभिगम्यक्षीणोऽयंकामाद्भरतसत्तमः ॥ तमुच्छिंद्यामस्यकामंकथंनुयमसादने २६ नचाप्यहंवर्तयंतीनिर्विशेषंसुतेषुते ॥ वृत्तिमार्येचरिष्यामिस्पृशेदेनस्तथाचमाम् २७ तस्मान्मेसुतयोःकुंतिवर्तितव्यंस्वपुत्रवत् ॥ मांचकामयमानोऽयंराजाप्रेतवशंगतः २८ राज्ञःशरीरेणसहममापीदंकलेवरम् ॥ दग्धव्यंसुप्रतिच्छन्नमेतदार्येप्रियंकुरु २९ दारकेष्वप्रमत्ताचभवेथाश्चहितामम ॥ अतोऽन्यन्नप्रपश्यामिसंदेष्टव्यंहिकिंचन ३० ॥ ॥ ॥

षष्ठद्रव्यस्येवधर्मःकालनामकोयस्यमरणस्यतेनकालधर्मणामृत्युना १२ । १३ । १४ । १५ । १६ । १७ त्वामत्यतिक्रांतोबलादाक्रांतवान् । शोकाकुलत्वादतिशब्दस्याभ्यासः १८ त्वयाचरक्षितव्यः १९ महर्षःकामः २० । २१ आत्मावारितः दिष्टंशापजंदुरदृष्टं २२ प्रेतवशंप्रेतराजवशं अन्विष्यामि अनुगमिष्यामि २३ । २४ । २५ । २६ । २७ । २८ । २९ । ३० ॥ ॥

३१ ॥ इतिआदिपर्वणिनीलकंठीये भारतभावदीपेपंचविंशत्यधिकशततमोऽध्यायः ॥ १२५ ॥ ॥ पांडोरुपरमंदृष्ट्वेति १ । २ । ३ देहंदेहयोरस्थीनि अग्निहोत्राग्निभिःसंस्कारलंभनार्थम् ४ । ५ । ६
७ तद्गमनंसंक्षिप्तममन्यत मुनीनांयोगप्रभावात्स्वदेशगमनौत्कंठ्याद्वा ८ वर्द्धमानपुरद्वारंमुख्यद्वारं ९ । १० चारणादेवगायकागुह्यकाख्यास्तेषांसहस्राणांमुनीनांचागममितिचोऽध्याहर्त्तव्यः । पाठांतरे

॥ वैशंपायनउवाच ॥ इत्युक्त्वातंचिताग्निस्थंधर्मपत्नीनरर्षभम् ॥ मद्रराजसुतातूर्णमन्वारोहद्यशस्विनी ३१ ॥ इतिश्रीमहाभारते आदिपर्वणिसंभवपर्वणिपांडूप रमेपंचविंशत्यधिकशततमोऽध्यायः ॥ १२५ ॥ वैशंपायनउवाच ॥ पांडोरुपरमंदृष्ट्वादेवकल्पामहर्षयः ॥ ततोमंत्रविदःसर्वेमंत्रयांचक्रिरेमिथः १ ॥ तापसाऊचुः ॥ हित्वाराज्यंचराष्ट्रंचसमहात्मामहायशाः ॥ अस्मिन्स्थानेतपस्तप्तुंतापसान्शरणंगतः २ सजातमात्रान्पुत्रांश्चदारांश्चभवतामिह ॥ प्रादायोपनिधिंराजापांडुः स्वर्गमितोगतः ३ तस्येमानात्मजान्देहंभार्यांचसुमहात्मनः ॥ स्वराष्ट्रंगृह्यगच्छामोधर्मएषहिनःस्मृतः ४ ॥ वैशंपायनउवाच ॥ तेपरस्परमामंत्र्यदेवकल्पाम हर्षयः ॥ पांडोपुत्रान्पुरस्कृत्यनगरंनागसाह्वयम् ५ उदारमनसःसिद्धागमनेचक्रिरेमनः ॥ भीष्मायपांडवान्दातुंधृतराष्ट्रायचैवहि ६ तस्मिन्नेवक्षणेसर्वेतानादाय प्रतस्थिरे ॥ पांडोर्दारांश्चपुत्रांश्चशरीरेतेचतापसाः ७ सुखिनीसापुराभूत्वासततंपुत्रवत्सला ॥ प्रपन्नादीर्घमध्वानंसंक्षिप्तंतदमन्यत ८ सात्वदीर्घेणकालेनसंप्रा प्ताकुरुजांगलम् ॥ वर्धमानपुरद्वारमाससादयशस्विनी ९ द्वारिणंतापसाऊचूराजानंचप्रकाशय ॥ तेतुगत्वाक्षणेनैवसभायांविनिवेदिताः १० तेचारणसहस्राणां मुनीनामागमंतदा ॥ श्रुत्वानागपुरेनॄणांविस्मयःसमपद्यत ११ मुहूर्त्तोदितआदित्येसर्वेबालपुरस्कृताः ॥ सदारास्तापसान्द्रष्टुंनिर्ययुःपुरवासिनः १२ स्त्रीसंघाः क्षत्रसंघाश्चयानसंघसमास्थिताः ॥ ब्राह्मणैःसहनिर्जग्मुर्ब्राह्मणानांचयोषितः १३ तथाविट्शूद्रसंघानांमहान्व्यतिकरोऽभवत् ॥ नकश्चिदकरोदीर्ष्यामभवन्धर्म बुद्धयः १४ तथाभीष्मःशांतनवःसोमदत्तोऽथबाल्हिकः ॥ प्रज्ञाचक्षुश्चराजर्षिःक्षत्ताचविदुरःस्वयम् १५ साचसत्यवतीदेवीकौसल्याचयशस्विनी ॥ राजदारैःपरि वृतागांधारीचापिनिर्ययौ १६ धृतराष्ट्रस्यदायादादुर्योधनपुरोगमाः ॥ भूषिताभूषणैश्चित्रैःशतसंख्याविनिर्ययुः १७ तान्महर्षिगणान्दृष्ट्वाशिरोभिरभिवाद्यच ॥ उपोपविविशुःसर्वेकौरव्याःसपुरोहिताः १८ तथैवशिरसाभूमावभिवाद्यप्रणम्यच ॥ उपोपविविशुःसर्वेपौरजानपदाअपि १९ तमकूजमभिज्ञायजनौघंसर्वशस्त दा ॥ पूजयित्वायथान्यायंपाद्येनार्घ्येणचप्रभो २० भीष्मोराज्यंचराष्ट्रंचमहर्षिभ्योन्यवेदयत् ॥ तेषामथोवृद्धतमःप्रत्युत्थायजटाजिनी ॥ ऋषीणांमतमाज्ञाय महर्षिरिदमब्रवीत् २१ यःसकौरव्यदायादःपांडुर्नामनराधिपः ॥ कामभोगान्परित्यज्यशतशृंगमितोगतः २२ ब्रह्मचर्यव्रतस्थस्यतस्यदिव्येनहेतुना ॥ साक्षाद्धर्मा दयंपुत्रस्तत्रजातोयुधिष्ठिरः २३ तथैनंबलिनांश्रेष्ठंतस्यराज्ञोमहात्मनः ॥ मातरिश्वाददौपुत्रंभीमंनाममहाबलम् २४ ॥ ॥ ॥

आरण्यानांसहस्रसंख्यानांमुनीनांचेतियोज्यं ११ । १२ ।। १३ व्यतिकरःसंघर्षः १४ । १५ कौसल्याकाशिराजसुता १६ । १७ उपोपविविशुःपरिवार्योपविष्टवंतः १८ । १९ अकूजंनिःशब्दं २० २१ । २२ दिव्येनहेतुनामंत्रेणदेवताह्वानाद्यलौकिककारणेन २३ । २४ ॥ ॥ ॥ ॥ ॥ ॥

२५ । २६ । २७ । २८ । २९ । ३० । ३१ । ३२ प्रेतकार्यैःसपिंडीकरणांते पितृमेधंयज्ञविशेषं वृषोत्सर्गादिकंवा ३३ । ३४ । गंधर्वनगरंखपुरं यथोक्तंज्योतिःशास्त्रे । 'अनेकरत्नाकृतिखेप्रकाशतेपुरंप

पुरुहूतादयंजज्ञेकुंत्यामेवधनंजयः ॥ यस्यकीर्तिर्महेष्वासान्सर्वानभिभविष्यति २५ यौतुमाद्रीमहेष्वासावसूतपुरुषोत्तमौ ॥ अश्विभ्यांपुरुषव्याघ्राविमौतावपिपश्यत २६ चरताधर्मनित्येनवनवासंयशस्विना ॥ नष्टःपैतामहोवंशःपांडुनापुनरुद्धृतः २७ पुत्राणांजन्मवृद्धिंचवैदिकाध्ययनानिच ॥ पश्यंतःसततंपांडोःपरांप्रीतिमवाप्स्यथ २८ वर्तमानःसतांवृत्तेपुत्रलाभमवाप्यच ॥ पितृलोकंगतःपांडुरितःसप्तदशेऽहनि २९ तंचितागतमाज्ञायवैश्वानरमुखेहुतम् ॥ प्रविष्टापावकंमाद्रीहित्वाजीवितमात्मनः ३० सागतासहतेनैवपतिलोकमनुव्रता ॥ तस्यास्तस्यचयत्कार्यंक्रियतांतदनंतरम् ३१ इमेतयोःशरीरेद्वेपुत्राश्चेमेतयोर्वराः ॥ क्रियाभिरनुगृह्यंतांसहमात्रापरंतपाः ३२ प्रेतकार्येनिवृत्तेतुपितृमेधंमहायशाः ॥ लभतांसर्वधर्मज्ञःपांडुःकुरुकुलोद्वहः ३३ ॥ वैशंपायनउवाच ॥ एवमुक्त्वाकुरून्सर्वान्कुरूणामेवपश्यताम् ॥ क्षणेनांतर्हिताःसर्वेतापसागुह्यकैःसह ३४ गंधर्वनगराकारंतथैवांतर्हितंपुनः ॥ ऋषिसिद्धगणंदृष्ट्वाविस्मयंतेपरंययुः ३५ ॥ इतिश्रीमहाभारते आदिपर्वणि सं०प०ऋषिसंवादेषड्विंशत्यधिकशततमोऽध्यायः ॥ १२६ ॥ धृतराष्ट्रउवाच ॥ पांडोर्विदुरसर्वाणिप्रेतकार्याणिकारय ॥ राजवद्राजसिंहस्यमाद्र्याश्चैवविशेषतः १ पशून्वासांसिरत्नानिधनानिविविधानिच ॥ पांडोःप्रयच्छमाद्र्याश्चयेभ्योयावच्चवांछितम् २ यथाचकुंतीसत्कारंकुर्यान्माद्र्यास्तथाकुरु ॥ यथानवायुर्नादित्यःपश्येतांतांसुसंवृताम् ३ नशोच्यःपांडुरनघःप्रशस्यःसनराधिपः ॥ यस्यपंचसुतावीराजाताःसुरसुतोपमाः ४ ॥ वैशंपायनउवाच ॥ विदुरस्तंतथेत्युक्त्वाभीष्मेणसहभारत ॥ पांडुंसंस्कारयामासदेशेपरमपूजिते ५ ततस्तुनगरात्तूर्णमाज्यगंधपुरस्कृताः ॥ निर्हृताःपावकादीप्ताःपांडोराजन्पुरोहितैः ६ अथैनामार्तवैःपुष्पैर्गंधैश्चविविधैर्वरैः ॥ शिबिकांतामलंकृत्यवाससाऽऽच्छाद्यसर्वशः ७ तांतथाशोभितांमाल्यैर्वासोभिश्चमहाधनैः ॥ अमात्याज्ञातयश्चैनंसुहृदश्चोपतस्थिरे ८ नृसिंहंनरयुक्तेनपरमालंकृतेनतम् ॥ अवहन्यानमुख्येनसहमाद्र्यासुसंवृतम् ९ पांडुरेणातपत्रेणचामरव्यजनेनच ॥ सर्ववादित्रनादैश्चसमलंचक्रिरेततः १० रत्नानिचाप्युपादायबहूनिशतशोनराः ॥ प्रददुःकांक्षमाणेभ्यःपांडोस्तस्यौर्ध्वदेहिके ११ अथछत्राणिशुभ्राणिचामराणिबृहंतिच ॥ आजन्हुःकौरवस्यार्थेवासांसिरुचिराणिच १२ याजकैःशुक्लवासोभिर्हूयमानाहुताशनाः ॥ अगच्छन्नग्रतस्तस्यदीप्यमानाःस्वलंकृताः १३ ब्राह्मणाःक्षत्रियावैश्याःशूद्राश्चैवसहस्रशः ॥ रुदंतःशोकसंतप्ताअनुजग्मुर्नराधिपम् १४ अयमस्मानपाहायदुःखेचाधायशाश्वते ॥ कृत्वाचास्माननाथांश्चक्वयास्यतिनराधिपः १५ क्रोशंतःपांडवाःसर्वेभीष्मोविदुरएवच ॥ रमणीयेवनोद्देशेगंगातीरेसमेशुभे १६ ॥ ॥ ॥ ॥

ताकाध्वजतोरणान्वितं ॥ यदातदानरगमनुष्यवाजिमांपिबत्यसृग्भूरिरणेवसुंधरा'इति ३५ ॥ इतिआदिपर्वणिनीलकंठीये भारतभावदीपेषड्विंशत्यधिकशततमोऽध्यायः ॥ १२६ ॥ ॥ पांडोरिति १ २ । ३ । ४ । ५ । ६ । ७ । ८ नृसिंहंपांडुं । नृसिंहेतिपाठेजनमेजयसंबोधनं ९ । १० । ११ । १२ । १३ । १४ । १५ । १६ ॥ ॥ ॥ ॥ ॥

१७ कालीयकादिग्धंकृष्णागुरुलिप्तं १.८ । १९ । २० । २१ । २२ तुंगपद्मकौगंधद्रव्यविशेषौ २३ । २४ । २५ । २६ । २७ । २८ । २९ । ३० । ३१ । ३२ ॥ ॥ इतिआदिपर्वणिनीलकंठी

न्यासयामासुरथतांशिबिकांसत्यवादिनः ॥ सभार्यस्यनृसिंहस्यपांडोरक्लिष्टकर्मणः १७ ततस्तस्यशरीरंतुसर्वगंधाधिवासितम् ॥ शुचिकालीयकादिग्धंदिव्यचंद
नरूषितम् १८ पर्यषिंचनूजलेनाशुशातकुंभमयैर्घटैः ॥ चंदनेनचशुक्लेनसर्वतःसमलेपयन् १९ कालागुरुविमिश्रेणतथातुंगरसेनच ॥ अथैनंदेशजैःशुक्लैर्वासोभिः
समयोजयन् २० संछन्नःसतुवासोभिर्जीवन्निवनराधिपः ॥ शुशुभेसनरव्याघ्रोमहार्हशयनोचितः २१ याजकैरभ्यनुज्ञातेप्रेतकर्मण्यनुष्ठिते ॥ घृतावसिक्तंराजानं
सहमाद्र्यास्वलंकृतम् २२ तुंगपद्मकमिश्रेणचंदनेनसुगंधिना ॥ अन्यैश्चविविधैर्गंधैर्विधिनासमदाहयन् २३ ततस्तयोःशरीरेद्वेदृष्ट्वामोहवशंगता ॥ हाहापुत्रेति
कौसल्यापपातसहसाभुवि २४ तांप्रेक्ष्यपतितामार्तांपौरजानपदोजनः ॥ रुरोददुःखसंतप्तोराजभक्त्याकृपाऽन्वितः २५ कुंत्याश्चैवार्तनादेनसर्वाणिचविचुक्रुशः ॥
मानुषैःसहभूतानितिर्यग्योनिगतान्यपि २६ तथाभीष्मःशांतनवोविदुरश्चमहामतिः ॥ सर्वशःकौरवाश्चैवप्राणदन्भृशदुःखिताः २७ ततोभीष्मोऽथविदुरोराजा
चसहपांडवैः ॥ उदकंचक्रिरेतस्यसर्वाश्चकुरुयोषितः २८ चुक्रुशुःपांडवाःसर्वेभीष्मःशांतनवस्तथा ॥ विदुरोज्ञातयश्चैवचक्रुश्चाप्युदकक्रियाः २९ कृतोदकांस्ता
नादायपांडवाञ्छोककर्शितान् ॥ सर्वाःप्रकृतयोराजन्शोचमानान्यवारयन् ३० यथैवपांडवाभूमौसुषुपुःसहबांधवैः ॥ तथैवनागराराजन्शिश्यिरेब्राह्मणादयः ३१
तद्गतानंदमस्वस्थमाकुमारमहृष्टवत् ॥ बभूवपांडवैःसार्धंनगरंद्वादशक्षपाः ३२ ॥ इतिश्रीमहाभारते आदिपर्वणि संभवपर्वणि पांडुदाहे सप्तविंशत्यधिकशततमो
ऽध्यायः ॥ १२७ ॥ ॥ वैशंपायनउवाच ॥ ततःकुंतीचराजाचभीष्मश्चसहबंधुभिः ॥ ददुःश्राद्धंतदापांडोःस्वधामृतमयंतदा १ कुरूंश्चविप्रमुख्यांश्चभोजयि
त्वासहस्रशः ॥ रत्नौघान्विप्रमुख्येभ्योदत्वाग्रामवरांस्तथा २ कृतशौचांस्ततस्तांस्तुपांडवान्भरतर्षभान् ॥ आदायविविशुःसर्वेपुरंवारणसाह्वयम् ३ सततंस्मा
नुशोचंतस्तमेवभरतर्षभम् ॥ पौरजानपदाःसर्वेमृतंस्वमिवबांधवम् ४ श्राद्धावसानेतुतदादृष्ट्वातंदुःखितंजनम् ॥ संमूढांदुःखशोकार्तांव्यासोमातरमब्रवीत् ५
अतिक्रांतसुखाःकालाःपर्युपस्थितदारुणाः ॥ श्वःश्वःपापिष्ठदिवसाःपृथिवीगतयौवना ६ बहुमायासमाकीर्णोनानादोषसमाकुलः ॥ लुप्तधर्मक्रियाचारोघोरः
कालोभविष्यति ७ कुरूणामनयाच्चापिपृथिवीनभविष्यति ॥ गच्छत्वंयोगमास्थाययुक्तावसतपोवने ८ माद्राक्षीस्त्वंकुलस्यास्यघोरंसंक्षयमात्मनः ॥ तथेति
समनुज्ञायसाप्रविश्याब्रवीत्स्नुषाम् ९ अंबिकेतवपौत्रस्यदुर्नयात्किलभारताः ॥ सानुबंधाविनंक्ष्यंतिपौराश्चैवेतिनःश्रुतम् १० तत्कौसल्यामिमामार्तांपुत्रशो
काभिपीडिताम् ॥ वनमादायभद्रंतेगच्छामियदिमन्यसे ११ तथेत्युक्तात्वंबिकयाभीष्ममामंत्र्यसुव्रता ॥ वनंययौसत्यवतीस्नुषाभ्यांसहभारत १२ ॥

येभारतभावदीपे सप्तविंशत्यधिकशततमोऽध्यायः ॥ १२७ ॥ ॥ ततइति १ । २ । ३ । ४ । ५ श्वःश्वःपूर्वपूर्वदिनापेक्षयाउत्तरमुत्तरंपापिष्ठं । गतयौवनासम्यक्फलशून्या ६ । ७ योगंचित्तवृत्ति
निरोधंप्रयाणोद्योगंवा युक्तासमाहिता ८ । ९ । १० । ११ । १२ ॥ ॥ ॥ ॥ ॥ ॥ ॥

१३ । १४ । १५ । जवेधावनक्रीडायां । लक्ष्याभिहरणेअहंपूर्वमहंपूर्वमितिदृष्टफलादिग्रहणे । भोज्ये । पांसुविकर्षणेबालक्रीडाविशेषे । परिमर्दति सर्वतउपमृद्गाति १६ । १७ । १८ । १९ । २० । २१ । २२ योग्यासुशिक्षाभ्यासेषु उत्तरमुत्कर्षं २३ । २४ । २५ । २६ निकृत्याकपटेन २७ प्राणवान्बलवान् २८ । २९ प्रसह्यबलात्कारेण ३० । ३१ । ३२ प्रमाण

ताःसुघोरंतपस्तप्त्वादेव्योभरतसत्तम ॥ देहंत्यक्त्वामहाराजगतिमिष्टांययुस्तदा १३ ॥ वैशंपायनउवाच ॥ अथाप्तवंतोवेदोक्तान्संस्कारान्पांडवास्तदा ॥ संव्य वर्धंतभोगांस्तेभुंजानाःपितृवेश्मनि १४ धार्तराष्ट्रैश्चसहिताःक्रीडंतोमुदिताःसुखम् ॥ बालक्रीडासुसर्वासुविशिष्टास्तेजसाऽभवन् १५ जवेलक्ष्याभिहरणेभोज्येपां सुविकर्षणे ॥ धार्तराष्ट्रान्भीमसेनःसर्वान्सपरिमर्दति १६ हर्षात्प्रक्रीडमानांस्तान्गृह्यराजन्निलीयते ॥ शिरःसुविनिगृह्यैतान्योधयामासपांडवैः १७ शतमेको त्तरंतेषांकुमाराणांमहौजसाम् ॥ एकएवनिगृह्णातिनातिकृच्छ्राद्वृकोदरः १८ कचेषुचनिगृह्यैनान्विनिहत्यबलाद्बली ॥ चकर्षक्रोशतोभूमौघृष्टजानुशिरोंसकान् ॥ १९ दशबालान्जलेक्रीडन्भुजाभ्यांपरिगृह्यसः ॥ आस्तेस्मसलिलेमग्नोमृतकल्पान्विमुंचति २० फलानिवृक्षमारुह्यविचिन्वंतिचतेयदा ॥ तदापादप्रहारेणभीमः कंपयतेद्रुमान् २१ प्रहारवेगाभिहताद्द्रुमाव्याघूर्णितास्ततः ॥ सफलाःप्रपतंतिस्मद्रुतंत्रस्ताःकुमारकाः २२ नतेनियुद्धेनजवेनयोग्यासुकदाचन ॥ कुमाराउत्तरंच क्रुःस्पर्धमानावृकोदरम् २३ एवंसधार्तराष्ट्रांश्चस्पर्धमानोवृकोदरः ॥ अप्रियेऽतिष्ठदत्यंतंबाल्यान्नद्रोहचेतसा २४ ततोबलमतिख्यातंधार्तराष्ट्रःप्रतापवान् ॥ भीम सेनस्यतज्ज्ञात्वादुष्टभावमदर्शयत् २५ तस्यधर्मादपेतस्यपापानिपरिपश्यतः ॥ मोहादैश्वर्यलोभाच्चपापामतिरजायत २६ अयंबलवतांश्रेष्ठःकुंतीपुत्रोवृकोदरः ॥ मध्यमःपांडुपुत्राणांनिकृत्यासनिगृह्यताम् २७ प्राणवान्विक्रमीचैवशौर्येणमहतान्वितः ॥ स्पर्धतेचापिसहितानस्मानेकोवृकोदरः २८ तंतुसुप्तंपुरोद्यानेगंगायां प्रक्षिपामहे ॥ अथतस्मादवरजंश्रेष्ठंचैवयुधिष्ठिरम् २९ प्रसह्यबंधनेबद्ध्वाप्रशासिष्येवसुंधराम् ॥ एवंसनिश्चयंपापःकृत्वादुर्योधनस्तदा ॥ नित्यमेवांतरप्रेक्षीभी मस्यासीन्महात्मनः ३० ततोजलविहारार्थंकारयामासभारत ॥ चैलकंबलवेश्मानिविचित्राणिमहांतिच ३१ सर्वकामैःसुपूर्णानिपताकोच्छ्रायवंतिच ॥ तत्रसंज नयामासनानागाराण्यनेकशः ३२ उदकक्रीडनंनामकारयामासभारत ॥ प्रमाणकोट्यांतंदेशंस्थलंकिंचिदुपेत्यह ३३ भक्ष्यंभोज्यंचपेयंचचोष्यंलेह्यमथापिच ॥ उप पादितंनरैस्तत्रकुशलैःसूदकर्मणि ३४ न्यवेदयंस्तत्पुरुषाधार्तराष्ट्रायवैतदा ॥ ततोदुर्योधनस्तत्रपांडवानाहदुर्मतिः ३५ गंगांचैवानुयास्यामउद्यानवनशोभिताम् ॥ सहिताभ्रातरःसर्वेजलक्रीडामवाप्नुमः ३६ एवमस्त्वितितंचापिप्रत्युवाचयुधिष्ठिरः ॥ तेरथैर्नगराकारैर्देशजैश्चगजोत्तमैः ३७ निर्ययुर्नगराच्छूराःकौरवाःपांडवैःसह ॥ उद्यानवनमासाद्यविसृज्यचमहाजनम् ३८ ॥ ॥ ॥ ॥ ॥ ॥ ॥

कोट्यांगंगायांप्रदेशविशेषे स्थलंकिंचिदर्धजलेऽर्धस्थलेचक्रीडागारं ३३ भक्ष्यंदंतैश्छित्त्वाछित्त्वाग्राह्यमपूपादि । भोज्यंजिह्वाव्यापारैकग्राह्यंपायसादि । पेयंतदुभयानपेक्षंपानकादि । चोष्यंरसमात्रं गृहीत्वात्याज्यमिक्षुकांडादि । लेह्यंमुखलालयाद्रवीभावमापद्यमानंखंडशर्करादि । उपपादितं उपाहृतमित्यपिपठंति ३४ । ३५ । ३६ । ३७ । ३८ ॥ ॥

३९ उपस्थानगृहैः यत्रराजामंकार्थिणःशूराश्चोपतिष्ठंतितैर्गृहैः । वलभीभिरुभयतोनमत्पक्षाभिःस्तंभशालाभिः । यंत्रैर्जलयंत्रैःशतधाराभिः । यतोयुगपच्छतधाराउच्छलंत्योनीहारीभूयभवनो दरंव्याप्नुवंति । सांचारिकैःसंचारयोग्यैः४० दीर्घिकाभिःकुल्याभिःपुष्करिणीभिर्हीतिउपांत्यस्यालघुत्वेऽप्यमुष्टुप्त्वाहानेर्नदोषः ४१ उपछन्नासंछन्ना ४२ उपच्छन्नानुपागतान् कामान् शब्दा

विशंतिस्मसदावीराःसिंहाइवगिरेर्गुहाम् ॥ उद्यानमभिपश्यंतोभ्रातरःसर्वएवते ३९ उपस्थानगृहैःशुभ्रैर्वलभीभिश्चशोभितम् ॥ गवाक्षकैस्तथाजालैर्यंत्रैःसांचारिकैरपि ४० संमार्जितंसौधकारैश्चित्रकारैश्चचित्रितम् ॥ दीर्घिकाभिश्चपूर्णाभिस्तथापुष्करिणीभिर्हि ४१ जलंतच्छुशुभेच्छन्नंफुल्लैर्जलरुहैस्तथा ॥ उपच्छन्नावसुमतीतथापु ष्पैर्यथर्तुकैः ४२ तत्रोपविष्टास्तेसर्वेपांडवाःकौरवाश्चह ॥ उपच्छन्नान्बहून्कामांस्तेभुंजंतिततस्ततः ४३ अथोद्यानवरेतस्मिंस्तथाक्रीडागताश्चते ॥ परस्परस्यव क्रेभ्योददुर्भक्ष्यांस्ततस्ततः ४४ ततोदुर्योधनःपापस्तद्भक्ष्येकालकूटकम् ॥ विषंप्रक्षेपयामाससमीमसेनजिघांसया ४५ स्वयमुत्थायचैवाथहृदयेनक्षुरोपमः ॥ सवाचा मृतकल्पश्चभ्रातृवच्चसुहृद्यथा ४६ स्वयंप्रक्षिपतेभक्ष्यंबहुभीमस्यपापकृत् ॥ प्रतीक्षितंस्मभीमेनतंवैदोषमजानता ४७ ततोदुर्योधनस्तत्रहृदयेनहसन्निव ॥ कृत कृत्यमिवात्मानंमन्यतेपुरुषाधमः ४८ ततस्तेसहिताःसर्वेजलक्रीडामकुर्वत ॥ पांडवाधार्तराष्ट्राश्चतदामुदितमानसाः ४९ क्रीडावसानेतेसर्वेशुचिवस्त्राःस्वलंकृ ताः ॥ दिवसांतेपरिश्रांताविहृत्यचकुरूद्वहाः ५० विहारावसथेष्वेववीरावासमरोचयन् ॥ खिन्नस्तुबलवान्भीमोव्यायम्याभ्यधिकंतदा ५१ वाहयित्वाकुमारांस्ता न्जलक्रीडागतांस्तदा ॥ प्रमाणकोट्यांवासार्थीसुष्वापावाप्यतत्स्थलम् ५२ शीतंवातंसमासाद्यश्रांतोमदविमोहितः ॥ विषेणचपरीतांगोनिश्चेष्टःपांडुनंदनः ५३ ततोबद्ध्वालतापाशैर्भीमंदुर्योधनःस्वयम् ॥ मृतकल्पंतदावीरंस्थलाज्जलमपातयत् ५४ सनिःसंज्ञोजलस्यांतमथवैपांडवोऽविशत् ॥ आक्रामन्नागभवनेतदानागकुमा रकान् ५५ ततःसमेत्यबहुभिस्तदानागैर्महाविषैः ॥ अदश्यतभृशंभीमोमहादंष्ट्रैर्विषोल्बणैः ५६ ततोऽस्यदश्यमानस्यतद्विषंकालकूटकम् ॥ हतंसर्पविषेणैवस्थावरं जंगमेनतु ५७ दंष्ट्राश्चदंष्ट्रिणांतेषांमर्मस्वपिनिपातिताः ॥ त्वचंनैवास्यबिभिदुःसारत्वात्पृथुवक्षसः ५८ ततःप्रबुद्धःकौन्तेयःसर्वंसंछिद्यबंधनम् ॥ पोथयामासतान्सर्वान्के चिद्भीताःप्रदुद्रुवुः ५९ हतावशेषाभीमेनसर्वेवासुकिमभ्ययुः ॥ ऊचुश्चसर्पराजानंवासुकिंवासवोपमम् ६० अयंनरोवैनागेंद्रह्यप्सुबद्ध्वाप्रवेशितः ॥ यथाचनोमति र्वीरविषपीतोभविष्यति ६१ निश्चेष्टोऽस्माननुप्राप्तःसचदष्टोऽन्वबुध्यत ॥ ससंज्ञश्चापिसंवृत्तश्छित्त्वाबंधनमाशुनः ६२ पोथयंतंमहाबाहुंत्वंवैतंज्ञातुमर्हसि ॥ ततो वासुकिरभ्येत्यनागैरनुगतस्तदा ६३ पश्यतिस्ममहाबाहुंभीमंभीमपराक्रमम् ॥ आर्यकेणचदृष्टःसपृथायाआर्यकेणच ६४ ॥ ॥

दिविषयान् ४३ वक्रेभ्योवक्रेषु ४४ । ४५ । ४६ प्रतीक्षितंप्रीत्याऽवेक्षितंभक्षितंनतुशङ्कयोरितिनिरस्तं तत्रहेतुरजानतेति ४७ । ४८ । ४९ । ५० व्यायम्यश्रमंकृत्वा ५१ । ५२ । ५३ । ५४ जलस्यांतमवसानं आक्रामच्छरीराभोगेननागानाक्रांतवान् ५५ ततस्तैर्भारखिन्नैरदश्यतदष्टः ५६ । ५७ । ५८ । ५९ । ६० विषपीतःपीतविषः ६१ । ६२ । ६३ आर्यकेणनागरा जेन पृथायाआर्यकेणमातामहेन कुंतिभोजद्वाराऽयंसंबंधइतिगम्यते ६४ ॥ ॥ ॥ ॥

दौहित्रदौहित्रइतित्वार्यकमागस्यदौहित्रःशूरस्तदौहित्रोभीमइत्यविरुद्धमेतत् अन्येतुशूरमातामहएवोपचारातकुंतीमातामहोऽपीत्याहुः ६५ । ६६ । ६७ । ६८ । ६९ । ७० । ७१ नागदंतेभित्तितोबहि
र्निर्गतेदारुणिकृतंयदासनस्थानंतत्र'झरोखा'इतिभाषयाप्रसिद्धे ७२ ॥ इतिआदिपर्वणिनीलकंठीये भारतभावदीपे अष्टाविंशत्यधिकशततमोऽध्यायः ॥ १२८ ॥ ॥ ततइति वृत्तःसमाप्तः १ । २

तदादौहित्रदौहित्रःपरिष्वक्तःसुपीडितम् ॥ सुप्रीतश्चाभवत्तस्यवासुकिःसमहायशाः ६५ अब्रवीत्तंचनागेंद्रःकिमस्यक्रियतांप्रियम् ॥ धनौघोरत्ननिचयोवसुचा
स्यप्रदीयताम् ६६ एवमुक्तस्तदानागोवासुकिंप्रत्यभाषत ॥ यदिनागेंद्रतुष्टोऽसिकिमस्यधनसंचयैः ६७ रसंपिबेत्कुमारोऽयंत्वयिप्रीतेमहाबलः ॥ बलंनागसहस्र
स्ययस्मिन्कुंडेप्रतिष्ठितम् ६८ यावत्पिबतिबालोऽयंतावदस्मैप्रदीयताम् ॥ एवमस्त्वितितंनागंवासुकिःप्रत्यभाषत ६९ ततोभीमस्तदानागैःकृतस्वस्त्ययनःशु
चिः ॥ प्राङ्मुखश्चोपविष्टश्चरसंपिबतिपांडवः ७० एकोच्छ्वासात्ततःकुंडंपिबतिस्ममहाबलः ॥ एवमष्टौसकुंडानिह्यपिबत्पांडुनंदनः ७१ ततस्तुशयनेदिव्येना
गदंतेमहाभुजः ॥ अशेतभीमसेनस्तुयथासुखमरिंदमः ७२ ॥ इति श्रीमहाभारते आदिपर्वणि संभवपर्वणि भीमसेनरसपाने अष्टाविंशत्यधिकशततमो
ऽध्यायः ॥ १२८ ॥ ॥ वैशंपायनउवाच ॥ ततस्तेकौरवाःसर्वेविनाभीमंचपांडवाः ॥ वृत्तक्रीडाविहारास्तुप्रतस्थुर्गजसाह्वयम् १ रथैर्गजैस्तथाचाश्वैर्यानै
श्चान्यैरनेकशः ॥ ब्रुवंतोभीमसेनस्तुयातोह्यग्रतएवनः २ ततोदुर्योधनःपापस्तत्रापश्यन्वृकोदरम् ॥ भ्रातृभिःसहितोहृष्टोनगरंप्रविवेशह ३ युधिष्ठिरस्तुधर्मात्मा
ह्यविदन्पापमात्मनि ॥ स्वेनानुमानेनपरंसाधुंसमनुपश्यति ४ सोऽभ्युपेत्यतदापार्थोमातरंभ्रातृवत्सलः ॥ अभिवाद्याब्रवीत्कुंतीमंबभीमइहागतः ५ क्वगतोभवि
तामातर्नेहपश्यामितंशुभे ॥ उद्यानानिवनंचैवविचितानिसमंततः ६ तदर्थंनचतंवीरंदृष्टवंतोवृकोदरम् ॥ मन्यमानास्ततःसर्वेयातोनःपूर्वमेवसः ७ आगताःस्मम
हाभागेव्याकुलेनांतरात्मना ॥ इहागम्यक्वनुगतस्त्वयावाप्रेषितःक्वनु ८ कथयस्वमहाबाहुंभीमसेनंयशस्विनि ॥ नहिमेशुध्यतेभावस्तंवीरंप्रतिशोभने ९ यतःप्रसुप्तं
मन्येऽहंभीमंनेतिहतस्तुसः ॥ इत्युक्ताचततःकुंतीधर्मराजेनधीमता १० हाहेतिकृत्वासंभ्रांताप्रत्युवाचयुधिष्ठिरम् ॥ नपुत्रभीमंपश्यामिनमामभ्येत्यसाविति ११
शीघ्रमन्वेषणेयत्नंकुरुतस्यानुजैःसह ॥ इत्युक्त्वातनयंज्येष्ठंहृदयेनविदूयता १२ क्षत्तारमानाय्यतदाकुंतीवचनमब्रवीत् ॥ क्वगतोभगवन्क्षत्तर्भीमसेनोनदृश्यते १३
उद्यानान्निर्गताःसर्वेभ्रातरोभ्रातृभिःसह ॥ तत्रैकस्तुमहाबाहुर्भीमोनाभ्येतिमामिह १४ नचप्रीणयतेचक्षुःसदादुर्योधनस्यसः ॥ क्रूरोऽसौदुर्मतिःक्षुद्रोराज्यलुब्धोऽन
पत्रपः १५ निहन्यादपितंवीरंजातमन्युःसुयोधनः ॥ तेनमेव्याकुलंचित्तंहृदयंदह्यतीवच १६ ॥ विदुरउवाच ॥ मैवंवदस्वकल्याणिशेषसंरक्षणंकुरु ॥ प्रत्या
दिष्टोहिदुष्टात्माशेषेऽपिप्रहरेत्तव १७ दीर्घायुषस्तवसुतायथोवाचमहामुनिः ॥ आगमिष्यतितेपुत्रःप्रीतिंचोत्पादयिष्यति १८ ॥ ॥

३ । ४ अंबहेमातः ५ । ६ । ७ । ८ भावश्चित्तंनशुध्यतेजीवतीतिनमनुते ९ यतोभीमंप्रसुप्तंनमन्येऽपितुहतइत्येवमन्ये १० । ११ । १२ । १३ । १४ नचेति । दुर्योधनस्तंद्रष्टुंनशक्नोतीत्य
र्थः १५ । १६ वदस्वविपरीतंमन्येथाः प्रत्यादिष्टःकुतोभीमंहतवानसीत्युपालब्धः १७ । १८ ॥ ॥ ॥ ॥ ॥

१९ । २० । २१ । २२ । २३ । २४ । २५ । २६ । २७ । २८ । २९ । ३० । ३१ । ३२ । ३३ । ३४ । ३५ । ३६ । ३७ । ३८ । ३९ । ४० । ४१ तान्कुरुबालकान्न्यवेदयत् ४२ । ४३

॥ वैशंपायनउवाच ॥ एवमुक्त्वाययौविद्वान्विदुरःस्वंनिवेशनम् ॥ कुंतीचिंतापराभूत्वासहासीनासुतैर्गृहे १९ ततोऽष्टमेतुदिवसेप्रत्यबुध्यतपांडवः ॥ तस्मिं
स्तदारसेजीर्णेसोऽप्रमेयबलोबली २० तंदृष्ट्वाप्रतिबुध्यंतंपांडवंतेभुजंगमाः ॥ सांत्वयामासुरव्यग्रावचनंचेदमब्रुवन् २१ यत्तेपीतोमहाबाहोरसोऽयंवीर्यसंभृतः ॥
तस्मान्नागायुतबलोरणेऽधृष्योभविष्यसि २२ गच्छाद्यत्वंचस्वगृहंस्नातोदिव्यैरिमैर्जलैः ॥ भ्रातरस्तेऽनुतप्यंतित्वांविनाकुरुपुंगव २३ ततःस्नातोमहाबाहुः
शुचिःशुक्लांबरस्रजः ॥ ततोनागस्यभवनेकृतकौतुकमंगलः २४ ओषधीभिर्विषघ्नीभिःसुरभीभिर्विशेषतः ॥ भुक्तवान्परमान्नंचनागैर्दत्तंमहाबलः २५ पूजि
तोभुजगैर्वीरआशीर्भिश्चाभिनंदितः ॥ दिव्याभरणसंछन्नोनागानामंत्र्यपांडवः २६ उदतिष्ठत्प्रहृष्टात्मानागलोकादरिंदमः ॥ उत्क्षिप्तःसतुनागेनजलाज्जल
रुहेक्षणः २७ तस्मिन्नेववनोद्देशेस्थापितःकुरुनंदनः ॥ तेचांतर्दधिरेनागाःपांडवस्यैवपश्यतः २८ ततउत्थायकौन्तेयोभीमसेनोमहाबलः ॥ आजगाममहाबाहु
र्मातुरंतिकमंजसा २९ ततोऽभिवाद्यजननींज्येष्ठंभ्रातरमेवच ॥ कनीयसःसमाघ्रायशिरःस्वरिंदिमर्दनः ३० तैश्चापिसंपरिष्वक्तःसहमात्रानरर्षभैः ॥ अन्योन्य
गतसौहार्दाद्दिष्ट्यादिष्ट्येतिचाब्रुवन् ३१ ततस्तत्सर्वमाचष्टदुर्योधनविचेष्टितम् ॥ भ्रातृणांभीमसेनश्चमहाबलपराक्रमः ३२ नागलोकेचयद्वृत्तंगुणदोषमशेषतः ॥
तच्चसर्वमशेषेणकथयामासपांडवः ३३ ततोयुधिष्ठिरोराजाभीममाहवचोऽर्थवत् ॥ तूष्णींभवनतेजल्प्यमिदंकार्यंकथंचन ३४ एवमुक्त्वामहाबाहुर्धर्मराजोयुधि
ष्ठिरः ॥ भ्रातृभिःसहितःसर्वैरप्रमत्तोऽभवत्तदा ३५ सारथिंचास्यदयितमपहस्तेनजघ्निवान् ॥ धर्मात्माविदुरस्तेषांपार्थानांप्रददौमतिम् ३६ भोजनेभीमसेनस्य
पुनःप्राक्षेपयद्विषम् ॥ कालकूटंनवंतीक्ष्णंसंभृतंलोमहर्षणम् ३७ वैश्यापुत्रस्तदाचष्टपार्थानांहितकाम्यया ॥ तच्चापिभुक्त्वाऽजरयदविकारंवृकोदरः ३८ विका
रंनह्यजनयत्सुतीक्ष्णमपितद्विषम् ॥ भीमसंहननेभीमेअजीर्यतवृकोदरे ३९ एवंदुर्योधनःकर्णःशकुनिश्चापिसौबलः ॥ अनेकैरभ्युपायैस्तान्जिघांसंतिस्मपांड
वान् ४० पांडवाश्चापितत्सर्वंप्रत्यजानन्नमर्षिताः ॥ उद्भावनमकुर्वंतोविदुरस्यमतेस्थिताः ४१ कुमारान्क्रीडमानांस्तान्दृष्ट्वाराजाऽतिदुर्मदान् ॥ गुरुंशिक्षार्थम
न्विष्यगौतमंतान्न्यवेदयत् ४२ शरस्तंबेसमुद्भूतंवेदशास्त्रार्थपारगम् ॥ अधिजग्मुश्चकुरवोधनुर्वेदंकृपात्तुते ४३ ॥ इतिश्रीमहाभारतेआदिपर्वणिसंभवपर्वणिभी
मप्रत्यागमनेऊनत्रिंशदधिकशततमोऽध्यायः ॥ १२९ ॥ ॥ जनमेजयउवाच ॥ कृपस्यापिममब्रह्मन्संभवंवक्तुमर्हसि ॥ शरस्तंबात्कथंजज्ञेकथंवास्त्राण्यवा
प्तवान् १ ॥ वैशंपायनउवाच ॥ महर्षेर्गौतमस्यासीच्छरद्वान्नामगौतमः ॥ पुत्रःकिलमहाराजजातःसहशरैर्विभो २ ॥ ॥

॥ इति आदिपर्वणि नीलकंठीये भारतभावदीपे ऊनत्रिंशदधिकशततमोऽध्यायः ॥ १२९ ॥ ॥ ॥ ॥ गुरुद्वारकर्मपिकौरवाणांमाहात्म्यंवक्तुंगुर्वोःकृपद्रोणयोरप्युत्पत्तिविशि
ष्टामाहाध्यायाभ्यां कृपस्यापीत्यादिना १ शरद्वान्नामतः गौतमोगोत्रतः शरैःसहजातः शराएववाऽस्यबंधुवत्प्रियाइत्यर्थः २ ॥ ॥ ॥ ॥

तदेवाह नतस्येत्यादिना ३ । ४ । ५ । ६ । ७ । ८ । ९ समर्थनात्सामर्थ्यात् समन्वयादितिपाठांतरं १० । ११ । १२ । १३ । १४ । १५ । १६ पुत्रीचपुत्रश्चपुत्रौ १७ प्रातिपेयःप्रतीपपुत्रः

नतस्यवेदाध्ययनेतथाबुद्धिरजायत ॥ यथाऽस्यबुद्धिरभवद्धनुर्वेदेपरंतप २ अधिजग्मुर्यथावेदांस्तपसाब्रह्मचारिणः ॥ तथासतपसोपेतःसर्वाण्यस्त्राण्यवापह ४ धनुर्वेदपरत्वाच्चतपसाविपुलेनच ॥ भृशंसंतापयामासदेवराजंसगौतमः ५ ततोजानपदींनामदेवकन्यांसुरेश्वरः ॥ प्राहिणोत्तपसोविघ्नंकुरुतस्येतिकौरव ६ साहिगत्वाऽऽश्रमंतस्यरमणीयंशरद्वतः ॥ धनुर्बाणधरंबालालोभयामासगौतमम् ७ तामेकवसनांदृष्ट्वागौतमोऽप्सरसंवने ॥ लोकेऽप्रतिमसंस्थानांप्रोत्फुल्लनयनोऽभवत् ८ धनुश्चहिशरास्तस्यकराभ्यामपतन्भुवि ॥ वेपथुश्चापितांदृष्ट्वाशरीरेसमजायत ९ सतुज्ञानगरीयस्त्वात्तपसश्चसमर्थनात् ॥ अवतस्थेमहाप्राज्ञोधैर्येणपरमेणह १० यस्तस्यसहसाराजन्विकारःसमदृश्यत ॥ तेनसुस्रावरेतोऽस्यसचतन्नान्वबुध्यत ११ धनुश्चसशरंत्यक्त्वातथाकृष्णाजिनानिच ॥ सविहायाश्रमंतंचतांचैवाप्सरसंमुनिः १२ जगामरेतस्तत्तस्यशरस्तंबेपपातच ॥ शरस्तंबेचपतितंद्विधातदभवन्नृप १३ तस्याथमिथुनंजज्ञेगौतमस्यशरद्वतः ॥ मृगयांचरतोराज्ञःशांतनोस्तुयदृच्छया १४ कश्चित्सेनाचरोऽरण्येमिथुनंतदपश्यत ॥ धनुश्चसशरंदृष्ट्वातथाकृष्णाजिनानिच १५ ज्ञात्वाद्विजस्यचापत्येधनुर्वेदांतगस्यह ॥ सराज्ञेदर्शयामासमिथुनंसशरंधनुः १६ सतदादायमिथुनंराजाचकृपयान्वितः ॥ आजगामगृहानेवममपुत्रावितिब्रुवन् १७ ततःसंवर्धयामाससंस्कारैश्चाप्ययोजयत् ॥ प्रातिपेयोनरश्रेष्ठोमिथुनंगौतमस्यतत् १८ गौतमोऽपिततोऽभ्येत्यधनुर्वेदपरोऽभवत् ॥ कृपयायन्मयाबालाविमौसंवर्धिताविति १९ तस्मात्तयोर्नामचक्रेतदेवसमहीपतिः ॥ गोपितौगौतमस्तत्रतपसासमविंदत २० आगत्यतस्मैगोत्रादिसर्वमाख्यातवांस्तदा ॥ चतुर्विधंधनुर्वेदंशास्त्राणिविविधानिच २१ निखिलेनास्यतत्सर्वंगुह्यमाख्यातवांस्तदा ॥ सोऽचिरेणैवकालेनपरमाचार्यतांगतः २२ ततोऽधिजग्मुःसर्वेतेधनुर्वेदंमहारथाः ॥ धृतराष्ट्रात्मजाश्चैवपांडवाःसहयादवैः २३ वृष्णयश्चनृपाश्चान्येनानादेशसमागताः ॥ वैशंपायनउवाच ॥ विशेषार्थीततोभीष्मःपौत्राणांविनयेप्सया २४ इष्वस्त्रज्ञान्पर्यपृच्छदाचार्यान्वीर्यसंमतान् ॥ नाल्पधीर्नामहाभागस्तथानानस्त्रकोविदः २५ नादेवसत्वोविनयेत्कुरूनस्त्रेमहाबलान् ॥ इतिसंचिंत्यगांगेयःसदाभरतसत्तमः २६ द्रोणायवेदविदुषेभारद्वाजायधीमते ॥ पांडवान्कौरवांश्चैवददौशिष्यान्नरर्षभ २७ शास्त्रतःपूजितश्चैवसम्यक्तेनमहात्मना ॥ सभीष्मेणमहाभागस्तुष्टोऽस्त्रविदुषांवरः २८ प्रतिजग्राहतान्सर्वान्शिष्यत्वेनमहायशाः ॥ शिक्षयामासचद्रोणोधनुर्वेदमशेषतः २९ तेऽचिरेणैवकालेनसर्वशस्त्रविशारदाः ॥ बभूवुःकौरवाराजन्पांडवाश्चामितौजसः ३० ॥

१८ । १९ गोपितौराज्ञापालितौ २० चतुर्विधं मुक्तममुक्तंमुक्तामुक्तंमंत्रमुक्तंचेति मुक्तंबाणादि । अमुक्तंखड्गादि । मुक्तामुक्तंसोपसंहारमस्त्रं । निरुपसंहारमस्त्रंमंत्रमुक्तं । यद्वा शस्त्रमस्त्रंप्रत्यस्त्रंपरमास्त्रंच । यद्वा आदानंसंधानंविमोक्षःसंहारश्च २१ । २२ । २३ विनयेप्सयाशिक्षेच्छया २४ । २५ अदेवसत्वःनास्तिदेवस्येवसत्वंसामर्थ्यंयस्यसः २६ । २७ । २८ । २९ । ३०

३१ । ३२ । ३३ सइति ततःपूर्वमेवाप्लुतामितिसंबंधः अंगलग्नवस्त्रांविवृतांगींददर्शेतिभावः सार्धः ३४ । ३५ । ३६ द्रोणेद्रोणकलशाख्येयज्ञियपात्रविशेषे ३७ यतोद्रोणकलशेऽभवत्ततोद्रोणइतिनाम

॥ जनमेजयउवाच ॥ कथंसमभवद्द्रोणःकथंचास्त्राण्यवाप्तवान् ॥ कथंचागात्कुरून्ब्रह्मन्कस्यपुत्रःसवीर्यवान् ३१ कथंचास्यसुतोजातःसोऽश्वत्थामाऽस्त्रवित्तमः ॥
एतदिच्छाम्यहंश्रोतुंविस्तरेणप्रकीर्त्तय ३२ ॥ वैशंपायनउवाच ॥ गंगाद्वारंप्रतिमहान्बभूवभगवानृषिः ॥ भरद्वाजइतिख्यातःसततंसंशितव्रतः ३३ सोऽभिषे
क्तुंततोगंगांपूर्वमेवागमन्नदीम् ॥ महर्षिभिर्भरद्वाजोहविर्धानेचरन्पुरा ३४ ददर्शाप्सरसंसाक्षाद्घृताचीमाप्लुतामृषिः ॥ रूपयौवनसंपन्नांमददृप्तांमदालसाम् ३५
तस्याःपुनर्नदीतीरेवसनंपर्यवर्त्तत ॥ व्यपकृष्टांबरांदृष्ट्वातामृषिश्चकमेततः ३६ तत्रसंसक्तमनसोभरद्वाजस्यधीमतः ॥ ततोऽस्यरेतश्चस्कंदतदृषिर्द्रोणआदधे ३७
ततःसमभवद्द्रोणःकलशेतस्यधीमतः ॥ अध्यगीष्टसवेदांश्चवेदांगानिचसर्वशः ३८ अग्निवेशंमहाभागंभरद्वाजःप्रतापवान् ॥ प्रत्यपादयदाग्नेयमस्त्रमस्त्रविदांवरः ३९
अग्नेस्तुजातःसमुनिस्ततोभरतसत्तम ॥ भारद्वाजंतदाग्नेयंमहास्त्रंप्रत्यपादयत् ४० भरद्वाजसखाचासीत्पृषतोनामपार्थिवः ॥ तस्यापिद्रुपदोनामतदासमभवत्सुतः
४१ सनित्यमाश्रमंगत्वाद्रोणेनसहपार्थिवः ॥ चिक्रीडाध्ययनंचैवचकारक्षत्रियर्षभः ४२ ततोव्यतीतेपृषतेसराजाद्रुपदोऽभवत् ॥ पंचालेषुमहाबाहुरुत्तरेषुनरे
श्वरः ४३ भरद्वाजोऽपिभगवानारुरोहदिवंतदा ॥ तत्रैवचवसन्द्रोणस्तपस्तेपेमहातपाः ४४ वेदवेदांगविद्वान्सतपसादग्धकिल्बिषः ॥ ततःपितृनियुक्तात्मा
पुत्रलोभान्महायशाः ४५ शारद्वतींततोभार्यांकृपींद्रोणोऽन्वविंदत ॥ अग्निहोत्रेचधर्मेचदमेचसततंरताम् ४६ अलभद्गौतमीपुत्रमश्वत्थामानमेवच ॥ सजातमात्रो
व्यनदद्यथैवोच्चैःश्रवाहयः ४७ तच्छ्रुत्वांतर्हितंभूतमंतरिक्षस्थमब्रवीत् ॥ अश्वस्येवास्ययत्स्थामनदतःप्रदिशोगतम् ४८ अश्वत्थामैवबालोऽयंतस्मान्नाम्नाभवि
ष्यति ॥ सुतेनतेनसुप्रीतोभारद्वाजस्ततोऽभवत् ४९ तत्रैवचवसन्धीमान्धनुर्वेदपरोऽभवत् ॥ सशुश्रावमहात्मानंजामदग्न्यंपरंतपम् ५० सर्वज्ञानविदंविप्रंसर्वशस्त्रभृतां
वरम् ॥ ब्राह्मणेभ्यस्तदाराजन्दित्संतंवसुसर्वशः ५१ सरामस्यधनुर्वेदंदिव्यान्यस्त्राणिचैवह ॥ श्रुत्वातेषुमनश्चक्रेनीतिशास्त्रेतथैवच ५२ ततःसव्रतिभिःशिष्यैस्त
पोयुक्तैर्महातपाः ॥ वृतःप्रायान्महाबाहुर्महेंद्रंपर्वतोत्तमम् ५३ ततोमहेंद्रमासाद्यभारद्वाजोमहातपाः ॥ क्षांतंदांतममित्रघ्नमपश्यद्भृगुनंदनम् ५४ ततोद्रोणोवृतः
शिष्यैरुपगम्यभृगूद्वहम् ॥ आचख्यावात्मनोनामजन्मचांगिरसःकुले ५५ निवेद्यशिरसाभूमौपादौचैवाभ्यवादयत् ॥ ततस्तंसर्वमुत्सृज्यवनंजिगमिषुंतदा ५६
जामदग्न्यंमहात्मानंभारद्वाजोऽब्रवीदिदम् ॥ भरद्वाजात्समुत्पन्नंतथात्वंमामयोनिजम् ५७ आगतंवित्तकामंमांविद्धिद्रोणंद्विजोत्तमम् ॥ तमब्रवीन्महात्मासर्वक्ष
त्रियमर्दनः ५८ स्वागतंतेद्विजश्रेष्ठयदिच्छसिवदस्वमे ॥ एवमुक्तस्तुरामेणभारद्वाजोऽब्रवीद्वचः ५९ ॥ ॥ ॥ ॥

निर्वक्ति ततइति ३८ भरद्वाजआग्नेयमस्त्रंअग्निवेशायददौ । सचाग्नेःपुत्रोऽग्निवेशोभारद्वाजंद्रोणंस्वगुरुपुत्रमाग्नेयमस्त्रमशिक्षयदितिश्लोकद्वयार्थः ३९ । ४० । ४१ । ४२ । ४३ । ४४ पितृभिःपुत्रमुत्पा
दयेतिनियुक्तआत्मामनोयस्यसपितृनियुक्तात्मा ४५ । ४६ । ४७ स्थामशब्दस्सकारस्यतकारादेशेऽश्वत्थामेति ४८ । ४९ । ५० । ५१ । ५२ । ५३ । ५४ । ५५ । ५६ । ५७ । ५८ । ५९

६० । ६१ । ६२ । ६३ । ६४ । ६५ । ६६ । ६७ ॥ ॥ इतिआदिपर्वणिनीलकंठीये भारतभावदीपे त्रिंशदधिकशततमोऽध्यायः ॥ १३० ॥ ततइति १ । २ कषायीकृतेरक्तेलोचनेयस्यसः ३ अकृताअसंस्कृता ४ । ५ सामर्थ्यैत्यनेनासमर्थस्यसौहृदंजीर्यतइत्युक्तं ६ एनंसखायं विहरतिपृथक्करोति रहतिसख्याच्च्यावयति ७ मैवमिति । एवंजीर्णभवत् जीर्णत्वंमामुपत्सख्यंमाउपास्वतुपुनः अपाकृधिदूरीकुरु । यद्वा भवतुजीर्णसख्यंतत्तुएवंपूर्ववन्माउपास्वकिंत्वपाकृधिनाशयत्यजेत्यर्थः । हिंसार्थस्यस्वादिकृञोरूपं । अत्रापिहेतुः अर्थनिबंधनं ८ एतदेवविवृणोति

रामंप्रहरतांश्रेष्ठंदित्संतंविविधंवसु ॥ अहंधनमनंतंहिप्रार्थयेविपुलव्रत ६० ॥ रामउवाच ॥ हिरण्यंममयच्चान्यद्वसुकिंचिदिहस्थितम् ॥ ब्राह्मणेभ्योमयादत्तंसर्वमेतत्तपोधन ६१ तथैवेयंधरादेवीसागरांतासपत्तना ॥ कश्यपायमयादत्ताकृत्स्नानगरमालिनी ६२ शरीरमात्रमेवाद्यममेदमवशेषितम् ॥ अस्त्राणिचमहार्हाणिशस्त्राणिविविधानिच ६३ अस्त्राणिवाशरीरंवावरयैतन्मयोद्यतम् ॥ वृणीष्वकिंप्रयच्छामितुभ्यंद्रोणवदाशुतत् ६४ ॥ द्रोणउवाच ॥ अस्त्राणिमेसमग्राणिससंहाराणिभार्गव ॥ सप्रयोगरहस्यानिदातुमर्हस्यशेषतः ६५ तथेत्युक्त्वाततस्तस्मैप्रादादस्त्राणिभार्गवः ॥ सरहस्यव्रतंचैवधनुर्वेदमशेषतः ६६ प्रतिगृह्यतुतत्सर्वंकृतास्त्रोद्विजसत्तमः ॥ प्रियंसखायंसुप्रीतोजगामद्रुपदंप्रति ६७ ॥ इतिश्रीमहाभारतेआदिपर्वणिसंभवपर्वणिद्रोणस्यभार्गवादस्त्रप्राप्तौत्रिंशदधिकशततमोऽध्यायः ॥ १३० ॥ ॥१३१॥

वैशंपायनउवाच ॥ ततोद्रुपदमासाद्यभारद्वाजःप्रतापवान् ॥ अब्रवीत्पार्थिवंराजन्सखायंविद्धिमामिह १ इत्येवमुक्तःसख्यासप्रीतिपूर्वंजनेश्वरः ॥ भारद्वाजेनपांचाल्योनामृष्यतवचोऽस्यतत् २ सक्रोधामर्षजिह्मभ्रूःकषायीकृतलोचनः ॥ ऐश्वर्यमदसंपन्नोद्रोणंराजाऽब्रवीदिदम् ३ ॥ द्रुपदउवाच ॥ अकृतेयंतवप्रज्ञाब्रह्मन्नातिसमंजसा ॥ यन्मांब्रवीषिप्रसभंसखातेऽहमितिद्विज ४ नहिराज्ञामुदीर्णानामेवंभूतैर्नरैःक्वचित् ॥ सख्यंभवतिमंदात्मन्श्रियाहीनैर्धनच्युतैः ५ सौहृदान्यपिजीर्यंतेकालेनपरिजीर्यतः ॥ सौहृदंमेत्वयाह्यासीत्पूर्वंसामर्थ्यबंधनम् ६ नसख्यमजरंलोकेहृदितिष्ठतिकस्यचित् ॥ कालोह्येनंविहरतिक्रोधोवैनंरहत्युत ७ मैवंजीर्णमुपास्वत्वंसख्यंभवत्वपाकृधि ॥ आसीत्सख्यंद्विजश्रेष्ठत्वयामेऽर्थनिबंधनम् ८ नदरिद्रोवसुमतोनाविद्वान्विदुषःसखा ॥ नशूरस्यसखाक्लीबःसखिपूर्वंकिमिष्यते ९ ययोरेवसमंवित्तंययोरेवसमंश्रुतम् ॥ तयोर्विवाहःसख्यंचनतुपुष्टविपुष्टयोः १० नाश्रोत्रियःश्रोत्रियस्यनारथीरथिनःसखा ॥ नाराजापार्थिवस्यापिसखिपूर्वंकिमिष्यते ११ ॥ ॥ वैशंपायनउवाच ॥ द्रुपदेनैवमुक्तस्तुभारद्वाजःप्रतापवान् ॥ मुहूर्तंचिंतयित्वातुमन्युनाऽभिपरिप्लुतः १२ सविनिश्चित्यमनसापांचाल्यंप्रतिबुद्धिमान् ॥ जगामकुरुमुख्यानांनगरंनागसाह्वयम् १३ सनागपुरमागम्यगौतमस्यनिवेशने ॥ भारद्वाजोऽवसत्तत्रप्रच्छन्नंद्विजसत्तमः १४ ॥ ॥

नदरिद्रइत्यादिना पूर्वंसखाइतिसखिपूर्वंजीर्णसख्यंतत्किमिष्यतेअपितुनैवेतिकाक्वायोज्यं ९ विपुष्टःकृशोनिर्धनोवा १० । ११ द्रुपदेनेति । पांचाल्यंगर्वितंचिंतयित्वातत्पराभवोपायंमनसाविनिश्चित्यप्रतिबुद्धिःप्रतीपबुद्धिःशत्रुबुद्धिस्तद्वान्सन्नागसाह्वयंजगामेतिद्वयोःसंबंधः १२ । १३ । १४ ॥ ॥ ॥ ॥ ॥ ॥ ॥

अस्यतनुजोऽश्वत्थात्मा नाबुध्यंतद्रोणपुत्रोऽयमितिनज्ञातवंतः १५ । १६ वीटयायवाकारेणप्रादेशमात्रकाष्ठेन यद्वाहस्तमात्रदंडेनउपर्युपरिकुमाराःप्रक्षिपंति लोहगुलिकयेत्यन्ये १७ । १८ । १९

ततोऽस्यतनुजःपार्थान्कृपस्यानंतरंप्रभुः ॥ अस्त्राणिशिक्षयामासनाबुध्यंतचतंजनाः १५ एवंसतत्रगूढात्माकंचित्कालमुवासह ॥ कुमारास्त्वथनिष्क्रम्यसमे तागजसाह्वयात् १६ क्रीडंतोवीटयातत्रवीराःपर्यचरन्मुदा ॥ पपातकूपेसावीटातेषांवैक्रीडतांतदा १७ ततस्तेयत्नमातिष्ठन्वीटामुद्धर्तुमादृताः ॥ नचतेप्रत्य पद्यंतकर्मवीटोपलब्धये १८ ततोऽन्योन्यमवैक्षंतव्रीडयाऽवनताननाः ॥ तस्यायोगमविंदंतोभृशंचोत्कंठिताऽभवन् १९ तेऽपश्यन्ब्राह्मणंश्याममापन्नंपलि तंकृशम् ॥ कृत्यवंतमदूरस्थमग्निहोत्रपुरस्कृतम् २० तेतंदृष्ट्वामहात्मानमुपगम्यकुमारकाः ॥ भग्नोत्साहक्रियात्मानोब्राह्मणंपर्यवारयन् २१ अथद्रोणःकुमारां स्तान्दृष्ट्वाकृत्यवतस्तदा ॥ प्रहस्यमंदंपैशल्यादभ्यभाषतवीर्यवान् २२ अहोवोधिग्बलंक्षात्रंधिगेतांवःकृतास्त्रताम् ॥ भरतस्यान्वयेजातायेवीटांनाधिगच्छत २३ वीटांचमुद्रिकांचैवह्यहमेतदपिद्वयम् ॥ उद्धरेयमिषीकाभिर्भोजनंमेप्रदीयताम् २४ एवमुक्त्वाकुमारांस्तान्द्रोणःस्वांगुलिवेष्टनम् ॥ कूपेनिरुदकेतस्मिन्नपातयद रिंदमः २५ ततोऽब्रवीत्तदाद्रोणंकुंतीपुत्रोयुधिष्ठिरः ॥ युधिष्ठिरउवाच ॥ कृपस्यानुमतेब्रह्मन्भिक्षामाप्नुहिशाश्वतीम् २६ एवमुक्तःप्रत्युवाचप्रहस्यभरतानि दम् ॥ द्रोणउवाच ॥ एषामुष्टिरिषीकाणांमयाऽस्त्रेणाभिमंत्रिता २७ अस्यावीर्यंनिरीक्षध्वंयदन्यस्यनविद्यते ॥ भेत्स्यामीषीकयावीटांतामिषीकांतथाऽन्यया २८ तामन्ययासमायोगेवीटायाग्रहणंमम ॥ वैशंपायनउवाच ॥ ततोयथोक्तंद्रोणेनतत्सर्वंकृतमंजसा २९ तदवेक्ष्यकुमारास्तेविस्मयोत्फुल्ललोचनाः ॥ आश्चर्य मिदमत्यंतमितिमत्वावचोऽब्रुवन् ३० ॥ कुमाराऊचुः ॥ मुद्रिकामपिविप्रर्षेशीघ्रमेतांसमुद्धर ॥ वैशंपायनउवाच ॥ ततःशरंसमादायधनुर्द्रोणोमहायशाः ३१ शरेणविद्ध्वामुद्रांतामूर्ध्वमावाहयत्प्रभुः ॥ सशरंसमुपादायकूपादंगुलिवेष्टनम् ३२ ददौततःकुमाराणांविस्मितानामविस्मितः ॥ मुद्रिकामुद्धृतांदृष्ट्वातमाहुस्तेकुमा रकाः ३३ ॥ कुमाराऊचुः ॥ अभिवादयामहेब्रह्मन्नैतदन्येषुविद्यते ॥ कोऽसिकस्यासिजानीमोवयंकिंकरवामहे ३४ ॥ वैशंपायनउवाच ॥ एवमुक्तस्ततो द्रोणःप्रत्युवाचकुमारकान् ॥ द्रोणउवाच ॥ आचक्षध्वंचभीष्मायरूपेणचगुणैश्वमाम् ३५ सएवसुमहातेजाःसांप्रतंप्रतिपत्स्यते ॥ वैशंपायनउवाच ॥ तथे त्युक्त्वाचगत्वाचभीष्ममूचुःकुमारकाः ३६ ब्राह्मणस्यवचस्तथ्यंतच्चकर्मतथाविधम् ॥ भीष्मःश्रुत्वाकुमाराणांद्रोणंतंप्रत्यजानत ३७ युक्तरूपःसहिगुरुरित्येवमनु चिंत्यच ॥ अथैनमानीयतदास्वयमेवसुसत्कृतम् ३८ परिपप्रच्छनिपुणंभीष्मःशस्त्रभृतांवरः ॥ हेतुमागमनेतच्चद्रोणःसर्वंन्यवेदयत् ३९ ॥ द्रोणउवाच ॥ महर्षे रग्निवेशस्यसकाशमहमच्युत ॥ अस्त्रार्थमगमंपूर्वंधनुर्वेदचिकीर्षया ४० ब्रह्मचारीविनीतात्माजटिलोबहुलाःसमाः ॥ अवसंसुचिरंतत्रगुरुशुश्रूषणेरतः ४१

२० । २१ पैशल्यात्कौशल्यात् २२ । २३ मुद्रिकांचमयात्यज्यमानां २४ । २५ । २६ । २७ । २८ । २९ । ३० । ३१ । ३२ । ३३ । ३४ । ३५ सांप्रतंयुक्तंप्रतिपत्स्यतेज्ञास्यति ३६ । ३७ ३८ । ३९ चिकीर्षयाजिज्ञासयाकृविज्ञानेइत्यस्यरूपं ४० । ४१

४२ सखावयस्यः उपकारकर्तृत्वादेवप्रियोवल्लभश्च वर्त्तयन्वसन् ४३।४४।४५।४६।४७ । ४८ । ४९ । ५० दिशश्चसंदेहयत्दिङ्मोहमजनयत् । अडभावआर्षःशत्रंतंवा ५१ स्नातको यःकश्चिदल्पगोधनःस्वधर्मलोपाभावसीदेतातोबहुगोधनवतोब्राह्मणस्यप्रतिग्रहमिच्छन् ५२ अंतादंतंदेशाद्देशं ५३ । ५४ । ५५ । ५६ । ५७ संभाषतांसंभाषमाणानां अच्यवदधर्मच्युता

पांचाल्योराजपुत्रश्चयज्ञसेनोमहाबलः ॥ इष्वस्त्रहेतोर्न्यवसत्तस्मिन्नेवगुरौप्रभुः ४२ समेतत्रसखाचासीदुपकारीप्रियश्चमे ॥ तेनाहंसहसंगम्यवर्तयन्सुचिरंप्रभो ४३ बाल्यात्प्रभृतिकौरव्यसहाध्ययनमेवच ॥ समेसखासदातत्रप्रियवादीप्रियंकरः ४४ अब्रवीदितिमांभीष्मवचनंप्रीतिवर्धनम् ॥ अहंप्रियतमःपुत्रःपितुर्द्रोणमहात्मनः ४५ अभिषेक्ष्यतिमांराज्येसपांचाल्योयदातदा ॥ त्वद्भोग्यंभवितातातसखेसत्येनतेशपे ४६ ममभोगाश्चवित्तंचत्वदधीनंसुखानिच ॥ एवमुक्त्वाऽथवव्राज कृतास्त्रःपूजितोमया ४७ तच्चवाक्यमहंनित्यंमनसाधारयंस्तदा ॥ सोऽहंपितृनियोगेनपुत्रलोभाद्यशस्विनीम् ४८ नातिकेशींमहाप्रज्ञामुपयेमेमहाव्रताम् ॥ अग्निहोत्रेचसत्रेचदमेचसततंरताम् ४९ अलभद्गौतमीपुत्रमश्वत्थामानमौरसम् ॥ भीमविक्रमकर्माणमादित्यसमतेजसम् ५० पुत्रेणतेनप्रीतोऽहंभरद्वाजोमयायथा ॥ गोक्षीरंपिबतोदृष्ट्वाधनिनस्तत्रपुत्रकान् ॥ अश्वत्थामाऽरुदद्बालस्तन्मेसंदेहयद्दिशः ५१ नस्नातकोवसीदेतवर्त्तमानःस्वकर्मसु ॥ इतिसंचिंत्यमनसातंदेशंबहुशोभ्रमन् ५२ विशुद्धमिच्छन्गांगेयधर्मोपेतंप्रतिग्रहम् ॥ अंतादंतंपरिक्रम्यनाध्यगच्छंपयस्विनीम् ५३ अथपिष्टोदकेनैनंलोभयंतिकुमारकाः ॥ पीत्वापिष्टरसंबालःक्षीरंपीतंमयाऽपिच ५४ ननर्तोत्थायकौरव्यहृष्टोबाल्याद्विमोहितः ॥ तंदृष्ट्वानृत्यमानंतुबालैःपरिवृतंसुतम् ५५ हास्यतामुपसंप्राप्तंकश्मलंतत्रमेऽभवत् ॥ द्रोणंधिगस्त्वधनिनंयोधनंनाधिगच्छति ५६ पिष्टोदकंसुतोयस्यपीत्वाक्षीरस्यतृष्णया ॥ नृत्यतिस्ममुदाविष्टःक्षीरंपीतंमयाऽप्युत ५७ इतिसंभाषतांवाचंश्रुत्वामेबुद्धिरच्यवत् ॥ आत्मानंचात्मनागर्हन्मनसेदंव्यचिंतयम् ५८ अपिचाहंपुराविप्रैर्वर्जितोगर्हितोवसे ॥ परोपसेवांपापिष्ठांनचकुर्यांधनेप्सया ५९ इतिमत्वाप्रियंपुत्रंभीष्मादायततोह्यहम् ॥ पूर्वस्नेहानुरागित्वात्सदारःसौमकिंगतः ६० अभिषिक्तंतुश्रुत्वैवकृतार्थोऽस्मीतिचिंतयन् ॥ प्रियंसखायंसुप्रीतोराज्यस्थंसमुपागमम् ६१ संस्मरन्संगमंचैववचनंचैवतस्यतत् ॥ ततोद्रुपदमागम्यसखिपूर्वमहंप्रभो ६२ अब्रुवंपुरुषव्याघ्रसखायंविद्धिमामिति ॥ उपस्थितस्तुद्रुपदंसखिवच्चास्मिसंगतः ६३ समांनिराकारमिवप्रहसन्निदमब्रवीत् ॥ अकृतेयंतवप्रज्ञाब्रह्मन्नातिसमंजसा ६४ यदात्थमांत्वंप्रसभंसखातेऽहमितिद्विज ॥ संगतानीहजीर्यंतिकालेनपरिजीर्यतः ६५ सौहृदंमेत्वयाह्यासीत्पूर्वंसामर्थ्यबंधनम् ॥ नाश्रोत्रियःश्रोत्रियस्यनारथीरथिनःसखा ६६ साम्याद्धिसख्यंभवतिवैषम्यान्नोपपद्यते ॥ नसख्यमजरंलोकेविद्यतेजातुकस्यचित् ६७ कालोवैनंविहरतिक्रोधोवैनंरहत्युत ॥ मैवंजीर्णमुपास्वत्वंसख्यंभवत्वपाकृधि ६८ ॥ ॥

ऽभूत आत्मानंदरिद्रदोषादात्मनामनसागर्हन् इदंवक्ष्यमाणं ५८।५९ पुरापूर्वंदरिद्रोऽयमितिगर्हितोऽपिवसेऽउपवासंकुर्वेनतुसेवांकुर्यामितिमत्वानिश्चित्यापिपुत्रस्यप्रियत्वात्सौमकिंद्रुपदंगतइतिसंबंधः ६० ६१ तत्तस्यवचनंममराज्यंत्वद्भोग्यंभविष्यतीति ६२ । ६३ निराकारंनिरस्तोसमरूपंहीनजनमिव अकृतेत्यादिप्राग्व्याख्यातं ६४ । ६५ । ६६ । ६७ । ६८ ॥ ॥

॥१२५॥

६९ । ७० । ७१ राज्यार्थेसंविदंत्वद्भोग्यंममराज्यमितिसंकेतं ७२ । ७३ । ७४ । ७५ । ७६ प्रतिपादयअस्मत्कुमारेभ्यइतिशेषः कुरुक्षयेकुरुगृहे ७७ । ७८ । ७९ ॥ इतिआदिपर्वणि नीलकंठीये

आसीत्सख्यंद्विजश्रेष्ठत्वयामेऽर्थनिबंधनम् ॥ नह्यनाढ्यःसखाढ्यस्यनाविद्वान्विदुषःसखा ६९ नशूरस्यसखाक्लीबःसखिपूर्वंकिमिष्यते ॥ नहिराज्ञामुदीर्णानामेवंभू
तैर्नरैःक्वचित् ७० सख्यंभवतिमंदात्मन्श्रियाहीनैर्धनच्युतैः ॥ नाश्रोत्रियःश्रोत्रियस्यनारथीरथिनःसखा ७१ नाराजापार्थिवस्यापिसखिपूर्वंकिमिष्यते ॥ अहंत्व
यानजानामिराज्यार्थेसंविदंकृताम् ७२ एकरात्रंतुतेब्रह्मन्कामंदास्यामिभोजनम् ॥ एवमुक्तस्त्वहंतेनसदारःप्रस्थितस्तदा ७३ तांप्रतिज्ञांप्रतिज्ञाययांकर्ताऽस्म्य
चिरादिव ॥ द्रुपदेनैवमुक्तोऽहंमन्युनाऽभिपरिप्लुतः ७४ अभ्यागच्छंकुरून्भीष्मशिष्यैरर्थीगुणान्वितैः ॥ ततोऽहंभवतःकामंसंवर्धयितुमागतः ७५ इदंनागपुरं
रम्यंब्रूहिकिंकरवाणिते ॥ वैशंपायनउवाच ॥ एवमुक्तस्तदाभीष्मोभारद्वाजमभाषत ७६ ॥ भीष्मउवाच ॥ अपज्यंक्रियतांचापंसाध्वस्त्रंप्रतिपादय ॥ भुंक्ष्व
भोगान्भृशंप्रीतःपूज्यमानःकुरुक्षये ७७ कुरूणामस्तियद्वित्तंराज्यंचेदंसराष्ट्रकम् ॥ त्वमेवपरमोराजासर्वेचकुरवस्तव ७८ यच्चतेप्रार्थितंब्रह्मन्कृतंतदितिचिं
त्यताम् ॥ दिष्ट्याप्राप्तोऽसिविप्रर्षेमहान्मेऽनुग्रहःकृतः ७९ ॥ इतिश्रीम० आ० संभवप० भीष्मद्रोणसमागमे एकत्रिंशदधिकशततमोऽध्यायः ॥ १३१ ॥ ॥
॥ वैशंपायनउवाच ॥ ततःसंपूजितोद्रोणोभीष्मेणद्विपदांवरः ॥ विशश्राममहातेजाःपूजितःकुरुवेश्मनि १ विश्रांतेऽथगुरौतस्मिन्पौत्रानादायकौरवान् ॥ शि
ष्यत्वेनददौभीष्मोवसूनिविविधानिच २ गृहंचसुपरिच्छन्नंधनधान्यसमाकुलम् ॥ भारद्वाजायसुप्रीतःप्रत्यपादयतप्रभुः ३ सतान्शिष्यान्महेष्वासःप्रतिजग्राह
कौरवान् ॥ पांडवान्धार्त्तराष्ट्रांश्चद्रोणोमुदितमानसः ४ प्रतिगृह्यचतान्सर्वान्द्रोणोवचनमब्रवीत् ॥ रहस्येकःप्रतीतात्माकृतोपसदनांस्तथा ५ ॥ द्रोणउवाच ॥
कार्यमेकांक्षितंकिंचिद्धृदिसंपरिवर्त्तते ॥ कृतास्त्रैस्तत्प्रदेयंमेतदेतद्वदतानघाः ६ ॥ वैशंपायनउवाच ॥ तच्छ्रुत्वाकौरवेयास्तेतूष्णीमासन्विशांपते ॥ अर्जुनस्तुत
तःसर्वंप्रतिजज्ञेपरंतप ७ ततोऽर्जुनंतदामूर्ध्निसमाघ्रायपुनःपुनः ॥ प्रीतिपूर्वंपरिष्वज्यप्ररुरोदमुदातदा ८ ततोद्रोणःपांडुपुत्रानस्त्राणिविविधानिच ॥ ग्राहयामासदि
व्यानिमानुषाणिचवीर्यवान् ९ राजपुत्रास्तथाचान्येसमेत्यभरतर्षभ ॥ अभिजग्मुस्ततोद्रोणमस्त्रार्थेद्विजसत्तमम् १० वृष्णयश्चांधकाश्चैवनानादेश्याश्चपार्थिवाः ॥
सूतपुत्रश्चराधेयोगुरुंद्रोणमियात्तदा ११ स्पर्धमानस्तुपार्थेनसूतपुत्रोऽत्यमर्षणः ॥ दुर्योधनंसमाश्रित्यसोऽवमन्यतपांडवान् १२ अभ्ययात्सततोद्रोणंधनुर्वेदचि
कीर्षया ॥ शिक्षाभुजबलोद्योगैस्तेषुसर्वेषुपांडवः १३ अस्त्रविद्यानुरागाच्चविशिष्टोऽभवदर्जुनः ॥ तुल्येष्वस्त्रप्रयोगेषुलाघवेसौष्ठवेषुच १४ सर्वेषामेवशिष्याणां
बभूवाभ्यधिकोऽर्जुनः ॥ ऐंद्रिमप्रतिमंद्रोणउपदेशेष्वमन्यत १५ एवंसर्वकुमाराणामिष्वस्त्रंप्रत्यपादयत् ॥ कमंडलुंचसर्वेषांप्रायच्छच्चिरकारणात् १६ ॥

भारतभावदीपे एकत्रिंशदधिकशततमोऽध्यायः ॥ १३१ ॥ ततइति १ । २ सुपरिच्छन्नंसुधाद्यालिप्तं ३ । ४ प्रतीतात्माहृष्टचित्तः कृतोपसदनान्कृतपादग्रहणान् ५ । ६ । ७ । ८ । ९ । १० । ११ । १२
धनुर्वेदस्यचिकीर्षयाजिज्ञासया शिक्षादिभिःपाण्डवोद्रोणमभ्ययादभिगतः तत्तुल्योऽभवदित्यर्थः १३ अतएवतेषुविशिष्टः एतदेवाह तुल्येष्विति १४ । १५ कमंडलुंसूक्ष्ममुखत्वाद्विलंबेनपूरणीयं १६

कुंभंविस्तीर्णमुखत्वात्सद्यःपूरणीयं तस्यफलमाह यावदिति १७ औहततर्कितवान् १८ विशेषोपचयेगुणवृद्धौअपृथक्सहैवास्ते १९ अतोनव्यहीयतनविहीनोऽभूत् २० योगमैकाग्र्यं २१ सूदंसूपकारंप्रति अन्नंनदेयं किंत्वंधकारेमुखादन्यत्रग्रासाःपतिष्यंतीतिनान्नंददामीतिसत्वयावाच्यइतिभावः विजयेअर्जुने । अयंभावः अत्यभ्यासान्मुखादन्यत्रग्रासानपतंत्येवएवंतमसिशब्दा दिलक्ष्यादन्यत्रशराअपिनपतेयुरित्युक्तोऽर्जुनोयदिकेनेदमुक्तमितिपृच्छेत्तर्हिलौकिकएवायमर्थइतितंप्रतिवक्तव्यंनतुद्रोणवाक्यमेतदिति २२ एवंगुरुणाशिष्यस्याभ्यासेप्रवृत्तौज्ञापितायांततःप्रागेवार्जुनःस्वा

पुत्रायचददौकुंभमविलंबनकारणात् ॥ यावत्तेनोपगच्छंतितावदस्मैपरांक्रियाम् १७ द्रोणआचष्टपुत्रायतत्कर्मजिष्णुरौहत ॥ ततःसवारुणास्त्रेणपूरयित्वाकमं डलुम् १८ सममाचार्यपुत्रेणगुरुमभ्येतिफाल्गुनः ॥ आचार्यपुत्रात्तस्मात्तुविशेषोपचयेऽपृथक् १९ नव्यहीयतमेधावीपार्थोऽप्यस्त्रविदांवरः ॥ अर्जुनःपरमंय त्नमातिष्ठद्गुरुपूजने २० अस्त्रेचपरमंयोगंप्रियोद्रोणस्यचाभवत् ॥ तंदृष्ट्वानित्यमुद्युक्तमिष्वस्त्रंप्रतिफाल्गुनम् २१ आहूयवचनंद्रोणोरहःसूदमभाषत ॥ अंधकारे ऽर्जुनायान्नंनदेयंतेकदाचन ॥ नचाख्येयमिदंचापिमद्वाक्यंविजयेत्वया २२ ततःकदाचिद्भुंजानेप्रववौवायुरर्जुने ॥ तेनतत्रप्रदीपःसदीप्यमानोविलोपितः २३ भु क्तएवतुकौंतेयोनास्यादन्यत्रवर्त्तते ॥ हस्तस्तेजस्विनस्तस्यअनुग्रहणकारणात् २४ तदभ्यासकृतंमत्वारात्रावपिसपांडवः ॥ योग्यांचक्रेमहाबाहुर्धनुषापांडुनंदनः २५ तस्यज्यातलनिर्घोषंद्रोणःशुश्रावभारत ॥ उपेत्यचैनमुत्थायपरिष्वज्येदमब्रवीत् २६ ॥ द्रोणउवाच ॥ प्रयतिष्येतथाकर्तुंयथानान्योधनुर्धरः ॥ त्वत्समोभवितालो केसत्यमेतद्ब्रवीमिते २७ वैशंपायनउवाच ॥ ततोद्रोणोऽर्जुनंभूयोहयेषुचगजेषुच ॥ रथेषुभूमावपिचरणशिक्षामशिक्षयत् २८ गदायुद्धेऽसिचर्यायांतोमरप्रा सशक्तिषु ॥ द्रोणःसंकीर्णयुद्धेचशिक्षयामासकौरवान् २९ तस्यतत्कौशलंश्रुत्वाधनुर्वेदजिघृक्षवः ॥ राजानोराजपुत्राश्चसमाजग्मुःसहस्रशः ३० ततोनिषादरा जस्यहिरण्यधनुषःसुतः ॥ एकलव्योमहाराजद्रोणमभ्याजगामह ३१ नसतंप्रतिजग्राहनैषादिरितिचिंतयन् ॥ शिष्यंधनुषिधर्मज्ञस्तेषामेवान्ववेक्षया ३२ सतु द्रोणस्यशिरसापादौगृह्यपरंतपः ॥ अरण्यमनुसंप्राप्यकृत्वाद्रोणंमहीमयम् ३३ तस्मिन्नाचार्यवृत्तिंचपरमामास्थितस्तदा ॥ इष्वस्त्रेयोगमातस्थेपरंनियममास्थितः ३४ परयाश्रद्धयोपेतोयोगेनपरमेणच ॥ विमोक्षादानसंधानेलघुत्वंपरमापसः ३५ अथद्रोणाभ्यनुज्ञाताःकदाचित्कुरुपांडवाः ॥ रथैर्विनिर्ययुःसर्वेमृगयामरिम र्दन ३६ तत्रोपकरणंगृह्यनरःकश्चिद्यदृच्छया ॥ राजन्ननुजगामैकःश्वानमादायपांडवान् ३७ तेषांविचरतांतत्रतत्तत्कर्मचिकीर्षया ॥ श्वाचरन्सवनेमूढोनैषादिं प्रतिजग्मिवान् ३८ सकृष्णमलदिग्धांगंकृष्णाजिनजटाधरम् ॥ नैषादिंश्वासमालक्ष्यभषंस्तस्थौतदंतिके ३९ ॥ ॥ ॥

दृष्टांतेनैवतज्ज्ञानवानित्याहद्वाभ्यां ततइति २३ अनुग्रहणमभ्यासः २४ योग्यामभ्यासम् २५ श्रवणोत्तरमुत्थायोपेत्येतिक्रमः २६ । २७ । २८ संकीर्णयुद्धेयुगपदनेकायुधप्रयोगे युगपदनेकैःसहयुद्धेवा २९ । ३० । ३१ तेषामन्ववेक्षयातेभ्योऽधिकोमाभूदितिबुद्ध्या ३२ महीमयंमृन्मयं ३३ इष्वस्त्रेइषुप्रयोगे योगमैकाग्र्यं ३४ लघुत्वंशीघ्रप्रयोक्तृत्वं ३५ । ३६ उपकरणंश्ववागुरादिमुख्यंतुकरणमायुधमेव ३७ । ३८ । ३९ ॥ ॥ ॥ ॥ ॥

अस्त्रेमयोगेलाघवंकौशलं येनशरामुखेप्रविष्टाएवनतुतद्विद्धवंतः ४० । ४१ । ४२ । ४३ । ४४ । ४५।४६।४७ ।४८।४९।५०।५१।५२ । ५३ वेतनंगुरुदक्षिणारूपं ५४।५५।५६।५७ छित्त्वेति । अविचार्येति

तदातस्याथभषतःशुनःसप्तशरान्मुखे ॥ लाघवंदर्शयन्नस्त्रेमुमोचयुगपद्यथा ४० सतुश्वाशरपूर्णास्यःपांडवानाजगामह ॥ तंदृष्ट्वापांडवावीराःपरंविस्मयमागताः ४१
लाघवंशब्दवेधित्वंदृष्ट्वातत्परमंतदा ॥ प्रेक्ष्यतंव्रीडिताश्चासन्प्रशशंसुश्चसर्वशः ४२ तंततोऽन्वेषमाणास्तेवनेवननिवासिनम् ॥ ददृशुःपांडवाराजन्नस्यंतमनिशं
शरान् ४३ नचैनमभिजानंस्तेतदाविकृतदर्शनम् ॥ तथैनंपरिपप्रच्छुःकोभवान्कस्यवेत्युत ४४ ॥ एकलव्यउवाच ॥ निषादाधिपतेर्वीराहिरण्यधनुषःसुतम् ॥
द्रोणशिष्यंचमांवित्तधनुर्वेदकृतश्रमम् ४५ ॥ वैशंपायनउवाच ॥ तेतमाज्ञायतत्त्वेनपुनरागम्यपांडवाः ॥ यथावृत्तंवनेसर्वंद्रोणायाचख्युरद्भुतम् ४६ कौंतेय
स्त्वर्जुनोराजन्नेकलव्यमनुस्मरन् ॥ रहोद्रोणंसमासाद्यप्रणयादिदमब्रवीत् ४७ ॥ अर्जुनउवाच ॥ तदाहंपरिरभ्यैकःप्रीतिपूर्वमिदंवचः ॥ भवतोक्तोनमे
शिष्यस्त्वद्विशिष्टोभविष्यति ४८ अथकस्मान्मद्विशिष्टोलोकादपिचवीर्यवान् ॥ अन्योऽस्तिभवतःशिष्योनिषादाधिपतेःसुतः ४९ ॥ वैशंपायनउवाच ॥
मुहूर्तमिवतंद्रोणश्चिंतयित्वाविनिश्चयम् ॥ सव्यसाचिनमादायनैषादिंप्रतिजग्मिवान् ५० ददर्शमलदिग्धांगंजटिलंचीरवाससम् ॥ एकलव्यंधनुष्पाणिमस्यंत
मनिशंशरान् ५१ एकलव्यस्तुतंदृष्ट्वाद्रोणमायांतमंतिकात् ॥ अभिगम्योपसंगृह्यजगामशिरसामहीम् ५२ पूजयित्वाततोद्रोणंविधिवत्सनिषादजः ॥ निवेद्यशि
ष्यमात्मानंतस्थौप्रांजलिरग्रतः ५३ ततोद्रोणोऽब्रवीद्राजन्नेकलव्यमिदंवचः ॥ यदिशिष्योऽसिमेवीरवेतनंदीयतांमम ५४ एकलव्यस्तुतच्छ्रुत्वाप्रीयमाणोऽब्रवी
दिदम् ॥ एकलव्यउवाच ॥ किंप्रयच्छामिभगवन्नाज्ञापयतुमांगुरुः ५५ नहिकिंचिददेयंमेगुरवेब्रह्मवित्तम ॥ वैशंपायनउवाच ॥ तमब्रवीत्त्वयांगुष्ठोदक्षिणो
दीयतामिति ५६ एकलव्यस्तुतच्छ्रुत्वावचोद्रोणस्यदारुणम् ॥ प्रतिज्ञामात्मनोरक्षन्सत्येचनियतःसदा ५७ तथैवहृष्टवदनस्तथैवादीनमानसः ॥ छित्त्वाऽविचा
र्यतंप्रादाद्द्रोणायांगुष्ठमात्मनः ५८ ततःशरंतुनैषादिरंगुलीभिर्व्यकर्षत ॥ नतथाचसशीघ्रोऽभूद्यथापूर्वंनराधिप ५९ ततोऽर्जुनःप्रीतमनाबभूवविगतज्वरः ॥ द्रोण
श्चसत्यवागासीन्नान्योऽभिभविताऽर्जुनम् ६० द्रोणस्यतुतदाशिष्यौगदायोग्यौबभूवतुः ॥ दुर्योधनश्चभीमश्चसदासंरब्धमानसौ ६१ अश्वत्थामारहस्येषुसर्वेष्वभ्य
धिकोऽभवत् ॥ तथातिपुरुषानन्यान्त्सारुकौयमजावुभौ ६२ युधिष्ठिरोरथश्रेष्ठःसर्वत्रतुधनंजयः ॥ प्रथितःसागरांतायांरथयूथपयूथपः ६३ बुद्धियोगबलोत्साहैः
सर्वास्त्रेषुचनिष्ठितः ॥ अस्त्रेगुर्वनुरागेचविशिष्टोऽभवदर्जुनः ६४ तुल्येष्वस्त्रोपदेशेषुसौष्ठवेनचवीर्यवान् ॥ एकःसर्वकुमाराणांबभूवातिरथोऽर्जुनः ६५ प्राणाधिकंभी
मसेनंकृतविद्यंधनंजयम् ॥ धार्तराष्ट्रादुरात्मानोनामृष्यंतपरस्परम् ६६ तांस्तुसर्वान्समानीयसर्वविद्यास्त्रशिक्षितान् ॥ द्रोणःप्रहरणज्ञानेजिज्ञासुःपुरुषर्षभः ६७

च्छेदः । 'ससत्यसंधंनैषादिंदृष्ट्वाप्रीतोऽब्रवीदिदं ॥ एवंकर्त्तव्यमितिवाएकलव्यमभाषत' इतिकेचित्पद्यंपठंतितत्रएवंकर्त्तव्यमितितर्जनीमध्यमाभ्यांशरंधृत्वाज्याकर्षणंकर्त्तव्यमित्यभिनीयदर्शयति ५८ । ५९।६०
गदायोग्यौगदायुद्धेऽभ्यासवंतौ ६१ त्सारुकौत्सरुःखड्गादिमुष्टिस्तद्ग्रहणप्रधानेयुद्धेकुशलौ ६२ रथश्रेष्ठः । सप्तमीशौंडैरितिसमासः ६३। ६४। ६५। ६६ प्रहरणज्ञानेकःकथंप्रहरतीतिविचारे ६७

भासंनीलपक्षंपक्षिणं । शकुंतमित्यन्ये । गृध्रमित्यपरे६८।६९।७० अंगिरसांवरोद्रोणः ७१ । ७२ । ७३ भासंपश्यतदेकाग्रदृष्टिर्भवेत्यर्थः ७४ । ७५ । ७६ तमिति । वृक्षादिदर्शनाद्व्यग्रदृष्टित्वंते

कृत्रिमंभासमारोप्यवृक्षाग्रेशिल्पिभिःकृतम्॥ अविज्ञातंकुमाराणांलक्ष्यभूतमुपादिशत् ६८ ॥ द्रोणउवाच ॥ शीघ्रंभवंतःसर्वेऽपिधनूंष्यादायसर्वशः ॥ भासमे
तंसमुद्दिश्यतिष्ठध्वंसंधितेषवः ६९ मद्वाक्यसमकालंतुशिरोऽस्यविनिपात्यताम् ॥ एकैकशोनियोक्ष्यामितथाकुरुतपुत्रकाः ७० ॥ वैशंपायनउवाच ॥ ततोयु
धिष्ठिरंपूर्वमुवाचांगिरसांवरः ॥ संधत्स्वबाणंदुर्धर्षमद्वाक्यांतेविमुंचतम् ७१ ततोयुधिष्ठिरःपूर्वंधनुर्गृह्यपरंतपः ॥ तस्थौभासंसमुद्दिश्यगुरुवाक्यप्रचोदितः ७२
ततोविततधन्वानंद्रोणस्तंकुरुनंदनम् ॥ समुहूर्तादुवाचेदंवचनंभरतर्षभ ७३ पश्यैनंतंद्रुमाग्रस्थंभासंनरवरात्मज ॥ पश्यामीत्येवमाचार्यंप्रत्युवाचयुधिष्ठिरः ७४
समुहूर्तादिवपुनर्द्रोणस्तंप्रत्यभाषत ॥ द्रोणउवाच ॥ अथवृक्षमिमंमांवाभ्रातॄन्वाऽपिप्रपश्यसि ७५ तमुवाचसकौंतेयःपश्याम्येनंवनस्पतिम् ॥ भवंतंचतथाभ्रातॄन्
भासंचेतिपुनःपुनः ७६ तमुवाचापसर्पेतिद्रोणोऽप्रीतमनाइव ॥ नैतच्छक्यंत्वयावेद्धुंलक्ष्यमित्येवकुत्सयन् ७७ ततोदुर्योधनादींस्तान्धार्त्तराष्ट्रान्महायशाः ॥
तेनैवक्रमयोगेनाजिज्ञासुःपर्यपृच्छत ७८ अन्यांश्चशिष्यान्भीमादीन्राज्ञश्चैवान्यदेशजान् ॥ तथाचसर्वेतत्सर्वंपश्यामइतिकुत्सिताः ७९ ॥ इतिश्रीमहाभारते
आदिपर्वणिसंभवपर्वणिद्रोणशिष्यपरीक्षायांद्वात्रिंशदधिकशततमोऽध्यायः ॥ १३२ ॥ ॥ वैशंपायनउवाच ॥ ततोधनंजयंद्रोणःस्मयमानोऽभ्यभाषत ॥
त्वयेदानींप्रहर्तव्यमेतल्लक्ष्यंविलोक्यताम् १ मद्वाक्यसमकालंतेमोक्तव्योऽत्रभवेच्छरः ॥ वितत्यकार्मुकंपुत्रतिष्ठतावन्मुहूर्तकम् २ एवमुक्तःसव्यसाचीमंडलीकृत
कार्मुकः ॥ तस्थौभासंसमुद्दिश्यगुरुवाक्यप्रचोदितः ३ मुहूर्तादिवतंद्रोणस्तथैवसमभाषत ॥ पश्यस्येनंस्थितंभासंद्रुमंमामपिचार्जुन ४ पश्याम्येकंभासमितिद्रोणं
पार्थोऽभ्यभाषत ॥ नतुवृक्षंभवंतंवापश्यामीतिचभारत ५ ततःप्रीतमनाद्रोणोमुहूर्तादिवतंपुनः ॥ प्रत्यभाषतदुर्धर्षःपांडवानांमहारथम् ६ भासंपश्यसियद्ये
नंतथाब्रूहिपुनर्वचः ॥ शिरःपश्यामिभासस्यनगात्रमितिसोऽब्रवीत् ७ अर्जुनेनैवमुक्तस्तुद्रोणोहृष्टतनूरुहः ॥ मुंचस्वेत्यब्रवीत्पार्थंसमुमोचाविचारयन् ८ तत
स्तस्यनगस्थस्यक्षुरेणनिशितेनच ॥ शिरउत्कृत्यतरसापातयामासपांडवः ९ तस्मिन्कर्मणिसंसिद्धेपर्यष्वजतपांडवम् ॥ मेनेचद्रुपदंसंख्येसानुबंधंपरा
जितम् १० कस्यचित्त्वथकालस्यसशिष्योऽङ्गिरसांवरः ॥ जगामगंगामभितोमज्जितुंभरतर्षभ ११ अवगाढमथोद्रोणंसलिलेसलिलेचरः ॥ ग्राहोजग्राहबल
वान्जंघांतेकालचोदितः १२ ससमर्थोऽपिमोक्षायशिष्यान्सर्वानचोदयत् ॥ ग्राहंहत्वातुमोक्ष्यध्वंमामितित्वरयन्निव १३ तद्वाक्यसमकालंतुबीभत्सुर्निशितैः
शरैः ॥ अवार्यैःपंचभिर्ग्राहंमग्नमंभस्यताडयत् १४ ॥ ॥ ॥ ॥ ॥ ॥

पांज्ञात्वासर्वानपिनिराचकार ७७ । ७८ । ७९ इति आदिपर्वणि नीलकंठीये भारतभावदीपे द्वात्रिंशदधिकशततमोऽध्यायः ॥ १३२ ॥ ॥ ततइति १ । २ । ३ । ४ । ५ । ६ । ७ । ८
तस्यभासस्य नगस्थस्यवृक्षाग्रस्थितस्य ९ सानुबंधंससहायं १० । ११ अवगाढंजलावगाहिनं १२ मोक्ष्यध्वंमोचयध्वं १३ । १४ ॥ ॥ ॥ ॥

॥१३३॥

क्रियोपेतंकृतकार्यं १५ । १६ । १७ । १८ । १९ असामान्यमसाधारणं २० । २१ । २२ ॥ ॥ इतिआदिपर्वणिनीलकंठीयेभारतभावदीपे त्रयस्त्रिंशदधिकशततमोऽध्यायः ॥ १३३ ॥
कृतास्त्रान्धार्त्तराष्ट्रांश्चेति १ । २ । ३ कर्मकुमारशिक्षाख्यं ४ मन्यसेऽस्त्रशिक्षादर्शनस्यकालं विधानायरंगभूमेः ५ निर्वेदाद्दुःखात् सचक्षुषांस्पृहयामि सुखायेतिशेषः ६ हेक्षत्तःहेवि

इतरेत्वथसंमूढास्तत्रतत्रप्रपेदिरे ॥ तंतुदृष्ट्वाक्रियोपेतंद्रोणोऽमन्यतपांडवम् १५ विशिष्टंसर्वशिष्येभ्यःप्रीतिमांश्चाभवत्तदा ॥ सपार्थबाणैर्बहुधाखंडशःपरिकल्पितः १६ ग्राहःपंचत्वमापेदेजंघांत्यक्त्वामहात्मनः ॥ अथाब्रवीन्महात्मानंभारद्वाजोमहारथम् १७ गृहाणेदंमहाबाहोविशिष्टमतिदुर्धरम् ॥ अस्त्रंब्रह्मशिरोनामसप्रयोगनिवर्त्तनम् १८ नचतेमानुषेष्वेतत्प्रयोक्तव्यंकथंचन ॥ जगद्विनिर्दहेदेतदल्पतेजसिपातितम् १९ असामान्यमिदंतातलोकेष्वस्त्रंनिगद्यते ॥ तद्धारयेथाःप्रयतःशृणुचेदंवचोमम २० बाधेतामानुषःशत्रुर्यदित्वांवीरकश्चन ॥ तद्वधायप्रयुंजीथास्तदस्त्रमिदमाहवे २१ तथेतिसंप्रतिश्रुत्यबीभत्सुःसकृतांजलिः ॥ जग्राहपरमास्त्रंतदाहचैनंपुनर्गुरुः ॥ भवितात्वत्समोनान्यःपुमाँल्लोकेधनुर्धरः २२ ॥ इतिश्रीमहाभारतेआदिपर्वणिसंभवपर्वणिद्रोणग्राहमोक्षणेत्रयस्त्रिंशदधिकशततमोऽध्यायः ॥ १३३ ॥

॥ वैशंपायनउवाच ॥ कृतास्त्रान्धार्त्तराष्ट्रांश्चपांडुपुत्रांश्चभारत ॥ दृष्ट्वाद्रोणोऽब्रवीद्राजन्धृतराष्ट्रंजनेश्वरम् १ कृपस्यसोमदत्तस्यबाल्हीकस्यचधीमतः ॥ गांगेयस्यचसान्निध्येव्यासस्यविदुरस्यच २ राजन्संप्राप्तविद्यास्तेकुमाराःकुरुसत्तम ॥ तेदर्शयेयुःस्वांशिक्षांराजन्ननुमतेतव ३ ततोऽब्रवीन्महाराजःप्रहृष्टेनांतरात्मना ॥ धृतराष्ट्रउवाच ॥ भारद्वाजमहत्कर्मकृतंतेद्विजसत्तम ४ यदानुमन्यसेकालंयस्मिन्देशेयथायथा ॥ तथातथाविधानायस्वयमाज्ञापयस्वमाम् ५ स्पृहयाम्यद्यनिर्वेदात्पुरुषाणांसचक्षुषाम् ॥ अस्त्रहेतोःपराक्रांतान्येमेद्रक्ष्यंतिपुत्रकान् ६ क्षत्तर्यद्गुरुराचार्योब्रवीतिकुरुतत्तथा ॥ नहीदृशंप्रियंमन्येभविताधर्मवत्सल ७ ततोराजानमामंत्र्यनिर्गतोविदुरोबहिः ॥ भारद्वाजोमहाप्राज्ञोमापयामासमेदिनीम् ८ समामवृक्षांनिर्गुल्मामुदक्प्रस्रवणान्विताम् ॥ तस्यांभूमौबलिंचक्रेतिथौनक्षत्रपूजिते ९ अवघुष्टेसमाजेचतदर्थंवदतांवरः ॥ रंगभूमौसुविपुलंशास्त्रदृष्टंयथाविधि १० प्रेक्षागारंसुविहितंचक्रुस्तेतस्यशिल्पिनः ॥ राज्ञःसर्वायुधोपेतंस्त्रीणांचैवनरर्षभ ११ मंचांश्चकारयामासुस्तत्रजानपदाजनाः ॥ विपुलानुच्छ्रयोपेतान्शिबिकाश्चमहाधनाः १२ तस्मिंस्ततोऽहनिप्राप्तेराजाससचिवस्तदा ॥ भीष्मंप्रमुखतःकृत्वाकृपंचाचार्यसत्तमम् १३ मुक्ताजालपरिक्षिप्तंवैदूर्यमणिशोभितम् ॥ शातकुंभमयंदिव्यंप्रेक्षागारमुपागमत् १४ गांधारीचमहाभागाकुंतीचजयतांवर ॥ स्त्रियश्चराज्ञःसर्वास्ताःसप्रेष्याःसपरिच्छदाः १५ हर्षादारुरुहुर्मंचान्मेरुंदेवस्त्रियोयथा ॥ ब्राह्मणक्षत्रियाद्यंचचातुर्वर्ण्यंपुराद्द्रुतम् १६ दर्शनेप्सुसमभ्यागात्कुमाराणांकृतास्त्रताम् ॥ क्षणेनैकस्थतांतत्रदर्शनेप्सुर्जगामह १७ ॥ ॥

दुर ७ । ८ निर्गुल्मांतृणसमूहमूलपिंडरहितां उदक्प्रस्रवणान्वितामुदङ्निम्नां ९ तदर्थंबल्यर्थं समाजेवीरसमूहे अवघुष्टेडिंडीरवशब्देनाहूतेसतिबलिंचक्रेइतिपूर्वेणान्वयः १० राज्ञःस्त्रीणां प्रेक्षार्थमागारंमंचांश्चइतरेषांप्रेक्षार्थंरंगभूमौचक्रुरितिद्वयोःसंबंधः ११ । १२ । १३ । १४ । १५ । १६ । १७ ॥ ॥ ॥

१८ । १९ सांगारकःसभौमः अंशुमान्चंद्रः २० । २१ । २२ बद्धकक्षाःवस्त्रादिनासंवर्तांसपृष्ठोदराइत्यर्थः कक्षाबाहुमूलं २३ अस्त्रमस्त्रविद्यां चक्रुःप्रादुश्चक्रुः २४ धृष्टंनिर्भयंयथा स्यात्तथा २५ लाघवोत्सृष्टैर्गतिचातुरीप्रयुक्तैः उह्यंतःउह्यमानाः २६ गंधर्वनगराकारमद्भुतरूपं २७ । २८ धनुषिमार्गान्तिर्यगूर्ध्वान्चललक्ष्यपातनादीन् रथचर्यासुमार्गान्शीघ्रंगतप्रत्यागतमप्रदक्षिणमप्रदक्षिणमंडलगत्यादिरूपान् २९ त्सरुमार्गान्तिर्यगूर्ध्वाधःखड्गप्रचलनरूपान् सर्वासुभूमिषुरथादिपृष्ठेषुभुविवा ३० लाघवंशैघ्र्यं । सौष्ठवंचातुरीं एकेनैवखड्गेनसमंताद्भ्रामितेनयु

प्रवादितैश्चवादित्रैर्जनकौतूहलेनच ॥ महार्णवइवक्षुब्धःसमाजःसोऽभवत्तदा १८ ततःशुक्लांबरधरःशुक्लयज्ञोपवीतवान् ॥ शुक्लकेशःसितश्मश्रुःशुक्लमाल्यानुलेपनः १९ रंगमध्यंतदाऽऽचार्यःसपुत्रःप्रविवेशह ॥ नभोजलधरैर्हीनंसांगारकइवांशुमान् २० सयथासमयंचक्रेबलिंबलवतांवरः ॥ ब्राह्मणांस्तुसुमंत्रज्ञान्कारयामासमंगलम् २१ सुखपुण्याहघोषस्यपुण्यस्यसमनंतरम् ॥ विविशुर्विविधंगृह्यशस्त्रोपकरणंनराः २२ ततोबद्धांगुलित्राणाबद्धकक्षामहारथाः ॥ बद्धतूणाःसधनुषोविविशुर्भरतर्षभाः २३ अनुज्येष्ठंतुतेतत्रयुधिष्ठिरपुरोगमाः ॥ चक्रुरस्त्रंमहावीर्याःकुमाराःपरमाद्भुतम् २४ केचिच्छराक्षेपभयाच्छिरांस्यवननामिरे ॥ मनुजाधृष्टमपरेवीक्षांचक्रुःसुविस्मिताः २५ तेस्मलक्ष्याणिबिभिदुर्बाणैर्नामांकशोभितैः ॥ विविधैर्लाघवोत्सृष्टैरुह्यंतोवाजिभिर्द्रुतम् २६ तत्कुमारबलंतत्रगृहीतशरकार्मुकम् ॥ गंधर्वनगराकारंप्रेक्ष्यतेविस्मिताऽभवन् २७ सहसाचुक्रुशुश्चान्येनराःशतसहस्रशः ॥ विस्मयोत्फुल्लनयनाःसाधुसाध्वितिभारत २८ कृत्वाधनुषितेमार्गान्रथचर्यासुचासकृत् ॥ गजपृष्ठेऽश्वपृष्ठेचनियुद्धेचमहाबलाः २९ गृहीतखड्गचर्माणस्ततोभूयःप्रहारिणः ॥ त्सरुमार्गान्यथोद्दिष्टांश्चेरुःसर्वासुभूमिषु ॥ ३० लाघवंसौष्ठवंशोभांस्थिरत्वंदृढमुष्टिताम् ॥ ददृशुस्तत्रसर्वेषांप्रयोगंखड्गचर्मणोः ३१ अथतौनित्यसंहृष्टौसुयोधनवृकोदरौ ॥ अवतीर्णौगदाहस्तावेकशृंगाविवाचलौ ३२ बद्धकक्षौमहाबाहूपौरुषेपर्यवस्थितौ ॥ बृंहंतौवासिताहेतोःसमदाविवकुंजरौ ३३ तौप्रदक्षिणसव्यानिमंडलानिमहाबलौ ॥ चेरतुर्मंडलगतौसमदाविवकुंजरौ ३४ विदुरोधृतराष्ट्रायगांधार्याःपांडवारणिः ॥ न्यवेदयेतांतत्सर्वंकुमाराणांविचेष्टितम् ३५ ॥ इतिश्रीमहाभारतेआदिपर्वणिसंभवपर्वण्यस्त्रदर्शनेचतुस्त्रिंशदधिकशततमोऽध्यायः ॥ १३४

वैशंपायनउवाच ॥ कुरुराजेहिरंगस्थेभीमेचबलिनांवरे ॥ पक्षपातकृतस्नेहःसद्विधेवाभवज्जनः १ हीवीरकुरुराजेतिहीभीमइतिजल्पताम् ॥ पुरुषाणांसुविपुलाःप्रणादाःसहसोत्थिताः २ ततःक्षुब्धार्णवनिभंरंगमालोक्यबुद्धिमान् ॥ भारद्वाजःप्रियंपुत्रमश्वत्थामानमब्रवीत् ३ ॥ ॥

गपदनेकायुधनिवारणं । शोभांसर्वतोझलझलायमानैकखड्गांशुमंडलांतरगतत्वेनाभिनवां । स्थिरत्वमभीतत्वं । दृढमुष्टितांखड्गभृतांहस्तएवपरितश्चलतिनत्वंगुलयइत्यर्थः । प्रयोगंनिदर्शनं ३१ संहृष्टौपरस्परंजेतुंसकामौ ३२ बृंहंतौशब्दंकुर्वाणौ वासिताहस्तिनी ३३ चेरतुःपद्भ्यां मंडलगतावलातचक्रवद्भ्राम्यमाणगदापरिवेषांतर्गतौ निर्मलगदाविवितिपाठेस्पष्टोऽर्थः ३४ पांडवारणिःकुंती ३५ ॥ ॥ इतिआदिपर्वणिनीलकंठीये भारतभावदीपे चतुस्त्रिंशदधिकशततमोऽध्यायः ॥ १३४ ॥ ॥ ॥ कुर्विति । कुरुराजेदुर्योधने १ हीविस्मये आश्चर्यंभीमदुर्योधनौकुरुतइत्यर्थः हाभीमेत्यपपाठः २ । ३ ॥ ॥ ॥ ॥ ॥

कृतयोग्यौसुशिक्षितौ ४ । ५ । ६ इंद्रानुजसमोविष्णुतुल्यः ७ बद्धेगोधांगुलित्राणेयेन गोधातलाख्यंज्याघातवारणं अंगुलित्राणंप्रसिद्धंचर्ममयं ८ कांचनमिति । तूणकार्मुककवचानांतत्प्रभाजालस्या र्जुनस्यचक्रमादर्केंद्रायुधतडित्संध्यातोयदैरुपमा ९ समुत्पिजलकउत्फुल्लता प्रमुदितेरंगेइतिवाक्यशेषात् अन्येकलकलशब्दोन्याकुलत्वंचेत्याहुः १० । ११ । १२ अस्रैःप्रेमाश्रुभिः १३ । १४ । १५

द्रोणउवाच ॥ वारयैतोमहावीर्यौकृतयोग्यावुभावपि ॥ माभूद्रंगप्रकोपोऽयंभीमदुर्योधनोद्भवः ४ ॥ वैशंपायनउवाच ॥ ततस्तावुद्यतगदौगुरुपुत्रेणवारितौ ॥ युगांतानिलसंक्षुब्धौमहावेलाविवार्णवौ ५ ततोरंगांगणगतोद्रोणोवचनमब्रवीत् ॥ निवार्यवादित्रगणंमहामेघनिभस्वनम् ६ योमेपुत्रात्प्रियतरःसर्वशस्त्रविशारदः ॥ ऐंद्रिरिंद्रानुजसमःसपार्थोदृश्यतामिति ७ आचार्यवचनेनाथकृतस्वस्त्ययनोयुवा ॥ बद्धगोधांगुलित्राणःपूर्णतूणःसकार्मुकः ८ कांचनंकवचंबिभ्रत्प्रत्यदृश्यतफाल्गुनः ॥ सार्कःसेंद्रायुधतडित्ससंध्यइवतोयदः ९ ततःसर्वस्यरंगस्यसमुत्पिंजलकोऽभवत् ॥ प्रावाद्यंतचवाद्यानिसशंखानिसमंततः १० एषकुंतीसुतःश्रीमानेषमध्यमपांडवः ॥ एषपुत्रोमहेंद्रस्यकुरूणामेषरक्षिता ११ एषोऽस्त्रविदुषांश्रेष्ठएषधर्मभृतांवरः ॥ एषशीलवतांचापिशीलज्ञाननिधिःपरः १२ इत्येवंतुमुलावाचःशुश्रुवुःप्रेक्षकेरिताः ॥ कुंत्याःप्रस्नवसंयुक्तैरस्रैःक्लिन्नमुरोऽभवत् १३ तेनशब्देनमहतापूर्णश्रुतिरथाब्रवीत् ॥ धृतराष्ट्रोनरश्रेष्ठोविदुरंहृष्टमानसः १४ क्षत्तःक्षुब्धार्णवनिभःकिमेषसुमहास्वनः ॥ सहसैवोत्थितोरंगेभिंदन्निवनभस्तलम् १५ ॥ विदुरउवाच ॥ एषपार्थोमहाराजफाल्गुनःपांडुनंदनः ॥ अवतीर्णःसकवचस्तत्रैषसुमहास्वनः १६ ॥ धृतराष्ट्रउवाच ॥ धन्योऽस्म्यनुगृहीतोऽस्मिरक्षितोऽस्मिमहामते ॥ पृथारणिसमुद्भूतैस्त्रिभिःपांडववह्निभिः १७ ॥ वैशंपायनउवाच ॥ तस्मिन्प्रमुदितेरंगेकथंचित्प्रत्युपस्थिते ॥ दर्शयामासबीभत्सुराचार्यायास्त्रलाघवम् १८ आग्नेयेनासृजद्वह्निंवारुणेनासृजत्पयः ॥ वायव्येनासृजद्वायुंपार्जन्येनासृजद्घनान् १९ भौमेनप्राविशद्भूमिंपार्वतेनासृजद्गिरीन् ॥ अंतर्धानेनचास्त्रेणपुनरंतर्हितोऽभवत् २० क्षणात्प्रांशुःक्षणाद्ध्रस्वःक्षणाच्चरथधूर्गतः ॥ क्षणेनरथमध्यस्थःक्षणेनावतरन्महीम् २१ सुकुमारंचसूक्ष्मंचगुरुचापिगुरुप्रियः ॥ सौष्ठवेनाभिसंक्षिप्तःसोऽविध्यद्विविधैःशरैः २२ भ्रमतश्चवराहस्यलोहस्यप्रमुखेसमम् ॥ पंचबाणानसंसक्तान्संमुमोचैकबाणवत् २३ गव्येविषाणकोषेचचलेरज्ज्ववलंबिनि ॥ निचखानमहावीर्यःसायकानेकविंशतिम् २४ इत्येवमादिसुमहत्खड्गेधनुषिचानघ ॥ गदायांशस्त्रकुशलोमंडलानिव्यदर्शयत् २५ ततःसमाप्तभूयिष्ठेतस्मिन्कर्मणिभारत ॥ मंदीभूतेसमाजेचवादित्रस्यचनिःस्वने २६ द्वारदेशात्समुद्भूतोमाहात्म्यबलसूचकः ॥ वज्रनिष्पेषसदृशःशुश्रुवेभुजनिःस्वनः २७ दीर्यंतेकिंनुगिरयःकिंस्विद्भूमिर्विदीर्यते ॥ किंस्विदापूर्यतेव्योमजलधारावनैर्घनैः २८ रंगस्यैवंमतिरभूत्क्षणेनवसुधाधिप ॥ द्वारंचाभिमुखाःसर्वेबभूवुःप्रेक्षकास्तदा २९ पंचभिर्भ्रातृभिःपार्थैर्द्रोणःपरिवृतोबभौ ॥ पंचतारेणसंयुक्तःसावित्रेणेवचंद्रमाः ३० अश्वत्थाम्नाचसहितंभ्रातॄणांशतमूर्जितम् ॥ दुर्योधनममित्रघ्नमुत्थितंपर्यवारयत् ३१ ॥ ॥ ॥ ॥

१६ । १७ । १८ । १९ । २० । २१ सुकुमारंपूर्णघटकुक्कुटांडादीनिलक्ष्याण्यविचाल्याविध्यत् सूक्ष्मंगुंजादिलक्ष्यंगुरुघनावयवंचसोऽविध्यत् २२ । २३ गव्येगोसंबंधिनि २४ । २५ । २६ । २७ २८ । २९ सावित्रेणहस्तनक्षत्रेण ३० । ३१ ॥ ॥ ॥ ॥ ॥ ॥ ॥

गदाग्रमालंवनंयस्यताहशःपाणिर्यस्यसगदाग्रपाणिः गदामात्रसहायइत्यर्थः अंग्रेंपुरस्तादुपरीत्युपक्रम्य 'आलंबनेसमूहेच' इतिमेदिनी ३२ ॥ इतिआदिपर्वणिनीलकंठीयेभारतभावदीपेपंचत्रिंशदधिकशततमो

सतैस्तदाभ्रातृभिरुद्यतायुधैर्गदाग्रपाणिःसमवस्थितैर्वृतः ॥ बभौयथादानवसंक्षयेपुरापुरंदरोदेवगणैःसमावृतः ३२ ॥ इतिश्रीमहाभारते आदिपर्वणि संभवपर्वणि अ
स्त्रदर्शने पंचत्रिंशदधिकशततमोऽध्यायः ॥ १३५ ॥ ॥ वैशंपायनउवाच ॥ दत्तेऽवकाशेपुरुषैर्विस्मयोत्फुल्ललोचनः ॥ विवेशरंगंविस्तीर्णंकर्णःपरपुरंज
यः १ सहजंकवचंबिभ्रत्कुंडलोद्योतिताननः ॥ सधनुर्बद्धनिस्त्रिंशःपादचारीवपर्वतः २ कन्यागर्भःपृथुयशाःपृथायाःपृथुलोचनः ॥ तीक्ष्णांशोर्भास्करस्यांशः
कर्णोऽरिगणसूदनः ३ सिंहर्षभगजेंद्राणांबलवीर्यपराक्रमः ॥ दीप्तिकांतिद्युतिगुणैःसूर्येंदुज्वलनोपमः ४ प्रांशुःकनकतालाभःसिंहसंहननोयुवा ॥ असंख्येयगु
णःश्रीमान्भास्करस्यात्मसंभवः ५ सनिरीक्ष्यमहाबाहुःसर्वतोरंगमंडलम् ॥ प्रणामंद्रोणकृपयोर्नात्यादृतमिवाऽकरोत् ६ ससमाजजनःसर्वोनिश्चलःस्थिरलोचनः ॥
कोऽयमित्यागतक्षोभःकौतूहलपरोऽभवत् ७ सोऽब्रवीन्मेघगंभीरस्वरेणवदतांवरः ॥ भ्राताभ्रातरमज्ञातंसावित्रःपाकशासनिम् ८ पार्थयत्तेकृतंकर्मविशेषवदहंत
तः ॥ करिष्येपश्यतांनृणांमाऽऽत्मनाविस्मयंगमः ९ असमाप्तेततस्तस्यवचनेवदतांवरः ॥ यंत्रोत्क्षिप्तइवोत्तस्थौक्षिप्रंवैसर्वतोजनः १० प्रीतिश्चमनुजव्याघ्रदुर्यो
धनमुपाविशत् ॥ ह्रीश्चक्रोधश्चबीभत्सुंक्षणेनान्वाविवेशह ११ ततोद्रोणाभ्यनुज्ञातःकर्णःप्रियरणःसदा ॥ यत्कृतंतत्रपार्थेनतच्चकारमहाबलः १२ अथदुर्योधन
स्तत्रभ्रातृभिःसहभारत ॥ कर्णंपरिष्वज्यमुदाततोवचनमब्रवीत् १३ ॥ दुर्योधनउवाच ॥ स्वागतंतेमहाबाहोदिष्ट्याप्राप्तोऽसिमानद ॥ अहंचकुरुराज्यंचयथेष्टमु
पभुज्यताम् १४ ॥ कर्णउवाच ॥ कृतंसर्वमहंमन्येसखित्वंचत्वयावृणे ॥ द्वंद्वयुद्धंचपार्थेनकर्तुमिच्छाम्यहंप्रभो १५ ॥ दुर्योधनउवाच ॥ भुंक्ष्वभोगान्मयासार्धंबंधू
नांप्रियकृद्भव ॥ दुर्हृदांकुरुसर्वेषांमूर्ध्निपादमरिंदम १६ ॥ वैशंपायनउवाच ॥ ततःक्षिप्तमिवात्मानंमत्वापार्थोऽभ्यभाषत ॥ कर्णंभ्रातृसमूहस्यमध्येऽचलमिवस्थि
तम् १७ ॥ अर्जुनउवाच ॥ अनाहूतोपसृष्टानामनाहूतोपजल्पिनाम् ॥ येलोकास्तान्हतःकर्णमयात्वंप्रतिपत्स्यसे १८ ॥ कर्णउवाच ॥ रंगोऽयंसर्वसामान्यःकि
मत्रतवफाल्गुन ॥ वीर्यश्रेष्ठाश्चराजानोबलंधर्मोऽनुवर्तते १९ किंक्षेपैर्दुर्बलायासैःशरैःकथयभारत ॥ गुरोःसमक्षंयावत्तेहराम्यद्यशिरःशरैः २० ॥ वैशंपायनउवाच ॥
ततोद्रोणाभ्यनुज्ञातःपार्थःपरपुरंजयः ॥ भ्रातृभिस्त्वरयाऽऽश्लिष्टोरणायोपजगामतम् २१ ततोदुर्योधनेनापिसभ्रात्रासमरोद्यतः ॥ परिष्वक्तःस्थितःकर्णःप्रगृह्य
सशरंधनुः २२ ततःसविद्युत्स्तनितैःसेंद्रायुधपुरोगमैः ॥ आवृतंगगनंमेघैर्बलाकापंक्तिहासिभिः २३ ततःस्नेहाद्धरिहयंदृष्ट्वारंगावलोकिनम् ॥ भास्करोऽप्यनय
न्नाशंसमीपोपगतान्घनान् २४ मेघच्छायोपगूढस्तुततोऽदृश्यतफाल्गुनः ॥ सूर्यातपपरिक्षिप्तःकर्णोऽपिसमदृश्यत २५ धार्तराष्ट्रायतःकर्णस्तस्मिन्देशेव्यवस्थि
ताः ॥ भारद्वाजःकृपोभीष्मोयतःपार्थस्ततोऽभवन् २६ द्विधारंगःसमभवत्स्त्रीणांद्वैधमजायत ॥ कुंतिभोजसुतामोहंविज्ञातार्थाजगामह २७ ॥ ॥

ऽध्यायः ॥ १३५ ॥ ॥ दत्तेइति १। २। ३। ४। ५। ६। ७। ८। ९। १०। ११। १२। १३। १४। १५। १६। १७। १८। १९। २०। २१। २२। २३। २४। २५। २६। २७

२८ । २९ । ३० । ३१ । ३२ । ३३ । ३४ । ३५ । ३६ । ३७ । ३८ । ३९ । ४० । ४१ ॥ ॥ इति आदिपर्वणि नीलकंठीये भारतभावदीपे

तातथामोहमापन्नांविदुरःसर्वधर्मवित् ॥ कुंतीमाश्वासयामासप्रेष्याभिश्चंदनोदकैः २८ ततःप्रत्यागतप्राणातावुभौपरिदंशितौ ॥ पुत्रौदृष्ट्वासुसंभ्रांतानान्वपद्यत
किंचन २९ तावुद्यतमहाचापौकृपःशारद्वतोऽब्रवीत् ॥ द्वंद्वयुद्धसमाचारेकुशलःसर्वधर्मवित् ३० अयंपृथायास्तनयःकनीयान्पांडुनंदनः ॥ कौरवोभवता
सार्धंद्वंद्वयुद्धंकरिष्यति ३१ त्वमप्येवंमहाबाहोमातरंपितरंकुलम् ॥ कथयस्वनरेन्द्राणांयेषांत्वंकुलभूषणम् ३२ ततोविदित्वापार्थस्त्वांप्रतियोत्स्यतिवानवा ॥
वृथाकुलसमाचारैर्नयुध्यन्तेनृपात्मजाः ३३ ॥ वैशंपायनउवाच ॥ एवमुक्तस्यकर्णस्यव्रीडावनतमाननम् ॥ बभौवर्षांबुविक्लिन्नंपद्ममागलितंयथा ३४॥ दुर्योधन
उवाच ॥ आचार्यत्रिविधायोनीराज्ञांशास्त्रविनिश्चये ॥ सत्कुलीनश्चशूरश्चयश्चसेनांप्रकर्षति ३५ यद्ययंफाल्गुनोयुद्धेनाराज्ञायोद्धुमिच्छति ॥ तस्मादेषोऽङ्ग
विषयेमयाराज्येऽभिषिच्यते ३६ ॥ वैशंपायनउवाच ॥ ततस्तस्मिन्क्षणेकर्णःसलाजकुसुमैर्घटैः ॥ कांचनैःकांचनेपीठेमंत्रविद्भिर्महारथः ३७ अभिषिक्तो
ऽङ्गराज्येसश्रियायुक्तोमहाबलः ॥ सच्छत्रवालव्यजनोजयशब्दोत्तरेणच ३८ उवाचकौरवंराजन्वचनंसवृषस्तदा ॥ अस्यराज्यप्रदानस्यसदृशंकिंददानिते ३९
प्रब्रूहिराजशार्दूलकर्ताह्यस्मितथानृप ॥ अत्यंतंसख्यमिच्छामीत्याहतंससुयोधनः ४० एवमुक्तस्ततःकर्णस्तथेतिप्रत्युवाचतम् ॥ हर्षाच्चोभौसमाश्लिष्यपरांमुद
मवापतुः ४१ ॥ इतिश्रीमहाभारतेआदिपर्वणिसं०कर्णाभिषेकेषट्त्रिंशदधिकशततमोऽध्यायः ॥ १३६ ॥ ॥ छ ॥ ॥ वैशंपायनउवाच ॥ ततःस्रस्तोत्तर
पटःसप्रस्वेदःसवेपथुः ॥ विवेशाधिरथोरंगंयष्टिप्राणोह्वयन्निव १ तमालोक्यधनुस्त्यक्त्वापितृगौरवयंत्रितः ॥ कर्णोऽभिषेकार्द्रशिराःशिरसासमवंदत २ ततःपादा
ववच्छाद्यपटांतेनससंभ्रमः ॥ पुत्रेतिपरिपूर्णार्थमब्रवीद्रथसारथिः ३ परिष्वज्यचतस्याथमूर्धानंस्नेहविक्लवः ॥ अंगराज्याभिषेकार्द्रमश्रुभिःसिषिचेपुनः ४ तंदृ
ष्ट्वासूतपुत्रोऽयमितिसंचिंत्यपांडवः ॥ भीमसेनस्तदावाक्यमब्रवीत्प्रहसन्निव ५ नत्वमर्हसिपार्थेनसूतपुत्ररणेवधम् ॥ कुलस्यसदृशस्तूर्णंप्रतोदोगृह्यतांत्वया ६ अं
गराज्यंचनार्हस्त्वमुपभोक्तुंनराधम ॥ श्वाहुताशसमीपस्थंपुरोडाशमिवाध्वरे ७ एवमुक्तस्ततःकर्णःकिंचित्प्रस्फुरिताधरः ॥ गगनस्थंविनिःश्वस्यदिवाकर
मुदैक्षत ८ ततोदुर्योधनःकोपादुत्पपातमहाबलः ॥ भ्रातृपद्मवनात्तस्मान्मदोत्कटइवद्विपः ९ सोऽब्रवीद्भीमकर्माणंभीमसेनमवस्थितम् ॥ वृकोदरनयुक्तंते
वचनंवक्तुमीदृशम् १० क्षत्रियाणांबलंज्येष्ठंयोद्धव्यंक्षत्रबंधुना ॥ शूराणांचनदीनांचदुर्विदाःप्रभवाःकिल ११ सलिलादुत्थितोवह्निर्येनव्याप्तंचराचरम् ॥ दधी
चस्यास्थितोवज्रंकृतंदानवसूदनम् १२ आग्नेयःकृत्तिकापुत्रोरौद्रोगांगेयइत्यपि ॥ श्रूयतेभगवान्देवःसर्वगुह्यमयोगुहः १३ क्षत्रियेभ्यश्चयेजाताब्राह्मणास्ते
चतेश्रुताः ॥ विश्वामित्रप्रभृतयःप्राप्ताब्रह्मत्वमव्ययम् १४

षट्त्रिंशदधिकशततमोऽध्यायः ॥ १३६ ॥ ॥ ॥ ततइति ॥ १ । २ । ३ । ४ । ५ । ६ । ७ । ८ । ९ । १० । ११ । १२ । १३ । १४

१५ । १६ । १७ यस्ययेननक्षांतंनसोढंसोऽस्मत्समक्षंकार्मुकंपादेनस्पृष्ट्वा भस्मद्वध्यतांवायात्वस्मान्त्राहंत्वि,तिक्षत्रप्रसिद्धांप्रतिज्ञांकरोत्वित्यर्थः १८ ।१९।२० । २१। २२ । २३ । २४ सचापिकर्णोऽपि

आचार्यःकलशाज्जातोद्रोणःशस्त्रभृतांवरः ॥ गौतमस्यान्ववायेचशरस्तंबाच्चगौतमः १५ भवतांचयथाजन्मतदप्यागमितंमया ॥ सकुंडलंसकवचंसर्वलक्षणलक्षितम् ॥ कथमादित्यसदृशंमृगीव्याघ्रंजनिष्यति १६ पृथिवीराज्यमर्होऽयंनांगराज्यंनरेश्वरः ॥ अनेनबाहुवीर्येणमयाचाज्ञानुवर्तिना १७ यस्यवामनुजस्येदंनक्षांतंमद्विचेष्टितम् ॥ रथमारुह्यपद्भ्यांसविनामयतुकार्मुकम् १८ ततःसर्वस्यरंगस्यहाहाकारोमहानभूत् ॥ साधुवादानुसंबद्धःसूर्यश्चास्तमुपागमत् १९ ततोदुर्योधनःकर्णमालंब्याग्रकरेनृपः ॥ दीपिकाग्निकृतालोकस्तस्माद्रंगाद्विनिर्ययौ २० पांडवाश्चसहद्रोणाःसकृपाश्चविशांपते ॥ भीष्मेणसहिताःसर्वेययुःस्वंस्वंनिवेशनम् २१ अर्जुनेतिजनःकश्चित्कश्चित्कर्णेतिभारत ॥ कश्चिद्दुर्योधनेत्येवंब्रुवंतःप्रस्थितास्तदा २२ कुंत्याश्चप्रत्यभिज्ञायदिव्यलक्षणसूचितम् ॥ पुत्रमंगेश्वरंस्नेहाच्छन्नाप्रीतिरजायत २३ दुर्योधनस्यापितदाकर्णमासाद्यपार्थिव ॥ भयमर्जुनसंजातंक्षिप्रमंतरधीयत २४ सचापिवीरःकृतशस्त्रनिश्रमःपरेणसाम्नाऽभ्यवदत्सुयोधनम् ॥ युधिष्ठिरस्याप्यभवत्तदामतिर्नकर्णतुल्योऽस्तिधनुर्धरःक्षितौ २५ ॥ इति श्रीमहाभारते आदिपर्वणि संभवपर्वणि अस्त्रदर्शनेसप्तत्रिंशदधिकशततमोऽध्यायः ॥ १३७ ॥ ॥ वैशंपायनउवाच ॥ पांडवान्धार्त्तराष्ट्रांश्चकृतास्त्रान्प्रसमीक्ष्यसः ॥ गुर्वर्थंदक्षिणाकालेप्राप्तेऽमन्यतवैगुरुः १ ततःशिष्यान्समानीयआचार्योऽर्थमचोदयत् ॥ द्रोणःसर्वानशेषेणदक्षिणार्थंमहीपते २ पंचालराजंद्रुपदंगृहीत्वारणमूर्धनि ॥ पर्यानयतभद्रंवःसास्यात्परमदक्षिणा ३ तथेत्युक्त्वातुतेसर्वेरथैस्तूर्णंप्रहारिणः ॥ आचार्यधनदानार्थंद्रोणेनसहिताययुः ४ ततोभिजग्मुःपंचालान्निघ्नन्तस्तेनरर्षभाः ॥ ममृदुस्तस्यनगरंद्रुपदस्यमहौजसः ५ दुर्योधनश्चकर्णश्चयुयुत्सुश्चमहाबलः ॥ दुःशासनोविकर्णश्चजलसंधःसुलोचनः ६ एतेचान्येचबहवःकुमाराबहुविक्रमाः ॥ अहंपूर्वमहंपूर्वमित्येवंक्षत्रियर्षभाः ७ ततोवररथारूढाःकुमाराःसादिभिःसह ॥ प्रविश्यनगरंसर्वेराजमार्गमुपाययुः ८ तस्मिन्कालेतुपांचालःश्रुत्वादृष्ट्वामहद्बलम् ॥ भ्रातृभिःसहितोराजंस्त्वरयानिर्ययौगृहात् ९ ततस्तुकृतसन्नाहोयज्ञसेनोमहीधरः ॥ शरवर्षाणिमुंचन्तःप्रणेदुःसर्वएवते १० ततोरथेनशुभ्रेणसमासाद्यतुकौरवान् ॥ यज्ञसेनःशरान्घोरान्ववर्षयुधिदुर्जयः ११ ॥ वैशम्पायनउवाच ॥ पूर्वमेवतुसंमन्त्र्यपार्थोद्रोणमथाब्रवीत् ॥ दर्पोद्रेकात्कुमाराणामाचार्यंद्विजसत्तमम् १२ एषांपराक्रमस्यांतेवयंकुर्यामसाहसम् ॥ एतैरशक्यःपांचालोग्रहीतुंरणमूर्धनि १३ एवमुक्त्वातुकौन्तेयोभ्रातृभिःसहितोऽनघः ॥ अर्धक्रोशेतुनगरादतिष्ठद्बहिरेवसः १४ द्रुपदःकौरवान्दृष्ट्वाप्राधावतसमंततः ॥ शरजालेनमहतामोहयन्कौरवींचमूम् १५ तमुद्यतंरथेनैकमाशुकारिणमाहवे ॥ अनेकमिवसंत्रासान्मेनिरेतत्रकौरवाः १६

निश्रमोनितरांश्रमः २५ ॥ इति आदिपर्वणि नीलकंठीये भारतभावदीपे सप्तत्रिंशदधिकशततमोऽध्यायः ॥ १३७ ॥ ॥ पांडवानिति। अमन्यतचिंतितवान् १ अर्थंगुरवेदेयं दक्षिणार्थंदक्षिणायै २ । ३ । ४ । ५ । ६ । ७ । ८ । ९ ततोगृहान्निर्गमाद्दूर्ध्वंमार्गेकृतसन्नाहोऽभूत् नेप्रणेदुर्यज्ञसेनमालक्ष्येतिशेषः । १० । ११ । १२ कुर्यामकुर्वीमहि १३ । १४ । १५ । १६

१७ । १८ । १९ । २० । २१ । २२ । २३ तुमुलंयुद्धमुपस्थितंश्रुत्वाचारमुखाच्चनुदृष्ट्वा कौरवाःनद्रवेतिच्छेदः नद्रवंतीतिनापितुद्रवंत्येवपांडवान्प्रतीत्यर्थः तथानदंतीत्यपिज्ञेयं २४ । २५
द्रुपदस्यशराघोराविचेरुःसर्वतोदिशम् ॥ ततःशंखाश्चभेर्यश्चमृदंगाश्चसहस्रशः १७ प्रावाद्यंतमहाराजपंचालानांनिवेशने ॥ सिंहनादश्चसंजज्ञेपंचालानांमहात्म
नाम् १८ धनुर्ज्यातलशब्दश्चसंस्पृश्यगगनंमहान् ॥ दुर्योधनोविकर्णश्चसुबाहुर्दीर्घलोचनः १९ दुःशासनश्चसंक्रुद्धःशरवर्षैरवाकिरन् ॥ सोऽतिविद्धोमहेष्वासः
पार्षतोयुधिदुर्जयः २० व्यधमत्तान्यनीकानितत्क्षणादेवभारत ॥ दुर्योधनंविकर्णंचकर्णंचापिमहाबलम् २१ नानानृपसुतान्वीरान्सैन्यानिविविधानिच ॥
अलातचक्रवत्सर्वंचरन्बाणैरतर्पयत् २२ ततस्तुनागराःसर्वेमुसलैर्यष्टिभिस्तदा ॥ अभ्यवर्षंतकौरव्यान्वर्षमाणाघनाइव २३ सबालवृद्धास्तेपौराःकौरवानभ्ययुस्त
दा ॥ श्रुत्वासुतुमुलंयुद्धंकौरवानेवभारत २४ द्रवंतिस्मनदंतिस्मक्रोशंतःपांडवान्प्रति ॥ पांडवास्तुस्वनंश्रुत्वाआर्त्तानांलोमहर्षणम् २५ अभिवाद्यततोद्रोणंरथा
नारुरुहुस्तदा ॥ युधिष्ठिरंनिवार्याशुमायुध्यस्वेतिपांडवम् २६ माद्रेयौचक्ररक्षौतुफाल्गुनश्चतदाऽकरोत् ॥ सेनाग्रगोभीमसेनःसदाऽभूद्गदयासह २७ तदाशत्रु
स्वनंश्रुत्वाभ्रातृभिःसहितोऽनघः ॥ आयाज्जवेनकौन्तेयोरथेनानादयन्दिशः २८ पंचालानांततःसेनामुद्भूतार्णवनिःस्वनाम् ॥ भीमसेनोमहाबाहुर्दंडपाणिरिवां
तकः २९ प्रविवेशमहासेनांमकरःसागरंयथा ॥ स्वयमभ्यद्रवद्भीमोनागानीकंगदाधरः ३० सयुद्धकुशलःपार्थोबाहुवीर्येणचातुलः ॥ अहनत्कुञ्जरानीकंगदया
कालरूपधृक् ३१ तेगजागिरिसंकाशाःक्षरंतोरुधिरंबहु ॥ भीमसेनस्यगदयाभिन्नमस्तकपिंडकाः ३२ पतंतिद्विरदाभूमौवज्रघातादिवाचलाः ॥ गजानश्वा
न्रथांश्चैवपातयामासपांडवः ३३ पदातींश्चरथांश्चैवन्यवधीदर्जुनाग्रजः ॥ गोपालइवदंडेनयथापशुगणान्वने ३४ चालयन्रथनागांश्चसंचचालवृकोदरः ॥ वैशंपाय
नउवाच ॥ भारद्वाजप्रियंकर्तुमुद्यतःफाल्गुनस्तदा ३५ पार्षतंशरजालेनक्षिपन्नागात्सपांडवः ॥ हयौघांश्चरथौघांश्चगजौघांश्चसमंततः ३६ पातयन्समरेराज
न्युगांताग्निरिवज्वलन् ॥ ततस्तेहन्यमानावैपंचालाःसृंजयास्तथा ३७ शरैर्नानाविधैस्तूर्णंपार्थंसंछाद्यसर्वशः ॥ सिंहनादंमुखैःकृत्वासमयुध्यंतपांडवम् ३८ तद्यु
द्धमभवद्घोरंसुमहाद्भुतदर्शनम् ॥ सिंहनादस्वनंश्रुत्वानामृष्यत्पाकशासनिः ३९ ततःकिरीटीसहसापंचालान्समरेऽद्रवत् ॥ छादयन्निषुजालेनमहतामोहयन्नि
व ४० शीघ्रमभ्यस्यतोबाणान्संदधानस्यचानिशम् ॥ नांतरंददृशेकिंचित्कौन्तेयस्ययशस्विनः ४१ सिंहनादश्चसंजज्ञेसाधुशब्देनमिश्रितः ॥ ततःपांचालराज
स्तुतथासत्यजितासह ४२ त्वरमाणोऽभिदुद्राबमहेन्द्रंशंबरोयथा ॥ महताशरवर्षेणपार्थःपांचालमावृणोत् ४३ ततोहलहलाशब्दआसीत्पांचालकेबले ॥ जिघृक्ष
तिमहासिंहोगजानामिवयूथपम् ४४ दृष्ट्वापार्थंतदाऽऽयांतंसत्यजित्सत्यविक्रमः ॥ पांचालंवैपरिप्रेप्सुर्धनंजयमदुद्रुवत् ४५ ततस्त्वर्जुनपांचालौयुद्धायसमुपाग
तौ ॥ व्यक्षोभयेतांतौसैन्यमिंद्रवैरोचनाविव ४६ ततःसत्यजितंपार्थोदशभिर्मर्मभेदिभिः ॥ विव्याधबलवद्गाढंतदद्भुतमिवाभवत् ४७
२६ । २७ । २८ । २९ । ३० । ३१ । ३२ । ३३ । ३४ । ३५ । ३६ । ३७ । ३८ । ३९ । ४० । ४१ । ४२ । ४३ । ४४ । ४५ । ४६ । ४७

म.भा.टी. ४८ । ४९ । ५० । ५१ । ५२ । ५३ । ५४ । ५५ तच्छिन्नंधनुस्ततउत्सृज्यचापंशरावरंतूणंचाददानंतमुद्दिश्यखड्गमुद्धृत्यसिंहनादमकरोदितिसंबंधः ५६ ईषारथस्ययुगचक्रयोः आदि०१ अ० ॥ १३८॥ ॥१३१॥

ततःशरशतैःपार्थंपांचालःशीघ्रमार्दयत् ॥ पार्थस्तुशरवर्षेणच्छाद्यमानोमहारथः ४८ वेगंचक्रेमहावेगोधनुर्ज्यामवमृज्यच ॥ ततःसत्यजितश्चापंछित्त्वाराजानमभ्ययात् ४९ अथान्यद्धनुरादायसत्यजिद्वेगवत्तरम् ॥ साश्वंससूतंसरथंपार्थंविव्याधसत्वरः ५० सतंनममृषेपार्थःपांचालेनार्दितोयुधि ॥ ततस्तस्यविनाशार्थंसत्वरंव्यसृजच्छरान् ५१ हयान्ध्वजंधनुर्मुष्टिमुभौतौपार्ष्णिसारथी ॥ सतथाभिद्यमानेषुकार्मुकेषुपुनःपुनः ५२ हयेषुविनियुक्तेषुविमुखोऽभवदाहवे ॥ ससत्यजितमालोक्यतथाविमुखमाहवे ५३ वेगेनमहताराजन्नभ्यवर्षतपांडवम् ॥ तदाचक्रेमहद्युद्धमर्जुनोजयतांवरः ५४ तस्यपार्थोधनुश्छित्त्वाध्वजंचोर्व्यामपातयत् ॥ पंचभिस्तस्यविव्याधहयान्सूतंचसायकैः ५५ ततउत्सृज्यतच्चापमाददानंशरावरम् ॥ खड्गमुद्धृत्यकौन्तेयःसिंहनादमथाकरोत् ५६ पांचालस्यरथस्येषामाप्लुत्यसहसाऽपतत् ॥ पांचालरथमास्थायअवित्रस्तोधनंजयः ५७ विक्षोभ्यांभोनिधिंपार्थस्तंनागमिवसोऽग्रहीत् ॥ ततस्तुसर्वपंचालाविद्रवंतिदिशोदश ५८ दर्शयन्सर्वसैन्यानांसबाह्वोर्बलमात्मनः ॥ सिंहनादस्वनंकृत्वानिर्जगामधनंजयः ५९ आयांतमर्जुनंदृष्ट्वाकुमाराःसहितास्तदा ॥ ममृदुस्तस्यनगरंद्रुपदस्यमहात्मनः ६० ॥ अर्जुनउवाच ॥ संबंधीकुरुवीराणांद्रुपदोराजसत्तमः ॥ मावधीस्तद्बलंभीमगुरुदानंप्रदीयताम् ६१ ॥ वैशंपायनउवाच ॥ भीमसेनस्तदाराजन्नर्जुनेननिवारितः ॥ अतृप्तोयुद्धधर्मेषुन्यवर्त्ततमहाबलः ६२ तेयज्ञसेनंद्रुपदंगृहीत्वारणमूर्धनि ॥ उपाजग्मुःसहामात्यंद्रोणायभरतर्षभ ६३ भग्नदर्पंहृतधनंतंतथावशमागतम् ॥ सवैरंमनसाध्यात्वाद्रोणोद्रुपदमब्रवीत् ६४ विमृद्यतरसाराष्ट्रंपुरंतेमृदितंमया ॥ प्राप्यजीवंरिपुवशंसखिपूर्वंकिमिष्यते ६५ एवमुक्त्वाप्रहस्यैवंकिंचित्सपुनरब्रवीत् ॥ माभैःप्राणभयाद्वीरक्षमिणोब्राह्मणावयम् ६६ आश्रमेक्रीडितंयत्तुत्वयाबाल्येमयासह ॥ तेनसंवर्द्धितःस्नेहःप्रीतिश्चक्षत्रियर्षभ ६७ प्रार्थयेयंत्वयासख्यंपुनरेवजनाधिप ॥ वरंददामितेराजन्राज्यस्यार्धमवाप्नुहि ६८ अराजाकिलनोराज्ञःसखाभवितुमर्हसि ॥ अतःप्रयतितंराज्येयज्ञसेनमयातव ६९ राजासिदक्षिणेकूलेभागीरथ्याऽहमुत्तरे ॥ सखायंमांविजानीहिपांचालयदिमन्यसे ७० ॥ द्रुपदउवाच ॥ अनाश्चर्यमिदंब्रह्मन्विक्रांतेषुमहात्मसु ॥ प्रीयेत्वयाऽहंत्वत्तश्चप्रीतिमिच्छामिशाश्वतीम् ७१॥ वैशंपायनउवाच ॥ एवमुक्तःसतंद्रोणोमोक्षयामासभारत ॥ सत्कृत्यचैनंप्रीतात्माराज्यार्धंप्रत्यपादयत् ७२ माकंदीमथगंगायास्तीरेजनपदायुताम्॥सोऽध्यावसद्दीनमनाःकांपिल्यंचपुरोत्तमम्७३दक्षिणांश्चापिपंचालान्यावच्चर्मण्वतीनदी॥द्रोणेनचैवंद्रुपदःपरिभूयाथपालितः ७४ क्षात्रेणचबलेनास्यनापश्यत्सपराजयम् ॥ हीनंविदित्वाचात्मानंब्राह्मेणसबलेनतु ७५ पुत्रजन्मपरीप्सन्वैपृथिवीमन्वसंचरत् ॥ अहिच्छत्रंचविषयंद्रोणःसमभिपद्यत७६

संलग्नमहादारु ५७ । ५८ । ५९ । ६० । ६१ । ६२ । ६३ । ६४ । ६५ । ६६ । ६७ । ६८ । ६९ । ७० । ७१ । ७२ । ७३ । ७४ । ७५ । ७६ ॥ १३९॥

॥ ७७ ॥ इतिश्रीमहाभारते आदिपर्वणिनीलकंठीये भारतभावदीपेअष्टत्रिंशदधिकशततमोऽध्यायः ॥ १३८ ॥ ॥ ॥ ॥ ततःसंवत्सरस्यांतेइति १ धृतिःप्रजानांधारणं । स्थैर्यमचाप
लं । सहिष्णुत्वंतितिक्षा समाहारद्वंद्वोयं । आनृशंस्यमनैष्टुर्यं । आर्जवमवक्रता । एतेभ्योहेतुभ्यःप्रजानामनुकंपार्थंधृतराष्ट्रेणपांडुपुत्रोयौवराज्यायस्थापितइतिद्वयोःसंबंधः २ अदीर्घेणे
तिच्छेदः शीलंविनयादिःसदाचारः । वृत्तंशौर्यतेजआदिमत्त्वाविष्करणं । समाधिःप्रजानांसमाधानं ३ । ४ । ५ क्षुरनाराचौपार्श्वधारतीक्ष्णाग्रावृजू । भल्लोबडिशवदुद्धरणकालेअंत्राण्यु

एवंराजन्नहिच्छत्रापुरीजनपदायुता ॥ युधिनिर्जित्यपार्थेनद्रोणायप्रतिपादिता ७७ ॥ इतिश्रीमहाभारतेआदिपर्वणिसंभवपर्वणिद्रुपदशासनेऽष्टत्रिंशदधिकशत
तमोऽध्यायः ॥ १३८ ॥ ॥ वैशंपायनउवाच ॥ ततःसंवत्सरस्यांतेयौवराज्यायपार्थिव ॥ स्थापितोधृतराष्ट्रेणपांडुपुत्रोयुधिष्ठिरः १ धृतिस्थैर्यसहिष्णु
त्वादानृशंस्यात्तथाऽऽर्जवात् ॥ भृत्यानामनुकंपार्थंतथैवस्थिरसौहृदात् २ ततोऽदीर्घेणकालेनकुंतीपुत्रोयुधिष्ठिरः ॥ पितुरंतर्दधेकीर्तिंशीलवृत्तसमाधिभिः ३ अ
सियुद्धेगदायुद्धेरथयुद्धेचपांडवः ॥ संकर्षणादशिक्षद्वैशश्वच्छिक्षांवृकोदरः ४ समाप्तशिक्षोभीमस्तुद्युमत्सेनसमोबले ॥ पराक्रमेणसंपन्नोभ्रातॄणामचरद्वशे ५ प्र
गाढदृढमुष्टित्वेलाघवेवेधनेतथा ॥ क्षुरनाराचभल्लानांविपाठानांचतत्त्ववित् ६ ऋजुवक्रविशालानांप्रयोक्ताफाल्गुनोऽभवत् ॥ लाघवेसौष्ठवेचैवनान्यःकश्चनविद्यते
७ बीभत्सुसदृशोलोकेइतिद्रोणोव्यवस्थितः ॥ ततोऽब्रवीद्गुडाकेशंद्रोणःकौरवसंसदि ८ अगस्त्यस्यधनुर्वेदेशिष्योममगुरुःपुरा ॥ अग्निवेशइतिख्यातस्तस्यशि
ष्योऽस्मिभारत ९ तीर्थात्तीर्थंगमयितुमहमेतत्समुद्यतः ॥ तपसायन्मयाप्राप्तममोघमशनिप्रभम् १० अस्त्रंब्रह्मशिरोनामयद्दहेत्पृथिवीमपि ॥ ददतागुरुणाचो
क्तंनमनुष्येष्विदंत्वया ११ भारद्वाजविमोक्तव्यमल्पवीर्येष्वपिप्रभो ॥ त्वयाप्राप्तमिदंवीरदिव्यंनान्योर्हतितिविदम् १२ समयस्तुत्वयारक्ष्योमुनिसृष्टोविशांपते ॥
आचार्यदक्षिणांदेहिज्ञातिग्रामस्यपश्यतः १३ ददानीतिप्रतिज्ञातेफाल्गुनेनाब्रवीद्गुरुः ॥ युद्धेऽहंप्रतियोद्धव्योयुध्यमानस्त्वयाऽनघ १४ तथेतिचप्रतिज्ञायद्रो
णायकुरुपुंगवः ॥ उपसंगृह्यचरणौसप्रायादुत्तरांदिशम् १५ स्वभावादगमच्छब्दोमहींसागरमेखलाम् ॥ अर्जुनस्यसमोलोकेनास्तिकश्चिद्धनुर्धरः १६ गदायुद्धेऽसि
युद्धेचरथयुद्धेचपांडवः ॥ पारगश्चधनुर्युद्धेबभूवाथधनंजयः १७ नीतिमान्सकलांनीतिंविबुधाधिपतेस्तदा ॥ अवाप्यसहदेवोऽपिभ्रातॄणांववृतेवशे १८ द्रोणेनैववि
नीतश्चभ्रातॄणांनकुलःप्रियः ॥ चित्रयोधीसमाख्यातोबभूवातिरथोदितः १९ त्रिवर्षकृतयज्ञस्तुगंधर्वाणामुपप्लवे ॥ अर्जुनप्रमुखैःपार्थैःसौवीरःसमरेहतः २०

द्धृह्णातीतिवक्रः । विपाठोविशालोवैशाखीमुखवत् ६ । ७ गुडाकानिद्रातस्याईशमर्जुनंजितनिद्रं ८ । ९ तीर्थात्पात्रात्पात्रांतरंगमयितुं संप्रदायाविच्छेदार्थमित्यर्थः १० । ११ अल्पवी
र्येष्वमानुषेषु त्वयाग्राहान्मांमोचयताप्राप्तंप्रागेव १२ समयोदिव्याअभावादनंतरंगुरवेदक्षिणादानं १३ । १४ उत्तरामुत्कृष्टतरांदिशमुपदेशंप्रायात्प्राप्तवान् चरणावुपसंगृह्याचार्याद्ब्रह्मशिरोऽस्त्रंल
ब्धवानित्यर्थः १५ । १६ । १७ विबुधाधिपतेर्देवाचार्याद्रोणरूपात् १८ विनीतःशिक्षितः अतिरथेपूदितःख्यातः १९ त्रिवर्षेति । गंधर्वोपप्लवेऽपियस्यसौवीरस्ययज्ञोनविहतइत्यनेनतस्यदु
र्जयत्वमुक्तंअतिदुर्जयोऽपिसोऽर्जुनेनहतइत्यन्वयः २०

२१ शस्तोहिंसितः शसुहिंसायां २२ । २३ । २४ । २५ वव्रधुर्वैवृधतवंतः २६ । २७ ॥ इतिआदिपर्वणिनीलकंठीयेभारतभावदीपेऊनचत्वारिंशदधिकशततमोऽध्यायः ॥ १३९ ॥ ॥
श्रुत्वेति । उद्रिक्तानधिकान् १ राजशास्त्रंदंडनीतिशास्त्रं २ उत्सक्ताउत्कर्षेणसर्वत्रव्याप्ताः षंजसंगेऽस्यरूपं । असूयेगुणनत्त्वेऽपिदोषत्वेनपश्यामि । तेभ्यइतिचतुर्थ्यातेषुकोपादेवंपश्यामि
नत्वज्ञानादितिगम्यते । क्रुधद्रुहेतिस्मरणात् । पांडवैःसहसंधिकारणंविग्रहकारणंवातयोरन्यतरप्रयोजकंसंधिविग्रहकारणंत्वंममाचक्ष्व ३ । ४ ब्राह्मणोऽयंतीक्ष्णमेवोपायंवदतीतिप्रसक्ताऽभ्य
सूयानकार्येत्याह नमेइति ५ भीमसेनदुर्योधनयोरर्जुनकर्णयोश्चवैरस्याचिकित्स्यत्वात्संभावनीयंसंधित्यक्त्वाविग्रहमेवाश्रित्याह नित्यमिति । उद्यतोनतुक्षिप्तोदंडोयेनसतथा अपकृष्टान्भीषये
देवनतूच्छिद्यान्नवाउपेक्षेतेतिभावः । समेपुनित्यंविवृतपौरुषःस्यात् । समानउत्कृष्टंवलंसंपाद्यहन्यादेवेत्यर्थः । उत्कृष्टेषुवशत्रुष्वच्छिद्रःस्यात् । स्वस्यन्यूनंकोशबलादिकंतेयथानजानंतितथा

नशशाकवशेकर्तुंयंपांडुरपिवीर्यवान् ॥ सोऽर्जुनेनवशंनीतोराजाऽऽसीद्यवनाधिपः २१ अतीवबलसंपन्नःसदामानीकुरून्प्रति ॥ विपुलोनामसौवीरःशस्तःपार्थे
नधीमता २२ दत्तामित्रइतिख्यातंसंग्रामेकृतनिश्चयम् ॥ सुमित्रंनामसौवीरमर्जुनोदमयच्छरैः २३ भीमसेनसहायश्चरथानामयुतंचसः ॥ अर्जुनःसमरेप्राच्या
न्सर्वानेकरथोऽजयत् २४ तथैवैकरथोगत्वादक्षिणामजयद्दिशम् ॥ धनौघंप्रापयामासकुरुराष्ट्रंधनंजयः २५ एवंसर्वेमहात्मानःपांडवामनुजोत्तमाः ॥ परराष्ट्रा
णिनिर्जित्यस्वराष्ट्रंववृधुःपुरा २६ ततोबलमतिख्यातंविज्ञायदृढधन्विनाम् ॥ दूषितःसहसाभावोधृतराष्ट्रस्यपांडुषु ॥ सचिंतापरमोराजाननिद्रामलभन्निशि २७
॥ इतिश्रीमहाभारतेआदिपर्वणिसंभवपर्वणिधृतराष्ट्रचिंतायामूनचत्वारिंशदधिकशततमोऽध्यायः ॥ १३९ ॥ वैशंपायनउवाच ॥ श्रुत्वापांडुसुतान्वीरान्बलोद्रि
क्तान्महौजसः ॥ धृतराष्ट्रोमहीपालश्चिंतामगमदातुरः १ ततआहूयमंत्रज्ञंराजशास्त्रार्थवित्तमम् ॥ कणिकंमंत्रिणांश्रेष्ठंधृतराष्ट्रोऽब्रवीद्वचः २ ॥ धृतराष्ट्रउवाच ॥
उत्सक्ताःपांडवानित्यंतेभ्योऽसूयेद्विजोत्तम ॥ तत्रमेनिश्चिततमंसंधिविग्रहकारणम् ॥ कणिकत्वंममाचक्ष्वकरिष्येवचनंतव ३ ॥ वैशंपायनउवाच ॥ सप्रसन्नम
नास्तेनपरिपृष्टोद्विजोत्तमः ॥ उवाचवचनंतीक्ष्णंराजशास्त्रार्थदर्शनम् ४ शृणुराजन्निदंतत्रप्रोच्यमानंमयाऽनघ ॥ नमेऽभ्यसूयाकर्त्तव्याश्रुत्वैतत्कुरुसत्तम ५ नित्य
मुद्यतदंडःस्यान्नित्यंविवृतपौरुषः ॥ अच्छिद्रश्छिद्रदर्शीस्यात्परेषांविवरानुगः ६ नित्यमुद्यतदंडाद्धिभृशमुद्विजतेजनः ॥ तस्मात्सर्वाणिकार्याणिदंडेनैवविधा
रयेत् ७ नास्यच्छिद्रंपरःपश्येच्छिद्रेणपरमन्वियात् ॥ गूहेत्कूर्मइवांगानिरक्षेद्विवरमात्मनः ८ नासम्यक्कृतकारीस्यादुपक्रम्यकदाचन ॥ कंटकोह्यपिदुश्छिन्नआ
स्रावंजनयेच्चिरम् ९ वधमेवप्रशंसंतिशत्रूणामपकारिणाम् ॥ सुविदीर्णंसुविक्रांतंसुयुद्धंसुपलायितम् १०

स्थेयं । छिद्रदर्शीदूरामात्यत्वप्रतिकूलदेशावस्थितत्वादीनिच्छिद्राणितद्दर्शीस्यात् । तथाभूत्वाचतदेवविवरमनुसृत्यशत्रुंहन्यादित्याह परेषांविवरानुगइति ६ अस्यश्लोकस्याद्यंपादंव्याचष्टे
नित्यमिति ७ तस्यैवोत्तरार्धंव्याचष्टे नास्येति । अंगानिसहायसाधनोपायादीनिगूहेत्संवृणुयात् । तथाचैनमगणयन्शत्रुश्छिद्रैतैरेवांगैःप्रहर्त्तव्यइतिभावः आत्मनोविवरंरक्षेद्गूहेत् ८ तथास्व
यंसम्यक्कात्स्र्न्येनकृतंनिष्पादितंकार्यंतत्करणशीलःस्यात् । शत्रुशेषंनावशेषयेदित्यर्थः । तत्रदृष्टांतः कंटकइति । दुश्छिन्नोऽर्धच्छिन्नः आस्रावंव्रणं ९ उपसंहरति वधमिति । कथंवधःकर्त्तव्य
इत्याह सुविदीर्णमिति । सुविक्रांतमपिशत्रुंकालेआपद्यापन्नमालभ्यसुविदीर्णंविनष्टंकुर्वीत । तथासुयुद्धमपिशत्रुमापदिकालेसुपलायितंकुर्वीत । यस्यचभावेनभावलक्षणमितिसप्तमी । आ
पदाशत्रोर्विदारणकालोलक्षणीयइत्यर्थः । आपदिआपदीतिद्वित्वं यदाशत्रोरापत्तदातदैतत्कर्त्तव्यंनत्वनुबंधादिकंसौभ्रात्रादिकंवाविचारयेत् सार्धश्लोकः १०

मध्यमंप्रत्येवमुक्त्वाऽधमोऽपिनोपेक्षणीयइत्याह नावज्ञेयइति ११ आश्रयोदुर्गादिः इंधनमग्नेस्तस्यसंश्रयाद्बलात् । आश्रयाभावेतुसकिंकुर्यात्तत्राह अंधइति । सद्यंधवेलायांरात्रौ । 'अंधंतुतिमिरेक्लीबे'इतिमेदिनी । सामर्थ्यप्रतिघातसमयेऽन्धोहीनोपकरणःस्याद्भवेत् । शस्त्रंत्यक्त्वाशत्रुंशरणमेतीत्यर्थः । बाधिर्यमपिचाश्रयेत् तदानींधिक्कृतोऽप्यश्रुतवदेवतत्क्षत्वाक्षमेत १२ अयंशत्रुश्चापंतृणंतृणवन्निष्प्रयोजनंकुर्यात् क्षात्रंधर्मंत्यक्त्वाशत्रुगृहेभिक्षाभुगपिस्यादित्यर्थः । ननुसिद्धस्तर्हिपुरुषार्थइतिचेत्तत्राह । शयीतमृगशायिकां मृगहंतुःशय्यांशयीतशेते । यथाव्याधोमृगान्विश्वासयितुंमृपानिद्रातिविश्वस्तेषुचतेषुप्रहरत्येवंसहंतुमेवाकारंगोपयतीत्यर्थः । उपसंहरति सांत्वेति । तुनस्मात् तमेवंकपटेनवशेस्थितंस्वयमपिसांत्वादिनाविश्वास्यहन्यादेवेत्यर्थः १३ । १४ बलाधिकमुद्दिश्याह हन्यादिति । अमित्रंसहजशत्रुंदायादंदानेनतत्परिचारकान्वशीकृत्यविषाद्युपायैर्हन्यात् । तथासंप्रतिदासभूतमपिपूर्वापकारिणंहन्यादेवेत्युक्तंभवति अत्रोपायमाह इन्यादिति । परपक्षस्यक्लृप्तान्ऐश्वर्यमंत्रोत्साहान् ऐश्वर्यंतदीयदुर्गाद्याक्रमणेन । मंत्रंचारैः । उत्साहमाप्तद्वारातेजोवधेन । तथापंचैतेत्वयायौवराज्याद्भ्रंशनीयाइतिभावः तथापंच 'अमात्यराष्ट्रदुर्गाणि

आपद्यापदिकालेचकुर्वीतनविचारयेत् ॥ नावज्ञेयोरिपुस्तातदुर्बलोऽपिकथंचन ११ अल्पोऽप्यग्निर्वनंकृत्स्नंदहत्याश्रयसंश्रयात् ॥ अंधःस्यादंधवेलायांबाधिर्यमपिचाश्रयेत् १२ कुर्यात्तृणमयंचापंशयीतमृगशायिकाम् ॥ सांत्वादिभिरुपायैस्तुहन्याच्छत्रुंवशेस्थितम् १३ दयानतस्मिन्कर्त्तव्याशरणागतइत्युत ॥ निरुद्विग्नोहिभवतिनहताज्जायतेभयम् १४ हन्यादमित्रंदानेनतथापूर्वापकारिणम् ॥ हन्यात्त्रीन्पंचसप्तेतिपरपक्षस्यसर्वशः १५ मूलमेवादितश्छिंद्यात्परपक्षस्यनित्यशः ॥ ततःसहायांस्तत्पक्षान्सर्वांश्चतदनंतरम् १६ छिन्नमूलेह्यधिष्ठानेसर्वेतज्जीविनोहताः ॥ कथंनुशाखास्तिष्ठेरंश्छिन्नमूलेवनस्पतौ १७ एकाग्रःस्यादविवृतोनित्यंविवरदर्शकः ॥ राजन्नित्यंसपत्नेषुनित्योद्विग्नःसमाचरेत् १८ अग्न्याधानेनयज्ञेनकाषायेणजटाजिनैः ॥ लोकान्विश्वासयित्वैवततोलुंपेद्यथावृकः १९ अंकुशंशौचमित्याहुरर्थानामुपधारणे ॥ आनाम्यफलितांशाखांपक्वंपक्वंप्रशातयेत् २० फलार्थोऽयंसमारंभोलोकेपुंसांविपश्चिताम् ॥ वहेदमित्रंस्कंधेनयावत्कालस्यपर्ययः २१ ततःप्रत्यागतेकालेभिंद्याद्घटमिवाश्मनि ॥ अमित्रोनविमोक्तव्यःकृपणंबह्वपिब्रुवन् २२ कृपानतस्मिन्कर्त्तव्याहन्यादेवापकारिणम् ॥ हन्यादमित्रंसांत्वेनतथादानेनवापुनः २३ तथैवभेददंडाभ्यांसर्वोपायैःप्रशातयेत् ॥ ॥ धृतराष्ट्रउवाच ॥ ॥ कथंसांत्वेनदानेनभेदैर्दण्डेनवापुनः २४ ॥ ॥ ॥

कोशोदंडश्चपंचमः' इतिप्रकृतिपंचकहननेशत्रोरैश्वर्यभ्रंशोभवतीत्यर्थः । दंडोऽत्रसैन्यं । 'साम्नादानेनभेदेनदंडेनोद्बंधनेनवा ॥ विषेणवन्हिनावाऽपिप्रकृतीःपंचनिर्हरेत्'इत्याह । सप्तेति । उद्बंधनंप्रमत्तस्यपाशेनमारणं । यद्वा उद्बंधनादिनामूलंशत्रुमेवनाशयेत् १५ अन्नपानतांबूलादिद्वारातद्भृत्यान्भेदयित्वाविषादिनानाशयेत्किमितरैरित्याह मूलमेवेति १६ । १७ एकाग्रःएकःशत्रुरेवाऽग्रेदृष्टिगोचरोयस्यतादृशःस्यात् अन्यत्रमनोनदद्यात् । अविवृतोगुप्तांगः । विवरदर्शकः परच्छिद्रंद्रष्टुमिसर्थः । नित्योद्विग्नः विश्वासंकृत्वाक्वचिदपिनिश्चितोनभवेदित्यर्थः । दर्शकइतिक्रियायांक्रियार्थायांण्वुल् १८ दंभादिनाऽपिशत्रुर्जेयइत्याह अग्न्याधानेनेति १९ अंकुशंअंकुशवत्परचित्ताकर्षणं । शौचमग्न्याधानादि । अत्रदृष्टांतः आनाम्येति । आनामयित्वा २० एतत्प्रयोजनमाह फलार्थइति । फलंशत्रुवधः प्रसिद्धंच सेवयानिर्दयत्वेनशत्रुंहन्यादित्याह वहेदित्यादिना २१ । २२ । २३ । २४ ॥ ॥ ॥

२५ । २६ बभ्रुर्नकुलः मृगयूथपंमहांतंहरिणं २७ । २८ । २९ । ३० मूषिकेणआर्द्रपद्भक्षितैः ३१ । ३२ । ३३ । ३४ । ३५ मृगराजस्यव्याघ्रस्य ३६ । ३७ । ३८ । ३९

अमित्रःशक्यतेहंतुंतन्मेब्रूहियथातथम् ॥ कणिकउवाच ॥ शृणुराजन्यथावृत्तंवनेनिवसतःपुरा २५ जंबुकस्यमहाराजनीतिशास्त्रार्थदर्शिनः ॥ अथकश्चित्कृतप्रज्ञः शृगालःस्वार्थपंडितः २६ सखिभिर्न्यवसत्सार्धंव्याघ्राखुवृकबभ्रुभिः ॥ तेऽपश्यन्विपिनेतस्मिन्बलिनंमृगयूथपम् २७ अशक्ताग्रहणेतस्यततोमंत्रममंत्रयन् ॥ जंबुकउवाच ॥ असकृद्यतितोह्येषहन्तुंव्याघ्रवनेत्वया २८ युवावैजवसंपन्नोबुद्धिशालीनशक्यते ॥ मूषिकोऽस्यशयानस्यचरणौभक्षयत्वयम् २९ अथैनंभक्षितैःपादैर्व्याघ्रोगृह्णातुवैततः ॥ ततोवैभक्षयिष्यामःसर्वेमुदितमानसाः ३० जंबुकस्यतुतद्वाक्यंतथाचक्रुःसमाहिताः ॥ मूषिकाभक्षितैःपादैर्मृगंव्याघ्रोऽवधीत्तदा ३१ दृष्ट्वैवाचेष्टमानंतुभूमौमृगकलेवरम् ॥ स्नात्वाऽऽगच्छतभद्रंवोरक्षामीत्याहजंबुकः ३२ शृगालवचनात्तेऽपिगताःसर्वेनदींततः ॥ सचिंतापरमोभूत्वातस्थौतत्रैवजंबुकः ३३ अथाजगामपूर्वंतुस्नात्वाव्याघ्रोमहाबलः ॥ ददर्शजंबुकंचैवचिंताकुलितमानसम् ३४ ॥ व्याघ्रउवाच ॥ किंशोचसिमहाप्राज्ञत्वंनोबुद्धिमतांवरः ॥ अशित्वापिशितान्यद्यविहरिष्यामहेवयम् ३५ ॥ जंबुकउवाच ॥ शृणुमेत्वंमहाबाहोयद्वाक्यंमूषिकोऽब्रवीत् ॥ धिग्बलंमृगराजस्यमयाऽद्यायंमृगोहतः ३६ मद्बाहुबलमाश्रित्यतृप्तिमद्यगमिष्यति ॥ गर्जमानस्यतस्यैवमतोभक्ष्यंनरोचये ३७ ॥ व्याघ्रउवाच ॥ ब्रवीतियदिसह्येवंकालेह्यस्मिन्प्रबोधितः ॥ स्वबाहुबलमाश्रित्यहनिष्येऽहंवनेचरान् ३८ खादिष्येतत्रमांसानिइत्युक्त्वाप्रस्थितोवनम् ॥ एतस्मिन्नेवकालेतुमूषिकोऽप्याजगामह ३९ तमागतमभिप्रेत्यशृगालोऽप्यब्रवीद्वचः ॥ जंबुकउवाच ॥ शृणुमूषिकभद्रंतेनकुलोयदिहाब्रवीत् ४० मृगमांसंनखादेयंगरमेतन्नरोचते ॥ मूषिकंभक्षयिष्यामितद्भवाननुमन्यताम् ४१ तच्छ्रुत्वामूषिकोवाक्यंसंत्रस्तःप्रगतोबिलम् ॥ ततःस्नात्वासवैतत्रआजगामवृकोनृप ४२ तमागतमिदंवाक्यमब्रवीज्जंबुकस्तदा ॥ मृगराजोहिसंक्रुद्धोनतेसाधुभविष्यति ४३ सकलत्रस्त्विहायातिकुरुष्वयदनंतरम् ॥ एवंसंचोदितस्तेनजंबुकेनतदावृकः ४४ ततोऽवलुंपनंकृत्वाप्रयातःपिशिताशनः ॥ एतस्मिन्नेवकालेतुनकुलोऽप्याजगामह ४५ तमुवाचमहाराजनकुलंजंबुकोवने ॥ स्वबाहुबलमाश्रित्यनिर्जितास्तेऽन्यतोगताः ४६ ममदत्वानियुद्धंत्वंभुंक्ष्वमांसंयथेप्सितम् ॥ नकुलउवाच ॥ मृगराजोवृकश्चैवबुद्धिमानपिमूषिकः ४७ निर्जितायत्त्वयावीरास्तस्माद्वीरतरोभवान् ॥ नत्वयाऽप्युत्सहेयोद्धुमित्युक्त्वासोऽप्युपागमत् ४८ ॥ कणिकउवाच ॥ एवंतेषुप्रयातेषुजंबुकोहृष्टमानसः ॥ खादतिस्मतदामांसमेकःसन्मंत्रनिश्चयात् ४९ एवंसमाचरन्नित्यंसुखमेधेतभूपतिः ॥ भयेनभेदयेद्भीरुंशूरमंजलिकर्मणा ५० लुब्धमर्थप्रदानेनसमंन्यूनंतथौजसा ॥ एवंतेकथितंराजन्शृणुचाप्यपरंतथा ५१ ॥ ॥ ॥ ॥ ॥ ॥ ॥

४० गरंगरवद्दुष्पचंव्याघ्राभिस्पृष्टत्वात् ४१ । ४२ । ४३ । ४४ अवलुंपनं गात्रसंकोचनं वर्त्मांतरेणगमनमित्यन्ये ४५ । ४६ । ४७ । ४८ । ४९ भयेनेति । अत्रव्याघ्रस्यसाम्नाआखुवृकयोर्व्याघ्राद्भयदर्शनेननकुलस्यओजसास्वसामर्थ्येनचबुद्धिभेदःकृतः ५० । ५१ ॥ ॥ ॥ ॥ ॥ ॥ ॥

हंतव्याइत्यत्रकर्तव्याइतिपाठेऽपिच्छेत्तव्याइत्येवार्थः कृहिंसायामित्यस्यरूपं । भूतिवर्धनाइतिपाठेभूतिच्छेदनाः ५२ उभौजिगीषूतुल्योपायतयासंशयापनौचेच्छ्रद्धावान्योमदुक्तादरवान्सवर्धते । 'श्रद्धा
दरेचकांक्षायां'इतिमेदिनी ५३ ननुज्येष्ठोयुधिष्ठिरःकथंहंतव्यइत्याशंक्याह गुरोरिति ।अवलिप्तस्यभ्रातृबलेनगर्वितस्य । धृतराष्ट्रस्यराज्यंपांडौन्यासभूतमित्यजानतोराज्यलुब्धस्यशासनंकार्यमेव ५४
अपध्वंसेत्कुत्सयेत् ५५ । ५६ अस्यएनं विचलितेविचलनेसति ५७ । ५८ अनुप्राप्तवधःशीघ्रंहंतुमिष्टश्चौरादिः । अधनादरिद्राःसंतोनास्तिकाःपरलोकश्रद्धारहितास्तान्चौरांश्च । एवंधर्मे
पक्षपातंप्रदर्शयेदित्याशयः ५९ प्रतिविश्रब्धघातीअत्यंतविश्रब्धहननशीलः । तीक्ष्णदंष्ट्रोनिमग्नकः गाढंप्रहरेद्यथापुनर्नोन्मज्जेदित्यर्थः ६० योऽन्यंहंतुमिच्छतितमन्योऽपिजिघांसतीतिस्वय

पुत्रःसखावाभ्रातावापितावायदिवागुरुः ॥ रिपुस्थानेषुवर्त्तन्तोहंतव्याभूतिमिच्छता ५२ शपथेनाप्यरिंहन्यादर्थदानेनवापुनः ॥ विषेणमाययावाऽपिनोपेक्षेतक
थंचन ॥ उभौचेत्संशयोपेतौश्रद्धावांस्तत्रवर्द्धते ५३ गुरोरप्यवलिप्तस्यकार्याकार्यमजानतः ॥ उत्पथप्रतिपन्नस्यन्याय्यंभवतिशासनम् ५४ क्रुद्धोऽप्यक्रुद्धरूपः
स्यात्स्मितपूर्वाभिभाषिता ॥ नचाप्यन्यमपध्वंसेत्कदाचित्कोपसंयुतः ५५ प्रहरिष्यन्प्रियंब्रूयात्प्रहरन्नपिभारत ॥ प्रहृत्यचकृपायीतशोचेतचरुदेतच ५६ आ
श्वासयेच्चापिपरंसांत्वधर्मार्थवृत्तिभिः ॥ अथास्यप्रहरेत्कालेयदाविचलितेपथि ५७ अपिघोरापराधस्यधर्ममाश्रित्यतिष्ठतः ॥ सहिप्रच्छाद्यतेदोषःशैलोमेघैरिवासितैः
५८यःस्यादनुप्राप्तवधस्तस्यागारंप्रदीपयेत् ॥ अधनान्नास्तिकांश्चौरान्विषयेस्वेनवासयेत् ५९ प्रत्युत्थानासनाद्येनसंप्रदानेनकेनचित् ॥ प्रतिविश्रब्धघातीस्या
त्तीक्ष्णदंष्ट्रोनिमग्नकः ६० अशंकितेभ्यःशंकेतशंकितेभ्यश्चसर्वशः ॥ अशंक्याद्भयमुत्पन्नमपिमूलंनिकृंतति ६१ नविश्वसेदविश्वस्तेविश्वस्तेनातिविश्वसेत् ॥ विश्वासा
द्भयमुत्पन्नंमूलान्यपिनिकृंतति ६२ चारःसुविहितःकार्यआत्मनश्चपरस्यवा ॥ पाषंडांस्तापसादींश्चपरराष्ट्रेषुयोजयेत् ६३ उद्यानेषुविहारेषुदेवतायतनेषुच ॥
पानागारेषुरथ्यासुसर्वतीर्थेषुचाप्यथ ६४ चत्वरेषुचकूपेषुपर्वतेषुवनेषुच ॥ समवायेषुसर्वेषुसरित्सुचविचारयेत् ६५ वाचाभृशंविनीतःस्याद्धृदयेनतथाक्षुरः ॥
स्मितपूर्वाभिभाषीस्यात्सृष्टोरौद्रेणकर्मणा ६६ अंजलिःशपथःसांत्वंशिरसापादवंदनम् ॥ आशाकरणमित्येवंकर्त्तव्यंभूतिमिच्छता ६७ सुपुष्पितःस्यादफलःफल
वान्स्याद्दुरारुहः ॥ आमःस्यात्पक्वसंकाशोनचजीर्येतकर्हिचित् ६८ ॥ ॥ ॥ ॥ ॥

मशंकितेभ्यइति ६१ सर्वत्रशंकावतःकिमपिकार्यंनसिद्ध्यतीत्याशंक्याह नेति ६२ सुविहितःसम्यक्परीक्षितः ६३ उद्यानादिस्थानेषुयेसमवायाजनसमूहास्तेषु । तीर्थेषु ' मंत्रीपुरोहितश्चैव
युवराजश्चभूपतिः ॥ पंचमोद्वारपालश्चषष्ठोऽन्तर्वेशिकस्तथा ॥ कारागाराधिकारीचद्रव्यसंचयकृत्तथा ॥ कृत्याकृत्येषुचार्थानांनवमोविनियोजकः ॥ प्रदेष्टानगराध्यक्षःकार्यनिर्माणकृत्तथा ॥ धर्माध्य
क्षःसभाध्यक्षोदंडपालस्त्रिपंचमः ॥ षोडशोदुर्गपालश्चतथाराष्ट्रांतपालकः ॥ अटवीपालकांतानितीर्थान्यष्टादशैवतु'इतिनीति शास्त्रोक्तेषु विचारयेत्चारद्वाराशत्रुंचिकीर्षितुमितिशेषः ६४।६५।६६
आशाकरणंतुभ्यंधनादिकंदास्येइत्युक्त्याप्रलोभनंभूतिमिच्छताभूतिकामस्यैवैतदुचितंनपरलोककामस्येत्यर्थः ६७ अस्मिन्नर्थेनीतिशास्त्रीयंवृक्षरूपकश्लोकमाह सुपुष्पितइति । पुष्पितःशब्देनैवफलाशांद
र्शयेन्नतुफलं । दर्शितस्यप्राप्तावपिविघ्नंयोजयेत् प्राप्तमप्यप्राप्तवत् आमःपक्वोभूत्वातिष्ठेत् । नचजीर्येतधनव्ययेनशत्रून्पोषयित्वाहीयेत ६८ ॥ ॥ ॥

एवंनानोपायैःशत्रूणांदंडमुक्त्वानीतिमाह त्रिवर्गइति । त्रिवर्गेधर्मार्थकामेषुत्रिविधात्रिप्रकारापीडा । एकएकैकेनप्रकारेणपीड्यतइत्यर्थः । तथाअनुपश्चाद्बध्यतइत्यनुबंधःफलंतदपितथैवत्रिविधंशुभं । पीडास्तुनशुभाः । त्रिवर्गेपरस्परापीडयासेवेतेत्यर्थः ६९ तत्रपीडामाह धर्ममिति । धर्ममत्यंतंविचरतःपुंसोद्वाभ्यामर्थकामाभ्यांधनव्ययब्रह्मचर्योपक्षिप्ताभ्यांपीडाचित्तवैकल्यंभवति । साऽपिपुंसःपीडाधर्मंनियच्छतिनिगृह्णाति । कर्तुःपीडैवधर्मपीडेत्यर्थः । एवमर्थंचाप्यर्थलुब्धस्यकामंचातिप्रवर्तिनइतिव्याख्येयं । लुब्धस्यार्थंविचरतःपुंसोद्वाभ्यांकामधर्माभ्यांपीडिताभ्यांपीडाभवति । सापीडार्थंनियच्छति । एवमतिप्रवर्तिनःकामंविचरतःपुंसोद्वाभ्यांधर्मार्थाभ्यांपीडाभवति । साऽपिपीडाकामंनियच्छतीतियोज्यं । अर्थस्यकामस्येतिपाठेकर्मणिषष्ठ्यौ ७० । ७१ समर्थोधर्ममाचरेदित्यनेनपूर्वोक्तंसर्वंकौटिल्यादिकमापद्येवकार्यंनान्यथेत्युक्तं ७२ संशयंप्राणसंकटं ७३ परिभवेत्तशोकेन तमतीतेननलरामाद्याख्यानेन । अनागतेकालांतरेतवश्रेयोभविष्यतीत्याशा

त्रिवर्गेत्रिविधापीडाह्यनुबंधस्तथैवच ॥ अनुबंधाःशुभाज्ञेयाःपीडास्तुपरिवर्जयेत् ६९ धर्मंविचरतःपीडासाऽपिद्वाभ्यांनियच्छति ॥ अर्थंचाप्यर्थलुब्धस्यकामंचातिप्रवर्तिनः ७० अगर्वितात्मायुक्तश्चसांत्वयुक्तोऽनसूयिता ॥ अवेक्षितार्थःशुद्धात्मामंत्रयीतद्विजैःसह ७१ कर्मणायेनकेनैवमृदुनादारुणेनच ॥ उद्धरेद्दीनमात्मानंसमर्थोधर्ममाचरेत् ७२ नसंशयमनारुह्यनरोभद्राणिपश्यति ॥ संशयंपुनरारुह्ययदिजीवतिपश्यति ७३ यस्यबुद्धिःपरिभवेत्तमतीतेनसांत्वयेत् ॥ अनागतेनदुर्बुद्धिंप्रत्युत्पन्नेनपंडितम् ७४ योऽरिणासहसंधायशयीतकृतकृत्यवत् ॥ सवृक्षाग्रेयथासुप्तःपतितःप्रतिबुध्यते ७५ मंत्रसंवरणेयत्नःसदाकार्योऽनसूयता ॥ आकारमभिरक्षेत्चारेणाप्यनुपालितः ७६ नाच्छित्वापरमर्माणिनाकृत्वाकर्मदारुणम् ॥ नाहत्वामत्स्यघातीवप्राप्नोतिमहतींश्रियम् ७७ कर्शितंव्याधितंक्लिन्नमपानीयमघासकम् ॥ परिविश्वस्तमंदंचप्रहर्तव्यमरेर्बलम् ७८ नार्थिकोर्थिनमभ्येतिकृतार्थेनास्तिसंगतम् ॥ तस्मात्सर्वाणिसाध्यानिसावशेषाणिकारयेत् ७९ संग्रहेविग्रहेचैवयत्नःकार्योऽनसूयता ॥ उत्साहश्चापियत्नेनकर्तव्योभूतिमिच्छता ८० नास्यकृत्यानिबुध्येरन्मित्राणिरिपवस्तथा ॥ आरब्धान्येवपश्येरन्सुपर्यवसितान्यपि ८१ भीतवत्संविधातव्यंयावद्भयमनागतम् ॥ आगतंतुभयंदृष्ट्वाप्रहर्तव्यमभीतवत् ८२ दंडेनोपनतंशत्रुमनुगृह्णातियोनरः ॥ समृत्युमुपगृह्णीयाद्गर्भमश्वतरीयथा ८३ अनागतंहिबुध्येतयच्चकार्यंपुरःस्थितम् ॥ नतुबुद्धिक्षयात्किंचिदतिक्रामेत्प्रयोजनम् ८४ उत्साहश्चापियत्नेनकर्तव्योभूतिमिच्छता ॥ विभज्यदेशकालौचदैवंधर्मादयस्त्रयः ॥ नैःश्रेयसौतुतौज्ञेयौदेशकालाविितिस्थितिः ८५ ॥ ॥ ॥ ॥ ॥ ॥

प्रदर्शनेन । पंडितंप्रत्युत्पन्नेनवर्तमानेनधनादिनासांत्वयेत् ७४ संधिपक्षंनिंदति योऽरिणेति ७५ मंत्रेति । परचारेभ्योमंत्रस्यगूहनं । आकारस्यक्रोधाद्यावेशस्यचगूहनंकर्तव्यं । स्वयंचचारप्रधानःस्यादित्यर्थः ७६ दंडस्यैवप्राधान्यमाह नाच्छित्वेति ७७ विग्रहकालमाह कर्शितमिति । अघासकमनाहारं ७८ नार्थिकइति । संगतंसख्यं कार्येषुसावशेषेषुकार्यिणःस्वत्वशेतिष्ठंत्यन्यथानगणयंतीत्यर्थः ७९ संग्रहेसहायादीनां विग्रहेरिपुभिःसार्धम् ८० । ८१ संविधातव्यंप्रतिकर्तव्यं ८२ उपनतंवशीकृतं । अनुगृह्णातिधनमानादिना । अश्वतरीअश्वगर्दभसंकीर्णजातिः ८३ अनागतंकार्यंबुद्धयेतबुद्ध्वाचतदनुगुणंकुर्यादित्यर्थः । पुरःस्थितंवर्तमानं बुद्धिक्षयादनवधारणात् ८४ देशाद्यनुगुणउत्साहोऽपिकर्तव्योनत्वलसोभवेत् । दैवंप्राक्तनंकर्म येधर्मादयस्त्रयस्तांश्चविभज्यतेषांमध्येनैःश्रेयसौश्रेयाहेतूइतिस्थितिर्निश्चयः ८५ ॥ ॥ ॥ ॥ ॥ ॥ ॥ ॥

बालःअल्पोऽपि ८६ आत्मानंसंधुक्षयतिसहायादिनावर्धयति । संचयमिंधनानां पक्षेशत्रूणां ८७ आशांकालवतींदद्यादित्यतःप्राग्दाक्षिणात्या 'आदातव्यंनदातव्यमाशामेवप्रदापयेत्'इत्यर्धं पठंतिकालवतींदीर्घावधिमतीं निमित्ततोहेतुतः तमपिहेत्वंतरेण ८८ क्षुरःक्षुरवत् निशितस्तीक्ष्णोनिर्दयइतियावत् पक्षेशाणोल्लीढः । कालसाधनश्छिद्रकालापेक्षः पक्षेकाललोहोपादान कः । प्रतिच्छन्नोगूढाशयः पक्षेचर्मपुटच्छन्नः। लोमहारीअनुलोमसंग्रही पक्षेलोमच्छेदकः । लोमवाहीतिपाठेऽपितावेवार्थौ ८९ । ९० कल्याणैर्धनपुत्रराज्यादिभिःसंपन्नः । विशिष्टःकुलशीलबलादिभिःश्रेष्ठः ९१ । ९२ । ९३ ॥ इतिआदिपर्वणि निलकंठीये भारतभावदीपे चत्वारिंशदधिकशततमोऽध्यायः ॥ १४० ॥ ॥ ॥ ततइति ।

तालवत्कुरुतेमूलंबालःशत्रुरुपेक्षितः ॥ गहनेऽग्निरिवोत्सृष्टःक्षिप्रंसंजायतेमहान् ८६ अग्निंस्तोकमिवात्मानंसंधुक्षयतियोनरः ॥ सवर्धमानोग्रसतेमहांतमपि संचयम् ८७ आशांकालवतींकुर्यात्कालंविघ्नेनयोजयेत् ॥ विघ्नंनिमित्ततोब्रूयान्निमित्तंवाऽपिहेतुतः ८८ क्षुरोभूत्वाहरेत्प्राणान्निशितःकालसाधनः ॥ प्रतिच्छ न्नोलोमहारीद्विषतांपरिकर्तनः ८९ पांडवेषुयथान्यायमन्येषुचकुरूद्वह ॥ वर्तमानोनमज्जेस्त्वंतथाकृत्यंसमाचर ९० सर्वकल्याणसंपन्नोविशिष्टइतिनिश्चयः ॥ तस्मात्त्वंपांडुपुत्रेभ्योरक्षात्मानंनराधिप ९१ भ्रातृव्याबलिनोयस्मात्पांडुपुत्रानराधिप ॥ पश्चात्तापोयथानस्यात्तथानीतिर्विधीयताम् ९२ ॥ वैशंपायनउवाच ॥ एवमुक्त्वासंप्रतस्थेकणिकःस्वगृहंततः ॥ धृतराष्ट्रोऽपिकौरव्यःशोकार्तःसमपद्यत ९३ ॥ इति श्रीमहाभारते आदिपर्वणि संभवपर्वणि कणिकवाक्येचत्वा रिंशदधिकशततमोऽध्यायः ॥ १४० ॥ ॥ समाप्तंचसंभवपर्व ॥ अथजतुगृहपर्व ॥ वैशंपायनउवाच ॥ ततःसुबलपुत्रस्तुराजादुर्योधनश्चह ॥ दुःशा सनश्चकर्णश्चदुष्टंमंत्रममंत्रयन् १ तेकौरव्यमनुज्ञाप्यधृतराष्ट्रंनराधिपम् ॥ दहनेतुसपुत्रायाःकुंत्याबुद्धिमकारयन् २ तेषामिंगितभावज्ञोविदुरस्तत्त्वदर्शिवान् ॥ आकारेणचतंमंत्रंबुबुधेदुष्टचेतसाम् ३ ततोविदितवेद्यात्मापांडवानांहितेरतः ॥ पलायनेमतिंचक्रेकुंत्याःपुत्रैःसहानघः ४ ततोवातसहांनावंयंत्रयुक्तांपताकि नीम् ॥ ऊर्मिक्षमांदृढांकृत्वाकुंतीमिदमुवाचह ५ एषजातःकुलस्यास्यकीर्तिवंशप्रणाशनः ॥ धृतराष्ट्रःपरीतात्माधर्मंत्यजतिशाश्वतम् ६ इयंवारिपथेयुक्ता तरंगपवनक्षमा ॥ नौर्ययामृत्युपाशात्त्वंसपुत्रामोक्ष्यसेशुभे ७ तच्छ्रुत्वाव्यथिताकुंतीपुत्रैःसहयशस्विनी ॥ नावमारुह्यगंगायांप्रययौभरतर्षभ ८ ततोविदुरवा क्येननावंविक्षिप्यपांडवाः ॥ धनंचादायतैर्दत्तमरिष्टंप्राविशन्वनम् ९ निषादीपंचपुत्रातुजातुषेतत्रवेश्मनि ॥ कारणाभ्यागतादग्धासहपुत्रैरनागसा १० सचम्ले च्छाधमःपापोदग्धस्तत्रपुरोचनः ॥ वंचिताश्चदुरात्मानोधार्तराष्ट्राःसहानुगाः ११ ॥ ॥ ॥

१ अनुज्ञाप्यपृष्ट्वा २ इंगितंचेष्टितंतेनभावंचित्ताभिप्रायंजानातीतिइंगितभावज्ञः । आकारेणचनेत्रादिविकारेण । यथाहुः'नेत्रवक्त्रविकारेणज्ञायतेंतर्गतंमनः'इति ३ विदितवेद्योज्ञाततत्त्वआत्माचित्तं यस्य ४ यंत्रंमहत्यपिवातेजलाशयेनौकास्तंभकंलोहलांगलमयंसामुद्रिकप्रसिद्धं । एवंपताकावतीनौर्वायुनावेगेनऊह्यमानानचोर्मिभिःपूरयितुंशक्याऽतउक्तंपताकिनीमूर्मिक्षमामिति ५ परीतात्माविप रीतबुद्धिः परीतोममताक्रांतआत्माचित्तंयस्येतिवा ६।७ नावमारुह्यप्रययावितिजतुगृहेस्वदाहोमाभूदितिबिलमार्गेणवारणावतंसक्त्वागंगातीरमाह्यनंतरं ८ अरिष्टंनिर्विघ्नं ९ । १० । ११

॥

॥१३५॥

१२ । १३ । १४ । १५ । १६ । १७ क्रूरेणकणिकेनोपसंहितमुपदिष्टं १८ । १९ प्राणाधिकंबलाधिकं २० । २१ यथागतंयथोपस्थितंतथैवप्रतिचक्रुः २२ । २३ राज्यप्राप्तिराज्ययोग्यतां २४

अ०

अविज्ञाताम्महात्मानोजनानामक्षतास्तथा ॥ जनन्यासहकौन्तेयामुक्ताविदुरमंत्रिताः १२ ततस्तस्मिन्पुरेलोकानगरेवारणावते ॥ दृष्ट्वाजतुगृहंदग्धमन्वशोचंत दुःखिताः १३ प्रेषयामासूराजानंयथावृत्तंनिवेदितुम् ॥ संवृत्तस्तेमहान्कामःपांडवान्दग्धवानसि १४ सकामोभवकौरव्यभुंक्ष्वराज्यंसपुत्रकः ॥ तच्छ्रुत्वाधृतराष्ट्रस्तुसहपुत्रेणशोचयन् १५ प्रेतकार्याणिचतथाचकारसहबांधवैः ॥ पांडवानांतथाक्षत्ताभीष्मश्चकुरुसत्तमः १६ ॥ जनमेजयउवाच ॥ पुनर्विस्तरशःश्रोतुमिच्छामिद्विजसत्तम ॥ दाहंजतुगृहस्यैवपांडवानांचमोक्षणम् १७ सुनृशंसमिदंकर्मतेषांक्रूरोपसंहितम् ॥ कीर्त्तयस्वयथावृत्तंपरंकौतूहलंमम १८ ॥ वैशंपायनउवाच ॥ शृणुविस्तरशोराजन्वदतोमेपरंतप ॥ दाहंजतुगृहस्यैतत्पांडवानांचमोक्षणम् १९ प्राणाधिकंभीमसेनंकृतविद्यंधनंजयम् ॥ दुर्योधनोलक्षयित्वापर्यतप्यतदुर्मनाः २० ततोवैकर्तनःकर्णःशकुनिश्चापिसौबलः ॥ अनेकैरभ्युपायैस्तेजिघांसंतिस्मपांडवान् २१ पांडवाअपितत्सर्वंप्रतिचक्रुर्यथागतम् ॥ उद्भावनमकुर्वंतोविदुरस्यमतेस्थिताः २२ गुणैःसमुदितान्दृष्ट्वापौराःपांडुसुतांस्तदा ॥ कथयांचक्रिरेतेषांगुणान्संसत्सुभारत २३ राज्यप्राप्तिंचसंप्राप्तंज्येष्ठंपांडुसुतंतदा ॥ कथयंतिस्मसंभूयचत्वरेषुसभासुच २४ प्रज्ञाचक्षुरचक्षुष्ट्वाद्धृतराष्ट्रोजनेश्वरः ॥ राज्यंनप्राप्तवान्पूर्वंसकथंनृपतिर्भवेत् २५ तथाशांतनवोभीष्मःसत्यसंधोमहाव्रतः ॥ प्रत्याख्यायपुराराज्यंनसजातुग्रहीष्यति २६ तेवयंपांडवज्येष्ठंतरुणंवृद्धशीलिनम् ॥ अभ्यषिंचामसाध्वद्यसत्यकारुण्यवेदिनम् २७ सहिभीष्मंशांतनवंधृतराष्ट्रंचधर्मवित् ॥ सपुत्रंविविधैर्भोगैर्योजयिष्यतिपूजयन् २८ तेषांदुर्योधनःश्रुत्वातानिवाक्यानिजल्पताम् ॥ युधिष्ठिरानुरक्तानांपर्यतप्यतदुर्मतिः २९ सतप्यमानोदुष्टात्मातेषांवाचोनचक्षमे ॥ ईर्ष्ययाचापिसंतप्तोधृतराष्ट्रमुपागमत् ३० ततोविरहितंदृष्ट्वापितरंप्रतिपूज्यसः ॥ पौरानुरागसंतप्तःपश्चादिदमभाषत ३१ ॥ दुर्योधनउवाच ॥ श्रुतामेजल्पतांतातपौराणामशिवागिरः ॥ त्वामनादृत्यभीष्मंचपतिमिच्छंतिपांडवम् ३२ मतमेतच्चभीष्मस्यनसराज्यंबुभुक्षति ॥ अस्माकंतुपरांपीडांचिकीर्षंतिपुरेजनाः ३३ पितृतःप्राप्तवान्राज्यंपांडुरात्मगुणैःपुरा ॥ त्वमंधगुणसंयोगात्प्राप्तंराज्यंनलब्धवान् ३४ सएषपांडोर्दायाद्यंयदिप्राप्नोतिपांडवः ॥ तस्यपुत्रोध्रुवंप्राप्तस्तस्यतस्यापिचापरः ३५ तेवयंराजवंशेनहीनाःसहसुतैरपि ॥ अवज्ञाताभविष्यामोलोकस्यजगतीपते ३६ सततंनिरयंप्राप्ताःपरपिंडोपजीविनः ॥ नभवेमयथाराजंस्तथानीतिर्विधीयताम् ३७ ॥ ॥ ॥ ॥

॥१४१॥

प्रज्ञाचक्षुरंधोऽतएवानधिकाराद्राज्यंनप्राप्तवान्सइदानीमपिपुत्रद्वाराकथंनृपतिर्भवेन्नकथमपि द्वारलोपादित्यर्थः २५ । २६ सत्यंकारुण्यंवेदश्चतद्वंतं २७ । २८ । २९ । ३० विरहितमेकाकिनं ३१ । ३२ अस्माकंतुपरांपीडामितिविध्यैवोक्तंराज्ञःपांडवेपुद्वेषमुत्पादयितुं राज्यापहरणाद्वापीडां ३३ प्राप्तंज्येष्ठत्वात्प्राप्तमपि ३४ दायाद्यंदायादःपुत्रस्तद्योग्यंराज्यं तस्यपांडवस्य ३५ । ३६ निरयंदुःखं ३७

३८ ॥ इतिआदिपर्वणिनीलकंठीये भारतभावदीपे एकचत्वारिंशदधिकशततमोऽध्यायः ॥ १४१ ॥ ॥ एवमिति १ । २ । ३ । ४ । ५ । ६ । ७ । ८ । ९

यदित्वंहिपुराराजन्निदंराज्यमवाप्तवान् ॥ ध्रुवंप्राप्स्यामचवयंराज्यमप्यवशेजने ३८ इतिश्रीमहाभारतेआदिपर्वणिजतुगृहपर्वणिदुर्योधनेर्ष्यायामेकचत्वारिंशदधि
कशततमोऽध्यायः ॥ १४१ ॥ वैशंपायनउवाच ॥ एवंश्रुत्वातुपुत्रस्यप्रज्ञाचक्षुर्नराधिपः ॥ कणिकस्यचवाक्यानितानिश्रुत्वाससर्वशः १ धृतराष्ट्रोद्विधाचित्तः
शोकार्त्तःसमपद्यत ॥ दुर्योधनश्चकर्णश्चशकुनिःसौबलस्तथा २ दुःशासनचतुर्थास्तेमंत्रयामासुरेकतः ॥ ततोदुर्योधनोराजाधृतराष्ट्रमभाषत ३ पांडवेभ्योभयंनः
स्यात्तान्विवासयतांभवान् ॥ निपुणेनाभ्युपायेननगरंवारणावतम् ४ धृतराष्ट्रस्तुपुत्रेणश्रुत्वावचनमीरितम् ॥ मुहूर्तमिवसंचिंत्यदुर्योधनमथाब्रवीत् ५ ॥ धृतरा
ष्ट्रउवाच ॥ धर्मनित्यःसदापांडुस्तथाधर्मपरायणः ॥ सर्वेषुज्ञातिषुतथामयित्वासीद्विशेषतः ६ नासौकिंचिद्विजानातिभोजनादिचिकीर्षितम् ॥ निवेदयतिनित्यं
हिममराज्यंधृतव्रतः ७ तस्यपुत्रोयथापांडुस्तथाधर्मपरायणः ॥ गुणवाँल्लोकविख्यातःपौरवाणांसुसंमतः ८ सकथंशक्यतेऽस्माभिरपाकर्तुंबलादितः ॥ पितृ
पैतामहाद्राज्यात्ससहायोविशेषतः ९ भृताहिपांडुनाऽमात्याबलंचसततंभृतम् ॥ भृताःपुत्राश्चपौत्राश्चतेषामपिविशेषतः १० तेपुरासत्कृतास्तातपांडुनानागरा
जनाः ॥ कथंयुधिष्ठिरस्यार्थेननोहन्युःसबांधवान् ११ ॥ दुर्योधनउवाच ॥ एवमेतन्मयाताताभावितंदोषमात्मनि ॥ दृष्ट्वाप्रकृतयःसर्वाअर्थमानेनपूजिताः १२
ध्रुवमस्मत्सहायास्तेभविष्यंतिप्रधानतः ॥ अर्थवर्गःसहामात्योमत्संस्थोऽद्यमहीपते १३ सभवान्पांडवानाशुविवासयितुमर्हति ॥ मृदुनैवाभ्युपायेननगरंवारणाव
तम् १४ यदाप्रतिष्ठितंराज्यंमयिराजन्भविष्यति ॥ तदाकुंतीसहापत्यापुनरेष्यतिभारत १५ धृतराष्ट्रउवाच ॥ दुर्योधनममाप्येतद्धृदिसंपरिवर्त्तते ॥ अभि
प्रायस्यपापत्वान्नैवंतुविवृणोम्यहम् १६ नचभीष्मोनचद्रोणोनचक्षत्तानगौतमः ॥ विवास्यमानान्कौन्तेयाननुमंस्यंतिकर्हिचित् १७ समाहिकौरवेयाणांवयंतेचैव
पुत्रक ॥ नैतेविषममिच्छेयुर्धर्मयुक्तामनस्विनः १८ तेवयंकौरवेयाणामेतेषांचमहात्मनाम् ॥ कथंनवध्यतांतातगच्छामजगतस्तथा १९ ॥ दुर्योधनउवाच ॥
मध्यस्थःसततंभीष्मोद्रोणपुत्रोमयिस्थितः ॥ यतःपुत्रस्ततोद्रोणोभवितानात्रसंशयः २० कृपःशारद्वतश्चैवयतएतौततोभवेत् ॥ द्रोणंचभागिनेयंचनसत्यक्ष्य
तिकर्हिचित् २१ क्षत्ताऽर्थबद्धस्त्वस्माकंप्रच्छन्नंसंयतःपरैः ॥ नचैकःससमर्थोऽस्मान्पांडवार्थेऽधिबाधितुम् २२ सुविस्रब्धःपांडुपुत्रान्सहमात्राप्रवासय ॥ वार
णावतमद्यैवयथायांतितथाकुरु २३ विनिद्रकरणंघोरंहृदिशल्यमिवार्पितम् ॥ शोकपावकमुद्भूतंकर्मणैतेननाशय २४ ॥ इतिश्रीम० आदिपर्वणिजतुगृहपर्वणि
दुर्योधनपरामर्शेद्विचत्वारिंशदधिकशततमोऽध्यायः ॥ १४२ ॥ ॥ ॥ ॥ ॥ ॥

१० । ११ भावितंवर्धितं १२ प्रधानतःप्राधान्येन अर्थवर्गोधनकोशः मत्संस्थोमदधीनः १३ । १४ । १५ । १६ । १७ । १८ । १९ । २० । २१ । २२
सुविस्रब्धोनिःशंकः २३ । २४ ॥ ॥ इतिआदिपर्वणिनीलकंठीयेभारतभावदीपे द्विचत्वारिंशदधिकशततमोऽध्यायः ॥ १४२ ॥ ॥ ॥ ॥ ॥ ॥ ॥

ततइति । प्रकृतयःप्रकृतीःसंजहारस्वाधीनाश्चक्रे १ । २ । समाजःपशुपतेःपूजार्थंमेलकः ३ । ४ । ५ जातकौतूहलाजातकौतुकदिदृक्षाः ६ । ७ सगणाःसपरिवाराः सान्वया अन्वयोवंशः सकुंतीकाइत्यर्थः । सानुयात्राइतिपाठे यात्रामनुविधीयमानाःशिबिकाकोशाद्युपस्करास्तत्सहिताः ८ । ९ । १० । ११ । १२ । १३ । १४ । १५ मसहिष्यतेस्प्रष्टुंशक्नोति १६

॥ वैशंपायनउवाच ॥ ततोदुर्योधनोराजासर्वाःप्रकृतयःशनैः ॥ ॥ अर्थमानप्रदानाभ्यांसंजहारसहानुजः १ धृतराष्ट्रप्रयुक्तास्तेकेचित्कुशलमंत्रिणः ॥ कथयांचक्रिरेरम्यंनगरंवारणावतम् २ अयंसमाजःसुमहान्रमणीयतमोभुवि ॥ उपस्थितःपशुपतेर्नगरेवारणावते ३ सर्वरत्नसमाकीर्णेपुंसांदेशेमनोरमे ॥ इत्येवंधृतराष्ट्रस्यवचनाच्चक्रिरेकथाः ४ कथ्यमानेतथारम्येनगरेवारणावते ॥ गमनेपांडुपुत्राणांजज्ञेतत्रमतिर्नृप ५ यदात्वमन्यतनृपोजातकौतूहलाइति ॥ उवाचैतानेत्यतदापांडवानंबिकासुतः ६ ममैतेपुरुषानित्यंकथयंतिपुनःपुनः ॥ रमणीयतमंलोकेनगरंवारणावतम् ७ तेतातायदिमन्यध्वमुत्सवंवारणावते ॥ सगणाःसान्वयाश्चैवविहरध्वंयथाऽमराः ८ ब्राह्मणेभ्यश्चरत्नानिगायनेभ्यश्चसर्वशः ॥ प्रयच्छध्वंयथाकामंदेवाइवसुवर्चसः ९ कंचित्कालंविहृत्यैवमनुभूयपरांमुदम् ॥ इदंवैहास्तिनपुरंसुखिनःपुनरेष्यथ १० ॥ वैशंपायनउवाच ॥ धृतराष्ट्रस्यतंकाममनुबुध्वयुधिष्ठिरः ॥ आत्मनश्चसहायत्वंतथेतिप्रत्युवाचतम् ११ ततोभीष्मंशांतनवंविदुरंचमहामतिम् ॥ द्रोणंचबाह्लिकंचैवसोमदत्तंचकौरवम् १२ कृपमाचार्यपुत्रंचभूरिश्रवसमेवच ॥ मान्यानन्यानमात्यांश्चब्राह्मणांश्चतपोधनान् १३ पुरोहितांश्चपौरांश्चगांधारींचयशस्विनीम् ॥ युधिष्ठिरःशनैर्दीनउवाचेदंवचस्तदा १४ रमणीयेजनाकीर्णेनगरेवारणावते ॥ सगणास्तत्रयास्यामोधृतराष्ट्रस्यशासनात् १५ प्रसन्नमनसःसर्वेपुण्यावाचोविसृजत ॥ आशीर्भिर्बृंहितानस्मान्नपापंप्रसहिष्यते १६ एवमुक्तास्तुतेसर्वेपांडुपुत्रेणकौरवाः ॥ प्रसन्नवदनाभूत्वातेऽन्ववर्तंतपांडवान् १७ स्वस्त्यस्तुवःपथिसदाभूतेभ्यश्चैवसर्वशः ॥ माचवोऽस्त्वशुभंकिंचित्सर्वशःपांडुनंदनाः १८ ततःकृतस्वस्त्ययनाराज्यलंभायपार्थिवाः ॥ कृत्वासर्वाणिकार्याणिप्रययुर्वारणावतम् १९

॥ इतिश्रीमहाभारतेआदिपर्वणिजतुगृहपर्वणिवारणावतयात्रायांत्रिचत्वारिंशदधिकशततमोऽध्यायः ॥ १४३ ॥

॥ वैशंपायनउवाच ॥ एवमुक्तेषुराज्ञातुपांडुपुत्रेषुभारत ॥ दुर्योधनःपरंहर्षमगच्छत्सदुरात्मवान् १ सपुरोचनमेकांतमानीयभरतर्षभ ॥ गृहीत्वादक्षिणेपाणौसचिवंवाक्यमब्रवीत् २ ममेयंवसुसंपूर्णापुरोचनवसुंधरा ॥ यथेयंममतद्वत्तेसतांरक्षितुमर्हसि ३ नहिमेकश्चिदन्योऽस्तिविश्वासिकतरस्त्वया ॥ सहायोयेनसंधायमंत्रयेयंयथात्वया ४ संरक्षतातमंत्रंचसपत्नांश्चममोद्धर ॥ निपुणेनाभ्युपायेनयद्ब्रवीमितथाकुरु ५ पांडवाधृतराष्ट्रेणप्रेषितावारणावतम् ॥ उत्सवेविहरिष्यंतिधृतराष्ट्रस्यशासनात् ६ सत्वंरासभयुक्तेनस्यंदनेनाशुगामिना ॥ वारणावतमद्यैवयथायासितथाकुरु ७ तत्रगत्वाचतुःशालंगृहंपरमसंवृतम् ॥ नगरोपांतमाश्रित्यकारयेथामहाधनम् ८ ॥ ॥

१७ । १८ राज्यलंभायराज्यांशलाभाय १९ ॥ इति आदिपर्वणिनीलकंठीयेभारतभावदीपेत्रिचत्वारिंशदधिकशततमोऽध्यायः ॥ १४३ ॥ ॥ ॥ एवमिति १ । २ सत्वंतांत्वदीयांमदीयांच ३ विश्वासिकतरोविश्वासेनाप्ततरः संधायमिलित्वा ४ उद्धरउन्मूलय ५ । ६ रासभेतितदुत्पन्नाश्वतरग्रहणं ७ महाधनंबहुधनसाध्यं ८ ॥ ॥ ॥

आग्नेयान्यग्निसंदीपकानि ९ । १० । ११ । १२ । १३ पिताधृतराष्ट्रः १४ । १५ । १६ । १७ । १८ । १९ ॥ इति आदिपर्वणि नीलकंठीये भारतभावदीपे चतुश्चत्वारिंदशधिकशततमोऽ

शणसर्जरसादीनियानिद्रव्याणिकानिचित् ॥ आग्नेयान्युतसंतीहतानितत्रप्रदापय ९ सर्पिस्तैलवसाभिश्चलाक्षयाचाप्यनल्पया ॥ मृत्तिकांमिश्रयित्वात्वंलेपंकुड्ये
षुदापय १० शणंतैलंघृतंचैवजतुदारूणिचैवहि ॥ तस्मिन्वेश्मनिसर्वाणिनिक्षिपेथाःसमंततः ११ यथाचतन्नपश्येरन्परीक्षंतोऽपिपांडवाः ॥ आग्नेयमितितत्कार्य
मपिचान्येऽपिमानवाः १२ वेश्मन्येवंकृतेतत्रगत्वातान्परमार्चितान् ॥ वासयेथाःपांडवेयान्कुंतींचससुहृज्जनाम् १३ आसनानिचदिव्यानियानानिशयनानिच ॥
विधातव्यानिपांडूनांयथातुष्येतवैपिता १४ तथाचतन्नजानंतिनगरेवारणावते ॥ तथासर्वंविधातव्यंयावत्कालस्यपर्ययः १५ ज्ञात्वाचतान्सुविश्वस्तान्शयानानकु
तोभयान् ॥ अग्निस्त्वयाततोदेयोद्वारतस्तस्यवेश्मनः १६ दह्यमानेस्वकेगेहेदग्धाइतितितोजनाः ॥ नगर्हयेयुरस्मान्वैपांडवार्थायकर्हिचित् १७ सतथेतिप्रतिज्ञाय
कौरवायपुरोचनः ॥ प्रायाद्रासभयुक्तेनस्यंदनेनाशुगामिना १८ सगत्वात्वरितंराजन्दुर्योधनमतेस्थितः ॥ यथोक्तंराजपुत्रेणसर्वंचक्रेपुरोचनः १९ ॥ इतिश्रीमहा
भारते आदिपर्वणि जतुगृहपर्व० पुरोचनोपदेशे चतुश्चत्वारिंशदधिकशततमोऽध्यायः ॥ १४४ ॥ ॥ वैशंपायनउवाच ॥ पांडवास्तुरथान्युंक्त्वासदश्वैरनिलो
पमैः ॥ आरोहमाणाभीष्मस्यपादौजगृहुरार्त्तवत् १ राज्ञश्चधृतराष्ट्रस्यद्रोणस्यचमहात्मनः ॥ अन्येषांचैववृद्धानांकृपस्यविदुरस्यच २ एवंसर्वान्कुरून्वृद्धानभिवा
द्ययतव्रताः ॥ समालिंग्यसमानान्वैबालैश्चाप्यभिवादिताः ३ सर्वामातॄस्तथाऽऽपृच्छ्यकृत्वाचैवप्रदक्षिणम् ॥ सर्वाःप्रकृतयश्चैवप्रययुर्वारणावतम् ४ विदुरश्चमहा
प्राज्ञस्तथाऽन्येकुरुपुंगवाः ॥ पौराश्चपुरुषव्याघ्रानन्वीयुःशोककर्शिताः ५ तत्रकेचिद्ब्रुवंतिस्मब्राह्मणानिर्भयास्तदा ॥ दीनान्दृष्ट्वापांडुसुतानतीवभृशदुःखिताः ६
विषमंपश्यतेराजासर्वथासतुमंदधीः ॥ कौरव्योधृतराष्ट्रस्तुनचधर्मंप्रपश्यति ७ नहिपापमपापात्मारोचयिष्यतिपांडवः ॥ भीमोवाबलिनांश्रेष्ठःकौन्तेयोवाधनंजयः ८
कुतएवमहात्मानौमाद्रीपुत्रौकरिष्यतः ॥ तान्राज्यंपितृतःप्राप्तान्धृतराष्ट्रोनमृष्यते ९ अधर्म्यमिदमत्यंतंकथंभीष्मोऽनुमन्यते ॥ विवास्यमानानस्थानेनगरेयोऽभि
मन्यते १० पितेवहिनृपोऽस्माकमभूच्छांतनवःपुरा ॥ विचित्रवीर्योराजर्षिःपांडुश्चकुरुनंदनः ११ सतस्मिन्पुरुषव्याघ्रेदेवभावंगतेसति ॥ राजपुत्रानिमान्बाला
न्धृतराष्ट्रोनमृष्यते १२ वयमेतदनिच्छंतःसर्वएवपुरोत्तमात् ॥ गृहान्विहायगच्छामोयत्रगंतायुधिष्ठिरः १३ तांस्तथावादिनःपौरान्दुःखितान्दुःखकर्शितः ॥ उवा
चमनसाध्यात्वाधर्मराजोयुधिष्ठिरः १४ पितामान्योगुरुःश्रेष्ठोयदाहपृथिवीपतिः ॥ अशंकमानैस्तत्कार्यमस्माभिरितिनोव्रतम् १५ भवंतःसुहृदोऽस्माकमस्मान्कृ
त्वाप्रदक्षिणम् ॥ प्रतिनंद्यतथाऽऽशीर्भिर्निवर्त्तध्वंयथागृहम् १६ यदातुकार्यमस्माकंभवद्भिरुपपत्स्यते ॥ तदाकरिष्यथास्माकंप्रियाणिचहितानिच १७ ॥

ध्यायः ॥ १४४ ॥ पांडवाइति १ । २ । ३ प्रकृतयःप्रकृतीः ४ अन्वीयुरनुजग्मुः ५ । ६ । ७ । ८ । ९ अस्थानेअयुक्तं १० । ११ । १२ । गंतागमिष्यति १३ । १४ । १५ । १६ । १७ ॥

१८ पौरेष्विति । पांडवश्रेष्ठंयुधिष्ठिरंबोधयन्नज्ञातंदुर्योधनकृतंकपटंज्ञापयन्इदंवक्ष्यमाणंवचनमब्रवीत् १९ नकेवलंपौरेभ्यएवतद्वचनंगोपनीयमपितुसमीपस्थैरपियुधिष्ठिरादन्यैर्नज्ञातुंशक्यमित्याह प्राज्ञ इति। प्राज्ञोबुद्धिमाननेकभाषाभिज्ञत्वात् । प्राज्ञत्वमेवाह प्राज्ञप्रलापज्ञइति ! प्रकर्षेणाज्ञानांपशुप्रायाणांवेदविरोधिनांम्लेच्छानांप्रलापोऽनर्थकंसम्यक्प्रकृतिप्रत्ययविभागेनानिष्पन्नत्वादर्थानवबोधकंव चनंदेशभाषारूपंलुप्तवर्णमधिकवर्णविकृतवर्णंचपदजातंयत्रतादृशभाषाभिज्ञइत्यर्थः । तत्रलुप्तवर्णंकाण्वशतपथेइंद्रेणासुरान्प्रतिभवतामग्नौइमांचित्राख्यांमदीयांइष्टकामुपधास्येइतिपृष्टेउपहीत्यसुरवचनं तथा आदास्येइत्युक्तेआहीतिप्रतिवचनं । तत्रउपधेहिआदेहीतिवक्तव्येवर्णलोपः । अधिकवर्णंतु गौरितिवक्तव्येगावीगोणीगोतागोपोतलिकेतिप्रयुंजते । तथाविकृतवर्णं तेऽसुराहेलयोहेलयइति वदंतःपराबभूवुरिति अरयइत्यपेक्षितेरेफस्थानेलकारःप्रयुज्यतेवेदेप्यसुरभाषानुवादे । तेनेयंशंकाप्यपास्ता । यद्यपियुधिष्ठिरंप्रतिविदुरेणम्लेच्छभाषयोक्तंतथापिव्यासेनतत्संस्कृतेनैवोपनिबद्धमिति । आदिपर्वणिनानादेशभाषाश्चात्रग्रथ्यंतइतिप्रतिज्ञानात् । सएवंप्राज्ञःप्राज्ञप्रलापज्ञश्चविदुरोयुधिष्ठिरंप्रलापज्ञंम्लेच्छभाषाभिज्ञमिदंवक्ष्यमाणंवचोम्लेच्छभाषारूपं प्राज्ञःप्रकर्षेणाजानतःप्राज्ञंप्रकर्षेणाऽर्थतोज्ञा तुमशक्यसज्ञापकमर्थानामनवबोधकंवा । कथंतर्हितेनवचनेनास्यापिबोधोभविष्यतीत्याशंक्याह प्रलापज्ञःप्रलापज्ञमिति। प्रलापंजानतःप्रलापज्ञापकं । प्रलापज्ञमितिपूर्वार्द्धेशब्दतोम्लेच्छभाषाभिज्ञत्व मुक्तं इहत्वर्थतस्तदभिज्ञत्वमित्यपौनरुक्त्यं । प्राज्ञइतिप्रलापज्ञइतिचोत्तरार्द्धेकिवंतस्यपप्रयंतस्यरूपे । प्राज्ञंप्रलापज्ञमितित्वंतर्भावितण्यर्थाज्ज्ञाधातोःकप्रत्ययांतस्यरूपे । वचोवचनीयमवश्यंवक्त

एवमुक्तास्तदापौराःकृत्वाचापिप्रदक्षिणम् ॥ आशीर्भिश्चाभिनंद्यैतान्जग्मुर्नगरमेवहि १८ पौरेषुविनिवृत्तेषुविदुरःसर्वधर्मवित् ॥ बोधयन्पांडवश्रेष्ठमिदंवचनम ब्रवीत् १९ प्राज्ञःप्राज्ञप्रलापज्ञःप्रलापज्ञमिदंवचः ॥ प्राज्ञंप्राज्ञःप्रलापज्ञःप्रलापज्ञंवचोऽब्रवीत् २० योजानातिपरप्रज्ञांनीतिशास्त्रानुसारिणीम् ॥ विज्ञायेहतथाकु र्यादापदंनिस्तरेद्यथा २१ अलोहंनिशितंशस्त्रंशरीरपरिकर्त्तनम् ॥ योवेत्तिनतुतंघ्नंतिप्रतिघातविदंद्विषः २२ ॥ ॥ ॥

व्यमित्यर्थः । अतएवाब्रवीत्। अत्रोत्तरार्धंगौडपाठएवदृश्यते तदभावेतुपूर्वार्धादेवायमर्थःप्रत्येतव्यः । सर्वथापिम्लेच्छभाषयोक्तोऽर्थोम्लेच्छभाषयैवसंगृह्यतइतितात्पर्यं । अन्यथाअलोह मित्याद्यपिव्यासोनावक्ष्यत् । यथाश्रुतंजातुषमेवगृहंभवदाहार्थंतत्रकृतमितिम्लेच्छभाषयाविदुरेणयुधिष्ठिरोबोधितइत्येवतेनोक्तंस्यात् २० तदेववचनंश्रावयितुंयुधिष्ठिरमभिमुखीकरोति योजाना तीति । परस्यशत्रोःप्रज्ञांनीतिशास्त्रंकपटेनविश्वासमुत्पाद्यापिशत्रुर्हंतव्यइतिकणिकवचनरूपंतदनुसारिणींयोजानातिसपुमानिहयथाशत्रुकल्पितामापदंनिस्तरेत्तथाकुर्याद्यत्नमितिशेषः २१ तामेवाप दमाह अलोहमित्यादिना । तंशत्रुणाकृतंवारणावतस्थं शस्त्रंसस्तिशेतेअस्मिन्निति व्युत्पत्त्याप्रासादंयोवेत्तितंद्विपोनघ्नंतीतिसंबंधः । शस्त्रमितिदंत्यसकारस्थानेतालव्यशकारोम्लेच्छभाषात्वात् हेलयइतिवद्वर्णविकारः । पसस्त्रापेइत्यदादेस्त्रन्प्रत्ययांतस्यरूपं । तदेवविशिनष्टि अलोहमिति अलःअनलोग्निः आहिउपहीतिवद्वर्णलोपः तेनआग्नेयानिद्रव्याणिजतुशणसर्जरसादीनि लक्ष्यंते तेषामूहःसमूहोयस्मिन् । आग्नेयैर्दाहकैर्द्रव्यैरुपेतमित्यर्थः । तर्हिकितानिज्ञातुंशक्यानिनवेत्यतआह शरीरपरिकर्त्तनमिति शरीरंस्वरूपं म्लेच्छभाषात्वादविभक्तिकमिदंपदं । परिपरिलुप्यआच्छाद्य । वर्णद्वयलोपः परिर्वर्जनार्थोवा कर्त्तनंहिंसकं । तस्मिन्गृहेऽन्तर्हितान्येवाग्नेयानिद्रव्याणिभित्त्यादौवर्त्तंतेनस्वरूपेणदृश्यंतेऽतस्तंशरीरपरिकर्त्तनंप्रासादंपरित्याज्यंयोवेत्ति कर्त्तनमितिहिंसार्थस्यकृणत्तेरूपंनच्छेदनार्थस्यकृंततेरितिज्ञेयं । कर्त्तनकालमाह निशीति। अत्रनिशितंकर्त्तनमितिपदत्रयव्यतिरेकेणपूर्वार्धंम्लेच्छभाषयैवोक्तं । एवमग्रेपिश्लोकेकतिपयपदान्येवम्ले च्छभाषाभवतिनसर्वःश्लोकइतिज्ञेयम् । योवेत्तितंप्रतिघातविदंतस्यशस्त्रस्यप्रतिघातःप्रतीकारस्तद्विदंद्विषःशत्रवोनघ्नंतिहंतुंनशक्नुवंतीत्यर्थः २२ ॥ ॥ ॥

कस्तर्हिसाहसीतस्मिन्गृहेवसतोऽस्मान्भस्मीकर्त्तुंयतिष्यतीत्यतआह कक्षघ्नइति । कक्षःकुक्षिःपार्श्वइतियावत् तत्रहंतिगच्छतीतिकक्षघ्नःपार्श्वचरःपुरोचनएव । अत्रस्वरस्यैवप्रथमेपदेव्यत्ययो हंते
रमसिद्धंगत्यर्थत्वंचम्लेच्छभाषात्वात् । कक्षघ्नएवशिशिरघ्नःशृणातिहिनस्तीतिशिशिरोऽग्निः । शृहिंसायामित्यस्यरूपं तेनहंतीतिशिशिरघ्नः । गावीगोणीतिवद्वर्णाधिक्यंशिकारद्वयरूपं । अय
मेवपार्श्ववर्तीयुष्मानग्निनाहंतुमायातीत्यर्थः । एवंतर्ह्ययमेवहंतव्यउतवारणावतेतद्गृहंवानप्रवेष्टव्यमुतवारणावतमगत्वैवहास्तिनपुरंप्रत्येवागंतव्यमित्याशंक्याह महाकक्षइति । महतिकंसुखंक्षिणोतीति
कक्षयःशत्रुर्वर्णलोपेनकक्षेमहतिशत्रौसत्येतत्त्रयंकर्त्तुमशक्यं । ज्ञातकपटोहिबलवान्शत्रुःप्रत्यक्षमेवप्रहरेदितिभावः । कस्तर्ह्यत्रउपायइत्यतआह बिलौकसोविलांतःप्रविष्टान्युष्मान्सपुरोचनोनदहेत
तत्रदाहसंभावनानास्ति । तत्रगृहांतर्विलंकर्त्तव्यमित्यर्थः । इत्यनेनप्रकारेणात्मानंयोरक्षतिसजीवति । तस्मात्त्वयाप्येवंज्ञात्वाउपायेनात्मासंरक्षणीयइत्यर्थः २३ ननुबिलेप्रविष्टानामस्माकं
बिलमुखेप्रदीप्तेनवह्निनाअंतरूष्मणानाशःकर्त्तव्यइत्याशंक्यविवेकंविनामार्गज्ञानंदिग्ज्ञानंचनभवतिधैर्यंविनाऐश्वर्यंचनप्राप्यतइतिविवेकंधैर्यंचाश्रयस्वेत्याह नाचक्षुरिति । चष्टेपश्यत्यनेनेतिचक्षुर्विवेकः ।
संस्कृतएवायंश्लोकोनीतिप्रदर्शनार्थः २४ तत्रमार्गविवेकंतावदाह अनाप्तैरिति । अनाप्तैःशत्रुभिर्दत्तंस्वीकारितंशस्त्रंगृहमलोहजंपूर्ववदाग्नेयद्रव्यसमूहजमादत्तेस्वीकरोतिचेन्नरस्तर्हिश्वावित्शललस्तस्यशर

कक्षघ्नःशिशिरघ्नश्चमहाकक्षेबिलौकसः ॥ नदहेदितिचात्मानंयोरक्षतिसजीवति २३ नाचक्षुर्वेत्तिपंथानंनाचक्षुर्विन्दतेदिशः ॥ नाधृतिर्बुद्धिमाप्नोतिबुध्यस्वैवंप्रबो
धितः २४ अनाप्तैर्दत्तमादत्तेनरःशस्त्रमलोहजम् ॥ श्वाविच्छरणमासाद्यप्रमुच्येतहुताशनात् २५ चरन्मार्गान्विजानातिनक्षत्रैर्विन्दतेदिशः ॥ आत्मनाचात्मनः
पंचपीडयन्नानुपीड्यते २६ एवमुक्तःप्रत्युवाचधर्मराजोयुधिष्ठिरः ॥ विदुरंविदुषांश्रेष्ठंज्ञातमित्येवपांडवः २७ अनुशिक्ष्यानुगम्यैतान्कृत्वाचैवप्रदक्षिणम् ॥
पांडवानभ्यनुज्ञायविदुरःप्रययौगृहान् २८ निवृत्तेविदुरेचापिभीष्मेपौरजनेतथा ॥ अजातशत्रुमासाद्यकुंतीवचनमब्रवीत् २९ क्षत्तायदब्रवीद्वाक्यंजनमध्येऽब्रुव
न्निव ॥ त्वयाचसतथेत्युक्तोजानीमोनचतद्वयम् ३० यदीदंशक्यमस्माभिर्ज्ञातुंनचसदोषवत् ॥ श्रोतुमिच्छामितत्सर्वंसंवादंतवतस्यच ३१ ॥ युधिष्ठिरउवाच ॥
गृहादग्निश्चबोद्धव्यइतिमांविदुरोऽब्रवीत् ॥ पंथाश्चवोनाविदितःकश्चित्स्यादितिधर्मधीः ३२ ॥ ॥ ॥

णंगृहंतद्वत् तस्यहिबिलमुभयतोमुखंभवति तादृशंबिलमासाद्यप्राप्यहुताशनात्प्रमुच्येतआत्मानंमोचयेत् तेनबिलप्रवेशेनमार्गांतरेणसद्यएवबिलाद्बहिर्निःसरतांयुष्माकंनांतरूष्मणामरणंभविष्यती
त्युक्तं २५ बिलान्निःसृतानामपिमार्गज्ञानंकथंभवेदित्याशंक्यमृगयाव्याजेनसर्वेमार्गाज्ञातव्याइत्याशयेनाह चरन्मर्गान्विजानातीति एवंज्ञातेष्वपिमार्गेषुहास्तिनपुरंप्रतिनागंतव्यमित्याशयेना
ह नक्षत्रैर्विंदतेदिशइति । ननुकथमस्माभिर्लोकानामविदितंबिलंकारयितुंशक्यंकथंवाविदेशेबंधूंश्चत्यक्त्वास्थातव्यमित्याशंक्याह आत्मनेति । आत्मनः अहंधर्मांशस्त्वंचधर्मपुत्रः अतोऽहंतव
आत्मातस्यममआत्मेवात्मासखाकश्चिन्मयानियोक्तव्यस्तेनसहायेनबिलादिसंपादयताहेतुना । पंचइंद्रियाणिविदेशवासादिष्टविषयासमर्पणेनपीडयन् । हेतौशतृप्रत्ययः । मत्प्रहितेनभृत्येन
स्वधैर्येणेतियावत् । एताभ्यांद्वाभ्यामुपेतोनानुतप्यतेमयाऽकृत्यंकृतमितिपश्चात्तापंनप्राप्नोति । मदीयआप्तःसुरंगंकृत्वादास्यतितेनमार्गेणदेशांतरेएवगंतव्यंनतुहास्तिनपुरेप्रवेष्टव्यं । ज्ञातकपटोहिप्रब
लःशत्रुःप्रत्यक्षमेवप्रहरेदितिप्रागुक्तएवाशयः । धैर्येसतिपुनर्लक्ष्मीप्राप्तिर्भविष्यतीतिभावः २६ । २७ । २८ । २९ अब्रुवन्निवव्यक्तांवाचमकुर्वन्निव ३० । ३१ । ३२ ॥ ॥ ॥

३३ । ३४ ॥ इति आदिपर्वणि नीलकंठीये भारतभावदीपे पंचचत्वारिंशदधिकशततमोऽध्यायः ॥ १४५ ॥ ॥ ॥ ततइति १ आगतानितिच्छेदः २ । ३ । ४ । ५ । ६ । ७ । ८ ९ । १० शिवमित्याख्यामात्रं अर्थतस्त्वशिवंमारणार्थंकृतत्वात् ११ । १२ । १३ । १४ मुंजःशरवल्कः १५ । १६ इममापदंभाविनीं दृष्टवान्तर्कतः तेनहेतुनाअशिवंगृहमित्यस्मान्

॥१३८॥ जितेंद्रियश्चवसुधांप्राप्स्यतीतिचमेऽब्रवीत् ॥ विज्ञातमितितत्सर्वंप्रत्युक्तोविदुरोमया ३३ ॥ वैशंपायनउवाच ॥ अष्टमेऽहनिरोहिण्यांप्रयाताःफाल्गुनस्यते ॥
वारणावतमासाद्यददृशुर्नागरंजनम् ३४ इतिश्रीमहाभारते आदिपर्वणि जतुगृहपर्वणि वारणावतगमनेपंचचत्वारिंशदधिकशततमोऽध्यायः ॥ १४५ ॥ ॥ ॥१४६॥
॥ वैशंपायनउवाच ॥ ततःसर्वाःप्रकृतयोनगराद्वारणावतात् ॥ सर्वमंगलसंयुक्तायथाशास्त्रमतंद्रिताः १ श्रुत्वागतान्पांडुपुत्रान्नानायानैःसहस्रशः ॥ अभिजग्मुर्नर
श्रेष्ठान्श्रुत्वैवपरयामुदा २ तेसमासाद्यकौन्तेयान्वारणावतकाजनाः ॥ कृत्वाजयाशिषःसर्वेपरिवार्यावतस्थिरे ३ तैर्वृतःपुरुषव्याघ्रोधर्मराजोयुधिष्ठिरः ॥ विबभौ
देवसंकाशोवज्रपाणिरिवामरैः ४ सत्कृताश्चैवपौरैस्तेपौरान्सत्कृत्यचानघ ॥ अलंकृतंजनाकीर्णंविविशुर्वारणावतम् ५ तेप्रविश्यपुरींवीरास्तूर्णंजग्मुरथोगृहान् ॥
ब्राह्मणानांमहीपालरतानांस्वेषुकर्मसु ६ नगराधिकृतानांचगृहाणिरथिनांतदा ॥ उपतस्थुर्नरश्रेष्ठावैश्यशूद्रगृहाण्यपि ७ अर्चिताश्चनरैःपौरैःपांडवाभरतर्षभ
॥ जग्मुरावसथंपश्चात्पुरोचनपुरःसराः ८ तेभ्योभक्ष्याणिपानानिशयनानिशुभानिच ॥ आसनानिचमुख्यानिप्रददौसपुरोचनः ९ तत्रतेसत्कृतास्तेनसुमहार्हपरि
च्छदाः ॥ उपास्यमानाःपुरुषैरूषुःपुरनिवासिभिः १० दशरात्रोषितानांतुतत्रतेषांपुरोचनः ॥ निवेदयामासगृहंशिवाख्यमशिवंतदा ११ तत्रतेपुरुषव्याघ्राविवि
शुःसपरिच्छदाः ॥ पुरोचनस्यवचनात्कैलासमिवगुह्यकाः १२ तच्चागारमभिप्रेक्ष्यसर्वधर्मभृतांवरः ॥ उवाचाग्नेयमित्येवंभीमसेनंयुधिष्ठिरः १३ ॥ युधिष्ठिरउवाच
॥ जिघ्राणोऽस्यवसागंधंसर्पिर्जतुविमिश्रितम् ॥ कृतंहिव्यक्तमाग्नेयमिदंवेश्मपरंतप १४ शणसर्जरसंव्यक्तमानीयगृहकर्मणि ॥ मुंजबल्वजवंशादिद्रव्यंसर्वंघृतोक्षि
तम् १५ शिल्पिभिःसुकृतंह्याप्तैर्विनीतैर्वेश्मकर्मणि ॥ विश्वस्तंमामयंपापोदग्धुकामःपुरोचनः १६ तथाहिवर्त्ततेमंदःसुयोधनवशेस्थितः ॥ इमांतुतांमहाबुद्धिर्विदुरो
दृष्टवांस्तथा १७ आपदंतेनमांपार्थससंबोधितवान्पुरा ॥ तेवयंबोधितास्तेननित्यमस्मद्धितैषिणा १८ पित्राकनीयसास्नेहाद्बुद्धिमंतोऽशिवंगृहम् ॥ अनार्यैःसुकृतं
गूढैर्दुर्योधनवशानुगैः १९ ॥ भीमसेनउवाच ॥ यदीदंगृहमाग्नेयंविहितंमन्यतेभवान् ॥ तथैवसाधुगच्छामोयत्रपूर्वोषितावयम् २० ॥ युधिष्ठिरउवाच ॥ इहयत्तै
र्निराकारैर्वस्तव्यमितिरोचये ॥ अप्रमत्तैर्विचिन्वद्भिर्गतिमिष्टांध्रुवामितः २१ यदिविंदेतचाकारमस्माकंसपुरोचनः ॥ क्षिप्रकारीततोभूत्वाप्रसह्यापिदहेतनः २२ ना
यंबिभेत्युपक्रोशादधर्माद्वापुरोचनः ॥ तथाहिवर्त्ततेमंदःसुयोधनवशेस्थितः २३ ॥ ॥ ॥ ॥

बोधितवानितिसंबंधः १७ । १८ । १९ । २० योगरूपकेणगृहवासकर्तव्यतामाह इहेति । निराकारैरनाविष्कृतस्वाभिप्रायैः । इष्टांगतिंनिरुपद्रवंमार्गं । पक्षेइहदेहेनिराकारैराकारविशेषमनालंब्यस्थेयं ।
यत्तैःशमादिपरैः । अप्रमत्तैःस्मृतिमद्भिः । ध्रुवांगतिंमोक्षं २१ । २२ उपक्रोशाद्गर्हातः २३ ॥ ॥ ॥ ॥ ॥ ॥

अयंभीष्मःइतिसंबंधः २४ दग्धेष्वस्मास्वग्निदेपुकोपोधर्मइत्येवकारणंकृत्वाभीष्मोऽन्येचकुप्येरन् २५ दाहस्यदाहात् स्पशैश्चारैः २६ अपदंदेशकोशाद्यक्षमत्वंतत्रस्थितान् अपक्षानसहायान् प्रयोगैरुपायैः २७ छन्नावासंगूढस्थानं वस्तव्यमधिष्ठातव्यं २८ । २९ क्वचित्कालेछन्नावासमेवाह भौममिति । गूढःश्वासोऽपियेषांतान् इतरैरविदितकर्त्तव्यानित्यर्थः ३० अत्र

अपिचायंप्रदग्धेषुभीष्मोऽस्मासुपितामहः ॥ कोपंकुर्यात्किमर्थंवाकौरवान्कोपयीतसः २४ अथवाऽपीहदग्धेषुभीष्मोऽस्माकंपितामहः ॥ धर्मइत्येवकुप्ये न्येचान्येकुरुपुंगवाः २५ वयंतुयदिदाहस्यबिभ्यतःप्रद्रवेमहि ॥ स्पशैर्निर्घातयेत्सर्वान्राज्यलुब्धःसुयोधनः २६ अपदस्थान्पदेतिष्ठन्नपक्षान्पक्षसंस्थितः ॥ हीनकोशान्महाकोशःप्रयोगैर्घातयेद्ध्रुवम् २७ तदस्माभिरिमंपापंतंचपापंसुयोधनम् ॥ वंचयद्भिर्निवस्तव्यंछन्नावासंक्वचित्क्वचित् २८ तेवयंमृगयाशीलाश्चरामवसु धामिमाम् ॥ तथानोविदितामार्गाभविष्यंतिपलायताम् २९ भौमंचबिलमद्यैवकरवामसुसंवृतम् ॥ गूढश्वासान्ननस्तत्रहुताशःसंप्रधक्ष्यति ३० वसतोऽत्रयथाचा स्मान्नबुध्येतपुरोचनः ॥ पौरोवापिजनःकश्चित्तथाकार्यमतंद्रितैः ३१ ॥ इतिश्रीमहाभारतेआदिपर्वणिजतुगृहपर्वणिभीमसेनयुधिष्ठिरसंवादेषट्चत्वारिंशदधिकशत तमोऽध्यायः ॥ १४६ ॥ ॥ वैशंपायनउवाच ॥ विदुरस्यसुहृत्कश्चित्खनकःकुशलोनरः ॥ विविक्तेपांडवान्राजन्निदंवचनमब्रवीत् १ प्रहितोविदुरेणास्मि खनकःकुशलोह्यहम् ॥ पांडवानांप्रियंकार्यमितिकिंकरवाणिवः २ प्रच्छन्नंविदुरेणोक्तःश्रेयस्त्वमिहपांडवान् ॥ प्रतिपादयविश्वासादितिकिंकरवाणिवः ३ कृष्णप क्षेचतुर्दश्यांरात्रावस्यांपुरोचनः ॥ भवनस्यतवद्वारिप्रदास्यतिहुताशनम् ४ मात्रासहप्रदग्धव्याःपांडवाःपुरुषर्षभाः ॥ इतिव्यवसितंतस्यधार्तराष्ट्रस्यदुर्मतेः ५ किंचिच्चविदुरेणोक्तोम्लेच्छवाचाऽसिपांडव ॥ त्वयाचतत्तथेत्युक्तमेतद्विश्वासकारणम् ६ उवाचतंसत्यधृतिःकुंतीपुत्रोयुधिष्ठिरः ॥ अभिजानामिसौम्यत्वांसुहृदं विदुरस्यवै ७ शुचिमाप्तंप्रियंचैवसदाचदृढभक्तिकम् ॥ नविद्यतेकवेःकिंचिदविज्ञातंप्रयोजनम् ८ यथातस्यतथानस्त्वंनिर्विशेषावयंत्वयि ॥ भवतश्चयथातस्यपा ल्यास्मान्यथाकविः ९ इदंशरणमाग्नेयंमदर्थमितिमेमतिः ॥ पुरोचनेनविहितंधार्तराष्ट्रस्यशासनात् १० सपापःकोषवांश्चैवससहायश्चदुर्मतिः ॥ अ स्मानपिचपापात्मानित्यकालंप्रबाधते ११ सभवान्मोक्षयत्वस्मान्यत्नेनास्माद्धुताशनात् ॥ अस्मास्विहहिदग्धेषुसकामःस्यात्सुयोधनः १२ समृद्धमा युधागारमिदंतस्यदुरात्मनः ॥ वप्रांतंनिष्प्रतीकारमाश्रित्येदंकृतंमहत् १३ इदंतदशुभंनूनंतस्यकर्मचिकीर्षितम् ॥ प्रागेवविदुरोवेदतेनास्मानन्वबोधयत् १४ सेय मापदनुप्राप्तासाक्षत्तायांदृष्टवान्पुरा ॥ पुरोचनस्याविदितानस्मांस्त्वंप्रतिमोचय १५ ॥ ॥ ॥

बिले ३१ ॥ इतिआदिपर्वणिनीलकंठीयेभारतभावदीपेषट्चत्वारिंशदधिकशततमोऽध्यायः ॥ १४६ ॥ ॥ विदुरस्येति १ । २ प्रच्छन्नंयथास्यात्तथापांडवान्श्रेयःप्रतिपादये त्युक्तोऽहंवःकिंकरवाणि ३ । ४ । ५ म्लेच्छवाचाम्लेच्छभाषया ६ । ७ कवेःसर्वज्ञस्यक्रांतदर्शिनोवा ८ यथावयंतस्यतथाभवतश्चपालनीयाः अतोऽस्मान्यथाकविःपालयतितथात्वम पिपालयेत्यर्थः ९ शरणंगृहं १० । ११ । १२ वप्रांतंप्राकारमूलं निष्प्रतीकारंबहिर्निर्गमनप्रकारशून्यं १३ । १४ । १५ ॥ ॥ ॥

परिखामाकारपरिधिभूतोगर्तस्तां नामप्रसिद्धं । उत्किरन्परिखापरिष्कारव्याजेनबिलान्मृदमुत्किरन्बहिःक्षिपन्महाबिलंसुरंगाख्यंचकार १६ मध्येनमध्यतः १७ व्यदधाद्विहितवान् सपुरोच
नस्तेचपंचगृहद्वारिक्षपांवसंतिस्म १८ दिवाचमृगयांचरंत्यतोनदग्धुंपुरोचनश्छिद्रंप्रापेतिभावः १९ । २० ॥ इति आदिपर्वणि नीलकंठीये भारतभावदीपे सप्तचत्वारिंशदधिकशततमोऽध्यायः

सतथेतिप्रतिश्रुत्यखनकोयत्नमास्थितः ॥ परिखामुत्किरन्नामचकारचमहाबिलम् १६ चक्रेचवेश्मनस्तस्यमध्येनातिमहद्बिलम् ॥ कपाटयुक्तमज्ञातंसमंभूम्याश्च
भारत १७ पुरोचनभयादेवव्यदधात्संवृतंमुखम् ॥ सतस्यतुगृहद्वारिवसत्यशुभधीःसदा ॥ तत्रतेसायुधाःसर्वेवसंतिस्मक्षपांनृप १८ दिवाचरंतिमृगयांपांडवेयावना
द्वनम् ॥ विश्वस्तवदविश्वस्तावंचयंतःपुरोचनम् ॥ अतुष्टास्तुष्टवद्राजन्नूषुःपरमविस्मिताः १९ नचैनानन्वबुध्यंतनरानगरवासिनः ॥ अन्यत्रविदुरामात्यात्तस्मा
त्खनकसत्तमात् २० ॥ इति श्रीमहाभारते आदिपर्वणि जतुगृहपर्वणिजतुगृहवासे सप्तचत्वारिंशदधिकशततमोऽध्यायः ॥ १४७ ॥ ॥ वैशंपायनउवाच ॥
तांस्तुदृष्ट्वासुमनसःपरिसंवत्सरोषितान् ॥ विश्वस्तानिवसंलक्ष्यहर्षंचक्रेपुरोचनः १ पुरोचनेतथाहृष्टेकौन्तेयोऽथयुधिष्ठिरः ॥ भीमसेनार्जुनौचोभौयमौप्रोवाचधर्म
वित् २ अस्मानयंसुविश्वस्तान्वेत्तिपापःपुरोचनः ॥ वंचितोऽयंनृशंसात्माकालंमन्येपलायने ३ आयुधागारमादीप्यदग्ध्वाचैवपुरोचनम् ॥ षट्प्राणिनोनि
धायेहद्रवामोऽनभिलक्षिताः ४ अथदानापदेशेनकुंतीब्राह्मणभोजनम् ॥ चक्रेनिशिमहाराजआजग्मुस्तत्रयोषितः ५ ताविहृत्ययथाकामंभुक्त्वापीत्वाचभार
त ॥ जग्मुर्निशिगृहानेवसमनुज्ञाप्यमाधवीम् ६ निषादीपंचपुत्रातुतस्मिन्भोज्येयदृच्छया ॥ अन्नार्थिनीसमभ्यागात्सपुत्राकालचोदिता ७ सापीत्वामदिरां
मत्तासपुत्रामदविह्वला ॥ सहसर्वैःसुतैराजंस्तस्मिन्नेवनिवेशने ८ सुष्वापविगतज्ञानामृतकल्पानराधिप ॥ अथप्रवातेतुमुलेनिशिसुप्तेजनेतदा ९ तदुपादीप
यद्भीमःशेतेयत्रपुरोचनः ॥ ततोजतुगृहद्वारंदीपयामासपांडवः १० समंततोददौपश्चादग्निंतत्रनिवेशने ॥ ज्ञात्वातुतद्गृहंसर्वमादीप्तंपांडुनंदनाः ११ सुरंगांवि
विशुस्तूर्णंमात्रासार्धमरिंदमाः ॥ ततःप्रतापःसुमहाञ्छब्दश्चैवविभावसोः १२ प्रादुरासीत्तदातेनबुबुधेसजनव्रजः ॥ तदवेक्ष्यगृहंदीप्तमाहुःपौराःकृशाननाः १३
॥ पौराऊचुः ॥ दुर्योधनप्रयुक्तेनपापेनाकृतबुद्धिना ॥ गृहमात्मविनाशायकारितंदाहितंचतत् १४ अहोधिग्धृतराष्ट्रस्यबुद्धिर्नातिसमंजसा ॥ यःशुचीन्पांडुदा
यादान्दाहयामासशत्रुवत् १५ दिष्ट्यात्विदानींपापात्मादग्धोऽयमतिदुर्मतिः ॥ अनागसःसुविश्वस्तान्योददाहनरोत्तमान् १६ ॥ वैशंपायनउवाच ॥ एवं
तेविलपंतिस्मवारणावतकाजनाः ॥ परिवार्यगृहंतच्चतस्थूरात्रौसमंततः १७ पांडवाश्चापितेसर्वेसहमात्रासुदुःखिताः ॥ बिलेनतेननिर्गत्यजग्मुर्द्रुतमलक्षिताः १८
तेननिद्रोपरोधेनसाध्वसेनचपांडवाः ॥ नशेकुःसहसागंतुंसहमात्रापरंतपाः १९ भीमसेनस्तुराजेंद्रभीमवेगपराक्रमः ॥ जगामभ्रातृनादायसर्वान्मातरमेवच २०

॥ १४७ ॥ ॥ तांस्त्विति १ । २ । ३ षट्प्राणिनइति अन्यथापलायनशंकयापुनरस्मदन्वेषणेमतिःस्यात्सामाभूदितिभावः ४ । ५ । ६ । ७ । ८ । ९ । १० । ११ । १२ । १३ । १४
१५ । १६ । १७ । १८ । १९ । २० ॥ ॥ ॥ ॥ ॥

२१ । २२ ॥ इति आदिपर्वणिनीलकंठीयेभारतभावदीपेअष्टचत्वारिंशदधिकशततमोऽध्यायः ॥ १४८ ॥ ॥ एतस्मिन्निति । यथासंप्रत्ययंयथासंकेतं शुचिनाविकं मापयानान्जलपरिमाणंपरीक्ष माणान् १ । २ तस्यचेष्टितंचारेणविदुरस्यविदितंयतस्ततोहेतोर्विदुरेणततःस्वस्थानान्नरःप्रवासितःप्रेषितइतिसार्धश्लोकोवाक्यं ३ सनरोदर्शयामास ४ । ५ । ६ । ७ । ८ । ९ । १० । ११ । १२

स्कंधमारोप्यजननींयमावंकेनवीर्यवान् ॥ पार्थौगृहीत्वापाणिभ्यांभ्रातरौसुमहाबलः २१ उरसापादपान्भंजन्महींपद्भ्यांविदारयन् ॥ सजगामाशुतेजस्वीवातरंहा वृकोदरः २२ ॥ इति श्रीमहाभारतेआदिपर्वणिजतुगृहपर्वणिजतुगृहदाहेअष्टचत्वारिंशदधिकशततमोऽध्यायः ॥ १४८ ॥ वैशंपायनउवाच ॥ एतस्मिन्नेवकाले तुयथासंप्रत्ययंकविः ॥ विदुरःप्रेषयामासतद्वनंपुरुषंशुचिम् १ सगत्वातुयथोद्देशंपांडवान्ददृशेवने ॥ जनन्यासहकौरव्यमापयानान्नदीजलम् २ विदितंतन्महा बुद्धेर्विदुरस्यमहात्मनः ॥ ततस्तस्यापिचारेणचेष्टितंपापचेतसः ३ ततःप्रवासितोविद्वान्विदुरेणनरस्तदा ॥ पार्थानांदर्शयामासमनोमारुतगामिनीम् ४ सर्ववातस हांनावंयंत्रयुक्तांपताकिनीम् ॥ शिवेभागीरथीतीरेनरैर्विस्रंभिभिःकृताम् ५ ततःपुनरथोवाचज्ञापकंपूर्वचोदितम् ॥ युधिष्ठिरनिबोधेदंसंज्ञार्थंवचनंकवेः ६ कक्षघ्नः शिशिरघ्नश्चमहाकक्षेबिलौकसः ॥ नहंतीत्येवमात्मानंयोरक्षतिसजीवति ७ तेनमांप्रेषितंविद्धिविश्वस्तंसंज्ञयाऽनया ॥ भूयश्चैवाहमांक्षत्ताविदुरःसर्वतोऽर्थवित् ८ कर्णंदुर्योधनंचैवभ्रातृभिःसहितंरणे ॥ शकुनिंचैवकौन्तेयविजेताऽसिनसंशयः९इयंवारिपथेयुक्तानौरप्सुसुखगामिनी ॥ मोचयिष्यतिवःसर्वानस्माद्देशान्नसंशयः १० अथतान्व्यथितान्दृष्ट्वासहमात्रानरोत्तमान् ॥ नावमारोप्यगंगायांप्रस्थितानब्रवीत्पुनः ११ विदुरोमूर्ध्न्युपाघ्रायपरिष्वज्यवचोमुहुः ॥ अरिष्टंगच्छताव्यग्राःपंथानमि तिचाब्रवीत् १२ इत्युक्त्वासतुतान्वीरान्पुमान्विदुरचोदितः ॥ तारयामासराजेंद्रगंगांनावानरर्षभान् १३ तारयित्वाततोगंगांपारंप्राप्तांश्चसर्वशः ॥ जयाशिषःप्रयुज्या थयथागतमगाद्धिसः १४ पांडवाश्चमहात्मानःप्रतिसंदिश्यवैकवेः ॥ गंगामुत्तीर्यवेगेनजग्मुर्गूढमलक्षिताः १५ ॥ इति श्रीमहाभारते आदिपर्वणि जतुगृहपर्वणि गंगोत्तरणेऊनपंचाशदधिकशततमोऽध्यायः ॥ १४९ ॥ ॥ वैशंपायनउवाच ॥ अथरात्र्यांव्यतीतायामशेषोनागरोजनः ॥ तत्राजगामत्वरितोदिदृक्षुःपांडुनं दनान् १ निर्वापयंतोज्वलनंतेजनाददृशुस्ततः ॥ जातुषंतद्गृहंदग्धममात्यंचपुरोचनम् २ नूनंदुर्योधनेनेदंविहितंपापकर्मणा ॥ पांडवानांविनाशायेत्येवंतेचुक्रुशुर्जनाः३ विदितेधृतराष्ट्रस्यधार्तराष्ट्रोनसंशयः ॥ दग्धवान्पांडुदायादान्नह्येनंप्रतिषिद्धवान् ४ नूनंशांतनवोपीहनधर्ममनुवर्तते ॥ द्रोणश्चविदुरश्चैवकृपश्चान्येचकौरवाः ५ तेवयं धृतराष्ट्रस्यप्रेषयामोदुरात्मनः ॥ संवृत्तस्तेपरःकामःपांडवान्दग्धवानसि ६ ततोव्यपोहमानास्तेपांडवार्थेहुताशनम् ॥ निषादींददृशुर्दग्धांपंचपुत्रामनागसम् ७ खनकेनतुतेनैववेश्मशोधयताबिलम् ॥ पांसुभिःपिहितंतत्रपुरुषैस्तैर्नलक्षितम् ८ ततस्तेज्ञापयामासुर्धृतराष्ट्रस्यनागराः ॥ पांडवान्नग्निनादग्धानमात्यंचपुरोचनम् ९ ॥

१३।१४।१५ ॥ इति आदिपर्वणि नी० भारतभावदीपे ऊनपंचाशदधिकशततमोऽध्यायः ॥ १४९ ॥ ॥ अथेति १ । २ । ३ । ४ । ५ । ६ व्यपोहमानाःनिर्वापयंतः ७ । ८ । ९

१० । ११ । १२ कुल्यान्यस्थीनि कारयंतुसंस्कारयंतु । 'कुलंजनपदेगोत्रेसजातीयगणेऽपिच । भवनेचतनौक्लीबंकंटकार्यौषधौकुली' इतिमेदिनी । 'कुल्यंस्यात्कीकसेऽपि' इतिच । कुल्यानिचैत्यानी त्यन्ये महावृक्षेणवामहाप्रासादेनवाअंकितानिचत्वराणीत्यर्थः १३ । १४ । १५ ।१६ । १७ । १८ । १९ । २० । २१ । २२ । २३ । २४ । २५ । २६ ॥ इति आदिपर्वणि नी० भा० पंचाशदधिकशत

श्रुत्वातुधृतराष्ट्रस्तद्राजासुमहदप्रियम् ॥ विनाशंपांडुपुत्राणांविललापसुदुःखितः १० अद्यपांडुर्मृतोराजाममभ्रातामहायशाः ॥ तेषुवीरेषुदग्धेषुमात्रासहविशेषतः ११ गच्छंतुपुरुषाःशीघ्रंनगरंवारणावतम् ॥ सत्कारयंतुतान्वीरान्कुंतिराजसुतांचताम् १२ कारयंतुचकुल्यानिशुभानिचबृहंतिच ॥ येचतत्रमृतास्तेषांसुहृदोयांतुतानपि १३ एवंगतेमयाशक्यंयद्यत्कारयितुंहितम् ॥ पांडवानांचकुंत्याश्चतत्सर्वंक्रियतांधनैः १४ एवमुक्त्वाततश्चक्रेज्ञातिभिःपरिवारितः ॥ उदकंपांडुपुत्राणांधृतराष्ट्रोऽम्बिकासुतः १५ रुरुदुःसहिताःसर्वेभृशंशोकपरायणाः ॥ हायुधिष्ठिरकौरव्यहाभीमइतिचापरे १६ हाफाल्गुनेतिचाप्यन्येहायमावितिचापरे ॥ कुंतीमाताश्चशोचंतउदकंचक्रिरेजनाः १७ अन्येपौरजनाश्चैवमन्वशोचंतपांडवान् ॥ विदुरस्त्वल्पशश्चक्रेशोकंवेदपरंहिसः १८ पांडवाश्चापिनिर्गत्यनगराद्वारणावतात् ॥ नदींगंगामनुप्राप्तामातृषष्ठामहाबलाः १९ दाशानांभुजवेगेननद्याःस्रोतोजवेनच ॥ वायुनाचानुकूलेनतूर्णंपारमवाप्नुवन् २० ततोनावंपरित्यज्यप्रययुर्दक्षिणांदिशम् ॥ विज्ञायनिशिपंथानंनक्षत्रगणसूचितम् २१ यतमानावनंराजन्गहनंप्रतिपेदिरे ॥ ततःश्रांताःपिपासार्त्तानिद्रांधाःपांडुनंदनाः २२ पुनरूचुर्महावीर्यंभीमसेनमिदंवचः ॥ इतःकष्टतरंकिंनुयद्वयंगहनेवने ॥ दिशश्चनविजानीमोगंतुंचैवनशक्नुमः २३ तंचपापंनजानीमोयदिदग्धःपुरोचनः ॥ कथंतुविप्रमुच्येमभयादस्मादलक्षिताः २४ पुनरस्मानुपादायतथैवव्रजभारत ॥ त्वंहिनोबलवानेकोयथासततगस्तथा २५ इत्युक्तोधर्मराजेनभीमसेनोमहाबलः ॥ आदायकुंतींभ्रातॄंश्चजगामाशुमहाबलः २६ ॥ इति श्रीमहाभारते आदिपर्वणि जतुगृहपर्वणि पांडववनप्रवेशे पंचाशदधिकशततमोऽध्यायः ॥ १५० ॥ ॥ वैशंपायनउवाच ॥ तेनविक्रममाणेनऊरुवेगसमीरितम् ॥ वनंसवृक्षविटपंव्याघूर्णितमिवाभवत् १ जंघावातोववौचास्यशुचिशुक्रागमेयथा ॥ आवर्जितलतावृक्षंमार्गंचक्रेमहाबलः २ समृद्रन्पुष्पितांश्चैवफलितांश्चवनस्पतीन् ॥ अवरुज्यययौगुल्मान्पथस्तस्यसमीपजान् ३ सरोषितइवक्रुद्धोवनेभंजन्महाद्रुमान् ॥ त्रिप्रस्रुतमदःशुष्मीषष्टिवर्षीमतंगराट् ४ गच्छतस्तस्यवेगेनतार्क्ष्यमारुतरंहसः ॥ भीमस्यपांडुपुत्राणांमूर्छेवसमजायत ५ असकृच्चापिसंतीर्यदूरपारंभुजप्लवैः ॥ पथिप्रच्छन्नमासेदुर्धार्तराष्ट्रभयात्तदा ६ कृच्छ्रेणमातरंचैवसुकुमारींयशस्विनीम् ॥ अवहत्सतुपृष्ठेनरोधःसुविषमेषुच ७ ॥ ॥ ॥ ॥ ॥

तमोऽध्यायः ॥ १५० ॥ तेनेति १ शुचिशुक्रागमेज्येष्ठाषाढयोःसमये आवर्जिताःसमीकृतालतावृक्षाश्चयस्मिन् २ अवरुज्यभंक्त्वा ३ रोषितोरोषंप्रापितः त्रिपुगंडकर्णमूलगुह्यदेशेषुप्रसृतोमदोयस्यसःशुष्मी तेजस्वी । 'शुष्मंतेजसिसूर्येना'इतिमेदिनी । षष्टिवर्षीतिपूर्णयौवनः ४ । ५ दूरपारंगंगाप्रवाहं वनेपितस्माद्बिभ्यतीतिभावः भुजप्लवैर्भुजाभ्यांप्लवनैः बहुत्वंव्यापारभेदात् ६ रोधःसूच्चभागेषु ७ ॥ ॥

८ अनार्त्तवैरनृतुभवैरुत्पातरूपैरित्यर्थः ९ गुल्मःस्तंबः क्षुपोह्रस्वशाखोवृक्षः अवभुग्नोनामितः १० । ११ तृषातृष्णया १२ । १३ । १४ । १५ । १६ । १७ । १८ । १९ गव्यूतिमात्रात्क्रोशद्वयात्

अगमच्चवनोद्देशमल्पमूलफलोदकम् ॥ क्रूरपक्षिमृगंघोरंसायाह्नेभरतर्षभ ८ घोरासमभवत्संध्यादारुणामृगपक्षिणः ॥ अप्रकाशादिशःसर्वावातैरासन्ननार्त्तवैः ९
शीर्णपर्णफलैराजन्बहुगुल्मक्षुपैर्द्रुमैः ॥ भग्नावभुग्नभूयिष्ठैर्नानाद्रुमसमाकुलैः १० तेश्रमेणचकौरव्यास्तृष्णयाचप्रपीडिताः ॥ नाशक्नुवंस्तदागंतुंनिद्रयाचप्रवृद्धया
११ न्यविशंतहितेसर्वेनिरास्वादेमहावने ॥ ततस्तृषापरिक्रांताकुंतीपुत्रानथाब्रवीत् १२ मातासतीपांडवानांपंचानांमध्यतःस्थिता ॥ तृष्णयाहिपरीताऽस्मि
पुत्रान्भृशमथाब्रवीत् १३ तच्छ्रुत्वाभीमसेनस्यमातृस्नेहात्प्रजल्पितम् ॥ कारुण्येनमनस्तप्तंगमनायोपचक्रमे १४ ततोभीमोवनंघोरंप्रविश्यविजनंमहत् ॥ न्य
ग्रोधंविपुलच्छायंरमणीयंददर्शह १५ तत्रनिक्षिप्यतान्सर्वानुवाचभरतर्षभः ॥ पानीयंमृगयामीहविश्रमध्वमितिप्रभो १६ एतेरुवंतिमधुरंसारसाजलचारिणः ॥
ध्रुवमत्रजलस्थानंमहच्चेतिमतिर्मम १७ अनुज्ञातःसगच्छेतिभ्रात्राज्येष्ठेनभारत ॥ जगामतत्रयत्रस्मसारसाजलचारिणः १८ सतत्रपीत्वापानीयंस्नात्वाचभरतर्ष
भ ॥ तेषामर्थेचजग्राहभ्रातॄणांभ्रातृवत्सलः ॥ उत्तरीयेणपानीयमानयामासभारत १९ गव्यूतिमात्रादागत्यत्वरितोमातरंप्रति ॥ शोकदुःखपरीतात्मानिशश्वा
सोरगोयथा २० ससुप्तांमातरंदृष्ट्वाभ्रातॄंश्चवसुधातले ॥ भृशंशोकपरीतात्माविललापवृकोदरः २१ अतःकष्टतरंकिंनुद्रष्टव्यंहिभविष्यति ॥ यत्पश्यामिमहीसु
प्तान्भ्रातॄनद्यसुमंदभाक् २२ शयनेषुपरार्द्ध्येषुयेपुरावारणावते ॥ नाधिजग्मुस्तदानिद्रांतेऽद्यसुप्तामहीतले २३ स्वसारंवसुदेवस्यशत्रुसंघावमर्दिनः ॥ कुंतिराज
सुतांकुंतींसर्वलक्षणपूजिताम् २४ स्नुषांविचित्रवीर्यस्यभार्यांपांडोर्महात्मनः ॥ तथैवचास्मज्जननींपुंडरीकोदरप्रभाम् २५ सुकुमारतरामेनांमहार्हशयनोचि
ताम् ॥ शयानांपश्यताऽद्येहपृथिव्यामतथोचिताम् २६ धर्मादिंद्राच्चवाताच्चसुषुवेयासुतानिमान् ॥ सेयंभूमौपरिश्रांताशेतेप्रासादशायिनी २७ किंनुदुःखतरं
शक्यंमयाद्रष्टुमतःपरम् ॥ योऽहमद्यनरव्याघ्रान्सुप्तान्पश्यामिभूतले २८ त्रिषुलोकेषुयोराज्यंधर्मनित्योऽर्हतेनृपः ॥ सोऽयंभूमौपरिश्रांतःशेतेप्राकृतवत्कथम् ॥
२९ अयंनीलांबुदश्यामोनरेष्वप्रतिमोऽर्जुनः ॥ शेतेप्राकृतवद्भूमौततोदुःखतरंनुकिम् ३० अश्विनाविवदेवानांयाविमौरूपसंपदा ॥ तौप्राकृतवदद्येमौप्रसुप्तौध
रणीतले ३१ ज्ञातयोयस्यनैवस्युर्विषमाःकुलपांसनाः ॥ सजीवेत्सुखंलोकेग्रामद्रुमइवैकजः ३२ एकोवृक्षोहियोग्रामेभवेत्पर्णफलान्वितः ॥ चैत्योभवतिनिर्ज्ञा
तिरर्चनीयःसुपूजितः ३३ येषांचबहवःशूराज्ञातयोधर्ममाश्रिताः ॥ तेजीवंतिसुखंलोकेभवंतिचनिरामयाः ३४ बलवंतःसमृद्धार्थामित्रबांधवनंदनाः ॥ जीवंत्य
न्योन्यमाश्रित्यद्रुमाःकाननजाइव ३५ वयंतुधृतराष्ट्रेणसपुत्रेणदुरात्मना ॥ विवासितानदग्धाश्चकथंचिद्दैवसंश्रयात् ३६ तस्मान्मुक्तावयंदाहादिमंवृक्षमुपाश्रिताः ॥
कांदिशंप्रतिपत्स्यामःप्राप्ताःक्लेशमनुत्तमम् ३७ सकामोभवदुर्बुद्धेधार्त्तराष्ट्राल्पदर्शन ॥ नूनंदेवाःप्रसन्नास्तेनानुज्ञांमेयुधिष्ठिरः ३८ ॥ ॥

२० । २१ सुमंदभाग्गतिमंदभाग्यः २२ । २३ । २४ । २५ । २६ । २७ । २८ । २९ । ३० । ३१ एकजएकएवजातोऽसहायः ३२ । ३३ । ३४ बांधवानांनंदनाःसुखदाः ३५ । ३६ । ३७ । ३८

तुभ्यंतव ३९ । ४० । ४१ । ४२ । ४३ लक्षयेयामिकानामाक्रोशादिना ४४ । ४५ ॥ ॥ इतिआदिपर्वणिनीलकंठीये भारतभावदीपेपंचाशदधिकशततमोऽध्यायः ॥ १५१ ॥ ॥ ॥
तत्रेति १ । २ पिशितेप्सुर्मांसार्थी स्फिग्जंघामूलं ३ । ४ । ५ । ६ । ७ पर्येतिमानुषमांसस्यलाभंसूचयंतीचलतीव ८ । ९ धमनींनाडीं १० । ११ । १२ । १३ । १४ । १५ । १६

प्रयच्छतिवधेतुभ्यंतेनजीवसिदुर्मते ॥ नन्वद्यससुतामात्यंसकर्णानुजसौबलम् ३९ गत्वाक्रोधसमाविष्टःप्रेषयिष्येयमक्षयम् ॥ किंनुशक्यंमयाकर्तुंयत्त्वंनकुध्यते
नृपः ४० धर्मात्मापांडवश्रेष्ठःपापाचारयुधिष्ठिरः ॥ एवमुक्त्वामहाबाहुःक्रोधसंदीप्तमानसः ४१ करंकरेणनिष्पिष्यनिःश्वसन्दीनमानसः ॥ पुनर्दीनमनाभूत्वा
शांतार्चिरिवपावकः ४२ भ्रातृन्महीतलेसुप्तानवैक्षतवृकोदरः ॥ विश्वस्तानिवसंविष्टान्पृथग्जनसमानिव ४३ नातिदूरेणनगरंवनादस्माद्धिलक्षये ॥ जागर्तव्ये
स्वपंतीमेहंतजागर्म्यहंस्वयम् ४४ प्राश्यंतीमेजलंपश्चात्प्रतिबुद्धाजितक्लमाः ॥ इतिभीमोव्यवस्यैवजजागारस्वयंतदा ४५ ॥ इतिश्रीमहाभारतेआदिपर्वणिजतुगृ
हपर्वणिभीमजलाहरणेएकपंचाशदधिकशततमोऽध्यायः ॥ १५१ ॥ ॥ ॥ समाप्तंजतुगृहपर्व ॥ ॥ अथहिडिंबवधपर्व ॥ ॥ वैशंपायनउवाच ॥ तत्र
तेषुशयानेषुहिडिंबोनामराक्षसः ॥ अविदूरेवनात्तस्माच्छालवृक्षंसमाश्रितः १ क्रूरोमानुषमांसादोमहावीर्यपराक्रमः ॥ प्रावृड्जलधरश्यामःपिंगाक्षोदारुणाकृतिः
२ दंष्ट्राकरालवदनःपिशितेप्सुःक्षुधार्दितः ॥ लंबस्फिग्लंबजठरोरक्तश्मश्रुशिरोरुहः ३ महावृक्षगलस्कंधःशंकुकर्णोविभीषणः ॥ यदृच्छयातानपश्यत्पांडुपुत्रा
न्महारथान् ४ विरूपरूपःपिंगाक्षःकरालोघोरदर्शनः ॥ पिशितेप्सुःक्षुधार्त्तश्चतानपश्यद्यदृच्छया ५ उर्ध्वांगुलिःसकंडूयन्धुन्वन्रूक्षान्शिरोरुहान् ॥ जृंभमाणो
महावक्त्रःपुनःपुनरवेक्ष्यच ६ हृष्टोमानुषमांसस्यमहाकायोमहाबलः ॥ आघ्रायमानुषंगंधंभगिनीमिदमब्रवीत् ७ उपपन्नश्चिरस्याद्यभक्षोऽयंममसुप्रियः ॥ स्नेह
स्रवान्प्रस्रवतिजिह्वापर्येतिमेसुखम् ८ अष्टौदंष्ट्राःसुतीक्ष्णाग्राश्चिरस्यापातदुःसहाः ॥ देहेषुमज्जयिष्यामिस्निग्धेषुपिशितेषुच ९ आक्रम्यमानुषंकंठमाच्छिद्यधम
नीमपि ॥ उष्णंनवंप्रपास्यामिफेनिलंरुधिरंबहु १० गच्छजानीहिकेत्वेतेशेरतेवनमाश्रिताः ॥ मानुषोबलवान्गंधोघ्राणंतर्पयतीवमे ११ हत्वैतान्मानुषान्सर्वा
नानयस्वममांतिकम् ॥ अस्मद्विषयसुप्तेभ्योनैतेभ्योभयमस्तिते १२ एषामुत्कृत्यमांसानिमानुषाणांयथेष्टतः ॥ भक्षयिष्यावसहितौकुरुतूर्णंवचोमम १३ भक्ष
यित्वाचमांसानिमानुषाणांप्रकामतः ॥ नृत्यावसहितावावांदत्ततालावनेकशः १४ एवमुक्ताहिडिंबातुहिडिंबेनतदावने ॥ भ्रातुर्वचनमाज्ञायत्वरमाणेवराक्षसी ॥
१५ जगामतत्रयत्रस्मपांडवाभरतर्षभ ॥ ददर्शतत्रसागत्वापांडवान्पृथयासह ॥ शयानान्भीमसेनंचजाग्रतंत्वपराजितम् १६ दृष्ट्वैवभीमसेनंसाशालपोतमिवो
द्गतम् ॥ राक्षसीकामयामासरूपेणाप्रतिमंभुवि १७ अयंश्यामोमहाबाहुःसिंहस्कंधोमहाद्युतिः ॥ कंबुग्रीवःपुष्कराक्षोभर्तायुक्तोभवेन्मम १८ नाहंभ्रातृवचोजा
तुकुर्यांक्रूरोपसंहितम् ॥ पतिस्नेहोऽतिबलवान्नतथाभ्रातृसौहृदम् १९ ॥ ॥ ॥ ॥ ॥

शालपोतमिवशालांकुरमिव १७ श्यामस्तरुणः अग्रेनवहे ।भमितिवक्ष्यमाणत्वात् १८ क्रूरोपसंहितंहिंसायुक्तं १९ ॥ ॥ ॥ ॥

२० । २१ । २२ । २३ । २४ । २५ बिभक्षयिषताभक्षयितुमिच्छता २६ । २७ । २८ । २९ । ३० । ३१ । ३२ । ३३ । ३४ । ३५ । ३६ ॥ ॥ इतिआदिपर्वणिनीलकंठीये भारतभावदीपे

मुहूर्त्तमेवतृप्तिश्चभवेद्भातुर्ममैवच ॥ हतैरेतैरहत्वातुमोदिष्येशाश्वतीःसमाः २० साकामरूपिणीरूपंकृत्वामानुषमुत्तमम् ॥ उपतस्थेमहाबाहुंभीमसेनंशनैःशनैः
२१ लज्जमानेवललनादिव्याभरणभूषिता ॥ स्मितपूर्वमिदंवाक्यंभीमसेनमथाब्रवीत् २२ कुतस्त्वमसिसंप्राप्तःकश्चासिपुरुषर्षभ ॥ कइमेशेरतेचेहपुरुषादेवरू
पिणः २३ केयंवैबृहतीश्यामासुकुमारीतवानघ ॥ शेतेवनमिदंप्राप्यविश्वस्तास्वगृहेयथा २४ नेदंजानातिगहनंवनंराक्षससेवितम् ॥ वसतिह्यत्रपापात्माहि
डिंबोनामराक्षसः २५ तेनाहंप्रेषिताभ्रात्रादुष्टभावेनरक्षमा ॥ बिभक्षयिषतामांसंयुष्माकममरोपमाः २६ साऽहंत्वामभिसंप्रेक्ष्यदेवगर्भसमप्रभम् ॥ नान्यंभर्त्तारमि
च्छामिसत्यमेतद्ब्रवीमिते २७ एतद्विज्ञायधर्मज्ञयुक्तंमयिसमाचर ॥ कामोपहतचित्तांगींभजमानांभजस्वमाम् २८ त्रास्यामित्वांमहाबाहोराक्षसात्पुरुषादकात् ॥
वत्स्यावोगिरिदुर्गेषुभर्त्ताभवममानघ २९ अंतरिक्षचरीह्यस्मिकामतोविचरामिच ॥ अतुलामाप्नुहिप्रीतिंतत्रतत्रमयासह ३० ॥ भीमसेनउवाच ॥ मातरंभ्रातरं
ज्येष्ठंसुखसुप्तान्कथंत्विमान् ॥ परित्यजेतकोन्वद्यप्रभवन्निहराक्षसि ३१ कोहिसुप्तानिमान्भ्रातॄन्दत्वाराक्षसभोजनम् ॥ मातरंचनरोगच्छेत्कामार्त्तइवमद्विधः ३२॥
राक्षस्युवाच ॥ यत्तेप्रियंतत्करिष्येसर्वानेतान्प्रबोधय ॥ मोक्षयिष्याम्यहंकामंराक्षसात्पुरुषादकात् ३३ ॥ भीमसेनउवाच ॥ सुखसुप्तान्वनेभ्रातॄन्मातरंचैव
राक्षसि ॥ नभयाद्बोधयिष्यामिभ्रातुस्तवदुरात्मनः ३४ नहिमेराक्षसाभीरुसोढुंशक्ताःपराक्रमम् ॥ नमनुष्यानगंधर्वानयक्षाश्चारुलोचने ३५ गच्छवातिष्ठवाभद्रेय
द्वाऽपीच्छसितत्कुरु ॥ तंवाप्रेषयतन्वंगिभ्रातरंपुरुषादकम् ३६ ॥ ॥ इतिश्रीमहाभारतेआदिपर्वणिहिडिंबवधपर्वणिभीमहिडिंबासंवादेद्विपंचाशदधिकश
ततमोऽध्यायः ॥ १५२ ॥ ॥ वैशंपायनउवाच ॥ तांविदित्वाचिरगतांहिडिंबोराक्षसेश्वरः ॥ अवतीर्यद्रुमात्तस्मादाजगामाशुपांडवान् १ लोहिताक्षोमहाबा
हुरूर्ध्वकेशोमहाननः ॥ मेघसंघातवर्ष्मांचतीक्ष्णदंष्ट्रोभयानकः २ तमापतंतंदृष्ट्वैवतथाविकृतदर्शनम् ॥ हिडिंबोवाचवित्रस्ताभीमसेनमिदंवचः ३ आपतत्येषदुष्टा
त्मासंक्रुद्धःपुरुषादकः ॥ साऽहंत्वांभ्रातृभिःसार्द्धंयद्ब्रवीमितथाकुरु ४ अहंकामगमावीररक्षोबलसमन्विता ॥ आरुहेमांममश्रोणिंनेष्यामित्वांविहायसा ५ प्रबोधयै
तान्संसुप्तान्मातरंचपरंतप ॥ सर्वानेवगमिष्यामिगृहीत्वावोविहायसा ६ ॥ भीमउवाच ॥ माभैस्त्वंपृथुसुश्रोणिनैषकश्चिन्मयिस्थिते ॥ अहमेनंहनिष्यामिप्रेक्ष
त्यास्तेसुमध्यमे ७ नायंप्रतिबलोभीरुराक्षसापसदोमम ॥ सोढुंयुधिपरिस्पंदमथवासर्वराक्षसाः ८ पश्यबाहूसुवृत्तौमेहस्तिहस्तनिभाविमौ ॥ ऊरूपरिघसंकाशौ
संहतंचाप्युरोमहत् ९ विक्रमंमेयथेंद्रस्यसाऽद्यद्रक्ष्यसिशोभने ॥ मावमंस्थाःपृथुश्रोणिमत्वामामिहमानुषम् १० ॥ ॥ ॥

द्विपंचाशदधिकशततमोऽध्यायः ॥ १५२ ॥ ॥ तामिति १ मेघसंघातवर्ष्माअतितीक्ष्णशरीरः २ । ३ । ४ । ५ । ६ । ७ । ८ । ९ । १० ॥ ॥ ॥

म.भा.टी. ॥१४२॥ ११ । १२ । १३ वाससमितिसमासांतष्टच् तेनअकारांतःशब्दः १४ । १५ । १६ । १७ । १८ । १९ । २० । २१ । २२ । २३ । २४ । २५ । २६ । २७ । २८ गमिष्यामिगमयिष्यामि नयि आदि०१ अ० ॥१५३॥

॥ हिडिंबोवाच ॥ नावमन्येनरव्याघ्रत्वामहंदेवरूपिणम् ॥ दृष्टप्रभावस्तुमयामानुषेष्वेवराक्षसः ११ ॥ वैशंपायनउवाच ॥ तथासंजल्पतस्तस्यभीमसेनस्यभारत ॥ वाचःशुश्रावताःक्रुद्धोराक्षसःपुरुषादकः १२ अवेक्षमाणस्तस्याश्चहिडिंबोमानुषंवपुः ॥ स्रग्दामपूरितशिखंसमग्रेंदुनिभाननम् १३ सुभ्रूनासाक्षिकेशांतंसुकुमारनखत्वचम् ॥ सर्वाभरणसंयुक्तंसुसूक्ष्मांबरवाससम् १४ तांतथामानुषंरूपंबिभ्रतींसुमनोहरम् ॥ पुंस्कामांशंकमानश्चचुक्रोधपुरुषादकः १५ संक्रुद्धोराक्षसस्तस्याभगिन्याःकुरुसत्तम ॥ उत्फाल्यविपुलेनेत्रेततस्तामिदमब्रवीत् १६ कोहिमेभोक्तुकामस्यविघ्नंचरतिदुर्मतिः ॥ नबिभेषिहिडिंबेकिंमत्कोपाद्विप्रमोहिता १७ धिक्त्वामसतिपुंस्कामेममविप्रियकारिणि ॥ पूर्वेषांराक्षसेंद्राणांसर्वेषामयशस्करि १८ यानिमानाश्रिताऽकार्षीर्विप्रियंसुमहन्मम ॥ एषतानद्यवैसर्वान्हनिष्यामित्वयासह १९ एवमुक्त्वाहिडिंबांसहिडिंबोलोहितेक्षणः ॥ वधायाभिपपातैनांदन्तैर्दन्तानुपस्पृशन् २० तमापतंतंसंप्रेक्ष्यभीमःप्रहरतांवरः ॥ भर्त्सयामासतेजस्वीतिष्ठतिष्ठेतिचाब्रवीत् २१ ॥ वैशंपायनउवाच ॥ भीमसेनस्तुतंदृष्ट्वाराक्षसंप्रहसन्निव ॥ भगिनींप्रतिसंक्रुद्धमिदंवचनमब्रवीत् २२ किंतेहिडिंबएतैर्वासुखसुप्तैःप्रबोधितैः ॥ मामासादयदुर्बुद्धेतरसात्वंनराशन २३ मय्येवप्रहरेहित्वंनस्त्रियंहंतुमर्हसि ॥ विशेषतोऽनपकृतेपरेणापकृतेसति २४ नहीयंस्ववशाबालाकामयत्यद्यमामिह ॥ चोदितैषाह्यनंगेनशरीरांतरचारिणा २५ भगिनीतवदुर्वृत्तरक्षसांवैयशोहर ॥ त्वन्नियोगेनचैवेयंरूपंममसमीक्ष्यच २६ कामयत्यद्यमांभीरुस्तवनैषापराध्यति ॥ अनंगेनकृतेदोषेनेमांगर्हितुमर्हसि २७ मयितिष्ठतिदुष्टात्मन्नस्त्रियंहंतुमर्हसि ॥ संगच्छस्वमयासार्द्धमेकेनैकोनराशन २८ अहमेकोगमिष्यामित्वामद्ययमसादनम् ॥ अद्यमद्बलनिष्पिष्टंशिरोराक्षसदीर्यताम् ॥ कुंजरस्येवपादेनविनिष्पिष्टंबलीयसः २९ अद्यगात्राणितेकंकाःश्येनागोमायवस्तथा ॥ कर्षंतुभुविसंहृष्टानिहतस्यमयामृधे ३० क्षणेनाद्यकरिष्येऽहमिदंवनमराक्षसम् ॥ पुरायद्दूषितंनित्यंत्वयाभक्षयतानरान् ३१ अद्यत्वांभगिनीरक्षःकृष्यमाणंमयाऽसकृत् ॥ द्रक्ष्यत्यद्रिप्रतीकाशंसिंहेनेवमहाद्विपम् ३२ निराबाधास्त्वयिहतेमयाराक्षसपांसन ॥ वनमेतच्चरिष्यंतिपुरुषावनचारिणः ३३ हिडिंबउवाच ॥ गर्जितेनवृथाकिंतेकत्थितेनचमानुष ॥ कृत्वैतत्कर्मणासर्वंकत्थेथामाचिरंकृथाः ३४ बलिनंमन्यसेयच्चाप्यात्मानंसपराक्रमम् ॥ ज्ञास्यस्यद्यसमागम्यमयाऽऽत्मानंबलाधिकम् ३५ नतावदेतान्हिंसिष्येस्वपंत्वेतेयथासुखम् ॥ एषत्वामेवदुर्बुद्धेनिहन्म्यद्याप्रियंवदम् ३६ पात्वातवासृग्गात्रेभ्यस्ततःपश्चादिमानपि ॥ हनिष्यामिततःपश्चादिमांविप्रियकारिणीम् ३७ ॥ वैशंपायनउवाच ॥ एवमुक्त्वाततोबाहुंप्रगृह्यपुरुषादकः ॥ अभ्यद्रवतसंक्रुद्धोभीमसेनमरिंदमम् ३८ ॥ ॥ ॥

ष्यामीतिवापाठः ॥ २९ । ३० । ३१ । ३२ । ३३ । ३४ । ३५ । ३६ । ३७ । ३८ ॥ ॥ ॥ ॥ ॥ ॥ ॥ ॥१४२॥

३९ । ४० । ४१ । ४२ । ४३ आकर्षतुःआचकर्षतुः ४४ । ४५ ॥ इतिआदिपर्वणिनीलकंठीयेभारतभावदीपेत्रिपंचाशदधिकशततमोऽध्यायः ॥ १५३ ॥ प्रबुद्धाइति १।२।३।४।५ जिघांसितुंहंतुं

तस्याभिद्रवतस्तूर्णंभीमोभीमपराक्रमः ॥ वेगेनप्रहितंबाहुंनिजग्राहहसन्निव ३९ निगृह्यतंबलाद्भीमोविस्फुरंतंचकर्षह ॥ तस्माद्देशाद्धनूंष्यष्टौसिंहःक्षुद्रमृगंय
था ४० ततःसराक्षसःक्रुद्धःपांडवेनबलार्दितः ॥ भीमसेनंसमालिंग्यव्यनदद्भैरवंरवम् ४१ पुनर्भीमोबलादेनंविचकर्षमहाबलः ॥ माशब्दःसुखसुप्तानांभ्रातृ
णांमेभवेदिति ४२ अन्योन्यंतौसमासाद्यविचकर्षतुरोजसा ॥ हिडिंबोभीमसेनश्चविक्रमंचक्रतुःपरम् ४३ बभंजतुस्तदावृक्षाँल्लताश्चाकर्षतुस्तदा ॥ मत्ताविव
वचसंरब्धौवारणौषष्टिहायनौ ४४ तयोःशब्देनमहताविबुद्धास्तेनरर्षभाः ॥ सहमात्राचदद्दशुर्हिडिंबामग्रतःस्थिताम् ४५ ॥ इतिश्रीमहाभारतेआदिपर्वणिहि
डिंबवधपर्वणिहिडिंबयुद्धेत्रिपंचाशदधिकशततमोऽध्यायः ॥ १५३ ॥ ॥ वैशंपायनउवाच ॥ प्रबुद्धास्तेहिडिंबायारूपंदृष्ट्वाऽतिमानुषम् ॥ विस्मिताः
पुरुषव्याघ्राबभूवुःपृथयासह १ ततःकुंतीसमीक्ष्यैनांविस्मितारूपसंपदा ॥ उवाचमधुरंवाक्यंसांत्वपूर्वमिदंशनैः २ कस्यत्वंसुरगर्भाभेकावाऽसिवरवर्णिनि ॥ केन
कार्येणसंप्राप्ताकुतश्चागमनंतव ३ यदिवाऽस्यवनस्यत्वंदेवतायदिवाऽप्सराः ॥ आचक्ष्वममतत्सर्वंकिमर्थंचेहतिष्ठसि ४ ॥ हिडिंबोवाच ॥ यदेतत्पश्यसिवनंनील
मेघनिभंमहत् ॥ निवासोराक्षसस्यैषहिडिंबस्यममैवच ५ तस्यमांराक्षसेंद्रस्यभगिनींविद्धिभाविनि ॥ भ्रात्रासंप्रेषितामार्येत्वांसपुत्रांजिघांसितुम् ६ क्रूर
बुद्धेरहंतस्यवचनादागतात्विह ॥ अद्राक्षंनवहेमाभंतवपुत्रंमहाबलम् ७ ततोऽहंसर्वभूतानांभावेविचरताशुभे ॥ चोदितातवपुत्रस्यमन्मथेनवशानुगा ८ ततोवृ
तोमयाभर्तातवपुत्रोमहाबलः ॥ अपनेतुंचयतितोनचैवशकितोमया ९ चिरायमाणांमांज्ञात्वाततःसपुरुषादकः ॥ स्वयमेवागतोहंतुमिमान्सर्वांस्तवात्मजान् १०
सतेनममकांतेनतवपुत्रेणधीमता ॥ बलादितोविनिष्पिष्यव्यपनीतोमहात्मना ११ विकर्षंतौमहावेगौगर्जमानौपरस्परम् ॥ पश्यैवंयुधिविक्रांतावेतौचनरर
क्षसौ १२ ॥ वैशंपायनउवाच ॥ तस्याःश्रुत्वैववचनमुत्पपातयुधिष्ठिरः ॥ अर्जुनोनकुलश्चैवसहदेवश्चवीर्यवान् १३ तौतेददृशुरासक्तौविकर्षंतौपरस्परम् ॥
कांक्षमाणौजयंचैवसिंहाविवबलोत्कटौ १४ अथान्योन्यंसमाश्लिष्यविकर्षंतौपुनःपुनः ॥ दावाग्निधूमसदृशंचक्रतुःपार्थिवंरजः १५ वसुधारेणुसंवीतौवसुधाधरस
न्निभौ ॥ बभ्राजतुर्यथाशैलौनीहारेणाभिसंवृतौ १६ राक्षसेनतदाभीमंक्लिश्यमानंनिरीक्ष्यच ॥ उवाचेदंवचःपार्थःप्रहसञ्छनकैरिव १७ भीममाभैर्महाबाहोन
त्वांबुध्यामहेवयम् ॥ समेतंभीमरूपेणरक्षसाश्रमकर्शिताः १८ साहाय्येऽस्मिस्थितःपार्थपातयिष्यामिराक्षसम् ॥ नकुलःसहदेवश्चमातरंगोपयिष्यतः १९
भीमउवाच ॥ उदासीनोनिरीक्षस्वनकार्यःसंभ्रमस्त्वया ॥ नजात्वयंपुनर्जीवेन्मद्बाह्वन्तरमागतः २० ॥ अर्जुनउवाच ॥ किमनेनचिरंभीमजीवतापापरक्षसा ॥
गंतव्येनचिरंस्थातुमिहशक्यमरिंदम २१ पुरासंरज्यतेप्राचीपुरासंध्याप्रवर्तते ॥ रौद्रेमुहूर्तेरक्षांसिप्रबलानिभवंत्युत २२ ॥ ॥

स्वार्थेसन् ६ । ७ भावेचिचे ८ । ९ । १० व्यपनीतोदूरेनीतः ११ । १२ । १३ । १४ । १५ । १६ । १७ । १८ । १९ । २० गंतव्येसतिचिरंस्थातुंनशक्यं २१ । २२

विभीषणंविशेषेणभयंकरं पुराप्रागेवमायांविकुरुतेरक्षोरौद्रेमुहूर्त्तेऽतःअस्मिन्सारंबलंअर्पयनिपातय एनंशीघ्रंमहीत्यर्थः २३ । २४ आभ्रामयत्समंताद्भ्रामितवान् २५ वृथावृद्धोदीर्घत्वंगतः वृथामरणंबाहुयुद्धेनहतस्यस्वर्गकीर्त्योरभावात् २६ । २७ क्रोधोद्दीपनायार्जुनउवाच यदिवेति २८ । २९ । ३० । ३१ योक्त्रयित्वानिबध्यउरोदेशेगृहीत्वाप्रतीपंविनाम्ययष्टिवन्मध्यदेशेभंक्त्वा

त्वरस्वभीममाक्रीडजहिरक्षोविभीषणम् ॥ पुराविकुरुतेमायांभुजयोःसारमर्पय २३ ॥ वैशंपायनउवाच ॥ अर्जुनेनैवमुक्तस्तुभीमोरोषाज्ज्वलन्निव ॥ बलमाहारयामासयद्वायोर्जगतःक्षये २४ ततस्तस्यांबुदाभस्यभीमोरोषात्तुरक्षसः ॥ उत्क्षिप्याभ्रामयद्देहंतूर्णंशतगुणंतदा २५ ॥ भीमउवाच ॥ वृथामांसैर्वृथापुष्टोवृथावृद्धोवृथामतिः ॥ वृथामरणमर्हस्त्वंवृथाऽद्यनभविष्यसि २६ क्षेममद्यकरिष्यामियथावनमकंटकम् ॥ नपुनर्मानुषान्हत्वाभक्षयिष्यसिराक्षस २७ अर्जुनउवाच ॥ यदिवामन्यसेभारंत्वमिमंराक्षसंयुधि ॥ करोमितवसाहाय्यंशीघ्रमेषनिपात्यताम् २८ अथवाऽप्यहमेवैनंहनिष्यामिवृकोदर ॥ कृतकर्मापरिश्रांतःसाधुतावदुपारम २९ ॥ वैशंपायनउवाच ॥ तस्यतद्वचनंश्रुत्वाभीमसेनोऽत्यमर्षणः ॥ निष्पिष्यैनंबलाद्भूमौपशुमारममारयत् ३० समार्यमाणोभीमेननमादविपुलंस्वनम् ॥ पूरयंस्तद्वनंसर्वंजलार्द्रइवदुंदुभिः ३१ बाहुभ्यांयोक्त्रयित्वातंबलवान्पांडुनंदनः ॥ मध्येभंक्त्वामहाबाहुर्हर्षयामासपांडवान् ३२ हिडिंबंनिहतंदृष्ट्वासंहृष्टास्तेतरस्विनः ॥ अपूजयन्नरव्याघ्रंभीमसेनमरिंदमम् ३३ अभिपूज्यमहात्मानंभीमंभीमपराक्रमम् ॥ पुनरेवार्जुनोवाक्यमुवाचेदंवृकोदरम् ३४ नदूरंनगरंमन्येवनादस्मादहंविभो ॥ शीघ्रंगच्छामभद्रंतेननोविद्यात्सुयोधनः ३५ ततःसर्वेतथेत्युक्त्वामात्रासहमहारथाः ॥ प्रययुःपुरुषव्याघ्राहिडिंबाचैवराक्षसी ३६ ॥ इति श्रीमहाभारते आदिपर्वणि हिडिंबवधपर्वणि हिडिंबवधे चतुष्पंचाशदधिकशततमोऽध्यायः ॥ १५४ ॥ ॥ भीमसेनउवाच ॥ स्मरंतिवैरंरक्षांसिमायामाश्रित्यमोहिनीम् ॥ हिडिंबेव्रजपंथानंत्वमिमंभ्रातृसेवितम् १ ॥ युधिष्ठिरउवाच ॥ क्रुद्धोऽपिपुरुषव्याघ्रभीममास्मस्त्रियंवधीः ॥ शरीरगुप्त्यभ्यधिकंधर्मंगोपायपांडव २ वधाभिप्रायमायांतमवधीस्त्वंमहाबलम् ॥ रक्षसस्तस्यभगिनीकिंनःक्रुद्धाकरिष्यति ३ ॥ वैशंपायनउवाच ॥ हिडिंबातुततःकुंतीमभिवाद्यकृतांजलिः ॥ युधिष्ठिरंतुकौन्तेयमिदंवचनमब्रवीत् ४ आर्येजानासियद्दुःखमिहस्त्रीणामनंगजम् ॥ तदिदंमामनुप्राप्तंभीमसेनकृतंशुभे ५ सोढंतत्परमंदुःखंमयाकालप्रतीक्षया ॥ सोऽयमभ्यागतःकालोभवितामेसुखोदयः ६ मयाह्युत्सृज्यसुहृदःस्वधर्मंस्वजनंतथा ॥ वृतोऽयंपुरुषव्याघ्रस्तवपुत्रःपतिःशुभे ७ वीरेणाऽहंतथाऽनेनत्वयाचापियशस्विनि ॥ प्रत्याख्यातानजीवामिसत्यमेतद्ब्रवीमिते ८ तदर्हसिकृपांकर्तुंमयित्वंवरवर्णिनि ॥ मत्वामूढेतितन्मांत्वंभक्तावाऽनुगतेतिवा ९ भर्त्राऽनेनमहाभागेसंयोजयसुतेनह ॥ तमुपादायगच्छेयंयथेष्टंदेवरूपिणम् ॥ पुनश्चैवानयिष्यामिविस्रंभंकुरुमेशुभे १० ॥ ॥ ॥

त्रोटयित्वापशुमारममारयत्पांडवांश्चहर्षयामासेत्यन्वयः ३२ । ३३ । ३४ । ३५ । ३६ ॥ इति आदिपर्वणिनीलकंठीये भारतभावदीपे चतुष्पंचाशदधिकशततमोऽध्यायः ॥ १५४ ॥ ॥ ॥
स्मरंतीति । भ्रातृसेवितंपंथानंमृत्युं १ । २ । ३ अभिवाद्यआर्येइत्याभाष्य चौरादिकस्यवदेरूपं ४ । ५ । ६ । ७ । ८ । ९ । १० ॥ ॥ ॥

११ वहिष्यामिप्रापयिष्यामि आर्षइट् प्रवक्ष्यामीतिपाठेऽपिवहेरेवरूपं गतिंगम्यंदेशं १२ आदृत्यांगीकृत्य १३ व्यसनेबाधके १४ । १५ । १६ । १७ । १८ । १९ । २० । २१ २२ । २३ । २४ । २५ । २६ । २७ । २८ । २९ । ३० शंकुकर्णतीक्ष्णाग्रस्तब्धकर्णं ३१ । ३२ दीर्घघोणंदीर्घनासिकं । विकटेवक्रेउद्धद्धेउच्चेपिंडिकजानुगुल्फांतरे पाश्चात्यप्रदेशःपिं

अहंहिमनसाध्यातासर्वांत्रेष्यामिवःसदा ॥ वृजिनात्तारयिष्यामिदुर्गेषुविषमेषुच ११ पृष्ठेनवोवहिष्यामिशीघ्रंगतिमभीप्सतः ॥ यूयंप्रसादंकुरुतभीमसेनोभजे तमाम् १२ आपदस्तरणेप्राणान्धारयेद्येनतेनवा ॥ सर्वमादृत्यकर्तव्यंतंधर्ममनुवर्तता १३ आपत्सुयोधारयतिधर्मंधर्मविदुत्तमः ॥ व्यसनंह्येवधर्मस्यधर्मिणा मापदुच्यते १४ पुण्यंप्राणान्धारयतिपुण्यंप्राणदमुच्यते ॥ येनयेनाचरेद्धर्मंतस्मिन्गर्हानविद्यते १५ ॥ ॥ युधिष्ठिरउवाच ॥ एवमेतद्यथाऽऽत्थत्वंहिडिं बेनात्रसंशयः ॥ स्थातव्यंतुत्वयासत्येयथाब्रूयांसुमध्यमे १६ स्नातंकृताह्निकंभद्रेकृतकौतुकमंगलम् ॥ भीमसेनंभजेथास्त्वंप्रागस्तगमनाद्रवेः १७ अहःसुवि हरानेनयथाकामंमनोजवा ॥ अयंत्वानयितव्यस्तेभीमसेनःसदानिशि १८ ॥ ॥ वैशंपायनउवाच ॥ तथेतितत्प्रतिज्ञायभीमसेनोऽब्रवीदिदम् ॥ शृणुराक्ष सिसत्येनसमयंतेवदाम्यहम् १९ यावत्कालेनभवतिपुत्रस्योत्पादनंशुभे ॥ तावत्कालंगमिष्यामित्वयासहसुमध्यमे २० ॥ ॥ वैशंपायनउवाच ॥ तथेतित त्प्रतिज्ञायहिडिंबाराक्षसीतदा ॥ भीमसेनमुपादायसोर्ध्वमाचक्रमेततः २१ शैलशृंगेषुरम्येषुदेवतायतनेषुच ॥ मृगपक्षिविघुष्टेषुरमणीयेषुसर्वदा २२ कृत्वाचरू पंपरमंसर्वाभरणभूषिता ॥ संजल्पंतीसुमधुरंरमयामासपांडवम् २३ तथैववनदुर्गेषुपुष्पितद्रुमवल्लिषु ॥ सरःसुरमणीयेषुपद्मोत्पलयुतेषुच २४ नदीद्वीपप्रदेशेषुवै दूर्यसिकतासुच ॥ सुतीर्थवनतोयासुतथागिरिनदीषुच २५ काननेषुविचित्रेषुपुष्पितद्रुमवल्लिषु ॥ हिमवद्गिरिकुंजेषुगुहासुविविधासुच २६ प्रफुल्लशतपत्रेषुसरः स्वमलवारिषु ॥ सागरस्यप्रदेशेषुमणिहेमचितेषुच २७ पल्वलेषुचरम्येषुमहाशालवनेषुच ॥ देवारण्येषुपुण्येषुतथापर्वतसानुषु २८ गुह्यकानांनिवासेषुताप सायतनेषुच ॥ सर्वर्तुफलरम्येषुमानसेषुसरःसुच २९ बिभ्रतीपरमंरूपंरमयामासपांडवम् ॥ रमयंतीतथाभीमंतत्रतत्रमनोजवा ३० प्रजज्ञेराक्षसीपुत्रंभीमसेनान्म हाबलम् ॥ विरूपाक्षंमहावक्त्रंशंकुकर्णंविभीषणम् ३१ भीमनादंसुताम्रोष्ठंतीक्ष्णदंष्ट्रंमहाबलम् ॥ महेष्वासंमहावीर्यंमहासत्वंमहाभुजम् ३२ महाजवंमहाकायंमहामा यमरिंदमम् ॥ दीर्घघोणंमहोरस्कंविकटोद्बद्धपिंडिकम् ३३ अमानुषंमानुषजंभीमवेगंमहाबलम् ॥ यःपिशाचानतीत्यान्याम्बभूवातीवराक्षसान् ३४ बालोऽपि यौवनंप्राप्तोमानुषेषुविशांपते ॥ सर्वास्त्रेषुपरंवीरःप्रकर्षमगमद्बली ३५ सद्योहिगर्भान्राक्षस्योलभंतेप्रसवंतिच ॥ कामरूपधराश्चैवभवंतिबहुरूपिकाः ३६ प्रणम्यवि कचःपादावगृह्णात्सपितुस्तदा ॥ मातुश्चपरमेष्वासस्तौचनामास्यचक्रतुः ३७ घटोहास्योत्कचइतिमातातंप्रत्यभाषत ॥ अब्रवीत्तेननामास्यघटोत्कचइतिस्मह ३८

डिकातेद्वेयस्यतंविकटोद्बद्धपिंडिकं ३३ । ३४ । ३५ । ३६ विकचःकेशहीनः ३७ घटइति घटसादृश्याद्घटःशिरः । 'घटःसमाधिभेदेनाशिरःकूटकटेषुच'इतिमेदिनी । हस्पष्टं अस्यपुत्रस्यउ त्कचःविकेशोयतस्ततोघटःउत्कचोयस्येतियोगाद्घटोत्कचइतिनामाब्रवीत् ३८ ॥ ॥ ॥ ॥

आत्मनित्यःस्ववशः ३९ संवाससमयःसहवासकालः जीर्णोऽतीतः । पुत्रोत्पत्तिपर्यंतमेवतत्स्थकृतत्वाद ४० । ४१ । ४२ । ४३ । ४४ समयमेवाह कृत्येति ४५ घटोत्कचोत्पत्ति

अनुरक्तश्चतानासीत्पांडवान्सघटोत्कचः ॥ तेषांचदयितोनित्यमात्मनित्योबभूवह ३९ संवाससमयोजीर्णइत्याभाष्यततस्तुतान् ॥ हिडिंबासमयंकृत्वास्वां गतिंप्रत्यपद्यत ४० घटोत्कचोमहाकायःपांडवान्पृथयासह ॥ अभिवाद्ययथान्यायमब्रवीच्चप्रभाष्यताम् ४१ किंकरोम्यहमार्याणांनिःशंकंवदतानघाः ॥ तंब्रुवं तंभैमसेनिंकुंतीवचनमब्रवीत् ४२ त्वंकुरूणांकुलेजातःसाक्षाद्भीमसमोह्यसि ॥ ज्येष्ठःपुत्रोऽसिपंचानांसाहाय्यंकुरुपुत्रक ४३ ॥ वैशंपायनउवाच ॥ पृथयाऽप्येवमुक्तस्तुप्रणम्यैववचोऽब्रवीत् ॥ यथाहिरावणोलोकेइंद्रजिच्चमहाबलः ॥ वर्ष्मवीर्यसमोलोकेविशिष्टश्चाभवंनृषु ४४ कृत्यकालउपस्थास्येपितृनितिघटोत्कचः ॥ आमंत्र्यरक्षसांश्रेष्ठःप्रतस्थेचोत्तरांदिशम् ४५ सहिसृष्टोमघवताशक्तिहेतोर्महात्मना ॥ कर्णस्याप्रतिवीर्यस्यप्रतियोद्धामहारथः ४६ ॥ इति श्रीमहाभारतेआदिपर्वणि हिडिंबवधपर्वणि घटोत्कचोत्पत्तौ पंचपंचाशदधिकशततमोऽध्यायः ॥ १५५ ॥ ॥ ॥ वैशंपायनउवाच ॥ तेवनेनवनंगत्वाघ्नन्तोमृगगणान्बहून् ॥ अपक्रम्य्ययुराजंस्त्वरमाणामहारथाः १ मत्स्यांस्त्रिगर्तान्पंचालान्कीचकानंतरेणच ॥ रमणीयान्वनोद्देशान्प्रेक्षमाणाःसरांसिच २ जटाःकृत्वाऽऽत्मनःसर्वेवल्कलाजिनवाससः ॥ सहकुंत्यामहात्मानोबिभ्रतस्तापसंवपुः ३ क्वचिद्वहंतोजननींत्वरमाणामहारथाः ॥ क्वचिच्छंदेनगच्छंतस्तेजग्मुःप्रसभंपुनः ४ ब्राह्मंवेदमधीयानावेदांगानिचसर्वशः ॥ नीतिशास्त्रंचसर्वज्ञाददृशुस्तेपितामहम् ५ तेऽभिवाद्यमहात्मानंकृष्णद्वैपायनंतदा ॥ तस्थुःप्रांजलयःसर्वेसहमात्रापरंतपाः ६ ॥ व्यासउवाच ॥ मयेदंव्यसनंपूर्वंविदितंभरतर्षभाः ॥ यथातुतैरधर्मेणधार्तराष्ट्रैर्विवासिताः ७ तद्विदित्वाऽस्मिसंप्राप्तश्चिकीर्षुःपरमंहितम् ॥ नविषादोऽत्रकर्त्तव्यःसर्वमेतत्सुखायवः ८ समास्तेचैवमेसर्वेयूयंचैवनसंशयः ॥ दीनतोबालतश्चैवस्नेहंकुर्वंतिमानवाः ॥ तस्मादभ्यधिकःस्नेहोयुष्मासुममसांप्रतम् ९ स्नेहपूर्वंचिकीर्षामिहितंवस्तन्निबोधत ॥ इदंनगरमभ्याशेरमणीयंनिरामयम् ॥ वसतेहप्रतिच्छन्नाममागमनकांक्षिणः १० ॥ वैशंपायनउवाच ॥ एवंसतान्समाश्वास्यव्यासःसत्यवतीसुतः ॥ एकचक्रामभिगतःकुंतीमाश्वासयत्प्रभुः ११ ॥ व्यासउवाच ॥ जीवत्पुत्रिसुतस्तेऽयंधर्मनित्योयुधिष्ठिरः ॥ धर्मेणपृथिवींजित्वामहात्मापुरुषर्षभः ॥ पृथिव्यांपार्थिवान्सर्वान्प्रशासिष्यतिधर्मराट् १२ पृथिवीमखिलांजित्वासर्वांसागरमेखलाम् ॥ भीमसेनार्जुनबलाद्भोक्ष्यतेनात्रसंशयः १३ पुत्रास्तवचमाद्र्याश्चसर्वेएवमहारथाः ॥ स्वराष्ट्रेविहरिष्यंतिसुखंसुमनसःसदा १४ यक्ष्यंतिचनरव्याघ्रानिर्जित्यपृथिवीमिमाम् ॥ राजसूयाश्वमेधाद्यैःक्रतुभिर्भूरिदक्षिणैः १५ अनुगृह्यसुहृद्वर्गंभोगैश्वर्यसुखेनच ॥ पितृपैतामहंराज्यमिमेभोक्ष्यंतितेसुताः १६ ॥ वैशंपायनउवाच ॥ एवमुक्त्वानिवेश्यैनान्ब्राह्मणस्यनिवेशने ॥ अब्रवीत्पांडवश्रेष्ठमृषिर्द्वैपायनस्तदा १७ ॥ ॥

प्रयोजनमाह सहीति ४६ इतिआदिपर्वणिनीलकंठीयेभारतभावदीपेपंचपंचाशदधिकशततमोऽध्यायः ॥ १५५ ॥ तेइति । वनेनवनंवनाद्वनं १ । २ । ३ । ४ ब्राह्मंवेदंब्रह्मप्रतिपादकमुपनिषद्भागंब्राह्मणयोग्यंवा पितामहंव्यासं ५ । ६ । ७ । ८ । ९ । १० एकचक्रामभिगतः तैःसहेतिशेषः ११ । १२ । १३ । १४ । १५ । १६ । १७ ॥ ॥ ॥

१.८ । १.९ इतिआदिपर्वणिनीलकंठीयेभारतभावदीपेषट्पंचाशदधिकशततमोऽध्यायः ॥ १.५६ ॥ एकचक्रामिति १ । २ पार्थिवान्पृथिवीसंबंधिनः ३ भैक्षंभिक्षालब्धमन्नंचेरुर्भक्षितवंतः आपदिक्षत्रि

इहमासंप्रतीक्षध्वमागमिष्याम्यहंपुनः ॥ देशकालौविदित्वैवलप्स्यध्वंपरमांमुदम् १८ सतैःप्रांजलिभिःसर्वैस्तथेत्युक्तोनराधिप ॥ जगामभगवान्व्यासोयथागत
मृषिःप्रभुः १९ ॥ इतिश्रीमहाभारतेआदिपर्वणिहिडिंबवधपर्वणिएकचक्राप्रवेशेव्यासदर्शनेषट्पंचाशदधिकशततमोऽध्यायः ॥ १५६ ॥ ॥ समाप्तंचहिडिंबव
धपर्व ॥ अथबकवधपर्व ॥ ॥ जनमेजयउवाच ॥ एकचक्रांगतास्तेतुकुंतीपुत्रामहारथाः ॥ अतऊर्ध्वंद्विजश्रेष्ठकिमकुर्वतपांडवाः १ ॥ वैशंपायनउवाच ॥ एक
चक्रांगतास्तेतुकुंतीपुत्रामहारथाः ॥ ऊषुर्नातिचिरंकालंब्राह्मणस्यनिवेशने ॥ २ रमणीयानिपश्यंतोवनानिविविधानिच ॥ पार्थिवानपिचोद्देशान्सरितश्चसरां
सिच ३ चेरुर्भैक्षंतदातेतुसर्वएवविशांपते ॥ बभूवुर्नागराणांचस्वैर्गुणैःप्रियदर्शनाः ४ निवेदयंतिस्मतदाकुंत्याभैक्षंसदानिशि ॥ तयाविभक्तान्भागांस्तेभुंजतेस्मपृथ
क्पृथक् ५ अर्धंतेभुंजतेवीराःसहमात्रापरंतपाः ॥ अर्धंसर्वस्यभैक्षस्यभीमोभुंक्तेमहाबलः ६ तथातुतेषांवसतांतस्मिन्राष्ट्रेमहात्मनाम् ॥ अतिचक्रामसुमहान्कालोऽ
थभरतर्षभ ७ ततःकदाचिद्भैक्षायगतास्तेपुरुषर्षभाः॥ संगत्याभीमसेनस्तुतत्रास्तेपृथयासह ८ अथार्त्तिजंमहाशब्दंब्राह्मणस्यनिवेशने ॥ भृशमुत्पतितंघोरंकुंतीशु
श्रावभारत ९ रोरूयमाणांस्तान्दृष्ट्वापरिदेवयतश्चसा ॥ कारुण्यात्साधुभावाच्चकुंतीराजन्नचक्षमे १० मथ्यमानेवदुःखेनहृदयेनपृथातदा ॥ उवाचभीमंकल्याणीकृ
पान्वितमिदंवचः ११ वसामसुसुखंपुत्रब्राह्मणस्यनिवेशने ॥ अज्ञाताधार्तराष्ट्रस्यसत्कृतावीतमन्यवः १२ साचिंतयेसदापुत्रब्राह्मणस्यास्यकिंन्वहम् ॥ प्रियंकुर्या
मितिगृहेयत्कुर्युरुषिताःसुखम् १३ एतावान्पुरुषस्तातकृतंयस्मिन्ननश्यति ॥ यावच्चकुर्यादन्योऽस्यकुर्यादभ्यधिकंततः १४ तदिदंब्राह्मणस्यास्यदुःखमापतितं
ध्रुवम् ॥ तत्रास्ययदिसाहाय्यंकुर्यामुपकृतंभवेत् १५ ॥ भीमसेनउवाच ॥ ॥ ज्ञायतामस्ययद्दुःखंयतश्चैवसमुत्थितम् ॥ विदित्वाव्यवसिष्यामियद्यपिस्यात्सुदु
ष्करम् १६ ॥ वैशंपायनउवाच ॥ ॥ एवंतौकथयंतौचभूयःशुश्रुवतुःस्वनम् ॥ आर्तिजंतस्यविप्रस्यसभार्यस्यविशांपते १७ अंतःपुरंततस्तस्यब्राह्मणस्यमहा
त्मनः ॥ विवेशत्वरिताकुंतीबद्धवत्सेवसौरभी १८ ततस्तंब्राह्मणंतत्रभार्ययाचसुतेनच ॥ दुहित्राचैवसहितंददर्शावनताननम् १९ ॥ ब्राह्मणउवाच ॥ धिगिदंजीवि
तंलोकेगतसारमनर्थकम् ॥ दुःखमूलंपराधीनंभृशमप्रियभागिच २० जीवितेपरमंदुःखंजीवितेपरमोज्वरः ॥ जीवितेवर्तमानस्यदुःखानामागमोध्रुवः २१ आत्मा
ह्येकोहिधर्मार्थौकामंचैवनिषेवते ॥ एतैश्चविप्रयोगोऽपिदुःखंपरमनंतकम् २२ आहुःकेचित्परंमोक्षंसचनास्तिकथंनच ॥ अर्थप्राप्तौतुनरकःकृत्स्नएवोपपद्यते २३
अर्थेप्सुतापरंदुःखमर्थप्राप्तौततोऽधिकम् ॥ जातस्नेहस्यचार्थेषुविप्रयोगेमहत्तरम् २४ ॥ ॥ ॥ ॥ ॥

४९ यस्यापितदौचित्यात् ४ । ५ । ६ । ७ । ८ । ९ परिदेवयतःविविधंलालप्यमानान् १.० । १.१ । १.२ गृहेसुखमुषिताः दुर्वासःप्रभृतयइव १.३ कृतमुपकृतंननश्यतिप्रत्युपकारंविनानावसीदति एता
वानेवपुरुषोनचान्यः १.४ । १५ । १.६ । १७ सौरभीकामधेनुसंततिर्गौः १.८ । १.९ । २० । २१ । २२ । २३ । २४ ॥ ॥ ॥ ॥ ॥

योगमुपायं २५ । २६ । २७ भूतपूर्वाःपूर्वंभूताः नष्टाइत्यर्थः २८ । २९ । ३० मातृसमांआदिभूमिसमां गोसमांवा । 'मातागौर्याऽऽदिजननीगोब्रह्माण्यादिभूमिषु'इतिमेदिनी ३१ । ३२ । ३३ । ३४

नहियोगंप्रपश्यामियेनमुच्येयमापदः ॥ पुत्रदारेणवासार्धंप्राद्रवेयमनामयम् २५ यतितंवैमयापूर्वंवेत्थब्राह्मणितत्तथा ॥ क्षेमंयतस्ततोगंतुंत्वयातुममनश्रुतम् २६ इहजाताविवृद्धाऽस्मिपिताचापिममेतिवै ॥ उक्तवत्यसिदुर्मेधेयाच्यमानामयाऽसकृत् २७ स्वर्गतोऽपिपितावृद्धस्तथामाताचिरंतव ॥ बांधवाभूतपूर्वाश्चतत्रवासेतुकारतिः २८ सोऽयंतेबंधुकामायाअशृण्वंत्यावचोमम ॥ बंधुप्रणाशःसंप्राप्तोभृशंदुःखकरोमम २९ अथवामद्विनाशोऽयंनहिशक्ष्यामिकंचन ॥ परित्यक्तुमहंबंधुंस्वयंजीवन्नृशंसवत् ३० सहधर्मचरींदांतांनित्यंमातृसमांमम ॥ सखायंविहितांदेवैर्नित्यंपरमिकांगतिम् ३१ पित्रामात्राचविहितांसदागार्हस्थ्यभागिनीम् ॥ वरयित्वायथान्यायंमंत्रवत्परिणीयच ३२ कुलीनांशीलसंपन्नामपत्यजननीमपि ॥ त्वामहंजीवितस्यार्थेसाध्वीमनपकारिणीम् ३३ परित्यक्तुंनशक्ष्यामिभार्यांनित्यमनुव्रताम् ॥ कुतएवपरित्यक्तुंसुतंशक्ष्याम्यहंस्वयम् ३४ बालमप्राप्तवयसमजातव्यंजनाकृतिम् ॥ भर्तुरर्थायनिक्षिप्तांन्यासंधात्रामहात्मना ३५ ययादौहित्रजाँल्लोकानाशंसेपितृभिःसह ॥ स्वयमुत्पाद्यतांबालांकथमुत्स्रष्टुमुत्सहे ३६ मन्यंतेकेचिदधिकंस्नेहंपुत्रेपितुर्नराः ॥ कन्यायांकेचिदपरेममतुल्यावुभौस्मृतौ ३७ यस्यांलोकाःप्रसूतिश्चस्थितानित्यमथोसुखम् ॥ अपापांतामहंबालांकथमुत्स्रष्टुमुत्सहे ३८ आत्मानमपिचोत्सृज्यतप्स्यामिपरलोकगः ॥ त्यक्ताह्येतेमयाव्यक्तंनेहशक्ष्यंतिजीवितुम् ३९ एषांचान्यतमत्यागोनृशंसोगर्हितोबुधैः ॥ आत्मत्यागेकृतेचेमेमरिष्यंतिमयाविना ४० सकृच्छ्रामहमापन्नोनशक्तस्तर्तुमापदम् ॥ अहोधिक्कांगतिंत्वद्यगमिष्यामिसबांधवः ॥ सर्वैःसहमृतंश्रेयोनचमेजीवितंक्षमम् ४१ ॥ इति श्रीम० आदि० बकवधपर्वणि ब्राह्मणचिंतायांसप्तपंचाशदधिकशततमोऽध्यायः ॥

॥ १५७ ॥ ब्राह्मण्युवाच ॥ नसंतापस्त्वयाकार्यःप्राकृतेनेवकर्हिचित् ॥ नहिसंतापकालोऽयंवैद्यस्यतवविद्यते १ अवश्यंनिधनंसर्वैर्गन्तव्यमिहमानवैः ॥ अवश्यभाविन्यर्थेवैसंतापोनेहविद्यते २ भार्यापुत्रोऽथदुहितासर्वमात्मार्थमिष्यते ॥ व्यथांजहिसुबुद्ध्यात्वंस्वयंयास्यामितत्रच ३ एतद्धिपरमंनार्याःकार्यंलोकेसनातनम् ॥ प्राणानपिपरित्यज्ययद्भर्तुर्हितमाचरेत् ४ तच्चतत्रकृतंकर्मतवापीदंसुखावहम् ॥ भवत्यमुत्रचाक्षय्यंलोकेऽस्मिंश्चयशस्करम् ५ एषचैवगुरुर्धर्मोयंप्रवक्ष्याम्यहंतव ॥ अर्थश्चतवधर्मश्चभूयानत्रप्रदृश्यते ६ यदर्थमिष्यतेभार्याप्राप्तःसोऽर्थस्त्वयामयि ॥ कन्याचैकाकुमारश्चकृताऽहमनृणात्वया ७ समर्थःपोषणेचासिसुतयोरक्षणेतथा ॥ नत्वहंसुतयोःशक्तातथारक्षणपोषणे ८ ममहित्वद्विहीनायाःसर्वप्राणधनेश्वर ॥ कथंस्यातांसुतौबालौभवेयंचकथंत्वहम् ९ कथंहिविधवाऽनाथाबालपुत्राविनात्वया ॥ मिथुनंजीवयिष्यामिस्थितासाधुगतेपथि १० अहंकृतावलिप्तैश्चप्रार्थ्यमानामिमांसुताम् ॥ अयुक्तैस्तवसंबंधेकथंशक्ष्यामिरक्षितुम् ११ ॥ ॥

३५ । ३६ । ३७ । ३८ । ३९ । ४० । ४१ इति आदिपर्वणि नीलकंठीये भारतभावदीपे सप्तपंचाशदधिकशततमोऽध्यायः ॥ १५७ ॥ ॥ नेति । वैद्यस्यविद्यावतः १ । २ । ३ । ४ तत्र भर्तृहितनिमित्तं तच्चप्राणत्यागरूपंकर्म ५ । ६ । ७ । ८ । ९ । १० अहंकृताःगर्विताः अवलिप्ताःकलंकिताः 'अवलेपस्तुगर्वेस्याल्लेपनेदूषणेऽपिच' इतिमेदिनी ११ ॥ ॥ ॥

१२ । १३ मार्गेसत्कुलसंबंधरूपे १४ गुणान्विद्यादीन् १५ । १६ ध्वांक्षाःकाकाः १७ । १८ । १९ । २० । २१ पराव्युष्टिर्महद्भाग्यम् । 'व्युष्टिःफलेसमृद्धौस्त्री' इतिमेदिनी २२ । २३ । २४ । २५
२६ । २७ फलार्थंविधातव्यमितिसंबंधः २८ आत्मनासमंसर्वंनेतिएषबुधानांनिश्चयः २९ । ३० । ३१ । ३२ त्वत्तत्वत्तः प्रसूतिःसंततिः अजीवितंमरणम् ३३ । ३४ । ३५ पूर्वस्यलंघनेतंविनाभर्त्रं

उत्सृष्टमामिषंभूमौप्रार्थयंतियथाखगाः ॥ प्रार्थयंतिजनाःसर्वेपतिहीनांतथास्त्रियम् ११ साऽहंविचाल्यमानावैप्रार्थ्यमानादुरात्मभिः ॥ स्थातुंपथिनशक्ष्यामिस ज्जनेष्टेद्विजोत्तम १२ कथंतवकुलस्यैकामिमांबालामनागसम् ॥ पितृपैतामहेमार्गेनियोक्तुमहमुत्सहे १४ कथंशक्ष्यामिबालेऽस्मिन्गुणानाधातुमीप्सितान् ॥ अनाथेसर्वतोलुप्तेयथात्वंधर्मदर्शिवान् १५ इमामपिचतेबालामनाथांपरिभूयमाम् ॥ अनर्हाःप्रार्थयिष्यंतिशूद्रावेदश्रुतिंयथा १६ तांचेदहंनदित्सेयंत्वद्गुणैरुपबृंहिताम् ॥ प्रमथ्यैनांहरेयुस्तेहविर्ध्वांक्षाइवाध्वरात् १७ संप्रेक्षमाणापुत्रंतेनानुरूपमिवात्मनः ॥ अनर्हवशमापन्नामिमांचापिसुतांतव १८ अवज्ञाताचलोकेषुतथात्मानमजानती ॥ अवलिप्तैर्नरैर्ब्रह्मन्मरिष्यामिनसंशयः १९ तौचहीनौमयाबालौत्वयाचैवतथात्मजौ ॥ विनश्येतांनसंदेहोमत्स्याविवजलक्षये २० त्रितयंसर्वथाऽप्येवंविनशिष्यत्यसंशयम् ॥ त्वयाविहीनंतस्मात्त्वंमांपरित्यक्तुमर्हसि २१ व्युष्टिरेषापरास्त्रीणांपूर्वंभर्तुःपरांगतिम् ॥ गंतुंब्रह्मन्सपुत्राणामितिधर्मविदोविदुः २२ परित्यक्तःसुतश्चायंदुहितेयंतथामया ॥ बांधवाश्चपरित्यक्तास्त्वदर्थंजीवितंचमे २३ यज्ञैस्तपोभिर्नियमैर्दानैश्चविविधैस्तथा ॥ विशिष्यतेस्त्रियाभर्तुर्नित्यंप्रियहितेस्थितिः २४ तदिदंयच्चिकीर्षामिधर्म्यंपरमसंमतम् ॥ इष्टंचैवहितंचैवतवचैवकुलस्यच २५ इष्टानिचाप्यपत्यानिद्रव्याणिसुहृदःप्रियाः ॥ आपद्धर्मप्रमोक्षायभार्याचापिसतांमतम् २६ आपदर्थेधनंरक्षेद्दारान्रक्षेद्धनैरपि ॥ आत्मानंसततंरक्षेद्दारैरपिधनैरपि २७ दृष्टादृष्टफलार्थंहिभार्यापुत्रोधनंगृहम् ॥ सर्वमेतद्विधातव्यंबुधानामेषनिश्चयः २८ एकतोवाकुलंकृत्स्नमात्मावाकुलवर्धनः ॥ नसमंसर्वमेवेतिबुधानामेषनिश्चयः २९ सकुरुष्वमयाकार्यंतारयात्मानमात्मना ॥ अनुजानीहिमामार्यसुतौमेपरिपालय ३० अवध्यांस्त्रियमित्याहुर्धर्मज्ञाधर्मनिश्चये ॥ धर्मज्ञान्राक्षसानाहुर्नहन्यात्सचमामपि ३१ निःसंशयंवधःपुंसांस्त्रीणांसंशयितोवधः ॥ अतोमामेवधर्मज्ञप्रस्थापयितुमर्हसि ३२ भुक्तंप्रियाण्यवाप्तानिधर्मश्चचरितोमहान् ॥ त्वत्प्रसूतिःप्रियाप्राप्तानमांतप्स्यत्यजीवितम् ३३ जातपुत्राचवृद्धाचप्रियकामाचतेसदा ॥ समीक्ष्यैतदहंसर्वंव्यवसायंकरोम्यतः ३४ उत्सृज्यापिहिमामार्यप्राप्स्यस्यन्यामपिस्त्रियम् ॥ ततःप्रतिष्ठितोधर्मोभविष्यतिपुनस्तव ३५ नचाप्यधर्मःकल्याणबहुपत्नीकृतांनृणाम् ॥ स्त्रीणामधर्मःसुमहान्भर्तुःपूर्वस्यलंघने ३६ एतत्सर्वंसमीक्ष्यत्वमात्मत्यागंचगर्हितम् ॥ आत्मानंतारयाद्याशुकुलंचेमौचदारकौ ३७ ॥ वैशंपायनउवाच ॥ एवमुक्तस्तयाभर्त्तातांसमालिंग्यभारत ॥ मुमोचबाष्पंशनकैःसभार्योभृशदुःखितः ३८ ॥ इति श्रीमहाभारते आदिपर्वणि बकवधपर्वणि ब्राह्मणीवाक्ये अष्टपंचाशदधिकशततमोऽध्यायः ॥ १५८ ॥ ॥ ॥ ॥ ॥

तरकरणे ३६ । ३७ । ३८ ॥ इतिआदिपर्वणि नीलकंठीयभारतभावदीपे अष्टपंचाशदधिकशततमोऽध्यायः ॥ १५८ ॥ ॥ ॥ ॥ ॥

तयोरिति १ । २ त्यक्तव्यांअवश्यदेयांपरित्यज्यरक्षसेदत्वा ३ प्लववत्नौकयेवमयातरध्वंदुःसहदुःखनदीमतिक्रामध्वम् ४ । ५ पुत्रःपुन्नाम्नोनरकात्त्रायतइतियोगात्पुत्रइत्यर्थः तत्स्त्वयमिति दौहित्रापेक्षयासंनिहितादुहितैवाहंतारयामीत्यर्थः ६ । ७ । ८ । ९ । १० । ११ । १२ फलसंस्थासफलमरणा १३ तत्रराक्षससमीपे १४ प्रसवार्थवंशार्थम् १५ । १६ अमृतेवजीवंतीव इहलोकेकीर्तिःसत्त्वात् १७

॥ वैशंपायनउवाच ॥ तयोर्दुःखितयोर्वाक्यमतिमात्रंनिशम्यतु ॥ ततोदुःखपरीतांगीकन्यातावभ्यभाषत १ किमेवंभृशदुःखार्तौरोरूयेतामनाथवत् ॥ ममापि श्रूयतांवाक्यंश्रुत्वाचक्रियतांक्षमम् २ धर्मतोऽहंपरित्याज्यायुवयोर्नात्रसंशयः ॥ त्यक्तव्यांमांपरित्यज्यत्राहिसर्वंमयैकया ३ इत्यर्थमिष्यतेऽपत्यंतारयिष्यति मामिति ॥ अस्मिन्नुपस्थितेकालेतरध्वंप्लववन्मया ४ इहवातारयेद्दुर्गादुतवाप्रेत्यभारत ॥ सर्वथातारयेत्पुत्रःपुत्रइत्युच्यतेबुधैः ५ आकांक्षंतेचदौहित्रान्मयि नित्यंपितामहाः ॥ तत्स्वयंवैपरित्रास्येरक्षंतीजीवितंपितुः ६ भ्राताचममबालोऽयंगतेलोकममुंत्वयि ॥ अचिरेणैवकालेनविनश्येतनसंशयः ७ तातेऽपिहि गतेस्वर्गेविनष्टेचममानुजे ॥ पिंडःपितॄणांव्युच्छिद्येत्तत्तेषांविप्रियंभवेत् ८ पित्रात्यक्तातथामात्राभ्रात्राचाहमसंशयम् ॥ दुःखाद्दुःखतरंप्राप्यम्रियेयमतथोचिता ९ त्वयित्वरोगेनिर्मुक्तेमाताभ्राताचमेशिशुः ॥ संतानश्चैवपिंडश्चप्रतिष्ठास्यत्यसंशयम् १० आत्मापुत्रःसखाभार्याकृच्छ्रंतुदुहिताकिल ॥ सकृच्छ्रान्मोचयात्मानंमां चधर्मेनियोजय ११ अनाथाकृपणाबालायत्रक्वचनगामिनी ॥ भविष्यामित्वयातातविहीनाकृपणासदा १२ अथवाऽहंकरिष्यामिकुलस्यास्यविमोचनम् ॥ फलसंस्थाभविष्यामिकृत्वाकर्मसुदुष्करम् १३ अथवायास्यसेतत्रत्यक्त्वामांद्विजसत्तम ॥ पीडिताऽहंभविष्यामितदवेक्षस्वमामपि १४ तदस्मदर्थंधर्मार्थंप्रसवार्थंचसत्तम ॥ आत्मानंपरिरक्षस्वत्यक्तव्यांमांचतंत्यज १५ अवश्यकरणीयेचमात्वांकालोऽत्यगादयम् ॥ किंत्वतःपरमंदुःखंयद्वयंस्वर्गतेत्वयि १६ याचमानाःपरादन्नंपरिधावेमहिश्ववत् ॥ त्वयित्वरोगेनिर्मुक्तेक्लेशादस्मात्सबांधवे ॥ अमृतेवसतीलोकेभविष्यामिसुखान्विता १७ इतःप्रदानेदेवाश्चपितरश्चेतिनश्रुतम् ॥ त्वयादत्तेनतोयेनभविष्यंतिहितायवै १८ ॥ वैशंपायनउवाच ॥ एवंबहुविधंतस्यानिशम्यपरिदेवितम् ॥ पितामाताचसाचैवकन्याप्ररुरुदुस्त्रयः १९ ततःप्ररुदितान्सर्वान्निशम्याथसुतस्तदा ॥ उत्फुल्लनयनोबालःकलमव्यक्तमब्रवीत् २० मापितारुदमामातर्मास्वसस्त्विवतिचाब्रवीत् ॥ प्रहसन्निवसर्वांस्तानेकैकमनुसर्पति २१ ततःसतृणमादायप्रहृष्टःपुनरब्रवीत् ॥ अनेनाहंहनिष्यामिराक्षसंपुरुषादकम् २२ तथाऽपितेषांदुःखेनपरीतानांनिशम्यतत् ॥ बालस्यवाक्यमव्यक्तंहर्षःसमभवन्महान् २३ अयंकालइतिज्ञात्वाकुंतीसमुपसृत्यतान् ॥ गतासूनमृतेनेवजीवयंतीदमब्रवीत् २४ ॥ इति श्रीमहाभारते आदिपर्वणि बकवधपर्वणि ब्राह्मणकन्यापुत्रवाक्येऊनषष्ट्यधिकशततमोऽध्यायः ॥ १५९ ॥ ॥ ॥ ॥ ॥ ॥

इतःप्रदानेअस्मिन्राक्षसाहारायकन्यादानेदुर्दानत्वात्पितुर्दुर्मरणाच्चकन्यायादेवाश्चपितरश्चहितायनेतिश्रुतंयद्यपितथाऽपित्वयादत्तेनतोयेनतवममचहितायतेभविष्यंतीत्यर्थः १८ । १९ कलंमधुरम् २० हे पितःमारुदरोदनंमाकुरु एतेनबाललीलापिभाविशुभाशुभसूचिकेतिसूचितम् २१ । २२ । २३ । २४ ॥ इतिआदिपर्वणि नीलकंठीये भारतभावदीपे ऊनषष्ट्यधिकशततमोऽध्यायः ॥ १५९ ॥ ॥

कुतइति । कुतोमूलंकुतउत्थितमित्यर्थः १ । २ । ३ । ४ । ५ शालिवाहोविंशतिखारीपरिमितशालितंडुलौदनः । वाहोविंशतिखारिकइत्युक्तेः ६ वारःपर्यायागतोदिवसः ७ । ८ वेत्रकी
यगृहेस्थानविशेषे इतोऽदूरेराजाऽस्त्ययमिहनगरेनयंनआस्थितः अस्यनगरस्यावेक्षांनकरोतीत्यर्थः । स्वयंराक्षसंहंतुमशक्तत्वादुपायमप्यन्यद्वारानकुरुतेयतोमंदधीः ९ एतदर्हाःएतस्यदुःखस्ययोग्या
वयं तत्रहेतुःवसामइत्यादिः विषयेदेशेनित्यवास्तव्यानित्यंवासकर्त्तारः नित्यमुद्विग्नाइत्यपिपठंति १० कस्यकेनहेतुना कस्यकेनपुंसावक्तव्याइतोमागच्छतेतिवक्तुंशक्याः कृष्यादिकारित्वाभावात् अतएव

॥ कुंत्युवाच ॥ कुतोमूलमिदंदुःखंज्ञातुमिच्छामितत्त्वतः ॥ विदित्वाऽप्यपकर्षेयंशक्यंचेदपकर्षितुम् १ ॥ ब्राह्मणउवाच ॥ उपपन्नंसतामेतद्यद्ब्रवीषितपोधने ॥
नतुदुःखमिदंशक्यंमानुषेणव्यपोहितुम् २ समीपेनगरस्यास्यबकोवसतिराक्षसः ॥ ईशोजनपदस्यास्यपुरस्यचमहाबलः ३ पुष्टोमानुषमांसेनदुर्बुद्धिःपुरुषाद
कः ॥ रक्षत्यसुरराण्नित्यमिमंजनपदंबली ४ नगरंचैवदेशंचरक्षोबलसमन्वितः ॥ तत्कृतेपरचक्राच्चभूतेभ्यश्चननोभयम् ५ वेतनंतस्यविहितंशालिवाहस्यभो
जनम् ॥ महिषौपुरुषश्चैकोयस्तदादायगच्छति ६ एकैकश्चापिपुरुषस्तत्प्रयच्छतिभोजनम् ॥ सवारोबहुभिर्वर्षैर्भवत्यसुकरोनरैः ७ तद्विमोक्षाययेकेचिद्यतंति
पुरुषाःक्वचित् ॥ सपुत्रदारांस्तान्हत्वातद्रक्षोभक्षयत्युत ८ वेत्रकीयगृहेराजानायंनयमिहास्थितः ॥ उपायंतंनकुरुतेयत्नादपिसमंदधीः ॥ अनामयंजनस्या
स्ययेनस्याद्द्यशाश्वतम् ९ एतदर्हावयंनूनंवसामोदुर्बलस्यये ॥ विषयेनित्यवास्तव्याःकुराजानमुपाश्रिताः १० ब्राह्मणाःकस्यवक्तव्याःकस्यवाच्छंदचारिणः ॥
गुणैरेतेहिवत्स्यंतिकामगाःपक्षिणोयथा ११ राजानंप्रथमंविन्देत्ततोभार्यांततोधनम् ॥ त्रयस्यसंचयेनास्यज्ञातीन्पुत्रांश्चतारयेत् १२ विपरीतंमयाचेदंत्रयंसर्वमु
पार्जितम् ॥ तदिमामापदंप्राप्यभृशंतप्यामहेवयम् १३ सोऽयमस्माननुप्राप्तोवारःकुलविनाशनः ॥ भोजनंपुरुषश्चैकःप्रदेयंवेतनंमया १४ नचमेविद्यतेवित्तंसंक्रे
तुंपुरुषंक्वचित् ॥ सुहृज्जनंप्रदातुंचनशक्ष्यामिकदाचन १५ गतिंचैवनपश्यामितस्मान्मोक्षायरक्षसः ॥ सोऽहंदुःखार्णवेमग्नोमहत्यसुकरेभृशम् १६ सहैवैतैर्गमि
ष्यामिबांधवैरद्यराक्षसम् ॥ ततोनःसहितान्क्षुद्रःसर्वानेवोपभोक्ष्यति १७ ॥ ॥ इति श्रीमहाभारते आदिपर्वणिबकवधपर्वणिकुंतीप्रश्नेषष्ट्यधिकशततमो
ऽध्यायः ॥ १६० ॥ ॥ कुंत्युवाच ॥ नविषादस्त्वयाकार्योभयादस्मात्कथंचन ॥ उपायःपरिदृष्टोऽत्रतस्मान्मोक्षायरक्षसः १ एकस्तवसुतोबालःकन्या
चैकातपस्विनी ॥ नचैतयोस्तथापत्न्यागमनंतवरोचये २ ममपंचसुताब्रह्मंस्तेषामेकोगमिष्यति ॥ त्वदर्थंबलिमादायतस्यपापस्यरक्षसः ३ ॥ ब्राह्मणउवाच ॥
नाहमेतत्करिष्यामिजीवितार्थीकथंचन ॥ ब्राह्मणस्यातिथेश्चैवस्वार्थेप्राणान्वियोजयन् ४ ॥ ॥ ॥

च्छंदचारिणः गुणैर्देशस्यराज्ञोवा वत्स्यंतिवासंकरिष्यंति नतुनिर्बंधेनेत्यर्थः ११ संचयेनसमृद्ध्या अराजकेहिराष्ट्रेकृताभार्याचोरहार्यास्यात् अभार्यस्यायज्वनोधनंराजहार्यंस्यात् १२ विपरीतंकुराज्ये
भार्योद्वहनादुद्वाहानंतरंधनालाभाच्च १३ । १४ । १५ । १६ । १७ इतिआदिपर्वणिनीलकंठीयेभारतभावदीपेषष्ट्यधिकशततमोऽध्यायः ॥ १६० ॥ नविषादइति १ । २ । ३ एतत्त्वदुक्तं
अकुलीनास्त्वधर्मिष्ठास्त्वपिप्रजासुनविद्यतेतत्कथंमादृशेषुस्यादित्यर्थः ४ ॥ ॥ ॥ ॥ ॥ ॥ ॥ ॥ ॥ ॥ ॥

ब्राह्मणार्थमात्मादिविसर्जनमेवआत्मनःश्रेयोमदाबोद्धव्यमितिसंबंधः ५ । ६ अबुद्धिपूर्वकब्रह्मवधाद्बुद्धिपूर्वकृतेआत्मवधेस्वल्पंपापं तदपिममपरेणकृतेवधेनास्तीत्याहसार्द्धेन अबुद्धीत्यादिना ७ । ८ अभि संधिकृतेबुद्धिपूर्वंकृते ९ । १० । ११ । १२ । १३ । १४ । १५ । १६ विप्रकुर्युर्बाधेरन् १७ नन्वयमपितान्बाधतांनेत्याह गुरुणाचेति । ग्राहयेद्ग्राहवदाचरेत्कवलयेत्

नत्वेतदकुलीनासुनाधर्मिष्ठासुविद्यते ॥ यद्ब्राह्मणार्थेविसृजेदात्मानमपिचात्मजम् ५ आत्मनस्तुमयाश्रेयोबोद्धव्यमितिरोचते ॥ ब्रह्मवध्याऽऽत्मवध्यावाश्रेया नात्मवधोमम ६ ब्रह्मवध्यापरंपापंनिष्कृतिर्नात्रविद्यते ॥ अबुद्धिपूर्वंकृत्वाऽपिवरमात्मवधोमम ७ नत्वहंवधमाकांक्षेस्वयमेवात्मनःशुभे ॥ परैःकृतेवधेपापंनकिं चिन्मयिविद्यते ८ अभिसंधिकृतेतस्मिन्ब्राह्मणस्यवधेमया ॥ निष्कृतिंनप्रपश्यामिनृशंसंक्षुद्रमेवच ९ आगतस्यगृहंत्यागस्तथैवशरणार्थिनः ॥ याचमानस्य चवधोनृशंसोगर्हितोबुधैः १० कुर्यान्ननिंदितंकर्मननृशंसंकथंचन ॥ इतिपूर्वेमहात्मानआपद्धर्मविदोविदुः ११ श्रेयांस्तुसहदारस्यविनाशोऽद्यममस्वयम् ॥ ब्रा ह्मणस्यवधंनाहमनुमंस्येकदाचन १२ ॥ कुंत्युवाच ॥ ममाप्येषामतिर्ब्रह्मन्विप्रारक्ष्याइतिस्थिरा ॥ नचाप्यनिष्टःपुत्रोमेयदिपुत्रशतंभवेत् १३ नचासौराक्षसः शक्तोममपुत्रविनाशने ॥ वीर्यवान्मंत्रसिद्धश्चतेजस्वीचसुतोमम १४ राक्षसायचतत्सर्वंप्रापयिष्यतिभोजनम् ॥ मोक्षयिष्यतिचात्मानमितिमेनिश्चितामतिः १५ समागताश्चवीरेणदृष्टपूर्वाश्चराक्षसाः ॥ बलवंतोमहाकायानिहताश्चाप्यनेकशः १६ नत्विदंकेषुचिद्ब्रह्मन्व्याहर्त्तव्यंकथंचन ॥ विद्यार्थिनोहिमेपुत्रान्विप्र कुर्युःकुतूहलात् १७ गुरुणाचाननुज्ञातोग्राहयेद्यत्सुतोमम ॥ नसकुर्यात्तथाकार्यंविद्ययेतिसतांमतम् १८ एवमुक्तस्तुपृथयासविप्रोभार्ययासह ॥ हृष्टःसंपूजया मासतद्वाक्यममृतोपमम् १९ ततःकुंतीचविप्रश्चसहितावनिलात्मजम् ॥ तमब्रूतांकुरुष्वेतिसतथेत्यब्रवीच्चतौ २० ॥ इतिश्रीमहाभारतेआदिपर्वणिबकवधपर्वणिभी मबकवधांगीकारेएकषष्ट्यधिकशततमोऽध्यायः ॥ १६१ ॥ वैशंपायनउवाच ॥ करिष्यइतिभीमेनप्रतिज्ञातेऽथभारत ॥ आजग्मुस्तेततःसर्वेभैक्षमादायपांडवाः १ आकारेणैवतंज्ञात्वापांडुपुत्रोयुधिष्ठिरः ॥ रहःसमुपविश्यैकस्ततःपप्रच्छमातरम् २ ॥ युधिष्ठिरउवाच ॥ किंचिकीर्षत्ययंकर्मभीमोभीमपराक्रमः ॥ भवत्यनुमतेक च्चित्स्वयंवाकर्तुमिच्छति ३ ॥ कुंत्युवाच ॥ ममैववचनादेषकरिष्यतिपरंतपः ॥ ब्राह्मणार्थेमहत्कृत्यंमोक्षायनगरस्यच ४ ॥ युधिष्ठिरउवाच ॥ किमिदंसाहसंतीक्ष्णं भवत्यादुष्करंकृतम् ॥ परित्यागंहिपुत्रस्यनप्रशंसंतिसाधवः ५ कथंपरसुतस्यार्थेस्वसुतंत्यक्तुमिच्छसि ॥ लोकवेदविरुद्धंहिपुत्रत्यागात्कृतंत्वया ६ यस्यबाहूसमा श्रित्यसुखंसर्वेशयामहे ॥ राज्यंचापहृतंक्षुद्रैराजिहीर्षामहेपुनः ७ यस्यदुर्योधनोवीर्यंचिंतयन्नमितौजसः ॥ नशेतेरजनीःसर्वादुःखाच्छकुनिनासह ८ यस्यवी रस्यवीर्येणमुक्ताजतुगृहाद्वयम् ॥ अन्येभ्यश्चैवपापेभ्योनिहतश्चपुरोचनः ९ यस्यवीर्यंसमाश्रित्यवसुपूर्णांवसुंधराम् ॥ इमांमन्यामहेप्राप्तांनिहत्यधृतराष्ट्रजान् १०

समक्षसुतस्तत्कार्यंतथानकुर्याद्यथाविद्ययाशिक्षयागुर्वाज्ञयाकुर्यादिति १८ । १९ । २० ॥ इतिआदिपर्वणिनीलकंठीये भारतभावदीपे एकषष्ट्यधिकशततमोऽध्यायः ॥ १६१ ॥ ॥ करिष्यइति १ । २ । ३ मोक्षायबकभयादितिशेषः ४ । ५ । ६ । ७ । ८ । ९ । १० ॥ ॥ ॥ ॥ ॥ ॥

११। १२। १३। १४ विश्वासोऽसाध्यमपिसाधयेदितिप्रत्ययः १५ निर्व्यूढाबहिर्निष्कासिताः । निगूढाइतिपाठे गूढारक्षिताः वारणावताद्वारणावतंत्यक्त्वापथीतिशेषः १६। १७। १८ प्रतिकार्ये

तस्यव्यवसितस्त्यागोबुद्धिमास्थायकांत्वया ॥ कच्चिन्नुदुःखैर्बुद्धिस्तेविलुप्तागतचेतसः ११ ॥ कुंत्युवाच ॥ युधिष्ठिरनसंतापस्त्वयाकार्योवृकोदरे ॥ नचायंबुद्धिदौ
र्बल्याद्व्यवसायःकृतोमया १२ इहविप्रस्यभवनेवयंपुत्रसुखोषिताः ॥ अज्ञाताधार्तराष्ट्राणांसत्कृतावीतमन्यवः १३ तस्यप्रतिक्रियापार्थमयेयंप्रसमीक्षिता ॥ एता
वानेवपुरुषःकृतंयस्मिन्ननश्यति १४ यावच्चकुर्यादन्योस्यकुर्याद्बहुगुणंततः ॥ दृष्ट्वाभीमस्यविक्रांतंतदाजतुगृहेमहत् ॥ हिडिंबस्यवधाच्चैवंविश्वासोमेवृकोदरे १५
बाह्वोर्बलंहिभीमस्यनागायुतसमंमहत् ॥ येनयूयंगजप्रख्यानिर्व्यूढावारणावतात् १६ वृकोदरेणसदृशोबलेनान्योनविद्यते ॥ योव्यतीयाद्युधिश्रेष्ठमपिचक्रधरंस्व
यम् १७ जातमात्रःपुराचैवममांकात्पतितोगिरौ ॥ शरीरगौरवादस्यशिलागात्रैर्विचूर्णिता १८ तदहंप्रज्ञयाज्ञात्वाबलंभीमस्यपांडव ॥ प्रतिकार्येचविप्रस्यततः
कृतवतीमतिम् १९ नेदंलोभान्नचाज्ञानान्नचमोहाद्विनिश्चितम् ॥ बुद्धिपूर्वंतुधर्मस्यव्यवसायःकृतोमया २० अर्थौद्वावपिनिष्पन्नौयुधिष्ठिरभविष्यतः ॥ प्रतीकार
श्चवासस्यधर्मश्चचरितोमहान् २१ योब्राह्मणस्यसाहाय्यंकुर्यादर्थेषुकर्हिचित् ॥ क्षत्रियःसशुभाँल्लोकानाप्नुयादितिमेमतिः २२ क्षत्रियस्यैवकुर्वाणःक्षत्रियोवधमोक्ष
णम् ॥ विपुलांकीर्त्तिमाप्नोतिलोकेऽस्मिंश्चपरत्रच २३ वैश्यस्यार्थेचसाहाय्यंकुर्वाणःक्षत्रियोभुवि ॥ ससर्वेष्वपिलोकेषुप्रजारंजयतेध्रुवम् २४ शूद्रंतुमोचयेद्राजाश
रणार्थिनमागतम् ॥ प्राप्नोतीहकुलेजन्मसद्द्रव्येराजपूजिते २५ एवंमांभगवान्व्यासःपुरापौरवनंदन ॥ प्रोवाचासुकरप्रज्ञस्तस्मादेवंचिकीर्षितम् २६ ॥ इतिश्रीमहा
भारतेआदिपर्वणिबकवधपर्वणिकुंतीयुधिष्ठिरसंवादेद्विषष्ट्यधिकशततमोऽध्यायः ॥ १६२ ॥ ॥ युधिष्ठिरउवाच ॥ उपपन्नमिदंमातस्त्वयायद्बुद्धिपूर्वकम् ॥
आर्त्तस्यब्राह्मणस्यैतदनुक्रोशादिदंकृतम् १ ध्रुवमेष्यतिभीमोऽयंनिहत्यपुरुषादकम् ॥ सर्वथाब्राह्मणस्यार्थेयदनुक्रोशवत्यासि २ यथात्विदंनविंदेयुर्नरानगरवासिनः ॥
तथाऽयंब्राह्मणोवाच्यःपरिग्राह्यश्चयत्नतः ३ वैशंपायनउवाच ॥ ततोरात्र्यांव्यतीतायामन्नमादायपांडवः ॥ भीमसेनोययौतत्रयत्रासौपुरुषादकः ४ आसाद्यतुवनं
तस्यरक्षसःपांडवोबली ॥ आजुहावततोनाम्नातदन्नमुपपादयन् ५ ततःसराक्षसःक्रुद्धोभीमस्यवचनात्तदा ॥ आजगामसुसंक्रुद्धोयत्रभीमोव्यवस्थितः ६ महाकायो
महावेगोदारयन्निवमेदिनीम् ॥ लोहिताक्षःकरालश्चलोहितश्मश्रुमूर्धजः ७ आकर्णाद्भिन्नवक्त्रश्चशंकुकर्णोविभीषणः ॥ त्रिशिखांभ्रुकुटिंकृत्वासंदश्यदशनच्छदम् ८
भुंजानमन्नंतंदृष्ट्वाभीमसेनंसराक्षसः ॥ विवृत्यनयनेक्रुद्धइदंवचनमब्रवीत् ९ कोऽयमन्नमिदंभुंक्तेमदर्थमुपकल्पितम् ॥ पश्यतोममदुर्बुद्धिर्यियासुर्यमसादनम् १०

५० शत्रौमतिंकृतवती प्रतिकर्त्तुमितिशेषः १९। २० प्रतीकारःप्रत्युपकारः २१। २२। २३। २४। २५। २६ ॥ इति आदिपर्वणिनीलकंठीयेभारतभावदीपेद्विषष्ट्यधिकशततमोऽध्यायः ॥ १६२ ॥
उपपन्नमिति कृतंत्राणमितिशेषः १। २ परिग्राह्योऽनुग्राह्यः ३। ४। ५। ६। ७ भिन्नवक्त्रोविदीर्णवक्त्रः भ्रुकुटिंभ्रूमध्यं त्रिशिखांत्रिरेखां ८। ९ यियासुर्गंतुमिच्छुः यमसादनंयमगृहं १०

११ । १२ । १३ । १४ उपदेवत्वाद्राक्षसस्यतत्स्पर्शेपिदोषाभावाद्भुंक्तएवेतिभावः १५ । १६ । १७ । १८ । १९ । २० परिजग्राहआलिंगितवान् २१ विस्फुरंतमितिपुंस्त्वंबकनामलिंगापेक्षया २२ । २३ । २४ । २५ शिरोधरांकंधरां २६ चक्रेकृतं कटिकंधरयोर्योजनेनपृष्ठवंशंबभंजेत्यर्थः रवंतमितिरववत् प्राग्वल्लिंगं २७ । २८ ॥ इति आदिपर्वणि नीलकंठीयेभारतभावदीपे त्रिषष्ट्यधिकशत

भीमसेनस्ततःश्रुत्वाप्रहसन्निवभारत ॥ राक्षसंतमनादृत्यभुंक्तएवपराङ्मुखः ११ रवंसभैरवंकृत्वासमुद्यम्यकरावुभौ ॥ अभ्यद्रवद्भीमसेनंजिघांसुःपुरुषादकः १२
तथाऽपिपरिभूयैनंप्रेक्षमाणोवृकोदरः ॥ राक्षसंभुंक्तएवान्नंपांडवःपरवीरहा १३ अमर्षेणतुसंपूर्णःकुंतीपुत्रंवृकोदरम् ॥ जघानपृष्ठेपाणिभ्यामुभाभ्यांपृष्ठतःस्थितः १४
तथाबलवताभीमःपाणिभ्यांभृशमाहतः ॥ नैवावलोकयामासराक्षसंभुंक्तएवसः १५ ततःसभूयःसंक्रुद्धोवृक्षमादायराक्षसः॥ ताडयिष्यंस्तदाभीमंपुनरभ्यद्रवद्बली १६
ततोभीमःशनैर्भुक्त्वातदन्नंपुरुषर्षभः ॥ वार्युपस्पृश्यसंहृष्टस्तस्थौयुधिमहाबलः १७ क्षिप्तंक्रुद्धेनतंवृक्षंप्रतिजग्राहवीर्यवान् ॥ सव्येनपाणिनाभीमःप्रहसन्निवभारत १८
ततःसपुनरुद्यम्यवृक्षान्बहुविधान्बली ॥ प्राहिणोद्भीमसेनायतस्मैभीमश्चपांडवः १९ तद्वृक्षयुद्धमभवन्महीरुहविनाशनम् ॥ घोररूपंमहाराजनरराक्षसराजयोः २०
नामविश्राव्यतुबकःसमभिद्रुत्यपांडवम् ॥ भुजाभ्यांपरिजग्राहभीमसेनंमहाबलम् २१ भीमसेनोऽपितद्रक्षःपरिरभ्यमहाभुजः ॥ विस्फुरंतंमहाबाहुंविचकर्षबला
द्बली २२ सकृष्यमाणोभीमेनकर्षमाणश्चपांडवम् ॥ समयुज्यततीव्रेणक्लमेनपुरुषादकः २३ तयोर्वेगेनमहतापृथिवीसमकंपत ॥ पादपांश्चमहाकायांश्चूर्णयामास
तुस्तदा २४ हीयमानंतुतद्रक्षःसमीक्ष्यपुरुषादकम् ॥ निष्पिष्यभूमौजानुभ्यांसमाजघ्नेवृकोदरः २५ ततोऽस्यजानुनापृष्ठमवपीड्यबलादिव ॥ बाहुनापरिजग्राहदक्षि
णेनशिरोधराम् २६ सव्येनचकटीदेशेगृह्यवाससिपांडवः ॥ तद्रक्षोद्विगुणंचक्रेरवंतंभैरवंरवम् २७ ततोऽस्यरुधिरंवक्त्रात्प्रादुरासीद्विशांपते ॥ भज्यमानस्यभीमेनत
स्यघोरस्यरक्षसः २८ ॥ इतिश्रीमहाभारतेआदिपर्वणिबकवधपर्वणिबकभीमसेनयुद्धेत्रिषष्ट्यधिकशततमोऽध्यायः ॥ १६३ ॥ वैशंपायनउवाच ॥ ततःसभग्नपा
र्श्वांगोनदित्वाभैरवंरवम् ॥ शैलराजप्रतीकाशोगतासुरभवद्बकः १ तेनशब्देनवित्रस्तोजनस्तस्याथरक्षसः ॥ निष्पपातगृहाद्राजन्सहैवपरिचारिभिः २ तान्भीता
न्विगतज्ञानान्भीमःप्रहरतांवरः ॥ सांत्वयामासबलवान्समयेचन्यवेशयत् ३ नाहिंस्यामानुषाभूयोयुष्माभिरितिकर्हिचित् ॥ हिंसतांहिवधःशीघ्रमेवमेवभवेदिति ४
तस्यतद्वचनंश्रुत्वातानिरक्षांसिभारत ॥ एवमस्त्वितितंप्राहुर्जगृहुःसमयंचतम् ५ ततःप्रभृतिरक्षांसितत्रसौम्यानिभारत ॥ नगरेप्रत्यदृश्यंतनरैर्नगरवासिभिः ६
ततोभीमस्तमादायगतासुंपुरुषादकम् ॥ द्वारदेशेविनिक्षिप्यजगामानुपलक्षितः ७ दृष्ट्वाभीमबलोद्भूतंबकंविनिहतंतदा ॥ ज्ञातयोऽस्यभयोद्विग्नाःप्रतिजग्मुस्तत
स्ततः ८ ततःसभीमस्तंहत्वागत्वाब्राह्मणवेश्मतत् ॥ आचचक्षेयथावृत्तंराज्ञःसर्वमशेषतः ९ ॥ ॥ ॥ ॥

तमोऽध्यायः ॥ १६३ ॥ ततइति । भग्नानिपार्श्वानिपर्शवोऽङ्गानिचहस्तपादादीनियस्यसतथा १ । २ । ३ । ४ । ५ । ६ । ७ । ८ गत्वागतवान् । अन्येभ्योऽपिदृश्यंतइतिगमेःक्वनिप् ततोऽनुनासिकलोपे तुगागमेचैतद्रूपं । आचचक्षेब्राह्मणइतिशेषः ९ ॥ ॥ ॥ ॥ ॥ ॥ ॥ ॥ ॥

कल्यंप्रातःकाले १० । ११ । १२ । १३ । १४ । १५ आज्ञापितंराजकीयैरितिशेषः अशनेराक्षसस्यभोजनार्थम् १६ । १७ । १८ । १९ ब्रह्ममहंब्राह्मणेनराक्षसोहतइतिश्रुत्वाब्राह्मणानांसुखार्थमहमु त्सवंब्राह्मणपूजनादिकंचक्रुः २० । २१ ॥ इतिआदिपर्वणिनीलकंठीयेभारतभावदीपेचतुःषष्ट्यधिकशततमोऽध्यायः ॥ १६४ ॥ ॥ ॥ तेतथापुरुषव्याघ्राइति १ ब्रह्मउपनिषदं

ततोनराविनिष्क्रांतानगरात्कल्यमेवतु ॥ ददृशुर्निहतंभूमौराक्षसंरुधिरोक्षितम् १० तमद्रिकूटसदृशंविनिकीर्णंभयानकम् ॥ दृष्ट्वासंहृष्टरोमाणोबभूवुस्तत्रनागराः
११ एकचक्रांततोगत्वाप्रवृत्तिंप्रददुःपुरे ॥ ततःसहस्रशोराजन्नरानगरवासिनः १२ तत्राजग्मुर्बकंद्रष्टुंसस्त्रीवृद्धकुमारकाः ॥ ततस्तेविस्मिताःसर्वेकर्मदृष्ट्वाऽतिमानु
षम् ॥ दैवतान्यर्चयांचक्रुःसर्वएवविशांपते १३ ततःप्रगणयामासुःकस्यवारोऽद्यभोजने ॥ ज्ञात्वाचागम्यतंविप्रंपप्रच्छुःसर्वएवते १४ एवंपृष्टःसबहुशोरक्षमाणश्चपां
डवान् ॥ उवाचनागरान्सर्वानिदंविप्रर्षभस्तदा १५ आज्ञापितंमामशनेरुदंतंसहबंधुभिः ॥ ददर्शब्राह्मणःकश्चिन्मंत्रसिद्धोमहामनाः १६ परिपृच्छ्यसमांपूर्वंप
रिक्लेशंपुरस्यच ॥ अब्रवीद्ब्राह्मणश्रेष्ठोविश्वास्यप्रहसन्निव १७ प्रापयिष्याम्यहंतस्माअन्नमेतद्दुरात्मने ॥ मन्निमित्तंभयंचापिनकार्यमितिचाब्रवीत् १८ सतदन्नमु
पादायगतोबकवनंप्रति ॥ तेननूनंभवेदेतत्कर्मलोकहितंकृतम् १९ ततस्तेब्राह्मणाःसर्वेक्षत्रियाश्चसुविस्मिताः ॥ वैश्याःशूद्राश्चमुदिताश्चक्रुर्ब्रह्ममहंतदा २० त
तोजानपदाःसर्वेआजग्मुर्नगरंप्रति ॥ तदद्भुततमंदृष्ट्वापार्थास्तत्रैवचावसन् २१ ॥ इति श्रीमहाभारते आदिपर्वणि बकवधप० बकवधे चतुःषष्ट्यधिकशततमोऽ
ध्यायः ॥ १६४ ॥ ॥ समाप्तंचबकवधपर्व ॥ अथचैत्ररथपर्व ॥ जनमेजयउवाच ॥ तेतथापुरुषव्याघ्रानिहत्यबकराक्षसम् ॥ अतऊर्ध्वंततोब्रह्मन्किमकुर्व
तपांडवाः १ ॥ वैशंपायनउवाच ॥ तत्रैवन्यवसन्राजन्निहत्यबकराक्षसम् ॥ अधीयानाःपरंब्रह्मब्राह्मणस्यनिवेशने २ ततःकतिपयाहस्यब्राह्मणःसंशितव्रतः ॥
प्रतिश्रयार्थीतद्वेश्मब्राह्मणस्याजगामह ३ ससम्यक्पूजयित्वातंविप्रंविप्रर्षभस्तदा ॥ ददौप्रतिश्रयंतस्मैसदासर्वातिथिव्रतः ४ ततस्तेपांडवाःसर्वेसहकुंत्यानरर्षभाः
॥ उपासांचक्रिरेविप्रंकथयंतंकथाःशुभाः ५ कथयामासदेशांश्चतीर्थानिसरितस्तथा ॥ राज्ञश्चविविधाश्चर्यान्देशांश्चैवपुराणिच ६ सतत्राकथयद्विप्रःकथांतेजनमे
जय ॥ पंचालेष्वद्भुताकारांयाज्ञसेन्याःस्वयंवरम् ७ धृष्टद्युम्नस्यचोत्पत्तिमुत्पत्तिंचशिखंडिनः ॥ अयोनिजत्वंकृष्णायाद्रुपदस्यमहामखे ८ तदद्भुततमंश्रुत्वालोके
तस्यमहात्मनः ॥ विस्तरेणैवपप्रच्छुःकथांतेपुरुषर्षभाः ९ ॥ पांडवाऊचुः ॥ कथंद्रुपदपुत्रस्यधृष्टद्युम्नस्यपावकात् ॥ वेदीमध्याच्चकृष्णायाःसंभवःकथमद्भुतः १०
कथंद्रोणान्महेष्वासात्सर्वाण्यस्त्राण्यशिक्षत ॥ कथंविप्रसखायौतौभिन्नौकस्यकृतेनवा ११ ॥ वैशंपायनउवाच ॥ एवंतैश्चोदितोराजन्सविप्रःपुरुषर्षभैः ॥ कथया
मासतत्सर्वंद्रौपदीसंभवंतदा १२ ॥ इति श्रीमहाभारते आदिपर्वणि चैत्ररथपर्वणि द्रौपदीसंभवे पंचषष्ट्यधिकशततमोऽध्यायः ॥ १६५ ॥ ॥

परमत्यंतमधीयानाइतिसंबंधः २ शंसितव्रतइतितालव्यादिदंत्यमध्यपाठेशंसाप्रशंसासंजातास्यसतच्छंसितंव्रतंयस्यसः प्रशस्यव्रतइत्यर्थः प्रतिश्रयार्थीवासार्थी ३ अतिथिव्रतोऽतिथिपूजनैकनिष्ठः ४ ५ । ६ याज्ञसेन्याःद्रौपद्याः ७ । ८ । ९ । १० हेविप्र तौद्रोणद्रुपदौ भिन्नौवैरंप्राप्तौ ११ । १२ ॥ इति आदिपर्वणि नीलकंठीये भारतभावदीपे पंचषष्ट्यधिकशततमोऽध्यायः ॥ १६५ ॥ ॥

गंगाद्वारमिति १ ततोगंगामितिपाठेतुगंगां ततःपूर्वंभरद्वाजागमनात्पूर्वमभिषेक्तुमागतामित्यर्थः २ व्यहरद्विशेषेणहृतवान् । चकमकामितवान् ३ कुमाराणांसनत्कुमारादीनांसमूहःकौमारंतत्तुल्यस्यब्रह्मचारिणः ४ । ५ । ६ । ७ । ८ । ९ एकतममेकतरम् । अस्त्रसमुदायस्याविवक्षितत्वाद्वातमप् १० । ११ । १२ समनुज्ञाप्यनिशम्य । मारणतोपणनिशामनेषुज्ञाइतिमित्वावहस्वः । ज्ञाप्येत्यपपाठः मा

॥ ब्राह्मणउवाच ॥ गंगाद्वारंप्रतिमहान्बभूवर्षिर्महातपाः ॥ भरद्वाजोमहाप्राज्ञःसततंसंशितव्रतः १ सोऽभिषेक्तुंगतोगंगांपूर्वमेवागतांसतीम् ॥ ददर्शाप्सरसंतत्रघृताचीमाप्लुतामृषिः २ तस्यावायुर्नदीतीरेवसनंव्यहरत्तदा ॥ अपकृष्टांबरांदृष्ट्वातामृषिश्चकमेतदा ३ तस्यांसंसक्तमनसःकौमारब्रह्मचारिणः ॥ चिरस्यरेतश्चस्कंदतदृषिर्द्रोणआदधे ४ ततःसमभवद्द्रोणःकुमारस्तस्यधीमतः ॥ अध्यगीष्टसवेदांश्चवेदांगानिचसर्वशः ५ भरद्वाजस्यतुसखापृषतोनामपार्थिवः ॥ तस्यापिद्रुपदोनामतदासमभवत्सुतः ६ सनित्यमाश्रमंगत्वाद्रोणेनसहपार्षतः ॥ चिक्रीडाध्ययनंचैवचकारक्षत्रियर्षभः ७ ततस्तुपृषतेतीतेसराजाद्रुपदोऽभवत् ॥ द्रोणोऽपिरामंशुश्रावदित्संतंवसुसर्वशः ८ वनंतुप्रस्थितंराममंभरद्वाजसुतोऽब्रवीत् ॥ आगतंवित्तकामंमांविद्धिद्रोणंद्विजोत्तम ९ ॥ रामउवाच ॥ शरीरमात्रमेवाद्यमयासमवशेषितम् ॥ अस्त्राणिवाशरीरंवाब्रह्मन्नेकतमंवृणु १० ॥ द्रोणउवाच ॥ अस्त्राणिचैवसर्वाणितेषांसंहारमेवच ॥ प्रयोगंचैवसर्वेषांदातुमर्हतिमेभवान् ११ ॥ ब्राह्मणउवाच ॥ तथेत्युक्त्वाततस्तस्मैप्रददौभृगुनंदनः ॥ प्रतिगृह्यतदाद्रोणःकृतकृत्योऽभवत्तदा १२ संप्रहृष्टमनाद्रोणोरामात्परमसंमतम् ॥ ब्रह्मास्त्रंसमनुज्ञाप्यनरेष्वभ्यधिकोऽभवत् १३ ततोद्रुपदमासाद्यभारद्वाजःप्रतापवान् ॥ अब्रवीत्पुरुषव्याघ्रःसखायंविद्धिमामिति १४ ॥ द्रुपदउवाच ॥ नाश्रोत्रियःश्रोत्रियस्यनारथीरथिनःसखा ॥ नाराजापार्थिवस्यापिसखिपूर्वंकिमिष्यते १५ ॥ ब्राह्मणउवाच ॥ सविनिश्चित्यमनसापांचाल्यंप्रतिबुद्धिमान् ॥ जगामकुरुमुख्यानांनगरंनागसाह्वयम् १६ तस्मैपौत्रान्समादायवसूनिविविधानिच ॥ प्राप्तायप्रददौभीष्मःशिष्यान्द्रोणायधीमते १७ द्रोणःशिष्यांस्ततःपार्थानिदंवचनमब्रवीत् ॥ समानीयतुतान्शिष्यान्द्रुपदस्यासुखायवै १८ आचार्यवेतनंकिंचिद्धृदियद्वर्ततेमम ॥ कृतास्त्रैस्तत्प्रदेयंस्यात्तदृतंवदतानघाः ॥ सोऽर्जुनप्रमुखैरुक्तस्तथाऽस्त्वितिगुरुस्तदा १९ यदाचपांडवाःसर्वेकृतास्त्राःकृतनिश्चयाः ॥ ततोद्रोणोऽब्रवीद्भूयोवेतनार्थमिदंवचः २० पार्षतोद्रुपदोनामच्छत्रवत्यांनरेश्वरः ॥ तस्मादाकृष्यतद्राज्यंममशीघ्रंप्रदीयताम् २१ ततःपांडुसुताःपंचनिर्जित्यद्रुपदंयुधि ॥ द्रोणायदर्शयामासुर्बद्ध्वाससचिवंतदा २२ ॥ द्रोणउवाच ॥ प्रार्थयामित्वयासख्यंपुनरेवनराधिप ॥ अराजाकिलनोराज्ञःसखाभवितुमर्हति २३ अतःप्रयतितंराज्येयज्ञसेनत्वयासह ॥ राजाऽसिदक्षिणेकूलेभागीरथ्याऽहमुत्तरे २४ ॥ ब्राह्मणउवाच ॥ एवमुक्तोहिपांचाल्योभारद्वाजेनधीमता ॥ उवाचास्त्रविदांश्रेष्ठोद्रोणंब्राह्मणसत्तमम् २५ एवंभवतुभद्रंतेभारद्वाजमहामते ॥ सख्यंतदेवभवतुशश्वद्यदभिमन्यसे २६ ॥ ॥

प्येत्यपिपठंति १३ । १४ पूर्वंसखाइतिसखिपूर्वं बाल्येकृतंसख्यंकिंकथमिष्यतेप्राज्ञैर्नकथमपीत्यर्थः । बालोहिमौढ्यादतुल्येनापिसख्यमिच्छतिनतुप्राज्ञइतिभावः १५ । १६ समादायहस्तेगृहीत्वाप्रददौ १७ । १८ । १९ । २० छत्रवत्यामहिछत्रे २१ । २२ २३ राज्येराज्यार्थंत्वयासहसंगम्येतिशेषः भागीरथ्याऽहमितिसंधिरार्षः २४ । २५ । २६ ॥ ॥ ॥

उक्तत्वावचनेनैवसख्यंकृत्वान्तुमनसा ब्राह्मणस्याद्रोहित्वेपिक्षत्रियस्यदीर्घद्रोहित्वात् २७ तदेवाह असत्कारइति २८ ॥ इति आदिपर्वणि नी० भा० षट्षष्ट्यधिकशततमोऽध्यायः १६६ ॥ अमर्षी
ति १ । २ पुत्रान्बंधूंश्चधिगित्यब्रवीदित्यन्वयः ३ । ४ कल्माषींकृष्णवर्णांयमुनामभितः गंगाकूलेचपरिभ्रमन्कल्माषपादस्यकल्माषीमभितःसमीपेइत्यन्ये ५ । ६ परमेब्रह्मणिवेदेवास्थातुंशीलं

एवमन्योऽन्यमुक्त्वातौकृत्वासख्यमनुत्तमम् ॥ जग्मतुर्द्रोणपांचाल्यौयथागतमरिंदमौ २७ असत्कारःसतुमहान्मुहूर्त्तमपितस्यतु ॥ नापैतिहृदयाद्राज्ञोदुर्म
नाःसकृशोऽभवत् २८ ॥ इति श्रीमहाभारते आदिपर्वणि चैत्ररथपर्वणि द्रौपदीसंभवे षट्षष्ट्यधिकशततमोऽध्यायः ॥ १६६ ॥ ब्राह्मणउवाच ॥ अमर्षीद्रु
पदोराजाकर्मसिद्धान्द्विजर्षभान् ॥ अन्विच्छन्परिचक्रामब्राह्मणावसथान्बहून् १ पुत्रजन्मपरीप्सन्वैशोकोपहतचेतनः ॥ नास्तिश्रेष्ठमपत्यंमेइतिनित्यमचिं
तयत् २ जातान्पुत्रान्सनिर्वेदाद्धिग्बंधूनितिचाब्रवीत् ॥ निःश्वासपरमश्चासीद्द्रोणंप्रतिचिकीर्षया ३ प्रभावंविनयंशिक्षांद्रोणस्यचरितानिच ॥ क्षात्रेणचब
लेनास्यचिंतयन्नाध्यगच्छत ४ प्रतिकर्तुंनृपश्रेष्ठोयतमानोऽपिभारत ॥ अभितःसोऽथकल्माषींगंगाकूलेपरिभ्रमन् ५ ब्राह्मणावसथंपुण्यमाससादमहीपतिः ॥
तत्रनास्नातकःकश्चिन्नचासीदव्रतीद्विजः ६ तथैवचमहाभागःसोपश्यत्संशितव्रतौ ॥ याजोपयाजौब्रह्मर्षीशाम्यंतौपरमेष्ठिनौ ७ संहिताध्ययनेयुक्तौगोत्रतश्चा
पिकाश्यपौ ॥ तारणेयौयुक्तरूपौब्राह्मणावृषिसत्तमौ ८ सतावामंत्रयामाससर्वकामैरतंद्रितः ॥ बुद्ध्वाबलंतयोस्तत्रकनीयांसमुपह्वरे ९ प्रपेदेच्छंदयन्कामैरुप
याजंधृतव्रतम् ॥ पादशुश्रूषणेयुक्तःप्रियवाक्सर्वकामदः १० अर्चयित्वायथान्यायमुपयाजमुवाचसः ॥ येनमेकर्मणाब्रह्मन्पुत्रःस्याद्द्रोणमृत्यवे ११ उपयाज
कृतेतस्मिन्गवांदाताऽस्मितेऽर्बुदम् ॥ यद्वातेऽन्यद्द्विजश्रेष्ठमनसःसुप्रियंभवेत् ॥ सर्वंतत्तेप्रदाताऽहंनहिमेत्रास्तिसंशयः १२ इत्युक्तोनाहमित्येवंतमृषिःप्रत्य
भाषत ॥ आराधयिष्यन्द्रुपदःसतंपर्यचरन्पुनः १३ ततःसंवत्सरस्यांतेद्रुपदंसद्विजोत्तमः ॥ उपयाजोऽब्रवीत्कालेराजन्मधुरयागिरा १४ ज्येष्ठोभ्राताममागृह्णन्
विचरन्गहनेवने ॥ अपरिज्ञातशौचायांभूमौनिपतितंफलम् १५ तदपश्यमहंभ्रातुरसांप्रतमनुव्रजन् ॥ विमर्शंसंकरादानेनायंकुर्यात्कदाचन १६ दृष्ट्वाफलस्य
नापश्यद्दोषान्पापानुबंधकान् ॥ विविनक्तिनशौचंयःसोऽन्यत्रापिकथंभवेत् १७ संहिताध्ययनंकुर्वन्वसन्गुरुकुलेचयः ॥ भैक्षमुत्सृष्टमन्येषांभुंक्तेस्मचयदातदा
१८ कीर्त्तयन्गुणमन्नानामघृणीचपुनःपुनः ॥ तंवैफलार्थिनंमन्येभ्रातरंतर्कचक्षुषा १९ तंवैगच्छस्वनृपतेसत्वांसंयाजयिष्यति ॥ जुगुप्समानोनृपतिर्मनसेदंविचिं
तयन् २० उपयाजवचःश्रुत्वायाजस्याश्रममभ्यगात् ॥ अभिसंपूज्यपूजार्हमथयाजमुवाचह २१ ॥ ॥ ॥

ययोस्तौ ७ तारणेयौकुमारीप्रभवौ कर्णवत्कानीनौ'तरणिर्द्युमणौपुंसिकुमारीनौकयोःस्त्रीयाम्'इतिमेदिनी । सूर्यभक्तौवा । ब्राह्मणौब्रह्मविदौ । ऋषिसत्तमौमंत्रद्रष्टृषुश्रेष्ठौ ८ उपह्वरएकांते ९
प्रपेदेशरणंगतवान् १० । ११ तस्मिन्कार्येकृतेसतिअर्बुदंदशकोटीर्दातास्मिदास्यामि १२ । १३ । १४ । १५ असांप्रतंअयुक्तमनुव्रजन्नपश्यं विमर्शंविचारं संकरादानेसंकरोदोषसंपर्कः तद्युक्तवस्त्वा
दाने १६ । १७ उत्सृष्टंउच्छिष्टं १८ अघृणीलज्जाहीनः १९ हेनृपतेतंगच्छ हेस्वहेआत्मीय मनसाइदंयाजचरितंजुगुप्समानोनिंदन् विचिंतयन्स्वकार्यंचेतिचेतिशेषः २० । २१ ॥ ॥ ॥

अष्टावयुतानिददानि । रिक्तपाणिर्नपश्येतराजानंदेवतांगुरुमितिस्मृतेरुपायनमात्रमेतन्नदक्षिणाअर्बुदप्रतिज्ञानात् २२ पराजैष्टपराजितवान् । विपराभ्यांजेरितितङ् २३ तस्यतस्मात् अग्रणीः श्रेष्ठः २४ । २५ । २६ । २७ । २८ ब्रह्मक्षत्रेइतिसार्धःश्लोकः चोप्यर्थे ब्रह्मतेजःसहितक्षत्रतेजसिद्रोणगतेविहितेश्रेष्ठेसत्यपिकेवलंब्राह्मंत्वदीयंविशिष्यतेक्षात्राद्बलात् अहंतुहीनोब्राह्मबलेन भीत इतिपाठेब्राह्माद्बलाद्धीतोब्राह्मंतेजःप्रपेदिवान्शरणंकृतवान् २९ । ३० येनपुत्रंलभेयंतत्कर्मकुरु याज्यार्थंद्रुपदस्येष्टसाधनंयागमुपकल्पयन्मनसातत्प्रयोगंस्मृतवान् अडभावआर्षः ३१ गुर्वर्थो गुरुश्चासावर्थश्चेति अतिभारोऽयंयद्द्रोणहंतुःपुत्रस्योत्पादनमितिहेतोरुपयाजमकाममप्यचोदयदुपकल्पनेप्रेरितवान् । आत्मन्यप्रत्ययंचेतइतिन्यायेनोपयाजमपिनिश्चयार्थंसंवादितवान् ३२ वैतानंश्रौता

अयुतानिददान्यष्टौगवांयाजयमांविभो ॥ द्रोणवैराभिसंतप्तंप्रल्हादयितुमर्हसि २२ सहिब्रह्मविदांश्रेष्ठोब्रह्मास्त्रेचाप्यनुत्तमः ॥ तस्माद्द्रोणःपराजैष्टमांवैसमखि विग्रहे २३ क्षत्रियोनास्तितस्यास्यांपृथिव्यांकश्चिदग्रणीः ॥ कौरवाचार्यमुख्यस्यभारद्वाजस्यधीमतः २४ द्रोणस्यशरजालानिप्राणिदेहहराणिच ॥ षडरत्नि धनुश्चास्यदृश्यतेपरमंमहत् २५ सहिब्राह्मणवेषेणक्षात्रंवेगमसंशयम् ॥ प्रतिहंतिमहेष्वासोभारद्वाजोमहामनाः २६ क्षत्रोच्छेदायविहितोजामदग्न्यइवास्थितः ॥ तस्यह्यस्त्रबलंघोरमप्रधृष्यंनरैर्भुवि २७ ब्राह्मंसंधारयंस्तेजोहुताहुतिरिवानलः ॥ समेत्यसदहत्याजौक्षात्रधर्मपुरःसरः २८ ब्रह्मक्षत्रेचविहितेब्राह्मंतेजोविशिष्यते ॥ सोऽहंक्षात्राद्बलाद्धीनोब्राह्मंतेजःप्रपेदिवान् २९ द्रोणाद्विशिष्टमासाद्यभवंतंब्रह्मवित्तमम् ॥ द्रोणांतकमहंपुत्रंलभेयंयुधिदुर्जयम् ३० तत्कर्मकुरुमेयाजवितराम्यर्बु दंगवाम् ॥ तथेत्युक्त्वातुतंयाजोयाज्यार्थमुपकल्पयत् ३१ गुर्वर्थइतिचाकाममुपयाजमचोदयत् ॥ याजोद्रोणविनाशायप्रतिजज्ञेतथाचसः ३२ ततस्तस्यनरेंद्र स्यउपयाजोमहातपाः ॥ आचख्यौकर्मवैतानंतदापुत्रफलायवै ३३ सचपुत्रोमहावीर्योमहातेजामहाबलः ॥ इष्यतेयद्विधोराजन्भवितातेतथाविधः ३४ भार द्वाजस्यहंतारंसोऽभिसंधायभूपतिः ॥ आजह्रेतत्तथासर्वंद्रुपदःकर्मसिद्धये ३५ याजस्तुहवनस्यांतेदेवीमाज्ञापयत्तदा ॥ प्रेहिमांराज्ञिपृषतिमिथुनंत्वामुपस्थितम् ३६ ॥ राज्ञ्युवाच ॥ अवलिप्तंमुखंब्रह्मन्दिव्यान्गंधान्बिभर्मिच ॥ सुतार्थेनोपलब्धाऽस्मितिष्ठयाजममप्रिये ३७ ॥ याजउवाच ॥ याजेनश्रपितंहव्यमुपयाजा भिमंत्रितम् ॥ कथंकामंनसंदध्यात्सात्वंविप्रेहितिष्ठवा ३८ ॥ ब्राह्मणउवाच ॥ एवमुक्त्वातुयाजेनहुतेहविषिसंस्कृते ॥ उत्तस्थौपावकात्तस्मात्कुमारोदेवसन्निभः ३९ ज्वालावर्णोघोररूपःकिरीटीवर्मचोत्तमम् ॥ बिभ्रत्सखड्गःसशरोधनुष्मान्विनदन्मुहुः ४० ॥ ॥ ॥ ॥

ग्निसाध्यं आचख्यौआख्यातवान् ३३ सचेतिउपयाजउवाच ३४ वैशंपायनउवाच भारद्वाजस्येति । आजह्रेकृतवान् कर्मसिद्धयेकर्मफलसिद्ध्यर्थम् ३५ प्रेहिप्रकर्षेणशीघ्रमेहि हविर्ग्रहीतुमितिशे षः पृषतिपृषतस्नुषे । इतएवसंबंधात्पुंयोगेङीष् । अन्येतुपार्षतीतिपाठंकल्पयंति ३६ अवलिप्तंदूषितंलालादिना अप्रक्षालितत्वादितिभावः । 'अवलेपस्तुगर्वेस्यालेपनेदूषणेपिच'इतिमेदिनी । गंधानंगरागादिजान् । अस्नाताऽस्मीतिभावः । 'यादतोधावतेतस्यैश्यावदन्यास्नातितस्याअप्सुमारुकः'इत्याद्युक्त्वा'तिस्रोरात्रीर्व्रतंचरेत्'इतिविहितावस्पृश्यायार्मावेतौ । तदेवाह नोपलब्धास्मिउपलब्धुं स्प्रष्टुंयोग्यानास्मि । तस्मान्मलवद्वाससासंवदेतेतितयासहसंवादस्यापिनिषेधात् अतोहेतोर्हेयाजममप्रियेइष्टेसुतार्थेसुतरूपेप्रयोजनेतिष्ठ । शुद्धिकालंप्रतीक्षस्वेत्यर्थः ३७ श्रपितंपक्वं क्षेत्रेरेतःसेकंचविनाआ दयोःसामर्थ्यान्मिथुनमुत्पत्स्यतइत्यर्थः । विप्रेहिदूरंवागच्छतिष्ठवा प्रयोगविधिस्तुनविलंबंसहतेइत्यर्थः ३८ । ३९ । ४० ॥ ॥ ॥

४१ नेयंसेहेनसोढव्रतीअयोनिजस्यधृष्टद्युम्नस्यतेजसोदुःसहत्वादितिभावः ४२ । ४३ । ४४ । ४५ अमरवर्णिनीदेवकुमारीदुष्टवधायोद्यतादुर्गेत्यर्थः ४६ । ४७ । ४८ । ४९ । ५० । ५१ । ५२
धृष्टत्वात्प्रगल्भत्वात्धृष्णुत्वादितिपाठेपालनेशक्तत्वात् । अत्यंतममर्षःशत्रूत्कर्षासहिष्णुत्वंतद्वत्त्वात् । द्युम्नंवित्तंतच्चराज्ञांबलमेवकवचकुंडलादिकंवासहोत्पन्नंतदादिर्यस्यशस्त्रास्त्रशौर्योत्साहादे

सोऽध्यारोहद्रथवरंतेनचप्रययौतदा ॥ ततःप्रणेदुःपंचालाःप्रहृष्टाःसाधुसाध्विति ४१ हर्षाविष्टांस्ततश्चैतान्नेयंसेहेवसुंधरा ॥ भयापहोराजपुत्रःपंचालानांयश
स्करः ४२ राज्ञःशोकापहोजातएषद्रोणवधायवै ॥ इत्युवाचमहद्भूतमदृश्यंखेचरंतदा ४३ कुमारीचापिपांचालीवेदीमध्यात्समुत्थिता ॥ सुभगादर्शनीयांगीस्व
सितायतलोचना ४४ श्यामापद्मपलाशाक्षीनीलकुंचितमूर्धजा ॥ ताम्रतुंगनखीसुभ्रूश्चारुपीनपयोधरा ४५ मानुषंविग्रहंकृत्वासाक्षादमरवर्णिनी ॥ नीलोत्पल
समोगंधोयस्याःक्रोशात्प्रधावति ४६ याबिभर्तिपरंरूपंयस्यानास्त्युपमाभुवि ॥ देवदानवयक्षाणामीप्सितांदेवरूपिणीम् ४७ तांचापिजातांसुश्रोणींवागुवाचा
शरीरिणी ॥ सर्वयोषिद्वराकृष्णानिनीषुःक्षत्रियान्क्षयम् ४८ सुरकार्यमियंकालेकरिष्यतिसुमध्यमा ॥ अस्याहेतोःकौरवाणांमहदुत्पत्स्यतेभयम् ४९ तच्छ्रुत्वा
सर्वपंचालाःप्रणेदुःसिंहसंघवत् ॥ नचैतान्हर्षसंपूर्णानियंसेहेवसुंधरा ५० तौदृष्ट्वापार्षतीयाजंप्रपेदेवैसुतार्थिनी ॥ नवैमदन्यांजननींजानीयातामिमाविति ५१
तथेत्युवाचतांयाजोराज्ञःप्रियचिकीर्षया ॥ तयोश्चनामनीचक्रुर्द्विजाःसंपूर्णमानसाः ५२ धृष्टत्वादत्यमर्षित्वाद्द्युम्नाद्युत्संभवादपि ॥ धृष्टद्युम्नःकुमारोयंद्रुपदस्यभव
त्विति ५३ कृष्णेत्येवाब्रुवन्कृष्णांकृष्णाऽभूत्साहिवर्णतः ॥ तथातन्मिथुनंजज्ञेद्रुपदस्यमहामखे ५४ धृष्टद्युम्नंतुपांचाल्यमानीयस्वंनिवेशनम् ॥ उपाकरोदस्त्रहे
तोर्भारद्वाजःप्रतापवान् ५५ अमोक्षणीयंदैवंहिभाविमत्वामहामतिः ॥ तथातत्कृतवान्द्रोणआत्मकीर्त्यनुरक्षणात् ५६ ॥ इति श्रीम० आदिपर्वणि चैत्ररथपर्वणि
द्रौपदीसंभवेसप्तषष्ट्यधिकशततमोऽध्यायः ॥ १६७ ॥ ॥ वैशंपायनउवाच ॥ एतच्छ्रुत्वातुकौन्तेयाःशल्यविद्धाइवाभवन् ॥ सर्वेचास्वस्थमनसोबभूवुस्तेमहा
बलाः १ ततःकुंतीसुतान्दृष्ट्वासर्वांस्तद्गतचेतसः ॥ युधिष्ठिरमुवाचेदंवचनंसत्यवादिनी २ ॥ कुंत्युवाच ॥ चिररात्रोषिताःस्मेहब्राह्मणस्यनिवेशने ॥ रममाणा
पुरेरम्येलब्धभैक्षामहात्मनः ३ यानीहरमणीयानिवनान्युपवनानिच ॥ सर्वाणितानिदृष्टानिपुनःपुनररिंदम ४ पुनर्द्रष्टुंहितानीहप्रीणयंतिननस्तथा ॥ भैक्षंचनत
थावीरलभ्यतेकुरुनंदन ५ तेवयंसाधुपंचालान्गच्छामयदिमन्यसे ॥ अपूर्वदर्शनंवीररमणीयंभविष्यति ६ सुभिक्षाश्चैवपंचालाःश्रूयंतेशत्रुकर्शन ॥ यज्ञसेनश्चराजाऽ
सौब्रह्मण्यइतिशुश्रुम ७ एकत्रचिरवासश्चक्षमोनचमतोमम ॥ तेतत्रसाधुगच्छामोयदित्वंपुत्रमन्यसे ८ ॥ युधिष्ठिरउवाच ॥ भवत्यायन्मतंकार्यंतदस्माकंपरंहितम् ॥
अनुजांस्तुनजानामिगच्छेयुर्नेतिवापुनः ९ ॥ वैशंपायनउवाच ॥ ततःकुंतीभीमसेनमर्जुनंयमजौतथा ॥ उवाचगमनंतेचतथेत्येवाब्रुवंस्तदा १० ॥

स्तद्द्युम्नादितस्योत्संभवादुत्कर्षेणोत्पत्तेश्च ५३ । ५४ उपाकरोदुपकृतवान् अस्त्रहेतोरस्त्रदानेनहेतुनाराज्यार्धस्यहृतत्वात्तावतैवोपाकरोत् ५५ कीर्त्यनुरक्षणात् अन्यथाद्रोणोद्वेषाद्भयाच्चनविद्यांदत्तवा
नित्यकीर्तिःस्यात् ५६ ॥ इतिआदिपर्वणि नी०भा० सप्तषष्ट्यधिकशततमोऽध्यायः ॥ १६७ ॥ एतच्छ्रुत्वातुकौन्तेयाइतिस्पष्टार्थोऽध्यायः १ । २ । ३ । ४ । ५ । ६ । ७ । ८ । ९ । १०

११ ॥ इति आदिपर्वणि नी०भारतभावदीपे अष्टषष्ट्यधिकशततमोऽध्यायः ॥ १६८ ॥ ॥ वसत्स्विति । प्रतस्थेइत्युक्तंततःप्रागेवाजगामेत्यर्थः १ । २।३ अयीतिकोमलामंत्रणे ४ । ५ विलग्नम ध्याकृशमध्या ६ । ७ । ८ । ९ । १० । ११ । १२ । १३ । १४ पार्षतीपार्षतदुहिता १५ । १६ ॥ इतिआदिपर्वणिनी०भा०ऊनसप्तत्यधिकशततमोऽध्यायः ॥ १६९ ॥ गतेइति १।२ सोमाश्रय

ततआमंत्र्यतंविप्रंकुंतीराजन्सुतैःसह ॥ प्रतस्थेनगरींरम्यांद्रुपदस्यमहात्मनः ११ ॥ इतिश्रीमहाभारतेआदिपर्वणिचैत्ररथपर्वणिपांचालदेशयात्रायामष्टषष्ट्यधिक शततमोऽध्यायः ॥ १६८ ॥ ॥ वैशंपायनउवाच ॥ वसत्सुतेषुप्रच्छन्नंपांडवेषुमहात्मसु ॥ आजगामाथतान्द्रष्टुंव्यासःसत्यवतीसुतः १ तमागतमभिप्रे क्ष्यप्रत्युद्गम्यपरंतपाः ॥ प्रणिपत्याभिवाद्यैनंतस्थुःप्रांजलयस्तदा २ समनुज्ञाप्यतान्सर्वानासीनान्मुनिरब्रवीत् ॥ प्रच्छन्नंपूजितःपार्थैःप्रीतिपूर्वमिदंवचः ३ अ यिधर्मेणवर्तध्वंशास्त्रेणचपरंतपाः ॥ अयिविप्रेषुपूजावःपूजार्हेषुनहीयते ४ अथधर्मार्थवद्वाक्यमुक्त्वासभगवानृषिः ॥ विचित्राश्चकथास्तास्ताःपुनरेवेदमब्रवीत् ५ ॥ ॥ व्यासउवाच ॥ आसीत्तपोवनेकाचिदृषेःकन्यामहात्मनः ॥ विलग्नमध्यासुश्रोणीसुभ्रूःसर्वगुणान्विता ६ कर्मभिःस्वकृतैःसातुदुर्भगासमपद्यत ॥ नाध्यगच्छत्पतिंसातुकन्यारूपवतीसती ७ ततस्तपुमथारेभेपत्यर्थमसुखाततः ॥ तोषयामासतपसासाकिलोग्रेणशंकरम् ८ तस्याःसभगवांस्तुष्टस्तामुवाचय शस्विनीम् ॥ वरंवरयभद्रंतेवरदोऽस्मीतिशंकरः ९ अथेश्वरमुवाचेदमात्मनःसावचोहितम् ॥ पतिंसर्वगुणोपेतमिच्छामीतिपुनःपुनः १० तामथप्रत्युवाचेदमी शानोवदतांवरः ॥ पंचतेपतयोभद्रेभविष्यंतीतिभारताः ११ एवमुक्ताततःकन्यादेवंवरदमब्रवीत् ॥ एकमिच्छाम्यहंदेवत्वत्प्रसादात्पतिंप्रभो १२ पुनरेवाब्रवीद्देव इदंवचनमुत्तमम् ॥ पंचकृत्वस्त्वयाह्युक्तःपतिंदेहीत्यहंपुनः १३ देहमन्यंगतायास्तेयथोक्तंतद्भविष्यति ॥ द्रुपदस्यकुलेजज्ञेसाकन्यादेवरूपिणी १४ निर्दिष्टाभ वतांपत्नीकृष्णापार्षत्यनिंदिता ॥ पांचालनगरेतस्मान्निवसध्वंमहाबलाः ॥ सुखिनस्तामनुप्राप्यभविष्यथनसंशयः १५ एवमुक्त्वामहाभागःपांडवान्सपितामहः ॥ पार्थानामंत्र्यकुंतींचप्रातिष्ठमहातपाः १६ ॥ इतिश्रीमहाभा०आ०चै०द्रौपदीजन्मांतरकथनेऊनसप्तत्यधिकशततमोऽध्यायः ॥ १६९ ॥ वैशंपायनउवाच ॥ गतेभगवतिव्यासेपांडवाहृष्टमानसाः ॥ तेप्रतस्थुःपुरस्कृत्यमातरंपुरुषर्षभाः १ आमंत्र्यब्राह्मणंपूर्वमभिवाद्यानुमान्यच ॥ समैरुदङ्मुखैर्मार्गैर्यथोद्दिष्टंपरंतपाः २ तेत्वगच्छन्नहोरात्रात्तीर्थंसोमाश्रयायणम् ॥ आसेदुःपुरुषव्याघ्रागंगायांपांडुनंदनाः ३ उल्मुकंतुसमुद्यम्यतेषामग्रेधनंजयः ॥ प्रकाशार्थंययौतत्ररक्षार्थंचमहारथः ४ तत्रगंगाजलेरम्येविविक्तेक्रीडयन्स्त्रियः ॥ ईर्ष्युर्गंधर्वराजोवैजलक्रीडामुपागतः ५ शब्दंतेषांसशुश्रावनदींसमुपसर्पताम् ॥ तेनशब्देनचाविष्टश्चुक्रोधबलवद्बली ६ सदृष्ट्वापांडवांस्तत्रसहमात्रापरंतपान् ॥ विस्फारयन्धनुर्घोरमिदंवचनमब्रवीत् ७ संध्यासंरज्यतेघोरापूर्वरात्रागमेषुया ॥ अशीतिभिर्लवैर्हीनंतन्मुहूर्तंप्रचक्षते ८ ॥

श्चंद्रधरोरुद्रस्तस्यस्थानंसोमाश्रयायणं ३ उल्मुकंज्वलत्काष्ठं ४ । ५ बलवदतिशायितं ६ । ७ पूर्वरात्रागमेषुपश्चिमायांदिशिअर्धास्तमितार्कमंडलरूपायासंध्यासंरज्यतेरक्ताभवतितस्यांमुहूर्तंप्रस्थान कालमशीतिभिर्लवैर्निमेषार्द्धैर्हीनंप्रचक्षते ८ ॥ ॥ ॥ ॥ ॥ ॥ ॥

तदेवमुहूर्तंयक्षादीनांकर्मचारेषुविहितमन्यन्मनुष्याणांकर्मचारेषुस्मृतमित्यन्वयः संध्यायामशीतिलवोपरिरात्रौयक्षादीनामेवसंचारकालः अन्यदहर्मनुष्याणामित्यर्थः ९ । १० जलंप्राप्नुवतोनरान् ११ । १२ । १३ । १४ 'ननंहसाःशृंगिणोवानचदेवांजनस्रजः ॥ कुबेरस्ययथोष्णीर्षकिंमांसमुपसर्पथ' इतिप्राचीनःपाठोदेवबोधादिभिर्व्याख्यातत्वात् हसंतिविकसंतितेहसाः नमंतोहसायेषांतेनंहसाः भक्तानुग्राहकादेवाःसर्वत्राप्रतिहतगतयस्तेभवंतोन भूचरत्वात् । कौणपाइतिपाठेतुराक्षसाःकरालाकृतयोयूयंन रम्याकृतित्वात् । नकुलसाइतिपाठेऽपिसएवार्थः कुलंस्यंतिअंतंनयंतितेकुलसाः कुलकंट काइत्यर्थः । शृंगिणःकापालिकाआभिचारिकावीरसाधनादिपरास्तेऽपिनिशीथेजलप्रवेशार्हाः नचशृंगकपालादितच्चिन्हंयुष्मासुदृश्यते । नचदेवांजनस्रजः देवानांसंबंधीन्यंजनादीनिदिव्यदृष्टिप्रदा निस्रजश्चआकाशादिगतिप्रदायेषुसंतितेगंधर्वयक्षादयः उल्मुकधारित्वात् जलेशब्दकरत्वाच्चयक्षादिसंघविदामप्यज्ञातत्वात् कुबेरस्योष्णीषमिवोष्णीर्षंशिरोमंडनभूतंसंतंमांकिंसमनुसर्पथहेलयाउपयाथ ।

विहितंकामचाराणांयक्षगंधर्वरक्षसाम् ॥ शेषमन्यन्मनुष्याणांकर्मचारेषुवैस्मृतम् ९ लोभात्प्रचारंचरतस्तासुवेलासुवैनरान् ॥ उपक्रान्तान्निगृह्णीमोराक्षसैःसहबालि
शान् १० अतोरात्रौप्राप्नुवतोजलंब्रह्मविदोजनाः ॥ गर्हयंतिनरान्सर्वान्बलस्थान्नृपतीनपि ११ आरात्तिष्ठतमामह्यंसमीपमुपसर्पत ॥ कस्मान्मांनाभिजानीतप्राप्तं
भागीरथीजलम् १२ अंगारपर्णंगंधर्वंवित्तमांस्वबलाश्रयम् ॥ अहंहिमानीचेर्ष्युश्चकुबेरस्यप्रियःसखा १३ अंगारपर्णमित्येवंख्यातंचेदंवनंमम ॥ अनुगंगंचर
न्कामांश्चित्रंयत्ररमाम्यहम् १४ नकौणपाःशृंगिणोवानदेवानचमानुषाः ॥ इदंसमुपसर्पंतितत्किंसमनुसर्पथ १५ ॥ अर्जुनउवाच ॥ समुद्रेहिमवत्पार्श्वेनद्याम
स्यांचदुर्मते ॥ रात्रावहनिसंध्यायांकस्यगुप्तःपरिग्रहः १६ भुक्तोवाप्यथवाऽभुक्तोरात्रावहनिखेचर ॥ नकालनियमोह्यस्तिगंगांप्राप्यसरिद्वराम् १७ वयंचश
क्तिसंपन्नाअकालेत्वामधृष्णुम ॥ अशक्ताहिरणेक्रूरयुष्मानर्चंतिमानवाः १८ पुराहिमवतश्चैषाहेमशृंगाद्विनिःसृता ॥ गंगागत्वासमुद्रांभःसप्तधासमपद्यत १९ गं
गांचयमुनांचैवप्लक्षजातांसरस्वतीम् ॥ रथस्थांसरयूंचैवगोमतींगंडकींतथा २० अपर्युषितपापास्तेनदीःसप्तपिबंतिये ॥ इयंभूत्वाचैकवप्राशुचिराकाशगापुनः
२१ देवेषुगंगागंधर्वप्राप्नोत्यलकनंदताम् ॥ तथापितॄन्वैतरणीदुस्तरापापकर्मभिः ॥ गंगाभवतिवैप्राप्यकृष्णद्वैपायनोऽब्रवीत् २२ असंबाधादेवनदीस्वर्गसंपा
दनीशुभा ॥ कथमिच्छसितांरोद्धुंनैषधर्मःसनातनः २३ अनिवार्यमसंबाधंतववाचाकथंवयम् ॥ नस्पृशेमयथाकामंपुण्यंभागीरथीजलम् २४ ॥ वैशंपायनउवाच ॥
अंगारपर्णस्तच्छ्रुत्वाक्रुद्धआनम्यकार्मुकम् ॥ मुमोचबाणान्निशितानहीनाशीविषानिव २५ उल्मुकंभ्रामयंस्तूर्णंपांडवश्चर्मचोत्तरम् ॥ व्यपोहतशरांस्तस्यसर्वाने
वधनंजयः २६ ॥ अर्जुनउवाच ॥ बिभीषिकावैगंधर्वनास्त्रज्ञेषुप्रयुज्यते ॥ अस्त्रज्ञेषुप्रयुक्तेयंफेनवत्प्रविलीयते २७ ॥ ॥ ॥

यद्वाकुबेरस्यकुत्सितशरीरस्यहीनशक्तेर्यथोष्णीषंयःकश्चिद्धेलयाउपसर्पतितद्वन्मांकथंजानीथेत्यर्थः १५ यत्तुरात्रौजलंनस्प्रष्टव्यमित्युक्तंतत्राह समुद्रेइति १६ । १७ अहंहिमानीत्युक्तंतत्राह वयमिति । अधृष्णुमधर्षितवंतः १८ सप्तधावस्वोकसारानलिनीपावनीसीताचक्षुःसिंधुरलकनंदेतिसप्तधागत्वासमुद्रांभःसमपद्यतेतियोजना १९ । २० अपर्युषितपापानिःशेषितपापाः । एकमाकाशरूपंवप्रंतटंयस्याः सा । 'तटंवप्रं' इतिमेदिनी २१।२२ असंबाधानिःसंकटा इतरनदीवत्प्रावृषिरजस्वलात्वेनक्षणमप्यस्पृश्यत्वंनप्राप्नोतीत्यर्थः २३ । २४ अहीन्सर्पान् आशीविषान्विषदंष्ट्रान् २५ चर्मच्छत्राकारमा युधपातत्राणं व्यपोहतापसारितवान् २६ । २७ ॥ ॥ ॥ ॥ ॥ ॥ ॥ ॥

मानुषानतिमानुषाधिकान्लक्षये ऽतोदिव्येनास्त्रेणयोत्स्ये २८ । २९ । ३० । ३१. विप्लुतंरथाच्च्युतं अतएवप्रमूढं ३२ । ३३ । ३४ । ३५ स्त्रीनाथोरक्षितायस्यतं ३६ । ३७ अंगारवद्भास्वरं दुःस्पर्शंचपर्णवाहनंरथोयस्यसोऽङ्गारपर्णस्तस्यभावस्तत्तां ३८ लाभंलाभवत्सुखदंसखायम् ३९ । ४० संभृताऽर्जितातपसा ४१. प्राणैर्योजयेन्नहन्यात् ४२ । ४३ । ४४ यदिति । तद्धर्मिस्त्ररूपंपश्येत् यादृशंयद्धर्मविशिष्टंसामान्यतोविशेषतश्चसर्वंसर्वावस्थंवस्तुसर्वदास्वसंकल्पानुसारेणपश्येदित्यर्थः ४५ अनुनेष्यामिपश्चात्प्रापयिष्यामि ४६ विशेषिताःविशिष्टाः अविशिष्टास्तुल्याः

मानुषानतिगंधर्वान्सर्वान्गंधर्वलक्षये ॥ तस्मादस्त्रेणदिव्येनयोत्स्येऽहंनतुमायया २८ पुराऽस्त्रमिदमाग्नेयंप्रादात्किलबृहस्पतिः ॥ भरद्वाजायगंधर्वगुरुर्मान्यःशतक्रतोः २९ भरद्वाजादग्निवेश्यअग्निवेश्याद्गुरुर्मम ॥ साध्विदंमह्यमददद्द्रोणोब्राह्मणसत्तमः ३० ॥ वैशंपायनउवाच ॥ इत्युक्त्वापांडवःक्रुद्धोगंधर्वायमुमोचह ॥ प्रदीप्तमस्त्रमाग्नेयंददाहास्यरथंतुतत् ३१ विरथंविप्लुतंतंतुसगंधर्वमहाबलः ॥ अस्त्रतेजःप्रमूढंचप्रपतंतमवाङ्मुखम् ३२ शिरोरुहेषुजग्राहमाल्यवत्सुधनंजयः ॥ भ्रातॄन्प्रतिचकर्षाथसोऽस्त्रपातादचेतसम् ३३ युधिष्ठिरंतस्यभार्याप्रपेदेशरणार्थिनी ॥ नाम्नाकुंभीनसीनामपतित्राणमभीप्सती ३४ ॥ गंधर्व्युवाच ॥ त्रायस्वमांमहाभागपतिंचेमंविमुंचमे ॥ गंधर्वींशरणंप्राप्तानाम्नाकुंभीनसीप्रभो ३५ ॥ युधिष्ठिरउवाच ॥ युद्धेजितंयशोहीनंस्त्रीनाथमपराक्रमम् ॥ कोनिहन्याद्रिपुंतातमुंचेमंरिपुसूदन ३६ ॥ अर्जुनउवाच ॥ जीवितंप्रतिपद्यस्वगच्छगंधर्वमाशुचः ॥ प्रदिशत्यभयंतेऽद्यकुरुराजोयुधिष्ठिरः ३७ गंधर्वउवाच ॥ जितोऽहंपूर्वकंनाममुंचाम्यंगारपर्णताम् ॥ नचश्लाघेबलेनांगननाम्नाजनसंसदि ३८ साध्विमंलब्धवाँल्लाभंयोऽहंदिव्यास्त्रधारिणम् ॥ गांधर्व्यामाययेच्छामिसंयोजयितुमर्जुनम् ३९ अस्त्राग्निनाविचित्रोऽयंदग्धोमेरथउत्तमः ॥ सोऽहंचित्ररथोभूत्वानाम्नादग्धरथोऽभवम् ४० संभृताचैवविद्येयंतपसेहमयापुरा ॥ निवेदयिष्येतामद्यप्राणदायमहात्मने ४१ संस्तंभयित्वातरसाजितंशरणमागतम् ॥ योरिपुंयोजयेत्प्राणैःकल्याणंकिंनसोऽर्हति ४२ चाक्षुषीनामविद्येयंयांसोमायददौमनुः ॥ ददौसविश्वावसवेममविश्वावसुर्ददौ ४३ सेयंकापुरुषंप्राप्तागुरुदत्ताप्रणश्यति ॥ आगमोऽस्यामयाप्रोक्तोवीर्यंप्रतिनिबोधमे ४४ यच्चक्षुषाद्रष्टुमिच्छेत्त्रिषुलोकेषुकिंचन ॥ तत्पश्येद्यादृशंचेच्छेत्तादृशंद्रष्टुमर्हति ४५ एकपादेनषण्मासानस्थितोविद्यांलभेदिमाम् ॥ अनुनेष्याम्यहंविद्यांस्वयंतुभ्यंव्रतेकृते ४६ विद्ययाह्यनयाराजन्वयंनृभ्योविशेषिताः ॥ अविशिष्टाश्चदेवानामनुभावप्रदर्शिनः ४७ गंधर्वजानामश्वानामहंपुरुषसत्तम ॥ भ्रातृभ्यस्तवतुभ्यंचपृथग्दाताशतंशतम् ४८ देवगंधर्ववाहास्तेदिव्यवर्णामनोजवाः ॥ क्षीणाक्षीणाभवंत्येतेनहीयंतेचरंहसः ४९ पुराकृतंमहेंद्रस्यवज्रंवृत्रनिबर्हणम् ॥ दशधाशतधाचैवतच्छीर्णंवृत्रमूर्धनि ५० ॥ ॥

अनुभावस्याऽऽकाशगमनादृश्यत्वादेःप्रदर्शिनोदर्शनशीलाः ४७ । ४८ क्षीणाश्चाऽक्षीणाश्चक्षीणाक्षीणाः वृद्धास्तरुणावाएतेनभवंति रंहसोवेगाच्चनहीयंतेइतिनकारानुषंगेणयोज्यम् । क्षीणाःक्षीणाइतिपाठेसमर्थाःसमर्थाइत्यर्थः ऐश्वर्यार्थस्यक्षयतेःकर्तरिनिष्ठायांदैर्घ्यंणत्वंच एतेरंहसोवेगातिशयान्नहीयंतेअपित्वधिकमधिकंसमर्थाभवंतीत्यर्थः ४९ अश्वोत्पत्तिमाहचतुर्भिः पुरेति ५० ॥

भागीकृतः शीर्णत्वादनेकधाभूतोवज्रभागस्तेषुतेषुस्थानेषुदेवैरुपास्यते । स्थानान्येवसामान्यतोविशेषतश्चाह लोकेइति । यशोधनमुत्कृष्टंस्पृहणीयंसैववज्रतनुर्वज्रस्यस्वरूपं सैवेतिविधेयलिंगापेक्षयास्त्रीत्वंतमेवयसि
दध्यानयतिसावैश्वदेव्यामिक्षेतिवत् ५१ ब्राह्मणस्यपाणिर्हविःप्रदत्वाद्वज्रः । इतरेषामार्त्विज्याभावेनहविःप्रक्षेपानर्हत्वात् । अतःसदेवैरुपास्यते । रथोहिदेवब्राह्मणद्विषांनाशहेतुत्वाद्वज्रंदेवोपास्यम् ।
दानकर्मणोरपिब्रह्मक्षत्रप्रीतिकरत्वाद्वज्रत्वम् । तेनवज्रवंतोब्राह्मणादयोदेवैरुपजीव्यंतइत्यर्थः ५२ प्रकृतेकिमायातंतदाह क्षत्रेति । क्षत्रवज्रंरथस्तस्यभागेनांशत्वेन अवध्याअवधिभूताः वाजिनोवेगवंतः ।
रथस्यवज्रत्वेअश्वोत्कर्षएवमुख्यंनध्वजादिकमित्यर्थः । रथांगंरथचालकं । वडवाअश्वा । येशूरास्तेचरथांगम् । रथिनातुल्योऽश्वइत्यर्थः ५३ स्वीयेष्वश्वेषुविशेषमाह कामेति । गंधर्वजाः गंधर्वलोक

ततोभागीकृतोदेवैर्वज्रभागउपास्यते ॥ लोकेयशोधनंकिंचित्सैववज्रतनुःस्मृता ५१ वज्रपाणिर्ब्राह्मणःस्यात्क्षत्रंवज्ररथंस्मृतम् ॥ वैश्यावैदानवज्राश्चकर्मवज्राय
वीयसः ५२ क्षत्रवज्रस्यभागेनअवध्यावाजिनःस्मृताः ॥ रथांगंवडवासूतेशूराश्चाश्वेषुयेमताः ५३ कामवर्णाःकामजवाःकामतःसमुपस्थिताः ॥ इतिगंधर्वजाः
कामंपूरयिष्यंतिमेहयाः ५४ ॥ अर्जुनउवाच ॥ यदिप्रीतेनमेदत्तंसंशयेजीवितस्यवा ॥ विद्याधनंश्रुतंवाऽपिनतद्गंधर्वरोचये ५५ ॥ गंधर्वउवाच ॥ संयोगोवै
प्रीतिकरोमहत्सुप्रतिदृश्यते ॥ जीवितस्यप्रदानेनप्रीतोविद्यांददामिते ५६ त्वत्तोऽप्यहंग्रहीष्यामिअस्त्रमाग्नेयमुत्तमम् ॥ तथैवयोग्यंबीभत्सोचिरायभरतर्षभ ५७
॥ अर्जुनउवाच ॥ त्वत्तोऽस्त्रेणवृणोम्यश्वान्संयोगःशाश्वतोऽस्तुनौ ॥ सखेतद्ब्रूहिगंधर्वयुष्मभ्योयद्भयंभवेत् ५८ कारणंब्रूहिगंधर्वकिंतद्येनस्मधर्षिताः ॥ यांतो
वेदविदःसर्वेसंतोरात्रावरिंदमाः ५९ ॥ गंधर्वउवाच ॥ अनग्नयोऽनाहुतयोनचविप्रपुरस्कृताः ॥ यूयंततोधर्षिताःस्थमयावैपांडुनंदनाः ६० यक्षराक्षसगंधर्वाः
पिशाचोरगदानवाः ॥ विस्तरंकुरुवंशस्यधीमंतःकथयंतिते ६१ नारदप्रभृतीनांतुदेवर्षीणांमयाश्रुतम् ॥ गुणान्कथयतांवीरपूर्वेषांतवधीमताम् ६२ स्वयंचा
पिमयादृष्टश्चरतासागरांबराम् ॥ इमांवसुमतींकृत्स्नांप्रभावःसुकुलस्यते ६३ वेदेधनुषिचाचार्यमभिजानामितेऽर्जुन ॥ विश्रुतंत्रिषुलोकेषुभारद्वाजंयशस्विनम् ६४
धर्मंवायुंचशक्रंचविजानाम्यश्विनौतथा ॥ पांडुंचकुरुशार्दूलषडेतान्कुरुवर्धनान् ॥ पितॄनेतानहंपार्थदेवमानुषसत्तमान् ६५ दिव्यात्मानोमहात्मानःसर्वशस्त्रभृतां
वराः ॥ भवंतोभ्रातरःशूराःसर्वेसुचरितव्रताः ६६ उत्तमांचमनोबुद्धिंभवतांभावितात्मनाम् ॥ जानन्नपिचवःपार्थकृतवानिहधर्षणाम् ६७ स्त्रीसकाशेचकौरव्यन
पुमान्क्षंतुमर्हति ॥ धर्षणामात्मनःपश्यन्बाहुद्रविणमाश्रितः ६८ नक्तंचबलमस्माकंभूयएवाभिवर्धते ॥ यतस्ततोमांकौन्तेयसदारंमन्युराविशत् ६९ सोऽहंत्व
येहविजितःसंख्येतापत्यवर्धन ॥ येनतेनेहविधिनाकीर्त्यमानंनिबोधमे ७० ॥ ॥ ॥ ॥ ॥

जाः ५४ प्रीतेनदत्तमपिप्रतिप्रदानमंतरेणनरोचये । 'ददातिप्रतिगृह्णातिगुह्यमाख्यातिपृच्छति ॥ भुंक्तेभोजयतेचैवषड्विधंप्रीतिलक्षणं'इत्युक्तेः । अन्यथाऋणित्वंममस्यादितिभावः । पक्षांतरेतुममयशो
हानिः ५५ आद्यंपक्षमादत्तेसंयोगइत्यादिना ५६ । ५७ युष्मभ्योयुष्मत्तःयद्यस्माद्धेतोः ५८ । ५९ अनग्नयोदारहीनत्वात् । अनाहुतयःसमावृतत्वात् । आश्रमविशेषहीनोऽब्राह्मणोधर्षणीयइत्यर्थः
६० । ६१ । ६२ । ६३ । ६४ । ६५ । ६६ मनोबुद्धिंमनःसहितांबुद्धिंसंकल्पनिश्चयौ भावितात्मनांशोधितचित्तानाम् ६७ बाहुद्रविणंबाहुबलम् ६८ । ६९ । ७० ॥ ॥ ॥

७१ कामवृत्तः कृतदारः ७२ । ७३ । ७४ । ७५ । ७६ लाभंलब्धव्यंधनम् ७७ । ७८ । ७९ । ८० ॥ इति आदिपर्वणि नीलकंठीये भारतभावदीपे सप्तत्यधिकशततमोऽध्यायः ॥ १७० ॥ ॥

ब्रह्मचर्यंपरोधर्मःसचापिनियतस्त्वयि ॥ यस्मात्तस्मादहंपार्थरणेऽस्मिन्विजितस्त्वया ७१ यस्तुस्यात्क्षत्रियःकश्चित्कामवृत्तःपरंतप ॥ नक्तंचयुधियुध्येतनसजी वेत्कथंचन ७२ यस्तुस्यात्कामवृत्तोऽपिपार्थब्रह्मपुरस्कृतः ॥ जयेन्नक्तंचरान्सर्वान्सपुरोहितधूर्गतः ७३ तस्मात्तापत्ययत्किंचिन्नृणांश्रेयइहेप्सितम् ॥ तस्मिन्कर्म णियोक्तव्यादांतात्मानःपुरोहिताः ७४ वेदेषडंगेनिरताःशुचयःसत्यवादिनः ॥ धर्मात्मानःकृतात्मानःस्युर्नृपाणांपुरोहिताः ७५ जयश्चनियतोराज्ञःस्वर्गश्चतदनं तरम् ॥ यस्ययस्याद्धर्मविद्वाग्मीपुरोधाःशीलवाञ्शुचिः ७६ लाभंलब्धुमलब्धंवालब्धंवापरिरक्षितुम् ॥ पुरोहितंप्रकुर्वीतराजागुणसमन्वितम् ७७ पुरोहितमते तिष्ठेद्यइच्छेद्भूतिमात्मनः ॥ प्राप्तुंवसुमतींसर्वांसर्वशःसागरांबराम् ७८ नहिकेवलशौर्येणतापत्याभिजनेनच ॥ जयेदब्राह्मणःकश्चिद्भूमिंभूमिपतिःक्वचित् ७९ त स्मादेवंविजानीहिकुरूणांवंशवर्धन ॥ ब्राह्मणप्रमुखंराज्यंशक्यंपालयितुंचिरम् ८० ॥ इति श्रीमहाभारते आदिपर्वणि गंधर्वपराभवे सप्तत्यधिकशततमोऽध्या यः ॥ १७० ॥ ॥ अर्जुनउवाच ॥ तापत्यइतियद्वाक्यमुक्तवानसिमामिह ॥ तदहंज्ञातुमिच्छामितापत्यार्थंविनिश्चितम् १ तपतीनामकाचैषातापत्याय त्कृतेवयम् ॥ कौन्तेयाहिवयंसाधोतत्त्वमिच्छामिवेदितुम् २ ॥ वैशंपायनउवाच ॥ एवमुक्तःसगंधर्वःकुंतीपुत्रंधनंजयम् ॥ विश्रुतांत्रिषुलोकेषुश्रावयामासवैकथाम् ३ ॥ गंधर्वउवाच ॥ हंततेकथयिष्यामिकथामेतांमनोरमाम् ॥ यथावदखिलांपार्थसर्वबुद्धिमतांवर ४ उक्तवानस्मियेनत्वांतापत्यइतियद्वचः ॥ तत्तेऽहंकथ यिष्यामिशृणुष्वैकमनाभव ५ यएषदिविधिष्ण्येननाकंव्याप्नोतितेजसा ॥ एतस्यतपतीनामबभूवसदृशीसुता ६ विवस्वतोवैदेवस्यसावित्र्यवरजाविभो ॥ विश्रु तात्रिषुलोकेषुतपतीतपसायुता ७ नदेवीनासुरीचैवनयक्षीनचराक्षसी ॥ नाप्सरानचगंधर्वीतथारूपेणकाचन ८ सुविभक्तानवद्यांगीस्वसितायतलोचना ॥ स्वाचा राचैवसाध्वीचसुवेषाचैवभामिनी ९ नतस्याःसदृशंकंचित्त्रिषुलोकेषुभारत ॥ भर्तारंसवितामेनेरूपशीलगुणश्रुतैः १० संप्राप्तयौवनांपश्यन्देयांदुहितरंतुताम् ॥ नोपलेभेततःशांतिंसंप्रदानंविचिंतयन् ११ अथर्क्षपुत्रःकौन्तेयकुरूणामृषभोबली ॥ सूर्यमाराधयामासनृपःसंवरणस्तदा १२ अर्घ्यमाल्योपहारावैर्गंधैश्चनियतः शुचिः ॥ नियमैरुपवासैश्चतपोभिर्विविधैरपि १३ शुश्रूषुरनहंवादीशुचिःपौरवनंदन ॥ अंशुमंतंसमुद्यंतंपूजयामासभक्तिमान् १४ ततःकृतज्ञंधर्मज्ञंरूपेणासदृशं भुवि ॥ तपत्याःसदृशंमेनेसूर्यःसंवरणंपतिम् १५ दातुमैच्छत्ततःकन्यांतस्मैसंवरणायताम् ॥ नृपोत्तमायकौरव्यविश्रुताभिजनायच १६ ॥ ॥

पुरोहितप्रसादादेवतापत्यत्वंख्यापयितुंतापत्येतिसंबोधनंकृतंतदर्थंपृच्छति तापत्यइति । तापत्यार्थंतापत्यपदार्थम् १ । २ । ३ । ४ । ५ धिष्ण्येनमंडलेन ६ । ७ । ८ । ९ । १० संप्रदानंदानमात्रम् ११ । १२ । १३ । १४ । १५ । १६ ॥ ॥ ॥ ॥

१७ । १८ सुहृदांदुर्हृदामपिमध्येश्रीमान् १९ । २० । २१ । २२ । २३ । २४ । २५ । २६ । २७ क्षुपःगुल्मः'ह्रस्वशाखाशिफःक्षुपः'इत्यमरः २८ । २९ । ३० । ३१ । ३२ । ३३ । ३४ । ३५ । ३६

यथाहिदिविदीप्तांशुःप्रभासयतितेजसा ॥ तथाभुविमहीपालोदीप्त्यासंवरणोऽभवत् १७ यथाऽर्चयंतिचादित्यमुद्यन्तंब्रह्मवादिनः ॥ तथासंवरणंपार्थब्राह्मणावरजाः
प्रजाः १८ ससोममतिकांतत्वादादित्यमतितेजसा ॥ बभूवनृपतिःश्रीमान्सुहृदांदुर्हृदामपि १९ एवंगुणस्यनृपतेस्तथावृत्तस्यकौरव ॥ तस्मैदातुंमनश्चक्रेतप
तींतपनःस्वयम् २० सकदाचिदथोराजाश्रीमानमितविक्रमः ॥ चचारमृगयांपार्थपर्वतोपवनेकिल २१ चरतोमृगयांतस्यक्षुत्पिपासासमन्वितः ॥ ममाररराज्ञः
कौन्तेयगिरावप्रतिमोहयः २२ समृताश्वश्चरन्पार्थपद्भ्यामेवगिरौनृपः ॥ ददर्शासदृशींलोकेकन्यामायतलोचनाम् २३ सएकएकामासाद्यकन्यांपरबलार्दनः ॥
तस्थौनृपतिशार्दूलःपश्यन्नविचलेक्षणः २४ सहितांतर्कयामासरूपतोनृपतिःश्रियम् ॥ पुनःसंतर्कयामासरवेर्भ्रष्टामिवप्रभाम् २५ वपुषावर्चसाचैवशिखामिववि
भावसोः ॥ प्रसन्नत्वेनकांत्याचचंद्ररेखामिवामलाम् २६ गिरिपृष्ठेतुसायस्मिन्व्यस्थितास्वसितलोचना ॥ विभ्राजमानाशुशुभेप्रतिमेवहिरण्मयी २७ तस्यारूपे
णसगिरिर्वेषेणचविशेषतः ॥ ससवृक्षक्षुपलतोहिरण्मयइवाभवत् २८ अवमेनेचतांदृष्ट्वासर्वलोकेषुयोषितः ॥ अवाप्तंचात्मनोमेनेसराजाचक्षुषःफलम् २९ जन्म
प्रभृतियत्किंचिद्दृष्टवान्समहीपतिः ॥ रूपंनसदृशंतस्यास्तर्कयामासकिंचन ३० तयाबद्धमनश्चक्षुःपाशैर्गुणमयैस्तदा ॥ नचचालततोदेशाद्बुबुधेनचकिंचन
३१ अस्यानूनंविशालाक्ष्याःसदेवासुरमानुषम् ॥ लोकंनिर्मथ्यधात्रेदंरूपमाविष्कृतंकृतम् ३२ एवंसंतर्कयामासरूपद्रविणसंपदा ॥ कन्यामसदृशींलोकेनृपः
संवरणस्तदा ३३ तांचदृष्ट्वैवकल्याणींकल्याणाभिजनोनृपः ॥ जगाममनसाचिंतांकामबाणेनपीडितः ३४ दह्यमानःसतीव्रेणनृपतिर्मन्मथाग्निना ॥ अप्रगल्भां
प्रगल्भस्तांतदोवाचमनोहराम् ३५ काऽसिकस्यासिरंभोरुकिमर्थंचेहतिष्ठसि ॥ कथंचनिर्जनेरण्येचरस्येकाशुचिस्मिते ३६ त्वंहिसर्वानवद्यांगीसर्वाभरणभू
षिता ॥ विभूषणमिवैतेषांभूषणानामभीप्सितम् ३७ नदेवींनासुरींचैवनयक्षींनचराक्षसीम् ॥ नचभोगवतींमन्येनगंधर्वींनमानुषीम् ३८ याहिदृष्टामयाकाश्चि
च्छ्रुतावाऽपिवरांगनाः ॥ नतासांसदृशींमन्येत्वामहंमत्तकाशिनि ३९ दृष्ट्वैवचारुवदनेचंद्रात्कांततरंतव ॥ वदनंपद्मपत्राक्षंमांमथ्नातीवमन्मथः ४० एवंतांसमही
पालोबभाषेनतुसातदा ॥ कामार्तंनिर्जनेऽरण्येप्रत्यभाषतकिंचन ४१ ततोलालप्यमानस्यपार्थिवस्यायतेक्षणा ॥ सौदामिनीवचाभ्रेषुतत्रैवांतरधीयत ४२ तामन्वेष्टुंस
नृपतिःपरिचक्रामसर्वतः ॥ वनंवनजपत्राक्षींभ्रमन्नुन्मत्तवत्तदा ४३ अपश्यमानःसतुतांबहुतत्रविलप्यच ॥ निश्चेष्टःपार्थिवश्रेष्ठोमुहूर्तंसव्यतिष्ठत ४४ ॥ इति श्रीम
हाभारते आदिपर्वणि चैत्ररथपर्वणि तपत्युपाख्याने एकसप्तत्यधिकशततमोऽध्यायः ॥ १७१ ॥ ॥ ॥ ॥ गंधर्वउवाच ॥ अथतस्यामदृश्यायांनृपतिःकाम
मोहितः ॥ पातनःशत्रुसंघानांपपातधरणीतले १ तस्मिन्निपतितेभूमावथसाचारुहासिनी ॥ पुनःपीनायतश्रोणीदर्शयामासतंनृपम् २ ॥ ॥

३७ । ३८ मत्तेवकाशतइतिमत्तकाशिनी ३९ । ४० । ४१ । ४२ वनजपत्राक्षींजलजपत्राक्षीं ४३ । ४४ ॥ इतिआदिपर्वणिनीलकंठीयेभारतभावदीपेएकसप्तत्यधिकशततमोऽध्यायः ॥ १७१ ॥ अथेति १ । २

३ प्रहसन्अन्यइव ४ आविष्कृतःप्रख्यातः स्त्रीलिंगपाठेतुआविर्भूताऽस्मि ५ । ६ । ७ प्रजहंतिप्रजहति ८ अनाक्रंदेअत्रातरिकाले । 'आक्रंदःक्रंदनेमित्रदारुणयुद्धयोः । त्रातर्यपिचपुंसिस्यात्' इतिमेदिनी ९ । १० । ११ । १२ । १३ रोचतेरुचिर्भवति १४ । १५ । १६ । १७ । १८ । १९ । २० भूयोऽधिकं अहरःहृतवानसि २१ तर्हिक्रियतांसंगइतिचेत्तत्राह नचेति २२ । २३ । २४ । २५

अथाबभाषेकल्याणीवाचामधुरयानृपम् ॥ तंकुरूणांकुलकरंकामाभिहतचेतसम् ३ उवाचमधुरंवाक्यंतपतीप्रहसन्निव ॥ उत्तिष्ठोत्तिष्ठभद्रंतेनत्वमर्हस्यरिंदम ४ मोहंनृपतिशार्दूलगंतुमाविष्कृतःक्षितौ ॥ एवमुक्तोऽथनृपतिर्वाचामधुरयातदा ५ ददर्शविपुलश्रोणींतामेवाभिमुखेस्थिताम् ॥ अथतामसितापांगीमाबभाषेस पार्थिवः ६ मन्मथाग्निपरीतात्मासंदिग्धाक्षरयागिरा ॥ साधुत्वमसितापांगिकामार्त्तंमत्तकाशिनि ७ भजस्वभजमानंमांप्राणाहिप्रजहंतिमाम् ॥ त्वदर्थंहिविशा लाक्षिमामयंनिशितैःशरैः ८ कामःकमलगर्भाभेप्रतिविध्यन्नशाम्यति ॥ दष्टमेवमनाक्रंदेभद्रेकाममहाहिना ९ सात्वंपीनायतश्रोणीमामाप्नुहिवरानने ॥ त्वदधी नाहिमेप्राणाःकिन्नरोद्गीतभाषिणि १० चारुसर्वानवद्यांगिपद्मेंदुप्रतिमानने ॥ नह्यहंत्वदृतेभीरुशक्ष्यामिखलुजीवितुम् ११ कामःकमलपत्राक्षिप्रतिविध्यतिमाम यम् ॥ तस्मात्कुरुविशालाक्षिमय्यनुक्रोशमंगने १२ भक्तंमामसितापांगिनपरित्यक्तुमर्हसि ॥ त्वंहिमांप्रीतियोगेनत्रातुमर्हसिभाविनि १३ त्वद्दर्शनकृतस्नेहंमन श्चलतिमेभृशम् ॥ नत्वांदृष्ट्वापुनरन्यांद्रष्टुंकल्याणिरोचते १४ प्रसीदवशगोऽहंतेभक्तंमांभजभाविनि ॥ दृष्ट्वैवत्वांवरारोहेमन्मथोभृशमंगने १५ अंतर्गतंविशालाक्षिवि ध्यतिस्मपतत्रिभिः ॥ मन्मथाग्निसमुद्भूतंदाहंकमललोचने १६ प्रीतिसंयोगयुक्ताभिरद्भिःप्रल्हादयस्वमे ॥ पुष्पायुधंदुराधर्षंप्रचंडशरकार्मुकम् १७ त्वद्दर्शनसमुद्भूतं विध्यंतंदुःसहैःशरैः ॥ उपशामयकल्याणिआत्मदानेनभाविनि १८ गांधर्वेणविवाहेनमामुपैहिवरांगने ॥ विवाहानांहिरंभोरुगांधर्वःश्रेष्ठउच्यते १९ ॥ तपत्युवाच ॥ नाहमीशात्मनोराजन्कन्यापितृमतीह्यहम् ॥ मयिचेदस्तितेप्रीतिर्याचस्वपितरंमम २० यथाहितेमयाप्राणाःसंगृहीतानरेश्वर ॥ दर्शनादेवभूयस्त्वंतथाप्राणान्ममाहरः २१ नचाहमीशादेहस्यतस्मान्नृपतिसत्तम ॥ समीपंनोपगच्छामिनस्वतंत्राहियोषितः २२ काहिसर्वेषुलोकेषुविश्रुताभिजनंनृपम् ॥ कन्यानाभिलषेन्नाथंभर्तारंभक्तव त्सलम् २३ तस्मादेवंगतेकालेयाचस्वपितरंमम ॥ आदित्यंप्रणिपातेनतपसानियमेनच २४ सचेत्कामयतेदातुंतवमामरिसूदन ॥ भविष्याम्यद्यतेराजन्सततंवशवर्ति नी २५ अहंहितपतीनामसावित्र्यवरजासुता ॥ अस्यलोकप्रदीपस्यसवितुःक्षत्रियर्षभ २६ ॥ इति श्रीमहाभारते आदिपर्वणि चैत्ररथपर्वणि तपत्युपाख्यानेद्विस प्तत्यधिकशततमोऽध्यायः ॥ १७२ ॥ ॥ गंधर्वउवाच ॥ एवमुक्त्वाततस्तूर्णंजगामोर्ध्वमनिंदिता ॥ सतुराजापुनर्भूमौतत्रैवनिपपातह १ अन्वेषमाणःसबलस्तं राजानंनृपोत्तमम् ॥ अमात्यःसानुयात्रश्चतंददर्शमहावने २ क्षितौनिपतितंकालेशक्रध्वजमिवोच्छ्रितम् ॥ तंहिदृष्ट्वामहेष्वासंनिरस्तंपतितंभुवि ३ बभूवसोऽस्यसचि वःसंप्रदीप्तइवाग्निना ॥ त्वरयाचोपसंगम्यस्नेहादागतसंभ्रमः ४ ॥ ॥ ॥ ॥ ॥

२६ ॥ इति आदिपर्वणि नीलकंठीये भा० द्विसप्तत्यधिकशततमोऽध्यायः ॥ १७२ ॥ एवमिति १ अनुयात्रःशिबिरभांडाद्याहर्तृभिःसहितःसानुयात्रः २ निरस्तंतपत्यात्यक्तं ३ आगतसंभ्रमोजातभयः ४

५ । ६ । ७ । ८ पुंडरीकयुक्तेनसुगंधिनाउशीरमूलेननिर्मितंमुकुटंदाहापनयनार्थंराज्ञःशिरसिनिहितमात्रमस्फुटद्विशीर्णंसद्यःशुष्कमभूदित्यर्थः पाठांतरेस्पष्टोर्थः ९ बलंसैन्यं १० गिरिप्रस्थेशैलशि
खरे ११ । १२ । १३ द्वादशमेद्वादशसंख्ययामिते १४ दिव्येनविधिनायोगबलेन १५ । १६ पश्यतःसतःपश्यतोऽर्थेवा १७ । १८ । १९ । २० । २१ । २२ विहंगमहेखेचर २३ । २४

तंसमुत्थापयामासनृपतिंकाममोहितम् ॥ भूतलाद्भूमिपालेशंपितेवपतितंसुतम् ५ प्रज्ञयावयसाचैववृद्धःकीर्त्यानयेनच ॥ अमात्यस्तंसमुत्थाप्यबभूवविगतज्व
रः ६ उवाचचैनंकल्याण्यावाचामधुरयोत्थितम् ॥ माभैर्मनुजशार्दूलभद्रमस्तुतवानघ ७ क्षुत्पिपासापरिश्रांतंतर्कयामासवैनृपम् ॥ पतितंपातनंसंख्येशात्रवा
णांमहीतले ८ वारिणाचसुशीतेनशिरस्तस्याभ्यषेचयत् ॥ अस्फुटन्मुकुटंराज्ञःपुंडरीकसुगंधिना ९ ततःप्रत्यागतप्राणस्तद्बलंबलवान्नृपः ॥ सर्वंविसर्जयामास
तमेकंसचिवंविना १० ततस्तस्याज्ञयाराज्ञोविप्रतस्थेमहद्बलम् ॥ सतुराजागिरिप्रस्थेतस्मिन्पुनरुपाविशत् ११ ततस्तस्मिन्गिरिवरेशुचिर्भूत्वाकृतांजलिः ॥
आरिराधयिषुःसूर्यंतस्थावूर्ध्वमुखःक्षितौ १२ जगाममनसाचैववसिष्ठमृषिसत्तमम् ॥ पुरोहितममित्रघ्नंतदासंवरणोनृपः १३ नक्तंदिनमथैकत्रस्थितेतस्मिन्जना
धिपे ॥ अथाजगामविप्रर्षिस्तदाद्वादशमेऽहनि १४ सविदित्वैवनृपतिंतपत्याहृतमानसम् ॥ दिव्येनविधिनाज्ञात्वाभावितात्मामहानृषिः १५ तथातुनियता
त्मानंतंनृपंमुनिसत्तमः ॥ आबभाषेसधर्मात्मातस्यैवार्थचिकीर्षया १६ सतस्यमनुजेंद्रस्यपश्यतोभगवानृषिः ॥ ऊर्ध्वमाचक्रमेद्रष्टुंभास्करंभास्करद्युतिः १७ सह
स्रांशुंततोविप्रःकृतांजलिरुपस्थितः ॥ वसिष्ठोऽहमितिप्रीत्यासचात्मानंन्यवेदयत् १८ तमुवाचमहातेजाविवस्वान्मुनिसत्तमम् ॥ महर्षेस्वागतंतेऽस्तुकथयस्व
यथेप्सितम् १९ यदिच्छसिमहाभागमत्तःप्रवदतांवर ॥ तत्तेदद्यामभिप्रेतंयद्यपिस्यात्सुदुष्करम् २० एवमुक्तःसतेनर्षिर्वसिष्ठःप्रत्यभाषत ॥ प्रणिपत्यविवस्वं
तंभानुमंतंमहातपाः २१ ॥ वसिष्ठउवाच ॥ येषातेतपतीनामसावित्र्यवरजासुता ॥ तांत्वांसंवरणस्यार्थेवरयामिविभावसो २२ सहिराजाबृहत्कीर्तिर्धर्मार्थवि
दुदारधीः ॥ युक्तःसंवरणोभर्त्तादुहितुस्तेविहंगम २३ इत्युक्तःसतदातेनददानीत्येवनिश्चितः ॥ प्रत्यभाषततंविप्रंप्रतिनंद्यदिवाकरः २४ वरःसंवरणोराज्ञांत्वमृ
षीणांवरोमुने ॥ तपतीयोषितांश्रेष्ठाकिमन्यदपवर्जनात् २५ ततःसर्वानवद्यांगींतपतींतपनःस्वयम् ॥ ददौसंवरणस्यार्थेवसिष्ठायमहात्मने २६ प्रतिजग्राहतां
कन्यांमहर्षिस्तपतींतदा ॥ वसिष्ठोऽथविसृष्टस्तुपुनरेवाजगामह २७ यत्रविख्यातकीर्तिःसकुरूणामृषभोऽभवत् ॥ सराजामन्मथाविष्टस्तद्गतेनांतरात्मना २८
दृष्ट्वाचदेवकन्यांतांतपतींचारुहासिनीम् ॥ वसिष्ठेनसहायांतींसंहृष्टोऽभ्यधिकंबभौ २९ रुरुचेसाऽधिकंसुभ्रूरापतंतीनभस्तलात् ॥ सौदामिनीवविभ्रष्टाद्योतयंती
दिशस्त्विषा ३० कृच्छ्राद्द्वादशरात्रेतुतस्यराज्ञःसमाहिते ॥ आजगामविशुद्धात्मावसिष्ठोभगवानृषिः ३१ तपसाऽऽराध्यवरदंदेवंगोपतिमीश्वरम् ॥ लेभेसंवरणो
भार्यांवसिष्ठस्यैवतेजसा ३२ ततस्तस्मिन्गिरिश्रेष्ठेदेवगंधर्वसेविते ॥ जग्राहविधिवत्पाणिंतपत्याःसनरर्षभः ३३ ॥ ॥

क्रिमन्यच्छ्रेष्ठं अपवर्जनाद्दानात २५ । २६ । २७ । २८ । २९ । ३० कृच्छ्रात्तक्लेशात् द्वादशरात्रसाध्येसमाहितेसमाधौनियमेसमाप्तेसति ३१ गोपतिंसूर्यम् ३२ । ३३ ॥

३४ । ३५ । ३६ । ३७ नववर्षं राज्ञः कामासक्त्या वार्षिकज्योतिष्टोमादिक्रियालोपात् ३८ । ३९ अवश्यायः नीहारोऽपि नपपात कुतो वृष्टिरित्यर्थः ४० । ४१ । ४२ ततदा शवभूतैः मृततुल्यैः ४३

वसिष्ठेनाभ्यनुज्ञातस्तस्मिन्नेवधराधरे ॥ सोऽकामयतराजर्षिर्विहर्तुंसहभार्यया ३४ ततःपुरेचराष्ट्रेचवनेषूपवनेषुच ॥ आदिदेशमहीपालस्तमेवसचिवंतदा ३५ नृपतिंत्वभ्यनुज्ञाप्यवसिष्ठोऽथापचक्रमे ॥ सोऽथराजागिरौतस्मिन्विजहारामरोयथा ३६ ततोद्वादशवर्षाणिकाननेषुवनेषुच ॥ रेमेतस्मिन्गिरौराजातथैवसह भार्यया ३७ तस्यराज्ञःपुरेतस्मिन्समाद्वादशसत्तम ॥ नववर्षसहस्राक्षोराष्ट्रेचैवास्यभारत ३८ ततस्तस्यामनावृष्ट्यांप्रवृत्तायामरिंदम ॥ प्रजाःक्षयमुपाजग्मुः सर्वाःसस्थाणुजंगमाः ३९ तस्मिंस्तथाविधेकालेवर्तमानेसुदारुणे ॥ नावश्यायःपपातोर्व्यांततःसस्यानिनारुहन् ४० ततोविभ्रांतमनसोजनाःक्षुद्भयपीडिताः ॥ गृहाणिसंपरित्यज्यबभ्रमुःप्रदिशोदिशः ४१ ततस्तस्मिन्पुरेराष्ट्रेत्यक्तदारपरिग्रहाः ॥ परस्परममर्यादाःक्षुधार्ताजघ्निरेजनाः ४२ तत्क्षुधार्तैर्निराहारैःशवभूतैस्त थानरैः ॥ अभवत्प्रेतराजस्यपुरंप्रेतैरिवावृतम् ४३ ततस्तत्तादृशंदृष्ट्वासएवभगवानृषिः ॥ अभ्यवर्षतधर्मात्मावसिष्ठोमुनिसत्तमः ४४ तंचपार्थिवशार्दूलमानया सतत्पुरम् ॥ तपत्यासहितंराजन्व्युषितंशाश्वतीःसमाः ॥ ततःप्रवृष्टस्तत्रासीद्यथापूर्वंसुरारिहा ४५ तस्मिन्नृपतिशार्दूलेप्रविष्टेनगरंपुनः ॥ प्रववर्षसहस्राक्षःस स्यानिजनयन्प्रभुः ४६ ततःसराष्ट्रंमुमुदेतत्पुरंपरयामुदा ॥ तेनपार्थिवमुख्येनभावितंभावितात्मना ४७ ततोद्वादशवर्षाणिपुनरीजेनराधिपः ॥ तपत्यासहितः पत्न्यायथाशच्यामरुत्पतिः ४८ ॥ गंधर्वउवाच ॥ एवमासीन्महाभागातपतीनामपौर्विकी ॥ तववैवस्वतीपार्थतापत्यस्त्वंययामतः ४९ तस्यांसंजनयामासकु रुंसंवरणोनृपः ॥ तपत्यांतपतांश्रेष्ठतापत्यस्त्वंततोऽर्जुन ५० ॥ इतिश्रीमहाभारतेआदिपर्वणिचैत्ररथपर्वणितपत्युपाख्यानसमाप्तौत्रिसप्तत्यधिकशततमोऽध्यायः ॥ १७३ ॥

॥ वैशंपायनउवाच ॥ सगंधर्ववचःश्रुत्वाततदाभरतर्षभ ॥ अर्जुनःपरयाभक्त्यापूर्णचंद्रइवाबभौ १ उवाचचमहेष्वासोगंधर्वंकुरुसत्तमः ॥ जातकौतूहलोऽतीववसिष्ठस्यतपोबलात् २ वसिष्ठइतितस्यैतदृषेर्नामत्वयेरितम् ॥ एतदिच्छाम्यहंश्रोतुंयथावत्तद्वदस्वमे ३ यएषगंधर्वपतेपूर्वेषांनःपुरोहितः ॥ आसीदेतन्ममाचक्ष्वकएषभगवानृषिः ४ ॥ गंधर्वउवाच ॥ ब्रह्मणोमानसःपुत्रोवसिष्ठोऽरुंधतीपतिः ॥ तपसानिर्जितौशश्वदजेयावमरैरपि ५ कामक्रोधावुभौ यस्यचरणौसंववाहतुः ॥ इंद्रियाणांवशकरोवसिष्ठइतिचोच्यते ६ यस्तुनोच्छेदनंचक्रेकुशिकानामुदारधीः ॥ विश्वामित्रापराधेनधारयन्मन्युमुत्तमम् ७ पुत्रव्य सनसंतप्तःशक्तिमानप्यशक्तवत् ॥ विश्वामित्रविनाशायनचक्रेकर्मदारुणम् ८ मृतांश्चपुनराहर्तुंशक्तःपुत्रान्यमक्षयात् ॥ कृतांतंनातिचक्रामवेलामिवमहोदधिः ९ यंप्राप्यविजितात्मानंमहात्मानंनराधिपाः ॥ इक्ष्वाकवोमहीपालालेभिरेपृथिवीमिमाम् १० ॥ ॥ ॥

४४ । ४० । ४६ । ४७ । ४८ । ४९ । ५० ॥ ॥ इति आदिपर्वणि नीलकंठीये भारतभावदीपे त्रिसप्तत्यधिकशततमोऽध्यायः ॥ १७३ ॥ ॥ सगंधर्वेति १ । २ । ३ । ४ । ५ । ६ अपराधेनपुत्रशतवधरूपेण ७ । ८ । ९ । १० ॥ ॥ ॥ ॥ ॥ ॥ ॥

[illegible] । १२ । १३ । १४ प्रकरणार्थमुपसंहरति तस्मादिति १५ ॥ इतिआदिपर्वणिनिलकंठीयेभारतभावदीपेचतुःसप्तत्यधिकशततमोऽध्यायः ॥ १७४ ॥ ॥ ॥ किंनिमित्तमिति १ । २ । ३
४ मरुधन्वसुमरुसंज्ञकेष्वल्पजलप्रदेशेषु । 'धन्वातुमरुदेशेनाक्लीबेचापेस्थलेपिच'इतिमेदिनी ५ व्यायामकर्शितःश्रमेणम्लानः ६ श्रेष्ठभाक्पूज्यपूजकः ७ परिजग्राहनिमंत्रितवान् ८ । ९ ग्राम्या
व्रीह्यादयः । आरण्यानीवारादयः । षड्रसामधुरादयः । रसायनंदिव्यदेहतापादकम् १० पेयानिक्षीरादीनि । भक्ष्याणिदंतैरवखंडनीयान्यपूपादीनि । लेह्यानिपायसादीनि । चोष्याणिइक्षुकां

पुरोहितमिमंप्राप्यवसिष्ठमृषिसत्तमम् ॥ ईजिरेक्रतुभिश्चैवनृपास्तेकुरुनंदन ११ सहितान्याजयामाससर्वान्नृपतिसत्तमान् ॥ ब्रह्मर्षिःपांडवश्रेष्ठबृहस्पतिरिवामरान् १२ तस्माद्धर्मप्रधानात्मावेदधर्मविदीप्सितः ॥ ब्राह्मणोगुणवान्कश्चित्पुरोधाःप्रतिदृश्यताम् १३ क्षत्रियेणाभिजातेनपृथिवींजेतुमिच्छता ॥ पूर्वंपुरोहितःकार्यःपार्थराज्याभिवृद्धये १४ महींजिगीषताराज्ञाब्रह्मकार्यंपुरःसरम् ॥ तस्मात्पुरोहितःकश्चिद्गुणवान्विजितेन्द्रियः ॥ विद्वान्भवतुवोविप्रोधर्मकामार्थतत्त्ववित् १५ ॥ इतिश्रीमहाभारतेआदिपर्वणिचैत्ररथपर्वणिपुरोहितकरणकथनेचतुःसप्तत्यधिकशततमोऽध्यायः ॥ १७४ ॥ ॥ अर्जुनउवाच ॥ किंनिमित्तमभूद्वैरंविश्वामित्रवसिष्ठयोः ॥ वसतोराश्रमेदिव्येशंसनःसर्वमेवतत् १ ॥ गंधर्वउवाच ॥ इदंवासिष्ठमाख्यानंपुराणंपरिचक्षते ॥ पार्थसर्वेषुलोकेषुयथावत्तन्निबोधमे २ कान्यकुब्जेमहानासीत्पार्थिवोभरतर्षभ ॥ गाधीतिविश्रुतोलोकेकुशिकस्यात्मसंभवः ३ तस्यधर्मात्मनःपुत्रःसमृद्धबलवाहनः ॥ विश्वामित्रइतिख्यातोबभूवरिपुमर्दनः ४ सचचारसहामात्योमृगयांगहनेवने ॥ मृगान्विध्यन्वराहांश्चरम्येषुमरुधन्वसु ५ व्यायामकर्शितःसोऽथमृगलिप्सुःपिपासितः ॥ आजगामनरश्रेष्ठवसिष्ठस्याश्रमंप्रति ६ तमागतमभिप्रेक्ष्यवसिष्ठःश्रेष्ठभागृषिः ॥ विश्वामित्रंनरश्रेष्ठंप्रतिजग्राहपूजया ७ पाद्यार्घ्याचमनीयैस्तंस्वागतेनचभारत ॥ तथैवपरिजग्राहवन्येनहविषातदा ८ तस्याथकामधुग्धेनुर्वसिष्ठस्यमहात्मनः ॥ उक्ताकामान्प्रयच्छेतिसाकामान्दुदुहेसदा ९ ग्राम्यारण्याश्चौषधीश्चदुदुहेपयएवच ॥ षड्रसंचामृतनिभंरसायनमनुत्तमम् १० भोजनीयानिपेयानिभक्ष्याणिविविधानिच ॥ लेह्यान्यमृतकल्पानिचोष्याणिचतथाऽर्जुन ११ रत्नानिचमहार्हाणिवासांसिविविधानिच ॥ तैःकामैःसर्वसंपूर्णैःपूजितश्चमहीपतिः १२ सामात्यःसबलश्चैवतुतोषसभृशंतदा ॥ षडुन्नतांसुपार्श्वोरुंपृथुपंचसमावृताम् १३ मंडूकनेत्रांस्वाकारांपीनोधसमनिंदिताम् ॥ सुवालधिंशंकुकर्णांचारुशृंगांमनोरमाम् १४ पुष्टायतशिरोग्रीवांविस्मितःसोऽभिवीक्ष्यताम् ॥ अभिनंदयसतांराजानंदिनींगाधिनंदनः १५ अब्रवीच्चभृशंतुष्टःसराजातमृषिंतदा ॥ अर्बुदेनगवांब्रह्मन्ममराज्येनवापुनः १६ ॥ ॥ ॥

डादीनि ११ । १२ सबलःससैन्यः । षडुन्नतांषडायतां । 'शिरोग्रीवासक्थिनीचसास्नापुच्छमथस्तनाः ॥ शुभान्येतानिधेनूनामायतानिप्रचक्षते' । तथापृथुभिःपंचभिरंगैःसमावृतांपुक्राम् । 'ललाटंश्रवणौचैवनयनद्वितयंतथा ॥ पृथून्येतानिशस्यंतेधेनूनांपंचसूरिभिः' १३ मंडूकस्येवोच्छूनेनेत्रेयस्याः । पीनमूधःक्षीराशयोयस्यास्तांपीनोधसम् । सुवालधिंशोभनपुच्छां । शंकूइवतीक्ष्णाग्रौकर्णौयस्याःसा १४ नंदिनींनामतः १५ । १६ ॥ ॥ ॥ ॥ ॥

१७ । १८ । १९ । २० । २१ । कशादंडप्रणुदितांकशाघातेनखेदंप्रभपितां काल्यमानामितस्ततोनिरोध्यमानां २२ । २३ । २४ । २५ । २६ । २७ । २८ । २९ । ३० । ३१ । ३२ । ३३ । ३४

अदेयानंदिनीयंवैराज्येनापितवानघ ॥ विश्वामित्रउवाच ॥ देवतातिथिपित्रर्थंयाज्यार्थंचपयस्विनी १७ नंदिनींसंप्रयच्छस्वभुंक्ष्वराज्यंमहामुने ॥ वसिष्ठउवाच ॥ अर्बुदेनगवांयस्त्वंनददासिममेप्सितम् १९ स्वधर्मंनप्रहास्यामिनेष्यामि क्षत्रियोऽहंभवान्विप्रस्तपःस्वाध्यायसाधनः १८ ब्राह्मणेषुकुतोवीर्यंप्रशांतेषुधृतात्मसु ॥

॥१५६॥

चबलेनगाम् ॥ वसिष्ठउवाच ॥ बलस्थश्चासिराजाचबाहुवीर्यश्चक्षत्रियः २० यथेच्छसितथाक्षिप्रंकुरुमात्वंविचारय ॥ गंधर्वउवाच ॥ एवमुक्तस्तथापार्थविश्वा मित्रोबलादिव २१ हंसचंद्रप्रतीकाशांनंदिनींतांजहारगाम् ॥ कशादंडप्रणुदितांकाल्यमानामितस्ततः २२ हंभायमानाकल्याणीवसिष्ठस्याथनंदिनी ॥ आग

म्याभिमुखीपार्थतस्थौभगवदुन्मुखी २३ भृशंचताड्यमानावैनजगामाश्रमात्ततः ॥ वसिष्ठउवाच ॥ शृणोमितेरवंभद्रेविनदंत्याःपुनःपुनः २४ ह्रियसेत्वंबलाद्भद्रे विश्वामित्रेणनंदिनि ॥ किंकर्तव्यंमयातत्रक्षमावान्ब्राह्मणोह्यहम् २५ ॥ गंधर्वउवाच ॥ साभयान्नंदिनीतेषांबलानांभरतर्षभ ॥ विश्वामित्रभयोद्विग्नावसिष्ठंसमु पागमत् २६ ॥ गौरुवाच ॥ कशाग्रदंडाभिहतांक्रोशंतींमामनाथवत् ॥ विश्वामित्रबलैर्घोरैर्भगवन्किमुपेक्षसे २७ ॥ गंधर्वउवाच ॥ नंदिन्यामेवंक्रंदंत्यांधर्षितायां महामुनिः ॥ नचुक्षुभेतदाधैर्यान्नचचालधृतव्रतः २८ ॥ वसिष्ठउवाच ॥ क्षत्रियाणांबलंतेजोब्राह्मणानांक्षमाबलम् ॥ क्षमामांभजतेयस्माद्गम्यतांयदिरोचते २९ ॥ नंदिन्युवाच ॥ किंनुत्यक्ताऽस्मिभगवन्यदेवंत्वंप्रभाषसे ॥ अत्यक्ताऽहंत्वयाब्रह्मन्नेतुंशक्यानवैबलात् ३० ॥ वसिष्ठउवाच ॥ नत्वांत्यजामिकल्याणिस्थीयतांय दिशक्यते ॥ दृढेनदाम्नाबद्धैषवत्सस्तेह्रियतेबलात् ३१ ॥ गंधर्वउवाच ॥ स्थीयतामितितच्छ्रुत्वावसिष्ठस्यपयस्विनी ॥ उर्ध्वांचितशिरोग्रीवाप्रबभौरौद्रदर्शना ३२ क्रोधरक्तेक्षणासागौर्हंभारवघनस्वना ॥ विश्वामित्रस्यतत्सैन्यंव्यद्रावयतसर्वशः ३३ कशाग्रदंडाभिहताकाल्यमानाततस्ततः ॥ क्रोधरक्तेक्षणाक्रोधंभूयएवसमा ददे ३४ आदित्यइवमध्याह्नेक्रोधदीप्तवपुर्बभौ ॥ अंगारवर्षंमुंचंतीमुहुर्वालधितोमहत् ३५ असृजत्पल्हवान्पुच्छात्प्रस्नवाद्द्राविडाञ्छकान् ॥ योनिदेशाच्चयवनान् शकृतःशबरान्बहून् ३६ मूत्रतश्चासृजत्कांश्चिच्छबरांश्चैवपार्श्वतः ॥ पौंड्रान्किरातान्यवनान्सिंहलान्बर्बरान्खसान् ३७ चिबुकांश्चपुलिंदांश्चचीनान्हूणान्सकेरलान् ॥ ससर्जफेनतःसागौर्म्लेच्छान्बहुविधानपि ३८ तैर्विसृष्टैर्महासैन्यैर्नानाम्लेच्छगणैस्तदा ॥ नानावरणसंच्छन्नैर्नानायुधधरैस्तथा ३९ अवाकीर्यतसंरब्धैर्विश्वामित्र स्यपश्यतः ॥ एकैकश्चतदायोधःपंचभिःसप्तभिर्वृतः ४० अस्त्रवर्षेणमहतावध्यमानंबलंतदा ॥ प्रभग्नंसर्वतस्त्रस्तंविश्वामित्रस्यपश्यतः ४१ नचप्राणैर्वियुज्यंतेकेचित्त त्रास्यसैनिकाः ॥ विश्वामित्रस्यसंक्रुद्धैर्वासिष्ठैर्भरतर्षभ ४२ सागौस्तत्सकलंसैन्यंकाल्यामासदूरतः ॥ विश्वामित्रस्यतत्सैन्यंकाल्यमानंत्रियोजनम् ४३ क्रोश मानंभयोद्विग्नंत्रातारंनाध्यगच्छत ॥ दृष्ट्वातन्महदाश्चर्यंब्रह्मतेजोभवंतदा ४४ ॥ ॥ ॥ ॥

॥ ॥ ॥ ३६ । ३७ । ३८ । ३९ । ४० । ४१ । ४२ । ४३ । ४४

॥१५६॥

४९ । ४६ विष्टभ्यव्याप्य ४७ । ८ ॥ इतिआदिपर्वणिनीलकंठीयेभारतभावदीपेपंचसप्तत्यधिकशततमोऽध्यायः ॥ १७५ ॥ कल्माषपादइति । असदृशोनास्तिसदृशस्तुल्योयस्यसः १ । २
३ याज्यार्थेअयंममयाज्योभवत्वित्येतदर्थम् ४ एकायनगतएकस्यैवअयनंगमनंयत्रतत्रगतः अतिसंकुचितमार्गेगतइत्यर्थः ५ । ६ पथोमार्गात् ७ धर्मःसनातनोराज्ञःपंथाब्राह्मणेनासमेत्यसमेत्यतुब्राह्मणस्यैव

विश्वामित्रःक्षत्रभावान्निर्विण्णोवाक्यमब्रवीत् ॥ धिग्बलंक्षत्रियबलंब्रह्मतेजोबलंबलम् ४५ बलाबलंविनिश्चित्यतपएवपरंबलम् ॥ सराज्यंस्फीतमुत्सृज्यतांच दीप्तांनृपश्रियम् ४६ भोगांश्चपृष्ठतःकृत्वातपस्येवमनोदधे ॥ सगत्वातपसासिद्धिंलोकान्विष्टभ्यतेजसा ४७ ततापसर्वान्दीप्तौजाब्राह्मणत्वमवाप्तवान् ॥ अपिब च्चततःसोममिंद्रेणसहकौशिकः ४८ ॥ इतिश्रीमहाभारतेआदिपर्वणिचैत्ररथपर्वणिवासिष्ठेविश्वामित्रपराभवेपंचसप्तत्यधिकशततमोऽध्यायः ॥ १७५ ॥ ॥ गंधर्व उवाच ॥ कल्माषपादइत्येवंलोकेराजाबभूवह ॥ इक्ष्वाकुवंशजःपार्थतेजसाऽसदृशोभुवि १ सकदाचिद्वनंराजामृगयांनिर्ययौपुरात् ॥ मृगान्विध्यन्वराहांश्च चचाररिपुमर्दनः २ तस्मिन्वनेमहाघोरेखड्गांश्चबहुशोऽहनत् ॥ हत्वाचसुचिरंश्रांतोराजानिववृतेततः ३ अकामयत्तंयाज्यार्थेविश्वामित्रःप्रतावान् ॥ सतुराजा महात्मानंवासिष्ठमृषिसत्तमम् ४ तृषार्त्तश्चक्षुधार्त्तश्चएकायनगतःपथि ॥ अपश्यदजितःसंख्येमुनिंप्रतिमुखागतम् ५ शक्तिंनाममहाभागंवसिष्ठकुलवर्धनम् ॥ ज्येष्ठंपुत्रंपुत्रशताद्वासिष्ठस्यमहात्मनः ६ अपगच्छपथोऽस्माकमित्येवंपार्थिवोऽब्रवीत् ॥ तथाऋषिरुवाचैनंसांत्वयन्श्लक्ष्णयागिरा ७ ममपंथामहाराजधर्मएष सनातनः ॥ राज्ञासर्वेषुधर्मेषुदेयःपंथाद्विजायते ८ एवंपरस्परंतौतुपथोऽर्थंवाक्यमूचतुः ॥ अपसर्पापसर्पेतिवागुत्तरमकुर्वताम् ९ ऋषिस्तुनापचक्रामतस्मिन्धर्मप थेस्थितः ॥ नापिराजामुनेर्मानात्क्रोधाच्चाथजगामह १० अमुंचंतंतुपंथानंतमृषिंनृपसत्तमः ॥ जघानकशयामोहात्तदाराक्षसवन्मुनिम् ११ कशाप्रहाराभिहत स्ततःसमुनिसत्तमः ॥ तंशशापनृपश्रेष्ठंवासिष्ठःक्रोधमूर्च्छितः १२ हंसिराक्षसवद्यस्माद्राजापसदतापसम् ॥ तस्मात्त्वमद्यप्रभृतिपुरुषादोभविष्यसि १३ मनु ष्यपिशितेसक्तश्चरिष्यसिमहीमिमाम् ॥ गच्छराजाधमेत्युक्तःशक्तिनावीर्यशक्तिना १४ ततोयाज्यनिमित्तंतुविश्वामित्रवसिष्ठयोः ॥ वैरमासीत्तदातंतुविश्वामित्रो ऽन्वपद्यत १५ तयोर्विवदतोरेवंसमीपमुपचक्रमे ॥ ऋषिरुग्रतपाःपार्थविश्वामित्रःप्रतापवान् १६ ततःसबुबुधेपश्चात्तमृषिंनृपसत्तमः ॥ ऋषेःपुत्रंवसिष्ठस्यवसिष्ठ मिवतेजसा १७ अंतर्धायततोऽऽत्मानंविश्वामित्रोऽपिभारत ॥ तावुभावतिचक्रामचिकीर्षन्नात्मनःप्रियम् १८ सतुशप्तस्तदातेनशक्तिनावैनृपोत्तमः ॥ जगा मशरणंशक्तिंप्रसादयितुमर्हयन् १९ तस्यभावंविदित्वासनृपतेःकुरुसत्तम ॥ विश्वामित्रस्ततोरक्षआदिदेशनृपंप्रति २० ॥ ॥

पंथाः इत्यादिशास्त्रविहितः ८ । ९ मानात्क्रोधाच्चमुनेर्मार्गान्नापचक्राम अथहठातिशयानंतरं १० । ११ । १२ । १३ । १४ ततइति । एवंविश्वामित्रःस्वविद्याबलाच्छक्तिनृपयोर्वैरमुत्पा द्यतंयाज्यंयदाविश्वामित्रोऽन्वपद्यततदातयोर्वैरमासीदित्यर्थः १५ तयोःशक्तिनृपयोर्विवदतोःसतोःऋषीराजर्षिः १६ पश्चाद्विश्वमित्रागमनानंतरं ऋषिंशक्तिम् १७ ततोत्मानंततआत्मानं उभौशक्ति राजानौ अतिचक्रामवंचितवान् १८ । १९ तस्यराज्ञोभावंशक्तिप्रसादनपरंज्ञात्वातदंतरेरक्षःप्रवेशितवान् २० ॥ ॥ ॥ ॥

२१ । २२ बलवदत्यर्थं २३ । २४ । २५ । २६ । २७ । २८ । २९ । ३० । ३१ । ३२ । ३३ । ३४ अत्रनरमांसे लोलुपाआसक्तिः ३५ । ३६ । ३७ । ३८ । ३९ । ४० । ४१ । ४२ । ४३ । ४४ मुमोचपातयामास

शापात्तस्यतुविप्रर्षेर्विश्वामित्रस्यचाज्ञया ॥ राक्षसः किंकरोनामविवेशनृपतिंतदा २१ रक्षसातंगृहीतंतुविदित्वामुनिसत्तमः ॥ विश्वामित्रोऽप्यपाक्रामत्तस्माद्देशादरिंदम २२ ततःसनृपतिस्तेनरक्षसांतर्गतेनवै ॥ बलवत्पीडितःपार्थनान्वबुध्यतकिंचन २३ ददर्शाथद्विजःकश्चिद्राजानंप्रस्थितंवनम् ॥ अयाचतक्षुधापन्नःसमांसंभोजनंतदा २४ तमुवाचाथराजर्षिर्द्विजंमित्रसहस्तदा ॥ आस्वब्रह्मंस्त्वमत्रैवमुहूर्तंप्रतिपालयन् २५ निवृत्तःप्रतिदास्यामिभोजनंतेयथेप्सितम् ॥ इत्युक्त्वाप्रययौराजातस्थौचद्विजसत्तमः २६ ततोराजापरिक्रम्ययथाकामंयथासुखम् ॥ निवृत्तोऽन्तःपुरंपार्थप्रविवेशमहामनाः २७ ततोऽर्धरात्रउत्थायसूदमानाय्यसत्वरम् ॥ उवाचराजासंस्मृत्यब्राह्मणस्यप्रतिश्रुतम् २८ गच्छामुष्मिन्वनोद्देशेब्राह्मणोमांप्रतीक्षते ॥ अन्नार्थीतंत्वमन्नेनसमांसेनोपपादय २९ ॥ गंधर्वउवाच ॥ एवमुक्तस्ततःसूदःसोऽनासाद्यामिषंक्वचित् ॥ निवेदयामासतदातस्मैराज्ञेव्यथान्वितः ३० राजातुरक्षसाऽऽविष्टःसूदमाहगतव्यथः ॥ अप्येनंनरमांसेनभोजयेतिपुनःपुनः ३१ तथेत्युक्त्वाततःसूदःसंस्थानंवध्यघातिनाम् ॥ गत्वाऽऽजहारत्वरितोनरमांसमपेतभीः ३२ एतत्संस्कृत्यविधिवदन्नोपहितमाशुवै ॥ तस्मैप्रादाद्ब्राह्मणायक्षुधितायतपस्विने ३३ ससिद्धचक्षुषादृष्ट्वातदन्नंद्विजसत्तमः ॥ अभोज्यमिदमित्याहक्रोधपर्याकुलेक्षणः ३४ ॥ ब्राह्मणउवाच ॥ यस्मादभोज्यमन्नंमेददातिसनृपाधमः ॥ तस्मात्तस्यैवमूढस्यभविष्यत्यत्रलोलुपा ३५ सक्तोमानुषमांसेषुयथोक्तःशक्तिनातथा ॥ उद्वेजनीयोभूतानांचरिष्यतिमहीमिमाम् ३६ द्विरनुव्याहृतेराज्ञःसशापोबलवानभूत् ॥ रक्षोबलसमाविष्टोविसंज्ञश्चाभवन्नृपः ३७ ततःसनृपतिश्रेष्ठोरक्षसाऽपहृतेंद्रियः ॥ उवाचशक्तिंतंदृष्ट्वानचिरादिवभारत ३८ यस्मादसदृशःशापःप्रयुक्तोऽयंमयित्वया ॥ तस्मात्त्वत्तःप्रवर्तिष्येखादितुंपुरुषानहम् ३९ एवमुक्त्वाततःसद्यस्तंप्राणैर्विप्रयुज्यच ॥ शक्तिनंभक्षयामासव्याघ्रःपशुमिवेप्सितम् ४० शक्तिनंतुमृतंदृष्ट्वाविश्वामित्रःपुनःपुनः ॥ वसिष्ठस्यैवपुत्रेषुतद्रक्षःसंदिदेशह ४१ सतान्शक्त्यवरान्पुत्रान्वसिष्ठस्यमहात्मनः ॥ भक्षयामाससंक्रुद्धःसिंहःक्षुद्रमृगानिव ४२ वसिष्ठोघातितान्श्रुत्वाविश्वामित्रेणतान्सुतान् ॥ धारयामासतंशोकंमहाद्रिरिवमेदिनीम् ४३ चक्रेचात्मविनाशायबुद्धिंसमुनिसत्तमः ॥ नत्वेवकौशिकोच्छेदंमेनेमतिमतांवरः ४४ समेरुकूटादात्मानंमुमोचभगवानृषिः ॥ गिरेस्तस्यशिलायांतुतूलराशाविवापतत् ४५ नममारचपातेनसयदातेनपांडव ॥ तदाऽग्निमिद्धंभगवान्संविवेशमहावने ४६ तंतदासुसमिद्धोऽपिनददाहहुताशनः ॥ दीप्यमानोऽप्यमित्रघ्नशीतोऽग्निरभवत्ततः ४७ ससमुद्रमभिप्रेक्ष्यशोकाविष्टोमहामुनिः ॥ बद्ध्वाकंठेशिलांगुर्वींनिपपाततदाऽम्भसि ४८ ससमुद्रोर्मिवेगेनस्थलेन्यस्तोमहामुनिः ॥ नममारयदाविप्रःकथंचित्संशितव्रतः ॥ जगामसततःखिन्नःपुनरेवाश्रमंप्रति ४९ ॥ इतिश्रीमहाभारतेआदिपर्वणिचैत्ररथप० वासिष्ठेवसिष्ठशोके षट्सप्तत्यधिकशततमोऽध्यायः ॥ १७६ ॥ ॥

आत्मानंदेहं ४५ । ४६ । ४७ । ४८ 'कौशिकःकृत्रिमोविप्रोजघ्नेऽल्पार्थेशतंमुनीन् ॥ जातीविप्रोवसिष्ठस्तुखेदितोऽपिक्षमापरः' ४९ ॥ इतिआ०नी०भा०षट्सप्तत्यधिकशततमोऽध्यायः ॥ १७६ ॥

ततोदृष्ट्वेति १ । २ । ३ । ४ । ५ । ६ । ७ । ८ । ९ । १० वध्वास्नुषया ११ । १२ । १३ । १४ । १५ । १६ । १७ । १८ । १९ । २० । २१ । २२ माभैर्माभैषीः गातिस्थेविसूत्रेभ्यइतिबिभेते

॥ गंधर्वउवाच ॥ ततोदृष्ट्वाऽऽश्रमपदंरहितंतैःसुतैर्मुनिः ॥ निर्जगामसुदुःखार्तःपुनरप्याश्रमात्ततः १ सोपश्यत्सरितंपूर्णांप्रावृट्कालेनवांभसा ॥ वृक्षान्बहुविधा
न्पार्थहरंतींतीरजान्बहून् २ अथचिन्तांसमापेदेपुनःकौरवनंदन ॥ अंभस्यस्यानिमज्जेयमितिदुःखसमन्वितः ३ ततःपाशैस्तदात्मानंगाढंबद्ध्वामहामुनिः ॥
तस्याजलेमहानद्यानिममज्जसुदुःखितः ४ अथच्छित्त्वानदीपाशांस्तस्यारिबलसूदन ॥ स्थलस्थंतमृषिंकृत्वाविपाशंसमवासृजत् ५ उत्ततारततःपाशैर्विमुक्तः
समहानृषिः ॥ विपाशेतिचनामास्यानद्याश्चक्रेमहानृषिः ६ शोकबुद्धिंतदाचक्रेनचैकत्रव्यतिष्ठत ॥ सोगच्छत्पर्वतांश्चैवसरितश्चसरांसिच ७ दृष्ट्वासपुनरेवर्षिर्न
दींहैमवर्तीतदा ॥ चंडग्राहवतींभीमांतस्याःस्रोतस्यपातयत् ८ सातमग्निसमंविप्रमनुचिंत्यसरिद्वरा ॥ शतधाविद्रुतायस्माच्छतद्रुरितिविश्रुता ९ ततःस्थलगतं
दृष्ट्वातत्राप्यात्मानमात्मना ॥ मर्तुंनशक्यामीत्युक्त्वापुनरेवाश्रमंययौ १० सगत्वाविविधान्शैलान्देशान्बहुविधांस्तथा ॥ अदृश्यंत्याख्ययावध्वाऽथाश्रमेऽनुसृतो
ऽभवत् ११ अथशुश्रावसंगत्यावेदाध्ययननिःस्वनम् ॥ पृष्ठतःपरिपूर्णार्थंषड्भिरंगैरलंकृतम् १२ अनुव्रजतिकोन्वेषमामित्येवाथसोऽब्रवीत् ॥ अहमित्यदृश्यंती
मंसास्नुषाप्रत्यभाषत ॥ शक्तेर्भार्यामहाभागतपोयुक्तातपस्विनी १३ ॥ वसिष्ठउवाच ॥ पुत्रिकस्यैषसांगस्यवेदस्याध्ययनस्वनः ॥ पुरासांगस्यवेदस्यशक्तेरिव
मयाश्रुतः १४ ॥ अदृश्यंत्युवाच ॥ अयंकुक्षौसमुत्पन्नःशक्तेर्गर्भःसुतस्यते ॥ समाद्वादशतस्येहवेदानभ्यस्यतोमुने १५ ॥ गंधर्वउवाच ॥ एवमुक्तस्तयाहृष्टोवसिष्ठः
श्रेष्ठभागृषिः ॥ अस्तिसंतानमित्युक्त्वामृत्योःपार्थन्यवर्तत १६ ततःप्रतिनिवृत्तःसतयावध्वासहानघ ॥ कल्माषपादमासीनंददर्शविजनेवने १७ सतुदृष्ट्वैवतंरा
जाकुद्ध उत्थायभारत ॥ आविष्टोरक्षसोग्रेणइयेषात्तुंतदामुनिम् १८ अदृश्यंतीतुतंदृष्ट्वाक्रूरकर्माणमग्रतः ॥ भयसंविग्नयावाचावसिष्ठमिदमब्रवीत् १९ असौमृत्यु
रिवोग्रेणदंडेनभगवन्नितः ॥ प्रगृहीतेनकाष्ठेनराक्षसोऽभ्येतिदारुणः २० तंनिवारयितुंशक्तोनान्योऽस्तिभुविकश्चन ॥ त्वदृतेऽद्यमहाभागसर्ववेदविदांवर २१ पाहि
मांभगवन्पापादस्माद्दारुणदर्शनात् ॥ राक्षसोऽयमिहात्तुंवैनूनमावांसमीहते २२ ॥ वसिष्ठउवाच ॥ माभैःपुत्रिनभेतव्यंराक्षसात्तुकथंचन ॥ नैतद्रक्षोभयंयस्मात्पश्य
सित्वमुपस्थितम् २३ राजाकल्माषपादोऽयंवीर्यवान्प्रथितोभुवि ॥ सएषोऽस्मिन्वनोद्देशेनिवसत्यतिभीषणः २४ ॥ गंधर्वउवाच ॥ तमापतंतंसंप्रेक्ष्यवसिष्ठोभग
वानृषिः ॥ वारयामासतेजस्वीहुंकारेणैवभारत २५ मंत्रपूतेनचपुनःसतमभ्युक्ष्यवारिणा ॥ मोक्षयामासवैशापात्तस्माद्योगान्नराधिपम् २६ सहिद्वादशवर्षाणिवसिष्ठ
स्यैवतेजसा ॥ ग्रस्तआसीद्ग्रहेणेवपर्वकालेदिवाकरः २७ रक्षसाविप्रमुक्तोथसनृपस्तद्वनंमहत् ॥ तेजसारंजयामाससंध्याभ्रमिवभास्करः २८ प्रतिलभ्यततःसंज्ञा
मभिवाद्यकृतांजलिः ॥ उवाचनृपतिःकालेवसिष्ठमृषिसत्तमम् २९ ॥ ॥ ॥ ॥

रविग्रहणपक्षेसिचोल्लुक २३ । २४ । २५ तस्माद्योगात्अभ्युक्षणाद्योगजसामार्थ्यात् २६ प्रागेवंतत्कुतोनकृतमित्यतआह सहीति । वसिष्ठस्यशक्तिरूपस्य २७ । २८ । २९ ॥ ॥ ॥

३० वृत्तंनिष्पन्नं एतद्यस्त्वयाकर्त्तव्यमस्मदिष्टं । विरुद्धलक्षणयाइयमुक्तिः । त्वयैवरक्षोभिभूतेनममपुत्रशतंभक्षितमितिभावः ३१ । ३२ । ३३ । ३४ । ३५ । ३६ । ३७ । ३८ । ३९ । ४० पंथान मित्यार्षंपुंस्त्वं ४१ । ४२ । ४३ संविदमैकमत्यं संबभूवमिथुनीबभूव दिव्येनस्वर्ग्येणालौल्येनेत्यर्थः ४४ । ४५ । ४६ पौदन्यंपुरं वौदन्यमितितुपठितुंयुक्तं आदिविकारोवा । वोदमंनिशामनं

सौदासोऽहंमहाभागयाज्यस्तेमुनिसत्तम ॥ अस्मिन्कालेयदिष्टंतेब्रूहिकिंकरवाणिते ३० ॥ वसिष्ठउवाच ॥ वृत्तमेतद्यथाकालंगच्छराज्यंप्रशाधिवै ॥ ब्राह्मणंतुम नुष्येंद्रमाऽवमंस्थाःकदाचन ३१ ॥ राजोवाच ॥ नावमंस्येमाहभागकदाचिद्ब्राह्मणर्षभान् ॥ त्वन्निदेशेस्थितःसम्यक्पूजयिष्याम्यहंद्विजान् ३२ इक्ष्वाकूणांच येनाहमनृणःस्यांद्विजोत्तम ॥ तत्त्वतःप्राप्तुमिच्छामिसर्ववेदविदांवर ३३ अपत्यमीप्सितंमह्यंदातुमर्हसिसत्तम ॥ शीलरूपगुणोपेतमिक्ष्वाकुकुलवृद्धये ३४ ॥ गंधर्वउवाच ॥ ददानीत्येवतंतत्रराजानंप्रत्युवाचह ॥ वसिष्ठःपरमेष्वासंसत्यसंधोद्विजोत्तमः ३५ ततःप्रतिययौकालेवसिष्ठःसहतेनवै ॥ ख्यातांपुरीमिमांलोके ष्वयोध्यांमनुजेश्वर ३६ तंप्रजाःप्रतिमोदंत्यःसर्वाःप्रत्युद्गतास्तदा ॥ विपाप्मानंमहात्मानंदिवौकसइवेश्वरम् ३७ सुचिरायमनुष्येंद्रोनगरींपुण्यलक्षणाम् ॥ विवे शसहितस्तेनवसिष्ठेनमहर्षिणा ३८ ददृशुस्तंमहोपालमयोध्यावासिनोजनाः ॥ पुरोहितेनसहितंदिवाकरमिवोदितम् ३९ सचतांपूरयामासलक्ष्म्यालक्ष्मीवतां वरः ॥ अयोध्यांव्योमशीतांशुःशरत्कालइवोदितः ४० संसिक्तमृष्टपंथानंपताकाध्वजशोभितम् ॥ मनःप्रल्हादयामासतस्यतत्पुरमुत्तमम् ४१ तुष्टपुष्टजनाकी र्णासापुरीकुरुनंदन ॥ अशोभततदातेनशक्रेणेवामरावती ४२ ततःप्रविष्टेराजर्षौतस्मिंस्तत्पुरमुत्तमम् ॥ राज्ञस्तस्याज्ञयादेवीवसिष्ठमुपचक्रमे ४३ महर्षिःसंवि दंकृत्वासंबभूवतयासह ॥ देव्यादिव्येनविधिनावसिष्ठःश्रेष्ठभाग्रृषिः ४४ ततस्तस्यांसमुत्पन्नेगर्भेसमुनिसत्तमः ॥ राज्ञाऽभिवादितस्तेनजगाममुनिराश्रमम् ४५ दीर्घकालेनसागर्भंसुषुवेनतुतंयदा ॥ तदादेव्यश्मनाकुक्षिंनिर्बिभेदयशस्विनी ४६ ततोऽपिद्वादशेवर्षेसजज्ञेपुरुषर्षभः ॥ अश्मकोनामराजर्षिःपौदन्यंयोन्यवेश यत् ४७ ॥ इति श्रीमहाभारते आदिपर्वणि चैत्ररथपर्वणि वासिष्ठे सौदाससुतोत्पत्तौ सप्तसप्तत्यधिकशततमोऽध्यायः ॥ १७७ ॥ गंधर्वउवाच ॥ आश्रमस्थाततः पुत्रमदृश्यंतीव्यजायत ॥ शक्तेःकुलकरंराजन्द्वितीयमिवशक्तिनम् १ जातकर्मादिकास्तस्यक्रियाःसमुनिसत्तमः ॥ पौत्रस्यभरतश्रेष्ठचकारभगवान्स्वयम् २ परासुःसयतस्तेनवसिष्ठःस्थापितोमुनिः ॥ गर्भस्थेनततोलोकेपराशरइतिस्मृतः ३ अमन्यतसधर्मात्मावसिष्ठंपितरंमुनिः ॥ जन्मप्रभृतितस्मिंस्तुपितरीवान्ववर्तत ४ सताताइवविप्रर्षिंवसिष्ठंप्रत्यभाषत ॥ मातुःसमक्षंकौन्तेयअदृश्यंत्याःपरंतप ५ तातेतिपरिपूर्णार्थंतस्यतन्मधुरंवचः ॥ अदृश्यंत्यश्रुपूर्णाक्षीशृण्वतीतमुवाचह ६ मातातततातेतिब्रूह्येनंपितरंपितुः ॥ रक्षसाभक्षितस्तातततवतातोवनांतरे ७ मन्यसेयंतुतातेतिनैषतातस्तवानघ ॥ आर्यएषपितातस्यपितुस्तवयशस्विनः ८

तदर्हं । वोदनमितिभाषायांप्रसिद्धं ४७ ॥ इतिआदिपर्वणिनीलकंठीये भारतभावदीपे सप्तसप्तत्यधिकशततमोऽध्यायः ॥ १७७ ॥ ॥ ॥ ॥ आश्रमस्थेति १ । २ परासुरितिपरासोरा शासनमवस्थानंयेनसपराशरः पराआङ्पूर्वाद्शासेर्डरन्प्रत्ययःकल्प्यः ३ । ४ । ५ । ६ । ७ । ८ ॥ ॥ ॥ ॥ ॥ ॥ ॥

॥ १५८॥

९ मैत्रावरुणिर्मित्रावरुणयोःपुत्रः अंत्यधीःअंतेसिद्धांतेसाध्वीअंत्याधीर्यस्यसोंत्यधीः १० । ११ । १२ । १३ । १४ । १५ । १६ । १७ । १८ । १९ । २० । २१ तद्गर्भंतस्यागर्भमुपलभ्यब्राह्मणी
याकाचित् भयार्दितान्नातस्यापिगर्भस्यक्रिमितिगोपनंकृतमितिहेतोर्भीता २२ उपह्वरेसमीपे २३ दुद्रुवुस्तामनिंदितामितिपाठेहंतुमितिशेषः २४ । २५ । २६ । २७ उपारम्यपापान्निवृत्तिंकृत्वापाप

सएवमुक्तोदुःखार्तःसत्यवागृषिसत्तमः ॥ सर्वलोकविनाशायमतिंचक्रेमहामनाः ९ तंतथानिश्चितात्मानंसमहात्मामहातपाः ॥ ऋषिर्ब्रह्मविदांश्रेष्ठोमैत्रावरुणिरंत्य
धीः १० वसिष्ठोवारयामासहेतुनायेनतच्छृणु ॥ वसिष्ठउवाच ॥ कृतवीर्यइतिख्यातोबभूवपृथिवीपतिः ११ याज्योवेदविदांलोकेभृगूणांपार्थिवर्षभः ॥ सतानग्रभु
जस्तातधान्येनचधनेनच १२ सोमांतेतर्पयामासविपुलेनविशांपतिः ॥ तस्मिन्नृपतिशार्दूलेस्वर्यातेऽथकथंचन १३ बभूवतत्कुलेयानांद्रव्यकार्यमुपस्थितम् ॥ भृ
गूणांतुधनंज्ञात्वाराजानःसर्वएवते १४ याचिष्णवोऽभिजग्मुस्तांस्ततोभार्गवसत्तमान् ॥ भूमौतुनिदधुःकेचिद्भृगवोधनमक्षयम् १५ ददुःकेचिद्द्विजातिभ्योज्ञात्वा
क्षत्रियतोभयम् ॥ भृगवस्तुददुःकेचित्तेषांवित्तंयथेप्सितम् १६ क्षत्रियाणांतदातातकारणांतरदर्शनात् ॥ ततोमहीतलंतातक्षत्रियेणयदृच्छया १७ खनताऽधिगतं
वित्तंकेनचिद्भृगुवेश्मनि ॥ तद्वित्तंददृशुःसर्वेसमेताःक्षत्रियर्षभाः १८ अवमन्यततःक्रोधाद्भृगूंस्ताञ्छरणागतान् ॥ निजघ्नुःपरमेष्वासाःसर्वांस्तान्निशितैःशरैः १९ आ
गर्भादवकृंतंतश्चेरुःसर्वांवसुंधराम् ॥ ततउच्छिद्यमानेषुभृगुष्वेवंभयात्तदा २० भृगुपत्न्योगिरिंदुर्गंहिमवंतंप्रपेदिरे ॥ तासामन्यतमागर्भंभयाद्दध्रेमहौजसम् २१
ऊरुणैकेनवामोरूर्भर्तुःकुलविवृद्धये ॥ तद्गर्भमुपलभ्याशुब्राह्मणीयाभयार्दिता २२ गत्वैकाकथयामासक्षत्रियाणामुपह्वरे ॥ ततस्तेक्षत्रियाजग्मुस्तंगर्भंहंतुमुद्यताः २३
ददृशुर्ब्राह्मणींतेऽथदीप्यमानांस्वतेजसा ॥ अथगर्भःसभित्त्वोरुंब्राह्मण्यानिर्जगामह २४ मुष्णन्दृष्टीःक्षत्रियाणांमध्यान्हइवभास्करः ॥ ततश्चक्षुर्विहीनास्तेगिरिदुर्गेषु
बभ्रमुः २५ ततस्तेमोहमापन्नाराजानोनष्टदृष्टयः ॥ ब्राह्मणींशरणंजग्मुर्दृष्ट्यर्थंतामनिंदिताम् २६ ऊचुश्चैनांमहाभागांक्षत्रियास्तेविचेतसः ॥ ज्योतिःप्रहीणादुःखा
र्ताशांतार्चिषइवाग्नयः २७ भगवत्याःप्रसादेनगच्छेत्क्षत्रंसचक्षुषम् ॥ उपारम्यचगच्छेमसहिताःपापकर्मिणः २८ सपुत्रात्वंप्रसादंनःकर्तुमर्हसिशोभने ॥ पुनर्दृष्टिप्र
दानेनराज्ञःसंत्रातुमर्हसि २९ ॥ इति श्रीम० आदि० चैत्ररथपर्वण्यौर्वोपाख्याने अष्टसप्तत्यधिकशततमोऽध्यायः ॥ १७८ ॥ ॥ ब्राह्मण्युवाच ॥ नाहंगृह्णामिव
स्तातादृष्टीर्नास्मिरुषान्विता ॥ अयंतुभार्गवोनूनमूरुजःकुपितोऽद्यवः १ तेनचक्षूंषिवस्तातव्यक्तंकोपान्महात्मना ॥ स्मरतानिहतान्बंधूनादत्तानिनसंशयः २ गर्भानपि
यदायूयंभृगूणांघ्नतपुत्रकाः ॥ तदाऽयमूरुणागर्भोमयावर्षशतंधृतः ३ षडंगश्चाखिलोवेदइमंगर्भस्थमेवह ॥ विवेशभृगुवंशस्यभूयःप्रियचिकीर्षया ४ सोऽयंपितृवधाद्व्य
क्तंक्रोधाद्वोहंतुमिच्छति ॥ तेजसातस्यदिव्येनचक्षूंषिमुषितानिवः ५ तमिमंतातयाचध्वमौर्वंममसुतोत्तमम् ॥ अयंवःप्रणिपातेनतुष्टोदृष्टीःप्रमोक्ष्यति ६ ॥

कर्मिणोऽपिवयम् २८ । २९ ॥ इति आदिपर्वणि नीलकंठीये भारतभावदीपे अष्टसप्तत्यधिकशततमोऽध्यायः ॥ १७८ ॥ ॥ नाहमिति । भोताताः १आदत्तानिआत्तानिदददानेऽस्यरूपम् २
३ । ४ । ५ तातहेताताःसंबोधनार्थोनिपातोवाऽयम् ६ ॥ ॥ ॥ ॥ ॥

७ ऊरुतउत्पन्नऔर्वइतिनिरुक्तिमाह अनेनेति ८ । ९ आत्मनोमनःसर्वेषामपचितिंकर्तुंप्रवणमुन्मुखमिच्छन्स्वमनोपचितिंकर्तुंयोजयतीत्यर्थः १० । ११ । १२ । १३ । १४ । १५ विप्रकृष्टेनातिदूरगेन बहुना क्षत्रियैर्निमित्तमात्रैः १६ । १७ । १८ । १९ आत्महेति । एतेनभृगुपतनादिनामरणंब्राह्मणेतरविषयंदर्शितम् २० । २१ मावधीरिति । क्षत्रियान्तदनियंतृत्वेनानपराधिनः सप्तलोकान्भूरादींश्च

॥१५९॥

वसिष्ठउवाच ॥ एवमुक्तास्ततःसर्वेराजानस्तेनमूरुजम् ॥ ऊचुःप्रसीदेतितदाप्रसादंचचकारसः ७ अनेनैवचविख्यातोनाम्नालोकेषुसत्तमः ॥ सऔर्वइ तिविप्रर्षिरूरुंभित्त्वाव्यजायत ८ चक्षुंषिप्रतिलब्ध्वाचप्रतिजग्मुस्ततोनृपाः ॥ भार्गवस्तुमुनिर्मेनेसर्वलोकपराभवम् ९ सचक्रेतातलोकानांविनाशायमहा मनाः ॥ सर्वेषामेवकार्त्स्न्येनमनःप्रवणमात्मनः १० इच्छन्नपचितिंकर्तुंभृगूणांभृगुनंदनः ॥ सर्वलोकविनाशायतपसामहतैधितः ११ तापयामासताँल्लो कान्सदेवासुरमानुषान् ॥ तपसोग्रेणमहतानंदयिष्यन्पितामहान् १२ ततस्तंपितरस्तातविज्ञायकुलनंदनम् ॥ पितृलोकादुपागम्यसर्वऊचुरिदंवचः १३ ॥ पितरऊचुः ॥ और्वदृष्टःप्रभावस्तेतपसोग्रस्यपुत्रक ॥ प्रसादंकुरुलोकानांनियच्छक्रोधमात्मनः १४ नानीशैर्हितदातातभृगुभिर्भावितात्मभिः ॥ वधोह्युपे क्षितःसर्वैःक्षत्रियाणांविहिंसताम् १५ आयुषाविप्रकृष्टेनयदानःखेदआविशत् ॥ तदाऽस्माभिर्वधस्तातक्षत्रियैरीप्सितःस्वयम् १६ निखातंयच्चवैवित्तंकेन चिद्भृगुवेश्मनि ॥ वैरायैवतदान्यस्तंक्षत्रियान्कोपयिष्णुभिः १७ किंहिवित्तेननःकार्यंस्वर्गेप्सूनांद्विजोत्तम ॥ यदस्माकंधनाध्यक्षःप्रभूतंधनमाहरत् १८ यदातुमृत्युरादातुंननःशक्नोतिसर्वशः ॥ तदाऽस्माभिरयंदृष्टउपायस्तातसंमतः १९ आत्महाचपुमांस्तातनलोकाँल्लभतेशुभान् ॥ ततोऽस्माभिःसमीक्ष्यै वंनात्मनात्मानिपातितः २० नचैतन्नःप्रियंतातयदिदंकर्तुमिच्छसि ॥ नियच्छेदंमनःपापात्सर्वलोकपराभवात् २१ मावधीःक्षत्रियांस्तातनलोकान्सप्तपुत्रक ॥ दूषयंतंतपस्तेजःक्रोधमुत्पतितंजहि २२ ॥ इति श्रीमहाभारते आदिपर्वणि चैत्ररथपर्वण्यौर्ववारणे ऊनाशीत्यधिकशततमोऽध्यायः ॥ १७९ ॥ ॥ ॥

॥ और्वउवाच ॥ उक्तवानस्मियांक्रोधात्प्रतिज्ञांपितरस्तदा ॥ सर्वलोकविनाशायनसामेवितथाभवेत् १ वृथारोषप्रतिज्ञोवैनाहंभवितुमुत्सहे ॥ अनिस्तीर्णो हिमांरोषोदहेदग्निरिवारणिम् २ योहिकारणतःक्रोधंसंजातंक्षंतुमर्हति ॥ नालंसमनुजःसम्यक्त्रिवर्गंपरिरक्षितुम् ३ अशिष्टानांनियंताहिशिष्टानांपरिरक्षिता ॥ स्थानेरोषःप्रयुक्तःस्यान्नृपैःसर्वजिगीषुभिः ४ अश्रौषमहमूरुस्थोगर्भशय्यागतस्तदा ॥ आरावंमातृवर्गस्यभृगूणांक्षत्रियैर्वधे ५ संहारोहियदालोकेभृगूणांक्षत्रियाध मैः ॥ आगर्भोच्छेदनात्क्रांतस्तदामांमन्युराविशत् ६ ॥ ॥ ॥ ॥ ॥

॥ १८०॥

मावधीः किंतुतपःसंभृतंतेजोदूषयंतंक्रोधंजहि पाठांतरमुपेक्ष्यम् २२ ॥ इतिआदिपर्वणिनीलकंठीये भारतभावदीपे ऊनाशीत्यधिकशततमोऽध्यायः ॥ १७९ ॥ ॥ उक्तवानिति १ अनिस्तीर्णोऽकृतकार्यः २ दृष्टोत्पन्नःक्रोधोजेतव्योनतुसकारणकइत्याह योहीति ३ क्रोधकारणान्याह अशिष्टानामिति । स्थानेयुक्तम् ४ तद्विपरीतंक्षत्रियाश्चक्रुरित्याह अश्रौषमिति ५ क्रांतःउपक्रांतः ६ ॥

तर्हिक्षत्रियाएववध्यानतुलोकाइत्यतआहसंपूर्णेतिद्वाभ्यां कोशोजरायुरूपामांसपेशी संपूर्णःकोशोयासांताःपरिपक्वगर्भाइत्यर्थः । 'कोशोऽर्थसंचयेमांसपेश्यां'इतिविश्वः । संपूर्णशोकाइत्यपिपठंति ।
लोकैःसत्यपिसामर्थ्येमन्मातॄणांत्राणंनकृतमतस्तेऽपिवध्याएवेत्यर्थः ७ । ८ एतदेवोपपादयतिप्रतिषेद्धेति प्रतिषेद्धरिसतिपापकृदेवनोपलभ्यते । असतितुसर्वोऽपिपापएवप्रवर्त्ततइतिश्लोकद्वयार्थः ९

संपूर्णकोशाःकिलमेमातरःपितरस्तथा ॥ भयात्सर्वेषुलोकेषुनाधिजग्मुःपरायणम् ७ तान्भृगूणांयदादारान्कश्चिन्नाभ्युपपद्यत ॥ मातातदादधारेयमूरुणैकेनमांशु
भा ८ प्रतिषेद्धाहिपापस्ययदालोकेषुविद्यते ॥ तदासर्वेषुलोकेषुपापकृन्नोपपद्यते ९ यदातुप्रतिषेद्धारंपापोनलभतेक्वचित् ॥ तिष्ठंतिबहवोलोकास्तदापापेषु
कर्मसु १० जानन्नपिचयःपापंशक्तिमान्ननियच्छति ॥ ईशःसन्सोऽपितेनैवकर्मणासंप्रयुज्यते ११ राजभिश्चेश्वरैश्चैवयदिवैपितरोमम ॥ शक्तैर्नशकितास्त्रातुमि
ष्टंमत्वेहजीवितम् १२ अतएषामहंक्रुद्धोलोकानामीश्वरोह्यहम् ॥ भवतांचवचोनालमहंसमभिवर्तितुम् १३ ममापिचेद्भवेदेवमीश्वरस्यसतोमहत् ॥ उपेक्षमा
णस्यपुनर्लोकानांकिल्बिषाद्भयम् १४ यश्चायंमन्युजोमेऽग्निर्लोकानादातुमिच्छति ॥ दहेदेषचमामेवनिगृहीतःस्वतेजसा १५ भवतांचविजानामिसर्वलोकहिते
प्सुताम् ॥ तस्माद्विधध्वंयच्छ्रेयोलोकानांममचेश्वराः १६ ॥ पितरऊचुः ॥ यएषमन्युजस्तेऽग्निर्लोकानादातुमिच्छति ॥ अप्सुतंमुंचभद्रंतेलोकाह्यप्सुप्रति
ष्ठिताः १७ आपोमयाःसर्वरसाःसर्वमापोमयंजगत् ॥ तस्मादप्सुविमुंचेमंक्रोधाग्निंद्विजसत्तम १८ अयंतिष्ठतुतेविप्रयदीच्छसिमहोदधौ ॥ मन्युजोऽग्निर्दहन्नापो
लोकाह्यापोमयाःस्मृताः १९ एवंप्रतिज्ञासत्येयंतवानघभविष्यति ॥ नचैवंसामरालोकागमिष्यंतिपराभवम् २० ॥ वसिष्ठउवाच ॥ ततस्तंक्रोधजंतातऔर्वोऽ
ग्निंवरुणालये ॥ उत्ससर्जसचैवापउपयुंक्तेमहोदधौ २१ महद्धयशिरोभूत्वायत्तद्वेदविदोविदुः ॥ तमग्निमुद्गिरद्वक्त्रात्पिबत्यापोमहोदधौ २२ तस्मात्त्वमपिभद्रंतेन
लोकान्हंतुमर्हसि ॥ पराशरपरांल्लोकान्जानन्ज्ञानवतांवर २३ ॥ इतिश्रीमहाभारते आदिपर्वणिचैत्ररथपर्वण्यौर्वोपाख्यानेऽशीत्यधिकशततमोऽध्यायः ॥ १८० ॥
॥ गंधर्वउवाच ॥ एवमुक्तःसविप्रर्षिर्वसिष्ठेनमहात्मना ॥ न्ययच्छदात्मनःक्रोधंसर्वलोकपराभवात् १ ईजेचसमहातेजाःसर्ववेदविदांवरः ॥ ऋषीराक्षससत्रेणशाक्ते
योऽथपराशरः २ ततोवृद्धांश्चबालांश्चराक्षसान्समहामुनिः ॥ ददाहविततेयज्ञेशक्तेर्वधमनुस्मरन् ३ नहितंवारयामासवसिष्ठोरक्षसांवधात् ॥ द्वितीयामस्यमाभां
क्षंप्रतिज्ञामितिनिश्चयात् ४ त्रयाणांपावकानांचसत्रेतस्मिन्महामुनिः ॥ आसीत्पुरस्ताद्दीप्तानांचतुर्थइवपावकः ५ तेनयज्ञेनशुभ्रेणहूयमानेनशक्तिजः ॥ तद्वि
दीपितमाकाशंसूर्येणेवघनात्यये ६ तंवसिष्ठादयःसर्वेमुनयस्तत्रमेनिरे ॥ तेजसादीप्यमानंवैद्वितीयमिवभास्करम् ७ ॥ ॥

१० पापंपापकारिणम् ११ । १२ । १३ किल्बिषादशासनजात् १४ । १५ । १६ अदातुमुच्छेत्तुम् १७ आपोमयाइति । कारणीभूतास्वप्सुदग्धासुलोकाअपिदग्धप्रायाइत्यर्थः १८ । १९ । २०
उपयुंक्तेभक्षयति २१ हयशिरःवडवामुखं २२ । २३ ॥ इति आदिपर्वणि नीलकंठीये भारतभावदीपे अशीत्यधिकशततमोऽध्यायः ॥ १८० ॥ ॥ एवमिति १ । २ । ३ माभांक्षंननाशयेयं ४ । ५
शुभ्रेणपापिनांनिग्रहान्निर्मलेन तेनयज्ञेनयज्ञियेनद्रव्येणहूयमानेन ६ । ७ ॥ ॥ ॥ ॥

म.भा.टी. ८ । ९ । १० अविघ्नंतेसत्रमितिशेषः अजानतामितिपापमपिकृत्वानंदसीतिसाधिक्षेपप्रश्नः ११ । १२ मद्वंमम १३ शक्तिंचेतिपुत्रदोषेणपितानश्यतीत्युक्तं १४ शापात्शक्तिनाशात्सोराजाशक्तिमेवभक्षितवान् आदि०१

॥१६०॥

ततःपरमदुष्प्रापमन्यैर्ऋषिरुदारधीः ॥ समापिपयिषुःसत्रंतमत्रिःसमुपागमत् ८ तथापुलस्त्यःपुलहःक्रतुश्चैवमहाक्रतुः ॥ तत्राजग्मुरमित्रघ्नरक्षसांजीवितेप्सया ९ पुलस्त्यस्तुवधात्तेषांरक्षसांभरतर्षभ ॥ उवाचेदंवचःपार्थपराशरमरिंदमम् १० कच्चित्तातापविघ्नंतेकच्चिन्नंदसिपुत्रक ॥ अजानतामदोषाणांसर्वेषांरक्षसांवधात् ११ प्रजोच्छेदमिमंमह्यंनहिकर्तुंत्वमर्हसि ॥ नैषतातद्विजातीनांधर्मोदृष्टस्तपस्विनाम् १२ शमएवपरोधर्मस्तमाचरपराशर ॥ अधर्मिष्ठंवरिष्ठःसन्कुरुषेत्वंपराशर १३ शक्तिंचापिहिधर्मज्ञंनातिक्रांतुमिहार्हसि ॥ प्रजायाश्चममोच्छेदंनचैवंकर्तुमर्हसि १४ शापाद्धिशक्तेर्वासिष्ठतदातदुपपादितम् ॥ आत्मजेनसदोषेणशक्तिर्नीतइतोदिवम् १५ नहितंराक्षसःकश्चिच्छक्तोभक्षयितुंमुने ॥ आत्मनैवात्मनस्तेनदृष्टोमृत्युस्तदाऽभवत् १६ निमित्तभूतस्तत्रासीद्विश्वामित्रःपराशर ॥ राजाकल्माषपादश्चदिवमारुह्यमोदते १७ येचशक्त्यवराःपुत्रावसिष्ठस्यमहामुने ॥ तेचसर्वेमुदायुक्तामोदंतेसहिताःसुरैः १८ सर्वमेतद्वसिष्ठस्यविदितंवैमहामुने ॥ रक्षसांचसमुच्छेदएषताततपस्विनाम् १९ निमित्तभूतस्त्वंचात्रक्रतौवासिष्ठनंदनः ॥ तत्सत्रंमुंचभद्रंतेसमाप्तमिदमस्तुते २० ॥ गंधर्वउवाच ॥ एवमुक्तःपुलस्त्येनवसिष्ठेनचधीमता ॥ तदासमापयामाससत्रंशाक्तोमहामुनिः २१ सर्वराक्षससत्रायसंभृतंपावकंतदा ॥ उत्तरेहिमवत्पार्श्वेउत्ससर्जमहावने २२ सतत्राद्यापिरक्षांसिवृक्षानश्मनएवच ॥ भक्षयन्दृश्यतेवह्निःसदापर्वणिपर्वणि २३ ॥ इतिश्रीमहाभारतेआदिपर्वणिचैत्ररथपर्वण्यौर्वोपाख्यानेएकाशीत्यधिकशततमोऽध्यायः ॥१८१॥

अ० ॥१८२॥

अर्जुनउवाच ॥ राज्ञाकल्माषपादेनगुरौब्रह्मविदांवरे ॥ कारणंकिंपुरस्कृत्यभार्यावैसन्नियोजिता १ जानतावैपरंधर्मंवसिष्ठेनमहात्मना ॥ अगम्यागमनंकस्मात्कृतंतेनमहर्षिणा २ अधर्मिष्ठंवसिष्ठेनकृतंचापिपुरासखे ॥ एतन्मेसंशयंसर्वंछेत्तुमर्हसिपृच्छतः ३ ॥ गंधर्वउवाच ॥ धनंजयनिबोधेदंयन्मांत्वंपरिपृच्छसि ॥ वसिष्ठंप्रतिदुर्धर्षंतथामित्रसहंनृपम् ४ कथितंतेमयासर्वंयथाशप्तःसपार्थिवः ॥ शक्तिनाभरतश्रेष्ठवासिष्ठेनमहात्मना ५ सतुशापवशंप्राप्तःक्रोधपर्याकुलेक्षणः ॥ निर्जगामपुराद्राजासहदारःपरंतपः ६ अरण्यंनिर्जनंगत्वासदारःपरिचक्रमे ॥ नानामृगगणाकीर्णंनानासत्वसमाकुलम् ७ नानागुल्मलताच्छन्नंनानाद्रुमसमावृतम् ॥ अरण्यंघोरसन्नादंशापग्रस्तःपरिभ्रमन् ८ सकदाचित्क्षुधाऽऽविष्टोमृगयन्भक्ष्यमात्मनः ॥ ददर्शसुपरिक्लिष्टःकस्मिंश्चिन्निर्जनेवने ९ ब्राह्मणंब्राह्मणींचैवमिथुनायोपसंगतौ ॥ तौतंवीक्ष्यसुवित्रस्तावकृतार्थौप्रधावितौ १० तयोःप्रद्रवतोर्विप्रंजग्राहनृपतिर्बलात् ॥ दृष्ट्वागृहीतंभर्तारमथब्राह्मण्यभाषत ११ ॥ ॥

अतःशक्तेरेवायमपराधोनरक्षसामित्यर्थः १५ । १६ मोदतेशक्तिः १७ । १८ समुच्छेदेएषत्वंनिमित्तभूतइतियोजना १९ मुंचत्यज २० । २१ । २२ । २३ ॥ इतिआदिपर्वणिनीलकंठीयेभारतभावदीपेएकाशीत्यधिकशततमोऽध्यायः ॥ १८१ ॥ ॥ राज्ञेति १ अगम्यास्नुषातुल्यत्वात् २ । ३ । ४ । ५ । ६ । ७ । ८ । ९ अकृतार्थौअकृतपुत्रत्वात् १० । ११ ॥ ॥

१२ । १३ । १४ । १५ । १६ । १७ । १८ । १९ । २० । २१ । २२। २३ मदयंत्यामहिष्या २४ । २५ । २६ इतिआदिपर्वणिनीलकंठीये भारतभावदीपे द्व्यशीत्यधिकशततमोऽध्यायः ॥ १८२ ॥

शृणुराजन्ममवचोयत्त्वांवक्ष्यामिसुव्रत ॥ आदित्यवंशप्रभवस्त्वंहिलोकेपरिश्रुतः १२ अप्रमत्तःस्थितोधर्मेगुरुशुश्रूषणेरतः ॥ शापोपहतदुर्धर्षनपापंकर्तुमर्हसि
१३ ऋतुकालेतुसंप्राप्तेभर्तृव्यसनकर्शिता ॥ अकृतार्थाह्यहंभर्त्राप्रसवार्थसमागता १४ प्रसीदनृपतिश्रेष्ठभर्ताऽयंमेविसृज्यताम् ॥ एवंविक्रोशमानायास्तस्यास्तु
सनृशंसवत् १५ भर्त्तारंभक्षयामासव्याघ्रोमृगमिवेप्सितम् ॥ तस्याःक्रोधाभिभूतायायान्यश्रूण्यपतन्भुवि १६ सोऽग्निःसमभवद्दीप्तस्तंचदेशंव्यदीपयत् ॥ ततः
साशोकसंतप्ताभर्तृव्यसनकर्शिता १७ कल्माषपादंराजर्षिमशपद्ब्राह्मणीरुषा ॥ यस्मान्ममाकृतार्थायास्त्वयाक्षुद्रनृशंसवत् १८ प्रेक्षंत्याभक्षितोमेऽद्यप्रियोभर्त्ताम
हायशाः ॥ तस्मात्त्वमपिदुर्बुद्धेमच्छापपरिविक्षतः १९ पत्नीमृतावनुप्राप्यसद्यस्त्यक्ष्यसिजीवितम् ॥ यस्यचर्षेर्वसिष्ठस्यत्वयापुत्राविनाशिताः २० तेनसंगम्य
तेभार्यातनयंजनयिष्यति ॥ सतेवंशकरःपुत्रोभविष्यतिनृपाधम २१ एवंशप्त्वातुराजानंसातमांगिरसीशुभा ॥ तस्यैवसन्निधौदीप्तंप्रविवेशहुताशनम् २२ वसि
ष्ठश्चमहाभागःसर्वमेतदवैक्षत ॥ ज्ञानयोगेनमहतातपसाचपरंतप २३ मुक्तशापश्चराजर्षिःकालेनमहताततः ॥ ऋतुकालेऽभिपतितोमदयंत्यानिवारितः २४ न
हिसस्मारसनृपस्तंशापंकाममोहितः ॥ देव्याःसोऽथवचःश्रुत्वासंभ्रांतोनृपसत्तमः २५ तंशापमनुसंस्मृत्यपर्यतप्यद्भृशंतदा ॥ एतस्मात्कारणाद्राजावसिष्ठंसंन्य
योजयत् ॥ स्वदारेषुनरश्रेष्ठशापदोषसमन्वितः २६ इतिश्रीमहाभारतेआदिपर्वणिचैत्ररथपर्वणिवसिष्ठोपाख्यानेद्व्यशीत्यधिकशततमोऽध्यायः ॥१८२॥ ॥ अर्जु
नउवाच ॥ अस्माकमनुरूपोवैयःस्याद्गंधर्ववेदवित् ॥ पुरोहितस्तमाचक्ष्वसर्वंहिविदितंतव १ ॥ गंधर्वउवाच ॥ यवीयान्देवलस्यैषवनेभ्रातातपस्यति ॥ धौ
म्यउत्कोचकेतीर्थेतंवृणुध्वंयदीच्छथ २ ॥ वैशंपायनउवाच ॥ ततोऽर्जुनोऽस्त्रमाग्नेयंप्रददौतद्यथाविधि ॥ गंधर्वायतदाप्रीतोवचनंचेदमब्रवीत् ३ त्वय्येवतावत्ति
ष्ठंतुहयागंधर्वसत्तम ॥ कार्यकालेग्रहीष्यामःस्वस्तितेऽस्त्वितिचाब्रवीत् ४ तेऽन्योन्यमभिसंपूज्यगंधर्वःपांडवाश्चह ॥ रम्याद्भागीरथीतीराद्यथाकामंप्रतस्थिरे ५
ततउत्कोचकंतीर्थंगत्वाधौम्याश्रमंतुते ॥ तंवव्रुःपांडवाधौम्यंपौरोहित्यायभारत ६ तान्धौम्यःप्रतिजग्राहसर्ववेदविदांवरः ॥ वन्येनफलमूलेनपौरोहित्येनचैवह
७ तेसमाशंसिरेलब्धांश्रियंराज्यंचपांडवाः ॥ ब्राह्मणंतंपुरस्कृत्यपांचालीचस्वयंवरे ८ पुरोहितेनतेनाथगुरुणासंगतास्तदा ॥ नाथवंतमिवात्मानंमेनिरेभरतर्षभाः
९ सहिवेदार्थतत्त्वज्ञस्तेषांगुरुरुदारधीः ॥ तेनधर्मविदापार्थायाज्याधर्मविदःकृताः १० वीरांस्तुसहितान्मेनेप्राप्तराज्यान्स्वधर्मतः ॥ बुद्धिवीर्यबलोत्साहैर्युक्तान्दे
वानिवद्विजः ११ कृतस्वस्त्ययनास्तेनततस्तेमनुजाधिपाः ॥ मेनिरेसहितागन्तुंपांचाल्यास्तंस्वयंवरम् १२ ॥ इतिश्रीमहाभारतेआदिपर्वणिचैत्ररथपर्वणिधौम्य
पुरोहितकरणेत्र्यशीत्यधिकशततमोऽध्यायः ॥ १८३ ॥ समाप्तंचैत्ररथपर्व ॥ ॥ ॥ ॥ ॥

अस्माकमिति १ । २ । ३ । ४।५।६ प्रतिजग्राहाऽङ्गीचकार ७ पांचालींचलब्धामाशंसिरे ८।९।१०।११।१२ ॥ इति आदिपर्वणि नीलकंठीये भारतभावदीपे त्र्यशीत्यधिकशततमोऽध्यायः ॥१८३॥

ततस्तेइति १ । २ । ३ । ४ । ५ । ६ । ७ । ८ । ९ । १० । ११ । १२ । १३ दायान्देयानि तानेवाह धनमित्यादि १४ । १५ नटाँवेषभेदकारिणः । वैतालिकामंगलपाठकारिणः । नर्तकाःप्रसिद्धाः । सूताःपौराणिकाः । मागधावंशसूचकाः । नियोधकामल्लाः १६ । १७ संगत्यादैवयोगेन १८ । १९ परमंयथेष्टं २० ॥ इतिआदिपर्वणिनीलकंठीयेभारतभावदीपेचतुर

॥ अथस्वयंवरपर्व ॥ वैशंपायनउवाच ॥ ततस्तेनरशार्दूलाभ्रातरःपंचपांडवाः ॥ प्रययुर्द्रौपदींद्रष्टुंतंचदेशंमहोत्सवम् १ तेप्रयातानरव्याघ्राःसहमात्रापरंतपाः ॥ ब्राह्मणान्ददृशुर्मार्गेगच्छतःसंगतान्बहून् २ तऊचुर्ब्राह्मणाराजन्पांडवान्ब्रह्मचारिणः ॥ क्वभवंतोगमिष्यंतिकुतोवाऽभ्यागताइह ३ ॥ युधिष्ठिरउवाच ॥ आगतानेकचक्रायाःसोदर्यानेकचारिणः ॥ भवंतोवैविजानंतुसहमात्राद्विजर्षभाः ४ ॥ ब्राह्मणाऊचुः ॥ गच्छताद्यैवपंचालान्द्रुपदस्यनिवेशने ॥ स्वयंवरोमहांस्तत्र भवितासुमहाधनः ५ एकसार्थप्रयाताःस्मवयंतत्रैवगामिनः ॥ तत्रह्यद्भुतसंकाशोभवितासुमहोत्सवः ६ यज्ञसेनस्यदुहितादुपदस्यमहात्मनः ॥ वेदीमध्यात्समुत्पन्नापद्मपत्रनिभेक्षणा ७ दर्शनीयाऽनवद्यांगीसुकुमारीमनस्विनी ॥ धृष्टद्युम्नस्यभगिनीद्रोणशत्रोःप्रतापिनः ८ योजातःकवचीखड्गीसशरःसशरासनः ॥ सुसमिद्धेमहाबाहुःपावकेपावकोपमः ९ स्वसातस्यानवद्यांगीद्रौपदीतनुमध्यमा ॥ नीलोत्पलसमोगंधोयस्याःक्रोशात्प्रवातिवै १० यज्ञसेनस्यचसुतांस्वयंवरकृतक्षणाम् ॥ गच्छामोवैवयंद्रष्टुंतंचदिव्यंमहोत्सवम् ११ राजानोराजपुत्राश्चयज्वानोभूरिदक्षिणाः ॥ स्वाध्यायवंतःशुचयोमहात्मानोयतव्रताः १२ तरुणादर्शनीयाश्चनानादेशसमागताः ॥ महारथाःकृतास्त्राश्चसमुपेष्यंतिभूमिपाः १३ तेतत्रविविविधान्दायान्विजयार्थंनरेश्वराः ॥ प्रदास्यंतिधनंगाश्चभक्ष्यंभोज्यंचसर्वशः १४ प्रतिगृह्यचतत्सर्वंदृष्ट्वाचैवस्वयंवरम् ॥ अनुभूयोत्सवंचैवगमिष्यामोयथेप्सितम् १५ नटावैतालिकास्तत्रनर्त्तकाःसूतमागधाः ॥ नियोधकाश्चदेशेभ्यःसमेष्यंतिमहाबलाः १६ एवंकौतूहलंकृत्वादृष्ट्वाचप्रतिगृह्यच ॥ सहास्माभिर्महात्मानःपुनःप्रतिनिवर्त्स्यथ १७ दर्शनीयांश्चवःसर्वान्देवरूपानवस्थितान् ॥ समीक्ष्यकृष्णावरयेत्संगत्यैकतमंवरम् १८ अयंभ्राातवश्रीमान्दर्शनीयोमहाभुजः ॥ नियुज्यमानोविजयेसंगत्याद्रविणंबहु ॥ आहरिष्यन्नयंनूनंप्रीतिंवोवर्धयिष्यति १९ ॥ युधिष्ठिरउवाच ॥ परमंभोगमिष्यामोद्रष्टुंचैवमहोत्सवम् ॥ भवद्भिःसहिताःसर्वेकन्यायास्तंस्वयंवरम् २० ॥ इतिश्रीमहाभारतेआदिपर्वणिस्वयंवरपर्वणिपांडवागमनेचतुरशीत्यधिकशततमोऽध्यायः ॥ १८४ ॥ वैशंपायनउवाच ॥ एवमुक्ताःप्रयातास्तेपांडवाजनमेजय ॥ राज्ञादक्षिणपंचालान्द्रुपदेनाभिरक्षितान् १ ततस्तेषुमहात्मानंशुद्धात्मानमकल्मषम् ॥ ददृशुःपांडवावीरामुनिंद्वैपायनंतदा २ तस्मैयथावत्सत्कारंकृत्वातेनचसत्कृताः ॥ कथांतेचाभ्यनुज्ञाताःप्रययुर्द्रुपदक्षयम् ३ पश्यंतोरमणीयानिवनानिचसरांसिच ॥ तत्रतत्रवसंतश्चशनैर्जग्मुर्महारथाः ४ स्वाध्यायवंतःशुचयोमधुराःप्रियवादिनः ॥ आनुपूर्व्येणसंप्राप्ताःपंचालान्पांडुनंदनाः ५ तेतुदृष्ट्वापुरंतच्चस्कंधावारंचपांडवाः ॥ कुंभकारस्यशालायांनिवासंचक्रिरेतदा ६ ॥ ॥

शीत्यधिकशततमोऽध्यायः ॥ १८४ ॥ एवमिति १ । २ । ३ । ४ । ५ स्कंधावारंराज्यगृहमाकारंलोकसमूहस्थानंवा । 'स्कंधःस्यान्नृपतावंसेसांपरायसमूहयोः 'इतिमेदिनी ६ ॥

नजज्ञिरेनज्ञातवंतः ७ । ८ अनानम्यंमनमयितुमशक्यं ९ वैहायसमंतरिक्षगतं । यंत्रंतीव्रवेगवत्तयाभ्रमणेनलक्ष्यमार्गसंकोचकमंतराबद्धं । समितंयंत्रच्छिद्रद्वारोपलक्षितं । लक्ष्यमपिवैहायसमित्यर्थः अस्त्रशिक्षाया
मेकेनार्जुनेनैवचललक्ष्यपातनंकृतमतःसएवचलयंत्रद्वारालक्ष्यंभेत्स्यतिनान्यइतितदन्वेषणायायंयत्नोद्रुपदेनकृतः । यद्यपिकर्णस्याप्येतत्सुकरंतथाऽपिहीनकुलत्वात्सद्रुपरिहरइतिभावः १० सज्यंधनुःकृत्वाइदं

तत्रभैक्षंसमाजन्हुर्ब्राह्मणींवृत्तिमाश्रिताः ॥ तान्संप्राप्तांस्तथावीरान्जज्ञिरेननराःक्वचित् ७ यज्ञसेनस्यकामस्तुपांडवायकिरीटिने ॥ कृष्णांदद्यामितिसदानचैत
द्विवृणोतिसः ८ सोऽन्वेषमाणःकौन्तेयंपांचाल्योजनमेजय ॥ दृढंधनुरनानम्यंकारयामासभारत ९ यंत्रंवैहायसंचापिकारयामासकृत्रिमम् ॥ तेनयंत्रेणसमितंरा
जालक्ष्यंचकारसः १० ॥ द्रुपदउवाच ॥ इदंसज्यंधनुःकृत्वासज्जैरेभिश्चसायकैः ॥ अतीत्यलक्ष्यंयोवेद्धासलब्धामत्सुतामिति ११ ॥ वैशंपायनउवाच ॥ इति
सद्रुपदोराजास्वयंवरमघोषयत् ॥ तच्छ्रुत्वापार्थिवाःसर्वेसमीयुस्तत्रभारत १२ ऋषयश्चमहात्मानःस्वयंवरदिदृक्षवः ॥ दुर्योधनपुरोगाश्चसकर्णाःकुरवोनृप १३
ब्राह्मणाश्चमहाभागादेशेभ्यःसमुपागमन् ॥ ततोर्चिताराजगणाद्रुपदेनमहात्मना १४ उपोपविष्टामंचेषुद्रष्टुकामाःस्वयंवरम् ॥ ततःपौरजनाःसर्वेसागरोद्धूतनिः
स्वनाः १५ शिशुमारशिरःप्राप्यन्यविशंस्तेस्मपार्थिवाः ॥ प्रागुत्तरेणनगराद्भूमिभागेसमेशुभे ॥ समाजवाटःशुशुभेभवनैःसर्वतोवृतः १६ प्राकारपरिखोपेतोद्वा
रतोरणमंडितः ॥ वितानेनविचित्रेणसर्वतःसमलंकृतः १७ तूर्यौघशतसंकीर्णःपरार्ध्यागुरुधूपितः ॥ चंदनोदकसिक्तश्चमाल्यदामोपशोभितः १८ कैलासशिखर
प्रख्यैर्नभस्तलविलेखिभिः ॥ सर्वतःसंवृतःशुभ्रैःप्रासादैःसुकृतोच्छ्रयैः १९ सुवर्णजालसंवीतैर्मणिकुट्टिमभूषणैः ॥ सुखारोहणसोपानैर्महासनपरिच्छदैः २० स्रग्दा
मसमवच्छन्नैरगुरूत्तमवासितैः ॥ हंसांशुवर्णैर्बहुभिरायोजनसुगंधिभिः २१ असंबाधशतद्वारैःशयनासनशोभितैः ॥ बहुधातुपिनद्धांगैर्हिमवच्छिखरैरिव २२
तत्रनानाप्रकारेषुविमानेषुस्वलंकृताः ॥ स्पर्धमानास्तदाऽन्योन्यंनिषेदुःसर्वपार्थिवाः २३ तत्रोपविष्टान्ददृशुर्महासत्वपराक्रमान् ॥ राजसिंहान्महाभागान्कृ
ष्णागुरुविभूषितान् २४ महाप्रसादान्ब्रह्मण्यान्स्वराष्ट्रपरिरक्षिणः ॥ प्रियान्सर्वस्यलोकस्यसुकृतैःकर्मभिःशुभैः २५ मंचेषुचपरार्ध्येषुपौरजानपदाजनाः ॥
कृष्णादर्शनसिद्ध्यर्थंसर्वतःसमुपाविशन् २६ ब्राह्मणैस्तेचसहिताःपांडवाःसमुपाविशन् ॥ ऋद्धिंपंचालराजस्यपश्यंतस्तामनुत्तमाम् २७ ततःसमाजोववृधेस
राजन्दिवसान्बहून् ॥ रत्नप्रदानबहुलःशोभितोनटनर्तकैः २८ वर्तमानेसमाजेतुरमणीयेऽह्निषोडशे ॥ आप्लुतांगीसुवसनासर्वाभरणभूषिता २९ मालांचसमुपा
दायकांचनींसमलंकृताम् ॥ अवतीर्णाततोरंगंद्रौपदीभरतर्षभ ३० ॥ ॥ ॥ ॥ ॥

यंत्रमतीत्यलक्ष्यंयोवेद्धावेद्धुंसमर्थः ११ । १२ । १३ । १४ उपोपविष्टाः पादपूरणार्थाउपेत्यस्यावृत्तिः । प्रसमुपोदःपादपूरणइति १५ शिशुमारोजलजंतुस्तदाकारस्तारासमूहात्मकोविष्णुस्तस्यशिरःप्रदे
शेऐशान्यांदिशि । अतएवसाअपराजितादिक् तांदिशंप्राप्यन्यविशन् तामेवदिशमाह प्रागिति । प्रागुत्तरेणप्रागुदीच्योरंतरालेनगरात्समीपे । एनबन्यतरस्यामदूरेपंचम्येत्येनबंतमिदं १६ । १७ । १८ । १९
२० । २१ । २२ विमानेषुसप्तभूमिगृहेषु । 'विमानोव्योमयानेचसप्तभूमिगृहेऽपिच' इतिमेदिनी २३ । २४ । २५ । २६ । २७ । २८ । २९ । ३० ॥ ॥ ॥

परिस्तीर्यदर्भैःपरितःस्तीर्त्वा ३१ । ३२ । ३३ । ३४ इदंधनुःइदंचलक्ष्यंइमेचबाणाःचलयंत्रच्छिद्रद्वारायुगपत्पंचबाणान्लक्ष्येयःसमर्पयातितस्याद्यभार्याभगिनीममेयमितिद्वयोःसंबंधः व्योमचरैर्बाणैः ३५

पुरोहितःसोमकानांमंत्रविद्ब्राह्मणःशुचिः ॥ परिस्तीर्यजुहावाग्निमाज्येनविधिवत्तदा ३१ संतर्पयित्वाज्वलनंब्राह्मणान्स्वस्तिवाच्यच ॥ वारयामाससर्वाणिवादित्राणिसमंततः ३२ निःशब्देतुकृतेतस्मिन्धृष्टद्युम्नोविशांपते ॥ कृष्णामादायविधिवन्मेघदुंदुभिनिःस्वनः ३३ रंगमध्येगतस्तत्रमेघगंभीरयागिरा ॥ वाक्यमुच्चैर्जगादेदंश्लक्ष्णमर्थवदुत्तमम् ३४ इदंधनुर्लक्ष्यमिमेचबाणाःशृण्वंतुमेभूपतयःसमेताः ॥ छिद्रेणयंत्रस्यसमर्पयध्वंशरैःशितैर्व्योमचरैर्दशार्धैः ३५ एतन्महत्कर्मकरोतियोवैकुलेनरूपेणबलेनयुक्तः ॥ तस्याद्यभार्याभगिनीममेयंकृष्णाभवित्रीनमृषाब्रवीमि ३६ तानेवमुक्त्वाद्रुपदस्यपुत्रःपश्चादिदंतांभगिनीमुवाच ॥ नाम्नाचगोत्रेणचकर्मणाचसंकीर्तयन्भूमिपतीन्समेतान् ३७ ॥ इतिश्रीमहाभारते आदिपर्वणि स्वयंवरपर्वणि धृष्टद्युम्नवाक्ये पंचाशीत्यधिकशततमोऽध्यायः ॥ १८५ ॥

॥ धृष्टद्युम्नउवाच ॥ दुर्योधनोदुर्विषहोदुर्मुखोदुष्प्रधर्षणः ॥ विविंशतिर्विकर्णश्चसहोदुःशासनस्तथा १ युयुत्सुर्वायुवेगश्चभीमवेगरवस्तथा ॥ उग्रायुधोबलाकीचकरकायुर्विरोचनः २ कुंडकश्चित्रसेनश्चसुवर्चाःकनकध्वजः ॥ नंदकोबाहुशालीचतुहुंडोविकटस्तथा ३ एतेचान्येचबहवोधार्त्तराष्ट्रामहाबलाः ॥ कर्णेनसहितावीरास्त्वदर्थेसमुपागताः ४ असंख्यातामहात्मानःपार्थिवाःक्षत्रियर्षभाः ॥ शकुनिःसौबलश्चैववृषकोऽथबृहद्बलः ५ एतेगांधारराजस्यसुताःसर्वेसमागताः ॥ अश्वत्थामाचभोजश्चसर्वशस्त्रभृतांवरौ ६ समवेतौमहात्मानौत्वदर्थेसमलंकृतौ ॥ बृहंतोमणिमांश्चैवदंडधारश्चपार्थिवः ७ सहदेवजयत्सेनौमेघसंधिश्चपार्थिवः ॥ विराटःसहपुत्राभ्यांशंखेनैवोत्तरेणच ८ वार्धक्षेमिःसुशर्माचसेनाबिंदुश्चपार्थिवः ॥ सुकेतुःसहपुत्रेणसुनाम्नाचसुवर्चसा ९ सुचित्रःसुकुमारश्चवृकःसत्यधृतिस्तथा ॥ सूर्यध्वजोरोचमानोनीलश्चित्रायुधस्तथा १० अंशुमांश्चेकितानश्चश्रेणिमांश्चमहाबलः ॥ समुद्रसेनपुत्रश्चचंद्रसेनःप्रतापवान् ११ जलसंधःपितापुत्रौविदंडोदंडएवच ॥ पौण्ड्रकोवासुदेवश्चभगदत्तश्चवीर्यवान् १२ कलिंगस्ताम्रलिप्तश्चपत्तनाधिपतिस्तथा ॥ मद्रराजस्तथाशल्यःसहपुत्रोमहारथः १३ रुक्मांगदेनवीरेणतथारुक्मरथेनच ॥ कौरव्यःसोमदत्तश्चपुत्रश्चास्यमहारथः १४ समवेतास्त्रयःशूराभूरिर्भूरिश्रवाःशलः ॥ सुदक्षिणश्चकांबोजोदृढधन्वाचपौरवः १५ बृहद्बलःसुषेणश्चशिबिरौशीनरस्तथा ॥ पटच्चरनिहंताचकारूषाधिपतिस्तथा १६ संकर्षणोवासुदेवोरौक्मिणेयश्चवीर्यवान् ॥ सांबश्चचारुदेष्णश्चप्राद्युम्निःसगदस्तथा १७ अक्रूरःसात्यकिश्चैवउद्धवश्चमहामतिः ॥ कृतवर्माचहार्दिक्यःपृथुर्विपृथुरेवच १८ विदूरथश्चकंकश्चशंकुश्चसगवेषणः ॥ आशावहोऽनिरुद्धश्चसमीकःसारिमेजयः १९ वीरोवातपतिश्चैवझिल्लीपिंडारकस्तथा ॥ उशीनरश्चविक्रांतोवृष्णयस्तेप्रकीर्तिताः २० ॥ ॥ ॥ ॥

३६ तान्नृपान्प्रति ३७ ॥ इतिआदिपर्वणिनीलकंठीयेभारतभावदीपेपंचाशीत्याधिकशततमोऽध्यायः ॥ १८५ ॥ ॥ दुर्योधनइत्यादिस्पष्टार्थोग्रंथः १ । २ । ३ । ४ । ५ । ६ । ७ । ८ । ९ । १० । ११ । १२ । १३ । १४ । १५ । १६ । १७ । १८ । १९ । २० ॥ ॥ ॥ ॥

२१ । २२ । २३ । २४ ॥ इति आदिपर्वणि नी॰भारतभावदीपेषडशीत्यधिकशततमोऽध्यायः ॥ १८६ ॥ तेऽलंकृताइति १ । २ संकल्पजेनकामेन ३ । ४ । ५ । ६ । ७ । ८ अभितःपद्मालक्ष्मीर्ये

भगीरथोबृहत्क्षत्रःसैंधवश्चजयद्रथः ॥ बृहद्रथोबाल्हिकश्चश्रुतायुश्चमहारथः २१ उलूकःकैतवोराजाचित्रांगदशुभांगदौ ॥ वत्सराजश्चमतिमान्कोसलाधिपतिस्त
था २२ शिशुपालश्चविक्रांतोजरासंधस्तथैवच ॥ एतेचान्येचबहवोनानाजनपदेश्वराः २३ त्वदर्थमागताभद्रेक्षत्रियाःप्रथिताभुवि ॥ एतेभेत्स्यंतिविक्रांतास्त्वद
र्थेलक्ष्यमुत्तमम् ॥ विध्येतयइदंलक्ष्यंवरयेथाःशुभेऽद्यतम् २४ ॥ इतिश्रीमहाभारतेआदिपर्वणिस्वयंवरपर्वणिराजनामकीर्तनेषडशीत्यधिकशततमोऽध्यायः ॥ १८६ ॥
॥ वैशंपायनउवाच ॥ ॥ तेऽलंकृताःकुंडलिनोयुवानःपरस्परंस्पर्धमानानरेन्द्राः ॥ अस्त्रंबलंचात्मनिमन्यमानाःसर्वेसमुत्पेतुरुदायुधास्ते १ रूपेणवीर्येण
कुलेनचैवशीलेनवित्तेनचयौवनेन ॥ समिद्धदर्पामदवेगभिन्नामत्तायथाहैमवतागजेन्द्राः २ परस्परंस्पर्धयाप्रेक्षमाणाःसंकल्पजेनाभिपरिप्लुतांगाः ॥ कृष्णाममैवेत्य
भिभाषमाणानृपासनेभ्यःसहसोदतिष्ठन् ३ तेक्षत्रियारंगगताःसमेताजिगीषमाणाद्रुपदात्मजांताम् ॥ पिनाकिशैलेपर्वतराजकन्यामुमांयथादेवगणाःसमेताः ४ कंद
र्पबाणाभिनिपीडितांगाःकृष्णागतैस्तेहृदयैर्नरेन्द्राः ॥ रंगावतीर्णाद्रुपदात्मजार्थेद्वेषंप्रचक्रुःसुहृदोऽपितत्र ५ अथाययुर्देवगणाविमानैरुद्रादित्यावसवोऽथाश्विनौच ॥
साध्याश्चसर्वेमरुतस्तथैवयमंपुरस्कृत्यधनेश्वरंच ६ दैत्याःसुपर्णाश्चमहोरगाश्चदेवर्षयोगुह्यकाश्चारणाश्च ॥ विश्वावसुर्नारदपर्वतौचगंधर्वमुख्याःसहसाऽप्सरोभिः
७ हलायुधस्तत्रजनार्दनश्चवृष्ण्यंधकाश्चैवयथाप्रधानम् ॥ प्रेक्षांस्मचक्रुर्यदुपुंगवास्तेस्थिताश्चकृष्णस्यमतेमहांतः ८ दृष्ट्वातुतान्मत्तगजेन्द्ररूपान्पंचाभिपद्मानिव
वारणेन्द्रान् ॥ भस्मावृतांगानिवहव्यवाहान्कृष्णःप्रदध्यौयदुवीरमुख्यः ९ शशंसरामाययुधिष्ठिरंसभीमंसजिष्णुंचयमौचवीरौ ॥ शनैःशनैस्तान्प्रसमीक्ष्यरामोजना
र्दनंप्रीतमनाददर्शह १० अन्येतुवीरान्नृपपुत्रपौत्राःकृष्णागतैर्नेत्रमनःस्वभावैः ॥ व्यायच्छमानाददृशुर्नतान्वैसंदष्टदंतच्छदताम्रनेत्राः ११ तथैवपार्थाःपृथुबाहवस्ते
वीरौयमौचैवमहानुभावौ ॥ तांद्रौपदींप्रेक्ष्यतदास्मसर्वेकंदर्पबाणाभिहताबभूवुः १२ देवर्षिगंधर्वसमाकुलंतत्सुपर्णनागासुरसिद्धजुष्टम् ॥ दिव्येनगंधेनसमाकुलं
चदिव्यैश्चपुष्पैरवकीर्यमाणम् १३ महास्वनैर्दुंदुभिनादितैश्चबभूवतत्संकुलमंतरिक्षम् ॥ विमानसंबाधमभूत्समंतात्सवेणुवीणापणवानुनादम् १४ ततस्तुतेराज
गणाःक्रमेणकृष्णानिमित्तंकृतविक्रमाश्च ॥ सकर्णदुर्योधनशाल्वशल्यद्रौणायनिक्राथसुनीथवक्राः १५ कलिंगवंगाधिपपांड्यपौंड्राविदेहराजोयवनाधिपश्च ॥ अन्ये
चनानानृपपुत्रपौत्राराष्ट्राधिपाःपंकजपत्रनेत्राः १६ किरीटहारांगदचक्रवालैर्विभूषितांगाःपृथुबाहवस्ते ॥ अनुक्रमंविक्रमसत्वयुक्ताबलेनवीर्येणचनर्दमानाः १७ ॥

षांतान्सर्वांगसुंदरानित्यर्थः । अतिपद्मानितिपाठेऽपिसएवार्थः । अतिमत्तानित्यपपाठः ९ । १० व्यायच्छमानान्व्याददानाश्चक्षुःप्रसार्यकृष्णामेवददृशुर्नपांडवान् ११ तथैवपार्थाइति कामाभिभूतत्वाद्राम
कृष्णादीन्नददृशुरितिभावः १२ । १३ विमानसंबाधंविमानसंकीर्णं १४ । १५ । १६ । १७ ॥ ॥ ॥ ॥

संहननोपपन्नमत्यंतंकाठिन्येनयुक्तं स्फुरतानामयितुमसामर्थ्यात्करात्रिःसरत्कोटितया । अतएवविक्षिप्यमाणाःदंडेनवीटाइव धनुषाधनुष्कोट्या शमयांबभूवुरितिद्वयोःसंबंधः १८ । १९ चक्रवालंमंडलम् २० । २१ । २२ सामर्षहासं नीचकुलयोगादमर्षःसूर्यापराधत्वाद्धासः २३ । २४ धनुरादायमानःपरीक्षमाणः दैप्रशोधनेऽस्यरूपम् २५ अभ्याशंसमीपम् २६ धनुषाआकृष्यमाणेन २७ आरो

तत्कार्मुकंसंहननोपपन्नंसज्यंनशेकुर्मनसाऽपिकर्तुम् ॥ तेविक्रमंतःस्फुरतादृढेनविक्षिप्यमाणाधनुषानरेंद्राः १८ विचेष्टमानाधरणीतलस्थायथाबलंशैक्ष्यगुणक्रमाश्च ॥ गतौजसःस्रस्तकिरीटहाराविनिःश्वसंतःशमयांबभूवुः १९ हाहाकृतंतद्धनुषादृढेनविस्रस्तहारांगदचक्रवालम् ॥ कृष्णानिमित्तंविनिवृत्तकामंराज्ञांतदामंडलमार्तमासीत् २० सर्वान्नृपांस्तान्प्रसमीक्ष्यकर्णोधनुर्धराणांप्रवरोजगाम ॥ उद्धृत्यतूर्णंधनुरुद्यतंतत्सज्यंचकाराशुयुयोजबाणान् २१ दृष्ट्वासूतंमेनिरेपांडुपुत्राभित्त्वानीतंलक्ष्यवरंधरायाम् ॥ धनुर्धरारागकृतप्रतिज्ञमत्यग्निसोमार्कमथार्कपुत्रम् २२ दृष्ट्वातुतंद्रौपदीवाक्यमुच्चैर्जगादनाहंवरयामिसूतम् ॥ सामर्षहासंप्रसमीक्ष्यसूर्यंतत्याजकर्णःस्फुरितंधनुस्तत् २३ एवंतेषुनिवृत्तेषुक्षत्रियेषुसमंततः ॥ चेदीनामधिपोवीरोबलवानंतकोपमः २४ दमघोषसुतोधीरःशिशुपालोमहामतिः ॥ धनुरादायमानस्तुजानुभ्यामगमन्महीम् २५ ततोराजामहावीर्योजरासंधोमहाबलः ॥ धनुषोऽभ्याशमागत्यतस्थौगिरिरिवाचलः २६ धनुषापीड्यमानस्तुजानुभ्यामगमन्महीम् ॥ ततउत्थायराजासस्वराष्ट्राण्यभिजग्मिवान् २७ ततःशल्योमहावीरोमद्रराजोमहाबलः ॥ तदप्यारोप्यमाणस्तुजानुभ्यामगमन्महीम् २८ तस्मिंस्तुसंभ्रांतजनेसमाजेनिक्षिप्तवादेषुजनाधिपेषु ॥ कुंतीसुतोजिष्णुरियेषकर्तुंसज्यंधनुस्तत्सशरंप्रवीरः २९ ॥ इतिश्रीमहाभारतेआदिपर्वणिचैत्ररथपर्वणिस्वयंवरपर्वणिसर्वराजपराङ्मुखीभवनेसप्ताशीत्यधिकशततमोऽध्यायः ॥ १८७ ॥

॥ वैशंपायनउवाच ॥ यदानिवृत्ताराजानोधनुषःसज्यकर्मणः ॥ अथोदतिष्ठद्विप्राणांमध्याज्जिष्णुरुदारधीः १ उदक्रोशन्विप्रमुख्याविधुन्वन्तोऽजिनानिच ॥ दृष्ट्वासंप्रस्थितंपार्थमिंद्रकेतुसमप्रभम् २ केचिदासन्विमनसःकेचिदासन्मुदाऽन्विताः ॥ आहुःपरस्परंकेचिन्निपुणाबुद्धिजीविनः ३ यत्कर्णशल्यप्रमुखैःक्षत्रियैर्लोकविश्रुतैः ॥ नानतंबलवद्भिर्हिधनुर्वेदपरायणैः ४ तत्कथंत्वकृतास्त्रेणप्राणतोदुर्बलीयसा ॥ बटुमात्रेणशक्यंहिसज्यंकर्तुंधनुर्द्विजाः ५ अवहास्याभविष्यंतिब्राह्मणाःसर्वराजसु ॥ कर्मण्यस्मिन्नसंसिद्धेचापलादपरीक्षिते ६ यद्येषदर्पाद्धर्षाद्वाऽप्यथब्राह्मणचापलात् ॥ प्रस्थितोधनुरायंतुंवार्यतांसाधुमागमत् ७ ॥ ब्राह्मणाऊचुः ॥ नावहास्याभविष्यामोनचलाघवमास्थिताः ॥ नचविद्विष्टतांलोकेगमिष्यामोमहीक्षिताम् ८ केचिदाहुर्युवाश्रीमान्नागराजकरोपमः ॥ पीनस्कंधोरुबाहुश्चधैर्येणहिमवानिव ९ सिंहखेलगतिःश्रीमान्मत्तनागेंद्रविक्रमः ॥ संभाव्यमस्मिन्कर्मेदमुत्साहाच्चानुमीयते १० ॥ ॥ ॥ ॥ ॥

प्यमाणःसज्जीकर्तुमिच्छन् २८ निक्षिप्तवादेषुत्यक्तधनुरुद्यमनकथेषु २९ ॥ इति आदिपर्वणि नीलकंठीये भारतभावदीपे सप्तत्यधिकशततमोऽध्यायः ॥ १७० ॥ ॥ यदेति जिष्णुरर्जुनः १ । २ ३ । ४ प्राणतःशक्तितः ५ । ६ दर्पाद्गर्वात् हर्षादौत्सुक्यात् चापलादनवस्थितत्वात् ७ । ८ । ९ । १० ॥ ॥ ॥ ॥

लोकेपुब्रह्मलोकांतेषु नृपुपुरुषेषु संस्थानचारिषुदेवासुराद्याकारैश्वरत्सुतत्कर्मनविद्यतेयद्ब्राह्मणानामसाध्यमितिसंबंधः ११ । १२ । १३ महद्भ्रस्वंमहदपिसुद्रंभवतियत्रतत्कर्म तदेवोदाहरतिजामदग्न्येने
ति १४ ब्राह्मणवचसाक्षुद्रेणापिमहत्कर्मकर्तुंशक्यमित्यभिप्रेत्यसर्वेऽप्येकमत्येमाहुः तस्मादिति १५ । १६ । १७ । १८ राधेयःकर्णः १९ । २० । २१ । २२ विध्यधुर्विजयध्वजकदुच्छ्रितर्वतः
विलक्षिताःविषमंलक्षितंदृष्टिर्येषांतेतथाभूताःशत्रवःलक्ष्येणविनाकृतावा २३ अवमनंतान्यंगानिनखांगुलिदंडधनुर्ज्यावक्त्रादीनिवादनोपायायेषांतानि । 'अंगंगात्रांतिकोपायप्रतीकेषु'इतिविश्वः २४ सा

शक्तिरस्यमहोत्साहानह्यशक्तःस्वयंव्रजेत् ॥ नचतद्विद्यतेकिंचित्कर्मलोकेषुयद्भवेत् ११ ब्राह्मणानामसाध्यंचनृषुसंस्थानचारिषु ॥ अब्भक्षावायुभक्षाश्चफलाहारादृढ
व्रताः १२ दुर्बलाअपिविप्राहिबलीयांसःस्वतेजसा ॥ ब्राह्मणोनावमंतव्यःसदसद्वासमाचरन् १३ सुखंदुःखंमहद्ध्रस्वंकर्मयत्समुपागतम् ॥ जामदग्न्येनरामेणनिर्जि
ताःक्षत्रियायुधि १४ पीतःसमुद्रोऽगस्त्येनअगाधोब्रह्मतेजसा ॥ तस्माद्ब्रुवंतुसर्वेऽत्रबटुरेषधनुर्महान् १५ आरोपयतुशीघ्रंवैतथेत्यूचुर्द्विजर्षभाः ॥ एवंतेषांविलपतां
विप्राणांविविधागिरः १६ अर्जुनोधनुषोऽभ्याशेतस्थौगिरिरिवाचलः॥ सतद्धनुःपरिक्रम्यप्रदक्षिणमथाकरोत् १७ प्रणम्यशिरसादेवमीशानंवरदंप्रभुम् ॥ कृष्णंचमन
साकृत्वाजगृहेचार्जुनोधनुः १८ यत्पार्थिवैरुक्मसुनीथवक्रैराधेयदुर्योधनशल्यशाल्वैः ॥ तदाधनुर्वेदपरैर्नृसिंहैःकृतंनसज्यंमहतोऽपियत्नात् १९ तदर्जुनोवीर्यवतांस
दर्पस्तदैंद्रिरिंद्रावरजप्रभावः॥ सज्यंचचक्रेनिमिषांतरेणशरांश्चजग्राहदशार्धसंख्यान् २० विव्याधलक्ष्यंनिपपाततच्चच्छिद्रेणभूमौसहसाऽतिविद्धम्॥ ततोऽन्तरिक्षेचबभू
वनादःसमाजमध्येचमहान्निनादः २१ पुष्पाणिदिव्यानिववर्षदेवःपार्थस्यमूर्ध्निद्विषतांनिहंतुः २२ चैलानिविव्यधुस्तत्रब्राह्मणाश्चसहस्रशः ॥ विलक्षितास्ततश्चक्रु
र्हाहाकारांश्चसर्वशः ॥ न्यपतंश्चात्रनभसःसमंतात्पुष्पवृष्टयः २३ शतांगानिचतूर्याणिवादकाःसमवादयन् ॥ सूतमागधसंघाश्चाप्यस्तुवंस्तत्रसुस्वराः २४ तंदृष्ट्वा
द्रुपदःप्रीतोबभूवरिपुसूदनः ॥ सहसैन्यैश्चपार्थस्यसाहाय्यार्थमियेषसः २५ तस्मिंस्तुशब्देमहतिप्रवृद्धेयुधिष्ठिरोधर्मभृतांवरिष्ठः ॥ आवासमेवोपजगामशीघ्रंसार्धंय
माभ्यांपुरुषोत्तमाभ्याम् २६ विद्धंतुलक्ष्यंप्रसमीक्ष्यकृष्णापार्थंचशक्रप्रतिमंनिरीक्ष्य ॥ आदायशुक्लांबरमाल्यदामजगामकुंतीसुतमुत्स्मयंती २७ सतामुपादायवि
जित्यरंगेद्विजातिभिस्तैरभिपूज्यमानः ॥ रंगान्निरक्रामदचिंत्यकर्मापत्न्यातयाचाप्यनुगम्यमानः २८ ॥ इतिश्रीमहाभारतेआदिपर्वणिस्वयंवरपर्वणिलक्ष्यच्छेदनेऽ
ष्टाशीत्यधिकशततमोऽध्यायः ॥ १८८ ॥ वैशंपायनउवाच ॥ तस्मैदित्सतिकन्यांतुब्राह्मणायतदानृपे ॥ कोपआसीन्महीपानामालोक्यान्योन्यमंतिकात् १ अ
स्मानयमतिक्रम्यतृणीकृत्यचसंगतान् ॥ दातुमिच्छतिविप्रायद्रौपदींयोषितांवराम् २ अवरोप्येहवृक्षंतुफलकालेनिपात्यते ॥ निहन्मैनंदुरात्मानंयोऽयमस्मान्नमन्यते ३

हाय्यार्थे द्रौपद्यलाभात्क्षुब्धैर्नृपांतरैर्युद्धप्रसक्तौसत्यां २५ । २६ उत्स्मयंतीउत्तमपतिलाभादत्यंतंगर्वंकुर्वती २७ । २८ ॥ इतिआदिपर्वणिनीलकंठीयेभारतभावदीपेअष्टाशीत्यधिकशततमोऽध्यायः ॥
॥ १८८ ॥ ॥ तस्मैदित्सतीति १ । २ । ३ ॥ ॥ ॥ ॥ ॥ ॥

अवरो॒प्येत्यस्यव्याख्या अयंहीतिव्यवहितश्लोकेन ४ । ५ । ६ । ७ । ८ । ९ । १० । ११ । १२ संत्रासाद्ब्राह्मणकोपेनसर्वक्षत्रंनश्येदितिशंकोत्थाद्भयात् १३ । १४ । १५ । १६ । १७

नह्यर्हत्येषसंमानंनापिवृद्धक्रमंगुणैः ॥ हन्मैनंसहपुत्रेणदुराचारंनृपद्विषम् ४ अयंहिसर्वानाहूयसत्कृत्यचनराधिपान् ॥ गुणवद्भोजयित्वान्नंततःपश्चान्नमन्यते ५ अस्मिन्राजसमावायेदेवानामिवसन्नये ॥ किमयंसदृशंकंचिन्नृपतिंनैवदृष्टवान् ६ नचविप्रेष्वधीकारोविद्यतेवरणंप्रति ॥ स्वयंवरःक्षत्रियाणामितीयंप्रथिताश्रुतिः ७ अथवायदिकन्येयंनचकंचिद्बुभूषति ॥ अग्नावेनांपरिक्षिप्ययामराष्ट्राणिपार्थिवाः ८ ब्राह्मणोयदिचापल्याल्लोभाद्वाकृतवानिदम् ॥ विप्रियंपार्थिवेंद्राणांनैषवध्यःकथंचन ९ ब्राह्मणार्थंहिनोराज्यंजीवितंहिवसूनिच ॥ पुत्रपौत्रंचयच्चान्यदस्माकंविद्यतेधनम् १० अवमानभयाच्चैवस्वधर्मस्यचरक्षणात् ॥ स्वयंवराणामन्येषांमाभूदेवंविधागतिः ११ इत्युक्काराजशार्दूलाहृष्टाःपरिघबाहवः ॥ द्रुपदंतुजिघांसंतःसायुधाःसमुपाद्रवन् १२ तान्गृहीतशरावापान्क्रुद्धानापततोबहून् ॥ द्रुपदोवीक्ष्यसंत्रासाद्ब्राह्मणाञ्छरणंगतः १३ वेगेनापततस्तांस्तुप्रभिन्नानिववारणान् ॥ पांडुपुत्रौमहेष्वासौप्रतियातावरिंदमौ १४ ततःसमुत्पेतुरुदायुधास्तेमहीक्षितोबद्धगोधांगुलित्राः ॥ जिघांसमानाःकुरुराजपुत्रावमर्षयंतोऽर्जुनभीमसेनौ १५ ततस्तुभीमोऽद्भुतभीमकर्मामहाबलोवज्रसमानसारः ॥ उत्पाट्यदोर्भ्यांद्रुममेकवीरोनिष्पत्रयामासयथागजेंद्रः १६ तंवृक्षमादायरिपुप्रमाथीदंडीवदंडंपितृराजउग्रम् ॥ तस्थौसमीपेपुरुषर्षभस्यपार्थस्यपार्थःपृथुदीर्घबाहुः १७ तत्प्रेक्ष्यकर्मातिमनुष्यबुद्धिर्जिष्णुःसहिभ्रातुरचिंत्यकर्मा ॥ विसिस्मियेचापिभयंविहायतस्थौधनुर्गृह्यमहेंद्रकर्मा १८ तत्प्रेक्ष्यकर्मातिमनुष्यबुद्धिर्जिष्णोःसहभ्रातुरचिंत्यकर्मा ॥ दामोदरोभ्रातरमुग्रवीर्यंहलायुधंवाक्यमिदंबभाषे १९ यएषसिंहर्षभखेलगामीमहद्धनुःकर्षतितालमात्रम् ॥ एषोऽर्जुनोनात्रविचार्यमस्तियद्यस्मिसंकर्षणवासुदेवः २० यस्त्वेषवृक्षंतरसाऽवभज्यराज्ञांनिकारेसहसाप्रवृत्तः ॥ वृकोदरान्नान्यइहैतदद्यकर्तुंसमर्थःसमरेपृथिव्याम् २१ योऽसौपुरस्तात्कमलायताक्षस्तनुर्महासिंहगतिर्विनीतः ॥ गौरःप्रलंबोज्ज्वलचारुघोणोविनिःसृतःसोऽच्युतधर्मपुत्रः २२ यौतौकुमाराविवकार्तिकेयौद्वावाश्विनेयाविविमेवितर्कः ॥ मुक्ताहितस्माज्जतुवेश्मदाहान्मयाश्रुताःपांडुसुताःपृथाच २३ तमब्रवीन्निर्जलतोयदाभोहलायुधोऽनंतरजंप्रतीतः ॥ प्रीतोऽस्मिदृष्ट्वाहिपितृष्वसारंपृथांविमुक्तांसहकौरवाग्र्यैः २४ ॥ इति श्रीमहाभारते आदिपर्वणि स्वयंवरपर्वणि कृष्णवाक्येऊननवत्यधिकशततमोऽध्यायः ॥ १८९ ॥ वैशंपायनउवाच ॥ अजिनानिविधुन्वंतःकरकांश्चद्विजर्षभाः ॥ ऊचुस्तेभीर्नकर्तव्यावयंयोत्स्यामहेपरान् १ तानेवंवदतोविप्रानर्जुनःप्रहसन्निव ॥ उवाचप्रेक्षकाभूत्वायूयंतिष्ठथपार्श्वतः २ अहमेनानजिह्माग्रैःशतशोविकिरञ्छरैः ॥ वारयिष्यामिसंक्रुद्धान्मंत्रैराशीविषानिव ३ इतितद्धनुरानम्यशुल्कावाप्तंमहाबलः ॥ भ्रात्राभीमेनसहितस्तस्थौगिरिरिवाचलः ४ ॥ ॥ ॥

१८ । १९ । २० । २१ घोणानासा २२ कार्त्तिकेयाविव्यभूतोपमा २३ । २४ ॥ इति आदिपर्वणि नीलकंठीये भारतभावदीपे ऊननवत्यधिकशततमोऽध्यायः ॥ १८९ ॥ ॥ अजिनानीति १ । २ ३ शुल्कावाप्तंपणप्राप्तं ४ ॥ ॥ ॥ ॥ ॥ ॥

५ ।६।७।८ । ९ । १० । ११ विजिगीषिणौविजिगीषावंतौ १२ शूराणामर्थवद्भिर्वचनैःशूरार्थवचनैः १३ । १४ प्रतिहन्यप्रतिहत्य । वाल्यपीतिपक्षेऽनुनासिकलोपाभावान्नतुक् । तत्प्रतिहननं १५
१६ । १७ मन्येत्वांयस्मान्मांप्रतियुध्यसे १८ । १९ । २० । २१ । २२ । वनोद्देशेरंगद्दशांनिवासस्थाने । 'वनंनपुंसकंनीरेनिवासालयकानने'इतिमेदिनी २३ । २४ प्रकर्षणंदूरेनोदनं । आक

ततःकर्णमुखान्दृष्ट्वाक्षत्रियान्युद्धदुर्मदान् ॥ संपेततुरभीतौतौगजौप्रतिगजानिव ५ ऊचुश्चवाचःपरुषास्तेराजानोयुयुत्सवः ॥ आहवेहिद्विजस्यापिवधोदृष्टोयुयु
त्सतः ६ इत्येवमुक्त्वाराजानःसहसादुद्रुवुर्द्विजान् ॥ ततःकर्णोमहातेजाजिष्णुंप्रतिययौरणे ७ युद्धार्थीवासिताहेतोर्गजःप्रतिगजंयथा ॥ भीमसेनंययौशल्योमद्राणामीश्व
रोबली ८ दुर्योधनादयःसर्वेब्राह्मणैःसहसंगताः ॥ मृदुपूर्वमयत्नेनप्रत्ययुध्यंस्तदाऽऽहवे ९ ततोऽर्जुनःप्रत्यविध्यदापतंतंशितैःशरैः ॥ कर्णंवैकर्तनंश्रीमान्विकृष्य
बलवद्धनुः १० तेषांशराणांवेगेनशितानांतिग्मतेजसाम् ॥ विमुह्यमानोराधेयोयत्नात्तमनुधावति ११ तावुभावप्यनिर्देश्यौलाघवाज्जयतांवरौ ॥ अयुध्येतांसु
संरब्धावन्योन्यविजिगीषिणौ १२ कृतेप्रतिकृतंपश्यपश्यबाहुबलंचमे ॥ इतिशूरार्थवचनैरभाषेतांपरस्परम् १३ ततोऽर्जुनस्यभुजयोर्वीर्यमप्रतिमंभुवि ॥ ज्ञा
त्वावैकर्तनःकर्णःसंरब्धःसमयोधयत् १४ अर्जुनेनप्रयुक्तांस्तान्बाणान्वेगवतस्तदा ॥ प्रतिहन्यननादोच्चैःसैन्यानितदपूजयन् १५ ॥ कर्णउवाच ॥ तुष्यामिते
विप्रमुख्यभुजवीर्यस्यसंयुगे ॥ अविषादस्यचैवास्यशस्त्रास्त्रविजयस्यच १६ किंत्वंसाक्षाद्धनुर्वेदोरामोवाविप्रसत्तम ॥ अथसाक्षाद्धरिहयःसाक्षाद्वाविष्णुरच्युतः १७
आत्मप्रच्छादनार्थंवैबाहुवीर्यमुपाश्रितः ॥ विप्ररूपंविधायेदंमन्येमांप्रतियुध्यते १८ नहिमामाहवेक्रुद्धमन्यःसाक्षाच्छचीपतेः ॥ पुमान्योधयितुंशक्तःपांड
वाद्वाकिरीटिनः १९ तमेवंवादिनंतत्रफाल्गुनःप्रत्यभाषत ॥ नास्मिकर्णधनुर्वेदोनास्मिरामःप्रतापवान् २० ब्राह्मणोऽस्मियुधांश्रेष्ठःसर्वशस्त्रभृतांवरः ॥ ब्राह्मे
पौरंदरेचास्त्रेनिष्ठितोगुरुशासनात् २१ स्थितोऽस्म्यद्यरणेजेतुंत्वांवैवीरस्थिरोभव ॥ वैशंपायनउवाच ॥ एवमुक्तस्तुराधेयोयुद्धात्कर्णोन्यवर्तत २२ ब्राह्मंतेजस्त
दाऽजय्यंमन्यमानोमहारथः ॥ अपरस्मिन्वनोद्देशेवीरौशल्यवृकोदरौ २३ बलिनौयुद्धसंपन्नौविद्ययाचबलेनच ॥ अन्योन्यमाह्वयंतौतुमत्ताविवमहागजौ २४
मुष्टिभिर्जानुभिश्चैवनिघ्नंतावितरेतरम् ॥ प्रकर्षणाकर्षणयोरभ्याकर्षविकर्षणैः २५ आचकर्षतुरन्योऽन्यंमुष्टिभिश्चापिजघ्नतुः ॥ ततश्चटचटाशब्दःसुघोरोह्यभवत्त
योः २६ पाषाणसंपातनिभैःप्रहारैरभिजघ्नतुः ॥ मुहूर्तंतौतदाऽन्योन्यंसमरेपर्यकर्षताम् २७ ततोभीमःसमुत्क्षिप्यबाहुभ्यांशल्यमाहवे ॥ अपातयत्कुरुश्रेष्ठोब्रा
ह्मणाजहसुस्तदा २८ तत्राश्चर्यंभीमसेनश्चकारपुरुषर्षभः ॥ यच्छल्यंपातितंभूमौनावधीद्बलिनंबली २९ पातितेभीमसेनेनशल्येकर्णेचशंकिते ॥ शंकिताःसर्व
राजानःपरिवव्रुर्वृकोदरम् ३० ऊचुश्चसहितास्तत्रसाध्विमौब्राह्मणर्षभौ ॥ विज्ञायेतांक्वजन्मानौक्वनिवासौतथैवच ३१ कोहिराधासुतंकर्णंशक्तोयोधयितुंरणे ॥
अन्यत्ररामाद्द्रोणाद्वापांडवाद्वाकिरीटिनः ३२ कृष्णाद्वादेवकीपुत्रात्कृपाद्वाऽपिशरद्वतः ॥ कोवादुर्योधनंशक्तःप्रतियोधयितुंरणे ३३ ॥

र्षणमर्वाक्कर्षणं । अभ्याकर्षणमभिमुखामास्फालनं । विकर्षणंतिर्यक्पातनं २५ । २६ । २७ । समुत्क्षिप्यकूष्मांडफलवदपातयत् २८ । २९ । ३० । ३१ । ३२ । ३३ ॥

३४ अवहारोयुद्धान्निवर्तनं ३५ सापराधाअपीतिसंधिरार्षः अथअथवाकालांतरेउपलभ्य ३६ संयुगेतत्कर्मकृत्वातूष्णींभूताविंतिशेषः ३७ । ३८ । ३९ ब्रह्मब्राह्मणजातिःउत्तरंउत्कृष्टंयस्मिन्सब्रह्मोत्तरः ४० । ४१ । ४२ । ४३ अभिगच्छतिउपस्थितेसति ४४ । ४५ । ४६ भार्गववेश्मकुलालगृहं ४७ ॥ इतिआदिपर्वणि नीलकंठीये भारतभावदीपे नवत्यधिकशततमोऽध्यायः ॥ १९० ॥

तथैवमद्राधिपतिंशल्यंबलवतांवरम् ॥ बलदेवादृतेवीरात्पडिवाद्वावृकोदरात् ३४ वीराद्दुर्योधनाद्वाऽन्यःशक्तःपातयितुंरणे ॥ क्रियतामवहारोस्माद्युद्धाद्ब्राह्मणसंवृतात् ३५ ब्राह्मणाहिसदारक्ष्याःसापराधाऽपिनित्यदा ॥ अथैनानुपलभ्येहपुनर्योत्स्यामहृष्टवत् ३६ तांस्तथावादिनःसर्वान्प्रसमीक्ष्यक्षितीश्वरान् ॥ अथान्यान्पुरुषांश्चापिकृत्वातत्कर्मसंयुगे ३७ ॥ वैशंपायनउवाच ॥ तत्कर्मभीमस्यसमीक्ष्यकृष्णःकुंतीसुतौतौपरिशंकमानः ॥ निवारयामासमहीपतींस्तान्धर्मेणलब्धेत्यनुनीयसर्वान् ३८ एवंतेविनिवृत्तास्तुयुद्धाद्युद्धविशारदाः ॥ यथावासंययुःसर्वेविस्मिताराजसत्तमाः ३९ वृत्तोब्रह्मोत्तरोरंगःपांचालीब्राह्मणैर्वृता ॥ इतिब्रुवंतःप्रययुर्येतत्रासन्समागताः ४० ब्राह्मणैस्तुप्रतिच्छन्नौरौरवाजिनवासिभिः ॥ कृच्छ्रेणजग्मतुस्तौतुभीमसेनधनंजयौ ४१ विमुक्तौजनसंबाधाच्छत्रुभिःपरीविक्षतौ ॥ कृष्णयाऽनुगतौतत्रनृवीरौतौविरेजतुः ४२ पौर्णमास्यांघनैर्मुक्तौचंद्रसूर्याविवोदितौ ॥ तेषांमाताबहुविधंविनाशंपर्यचिंतयत् ४३ अनागच्छत्सुपुत्रेषुभैक्षकालेऽभिगच्छति ॥ धार्तराष्ट्रैर्हतानस्युर्विज्ञायकुरुपुंगवाः ४४ मायान्वितैर्वारक्षोभिःसुघोरैर्दृढवैरिभिः ॥ विपरीतंमतंजातंव्यासस्यापिमहात्मनः ४५ इत्येवंचिंतयामाससुतस्नेहावृतापृथा ॥ ततःसुप्तजनप्रायेदुर्दिनेमेघसंप्लुते ४६ महत्यथापराह्णेतुघनैःसूर्यइवावृतः ॥ ब्राह्मणैःप्राविशत्तत्रजिष्णुर्भार्गववेश्मतत् ४७ ॥

इतिश्रीमहाभारतेआदिपर्वणि स्वयंवरपर्वणि पांडवप्रत्यागमने नवत्यधिकशततमोऽध्यायः ॥ १९० ॥ ॥ ॥ ॥

वैशंपायनउवाच ॥ गत्वातुतांभार्गवकर्मशालांपार्थौपृथांप्राप्यमहानुभावौ ॥ तांयाज्ञसेनींपरमप्रतीतौभिक्षेत्यथावेदयतांनराग्र्यौ १ कुटीगतासात्वनवेक्ष्यपुत्रौप्रोवाचभुंक्तेतिसमेत्यसर्वे ॥ पश्चाच्चकुंतीप्रसमीक्ष्यकृष्णांकष्टंमयाभाषितमित्युवाच २ साऽधर्मभीतापरिचिंतयंतीतांयाज्ञसेनींपरमप्रतीताम् ॥ पाणौगृहीत्वोपजगामकुंतीयुधिष्ठिरंवाक्यमुवाचचेदम् ३ ॥ कुंत्युवाच ॥ इयंतुकन्याद्रुपदस्यराज्ञस्तवानुजाभ्यांमयिसन्निविष्टा ॥ यथोचितंपुत्रमयाऽपिचोक्तंसमेत्यभुंक्तेतिनृपप्रमादात् ४ मयाकथंनानृतमुक्तमद्यभवेत्कुरूणामृषभब्रवीहि ॥ पंचालराजस्यसुतामधर्मोनचोपवर्त्तेतनविभ्रमेच्च ५ ॥ वैशंपायनउवाच ॥ सएवमुक्तोमतिमान्नृवीरोमात्रामुहूर्तंतुविचिंत्यराजा ॥ कुंतींसमाश्वास्यकुरुप्रवीरोधनंजयंवाक्यमिदंबभाषे ६ त्वयाजिताफाल्गुनयाज्ञसेनीत्वयैवशोभिष्यतिराजपुत्री ॥ प्रज्वाल्यतामग्निरमित्रसाहगृहाणपाणिंविधिवत्त्वमस्याः ७ ॥ अर्जुनउवाच ॥ मामांनरेंद्रत्वमधर्मभाजंकृथानधर्मोऽयमशिष्टदृष्टः ॥ भवान्निवेश्यःप्रथमंततोऽयंभीमोमहाबाहुरचिंत्यकर्मा ८ ॥

॥ ॥ ॥ ॥ गत्वेति १ । २ अधर्मोबहुभर्तृतारूपस्तस्माद्भीता ३ । ४ अधर्मोबहुभर्तृतारूपः विभ्रमेच्चतेनाधर्मेणतिर्यग्योनौपुनःपुनर्विशेषेणभ्रमेत् ५ । ६ । ७ नधर्मोऽयंदृष्टः अकंकःयंमांभवानशिष्टशासितवान् । निवेश्यःविवाह्यः ८ ॥ ॥ ॥ ॥ ॥

९ । १० । ११ । १२ । १३ । १४ । १५ भेदभयंयस्यद्रौपदीतस्येतरेशत्रवःस्युरितिभेदः १६ । १७ रौहिणेयोबलदेवः १८ । १९ । २० । २१ । २२ । २३ शत्रुसाहाःशत्रुवेगस्यसोढारः २४ यद्ध
अहंततोनकुलोऽनंतरंमेपश्चादयंसहदेवस्तरस्वी ॥ वृकोदरोऽहंचयमौचराजन्नियंचकन्याभवतोनियोज्याः ९ एवंगतेयत्करणीयमत्रधर्म्यंयशस्यंकुरुतद्विचिंत्य ॥
पंचालराजस्यहितंचयत्स्यात्प्रशाधिसर्वेस्मवशेस्थितास्ते १० ॥ वैशंपायनउवाच ॥ जिष्णोर्वचनमाज्ञायभक्तिस्नेहसमन्वितम् ॥ दृष्टिंनिवेशयामासुःपांचाल्यां
पांडुनंदनाः ११ दृष्ट्वातेतत्रपश्यंतींसर्वेकृष्णांयशस्विनीम् ॥ संप्रेक्ष्यान्योन्यमासीनाहृदयैस्तामधारयन् १२ तेषांतुद्रौपदींदृष्ट्वासर्वेषाममितौजसाम् ॥ संप्रमथ्यें
द्रियग्रामंप्रादुरासीन्मनोभवः १३ काम्यंहिरूपंपांचाल्याविधात्राविहितंस्वयम् ॥ बभूवाधिकमन्याभ्यःसर्वभूतमनोहरम् १४ तेषामाकारभावज्ञःकुंतीपुत्रोयुधि
ष्ठिरः ॥ द्वैपायनवचःकृत्स्नंसस्मारमनुजर्षभः १५ अब्रवीत्सहितान्भ्रातॄन्मिथोभेदभयान्नृपः ॥ सर्वेषांद्रौपदीभार्याभविष्यतिहिनःशुभा १६ ॥ वैशंपायनउवा
च ॥ भ्रातुर्वचस्तत्प्रसमीक्ष्यसर्वेज्येष्ठस्यपांडोस्तनयास्तदानीम् ॥ तमेवार्थंध्यायमानामनोभिःसर्वेचतेतस्थुरदीनसत्वाः १७ वृष्णिप्रवीरस्तुकुरुप्रवीरानाशंस
मानःसहरौहिणेयः ॥ जगामतांभार्गवकर्मशालांयत्रासतेतेपुरुषप्रवीराः १८ तत्रोपविष्टंपृथुदीर्घबाहुंददर्शकृष्णःसहरौहिणेयः ॥ अजातशत्रुंपरिवार्यतांश्चाप्युपोप
विष्टान्ज्वलनप्रकाशान् १९ ततोऽब्रवीद्वासुदेवोऽभिगम्यकुंतीसुतंधर्मभृतांवरिष्ठम् ॥ कृष्णोऽहमस्मीतिनिपीड्यपादौयुधिष्ठिरस्याजमीढस्यराज्ञः २० तथैव
तस्याप्यनुरौहिणेयस्तौचापिहृष्टाःकुरवोऽभ्यनंदन् ॥ पितृष्वसुश्चापियदुप्रवीरावगृह्णतांभारतमुख्यपादौ २१ अजातशत्रुश्चकुरुप्रवीरःपप्रच्छकृष्णंकुशलंविलो
क्य ॥ कथंवयंवासुदेवत्वयेहगूढावसंतोविदिताश्चसर्वे २२ तमब्रवीद्वासुदेवःप्रहस्यगूढोप्यग्निर्ज्ञायतएवराजन् ॥ तंविक्रमंपांडवेयानतीत्यकोऽन्यःकर्त्ताविद्यतेमानु
षेषु २३ दिष्ट्यासर्वेपावकाद्विप्रमुक्तायूयंघोरात्पांडवाःशत्रुसाहाः ॥ दिष्ट्यापापोधृतराष्ट्रस्यपुत्रःसहामात्योनसकामोऽभविष्यत् २४ भद्रंवोऽस्तुनिहितंयद्गुहायां
विवर्धध्वंज्वलनाइवैधमानाः ॥ मावोविदुःपार्थिवाःकेचिदेवयास्यावहेशिबिरायैवतावत् ॥ सोऽज्ञातःपांडवेनाव्ययश्रीःप्रायाच्छीघ्रंबलदेवेनसार्धम् २५ ॥ इति श्री
महाभारते आदिपर्वणिस्वयंवरपर्वणिरामकृष्णागमनेएकनवत्यधिकशततमोऽध्यायः ॥ १९१ ॥ ॥ वैशंपायनउवाच ॥ धृष्टद्युम्नस्तुपांचाल्यःपृष्ठतःकुरुनंदनौ ॥
अन्वगच्छत्तदायांतौभार्गवस्यनिवेशने १ सोऽज्ञायमानःपुरुषानवधायसमंततः ॥ स्वयमारान्निलीनोऽभूद्भार्गवस्यनिवेशने २ सोयंचभीमस्तुरिपुप्रमाथीजिष्णु
र्यमौचापिमहानुभावौ ॥ भैक्षंचरित्वातुयुधिष्ठिरायनिवेदयांचक्रुरदीनसत्वाः ३ ततस्तुकुंतीद्रुपदात्मजांतामुवाचकालेवचनंवदान्या ॥ त्वमग्रमादायकुरुष्वभद्रेब
लिंचविप्रायचदेहिभिक्षाम् ४ येचान्नमिच्छंतिददस्वतेभ्यःपरिश्रितायेपरितोमनुष्याः ॥ ततश्चशेषंप्रविभज्यशीघ्रमर्धंचतुर्धाममचात्मनश्च ५ ॥ ॥
द्गुहायांबुद्धौवोनिहितंतद्भद्रोऽस्तु २५ ॥ इतिआदिपर्वणिनीलकंठीये भारतभावदीपेएकनवत्यधिकशततमोऽध्यायः ॥ १९१ ॥ ॥ धृष्टद्युम्नइति १ सःअज्ञायमानः पांडवैरितरैश्च आरात्समीपे २
३ अग्रंप्रथममादायबलिंकुरुष्वभिक्षांचदेहि ४ परिश्रिताःअन्येऽन्नोपजीविनः चतुर्धाममचात्मनश्चेत्यर्धंभीमायेत्यर्थः ५ ॥ ॥ ॥

संहननोपपन्नोदृढःपुष्टश्च ६ साधुर्विशंकमानास्त्वस्यश्रेयस्तर्कयंती 'शंकात्रासेवितर्केच'इतिमेदिनी ७।८ अगस्त्येनशास्ताशिक्षितातांदक्षिणामभितः सर्वेऽपिदक्षिणामभितःपुरस्तावशिरोदेशस्यैवपादां तरेपादसमीपप्रदेशे ९ पादोपधानीवसर्वेषांपादस्पर्शंलभमाना कुशेषुकुशासनेषु १० पृतनाधिकाराःसेनाधीशयोग्याः ११।१२।१३ अप्रतिविंदमानःअजानन् १४ मूर्ध्निपदंहीनवर्णयोगाद्वैश्यप क्षेतुनपातित्यम् । शूद्रपक्षेतु 'पद्युवाएतत्स्मशानंयच्छूद्रः' इतिशूद्रस्यपादयुक्तश्मशानत्वश्रुतेस्तत्रमालावत्सुकुमारीबालानपतितेतिस्पष्टमुक्तम् १५ सवर्णप्रवरःक्षत्रियश्रेष्ठः उद्रिक्तवर्णोब्राह्मणः मूर्ध्निपाद

अधैतुभीमायचदेहिभद्रेयएषनागर्षभतुल्यरूपः ॥ गौरोयुवासंहननोपपन्नएषोहिवीरोबहुभुक्सदैव ६ साहृष्टरूपेवतुराजपुत्रीतस्यावचःसाधुविशंकमाना ॥ यथा वदुक्तंप्रचकारसाध्वीतेचापिसर्वेबुभुजुस्तदन्नम् ७ कुशैस्तुभूमौशयनंचकारमाद्रीपुत्रःसहदेवस्तरस्वी ॥ यथास्वकीयान्यजिनानिसर्वेसंस्तीर्यवीराःसुषुपुर्धरण्याम् ८ अगस्त्यशास्तामभितोदिशंतुशिरांसितेषांकुरुसत्तमानाम् ॥ कुंतीपुरस्तात्तुबभूवतेषांपादांतरेचाथबभूवकृष्णा ९ अशेतभूमौसहपांडुपुत्रैःपादोपधानीवकृता कुशेषु ॥ नतत्रदुःखंमनसाऽपितस्यानचावमेनेकुरुपुंगवांस्तान् १० तेतत्रशूराःकथयांबभूवुःकथाविचित्राःपृतनाधिकाराः ॥ अस्त्राणिदिव्यानिरथांश्चनागान् खड्गान्गदाश्चापिपरश्वधांश्च ११ तेषांकथास्ताःपरिकीर्त्यमानाःपंचालराजस्यसुतस्तदानीम् ॥ शुश्रावकृष्णांचतदानिषण्णांतेचापिसर्वेददृशुर्मनुष्याः १२ धृ ष्टद्युम्नोराजपुत्रस्तुसर्वंवृत्तंतेषांकथितंचैवरात्रौ ॥ सर्वंराज्ञेद्रुपदायाखिलेननिवेदयिष्यंस्त्वरितोजगाम १३ पंचालराजस्तुविषण्णरूपस्तान्पांडवानप्रतिविंदमानः ॥ धृष्टद्युम्नंपर्यपृच्छन्महात्माक्वसागताकेननीताचकृष्णा १४ कच्चिन्नशूद्रेणनहीनजेनवैश्येनवाकरदेनोपपन्ना ॥ कच्चित्पदंमूर्ध्निनपंकदिग्धंकच्चिन्नमालापतिताश्म शाने १५ कच्चित्सवर्णप्रवरोमनुष्यउद्रिक्तवर्णोऽप्युतएवकच्चित् ॥ कच्चिन्नवामोममर्मूर्ध्निपादःकृष्णाभिमर्शेनकृतोऽद्यपुत्र १६ कच्चिन्नतप्स्येपरमप्रतीतःसंयुज्य पार्थेननरर्षभेण ॥ वदस्वतत्त्वेनमहानुभावकोऽसौविजेतादुहितुर्ममाद्य १७ विचित्रवीर्यस्यसुतस्यकच्चित्कुरुप्रवीरस्यध्रियंतिपुत्राः ॥ कच्चित्तुपार्थेनयवीयसा ऽद्यधनुर्गृहीतंनिहतंचलक्ष्यम् १८ ॥ इतिश्रीमहाभारतेआदिपर्वणिस्वयंवरपर्वणिधृष्टद्युम्नप्रत्यागमनेद्विनवत्यधिकशततमोऽध्यायः ॥ १९२ ॥ ॥ समाप्तंस्व यंवरपर्व ॥ ॥ अथवैवाहिकपर्व ॥ ॥ वैशंपायनउवाच ॥ ततस्तथोक्तःपरिहृष्टरूपःपित्रेशशंसाथसराजपुत्रः ॥ धृष्टद्युम्नःसोमकानांप्रबर्होवृत्तंयथायेनहृताच कृष्णा १ ॥ धृष्टद्युम्नउवाच ॥ योऽसौयुवाव्यायतलोहिताक्षःकृष्णाजिनीदेवसमानरूपः ॥ यःकार्मुकाग्र्यंकृतवानधिज्यंलक्ष्यंचयःपातितवान्पृथिव्याम् २ अ सज्जमानश्चततस्तरस्वीवृतोद्विजाग्र्यैरभिपूज्यमानः ॥ चक्रामवज्रीवदितेःसुतेषुसर्वैश्चदेवैर्ऋषिभिश्चजुष्टः ३ कृष्णाप्रगृह्याजिनमन्वयात्तंनागंयथानागवधूःप्रहृष्टा ॥ अमृष्यमाणेषुनराधिपेषुक्रुद्धेषुवैतत्रसमापतत्सु ४ ॥ ॥ ॥ ॥ ॥

स्तुवेषमात्रेणब्राह्मणत्वानिश्चयात्शौर्यस्यचकर्णैकलव्ययोःसूतशूद्रयोरपिदृष्टत्वात्संभावितः १६ कच्चिदितिकामप्रवेदने । पार्थेनसंयुज्यपरमप्रतीतोऽत्यंतहृष्टोऽसि तादृशशौर्यस्यान्यत्रासंभवात् १७ ध्रि यंतिजीवंति १८ ॥ इति आदिपर्वणिनीलकंठीयेभारतभावदीपेद्विनवत्यधिकशततमोऽध्यायः ॥ १९२ ॥ ॥ ततइति । प्रबर्हउत्तमः १।२।३।४ ॥ ॥

महीप्ररोहंवृक्षं ५ । ६ । ७ उक्तातान्यामितिशेषः ८ ब्राह्मणसात्ब्राह्मणाधीनं ९ दर्भाणांअजिनाग्रमुपर्यजिनंचतदास्तरणंचेतिसमासः १० । ११ । १२ । १३ विद्याम वेदितुमिच्छामः १४ । १५

तौपाथिवानांमिषतांनरेंद्रकृष्णामुपादायगतौन
ततोऽपरःपार्थिवसंघमध्येप्रवृद्धमारुज्यमहीप्ररोहं ॥ प्रकालयन्नेवसपार्थिवौघान्क्रुद्धोऽन्तकःप्राणभृतोयथैव ५ तौपाथिवानांमिषतांनरेंद्रकृष्णामुपादायगतौन
राग्र्यौ ॥ विभ्राजमानाविवचंद्रसूर्यौबाह्यांपुराद्भार्गवकर्मशालाम् ६ तत्रोपविष्टार्चिरिवानलस्यतेषांजनित्रीतिममप्रतर्कः ॥ तथाविधैरेवनरप्रवीरैरुपोपविष्टैस्त्रि
भिरग्निकल्पैः ७ तस्यास्ततस्तावभिवाद्यपादावुक्ताचकृष्णात्वभिवादयेति ॥ स्थितांचतत्रैवनिवेद्यकृष्णांभिक्षाप्रचारायगतानराग्र्याः ८ तेषांतुभैक्षंप्रतिगृ
ह्यकृष्णादत्वाबलिंब्राह्मणसाच्चकृत्वा ॥ तांचैववृद्धांपरिवेष्यतांश्चनरप्रवीरान्स्वयमप्यभुंक्त ९ सुप्तास्तुतेपार्थिवसर्वएवकृष्णाचतेषांचरणोपधाने ॥ आसीत्पृथिव्यां
शयनंचतेषांदर्भाजिनाग्रास्तरणोपपन्नम् १० तेनर्दमानाइवकालमेघाःकथाविचित्राःकथयांबभूवुः ॥ नवैश्यशूद्रौपयिकीःकथास्तानचद्विजानांकथयंतिवीराः
११ निःसंशयंक्षत्रियपुंगवास्तेयथाहियुद्धंकथयंतिराजन् ॥ आशाहिनोव्यक्तमियंसमृद्धामुक्तान्हिपार्थान्शृणुमोऽग्निदाहात् १२ यथाहिलक्ष्यंनिहतंधनुश्चसज्यंकृ
तंतेनतथाप्रसह्य ॥ यथाहिभाषंतिपरस्परंतेछन्नाध्रुवंतेप्रचरंतिपार्थाः १३ ततःसराजाद्रुपदःप्रहृष्टःपुरोहितंप्रेषयामासतेषाम् ॥ विद्यामयुष्मानितिभाषमाणोमहात्मनःपांडु
सुतास्तुकच्चित् १४ गृहीतवाक्योनृपतेःपुरोधागत्वाप्रशंसामभिधायतेषाम् ॥ वाक्यंसमग्रंनृपतेर्यथावदुवाचचानुक्रमविक्रमेण १५ विज्ञातुमिच्छत्यवनीश्वरोवःपंचाल
राजोवरदोवरार्हाः ॥ लक्ष्यस्यवेद्धारमिमंहिदृष्ट्वाहर्षस्यनांतंप्रतिपद्यतेसः १६ आख्यातचज्ञातिकुलानुपूर्वींपदंशिरःसुद्विषतांकुरुध्वम् ॥ प्रल्हादयध्वंहृदयंममेदंपंचाल
राजस्यचसानुगस्य १७ पांडुर्हिराजाद्रुपदस्यराज्ञःप्रियःसखाचात्मसमोबभूव ॥ तस्यैषकामोदुहितामर्मेयंस्नुषांप्रदास्यामिहिकौरवाय १८ अयंहिकामोद्रुपदस्यराज्ञो
हृदिस्थितोनित्यमनिंदितांगाः ॥ यदर्जुनोवैपृथुदीर्घबाहुर्धर्मेणविंदेतसुतांममैताम् १९ कृतंहितत्स्यात्सुकृतंममेदंयशश्चपुण्यंचहितंतदेतत् ॥ अथोक्तवाक्यंहिपुरोहि
तंस्थितंततोविनीतंसमुदीक्ष्यराजा २० समीपतोभीममिदंशशासप्रदीयतांपाद्यमर्घ्यंतथाऽस्मै ॥ मान्यःपुरोधाद्रुपदस्यराज्ञस्तस्मैप्रयोज्याऽभ्यधिकाहिपूजा २१ भी
मस्तलस्तत्कृतवान्नरेंद्रतांचैवपूजांप्रतिगृह्यहर्षात् ॥ सुखोपविष्टंतुपुरोहितंतदायुधिष्ठिरोब्राह्मणमित्युवाच २२ पंचालराजेनसुतानिसृष्टास्वधर्मदृष्टेनयथानकामात् ॥ प्र
दिष्टशुल्काद्रुपदेनराज्ञासातेनवीरेणतथानुवृत्ता २३ नतत्रवर्णेषुकृताविवक्षानचापिशीलेनकुलेनगोत्रे ॥ कृतेनसज्ज्येनहिकार्मुकेणविद्धेनलक्ष्येणहिसाविसृष्टा २४ सेयंत
थाऽनेनमहात्मनेहकृष्णाजितापार्थिवसंघमध्ये ॥ नैवंगतेसौमकिरद्यराजासंतापमर्हत्यसुखायकर्तुम् २५ कामश्चयोऽसौद्रुपदस्यराज्ञःसचापिसंपत्स्यतिपार्थिवस्य ॥
संप्राप्यरूपांहिनरेंद्रकन्यामिमामहंब्राह्मणसाधुमन्ये २६ ॥ ॥ ॥ ॥ ॥

१६ आख्यातकथयत १७ । १८ । १९ । २० । २१ । २२ शुल्कंमूल्यपणं तेनैवअनुवृत्ताअनुसृता २३ तदेवाह कृतेनेति २४ सौमकिर्द्रुपदः २५ संप्राप्यरूपामस्माकंयोग्यस्वरूपां २६ ॥ ॥

२७ । २८ । २९ ॥ इतिआदिपर्वणिनीलकंठीयेभारतभावदीपेत्रिनवत्यधिकशततमोध्यायः ॥ १९३ ॥ ॥ ॥ जन्यार्थमिति । जन्यार्थंवरपक्षीयजनार्थं कृष्णांचतत्रैवाप्तुवध्वंपाणिग्रहणविधिना कृष्णाचेतिपाठेआप्नोतुअन्नंभवदीयत्वाद्भवद्भिःसहैवेतिभावः १ । २ परियाप्यप्रस्थाप्य ३ पुनःक्षत्रियत्वंपरीक्षितुंद्रव्याण्युपसंजहारएकत्रकृत्वादर्शितवान् ४ फलवर्मगवादीनिक्रमात्रै

नतद्धनुर्मंदबलेनशक्यंमौर्व्यासमायोजयितुंतथाहि ॥ नचाकृतास्त्रेणनहीनजेनलक्ष्यंतथापातयितुंहिशक्यम् २७ तस्मान्नतापंदुहितुर्निमित्तंपंचालराजोर्हतिकर्त्तुमद्य ॥ नचापितत्पातनमन्यथेहकर्तुंहिशक्यंभुविमानवेन २८ एवंब्रुवत्येवयुधिष्ठिरेतुपंचालराजस्यसमीपतोऽन्यः ॥ तत्राजगामाशुनरोद्वितीयोनिवेदयिष्यन्निहसिद्धमन्नम् २९ ॥ इति श्रीमहाभारते आदिपर्वणि वैवाहिकपर्वणिपुरोहितयुधिष्ठिरसंवादे त्रिनवत्यधिकशततमोऽध्यायः ॥ १९३ ॥ ॥ दूतउवाच ॥ जन्यार्थमन्नंद्रुपदेनराज्ञाविवाहहेतोरुपसंस्कृतंच ॥ तदाप्नुवध्वंकृतसर्वकार्याःकृष्णांचतत्रैवचिरंनकार्यम् १ इमेरथाःकांचनपद्मचित्राःसदश्वयुक्तावसुधाधिपार्हाः ॥ एतान्समारुह्य परैतसर्वेपंचालराजस्यनिवेशनंतत् २ ॥ वैशंपायनउवाच ॥ ततःप्रयाताःकुरुपुंगवास्तेपुरोहितंतंपरियाप्यसर्वे ॥ आस्थाययानानिमहांतितानिकुंतीचकृष्णाचसहैकयाने ३ श्रुत्वातुवाक्यानिपुरोहितस्ययान्युक्तवान्भारतधर्मराजः ॥ जिज्ञासयैवाथकुरूत्तमानांद्रव्याण्यनेकान्युपसंजहार ४ फलानिमाल्यानिचसंस्कृतानिवर्माणि चर्माणितथाऽऽसनानि ॥ गाश्चैवराजन्नथचैवरज्जूर्बीजानिचान्यानिकृषीनिमित्तम् ५ अन्येषुशिल्पेषुचयान्यपिस्युःसर्वाणिकृत्यान्यखिलेनतत्र ॥ क्रीडानिमित्तान्यपियानितत्रसर्वाणितत्रोपजहारराजा ६ वर्माणिचर्माणिचभानुमंतिखड्गामहांतोऽश्वरथाश्चचित्राः ॥ धनूंषिचाग्र्याणिशराश्चचित्राःशक्त्यृष्टयःकांचनभूषणाश्च ७ प्रासाभुशुंड्यश्चपरश्वधाश्चसांग्रामिकंचैवतथैवसर्वम् ॥ शय्यासनान्युत्तमवस्तुवंतितथैववासोविविधंचतत्र ८ कुंतीतुकृष्णांपरिगृह्यसाध्वीमंतःपुरंद्रुपदस्याविवेश ॥ स्त्रियश्चतांकौरवराजपत्नींप्रत्यर्चयामासुरदीनसत्वाः ९ तान्सिंहविक्रांतगतीन्निरीक्ष्यमहर्षभाक्षानजिनोत्तरीयान् ॥ गूढोत्तरांसान्भुजगेंद्रभोगप्रलंबबाहून्पुरुषप्रवीरान् १० राजाचराज्ञःसचिवाश्चसर्वेपुत्राश्चराज्ञःसुहृदस्तथैव ॥ प्रेष्याश्चसर्वेनिखिलेनराजन्हर्षंसमापेतुरतीवतत्र ११ तेतत्रवीराःपरमासनेषुसपादपीठेष्वविशंकमानाः ॥ यथानुपूर्वंविविशुर्नराग्र्यास्तथामहार्हेषुनविस्मयंतः १२ उच्चावचंपार्थिवभोजनीयंपात्रीषुजांबूनदराजतीषु ॥ दासाश्चदास्यश्चसुमृष्टवेषाःसंभोजकाश्चाप्युपजन्हुरन्नम् १३ तेतत्रभुक्त्वापुरुषप्रवीरायथात्मकामंसुभृशंप्रतीताः ॥ उत्क्रम्यसर्वाणिवसूनिराजन्सांग्रामिकंतेविविशुर्नृवीराः १४ ॥ ॥ ॥ ॥

वणिकयोग्यानि ५ कृंततीतिकृत्यानि । कृतीछेदनेऽस्मातक्यप् शिल्पिनांप्रहरणानिवास्यादीनि क्रीडानिमित्तानिशुष्केष्टिसदोरंजनादिरूपाब्राह्मणक्षत्रियादीनांक्रीडास्तासांसाधनानि अल्पानियज्ञपात्राणि कृत्रिमाश्वादीनिसरंगपटानिच तत्रदेशे तत्रकाले तत्रपरिक्षणेनिमित्ते ६ । ७ उत्तमवस्तूनिरत्नखचिततांबूलधानीप्रभृतीनितद्वंति मतोर्मस्यवत्वमार्षं ८ । ९ गूढोत्तरांसान्गूढजत्रून् १० । ११ । १२ सुमृष्टः अभ्यंजनवासोलंकरणादिभिःसम्यक्परिष्कृतःपांडवानांवेषोयैस्तेसुमृष्टवेषाः । तेचसंभोजकाश्चयथायोग्यंतांबूलादिकमपूपादिकंचान्नमदनीयमुपाजन्हुः १३ । १४ ॥ ॥

१५ ॥ इतिआदिपर्वणिनीलकंठीयेभारतभावदीपेचतुर्नवत्यधिकशततमोऽध्यायः ॥ १९४॥ ॥ ॥ ततइति । ब्राह्मेणब्राह्मणार्थमुचितेनाभ्युत्थानादिना परिग्रहेणआतिथ्येन १ । २ । ३

तल्लक्षयित्वाद्रुपदस्यपुत्रोराजाचसर्वैःसहमंत्रिमुख्यैः ॥ समर्थयामासुरुपेत्यहृष्टाःकुंतीसुतान्पार्थिवराजपुत्रान् १५ ॥ इति श्रीमहाभारते आदिपर्वणि वैवाहिक
पर्वणि युधिष्ठिरादिपरीक्षणे चतुर्नवत्यधिकशततमोऽध्यायः ॥ १९४ ॥ ॥ ॥ ॥ वैशंपायनउवाच ॥ ततआहूयपांचाल्योराजपुत्रंयुधिष्ठिरम् ॥
परिग्रहेणब्राह्मेणपरिगृह्यमहाद्युतिः १ पर्यपृच्छददीनात्माकुंतीपुत्रंसुवर्चसम् ॥ कथंजानीमभवतःक्षत्रियान्ब्राह्मणानुत २ वैश्यान्वागुणसंपन्नानथवाशूद्रयोनि
जान् ॥ मायामास्थायवाविप्राश्चरतःसर्वतोदिशम् ३ कृष्णाहेतोरनुप्राप्तादेवाःसंदर्शनार्थिनः ॥ ब्रवीतुनोभवान्सत्यंसंदेहोह्यत्रनोमहान् ४ अपिनःसंशयस्यांते
मनःसंतुष्टिमावहेत् ॥ अपिनोभागधेयानिशुभानिस्युःपरंतप ५ इच्छयाब्रूहितत्सत्यंसत्यंराजसुशोभते ॥ इष्टापूर्तेनचतथावक्तव्यमनृतंनतु ६ श्रुत्वाह्यमरसं
काशतववाक्यमरिंदम ॥ ध्रुवंविवाहकरणमास्थास्यामिविधानतः ७ ॥ युधिष्ठिरउवाच ॥ माराजन्विमनाभूस्त्वंपांचाल्यप्रीतिरस्तुते ॥ ईप्सितस्तेध्रुवःकामः
संवृत्तोऽयमसंशयम् ८ वयंहिक्षत्रियाराजन्पांडोःपुत्रामहात्मनः ॥ ज्येष्ठंमांविद्धिकौन्तेयंभीमसेनार्जुनाविमौ ९ आभ्यांतवसुताराजन्निर्जिताराजसंसदि ॥ य
मौचतत्रकुंतीचयत्रकृष्णाव्यवस्थिता १० व्येतुतेमानसंदुःखंक्षत्रियाःस्मोनरर्षभ ॥ पद्मिनीवसुतेयंतेन्हदादन्यन्हदंगता ११ इतितथ्यंमहाराजसर्वमेतद्ब्रवीमिते
॥ भवान्हिगुरुरस्माकंपरमंचपरायणम् १२ ॥ वैशंपायनउवाच ॥ ततःसद्रुपदोराजाहर्षव्याकुललोचनः ॥ प्रतिवक्तुंमुदायुक्तोनाशकत्तंयुधिष्ठिरम् १३ यत्नेन
नतुसतंहर्षसंनिगृह्यपरंतपः ॥ अनुरूपंतदावाचाप्रत्युवाचयुधिष्ठिरम् १४ पप्रच्छचैनंधर्मात्मायथातेप्रद्रुताःपुरात् ॥ सतस्मैसर्वमाचख्यावानुपूर्व्येणपांडवः १५
तच्छ्रुत्वाद्रुपदोराजाकुंतीपुत्रस्यभाषितम् ॥ विगर्हयामासतदाधृतराष्ट्रंनरेश्वरम् १६ आश्वासयामासचतंकुंतीपुत्रंयुधिष्ठिरम् ॥ प्रतिजज्ञेचराज्यायद्रुपदोवदतांवरः
१७ ततःकुंतीचकृष्णाचभीमसेनार्जुनावपि ॥ यमौचराज्ञासंदिष्टंविविशुर्भवनंमहत् १८ तत्रतेन्यवसन्राजन्यज्ञसेनेनपूजिताः ॥ प्रत्याश्वस्तस्ततोराजासहपुत्रै
रुवाचतम् १९ गृह्णातुविधिवत्पाणिमद्यायंकुरुनंदनः ॥ पुण्येऽहनिमहाबाहुरर्जुनःकुरुतांक्षणम् २० ॥ वैशंपायनउवाच ॥ तमब्रवीत्ततोराजाधर्मात्माचयु
धिष्ठिरः ॥ ममापिदारसंबंधःकार्यस्तावद्विशांपते २१ ॥ द्रुपदउवाच ॥ भवान्वाविधिवत्पाणिंगृह्णातुदुहितुर्मम ॥ यस्यवामन्यसेवीरतस्यकृष्णामुपादिश
२२ ॥ युधिष्ठिरउवाच ॥ सर्वेषांमहिषीराजन्द्रौपदीनोभविष्यति ॥ एवंप्रव्याहृतंपूर्वंममात्राविशांपते २३ अहंचाप्यनिविष्टोवैभीमसेनश्चपांडवः ॥ पार्थेनवि
जिताचैषारत्नभूतासुतातव २४ ॥ ॥ ॥ ॥ ॥ ॥

४ । ५ इष्टंयागादि । आपूर्तंवाप्यादि । तत्रधर्मकृत्यंनश्येद्यद्यसत्यंब्रूयाइत्यर्थः ६ । ७ । ८ । ९ । १० । ११ । १२ । १३ । १४ । १५ । १६ । १७ । १८ । १९ क्षणंदेवपूजाद्रिपर्वोत्सवंविवाहात्माका
लीनंकुलधर्मम् । 'क्षणःपर्वोत्सवेऽपिस्यात्तथामानेप्यनेहसः' इतिमेदिनी २० । २१ । २२ । २३ । अनिविष्टःअकृतविवाहः २४ ॥ ॥ ॥ ॥

समयोनियमः २५ ज्वलनेज्वलनसमीपे करान्गृह्णातुपंचपाणिग्रहणानिकरोतु २६ पुंसःपुमांसः । यद्वापुंसःवेदकर्तुःपरमात्मनःसकाशात्रश्रूयंते । तस्मान्नैकाद्बौपतीविंदतइतिवेदविरुद्धंच । अविहितंनिषिद्धंचैतदित्यर्थः २७ । २८ सूक्ष्मःनैकस्यैवहवःसहपतयइतिश्रुत्यासहेतियुगपद्बहुपतित्वनिषेधेविहितोनतुसमयभेदेनतत्रश्चापिनिषिद्धं । मात्रासमेत्यभुंक्तेत्याज्ञप्तंचनलंघनीयं । पित्रोराज्ञयानिषिद्धमपिकर्तव्यंपरशुरामकृतमातृवधवत्किमुतानिषिद्धमितिभावः । पूर्वेषांप्रचेतःप्रभृतीनां तैर्यातंवर्त्मबहूनामेकपत्नीत्वमनुयामहे तच्चआनुपूर्व्येणैवनत्वक्रमेण २९ । ३० । ३१ । ३२

एषनःसमयोराजन्रत्नस्यसहभोजनम् ॥ नचतंहातुमिच्छामःसमयंराजसत्तम २५ सर्वेषांधर्मतःकृष्णामहिषीनोभविष्यति ॥ आनुपूर्व्येणसर्वेषांगृह्णातुज्वलने करान् २६ ॥ द्रुपदउवाच ॥ एकस्यबह्व्योविहितामहिष्यःकुरुनंदन ॥ नैकस्याबहवःपुंसःश्रूयंतेपतयःक्वचित् २७ लोकवेदविरुद्धंत्वंनाधर्मंधर्मविच्छुचिः ॥ कर्तुमर्हसिकौंतेयकस्मात्तेबुद्धिरीदृशी २८ ॥ युधिष्ठिरउवाच ॥ सूक्ष्मोधर्मोमहाराजनास्यविद्मोवयंगतिम् ॥ पूर्वेषामानुपूर्व्येणयातंवर्त्मानुयामहे २९ नमेवागनृतंप्राहनाधर्मेधीयतेमतिः ॥ एवंचैववदत्यंबाममचैतन्मनोगतम् ३० एषधर्मोध्रुवोराजंश्चरैनमविचारयन् ॥ माचशंकातत्रतेस्यात्कथंचिदपिपार्थिव ३१ ॥ द्रुपदउवाच ॥ त्वंचकुंतीचकौंतेयधृष्टद्युम्नश्चमेसुतः ॥ कथयंत्वितिकर्तव्यंश्वःकालेकरवामहे ३२ ॥ वैशंपायनउवाच ॥ तेसमेत्यततःसर्वेकथयंतिस्मभारत ॥ अथद्वैपायनोराजन्नभ्यागच्छद्यदृच्छया ३३ ॥ इति श्रीमहाभारते आदिपर्वणि वैवाहिकपर्वणि द्वैपायनागमनेपंचनवत्यधिकशततमोऽध्यायः ॥ १९५ ॥ ॥ वैशंपायनउवाच ॥ ततस्तेपांडवाःसर्वेपांचाल्यश्चमहायशाः ॥ प्रत्युत्थायमहात्मानंकृष्णंसर्वेऽभ्यवादयन् १ प्रतिनंद्यसतांपूजांपृष्ट्वाकुशलमंततः ॥ आसनेकांचनेशुद्धेनिषसादमहामनाः २ अनुज्ञातास्तुतेसर्वेकृष्णेनामिततेजसा ॥ आसनेषुमहार्हेषुनिषेदुर्द्विपदांवराः ३ ततोमुहूर्तान्मधुरांवाणीमुच्चार्यपार्षतः ॥ पप्रच्छतंमहात्मानंद्रौपद्यर्थेविशांपते ४ कथमेकाबहूनांस्याद्धर्मपत्नीनसंकरः ॥ एतन्मेभगवान्सर्वंप्रब्रवीतुयथातथम् ५ ॥ व्यासउवाच ॥ अस्मिन्धर्मेविप्रलब्धेलोकवेदविरोधके ॥ यस्ययस्यमतंयद्यच्छ्रोतुमिच्छामितस्यतत् ६ ॥ द्रुपदउवाच ॥ अधर्मोऽयंममतोविरुद्धोलोकवेदयोः ॥ नह्येकाविद्यतेपत्नीबहूनांद्विजसत्तम ७ नचाप्याचरितःपूर्वैरयंधर्मोमहात्मभिः ॥ नचाप्यधर्मोविद्वद्भिश्चरितव्यःकथंचन ८ ततोऽहंनकरोम्येनंव्यवसायंक्रियांप्रति ॥ धर्मःसदैवसंदिग्धःप्रतिभातिहिमेत्वयम् ९ ॥ धृष्टद्युम्नउवाच ॥ यवीयसःकथंभार्यांज्येष्ठोभ्राताद्विजर्षभ ॥ ब्रह्मन्समभिवर्तेतसद्वृत्तःसंस्तपोधन १० नतुधर्मस्यसूक्ष्मत्वाद्गतिंविद्मःकथंचन ॥ अधर्मोधर्मइतिवाव्यवसायोनशक्यते ११ कर्तुमस्मद्विधैर्ब्रह्मंस्ततोऽयंनव्यवस्यते ॥ पंचानांमहिषीकृष्णाभवत्वितिकथंचन १२ ॥ युधिष्ठिरउवाच ॥ नमेवागनृतंप्राहनाधर्मेधीयतेमतिः ॥ वर्ततेहिमनोमेऽत्रनैषोऽधर्मःकथंचन १३ ॥ ॥ ॥ ॥

३३ ॥ ॥ इति आदिपर्वणि नीलकंठीये भारतभावदीपे पंचनवत्यधिकशततमोऽध्यायः ॥ १९५ ॥ ततस्तेइति । कृष्णंव्यासं १ । २ । ३ । ४ । ५ विप्रलब्धेअतिगहनतयाशास्त्रीयेनकापट्येनहते अतएवलोकवेदविरोधके ६ । ७ । ८ क्रियांप्रतिव्यवसायंनिश्चयं ९ । १० । ११ । १२ नमेइति । वक्तृत्वंवाचएवधर्मोनपुरुषस्यनिर्विशेषस्यअतउक्तंनमेवागिति । एवंमतिमनसोरपिज्ञेयं । वागादीनांवक्तृत्वादिधर्मवतामसंगेनपुंसासंबंधस्तुनवास्तवःसंभवति । अतएवोक्तं 'निःसंगस्यससंगेनकूटस्थस्यविकारिणा ॥ आत्मनोऽनात्मनायोगोवास्तवोनोपपद्यते' इति । अत्रपंचानामेकपत्नीत्वे १३

१४ । १५ । १६ । १७ । १८ । १९ । २० राजानंद्रुपदं २१ उभौव्यासद्रुपदौ २२ अत्रयत्तद्देवाददुरित्यादिनात्रिपथमांनदीमित्यंतोनारायण्युपाख्यानग्रंथोऽध्यायद्वयात्मकःक्वचित्पुस्तकेपठ्यते २३
॥ इति आदिपर्वणि नीलकंठीये भारतभावदीपे षण्णवत्यधिकशततमोऽध्यायः ॥ १९६ ॥ ॥ पुरेति । शमितायज्ञेपशुवधकर्त्तातस्यकर्मशामित्रं १ यमोदीक्षितः सत्रेहियेयजमानास्तऋत्विजःसर्वेषां

श्रूयतेहिपुराणेऽपिजटिलानामगौतमी ॥ ऋषीनध्यासितवतीसप्तधर्मभृतांवरा १४ तथैवमुनिजावार्क्षीतपोभिर्भावितात्मनः ॥ संगताऽभूद्दशभ्रातॄनेकनाम्नःप्रचे
तसः १५ गुरोर्हिवचनंप्राहुर्धर्म्यंधर्मज्ञसत्तम ॥ गुरूणांचैवसर्वेषांमातापरमकोगुरुः १६ साचाप्युक्तवतीवाचंभैक्षवद्भुज्यतामिति ॥ तस्मादेतदहंमन्येपरंधर्मंद्वि
जोत्तम १७ ॥ कुंत्युवाच ॥ एवमेतद्यथाप्राहधर्मचारीयुधिष्ठिरः ॥ अनृतान्मेभयंतीव्रंमुच्येऽहमनृतात्कथम् १८ ॥ व्यासउवाच ॥ अनृतान्मोक्ष्यसेभद्रेधर्म
श्चैषसनातनः ॥ नतुवक्ष्यामिसर्वेषांपांचालश्रृणुमेस्वयम् १९ यथाऽयंविहितोधर्मोयतश्चायंसनातनः ॥ यथाचप्राहकौन्तेयस्तथाधर्मोनसंशयः २० ॥ वैशंपा
यनउवाच ॥ ततउत्थायभगवान्व्यासोद्वैपायनःप्रभुः ॥ करेगृहीत्वाराजानंराजवेश्मसमाविशत् २१ पांडवाश्चापिकुंतीचधृष्टद्युम्नश्चपार्षतः ॥ विविशुर्यत्रतत्रैव
प्रतीक्षंतेस्मतावुभौ २२ ततोद्वैपायनस्तस्मैनरेंद्रायमहात्मने ॥ आचख्यौतद्यथाधर्मोबहूनामेकपत्निता २३ ॥ इतिश्रीमहाभारते आदिपर्वणिवैवाहिकपर्वणि
व्यासवाक्ये षण्णवत्यधिकशततमोऽध्यायः ॥ १९६ ॥ ॥ व्यासउवाच ॥ पुरावैनैमिषारण्येदेवाःसत्रमुपासते ॥ तत्रवैवस्वतोराजन्शामित्रमकरोत्तदा १
ततोयमोदीक्षितस्तत्रराजन्नामारयत्कंचिदपिप्रजानाम् ॥ ततःप्रजास्ताबहुलाबभूवुःकालातिपातान्मरणप्रहीणाः २ सोमश्चशक्रोवरुणःकुबेरःसाध्यारुद्रावसवो
ऽथाश्विनौच ॥ प्रजापतिर्भुवनस्यप्रणेतासमाजग्मुस्तत्रदेवास्तथाऽन्ये ३ ततोऽब्रुवन्लोकगुरुंसमेताभयात्तीव्रान्मानुषाणांविवृद्ध्या ॥ तस्माद्भयादुद्विजंतःसुखे
प्सवःप्रयामसर्वेशरणंभवंतम् ४ ॥ पितामहउवाच ॥ किंवोभयंमानुषेभ्योयूयंसर्वेयदाऽमराः ॥ मावोमर्त्यसकाशाद्वैभयंभवितुमर्हति ५ ॥ देवाऊचुः ॥ मर्त्याअ
मर्त्याःसंवृत्तानविशेषोऽस्तिकश्चन ॥ अविशेषादुद्विजंतोविशेषार्थमिहागताः ६ ॥ श्रीभगवानुवाच ॥ वैवस्वतोव्यापृतःसत्रहेतोस्तेनत्विमेनाम्रियंतेमनुष्याः ॥
तस्मिन्नेकाग्रेकृतसर्वकार्येततएषांभवितैवांतकालः ७ वैवस्वतस्यैवतनुर्विभक्तावीर्येणयुष्माकमुतप्रवृद्धा ॥ सैषामंतोभविताह्यंतकालेनतत्रवीर्यंभवितानरेषु ८ ॥ व्यास
उवाच ॥ ततस्तुतेपूर्वजदेववाक्यंश्रुत्वाजग्मुर्यत्रदेवायजंते ॥ समासीनास्तेसमेतामहाबलाभागीरथ्यांददृशुःपुंडरीकम् ९ दृष्ट्वाचतद्विस्मितास्तेबभूवुस्तेषामिंद्रस्त
त्रशूरोजगाम ॥ सोऽपश्यद्योषामथपावकप्रभांयत्रदेवीगंगासततंप्रसूता १० सातत्रयोषारुदतीजलार्थिनीगंगांदेवींव्यवगाह्यव्यतिष्ठत् ॥ तस्याऽश्रुबिंदुःपतितो
जलेयस्तत्पद्ममासीदथतत्रकांचनम् ११ तदद्भुतंप्रेक्ष्यवज्रीतदानीमपृच्छत्तांयोषितमंतिकाद्वै ॥ कात्वंभद्रेरोदिषिकस्यहेतोर्वाक्यंतथ्यंकामयेऽहंब्रवीहि १२ ॥

तेषांदीक्षाऽस्तियजमानत्वात् कालातिपातान्मरणकालातिक्रमात् २ यत्रप्रजापतिस्तत्रसोमादयःसमाजग्मुः ३ । ४ । ५ । ६ तस्मिन्कृतसर्वकार्येसमापितयज्ञेसत्येषांलोकानामंतकालोभविता ७ अतः
वैवस्वतस्यैवतनुःप्रवृद्धायोगबलेनविपुलाविभक्ताद्वैधीभावंगतासतीसाएषामंतोविनाशोभविता वीर्येदेवतासाम्यं ८ । ९ । १० तस्याःअश्रुबिंदुः संधिरार्षः ११ कामयेश्रोतुं १२ ॥ ॥

१३ युवतीसहायंरुद्रं १४ अक्षैर्हेतुभिःप्रमत्तमसावधानं १५ संस्तंभितोवज्रंमोक्तुमुद्यतःसन् । अतएवस्थाणुरिव १६ क्रीडयापर्याप्तंक्रीडासमाप्ता १७ । १८ एनंबिलद्वाररोधिनमद्रिराजंनिवर्त्तयदूरीकुरु यथाबलादिकंतवाप्रमेयंतथानिवर्त्तय १९ । २० ततःशीघ्रमप्रवेशाद्धेतोः २१ । २२ एवंदरींप्रविशेत्युक्तउवाचहेभवअद्यत्वमशेषस्यभुवनस्यआद्यःपतिरसि । अद्येत्यनेनमांजित्वैवनत्वन्यथेतिसूचितं

॥ रुद्र्युवाच ॥ त्वंवेत्स्यसेमामिहयाऽस्मिशक्रयदर्थंचाहंरोदिमिमंदभाग्या ॥ आगच्छराजन्पुरतोगमिष्येद्रष्टाऽसितद्रोदिमियत्कृतेऽहम् १३ ॥ व्यासउवाच ॥ तांगच्छंतीमन्वगच्छत्तदानींसोऽपश्यदारात्तरुणंदर्शनीयम् ॥ सिद्धासनस्थंयुवतीसहायंक्रीडंतमक्षैर्गिरिराजमूर्ध्नि १४ तमब्रवीद्देवराजोममेदंत्वंविद्धिविद्वन्भुवनंवशेस्थितम् ॥ ईशोऽहमस्मीतिसमन्युरब्रवीद्दृष्ट्वातमक्षैःसुभृशंप्रमत्तम् १५ क्रुद्धंचशक्रंप्रसमीक्ष्यदेवोजहासशक्रंचशनैरुदैक्षत ॥ संस्तंभितोऽभूदथदेवराजस्तेनेक्षितःस्थाणुरिवावतस्थे १६ यदातुपर्याप्तमिहास्यक्रीडयातदादेवींरुदतींतामुवाच ॥ आनीयतामेषयतोऽहमाराान्नैनंदर्पःपुनरप्याविशेत १७ ततःशक्रःस्पृष्टमात्रस्तयातुस्रस्तैरंगैःपतितोऽभूद्धरण्याम् ॥ तमब्रवीद्भगवानुग्रतेजामैवंपुनःशक्रकृथाःकथंचित् १८ निवर्त्तयैनंचमहाद्रिराजंबलंचवीर्यंचतवाप्रमेयम् ॥ छिद्रस्यचैवाविशमध्यमस्ययत्रासतेत्वद्विधाःसूर्यभासः १९ सतद्विवृत्यविवरंमहागिरेस्तुल्यद्युतींश्चतुरोऽन्यान्ददर्श ॥ सतानभिप्रेक्ष्यबभूवदुःखितःकच्चिन्नाहंभवितावैयथेमे २० ततोदेवोगिरिशोवज्रपाणिंविवृत्यनेत्रेकुपितोऽभ्युवाच ॥ दरीमेतांप्रविशत्वंशतक्रतोयन्मांबाल्यादवमंस्थाःपुरस्तात् २१ उक्तस्त्वेवंविभुनादेवराजःप्रावेपतार्तोभृशमेवाभिषंगात् ॥ स्रस्तैरंगैरनिलेनेवनुन्नमश्वत्थपत्रंगिरिराजमूर्ध्नि २२ सप्रांजलिर्वैवृषवाहनेनप्रवेपमानःसहसैवमुक्तः ॥ उवाचदेवंबहुरूपमुग्रमद्याशेषस्यभुवनस्यत्वंभवाऽऽद्यः २३ तमब्रवीदुग्रवर्चाःप्रहस्यनैवंशीलाःशेषमिहाप्नुवंति ॥ एतेप्येवंभवितारःपुरस्तात्तस्मादेतांदरीमाविश्यशेष्व २४ तत्रह्येवंभवितारोनसंशयोयोनिंसर्वेमानुषीमाविशध्वम् ॥ तत्रयूयंकर्मकृत्वाऽविषह्यंबहूनन्यान्निधनंप्रापयित्वा २५ आगंतारःपुनरेवेंद्रलोकंस्वकर्मणापूर्वचितंमहार्हम् ॥ सर्वंमयाभाषितमेतदेवंकर्तव्यमन्यद्विविधार्थयुक्तम् २६ ॥ पूर्वेंद्राऊचुः ॥ गमिष्यामोमानुषंदेवलोकाद्दुराधरोविहितोयत्रमोक्षः ॥ देवास्त्वस्मानादधीरन्जनन्यांधर्मोवायुर्मघवानश्विनौच ॥ अस्त्रैर्दिव्यैर्मानुषान्योधयित्वाआगंतारःपुनरेवेंद्रलोकम् २७ ॥ व्यासउवाच ॥ एतच्छ्रुत्वावज्रपाणिर्वचस्तुदेवश्रेष्ठंपुनरेवेदमाह ॥ वीर्येणाहंपुरुषंकार्यहेतोर्दद्यामेषांपंचमंमत्प्रसूतम् २८ विश्वभुग्भूतधामाचशिबिरिंद्रःप्रतापवान् ॥ शांतिश्चतुर्थस्तेषां वैतेजस्वीपंचमःस्मृतः २९ तेषांकामंभगवानुग्रधन्वाप्रादादिष्टंसन्निसर्गाद्यथोक्तम् ॥ तांचाप्येषांयोषितंलोककांतांश्रियंभार्यांव्यदधान्मानुषेषु ३० तैरेवसार्धंतुततःसदेवोजगामनारायणमप्रमेयम् ॥ अनंतमव्यक्तमजंपुराणंसनातनंविश्वमनंतरूपम् ३१ ॥ ॥ ॥ ॥ ॥

२३ शेषंप्रसादं 'शेषःसंकर्षणेवधे ॥ अनंतेनाप्रसादेच'इतिमेदिनी २४ । २५ । २६ दुराधरोदुष्प्रापः २७ वीर्येणशुक्रद्वारापुरुषमंशभूतंदद्यां । स्वयंतुआधिकारिकत्वादिहैवतिष्ठेयमितिभावः २८ तेजस्वींद्रांशः २९ सन्निसर्गात्सुस्वभावात् श्रियमिति द्रौपदीस्वर्गश्रीःतां ३० तैर्विश्वभुगादिभिः सदेवोमहादेवः ३१ ॥ ॥ ॥

व्यदधाद्विहितवान् आज्ञप्तवानित्यर्थः उद्ववर्ह उद्धृतवान् ३२ अत्रकेशावेवरेतोरूपौ पांडवानामिवरामकृष्णयोरपिप्रकरणसंगत्यर्थंसाक्षाद्देवरेतसउत्पत्तेरवश्यवक्तव्यत्वात् । अतएवदेवक्यांरोहिण्यांच साक्षात्केशप्रवेशउच्यतेनतुवसुदेवे । तथासतितुदेवानांरेतोवर्षंवर्षस्यरेतऔषधयइत्यादिश्रौतप्रनाड्याऽस्मदादिवत्तयोरपिव्यवधानेनदेवप्रभवत्वंस्यात् । तथाच एतन्नानावताराणांनिधानंबीजमव्ययमिति भगवतःसाक्षान्मत्स्याद्यवतारबीजत्वमुच्यमानंविरुध्येत अपिचकेशरेतसोर्देहजत्वेसमानेऽपिरेतःप्रभवत्वेऽर्वाक्स्रोतस्त्वेनमनुष्यत्वंपुत्रत्वंचस्यात् । तथाचकृष्णस्तुभगवान्स्वयमितिश्रीमद्भागवतोक्तिःसंग

सचापितद्व्यदधात्सर्वमेवततःसर्वेसंबभूवुर्धरण्याम् ॥ सचापिकेशौहरिरुद्ववर्हशुक्लमेकमपरंचापिकृष्णम् ३२ तौचापिकेशौनिविशेतांयदूनांकुलेस्त्रियौदेवकींरोहिणींच ॥ तयोरेकोबलदेवोबभूवयोऽसौश्वेतस्तस्यदेवस्यकेशः ॥ कृष्णोद्वितीयःकेशवःसंबभूवकेशोयोऽसौवर्णतःकृष्णउक्तः ३३ येतेपूर्वंशक्ररूपानिबद्धास्तस्यांदर्यांपर्वतस्योत्तरस्य ॥ इहैवतेपांडवावीर्यवंतःशक्रस्यांशःपांडवःसव्यसाची ३४ एवमेतेपांडवाःसंबभूवुर्येतेराजन्पूर्वमिंद्राबभूवुः ॥ लक्ष्मीश्चैषांपूर्वमेवोपदिष्टाभार्यायैषाद्रौपदीदिव्यरूपा ३५ कथंहिस्त्रीकर्मणातेमहीतलात्समुत्तिष्ठेदन्यतोदैवयोगात् ॥ यस्यारूपंसोमसूर्यप्रकाशंगंधश्चास्याःक्रोशमात्रात्प्रवाति ३६ इदंचान्यत्प्रीतिपूर्वंनरेंद्रददानितेवरमत्यद्भुतंच ॥ दिव्यंचक्षुःपश्यकुंतीसुतांस्त्वंपुण्यैर्दिव्यैःपूर्वदेहैरुपेतान् ३७ ॥ वैशंपायनउवाच ॥ ततोव्यासःपरमोदारकर्माशुचिर्विप्रस्तपसातस्यराज्ञः ॥ चक्षुर्दिव्यंप्रददौतांश्चसर्वान्राजाऽपश्यत्पूर्वदेहैर्यथावत् ३८ ततोदिव्यान्हेमकिरीटमालिनःशक्रप्रख्यान्पावकादित्यवर्णान् ॥ बद्धापीडांश्चारुरूपांश्चयूनोव्यूढोरस्कांस्तालमात्रान्ददर्श ३९ दिव्यैर्वस्त्रैररजोभिःसुगंधैर्माल्यैश्चाग्र्यैःशोभमानानतीव ॥ साक्षात्त्र्यक्षान्वावसूंश्चापिरुद्रानादित्यान्वासर्वगुणोपपन्नान् ४० तान्पूर्वेंद्रानभिवीक्ष्याभिरूपान्शक्रात्मजंचेंद्ररूपंनिशम्य ॥ प्रीतोराजाद्रुपदोविस्मितश्चदिव्यामायांतामवेक्ष्याप्रमेयाम् ४१ तांचैवाग्र्यांस्त्रियमतिरूपयुक्तांदिव्यांसाक्षात्सोमवह्निप्रकाशाम् ॥ योग्यांतेषांरूपतेजोयशोभिःपत्नींमत्वादृष्टवान्पार्थिवेंद्रः ४२ सतदृष्ट्वामहदाश्चर्यरूपंजग्राहपादौसत्यवत्याःसुतस्य ॥ नैतच्चित्रंपरमर्षेत्वयीतिप्रसन्नचेताःसउवाचचैनम् ४३ ॥ व्यासउवाच ॥ आसीत्तपोवनेकाचिदृषेःकन्यामहात्मनः ॥ नाध्यगच्छत्पतिंसातुकन्यारूपवतीसती ४४ तोषयामासतपसासाकिलोग्रेणशंकरम् ॥ तामुवाचेश्वरःप्रीतोवृणुकाममितिस्वयम् ४५ सैवमुक्ताऽब्रवीत्कन्यादेवंवरदमीश्वरम् ॥ पतिंसर्वगुणोपेतमिच्छामीतिपुनःपुनः ४६ ददौतस्यैसदेवेशस्तंवरंप्रीतमानसः ॥ पंचतेपतयोभद्रेभविष्यंतीतिशंकरः ४७ साप्रसादयतीदेवमिदंभूयोऽभ्यभाषत ॥ एकंपतिंगुणोपेतंत्वत्तोऽर्हामीतिशंकर ४८ तांदेवदेवःप्रीतात्मापुनःप्राहशुभंवचः ॥ पंचकृत्वस्त्वयोक्तोऽहंपतिंदेहीतिवैपुनः ४९ ॥ ॥ ॥

च्छते । नचकेशोद्धरणात्कृष्णस्याप्यंशत्वंप्रतीयतइतिवाच्यं । केशस्यदेहावयवत्वाभावात् । तस्मान्नमुचिवधेकर्तव्येयथाऽपांफेनेवज्रस्यप्रवेशएवंदेवकीरोहिण्योर्जठरप्रवेशेकर्तव्येकेशद्वयेनद्वारभूतेनभगवतः कार्त्स्न्येनैवाविर्भावोद्रष्टव्यइतियुक्तं ३३ । ३४ । ३५ । ३६ दिव्यंद्योतमानंदिविहितंवा सार्वज्ञ्यप्रदत्वात् ३७ तस्यराज्ञः तस्मैराज्ञे ३८ बद्धापीडान्परिहितालंकारान् तालमात्रान्तालवृक्षप्रमाणान् ३९ । ४० । ४१ । ४२ । ४३ । ४४ । ४५ । ४६ । ४७ । ४८ । ४९ ॥ ॥ ॥ ॥ ॥ ॥

५० । ५१ । ५२ । ५३ ॥ इतिआदिपर्वणिनीलकंठीयेभारतभावदीपेसप्तनवत्यधिकशततमोऽध्यायः ॥ १९७ ॥ ॥ ॥ ॥ अश्रुत्वेति । विहितस्यदैवोपस्थापितस्यअपयानंउपेक्षा तदेवविधानंप्राक्कृतंउपपन्नंकर्तुंयुक्तं १ ग्रंथिर्ग्रथना स्वकर्मणाइदानींतनेनविहितंसिद्धं निमित्तंतपः २ । ३ । ४ पौष्यंपुष्यत्यनेनेतितं नतुपुष्यंतस्यावैवाहिकत्वात् पौष्पमितिपाठे पुष्पायहितंबहुसंत

तत्तथाभविताभद्रेवचस्तद्भद्रमस्तुते ॥ देहमन्यंगतायास्तेसर्वमेतद्भविष्यति ५० द्रुपदैषाहिसाजज्ञेसुतावैदेवरूपिणी ॥ पंचानांविहितापत्नीकृष्णापार्षत्यनिंदिता ५१ स्वर्गश्रीःपांडवार्थंतुसमुत्पन्नामहामखे ॥ सेहतप्त्वातपोघोरंदुहितृत्वंतवागता ५२ सैषादेवीरुचिरादेवजुष्टापंचानामेकास्वकृतेनेहकर्मणा ॥ सृष्टास्वयंदेवपत्नीस्वयंभुवाश्रुत्वाराजन्द्रुपदेष्टंकुरुष्व ५३ ॥ इतिश्रीमहाभारते आदिपर्वणि वैवाहिकपर्वणि पंचेंद्रोपाख्याने सप्तनवत्यधिकशततमोऽध्यायः ॥ १९७ ॥

॥ द्रुपदउवाच ॥ अश्रुत्वैवंवचनंतेमहर्षेमयापूर्वंयतितंसंविधातुम् ॥ नवैशक्यंविहितस्यापयानंतदेवेदमुपपन्नंविधानम् १ दिष्टस्यग्रंथिरनिवर्तनीयःस्वकर्मणाविहितंनेहकिंचित् ॥ कृतंनिमित्तंहिवरैकहेतोस्तदेवेदमुपपन्नंविधानम् २ यथैवकृष्णोक्तवतीपुरस्तान्नैकान्पतीन्मेभगवान्ददातु ॥ सचाप्येवंवरमित्यब्रवीत्तांदेवोहिवेत्तापरमंयदत्र ३ यदिचैवंविहितःशंकरेणधर्मोऽधर्मोवानात्रममापराधः ॥ गृह्णंत्विमेविधिवत्पाणिमस्यायथोपजोषंविहितैषांहिकृष्णा ४ ॥ वैशंपायनउवाच ॥ ततोऽब्रवीद्भगवान्धर्मराजमद्यैवपुण्याहमुतवःपांडवेयाः ॥ अद्यपौष्यंयोगमुपैतिचंद्रमाःपाणिंकृष्णायास्त्वंगृहाणाद्यपूर्वम् ५ ततोराजायज्ञसेनःसपुत्रोजन्यार्थमुक्तंबहुतत्तदग्र्यम् ॥ समानयामाससुतांचकृष्णामाप्लाव्यरत्नैर्बहुभिर्विभूष्य ६ ततस्तुसर्वेसुहृदोनृपस्यसमाजग्मुःसहितामंत्रिणश्च ॥ द्रष्टुंविवाहंपरमप्रतीताद्विजाश्चपौराश्चयथाप्रधानाः ७ ततोऽस्यवेश्माग्र्यजनोपशोभितंविस्तीर्णपद्मोत्पलभूषिताजिरम् ॥ बलौघरत्नौघविचित्रमाबभौनभोयथानिर्मलतारकान्वितम् ८ ततस्तुतेकौरवराजपुत्राविभूषिताःकुंडलिनोयुवानः ॥ महार्हवस्त्रांबरचंदनोक्षिताःकृताभिषेकाःकृतमंगलक्रियाः ९ पुरोहितेनाग्निसमानवर्चसासहैवधौम्येनयथाविधिप्रभो ॥ क्रमेणसर्वेविविशुस्ततःसदोमहर्षभागोष्ठमिवाभिनंदिनः १० ततःसमाधायसवेदपारगोजुहावमंत्रैर्ज्वलितंहुताशनम् ॥ युधिष्ठिरंचाप्युपनीयमंत्रविन्नियोजयामाससहैवकृष्णया ११ प्रदक्षिणंतौप्रगृहीतपाणीपरिणाययामाससवेदपारगः ॥ ततोऽभ्यनुज्ञायतमाजिशोभिनंपुरोहितोराजगृहाद्विनिर्ययौ १२ क्रमेणचानेननराधिपात्मजावरस्त्रियस्तेजगृहुस्तदाकरम् ॥ अहन्यहन्युत्तमरूपधारिणोमहारथाःकौरववंशवर्धनाः १३ इदंचतत्राद्भुतरूपमुत्तमंजगाददेवर्षिरतीतमानुषम् ॥ महानुभावाकिलसासुमध्यमाबभूवकन्यैवगतेगतेऽहनि १४ कृतेविवाहेद्रुपदोधनंददौमहारथेभ्योबहुरूपमुत्तमम् ॥ शतंरथानांवरहेममालिनांचतुर्युजांहेमखलीनमालिनाम् १५

तिप्रदमित्यर्थः हेआद्यहेज्येष्ठ ५ । ६ । ७ । ८ । ९ । १० । ११ । १२ । १३ । १४ चतुर्युजामश्वचतुष्टययुजां हेममयंखलीनमश्वमुखस्थंनियामकं'लगाम'इतिभाषयाप्रसिद्धं रथप्रसंगाद्धाखलीनंयुगंतेनमालिनां १५ ॥ ॥ ॥ ॥ ॥

पद्मानिगजोत्तमलक्षणानितद्वतांपद्मिनांश्रीमतांवा । यद्वाहेमश्रृंगिणामितिदृष्टांतानुगुण्यात्पद्मंपद्माकारंगजपल्याणमष्टकोणमष्टस्तंभंशिखरकलशादियुक्तंतद्वतां १६।१७ । १८ ॥ इतिआदिपर्वणिनीलकंठीये
भारतभावदीपेऽष्टनवत्यधिकशततमोऽध्यायः ॥ १९८ ॥ ॥ ॥ पांडवैरिति १ । २ क्षुमाअतसीतद्विकारभूतंवस्त्रंक्षौमं ३ । ४ । ५ । ६ जीवसूःआयुष्मत्संततिप्रसूः ७ । ८ अ
भिषिच्यस्वाभिषेकंप्राप्नुहि नृपतिपट्टाभिषिक्तंराजानमनु ९ । १० । ११ हेवधुअद्य १२ । १३ । १४ । १५ प्रेष्याःदासीः १६ भद्रान्भद्रजातीयान् १७ अकृतकंजांबूनदमाकरेषुखननादिनाअनु

शतंगजानामपिपद्मिनांतथाशतंगिरीणामिवहेमश्रृंगिणाम् ॥ तथैवदासीशतमग्र्ययौवनंमहार्हवेषाभरणांबरस्रजम् १६ पृथक्पृथक्दिव्यदृशांपुनर्ददौतदाधनंसौमकिर
ग्निसाक्षिकम् ॥ तथैववस्त्राणिविभूषणानिप्रभावयुक्तानिमहानुभावः १७ कृतेविवाहेचततस्तुपांडवाःप्रभूतरत्नामुपलभ्यतांश्रियम् ॥ विजन्हुरिंद्रप्रतिमामहाब
लाःपुरेतुपांचालनृपस्यतस्यह १८ ॥ इतिश्रीमहाभारतेआदिपर्वणिवैवाहिकपर्वणिद्रौपदीविवाहेअष्टनवत्यधिकशततमोऽध्यायः ॥ १९८ ॥ ॥ वैशंपा
यनउवाच ॥ पांडवैःसहसंयोगंगतस्यद्रुपदस्यह ॥ नबभूवभयंकिंचिद्देवेभ्योऽपिकथंचन १ कुंतीमासाद्यतानार्योद्रुपदस्यमहात्मनः ॥ नामसंकीर्त्तयंत्योऽस्याज
ग्मुःपादौस्वमूर्धभिः २ कृष्णाचक्षौमसंवीताकृतकौतुकमंगला ॥ कृताभिवादनाश्वश्र्वातस्थौप्रह्वाकृतांजलिः ३ रूपलक्षणसंपन्नांशीलाचारसमन्विताम् ॥ द्रौप
दीमवदत्प्रेम्णापृथाशीर्वचनंस्नुषाम् ४ यथेंद्राणीहरिहयेस्वाहाचैवविभावसौ ॥ रोहिणीचयथासोमेदमयंतीयथानले ५ यथावैश्रवणेभद्रावसिष्ठेचाप्यरुंधती ॥ य
थानारायणेलक्ष्मीस्तथात्वंभवभर्तृषु ६ जीवसूर्वीरसूर्भद्रेबहुसौख्यसमन्विता ॥ सुभगाभोगसंपन्नायज्ञपत्नीपतिव्रता ७ अतिथीनागतान्साधूनवृद्धान्बालांस्त
थागुरून् ॥ पूजयंत्यायथान्यायंशश्वद्गच्छंतुतेसमाः ८ कुरुजांगलमुख्येषुराष्ट्रेषुनगरेषुच ॥ अनुत्वमभिषिच्यस्वनृपतिंधर्मवत्सला ९ पतिभिर्निर्जितामुर्वींविक्रमेण
महाबलैः ॥ कुरुब्राह्मणसात्सर्वामश्वमेधेमहाक्रतौ १० पृथिव्यांयानिरत्नानिगुणवंतिगुणान्विते ॥ तान्याप्नुहित्वंकल्याणिसुखिनीशरदांशतम् ११ यथाचत्वा
भिनंदामिवध्वद्यक्षौमसंवृताम् ॥ तथाभूयोऽभिनंदिष्येजातपुत्रांगुणान्विताम् १२ ॥ वैशंपायनउवाच ॥ ततस्तुकृतदारेभ्यःपांडुभ्यःप्राहिणोद्धरिः ॥ वैदूर्य
मणिचित्राणिहैमान्याभरणानिच १३ वासांसिचमहार्हाणिनानादेश्यानिमाधवः ॥ कंबलाजिनरत्नानिस्पर्शवंतिशुभानिच १४ शयनासनयानानिविविधानिम
हांतिच ॥ वैदूर्यवज्रचित्राणिशतशोभाजनानिच १५ रूपयौवनदाक्षिण्यैरुपेताश्चस्वलंकृताः ॥ प्रेष्याःसंप्रददौकृष्णोनानादेश्याःस्वलंकृताः १६ गजान्विनीतान्
भद्रांश्चसदश्वांश्चस्वलंकृतान् ॥ रथांश्चदांतान्सौवर्णैःशुभ्रैःपट्टैरलंकृतान् १७ कोटिशश्चसुवर्णंचतेषामकृतकंतथा ॥ वीथीकृतममेयात्माप्राहिणोन्मधुसूदनः १८
तत्सर्वंप्रतिजग्राहधर्मराजोयुधिष्ठिरः ॥ मुदापरमयायुक्तोगोविंदप्रियकाम्यया १९ इतिश्रीम० आ० वैवा० नवनवत्यधिकशततमोऽध्यायः १९९ ॥ समाप्तंवैवाहिकपर्व ॥

त्पादितं । वीथीकृतंधान्यराशिवत्पृथक्पृथक्मालयाराशीकृतं । राशीकृतमितिपाठेपिंडीकृतं । कृताकृतमितिपाठेघटितमघटितंच १८ । १९ इतिआदिपर्वणिनीलकंठीयेभारतभावदीपेनवनवत्य
धिकशततमोऽध्यायः ॥ १९९ ॥ ॥ ॥ ॥ ॥ ॥ ॥ ॥ ॥ ॥

ततइति चरैश्चारैः १ । २ । ३ सेनांगानांरथगजादीनांपातनः ४ । ५ विस्मयेहेतुमाह सपुत्रेति ६ । ७ । ८ । ९ अव्रीडइतिच्छेदः । व्रीडन्नित्येवपाठः अन्यथामंदंमंदमित्यस्यानुपपत्तिः

॥ अथविदुरागमनराज्यलंभपर्व ॥ ॥ वैशंपायनउवाच ॥ ततोराज्ञांचरैराप्तैःप्रवृत्तिरुपनीयत ॥ पाण्डवैरुपसंपन्नाद्रौपदीपतिभिःशुभा १ येनतद्धनुरादायलक्ष्यंवि
द्धंमहात्मना ॥ सोऽर्जुनोजयतांश्रेष्ठोमहाबाणधनुर्धरः २ यःशल्यंमद्रराजंवैप्रोत्क्षिप्यापातयद्बली ॥ त्रासयामाससंक्रुद्धोवृक्षेणपुरुषान्रणे ३ नचास्यसंभ्रमःक
श्चिदासीत्तत्रमहात्मनः ॥ सभीमोभीमसंस्पर्शःशत्रुसेनांगपातनः ४ ब्रह्मरूपधरान्श्रुत्वाप्रशांतान्पांडुनंदनान् ॥ कौन्तेयान्मनुजेंद्राणांविस्मयःसमजायत ५ सपु
त्राहिपुराकुंतीदग्धाजतुगृहेश्रुता ॥ पुनर्जातानिवचतांस्तेऽमन्यंतनराधिपाः ६ धिगकुर्वंस्तदाभीष्मंधृतराष्ट्रंचकौरवम् ॥ कर्मणाऽतिनृशंसेनपुरोचनकृतेनवै ७
वृत्तेस्वयंवरेचैवराजानःसर्वएवते ॥ यथागतंविप्रजग्मुर्विदित्वापांडवान्वृतान् ८ अथदुर्योधनोराजाविमनाभ्रातृभिःसह ॥ अश्वत्थाम्नामातुलेनकर्णेनचकृपेणच
९ विनिवृत्तोवृतंदृष्ट्वाद्रौपद्याश्वेतवाहनम् ॥ तंतुदुःशासनोऽव्रीडोमंदंमंदमिवाब्रवीत् १० यद्यसौब्राह्मणोनस्याद्विन्देतद्रौपदींनसः ॥ नहितंतत्त्वतोराजन्वेदकश्चिद्ध
नंजयम् ११ दैवंचपरमंमन्येपौरुषंचाप्यनर्थकम् ॥ धिगस्तुपौरुषंतातधियंतेयत्रपांडवाः १२ एवंसंभाषमाणास्तेनिंदंतश्चपुरोचनम् ॥ विविशुर्हास्तिनपुरं
दीनाविगतचेतसः १३ त्रस्ताविगतसंकल्पादृष्ट्वापार्थान्महौजसः ॥ मुक्तान्हव्यभुजश्चैवसंयुक्तान्द्रुपदेनच १४ धृष्टद्युम्नंतुसंचिंत्यतथैवचशिखंडिनम् ॥ द्रुपदस्यात्म
जांश्चान्यान्सर्वयुद्धविशारदान् १५ विदुरस्त्वथतांश्रुत्वाद्रौपदींपांडवैर्वृताम् ॥ व्रीडितान्धार्तराष्ट्रांश्चभग्नदर्पानुपागतान् १६ ततःप्रीतमनाःक्षत्ताधृतराष्ट्रंविशांप
ते ॥ उवाचदिष्ट्याकुरवोवर्धन्तइतिविस्मितः १७ वैचित्रवीर्यस्तुनृपोनिशम्यविदुरस्यतत् ॥ अब्रवीत्परमप्रीतोदिष्ट्यादिष्ट्येतिभारत १८ मन्यतेसवृतंपुत्रंज्येष्ठंद्रु
पदकन्यया ॥ दुर्योधनमविज्ञानात्प्रज्ञाचक्षुर्नरेश्वरः १९ अथत्वाज्ञापयामासद्रौपद्याभूषणंबहु ॥ आनीयतांवैकृष्णेतिपुत्रंदुर्योधनंतदा २० अथास्यपश्चाद्विदु
रआचख्यौपांडवान्वृतान् ॥ सर्वान्कुशलिनोवीरान्पूजितान्द्रुपदेनह २१ तेषांसंबधिनश्चान्यान्बहून्बलसमन्वितान् ॥ समागतान्पांडवैयैस्तस्मिन्नेवस्वयंवरे २२
धृतराष्ट्रउवाच ॥ यथैवपांडोःपुत्रास्तुतथैवाभ्यधिकाममम ॥ यथाचाभ्यधिकाबुद्धिर्ममतान्प्रतितच्छृणु २३ यत्तेकुशलिनोवीरामित्रवंतश्चपांडवाः ॥ तेषांसंबं
धिनश्चान्येबहवश्चमहाबलाः २४ कोहिद्रुपदमासाद्यमित्रंक्षत्तःसबांधवम् ॥ नबुभूषेद्भवेनार्थीगतश्रीरपिपार्थिवः २५ ॥ वैशंपायनउवाच ॥ तंतथाभाषमाणंतु
विदुरःप्रत्यभाषत ॥ नित्यंभवतुतेबुद्धिरेषाराजञ्छतंसमाः ॥ इत्युक्त्वाप्रययौराजन्विदुरःस्वंनिवेशनम् २६ ततोदुर्योधनश्चापिराधेयश्चविशांपते ॥ धृतराष्ट्रमु
पागम्यवचोब्रूतामिदंतदा २७ सन्निधौविदुरस्यत्वांदोषंवक्तुनशक्नुवः ॥ विविक्तमितिवक्ष्यावःकिंतवेदंचिकीर्षितम् २८ ॥ ॥ ॥

१० । ११ । १२ । १३ । १४ । १५ । १६ । १७ । १८ । १९ वैचार्थे कृष्णाभूषणंचतत्परिधानार्थमानीयतामित्यर्थः २० । २१ । २२ । २३ । २४ गतश्रीर्नष्टश्रीःकोभवेनऐश्वर्येणार्थीनबुभूषेद्भवितु
मिच्छेदपितुसर्वोऽपीच्छेत २५ । २६ । २७ । २८ ॥ ॥ ॥ ॥ ॥ ॥

सपत्नबुद्धितत्कृतांबुद्धिं । वृद्धिमितपाठःस्वच्छः । हेवरश्रेष्ठद्विषतांद्विषतःशत्रून् २९।३० प्राप्तकालस्यकर्मणश्चिकीर्षीकर्त्तव्यतां ३१ ॥ इतिआदिपर्वणिनीलकंठीयेभारतभावदीपेद्विशततमोऽध्यायः ॥ २००॥ ॥ अहमिति । विवेक्तुंव्यक्तीकर्तुं १ इंगितैश्चेष्टितैः २ यच्चकर्त्तव्यं ३ आप्तकारिभिरवंचकैः ४। ५ । ६ भिद्यमानाअस्मत्तःपृथग्भवंतः ७ । ८ व्युत्थापनंतुस्वभर्तृणांत्यागःसचबहुत्वदोषेणसुकरः ।

सपत्नबुद्धिंयत्तातमन्यसेवृद्धिमात्मनः ॥ अभिष्टौषिचयत्क्षत्तुःसमीपेद्विषतांवर २९ अन्यस्मिन्नृपकर्त्तव्येत्वमन्यत्कुरुषेऽनघ ॥ तेषांबलविघातोहिकर्तव्यस्तातनि
त्यशः ३० तेवयंप्राप्तकालस्यचिकीर्षांमंत्रयामहे ॥ यथानोनग्रसेयुस्तेसपुत्रबलबांधवान् ३१ ॥ इति श्रीमहाभारतेआदिपर्वणिविदुरागमनराज्यलंभपर्वणिदुर्योध
नवाक्येद्विशततमोऽध्यायः ॥ २०० ॥ ॥ धृतराष्ट्रउवाच ॥ अहमप्येवमेवैतच्चिकीर्षामियथायुवाम् ॥ विवेक्तुंनाहमिच्छामित्वाकारंविदुरंप्रति १ ततस्तेषां
गुणानेवकीर्त्तयामिविशेषतः ॥ नावबुध्येतविदुरोममाभिप्रायमिंगितैः २ यच्चत्वंमन्यसेप्राप्तंतद्ब्रवीहिसुयोधन ॥ राधेयमन्यसेयच्चप्राप्तकालंवदाशुमे ३ ॥ दुर्योध
नउवाच ॥ अद्यतान्कुशलैर्विप्रैःसुगुप्तैराप्तकारिभिः ॥ कुंतीपुत्रान्भेदयामोमाद्रीपुत्रौचपांडवौ ४ अथवाद्रुपदोराजामहद्भिर्वित्तसंचयैः ॥ पुत्राश्चास्यप्रलोभ्यंताम
मात्याश्चैवसर्वशः ५ परित्यजेद्यथाराजाकुंतीपुत्रंयुधिष्ठिरम् ॥ अथतत्रैववातेषांनिवासंरोचयन्तुते ६ इहैषांदोषवद्वासंवर्णयंतुपृथक्पृथक् ॥ तेभिद्यमानास्तत्रैवमनः
कुर्वन्तुपांडवाः ७ अथवाकुशलाःकेचिदुपायनिपुणानराः ॥ इतरेतरतःपार्थान्भेदयंत्वनुरागतः ८ व्युत्थापयंतुवाकृष्णांबहुत्वात्सुकरंहितत् ॥ अथवापांडवांस्तस्यां
भेदयंतुततश्चताम् ९ भीमसेनस्यवाराजन्नुपायकुशलैर्नरैः ॥ मृत्युर्विधीयतांछन्नैःसहितेषांबलाधिकः १० तमाश्रित्यहिकौन्तेयःपुराचास्मान्नमन्यते ॥ सहिती
क्ष्णश्चशूरश्चतेषांचैवपरायणम् ११ तस्मिंस्त्वभिहतेराजन्हतोत्साहाहतौजसः ॥ यतिष्यंतेनराज्यायसहितेषांव्यपाश्रयः १२ अजेयोह्यर्जुनःसंख्येपृष्ठगोपेवृकोद
रे ॥ तमृतेफाल्गुनोयुद्धेराधेयस्यनपादभाक् १३ तेजानानास्तुदौर्बल्यंभीमसेनमृतेमहत् ॥ अस्मान्बलवतोज्ञात्वानयतिष्यंतिदुर्बलाः १४ इहागतेषुवातेषुनिदेश
वशवर्त्तिषु ॥ प्रवर्त्तिष्यामहेराजन्यथाशास्त्रंनिबर्हणम् १५ अथवादर्शनीयाभिःप्रमदाभिर्विलोभ्यताम् ॥ एकैकस्तत्रकौन्तेयस्ततःकृष्णाविरज्यताम् १६ प्रेष्यतांचै
वराधेयस्तेषामागमनायवै ॥ तैस्तैःप्रकारैःसन्नीयपात्यंतामाप्तकारिभिः १७ एतेषामप्युपायानांयस्तेनिर्दोषवान्मतः ॥ तस्यप्रयोगमातिष्ठपुराकालोऽतिवर्त्तते १८
यावद्ध्यकृतविश्वासाद्रुपदेपार्थिवर्षभे ॥ तावदेवहितेशक्यानशक्यास्तुततःपरम् १९ एषाममममतिस्तातनिग्रहायप्रवर्त्तते ॥ साध्वीवायदिवाऽसाध्वीकिंवाराधेयम
न्यसे २० ॥ इतिश्रीमहाभारतेआदिपर्वणि विदुरागमनराज्यलंभपर्वणि दुर्योधनवाक्ये एकाधिकद्विशततमोऽध्यायः ॥ २०१ ॥ ॥ ॥

अथवेति । तस्याभर्तृषुवैषम्यंप्रदर्श्यपांडवानेवत्वातस्यांभेदयंतुततश्चतांलप्स्यामहेइतिशेषः ९ । १०।११ । १२ नपादभाक्नचतुर्थांशतुल्यः १३ । १४ । १५ एकैकःकौन्तेयःप्रलोभनीयःतत्रतेषुततःप्रलो
भ्यमानात् १६ सन्नीयऐक्यंनीत्वा १७ । १८ शक्याःघातयितुमितिशेष १९ । २० ॥ इतिआदिपर्वणिनीलकंठीयेभारतभावदीपेएकाधिकद्विशततमोऽध्यायः ॥ २०१ ॥ ॥

दुर्योधनेति १ । २ जातपक्षाःसहायवंतस्तदन्येअजातपक्षाः ३ । ४ दिष्टकृतेनदैवनिर्माणेनशंकिताःशक्तिमंतः जतुगृहादिभ्यआत्मानंमोचयितुंशक्ताअभूवन्नित्यर्थः ५ । ६ परिद्यूनान्शोच्यान्भिक्षा

कर्णउवाच ॥ दुर्योधनतवप्रज्ञानसम्यगितिमेमतिः ॥ नह्युपायेनतेशक्याःपांडवाःकुरुवर्धन १ पूर्वमेवहितेसूक्ष्मैरुपायैर्यतितास्त्वया ॥ निग्रहीतुंतदावीरनचै वशकितास्त्वया २ इहैववर्तमानास्तेसमीपेतवपार्थिव ॥ अजातपक्षाःशिशवःशकितानैवबाधितुम् ३ जातपक्षाविदेशस्थाविवृद्धाःसर्वशोऽद्यते ॥ नोपायसा ध्याःकौन्तेयाममैषामतिरच्युत ४ नचतेव्यसनैर्योक्तुंशक्यादिष्टकृतेनच ॥ शंकिताश्चेप्सवश्चैवपितृपैतामहंपदम् ५ परस्परेणभेदश्चनाधातुंतेषुशक्यते ॥ एक स्यांयेरताःपत्न्यांनभिद्यंतेपरस्परम् ६ नचापिकृष्णाशक्येतततेभ्योभेदयितुंपरैः ॥ परिद्यूनान्वृतवतीकिमुताद्यमृजावतः ७ ईप्सितश्चगुणःस्त्रीणामेकस्याबहुभर्तृ ता ॥ तंचप्राप्तवतीकृष्णानसाभेदयितुंक्षमा ८ आर्यव्रतश्चपांचाल्योनसराजाधनप्रियः ॥ नसंत्यक्ष्यतिकौन्तेयान्राज्यदानैरपिध्रुवम् ९ यथाऽस्यपुत्रोगुणवान नुरक्तश्चपांडवान् ॥ तस्मान्नोपायसाध्यांस्तानहंमन्येकथंचन १० इदंत्वद्यक्षमंकर्तुमस्माकंपुरुषर्षभ ॥ यावन्नकृतमूलास्तेपांडवेयाविशांपते ११ तावत्प्रहरणीया स्तेतत्तुभ्यंतातरोचताम् ॥ अस्मत्पक्षोमहान्यावद्यावत्पांचालकोलघुः ॥ तावत्प्रहरणंतेषांक्रियतांमाविचारय १२ वाहनानिप्रभूतानिमित्राणिचकुलानिच ॥ या वन्नतेपांगांधारेतावद्विक्रमपार्थिव १३ यावच्चराजापांचाल्योनोद्यमेकुरुतेमनः ॥ सहपुत्रैर्महावीर्यस्तावद्विक्रमपार्थिव १४ यावन्नायातिवार्ष्णेयःकर्षन्यादववाहि नीम् ॥ राज्यार्थेपांडवेयानांपांचाल्यसदनंप्रति १५ वसूनिविविधान्भोगान्राज्यमेवचकेवलम् ॥ नात्याज्यमस्तिकृष्णस्यपांडवार्थेकथंचन १६ विक्रमेणमही प्राप्ताभरतेनमहात्मना ॥ विक्रमेणचलोकांस्त्रीन्जितवान्पाकशासनः १७ विक्रमंचप्रशंसंतिक्षत्रियस्यविशांपते ॥ स्वकोहिधर्मःशूराणांविक्रमःपार्थिवर्षभ १८ तेबलेनवयंराजन्महताचतुरंगिणा ॥ प्रमथ्यद्रुपदंशीघ्रमानयामेहपांडवान् १९ नहिसाम्नानदानेननभेदेनचपांडवाः ॥ शक्याःसाधयितुंतस्माद्विक्रमेणैवतान्ज हि २० तान्विक्रमेणजित्वेमामखिलांभुंक्ष्वमेदिनीम् ॥ अतोनान्यंप्रपश्यामिकार्योपायंजनाधिप २१ वैशंपायनउवाच ॥ श्रुत्वातुराधेयवचोधृतराष्ट्रःप्रताप वान् ॥ अभिपूज्यततःपश्चादिदंवचनमब्रवीत् २२ उपपन्नंमहाप्राज्ञेकृतास्त्रेसूतनंदने ॥ त्वयिविक्रमसंपन्नमिदंवचनमीदृशम् २३ भूयएवतुभीष्मश्चद्रोणोविदुर एवच ॥ युवांचकुरुतंबुद्धिंभवेद्यानःसुखोदया २४ ततआनाय्यतान्सर्वान्मंत्रिणःसुमहायशाः ॥ धृतराष्ट्रोमहाराजमंत्रयामासवैतदा २५ ॥ ॥ इतिश्री महाभारतेआदिपर्वणिविदुरागमनराज्यलंभपर्वणिधृतराष्ट्रमंत्रणेद्व्यधिकद्विशततमोऽध्यायः ॥ २०२ ॥ ॥ ॥ ॥

भोजित्वादिना मृजावतःसुवेषान् ७ । ८ । । ९ । १० । ११ लघुरल्पकः १२ । १३ । १४ । १५ । १६ । १७ । १८ आनयामस्त्वद्वशमितिशेषः १९ । २० । २१ । २२ । २३ । २४ । २५
॥ इतिआदिपर्वणि नीलकंठीये द्व्यधिकद्विशततमोऽध्यायः ॥ २०२ ॥ ॥ ॥ ॥ ॥ ॥ ॥ ॥

नरोचतेइति १ । २ । ३ । ४ । ५ । ६ । ७ मधुरेणप्रीत्या ८ । ९ । १० । ११ । १२ ध्रियंतेजीवंति सकामोनासीत् अत्ययंनाशं १३ । १४ दोषेणयुक्तं गच्छतिजानाति १५ संमंतव्यंसंमतंकर्तव्यं
१६ । १७ अधर्मेणजतुगृहदाहादिना १८।१९ ॥ इतिआदिपर्वणिनीलकंठीये भारतभावदीपे त्र्यधिकद्विशततमोऽध्यायः ॥ २०३ ॥ मंत्रायेति हितैर्मित्रैः १ । २ तेषांपांडवानां ३ मिथःकृत्यंसांबंधिकंवर

॥ भीष्मउवाच ॥ नरोचतेविग्रहोमेपांडुपुत्रैःकथंचन ॥ यथैवधृतराष्ट्रोमेतथापांडुरसंशयम् १ गांधार्याश्चयथापुत्रास्तथाकुंतीसुताःमम ॥ यथाचममतेरक्ष्याधृतराष्ट्र
तथातव २ यथाचममराज्ञश्चतथादुर्योधनस्यते ॥ तथाकुरूणांसर्वेषामन्येषामपिपार्थिव ३ एवंगतेविग्रहंतैर्नरोचेसंधायवीरैर्दीयतामर्धभूमिः ॥ तेषामपीदंप्रपितामहानांरा
ज्यंपितुश्चैवकुरुत्तमानाम् ४ दुर्योधनयथाराज्यंत्वमिदंतातपश्यसि ॥ ममपैतृकमित्येवंतेपिपश्यंतिपांडवाः ५ यदिराज्यंनतेप्राप्ताःपांडवेयायशस्विनः ॥ कुतएवतवा
पीदंभारतस्यापिकस्यचित् ६ अधर्मेणचराज्यंत्वंप्राप्तवान्भरतर्षभ ॥ तेऽपिराज्यमनुप्राप्ताःपूर्वमेवेतिमेमतिः ७ मधुरेणैवराज्यस्यतेषामर्धंप्रदीयताम् ॥ एतद्धिपुरुष
व्याघ्रहितंसर्वजनस्यच ८ अतोऽन्यथाचेत्क्रियतेनहितंनोभविष्यति ॥ तवाऽप्यकीर्तिःसकलाभविष्यतिनसंशयः ९ कीर्तिरक्षणमातिष्ठकीर्तिर्हिपरमंबलम् ॥ नष्ट
कीर्तेर्मनुष्यस्यजीवितंह्यफलंस्मृतम् १० यावत्कीर्तिर्मनुष्यस्यनप्रणश्यतिकौरव ॥ तावज्जीवतिगांधारेनष्टकीर्तिस्तुनश्यति ११ तमिमंसमुपातिष्ठधर्मंकुरुकुलोचि
तम् ॥ अनुरूपंमहाबाहोपूर्वेषामात्मनःकुरु १२ दिष्ट्याध्रियंतेपार्थाहिदिष्ट्याजीवतिसापृथा ॥ दिष्ट्यापुरोचनःपापोनसकामोऽत्ययंगतः १३ यदाप्रभृतिदग्धास्ते
कुंतिभोजसुतासुताः ॥ तदाप्रभृतिगांधारेनशक्नोम्यभिवीक्षितुम् १४ लोकेप्राणभृतांकंचिच्छ्रुत्वाकुंतींतथागताम् ॥ नचापिदोषेणतथालोकोमन्येत्पुरोचनम् ॥ यथा
त्वांपुरुषव्याघ्रलोकोदोषेणगच्छति १५ तदिदंजीवितंतेषांतवकिल्बिषनाशनम् ॥ संमंतव्यंमहाराजपांडवानांचदर्शनम् १६ नचापितेषांवीराणांजीवतांकुरुनंदन ॥
पित्र्योंऽशःशक्यआदातुमपिवज्रभृतास्वयम् १७ तेसर्वेऽवस्थिताधर्मेसर्वेचैवैकचेतसः ॥ अधर्मेणनिरस्ताश्चतुल्येराज्येविशेषतः १८ यदिधर्मस्त्वयाकार्योयदिका
र्यंप्रियंचमे ॥ क्षेमंचयदिकर्तव्यंतेषामर्धंप्रदीयताम् १९ ॥ इतिश्रीमहाभारतेआदिपर्वणिविदुरागमनराज्यलंभपर्वणिभीष्मवाक्येत्र्यधिकद्विशततमोऽध्यायः ॥ २०३
॥ द्रोणउवाच ॥ मंत्रायसमुपानीतैर्धृतराष्ट्रहितैर्नृप ॥ धर्म्यमर्थ्ययशस्यंचवाच्यमित्यनुशुश्रुम १ ममाप्येषामतिस्तातयाभीष्मस्यमहात्मनः ॥ संविभज्यास्तुकौन्ते
याधर्मएषसनातनः २ प्रेष्यतांद्रुपदायाशुनरःकश्चित्प्रियंवदः ॥ बहुलंरत्नमादायतेषामर्थायभारत ३ मिथःकृत्यंचतस्मैसआदायवसुगच्छतु ॥ वृद्धिंचपर
मांब्रूयात्त्वत्संयोगोद्भवांतथा ४ संप्रीयमाणंत्वांब्रूयाद्राजन्दुर्योधनंतथा ॥ असकृद्द्रुपदेचैवधृष्टद्युम्नेचभारत ५ उचितत्वंप्रियत्वंचयोगस्यापिचवर्णयेत् ॥ पुनःपुनश्च
कौन्तेयान्माद्रीपुत्रौचसांत्वयन् ६ ॥ ॥ ॥ ॥ ॥ ॥ ॥

पक्षीयैर्वध्वलंकारादि कन्यापक्षीयैर्वरालंकारादि तस्मैद्रुपदायतदर्थं एतेनमिथःकृत्येएत्रश्वशुरोजामातृदायंगृह्णीयान्नान्यथेतिसिद्धं वृद्धिंचेति । त्वत्संयोगादस्माकंमहत्त्वाप्तिर्जातेतिधृतराष्ट्रोदुर्योधनश्चमन्यतइतितन
वक्तव्यमित्यर्थः ४ । ५ योगस्यसंबंधस्य ६ ॥ ॥ ॥ ॥ ॥

संप्रयच्छतुत्वदीयोऽमात्यादिः ७ तथा आभरणानिप्रयच्छंत्वित्यनुषज्यप्रत्येकंद्रुपदपुत्राणामित्यादिषुयोज्यं ८। ९। १०। ११ औपयिकमवश्यकर्त्तव्यं १२ अनंतरौअंतरंगौभीष्मद्रोणौ १३ नन्वंतरंगौचे
त्कथंमच्छ्रेयोनानुमंत्रयेतामित्याशंक्यांतरंगाभासाविमौनत्वंतरंगावित्याह दुष्टेनेति। दुष्टेनमित्रद्रोहवता। मनसासंकल्पेन। प्रच्छन्नेनशत्रुहितेप्सुनाऽपिस्वामिहितवदाभासमानेन। अंतरात्मनाबुद्ध्या। यो
ब्रूयान्मंत्रं। ससतांसाधूनांविश्वस्तानांस्वामिनांमतमिष्टंनिःश्रेयसंकल्याणंकथंकुर्यान्नकथमपि। शठमित्रंहिपातयत्येवनहितायेत्यर्थः १४ ननुशठमित्रत्वंत्वस्यत्वय्यप्याशंक्यतेतथाचसर्वत्रानाश्वासप्रसंगइत्याशं
क्यदैवमेवमुख्यंवृद्धिह्रासादिहेतुरित्याह नमित्राणीति। मित्राणिसाध्वसाधूनि अर्थकृच्छ्रेषुकार्यसंकटेषु श्रेयसेइतरायनाशायवानप्रभवंति हियस्माद्विधिपूर्वंपुण्यापुण्यैकहेतुकंसर्वंसुखादिकं १५ एतदेवस्पष्टयति

हिरण्मयानिशुभ्राणिबहून्याभरणानिच ॥ वचनात्तवराजेंद्रद्रौपद्याःसंप्रयच्छतु ७ तथाद्रुपदपुत्राणांसर्वेषांभरतर्षभ ॥ पांडवानांचसर्वेषांकुंत्यायुक्तानियानिच ८
एवंसांत्वसमायुक्तंद्रुपदंपांडवैःसह ॥ उक्त्वासोऽनंतरंब्रूयात्तेषामागमनंप्रति ९ अनुज्ञातेषुवीरेषुबलंगच्छतुशोभनम् ॥ दुःशासनोविकर्णश्चाप्यानेतुंपांडवानिह
१० ततस्तेपांडवाःश्रेष्ठाःपूज्यमानाःसदात्वया ॥ प्रकृतीनामनुमतेपदेस्थास्यंतिपैतृके ११ एतत्तवमहाराजपुत्रेषुतेषुचैवहि ॥ वृत्तमौपयिकंमन्येभीष्मेणसहभा
रत १२ ॥ कर्णउवाच ॥ योजितावर्थमानाभ्यांसर्वकार्येष्वनंतरौ ॥ नमंत्रयेतांत्वच्छ्रेयःकिमद्भुततरंततः १३ दुष्टेनमनसायोवैप्रच्छन्नेनांतरात्मना ॥ ब्रूयान्निः
श्रेयसंनामकथंकुर्यात्सतांमतम् १४ नमित्राण्यर्थकृच्छ्रेषुश्रेयसेचेतरायवा ॥ विधिपूर्वंहिसर्वस्यदुःखंवायदिवासुखम् १५ कृतप्रज्ञोऽकृतप्रज्ञोबालोवृद्धश्चमा
नवः ॥ ससहायोऽसहायश्चसर्वंसर्वत्रविंदति १६ श्रूयतेहिपुराकश्चिदंबुवीचइतीश्वरः ॥ आसीद्राजगृहेराजामागधानांमहीक्षिताम् १७ सहीनःकरणैःसर्वै
रुच्छ्वासपरमोनृपः ॥ अमात्यसंस्थःसर्वेषुकार्येष्वेवाभवत्तदा १८ तस्यामात्योमहाकर्णिर्बभूवैकेश्वरस्तदा ॥ सलब्धबलमात्मानंमन्यमानोऽवमन्यते १९ स
राज्ञउपभोग्यानिस्त्रियोरत्नधनानिच ॥ आददेसर्वशोमूढऐश्वर्यंचस्वयंतदा २० तदादायचलुब्धस्यलोभाल्लोभोऽप्यवर्धत ॥ तथाहिसर्वमादायराज्यमस्यजिही
र्षति २१ हीनस्यकरणैःसर्वैरुच्छ्वासपरमस्यच ॥ यतमानोऽपितद्राज्यंनशशाकेतिनःश्रुतम् २२ किमन्यद्विहितानूनंतस्यसापुरुषेंद्रता ॥ यदितेविहितंरा
ज्यंभविष्यतिविशांपते २३ मिषतःसर्वलोकस्यस्थास्यतेत्वयितद्ध्रुवम् ॥ अतोऽन्यथाचेद्विहितंयतमानोनलप्स्यसे २४ एवंविद्वन्नुपादत्स्वमंत्रिणांसाध्वसाधुताम् ॥
दुष्टानांचैवबोद्धव्यमदुष्टानांचभाषितम् २५ ॥ द्रोणउवाच ॥ विद्मतेभावदोषेणयदर्थमिदमुच्यते ॥ दुष्टःपांडवहेतोस्त्वंदोषमाख्यापयस्युत २६ हितंतुपरमंक
र्णब्रवीमिकुलवर्धनम् ॥ अथत्वंमन्यसेदुष्टंब्रूहियत्परमंहितम् २७ ॥ ॥ ॥

कृतेति। सर्वंदैवोपनीतं सर्वत्रदेशेकालेच १६ अत्राख्यायिकामाह श्रूयतइति। ईश्वरःसमर्थः राजगृहेतन्नामकेनगरे १७ करणैश्चक्षुरादिभिर्हीनोविकलः। उच्छ्वासएवपरमोभवतीतिज्ञानहेतुर्यस्यसः। अमात्यसं
स्थःअमात्याधीनः १८ अवमन्यतेराजानमितिशेषः १९। २०। २१ नशशाकहर्तुमितिशेषः २२ आख्यायिकातात्पर्यमाह किमिति। तस्यअंबुवीचस्यसापुरुषेंद्रतातन्नरेंद्रत्वंनूनंविहिताविधिप्राप्तानतुयत्नसंपादि
ता। किमन्यदद्दृष्टात्परायणमस्तिनकिमपीतिभावः प्रकृतेयोजयति यदीति २३। २४। २५ तेतवमतंविद्म भावदोषेणचित्तमतद्वेषेण २६। २७ ॥ ॥ ॥

अहंयद्ब्रवीमिअतोऽन्यथा २८ ॥ इतिआदिपर्वणिनीलकंठीये भारतभावदीपेचतुरधिकशततमोऽध्यायः ॥ २०४ ॥ ॥ राजन्निति १ । २ । ३ आभ्यांभीष्मद्रोणाभ्यां पंचम्यंतमिदं ४ । ५ अन
वरौश्रेष्ठौ ६ अनयोःएताभ्यां कर्त्तरिषष्ठी ७ । ८ । ९ पक्षसंश्रितमन्यतरस्यैवहितं १० । ११ तेषुपांडवेषु १२ तेतत्रमंत्रिणस्तदांतरस्थंविशेषंविदुषांनास्तेध्रुवंशाश्वतंहितंनकुर्युः तवत्रैपम्यदोषमेवतेप्रकाशयि

अतोऽन्यथाचेत्क्रियतेयद्ब्रवीमिपरंहितम् ॥ कुरवोवैविनंक्ष्यंतिनचिरेणैवमेमतिः २८ ॥ इतिश्रीमहाभारते आदिपर्वणि विदुरागमनराज्यलंभपर्वणि द्रोणवाक्ये
चतुरधिकद्विशततमोऽध्यायः ॥ २०४ ॥ ॥ विदुरउवाच ॥ राजन्निःसंशयंश्रेयोवाच्यस्त्वमसिबांधवैः ॥ नत्वशुश्रूषमाणेवैवाक्यंसंप्रतितिष्ठति १ प्रियंहितं
चतद्वाक्यमुक्तवान्कुरुसत्तमः ॥ भीष्मःशांतनवोराजन्प्रतिगृह्णासितन्नच २ तथाद्रोणेनबहुधाभाषितंहितमुत्तमम् ॥ तच्चराधासुतःकर्णोमन्यतेनहितंतव ३ चिंतयं
श्चनपश्यामिराजंस्तवसुहृत्तमम् ॥ आभ्यांपुरुषसिंहाभ्यांयोवास्यात्प्रज्ञयाऽधिकः ४ इमौहिवृद्धौवयसाप्रज्ञयाचश्रुतेनच ॥ समौचत्वयिराजेंद्रतथापांडुसुतेषुच ५ ध
र्मेचानवरौराजन्सत्यतायांचभारत ॥ रामाद्दाशरथेश्चैवगयाच्चैवनसंशयः ६ नचोक्तवंतावश्रेयःपुरस्तादपिकिंचन ॥ नचाप्यपकृतंकिंचिदनयोर्लक्ष्यतेत्वयि ७ तावु
भौपुरुषव्याघ्रावनागसिनृपेत्वयि ॥ नमंत्रयेतांत्वच्छ्रेयःकथंसत्यपराक्रमौ ८ प्रज्ञावंतौनरश्रेष्ठावस्मिँल्लोकेनराधिप ॥ त्वन्निमित्तमतोनेमौकिंचिजिह्मंवदिष्यतः ९ इति
मेनैष्ठिकीबुद्धिर्वर्ततेकुरुनंदन ॥ नचार्थहेतोर्धर्मज्ञौवक्ष्यतःपक्षसंश्रितम् १० एतद्धिपरमंश्रेयोमन्येऽहंतवभारत ॥ दुर्योधनप्रभृतयःपुत्राराजन्यथातव ११ तथैवपा
डवेयास्तेपुत्राराजन्नसंशयः ॥ तेषुचेदहितंकिंचिन्मंत्रयेयुरतद्विदः १२ मंत्रिणस्तेनचश्रेयःप्रपश्यंतिविशेषतः ॥ अथतेहृदयेराजन्विशेषःस्वेषुवर्तते ॥ अंतरस्थंविवृ
ण्वानाःश्रेयःकुर्युर्नतेध्रुवम् १३ एतदर्थमिमौराजन्महात्मानौमहाद्युती ॥ नोचतुर्विवृतंकिंचिन्नह्येषतवनिश्चयः १४ यच्चाप्यशक्यतांतेषामाहतुःपुरुषर्षभौ ॥ तत्तथा
पुरुषव्याघ्रतवतद्भद्रमस्तुते १५ कथंहिपांडवःश्रीमान्सव्यसाचीधनंजयः ॥ शक्योविजेतुंसंग्रामेराजन्मघवताऽपिहि १६ भीमसेनोमहाबाहुर्नागायुतबलोमहान् ॥
कथंस्मयुधिशक्येतविजेतुममरैरपि १७ तथैवकृतिनौयुद्धेयमौयमसुताविव ॥ कथंविजेतुंशक्यौतौरणेजीवितुमिच्छता १८ यस्मिन्धृतिरनुक्रोशःक्षमासत्यंपरा
क्रमः ॥ नित्यानिपांडवेज्येष्ठेसजीयेतरणेकथम् १९ येषांपक्षधरोरामोयेषांमंत्रीजनार्दनः ॥ किंनुतैरजितंसंख्येयेषांपक्षेचसात्यकिः २० द्रुपदःश्वशुरोयेषांयेषांस्याला
श्चपार्षताः ॥ धृष्टद्युम्नमुखावीराभ्रातरोद्रुपदात्मजाः २१ सोऽशक्यतांचविज्ञायतेषामग्रेचभारत ॥ दायाद्यतांचधर्मेणसम्यक्तेषुसमाचर २२ इदंनिर्दिष्टमयशःपुरोचन
कृतंमहत् ॥ तेषामनुग्रहेणाद्यराजन्प्रक्षालयात्मनः २३ ॥ ॥ ॥ ॥ ॥ ॥

ष्यंतिनतुकार्यंसाधयिष्यंतीत्यर्थः १३ एतदर्थंपांडवानांश्रेयोर्थं विवृतंविस्पष्टं । विकृतमितिपाठेपुरुषं । एषपांडवानांश्रेयोभवत्वित्येवंरूपः । हिशब्देनतत्रतस्यैवप्रतीतिंप्रमाणयति १४ यच्चेति । अशक्यतामज
य्यतां तवपुरस्तात्यच्चाहतुरितिसंबंधः तद्भद्रमस्तुते तत्तेभ्यःपांडवेभ्यस्तवभद्रमस्तु । क्रुद्धाःपांडवास्तवसर्वान्पुत्रान्माहिंस्युरितिभावः १५ । १६ । १७ । १८ । १९ । २० । २१ अग्रेतत्पितुरेवपांडोः राज
भागित्वकाले दायाद्यतांपितृधनभोजनार्हतां २२ । २३ ॥ ॥ ॥ ॥ ॥
॥

२४ । २५ । २६ । २७ बलवदत्यंतं २८ । २९ । ३० ॥ ॥ इति आदिपर्वणि नीलकंठीये भारतभावदीपे पंचाधिकद्विशततमोऽध्यायः ॥ २०५ ॥ ॥ भीष्मइति १ । २ । ३ । ४ । ५ । ६

तेषामनुग्रहश्चायंसर्वेषांचैवनःकुले ॥ जीवितंचपरंश्रेयःक्षत्रस्यचविवर्धनम् २४ द्रुपदोऽपिमहान्राजाकृतवैरश्चनःपुरा ॥ तस्यसंग्रहणंराजन्स्वपक्षस्यविवर्धनम् २५ बलवंतश्चदाशार्हाबहवश्चविशांपते ॥ यतःकृष्णस्ततःसर्वेयतःकृष्णस्ततोजयः २६ यच्चसाम्नैवशक्येतकार्यंसाधयितुंनृप ॥ कोदैवशप्तस्तत्कार्यंविग्रहेणसमाचरेत् २७ श्रुत्वाचजीवतःपार्थान्पौरजानपदाजनाः ॥ बलवद्दर्शनेहृष्टास्तेषांराजन्प्रियंकुरु २८ दुर्योधनश्चकर्णश्चशकुनिश्चापिसौबलः ॥ अधर्मयुक्तादुष्प्रज्ञाबालामैषांवचःकृथाः २९ उक्तमेतत्पुराराजन्मयागुणवतस्तव ॥ दुर्योधनापराधेनप्रजेयंवैविनंक्ष्यति ३० ॥ ॥ इति श्रीमहाभारते आदिपर्वणि विदुरागमनराज्यलंभपर्वणि विदुरवाक्ये पंचाधिकद्विशततमोऽध्यायः ॥ २०५ ॥ ॥ धृतराष्ट्रउवाच ॥ भीष्मःशांतनवोविद्वान्द्रोणश्चभगवानृषिः ॥ हितंचपरमंवाक्यंत्वंचसत्यंब्रवीषिमाम् १ यथैवपांडोस्तेवीराःकुंतीपुत्रामहारथाः ॥ तथैवधर्मतःसर्वेममपुत्रानसंशयः २ यथैवममपुत्राणामिदंराज्यंविधीयते ॥ तथैवपांडुपुत्राणामिदंराज्यंनसंशयः ३ क्षत्तरानयगच्छैतान्सहमात्रासुसत्कृतान् ॥ तयाचदेवरूपिण्याकृष्णयासहभारत ४ दिष्ट्याजीवंतितेपार्थादिष्ट्याजीवतिसापृथा ॥ दिष्ट्याद्रुपदकन्यांचलब्धवंतोमहारथाः ५ दिष्ट्यावर्धामहेसर्वेदिष्ट्याशांतःपुरोचनः ॥ दिष्ट्याममपरंदुःखमपनीतंमहाद्युते ६ ॥ वैशंपायनउवाच ॥ ततोजगामविदुरोधृतराष्ट्रस्यशासनात् ॥ सकाशंयज्ञसेनस्यपांडवानांचभारत ७ समुपादायरत्नानिवसूनिविविधानिच ॥ द्रौपद्याःपांडवानांचयज्ञसेनस्यचैवह ८ तत्रगत्वासधर्मज्ञःसर्वशास्त्रविशारदः ॥ द्रुपदंन्यायतोराजन्संयुक्तमुपतस्थिवान् ९ सचापिप्रतिजग्राहधर्मेणविदुरंततः ॥ चक्रतुश्चयथान्यायंकुशलप्रश्नसंविदम् १० ददर्शपांडवांस्तत्रवासुदेवंचभारत ॥ स्नेहात्परिष्वज्यसतानपृच्छानामयंततः ११ तैश्चाप्यमितबुद्धिःसपूजितोहियथाक्रमम् ॥ वचनाद्धृतराष्ट्रस्यस्नेहयुक्तंपुनःपुनः १२ पप्रच्छानामयंराजंस्ततस्तान्पांडुनंदनान् ॥ प्रददौचापिरत्नानिविविधानिवसूनिच १३ पांडवानांचकुंत्याश्चद्रौपद्याश्चविशांपते ॥ द्रुपदस्यचपुत्राणांयथादत्तानिकौरवैः १४ प्रोवाचचामितमतिःप्रश्रितंविनयान्वितः ॥ द्रुपदंपांडुपुत्राणांसन्निधौकेशवस्यच १५ ॥ विदुरउवाच ॥ राजञ्छृणुसहामात्यःसपुत्रश्चवचोमम ॥ धृतराष्ट्रःसपुत्रस्त्वांसहामात्यःसबांधवः १६ अब्रवीत्कुशलंराजन्प्रीयमाणःपुनःपुनः ॥ प्रीतिमांस्तेदृढंचापिसंबंधेननराधिप १७ तथाभीष्मःशांतनवःकौरवैःसहसर्वशः ॥ कुशलंत्वांमहाप्राज्ञःसर्वतःपरिपृच्छति १८ भारद्वाजोमहाप्राज्ञोद्रोणःप्रियसखस्तव ॥ समाश्लेषमुपेत्यत्वांकुशलंपरिपृच्छति १९ धृतराष्ट्रश्चपांचाल्यत्वयासंबंधमीयिवान् ॥ कृतार्थंमन्यतेऽऽत्मानंतथासर्वेऽपिकौरवाः २० ॥ ॥ ॥ ॥

७ । ८ न्यायतोऽन्देष्ठानुक्रमेण संयुक्तमालिंगननमस्कारादिनामिलितम् ९ । १० । ११ । १२ । १३ १४ । १५ । १६ । १७ । १८ । १९ मन्यतेत्मानंतेआत्मानमितिच्छेदः २० ॥ ॥

२१ । २२ । २३ । २४ । २५ निसृष्टेष्वनुज्ञातेषु २६ ॥ ॥ इति आदिपर्वणि नीलकंठीये भारतभावदीपे षडधिकद्विशततमोऽध्यायः २०६ ॥ ॥ एवमिति १ । २ । ३ । ४ । ५

नतथाराज्यसंप्राप्तिस्तेषांप्रीतिकरीमता ॥ यथासंबंधकंप्राप्ययज्ञसेनत्वयासह २१ एतद्विदित्वातुभवान्प्रस्थापयतुपांडवान् ॥ द्रष्टुंहिपांडुपुत्रांश्चत्वरंतिकुरवो भृशम् २२ विप्रोषितादीर्घकालमेतेचापिनरर्षभाः ॥ उत्सुकानगरंद्रष्टुंभविष्यंतितथापृथा २३ कृष्णामपिचपांचालींसर्वाःकुरुवरस्त्रियः ॥ द्रष्टुकामाःप्रतीक्षंतेपुरं चविषयाश्चनः २४ सभवान्पांडुपुत्राणामाज्ञापयतुमाचिरम् ॥ गमनंसहदाराणामेतदत्रमतंमम २५ निसृष्टेषुत्वयाराजन्पांडवेषुमहात्मसु ॥ ततोऽहंप्रेषयि ष्यामिधृतराष्ट्रस्यशीघ्रगान् ॥ आगमिष्यंतिकौन्तेयाःकुंतीचसहकृष्णया २६ ॥ ॥ इतिश्रीमहाभारते आदिपर्वणिविदुरागमराज्यलंभपर्वणिविदुरद्रुपद संवादेषडधिकद्विशततमोऽध्यायः ॥ २०६ ॥ ॥ ॥ द्रुपदउवाच ॥ एवमेतन्महाप्राज्ञयथाऽऽत्थविदुराद्यमाम् ॥ ममापिपरमोहर्षःसंबंधेऽस्मिन्कृ तेप्रभो १ गमनंचापियुक्तंस्याद्दृढमेषांमहात्मनाम् ॥ नतुतावन्मयायुक्तमेतद्वक्तुंस्वयंगिरा २ यदातुमन्यतेवीरःकुंतीपुत्रोयुधिष्ठिरः ॥ भीमसेनार्जुनौचैवयमौच पुरुषर्षभौ ३ रामकृष्णौचधर्मज्ञौतदागच्छंतुपांडवाः ॥ एतौहिपुरुषव्याघ्रावेषांप्रियहितेरतौ ४ ॥ ॥ युधिष्ठिरउवाच ॥ परवंतोवयंराजंस्त्वयिसर्वेसहा नुगाः ॥ यथावक्ष्यसिनःप्रीत्यातत्करिष्यामहेवयम् ५ ॥ ॥ वैशंपायनउवाच ॥ ततोब्रवीद्वासुदेवोगमनंरोचतेमम ॥ यथावामन्यतेराजाद्रुपदःसर्वधर्मवित् ६ ॥ ॥ द्रुपदउवाच ॥ ॥ यथैवमन्यतेवीरोदाशार्हःपुरुषोत्तमः ॥ प्राप्तकालंमहाबाहुःसाबुद्धिर्निश्चितामम ७ यथैवहिमहाभागाःकौन्तेयाममसांप्रतम् ॥ तथैववासुदेवस्यपांडुपुत्रानसंशयः ८ नतद्ध्यायतिकौन्तेयःपांडुपुत्रोयुधिष्ठिरः ॥ यथैषांपुरुषव्याघ्रःश्रेयोध्यायतिकेशवः ९ ॥ ॥ वैशंपायनउवाच ॥ ॥ ततस्तेसमनुज्ञाताद्रुपदेनमहात्मना ॥ पांडवाश्चैवकृष्णश्चविदुरश्चमहीपते १० आदायद्रौपदींकृष्णांकुंतींचैवयशस्विनीम् ॥ सविहारंसुखंजग्मुर्नगरं नागसाह्वयम् ११ श्रुत्वाचाप्यागतान्वीरान्धृतराष्ट्रोजनेश्वरः ॥ प्रतिग्रहायपांडूनांप्रेषयामासकौरवान् १२ विकर्णंचमहेष्वासंचित्रसेनंचभारत ॥ द्रोणंचपरमेष्वासंगौतमंकृपमेवच १३ तैस्तेपरिवृतावीराःशोभमानामहाबलाः ॥ नगरंहास्तिनपुरंशनैःप्रविविशुस्तदा १४ कौतूहलेननगरंदी प्यमानमिवाभवत् ॥ तत्रतेपुरुषव्याघ्राःशोकदुःखविनाशनाः १५ ततउच्चावचावाचःपौरैःप्रियचिकीर्षुभिः ॥ उदीरिताअशृण्वंस्तेपांडवाहृदयं गमाः १६ अयंसपुरुषव्याघ्रःपुनरायातिधर्मवित् ॥ योनःस्वानिवदायादान्धर्मेणपरिरक्षति १७ अद्यपांडुर्महाराजोवनादिवजनप्रियः ॥ आ गतःप्रियमस्माकंचिकीर्षुर्नात्रसंशयः १८ ॥ ॥ ॥ ॥ ॥

६ । ७ । ८ । ९ । १० सविहारंसलीलम् ११ प्रतिग्रहायप्रत्युद्गमनाय १२ । १३ । १४ कौतूहलेनदर्शनेच्छया १५ । १६ । १७ । १८ ॥ ॥ ॥

किंनुनः प्रियंनकृतमपितुसर्वंकृतमेव किंत्वितिपाठेतुशब्दोवाक्यालंकारेपुनःशब्दार्थः किंपुनर्नकृतमपितुसर्वंकृतमेवेतिपूर्ववदेवार्थः १९ । २० । २१ नगरेणसहकुशलप्रश्नंकृत्वा नगरेणापिकृत कुशलप्रश्नाः २२ । २३ । २४ पार्थेनार्जुनेन २५ । २६ घोरंवनमितिभूमेरर्धसस्यशून्योदेशःपांडवेभ्योदत्तइतिज्ञायते २७ तद्वैतद्घोरंवनंसत्स्वर्गवन्मंडयांचक्रिरे २८ तदेवाह नगरंमापया

किंनुनाद्यकृतंतातसर्वेषांनःपरंप्रियम् ॥ यन्नःकुंतीसुतावीरानगरंपुनरागताः १९ यदिदत्तंयदिहुतंविद्यतेयदिनस्तपः ॥ तेनतिष्ठंतुनगरेपांडवाःशरदांशतम् २० ततस्तेधृतराष्ट्रस्यभीष्मस्यचमहात्मनः ॥ अन्येषांचतदर्हाणांचक्रुःपादाभिवंदनम् २१ कृत्वातुकुशलप्रश्नंसर्वेणनगरेणच ॥ न्यविशंताथवेश्मानिधृतराष्ट्रस्य शासनात् २२ विश्रांतास्तेमहात्मानःकंचित्कालंमहाबलाः ॥ आहूताधृतराष्ट्रेणराज्ञाशांतनवेनच ॥ २३ ॥ धृतराष्ट्रउवाच ॥ भ्रातृभिःसहकौन्तेयनिबोधगद तोमम ॥ पुनर्नोविग्रहोमाभूत्खांडवप्रस्थमाविश २४ नचवोवसतस्तत्रकश्चिच्छक्तःप्रबाधितुम् ॥ संरक्ष्यमाणान्पार्थेनत्रिदशानिववज्रिणा २५ अर्धंराज्यस्य संप्राप्यखांडवप्रस्थमाविश ॥ वैशंपायनउवाच ॥ प्रतिगृह्यतुतद्वाक्यंनृपंसर्वेप्रणम्यच २६ प्रतस्थिरेततोघोरंवनंतन्मनुजर्षभाः ॥ अर्द्धराज्यस्यसमप्राप्यखांडवप्र स्थमाविशन् २७ ततस्तेपांडवास्तत्रगत्वाकृष्णपुरोगमाः ॥ मंडयांचक्रिरेतद्वैपरंस्वर्गवदच्युताः २८ ततःपुण्येशिवेदेशेशांतिंकृत्वामहारथाः ॥ नगरंमापया मासुर्द्वैपायनपुरोगमाः २९ सागरप्रतिरूपाभिःपरिखाभिरलंकृतम् ॥ प्राकारेणचसंपन्नंदिवमावृत्यतिष्ठता ३० पांडुराभ्रप्रकाशेनहिमरश्मिनिभेनच ॥ शुशु भेतत्पुरश्रेष्ठंनागैर्भोगवतीमिव ३१ द्विपक्षगरुडप्रख्यैर्द्वारैःसौधैश्चशोभितम् ॥ गुप्तमभ्रचयप्रख्यैर्गोपुरैर्मन्दरोपमैः ३२ विविधैरपिनिर्विद्धैःशस्त्रोपेतैःसुसंवृतैः ॥ शक्तिभिश्चावृतंतद्धिद्विजिह्वैरिवपन्नगैः ३३ तल्पैश्चाभ्यासिकैर्युक्तंशुशुभेयोधरक्षितम् ॥ तीक्ष्णांकुशशतघ्नीभिर्यन्त्रजालैश्चशोभितम् ३४ आयसैश्चमहाचक्रैःशुशु भेतत्पुरोत्तमम् ॥ सुविभक्तमहारथ्यंदेवताबाधवर्जितम् ३५ विरोचमानंविविधैःपांडुरैर्भवनोत्तमैः ॥ तत्त्रिविष्टपसंकाशमिंद्रप्रस्थंव्यरोचत ३६ मेघवृंदमिवाका शेविद्धंविद्युत्समावृतम् ॥ तत्ररम्येशिवेदेशेकौरव्यस्यनिवेशनम् ३७ शुशुभेधनसंपूर्णंधनाध्यक्षक्षयोपमम् ॥ तत्रागच्छन्द्विजाराजन्सर्ववेदविदांवराः ३८ निवा संरोचयंतिस्मसर्वभाषाविदस्तथा ॥ वणिजश्चाययुस्तत्रनानादिग्भ्योधनार्थिनः ३९ सर्वशिल्पविदस्तत्रवासायाभ्यागमंस्तदा ॥ उद्यानानिचरम्याणिनगरस्य समंततः ४० आम्रैराम्रातकैर्नीपैरशोकैश्चंपकैस्तथा ॥ पुन्नागैर्नागपुष्पैश्चलकुचैःपनसैस्तथा ४१ शालतालतमालैश्चबकुलैश्चसकेतकैः ॥ मनोहरैःसुपुष्पैश्चफ लभारावनामितैः ४२ प्राचीनामलकैर्लोध्रैरंकोलैश्चसुपुष्पितैः ॥ जंबूभिःपाटलाभिश्चकुब्जकैरतिमुक्तकैः ४३ ॥ ॥ ॥

मापयामासुरित्यादिना २९ । ३० भोगवतीमिवेतिप्रथमार्थेद्वितीया । ईमितिनिपातप्रश्लेषोवा । भोगवतीयथेत्यपेक्षितेप्रमादपाठोवा ३१ । ३२ निबद्धरचिछद्रैरभेद्यैर्वा शक्तिभिर्हस्तक्षेप्याभि र्लोहमयीभिः ३३ तीक्ष्णाश्चतेऽङ्कुशाश्चशतघ्न्यश्चताभिः आग्नेयौषधबलेनोत्क्षिप्तेनदृषत्पिंडेनयायुगपच्छतंसहस्रंवामनुष्यादीन्घ्नंतिताभिःशतघ्नीभिर्दुर्गारूढाः ३४ । ३५ । ३६ विद्धंमिथःश्लिष्टं ३७ क्षयोपमंगृहोपमं ३८ । ३९ । ४० । ४१ । ४२ । ४३ ॥ ॥ ॥ ॥ ॥ ॥

४४ । ४५ अजगतिपर्वतैर्नृपलीलायात्रार्थैःकृत्रिमैःपर्वतैः । 'अजश्छागहरिब्रह्मविल्वस्मरहरनृपे । गतिःस्त्रीमार्गदशयोर्ज्ञानेयात्राभ्युपाययोः' इतिचमेदिनी ४६ । ४७ वनावृताःवनैःआरामैरावृताः जलपूर्णावा ४८ पुण्यैर्जनैरुपेतं ४९ राज्ञाधृतराष्ट्रेण धर्मस्ययुधिष्ठिरस्य प्रणयनेप्रापणे ५० । ५१ । ५२ ॥ इतिआदिपर्वणिनीलकंठीये भारतभावदीपेसप्ताधिकद्विशततमोऽध्यायः ॥ २०७ ॥ ॥

करवीरैःपारिजातैरन्यैश्चविविधैर्द्रुमैः ॥ नित्यपुष्पफलोपेतैर्नानाद्विजगणायुतैः ४४ मत्तबर्हिणसंघुष्टकोकिलैश्चसदामदैः ॥ गृहैरादर्शविमलैर्विविधैश्चलतागृहैः ४५ मनोहरैश्चित्रगृहैस्तथाऽजगतिपर्वतैः ॥ वापीभिर्विविधाभिश्चपूर्णाभिःपरमांभसा ४६ सरोभिरतिरम्यैश्चपद्मोत्पलसुगंधिभिः ॥ हंसकारंडवयुतैश्चक्रवाकोपशोभितैः ४७ रम्याश्चविविधास्तत्रपुष्करिण्योवनावृताः ॥ तडागानिचरम्याणिबृहंतिसुबहूनिच ४८ तेषांपुण्यजनोपेतंराष्ट्रमाविशतांमहत् ॥ पांडवानांमहाराजशश्वत्प्रीतिरवर्धत ४९ तत्रभीष्मेणराज्ञाचधर्मप्रणयनेकृते ॥ पांडवाःसमपद्यंतखांडवप्रस्थवासिनः ५० पंचभिस्तैर्महेष्वासैरिन्द्रकल्पैःसमन्वितम् ॥ शुशुभेतत्पुरश्रेष्ठंनागैर्भोगवतीयथा ५१ तान्निवेश्यततोवीरोरामेणसहकेशवः ॥ ययौद्वारवतींराजन्पांडवानुमतेतदा ५२ ॥ इतिश्रीमहाभारतेआदिपर्वणिविदुरागमनराज्यलंभपर्वणिपुरनिर्माणेसप्ताधिकद्विशततमोऽध्यायः॥ २०७ ॥ ॥ जनमेजयउवाच ॥ एवंसंप्राप्यराज्यंतदिन्द्रप्रस्थंतपोधन ॥ अतऊर्ध्वंमहात्मानःकिमकुर्वतपांडवाः १ सर्वएवमहासत्त्वाममपूर्वेपितामहाः ॥ द्रौपदीधर्मपत्नीचकथंतानन्ववर्त्तत २ कथंचपंचकृष्णायामेकस्यांतेनराधिपाः ॥ वर्त्तमानामहाभागानाभिद्यंतपरस्परम् ३ श्रोतुमिच्छाम्यहंसर्वंविस्तरेणतपोधन ॥ तेषांचेष्टितमन्योन्यंयुक्तानांकृष्णयासह ४ ॥ वैशंपायनउवाच ॥ धृतराष्ट्राभ्यनुज्ञाताःकृष्णयासहपांडवाः ॥ रेमिरेखांडवप्रस्थेप्राप्तराज्याःपरंतपाः ५ प्राप्यराज्यंमहातेजाःसत्यसंधोयुधिष्ठिरः ॥ पालयामासधर्मेणपृथिवींभ्रातृभिःसह ६ जितारयोमहाप्रज्ञाःसत्यधर्मपरायणाः ॥ मुदंपरमिकांप्राप्तास्तत्रोषुःपांडुनंदनाः ७ कुर्वाणाःपौरकार्याणिसर्वाणिपुरुषर्षभाः ॥ असांचक्रुर्महार्हेषुपार्थिवेष्वासनेषुच ८ अथतेषूपविष्टेषुसर्वेष्वेवमहात्मसु ॥ नारदस्त्वथदेवर्षिराजगामयदृच्छया ९ आसनंरुचिरंतस्मैप्रददौस्वंयुधिष्ठिरः ॥ देवर्षेरुपविष्टस्यस्वयमर्घ्यंयथाविधि १० प्रादाद्युधिष्ठिरोधीमान्राज्यंतस्मैन्यवेदयत् ॥ प्रतिगृह्यतुतांपूजामृषिःप्रीतमनास्तदा ११ आशीर्भिर्वर्धयित्वाचतमुवाचास्यतामिति ॥ निषसादाभ्यनुज्ञातस्ततोराजायुधिष्ठिरः १२ कथयामासकृष्णायैभगवंतमुपस्थितम् ॥ श्रुत्वैतद्द्रौपदीचापिशुचिर्भूत्वासमाहिता १३ जगामतत्रयत्रास्तेनारदःपांडवैःसह ॥ तस्याभिवाद्यचरणौदेवर्षेर्धर्मचारिणी १४ कृतांजलिःसुसंवीतास्थिताऽथद्रुपदात्मजा ॥ तस्याश्चापिसधर्मात्मासत्यवागृषिसत्तमः १५ आशिषोविविधाःप्रोच्यराजपुत्र्यास्तुनारदः ॥ गम्यतामितिहोवाचभगवांस्तामनिंदिताम् १६ गतायामथकृष्णायांयुधिष्ठिरपुरोगमान् ॥ विविक्तेपांडवान्सर्वानुवाचभगवानृषिः १७ ॥ नारदउवाच ॥ पांचालीभवतामेकाधर्मपत्नीयशस्विनी ॥ यथावोनात्रभेदःस्यात्तथानीतिर्विधीयताम् १८

एवमिति १ । २ । ३ । ४ । ५ । ६ तत्रोषुःतत्रइंद्रप्रस्थेऊषुर्वासंकृतवंतः ७ असांचक्रुःस्थिरासनावभूवुःपार्थिवेषुराजसंबंधिषु आसनेष्वधिकारविशेषेषु ८ । ९ । १० । ११ । १२ । १३ । १४ सुसंवीतासम्यक्कृतावगुंठना १५ । १६ । १७ । १८ ॥ ॥ ॥ ॥ ॥

१९ । २० अन्योन्यप्रीतिभावकंपरस्परप्रीत्याभावोद्वृद्धिर्यस्यतत्तथा २१ अघ्नतांहतवंतौ २२ कस्यदेवकन्या २३ । २४ ॥ इतिआदिपर्वणिनीलकंठीयेभारतभावदीपेअष्टाधिकद्विशततमोऽध्यायः ॥ २०८ ॥

सुंदोपसुंदौहिपुराभ्रातरौसहितावुभौ ॥ आस्तामवध्यावन्येषांत्रिषुलोकेषुविश्रुतौ १९ एकराज्यावेकगृहावेकशय्यासनाशनौ ॥ तिलोत्तमायास्तौहेतोरन्योन्यमभिजघ्नतुः २० रक्ष्यतांसौहृदंतस्मादन्योन्यप्रीतिभावकम् ॥ यथावोनात्रभेदःस्यात्तत्कुरुष्वयुधिष्ठिर २१ ॥ युधिष्ठिरउवाच ॥ सुंदोपसुंदावसुरौकस्यपुत्रौमहामुने ॥ उत्पन्नश्चकथंभेदःकथंचान्योऽन्यमघ्नताम् २२ अप्सरादेवकन्यावैकस्यचैषातिलोत्तमा ॥ यस्याःकामेनसंमत्तौजघ्नतुस्तौपरस्परम् २३ एतत्सर्वंयथावृत्तंविस्तरेणतपोधन ॥ श्रोतुमिच्छामहेब्रह्मन्परंकौतूहलंहिमे २४ ॥ इतिश्रीमहाभारतेआदिपर्वणिविदुरागमनराज्यलंभपर्वणियुधिष्ठिरनारदसंवादेऽष्टाधिकद्विशततमोऽध्यायः ॥ २०८ ॥ ॥ नारदउवाच ॥ शृणुमेविस्तरेणेममितिहासंपुरातनम् ॥ भ्रातृभिःसहितःपार्थयथावृत्तंयुधिष्ठिर १ महासुरस्यान्ववायेहिरण्यकशिपोःपुरा ॥ निकुंभोनामदैत्येंद्रस्तेजस्वीबलवानभूत् २ तस्यपुत्रौमहावीर्यौजातौभीमपराक्रमौ ॥ सुंदोपसुंदौदैत्येंद्रौदारुणौक्रूरमानसौ ३ तावेकनिश्चयौदैत्यावेककार्यार्थसंमतौ ॥ निरंतरमवर्तेतांसमदुःखसुखावुभौ ४ विनान्योन्यंनभुंजातेविनाऽन्योन्यंनजल्पतः ॥ अन्योन्यस्यप्रियकरावन्योन्यस्यप्रियंवदौ ५ एकशीलसमाचारौद्विधैवैकोऽभवत्कृतः ॥ तौविवृद्धौमहावीर्यौकार्येष्वप्येकनिश्चयौ ६ त्रैलोक्यविजयार्थायसमाधायैकनिश्चयम् ॥ दीक्षांकृत्वागतौविंध्यंतावुग्रंतेपतुस्तपः ७ तौतुदीर्घेणकालेनतपोयुक्तौबभूवतुः ॥ क्षुत्पिपासापरिश्रांतौजटावल्कलधारिणौ ८ मलोपचितसर्वांगौवायुभक्षौबभूवतुः ॥ आत्ममांसानिजुह्वंतौपादांगुष्ठाग्रधिष्ठितौ ॥ ऊर्ध्वबाहूचानिमिषौदीर्घकालंधृतव्रतौ ९ तयोस्तपःप्रभावेणदीर्घकालंप्रतापितः ॥ धूमंप्रमुमुचेविंध्यस्तदद्भुतमिवाभवत् १० ततोदेवाभयंजग्मुरुग्रंदृष्ट्वातयोस्तपः ॥ तपोविघातार्थमथोदेवाविघ्नानिचक्रिरे ११ रत्नैःप्रलोभयामासुःस्त्रीभिश्चोभौपुनःपुनः ॥ नचतौचक्रतुर्भंगंव्रतस्यसुमहाव्रतौ १२ अथमायांपुनर्देवास्तयोश्चक्रुर्महात्मनोः ॥ भगिन्योमातरोभार्यास्तयोश्चात्मजनस्तथा १३ प्रपात्यमानाविस्रस्ताःशूलहस्तेनरक्षसा ॥ भ्रष्टाभरणकेशांताभ्रष्टाभरणवाससः १४ अभिभाष्यततःसर्वास्तौत्राहीतिविचुक्रुशुः ॥ नचतौचक्रतुर्भंगंव्रतस्यसुमहाव्रतौ १५ यदाक्षोभंनोपयातिनार्तिमन्यतरस्तयोः ॥ ततःस्त्रियस्ताभूतंचसर्वमंतरधीयत १६ ततःपितामहःसाक्षादभिगम्यमहासुरौ ॥ वरेणच्छंदयामाससर्वलोकहितःप्रभुः १७ ततःसुंदोपसुंदौतौभ्रातरौदृढविक्रमौ ॥ दृष्ट्वापितामहंदेवंतस्थतुःप्रांजलीतदा १८ ऊचतुश्चप्रभुंदेवंततस्तौसहितौतदा ॥ आवयोस्तपसाऽनेनयदिप्रीतःपितामहः १९ मायाविदावस्त्रविदौबलिनौकामरूपिणौ ॥ उभावप्यमरौस्यावःप्रसन्नोयदिनौप्रभुः २० ॥ ब्रह्मोवाच ॥ ऋतेऽमरत्वंयुवयोःसर्वमुक्तंभविष्यति ॥ अन्यद्वृणीतंमृत्योश्चविधानममरैःसमम् २१ ॥ ॥ ॥

शृण्विति १ । २ । ३ निरंतरंमतिभेदंविना ४ । ५ । ६ । ७ । ८ । ९ । १० । ११ । १२ । १३ । १४ । १५ । १६ । १७ । १८ । १९ । २० येनामरतुल्यत्वंभवेत्तादृशंविधानंवृणीतंज्ञापयतम् ६२ ॥

प्रभविष्यावः प्रभुत्वमैश्वर्यंकरिष्यावः । यत्कामोयदारभेत्तत्तमाप्नोतदेवलभतेनान्यदित्यर्थः २२ । २३ । २४ यथावद्वायथावदेव २५ । २६ । २७ । २८ मौलिनौकिरीटवंतौ । 'मौलिःकिरीटेधम्मिल्ले' इतिमेदिनी । क्रीडादित्वादिनिः २९ । ३० । ३१ तलनादितैःकरतलध्वनिभिः वाद्यघोषैर्वा ३२ समाःबहूनिवर्षाणिएकंदिनमिवाभूत ३३ ॥ इति आदिपर्वणि नी॰भारतभावदीपेनवाधिकद्विशततमोऽ

प्रभविष्यावइतियन्महदभ्युद्यतंतपः ॥ युवयोर्हेतुनाऽनेननामरत्वंविधीयते २२ त्रैलोक्यविजयार्थायभवद्भ्यामास्थितंतपः ॥ हेतुनाऽनेनदैत्येंद्रौनवाकामंकरोम्यहम् २३ ॥ सुंदोपसुंदावूचतुः ॥ त्रिषुलोकेषुयद्भूतंकिंचित्स्थावरजंगमम् ॥ सर्वस्मान्नौभयंनस्यादृतेऽन्योऽन्यंपितामह २४ ॥ पितामहउवाच ॥ यत्प्रार्थितंयथोक्तंचकाममेतद्ददानिवाम् ॥ मृत्योर्विधानमेतच्चयथावद्वाभविष्यति २५ ॥ नारदउवाच ॥ ततःपितामहोदत्वावरमेतत्तदातयोः ॥ निवर्त्यतपसस्तौचब्रह्मलोकंजगामह २६ लब्ध्वावराणिदैत्येंद्रावथतौभ्रातरावुभौ ॥ अवध्यौसर्वलोकस्यस्वमेवभवनंगतौ २७ तौतुलब्धवरौदृष्ट्वाकृतकामौमनस्विनौ ॥ सर्वःसुहृज्जनस्ताभ्यांप्रहर्षमुपजग्मिवान् २८ ततस्तौतुजटाभित्त्वामौलिनौसंबभूवतुः ॥ महार्हाभरणोपेतौविरजोंबरधारिणौ २९ अकालकौमुदींचैवचक्रतुःसार्वकालिकीम् ॥ नित्यःप्रमुदितःसर्वस्तयोश्चैवसुहृज्जनः ३० भक्ष्यतांभुज्यतांनित्यंदीयतांरम्यतामिति ॥ गीयतांपीयतांचेतिशब्दश्चासीद्गृहेगृहे ३१ तत्रतत्रमहानादैरुत्कृष्टतलनादितैः ॥ हृष्टंप्रमुदितंसर्वंदैत्यानामभवत्पुरम् ३२ तैस्तैर्विहारैर्बहुभिर्दैत्यानांकामरूपिणाम् ॥ समाःसंक्रीडतांतेषामहरेकमिवाभवत् ३३ ॥ इतिश्रीमहाभारते आदिपर्वणि विदुरागमनराज्यलंभपर्वणि सुंदोपसुंदोपाख्याने नवाधिकद्विशततमोऽध्यायः ॥ २०९ ॥ नारदउवाच ॥ उत्सवेवृत्तमात्रेतुत्रैलोक्याकांक्षिणावुभौ ॥ मंत्रयित्वाततःसेनांतावाज्ञापयतांतदा १ सुहृद्भिरभ्यनुज्ञातौदैत्यैर्वृद्धैश्चमंत्रिभिः ॥ कृत्वाप्रास्थानिकंरात्रौमघासुययतुस्तदा २ गदापट्टिशधारिण्याशूलमुद्गरहस्तया ॥ प्रस्थितौसहधर्मिण्यामहत्यादैत्यसेनया ३ मंगलैःस्तुतिभिश्चापिविजयप्रतिसंहितैः ॥ चारणैःस्तूयमानौतौजग्मतुःपरयामुदा ४ तावंतरिक्षमुत्लुत्यदैत्यौकामगमावुभौ ॥ देवानामेवभवनंजग्मतुर्युद्धदुर्मदौ ५ तयोरागमनंज्ञात्वावरदानंचतत्प्रभोः ॥ हित्वात्रिविष्टपंजग्मुर्ब्रह्मलोकंततःसुराः ६ ताविंद्रलोकंनिर्जित्ययक्षरक्षोगणांस्तदा ॥ खेचराण्यपिभूतानिजघ्नतुस्तीव्रविक्रमौ ७ अंतर्भूमिगतान्नागान्जित्वातौचमहारथौ ॥ समुद्रवासिनीःसर्वाम्लेच्छजातीर्विजिग्यतुः ८ ततःसर्वांमहींजेतुमारब्धावुग्रशासनौ ॥ सैनिकांश्चसमाहूयसुतीक्ष्णंवाक्यमूचतुः ९ राजर्षयोमहायज्ञैर्हव्यकव्यैर्द्विजातयः ॥ तेजोबलंचदेवानांवर्धयंतिश्रियंतथा १० तेषामेवंप्रवृत्तानांसर्वेषामसुरद्विषाम् ॥ संभूयसर्वैरस्माभिःकार्यःसर्वात्मनावधः ११ एवंसर्वान्समादिश्यपूर्वतीरेमहोदधेः ॥ क्रूरांमतिंसमास्थायजग्मतुःसर्वतोमुखौ १२ यज्ञैर्यजंतियेकेचिद्याजयंतिचयेद्विजाः ॥ तान्सर्वान्प्रसभंहत्वाबलिनौजग्मतुस्ततः १३ ॥ ॥

ध्यायः ॥ २०९ ॥ ॥ ॥ उत्सवेइति १ मघासुगमनार्थंनिषिद्धेऽपिनक्षत्रेअसुरत्वाद्ययतुः २ । ३ विजयप्रतिसंहितैर्विजयकथकैः ४ । ५ । ६ । ७ । ८ । ९ । १० । ११ । १२ । १३

१४ नाक्रामंतनव्याघ्रवंतः तयोस्तौ कर्मणिपद्धौ १५ । १६ । १७ । १८ अदृश्यद्भिरंतर्हितैः ऋषिभिर्हेतुभूतैस्तेविकुर्वातेविविधानिसिंहव्याघ्रादीनिरूपाणिजगृहातेतिरोभावाय ततस्तद्रूपाज्ञानात्प्रकटान्मुनीन् गजादिरूपैर्निजघ्नतुरित्यर्थः १९ तदेवाह प्रभिन्नेति । प्रभिन्नौमदेनक्लिन्नौकरटौगंडदेशौययोस्तौ संलीनमपिमुनिं २० । २१ उत्सवोयात्राविवाहादिः २२ निवृत्तविपणाःक्रयविक्रयादिव्यवहारशून्याआपणा

आश्रमेष्वग्निहोत्राणिमुनीनांभावितात्मनाम् ॥ गृहीत्वाप्रक्षिपंत्यप्सुविश्रब्धंसैनिकास्तयोः १४ तपोधनैश्चयेक्रुद्धैःशापाउक्तामहात्मभिः ॥ नाक्रामंततयोस्ते ऽपिवरदाननिराकृताः १५ नाक्रामंतयदाशापाबाणामुक्ताःशिलास्विव ॥ नियमान्संपरित्यज्यव्यद्रवंतद्विजातयः १६ पृथिव्यांयेतपःसिद्धादांताःशमपराय णाः ॥ तयोर्भयाद्दुद्रुवुस्तेवैनतेयादिवोरगाः १७ मथितैराश्रमैर्भग्नैर्विकीर्णकलशस्रुवैः ॥ शून्यमासीज्जगत्सर्वंकालेनेवहतंतदा १८ ततोराजन्नदृश्यद्भिर्ऋषिभिश्चमहा सुरौ ॥ उभौविनिश्चयंकृत्वाविकुर्वातेवधैषिणौ १९ प्रभिन्नकरटौमत्तौभूत्वाकुंजररूपिणौ ॥ संलीनमपिदुर्गेषुनिन्यतुर्यमसादनम् २० सिंहौभूत्वापुनर्व्याघ्रौपु नश्चांतर्हितावुभौ ॥ तैस्तैरुपायैस्तौक्रूरावृषीनदृष्ट्वानिजघ्नतुः २१ निवृत्तयज्ञस्वाध्यायाप्रणष्टनृपतिद्विजा ॥ उत्सन्नोत्सवयज्ञाचबभूववसुधातदा २२ हाहाभू तामयार्त्ताचनिवृत्तविपणापणा ॥ निवृत्तदेवकार्याचपुण्योद्वाहविवर्जिता २३ निवृत्तकृषिगोरक्षाविध्वस्तनगराश्रमा ॥ अस्थिकंकालसंकीर्णाभूर्बभूवोग्रदर्शना २४ निवृत्तपितृकार्यैचनिर्वषट्कारमंगलम् ॥ जगत्प्रतिभयाकारंदुष्प्रेक्ष्यमभवत्तदा २५ चंद्रादित्यौग्रहास्तारानक्षत्राणिदिवौकसः ॥ जग्मुर्विषादंतत्कर्मदृष्ट्वासुंदो पसुंदयोः २६ एवंसर्वादिशोदैत्यौजित्वाक्रूरेणकर्मणा ॥ निःसपत्नौकुरुक्षेत्रेनिवेशमभिचक्रतुः २७ ॥ इति श्रीमहाभारते आदिपर्वणि विदुरागमनराज्यलंभ पर्वणि सुंदोपसुंदोपाख्यानेदशाधिकद्विशततमोऽध्यायः ॥ २१० ॥ ॥ ॥ नारदउवाच ॥ ॥ ततोदेवर्षयःसर्वेसिद्धाश्चपरमर्षयः ॥ जग्मुस्तदापरा मार्तिंदृष्ट्वातत्कदनंमहत् १ तेऽभिजग्मुर्जितक्रोधाजितात्मानोजितेंद्रियाः ॥ पितामहस्यभवनंजगतःकृपयातदा २ ततोददृशुरासीनंसहदेवैःपितामहम् ॥ सिद्धै र्ब्रह्मर्षिभिश्चैवसमंतात्परिवारितम् ३ तत्रदेवोमहादेवस्तत्राग्निर्वायुनासह ॥ चंद्रादित्यौचशक्रश्चपारमेष्ठ्यास्तथर्षयः ४ वैखानसावालखिल्यावानप्रस्थामरीचिपाः ॥ अजाश्चैवाविमूढाश्चतेजोगर्भास्तपस्विनः ५ ऋषयःसर्वएवैतेपितामहमुपागमन् ॥ ततोऽभिगम्यतेदीनाःसर्वएवमहर्षयः ६ सुंदोपसुंदयोःकर्मसर्वमेवशशंसिरे ॥ यथाहृतंयथाचैवकृतंयेनक्रमेणच ७ न्यवेदयंस्ततःसर्वमखिलेनपितामहे ॥ ततोदेवगणाःसर्वेतेचैवपरमर्षयः ८ तमेवार्थंपुरस्कृत्यपितामहमचोदयन् ॥ ततःपिताम हःश्रुत्वासर्वेषांतद्वचस्तदा ९ मुहूर्तमिवसंचिंत्यकर्तव्यस्यचनिश्चयम् ॥ तयोर्वधंसमुद्दिश्यविश्वकर्माणमाह्वयत् १० दृष्ट्वाचविश्वकर्माणंव्यादिदेशपितामहः ॥ सृज्य तांप्रार्थनीयैकाप्रमदेतिमहातपाः ११ पितामहंनमस्कृत्यतद्वाक्यमभिनंद्यच ॥ निर्ममेयोषितंदिव्यांचिंतयित्वापुनःपुनः १२ ॥ ॥

दृष्टायस्यां २३ अस्थीनिहस्तपादादिसंबंधीनि कंकालाःदेहमध्यास्थीनिपार्श्वादिसहितानि २४ । २५ ग्रहाःकुजादयः ताराःसप्तर्ष्यादयः नक्षत्राण्यश्विन्यादीनि २६ । २७ ॥ इति आदिपर्वणि नीलकंठीये भारतभावदीपेदशाधिकद्विशततमोऽध्यायः ॥ २१० ॥ ॥ तत्रइति १ । २ । ३ । ४ । ५ । ६ । ७ । ८ । ९ । १० । ११ । १२ ॥ ॥ ॥

१३ । १४ । १५ तस्यागात्रेसूक्ष्ममपितद्अंगंनास्ति । यच्छब्दस्तदर्थे रूपसंपदाहेतुभूतयायत्रनियुक्तानिरीक्षतांदृष्टिर्नसज्जतीतिसंबंधः १६।१७।१८ । १९ प्रलोभनमर्थात्सुंदोपसुंदयोरेव २० ताभ्यां तयोः २१ मंडलंसमुदायं २२ भगवान्विष्णुः प्राङ्मुखीभावादिनातेषामपितत्रमोहोद्योतितः २३ । २४ द्रष्टुकामस्यस्थाणोः २५ । २६ । २७ । २८ देवनिकायानांदेवसंघानांयेनदेशेनमार्गेणसाया

त्रिषुलोकेषुयत्किंचिद्भूतंस्थावरजंगमम् ॥ समानयद्दर्शनीयंतत्तदत्रसविश्ववित् १३ कोटिशश्चैवरत्नानितस्यागात्रेन्यवेशयत् ॥ तांरत्नसंघातमयीमसृजद्देवरूपि
णीम् १४ साप्रयत्नेनमहतानिर्मिताविश्वकर्मणा ॥ त्रिषुलोकेषुनारीणांरूपेणाप्रतिमाऽभवत् १५ नतस्याःसूक्ष्ममप्यस्तियद्गात्रेरूपसंपदा ॥ नियुक्तायत्रवादृष्टिर्न
सज्जतिनिरीक्षताम् १६ साविग्रहवतीवश्रीःकामरूपावपुष्मती ॥ जहारसर्वभूतानांचक्षूंषिचमनांसिच १७ तिलंतिलंसमानीयरत्नानांयद्विनिर्मिता ॥ तिलो
त्तमेतिततस्यानामचक्रेपितामहः १८ ब्रह्माणंसानमस्कृत्यप्रांजलिर्वाक्यमब्रवीत् ॥ किंकार्यंमयिभूतेशयेनास्म्यद्येहनिर्मिता १९ ॥ पितामहउवाच ॥ गच्छ
सुंदोपसुंदाभ्यामसुराभ्यांतिलोत्तमे ॥ प्रार्थनीयेनरूपेणकुरुभद्रेप्रलोभनम् २० त्वत्कृतेदर्शनादेवरूपसंपत्कृतेनवै ॥ विरोधःस्याद्यथाताभ्यामन्योन्येनतथाकुरु
२१ ॥ ॥ नारदउवाच ॥ सातथेतिप्रतिज्ञायनमस्कृत्यपितामहम् ॥ चकारमंडलंतत्रविबुधानांप्रदक्षिणम् २२ प्राङ्मुखोभगवानास्तेदक्षिणेनमहेश्वरः ॥
देवाश्चैवोत्तरेणासन्सर्वतस्त्वृषयोऽभवन् २३ कुर्वत्यातुतदातत्रमंडलंतत्प्रदक्षिणम् ॥ इंद्रःस्थाणुश्चभगवान्धैर्येणप्रत्यवस्थितौ २४ द्रष्टुकामस्यचात्यर्थंगतयापा
र्श्वतस्तया ॥ अन्यदंचितपक्ष्माक्षंदक्षिणंनिःसृतंमुखम् २५ पृष्ठतःपरिवर्तंत्यापश्चिमंनिःसृतंमुखम् ॥ गतयाचोत्तरंपार्श्वमुत्तरंनिःसृतंमुखम् २६ महेंद्रस्यापि
नेत्राणांपृष्ठतःपार्श्वतोऽग्रतः ॥ रक्तांतानांविशालानांसहस्रंसर्वतोऽभवत् २७ एवंचतुर्मुखःस्थाणुर्महादेवोऽभवत्पुरा ॥ तथासहस्रनेत्रश्चबभूवबलसूदनः २८ त
थादेवनिकायानांमहर्षीणांचसर्वशः ॥ मुखानिचाभ्यवर्तन्तयेनयातितिलोत्तमा २९ तस्यागात्रेनिपतितादृष्टिस्तेषांमहात्मनाम् ॥ सर्वेषामेवभूयिष्ठमृतेदेवंपिता
महम् ३० गच्छंत्यातुतयासर्वेदेवाश्चपरमर्षयः ॥ कृतमित्येवतत्कार्यंमेनिरेरूपसंपदा ३१ तिलोत्तमायांतस्यांतुगतायांलोकभावनः ॥ सर्वान्विसर्जयामासदे
वानृषिगणांश्चतान् ३२ ॥ ॥ इतिश्रीमहाभारतेआदिपर्वणिविदुरागमनराज्यलंभपर्वणिसुंदोपसुंदोपाख्यानेतिलोत्तमाप्रस्थापनेएकादशाधिकद्विशततमोऽ
ध्यायः ॥ २११ ॥ ॥ ॥ नारदउवाच ॥ जित्वातुपृथिवींदैत्यौनिःसपत्नौगतव्यथौ ॥ कृत्वात्रैलोक्यमव्यग्रंकृतकृत्यौबभूवतुः १ देवगंधर्वयक्षाणां
नागपार्थिवरक्षसाम् ॥ आदायसर्वरत्नानिपरांतुष्टिमुपागतौ २ यदानप्रतिषेद्धारस्तयोःसंतीहकेचन ॥ निरुद्योगौतदाभूत्वाविजह्रातेऽमराविव ३ स्त्रीभिर्मा
ल्यैश्चगंधैश्चभक्ष्यभोज्यैःसुपुष्कलैः ॥ पानैश्चविविधैर्हृद्यैःपरांप्रीतिमवापतुः ४ अंतःपुरवनोद्यानेपर्वतेषुवनेषुच ॥ यथेप्सितेषुदेशेषुविजह्रातेऽमराविव ५ ॥

तितथामुखान्यभ्यवर्तन्त २९ । ३० । ३१ । ३२ ॥ इति आदिपर्वणि नीलकंठीये भारतभावदीपे एकादशाधिकद्विशततमोऽध्यायः ॥ २११ ॥ ॥ ॥ ॥ ॥ जित्वेति । कृत्वास्वाधीनं अव्यग्रंनिर्विशेषंयथास्यात्तथा १ । २ । ३ । ४ । ५ ॥ ॥ ॥ ॥ ॥ ॥

प्रस्थेशिखरे ६ । ७ । ८ वेषशृं।रमाधायसाक्षिप्तमाक्षिप्तनक्षेपोमनोवैकल्यंतेनसहयथास्यात्तथा । सूक्ष्मैकवाससोपारितत्वाद्विविक्तादयवस्त्रेनं जनंव्याकुलयंतीत्यर्थः ९।१० व्यथितौकामेन ११ । १२

ततःकदाचिद्विंध्यस्यप्रस्थेसमशिलातले ॥ पुष्पिताग्रेषुशालेषुविहारमभिजग्मतुः ६ दिव्येषुसर्वकामेषुसमानीतेषुतावुभौ ॥ वरासनेषुसंहृष्टौसहस्त्रीभिर्निषीदतुः ७ ततोवादित्रनृत्याभ्यामुपातिष्ठंततौस्त्रियः ॥ गीतैश्चस्तुतिसंयुक्तैःप्रीत्यासमुपजग्मिरे ८ ततस्तिलोत्तमातत्रवनेपुष्पाणिचिन्वती ॥ वेषंसाक्षिप्तमाधायरक्तेनैकेनवाससा ९ नदीतीरेषुजातान्साकर्णिकारान्प्रचिन्वती ॥ शनैर्जगामतंदेशंयत्रास्तांतौमहाऽसुरौ १० तौतुपीत्वावरंपानंमदरक्तांतलोचनौ ॥ दृष्ट्वैवतांवरारोहांव्यथितौसंबभूवतुः ११ तावुत्थायासनंहित्वाजग्मतुर्यत्रसास्थिता ॥ उभौचकामसंमत्तावुभौप्रार्थयतश्चताम् १२ दक्षिणेतांकरेसुभ्रूंसुंदोजग्राहपाणिना ॥ उपसुंदोपिजग्राहवामेपाणौतिलोत्तमाम् १३ वरप्रदानमत्तौतावौरसेनबलेनच ॥ धनरत्नमदाभ्यांचसुरापानमदेनच १४ सर्वैरेतैर्मदैर्मत्तावन्योऽन्यंभ्रुकुटीकृतौ ॥ मदकामसमाविष्टौपरस्परमथोचतुः १५ ममभार्यातवगुरुरितिसुंदोऽभ्यभाषत ॥ ममभार्यातववधूरुपसुंदोऽभ्यभाषत १६ नैषातवममैषेतितत्रस्तौमन्युराविशत् ॥ तस्यारूपेणसंमत्तौविगतस्नेहसौहृदौ १७ तस्याहेतोर्गदेभीमेसंगृह्णीतामुभौतदा ॥ प्रगृह्यचगदेभीमेतस्यांतौकाममोहितौ १८ अहंपूर्वमहंपूर्वमित्यन्योऽन्यंनिजघ्नतुः ॥ तौगदाभिहतौभीमौपेततुर्धरणीतले १९ रुधिरेणावसिक्तांगौद्वाविवार्कौनभश्च्युतौ ॥ ततस्ताविद्रुतानार्यःसचदैत्यगणस्तथा २० पातालमगमत्सर्वोविषादभयकंपितः ॥ ततःपितामहस्तत्रसहदेवैर्महर्षिभिः २१ आजगामविशुद्धात्मापूजयंश्चतिलोत्तमाम् ॥ वरेणच्छंदयामासभगवान्प्रपितामहः २२ वरंदित्सुःसतत्रैनांप्रीतःप्राहपितामहः ॥ आदित्यचरितॉंल्लोकान्विचरिष्यसिभाविनि २३ तेजसाचसुदृष्टांत्वांनकरिष्यतिकश्चन ॥ एवंतस्यैवरंदत्वासर्वलोकपितामहः २४ इंद्रेत्रैलोक्यमाधायब्रह्मलोकंगतःप्रभुः ॥ नारदउवाच ॥ ॥ एवंतौसहितौभूत्वासर्वार्थेष्वेकनिश्चयौ २५ तिलोत्तमार्थसंक्रुद्धावन्योऽन्यमभिजघ्नतु ॥ तस्माद्ब्रवीमिवःस्नेहात्सर्वान्भरतसत्तमाः २६ यथावोनात्रभेदःस्यात्सर्वेषांद्रौपदीकृते ॥ तथाकुरुतभद्रंवोममचेत्प्रियमिच्छथ २७ ॥ वैशंपायनउवाच ॥ एवमुक्तामहात्मानोनारदेनमहर्षिणा ॥ समयंचक्रिरेराजंस्तेन्योऽन्यवशमागताः ॥ समक्षंतस्यदेवर्षेर्नारदस्यामितौजसः २८ द्रौपद्यानःसहासीनानन्योऽन्यंयोऽभिदर्शयेत् ॥ सनोद्वादशवर्षाणिब्रह्मचारीवनेवसेत् २९ कृतेतुसमयेतस्मिन्पांडवैर्धर्मचारिभिः ॥ नारदोऽप्यगमत्प्रीतइष्टंदेशंमहामुनिः ३० एवंतैःसमयःपूर्वंकृतोनारदचोदितैः ॥ नचाभिद्यंततेसर्वेतदाऽन्योऽन्येनभारत ३१ ॥ ॥ इतिश्रीमहाभारतेआदिपर्वणिविदुरागमनराज्यलंभप० सुंदोपसुंदोपाख्यानेद्वादशाधिकद्विशततमोऽध्यायः ॥ २१२ ॥ ॥ ॥ समाप्तंचविदुरागमनराज्यलंभपर्व ॥ ॥ ॥ ॥ ॥ ॥

१३ । १४ । १५ । १६ । १७ । १८ । १९ । २० । २१ । २२ । २३ तेजसाऽर्कवत्परदृष्ट्यभिभावकत्वात्सुदृष्टांसम्यग्दृष्टांनकरिष्यतिकश्चित् २४ । २५ । २५ । २६ । २७ । २८ । २९ । ३० ३१ ॥ इति आदिपर्वणिनीलकंठीयेभारतभावदीपे द्वादशाधिकद्विशततमोऽध्यायः ॥ २१२ ॥ ॥ ॥ ॥ ॥ ॥ ॥ ॥

एवमिति १ । २ नागैर्गजैः सरस्वतीबहुसरोयुक्तावनस्थली । साहिगजैर्युक्ताऽन्यैश्छेत्तुमशक्या तयाचगजाबलिनः । एवंतेमिथोवृद्धिहेतवइत्यर्थः ३ । ४ । ५ । ६ । ७ । ८ । ९ हस्तधारणाक्रियतामभयंदीयतामित्यर्थः १० । ११ । १२ । १३ । १४ । १५ उपक्षेपणजउपेक्षाजन्यः अधर्मइतिच्छेदः १६ अनास्तिक्यमास्तिक्याभावः रक्षणेविषये प्रतितिष्ठेतस्थिरःस्यात्तेनचनोऽस्माकमधर्मश्चमहान्भवेत् १७

॥ अथार्जुनवनवासपर्व ॥ ॥ वैशंपायनउवाच ॥ ॥ एवंतेसमयंकृत्वान्यवसंस्तत्रपांडवाः ॥ वशेशस्त्रप्रतापेनकुर्वन्तोन्यान्महीक्षितः १ तेषांमनुजसिंहानां पंचानाममितौजसाम् ॥ बभूवकृष्णासर्वेषांपार्थानांवशवर्त्तिनी २ तेतयातैश्चसावीरैःपतिभिःसहपंचभिः ॥ बभूवपरमप्रीतानागैरिवसरस्वती ३ वर्त्तमानेषुधर्मेण पांडवेषुमहात्मसु ॥ व्यवर्धन्कुरवःसर्वेहीनदोषाःसुखान्विताः ४ अथदीर्घेणकालेनब्राह्मणस्यविशांपते ॥ कस्यचित्तस्कराजन्हुःकेचिद्गानृपसत्तम ५ ह्रियमाणेधनेतस्मिन्ब्राह्मणःक्रोधमूर्च्छितः ॥ आगम्यखांडवप्रस्थमुदक्रोशत्सपांडवान् ६ ह्रियतेगोधनंक्षुद्रैर्नृशंसैरकृतात्मभिः ॥ प्रसह्यचास्मद्विषयादभ्यधावतपांडवाः ७ ब्राह्मणस्यप्रशांतस्यहविर्ध्वांक्षैःप्रलुप्यते ॥ शार्दूलस्यगुहांशून्यांनीचःक्रोष्टाऽभिमर्दति ८ अरक्षितारंराजानंबलिषड्भागहारिणम् ॥ तमाहुःसर्वलोकस्यसमग्रंपापचारिणम् ९ ब्राह्मणस्वेहृतेचोरैर्धर्मार्थेचविलोपिते ॥ रोरूयमाणेचमयिक्रियतांहस्तधारणा १० ॥ वैशंपायनउवाच ॥ रोरूयमाणस्याभ्याशेभृशंविप्रस्यपांडवः ॥ तानिवाक्यानिशुश्रावकुंतीपुत्रोधनंजयः ११ श्रुत्वैवचमहाबाहुर्माभैरित्याहतंद्विजम् ॥ आयुधानिचयत्रासन्पांडवानांमहात्मनाम् १२ कृष्णयासहतत्रास्तेधर्मराजोयुधिष्ठिरः ॥ संप्रवेशायचाशक्तोगमनायचपांडवः १३ तस्यचार्त्तस्यतैर्वाक्यैश्चोद्यमानःपुनःपुनः ॥ आक्रंदेतत्रकौन्तेयश्चिंतयामासदुःखितः १४ ह्रियमाणेधनेतस्मिन्ब्राह्मणस्यतपस्विनः ॥ अश्रुप्रमार्जनंतस्यकर्तव्यमितिनिश्चयः १५ उपक्षेपणजोऽधर्मःसुमहान्स्यान्महीपतेः ॥ यद्यस्यरुदतोद्वारिनकरोम्यद्यरक्षणम् १६ अनास्तिक्यंचसर्वेषामस्माकमपिरक्षणे ॥ प्रतितिष्ठेतलोकेऽस्मिन्नधर्मश्चैवनोभवेत् १७ अनादृत्यतुराजानंगतेमयिनसंशयः ॥ अजातशत्रोर्नृपतेर्मयिचैवानृतंभवेत् १८ अनुप्रवेशेराज्ञस्तुवनवासोभवेन्मम ॥ सर्वमन्यत्परिहृतंधर्षणात्तुमहीपतेः १९ अधर्मोवैमहानस्तुवनेवामरणंमम ॥ शरीरस्यविनाशेनधर्मएवविशिष्यते २० एवंविनिश्चित्यततःकुंतीपुत्रोधनंजयः ॥ अनुप्रविश्यराजानमापृच्छ्यचविशांपते २१ धनुरादायसंहृष्टोब्राह्मणंप्रत्यभाषत ॥ ब्राह्मणागम्यतांशीघ्रंयावत्परधनैषिणः २२ नदूरेतेगताःक्षुद्रास्तावद्गच्छावहेसह ॥ यावन्निवर्त्तयाम्यद्यचौरहस्ताद्धनंतव २३ सोऽनुसृत्यमहाबाहुर्धन्वीवर्मीरथीध्वजी ॥ शरैर्विध्वस्यतांश्चौरानवजित्यचतद्धनम् २४ ब्राह्मणंसमुपाकृत्ययशःप्राप्यचपांडवः ॥ ततस्तद्गोधनंपार्थोदत्वातस्मैद्विजातये २५ आजगामपुरंवीरःसव्यसाचीधनंजयः ॥ सोऽभिवाद्यगुरून्सर्वान्सर्वैश्चाप्यभिनंदितः २६ ॥ ॥ ॥

राजानंसस्त्रीकमायुधागारस्थंप्रतिमयिगतेसति १८ अनुप्रवेशेएकस्मिन्स्त्रियासहरममाणेऽन्यस्यतत्रगमने । अन्यद्वनवासादिकं । परिहृतंतुच्छं । धर्षणात्त्वधर्मोमहानितिसंबंधः १९ वाशब्दइवार्थेयेनाधर्मेणममवनेमरणमिवस्यात्सएवास्तुयतोस्माद्ब्राह्मस्वरक्षणजोधर्मःश्रेष्ठः २० आपृच्छ्यधनुश्चादाय २१ । २२ । २३ । २४ समुपाकृत्यप्रसाद्यस्वपुरमाजगामेतिद्वितीयेनान्वयः २५ । २६ ॥ ॥ ॥

२७ समयोऽनुप्रवेशद्वादशवार्षिकावनवासनियमः २८ मज्जमानयास्खलंत्या २९। ३० अनुजानामिब्राह्मणार्थत्वेनगुणत्वेनैवांगीकरोमि व्यलीकमप्रियं ३१ उपघातोऽनिष्टः विधिलोपकोधर्मभंगः ३२ नचते त्वया ३३।३४। ३५ ॥ इतिआ०नी०भा०त्रयोदशाधिकद्विशततमोऽध्यायः ॥ २१३ ॥ तंप्रयांतमिति १ भैक्षाःभिक्षाजीविनोयतयोब्रह्मचारिणश्च चौक्षाइतिपाठेचोक्षाःशुचयस्तएवचौक्षाः'चोक्षोगीतेशुचौ

धर्मराजमुवाचेदंव्रतमादिशमेप्रभो ॥ समयःसमतिक्रांतोभवत्संदर्शनेमया २७ वनवासंगमिष्यामिसमयोह्येषनःकृतः ॥ इत्युक्तोधर्मराजस्तुसहसावाक्यमप्रियम् २८ कथमित्यब्रवीद्वाचाशोकार्त्तःसज्जमानया ॥ युधिष्ठिरोगुडाकेशंभ्राताभ्रातरमच्युतम् २९ उवाचदीनोराजाचधनंजयमिदंवचः ॥ प्रमाणमस्मियदितेमत्तःशृणुवचोऽनघ ३० अनुप्रवेशेयद्वीरकृतवांस्त्वंममाप्रियम् ॥ सर्वंतदनुजानामिव्यलीकंनचमेहृदि ३१ गुरोरनुप्रवेशोहिनोपघातोयवीयसः ॥ यवीयसोऽनुप्रवेशोज्येष्ठस्यविधिलोपकः ३२ निवर्तस्वमहाबाहोकुरुष्ववचनंमम ॥ नहितेधर्मलोपोऽस्तिनचतेधर्षणाकृता ३३ ॥ अर्जुनउवाच ॥ नव्याजेनचरेद्धर्ममितिमेभवतःश्रुतम् ॥ नसत्याद्विचलिष्यामिसत्येनायुधमालभे ३४ ॥ वैशंपायनउवाच ॥ सोऽभ्यनुज्ञायराजानंवनचर्यायदीक्षितः ॥ वनेद्वादशवर्षाणिवासायानुजगामह ३५ ॥ इति श्रीमहाभारते आदिपर्वणि अर्जुनवनवासपर्वणि अर्जुनतीर्थयात्रायांत्रयोदशाधिकशततमोऽध्यायः ॥ २१३ ॥ ॥ वैशंपायनउवाच ॥ तंप्रयांतंमहाबाहुंकौरवाणांयशस्करम् ॥ अनुजग्मुर्महात्मानोब्राह्मणावेदपारगाः १ वेदवेदांगविद्वांसस्तथैवाध्यात्मचिंतकाः ॥ भैक्षाश्चभगवद्भक्ताःसूताःपौराणिकाश्चये २ कथकाश्चापरेराजन्श्रमणाश्चवनौकसः ॥ दिव्याख्यानानियेचापिपठंतिमधुरंद्विजाः ३ एतैश्चान्यैश्चबहुभिःसहायैःपांडुनंदनः ॥ वृत्तःश्लक्ष्णकथैःप्रायान्मरुद्भिरिववासवः ४ रमणीयानिचित्राणिवनानिचसरांसिच ॥ सरितःसागरांश्चैवदेशानपिचभारत ५ पुण्यान्यपिचतीर्थानिददर्शभरतर्षभः ॥ सगंगाद्वारमाश्रित्यनिवेशमकरोत्प्रभुः ६ तत्रतस्याद्भुतंकर्मशृणुत्वंजनमेजय ॥ कृतवान्यद्विशुद्धात्मापांडूनांप्रवरोहिसः ७ निविष्टेतत्रकौन्तेयेब्राह्मणेषुचभारत ॥ अग्निहोत्राणिविप्रास्तेप्रादुश्चक्रुरनेकशः ८ तेषुप्रबोध्यमानेषुज्वलितेषुहुतेषुच ॥ कृतपुष्पोपहारेषुतीरांतरगतेषुच ९ कृताभिषेकैर्विद्वद्भिर्नियतैःसत्पथिस्थितैः ॥ शुशुभेऽतीवतद्राजन्गंगाद्वारंमहात्मभिः १० तथापर्याकुलेतस्मिन्निवेशेपांडवर्षभः ॥ अभिषेकायकौन्तेयोगंगामवततारह ११ तत्राभिषेकंकृत्वासतर्पयित्वापितामहान् ॥ उत्तितीर्षुर्जलाद्राजन्नग्निकार्यचिकीर्षया १२ अपकृष्टोमहाबाहुर्नागराजस्यकन्यया ॥ अंतर्जलेमहाराजउलूप्याकामयानया १३ ददर्शपांडवस्तत्रपावकंसुसमाहितः ॥ कौरव्यस्याथनागस्यभवनेपरमार्चिते १४ तत्राग्निकार्यंकृतवान्कुंतीपुत्रोधनंजयः ॥ अशंकमानेनहुतस्तेनातुष्यद्धुताशनः १५ अग्निकार्यंसकृत्वातुनागराजसुतांतदा ॥ प्रहसन्निवकौन्तेयइदंवचनमब्रवीत् १६

दक्षेतथातीक्ष्णमनोज्ञयोः'इतिमेदिनी चोक्षाइत्येवमुख्यःपाठः २ श्रमणाऊर्ध्वरेतसोयतयोब्रह्मचारिणश्च ३।४।५। ६।७।८।९।१०।११ अग्निकार्यचिकीर्षयेतिपत्नीसान्निध्याभावेऽपिप्रवसताऔपासनहोमःकर्त्तव्यइतिदर्शितं १२ अपकृष्टोऽपनीतः कामयानयातंपतिमिच्छंत्या १३। १४ अशंकमानेनआपद्धर्मनिश्चयवताविस्मयरहितेन १५। १६ ॥ ॥ ॥ ॥

१७ । १८ समुद्रगांगंगां १९ अनंगग्लपितांकामेनपीडितां २० । २१ । २२ । २३ जानाम्यहंपांडवेयेत्यादिनास्वस्यातींद्रियंतीद्रौपदीनिमित्तमेवतवब्रह्मचर्यंनान्यत्रेत्याह अतएवात्रेऽपिचित्रांगदासुभद्रयोः

किमिदंसाहसंभीरुकृतवत्यसिभाविनि ॥ कश्चायंसुभगेदेशःकाचत्वंकस्यवाऽऽत्मजा १७ ॥ उलूप्युवाच ॥ ऐरावतकुलेजातःकौरव्योनामपन्नगः ॥ तस्यास्मि दुहिताराजन्नुलूपीनामपन्नगी १८ साऽहंत्वामभिषेकार्थमवतीर्णंसमुद्रगाम् ॥ दृष्ट्वैवपुरुषव्याघ्रकंदर्पेणाभिमूर्च्छिता १९ तांमामनंगग्लपितांत्वत्कृतेकुरुनंदन ॥ अनन्यांनंदयस्वाद्यप्रदानेनात्मनोऽनघ २० ॥ अर्जुनउवाच ॥ ब्रह्मचर्यमिदंभद्रेममद्वादशवार्षिकम् ॥ धर्मराजेनचादिष्टंनाहमस्मिस्वयंवशः २१ तवचापिप्रियं कर्तुमिच्छामिजलचारिणि ॥ अनृतंनोक्तपूर्वंचमयाकिंचनकर्हिचित् २२ कथंचनानृतंमेस्यात्तवचापिप्रियंभवेत् ॥ नचपीड्येतमेधर्मस्तथाकुर्याभुजंगमे २३ ॥ उलूप्युवाच ॥ जानाम्यहंपांडवेययथाचरसिमेदिनीम् ॥ यथाचतेब्रह्मचर्यमिदमादिष्टवान्गुरुः २४ परस्परंवर्त्तमानान्द्रुपदस्यात्मजांप्रति ॥ योनोऽनुप्रविशे न्मोहात्सवैद्वादशवार्षिकम् २५ वनेचरेद्ब्रह्मचर्यमितिवःसमयःकृतः ॥ तदिदंद्रौपदीहेतोरन्योऽन्यस्यप्रवासनम् २६ कृतवांस्तत्रधर्मार्थमत्रधर्मोनदुष्यति ॥ परि त्राणंचकर्त्तव्यमार्तानांपृथुलोचन २७ कृत्वाममपरित्राणंतवधर्मोनलुप्यते ॥ यदिवाप्यस्यधर्मस्यसूक्ष्मोऽपिस्याद्व्यतिक्रमः २८ सचतेधर्मएवस्याद्दत्वाप्राणान्म मार्जुन ॥ भक्तांचभजमांपार्थसतामेतन्मतंप्रभो २९ नकरिष्यसिचेदेवंमृतांमामुपधारय ॥ प्राणदानान्महाबाहोचरधर्ममनुत्तमम् ३० शरणंचप्रपन्नाऽस्मित्वा मद्यपुरुषोत्तम ॥ दीनाननाथान्कौन्तेयपरिरक्षसिनित्यशः ३१ साऽहंशरणमभ्येमिरोरवीमिचदुःखिता ॥ याचेत्वांचाभिकामाऽहंतस्मात्कुरुममाप्रियम् ॥ सत्व मात्मप्रदानेनसकामांकर्तुमर्हसि ३२ ॥ वैशंपायनउवाच ॥ एवमुक्तस्तुकौन्तेयःपन्नगेश्वरकन्यया ॥ कृतवांस्तत्तथासर्वंधर्ममुद्दिश्यकारणम् ३३ सनागभवनेरात्रिं तामुषित्वाप्रतापवान् ॥ उदितेऽभ्युत्थितःसूर्येकौरव्यस्यनिवेशनात् ३४ आगतस्तुपुनस्तत्रगंगाद्वारंतयासह ॥ परित्यज्यगतासाध्वीउलूपीनिजमंदिरम् ३५ दत्वावरमजेयत्वंजलेसर्वत्रभारत ॥ साध्याजलचराःसर्वेभविष्यंतिनसंशयः ३६ ॥ इति श्रीम० आ० अर्जुनवनवासपर्वणिउलूपीसंगेचतुर्दशाधिकद्विशततमोऽ ध्यायः २१४ ॥ ॥ वैशंपायनउवाच ॥ कथयित्वाचतत्सर्वंब्राह्मणेभ्यःसभारत ॥ प्रययौहिमवत्पार्श्वंततोवज्रधरात्मजः १ अगस्त्यवटमासाद्यवसिष्ठस्यचपर्व तम् ॥ भृगुतुंगेचकौन्तेयःकृतवाञ्शौचमात्मनः २ प्रददौगोसहस्राणिसुबहूनिचभारत ॥ निवेशांश्चद्विजातिभ्यःसोऽददत्कुरुसत्तमः ३ हिरण्यबिंदोस्तीर्थेचस्नात्वा पुरुषसत्तमः ॥ दृष्टवान्पांडवश्रेष्ठःपुण्यान्यायतनानिच ४ अवतीर्यनरश्रेष्ठोब्राह्मणैःसहभारत ॥ प्राचींदिशमभिप्रेप्सुर्जगामभरतर्षभः ५ ॥ ॥

पाणिग्रहणंसंगच्छते २४ । २५ । २६ । २७ । २८ । २९ । ३० । ३१ । ३२ । ३३ । ३४ परित्यज्यमुनिसमाजेतंविसृज्य ३५ । ३६ ॥ इतिआदिपर्वणिनीलकंठीयेभारतभावदीपेचतुर्दशाधिक द्विशततमोऽध्यायः ॥ २१४ ॥ ॥ कथयित्वेति १ भृगुतुंगेतुंगनाथइतिप्रसिद्धे २ निवेशान्गृहाणि ३ । ४ । ५ ॥ ॥ ॥

६ महानदींगयास्थामेवनदीं ७ । ८ । ९ राष्ट्रद्वारेषुपर्वतसंधिमार्गेषु कलिंगस्थतीर्थानामनतिप्रशस्तत्वादुपावर्त्ततपराङ्वृत्ताः १० । ११ । १२ । १३ । १४ । १५ चैत्रवाहनींचित्रवाहनस्यदुहितरं १६ । १७ । १८ । १९ । २० । २१ । २२ । २३ हेतुर्विधिनापुत्रहेतौपुत्रिकायामपिपुत्रशब्दप्रयोगविधानात् लांगलंजीवनमितिवत् तथाचलिंगं पुमांसएवमेपुत्राजायेरन्निति । तेनपुत्र्यपिपुत्रसंज्ञिता २४ शुल्कं

आनुपूर्व्येणतीर्थानिदृष्टवान्कुरुसत्तमः ॥ नदींचोत्पलिनींरम्यामरण्यंनैमिषंप्रति ६ नंदामपरनंदांचकौशिकींचयशस्विनीम् ॥ महानदींगयांचैवगंगामपिचभारत ७ एवंतीर्थानिसर्वाणिपश्यमानस्तथाऽऽश्रमान् ॥ आत्मनःपावनंकुर्वन्ब्राह्मणेभ्योददौचगाः ८ अंगवंगकलिंगेषुयानितीर्थानिकानिचित् ॥ जगामतानिसर्वाणिपुण्यान्यायतनानिच ९ दृष्ट्वाचविधिवत्तानिधनंचापिददौततः ॥ कलिंगराष्ट्रद्वारेषुब्राह्मणाःपांडवानुगाः ॥ अभ्यनुज्ञायकौन्तेयमुपावर्त्तंतभारत १० सतुतैरभ्यनुज्ञातःकुंतीपुत्रोधनंजयः ॥ सहायैरल्पकैःशूरःप्रययौयत्रसागरः ११ सकलिंगानतिक्रम्यदेशानायतनानिच ॥ हर्म्याणिरमणीयानिप्रेक्षमाणोययौप्रभुः १२ महेंद्रपर्वतंदृष्ट्वातापसैरुपशोभितम् ॥ समुद्रतीरेणशनैर्मणिपूरंजगामह १३ तत्रसर्वाणितीर्थानिपुण्यान्यायतनानिच ॥ अभिगम्यमहाबाहुरभ्यगच्छन्महीपतिम् १४ मणिपूरेश्वरंराजन्धर्मज्ञंचित्रवाहनम् ॥ तस्यचित्रांगदानामदुहिताचारुदर्शना १५ तांददर्शपुरेतस्मिन्विचरंतींयदृच्छया ॥ दृष्ट्वाचतांवरारोहांचकमेचैत्रवाहनीम् १६ अभिगम्यचराजानमवदत्स्वंप्रयोजनम् ॥ देहिमेखल्विमांराजन्क्षत्रियायमहात्मने १७ तच्छ्रुत्वात्वब्रवीद्राजाकस्यपुत्रोऽसिनामकिम् ॥ उवाचतंपांडवोऽहंकुंतीपुत्रोधनंजयः १८ तमुवाचाथराजाससांत्वपूर्वमिदंवचः ॥ राजाप्रभंजनोनामकुलेऽस्मिन्संबभूवह १९ अपुत्रःप्रसवेनार्थीतपस्तेपेसउत्तमम् ॥ उग्रेणतपसातेनदेवदेवःपिनाकधृक् २० ईश्वरस्तोषितःपार्थदेवदेवउमापतिः ॥ सतस्मैभगवान्प्रादादेकैकंप्रसवंकुले २१ एकैकःप्रसवस्तस्माद्भवत्यस्मिन्कुलेसदा ॥ तेषांकुमाराःसर्वेषांपूर्वेषांममजज्ञिरे २२ एकाचममकन्येयंकुलस्योत्पादनीभृशम् ॥ पुत्रोममायमितिमेभावनापुरुषर्षभ २३ पुत्रिकाहेतुविधिनासंज्ञिताभरतर्षभ ॥ तस्मादेकःसुतोयोऽस्यांजायतेभारतत्वया २४ एतच्छुल्कंभवत्वस्याःकुलकृज्जायतामिह ॥ एतेनसमयेनेमांप्रतिगृह्णीष्वपांडव २५ सतथेतिप्रतिज्ञायतांकन्यांप्रतिगृह्यच ॥ उवासनगरेतस्मिंस्तिस्रःकुंतीसुतःसमाः २६ तस्यांसुतेसमुत्पन्नेपरिष्वज्यवरांगनाम् ॥ आमंत्र्यनृपतिंतंतुजगामपरिवर्तितुम् २७ ॥ इति श्रीमहाभारते आदिपर्वणि अर्जुनवनवासपर्वणि चित्रांगदासंगमे पंचदशाधिकद्विशततमोऽध्यायः ॥ २१५ ॥ ॥ वैशंपायनउवाच ॥ ततःसमुद्रेतीर्थानिदक्षिणेभरतर्षभः ॥ अभ्यगच्छत्सुपुण्यानिशोभितानितपस्विभिः १ वर्जयंतिस्मतीर्थानितत्रपंचस्मतापसाः ॥ अवकीर्णानियान्यासन्पुरस्तात्तुतपस्विभिः २ अगस्त्यतीर्थंसौभद्रंपौलोमंचसुपावनम् ॥ कारंधमंप्रसन्नंचहयमेधफलंचतत् ३ ॥ ॥ ॥ ॥

मौल्यं अद्यापिपुत्रिकापुत्रस्यैवराज्यमितिदक्षिणकेरलेष्वाचारोदृश्यते २५ समाःवर्षाणि । हिमाइतिपाठेऽपिहेमंतत्रयेणसएवार्थोलक्ष्यः । पश्येमत्वाशतंहिमाइतिवेदेप्रयोगाच्च २६ । २७ ॥ इति आदि नी० भा० पंचदशाधिकद्विशततमोऽध्यायः ॥ २१५ ॥ ॥ ततइति १ पंचतीर्थान्यागस्त्यसौभद्रपौलोमकारंधमभारद्वाजीयानिपंचतीर्थानि २ । ३ ॥ ॥

४ धर्मबुद्धिभिर्दुर्गरणजंदोषंतीर्थेनाप्यविनाश्यंपश्यद्भिः ५ । ६ । ७ । ८ । ९ । १० । ११ उत्कृष्टएवउद्धृतमात्रः १२ । १३ । १४ । १५ । १६ । १७ । १८ । १९

भारद्वाजस्यतीर्थंतुपापप्रशमनंमहत् ॥ एतानिपंचतीर्थानिददर्शकुरुसत्तमः ४ विविक्तान्युपलक्ष्याथतानितीर्थानिपांडवः ॥ दृष्ट्वाचवर्ज्यमानानिमुनिभिर्धर्मबुद्धिभिः ५
तपस्विनस्ततोऽपृच्छत्प्रांजलिःकुरुनंदनः ॥ तीर्थानीमानिवर्ज्यन्तेकिमर्थंब्रह्मवादिभिः ६ ॥ ॥ तापसाउचुः ॥ ग्राहाःपंचवसंत्येषुहरंतिचतपोधनान् ॥ ततए
तानिवर्ज्यन्तेतीर्थानिकुरुनंदन ७ ॥ वैशंपायनउवाच ॥ तेषांश्रुत्वामहाबाहुर्वार्यमाणस्तपोधनैः ॥ जगामतानितीर्थानिद्रष्टुंपुरुषसत्तमः ८ ततःसौभद्रमासाद्यमह
र्षेस्तीर्थमुत्तमम् ॥ विगाह्यसहसाशूरःस्नानंचक्रेपरंतपः ९ अथतंपुरुषव्याघ्रमंतर्जलचरोमहान् ॥ जग्राहचरणेग्राहःकुंतीपुत्रंधनंजयम् १० सतमादायकौन्तेयोवि
स्फुरंतंजलेचरम् ॥ उदतिष्ठन्महाबाहुर्बलेनबलिनांवरः ११ उत्कृष्टएवग्राहस्तुसोऽर्जुनेनयशस्विना ॥ बभूवनारीकल्याणीसर्वाभरणभूषिता १२ दीप्यमाना
श्रियाराजन्दिव्यरूपामनोरमा ॥ तदद्भुतंमहद्दृष्ट्वाकुंतीपुत्रोधनंजयः १३ तांस्त्रियंपरमप्रीतइदंवचनमब्रवीत् ॥ कावैत्वमसिकल्याणिकुतोवाऽसिजलेचरी १४
किमर्थंचमहत्पापमिदंकृतवतीपुरा ॥ वर्गोवाच ॥ अप्सराऽस्मिमहाबाहोदेवारण्यविहारिणी १५ इष्टाधनपतेर्नित्यंवर्गानाममहाबल ॥ ममसख्यश्चतस्रोऽ
न्याःसर्वाःकामगमाःशुभाः १६ ताभिःसार्धंप्रयाताऽस्मिलोकपालनिवेशनम् ॥ ततःपश्यामहेसर्वाब्राह्मणंसंशितव्रतम् १७ रूपवंतमधीयानमेकमेकांतचारि
णम् ॥ तस्यैवतपसाराजंस्तद्वनंतेजसावृतम् १८ आदित्यइवतंदेशंकृत्स्नंसर्वंव्यकाशयत् ॥ तस्यदृष्ट्वातपस्ताद्दृग्रूपंचाद्भुतमुत्तमम् १९ अवतीर्णाःस्मतंदेशंत
पोविघ्नचिकीर्षया ॥ अहंचसौरभेयीचसमीचीबुद्बुदालता २० यौगपद्येनतंविप्रमभ्यगच्छामभारत ॥ गायंत्योऽथहसंत्यश्चलोभयित्वाचतंद्विजम् २१ सच
नास्मासुकृतवान्मनोवीरकथंचन ॥ नाकंपतमहातेजाःस्थितस्तपसिनिर्मले २२ सोऽशपत्कुपितोऽस्मासुब्राह्मणःक्षत्रियर्षभ ॥ ग्राहभूताजलेयूयंचरिष्यथश
तंसमाः २३ ॥ इतिश्रीमहाभारतेआदिपर्वणि अर्जुनवनवासपर्वणि तीर्थग्राहविमोचने षोडशाधिकद्विशततमोऽध्यायः ॥ २१६ ॥ ॥ ॥ ॥
वर्गोवाच ॥ ततोवयंप्रव्यथिताःसर्वाभारतसत्तम ॥ अयामशरणंविप्रंतंतपोधनमच्युतम् १ रूपेणवयसाचैवकंदर्पेणचदर्पिताः ॥ अयुक्तंकृतवत्यःस्मक्षंतुमर्हसि
नोद्विज २ एषएववधोऽस्माकंसुपर्याप्तस्तपोधनः ॥ यद्वयंसंशितात्मानंप्रलोब्धुंत्वामिहागताः ३ अवध्यास्तुस्त्रियःसृष्टामन्यंतेधर्मचारिणः ॥ तस्माद्धर्मेणवर्द्ध
त्वंनास्मान्हिंसितुमर्हसि ४ सर्वभूतेषुधर्मज्ञमैत्रोब्राह्मणउच्यते ॥ सत्योभवतुकल्याणएषवादोमनीषिणाम् ५ शरणंचप्रपन्नानांशिष्टाःकुर्वन्तिपालनम् ॥ शरणं
त्वांप्रपन्नाःस्मतस्मात्त्वंक्षंतुमर्हसि ६ ॥ वैशंपायनउवाच ॥ एवमुक्तःसधर्मात्माब्राह्मणःशुभकर्मकृत् ॥ प्रसादंकृतवान्वीररविसोमसमप्रभः ७ ॥

२० । २१ । २२ । २३ ॥ इतिआदिपर्वणिनीलकंठीयेभारतभावदीपे षोडशाधिकद्विशततमोऽध्यायः ॥ २१६ ॥ ॥ ॥ ॥ ततोवयमिति । अयामगतवत्यः १ । २
प्रलोब्धुंप्रलोभयितुं ३ वर्धवर्धस्व ४ मैत्रःसर्वभूतसुहृत् एषवादोमैत्रोब्राह्मणइत्युद्घोषः ५ । ६ । ७ ॥ ॥ ॥ ॥ ॥ ॥

शतसहस्रादयःशब्दाअनंतवाचकाः इहतुशतशब्दःशतमेववक्तीत्यर्थः ८ यदाचेति । उत्कर्षणमेवात्रधिर्नंशतसंख्येविभावः ९ । १० । ११ । १२ । १३ । १४ । १५ । १६ । १७ । १८

आदि०१ अ० ॥२१७॥

॥ ब्राह्मणउवाच ॥ शतंशतसहस्रंतुसर्वमक्षय्यवाचकम् ॥ परिमाणंशतंत्वेतन्नेदमक्षय्यवाचकम् ८ यदाचवोग्राहभूताग्रहंतीःपुरुषान्जले ॥ उत्कर्षतिजलात्तस्मात्स्थलंपुरुषसत्तमः ९ तदायूयंपुनःसर्वाःस्वंरूपंप्रतिपत्स्यथ ॥ अनृतंनोक्तपूर्वंमेहसताऽपिकदाचन १० तानिसर्वाणितीर्थानिततःप्रभृतिचैवह ॥ नारीतीर्थानिनाम्नेहख्यातिंयास्यंतिसर्वशः ॥ पुण्यानिचभविष्यंतिपावनानिमनीषिणाम् ११ ॥ वर्गोवाच ॥ ततोऽभिवाद्यतंविप्रंकृत्वाचापिप्रदक्षिणम् ॥ आचिंतयामोऽपसृत्यतस्माद्देशात्सुदुःखिताः १२ कनुनामवयंसर्वाःकालेनाल्पेनतंनरम् ॥ समागच्छेमयोनस्तद्रूपमापादयेत्पुनः १३ तावयंचिंतयित्वैवमुहूर्तादिवभारत ॥ दृष्टवत्योमहाभागंदेवर्षिमुतनारदम् १४ संप्रहृष्टाःस्मतंदृष्ट्वादेवर्षिममितद्युतिम् ॥ अभिवाद्यचतंपार्थस्थिताःस्मव्रीडिताननाः १५ सनोऽपृच्छद्दुःखमूलमुक्तवत्योवयंचतम् ॥ श्रुत्वातत्रयथावृत्तमिदंवचनमब्रवीत् १६ दक्षिणेसागरानूपेपंचतीर्थानिसंतिवै ॥ पुण्यानिरमणीयानितानिगच्छतमाचिरम् १७ तत्राशुपुरुषव्याघ्रःपांडवेयोधनंजयः ॥ मोक्षयिष्यतिशुद्धात्मादुःखादस्मान्नसंशयः १८ तस्यसर्वावयंवीरश्रुत्वावाक्यमितोगताः ॥ तदिदंसत्यमेवाद्यमोक्षिताऽहंत्वयाऽनघ १९ एतास्तुममताःसख्यश्चतस्रोऽन्याजलेश्रिताः ॥ कुरुकर्मशुभंवीरएताःसर्वाविमोक्षय २० ॥ वैशंपायनउवाच ॥ ततस्ताःपांडवश्रेष्ठःसर्वाएवविशांपते ॥ तस्माच्छापाददीनात्मामोक्षयामासवीर्यवान् २१ उत्थायचजलात्तस्मात्प्रतिलभ्यवपुःस्वकम् ॥ तास्तदाऽप्सरसोराजन्नदृश्यंतयथापुरा २२ तीर्थानिशोधयित्वातुतथाऽनुज्ञायताःप्रभुः ॥ चित्रांगदांपुनर्द्रष्टुंमणिपूरंपुनर्ययौ २३ तस्यामजनयत्पुत्रंराजानंबभ्रुवाहनम् ॥ तंदृष्ट्वापांडवोराजंश्चित्रवाहनमब्रवीत् २४ चित्रांगदायाःशुल्कंत्वंगृहाणबभ्रुवाहनम् ॥ अनेनचभविष्यामिऋणान्मुक्तोनराधिप २५ चित्रांगदांपुनर्वाक्यमब्रवीत्पांडुनंदनः ॥ इहवैभवभद्रंतेवर्धेथाबभ्रुवाहनम् २६ इंद्रप्रस्थनिवासंमेत्वंतत्रागत्यरंस्यसि ॥ कुंतींयुधिष्ठिरंभीमंभ्रातरौमेकनीयसौ २७ आगत्यतत्रपश्येथाअन्यानपिचबांधवान् ॥ बांधवैःसहितासर्वैर्नंदसेत्वमनिंदिते २८ धर्मेस्थितःसत्यधृतिःकौन्तेयोऽथयुधिष्ठिरः ॥ जित्वातुपृथिवींसर्वांराजसूयंकरिष्यति २९ तत्रागच्छंतिराजानःपृथिव्यांनृपसंज्ञिताः ॥ बहूनिरत्नान्यादायआगमिष्यतितेपिता ३० एकसार्थंप्रयाताऽसिचित्रवाहनसेवया ॥ द्रक्ष्यामिराजसूयेत्वांपुत्रंपालयमाशुचः ३१ बभ्रुवाहननाम्नातुममप्राणोमहीचरः ॥ तस्माद्भरस्वपुत्रंवैपुरुषंवंशवर्धनम् ३२ चित्रवाहनदायादंधर्मात्पौरवनंदनम् ॥ पांडवानांप्रियंपुत्रंतस्मात्पालयसर्वदा ३३ विप्रयोगेनसंतापंमाकृथास्त्वमनिंदिते ॥ चित्रांगदामेवमुक्त्वागोकर्णमभितोऽगमत् ३४ ॥ ॥ ॥ ॥

१९ । २० । २१ । २२ । २३ । २४ । २५ । २६ । २७ । २८ । २९ । ३० । ३१ । ३२ । ३३ । ३४ ॥ ॥ ॥ ॥

३९ ॥ ॥ इतिआदिपर्वणिनीलकंठीयेभारतभावदीपे सप्तदशाधिकशततमोऽध्यायः ॥ २१७ ॥ सइति । अपरांतेषुपश्चिमसमुद्रतीरेषु १ । २ । ३ । ४ । ५ । ६ । ७ । ८ । ९ । १० । ११ । १२ । १३

आद्यंपशुपतेःस्थानंदर्शनादेवमुक्तिदम् ॥ यत्रपापोऽपिमनुजःप्राप्नोत्यभयदंपदम् ३५ ॥ इतिश्रीमहाभारतेआदिपर्वणिअर्जुनवनवासपर्वण्यर्जुनतीर्थयात्रायांसप्तदशा
धिकद्विशततमोऽध्यायः ॥ २१७ ॥ वैशंपायनउवाच ॥ सोऽपरांतेषुतीर्थानिपुण्यान्यायतनानिच ॥ सर्वाण्येवानुपूर्व्येणजगामामितविक्रमः १ समुद्रेपश्चिमेयानि
तीर्थान्यायतनानिच ॥ तानिसर्वाणिगत्वासप्रभासमुपजग्मिवान् २ प्रभासदेशंसंप्राप्तंबीभत्सुमपराजितम् ॥ सुपुण्यंरमणीयंचशुश्रावमधुसूदनः ३ ततोऽभ्य
गच्छत्कौन्तेयंसखायंतत्रमाधवः ॥ ददृशातेतदाऽन्योऽन्यंप्रभासेकृष्णपांडवौ ४ तावन्योऽन्यंसमाश्लिष्यपृष्ट्वाचकुशलंवने ॥ आस्तांप्रियसखायौतौनरनारायणावृ
षी ५ ततोऽर्जुनंवासुदेवस्तांचर्यांपर्यपृच्छत ॥ किमर्थंपांडवैतानितीर्थान्यनुचरस्युत ६ ततोऽर्जुनोयथावृत्तंसर्वमाख्यातवांस्तदा ॥ श्रुत्वोवाचचवार्ष्णेयएवमेत
दितिप्रभुः ७ तौविहृत्ययथाकामंप्रभासेकृष्णपांडवौ ॥ महीधरंरैवतकंवासायैवाभिजग्मतुः ८ पूर्वमेवतुकृष्णस्यवचनात्तंमहीधरम् ॥ पुरुषामंडयांचक्रुरुपजह्रुश्च
भोजनम् ९ प्रतिगृह्यार्जुनःसर्वमुपभुज्यचपांडवः ॥ सहैववासुदेवेनदृष्टवान्नटनर्तकान् १० अभ्यनुज्ञायतान्सर्वानर्चयित्वाचपांडवः ॥ सत्कृतंशयनंदिव्यमभ्यग
च्छन्महामतिः ११ ततस्तत्रमहाबाहुःशयानःशयनेशुभे ॥ तीर्थानांपल्वलानांचपर्वतानांचदर्शनम् ॥ आपगानांवनानांचकथयामाससात्वते १२ एवंसकथयन्ने
वनिद्रयाजनमेजय ॥ कौन्तेयोऽपिहृतस्तस्मिन्शयनेस्वर्गसन्निभे १३ मधुरेणैवगीतेनवीणाशब्देनचैवह ॥ प्रबोध्यमानोबुबुधेस्तुतिभिर्मंगलैस्तथा १४ सकृत्वा
ऽवश्यकार्याणिवार्ष्णेयेनाभिनंदितः ॥ रथेनकांचनांगेनद्वारकामभिजग्मिवान् १५ अलंकृताद्वारकातुबभूवजनमेजय ॥ कुंतीपुत्रस्यपूजार्थमपिनिष्कुटकेष्वपि १६
दिदृक्षंतश्चकौन्तेयंद्वारकावासिनोजनाः ॥ नरेंद्रमार्गमाजग्मुस्तूर्णंशतसहस्रशः १७ अवलोकेषुनारीणांसहस्राणिशतानिच ॥ भोजवृष्ण्यंधकानांचसमवायोमहान
भूत् १८ सतथासत्कृतःसर्वैर्भोजवृष्ण्यंधकात्मजैः ॥ अभिवाद्याभिवाद्यांश्चसर्वैश्चप्रतिनंदितः १९ कुमारैःसर्वशोवीरःसत्कारेणाभिचोदितः ॥ समानवयसःसर्वाना
श्लिष्यसपुनःपुनः २० कृष्णस्यभवनेरम्येरत्नभोज्यसमावृते ॥ उवाससहकृष्णेनबहुलास्तत्रशर्वरीः २१ ॥ इतिश्रीमहाभारतेआदिपर्वण्यर्जुनवनवासपर्वण्यर्जुनद्वार
कागमनेऽष्टादशाधिकद्विशततमोऽध्यायः ॥ २१८ ॥ ॥ समाप्तंचार्जुनवनवासपर्व ॥ अथसुभद्राहरणपर्व ॥ वैशंपायनउवाच ॥ ततःकतिपयाहस्यतस्मिन्रै
वतकेगिरौ ॥ वृष्ण्यंधकानामभवदुत्सवोनृपसत्तम १ तत्रदानंददुर्वीराब्राह्मणेभ्यःसहस्रशः ॥ भोजवृष्ण्यंधकाश्चैवमहेतस्यगिरेस्तदा २ ॥ ॥ ॥

१४ कांचनांगेनस्वर्णमयध्वजादिमता १५ निष्कुटेषुगृहारामेष्वप्यलंकृताकिमुतराजमार्गादिषु १६ । १७ । १८ । १९ । २० । २१ ॥ इतिआदिपर्वणिनीलकंठीये भारतभावदीपेअष्टादशाधिकद्विशतत
मोऽध्यायः ॥ २१८ ॥ ॥ ततइति ॥ १ गिरेर्महेपर्वतदैवत्येउत्सवे २ ॥ ॥ ॥ ॥

३ । ४ चंचूर्यंतेदेदीप्यंते ५ । ६ क्षीबोमधुमत्तः ७ । ८ । ९ । १० । ११ । १२ । १३ । १४ । १५ । १६ । १७ । १८ । १९ वक्ष्यामिपितरंस्वयमितिकृष्णेनदापयिष्यामीतिसूचितेऽपिप्राप्तौतुकउपायइति

॥ १८२॥ प्रासादैरत्नचित्रैश्चगिरेस्तस्यसमंततः ॥ सदेशःशोभितोराजन्कल्पवृक्षैश्चसर्वशः ३ वादित्राणिचतत्रान्येवादकाःसमवादयन् ॥ ननृतुर्नर्तकाश्चैवजगुर्गेयानिगाय
नाः ४ अलंकृताःकुमाराश्चवृष्णीनांसुमहौजसाम् ॥ यानैर्हाटकचित्रैश्चचंचूर्यंतेस्मसर्वशः ५ पौराश्चपादचारेणयानैरुच्चावचैस्तथा ॥ सदाराःसानुयात्राश्चशतशो
थसहस्रशः ६ ततोहलधरःक्षीबोरेवतीसहितःप्रभुः ॥ अनुगम्यमानोगंधर्वैरचरत्तत्रभारत ७ तथैवराजावृष्णीनामुग्रसेनःप्रतापवान् ॥ अनुगीयमानोगंधर्वैःस्त्रीस
हस्रसहायवान् ८ रौक्मिणेयश्चसांबश्चक्षीबौसमरदुर्मदौ ॥ दिव्यमाल्यांबरधरौविजह्रातेऽमराविव ९ अक्रूरःसारणश्चैवगदोबभ्रुर्विदूरथः ॥ निशठश्चारुदेष्णश्चपृ
थुर्विपृथुरेवच १० सत्यकःसात्यकिश्चैवभंगकारमहारवौ ॥ हार्दिक्यउद्धवश्चैवयेचान्येनानुकीर्तिताः ११ एतेपरिवृताःस्त्रीभिर्गंधर्वैश्चपृथक्पृथक् ॥ तमुत्सवंरैव
तकेशोभयांचक्रिरेतदा १२ चित्रकौतूहलेतस्मिन्वर्तमानेमहाद्भुते ॥ वासुदेवश्चपार्थश्चसहितौपरिजग्मतुः १३ तत्रचंक्रममाणौतौवसुदेवसुतांशुभाम् ॥ अलंकृतां
सखीमध्येभद्रांददृशतुस्तदा १४ दृष्ट्वैवतामर्जुनस्यकंदर्पःसमजायत ॥ तंतदैकाग्रमनसंकृष्णःपार्थमलक्षयत् १५ अब्रवीत्पुरुषव्याघ्रःप्रहसन्निवभारत ॥ वनेचरस्य
किमिदंकामेनालोड्यतेमनः १६ ममैषाभगिनीपार्थसारणस्यसहोदरा ॥ सुभद्रानामभद्रंतेपितुर्मेदयितासुता ॥ यदितेवर्त्ततेबुद्धिर्वक्ष्यामिपितरंस्वयम् १७ ॥ अर्जु
नउवाच ॥ दुहितावसुदेवस्यवासुदेवस्यचस्वसा ॥ रूपेणचैषासंपन्नाकमिवैषानमोहयेत् १८ कृतमेवतुकल्याणंसर्वंममभवेद्ध्रुवम् ॥ यदिस्यान्ममवार्ष्णेयीमहिषीयं
स्वसातव १९ प्राप्तौतुकउपायःस्यात्तंब्रवीहिजनार्दन ॥ आस्थास्यामितदासर्वंयदिशक्यंनरेणतत् २० वासुदेवउवाच ॥ स्वयंवरःक्षत्रियाणांविवाहःपुरुषर्षभ ॥ सच
संशयितःपार्थस्वभावस्यानिमित्ततः २१ प्रसह्यहरणंचापिक्षत्रियाणांप्रशस्यते ॥ विवाहहेतुःशूराणामितिधर्मविदोविदुः २२ सत्वमर्जुनकल्याणींप्रसह्यभगिनींमम ॥
हरस्वयंवरेह्यस्याःकोवैवेदचिकीर्षितम् २३ ततोऽर्जुनश्चकृष्णश्चविनिश्चित्येतिकृत्यताम् ॥ शीघ्रगान्पुरुषानन्यान्प्रेषयामासतुस्तदा २४ धर्मराजायतत्सर्वमिंद्रप्रस्थग
तायवै ॥ श्रुत्वैवचमहाबाहुरनुजज्ञेसपांडवः २५ ॥ इतिश्रीमहाभारतेआदिपर्वणिसुभद्राहरणपर्वणियुधिष्ठिरानुज्ञायामूनविंशत्यधिकद्विशततमोऽध्यायः ॥ २१९ ॥
॥ वैशंपायनउवाच ॥ ततःसंवादितेतस्मिन्ननुज्ञातोधनंजयः ॥ गतांरैवतकेकन्यांविदित्वाजनमेजय १ वासुदेवाभ्यनुज्ञातःकथयित्वेतिकृत्यताम् ॥ कृष्णस्यमत
मादायप्रययौभरतर्षभः २ रथेनकांचनांगेनकल्पितेनयथाविधि ॥ शैब्यसुग्रीवयुक्तेनकिंकिणीजालमालिना ३ ॥ ॥ ॥

पृच्छन्नर्जुनःप्रतिग्रहंनानुमन्यतइतिगम्यते २० स्वभावस्यानिमित्ततःस्त्रीचित्तस्यशौर्यपांडित्याद्यनपेक्षत्वात् स्त्रियोह्यपरीक्षितेऽपिपुंसिआपाततोरमणीयेसद्यःसकामाभवंतीतिभावः २१ । २२ । २३ । २४
अनुजज्ञेअनुज्ञातवान् २५ ॥ इतिआदिपर्वणिनीलकंठीये भारतभावदीपे ऊनविंशत्यधिकद्विशततमोऽध्यायः ॥ २१९ ॥ ततइति । तस्मिन्विवाहसंदेशे १ इतिकृत्यतामग्रेतनीमितिकर्त्तव्यताम् २ । ३

४ । ५ । ६ । ७ । ८ । ९ । १० भेरींदुंदुभिं सान्नाहिकींसन्नद्धाःसर्वेभवतेतिमूचयंतीं ११ । १२ । १३ । १४ सन्नयेसमुदाये १५ । १६ । १७ । १८ । १९ । २० । २१ । २२ श्रुत्वापार्थस्य

सर्वशस्त्रोपपन्नेनजीमूतस्वनादिना ॥ ज्वलिताग्निप्रकाशेनद्विषतांहर्षघातिना ४ सन्नद्धःकवचीखड्गीबद्धगोधांगुलित्रवान् ॥ मृगयाव्यपदेशेनप्रययौपुरुषर्षभः ५
सुभद्रात्वथशैलेंद्रमभ्यर्च्यैवहिरैवतम् ॥ दैवतानिचसर्वाणिब्राह्मणान्स्वस्तिवाच्यच ६ प्रदक्षिणंगिरेःकृत्वाप्रययौद्वारकांप्रति ॥ तामभिद्रुत्यकौन्तेयःप्रसह्यारोपयद्र
थम् ॥ सुभद्रांचारुसर्वांगींकामबाणप्रपीडितः ७ ततःसपुरुषव्याघ्रस्तामादायशुचिस्मिताम् ॥ रथेनकांचनांगेनप्रययौस्वपुरंप्रति ८ ह्रियमाणांतुतांदृष्ट्वासुभद्रां
सैनिकाजनाः ॥ विक्रोशंतोऽद्रवन्सर्वेद्वारकामभितःपुरीम् ९ तेसमासाद्यसहिताःसुधर्मामभितःसभाम् ॥ सभापालस्यतत्सर्वमाचख्युःपार्थविक्रमम् १० तेषां
श्रुत्वासभापालोभेरींसान्नाहिकींततः ॥ समाजघ्नेमहाघोषांजांबूनदपरिष्कृताम् ११ क्षुब्धास्तेनाथशब्देनभोजवृष्ण्यंधकास्तदा ॥ अन्नपानमपास्याथसमापेतुःसमं
ततः १२ तत्रजांबूनदांगानिस्पर्ध्यास्तरणवंतिच ॥ मणिविद्रुमचित्राणिज्वलिताग्निप्रभाणिच १३ भेजिरेपुरुषव्याघ्रावृष्ण्यंधकमहारथाः ॥ सिंहासनानिशतशो
धिष्ण्यानीवहुताशनाः १४ तेषांसमुपविष्टानांदेवानामिवसन्नये ॥ आचख्यौचेष्टितंजिष्णोःसभापालःसहानुगः १५ तच्छ्रुत्वावृष्णिवीरास्तेमदसंरक्तलोचनाः ॥
अमृष्यमाणाःपार्थस्यसमुत्पेतुरहंकृताः १६ योजयध्वंरथानाशुप्रासानाहरतेतिच ॥ धनूंषिचमहार्हाणिकवचानिबृहंतिच १७ सूतानुच्चुक्रुशुःकेचिद्रथान्यो
जयतेतिच ॥ स्वयंचतुरगान्केचिदयुंजन्हेमभूषितान् १८ रथेष्वानीयमानेषुकवचेषुध्वजेषुच ॥ अभिक्रंदेनृवीराणांतदाऽऽसीत्तुमुलंमहत् १९ वनमालीत
तःक्षीबःकैलासशिखरोपमः ॥ नीलवासामदोत्सिक्तइदंवचनमब्रवीत् २० किमिदंकुरुथाप्रज्ञास्तूष्णींभूतेजनार्दने ॥ अस्यभावमविज्ञायसंक्रुद्धामोघगर्जिताः २१
एषतावदभिप्रायमाख्यातुस्वंमहामतिः ॥ यदस्यरुचिरंकर्तुंतत्कुरुध्वमतंद्रिताः २२ ततस्तेतद्वचःश्रुत्वाग्राह्यरूपंहलायुधात् ॥ तूष्णींभूतास्ततःसर्वेसाधुसाध्वि
तिचाब्रुवन् २३ समंवचोनिशम्यैवबलदेवस्यधीमतः ॥ पुनरेवसभामध्येसर्वेतेसमुपाविशन् २४ ततोऽब्रवीद्वासुदेवंवचोरामःपरंतपः ॥ किमवागुपविष्टोऽसिप्रे
क्षमाणोजनार्दन २५ सत्कृतस्त्वत्कृतेपार्थःसर्वैरस्माभिरच्युत ॥ नचसोर्हतितांपूजांदुर्बुद्धिःकुलपांसनः २६ कोहितत्रैवभुक्त्वाऽन्नंभाजनंभेत्तुमर्हति ॥ मन्यमा
नःकुलेजातमात्मानंपुरुषःक्वचित् २७ इच्छन्नेवहिसंबंधंकृतंपूर्वंचमानयन् ॥ कोहिनामभवेनार्थीसाहसेनसमाचरेत् २८ सोऽवमन्यतथाऽस्माकमनादृत्यचकेश
वम् ॥ प्रसह्यहृतवानद्यसुभद्रांमृत्युमात्मनः २९ कथंहिशिरसोमध्येकृतंतेनपदंमम ॥ मर्षयिष्यामिगोविंदपादस्पर्शमिवोरगः ३० अद्यनिष्कौरवामेकःकरि
ष्यामिवसुंधराम् ॥ नहिमेमर्षणीयोऽयमर्जुनस्यव्यतिक्रमः ३१ ॥ ॥ ॥ ॥

विक्रमंश्रुत्वा ग्राह्यगृहीत्वा रूपमुपदेशात्मकमालोकं २३ । २४ । २५ । २६ । २७ भवेनऐश्वर्येण २८ । २९ । ३० । ३१ ॥ ॥ ॥

अन्वपद्यंतअनुमोदितवंतः ३२ ॥ इति आदिपर्वणि नीलकंठीये भारतभावदीपे विंशत्यधिकद्विशततमोऽध्यायः ॥ २२० ॥ ॥ उक्तवंतइति १ । २ अप्रधृष्यंकन्यालाभानियमशब्दनादेयं ३ प्रदानंमतिग्रहोनीचंकर्मेत्यर्थः ४ । ५ । ६ बुभूषेतप्राप्तुमिच्छेत् ७ अथनिष्कौरवामित्युक्तंतत्राह नचेति । अहंतुभक्त्यैवतेनजितोऽस्मिपरिशेषात्तुहरएवतत्प्रतियोद्धानान्यइतिभावः ८ । ९ । १० । ११ । १२

तंतथागर्जमानंतुमेघदुंदुभिनिःस्वनम् ॥ अन्वपद्यंततेसर्वेभोजवृष्ण्यंधकास्तदा ३२ ॥ इतिश्रीमहाभारतेआदिपर्वणिसुभद्राहरणपर्वणि बलदेवक्रोधेविंशत्यधिकद्विशततमोऽध्यायः ॥ २२० ॥ ॥ समाप्तंचसुभद्राहरणपर्व ॥ अथहरणाहरणपर्व ॥ वैशंपायनउवाच ॥ उक्तवंतोयथावीर्यमसकृत्सर्ववृष्णयः ॥ ततोऽब्रवीद्वासुदेवोवाक्यंधर्मार्थसंयुतम् १ नावमानंकुलस्यास्यगुडाकेशःप्रयुक्तवान् ॥ संमानोऽभ्यधिकस्तेनप्रयुक्तोऽयंनसंशयः २ अर्थलुब्धान्नवःपार्थोमन्यतेसात्वतान्सदा ॥ स्वयंवरमनाधृष्यंमन्यतेचापिपांडवः ३ प्रदानमपिकन्यायाःपशुवत्कोऽनुमन्यते ॥ विक्रयंचाप्यपत्यस्यकःकुर्यात्पुरुषोभुवि ४ एतान्दोषांस्तुकौन्तेयोदृष्टवानितिमेमतिः ॥ अतःप्रसह्यहृतवान्कन्यांधर्मेणपांडवः ५ उचितश्चैवसंबंधःसुभद्रांचयशस्विनीम् ॥ एषचापीदृशःपार्थःप्रसह्यहृतवानिति ६ भरतस्यान्वयेजातंशांतनोश्चयशस्विनः ॥ कुंतिभोजात्मजापुत्रंकोबुभूषेतनार्जुनम् ७ नचपश्यामियःपार्थंविजयेतरणेबलात् ॥ वर्जयित्वाविरूपाक्षंभगनेत्रहरंहरम् ८ अपिसर्वेषुलोकेषुसेंद्ररुद्रेषुमारिष ॥ सचनामरथस्तादृङ्मदीयास्तेचवाजिनः ९ योद्धापार्थश्चशीघ्रास्त्रःकोनुतेनसमोभवेत् ॥ तमभिद्रुत्यसांत्वेनपरमेणधनंजयम् १० न्यवर्तयतसंहृष्टाममैषापरमामतिः ॥ यदिनिर्जित्यवःपार्थोबलाद्गच्छेत्स्वकंपुरम् ११ प्रणश्येद्वोयशःसद्योनतुसांत्वेपराजयः ॥ तच्छ्रुत्वावासुदेवस्यतथाचक्रुर्जनाधिप १२ निवृत्तश्चार्जुनस्तत्रविवाहंकृतवान्प्रभुः ॥ उषित्वातत्रकौन्तेयःसंवत्सरपराःक्षपाः १३ विहृत्यचयथाकामंपूजितोवृष्णिनंदनैः ॥ पुष्करेतुततःशेषंकालंवर्तितवान्प्रभुः १४ पूर्णेतुद्वादशेवर्षेखांडवप्रस्थमागतः ॥ अभिगम्यचराजानंनियमेनसमाहितः १५ अभ्यर्च्यब्राह्मणान्पार्थोद्रौपदीमभिजग्मिवान् ॥ तंद्रौपदीप्रत्युवाचप्रणयात्कुरुनंदनम् १६ तत्रैवगच्छकौन्तेययत्रसासात्वतात्मजा ॥ सुबद्धस्यापिभारस्यपूर्वबंधःश्लथायते १७ तथाबहुविधंकृष्णांविलपंतींधनंजयः ॥ सांत्वयामासभूयश्चक्षमयामासचासकृत् १८ सुभद्रांत्वरमाणश्चरक्तकौशेयवासिनीम् ॥ पार्थःप्रस्थापयामासकृत्वागोपालिकावपुः १९ साऽधिकंतेनरूपेणशोभमानायशस्विनी ॥ भवनंश्रेष्ठमासाद्यवीरपत्नीवरांगना २० ववंदेपृथुताम्राक्षीपृथांभद्रायशस्विनी ॥ तांकुंतीचारुसर्वांगीमुपाजिघ्रतमूर्धनि २१ प्रीत्यापरमयायुक्ताआशीर्भिर्युंजतातुलाम् ॥ ततोऽभिगम्यत्वरितापूर्णेंदुसदृशानना २२ ववंदेद्रौपदींभद्राप्रेष्याऽहमितिचाब्रवीत् ॥ प्रत्युत्थायतदाकृष्णास्वसारंमाधवस्यच २३ परिष्वज्यावदत्प्रीत्यानिःसपत्नोऽस्तुतेपतिः ॥ तथैवमुदिताभद्रातामुवाचैवमस्त्विति २४ ततस्तेहृष्टमनसःपांडवेयामहारथाः ॥ कुंतीचपरमप्रीताबभूवजनमेजय २५ ॥

संवत्सरपराःसंवत्सरादधिकाः १३ शेषंद्वादशवर्षपूरणम् १४ । १५ । १६ श्लथायतेदृढतरेबंधांतरेसति १७ । १८ गोपालिकावपुःवल्लवीवेषं गोपालकृष्णसंबंधात् पट्टमहिषीवेषेणद्रौपद्याः कोपोमाभूदिति १९ । २० भद्रासुभद्रा २१ युंजतअयुंक्त २२ । २३ । २४ । २५ ॥ ॥ ॥ ॥ ॥

२६ महामात्रैःश्रेष्ठैः २७।२८ दानपतिरित्यक्रूरस्यैवकर्मनाम २९। ३०। ३१। ३२ हरणंप्रीतिदायं ३३ प्रतिग्रहार्थंसन्मानेनआनेतुम् ३४। ३५ ।३६ । ३७ प्रतिपेदेप्राप्तवान्खांडवप्रस्थ मितिसंबंधः ३८। ३९। ४०। ४१। ४२ । ४३ जन्यार्थेजनीवधूस्तामर्हतीतोजन्यावरपक्षीयास्तेषामर्थे ४४ चतुर्युजांवाहचतुष्कयुजां ४५ सहस्रंरथानांगवांदोग्ध्रीणां ४६ वडवानामश्वानां

श्रुत्वातुपुंडरीकाक्षःसंप्राप्तंस्वंपुरोत्तमम् ॥ अर्जुनंपांडवश्रेष्ठमिंद्रप्रस्थगतंतदा २६ आजगामविशुद्धात्मासहरामेणकेशवः ॥ वृष्ण्यंधकमहामात्रैःसहवीरैर्महारथैः २७ भ्रातृभिश्चकुमारैश्चयोधैश्चबहुभिर्वृतः ॥ सैन्येनमहताशौरिरभिगुप्तःपरंतपः २८ तत्रदानपतिर्धीमानाजगाममहायशाः ॥ अक्रूरोवृष्णिवीराणांसेनापतिररिंदमः २९ अनाधृष्टिर्महातेजाउद्धवश्चमहायशाः ॥ साक्षाद्बृहस्पतेःशिष्योमहाबुद्धिर्महामनाः ३० सत्यकःसात्यकिश्चैवकृतवर्माचसात्वतः ॥ प्रद्युम्नश्चैवसांबश्चनिशठःशंकुरेवच ३१ चारुदेष्णश्चविक्रांतोझिल्लीविपृथुरेवच ॥ सारणश्चमहाबाहुर्गदश्चविदुषांवरः ३२ एतेचान्येचबहवोवृष्णिभोजांधकास्तथा ॥ आजग्मुःखांडवप्रस्थमादायहरणंबहु ३३ ततोयुधिष्ठिरोराजाश्रुत्वामाधवमागतम् ॥ प्रतिग्रहार्थंकृष्णस्ययमौप्रास्थापयत्तदा ३४ ताभ्यांप्रतिगृहीतंतुवृष्णिचक्रंमहर्द्धिमत् ॥ विवेशखांडवप्रस्थंपताकाध्वजशोभितम् ३५ संमृष्टसिक्तपंथानंपुष्पप्रकरशोभितम् ॥ चंदनस्यरसैःशीतैःपुण्यगंधैर्निषेवितम् ३६ दह्यताऽगुरुणाचैवदेशेदेशेसुगंधिना ॥ हृष्टपुष्टजनाकीर्णंवणिग्भिरुपशोभितम् ३७ प्रतिपेदेमहाबाहुःसहरामेणकेशवः ॥ वृष्ण्यंधकैस्तथाभोजैःसमेतःपुरुषोत्तमः ३८ संपूज्यमानःपौरैश्चब्राह्मणैश्चसहस्रशः ॥ विवेशभवनंराज्ञःपुरंदरगृहोपमम् ३९ युधिष्ठिरस्तुरामेणसमागच्छद्यथाविधि ॥ मूर्ध्निकेशवमाघ्रायबाहुभ्यांपरिषस्वजे ४० तंप्रीयमाणोगोविंदोविनयेनाभिपूजयन् ॥ भीमंचपुरुषव्याघ्रंविधिवत्प्रत्यपूजयत् ४१ तांश्चवृष्ण्यंधकश्रेष्ठान्कुंतीपुत्रोयुधिष्ठिरः ॥ प्रतिजग्राहसत्कारैर्यथाविधियथागतम् ४२ गुरुवत्पूजयामासकांश्चित्कांश्चिद्वयस्यवत् ॥ कांश्चिदभ्यवदत्प्रेम्णाकैश्चिदप्यभिवादितः ४३ तेषांददौहृषीकेशोजन्यार्थेधनमुत्तमम् ॥ हरणंवैसुभद्रायाज्ञातिदेयंमहायशाः ४४ रथानांकांचनांगानांकिंकिणीजालमालिनाम् ॥ चतुर्युजामुपेतानांसूतैःकुशलशिक्षितैः ४५ सहस्रंप्रददौकृष्णोगवामयुतमेवच ॥ श्रीमान्माथुरदेश्यानांदोग्ध्रीणांपुण्यवर्चसाम् ४६ वडवानांचशुद्धानांचंद्रांशुसमवर्चसाम् ॥ ददौजनार्दनःप्रीत्यासहस्रंहेमभूषितम् ४७ तथैवाश्वतरीणांचदांतानांवातरंहसाम् ॥ शतान्यंजनकेशीनांश्वेतानांपंचपंचच ४८ स्नानपानोत्सवेचैवप्रयुक्तंवयसान्वितम् ॥ स्त्रीणांसहस्रंगौरीणांसुवेषाणांसुवर्चसाम् ४९ सुवर्णशतकंठीनामरोमाणांस्वलंकृताम् ॥ परिचर्यासुदक्षाणांप्रददौपुष्करेक्षणः ५० पृष्ठ्यानामपिचाश्वानांबाल्हिकानांजनार्दनः ॥ ददौशतसहस्राख्यंकन्याधनमनुत्तमम् ५१ कृताकृतस्यमुख्यस्यकनकस्याग्निवर्चसः ॥ मनुष्यभारान्दाशार्होददौदशजनार्दनः ५२ ॥ ॥

४७। ४८ गौरीणामदृष्टरजसां ४९ सुवर्णशतंसुवर्णमणिशतंकंठेयासांतासां । अरोमाणामनुद्भिन्नरोमावलीनांस्वलंकृतांसुतरामलंकृतानां ५० पृष्ठ्यानांपृष्ठवाहिनांबाल्हिकानांबाल्हिकदेशजानां ५१ कृताकृतस्यकृतमाकरजंघमनादिनासाधितं अकृतंजांबूनदंस्वतःसिद्धंतस्य ५२ ॥ ॥ ॥ ॥ ॥ ॥

१२

प्रभिन्नानांमत्तानांत्रिधागंडगुह्यकर्णमूलैः ५३ । ५४ । ५५ सरत्नौघःपांडुसागरंप्रविवेशेतिसंबंधः ५६ आविद्धःसर्वतोविप्रकीर्णःमहाधनोबहुमूल्यः ५७ । ५८ । ५९ तत्रेति । तलस्तंत्रीनादःगायंतोवादयंतश्चविजन्हुरित्यर्थः ६० । ६१ । ६२ । ६३ । ६४ । ६५ । ६६ अभीर्निर्भयःअभिरितिन्हस्वत्वमार्षं मन्युमान्क्रोधवानतिशूरइत्यर्थः ६७ शमीगर्भाच्छमीगर्भेजातादश्वत्थात् । निर्मथनेनाऽधरारण्यांसंघर्षणेन । अत्राश्वत्थवदर्जुनस्तस्यार्द्धोवाएषआत्मनोयत्पत्नीतिश्रुतेरधःस्थार्द्धदेहरूपत्वादधरारणीवत्सुभद्राअग्निवदभिमन्युरितिसाम्यं ६८ निष्कान्सुवर्णमणिमालाः ६९ । ७० क्रियाःलालनपालनालंकरणादिकाः ७१ चतुष्पादमिति। 'मंत्रमुक्तंपाणिमुक्तंमुक्तामुक्तंतथैवच । अमुक्तंचधनुर्वेदेचतुष्पाच्छस्त्रमीरितं' । यस्यप्रयोगएवास्तिनतूपसंहारस्तदाद्यं । बाणादिद्वितीयं । प्रयोगोपसंहाराभ्यांयुक्तंतृतीयं । चतुर्थं

गजानांतुप्रभिन्नानांत्रिधाप्रस्रवतांमदम् ॥ गिरिकूटनिकाशानांसमरेष्वनिवर्त्तिनाम् ५३ कृतानांपटुघंटानांचारुणांहेममालिनाम् ॥ हस्त्यारोहैरुपेतानांसहस्रं साहसप्रियः ५४ रामःपाणिग्रहणिकंददौपार्थायलांगली ॥ प्रीयमाणोहलधरःसंबंधप्रतिमानयन् ५५ समहाधनरत्नौघोवस्त्रकंबलफेनवान् ॥ महागजमहाग्राहःपताकाशैवलाकुलः ५६ पांडुसागरमाविद्धःप्रविवेशमहाधनः ॥ पूर्णमापूरयंस्तेषांद्विषच्छोकावहोऽभवत् ५७ प्रतिजग्राहतत्सर्वंधर्मराजोयुधिष्ठिरः ॥ पूजयामासतांश्चैववृष्ण्यंधकमहारथान् ५८ तेसमेतामहात्मानःकुरुवृष्ण्यंधकोत्तमाः ॥ विजन्हुरमरावासेनराःसुकृतिनोयथा ५९ तत्रतत्रमहानादैरुत्कृष्टतलनादितैः ॥ यथायोगंयथाप्रीतिविजन्हुःकुरुवृष्णयः ६० एवमुत्तमवीर्यास्तेविहृत्यदिवसान्बहून् ॥ पूजिताःकुरुभिर्जग्मुःपुनर्द्वारवतींप्रति ६१ रामंपुरस्कृत्यययुर्वृष्ण्यंधकमहारथाः ॥ रत्नान्यादायशुभ्राणिदत्तानिकुरुसत्तमैः ६२ वासुदेवस्तुपार्थेनतत्रैवसहभारत ॥ उवासनगरेरम्येशक्रप्रस्थेमहात्मना ६३ व्यचरद्यमुनातीरेमृगयांसमहायशाः ॥ मृगान्विध्यन्वराहांश्चरेमेसार्द्धंकिरीटिना ६४ ततःसुभद्रासौभद्रंकेशवस्यप्रियास्वसा ॥ जयंतमिवपौलोमीख्यातिमंतमजीजनत् ६५ दीर्घबाहुंमहोरस्कंवृषभाक्षमरिंदमम् ॥ सुभद्रासुषुवेवीरमभिमन्युंनरर्षभम् ६६ अभिश्चमन्युमांश्चैवततस्तमरिमर्दनम् ॥ अभिमन्युमितिप्राहुरार्जुनिंपुरुषर्षभम् ६७ ससात्वत्यामतिरथःसंबभूवधनंजयात् ॥ मखेनिर्मथनेनेवशमीगर्भाद्धुताशनः ६८ यस्मिन्जातेमहातेजाःकुंतीपुत्रोयुधिष्ठिरः ॥ अयुतंगाद्विजातिभ्यःप्रादान्निष्कांश्चभारत ६९ दयितोवासुदेवस्यबाल्यात्प्रभृतिचाभवत् ॥ पितृणामिवसर्वेषांप्रजानामिवचंद्रमाः ७० जन्मप्रभृतिकृष्णश्चचक्रेतस्यक्रियाःशुभाः ॥ सचापिववृधेबालःशुक्लपक्षेयथाशशी ७१ चतुष्पादंदशविधंधनुर्वेदमरिंदमः ॥ अर्जुनाद्वेदवेदज्ञःसकलंदिव्यमानुषम् ७२ ॥ ॥ ॥

मंत्रसाधितंध्वजादियद्दर्शनादेवशत्रवःपलायंते । यद्वासूत्रशिक्षाप्रयोगरहस्यानीतिचत्वारोग्रंथपादाः । दशविधंग्रंथार्थानुष्ठानं यथा । 'आदानमथसंधानंमोक्षणंविनिवर्त्तनं । स्थानंमुष्टिःप्रयोगश्चप्रायश्चित्तानिमंडलं । रहस्यंचेतिदशधाधनुर्वेदांगमिष्यते' । आदानंबाणस्यनिषंगात् । संधानंमौर्व्यायोगः । मोक्षणंलक्ष्येनिपातनं । विनिवर्त्तनंहीनशक्तौलक्ष्येपातितस्यास्त्रस्यप्रत्यावर्त्तनं । स्थानंमध्यमुपमध्यंवाधनुषोज्यायाश्चधारणेशरसंधानेच । मुष्टिस्त्र्यंगुलिश्चतुरंगुलिर्वा । प्रयोगस्तर्जनीमध्यमयोर्मध्यमांगुष्ठयोर्वामध्येनबाणसंयोजनं । प्रायश्चित्तानिस्वतःपरतोवाप्राप्तस्यप्राप्स्यमानस्यवाज्याघातशरघातादेरभिघातार्थास्तलत्राणप्रत्यञ्चादिविषयः । मंडलानिचक्रवद्भ्रमतारथेनभ्राम्यमाणस्यलक्ष्यस्यवेधः । रहस्यंशब्दादिवेधोयुगपदनेकेषुलक्ष्येषुशरपातइत्यादि । दिव्यंब्रह्मास्त्रादि । मानुषंखड्गादि ७२ ॥

अस्त्राणामकालेप्रयोगाणांविज्ञानेविशिष्टेज्ञाने । सौष्ठवेअन्येषांप्रयोगपटुत्वे क्रियासुशारीरीषुउत्सर्पणप्रसर्पणादिषु । विशेषान्आधिक्यानि । अभितःसाकल्येनाशिक्षयदर्जुनःपुत्रं ७३ आगमेशास्त्रे ।
प्रयोगेऽनुष्ठाने ७४ सर्वसंहननोपेतंसर्वैःसंहननैःपराभिभावकैर्गुणैरुपेतं ७५ । ७६ कृष्णस्येति । नराणांमातुलक्रमइतिन्यायेनरेतःसेक्तुर्नित्यंकृष्णध्यायित्वेनवाकृष्णस्यसदृशं । तमर्जुनंयथामघवान्
७७ । ७८ । ७९ । ८० परप्रहरणज्ञानेशत्रुकृतप्रहारवेदनायांविंध्यइवनिर्विज्ञानइतिप्रतिविंध्यः स्पष्टार्थमन्यत् ८१ । ८२ । ८३ । ८४ । ८५ । ८६ । ८७ । ८८ । ८९

विज्ञानेष्वपिचास्त्राणांसौष्ठवेचमहाबलः ॥ क्रियास्वपिचसर्वासुविशेषानभ्यशिक्षयत् ७३ आगमेचप्रयोगेचचक्रेतुल्यमिवात्मना ॥ तुतोषपुत्रंसौभद्रंप्रेक्षमाणो
धनंजयः ७४ सर्वसंहननोपेतंसर्वलक्षणलक्षितम् ॥ दुर्धर्षमृषभस्कंधंव्यात्ताननमिवोरगम् ७५ सिंहदर्पंमहेष्वासंमत्तमातंगविक्रमम् ॥ मेघदुंदुभिनिर्घोषंपूर्णचंद्रनि
भाननम् ७६ कृष्णस्यसदृशंशौर्येवीर्येरूपेतथाऽऽकृतौ ॥ ददर्शपुत्रंबीभत्सुर्मघवानिवतंयथा ७७ पांचाल्यपितुपंचभ्यःपतिभ्यःशुभलक्षणा ॥ लेभेपंचसुता
न्वीरान्श्रेष्ठान्पंचाचलानिव ७८ युधिष्ठिरात्प्रतिविंध्यंसुतसोमंवृकोदरात् ॥ अर्जुनाच्छ्रुतकर्माणंशतानीकंचनाकुलिम् ७९ सहदेवाच्छ्रुतसेनमेतान्पंचमहारथान्
॥ पांचालीसुषुवेवीरानादित्यानदितिर्यथा ८० शास्त्रतःप्रतिविंध्यंतमूचुर्विप्रायुधिष्ठिरम् ॥ परप्रहरणज्ञानेप्रतिविंध्योभवत्वयम् ८१ सुतेसोमसहस्रेतुसोमार्कस
मतेजसम् ॥ सुतसोमंमहेष्वासंसुषुवेभीमसेनतः ८२ श्रुतंकर्ममहत्कृत्वानिवृत्तेनकिरीटिना ॥ जातःपुत्रस्तथेत्येवंश्रुतकर्माततोऽभवत् ८३ शतानीकस्यराजर्षेः
कौरव्यस्यमहात्मनः ॥ चक्रेपुत्रंसनामानंनकुलःकीर्तिवर्धनम् ८४ ततस्त्वजीजनत्कृष्णानक्षत्रेवह्निदैवते ॥ सहदेवात्सुतंतस्माच्छ्रुतसेनेतियंविदुः ८५ एकव
र्षांतरास्त्वेतेद्रौपदेयायशस्विनः ॥ अन्वजायंतराजेंद्रपरस्परहितैषिणः ८६ जातकर्माण्यानुपूर्व्याच्चूडोपनयनानिच ॥ चकारविधिवद्धौम्यस्तेषांभरतसत्तम
८७ कृत्वाचवेदाध्ययनंततःसुचरितव्रताः ॥ जगृहुःसर्वमिष्वस्त्रमर्जुनाद्दिव्यमानुषम् ८८ दिव्यगर्भोपमैःपुत्रैर्व्यूढोरस्कैर्महारथैः ॥ अन्विताराजशार्दूलपांडवा
मुदमाप्नुवन् ८९ ॥ इतिश्रीमहाभारते आदिपर्वणि हरणाहरणपर्वणि एकविंशत्यधिकद्विशततमोऽध्यायः ॥ २२१ ॥ समाप्तंचहरणाहरणपर्व ॥ अथखां
डवदाहपर्व ॥ वैशंपायनउवाच ॥ इंद्रप्रस्थेवसंतस्तेजघ्नुरन्यान्नराधिपान् ॥ शासनाद्धृतराष्ट्रस्यराज्ञःशांतनवस्यच १ आश्रित्यधर्मराजानंसर्वलोकोऽवसत्सुखम्
॥ पुण्यलक्षणकर्माणंस्वदेहमिवदेहिनः २ ससमंधर्मकामार्थान्सिषेवेभरतर्षभ ॥ त्रीनिवात्मसमान्बंधून्नीतिमानिवमानयन् ३ तेषांसमविभक्तानांक्षितौदेहवता
मिव ॥ बभौधर्मार्थकामानांचतुर्थइवपार्थिवः ४ अध्येतारंपरंवेदान्प्रयोक्तारंमहाध्वरे ॥ रक्षितारंशुभाँल्लोकान्लेभिरेतंजनाधिपम् ५ ॥ ॥

॥ इति आदिपर्वणि नीलकंठीये भारतभावदीपे एकविंशत्यधिकद्विशततमोऽध्यायः ॥ २२१ ॥ ॥ इंद्रप्रस्थेवसंतस्तइति १ पुण्यानिलक्षणानिऊर्ध्वरेखादीनिगांभीर्यादीनिचकर्माणिआ
रंभकाणिक्रियमाणानिचयस्यतं २ समंपरस्परापीडया ३ तेषामिति । यथात्रयाणाममात्यानांचतुर्थोराजाआराध्यत्वेनभाति यथावाधर्मार्थकामानांत्रयाणांचतुर्थोमोक्षस्वरूपआत्माआराध्यत्वेनभाति
तथैनंधर्मादयःस्वयमुपतिष्ठंतीत्यर्थः ४ परमध्येतारंपरस्यब्रह्मणोऽधिगंतारं वेदान्वेदानां ब्रह्मकर्मनीतिनिष्ठमितिविशेषणत्रयार्थः ५ ॥ ॥ ॥

अधिष्ठानेति । चलापिलक्ष्मीर्दृढास्पदाऽभूत् परायणंपराकाष्ठातद्वतीतांप्राप्तेत्यर्थः ६ महान्अथर्ववेदोक्ततत्तत्कर्मांगोपासनायुक्तः ऋग्यजुःसामसाध्योज्योतिष्टोमादिः ७ । ८ तुल्यंयुगपत् तुल्यमित्य
त्रद्युत्येतिपाठे द्युत्यानेत्राणिप्रीत्याहृदयानिचरेमिरेइत्यन्वयः ९ दैवेनदेवोराजातत्कर्मणापालनेननकेवलंरेमिरेअपितुभावेनभक्त्या तत्रहेतुः यदिति । मनःकांतंमनोरमंप्रजानां १० कर्मणाप्रियकर
त्वमुक्त्वावाङ्मनसाभ्यामपितदाहद्वाभ्यां नहीति । असह्यंदुःखदं अहितमितिपाठेऽपिसएवार्थः अप्रियंप्रीत्यनुत्पादकं भाषितंवचनं जज्ञेप्रादुर्बभूव ११ । १२ । १३ उष्णानिनिदाघदि

अधिष्ठानवतीलक्ष्मीःपरायणवतीमतिः ॥ वर्धमानोऽखिलोधर्मस्तेनासीत्पृथिवीक्षिताम् ६ भ्रातृभिःसहितोराजाचतुर्भिरधिकंबभौ ॥ प्रयुज्यमानैर्विततोवेदैरिवम
हाध्वरः ७ तंतुधौम्यादयोविप्राःपरिवार्योपतस्थिरे ॥ बृहस्पतिसमामुख्याःप्रजापतिमिवामराः ८ धर्मराजेह्यतिप्रीत्यापूर्णचंद्रइवामले ॥ प्रजानांरेमिरेतुल्यंनेत्राणि
हृदयानिच ९ नतुकेवलदैवेनप्रजाभावेनरेमिरे ॥ यद्बभूवमनःकांतंकर्मणासचकारतत् १० नह्ययुक्तंनचासत्यंनासह्यंनचवाऽप्रियम् ॥ भाषितंचारुभाषस्यजज्ञेपार्थ
स्यधीमतः ११ सहिसर्वस्यलोकस्यहितमात्मनएवच ॥ चिकीर्षन्सुमहातेजारेमेभरतसत्तम १२ तथातुमुदिताःसर्वेपांडवाविगतज्वराः ॥ अवसन्पृथिवीपालांस्ताप
यंतःस्वतेजसा १३ ततःकतिपयाहस्यबीभत्सुःकृष्णमब्रवीत् ॥ उष्णानिकृष्णवर्तन्तेगच्छावोयमुनांप्रति १४ सुहृज्जनवृतौतत्रविहृत्यमधुसूदन ॥ सायान्हेपुनरेष्या
वोरोचतांतेजनार्दन १५ ॥ वासुदेवउवाच ॥ कुंतीमातर्ममाप्येतद्रोचतेयद्वयंजले ॥ सुहृज्जनवृताःपार्थविहरेमयथासुखम् १६ ॥ वैशंपायनउवाच ॥ आमंत्र्यतौध
र्मराजमनुज्ञाप्यचभारत ॥ जग्मतुःपार्थगोविंदौसुहृज्जनवृतौततः १७ विहारदेशंसंप्राप्यनानाद्रुममनुत्तमम् ॥ गृहैरुच्चावचैर्युक्तंपुरंदरपुरोपमम् १८ भक्ष्यैर्भोज्यैश्चपे
यैश्चरसवद्भिर्महाधनैः ॥ माल्यैश्चविविधैर्गंधैर्युक्तंवार्ष्णेयपार्थयोः १९ विवेशांतःपुरंतूर्णंरत्नैरुच्चावचैःशुभैः ॥ यथोपजोषंसर्वश्चजनश्चिक्रीडभारत २० स्त्रियश्चविपु
लश्रोण्यश्चारुपीनपयोधराः ॥ मदस्खलितगामिन्यश्चिक्रीडुर्वामलोचनाः २१ वनेकाश्चिज्जलेकाश्चित्काश्चिद्वेश्मसुचांगनाः ॥ यथादेशंयथाप्रीतिचिक्रीडुःपार्थकृष्ण
योः २२ द्रौपदीचसुभद्राचवासांस्याभरणानिच ॥ प्रायच्छतांमहाराजस्त्रीणांतेस्ममदोत्कटे २३ काश्चित्प्रहृष्टानन्नृतुश्चुक्रुशुश्चतथाऽपराः ॥ जहसुश्चपरानार्यःपपुश्चा
न्यावरासवम् २४ रुरुधुश्चापरास्तत्रप्रजघ्नुश्चपरस्परम् ॥ मंत्रयामासुरन्याश्चरहस्यानिपरस्परम् २५ वेणुवीणामृदंगानांमनोज्ञानांचसर्वशः ॥ शब्देनपूर्यतेहर्म्यंत
द्वनंसुमहर्द्धिमत् २६ तस्मिंस्तदावर्तमानेकुरुदाशार्हनंदनौ ॥ समीपंजग्मतुःकंचिदुद्देशंसुमनोहरम् २७ तत्रगत्वामहात्मानौकृष्णौपरपुरंजयौ ॥ महार्हा
सनयोराजंस्ततस्तौसन्निषीदतुः २८ तत्रपूर्वव्यतीतानिविक्रांतानोतराणिच ॥ बहूनिकथयित्वातौरेमातेपार्थमाधवौ २९ तत्रोपविष्टौमुदितौनाकपृष्ठेऽश्विनाविव ॥
अभ्यागच्छत्तदाविप्रोवासुदेवधनंजयौ ३० ॥ ॥ ॥ ॥ ॥ ॥ ॥

नादि १४ । १५ कुंतीमातायस्येतिहेकुंतीमातर्हेऽर्जुन १६ । १७ गृहैःमध्येयमुनंनिर्मितैःक्रीडावाप्यादियुक्तैः १८ भक्ष्याद्यैर्युक्तंविहारस्थानंविवेशांतःपुरंकर्तृ रत्नैर्युक्तं १९ । २० । २१
२२ । २३ । २४ । २५ । २६ उद्देशंप्रदेशं २७ । २८ । २९ । ३० ॥ ॥ ॥ ॥ ॥

हरिपिंगःनीलपीताखिलांगः ज्वलश्मश्रुःज्वालावत्पीतश्मश्रुः ३१ । ३२ उपसृष्टंसमीपागतमुपलक्ष्यउत्पत्यआसनात ३३ ॥ इतिआदिपर्वणिनीलकंठीये भारतभावदीपेद्वाविंशत्यधिकद्विशततमोऽ
ध्यायः ॥ २२२ ॥ ॥ सोऽब्रवीदिति १ वांभिक्षेयुवांदातुंसमर्थौप्रार्थये २ तस्यान्नस्यदाने ३ क्रियतामितिभाषमाणौतौप्रत्यब्रवीदित्यन्वयः ४ । ५ । ६ । ७ भूतानिबहिर्निर्गंतुकामानि ८ । ९

बृहच्छालप्रतीकाशःप्रतप्तकनकप्रभः ॥ हरिपिंगोज्वलश्मश्रुःप्रमाणायामतःसमः ३१ तरुणादित्यसंकाशश्चीरवासाजटाधरः ॥ पद्मपत्राननःपिंगस्तेजसाप्रज्वलन्निव
३२ उपसृष्टंतुतंकृष्णोभ्राजमानंद्विजोत्तमम् ॥ अर्जुनोवासुदेवश्चतूर्णमुत्पत्यतस्थतुः ३३ ॥ इतिश्रीमहाभारते आदिपर्वणिखांडवदाहपर्वणिब्राह्मणरूप्यनलागम
नेद्वाविंशत्यधिकद्विशततमोऽध्यायः ॥२२२ ॥ वैशंपायनउवाच ॥सोब्रवीदर्जुनंचैववासुदेवंचसात्वतम् ॥ लोकप्रवीरौतिष्ठंतौखांडवस्यसमीपतः १ ब्राह्मणोबहुभोक्ता
ऽस्मिभुंजेऽपरिमितंसदा ॥ भिक्षेवार्ष्णेयपार्थौवामेकांतृप्तिंप्रयच्छतम् २ एवमुक्तौतमब्रूतांततस्तौकृष्णपांडवौ ॥ केनान्नेनभवांस्तृप्येत्तस्यान्नस्ययतावहे ३ एवमु
क्तःसभगवानब्रवीत्तावुभौततः ॥ भाषमाणौतदावीरौकिमन्नंक्रियतामिति ४ ॥ ब्राह्मणउवाच ॥ नाहमन्नंबुभुक्षेवैपावकंमांनिबोधतम् ॥ यदन्नमनुरूपंमेतद्युवां
संप्रयच्छतम् ५ इदमिंद्रःसदादावंखांडवंपरिरक्षति ॥ नचशक्नोम्यहंदग्धुंरक्ष्यमाणंमहात्मना ६ वसत्यत्रसखातस्यतक्षकःपन्नगःसदा ॥ सगणस्तत्कृतेदावंपरिरक्ष
तिवज्रभृत् ७ तत्रभूतान्यनेकानिरक्षतेऽस्यप्रसंगतः ॥ तंदिधक्षुर्नशक्नोमिदग्धुंशक्रस्यतेजसा ८ समांप्रज्वलितंदृष्ट्वामेघांभोभिःप्रवर्षति ॥ ततोदग्धुंनशक्नोमिदिधक्षु
र्दावमीप्सितम् ९ सयुवाभ्यांसहायाभ्यामस्त्रविद्भ्यांसमागतः ॥ दहेयंखांडवंदावमेतदन्नंवृतंमया १० युवांह्युदकधारास्ताभूतानिचसमंततः ॥ उत्तमास्त्रविदौसम्यक्सर्व
तोवारयिष्यथः ११ ॥ जनमेजयउवाच ॥ किमर्थंभगवानग्निःखांडवंदग्धुमिच्छति ॥ रक्ष्यमाणंमहेंद्रेणनानासत्त्वसमायुतम् १२ नह्येतत्कारणंब्रह्मन्नल्पंसंप्रतिभातिमे ॥
॥ यद्ददाहससंक्रुद्धःखांडवंहव्यवाहनः १३ एतद्विस्तरशोब्रह्मन्श्रोतुमिच्छामितत्त्वतः ॥ खांडवस्यपुरादाहोयथासमभवन्मुने १४ ॥ वैशंपायनउवाच ॥ शृणु
मेब्रुवतोराजन्सर्वमेतद्यथातथम् ॥ यन्निमित्तंददाहाग्निःखांडवंपृथिवीपते १५ हंततेकथयिष्यामिपौराणीमृषिसंस्तुताम् ॥ कथामिमांनरश्रेष्ठखांडवस्यविनाशि
नीम् १६ पौराणःश्रूयतेराजन्राजाहरिहयोपमः ॥ श्वेतकिर्नामविख्यातोबलविक्रमसंयुतः १७ यज्वादानपतिर्धीमान्यथानान्योऽस्तिकश्चन ॥ ईजेचसमहाय
ज्ञैःक्रतुभिश्चाप्तदक्षिणैः १८ तस्यनान्याऽभवद्बुद्धिर्दिवसेदिवसेनृप ॥ सत्रेक्रियासमारंभेदानेषुविविधेषुच १९ ऋत्विग्भिःसहितोधीमानेवमीजेसभूमिपः ॥ ततस्तु
ऋत्विजश्चास्यधूमव्याकुललोचनाः २० कालेनमहताखिन्नास्तत्यजुस्तेनराधिपम् ॥ ततःप्रचोदयामासऋत्विजस्तान्महीपतिः २१ चक्षुर्विकलतांप्राप्तानप्रपेदुश्चते
क्रतुम् ॥ ततस्तेषामनुमतेतद्विप्रैस्तुनराधिपः २२ सत्रंसमापयामासऋत्विग्भिरपरैःसह ॥ तस्यैवंवर्तमानस्यकदाचित्कालपर्यये २३ ॥ ॥

१० । ११ । १२ । १३ । १४ । १५ । १६ । १७ महायज्ञैःपंचभिर्देवयज्ञादिभिःस्मार्तैः । क्रतुभिःश्रौतैर्ज्योतिष्टोमादिभिः । महासत्रैरितिपाठेसत्रमन्नदानंलोकप्रसिद्धेः १८ सत्रेयज्ञे १९ । २० । २१ । २२ । २३

२४ । २५ । २६ । २७ । २८ । २९ । ३० । ३१ । ३२ । ३३ । ३४ बुद्धिमोहंबुद्धिवैकल्यं त्वरासंभावितस्त्वरावशोऽस्मदीयश्रमाज्ञानादित्यर्थः ३५ । ३६ । ३७ । ३८ । ३९ । ४० । ४१ । ४२

सत्रमाहर्तुंकामस्यसंवत्सरशतंकिल ॥ ऋत्विजोनाभ्यपद्यंतसमाहर्तुंमहात्मनः २४ सचराजाऽकरोद्यत्नंमहांतंससुहृज्जनः ॥ प्रणिपातेनसांत्वेनदानेनचमहायशाः २५ ऋत्विजोऽनुनयामासभूयोभूयस्त्वतंद्रितः ॥ तेचास्यतमभिप्रायंनचक्रुरमितौजसः २६ सचाश्रमस्थान्राजर्षिस्तानुवाचरुषाऽन्वितः ॥ यद्यहंपतितोविप्राः शुश्रूषायांनचस्थितः २७ आशुत्याज्योऽस्मियुष्माभिर्ब्राह्मणैश्वजुगुप्सितः ॥ तन्नार्हथक्रतुश्रद्धांव्याघातयितुमुद्यताम् २८ अस्थानेवापरित्यागंकर्तुंमेद्विजसत्तमाः ॥ प्रपन्नएववोविप्राःप्रसादंकर्तुमर्हथ २९ सांत्वदानादिभिर्वाक्यैस्तत्त्वतःकार्यवत्तया ॥ प्रसादयित्वावक्ष्यामियन्नःकार्यंद्विजोत्तमाः ३० अथवाऽहंपरित्यक्तोभवद्भिर्द्वेषकारणात् ॥ ऋत्विजोऽन्यान्गमिष्यामियाजनार्थंद्विजोत्तमाः ३१ एतावदुक्त्वावचनंविरराम सपार्थिवः ॥ यदानशेकूराजानंयाजनार्थंपरंतप ३२ ततस्तेयाजकाःक्रुद्धास्तमूचुर्नृपसत्तमम् ॥ तवकर्माण्यजस्रं वैवर्त्तंतेपार्थिवोत्तम ३३ ततोवयंपरिश्रांताःसततंकर्मवाहिनः ॥ श्रमादस्मात्परिश्रांतान्सत्वंनस्त्यक्तुमर्हसि ३४ बुद्धिमोहंसमास्थायत्वरासंभावितोऽनघ ॥ गच्छरुद्रसकाशंत्वंसहित्वांयाजयिष्यति ३५ साधिक्षेपंवचःश्रुत्वासंक्रुद्धःश्वेतकिर्नृपः ॥ कैलासंपर्वतंगत्वातपउग्रंसमास्थितः ३६ आराधयन्महादेवंनियतःसंशितव्रतः ॥ उपवासपरोराजन्दीर्घकालमतिष्ठत ३७ कदाचिद्द्वादशेकालेकदाचिदपिषोडशे ॥ आहारमकरोद्राजामूलानिचफलानिच ३८ ऊर्ध्वबाहुस्त्वनिमिषस्तिष्ठन्स्थाणुरिवाचलः ॥ षण्मासानभवद्राजाश्वेतकिःसुसमाहितः ३९ तंतथानृपशार्दूलंतप्यमानंमहत्तपः ॥ शंकरःपरमप्रीत्यादर्शयामासभारत ४० उवाचचैनंभगवान्स्निग्धगंभीरयागिरा ॥ प्रीतोऽस्मिनरशार्दूलतपसातेपरंतप ४१ वरंवृणीष्वभद्रंतेयंत्वमिच्छसिपार्थिव ॥ एतच्छ्रुत्वातुवचनंरुद्रस्यामिततेजसः ४२ प्रणिपत्यमहात्मानंराजर्षिःप्रत्यभाषत ॥ यदिमेभगवान्प्रीतःसर्वलोकनमस्कृतः ४३ स्वयंमांदेवदेवेशयाजयस्वसुरेश्वर ॥ एतच्छ्रुत्वातुवचनंराज्ञातेनप्रभाषितम् ४४ उवाचभगवान्प्रीतःस्मितपूर्वमिदंवचः ॥ नास्माकमेतद्विषयेवर्ततेयाजनंप्रति ४५ त्वयाचसुमहत्तप्तंतपोराजन्वरार्थिना ॥ याजयिष्यामिराजंस्त्वांसमयेनपरंतप ४६ ॥ रुद्रउवाच ॥ समाद्वादशराजेंद्रब्रह्मचारीसमाहितः ॥ सततंत्वाज्यधाराभिर्यदितर्पयसेऽनलम् ४७ कामंप्रार्थयसेयंत्वंमत्तःप्राप्स्यसितंनृप ॥ एवमुक्तश्चरुद्रेणश्वेतकिर्मनुजाधिपः ४८ तथाचकारतत्सर्वंयथोक्तंशूलपाणिना ॥ पूर्णेतुद्वादशेवर्षेपुनरायान्महेश्वरः ४९ दृष्ट्वैवचसराजानंशंकरोलोकभावनः ॥ उवाचपरमप्रीतःश्वेतकिंनृपसत्तमम् ५० तोषितोऽहंनृपश्रेष्ठत्वयेहाद्येनकर्मणा ॥ याजनंब्राह्मणानांतुविधिदृष्टंपरंतप ५१ ॥

४३ । ४४ याजनंप्रतियाजनमुद्दिश्यत्वयाचसुमहत्तपस्तप्तं एतद्याजनमस्माकंविषयेनवर्ततेइतिसंबंधः वयंतुनयाजनेऽधिकारिणइत्यर्थः ४५ सततंत्वाज्यधाराभिः अच्छिन्नयाआज्यधारया बहुलमवयवाभिप्रायं ४६ । ४७ । ४८ । ४९ । ५० आद्येनअनादिवेदबोधितेन विधिदृष्टंब्राह्मणानामिदंहविरितिचतुर्थीकरणमंत्रलिंगानुमितविधिदृष्टम् ५१ ॥ ॥ ॥

अतइति । स्वयंयज्ञभोक्ताभूत्वाऋत्विक्त्मानभंगभयात्स्वयंनयाजयामीत्यर्थः ५२ । ५३ । ५४ । ५५ । ५६ । ५७ । ५८ ।५९ । ६० दीक्षिताःकर्मसुनिष्णाताः ६१ । ६२ । ६३ । ६४ । ६५ ६६ । ६७ । ६८ । ६९ । ७० प्रकृतिंस्वभावं ७१ वसोर्धारापात्रविशेषः । येनहूयमानंघृतद्रव्यंसंततधारारूपेणक्षरति । तेनहुतंहविरर्थाद्धृतमेव वसोर्धारांजुहोतीत्युपक्रम्यघृतस्यवाएवमेषाधारेति

अतोऽहंत्वांस्वयंनाद्ययाजयामिपरंतप ॥ ममांशस्तुक्षितितलेमहाभागोद्विजोत्तमः ५२ दुर्वासाइतिविख्यातःसहित्वांयाजयिष्यति ॥ मन्नियोगान्महातेजाःसंभाराःसंभ्रियंतुते ५३ एतच्छ्रुत्वातुवचनंरुद्रेणसमुदाहृतम् ॥ स्वपुरंपुनरागम्यसंभारान्पुनरार्जयत् ५४ ततःसंभृतसंभारोभूयोरुद्रमुपागमत् ॥ संभृतामममसंभाराःसर्वोपकरणानिच ५५ त्वत्प्रसादान्महादेवश्वोमेदीक्षाभवेदिति ॥ एतच्छ्रुत्वातुवचनंतस्यराज्ञोमहात्मनः ५६ दुर्वाससंसमाहूयरुद्रोवचनमब्रवीत् ॥ एषराजामहाभागःश्वेतकिर्द्विजसत्तम ५७ एनंयाजयविप्रेंद्रमन्नियोगेनभूमिपम् ॥ बाढमित्येववचनंरुद्रंत्वृषिरुवाचह ५८ ततःसत्रंसमभवत्तस्यराज्ञोमहात्मनः ॥ यथाविधियथाकालंयथोक्तंबहुदक्षिणम् ५९ तस्मिन्परिसमाप्तेतुराज्ञःसत्रेमहात्मनः ॥ दुर्वाससाऽभ्यनुज्ञाताविप्रतस्थुःस्मयाजकाः ६० येतत्रदीक्षिताःसर्वेसदस्याश्चमहौजसः ॥ सोऽपिराजन्महाभागःस्वपुरंप्राविशत्तदा ६१ पूज्यमानोमहाभागैर्ब्राह्मणैर्वेदपारगैः ॥ बंदिभिःस्तूयमानश्चनागरैश्चाभिनंदितः ६२ एवंवृत्तःसराजर्षिःश्वेतकिर्नृपसत्तमः ॥ कालेनमहताचापिययौस्वर्गमभिष्टुतः ६३ ऋत्विग्भिःसहितःसर्वैःसदस्यैश्चसमन्वितः ॥ तस्यसत्रेपपौवह्निर्हविर्द्वादशवत्सरान् ६४ सततंचाज्यधाराभिरैकात्म्येतत्रकर्मणि ॥ हविषाचततोवह्निःपरांतृप्तिमगच्छत ६५ नचैच्छत्पुनरादातुंहविरन्यस्यकस्यचित् ॥ पांडुवर्णोविवर्णश्चनयथावत्प्रकाशते ६६ ततोभगवतोवह्नेर्विकारःसमजायत ॥ तेजसाविप्रहीणश्चग्लानिश्चैनंसमाविशत् ६७ सलक्षयित्वाचात्मानंतेजोहीनंहुताशनः ॥ जगामसदनंपुण्यंब्रह्मणोलोकपूजितम् ६८ तत्रब्रह्माणमासीनमिदंवचनमब्रवीत् ॥ भगवन्परमाप्रीतिःकृतामेश्वेतकेतुना ६९ अरुचिश्चाभवत्तीव्रातांनशक्नोम्यपोहितुम् ॥ तेजसाविप्रहीणोऽस्मिबलेनचजगत्पते ७० इच्छेयंत्वत्प्रसादेनस्वात्मनःप्रकृतिंस्थिराम् ॥ एतच्छ्रुत्वाहुतवहाद्भगवान्सर्वलोककृत् ७१ हव्यवाहमिदंवाक्यमुवाचप्रहसन्निव ॥ त्वयाद्वादशवर्षाणिवसोर्धाराहुतंहविः ७२ उपयुक्तंमहाभागतेनत्वांग्लानिराविशत् ॥ तेजसाविप्रहीणत्वात्सहसाहव्यवाहन ७३ मागमस्त्वंयथावह्नेप्रकृतिस्थोभविष्यसि ॥ अरुचिंनाशयिष्येऽहंसमयंप्रतिपद्यते ७४ पुरादेवनियोगेनयत्त्वयाभस्मसात्कृतम् ॥ आलयंदेवशत्रूणांसुघोरंखांडवंवनम् ७५ तत्रसर्वाणिसत्वानिनिवसंतिविभावसो ॥ तेषांत्वंमेदसातृप्तःप्रकृतिस्थोभविष्यसि ७६ गच्छशीघ्रंप्रदग्धुंत्वंततोमोक्ष्यसिकिल्बिषात् ॥ एतच्छ्रुत्वातुवचनंपरमेष्ठिमुखाच्च्युतम् ७७ ॥ ॥ ॥

वाक्यशेषात् ७२ उपयुक्तंभुक्तं ७३ मागमःग्लानिंमितिविपरिणामेनानुषज्ज्यते यथेत्यस्ययथापूर्वमित्यर्थः ७४ किंतत्खांडवमित्याकांक्षायांपुरावृत्तंस्मारयतिपुरेति ७५ । ७६ किल्बिषात्ग्लानिरूपात् ७७ ॥ ॥ ॥ ॥ ॥ ॥

७८ । ७९ । ८० । ८१. नानाप्रहरणोद्यमैः नानाविधैःप्रहरणैःपांसुप्रक्षेपवृक्षशाखाताडनादिभिः उद्यमैर्जलसेकादिभिश्च ८२ । ८३ ॥ इतिआदिपर्वणिनीलकंठीये भारतभावदीपे त्रयोविंशत्यधिक

उत्तमंजवमास्थायप्रदुद्रावहुताशनः ॥ आगम्यखांडवंदावमुत्तमंवीर्यमास्थितः ॥ सहसाप्राज्वलच्चाग्निःक्रुद्धोवायुसमीरितः ७८ प्रदीप्तंखांडवंदृष्ट्वायेस्युस्तत्र
निवासिनः ॥ परमंयत्नमातिष्ठन्पावकस्यप्रशांतये ७९ करैस्तुकरिणःशीघ्रंजलमादायसत्वराः ॥ सिषिचुःपावकंक्रुद्धाःशतशोऽथसहस्रशः ८० बहुशीर्षा
स्ततोनागाःशिरोभिर्जलसंततिम् ॥ मुमुचुःपावकाभ्याशेसत्वराःक्रोधमूर्च्छिताः ८१ तथैवान्यानिसत्वानिनानाप्रहरणोद्यमैः ॥ विलयंपावकंशीघ्रमनयन्
भरतर्षभ ८२ अनेनतुप्रकारेणभूयोभूयश्चप्रज्वलन् ॥ सप्तकृत्वःप्रशमितःखांडवेहव्यवाहनः ८३ ॥ इतिश्रीमहाभारतेआदिपर्वणिखांडवदाहपर्वणिअग्निप
राभवेत्रयोविंशत्यधिकद्विशततमोऽध्यायः ॥ २२३ ॥ ॥ ॥ वैशंपायनउवाच ॥ सतुनैराश्यमापन्नःसदाग्लानिसमन्वितः ॥ पितामहमुपाग
च्छत्संक्रुद्धोहव्यवाहनः १ तच्चसर्वंयथान्यायंब्रह्मणेसंन्यवेदयत् ॥ उवाचचैनंभगवान्मुहूर्तंसविचिंत्यतु २ उपायःपरिदृष्टोमेयथात्वंधक्ष्यसेऽनघ ॥ कालंच
कंचित्क्षमतांततस्त्वांवक्ष्यतेऽनल ३ भविष्यतःसहायौतेनरनारायणौतदा ॥ ताभ्यांत्वंसहितोदावंधक्ष्यसेहव्यवाहन ४ एवमस्त्वितितंवह्निर्ब्रह्माणंप्रत्यभा
षत ॥ संभूतौतौविदित्वातुनरनारायणावृषी ५ कालस्यमहतोराजंस्तस्यवाक्यंस्वयंभुवः ॥ अनुस्मृत्यजगामाथपुनरेवपितामहम् ६ अब्रवीच्चतदाब्र
ह्मायथात्वंधक्ष्यसेऽनल ॥ खांडवंदावमद्यैवमिषतोऽस्यशचीपतेः ७ नरनारायणौयौतौपूर्वदेवौविभावसो ॥ संप्राप्तौमानुषेलोकेकार्यार्थंहिदिवौकसाम् ॥
८ अर्जुनंवासुदेवंचयौतौलोकोऽभिमन्यते ॥ तावेतौसहितावेहिखांडवस्यसमीपतः ९ तौत्वंयाचस्वसाहाय्येदाहार्थंखांडवस्यच ॥ ततोधक्ष्यसितंदावंरक्षि
तंत्रिदशैरपि १० तौतुसत्वानिसर्वाणियत्नतोवारयिष्यतः ॥ देवराजंचसहितौतत्रमेनास्तिसंशयः ११ एतच्छ्रुत्वातुवचनंत्वरितोहव्यवाहनः ॥ कृष्ण
पार्थावुपागम्ययमर्थंत्वभ्यभाषत १२ तंतेकथितवानस्मिपूर्वमेवनृपोत्तम ॥ तच्छ्रुत्वावचनंत्वग्नेर्बीभत्सुर्जातवेदसम् १३ अब्रवीन्नृपशार्दूलतत्कालसदृशंव
चः ॥ दिधक्षुंखांडवंदावमकामस्यशतक्रतोः १४ ॥ ॥ अर्जुनउवाच ॥ ॥ उत्तमास्त्राणिमेसंतिदिव्यानिचबहूनिच ॥ यैरहंशक्नुयांयोद्धुमपिव
ज्रधरान्बहून् १५ धनुर्मेनास्तिभगवन्बाहुवीर्येणसंमितम् ॥ कुर्वतःसमरेयत्नंवेगंयद्विषहेन्मम १६ शरैश्चमेऽर्थोबहुभिरक्षयैःक्षिप्रमस्यतः ॥ नहिवोढुं
रथःशक्तःशरान्ममयथेप्सितान् १७ अश्वांश्चदिव्यानिच्छेयंपांडुरान्वातरंहसः ॥ रथंचमेघनिर्घोषंसूर्यप्रतिमतेजसम् १८ ॥ ॥ ॥

द्विशततमोऽध्यायः ॥ २२३ ॥ ॥ ॥ सत्विति १ । २ । ३ । ४ । ५ । ६ मिषतःपश्यतः ७ । ८ । ९ । १० । ११ । १२ । १३ शतक्रतोःसंबंधि १४ । १५ । १६ । १७ । १८ ॥

१९ । २० करणानियुद्धसाधनानिधनुरादीनि २१ ॥ इति आदिपर्वणि नीलकंठीये भारतभावदीपे चतुर्विंशत्यधिकद्विशततमोऽध्यायः ॥ २२४ ॥ ॥ ॥ एवमिति १ आदित्यमदितेःपुत्रं २ प्रति

तथाकृष्णस्यवीर्येणनायुधंविद्यतेसमम् ॥ येननागान्पिशाचांश्चनिहन्यान्माधवोरणे १९ उपायंकर्मसिद्धौचभगवन्वक्तुमर्हसि ॥ निवारयेयंयेनेन्द्रंवर्षमाणं महावने २० पौरुषेणतुयत्कार्यंतत्कर्त्तास्मिपावक ॥ करणानिसमर्थानिभगवन्दातुमर्हसि २१ ॥ ॥ इतिश्रीमहाभारतेआदिपर्वणिखांडवदाहपर्वणिअर्जुनाग्निसंवादेचतुर्विंशत्यधिकद्विशततमोऽध्यायः ॥ २२४ ॥ ॥ वैशंपायनउवाच ॥ एवमुक्तःसभगवान्धूमकेतुर्हुताशनः ॥ चिंतयामासवरुणं लोकपालंदिदृक्षया १ आदित्यमुदकेदेवंनिवसंतंजलेश्वरम् ॥ सचतच्चिंतितंज्ञात्वादर्शयामासपावकम् २ तमब्रवीद्धूमकेतुःप्रतिगृह्यजलेश्वरम् ॥ चतुर्थं लोकपालानांदेवदेवंसनातनम् ३ सोमेनराज्ञायद्दत्तंधनुश्चैवेषुधीचते ॥ तत्प्रायच्छोभयंशीघ्रंरथंचकपिलक्षणम् ४ कार्यंचसुमहत्पार्थोगांडीवेनकरिष्यति ॥ चक्रेणवासुदेवश्चतन्ममाद्यप्रदीयताम् ५ ददानीत्येववरुणःपावकंप्रत्यभाषत ॥ तदद्भुतंमहावीर्यंयशःकीर्तिविवर्धनम् ६ सर्वशस्त्रैरनाधृष्यंसर्वशस्त्रप्रमाथिच ॥ सर्वायुधमहामात्रंपरसैन्यप्रधर्षणम् ७ एकंशतसहस्रेणसंमितंराष्ट्रवर्धनम् ॥ चित्रमुच्चावचैर्वर्णैःशोभितंश्लक्ष्णमव्रणम् ८ देवदानवगंधर्वैः पूजितंशाश्वतीःसमाः ॥ प्रादाच्चैवधनूरत्नमक्षय्यौचमहेषुधी ९ रथंचदिव्याश्वयुजंकपिप्रवरकेतनम् ॥ उपेतंराजतैरश्वैर्गान्धर्वैर्हेममालिभिः १० पांडुराभ्रप्रतीकाशैर्मनोवायुसमैर्जवे ॥ सर्वोपकरणैर्युक्तमजय्यंदेवदानवैः ११ भानुमंतंमहाघोषंसर्वरत्नमनोरमम् ॥ ससर्जयंसुतपसाभौमनोभुवनप्रभुः १२ प्रजापतिरनिर्देश्यंयस्यरूपंरवेरिव ॥ यंस्मसोमःसमारुह्यदानवानजयत्प्रभुः १३ नवमेघप्रतीकाशंज्वलंतमिवचश्रिया ॥ आश्रितौतंरथश्रेष्ठंशक्रायुधसमावुभौ १४ तापनीयासुरुचिराध्वजयष्टिरनुत्तमा ॥ तस्यांतुवानरोदिव्यःसिंहशार्दूलकेतनः १५ दिधक्षन्निवतत्रस्मसंस्थितोमूर्ध्न्यशोभत ॥ ध्वजेभूतानितत्रासन्विविधानिमहांतिच १६ नादेनरिपुसैन्यानांयेषांसंज्ञाप्रणश्यति ॥ सतंनानापताकाभिःशोभितंरथसत्तमम् १७ प्रदक्षिणमुपावृत्यदैवतेभ्यःप्रणम्यच ॥ सन्नद्धःकवची खड्गीबद्धगोधांगुलित्रकः १८ आरुरोहतदापार्थोविमानंसुकृतीयथा ॥ तच्चदिव्यंधनुःश्रेष्ठंब्रह्मणानिर्मितंपुरा १९ गांडीवमुपसंगृह्यबभूवमुदितोऽर्जुनः ॥ हुताशनंपुरस्कृत्यततस्तदपिवीर्यवान् २० जग्राहबलमास्थायज्ययाचयुयुजेधनुः ॥ मौर्व्यांतुयोज्यमानायांबलिनापांडवेनह २१ येऽशृण्वन्कूजितंतत्रतेषांवैव्यथितं मनः ॥ लब्ध्वारथंधनुश्चैवतथाऽक्षय्येमहेषुधी २२ ॥ ॥ ॥ ॥ ॥

गृह्यपूजादिनास्वायत्तीकृत्य ३ । ४ । ५ । ६ । महामात्रमतिप्रमाणं समृद्धंप्रधानंवा ७ । ८ । ९ राजतैरजतवर्णैः १० । ११ भानुमंतंदीप्तिमंतं भौमनोविश्वकर्मा १२ । १३ शक्रायुधसमौदेहवात्सच्छविभ्यांनीलपिशंगवर्णौ १४ तापनीयासौवर्णी सिंहशार्दूलवद्भयंकरःकेतनःकायोयस्यसः । 'केतनंलांछनेकाये'इतिविश्वः १५ । १६ नादेनयेषां १७ । १८ । १९ । २० ज्ययामौर्व्या २१ । २२

कल्यःसमर्थःसाह्यकर्मणिसाहायके वज्रंवरत्रासानाभौयस्यतत् सूत्रबद्धशकुनिवत्पुनःप्रयोक्तुर्हस्तमायातीत्यर्थः । 'वज्रंत्रपुवरत्रयोः' इतिमेदिनी २३ अतएवाग्नेयमस्त्रमिवास्त्रं २४ । २५ । २६ तदेवाह क्षिप्तंक्षिप्तमिति २७ । २८ । २९ युयुत्सतायोद्धुमिच्छता ३० । ३१ । ३२ । ३३ । ३४ सप्तार्चिःकालीकरालीप्रभृतिसप्तजिह्वावान् ३५ । ३६ दह्यतोदह्यमानस्य ३७ ॥ इतिआदिपर्व

बभूवकल्यःकौन्तेयःप्रहृष्टःसाह्यकर्मणि ॥ वज्रनाभंततश्चक्रंददौकृष्णायपावकः २३ आग्नेयमस्त्रंदयितंसचकल्योऽभवत्तदा ॥ अब्रवीत्पावकश्चैवमेतेनमधुसूदन २४ अमानुषानपिरणेजेष्यसित्वमसंशयम् ॥ अनेनतुमनुष्याणांदेवानामपिचाहवे २५ रक्षःपिशाचदैत्यानांनागानांचाधिकस्तथा ॥ भविष्यसिनसंदेहःप्रवरोऽपिनिबर्हणे २६ क्षिप्तंक्षिप्तंरणेचैतत्त्वयामाधवशत्रुषु ॥ हत्वाऽप्रतिहतंसंख्येपाणिमेष्यतितेपुनः २७ वरुणश्चददौतस्मैगदामशनिनिःस्वनाम् ॥ दैत्यांतकरणींघोरांनाम्नाकौमोदकींप्रभुः २८ ततःपावकमब्रूतांप्रहृष्टावर्जुनाच्युतौ ॥ कृतास्त्रौशस्त्रसंपन्नौरथिनौध्वजिनावपि २९ कल्यौस्वोभगवन्योद्धुमपिसर्वैःसुरासुरैः ॥ किंपुनर्वज्रिणैकेनपन्नगार्थेयुयुत्सता ३० ॥ अर्जुनउवाच ॥ चक्रपाणिर्हृषीकेशोविचरन्युधिवीर्यवान् ॥ चक्रेणभस्मसात्सर्वैविसृष्टेनतुवीर्यवान् ॥ त्रिषुलोकेषुतन्नास्तियन्नकुर्याज्जनार्दनः ३१ गांडीवंधनुरादायतथाऽक्षय्येमहेषुधी ॥ अहमप्युत्सहेलोकान्विजेतुंयुधिपावक ३२ सर्वतःपरिवार्यैवंदावमेतंमहाप्रभो ॥ कामंसंप्रज्वलाद्यैवकल्यौस्वःसाह्यकर्मणि ३३ ॥ वैशंपायनउवाच ॥ एवमुक्तःसभगवान्दाशार्हेणार्जुनेनच ॥ तैजसंरूपमास्थायदावंदग्धुंप्रचक्रमे ३४ सर्वतःपरिवार्याथसप्तार्चिर्ज्वलनस्तथा ॥ ददाहखांडवंदावंयुगांतमिवदर्शयन् ३५ प्रतिगृह्यसमाविश्यतद्वनंभरतर्षभ ॥ मेघस्तानितनिर्घोषःसर्वभूतान्यकंपयत् ३६ दह्यतस्तस्यचबभौरूपंदावस्यभारत ॥ मेरोरिवनगेन्द्रस्यकीर्णस्यांशुमतोंऽशुभिः ३७ ॥ ॥ इतिश्रीमहाभारते आदिपर्वणिखांडवदाहपर्वणि गांडीवादिदानेपंचविंशत्यधिकद्विशततमोऽध्यायः ॥ २२५ ॥ ॥ वैशंपायनउवाच ॥ तौरथाभ्यांरथश्रेष्ठौदावस्योभयतःस्थितौ ॥ दिक्षुसर्वासुभूतानांचक्रातेकदनंमहत् १ यत्रयत्रचदृश्यन्तेप्राणिनःखांडवालयाः ॥ पलायंतःप्रवीरौतौतत्रतत्राभ्यधावताम् २ छिद्रंनस्मप्रपश्यंतिरथयोराशुचारिणोः ॥ आविद्धावेवदृश्येतेरथिनौतौरथोत्तमौ ३ खांडवेदह्यमानेतुभूताःशतसहस्रशः ॥ उत्पेतुर्भैरवान्नादान्विनदंतःसमंततः ४ दग्धैकदेशाबहवोनिष्टप्ताश्चतथाऽपरे ॥ स्फुटिताक्षाविशीर्णाश्चविप्लुताश्चतथापरे ५ समालिंग्यसुतानन्येपितॄन्भ्रातॄनथापरे ॥ त्यक्तुंनशेकुःस्नेहेनतत्रैवनिधनंगताः ६ संदष्टदशनाश्चान्येसमुत्पेतुरनेकशः ॥ ततस्तेऽतीवघूर्णंतःपुनरग्नौप्रपेदिरे ७ ॥ ॥ ॥ ॥ ॥

णिनीलकंठीयेभारतभावदीपेपंचविंशत्यधिकद्विशततमोऽध्यायः ॥ २२५ ॥ तौरथाभ्यामिति आश्रितौतंरथंश्रेष्ठमितिद्वयोरेकरथस्थत्वंप्रागुक्तंतच्छोभामात्रंभाव्युपयोगसूचनार्थं इहतुपृथग्रथस्थावेवेतिज्ञेयं १ २ आविद्धावेवाऽलातचक्रवद्भ्रमितावेव ३ । ४ निष्टप्ताअतितप्ताः विशीर्णाःकर्कटीफलवद्विदीर्णाः विप्लुताः भयाद्विद्रुताः ५ । ६ । ७ ॥ ॥ ॥

८ । ९ शरीरैर्दीप्तैर्लोहप्रतिमावदत्यंततप्तैः १० वसुरेतसिवह्नौ ११ । १२ मध्यतोमध्यमानस्य १३ । १४ । १५ । १६ । १७ । १८ अक्षोरथचक्रद्वयसंधानकाष्ठंतत्प्रमाणा अक्षमात्राः १९

दग्धपक्षाक्षिचरणाविचेष्टंतोमहीतले ॥ तत्रतत्रस्मदृश्यंतेविनश्यंतःशरीरिणः ८ जलाशयेषुतप्तेषुक्वाथ्यमानेषुवह्निना ॥ गतसत्वाःस्मदृश्यन्तेकूर्ममत्स्याःसमं
ततः ९ शरीरैरपरेदीप्तैर्देहवंतइवाग्नयः ॥ अदृश्यंतवनेतत्रप्राणिनःप्राणिसंक्षये १० कांश्चिदुत्पततःपार्थःशरैःसंछिद्यखंडशः ॥ पातयामासविहगान्प्रदीप्तेव
सुरेतसि ११ तेशराचितसर्वांगानिनदंतोमहारवान् ॥ ऊर्ध्वमुत्पत्यवेगेननिपेतुःखांडवेपुनः १२ शरैरभ्याहतानांचसंघशःस्मवनौकसाम् ॥ विरावःशुश्रुवेघोरः
समुद्रस्येवमथ्यतः १३ वन्हेश्चापिप्रदीप्तस्यखमुत्पेतुर्महार्चिषः ॥ जनयामासुरुद्वेगंसुमहांतंदिवौकसाम् १४ तेनार्चिषासुसंतप्तादेवाःसर्षिपुरोगमाः ॥ ततोज
ग्मुर्महात्मानःसर्वएवदिवौकसः ॥ शतक्रतुंसहस्राक्षंदेवेशमसुरार्दनम् १५ ॥ देवाऊचुः ॥ किंन्विमेमानवाःसर्वेदह्यंतेचित्रभानुना ॥ कच्चिन्नसंक्षयःप्राप्तोलोकाना
ममरेश्वर १६ ॥ वैशंपायनउवाच ॥ तच्छ्रुत्वावृत्रहातेभ्यःस्वयमेवान्ववेक्ष्यच ॥ खांडवस्यविमोक्षार्थंप्रययौहरिवाहनः १७ महतारथवृंदेननानारूपेणवासवः ॥
आकाशंसमवाकीर्यप्रववर्षसुरेश्वरः १८ ततोऽक्षमात्राव्यसृजन्धाराःशतसहस्रशः ॥ चोदितादेवराजेनजलदाःखांडवंप्रति १९ असंप्राप्तास्तुताधारास्ते
जसाजातवेदसः ॥ खएवसमशुष्यंतनकाश्चित्पावकंगताः २० ततोनमुचिहाक्रुद्धोभृशमर्चिष्मतस्तदा ॥ पुनरेवमहामेघैरंभांसिव्यसृजद्बहु २१ अर्चिर्धा
राभिसंबद्धंधूमविद्युत्समाकुलम् ॥ बभूवतद्वनंघोरंस्तनयित्नुसमाकुलम् २२ ॥ ॥ इति श्रीमहाभारते आदिपर्वणि खांडवदाहपर्वणिइंद्रक्रोधेषड्विंशत्यधिक
द्विशततमोऽध्यायः ॥ २२६ ॥ ॥ वैशंपायनउवाच ॥ तस्याथवर्षतोवारिपांडवःप्रत्यवारयत् ॥ शरवर्षेणबीभत्सुरुत्तमास्त्राणिदर्शयन् १ खांडवंचव
नंसर्वंपांडवोबहुभिःशरैः ॥ प्राच्छादयदमेयात्मानीहारेणेवचंद्रमाः २ नचस्मकिंचिच्छक्नोतिभूतंनिश्चरितुंततः ॥ संछाद्यमानेखेबाणैरस्यतासव्यसाचिना
३ तक्षकस्तुनतत्रासीन्नागराजोमहाबलः ॥ दह्यमानेवनेतस्मिन्कुरुक्षेत्रंगतोहिसः ४ अश्वसेनोऽभवत्तत्रतक्षकस्यसुतोबली ॥ सयत्नमकरोत्तीव्रंमोक्षार्थेजा
तवेदसः ५ नशशाकसनिर्गन्तुंनिरुद्धोऽर्जुनपत्रिभिः ॥ मोक्षयामासतंमातानिगीर्यभुजगात्मजा ६ तस्यपूर्वंशिरोग्रस्तंपुच्छमस्यनिगीर्यते ॥ निगीर्यमाणासा
क्रामत्सुतंनागीमुमुक्षया ७ तस्याःशरेणतीक्ष्णेनपृथुधारेणपांडवः ॥ शिरश्चिच्छेदगच्छंत्यास्तामपश्यच्छचीपतिः ८ ॥ ॥ ॥

२० । २१ । २२ ॥ इतिआदिपर्वणिनीलकंठीयेभारतभावदीपेषड्विंशत्यधिकद्विशततमोऽध्यायः ॥ २२६ ॥ ॥ ॥ तस्याथेति १ । २ । ३ । ४ । ५ । ६ निगीर्यतेयावताकालेनतावतैव
निगीर्यमाणाअर्जुनेनहन्यमानासतीआक्रामदक्रांतवतीखमितिशेषः मुमुक्षयामोचनेच्छया । ७ । ८ ॥ ॥ ॥ ॥ ॥ ॥

९ । १० अप्रतिष्ठोनिराश्रयःअसंततिर्वा ११ । १२ ।१३ । १४ । १५ । १६ । १७ निष्प्रतीकारंबलवदाश्रयात्अभाविग्लानिहीनंहृष्टंहर्षोयस्यसः १८ । १९ । २० । २१ । २२ । २३ । २४ अयःकणा
नूलोहगुलिकाः पिबतीतितथाविधमग्नेयौषधबलेनगर्भसंभृतालोहगुलिकास्तारकाइवविकीर्यंतेयेनतद्यंत्रमयःकणपंलोहमयं । तथाचक्राश्मसंज्ञंयस्यभ्रमिबलेनमहांतोऽपिपाषाणाअतिदूरेक्षिप्यंतेतत्काष्ठमयंयंत्रं
भुशुंडीचर्मरज्जुमयंयंत्रंपाषाणक्षेपणमेवतैरुद्यताःबाहवोयेषांतेअसुरादयःअयःकणपचक्राश्मभुशुंडयुद्यतबाहवः । क्रोधसंमूर्च्छितौजसःक्रोधेनसंवर्द्धिततेजसः २५ अतिव्याहरतांकत्थमानानां २६ । २७ यथाचक्र

॥ २२७॥

तंमुमोचयिषुर्वज्रीवातवर्षेणपांडवम् ॥ मोहयामासतत्कालमश्वसेनस्त्वमुच्यत ९ तांचमायांतदादृष्ट्वाघोरांनागेनवंचितः ॥ द्विधात्रिधाचखगतान्प्राणिनः पांडवोऽच्छिनत् १० शशापतंचसंक्रुद्धोबीभत्सुर्जिह्मगामिनम् ॥ पावकोवासुदेवश्चाप्यप्रतिष्ठोभविष्यसि ११ ततोजिष्णुःसहस्राक्षंखंवितत्याशुगैःशरैः ॥ योधयामाससंक्रुद्धोवंचनांतामनुस्मरन् १२ देवराजोऽपितंदृष्ट्वासंरब्धंसमरेऽर्जुनम् ॥ स्वमस्त्रमसृजत्तीव्रंछादयित्वाऽखिलंनभः १३ ततोवायुर्महाघोषःक्षोभयन्सर्वसागरान् ॥ वियत्स्थोजनयन्मेघान्जलधारासमाकुलान् १४ ततोऽशनिमुचोघोरांस्तडित्स्तनितनिःस्वनान् ॥ तद्विघातार्थमसृजदर्जुनोऽप्यस्त्रमुत्तमम् १५ वायव्यमभिमंत्र्याथप्रतिपत्तिविशारदः ॥ तेनेंद्राशनिमेघानांवीर्यौजस्तद्विनाशितम् १६ जलधाराश्चताःशोषंजग्मुर्नेशुश्चविद्युतः ॥ क्षणेनचाभवद्व्योमसंप्रशांतरजस्तमः १७ सुखशीतानिलवहंप्रकृतिस्थार्कमंडलम् ॥ निष्प्रतीकारहृष्टश्चहुतभुग्विविधाकृतिः १८ सिच्यमानोवसौघैस्तैःप्राणिनांदेहनिःसृतैः ॥ प्रजज्वालाथसोऽर्चिष्मान्स्वनादैःपूरयन्जगत् १९ कृष्णाभ्यांरक्षितंदृष्ट्वातंचदावमहंकृता ॥ खमुत्पेतुर्महाराजसुपर्णाद्याःपतत्रिणः २० गरुत्मान्वज्रसदृशैःपक्षतुंडनखैस्तथा ॥ प्रहर्तुकामोन्यपतदाकाशात्कृष्णपांडवौ २१ तथैवोरगसंघाताःपांडवस्यसमीपतः ॥ उत्सृजंतोविषंघोरंनिपेतुर्ज्वलिताननाः २२ तांश्चकर्त्तशरैःपार्थःसरोषाग्निसमुक्षितैः ॥ विविशुश्चापितंदीप्तंदेहाभावायपावकम् २३ ततोऽसुराःसगंधर्वायक्षराक्षसपन्नगाः ॥ उत्पेतुर्नादमतुलमुत्सृजंतोरणार्थिनः २४ अयःकणपचक्राश्मभुशुंडयुद्यतबाहवः ॥ कृष्णपार्थौजिघांसंतःक्रोधसंमूर्च्छितौजसः २५ तेषामतिव्याहरतांशस्त्रवर्षंप्रमुंचताम् ॥ प्रममाथोत्तमांगानिबीभत्सुर्निशितैःशरैः २६ कृष्णश्चसुमहातेजाश्चक्रेणारिविनाशनः ॥ दैत्यदानवसंघानांचकारकदनंमहत् २७ अथापरेशरैर्विद्धाश्चक्रवेगेरितास्तथा ॥ वेलामिवसमासाद्यव्यतिष्ठन्नमितौजसः २८ ततःशक्रोऽतिसंक्रुद्धस्त्रिदशानांमहेश्वरः ॥ पांडुरंगजमास्थायतावुभौसमुपाद्रवत् २९ वेगेनाशनिमादायवज्रमस्त्रंचसोऽसृजत् ॥ हतावेतावितिप्राहसुरानसुरसूदनः ३० ॥ ॥ ॥

वेगेनजलावर्त्तप्रवाहेणइरितास्तृणादयोवेलांप्राप्यविष्ठितस्वंस्थैर्यंप्राप्यतिष्ठंति एवंचक्रवेगेनअस्त्रबलजवेनईरिताअसुराद्याःकृष्णार्जुनौप्राप्यव्यतिष्ठन्नित्यर्थः । चक्रःकोकेइत्युपक्रम्य'कुंभकारोपकरणास्त्रयोः । जलावर्त्तेऽपि'इतिमेदिनी २८ । २९ । ३० ॥ ॥ ॥ ॥ ॥ ॥

३१. गदांचैवेत्यत्रशिबिकामितिपाठेशिबिकागदेतिप्राञ्चः । शिबिकामितिसानुस्वारपाठेतुतत्सदृशमष्टिद्रक्रमायुधमितितुतत्त्वं । तच्चद्रविडकैवर्त्तेषुप्रसिद्धंदारुमयं लोहमयमपिबलवत्सुसंभाव्यतएव ३२
३३ पर्वतंचापीत्यत्रविचक्रंपरीतिपाठेविचक्रंत्रिशूलं ३४ अर्यमाअपीत्यत्रसंधिरविवक्षितः ३५ । ३६ । ३७ । ३८ निमित्तानिसूचकानिउल्कापातादीनि ३९ । ४० । ४१ । ४२ । ४३ । ४४

ततःसमुद्यतांदृष्ट्वादेवेन्द्रेणमहाशनिम् ॥ जगृहुःसर्वशस्त्राणिस्वानिस्वानिसुरास्तथा ३१ कालदंडंयमोराजनूगदांचैवधनेश्वरः ॥ पाशांश्चतत्रवरुणोविचित्रांचतथाऽश
निम् ३२ स्कंदःशक्तिंसमादायतस्थौमेरुरिवाचलः ॥ ओषधीर्दीप्यमानाश्चजगृहातेऽश्विनावपि ३३ जगृहेचधनुर्धातामुसलंतुजयस्तथा ॥ पर्वतंचा
पिजग्राहक्रुद्धस्त्वष्टामहाबलः ३४ अंशस्तुशक्तिंजग्राहमृत्युर्देवःपरश्वधम् ॥ प्रगृह्यपरिघंघोरंविचचारार्यमाअपि ३५ मित्रश्चक्षुरपर्यंतंचक्रमादायतस्थि
वान् ॥ पूषाभगश्चसंक्रुद्धःसविताचविशांपते ३६ आत्तकार्मुकनिस्त्रिंशाःकृष्णपार्थौप्रदुद्रुवुः ॥ रुद्राश्चवसवश्चैवमरुतश्चमहाबलाः ३७ विश्वेदेवास्त
थासाध्यादीप्यमानाःस्वतेजसा ॥ एतेचान्येचबहवोदेवास्तौपुरुषोत्तमौ ३८ कृष्णपार्थौजिघांसंतःप्रतीयुर्विविधायुधाः ॥ तत्राद्भुतान्यदृश्यंतनिमित्तानि
महाहवे ३९ युगांतसमरूपाणिभूतसंमोहनानिच ॥ तथादृष्ट्वासुसंरब्धंशक्रंदेवैःसहाच्युतौ ४० अभीतौयुधिदुर्धर्षौतस्थतुःसज्जकार्मुकौ ॥ आगच्छत
स्ततोदेवानुभौयुद्धविशारदौ ४१ व्यताडयेतांसंक्रुद्धौशरैर्वज्रोपमैस्तदा ॥ असकृद्भग्नसंकल्पाःसुराश्चबहुशःकृताः ४२ भयाद्रणंपरित्यज्यशक्रमेवाभिशिश्रि
युः ॥ दृष्ट्वानिवारितान्देवान्माधवेनार्जुनेनच ४३ आश्चर्यमगमंस्तत्रमुनयोनभसिस्थिताः ॥ शक्रश्चापितयोर्वीर्यमुपलभ्यासकृद्रणे ४४ बभूवपरमप्रीतोभूय
श्चैतावयोधयत् ॥ ततोऽश्मवर्षंसुमहद्व्यसृजत्पाकशासनः ४५ भूयएवतदावीर्यंजिज्ञासुःसव्यसाचिनः ॥ तच्छरैरर्जुनोवर्षंप्रतिजघ्नेऽत्यमर्षितः ४६ विफलं
क्रियमाणंतत्समवेक्ष्यशतक्रतुः ॥ भूयःसंवर्धयामासतद्वर्षंपाकशासनः ४७ सोऽश्मवर्षंमहावेगैरिषुभिःपाकशासनिः ॥ विलयंगमयामासहर्षयन्पितरंतथा ४८ ततउ
त्पाट्यपाणिभ्यांमंदराच्छिखरंमहत् ॥ सद्रुमंव्यसृजच्छक्रोजिघांसुःपांडुनंदनम् ४९ ततोऽर्जुनोवेगवद्भिर्ज्वलिताग्रैरजिह्मगैः ॥ शरैर्विध्वंसयामासगिरेःशृंगंसहस्रधा
५० गिरेर्विशीर्यमाणस्यतस्यरूपंतदाबभौ ॥ सार्कचंद्रग्रहस्येवनभसःपरिशीर्यतः ५१ तेनाभिपततादावंशैलेनमहताभृशम् ॥ शृंगेणनिहतास्तत्रप्राणिनःखांडवा
लयाः ५२ ॥ इतिश्रीमहाभारतेआदिपर्वणि खांडवदाहपर्वणि देवकृष्णार्जुनयुद्धे सप्तविंशत्यधिकद्विशततमोऽध्यायः ॥ २२७ ॥ ॥ समाप्तंचखांडवदाहपर्व ॥
॥ अथमयदर्शनपर्व ॥ वैशंपायनउवाच ॥ तथाशैलनिपातनभीषिताःखांडवालयाः ॥ दानवाराक्षसानागास्तरक्ष्वृक्षवनौकसः १ ॥ ॥

४५ । ४६ । ४७ । ४८ । ४९ । ५० गिरेर्गिरिशृंगस्य ५१ शैलेनशिलासमूहेनकरणेन शृंगेणकर्त्रा ५२ ॥ इतिआदिपर्वणि नीलकंठीये भारतभावदीपे सप्तविंशत्यधिकद्विशततमोऽध्यायः ॥
॥ २२७ ॥ ॥ ॥ ॥ नथेति । तरक्षवःस्वल्पव्याघ्राः ऋक्षाभल्लाः १. ॥ ॥ ॥ ॥ ॥

प्रभिन्नामदच्युताः केसरिणउत्पन्नकेसरायुवानइत्यर्थः २ दावंवनं ३ उत्पातनादानिर्घातादयस्तच्छब्देनसंत्रासितेवनेइतिशेषः संचारितेइतिपाठेऽपिसएवार्थः ४ । ५ ररासशब्दंकृतवान् ६

द्विपाःप्रभिन्नाःशार्दूलाःसिंहाःकेसरिणस्तथा ॥ मृगाश्चमहिषाश्चैवशतशःपक्षिणस्तथा १ समुद्विग्नाविससृपुस्तथान्याभूतजातयः ॥ तंदावंसमुदैक्षंतकृष्णौ
चाभ्युद्यतायुधौ २ उत्पातनादशब्देनसंत्रासितइवस्थिताः ॥ तेवनंप्रसमीक्ष्याथदह्यमानमनेकधा ४ कृष्णमभ्युद्यतास्त्रंचनादंमुमुचुरुल्बणम् ॥ तेननादे
नरौद्रेणनादेनचविभावसोः ५ ररासगगनंकृत्स्नमुत्पातजलदैरिव ॥ ततःकृष्णोमहाबाहुःस्वतेजोभास्वरंमहत् ६ चक्रंव्यसृजदत्युग्रंतेषांनाशायकेशवः ॥ ते
नार्त्ताजातयःक्षुद्राःसदानवनिशाचराः ७ निकृत्ताःशतशःसर्वानिपेतुरनलंक्षणात् ॥ तत्रादृश्यंतदैत्याःकृष्णचक्रविदारिताः ८ वसारुधिरसंपृक्ताःसंध्यायामि
वतोयदाः ॥ पिशाचान्पक्षिणोनागान्पशूंश्चैवसहस्रशः ९ निघ्नंश्चरतिवार्ष्णेयःकालवत्तत्रभारत ॥ क्षिप्तंक्षिप्तंपुनश्चक्रंकृष्णस्यामित्रघातिनः १० छित्त्वाने
कानिसत्त्वानिपाणिमेतिपुनःपुनः ॥ तथातुनिघ्नतस्तस्यपिशाचोरगराक्षसान् ११ बभूवरूपमत्युग्रंसर्वभूतात्मनस्तदा ॥ समेतानांचसर्वेषांदानवानांचसर्वशः
१२ विजेतानाभवत्कश्चित्कृष्णपांडवयोर्मृधे ॥ तयोर्बलात्परित्रातुंतंचदावंयदासुराः १३ नाशक्नुवन्शमयितुंतदाऽभूवन्पराङ्मुखाः ॥ शतक्रतुस्तुसंप्रेक्ष्यवि
मुखानमरांस्तथा १४ बभूवमुदितोराजन्प्रशंसन्केशवार्जुनौ ॥ निवृत्तेष्वथदेवेषुवागुवाचाशरीरिणी १५ शतक्रतुंसमाभाष्यमहागंभीरनिःस्वना ॥ नते
सखासन्निहितस्तक्षकोभुजगोत्तमः १६ दाहकालेखांडवस्यकुरुक्षेत्रंगतोह्यसौ ॥ नचशक्यौयुधाजेतुंकथंचिदपिवासव १७ वासुदेवार्जुनावेतौनिबोधवचना
न्मम ॥ नरनारायणावेतौपूर्वदेवौदिविश्रुतौ १८ भवानप्यभिजानातियद्वीर्यौयत्पराक्रमौ ॥ नैतौशक्यौदुराधर्षौविजेतुमजितौयुधि १९ अपिसर्वेषुलोकेषुपु
राणावृषिसत्तमौ ॥ पूजनीयतमावेतावपिसर्वैःसुरासुरैः २० यक्षराक्षसगंधर्वनरकिन्नरपन्नगैः ॥ तस्मादितःसुरैःसार्धंगंतुमर्हसिवासव २१ दिष्टंचाप्यनुपश्यै
तत्खांडवस्यविनाशनम् ॥ इतिवाक्यमुपश्रुत्यतथ्यमित्यमरेश्वरः २२ क्रोधामर्षौसमुत्सृज्यसंप्रतस्थेदिवंतदा ॥ तंप्रस्थितंमहात्मानंसमवेक्ष्यदिवौकसः २३
सहिताःसेनयाराजन्ननुजग्मुःपुरंदरम् ॥ देवराजंतदायांतंसहदेवैरवेक्ष्यतु २४ वासुदेवार्जुनौवीरौसिंहनादंविनेदतुः ॥ देवराजेगतेराजन्प्रहृष्टौकेशवार्जुनौ २५
निर्विशंकंवनंवीरौदाहयामासतुस्तदा ॥ समारुतइवाभ्राणिनाशयित्वाऽर्जुनःसुरान् २६ व्यधमच्छरसंघातैर्देहिनःखांडवालयान् ॥ नचस्मकिंचिच्छक्नोतिभूतं
निश्चरितुंततः २७ संछिद्यमानमिषुभिरस्यतासव्यसाचिना ॥ नाशक्नुवंश्चभूतानिमहांत्यपिरणेऽर्जुनम् २८ निरीक्षितुममोघास्त्रंयोद्धुंचापिकुतोरणे ॥ शतं
चैकेनविव्याधशतेनैकंपतत्रिणाम् २९ ॥ ॥ ॥ ॥

७ । ८ । ९ । १० । ११ । १२ । १३ । १४ । १५ । १६ । १७ । १८ । १९ । २० । २१ । २२ । २३ । २४ । २५ । २६ । २७ । २८ । २९ ॥ ॥ ॥

३० । ३१ गंगोदधिचराइतिअतिदूरस्थोपलक्षणं ३२ । ३३ एकायनगताःसंधीभूताः ३४ । ३५ । ३६ । ३७ कृतांदत्तां सुधांस्वभोजनं ३८ । ३९ । ४० । ४१ । ४२

व्यसवस्तेऽपतन्नग्नौसाक्षात्कालहताइव ॥ नचालभंततेशर्मरोधःसुविषमेषुच ३० पितृदेवनिवासेषुसंतापश्चाप्यजायत ॥ भूतसंघाश्चबहवोदीनाश्चकुर्महास्वनम् ३१
रुरुदुर्वारणाश्चैवतथामृगतरक्षवः ॥ तेनशब्देनवित्रेसुर्गंगोदधिचराझषाः ३२ विद्याधरगणाश्चैवयेचतत्रवनौकसः ॥ नत्वर्जुनंमहाबाहोनापिकृष्णंजनार्दनम् ३३
निरीक्षितुंवैशक्नोतिकश्चिद्योद्धुंकुतःपुनः ॥ एकायनगतायेऽपिनिष्पेतुस्तत्रकेचन ३४ राक्षसादानवानागाजघ्नेचक्रेणतान्हरिः ॥ तेतुभिन्नशिरोदेहाश्चक्रवेगाद्गता
सवः ३५ पेतुरन्येमहाकायाःप्रदीप्तेवसुरेतसि ॥ समांसरुधिरौघैश्चवसाभिश्चापितर्पितः ३६ उपर्याकाशगोभूत्वाविधूमःसमपद्यत ॥ दीप्ताक्षोदीप्तजिह्वश्च
संप्रदीप्तमहाननः ३७ दीप्तोर्ध्वकेशःपिंगाक्षःपिबन्प्राणभृतांवसाम् ॥ तांसकृष्णार्जुनकृतांसुधांप्राप्यहुताशनः ३८ बभूवमुदितस्तृप्तःपरांनिर्वृतिमागतः ॥
तथाऽसुरंमयंनामतक्षकस्यनिवेशनात् ३९ विप्रद्रवंतंसहसाददर्शमधुसूदनः ॥ तमग्निःप्रार्थयामासदिधक्षुर्वातसारथिः ४० शरीरवान्जटीभूत्वानदन्निबलाह
कः ॥ विज्ञायदानवेंद्राणांमयंवैशिल्पिनांवरम् ४१ जिघांसुर्वासुदेवस्तंचक्रमुद्यम्यधिष्ठितः ॥ सचक्रमुद्यतंदृष्ट्वादिधक्षंतंचपावकम् ४२ अभिधावार्जुनेत्येवंमय
स्त्राहीतिचाब्रवीत् ॥ तस्यभीतस्वनंश्रुत्वामाभैरितिधनंजयः ४३ प्रत्युवाचमयंपार्थोजीवयन्निवभारत ॥ तंनभेतव्यमित्याहमयंपार्थोदयापरः ४४ तंपार्थे
नाभयेदत्तेनमुचेर्भ्रातरंमयम् ॥ नहंतुमैच्छद्दाशार्हःपावकोनददाहच ४५ ॥ वैशंपायनउवाच ॥ तद्वनंपावकोधीमान्दिनानिदशपंचच ॥ ददाहकृष्णपा
र्थाभ्यांरक्षितःपाकशासनात् ४६ तस्मिन्वनेदह्यमानेषडग्निर्नददाहच ॥ अश्वसेनंमयंचैवचतुरःशार्ङ्गकांस्तथा ४७ ॥ इति श्रीमहाभारते आदिपर्वणि मय
दर्शनपर्वणि मयदानवत्राणे अष्टाविंशत्यधिकद्विशततमोऽध्यायः ॥ २२८ ॥ ॥ ॥ ॥ जनमेजयउवाच ॥ किमर्थंशार्ङ्गकानाग्निर्न
ददाहतथागते ॥ तस्मिन्वनेदह्यमानेब्रह्मन्नेतत्प्रचक्ष्वमे १ अदाहेह्यश्वसेनस्यदानवस्यमयस्यच ॥ कारणंकीर्तितंब्रह्मन्शार्ङ्गकाणांनकीर्तितम् २ तदेतदद्भु
तंब्रह्मन्शार्ङ्गकाणामनामयम् ॥ कीर्तयस्वाग्निसंमर्देकथंतेनविनाशिताः ३ ॥ वैशंपायनउवाच ॥ यदर्थंशार्ङ्गकानग्निर्नददाहतथागते ॥ तत्तेसर्वंप्रवक्ष्यामिय
थाभूतमरिंदम ४ धर्मज्ञानांमुख्यतमस्तपस्वीसंशितव्रतः ॥ आसीन्महर्षिःश्रुतवान्मंदपालइतिश्रुतः ५ समार्गमाश्रितोराजन्नृषीणामूर्ध्वरेतसाम् ॥ स्वाध्याय
वान्धर्मरतस्तपस्वीविजितेंद्रियः ६ सगत्वातमसःपारंदेहमुत्सृज्यभारत ॥ जगामपितृलोकायनलेभेतत्रतत्फलम् ७ ॥ ॥ ॥

४३ । ४४ । ४५ । ४६ शार्ङ्गकान्पक्षिविशेषान् ४७ ॥ इतिआदिपर्वणिनीलकंठीयेभारतभावदीपे अष्टाविंत्यधिकद्विशततमोऽध्यायः ॥ २२८ ॥ ॥ ॥ ॥ किमर्थमिति
१ । २ । ३ । ४ । ५ । ६ । ७ ॥ ॥ ॥ ॥ ॥ ॥ ॥

८ आवृताःप्रतिषिद्धभोगाः ९ । १० । ११ । १२ प्रजायस्वप्रजेच्छांकुरु १३ अपत्यसंतानेसंततेरविच्छेदे १४ । १५ जरितांनामभार्याम् १६ लपितांनामापरांभार्याम् १७ तान्बालानपास्येति संबंधः १८ । १९ । २० । २१ । २२ मुखमितिजीवरूपेणभोक्तृत्वं २३ गूढइतिब्रह्मरूपेणागोचरत्वं त्रिविधंदिव्यंभौममौदर्यंच २४ अष्टधापंचभूतात्मनासूर्यचंद्रयजमानरूपेणच यज्ञवाहंयज्ञनिर्वाहकं २५ त्वयासद्रूपेणविनानश्येददर्शनंगच्छेत् निरधिष्ठानकभ्रमायोगादित्यर्थः कर्मिणांत्वमेवगतिरित्याह तुभ्यमिति २६ पालनंसंहारश्चतवैवकर्मणीइत्याह त्वामिति २७ हेतयोज्वालाःजगत्सृष्टि

सलोकानफलान्दृष्ट्वातपसानिर्जितानपि ॥ पप्रच्छधर्मराजस्यसमीपस्थान्दिवौकसः ८ ॥ मंदपालउवाच ॥ किमर्थमावृतालोकाममैतेतपसाऽर्जिताः ॥ किंमयानकृतंतत्रयस्यैतत्कर्मणःफलम् ९ तत्राहंतत्करिष्यामियदर्थमिदमावृतम् ॥ फलमेतस्यतपसःकथयध्वंदिवौकसः १० ॥ देवाऊचुः ॥ ऋणिनोमानवाब्रह्मन्जायंतेयेनतच्छृणु ॥ क्रियाभिर्ब्रह्मचर्येणप्रजयाचनसंशयः ११ तदपाक्रियतेसर्वंयज्ञेनतपसाश्रुतैः ॥ तपस्वीयज्ञकृच्चासिनचतेविद्यतेप्रजा १२ तइमेप्रसवस्यार्थेतवलोकाःसमावृताः ॥ प्रजायस्वततोलोकानुपभोक्ष्यसिपुष्कलान् १३ पुन्नाम्नोनरकात्पुत्रस्त्रायतेपितरंश्रुतिः ॥ तस्मादपत्यसंतानेयतस्वब्रह्मसत्तम १४ ॥ वैशंपायनउवाच ॥ तच्छ्रुत्वामंदपालस्तुवचस्तेषांदिवौकसाम् ॥ क्वनुशीघ्रमपत्यंस्याद्बहुलंचेत्यचिंतयत् १५ सचिंतयन्नभ्यगच्छत्सुबहुप्रसवान्खगान् ॥ शार्ङ्गिकांशार्ङ्गिकोभूत्वाजरितांसमुपेयिवान् १६ तस्यांपुत्रानजनयच्चतुरोब्रह्मवादिनः ॥ तानपास्यसतत्रैवजगामलपितांप्रति १७ बालान्सतानंडगतान्सहमात्रामुनिर्वने ॥ तस्मिन्गतेमहाभागेलपितांप्रतिभारत १८ अपत्यस्नेहसंयुक्ताजरिताबह्वचिंतयत् ॥ तेनत्यक्तांनसंत्याज्यानृषीनंडगतान्वने १९ नजहौपुत्रशोकार्ताजरिताखांडवेसुतान् ॥ बभारचैतान्संजातान्स्ववृत्त्यास्नेहविक्लवा २० ततोऽग्निंखांडवंदग्धुमायांतंदृष्टवानृषिः ॥ मंदपालश्चरंस्तस्मिन्वनेलपितयासह २१ तंसंकल्पंविदित्वाऽग्नेर्ज्ञात्वापुत्रांश्चबालकान् ॥ सोऽभितुष्टावविप्रर्षिर्ब्राह्मणोजातवेदसम् २२ पुत्रान्प्रतिवदन्भीतोलोकपालंमहौजसम् ॥ मंदपालउवाच ॥ त्वमग्नेसर्वलोकानांमुखंत्वमसिहव्यवाट् २३ त्वमंतःसर्वभूतानांगूढश्चरसिपावक ॥ त्वामेकमाहुःकवयस्त्वामाहुस्त्रिविधंपुनः २४ त्वामष्टधाकल्पयित्वायज्ञवाहमकल्पयन् ॥ त्वयाविश्वमिदंसृष्टंवदंतिपरमर्षयः २५ त्वदृतेहिजगत्कृत्स्नंसद्योनश्येद्धुताशन ॥ तुभ्यंकृत्वानमोविप्राःस्वकर्मविजितांगतिम् २६ गच्छंतिसहपत्नीभिःसुतैरपिचशाश्वतीम् ॥ त्वामग्नेजलदानाहुःखेविषक्तान्सविद्युतः २७ दहंतिसर्वभूतानित्वत्तोनिष्क्रम्यहेतयः ॥ जातवेदस्त्वयैवेदंविश्वंसृष्टंमहाद्युते २८ तवैवकर्मविहितंभूतंसर्वंचराचरम् ॥ त्वयाऽपोविहिताःपूर्वंत्वयिसर्वमिदंजगत् २९ त्वयिहव्यंचकव्यंचयथावत्संप्रतिष्ठितम् ॥ त्वमेवदहनोदेवत्वंधातात्वंबृहस्पतिः ३० ॥ ॥ ॥ ॥

स्त्वत्तएवेत्याह जातवेदइति २८ तवैवेति । कर्मविधायकोवेदोऽपितवैववाक्यं । 'निःश्वसितमेतदृग्वेदः'इत्यादिश्रुतेः । आपइतिभूतांतरोपलक्षणं त्वयिअधिष्ठाने २९ हव्यादिप्रतिष्ठाभोक्तृत्वेनफलदातृत्वेनचत्वमेवेत्याह त्वयीति ३० ॥ ॥ ॥ ॥ ॥ ॥ ॥

३१ । ३२ । ३३ खांडवेवने तेनहेतुना कालेदाहवेलायांशार्ङ्गकाणांदिधक्षयानप्रजज्वाल ३४ ॥ ॥ इतिआदिपर्वणिनीलकंठीयेभारतभावदीपेऊनत्रिंशदधिकद्विशततमोऽध्यायः ॥ २२९ ॥
ततइति । परायणंत्रातारं १ निशम्यआलोच्य २ कक्षंवनं ३ कर्षयंतिपीडयंति अवर्हाअजातपक्षाः परायणास्त्रातारः ४ सरणेगमने ५ तरितुंवनंलंघितुं निःसारयितुमंततइतिपाठेअंत

त्वमश्विनौयमौमित्रःसोमस्त्वमसिचानिलः ॥ ॥ वैशंपायनउवाच ॥ एवंस्तुतस्तदातेनमंदपालेनपावकः ३१ तुतोषतस्यनृपतेमुनेरमिततेजसः ॥ उवाचचैनंप्रीता
त्माकिमिष्टंकरवाणिते ३२ तमब्रवीन्मंदपालःप्रांजलिर्हव्यवाहनम् ॥ प्रदहन्खांडवंदावंममपुत्रान्विसर्जय ३३ तथेतितत्प्रतिश्रुत्यभगवान्हव्यवाहनः ॥ खांडवेतेन
कालेनप्रजज्वालदिधक्षया ३४ ॥ इतिश्रीमहाभारते आदिपर्वणि मयदर्शनपर्वणि शार्ङ्गकोपाख्याने ऊनत्रिंशदधिकद्विशततमोऽध्यायः ॥ २२९ ॥ ॥ वैशंपा
यनउवाच ॥ ततःप्रज्वलितेवह्नौशार्ङ्गकास्तेसुदुःखिताः ॥ व्यथिताःपरमोद्विग्नानाधिजग्मुःपरायणम् १ निशम्यपुत्रकान्बालान्मातातेषांतपस्विनी ॥
जरिताशोकदुःखार्ताविललापसुदुःखिता २ ॥ ॥ जरितोवाच ॥ अयमग्निर्दहन्कक्षमितआयातिभीषणः ॥ जगत्संदीपयन्भीमोममदुःखविवर्धनः ३ इमेचमांकर्षयं
तिशिशवोमंदचेतसः ॥ अबर्हाश्चरणैर्हीनाःपूर्वेषांनःपरायणाः ४ त्रासयंश्चायमायातिलेलिहानोमहीरुहान् ॥ अजातपक्षाश्चसुतानशक्ताःसरणेमम ५ आदायचनश
क्नोमिपुत्रांस्तरितुमात्मना ॥ नचत्यक्तुमहंशक्ताहृदयंदूयतीवमे ६ कंतुजह्यामहंपुत्रंकमादायव्रजाम्यहम् ॥ किंनुमेस्यात्कृतंकृत्वामन्यध्वंपुत्रकाःकथम् ७
चिंतयानाविमोक्षंवोनाधिगच्छामिकिंचन ॥ छादयिष्यामिवोगात्रैःकरिष्येमरणंसह ८ जरितारौकुलंह्येतज्ज्येष्ठत्वेनप्रतिष्ठितम् ॥ सारिसृक्कःप्रजायेतपितृणांकुल
वर्धनः ९ स्तंबमित्रस्तपःकुर्याद्द्रोणोब्रह्मविदांवरः ॥ इत्येवमुक्त्वाप्रययौपितावोनिर्घृणःपुरा १० कमुपादायशक्येयंगंतुंकष्टाऽऽपदुत्तमा ॥ किंनुकृत्वाकृतंकार्यंभवे
दितिचविह्वला ॥ नापश्यत्स्वधियामोक्षंस्वसुतानांतदानलात् ११ ॥ ॥ वैशंपायनउवाच ॥ ॥ एवंब्रुवाणांशार्ङ्गास्तेप्रत्यूचुरथमातरम् ॥ स्नेहमुत्सृज्य
मातस्त्वंपतयत्रनहव्यवाट् १२ अस्मास्विहविनष्टेषुभवितारःसुतास्तव ॥ त्वयिमातर्विनष्टायांननःस्यात्कुलसंततिः १३ अन्ववेक्ष्यैतदुभयंक्षेमंस्याद्यत्कु
लस्यनः ॥ तद्वैकर्तुंपरःकालोमातरेपभवेत्तव १४ मात्वंसर्वविनाशायस्नेहंकार्षीःसुतेषुनः ॥ नहीदंकर्ममोघंस्याल्लोककामस्यनःपितुः १५ ॥ जरितोवाच ॥
इदमाखोर्बिलंभूमौवृक्षस्यास्यसमीपतः ॥ तदाविशध्वंत्वरितावह्नेरत्रनवोभयम् १६ ॥ ॥ ॥ ॥ ॥

तोनिरग्निदेशे ६ किंन्विति । किंकृत्वाकृतकृत्यास्यामित्यर्थः ७ । ८ प्रजायेतप्रजारूपेणोत्पद्येत ९ । १० गंतुंलंघितुं ११ पतगच्छ १२ । १३ । १४ नोऽस्माकंसर्वविनाशायस
र्वेषांविनाशायसुतेषुस्नेहंमाकार्षीरितिसंबंधः १५ । १६ ॥ ॥ ॥ ॥ ॥ ॥ ॥

१७ विहंतुंदूरीकर्त्तुं वादोवचनं १८ क्रव्यादाखुर्मांसादउंदुरुः पश्यमानाःपश्यंतः १९ मोघोनिष्फलाऽपत्योत्पत्तिः ध्रियेतजीवेत २० । २१ शिष्टादिष्टःशिष्टैरादिष्टः २२ ॥ इतिआदिपर्वणि नीलकंठी भारतभावदीपे त्रिंशदधिकद्विशततमोऽध्यायः ॥ २३० ॥ ॥ ॥ अस्मादिति १ । २ बह्निरागच्छेदित्यत्रसंशयोयतोवायोःसकाशाद्वह्नेर्निवर्त्तनंदृष्टं ३ । ४ । ५ । ६ दिवमास्थायनिरमित्रोऽशत्रुर्भव अक्षयःस्वर्गस्तेऽस्त्वितिभावः हिरण्मयोदिव्यदेहः ७ प्रत्युपायांप्रत्यागतवत्यस्मि ८ । ९ । १० । ११ नत्वमिति । अस्मांस्त्यक्त्वागंतुमिच्छंत्यास्तवमिथ्यैवा

ततोऽहंपांसुनाछिद्रमपिधास्यामिपुत्रकाः ॥ एवंप्रतिकृतंमन्येज्वलतःकृष्णवर्त्मनः १७ ततएष्याम्यतीतेऽग्नौविहंतुंपांसुसंचयम् ॥ रोचतामेषवोवादो मोक्षार्थंचहुताशनात १८ ॥ शार्ङ्गकाऊचुः ॥ अबर्हान्मांसभूतान्नःक्रव्यादाखुर्विनाशयेत् ॥ पश्यमानाभयमिदंप्रवेष्टुंनात्रशक्नुमः १९ कथमग्निर्नेनोधक्ष्येत्कथमाखुर्नेनाशयेत् ॥ कथंनस्यात्पितामोघःकथंमाताध्रियेतनः २० बिलआखोर्विनाशःस्यादग्नेराकाशचारिणाम् ॥ अन्ववेक्ष्यैतदुभयंश्रेयान्दाहोनभक्षणम् २१ गर्हितंमरणंनःस्यादाखुनाभक्षितेबिले ॥ शिष्टादिष्टःपरित्यागःशरीरस्यहुताशनात २२ ॥ इतिश्रीमहाभारतेआदिपर्वणिमयदर्शनपर्वणिजरिताविलापेत्रिंशदधिकद्विशततमोऽध्यायः ॥ २३० ॥ ॥ जरितोवाच ॥ ॥ अस्माद्बिलान्निष्पतितमाखुंश्येनोजहारतम् ॥ क्षुद्रंपद्भ्यांगृहीत्वाचयातोनात्रभयंहिवः १ ॥ ॥ शार्ङ्गकाऊचुः ॥ नहृतंतंवयंविद्मःश्येनेनाखुंकथंचन ॥ अन्येऽपिभवितारोऽत्रतेभ्योऽपिभयमेवनः २ संशयोवन्हिरागच्छेद्दृष्टंवायोर्निवर्तनम् ॥ मृत्युर्नोबिलवासिभ्योबिलेस्यान्नात्रसंशयः ३ निःसंशयात्संशयितोमृत्युर्मातर्विशिष्यते ॥ चरखेत्वंयथान्यायंपुत्रानाप्स्यसिशोभनान् ४ ॥ ॥ जरितोवाच ॥ अहंवेगेनतंयांतमद्राक्षंपततांवरम् ॥ बिलादाखुंसमादायश्येनंपुत्रामहाबलम् ५ तंपतंतंमहावेगात्त्वरिताष्ठतोऽन्वगाम् ॥ आशिषोऽस्यप्रयुंजानाहरतोमूषिकंबिलात् ६ योनोद्वेष्टारमादायश्येनराजप्रधावसि ॥ भवत्वंदिवमास्थायनिरमित्रोहिरण्मयः ७ सयदाभक्षितस्तेनश्येनेनाखुःपतत्रिणा ॥ तदाऽहंतमनुज्ञाप्यप्रत्युपायांपुनर्गृहम् ८ प्रविशध्वंबिलंपुत्राविश्रब्धानास्तिवोभयम् ॥ श्येनेनममपश्यंत्याहृतआखुर्महात्मना ९ ॥ शार्ङ्गकाऊचुः ॥ नविद्महेहृतंमातःश्येनेनाखुंकथंचन ॥ अविज्ञायनशक्यामःप्रवेष्टुंविवरंभुवः १० ॥ ॥ जरितोवाच ॥ अहंतमभिजानामिहृतंश्येनेनमूषिकम् ॥ नास्तिवोऽत्रभयंपुत्राःक्रियतांवचनंमम ११ ॥ शार्ङ्गकाऊचुः ॥ ॥ नत्वंमिथ्योपचारेणमोक्षयेथाभयाद्धिनः ॥ समाकुलेषुज्ञानेषुनबुद्धिकृतमेवतत् १२ नचोपकृतमस्माभिर्नचास्मान्वेत्थयेवयम् ॥ पीड्यमानाबिभर्ष्यस्मान्कासतीकेवयंतव १३ ॥ ॥

यमुपचारोनवास्तवइतिभावः समाकुलेषुसंदिग्धेषु ज्ञानेषुज्ञातव्यकार्येषु तद्बिलप्रवेशनं बुद्धिकृतंबुद्धिमदाचरितंनैव बिलेशत्रुसद्भावशंकायांसत्यांबलात्तत्रप्रवेशोनयुक्तइतिभावः १२ नचेति । अस्मानग्रेवोपकर्तॄन्भूतभाव्युपकारशून्यान्किमितिबिभर्षि वयंतवकेनकेपीत्यर्थः त्वंवासतीअस्माकंकानकापि मातृसंबंधस्यभ्रांतिकल्पितत्वादित्यर्थः १३ ॥ ॥ ॥

१४ आया:आगच्छे: नोऽस्मान् १५ । १६ ततइति । अग्निदाहात्प्रागेवतक्षकवज्जरितापिगताऽतोदाहात्पडेवमुक्ताइतिपूर्वोक्तमविरुद्धं १७ । १८ ॥ इतिआदिपर्वणि नीलकंठीये भारतभावदीपे एक
त्रिंशदधिकद्विशततमोऽध्याय: ॥ २३१ ॥ पुरतइति । अत्रसंसाराटव्यांमहामोहानलव्याप्तायांमाताऽपिनत्रातुंसमर्थाकिंतुसर्वेस्वार्थकामाएवेतिसंसूच्यब्रह्मिष्ठएवसर्वांस्त्रातुंसमर्थइत्यस्मिन्नध्यायेसूच्यते कथापक्षेतु
स्पष्टएवार्थ: । तत्रजरितारिर्नाशितकामादिशत्रुगणआह पुरतइति । मरणात्प्रागेवज्ञानार्थंयतितव्यंततश्चमरणव्यथांज्ञानीनप्राप्नोति ' नतस्यप्राणाउत्क्रामंत्यत्रैवसमवनीयंते'इतिश्रुतेरित्याद्यश्लोकतत्त्वं ।
कृच्छ्रकालोमरणकाल: व्यथांप्राणोत्क्रमणपीडां १ एतदेवव्यतिरेकमुखेनाह यस्त्विति । विचेता:अजितचित्त: व्यथितोदेहांतरेनिपात्यकर्मणावशीकृत:महच्छ्रेयोमोक्षं २ उक्तव्यथाना
श:सत्संगादेवभवतीत्यन्वयव्यतिरेकाभ्यामाहद्वाभ्यां धीरइति । धीरोध्यानवान् मेधावीऊहापोहकुशलोऽतस्त्वमेवास्मान्पाहीतिभाव: ३ त्वदनुग्रहंविनानास्तितरणोपायइत्याह ज्येष्ठइति ४ द्रोणवा

तरुणीदर्शनीयाऽसिसमर्थाभर्तुरेषणे ॥ अनुगच्छपतिंमात:पुत्रानाप्स्यसिशोभनान् १४ वयमग्निंसमाविश्यलोकानाप्स्यामशोभनान् ॥ अथास्मान्नदहेदग्निराया
स्त्वंपुनरेवन: १५ ॥ वैशंपायनउवाच ॥ एवमुक्तातत:शार्ङ्गीपुत्रानुत्सृज्यखांडवे ॥ जगामत्वरितादेशंक्षेममनग्नेरनामयम् १६ ततस्तीक्ष्णार्चिरभ्यागात्त्वरितो
हव्यवाहन: ॥ यत्रशार्ङ्गाबभूवुस्तेमंदपालस्यपुत्रका: १७ ततस्तंज्वलितंदृष्ट्वाज्वलनंतेविहंगमा: ॥ जरितारिस्ततोवाक्यंश्रावयामासपावकम् १८ ॥ इतिश्री
महाभारतेआदिपर्वणि मयदर्शनपर्वणि शार्ङ्गोपाख्याने एकत्रिंशदधिकद्विशततमोऽध्याय: ॥ २३१ ॥ ॥ जरितारिरुवाच ॥ पुरत:कृच्छ्रकाल
स्यधीमान्जागर्त्तिपूरुष: ॥ सकृच्छ्रकालंसंप्राप्यव्यथांनैवैतिकर्हिचित् १ यस्तुकृच्छ्रमनुप्राप्तंविचेतानावबुध्यते ॥ सकृच्छ्रकालेव्यथितोनश्रेयोविन्दतेमहत् २
॥ सारिसृक्वउवाच ॥ धीरस्त्वमसिमेधावीप्राणकृच्छ्रमिदंचन: ॥ प्राज्ञ:शूरोबहूनांहिभवत्येकोनसंशय: ३ ॥ स्तंबमित्रउवाच ॥ ज्येष्ठस्तातोभवतिवैज्येष्ठो
मुंचतिकृच्छ्रत: ॥ ज्येष्ठश्चेन्नप्रजानातिकनीयान्किंकरिष्यति ४ ॥ द्रोणउवाच ॥ हिरण्यरेतास्त्वरितोज्वलन्नायातिन:क्षयम् ॥ सप्तजिह्वानन:क्रूरोलेलिहानो
विसर्पति ५ ॥ वैशंपायनउवाच ॥ एवंसंभाष्यतेऽन्योन्यंमंदपालस्यपुत्रका: ॥ तुष्टुवु:प्रयताभूत्वायथाऽग्निंशृणुपार्थिव ६ ॥ जरितारिरुवाच ॥ आत्माऽपि
वायोर्ज्वलनशरीरमसिवीरुधाम् ॥ योनिरापश्चतेशुक्रंयोनिस्त्वमसिचांभस: ७ ॥ ॥ ॥ ॥

क्येक्षयंगृहं । अध्यात्मंतु हरतीतिहिरण्यंविषयवासनासैवरेतोबीजंयस्यसमोहोमरणकालिक:क्षयंदेहगेहमेति सप्तजिह्वा: 'कालीमनोजवाधूम्राकरालीलोहितातथा । स्फुलिंगिनीविश्वरुचि:सप्तजि
ह्वाविभावसो:' । पक्षेपंचेंद्रियाणिबुद्धिमनसीचतद्युक्तमाननंमुखंभोगसाधनंयस्यस: लेलिहानोग्रसिष्यन्विसर्पतिव्याप्नोति अत:स्वमोक्षायस्वयमेवयतितव्यमितिभाव: ५ । ६ एवमधिकारिणमु
त्थाप्यअग्निस्तुतिव्याजेनतत्त्वमुपादिशति ब्रह्मैतद्याहृतंत्वयेत्युपसंहारेऽग्निवाक्यात् । तत्रमुख्यब्रह्मविद्याधिकारार्थंसमष्ट्युपासनाजरितारिराहात्मासीतिद्वाभ्यां । वायो:सूत्रात्मन: 'वायुर्वैगौ
तमतत्सूत्रंवायुरेवव्यष्टिर्वायु:समष्टि:'इतिश्रुते: । आत्मास्वरूपमसि । शरीरमसिवीरुधामितिविराडात्मत्वमुक्तं । वीरुधांयोनि:पृथ्वीआपश्चतेतवशुक्रंबीजंत्वदुत्पन्नं । 'अग्नेराप:अद्भ्य:पृ
थिवी'इतिचश्रुते: । आपस्तेशुक्रमित्यस्यव्याख्या योनिस्त्वमसिचांभसइति । यद्वा वायोरात्माअंतरिक्षंमरीचिशब्दितं । वीरुधांयोनि:पृथ्वीमरशब्दिता यत्पृथिव्याअधस्तात्तदापोयद्दिवउपरिष्टा

तदंभः तथाचलोकसृष्टिरुक्ताभवति । 'अदोंभःपरेणदिवंद्यौःप्रतिष्ठांतरिक्षंमरीचयःपृथिवीमरोयाअधस्तात्ताआपः'इत्यैतरेयेश्रुतालोकसृष्टिरुक्ताभवति । सइमान्लोकानसृजतांभोमरीचिर्मरमापइत्यु पक्रम्यात्रलोकात्मत्वेनस्तुतिर्नलोककर्तृत्वेनेत्यतःसमष्ट्युपासनायामेवतात्पर्यम् ७ । ८ अत्रानधिकारीसारिणीस्तक्केस्तक्किणीगर्भस्थगर्भोयस्यससारिस्तक्कोवालभोगासक्तोव्यष्टिरूपमेवाग्निंप्रार्थयतेमातेति प्रणष्टाअदर्शनंगता ९ शिवंशांतंलोकहितं हेतयोज्वालाःपूर्वोक्ताः १० गोपुरविरश्मिपुरविरपित्वमेवेत्यर्थः । परेणास्मान्अस्मत्तोदूरेप्रेहि परेणेत्येनवंतं ११ एवंव्यष्ट्युपासनासिद्धस्य सार्वात्म्योपासनां सर्वंखल्विदंब्रह्मेत्यादिशास्त्रप्रसिद्धांशांडिल्यविद्यादिरूपांस्तंबमित्राख्यःसर्वप्राणिसमुदायसखाआह सर्वमित्यादिना । त्वयीदंकनकेकुंडलादिवत् १२ बहुधाकार्यरूपेण एकधा कारणरूपेण १३ त्रीन्लोकानितिब्रह्मांडोपलक्षणं पचसिसंहरसि समिद्धस्तमोगुणेनप्रवृद्धः अत्रहेतुंश्रौतंदर्शयति त्वंसर्वस्येति । प्रसूतिरुत्पत्तिस्थानं प्रतिष्ठालयस्थानं एतेन'एषयोनिःस र्वस्यप्रभवाप्ययौहिभूतानां' इतिश्रुतेरर्थोदर्शितः १४ यत्तुनांतःप्रज्ञमित्यादिश्रुतिप्रसिद्धंतुरीयंनिर्विशेषंतदेतद्द्रोणोब्रह्मविदांवरइत्युपक्रमाद्ब्रह्मैतद्याहृतंत्वयेत्यग्निनाऽपिद्रोणस्यैववस्तुतत्वाच्चद्रोणवाक्यस्यविषयइ ॥ २३३॥

उर्ध्वंचाधश्चसर्पंतिपृष्टतःपार्श्वतस्तथा ॥ अर्चिषस्तेमहावीर्यरश्मयःसवितुर्यथा ८ ॥ ॥ सारिस्तक्कउवाच ॥ माताप्रणष्टापितरंनविद्मःपक्षाजातानैवनोधूम केतो ॥ ननस्त्राताविद्यतेवैत्वदन्यस्तस्मादस्मांस्त्राहिबालांस्त्वमग्ने ९ यदग्नेतेशिवंरूपंयेचतेसप्तहेतयः ॥ तेननःपरिपाहित्वमार्तान्नःशरणैषिणः १० त्व मेवैकस्तपसेजातवेदोनान्यस्तप्ताविद्यतेगोषुदेव ॥ ऋषीनस्मान्बालकान्पालयस्वपरेणास्मान्प्रेहिवैहव्यवाह ११ ॥ ॥ स्तंभमित्रउवाच ॥ सर्वमग्ने त्वमेवैकस्त्वयिसर्वमिदंजगत् ॥ त्वंधारयसिभूतानिभुवनंत्वंबिभर्षिच १२ त्वमग्निर्हव्यवाहस्त्वंत्वमेवपरमंहविः ॥ मनीषिणस्त्वांजानंतिबहुधाचैकधाऽपित्व १३ सृष्ट्वालोकांस्त्रीनिमान्हव्यवाहकालेप्राप्तेपचसिपुनःसमिद्धः ॥ त्वंसर्वस्यभुवनस्यप्रसूतिस्त्वमेवाग्नेभवसिपुनःप्रतिष्ठा १४ ॥ द्रोणउवाच ॥ त्वमन्नंप्राणि भिर्भुक्तमंतर्भूतोजगत्पते ॥ नित्यप्रवृद्धःपचसित्वयिसर्वंप्रतिष्ठितम् १५ सूर्योभूत्वारश्मिभिर्जातवेदोभूमेरंभोभूमिजातान्रसांश्च ॥ विश्वानादायपुनरुत्सृज्यका लेदृष्ट्वावृष्ट्याभावयसीहशुक्र १६ ॥ ॥ ॥ ॥

तिज्ञायते । अत्रचनांतःप्रज्ञादिवाक्यार्थोनचदृश्यतेऽतःकष्टमेतत् श्रुतिबलेनैवस्पष्टीकुर्मः त्वमन्नमिति । हेजगत्पतेत्वमन्नं ।'अद्यतेऽत्तिचभूतानितस्मादन्नंतदुच्यते'इतिश्रुतेर्विराडसि । किमसौनित्यः नेत्याह प्राणिभिर्भुक्तमिति प्राणःसूत्रात्मासउपास्यत्वेनास्तियेषांतेप्राणिनःसूत्रोपासकास्तैर्भुक्तमुपसंहृतं । एतेनस्थूलस्यसूक्ष्मेलयउक्तः । तथाअंतर्मध्येभूतानिसूत्रशरीरारंभकाण्यपंचीकृतवियदादीनियस्यसोऽ न्तर्भूतोऽसिभूतलयस्थानमपि । एतेनसूक्ष्मस्यकारणेविलापनमुक्तं । अतएवजगतःस्थूलसूक्ष्मकार्यस्यपतेसृष्टिसंहारयोःस्वतंत्रत्वंनित्यंप्रवृद्धोसि । कार्यकारणब्रह्मणोःसोपाधिकयोरुपाधितिरोभावा विर्भावानुसारिप्रवृद्धत्वं । निरुपाधिकस्यतुनित्यमेवतत् । त्वयिशुद्धेप्रतिष्ठितंसर्वंकार्यकारणात्मकंरज्ज्वामिवोरगादिकर्मीभूतंत्वंपचसिसंहरसि । एवंचनांतःप्रज्ञंनबहिःप्रज्ञंनोभयतःप्रज्ञमित्यादिश्रुतेर र्थःस्थूलसूक्ष्मकारणरूपातीतंनिष्कलंशिवशब्दाभिधेयंप्रतिपादितम् १५ सूर्यइति हेशुक्रशुक्लसर्वोपाधिकालुष्यहीनत्वंसूर्योभूत्वारसानादायपुनरुत्सृज्यकालेवृष्ट्याभावयसीतिसंबंधः । त्वंभूम्यादीनांरसान्रस त्वानिआदायसंहृत्यसूर्यःकारणात्माभूत्वाबीजमात्ररूपेणस्थित्वापुनःप्रबोधकालेदृष्ट्याचित्सत्ताप्रदानेनपृथिव्यादीनिजनयसीत्यर्थः १६ ॥ ॥

एतारसस्यब्रह्मसत्तायाआश्रयत्वेनदृश्यमानाःसत्सदितिप्रत्ययविषयभूतावीरुदादयोजडपदार्थाअपित्वत्तएवोत्पन्नाइत्यर्थः तेनप्रधानादेःकारणत्वंनिरस्तम्। सुभद्रश्चेत्यत्रसमुद्रश्चेतिपाठेमहोदधिशब्देनमहांतिब्रह्मां
डाद्बहिःस्थितान्युदकानिधीयंतेऽस्मिन्नितिव्युत्पत्त्याऽनेकब्रह्मांडशुक्तिसंपुटाश्रयभूतोजलावरणरूपःसमुद्रोग्राह्यः तच्चावरणांतराणामप्युपलक्षणं १७ एवंपरापरब्रह्मरूपेणाग्निंस्तुत्वाउपस्थितभयनिवृत्तिं
प्रार्थयते इदमिति। हेतिग्मांशोतीक्ष्णकरवन्हे सद्मैवसद्मशरीरं। वरुणस्यरसनेंद्रियाधिपतेः परायणमत्यंतालंबनं पक्षिदेहेनहिसर्वरसास्वादोलभ्यते अतस्त्वंशिवोऽन्तरात्माअस्माकंत्राताभव १८

त्वत्तएताःपुनःशुक्रवीरुधोहरितच्छदाः ॥ जायंतेपुष्करिण्यश्चसुभद्रश्चमहोदधिः १७ इदंवैसद्मतिग्मांशोवरुणस्यपरायणम् ॥ शिवस्त्राताभवास्माकंमाऽस्मान
द्यविनाशय १८ पिंगाक्षलोहितग्रीवकृष्णवर्त्मन्हुताशन ॥ परेणप्रेहिमुंचास्मान्सागरस्यगृहानिव १९ ॥ वैशंपायनउवाच ॥ एवमुक्तोजातवेदाद्रोणेनब्रह्मवा
दिना ॥ द्रोणमाहप्रतीतात्मामंदपालप्रतिज्ञया ॥ २० ॥ अग्निरुवाच ॥ ऋषिर्द्रोणस्त्वमसिवैब्रह्मैतद्व्याहृतंत्वया ॥ ईप्सितंतेकरिष्यामिनचतेविद्यतेभयम् २१ मं
दपालेनवैयूयंममपूर्वनिवेदिताः ॥ वर्जयेःपुत्रकान्मह्यंदहन्दावमितिस्मह २२ तस्यतद्वचनंद्रोणत्वयायच्चेहभाषितम् ॥ उभयंमेगरीयस्तुब्रूहिकिंकरवाणिते ॥
भृशंप्रीतोऽस्मिभद्रंतेब्रह्मंस्तोत्रेणसत्तम २३ ॥ द्रोणउवाच ॥ इमेमार्जारकाःशुक्रनित्यमुद्वेजयंतिनः ॥ एतान्कुरुष्वदग्धांस्त्वंहुताशनसबांधवान् २४ ॥ वैशं
पायनउवाच ॥ तथातत्कृतवानग्निरभ्यनुज्ञायशार्ङ्गकान् ॥ ददाहखांडवंदावंसमिद्धोजनमेजय २५ ॥ ॥ इतिश्रीमहाभारतेआदिपर्वणिमयदर्शनपर्वणिशार्ङ्ग
कोपाख्यानेद्वात्रिंशदधिकद्विशततमोऽध्यायः ॥ २३२ ॥ ॥ वैशंपायनउवाच ॥ मंदपालोऽपिकौरव्यचिंतयामासपुत्रकान् ॥ उक्ताऽपिचसतिग्मांशुंनै
वशर्माधिगच्छति १ सतप्यमानःपुत्रार्थेलपितामिदमब्रवीत् ॥ कथंनुशक्ताःशरणेलपितेममपुत्रकाः २ वर्धमानेहुतवहेवातेचाशुप्रवायति ॥ असमर्थाविमोक्षाय
भविष्यंतिममात्मजाः ३ कथंत्वशक्तात्राणायमातातेषांतपस्विनी ॥ भविष्यतिहिशोकार्त्तापुत्रत्राणमपश्यती ४ कथमुड्डीयनेऽशक्तान्पतनेचममात्मजान् ॥ सं
तप्यमानाबहुधावाशमानाप्रधावती ५ जरितारिःकथंपुत्रःसारिसृक्कःकथंचमे ॥ स्तंबमित्रःकथंद्रोणःकथंसाचतपस्विनी ६ लालप्यमानंतमृषिंमंदपालंतथावने ॥
लपिताप्रत्युवाचेदंसासूयमिवभारत ७ नतेपुत्रेष्ववेक्षाऽस्तियानृषीनुक्तवानसि ॥ तेजस्विनोवीर्यवंतोनतेषांज्वलनाद्भयम् ८ त्वयाऽग्नौतेपरीताश्चस्वयंहिममस
न्निधौ ॥ प्रतिश्रुतंतथाचेतिज्वलनेनमहात्मना ९ लोकपालोनतांवाचमुक्त्वामिथ्याकरिष्यति ॥ समक्षंबंधुकृत्येनतेनतेस्वस्थमानसम् १० तामेवतुममामित्रां
चिंतयन्परितप्यसे ॥ ध्रुवंमयिनतेस्नेहोयथातस्यांपुराऽभवत् ११ ॥ ॥ ॥ ॥

सागरस्यगृहान्नदीप्रवाहानिवाऽनभिभाव्यान्स्वाभिभावकांश्चज्ञात्वामुंच १९ प्रतीतात्माहृष्टः २० । २१ मह्यंमम २२ । २३ । २४ । २५ ॥ इतिआदिपर्वणिनीलकंठीये भारतभावदीपे
द्वात्रिंशदधिकद्विशततमोऽध्यायः ॥ २३२ ॥ ॥ मंदपालइति । उक्त्वाममपुत्रान्मादहेतिप्रार्थ्यापि १ शरणेगृहेकथंनुनकथमपि २ । ३ । ४ उड्डीयनेऊर्ध्वपतने पतनेतिर्यग्गमने वाशमाना
रुदती ५ । ६ । ७ । ८ परीताःज्ञापिताः ९ समक्षमिति। हेस्वस्थतेतवमानसंतेनहेतुनाबंधुकृत्यलक्षणेरक्षणेसमक्षमभिमुखंनकिंतुतामेवेत्यादिस्पष्टार्थम् १० । ११ ॥ ॥

नहीति । पक्षवतासहायवता सुहृज्जनेननिःस्नेहेननितरांस्नेहवताशक्तेनचपीड्यमानआत्मापुत्रदाररूपःकथंचनउपद्रष्टुमुपेक्षितुंनार्हन्यायय १२ अतस्त्वंजरितामेवगच्छेत्यधिक्षिप्याह गच्छेति १३ एवं कामवृत्तोनाहंचरेनचरामि १४ भूतंजरिताख्यमपत्यं । भाव्यर्थेत्वयिजनयितव्येअपत्ये १५ । १६ जरितानामतःजरासंजाताअस्याःसाजरितासर्वेंद्रियव्याकुला १७ । १८ । १९ । २० । २१ २२ । २३ । २४ । २५ स्त्रीणाममुत्रपरलोकेपुरुषांतराद्दतेसापत्नकंचकृतेऽन्यवतृतीयमर्थनाशनंपुरुषार्थघातकंनास्ति २६ तदुभयंनिंदति वैराग्नीति । एतच्चापरिहार्यंसतीनामपीत्याह सुव्रतेति २७

नहिपक्षवतान्याय्यंनिःस्नेहेनसुहृज्जने ॥ पीड्यमानउपद्रष्टुंशक्तेनात्माकथंचन १२ गच्छत्वंजरितामेवयदर्थैपरितप्यसे ॥ चरिष्याम्यहमप्येकायथाकुपुरुषाश्रिता १३ ॥ मंदपालउवाच ॥ नाहमेवंचरेलोकेयथात्वमभिमन्यसे ॥ अपत्यहेतोर्विचरेतच्चकृच्छ्रगतंमम १४ भूतंहित्वाचभाव्यर्थेयोऽवलंबेत्समंदधीः ॥ अवमन्येततंलोकोयथेच्छसितथाकुरु १५ एषहिप्रज्वलन्नग्निर्लेलिहानोमहीरुहान् ॥ आविग्नेहृदिसंतापंजनयत्यशिवंमम १६ ॥ वैशंपायनउवाच ॥ तस्माद्देशादतिक्रांतेज्वलनेजरितापुनः ॥ जगामपुत्रकानेवजरितापुत्रगृद्धिनी १७ सातान्कुशलिनःसर्वान्विमुक्तान्जातवेदसः ॥ रोरूयमाणान्ददृशेवनेपुत्रान्निरामयान् १८ अश्रूणिमुमुचेतेषांदर्शनात्सापुनःपुनः ॥ एकैकश्येनतान्सर्वान्क्रोशमानाऽन्वपद्यत १९ ततोभ्यगच्छत्सहसामंदपालोऽपिभारत ॥ अथतेसर्वएवैनंनाभ्यनंदंस्तदासुताः २० लालप्यमानमेकैकंजरितांचपुनःपुनः ॥ नचैवोचुस्तदाकिंचित्तमृषिंसाध्वसाधुवा २१ ॥ मंदपालउवाच ॥ ज्येष्ठःसुतस्तेकतमःकतमस्तस्यचानुजः ॥ मध्यमःकतमश्चैवकनीयान्कतमश्चते २२, एवंब्रुवंतंदुःखार्तंकिंमांनप्रतिभाषसे ॥ कृतवानपिहित्यागंनैवशांतिमितोलभे २३ ॥ जरितोवाच ॥ किंनुज्येष्ठेनतेकार्यंकिमनंतरजेनते ॥ किंवामध्यमजातेनकिंकनिष्ठेनवापुनः २४ यांत्वंमांसर्वतोहीनामुत्सृज्यासिगतःपुरा ॥ तामेवलपितांगच्छतरुणींचारुहासिनीम् २५ ॥ मंदपालउवाच ॥ नस्त्रीणांविद्यतेकिंचिदमुत्रपुरुषांतरात् ॥ सापत्नकमृतेलोकेनान्यदर्थविनाशनम् २६ वैराग्निदीपनंचैवभृशमुद्वेगकारिच ॥ सुव्रताचापिकल्याणीसर्वभूतेषुविश्रुता २७ ॥ अरुंधतीमहात्मानंवसिष्ठंपर्यशंकत ॥ विशुद्धभावमत्यंतंसदाप्रियहितेरतम् २८ सप्तर्षिमध्यगंवीरमवमेनेचतंमुनिम् ॥ अपध्यानेनसातेनधूमारुणसमप्रभा ॥ लक्ष्यालक्ष्यानाभिरूपानिमित्तमिवपश्यति २९ अपत्यहेतोःसंप्राप्तंतथात्वमपिमामिह ॥ इष्टमेवंगतेहित्वंसातथैवाद्यवर्तते ३० नहिभार्येतिविश्वासःकार्यःपुंसाकथंचन ॥ नहिकार्यमनुध्यातिनारीपुत्रवतीसती ३१ ॥ वैशंपायनउवाच ॥ ततस्तेसर्वएवैनंपुत्राःसम्यगुपासते ॥ सचतानात्मजान्सर्वानाश्वासयितुमुद्यतः ३२ ॥ इतिश्रीमहाभारते आदिपर्वणि मयदर्शनपर्वणि शार्ङ्गकोपाख्याने त्रयस्त्रिंशदधिकद्विशततमोऽध्यायः ॥ २३३ ॥ ॥ ॥ ॥ ॥ ॥ ॥ ॥

२८ निमित्तंभर्तुर्लक्षणमिवपश्यतिकपटेन । अतएवनाभिरूपाप्रच्छन्नवेषा । तेनहेतुनालक्ष्याऽलक्ष्याच २९ इष्टमात्मं तथाऽरुंधतीवशंकमानात्त्वमिवसाऽपितथैवमयिअपत्यहेतोर्व्याकुलेसतिसालपिताऽपितथैववर्तते ३० यतःस्त्रीणामाप्तोनास्तीत्याह नहीति । कार्यंभर्तृशुश्रूषादि अनुध्यातिमनसिकरोति ३१।३२॥ इति आदिपर्वणि नीलकंठीये भारतभावदीपे त्रयस्त्रिंशदधिकद्विशततमोऽध्यायः २३३॥

युष्माकमिति १. मातुर्धर्मज्ञतांचवःमातुर्वोयुष्मत्संबंधितयाधर्मज्ञतांयुष्मदीयंपरमंधर्मज्ञानंमातुरस्तीतिविज्ञायेत्यर्थः २ ब्रह्मतद्वेदातमसिद्धं ३ । ४ । ५ । ६ । ७ । ८ । ९ । १० । ११ । १२ । १३ । १४

मंदपालउवाच ॥ युष्माकमपवर्गार्थंविज्ञप्तोज्वलनोमया ॥ अग्निनाचतथेत्येवंप्रतिज्ञातंमहात्मना १ अग्नेर्वचनमाज्ञायमातुर्धर्मज्ञतांचवः ॥ भवतांचपरंवीर्यंपूर्वंनाह मिहागतः २ नसंतापोहिवःकार्यःपुत्रकाहृदिमांप्रति ॥ ऋषीन्वेदहुताशोऽपिब्रह्मतद्विदितंचवः ३ ॥ वैशंपायनउवाच ॥ एवमाश्वासितान्पुत्रान्भार्यामादायस द्विजः ॥ मंदपालस्ततोदेशादन्यंदेशंजगामह ४ भगवानपितिग्मांशुःसमिद्धःखांडवंततः ॥ ददाहसहकृष्णाभ्यांजनयन्जगतोहितम् ५ वसामेदोवहाःकुल्या स्तत्रपीत्वाचपावकः ॥ जगामपरमांतृप्तिंदर्शयामासचार्जुनम् ६ ततोऽन्तरिक्षाद्भगवानवतीर्यपुरंदरः ॥ मरुद्गणैर्वृतःपार्थंकेशवंचेदमब्रवीत् ७ कृतंयुवाभ्यांकर्मेदममर ैरपिदुष्करम् ॥ वरंवृणीतंतुष्टोऽस्मिदुर्लभंपुरुषेष्विह ८ पार्थस्तुवरयामासशक्रादस्त्राणिसर्वशः ॥ प्रदातुंतच्चशक्रस्तुकालंचक्रेमहाद्युतिः ९ यदाप्रसन्नोभग वान्महादेवोभविष्यति ॥ तदातुभ्यंप्रदास्यामिपांडवास्त्राणिसर्वशः १० अहमेवचतंकालंवेत्स्यामिकुरुनंदन ॥ तपसामहताचापिदास्यामिभवतोऽप्यहम् ११ आ ग्नेयानिचसर्वाणिवायव्यानिचसर्वशः ॥ मदीयानिचसर्वाणिग्रहीष्यसिधनंजय १२ वासुदेवोऽपिजग्राहप्रीतिंपार्थेनशाश्वतीम् ॥ ददौसुरपतिश्चैववरंकृष्णाय धीमते १३ एवंदत्वावरंताभ्यांसहदेवैर्मरुत्पतिः ॥ हुताशनमनुज्ञाप्यजगामत्रिदिवंप्रभुः १४ पावकश्चतदादावंदग्ध्वासमृगपक्षिणम् ॥ अहानिपंचचैकंचविरराममसुत र्पितः १५ जग्ध्वामांसानिपीत्वाचमेदांसिरुधिराणिच ॥ युक्तःपरमयाप्रीत्यातावुवाचाच्युतार्जुनौ १६ युवाभ्यांपुरुषाग्र्याभ्यांतर्पितोऽस्मियथासुखम् ॥ अनुजाना मिवांवीरौचरतंयत्रवांछितम् १७ एवंतौसमनुज्ञातौपावकेनमहात्मना ॥ अर्जुनोवासुदेवश्चदानवश्चमयस्तथा ॥ १८ परिक्रम्यततःसर्वेत्रयोपिभरतर्षभ ॥ रमणीयेनदीकूलेसहिताःसमुपाविशन् १९ ॥ इतिश्रीमहाभारतेशतसाहस्र्यांसंहितायांवैयासक्यांआदिपर्वणिमयदर्शनपर्वणिवरप्रदानेचतुस्त्रिंशदधिकद्विशततमो ऽध्यायः ॥ २३४ ॥ समाप्तंमयदर्शनपर्वादिपर्वच ॥ इतःपरंसभापर्वभविष्यति तस्यायमाद्यःश्लोकः ॥ वैशंपायनउवाच ॥ ततोऽब्रवीन्मयःपार्थंवासुदेव स्यसन्निधौ ॥ प्रांजलिःश्लक्ष्णयावाचापूजयित्वापुनःपुनः १ ॥ ॥ ॥ ॥ ॥ ॥

१५ । १६ चरतंयत्रवांछितमित्यनेनाप्रतिहतगतित्वंद्वयोरपिदत्तमयेत्यर्थः १७ । १८ । १९ ॥ इतिआदिपर्वणिनीलकंठीयेभारतभावदीपे चतुस्त्रिंशदधिकशततमोऽध्यायः ॥ २३४ ॥ ॥ ॥

अस्मिन्पर्वणि श्रीवेदव्यासेनसप्तविंशत्यधिकद्विशताध्याःप्रतिज्ञाताः तथापि लेखकप्रमादाच्चतुस्त्रिंशदधिकद्विशताध्यायाः श्लोकवैषम्यंचदृश्यते

तत्कुत्राधिक्यंजातंतन्नज्ञायतेएवमग्रिमपर्वस्वपिन्यूनाधिकविषयेज्ञेयम् ।

॥ इति श्रीमहाभारते आदिपर्व समाप्तम् ॥

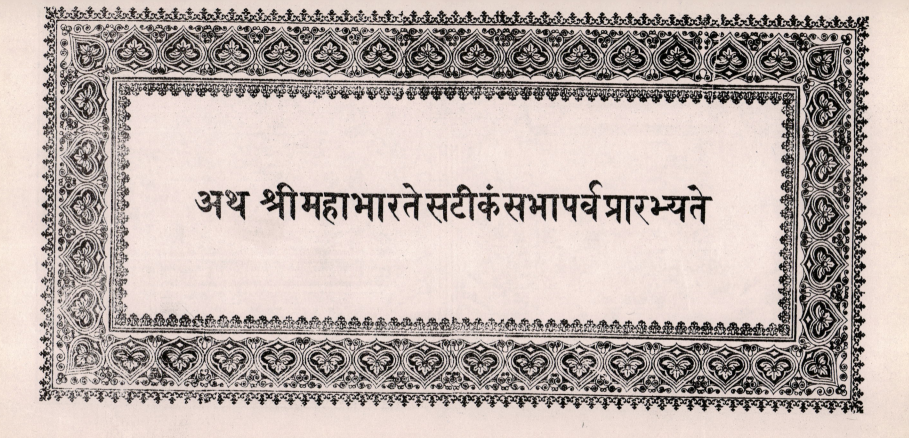

अथ श्रीमहाभारते सटीकं सभापर्व प्रारभ्यते

सभापर्व २
भीम
अर्जुन
धर्म
नकुल.
सहदेव

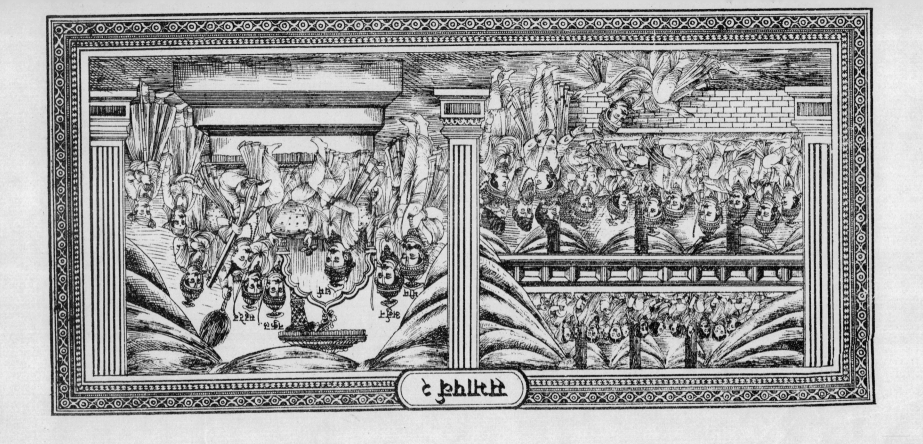

श्रीः।

सभापर्व।

२

अनुक्रमणिका।

अ०	विषयः	पृष्ठांकाः
	(१) सभाक्रियापर्व।	
१	अर्जुनं प्रति मयेन प्रत्युपकारस्वीकारप्रार्थना मयेन सभारचनोपक्रमः	१
२	द्वारकां प्रति प्रस्थितस्य श्रीकृष्णस्य युधिष्ठिरादिभिः सारथ्यकरणम्। अर्धयोजनगतानां पाण्डवादीनां परस्परानुज्ञया स्वस्वनगरगमनम् श्रीकृष्णस्य द्वारकां प्रति गमनम्	१
३	सभानिर्माणसामग्र्यानयनार्थं मयस्य बिन्दुसरोगमनम्। बिन्दुसरोवर्णनम्। मयेन भीमार्जुनाभ्यां गदाशङ्खदानम्। मयसभावर्णनम्	२
४	पाण्डवानां सभागृहप्रवेशः। तदा समागतानां ऋषीणां राज्ञां गन्धर्वाणां च नामानि	३
	(२) लोकपालसभाख्यानपर्व।	
५	नारदवर्णनम्। तदागमनकथनम्। नारदेन युधिष्ठिरस्य कुशलप्रश्नद्वारेण राजधर्मानुशासनम्	४
६	युधिष्ठिरस्य लोकपालसभाजिज्ञासा	१०
७	नारदेन इन्द्रसभावर्णनम्	११
८	यमसभावर्णनम्	११
९	वरुणसभावर्णनम्	१२
१०	कुबेरसभावर्णनम्	१३
११	ब्रह्मसभावर्णनम्	१४
१२	हरिश्चन्द्रकथा। युधिष्ठिरं प्रति पाण्डुसंदेशकथनम्। नारदगमनम्	१५
	(३) राजसूयारम्भपर्व।	
१३	युधिष्ठिरेण स्वकीयराजसूयार्थमाहूतस्य श्रीकृष्णस्य इन्द्रप्रस्थं प्रति गमनम्	१६

सभापर्वानुक्रमणिका २

१४ श्रीकृष्णेन जरासंधस्य शौर्यादि-
कथनम् १७

१५ राजसूयविषये युधिष्ठिरभीम-
कृष्णानां मिथः संभाषणम् १८

१६ युधिष्ठिरराज्ञयोर्जरासंधवध-
विचारः १९

१७ बृहद्रथराजकथा । जरासंधो-
त्पत्तिः २०

१८ जराया स्वरूपेऽन्तर्धानम् २१

१९ जरासंधप्रशंसा २१

(४) जरासंधवधपर्व ।

२० भीमार्जुनाभ्यां सह माधवस्य
मगधदेशगमनम् २२

२१ कृष्णजरासंधसंवादः २३

२२ जरासंधस्य युद्धोद्योगः २४

२३ भीमजरासंधयोर्युद्धम् २५

२४ जरासंधवधः । तेन वंदीकृतानां
भूभुजां मुक्तिः । जरासंधपुत्रं
सहदेवाख्यं राज्येऽभिषिच्य

श्रीकृष्णभीमार्जुनानामिन्द्रप्रस्थं प्रति
गमनम् २६

(५) दिग्विजयपर्व ।

२५ संक्षेपतः पाण्डवदिग्विजयवर्णनम् २७

२६ अर्जुनदिग्विजये भगवत्तजयः २७

२७ नानादेशजयः २७

२८ उत्तरादिग्विजयः २८

२९ दिग्विजये पांचालदेशगमनम् २९

३० भीमप्राच्यादिग्जयः २८

३१ सहदेवदक्षिणदिग्विजयः २९

३२ नकुलप्रतीचीजयः ३१

(६) राजसूयपर्व ।

३३ राज्यव्यवस्थावर्णनम् । श्रीकृष्णस्य
द्वारकाया आगमनम् । यज्ञ-
सामग्री संपादनम् । ऋत्विजां
व्यासेनानयनम् । धृतराष्ट्राद्यामन्त्र-
णार्थं नकुलगमनम् । युधिष्ठिरस्य
राजसूयदीक्षाग्रहणम् ३१

३४ निमन्त्रितानामागमनम् ३२

३५ भीष्मादीनामागतानां तत्तदधि-
कारे नियोजनम् । राजसूययागः ३३

(७) अर्घाभिहरणपर्व ।

३६ श्रीकृष्णस्य भीष्माज्ञया सहदेवेन
अग्रपूजाकरणम् ३३

३७ श्रीकृष्णाग्रपूजामसहमानेन शिशु-
पालेन श्रीकृष्णोपालम्भः ३४

३८ शिशुपालं मधुरवचसा सान्त्वयन्तं
युधिष्ठिरं निवार्य भीष्मेण श्रीकृष्ण-
माहात्म्यकथनम् ३५

३९ सहदेवेन कृष्णाग्रपूजाविरुद्धभा-
षिणः सनिकारं वधे प्रतिज्ञाते
राज्ञां तूष्णींभावः । सहदेवशि-
रसि पुष्पवृष्टिः । नारदेन कृष्ण-
द्वेषिणां निर्भर्त्सना । शिशुपालेन
यज्ञविघातार्थं राज्ञां निमन्त्र-
णम् ३६

(८) शिशुपालवधपर्व ।

४० क्रुद्धं गजमण्डलं दृष्ट्वा भीतस्य युधि-
ष्ठिरस्य भीष्मेण समाश्वासनम् ३६

४१ भीष्मपरिहासपूर्वकं शिशुपालेन
कृष्णमाहात्म्यभर्त्सनम् ३७

४२ शिशुपालस्य निन्दावाक्यं श्रुत्वा
क्रुधा शिशुपालं हन्तुं प्रवृत्तस्य
भीमस्य भीष्मेण निवारणम् ३८

४३ भीष्मेण शिशुपालस्य जन्म-
प्रभृति दुश्चरित्रकथनम् ३८

४४ भीष्मवचनं श्रुत्वा क्रुद्धेन शिशु-
पालेन भीष्मनिन्दा । ततश्चदीपतः
शिशुपालस्य वचनं श्रुत्वा भीष्मस्य
प्रतिवचनम् ४०

४५ शिशुपालेन राज्ञः संनाह्य युद्धार्थं
कृष्णाह्वानम् । श्रीकृष्णेन शिशुपाल-
कृतापराधकथनम् । श्रीकृष्णेन
चक्रेण शिशुपालस्य शिरश्छेदः ।
श्रीकृष्णस्य द्वारकां प्रति गमनम् ४१

सभापर्वानुक्रमणिका

(९) द्यूतपर्व ।

४६ व्यासं प्रति युधिष्ठिरेण शिशुपालवधोत्पन्नोत्पातफलप्रश्नः । उत्पातस्याशुभं फलमुक्त्वा व्यासस्य कैलासं प्रति गमनम् । उत्पातफलं श्रुत्वा खिन्नस्य युधिष्ठिरस्य अर्जुनेन सान्त्वनम् । युधिष्ठिरसमयाः ४२

५९ पाण्डवानां द्यूतसभाप्रवेशः । शकुनियुधिष्ठिरसंवादः ५२

६० भीष्मादीनां द्यूतसभाप्रवेशः । युधिष्ठिरदुर्योधनयोः 'पण'विषये मिथः समयः ५२

६१ युधिष्ठिरेण पणीकृतानां शकुनिनापहरणम् ५३

६२ द्यूतविषये विदुराहितवाक्यम् ५३

६३ विदुरवाक्ये द्यूतस्यानर्थकारित्वम् । ५४

६४ विदुरस्य दुर्योधनेनोपालम्भः । विदुरस्य प्रतिवचनम् ५४

६५ युधिष्ठिरेण पणीकृतानां तद्भ्रातॄणां पराजयः । पणीभूतस्य युधिष्ठिरस्य पराजयः । युधिष्ठिरेण पणीकृतायाः द्रौपद्याः पराजयः । सभाक्षोभः । धृतराष्ट्रस्य हर्षः ५५

६६ द्रौपदीमुद्दिश्यावाच्यं वाक्यमुक्तवन्तं दुर्योधनं प्रति विदुरवाक्यम् ५६

६७ दुःशासनेन हठात् सभां प्रति द्रौपद्या आनयनम् । सभ्यान्प्रति स्वविषये द्रौपदीप्रश्नः ५७

६८ 'द्रौपदी अजिता' इति सत्पक्षपातिनो धार्तराष्ट्रान्तःपातिनो विकर्णस्य वचनम् । कर्णस्य तत्प्रातिकूलवचनम् । दुःशासनेन द्रौपदीवस्त्राकर्षणम् । भगवतः श्रीकृष्णस्य कृपया द्रौपद्या रक्षणम् । भीमप्रतिज्ञा । विदुरवाक्यम् ५९

६९ द्रौपद्याः सभ्यानुद्दिश्य प्रश्नः । 'अस्य प्रश्नस्य युधिष्ठिरेण उत्तरं वक्तव्यम्' इति भीष्मवचनम् ६०

७० दुर्योधस्य द्रौपदीमुद्दिश्य सभापणम् । भीमेन स्वपराक्रमवर्णनम् ६१

४७ मयसभायां स्थले जलभ्रमेण जले स्थलभ्रमेण अद्वारे द्वारभ्रमेण द्वारे च भित्तिभ्रमेण दुर्योधने पतति भीमादिभिस्तस्योपहासः । तत्परिहासदुःखोद्विग्नस्य दुर्योधनस्य पाण्डवसंपदाहरणे मतिः ४३

४८ शकुनिना पाण्डवान् जेतुं द्यूतोपायकथनम् ४४

४९ शकुनिना दुर्योधनस्य चिन्ताकार्श्यादिकस्य धृतराष्ट्राय निवेदनम् । धृतराष्ट्रस्य दुर्योधनं प्रति चिन्तानिमित्तप्रश्नः । दुर्योधनेन स्वविचारकथनम् । धृतराष्ट्रेण द्यूतार्थं पाण्डवानयनाय विदुरप्रेरणा । विदुरभाषणम् ८३

५० विस्तरेण द्यूतवृत्तान्तः । धृतराष्ट्रेण द्यूतनिषेधः । दुर्योधनेन पाण्डवैश्वर्यवर्णनं भीमादिकृतस्वोपहासकथनं च ४६

५१ राजसूयसमये नानादेशागतभूपालप्रदत्तोपायनवर्णनम् ४७

५२ ” ” ४८

५३ दुर्योधनेन राजसूयवर्णनम् ४८

५४ धृतराष्ट्रेण पाण्डवद्वेषनिषेधः ४९

५५ दुर्योधनेन राजनीतिनिरूपणम् ४९

५६ शकुनिना 'द्यूतेन पाण्डवाञ्जेष्यामि' इति प्रतिज्ञाकरणम् । द्यूते दुर्योधनसंमतिः । धृतराष्ट्रेण पुनः पुनः पाण्डववैरनिषेधः । दैवानुरोधेन पुत्रप्रेम्णा व्यामोहितस्य धृतराष्ट्र-

सभापर्वानुक्रमणिका

५

स्याज्ञया द्यूतसभानिर्माणं पाण्डवानयनाय विदुरप्रेषणं च ५०
६७ द्यूतविषये विदुरधृतराष्ट्रयोर्मिथः संवादः ५०
६८ विदुरस्य पाण्डवसमीपे गमनम्। विदुरयुधिष्ठिरसंवादः। पाण्डवानां हास्तिनपुरगमनं च ५१
७१ द्रौपदीमुद्दिश्य कर्णप्रलपनम्। दुर्योधनेन प्रेक्षमाणायाः द्रौपद्याः सव्योरुप्रदर्शनम्। तत् दृष्ट्वा 'यदि एतमूरुं गदया न भिन्द्यां तदा पितृभिः सह वृकोदरः सालोक्यं मास्म गच्छेत्' इति भीमप्रतिज्ञा। विदुरवाक्यम्। दुर्योधनवाक्यम्। अर्जुनवाक्यम्। धृतराष्ट्रेण पाञ्चालीं प्रत्यभीष्टं वरं वरय इति सूचनम्। द्रौपद्या स्वेनसह पाण्डवानामदासत्ववरणम् ६२
७२ भीमक्रोधः। तस्य युधिष्ठिरेण परिसान्त्वनम् ६३
७३ धृतराष्ट्रवरप्रदानपूर्वकमिन्द्रप्रस्थं प्रति युधिष्ठिरगमनम् ६३

(१०) अनुद्यूतपर्व।

७४ दुर्योधनेन पाण्डवपराक्रमवर्णनम्। धृतराष्ट्रस्य पुनरपि द्यूतार्थं पाण्डवानयनाय संमतिः। द्रोणादीनां द्यूतनिषेधः ६४
७५ गान्धार्या धृतराष्ट्रकृत्यनिषेधः। धृतराष्ट्रस्य पुनर्द्यूतनिश्चयः ६४
७६ पाण्डवानां मध्येमार्गं प्रतिनिवृत्य द्यूतसभाप्रवेशः। शकुनिना युधिष्ठिरपराजयः ६५
७७ वनाय प्रस्थितानां पाण्डवानां दुःशासनेन परुषवचसा उपहासः। तत् श्रुत्वाऽमर्षितैः पाण्डवैः कौरववधे प्रतिज्ञाकरणम् ६५
७८ पाण्डवानां विदुरस्याशीर्वचनम्। भीष्मद्रोणौ नमस्कृत्य युधिष्ठिरस्य वनप्रस्थानम् ६६
७९ विदुरवचनात् कुन्त्यास्तस्य गृहे वासः। द्रौपदीकुन्तीसंवादः ६७
८० पाण्डवविषयके धृतराष्ट्रविदुरयोर्वचनप्रतिवचने। द्रोणवाक्यम् ६७
८१ धृतराष्ट्रसंजयसंवादः ६९

सभापर्वसमाप्तिः।

सभापर्व २, उपपर्वाणि १०, अध्यायाः ८१, श्लोकाः २७२२.

॥ श्रीगणेशायनमः ॥ बीजांकुरद्रुमसमेश्वरसूत्रविश्वान्प्रोक्षाय चिंतयत यूयमभेदबुध्या ॥ दास्याय बीजशतगर्भफलाभमेकं गोपालमेव कलयाम जगन्निदानम् ॥ १ ॥ जीवे भुजिः स्व
परस्रष्टवपुर्युजेव यत्रेशता परधिया निजमायया वा ॥ स्रष्टरूपाधिभिरसंगचितावपीष्टा तस्मिन्ममास्तु रतिरात्मनि लक्ष्मणार्ये ॥ २ ॥ प्रणम्य नारायणतीर्थवर्यान् धीरेशमिश्रांश्च हमीरपु
र्यान् ॥ प्राचां गुरूणां हृदयानुरूपं कुर्मः सभापर्वणि भावदीपम् ॥ ३ ॥ तत्र पूर्वस्मिन्पर्वण्यंते शार्ङ्गकाः ज्ञानबलादेव वन्हिमुखाद्विमुक्ता इत्युक्तं । तच्च ज्ञानं भगवद्भक्तिबलादेव लभ्यत इति
प्रतिपादनायेदं सभापर्व आरभ्यते । तत्र भक्तावपि रुच्युत्पादनार्थं भक्तिबलेनैव पांडवानां दिव्यसभालाभाद्यैश्वर्यं द्वेषेणापि भगवद्ध्यानं भगवत्सायुज्यप्रापकमिति शिशुपालनि
र्याणेन ध्यानमाहात्म्यं निरपराधिष्वपि पांडवेष्वभक्तानां दुर्योधनादीनां द्वेषोत्पत्त्याऽभक्तदोषाः द्यूते द्रौपदीत्राणेन भगवतो भक्तपक्षपातित्वं समर्थानामपि पांडवानां सापराधेष्वपि

॥ श्रीवेदव्यासायनमः ॥ नारायणंनमस्कृत्यनरंचैवनरोत्तमम् ॥ देवींसरस्वतींचैवततोजयमुदीरयेत् १ ॥ वैशंपायनउवाच ॥ ततोऽब्रवीन्मयःपार्थंवासुदेवस्यस
न्निधौ ॥ प्रांजलिःश्लक्ष्णयावाचापूजयित्वापुनःपुनः २ ॥ मयउवाच ॥ अस्मात्कृष्णात्सुसंरब्धात्पावकाच्चदिधक्षतः ॥ त्वयात्रातोऽस्मिकौन्तेयब्रूहिकिंकरवाणिते ३
॥ अर्जुनउवाच ॥ कृतमेवत्वयासर्वंस्वस्तिगच्छमहासुर ॥ प्रीतिमान्भवमेनित्यंप्रीतिमंतोवयंचते ४ ॥ मयउवाच ॥ युक्तमेतत्त्वयिविभोयथाऽऽत्थपुरुषर्षभ ॥
प्रीतिपूर्वमहंकिंचित्कर्तुमिच्छामिभारत ५ अहंहिविश्वकर्मावैदानवानांमहाकविः ॥ सोऽहंवैत्वत्कृतेकर्तुंकिंचिदिच्छामिपांडव ६ ॥ अर्जुनउवाच ॥ प्राणकृच्छ्राद्वि
मुक्तंत्वमात्मानंमन्यसेमया ॥ एवंगतेनशक्ष्यामिकिंचित्कारयितुंत्वया ७ नचापितवसंकल्पंमोघमिच्छामिदानव ॥ कृष्णस्यक्रियतांकिंचित्तथाप्रतिकृतंमयि ८
चोदितोवासुदेवस्तुमयेनभरतर्षभ ॥ मुहूर्त्तमिवसंदध्यौकिमयंचोद्यतामिति ९ ततोविचिंत्यमनसालोकनाथःप्रजापतिः ॥ चोदयामासतंकृष्णःसभावैक्रियतामिति
१० यदित्वंकर्त्तुकामोऽसिप्रियंशिल्पवतांवर ॥ धर्मराजस्यदैतेययादृशीमिहमन्यसे ११ यांकृतांनानुकुर्वंतिमानवाःप्रेक्ष्यविष्ठिताः ॥ मनुष्यलोकेसकलेतादृशीं
कुरुवैसभाम् १२ यत्रदिव्यानभिप्रायान्पश्येमहिकृतांस्त्वया ॥ आसुरान्मानुषांश्चैवसभांतांकुरुवैमय १३ ॥ वैशंपायनउवाच ॥ प्रतिगृह्यतुतद्वाक्यंसंप्रहृष्टोमय
स्तदा ॥ विमानप्रतिमांचक्रेपांडवस्यशुभांसभाम् १४ ततःकृष्णश्चपार्थश्चधर्मराजेयुधिष्ठिरे ॥ सर्वमेतत्समावेद्यदर्शयामासतुर्मयम् १५ ॥ ॥

दुर्योधनादिष्वप्रकोपेन भक्तानां तितिक्षा चेति भक्तगुणाश्च दर्शिताः । तत्रोपकर्त्रे प्रत्युपकारोऽवश्यंकर्त्तव्य इत्येतद्दर्शयितुं पांडवार्थे मयेन वन्हितो मोचितेनाऽभूतपूर्वा सभा कृतेति
तावद्वर्ण्यते ततोऽब्रवीन्मयः पार्थमित्यादिना २ खाण्डवदाहे कृष्णाच्चक्रेण जिघांसतः ३ । ४ । ५ विश्वं कर्म कृतिसाध्यं यस्य स विश्वकर्मा । महाकविः शिल्पपंडितः ६ एवंगते प्रत्युपका
रार्थं प्राप्ते त्वयिसति ७ । ८ संदध्यौ विचारितवान् ९ । १० हेदैतेय हेदानव ११ । १२ आसुरान्मानुषानित्युपलक्षणं देवगंधर्वादीनामप्यभिप्रायान् लेपचित्रे लेख्यचित्रे च चतुर्दशभुवनांतर
स्थतत्तज्जातीयस्वाभाविकनानाविधलीलाप्रदर्शनेन मनोवृत्तीः पश्येम । यद्दर्शनेन ब्रह्मांडांतरवर्ति सर्वं वस्तुजातं दृष्टप्रायं भवतीत्यर्थः १३ विमानप्रतिमेतिनाम विमानसदृशीवा १४ । १५

१६ पूर्वदेवो वृषपर्वा दानवस्तस्य चरितं बिंदुसरसि यज्ञकरणादि १७ आश्वस्य स्वस्थचित्तो भूत्वा प्रचक्रमे आरब्धवान् १८ । १९ । २० किष्कुर्हस्तः । सर्वतश्चतुर्दिक्षु २१ ॥ इति सभापर्वणि नीलकंठीये भारतभावदीपे प्रथमोऽध्यायः ॥ १ ॥ ॥ ॥ उषित्वेति १ । २ । ३ । ४ अर्ध्यं अर्थादनपेतं । तथ्यं सत्यं । लघु स्वल्पाक्षरं । युक्तं युक्तिमत् । अतएवानुत्तरं पूर्वपक्षवदप्रत्याख्येयं । 'तथ्यं पथ्यं हितं वाक्यं गुरु स्वल्पाक्षरं मृदु' इति पाठे पथ्यं सन्मार्गादनपेतं गुरु बह्वर्थं ५ स्वजनगामीनि मात्रादिषु स्वबांधवेषु कुशलसंदेशरूपाणि ६ भामिनीं दीप्तिमतीं भाविनीमिति पाठे सद्भावयुक्तां ७ ववंदेचेति । पुरुषसत्तमः पुरुषेष्वन्नमयप्राणमयमनोमयविज्ञानमयानंदमयेषु पंचस्वाद्यो व्यवहारतः सत्यः उत्तरोत्तरेषां तु पूर्वपूर्वाधिष्ठानत्वात्तत्तदपेक्षया सत्यतरत्वं पुच्छं ब्रह्म तु षष्ठं तेषामधिष्ठानभूतं मोक्षेऽप्यबाध्यत्वात्सत्तमः । ननु कथं सत्तमे 'अस्थूलमनणु निष्कलं निष्क्रियं शांतं' इत्यादिश्रुतेः सर्वविशेषशून्ये नामरूपवंदनादि

तस्मैयुधिष्ठिरःपूजांयथार्हमकरोत्तदा ॥ सतुतांप्रतिजग्राहमयःसत्कृत्यभारत १६ सपूर्वदेवचरितंतदातत्रविशांपते ॥ कथयामासदैतेयःपांडुपुत्रेषुभारत १७ सकालंकंचिदाश्वस्यविश्वकर्माविचिंत्यतु ॥ सभांप्रचक्रमेकर्तुंपांडवानांमहात्मनाम् १८ अभिप्रायेणपार्थानांकृष्णस्यचमहात्मनः ॥ पुण्येऽहनिमहातेजाःकृतकौतुकमंगलः १९ तर्पयित्वाद्विजश्रेष्ठान्पायसेनसहस्रशः ॥ धनंबहुविधंदत्वातेभ्यएवचवीर्यवान् २० सर्वर्तुगुणसंपन्नांदिव्यरूपांमनोरमाम् ॥ दशकिष्कुसहस्रांतांमापयामाससर्वतः २१ ॥ ॥ इतिश्रीमहाभारतेसभापर्वणिसभाक्रियापर्वणिसभास्थाननिर्णयेप्रथमोऽध्यायः ॥ १ ॥ ॥ वैशंपायनउवाच ॥ उषित्वाखांडवप्रस्थेसुखवासंजनार्दनः ॥ पार्थैःप्रीतिसमायुक्तैःपूजनार्होऽभिपूजितः १ गमनायमतिंचक्रेपितुर्दर्शनलालसः ॥ धर्मराजमथामंत्र्यपृथांचपृथुलोचनः २ ववंदेचरणौमूर्ध्नाजगद्वंद्यःपितृष्वसुः ॥ सतयामूर्ध्न्युपाघ्रातःपरिष्वक्तश्चकेशवः ३ ददर्शानंतरंकृष्णोभगिनींस्वांमहायशाः ॥ तामुपेत्यहृषीकेशःप्रीत्याबाष्पसमन्वितः ४ अर्थ्यंतथ्यंहितंवाक्यंलघुयुक्तमनुत्तरम् ॥ उवाचभगवान्भद्रांसुभद्रांभद्रभाषिणीम् ५ तयास्वजनगामीनिश्रावितोवचनानिसः ॥ संपूजितश्चाप्यसकृत्शिरसाचाभिवादितः ६ तामनुज्ञाप्यवार्ष्णेयःप्रतिनंद्यचभामिनीम् ॥ ददर्शानंतरंकृष्णांधौम्यंचापिजनार्दनः ७ ववंदेचयथान्यायंधौम्यंपुरुषसत्तमः ॥ द्रौपदींसांत्वयित्वाचआमंत्र्यचजनार्दनः ८ ॥ ॥ ॥ ॥ ॥

क्रियायोगो घटतेति चेत् अत्रब्रूमः 'कौलिके प्रतिमाद्वारा चैत्रे भोग इवेशता । असंगे भूम्नि जीवौघकल्पितोपाधियोगतः' । अनादौ संसारे जीवेश्वरविभागस्याप्यनादित्वाद्रज्ज्वां भुजंग इव जीवौघस्याविद्यया शुद्धेऽपि चिदात्मनि ईशसूत्रादिकं कल्पितमिदमेव ब्रह्मणः शरीरमिति । यथा कौलिकः प्रतिमां कृत्वेदमेव चैत्रस्य शरीरमिति भावयति तद्वत् । यथा च प्रतिमाद्वारा चैत्रस्य भोगो भवत्येवं शुद्धायामपि चिति जीवौघकल्पितोपाधिद्वारा ईशनादिकं भवति । एतावांस्तु विशेषः जीवस्य स्वाविद्याकल्पितं शरीरान्तरमस्तीति प्रतिमानिमित्तकोऽपि भोगः स्वदेहावच्छेदेनैवजायते न प्रतिमावच्छेदेन । चितेस्तु तदभावाद्विभुत्वाच्च परकल्पितोपाध्यवच्छेदेनैव नियंतृत्वादिकं भवति । तच्चाकर्मजत्वाच्चितौ न संसृज्यते यथा जीवे भोगः यथा वा कल्पितसर्पगतं भीषणत्वं रज्ज्वां । एवं च व्यवहारतः संसारस्याद्यंतशून्यत्वात्तत्कारणीभूतस्येशादेरपि तथात्वं वक्तव्यं किमुत ईशादिकारणीभूतायाः

कृष्णमूर्तेः । तथा हि बीजांकुरतरूपमेष्वीशसूत्रविराट्सु अनंतबीजगर्भफलोपमः श्रीकृष्णोऽनंतकोटिब्रह्माण्डनायक इति प्रसिद्धं । अयमेव श्रीमच्छंकरभगवत्पादैर्वेदांतसारे वनवृक्षदृष्टांतेन
समष्टिव्यष्टिरूपेण स्थूलसूक्ष्मकारणानि प्रतिपाद्य समष्टिवनदृष्टांतेन प्रतिपादितः । शास्त्रेऽपि 'अंतस्तद्धर्मोपदेशात्' इत्यत्र 'य एषोंऽतरादित्ये हिरण्मयः पुरुषो दृश्यते हिरण्यश्मश्रुर्हि
रण्यकेश आप्राणनखात् सर्व एव सुवर्णस्तस्य यथाकप्यासं पुंडरीकमेवअक्षिणी तस्योदिति नाम स एष सर्वेभ्यः पाप्मभ्य उदेति ह वै सर्वेभ्यः पाप्मभ्यो य एवं वेद' इति नामरूप
वंतमादित्यमंडलांतर्वर्तिनं.नारायणमुदाहृत्य 'तस्य ऋक् च साम च गेष्णौ' इति नारायणस्य कृत्स्नप्रपंचात्मके ऋक्सामे अंगुलिपर्वणी इत्युक्तं । ततोऽनंतकोटिब्रह्मांडाश्रयत्वं सूर्याकृतेर्ब्रह्मणो युज्यते ।
अयमेव नंदनंदनो महामायावी सुप्तिप्रलयकैवल्येषु कर्मोपरमेसति जगदिंद्रजालं स्वमूर्त्यासह तिरोधायापास्तसमस्तविशेषं ब्रह्मात्मानं प्रापयति कर्मशेषसत्त्वेपुनरुद्भावयति च । ततश्चास्य स्वावि

भ्रातॄनभ्यगमद्विद्वान्पार्थेनसहितोबली ॥ भ्रातृभिःपंचभिःकृष्णोवृतःशक्रइवामरैः ९ यात्राकालस्ययोग्यानिकर्माणिगरुडध्वजः ॥ कर्तुकामःशुचिर्भूत्वा
स्नातवान्समलंकृतः १० अर्चयामासदेवांश्चद्विजांश्चयदुपुंगवः ॥ माल्यजाप्यनमस्कारैर्गन्धैरुच्चावचैरपि ११ सकृत्वासर्वकार्याणिप्रतस्थेतस्थुषांवरः ॥
उपेत्यसयदुश्रेष्ठोबाह्यकक्षाद्विनिर्गतः १२ स्वस्तिवाच्यार्हतोविप्रान्दधिपात्रफलाक्षतैः ॥ वसुप्रदायचततःप्रदक्षिणमथाकरोत् १३ कांचनंरथमास्थायता
र्क्ष्यकेतनमाशुगम् ॥ गदाचक्रासिशार्ङ्गाद्यैरायुधैरावृतंशुभम् १४ तिथावप्यथनक्षत्रेमुहूर्तेचगुणान्विते ॥ प्रययौपुंडरीकाक्षःशैब्यसुग्रीववाहनः १५ अन्वा
रुरोहचाप्येनंप्रेम्णाराजायुधिष्ठिरः ॥ अपास्यचास्ययंतारंदारुकंयन्तृसत्तमम् १६ अभीषून्संप्रजग्राहस्वयंकुरुपतिस्तदा ॥ उपारुह्यार्जुनश्चापिचामर
व्यजनंसितम् १७ रुक्मदंडंबृहद्वाहुर्विदुधावप्रदक्षिणम् ॥ तथैवभीमसेनोऽपियमाभ्यांसहितोबली १८ पृष्ठतोऽनुययौकृष्णमृत्विक्पौरजनैःसह ॥ सत
थाभ्रातृभिःसर्वैःकेशवःपरवीरहा १९ अन्वीयमानःशुशुभेशिष्यैरिवगुरुःप्रियैः ॥ पार्थमामंत्र्यगोविंदःपरिष्वज्यसुपीडितम् २० युधिष्ठिरंपूजयित्वाभीम
सेनंयमौतथा ॥ परिष्वक्तोभृशंतैस्तुयमाभ्यामभिवादितः २१ योजनार्धमथोगत्वाकृष्णःपरपुरंजयः ॥ युधिष्ठिरंसमामंत्र्यनिवर्त्तस्वेतिभारत २२ ततोऽभिवा
द्यगोविंदःपादौजग्राहधर्मवित् ॥ उत्थाप्यधर्मराजस्तुमूर्ध्न्युपाघ्रायकेशवम् २३ पांडवोयादवश्रेष्ठंकृष्णंकमललोचनम् ॥ गम्यतामित्यनुज्ञाप्यधर्मराजोयुधिष्ठिरः २४

द्याभावादसंगत्वं पराविद्याकल्पितोपाधिसंबंधात्प्रतिमाया भोजकत्ववन्नियंतृत्वमविद्यायाश्चाद्यंतशून्यत्वात्तन्नित्यत्वं चेतिसिद्धं । ततश्चासंगत्वाद्युक्तमस्य पुरुषसत्तमत्वं जनगमयितृत्वरूपजनार्दनत्वेन
नियंतृत्वं नियंतृत्वादेवच 'उत्सीदेयुरिमे लोका न कुर्यां कर्म चेदहम्' इति वक्ष्यमाणरीत्याजनशिक्षार्थं धौम्यवंदनेन वैदिकमर्यादापरिपालकत्वं द्रौपदीसांत्वनेन च सुहृदनुग्राहकत्वं चेत्यादि सर्वं
समंजसं । अयमेवार्थो मंगलश्लोकाभ्यामस्माभिः संगृहीतो न विस्मर्त्तव्यः ८ भ्रातॄन् पितृष्वसुः पुत्रान् ९ । १० । ११ तस्थुषां स्थितिमतां वरः सनातन इत्यर्थः १२ । १३ । १४ । १५ । १६
अभीषून् रथाश्वरश्मीन् १७ । १८ । १९ सुपीडितं गाढं यथाभवति तथा परिष्वज्य २० । २१ । २२ । २३ । २४

संविदं पुनरेष्यामीति निश्चयं कृत्वा २५ लोचनैरिति सर्वेन्द्रियाग्राह्यमपि परमात्मानं प्रथमं प्रतिमादिषु संचिंत्य । मनोभिरिति पश्चात्प्रतिमां त्यक्त्वा मनसैव चिंतयेदित्युक्तम् २६ । २७ मनसो लये शौरिर्मानसमूर्तिरूपोऽन्तर्दधे । अत एव ते अकामा निर्विकल्पसमाधिस्थाः । 'यदा सर्वे प्रमुच्यंते कामा येऽस्य हृदिश्रिताः । अथ मर्त्योऽमृतो भवत्यत्र ब्रह्म समश्नुते' इति श्रुतेः । यतो गोविंदे निर्विकल्पे ब्रह्मणि गतं लीनं मानसं येषां ते तथाभूताः २८ निवृत्त्येति समाधिसुखानुभवानंतरं व्युत्थानं ध्वनितम् २९ स गत्वेति पाठे गत्वा शीघ्रगमनशीलः । गमेरन्येभ्योऽपि दृश्यत

ततस्तैःसंविदंकृत्वायथावन्मधुसूदनः ॥ निवर्त्यचतथाकृच्छ्रात्पांडवान्सपदानुगान् २५ स्वांपुरींप्रययौहृष्टोयथाशक्रोऽमरावतीम् ॥ लोचनैरनुजग्मुस्तेतमादृष्टिपथात्तदा २६ मनोभिरनुजग्मुस्तेकृष्णंप्रीतिसमन्वयात् ॥ अतृप्तमनसामेवतेषांकेशवदर्शने २७ क्षिप्रमंतर्दधेशौरिश्चक्षुषांप्रियदर्शनः ॥ अकामाएवपार्थास्तेगोविंदगतमानसाः २८ निवृत्त्योपययुस्तूर्णंस्वंपुरंपुरुषर्षभाः ॥ स्यंदनेनाथकृष्णोऽपित्वरितंद्वारकामगात् २९ सात्वतेनचवीरेणपृष्ठतोयायिनातदा ॥ दारुकेणचसूतेनसहितोदेवकीसुतः ॥ सगतोद्वारकांविष्णुर्गरुत्मानिववेगवान् ३० ॥ वैशंपायनउवाच ॥ निवृत्यधर्मराजस्तुसहभ्रातृभिरच्युतः ॥ सुहृत्परिवृतोराजाप्रविवेशपुरोत्तमम् ३१ विसृज्यसुहृदःसर्वान्भ्रातॄन्पुत्रांश्चधर्मराट् ॥ मुमोदपुरुषव्याघ्रोद्रौपद्यासहितोनृप ३२ केशवोऽपिमुदायुक्तःप्रविवेशपुरोत्तमम् ॥ पूज्यमानोयदुश्रेष्ठैरुग्रसेनमुखैस्तथा ३३ आहुकंपितरंवृद्धंमातरंचयशस्विनीम् ॥ अभिवाद्यबलंचैवस्थितःकमललोचनः ३४ प्रद्युम्नसांबनिशठांश्चारुदेष्णंगदंतथा ॥ अनिरुद्धंचभानुंचपरिष्वज्यजनार्दनः ३५ सवृद्धैरभ्यनुज्ञातोरुक्मिण्याभवनंययौ ॥ मयोऽपिसमहाभागःसर्वरत्नविभूषिताम् ॥ विधिवत्कल्पयामाससभांधर्मसुतायवै ३६ ॥ इतिश्रीमहाभारतेसभापर्वणिसभाक्रियापर्वणिभगवद्यानेद्वितीयोऽध्यायः ॥ २ ॥

॥ वैशंपायनउवाच ॥ अथाब्रवीन्मयःपार्थमर्जुनंजयतांवरम् ॥ आपृच्छेत्वांगमिष्यामिपुनरेष्यामिचाप्यहम् १ उत्तरेणतुकैलासंमैनाकंपर्वतंप्रति ॥ यियक्षमाणेषुपुरादानवेषुमयाकृतम् २ चित्रंमणिमयंभांडंरम्यंबिंदुसरःप्रति ॥ सभायांसत्यसंधस्ययदासीद्वृषपर्वणः ३ आगमिष्यामितद्गृह्ययदितिष्ठतिभारत ॥ ततःसभांकरिष्यामिपांडवस्ययशस्विनीम् ४ मनःप्रल्हादिनींचित्रांसर्वरत्नविभूषिताम् ॥ अस्तिबिंदुसरस्युग्रागदाचकुरुनंदन ५ निहिताभावयाम्येवंराज्ञाहत्वारणेरिपून् ॥ सुवर्णबिंदुभिश्चित्रागुर्वीभारसहादृढा ६

इति कनिप् अनुदात्तोपदेशेत्यनुनासिकलोपे ह्रस्वस्येति तुगागमः ३० । ३१ । ३२ । ३३ । ३४ । ३५ कल्पयामास एवमेवंकरिष्यामीति मनसि विचारयामासेत्यर्थः ॥ ३६ ॥ ॥ इति सभापर्वणि नीलकंठीये भारतभावदीपे द्वितीयोऽध्यायः ॥ २ ॥ ॥ अथेति । १ । २ भांडमिवभांडं मूलधनं विचित्रं गोपादानद्रव्यं कृतं हिंगुलादिवन्निर्मितं मणिमयं मणिप्रचुरं येन कृत्रिममयूरादीनां चंद्रकलोचनादीनि क्रियंते ३ । ४ । ५ राज्ञा वृषपर्वणा निहिता सेदानीमप्यस्तीति भावयामीति योज्यं । ततोऽर्वाग्भीमसेनंविना तदुद्यमनयोग्यस्य पुंसोऽजातत्वादिति भावः । भारसहा गदांतरेण सन्निपातेसत्यविचाल्या यतो दृढा ६

सा वै शतसहस्रस्य लक्षस्य गदालक्षेण तुल्येत्यर्थः । स्वर्णभारसहस्रस्येति पाठे तु ' तुलां पलशतं प्राहुर्भारःस्याद्विंशतिस्तुला' इति शास्त्रोक्तमानेन गुर्वीत्यर्थः ७।८ प्रागुदीचीमैशानीं उत्तरे णोत्तरतः ९ हिरण्यशृंगो मैनाकावयवभूतो गिरिः १० ईश्वरेण प्रजापतिना ११।१२ दृष्टांततः शास्त्रसिद्धांततः १३ भूतपतिर्महादेवः सृष्ट्वा सृष्टिकर्त्ता । अत्रापि गत्वेतिवत् क्त्वानिप् १४।१५ शिष्टसंप्रतिपत्तये इति पाठेऽपि शिष्टान् धर्मानुष्ठाने प्रवर्त्तयितुमित्यर्थः १६ । १७ स्फाटिकं स्फटिक इत्युपलक्षणं नानारत्नमयं सितसारंगपिशंगादिवर्णानां महामणीनां चूर्णानि यथापे क्षितंमिश्राणि शुकपारावतमयूरजपादाडिमजंबूफलवर्णाद्यवांतरमिश्ररंगरचनार्थं । वृषपर्वयागे सभार्थं संपादितं तत्रोपयुक्तावशिष्टमानीतवानित्यर्थः १८ किंकरैः रक्षसां जातिविशेषैः १९ । २०

सावैशतसहस्रस्यसंमिताशत्रुघातिनी ॥ अनुरूपाचभीमस्यगांडीवंभवतोयथा ७ वारुणश्चमहाशंखोदेवदत्तःसुघोषवान् ॥ सर्वमेतत्प्रदास्यामिभवतेनात्रसं शयः ८ इत्युक्त्वासोऽसुरःपार्थंप्रागुदीचींदिशंगतः ॥ अथोत्तरेणकैलासान्मैनाकंपर्वतंप्रति ९ हिरण्यशृंगःसुमहान्महामणिमयोगिरिः ॥ रम्यंबिंदुसरोना मयत्रराजाभगीरथः १० द्रष्टुंभागीरथींगंगामुवासबहुलाःसमाः ॥ यत्रेष्टंसर्वभूतानामीश्वरेणमहात्मना ११ आहृताःक्रतवोमुख्याःशतंभरतसत्तम ॥ यत्रयूपाम णिमयाश्चैत्याश्चापिहिरण्मयाः १२ शोभार्थंविहितास्तत्रनतुदृष्टांततःकृताः ॥ यत्रेष्ट्वासगतःसिद्धिंसहस्राक्षःशचीपतिः १३ यत्रभूतपतिःसृष्ट्वासर्वाँल्लोकान्सनातनः ॥ उपास्यतेतिग्मतेजाःस्थितोभूतैःसहस्रशः १४ नरनारायणौब्रह्मायमःस्थाणुश्चपंचमः ॥ उपासतेयत्रसत्रंसहस्रयुगपर्यये १५ यत्रेष्टंवासुदेवेनसत्रैर्वर्षगणान्बहून् ॥ श्रद्दधानेनसततंधर्मसंप्रतिपत्तये १६ सुवर्णमालिनोयूपांश्चैत्यांश्चाप्यतिभास्वरान् ॥ ददौयत्रसहस्राणिप्रयुतानिचकेशवः १७ तत्रगत्वासजग्राहगदांशंखंच भारत ॥ स्फाटिकंचसभाद्रव्यंयदासीद्वृषपर्वणः १८ किंकरैःसहरक्षोभिर्यदरक्षन्महद्धनम् ॥ तदगृह्णान्मयस्तत्रगत्वासर्वंमहासुरः १९ तदाहृत्यचतांचक्रे सोऽसुरोऽप्रतिमांसभाम् ॥ विश्रुतांत्रिषुलोकेषुदिव्यांमणिमयींशुभाम् २० गदांचभीमसेनायप्रवरांप्रददौतदा ॥ देवदत्तंचार्जुनायशंखप्रवरमुत्तमम् २१ यस्यशंखस्यनादेनभूतानिप्रचकंपिरे ॥ सभाचसामहाराजशातकुंभमयद्रुमा २२ दशकिष्कुसहस्राणिसमंतादायताऽभवत् ॥ यथावह्नेर्यथार्कस्यसोमस्यच यथासमा २३ भ्राजमानातथाऽत्यर्थंदधारपरमंवपुः ॥ अभिघ्नतीवप्रभयाप्रभामर्कस्यभास्वराम् २४ प्रबभौज्वलमानेवदिव्यादिव्येनवर्चसा ॥ नवमेघप्रती काशादिवमावृत्यविष्ठिता ॥ आयताविपुलारम्याविपाप्माविगतक्लमा २५ उत्तमद्रव्यसंपन्नारत्नप्राकारतोरणा ॥ बहुचित्राबहुधनासुकृताविश्वकर्मणा २६ नदाशार्हीसुधर्मावाब्रह्मणोवाऽथतादृशी ॥ सभारूपेणसंपन्नायांचक्रेमतिमान्मयः २७ ॥ ॥ ॥ ॥

। २१ । २२ । २३ । २४ । दिव्या दिव्येन वर्चसा अलौकिकेन च तेजसा नवमेघप्रतीकाशा नवभिर्मेघैरिव मेघैश्चित्तक्षेत्रे चमत्कारामृतवर्षिभिः शृंगारादिभीरसैस्तत्तच्चित्रेष्व भिनीय प्रदर्शितैः शोभमाना दिवमावृत्य व्याप्याभिभूयेति यावत् । विष्ठिता विशेषेण स्थिता । विपाप्मा पापघ्नी दिव्यतेजःसंपन्नत्वात् । विगतक्लमा श्रमच्छेदिनी । व्यूढास्तत्र विचित्रमणिवेदिकेति पाठं कल्पयंति २५ प्राकारः परिधिभित्तिः तोरणानि बहिर्द्वाराणि । प्राकारमालिनीत्यपि पाठः २६ दश अहिंसादीन् यमनियमानर्हन्ति ते दशार्हा भगव द्भक्ता बलिबाणप्रभृतयस्तेषामियं दाशार्हीं । सात्वतीतिपाठे सात्परमात्मा सोऽस्त्येषां ते सात्वंतस्तेषामियं सात्वतीति स एवार्थः २७

वहंतीति सभाया जंगमत्वमुक्तं अतएव विमानप्रतिमेति नाम तस्या युक्तम् २८।२९ नलिनीं कमलवतीं सरसीं । वैदूर्यैरिंद्रनीलमणिमयैःपत्रैर्व्याप्तां मणिनालमयांबुजां मणिमयनालां कनकांबुजां च 'मयः शिल्पिनि दैत्यानां करभेऽश्वतरेपि च' इति विश्वः। 'करभः कलभो वाऽष्टापदे' इति च विश्वः। मणिनालोज्वलांबुजामिति पाठे तु मणिमयानि नालेषु विकस्वराण्यंबुजानि यस्यां सा तथा । मणिमयनालेषु स्वच्छांबुजां वा ३० पद्मसौगंधिकवतीं पद्माकारैः सौगंधिकैः पद्मरागैर्युक्तां । पद्मरागमयपद्मामित्यर्थः । 'सौगंधिकं तु कल्हारे पद्मरागेच' इति मेदिनी । हैमसौगंधिकवतीमिति पाठे स्पष्टार्थः । पुष्पितैर्विकसितैः । निष्पंकेति विद्यमानमपि सलिलमतिस्वच्छत्वादाश्रयरूपेणैव प्रकाशते न स्वरूपेण स्फटिकजपाकुसुमवत् । अनेन तत्र स्थलभ्रमकारणमुक्तं ३१ मंदानिलेन समुद्धूतां समुच्छलितबिंदुं । अत एव सर्वतः प्रसृतनलिनीपत्रेषु मुक्तातुल्यैर्जलबिंदुभिराचितां व्याप्तां । महामणिमयाः शिलापट्टा दीर्घचतुरस्रपाषाणा

तांस्मतत्रमयेनोक्तारक्षंतिचवहंतिच ॥ सभामष्टौसहस्राणिकिंकरानामराक्षसाः २८ अंतरिक्षचराघोरामहाकायामहाबलाः ॥ रक्ताक्षाःपिंगलाक्षाश्चशुक्तिकर्णाःप्रहारिणः २९ तस्यांसभायांनलिनींचकाराप्रतिमांमयः ॥ वैदूर्यपत्रविततांमणिनालमयांबुजाम् ३० पद्मसौगंधिकवतींनानाद्विजगणायुताम् ॥ पुष्पितैःपंकजैश्चित्रांकूर्मैर्मत्स्यैश्चकांचनैः ॥ चित्रस्फटिकसोपानांनिष्पंकसलिलांशुभाम् ३१ मंदानिलसमुद्धूतांमुक्ताबिंदुभिराचिताम् ॥ महामणिशिलापट्टबद्धपर्यंतवेदिकाम् ३२ मणिरत्नचितांतांतुकेचिदभ्येत्यपार्थिवाः ॥ दृष्ट्वाऽपिनाभ्यजानंततेऽज्ञानात्प्रपतंत्युत ३३ तांसभामभितोनित्यंपुष्पवंतोमहाद्रुमाः ॥ आसन्नानाविधालोलाःशीतच्छायामनोरमाः ३४ काननानिसुगंधीनिपुष्करिण्यश्चसर्वशः ॥ हंसकारंडवोपेताश्चक्रवाकोपशोभिताः ३५ जलजानांचपद्मानांस्थलजानांचसर्वशः ॥ मारुतोगंधमादायपाण्डवान्स्मनिषेवते ३६ ईदृशींतांसभांकृत्वामासैःपरिचतुर्दशैः ॥ निष्ठितांधर्मराजायमयोराजन्न्यवेदयत् ३७ ॥

॥ इतिश्रीमहाभारतेसभापर्वणिसभाक्रियापर्वणिसभानिर्माणेतृतीयोऽध्यायः ॥ ३ ॥ ॥ वैशंपायनउवाच ॥ ततःप्रवेशनंतस्यांचक्रेराजायुधिष्ठिरः ॥ अयुतंभोजयित्वातुब्राह्मणानांनराधिपः १ साज्येनपायसेनैवमधुनाभिश्रितेनच ॥ भक्ष्यैर्मूलैःफलैश्चैवमांसैर्वाराहहारिणैः ॥ कृसरेणाथजीवंत्याहविष्येणचसर्वशः २ मांसप्रकारैर्विविधैःखाद्यैश्चापितथानृप ॥ चोष्यैश्चविविधैराजन्पेयैश्चबहुविस्तरैः ३ ॥ ॥ ॥ ॥

स्तैर्बद्धाः पर्यन्ते समीपे चतुर्दिक्षु वेदिकाः यस्यास्ताम् ३२ मणिरत्नचितां तां नलिनीं त्वभ्येत्याधिगत्य ज्ञात्वा । अयं भावः अदृष्टपूर्वैरतिभास्वरैः पत्रनालपुष्पैराच्छन्नत्वात्सलिलस्य काचमय्यां वैदूर्यमणिमय्यां वा भुवि कृत्रिमाण्येव कमलादीनीति भ्रमान्मणिरत्नचिता भूमिरेवेयमिति तां नलिनीं ज्ञात्वा स्थलभ्रमाज्जले पतंतीति ३३ तां सभामभित इति कर्मप्रवचनीययोगात् द्वितीया। तस्याः सभायाः समंतत इत्यर्थः ३४ पुष्करिण्यस्तटाकाः ३५ । ३६ परिचतुर्दशैश्चतुर्दशाधिकैः ॥ ३७ ॥ ॥ इति सभापर्वणि नीलकंठीये भारतभावदीपे तृतीयोऽध्यायः ॥ ३ ॥ ॥ तत इति १ कृसरेण तिलमिश्रौदनेन । 'ओदनस्तिलमिश्रस्तु कृसरः परिकीर्तितः । तिलकल्कान्विनिक्षिप्य श्रितो वा कृसरो भवेत्' इति गृह्यविदः। जीवंत्या पाकविशेषेण ओदनस्यैव यवनभाषया 'खिरिंजि' इत्युच्यते । शाकविशेषेणेत्यन्ये २ । ३

अहतैः अनुपभुक्तैः ४ । ५ दैवतानि द्वारादिषु स्थानेषु पितामहादीनि । 'द्वारे पितामहं विंद्यात्' इति सूत्रात् ६ मल्लाः बाहुयोधिनः झल्ला लकुटयोधिनः ७ । ८ । ९ । १० । ११ । १२

अहतैश्चैववासोभिर्माल्यैरुच्चावचैरपि ॥ तर्पयामासविप्रेंद्रान्नानादिग्भ्यःसमागतान् ४ ददौतेभ्यःसहस्राणिगवांप्रत्येकशःपुनः ॥ पुण्याहघोषस्तत्रासीद्दि
वस्पृगिवभारत ५ वादित्रैर्विविधैर्दिव्यैर्गन्धैरुच्चावचैरपि ॥ पूजयित्वाकुरुश्रेष्ठोदैवतानिनिवेश्यच ६ तत्रमल्लानटाझल्लासूतावैतालिकास्तथा ॥ उपत
स्थुर्महात्मानंधर्मपुत्रंयुधिष्ठिरम् ७ तथासकृत्वापूजांतांभ्रातृभिःसहपांडवः ॥ तस्यांसभायांरम्यायांरेमेशक्रोयथादिवि ८ सभायामृषयस्तस्यांपांडवैःसहआ
सते ॥ आसांचक्रुर्नरेन्द्राश्चनानादेशसमागताः ९ असितोदेवलःसत्यःसर्पिर्मालीमहाशिराः ॥ अर्वावसुःसुमित्रश्चमैत्रेयःशुनकोबलिः १० बकोदाल्भ्यःस्थूल
शिराःकृष्णद्वैपायनःशुकः ॥ सुमंतुर्जैमिनिःपैलोव्यासशिष्यास्तथावयम् ११ तित्तिरिर्याज्ञवल्क्यश्चससुतोलोमहर्षणः ॥ अप्सुहोम्यश्चधौम्यश्चअणीमांड
व्यकौशिकौ १२ दामोष्णीषस्त्रैबलिश्चपर्णादोघटजानुकः ॥ मौञ्जायनोवायुभक्षःपाराशर्यश्चसारिकः १३ बलिवाकःसिनीवाकःसत्यपालःकृतश्रमः ॥ जातूकर्णः
शिखावांश्चआलंबःपारिजातकः १४ पर्वतश्चमहाभागोमार्कण्डेयोमहामुनिः ॥ पवित्रपाणिःसावर्णोभालुकिर्गालवस्तथा १५ जंघाबंधुश्चरैभ्यश्चकोपवेगस्तथा
भृगुः ॥ हरिबभ्रुश्चकौण्डिन्योबभ्रुमालीसनातनः १६ काक्षीवानौशिजश्चैवनाचिकेतोऽथगौतमः ॥ पैंग्योवराहःशुनकःशांडिल्यश्चमहातपाः १७ कुकुरोवेणुजंघोऽ
थकालापःकठएवच ॥ मुनयोधर्मविद्वांसोधृतात्मानोजितेंद्रियाः १८ एतेचान्येचबहवोवेदवेदांगपारगाः ॥ उपासतेमहात्मानंसभायामृषिसत्तमाः १९ कथयं
तःकथाःपुण्याधर्मज्ञाःशुचयोऽमलाः ॥ तथैवक्षत्रियश्रेष्ठाधर्मराजमुपासते २० श्रीमान्महात्माधर्मात्मामुंजकेतुर्विवर्धनः ॥ संग्रामजिद्दुर्मुखश्चउग्रसेनश्चवी
र्यवान् २१ कक्षसेनःक्षितिपतिःक्षेमकश्चापराजितः ॥ कंबोजराजःकमठःकंपनश्चमहाबलः २२ सततंकंपयामासयवनानेकएवयः ॥ बलपौरुषसंपन्नान्
कृतास्त्रानमितौजसः ॥ यथासुरान्कालकेयान्देवोवज्रधरस्तथा २३ जटासुरोमद्रकानांचराजाकुंतिःपुलिंदश्चकिरातराजः ॥ तथाऽङ्गवांगौसहपुण्ड्रकेणपां
ड्योण्ड्रराजौचसहांध्रकेण २४ अंगोवंगःसुमित्रश्चशैब्यश्चामित्रकर्शनः ॥ किरातराजःसुमनायवनाधिपतिस्तथा २५ चाणूरोदेवरातश्चभोजोभीमरथश्चयः ॥
श्रुतायुधश्चकालिंगोजयसेनश्चमागधः २६ सुकर्माचेकितानश्चपुरुश्चामित्रकर्शनः ॥ केतुमान्वसुदानश्चवैदेहोऽथकृतक्षणः २७ सुधर्माचानिरुद्धश्चश्रुतायुश्चमहा
बलः ॥ अनूपराजोदुर्धर्षःक्रमजिच्चसुदर्शनः २८ शिशुपालःसहसुतःकरूषाधिपतिस्तथा ॥ वृष्णीनांचैवदुर्धर्षाःकुमारादेवरूपिणः २९ आहुकोविपृथुश्चैवगदः
सारणएवच ॥ अक्रूरःकृतवर्माचसत्यकश्चशिनेःसुतः ३० ॥ ॥ ॥ ॥ ॥

१३ । १४ । १५ । १६ । १७ । १८ । १९ । २० । २१ । २२ कालकेयाः कालकाया अपत्यान्यसुराः २३ । २४ । २५ । २६ । २७ । २८ । २९ । ३०

३१ । ३२ । ३३ रौरवाजिनवाससोमृगचर्मपरीधानाः ३४ । ३५ । ३६ सप्तविंशतिश्चित्रसेनाद्या गंधर्वगणाः ३७ साम्यं तालविशेषः । शंपेत्यपि पाठः शंपा दक्षिणहस्तगृहीततालविशेषः । 'शंपादक्षिणपाणस्तु वामे ताल इति स्मृतः' इत्युक्तेः । प्रमाणे गीतवाद्यतालानां ध्वनिसाम्ये । लये द्रुतमध्यविलंबिते । स्थाने उरः शिरः कंठादौ ३८ । ३९ । ४० । ४१ इति सभापर्वणि नीलकंठीये भारतभावदीपे चतुर्थोऽध्यायः ॥ ४ ॥ ॥ ॥ अथ तत्रोपविष्टेष्विति । अत्र नारदो युधिष्ठिरं प्रश्नमुखेन राजधर्माननुशास्ति १ तत्र शास्तुः स्वरूपं तावद्व्याचष्टे अस्यापि कणिकतुल्यता माभूदिति वेदोपनिषदांवेत्तेति । वेदाः ऋग्यजुःसामाथर्वाणः । उपनिषदो रहस्यविद्याश्चतुर्विधाः । तत्र कर्मांगावबद्धोपासनं 'उषावा अश्वस्य मेध्यस्य शिरः' इत्यादिशास्त्रविहितं कर्मांगेष्वश्वादिषु विराड्दृष्टिकरणं । प्रतीकोपासनं 'अन्नं ब्रह्मेत्युपासीत आदित्यो ब्रह्मेत्यादेशः' इत्यादित्यादिमूर्तिषु ब्रह्मदृष्टिकरणं अहंग्रहोपासनं 'त्वं वा अहमस्मि भगवो देव ते अहं वै त्वमसि' इति व्यतिहारेणात्मनो देवतायाश्चाभेदचिंतनं । ज्ञानं ब्रह्मात्मानुभवः । वेदानां कर्मप्रतिपादकानांतदंतर्गतानामुपनिषदां च वेत्ता

भीष्मकोऽथाकृतिश्चैवद्युमत्सेनश्चवीर्यवान् ॥ केकयाश्चमहेष्वासायज्ञसेनश्चसौमकिः ३१ केतुमान्वसुमांश्चैवकृतास्त्रश्चमहाबलः ॥ एतेचान्येचबहवःक्षत्रियामुख्यसंमताः ३२ उपासतेसभायांस्मकुंतीपुत्रंयुधिष्ठिरम् ॥ अर्जुनंयेचसंश्रित्यराजपुत्रामहाबलाः ३३ अशिक्षंतधनुर्वेदंरौरवाजिनवाससः ॥ तत्रैवशिक्षिताराजन्कुमाराःवृष्णिनंदनाः ३४ रौक्मिणेयश्चसांबश्चयुयुधानश्चसात्यकिः ॥ सुधर्माचानिरुद्धश्चशैब्यश्चनरपुंगवः ३५ एतेचान्येचबहवोराजानःपृथिवीपते ॥ धनंजयसखाचात्रनित्यमास्तेस्मतुंबुरुः ३६ उपासतेमहात्मानमासीनंसप्तविंशतिः ॥ चित्रसेनःसहामात्योगंधर्वाप्सरसस्तथा ३७ गीतवादित्रकुशलाःसाम्यतालविशारदाः ॥ प्रमाणेऽथलयेस्थानेकिन्नराःकृतनिश्रमाः ३८ संचोदितास्तुंबुरुणागंधर्वसहितास्तदा ॥ गायंतिदिव्यतानैस्तेयथान्यायंमनस्विनः ३९ पांडुपुत्रानृषींश्चैवरमयंतउपासते ॥ तस्यांसभायामासीनाःसुव्रताःसत्यसंगराः ४० दिवीवदेवाब्रह्माणंयुधिष्ठिरमुपासते ४१ ॥ इतिश्रीमहा० सभापर्वणिसभाक्रियापर्वणिसभाप्रवेशोनामचतुर्थोऽध्यायः ॥ ४ ॥ समाप्तंचसभाक्रियापर्व ॥ ॥ ॥ अथलोकपालसभाख्यानपर्व ॥ ॥ वैशंपायनउवाच ॥ ॥ अथ तत्रोपविष्टेषुपांडवेषुमहात्मसु ॥ महत्सुचोपविष्टेषुगंधर्वेषुचभारत १ वेदोपनिषदांवेत्ताऋषिःसुरगणार्चितः ॥ इतिहासपुराणज्ञःपुराकल्पविशेषवित् २ न्यायविद्धर्मतत्त्वज्ञःषडंगविदनुत्तमः ॥ ऐक्यसंयोगनानात्वसमवायविशारदः ३ ॥ ॥ ॥ ॥

पाठतोऽर्थतश्च ज्ञाता । अत एव ऋषिः गंता फलं प्रति वेदोक्तकृत्स्नफलभागी कृतानुष्ठानत्वात् । अत एव सुरगणार्चितः । इतिहासपुराणे प्रसिद्धे । पुराकल्पो बहुकर्तृकमन्वाख्यानं 'देवासुराः संयत्ता आसन्' इत्यादिकं वेदोक्तं । विशेषः एककर्तृकमन्वाख्यानं परिकृत्याख्यं । 'हरिश्चंद्रो ह वैधस ऐक्ष्वाको राजाऽपुत्र आस' इत्यादि तस्य योगबलात् प्रत्यक्षदर्शी २ न्यायः पंचांगमधिकरणं । यथा 'विषयो विशयश्चैव पूर्वपक्षस्तथोत्तरं । संगतिश्चेति पंचांगं शास्त्रेऽधिकरणं विदुः' । अत्र यूपस्य स्वरुं करोतीति वाक्यं विषयः । तत्र षष्ठी यूपसंबंधीतिकर्तव्यतालक्षणार्था उत यूपावयवलक्षणार्थेतिसंदेहो विशयः । एतावेव पूर्वोत्तरपक्षौ ज्ञेयौ । कल्पनालाघवानुग्रहादुत्तरः सिद्धांतः । फलमनुष्ठानभेदः । पूर्वपक्षे तक्षणाष्टाश्रीकरणादिना

काष्ठांतरं यूपसदृशं निर्मातव्यं । सिद्धांते एकदेशस्य पृथक्करणमात्रमिति । इदमेव पंचकं मोक्षधर्मेपूक्तं । 'सूक्ष्मं सांख्यक्रमौ चोभौ निर्णयः सप्रयोजनः । पंचैतान्यनुजानीहि वाक्यमित्युच्यते बुधैः'इति । सूक्ष्मं गहनार्थत्वाद्विषयः । सांख्यमेवमेवंवेति विचारः । क्रमोऽतिक्रमः सिद्धांतस्य पूर्वपक्ष इत्यर्थः । निर्णयः सिद्धांतः । प्रयोजनं फलमिति । वाक्यं वाक्यार्थनिर्णयोपायः । एवं पूर्वोत्तरमीमांसाधिकरणानि न्यायास्तद्विद । धर्मज्ञो मन्वादिप्रणीतशास्त्रतत्त्वज्ञः । षडंगविद् शिक्षा कल्पो व्याकरणं छन्दोविचिति निरुक्तं ज्योतिषमिति षड्वेदांगानि । अनुत्तमोऽत्युत्कृष्टः । ऐक्यसंयोगनानात्वसमवायविशारदः ऐक्यादित्रयं सर्वेष्वपि शास्त्रेषु समानं । यथा मीमांसायां समिधोयजतत्यादिप्रयाजाद्यंगवाक्यानां दर्शपूर्णमासाभ्यां स्वर्गकामो यजेतेति महावाक्येनैकवाक्यत्वमैक्यं । संयोगनानात्वं संयोगपृथक्त्वं । यथा दध्ना जुहोतीति वाक्याश्रित्यमपि दधि दध्नेंद्रियकामस्येति वाक्यांतरेणेंद्रियार्थमपि पृथग्विधीयते तेन द्वयमपि युगपद्दध्ना साध्यत इति । समवायः एकस्मिन्कर्मण्यनेकेषां धर्माणां सन्निपातः । यथा इष्टिपशुसोमात्मके राजसूये इष्ट्यादीनां दर्शादित्रिकद्वयस्येव साक्षात्परमाऽपूर्वजनकत्वे उपनिपातो न त्वंगानामिव परंपरया परमापूर्वोपकारकत्वं । यद्वा ' तमेतं वेदानुवचनेन ब्राह्मणा विविदिषंति यज्ञेन दानेन तपसाऽनाशकेन'इति आत्मविविदिषोत्पादकापूर्वे वेदानुवचनादीनामेककार्यकारित्वलक्षणमैक्यं । नन्वेककमांगत्वाभावे कथमेषामैक्यमत आह संयोगनानात्वेति । स्वस्ववाक्योत्पन्नानां पृथक्फलानामप्येषां संयोगपृथक्त्वन्यायेन विविदिषार्थत्वमपि युक्तमेवेत्यर्थः । नन्वेषां समुच्चितानामेककार्यकारित्वे समुच्चयासंभवः राजसूयादीनां ब्राह्मणाद्यनुपयोगित्वात् प्रत्येकं चेदितरवैयर्थ्यमित्याशंक्याह समवायविशारद इति । समवायो यथाधिकारं कर्मसंबंधः । अयमर्थः ब्राह्मणादीनां राजसूयादिष्वनधिकारान्न तत्प्राप्तिः । विविदिषायाः पापनिवृत्तिफलकैर्नित्यैरेवोत्पत्तेर्न तदर्थं फलतो निषिद्धानां श्येनादीनां प्राप्तिः । अत एव हेतुद्वयात्पवित्रेष्ट्यादिकं काम्यमपि न निवार्यते । नित्याना

वक्ताप्रगल्भोमेधावीस्मृतिमान्नयवित्कविः ॥ परापरविभागज्ञःप्रमाणकृतनिश्चयः ४

मपि न सर्वेषांसमुच्चयः विविदिषाख्यदृष्टफलकस्वात् । तस्मान्न सर्वकर्मसमुच्चयो नापीतरवैयर्थ्यमिति । एवंरूप एव समुच्चयोऽत्र समवायशब्दार्थः । अस्मिस्त्रये विशारदो विवेकसमर्थः । यद्वा ऐक्यं साधर्म्यात्पृथिव्यादीनां द्रव्यत्वेन रूपेण संयोगनानात्वमसाधारणधर्मसंबधस्तेन पृथिवीत्वजलत्वादिरूपेण भेदोऽपि समवायः शरीरे पंचानामपि भूतानां मेलकः । एतेषां तत्वं साधर्म्यं वैधर्म्यं संकरं च ज्ञातुं कुशल इत्यर्थः ३ न केवलं ज्ञातुमेव कुशलः किंतु वक्तुमित्याह वक्तेति । वक्ताऽपि समानाधिकरण एवेत्याह प्रगल्भ इति । असंबद्धप्रलापी नेत्यर्थः । यतो मेधावी ऊहापोहकुशलः । तादृशोऽपि स्मृतिमान् अधीतं न नाशितवानित्यर्थः । नयविद्नायविभागादिव्यवहारवित् । कविरनागतदर्शी । परापरविभागज्ञः परापरयोर्ज्ञानकांडकर्मकांडयोर्विभागो यथायोग्यं शिष्येषु विभजनं तज्ज्ञः । यतः प्रमाणकृतनिश्चयः प्रमाणं प्रत्यक्षानुमानागमादि । तच्च द्विविधं लौकिकमलौकिकं च आद्यं घटवह्निस्वर्गादिविषयं । द्वितीयं निर्विशेषात्मवस्तुतत्त्वविषयम् । तथाहि अहंकारादिकमात्मनि सुषुप्त्यादावदृष्टत्वान्मिथ्येति तत्र प्रत्यक्षं सुप्तौ निर्विशेषत्वं । तथा द्रष्टृदृश्यौएकोपादानकौ भास्यभासकत्वात् श्रोत्रशब्दवत् भास्यभासकौ च दृश्यद्रष्टारौ तस्मादेकोपादानकौ यौ न तथा तौ नैकोपादानकौ यथा शब्दघ्राणाविति व्यतिरेकतो वा साध्यसिद्धौ सत्यामुपादानोपादेययोरभेदादृङ्मात्रं वस्तुतत्त्वमिति सिद्ध्यति अनुमानादप्यात्मनो निर्विशेषत्वम् घटज्ञानं पटज्ञानमिति दृशि विशेषदर्शनानुभवस्य घटाकाशादिवदौपाधिकत्वात् । तथाऽगमोऽप्यात्मनो निर्विशेषत्वे प्रसिद्धः । 'अस्थूलमनणु निर्गुणं निष्क्रियम्' इत्यादिः ४

मन्वनुमानबलाच्चन्द्रप्रादेशिकत्वप्रत्यक्षं यजमानः प्रस्तर इत्यादिरागमश्च शिथिलीक्रियते । अनुमानमपि नरशिरःकपालं शुचि प्राण्यंगत्वात् शंखवदित्यादिकं 'नारं स्पृष्ट्वाऽस्थि सस्नेहं सवासा जलमाविशेत्' इत्यागमेन तथा च सर्वमपि प्रमाणं सदोषमतस्तत्र कृतनिश्चयत्वं दूरापेतमित्याशंक्याह पंचावयवयुक्तस्य वाक्यस्य गुणदोषवित् । तत्र परं बोधयितुंप्रवृत्तस्यानुमानवाक्ये प्रतिज्ञादयः पंचावयवाः । तत्र पर्वतो वह्निमानिति प्रतिज्ञा । धूमादिति हेतुः । यथा महानस इति दृष्टांत उदाहरणम् । धूमवांश्चायमित्युपनयः । तस्माद्वह्निमानिति निगमनं । अस्मिन्वाक्ये गुणोऽनुकूलतर्को यदि वन्हिमान्न स्यात्तर्हि धूमवानपि न स्यात् । दोषो ऽह्रदो वन्हिमानित्यादावाश्रयासिद्धिप्रभृतिः । तावुभौ वेत्तीति तथा । तथा चानुमानं प्रत्यक्षागमौ शिथिलीकरोतु । व्रीहिप्रभृतादौ शुचित्वाशुचित्वविभागस्य शास्त्रैकगम्यत्वात् तत्रानुकूलतर्काभाव एवानुमानबाधको न त्वागम इति स्थितं । तथा च लौकिकप्रमाणाधिकारिणे अपरं कर्मकांडमेव विभजते इतरस्येतरदिति विवेकः ५ यथावत्कृतनिश्चयः लौकिकानां प्रमाणानां प्रामाण्यमादाय धर्मार्थकामानां पुरुषार्थत्वनिश्चयः । इतरेषां प्रामाण्यमुपजीव्यमप्युपमृद्य मोक्षरसस्य पुरुषार्थत्वनिश्चयः । तदा लौकिकप्रमाणबाधात् । वेदा अवेदा इति श्रुतेः । 'लौकिकं तद्वदेवेदं प्रमाणं त्वात्मनिश्चयात्' इत्यभियुक्तोक्तेश्च । आत्मनिश्चयादर्वागेवेतिशेषः आ आत्मनिश्चयादिति वा छेदः । महामतिः आत्मज्ञः । 'आत्मनो वा अरे दर्शनेन मत्या विज्ञानेनेदं सर्वं विदितम्' इति तस्यैव सार्वज्ञ्यश्रुतेः ६ सांख्ययोगविभागज्ञः सांख्यं वेदांतविचारः योगश्चित्तवृत्तिनिरोधः अनयोर्विभाग उपयोगः तत्र श्रवणात्मको वाक्यार्थविचारः प्रमाणगतासंभावनानिवृत्त्युपयोगी । मननाख्यः श्रुतस्यार्थस्य तर्केणानुसंधानरूपो विचारः प्रमेयगतासम्भावनानिवृत्त्युपयोगी अद्वैतमेव वेदो वदति युक्तियुक्तं चैतदेवेति सांख्यविभागः । निदिध्यासनापरपर्यायो योगः अनात्मसु देहादिष्वात्मप्रत्ययरूपां विपरीतभावनां निवर्त्य ज्ञातृज्ञानज्ञेयाभाववंत दृङ्मात्रप्रत्ययं गोचरयतीति योग

पंचावयवयुक्तस्यवाक्यस्यगुणदोषवित् ॥ उत्तरोत्तरवक्ताचवदतोऽपिबृहस्पतेः ५ धर्मकामार्थमोक्षेषुयथावत्कृतनिश्चयः ॥ तथाभुवनकोशस्यसर्वस्यास्यमहामतिः ६ प्रत्यक्षदर्शीलोकस्यतिर्यगूर्ध्वमधस्तथा ॥ सांख्ययोगविभागज्ञोनिर्विवित्सुःसुरासुरान् ७ ॥ ॥ ॥

विभागः । ये तु 'द्वौ क्रमौ चित्तनाशस्य योगो ज्ञानं च राघव । योगो वृत्तिनिरोधो हि ज्ञानं सम्यगवेक्षणं'इति वासिष्ठवचनमुदाहृत्य चित्तनाशाख्यात्मदर्शनस्य द्वावुपायाविति वदंति । तेषां 'तमेव विदित्वातिमृत्युमेति नान्यः पंथा विद्यतेऽयनाय'इति श्रुतिविरोधः । संवादिभ्रमवद्योगोऽपि ज्ञानं जनयित्वैव फलद इति चेत्तस्योपसर्जनत्वं कर्मणामिव स्यात्तथा च नोपायांतरं योग इत्यापतति । वासिष्ठवाक्यं तु क्रमभेदमाह नतूपायभेदं । तथा च कृतोपास्तेर्योग उपसर्जनं वाक्यार्थसंभवं ज्ञानं प्रधानं । अकृतोपास्तेस्तु ज्ञानमुपसर्जनं योगः प्रधानं । यथा दृष्टगोपिंडस्याप्यगृहीतशब्दार्थसंगतिकस्य इयं गौरिति वाक्यमेव गवाज्ञाननुत् नचक्षुस्तेन विषयीकृतेऽपि गोपिंडे गोबुभुत्सानुवृत्तेः । एवं साक्षात्कृतत्वंपदार्थस्यापि तत्त्वमसीति वाक्यमेव संसारानर्थमूलब्रह्माज्ञानस्य निवर्त्तकं न मनस्तेन दृष्टेपि त्वमर्थे ब्रह्माज्ञानानुवृत्तिदर्शनात् । एवं सास्नादिमती गौरिति लक्षणतो ज्ञातगोपदार्थस्यापि गोपिंडदर्शनमेव गोबुभुत्सानिवर्तकं न तु वाक्यं । तथा श्रवणादिना ज्ञातब्रह्मपदार्थस्यापि योगादेव दर्शनं न तु वाक्यात् तेन तंत्वौपनिषदं पुरुषं पृच्छामीति मनसैवानुद्रष्टव्यमिति च शब्दमनसोर्ज्ञानकरणत्वानुवादकश्रुत्योर्व्यवस्था सिद्ध्यति । तदिदमुक्तं सांख्ययोगविभागज्ञ इति । विभागो हि द्वयोः समुच्चित्यैककार्यकारित्वे सति संभवति ननु व्रीहियववद्विकल्पैककार्यकारित्वे इत्यास्तां तावत् । 'सांख्ययोगौ पृथग्बालाः प्रवदंति न पंडिताः' इत्यत्र प्रपंचयिष्यमाणत्वात् । एवं ब्राह्मया विद्यया संपन्नत्वमुक्त्वारामयोगविद्यांतरसंपत्तिमप्याह निर्विवित्सुः सुरासुरानित्यादिना । निर्विवित्सुः विवित्सुर्विचारं कर्तुमिच्छुः निर्विवित्सुस्तद्विरोधी ॥ ९ ॥

उभयेषां धीप्रमोषणेन कलहप्रवर्त्तकः । यद्वा निर्वेदोयुद्धादुपरतिस्तं कर्तुमिच्छुर्लोकनाशभयादित्यर्थः । एतेन भेदाभिज्ञत्वमुक्तं ७ संधिः साम । विग्रहो निग्रहो दण्ड इत्यर्थः । अनुमानविभागवित् स्वपरशक्तिबलाबलेअनुमानतो निश्चित्य विभागं विभजनं परामात्यादिभ्यो धनप्रदानं तद्वित् । अनुमाय विभागविदिति गौडाः पठंति । एवं च नीतिशास्त्रप्रसिद्धोपायचतुष्टयाभिज्ञत्वमुक्तं । षाड्गुण्यविधियुक्तश्च षड्गुणाःसंधिविग्रहयानासनद्वैधीभावसमाश्रयाख्यास्त एव षाड्गुण्यं । स्वार्थेष्यञ् । तस्य विधिरज्ञातज्ञापनं तेन युक्तः । सर्वदा विजिगीषुभ्यः षाड्गुण्यादिकमुपदिशति स्वस्य निःशत्रुत्वेऽप्याधिकारिकत्वात् । तत्र संधिविग्रहौ प्रत्येकं द्विविधौ । प्रबलदुर्बलयोर्विजिगीषावतोः समभूमौ युद्धप्रसंगे आद्यो विग्रहमिच्छति दंडेनैव । परः संधिमिच्छति दानेनेति । तयोरेव दुर्बलोऽभेद्यदुर्गाश्रितश्चेद्बलवताऽपि सह देशोल्लुंठनादिना विग्रहमिच्छति । इतरस्तु तेन सहाल्पकरग्रहेणापि संधिमेवेच्छति । तथा च दुर्बलद्वारकौ संधिविग्रहावन्यौ प्रबलद्वारकावन्यौ । तदिदमुक्तंरामायणे 'द्वियोनी संधिविग्रहौ' इति । तत्र प्रबलयोर्निर्विग्रहः यानासनयोः प्रयोजकः । दुर्बलयोनिः संधिर्द्वैधीभावसमाश्रययोः । तथोक्तं कामंदकीये । 'संधेश्चविग्रहस्यापि द्वैगुण्यं संप्रचक्षते ॥ यानासने विग्रहस्य

संधिविग्रहतत्त्वज्ञस्त्वनुमानविभागवित् ॥ षाड्गुण्यविधियुक्तश्चसर्वशास्त्रविशारदः ८ युद्धगांधर्वसेवीचसर्वत्राप्रतिघस्तथा ॥ एतैश्चान्यैश्चबहुभिर्युक्तोगु
णगणैर्मुनिः ९ लोकाननुचरन्सर्वानागमत्तांसभांनृप ॥ नारदःसुमहातेजाऋषिभिःसहितस्तदा १० पारिजातेनराजेंद्रपर्वतेनचधीमता ॥ सुमुखेनच
सौम्येनदेवर्षिरमितद्युतिः ११ सभास्थान्पांडवान्द्रष्टुंप्रीयमाणोमनोजवः ॥ जयाशीभिस्तुतंविप्रोधर्मराजानमार्चयत् १२ तमागतमृषिंदृष्ट्वानारदंसर्वध
र्मवित् ॥ सहसापांडवश्रेष्ठःप्रत्युत्थायानुजैःसह १३ अभ्यवादयतप्रीत्याविनयावनतस्तदा ॥ तदर्हमासनंतस्मैसंप्रदाययथाविधि १४ गांचैवमधुप
र्कंचसंप्रदायार्घ्यमेवच ॥ अर्चयामासरत्नैश्चसर्वकामैश्चधर्मवित् १५ तुतोषचयथावच्चपूजांप्राप्ययुधिष्ठिरात् ॥ सोर्चितःपांडवैःसर्वैर्महर्षिर्वे
दपारगः ॥ धर्मकामार्थसंयुक्तंपप्रच्छेदंयुधिष्ठिरम् १६ ॥ ॥ ॥ ॥

रूपं संधेः परं द्वयम् ' इति द्वौ गुणभूतौ यस्य स द्विगुणः स च स च तौ तयोर्भावो द्वैगुण्यं तत्र यानं विजिगीषोरारिं प्रति यात्रा । आसनं कदा चिच्छक्तिप्रतिबंधे च तत्रैव शत्रोर्दुर्गमावेष्ट्य तत्र धान्यादिप्रवेशनं प्रतिबध्नताअवस्थानं । बलवता विग्रहे बलवत्तरेण तच्छत्रुणा संधिं कृत्वा उभयत्र दासोऽस्मीति वाचैवात्मसमर्पणं कर्तव्यं न कर्मणेति स द्वैधीभावः । यथोक्तं तत्रैव 'बलिनोर्द्विषतोर्मध्ये वाचाऽऽत्मानं समर्पयन् । द्वैधीभावेन वर्तेत काकाक्षिवदलक्षितः' इति । अरिणा पीड्यमानस्य बलवद्दुर्गभूपालाद्याश्रयणं समाश्रयः । एवं चोपायांतर्गतौ संधिविग्रहावन्यौ षाड्गुण्यांतर्गतौ चान्याविति न पुनरुक्तिः ८ युद्धगांधर्वसेवी तदुभयप्रियइत्यर्थः सर्वत्रसर्वासु विद्यासु सर्वेषु कर्मसु चाऽप्रतिघोऽप्रतिहतः । पूर्णशक्तित्वात् अन्यैरसंगत्वकारुण्यादिभिः । मुनिरात्मतत्त्वानुसंधानवान् ९ आगमदागतवान् । १० । ११ । आर्च यत्पूजितवान् १२ । १३ । १४ । १५ । १६ ॥ ॥ ॥

कच्चिदर्थाश्च कल्पंत इति । कच्चिदिति कामप्रवेदने स्वाभिप्रायाविष्करणे । त्वदीया अर्थाः स्वकार्ये यागदानकुटुंबभरणादौ समर्था भवंत्विति ममाभिप्राय इत्यर्थः । एवं करिष्यामि यथैतदुक्तमित्यंते राज्ञांगीकृतत्वादुपदेशपरोयं ग्रंथ इत्यवसीयते । अर्थधर्मकाममोक्षांस्त्वदीयानविहतानिच्छामीतिक्रमेणपादचतुष्टयार्थः । कच्चिदिति सर्वत्र संबंधनीयं । तत्रापि मनश्चाऽन्तरात्मनि प्रणिधीयमानं न प्रतिहन्यते हन्यंतैररित्यंत्यपादार्थः १७ त्रिवृत्तमाधममध्यमेषु ऋत्विक्पुरोहितादिषु धर्मेण सहितां वृत्तिं वर्त्तसे दंडचद्वेष्यादिष्वर्थेन सहितां प्रजासु पालनषड्भागहाराभ्यां धर्मार्थसहितामिति विवेकः । धर्मार्थौ च धर्मार्थौ चेति द्वंद्वैकशेषः तैः सहितामिति समासः १८ कच्चिदर्थेनेति । अर्थलोभाद्धर्मबाधो नीचानां धर्मलोभादर्थबाधो विरक्तानां कामेन प्रीतिसारेण तात्कालिकसुखाभासप्रदर्शनबलेन मोहयता धर्मार्थयोर्बाधः कामुकानां प्रसक्तः । त्वयि राज्यप्रतिकूलानां नीचत्वविरक्तत्वकामुकत्वानामभावमिच्छामीत्यर्थः १९ परस्परविरोधिनामेषां कथमेकेनानुष्ठानमित्याशंक्य कालभेदेनेत्याह कच्चिदर्थमिति । 'पूर्वाह्णे चाचरेद्धर्मं मध्याह्नेऽर्थमुपार्जयेत् । सायाह्ने चाचरेत्काममि त्येषा वैदिकी श्रुतिः'इति दक्षोक्तकालव्यवस्थामास्थाय त्रिवर्गं सेवेथेत्यर्थः । सदावरदेति संबोधनेन परानुग्रहरूपो धर्मः सर्वस्मिन्नपि काले कर्तव्य इति सूचयति । सममिति पाठे अवैषम्येणात्मसाम्येनेत्यर्थः २० कच्चिद्राजेति । षड्गुणाः'वक्ता प्रगल्भो मेधावी स्मृतिमान्नयवित्कविः'इति नारदस्तुतौ सूचिता वक्तृत्वादयः । अत्र राजगुणेषु वक्तृत्वं चारामात्यादिषु यथायोग्यं

॥ नारदउवाच ॥ कच्चिदर्थाश्चकल्पंतेधर्मेचरमतेमनः ॥ सुखानिचानुभूयंतेमनश्चनविहन्यते १७ कच्चिदाचरितंपूर्वैर्नरदेवपितामहैः ॥ वर्त्तसेवृत्तिमक्षुद्रांधर्मार्थसहितांत्रिषु १८ कच्चिदर्थेनवाधर्मंधर्मेणार्थमथापिवा ॥ उभौवाप्रीतिसारेणनकामेनप्रबाधसे १९ कच्चिदर्थंचधर्मंचकामंचजयतांवर ॥ विभज्यकालेकालज्ञःसदावरदसेवसे २० कच्चिद्राजगुणैःषड्भिःसप्तोपायांस्तथाऽनघ ॥ बलाबलंतथासम्यक्चतुर्दशपरीक्षसे २१ ॥

कार्योपदेशकौशलं । प्रागल्भ्यं शत्रुदमनादावुत्कर्षप्रदर्शनं । मेधावित्वं तर्ककौशलं । स्मृतिमान्कविरिति चातीतानागतयोः परामर्शित्वं । नयविदिति नीतिशास्त्रवित्त्वं । एतै राजगुणैरुपायान्बलाबलमन्यांश्चतुर्दश त्वं परीक्षसे इति योजना । हे अनघ चतुर्दशभी राजदोषैर्वर्जित ते च वक्ष्यंते 'नास्तिक्यमनृतं क्रोधं प्रमादं दीर्घसूत्रतां । अदर्शनं ज्ञानवतामालस्यं पंचवृत्तितां । एकचिंतनमर्थानामनर्थज्ञैश्च चिंतनं । निश्चितानामनारंभं मंत्रस्यापरिरक्षणं । मंगलाद्यप्रयोगं च प्रत्युत्थानं च सर्वतः । कच्चित्त्वं वर्जयस्येतान् राजदोषांश्चतुर्दश'इति । नास्तिक्यं परलोकापलापः । प्रमादोऽनवधानता । दीर्घसूत्रतां चिरक्रियत्वं । पंचवृत्तितां पंचेंद्रियपरवशतां । अर्थानां प्रयोजनानामेकचिंतनमेकेनैव चिंतनं । अनर्थज्ञैर्विपरीतार्थदर्शिभिः सह चिंतनं मंत्रः । मंगलमुत्सवः आदिपदाद्देवपूजादि तस्याप्रयोगमननुष्ठानं । प्रत्युत्थानं च सर्वतः युगपत्सर्वदिगवस्थितशत्रूद्देशेन दंडयात्रेति तदर्थः यद्वा अयं पराजयमूलं विंशतिवर्गसद्ग्रहित। स च कामंदकीये उक्तः । 'बालो वृद्धो दीर्घरोगी तथा ज्ञातिबहिष्कृतः । भीरुको भीरुजनको लुब्धो लुब्धजनस्तथा । विरक्तप्रकृतिश्चैव विषयेष्वपि सक्तिमान् । अनेकचित्तमंत्रश्च देवब्राह्मणनिंदकः । दैवोपहतकश्चैव दैवचिंतक एव च । दुर्भिक्षव्यसनोपेतो बलव्यसनसंकुलः । अदेशस्थो बहुरिपुर्युक्तो कालेन यश्च सः । सत्यधर्मव्यपेतश्च विंशतिः पुरुषा अमी । एतैः संधिं न कुर्वीत विग्रही स्यात्तु केवलम्'इति । उपायाः सप्त सामदानभेददंडमंत्रौषधेंद्रजालाख्याः । बलाबलं स्वपरपक्षयोः साम्यं परस्य हीनता स्वस्य वा हीनतेति त्रिविधं । यथायोगं बुद्ध्यादिभिः

सामादयः परीक्षणीयाः किमनेन शत्रुणा साम कर्तव्यं न वा । कर्तुमारब्धं चेत् सिद्धयति न वा । सिद्धं चेदंते कुशलं न वेति चारप्रेषणादिना च बलाबलप्रभृतिकं परीक्षणीयं । तथा चतुर्दश देशादयोऽपि परीक्षणीयाः । ते च नीतिशास्त्रोक्ताः । 'देशो दुर्गं रथो हस्तिवाजियोधाधिकारिणः । अंतःपुरान्नगणनाः शास्त्रलेख्यधनासवाः । परीक्ष्या ह्यधिपास्तेषां चतुर्दश नरेश्वरैः, इति । योधाः शूराः अधिकारिणो देशपालदुर्गपालसेनापत्यादयः । गणना अश्वरथधनादीनां संख्या । लेख्यमायव्ययनिर्णयाय सर्वस्य पत्रारोहकरणं । धनं पर्याप्तमपर्याप्तं चेति विचार्य । आमवाः मद्यवदपकारिणः प्रच्छन्नशत्रवः । असव इति पाठे असुर्बलमित्यर्थः । बलाबलेन सम्यक्त्वमिति स्वीयं परकीयं च देशादिकमुक्तविधेन बलाबलेन बुद्धया चारैश्च परीक्षणीयमित्यर्थः २१ एतदेवाह कच्चिदात्मानमिति । आत्मानं प्रबलं परान् दुर्बलान्परीक्ष्य सेवसे राज्यं । तथा विपरीते जयमूलस्य कोशस्य वृद्धयेसंधाय परैः सह साम कृत्वाऽष्टौ कर्माणि । 'कृषिर्वणिक्पथो दुर्गं सेतुः कुंजरबंधनं । खन्याकरकरादानं शून्यानांच निवेशनं । अष्टौ संधानकर्माणि प्रयुक्तानि मनीषिभिः' इति शास्त्रोक्तानि सेवसे । कुंजरबंधनं बहुभक्षकत्वात्तेषां यथाविभागं ग्रामीणधनैरेव ग्रामे ग्रामे पोषणार्थं बंधनं । खनी रत्नाद्युत्पत्तिस्थानं आकरः सुवर्णाद्युत्पत्तिस्थानमिति भेदः । खननमात्रेण धमनादिनाऽभिमुखीकरणेन च तयोस्तल्लाभहेतुत्वात् २२ कृष्यादिनाऽपि कोशवृद्धिः स्वाम्यादिप्रकृतिसप्तकस्य परैर्धनादिना मोहने कृते सति न भवतीत्यत आह कच्चित्प्रकृतय

कच्चिदात्मानमन्वीक्ष्यपरांश्चजयतांवर ॥ तथासंधायकर्माणिअष्टौभारतसेवसे २२ कच्चित्प्रकृतयःसप्तनलुप्ताभरतर्षभ ॥ आढ्यास्तथाऽव्यसनिनःस्वनुरक्ताश्चसर्वशः २३ कच्चिन्नकृतकैर्दूतैर्येचाप्यपरिशंकिताः ॥ त्वत्तोवातवचामात्यैर्भिद्यतेमंत्रितंतथा २४ मित्रोदासीनशत्रूणांकच्चिद्वेत्सिचिकीर्षितम् ॥ कच्चित्संधिंयथाकालंविग्रहंचोपसेवसे २५ ॥ ॥ ॥ ॥ ॥ ॥

इति । सप्त 'स्वाम्यमात्यसुहृत्कोशराष्ट्रदुर्गबलानिच । राज्यांगानि प्रकृतयः पौराणां श्रेणयोऽपि च' इति कोशोक्ताः । तत्र स्वामिरूपा प्रकृति सप्तविधा । 'दुर्गाध्यक्षो बलाध्यक्षो धर्माध्यक्षश्चमूपतिः । पुरोधा वैद्यदैवज्ञौ सप्त प्रकृतयः स्मृताः' इति प्रोक्ताः । बलाध्यक्षो बलस्य चतुरंगस्याहारादिदानेन पालकः । धर्मः कार्यमात्रं । चमूपतिर्युद्धे चम्वाः प्रणेता । अमात्यो मंत्री । सुहृन्न्यायान्यायविभागकर्ता पर्षद्रूपः । एते न तावका लुप्ताः परैर्मोहिता माभूवन् । लुप्यतेर्मोहनार्थस्येदं रूपं लुप्ताश्चेद्दुर्गादीनामेव नाशापत्तिरित्यर्थः । अथवा त एवाढ्याःसंतो व्यसनिनो द्यूतपानादिरताः माभूवन् । 'हृष्टो दृप्यति दृप्तो धर्ममतिक्रामति धर्मातिक्रमात्पापं करोति' इति स्मृतेरस्त्याढ्यस्य व्यसनप्रसक्तिस्तदाऽपि न कोशादीनां वृद्धिः स्यात् । कथं तर्हि स्युः सर्वप्रकारैः स्वनुरक्ता अत्यंतं स्वामिकार्ये प्रीतिमंतः २३ दुर्गाध्यक्षादीनां लोभतो विपरीतकार्यकारित्वेन नाशहेतुत्वं प्रसिद्धं । अमात्यसुहृदोस्तु लोभने कथं नाशहेतुत्वमित्याशंक्य मंत्रभेदेनेत्याह कच्चिन्नेत्यादिना । अपरिशंकिताः येषु दौष्ट्यशंका नास्ति तैः कृतकैः कृत्रिमैः सुहृद्भूतैर्दूतैरुभयवेतनैस्तव मंत्रितं मंत्रो न भिद्यते प्रकाश्यते कच्चित् । तर्कैर्दूतैर्वेति पाठे सम्यगपि मंत्रितं कुयुक्तिभिर्न विप्लाव्यत इत्यर्थः । त्वत्तो वा कृतकमित्रं प्रति कथयतोऽमात्यैर्वाकृतकैर्मंत्रितं भिद्यत इति सर्वत्र संबंधनीयं २४ मित्रेति । मित्रं सम्यक् परीक्ष्य तेन सह संमंत्र्य बलवता शत्रुणा संधिं दुर्बलेन सह विग्रहं मध्यमेनोभयवेतनेनोदासीनेन राज्ञा च सह वृत्तिं साम्येन स्थितिं च कुर्यादिति सार्द्धश्लोकार्थः २५

तत्र मित्रं कैर्गुणैः परीक्षेतेत्यत आह कच्चिदात्मसमा इति । शुद्धाचारत्वं कुलीनत्वं च नैर्मल्यस्यासाधारणं लिंगम् । शुद्धाः संबोधनक्षमा इत्यत्र शुचयो जीवितक्षमा इति पाठे आप न्नप्रस्य राज्ञ उज्जीवने क्षमा इत्यर्थः २६ किमेवंविधेन मंत्रेणेत्यत आहार्धेन विजयइति २७ मंत्रभेदो माभूदित्युक्तं तत्फलमाह कच्चित्संवृतेति २८ कच्चिन्निद्रेति । यथाकालं स्वप्नप्रबो धवता ब्राह्मे मुहूर्त्तेऽमात्यादिभिः सह कृतस्य मंत्रस्य पर्यालोचनं कर्त्तव्यं । 'ब्राह्मे मुहूर्ते चोत्थाय चिंतयेदात्मनो हितम्' इति स्मृतेस्तदा निर्णीतोऽर्थो न विप्लवत इत्यवसायात् २९ कच्चिन्मंत्रेति । 'षट्कर्णो भिद्यते मंत्र' इति प्रसिद्धेर्द्वाभ्यामेव मंत्रयितव्यमित्यर्थः । मंत्रभेदो न कर्त्तव्य इत्युक्तं तदुपसंहरति कच्चित्त इति ३० स्वाम्यमात्यादिप्रकृतिसप्तकानुग्रहात् कृष्यादिकर्माष्टकसिद्धितश्च कोशवृद्धिरित्युक्तं तदनुवदति विशेषविधानार्थं कच्चिदर्थानिति । अर्थानर्थप्राप्त्युपायान् । लघुमूलानल्पव्ययसाध्यान् । महोदयान् प्रचुरफलान् तादृशान्कृ ष्याद्यारंभकर्तॄनन्यान्वैश्यादीन् । तेभ्योऽपि करादानेन कोशवृद्धिरेव भवतीति भावः ३१ कच्चिन्न सर्वे इति । कर्मणा अंत्यंते बध्यंत इति कर्मांताः कृष्यादिकर्मबद्धाः कृषीवलादयः

कच्चिद्वृत्तिमुदासीनेमध्यमेचानुमन्यसे ॥ कच्चिदात्मसमावृद्धाःशुद्धाःसंबोधनक्षमाः २६ कुलीनाश्चानुरक्ताश्चकृतास्तेवीरमंत्रिणः ॥ विजयोमंत्रमूलोहि राज्ञोभवतिभारत २७ कच्चित्संवृतमंत्रैस्तेअमात्यैःशास्त्रकोविदैः ॥ राष्ट्रंसुरक्षितंतातशत्रुभिर्नविलुप्यते २८ कच्चिन्निद्रावशंनैषिकच्चित्कालेविबुद्ध्यसे ॥ कच्चिच्चापररात्रेषुचिंतयस्यर्थमर्थवित् २९ कच्चिन्मंत्रयसेनैकःकच्चिन्नबहुभिःसह ॥ कच्चित्तेमंत्रितोमंत्रोनराष्ट्रंपरिधावति ३० कच्चिदर्थान्विनिश्चित्यलघु मूलान्महोदयान् ॥ क्षिप्रमारभसेकर्त्तुंनविघ्नयसितादृशान् ३१ कच्चिन्नसर्वेकर्मान्ताःपरोक्षास्तेविशंकिताः ॥ सर्वेवापुनरुत्सृष्टाःसंसृष्टंचात्रकारणम् ३२ आप्तैरलुब्धैःक्रमिकैस्तेचकच्चिदनुष्ठिताः ॥ कच्चिद्राजन्कृतान्येवकृतप्रायाणिवापुनः ३३ विदुस्तेवीरकर्माणिनानवाप्तानिकानिचित् ॥ कच्चित्कार णिकाधर्मेसर्वशास्त्रेषुकोविदाः ॥ कारयंतिकुमारांश्चयोधमुख्यांश्चसर्वशः ३४ कच्चित्सहस्रैर्मूर्खाणामेकंक्रीणासिपंडितम् ॥ पंडितोह्यर्थकृच्छ्रेषुकुर्यान्निः श्रेयसंपरम् ३५ कच्चिद्दुर्गाणिमर्वाणिधनधान्यायुधोदकैः ॥ यंत्रैश्चपरिपूर्णानितथाशिल्पिधनुर्धरैः ३६ एकोऽप्यमात्योमेधावीशूरोदांतोविचक्षणः ॥ राजानंराजपुत्रंवाप्रापयेन्महतींश्रियम् ३७ ॥ ॥ ॥ ॥

कच्चित्ते परोक्षा अज्ञाता न संति । अथवा विशंकिताः अविश्वास्याः न संति । अथवा पुनरुत्सृष्टाः पुनःपुनस्त्यक्तोपात्ताः । संसृष्टं स्नेहः । 'संसृष्टं त्रिषु संगते' इति मेदिनी । चिरपरिग्र हात् ज्ञाताःविश्वास्याः स्निग्धाश्च कर्मकरा अत्र महोदये कर्मणि कारणमुदयनिमित्तं ज्ञात्वा तादृशानेव संगृह्णीयादित्यर्थः ३२ एतदेवाहार्द्धेन आप्तैरिति । क्रमिकैर्वृद्धक्रमागतैः । तेच कृष्या दयश्चकच्चिदिति मंत्रगुप्तिवत्कर्मगुप्तिरपि कर्त्तव्येत्यर्थः ३३ अनवाप्तान्यनारब्धानि न विदुः कच्चिदिति आवृत्त्या योज्यं । कोशवृद्ध्युपायमुक्त्वा बलवृद्ध्युपायमाह कच्चित्कारणिका इति । कारणं ज्ञापनं शिष्येभ्यो विद्याप्रतिपादनं तदर्थं चरंति ते कारणिकाः कृपद्रोणसदृशा आचार्याः कारयंति शिक्षयंति ३४ सुहृद्दुर्गामात्यसंपदं क्रमेण त्रिभिराह कच्चित्सहस्रैरित्यादिभिः । अर्थकृच्छ्रेषु प्रयोजनसंकटेषु । निःश्रेयसं कल्याणं । ३५ । ३६ । ३७ । ॥ ॥ ॥ ॥ ॥

॥ ७ ॥

षष्ठीं राष्ट्रसंपदमाह कच्चिदष्टादशान्येष्विति । तीर्थानि मंत्रिप्रभृतीन्यष्टादश यान्यवगाह्य राजा कृतकृत्यो भवति । तानि चोक्तानि नीतिशास्त्रे 'मंत्री पुरोहितश्चैव युवराजश्चभूपतिः ॥ पंचमो द्वारपालश्च षष्ठोंऽतर्वेशिकस्तथा ॥ कारागाराधिकारी च द्रव्यसंचयकृत्तथा ॥ कृत्याकृत्येषु चार्थानां नवमो विनियोजकः ॥ प्रदेष्टा नगराध्यक्षः कार्यनिर्माणकृत्तथा ॥ धर्माध्यक्षः सभाध्यक्षो दंडपालस्त्रिपंचमः ॥ षोडशो दुर्गपालश्च तथा राष्ट्रांतपालकः ॥ अटवीपालकांतानि तीर्थान्यष्टादशैव तु ॥ चारान्विचारयेत्तीर्थेष्वात्मनश्च परस्यच । पाखंडादीनविज्ञातानन्योन्यमितरेष्वपि मंत्रिणं युवराजं च हित्वा स्वेषु पुरोहितम् 'इति ॥ एषां तीर्थशब्दवाच्यत्वे हलायुधः । ' योनौ जलावतारे च मंत्र्याद्यष्टादशस्वपि ॥ पुण्यक्षेत्रे तथा पात्रे तीर्थं स्याद्दर्शनेष्वपि' इति । परेषामष्टादशसु स्वस्य मंत्रिपुरोहितयुवराजवर्जं पंचदशसु च तीर्थेषु चारानन्यैः परस्परं चाविज्ञातांस्त्रींस्त्रीन्प्रयुज्य तत्रत्यां वार्त्तां सर्वचारसंवादे तथ्यां जानीयात् ज्ञात्वा च स्वप्रजानामनुरंजनेन परप्रजानां दुःखितानामभयदानादिना आकर्षणेन च स्वराष्ट्रं वर्धयेदित्युक्तं भवति ३८ पूर्वोक्तानां गौणस्वामिनां संपदं विवक्षुर्मुख्यस्वामिसंपदं तावदाह कच्चिद्द्विषामिति । अविदितः

कच्चिदष्टादशान्येषुस्वपक्षेदशपंचच ॥ त्रिभिस्त्रिभिरविज्ञातैर्वेत्सितीर्थानिचारकैः ३८ कच्चिद्द्विषामविदितःप्रतिपन्नश्चसर्वदा ॥ नित्ययुक्तोरिपून्सर्वान्वीक्षसेरिपुसूदन ३९ कच्चिद्विनयसंपन्नःकुलपुत्रोबहुश्रुतः ॥ अनसूयुरनुप्रष्टासत्कृतस्तेपुरोहितः ४० कच्चिदग्निषुतेयुक्तोविधिज्ञोमतिमानृजुः ॥ हुतंचहोष्यमाणंचकालेवेदयतेसदा ४१ कच्चिदंगेषुनिष्णातोज्योतिषःप्रतिपादकः ॥ उत्पातेषुचसर्वेषुदैवज्ञःकुशलस्तव ४२ कच्चिन्मुख्यामहत्स्वेवमध्यमेषुचमध्यमाः जघन्याश्चजघन्येषुभृत्याःकर्मसुयोजिताः ॥ अमात्यानुपधातीतान्पितृपैतामहाञ्शुचीन् ॥ श्रेष्ठाञ्श्रेष्ठेषुकच्चित्त्वंनियोजयसिकर्मसु ४३ कच्चिन्नोग्रेणदंडेनभृशमुद्विजसेप्रजाः ॥ राष्ट्रंतवानुशासंतिमंत्रिणोभरतर्षभ ४४ कच्चित्त्वांनावजानंतियाजकाःपतितंयथा ॥ उग्रप्रतिग्रहीतारंकामयानमिवस्त्रियः ४५ कच्चिद्धृष्टश्चशूरश्चमतिमान्धृतिमाञ्शुचिः ॥ कुलीनश्चानुरक्तश्चदक्षःसेनापतिस्तथा ४६ ॥ ॥ ॥

परकिंकरैः । प्रतिपन्नः सावधानः । प्रतियत्त इति पाठे प्रतीकारे यत्नवान् । नित्ययुक्तो नित्योद्योगी ३९ विनयसंपन्नः शिक्षायुक्तः । कुलपुत्रः सत्कुलजः । अनसूयुः परगुणेषु दोषारोपमकुर्वन् । अनुप्रष्टा शास्त्रचर्चाकुशलः । असंकीर्ण इति पाठे सदसद्विवेकवान् ४० ऋजुरकुटिलः ४१ अंगेषु सामुद्रिकशास्त्रोक्तरीत्या अंगानां परीक्षायां । उत्पातेषु दिव्यभौमशारीरेषु धूमकेतुभूकंपवामनेत्रस्फुरणादिष्वागाम्यशुभसूचकेषु ४२ सेनापत्याकरकोशाध्यक्षकृष्याद्यवेक्षणानि मुख्यमध्यमनीचानि । उपधातीतान् छलरहितान् । श्रेष्ठेषु मंत्रकार्येषु ४३ । ४४ पतितमितिव्यतिरेकदृष्टांतः । नावजानंति नावमन्यंते तत्र हेतुः उग्रप्रतिग्रहीतारं उग्रमिति क्रियाविशेषणं । यद्वा उग्रं हिंस्रं कर्म तेन प्रतिग्रहीतारं धनस्य प्रजापीडकमित्यर्थः । यथोक्तं 'प्रजापीडनसंतापात्समुद्भूतोमहानलः । राज्ञः प्राणान् बलं कोशं नादग्ध्वा विनिवर्त्तते' इति । तथा च नाशहेतुकर्मकारिणोऽवज्ञैवोचिताऽतस्त्वया तन्न कर्त्तव्यमित्यर्थः । कामयानं कामतो यानं पर्यटनं यस्य तं स्वैरिणमिव भ्रष्टत्वादरतिप्रदत्वाच्च स्त्रियोऽवमन्यंते तद्वत् ४५ हृष्टो धनमानादिना ४६ ॥ ॥ ॥

धृष्टावदाताः प्रगल्भा निष्कपटाश्च अत एव विक्रांता जयं कृतवंतः । एवं गौणस्वामिसंपदमुक्त्वा तद्वृद्धिहेतुमाह त्वया सत्कृत्य मानिता इत्यादिना ४७ भक्तमहरहर्देयं धान्यादि । वेतनं मासांतदेयं वित्तं । विकर्षणं कालातिक्रमः ४८ दौर्गत्यात् दारिद्र्येण ४९ प्रधानतः मंत्रिणमारभ्य मंत्रिप्रभृतय इत्यर्थः ५० सांपरायिकान् संग्रामहितान् शूरान् गजरथतुरगारोहान् पदातींश्चार्थान्प्रयोजनानि नानुशास्ति । सर्वस्यैकाधिपत्ये तद्भेदेन सर्वनाशो युगपदेव स्यादिति भावः ५१ कच्चित्पुरुषेति । कृतज्ञो भवेदिति भावः ५२ कच्चिद्विद्येति । बुद्धिदान् मानयसीति भावः ५३ कच्चिद्दारानिति । जीवतां शूराणां विश्वासार्थं व्यसनं चेति परलोकार्थम् ५४ तदेवाह युद्धे वेति ५५ सर्वस्या इति । प्रजानुकूल्यमपि जयहेतुः ५६ एवं विजयहेतुं प्रकृतिसंपदमुक्त्वा विजयकालमाह कच्चिद्व्यसनिनमिति । व्यसनैः 'स्त्री द्यूतं मृगया मद्यं नृत्यं गीतं वृथाटनं ॥ वाद्यं निंदा दिवास्वापो व्यसनानि नृणां दश' इत्युक्तैर्युक्तं त्रिविधं बलं मंत्रकोशभृत्यबलानि । प्रभुमंत्रोत्साहशक्तीर्वा ५७ पार्ष्णिमूलं पार्ष्णिग्राहकः आदिर्यस्य तत् द्वादशविधं मंडलं तच्चोक्तं कामंदकीये 'अमात्यराष्ट्रदुर्गाणि कोशो दंडश्च पंचमः ॥ एताः प्रकृतयस्तज्ज्ञैर्विजिगीषोरुदाहृताः ॥ संपन्नस्तु प्रकृतिभिर्महोत्साहः कृतश्रमः ॥ जेतुमेषणशीलश्च विजीगीषुरिति स्मृतः ॥ अरिर्मित्रमरे

कच्चिद्बलस्यतेमुख्याःसर्वयुद्धविशारदाः ॥ धृष्टावदाताविक्रांतास्त्वयासत्कृत्यमानिताः ४७ कच्चिद्बलस्यभक्तंचवेतनंचयथोचितम् ॥ संप्राप्तकालेदातव्यंददासिनविकर्षसि ४८ कालातिक्रमणादेतेभक्तवेतनयोर्भृताः ॥ भर्तुःकुर्वंतिदौर्गत्यात्सोऽनर्थःसुमहान्स्मृतः ४९ कच्चित्सर्वेऽनुरक्तास्त्वांकुलपुत्राःप्रधानतः ॥ कच्चित्प्राणांस्तवार्थेषुसंत्यजंतिसदायुधि ५० कच्चिन्नैकोबहूनर्थान्सर्वशःसांपरायिकान् ॥ अनुशास्तियथाकामंकामात्माशासनातिगः ५१ कच्चित्पुरुषकारेणपुरुषःकर्मशोभयन् ॥ लभतेमानमधिकंभूयोवाभक्तवेतनम् ५२ कच्चिद्विद्याविनीतांश्चनरान्ज्ञानविशारदान् ॥ यथार्हंगुणतश्चैवदानेनाभ्युपपद्यसे ५३ कच्चिद्दारान्मनुष्याणांतवार्थेमृत्युमीयुषाम् ॥ व्यसनंचाभ्युपेतानांबिभर्षिभरतर्षभ ५४ कच्चिद्भयादुपगतंक्षीणंवारिपुमागतम् ॥ युद्धेवाविजितंपार्थपुत्रवत्परिरक्षसि ५५ कच्चित्त्वमेवसर्वस्याःपृथिव्याःपृथिवीपते ॥ समश्चानभिशंक्यश्चयथामातायथापिता ५६ कच्चिद्व्यसनिनंशत्रुंनिशम्यभरतर्षभ ॥ अभियासिजवेनैवसमीक्ष्यत्रिविधंबलम् ५७ यात्रामारभसेदिष्ट्याप्राप्तकालमरिंदम ॥ पार्ष्णिमूलंचविज्ञायव्यवसायंपराजयम् ५८ ॥

मित्रं मित्रमित्रमतः परं ॥ अथारिमित्रमित्रं च विजिगीषोः पुरस्कृताः ॥ पार्ष्णिग्राहस्ततः पश्चादाक्रंदस्तदनंतरं ॥ आसारावनयोश्चैव विजिगीषोस्तु पृष्ठतः ॥ अरेश्च विजिगीषोश्च मध्यमो भूम्यनंतरः ॥ अनुग्रहे संहतयोर्व्यस्तयोर्निग्रहे प्रभुः ॥ मंडलाद्बहिरेतेषामुदासीनो बलाधिकः ॥ अनुग्रहे संहतानां व्यस्तानां च वधे प्रभुः' इति । विजिगीषुशत्रू तयोर्मित्रे तन्मित्रे चेति त्रीणि द्वंद्वानि क्रमेण पुरतः । विजिगीषोः पृष्ठतः पार्ष्णिग्राहाक्रंदौ पार्ष्णिग्राहः पृष्ठरक्षकः । आक्रंदः प्रोत्साहकः । एतयोरनुग्राहकावासारौ तत्तत्पृष्ठगतौ पार्ष्णिग्राहासार आक्रंदासारश्चेति दश पुरुषाः । विजिगीषुशत्र्वोः पार्श्वे मध्यमः सर्वेषां पार्श्वे उदासीनः । इति मंडलं पार्ष्णिमूलमित्युच्यते । व्यवसायं कृत्यनिश्चयं कृत्यं च 'अलब्धवेतनो लुब्धो मानी चाप्यवमानितः ॥ क्रुद्धश्च कोपितोऽकस्मात्तथा भीतिश्च भीषितः ॥ यथाभिलषितैः कामैर्भिंद्यादेतांश्चतुर्विधान् ॥ परकीयान् स्वकीयांस्तु रक्षेद्विजयकामुकः' इति नीतिशास्त्रोक्तं । पराजयं पराजयमूलानां व्यसनानां परपक्षे सद्भावं स्वपक्षे चाभावं विज्ञाय दिष्ट्या विशेषतो दैवज्ञादिद्वारा ज्ञात्वा । तत्र दैवं व्यसनं पंचविधं मानुषं

च पंचविधं । यथोक्तंकामंदकीये । 'हुताशनो जलं व्याधिर्दुर्भिक्षं मरकस्तथा । इति पंचविधं दैवं व्यसनं मानुषं परं । अयुक्तेभ्यश्च चोरेभ्यः परेभ्यो राजवल्लभात् । पृथिवीपतिलो
भाच्च प्रजानां पंचधा भयम्' इति ५८ उपच्छन्नानि परैरलक्ष्याणि । रत्नानि उत्कृष्टवस्तूनि भेदायेत्यर्थः ५९ । ६० स्वनुष्ठिताः शोभनेन पुरुषेण सम्यगनुष्ठिताः । विधिवद्गुणाः
ये सामादयः विधिवदनुष्ठिताः संतो गुणाः हिताय भवंत्यन्यथा विपरीताय यथोक्तमभियुक्तैः । 'चतुर्थोपायसाध्ये तु रिपौ सांत्वमपक्रिया'इति । यद्वा सामादयोऽवश्यमनुष्ठेयाः यतो
राज्ञां गुणाः संधिविग्रहयानासनद्वैधीभावसंश्रयाः विधिवदग्निहोत्रादिविधिवदवश्यानुष्ठेयाः तदकरणे स्वराष्ट्रभंगादिना जातेन प्रजापीडनेन राज्ञां दोषोत्पत्तिः ६१ मूलं स्वराज्यंदृढप्र
त्ययिभिःशूरैरधिष्ठितं सत् दृढं परानभिभाव्यं कृत्वा ६२ अष्टांगसंयुक्ता 'रथा नागा हया योधाः पत्तयः कर्मकारकाः । चारा दैशिकमुख्याश्च ध्वजिन्यष्टांगिका मता' । चतुर्विधबला
मौलमैत्रभृत्याटविकैर्बलैर्युक्ता बलमुख्यैः सेनापतिभिः प्रतिवर्धिनी प्रातिकूल्येनछेदिनी ६३ लवःसस्यच्छेदनकालः मुष्टिःसस्यानां गोपनकालः दुर्भिक्षमिति यावत् । लुञ् छेदने मुष

बलस्यचमहाराजदत्वावेतनमग्रतः ॥ कच्चिच्चबलमुख्येभ्यःपरराष्ट्रेपरंतप ॥ उपच्छन्नानिरत्नानिप्रयच्छसियथार्हतः ५९ कच्चिदात्मानमेवाग्रेविजित्य
विजितेंद्रियः ॥ परान्जिगीषसेपार्थप्रमत्तानजितेंद्रियान् ६० कच्चित्तेयास्यतःशत्रून्पूर्वंयांतिस्वनुष्ठिताः ॥ सामदानंचभेदश्चदंडश्चविधिवद्गुणाः ६१
कच्चिन्मूलंदृढंकृत्वापरान्यासिविशांपते ॥ तांश्चविक्रमसेजेतुंजित्वाचपरिरक्षसि ६२ कच्चिदष्टांगसंयुक्ताचतुर्विधबलाचमूः ॥ बलमुख्यैःसुनीतातेद्विषतां
प्रतिवर्धिनी ६३ कच्चिल्लवंचमुष्टिंचपरराष्ट्रेपरंतप ॥ अविहायमहाराजनिहंसिसमरेरिपून् ६४ कच्चित्स्वपरराष्ट्रेषुबहवोऽधिकृतास्तव ॥ अर्थान्समधि
तिष्ठंतिरक्षंतिचपरस्परम् ६५ कच्चिदभ्यवहार्याणिगात्रसंस्पर्शनानिच ॥ घ्रेयाणिचमहाराजरक्षंत्यनुमतास्तव ६६ कच्चित्कोशश्चकोष्ठंचवाहनंद्वारमा
युधम् ॥ आयश्चकृतकल्याणैस्तवभक्तैरनुष्ठितः ६७ कच्चिदाभ्यंतरेभ्यश्चबाह्येभ्यश्चविशांपते ॥ रक्षस्यात्मानमेवाग्रेतांश्चस्वेभ्योमिथश्चतान् ६८ क
च्चिन्नपानेद्यूतेवाक्रीडासुप्रमदासुच ॥ प्रतिजानंतिपूर्वाह्णेव्ययंव्यसनजंतव ६९ ॥ ॥ ॥ ॥

स्तेये आभ्यामधिकरणे घक्तिनौ । परराष्ट्रे क्षेत्रस्थेषु सस्येषु सुखलब्धान्नैर्दुर्भिक्षे च राजकुललब्धभक्तोपजीविभिर्निरन्नताक्रांताः शत्रवः सुखं जेया इत्यर्थः ६४ स्वपरराष्ट्रेषु स्वेति
दृष्टांतार्थं स्वराष्ट्रे इव परराष्ट्रे प्रविष्टाः बहवोऽधिकृताः स्थाने स्थाने स्थिताः स्थानपत्यादयोऽर्थान् प्रयोजनानि प्रजावशीकरणकरग्रहणादीनि रक्षंति च परस्परं संभूय परकीय
मागतं सेनापत्यादिकमभिभूय राष्ट्रं स्वीयांश्च रक्षंतीत्यर्थः ६५ अभ्यवहार्याणि भक्ष्याणि गात्रसंस्पर्शनानि वस्त्राणि । संघर्षणानीति पाठे चंदनागुरुकुंकुमकस्तूरिकादीनि । घ्रेया
णि उत्तमधूपादीनि । अनुमताः विश्वस्ताः । तव त्वदर्थं रक्षंति न तु देशांतरोत्पन्नानि तानि स्वयमेव स्वीकुर्वतीत्यर्थः ६६ कोशो धनगृहं । कोष्ठं धान्यस्थानं ६७ आभ्यंतरेभ्यः
सूदादिभ्यः । बाह्येभ्यः सेनापत्यादिभ्यः । तानुभयान्स्वेभ्यः पुत्रामात्यादिभ्यः । तानपि मिथः पुत्रममात्यादमात्यं च पुत्राद्रक्षसि ६८ कच्चिन्नेति । पानादिव्यसनजं व्ययं तव
पूर्वाह्णेधर्माचरणकाले भृत्याः न प्रतिजानंति नावेदयंति । आवेदने हि तदानीमागताः शिष्टाः पुरोहितादयः पानादिदुर्व्यसनासक्तं त्वां ज्ञात्वा त्यजेयुरिति भावः ६९

सुभिक्षसाम्यदुर्भिक्षेष्वायस्य पादेन पादाभ्यां त्रिभिः पादैर्वा व्ययः संशुद्ध्यते पूर्यते । सर्वथाऽपि कोशवृद्धिः कार्येति भावः ७० दुर्गतान् दरिद्रान् ७१ अनुतिष्ठंति निवेदयंति ७२ अनुप्रौढत्वहितकामस्त्वज्ञानानंतरं प्रियान् कर्मभ्योऽपकर्षोऽधिकारच्युतिः सा च पूर्वं किल्बिषमप्राप्य दोषमदृष्ट्वा न कर्तव्येत्यर्थः ७३ । ७४ अप्राप्तव्यवहाराः अप्रौढाः ७५ । ७६ देवमातृका वृष्टिनिष्पाद्यसस्या ७७ प्रत्येकं च शतं प्रतिशतमेकवृद्ध्येति संबंधः । एकैकः प्रतिमासं वर्धनीय इत्यर्थः । पादिकं च शतं वृद्ध्येति पाठे तु वर्षस्य शतचतुर्थांशो वृद्धिः तथा च किंचिदधिकाद्व्युत्तरवृद्धिः । आद्ये सबंधके वृद्धिरन्यत्र निर्बंधके इति विभागः यत्तु । 'द्विकं त्रिकं चतुष्कं च पंचकं च समं शतं । मासस्य वृद्धिं गृह्णीयाद्'इति त्रिकादि पक्षस्त्वाध मर्णिकव्यवसायानुसारेणेति ज्ञेयं ७८ वार्ता कृषिर्वाणिज्यं पाशुपाल्यं कुसीदं चेति चतुर्विधा ७९ कच्चिच्छूरा इति । प्रतिग्रामं पंचपंचेति । स्वनुष्ठिताः शोभनमनुष्ठितमनुष्ठानं येषां ते

कच्चिदायस्यचार्द्धेनचतुर्भागेनवापुनः ॥ पादभागैस्त्रिभिर्वाऽपिव्ययःसंशुद्ध्यतेतव ७० कच्चिज्ज्ञातीन्गुरून्वृद्धान्वणिजःशिल्पिनःश्रितान् ॥ अभीक्ष्ण मनुगृह्णासिधनधान्येनदुर्गतान् ७१ कच्चिदायव्ययेयुक्ताःसर्वेगणकलेखकाः ॥ अनुतिष्ठंतिपूर्वाह्णेनित्यमायंव्ययंतव ७२ कच्चिदर्थेषुसंप्रौढान्हितकामा ननुप्रियान् ॥ नापकर्षसिकर्मभ्यःपूर्वमप्राप्यकिल्बिषम् ७३ कच्चिद्विदित्वापुरुषानुत्तमाधममध्यमान् ॥ त्वंकर्मस्वनुरूपेषुनियोजयसिभारत ७४ कच्चि न्नलुब्धाश्चौरावावैरिणोवाविशांपते ॥ अप्राप्तव्यवहारावातवकर्मस्वनुष्ठिताः ७५ कच्चिन्नचौरैर्लुब्धैर्वाकुमारैःस्त्रीबलेनवा ॥ त्वयावापीड्यतेराष्ट्रंकच्चित्तु ष्टाःकृषीवलाः ७६ कच्चिद्राष्ट्रेतडागानिपूर्णानिचबृहंतिच ॥ भागशोविनिविष्टानिनकृषिर्देवमातृका ७७ कच्चिन्नभक्तंबीजंचकर्षकस्यावसीदति ॥ प्रत्ये कंचशतंवृद्ध्याददास्यृणमनुग्रहम् ७८ कच्चित्स्वनुष्ठितातातवार्त्तातेसाधुभिर्जनैः ॥ वार्त्तायांसंश्रितस्तातलोकोऽयंसुखमेधते ७९ कच्चिच्छूराःकृतप्रज्ञाःपं चपंचस्वनुष्ठिताः ॥ क्षेमंकुर्वंतिसंहत्यराजन्जनपदेतव ८० कच्चिन्नगरगुप्त्यर्थंग्रामानगरवत्कृताः ॥ ग्रामवच्चकृताःप्रांतास्तेचसर्वेत्वदर्पणाः ८१ कच्चि द्बलेनानुगताःसमानिविषमाणिच ॥ पुराणिचौरान्निघ्नंतश्चरंतिविषयेतव ८२ कच्चित्स्त्रियःसांत्वयसिकच्चित्ताश्चसुरक्षिताः ॥ कच्चिन्नश्रद्दधास्यासांकच्चि द्गुह्यंनभाषसे ८३ कच्चिदात्ययिकंश्रुत्वातदर्थमनुचिंत्यच ॥ प्रियाण्यनुभवन्शेषेनत्वमंतःपुरेनृप ८४ कच्चिद्द्वौप्रथमौयामौरात्रेःसुप्त्वाविशांपते ॥ संचिंतयसिधर्मार्थौयाममुत्थायपश्चिमे ८५ ॥ ॥ ॥ ॥ ॥ ॥

तथा । ते च प्रशास्ता समाहर्त्ता संविधाता लेखकः साक्षी चेति । समाहर्त्ता प्रजाभ्यो द्रव्यमुद्धृत्यैकीकृत्य राज्ञेऽर्पयिता । संविधाता प्रजासमाहर्त्रोरेकवाक्यताघटकः संहत्य एकीभूय ८० नगरवदित्यनेन बहुभिः शूरैरधिष्ठिताः ग्रामाः । बहुतरैर्नगराणि । बहुतमैर्जनपदेश्वरस्थानं पुरसंज्ञं । ग्रामाः शूद्रजनबहुलाः । आपणादियुक्तं नगरं । प्रान्ताः सीमास्था आटविकानां ग्रामाः । ते च सर्वे त्वदर्पणाः ते प्रांतग्रामनगरपुरेशास्त्वय्येव कृताकृतस्य धनस्य चार्पणं निवेदनं येषां ते तथाभूताः । प्रांताधिपो ग्रामाधिपतौ सोऽपि नगराधिपतौ सोऽपि देशाधिपतौ सोऽपि साक्षाद्राज्ञि सर्वं निवेदयतीत्यर्थः ८१ विषमाणि सदुर्गाणि निघ्नंतो ये चरंति तान् बलेन सहितः पुराध्यक्षोऽनुद्रवेदित्यर्थः । समेषु विषमेष्वपीति पाठे विषमेषु ईतिकालेषु । अतिवृष्ट्यादय ईतयः ८२ आसां वचनं आसां पुरश्च गुह्यं न भाषसे ८३ आत्ययिकमकल्याणं ८४ पश्चिमे चतुर्थे तस्मादेव द्वौ प्रथमौ द्वितीयतृतीयावित्यर्थः ८५

८६ । ८७ यमवत् स हि दंडयेषु क्रूरः पूज्येषु विनयवान् तद्वत् ८८ आबाधं दुःखंनियमेन पथ्याशनादिना मानसमाबाधम् ८९ अष्टांगायां चिकित्सायां । ' निदानं पूर्वलिंगानि रूपाण्युपशयस्तथा । संप्राप्तिरौषधी रोगी परिचारक एव च ' इत्यष्टावंगानि । अथवा रोगी रोगहेतुः आरोग्यमारोग्यहेतुः तेषां लक्षणानिच ९० अर्थिनो याचकाः । प्रत्यर्थिनः परंपरागतवृत्तिप्रतिबंधात्क्षुब्धचित्ताः । प्रत्येत्य तदर्थिनः शत्रतो वा । न शब्दद्वयेन पश्येदेवेत्युच्यते ९१ । ९२ । ९३ कच्चिन्नेति । योऽरिर्बलेन पूर्वं परिपीडित एव न हतः स एव कालांतरे मंत्रेणोभाभ्यांचमंत्रबलाभ्यां कच्चिद्बलवान्नेति योजना । कच्चित्ते इति पाठे ते तव बले सैन्ये योऽरिः पूर्वपीडित इत्यादि पूर्ववत् ९४ प्रधानतः प्राधान्येन हृताः दानमानाभ्यां वशीकृताः । आहृता इति वा पाठः ९५ विद्यासु साधूनां ब्राह्मणानां

कच्चिदर्थयसेनित्यंमनुष्यान्समलंकृतः ॥ उत्थायकालेकालज्ञैःसहपांडवमंत्रिभिः ८६ कच्चिद्रक्तांबरधराःखड्गहस्ताःस्वलंकृताः ॥ उपासतेत्वामभितोरक्षणार्थमरिंदम ८७ कच्चिद्दंडयेषुयमवत्पूज्येषुचविशांपते ॥ परीक्ष्यवर्त्तसेसम्यगप्रियेषुप्रियेषुच ८८ कच्चिच्छारीरमाबाधमौषधैर्नियमेनवा ॥ मानसंवृद्धसेवाभिः सदापार्थापकर्षसि ८९ कच्चिद्वैद्याश्चिकित्सायामष्टांगायांविशारदाः ॥ सुहृदश्चानुरक्ताश्चशरीरेतेहिताःसदा ९० कच्चिन्नलोभान्मोहाद्वामानाद्वापिविशांपते ॥ अर्थिप्रत्यर्थिनःप्राप्तान्नपश्यसिकथंचन ९१ कच्चिन्नलोभान्मोहाद्वाविश्रंभात्प्रणयेनवा ॥ आश्रितानांमनुष्याणांवृत्तिंत्वंसंरुणत्सिवै ९२ कच्चित्पौरानसहितायेचतेराष्ट्रवासिनः ॥ त्वयासहविरुध्यंतेपरैःक्रीताःकथंचन ९३ कच्चिन्नदुर्बलःशत्रुर्बलेनपरिपीडितः ॥ मंत्रेणबलवान्कश्चिदुभाभ्यांचकथंचन ९४ कच्चित्सर्वेऽनुरक्तास्त्वांभूमिपालाःप्रधानतः ॥ कच्चित्प्राणांस्त्वदर्थेषुसंत्यजंतित्वयाहृताः ९५ कच्चित्तेसर्वविद्यासुगुणतोऽर्चाप्रवर्त्तते ॥ ब्राह्मणानांचसाधूनांतवनैःश्रेयसीशुभा ॥ दक्षिणास्त्वंददास्येषांनित्यंस्वर्गापवर्गदाः ९६ कच्चिद्धर्मेत्रयीमूलेपूर्वैराचरितेजनैः ॥ यतमानस्तथाकर्तुंतस्मिन्कर्मणिवर्तसे ९७ कच्चित्तवगृहेऽन्नानिस्वादून्यश्नंतिवैद्विजाः ॥ गुणवंतिगुणोपेतास्तवाध्यक्षंसदक्षिणम् ९८ कच्चित्क्रतूनेकचित्तोवाजपेयांश्चसर्वशः ॥ पुंडरीकांश्चकात्स्न्र्येनयतसेकर्तुमात्मवान् ९९ कच्चिज्ज्ञातीन्गुरून्वृद्धान्दैवतांस्तापसानपि ॥ चैत्यांश्चवृक्षान्कल्याणान्ब्राह्मणांश्चनमस्यसि १०० कच्चिच्छोकोनमन्युर्वात्वयाप्रोत्पाद्यतेऽनघ ॥ अपिमंगलहस्तश्चजनःपार्श्वेऽनुतिष्ठति १०१ कच्चिदेषाचतेबुद्धिर्वृत्तिरेषाचतेऽनघ ॥ आयुष्याचयशस्याचधर्मकामार्थदर्शिनी २ एतयावर्तमानस्यबुद्ध्याराष्ट्रंनसीदति ॥ विजित्यचमहींराजासोऽत्यन्तंसुखमेधते १०३ ॥ ॥ ॥ ॥

गुणतो गुणं दृष्ट्वाऽर्चा पूजा प्रवर्तते ९६ तथाकर्तुं पूर्वैराचरितवत्कर्तुं तस्मिन्त्रयीमूले ९७ तवाध्यक्षं त्वत्समक्षं सदक्षिणं सदक्षिणालाभं यथा स्यात्तथाऽश्नंति ९८ । ९९ चैत्यान्स्थंडिलवतो ग्रामसूचकान् वृक्षान् १०० शोको नीचानां । मन्युः श्रेष्ठानां । मंगलहस्तो मंगलप्रदो मंत्रादिवित् पुरोहितादिः । अनुतिष्ठति स्वस्त्ययनं करोति १०१ या एषा इदानीं वृत्तिरस्ति सैव सार्वदिकी कच्चिदस्तीत्यर्थः २ । १०३ ॥ ॥ ॥ ॥ ॥

कच्चिदार्य इति । आर्यो विशुद्धात्मा च सन्नपि कार्स्मिश्चिच्चौर्ये कर्मणि निमित्ते क्षारितो धनधान्यादिना रिक्तः कृतः । 'राजभिः कृतदंडास्तु शुद्ध्यंति मलिना जनाः' इत्यादिशास्त्रप्रामाण्याच्छुचिरपि सन्नदृष्टशास्त्रकुशलैरनुपासितपंडितैर्मूर्खैरमात्यैः कच्चिन्न वध्यते हन्यते अधिकधनलोभात् । अदृष्ट इति सविसर्गपाठे तु शास्त्रकुशलैरमात्यैरज्ञात इत्यर्थः ४ दुष्टः स्वभावतः तत्कारी दुष्टकर्मकारी तज्ज्ञैश्चोरान्वेषिभिः कोष्ठपालैर्दृष्टः सकारणश्चोरितद्रव्यसहितो गृहीतो विधृतश्चेति योजना ५ उत्पन्नानिति । चो वार्थे आढ्यस्य दरिद्रस्य वाऽर्थानुत्पन्नान् बीजकणिशन्यायेन स्वल्पकालेनैव बहुगुणां वृद्धिं प्राप्तान् तवामात्याः मिथ्या अनृतान् चौर्यादिनाऽन्यायेनार्जितानिति कच्चिन्न पश्यंति । जनैः पिशुनैः हृताः हृतविवेकाः। पाठांतरे धनैर्हृताः वशीकृताः।लुब्धो हि लिप्सुः परत्रासं तमपि दोषमारोप्य

कच्चिदार्योविशुद्धात्माक्षारितश्चौरकर्मणि ॥ अदृष्टशास्त्रकुशलैर्नलोभाद्वध्यतेशुचिः १०४ दुष्टोगृहीतस्तत्कारीतज्ज्ञैर्दृष्टःसकारणः ॥ कच्चिन्नमुच्यतेस्तेनोद्र व्यलोभान्नरर्षभ ५ उत्पन्नान्कच्चिदाढ्यस्यदरिद्रस्यचभारत ॥ अर्थान्नमिथ्यापश्यंतितवामात्याहृताजनैः ६ नास्तिक्यमनृतंक्रोधंप्रमादंदीर्घसूत्रताम् ॥ अद र्शनंज्ञानवतामालस्यंपंचवृत्तिताम् ॥ एकचिंतनमर्थानामनर्थज्ञैश्चचिंतनम् ७ निश्चितानामनारंभंमंत्रस्यापरिरक्षणम् ॥ मंगलाद्यप्रयोगंचप्रत्युत्थानंचस र्वतः ८ कच्चित्त्वंवर्जयस्येतान्राजदोषांश्चतुर्दश ॥ प्रायशोयैर्विनश्यंतिकृतमूलाऽपिपार्थिवाः ९ कच्चित्तेसफलावेदाःकच्चित्तेसफलंधनम् ॥ कच्चित्तेसफलादाराः कच्चित्तेसफलंश्रुतम् १० ॥ ॥ युधिष्ठिरउवाच ॥ ॥ कथंवैसफलावेदाःकथंवैसफलंधनम् ॥ कथंवैसफलादाराःकथंवैसफलंश्रुतम् ११ ॥ ॥ नारदउवाच ॥ ॥ अग्निहोत्रफलावेदादत्तभुक्तफलंधनम् ॥ रतिपुत्रफलादाराःशीलवृत्तफलंश्रुतम् १२ ॥ ॥ वैशंपायनउवाच ॥ एतदा ख्यायसमुनिर्नारदोवैमहातपाः ॥ पप्रच्छानंतरमिदंधर्मात्मानंयुधिष्ठिरम् १३ ॥ नारदउवाच ॥ ॥ कच्चिदभ्यागतादूराद्वणिजोलाभका रणात् ॥ यथोक्तमवहार्यंतेशुल्कंशुल्कोपजीविभिः १४ कच्चित्तेपुरुषाराजन्पुरेराष्ट्रेचमानिताः ॥ उपानयंतिपण्यानिउपधाभिरवंचिताः १५ कच्चिच्छृणो षिवृद्धानांधर्मार्थसहितागिरः ॥ नित्यमर्थविदांतातयथाधर्मार्थदर्शिनाम् १६ कच्चित्तेकृषितंत्रेषुगोषुपुष्पफलेषुच ॥ धर्मार्थंचद्विजातिभ्योदीयतेमधुसर्पिषी १७ द्रव्योपकरणंकिंचित्सर्वदासर्वशिल्पिनाम् ॥ चातुर्मास्यावरंसम्यङ्नियतंसंप्रयच्छसि १८ कच्चित्कृतंविजानीषेकर्तारंचप्रशंससि ॥ सतांमध्येमहाराजसत्करोषिचपूजयन् ११९ ॥ ॥ ॥ ॥ ॥ ॥ ॥

तद्वित्तं जिहीर्षतीति प्रसिद्धं ६ नास्तिक्यमित्यादिसार्द्धश्लोकत्रयं व्याख्यातम् ७ । ८ । ९ । १० । ११ । १२ । १३ कच्चिदभ्यागता इति । अवहार्यंते दाप्यंते शुल्कं राजग्राह्यं करं १४ पण्यानि विक्रेयद्रव्याणि उपधाभिश्छलैः १५ । १६ कृषितंत्रेषु कृष्युत्पाद्येषु पुष्पफलेष्वार्द्रशुष्कधान्येषु । तथा गोषु जातेषु पुष्पफलेषु दुग्धघृतरूपेषूत्पन्नेषु सत्सु मधुसर्पिणी । 'अन्नं वै मधु' इति श्रुतेर्धान्यादिकमन्नं घृतं च यल्लोके ब्रह्मोत्तरमित्युच्यते १७ द्रव्यं शिल्पिनां वेतनं उपकरणं स्वकार्यसाधनसामग्री । यथा चित्रोत्पादने रंजकद्रव्यादि चातुर्मास्यावरं मासचतुष्टयपर्याप्तानधिकम् १८ । ११९

सूत्रं संक्षेपवाक्यं व्यवस्था वा । हस्त्यादीनां लक्षणपरीक्षाचिकित्सौषधोद्दीपनमादनादिप्रकारप्रतिपादकग्रंथसिद्धांतमात्रसंक्षेपयुक्तान् गृह्णासि तत्तदाचार्येभ्यः १२० यंत्राण्याग्नेयौषधबलेन
सीसकांस्यदृषद्गोलप्रक्षेपकाणि लोहमयानि भाषायां नालशब्दाभिधेयानि तेषां सूत्रं सूचकं शास्त्रं । नागरं नगरहितम् २१ अस्त्राणि मंत्रप्रयुक्तानि शस्त्राणि । ब्रह्मदंड आभिचारिकविद्या २२
व्यालः सर्पः व्याघ्रादेरप्येतदुपलक्षणम् २३ प्रव्रजितान् जातिबहिष्कृतान् अन्नमात्रार्थिनो दीनान् २४ । २५ । २६ । २७ उपसंहरति एवं यो वर्त्तत इति १२८ ॥ ॥ इति० सभा
पर्वणि नीलकंठीये भारतभावदीपे पंचमोऽध्यायः ५ ॥ संपूज्याथाभ्यनुज्ञात इति १ । २ । ३ । ४ । ५ । ६ दिव्यसभालाभाद्गर्वितो युधिष्ठिर उवाच भवानिति । संचरते समो

कच्चित्सूत्राणिसर्वाणिगृह्णासिभरतर्षभ ॥ हस्तिसूत्राश्वसूत्राणिरथसूत्राणिवाविभो १२० कच्चिदभ्यस्यतेसम्यग्गृहेतेभरतर्षभ ॥ धनुर्वेदस्यसूत्रंवैयंत्रसूत्रंचनागरम् २१
कच्चिदस्त्राणिसर्वाणिब्रह्मदंडश्चतेऽनघ ॥ विषयोगास्तथासर्वेविदिताःशत्रुनाशनाः २२ कच्चिदग्निभयाच्चैवसर्वंव्यालभयात्तथा ॥ रोगरक्षोभयाच्चैवराष्ट्रंस्वंपरिरक्षसि
२३ कच्चिदंधांश्चमूकांश्चपंगून्व्यंगानबांधवान् ॥ पितेवपासिधर्मज्ञतथाप्रव्रजितानपि २४ षडनर्थामहाराजकच्चित्तेपृष्ठतःकृताः ॥ निद्राऽऽलस्यंभयंक्रोधोमार्द
वंदीर्घसूत्रता २५ ॥ ॥ ततःकुरूणामृषभोमहात्माश्रुत्वागिरोब्राह्मणसत्तमस्य ॥ प्रणम्यपादावभिवाद्यतुष्टोराजाऽब्रवीन्नारदंदेवरूपम् २६ ॥ ॥ युधिष्ठिर
उवाच ॥ ॥ एवंकरिष्यामियथात्वयोक्तंप्रज्ञाहिमेभूयएवाभिवृद्धा ॥ उक्त्वातथाचैवचकारराजालेभेमहींसागरमेखलांच २७ ॥ ॥ नारदउवाच ॥ ॥
एवंयोवर्त्ततेराजाचातुर्वर्ण्यस्यरक्षणे ॥ सविहृत्येहसुसुखीशक्रस्यैतिसलोकताम् १२८ ॥ ॥ इतिश्रीमहाभारतेसभापर्वणिलोकपालसभाख्यानपर्वणिनारदप्रश्नमुखे
नराजधर्मानुशासनेपंचमोऽध्यायः ॥ ५ ॥ ॥ ॥ वैशंपायनउवाच ॥ ॥ संपूज्याथाभ्यनुज्ञातोमहर्षेर्वचनात्परम् ॥ प्रत्युवाचानुपूर्व्येणधर्मराजोयुधि
ष्ठिरः १ ॥ ॥ युधिष्ठिरउवाच ॥ ॥ भगवन्न्याय्यमाहैतंयथावद्धर्मनिश्चयम् ॥ यथाशक्तियथान्यायंक्रियतेऽयंविधिर्मया २ राजभिर्यद्यथाकार्यंपुरावैतन्नसंशयः
॥ यथान्यायोपनीतार्थंकृतंहेतुमदर्थवत् ३ वयंतुसत्पथंतेषांयातुमिच्छामहेप्रभो ॥ नतुशक्यंतथागंतुंयथातैर्नियतात्मभिः ४ ॥ वैशंपायनउवाच ॥ एवमुक्त्वा
सधर्मात्मावाक्यंतदभिपूज्यच ॥ मुहूर्त्तात्प्राप्तकालंचदृष्ट्वालोकचरंमुनिम् ५ नारदंसुस्थमासीनमुपासीनोयुधिष्ठिरः॥ अपृच्छत्पांडवस्तत्रराजमध्येमहाद्युतिः ६ युधिष्ठिर
उवाच ॥ भवान्संचरतेलोकान्सदानानाविधान्बहून् ॥ ब्रह्मणानिर्मितान्पूर्वंप्रेक्षमाणोमनोजवः ७ ईदृशीभविताकाचिद्दृष्टपूर्वासभाक्वचित् ॥ इतोवाश्रेयसीब्रह्मंस्त
न्ममाचक्ष्वपृच्छतः ८ ॥ ॥ वैशंपायनउवाच ॥ तच्छ्रुत्वानारदस्तस्यधर्मराजस्यभाषितम् ॥ पांडवंप्रत्युवाचेदंस्मयन्मधुरयागिरा ९ ॥ ॥

गम्यृच्छीतिसूत्रे गमेर्गत्यर्थमात्रोपलक्षणपरत्वाच्चरेरपि तङ् कर्मव्यतिहारे वा तङ् । त्वं हि लोकेषु संचरसि । लोकाश्च हार्दाकाशनिष्ठे त्वयि संचरंतीतिवाऽर्थः तेन सर्वज्ञत्वमुक्तं । पूर्वं मनु
ष्यसृष्टेः प्राङ्निर्मितान् देवलोकानित्यर्थः ७ क्वचिदिति । देवलोकापेक्षया मनुष्यलोके क्वचित्काले वा भविता भवित्री । अनागतदर्शित्वात्तव तदपि विदितमेवेत्यर्थः ८ स्मयन् युधिष्ठिरस्या
पि गर्वोऽभूद्देवतामहाभाग्याज्ञानं चेति विस्मयं प्राप्नुवन् ९ ॥ ॥ ॥ ॥ ॥

म.भा.टी० सभा० २ अ० ॥ ७ ॥ ॥ ११ ॥

मानुषेषु न दृष्टा नश्रुतेति अग्रेऽपि न द्रक्ष्यते न श्रोष्यते पूर्वकल्पसमानरूपत्वादुत्तरस्यापीत्यर्थः १० कैलासेति । कुबेरस्येत्यर्थः ११ गतक्लमामविद्यादिक्लेशैर्वर्जितां तेन पूर्वासु तत्सत्त्वं ज्ञायते दिव्यादिव्यैरिति । दिव्या दिविभवा रंभोर्वश्यादयः अदिव्यास्तदन्ये मानुषाः पित्रादयः । 'स यदि पितृलोककामो भवति संकल्पादेवास्य पितरः समुत्तिष्ठंति तेन स पितृलोकेन संपन्नो महीयते' इति ब्रह्मलोके तत्सत्त्वस्यापि श्रवणात् । अभिप्रेयंते संकल्प्यंते इत्यभिप्रायाः विषयास्तैः । विश्वरूपिणीं भावसंकल्पानुसारिनानारूपवतीं मानसीमित्यर्थः १२ जुष्टां सेवितां यदि

॥ नारदउवाच ॥ ॥ मानुषेषुनमेतातदृष्टपूर्वानचश्रुता ॥ सभामणिमयीराजन्यथेयंतवभारत १० सभांतुपितृराजस्यवरुणस्यचधीमतः ॥ कथयिष्ये तथेन्द्रस्यकैलासनिलयस्यच ११ ब्रह्मणश्चसभांदिव्यांकथयिष्येगतक्लमाम् ॥ दिव्यादिव्यैरभिप्रायैरुपेतांविश्वरूपिणीम् १२ देवैःपितृगणैःसाध्यैर्यज्वभिर्नियतात्मभिः ॥ जुष्टांमुनिगणैःशान्तैर्वेदयज्ञैःसदक्षिणैः ॥ यदितेश्रवणेबुद्धिर्वर्ततेभरतर्षभ १३ नारदेनैवमुक्तस्तुधर्मराजोयुधिष्ठिरः ॥ प्रांजलिर्भ्रातृभिःसार्द्धंतैश्चसर्वैर्द्विजोत्तमैः १४ नारदंप्रत्युवाचेदंधर्मराजोमहामनाः ॥ सभाःकथयताःसर्वाःश्रोतुमिच्छामहेवयम् १५ किंद्रव्यास्ताःसभाब्रह्मन्किंविस्ताराःकिमायताः॥ पितामहंचकेतस्यांसभायांपर्युपासते १६ वासवंदेवराजंचयमंवैवस्वतंचके ॥ वरुणंचकुबेरंचसभायांपर्युपासते १७ एतत्सर्वंयथान्यायंब्रह्मर्षेवदतस्तव ॥ श्रोतुमिच्छामसहिताःपरंकौतूहलंहिनः १८ एवमुक्तःपांडवेननारदःप्रत्यभाषत ॥ क्रमेणराजन्दिव्यास्ताःश्रूयंतामिहनःसभाः १९ इतिश्रीमहाभारतेसभापर्वणिलोकपालसभाख्यानपर्वणियुधिष्ठिरसभाजिज्ञासायांषष्ठोऽध्यायः ॥ ६ ॥ ॥ ॥ नारदउवाच ॥ शक्रस्यतुसभादिव्याभास्वराकर्मनिर्मिता ॥ स्वयंशक्रेणकौरव्यनिर्जितार्कसमप्रभा १ विस्तीर्णयोजनशतंशतमध्यर्द्धमायता ॥ वैहायसीकामगमापंचयोजनमुच्छ्रिता २ जराशोकक्लमापेतानिरातंकाशिवाशुभा ॥ वेश्मासनवतीरम्यादिव्यपादपशोभिता ३ तस्यांदेवेश्वरःपार्थसभायांपरमासने ॥ आस्तेशच्यामहेंद्राण्याश्रियालक्ष्म्याचभारत ४ बिभ्रद्वपुरनिर्देश्यंकिरीटीलोहितांगदः ॥ विरजोम्बरश्चित्रमाल्योह्रीकीर्तिद्युतिभिःसह ५ तस्यामुपासतेनित्यंमहात्मानंशतक्रतुम् ॥ मरुतःसर्वशोराजन्सर्वेचगृहमेधिनः ६ सिद्धादेवर्षयश्चैवसाध्यादेवगणास्तथा ॥ मरुत्वंतश्चसहिताभास्वंतोहेममालिनः ७ एतेसानुचराःसर्वेदिव्यरूपाःस्वलंकृताः ॥ उपासतेमहात्मानंदेवराजमरिंदमम् ८ तथादेवर्षयःसर्वेपार्थशक्रमुपासते ॥ अमलाधूतपाप्मानोदीप्यमानाइवाग्नयः ९ ॥ ॥

श्रवणे बुद्धिर्वर्तते तर्हि कथयिष्ये इति पूर्वेण संबंधः १३ । १४ । १५ । १६ । १७ । १८ । १९ ॥ ॥ इति सभापर्वणि नीलकंठीये भारतभावदीपे षष्ठोऽध्यायः ॥ ६ ॥ ॥ शक्रस्येति । कर्मभिर्विश्वकर्मणो यत्नैर्निर्मिता शक्रेण निर्जिता चेति संबंधः १ अध्यर्द्धं सार्धमायता दीर्घा वैहायसी खेचरी २ निरातंका निर्भया । शिवा शांतजना शुभा कल्याणावहा ३ शच्या नामतः श्रिया शोभया ४ । ५ मरुतो गृहमेधिन इति सामानाधिकरण्यम् ६ । ७ । ८ । ९ ॥ ॥ ॥ ॥

सोमसुतः सोमाभिषवकर्त्तारः सोमयाजिन इति यावत् १० । ११ । १२ । १३ । १४ । १५ । १६ । १७ । १८ । १९ अर्थःअर्थाद्यभिमानिन्यो देवताः २० 'ब्रह्मणोऽङ्गात् प्रसूतोऽ
ग्निरंगिरा इति विश्रुतः । दक्षिणाग्निर्गार्हपत्याहवनीयाविति त्रयी । निर्मथ्यो वैद्युतः शूरः संवर्त्तो लौकिकस्तथा । जाठरो विषगः क्रव्यात् क्षेमवान् वैष्णवस्तथा । दस्यु

तेजस्विनःसोमसुतोविशोकाविगतज्वराः ॥ पराशरःपर्वतश्चतथासावर्णिगालवौ १० शंखश्चलिखितश्चैवतथागौरशिरामुनिः ॥ दुर्वासाःक्रोधनःश्येनस्तथा
दीर्घतमामुनिः ११ पवित्रपाणिःसावर्णिर्याज्ञवल्क्योऽथभालुकिः ॥ उद्दालकःश्वेतकेतुस्तांड्योभांडायनिस्तथा १२ हविष्मांश्चगरिष्ठश्चहरिश्चन्द्रश्चपार्थिवः ॥
हृद्यश्चोदरशांडिल्यःपाराशर्यःकृषीबलः १३ वातस्कंधोविशाखश्चविधाताकालएवच ॥ करालदंतस्त्वष्टाचविश्वकर्माचतुंबुरुः १४ अयोनिजायोनिजाश्चवा
युभक्षाहुताशिनः ॥ ईशानंसर्वलोकस्यवज्रिणंसमुपासते १५ सहदेवःसुनीथश्चवाल्मीकिश्चमहातपाः ॥ समीकःसत्यवाक्चैवप्रचेताःसत्यसंगरः १६ मेधा
तिथिर्वामदेवःपुलस्त्यःपुलहःक्रतुः ॥ मरुत्तश्चमरीचिश्चस्थाणुश्चात्रिमहातपाः १७ कक्षीवान्गौतमस्तार्क्ष्यस्तथावैश्वानरोमुनिः ॥ मुनिःकालकवृक्षीयआश्रा
व्योऽथहिरण्मयः १८ संवर्त्तोदेवहव्यश्चविष्वक्सेनश्चवीर्यवान् ॥ दिव्याआपस्तथौषध्यःश्रद्धामेधासरस्वती १९ अर्थोधर्मश्चकामश्चविद्युतश्चैवपांडव ॥
जलवाहास्तथामेघावायवःस्तनयित्नवः २० प्राचीदिग्यज्ञवाहाश्चपावकाःसप्तविंशतिः ॥ अग्नीषोमौतथेंद्राग्नीमित्रश्चसविताऽर्यमा २१ भगोविश्वेचसाध्याश्च
गुरुःशुक्रस्तथैवच ॥ विश्वावसुश्चित्रसेनःसुमनस्तरुणस्तथा २२ यज्ञाश्चदक्षिणाश्चैवग्रहास्तोमाश्चभारत ॥ यज्ञवाहाश्चयेमंत्राःसर्वेतत्रसमासते २३ तथै
वाप्सरसोराजन्गंधर्वाश्चमनोरमाः ॥ नृत्यवादित्रगीतैश्चहास्यैश्चविविधैरपि २४ रमयंतिस्मनृपतेदेवराजंशतक्रतुम् ॥ स्तुतिभिर्मंगलैश्चैवस्तुवंतःकर्मभिस्तथा
२५ विक्रमैश्चमहात्मानंबलवृत्रनिषूदनम् ॥ ब्रह्मराजर्षयश्चैवसर्वेदेवर्षयस्तथा २६ विमानैर्विविधैर्दिव्यैर्दीप्यमानाइवाग्नयः ॥ स्रग्विणोभूषिताःसर्वेयांतिचायां
तिचापरे २७ बृहस्पतिश्चशुक्रश्चनित्यमास्तांहितत्रवै ॥ एतेचान्येचबहवोमहात्मानोयतव्रताः २८ विमानैश्चंद्रसंकाशैःसोमवत्प्रियदर्शनाः ॥
ब्रह्मणःसदृशाराजन्भृगुःसप्तर्षयस्तथा २९ एषासभामयाराजन्दृष्टापुष्करमालिनी ॥ शतक्रतोर्महाबाहोयाम्यामपिसभांशृणु ३० ॥ इतिश्रीमहाभारतेसभा
पर्वणिलोकपालसभाख्यानपर्वणिइंद्रसभावर्णनंनामसप्तमोऽध्यायः ॥ ७ ॥ ॥ ॥ ॥ नारदउवाच ॥ कथयिष्येसभांयाम्यांयुधिष्ठिरनिबोधताम् ॥
वैवस्वतस्ययांपार्थविश्वकर्माचकारह १ ॥ ॥ ॥ ॥ ॥

मान् बलदश्चैव शांतः पुष्टो विभावसुः । ज्योतिष्मान्भरतो भद्रः स्विष्टकृद्वसुमान् क्रतुः । सोमश्च पितृमांश्चैव पावकाः सप्तविंशतिः' २१ । २२ एवं यज्ञदक्षिणादयः २३ । २४
२५ । २६ । २७ । २८ । २९ पुष्करमालिनी नामतः ३० ॥ ॥ इति सभापर्वणि नीलकंठीये भारतभावदीपे सप्तमोऽध्यायः ७ ॥ ॥ ॥ ॥ कथयिष्ये इति १

तैजसी ज्योतिर्मयी सौवर्णी वा भूयसी महती पूर्वसभातः २ सर्वतः कामरूपिणी यस्यां सर्वं वस्तु संकल्पसमकालमेव सर्वात्मकं भवतीत्यर्थः ३ । ४ कामाः काम्यमाना विषयाः प्रभूतं बहुलं भक्ष्यमपूपादि भोज्यमोदनादि ५ लेह्यं खंडशर्करादि चोष्यमिक्षुकांडादि स्रजः परंपराः तस्य भक्ष्याद्यस्यकामफलाः आम्रादेरपिपनसादिकफलमुद्भवति कामानुसारा दित्यर्थः ६ । ७ । ८ । ९ । १० । ११ । १२ । १३ । १४ । १५ । १६ । १७ राम इति । रामलक्ष्मणयोर्विष्णुशेषरूपेण स्वस्थानस्थयोरपि प्रतिमारूपेण उपास

तैजसीसासभाराजन्बभूवशतयोजना ॥ विस्तारयामसंपन्नाभूयसीचापिपांडव २ अर्कप्रकाशाभ्राजिष्णुःसर्वतःकामरूपिणी ॥ नातिशीतानचात्युष्णामन सश्चप्रहर्षिणी ३ नशोकोनजरातस्यांक्षुत्पिपासेनचाप्रियम् ॥ नचदैन्यंक्लमोवाऽपिप्रतिकूलंनचाप्युत ४ सर्वेकामाःस्थितास्तस्यांयेदिव्यायेचमानुषाः ॥ सारवच्चप्रभूतंचभक्ष्यभोज्यमरिंदम ५ लेह्यंचोष्यंचपेयंचहृद्यंस्वादुमनोहरम् ॥ पुण्यगंधाःस्रजस्तस्यनित्यंकामफलाद्रुमाः ६ रसवंतिचतोयानिशीतान्युष्णा निचैवहि ॥ तस्यांराजर्षयःपुण्यास्तथाब्रह्मर्षयोऽमलाः ७ यमंवैवस्वतंतातप्रहृष्टाःपर्युपासते ॥ ययातिर्नहुषःपूरुर्मांधातासोमकोनृगः ८ त्रसदस्युश्चराज र्षिःकृतवीर्यःश्रुतश्रवाः ॥ अरिष्टनेमिःसिद्धश्चकृतवेगःकृतिर्निमिः ९ प्रतर्दनःशिबिर्मत्स्यःपृथुलाक्षोबृहद्रथः ॥ वार्तोमरुत्तःकुशिकःसांकाश्यःसांकृतिर्ध्रुवः १० चतुरश्वःसदश्वोर्मिःकार्त्तवीर्यश्चपार्थिवः ॥ भारतःसुरथश्चैवसुनीथोनिशठोऽनलः ११ दिवोदासश्चसुमनाअंबरीषोभगीरथः ॥ व्यश्वःसदश्वोवध्र्यश्वः पृथुवेगःपृथुश्रवाः १२ पृषदश्वोवसुमनाःक्षुपश्चसुमहाबलः ॥ रुषद्गुर्वृषसेनश्चपुरुकुत्सोध्वजीरथी १३ आर्ष्टिषेणोदिलीपश्चमहात्माचाप्युशीनरः ॥ औशीनरिःपुंडरीकःशर्यातिःशरभःशुचिः १४ अंगोऽरिष्टश्चवेनश्चदुष्यंतःसृंजयोजयः ॥ भांगासुरिःसुनीथश्चनिषधोऽथवहीनरः १५ करंधमोबाल्हिकश्च सुद्युम्नोबलवान्मधुः ॥ ऐलोमरुत्तश्चतथाबलवान्पृथिवीपतिः १६ कपोतरोमातृणकःसहदेवार्जुनौतथा ॥ व्यश्वःसाश्वःकृशाश्वश्चशशबिंदुश्चपार्थिवः १७ रामोदाशरथिश्चैवलक्ष्मणोऽथप्रतर्दनः ॥ अलर्कःकक्षसेनश्चगयोगौराश्वएवच १८ जामदग्न्यश्चरामश्चनाभागसगरौतथा ॥ भूरिद्युम्नोमहाश्वश्चपृथाश्वोजनक स्तथा १९ राजावैन्योवारिसेनःपुरुजिज्जनमेजयः ॥ ब्रह्मदत्तस्त्रिगर्तश्चराजोपरिचरस्तथा २० इंद्रद्युम्नोभीमजानुर्गौरपृष्ठोऽनघोलयः ॥ पद्मोऽथमुचुकुंदश्च भूरिद्युम्नःप्रसेनजित् २१ अरिष्टनेमिःसुद्युम्नःपृथुलाश्वोऽष्टकस्तथा ॥ शतंमत्स्यानृपतयःशतंनीपाःशतंहयाः २२ धृतराष्ट्राश्चैकशतमशीतिर्जनमेजयाः ॥ शतंचब्रह्मदत्तानांवीरिणामीरिणांशतम् २३ भीष्माणांद्वेशतेऽप्यत्रभीमानांतुतथाशतम् ॥ शतंचप्रतिविंध्यानांशतंनागाःशतंहयाः २४ पलाशानांशतंज्ञे यंशतंकाशकुशादयः ॥ शांतनुश्चैवराजेंद्रपांडुश्चैवपितातव २५ उशंगवःशतरथोदेवराजोजयद्रथः ॥ वृषदर्भश्चराजर्षिर्बुद्धिमान्सहमंत्रिभिः २६ ॥

कानुग्रहार्थमत्रावस्थानं बोध्यं १८ । १९ । २० । २१ २२ धृतराष्ट्राश्चैकशतमिति । पुराणेषु प्रायेणाधिकारिणामेव कीर्तनात्तेषां च प्रतिकल्पं समाननामरूपकर्मत्वादनेककल्पं धर्मसभावासिनां तेषां बहुत्वं युक्तं । सेनापत्यादिशब्दवदधिकारवाचित्वाद्धृतराष्ट्रादिशब्दानां २३ । २४ अयमेव न्यायः पलाशादियज्ञियद्रव्याद्यभिमानदेवतासु ज्ञेय इत्याशयवानाह पलाशानामिति २५ । २६

२७ । २८ । २९ । ३० कालचक्रंचेति संवत्सराद्यभिमानिन्योदेवताः । दुष्कृतकर्माणोविद्याविहीनकर्ममात्रनिष्ठाः ३१ । ३२ । ३३ असंबाधाअसंकीर्णा ३४ । ३५ संन्यासिनःनिष्कामकर्म
कर्तारः काम्यानांकर्मणांत्यागिनोवा । पूर्वेषामपिआपस्तंबेन'तद्यथाऽऽम्रेफलार्थेनिर्मिते छायागंधइत्यनूत्पद्येते । एवंधर्मंचर्यमाणमर्थाअनूत्पद्यन्ते'इति आनुषंगिकफलभागित्वदर्शनात् निर्मितेरोपिते
आर्थादिव्याम्रपानादयः ३६ । ३७ । ३८ । ३९ । ४० पुष्करैर्मूर्तिमद्भिस्तीर्थविशेषैर्मालिनींशोभिनीम् ४१ ॥ इतिसभापर्वणिनीलकंठीये भारतभावदीपेअष्टमोध्यायः ॥ ८ ॥ ॥ युधिष्ठिरेति १

अथापरेसहस्राणियेगताःशशबिंदवः ॥ इष्ट्वाऽश्वमेधैर्बहुभिर्महद्भिर्भूरिदक्षिणैः २७ एतेराजर्षयःपुण्याःकीर्तिमंतोबहुश्रुताः ॥ तस्यांसभायांराजेंद्रवैवस्वतमुपा
सते २८ अगस्त्योऽथमतंगश्चकालोमृत्युस्तथैवच ॥ यज्वानश्चैवसिद्धाश्चयेचयोगशरीरिणः २९ अग्निष्वात्ताश्चपितरःफेनपाश्चोष्मपाश्चये ॥ सुधावंतोबर्हिषदो
मूर्तिमंतस्तथाऽपरे ३० कालचक्रंचसाक्षाच्चभगवान्हव्यवाहनः ॥ नरादुष्कृतकर्माणोदक्षिणायनमृत्यवः ३१ कालस्यनयनेयुक्तायमस्यपुरुषाश्चये ॥ तस्यां
शिंशपपालाशास्तथाकाशकुशादयः ३२ उपासतेधर्मराजंमूर्तिमंतोजनाधिप ॥ एतेचान्येचबहवःपितृराजसभासदः ॥ नशक्याःपरिसंख्यातुंनामभिःकर्मभि
स्तथा ३३ असंबाधाहिसापार्थरम्याकामगमासभा ॥ दीर्घकालंतपस्तप्त्वानिर्मिताविश्वकर्मणा ३४ ज्वलंतीभासमानाचतेजसास्वेनभारत ॥ तामुग्रतपसोयां
तिसुव्रताःसत्यवादिनः ३५ शांताःसंन्यासिनःशुद्धाःपूताःपुण्येनकर्मणा ॥ सर्वेभास्वरदेहाश्चसर्वेचविरजोंबराः ३६ चित्रांगदाश्चित्रमाल्याःसर्वेज्वलितकुंडलाः ॥
सुकृतैःकर्मभिःपुण्यैःपारिबर्हैश्चभूषिताः ३७ गंधर्वाश्चमहात्मानःसंघशश्चाप्सरोगणाः ॥ वादित्रंनृत्यगीतंचहास्यंलास्यंचसर्वशः ३८ पुण्याश्चगंधाःशब्दाश्च
तस्यांपार्थसमंततः ॥ दिव्यानिचैवमाल्यानिउपतिष्ठंतिनित्यशः ३९ शतंशतसहस्राणिधर्मिणांतंप्रजेश्वरम् ॥ उपासतेमहात्मानंरूपयुक्तामनस्विनः ४०
ईदृशीसासभाराजन्पितृराज्ञोमहात्मनः ॥ वरुणस्यापिवक्ष्यामिसभांपुष्करमालिनीम् ४१ ॥ इतिश्रीमहाभारतेसभापर्वणिलोकपालसभाख्यानपर्वणियमसभावर्णनं
नामाष्टमोऽध्यायः ॥ ८ ॥ ॥ ॥ नारदउवाच ॥ युधिष्ठिरसभादिव्यावरुणस्यामितप्रभा ॥ प्रमाणेनयथायाम्याशुभप्राकारतोरणा १ अंतःसलिलमा
स्थायविहिताविश्वकर्मणा ॥ दिव्यैरत्नमयैर्वृक्षैःफलपुष्पप्रदैर्युता २ नीलपीतैःसिताःश्यामैःसितैर्लोहितकैरपि ॥ अवतानैस्तथागुल्मैर्मंजरीजालधारिभिः ३
तथाशकुनयस्तस्यांविचित्रामधुरस्वराः ॥ अनिर्देश्यावपुष्मंतःशतशोऽथसहस्रशः ४ सासभासुखसंस्पर्शानशीतानचघर्मदा ॥ वेश्मासनवतीरम्यासितावरुणपा
लिता ५ यस्यामास्तेसवरुणोवारुण्याचसमन्वितः॥ दिव्यरत्नांबरधरोदिव्याभरणभूषितः ६ स्रग्विणोदिव्यगन्धाश्चदिव्यगंधानुलेपनाः ॥ आदित्यास्तत्रवरुणंजले
श्वरमुपासते ७ वासुकिस्तक्षकश्चैवनागश्चैरावतस्तथा ॥ कृष्णश्चलोहितश्चैवपद्मश्चित्रश्चवीर्यवान् ८

दिव्यैरितितस्यामित्युत्तरश्लोकादपकृष्यते २ अवतानैर्वितानवद्वृक्षस्तरूपाच्छादकैर्लताप्रतानैः सिता बद्धाः प्रदेशाइतिशेषः ३ वपुष्मंतः प्रशस्तदेहाः ४ । ५ वारुण्यावरुणान्या माध्व्यावा ६ । ७ । ८

९ । १० । ११ । १२ । १३ । १४ । १५ । १६ । १७ । १८ । १९ । २० । २१ । २२ । २३ । २४ । २५ । २६ । २७ । २८ । २९ संपतता समागच्छता ३० ॥ ॥ इतिश्री

कंबलाश्वतरौनागौधृतराष्ट्रबलाहकौ ॥ मणिमान्कुण्डधारश्चकर्कोटकधनंजयौ ९ पाणिमान्कुण्डधारश्चबलवान्पृथिवीपते ॥ प्रह्लादोमुषिकादश्चतथैवजनमेजयः १० पताकिनोमण्डलिनःफणावंतश्चसर्वशः ॥ एतेचान्येचबहवःसर्पास्तस्यांयुधिष्ठिर ॥ उपासतेमहात्मानंवरुणंविगतक्लमाः ११ बलिर्वैरोचनोराजानरकःपृथिवींजयः ॥ संन्हादोविप्रचित्तिश्चकालखंजाश्चदानवाः १२ सुहनुर्दुर्मुखःशंखःसुमनाःसुमतिस्ततः ॥ घटोदरोमहापार्श्वःक्रथनःपिठरस्तथा १३ विश्वरूपःस्वरूपश्चविरूपोऽथमहाशिराः ॥ दशग्रीवश्चवालीचमेघवासादशावरः १४ टिट्टिभोविटभूतश्चसंन्हादश्चेन्द्रतापनः ॥ दैत्यदानवसंघाश्चसर्वेरुचिरकुंडलाः ॥ १५ स्रग्विणोमौलिनश्चैवतथादिव्यपरिच्छदाः ॥ सर्वेलब्धवराःशूराःसर्वेविगतमृत्यवः १६ तेतस्यांवरुणंदेवंधर्मपाशधरंसदा ॥ उपासतेमहात्मानंसर्वेसुचरितव्रताः १७ तथासमुद्राश्चत्वारोनदीभागीरथीचसा ॥ कालिंदीविदिशावेणानर्मदावेगवाहिनी १८ विपाशाचशतद्रुश्चचंद्रभागासरस्वती ॥ इरावतीवितस्ताचसिंधुर्देवनदीतथा १९ गोदावरीकृष्णवेणाकावेरीचसरिद्वरा ॥ किंपुनाचविशल्याचतथावैतरणीनदी २० तृतीयाजेष्ठिलाचैवशोणश्चापिमहानदः ॥ चर्मण्वतीतथाचैवपर्णाशाचमहानदी २१ सरयूर्वारवत्याथलांगलीचसरिद्वरा ॥ करतोयातथाऽऽत्रेयीलौहित्यश्चमहानदः २२ लंघतीगोमतीचैवसंध्यात्रिस्रोतसीतथा ॥ एताश्चान्याश्चराजेन्द्रसुतीर्थालोकविश्रुताः २३ सरितःसर्वतश्चान्यास्तीर्थानिचसरांसिच ॥ कूपाश्चसप्रस्रवणादेहवंतोयुधिष्ठिर २४ पल्वलानितडागानिदेहवंत्यथभारत ॥ दिशस्तथामहीचैवतथासर्वेमहीधराः २५ उपासतेमहात्मानंसर्वेजलचरास्तथा ॥ गीतवादित्रवंतश्चगंधर्वाप्सरसांगणाः २६ स्तुवंतोवरुणंतस्यांसर्वएवसमासते ॥ महीधरारत्नवंतोरसायेचप्रतिष्ठिताः २७ कथयंतःसुमधुराःकथास्तत्रसमासते ॥ वारुणश्चतथामंत्रीसुनाभःपर्युपासते २८ पुत्रपौत्रैःपरिवृतोगोनाम्नापुष्करेणच ॥ सर्वेविग्रहवंतस्तेतमीश्वरमुपासते २९ एषामयासंपततावारुणीभरतर्षभ ॥ दृष्टपूर्वासभारम्याकुबेरस्यसभांशृणु ३० ॥ इतिमहाभारते स० लोकपालसभाख्यानपर्वणिवरुणसभावर्णने नवमोऽध्यायः ॥ ९ ॥ ॥ नारदउवाच ॥ सभावैश्रवणीराजन्शतयोजनमायता ॥ विस्तीर्णासप्ततिश्चैवयोजनातिसितप्रभा १ तपसानिर्जिताराजन्स्वयंवैश्रवणेनसा ॥ शशिप्रभाप्रावरणाकैलासशिखरोपमा २ गुह्यकैरुह्यमानासाखेविषक्तेवशोभते ॥ दिव्याहेममयैरुच्चैःप्रासादैरुपशोभिता ३ महारत्नवतीचित्रादिव्यगंधामनोरमा ॥ सिताभ्रशिखराकाराप्लवमानेवदृश्यते ४ दिव्याहेममयैरंगैर्विद्युद्भिरिवचित्रिता ॥ तस्यांवैश्रवणोराजाविचित्राभरणांबरः ५

सभापर्वणिनीलकंठीयेभारतभावदीपे नवमोऽध्यायः॥ ९॥ ॥ ॥ ॥ सभेति १ शशिप्रभाप्रावरणा शशिप्रभामपि धावल्येनतिरस्करोतीत्यर्थः २ विषक्तालग्ना ३ रंगैरितिच्छेदः ४ । ५

६ । ७ मनोहृदयसंल्हादीतिपाठे मनश्चित्तं हृदयंकदंबगोलकाकृतिर्मांसखंडः ८ दिव्यतानैरन्यैस्तानैर्गीतशास्त्रप्रसिद्धैरेकोनपंचाशत्संख्यैः ९ । १० । ११ । १२ । १३ । १४ । १५

स्त्रीसहस्रैर्वृतःश्रीमानास्तेज्वलितकुंडलः ॥ दिवाकरनिभेपुण्येदिव्यास्तरणसंवृते ॥ दिव्यपादोपधानेचनिषण्णःपरमासने ६ मंदाराणामुदाराणांवनानिपरिलो
डयन् ॥ सौगंधिकवनानांचगंधंगंधवहोवहन् ७ नलिन्याश्चालकाख्यायानंदनस्यवनस्यच ॥ शीतोहृदयसंह्लादीवायुस्तमुपसेवते ८ तत्रदेवाःसगंधर्वागणै
रप्सरसांवृताः ॥ दिव्यतानैर्महाराजगायंतिस्मसभागताः ९ मिश्रकेशीचरंभाचचित्रसेनाशुचिस्मिता ॥ चारुनेत्राघृताचीचमेनकापुंजिकस्थला १० विश्वा
चीसहजन्याचप्रम्लोचाउर्वशीइरा ११ वर्गाचसौरभेयीचसमीचीबुद्बुदालता ॥ एताःसहस्रशश्चान्यानृत्यगीतविशारदाः १२ उपतिष्ठंतिधनदंगंधर्वाप्सरसांग
णाः ॥ अनिशंदिव्यवादित्रैर्नृत्यगीतैश्चसासभा १३ अशून्यारुचिराभातिगंधर्वाप्सरसांगणैः ॥ किन्नरानामगंधर्वानरानामतथाऽपरे १४ मणिभद्रोऽथध
नदःश्वेतभद्रश्चगुह्यकः ॥ कशेरकोगंडकंडूःप्रद्योतश्चमहाबलः १५ कुस्तुंबरुःपिशाचश्चगजकर्णोविशालकः ॥ वराहकर्णस्ताम्रोष्ठःफलकक्षःफलोदकः १६ हंस
चूडःशिखावर्त्तोहेमनेत्रोविभीषणः ॥ पुष्पाननःपिंगलकःशोणितोदःप्रवालकः १७ वृक्षवास्यनिकेतश्चचीरवासाश्चभारत ॥ एतेचान्येचबहवोयक्षाःशतसह
स्रशः १८ सदाभगवतीलक्ष्मीस्तत्रैवनलकूबरः ॥ अहंचबहुशस्तस्यांभवंत्यन्येचमद्विधाः १९ ब्रह्मर्षयोभवंत्यत्रतथादेवर्षयोऽपरे ॥ क्रव्यादाश्चतथैवान्येगंध
र्वाश्चमहाबलाः २० उपासतेमहात्मानंतस्यांधनदमीश्वरम् ॥ भगवान्भूतसंघैश्चवृतःशतसहस्रशः २१ उमापतिःपशुपतिःशूलभृद्भगनेत्रहा ॥ त्र्यंबकोराज
शार्दूलदेवीचविगतक्लमा २२ वामनैर्विकटैःकुब्जैःक्षतजाक्षैर्महारवैः ॥ मेदोमांसाशनैरुग्रैरुग्रधन्वामहाबलः २३ नानाप्रहरणैरुग्रैर्वातैरिवमहाजवैः ॥ वृतः
सखायमन्वास्तेसदैवधनदंनृप २४ प्रहृष्टाःशतशश्चान्येबहुशःसपरिच्छदाः ॥ गंधर्वाणांचपतयोविश्वावसुर्हहाहुहूः २५ तुंबुरुःपर्वतश्चैवशैलूषश्चतथाऽपरः ॥
चित्रसेनश्चगीतज्ञस्तथाचित्ररथोऽपिच २६ एतेचान्येचगंधर्वाधनेश्वरमुपासते ॥ विद्याधराधिपश्चैवचक्रधर्मासहानुजैः २७ उपाचरतितत्रस्मधनानामीश्वरं
प्रभुम् २८ आसतेचापिराजानोभगदत्तपुरोगमाः ॥ द्रुमःकिंपुरुषेशश्चउपास्तेधनदेश्वरम् २९ राक्षसाधिपतिश्चैवमहेंद्रोगंधमादनः ॥ सहयक्षैःसगंधर्वैःसह
सर्वैर्निशाचरैः ३० विभीषणश्चधर्मिष्ठउपास्तेभ्रातरंप्रभुम् ॥ हिमवान्पारियात्रश्चविंध्यकैलासमंदराः ३१ मलयोदर्दुरश्चैवमहेंद्रोगंधमादनः ॥ इंद्रकीलःसु
नाभश्चतथादिव्यौचपर्वतौ ३२ एतेचान्येचबहवःसर्वेमेरुपुरोगमाः ॥ उपासतेमहात्मानंधनानामीश्वरंप्रभुम् ३३ नंदीश्वरश्चभगवान्महाकालस्तथैवच ॥
शंकुकर्णमुखाःसर्वेदिव्याःपारिषदास्तथा ३४ ॥ ॥ ॥ ॥

१६ । १७ । १८ । १९ । २० । २१ । २२ । २३ । २४ । २५ । २६ । २७ । २८ । २९ । ३० । ३१ । ३२ । ३३ । ३४ ॥

३५ । ३६ । ३७ आस्तेइत्यावृत्त्या योजनीयं । यदाभवःकदाचित्कुबेरसभामध्यास्ते तदाकुबेरोऽपि भवादनुज्ञांप्राप्य तन्निकटआस्तेउपविशति ३८ । ३९ । ४० ॥ इति०म०भा० नीलकंठीयेभारतभावदीपे दशमोऽध्यायः ॥ १० ॥ ॥ पितामहेति १ देवयुगेकृतयुगे २ । ३ मानसीमित्यनेनभौतिकत्वव्यावृत्तिः तथाहि । 'आतिवाहिकएवाऽयंत्वादृशैश्चित्तदेहकः । आधिभौतिकयाबुद्धया गृहीतश्चिरभावनात्' इति वासिष्ठोक्तरीत्याप्रपंचस्य त्रैविध्यंदृश्यते । तत्रायंस्थूलभूतमयआधिभौतिकः सूक्ष्मभूतमयआतिवाहिकः सएवअतिअत्यंतंकार्याकारंवोढुं समर्थोऽतिवाहीसूक्ष्मभूतसंघस्तेनर्निर्वृत्तइतियोगात् । अतएवतत्रेंद्रादिलोकरूपेस्वर्गे । 'यन्नदुःखेनसंभिन्नंनचग्रस्तमनंतरं अभिलाषोपनीतंचतत्सुखं स्वःपदास्पदम्' इति स्वर्गपदनिर्वचनंसंगच्छते । संभिन्नंमि

काष्ठःकुटीमुखोदंतीविजयश्चतपोधिकः ॥ श्वेतश्चवृषभस्तत्रनर्दन्नास्तेमहाबलः ३५ धनदंराक्षसाश्चान्येपिशाचाश्चउपासते ॥ पारिषदैःपरिवृतमुपायांतंमहेश्वरम् ३६ सदाहिदेवदेवेशंशिवंत्रैलोक्यभावनम् ॥ प्रणम्यमूर्ध्नापौलस्त्योबहुरूपमुमापतिम् ३७ ततोऽभ्यनुज्ञांसंप्राप्यमहादेवाद्धनेश्वरः ॥ आस्तेकदाचिद्भगवान्भवोधनपतेःसखा ३८ निधिप्रवरमुख्यौचशंखपद्मौधनेश्वरौ ॥ सर्वान्निधीन्प्रगृह्याथउपास्तांवैधनेश्वरम् ३९ सासभातादृशीरम्यामयादृष्टांतरिक्षगा ॥ पितामहसभांराजन्कीर्तयिष्येनिबोधताम् ४० ॥ इतिश्रीमहाभारतेसभापर्वणिलोकपालसभाख्यानपर्वणिधनदसभावर्णनंनामदशमोऽध्यायः ॥ १० ॥ ॥

॥ नारदउवाच ॥ पितामहसभांतातकथ्यमानांनिबोधमे ॥ शक्यतेयानिर्देष्टुमेवंरूपेतिभारत १ पुरादेवयुगेराजन्नादित्योभगवान्दिवः ॥ आगच्छन्मानुषंलोकंदिदृक्षुर्विगतक्लमः २ चरन्मानुषरूपेणसभांदृष्ट्वास्वयंभुवः ॥ सतामकथयन्मह्यंदृष्ट्वातत्त्वेनपांडव ३ अप्रमेयांसभांदिव्यांमानसींभरतर्षभ ॥ अनिर्देश्यांप्रभावेणसर्वभूतमनोरमाम् ४ श्रुत्वागुणानहंतस्याःसभायाःपांडवर्षभ ॥ दर्शनेप्सुस्तथाराजन्नादित्यमिदमब्रुवम् ५ भगवन्द्रष्टुमिच्छामिपितामहसभांशुभाम् ॥ येनवातपसाशक्याकर्मणावाऽपिगोपते ६ औषधैर्वातथायुक्तैरुत्तमापापनाशिनी ॥ तन्ममाचक्ष्वभगवन्पश्येयंतांसभांयथा ७ सतन्ममवचःश्रुत्वासहस्रांशुर्दिवाकरः ॥ प्रोवाचभरतश्रेष्ठव्रतंवर्षसहस्रिकम् ८ ब्रह्मव्रतमुपास्वत्वंमयतेनांतरात्मना ॥ ततोऽहंहिमवत्पृष्ठेसमारब्धोमहाव्रतम् ९ ततःसभगवान्सूर्योमामुपादायवीर्यवान् ॥ आगच्छत्तांसभांब्राह्मींविपाप्माविगतक्लमः १० एवंरूपेतिसाशक्यानिर्देष्टुंनराधिप ॥ क्षणेनहिबिभर्त्यन्यदनिर्देश्यंवपुस्तथा ११ नवेदपरिमाणंवासंस्थानंचापिभारत ॥ नचरूपंमयातादृक्दृष्टपूर्वंकदाचन १२ ॥ ॥

श्रं । ग्रस्तंभोगोत्तरपापावहं । अभिलाषःसंकल्पः तत्राप्याधिभौतिकस्य तत्त्वमातिवाहिकः रज्जुरिवभुजंगस्य । अस्यापितत्त्वं चित्तमेवतदिदमुक्तंचित्तदेहकइति । तादृशीचप्रजापतिसभाऽतो मानसत्वंतत्रयुक्तम् ४ । ५ । ६ औषधैर्ज्योतिष्मत्यादिभिः कल्पोक्तप्रकारेणसाधितैः ७ । ८ ब्रह्मव्रतंहार्दब्रह्मोपासनां ९ ततःसइति । सूर्यद्वारेणतेविरजाःप्रयांतीतिब्रह्मसभाप्रवेशेऽधिदैवंप्रत्यक्षसूर्यस्यैवद्वारत्वं अध्यात्मंतुइडाख्यसूर्यनाडीद्वारा १० एवमिति मानसत्वादेव रज्जूरगवत्सत्यसतीवेतिनिर्वक्तुंनशक्या क्षणेति रज्जुर्यथा भावकबुद्ध्यनुरोधात् स्रक्सर्पदंडधारादिरूपा तथेयमपिवैकुंठकैलासादिरूपेणभातीत्यर्थः ११ । १२ ॥ ॥ ॥ ॥ ॥ ॥

१३ स्तंभैरिति । यतोनक्षरानापक्षयवत्यतःशाश्वतीनित्या । 'एतत्सत्यंब्रह्मपुरम्'इतिश्रुतेः १४ । १५ अतिचंद्रमिति।स्वयमित्यव्ययं स्वयमहंकरोमि स्वयंत्वंकरोषि सस्त्वयंकृतवानित्यादिप्रयोगा
दव्याकृतप्रत्यगात्मवाचकं सएवप्रभाप्रकाशकंज्योतिर्यस्यांसास्वयंप्रभा । जागरेहिसूर्यादीनां घटादिप्रकाशकत्वंदृष्टं ।तदात्मनएवेति साधयितुंसूर्याद्यभावकाले स्वप्नप्रकृत्यात्रायंपुरुषःस्वयंज्योति
रितिश्रुत्यासाटोपमुक्तम् १६ तस्यामिति ।सः महत्तत्त्वाभिमानी सूक्ष्ममनआख्यः । यंप्रकृत्यस्मर्यते ' मनोमहान्मतिर्ब्रह्मा पूर्बुद्धिःख्यातिरीश्वरः । प्रज्ञासंविचितिश्चैवस्मृतिश्चपरिपठ्यते'
इति । अतएवभगवान्सर्वैश्वर्यवान् देवमाययास्वाविद्यया विदधल्लोकानितिशेषः । विदधदेवमानुषानितिपाठेऽपिस्वाविद्ययेत्यध्याहार्यम् । एकोऽनिशं सत्स्वपिस्वसृष्टेषु पदार्थेष्वैन्द्रिजालि

सुसुखासासदाराजन्नशीतानचघर्मदा ॥ नक्षुत्पिपासेनग्लानिंप्राप्यतांप्राप्नुवंत्युत १३ नानारूपैरिवकृतामणिभिःसासुभास्वरैः ॥ स्तम्भैर्नचधृतासातुशाश्वतीन
चसाक्षरा १४ दिव्यैर्नानाविधैर्भावैर्भासद्भिरमितप्रभैः १५ अतिचंद्रंचसूर्यंचशिखिनंचस्वयंप्रभा ॥ दीप्यतेनाकपृष्ठस्थाभर्त्सयंतीवभास्करम् १६ तस्यांसभग
वानास्तेविदधद्देवमायया ॥ स्वयमेकोऽनिशंराजन्सर्वलोकपितामहः १७ उपतिष्ठंतिचाप्येनंप्रजानांपतयःप्रभुम् ॥ दक्षःप्रचेताःपुलहोमरीचिःकश्यपःप्रभुः
१८ भृगुरत्रिर्वसिष्ठश्चगौतमोऽथतथाऽङ्गिराः ॥ पुलस्त्यश्चक्रतुश्चैवप्रह्लादःकर्दमस्तथा १९ अथर्वांगिरसश्चैववालखिल्यामरीचिपाः ॥ मनोऽन्तरिक्षंविद्याश्च
वायुस्तेजोजलंमही २० शब्दस्पर्शौतथारूपंरसोगंधश्चभारत ॥ प्रकृतिश्चविकारश्चयच्चान्यत्कारणंभुवः २१ अगस्त्यश्चमहातेजामार्कंडेयश्चवीर्यवान् ॥ जम
दग्निर्भरद्वाजःसंवर्त्तश्च्यवनस्तथा २२ दुर्वासाश्चमहाभागऋष्यशृंगश्चधार्मिकः ॥ सनत्कुमारोभगवान्योगाचार्योमहातपाः २३ असितोदेवलश्चैवजैगीषव्य
श्चतत्त्ववित् ॥ ऋषभोजितशत्रुश्चमहावीर्यस्तथामणिः २४ आयुर्वेदस्तथाऽष्टांगोदेहवांस्तत्रभारत ॥ चंद्रमाःसहनक्षत्रैरादित्यश्चगभस्तिमान् २५ वायवः
क्रतवश्चैवसंकल्पःप्राणएवच ॥ मूर्तिमंतोमहात्मानोमहाव्रतपरायणाः २६ एतेचान्येचबहवोब्रह्माणंसमुपस्थिताः ॥ अर्थोधर्मश्चकामश्चहर्षोद्वेषस्तपोदमः
२७ आयांतितस्यांसहितागंधर्वाप्सरसांगणाः ॥ विंशतिःसप्तचैवान्येलोकपालाश्चसर्वशः २८ शुक्रोबृहस्पतिश्चैवबुधोऽङ्गारकएवच ॥ शनैश्चरश्चराहुश्चग्र
हाःसर्वेतथैवच २९ मंत्रोरथंतरंचैवहरिमान्वसुमानपि ॥ आदित्याःसाधिराजानोनामद्वन्द्वैरुदाहृताः ३० मरुतोविश्वकर्माचवसवश्चैवभारत ॥ तथापितृग
णाःसर्वेसर्वाणिचहवींष्यथ ३१ ऋग्वेदःसामवेदश्चयजुर्वेदश्चपांडव ॥ अथर्ववेदश्चतथासर्वशास्त्राणिचैवह ३२ ॥ ॥

कवदेकएवेत्यर्थः १७ एकस्यैवविद्यैकव्यंग्यंसार्वात्म्यमहंमनुरभवंसूर्यश्चेत्यादिश्रुतिप्रसिद्धंप्रपंचयति उपतिष्ठंतीत्यादिनाऽध्यायशेषेण १८। १९ । २० यच्चान्यत्कालादृष्टादि २१ । २२
२३ । २४। २५ । २६ । २७ सप्तचैवान्येइति । सप्तविंशतिर्नक्षत्राणीत्येके । अन्येतु विंशतिर्गंधर्वाप्सरसांगणाः सप्तचान्ये गंधर्वामुख्याः तेच । 'हंसोहाहाहुहूर्विश्वावसुर्वररुचिस्तथा ।
तृषणस्तुंबुरुश्चैवगंधर्वाःसप्तकीर्तिताः' इति २८ । २९ मंत्रःसामगानाश्रयभूतोग्नआयाहीत्यादिः । रथंतरंसामविशेषः । हरिमान्वसुमानितिकर्मविशेषयोरिंद्रनामनी ; साधिराजानःसेंद्राः । ना
मद्वंद्वैरग्नीषोमेंद्राग्न्यादिभिः ३० हवींषि व्रीहिपश्वादिजीवाः ३१ । ३२ ॥ ॥ ॥ ॥ ॥

उपवेदाः'आयुर्वेदोधनुर्वेदोगांधर्वश्चार्थशास्त्रकम्' इति । अंगानिशिक्षादीनि ३३ दुर्गतरणी वाणी प्रणवः साचसप्तविधा अकारउकारोमकारोऽर्धमात्रानादोबिंदुःशक्तिरितिसप्तप्रकाराः शांतरूपाऽधिष्ठानप्रापिकेत्यर्थः । संस्कृतप्राकृतपैशाच्यपभ्रंशललितमागधात्यरूपाइत्यन्ये ३४ । ३५ । ३६ । ३७ संवत्सराः षष्टिः प्रभवादयः तेचपंचपंचएकैकंयुगं । चतुर्विधोमानुषोऽहोरात्रःषष्टिघटिकाभिः । पैत्रोमासेन । दैवोवत्सरेण । ब्राह्मःकल्पेनेति । कालचक्रंद्वादशराश्यात्मकम् ३८ । ३९ । ४० । ४१ । ४२ । ४३ । ४४ । ४५ वैराजाःविराट्प्रभवाः सप्तपितृगणाअग्निष्वात्ता

इतिहासोपवेदाश्चवेदांगानिचसर्वशः ॥ ग्रहायज्ञाश्चसोमश्चदेवताश्चापिसर्वशः ३३ सावित्रीदुर्गतरणीवाणीसप्तविधातथा ॥ मेधाधृतिःश्रुतिश्चैवप्रज्ञाबुद्धिर्यशःक्षमा ३४ सामानिस्तुतिशस्त्राणिगाथाश्चविविधास्तथा ॥ भाष्याणितर्कयुक्तानिदेहवंतिविशांपते ३५ नाटकाविविधाःकाव्याःकथाख्यायिककारिकाः ॥ तत्रतिष्ठंतितेपुण्यायेचान्येगुरुपूजकाः ३६ क्षणालवामुहूर्त्ताश्चदिवारात्रिस्तथैवच ॥ अर्धमासाश्चमासाश्चऋतवःषट्चभारत ३७ संवत्सराःपंचयुगमहोरात्रश्चतुर्विधः ॥ कालचक्रंचतद्दिव्यंनित्यमक्षयमव्ययम् ३८ धर्मचक्रंतथाचापिनित्यमास्तेयुधिष्ठिर ॥ अदितिर्दितिर्दनुश्चैवसुरसाविनताइरा ३९ कालिकासुरभीदेवीसरमाचाथगौतमी ४० प्रभाकद्रूश्चवैदेव्योदेवतानांचमातरः ॥ रुद्राणीश्रीश्चलक्ष्मीश्चभद्राषष्ठीतथाऽपरा ४१ पृथिवीगांगतादेवीन्हीःस्वाहाकीर्तिरेवच ॥ सुरादेवीशचीचैवतथापुष्टिररुंधती ४२ संवृत्तिराशानियतिःसृष्टिर्देवीरतिस्तथा ॥ एताश्चान्याश्चवैदेव्यउपतस्थुःप्रजापतिम् ४३ आदित्यावसवोरुद्रामरुतश्चाश्विनावपि ॥ विश्वेदेवाश्चसाध्याश्चपितरश्चमनोजवाः ४४ पितॄणांचगणान्विद्धिसप्तैवपुरुषर्षभ ॥ मूर्तिमंतोवैचत्वारस्त्रयश्चापिशरीरिणः ४५ वैराजाश्चमहाभागाअग्निष्वात्ताश्चभारत ॥ गार्हपत्यानाकचराःपितरोलोकविश्रुताः ४६ सोमपाएकशृंगाश्चचतुर्वेदाःकलास्तथा ॥ एतेचतुर्षुवर्णेषुपूज्यंतेपितरोनृप ४७ एतैराप्यायितैःपूर्वंसोमश्चाप्याय्यतेपुनः ॥ तएतेपितरःसर्वेप्रजापतिमुपस्थिताः ४८ उपासतेचसंहृष्टाब्रह्माणममितौजसम् ॥ राक्षसाश्चपिशाचाश्चदानवागुह्यकास्तथा ४९ नागाःसुपर्णाःपशवःपितामहमुपासते ॥ स्थावराजंगमाश्चैवमहाभूतास्तथाऽपरे ५० पुरंदरश्चदेवेंद्रोवरुणोधनदोयमः ॥ महादेवःसहोमोऽत्रसदागच्छतिसर्वशः ५१ महासेनश्चराजेंद्रसदोपास्तेपितामहम् ॥ देवोनारायणस्तस्यांतथादेवर्षयश्चये ५२ ऋषयोवालखिल्याश्चयोनिजाऽयोनिजास्तथा ॥ यच्चकिंचित्त्रिलोकेऽस्मिन्दृश्यतेस्थाणुजंगमम् ॥ सर्वंतस्यांमयादृष्टमितिविद्धिनराधिप ५३ अष्टाशीतिसहस्राणिऋषीणामूर्ध्वरेतसाम् ॥ प्रजावतांचपंचाशदृषीणामपिपांडव ५४ ॥ ॥

दयः ४६ । ४७ । ४८ । ४९ । ५० महादेवईश्वरोपिसहोमोब्रह्मविद्यासहितस्तत्रैवांतर्भूतः ५१ नारायणश्चविद्याप्राप्यः शुद्धआत्मापि तत्रैव प्राप्यत इत्यर्थः ५२ एकस्यापिसार्वात्म्यमुक्तमुपसंहरति यच्चेति ५३ तत्प्राप्त्यधिकारिणआह अष्टाशीतीति ५४ ॥ ॥ ॥ ॥ ॥

तेस्मतत्रेत्यादिना यत्काषीतकीयेश्रुतं पर्यंकस्थंब्रह्म तेनसहसंवादादिकंच तदुपबृंहयति ५५ । ५६ । ५७ । ५८ । ५९ ब्राह्मयाश्रिया शमोदमस्तपःशौचमित्यादिनाप्रसिद्धयाशमादिसंपत्त्या
६० । ६१ । ६२ ॥ इतिसभापर्वणिनीलकंठीयेभारतभावदीपेएकादशोऽध्यायः ॥ ११ ॥ ॥ ॥ ॥ राजसूयमुपोद्घातयति प्रायशइत्यादिना १ । २ । ३ । ४ । ५ सहस्र
वर्षव्रतप्राप्यां ब्रह्मसभामुपेक्ष्य हरिश्चंद्रप्राप्तामिंद्रसभां शक्यप्रवेशांमत्वा तत्साधनंपृच्छति एकएवेति ६ । ७ । ८ । ९ यन्मांपृच्छसीत्यादेर्दाशार्हनगरींप्रतीत्यंतस्यपरमतात्पर्यं । शक्रलो

तेस्मतत्रयथाकामंदृष्ट्वासर्वेदिवौकसः ॥ प्रणम्यशिरसातस्मैसर्वेयांतियथागमम् ५५ अतिथीनागतान्देवान्दैत्यान्नागांस्तथाद्विजान् ॥ यक्षान्सुपर्णान्कालेयान्गं
धर्वाप्सरसस्तथा ५६ महाभागानमितधीर्ब्रह्मालोकपितामहः ॥ दयावान्सर्वभूतेषुयथार्हंप्रतिपद्यते ५७ प्रतिगृह्यतुविश्वात्मास्वयंभूरमितद्युतिः ॥ सांत्वमानार्थ
संभोगैर्युनक्तिमनुजाधिप ५८ तथातैरुपयातैश्चप्रतियद्भिश्चभारत ॥ आकुलासासभातातभवतिस्मसुखप्रदा ५९ सर्वतेजोमयीदिव्याब्रह्मर्षिगणसेविता ॥
ब्राह्म्याश्रियादीप्यमानाशुशुभेविगतक्लमा ६० सासभातादृशीदृष्टामयालोकेषुदुर्लभा ॥ सभेयंराजशार्दूलमनुष्येषुयथातव ६१ एतामयादृष्टपूर्वाःसभादेवेषु
भारत ॥ सभेयंमानुषेलोकेसर्वश्रेष्ठतमातव ६२ ॥ इतिश्रीमहाभारतेसभापर्वणिलोकपालसभाख्यानपर्वणिब्रह्मसभावर्णनंनामएकादशोऽध्यायः ११ ॥ ॥
॥ ॥ युधिष्ठिरउवाच ॥ ॥ प्रायशोराजलोकस्तेकथितोवदतांवर ॥ वैवस्वतसभायांतुयथावदसिमेप्रभो १ वरुणस्यसभायांतुनागास्तेकथिताविभो ॥
दैत्येंद्राश्चापिभूयिष्ठाःसरितःसागरास्तथा २ तथाधनपतेर्यक्षागुह्यकाराक्षसास्तथा ॥ गंधर्वाप्सरसश्चैवभगवांश्चवृषध्वजः ३ पितामहसभायांतुकथितास्तेमहर्षयः ॥
सर्वेदेवनिकायाश्चसर्वशास्त्राणिचैवह ४ शक्रस्यतुसभायांतुदेवाःसंकीर्तितामुने ॥ उद्देशतश्चगंधर्वाविविधाश्चमहर्षयः ५ एकएवतुराजर्षिर्हरिश्चंद्रोमहामुने ॥ कथि
तस्तेसभायांवैदेवेंद्रस्यमहात्मनः ६ किंकर्मतेनाचरितंतपोवानियतव्रत ॥ येनासौसहशक्रेणस्पर्द्धतेसुमहायशाः ७ पितृलोकगतश्चैवत्वयाविप्रपितामम ॥
दृष्टःपांडुर्महाभागःकथंवापिसमागतः ८ किमुक्तवांश्चभगवंस्तन्ममाचक्ष्वसुव्रत ॥ त्वत्तःश्रोतुंसर्वमिदंपरंकौतूहलंहिमे ९ ॥ नारदउवाच ॥ यन्मांपृच्छ
सिराजेंद्रहरिश्चंद्रंप्रतिप्रभो ॥ तत्तेऽहंसंप्रवक्ष्यामिमाहात्म्यंतस्यधीमतः १० सराजाबलवानासीत्सम्राट्सर्वमहीक्षिताम् ॥ तस्यसर्वेमहीपालाःशासनावनताःस्थिताः
११ तेनैकंरथमास्थायजैत्रंहेमविभूषितम् ॥ शस्त्रप्रतापेनजितार्द्वीपाःसप्तजनेश्वर १२ सनिर्जित्यमहींकृत्स्नांसशैलवनकाननाम् ॥ आजहारमहाराजराजसूयंमहाक्रतुम् १३

कप्रापको राजसूयोऽतियत्नसाध्यः सिद्धश्चतावानर्थहेतुरतोब्रह्मसभाप्रापकमेवव्रतमनुष्ठेयमितिअवांतरतात्पर्यंतु भूभारहरणार्थं ब्रह्मणाप्रेरितोनारदः सर्वसंहारहेतुंराजसूयं युधिष्ठिरद्वारा
कारयितुं युधिष्ठिरंकृष्णंचोद्योजयतीति १० 'येनेष्टंराजसूयेनमंडलस्येश्वरश्चयः । शास्तियश्चाज्ञयाराज्ञःससम्राडितिशब्द्यते' ११ 'जंबूद्वीपः कुशद्वीपः शाकः क्रौंचश्चशाल्मलिः ।
गोमेदःपुष्करश्चैव सप्तद्वीपाःप्रकीर्तिताः' १२ । १३ ॥ ॥ ॥ ॥

१४ । १५ । प्रसर्पोग्निविसर्जनमितिनिघंटुः १६ । १७ । १८ । १९ । २० । २१ । २२ त्वाह त्वामाह २३ । २४ । २५ । २६ । २७ संकल्पंकामं गंतासिगमिष्यसि २८

तस्यसर्वेमहीपालाधनान्याजन्हूराज्ञया ॥ द्विजानांपरिवेष्टारस्तस्मिन्यज्ञेचतेऽभवन् १४ प्रादाच्चद्रविणंप्रीत्यायाचकानांनरेश्वरः ॥ यथोक्तवंतस्तेतस्मिंस्ततःपंचगुणा
धिकम् १५ अतर्पयच्चविविधैर्वसुभिर्ब्राह्मणांस्तदा ॥ प्रसर्पकालेसंप्राप्तेनानादिग्भ्यःसमागतान् १६ भक्ष्यभोज्यैश्चविविधैर्यथाकामपुरस्कृतैः ॥ रत्नौघतर्पितैस्तु
ष्टैर्द्विजैश्चसमुदाहृतम् ॥ तेजस्वीचयशस्वीचनृपेभ्योभ्यधिकोऽभवत् १७ एतस्मात्कारणाद्राजन्हरिश्चंद्रोविराजते ॥ तेभ्योराजसहस्रेभ्यस्तद्विद्धिभरतर्षभ १८
समाप्यचहरिश्चंद्रोमहायज्ञंप्रतापवान् ॥ अभिषिक्तश्चशुशुभेसाम्राज्येननराधिप १९ येचान्येचमहीपालाराजसूयंमहाक्रतुम् ॥ यजंतेतेसहेन्द्रेणमोदन्तेभरतर्षभ २०
येचापिनिधनंप्राप्ताःसंग्रामेष्वपलायिनः ॥ तेतत्सदनमासाद्यमोदंतेभरतर्षभ २१ तपसायेचतीव्रेणत्यजंतीहकलेवरम् ॥ तेतत्स्थानंसमासाद्यश्रीमंतोभांतिनित्यशः
२२ पिताचत्वाऽऽहकौन्तेयपांडुःकौरवनंदन ॥ हरिश्चंद्रेश्रियंदृष्ट्वानृपतौजातविस्मयः २३ विज्ञायमानुषंलोकमायांतंमांनराधिप ॥ प्रोवाचप्रणतोभूत्वावदेथास्त्वं
युधिष्ठिरम् २४ समर्थोऽसिमहींजेतुंभ्रातरस्तेस्थितावशे ॥ राजसूयंक्रतुश्रेष्ठमाहरस्वेतिभारत २५ त्वयीष्टवतिपुत्रेऽहंहरिश्चंद्रवदाशुवै ॥ मोदिष्येबहुलाःशश्व
त्समाःशक्रस्यसंसदि २६ एवंभवतुवक्ष्येऽहंतवपुत्रंनराधिपम् ॥ भूलोकंयदिगच्छेयमितिपांडुमथाऽब्रुवम् २७ तस्यत्वंपुरुषव्याघ्रसंकल्पंकुरुपांडव ॥ गंता
सित्वंमहेंद्रस्यपूर्वैःसहसलोकताम् २८ बहुविघ्नश्चनृपतेक्रतुरेषस्मृतोमहान् ॥ छिद्राण्यस्यतुवांछंतियज्ञघ्नाब्रह्मराक्षसाः २९ युद्धंचक्षत्रशमनंपृथिवीक्षयकारणम् ॥
किंचिदेवनिमित्तंचभवत्यत्रक्षयावहम् ३० एतत्संचिंत्यराजेंद्रयत्क्षेमंतत्समाचर ॥ अप्रमत्तोत्थितोनित्यंचातुर्वर्ण्यस्यरक्षणे ३१ भवएधस्वमोदस्वधनैस्तर्पयच
द्विजान् ॥ एतत्तेविस्तरेणोक्तंयन्मांत्वंपरिपृच्छसि ॥ आपृच्छेत्वांगमिष्यामिदाशार्हनगरींप्रति ३२ ॥ वैशंपायनउवाच ॥ एवमाख्यायपार्थेभ्योनारदोजन
मेजय ॥ जगामतैर्वृतोराजन्नृषिभिर्यैःसमागतः ३३ गतेतुनारदेपार्थोभ्रातृभिःसहकौरवः ॥ राजसूयंक्रतुश्रेष्ठंचिंतयामासपार्थिवः ३४ ॥ इतिश्रीमहा
भारतेसभापर्वणिलोकपालसभाख्यानपर्वणिपांडुसंदेशकथनेद्वादशोऽध्यायः ॥ १२ ॥ ॥ समाप्तंचलोकपालसभाख्यानपर्व ॥ अथराजसूयारंभपर्व ॥
॥ वैशंपायनउवाच ॥ ऋषेस्तद्वचनंश्रुत्वानिशश्वासयुधिष्ठिरः ॥ चिंतयन्राजसूयेष्टिंनलेभेशर्मभारत १ राजर्षीणांचतंश्रुत्वामहिमानंमहात्मनाम् ॥ यज्वनांक
र्मभिःपुण्यैर्लोकप्राप्तिंसमीक्ष्यच २ हरिश्चंद्रंचराजर्षिंरोचमानंविशेषतः ॥ यज्वानंयज्ञमाहर्तुंराजसूयमियेषसः ३ युधिष्ठिरस्ततःसर्वानर्चयित्वासभासदः ॥
प्रत्यर्चितश्चतैःसर्वैर्यज्ञायैवमनोदधे ४ सराजसूयंराजेंद्रकुरूणामृषभस्तदा ॥ आहर्तुंप्रवणंचक्रेमनःसंचिंत्यचासकृत् ५ ॥

२९ । ३० । ३१ । ३२ । ३३ । ३४ ॥ ॥ इतिश्रीमहाभारतेसभापर्वणिनीलकंठीये भारतभावदीपे द्वादशोऽध्यायः ॥ १२ ॥ ॥ ऋषेरिति १ । २ । ३ । ४ । ५

॥ १६ ॥

६ । ७ दीयतामित्युवाचेतिशेषः पाठांतरेतुस्पष्टं ८ । ९ । १० अविग्रहाःकलहशून्याः ११ वार्धुषीवृद्ध्युपजीविका यज्ञसत्त्वानि क्रतूनांसामर्थ्यानि सद्यःपुष्कलफलप्रदत्वादिविषयाणि १२ अनुकर्षं
दारिद्र्याद्राजकीयद्रव्यस्यातीतवर्षस्य ऋणत्वेनधारणं । निष्कर्षःकरार्थंप्रजापीडनं । मूर्छनंवृद्धिः । १३ । १४ । १५ षट्सुसंधिविग्रहादिषु यस्यप्रियादिकर्तुं नैगमैर्वणिग्भिःसह आसन्निवितिशेषः
इतरेनृपावणिग्वद्येनकरदीकृताइत्यर्थः तत्रतस्मिन् । विषयोदेशः १६ कामतोयथेष्टमुपयुंजानैर्दिव्याभ्रवस्त्रादिभोगंकुर्वद्भिः यतोलोभजैर्विमोहोत्थैराजसैर्वृत्तिविशेषैस्तृष्णादिभिस्तादृशैर
पिवद्धेवृद्धिमानभूत् १७ यस्मिन्विषये राजन्राज्ञि पितृतः पितृगुणैर्नीतिशिक्षणादिभिः मातृतोमातृगुणैर्वात्सल्यादिभिः १८ । १९ । २० वारुणं

भूयश्चाद्भुतवीर्यौजाधर्ममेवानुचिंतयन् ॥ किंहितंसर्वलोकानांभवेदितिमनोदधे ६ अनुगृह्णन्प्रजाःसर्वाःसर्वधर्मभृतांवरः ॥ अविशेषेणसर्वेषांहितंचक्रे
युधिष्ठिरः ७ सर्वेषांदीयतांदेयंमुष्णन्कोपमदावुभौ ॥ साधुधर्मेतिधर्मेतिनान्यच्छ्रुयेतभाषितम् ८ एवंगतेततस्तस्मिन्पितरीवाश्वसन्जनाः ॥ नतस्य
विद्यतेद्वेष्टाततोऽस्याजातशत्रुता ९ परिग्रहान्नरेन्द्रस्यभीमस्यपरिपालनात् ॥ शत्रूणांक्षपणाच्चैवबीभत्सोःसव्यसाचिनः १० धीमतःसहदेवस्यधर्माणामनु
शासनात् ॥ वैनत्यात्सर्वतश्चैवनकुलस्यस्वभावतः ॥ अविग्रहावीतभयाःस्वकर्मनिरताःसदा ११ निकामवर्षाःस्फीताश्चआसन्जनपदास्तथा ॥ वार्धुषी
यज्ञसत्त्वानिगोरक्षंकर्षणंवणिक् १२ विशेषात्सर्वमेवैतत्संजज्ञेराजकर्मणा ॥ अनुकर्षंचनिष्कर्षंव्याधिपावकमूर्छनम् १३ सर्वमेवनतत्रासीद्धर्मनित्येयुधि
ष्ठिरे ॥ दस्युभ्योवंचकेभ्यश्चराज्ञःप्रतिपरस्परम् १४ राजवल्लभतश्चैवनाश्रूयतमृषाकृतम् ॥ प्रियंकर्तुमुपस्थातुंबलिकर्मस्वकर्मजम् १५ अभिहर्तुंनृपाः
षट्सुपृथक्जात्यैश्चनैगमैः ॥ ववृधेविषयस्तत्रधर्मनित्येयुधिष्ठिरे १६ कामतोऽप्युपयुंजानैराजसैर्लोभजैर्जनैः ॥ सर्वव्यापीसर्वगुणीसर्वसाहःससर्वराट् १७ यस्मिन्न
धिकृतःसम्राड्भ्राजमानोमहायशाः ॥ यत्रराजन्दशदिशःपितृतोमातृतस्तथा ॥ अनुरक्ताःप्रजाआसन्नागोपालाद्द्विजातयः १८ ॥ वैशंपायनउवाच ॥ समंत्रिणः
समानाय्यभ्रातॄंश्चवदतांवरः ॥ राजसूयंप्रतितदापुनःपुनरपृच्छत १९ तेपृच्छमानाःसहितावचोऽर्घ्यंमंत्रिणस्तदा ॥ युधिष्ठिरंमहाप्राज्ञंयियक्षुमिदमब्रुवन् २०
येनाभिषिक्तोनृपतिर्वारुणंगुणमृच्छति ॥ तेनराजाऽपितंकृत्स्नंसम्राड्गुणमभीप्सति २१ तस्यसम्राड्गुणार्हस्यभवतःकुरुनंदन ॥ राजसूयस्यसमयंमन्यंतेसुहृदस्तव २२
तस्ययज्ञस्यसमयःस्वाधीनःक्षत्रसंपदा ॥ साम्नाषडग्नयोयस्मिंश्चीयंतेशंसितव्रतैः २३ दर्वीहोमानुपादायसर्वान्यःप्राप्नुतेक्रतून् ॥ अभिषेकंचयस्यांतेसर्वजित्तेनचोच्यते २४
समर्थोऽसिमहाबाहोसर्वेतेवशगावयम् ॥ अचिरात्त्वंमहाराजराजसूयमवाप्स्यसि २५ अविचार्यमहाराजराजसूयेमनःकुरु ॥ इत्येवंसुहृदःसर्वेपृथक्चसहचाब्रुवन् २६

गुणंजलधातुजयं सम्राड्गुणंभूधातुजयं २१ । २२ अग्नयःअग्निस्थापनार्थानिस्थंडिलानि साम्नासामवेदविहितैर्मंत्रैश्चीयंतेरच्यंते २३ दर्वीति । दर्वीहोमोऽग्निहोत्रादिस्तत्प्रभृती
न्सर्वान् क्रतूनिष्टिपशुसोमयागान्प्राप्नुतेव्याप्नोति तत्समुदायात्मकइत्यर्थः । अभिषेकफलंसर्वजित्त्वं । 'आत्रेयोऽगमभिषिषेचतस्मादंगःसमंतंसर्वतःपृथिवींजयन्परी
याय' इतिश्रुतं २४ । २५ । २६ ॥ ॥ ॥ ॥ ॥

धृष्टंप्रगल्भं । इष्टंआप्ततमं वरिष्ठंश्रेष्ठतमम् २७ । २८ । २९ कथंभवेत्फलवतीतिशेषः ३० । ३१ । ३२ आत्मवान्जितचित्तः ३३ विममृशे कथंयज्ञःसिद्ध्येत् कथंवालोकनाशोनस्यादितिविमर्शंकृत
वान् । सामर्थ्यंपृथ्वींजेतुं । योगंधनसंपत्तिं । व्ययागमौधनस्यैव ३४ एतान्सम्यक् संख्यादिनाधियाचविमृश्य । ३५ । ३६ । सर्वस्मात् लोक्यतइतिलोकोदृश्यंमूलाज्ञानंतस्मात्परं । 'तमसःपरस्तात्'

सधर्म्यंपांडवस्तेषांवचःश्रुत्वाविशांपते ॥ धृष्टमिष्टंवरिष्ठंचजग्राहमनसाऽरिहा २७ श्रुत्वासुहृद्वचस्तच्चजानंश्चाप्यात्मनःक्षमम् ॥ पुनःपुनर्मनोदध्रेराजसूयायभारत
२८ सभ्रातृभिःपुनर्धीमानृत्विग्भिश्चमहात्मभिः ॥ मंत्रिभिश्चापिसहितोधर्मराजोयुधिष्ठिरः ॥ धौम्यद्वैपायनाद्यैश्चमंत्रयामाससमंत्रवित् २९ ॥ युधिष्ठिरउवाच ॥
॥ ॥ इयंयाराजसूयस्यसम्राडर्हस्यसुक्रतोः ॥ श्रद्दधानस्यवदतःस्पृहामेसाकथंभवेत् ३० ॥ वैशंपायनउवाच ॥ एवमुक्तास्तुतेतेनराज्ञाराजीवलोचन ॥ इदमू
चुर्वचःकालेधर्मराजंयुधिष्ठिरम् ३१ अर्हस्त्वमसिधर्मज्ञराजसूयंमहाक्रतुम् ॥ अथैवमुक्तेनृपतावृत्विग्भिर्ऋषिभिस्तथा ३२ मंत्रिणोभ्रातरश्चास्यतद्वचःप्रत्यपूजयन् ॥
सतुराजामहाप्राज्ञःपुनरेवात्मनाऽऽत्मवान् ३३ भूयोविममृशेपार्थोलोकानांहितकाम्यया ॥ सामर्थ्ययोगंसंप्रेक्ष्यदेशकालौव्ययागमौ ३४ विमृश्यसम्यक्चधिया
कुर्वन्प्राज्ञोनसीदति ॥ नहियज्ञसमारंभःकेवलात्मविनिश्चयात् ३५ भवतीतिसमाज्ञाययत्नतःकार्यमुद्वहन् ॥ सनिश्चयार्थंकार्यस्यकृष्णमेवजनार्दनम् ३६ सर्वलो
कात्परंमत्वाजगाममनसाहरिम् ॥ अप्रमेयंमहाबाहुंकामाज्जातमजंनृषु ३७ पांडवस्तर्कयामासकर्मभिर्देवसंमतैः ॥ नास्यकिंचिदविज्ञातंनास्यकिंचिदकर्मजम् ३८
नसकिंचिन्नविषहेदितिकृष्णममन्यत ॥ सतुतांनैष्ठिकींबुद्धिंकृत्वापार्थोयुधिष्ठिरः ३९ गुरुवद्भूतगुरवेप्राहिणोद्दूतमंजसा ॥ शीघ्रगेनरथेनाशुसदूतःप्राप्ययादवान् ४०
द्वारकावासिनंकृष्णंद्वारवत्यांसमासदत् ॥ दर्शनाकांक्षिणंपार्थंदर्शनाकांक्षयाऽच्युतः ४१ इंद्रसेनेनसहितइंद्रप्रस्थमगात्तदा ॥ व्यतीत्यविविधान्देशांस्त्वरावान्
क्षिप्रवाहनः ४२ इंद्रप्रस्थगतंपार्थमभ्यगच्छज्जनार्दनः ॥ सगृहेपितृवद्भ्रात्राधर्मराजेनपूजितः ४३ भीमेनचततोऽपश्यत्स्वसारंप्रीतिमान्पितुः ॥ प्रीतःप्रीतेनसु
हृदारेमेससहितस्तदा ४४ अर्जुनेनयमाभ्यांचगुरुवत्पर्युपासितः ॥ तंविश्रांतंशुभेदेशेक्षणिनंकल्पमच्युतम् ॥ धर्मराजःसमागम्यज्ञापयत्स्वप्रयोजनम् ४५
॥ युधिष्ठिरउवाच ॥ ॥ प्रार्थितोराजसूयोमेनचासौकेवलेप्सया ॥ प्राप्यतेयेनतत्तेहिविदितंकृष्णसर्वशः ४६ यस्मिन्सर्वंसंभवतियश्चसर्वत्रपूज्यते ॥ यश्च
सर्वेश्वरोराजाराजसूयंसविंदति ४७ तंराजसूयंसुहृदःकार्यमाहुःसमेत्यमे ॥ तत्रमेनिश्चिततमंतवकृष्णगिराभवेत् ४८ केचिद्धिसौहृदादेवनदोषंपरिचक्षते ॥ स्वार्थ
हेतोस्तथैवान्येप्रियमेववदंत्युत ४९ ॥ ॥ ॥ ॥ ॥

इतिश्रुतेः । अतएवाऽप्रमेयं वाङ्मनसातीतत्वात् । कामात् बहुस्यांप्रजायेयेत्यादिश्रुतादीक्षणाक्रतुकर्मवशत्वात् ३७ देवानांसंमतैःकर्मभिर्बालेनापिपूतनावधादिभिः । संमितैरितिपाठे देवकर्मतुल्यैरित्यर्थः ।
अनुजानता । नास्येति । सर्वज्ञः सर्वकृत् सर्वसहइतिपादत्रयार्थः । ३८ । ३९ । भूतगुरवेऽपि गुरुवदाशीर्वादसंदेशादिनायुक्तं ४० । ४१ । ४२ भ्रात्रापितृष्वस्रजेन ४३ । ४४ क्षणिनंसावसरं
कल्पंसमर्थं ४५ । ४६ । ४७ । ४८ । ४९ ॥ ॥ ॥ ॥

५० । ५१ इतिसभापर्वणिनीलकंठीयेभारतभावदीपेत्रयोदशोऽध्यायः ॥ १३ ॥ ॥ सर्वैरिति । सर्वराजजयाद्राजसूये ऽधिक्रियते । राजजयश्चप्रधानमल्लनिबर्हणन्यायेन जरासंधवधेनैव
जायतइत्यभिप्रेत्याह जानतइत्यादिना १ अवरजमर्वाग्जातम् । यद्वा यत्पलायनपरमवशेषितंक्षत्रं तस्मादवराच्नीचाज्जातंनीचजम् । अतएवक्षत्रसंज्ञितंनतुक्षत्रकर्मयोग्यम् २ तैश्चायंकुलसं
कल्पःसर्वक्षत्रसमुदायेनसंकेतःकृतोयः सर्वक्षत्रजित्सः अस्माकंमध्येसम्राड् राज्ञामधिराजाभविष्यतीतिवक्ष्यमाणः । निदेशवाग्भिः पूर्वपूर्वोपदेशवाक्यैः इमसिद्धं तत्तेविदितम् । निदेश
भाग्भिरितिपाठे अस्वतंत्रैःक्षत्रियैरित्यर्थः ३ तत्रपूर्वमैलःसम्राड्जातइत्याह ऐलस्येति । ऐलःपुरूरवाः इक्ष्वाकुवंशस्यचमनोरिलाइक्ष्वाकुश्च । तत्रइलायाः पुरूरवादयः इक्ष्वाकोर्ना

प्रियमेवपरीप्संतेकेचिदात्मनिसद्धितम् ॥ एवंप्रायाश्चदृश्यंतेजनवादाःप्रयोजने ५० त्वंतुहेतूनतीत्यैतान्कामक्रोधौव्युदस्यच ॥ परमंयत्क्षमंलोकेयथावद्वक्तुमर्हसि ५१
इतिश्रीमहाभारतेसभापर्वणिराजसूयारंभपर्वणिवासुदेवागमनेत्रयोदशोऽध्यायः ॥ १३ ॥ ॥ कृष्णउवाच ॥ ॥ सर्वैर्गुणैर्महाराजराजसूयंत्वमर्हसि ॥
जानतस्त्वेवतेसर्वंकिंचिद्वक्ष्यामिभारत १ जामदग्न्येनरामेणक्षत्रंयदवशेषितम् ॥ तस्मादवरजंलोकेयदिदंक्षत्रसंज्ञितम् २ कृतोऽयंकुलसंकल्पःक्षत्रियैर्वसुधाधिप ॥
निदेशवाग्भिस्तत्तेहविदितंभरतर्षभ ३ ऐलस्येक्ष्वाकुवंशस्यप्रकृतिंपरिचक्षते ॥ राजानःश्रेणिबद्धाश्चतथाऽन्येक्षत्रियाभुवि ४ ऐलवंश्याश्चयेराजंस्तथैवेक्ष्वाकवोनृपाः
॥ तानिचैकशतंविद्धिकुलानिभरतर्षभ ५ ययातेस्त्वेवभोजानांविस्तरोगुणतोमहान् ॥ भजतेऽद्यमहाराजविस्तरंसचतुर्दिशम् ६ तेषांतथैवतांलक्ष्मींसर्वक्षत्रमु
पासते ॥ इदानीमेववैराजन्जरासंधोमहीपतिः ७ अभिभूयश्रियंतेषांकुलानामभिषेचितः ॥ स्थितोमूर्ध्निनरेंद्राणामोजसाऽऽक्रम्यसर्वशः ८ सोऽवनीं
मध्यमांभुक्त्वामिथोभेदममन्यत ॥ प्रभुर्यस्तुपरोराजायस्मिन्नेकवशेजगत् ९ ससाम्राज्यंमहाराजप्राप्तोभवतियोगतः ॥ तंसराजाजरासंधंसंश्रित्यकिलसर्वशः
१० राजन्सेनापतिर्जातःशिशुपालःप्रतापवान् ॥ तमेवचमहाराजशिष्यवत्समुपस्थितः ११ वक्रःकरूषाधिपतिर्मायायोधीमहाबलः ॥ अपरौचमहा
वीर्यौमहात्मानौसमाश्रितौ १२ जरासंधंमहावीर्यंतौहंसडिंभकावुभौ ॥ वक्रदंतःकरूषश्चकरभोमेघवाहनः ॥ मूर्ध्नादिव्यमणिंबिभ्रद्यमद्भुतमणिंविदुः १३
मुरुंचनरकंचैवशास्तियोयवनाधिपः ॥ अपर्यंतबलोराजाप्रतीच्यांवरुणोयथा १४ भगदत्तोमहाराजवृद्धस्तवपितुःसखा ॥ सवाचाप्रणतस्तस्यकर्मणाच
विशेषतः १५ स्नेहबद्धश्चमनसापितृवद्भक्तिमांस्त्वयि ॥ प्रतीच्यांदक्षिणंचांतंपृथिव्याःप्रतियोनृपः १६ ॥ ॥ ॥

भागादयश्चेतिसोमसूर्यवंशीयराजसु द्वौमुख्यौ । तयोःप्रकृतिं प्रजामिवप्रजां करदत्वात् । काऽसौप्रकृतिरित्यतआह राजानइति । श्रेणिबद्धास्तंसांदाम्नाबलीवर्दाइवाऽऽज्ञयाबद्धाः ४ वंश
द्वयेऽप्येवंक्रमतःशतं सम्राजांकुलानिजातानीत्याह ऐलवंश्याइति ५ ययातेर्वंशेइतिशेषः अद्यसंप्रति ६ इदानीमेवाभिषेचितोनरेंद्रैरितिशेषः ७ मध्यमांमथुरादेशरूपामस्मदीयामस्मासुद्वारवतीं
गतेषुभुक्त्वा मिथोऽस्माभिःसह भेदं वैरममन्यत तेनसःअस्मान्सर्वश्रेष्ठानजित्वा सएवसाम्राज्यंप्राप्तइत्याह प्रभुरित्यादिना । चतुर्जस्तुपरोराजेतिपाठे चतुर्जोजरासंधः ८ द्वेमातरौपिताजराराक्षसीचेति
चतुर्भ्योजातत्वात् ९ । १० । ११ । १२ । १३ । १४ भगदत्तोमध्यस्थइत्याह भगेति १५ । १६

त्वत्पक्षेतुकुंतिभोजएकएवेत्याह मातुलइति १७ पौंड्रकोऽपिपरपक्षेएवास्तीत्याह जरेति १८ । १९ । २० अस्मच्छ्वशुरोभीष्मकोऽपिपरपक्षएवास्तीत्याह चतुर्थेति । पृथिव्याश्चतुर्थांशभाक् २१ । २२ । २३ सःबलंकुलंचाऽऽत्मनोनज्ञातवान्यतोमच्छत्रुपक्षेगत्वा मयाजामात्राऽपिसह कलहमिच्छतीतिभावः २४ । २५ । २६ । २७ । २८ । २९ । ३० । ३१ । ३२

मातुलोभवतःशूरःपुरुजित्कुंतिवर्द्धनः ॥ सतेसन्नतिमानेकःस्नेहतःशत्रुसूदनः १७ जरासंधंगतस्त्वेवपुरायोनमयाहतः ॥ पुरुषोत्तमविज्ञातोयोऽसौचेदिषुदुर्मतिः १८ आत्मानंप्रतिजानातिलोकेऽस्मिन्पुरुषोत्तमम् ॥ आदत्तेसततंमोहाद्यःसचिन्हंचमामकम् १९ वंगपुंड्रकिरातेषुराजाबलसमन्वितः ॥ पौंड्रकोवासुदेवेतियोऽसौलोकेऽभिविश्रुतः २० चतुर्थभाङ्महाराजभोजइंद्रसखोबली ॥ विद्याबलाद्योव्यजयत्सपांड्यक्रथकैशिकान् २१ भ्रातायस्याकृतिःशूरोजामदग्न्यसमोऽभवत् ॥ सभक्तोमागधंराजाभीष्मकःपरवीरहा २२ प्रियाण्याचरतःप्रह्वान्सदासंबंधिनस्ततः ॥ भजतोनभजत्यस्मानप्रियेषुव्यवस्थितः २३ नकुलंसबलंराजन्नभ्यजानात्तथाऽऽत्मनः ॥ पश्यमानोयशोदीप्तंजरासंधमुपस्थितः २४ उदीच्याश्चतथाभोजाःकुलान्यष्टादशप्रभो ॥ जरासंधभयादेवप्रतीचींदिशमास्थिताः २५ शूरसेनाभद्रकारावोधाःशाल्वाःपटच्चराः ॥ सुस्थलाश्चसुकुट्टाश्चकुलिंदाःकुंतिभिःसह २६ शाल्वायनाश्चराजानःसोदर्यानुचरैःसह ॥ दक्षिणायेचपांचालाःपूर्वाःकुंतिषुकोशलाः २७ तथोत्तरांदिशंचापिपरित्यज्यभयार्दिताः ॥ मत्स्याःसन्यस्तपादाश्चदक्षिणांदिशमाश्रिताः २८ तथैवसर्वपांचालाजरासंधभयार्दिताः ॥ स्वराज्यंसंपरित्यज्यविद्रुताःसर्वतोदिशम् २९ कस्यचित्त्वथकालस्यकंसोनिर्मथ्ययादवान् ॥ बार्हद्रथसुतेदेव्यावुपागच्छद्वृथामतिः ३० अस्तिःप्राप्तिश्चनाम्नातेसहदेवानुजेऽबले ॥ बलेनतेनस्वज्ञातीनभिभूयवृथामतिः ३१ श्रैष्ठ्यंप्राप्तःसतस्यासीदतीवापनयोमहान् ॥ भोजराजन्यवृद्धैश्चपीड्यमानैर्दुरात्मना ३२ ज्ञातित्राणमभीप्सद्भिरस्मत्संभावनाकृता ॥ दत्वाऽक्रूरायसुतनुंतामाहुकसुतांतदा ३३ संकर्षणद्वितीयेनज्ञातिकार्यंमयाकृतम् ॥ हतौकंससुनाभानौमयारामेणचाप्युत ३४ भयेतुसमतिक्रांतेजरासंधेसमुद्यते ॥ मंत्रोऽयंमंत्रितोराजन्कुलैरष्टादशावरैः ३५ अनारमंतोनिघ्नंतोमहास्त्रैःशत्रुघातिभिः ॥ नहन्यामोवयंतस्यत्रिभिर्वर्षशतैर्बलम् ३६ तस्यह्यमरसंकाशौबलेनबलिनांवरौ ॥ नामभ्यांहंसडिंभकावशस्त्रनिधनावुभौ ३७ तावुभौसहितौवीरौजरासंधश्चवीर्यवान् ॥ त्रयस्त्रयाणांलोकानांपर्याप्ताइतिमेमतिः ३८ नहिकेवलमस्माकंयावंतोऽन्येचपार्थिवाः ॥ तथैवतेषामासीच्चबुद्धिर्बुद्धिमतांवर ३९ अथहंसइतिख्यातःकश्चिदासीन्महान्नृपः ॥ रामेणसहतस्तत्रसंग्रामेऽष्टादशावरे ४० हतोहंसइतिप्रोक्तमथकेनापिभारत ॥ तच्छ्रुत्वाडिंभकोराजन्यमुनांभस्यमज्जत ४१ विनाहंसेनलोकेऽस्मिन्नाहंजीवितुमुत्सहे ॥ इत्येतांमतिमास्थायडिंभकोनिधनंगतः ४२ तथातुडिंभकंश्रुत्वाहंसःपरपुरंजयः ॥ प्रपेदेयमुनामेवसोऽपितस्यांन्यमज्जत ४३ ॥ ॥ ॥

३३ । ३४ कुलैर्मंत्रीपुरोहितश्चेत्यादिनाप्राक्प्रदर्शितैः ३५ नहन्यामोनहतवंतः वर्षशतैर्वर्षशततुल्यैस्त्रिभिर्वर्षैरित्यर्थः ३६ । ३७ । ३८ । ३९ सहंसः हतः मरणतुल्यांमूर्छांप्रापितः ४० । ४१ । ४२ । ४३

४४ । ४५ । ४६ । ४७ । ४८ । ४९ । ५० । ५१ । ५२ । ५३ । ५४ । ५५ । ५६ । ५७ । ५८ । ५९ । ६० । ६१ । ६२ । ६३ । ६४ । ६५ । ६६ । ६७ । ६८ । ६९ । ७० ॥ ॥

तौसराजाजरासंधःश्रुत्वाचनिधनंगतौ ॥ पुरंशून्येनमनसाप्रययौभरतर्षभ ४४ ततोवयममित्रघ्नतस्मिन्प्रतिगतेनृपे ॥ पुनरानंदिनःसर्वेमथुरायांवसामहे
४५ यदात्वभ्येत्यपितरंसावैराजीवलोचना ॥ कंसभार्याजरासंधंदुहितामागधंनृपम् ॥ चोदयत्येवराजेंद्रपतिव्यसनदुःखिता ४६ पतिघ्नंमेजहीत्येवंपुनःपुनर
रिंदम ॥ ततोवयंमहाराजतंमंत्रंपूर्वमंत्रितम् ४७ संस्मरंतोविमनसोव्यपयातानराधिप ॥ पृथक्त्वेनमहाराजसंक्षिप्यमहतींश्रियम् ४८ पलायामोभयात्तस्यससुतज्ञा
तिबांधवाः ॥ इतिसंचिंत्यसर्वेस्मप्रतीचींदिशमाश्रिताः ४९ कुशस्थलींपुरींरम्यांरैवतेनोपशोभिताम् ॥ ततोनिवेशंतस्यांचकृतवंतोवयंनृप ५० तथैव
दुर्गसंस्कारंदेवैरपिदुरासदम् ॥ स्त्रियोऽपियस्यांयुध्येयुःकिमुवृष्णिमहारथाः ५१ तस्यांवयममित्रघ्ननिवसामोऽकुतोभयाः ॥ आलोच्यगिरिमुख्यंतंमागधंतीर्ण
मेवच ५२ माधवाःकुरुशार्दूलपरांमुदमवाप्नुवन् ॥ एवंवयंजरासंधादभितःकृतकिल्बिषाः ५३ सामर्थ्यवंतःसंबंधाद्गोमंतंसमुपाश्रिताः ॥ त्रियोजनायतंसद्म
त्रिस्कंधंयोजनावधि ५४ योजनांतेशतद्वारंवीरविक्रमतोरणम् ॥ अष्टादशावरैर्नद्धंक्षत्रियैर्युद्धदुर्मदैः ५५ अष्टादशसहस्राणिभ्रातॄणांसंतिनःकुले ॥ आहुकस्य
शतंपुत्राएकैकस्त्रिदशावरः ५६ चारुदेष्णःसहभ्रात्राचक्रदेवोऽथसात्यकिः ॥ अहंचरौहिणेयश्चसांबःप्रद्युम्नएवच ५७ एवमेतेरथाःसप्तराजन्नन्यान्निबोधमे ॥
कृतवर्माह्यनाधृष्टिःसमीकःसमितिंजयः ५८ कंकःशंकुश्चकुंतिश्चसप्तैतेवैमहारथाः ॥ पुत्रौचांधकभोजस्यवृद्धोराजाचतेदश ५९ वज्रसंहननावीरावीर्यवंतोमहा
रथाः ॥ स्मरंतोमध्यमंदेशंवृष्णिमध्येव्यवस्थिताः ६० सत्वंसम्राड्गुणैर्युक्तःसदाभरतसत्तम ॥ क्षत्रेसम्राजमात्मानंकर्तुमर्हसिभारत ६१ नतुशक्यंजरासंधेजी
वमानेमहाबले ॥ राजसूयस्त्वयाऽवाप्तुमेषाराजन्मतिर्मम ६२ तेनरुद्धाहिराजानःसर्वेजित्वागिरिव्रजे ॥ कंदरेपर्वतेंद्रस्यसिंहेनेवमहाद्विपाः ६३ सहिराजाजरा
संधोयियक्षुर्वसुधाधिपैः ॥ महादेवंमहात्मानमुमापतिमरिंदम ६४ आराध्यतपसोग्रेणनिर्जितास्तेनपार्थिवाः ॥ प्रतिज्ञायाश्चपारंसगतःपार्थिवसत्तम ६५
सहिनिर्जित्यनिर्जित्यपार्थिवान्पृतनागतान् ॥ पुरमानीयबद्ध्वाचचकारपुरुषव्रजम् ६६ वयंचैवमहाराजजरासंधभयात्तदा ॥ मथुरांसंपरित्यज्यगताद्वारवतीं
पुरीम् ६७ यदित्वेनंमहाराजयज्ञंप्राप्तुमभीप्ससि ॥ यतस्वतेषांमोक्षायजरासंधवधायच ६८ समारंभोनशक्योऽयमन्यथाकुरुनंदन ॥ राजसूयस्यकार्त्स्न्येन
कर्तुंमतिमतांवर ६९ इत्येषामेमतीराजन्यथावामन्यसेऽनघ ॥ एवंगतेममाचक्ष्वस्वयंनिश्चित्यहेतुभिः ७० ॥ ॥ इतिश्रीमहाभारतेसभापर्वणिराजसूयारंभपर्व
णिकृष्णवाक्येचतुर्दशोऽध्यायः १४ ॥ ॥ ॥ युधिष्ठिरउवाच ॥ उक्तंत्वयाबुद्धिमतायन्नान्योवक्तुमर्हति ॥ संशयानांहिनिर्मोक्तात्वन्नान्योविद्यतेभुवि १

॥ इतिसभापर्वणिनीलकंठीयेभारतभावदीपे चतुर्दशोऽध्यायः ॥ १४ ॥ ॥ ॥ ॥ ॥ १ ॥ ॥ ॥ ॥

२। ३ राजसूयं दुष्प्रापं मत्वा शममेव परं मन्वान आह विशालेति। भूमिरिव स्थिरा निश्चयात्मिका चित्तवृत्तिः सा बहुला विषयभेदाद्बहुप्रकारा इदं साधयिष्य इत्येवंरूपा। अतएव विशाला शालेव शाला आवरणं निरावरणा ब्रह्मलोकाय। विस्पृहयति। बहुरत्नसमाचिता बहुभिरनंतैस्तत्तज्ज्ञात्युत्कृष्टैर्विषयैर्व्याप्ता ऽतः पुरुषः कार्येषु स्वस्य बलाबलं न जानाति। सदूरंगत्वा बुद्धेः परां निष्ठां प्रत्यगात्मरूपां प्राप्य श्रेयो मोक्षाख्यं विजानाति नान्यथा बहुषु दुष्प्रापेष्वर्थेषु व्यासक्तचित्तत्वात्। यथोक्तं भगवता 'व्यवसायात्मिका बुद्धिरेकेह कुरुनंदन। बहुशाखा ह्यनंताश्च बुद्धयोऽव्यवसायिनाम्' इति व्यवसायस्तत्त्वनिश्चय इति। प्राज्ञस्तु भूमिर्मंत्रस्य विषयः। विशाला विस्तीर्णा। बहुशाखा पुरुषभेदेन बुद्धिभेदात् बहुला बहूपायविस्फुरणात्। अतएव बहुभिर्मंत्रज्ञैः सह मंत्र्यते। बहुभिर्भूहिरण्यहस्त्यश्वरथमित्रस्त्रीप्रभृतिभिरनेकैरत्नैः समन्विता। एतस्यां मंत्रभूमौ विगाह्यमानायां दूरं गत्वा अंगपंचकषड्गुणशक्तित्रयसिद्धित्रयसामोपायादिसमस्तनीतिभूमिमवगाह्य। अतस्त्वमेव सर्वज्ञोऽस्मद्धितैषी कार्याकार्यनिश्चयं वेत्सीति भावः ४ 'यत्पृथिव्यां व्रीहियवं हिरण्यं पशवः स्त्रियः। नालमेकस्य तत्सर्वमिति मत्वा शमं व्रजेत्' इत्युक्तेः शम एव श्रेयानित्याह शममिति। शमस्वीकारे हेतुमाह आरंभे राजसूयारंभे क्रतुफलं पारमेष्ठ्यं परमेष्ठिता दात्म्यं दुष्प्रापं अशक्तत्वादस्माकमित्यर्थः ५

गृहे गृहे हि राजानः स्वस्य स्वस्य प्रियंकराः ॥ नच साम्राज्यमाप्तास्ते सम्राट्शब्दो हि कृच्छ्रभाक् २ कथं परानुभावज्ञः स्वं प्रशंसितुमर्हति ॥ परेण समवेतस्तु यः प्रशस्यः स पूज्यते ३ विशाला बहुला भूमिर्बहुरत्नसमाचिता ॥ दूरं गत्वा विजानाति श्रेयो वृष्णिकुलोद्वह ४ शममेव परं मन्ये शमात्क्षेमं भवेन्मम ॥ आरंभे पारमेष्ठ्यं तु न प्राप्यमिति मे मतिः ५ एवमेते हि जानंति कुले जाता मनस्विनः ॥ कश्चित्कदाचिदेतेषां भवेच्छ्रेष्ठो जनार्दन ६ वयं चैव महाभाग जरासंधभयात्तदा ॥ शंकिताः स्म महाभाग दौरात्म्यात्तस्य चानघ ७ अहं हि तव दुर्द्धर्ष भुजवीर्याश्रयः प्रभो ॥ नात्मानं बलिनं मन्ये त्वयि तस्माद्विशंकिते ८ त्वत्सकाशाच्च रामाच्च भीमसेनाच्च माधव ॥ अर्जुनाद्वा महाबाहो हंतुं शक्यो न वेति वै ॥ एवं जानन्हि वार्ष्णेय विमृशामि पुनः पुनः ९ त्वं मे प्रमाणभूतोऽसि सर्वकार्येषु केशव ॥ तच्छ्रुत्वा चाब्रवीद्भीमो वाक्यं वाक्यविशारदः १० ॥ ॥ भीम उवाच ॥ ॥ अनारंभपरो राजा वल्मीक इव सीदति ॥ दुर्बलश्चानुपायेन बलिनं योऽधितिष्ठति ११ अतंद्रितश्च प्रायेण दुर्बलो बलिनं रिपुम् ॥ जयेत्सम्यक्प्रयोगेण नीत्याऽर्थानात्मनो हितान् १२ कृष्णे नयो मयि बलं जयः पार्थे धनंजये ॥ मागधं साधयिष्याम इष्टिं त्रय इवाग्नयः १३ ॥ ॥ कृष्ण उवाच ॥ ॥ अर्थानारभते बालो नानुबंधमवेक्षते ॥ तस्मादरिं न मृष्यंति बालमर्थपरायणम् १४ जित्वा जय्यान्यौवनाश्विः पालनाच्च भगीरथः ॥ कार्तवीर्यस्तपोवीर्याद्बलात्तु भरतो विभुः १५ ॥ ॥ ॥ ॥

कृष्णमेवोद्दिश्याह एवमिति। एतेऽस्मदीयाः सभासदः मनस्विनो भीष्मादयः श्रेष्ठः सर्वान्जेतुं समर्थो भविष्यतीति जानंति ६ नत्वस्माकं मध्ये तादृशः कश्चिदस्तीत्याह वयं चेति ७ शंकायां हेतुमाह अहं हीति ८ तथाऽपि त्वत्प्रभृतीनां चतुर्णां मध्ये कश्चिदेनं हंतुं समर्थोऽस्ति न वेति विमृशामि युष्माकमप्यनंतशक्तित्वं जानन्नित्याह त्वत्सकाशादिति ९। १०। ११ नीत्याऽर्थान्नीतिप्राप्यानर्थान् नीत्येति तृतीयांतं वा १२ मागधं जरासंधम् १३ भीमं प्रकोपयन्कृष्ण उवाच अर्थानिति। बालोऽव्युत्पन्नः। अनुबंधं विपाकम्। अर्थपरायणं स्वकार्यतत्परम्। न मृष्यंति न विचारयंति १४ यौवनाश्विर्मांधाता जय्यान्जेतव्यान् बाह्यांतरशत्रून्जित्वा। जयादयः पंच साम्राज्यहेतव इति भावः। हित्वा करानिति पाठे करत्यागादयः पंच १५

सर्वाकारंजयादिपंचप्रकारम् । यौवनाश्विप्रभृतयः एकैकेनगुणेनसाम्राज्यंप्राप्तास्त्वंतुतत्सर्वैरपिगुणैरिच्छसीतिभावः १६ तानेवगुणानाह निग्राह्याः निग्रहमर्हंतितेनिग्राह्याः । विजिताः शत्रवएवल क्षणं ध्वजो यस्यसाम्राज्यस्य । एतेनजयपूर्वकं तन्मुख्यमित्युक्तं तच्चयौवनाश्वेदृष्टं । प्राप्तिःपालनं भगीरथेप्राप्तिरिति साम्राज्यलक्षणमित्येकंदेशानुषंगेणयोज्यम् । साचधर्मादिलक्षणैःसहिते तियोज्यम् । धर्मोयोगःकार्त्तवीर्ये । अर्थोवृद्धिर्मरुत्ते । नयोनीतिबलंभरते १७ बार्हद्रथोजरासंधइत्यतःप्राक् 'मंत्रान्वश्यानन्नुमृशन्नेवमेवमतांयुगे । निग्राह्यलक्षणंप्राप्तोधर्मार्थनयलक्षणैः'इतिपठंति । जरासंधस्तत्साम्राज्यंनिग्राह्यलक्षणंप्राप्तइति सार्द्धेनसंबंधः । किंभूतः सः धर्मार्थनयलक्षणैःधर्मोलाभोनीतिश्चएतैर्लक्षणैः सतांयुगेसंघेएवमेव वयमिव मंत्रान्विचारान् वश्यान्स्वकृतिसाध्याननुमृ शन्ननुतिष्ठन् सर्वाकारं साम्राज्यमिच्छतस्तव जरासंधः प्रतिकूलोस्तीतिविद्धि । तर्हिसएव सम्राडस्त्वितिचेत्तस्य राजपीडाकरत्वान्नेत्याह नचेति । १८ । १९ । नोऽस्माभिर्नचदृष्टः जरासंधेन अभागोऽ

ऋद्ध्यामरुत्तस्तान्पंचसम्राजस्त्वनुशुश्रुम ॥ साम्राज्यमिच्छतस्तेतुसर्वाकारंयुधिष्ठिर १६ निग्राह्यलक्षणंप्राप्तिर्धर्मार्थनयलक्षणैः १७ बार्हद्रथोजरासंधस्त द्विद्धिभरतर्षभ ॥ नचैनमनुरुद्ध्यंतकुलान्येकशतंनृपाः ॥ तस्मादिहबलादेवसाम्राज्यंकुरुतेहिसः १८ रत्नभाजोहिराजानोजरासंधमुपासते नचतुष्य तितेनापिबाल्यादनयमास्थितः १९ मूर्द्धाभिषिक्तंनृपतिंप्रधानपुरुषोबलात् ॥ आदत्तेनचनोदृष्टोऽभागःपुरुषतःक्वचित् २० एवंसर्वान्वशेचक्रेजरासंधःश तावरान् ॥ तंदुर्बलतरोराजाकथंपार्थउपैष्यति २१ प्रोक्षितानांप्रमृष्टानांराज्ञांपशुपतेर्गृहे ॥ पशूनामिवकाप्रीतिर्जीवितेभरतर्षभ २२ क्षत्रियःशस्त्रमरणोय दाभवतिसत्कृतः ॥ ततःस्ममागधंसंख्येप्रतिबाधेमयद्वयम् २३ षडशीतिःसमानीताःशेषाराजंश्चतुर्दश ॥ जरासंधेनराजानस्ततःक्रूरंप्रवर्त्स्यते २४ प्राप्नुया त्सयशोदीप्तंतत्रयोविघ्नमाचरेत् ॥ जयेद्यश्चजरासंधंसम्राण्नियतंभवेत् २५ ॥ इ० महा० भा० सभाप० राजसूयारंभप० कृष्णवाक्येपंचदशोऽध्यायः १५ ॥ युधिष्ठिरउवाच ॥ ॥ सम्राड्गुणमभीप्सन्वैयुष्मान्स्वार्थपरायणः ॥ कथंप्रहिणुयांकृष्णसोऽहंकेवलसाहसात् १ भीमार्जुनावुभौनेत्रेमनोमन्येजनार्दनम् ॥ मनश्चक्षुर्विहीनस्यकीदृशंजीवितंभवेत् २ जरासंधबलंप्राप्यदुष्पारंभीमविक्रमम् ॥ यमोऽपिनविजेताजौतत्रवःकिंविचेष्टितम् ३

स्वीकृतः । पुरुषतःमूर्द्धाभिषिक्तेषुपुरुषेषु । तेनसर्वे वशीकृताइत्यर्थः २० शतावरान्शतन्यूनान् २१ प्रमृष्टानांरुद्रदेवत्योऽयमिति प्रत्येकमभिमृष्टानां २२ तदासत्कृतोभवतीत्यध्याहृत्ययोज्यम् । ततो राज्ञांनिग्रहाद्धेतोःप्रतिबाधेमहंतुमाशास्महे यन्मागधंप्रतिबाधेम तत्ततोहेतोरितियोज्यं २३ क्रूरंराजवधाख्यंकर्म । पशुपतयेबलिदानं प्रवर्त्स्यंतेकारयिष्यति २४ तंदुर्बलतरोराजाकथंपार्थ उपैष्यतीतितस्यदुर्जयत्वमुक्त्वाऽपि तज्जयएव साम्राज्यहेतुरित्याहप्राप्नुयादिति सएवादौजेतव्य इत्यभिप्रायः २५ ॥ ॥ इतिसभापर्वणिनीलकंठीयेभारतभावदीपेपंचदशोऽध्यायः ॥ १५ ॥ ॥ ॥ सम्राडिति । एवंजरासंधाद्भीषितो राजा कृष्णेनयइत्यादिनाश्लोकेन भीमेनोक्तउपायो दुष्करइत्याह युष्मान्कृष्णभीमार्जुनान् प्रहिणुयांजरासंधवधार्थमितिशेषः १ । २ विजेताजेष्यति श्रमोऽ पिविजयेताजाविनिगौडपाठेतु श्रमःश्रमणोदुर्बलोऽपि जरासंधेसहायेसति विजयेत शत्रूनितिशेषः । ३ ॥ ॥ ॥ ॥

अर्थांतरेइष्टफलाद्विपरीतफलेकार्ये युक्तंपुरुषंप्रतिअनर्थःप्रतिपद्यतेप्राप्नोति तस्मात्कार्याकर्तुमिष्टाप्रतिपतिः राजसूयबुद्धिर्नयुक्ता ४ कार्यस्यसंन्यासं कर्ममात्रस्यत्यागं नतुक्रतुमात्रस्य काषायंसुलभमित्यंते
दर्शनात् पारिव्राज्यमेव रोचयेइत्यर्थः ५ । ६ वीर्यमुत्साहः । पक्षोवासुदेवः । भूमिर्मंत्रपूर्वकःकार्यनिश्चयः । बलंशारीरसेनादिरूपंसामर्थ्यम् ७ वैद्याःविद्यावंतः । बलेनेति उत्साहएवश्रेयानित्यर्थः
८ । ९ । १० । ११ सिद्धिर्योगोऽत्यंताभिनिवेश इतियावत् 'सिद्धिर्निष्पत्तियोगयोः'इतिविश्वः । तच्चसिद्धिरूपंवीर्यं । कर्मपरिस्पंदो दैवंभाग्यं तदुभयापेक्षं । नोपयुज्यते नकार्यक्षमोभवति १२
तेनप्रमादेन शत्रुभ्यःशत्रुतः १३ । १४ तस्मादुत्साहवता कर्मैवकर्त्तव्यं जयायेत्याह जरेति १५ अकरणेदोषमाह अनारंभइति । कर्मणइतिशेषः । आरब्धमपिप्रतिकूलंचेत्तत्राह गुणात्पूर्वोक्तादनुरादिसं

अस्मिंस्त्वर्थांतरेयुक्तमनर्थःप्रतिपद्यते ॥ तस्मान्नप्रतिपत्तिस्तुकार्यायुक्तामताम ४ यथाऽहंविमृशाम्येकस्तत्तावच्छ्रूयतांमम ॥ संन्यासंरोचयेसाधुकार्यस्या
स्यजनार्दन ॥ प्रतिहंतिमनोमेऽद्यराजसूयोदुराहरः ५ ॥ वैशंपायनउवाच ॥ पार्थःप्राप्यधनुःश्रेष्ठमक्षय्यौचमहेषुधी ॥ रथंध्वजंसभांचैवयुधिष्ठिरमभाषत ६
॥ अर्जुनउवाच ॥ धनुःशस्त्रंशरावीर्यंपक्षोभूमिर्यशोबलम् ॥ प्राप्तमेतन्मयाराजन्दुष्प्रापंयदभीप्सितम् ७ कुलेजन्मप्रशंसंतिवैद्याःसाधुसुनिष्ठिताः ॥ बलेन
सदृशंनास्तिवीर्यंतुममरोचते ८ कृतवीर्यकुलेजातोनिर्वीर्यःकिंकरिष्यति ॥ निर्वीर्येतुकुलेजातोवीर्यवांस्तुविशिष्यते ९ क्षत्रियःसर्वशोराजन्यस्यवृत्तिर्द्विषज्जये ॥
सर्वैर्गुणैर्विहीनोऽपिवीर्यवान्हितरेद्रिपून् १० सर्वैरपिगुणैर्युक्तोनिर्वीर्यःकिंकरिष्यति ॥ गुणीभूतागुणाःसर्वेतिष्ठंतिहिपराक्रमे ११ जयस्यहेतुःसिद्धिर्हिकर्मदैवं
चसंश्रितम् ॥ संयुक्तोहिबलैःकश्चित्प्रमादान्नोपयुज्यते १२ तेनद्वारेणशत्रुभ्यःक्षीयतेसबलोरिपुः १३ दैन्यंयथाबलवतितथामोहोबलान्विते ॥ तावुभौनाश
कौहेतूराज्ञात्याज्योजयार्थिना १४ जरासंधविनाशंचराज्ञांचपरिरक्षणम् ॥ यदिकुर्यामयज्ञार्थंकिंततःपरमंभवेत् १५ अनारंभेहिनियतोभवेदगुणनिश्चयः ॥
गुणान्निःसंशयाद्राजन्नैर्गुण्यंमन्यसेकथम् १६ काषायंसुलभंपश्चान्मुनीनांशममिच्छताम् ॥ साम्राज्यंतुभवेच्छक्यंवयंयोत्स्यामहेपरान् १७ ॥ इतिश्रीमहाभा
रतेसभापर्वणिराजसूयारंभपर्वणिजरासंधवधमंत्रणेषोडशोऽध्यायः १६ ॥ वासुदेवउवाच ॥ जातस्यभारतेवंशेतथाकुंत्याःसुतस्यच ॥ यावैयुक्तामतिःसेयमर्जुने
नप्रदर्शिता १ नस्ममृत्युंवयंविद्मरात्रौवायदिवादिवा ॥ नचापिकंचिदमरमयुद्धेनानुशुश्रुम २ एतावदेवपुरुषैःकार्यंहृदयतोषणम् ॥ नयेनविधिदृष्टेनयदुपक्रमतेपरान्
३ सुनयस्यानपायस्यसंयोगेपरमःक्रमः ॥ संगत्याजायतेऽसाम्यंसाम्यंचनभवेद्द्वयोः ४ ॥ ॥ ॥ ॥

पत्तिरूपात् नैर्गुण्यमशक्तत्वम् १६ पश्चादशक्तत्वनिश्चयादूर्ध्वं । काषायंगैरिकरक्तंवस्त्रं १७ ॥ ॥ इतिसभापर्वणिनीलकंठीयेभारतभावदीपेषोडशोऽध्यायः ॥ १६ ॥ ॥ जातस्येति १ । २ । ३
सुनयस्यशोभनस्यमंत्रस्य । अनपायस्य दैवादिप्रातिकूल्यहीनस्य । संयोगेप्राप्तौसत्यां परमउत्कृष्टः क्रमःउपक्रमःसिध्यति । तेनचसंगत्या द्वयोर्मेलनेनासाम्यमन्यतरोत्कर्षोजायते चकारोहेतौ । यतोद्वयो
र्युध्यतोःसाम्यंनभवति तस्माद्विनायुद्धमशक्तत्वनिश्चयायोगादशक्तिशंकयातूष्णीमवस्थानंपराभवहेतुरितिभावः ४ ॥ ॥ ॥ ॥

विपक्षेदोषमाह अनयस्यानुपायस्य संयुगेपरमःक्षयइति । ननुपरस्यापि नयादिमत्त्वे कथंस्वस्यजयःस्यादित्याशंक्याह । संशयोजायतेसाम्यााज्जयश्चनभवेद्द्वयोरिति । द्वयोरुपायादिसाम्येतु द्वयोरपि परस्परभयाज्जये संशयएव भवति । नतुजयः चात् पराजयोवा । किंतु ताटस्थ्येन द्वावपितिष्ठतइत्यर्थः ५ साम्येऽप्यारंभवैफल्यमित्याशंक्य स्वस्योत्कर्षमाह सार्द्धेन तेवयमिति ६ नन्वेवंमहतोराजकस्योत्थापने क्रतुविघ्नएव भवेदित्याशंक्याह व्यूढेति ७ । ८ उत्कर्षैकामप्राप्तिःसिद्धा साम्यंतुनैवभवेदित्याह एकइति । श्रियं साम्राज्यलक्ष्मीं । तत्तस्मादन्यतरजयनिश्चयाद्धेतोरहं क्षयं स्वीयं

अनयस्यानुपायस्यसंयुगेपरमःक्षयः ॥ संशयोजायतेसाम्याज्जयश्चनभवेद्द्वयोः ५ तेवयंनयमास्थायशत्रुदेहसमीपगाः ॥ कथमंतंनगच्छेमवृक्षस्येवनदीरयाः
पररंध्रेपराक्रांताःस्वरंध्रावरणेस्थिताः ६ व्यूढानीकैरतिबलैर्नयुद्ध्येदरिभिःसह ॥ इतिबुद्धिमतांनीतिस्तन्ममापीहरोचते ७ अनवद्याह्यसंबुद्धाःप्रविष्टाःशत्रुसद्मतत् ॥ शत्रुदेहमुपाक्रम्यतंकामंप्राप्नुयामहे ८ एकोह्येवश्रियंनित्यंबिभर्तिपुरुषर्षभः ॥ अंतरात्मेवभूतानांतत्क्षयंनैवलक्षये ९ अथवैनंनिहत्याजौशेषेणाभिसमाहताः ॥ प्राप्नुयामततःस्वर्गंज्ञातित्राणपरायणाः १० ॥ युधिष्ठिरउवाच ॥ कृष्णकोयंजरासंधःकिंवीर्यःकिंपराक्रमः ॥ यस्त्वांस्पृष्ट्वाग्निसदृशंनदग्धःशलभोयथा ११ ॥ कृष्णउवाच ॥ शृणुराजन्जरासंधोयद्वीर्योयत्पराक्रमः ॥ यथाचोपेक्षितोऽस्माभिर्बहुशःकृतविप्रियः १२ अक्षौहिणीनांतिसृणांपतिःसमरदर्पितः ॥ राजाबृहद्रथोनाममगधाधिपतिर्बली १३ रूपवान्वीर्यसंपन्नःश्रीमानतुलविक्रमः ॥ नित्यंदीक्षांकिततनुःशतक्रतुरिवापरः १४ तेजसासूर्यसंकाशःक्षमयापृथिवीसमः ॥ यमांतकसमःक्रोधेश्रियावैश्रवणोपमः १५ तस्याभिजनसंयुक्तैर्गुणैर्भरतसत्तम ॥ व्याप्तेयंपृथिवीसर्वासूर्यस्येवगभस्तिभिः १६ सकाशिराजस्यसुतेयमजेभरतर्षभ ॥ उपयेमेमहावीर्योरूपद्रविणसंयुते ॥ तयोश्चकारसमयंमिथःसपुरुषर्षभः १७ नातिवर्तिष्यइत्येवंपत्नीभ्यांसन्निधौतदा ॥ सताभ्यांशुशुभेराजापत्नीभ्यांवसुधाधिपः १८ प्रियाभ्यामनुरूपाभ्यांकरेणुभ्यामिवद्विपः ॥ तयोर्मध्यगतश्चापिरराजवसुधाधिपः १९ गंगायमुनयोर्मध्येमूर्तिमानिवसागरः ॥ विषयेषुनिमग्नस्यतस्ययौवनमभ्यगात् २० नचवंशकरःपुत्रस्तस्याजायतकश्चन ॥ मंगलैर्बहुभिर्होमैःपुत्रकामाभिरिष्टिभिः ॥ नाससादनृपश्रेष्ठःपुत्रंकुलविवर्द्धनम् २१ अथकाक्षीवतःपुत्रंगौतमस्यमहात्मनः ॥ शुश्रावतपसिश्रांतमुदारंचंडकौशिकम् २२ यदृच्छयाऽऽगतंतंतुवृक्षमूलमुपाश्रितम् ॥ पत्नीभ्यांसहितोराजासर्वरत्नैरतोषयत् २३ तमब्रवीत्सत्यधृतिःसत्यवागृषिसत्तमः ॥ परितुष्टोऽस्मिराजेंद्रवरंवरयसुव्रत २४ ॥

नैवोपलक्षये किंतु परस्यैव क्षयो भविष्यतीत्यर्थः । तत्क्षयंचवेतिपाठे तस्यजरासंधस्यक्षयं लक्षयेसंभावये ९ निहत्यसंप्राप्य शेषेणवधेन वधहेतुनाशत्रुणा 'शेषःसंकर्षणेऽनंते उपयुक्तेतरे वधे'इति विश्वः । ज्ञातयो जरासंधबद्धाराजानः १० । ११ । १२ पतिः पालकः १३ । १४ यमोवैवस्वतः अंतकःकालः १५ । १६ । १७ नातिवर्त्तिष्ये वैषम्यंनकरिष्ये १८ । १९ । २० । २१ । २२ । रत्नैर्मुनियोग्यैरुत्कृष्टद्रव्यैः २३ । २४ ॥ ॥ ॥ ॥

२५ । २६ । २७ अवानमशुष्कं सरसमितियावत् । 'आमेफलेशलाटुःस्याच्छुष्केवानमुभेत्रिषु'इत्यमरः । अवातमिति पाठे नास्ति पातयिता वातोयस्यतत् २८ । २९ । ३० । ३१ । यथासमयंयथाप्रतिज्ञं नातिवर्त्तिष्येइति दर्शितरीत्या ३२ । ३३ । ३४ प्रजायेतांसुषुवतुः ३५।३६स्फिक् कट्याअधोभागः तेशकले ३७ गर्भसंप्लवे गर्भपातेसति ३८ । ३९ सुखवहे एकीकृतयोर्वहनंहि

॥ २१ ॥ ततःसभार्यःप्रणतस्तमुवाचबृहद्रथः ॥ पुत्रदर्शननैराश्याद्बाष्पसंदिग्धयागिरा २५ ॥ राजोवाच ॥ भगवन्राज्यमुत्सृज्यप्रस्थितोऽहंतपोवनम् ॥ किंवरेणाल्पभाग्यस्यकिंराज्येनाप्रजस्यमे २६ ॥ कृष्णउवाच ॥ एतच्छ्रुत्वामुनिर्ध्यानमगमत्क्षुभितेंद्रियः ॥ तस्यैवचाम्रवृक्षस्यछायायांसमुपाविशत् २७ तस्योपविष्टस्यमुनेरुत्संगेनिपपातह ॥ अवानमशुकादष्टमेकमाम्रफलंकिल २८ तत्प्रगृह्यमुनिश्रेष्ठोहृदयेनाभिमंत्र्यच ॥ राज्ञेददावप्रतिमंपुत्रसंप्राप्तिकारणम् २९ उवाचचमहाप्राज्ञस्तंराजानंमहामुनिः ॥ गच्छराजन्कृतार्थोऽसिनिवर्त्तस्वनराधिप ३० एतच्छ्रुत्वामुनेर्वाक्यंशिरसाप्रणिपत्यच ॥ मुनेःपादौमहाप्राज्ञःसनृपःस्वगृहंगतः ३१ यथासमयमाज्ञायतदासनृपसत्तमः ॥ द्वाभ्यामेकंफलंप्रादात्पत्नीभ्यांभरतर्षभ ३२ तेतदाम्रंद्विधाकृत्वाभक्षयामासतुःशुभे ॥ भावित्वादपिचार्थस्यसत्यवाक्यतयामुनेः ३३ तयोःसमभवद्गर्भःफलप्राशनसंभवः ॥ तेचदृष्ट्वासनृपतिःपरांमुदमवापह ३४ अथकालेमहाप्राज्ञयथासमयमागते ॥ प्रजायेतामुभेराजन्शरीरशकलेतदा ३५ एकाक्षिबाहुचरणेअर्द्धोदरमुखस्फिचे ॥ दृष्ट्वाशरीरशकलेप्रवेपतुरुभेभृशम् ३६ उद्विग्नेसहसंमंत्र्यतेभगिन्यौतदाऽबले ॥ सजीवेप्राणिशकलेतत्यजातेसुदुःखिते ३७ तयोर्धात्र्यौसुसंवीतेकृत्वातेगर्भसंप्लवे ॥ निर्गम्यांतःपुरद्वारात्समुत्सृज्याभिजग्मतुः ३८ तेचतुष्पथनिक्षिप्तेजरानामाथराक्षसी ॥ जग्राहमनुजव्याघ्रमांसशोणितभोजना ३९ कर्तुकामासुखवहेशकलेसातुराक्षसो ॥ संयोजयामासतदाविधानबलचोदिता ४० तेसमानीतमात्रेतुशकलेपुरुषर्षभ ॥ एकमूर्तिधरोवीरःकुमारःसमपद्यत ४१ ततःसाराक्षसीराजन्विस्मयोत्फुल्ललोचना॥ नशशाकसमुद्वोढुंवज्रसारमयंशिशुम् ४२ बालस्ताम्रतलंमुष्टिंकृत्वाचास्येनिधायसः ॥ प्राक्रोशदतिसंरब्धःसतोयइवतोयदः ४३ तेनशब्देनसंभ्रान्तःसहसाऽन्तःपुरेजनः ॥ निर्जगामनरव्याघ्रराज्ञासहपरंतप ४४ तेचाबलेपरिम्लानेपयःपूर्णपयोधरे ॥ निराशेपुत्रलाभायसहसैवाभ्यगच्छताम् ४५ तेऽथदृष्ट्वातथाभूतेराजानंचेष्टसंततिम् ॥ तंचबालंसुबलिनंचिंतयामासराक्षसी ४६ नार्हामिविषयेराज्ञोवसंतीपुत्रगृद्धिनः ॥ बालंपुत्रमिमंहंतुंधार्मिकस्यमहात्मनः ४७ सातंबालमुपादायमेघलेखेवभास्करम् ॥ कृत्वाचमानुषंरूपमुवाचवसुधाधिपम् ४८ ॥ ॥ राक्षस्युवाच ॥ ॥ बृहद्रथसुतस्तेऽयंमयादत्तःप्रगृह्यताम् ॥ तवपत्नीद्वयेजातोद्विजातिवरशासनात् ॥ धात्रीजनपरित्यक्तोमयाऽयंपरिरक्षितः ४९ ॥ ॥ कृष्णउवाच ॥ ततस्तेभरतश्रेष्ठकाशिराजसुतेशुभे ॥ तंबालमभिपद्याशुप्रस्रवैरभ्यषिंचताम् ५० ततःसराजासंहृष्टःसर्वंतदुपलभ्यच ॥ अपृच्छद्धेमगर्भाभांराक्षसींतामराक्षसीम् ५१ ॥ २१ ॥

सुखेनभवतीतिप्रसिद्धं ४० समानीतमात्रे ४१ । ४२ । ४३ । ४४ । ४५ । ४६ । ४७ । ४८ । ४९ । ५० अराक्षसींवेषतः ५१ ॥ ॥

कामया कामेनयातीतीच्छाविहारिणी ५२ ॥ ॥ इतिसभापर्वणिनीलकंठीयेभारतभावदीपे सप्तदशोऽध्यायः १७ ॥ ॥ जरेति १ । २ । ३ तिष्ठमाना सुस्थिरा ४ । ५ । ६ । ७ । ८

॥ राजोवाच ॥ ॥ कात्वंकमलगर्भाभेममपुत्रप्रदायिनी ॥ कामयाब्रूहिकल्याणिदेवताप्रतिभासिमे ५२ इतिश्रीमहाभारतेसभापर्वणिराजसूयारंभपर्वणिजरा
संधोत्पत्तौसप्तदशोऽध्यायः १७ ॥ ॥ ॥ ॥ राक्षस्युवाच ॥ ॥ जरानामाऽस्मिभद्रंतेराक्षसीकामरूपिणी ॥ तववेश्मनिराजेंद्रपूजितान्यवसं
सुखम् १ गृहेगृहेमनुष्याणांनित्यंतिष्ठामिराक्षसी ॥ गृहदेवीतिनाम्नावैपुरासृष्टास्वयंभुवा २ दानवानांविनाशायस्थापितादिव्यरूपिणी ॥ योमांभक्त्यालिखेत्कु
ड्येसपुत्रांयौवनान्विताम् ३ गृहेतस्यभवेद्वृद्धिरन्यथाक्षयमाप्नुयात् ॥ त्वद्गृहेतिष्ठमानाऽहंपूजिताऽहंसदाविभो ४ लिखिताचैवकुड्येषुपुत्रैर्बहुभिरावृता ॥ गंधपु
ष्पैस्तथाधूपैर्भक्ष्यभोज्यैःसुपूजिता ५ साऽहंप्रत्युपकारार्थंचिंतयाम्यनिशंतव ॥ तवेमेपुत्रशकलेदृष्टवत्यस्मिधार्मिक ६ संश्लेषितेमयादैवात्कुमारःसम
पद्यत ॥ तवभाग्यान्महाराजहेतुमात्रमहंत्विह ७ मेरुंवाखादितुंशक्ताकिंपुनस्तवबालकम् ॥ गृहसंपूजनात्तुष्ट्यामयाप्रत्यर्पितस्तव ८ ॥ ॥ श्रीकृष्णउवाच ॥
॥ ॥ एवमुक्त्वातुसाराजंस्तत्रैवांतरधीयत ॥ ससंगृह्यकुमारंतंप्रविवेशगृहंनृपः ९ तस्यबालस्ययत्कृत्यंतच्चकारनृपस्तदा ॥ आज्ञापयच्चराक्षस्यामगधेषुम
होत्सवम् १० तस्यनामाकरोच्चैवपितामहसमःपिता ॥ जरयासंधितोयस्माज्जरासंधोभवत्त्वयम् ११ सोऽवर्धतमहातेजामागधाधिपतेःसुतः ॥ प्रमाणबल
संपन्नोहुताहुतिरिवानलः ॥ मातापित्रोर्नंदिकरःशुक्लपक्षेयथाशशी १२ ॥ ॥ इतिश्रीमहाभारतेसभापर्वणिराजसूयारंभपर्वणिजरासंधोत्पत्तौअष्टादशोऽ
ध्यायः १८ ॥ ॥ ॥ ॥ श्रीकृष्णउवाच ॥ ॥ कस्यचित्त्वथकालस्यपुनरेवमहातपाः ॥ मगधेषूपचक्रामभगवांश्चंडकौशिकः १
तस्यागमनसंहृष्टःसामात्यःसपुरःसरः ॥ सभार्यःसहपुत्रेणनिर्जगामबृहद्रथः २ पाद्यार्घ्याचमनीयैस्तमर्चयामासभारत ॥ सनृपोराज्यसहितंपुत्रंतस्मैन्यवेदयत्
३ प्रतिगृह्यचतांपूजांपार्थिवाद्भगवानृषिः ॥ उवाचमागधंराजन्प्रहृष्टेनांतरात्मना ४ सर्वमेतन्मयाज्ञातंराजन्दिव्येनचक्षुषा ॥ पुत्रस्तुशृणुराजेंद्रयादृशोऽयंभ
विष्यति ५ अस्यरूपंचसत्वंचबलमूर्जितमेवच ॥ एषश्रियासमुदितःपुत्रस्तवनसंशयः ६ प्रापयिष्यतितत्सर्वंविक्रमेणसमन्वितः ॥ अस्यवीर्यवतोवीर्यंनानुया
स्यंतिपार्थिवाः ७ पततोवैनतेयस्यगतिमन्येयथाखगाः ॥ विनाशमुपयास्यंतियेचास्यपरिपंथिनः ८ देवैरपिविसृष्टानिशस्त्राण्यस्यमहीपते ॥ नरुजंजनयिष्यं
तिगिरेरिवनदीरयाः ९ सर्वमूर्धाभिषिक्तानामेषमूर्ध्निज्वलिष्यति ॥ प्रभाहरोऽयंसर्वेषांज्योतिषामिवभास्करः १० एनमासाद्यराजानःसमृद्धबलवाहनाः ॥ विना
शमुपयास्यंतिशलभाइवपावकम् ११ एषश्रियःसमुदिताःसर्वराज्ञांग्रहीष्यति ॥ वर्षास्विवोदीर्णजलानदीर्नदनदीपतिः १२ एषधारयितासम्यक्चा
तुर्वर्ण्यंमहाबलः ॥ शुभाशुभमिवस्फीतासर्वसस्यधराधरा १३ ॥ ॥ ॥ ॥

९ । १० । ११ नंदिकरः समृद्धिकृत ॥ १२ ॥ ॥ इतिसभापर्वणिनीलकंठीयेभारतभावदीपेअष्टादशोऽध्यायः ॥ १८ ॥ ॥ कस्येति १ । २ । ३ । ४ । ५ । ६ । ७।८।९।१०।११।१२।१३

म.भा.टी. सभा० २ अ० २०
॥ २२ ॥

सर्वभूतात्मभूतस्य सर्वेषांभूतानामात्मवत्प्रियतमस्येत्यर्थः १४ । १५ । १६ । १७ । १८ । १९ । २० । २१ । २२ । २३ । २४ । २५ अशस्त्रनिधनौ नविद्यतेशस्त्रेण निधनं ययोस्तौ २६ । २७ नीतिहेतोर्बलीयसास्पर्धानकर्त्तव्येतिनीतिस्तदर्थं ॥ २८ ॥ ॥ इतिसभापर्वणिनीलकंठीयेभारतभावदीपेएकोनविंशतितमोऽध्यायः ॥ १९ ॥ ॥ ॥ पतितावितिति १ । २

अस्याज्ञावशगाःसर्वेभविष्यंतिनराधिपाः ॥ सर्वभूतात्मभूतस्यवायोरिवशरीरिणः १४ एषरुद्रंमहादेवंत्रिपुरान्तकरंहरम् ॥ सर्वलोकेष्वतिबलःसाक्षाद्द्रक्ष्यतिमागधः १५ एवंब्रुवन्नेवमुनिःस्वकार्यमिवचिंतयन् ॥ विसर्जयामासनृपंबृहद्रथमथारिहन् १६ प्रविश्यनगरींचापिज्ञातिसंबंधिभिर्वृतः ॥ अभिषिच्यजरासंधमगधाधिपतिस्तदा १७ बृहद्रथोनरपतिःपरांनिर्वृतिमाययौ ॥ अभिषिक्तेजरासंधेतदाराजाबृहद्रथः ॥ पत्नीद्वयेनानुगतस्तपोवनचरोऽभवत् १८ ततोवनस्थेपितरिमात्रोश्चैवविशांपते ॥ जरासंधःस्ववीर्येणपार्थिवानकरोद्वशे १९ ॥ ॥ वैशंपायनउवाच ॥ ॥ अथदीर्घस्यकालस्यतपोवनचरोनृपः ॥ सभार्यःस्वर्गमगमत्तपस्तप्त्वाबृहद्रथः २० जरासंधोऽपिनृपतिर्यथोक्तंकौशिकेनतत् ॥ वरप्रदानमखिलंप्राप्यराज्यमपालयत् २१ निहतेवासुदेवेनतदाकंसेमहीपतौ ॥ जातोवैवैरनिर्बंधःकृष्णेनसहतस्यवै २२ भ्रामयित्वाशतगुणमेकोनंयेनभारत ॥ गदाक्षिप्ताबलवतामागधेनगिरिव्रजात् २३ तिष्ठतोमथुरायांवैकृष्णस्याद्भुतकर्मणः ॥ एकोनयोजनशतेसापपातगदाशुभा २४ दृष्ट्वापौरैस्तदासम्यग्गदाचैवनिवेदिता ॥ गदावसानंतत्ख्यातंमथुरायाःसमीपतः २५ तस्याऽस्तांहंसडिंभकावशस्त्रनिधनावुभौ ॥ मंत्रेमतिमतांश्रेष्ठौनीतिशास्त्रेविशारदौ २६ यौतौमयातेकथितौपूर्वमेवमहाबलौ ॥ त्रयस्त्रयाणांलोकानांपर्याप्ताइतिमेमतिः २७ एवमेषतदावीरबलिभिःकुकुरान्धकैः ॥ वृष्णिभिश्चमहाराजनीतिहेतोरुपेक्षितः २८ ॥ ॥ इतिश्रीमहाभारतेसभापर्वणिराजसूयारंभपर्वणिजरासंधप्रशंसायामेकोनविंशतितमोऽध्यायः ॥ १९ ॥ ॥ समाप्तंचराजसूयारंभपर्व ॥ ॥ अथजरासंधवधपर्व ॥ ॥ वासुदेवउवाच ॥ ॥ पतितौहंसडिभकौकंसश्चसगणोहतः ॥ जरासंधस्यनिधनेकालोऽयंसमुपागतः १ नशक्योऽसौरणेजेतुंसर्वैरपिसुरासुरैः ॥ प्राणयुद्धेनजेतव्यःसइत्युपलभामहे २ मयिनीतिर्बलंभीमेरक्षिताचावयोर्जयः ॥ मागधंसाधयिष्यामइष्टिंत्रयइवाग्नयः ३ त्रिभिरासादितोऽस्माभिर्विजनेसनराधिपः ॥ नसंदेहोयथायुद्धमेकेनाप्युपयास्यति ४ अवमानाच्चलोभाच्चबाहुवीर्याच्चदर्पितः ॥ भीमसेनेनयुद्धायध्रुवमप्युपयास्यति ५ अलंतस्यमहाबाहुर्भीमसेनोमहाबलः ॥ लोकस्यसमुदीर्णस्यनिधनायांतकोयथा ६ यदिमेहृदयंवेत्सियदितेप्रत्ययोमयि ॥ भीमसेनार्जुनौशीघ्रंन्यासभूतौप्रयच्छमे ७ ॥ वैशंपायनउवाच ॥ ॥ एवमुक्तोभगवताप्रत्युवाचयुधिष्ठिरः ॥ भीमार्जुनौसमालोक्यसंप्रहृष्टमुखौस्थितौ ८ ॥ ॥ युधिष्ठिरउवाच ॥ ॥ अच्युताच्युतमामैवंव्याहरामित्रकर्शन ॥ पांडवानांभवान्नाथोभवंतंचाश्रितावयम् ९

जयोऽर्जुनः ३ । ४ । ५ । ६ । ७।८।९ ॥ ॥ ॥ ॥ ॥ ॥ ॥

॥ २२ ॥

१० । ११ । १२ । १३ । १४ । १५ बलौघःसेनाप्रवाहोविचक्षणैःप्रणेतव्यः । अन्यथाअंधजडवदकिंचित्करंबलमित्यर्थः १६ एतदेवसदृष्टांतमाह यतइति । धीवराःवरधियो
यतोयस्मिन्देशे निम्नमयत्नतआक्रमणीयं स्थानंभवति तंहिततः द्वितीयार्थेतसिः । इष्टंनिरुपद्रवंदेशंप्रति जडंसैन्यंनयंति नतुमृत्युमुखेमहावीरस्याग्रेपातयंति अत्रदृष्टांतः यथा
धीवरानदीजलजीविनोयतश्छिद्रंकुल्यारूपं ततस्तेनैवमार्गेणजलंवारि इष्टंकेदारादिप्रदेशंनयंतितद्वत् १७ बलापेक्षयानीतिरेवश्रेष्ठेत्युपसंहरति तस्मादिति १८ । १९ । २० । २१

यथावदसिगोविंदसर्वैतदुपपद्यते ॥ नहित्वमग्रतस्तेषांयेषांलक्ष्मीःपराङ्मुखी १० निहतश्चजरासंधोमोक्षिताश्चमहीक्षितः ॥ राजसूयश्चमेलब्धोनिदेशेतव
तिष्ठतः ११ क्षिप्रमेवयथात्वेतत्कार्यंसमुपपद्यते ॥ अप्रमत्तोजगन्नाथतथाकुरुनरोत्तम १२ त्रिभिर्भवद्भिर्हिविनानाहंजीवितुमुत्सहे ॥ धर्मकामार्थरहितो
रोगार्तइवदुःखितः १३ नशौरिणाविनापार्थोनशौरिःपांडवंविना ॥ नाजेयोऽस्त्यनयोर्लोकेकृष्णयोरितिमेमतिः १४ अयंचबलिनांश्रेष्ठःश्रीमानपिवृको
दरः ॥ युवाभ्यांसहितोवीरःकिंनकुर्यान्महायशाः १५ सुप्रणीतोबलौघोहिकुरुतेकार्यमुत्तमम् ॥ अंधंबलंजडंप्राहुःप्रणेतव्यंविचक्षणैः १६ यतोहिनिम्नं
भवतिनयंतिहिततोजलम् ॥ यतश्छिद्रंततश्चापिनयंतेधीवराजलम् १७ तस्मान्नयविधानज्ञंपुरुषंलोकविश्रुतम् ॥ वयमाश्रित्यगोविंदंयतामःकार्यसिद्धये १८
एवंप्रज्ञानयबलंक्रियोपायसमन्वितम् ॥ पुरस्कुर्वीतकार्येषुकृष्णंकार्यार्थसिद्धये १९ एवमेवयदुश्रेष्ठयावत्कार्यार्थसिद्धये ॥ अर्जुनःकृष्णमन्वेतुभीमोन्वेतुधनंजयम् ॥
नयोजयोबलंचैवविक्रमेसिद्धिमेष्यति २० ॥ वैशंपायनउवाच ॥ ॥ एवमुक्तास्ततःसर्वेभ्रातरोविपुलौजसः ॥ वार्ष्णेयःपांडवेयौचप्रतस्थुर्मागधंप्रति २१
वर्चस्विनांब्राह्मणानांस्नातकानांपरिच्छदम् ॥ आच्छाद्यसुहृदांवाक्यैर्मनोज्ञैरभिनंदिताः २२ अमर्षादभितप्तानांज्ञात्यर्थंमुख्यतेजसाम् ॥ रविसोमाग्नि
वपुषांदीप्तमासीत्तदावपुः २३ हतंमेनेजरासंधंदृष्ट्वाभीमपुरोगमौ ॥ एककार्यसमुद्यतौकृष्णौयुद्धेऽपराजितौ २४ ईशौहितौमहात्मानौसर्वकार्यप्रवर्तिनौ ॥
धर्मकामार्थलोकानांकार्याणांचप्रवर्त्तकौ २५ कुरुभ्यःप्रस्थितास्तेतुमध्येनकुरुजांगलम् ॥ रम्यंपद्मसरोगत्वाकालकूटमतीत्यच २६ गंडकींचमहाशोणंसदा
नीरांतथैवच ॥ एकपर्वतकेनद्यःक्रमेणैत्याव्रजंतते २७ उत्तीर्यसरयूंरम्यांदृष्ट्वापूर्वांश्चकोसलान् ॥ अतीत्यजग्मुर्मिथिलांमालांचर्मण्वतींनदीम् २८
अतीत्यगंगांशोणंचत्रयस्तेप्राङ्मुखास्तदा ॥ कुशचीरच्छदाजग्मुर्मागधंक्षेत्रमच्युताः २९ तेशश्वद्गोधनाकीर्णमंबुमंतंशुभद्रुमम् ॥ गोरथंगिरिमासाद्यदद्द
शुर्मागधंपुरम् ३० ॥ इतिश्रीमहाभारतेसभापर्वणिजरासंधवधपर्वणिकृष्णपांडवमागधयात्रायांविंशोऽध्यायः २० ॥ ॥

परिच्छदर्माजिनदंडकमंडलुकाषायादिरूपांसामग्रीमाच्छाद्यस्वीकृत्य तयास्वंवेषंतिरोधायवा २२ । २३ । २४ ईशौनरनारायणौ सर्वाणिकार्याणिनिमेषोन्मेषादिमहाप्रलयान्तानि
वर्त्तयितुंशीलंययोस्तौ नियंतारावित्यर्थः २५ । २६ । २७ । २८ । २९ । ॥ ३० ॥ इतिसभापर्वणिनीलकंठीयेभारतभावदीपे विंशोऽध्यायः ॥ २० ॥

एषमागधःमगधदेशसंबंधी निवेशोविन्यासः १ । २ । ३ । ४ । ५ गौतमस्यक्षयादिति । क्षयादैश्वर्यात् असौशूद्रायांजातोऽपिकाक्षीवदादीनांवंशोमानववंशंभजते । सगौतमस्यनृपाणा मुपर्यनुग्रहः ६ गौतमस्यक्षयंगृहं ७ गौतमौको गौतमस्य ओकोगृहं ८ । ९ । १० । ११ । १२ । १३ पुरस्यगिरिं पुरप्राकारसंलग्नंगिरितुल्यं महास्तंभं 'बुरुज' इतिभाषायांप्रसिद्धं १४ चैत्यकंनगरसूचकं १५ यत्रेति । मांसादंमांसाहारमृषभं वृषभाकारंदैत्यमाससादहतवान् । भेरीर्दुंदुभीन् । मासतालाभिर्मांसेनतालोध्वनिपरिच्छेदोयासांताभिराकृतिभिरुपल क्षिताइतियोज्यं । महतोहिकांस्यादिभाजनस्यसकृदाहतस्य चिरकालानुवर्त्तीध्वनिरितिप्रसिद्धं । पूर्वेतुमासशब्देनद्वादशसंख्या तालशब्देन मध्यमांगुष्ठप्रमाणंचोक्त्वा द्वादश

॥ वासुदेवउवाच ॥ ॥ एषपार्थमहान्भातिपशुमान्नित्यमंबुमान् ॥ निरामयःसुवेश्माढ्योनिवेशोमागधःशुभः १ वैहारोविपुलःशैलोवराहोवृषभस्तथा ॥ तथाऋषिगिरिस्तातशुभाश्चैत्यकपंचमाः २ एतेपंचमहाशृंगाःपर्वताःशीतलद्रुमाः ॥ रक्षंतीवाभिसंहत्यसंहतांगागिरिव्रजम् ३ पुष्पवेष्टितशाखाग्रैर्गन्धवद्भिर्मनोहरैः॥ निगूढाइवलोध्राणांवनैःकामिजनप्रियैः ४ शूद्रायांगौतमोयत्रमहात्मासंशितव्रतः ॥ औशीनर्यामजनयत्काक्षीवाद्यान्सुतान्मुनिः ५ गौतमस्यक्षयात्तस्माद्य थाऽसौतत्रसद्मनि ॥ भजतेमागधंवंशंसनृपाणामनुग्रहः ६ अंगवंगादयश्चैवराजानःसुमहाबलाः ॥ गौतमक्षयमभ्येत्यरमन्तेस्मपुराऽर्जुन ७ वनराजीस्तुप श्येमाःपिप्पलानांमनोरमाः ॥ लोध्राणांचशुभाःपार्थगौतमोकःसमीपजाः ८ अर्बुदःशक्रवापीचपन्नगौशत्रुतापनौ ॥ स्वस्तिकस्यालयश्चात्रमणिनागस्यचो त्तमः ९ अपरिहार्यामेघानांमागधामनुनाकृताः ॥ कौशिकोमणिमांश्चैवचक्रातेचाप्यनुग्रहम् १० एवंप्राप्यपुरंरम्यंदुराधर्षंसमंततः ॥ अर्थसिद्धिंत्वनु पमांजरासंधोऽभिमन्यते ११ वयमासादनेतस्यदर्पमद्यहरेमहि ॥ ॥ वैशंपायनउवाच ॥ ॥ एवमुक्तास्ततःसर्वेभ्रातरोविपुलौजसः १२ वार्ष्णेयःपांडवौ चैवप्रतस्थुर्मागधंपुरम् ॥ हृष्टपुष्टजनोपेतंचातुर्वर्ण्यसमाकुलम् १३ स्फीतोत्सवमनाधृष्यमासेदुश्चगिरिव्रजम् ॥ ततोद्वारमनासाद्यपुरस्यगिरिमुच्छ्रितम् १४ बार्हद्रथैःपूज्यमानंतथानगरवासिभिः ॥ मागधानांतुरुचिरंचैत्यकांतरमाद्रवन् १५ यत्रमांसादमृषभमाससादबृहद्रथः ॥ तंहत्वामासतालाभिस्तिस्रोभेरीर कारयत् १६ स्वपुरेस्थापयामासतेनचानह्यचर्मणा ॥ यत्रताःप्राणदन्भेर्योदिव्यपुष्पावचूर्णिताः १७ भंक्त्वाभेरीत्रयंतेऽपिचैत्यप्राकारमाद्रवन् ॥ द्वारतोऽभिमुखाःसर्वेययुर्नानायुधास्तदा १८ मागधानांसुरुचिरंचैत्यकंतंसमाद्रवन् ॥ शिरसीवसमाघ्नन्तोजरासंधंजिघांसवः १९ स्थिरंसुविपुलंशृंगंसुमह त्तत्पुरातनम् ॥ अर्चितंगंधमाल्यैश्चसततंसुप्रतिष्ठितम् २० विपुलैर्बाहुभिर्वीरास्तेऽभिहत्याभ्यपातयन् ॥ ततस्तेमागधंहृष्टाःपुरंप्रविविशुस्तदा २१ ॥

तालप्रमाणाभिरितिव्याचक्षते । आकृतिभिःसंमिताइत्यध्याहृत्ययोजनाउभयत्रसमाना । 'तालःकरतलेंऽगुष्ठमध्यमाभ्यांचसंमिते । गीतकालक्रियामानेतालःखड्गादिमुष्टिषु' इति विश्वः । मांसनालाभिरितिगौडपाठेतु मांसस्यनालवद्वेष्टनकर्त्रीभिर्मांसनालाभिर्वध्रीभिः १६ तेनचर्मणाचानह्येतिव्यवहितेनसंबंधः अवचूर्णिताअवकीर्णाव्याप्ताइत्यर्थः यत्र पुरस्यगिरौ १७ । १८ चैत्यकं चित्या दृषदांचयनेननिर्वृत्तं १९ शृंगं तंगिरिमेवशृंगवदुच्छ्रितं भाषायां 'मनुरा' इतिप्रसिद्धं २० । २१

२२ पर्यग्न्यकुर्वन् ज्वलतोल्मुकेनपरितोभ्राम्यमाणेनयज्ञियंपशुमिवपर्यग्निकृतवंतः २३ । २४ । २५ । २६ विरागवसनाःविचित्ररागवसनाः २७ गोवासंगोष्ठं २८ । २९ कक्षाःद्वारदेशाउत्तममध्यमाध
मजनावस्थितियोग्याः ३० । ३१ । ३२ । ३३ ।३४ । ३५ । ३६ । ३७ । ३८ स्वस्त्यस्तुकुशलंराजन् कुशलंनिर्विघ्नंयथास्यात्तथा स्वस्तिमुतरांयदस्त्यविनाशिमोक्षपदं तत्तेऽस्तु । कृष्णसमक्षंमरि

एतस्मिन्नेवकालेतुब्राह्मणावेदपारगाः ॥ दृष्ट्वातुदुर्निमित्तानिजरासंधमदर्शयन् २२ पर्यग्न्यकुर्वंश्चनृपंद्विरदस्थंपुरोहिताः ॥ ततस्तच्छांतयेराजाजरासंधः
प्रतापवान् ॥ दीक्षितोनियमस्थोऽसावुपवासपरोऽभवत् २३ स्नातकव्रतिनस्तेतुबाहुशस्त्रानिरायुधाः ॥ युयुत्सवःप्रविविशुर्जरासंधेनभारत ॥ २४ भक्ष्यमाल्या
पणानांचददृशुःश्रियमुत्तमाम् ॥ स्फीतांसर्वगुणोपेतांसर्वकामसमृद्धिनीम् २५ तांतुदृष्ट्वासमृद्धितेवीथ्यांतस्यांनरोत्तमाः ॥ राजमार्गेणगच्छन्तःकृष्णभीमधनंजयाः ॥
बलाद्गृहीत्वामाल्यानिमालाकारान्महाबलाः २६ विरागवसनाःसर्वेस्रग्विणोमृष्टकुंडलाः ॥ निवेशनमथाजग्मुर्जरासंधस्यधीमतः २७ गोवासमिववीक्षंतःसिंहा
हैमवतायथा ॥ शालस्तंभनिभास्तेषांचंदनागुरुरूषिताः २८ अशोभंतमहाराजबाहवोयुद्धशालिनाम् ॥ तान्दृष्ट्वाद्विरदप्रख्यान्शालस्कंधानिवोद्गतान् ॥ व्यूढो
रस्कान्मागधानांविस्मयःसमपद्यत २९ तेत्वतीत्यजनाकीर्णाःकक्षास्तिस्रोनरर्षभाः ॥ अहंकारेणराजानमुपतस्थुर्गतव्यथाः ॥ ३० ॥ तान्पाद्यमधुपर्कार्हान्
गवार्हान्सत्कृतिंगतान् ॥ प्रत्युत्थायजरासंधउपतस्थेयथाविधि ३१ उवाचचैतान्राजाऽसौस्वागतंवोऽस्त्वितिप्रभुः ॥ मौनमासीत्तदापार्थभीमयोर्जनमेजय ३२
तेषांमध्येमहाबुद्धिःकृष्णोवचनमब्रवीत् ॥ वक्तुंनायातिराजेंद्रएतयोर्नियमस्थयोः ३३ अर्वाङ्निशीथात्परतस्त्वयासार्धंवदिष्यतः ॥ यज्ञागारेस्थापयित्वाराजा
राजगृहंगतः ३४ ततोऽर्धरात्रेसंप्राप्तेयातोयत्रस्थिताद्विजाः ॥ तस्यह्येतद्व्रतंराजन्बभूवभुविविश्रुतम् ३५ स्नातकान्ब्राह्मणान्प्राप्तान्श्रुत्वाससमितिंजयः ॥
अप्यर्धरात्रेनृपतिःप्रत्युद्गच्छतिभारत ३६ तांस्त्वपूर्वेणवेषेणदृष्ट्वासनृपसत्तमः ॥ उपतस्थेजरासंधोविस्मितश्चाभवत्तदा ३७ तेतुदृष्ट्वैवराजानंजरासंधंनरर्षभाः ॥
इदमूचुरमित्रघ्नाःसर्वेभरतसत्तम ३८ स्वस्त्यस्तुकुशलंराजन्नितितत्रव्यवस्थिताः ॥ तंनृपंनृपशार्दूलप्रेक्षमाणाःपरस्परम् ३९ तानब्रवीज्जरासंधस्तथापांडवया
दवान् ॥ आस्यतामितिराजेंद्रब्राह्मणच्छद्मसंवृतान् ४० अथोपविविशुःसर्वेत्रयस्तेपुरुषर्षभाः ॥ संप्रदीप्तास्त्रयोलक्ष्म्यामहाध्वरइवाग्नयः ४१ तानुवाचजरासंधःसत्य
संधोनराधिपः ॥ विगर्हमाणःकौरव्यवेशग्रहणवैकृतान् ॥ नस्नातकव्रताविप्राबहिर्माल्यानुलेपनाः ४२ भवंतीतिनृलोकेऽस्मिन्विदितंममसर्वशः ॥ केयूयंपुष्प
वंतश्चभुजैर्ज्याकृतलक्षणैः ४३ बिभ्रतःक्षात्रमोजश्चब्राह्मण्यंप्रतिजानथ ॥ एवंविरागवसनाबहिर्माल्यानुलेपनाः ॥ सत्यंवदतकेयूयंसत्यंराजसुशोभते ४४ चैत्यक
स्यगिरेःशृंगंभित्त्वाकिमिहछद्मना ॥ अद्वारेणप्रविष्टाःस्थनिर्भयाराजकिल्बिषात् ४५ ॥ ॥ ॥ ॥

ष्यमाणस्य तत्प्राप्त्यवश्यंभावादितिभावः । माजीवेत्यर्थः ३९ । ४० । ४१ बहिर्माल्यानुलेपनाःबहिःसमावर्त्तनादिनिमित्तंविना ४२ । ४३ । ४४ । ४५ ॥ ॥ ॥

वाचिवीर्यं नतुक्रियायां विलिंगस्थंअन्यलिंगमन्यत्कर्मेत्यर्थः ४६ अर्हणांपूजां अस्मदागमेअस्मान्प्रत्यागमने ४७ । ४८ । ४९ स्नातकत्वंममर्थ्य बहिर्माल्यत्वादिकमपिक्षत्रियत्वेनसमर्थयते त्रिशेषेत्या दिना ५० वचस्तस्यवाग्वीर्यवत्त्वस्य ५१ । ५२ अद्वारेणेत्यादिनावैरंप्रकाशयति ५३ । ५४ इतिश्रीमहाभारतेसभापर्वणिनीलकंठीयेभारतभावदीपेएकविंशोऽध्यायः ॥ २१ ॥ ॥ ॥ वैकृतम

वदध्वंवाचिवीर्यंचब्राह्मणस्यविशेषतः ॥ कर्मचैतद्विलिंगस्थंकिंवोऽद्यप्रसमीक्षितम् ४६ एवंचमामुपास्थायकस्माच्चविधिनाऽर्हणाम् ॥ प्रणीतांनानुगृह्णीतकार्यं किंवाऽस्मदागमे ४७ एवमुक्तेततःकृष्णःप्रत्युवाचमहामनाः ॥ स्निग्धगंभीरयावाचावाक्यंवाक्यविशारदः ॥ ४८ ॥ कृष्णउवाच ॥ ॥ स्नातका न्ब्राह्मणान्राजन्विद्ध्यस्मांस्त्वंनराधिप ॥ स्नातकव्रतिनोराजन्ब्राह्मणाःक्षत्रियाविशः ४९ विशेषनियमाश्चैषामविशेषाश्चसंत्युत ॥ विशेषवांश्चसततंक्षत्रियः श्रियमृच्छति ५० पुष्पवत्सुध्रुवाश्रीश्चपुष्पवंतस्ततोवयम् ॥ क्षत्रियोबाहुवीर्यस्तुनतथावाक्यवीर्यवान् ॥ अप्रगल्भंवचस्तस्यतस्माद्बार्हद्रथेरितम् ५१ स्ववीर्यं क्षत्रियाणांतुबाह्वोर्धातान्यवेशयत् ॥ तद्दिदृक्षसिचेद्राजन्द्रष्टाऽस्यद्यनसंशयः ५२ अद्वारेणरिपोर्गेहंद्वारेणसुहृदोगृहान् ॥ प्रविशंतिनराधीराद्वाराण्येतानि धर्मतः ५३ कार्यवंतोगृहानेत्यशत्रुतोनार्हणांवयम् ॥ प्रतिगृह्णीमतद्विद्धिएतन्नःशाश्वतंव्रतम् ५४ ॥ ॥ इतिश्रीमहाभारतेसभापर्वणिजरासंधवधपर्वणि कृष्णजरासंधसंवादेएकविंशोऽध्यायः ॥ २१ ॥ ॥ जरासंधउवाच ॥ ॥ नस्मरामिकदावैरंकृतंयुष्माभिरित्युत ॥ चिंतयंश्चनपश्यामिभवतांप्रति वैकृतम् १ वैकृतेवाऽसतिकथंमन्यध्वंमामनागसम् ॥ अरिंवैब्रूतहेविप्राःसतांसमयएषहि २ अथधर्मोपघाताद्धिमनःसमुपतप्यते ॥ योऽनागसिप्रसजतिक्षत्रियोहिन संशयः ३ अतोऽन्यथाचरँल्लोकेधर्मज्ञःसन्महारथः ॥ वृजिनांगतिमाप्नोतिश्रेयसोऽप्युपहंतिच ४ त्रैलोक्येक्षत्रधर्मोहिश्रेयान्वैसाधुचारिणाम् ॥ नान्यंधर्मंप्रशंसं तियेचधर्मविदोजनाः ५ तस्यमेऽद्यस्थितस्येहस्वधर्मेनियतात्मनः ॥ अनागसंप्रजानांचप्रमादादिवजल्पथ ६ ॥ श्रीकृष्णउवाच ॥ ॥ कुलकार्यंमहा बाहोकश्चिदेकःकुलोद्वहः ॥ वहतेयस्तन्नियोगाद्वयमभ्युद्यतास्त्वयि ७ त्वयाचोपहृताराजन्क्षत्रियालोकवासिनः ॥ तदागःक्रूरमुत्पाद्यमन्यसेकिमनागसम् ८ राजाराज्ञःकथंसाधून्हिंस्यान्नृपतिसत्तम ॥ तद्राज्ञःसन्निगृह्यत्वंरुद्रायोपजिहीर्षसि ९ अस्मांस्तदेनोपगच्छेत्कृतंबार्हद्रथत्वया ॥ वयंहिशक्ताधर्मस्यरक्षणेधर्मचा रिणः १० मनुष्याणांसमालंभोनचदृष्टःकदाचन ॥ सकथंमानुषैर्देवंयष्टुमिच्छसिशंकरम् ११ ॥ ॥ ॥ ॥

पकारः १ कथमरिमन्यध्वंतद्ब्रूत एषःसत्यवचनस्यसमयःमर्यादा २ प्रसजतिप्रसंजयत्यर्थद्रव्योपघातमारोपयति सःक्षत्रियःवृजिनांकष्टांगतिमाप्नोतिनसंशयइतियोजना ३ उपहंतिचात्मानं ४ । ५ । प्रजा नांचानागसंजल्पथ विपरीतमर्थंवदथ ६ वैरमूलंप्रकाशयतिकुलेति ७ । ८ । ९ एनोपगच्छेत् एनःपापंकर्तृउपगच्छेत्प्राप्नुयात् संधिरार्षः १० । ११ ॥ ॥

ननु'ब्रह्मणेब्राह्मणमालभेत' इत्यादिना सर्वजातीयानांसर्वकर्मणांमानुषाणामालंभो देवतार्थवधःश्रूयते इत्याशंक्याह सवर्णोहीति १२ । १३ । १४ । १५ अभिजनंसजातीयंपाल्यतयाजानन् १६ । १७ स्वर्गेति । ब्रह्मवेदः यशः तपोवेदोक्तंकर्मच स्वर्गयोनिःसुखहेतुः । युद्धेमृत्युश्चाव्यभिचारवान्स्वर्गहेतुः । वेदादीनामव्रतादीन्प्रतिस्वर्गहेतुत्वंनास्ति युद्धेमृत्युस्तुनतथेत्यर्थः १८ एषयुद्धेमृत्युः । ऐंद्रःइंद्रसंबंधी । वैजयंतःप्रासादः । तत्प्राप्तिहेतुरित्यर्थः येनलब्धेनसमाहितःपूर्णः १९ स्वर्गमार्गहेतोर्विग्रहोवैरमस्माभिःसह यथातवपुण्यातिशयान्नतथाऽन्य

सवर्णोहिसवर्णानांपशुसंज्ञांकरिष्यसि ॥ कोऽन्यएवंयथाहित्वंजरासंधवृथामतिः १२ यस्यांयस्यामवस्थायांयद्यत्कर्मकरोतियः ॥ तस्यांतस्यामवस्थायां तत्फलंसमवाप्नुयात् १३ तेत्वांज्ञातिक्षयकरंवयमार्त्तानुसारिणः ॥ ज्ञातिवृद्धिनिमित्तार्थंविनिहंतुमिहागताः १४ नास्तिलोकेपुमानन्यःक्षत्रियेष्वितिचैव तत् ॥ मन्यसेसचतेराजन्सुमहान्बुद्धिविप्लवः १५ कोहिजानन्नभिजनमात्मवान्क्षत्रियोनृप ॥ नाविशेत्स्वर्गमतुलंरणानंतरमव्ययम् १६ स्वर्गंह्येवसमास्थायरणयज्ञेषुदीक्षिताः ॥ जयंतिक्षत्रियालोकांस्तद्विद्धिमनुजर्षभ १७ स्वर्गयोनिर्महद्ब्रह्मस्वर्गयोनिर्महद्यशः ॥ स्वर्गयोनिस्तपोयुद्धेमृत्युःसोऽव्यभिचारवान् १८ एषह्यैन्द्रोवैजयंतोगुणैर्नित्यंसमाहितः ॥ येनासुरान्पराजित्यजगत्पातिशतक्रतुः १९ स्वर्गमार्गायकस्यस्याद्विग्रहोवैयथातव ॥ मागधैर्विपुलैःसैन्यैर्बाहुल्यबलदर्पितः २० मावमंस्थाःपरान्राजन्नास्तिवीर्यंनरेनरे ॥ समंतेजस्त्वयाचैवविशिष्टंवानरेश्वर २१ यावदेतदसंबुद्धंतावदेवभवेत्तव ॥ विषह्यमेतदस्माकमतोराजन्ब्रवीमिते २२ जहित्वंसदृशेष्वेवमानंदर्पंचमागध ॥ माऽगमःससुतामात्यःसबलश्चयमक्षयम् २३ दंभोद्भवःकार्तवीर्यउत्तरश्चबृहद्रथः ॥ श्रेयसोह्यवमन्येहविनेशुःसबलानृपाः २४ युयुक्षमाणास्त्वत्तोहिनवयंब्राह्मणाध्रुवम् ॥ शौरिरस्मिहृषीकेशोनृवीरौपांडवाविमौ ॥ अनयोर्मातुलेयंचकृष्णंमांविद्धितेरिपुम् २५ त्वामाह्वयामहेराजन्स्थिरोयुध्यस्वमागध ॥ मुंचवानृपतीन्सर्वान्गच्छवात्वंयमक्षयम् २६ ॥ जरासंधउवाच ॥ ॥ नाजितान्वैनरपतीनहमादद्मिकांश्चन ॥ अजितःपर्यवस्थाताकोऽत्रयोनमयाजितः २७ क्षत्रियस्यैतदेवाहुर्धर्म्यंकृष्णोपजीवनम् ॥ विक्रम्यवशमानीयकामतोयत्समाचरेत् २८ देवतार्थमुपाहृत्यराज्ञःकृष्णकथंभयात् ॥ अहमद्यविमुच्येयंक्षात्रंव्रतमनुस्मरन् २९ सैन्यंसैन्येनव्यूढेनएकएकेनवापुनः ॥ द्वाभ्यांत्रिभिर्वायोत्स्येऽहंयुगपत्पृथगेववा ३० ॥ वैशंपायनउवाच ॥ एवमुक्त्वाजरासंधःसहदेवाभिषेचनम् ॥ आज्ञापयत्तदाराजायुयुत्सुर्भीमकर्मभिः ३१ ॥

स्यास्ति अत्रहेतुः क्षत्रियावमानइत्याह मागधैरिति । सैन्यैरेवनबाहुबलेन २० । २१ विषह्यमसह्यंविगतःसह्यःसोढुंयोग्यःसोढायस्यतत् । यद्वा तवैतावद्बलमस्काकंतिषह्यंसुमहत् २२ २३ । २४ युयुक्षमाणास्त्वत्तोहित्वत्तःस्त्वांयुयुक्षमाणाः योगः कपटेनहननंतत्कर्तुमिच्छंतः । 'योगोविश्रब्धघातिनि' इतिविश्वः । मुमुक्षमाणाइतिपाठे नृपानितिशेषः ब्राह्मणब्रुवा इतिपाठे ब्राह्मणाधमाः २५ । २६ । अजितोऽन्यैरितिशेषः पर्यवस्थाताशत्रुः २७ । २८ । २९ व्यूढेनव्यूहरचनयास्थितेन ३० । ३१

३२ हंसडिंभकावियकौशिकचित्रसेनावित्याह ययोरिति ३३ । ३४ मधुर्भिर्यादवैः ३५ नहंतुमियेपेत्यन्वयः तत्रहेतुःब्राह्मीमिति ॥ ३६ ॥ इतिमभापर्वणिनीलकंठीयेभारतभावदीपे द्वाविंशोऽध्यायः ॥ २२ ॥ ॥ ततइति १ । २ । ३ आदायपुरोहितःउपतस्थेइतिसार्द्धसंबंधः । अगदानौषधानि । निर्वृतीर्वेदनानिच दुःखमूर्छयोःकालेसुखसंज्ञाकराणि ४ समन ह्यसन्नद्धोबभूव ५ । ६ । ७ । ८ । ९ । १० कक्षेर्दोर्मूलैःकक्षांप्रकोष्ठगतांरज्जुंधुन्वानौ यतस्तत्रकक्षेआस्फोटंचक्रतुः । बाहुमुलास्फालनेनांगदबंधरज्जुशेषं कंपयंतावित्यर्थः ११ । १२

सतुसेनापतिंराजासस्मारभरतर्षभ ॥ कौशिकंचित्रसेनंचतस्मिन्युद्धउपस्थिते ३१ ययोस्तेनामनीराजन्हंसेतिडिंभकेतिच ॥ पूर्वंसंकथितंपुंभिर्नृलोकेलोकसत्कृते ३२ तंतुराजन्विभुःशौरीराजानंबलिनांवरम् ॥ स्मृत्वापुरुषशार्दूलःशार्दूलसमविक्रमम् ३४ सत्यसंधोजरासंधंभुविभीमपराक्रमम् ॥ भागमन्यस्यनिर्दिष्टमवध्यंमधुभिर्मृधे ३५ नात्मनात्मवतांमुख्यइयेषमधुसूदनः ॥ ब्राह्मीमाज्ञांपुरस्कृत्यहंतुंहलधरानुजः ३६ ॥ ॥ इतिश्रीमहाभारतेसभापर्वणिजरासंधवधपर्वणिजरासंधयुद्धोद्योगेद्वाविंशोऽध्यायः॥ २२ ॥ ॥ वैशंपायनउवाच ॥ ॥ ततस्तंनिश्चितात्मानंयुद्धाययदुनंदनः ॥ उवाचवाग्मीराजानंजरासंधमधोक्षजः १ ॥ कृष्णउवाच ॥ त्रयाणांकेनतेराजन्योद्धुमुत्सहतेमनः ॥ अस्मदन्यतमेनेहसज्जीभवतुकोयुधि २ एवमुक्तःसनृपतिर्युद्धंवव्रेमहाद्युतिः ॥ जरासंधस्ततोराजाभीमसेनेनमागधः ३ आदायरोचनांमाल्यंमंगल्यान्यपराणिच ॥ धारयन्नगदान्मुख्यान्निर्वृतीर्वेदनानिच ॥ उपतस्थेजरासंधंयुयुत्सुंवैपुरोहितः ४ कृतस्वस्त्ययनोराजाब्राह्मणेनयशस्विना ॥ समनह्यज्जरासंधःक्षात्रंधर्ममनुस्मरन् ५ अवमुच्यकिरीटंसकेशान्समनुगृह्यच ॥ उदतिष्ठज्जरासंधोवेलातिगइवार्णवः ६ उवाचमतिमान्राजाभीमंभीमपराक्रमः ॥ भीमयोत्स्येत्वयासार्द्धंश्रेयसानिर्जितंवरम् ७ एवमुक्त्वाजरासंधोभीमसेनमरिंदमः ॥ प्रत्युद्ययौमहातेजाःशक्रंबलइवासुरः ८ ततःसंमंत्र्यकृष्णेनकृतस्वस्त्ययनोबली ॥ भीमसेनोजरासंधमाससादयुयुत्सया ९ ततस्तौनरशार्दूलौबाहुशस्त्रौसमीयतुः ॥ वीरौपरमसंहृष्टावन्योन्यजयकांक्षिणौ १० करग्रहणपूर्वंतुकृत्वापादाभिवंदनम् ॥ कक्षैःकक्षांविधुन्वानावास्फोटंतत्रचक्रतुः ११ स्कंधेदोर्भ्यांसमाहत्यनिहत्यचमुहुर्मुहुः ॥ अंगमंगैःसमाश्लिष्यपुनरास्फालनंविभो १२ चित्रहस्तादिकंकृत्वाकक्षाबंधंचचक्रतुः ॥ गलगंडाभिघातेनसस्फुलिंगेनचाशनिम् १३ बाहुपाशादिकंकृत्वापादाहतशिरावुभौ ॥ उरोहस्तंततश्चक्रेपूर्णकुंभौप्रयुज्यतौ १४

चित्रहस्तादिकंहस्तस्यातिवेगेनाकुंचनप्रसारणोपर्यधश्चालनमुष्टीकरणानिचित्रहस्ताः । आदिपदात्पादस्याप्याकुंचनादि । कक्षाबंधंपरस्परकक्षायांहस्तौकृत्वाबंधनं । गलेति गलेगंडेनभालदेशेनाभिघातस्तेन । पाषाणसदृशांगत्वात्तयोरभिघातेनविस्फुलिंगोत्पत्त्याऽशनिवज्जमिवससृजतुरित्यर्थः १३ बाहुपाशादिकंचरणपाशआदिशब्दार्थः पादाभ्यांआहताःशिराःस्नायवोयाभ्यांतौ दृढप्रहारेणनाडीपर्यंतमपिवेदनावंतावित्यर्थः । उरोहस्तं उरसिचपेटाप्रहारं । पूर्णकुंभौ ग्रथितांगुलिभ्यांहस्ताभ्यांपरशिरसःपीडनं पूर्णकुंभः । द्वित्वंपरस्परंद्वावपिचक्रतुरितिवक्तुम् १४

१९ तलेनचपेटया १६ आवृत्यजत्रदेशेपृष्ठंकृत्वा बाहुभिर्बहुत्वाद्वावपिमिथः उदरमादायप्रचक्रतुःप्रचिक्षिपतुः । कूविक्षेपेऽस्यरूपं १७ एवंकक्ष्यांसुपार्श्वेचप्रचक्रतुः । तक्षवंतौ तक्षस्तनूकरणंगात्रसंकोच
इत्यर्थःतद्वंतौ । अधोहस्तमुदरस्याधस्ताद्धस्तंकृत्वा हस्ताभ्यामुदरमावेष्ट्य स्वकंठेस्त्रोरसिचकंठोरःसमीपेआनीयाक्षिपदास्फालितवान् १८ पृष्ठस्यभूसंबंधेनजातंभंगंपराभवम् । बाहुभ्यामुदरादिनिपी
डनेसंपूर्णमूर्छाम् १९ तृणपीडंरज्जूकरणेतृणमिवयत्रबाह्वादिकंव्यावर्त्यतेतद्युद्धंतृणपीडम् । पूर्णयोगंयोगोविश्रब्धघातनंतच्चपूर्णं । अन्यत्रमुष्टेःपातंप्रदर्श्यान्यत्रपातनमित्यर्थः । एवमादीनिपादाकर्षण
शीर्षकक्षीकरणादीनि २० । २१ । २२ निग्रहःहस्ताभ्यांकंधराकर्षणेनशत्रोरधोमुखीकरणम् । प्रग्रहःशत्रोरुत्तानपातनार्थंपादाकर्षणम् २३ । २४ उत्सार्यजनं हस्तबाहुबंधेनपरस्परापसारणाद्दूरी

करसंपीडनंकृत्वागर्जन्तौवारणाविव ॥ नर्दन्तौमेघसंकाशौबाहुप्रहरणावुभौ १५ तलेनाहन्यमानौतुअन्योन्यंकृतवीक्षणौ ॥ सिंहाविवसुसंक्रुद्धावाकृष्याकृष्ययुध्य
ताम् १६ अंगेनांगंसमापीड्यबाहुभ्यामुभयोरपि ॥ आवृत्त्यबाहुभिश्चापिउदरंचप्रचक्रतुः १७ उभौकक्ष्यांसुपार्श्वेतुतक्षवंतौचशिक्षितौ ॥ अधोहस्तंस्वकंठेतूदरस्यो
रसिचाक्षिपत् १८ सर्वातिक्रांतमर्यादंपृष्ठभंगंचचक्रतुः ॥ संपूर्णमूर्च्छांबाहुभ्यांपूर्णकुंभंप्रचक्रतुः १९ तृणपीडंयथाकामंपूर्णयोगंसमुष्टिकम् ॥ एवमादीनियुद्धानिप्र
कुर्वंतौपरस्परम् २० तयोर्युद्धंततोद्रष्टुंसमेताःपुरवासिनः ॥ ब्राह्मणावणिजश्चैवक्षत्रियाश्चसहस्रशः २१ शूद्राश्चनरशार्दूलस्त्रियोवृद्धाश्चसर्वशः ॥ निरंतरमभूत्तत्रज
नौघैरभिसंवृतम् २२ तयोरथभुजाघातान्निग्रहप्रग्रहात्तथा ॥ आसीत्सुभीमसंपातोवज्रपर्वतयोरिव २३ उभौपरमसंहृष्टौबलेनबलिनांवरौ ॥ अन्योन्यस्यांतरंप्रेप्सूपर
स्परजयैषिणौ २४ तद्भीममुत्सार्यजनंयुद्धमासीदुपह्वरे ॥ बलिनोःसंयुगेराजन्वृत्रवासवयोरिव २५ प्रकर्षणाकर्षणाभ्यामनुकर्षविकर्षणैः ॥ आचकर्षतुरन्यो
न्यंजानुभिश्चावजघ्नतुः २६ ततःशब्देनमहताभर्त्सयंतौपरस्परम् ॥ पाषाणसंघातनिभैःप्रहारैरभिजघ्नतुः २७ व्यूढोरस्कौदीर्घभुजौनियुद्धकुशलावुभौ ॥ बाहुभिः
समसज्जेतामायसैःपरिघैरिव २८ कार्तिकस्यतुमासस्यप्रवृत्तंप्रथमेऽहनि ॥ अनाहारंदिवारात्रमविश्रांतमवर्त्तत २९ तद्वृत्तंतुत्रयोदश्यांसमवेतंमहात्मनोः ॥
चतुर्दश्यांनिशायांतुनिवृत्तोमागधःक्रमात् ३० तंराजानंतथाक्लांतंदृष्ट्वाराजन्जनार्दनः ॥ उवाचभीमकर्माणंभीमंसंबोधयन्निव ३१ क्लांतःशत्रुर्नकौन्तेयलभ्यःपी
डयितुंरणे ॥ पीड्यमानोहिकात्स्न्येनजह्याज्जीवितमात्मनः ३२ तस्मात्तेनैवकौन्तेयपीडनीयोजनाधिपः ॥ सममेतेनयुध्यस्वबाहुभ्यांभरतर्षभ ३३ एवमुक्तः
सकृष्णेनपांडवःपरवीरहा ॥ जरासंधस्यतद्रूपंज्ञात्वाचक्रेमतिंवधे ३४ ॥ ॥ ॥ ॥

कृतप्रेक्षकजनं । उपप्लवेयुद्धभूमौ । उपह्वरेइतिपाठेनिकटदेशे २५ प्रकर्षणेपश्चादपसारणेइतरोऽनुकर्षत्यत्राङ्मुखंपातयितुम् । आकर्षणेअर्वाक्कर्षणेइतरोविकर्षति तिर्यङ्नयतीत्यर्थः । आचकर्षतुः
देहौविलिलिखतुः प्रहारैरितिशेषः २६ । २७ नियुद्धंनिर्युधयुद्धम् २८ अनाहारंनास्त्याहरणमाहारउपसंहारोयस्यतत् । अविश्रांतंनविशेषेणश्रांतोऽन्यतरोयास्मिंस्तत्तथा २९ तद्वृत्तंतादृशप्रकारंयुद्धंत्रयोदश्यांस
मवेतं त्रयोदशीपर्यंतंजातमितिशेषः । क्रमातक्रमंप्राप्यनिवृत्तःनिगृहीतप्रवृत्तोऽभूत् ३० संबोधयन्निव शिष्टाचारप्रदर्शनव्याजेनशत्रुवधकालंसूचयन्निव ३१ । ३२ तस्मात्तेत्वया ३३ तद्रूपंक्लांतरूपम् ३४

सरंभंकोपम ३५ ॥ इतिसभापर्वणि नीलकंठीयेभारतभावदीपेत्रयोविंशोऽध्यायः ॥ २३ ॥ ॥ भीमसेनइति १ अनुरोधितुंनिरोद्धुं प्राणेनबलेन २ । ३ । ४ । ५ जानुभ्यांधनुर्यष्टिवत्पृष्ठंसंक्षिप्यवि नाम्य ६ । ७ । ८ । ९ । १० कुलद्वारिगृहद्वारि ११ भ्रातरौभीमार्जुनौ बांधवान्जरासंधबद्धान्नृपान् १२ तेकृष्णंरत्नभुजंचक्रुरित्यन्वयः १३ । १४ सोदर्यवान्भीमयुक्तः। द्वियोधी द्वाभ्यांहस्ता

ततस्तमजितंजेतुंजरासंधंवृकोदरः ॥ संरंभबलिनांश्रेष्ठोजग्राहकुरुनंदनः ३५ ॥ ॥ इतिश्रीमहाभारतेसभापर्वणिजरासंधवधपर्वणिजरासंधक्लांतौत्रयोविंशोऽध्यायः ॥ २३ ॥ ॥ वैशंपायनउवाच ॥ ॥ भीमसेनस्ततःकृष्णमुवाचयदुनंदनम् ॥ बुद्धिमास्थायविपुलांजरासंधवधेप्सया १ नायंपापोमयाकृष्णयुक्तः स्यादनुरोधितुम् ॥ प्राणेनयदुशार्दूलबद्धकक्षेणवाससा २ एवमुक्तस्ततःकृष्णःप्रत्युवाचवृकोदरम् ॥ त्वरयन्पुरुषव्याघ्रोजरासंधवधेप्सया ३ यत्तेदैवंपरंतत्वं यच्चतेमातरिश्वनः ॥ बलंभीमजरासंधेदर्शयाशुतदद्यवै ४ एवमुक्तस्तदाभीमोजरासंधमरिंदमः ॥ उत्क्षिप्यभ्रामयामासबलवंतंमहाबलः ५ भ्रामयित्वाशतगुणं जानुभ्यांभरतर्षभ ॥ बभंजपृष्ठंसंक्षिप्यनिष्पिष्यविननादच ६ करेगृहीत्वाचरणंद्वेधाचक्रेमहाबलः ७ तस्यनिष्पिष्यमाणस्यपांडवस्यचगर्जतः ॥ अभवत्तुमुलो नादःसर्वप्राणिभयंकरः ८ वित्रेसुर्मागधाःसर्वेस्त्रीणांगर्भाश्चसुस्रुवुः ॥ भीमसेनस्यनादेनजरासंधस्यचैवह ९ किंनुस्याद्धिमवान्भिन्नःकिंनुस्विद्दीर्यतेमही ॥ इतिवै मागधाजज्ञुर्भीमसेनस्यनिःस्वनात् १० ततोराज्ञःकुलद्वारिप्रसुप्तमिवतंनृपम् ॥ रात्रौगतासुमुत्सृज्यनिश्चक्रमुररिंदमाः ११ जरासंधरथंकृष्णोयोजयित्वापताकिनम् ॥ आरोप्यभ्रातरौचैवमोक्षयामासबांधवान् १२ तेवैरत्नभुजंकृष्णंरत्नार्हाःपृथिवीश्वराः ॥ राजानश्चक्रुरासाद्यमोक्षितामहतोभयात् १३ अक्षतःशस्त्रसंपन्नो जितारिःसहराजभिः ॥ रथमास्थायतंदिव्यंनिर्जगामगिरिव्रजात् १४ यःससोदर्यवान्नामद्वियोधीकृष्णसारथिः ॥ अभ्यासघातीसंदृश्योदुर्जयःसर्वराजभिः १५ भीमार्जुनाभ्यांयोधाभ्यामास्थितःकृष्णसारथिः ॥ शुशुभेरथवर्योऽसौदुर्जयःसर्वधन्विभिः १६ शक्रविष्णूहिसंग्रामेचेरतुस्तारकामये ॥ रथेनतेनवैकृष्णउपारुह्याययौ तदा १७ तप्तचामीकराभेणकिंकिणीजालमालिना ॥ मेघनिर्घोषनादेनजैत्रेणामित्रघातिना १८ येनशक्रोदानवानांजघाननवतीर्नव ॥ तंप्राप्यसमहृष्यंतरथंतेपुरुषर्षभाः १९ ततःकृष्णंमहाबाहुंभ्रातृभ्यांसहितंतदा ॥ रथस्थंमागधादृष्ट्वासमपद्यंतविस्मिताः २० हयैर्दिव्यैःसमायुक्तोरथोवायुसमोजवे ॥ अधिष्ठितःसशुशुभेकृष्णेनातीवभारत २१ असंगोदेवविहितस्तस्मिन्रथवरेध्वजः ॥ योजनाद्ददृशेश्रीमानिन्द्रायुधसमप्रभः २२ चिन्तयामासकृष्णोऽथगरुत्मंतंसचाभ्ययात् ॥ क्षणेतस्मिन्सतेनासीच्चैत्यवृक्षइवोत्थितः २३ ॥ ॥ ॥ ॥

भ्यांशराणांप्रक्षेपात् । अभ्यासघाती पुनःपुनरावृत्तिरभ्यासस्तंपरकीयंहंतुंशीलमस्यधनुर्विद्यायांपरोत्कर्षजेता । संदृश्योरमणीयांगः १५ । १६ शक्रविष्णूइति । हिशब्दइवार्थे तारकामये तारकाता राबृहस्पतिभार्या सैवआमयवद्विनाशहेतुर्यस्मिन् । आमयोरोगः १७ । १८ । १९ । २० । २१ असंगोरथस्पर्शहीनः २२ चैत्यवृक्षोग्रामादिचिन्हभूतोवृक्षः २३ ॥ ॥ ॥

२४। २५ रिष्यतेहिंस्यते विध्यतेइत्यपिपाठः २६। २७। २८। २९। ३०। ३१। ३२। ३३। ३४। ३५। ३६ पार्थिवत्वंसाम्राज्यं ३७। ३८ कृच्छ्रान्मोचितेभ्योधनग्रहणंयशोहानिकरमिति

व्यादितास्यैर्महानादैःसहभूतैर्ध्वजालयैः ॥ तस्मिन्रथवरेतस्थौगरुत्मान्पन्नगाशनः २४ दुर्निरीक्ष्योहिभूतानांतेजसाऽभ्यधिकंबभौ ॥ आदित्यइव
मध्याह्नेसहस्रकिरणावृतः २५ नसमज्जतिवृक्षेषुशस्त्रैश्चापिनरिष्यते ॥ दिव्योध्वजवरोराजन्दृश्यतेचेहमानुषैः २६ तमास्थायरथंदिव्यंपर्जन्यसमनिः
स्वनम् ॥ निर्ययौपुरुषव्याघ्रःपांडवाभ्यांसहाच्युतः २७ यंलेभेवासवाद्राजावसुस्तस्माद्बृहद्रथः ॥ बृहद्रथात्क्रमेणैवप्राप्तोबार्हद्रथंनृप २८ सनिर्यायम
हाबाहुःपुंडरीकेक्षणस्ततः ॥ गिरिव्रजाद्बहिस्तस्थौसमदेशेमहायशाः २९ तत्रैनंनागराःसर्वेसत्कारेणाभ्ययुस्तदा ॥ ब्राह्मणप्रमुखाराजन्विधिदृष्टेनक
र्मणा ३० बंधनाद्विप्रमुक्ताश्चराजानोमधुसूदनम् ॥ पूजयामासुरूचुश्चस्तुतिपूर्वमिदंवचः ३१ नैतच्चित्रंमहाबाहोत्वयिदेवकिनंदने ॥ भीमार्जुनबलो
पेतेधर्मस्यप्रतिपालनम् ३२ जरासंधन्हदेघोरेदुःखपंकेनिमज्जताम् ॥ राज्ञांसमभ्युद्धरणंयदिदंकृतमद्यवै ३३ विष्णोसमवसन्नानांगिरिदुर्गेसुदारुणे ॥ दिष्ट्या
मोक्षाद्यशोदीप्तमाप्तंतेयदुनंदन ३४ किंकुर्मःपुरुषव्याघ्रशाधिनःप्रणतिस्थितान् ॥ कृतमित्येवतद्विद्धिनृपैर्यद्यपिदुष्करम् ३५ तानुवाचहृषीकेशःसमाश्वा
स्यमहामनाः ॥ युधिष्ठिरोराजसूयंक्रतुमाहर्तुमिच्छति ३६ तस्यधर्मप्रवृत्तस्यपार्थिवत्वंचिकीर्षतः ॥ सर्वैर्भवद्भिर्विज्ञायसाहाय्यंक्रियतामिति ३७ ततःसुप्री
तमनसस्तेनृपान्नृपसत्तम ॥ तथेत्येवाब्रुवन्सर्वेप्रतिगृह्यास्यतांगिरम् ३८ रत्नभाजंचदाशार्हंचक्रुस्तेपृथिवीश्वराः ॥ कृच्छ्राज्जग्राहगोविंदस्तेषांतदनुकंपया ३९
जरासंधात्मजश्चैवसहदेवोमहामनाः ॥ निर्ययौसजनामात्यःपुरस्कृत्यपुरोहितम् ४० सनीचैःप्रणतोभूत्वाबहुरत्नपुरोगमः ॥ सहदेवोनृणांदेवंवासुदे
वमुपस्थितः ४१ भयार्त्तायततस्तस्मैकृष्णोदत्वाऽभयंतदा ॥ आददेऽस्यमहार्हाणिरत्नानिपुरुषोत्तमः ४२ अभ्यषिंचततत्रैवजरासंधात्मजंमुदा ॥
गत्वैकत्वंचकृष्णेनपार्थाभ्यांचैवसत्कृतः ४३ विवेशराजाद्युतिमान्बार्हद्रथपुरंनृप ॥ अभिषिक्तोमहाबाहुर्जारासंधिर्महात्मभिः ४४ कृष्णस्तुसहपा
र्थाभ्यांश्रियापरमयायुतः ॥ रत्नान्यादायभूरीणिप्रययौपुरुषर्षभः ४५ इंद्रप्रस्थमुपागम्यपांडवाभ्यांसहाच्युतः ॥ समेत्यधर्मराजानंप्रीयमाणोऽभ्यभा
षत ४६ दिष्ट्याभीमेनबलवान्जरासंधोनिपातितः ॥ राजानोमोक्षिताश्चैवबंधनान्नृपसत्तम ४७ दिष्ट्याकुशलिनौचेमौभीमसेनधनंजयौ ॥ पुनःस्वनगरं
प्राप्तावक्षताविति भारत ४८ ततोयुधिष्ठिरःकृष्णंपूजयित्वायथार्हतः ॥ भीमसेनार्जुनौचैवप्रहृष्टःपरिषस्वजे ४९ ततःक्षीणेजरासंधेभ्रातृभ्यांविहितंजयम् ॥
अजातशत्रुरासाद्यमुमुदेभ्रातृभिःसह ५० ॥ ॥ ॥ ॥ ॥

संकटाद ३९। ४०। ४१। ४२ एकत्वंसख्यं ४३। ४४। ४५। ४६। ४७। ४८। ४९। ५०

यथावयः ज्येष्ठानुक्रमेण प्रथमंभीमेन ततःकृष्णेन ततोऽर्जुनेन ५१।५२।५३।५४।५५।५६।५७।५८।५९।६० इतिस० नी० भा० भा०चतुर्विंशोऽध्यायः ॥ २४ ॥ क्षत्रियस्यशत्रुजयेनधनार्जनंधर्मःइतिशिष्टाचारे णदर्शयितुं पांडवानांदिग्विजयमुपक्रामयतिसप्तभिरध्यायैः पार्थःप्राप्यधनुःश्रेष्ठमित्यादिना १ पक्षोवासुदेवःभूमिर्दुर्गं २।३।४।५।६।७।८।९।१० खांडवप्रस्थंखांडवदाहेनख्यापितं स्थानं ११

यथावयःसमागम्यभ्रातृभिःसहपांडवः ॥ सत्कृत्यपूजयित्वाचविससर्जनराधिपान् ५१ युधिष्ठिराभ्यनुज्ञातास्तेनृपाहृष्टमानसाः ॥ जग्मुःस्वदेशांस्त्वरितायानैरुच्चावचैस्ततः ५२ एवंपुरुषशार्दूलोमहाबुद्धिर्जनार्दनः ॥ पांडवैर्घातयामासजरासंधमरिंतदा ५३ घातयित्वाजरासंधंबुद्धिपूर्वमरिंदमः ॥ धर्मराजमनुज्ञाप्यपृथांकृष्णांचभारत ५४ सुभद्रांभीमसेनंचफाल्गुनंयमजौतथा ॥ धौम्यमामंत्रयित्वाचप्रययौस्वांपुरींप्रति ५५ तेनैवरथमुख्येनमनसस्तुल्यगामिना ॥ धर्मराजविसृष्टेनदिव्येनानादयन्दिशः ५६ ततोयुधिष्ठिरमुखाःपांडवाभरतर्षभ ॥ प्रदक्षिणमकुर्वंतकृष्णमक्लिष्टकारिणम् ५७ ततोगतेभगवतिकृष्णेदेवकिनंदने ॥ जयंलब्ध्वासुविपुलंराज्ञांदत्वाऽभयंतदा ५८ संवर्धितंयशोभूयःकर्मणातेनभारत ॥ द्रौपद्याःपांडवाराजन्परांप्रीतिमवर्धयन् ५९ तस्मिन्कालेतुयद्युक्तंधर्मकामार्थसंहितम् ॥ तद्राजाधर्मतश्चक्रेप्रजापालनकीर्तनम् ६० ॥ इतिश्रीम० स० जरासंधवधपर्वणिजरासंधवधेचतुर्विंशोऽध्यायः २४ ॥ ॥ समाप्तंचेदंजरासंधवधपर्व ॥ अथदिग्विजयपर्व ॥ ॥ वैशंपायनउवाच ॥ पार्थःप्राप्यधनुःश्रेष्ठमक्षय्यौचमहेषुधी ॥ रथंध्वजंसभांचैवयुधिष्ठिरमभाषत १ ॥ ॥ अर्जुनउवाच ॥ ॥ धनुरस्त्रंशरावीर्यंपक्षोभूमिर्यशोबलम् ॥ प्राप्तमेतन्मयाराजन्दुष्प्रापंयदभीप्सितम् २ तत्रकृत्यमहंमन्येकोशस्यपरिवर्धनम् ॥ करमाहारयिष्यामिराज्ञःसर्वान्नृपोत्तम ३ विजयायप्रयास्यामिदिशंधनदपालिताम् ॥ तिथावथमुहूर्तेचनक्षत्रेचाभिपूजिते ४ ॥ वैशंपायनउवाच ॥ ॥ धनंजयवचःश्रुत्वाधर्मराजोयुधिष्ठिरः ॥ स्निग्धगंभीरनादिन्यातंगिराप्रत्यभाषत ५ स्वस्तिवाच्यार्हतोविप्रान्प्रयाहिभरतर्षभ ॥ दुर्हृदामप्रहर्षायसुहृदांनंदनायच ६ विजयस्तेध्रुवंपार्थप्रियंकाममवाप्स्यसि ॥ इत्युक्तःप्रययौपार्थःसैन्येनमहतावृतः ७ अग्निदत्तेनदिव्येनरथेनाद्भुतकर्मणा ॥ तथैवभीमसेनोऽपियमौचपुरुषर्षभौ ८ ससैन्याःप्रययुःसर्वेधर्मराजेनपूजिताः ॥ दिशंधनपतेरिष्टामजयत्पाकशासनिः ९ भीमसेनस्तथाप्राचींसहदेवस्तुदक्षिणाम् ॥ प्रतीचींनकुलोराजन्दिशंव्यजयतास्त्रवित् १० खांडवप्रस्थमध्यस्थोधर्मराजोयुधिष्ठिरः ॥ आसीत्परमयालक्ष्म्यासुहृद्गणवृतःप्रभुः ११ ॥ ॥ इतिश्रीमहाभारतेसभापर्वणिदिग्विजयपर्वणिदिग्विजयसंक्षेपकथनेपंचविंशोऽध्यायः ॥ २५ ॥ ॥ जनमेजयउवाच ॥ दिशामभिजयंब्रह्मन्विस्तरेणानुकीर्तय ॥ नहितृप्यामिपूर्वेषांशृण्वानश्चरितंमहत् १ ॥ वैशंपायनउवाच ॥ धनंजयस्यवक्ष्यामिविजयंपूर्वमेवते ॥ यौगपद्येनपार्थैर्हिनिर्जितेयंवसुंधरा २ पूर्वंकुलिंदविषयेवशेचक्रेमहीपतीन् ॥ धनंजयोमहाबाहुर्नातितीव्रेणकर्मणा ३ ॥ ॥ ॥ ॥

॥ इतिसभापर्वणिनीलकंठीयेभारतभावदीपेपंचविंशोऽध्यायः ॥ २५ ॥ ॥ १।२।३ ॥ ॥ ॥ ॥ ॥

४ । ५ । ६ । ७ । ८ । ९ । १० । ११ । १२ । १३ । १४ । १५ । १६ ॥ इतिश्रीमहाभारतेसभापर्वणिनीलकंठीयेभारतभावदीपेषड्विंशोध्यायः ॥ २६ ॥ ॥ ॥ एवमिति अनेनै

आनर्त्तान्कालकूटांश्चकुलिंदांश्चविजित्यसः ॥ सुमंडलंचविजितंकृतवान्सहसैनिकम् ४ सतेनसहितोराजन्सव्यसाचीपरंतपः ॥ विजिग्येशाकलंद्वीपंप्र
तिविंध्यंचपार्थिवम् ५ शाकलद्वीपवासाश्चसप्तद्वीपेषुयेनृपाः ॥ अर्जुनस्यचसैन्यैस्तैर्विग्रहस्तुमुलोऽभवत् ६ सतानपिमहेष्वासान्विजिग्येभरतर्षभ ॥ तैरेवस
हितःसर्वैःप्राग्ज्योतिषमुपाद्रवत् ७ तत्रराजामहानासीद्भगदत्तोविशांपते ॥ तेनासीत्सुमहद्युद्धंपांडवस्यमहात्मनः ८ सकिरातैश्चचीनैश्चवृतःप्राग्ज्योतिषोऽ
भवत् ॥ अन्यैश्चबहुभिर्योधैःसागरानूपवासिभिः ९ ततःसदिवसानष्टौयोधयित्वाधनंजयम् ॥ प्रहसन्नब्रवीद्राजासंग्रामविगतक्लमम् १० उपपन्नंमहाबाहोत्व
यिकौरवनंदन ॥ पाकशासनदायादेवीर्यमाहवशोभिनि ११ अहंसखामहेंद्रस्यशक्रादनवरोरणे ॥ नशक्ष्यामिचतेतातस्थातुंप्रमुखतोयुधि १२ त्वमीप्सितंपांड
वेयब्रूहीकिंकरवाणिते ॥ यद्वक्ष्यसिमहाबाहोतत्करिष्यामिपुत्रक १३ ॥ अर्जुनउवाच ॥ कुरूणामृषभोराजाधर्मपुत्रोयुधिष्ठिरः ॥ धर्मज्ञःसत्यसंधश्चयज्वावि
पुलदक्षिणः १४ तस्यपार्थिवतामीप्सेकरस्तस्मैप्रदीयताम् ॥ भवान्पितृसखाचैवप्रीयमाणोमयापिच ॥ ततोनाज्ञापयामित्वांप्रीतिपूर्वंप्रदीयताम् १५ ॥ भग
दत्तउवाच ॥ कुंतीमातर्यथामेत्वंतथाराजायुधिष्ठिरः ॥ सर्वमेतत्करिष्यामिकिंचान्यत्करवाणिते १६ ॥ इ० म० स० दिग्विजयपर्वणि अर्जुनदिग्विजयेभगदत्त
जयेषड्विंशोऽध्यायः ॥ २६ ॥ ॥ वैशंपायनउवाच ॥ एवमुक्तःप्रत्युवाचभगदत्तंधनंजयः ॥ अनेनैवकृतंसर्वंभविष्यत्यनुजानता १ तंविजित्यमहाबाहुः
कुंतीपुत्रोधनंजयः ॥ प्रययावुत्तरांतस्माद्दिशंधनदपालिताम् २ अंतर्गिरिंचकौन्तेयस्तथैवचबहिर्गिरिम् ॥ तथैवोपगिरिंचैवविजिग्येपुरुषर्षभः ३ विजित्यप
र्वतान्सर्वान्येचतत्रनराधिपाः ॥ तान्वशेस्थापयित्वाचधनान्यादायसर्वशः ४ तैरेवसहितःसर्वैरनुरज्यचतान्नृपान् ॥ उलूकवासिनंराजन्बृहंतमुपजग्मिवान् ५
मृदंगवरनादेनरथनेमिस्वनेनच ॥ हस्तिनांचनिनादेनकंपयन्वसुधामिमाम् ६ ततोबृहंतस्त्वरितोबलेनचतुरंगिणा ॥ निष्क्रम्यनगरात्तस्माद्योधयामास
फाल्गुनम् ७ सुमहान्सन्निपातोऽभूद्धनंजयबृहंतयोः ॥ नशशाकबृहंतस्तुसोढुंपांडवविक्रमम् ८ सोऽविषह्यतमंमत्वाकौन्तेयंपर्वतेश्वरः ॥ उपावर्त्ततदुर्धर्षोर
त्नान्यादायसर्वशः ९ सतद्राज्यमवस्थाप्यउलूकसहितोययौ ॥ सेनाबिंदुमथोराजन्राज्यादाशुसमाक्षिपत् १० मोदापुरंवामदेवंसुदामानंसुसंकुलम् ॥
उलूकानुत्तरांश्चैवतांश्चराज्ञःसमानयत् ११ तत्रस्थःपुरुषैरेवधर्मराजस्यशासनात् ॥ किरीटीजितवान्राजन्देशान्पंचगणांस्ततः १२ सदेवप्रस्थमासाद्यसेनाबिंदोः
पुरंप्रति ॥ बलेनचतुरंगेणनिवेशमकरोत्प्रभुः १३ सतैःपरिवृतःसर्वैर्विष्वगश्वंनराधिपम् ॥ अभ्यगच्छन्महातेजाःपौरवंपुरुषर्षभ १४ ॥ ॥ ॥

वकरदानेनैव अनुजानता अनुज्ञांदत्तवता १ । २ । ३ । ४ । ५ । ६ । ७ सन्निपातःसंघर्षः ८ । ९ । १० । ११ । १२ । १३ । १४ ॥

१५ उत्सवसंकेतानस्त्रीपुंसयोःपरस्परप्रीतिरेवरत्यर्थसंकेतः नतुदांपत्यव्यवस्थापशूनामिवयत्रास्तीत्यर्थः १६ मंडलैः क्षुद्रराज्यैः १७ । १८ अभिसारींनगरीम् १९ । २० । २१ । २२ । २३ प्रागुत्तरामैशानीम् २४ । २५ । २६ । २७ जवनानधावनेशीघ्रान् आशुगान् यदृच्छयाचलनसमर्थान् २८ निष्कुटंशैलविशेषम् २९ ॥ ॥ इतिसभापर्वणिनीलकंठीयेभारतभावदीपेसप्तविंशोऽध्यायः ॥ २७ ॥

विजित्यचाहवेशूरान्पार्वतीयान्महारथान् ॥ जिगायसेनयाराजन्पुरंपौरवरक्षितम् १५ पौरवंयुधिनिर्जित्यदस्यून्पर्वतवासिनः ॥ गणानुत्सवसंकेतानजयत्सप्त पांडवः १६ ततःकाश्मीरकान्वीरानक्षत्रियान्क्षत्रियर्षभः ॥ व्यजयल्लोहितंचैवमंडलैर्दशभिःसह १७ ततस्त्रिगर्त्तान्कौन्तेयोदार्वान्कोकनदास्तथा ॥ क्षत्रियाबहवोराजन्नुपा वर्त्तंतसर्वशः १८ अभिसारींततोरम्यांविजिग्येकुरुनंदनः ॥ उरगावासिनंचैवरोचमानंरणेऽजयत् १९ ततःसिंहपुरंरम्यंचित्रायुधसुरक्षितम् ॥ प्राधमद्बलमा स्थायपाकशासनिराहवे २० ततःसुह्मांश्चचोलांश्चकिरीटीपांडवर्षभः ॥ सहितःसर्वसैन्येनप्रामथत्कुरुनंदनः २१ ततःपरमविक्रांतोबाल्हीकान्पाकशासनिः ॥ महतापरिमर्देनवशेचक्रेदुरासदान् २२ गृहीत्वातुबलंसारंफाल्गुनःपांडुनंदनः ॥ दरदान्सहकांबोजैरजयत्पाकशासनिः २३ प्रागुत्तरांदिशंयेचवसंत्याश्रित्यद स्यवः ॥ निवसंतिवनेयेचतान्सर्वानजयत्प्रभुः २४ लोहान्परमकांबोजानृषिकानुत्तरानपि ॥ सहितांस्तान्महाराजव्यजयत्पाकशासनिः २५ ऋषिकेष्वपिसंग्रा मोबभूवातिभयंकरः ॥ तारकामयसंकाशःपरस्त्वृषिकपार्थयोः २६ सविजित्यततोराजन्नृषिकान्रणमूर्धनि ॥ शुकोदरसमांस्तत्रहयानष्टौसमानयत् २७ मयूर सदृशानन्यानुत्तरानपरानपि ॥ जवनानाशुगांश्चैवकरार्थंसमुपानयत् २८ सविनिर्जित्यसंग्रामेहिमवंतंसनिष्कुटम् ॥ श्वेतपर्वतमासाद्यन्यविशत्पुरुषर्षभः २९ इतिश्रीमहाभारतेसभापर्वणिदिग्विजयपर्वणिफाल्गुनदिग्विजयेनानादेशजयेसप्तविंशोऽध्यायः ॥ २७ ॥

॥ वैशंपायनउवाच ॥ सश्वेतपर्वतंवीरःसमतिक्रम्यवीर्यवान् ॥ देशंकिंपुरुषावासंद्रुमपुत्रेणरक्षितम् १ महतासन्निपातेनक्षत्रियांतकरेणह ॥ अजयत्पांडवश्रेष्ठःकरेचैनंन्यवेशयत् २ तंजित्वाहाटकंनामदेशं गुह्यकरक्षितम् ॥ पाकशासनिरव्यग्रःसहसैन्यःसमासदत् ३ तांस्तुसांत्वेननिर्जित्यमानसंसरउत्तमम् ॥ ऋषिकुल्यास्तथासर्वाददर्शकुरुनंदनः ४ सरोमानसमा साद्यहाटकानभितःप्रभुः ॥ गंधर्वरक्षितंदेशमजयत्पांडवस्ततः ५ तत्रतित्तिरिकल्माषान्मंडूकाख्यान्हयोत्तमान् ॥ लेभेसकरमत्यंतंगंधर्वनगरात्तदा ६ उत्तरं हरिवर्षंतुससमासाद्यपांडवः ॥ इयेषजेतुंतंदेशंपाकशासननंदनः ७ ततएनंमहावीर्यामहाकायामहाबलाः ॥ द्वारपालाःसमासाद्यहृष्टावचनमब्रुवन् ८ पार्थनेदंत्वयाशक्यंपुरंजेतुंकथंचन ॥ उपावर्त्तस्वकल्याणपर्याप्तमिदमच्युत ९ इदंपुरंयःप्रविशेद्ध्रुवंनसभवेन्नरः ॥ प्रीयामहेत्वयावीरपर्याप्तोविजयस्तव १० नचात्रकिंचि ज्जेतव्यमर्जुनात्रप्रदृश्यते ॥ उत्तराःकुरवोह्येतेनात्रयुद्धंप्रवर्त्तते ११ प्रविष्टोऽपिहिकौन्तेयनेहद्रक्ष्यसिकिंचन ॥ नहिमानुषदेहेनशक्यमत्राभिवीक्षितुम् १२

॥ सइति १ । २ । ३ । ४ । ५ । ६ । ७ । ८ । ९ नसभवेदम्रियेतेत्यर्थः १० । ११ । १२ ॥ ॥ ॥ ॥

॥ २८ ॥

१३ । १४ । १५ क्षुमा अतसीविशेषः । 'क्षुमाऽतसीनीलिकयोः' इतिमेदिनी   तत्वंतुनिर्मितानिक्षौमान्यजिनानिच १६ । १७ । १८ । १९ । २० । २१ ॥   ॥ इतिसभापर्वणिनीलकंठीयेभारतभावदीपे अष्टाविंशोऽध्यायः ॥२८॥   ॥   ॥ एतस्मिन्निति १ बलचक्रेणसेनासमूहेन दंशितेनसन्नद्धेन २ । ३ । ४ दशार्णान् देशान् निरायुधं बाहुयुद्धं ५ आधिचक्रेइतिसंबंधः । जित्वा

अथेहपुरुषव्याघ्रकिंचिदन्यच्चिकीर्षसि ॥ तत्प्रब्रूहिकरिष्यामोवचनात्तवभारत १३ ततस्तानब्रवीद्राजन्नर्जुनःप्रहसन्निव ॥ पार्थिवत्वंचिकीर्षामिधर्मराजस्यधीमतः १४ नप्रवेक्ष्यामिवोदेशंविरुद्धंयदिमानुषैः ॥ युधिष्ठिराययत्किंचित्करपण्यंप्रदीयताम् १५ ततोदिव्यानिवस्त्राणिदिव्यान्याभरणानिच ॥ क्षौमाजिनानिदिव्यानि तस्यतेप्रददुःकरम् १६ एवंसपुरुषव्याघ्रोविजित्यदिशमुत्तराम् ॥ संग्रामान्सुबहून्कृत्वाक्षत्रियैर्दस्युभिस्तथा १७ सविनिर्जित्यराज्ञस्तान्करेचविनिवेश्यतु ॥ धनान्यादायसर्वेभ्योरत्नानिविविधानिच १८ हयांस्तित्तिरिकल्माषान्शुकपत्रनिभानपि ॥ मयूरसदृशानन्यान्सर्वाननिलरंहसः १९ वृतःसुमहताराजन्बलेन चतुरंगिणा ॥ आजगामपुनर्वीरःशक्रप्रस्थंपुरोत्तमम् २० धर्मराजायतत्पार्थोधनंसर्वंसवाहनम् ॥ न्यवेदयदनुज्ञातस्तेनराज्ञागृहान्ययौ २१ ॥ ॥ इतिश्री महाभारतेसभापर्वणिदिग्विजयपर्वणिअर्जुनोत्तरदिग्विजयेअष्टाविंशोऽध्यायः ॥ २८ ॥ ॥ ॥ वैशंपायनउवाच ॥ ॥ एतस्मिन्नेवकालेतु भीमसेनोऽपिवीर्यवान् ॥ धर्मराजमनुज्ञाप्यययौप्राचींदिशंप्रति १ महताबलचक्रेणपरराष्ट्रावमर्दिना ॥ हस्त्यश्वरथपूर्णेनदंशितेनप्रतापवान् २ वृतोभरतशार्दूलो द्विषच्छोकविवर्धनः ॥ सगत्वानरशार्दूलःपंचालानांपुरंमहत् ३ पंचालान्विविधोपायैःसांत्वयामासपांडवः ॥ ततःसगंडकाञ्शूरोविदेहान्भरतर्षभः ४ विजि त्याल्पेनकालेनदशार्णानजयत्प्रभुः ॥ तत्रदाशार्णकोराजासुधर्मालोमहर्षणम् ॥ कृतवान्भीमसेनेनमहद्युद्धंनिरायुधम् ५ भीमसेनस्तुतदृष्ट्वातस्यकर्ममहा त्मनः ॥ अधिसेनापतिंचक्रेसुधर्माणंमहाबलम् ६ ततःप्राचींदिशंभीमोययौभीमपराक्रमः ॥ सैन्येनमहताराजन्कंपयन्निवमेदिनीम् ७ सोऽश्वमेधेश्वरंराजन्रो चमानंसहानुगम् ॥ जिगायसमरेवीरोबलेनबलिनांवरः ८ सतंनिर्जित्यकौन्तेयोनातितीव्रेणकर्मणा ॥ पूर्वदेशंमहावीर्योविजिग्येकुरुनंदनः ९ ततोदक्षिणमागम्य पुलिंदनगरंमहत् ॥ सुकुमारंवशेचक्रेसुमित्रंचनराधिपम् १० ततस्तुधर्मराजस्यशासनाद्भरतर्षभः ॥ शिशुपालंमहावीर्यमभ्यगाज्जनमेजय ११ चेदिराजोऽपितच्छ्रु त्वापांडवस्यचिकीर्षितम् ॥ उपनिष्क्रम्यनगरात्प्रत्यगृह्णात्परंतप १२ तौसमेत्यमहाराजकुरुचेदिवृषौतदा ॥ उभयोरात्मकुलयोःकौशल्यंपर्यपृच्छताम् १३ ततोनि वेद्यतद्राष्ट्रंचेदिराजोविशांपते ॥ उवाचभीमंप्रहसन्किमिदंकुरुषेऽनघ १४ तस्यभीमस्तदाऽचख्यौधर्मराजचिकीर्षितम् ॥ सचतंप्रतिगृह्यैवतथाचक्रेनराधिपः १५ ततोभीमस्तत्रराजन्नुषित्वात्रिदशाःक्षपाः ॥ सत्कृतःशिशुपालेनययौसबलवाहनः ॥१६॥ इतिश्रीमहा० स० दिग्विजयपर्वणिभीमदिग्विजयेएकोनत्रिंशोऽध्यायः ॥२९॥

तस्यबलंज्ञात्वासैनापत्यं तस्मैदत्तवानित्यर्थः । अधिसेनापतिंसेनापतिष्वधिकं मुख्यंचक्रे इतिवाऽर्थः ६ । ७ । ८ । ९ । १० । ११ । १२ वृषौश्रेष्ठौ १३ । १४ । १५ त्रिदशाः त्र्यधिकादश त्रयोदश १६ ॥   ॥ इतिसभापर्वणिनीलकंठीयेभारतभावदीपेएकोनत्रिंशोऽध्यायः ॥ २९ ॥   ॥   ॥   ॥   ॥   ॥

ततइति १।२।३।४।५। ६।७।८।९। १०।११।१२।१३।१४।१५ सुह्माः राढाः मागधानभ्यधाद्बली कर्णंप्रयच्छतेत्युक्तवान् पूर्वमेवपराक्रांतत्वात् १६।१७।१८।१९

सभा० २

॥ २९ ॥ ॥ वैशंपायनउवाच ॥ ॥ ततःकुमारविषयेश्रेणिमंतमथाजयत् ॥ कोसलाधिपतिंचैवबृहद्बलमरिंदमः १ अयोध्यायांतुधर्मज्ञंदीर्घयज्ञंमहाबलम् ॥ अज
यत्पांडवश्रेष्ठोनातितीव्रेणकर्मणा २ ततोगोपालकक्षंचसोत्तरानपिकोसलान् ॥ मल्लानामधिपंचैवपार्थिवंचाजयत्प्रभुः ३ ततोहिमवतःपार्श्वेसमभ्येत्यजलोद्भवम् ॥ ॥ ३० ॥
सर्वमल्पेनकालेनदेशंचक्रेवशंबली ४ एवंबहुविधान्देशान्विजिग्येभरतर्षभः ॥ भल्लाटमभितोजिग्येशुक्तिमंतंचपर्वतम् ५ पांडवःसुमहावीर्योबलेनबलिनांवरः
सकाशिराजंसमरेसुबाहुमनिवर्तिनम् ६ वशेचक्रेमहाबाहुर्भीमोभीमपराक्रमः ॥ ततःसुपार्श्वमभितस्तथाराजपतिंक्रथम् ७ युध्यमानंबलात्संख्येविजिग्येपांडव
र्षभः ॥ ततोमत्स्यान्महातेजामलदांश्चमहाबलान् ८ अनवानभयांश्चैवपशुभूमिंचसर्वशः ॥ निवृत्यचमहाबाहुर्मदधारंमहीधरम् ९ सोमधेयांश्चनिर्जित्यप्रय
यावुत्तरामुखः ॥ वत्सभूमिंचकौन्तेयोविजिग्येबलवान्बलात् १० भर्गाणामधिपंचैवनिषादाधिपतिंतथा ॥ विजिग्येभूमिपालांश्चमणिमत्प्रमुखान्बहून् ११ ततो
दक्षिणमल्लांश्चभोगवंतंचपर्वतम् ॥ तरसैवाजयद्भीमोनातितीव्रेणकर्मणा १२ शर्मकान्वर्मकांश्चैवव्यजयत्सांत्वपूर्वकम् ॥ वैदेहकंचराजानंजनकंजगतीपतिम् १३
विजिग्येपुरुषव्याघ्रोनातितीव्रेणकर्मणा ॥ शकांश्चबर्बरांश्चैवअजयच्छद्मपूर्वकम् १४ वैदेहस्थस्तुकौन्तेयइंद्रपर्वतमंतिकात् ॥ किरातानामधिपतीनजयत्स
प्तपांडवः १५ ततःसुह्मान्प्रसुह्मांश्चसपक्षानतिवीर्यवान् ॥ विजित्ययुधिकौन्तेयोमागधानभ्यधाद्बली १६ दंडंचदंडधारंचविजित्यपृथिवीपतीन् ॥ तैरेवसहितैः
सर्वैर्गिरिव्रजमुपाद्रवत् १७ जारासंधिंसांत्वयित्वाकरेचविनिवेश्यह ॥ तैरेवसहितैःसर्वैःकर्णमभ्यद्रवद्बली १८ सकंपयन्निवमहींबलेनचतुरंगिणा ॥ युयुधेपांडव
श्रेष्ठःकर्णेनामित्रघातिना १९ सकर्णंयुधिनिर्जित्यवशेकृत्वाचभारत ॥ ततोविजिग्येबलवान्राज्ञःपर्वतवासिनः २० अथमोदागिरौचैवराजानंबलवत्तरम् ॥ पांडवो
बाहुवीर्येणनिजघानमहामृधे २१ ततःपुंड्राधिपंवीरंवासुदेवंमहाबलम् ॥ कौशिकीकच्छनिलयंराजानंचमहौजसम् २२ उभौबलभृतौवीरावुभौतीव्रपराक्रमौ ॥
निर्जित्याजौमहाराजवंगराजमुपाद्रवत् २३ समुद्रसेनंनिर्जित्यचंद्रसेनंचपार्थिवम् ॥ ताम्रलिप्तंचराजानंकर्वटाधिपतिंतथा २४ सुह्मानामधिपंचैवयेचसागरवासिनः ॥
सर्वान्म्लेच्छगणांश्चैवविजिग्येभरतर्षभः२५एवंबहुविधान्देशान्विजित्यपवनात्मजः ॥ वसुतेभ्यउपादायलौहित्यमगमद्बली २६ ससर्वान्म्लेच्छनृपतीन्सागरानूपवा
सिनः ॥ करमाहारयामासरत्नानिविविधानिच २७ चंदनागुरुवस्त्राणिमणिमौक्तिककंबलम् ॥ कांचनंरजतंचैवविद्रुमंचमहाधनम् २८ तेकोटीशतसंख्येनकौ
न्तेयंमहतातदा ॥ अभ्यवर्षन्महात्मानंधनवर्षेणपांडवम् २९ ॥ ॥ ॥ ॥ ॥ ॥ २९ ॥

२०।२१।२२।२३।२४।२५।२६।२७।२८।२९ ॥ ॥ ॥ ॥ ॥ ॥

३० ॥ ॥ इतिश्रीमहाभारतेसभापर्वणिनीलकंठीयेभारतभावदीपेत्रिंशोऽध्यायः ॥ ३० ॥ ॥ तथैवेति ॥ १ ॥ २ ॥ ३ ॥ पटच्चरान् चोरदेशान् ४ । ५ । ६ । ७ । ८ । ९ । १०

इंद्रप्रस्थमुपागम्यभीमोभीमपराक्रमः ॥ निवेदयामासतदाधर्मराजायतद्धनम् ३० ॥ इतिश्रीमहाभारतेसभापर्वणिभीमप्राचीदिग्विजयेत्रिंशोऽध्यायः ॥ ३० ॥
॥ वैशंपायनउवाच ॥ तथैवसहदेवोऽपिधर्मराजेनपूजितः ॥ महत्यासेनयाराजन्प्रययौदक्षिणांदिशम् १ सशूरसेनान्कात्स्न्र्येनपूर्वमेवाजयत्प्रभुः ॥ मत्स्यरा
जंचकौरव्योवशेचक्रेबलाद्बली २ अधिराजाधिपंचैवदंतवक्रंमहाबलम् ॥ जिगायकरदंचैवकृत्वाराज्येन्यवेशयत् ३ सुकुमारंवशेचक्रेसुमित्रंचनराधिपम् ॥
तथैवापरमत्स्यांश्चव्यजयत्सपटच्चरान् ४ निषादभूमिंगोशृंगंपर्वतप्रवरंतथा ॥ तरसैवाजयद्धीमान्श्रेणिमंतंचपार्थिवम् ५ नरराष्ट्रंचनिर्जित्यकुंतीभोजमुपाद्र
वत् ॥ प्रीतिपूर्वंचतस्यासौप्रतिजग्राहशासनम् ६ ततश्चर्मण्वतीकूलेजंभकस्यात्मजंनृपम् ॥ ददर्शवासुदेवेनशेषितंपूर्ववैरिणा ७ चक्रेतेनससंग्रामंसहदेवेन
भारत ॥ सतमाजौविनिर्जित्यदक्षिणाभिमुखोययौ ८ सेकानपरसेकांश्चव्यजयत्सुमहाबलः ॥ करंतेभ्यउपादायरत्नानिविविधानिच ९ ततस्तेनैवसहितो
नर्मदामभितोययौ ॥ विंदानुविन्दावावन्त्यौसैन्येनमहतावृत्तौ ॥ जिगायसमरेवीरावाश्विनेयःप्रतापवान् १० ततोरत्नान्युपादायपुरंभोजकटंययौ ॥
तत्रयुद्धमभूद्राजन्दिवसद्वयमच्युत ११ सविजित्यदुराधर्षंभीष्मकंमाद्रिनंदनः ॥ कोशलाधिपतिंचैवतथावेणातटाधिपम् १२ कांतारकांश्चसमरेतथाप्राक्कोश
लान्नृपान् ॥ नाटकेयांश्चसमरेतथाहेरम्बकान्युधि १३ मारुधंचविनिर्जित्यरम्यग्राममथोबलात् ॥ नाचीनानर्बुकांश्चैवराज्ञश्चैवमहाबलः १४ तांस्तानाटविका
न्सर्वानजयत्पांडुनंदनः ॥ वाताधिपंचनृपतिंवशेचक्रेमहाबलः १५ पुलिंदांश्चरणेजित्वाययौदक्षिणतःपुरः ॥ युयुधेपांड्यराजेनदिवसंनकुलानुजः १६
तंजित्वासमहाबाहुःप्रययौदक्षिणापथम् ॥ गुहामासादयामासकिष्किंधांलोकविश्रुताम् १७ तत्रवानरराजाभ्यांमैन्देनद्विविदेनच ॥ युयुधेदिवसान्सप्तनचतौ
विकृतिंगतौ १८ ततस्तुष्टौमहात्मानौसहदेवायवानरौ ॥ ऊचतुश्चैवसंहृष्टौप्रीतिपूर्वमिदंवचः १९ गच्छपांडवशार्दूलरत्नान्यादायसर्वशः ॥ अविघ्नमस्तु
कार्यायधर्मराजायधीमते २० ततोरत्नान्युपादायपुरींमाहिष्मतींययौ ॥ तत्रनीलेनराज्ञासचक्रेयुद्धंनरर्षभः २१ पांडवःपरवीरघ्नःसहदेवःप्रतापवान् ॥
ततोऽस्यसुमहद्युद्धमासीद्भीरुभयंकरम् २२ सैन्यक्षयकरंचैवप्राणानांसंशयावहम् ॥ चक्रेतस्यहिसाहाय्यंभगवान्हव्यवाहनः २३ ततोरथाहयानागाःपुरुषाः
कवचानिच ॥ प्रदीप्तानिव्यदृश्यंतसहदेवबलेतदा २४ ततःसुसंभ्रांतमनाबभूवकुरुनंदनः ॥ नोत्तरंप्रतिवक्तुंचशक्तोऽभूज्जनमेजय २५ ॥ जनमेजयउवाच ॥
किमर्थंभगवान्वन्हिःप्रत्यमित्रोऽभवद्युधि ॥ सहदेवस्ययज्ञार्थंघटमानस्यवैद्विज २६

११ । १२ । १३ । १४ । १५ । १६ । १७ । १८ । १९ । २० । २१ । २२ । २३ । २४ । २५ प्रत्यमित्रःशत्रुः २६ ॥

पारदारिकः स्वेनानूढायाअपिपरकीयत्वात् परदारासक्तः गृहीतः विवशः २७ । २८ । २९ चकमे मानुषस्वरूपेणशब्दतःकामयामास एवंसर्वेषामपिगृहेइत्युक्तं सर्वेषामिति तथाचसः उपनीतःस्वीकृतः नीलस्यराज्ञोअविदितइतिशेषः ३० । ३१ । ३२ । ३३ । ३४ शोभनःसुतरांवाइष्टकृदभियकृदअतिशयेनस्विष्टकृत्तमः छंदयामासप्रीणितवान् ३५ । ३६ छंदतः इच्छातः अनतिग्राह्याःअत्यंतंसुग्रहाःनबभूवुःसर्वासांअग्निनापरिगृहीतत्वात् ३७ अप्रतिवारणे प्रातिकूल्येनस्त्रीणांवारणंकर्तुंनशक्तःकश्चिद्भविष्यतीतिवरः तदेवाह स्वैरिण्यइति भर्तुरन्य

॥ वैशंपायनउवाच ॥ तत्रमाहिष्मतीवासीभगवान्हव्यवाहनः ॥ श्रूयतेहिगृहीतोवैपुरस्तात्पारदारिकः २७ नीलस्यराज्ञोदुहिताबभूवातीवशोभना ॥ साऽग्निहोत्रमुपातिष्ठद्बोधनायपितुःसदा २८ व्यजनैर्धूयमानोऽपितावत्प्रज्वलतेनसः ॥ यावच्चारुपुटौष्ठेनवायुनानविधूयते २९ ततःसभगवानग्निश्चकमेतांसुदर्शनाम् ॥ नीलस्यराज्ञःसर्वेषामुपनीतश्चसोऽभवत् ३० ततोब्राह्मणरूपेणरममाणोयदृच्छया ॥ चकमेतांवरारोहांकन्यामुत्पललोचनाम् ॥ तंतुराजायथाशास्त्रमशासद्धार्मिकस्तदा ३१ प्रजज्वालततःकोपाद्भगवान्हव्यवाहनः ॥ तंदृष्ट्वाविस्मितोराजाजगामशिरसाऽवनिम् ३२ ततःकालेनतांकन्यांतथैवहितदानृपः ॥ प्रददौविप्ररूपायवन्हयेशिरसानतः ३३ प्रतिगृह्यचतांसुभ्रूंनीलराज्ञःसुतांतदा ॥ चक्रेप्रसादंभगवांस्तस्यराज्ञोविभावसुः ३४ वरेणच्छंदयामासतंनृपंस्विष्टकृत्तमः ॥ अभयंचसजग्राहस्वसैन्येवैमहीपतिः ३५ ततःप्रभृतियेकेचिदज्ञानात्तांपुरींनृपाः ॥ जिगीषंतिबलाद्राजंस्तेदह्यंतेस्मवन्हिना ३६ तस्यांपुर्यांतदाचैवमाहिष्मत्यांकुरूद्वह ॥ बभूवुरनतिग्राह्यायोषितश्छंदतःकिल ३७ एवमग्निर्वरंप्रादात्स्त्रीणामप्रतिवारणे ॥ स्वैरिण्यस्तत्रनार्योहियथेष्टंविचरन्त्युत ३८ वर्जयंतिचराजानस्तत्पुरंभरतर्षभ ॥ भयादग्नेर्महाराजतदाप्रभृतिसर्वदा ३९ सहदेवस्तुधर्मात्मासैन्यंदृष्ट्वाभयार्दितम् ॥ परीतमग्निनाराजन्नाकंपतयथाऽचलः ॥ उपस्पृश्यशुचिर्भूत्वासोऽब्रवीत्पावकंततः ४० ॥ ॥ सहदेवउवाच ॥ ॥ त्वदर्थोऽयंसमारम्भःकृष्णवर्त्मन्नमोऽस्तुते ॥ मुखंत्वमसिदेवानांयज्ञस्त्वमसिपावक ४१ पावनात्पावकश्चासिवहनाद्धव्यवाहनः ॥ वेदास्त्वदर्थंजातावैजातवेदास्ततोह्यसि ४२ चित्रभानुःसुरेशश्चअनलस्त्वंविभावसो ॥ स्वर्गद्वारस्पृशश्चासिहुताशोज्वलनःशिखी ४३ वैश्वानरस्त्वंपिंगेशःप्लवंगोभूरितेजसः ॥ कुमारसूस्त्वंभगवान्रुद्रगर्भोहिरण्यकृत् ४४ अग्निर्ददातुमेतेजोवायुःप्राणंददातुमे ॥ पृथिवीबलमादध्याच्छिवंचापोदिशंतुमे ४५ अपांगर्भमहासत्वजातवेदःसुरेश्वर ॥ देवानांमुखमग्नेत्वंसत्येनविपुनीहिमाम् ४६ ऋषिभिर्ब्राह्मणैश्चैवदेवतैरसुरैरपि ॥ नित्यंसुहुतयज्ञेषुसत्येनविपुनीहिमाम् ४७ धूमकेतुःशिखीचत्वंपापहाऽनिलसंभवः ॥ सर्वप्राणिषुनित्यस्थःसत्येनविपुनीहिमाम् ४८ एवंस्तुतोऽसिभगवन्प्रीतेनशुचिनामया ॥ तुष्टिंपुष्टिंश्रुतंचैवप्रीतिंचाग्नेप्रयच्छमे ४९ ॥ वैशंपायनउवाच ॥ इत्येवंमंत्रमाग्नेयंपठन्योजुहुयाद्विभुम् ॥ ऋद्धिमान्सततंदांतःसर्वपापैःप्रमुच्यते ५० ॥ ॥

स्यवाशरीरेप्रविश्याग्निरेवास्माकंभोगंकरोतीतिनिश्चयादित्यर्थः ३८ । ३९ । ४० । ४१ । ४२ । ४३ । ४४ । ४५ । ४६ । ४७ । ४८ । ४९ तुष्टिंअलंबुद्धिम् प्रीतिंसुखम आग्नेयंमंत्रं श्लोकरूपंमंत्राष्टकं जुहुयात्पायसादिनास्वाहान्तैर्मन्त्रैर्होमंकुर्यात् ५० ॥ ॥ ॥

५१ । ५२ अत्यगात् एनंअतिक्रम्यसैन्यंनददाहेत्यर्थः ५३ । ५४ । ५५ । ५६ । ५७ । ५८ । ५९ । ६० । ६१ । ६२ । ६३ । ६४ । ६५ । ६६ । ६७ । ६८ । ६९ । ७० । ७१

॥ सहदेवउवाच ॥ ॥ यज्ञविघ्नमिमंकर्तुंनार्हस्त्वंहव्यवाहन ॥ एवमुक्त्वातुमाद्रेयःकुशैरास्तीर्यमेदिनीम् ५१ विधिवत्पुरुषव्याघ्रःपावकंप्रत्युपाविशत् ॥ प्रमुखे
तस्यसैन्यस्यभीतोद्विग्नस्यभारत ५२ नचैनमत्यगाद्वन्हिर्वेलामिवमहोदधिः ॥ तमुपेत्यशनैर्वन्हिरुवाचकुरुनंदनम् ५३ सहदेवंनृणांदेवंसांत्वपूर्वमिदंवचः ॥ उत्ति
ष्ठोत्तिष्ठकौरव्यजिज्ञासेयंकृतामया ॥ वेद्मिसर्वमभिप्रायंतवधर्मसुतस्यच ५४ मयातुरक्षितव्येयंपुरीभरतसत्तम ॥ यावद्राज्ञोहिनीलस्यकुलेवंशधराइति ५५ ईप्सितं
तुकरिष्यामिमनसस्तवपांडव ५६ ततउत्थायहृष्टात्माप्रांजलिःशिरसानतः ॥ पूजयामासमाद्रेयःपावकंभरतर्षभ ५७ पावकेविनिवृत्तेतुनीलोराजाऽभ्यगात्तदा ॥ पा
वकस्याज्ञयाचैवमर्चयामासपार्थिवः ५८ सत्कारेणनरव्याघ्रंसहदेवंयुधांपतिम् ॥ प्रतिगृह्यचतांपूजांकरेचविनिवेश्यच ५९ माद्रीसुतस्ततःप्रायाद्विजयीदक्षिणांदिश
म् ॥ त्रैपुरंसवशेकृत्वाराजानममितौजसम् ६० निजग्राहमहाबाहुस्तरसापौरवेश्वरम् ॥ आकृतिंकौशिकाचार्यंयत्नेनमहताततः ६१ वशेचक्रेमहाबाहुःसुराष्ट्राधिप
तिंतदा ॥ सुराष्ट्रविषयस्थश्चप्रेषयामासरुक्मिणे ६२ राज्ञेभोजकटस्थायमहामात्रायधीमते ॥ भीष्मकायसधर्मात्मासाक्षादिंद्रसखायवै ६३ सचास्यप्रतिजग्राहस
सुतःशासनंतदा ॥ प्रीतिपूर्वंमहाराजवासुदेवमवेक्ष्यच ६४ ततःसरत्नान्यादायपुनःप्रायाद्युधांपतिः ॥ ततःशूर्पारकंचैवतालाकटमथापिच ६५ वशेचक्रेमहाते
जादंडकांश्चमहाबलः ॥ सागरद्वीपवासांश्चनृपतीन्म्लेच्छयोनिजान् ६६ निषादान्पुरुषादांश्चकर्णप्रावरणानपि ॥ येचकालमुखानामनरराक्षसयोनयः ६७ कृत्स्नंको
ल्लगिरिंचैवसुरभीपट्टनंतथा ॥ द्वीपंताम्राह्वयंचैवपर्वतंरामकंतथा ६८ तिमिंगिलंचसनृपंवशेकृत्वामहामतिः ॥ एकपादांश्चपुरुषान्केरलान्वनवासिनः ६९ नगरीं
संजयंतींचपाषंडंकरहाटकम् ॥ दूतैरेववशेचक्रेकरंचैनानदापयत् ७० पांड्यांश्चद्रविडांश्चैवसहितांश्चोण्ड्रकेरलैः ॥ अंध्रांस्तालवनांश्चैवकलिंगानुष्ट्रकर्णिकान् ७१
आटवींचपुरींरम्यांयवनानांपुरंतथा ॥ दूतैरेववशेचक्रेकरंचैनानदापयत् ७२ ततःकच्छगतोधीमान्दूतान्माद्रवतीसुतः ॥ प्रेषयामासराजेंद्रपौलस्त्यायमहात्मने ॥
बिभीषणायधर्मात्माप्रीतिपूर्वमरिंदमः ७३ सचास्यप्रतिजग्राहशासनंप्रीतिपूर्वकम् ॥ तच्चकालकृतंधीमानभ्यमन्यतसप्रभुः ७४ ततःसंप्रेषयामासरत्नानिविविधा
निच ॥ चंदनागुरुकाष्ठानिदिव्यान्याभरणानिच ७५ वासांसिचमहार्हाणिमणींश्चैवमहाधनान् ॥ न्यवर्तततततोधीमान्सहदेवःप्रतापवान् ७६ एवंनिर्जित्यतरसा
सांत्वेनविजयेनच ॥ करदान्पार्थिवान्कृत्वाप्रत्यागच्छदरिंदमः ७७ धर्मराजायतत्सर्वंनिवेद्यभरतर्षभ ॥ कृतकर्मासुखंराजन्नुवासजनमेजय ७८ ॥ ॥ इतिश्रीमन्म
हाभारतेसभापर्वणिसहदेवदक्षिणदिग्विजयेएकत्रिंशोऽध्यायः ३१ ॥ ॥ ॥ ॥ ॥ ॥

७२ । ७३ । ७४ । ७५ । ७६ । ७७ । ७८ ॥ इतिसभापर्वणिनीलकंठीये भारतभावदीपेएकत्रिंशोऽध्यायः ॥ ३१ ॥ ॥ ॥ ॥

नकुलस्येति १ । २ । ३ रोहीतकंगिरिम् ४ मत्तमयूरसंज्ञैःक्षत्रियैः ५ । ६ । ७ । ८ । ९ । १० । ११ । १२ । १३ पुटभेदनंपत्तनम् १४ । १५ । १६ । १७ । करभाणांउष्ट्राणाम् १८ । १९
२० ॥ ॥ इतिसभापर्वणिनैलकंठीयेभारतभावदीपेद्वात्रिंशोऽध्यायः ३२ ॥ ॥ रक्षणादिति शत्रूणांदस्यूनाम् १ बलीनांकराणां । निकामंयथेष्टंवर्षतीतिनिकामवर्षीस्फीतःसमृद्धः २ सुप्रवृत्ताः स्वस्वपरे

॥ वैशंपायनउवाच ॥ ॥ नकुलस्यतुवक्ष्यामिकर्माणिविजयंतथा ॥ वासुदेवजितामाशांयथाऽसावजयत्प्रभुः १ निर्यायखांडवप्रस्थात्प्रतीचीमभितोदिशम् ॥ उद्दि
श्यमतिमान्प्रायान्महत्यासेनयासह २ सिंहनादेनमहतायोधानांगर्जितेनच ॥ रथनेमिनिनादैश्चकंपयन्वसुधामिमाम् ३ ततोबहुधनंरम्यंगवाढ्यंधनधान्यवत् ॥ का
र्तिकेयस्यदयितंरोहीतकमुपाद्रवत् ४ तत्रयुद्धंमहच्चासीच्छूरैर्मत्तमयूरकैः ॥ मरुभूमिंसकात्स्न्र्येनतथैवबहुधान्यकम् ५ शैरीषकंमहेत्थंचवशेचक्रेमहाद्युतिः ॥ आक्रोशं
चैवराजर्षितेनयुद्धमभून्महत् ६ तान्दशार्णान्सजित्वाचप्रतस्थेपांडुनंदनः ॥ शिबींस्त्रिगर्तानंबष्ठान्मालवान्पंचकर्पटान् ७ तथामध्यमकेयांश्चवाटधानान्द्विजानथ ॥
पुनश्चपरिवृत्याथपुष्करारण्यवासिनः ८ गणानुत्सवसंकेतान्व्यजयत्पुरुषर्षभः ॥ सिंधुकूलाश्रितायेचग्रामणीयामहाबलाः ९ शूद्राभीरगणाश्चैवयेचाश्रित्यसरस्वतीम् ॥
वर्तयंतिचयेमत्स्यैर्येचपर्वतवासिनः १० कृत्स्नंपंचनदंचैवतथैवामरपर्वतम् ॥ उत्तरज्योतिषंचैवतथादिव्यकटंपुरम् ११ द्वारपालंचतरसावशेचक्रेमहाद्युतिः ॥ रामठा
न्हारहूणांश्चप्रतीच्याश्चैवयेनृपाः १२ तान्सर्वान्सवशेचक्रेशासनादेवपांडवः ॥ तत्रस्थःप्रेषयामासवासुदेवायभारत १३ सचास्यगतभीराजन्प्रतिजग्राहशासनम् ॥
ततःशाकलमभ्येत्यमद्राणांपुटभेदनम् १४ मातुलंप्रीतिपूर्वेणशल्यंचक्रेवशेबली ॥ सतेनसत्कृतोराज्ञासत्कारार्होविशांपते १५ रत्नानिभूरीण्यादायसंप्रतस्थेयुधांपतिः ॥
ततःसागरकुक्षिस्थान्म्लेच्छान्परमदारुणान् १६ पल्हवान्बर्बरांश्चैवकिरातान्यवनान्शकान् ॥ ततोरत्नान्युपादायवशेकृत्वाचपार्थिवान् ॥ न्यवर्ततकुरुश्रेष्ठोनकु
लश्चित्रमार्गवित् १७ करभाणांसहस्राणिकोशंतस्यमहात्मनः ॥ ऊहुर्दशमहाराजकृच्छ्रादिवमहाधनम् १८ इंद्रप्रस्थगतंवीरमभ्येत्यसयुधिष्ठिरम् ॥ ततोमाद्रीसुतः
श्रीमान्धनंतस्मैन्यवेदयत् १९ एवंविजित्यनकुलोदिशंवरुणपालिताम् ॥ प्रतीचींवासुदेवेननिर्जितांभरतर्षभ २० ॥ इतिश्रीम० सभापर्वणिदिग्विजयपर्वणिनकुलप्रती
चीजयेद्वात्रिंशोऽध्यायः ३२ ॥ ॥ समाप्तंचदिग्विजयपर्व ॥ ॥ अथराजसूयपर्व ॥ वैशंपायनउवाच ॥ ॥ रक्षणाद्धर्मराजस्यसत्यस्यपरिपालनात् ॥ शत्रूणां
क्षपणाच्चैवस्वकर्मनिरताःप्रजाः १ बलीनांसम्यगादानाद्धर्मतश्चानुशासनात् ॥ निकामवर्षीपर्जन्यःस्फीतोजनपदोऽभवत् २ सर्वारंभाःसुप्रवृत्तागोरक्षाकर्षणंवणिक् ॥
विशेषात्सर्वमेवैतत्संजज्ञेराजकर्मणः ३ दस्युभ्योवंचकेभ्योवाराजन्प्रतिपरस्परम् ॥ राजवल्लभतश्चैवनाश्रूयंतमृषागिरः ४ अवर्षंचातिवर्षंचव्याधिपावकमूर्छनम् ॥
सर्वमेतत्तदानासीद्धर्मनित्येयुधिष्ठिरे ५ ॥ ॥ ॥ ॥ ॥

पांचहितावहाः नतुक्रूराः राजकर्मणः राज्ञः पुण्यात् ३ दस्युभ्यःचोरेभ्यः वंचकेभ्यःधूर्तेभ्यः राज्ञोराजवल्लभतोवा मृषागिरो नाश्रूयंत सर्वेऽपिसत्यवादिनः राजवदित्यर्थः दस्यवोऽपिपरस्परंनवं
चयंति नाप्यन्यानेवंअन्यत्र एतेजातितःखलाअपिनतत्कर्मकुर्वंतीत्यर्थः ४ मूर्छनंप्रदीपनम् ५ ॥ ॥ ॥ ॥ ॥

जग्मुः राजानंप्रतीतिशेषः नान्यैः जिगीषादिभिः ६ निचयोभांडागारम ७ कोशोधनम कोष्ठंवस्त्रधान्यादि तयोःपरीमाणम ८ । ९ ऋषिर्नारायणः अदृश्यइतिछेदः विजानतांविदुषां
अदृश्यःप्रत्यगात्मत्वात्अविजानतांतुकार्यकारणरूपेणदृश्यः । तथाचश्रुतिः 'अविज्ञातंविजानतांविज्ञातमविजानतां'इति १० प्रभवउत्पत्तिस्थानंअप्ययोलयस्थानम ११ प्राकारःप्राकारइवरक्षकः बलाधिकारं

प्रियंकर्तुमुपस्थातुंबलिकर्मस्वभावजम् ॥ अभिहर्तुंनृपाजग्मुर्नान्यैःकार्यैःकथंचन ६ धर्म्यैर्धनागमैस्तस्यववृधेनिचयोमहान् ॥ कर्तुंयस्यनशक्येतक्षयोवर्ष
शतैरपि ७ स्वकोष्ठस्यपरीमाणंकोशस्यचमहीपतिः ॥ विज्ञायराजाकौन्तेयोयज्ञायैवमनोदधे ८ सुहृदश्चैवयेसर्वेपृथक्चसहिताऽब्रुवन् ॥ यज्ञकालस्तवविभोक्रिय
तामत्रसांप्रतम् ९ अथैवंब्रुवतामेवंतेषामभ्याययौहरिः ॥ ऋषिःपुराणोवेदात्माऽदृश्यश्चैवविजानताम् १० जगतस्तस्थुषांश्रेष्ठःप्रभवश्चाप्ययश्चह ॥ भूतभव्यभ
वन्नाथःकेशवःकेशिसूदनः ११ प्राकारःसर्ववृष्णीनामापत्स्वभयदोऽरिहा ॥ बलाधिकारेनिक्षिप्यसम्यगानकदुंदुभिम् १२ उच्चावचमुपादायधर्मराजायमाधवः ॥
धनौघंपुरुषव्याघ्रोबलेनमहताऽऽवृतः १३ तंधनौघमपर्यंतंरत्नसागरमक्षयम् ॥ नादयन्रथघोषेणप्रविवेशपुरोत्तमम् १४ पूर्णमापूरयंस्तेषांद्विषच्छोकावहोऽ
भवत् ॥ असूर्यमिवसूर्येणनिवातमिववायुना ॥ कृष्णेनसमुपेतेनजहृषेभारतंपुरम् १५ तंमुदाऽभिसमागम्यसत्कृत्यचयथाविधि ॥ सपृष्ट्वाकुशलंचैवसुखासी
नंयुधिष्ठिरः १६ धौम्यद्वैपायनमुखैर्ऋत्विग्भिःपुरुषर्षभ ॥ भीमार्जुनयमैश्चैवसहितःकृष्णमब्रवीत् १७ ॥ युधिष्ठिरउवाच ॥ ॥ त्वत्कृतेपृथिवीसर्वामद्वशे
कृष्णवर्तते ॥ धनंचबहुवार्ष्णेयत्वत्प्रसादादुपार्जितम् १८ सोऽहमिच्छामितत्सर्वंविधिवद्देवकीसुत ॥ उपयोक्तुंद्विजाग्र्येभ्योहव्यवाहेचमाधव १९ तदहंयष्टुमि
च्छामिदाशार्हसहितस्त्वया ॥ अनुजैश्चमहाबाहोतन्माऽऽज्ञातुमिहार्हसि २० तद्दीक्षापयगोविंदत्वमात्मानंमहाभुज ॥ त्वयीष्टवतिदाशार्हविपाप्माभविताह्य
हम् २१ मांवाऽप्यभ्यनुजानीहिसहैभिरनुजैर्विभो ॥ अनुज्ञातस्त्वयाकृष्णप्राप्नुयांक्रतुमुत्तमम् २२ ॥ वैशंपायनउवाच ॥ तंकृष्णःप्रत्युवाचेदंबहूक्त्वागुणविस्त
रम् ॥ त्वमेवराजशार्दूलसम्राडर्होमहाक्रतुम् ॥ संप्राप्नुहित्वयाप्राप्तेकृतकृत्यास्ततोवयम् २३ यजस्वाभीप्सितंयज्ञंमयिश्रेयस्यवस्थिते ॥ नियुंक्ष्वत्वंचमांकृत्येसर्वं
कर्ताऽस्मितेवचः २४ ॥ युधिष्ठिरउवाच ॥ सफलःकृष्णसंकल्पःसिद्धिश्चनियताभम ॥ यस्यमेत्वंहृषीकेशयथेप्सितमुपस्थितः २५ ॥ वैशंपायनउवाच ॥ अनुज्ञा
तस्तुकृष्णेनपांडवोभ्रातृभिःसह ॥ ईजितुंराजसूयेनसाधनान्युपचक्रमे २६ ततस्त्वाज्ञापयामासपांडवोऽरिनिबर्हणः ॥ सहदेवंयुधांश्रेष्ठंमंत्रिणश्चैवसर्वशः २७ अस्मिन्
क्रतौयथोक्तानियज्ञांगानिद्विजातिभिः ॥ तथोपकरणंसर्वंमंगलानिचसर्वशः २८ ॥ ॥ ॥ ॥

सेनाधिपत्यम १२ । १३ । १४ जहृषेहर्षंप्राप १५ । १६ । १७ । १८ । १९ मामांअनुज्ञातुम । तदनुज्ञातुमर्हसीत्यपिपाठः २० त्वंदीक्षस्वेतिवक्तव्येआत्मानंदीक्षापयेत्युक्तिः अकर्तुरात्मनोदीक्षणायोगा
दौपाधिकमेव प्रतिबिंबचलनन्यायेनैवतस्यदीक्षापनंज्ञेयम २१ । २२ । २३ श्रेयसिकल्याणकरे २४ । २५ । २६ । २७ । २८ ॥ ॥ ॥

अधियज्ञानर्यज्ञियान्संभारानआज्यपश्वादीन् २९ । ३० काम्यंतइतिकामाःमृष्टान्नादीनि ३१ । ३२ । ३३ । धनंजयानांधनंजयगोत्राणांमध्येश्रेष्ठःसुसामानामआंगिरसः ३४ । ३५ होत्रगाःसप्तसंख्याः ३६ ऊहयित्वाचतंविधिं राजसूयेनयक्ष्येस्वाराज्यमवाप्नवानीतिसंकल्पादिरूपमूहंकृत्वा देवयजनंयज्ञस्थानम् ३७ शरणानिपत्नीशालादीन्यग्न्यगाराणि ३८। ३९ । ४० । ४१ । ४२ । ४३ । ४४ । ४५

अधियज्ञांश्चसंभारान्धौम्योक्तान्क्षिप्रमेवहि ॥ समानयंतुपुरुषायथायोगंयथाक्रमम् २९ इंद्रसेनोविशोकश्चपूरुश्चार्जुनसारथिः ॥ अन्नाद्याहरणेयुक्ताःसंतुम
त्प्रियकाम्यया ३० सर्वकामाश्चकार्यन्तांरसगंधसमन्विताः ॥ मनोरथप्रीतिकराद्विजानांकुरुसत्तम ३१ तद्वाक्यसमकालंचकृतंसर्वंन्यवेदयत् ॥ सहदेवोयुधांश्रे
ष्ठोधर्मराजेयुधिष्ठिरे ३२ ततोद्वैपायनोराजन्नृत्विजःसमुपानयत् ॥ वेदानिवमहाभागान्साक्षान्मूर्तिमतोद्विजान् ३३ स्वयंब्रह्मत्वमकरोत्तस्यसत्यवतीसुतः ॥ धनं
जयानामृषभःसुसामासामगोऽभवत् ३४ याज्ञवल्क्योबभूवाथब्रह्मिष्ठोऽध्वर्युसत्तमः ॥ पैलोहोतावसोःपुत्रोधौम्येनसहितोऽभवत् ३५ एतेषांपुत्रवर्गाश्चशिष्या
श्चभरतर्षभ ॥ बभूवुर्होत्रगाःसर्वेवेदवेदांगपारगाः ३६ तेवाचयित्वापुण्याहमूहयित्वाचतंविधिम् ॥ शास्त्रोक्तंपूजयामासुस्तद्देवयजनंमहत् ३७ तत्रचक्रुरनुज्ञाताः
शरणान्युतशिल्पिनः ॥ गंधवंतिविशालानिवेश्मानीवदिवौकसाम् ३८ ततआज्ञापयामाससराजाराजसत्तमः ॥ सहदेवंतदासद्योमंत्रिणंपुरुषर्षभः ३९ आमं
त्रणार्थंदूतांस्त्वंप्रेषयस्वाशुगान्द्रुतम् ॥ उपश्रुत्यवचोराज्ञःसदूतान्प्राहिणोत्तदा ४० आमंत्रयध्वंराष्ट्रेषुब्राह्मणान्भूमिपानथ ॥ विशश्चमान्यान्शूद्रांश्चसर्वा
नानयतेतिच ४१ ॥ वैशंपायनउवाच ॥ ॥ समाज्ञप्तास्ततोदूताःपांडवेयस्यशासनात् ॥ आमंत्रयांबभूवुश्चआनयंश्चापरान्द्रुतम् ॥ तथापरानपिनराना
त्मनःशीघ्रगामिनः ४२ ततस्तेतुयथाकालंकुंतीपुत्रंयुधिष्ठिरम् ॥ दीक्षयांचक्रिरेविप्राराजसूयायभारत ४३ दीक्षितःसतुधर्मात्माधर्मराजोयुधिष्ठिरः ॥ जगा
मयज्ञायतनंवृतोविप्रैःसहस्रशः ४४ भ्रातृभिर्ज्ञातिभिश्चैवसुहृद्भिःसचिवैःसह ॥ क्षत्रियैश्चमनुष्येन्द्रैर्नानादेशसमागतैः ४५ अमात्यैश्चनरश्रेष्ठोधर्मोविग्रहवानिव ॥
आजग्मुर्ब्राह्मणास्तत्रविषयेभ्यस्ततस्ततः ४६ सर्वविद्यासुनिष्णातावेदवेदांगपारगाः ॥ तेषामावसथांश्चक्रुर्धर्मराजस्यशासनात् ४७ बह्वन्नाच्छादनैर्युक्तान्सगणा
नांपृथक्पृथक् ॥ सर्वर्तुगुणसंपन्नान्शिल्पिनोऽथसहस्रशः ४८ तेषुतेन्यवसन्राजन्ब्राह्मणाभृशसत्कृताः ॥ कथयंतःकथाबह्वीःपश्यंतोनटनर्तकान् ४९ भुंजतांचै
वविप्राणांवदतांचमहास्वनः ॥ अनिशंश्रूयतेतत्रमुदितानांमहात्मनाम् ५० दीयतांदीयतामेषांभुज्यतांभुज्यतामिति ॥ एवंप्रकाराःसंजल्पाःश्रूयंतेस्मात्रनित्यशः ५१
गवांशतसहस्राणिशयनानांचभारत ॥ रुक्मस्ययोषितांचैवधर्मराजःपृथक्ददौ ५२ प्रावर्ततैवंयज्ञःसपांडवस्यमहात्मनः ॥ पृथिव्यामेकवीरस्यशक्रस्येव
त्रिविष्टपे ५३ ततोयुधिष्ठिरोराजाप्रेषयामासपांडवम् ॥ नकुलंहास्तिनपुरंभीष्मायपुरुषर्षभः ५४ ॥ ॥ ॥

४६ । ४७ । ४८ । ४९ । ५० । ५१ रुक्मस्यकांचनस्यशयनानांतूलिकादिसहितानांतल्पादीनाम् ५२ । ५३ । ५४ ॥ ॥ ॥ ॥

५५ इतिसभापर्वणिनीलकंठीयेभारतभावदीपेत्रयस्त्रिंशोऽध्यायः ॥ ३३ ॥ ॥ सगत्वेति । १ । २ । ३ । ४ । ५ । ६ । ७ । ८ ॥ यज्ञसेनोद्रुपदः ॥ ९ । १० । ११ । १२ । १३ । १४ । १५ । १६

द्रोणायधृतराष्ट्रायविदुरायकृपायच ॥ भ्रातृणांचैवसर्वेषांयेऽनुरक्तायुधिष्ठिरे ॥ ५५ ॥ ॥ इतिश्रीमन्महाभारतेसभापर्वणिराजसूयपर्वणिराजनिमंत्रणंनामत्र यस्त्रिंशोऽध्यायः ॥ ३३ ॥ ॥ वैशंपायनउवाच ॥ ॥ सगत्वाहास्तिनपुरंनकुलःसमितिंजयः ॥ भीष्ममामंत्रयांचक्रेधृतराष्ट्रंचपांडवः ॥ १ सत्कृत्या मंत्रितास्तेनआचार्यप्रमुखास्ततः ॥ प्रययुःप्रीतमनसोयज्ञंब्रह्मपुरःसराः ॥ २ संश्रुत्यधर्मराजस्ययज्ञंयज्ञविदस्तदा ॥ अन्येचशतशस्तुष्टैर्मनोभिर्भरतर्षभ ३ द्रष्टुकामाःसभांचैवधर्मराजंचपांडवम् ॥ दिग्भ्यःसर्वेसमापेतुःक्षत्रियास्तत्रभारत ४ समुपादायरत्नानिविविधानिमहांतिच ॥ धृतराष्ट्रश्चभीष्मश्चविदुर श्चमहामतिः ५ दुर्योधनपुरोगाश्चभ्रातरःसर्वएवते ॥ गांधारराजःसुबलःशकुनिश्चमहाबलः ॥ ६ ॥ अचलोवृषकश्चैवकर्णश्चरथिनांवरः ॥ तथाशल्य श्चबलवान्बाल्हिकश्चमहाबलः ॥ ७ सोमदत्तोऽथकौरव्योभूरिर्भूरिश्रवाःशलः ॥ अश्वत्थामाकृपोद्रोणःसैन्धवश्चजयद्रथः ८ यज्ञसेनःसपुत्रश्चशाल्वश्चवसुधाधिपः ॥ प्राग्ज्योतिषश्चनृपतिर्भगदत्तोमहारथः ९ सतुसर्वैःसहम्लेच्छैःसागरानूपवासिभिः ॥ पार्वतीयाश्चराजानोराजाचैवबृहद्बलः १० पौण्ड्रकोवासुदेवश्चवंगःका लिंगकस्तथा ॥ आकर्षःकुंतलश्चैवमालवाश्चांध्रकास्तथा ११ द्राविडाःसिंहलाश्चैवराजाकाश्मीरकस्तथा ॥ कुंतिभोजोमहातेजाःपार्थिवोगौरवाहनः १२ बाल्हि काश्चापरेशूराराजानःसर्वएवते ॥ विराटःसहपुत्राभ्यांमावेल्लश्चमहाबलः १३ राजानोराजपुत्राश्चनानाजनपदेश्वराः ॥ शिशुपालोमहावीर्यःसहपुत्रेणभारत १४ आ गच्छत्पांडवेयस्ययज्ञंसमरदुर्मदः ॥ रामश्चैवानिरुद्धश्चकंकश्चसहसारणः १५ गदप्रद्युम्नसांबाश्चचारुदेष्णश्चवीर्यवान् ॥ उल्मुकोनिशठश्चैववीरश्चांगावहस्तथा १६ वृष्णयोनिखिलाश्चान्येसमाजग्मुर्महारथाः ॥ एतेचान्येचबहवोराजानोमध्यदेशजाः १७ आजग्मुःपांडुपुत्रस्यराजसूयंमहाक्रतुम् ॥ ददुस्तेषामावसथान्धर्मराजस्य शासनात् १८ बहुभक्षान्वितान्राजन्दीर्घिकावृक्षशोभितान् ॥ तथाधर्मात्मजःपूजांचक्रेतेषांमहात्मनाम् १९ सत्कृताश्चयथोद्दिष्टान्जग्मुरावसथान्नृपाः ॥ कैला सशिखरप्रख्यान्मनोज्ञान्द्रव्यभूषितान् २० सर्वतःसंवृतानुच्चैःप्राकारैःसुकृतैःसितैः ॥ सुवर्णजालसंवीतान्मणिकुट्टिमभूषितान् २१ सुखारोहणसोपानान्महा सनपरिच्छदान् ॥ स्रग्दामसमवच्छन्नानुत्तमागुरुगंधिनः २२ हंसेंदुवर्णसदृशानायोजनसुदर्शनान् ॥ असंबाधान्समद्वारान्युतानुच्चावचैर्गुणैः २३ बहुधातुनि बद्धांगान्हिमवच्छिखराणिच ॥ विश्रांतास्तेततोऽपश्यन्भूमिपाभूरिदक्षिणम् २४ वृतंसदस्यैर्बहुभिर्धर्मराजंयुधिष्ठिरम् ॥ तत्सदःपार्थिवैःकीर्णंब्राह्मणैश्चमहर्षिभिः भ्राजतेस्मतदाराजन्नाकपृष्ठंयथाऽमरैः २५ ॥ इतिश्रीमन्महाभारतेसभापर्वणिराजसूयपर्वणिनिमंत्रितराजागमनेचतुस्त्रिंशोऽध्यायः ॥ ३४ ॥ ॥

 १७ । १८ दीर्घिका गृहवापी १९ । २० मणिकुट्टिमंमणिबद्धाभूमिः २१ । २२ । २३ आवसथान् अपश्यन्निति अनुकृष्टेनसंबंधः चइवार्थे २४ । २५ इतिसभापर्वणिनीलकंठीयेभारतभावदीपेचतुस्त्रिंशोऽध्यायः ३४ ॥

पितामहमिति ॥ १ । २ प्रणयंतु प्रकर्षेणश्रेयःप्रापयंतु अभिमंत्रिताः प्रार्थिताःसंतः ३ । ४ । ५ । ६ हिरण्यस्यकांचनस्यसुवर्णस्यशोभनवर्णस्य ७ स्वामिवत्स्वीयवदित्यर्थः ८ अर्हणानिउपायनानि ९ सर्व लोकसमावृत्तः सर्वैःउपायनप्रदैर्लोकैः समावृत्तः वेष्टितः पिप्रीषुःप्रीणयितुमिच्छुः १० । ११ । १२ सविमानाग्रैःद्रष्टुमागतानांदेवानांविमानैःसहितानिसंलग्नानिअग्राणिउपरिभागायेषांतैः १३ लोकराजविमा नैःइंद्रादिलोकपालविमानैःलोकराजःस्वर्गोवातत्रत्यैर्विमानैः स्वर्गिणामप्याश्चर्यकरोऽयंयज्ञइत्यर्थः १४ कौन्तेयस्ययज्ञइतिशेषः १५ ऋद्ध्यात्तुवरुणंदेवमित्यादेरध्यायशेषस्यतात्पर्यंसर्वांगसम्पूर्णोऽयंयज्ञइत्यर्थं षडग्नि

वैशंपायनउवाच ॥ ॥ पितामहंगुरुंचैवप्रत्युद्गम्ययुधिष्ठिरः ॥ अभिवाद्यततोराजन्निदंवचनमब्रवीत् १ भीष्मंद्रोणंकृपंद्रौणिंदुर्योधनविविंशती ॥ अस्मिन्यज्ञेभ वंतोमामनुगृह्णंतुसर्वशः २ इदंवःसुमहच्चैवयदिहास्तिधनंमम ॥ प्रणयंतुभवंतोमांयथेष्टमभिमंत्रिताः ३ एवमुक्त्वासतान्सर्वान्दीक्षितःपांडवाग्रजः ॥ युयोजस यथायोगमधिकारेष्वनंतरम् ४ भक्ष्यभोज्याधिकारेषुदुःशासनमयोजयत् ॥ परिग्रहेब्राह्मणानामश्वत्थामानमुक्तवान् ५ राज्ञांतुप्रतिपूजार्थंसंजयंसंन्ययोजयत् ॥ कृता कृतपरिज्ञानेभीष्मद्रोणौमहामती ६ हिरण्यस्यसुवर्णस्यरत्नानांचान्ववेक्षणे ॥ दक्षिणानांचवैदानेकृपंराजान्ययोजयत् ७ तथाऽन्यान्पुरुषव्याघ्रांस्तस्मिंस्तस्मिन्न्ययो जयत् ॥ बाल्हिकोधृतराष्ट्रश्चसोमदत्तोजयद्रथः ॥ नकुलेनसमानीताःस्वामिवत्तत्ररेमिरे ८ क्षत्ताव्ययकरस्त्वासीद्विदुरःसर्वधर्मवित् ॥ दुर्योधनस्त्वर्हणानिप्रति जग्राहसर्वशः ९ चरणक्षालनेकृष्णोब्राह्मणानांस्वयंह्यभूत् ॥ सर्वलोकसमावृत्तःपिप्रीषुःफलमुत्तमम् १० द्रष्टुकामःसभांचैवधर्मराजंयुधिष्ठिरम् ॥ नकश्चिदाहरत्तत्र सहस्रावरमर्हणम् ११ रत्नैश्चबहुभिस्तत्रधर्मराजमवर्द्धयत् ॥ कथंतुममकौरव्योरत्नदानैःसमाप्नुयात् १२ यज्ञमित्येवराजानःस्पर्धमानाददुर्धनम् ॥ भवनैःसविमा नाग्रैःसोदर्कैर्बलसंवृतैः १३ लोकराजविमानैश्चब्राह्मणावसथैःसह ॥ कृतैरावसथैर्दिव्यैर्विमानप्रतिमैस्तथा १४ विचित्रैरत्नवद्भिश्चऋद्ध्यापरमयायुतैः ॥ राजभि श्चसमावृत्तैरतीवश्रीसमृद्धिभिः ॥ अशोभतसदोराजन्कौन्तेयस्यमहात्मनः १५ ऋद्ध्याचवरुणंदेवंस्पर्धमानोयुधिष्ठिरः ॥ षडग्निनाथयज्ञेनसोऽयजद्दक्षिणावता १६ सर्वान्जनान्सर्वकामैःसमृद्धैःसमतर्पयत् ॥ अन्नवान्बहुभक्ष्यश्चभुक्तवज्जनसंवृतः ॥ रत्नोपहारसंपन्नोबभूवससमागमः १७ इडाज्यहोमाहुतिभिर्मंत्रशिक्षाविशारदैः॥ तस्मिन्हिततृपुर्देवास्ततेयज्ञेमहर्षिभिः १८ यथादेवास्तथाविप्रादक्षिणान्नमहाधनैः ॥ ततृपुःसर्ववर्णाश्चतस्मिन्यज्ञेमुदान्विताः १९ ॥ इतिश्रीमन्महाभारतेसभापर्व णिराजसूयपर्वणियज्ञकरणेपंचत्रिंशोऽध्यायः ॥ ३५ ॥ ॥ समाप्तंचराजसूयपर्व ॥ अथार्घाहरणपर्व ॥ ॥ ॥ ॥

नाथःअग्नयः आरंभणीयः क्षत्रः धृतिः व्युष्टिः द्विरात्रः दशपेय इति १६ रत्नोपहारसंपन्नइत्यत्र रक्षोपहारकर्मण्यइतिपाठे रक्षसांनाशेसाधुनाकर्मणायुक्तः १७ इडाकर्मस्विष्टकृदूर्ध्वंशिष्टंहविःप्रतिपत्तिकर्ममंत्रशिक्षा विशारदैः मंत्रेषुशिक्षायांचहस्तक्रियायांचविशारदैर्ऋत्विग्भिः १८ । १९ ॥ इतिसभापर्वणि नीलकंठीयेभारतभावदीपे पंचत्रिंशोऽध्यायः ॥ ३५ ॥ ॥ ॥

ततोऽभिषेचनीयेऽन्हिब्राह्मणाराजभिःसहेत्यादिका शिशुपालवधांतादशाध्यायी नानाविधमतभेदोपन्यासपूर्वकंकृष्णशिशुपालरूपकेणब्रह्मणिजीवस्यमहाकाशमठाकाशन्यायेनलयंदर्शयति तत्रकथापक्षेप्र
त्यक्षवृत्त्यैवलभ्योर्थःस्पष्टः अध्यात्मपक्षेतु परोक्षवृत्तिलभ्यतयातत्त्वंदुर्व्याख्येयमितिप्रकाश्यते तदेवअभिषेचनीये राजसूयांगभूते सोमयागविशेषे १ । २ कर्मांतरंमध्येमध्येकर्मविरामकालं उपासंतः
उपगच्छंतः प्राप्नुवन्तः । असंगतावित्यस्यरूपम् । कर्मच्छिद्रंप्राप्यजल्पंकथांचक्रुरित्यर्थः । अमितौजसः बहुप्रतिभावंतः ३ एवमेतदितिस्वपक्षस्थापनं नचाप्येवमितिपरपक्षदूषणं एवंप्रतिवादिपक्षे
ऽपि । बहवस्तुसामान्याः वितंडांस्वपक्षपरपक्षस्थापनाहीनांकथाम् ४ कृशानयुक्तिदौर्बल्यात् अकृशानयुक्तिप्राबल्यात् तत्रविपरीतंकुर्वंति हेतुभिर्नानाविधैस्तर्कैः ५ । ६ तत्रेति । परोक्तस्यदूषणेएवा

॥ वैशंपायनउवाच ॥ ततोऽभिषेचनीयेऽन्हिब्राह्मणाराजभिःसह ॥ अंतर्वेदींप्रविविशुःसत्काराहांमहर्षयः १ नारदप्रमुखास्तस्यामंतर्वेद्यांमहात्मनः ॥ समासी
नाःशुशुभिरेसहराजर्षिभिस्तदा २ समेताब्रह्मभवनेदेवादेवर्षयस्तथा ॥ कर्मांतरमुपासंतोजजल्पुरमितौजसः ३ इदमेवंनचाप्येवमेवमेवंनचान्यथा ॥ प्रत्यूचुर्ब
हवस्तत्रवितंडावादिनोद्विजाः ४ कृशानर्थांस्ततःकेचिदकृशांस्तत्रकुर्वते ॥ अकृशांश्चकृशांश्चक्रुर्हेतुभिःशास्त्रनिश्चयैः ५ तत्रमेधाविनःकेचिदनुमानैःप्रपूरितम् ॥
विचिक्षिपुर्यथाश्येनानभोगतमिवामिषम् ६ केचिद्धर्मार्थकुशलाःकेचित्तत्रमहाव्रताः ॥ रेमिरेकथयंतश्चसर्वभाष्यविदांवराः ७ सावेदिर्वेदसंपन्नैर्देवद्विजमहर्षिभिः ॥
आबभासेसमाकीर्णानक्षत्रैर्द्यौरिवायता ८ नतस्यांसन्निधौशूद्रःकश्चिदासीन्नचाव्रती ॥ अंतर्वेद्यांतदाराजन्युधिष्ठिरनिवेशने ९ तांतुलक्ष्मीवतोलक्ष्मींतदाय
ज्ञविधानताम् ॥ तुतोषनारदःपश्यन्धर्मराजस्यधीमतः १० अथचिंतांसमापेदेसमुनिर्मनुजाधिप ॥ नारदस्तुतदापश्यन्सर्वक्षत्रसमागमम् ११ सस्मारचपुरा
वृत्तांकथांतांपुरुषर्षभ ॥ अंशावतरणेयाऽसौब्रह्मणोभवनेऽभवत् १२ देवानांसंगमंतंतुविज्ञायकुरुनंदन ॥ नारदःपुंडरीकाक्षंसस्मारमनसाहरिम् १३
साक्षात्सविबुधारिघ्नःक्षत्रेनारायणोविभुः ॥ प्रतिज्ञांपालयंश्चेमांजातःपरपुरंजयः १४ संदिदेशपुरायोऽसौविबुधान्भूतकृत्स्वयम् ॥ अन्योन्यमभिनिघ्नंतः
पुनर्लोकानवाप्स्यथ १५ इतिनारायणःशंभुर्भगवान्भूतभावनः ॥ आदिश्यविबुधान्सर्वानजायतयदुक्षये १६ क्षितावंधकवृष्णीनांवंशेवंशभृतांवरः ॥ परयाशुशु
भेलक्ष्म्यानक्षत्राणामिवोडुराट् १७ यस्यबाहुबलंसेंद्राःसुराःसर्वउपासते ॥ सोऽयंमानुषवन्नामहरिरास्तेऽरिमर्दनः १८ अहोबतमहद्भूतंस्वयंभूर्यमिदंस्वयम् ॥ आदा
स्यतिपुनःक्षत्रमेवंबलसमन्वितम् १९ इत्येतांनारदश्चिंतांचिंतयामासधर्मवित् ॥ हरिंनारायणंज्ञात्वायज्ञैरीज्यंतमीश्वरम् २० ॥ ॥ ॥

दताः नतुशास्त्रतत्त्वेइतिभावः ७ । ८ । ९ । १० अथचिंतांसमापेदेइत्यादि तस्यौसबहुमानतइत्यंतोग्रंथः नारदस्यपूर्वापरानुसंधानात्क्षत्रक्षयस्यातःपरंउपक्रमोजातइतिचिंताचित्तव्यथास्मृतिर्वा अं
शावतरणात्प्राक्ब्रह्मसभायांनिश्चितस्यभूभारहरणस्याभूदित्यर्थः ११ । १२ । १३ क्षत्रेक्षत्रियजातौजातःआविर्भूतः १४ । १५ नारायणस्यैवशंभुत्वंचतुर्बाहुकापरपर्यायंभूतभावनत्वंचेतियुक्तम् एकस्यै
वत्रिमूर्तिधारित्वात् यदुक्षयेयदुगृहे १६ । १७ । १८ महद्भूतंमहाविष्णुः स्वयंभूः अस्मदादिवच्छरीरव्यपाश्रयत्वेनापिभवनंनसहतेइत्यर्थः आदास्यतिआच्छेत्तुमिच्छति पुनरिति अनक्त
देतदनेनकर्मकृतमस्तीतिसूचितम् १९ । २० ॥ ॥ ॥ ॥

धर्मविदांश्रेष्ठोनारदः धर्मराजस्य यज्ञैरिज्यम् २१ । २२ संयुजंसंबंधिनंश्वशुरादिम् प्रियंमित्रम् २३ । २४ एकैकशः प्रत्येकम् अथअथापि एषांमध्येवरिष्ठायप्रथममितिशेषः २५ । २६ बुद्ध्या बुध्यतिजानातिवस्तुतत्वमनयेतिबुद्धिः श्रवणमननध्यानात्मिकाचेतोवृत्तिः तयानिर्निश्चत्यसाक्षात्कृत्य अर्हणीयतमं अर्हणीयाःब्राह्मणाः देवताप्रसादहेतुत्वात् अर्हणीयतराःदेवाः कामपूरकत्वात् अर्हणीयतमआत्मासर्वस्यतत्प्रीत्यर्थत्वात् तथाचश्रुतिः । 'नवाअरेदेवानांकामायदेवाःप्रियाभवंत्यात्मनस्तुकामायदेवाःप्रियाभवंतीति तदेतत्प्रेयःपुत्रात्प्रेयोवित्तात्प्रेयोऽन्यस्मात्सर्वस्मादंतरंयदयमात्मा'इतिच । भुवीत्यनेनात्मैवकर्मभूमावर्हणीयः । 'इहचेदवेदीदथसत्यमस्तिनचेदवेदीर्महतीविनष्टिः'इतिश्रुतेरन्यत्रतदलाभात् २७ एवमात्मनोजिज्ञास्यत्वमुक्त्वास्वरूपमाह एषहीति । एषपुरोवर्तीश्रीकृष्णः सूर्यश्चज्योतिषांपदार्थप्रकाशकानांसूर्यचंद्राग्निवागादीनांचंद्राग्नितारादीनां च समस्तानांसम्यगस्तंगतानांस्वप्नावस्थायामन्हिचमध्येऽन्तस्तपन्निवाभातीतियोजना । अयंभावः नतावदग्निः स्वयंज्योतिः सूर्यकांतादिद्वारासूर्यस्यैवइंधनादौतद्रूपेणारूढत्वात् । नापिचंद्रतारादि तस्यजलमयस्यसूर्यज्योतिषैवभास्यत्वात् यथाऽयंदृष्टांतएवंचक्षुरादयोऽपिनस्वशक्त्याप्रकाशकाः किंतुआत्मसत्तानुवेधादेव तथा यथाद्यादृभावेऽपिसूर्यःइतरनिरपेक्षःप्रकाशयति एवमात्माचक्षुराद्युपरमेऽपिस्वप्नेस्वप्रकाशेनैवसर्ववासनामयंपदार्थजातंप्रकाशयति 'तस्यभासासर्वमिदंविभाति' 'अत्रायंपुरुषः स्वयंज्योतिः'इत्यादिश्रु

तस्मिन्धर्मविदांश्रेष्ठेधर्मराजस्यधीमतः ॥ महाध्वरेमहाबुद्धिस्तस्थौसबहुमानतः २१ ततोभीष्मोऽब्रवीद्राजन्धर्मराजंयुधिष्ठिरम् ॥ क्रियतामर्हणंराज्ञांयथार्हमितिभारत २२ आचार्यमृत्विजंचैवसंयुजंचयुधिष्ठिर ॥ स्नातकंचप्रियंप्राहुःषडर्घ्यार्हान्नृपंतथा २३ एतानर्घ्यानभिगतानाहुःसंवत्सरोषितान् ॥ तइमेकालपूगस्यमहतोऽस्मानुपागताः २४ एषामेकैकशोराजन्नर्घआनीयतामिति ॥ अथचैषांवरिष्ठायसमर्थायोपनीयताम् २५ ॥ ॥ युधिष्ठिरउवाच ॥ ॥ कस्मैभवान्मन्यतेऽर्घमेकस्मैकुरुनंदन ॥ उपनीयमानंयुक्तंचतन्मेब्रूहिपितामह २६ ॥ ॥ वैशंपायनउवाच ॥ ॥ ततोभीष्मःशांतनवोबुद्ध्यानिश्चित्यवीर्यवान् ॥ वार्ष्णेयंमन्यतेकृष्णंपूजनीयतमंभुवि २७ एषह्येषांसमस्तानांतेजोबलपराक्रमैः॥ मध्येतपन्निवाभातिज्योतिषामिवभास्करः २८ असूर्यमिवसूर्येणनिर्वातमिववायुना ॥ भासितंल्हादितंचैवकृष्णेनेदंसदोहिनः २९ ॥ ॥ ॥ ॥ ॥

तिभ्यः तेजोबलपराक्रमैः तेजःप्रकाशः बलंतेजोन्तराभिभवसामर्थ्यं पराक्रमः निरवशेषेणतमोनाशकत्वंचदृष्टान्तेतेजआदि दार्ष्टांतिकेतु चित्प्रकाशः बलंअबाध्यत्वम् पराक्रमःसर्वोपादानत्वेनसर्वव्यापकत्वंच । कथापक्षेतुतेजःकांतिः बलंपराभिभवसामर्थ्यम् पराक्रमः संग्रामोद्यमः २८ असूर्यमिवेति । यथागाढान्धकारस्थंघटादिअसत्कल्पंअप्रकाशमानंच तस्यसत्तास्फूर्तीसूर्येणैवभवतः । एवंअहंकारादेर्घटान्तस्यार्थजातस्यसत्ताप्रकाशौचिदधीनावेवेतिपूर्वोक्तस्यैवविवरणम् एवंतथानिवातेवातशून्येऽपवरके निदाघे विद्यमानान्जंतून्वातएवाल्हादयति एवंअयंस्वरूपानंदेनजगदाल्हादयति । 'एषह्येवानंदयातिएतस्यैवानंदस्यान्यानिभूतानिमात्रामुपजीवंति'इतिश्रुतेः सोऽयंप्रत्यग्दृशिरूपएवसन् दर्पणेनमुखमिव स्वमायया पराग्दृश्यत्वमिवापादितः पूजनीयः अत्रहिदेहाद्युपाधिविस्मरणेन लब्धपदंचित्तंमोक्षायकल्पते तथोक्तंभगवतापतंजलिना । 'बहिरकल्पितावृत्तिर्महाविदेहाततःप्रकाशावरणक्षयइति' बहिः मूर्त्यादौ अकल्पितादेहादिप्रत्ययेनासंकीर्णा महाविदेहेतिधारणायानाम २९ ॥ ॥ ॥ ॥ ॥ ॥

३० । ३१ । ३२ इतिश्रीमन्महाभारतेसभापर्वणिनैलकंठीयेभारतभावदीपेषट्‌त्रिंशोऽध्यायः ॥ ३६ ॥ ॥ ॥ ॥ कर्तृत्वादिकं कृष्णेवास्तवमेव नतुमायिकमाविद्यकंवा। शरीरमात्रस्यकर्मजन्यत्वनियमात् मिथ्याभूतस्यापिवास्तवार्थक्रियाकारित्वेशुक्तिरजतादेरपिरजतोचितद्रवीभावापत्तेश्चेत्यभिसंदधानोजैमिनिमतानुसारीशिशुपालः वर्णाश्रमवयस्तपोविद्यादिभिरेव पुंसांश्रेष्ठ्याश्रैष्ठ्यविभागंबहुमन्यमानःनृपांतरसाधारण्येन कृष्णमपूज्यं करोति नायमिति। वार्ष्णेयः वृष्णिषूत्पन्न इति पूर्वोक्तंस्वयंभूत्वं निराकृतं तद्धिआत्मनः सर्वसाधारणं देहस्यतुअस्मदादिवदेवक्वचिज्जा

तस्मैभीष्माभ्यनुज्ञातःसहदेवःप्रतापवान् ॥ उपजन्हेऽथविधिवद्वार्ष्णेयायार्घमुत्तमम् ३० प्रतिजग्राहतत्कृष्णःशास्त्रदृष्टेनकर्मणा ॥ शिशुपालस्तुतांपूजांवासुदेवेनचक्षमे ३१ सउपालभ्यभीष्मंचधर्मराजंचसंसदि ॥ अपाक्षिपद्वासुदेवंचेदिराजोमहाबलः ३२ ॥ ॥ इतिश्रीमन्महाभारतेसभापर्वणिअर्घाहरण० कृष्णार्घदानेषट्‌त्रिंशोध्यायः ॥३६॥ ॥ शिशुपालउवाच ॥ नायमर्हतिवार्ष्णेयस्तिष्ठत्स्विहमहात्मसु ॥ महीपतिषुकौरव्यराजवत्पार्थिवार्हणम् १ नायंयुक्तःसमाचारःपांडवेषुमहात्मसु ॥ यत्कामात्पुंडरीकाक्षंपांडवार्चितवानसि २ बालायूयंनजानीध्वंधर्मःसूक्ष्मोहिपांडवाः ॥ अयंचस्मृत्यतिक्रांतोह्यापगेयोऽल्पदर्शनः ३ त्वादृशोऽधर्मयुक्तोहिकुर्वाणःप्रियकाम्यया ॥ भवत्यभ्यधिकंभीष्मोलोकेष्ववमतःसताम् ४ कथंह्यराजादाशार्होमध्येसर्वमहीक्षिताम् ॥ अर्हणामर्हतितथायथायुष्माभिरर्चितः ५ अथवामन्यसेकृष्णंस्थविरंकुरुपुंगव ॥ वसुदेवेस्थितेवृद्धेकथमर्हतितत्सुतः ६ अथवावासुदेवोऽपिप्रियकामोऽनुवृत्तवान् ॥ द्रुपदेतिष्ठतिकथंमाधवोऽर्हतिपूजनम् ७ आचार्यंमन्यसेकृष्णमथवाकुरुनंदन ॥ द्रोणेतिष्ठतिवार्ष्णेयंकस्मादर्चितवानसि ८ ऋत्विजंमन्यसेकृष्णमथवाकुरुनंदन ॥ द्वैपायनेस्थितेवृद्धेकथंकृष्णोऽर्चितस्त्वया ९ भीष्मेशांतनवेराजन्स्थितेपुरुषसत्तमे ॥ स्वच्छंदमृत्युकेराजन्कथंकृष्णोऽर्चितस्त्वया १० अश्वत्थाम्निस्थितेवीरेसर्वशास्त्रविशारदे ॥ कथंकृष्णस्त्वयाराजन्नर्चितःकुरुनंदन ११ दुर्योधनेचराजेंद्रेस्थितेपुरुषसत्तमे ॥ कृपेचभारताचार्येकथंकृष्णस्त्वयार्चितः १२ द्रुमंकिंपुरुषाचार्यमतिक्रम्यतथाऽर्चितः ॥ भीष्मकेचैवदुर्धर्षेपांडुवत्कृतलक्षणे १३ नृपेचरुक्मिणिश्रेष्ठएकलव्येतथैवच ॥ शल्येमद्राधिपेचैवकथंकृष्णस्त्वयार्चितः १४ अयंचसर्वराज्ञांवैबलश्लाघीमहाबलः ॥ जामदग्न्यस्यदयितःशिष्योविप्रस्यभारत १५ येनात्मबलमाश्रित्यराजानोयुधिनिर्जिताः ॥ तंचकर्णमतिक्रम्यकथंकृष्णस्त्वयाऽर्चितः १६ नैवर्त्विङ्नैवचाचार्योनराजामधुसूदनः ॥ अर्चितश्चकुरुश्रेष्ठकिमन्यत्प्रियकाम्यया १७ अथवाऽभ्यर्चनीयोऽयंयुष्माकंमधुसूदनः ॥ किंराजभिरिहानीतैरवमानायभारत १८ वयंतुनभयादस्यकौन्तेयस्यमहात्मनः ॥ प्रयच्छामःकरान्सर्वेनलोभान्नचसांत्वनात् १९ अस्यधर्मप्रवृत्तस्यपार्थिवत्वंचिकीर्षतः ॥ करानस्मैप्रयच्छामःसोऽयमस्मान्नमन्यसे २० ॥ ॥ ॥ ॥

तत्वातदुर्वचमितिभावः १ । २ आपगेयोभीष्मः ३ । ४ । ५ ननुअस्मदादिवज्जातोऽप्यराजापि वृद्धत्वादिनाहेतुनापूज्यःकृष्णइत्याशंक्यनिराचष्टे अथवामन्यसेइत्यादिना ६ । ७ । ८ । ९ । १० । ११ । १२ । १३ । १४ । १५ । १६ । १७ । १८ । १९ । २० ॥ ॥ ॥ ॥

प्राप्तोलक्षणंराजचिन्हंछत्रचामरादि समप्राप्तलक्षणः । प्राप्तापन्नेचद्वितीययेतिसमासः । तदन्योऽप्राप्तलक्षणस्तम् । वस्तुतस्त्वयाऽपिअताद्दशं असंगचिन्मात्रत्वात् 'अलक्षणमचिन्त्यम्' इत्यादिश्रुतेरिति वाग्देवतायास्तात्पर्यम् २१ । २२ धर्मच्युतत्वमेवाह योऽयमिति । राजानंकंसम् २३ । २४ । २५ । २६ अयुक्तामिति । आत्मनःअयुक्तांपूजां अद्वैते पूज्यपूजकभावाभावेनभेदस्यायोगात् तथापिहविषोनिःस्पंदंलेशंप्राशितुं द्रौपदीशाकशेषवत्प्राशनायप्राप्य द्विचंद्रादिवन्मायया भेदमारूढोभक्तोपहृतत्वात्तावदेवबहुमन्यसे । निर्जनेनिर्मनुष्येअंतरिक्षेश्वसतीतिश्वावायुः । 'मातरिश्वासदागतिः' इतिकोशः । मातर्यंतरिक्षेश्वसतीतियास्कः इतिसरस्वत्याशयः । कथापक्षेतुस्पष्टएवार्थः २७ प्रलंभंतेअवलंबंते २८ । २९ । ३० । ३१ ॥ इतिसभापर्वणिनीलकंठीये भारतभावदीपेसप्तत्रिंशोऽध्यायः ॥ ३७ ॥ ॥ ततइति १ अधर्मश्चेति । वेदैकगम्यापरदेवताकृष्णो नतर्कगम्या तर्कबलेनतुतांप्रत्याचक्षाणस्यशाकल्यस्येवतवाधर्मोमहान्भवतीत्यर्थः यतःपारुष्यंचनिरर्थकम् परुंषि पर्वणि

किमन्यदवमानाद्धियदेनंराजसंसदि ॥ अप्राप्तलक्षणंकृष्णमर्वेनार्चितवानसि २१ अकस्माद्धर्मपुत्रस्यधर्मात्मेतियशोगतम् ॥ कोहिधर्मच्युतेपूजामेवंयुक्तांनियोजयेत् २२ योऽयंवृष्णिकुलेजातोराजानंहतवान्पुरा ॥ जरासंधंमहात्मानमन्यायेनदुरात्मवान् २३ अद्यधर्मात्मताचैवव्यपकृष्टायुधिष्ठिरात् ॥ दर्शितंकृपणत्वंचकृष्णेऽर्घस्यनिवेदनात् २४ यदिभीताश्चकौन्तेयाःकृपणाश्चतपस्विनः ॥ ननुत्वयाऽपिबोद्धव्यंयांपूजांमाधवार्हसि २५ अथवाकृपणैरेतामुपनीतांजनार्दन ॥ पूजामनर्हःकस्मात्त्वमभ्यनुज्ञातवानसि २६ अयुक्तामात्मनःपूजांत्वंपुनर्बहुमन्यसे ॥ हविषःप्राप्यनिःस्पंदंप्राशिताश्वेवनिर्जने २७ नत्वयंपार्थिवेंद्राणामपमानःप्रयुज्यते ॥ त्वामेवकुरवोव्यक्तंप्रलंभंतेजनार्दन २८ क्लीबेदारक्रियायाद्दगंधेवारूपदर्शनम् ॥ अराज्ञोराजवत्पूजातथातेमधुसूदनम् २९ दृष्टोयुधिष्ठिरोराजादृष्टोभीष्मश्चयादृशः ॥ वासुदेवोऽप्ययंदृष्टःसर्वमेतद्यथातथम् ३० इत्युक्त्वाशिशुपालस्तानुत्थायपरमासनात् ॥ निर्ययौसदसस्तस्मात्सहितोराजभिस्तदा ३१ ॥ इतिश्रीमन्महाभारतेसभापर्वणिअर्घाभिहरणेशिशुपालक्रोधोनामसप्तत्रिंशोऽध्यायः ३७ ॥ वैशंपायनउवाच ॥ ततोयुधिष्ठिरोराजाशिशुपालमुपाद्रवत् ॥ उवाचचैनंमधुरंसांत्वपूर्वमिदंवचः १ नेदंयुक्तंमहीपालयादृशंवैत्वमुक्तवान् ॥ अधर्मश्चपरोराजन्पारुष्यंचनिरर्थकम् २ नहिधर्मंपरंजातुनावबुध्येतपार्थिवः ॥ भीष्मःशांतनवस्त्वेनंमाऽवमंस्थास्त्वमन्यथा ३ पश्यचैतान्महीपालांस्त्वत्तोवृद्धतरान्बहून् ॥ मृष्यंतेचार्हणांकृष्णेतद्वत्त्वंक्षंतुमर्हसि ४ वेदतत्त्वेनकृष्णंहिभीष्मश्चेदिपतेभृशम् ॥ नह्येनंत्वंतथावेत्थयथैनंवेदकौरवः ५ ॥ भीष्मउवाच ॥ नास्मैदेयोह्यनुनयोनायमर्हतिसांत्वनम् ॥ लोकवृद्धतमेकृष्णेयोऽर्हणांनाभिमन्यते ६ ॥ ॥

खंडाः भेदइतियावत् परुंष्येवपारुष्यंस्वार्थेष्यञ्तन्निरर्थकम् स्त्रग्गजवदर्थशून्यमाभासमात्रम् । पौरुषंचेतिपाठे पुरुषधर्मःकर्तृत्वादिः पौरुषम् तदपि सुषुप्तिसमाध्यादौप्रत्यगात्मनिअदर्शनाद्रज्जूरगादिवदाभासमात्रं तत्राधिष्ठानभूतंआत्मवस्तुकृष्णएवनिरधिष्ठानकभ्रमायोगात् । कथापक्षेपारुष्यंदुर्वाक्यत्वम् २ एतच्चयोगबलेनैवभीष्मोवेदेत्याह नहीति । परोधर्मः 'अयंतुपरमोधर्मोयद्योगेनात्मदर्शनं' इति याज्ञवल्क्योक्तः यतस्तं भीष्मोवेदाऽतोऽस्यवचस्यविश्वासोनकर्तव्यइत्यर्थः ३ । ४ । ५ अनुनयःनयोयुक्तिस्तामनुपश्चात्भवतीतिअनुनयोमननानंतरभाविध्यानं योगइतियावत् सनास्मैअसंभावनाग्रस्ताय देयः । पक्षेअनुनयःकुपितप्रसादनं सगुणोपास्यभावादनधिकारिणेइत्यर्थः सांत्वनंशमम् ६ ॥ ॥ ॥ ॥

तत्रमृदंमृदभाषयैवबोधयेदितिन्यायेन शिशुपालमतमनुसृत्यैवकृष्णस्याधिक्यमाह द्वाभ्याम् क्षत्रियइति ७ । ८ इतोऽप्यधिकमाह नहीति । त्रैलोक्यांतर्गतानांब्रह्मादीनामित्यर्थः ९ इदानींतनक्षत्रिये भ्यःऋषभाःश्रेष्ठाःहिरण्याक्षादयः वार्ष्णेयेसर्वंप्रतिष्ठितंविलीनम् किंकनककुंडलन्यायेन नेत्याह निखिलेनेति । सत्यामपिकनकबुद्धौकुंडलबुद्ध्यनपायात् रज्जुसर्पन्यायेनैवेयंसंप्रतिष्ठा । ज्ञानादेवतु कैवल्यमिति श्रुतेश्च । पक्षांतरेतु ब्रह्मणःकनकवत्परिणामित्वंकुंडलस्येव प्रपंचस्य क्रिययाप्रविलाप्यत्वंचस्यात् । तथा च 'असंगोह्ययंपुरुषः' इत्यसंगत्वश्रुतेर्ज्ञानादेवेत्यवधारणस्यचव्याकोपइति दिक् १० । ११ उक्तार्थेप्रमाणमाह ज्ञानवृद्धाइत्यादिना १२ कर्माणिपूतनावधादीनि १३ । १४ कृतार्थंकृतंअर्थंउपकारम् १५ । १६ । १७ वैश्यानामिति । लक्ष्मीपतित्वात्पुराणपुरुषत्वाच्च १८ १९ नियताऽच्युतेऽकर्मजत्वात् अन्यत्र कर्मजत्वादेषामस्थैर्यं भवतीत्यर्थः २० लोकसंपन्नंज्ञानसंपन्नम् २१ । २२ लोकदृष्ट्याकृष्णमाहात्म्यमुक्त्वाशास्त्रदृष्ट्याऽपितदाह । कृष्णएवेति उत्पत्तिरपि

क्षत्रियःक्षत्रियंजित्वारणेरणकृतांवरः ॥ योमुंचतिवशेकृत्वागुरुर्भवतितस्यसः ७ अस्यांहिसमितौराज्ञामेकमप्यजितंयुधि ॥ नपश्यामिमहीपालंसात्वतीपुत्रतेजसा ८ नहिकेवलमस्माकमयमर्च्यतमोऽच्युतः ॥ त्रयाणामपिलोकानामर्चनीयोमहाभुजः ९ कृष्णेनहिजितायुद्धेबहवःक्षत्रियर्षभाः ॥ जगत्सर्वंचवार्ष्णेयेनिखिलेनप्रतिष्ठितम् १० तस्मात्सत्स्वपिवृद्धेषुकृष्णमर्चामनेतरान् ॥ एवंवक्तुंनचार्हस्त्वंमातेभूद्बुद्धिरीदृशी ११ ज्ञानवृद्धामयाराजन्बहवःपर्युपासिताः ॥ तेषांकथयतांशौरेरहंगुणवतोगुणान् १२ समागतानामश्रौषंबहून्बहुमतान्सताम् ॥ कर्माण्यपिचयान्यस्यजन्मप्रभृतिधीमतः १३ बहुशःकथ्यमानानिनरैर्भूयःश्रुतानिमे ॥ नकेवलंवयंकामाच्चेदिराजजनार्दनम् १४ नसंबंधंपुरस्कृत्यकृतार्थंवाकथंचन ॥ अर्चामहेऽर्चितंसद्भिर्भुविभूतसुखावहम् १५ यशःशौर्यंजयंचास्यविज्ञायार्चांप्रयुंज्महे ॥ नचकश्चिदिहास्माभिःसुबालोऽप्यपरीक्षितः १६ गुणैर्वृद्धानतिक्रम्यहरिरर्च्यतमोमतः ॥ ज्ञानवृद्धोद्विजातीनांक्षत्रियाणांबलाधिकः १७ वैश्यानांधान्यधनवान्शूद्राणामेवजन्मतः॥ पूज्यतायांचगोविंदेहेतूद्वावपिसंस्थितौ १८ वेदवेदांगविज्ञानंबलंचाभ्यधिकंतथा ॥ नृणांलोकेहिकोन्योऽस्तिविशिष्टःकेशवादृते १९ दानंदाक्ष्यंश्रुतंशौर्यंह्रीःकीर्तिर्बुद्धिरुत्तमा ॥ संततिःश्रीर्धृतिस्तुष्टिःपुष्टिश्चनियताऽच्युते २० तमिमंलोकसंपन्नमाचार्यंपितरंगुरुम् ॥ अर्घ्यमर्चितमर्चार्हंसर्वेसंक्षंतुमर्हथ २१ ऋत्विग्गुरुर्विवाह्यश्चस्नातकोनृपतिःप्रियः ॥ सर्वमेतद्धृषीकेशस्तस्मादभ्यर्चितोऽच्युतः २२ कृष्णएवहिलोकानामुत्पत्तिरपिचाव्ययः ॥ कृष्णस्यहिकृतेविश्वमिदंभूतंचराचरम् २३ एषप्रकृतिरव्यक्ताकर्ताचैवसनातनः ॥ परश्चसर्वभूतेभ्यस्तस्मात्पूज्यतमोऽच्युतः २४ ॥ ॥ ॥

उपादानमपि अव्ययःअविनाशीअपरिणामित्वात् रज्जुवत्परिणाम्युपादानस्यनाशावश्यंभावादितिभावः । अप्ययइतिपाठेलयस्थानम् । कृष्णस्यकृतेकृष्णार्थं सर्वशेषित्वात्कृतेइत्यव्ययंतादर्थ्येनिपात्यते भूतंउत्पन्नंतेनविनाश्यपिएतत्कृष्णएवभवइत्यपिज्ञेयम् २३ नन्वपरिणामित्वेकृष्णस्यकथंपरिणामिनमाकाशादिकंप्रत्युपादानत्वं कारणस्यकार्यसजातीयत्वनियमादित्याशंक्याह एषप्रकृतिः उपादानंजगतः अव्यक्ताअप्रकटारज्जुरिवस्पष्टमदृष्टासर्पस्यकर्तामहदहंकारादिरप्ययमेव परिणामवद्विवर्तेऽपि कार्यस्यकारणानन्यत्वात् महदादेश्चविवर्तरूपत्वात् । नन्वन्योऽन्यत्रान्यत्कल्पयति महदादेस्तुकथंसदात्मनिस्वस्वकल्पकत्वमित्याशंक्याह सनातनइति । सुप्तिप्रलयादावपितेषांसंस्कारात्मनासत्त्वमस्तिअतः कदाचित्प्रतीयमानत्वान्मिथ्यात्वेऽपिभ्रमतत्संस्कारपरंपरायाबीजांकुरवदनादि
१३ त्वान्महदादिरपिसनातनोऽनादिरेवेत्यर्थः । नन्वेवंभूतकादिन्दवदान्तनिमहदादेराविर्भावतिरोभावौउक्तौस्यातां तथाचात्पसममत्ताकत्वंतयोःस्यादित्यतआह परइति । सर्वभूतेभ्यउत्पन्नेभ्योमहदा

दिभ्योऽतिरिक्तः महदाद्युपादानत्वज्ञानमेव नतुचिदात्मा तदपि रज्ज्वज्ञानवत्तदनाद्यपिबाधेसतिवस्तुवृत्त्याकालत्रयेऽपि तत्कार्यंनासीदितिप्रत्ययात् । यादृशोयक्षस्तादृशोबलिरितिन्यायेन कार्यवतअनिर्वचनीयत्वमेवकल्प्यते अतःकृष्णएवपरोनत्वज्ञानंत्रैकालिकबाधविषयत्वात्तस्येतिभावः । पूज्यतमइति । निरुपाधिकप्रेमविषयत्वेनसर्वशेषित्वंप्रसंगात्मत्वंचोक्तम् । अच्युतइति भोक्तृत्वरूपच्युतिका
॥ ३६ ॥ रनिषेधः अहंकारस्यैव भोक्तृत्वादात्मनिच जलचंद्रचांचल्यवत्तदुपधानात्कल्पितमितिभावः २४ अतएवकृष्णाद्वैतंसिद्धमित्याह बुद्धिरित्यादिना । प्रतिष्ठितं रज्जूरगवत्कृष्णानन्यत्वादित्यर्थः बुद्धि
रहंकारः मनइतीन्द्रियाण्येकादश महान्महत्तत्वं वायुरित्यादिपंचकेनपंचतन्मात्राणांस्थूलभूतानांचग्रहणम् चतुर्विधंजरायुजादिभौतिकम् २५ । २६ । २७ । २८ । २९ सर्वत्रसर्वदासत्तास्फूर्तिप्र
दत्वेनसंतमितिशेषः ३० उत्कृष्टंधर्मंआत्मदर्शनम् ३१ । ३२ । ३३ ॥ ॥ इतिसभापर्वणिनीलकंठीयेभारतभावदीपेअष्टात्रिंशोऽध्यायः ॥ ३८ ॥ ॥ यएवंविधःकृष्णः सएववसुदेवसूनु ॥ ३९ ॥

बुद्धिर्मनोमहद्वायुस्तेजोऽम्भःखंमहीचया ॥ चतुर्विधंचयद्भूतंसर्वंकृष्णेप्रतिष्ठितम् २५ आदित्यश्चंद्रमाश्चैवनक्षत्राणिग्रहाश्चये ॥ दिशश्चविदिशश्चैवसर्वंकृष्णे प्रतिष्ठितम् २६ अग्निहोत्रमुखावेदागायत्रीछंदसांमुखम् ॥ राजामुखंमनुष्याणांनदीनांसागरोमुखम् २७ नक्षत्राणांमुखंचंद्रआदित्यस्तेजसांमुखम् ॥ पर्वतानांमुखंमेरुर्गरुडःपततांमुखम् २८ ऊर्ध्वंतिर्यगधश्चैवयावतीजगतोगतिः ॥ सदेवकेषुलोकेषुभगवान्केशवोमुखम् २९ अयंतुपुरुषोबालः शिशुपालोनबुध्यते ॥ सर्वत्रसर्वदाकृष्णंतस्मादेवंप्रभाषते ३० योहिधर्मंविचिनुयादुत्कृष्टंमतिमान्नरः ॥ सवैपश्येद्यथाधर्मंनतथाचेदिराडयम् ३१ सवृद्धबाले ष्वथवापार्थिवेषुमहात्मसु ॥ कोनार्हंमन्यतेकृष्णंकोवाप्येनंनपूजयेत् ३२ अथैनांदुष्कृतांपूजांशिशुपालोव्यवस्यति ॥ दुष्कृतायांयथान्यायंतथाऽयंकर्तुमर्हति ३३ इतिश्रीमन्महाभारतेसभापर्वणिअर्घाभिहरणेभीष्मवाक्यंनामअष्टात्रिंशोऽध्यायः ॥ ३८ ॥ वैशंपायनउवाच ॥ ॥ एवमुक्त्वाततोभीष्मोविरराममहाबलः ॥ व्याजहारोत्तरंतत्रसहदेवोऽर्थवद्वचः १ केशवंकेशिहंतारमप्रमेयपराक्रमम् ॥ पूज्यमानंमयायोवःकृष्णंनसहतेनृपाः २ सर्वेषांबलिनांमूर्ध्निमयेदंनिहितंपदम् ॥ एवमुक्तेमयासम्यगुत्तरंप्रब्रवीतुसः ३ सएवहिमयावध्योभविष्यतिनसंशयः ॥ मतिमंतश्चयेकेचिदाचार्यंपितरंगुरुम् ४ अर्च्यमर्चितमर्घार्हमनुजानंतुतेनृपाः ॥ ततो नव्याजहारैषांकश्चिद्बुद्धिमतांसताम् ५ मानिनांबलिनांराज्ञांमध्येवैदर्शितेपदे ॥ ततोऽपतत्पुष्पवृष्टिःसहदेवस्यमूर्द्धनि ६ अदृश्यरूपावाचश्चाप्यब्रुवन्साधुसाध्विति ॥ आविध्यदजितंकृष्णंभविष्यद्भूतजल्पकः ७ सर्वसंशयनिर्मोक्तानारदःसर्वलोकवित् ॥ उवाचाखिलभूतानांमध्येस्पष्टतरंवचः ८ कृष्णंकमलपत्राक्षंनार्चयिष्यंतियेनराः ॥ जीवन्मृतास्तुतेज्ञेयानसंभाष्याःकदाचन ९ ॥ ॥ ॥ ॥ ॥

रितिसहदेवप्रतिज्ञानारदवचनाभ्यांनिश्चेतुमध्यायमारभते एवमुक्त्वेत्यादिना १ अप्रमेयोनिर्गुणत्वात् परंपश्चाद्धाविकार्यंततआक्रामतिव्याप्नोतीतिपराक्रमउपादानम् अप्रमेयश्चासौपराक्रमश्चेतिसमासः शुद्धशबलब्रह्मरूपोऽयं केशिहंतेत्यर्थः २ । ३ । ४ । ५ । ६ कृष्णंश्यामम् ७ । ८ ननुउपाध्यविवक्षयाब्रह्मभावोऽस्मदादीनामप्यस्ति तद्विवक्षायांतुफलशलाटुवत्कृष्णस्यास्माकंचज्ञानैश्वर्यता रतम्येऽपितस्यव्यावृत्तत्वेनास्मदादिवदुभयविधब्रह्मभावोनास्त्येवेत्याशंक्याह कृष्णमिति । यथापरिमाणतारतम्यस्यविश्रांतिराकाशादौदेशतःकालतश्चपरिच्छेदाभावात्दृष्टा तथाऐश्वर्यतारतम्यस्यापिद्र ष्टव्या । ननु प्रलयेकार्यमात्रनाशस्यवक्तव्यत्वात्कथंकृष्णविग्रहस्यकालापरिच्छेद्यत्वंयुज्येतेतिचेन्न तस्याकार्यत्वात् नहिपूर्वोदाहृतस्यहिरण्यश्मश्रुत्वादिविशिष्टस्यब्रह्मणःकार्यत्वंवक्तुंशक्यम् । 'अंत

स्तद्धर्मोपदेशात्’इतिन्यायविरोधात्शास्त्रांत्यन्यायविरोधाच्च । तत्रहिनित्यसिद्धेश्वरादर्वाचीनानां ज्ञानध्यानसिद्धानामीश्वराणामैश्वर्यं वियदादिजगत्सृष्टिसंहारादिव्यापारवर्जंतेनसह भोगसाम्यमा त्रम् हेतुश्चात्रोक्तः असन्निहितत्वादितिभौतिकपदार्थसृष्ट्यादिसमकालेहितेषांसृष्टिप्रलयावितिनतेभूतोत्पत्तिलयकालेसन्निहिताः अयंतुतदानीमपिसन्निहितोऽस्तीतिनित्यएव । व्यवहारतःसर्गपरंपरायाआ द्यन्तशून्यत्वात्तद्धेतुहेतोरस्यापि तथात्वंदुर्वारम् । नन्वस्यनित्यत्वेतल्लोकादेरपिनित्यत्वंवाच्यम् । तथाचाद्वैतक्षतिरितिचेत्भ्रांतोसि यथात्रैलोक्यनाशेऽपिब्रह्मलोकाद्यस्ति तथाब्रह्मलोकनाशेऽपि तल्लोकादिकमस्ति यथासत्स्वपिब्रह्मलोकादिषु अस्मदादीनांशुद्धकैवल्यमप्रतिहतम् तथातस्मिन्नपिसतिभविष्यतीतिकानोहानिः । येतुतल्लोकप्राप्तिरेवकैवल्यमित्याहुस्तदश्रौतमितिव्युत्पादितम

॥ वैशंपायनउवाच ॥ ॥ पूजयित्वाचपूजार्हान्ब्रह्मक्षत्रविशेषवित् ॥ सहदेवोनृणांदेवःसमापयतकर्मतत् १० तस्मिन्नभ्यर्चितेकृष्णेसुनीथःशत्रुकर्षणः ॥ अतिताम्रेक्षणःकोपादुवाचमनुजाधिपान् ११ स्थितःसेनापतिर्योऽहंमन्यध्वंकिंतुसांप्रतम् ॥ युधितिष्ठामसन्नह्यसमेतान्वृष्णिपांडवान् १२ इतिसर्वान्समुत्सा ह्यराज्ञस्तान्चेदिपुंगवः ॥ यज्ञोपघातायततःसोऽमंत्रयतराजभिः १३ तत्राहूतागताःसर्वेसुनीथप्रमुखागणाः ॥ समदृश्यंतसंक्रुद्धाविवर्णवदनास्तथा १४ युधि ष्ठिराभिषेकंचवासुदेवस्यचार्हणम् ॥ नस्याद्यथातथाकार्यमेवंसर्वेतदाऽब्रुवन् १५ निष्कर्षान्निश्चयात्सर्वेराजानःक्रोधमूर्च्छिताः ॥ अब्रुवंस्तत्रराजानोनिर्वेदादात्म निश्चयात् १६ सुहृद्भिर्वार्यमाणानांतेषांहिवपुराबभौ ॥ आमिषादपकृष्टानांसिंहानामिवगर्जताम् १७ तंबलौघमपर्यन्तंराजसागरमक्षयम् ॥ कुर्वाणंसमयंकृष्णो युद्धायबुबुधेतदा १८ ॥ इतिश्रीमन्महाभारतेसभापर्वणिअर्घाभिहरणसमाप्तिर्नामऊनचत्वारिंशोऽध्यायः ३९ ॥ समाप्तंचेदमर्घाभिहरणपर्व ॥ अथशिशुपाल वधपर्व ॥ ॥ वैशंपायनउवाच ॥ ततःसागरसंकाशंदृष्ट्वानृपतिमंडलम् ॥ संवर्तवाताभिहतंभीमंक्षुब्धमिवार्णवम् १ रोषात्प्रचलितंसर्वमिदमाहयुधिष्ठिरः ॥ भीष्मंम तिमतांमुख्यंवृद्धंकुरुपितामहम् २ बृहस्पतिंबृहत्तेजाःपुरुहूतइवाऽरिहा ॥ असौरोषात्प्रचलितोमहान्नृपतिसागरः ॥ अत्रयत्प्रतिपत्तव्यंतन्मेब्रूहिपितामह ३ यज्ञ स्यचनविघ्नःस्यात्प्रजानांचहितंभवेत् ॥ यथासर्वत्रतत्सर्वंब्रूहिमेऽद्यपितामह ४ इत्युक्तवतिधर्मज्ञेधर्मराजेयुधिष्ठिरे ॥ उवाचेदंवचोभीष्मस्ततःकुरुपितामहः ५ माभैस्त्वंकुरुशार्दूलश्वासिंहंहंतुमर्हति ॥ शिवःपंथाःसुनीतोऽत्रमयापूर्वतरंवृतः ६ ॥ ॥ ॥

न्यत्र । ‘केचिदाहुरिमंसांबंकेचिद्विष्णुंपरेरविम् ॥ केचिद्गणेशंकेप्यंबांमद्विधाःपार्थसारथिम्’ । तस्माद्युक्तंकमलपत्राक्षस्य पूर्वोक्तरीत्याअसंगस्यसाक्षाद्ब्रह्मत्वं इतरेषांतूपाधितादात्म्यव्यवहितमिति महान्भेदइतियुक्तंकृष्णस्यार्चनीयतमत्वम् । प्रत्यग्दृशेरेवदेहेन्द्रियाद्युपाधिसान्निध्यात् मुकुरमुखवत्कृष्णरूपेण चरमेजन्मनिपराग्दृश्यात्मनाभासमानत्वादितिदिक् ९ । १० । ११ । १२ । १३ सुनीथः शिशुपालः १४ । १५ निर्वेदात् अपमानेनदेहादौवैराग्यात् आत्मनिश्चयात्स्वबलवत्त्वनिश्चयात् १६ । १७ समयं संकेतम् ॥ १८ ॥ ॥ इतिसभापर्वणि नीलकंठीये भारत भावदीपे ऊनचत्वारिंशोऽध्यायः ॥ ३९ ॥ ॥ ततइति १ । २ अत्रस्वंतंभवेद्यन्नइतिपाठे नः अस्माकं स्वंतं शुभोदर्कम् ३ । ४ । ५ शिवः पंथाः कृष्णाश्रयरूपः सुनीतःसुनीतिसहितः ६

७ । ८ । ९ । १० नूनमेतदिति । 'यद्यद्विभूतिमत्सत्त्वंश्रीमदूर्जितमेववा ॥ तत्तदेवावगच्छत्वंममतेजोंऽशसंभवं'इतिभगवद्वचनात् शिशुपालेऽपिविभूतिमत्वात्पूर्वंभगवत्पार्षदत्वाच्चपारमेश्वरंज्ञानैश्वर्यादिरूपं तेजोऽस्तितस्यादानंतद्देहपातेनैवतंहंतुमिच्छतीत्यर्थः । पुनःशब्दो हिरण्याक्षाद्यपेक्षया ११ । १२ आदातुंसंहर्तुं विप्लवते विपर्ययंप्राप्नोति १३ कुतःकृष्णोऽन्येषांतेजांस्यादत्तेनतुतानिपृथक्तिष्ठंतीत्यतआह चतुर्विधानामिति । चेतनाचेतनप्रपंचस्य जलेतरंगबुद्बुदन्यायेनतत्रैवोत्पत्तिप्रलययोःश्रवणात् एष योनिः सर्वस्यप्रभवाप्ययोहिभूतानामिति तदनन्यत्वाच्चसर्वस्येतिभावः १४ १५ ॥ इतिसभापर्वणि नीलकंठीयेभारतभावदीपे चत्वारिंशोऽध्यायः ॥ ४० ॥ ॥ ननुविभीषिकाभिर्बह्वीभिरित्यादिग्रंथोभगवन्निन्दापरत्वाच्चभूतार्थवादः किंतुध्यानमात्रंध्येयसारूप्यप्रापकम् तच्चद्वेषेणापिकर्तव्यमित्यतिशयोक्तिमात्रंध्यानविधेस्तावकम् । अन्यथाभगवन्निन्दाकृतांवेनादीनां 'भगवन्निन्दयावेनोद्विजैस्तमसिपातितः' इत्यादिदोषस्मरणमनुपपन्नंस्यात् । बृहदारण्यकपंचमे च ब्रह्मविदंयाज्ञवल्क्यंद्विषतःशाकल्यस्यसद्योमृत्युरुक्तोऽस्थ्नांचसंस्कारालाभेनदुर्गतिश्चसूचिता साक्षाद्ब्रह्मद्विषस्तुततोऽप्यधिकंदुःखंवक्तव्यंस्यात् । अत्रचद्विषतोऽपिशिशुपालस्यापराधशतंक्षांत्वा तस्मै भगवतास्वसायुज्यंदत्तमित्युच्यते तस्मान्निन्दाग्रंथःप्रकरणासंगतेर्भगवत्यसमवेतत्वाच्चाभूतार्थवादएव । तथाहि त्रिविधोऽर्थवादः 'विरोधेगुणवादःस्यादनुवादोऽवधारिते ॥ भूतार्थवादस्तद्धानादर्थ-

प्रसुप्तेहियथासिंहेश्वानस्तस्मिन्समागताः ॥ भषेयुःसहिताःसर्वेतथेमेवसुधाधिपाः ७ वृष्णिसिंहस्यसुप्तस्यतथाऽमीप्रमुखेस्थिताः ॥ भषंतेतातसंक्रुद्धाःश्वानःसिंहस्यसन्निधौ ८ नहिसंबुध्यतेयावत्सुप्तःसिंहइवाच्युतः ॥ तेनसिंहोकरोत्येतान्नृसिंहश्चेदिपुंगवः ९ पार्थिवान्पार्थिवश्रेष्ठःशिशुपालोऽप्यचेतनः ॥ सर्वान्सर्वात्मनातातनेतुकामोयमक्षयम् १० नूनमेतत्समादातुंपुनरिच्छत्यधोक्षजः ॥ यदस्यशिशुपालस्यतेजस्तिष्ठतिभारत ११ विप्लुताचास्यभद्रंतेबुद्धिर्बुद्धिमतांवर ॥ चेदिराजस्यकौन्तेयसर्वेषांचमहीक्षिताम् १२ आदातुंचनरव्याघ्रोऽयंयमिच्छत्ययंतदा ॥ तस्यविप्लवतेबुद्धिरेवंचेदिपतेर्यथा १३ चतुर्विधानांभूतानांत्रिषुलोकेषुमाधवः ॥ प्रभवश्चैवसर्वेषांनिधनंचयुधिष्ठिर १४ ॥ ॥ वैशंपायनउवाच ॥ ॥ इतितस्यवचःश्रुत्वाततश्चेदिपतिर्नृपः ॥ भीष्मंरूक्षाक्षरावाचःश्रावयामासभारत १५ ॥ ॥ इतिश्रीमन्महाभारतेसभापर्वणिशिशुपालवधपर्वणियुधिष्ठिराश्वासनंनामचत्वारिंशोऽध्यायः ४० ॥ ॥ शिशुपालउवाच ॥ ॥ ॥ विभीषिकाभिर्बह्वीभिर्भीषयन्सर्वपार्थिवान् ॥ नव्यपत्रपसेकस्माद्वृद्धःसन्कुलपांसनः १ ॥ ॥ ॥

वादस्त्रिधामतः' इत्युक्तलक्षणः । एतेषांक्रमादुदाहरणानि । 'प्रजापतिरात्मनोवपामुदक्खिदत्'स्ववपोत्खननेदेहस्यैवनाशोभवतीत्यभूतार्थवादोऽयम् । 'अग्निर्हिमस्यभेषजम्' । 'मेधातिथिंहकाण्वायनंमेषोभूत्वेन्द्रो जहार'इत्यादीनि । तस्मादिहनिन्दकस्यमुक्तिर्विरुद्धेत्यभूतार्थवादएवेतिचेन्न तद्वत्कृत्स्नस्यापिभारतस्यतथात्वापत्तेः । अनन्यगतिकप्रकरणबाधापत्तेश्चानर्थक्यप्रतिहतानांविपरीतंबलाबलमितिन्यायेनाकाशादिश्रुतिवन्निन्दाश्रुतिरपिगौण्यावृत्त्याब्रह्मपरतयानेयेतियुक्तमुत्पश्यामः । अत एव श्रीमद्भागवतेऽपि हरिनिंदाग्रंथःस्तुतिपरत्वेनैवव्याख्यातः श्रीधरस्वामिभिः । एवं भीष्मेण बोधितःशिशुपालः स्वबोधमाविश्चिकीर्षुर्भीष्मंतावन्महीकरोति विभीषिकाभिरिति । हेनव्यप सःत्वं कुलपांमध्येवृद्धःसन् नःअस्मान्पार्थिवान्बह्वीभिर्विभीषिकाभिः भीषयन्कस्मान्नपसेइतियोजना । नोतुंस्तोतुं योग्यं नव्यं पाति गोपायतीति हे नव्यप हे परमेश्वरतत्त्वगूहनपर । कुलपांकुलपतीनां कुलतारकाणां ब्रह्मविदांमध्ये वृद्धःसन् नःअस्मान्पार्थिवान् शरीराकारपरिणतपृथिवीमात्रनिष्ठान् पृथिव्यंशबाहुल्यातशरीरस्यपृथिवीत्वम् । 'यच्छरीरंसापृथिवी'इतिश्रुतेश्च देहाभिमानयुक्तान् बह्वीभिर्नानाविधभेदवतीभिर्विभीषिकाभिः संसारभीतिहेतुभिःप्रमातृत्वप्रमुखाभिःकर्तृत्वभोक्तृत्वादिभिः भीषयन्भीषयितुंकिमितित्रपसे त्वयावृद्धेनास्माकंसंसारभयंप्रदर्शनीयमेव नतुतत्रास्माकमनधिकारमाशंक्यभीतिहरंतत्वंगोपनीयमित्यर्थः १ ॥ ॥

ननु वस्तुतत्त्वमपिउक्तमेवेत्याशंक्य यथाज्ञातंतथानोक्तमित्याह युक्तमिति । तृतीयायांप्रकृतौवर्त्ततात्वया एतदेवधर्मादपेतार्थंवक्तुंयुक्तमित्यन्वयः । द्वेप्रकृतीपरिणामिन्यौ माया तस्यांचित्प्रति
बिंबश्च । तृतीयाप्रकृतिस्त्वेतदुभयाध्यासाधिष्ठानं निर्विशेषंवस्तु तत्रवर्ततावर्तमानेनतन्मात्रनिष्ठेनत्वया धर्मादपेतःमोक्षः तस्याकर्मसाध्यत्वाततदर्थं । धर्मादित्यलुक्समासः । मोक्षार्थं एतदेवतृतीयप्र
कृतिरूपं वक्तुंयुक्तम् नतुसगुणं । अस्माकंब्रह्मलोकांतस्योपासनाफलस्यानपेक्षितत्वादित्यर्थः । एवंचयथाज्ञातंतथानोक्तमित्युक्तंभवति उक्तेऽर्थेहेतुमाह त्वंहिसर्वंकुरूत्तमइति २ एतदेवसदृष्टांतं
विवृणोति नावीति । यथाऽरित्रकर्णधारादिमत्यां महानावि संबद्धाःक्षुद्रानौः पारंप्राप्नोति । यथावाऽन्धंशरीरंजडत्वात् अंधःअन्नं । 'भिस्सास्त्रीभक्तमंधोऽन्नं'इत्यमरः । अन्वियात् अनुलक्षीकृत्यचलेत् ।
'अन्नंहप्राणः'इतिश्रुतेरनुभवाच्च । तथाभूताःत्वदधीनगतयस्त्वदधीनजीवनाश्च कौरव्याः येषांचास्मदादीनांत्वंअग्रणीःपुरोभूत्वापुरुषार्थप्रापकस्तेऽपितथाभूताएवेत्यर्थः । तस्मादनन्यगतिकानामस्माकं
अवश्यं त्वयाउपदेशःकर्तव्यइतिभावः ३ पूतनेति । अस्यसगुणब्रह्मणः प्रव्यथितंनिर्गुणेऽपिगुणारोपेणवस्तुतत्त्वगोपनाद्दुःखितमित्यर्थः ४ अवेति । लिप्तस्यमूर्खस्यइच्छतइतिकर्मणिषष्ठ्यः ।

युक्तमेतत्तृतीयायांप्रकृतौवर्तताल्वया ॥ वक्तुंधर्मादपेतार्थंत्वंहिसर्वंकुरूत्तमः २ नाविनौरिवसंबद्धायथाऽन्धोऽवांधमन्वियात् ॥ तथाभूताहिकौरव्यायेषांभीष्म
त्वमग्रणीः ३ पूतनाघातपूर्वाणिकर्माण्यस्यविशेषतः ॥ त्वयाकीर्तयताऽस्माकंभूयःप्रव्यथितंमनः ४ अवलिप्तस्यमूर्खस्यकेशवंस्तोतुमिच्छतः ॥ कथंभीष्मन
तेजिव्हाशतधेयंविदीर्यते ५ यत्रकुत्साप्रयोक्तव्याभीष्मबालतरैर्नरैः ॥ तमिमंज्ञानवृद्धःसन्गोपंसंस्तोतुमिच्छसि ६ यद्यनेनहताबाल्येशकुनिश्चित्रमत्रकिम् ॥
तौवाऽश्ववृषभौभीष्मयौनयुद्धविशारदौ ७ चेतनारहितंकाष्ठंयद्यनेननिपातितम् ॥ पादेनशकटंभीष्मतत्रकिंकृतमद्भुतम् ८ वल्मीकमात्रःसप्ताहंयद्यनेनधृतोऽ
चलः ॥ तदागोवर्द्धनोभीष्मनतच्चित्रंमतंमम ९ भुक्तमेतेनबह्वन्नंक्रीडतानगमूर्धनि ॥ इतितेभीष्मशृण्वानाःपरेविस्मयमागताः १० यस्यचानेनधर्मज्ञभुक्तमन्नं
बलीयसः ॥ सचानेनहतःकंसइत्येतन्नमहाद्भुतम् ११ ॥ ॥ ॥ ॥ ॥

लिप्तंविषयसंगिनंमूर्खंमूढंमां केशवंस्तोतुमिच्छंतंअत्र तुच्छमपिभगवद्भक्तंमांपालय हितोपदेशेनेतिभावः । अत्याश्चर्यमेतदित्याह कथमिति । हेभीष्म हेवित् हेविद्वन् नतेनत्रेमाहशेऽपि उपनतेशिष्येइयं
जिह्वात्वदीया त्वयाशतधाकथंनईर्यतेप्रेर्यते अनेकैःप्रकारैः तत्त्वंप्रतिपादयितुमितिशेषः ५ यत्रेति । यत्रसगुणे कुत्सानिंदा बालतरैः आपातत उपनिषन्मात्राध्येतृभिर्बहुभिः । बालेतरैरितिपाठेवृद्धै
रपि । 'यन्मनसानमनुतेयेनाहुर्मनोऽमतं ॥ तदेवब्रह्मत्वंविद्धिनेदंयदिदमुपासते' इत्यब्रह्मत्वेकुत्साप्रयोक्तव्या । तमिमं गोपयतीतिगोपःतंगोपं व्यधिकरणेद्वितीये । तस्यशबलस्यगूहनकर्तारं शुद्धंसं
स्तोतुंसम्यक्प्रस्तोतुमिच्छसि । प्रार्थनायांपंचमोलकारः । तंप्रस्तोतुंइच्छांकुर्वित्यर्थः ६ अनंतब्रह्मांडाधिपे मायाविन्यपिपूतनाघातादिकमत्यंततुच्छमित्याह यद्यनेनेत्यादिना । शकुनिःपूतना । पाठांतरे
शकुनिवत्खेचरस्तृणावर्तः ७ । ८ । ९ इति ते त्वत्तःशृण्वानाः विस्मयमागताः नाहमित्यर्थः १० यस्यचेति । यस्यद्रौपद्यादेः अन्नंअदनीयं शाकलेशादिभुक्तं सचकंसः कामयमानो दुर्वासस
स्तृप्त्यादिकंइच्छन् अनेनकृष्णेनहतः गतःअनुसृतः । हन्तेर्गत्यर्थत्वात् । तदिष्टंसंपादितमित्यर्थः । सर्वात्मनिकृष्णेशाकलेशेनतृप्ते विश्वतृप्तिर्जातेत्यपिनाद्भुतमित्यर्थः ११ ॥ ॥

नतेनश्रेष्ठशिष्यसमीपेकथयतांसतांमुखात्इदंत्वदुक्तंपूतनावधादि मयाश्रुतम् । किंज्ञातस्यार्थस्यनिरूपणेनेतिभावः । हेकुलाधम कुलंगृहंअधमंयस्य गृहातीत संन्यासधर्मरत । यत्तुवाक्यंअहंवक्ष्येवोढुंश क्ष्येतत्कुरु आमधर्मज्ञं अपक्वधर्मःक्षयिष्णुफलत्वात्कर्मोपास्तीतदभिज्ञं मांप्रति तदेववाक्यंअपूर्वार्थप्रतिपादकंवचः निर्गुणब्रह्मविषयंकुरु । तत्राहंज्ञातुंशक्ष्येइत्यर्थः १२ स्त्रीष्विति । प्रतिश्रयोऽङ्गी कारः यश्चस्वीयत्वेनांगीकृतस्तस्मिन्नित्यर्थः । 'प्रतिश्रयःसभायांचाश्रये'इतिमेदिनी १३ हिंसायाअनिष्टसाधनत्वमुक्तं तत्त्वयिविज्ञानवतिवितथंव्यर्थम् । 'हत्वाऽपिसइमाँल्लोकान्नहंति ननिबध्यते' इत्युक्तेः १४ ज्ञानेति । ज्ञातज्ञापनंव्यर्थमित्यर्थः १५ गोघ्नइति । गांवाचंहन्ति हिनस्ति । 'यतोवाचोनिवर्तन्ते'इति श्रुतेः । स्वस्माद्यावर्तयति तथा स्त्रीवत्स्त्रीघ्नःसहायभूतामाया तद्धंता वाचा मायिकस्य गुणवतःस्तुतिःकर्तव्या असौत्वमायःवागतीतः कथंसंस्तवमर्हति नकथमपीति १६ मतिमतांमतिमद्भिःश्रेष्ठः प्रशस्यतमः । संभावयतीति । जनार्दनः संसारवर्द्धनेनजनपीडनकरः मायावी ईश्वरः त्वद्वाक्यात् तववश्यवचसोवाक्यात्एतत्सर्वं पूतनाघातादिआत्मनि संभावयतिसत्यत्वेनैवदर्शयति श्रेष्ठेनत्वयायदेववक्तव्यंतदेवलोकःसत्यमित्यध्यवस्यति वस्तुतस्तु एतत्सर्वं कृष्णेक्रियारोपणं

नतेश्रुतमिदंभीष्मनूनंकथयतांसताम् ॥ यद्वक्ष्येत्वामधर्मज्ञंवाक्यंकुरुकुलाधम १२ स्त्रीषुगोषुनशस्त्राणिपातयेद्ब्राह्मणेषुच ॥ यस्यचान्नानिभुंजीतयत्रचस्यात्प्रति श्रयः १३ इतिसंतोऽनुशासंतिसज्जनंधर्मिणःसदा ॥ भीष्मलोकेहितत्सर्वंवितथंत्वयिदृश्यते १४ ज्ञानवृद्धंचवृद्धंचभूयांसंकेशवंमम ॥ अजानतइवाख्यासिसं स्तुवन्कौरवाधम १५ गोघ्नःस्त्रीघ्नश्चसन्भीष्मत्वद्वाक्याद्यदिपूज्यते ॥ एवंभूतश्चयोभीष्मकथंसंस्तवमर्हति १६ असौमतिमतांश्रेष्ठोयएषजगतःप्रभुः ॥ संभा वयतिचाप्येवंत्वद्वाक्याच्चजनार्दनः ॥ एवमेतत्सर्वमितितत्सर्वंवितथंध्रुवम् १७ नगाथागाथिनंशास्तिबहुचेदपिगायति ॥ प्रकृतिंयांतिभूतानिभूलिंगशकुनिर्यथा १८ नूनंप्रकृतिरेषातेजघन्यानात्रसंशयः ॥ अतःपापीयसीचैषांपांडवानामपीष्यते १९ येषामर्च्यतमःकृष्णस्त्वंचयेषांप्रदर्शकः ॥ धर्मवांस्त्वमधर्मज्ञसतांमार्गा दवप्लुतः २० कोहिधर्मिणमात्मानंजानन्ज्ञानविदांवरः ॥ कुर्याद्यथात्वयाभीष्मकृतंधर्ममवेक्षता २१ चेत्त्वंधर्मंविजानासियदिप्राज्ञामतिस्तव ॥ अन्यकामाहिधर्म ज्ञाकन्यकाप्राज्ञमानिना ॥ अंबानामेतिभद्रंतेकथंसाऽपहृतात्वया २२ तांत्वयाऽपहृतांभीष्मकन्यांनैषितवान्यतः ॥ भ्राताविचित्रवीर्यस्तेसतांमार्गमनुष्ठितः २३

वितथं । 'निष्कलंनिष्क्रियं' इत्यादिश्रुतेः १७ तत्र'सर्वेब्रह्मवदिष्यंतिसंप्राप्तेतुकलौयुगे । नानुतिष्ठंतिमैत्रेयशिश्नोदरपरायणाः'इति शब्दमात्रंवदंति नशमादिपराभवंति तादृशोभीष्मोनभवतीत्याह द्वाभ्यां नगाथेति । भूलिंगोनामभूशायीपक्षी मासाहसमित्निशंवदन्नपिसिंहदंष्ट्रांतरस्थंमांसमादत्तेस्वयंसाहसमतिशयितंकरोति तथानहिंसादिकंकर्तव्यमितिवदन्नन्योहिंसामेवकरोतीत्यर्थः १८ त्वंतु अस्मिन्नचरमेजन्मनि यथावदसितथैवकरोषीत्याह नूनमिति । प्रकृतिःशरीरं जघन्याचरमा तथापांडवानामपिप्रकृतिर्जघन्याऽतः इतोःपापीयसी वेदोक्तधर्मसंरक्षकतरा । पातीतिपाःवेदोक्तोधर्मइति पाखंड पदनिर्वचनेव्यासेनैवव्याख्यातत्वात् तंपातीतिपापाअतिशयेनपापा पापीयसीतियोगात् १९ चरमदेहत्वेगमकमाह येषामिति । अतोहेतोः सर्वथात्वंअवेतिसंबंधः कंअवेत्युच्यते यःअधर्मज्ञःधर्मज्ञोनभवतियश्चस तांमार्गात् प्लुतश्च्युतःतमितियत्तच्छब्दाध्याहारेण योज्यम् २०यथावदसितथाकरोषीत्येतद्दर्शयितुं भीष्मस्यब्रह्मचर्यदार्ढ्यंस्तौतिपंचभिः कोहीति । धर्मिणंधर्मेऽधिकारिणम्२१ अन्येति । हेप्राज्ञमानिनात्वया हृताया कन्यका सात्वत्तःकथंभद्रंआप नकथंचन दृढत्वाच्चब्रह्मचर्यस्य २२ तत्र भ्राताऽपि तादृशइत्याह तामिति । यदर्थं हृता सभ्राताऽपि तांनैषितवान् अन्यकामाहीतिपूर्वोक्तहेतोरेवेत्यर्थः २३

अंबानाम्न्याप्रार्थ्यमानेनापि त्वयाब्रह्मचर्यंनत्यक्तमित्युक्त्वा धर्मसंकटेऽपित्वयातन्नत्यक्तमित्याह दारयोरिति। यस्यविचित्रवीर्यस्य हेप्राज्ञ तवमिषतःपश्यतः मानिनःमानवतः २४ कोहिधर्मइति।
हेभीष्म तेतववनिकटे अहिर्वृत्रासुरस्तस्यधर्मो दंभदर्पादिःकोऽस्ति नकोऽपीत्यर्थः । तवकोपिदंभादिरासुरोधर्मोनास्ति अतः यदिदंधारयसिब्रह्मचर्यंतद्वृथा व्यासेनेवत्वयाऽपिभ्रातृक्षेत्रेषु अप
त्योत्पादनंकर्तुंयुक्तमेवासीदित्यर्थः । वाशब्दोइवार्थे । ल्यब्लोपेपंचम्यौ । मोहंप्राप्येवक्लीबत्वंप्राप्येव मूर्च्छितवत् क्लीबवच्चासंभावितविप्लवं तवब्रह्मचर्यमित्यर्थः २५ नत्विति। हेधर्मज्ञकचिदपि
साधनेशमदमादौ तवउपचयंवृद्धिंनपश्यामीतिन अपितुपश्याम्येव । हितेहितनिमित्तंत्वयावृद्धाश्चसेविनाइत्यपिपश्यामि तत्र लिंगंयएवंधर्ममब्रवीरिति २६ एवंकृष्णस्यैवपूज्यत्वरूपंधर्मं इष्टंदत्तमि
तिसार्द्धश्लोकत्रयंवाक्यं इष्टादिकंअपत्यस्यषोडशीमपिकलांनार्हति अनपत्यस्यचव्रतादिकंमोघमिसेवंअन्येनराःकथयंतीतियोजना २७ । २८ सत्वंअनपत्यःसन् मिथ्याधर्मं आध्यासिक

दारयोर्यस्यचान्येनमिषतःप्राज्ञमानिनः ॥ तवजातान्यपत्यानिसज्जनाचरितेपथि २४ कोहिधर्मोऽस्तितेभीष्मब्रह्मचर्यमिदंवृथा ॥ यद्धारयसिमोहाद्वाक्लीब
त्वाद्वानसंशयः २५ नत्वहंतवधर्मज्ञपश्याम्युपचयंक्वचित् ॥ नहितेसेवितावृद्धायएवंधर्ममब्रवीः २६ इष्टंदत्तमधीतंचयज्ञाश्चबहुदक्षिणाः ॥ सर्वमेतदपत्यस्यक
लांनार्हतिषोडशीम् २७ व्रतोपवासैर्बहुभिःकृतंभवतिभीष्मयत् ॥ सर्वंतदनपत्यस्यमोघंभवतिनिश्चयात् २८ सोनपत्यश्चवृद्धश्चमिथ्याधर्मानुसारकः ॥ हंसवत्त्वम
पीदानींज्ञातिभ्यःप्राप्नुयावधम् २९ एवंहिकथयंत्यन्येनराज्ञानविदःपुरा ॥ भीष्मयत्तदहंसम्यक्वक्ष्यामितवशृण्वतः ३० वृद्धःकिलसमुद्रान्तेकश्चिद्धंसोऽभवत्पुरा ॥
धर्मवागन्यथावृत्तःपक्षिणःसोऽनुशास्तिच ३१ धर्मंचरतमाऽधर्ममितितस्यवचःकिल ॥ पक्षिणःशुश्रुवुर्भीष्मसततंसत्यवादिनः ३२ अथास्यभक्ष्यमाज
ह्रुःसमुद्रजलचारिणः ॥ अंडजाभीष्मतस्यान्येधर्मार्थमितिशुश्रुम ३३ तेचतस्यसमभ्याशेनिक्षिप्यांडानिसर्वशः ॥ समुद्रांभस्यमज्जंतचरंतोभीष्मपक्षिणः ३४
तेषामंडानिसर्वेषांभक्षयामासपापकृत् ॥ सहंसःसंप्रमत्तानामप्रमत्तःस्वकर्मणि ३५ ततःप्रक्षीयमाणेषुतेषुतेष्वंडजोऽपरः ॥ अशंकतमहाप्राज्ञःसकदाचिद्ददर्शह ३६
ततःसकथयामासदृष्ट्वाहंसस्यकिल्बिषम् ॥ तेषांपरमदुःखार्तःसपक्षीसर्वपक्षिणाम् ३७ ततःप्रत्यक्षतोदृष्ट्वापक्षिणस्तेसमीपगाः ॥ निजघ्नुस्तंतदाहंसंमिथ्यावृ
त्तंकुरूद्वह ३८ तेत्वांहंससधर्माणमपीमेवसुधाधिपाः ॥ निहन्युर्भीष्मसंक्रुद्धाःपक्षिणस्तमिवांडजम् ३९ ॥ ॥ ॥

धर्मोऽपत्योत्पादनादिः तस्यअनुसारकःतंअनुसर्तुं वृद्धोवयोतीतत्वादयोग्योऽसीत्यर्थः । अनुशासनादितिपाठे मिथ्याधर्मानुशासनंदेहाभिमानियोग्यंशास्त्रंविहायानपत्यश्च वृद्धश्चजातोसीतिसंबन्धः।
तस्मात्हंसवत्संन्यासिवत् ज्ञातिभ्यः ज्ञानेभ्यः तत्त्वज्ञानात् श्रवणादिव्यापारभेदात्बहुत्वं वधंगतिंमोक्षं गत्यर्थस्यहंतेरिदंरूपम् श्रवणमनननिदिध्यासनैःसम्यगनुष्ठितैरात्मानंप्राप्नुहीत्यर्थः २९ यस्त्वनृ
ताभिसंधिःशब्देनैवज्ञानंवदति नचध्यानेनसाक्षात्करोति संवध्यतइत्यस्मिन्नर्थेहंसाख्यायिकामाह एवंहीत्यादिनाकुरूद्वहेत्यंतेन ३० । ३१ । ३२ । ३३ । ३४ । ३५ । ३६ । ३७ । ३८ तेत्वा
मिति। तेइमेवसुधाधिपाः शरीररूपायाःपृथ्व्याःअधिपाश्चालकाः प्राणाएकादशेन्द्रियाणि च त्वांनिहन्युरपि इतरानिवनानायोनिपातेनहिंस्युरपिनतुहिंसितवंतः । तत्रहननेदृष्टांतः संक्रुद्धाः पक्षि
णस्तमंडजमिवेति । अपिः काकाहिंसायाअभावंद्योतयति तत्रहेतुः हंससधर्माणं हंसाः ध्यानभिक्षवः तत्तुल्यंसदाध्यायिनं जितप्राणेन्द्रियगणमित्यर्थः ३९ ॥ ॥

शाब्दपांडित्यमेवलोकेबहुलं नत्वार्थिकमित्यर्थे पूर्वोक्तकथार्थसंग्राहिकागाथाऽस्तीत्याह गाथामिति ४० अभिहतेकामादिभिः रौषिवदसिधर्म एतत्तवअशुचि अंडभक्षणकर्म वाचमतीयतेउक्तिविरुद्धमित्यर्थः ४१ ॥ इतिसभापर्वणिनीलकंठीये भारतभावदीपेएकचत्वारिंशोऽध्यायः ॥ ४१ ॥ ॥ एवंभीष्मप्रशंसामुखेनहरिंस्तुत्वा संप्रतिजरासंधस्तुत्याऽपितंस्तौति समेइत्यादिना । 'निर्दोषं हिसमंब्रह्म'इतिगीतोक्तेः समेब्रह्मणि जरासंधोऽपि बहुमतःश्रेष्ठः यःअयं प्रत्यगात्मादासइतिमत्वाऽनेन स्वामिनाकृष्णेन युद्धं न इयेष नेच्छितवान् १ अनेनेत्यन्वादेशादयमर्थस्य प्रतीचः तदर्थेन कृष्णेनाभेदंदर्शयति केशवेनेति । कःब्रह्मा २ केशवादिभिर्यत्कृतं तदेवाह अद्वारेणेत्यादिना । कृष्णेन जरासंधानुग्रहार्थंगच्छता गजेन्द्रानुग्रहइव चतुर्भुजं गरुडारूढंस्वंरूपंनप्रकाशितं किंतुप्रसिद्धमपिकृष्णरूपं ब्राह्मणवेषेणाच्छादितं तत्ब्रह्मासाधुमन्यते अन्यथा सर्वेषांतत्स्वरूपदर्शां ब्रह्मलोकोल्लंघनेन ब्रह्मणोऽपमानोभवतीति दुःसहंतत्तस्य तथाचश्रुतिः 'तस्मादेषांनतत्प्रियंयदेतन्मनुष्याविदुः' इति । एषांदेवानां एततब्रह्म अद्वारेणप्रवेशादिकं मानुषंनाट्यमनुकुर्वतः शत्रुत्वाभिनयार्थं युक्तमेतत्लौकिकमर्यादाप्रदर्शनार्थम् ३ स्तुतिपक्षेचतुर्थीषष्ठ्यर्थे दुरात्मनोलोकस्याग्रे अस्मैकृष्णाय पाद्यंदातुंनेषितं तत्स्वरूपगूहनायेतिभावः ४ विकृतंभाजनप्रसारुपानंवैराभिनयायेत्यर्थः ५ एवंकृष्णेनसहजीवतेवैकमत्यंप्राप्यापि कृष्णदर्शनेनैवप्राणांस्त्यजता तत्सा

गाथामप्यत्रगायंतियेपुराणविदोजनाः ॥ भीष्मगांतांचतेसम्यक्कथयिष्यामिभारत ४० अंतरात्मन्यभिहतेरौषिपत्त्रस्थाशुचि ॥ अंडभक्षणकर्मैतत्तववाचमतीयते ४१ इतिश्रीमन्महाभारतेसभापर्वणिशिशुपालवधपर्वणिशिशुपालवाक्येएकचत्वारिंशोऽध्यायः ॥ ४१ ॥ शिशुपालउवाच ॥ समेबहुमतोराजाजरासंधोमहाबलः ॥ योऽनेनयुद्धंनेयेषदासोऽयमितिसंयुगे १ केशवेनकृतंकर्मजरासंधवधेतदा ॥ भीमसेनार्जुनाभ्यांचकस्तत्साध्वितिमन्यते २ अद्वारेणप्रविष्टेनछद्मनाब्रह्मवादिना ॥ दृष्टःप्रभावःकृष्णेनजरासंधस्यभूपतेः ३ येनधर्मात्मनाऽऽत्मानंब्रह्मण्यमविजानता ॥ नेषितंपाद्यमस्मैतद्दातुमग्रेदुरात्मने ४ भुज्यतामितितेनोक्ताःकृष्णभीमधनंजयाः ॥ जरासंधेनकौरव्यकृष्णेनविकृतंकृतम् ५ यद्ययंजगतःकर्तायथैनंमूर्खमन्यसे ॥ कस्मान्नब्राह्मणंसम्यगात्मानमवगच्छति ६ इदंत्वाश्चर्यभूतंमेयदिमेपांडवास्त्वया ॥ अपकृष्टाःसतांमार्गान्मन्यन्तेतत्त्वसाध्विति ७ अथवानैतदाश्चर्यंयेषांत्वमसिभारत ॥ स्त्रीसधर्माचवृद्धश्चसर्वार्थानांप्रदर्शकः ८ ॥ वैशंपायनउवाच ॥ तस्यतद्वचनंश्रुत्वारूक्षंरूक्षाक्षरंबहु ॥ चुकोपबलिनांश्रेष्ठोभीमसेनःप्रतापवान् ९ ॥ ॥ ॥ ॥

युज्यं प्राप्तमित्याह यद्ययमिति । अयंजरासंधाख्यो जीवएवजगतः कर्ताभवेत् तर्हि एनंमूर्खंप्रतियथातथाकस्मात् अन्यसेचेष्टसे मूर्खवदेनंकथंमन्यसेइत्यर्थः । अतोत्तरग्रंथात् कृष्णस्तुतौ भीष्मेण पूतनावधादि असकृज्जरासंधपराजयांतंच वाक्यजातमुक्तमितिज्ञेयम् अयंच ब्राह्मणं ब्राह्मणवेषेणागतंकृष्णं मरणकालेपि कस्मात्आत्मानं प्रत्यगात्मभावेन सम्यक्नावगच्छति किंतुअवगच्छत्येव । अयंभावः । जीवश्चेत्परस्तर्हिजीवेन कृतंपरेणैव कृतमितिजीवो नस्तोतव्यः पर्यनुयोक्तव्यो वा 'कोह्येवान्यात्कःप्राण्यात्यदेष आकाशआनंदो न स्यात्'इतिश्रुतेः तस्यैवसर्वचेष्टाप्रवर्तकत्वात् । तथा 'अंतेमतिःसागतिः'इति स्मृतेरंतेकृष्णंपश्यतः कृष्णभावः सिद्धइतितस्य लोकदृष्ट्या कृष्णद्रोहित्वेपि न काचिद्धानिः अंतेकृष्णदर्शनहेतोरनेकजन्मांतरानुष्ठितस्यपुण्यपुंजस्यसत्त्वात्पुण्यवानेवेति स मंतव्यइति ६ एवंमूर्खाणाम् विरुद्धवदाभासमानैर्वाक्यैः कृष्णंतद्भक्तांश्च स्तुत्वा संप्रसनुपदोक्तरीत्या सद्यःकैवल्यप्राप्तये कृष्णसन्निधौ मृत्युसंपादनार्थं तानेवनिंदति स्पष्टार्थैर्वाक्यैः इदंत्वित्यादिना । तुशब्दउक्तवैपरीत्यद्योतनार्थः ७ । ८ रूक्षंअर्थतः रूक्षाक्षरंशब्दतश्च ९ ॥ ॥ ॥

१० । ११ । १२ महासेनं कार्तिकेयम् १३ । १४ । १५ । १६ । १७ । १८ । १९ । २० ॥ इतिसभापर्वणिनीलकंठीयेभारतभावदीपेद्विचत्वारिंशोऽध्यायः ॥ ४२ ॥ ररास शब्दंचकार १

तथापद्मप्रतीकाशेस्वभावायतविस्तृते ॥ भूयःक्रोधाभिताम्राक्षेरक्तेनेत्रेबभूवतुः १० त्रिशिखांभ्रुकुटींचास्यददृशुःसर्वपार्थिवाः ॥ ललाटस्थांत्रिकूटस्थांगंगांत्रिपथ
गामिव ११ दंतानसंदशतस्तस्यकोपाद्ददृशुराननम् ॥ युगांतेसर्वभूतानिकालस्येवजिघत्सतः १२ उत्पतंतंतुवेगेनजग्राहैनंमनस्विनम् ॥ भीष्मएवमहाबाहु
र्महासेनमिवेश्वरः १३ तस्यभीमस्यभीष्मेणवार्यमाणस्यभारत ॥ गुरुणाविविधैर्वाक्यैःक्रोधःप्रशममागतः १४ नातिचक्रामभीष्मस्यसहिवाक्यमरिंदमः ॥
समुद्धूत्तोघनापायेवेलामिवमहोदधिः १५ शिशुपालस्तुसंक्रुद्धेभीमसेनेजनाधिप ॥ नाकंपततदावीरःपौरुषेस्वेव्यवस्थितः १६ उत्पतंतंतुवेगेनपुनःपुनररिंदमः ॥
नसतंचिंतयामाससिंहःक्रुद्धोमृगंयथा १७ प्रहसंश्चाब्रवीद्वाक्यंचेदिराजःप्रतापवान् ॥ भीमसेनमभिक्रुद्धंदृष्ट्वाभीमपराक्रमम् १८ मुंचैनंभीष्मपश्यंतुयावदेनंनरा
धिपाः ॥ मत्प्रभावविनिर्दग्धंपतंगमिववन्हिना १९ ततश्चेदिपतेर्वाक्यंश्रुत्वातत्कुरुसत्तमः ॥ भीमसेनमुवाचेदंभीष्मोमतिमतांवरः २० ॥ ॥ इतिश्रीम
न्महाभारतेसभापर्वणिशिशुपालवधपर्वणिभीमक्रोधेद्विचत्वारिंशोऽध्यायः ४२ ॥ ॥ भीष्मउवाच ॥ ॥ चेदिराजकुलेजातस्त्र्यक्षएषचतुर्भुजः ॥ रासभारा
वसदृशंररासचननादच १ तेनास्यमातापितरौत्रेसतुस्तौसबांधवौ ॥ वैकृतंतस्यतौदृष्ट्वात्यागायकुरुतांमतिम् २ ततःसभार्यंनृपतिंसामात्यंसपुरोहितम् ॥
चिंतासंमूढहृदयंवागुवाचाशरीरिणी ३ एषतेनृपतेपुत्रःश्रीमान्जातोबलाधिकः ॥ तस्मादस्मान्नभेतव्यमव्यग्रःपाहिवैशिशुम् ४ नचवैतस्यमृत्युर्वैनकालः
प्रत्युपस्थितः ॥ मृत्युर्हंतास्यशस्त्रेणसचोत्पन्नोनराधिप ५ संश्रुत्योदाहृतंवाक्यंभूतमंतर्हितंततः ॥ पुत्रस्नेहाभिसंतप्ताजननीवाक्यमब्रवीत् ६ येनेदमीरि
तंवाक्यंममैतंतनयंप्रति ॥ प्रांजलिस्तंनमस्यामिब्रवीतुसपुनर्वचः ७ याथातथ्येनभगवान्देवोवायदिवेतरः ॥ श्रोतुमिच्छामिपुत्रस्यकोऽस्यमृत्युर्भविष्यति ८
अंतर्भूतंततोभूतमुवाचेदंपुनर्वचः ॥ यस्योत्संगेगृहीतस्यभुजावभ्यधिकावुभौ ९ पतिष्यतःक्षितितलेपंचशीर्षाविवोरगौ ॥ तृतीयमेतद्बालस्यललाटस्थंतुलो
चनम् १० निमज्जिष्यतियंदृष्ट्वासोऽस्यमृत्युर्भविष्यति ॥ त्र्यक्षंचतुर्भुजंश्रुत्वातथाचसमुदाहृतम् ११ पृथिव्यांपार्थिवाःसर्वेअभ्यागच्छन्दिदृक्षवः ॥ तान्पूज
यित्वासंप्राप्तान्यथार्हंसमहीपतिः १२ एकैकस्यनृपस्यांकेपुत्रमारोपयत्तदा ॥ एवंराजसहस्राणांपृथक्त्वेनयथाक्रमम् १३ शिशुरंकेसमारूढोनतत्प्रापनिदर्श
नम् ॥ एतदेवतुसंश्रुत्यद्वारवत्यांमहाबलौ १४ ततश्चेदिपुरींप्राप्तौसंकर्षणजनार्दनौ ॥ यादवौयादवींद्रष्टुंस्वसारंतौपितुस्तदा १५ ॥ ॥

२ । ३ । ४ मृत्युःस्थूलदेहवियोगः कालःयमः मृत्युः हंता ५ । ६ । ७ । ८ । ९ । १० तथाचेति। रासभारावसदृशंसमुदाहृतंशब्दम् ११ । १२ । १३ । १४ निदर्शनं बाहुपातादिकंज्ञापकम् १५

कुशलंबलकोशादिवृद्धिः अनामयं आरोग्यम् १६ । १७ । १८ । १९ । २० । २१ । २२ । २३ । अपराधशतमिति । द्विप्रसिद्धं वधार्हाणामन्येषामपिमयाऽपराधशतंक्षाम्यं हेपितृष्वसः तेपुत्रस्यतु संबंधवशात्सर्वथाक्षाम्यमेवेत्यर्थः २४यः अह्वयतेयुद्धायेतिशेषः २५ ॥ इतिसभापर्वणि नीलकंठीयेभारतभावदीपे त्रिचत्वारिंशोऽध्यायः ॥ ४३ ॥ ॥ नैषे ति कृष्णस्यैवविनिश्चयइत्यनेन कृष्णप्रेरितोऽयंप्रलपतीत्युक्तम् १ कालपरीतात्माकालेनग्रस्तदेहः २ हरेस्तेजोंऽशस्यास्य शिशुपालस्यएषहरिस्तंस्वांशंआदातुं संहर्तुमैच्छत । पुनःशब्दोहिरण्यकशिप्वाद्यपेक्षया ३ । ४ । समुमूर्षुःकृष्णंकोपयितुं मिथ्यैवसंक्रुद्धोऽपिसन् उत्तरंउत्कृष्टतरंवचनंउवाच ५ पुनस्तदेवाह द्विषतांनइति । समानाधिकरणेषष्ठ्यौ केशव

अभिवाद्ययथान्यायंयथाश्रेष्ठंनृपंचताम् ॥ कुशलानामयंपृष्ट्वानिषण्णौरामकेशवौ १६ साभ्यर्च्यतौतदावीरौप्रीत्याचाभ्यधिकंततः ॥ पुत्रंदामोदरोत्संगेदेवी संन्यदधात्स्वयम् १७ न्यस्तमात्रस्यतस्यांकेभुजावभ्यधिकावुभौ ॥ पेततुस्तच्चनयनंन्यमज्जतललाटजम् १८ तद्दृष्ट्वाव्यथितात्रस्तावरंकृष्णमयाचत ॥ ददस्वमेवरंकृष्णभयार्तायामहाभुज १९ त्वंह्यार्तानांसमाश्वासोभीतानामभयप्रदः ॥ एवमुक्तस्ततःकृष्णःसोऽब्रवीद्यदुनंदनः २० माभैस्त्वंदेविधर्मज्ञेन मत्तोऽस्तिभयंतव ॥ ददामिकंवरंकिंचकरवाणिपितृष्वसः २१ शक्यंवायदिवाशक्यंकरिष्यामिवचस्तव ॥ एवमुक्माततःकृष्णमब्रवीद्यदुनंदनम् २२ शिशुपालस्यापराधान्क्षमेथास्त्वंमहाबल ॥ मत्कृतेयदुशार्दूलविद्ध्येनंमेवरंप्रभो २३ ॥ श्रीकृष्णउवाच ॥ अपराधशतंक्षाम्यंमयाह्यस्यपितृष्वसः ॥ पुत्रस्यतेवधार्हस्यमात्वंशोकेमनःकृथाः ॥ २४ ॥ भीष्मउवाच ॥ एवमेषनृपःपापःशिशुपालःसुमंदधीः ॥ त्वांसमाहूयतेवीरगोविंदवरदर्पितः २५ ॥ इतिश्रीमन्महाभारतेसभापर्वणिशिशुपालवधपर्वणिशिशुपालवृत्तांतकथनेत्रिचत्वारिंशोऽध्यायः ४३ ॥ ॥ भीष्मउवाच ॥ नैषाचेदिपतेर्बुद्धिर्ययात्वाह्वयतेऽच्युतम् ॥ नूनमेषजगद्भर्तुःकृष्णस्यैवविनिश्चयः १ कोहिमांभीमसेनाद्यक्षितावर्हतिपार्थिवः ॥ क्षेप्तुंकालपरीतात्मायथैषकुलपांसनः २ एषह्यस्यमहाबाहुस्तेजोंऽशश्चहरेर्ध्रुवम् ॥ तमेवपुनरादातुमिच्छत्युततथाविभुः ३ येनैषकुरुशार्दूलशार्दूलइवचेदिराट् ॥ गर्जत्यतीवदुर्बुद्धिःसर्वानस्मानचिंतयन् ४ ॥ वैशंपायनउवाच ॥ ततोनममृषेचैद्यस्तद्भीष्मवचनंतदा ॥ उवाचचैनंसंक्रुद्धःपुनर्भीष्ममथोत्तरम् ५ ॥ शिशुपालउवाच ॥ द्विषतांनोऽस्तुभीष्मैषप्रभावःकेशवस्ययः ॥ यस्यसंस्तववक्तात्वंबंदिवत्सततोत्थितः ६ संस्तवेचमनोभीष्मपरेषांरमतेयदि ॥ तदासंस्तौहिराज्ञस्त्वमिमंहित्वाजनार्दनम् ७ दरदंस्तुहिबाल्हीकमिमंपार्थिवसत्तमम् ॥ जायमानेनयेनेयमभवद्दारितामही ८ वंगांगविषयाध्यक्षंसहस्राक्षसमंबले ॥ स्तुहिकर्णमिमंभीष्ममहाचापविकर्षणम् ९

स्ययःप्रभावःसद्विषतां तंद्विषतामप्यस्माकमस्तु ६ एवंईश्वरप्रभावंप्राप्य तन्मूलहेतुंद्वेषमाहेतरस्तवेन संस्तवेचेत्यादिना । हित्वेतिदधातेःरूपं । जनार्दनंहृदिनिधाय तद्रूपत्वेन इतरान्राज्ञःस्तुहीत्यर्थः निंदापक्षेत्वृजुरेवार्थः७ जायमानेनेतिपाठे दारिता भीमेनमातुरंकात्पतताशिलेव येनमही विदारिता । यजमानेनेति पाठे ऋत्विग्भ्यो दित्सताभयंप्रापिता । ब्राह्मणानामाधिपत्ये खलनिग्रहायोगादिति भावः८।९

॥ ४० ॥

१० । ११ । १२ । १३ । १४ वैप्रतिमयः विगतःप्रतिसमोयस्यसतथा स्वार्थेतद्धितः अतुलइत्यर्थः १५ केशवंअतिक्रम्यजयद्रथं किंप्रशंससीतियोज्यम् । निंदापक्षेतुस्पष्टएवार्थः १६ । १७ । १८ १९ । २० । २१ शल्यादीनिति । स्तवायस्तूयतेइतिव्युत्पत्त्यास्तवः परमेश्वरःतस्मैतत्प्राप्तये किंनस्तौषि अपितुसर्वान् परमेश्वरत्वेनैवस्तुहीत्यर्थः २२ किंहीति । पितामात्रेतिवत्सहार्थयोगाभावेऽपि तृतीया वृद्धसेवनेत्वयासह कथयतांउपदिशतांवृद्धानां वचनं यतोमयानश्रुतं अतःकिंकर्तुंशक्यं अज्ञत्वादकिंचित्करोऽहमित्यर्थः २३ एवंस्वगर्वंपरिहृत्य यत्ज्ञानंतदाहआत्मेति । देहबुद्ध्या आत्मपरयोः स्तवाया ईश्वरबुद्ध्यातयोर्द्वेषोवानकर्तव्यइतितत्त्वज्ञतःनःअस्माभिःश्रुतमितियोज्यम् २४ अस्तव्यंवाचामगोचरत्वात् मोहात् मोहंअज्ञानं आश्रित्येतिल्यपलोपेपंचमी मायिकैर्गुणैःसर्वैश्वर्यादिभिः निर्वि

यस्येमेकुंडलेदिव्येसहजेदेवनिर्मिते ॥ कवचंचमहाबाहोबालार्कसदृशप्रभम् १० वासवप्रतिमोयेनजरासंधोऽतिदुर्जयः ॥ विजितोबाहुयुद्धेनदेहभेदंचलंभितः ११ द्रोणंद्रौणिंचसाधुत्वंपितापुत्रौमहारथौ ॥ स्तुहिस्तुत्यावुभौभीष्मसततंद्विजसत्तमौ १२ ययोरन्यतरोभीष्मसंक्रुद्धःसचराचराम् ॥ इमांवसुमतींकुर्यान्निःशेषामिति मेमतिः १३ द्रोणस्यहिसमंयुद्धेनपश्यामिनराधिपम् ॥ नाश्वत्थाम्नःसमंभीष्मनचतौस्तोतुमिच्छसि १४ पृथिव्यांसागरांतायांयोवैप्रतिसमोभवेत् ॥ दुर्योधनं तंराजेंद्रमतिक्रम्यमहाभुजम् १५ जयद्रथंचराजानंकृतास्त्रंदृढविक्रमम् ॥ द्रुमंकिंपुरुषाचार्यंलोकेप्रथितविक्रमम् ॥ अतिक्रम्यमहावीर्यंकिंप्रशंससिकेशवम् १६ वृद्धंचभारताचार्यंतथाशारद्वतंकृपम् ॥ अतिक्रम्यमहावीर्यंकिंप्रशंससिकेशवम् १७ धनुर्द्धराणांप्रवरंरुक्मिणंपुरुषोत्तमम् ॥ अतिक्रम्यमहावीर्यंकिंप्रशंससिकेशवम् १८ भीष्मकंचमहावीर्यंदंतवक्रंचभूमिपम् ॥ भगदत्तंयूपकेतुंजयत्सेनंचमागधम् १९ विराटद्रुपदौचोभौशकुनिंचबृहद्बलम् ॥ विंदानुविंदावावन्त्यौपांड्यंश्वेतमथोत्तमम् २० शंखंचसुमहाभागंवृषसेनंचमानिनम् ॥ एकलव्यंचविक्रांतंकालिंगंचमहारथम् ॥ अतिक्रम्यमहावीर्यंकिंप्रशंससिकेशवम् २१ शल्यादीनपिकस्मात्त्वंनस्तौषिवसुधाधिपान् ॥ स्तवाययदितेबुद्धिर्वर्ततेभीष्मसर्वदा २२ किंहिशक्यंमयाकर्तुंयद्वृद्धानांत्वयानृप ॥ पुराकथयतांनूनंनश्रुतंधर्मवादिनाम् २३ आत्मनिंदाऽऽत्मपूजाचपरनिंदापरस्तवः ॥ अनाचरितमार्याणामितितेभीष्मनःश्रुतम् २४ यदस्तव्यमिमंशश्वत्मोहात्संस्तौषिभक्तितः ॥ केशवंतच्चतेभीष्मनकश्चिदनुमन्यते २५ कथंभोजस्यपुरुषेवर्गपालेदुरात्मनि ॥ समावेशयसेसर्वंजगत्केवलकाम्यया २६ ॥ ॥ ॥

शेषचिन्मात्रस्यकेशवस्यस्तवं कश्चित्तदभिज्ञोनानुमन्यते २५ एतदेवाह कथमिति । भोभीष्म अजस्यअविद्योपाधेर्जीवस्यपुरुषेपुरिशये अंतरात्मनिसच्चिदानंदरूपे वर्गः देहेन्द्रियादिसंघातःतस्यपालयितरि । 'कोह्येवान्यात्कःप्राण्यात् यदेषआकाशआनंदोनस्यात्' इतिश्रुतेः । अदुरात्मनि उपाधिधर्मकालुष्याद्दुःस्थितआत्मादुरात्मा विराट्सूत्रेश्वराख्यः तद्भिन्ने जगत्कथंसमावेशयसे नहिमृद्घटन्यायेनात्रजगत्समावेशः अपरिणामित्वादस्य किंतर्हिरज्जुसर्पन्यायेन तथाचाज्ञानमेवजगदुपादानं अयंतुतदधिष्ठानमात्रम् यथोक्तम् 'अस्यद्वैतेन्द्रजालस्य यदुपादानकारणं ॥ अज्ञानंतदुपाश्रित्य ब्रह्मकारणमुच्यते' इति । केवलस्यनिर्गुणस्यकाम्यया इच्छया सगुणोपासकानांनिर्गुणप्राप्तिःसद्योनसंभवतीत्यर्थः । पक्षे भोजस्यकंसस्य वर्गपालेगोसंघपाले २६ ॥ ॥

अथचेति । तेत्वत्संबंधिनां एषांपुसांबुद्धिः प्रकृतिनयाति स्वकारणेनलीयते तर्हि भूलिंगशकुनिर्यथाऽन्यद्वदत्यन्यत्करोति तद्वत्तेशुद्धंकामयंते शबलंवदंतीत्यर्थः । भुवंलिंगतीतिभूलिंगो विलशायी पक्षिविशेषः । एषेतिपाठेएषाअस्मदीयाबुद्धिः तेत्वदीयात्वद्दत्तेतियोज्यम् तदास्वस्यैवशकुन्युपमत्वम् २७ अर्थविगर्हिताः उक्तिविपरीतक्रिययाअर्थोविगर्हितायासांताः २८ वाशतेशब्दं करोति २९ मांसार्गलंदंष्ट्रांतरलग्नस्यमांसस्यबहिर्निर्गतभागंउल्लोलम् ३० इच्छतइति । साहिपक्षिणीमृत्युमुखेप्रविष्टापितदुपेक्षयाजीवंती यथालोकानुपदिशतिमासाहसमिति तथात्वमपिद्वेइधारित्वान्मृत्युमुखेपतितोपि मृत्युनाउपेक्षितोजीवसि अस्मांश्चोपदिशसिमृत्युमुखेनपतितव्यमिति तत्रहेतुः अधर्मिष्ठेति । सर्वधर्मशून्यंब्रह्मअधर्मितच्छिष्ठ । ब्रह्मनिष्ठोहिमृत्युमुखेनपततीति वेदशास्त्रप्रसिद्धम् ३१ अत्रैवहेत्वंतरमाह इच्छतामिति । पूजायांबहुवचनम् शंतनोःस्वपितुरिच्छयावरदानेनापिजीवसीत्यर्थः । लोकविदिति द्विष्टकर्मेतिचच्छेदः लोकआत्मा 'आत्मानमेवलोकमुपा

अथचैषानतेबुद्धिःप्रकृतिंयातिभारत ॥ मयैबकथितंपूर्वंभूलिंगशकुनिर्यथा २७ भूलिंगशकुनिर्नामपार्श्वेहिमवतःपरे ॥ भीष्मतस्याःसदावाचःश्रूयंतेऽर्थविगर्हिताः २८ मासाहसमितीदंसासततंवाशतेकिल ॥ साहसंचात्मनाऽतीवचरंतीनावबुध्यते २९ साहिमांसार्गलंभीष्ममुखात्सिंहस्यखादतः ॥ दंतांतरविलग्नंयत्तदादत्तेऽल्पचेतना ३० इच्छतःसाहिसिंहस्यभीष्मजीवत्यसंशयम् ॥ तद्वत्त्वमप्यधर्मिष्ठसदावाचःप्रभाषसे ३१ इच्छतांभूमिपालानांभीष्मजीवस्यसंशयम् ॥ लोकविद्विष्टकर्माहिनान्योऽस्तिभवतासमः ३२ ॥ ॥ वैशंपायनउवाच ॥ ॥ ततश्चेदिपतेःश्रुत्वाभीष्मःसकटुकंवचः ॥ उवाचेदंवचोराजंश्चेदिराजस्यशृण्वतः ३३ इच्छतांकिलनामाहंजीवाम्येषांमहीक्षिताम् ॥ सोहंनगणयाम्येतांस्तृणेनापिनराधिपान् ३४ एवमुक्तेतुभीष्मेणततःसंचुकुशुर्नृपाः ॥ केचिज्जहृषिरेतत्रकेचिद्भीष्मंजगर्हिरे ३५ केचिदूचुर्महेष्वासाःश्रुत्वाभीष्मस्यतद्वचः ॥ पापोऽवलिप्तोवृद्धश्चनायंभीष्मोऽर्हतिक्षमाम् ३६ हन्यतांदुर्मतिर्भीष्मःपशुवत्साध्वयंनृपाः ॥ सर्वैःसमेत्यसंरब्धैर्दह्यतांवाकटाग्निना ३७ इतितेषांवचःश्रुत्वाततःकुरुपितामहः ॥ उवाचमतिमान्भीष्मस्तानेववसुधाधिपान् ३८ उक्तस्योक्तस्यनेहांतमहंसमुपलक्षये ॥ यत्तुवक्ष्यामितत्सर्वंशृणुध्वंवसुधाधिपाः ३९ पशुवद्घातनंवामेदहनंवाकटाग्निना ॥ क्रियतांमूर्ध्निवोन्यस्तंमयेदंसकलंपदम् ४० एषतिष्ठतिगोविंदःपूजितोऽस्माभिरच्युतः ॥ यस्यवस्त्वरतेबुद्धिर्मरणायसमाधरम् ४१ कृष्णमाह्वयतामद्ययुद्धेचक्रगदाधरम् ॥ यावदस्यैवदेवस्यदेहंविशतुपातितः ४२ ॥ ॥ इतिश्रीमन्महाभारतेसभापर्वणिशिशुपालवधपर्वणिभीष्मवाक्येचतुश्चत्वारिंशोध्यायः ४४ ॥ ॥ वैशंपायनउवाच ॥ ॥ ततःश्रुत्वैवभीष्मस्यचेदिराडुरुविक्रमः ॥ युयुत्सुर्वासुदेवेनवासुदेवमुवाचह १ ॥ ॥ ॥ ॥ ॥

सीत'इतिश्रुतेः तद्विद्वद्विष्टंद्वेषयुक्तंहिंसाक्षात्त्रंकर्मयस्येसेवंविधोपिक्षत्रियोऽपि अत्यंतंब्रह्मविदसीत्यर्थः । पक्षांतरेतुस्पष्टार्थएवग्रंथः ३२ । ३३ एवंगूढाभिसंधिनाशिशुपालेनस्तुतोपिभीष्मः तस्याभिलषितंकैवल्यंदातुं तदुक्तीनांरूढ्यानिंदापरत्वमाश्रित्य वैरमुद्योतयन्नुवाच इच्छतांकिलेत्यादिना ३४ । ३५ । ३६ कटाग्निनाकक्षाग्निना ३७ । ३८ । ३९ । ४० । ४१ कृष्णमिति । देहंविशत्वित्यनेन स्वस्यशिशुपालीयंवैकुंठात्पतनादिकंपूर्ववृत्तंविदितमस्तीतिदर्शितम् ४२ ॥ ॥ इतिसभापर्वणिनीलकंठीये भारतभावदीपे चतुश्चत्वारिंशोऽध्यायः ॥ ४४ ॥ ॥ उरुविक्रमःउरुर्महान्विश्वव्यापी विक्रमः पादविक्षेपोयस्यसहि शुपालोहरिणासहाभेदात् १ ॥ ॥

तावत्रणंगच्छ यावत्त्वांनिहन्मि निश्चयेनप्राप्नोमि हंतेर्गत्यर्थत्वेनप्राप्त्यर्थत्वात् मद्यःकैवल्येप्सुंमांजरासंधमिवजितमात्रंमामुंचेत्यर्थः । सहितंसर्वपांडवैरिति पांडवानामपिविष्णंवंशत्वंदर्शयति २ अत्र ध्याः अवधौ मर्यादायांसाधवः मर्यादापरिपालकाः मेमताः एपसेतुर्विधृतिरेषांलोकानामसंभेदायेतिपरमात्मनस्तावन्मर्यादाविधारकत्वंस्पष्टं तदंशत्वात्पांडवानामपीत्यर्थः । अत्रहेतुमाह नृपतीनिति । अराजा नास्तिरंजकोऽस्मादन्य इतिअराजा । 'एतस्यैवानंदस्यान्यानि भूतानि मात्रामुपजीवंति । एषह्येवानंदयाति' इत्यादिना परमात्मनएव मुख्यरंजकत्वश्रुतेः ३ त्वांदासं त्वा अंदासमितिच्छेदः त्वात्वांअंदोबन्धः अदिबंधनेधातुः तंअस्यति क्षिपतीतिअंदासंबंधनाशकम् बाल्यादारभ्येतिशेषः दुर्मतिंअनर्हं दुःस्थितांमतिंप्रवेष्टुंअनर्हमित्यर्थः अर्हवत् पूज्यवत् तेऽपिवध्याः अवोपसर्गस्य भागुरिमतेन

आव्हयेत्वांरणंगच्छमयासार्द्धंजनार्दन ॥ यावदद्यनिहन्मित्वांसहितंसर्वपांडवैः २ सहत्वयाहिमेवध्याःसर्वथाकृष्णपांडवाः ॥ नृपतीन्समतिक्रम्ययैरराजात्व मर्चितः ३ येत्वांदासमराजानंबाल्यादर्चन्तिदुर्मतिम् ॥ अनर्हमर्हवत्कृष्णवध्यास्तइतिमेमतिः ४ इत्युक्त्वाराजशार्दूलस्तस्थौगर्जन्नमर्षणः ॥ एवमुक्तस्ततः कृष्णोमृदुपूर्वमिदंवचः॥ उवाचपार्थिवान्सर्वान्समक्षंचवीर्यवान् ५ ॥ श्रीभगवानुवाच॥ एषनःशत्रुरत्यंतंपार्थिवाःसात्वतीसुतः॥ सात्वतानांनृशंसात्मानहितोऽनपका रिणाम् ६ प्राग्ज्योतिषपुरंयातानस्मान्ज्ञात्वानृशंसकृत् ॥ अदहद्द्वारकामेषस्वस्रीयःसन्नराधिपाः ७ क्रीडतोभोजराजस्यएषरैवतकेगिरौ ॥ हत्वाबध्वाचतान्सर्वा नुपायात्स्वपुरंपुरा ८ अश्वमेधेहयंमेध्यमुत्सृष्टंरक्षिभिर्वृतम् ॥ पितुर्मेयज्ञविघ्नार्थमहरत्पापनिश्चयः ९ सौवीरान्प्रतियातांचबभ्रोरेषतपस्विनः ॥ भार्यामभ्य हरन्मोहादकामांतामितोगताम् १० एषमायाप्रतिच्छन्नःकरूषार्थेतपस्विनीम् ॥ जहारभद्रांवैशालींमातुलस्यनृशंसकृत् ११ पितृष्वसुःकृतेदुःखंसुमहन्म र्षयाम्यहम् ॥ दिष्ट्याहीदंसर्वराज्ञांसन्निधावद्यवर्तते १२ पश्यंतिहिभवंतोऽद्यमय्यतीवव्यतिक्रमम् ॥ कृतानितुपरोक्षंमेयानितानिनिबोधत १३ इमंत्वस्य नशक्ष्यामिक्षंतुमद्यव्यतिक्रमम् ॥ अवलेपाद्वधार्हस्यसमग्रेराजमंडले १४ रुक्मिण्यामस्यमूढस्यप्रार्थनाऽऽसीन्मुमूर्षतः ॥ नचतांप्राप्तवान्मूढःशूद्रोवेदश्रुती मिव १५ ॥ वैशंपायनउवाच ॥ ॥ एवमादिततःसर्वेसहितास्तेनराधिपाः ॥ वासुदेववचःश्रुत्वाचेदिराजंव्यगर्हयन् १६ तस्यतद्वचनंश्रुत्वाशिशुपालःप्र तापवान् ॥ जहासस्वनवद्धासंवाक्यंचेदमुवाचह १७ मत्पूर्वांरुक्मिणींकृष्णसंसत्सुपरिकीर्तयन् ॥ विशेषतःपार्थिवेषुव्रीडांनकुरुषेकथम् १८ मन्यमानोहिकः सत्सुपुरुषःपरिकीर्तयेत् ॥ अन्यपूर्वांस्त्रियंजातुत्वदन्योमधुसूदन १९ ॥ ॥ ॥

अकारलोपः पूर्ववदर्थः ४ । ५ एवंगूढाशयेन स्तुतोऽपि भगवान् रूढ्यर्थाभिप्रायेण लोकदृष्ट्यातंहंतुंवैरमाविष्करोति एषनःशत्रुरित्यादिना । नहितःसुप्सुपेतिसमासः नैकधेत्यादिवत् द्वेषीत्यर्थः ६ । ७ । ८ । ९ सौवीरान् देशविशेषान् इतोहस्तिनापुरात्गतांप्रस्थितां सौवीरात्प्रतिपत्तौचेनिपाठे प्रतिपत्तौविवाहकाले बभ्रोर्यादवस्य १० दोषांतरमाह एषइति । करूषार्थेकरूषोदेशभेदः तद्राजार्थेअण् मायाप्रतिच्छन्नः कपटेनतद्वेषंकृत्वेत्यर्थः । वैशालीं विशालपुरी तदधिपस्यकन्याम् ११ । १२ तानिपूर्वोक्तानिनिबोधत १३ । १४ । १५ । १६ । १७ । मत्पूर्वांपित्रादिभिःपूर्वं मह्यंप्रतिश्रुताम् १८ मन्यमानःस्वीकुर्वाणः १९ ॥ ॥ ॥ ॥ ॥

समक्षमस्व । श्रद्धापितृष्वसुर्वचसि अवश्यानुष्ठेयत्वबुद्धिः २० । २१ । २२ याचतः इतिपाठे याचनंयाचः तस्मात्प्रथमार्थेतसिः २३ याचितंमयादत्तं प्रतिश्रुतं तानिशतंआपराद्धानि वधयिष्यामिवधंप्रापयिष्यामि । ण्यंतात्वधशब्दात् लृट् २४ । २५ तेजोलिंगशरीरं अग्र्यं संसारानादितयाऽनादि २६ । २७ तच्चभगवतास्वमहिमानंप्रकाशयता सर्वेषां दृष्टिविषयीकृतं तेन

क्षमवायदितेश्रद्धामावाकृष्णममक्षम ॥ क्रुद्धाद्वापिप्रसन्नाद्वाकिंमेत्वत्तोभविष्यति २० तथाब्रुवतएवास्यभगवान्मधुसूदनः ॥ मनसाऽऽचिंतयच्चक्रंदैत्यवर्गनिषूदनम् २१ एतस्मिन्नेवकालेतुचक्रेहस्तगतेसति ॥ उवाचभगवानुच्चैर्वाक्यंवाक्यविशारदः २२ शृण्वंतुमेमहीपालायेनैतत्क्षमितंमया ॥ अपराधशतंक्षाम्यंमातुरस्यैवयाचने २३ दत्तंमयायाचितंचतानिपूर्णानिपार्थिवाः ॥ अधुनावधयिष्यामिपश्यतांवोमहीक्षिताम् २४ एवमुक्त्वायदुश्रेष्ठश्चेदिराजस्यतत्क्षणात् ॥ व्यपाहरच्छिरःक्रुद्धश्चक्रेणामित्रकर्षणः २५ सपपातमहाबाहुर्वज्राहतइवाचलः ॥ ततश्चेदिपतेर्देहात्तेजोऽग्र्यंददृशुर्नृपाः २६ उत्पतंतंमहाराजगगनादिवभास्करम् ॥ ततःकमलपत्राक्षंकृष्णंलोकनमस्कृतम् ॥ ववंदेतत्तदातेजोविवेशचनराधिप २७ तदद्भुतममन्यंतदृष्ट्वासर्वेमहीक्षितः ॥ यद्विवेशमहाबाहुंतत्तेजःपुरुषोत्तमम् २८ अनभ्रेप्रववर्षद्यौःपपातज्वलिताशनिः ॥ कृष्णेननिहतेचैद्येचचालचवसुंधरा २९ ततःकेचिन्महीपालनाब्रुवंस्तत्रकिंचन ॥ अतीतवाक्पथेकालेप्रेक्षमाणाजनार्दनम् ३० हस्तैर्हस्ताग्रमपरेप्रत्यपिंषन्नमर्षिताः ॥ अपरेदशनैरोष्ठानदशन्क्रोधमूर्च्छिताः ३१ रहश्चकेचिद्वार्ष्णेयंप्रशशंसुर्नराधिपाः ॥ केचिदेवसुसंरब्धामध्यस्थास्त्वपरेऽभवन् ३२ प्रहृष्टाःकेशवंजग्मुःसंस्तुवंतोमहर्षयः ॥ ब्राह्मणाश्चमहात्मानःपार्थिवाश्चमहाबलाः ३३ शशंसुर्निर्वृताःसर्वेदृष्ट्वाकृष्णस्यविक्रमम् ॥ पांडवस्त्वब्रवीद्भ्रातॄन्सत्कारेणमहीपतिम् ३४ दमघोषात्मजंवीरंसंस्कारयतमाचिरम् ॥ तथाचकृतवंतस्तेभ्रातुर्वैशासनंतदा ३५ चेदीनामाधिपत्येचपुत्रमस्यमहीपतेः ॥ अभ्यषिंचत्तदापार्थःसहतैर्वसुधाधिपैः ३६ ततःसकुरुराजस्यक्रतुःसर्वसमृद्धिमान् ॥ यूनांप्रीतिकरोराजन्सबभौविपुलौजसः ३७ शांतविघ्नःसुखारंभःप्रभूतधनधान्यवान् ॥ अन्नवान्बहुभक्ष्यश्चकेशवेनसुरक्षितः ३८ समापयामासचतंराजसूयंमहाक्रतुम् ॥ तंतुयज्ञंमहाबाहुरासमाप्तेर्जनार्दनः ॥ ररक्षभगवाञ्शौरिःशार्ङ्गचक्रगदाधरः ३९ ततस्त्ववभृथस्नातंधर्मात्मानंयुधिष्ठिरम् ॥ समस्तंपार्थिवंक्षत्रमुपगम्येदमब्रवीत् ४० दिष्ट्यावर्द्धसिधर्मज्ञसाम्राज्यंप्राप्तवानसि ॥ आजमीढाजमीढानांयशःसंवर्धितंत्वया ४१ कर्मणैतेनराजेंद्रधर्मश्चसुमहान्कृतः ॥ आपृच्छामोनरव्याघ्रसर्वकामैःसुपूजिताः ४२ स्वराष्ट्राणिगमिष्यामस्तदनुज्ञातुमर्हसि ॥ श्रुत्वातुवचनंराज्ञांधर्मराजोयुधिष्ठिरः ४३ ॥

अद्भुततमंएतद्दर्शनम् । यद्विवेशमहाबाहुंतत्तेजःपुरुषोत्तममित्यंतस्यशिशुपालवधस्यतात्पर्यं द्वेषादिनाप्यंतेभगवत्स्मरणं तत्प्राप्तिहेतुरिति यथोक्तंश्रीमद्भागवते । 'गोप्यःकामाद्भयात्कंसो द्वेषाच्चैद्यादयोनृपाः ॥ संबंधाद्वृष्णयः स्नेहाद्यूयंभक्त्यावयंप्रभो' इति कृष्णंप्राप्ताइतिशेषः २८ । २९ । ३० । ३१ । ३२ । ३३ । ३४ । ३५ । ३६ । ३७ । ३८ । ३९ । ४० । ४१ । ४२ । ४३

४४। ४५। ४६ ।४७।४८। ४९ । ५० । ५१।५२।५३ । ५४ । ५५। ५६। ५७। ५८ सभाजयतप्रीणितवान् ५९ । ६०।६१। ६२ । ६३ संगृह्यनिरुध्य ६४ । ६५
त्वात्वां संविदंसमयं ६६ अनुगमनादिशिष्टाचारप्रदर्शकोऽध्यायशेषःस्पष्टार्थः ६७ । ६८ इतिसभापर्वणिनीलकंठीयेभारतभावदीपेपंचचत्वारिंशोऽध्यायः ॥ ४५ ॥ समाप्तेराजसूयेतुक्रतुश्रेष्ठेसुदुर्लभे इत्या

यथार्हंपूज्यनृपतीन्भ्रातॄन्सर्वानुवाचह ॥ राजानःसर्वएवैतेप्रीत्याऽस्मान्समुपागताः ४४ प्रस्थिताःस्वानिराष्ट्राणिमामापृच्छ्यपरंतपाः ॥ तेऽनुव्रजतभद्रंवोविषयां
तंनृपोत्तमान् ४५ भ्रातुर्वचनमाज्ञायपांडवाधर्मचारिणः ॥ यथार्हंनृपतीन्सर्वानेकैकंसमनुव्रजन् ४६ विराटमन्वयात्तूर्णंधृष्टद्युम्नःप्रतापवान् ॥ धनंजयोयज्ञसेनंम
हात्मानंमहारथम् ४७ भीष्मंचधृतराष्ट्रंचभीमसेनोमहाबलः ॥ द्रोणंतुससुतंवीरंसहदेवोयुधांपतिः ४८ नकुलःसुबलंराजन्सहपुत्रंसमन्वयात् ॥ द्रौपदेयाःससौभ
द्राःपार्वतीयान्महारथान् ४९ अन्वगच्छंस्तथैवान्यान्क्षत्रियान्क्षत्रियर्षभाः ॥ एवंसुपूजिताःसर्वेजग्मुर्विप्राःसहस्रशः ५० गतेषुपार्थिवेन्द्रेषुसर्वेषुब्राह्मणेषुच ॥
युधिष्ठिरमुवाचेदंवासुदेवःप्रतापवान् ५१ आपृच्छेत्वांगमिष्यामिद्वारकांकुरुनंदन ॥ राजसूयंक्रतुश्रेष्ठंदिष्ट्यात्वंप्राप्तवानसि ५२ तमुवाचैवमुक्तस्तुधर्मराजोजनार्दनम्
॥ तवप्रसादाद्गोविंदप्राप्तःक्रतुवरोमया ५३ क्षत्रंसमग्रमपिचत्वत्प्रसादाद्वशेस्थितम् ॥ उपादायबलिंमुख्यंमामेवसमुपस्थितम् ५४ कथंत्वद्गमनार्थंमेवाणीवितरते
नघ ॥ नह्यहंत्वामृतेवीररतिंप्राप्नोमिकर्हिचित् ५५ अवश्यंचैवगंतव्याभवताद्वारकापुरी ॥ एवमुक्तःसधर्मात्मायुधिष्ठिरसहायवान् ५६ अभिगम्याब्रवीत्प्रीतःपृथां
पृथुयशाहरिः ॥ साम्राज्यंसमनुप्राप्ताःपुत्रास्तेऽद्यपितृष्वसः ५७ सिद्धार्थावसुमंतश्चसात्वंप्रीतिमवाप्नुहि ॥ अनुज्ञातस्त्वयाचाहंद्वारकांगंतुमुत्सहे ५८ सुभद्रां
द्रौपदींचैवसभाजयतकेशवः ॥ निष्क्रम्यान्तःपुरात्तस्माद्युधिष्ठिरसहायवान् ५९ स्नातश्चकृतजप्यश्चब्राह्मणान्स्वस्तिवाच्यच ॥ ततोमेघवपुःप्रख्यंस्यंदनंचसुकल्पि
तम् ६० योजयित्वामहाबाहुर्दारुकःसमुपस्थितः ॥ उपस्थितंरथंदृष्ट्वाताक्ष्यप्रवरकेतनम् ६१ प्रदक्षिणमुपावृत्यसमारुह्यमहामनाः ॥ प्रययौपुंडरीकाक्षस्ततोद्वा
रवतींपुरीम् ६२ तंपद्भ्यामनुवव्राजधर्मराजोयुधिष्ठिरः ॥ भ्रातृभिःसहितःश्रीमान्वासुदेवंमहाबलम् ६३ ततोमुहूर्तंसंगृह्यस्यंदनप्रवरंहरिः ॥ अब्रवीत्पुंडरीकाक्षः
कुन्तीपुत्रंयुधिष्ठिरम् ६४ अप्रमत्तःस्थितोनित्यंप्रजाःपाहिविशांपते ॥ पर्जन्यमिवभूतानिमहाद्रुममिवद्विजाः ६५ बांधवास्त्वोपजीवंतुसहस्राक्षमिवामराः ॥ कृत्वा
परस्परेणैवंसंविदंकृष्णपांडवौ ६६ अन्योन्यंसमनुज्ञाप्यजग्मतुःस्वगृहान्प्रति ॥ गतेद्वारवतींकृष्णेसात्वतप्रवरेनृप ६७ एकोदुर्योधनोराजाशकुनिश्चापिसौबलः
॥ तस्यांसभायांदिव्यायामूषतुस्तौनरर्षभौ ६८ ॥ ॥ इतिश्रीमहाभारतेसभापर्वणिशिशुपालवधोनामपंचचत्वारिंशोऽध्यायः ॥ ४५ ॥ समाप्तंचशिशुपाल
वधपर्व ॥ ॥ अथद्यूतपर्व ॥ ॥ वैशंपायनउवाच ॥ समाप्तेराजसूयेतुक्रतुश्रेष्ठेसुदुर्लभे ॥ शिष्यैःपरिवृतोव्यासःपुरस्तात्समपद्यत १

देः सभायांरमणीयायांतस्यामास्तेनराधिप इत्यंतस्याध्यायस्यतात्पर्यं कुलक्षयनिमित्तभूतस्यकापुरुषस्यमरणमेवश्रेयइति सर्वैःसहप्रीत्याजीवितव्यमिति १

२ । ३ । ४ । ५ । ६ । ७ । ८ दिव्याः अशनिपातादयः । आंतरिक्षाः धूमकेत्वादयः पार्थिवाः भूकंपादयः ९ । १० । ११ । १२ कपालिंकपालिनं सुपांसुलुगिति आर्षे द्वितीयालोपे सति परमेव्यो मभित्यादिवत् प्रातिपदिकमात्रं शिष्यते । विभक्तेः स्थानिवत्त्वान्नलोपाभावस्तस्य चापदांतस्थत्वादनुस्वारोऽपि भवतीति । मत्वर्थीयं प्रत्ययांतरं वा कल्प्यं एवमन्यत्रापि ज्ञेयम् १३ । १४ । १५ । १६ । १७

सोऽभ्ययादासनात्तूर्णंभ्रातृभिःपरिवारितः ॥ पाद्येनासनदानेनपितामहमपूजयत् २ अथोपविश्यभगवान्कांचनेपरमासने ॥ आस्यतामितिचोवाचधर्मराजंयुधिष्ठिरम् ३ अथोपविष्टंराजानंभ्रातृभिःपरिवारितम् ॥ उवाचभगवान्व्यासस्तत्तद्वाक्यविशारदः ४ दिष्ट्यावर्धसिकौन्तेयसाम्राज्यंप्राप्यदुर्लभम् ॥ वर्धिताःकुरवःसर्वेत्वयाकुरुकुलोद्वह ५ आपृच्छेत्वांगमिष्यामिपूजितोऽस्मिविशांपते ॥ एवमुक्तःसकृष्णेनधर्मराजोयुधिष्ठिरः ६ अभिवाद्योपसंगृह्यपितामहमथाब्रवीत् ॥ ॥ युधिष्ठिरउवाच ॥ ॥ संशयोद्विपदांश्रेष्ठममोत्पन्नःसुदुर्लभः ७ तस्यनान्योऽस्तिवक्तावैत्वामृतेद्विजपुंगव ॥ उत्पातांस्त्रिविधान्प्राहनारदोभगवानृषिः ८ दिव्यांश्चैवान्तरिक्षांश्चपार्थिवांश्चपितामह ॥ अपिचैद्यस्यपतनाच्छन्नमौत्पातिकंमहत् ९ ॥ ॥ वैशंपायनउवाच ॥ राज्ञस्तुवचनंश्रुत्वापराशरसुतःप्रभुः ॥ कृष्णद्वैपायनोव्यासइदंवचनमब्रवीत् १० त्रयोदशसमाराजन्नुत्पातानांफलंमहत् ॥ सर्वक्षत्रविनाशायभविष्यतिविशांपते ११ त्वामेकंकारणंकृत्वाकालेनभरतर्षभ ॥ समेतंपार्थिवंक्षत्रंक्षयंयास्यतिभारत ॥ दुर्योधनापराधेनभीमार्जुनबलेनच १२ स्वप्नेद्रक्ष्यसिराजेंद्रक्षपांतेत्वंवृषध्वजम् ॥ नीलकंठंभवंस्थाणुंकपालिंत्रिपुरांतकम् १३ उग्रंरुद्रंपशुपतिंमहादेवमुमापतिम् ॥ हरंशर्वंवृषंशूलंपिनाकिंकृत्तिवाससम् १४ कैलासकूटप्रतिमंवृषभेऽवस्थितंशिवम् ॥ निरीक्षमाणंसततंपितृराजाश्रितांदिशम् १५ एवमीदृशकंस्वप्नंद्रक्ष्यसित्वंविशांपते ॥ मातत्कृतेह्यनुध्याहिकालोहिदुरतिक्रमः १६ स्वस्तितेऽस्तुगमिष्यामिकैलासंपर्वतंप्रति ॥ अप्रमत्तःस्थितोदांतःपृथिवींपरिपालय १७ ॥ ॥ वैशंपायनउवाच ॥ एवमुक्त्वासभगवान्कैलासंपर्वतंययौ ॥ कृष्णद्वैपायनोव्यासःसहशिष्यैःश्रुतानुगैः १८ गतेपितामहेराजाचिंताशोकसमन्वितः ॥ निःश्वसन्नुष्णमसकृत्तमेवार्थंविचिंतयन् १९ कथंतुदैवंशक्येतपौरुषेणप्रबाधितुम् ॥ अवश्यमेवभवितायदुक्तंपरमर्षिणा २० ततोऽब्रवीन्महातेजाःसर्वान्भ्रातॄन्युधिष्ठिरः॥ श्रुतंवैपुरुषव्याघ्रायन्मांद्वैपायनोऽब्रवीत् २१ तदातद्वचनंश्रुत्वामरणेनिश्चितामतिः ॥ सर्वक्षत्रस्यनिधनेयद्यहंहेतुरीप्सितः २२ कालेननिर्मितस्तातकोममार्थोऽस्तिजीवतः ॥ एवंब्रुवंतंराजानंफाल्गुनःप्रत्यभाषत २३ माराजन्कश्मलंघोरंप्राविशाबुद्धिनाशनम् ॥ संप्रधार्यमहाराजयत्क्षमंतत्समाचार २४ ततोऽब्रवीत्सत्यधृतिर्भ्रातॄन्सर्वान्युधिष्ठिरः ॥ द्वैपायनस्यवचनंतत्रैवसमचिंतयन् २५ अद्यप्रभृतिभद्रंवःप्रतिज्ञांमेनिबोधत ॥ त्रयोदशसमास्तातकोममार्थोऽस्तिजीवतः २६ नप्रवक्ष्यामिपरुषंभ्रातॄनन्यांश्चपार्थिवान् ॥ स्थितोनिदेशेज्ञातीनांयोक्ष्येतत्समुदाहरन् २७ ॥ ॥

१८ । १९ । २० । २१ । २२ । २३ । २४ । २५ । २६ । २७ ॥

२८ । २९ । ३० । ३१ । ३२ । ३३ ॥ इतिसभापर्वणि नीलकंठीयेभारतभावदीपेषट्चत्वारिंशोऽध्यायः ॥ ४६ ॥ वसन्दुर्योधनस्तस्यामित्याद्यध्यायद्वयस्यतात्पर्यंपापिष्ठःपरकल्याणंदृष्ट्वाम
रणमिच्छतिछलेनपरलक्ष्मीमाहर्तुमिच्छति निर्घृणइति १ अभिप्रायान्देवादीनां क्रीडातत्स्थानाद्यभिनयप्रदर्शकचित्रादिगतानाशयविशेषान् । नागसाह्वयेनागेनहस्तिनासमानना

एवंमेवर्त्तमानस्यस्वसुतेष्वितरेषुच ॥ भेदोनभवितालोकेभेदमूलोहिविग्रहः २८ विग्रहंदूरतोरक्षन्प्रियाण्येवसमाचरन् ॥ वाच्यतांनगमिष्यामिलोकेषुमनुज
र्षभाः २९ भ्रातुर्ज्येष्ठस्यवचनंपांडवाःसंनिशम्यतत् ॥ तमेवसमवर्ततधर्मराजहितेरताः ३० संसत्सुसमयंकृत्वाधर्मराड्भ्रातृभिःसह ॥ पितॄंस्तर्प्ययथान्यायंदेवताश्च
विशांपते ३१ कृतमंगलकल्याणोभ्रातृभिःपरिवारितः ॥ गतेषुक्षत्रियेंद्रेषुसर्वेषुभरतर्षभ ३२ युधिष्ठिरःसहामात्यःप्रविवेशपुरोत्तमम् ॥ दुर्योधनोमहाराजशकुनि
श्चापिसौबलः ॥ सभायांरमणीयायांतत्रैवास्तेनराधिप ३३ इतिश्रीमहाभारतेसभापर्वणिद्यूतपर्वणियुधिष्ठिरसमयेषट्चत्वारिंशोऽध्यायः ॥ ४६ ॥वैशंपायनउवाच ॥
वसन्दुर्योधनस्तस्यांसभायांपुरुषर्षभ ॥ शनैर्ददर्शतांसर्वांसभांशकुनिनासह १ तस्यांदिव्यानभिप्रायान्ददर्शकुरुनंदनः ॥ नदृष्टपूर्वायेतेननगरेनागसाह्वये २
सकदाचित्सभामध्येधार्त्तराष्ट्रोमहीपतिः ॥ स्फाटिकंस्थलमासाद्यजलमित्यभिशंकया ३ स्ववस्त्रोत्कर्षणंराजाकृतवान्बुद्धिमोहितः ॥ दुर्मनाविमुखश्चैवपरिचक्रामतां
सभाम् ४ ततःस्थलेनिपतितोदुर्मनाव्रीडितोनृपः ॥ निःश्वसन्विमुखश्चापिपरिचक्रामतांसभाम् ५ ततःस्फाटिकतोयांवैस्फाटिकांबुजशोभिताम् ॥ वापींमत्वास्थल
मिवसवासाःप्रापतज्जले ६ जलेनिपतितंदृष्ट्वाभीमसेनोमहाबलः ॥ जहासजहसुश्चैवकिंकराश्चसुयोधनम् ७ वासांसिचशुभान्यस्मैप्रददूराजशासनात् ॥ तथागतंतुतं
दृष्ट्वाभीमसेनोमहाबलः ८ अर्जुनश्चयमौचोभौसर्वेतेप्राहसंस्तदा ॥ नामर्षयत्ततस्तेषामवहासममर्षणः ९ आकारंरक्षमाणस्तुनसतान्समुदैक्षत ॥ पुनर्वसनमुत्क्षि
प्यप्रतरिष्यन्निवस्थलम् १० आरुरोहततःसर्वेजहसुश्चपुनर्जनाः ॥ द्वारंतुपिहिताकारंस्फाटिकंप्रेक्ष्यभूमिपः ॥ प्रविशन्नाहतोमूर्ध्निव्याघूर्णितइवस्थितः ११ तादृ
शंचपरंद्वारंस्फाटिकोरुकपाटकम् ॥ विघट्टयन्कराभ्यांतुनिष्क्रम्याग्रेपपातह १२ द्वारंतुविततआकारंसमापेदेपुनश्चसः ॥ तद्वृत्तंचेतिमन्वानोद्वारस्थानादुपारमत् १३
एवंप्रलंभान्विविधान्प्राप्यतत्रविशांपते ॥ पांडवेयाभ्यनुज्ञातस्ततोदुर्योधनोनृपः १४ अप्रहृष्टेनमनसाराजसूयेमहाक्रतौ ॥ प्रेक्ष्यतामद्भुतामृद्धिंजगामगजसाह्वयम्
१५ पांडवश्रीप्रतप्तस्यध्यायमानस्यगच्छतः ॥ दुर्योधनस्यनृपतेःपापामतिरजायत १६ पार्थान्सुमनसोदृष्ट्वापार्थिवांश्चवशानुगान् ॥ कृत्स्नंचापिहितंलोकमाकुमारं
कुरूद्वह १७ महिमानंपरंचापिपांडवानांमहात्मनाम् ॥ दुर्योधनोधार्त्तराष्ट्रोविवर्णःसमपद्यत १८ सतुगच्छन्ननेकाग्रःसभामेकोऽन्वचिंतयत् ॥ श्रियंचतामनुपमांध
र्मराजस्यधीमतः १९ प्रमत्तोधृतराष्ट्रस्यपुत्रोदुर्योधनस्तदा ॥ नाभ्यभाषत्सुबलजंभाषमाणंपुनःपुनः २० ॥ ॥ ॥

स्मिन्हस्तिनापुरे २ कृतमूलमुपोद्घातयति सकदाचिदिति ३ । ४ । ५ । ६ । ७ । ८ । ९ । १० । ११ । १२ तद्वृत्तंतादृशं १३ प्रलंभान्वंचनानि १४ । १५ । १६ । १७ । १८ अनेकाग्रो विक्षिप्तचित्तः १९ । २०

कुतोमूलंकुतएतस्यदुःखस्यमूलमुत्पन्नमित्यर्थः कुतोहेतोर्मूलंस्वस्थानंप्रतिनिःश्वसन्गच्छसीतिवा २१ श्वेताश्वस्यार्जुनस्य २२ । २३ शुचिशुक्रौज्येष्ठाषाढौतयोरागमेग्रीष्मर्त्तौ २४ पदानुगःप्रतीकारकर्त्ता २५ । २६ अयुक्तमितिच्छेदः २७ । २८ । २९ । ३० । ३१ । ३२ सोऽहंनस्त्रीयाविवशत्वात्सपत्न्याअपिश्रियंसहते किंतुपुमानस्मीत्यर्थः । तर्हियुद्धेनैवपांडवान् जेतुमिच्छेत्यतआह नचाप्यस्त्री अर्जुनादिवदस्त्रबलहीनः । तदपिसंपादयेत्यतआह नपुमानिति परेषामिवात्युत्कृष्टमस्त्रबलंसाधयितुमसमर्थः । तर्हिक्लीबोऽसीतिचेत्तत्राह नापुमानिति ।

अनेकाग्रंतुतंदृष्ट्वाशकुनिःप्रत्यभाषत ॥ दुर्योधनकुतोमूलंनिःश्वसन्निवगच्छसि २१ ॥ दुर्योधनउवाच ॥ दृष्ट्वेमांपृथिवींकृत्स्नांयुधिष्ठिरवशानुगाम् ॥ जितामस्त्रप्रतापेन श्वेताश्वस्यमहात्मनः २२ तंचयज्ञंतथाभूतंदृष्ट्वापार्थस्यमातुल ॥ यथाशक्रस्यदेवेषुतथाभूतंमहाद्युतेः २३ अमर्षेणतुसंपूर्णोदह्यमानोदिवानिशम् ॥ शुचिशुक्रागमे कालेशुष्येत्तोयमिवाल्पकम् २४ पश्यसात्वतमुख्येनशिशुपालोनिपातितः ॥ नचतत्रपुमानासीत्कश्चित्तस्यपदानुगः २५ दह्यमानाहिराजानःपांडवोत्थेनवह्निना ॥ क्षान्तवंतोऽपराधंतेकोहितत्क्षंतुमर्हति २६ वासुदेवेनतत्कर्मयथाऽयुक्तंमहत्कृतम् ॥ सिद्धंचपांडुपुत्राणांप्रतापेनमहात्मनाम् २७ तथाहिरत्नान्यादायविविधानिनृपा नृपम् ॥ उपातिष्ठंतकौन्तेयंवैश्याइवकरप्रदाः २८ श्रियंतथागतांदृष्ट्वाज्वलंतीमिवपांडवे ॥ अमर्षवशमापन्नोदह्यामिनतथोचितः २९ एवंसनिश्चयंकृत्वाततोवचनम ब्रवीत् ॥ पुनर्गांधारनृपतिंदह्यमानइवाग्निना ३० वह्निमेवप्रवेक्ष्यामिभक्षयिष्यामिवाविषम् ॥ अपोवाऽपिप्रवेक्ष्यामिनहिशक्ष्यामिजीवितुम् ३१ कोहिनामपुमाँल्लो केमर्षयिष्यतिसत्ववान् ॥ सपत्नानृद्ध्यतोदृष्ट्वाहीनमात्मानमेवच ३२ सोऽहंनस्त्रीनचाप्यस्त्रीनपुमान्नापुमानपि ॥ योऽहंतांमर्षयाम्यद्यतादृशींश्रियमागताम् ३३ ईश्वरत्वंपृथिव्याश्चवसुमत्तांचतादृशीम् ॥ यज्ञंचतादृशंदृष्ट्वामादृशःकोनसंज्वरेत् ३४ अशक्तश्चैकएवाहंतामाहर्तुंनृपश्रियम् ॥ सहायांश्चनपश्यामितेनमृत्युंविचिंतये ३५ दैवमेवपरंमन्येपौरुषंचनिरर्थकम् ॥ दृष्ट्वाकुंतीसुतेशुभ्रांश्रियंतामहतांतथा ३६ कृतोयत्नोमयापूर्वंविनाशेतस्यसौबल ॥ तच्चसर्वमतिक्रम्यसंवृद्धोऽप्स्विवपंकजम् ३७ तेनदैवंपरंमन्येपौरुषंचनिरर्थकम् ॥ धार्त्तराष्ट्राश्चहीयंतेपार्थावर्धन्तिनित्यशः ३८ सोऽहंश्रियंचतांदृष्ट्वासभांतांचतथाविधाम् ॥ रक्षिभिश्चावहासंतंपरितप्येयथाऽ ग्निना ३९ समामभ्यनुजानीहिमातुलाद्यसुदुःखितम् ॥ अमर्षंचसमाविष्टंधृतराष्ट्रेनिवेदय ४० इतिश्रीमहाभारतेसभापर्वणिद्यूतपर्वणिदुर्योधनसंतापेसप्तचत्वारिंशोऽ ध्यायः ॥ ४७ ॥ ॥ शकुनिरुवाच ॥ दुर्योधननतेऽमर्षःकार्यःप्रतियुधिष्ठिरम् ॥ भागधेयानिहिस्वानिपांडवाभुंजतेसदा १ ॥ ॥

नस्त्रीतिपूर्वमेवोक्तमतःअपुमानित्यनेनक्लीबएवग्राह्यः । नाप्यत्यंतमसमर्थोऽस्मीत्यर्थः योऽहंशत्रुश्रियंसहिष्ये । तस्मात्तदपहरणेकश्चित्कपटोपायोऽन्वेषणीयइतिभावः ३३ । ३४ मृत्युंविचिंतयेइति शकुनेः सामर्थ्यंजानतातस्यस्वेष्टार्थसाधनेउद्योगंजनयितुमुक्तम् ३५ । ३६ । ३७ । ३८ । ३९ अनुजानीहिमर्तुमितिशेषः ४० ॥ इतिसभापर्वणिनीलकंठीयेभारतभावदीपे सप्तचत्वारिंशोध्यायः ॥ ४७ ॥ ॥ ॥ दुर्योधनेति १ ॥ ॥ ॥ ॥ ॥ ॥

२ । ३ । ४ । ५ । ६ । ७ । ८ । ९ । १० । ११ । १२ । १३ । १४ । १५ । १६ जुषस्वप्रीत्यासेवस्व १७ अप्रमादेन प्रमादकृतभ्रात्रादिनाशव्यतिरेकेण १८ । १९ देवनेद्यूते २० दीप्तांवृद्धिमतीं

विधानंविविधाकारंपरंतेषांविधानतः ॥ अनेकैरभ्युपायैश्चत्वयानशकिताःपुरा २ आरब्धाऽपिमहाराजपुनःपुनररिंदम ॥ विमुक्ताश्चनरव्याघ्राभागधेयपुरस्कृताः ३
तैर्लब्धाद्रौपदीभार्याद्रुपदश्चसुतैःसह ॥ सहायःपृथिवीलाभेवासुदेवश्चवीर्यवान् ४ लब्धश्चानभिभूतार्थैःपित्र्योंशःपृथिवीपते ॥ विवृद्धस्तेजसातेषांतत्रकापरिदेवना
५ धनंजयेनगांडीवमक्षय्यौचमहेषुधी ॥ लब्धान्यस्त्राणिदिव्यानितोषयित्वाहुताशनम् ६ तेनकार्मुकमुख्येनबाहुवीर्येणचात्मनः ॥ कृतावशेमहीपालास्तत्रकाप
रिदेवना ७ अग्निदाहान्मयंचापिमोक्षयित्वासदानवम् ॥ सभांतांकारयामाससव्यसाचीपरंतपः ८ तेनचैवमयेनोक्ताःकिंकरानामराक्षसाः ॥ वहंतितांसभां
भीमास्तत्रकापरिदेवना ९ यच्चासहायतांराजन्नुक्तवानसिभारत ॥ तन्मिथ्याभ्रातरोहीमेतवसर्वेवशानुगाः १० द्रोणस्तवमहेष्वासःसहपुत्रेणवीर्यवान् ॥ सूत
पुत्रश्चराधेयोगौतमश्चमहारथः ११ अहंचसहसोदर्यैःसौमदत्तिश्चपार्थिवः ॥ एतैस्त्वंसहितःसर्वैर्जयकृत्स्नांवसुंधराम् १२ ॥ ॥ दुर्योधनउवाच ॥ ॥
त्वयाचसहितोराजन्नेतैश्चान्यैर्महारथैः ॥ एतानेवविजेष्यामियदित्वमनुमन्यसे १३ एतेषुविजितेष्वद्यभविष्यतिमहीमम ॥ सर्वेचपृथिवीपालाःसभासाच
महाधना १४ ॥ ॥ शकुनिरुवाच ॥ ॥ धनंजयोवासुदेवोभीमसेनोयुधिष्ठिरः ॥ नकुलःसहदेवश्चद्रुपदश्चसहात्मजैः १५ नैतेयुधिपराजेतुं
शक्यादेवगणैरपि ॥ महारथामहेष्वासाःकृतास्त्रायुद्धदुर्मदाः १६ अहंतुतद्विजानामिविजेतुंयेनशक्यते ॥ युधिष्ठिरंस्वयंराजंस्तन्निबोधजुषस्वच १७ ॥ ॥
दुर्योधनउवाच ॥ ॥ अप्रमादेनसुहृदामन्येषांचमहात्मनाम् ॥ यदिशक्याविजेतुंतेतन्ममाचक्ष्वमातुल १८ ॥ ॥ शकुनिरुवाच ॥ ॥ द्यूत
प्रियश्चकौन्तेयोनसजानातिदेवितुम् ॥ समाहूतश्चराजेंद्रोनशक्ष्यतिनिवर्त्तितुम् १९ देवनेकुशलश्चाहंनमेस्तिसदृशोभुवि ॥ त्रिषुलोकेषुकौरव्यतंत्वंद्यूतेसमा
ह्वय २० तस्याक्षकुशलोराजन्नादास्येऽहमसंशयम् ॥ राज्यंश्रियंचतांदीप्तांत्वदर्थंपुरुषर्षभ २१ इदंतुसर्वंत्वंराज्ञेदुर्योधननिवेदय ॥ अनुज्ञातस्तुतेपित्राविजे
ष्येतान्नसंशयः २२ ॥ ॥ दुर्योधनउवाच ॥ ॥ त्वमेवकुरुमुख्यायधृतराष्ट्रायसौबल ॥ निवेदययथान्यायंनाहंशक्ष्येनिवेदितुम् २३ ॥ ॥
इतिश्रीमहाभारतेसभापर्वणिद्यूतपर्वणिदुर्योधनसंतापेअष्टचत्वारिंशोऽध्यायः ४८ ॥ ॥ वैशंपायनउवाच ॥ ॥ अनुभूयतुराज्ञस्तंराजसूयंमहाक्र
तुम् ॥ युधिष्ठिरस्यनृपतेर्गांधारीपुत्रसंयुतः १ प्रियकृन्मतमाज्ञायपूर्वंदुर्योधनस्यतत् ॥ प्रज्ञाचक्षुषमासीनंशकुनिःसौबलस्तदा २ दुर्योधनवचःश्रुत्वाधृतराष्ट्रं
जनाधिपम् ॥ उपगम्यमहाप्राज्ञंशकुनिर्वाक्यमब्रवीत् ३ ॥ शकुनिरुवाच ॥ दुर्योधनोमहाराजविवर्णोहरिणःकृशः ॥ दीनश्चिंतापरश्चैवतंविद्धिमनुजाधिप ४
नवैपरीक्षसेसम्यगसह्यंशत्रुसंभवम् ॥ ज्येष्ठपुत्रस्यहृच्छोकंकिमर्थंनाववुध्यसे ५ ॥ ॥ ॥ ॥ ॥

२१।२२ । २३ ॥ इतिसभापर्वणिनैलकंठीये भारतभावदीपेअष्टचत्वारिंशोऽध्यायः ॥ ४८ ॥ ॥ अनुभूयेति १ । २ । ३ विवर्णः पूर्ववर्णाद्धीनवर्णः हरिणःपांडुः दीनःक्षीणदर्पः ४ । ५

कुतोमूलंकिंमूलं कुतइतिप्रथमार्थेतसिः ६ । ७ । ८ पिशितौदनंमांसमयमन्नं आजानेयाःजात्यश्वाः ९ विहाराःक्रीडास्थानानि १० वाचिबद्धंवाग्व्यापारमात्रसाध्यम् ११ १२ प्रकृतीःप्रजाः क्लेशान्मुमुक्षुर्मोचयितुमिच्छन्नेव पुरुषइत्युच्यते १३ त्वत्प्रकृतयोनिष्क्लेशाएवसंतीत्यतआह यतः संतोषऐश्वर्येऽलंबुद्धिः श्रियंविद्यमानामपिहंतीतिसंतुष्टस्य प्रजाः क्लेशंप्राप्नुवंत्येवेत्यर्थः । अभिमानंगर्वं अनुक्रोशोदया भयं स्वोच्छेददृष्टिः महत्पदमितिशेषः १४ । १५ ऋद्ध्यतोवर्द्धमानान् । आत्मानमितिच्छेदः । पूर्वरूपमार्षं । निशम्य विज्ञाय अदृश्यामपिव्यवहितत्वात्कौन्तेयश्रियं मनसोद्यतांपश्यन्निवविवर्णोऽस्मीत्यर्थः १६ । १७ । १८ कदलीमृगाःहरिणविशेषास्तेषां मोकान्यजिनानि तान्येवकृष्ण

॥ धृतराष्ट्रउवाच ॥ ॥ दुर्योधनकुतोमूलंभृशमार्त्तोसिपुत्रक ॥ श्रोतव्यश्चेन्मयासोऽर्थोब्रूहिमेकुरुनंदन ६ अयंत्वांशकुनिःप्राहविवर्णंहरिणंकृशम् ॥ चिन्तयंश्चन पश्यामिशोकस्यतवसंभवम् ७ ऐश्वर्यंहिमहत्पुत्रत्वयिसर्वंप्रतिष्ठितम् ॥ भ्रातरःसुहृदश्चैवनाचरंतितवाप्रियम् ८ आच्छादयसिप्रावारानश्नासिपिशितौदनम् ॥ आजानेयावहंत्यश्वाःकेनासिहरिणःकृशः ९ शयनानिमहार्हाणियोषितश्चमनोरमाः ॥ गुणवंतिचवेश्मानिविहाराश्चयथासुखम् १० देवानामिवतेसर्वंवाचिबद्धंनसंशयः ॥ सदीनइवदुर्धर्षकस्माच्छोचसिपुत्रक ११ ॥ दुर्योधनउवाच ॥ अश्नाम्याच्छादयेचाहंयथाकुपुरुषस्तथा ॥ अमर्षंधारयेचोग्रंनिनीषुःकालपर्ययम् १२ अमर्षणःस्वाःप्रकृतीरभिभूयपरंस्थितः ॥ क्लेशान्मुमुक्षुःपरजान्सवैपुरुषउच्यते १३ संतोषोवैश्रियंहंतिह्यभिमानंचभारत ॥ अनुक्रोशभयेचोभेयैर्वृतोनाश्नुतेमहत् १४ नमांप्रीणातिमद्भुक्तंश्रियंदृष्ट्वायुधिष्ठिरे ॥ अतिज्वलंतींकौन्तेयेविवर्णकरणींमम १५ सपत्नानृद्ध्यतोऽऽत्मानंहीयमानंनिशम्यच ॥ अदृश्यामपिकौन्तेयश्रियंपश्यन्निवोद्यताम् १६ तस्मादहंविवर्णश्चदीनश्चहरिणःकृशः ॥ अष्टाशीतिसहस्राणिस्नातकागृहमेधिनः १७ त्रिंशद्दासीकएकैकोयान्बिभर्त्तियुधिष्ठिरः ॥ दशान्यानिसहस्राणिनित्यंतत्रान्नमुत्तमम् ॥ भुंजतेरुक्मपात्रीभिर्युधिष्ठिरनिवेशने १८ कदलीमृगमोकानिकृष्णश्यामारुणानिच ॥ कांबोजःप्राहिणोत्तस्मैपरार्ध्यानपिकंबलान् ॥ गजयोषिद्गवाश्वस्यशतशोऽथसहस्रशः १९ त्रिशतंचोष्ट्रवामीनांशतानिविचरंत्युत ॥ राजन्याबलिमादायसमेताहिनृपक्षये २० पृथग्विधानिरत्नानिपार्थिवाःपृथिवीपते ॥ आहरन्क्रतुमुख्येऽस्मिन्कुन्तीपुत्रायभूरिशः २१ नक्वचिद्धिमयातादृग्दृष्टपूर्वोनचश्रुतः ॥ यादृग्धनागमोयज्ञेपांडुपुत्रस्यधीमतः २२ अपर्यन्तंधनौघंतंदृष्ट्वाशत्रोरहंनृप ॥ शर्मनैवाभिगच्छामिचिन्तयानोविशांपते २३ ब्राह्मणावाटधानाश्चगोमंतःशतसंघशः ॥ त्रिखर्वंबलिमादायद्वारितिष्ठंतिवारिताः २४ कमंडलूनुपादायजातरूपमयाञ्शुभान् ॥ एतद्धनंसमादायप्रवेशंलेभिरेनच २५ ॥ ॥ ॥ ॥ ॥

श्यामारुणानिचित्रवर्णानीत्यर्थः १९ । २० । २१ । २२ । २३ वाटाः क्षेत्रादिवृत्तयस्तासां धाना अभिनवोद्भेदोयेषांतेइतिव्यधिकरणोबहुव्रीहिः सस्यादिसंपन्नक्षेत्रादिवृत्तिमंतइत्यर्थः 'वाटोवृत्तौच मार्गेचेति । धानाभ्रष्टयवेप्रोक्ताधान्याकेऽभिनवोद्भिदि'इतिविश्वः । त्रिखर्वंखर्वत्रयसंख्यम् २४ कमंडलूनिति । 'इंद्रियंवाएतदस्मिन्लोकेयद्दधि'इति खंडेबह्वृचब्राह्मणेदधिमधुघृतमापश्चेत्यभिषेकद्रव्याणि विहितानि तत्रेतरेषामग्रेदर्शनादिहकमंडलूनघृतपूर्णानितिद्रष्टव्यम् २५ ॥ ॥ ॥ ॥ ॥ ॥ ॥

यथैवेति । अमरः सोमस्तस्य स्त्रिय ओषधयः तद्दिव्यंमधुअस्मै कांस्यं कांस्यपात्रस्थंकृत्वा आहार्षीत् अर्थात्सोमएव । तथावारुणंवरुणप्रेषितं दधिप्रसिद्धं कलशइवकलशोजलपूर्णत्वात्समुद्रआहा
र्षीत् । दधिरितिपुंस्त्वमार्षंलेखकप्रमादोवा । अन्येतु कलशोदधिःसमुद्रः । मध्वमृतं जलमित्यन्ये । अमरस्त्रियोनद्यः । वारुणंवरुणसंबंधीतिव्याचक्षते २६ शैक्यंवरत्रामयं पात्राधारभूतंशिक्यं 'कावडी'
इतिप्रसिद्धं तत्रस्थितंपात्रंशैक्यं एतेनसामुद्र्यआपउक्ताः अन्याअपिपुण्याआपोऽभिषेकार्थमुक्ताः प्रदेशांतरे 'वापीकूपतटाकेभ्योन्हृदेभ्यःसरसस्तथा ॥ चतुर्भ्यश्चसमुद्रेभ्यः पल्वलादभिसंधितः ॥
प्रयागाद्देवयजनाज्जलान्यादायसर्वतः ॥ गंगासरस्वतीचैवनर्मदाचदृषद्वती ॥ एभ्योजलंसमादायतत्राभिषिषिचुर्द्विजाः'इति २७ । २८ पतत्रिणःखेचरजातीयाःतैरेवोत्तरसमुद्रजलमानीतमित्यर्थः अन्य

यथैवमधुशक्रायधारयंत्यमरस्त्रियः ॥ तदस्मैकांस्यमाहार्षीद्वारुणंकलशोदधिः २६ शंखप्रवरमादायवासुदेवोऽभिषिक्तवान् ॥ शैक्यंरुक्मसहस्रस्यबहुरत्न
विभूषितम् २७ दृष्ट्वाचममतत्सर्वंज्वररूपमिवाभवत् ॥ गृहीत्वातत्तुगच्छंतिसमुद्रौपूर्वदक्षिणौ २८ तथैवपश्चिमंयांतिगृहीत्वाभरतर्षभ ॥ उत्तरंतुनग
च्छंतिविनातातपतत्रिणः २९ तत्रगत्वार्जुनोदंडमाजहारामितंधनम् ॥ इदंचाद्भुतमत्रासीत्तन्मेनिगदतःशृणु ३० पूर्णेशतसहस्रेतुविप्राणांपरिविष्यता
म् ॥ स्थापितातत्रसंज्ञाऽभूच्छंखोध्मायतिनित्यशः ३१ मुहुर्मुहुःप्रणदतस्तस्यशंखस्यभारत ॥ अनिशंशब्दमश्रौषंततोरोमाणिमेऽहृषन् ३२ पार्थि
वैर्बहुभिःकीर्णमुपस्थानंदिदृक्षुभिः ॥ अशोभतमहाराजनक्षत्रैर्द्यौरिवामला ३३ सर्वरत्नान्युपादायपार्थिवावैजनेश्वर ॥ यज्ञेतस्यमहाराजपांडुपुत्रस्यधीम
तः ३४ वैश्याइवमहीपालाद्विजातिपरिवेषकाः ॥ नसाश्रीर्देवराजस्ययमस्यवरुणस्यच ॥ गुह्यकाधिपतेर्वापियाश्रीराजन्युधिष्ठिरे ३५ तांदृष्ट्वापांडुपु
त्रस्यश्रियंपरमिकामहम् ॥ शांतिंनपरिगच्छामिदह्यमानेनचेतसा ३६ ॥ ॥ शकुनिरुवाच ॥ ॥ यामेतामतुलांलक्ष्मींदृष्टवानसिपांडवे ॥ तस्याःप्रा
प्तावुपायंमेशृणुसत्यपराक्रम ३७ अहमक्षेष्वभिज्ञातःपृथिव्यामपिभारत ॥ हृदयज्ञःपणज्ञश्चविशेषज्ञश्चदेवने ३८ द्यूतप्रियश्चकौन्तेयोनचजानातिदेवितुम् ॥
आहूतश्चैष्यतिव्यक्तंद्यूतादपिरणादपि ३९ नियतंतंविजेष्यामिकृत्वातुकपटंविभो ॥ आनयामिसमृद्धिंतांदिव्यांचोपाह्वयस्वतम् ४० ॥ वैशंपायनउवाच ॥ एवमु
क्तःशकुनिनाराजादुर्योधनस्ततः ॥ धृतराष्ट्रमिदंवाक्यमपदांतरमब्रवीत् ४१ अयमुत्सहतेराजन्श्रियमाहर्तुमक्षवित् ॥ द्यूतेनपांडुपुत्रस्यतदनुज्ञातुमर्हसि ४२

थाचतुर्भ्यश्चसमुद्रेभ्य इत्यनुपपन्नंस्यात् २९ । ३० परिविष्यतांपरिवेष्यमाणानां संज्ञासंकेतः ३१ । ३२ उपतिष्ठंत्यस्मिन्नित्युपस्थानंसभाम् ३३ उपादायस्थिताइतिशेषः ३४ । ३५ । ३६
३७ अक्षेषुपाशेष्वभिज्ञातः कुशलः । हृदयज्ञःपातयिष्यमाणानामक्षाणांजयपराजयावहत्वाभिज्ञः । पणज्ञस्तदनुसारेणद्रव्यप्रयोगवित् । विशेषज्ञो दिक्कालाद्यानुकूल्याभिज्ञः ३८ द्यूताद्द्यूतहेतोः रणाद्रणहेतोः
३९कपटमक्षाधिष्ठात्र्यादेवताया वशीकरणं यद्वा सर्वतश्चतुष्कोणतयाद्वादशधारेष्वक्षेषुपट्टतलानिभवंति । येषुत्रिषुत्रिषुदेवयित्रोर्नामनी लिख्येते । तत्रकपटमंतःसुषिरमक्षंकृत्वापरनामांकितप्रदेशंगर्भे गुरुद्रव्यसं
श्लिष्टंकृत्वा पातितस्याक्षस्यस्वनामैवोपरिभवतितदास्वस्यजयः परस्यनामाधःस्थं तस्यपराजयइति ४० । ४१ अपदांतरमनुपदमेव ४२ ॥ ॥ ॥ ॥

४३ । ४४ त्वाऽसौ त्वात्वामसौ निवर्त्तयिष्यति । त्वाऽसावित्यादेर्विवर्णतांचैवसशोकतांचित्यंतस्यदुर्योधनविलापस्यतात्पर्यंपुण्यवतामीश्वरप्रसादलभ्यांवृद्धिंदृष्ट्वापापिनांपरितापोभवति ४५ । ४६
४७ । ४८ रत्नैःसंस्तीर्यरत्नखचितां कृत्वा तक्ष्णोवर्धकिनः सर्वशःसर्वदेशीयान् ४९ ।५०। ५१ ।५२ । ५३ व्यवसायंविनिश्चयं ५४ । ५५ दिष्टंदैवं ५६ । ५७ ।५८ । ५९ आपगेयंभीष्मम्

॥ धृतराष्ट्रउवाच ॥ ॥ क्षत्तामंत्रीमहाप्राज्ञःस्थितोयस्यास्मिशासने ॥ तेनसंगम्यवेत्स्यामिकार्यस्यास्यविनिश्चयम् ४३ सहिधर्मंपुरस्कृत्यदीर्घदर्शीपरंहितम् ॥ उभयोःपक्षयोर्युक्तंवक्ष्यत्यर्थविनिश्चयम् ४४ ॥ ॥ दुर्योधनउवाच ॥ ॥ निवर्त्तयिष्यतित्वाऽसौयदिक्षत्तासमेष्यति ॥ निवृत्तेत्वयिराजेंद्रमरिष्येहमसंशयम् ४५ सत्वंमयिमृतेराजन्विदुरेणसुखीभव ॥ भोक्ष्यसेपृथिवींकृत्स्नांकिंमयात्वंकरिष्यसि ४६ ॥ ॥ वैशंपायनउवाच ॥ ॥ आर्तवाक्यंतुतत्तस्यप्रणयोक्तंनिशम्यसः ॥ धृतराष्ट्रोऽब्रवीत्प्रेष्यान्दुर्योधनमतेस्थितः ४७ स्थूणासहस्रैर्बृहतींशतद्वारांसभांमम ॥ मनोरमांदर्शनीयामाशुकुर्वन्तुशिल्पिनः ४८ ततःसंस्तीर्यरत्नैस्तांतक्ष्णआनाय्यसर्वशः ॥ सुकृतांसुप्रवेशांचनिवेदयतमेशनैः ४९ दुर्योधनस्यशांत्यर्थमितिनिश्चित्यभूमिपः ॥ धृतराष्ट्रोमहाराजप्राहिणोद्विदुरायवै ५० अपृष्ट्वाविदुरंह्यस्यनासीत्कश्चिद्विनिश्चयः ॥ द्यूतेदोषांश्चजानन्सपुत्रस्नेहादकृष्यत ५१ तच्छ्रुत्वाविदुरोधीमान्कलिद्वारमुपस्थितम् ॥ विनाशमुखमुत्पन्नंधृतराष्ट्रमुपाद्रवत् ५२ सोऽभिगम्यमहात्मानंभ्राताभ्रातरमग्रजम् ॥ मूर्ध्नाप्रणम्यचरणाविदंवचनमब्रवीत् ५३ ॥ विदुरउवाच ॥ ॥ नाभिनंदामितेराजन्व्यवसायमिमंप्रभो ॥ पुत्रैर्भेदोयथानस्याद्द्यूतहेतोस्तथाकुरु ५४ ॥ ॥ धृतराष्ट्रउवाच ॥ ॥ क्षत्तःपुत्रेषुपुत्रैर्मेकलहोनभविष्यति ॥ यदिदेवाःप्रसादंनःकरिष्यंतिनसंशयः ५५ अशुभंवाशुभंवाऽपिहितंवायदिवाऽहितम् ॥ प्रवर्त्ततांसुहृद्द्यूतंदिष्टमेतन्नसंशयः ५६ मयिसन्निहितेद्रोणेभीष्मेत्वयिचभारत ॥ अनयोदैवविहितोनकथंचिद्भविष्यति ५७ गच्छत्वंरथमास्थायहयैर्वातसमैर्जवे ॥ खांडवप्रस्थमद्यैवसमानययुधिष्ठिरम् ५८ नवाच्योव्यवसायोमेविदुरैतद्ब्रवीमिते ॥ दैवमेवपरंमन्येयेनैतदुपपद्यते ५९ इत्युक्तोविदुरोधीमान्नेदमस्तीतिचिंतयन् ॥ आपगेयंमहाप्राज्ञमभ्यगच्छत्सुदुःखितः ६० ॥ ॥ इतिश्रीमहाभारतेसभापर्वणिद्यूतपर्वणिदुर्योधनसंतापेएकोनपंचाशत्तमोऽध्यायः ४९ ॥ ॥ ॥ ॥ जनमेजयउवाच ॥ ॥ कथंसमभवद्द्यूतंभ्रातॄणांतन्महात्ययम् ॥ यत्रतद्व्यसनंप्राप्तंपांडवैर्मेपितामहैः १ केचतत्रसभास्ताराराजानोब्रह्मवित्तम ॥ केचैनमन्वमोदंतकेचैनंप्रत्यषेधयन् २ विस्तरेणैतदिच्छामिकथ्यमानंत्वयाद्विज ॥ मूलंह्येतद्विनाशस्यपृथिव्याद्विजसत्तम ३ ॥ ॥ ॥ सौतिरुवाच ॥ ॥ एवमुक्तस्ततोराज्ञाव्यासशिष्यःप्रतापवान् ॥ आचचक्षेऽथयद्वृत्तंतत्सर्वंवेदतत्त्ववित् ४ ॥ वैशंपायनउवाच ॥ ॥ शृणुमेविस्तरेणमाकथांभारतसत्तम ॥ भूयएवमहाराजयदितेश्रवणेमतिः ५ ॥ ॥ ॥

६० ॥ इतिसभापर्वणिनीलकंठीये भारतभावदीपेएकोनपंचाशत्तमोऽध्यायः ॥ ४९ ॥ ॥ कथमिति । व्यसनमापतत् १ सभास्ताराःसभासदः २ । ३ । ४ । ५ ॥ ॥

६ । ७ । ८ । ९ । १० भेदोवैरं ११ । १२ । १३ । १४ । १५ । संमूर्छितमितिपाठेविरुद्धं १६ अमर्षमसहिष्णुताम् १७ साधारणी विशेषरहिता १८ स्थिरःस्थावरःपाषाणतुल्योऽस्मि यतोन
विदीर्णोभवामि १९ आवर्जिताः दासवद्वशगाः २० पर्युदस्ताःदूरक्षिप्ताः २१ ज्येष्ठोवयोऽधिकः श्रेष्ठःप्रशस्यतमः युक्तोनियुक्तः २२ अर्घहारिणांबहुमूल्यवतां रत्नानामश्वगजादितत्तज्जात्युत्कृष्टवस्तू

विदुरस्यमतिंज्ञात्वाधृतराष्ट्रोऽम्बिकासुतः ॥ दुर्योधनमिदंवाक्यमुवाचविजनेपुनः ६ अलंद्यूतेनगांधारेविदुरोनप्रशंसति ॥ नह्यसौसुमहाबुद्धिरहितंनोवदिष्यति ७
हितंहिपरमंमन्येविदुरोयत्प्रभाषते ॥ क्रियतांपुत्रतत्सर्वमेतन्मन्येहितंतव ८ देवर्षिर्वासवगुरुर्देवराजायधीमते ॥ यत्प्राहशास्त्रंभगवान्बृहस्पतिरुदारधीः ९ तद्वेदवि
दुरःसर्वंसरहस्यंमहाकविः ॥ स्थितस्तुवचनेतस्यसदाऽहमपिपुत्रक ॥ विदुरोवाऽपिमेधावीकुरूणांप्रवरोमतः १० उद्धवोवामहाबुद्धिर्वृष्णीनामर्चितोनृप ॥ तदलंपुत्र
द्यूतेनद्यूतेभेदोहिदृश्यते ११ भेदेविनाशोराज्यस्यतत्पुत्रपरिवर्जय ॥ पित्रामात्राचपुत्रस्ययद्वैकार्यंपरंस्मृतम् १२ प्राप्तस्त्वमसितन्नामपितृपैतामहंपदम् ॥ अधीत
वान्कृतीशास्त्रेलालितःसततंगृहे १३ भ्रातृज्येष्ठःस्थितोराज्येविंदसेकिंनशोभनम् ॥ पृथक्जनैरलभ्यंयद्भोजनाच्छादनंपरम् १४ तत्प्राप्तोऽसिमहाबाहोकस्मा
च्छोचसिपुत्रक ॥ स्फीतंराष्ट्रंमहाबाहोपितृपैतामहंमहत् १५ नित्यमाज्ञापयन्भासिदिविदेवेश्वरोयथा ॥ तस्यतेविदितप्रज्ञशोकमूलमिदंकथम् ॥ समुत्थितंदुः
खकरंतन्मेशंसितुमर्हसि १६ ॥ दुर्योधनउवाच ॥ अश्नाम्याच्छादयामीतिप्रपश्यन्पापपूरुषः ॥ नामर्षंकुरुतेयस्तुपुरुषःसोऽधमःस्मृतः १७ नमांप्रीणातिराजेंद्रल
क्ष्मीःसाधारणीविभो ॥ ज्वलितामेवकौन्तेयेश्रियंदृष्ट्वाचविव्यथे १८ सर्वांचपृथिवींचैवयुधिष्ठिरवशानुगाम् ॥ स्थिरोऽस्मियोऽहंजीवामिदुःखादेतद्ब्रवीमिते १९
आवर्जिताइवाभांतिनीपाश्चित्रककौकुराः ॥ कारस्कारालोहजंघायुधिष्ठिरनिवेशने २० हिमवत्सागरानूपाःसर्वेरत्नाकरास्तथा ॥ अंत्याःसर्वेपर्युदस्तायुधिष्ठिरनिवेशने २१
ज्येष्ठोऽयमितिमांमत्वाश्रेष्ठश्चेतिविशांपते ॥ युधिष्ठिरेणसत्कृत्ययुक्तोरत्नपरिग्रहे २२ उपस्थितानांरत्नानांश्रेष्ठानामर्घहारिणाम् ॥ नादृश्यतपरःपारोनापरस्तत्रभारत
२३ नमेहस्तःसमभवद्वसुतत्प्रतिगृह्णतः ॥ अतिष्ठंतमयिश्रांतेगृह्यदूराहृतंवसु २४ कृतांबिंदुसरोरत्नैर्मयेनस्फाटिकच्छदाम् ॥ अपश्यंनलिनींपूर्णामुदकस्येवभारत
२५ वस्त्रमुत्कर्षतिमयिप्राहसत्सवृकोदरः ॥ शत्रोर्ऋद्धिविशेषेणविमूढंरत्नवर्जितम् २६ तत्रस्मयदिशक्तःस्यांपातयेऽहंवृकोदरम् ॥ यदिकुर्यांसमारंभंभीमंहंतुंनरा
धिप २७ शिशुपालइवास्माकंगतिःस्यान्नात्रसंशयः ॥ सपत्नेनावहासोमेसमांदहतिभारत २८ पुनश्चतादृशीमेववापींजलजशालिनीम् ॥ मत्वा
शिलासमांतोयेपतितोऽस्मिनराधिप २९ ॥ ॥ ॥ ॥

नां पुरःस्थितानांप्रांतापरांतौ देशतइयत्ताधारणं चक्षुपानकर्तुंशक्यमित्यर्थः २३ समभवत्समर्थोनाभवत् अतिष्ठंतमतीक्षांकृतवंतः वसुनआहर्त्तारोवसुदातुं २४ स्फाटिकाश्छदाइवछदाः उपकंठस्थसो
पानादयोयस्यास्तां बिंदुसरसःसकाशादाहृतैरत्नैः २५ । २६ । २७ । २८ । २९ ॥ ॥ ॥ ॥ ॥

३० । ३१ प्रलंभंवंचनां ३२ । ३३ । ३४ । ३५ । ३६ ॥ इतिसभापर्वणिनीलकंठीये भारतभावदीपेपंचाशत्तमोऽध्यायः ॥ ५० ॥ यन्मयेति १ फलतःसंख्यापरिच्छेदतो भूमितोदेशभेदतोवा नाविदमितिसंबंधः । अपितथापिमुख्यतोवक्ष्यमाणंधनंप्रतिपद्यस्वेत्यर्थः यद्वा फलतोजातंवस्त्रादि भूमितो जातंहीरादि २ और्णान्मेषरोमजान् बैलान्बिलवासिमूषकादिरोमजान् वार्षदंशान्बिडालरोमजान् जातरूपपरिष्कृतान्सुवर्णतंतुभिर्वातद्विंदुभिर्वाचित्रितान् और्णाःप्रावाराअन्यान्यजिनानीतिवाविभागः ३ तित्तिरिकल्माषान् तित्तिरिपक्षिवच्चित्रान् । उष्ट्राः वाम्योगर्दभाश्वसंकरजाः । उभयेऽपिपीलवादिनापुष्टिंगताः ४ गोवासनावलीवर्दपोषकाः क्षेत्रादिवृत्तिमंतोब्रा[illegible]णाः । तथादासनीया दास्ययोग्याःशूद्रादयो ब्राह्मणाएववाताद्दशाः । यथोक्तं मूर्खान्ब्राह्मणान्प्रकृत्य पुष्करप्रादुर्भावे

तत्रमांप्राहसत्कृष्णःपार्थेनसहसुस्वरम् ॥ द्रौपदीचसहस्त्रीभिर्व्यथयंतीमनोमम ३० क्लिन्नवस्त्रस्यतुजलेकिंकराराजनोदिताः ॥ ददुर्वासांसिमेऽन्यानितच्चदुःखंपरंमम ३१ प्रलंभंचशृणुष्वान्यद्वदतोमेनराधिप ॥ अद्वारेणविनिर्गच्छन्द्वारसंस्थानरूपिणा ॥ अभिहत्यशिलांभूयोललाटेनास्मिविक्षतः ३२ तत्रमांयमजौदूरादालोक्याभिहतंतदा ॥ बाहुभिःपरिगृह्णीतांशोचंतौसहितावुभौ ३३ उवाचसहदेवस्तुतत्रमांविस्मयन्निव ॥ इदंद्वारमितोगच्छराजन्निति पुनःपुनः ३४ भीमसेनेनतत्रोक्तोधृतराष्ट्रात्मजेतिच ॥ संबोध्यप्रहसित्वाचइतोद्वारंनराधिप ३५ नामधेयानिरत्नानांपुरस्तान्नश्रुतानिमे ॥ यानिदृष्टानिमेतस्यांमनस्तपतितच्चमे ३६ ॥ इतिश्रीमहाभारतेसभापर्वणिद्यूतपर्वणिदुर्योधनसंतापेपंचाशत्तमोऽध्यायः ५० ॥ ॥ दुर्योधनउवाच ॥ यन्मयापांडवेयानांदृष्टंतच्छृणुभारत ॥ आहृतंभूमिपालैर्हिवसुमुख्यंततस्ततः १ नाविदंमूढमात्मानंदृष्ट्वाहंतदरेर्धनम् ॥ फलतोभूमितोवापिप्रतिपद्यस्वभारत २ और्णान्बैलान्वार्षदंशान्जातरूपपरिष्कृतान् ॥ प्रावाराजिनमुख्यांश्चकांबोजःप्रददौबहून् ३ अश्वांस्तित्तिरिकल्माषांस्त्रिशतंशुकनासिकान् ॥ उष्ट्रवामीस्त्रिशतंचपुष्टाःपीलुशमींगुदैः ४ गोवासनाब्राह्मणाश्चदासनीयाश्चसर्वशः ॥ प्रीत्यर्थंतेमहाराजधर्मराज्ञोमहात्मनः ५ त्रिखर्वंबलिमादायद्वारितिष्ठंतिवारिताः ॥ ब्राह्मणावाटधानाश्चगोमंतःशतसंघशः ६ कमंडलूनुपादायजातरूपमयान्शुभान् ७ एवंबलिंसमादायप्रवेशंलेभिरेनच ॥ शतंदासीसहस्राणांकार्पासिकनिवासिनाम् ८ श्यामास्तन्व्योदीर्घकेश्योहेमाभरणभूषिताः ॥ शूद्राविप्रोत्तमार्हाणिरांकवाण्यजिनानिच ९ बलिंचकृत्स्नमादायभरुकच्छनिवासिनः ॥ उपनिन्युर्महाराजहयान्गांधारदेशजान् १० इंद्रकृष्टैर्वर्तयंतिधान्यैर्येचनदीमुखैः ॥ समुद्रनिष्कुटेजाताःपारेसिंधुचमानवाः ११ तेवैरामठाःपारदाश्चआभीराःकितवैःसह ॥ विविधंबलिमादायरत्नानिविविधानिच १२ ॥ ॥

'यस्यनैवंश्रुतंराजन्नगृहीतंविशांपते । कामंतंधार्मिकोराजाशूद्रकर्माणिकारयेत्'इति । अस्मिन्पक्षेत्रिखर्वंत्रीणियाजनाध्यापनप्रतिग्रहाः खर्वाणिन्युब्जानिधनलाभरूपफलहीनानि येषांतेत्रिखर्वाः । विद्याध्ययनसत्कर्मशून्यत्वाद्याजनादिहीनाइत्यर्थः । तैस्त्रिखर्वसंज्ञैःप्रदेयोबलिस्त्रिखर्वबलिस्तमित्यर्थः वारिताइत्यनेनतेषामत्यंतहीनतादर्शिता ५ । ६ । ७ कार्पासिकोदेशविशेषः ८ । ९ भरुकच्छोदेशः कांचनमयःसजलप्रदेशोयस्मिन्सतथा 'भरुर्भर्त्तरिकांचने । अथकच्छःस्यादनूपे'इतिविश्वः १० समुद्रसमीपस्थनिष्कुटे गृहोद्याने समुद्रनिष्कुटे । इंद्रकृष्टैरिंद्रेणैवाकृष्टैःनतुकर्षणादिक्षेत्रियकयत्नापेक्षैर्वन्यधान्यैः । वृष्टयभावेतुनदीमुखैर्नदीप्रभवैः ११ । १२ ॥ ॥ ॥ ॥ ॥ ॥

फलजंमधूकादिजातीयं १३ । १४ । १५ अश्मसाराहीरपद्मरागादिमणयस्तन्मयं भांडंभूषणं । ' भांडंभूषणमात्रेऽपि'इतिविश्वः । त्सरुःखड्गमुष्टिः १६ द्व्यक्षादयःप्राच्यदेशभेदाः १७
नानावर्णान्रासभान् १८ । १९ प्रमाणेनदैर्घ्यपुष्ट्यादिना रागेणरम्यवर्णेनचसंपन्नानधिकान् २० । २१ । २२ । २३ । २४ । २५ । २६ कुटीकृतंचित्रगुच्छाकारंकृतं ' स्यात्कुटीकुंभदा

अजाविकंगोहिरण्यंखरोष्ट्रंफलजंमधु ॥ कंबलान्विविधांश्चैवद्वारितिष्ठन्तिवारिताः १३ प्राग्ज्योतिषाधिपःशूरोम्लेच्छानामधिपोबली ॥ यवनैःसहितोराजाभगदत्तो
महारथः १४ आजानेयान्हयान्शीघ्रानादायानिलरंहसः ॥ बलिंचकृत्स्नमादायद्वारितिष्ठतिवारितः १५ अश्मसारमयंभांडंशुद्धदंतत्सरूनसीन् ॥ प्राग्ज्योतिषाधि
पोदत्वाभगदत्तोऽव्रजत्तदा १६ द्व्यक्षांस्त्र्यक्षान्ललाटाक्षान्नानादिग्भ्यःसमागतान् ॥ औष्णीकानंतवासांश्चरोमकान्पुरुषादकान् १७ एकपादांश्चतत्राहमपश्यंद्वारिवा
रितान् ॥ राजानोबलिमादायनानावर्णाननेकशः १८ कृष्णग्रीवान्महाकायान्रासभान्दूरपातिनः ॥ आजन्हुर्दशसाहस्रान्विनीतान्दिक्षुविश्रुतान् १९ प्रमाणराग
संपन्नान्वंक्षुतीरसमुद्भवान् ॥ बल्यर्थंददतस्तस्मैहिरण्यंरजतंबहु २० दत्वाप्रवेशंप्राप्तास्तेयुधिष्ठिरनिवेशने ॥ इंद्रगोपकवर्णाभान्शुकवर्णान्मनोजवान् २१ तथैवेंद्रायुध
निभान्सन्ध्याभ्रसदृशानपि ॥ अनेकवर्णानारण्यान्गृहीत्वाऽश्वान्महाजवान् २२ जातरूपमनर्घ्यंचददुस्तस्यैकपादकाः ॥ चीनान्शकांस्तथाओड्रान्बर्बरान्वनवा
सिनः २३ वार्ष्णेयान्हारहूणांश्चकृष्णान्हैमवतांस्तथा ॥ नीपानूपानधिगतान्विविधान्द्वारवारितान् २४ बल्यर्थंददतस्तस्यनानारूपाननेकशः ॥ कृष्णग्रीवान्म
हाकायान्रासभान्शतपातिनः ॥ अहार्षुर्दशसाहस्रान्विनीतान्दिक्षुविश्रुतान् २५ प्रमाणरागस्पर्शाढ्यंबाल्हीचीनसमुद्भवम् ॥ और्णंचरांकवंचैवकीटजंपट्टजंतथा २६
कुटीकृतंतथैवात्रकमलाभंसहस्रशः ॥ श्लक्ष्णंवस्त्रमकार्पासमाविकंमृदुचाजिनम् २७ निशितांश्चैवदीर्घासीन्ऋष्टिशक्तिपरश्वधान् ॥ अपरांतसमुद्भूतांस्तथैवपरशून्शि
तान् २८ रसान्गंधांश्चविविधान्रत्नानिचसहस्रशः ॥ बलिंचकृत्स्नमादायद्वारितिष्ठंतिवारिताः २९ शकास्तुषाराःकंकाश्चरोमशाःशृंगिणोनराः ॥ महागजान्दूर
गमान्गणितानर्बुदान्हयान् ३० शतशश्चैवबहुशःसुवर्णपद्मसंमितम् ॥ बलिमादायविविधंद्वारितिष्ठंतिवारिताः ३१ आसनानिमहार्हाणियानानिशयनानिच ॥
मणिकांचनचित्राणिगजदंतमयानिच ३२ कवचानिविचित्राणिशस्त्राणिविविधानिच ॥ रथांश्चविविधाकारान्जातरूपपरिष्कृतान् ३३ हयैर्विनीतैःसंपन्नान्वैयाघ्रप
रिवारितान् ॥ विचित्रांश्चपरिस्तोमान्रत्नानिविविधानिच ३४ नाराचानर्धनाराचान्शस्त्राणिविविधानिच ॥ एतद्दत्वामहद्द्रव्यंपूर्वदेशाधिपान्नृपाः ॥ प्रविष्टायज्ञसद
नंपांडवस्यमहात्मनः ३५ ॥ इतिश्रीमहाभारतेसभापर्वणिद्यूतपर्वणिदुर्योधनसंतापेएकपञ्चाशत्तमोऽध्यायः ॥ ५१ ॥ ॥ ॥ ॥

स्यांचमुरायांचित्रगुच्छके'इतिविश्वः २७ अपरांतात्पश्चिमदेशात्समुद्भूतान् २८ रसान्रसवंतितर्बुजादीनि । गंधान्गंधवंतिमृगमदादीनि २९ । ३० । ३१ । ३२ । ३३ वैयाघ्रपरिवा
रितान्व्याघ्रचर्मणापरिवृतान् । परिस्तोमान्गजकंबलान् ' परिस्तोमःकुथोद्वयोः' इत्यमरः ३४ । ३५ ॥ इतिसभापर्वणिनीलकंठीये भारतभावदीपे एकपंचाशत्तमोऽध्यायः ॥ ५१ ॥ ॥

दायं करार्थदेयंधनं । 'दायोदाने पौतकादिधने' इति विश्वः १ । २ । ३ । ४ कृष्णानित्यादयोमणिभेदाः पाठांतरेहिमजं हिमालयजम् ५ । ६ । ७ लौहित्यंपर्वतम् ८ । ९ कालीयकस्यकृष्णागुरोः १० । ११ निचितंराशीकृतं पर्वतेभ्योऽपिभूरिवर्चसंतेजस्वि । अर्थआयच् १२ । १३ । १४ । १५ । १६ । १७ । १८ कृतकालाःकृतप्रस्तावाः कृतद्वाराइतिपाठे

॥ दुर्योधनउवाच ॥ दायंतुविविधंतस्मैशृणुमेगदतोऽनघ ॥ यज्ञार्थंराजभिर्दत्तंमहान्तंधनसंचयम् १ मेरुमंदरयोर्मध्येशैलोदामभितोनदीम् ॥ येतेकीचकवेणूनांछायांरम्यामुपासते २ खसाएकासनाह्यर्हाःप्रदरादीर्घवेणवः ॥ पारदाश्चकुलिंदाश्चतंगणाःपरतंगणाः ३ तद्वैपिपीलिकंनामउद्धृतंयत्पिपीलकैः ॥ जातरूपंद्रोणमेयमहार्षुःपुंजशोनृपाः ४ कृष्णान्ललामांश्चमरान्शुक्लांश्चान्यान्शशिप्रभान् ॥ हिमवत्पुष्पजंचैवस्वादुक्षौद्रंतथाबहु ५ उत्तरेभ्यःकुरुभ्यश्चाप्यपोढंमाल्यमंबुभिः ॥ उत्तरादपिकैलासादोषधीःसुमहाबलाः ६ पार्वतीयाबलिंचान्यमाहृत्यप्रणताःस्थिताः ॥ अजातशत्रोर्नृपतेर्द्वारितिष्ठंतिवारिताः ७ येपरार्धेहिमवतःसूर्योदयगिरौनृपाः ॥ कारूषेचसमुद्रांतेलौहित्यमभितश्चये ८ फलमूलाशनायेचकिराताश्चर्मवाससः ॥ क्रूरशस्त्राःक्रूरकृतस्तांश्चपश्याम्यहंप्रभो ९ चंदनागुरुकाष्ठानांभारान्कालीयकस्यच ॥ चर्मरत्नसुवर्णानांगंधानांचैवराशयः १० कैरातकीनामयुतंदासीनांचविशांपते ॥ आहृत्यरमणीयार्थान्दूरजान्मृगपक्षिणः ११ निचितंपर्वतेभ्यश्चहिरण्यंभूरिवर्चसम् ॥ बलिंचकृत्स्नमादायद्वारितिष्ठंतिवारिताः १२ कैरातादरदादर्वाःशूराबैयमकास्तथा ॥ औदुंबरादुर्विभागाःपारदाबाल्हिकैःसह १३ काश्मीराश्चकुमाराश्चघोरकाहंसकायनाः ॥ शिबित्रिगर्त्तयौधेयाराजन्याभद्रकेकयाः १४ अंबष्ठाःकौकुरास्ताक्ष्यावस्त्रपाःपल्हवैःसह ॥ वशातलाश्चमौलेयाःसहक्षुद्रकमालवैः १५ पौंडिकाःकुकुराश्चैवशकाश्चैवविशांपते ॥ अंगावंगाश्चपुंड्राश्चशाणवत्यागयास्तथा १६ सुजातयःश्रेणिमंतःश्रेयांसःशस्त्रधारिणः ॥ अहार्षुःक्षत्रियावित्तंशतशोऽजातशत्रवे १७ वंगाःकलिंगामगधास्ताम्रलिप्ताःसुपुंड्रकाः ॥ दौवालिकाःसागरकाःपत्रोर्णाःशैशवास्तथा १८ कर्णप्रावरणाश्चैवबहवस्तत्रभारत ॥ तत्रस्थाद्वारपालैस्तेप्रोच्यंतेराजशासनात् ॥ कृतकालाःसुबलयस्ततोद्वारमवाप्स्यथ १९ ईषादंतान्हेमकक्षान्पद्मवर्णान्कुथावृतान् ॥ शैलाभान्नित्यमत्तांश्चाप्यभितःकाम्यकंसरः २० दत्त्वैकैकोदशशतान्कुंजरान्कवचावृतान् ॥ ॥ क्षमावंतःकुलीनाश्चद्वारेणप्राविशंस्तथा २१ एतेचान्येचबहवोगणादिग्भ्यःसमागताः ॥ अन्यैश्चोपाहृतान्यत्ररत्नानीहमहात्मभिः २२ राजाचित्ररथोनामगंधर्वोवासवानुगः ॥ शतानिचत्वार्यददद्धयानांवातरंहसाम् २३ तुंबुरुस्तुप्रमुदितोगंधर्वोवाजिनांशतम् ॥ आम्रपत्रसवर्णानामददद्धेममालिनां २४ कृतीराजाचकौरव्यशूकराणांविशांपते ॥ अददद्गजरत्नानांशतानिसुबहून्यथ २५ विराटेनतुमत्स्येनबल्यर्थंहेममालिनाम् ॥ कुंजराणांसहस्रंद्वेमत्तानांसमुपाहृतं २६

द्वारंप्रतीहारेणसख्यम् १९ ईषादंतान् लांगलदंडतुल्यदंतान् हेमकक्षाः सुवर्णवरत्राः २० । २१ । २२ । २३ । २४ शूकराःदेशभेदास्तेषाम् २५ । २६ ॥ ॥ ॥

२७ । २८ यज्ञसेनेनदत्तानीतिशेषः २९ । ३० । ३१ । ३२ । ३३ । ३४ समुद्रसारंमुक्ताफलादि ३५ कुथान्करिकंबलान् ३६ । ३७ । ३८ । ३९ पर्यस्तइवभूदेशोऽपि स्वर्गीभूतइव उपाग्रा
हानुपहारान् ४० । ४१ । ४२ प्रमीयमाणंखार्यादिनामानेनगण्यमानं आममपक्कं ४३ । ४४ । ४५ । ४६ । ४७ । ४८ । ४९ ॥ इतिसभापर्वणिनीलकंठीये भारतभावदीपेद्विपंचाशत्तमोध्यायः

पांशुराष्ट्राद्वसुदानोराजाषड्विंशतिंगजान् ॥ अश्वानांचसहस्रेद्वेराजन्कांचनमालिनाम् २७ जवसत्वोपपन्नानांवयस्थानांनराधिप ॥ बलिंचकृत्स्नमादायपांडवेभ्योन्य
वेदयत् २८ यज्ञसेनेनदासीनांसहस्राणिचतुर्दश ॥ दासानामयुतंचैवसदाराणांविशांपते ॥ गजयुक्तामहाराजरथाःषड्विंशतिस्तथा २९ राज्यंचकृत्स्नंपार्थेभ्योयज्ञा
र्थैवैनिवेदितम् ॥ वासुदेवोऽपिवार्ष्णेयोमानंकुर्वन्किरीटिनः ३० अददद्गजमुख्यानांसहस्राणिचतुर्दश ॥ आत्माहिकृष्णःपार्थस्यकृष्णस्यात्माधनंजयः ३१
यद्ब्रूयादर्जुनःकृष्णंसर्वंकुर्यादसंशयम् ॥ कृष्णोधनंजयस्यार्थेस्वर्गलोकमपित्यजेत् ३२ तथैवपार्थःकृष्णार्थेप्राणानपिपरित्यजेत् ॥ सुरभींश्चंदनरसान्हेमकुंभस
मास्थितान् ३३ मलयाद्दर्दुराच्चैवचंदनागुरुसंचयान् ॥ मणिरत्नानिभास्वंतिकांचनंसूक्ष्मवस्त्रकम् ३४ चोलपांड्यावपिद्वारंनलेभातेह्युपस्थितौ ॥ समुद्रसारंवैदूर्यंमु
क्तासंघांस्तथैवच ३५ शतशश्चकुथांस्तत्रसिंहलाःसमुपाहरन् ॥ संवृतामणिचीरैस्तुश्यामास्ताम्रांतलोचनाः ३६ तान्गृहीत्वानरास्तत्रद्वारितिष्ठंतिवारिताः ॥ प्रीत्य
र्थंब्राह्मणाश्चैवक्षत्रियाश्चविनिर्जिताः ३७ उपाजह्रुर्विशश्चैवशूद्राःशुश्रूषवस्तथा ॥ प्रीत्याचबहुमानाच्चअभ्युपागच्छन्युधिष्ठिरम् ३८ सर्वेम्लेच्छाःसर्ववर्णाआदिम
ध्यांतजास्तथा ॥ नानादेशसमुत्थैश्चनानाजातिभिरेवच ३९ पर्यस्तइवलोकोऽयंयुधिष्ठिरनिवेशने ॥ उच्चावचानुपग्राहान्राजभिःप्रापितान्बहून् ४० शत्रूणांपश्य
तोदुःखान्मुमूर्षामेव्यजायत ॥ भृत्यास्तुयेपांडवानांतांस्तेवक्ष्यामिपार्थिव ४१ येषामामंचपक्कंचसंविधत्तेयुधिष्ठिरः ॥ अयुतंत्रीणिपद्मानिगजारोहाःससादिनः
४२ रथानामर्बुदंचापिपादाताबहवस्तथा ॥ प्रमीयमाणमामंचपच्यमानंतथैवच ४३ विसृज्यमानंचान्यत्रपुण्याहस्वनएवच ॥ नाभुक्तवंतंनापीतंनालंकृतमस
त्कृतम् ४४ अपश्यंसर्ववर्णानांयुधिष्ठिरनिवेशने ॥ अष्टाशीतिसहस्राणिस्नातकागृहमेधिनः ४५ त्रिंशद्दासीकएकैकोयान्बिभर्तियुधिष्ठिरः ॥ सुप्रीताःपरितुष्टा
श्चतेह्याशंसंत्यरिक्षयम् ४६ दशान्यानिसहस्राणियतीनामूर्ध्वरेतसाम् ॥ भुंजतेरुक्मपात्रीभिर्युधिष्ठिरनिवेशने ४७ अभुक्तंभुक्तवद्वापिसर्वमाकुब्जवामनम् ॥
अभुंजानायाज्ञसेनीप्रत्यवैक्षद्विशांपते ४८ द्वौकरौनप्रयच्छेतांकुंतीपुत्रायभारत ॥ सांबंधिकेनपांचालासख्येनांधकवृष्णयः ४९ ॥ ॥ इतिश्रीमहाभारतेसभा
पर्वणिद्यूतपर्वणिदुर्योधनसंतापेद्विपंचाशत्तमोऽध्यायः ५२ ॥ ॥ ॥ दुर्योधनउवाच ॥ आर्यास्तुयेवैराजानःसत्यसंधामहाव्रताः ॥ पर्याप्तविद्यावक्तारो
वेदांतावभृथप्लुताः १ धृतिमन्तोन्हीनिषेवाधर्मात्मानोयशस्विनः ॥ मूर्धाभिषिक्तास्तेचैनंराजानःपर्युपासते २ ॥ ॥

॥ ५२ ॥ आर्यास्त्विति १ न्हीनिषेवाःलज्जावंतः । न्हीनिषेधाइतिपाठे न्हीरेवाकार्यान्निषेधिकायेषांते २

३ । ४ । ५ अनुकर्षंरथाधःस्थितदारु ६ । ७ अक्षान्शकटान हेमनद्धानधनपूर्णान् । 'अक्षःकर्षेतुषेचक्रेशकटव्यवहारयोः' इतिविश्वः ८ उपासंगंनिषङ्गं मृत्सरुं शोभनमुष्टिं असिंखड्गं शैक्यंशिक्यधृतंपात्रं ९ । १० । ११ । १२ । १३ । १४ वारुणंशंखं कलशोदधिःसमुद्रः निष्कसहस्रेणसुवर्णेनसुकृतंआलिप्तंशंखं १५ कश्मलोमूर्च्छा १६ । १७ । १८ । १९ मांचविसंज्ञंदृष्ट्वा २० । २१ । २२ । २३ । २४

दक्षिणार्थंसमानीताराजभिःकांस्यदोहनाः ॥ आरण्याबहुसाहस्राअपश्यंस्तत्रतत्रगाः ३ आजन्हुस्तत्रसत्कृत्यस्वयमुद्यम्यभारत ॥ अभिषेकार्थमव्यग्राभांडमुच्चा वचंनृपाः ४ बाल्हीकोरथमाहार्षीज्जांबूनदविभूषितम् ॥ सुदक्षिणस्तुयुयुजेश्वेतैःकांबोजजैर्हयैः ५ सुनीथःप्रीतिमांश्चैवह्यनुकर्षंमहाबलः ॥ ध्वजंचचेदिराजश्चैव महार्षीत्स्वयमुद्यतम् ६ दाक्षिणात्यःसन्नहनंस्रगुष्णीषेचमागधः ॥ वसुदानोमहेष्वासोगजेंद्रंषष्टिहायनम् ७ मत्स्यस्त्वक्षान्हेमनद्धानेकलव्यउपानहौ ॥ आवंत्य स्त्वभिषेकार्थमापोबहुविधास्तथा ८ चेकितानउपासंगंधनुःकाश्यउपाहरत ॥ असिंचसुत्सरुंशल्यःशैक्यंकांचनभूषणम् ९ अभ्यषिंचत्ततोधौम्योव्यासश्चसुमहा तपाः ॥ नारदंचपुरस्कृत्यदेवलंचासितंमुनिम् १० प्रीतिमंतउपातिष्ठन्नभिषेकंमहर्षयः ॥ जामदग्न्येनसहितास्तथाऽन्येवेदपारगाः ११ अभिजग्मुर्महात्मानोमंत्रव द्भूरिदक्षिणम् ॥ महेन्द्रमिवदेवेन्द्रंदिविसप्तर्षयोयथा १२ अधारयच्छत्रमस्यसात्यकिःसत्यविक्रमः ॥ धनंजयश्चव्यजनेभीमसेनश्चपांडवः १३ चामरेचापिशुद्धेद्वे यमौजगृहतुस्तथा ॥ उपागृह्णाद्यमिंद्रायपुराकल्पेप्रजापतिः १४ तमस्मैशंखमाहार्षीद्वारुणंकलशोदधिः ॥ शैक्यंनिष्कसहस्रेणसुकृतंविश्वकर्मणा १५ तेना भिषिक्तःकृष्णेनतत्रमेकश्मलोऽभवत् ॥ गच्छंतिपूर्वादपरंसमुद्रंचापिदक्षिणम् १६ उत्तरंतुनगच्छंतिविनाताततपत्त्रिभिः ॥ तत्रस्मदध्मुःशतशःशंखान्मंगल कारकान् १७ प्राणदंतसमाध्मातास्ततोरोमाणिमेऽहृषन् ॥ प्रापतन्भूमिपालाश्चयेतुहीनाःस्वतेजसा १८ धृष्टद्युम्नःपांडवाश्चसात्यकिःकेशवोऽष्टमः ॥ सत्वस्थावीर्यसंपन्नाह्यन्योन्यप्रियदर्शनाः १९ विसंज्ञान्भूमिपान्दृष्ट्वामांचतेप्राहसंस्तदा ॥ ततःप्रहृष्टोबीभत्सुःप्रादाद्धेमविषाणिनाम् २० शतान्यनडुहांपंचद्विजमु ख्येषुभारत ॥ नरंतिदेवोनाभागोयौवनाश्वोमनुर्नच २१ नचराजापृथुर्वैन्योनचाप्यासीद्भगीरथः ॥ ययातिर्नहुषोवापियथाराजायुधिष्ठिरः २२ यथाऽतिमात्रंकौन्तेयः श्रियापरमयायुतः ॥ राजसूयमवाप्यैवंहरिश्चंद्रइवप्रभुः २३ एतांदृष्ट्वाश्रियंपार्थेहरिश्चंद्रेयथाविभो ॥ कथंतुजीवितंश्रेयोममपश्यसिभारत २४ अन्धेनेवयुगंन द्धंविपर्यस्तंनराधिप ॥ कनीयांसोविवर्द्धन्तेज्येष्ठाहीयंतएवच २५ एवंदृष्ट्वानाभिविंदामिशर्मसमीक्षमाणोऽपिकुरुप्रवीर ॥ तेनाहमेवंकृशतांगतश्चविवर्णतांचैवस शोकतांच २६ ॥ इतिश्रीमहाभारतेसभापर्वणिद्यूतपर्वणिदुर्योधनसंतापेत्रिपंचाशत्तमोऽध्यायः ॥ ५३ ॥ ॥ ॥

युगंद्वापराख्यं अंधेनेवविधात्रानद्धंसंबद्धमतएवविपर्यस्तं २५ । २६ ॥ इतिसभापर्वणिनीलकंठीयेभारतभावदीपे त्रिपंचाशत्तमोऽध्यायः ५३

त्वंवैइति । ज्येष्ठायाआपत्यंज्यैष्ठिनेयः । कल्याण्यादीनामिनङ्‌ढक्च १ अव्युत्पन्नंपरकपटानभिज्ञं । समानार्थंतुल्यधनं । तुल्यमित्रंत्वन्मित्राद्रोहिणं । अद्विषंतंत्वत्वामपीतिशेषः २ । ३ सप्तगायत्र्या
दीनिच्छंदांसि तंतवइवयस्ययज्ञपटस्यतं ४ । ५ । ६ । ७ । ८ । ९ । १० अंतर्वेद्यांयज्ञे ११ ॥ इतिसभापर्वणिनैलकंठीये भारतभावदीपे चतुःपंचाशत्तमोऽध्यायः ॥ ५४ ॥ ॥ यस्येति।
कार्योदर्कनिर्णायकमूहापोहकौशलंप्रज्ञा १ नाविनौरिवेत्यस्यार्थंतव्यं द्वितीयोविकल्पः २ आहरिष्यंतिराजानस्तवापिविपुलंधनमित्युक्तंतत्राह भविष्यमिति कृत्यमिदानीमेवानुष्ठेयमर्थंद्यूतेनशत्रुश्रीहरण

धृतराष्ट्रउवाच ॥ त्वंवैज्येष्ठोज्यैष्ठिनेयःपुत्रमापांडवान्द्विषः ॥ द्वेष्टाह्यसुखमादत्तेयथैवनिधनंतथा १ अव्युत्पन्नंसमानार्थंतुल्यमित्रंयुधिष्ठिरम् ॥ अद्विषंतंक
थंद्विष्यात्त्वादृशोभरतर्षभ २ तुल्याभिजनवीर्यश्चकथंभ्रातुःश्रियंनृप ॥ पुत्रकामयसेमोहान्मैवंभूःशाम्यमाशुचः ३ अथयज्ञविभूतिंतांकांक्षसेभरतर्षभ ॥ ऋत्वि
जस्तवतन्वंतुसप्ततंतुंमहाध्वरम् ४ आहरिष्यंतिराजानस्तवापिविपुलंधनम् ॥ प्रीत्याचबहुमानाच्चरत्नान्याभरणानिच ५ अनार्याचरितंतातपरस्वस्पृहणं
भृशम् ॥ स्वसंतुष्टःस्वधर्मस्थोयःसवैसुखमेधते ६ अव्यापारःपरार्थेषुनित्योद्योगःस्वकर्मसु ॥ रक्षणंसमुपात्तानामेतद्वैभवलक्षणम् ७ विपत्तिष्वव्यथोदक्षो
नित्यमुत्थानवान्नरः ॥ अप्रमत्तोविनीतात्मानित्यंभद्राणिपश्यति ८ बाहूनिवैतान्माच्छेत्सीःपांडुपुत्रास्तथैवते ॥ भ्रातृणांतद्धनार्थंवैमित्रद्रोहंचमाकुरु ९ पांडोः
पुत्रान्माद्विषस्वेहराजंस्तथैवतेभ्रातृधनंसमग्रम् ॥ मित्रद्रोहेतातमहानधर्मःपितामहायेतवतेऽपितेषाम् १० अंतर्वेद्यांददद्वित्तंकामाननुभवन्प्रियान् ॥ क्रीडन्
स्त्रीभिर्निरातंकःप्रशाम्यभरतर्षभ ११ ॥ इतिश्रीमहाभारतेसभापर्वणिद्यूतपर्वणिदुर्योधनसंतापेचतुःपंचाशत्तमोऽध्यायः ॥ ५४ ॥ ॥ दुर्योधनउवाच ॥
यस्यनास्तिनिजाप्रज्ञाकेवलंतुबहुश्रुतः ॥ नसजानातिशास्त्रार्थंदर्वीसूपरसानिव १ जानन्वैमोहयसिमांनाविनौरिवसंयता ॥ स्वार्थेकिंनावधानंतेउताहोद्वेष्टिमां
भवान् २ नसंतीमेधार्तराष्ट्रायेषांत्वमनुशासिता ॥ भविष्यमर्थमाख्यासिसर्वदाकृत्यमात्मनः ३ परनेयोऽग्रणीर्यस्यसमार्गान्प्रतिमुह्यति ॥ पंथानमनुगच्छेयुः
कथंतस्यपदानुगाः ४ राजन्परिणतप्रज्ञोवृद्धसेवीजितेंद्रियः ॥ प्रतिपन्नान्स्वकार्येषुसंमोहयसिनोभृशम् ५ लोकवृत्ताद्राजवृत्तमन्यदाहबृहस्पतिः ॥ तस्मा
द्राज्ञाऽप्रमत्तेनस्वार्थश्चिंत्यःसदैवहि ६ क्षत्रियस्यमहाराजजयेवृत्तिःसमाहिता ॥ सवैधर्मस्त्वधर्मोवास्ववृत्तौकापरीक्षणा ७ प्रकालयेद्दिशःसर्वाःप्रतोदेनेवसारथिः ॥
प्रत्यमित्रश्रियंदीप्तांजिघृक्षुर्भरतर्षभ ८ प्रच्छन्नोवाप्रकाशोवायोगोयोऽरिंप्रबाधते ॥ तद्वैशस्त्रंशस्त्रविदांनशस्त्रंछेदनंस्मृतम् ९ शत्रुश्चैवहिमित्रंचनलेख्यंनचमातृका ॥
योवैसंतापयतियंसशत्रुःप्रोच्यतेनृप १० ॥ ॥ ॥ ॥ ॥

रूपंप्रयोजनं तद्भविष्यंयज्ञकालिकंवदसि ३ ननुविदुरोद्यूतंनमन्यतेइत्याशंक्याह परनेयइति । अस्माकमग्रणीस्त्वं विदुरशिक्षणीयोमाभूरित्यर्थः ४ जानन्नेवाहंतवहितंवदामीतिचेत्तत्राह राजन्निति।
मोहमेवददासि नतुहितंवदसीत्यर्थः ५ प्रशाम्यभरतर्षभेतिलदुक्तोनिवृत्तिरूपोधर्मो बुभूषुणामस्माकंनेष्टइत्याह लोकेत्यादिना ६।७।८ । ९ ननुविप्रियकर्त्ताशत्रुर्नचपांडवास्तथासंतीत्याशंक्याह शत्रुरिति १०

११ । १२ । १३ । ब्राह्मणंसंन्यासिनम् १४ साधारणीतुल्यावृत्तिर्जीविका एकामिषत्वमित्यर्थः १५ । १६ । १७ मातेरोचिष्टरुचिकरीमाभूत् । सत्त्ववतांबुद्धिमतां । नयोनीतिः । धिष्ठितःस्थितः । अयंनयोधीमद्भिःशिरसावोढव्यइत्यर्थः १८ जन्मवृद्धिमिवजन्मप्रभृतिजी[illegible]देर्यावृद्धिःस्वाभाविकीतामिव । एधंतेवर्धंते । सद्योऽर्थानांवृद्धिंर्धनतत्सद्यावृद्धिः । विक्रमःपराक्रमः १९ नाप्याप्येति । पांडवैश्वर्यमप्राप्यअनवाप्य अदृष्ट्वेतियावत् । संशयोवितर्कोनभविष्यतिनाभविष्यत् । वितर्कमेवाह अवाप्स्येइति । पांडवैश्वर्यंदृष्ट्वाइदंहर्तव्यंनामयाहर्तव्यंवेत्येवंवितर्कोजातइत्यर्थः २० अस्थिरावृद्धिर

असंतोषःश्रियोमूलंतस्मात्तंकामयाम्यहम् ॥ समुच्छ्रयेयोयततेसराजन्परमोनयः ११ ममत्वंहिनकर्तव्यमैश्वर्येवाधनेऽपिवा ॥ पूर्वावाप्तंहरंत्यन्येराजधर्मंहि तंविदुः १२ अद्रोहसमयंकृत्वाचिच्छेदनमुचेःशिरः ॥ शक्रःसाऽभिमतातस्यरिपौवृत्तिःसनातनी १३ द्वावेतौग्रसतेभूमिःसर्पोबिलशयानिव ॥ राजानंचाविरो द्धारंब्राह्मणंचाप्रवासिनम् १४ नास्तिवैजातितःशत्रुःपुरुषस्यविशांपते ॥ येनसाधारणीवृत्तिःसशत्रुर्नेतरोजनः १५ शत्रुपक्षंसमृध्यंतंयोमोहात्समुपेक्षते ॥ व्याधि राप्यायितइवतस्यमूलंछिनत्तिसः १६ अल्पोऽपिह्यरिरत्यर्थंवर्धमानःपराक्रमैः ॥ वल्मीकोमूलजइवग्रसतेवृक्षमंतिकात् १७ आजमीढरिपोर्लक्ष्मीर्मातेरो चिष्टभारत ॥ एषभारःसत्त्ववतांनयःशिरसिधिष्ठितः १८ जन्मवृद्धिमिवार्थानांयोवृद्धिमभिकांक्षते ॥ एधतेज्ञातिषुसवैसद्योवृद्धिर्हिविक्रमः १९ नाप्राप्यपांडवै श्वर्यंसंशयोमेभविष्यति ॥ अवाप्स्येवाश्रियंतांहिशिष्येवानिहतोयुधि २० एतादृशस्यकिंमेऽद्यजीवितेनविशांपते ॥ वर्धंतेपांडवानित्यंवयंत्वस्थिरवृद्धयः २१ ॥ इतिश्रीमहाभारतेसभापर्वणिद्यूतपर्वणिदुर्योधनसंतापेपंचपंचाशत्तमोऽध्यायः ॥ ५५ ॥ ॥ शकुनिरुवाच ॥ यांत्वमेतांश्रियंदृष्ट्वापांडुपुत्रेयुधि ष्ठिरे ॥ तप्यसेतांहरिष्यामिद्यूतेनजयतांवर १ आहूयतांपरंराजन्कुंतीपुत्रोयुधिष्ठिरः ॥ अगत्वासंशयमहमयुध्वाचचमूमुखे २ अक्षान्क्षिपन्नक्षतःसन्विद्वान विदुषोजये ॥ ग्लहान्धनूंषिमेविद्धिशरानक्षांश्चभारत ३ अक्षाणांहृदयंमेज्यांरथंविद्धिममास्फुरम् ४ ॥ दुर्योधनउवाच ॥ अयमुत्सहतेराजन्श्रियमाहर्तुम क्षवित् ॥ द्यूतेनपांडुपुत्रेभ्यस्तदनुज्ञातुमर्हसि ५ ॥ धृतराष्ट्रउवाच ॥ ॥ स्थितोऽस्मिशासनेभ्रातुर्विदुरस्यमहात्मनः ॥ तेनसंगम्यवेत्स्यामिकार्यस्या स्यविनिश्चयम् ६ ॥ दुर्योधनउवाच ॥ ॥ व्यपनेष्यतितेबुद्धिंविदुरोमुक्तसंशयः ॥ पांडवानांहितेयुक्तोनतथाममकौरव ७ नारभेतान्यसामर्थ्या त्पुरुषःकार्यमात्मनः ॥ मतिसाम्यंद्वयोर्नास्तिकार्येषुकुरुनंदन ८ भयंपरिहरन्मंदआत्मानंपरिपालयन् ॥ वर्षासुक्लिन्नवटवत्तिष्ठन्नेवावसीदति ९ नव्याधयोना पियमःप्राप्तुंश्रेयःप्रतीक्षते ॥ यावदेवभवेत्कल्पस्तावच्छ्रेयःसमाचरेत् १० ॥ ॥ धृतराष्ट्रउवाच ॥ ॥ सर्वथापुत्रबलिभिर्विग्रहोमेनरोचते ॥ वैरं विकारंसृजतितद्धिशस्त्रमनायसम् ११ ॥ ॥ ॥ ॥ ॥

हितावृद्धिःसंपद्येषां २१ ॥ ॥ इतिसभापर्वणिनीलकंठीयेभारतभावदीपेपंचपंचाशत्तमोऽध्यायः ॥ ५५ ॥ ॥ यांत्वमिति १ । २ ग्लहान् पणान् ३ आस्फुरंअक्षविन्यासपातनादिस्थानम् ४ । ५ ६ । ७ नारभेतेति । परबुद्धिर्विनाशायेतिभावः ८ भयंभयशंकाहेतुंद्यूतादिकंपरिहरन् ९ कल्पःसमर्थः १० विकारं पूर्वावस्थाच्युतिं । अनायसमलोहजम् ११ ॥ ॥

॥ ५० ॥

अमर्थंयताख्यमनर्थहेतुं । संग्रंथनंगुंफनं १२ पुराणैर्नलादिभिः । व्यवहारःप्रवृत्तिः । प्रणीतःअनुष्ठितः । अत्ययोनाशः । संप्रहारोयुद्धं १३ स्वर्गद्वारंसुखद्वारं शत्रुगामभिभवोधनला भश्चसुखंतच्चनकेवलेनधनेनयज्ञादिद्वारावा । अतएवविशिष्टंश्रेष्ठंदुरोदरंद्यूतम् १४ उपाक्रम्यसंस्मृत्य भाविभवितुमैश्वर्यंकर्तुंशीलमस्येतिभावि नश्रेयस्कराभित्यर्थः १५ दृष्टंज्ञातं बुद्धिविद्यानुगेन बुद्धिरूहापोहकौशलं विद्याशास्त्राध्ययनं दिव्यंज्ञानंवा १६ परमंप्रयत्नादधिकं दुस्तरंयत्नशतेनाप्यपरिहार्यम् १७ क्रोशमात्रंआयतांदीर्घां तद्विस्तारांक्रोशमात्रवि

अनर्थमर्थंमन्यसेराजपुत्रसंग्रंथनंकलहस्यातियाति ॥ तद्वैप्रवृत्तंतुयथाकथंचित्सृजेदसीन्निशितान्सायकांश्च १२ ॥ दुर्योधनउवाच ॥ द्यूतेपुराणैर्व्यवहारःप्रणीतस्तत्रात्य योनास्तिनसंप्रहारः ॥ तद्रोचतांशकुनेर्वाक्यमद्यसभांक्षिप्रंत्वमिहाज्ञापयस्व १३ स्वर्गद्वारंदीव्यतांनोविशिष्टंतद्वर्तिनांचापितथैवयुक्तम् ॥ भवेदेवंह्यात्मनातुल्यमेव दुरोदरंपांडवैस्त्वंकुरुष्व १४ ॥ ॥ धृतराष्ट्रउवाच ॥ ॥ वाक्यंनमेरोचतेयत्त्वयोक्तंयत्तेप्रियंतत्क्रियतांनरेन्द्र ॥ पश्चात्तप्स्यसेतदुपाक्रम्यवाक्यंनहीदृशंभाविवचोहि धर्म्यम् १५ दृष्टंह्येतद्विदुरेणैवसर्वंविपश्चितावुद्धिविद्यानुगेन ॥ तदेवैतदवशस्याभ्युपैतिमहद्भयंक्षत्रियजीवघाति १६ ॥ ॥ वैशंपायनउवाच ॥ ॥ एवमुक्त्वा धृतराष्ट्रोमनीषीदैवंमत्वापरमंदुस्तरंच ॥ शशासोच्चैःपुरुषान्पुत्रवाक्येस्थितोराजादैवसंमूढचेताः १७ सहस्रस्तंभांहेमवैदूर्यचित्रांशतद्वारांतोरणस्फाटिकाख्याम् ॥ सभामग्र्यांक्रोशमात्रायतांमेतद्विस्तारामाशुकुर्वन्तुयुक्ताः १८ श्रुत्वातस्यत्वरितानिर्विशंकाःप्राज्ञादक्षास्तांतदाचक्रुराशु ॥ सर्वद्रव्याण्युपजन्हुःसभायांसहस्रशःशिल्पि नश्चैवयुक्ताः १९ कालेनाल्पेनाथनिष्ठांगतांतांसभांरम्यांबहुरत्नांविचित्राम् ॥ चित्रैर्हैमैरासनैरभ्युपेतामाचख्युस्तेतस्यराज्ञःप्रतीताः २० ततोविद्वान्विदुरंमंत्रिमुख्य मुवाचेदंधृतराष्ट्रोनरेन्द्रः ॥ युधिष्ठिरंराजपुत्रंचगत्वामद्वाक्येनक्षिप्रमिहानयस्व २१ सभेयंमेबहुरत्नाविचित्राशय्यासनैरुपपन्नामहार्हैः ॥ सादृश्यतांभ्रातृभिःसार्द्धमेत्य सुहृद्द्यूतंवर्त्ततामत्रचेति २२ ॥ इतिश्रीमहाभारतेसभापर्वणिद्यूतपर्वणियुधिष्ठिरानयनेषट्पंचाशत्तमोऽध्यायः ॥ ५६ ॥ ॥ ॥ ॥ वैशंपायनउवाच ॥ मतमाज्ञायपुत्रस्यधृतराष्ट्रोनराधिपः ॥ मत्वाचदुस्तरंदैवमेतद्राजंश्चकारह १ अन्यायेनतथोक्तस्तुविदुरोविदुषांवरः ॥ नाभ्यनंदद्वचोभ्रातुर्वचनंचेदमब्रवीत् २ ॥ ॥ विदुरउवाच ॥ नाभिनन्देन्नृपतेप्रैषमेतंमैवंकृथाःकुलनाशाद्बिभेमि ॥ पुत्रैर्भिन्नैःकलहस्तेध्रुवंस्यादेतच्छंकेद्यूतकृतेनरेन्द्र ३ ॥ ॥ धृतराष्ट्रउवाच ॥ नेहक्षत्तःकलह स्तप्स्यतेमांनचेद्दैवंप्रतिलोमंभविष्यत् ॥ धात्रातुदिष्टस्यवशेकिलेदंसर्वंजगच्चेष्टतिनस्वतंत्रम् ४ ॥ ॥ ॥ ॥ ॥

स्तारां । युक्ताः सन्नद्धाः १८ । १९ निष्ठांनिष्पन्नत्वं । हैमैरास्तरैरितिपाठेसुवर्णतंतुनिर्मितैःकशिपुभिः २० । २१ । २२ इतिसभापर्वणिनीलकंठीयेभारतभावदीपेषट्पंचाशत्तमोऽध्यायः ॥ ५६ ॥ मतमाज्ञायेति १ । २ प्रैषमाज्ञावचनं । द्यूतकृतेद्यूतनिमित्तं ३ दिष्टस्यदैवस्यवशे धात्रास्थापयित्राअंतर्यामिणाप्रयोजकेन इदंजगच्चेष्टति तथाचश्रुतिः । 'एषह्येवसाधुकर्मकारयतितं यमेभ्योलोकेभ्यउन्निनीषते । एषह्येवासाधुकर्मकारयतितंयमधोनिनीषते' इति पूर्वकर्मापेक्षईशएवसत्यमतिवामार्गेप्रवर्त्तयतीतिश्रुतेरर्थः । तिष्ठतीतिपाठेकार्यमनुतिष्ठतीत्यर्थः ४

५ ॥ इतिसभापर्वणिनीलकंठीये भारतभावदीपे सप्तपंचाशत्तमोऽध्यायः ॥ ५७ ॥ ॥ ॥ ततइति १ तत्पुरमितिसंबंधः द्विजातिभिस्त्रैवर्णिकैः २।३ तंप्रतिधृतराष्ट्रंअपृच्छत् ४ कुशलेनअस्मत्कुशलहेतोः ५ आत्मरतिःआत्मनःस्वस्योत्कर्षएवरतिर्यस्य । नतुधर्ममन्वीक्षतेइतिभावः । दृढात्मेतिपाठे कठिनचित्तः ६ अव्ययंधनादेरविनाशम् ७ रम्यतांक्रीडाक्रीयताम् ८ दुरोदराद्यूतकाराः । कितवान्धूर्त्तान्कपटिनइतियावत् । इत्यागतःइतिहेतोः जुषस्वरोचय ९ बुद्ध्यमानः । 'अन्येजायांपरिमृशंत्यस्ययस्यागृधद्वेदनेवाज्यक्षः । पितामाताभ्रातरएनमाहुरजानीमोनयताबद्धमेतम्' इतिश्रुत्युक्तान्द्यूतदोषान्जानन् । अक्षःपाशोयस्यवेदनेबुद्धौ अगृधत्गर्धंकृतवान् । वाजीवेगवान् अक्षैर्दीव्येइतियस्यबुद्धि

तदद्यविदुरप्राप्यराजानंममशासनात् ॥ क्षिप्रमानयदुर्धर्षंकुन्तीपुत्रंयुधिष्ठिरम् ५ ॥ ॥ इतिश्रीमहाभारतेसभापर्वणिद्यूत० युधिष्ठिरानयनेसप्तपंचाशत्तमोऽध्यायः ॥ ५७ ॥ ॥ वैशंपायनउवाच ॥ ततःप्रायाद्विदुरोश्वैरुदारैर्महाजवैर्बलिभिःसाधुदान्तैः ॥ बलान्नियुक्तोधृतराष्ट्रेणराज्ञामनीषिणांपांडवानांसकाशे १ सोऽभिपत्य तदध्वानमासाद्यनृपतेःपुरम् ॥ प्रविवेशमहाबुद्धिःपूज्यमानोद्विजातिभिः २ सराजगृहमासाद्यकुबेरभवनोपमम् ॥ अभ्यागच्छतधर्मात्माधर्मपुत्रंयुधिष्ठिरम् ३ तंवैराजासत्यधृतिर्महात्माअजातशत्रुर्विदुरंयथावत् ॥ पूजापूर्वंप्रतिगृह्याजमीढस्ततोऽपृच्छद्धृतराष्ट्रंसपुत्रम् ४ ॥ युधिष्ठिरउवाच ॥ विज्ञायतेतेमनसोऽप्रहर्षःकच्चित्क्षत्तः कुशलेनागतोऽसि ॥ कच्चित्पुत्राःस्थविरस्यानुलोमावशानुगाश्चापिविशोऽथकच्चित् ५ ॥ विदुरउवाच ॥ राजामहात्माकुशलीसपुत्रआस्तेवृतोज्ञातिभिरिन्द्रकल्पः ॥ प्रीतोराजन्पुत्रगुणैर्विनीतोविशोकएवात्मरतिर्महात्मा ६ इदंतुत्वांकुरुराजोऽभ्युवाचपूर्वंपृष्ट्वाकुशलंचाव्ययंच ॥ इयंसभात्वत्सभातुल्यरूपाभ्रातॄणांतेदृश्यतामेत्यपुत्र ७ समागम्यभ्रातृभिःपार्थतस्यांसुहृद्द्यूतंक्रियतांरम्यतांच ॥ प्रीयामहेभवतांसंगमेनसमागताःकुरवश्चापिसर्वे ८ दुरोदराविहितायेतुतत्रमहात्मनाधृतराष्ट्रेणराज्ञा ॥ तान्द्रक्ष्यसेकितवान्सन्निविष्टानित्यागतोऽहंनृपतेतज्जुषस्व ९ युधिष्ठिरउवाच ॥ द्यूतेक्षत्तःकलहोविद्यतेनःकोवैद्यूतंरोचयेद्बुध्यमानः ॥ किंवाभवान्मन्यतेयुक्तरूपं भवद्वाक्येसर्वएवस्थिताःस्म १० विदुरउवाच ॥ जानाम्यहंद्यूतमनर्थमूलंकृतश्चयत्नोऽस्यमयानिवारणे ॥ राजाचमांप्राहिणोत्त्वत्सकाशंश्रुत्वाविद्वन्श्रेयइहाचरस्व ११ युधिष्ठिरउवाच ॥ केतत्रान्येकितवादीव्यमानाविनाराज्ञोधृतराष्ट्रस्यपुत्रैः ॥ पृच्छामित्वांविदुरब्रूहिनस्तान्यैर्दीव्यामःशतशःसन्निपत्य १२ ॥ विदुरउवाच ॥ गांधारराजःशकुनिर्विशांपतेराजाऽतिदेवीकृतहस्तोमताक्षः ॥ विविंशतिश्चित्रसेनश्चराजासत्यव्रतःपुरुमित्रोजयश्च १३ ॥ ॥ ॥

रुत्पन्नासमस्यएवपराभूयतइत्यर्थः । तथाऽपि'आज्ञागुरूणांह्यविचारणीया'इतिन्यायेनतत्त्वदुक्तमवश्यमनुतिष्ठेयमित्याह किंवेति । सर्वेवयंपांडवाः १० द्यूतेकृतेइहलोकहानिर्गुर्वाज्ञोल्लंघनेपरलोकहानिरतः श्रेयआमुष्मिकंहितं गुर्वाज्ञापालनंप्रशस्तं तदेवआचरेत्यर्थः ११ शतशःशतेनधनेन असंख्यातेनेत्यर्थः सन्निपत्यसंगम्य १२ अतिअतिक्रम्यमर्यादांदेवितुंशीलमस्यसःअतिदेवी युष्मद्देहदारादिकमपिपणीकरिष्यतीत्यर्थः । कृतहस्तःयथेष्टमक्षपातनेकुशलः यतोमताक्षःज्ञाताक्षतत्त्वः । यद्वा अतिदेवीकृतहस्तइत्येकंपदं देवीराज्ञीद्रौपदीतस्यांकृतोव्यापारितोहस्तोयेनसः तदभिलाषवांतोदुर्योधनाद्यास्तानप्यतिक्रांतः अतिदेवीकृतहस्तः । तेद्रौपदींहर्तुमेवेच्छंति अयंतुद्यूतेनहरिष्यतीत्यर्थः १३ ॥ ॥ ॥ ॥

महाभयाःमहत्‌भयंयेभ्यस्ते मायोपधाःकपटपुरस्कारशीलाः १४ दुरोदरंद्यूतं । 'दुरोदरोद्यूतकारेपणेद्यूतेदुरोदरम्' इतिविश्वः १५ नानिवर्त्ते निवृत्तंमांपरेकृपणोऽर्यामितिवक्ष्यंतीतिभावः
१६ प्रायात्रिकं प्रकृष्टाधनदारादिसहितायात्राप्रयात्रा तस्यामुपयुक्तंसर्वंप्रायात्रिकंशकटवाम्यादि । सगणोभ्रात्रादिगणयुक्तः । सानुयात्रःसर्वसेवकयुक्तः । आदिअनुशीलमस्यतत्
आदिकृतांतमुखं कृत्वाविधाय १७ ननुजानंतोऽपिकुलक्षयावहाद्यूतायकुतोनिर्गताइत्यतआह दैवमिति । दैवंप्राक्तनंकर्म धातुस्तदनुरोधेनप्रवर्तयितुः सितःबद्धः १८ क्षत्रावेदुरेण

॥ युधिष्ठिरउवाच ॥ ॥ महाभयाःकितवाःसन्निविष्टामायोपधादेवितारोऽत्रसंति ॥ धात्रातुदिष्टस्यवशेकिलेदंसर्वंजगत्तिष्ठतिनस्वतंत्रम् १४ नाहंराज्ञोधृतराष्ट्र
स्यशासनान्नगंतुमिच्छामिकवेदुरोदरम् ॥ इष्टोहिपुत्रस्यपितासदैवतदस्मिकर्त्ताविदुरात्थमांयथा १५ नचाकामःशकुनिनादेविताऽहंनचेन्मांजिष्णुराह्वयितासभा
याम् ॥ आहूतोहंननिवर्त्तेकदाचित्तदाहितंशाश्वतंवैव्रतंमे १६ ॥ वैशंपायनउवाच ॥ ॥ एवमुक्त्वाविदुरंधर्मराजःप्रायात्रिकंसर्वमाज्ञाप्यतूर्णम् ॥ प्रायाच्छ्वो
भूतेसगणःसानुयात्रःसहस्त्रीभिर्द्रौपदीमादिकृत्वा १७ दैवंहिप्रज्ञांमुष्णातिचक्षुस्तेजइवापतत् ॥ धातुश्चवशमन्वेतिपाशैरिवनरःसितः १८ इत्युक्त्वाप्रययौराजासह
क्षत्त्रायुधिष्ठिरः ॥ अमृष्यमाणस्तस्याथसमाह्वानमरिन्दमः १९ बाल्हिकेनरथंयत्तमास्थायपरवीरहा ॥ परिच्छन्नोययौपार्थोभ्रातृभिःसहपांडवः २० राजश्रियादी
प्यमानोययौब्रह्मपुरःसरः ॥ धृतराष्ट्रेणचाहूतःकालस्यसमयेनच २१ सहास्तिनपुरंगत्वाधृतराष्ट्रगृहंययौ ॥ समियायचधर्मात्माधृतराष्ट्रेणपांडवः २२ तथाभीष्मेण
द्रोणेनकर्णेनचकृपेणच ॥ समियाययथान्यायंद्रौणिनाचविभुःसह २३ समेत्यचमहाबाहुःसोमदत्तेनचैवह ॥ दुर्योधनेनशल्येनसौबलेनचवीर्यवान् २४ येचान्येतत्र
राजानःपूर्वमेवसमागताः ॥ दुःशासनेनवीरेणसर्वैर्भ्रातृभिरेवच २५ जयद्रथेनचतथाकुरुभिश्चापिसर्वशः ॥ ततःसर्वैर्महाबाहुर्भ्रातृभिःपरिवारितः २६ प्रविवेशगृहं
राज्ञोधृतराष्ट्रस्यधीमतः ॥ ददर्शतत्रगांधारींदेवींपतिमनुव्रताम् २७ स्नुषाभिःसंवृतांशश्वत्ताराभिरिवरोहिणीम् ॥ अभिवाद्यसगांधारींतयाचप्रतिनंदितः २८
ददर्शपितरंवृद्धंप्रज्ञाचक्षुषमीश्वरम् २९ राज्ञामूर्द्धन्युपाघ्रातास्तेचकौरवनंदनाः ॥ चत्वारःपांडवाराजन्भीमसेनपुरोगमाः ३० ततोहर्षःसमभवत्कौरवाणांविशां
पते ॥ तान्दृष्ट्वापुरुषव्याघ्रान्पांडवान्प्रियदर्शनान् ३१ विविशुस्तेऽभ्यनुज्ञातारत्नवंतिगृहाणिच ॥ ददृशुश्चोपयातांस्तान्द्रौपदीप्रमुखाःस्त्रियः ३२ याज्ञसेन्याः
परामृद्धिंदृष्ट्वाप्रज्वलितामिव ॥ स्नुषास्ताधृतराष्ट्रस्यनातिप्रमनसोऽभवन् ३३ ॥ ॥ ॥ ॥ ॥

१९ बाल्हिकंदेशजेनाश्वेन जातावेकवचनं । 'अथबाल्हीकंबाल्हिकंधीरहिंगुनोः । द्वावेतौपुंसिदेशस्यप्रभेदेतुरगांतरे' इतिमेदिनी । परिच्छन्नःपरिवृतो भ्रातृभिः तैश्चसह । परिच्छिन्नइ
तिपाठेअल्पपरिवारः २० ब्रह्मपुरःसरोब्राह्मणपुरःसरः कालस्यसमयेनसंकेतेन अमुकस्मिन्दिनेआगंतव्यमित्येवंरूपेण २१ समियायधृतराष्ट्रेणसहसंगतः तेनपरिष्वक्तइत्यर्थः २२
२३ । २४ । २५ । २६ । २७ । २८ ददर्शपितरं धृतराष्ट्रंप्रतिपुनरागतइत्यर्थः २९ एवमन्येऽपिचक्रुरित्याह राज्ञेति । राज्ञाधृतराष्ट्रेण ३० । ३१ । ३२ प्रमनसःसंतुष्टचित्ताः ३३

संविदंमिथःकथां व्यायामःश्रमःपूर्वोयेषातानि प्रतिकर्मकेशप्रसाधनादिपरिष्कारं ३४। ३५। ३६ रतिविहारिणां स्त्रीसंगेनक्रीडतां ३७। ३८॥ इतिसभापर्वणिनीलकंठीयेभारतभावदीपेअष्टपंचाशत्तमोऽध्यायः ॥ ५८ ॥ प्रविश्येति १ समेयानाःयथार्हमाशीर्नत्यादिनासंगतिंकुर्वाणाः स्पर्ध्यानिस्पर्धाकराणि पश्यतांस्पृहणीयानीतियावत् २। ३ उपस्तीर्णाआस्फुराख्येनाक्षपातनवाससा उपरिस्तीर्णा कृतक्षणाःकृतसंकेताः उप्त्वापातयित्वा ४ निकृतिर्वंचनं। देवनंद्यूतं। पापंपापहेतुः। यतोनचनीतिः। द्यूतेसत्यंनास्तीत्यर्थः ५ निकृतौशाठ्ये एवंशाठ्येन ६ संख्यासम्यक्ख्यानंजयपराजयद्वारविवेकं। निकृतौछलेपरेणक्रियमाणे विधिज्ञोद्यूतेतिकर्तव्यताऽभिज्ञः यश्चमहामतिर्जयावहंपणंकृत्वापराजयावहंचिकित्सति सद्यूतंजानातिसचप्रक्रियासुद्यूतक्रियासुसर्वंकर्तुंसहतेउत्स

ततस्तेपुरुषव्याघ्रागत्वास्त्रीभिस्तुसंविदम् ॥ कृत्वाव्यायामपूर्वाणिकृत्यानिप्रतिकर्मच ३४ ततःकृताह्निकाःसर्वेदिव्यचंदनभूषिताः ॥ कल्याणमनसश्चैवब्राह्मणान्स्वस्तिवाच्यच ॥ मनोज्ञमशनंभुक्त्वाविविशुःशरणान्यथ ३५ उपगीयमानानारीभिरस्वपन्कुरुपुंगवाः ॥ अनंतरंचतत्प्राप्यप्रीताःपरपुरंजयाः ३६ जगामतेषांसारात्रिःपुण्यारतिविहारिणाम् ॥ स्तूयमानाश्चविश्रान्ताःकालेनिद्रामथात्यजन् ३७ सुखोषितास्तेरजनींप्रातःसर्वेकृताह्निकाः॥ सभांरम्यांप्रविविशुःकितवैरभिनंदिताः ३८ ॥ इतिश्रीमहाभारतेसभापर्वणिद्यूतपर्वणियुधिष्ठिरसमागमेऽष्टपंचाशत्तमोऽध्यायः ॥ ५८ ॥ वैशंपायनउवाच ॥ प्रविश्यतांसभांपार्थायुधिष्ठिरपुरोगमाः ॥ समेत्यपार्थिवान्सर्वान्पूजार्हानभिपूज्यच १ यथावयःसमेयानाउपविष्टायथार्हतः ॥ आसनेषुविचित्रेषुस्पर्ध्यास्तरणवत्सुच २ तेषुतत्रोपविष्टेषुसर्वेष्वथनृपेषुच ॥ शकुनिःसौबलस्तत्रयुधिष्ठिरमभाषत ३ ॥ शकुनिरुवाच ॥ उपस्तीर्णासभाराजन्सर्वेत्वयिकृतक्षणाः ॥ अक्षानुप्त्वादेवनस्यसमयोऽस्तुयुधिष्ठिर ४ ॥ युधिष्ठिरउवाच॥ निकृतिर्देवनंपापंनक्षात्रोऽत्रपराक्रमः ॥ नचनीतिर्ध्रुवाराजन्किंत्वंद्यूतंप्रशंससि ५ नहिमानंप्रशंसंतिनिकृतौकितवस्यहि ॥ शकुनेमैवंनोजैषीरमार्गेणनृशंसवत् ६ ॥ शकुनिरुवाच ॥ योवेत्तिसंख्यांनिकृतौविधिज्ञश्चेष्टास्वखिन्नःकितवोऽक्षजासु ॥ महामतिर्यश्चजानातिद्यूतंसवैसर्वंसहतेप्रक्रियासु ७ अक्षग्लहःसोऽभिभवेत्परंनस्तेनैवदोषोभवतीहपार्थ ॥ दीव्यामहेपार्थिवमाविशंकांकुरुष्वपाणंचचिरंचमाकृथाः ८ ॥ युधिष्ठिरउवाच ॥ एवमाहायमसितोदेवलोमुनिसत्तमः ॥ इमानिलोकद्वाराणियांवैभ्राम्यतिसर्वदा ९ इदंवैदेवनंपापंनिकृत्याकितवैःसह ॥ धर्मेणतुजयोयुद्धेतत्परंनतुदेवनम् १० नार्याम्लेच्छंतिभाषाभिर्माययानचरन्त्युत॥ अजिह्ममशठंयुद्धमेतत्सत्पुरुषव्रतम् ११ ॥ ॥ ॥ ॥ ॥ ॥ ॥ ॥ ॥

हते ७ यत्तुदेवनंपापमित्युक्तंतत्राह अक्षग्लहइति। पाशाधीनोग्लहः पणोजयपराजयरूपोव्यवहारः सप्रतिकूलश्चेत्रोयुष्माकमस्माकंचदीव्यतांमध्येपरमभिभवेत्। तेनैवअक्षग्लहेनैव दोषःपराभवाख्योभवतिनत्वत्रस्वेच्छयाकपटंकर्तुंशक्यं दैवाधीनत्वादक्षपातस्येत्यर्थः। पाणंपणनीयद्रव्यंचकुरुष्व। वचनेनप्रत्यक्षेणवापुरःकुरुष्वेत्यर्थः ८ अयमसितः योलोकद्वाराणिस्वर्गापवर्गप्रापकाणिकर्मज्ञानादीनिभ्राम्यति तेषुसंचरतिसोऽयमेवमाहेतिसंबंधः ९ द्विविधंदेवनमक्षैःशास्त्रैश्च तत्राद्यंनिंदित्वापरंप्रशंसति इदंवेति १० म्लेच्छंत्यपशब्दंकुर्वंति भाषाभिर्गीर्भिः। माययाकपटेन नचरंति नकर्मकुर्वंति। वाचादेहेनचकौटिल्यंनकुर्वंतीतिभावः। अतएवअजिह्मंअकुटिलं। अशठं कुटिलपुरुषहीनम् ११

ब्राह्मणार्थायब्राह्मणप्रयोजनाय शिक्षितुंविद्यामुपादातुंयतामहे येनवित्तेन तद्वैवित्तमपहर्तुंमाऽतिदेवीः सर्वस्वस्यपणीकरणेनातिद्यूतंमाकृथाः १२ नन्वक्षपाताधीनोजयस्तवापिसमानइत्याशंक्याह निकृत्येति । निकृत्या नीचकर्मणा । इहकितवस्यएतद्वृत्तंकृतिनोनपूज्यते सतांनप्रशस्यमित्यर्थः १३ निकृत्याजीगमिषाख्येननीचकर्मणा 'बहूनिमेअकृताकर्त्तानियुध्येत्वेनसंत्वेनपृच्छै' इतिमंत्रवर्णाद्युद्धेनवादेनवाजिगीषानीचमेवकर्म तथाऽपिजनाः व्यावहारिकालोकास्तां जिगीषयाशत्रुंप्रति गतिंनिकृतिं नीचकर्मत्वेननाहुः श्रुतेर्विरक्तविषयत्वादित्यर्थः । आकृताकर्त्तुमयोग्यानिकर्त्तानि कर्त्तव्यानिभविष्यंति । तान्येवाह त्वेनएकेनयुध्यै त्वेनसंपृच्छै इतिश्रुत्यर्थः १४ दार्ष्टांतिकमाहअक्षैरिति १५ । १६ एवंत्वंनिकृतिंछलंमन्यसेतर्हिश्रोत्रियादश्रोत्रियइव विद्यावतोमत्तःपराभवभीतस्त्वं

शक्तितोब्राह्मणार्थायशिक्षितुंप्रयतामहे ॥ तद्वैवित्तंमाऽतिदेवीर्माजैषीःशकुनेपरान् १२ निकृत्याकामयेनाहंसुखान्युतधनानिवा ॥ कितवस्येहकृतिनोवृत्तमेतन्नपूज्यते १३ ॥ ॥ शकुनिरुवाच ॥ ॥ श्रोत्रियःश्रोत्रियानेतिनिकृत्यैवयुधिष्ठिर ॥ विद्वानविदुषोऽभ्येतिनाहुस्तांनिकृतिंजनाः १४ अक्षैर्हिशिक्षितोऽभ्येतिनिकृत्यैवयुधिष्ठिर ॥ विद्वानविदुषोऽभ्येतिनाहुस्तांनिकृतिंजनाः १५ अकृतास्त्रंकृतास्त्रश्चदुर्बलंबलवत्तरः ॥ एवंकर्मसुसर्वेषुनिकृत्यैवयुधिष्ठिर ॥ विद्वानविदुषोऽभ्येतिनाहुस्तांनिकृतिंजनाः १६ एवंत्वंमामिहाभ्येत्यनिकृतिंयदिमन्यसे ॥ देवनाद्विनिवर्त्तस्वयदितेविद्यतेभयम् १७ ॥ युधिष्ठिरउवाच ॥ आहूतोननिवर्त्तेयमितिमेव्रतमाहितम् ॥ विधिश्चबलवान्राजन्दिष्टस्यास्मिवशेस्थितः १८ अस्मिन्समागमेकेनदेवनंमेभविष्यति ॥ प्रतिपाणश्चकोऽन्योऽस्तिततोद्यूतंप्रवर्त्तताम् १९ ॥ दुर्योधनउवाच ॥ अहंदाताऽस्मिरत्नानांधनानांचविशांपते ॥ मदर्थेदेविताचायंशकुनिर्मातुलोमम २० युधिष्ठिरउवाच ॥ अन्येनान्यस्यवैद्यूतंविषमंप्रतिभातिमे ॥ एतद्विद्वन्नुपादत्स्वकाममेवंप्रवर्त्तताम् २१ इतिश्रीमहाभारतेसभापर्वणिद्यूतप० युधिष्ठिरशकुनिसंवादेएकोनषष्टितमोऽध्यायः ॥ ५९ ॥ वैशंपायनउवाच ॥ उपोह्यमानेद्यूतेतुराजानःसर्वएवते ॥ धृतराष्ट्रंपुरस्कृत्यविविशुस्तांसभांततः १ भीष्मोद्रोणःकृपश्चैवविदुरश्चमहामतिः ॥ नातिप्रीतेनमनसातेऽन्ववर्त्तन्तभारत २ तेद्वन्द्वशःपृथक्चैवसिंहग्रीवामहौजसः ॥ सिंहासनानिभूरीणिविचित्राणिचभेजिरे ३ शुशुभेसासभाराजन्राजभिस्तैःसमागतैः ॥ देवैरिवमहाभागैःसमवेतैस्त्रिविष्टपम् ४ सर्वेवेदविदःशूराःसर्वेभास्वरमूर्त्तयः ॥ प्रावर्त्ततमहाराजसुहृद्द्यूतमनंतरम् ५ युधिष्ठिरउवाच ॥ अयंबहुधनोराजन्सागरावर्त्तसंभवः ॥ मणिर्हारोत्तरःश्रीमान्कनकोत्तमभूषणः ६ एतद्राजन्ममधनंप्रतिपाणोऽस्तिकस्तव ॥ येनमांत्वंमहाराजधनेनप्रतिदीव्यसे ७ ॥ दुर्योधनउवाच ॥ संतिमेमणयश्चैवधनानिसुबहूनिच ॥ मत्सरश्चनमेऽर्थेषुजयस्वैनंदुरोदरम् ८ ॥ ॥

द्यूताद्विनिवर्त्तस्वेत्यर्थः १७ विधिःकारयिताऽन्तर्यामी दिष्टंदैवं १८ प्रतिपाणश्चकोऽन्योऽस्ति । प्रतिपाणःपणप्रतिभूः । तवाल्पधनत्वान्मत्तुल्योधनिकःकोऽन्योदेविताऽस्तीतिभावः । पणश्चैवाक्कोन्यस्तइतिपाठेतु पणःपणनकर्त्ताकोन्यस्तस्त्वया मृत्युमुखेइतिशेषः । तवमयासहदेवितुमनर्हत्वादितिभावः १९ । २० । २१ ॥ इतिस० नी० भा० भा० एकोनषष्टितमोऽध्यायः ॥ ५९ ॥ उपोह्यमाने उपस्थाप्यमाने १ । २ । ३ । ४ । ५ । ६ प्रतिपाणःएतत्तुल्यमौल्यंद्यूतार्थंस्थापितंवस्तु ७ दुरोदरंपणं अर्थेषुत्वयास्थापितेषु मत्सरोहीनमौल्यत्वादिदोषबुद्धिः ८ ॥

९ ॥ इतिसभापर्वणिनीलकंठीयेभारतभावदीपेषष्टितमोऽध्यायः ॥ ६० ॥ मत्तेति । कैतवकेन कितवैर्निर्वर्तितेनकपटेन अरीहणादित्वाद्वुञ् मत्तगर्वित १ साष्टपलशतंसुवर्णानांनिष्कः भांडिन्योमंजूषाः कुंडिन्यइतिपाठे कुंडिन्यःपात्रविशेषाः भरिताःपूरिताः हिरण्यंधनं जातरूपमकुप्यंस्वर्णरौप्यात्मकम् २ । ३ सहस्रसमितःसहस्ररथतुल्यः । वैयाघ्रोव्याघ्रचर्मावनद्धः । स्वचक्रोपस्करइतिपाठेस्वस्यचक्रंसमुदायस्तत्रोपस्करउल्लासादिनाऽत्र्यतिकारियत्नोयेनसः । किंकिणीनांक्षुद्रघंटिकानांजालेनमंडितः ४ उपात्तइदानीतवान् ५ कुररःपक्षिविशेषस्तेनतुल्यप्रभाःकुररच्छायाः । कुमुदच्छायाइतिपाठांतरं । एषांपदाद्भूमौन्यस्ताद्भूमिमुपस्पृशन्भूचरोनमुच्येत । अतिदूरस्थोऽपिभूचरएषांपादाक्रांतएवभवतीत्यर्थः । येनमुच्यंतेपदाभूमिमुपस्पृशन्निति पाठे उ

सभा० २
अ०
॥ ६१ ॥

वैशंपायनउवाच ॥ ततोजग्राहशकुनिस्तानक्षानक्षतत्त्ववित् ॥ जितमित्येवशकुनिर्युधिष्ठिरमभाषत ॥ १ ॥ इतिश्रीमहाभारतेसभापर्वणिद्यूतपर्वणिद्यूतारंभेषष्टितमोऽध्यायः ॥ ६० ॥ ॥ युधिष्ठिरउवाच ॥ मत्तकैतवकेनैवयज्जितोस्मिदुरोदरे ॥ शकुनेहंतदीव्यामोग्लहमानाःपरस्परम् १ संतिनिष्कसहस्रस्यभांडिन्योभरिताःशुभाः ॥ कोशोहिरण्यमक्षय्यंजातरूपमनेकशः ॥ एतद्राजन्ममधनंतेनदीव्याम्यहंत्वया २ वैशंपायनउवाच ॥ कौरवाणांकुलकरंज्येष्ठंपांडवमच्युतम् ॥ इत्युक्तःशकुनिःप्राहजितमित्येवतंनृपम् ३ युधिष्ठिरउवाच ॥ अयंसहस्रसमितोवैयाघ्रःसुप्रतिष्ठितः ॥ सुचक्रोपस्करःश्रीमान्किंकिणीजालमंडितः ४ संह्रादनोराजरथोयइहास्मानुपावहत् ॥ जैत्रोरथवरःपुण्योमेघसागरनिःस्वनः ५ अष्टौयंकुररच्छायाःसदश्वाराष्ट्रसंमताः ॥ वहंतिनैषांमुच्येतपदाद्भूमिमुपस्पृशन् ॥ एतद्राजन्धनंमह्यंतेनदीव्याम्यहंत्वया ६ ॥ वैशंपायनउवाच ॥ एवंश्रुत्वाव्यवसितोनिकृतिंसमुपाश्रितः ॥ जितमित्येवशकुनिर्युधिष्ठिरमभाषत ७ युधिष्ठिरउवाच ॥ शतंदासीसहस्राणितरुण्योहेमभद्रिकाः ॥ कंबुकेयूरधारिण्योनिष्ककंठ्यःस्वलंकृताः ८ महार्हमाल्याभरणाःसुवस्त्राश्चंदनोक्षिताः ॥ मणीन्हेमचबिभ्रत्यश्चतुःषष्टिविशारदाः ९ अनुसेवांचरंतीमाःकुशलानृत्यसामसु ॥ स्नातकानाममात्यानांराज्ञांचममशासनात् ॥ एतद्राजन्ममधनंतेनदीव्याम्यहंत्वया १० वैशंपायनउवाच ॥ एतच्छ्रुत्वाव्यवसितोनिकृतिंसमुपाश्रितः ॥ जितमित्येवशकुनिर्युधिष्ठिरमभाषत ११ युधिष्ठिरउवाच ॥ एतावंतिचदासानांसहस्राण्युतसंतिमे ॥ प्रदक्षिणानुलोमाश्चप्रावारवसनाःसदा १२ प्राज्ञामेधाविनोदांतायुवानोमृष्टकुंडलाः ॥ पात्रीहस्तादिवारात्रमतिथीन्भोजयंत्युत ॥ एतद्राजन्ममधनंतेनदीव्याम्यहंत्वया १३ ॥ वैशंपायनउवाच ॥ एतच्छ्रुत्वाव्यवसितोनिकृतिंसमुपाश्रितः ॥ जितमित्येवशकुनिर्युधिष्ठिरमभाषत १४

पस्पृशन्नित्येकवचनमार्षं । भूचराःयेनमुच्यंते अतिक्रम्यंतेइत्यर्थः ६ । ७ हेमभद्रिकाःहेममयाःभद्रिकाःमांगलिकालंकाराःमंगलसूत्रादयोयासांताः । कंबवःशंखवलयानि निष्कोवक्षोभूषणम् ८ चतुःषष्टिषुकलासुविशारदाः । कलानामानितु श्रीमद्भागवतदशमस्कंधटीकायां श्रीधरस्वामिभिर्दर्शितानि ९ स्नातकादीनामनुसेवांपादप्रक्षालनादिरूपांसेवामनुपश्चाच्चरंतिपरिचरंति सामगीतिः प्रीत्युत्पादनंवा १० । ११ प्रावारवसनाः पट्टांबराच्छादनाः १२ । १३ । १४ ॥ ॥ ॥ ॥

नागागजाः । हेमकक्षाःसुवर्णगजरज्जवः । कृतापीडाःकृतभूषणाः । पद्मिनोगलगंडस्थलादिषुपद्मचिन्हिताः । हेममालिनःस्वर्णमालावन्तः १५ ईषालांगलदंडः अष्टकरेणवःअष्टहस्तिनीकाः १६ । १७
१८ दंडोध्वजदंडः १९ भृतिंवेतनंतच्चमासकालिकंनत्वान्हिकं । वार्षिकंचेतिवक्तुंपुनर्वेतनग्रहणम् २० दुरात्मवान्दुष्टचित्तः २१ । २२ । २३ । २४ । २५ । २६ । २७ । २८ ताम्रलोहैःपरिवृता

युधिष्ठिरउवाच ॥ सहस्रसंख्यानागामेमत्तास्तिष्ठंतिसौबल ॥ हेमकक्षाःकृतापीडाःपद्मिनोहेममालिनः १५ सुदान्ताराजवहनाःसर्वशब्दक्षमायुधि ॥ ईषाद
न्तामहाकायाःसर्वेचाष्टकरेणवः १६ सर्वेचपुरभेत्तारोनवमेघनिभागजाः ॥ एतद्राजन्ममधनंतेनदीव्याम्यहंत्वया १७ ॥ वैशंपायनउवाच ॥ इत्येवंवादिनं
पार्थंप्रहसन्निवसौबलः ॥ जितमित्येवशकुनिर्युधिष्ठिरमभाषत १८ ॥ युधिष्ठिरउवाच ॥ रथास्तावंतएवेमेहेमदंडाःपताकिनः ॥ हयैर्विनीतैःसंपन्नारथिभि
श्चित्रयोधिभिः १९ एकैकोह्यत्रलभतेसहस्रपरमांभृतिम् ॥ युध्यतोऽयुध्यतोवाऽपिवेतनंमासकालिकम् ॥ एतद्राजन्ममधनंतेनदीव्याम्यहंत्वया २० ॥ वैशं
पायनउवाच ॥ इत्येवमुक्तेवचनेकृतवैरोदुरात्मवान् ॥ जितमित्येवशकुनिर्युधिष्ठिरमभाषत २१ ॥ युधिष्ठिरउवाच ॥ अश्वांस्तित्तिरिकल्माषान्गांधर्वान्हे
ममालिनः ॥ ददौचित्ररथस्तुष्टोयांस्तान्गांडीवधन्वने २२ युद्धेजितःपराभूतःप्रीतिपूर्वमरिंदमः ॥ एतद्राजन्ममधनंतेनदीव्याम्यहंत्वया २३ ॥ वैशंपायन
उवाच ॥ एतच्छ्रुत्वाव्यवसितोनिकृतिंसमुपाश्रितः ॥ जितमित्येवशकुनिर्युधिष्ठिरमभाषत २४ ॥ युधिष्ठिरउवाच ॥ रथानांशकटानांचश्रेष्ठानांचायुता
निमे ॥ युक्तान्येवहितिष्ठंतिवाहैरुच्चावचैस्तथा २५ एवंवर्णस्यवर्णस्यसमुच्चीयसहस्रशः ॥ यथासमुदितावीराःसर्वेवीरपराक्रमाः २६ क्षीरंपिबन्तस्तिष्ठंतिभुं
जानाःशालितण्डुलान् ॥ षष्टिस्तानिसहस्राणिसर्वेविपुलवक्षसः ॥ एतद्राजन्ममधनंतेनदीव्याम्यहंत्वया २७ ॥ वैशंपायनउवाच ॥ एतच्छ्रुत्वाव्यवसितोनि
कृतिंसमुपाश्रितः ॥ जितमित्येवशकुनिर्युधिष्ठिरमभाषत २८ युधिष्ठिरउवाच ॥ ताम्रलोहैःपरिवृतानिधयोमेचतुःशताः ॥ पंचद्रौणिकएकैकःसुवर्णस्याहत
स्यवै २९ जातरूपस्यमुख्यस्यअनर्घ्येयस्यभारत ॥ एतद्राजन्ममधनंतेनदीव्याम्यहंत्वया ३० वैशंपायनउवाच ॥ एतच्छ्रुत्वाव्यवसितोनिकृतिंसमुपाश्रितः ॥
जितमित्येवशकुनिर्युधिष्ठिरमभाषत ३१ ॥ ॥ इतिश्रीमहाभारतेसभा०द्यूतपर्वणिदेवनेएकषष्टितमोऽध्यायः ॥ ६१ ॥ ॥ वैशंपायनउवाच ॥
एवंप्रवर्तितेद्यूतेघोरेसर्वापहारिणि ॥ सर्वसंशयनिर्मोक्ताविदुरोवाक्यमब्रवीत् १ ॥ विदुरउवाच ॥ महाराजविजानीहियत्त्वांवक्ष्यामिभारत ॥ मुमूर्षोरौष
धमिवनरोचेतापितेश्रुतम् २ यद्वैपुराजातमात्रोरुरावगोमायुवद्विस्वरंपापचेताः ॥ दुर्योधनोभारतानांकुलघ्नःसोऽयंयुक्तोभवतांकालहेतुः ३ गृहेवसंतंगोमा
युंत्वंवैमोहान्नबुध्यसे ॥ दुर्योधनस्यरूपेणशृणुकाव्यांगिरंमम ४ ॥ ॥ ॥ ॥

स्ताम्रभाजनेषुलोहभाजनेषुचमुद्रितमुखेषुनिहिताइत्यर्थः निधिर्निक्षेपद्रव्यं अहतस्यकेवलस्य २९ । ३० । ३१ ॥ ॥ इतिसभापर्वणिनीलकंठीयेभारतभावदीपेएकषष्टितमोऽध्यायः ॥ ६१ ॥ ॥
१९ एवमिति १ । २ रुरावशब्दंकृतवान् ३ काव्यांकविनाशुक्रेणोक्तांनीतिंगिरम् ४ ॥ ॥ ॥ ॥ ॥

माध्विकोमधुपण्यवान् प्रपातंभृगुं प्रपतंत्यस्मादितिव्युत्पत्तेः । मज्जतितत्रैवमधुनिनिमग्नोभवति ततःप्रपतनंचाधिगच्छति ५ मधुवन्मधुनेवमत्तोविवशः ६ । ७ नियोगात्दैवयोगात् ८ । ९ चित्रबर्हान् मयूरान् १० । ११. जंभत्यागनिमित्तं सर्वज्ञः सर्वेषांप्राणिनांभावंचित्ताशयंजानातीतितथाभूतः काव्यःशुक्रः अयंसर्वशत्रुभयंकरइतिभाषतेस्म । सर्वेषांस्वपरपक्षीयाणांशत्रुश्चभयंकरश्चेतिसतथा । त्यजेत् कुलार्थेपुरुषमितिभाषतइतियोज्यं १२ न्यपीडयत्हतवान् लोभान्मांसलोभात् १३ आयतिमुत्तरकालंपरलोकमुपकारिणांवधाद्व्यनाशयत् । तदात्वंसांप्रतं इहापिसुखमाप्यंधनंव्यनाशयत् ।

मधुवैमाध्विकोलब्ध्वाप्रपातंनैवबुध्यते ॥ आरुह्यतंमज्जतिवापतनंचाधिगच्छति ५ सोयंमत्तोऽक्षद्यूतेनमधुवन्नपरीक्षते ॥ प्रपातंबुध्यतेनैववैरंकृत्वामहारथैः ६ विदितंमेमहाप्राज्ञभोजेष्वेवासमंजसम् ॥ पुत्रंसंत्यक्तवान्पूर्वंपौराणांहितकाम्यया ७ अंधकायादवाभोजाःसमेताःकंसमत्यजन् ॥ नियोगात्तुहतेतस्मिन्कृष्णेनामित्रघातिना ८ एवंतेज्ञातयःसर्वेमोदमानाःशतंसमाः ॥ त्वन्नियुक्तःसव्यसाचीनिगृह्णातुसुयोधनम् ९ निग्रहादस्यपापस्यमोदंतांकुरवःसुखम् ॥ काकेनेमांश्चित्रबर्हान्शार्दूलान्क्रोष्टुकेनच ॥ क्रीणीष्वपांडवान्राजन्मामज्जीःशोकसागरे १० त्यजेत्कुलार्थेपुरुषंग्रामस्यार्थेकुलंत्यजेत् ॥ ग्रामंजनपदस्यार्थेआत्मार्थेपृथिवींत्यजेत् ११ सर्वज्ञःसर्वभावज्ञःसर्वशत्रुभयंकरः ॥ इतिस्मभाषतेकाव्योजंभत्यागेमहासुरान् १२ हिरण्यष्ठीविनःकांश्चित्पक्षिणोवनगोचरान् ॥ गृहेकिलकृतावासान्लोभाद्राजान्यपीडयत् ॥ सद्योपभोगलोभांधोहिरण्यार्थीपरंतप १३ आयतिंचतदात्वंचउभेसद्योव्यनाशयत् ॥ तदर्थकामस्तद्वत्त्वंमाद्रुहःपांडवान्नृप १४ मोहात्मातप्स्यसेपश्चात्पक्षिहापुरुषोयथा ॥ जातंजातंपांडवेभ्यःपुष्पमादत्स्वभारत १५ मालाकारइवारामेस्नेहंकुर्वन्पुनःपुनः ॥ वृक्षानंगारकारीवमैनान्धाक्षीःसमूलकान् ॥ माऽगमःससुतामात्यःसबलश्चयमक्षयम् १६ समवेतान्हिकःपार्थान्प्रतियुध्येतभारत ॥ मरुद्भिःसहितोराजन्नपिसाक्षान्मरुत्पतिः १७ इतिश्रीमहाभारतेसभापर्वणिद्यूतपर्वणिविदुरहितवाक्येद्विषष्टितमोऽध्यायः॥ ६२ ॥ विदुरउवाच ॥ ॥ द्यूतंमूलंकलहस्याभ्युपैतिमिथोभेदंमहतेदारुणाय ॥ तदास्थितोऽयंधृतराष्ट्रस्यपुत्रोदुर्योधनःसृजतेवैरमुग्रम् १ प्रातिपेयाःशांतनवाभीमसेनाःसबाल्हिकाः ॥ दुर्योधनापराधेनकृच्छ्रंप्राप्स्यंतिसर्वशः २ दुर्योधनोमदेनैषक्षेमंराष्ट्रादपोहति ॥ विषाणंगौरिवमदात्स्वयमारुजतेऽऽत्मनः ३ यश्चित्तमन्वेतिपरस्यराजन्वीरःकविःस्वामवमन्यदृष्टिम् ॥ नावंसमुद्रइवबालनेत्रामारुह्यघोरेव्यसनेनिमज्जेत् ४

तत्तस्मादर्थकामोधनकामः १४ पक्षिहापक्षिहा पुष्पमिवपुष्पमुपहार्यंधनं १५ अंगारकारीवृक्षशाखांतनिघर्षणेनवन्ह्युत्पादकोवायुरिव त्वमेतेषांपरस्परसंघर्षणेनकुलक्षयंमाकुर्वित्यर्थः १६ । १७ ॥ इतिसभापर्वणि नीलकंठीयेभारतभावदीपे द्विषष्टितमोऽध्यायः ॥ ६२ ॥ ॥ द्यूतमिति । द्यूतंदारुणायभयाय अभ्युपैतीतिसंबंधः १ प्रातिपेयाःप्रतीपान्वयजाः । कृच्छ्रंसंकटं २ क्षेमंव्यपोहति राष्ट्रमुपप्लुतंकरोतीत्यर्थः आरुजतेभंगंनयति । आत्मनःपूर्वरूपमार्षम् ३ अन्वेतिअनुसरति । कविःक्रांतदर्शी । स्वांदृष्टिंक्रांतदर्शित्वं । बालनेत्रामव्युत्पन्ननेतृकाम् ४ ॥

ग्लहतेपणंकरोति । प्रीयायसेअतिशयेनप्रीयसे । यङंतोऽयंअप्रथमस्याविधयकारस्यद्वित्वमार्षम् । प्रियायसइतिन्द्वस्वपाठेदुर्प्रियमिवआचरसे । अतिनर्मोऽतिविनोदएवांतेसंप्रहारोयुद्धंआजायतेयुद्धरू पेणपरिणमते । अतःसमुन्मज्जतिसंप्रहारइतिपाठः ५ आकर्षस्तेऽवाक्फलःसुप्रणीतः आकर्षोद्यूतं । आवाक्नीचगामिफलंयस्यसोऽवाक्फलः हानिमृत्युनरकप्रदइत्यर्थः । सुप्रणीतःसम्य क्प्रणीतउपस्थापितः शकुनिनेत्युपहासः । 'आकर्षःशारिफलके पाशकेद्यूतइंद्रिये' इतिविश्वः । आकर्षस्तेस्वेवनेकुप्रणीतइतिपाठे स्वंधनंराज्यपुत्रादितत्रआकर्षोधनाद्याकर्षणसाधनं काष्ठादिम योहस्तः कुत्सितेनशकुनिनाप्रणीतः । यतोऽयंद्यूतरूपःसमाधिर्नियमो मंत्रपदोमंत्रपूर्वको स्वर्गादिप्रदः । किंतावतेत्यतआह युधिष्ठिरेणेति । अयमेवआकर्षःकलहः कलहरूपेणपरिणंस्यत इत्यर्थः ६ तत्फलमाह प्रातिपेयाइति । काव्यां कविनादीर्घदर्शिनाप्रदर्शितां मंददुर्योधनप्र । मात्यगाइतिपाठे वःयुष्माकंमध्येकश्चिदिमंकलहवैश्वानरंमाऽत्यगादतिक्रम्यमाऽगात् । किंतु अर्वागेवशाम्यध्वमित्याहोत्तरार्धेन ७ अयुद्धेनप्रशान्तस्तेनराज्ञातत्कुलम् युद्धेकोदीपइत्यतआह यदेति । द्वीपइवद्वीपः आपत्समुद्रमज्जतामाश्रयः ८ प्रभवउत्पत्तिः यावदिच्छेस्तावत्तेधनम

दुर्योधनोग्लहतेपांडवेनप्रीयायसेत्वंजयतीतितन्न ॥ अतिनर्माजायतेसंप्रहारोयतोविनाशःसमुपैतिपुंसाम् ५ आकर्षस्तेऽवाक्फलःसुप्रणीतोहृदिप्रौढोमंत्रपदःसमा धिः ॥ युधिष्ठिरेणकलहस्तवायमचिन्तितोऽभिमतःस्वबंधुना ६ प्रातिपेयाःशांतनवाःश्रृणुध्वंकाव्यांवाचंसंसदिकौरवाणाम् ॥ वैश्वानरंप्रज्वलितंसुघोरंमायास्यध्वं मंदमनुप्रपन्नाः ७ यदामन्युंपांडवोऽजातशत्रुर्नसंयच्छेदक्षमदाभिभूतः ॥ वृकोदरःसव्यसाचीयमौचकोऽत्रद्वीपःस्यात्तुमुलेवस्तदानीम् ८ महाराजप्रभवस्त्वंधनानां पुराजितान्मनसायावदिच्छेः ॥ बहुवित्तान्पांडवांश्चेज्जयस्त्वंकिंतेतत्स्याद्वसुविंदेहपार्थान् ९ जानीमहेदेवितंसौबलस्यवेदद्यूतेनिकृतिंपार्वतीयः ॥ यतःप्राप्तःशकुनि स्तत्रयातुमायायुधोभारतपांडवेयान् १० ॥ ॥ इतिश्रीमहाभारतेसभापर्वणिद्यूतपर्वणिविदुरवाक्येत्रिषष्टितमोऽध्यायः ६३ ॥ ॥ दुर्योधनउवाच ॥ ॥ परेषामेवयशसाश्लाघसेत्वंसदाक्षत्तःकुत्सयन्धार्तराष्ट्रान् ॥ जानीमहेविदुरयत्प्रियस्त्वंबालानिवास्मानवमन्यसेनित्यमेव १ सविज्ञेयःपुरुषोऽन्यत्रकामोनिन्दाप्रशंसे हितथायुनक्ति ॥ जिव्हाकथंतेहृदयंव्यनक्तियोनज्यायसःकुरुथामनसःप्रातिकूल्यम् २ ॥ ॥ ॥

स्तीत्यर्थः । अत्यंततृष्णाऽनर्थफलेत्याह बह्विति । जयःअजयःजितवान् किंतेतदततःस्यात्किमपि । अतोहेतोर्वसुविंदहपार्थान् पार्थानिधनरूपेण विंदलभस्व । वसुजित्वेहपार्थानितिपाठे वसु जित्वावसुजयशीलः । अन्येभ्योऽपिदृश्यंतइतिजयतेःक्वनिप् । तादृशस्त्वंपार्थानेवईहईहस्व इच्छाविषयान्कुरु तेनैवतवमहाँल्लाभइत्यर्थः ९ वेदजानीते निकृतिंछलं मायायुधःमायाधयः १० ॥ इतिसभापर्वणिनीलकंठीये भारतभावदीपे त्रिषष्टितमोऽध्यायः ॥ ६३ ॥ ॥ परेषामिति । सदाक्षत्तःयस्य बालान्मूर्खान् । अस्मिन्पादेऽक्षराधिक्यमार्षम् १ सइति । अन्यत्रइष्टजयेऽ निष्टपराजयेचकामोऽभिलाषोयस्यसोऽन्यत्रकामोविज्ञेयः । तत्रलिंगमिष्टप्रशंसाअनिष्टनिंदाचेत्याह निन्देति । तेतवजिव्हाकथंहृदयंहार्दिस्थमस्मासुद्वेषंव्यनक्ति अवाच्यमपिप्रकटयतीत्यर्थः । जिव्हाम नस्तेहृदयंव्यनक्तिज्यायोऽन्तरान्मनसःप्रातिकूल्यमितिपाठे जिव्हावागिंद्रियं तत्सहितंमनस्तत्प्रवर्तकमंतःकरणं तवतेतवहृदयंबुद्धिमाशयंव्यनक्ति यतः अंतरान्मनसःअपेक्षया बाह्यं वाचःप्रातिकूल्यं ज्यायः । विद्यमानोऽप्यस्मासुद्वेषो लोकलज्जाभयात् त्वया वाचा नवक्तव्यइत्यर्थः २ ॥ ॥ ॥ ॥

एतदेवाह उत्संगेचेति । पापीयःपापतरं । भर्तृघ्नत्वात्स्वामिद्रोहाद पापीयमाहुरितिपाठे पापायहितं तस्मैहितमितिच्छः ३ संप्रयोगऐक्यंसख्यमित्यर्थः संप्रयोगादस्माभिःसहसख्यंकृत्वातान्प्रशंसन्
मुहुर्वारंवारंद्वेषंयासि अस्मद्द्वेष्योभवसीत्यर्थः । संप्रमोहादितिपाठः । तेषांसखाभूत्वामौर्ख्यादस्माभिःसहद्वेषंकरोषि । संबंधस्यसाम्येसत्येतद्युक्तमित्यर्थः ४ अक्षमंक्षंतुमयोग्यं निगूहतेगुह्यं
सर्वोऽपि । त्वंतुतत्प्रकाशयसीतिभावः । तदाश्रितःपार्थिवाश्रितः पार्थिवंधृतराष्ट्रंयतोयथेष्टंभाषसे ५। ६ अहंदुर्योधनःकर्तेतिचमामंस्थामामन्यस्व । माऽवमंस्थाइतिपाठेमामितिशेषः । तितिक्षून्
क्षमावतःक्षिणुक्षपय । नात्रास्माकमपराधइत्यर्थः ७ कस्तर्हिकर्तेत्यतआह एकइति । प्रवणात्निम्नात् ८ भिनत्तियेननियुक्तःस्वीयमपिशिरस्ताडयतीत्यर्थः । भोजयतेणिचश्छेतितङ् । साक्षान्मृत्यु
मप्यहिंसर्पं योरक्षयतेइत्यर्थः । एवमनिष्टेऽपिकर्मणि सएवमांप्रेरयतीत्यर्थः । तेनशासनेनशास्यमेवामित्रं विंदतिमाप्नोति ९ समुपेक्षेतशासनमितिशेषः त्वत्पालकत्वेनत्वन्मित्रंमांत्वमेवंमाशाधी

उत्संगेचव्यालइवाहितोऽसिमार्जारवत्पोषकंचोपहंसि ॥ भर्तृघ्नंत्वांनहिपापीयआहुस्तस्मात्क्षत्तःकिंनबिभेषिपापात् ३ जित्वाशत्रून्फलमाप्तंमहद्वैमाऽस्मान्क्षत्तः
परुषाणीहवोचः ॥ द्विषद्भिस्त्वंसंप्रयोगाभिनंदीमुहुर्द्वेषंयासिनःसंप्रयोगात् ४ अमित्रतांयातिनरोऽक्षमंब्रुवन्निगूहतेगुह्यममित्रसंस्तवे ॥ तदाश्रितोऽपत्रपकिन्नुबाध
सेयदिच्छसित्वंतदिहाभिभाषसे ५ मानोऽवमंस्थाविद्मनस्तवेदंशिक्षस्वबुद्धिंस्थविराणांसकाशात् ॥ यशोरक्षस्वविदुरसंप्रणीतंमाव्यापृतःपरकार्येषुभूस्त्वम् ६ अहं
कर्तेतिविदुरमाचमंस्थामानोनित्यंपरुषाणीहवोचः ॥ नत्वांपृच्छामिविदुरयद्धितंमेस्वस्तिक्षत्तर्मातितिक्षून्क्षिणुत्वम् ७ एकःशास्तानद्वितीयोऽस्तिशास्तागर्भेश
यानंपुरुषंशास्तिशास्ता ॥ तेनानुशिष्टःप्रवणादिवांभोयथानियुक्तोऽस्मितथाभवामि ८भिनत्तिशिरसाशैलमहिंभोजयतेचयः॥ धीरेवकुरुतेतस्यकार्याणामनुशासनम्॥
योबलादनुशास्तीहसोऽमित्रंतेनविन्दति ९ मित्रतामनुवृत्तंतुसमुपेक्षेतपंडितः ॥ प्रदीप्ययःप्रदीप्ताग्निंप्राक्चिरंनाभिधावति ॥ भस्मापिनसविंदेतशिष्टंक्वचनभारत १०
नवासयेत्पारवर्ग्यंद्विषन्तंविशेषतःक्षत्तरहितंमनुष्यम् ॥ सयत्रेच्छसिविदुरतत्रगच्छसुसांत्विताह्यसतीस्त्रीजहाति ११ ॥ विदुरउवाच ॥ एतावतापुरुषंयेत्यजन्तिते
षांसख्यमंतवद्ब्रूहिराजन् ॥ राज्ञांहिचित्तानिपरिप्लुतानिसांत्वंदत्वामुसलैर्घातयंति १२ अबालत्वंमन्यसेराजपुत्रबालोऽहमित्येवसुमंदबुद्धे ॥ यःसौहृदेपुरुषंस्थाप
यित्वापश्चादेनंदूषयतेसबालः १३ ॥ ॥ ॥ ॥ ॥

त्यर्थः । यदुक्तंवैराग्निंशमयस्वेतितत्राह प्रदीप्येति । प्रकर्षेणदीप्तोदीपनीयोऽग्निर्यस्यसप्रदीप्ताग्निःकर्पूरस्तं प्राक्पूर्वंप्रदीप्ययःशमयितुंचिरंनाभिधावति सतस्यकर्पूरस्यभस्मापिनविंदति । तथाचै
वंपांडवान्प्रकोप्य यदिसमूलान्नाशयामि तर्ह्येतेमांनिर्मूलमुन्मूलयिष्यंतीतिभावः । अत्र प्रदीप्यप्राक्प्रदीप्ताद्धिप्राप्तुंरत्नानिधावतीतिपाठांतरंनिर्मूलम् १० पारवर्ग्यंपरवर्गेशत्रुसंघेजातम् ११ एतावता
नीतिशिक्षणेन साक्षिवत्पुत्रेमयिवा पक्षपातमकुर्वन्ब्रूहि राजन् हेधृतराष्ट्र राज्ञांहीति । परिप्लुतानिद्वेषेणेतिशेषः । तर्हिनेतांत्वंदत्वाघातयंति कोपंप्रच्छादयंत्येव । अयंतुकोपप्रकाशनान्नराजनी
तिविदितिभावः १२ अबालत्वंपंडितत्वमात्मनइतिशेषः । बालोऽहंविदुरइतिचमन्यसेतद्विपरीतमित्याह यइति । सुहृत्सुअविश्वासकृदेवबालइत्यर्थः । अबालस्त्वमितिपाठेत्वंबालइतिदुर्योधने
काकूक्त्यायोज्यम् १३ ॥ ॥ ॥ ॥ ॥

ध्रुवंस्थिरंराज्यादिकंनरोचेन्नरोचते । यद्वा ध्रुवंनिश्चितंहितोपदेष्टेतिशेषः । भरतर्षभस्येत्युपहासः १४ । १५ यत्तुपरुषाणिमावोचइत्युक्तंतत्राह लभ्यतइति । पथ्यंपरिणामेहितम् १६ । १७
हेमहाराज यमसंतोनपिबंतितंसतांपेयंमन्युंदैन्यंपिब । मन्युर्दैन्येक्रतौक्रुधीत्युक्तं । तत्राव्याधिजं किंतुकटुजंदूषणजं । 'दूषणेकटु'इतिविश्वः । तीक्ष्णंमर्मच्छिद । उष्णंतापजनकं । यशोमुषंकीर्तिघ्नं
परुषंरूक्षं निःस्नेहंपूतिगांधिं पूतिदुष्टंतद्गंधिदुष्टवदाभासमानं । औषधमप्येतादृशं अव्याधयेजायतेतदव्याधिजं । कटुजंकटुक्यादिकटुद्रव्यजं तीक्ष्णंवेदनाकरं । उष्णंजाड्यनाशकं । यशो

नश्रेयसेनीयतेमंददुद्धिःस्त्रीश्रोत्रियस्येवगृहेप्रदुष्टा ॥ ध्रुवंनरोचेद्भरतर्षभस्यपतिःकुमार्याइवषष्टिवर्षः १४ अतःप्रियंचेदनुकांक्षसेत्वंसर्वेषुकार्येषुहिताहितेषु ॥ स्त्रि
यश्चराजन्जडपंगुकांश्चपृच्छत्वंवैतादृशांश्चैवसर्वान् १५ लभ्यतेखलुपापीयान्नरोनुप्रियवागिह ॥ अप्रियस्यहिपथ्यस्यवक्ताश्रोताचदुर्लभः १६ यस्तुधर्मपरश्चस्या
द्धित्वाभर्तुःप्रियाप्रिये ॥ अप्रियाण्याहपथ्यानितेनराजासहायवान् १७ अव्याधिजंकटुजंतीक्ष्णमुष्णंयशोमुषंपरुषंपूतिगंधिम् ॥ सतांपेयंयन्नपिबंत्यसंतोमन्युंम
हाराजपिबप्रशाम्य १८ वैचित्रवीर्यस्ययशोधनंचवांछाम्यहंसहपुत्रस्यशश्वत् ॥ यथातथातेऽस्तुनमश्चतेऽस्तुममापिचस्वस्तिदिशंतुविप्राः १९ आशीविषान्नेत्रवि
षान्कोपयेन्नचपंडितः ॥ एवंतेऽहंवदामीदंप्रयतःकुरुनन्दन ॥ २० ॥ इतिश्रीमहाभारतेसभापर्वणिविदुरहितवाक्येचतुःषष्टितमोऽध्यायः ॥ ६४ ॥ शकुनिरुवा
च ॥ बहुवित्तंपराजैषीःपांडवानांयुधिष्ठिर ॥ आचक्ष्ववित्तंकौन्तेययदितेऽस्त्यपराजितम् १ ॥ युधिष्ठिरउवाच ॥ ममवित्तमसंख्येयंयदहंवेदसौबल ॥ अथ
त्वंशकुनेकस्माद्वित्तंसमनुपृच्छसि २ अयुतंप्रयुतंचैवशंकुंपद्मंतथार्बुदम् ॥ खर्वंशंखंनिखर्वंचमहापद्मंचकोटयः ३ मध्यंचैवपरार्धंचसपरंचात्रपण्यताम् ॥ एत
न्ममधनंराजंस्तेनदीव्याम्यहंत्वया ४ वैशंपायनउवाच ॥ एतच्छ्रुत्वाव्यवसितोनिकृतिंसमुपाश्रितः ॥ जितमित्येवशकुनिर्युधिष्ठिरमभाषत ५ युधिष्ठिरउवाच ॥
गवाश्वंबहुधेनूकमसंख्येयमजाविकम् ॥ यत्किंचिदनुपर्णाशांप्राक्सिंधोरपिसौबल ॥ एतन्ममधनंसर्वंतेनदीव्याम्यहंत्वया ६ ॥ वैशंपायनउवाच ॥ एतच्छ्रुत्वाव्यव
सितोनिकृतिंसमुपाश्रितः ॥ जितमित्येवशकुनिर्युधिष्ठिरमभाषत ७ ॥ युधिष्ठिरउवाच ॥ पुरंजनपदोभूमिरब्राह्मणधनैःसह ॥ अब्राह्मणाश्चपुरुषाराजन्शिष्टंध
नंमम ॥ एतद्राजन्ममधनंतेनदीव्याम्यहंत्वया ८ ॥ वैशंपायनउवाच ॥ ॥ एतच्छ्रुत्वाव्यवसितोनिकृतिंसमुपाश्रितः ॥ जितमित्येवशकुनिर्युधिष्ठिरमभाषत ९
युधिष्ठिरउवाच ॥ राजपुत्राइमेराजन्शोभंतेयैर्विभूषिताः ॥ कुंडलानिचनिष्काश्चसर्वंराजविभूषणम् ॥ एतन्ममधनंराजंस्तेनदीव्याम्यहंत्वया १० ॥

मुषंकामोद्दीपनेन । परुषंक्षतादिसाधनहीनं पूतिगंधिलशुनादिवद्दुर्गंधि । पिबमन्युंऔषधंवागिल प्रशाम्यप्रशममारोग्यंचप्राप्नुहि १८ शश्वन्निरंतरं १९ आशीविषान्दंष्ट्राविषान् । नेत्रविषान्दृ
ष्टिविषान् । शस्त्रेणक्रोधदृष्ट्याच पांडवास्त्वांधक्ष्यंतीतिभावः ॥ २०॥ इतिसभापर्वणिनीलकंठीयेभारतभावदीपेचतुःषष्टितमोऽध्यायः ॥ ६४ ॥ बह्विति । पराजैषीर्हारितवान् १ । २ । ३ । सपरंसाधि
कंपरार्धादप्यधिकम् ४ । ५ पर्णाशानदी ६ । ७ । ८ । ९ । १० ॥ ॥ ॥ ॥

११ । १२ । १३ । १४ अप्रियवत्प्रियमपिद्यूतेत्यजामीत्यर्थः १५ । १६ । १७ सुमनसांपरस्परमैकमत्यंवतांभेदंवैमत्यं १८ मत्तःवित्तविवशचित्तत्वेनाधर्मकर्त्ता । सगर्त्तेनरकेऽस्थाणु स्थाणुत्वमृच्छतिप्राप्नोति । आर्च्छतीतिपाठे आङ्पूर्वस्यरूपं । ज्येष्ठोवयसाऽधिकः । वरिष्ठोगुणैरधिकः १९ मत्तत्वमेवाह स्वप्नइति । मत्तस्यममवचःक्षंतव्यमितिभावः २० संख्येसंग्रामेतरस्वी

॥ वैशंपायनउवाच ॥ एतच्छ्रुत्वाव्यवसितोनिकृतिंसमुपाश्रितः ॥ जितमित्येवशकुनिर्युधिष्ठिरमभाषत ११ ॥ ॥ युधिष्ठिरउवाच ॥ ॥ श्यामोयुवालो हिताक्षःसिंहस्कंधोमहाभुजः ॥ नकुलोग्लहएवैकोविद्ध्येतन्ममतद्धनम् १२ ॥ ॥ शकुनिरुवाच ॥ ॥ प्रियस्तेनकुलोराजन्राजपुत्रोयुधिष्ठिर ॥ अस्मा कंवशतांप्राप्तोभूयःकेनेहदीव्यसे १३ ॥ ॥ वैशंपायनउवाच ॥ एवमुक्त्वातुतानक्षान्शकुनिःप्रत्यदीव्यत ॥ जितमित्येवशकुनिर्युधिष्ठिरमभाषत १४ ॥ युधिष्ठिरउवाच ॥ अयंधर्मान्सहदेवोऽनुशास्तिलोकेह्यस्मिन्पंडिताख्यांगतश्च ॥ अनर्हताराजपुत्रेणतेनदीव्याम्यहंचाप्रियवत्प्रियेण १५ ॥ वैशंपायनउवाच ॥ एतच्छ्रुत्वाव्यवसितोनिकृतिंसमुपाश्रितः ॥ जितमित्येवशकुनिर्युधिष्ठिरमभाषत १६ ॥ शकुनिरुवाच ॥ माद्रीपुत्रौप्रियौराजंस्तवेमौविजितौमया ॥ गरीयांसौतुते मन्येभीमसेनधनंजयौ १७ ॥ ॥ युधिष्ठिरउवाच ॥ ॥ अधर्मंचरसेनूनंयोनावेक्षसिवैनयम् ॥ योनःसुमनसांमूढविभेदंकर्तुमिच्छसि १८ ॥ शकुनिरु वाच ॥ ॥ गर्त्तेमत्तःप्रपततेप्रमत्तःस्थाणुमृच्छति ॥ ज्येष्ठोराजन्वरिष्ठोऽसिनमस्तेभरतर्षभ १९ स्वप्नेतानिनदृश्यंतेजाग्रतोवायुधिष्ठिर ॥ कितवायानिदीव्यं तःप्रलपंत्युत्कटाइव २० ॥ ॥ युधिष्ठिरउवाच ॥ ॥ योनःसंख्येनौरिवपारनेताजेतारिपूणांराजपुत्रस्तरस्वी ॥ अनर्हतालोकवीरेणतेनदीव्याम्यहंशकुनेफाल्गु नेन २१ ॥ वैशंपायनउवाच ॥ एतच्छ्रुत्वाव्यवसितोनिकृतिंसमुपाश्रितः ॥ जितमित्येवशकुनिर्युधिष्ठिरमभाषत २२ ॥ ॥ शकुनिरुवाच ॥ ॥ अयंमया पांडवानांधनुर्धरःपराजितःपांडवःसव्यसाची ॥ भीमेनराजन्दयितेनदीव्ययत्कैतवंपांडवतेऽवशिष्टम् २३ ॥ ॥ युधिष्ठिरउवाच ॥ ॥ योनोनेतायोयुधिनःप्र णेतायथावज्रीदानवशत्रुरेकः ॥ तिर्यक्प्रेक्षीसन्नतभ्रूर्महात्मासिंहस्कंधोयश्चसदात्यमर्षी २४ बलेनतुल्योयस्यपुमान्नविद्यतेगदाभृतामग्र्यइहारिमर्दनः ॥ अनर्हतारा जपुत्रेणतेनदीव्याम्यहंभीमसेनेनराजन् २५ ॥ ॥ वैशंपायनउवाच ॥ ॥ एतच्छ्रुत्वाव्यवसितोनिकृतिंसमुपाश्रितः ॥ जितमित्येवशकुनिर्युधिष्ठिरमभाषत २६ शकुनिरुवाच ॥ बहुवित्तंपराजैषीर्भ्रातॄंश्चसहयद्विपान् ॥ आचक्ष्ववित्तंकौन्तेययदितेऽस्त्यपराजितम् २७ ॥ युधिष्ठिरउवाच ॥ अहंविशिष्टःसर्वेषांभ्रातॄणांदयि तस्तथा ॥ कुर्यामहंजितःकर्मस्वयमात्मन्युपप्लुते २८ ॥ वैशंपायनउवाच ॥ एतच्छ्रुत्वाव्यवसितोनिकृतिंसमुपाश्रितः ॥ जितमित्येवशकुनिर्युधिष्ठिरमभाषत २९ ॥ शकुनिरुवाच ॥ एतत्पापिष्ठमकरोर्यदात्मानंपराजयेः ॥ शिष्टेसतिधनेराजन्पापआत्मपराजयः ३० ॥ ॥

वेगवान् । २१ । २२ कैतवंकितवेभ्यआहर्तव्यंधनं २३ । २४ । २५ । २६ । २७ । उपप्लुतेजिते २८ । २९ पापिष्ठमत्यधमं पापःपापहेतुः ३० ॥ ॥

ग्लहेपणविषये राजानंप्रतिएवमुक्त्वा राज्ञांपांडवानांपराजयंचलोकवीरान्प्रतिउक्त्वा शकुनिरुवाचेत्युत्तरेणसंबंधः ३१ आत्मानंप्रतिपणंपुनर्जय दास्यान्मोचय । नोचेद्द्रौपदीवाऽस्म
द्दासीभविष्यतीत्यर्थः ३२ नातिरोहिणीनातिरक्ता ३३ शारदोत्पलसेविन्यालक्ष्म्याःरूपेणसमानया । श्रियालावण्यसौभाग्यदिरूपयाचसमानया । श्रीतिभिन्नंपदं छांदसस्तृतीयाया
लुक्पूर्वसवर्णोवा ३४ तथैवंतिलक्ष्मीसाम्यमुच्यते ३५ धर्मकामार्थसिद्धिं धर्मकामयोरर्थयोःसिद्धिर्ययासातथातां । अर्थामितिपाठे सिद्धिमिवसिद्धिम् ३६ । ३७ मल्लिकेवसुरभिरि

॥ वैशंपायनउवाच ॥ एवमुक्त्वामताक्षस्तान्ग्लहेसर्वानवस्थितान् ॥ पराजयंलोकवीरानुक्त्वाराज्ञांपृथक्पृथक् ३१ ॥ शकुनिरुवाच ॥ ॥ अस्तितेवैप्रिया
राजन्ग्लहएकोऽपराजितः ॥ पणस्वकृष्णांपांचालींतयाऽत्मानंपुनर्जय ३२ ॥ युधिष्ठिरउवाच ॥ नैवह्रस्वानमहतीनकृशानातिरोहिणी ॥ नीलकुंचितकेशीचतया
दीव्याम्यहंत्वया ३३ शारदोत्पलपत्राक्ष्याशारदोत्पलगन्धया ॥ शारदोत्पलसेविन्यारूपेणश्रीसमानया ३४ तथैवस्यादानृशंस्यात्तथास्याद्रूपसंपदा ॥ तथास्याच्छी
लसंपत्त्यायामिच्छेत्पुरुषःस्त्रियम् ३५ सर्वैर्गुणैर्हिसंपन्नामनुकूलांप्रियंवदाम् ॥ यादृशींधर्मकामार्थसिद्धिमिच्छेन्नरःस्त्रियम् ३६ चरमंसंविशतियाप्रथमंप्रतिबुध्यते ॥
आगोपालाविपालेभ्यःसर्ववेदकृताकृतम् ३७ आभातिपद्मवद्वक्त्रंसस्वेदंमल्लिकेवच ॥ वेदीमध्यादीर्घकेशीताम्रास्यानातिलोमशा ३८ तयैवंविधयाराजन्पांचाल्याऽ
हंसुमध्यया ॥ ग्लहंदीव्यामिचार्वंग्याद्रौपद्याहंतसौबल ३९ ॥ वैशंपायनउवाच ॥ एवमुक्तेतुवचनेधर्मराजेनधीमता ॥ धिग्धिगित्येववृद्धानांसभ्यानांनिःसृता
गिरः ४० चुक्षुभेसासभाराजन्राज्ञांसंजज्ञिरेशुचः ॥ भीष्मद्रोणकृपादीनांस्वेदश्चसमजायत ४१ शिरोगृहीत्वाविदुरोगतसत्त्वइवाभवत् ॥ आस्तेध्यायन्नधोवक्त्रोनिः
श्वसन्निवपन्नगः ४२ धृतराष्ट्रस्तुतंहृष्टःपर्यपृच्छत्पुनःपुनः ॥ किंजितंकिंजितमितिह्याकारंनाभ्यरक्षत ४३ जहर्षकर्णोऽतिभृशंसहदुःशासनादिभिः ॥ इतरेषांतु
सभ्यानांनेत्रेभ्यःप्रापतज्जलम् ४४ सौबलस्त्वभिधायैवंजितकाशीमदोत्कटः ॥ जितमित्येवतानक्षान्पुनरेवान्वपद्यत ४५ ॥ इतिश्रीमहाभारतेसभापर्वणिद्यूतपर्वणि
द्रौपदीपराजयेपंचषष्टितमोऽध्यायः ६५ ॥ ॥ दुर्योधनउवाच ॥ एहिक्षत्तद्रौपदीमानयस्वप्रियांभार्यांसंमतांपांडवानाम् ॥ संमार्जतांवेश्मपरैतुशीघ्रंतत्रास्तुदासी
भिरपुण्यशीला १ ॥ विदुरउवाच ॥ दुर्विभाषंभाषितंत्वादृशेननमंदसंबुद्ध्यसिपाशबद्धः ॥ प्रपातेत्वंलंबमानोनवेत्सिव्याघ्रान्मृगःकोपयसेऽतिवेलम् २ आशीविषा
स्तेशिरसिपूर्णकोपामहाविषाः ॥ माकोपिष्ठाःसुमंदात्मन्मागमस्त्वंयमक्षयम् ३ नहिदासीत्वमापन्नाकृष्णाभवितुमर्हति ॥ अनीशेनहिराज्ञैषापणेन्यस्तेतिमेमतिः ४

तिशेषः । संमोदोमल्लिकेवचेतिगौडपाठे संमोदः परिमलः । वेदीवकृशमध्या ३८ सुमध्ययासुंदरमध्यया ३९ । ४० । ४१ । ४२ आकारंहर्षकृतं स्वाभिप्रायं ४३ । ४४ एवमभिधायअस्तितेवैप्रियाराज
न्नित्यादिकमुक्त्वा जितकाशीजयशोभी ४५ ॥ इतिसभापर्वणि नीलकंठीयेभारतभावदीपे पंचषष्टितमोऽध्यायः ॥ ६५ ॥ ॥ एहीति । वेश्मसंमार्जतां परैतुपराकृताधिक्कृतासती एतुआयातु १ दुर्विभाषंदुर्वि
कल्पम् २ । ३ । ४ ॥ ॥ ॥ ॥ ॥ ॥ ॥

वेणुःवेनापरनामाराजा सहिऐश्वर्यंप्राप्य मान्यान्अमानयन्सद्योनष्टःएवमयमपीत्यर्थः ५ अरुंतुदःमर्मभेदी । नृशंसवादी परुषवादी । हीनतःनीचेनकर्मणाद्यूतादिना परंशत्रुंअभ्याददीतवशेकुर्वीत उषतींदाहिकां । रुशतीमितिपाठे अकल्याणीं । पापलोक्यांनरकावहां ६ । ७ अजोहिशस्त्रमगिलत्किलैकइति इयंकथावनेचरप्रसिद्धा एकोऽजः शस्त्रमगिलत्गिलितुमारब्धस्ततस्तदशक्नुवन् भूमौआस्यंनिपात्यपद्भ्यामुच्चाल्यभोक्तुमारब्धः ततस्तस्मिन्नुच्चलितेसति शिरसासहस्वस्यकंठस्यनिकृंतनंप्राप्यममार । तद्वत्त्वमपिपांडवैर्वैरंशस्त्रेणस्वहननंमाकुथाइतिप्राञ्चः । कश्चित्किलमत्स्यघाती बडिशंधान्यपिष्टेनोपलिप्य यावज्जलाशयेपातयति तावद्गृहच्छागेनचापलात्तत्पिष्टमेवगिलितं तन्निष्कासनेविदीर्णकंठश्छागोममारेत्याख्यायिकाऽत्रदृष्टांतार्थमुक्ता । पदयोजनातु एकःअजःघोरंशस्त्रंबडिशमगिलद्गिलितवान् । कुतोऽस्यघोरत्वंतत्राह अस्यअजस्यशिरसासहभूमौशस्त्रेविपन्नेविशेषेणप्राप्तेसति स्वस्यकंठस्यनिकृंतनंकर्त्तनंछेदहेतुःयतोऽभवदित्यन्वयः । अजकंठस्थंशस्त्रं सूत्रेणाकृष्यमाणंतच्छिरसासहैवतद्देहाद्विभक्तमभूदित्यर्थः । पद्भिरपास्यभूमिमितिपाठेतुशस्त्रेविपन्नेपद्भिर्भूमिमपास्य कंठस्यकृंतनंछेदनंआपेत्यध्याहृत्ययोज्यं । अयंभावः पशुकंठान्निष्कास्यमानेबडिशे पशुरेवअंतरिक्ष

अयंधत्तेवेणुरिवात्मघातीफलंराजाधृतराष्ट्रस्यपुत्रः॥ द्यूतंहिवैरायमहाभयायमत्तोनबुध्यत्ययमंतकालम् ५ नारुंतुदःस्यान्ननृशंसवादीनहीनतःपरमभ्याददीत ॥ ययाऽस्यवाचापरउद्विजेतनतांवदेदुषतींपापलोक्याम् ६ समुच्चरंत्यतिवादाश्चवक्त्राद्यैराहतःशोचतिरात्र्यहानि ॥ परस्यनाममर्मसुतेपतंतितान्पंडितोनावसृजेत्परेषु ७ अजोहिशस्त्रमगिलत्किलैकःशस्त्रेविपन्नेशिरसाऽस्यभूमौ ॥ निकृंतनंस्वस्यकंठस्यघोरंतद्वद्वैरंमाकृथाःपांडुपुत्रैः ८ नकिंचिदित्थंप्रवदंतिपार्थावनेचरंवागृहमेधिनंवा ॥ तपस्विनंवापरिपूर्णविद्यंभषंतिहैवंश्वनराःसदैव ९ द्वारंसुघोरंनरकस्यजिह्मंनबुध्यतेधृतराष्ट्रस्यपुत्रः ॥ तमन्वेतारोबहवःकुरूणांद्यूतोदयेसहदुःशासनेन १० मज्जंत्यलाबूनिशिलाःप्लवन्तेमुह्यंतिनावोऽम्भसिशश्वदेव ॥ मूढोराजाधृतराष्ट्रस्यपुत्रोनमेवाचःपथ्यरूपाःशृणोति ११ अन्तोनूनंभविताऽयंकुरूणांसुदारुणःसर्वहरोविनाशः ॥ वाचःकाव्याःसुहृदांपथ्यरूपानश्रूयन्तेवर्धतेलोभएव १२ ॥ ॥ इतिश्रीमहाभारतेसभापर्वणिद्यूतपर्वणिविदुरवाक्येषट्षष्टितमोऽध्यायः ॥ ६६ ॥ ॥ ॥ ॥

॥ वैशंपायनउवाच ॥ धिगस्तुक्षत्तारमितिब्रुवाणोदर्पेणमत्तोधृतराष्ट्रस्यपुत्रः ॥ अवैक्षतप्रातिकामींसभायामुवाचचैनंपरमार्यमध्ये १ ॥ ॥ दुर्योधनउवाच ॥

॥ प्रातिकामिन्द्रौपदीमानयस्वनतेभयंविद्यतेपांडवेभ्यः ॥ क्षत्ताह्ययंविवदत्येवभीतोनचास्माकंवृद्धिकामःसदैव २ ॥ ॥ ॥

स्थोऽभवन्नतुततोबडिशंवियुज्यते ततश्चपशोर्मरणनिश्चयाद्बडिशार्थीतस्यकंठच्छेदंकृतवानिति । एवंबडिशस्थानीयांद्रौपदींस्पृशन् छागइवत्वमपिनंक्ष्यसीतिभावः ८ पार्थाःनकिंचिद्वदन्ति । श्वनरास्तुनकिंचिद्वदंतिअन्यद्दुर्वाक्यादितिशेषः । वनेचरंवानप्रस्थं । भषंतिहैवंश्वनराःशुनकतुल्याःनराःआपत्सुधीरानुद्दिश्यभषंति । धीरास्तुधीरत्वादेवतन्नगणयंतीत्यपिपांडवान्प्रत्यापयतीतिध्वनिः ९ द्यूतोदयेद्यूतकृतेउत्कर्षे १० अलाबुमज्जनादिवदहितमप्यहितवद्दुष्टानांभातीत्याश्चर्यम् ११ अंतोनाशकरः १२ ॥ ॥ इतिसभापर्वणिनीलकंठीये भारतभावदीपे षट्षष्टितमोऽध्यायः ॥ ६६ ॥ ॥ ॥ ॥ धिगस्त्विति । अधिब्रुवाणइतिपाठेइतिशब्दाध्याहारः । अधिकंनिर्मर्यादंब्रुवाणइत्यर्थः । प्रातिकामीशब्दईकारांतइन्नंतश्च १ विवदतिविपरीतंवदति २

सिंहगोष्ठंसिंहस्थानम् ३ । ४ कैतवंकितवेभ्योदेयंधनं ५ । ६ । ७ । ८ । ९ । १० । ११ । १२ । १३ लघीयान्नीचतरः १४ संविधाताईश्वरः । स्पशासुखदुःखे वृद्धबालौ पंडितमूर्खौ

॥ वैशंपायनउवाच ॥ ॥ एवमुक्तःप्रातिकामीससूतःप्रायाच्छीघ्रंराजवचोनिशम्य ॥ प्रविश्यचश्वेवहिसिंहगोष्ठंसमासदन्महिषींपांडवानाम् ३ ॥ प्रातिका
म्युवाच ॥ ॥ युधिष्ठिरोद्यूतमदेनमत्तोदुर्योधनोद्रौपदित्वामजैषीत ॥ सात्वंप्रपद्यस्वधृतराष्ट्रस्यवेश्मनयामित्वांकर्मणेयाज्ञसेनि ४ ॥ ॥ द्रौपद्युवाच ॥
कथंत्वेवंवदसिप्रातिकामिन्कोहिदीव्येद्भार्ययाराजपुत्रः ॥ मूढोराजाद्यूतमदेनमत्तोह्यभून्नान्यत्कैतवमस्यकिंचित् ५ ॥ ॥ प्रातिकाम्युवाच ॥ ॥
यदानाभूत्कैतवमन्यदस्यतदाऽदेवीत्पांडवोऽजातशत्रुः ॥ न्यस्ताःपूर्वंभ्रातारस्तेनराज्ञास्वयंचात्मात्वमथोराजपुत्रि ६ ॥ द्रौपद्युवाच ॥ गच्छत्वंकितवंगत्वा
सभायांपृच्छसूतज ॥ किंतुपूर्वंपराजैषीरात्मानमथवानुमाम् ७ एतज्ज्ञात्वासमागच्छततोमांनयसूतज ॥ ज्ञात्वाचिकर्षितमहंराज्ञोयास्यामिदुःखिता ८ ॥
॥ ॥ वैशंपायनउवाच ॥ ॥ सभांगत्वासचोवाचद्रौपद्यास्तद्वचस्तदा ॥ युधिष्ठिरंनरेन्द्राणांमध्येस्थितमिदंवचः ९ कस्येशोनःपराजैषीरितित्वामा
हद्रौपदी ॥ किंनुपूर्वंपराजैषीरात्मानमथवापिमाम् १० युधिष्ठिरस्तुनिश्चेतागतसत्त्वइवाभवत् ॥ नतंसूतंप्रत्युवाचवचनंसाध्वसाधुवा ११ ॥ ॥ दुर्यो
धनउवाच ॥ ॥ इहैवागत्यपांचालीप्रश्नमेनंप्रभाषताम् ॥ इहैवसर्वेशृण्वन्तुतस्याश्चैतस्ययद्वचः १२ ॥ ॥ वैशंपायनउवाच ॥ ॥ सग
त्वाराजभवनंदुर्योधनवशानुगः ॥ उवाचद्रौपदींसूतःप्रातिकामीव्यथन्निव १३ ॥ ॥ प्रातिकाम्युवाच ॥ ॥ सभ्यास्त्वमीराजपुत्र्याह्वयंतिमन्येप्रा
प्तःसंशयःकौरवाणाम् ॥ नवैसमृद्धिंपालयतेलघीयान्यस्त्वांसभांनेष्यतिराजपुत्रि १४ ॥ द्रौपद्युवाच ॥ एवंनूनंव्यदधात्संविधातास्पर्शावुभौस्पृशतोवृद्धबा
लौ ॥ धर्मंत्वेकंपरमंप्राहलोकेसनःशमंधास्यतिगोप्यमानः १५ सोऽयंधर्मोमाऽत्यगात्कौरवान्वैसभ्यान्गत्वापृच्छधर्म्यंवचोमे ॥ तेमांब्रूयुर्निश्चितंतत्करिष्ये
धर्मात्मानोनीतिमंतोवरिष्ठाः १६ श्रुत्वासूतस्तद्वचोयाज्ञसेन्याःसभांगत्वाप्राहवाक्यंतदानीम् ॥ अधोमुखास्तेनचकिंचिदूचुर्निर्बंधंतंधार्त्तराष्ट्रस्यबुद्ध्वा १७ ॥ वैशं
पायनउवाच ॥ युधिष्ठिरस्तुतच्छ्रुत्वादुर्योधनचिकीर्षितम् ॥ द्रौपद्याःसंमतंदूतंप्राहिणोद्भरतर्षभ १८ एकवस्त्रात्वधोनीवीरोदमानारजस्वला ॥ सभामाग
म्यपांचालिश्वशुरस्याग्रतोभव १९ अथत्वामागतांदृष्ट्वाराजपुत्रींसभांतदा ॥ सभ्याःसर्वेविनिन्देरन्मनोभिर्धृतराष्ट्रजम् २० सगत्वात्वरितंदूतःकृष्णायाभवनं
नृप ॥ न्यवेदयन्मतंधीमान्धर्मराजस्यनिश्चितम् २१ पांडवाश्चमहात्मानोदीनादुःखसमन्विताः ॥ सत्येनातिपरीतांगानोदीक्षन्तेस्मकिंचन २२ ततस्त्वे
षांमुखमालोक्यराजादुर्योधनःसूतमुवाचहृष्टः ॥ इहैवैतामानयप्रातिकामिन्प्रत्यक्षमस्याःकुरवोब्रुवन्तु २३ ॥ ॥

स्पृशतःप्राप्नुतः शमंस्वास्थ्यं । धास्यतिकरिष्यति गोप्यमानःरक्ष्यमाणः १५ । १६ । १७ । १८ । १९ । २० । २१ । २२ । २३ ॥

मानंदुर्योधनस्याज्ञाभंगेनतस्यश्रेष्ठत्वंविहायतिरस्कृत्य २४ उद्विजतेबिभेति अवशाःअस्मद्दासत्वात् २५। २६ परैहिधिक्कृतासतीएहि २७। २८ ऊर्मिमत्सुवेणीरूपेणसंनिवेशिततयाच प्रवहन्नदीजलवन्निम्नोन्नतेषु ऊर्मयःवेण्यलंकारास्तद्वत्सुवा २९। ३०। ३१। ३२ कृष्णजिष्णूहरिनरौ नारायणनरावित्यर्थः ३३ यथोपजोषंयथारुचि ३४। ३५ उपनीतशास्त्राःअध्यापि

ततःसूतस्तस्यवशानुगामीभीतश्चकोपाद्द्रुपदात्मजायाः ॥ विहायमानंपुनरेवसभ्यानुवाचकृष्णांकिमहंब्रवीमि २४ ॥ दुर्योधनउवाच ॥ दुःशासनैषममसूत पुत्रोवृकोदरादुद्विजतेऽल्पचेताः ॥ स्वयंप्रगृह्यानययाज्ञसेनींकिंतेकरिष्यंत्यवशाःसपत्नाः २५ ततःसमुत्थायसराजपुत्रःश्रुत्वाभ्रातुःशासनंरक्तदृष्टिः ॥ प्रवि श्यतद्वेश्ममहारथानामित्यब्रवीद्द्रौपदींराजपुत्रीम् २६ एह्येहिपांचालिजिताऽसिकृष्णेदुर्योधनंपश्यविमुक्तलज्जा ॥ कुरून्भजस्वायतपत्रनेत्रेधर्मेणलब्धाऽसिसभां परैहि २७ ततःसमुत्थायसुदुर्मनाःसाविवर्णमामृज्यमुखंकरेण ॥ आर्त्ताप्रदुद्रावयतःस्त्रियस्तावृद्धस्यराज्ञःकुरुपुंगवस्य २८ ततोजवेनाभिससाररोषाद्दुःशास नस्तामभिगर्जमानः ॥ दीर्घेषुनीलेष्वथचोर्मिमत्सुजग्राहकेशेषुनरेन्द्रपत्नीम् २९ येराजसूयावभृथेजलेनमहाक्रतौमंत्रपूतेनसिक्ताः ॥ तेपांडवानांपरिभूयवीर्यं बलात्प्रमृष्टाधृतराष्ट्रजेन ३० सतांपराकृष्यसभासमीपमानीयकृष्णामतिदीर्घकेशीम् ॥ दुःशासनोनाथवतीमनाथवच्चकर्षवायुःकदलीमिवार्त्ताम् ३१ साकृष्य माणानमितांगयष्टिःशनैरुवाचाथरजस्वलाऽस्मि ॥ एकंचवासोममंदबुद्धेसभांनेतुंनार्हसिमामनार्य ३२ ततोऽब्रवीत्तांप्रसभंनिगृह्यकेशेषुकृष्णेषुतदासकृष्णाम् कृष्णंचजिष्णुंचहरिंनरंचत्राणायविक्रोशतियाज्ञसेनि ३३ ॥ ॥ दुःशासनउवाच ॥ ॥ रजस्वलावाभवयाज्ञसेनिएकांबरावाऽप्यथवाविवस्त्रा ॥ द्यूतेजि ताचासिकृताऽसिदासीदासीषुवासश्चयथोपजोषम् ३४ ॥ ॥ वैशंपायनउवाच ॥ ॥ प्रकीर्णकेशीपतितार्धवस्त्रादुःशासनेनव्यवधूयमाना ॥ ह्रीमत्यमर्षे णचदह्यमानाशनैरिदंवाक्यमुवाचकृष्णा ३५ ॥ द्रौपद्युवाच ॥ ॥ इमेसभायामुपनीतशास्त्राःक्रियावंतःसर्वएवेन्द्रकल्पाः ॥ गुरुस्थानागुरवश्चैवसर्वेते षामग्रेनोत्सहेस्थातुमेवम् ३६ नृशंसकर्मंस्त्वमनार्यवृत्तमामाविवस्त्रांकुरुमाविकार्षीः ॥ नमर्षयेयुस्तवराजपुत्राःसेन्द्राऽपिदेवायदितेसहायाः ३७ धर्मेस्थितोधर्म सूतोमहात्माधर्मश्चसूक्ष्मोनिपुणोपलक्ष्यः ॥ वाचाऽपिभर्त्तुःपरमाणुमात्रमिच्छामिदोषंनगुणान्विसृज्य ३८ इदंत्वकार्यंकुरुवीरमध्येरजस्वलांयत्परिकर्षसेमाम् ॥ नचा पिकश्चित्कुरुतेऽत्रकुत्सांध्रुवंतवेदंमतमभ्युपेतः ३९ धिगस्तुनष्टःखलुभारतानांधर्मस्तथाक्षत्रविदांचवृत्तम् ॥ यत्रह्यतीतांकुरुधर्मवेलांप्रेक्षंतिसर्वेकुरवःसभायाम् ४०

तशास्त्राः। गुरुस्थानाःगुरुतुल्यस्थानाःपित्रादितुल्याः। एवमेकवस्त्रत्वेन ३६। ३७ निपुणोपलक्ष्यःसूक्ष्मबुद्धिमद्भिरेवज्ञेयः। वाचेति। नाहमपराधिनांभार्याऽस्मीतिभावः ३८ कश्चिदपित वकुत्सानकुरुते किंतुसर्वोऽपिजनस्त्वदीयंमतमभ्युपेतः ३९। ४० ॥ ॥ ॥ ॥

सभा० २ अ० ६७ ॥ ५८ ॥

अस्यराज्ञोभृत्तराष्ट्रस्य ४१ । ४२ । ४३ आधूयआकंप्य ४४ । ४५ । ४६ भर्तुर्वशतां दासभार्याऽपिदास्येवेतिभावः ४७ जितोऽस्मीतिवदतात्मैवपराजितो नतुस्त्री ४८ नचराजज येनैवत्वज्जयःसिद्धयति द्यूतमर्यादाविदाशकुनिनैवतवपृथक्पणीकरणादित्याह द्यूतेइति । राजातु पराज्ञयात्त्वांपणीकृतवान्नस्वेच्छयाऽतोऽस्वामी कथंपणितवानितिराज्ञोपि दोषोनास्ति । तथाचशकुनिबुद्ध्यैवत्वमजिता तच्च शकुनिर्नमन्यतेइत्याह नेति । यतःपणीकृताअतःप्रागजिता । यतश्चपरदासेनपणीकृता ततोऽप्यजितैवेतिभावः ४९ नातिकृत

द्रोणस्यभीष्मस्यचनास्तिसत्त्वंक्षत्तुस्तथैवास्यमहात्मनोपि ॥ राज्ञस्तथाहीममधर्ममुग्रंनलक्षयंतेकुरुवृद्धमुख्याः ४१ ॥ वैशंपायनउवाच ॥ ॥ त
थाब्रुवंतीकरुणंसुमध्यमाभर्तॄन्कटाक्षैःकुपितानपश्यत् ॥ सापांडवान्कोपपरीतदेहान्संदीपयामासकटाक्षपातैः ४२ हृतेनराज्येनतथाधनेनरत्नैश्चमुख्यै
र्नतथाबभूव ॥ यथात्रपाकोपसमीरितेनकृष्णाकटाक्षेणबभूवदुःखम् ४३ दुःशासनश्चापिसमीक्ष्यकृष्णामवेक्षमाणांकृपणान्पतींस्तान् ॥ आधूयवेगेन
विसंज्ञकल्पामुवाचदासीतिहसन्सशब्दम् ४४ कर्णस्तुतद्वाक्यमतीवहृष्टःसंपूजयामासहसन्सशब्दम् ॥ गांधारराजःसुबलस्यपुत्रस्तथैवदुःशासनमभ्यनं
दत् ४५ सभ्यास्तुयेतत्रबभूवुरन्येताभ्यामृतेधार्त्तराष्ट्रेणचैव ॥ तेषामभूद्दुःखमतीवकृष्णांदृष्ट्वासभायांपरिकृष्यमाणाम् ४६ ॥ भीष्मउवाच ॥ न
धर्मसौक्ष्म्यात्सुभगेविवेक्तुंशक्नोमितेप्रश्नमिमंयथावत् ॥ अस्वाम्यशक्तःपणितुंपरस्वंस्त्रियाश्चभर्तुर्वशतांसमीक्ष्य ४७ त्यजेतसर्वांपृथिवींसमृद्धांयुधिष्ठिरो
धर्ममथोनजह्यात् ॥ उक्तंजितोऽस्मीतिचपांडवेनतस्मान्नशक्नोमिविवेक्तुमेतत् ४८ द्यूतेऽद्वितीयःशकुनिर्नरेषुकुंतीसुतस्तेननिसृष्टकामः ॥ नमन्य
तेतांनिकृतिंयुधिष्ठिरस्तस्मान्नतेप्रश्नमिमंब्रवीमि ४९ ॥ द्रौपद्युवाच ॥ ॥ आहूयराजाकुशलैरनार्यैर्दुष्टात्मभिर्नैकृतिकैःसभायाम् ॥ द्यूतप्रियैर्नातिकृ
तप्रयत्नःकस्मादयंनामनिसृष्टकामः ५० अशुद्धभावैर्निकृतिप्रवृत्तैरबुध्यमानःकुरुपाण्डवाग्र्यः ॥ संभूयसर्वैश्चजितोऽपियस्मात्पश्चादयंकैतवमभ्युपेतः
५१ तिष्ठंतिचेमेकुरवःसभायामीशाःसुतानांचतथास्नुषाणाम् ॥ समीक्ष्यसर्वेममचापिवाक्यंविब्रूतमेप्रश्नमिमंयथावत् ५२ ॥ वैशंपायनउवाच ॥ तथाब्रुवं
तींकरुणंरुदन्तीमवेक्षमाणांकृपणान्पतींस्तान् ॥ दुःशासनःपरुषाण्यप्रियाणिवाक्यान्युवाचामधुराणिचैव ५३ तांकृष्यमाणांचरजस्वलांचस्रस्तोत्तरीयाम
तदर्हमाणाम् ॥ वृकोदरःप्रेक्ष्ययुधिष्ठिरंचचकारकोपंपरमार्त्तरूपः ५४ ॥ इतिश्रीमहाभारतेसभापर्वणिद्यूतपर्वणिद्रौपदीप्रश्नेसप्तषष्टितमोऽध्यायः ॥ ६७ ॥

प्रयत्नोअनभ्यस्तद्यूतः राजामांसभायामाहूय कथंनिसृष्टकामः अनीशोऽपिसम्भ्रमदाह्वानेनशत्रून्सकामान्कथंकृतवानित्यर्थः ५० जितोऽपीति । आत्मपराजयावसानत्वाद्द्यूतस्य कथंततोऽप्युपरिदेवितवानित्यर्थः ५१ विब्रूतविस्पष्टंब्रूत नतुभीष्मवत्संदिग्धमितिभावः ५२ तथेति । भीष्मेणद्रौपदीमाहात्म्यख्यापनायप्रश्नस्योत्तरंनोक्तं । दुःशासनस्तुपांडवपक्षपातिना ऽपिभीष्मेणसंशयोपन्यासादस्माकमेवजयइतिमन्वानोयत्किंचित्प्रललापेत्यर्थः ५३ परमत्यंतम् ५४ ॥ इतिसभापर्वणिनैलकंठीये भारतभावदीपेसप्तषष्टितमोऽध्यायः ॥ ६७ ॥

भवंतीति १ । २ । ३ । ४ । ५ तेतवपुरइतिशेषः संप्रधक्ष्यामि ६ । ७ । ८ परकामेनपरेच्छया ९ एवमिति । एवंत्वदुक्तप्रकारेण अस्मिन्प्रस्तुतेविषये कृतंकुशलं धर्मपालनाख्यं यदि नविद्यांनजानीयां तर्हिबाहूदहेयमेव । यतोजानाम्यतो नदहामीत्यर्थः १० । ११ । १२ । १३ । १४ सर्वतोदिशं सर्वदेशीयाः १५ । १६ । १७ । १८ । १९ महीक्षितांराज्ञां ग्रा

॥ भीमउवाच ॥ भवंतिगेहेबंधक्यःकितवानांयुधिष्ठिर ॥ नताभिरुतदीव्यंतिदयाचैवास्तितास्वपि १ काश्योयद्धनमाहार्षीद्द्रव्यंयच्चान्यदुत्तमम् ॥ तथाऽन्येपृथिवीपालायानिरत्नान्युपाहरन् २ वाहनानिधनंचैवकवचान्यायुधानिच ॥ राज्यमात्मावयंचैवकैतवेनहृतंपरैः ३ नचमेतत्रकोपोऽभूत्सर्वस्येशोहिनोभवान् ॥ इमंत्वतिक्रमंमन्येद्रौपदीयत्रपण्यते ४ एषाह्यनर्हतीबालापांडवान्प्राप्यकौरवैः ॥ त्वत्कृतेक्लिश्यतेक्षुद्रैर्नृशंसैरकृतात्मभिः ५ अस्याःकृतेमन्युरयंत्वयिराजन्निपात्यते ॥ बाहूतेसंप्रधक्ष्यामिसहदेवाग्निमानय ६ ॥ अर्जुनउवाच ॥ ॥ नपुराभीमसेनत्वमीदृशीर्वदितागिरः ॥ परैस्तेनाशितंनूनंनृशंसैर्धर्मगौरवम् ७ नसकामाःपरेकार्याधर्ममेवाचरोत्तमम् ॥ भ्रातरंधार्मिकंज्येष्ठंकोऽतिवर्तितुमर्हति ८ आहूतोहिपरैराजाक्षात्रंव्रतमनुस्मरन् ॥ दीव्यतेपरकामेनतन्नःकीर्तिकरंमहत् ९ ॥ भीमसेनउवाच ॥ ॥ एवमस्मिन्कृतंविद्यांयदिनाहंधनंजय ॥ दीप्तेऽग्नौसहितौबाहूनिर्दहेयंबलादिव १० ॥ वैशंपायनउवाच ॥ ॥ तथातान्दुःखितान्दृष्ट्वापांडवान्धृतराष्ट्रजः ॥ कृष्यमाणांचपांचालींविकर्णइदमब्रवीत् ११ याज्ञसेन्यायदुक्तंतद्वाक्यंविब्रूतपार्थिवाः ॥ अविवेकेनवाक्यस्यनरकःसद्यएवनः १२ भीष्मश्चधृतराष्ट्रश्चकुरुवृद्धतमावुभौ ॥ समेत्यनाहतुःकिंचिद्विदुरश्चमहामतिः १३ भारद्वाजश्चसर्वेषामाचार्यःकृपएवच ॥ कुतएतावपिप्रश्नंनाहतुर्द्विजसत्तमौ १४ येत्वन्येपृथिवीपालाःसमेताःसर्वतोदिशम् ॥ कामक्रोधौसमुत्सृज्यतेब्रुवंतुयथामति १५ यदिदंद्रौपदीवाक्यमुक्तवत्यसकृच्छुभा ॥ विमृश्यकस्यकःपक्षःपार्थिवावदतोत्तरम् १६ एवंसबहुशःसर्वानुक्तवांस्तान्सभासदः ॥ नचतेपृथिवीपालास्तमूचुःसाध्वसाधुवा १७ उक्त्वासकृत्तथासर्वान्विकर्णःपृथिवीपतीन् ॥ पाणौपाणिंविनिष्पिष्यनिःश्वसन्निदमब्रवीत् १८ विब्रूतपृथिवीपालावाक्यंमावाकथंचन ॥ मन्येन्याय्यंयदत्राहंतद्धिवक्ष्यामिकौरवाः १९ चत्वार्याहुर्नरश्रेष्ठाव्यसनानिमहीक्षिताम् ॥ मृगयांपानमक्षांश्चग्राम्येचैवातिरक्तताम् २० एतेषुहिनरःसक्तोधर्ममुत्सृज्यवर्तते ॥ तथाऽयुक्तेनचकृतांक्रियांलोकोनमन्यते २१ तदयंपांडुपुत्रेणव्यसनेवर्तताभृशम् ॥ समाहूतेनकितवैरास्थितोद्रौपदीपणः २२ साधारणीचसर्वेषांपांडवानामनिंदिता ॥ जितेनपूर्वंचानेनपांडवेनकृतःपणः २३ इयंचकीर्तिताकृष्णासौबलेनपणार्थिना ॥ एतत्सर्वंविचार्याहंमन्येनविजितामिमाम् २४

म्येस्त्रीभोगे २० तथेति । कृताऽप्यकृतैवसाक्रियेत्यर्थः २१ समाहूतेनप्रेरितेन २२ सर्वेषांभार्या कथमेकेनपणीकर्तुंशक्येत्याह साधारणीति २३ एतत्सर्वंराज्ञो व्यसनित्वं जितत्वं परप्रवर्तितत्वं द्रौपद्याःसाधारणत्वंचेति हेतुचतुष्कम् २४ ॥ ॥ ॥ ॥ ॥ ॥

२५ । २६ वैकृतानिविपरीतानि २७ । २८ तान्येवाह यदिति २९ । ३० । ३१ । ३२ । ३३ । ३४ । ३५ । ३६ । ३७ । प्राज्ञवादिकः प्राज्ञमानी ३८ अवकीर्यसमंततस्त्यक्त्वा ३९ । ४०
आकृष्यमाणइति । हरिः सर्वदुःखसंहर्त्ताखलसंहर्त्तावा । गोविंदोगवामिंद्रियाणांविंदतीतिविंदोलब्धा सर्वेन्द्रियचालकत्वात्सन्निहितो मांकथंनजानासि संनिहितोऽप्यशक्तःकिंकुर्यादतआह द्वार
कावासिन्निति एकरात्रेणैवस्वीयानापदःसकाशादुद्धर्त्तुंसमुद्रमध्येपुरीनिर्माणं तांपुरींप्रतिसर्वनगरस्ययुगपत्प्रापणंचकुर्वतस्तव ममत्राणमीषत्करमित्यर्थः । ननुसन्निहितःशक्तश्चकिमितिदुष्टाननुगृह्णी
यादतआह । कृष्ण स्मृतमात्रएवसर्वदोषकर्षण । ननुतथापि'अनृतंसाहसंमायामूर्खत्वमतिलोभता ॥ अशौचंनिर्दयत्वंचस्त्रीणांदोषाःस्वभावजाः'इत्युक्तेःस्वाभाविकस्त्रीदोषोनापनेतुंशक्यो नह्याशीविष

एतच्छ्रुत्वामहान्नादःसभ्यानामुदतिष्ठत ॥ विकर्णंशंसमानानांसौबलंचापिनिन्दताम् २५ तस्मिन्नुपरतेशब्देराधेयःक्रोधमूर्छितः ॥ प्रगृह्यरुचिरंबाहुमिदंवचन
मब्रवीत् २६ ॥ कर्णउवाच ॥ दृश्यन्तेवैविकर्णेहवैकृतानिबहून्यपि ॥ तज्जातस्तद्विनाशाययथाग्निरणिप्रजः २७ एतेनकिंचिदप्याहुश्चोदिताह्यपिकृष्णया ॥
धर्मेणविजितामेतांमन्यन्तेद्रुपदात्मजाम् २८ त्वंतुकेवलबाल्येनधार्त्तराष्ट्रविदीर्यसे ॥ यद्ब्रवीषिसभामध्येबालःस्थविरभाषितम् २९ नचधर्मंयथावत्त्वंवेत्सिदुर्यो
धनावर ॥ यद्ब्रवीषिजितांकृष्णांनजितेतिसुमंदधीः ३० कथंह्यविजितांकृष्णांमन्यसेधृतराष्ट्रज ॥ यदासभायांसर्वस्वंन्यस्तवान्पांडवाग्रजः ३१ अभ्यन्तराचस
र्वस्वेद्रौपदीभरतर्षभ ॥ एवंधर्मजितांकृष्णांमन्यसेनजितांकथम् ३२ कीर्तिताद्रौपदीवाचाअनुज्ञाताचपांडवैः ॥ भवत्यविजिताकेनहेतुनैषामतातव ३३ मन्यसे
वासभामेतामानीतामेकवाससम् ॥ अधर्मेणेतितत्रापिशृणुमेवाक्यमुत्तमम् ३४ एकोभर्त्तास्त्रियादेवैर्विहितःकुरुनंदन ॥ इयंत्वनेकवशगाबंधकीतिविनिश्चिता
३५ अस्याःसभामानयनंनचित्रमितिमेमतिः ॥ एकांबरधरत्वंवाऽप्यथवाऽपिविवस्त्रता ३६ यच्चैषांद्रविणंकिंचिद्याचैषायेचपांडवाः ॥ सौबलेनेहतत्सर्वंधर्मेणविजि
तंवसु ३७ दुःशासनसुबालोऽयंविकर्णःप्राज्ञवादिकः ॥ पांडवानांचवासांसिद्रौपद्याश्चाप्युपाहर ३८ तच्छ्रुत्वापांडवाःसर्वेस्वानिवासांसिभारत ॥ अवकीर्योत्तरीया
णिसभायांसमुपाविशन् ३९ ततोदुःशासनोराजन्द्रौपद्यावसनंबलात् ॥ सभामध्येसमाक्षिप्यव्यपाक्रष्टुंप्रचक्रमे ४० ॥ वैशंपायनउवाच ॥ आकृष्यमाणेवसनेद्रौप
द्या।चिंतितोहरिः ॥ गोविंदद्वारकावासिन्कृष्णगोपीजनप्रिय ४१ कौरवैःपरिभूतांमांकिंनजानासिकेशव ॥ हेनाथहेरमानाथव्रजनाथार्तिनाशन ॥ कौरवार्णवमग्नां
मामुद्धरस्वजनार्द्दन ४२ कृष्णकृष्णमहायोगिन्विश्वात्मन्विश्वभावन ॥ प्रपन्नांपाहिगोविंदकुरुमध्येऽवसीदतीम् ४३ ॥ ॥

दंष्ट्रामृतस्रवाकर्तुंशक्येत्यतआह गोपीजनप्रिय नरेषुतावदत्यंतंनीचागोपास्तत्स्त्रियस्तुततोऽपिनीचतरास्तास्वपितवानुग्रहोदृश्यतेकिमुतमादृश्यांत्वदेकशरणायां त्वयैवराजसूयाभिषेकेणानुगृहीतायाभि
तिभावः ४१ केशव कश्चअश्चईशश्चब्रह्मविष्णुरुद्रास्तैःसहवातिगच्छतीतिकेशव ब्रह्मादीनामपिप्रवर्त्तक तदात्मकेति । अतः सर्वथात्वंमामनुगृह्णीष्वेतिभावः आर्तिनाशनेति । गोवर्द्धनोद्धरणदा
वाग्निपानादिनाव्रजवासिनामार्तिस्त्वयैवयथानाशिता तथाममाप्यार्तिंनाशयेतिभावः ४२ विश्वात्मन्विश्वान्तर्यामिन्नित्यर्थः । विश्वभावन विश्वकर्त्तः अंतर्यामित्वेनशत्रुंवाऽस्मिन्नर्थेउदासीनंकुरु ।
अथवाविश्वकर्तृत्वेन वस्त्राणिबहूनिसमर्पयेतिभावः ४३ ॥ ॥ ॥ ॥

भामिनीदीप्तिमती स्वस्मिन्भगवदनुग्रहनिश्चयाच्छत्रूनगणयंतीत्यर्थः ४४ गह्वरितःकरुणातिशयाद्गद्गदकंठः ४५ धर्मोऽन्तरितःधर्मएवअंतरंवस्त्रंतद्भावंगतवान् गत्वाचनांवस्त्रपुगैःसमाहणोच्च ४६ ४७ नानारागाणिचविरागाणि केवलश्वेतानिच । नास्त्यकार्यंकदर्याणां नास्त्यक्षाम्यंमहात्मनाम् ॥ नास्त्युपेक्ष्योहरेर्भक्तइतिद्रौपदीमदर्शितम् ४८ । ४९ शशापशपथंकृतवान् ५० । ५१।५२

इत्यनुस्मृत्यकृष्णंसाहरिंत्रिभुवनेश्वरम् ॥ प्रारुदद्दुःखिताराजन्मुखमाच्छाद्यभामिनी ४४ याज्ञसेन्यावचःश्रुत्वाकृष्णोगह्वरितोऽभवत् ॥ त्यक्त्वाशय्यासनंपद्भ्यांकृपा लुःकृपयाऽभ्यगात् ४५ कृष्णंचविष्णुंचहरिंनरंचत्राणायविक्रोशतियाज्ञसेनी ॥ ततस्तुधर्मोऽन्तरितोमहात्मासमावृणोद्वैविविधैःसुवस्त्रैः ४६ आकृष्यमाणेवसनेद्रौ पद्यास्तुविशांपते ॥ तद्रूपमपरंवस्त्रंप्रादुरासीदनेकशः ४७ नानारागविरागाणिवसनान्यथवैप्रभो ॥ प्रादुर्भवन्तिशतशोधर्मस्यपरिपालनात् ४८ ततोहलहलाशब्द स्तत्रासीद्घोरदर्शनः ॥ तदद्भुततमंलोकेवीक्ष्यसर्वेमहीभृतः ॥ शशंसुर्द्रौपदींतत्रकुत्सन्तोधृतराष्ट्रजम् ४९ शशापतत्रभीमस्तुराजमध्येबृहत्स्वनः ॥ क्रोधाद्विस्फुर माणौष्ठोविनिष्पिष्यकरेकरम् ५०॥ भीमउवाच ॥ इदंमेवाक्यमादध्वंक्षत्रियालोकवासिनः ॥ नोक्तपूर्वंनरैरन्यैर्नचान्योयद्वदिष्यति ५१ यद्येतदेवमुक्त्वाऽहंनकुर्यां पृथिवीश्वराः ॥ पितामहानांपूर्वेषांनाहंगतिमवाप्नुयाम् ५२ अस्यपापस्यदुर्बुद्धेर्भारतापसदस्यच ॥ नपिबेयंबलाद्वक्षोभित्त्वाचेद्रुधिरंयुधि ५३ ॥ वैशंपायनउवाच ॥ तस्यतेतद्वचःश्रुत्वारौद्रंलोमप्रहर्षणम् ॥ प्रचक्रुर्बहुलांपूजांकुत्संतोधृतराष्ट्रजम् ५४ यदातुवाससांराशिःसभामध्येसमाचितः ॥ ततोदुःशासनःश्रांतोव्रीडितःसमुपा विशत् ५५ धिक्शब्दस्तुततस्तत्रसमभूल्लोमहर्षणः ॥ सभ्यानांनरदेवानांदृष्ट्वाकुंतीसुतांस्तथा ५६ नविब्रुवंतिकौरव्याःप्रश्नमेतमितिस्मह ॥ सुजनःक्रोशतिस्मा त्रधृतराष्ट्रंविगर्हयन् ५७ ततोबाहूसमुत्क्षिप्यनिवार्यचसभासदः ॥ विदुरःसर्वधर्मज्ञइदंवचनमब्रवीत् ५८ ॥ विदुरउवाच ॥ द्रौपदीप्रश्नमुक्त्वैवंरोरवीतित्वनाथवत् ॥ नचविब्रूतंप्रश्नंसभ्याधर्मोऽत्रपीड्यते ५९ सभांप्रपद्यतेह्यार्त्तःप्रज्वलन्निवहव्यवाट् ॥ तंवैसत्येनधर्मेणसभ्याःप्रशमयन्त्युत ६० धर्मप्रश्नमतोब्रूयादार्यःसत्येनमानवः॥ विब्रूयुस्तत्रतंप्रश्नंकामक्रोधबलातिगाः ६१ विकर्णेनयथाप्रज्ञमुक्तःप्रश्नोनराधिपाः ॥ भवंतोऽपिहितंप्रश्नंविब्रुवंतुयथामति ६२ योहिप्रश्नंनविब्रूयाद्धर्मदर्शीसभांगतः ॥ अनृतेयाफलाऽवाप्तिस्तस्याःसोऽर्धंसमश्नुते ६३ यःपुनर्वितथंब्रूयाद्धर्मदर्शीसभांगतः ॥ अनृतस्यफलंकृत्स्नंसंप्राप्नोतीतिनिश्चयः ६४ अत्राप्युदाहरन्तीममितिहासंपु रातनम् ॥ प्रल्हादस्यचसंवादंमुनेरांगिरसस्यच ६५ प्रल्हादोनामदैत्येन्द्रस्तस्यपुत्रोविरोचनः ॥ कन्याहेतोरांगिरसंसुधन्वानमुपाद्रवत् ६६ ॥ ॥

५३ । ५४ । ५५ । ५६ । ५७ । ५८ । ५९ धर्मपीडामेवाह सभामिति । आर्तस्यात्राणेन सभ्यानां धर्मनाशोऽस्त्येव यथोक्तम् । 'नसभांप्रविशेत्प्राज्ञःसभ्यदोषाननुस्मरन् ॥ अब्रुवन्विब्रुवन्वाऽपि नरोभवतिकिल्बिषी'इति ६० । ६१ । ६२ एतदेवाह योहिप्रश्नमित्यादिना ६३ । ६४ आंगिरसस्यसुधन्वनः ६५ । ६६ ॥ ॥ ॥

केशिन्याकन्ययाविरोचनसुधन्वानौपृष्टौ युवयोःकोज्यायान् कुशलीलादिनाश्रेष्ठइति तौचस्वंस्वंज्यायस्त्वं प्रतिजानानौ प्राणेनैव पण्येनदेवनंपणंचक्रतुः । प्राणयोरितिविषयसप्तमी । प
राजितेनयावज्जीवंजेतुर्दास्यंकर्त्तव्यमित्यर्थः प्राणानामीश्वरस्तवेत्युपसंहारात् ६७ । ६८ विवदनान्मृषावादात्ब्रह्मदंडः ब्रह्मणानिर्मितःकालदंडः । ब्रह्मशापइत्यपिकेचित् ६९
७० व्यथितःकंपयुक्तः ७१ । ७२ । ७३ अविब्रुवन्विस्पष्टमब्रुवन् ७४ गोकर्णशिथिलःउभयपक्षस्पर्शी प्रतिमुंचति क्षिपति ७५ अंजसातत्त्वतः ७६ धर्मोऽधर्मेणविद्धःद्वयोर्विवदतोरे

अहंज्यायानहंज्यायानितिकन्येप्सयातदा ॥ तयोर्देवनमत्रासीत्प्राणयोरितिनःश्रुतम् ६७ तयोःप्रश्नविवादोऽभूत्प्रल्हादंतावपृच्छताम् ॥ ज्यायान्कआवयोरेकः
प्रश्नंप्रब्रूहिमामृषा ६८ सवैविवदनाद्भीतःसुधन्वानंविलोकयन् ॥ तंसुधन्वाऽब्रवीत्क्रुद्धोब्रह्मदंडइवज्वलन् ६९ यदिवैवक्ष्यसिमृषाप्रल्हादाथनवक्ष्यसि ॥ शतधाते
शिरोवज्रीवज्रेणप्रहरिष्यति ७० सुधन्वनातथोक्तःसन्व्यथितोऽश्वत्थपर्णवत् ॥ जगामकश्यपंदैत्यःपरिप्रष्टुंमहौजसम् ७१ प्रल्हादउवाच ॥ त्वंवैधर्मस्यविज्ञाता
दैवस्येहासुरस्यच ॥ ब्राह्मणस्यमहाभागधर्मकृच्छ्रमिदंशृणु ७२ योवैप्रश्नंनविब्रूयाद्वितथंचैवनिर्दिशेत् ॥ केवैतस्यपरेलोकास्तन्ममाचक्ष्वपृच्छतः ७३ ॥
॥ कश्यपउवाच ॥ जानन्नविब्रुवन्प्रश्नान्कामात्क्रोधाद्भयात्तथा ॥ सहस्रंवारुणान्पाशानात्मनिप्रतिमुंचति ७४ साक्षीवाऽविब्रुवन्साक्ष्यंगोकर्णशिथिलश्चरन् ॥
सहस्रंवारुणान्पाशानात्मनिप्रतिमुंचति ७५ तस्यसंवत्सरेपूर्णेपाशएकःप्रमुच्यते ॥ तस्मात्सत्यंतुवक्तव्यंजानतासत्यमंजसा ७६ विद्धोधर्मोह्यधर्मेणसभांयत्रोपप
द्यते ॥ नचास्यशल्यंकृंतंतिविद्धास्तत्रसभासदः ७७ अर्धंहरतिवैश्रेष्ठःपादोभवतिकर्तृषु ॥ पादश्चैवसभासत्सुयेननिन्दंतिनिंदितम् ७८
अनेनाभवतिश्रेष्ठोमुच्यन्तेचसभासदः ॥ एनोगच्छतिकर्त्तारंनिंदार्होयत्रनिंद्यते ७९ वितथंतुवदेयुर्येधर्मंप्रल्हादपृच्छते ॥ इष्टापूर्त्तंचतेघ्नंतिसप्तसप्तपरावरान् ८०
हृतस्वस्यहियद्दुःखंहतपुत्रस्यचैवयत् ॥ ऋणिनःप्रतियच्चैवस्वार्थाद्भ्रष्टस्यचैवयत् ८१ स्त्रियाःपत्याविहीनायाराज्ञाग्रस्तस्यचैवयत् ॥ अपुत्रायाश्चयद्दुः
खंव्याघ्राघ्रातस्यचैवयत् ८२ अध्यूढायाश्चयद्दुःखंसाक्षिभिर्विहतस्यच ॥ एतानिवैसमान्याहुर्दुःखानित्रिदिवेश्वराः ८३ तानिसर्वाणिदुःखानिप्राप्नोतिवित
थंब्रुवन् ॥ समक्षदर्शनात्साक्षीश्रवणाच्चेतिधारणात् ८४ तस्मात्सत्यंब्रुवन्साक्षीधर्मार्थाभ्यांनहीयते ॥ कश्यपस्यवचःश्रुत्वाप्रल्हादःपुत्रमब्रवीत् ८५
श्रेयान्सुधन्वात्वत्तोवैमत्तःश्रेयांस्तथाऽङ्गिराः ॥ मातासुधन्वनश्चापिमातृतःश्रेयसीतव ॥ विरोचनसुधन्वाऽयंप्राणानामीश्वरस्तव ८६ ॥

कःस्वयंमिथ्यावादीसन्नितरंधर्मिष्ठंमिथ्यावादीतिवदति सोऽयमधर्मेणधर्मस्यवेधः तत्राऽवचनान्मिथ्यावचनात्संदिग्धवचनाद्वा येधर्मशल्यंननिकृंतंति नाच्छिंदंति तएव तेनाधर्मे
णविद्धाभवंति ७७ तदेवविवृणोति अर्धमिति । अर्धमधर्मस्येतिशेषः श्रेष्ठःसभापतिः ७८ । ७९ इष्टंयागादि । आपूर्त्तंवाप्यादि । परावरान्भूतान्भाविनश्च ८० । ८१ । ८२ अध्यूढायाः
कृतसपत्नीकायाः ८३ समक्षेति साक्षाद्दर्शनाद्वाआप्तवाक्याद्वा अधिगतस्यार्थस्यधारणात्साक्षीत्यर्थः ८४ तस्मादिति । लोभादिदोषात्तस्यविप्लावनेतुधर्माद्धीयतएवेत्यभिप्रायः ८५ । ८६

॥ ६१ ॥
सभा० २
अ० ६९

८७ । ८८ । ८९ । ९० ॥ इतिसभापर्वणिनीलकंठीयेभारतभावदीपे अष्टषष्टितमोऽध्यायः ॥ ६८ ॥ पुरस्तादिति । तावत्प्रतीक्ष दुःशासन नराधमेत्यत्र पुरस्तादिति पठंतिके चित । पतीक्षप्रतीक्षस्व १ । २ । ३ । ४ द्रक्ष्यामिपृथग्जनस्त्रीवत्द्रक्ष्यमिवात्मानंकरोमि ५ । ६ । ७ विगाहेपर्यालोचयामि ८ । ९ पांडूनांपांडवानां । आर्षस्तद्धितलुक् । पार्षतस्यधृष्टद्युम्नस्य । कथमियांप्राप्नुयां १० । ११ । १२ । १३ । १४ किमन्नत्वान्नविवेक्तुमर्हसि नेत्याह बलवानिति । बलवान्कर्णदुर्योधनादिर्यद्ब्रूतेसएवधर्मः । परस्तुदुर्बलेनोक्तोऽभिहितः धर्मोऽप्यधर्मोभवतीतिभावः । अभिहितःपरैरितिपाठेत्वधर्मवेलायामपिपरैर्बलवद्भिरुक्तएवधर्मोभवतिनदुर्बलोक्तइत्याकारंप्रश्लिष्ययोज्यम् १५ ननुबलवचनस्त्वमेवसत्यंब्रूहीत्यतआ

सुधन्वोवाच ॥ ॥ पुत्रस्नेहंपरित्यज्ययस्त्वंधर्मेव्यवस्थितः ॥ अनुजानामितेपुत्रंजीवत्वेषशतंसमाः ८७ ॥ विदुरउवाच ॥ ॥ एवंवैपरमंधर्मंश्रुत्वासर्वेसभासदः ॥ यथाप्रश्नंतुकृष्णायामन्यध्वंतत्रकिंपरम् ८८ ॥ वैशंपायनउवाच ॥ विदुरस्यवचःश्रुत्वानोचुःकिंचनपार्थिवाः ॥ कर्णोदुःशासनंत्वाहकृष्णांदासींगृहान्नय ८९ तांवेपमानांसव्रीडांप्रलपंतींस्मपांडवान् ॥ दुःशासनःसभामध्येविचकर्षतपस्विनीम् ९०॥ इतिश्रीमहाभारतेसभापर्वणिद्यूतपर्वणिद्रौपद्याकर्षणेऽष्टषष्टितमोऽध्यायः॥६८॥

॥ द्रौपद्युवाच ॥॥ पुरस्तात्करणीयंमेनकृतंकार्यमुत्तरम् ॥ विह्वलाऽस्मिकृताऽनेनकर्षताबलिनाबलात् १ अभिवादंकरोम्येषांकुरूणांकुरुसंसदि ॥ नमेस्यादपराधोऽयंयदिदंनकृतंमया २ ॥ वैशंपायनउवाच ॥ ॥ सातेनचसमाधूतादुःखेनचतपस्विनी ॥ पतिताविललापेदंसभायामतथोचिता ३ ॥ द्रौपद्युवाच ॥ ॥ स्वयंवरेयाऽस्मिन्नृपैर्दृष्टारंगेसमागतैः ॥ नदृष्टपूर्वाचान्यत्रसाहमद्यसभांगता ४ यांनवायुर्नचादित्योदृष्टवंतौपुरागृहे ॥ साऽहमद्यसभामध्येदृश्यामिजनसंसदि ५ यांनमृष्यंतिवातेनस्पृश्यमानांगृहेपुरा ॥ स्पृश्यमानांसहन्तेऽद्यपांडवास्तांदुरात्मना ६मृष्यंतिकुरवश्चेमेमन्येकालस्यपर्ययम् ॥ स्नुषांदुहितरंचैवक्लिश्यमानामनर्हतीम् ७किंन्वतःकृपणंभूयोयदहंस्त्रीसतीशुभा ॥ सभामध्यंविगाहेऽद्यक्वनुधर्मोमहीक्षिताम् ८ धर्म्यांस्त्रियंसभांपूर्वेननयंतीतिनःश्रुतम् ॥ सनष्टःकौरवेयेषुपूर्वोधर्मःसनातनः९ कथंहिभार्यापांडूनांपार्षतस्यस्वसासती ॥ वासुदेवस्यचसखीपार्थिवानांसभामियाम् १० तामिमांधर्मराजस्यभार्यांसदृशवर्णजाम् ॥ ब्रूतदासीमदासींवातत्करिष्यामिकौरवाः ११ अयंमांसुदृढंक्षुद्रःकौरवाणांयशोहरः ॥ क्लिश्नातिनाऽहंतत्सोढुंचिरंशक्ष्यामिकौरवाः १२ जितांवाप्यजितांवापिमन्यध्वंमांयथानृपाः ॥ तथाप्रत्युक्तमिच्छामितत्करिष्यामिकौरवाः १३ ॥ भीष्मउवाच ॥ उक्तवानस्मिकल्याणिधर्मस्यपरमागतिः ॥ लोकेनशक्यतेज्ञातुमपिविज्ञैर्महात्मभिः १४ बलवांश्चयथाधर्मंलोकेपश्यतिपूरुषः ॥ सधर्मोधर्मवेलायांभवत्यभिहतःपरः १५ नविवेक्तुंचतेप्रश्नमिमंशक्नोमिनिश्चयात् ॥ सूक्ष्मत्वाद्गहनत्वाच्चकार्यस्यास्यचगौरवात् १६

ह नेति । विवेक्तुंविविच्यवक्तु । अयमस्याशयः यद्येतामजितासीतिवक्ष्ये तदाऽन्यायंविनापीडितैषासद्यःकोपेनकौरवान्नाशयेत् । तथाचद्रौपद्यपमानजोवाकुरूनाशजोवादोषोमहानितिसंशयेधर्मतत्त्वस्यसूक्ष्मत्वादुर्विवेकत्वं देवकार्यमेवकौरववाशेन भवतीत्यशक्यं । सर्वेषांवध्यानामिह संप्रयोगाभावाद्गहनमिदं पांडवानामशक्तत्वात्परदासत्वाच्चतत्स्वामिनांकौरवाणांनाशनंद्रौपद्याअपिदोषाय स्वामिस्वामिनाशस्यसुतरामकार्यत्वादितिहेतुत्रयंविविच्याकथनेइति १६ ॥ ॥ ॥ ॥

॥ ६१ ॥

ननु बलवत्कृतिरेवधर्मश्चेत् स्वधर्मेणबलवत्तराहमेनान्शापाग्निनाधक्ष्येइत्याशंक्याह नूनमिति । अवश्यभाविनिकार्येनत्वयातपोव्ययःकर्त्तव्यइतिभावः १७ इदमेववृत्तंत्वद्भर्तारोऽप्यास्थिताअतस्त्वमपि
तथैवातिष्ठस्वेतिद्वाभ्यामाह कुलेष्विति १८। १९ । २० । २१ ॥ इतिसभापर्वणिनीलकंठीये भारतभावदीपेएकोनसप्ततितमोऽध्यायः ॥ ६९ ॥ ॥ तथात्विति १ । २ । ३ । ४ । ५
६ सभ्याःप्रशशंसुःतेषांचेलाश्चेटाःप्रेष्यास्तुवेधानिववेधान् तत्रतत्रसमाचारप्रापणंपरस्परेणचक्षुःसंकेतंवाचक्रुः । सभायांदुर्योधनेनोक्तमात्रावार्त्तासद्यःसर्वत्रप्रकीर्णेत्यर्थः । चेलावेधान्वस्त्रभ्रामणानी

नूनमंतःकुलस्यायंभवितानचिरादिव ॥ तथाहिकुरवःसर्वेलोभमोहपरायणाः १७ कुलेषुजाताःकल्याणिव्यसनैराहताभृशम् ॥ धर्म्यान्मार्गान्नच्यवन्तेयेषांन
स्त्वंवधूःस्थिता १८ उपपन्नंचपांचालितदेवंवृत्तमीदृशम् ॥ यत्कृच्छ्रमपिसंप्राप्ताधर्ममेवान्ववेक्षसे १९ एतेद्रोणादयश्चैववृद्धाधर्मविदोजनाः ॥ शून्यैःशरी
रैस्तिष्ठंतिगतासवइवानताः २० युधिष्ठिरस्तुप्रश्नेऽस्मिन्प्रमाणमितिमेमतिः ॥ अजितांवाजितांवेतिस्वयंव्याहर्तुमर्हति २१ ॥ इतिश्रीमहाभारतेसभापर्व
णिद्यूतपर्वणिभीष्मवाक्येएकोनसप्ततितमोऽध्यायः ६९ ॥ ॥ वैशंपायनउवाच ॥ तथातुदृष्ट्वाबहुतत्रदेवींरोरूयमाणांकुररीमिवार्त्ताम् ॥ नोचुर्वचःसाध्वथवाऽ
प्यसाधुमहीक्षिताधार्त्तराष्ट्रस्यभीताः १ दृष्ट्वातथापार्थिवपुत्रपौत्रांस्तूष्णींभूतान्धृतराष्ट्रस्यपुत्रः ॥ स्मयन्निदंवचनंबभाषेपांचालराजस्यसुतांतदानीम् २ ॥
दुर्योधनउवाच ॥ तिष्ठत्वयंप्रश्नउदारसत्वेभीमेऽर्जुनेसहदेवेतथैव ॥ पत्यौचतेनकुलेयाज्ञसेनिवदंत्वेतेवचनंत्वत्प्रसूतम् ३ अनीश्वरंविब्रुवंत्वार्यमध्येयुधिष्ठिरंतव
पांचालिहेतोः ॥ कुर्वंतुसर्वेचानृतंधर्मराजंपांचालित्वंमोक्ष्यसेदासभावात् ४ धर्मेस्थितोधर्मसुतोमहात्मास्वयंचेदंकथयत्विन्द्रकल्पः ॥ ईशोवातेह्यनीशोऽथवैष
वाक्यादस्यक्षिप्रमेकंभजस्व ५ सर्वेहीमेकौरवेयाःसभायांदुःखांतरेवर्त्तमानास्तवैव ॥ नविब्रुवंत्यार्यसत्वायथावत्पतींश्चतेसमवेक्ष्याल्पभाग्यान् ६ ॥ वैशं
पायनउवाच ॥ ततःसभ्याःकुरुराजस्यतस्यवाक्यंसर्वेप्रशशंसुस्तथोच्चैः॥ चेलावेधांश्चापिचक्रुर्नदन्तोहाहेत्यासीदपिचैवार्तनादः७ श्रुत्वातुतद्वाक्यमनोहरंतद्धर्षश्चासी
त्कौरवाणांसभायाम् ॥ सर्वेचासन्पार्थिवाःप्रीतिमंतःकुरुश्रेष्ठंधार्मिकंपूजयन्तः ८ युधिष्ठिरंचतेसर्वेसमुदैक्षंतपार्थिवाः ॥ किंनुवक्ष्यतिधर्मज्ञइतिसाचीकृताननाः ९
किंनुवक्ष्यतिबीभत्सुरजितोयुधिपांडवः ॥ भीमसेनोयमौचोभौभृशंकौतूहलान्विताः १० तस्मिन्नुपरतेशब्देभीमसेनोऽब्रवीदिदम् ॥ प्रगृह्यरुचिरंदिव्यंभुजंचंदनच
र्चितम् ११ ॥ भीमसेनउवाच ॥ यद्येषगुरुरस्माकंधर्मराजोमहामनाः ॥ नप्रभुःस्यात्कुलस्यास्यनवयंमर्षयेमहि १२ ईशोनःपुण्यतपसांप्राणानामपिचेश्वरः
मन्यतेऽजितमात्मानंयद्येषविजितावयम् १३ ॥ ॥ ॥ ॥ ॥

तिभ्राश्चः । तत्रैवहाहेति कौरवपक्षपातिष्वेव । पांडवानांन्यायपक्षपातिनांप्रमाणीकरणे द्रौपदीदास्यान्मुक्ताभविष्यति तेनचसर्वेषामस्माकंदुःखंभविष्यतीत्यभिप्रायः ७ । ८ साचितिर्यक् ९ । १०
११ यद्ययंनःकुलस्यप्रभुर्नस्यात्तर्हिनमर्षयेमहि यतोऽयंप्रभुस्ततोमर्षयामहे इत्यर्थः १२ ईशइतिअजितमितिच्छेदः द्रौपदीपणनात्प्रागितिशेषः । यद्ययमात्मानमजितंमन्यते तर्हिवयंपूर्वमेवभवद्भि
र्जिताःसंतःइदानींविजिताः द्रौपद्यर्थेमिथ्यावादंनसुतरांजिताःस्मइत्यर्थः । अतोद्रौपदीनदासभावमापन्नेतिभावः १३ ॥ ॥ ॥

नन्वजितेनापित्वयाकिंस्यात्तत्राह नहीत्यादि १४ । १५ पाशसितःपाशबद्धः १६ तलासिभिश्चपेटाखड्गैः १७ । १८ ॥ ॥ इतिसभापर्वणिनीलकंठीये भारतभावदीपेसप्ततितमोऽध्यायः ॥ ७० ॥
क्वचित्'त्रयःकिलेमेसधनाःसभायांभीष्मःक्षत्ताकौरवाणांगुरुश्च । येस्वामिनंदुष्टतमंवदंतिवाछंतिवृद्धिंनचविक्षिपंति'इतिश्लोकःप्रथमः 'त्रयःकिलेमे अधना'इतिद्वितीयः । सधनाःसमर्थाधर्मोल्लंघनेइत्यर्थः ।
वृद्धिंस्वामिनोमूलच्छेदं नचविक्षिपंतिपापकरणे व्याकुलाश्चनभवंति । दासस्यपत्नीहीनेश्वरा दासधनंचसर्वंहीनेश्वरंसत् भद्रेकल्याणमाजि तयोरीश्वरेद्वयमपितन्न्यसनीयमित्यर्थः । तथाचस्मृतिः ।
'त्रयएवाधनालोकेभार्यादासस्तथासुतः ॥ यत्तेसमधिगच्छंतियस्यैतेतस्यतद्धनम्'इति । तथाचराजजयेनैवतत्पत्न्यपिजितैव नतुतत्राजितेनजितेनवापराजितेतिविमर्शःसंभवतीतिभावः १ परिवारंदा

नहिमुच्येतमेजीवन्पदाभूमिमुपस्पृशन् ॥ मर्त्यधर्मापरामृश्यपांचाल्यामूर्धजानिमान् १४ पश्यध्वंह्यायतौवृत्तौभुजौमेपरिघाविव ॥ नैतयोरंतरंप्राप्यमुच्येता पिशतक्रतुः १५ धर्मपाशसितस्त्वेवंनाधिगच्छामिसंकटम् ॥ गौरवेणनिरुद्धश्चनिग्रहादर्जुनस्यच १६ धर्मराजनिसृष्टस्तुसिंहःक्षुद्रमृगानिव ॥ धार्त्तराष्ट्रा निमान्पापान्निष्पिषेयंतलासिभिः १७ ॥ वैशंपायनउवाच ॥ तमुवाचतदाभीष्मोद्रोणोविदुरएवच ॥ क्षम्यतामिदमित्येवंसर्वंसंभाव्यतेत्वयि १८ ॥ ॥ इतिश्री महाभारतेसभापर्वणिद्यूतपर्वणिभीमवाक्येसप्ततितमोऽध्यायः ७० ॥ ॥ कर्णउवाच ॥ ॥ त्रयःकिलेमेह्यधनाभवंतिदासःपुत्रश्चास्वतंत्राचनारी ॥ दासस्य पत्नीत्वधनस्यभद्रेहीनेश्वरादासधनंचसर्वम् १ प्रविश्यराज्ञःपरिवारंभजस्वतत्तेकार्यंशिष्टमादिश्यतेऽत्र ॥ ईशास्तुसर्वेतवराजपुत्रिभवंतिवैधार्त्तराष्ट्रानपार्थाः २ अ न्यंवृणीष्वपतिमाशुभाविनियस्माद्दास्यंनलभसिदेवनेन ॥ अवाच्यावैपतिषुकामवृत्तिर्नित्यंदास्येविदितंतत्तवास्तु ३ पराजितोनकुलोभीमसेनोयुधिष्ठिरःसहदेवा र्जुनौच ॥ दासीभूतात्वंहिवैयाज्ञसेनिपराजितास्तेपतयोनैवसंति ४ प्रयोजनंजन्मनिकिंनमन्यतेपराक्रमंपौरुषंचैवपार्थः ॥ पांचाल्यस्यद्रुपदस्यात्मजामिमांसभा मध्येयोव्यदेवीद्ग्लहेषु ५ ॥ वैशंपायनउवाच ॥ तद्वैश्रुत्वाभीमसेनोऽत्यमर्षीभृशंनिःशश्वासतदाऽऽर्तरूपः ॥ राजानुगोधर्मपाशानुबद्धोदहन्निवैनंक्रोधसंरक्तदृष्टिः ६ ॥ भीमउवाच ॥ नाहंकुप्येसूतपुत्रस्यराजन्नेषसत्यंदासधर्मःप्रदिष्टः ॥ किंविद्विषोवैमामेवंव्याहरेयुर्नादेवीस्त्वंयद्यनयानरेंद्र ७ ॥ वैशंपायनउवाच ॥ भीमसेनवचः श्रुत्वाराजादुर्योधनस्तदा ॥ युधिष्ठिरमुवाचेदंतूष्णींभूतमचेतनम् ८ भीमार्जुनौयमौचैवस्थितौतेनृपशासने ॥ प्रश्नंब्रूहिचकृष्णांत्वमजितांयदिमन्यसे ९ एवमुक्त्वा तुकौन्तेयमपोह्यवसनंस्वकम् ॥ स्मयन्निवैक्ष्यपांचालीमैश्वर्यमदमोहितः १० कदलीदंडसदृशंसर्वलक्षणसंयुतम् ॥ गजहस्तप्रतीकाशंवज्रप्रतिमगौरवम् ११ अभ्यु त्स्मयित्वाराधेयंभीममाधर्षयन्निव ॥ द्रौपद्याःप्रेक्षमाणायाःसव्यमूरुमदर्शयत् १२ ॥ ॥

रान्भजस्व पादसंवाहनादिनासेवस्व २ अन्यमिति । पतिजयेनात्मजयंनमन्यसेचेदपतिकात्वं रत्यर्थमन्यंपतिंवृणीष्व । पतिषुकामवृत्तिर्यथेष्टंवर्तनंलोकेस्त्रीणामवाच्यं दास्येतुतद्विदितंप्रसिद्धम् ।
अतःपरिमितपतिकादारभावादनंतपतिकंदास्यमेवतवास्त्वितिभावः ३ नैवसंत्यस्मद्दासाःपांडवाअस्माभिःप्रत्याख्याताश्चेत्त्वांनैवभोक्तुंसमर्थाभवेयुरितिभावः ४ प्रयोजनमिति । यइमांव्यदेवीत्सजन्म
निष्प्रयोजनंजन्मसाफल्यंकिंनमन्यतेअपितुमन्यतएव । एवंपराक्रमादावपियोज्यम् ५ । ६ एषदासधर्मः भर्तुरुत्कर्षवर्णनम् ७ । ८ । ९ अपोह्यापकृष्य १० । ११ अभ्युत्स्मयित्वाप्रोत्साह्य १२

१३ । १४ । १५ उदपादिउत्पन्नः १६ अतिद्यूतंपणितद्रव्यमर्यादाप्रतिक्रांतम् । योगक्षेमौ योगोलब्धेनराज्यादिनासंबंधस्तस्यक्षेमःकल्याणम् । 'कुशलंक्षेममस्त्रियाम्'इत्यमरः १७ परिषत्सभा ।
संप्रदुष्येत्धर्मातिक्रमादितिशेषः । कितवोयुधिष्ठिरःअपराजितात्मासन् पूर्वंचेत्अग्लहिष्यत्पणीकृतवानभविष्यत्तर्हिसाभवद्दासीस्यादेवेतिभावः १८ यस्ययेनधनेनानीशोदीव्यतितत् स्वप्नेयथा

भीमसेनस्तमालोक्यनेत्रेउत्फाल्यलोहिते ॥ प्रोवाचराजमध्येतंसभांविश्रावयन्निव १३ पितृभिःसहसालोक्यंमास्मगच्छेद्वृकोदरः ॥ यद्येतमूरुंगदयानभिं
द्यांतेमहाहवे १४ क्रुद्धस्यतस्यसर्वेभ्यःस्रोतोभ्यःपावकार्चिषः ॥ वृक्षस्येवविनिश्चेरुःकोटरेभ्यःप्रदह्यतः १५ ॥ विदुरउवाच ॥ परंभयंपश्यतभीमसेनात्तद्बुध्यध्वं
पार्थिवाःप्रातिपेयाः ॥ दैवेरितोनूनमयंपुरस्तात्परोऽनयोभरतेषूदपादि १६ अतिद्यूतंकृतमिदंधार्तराष्ट्रायस्मात्स्त्रियंविवदध्वंसभायाम् ॥ योगक्षेमौनश्यतोवःसम
ग्रौपापान्मंत्रान्कुरवोमंत्रयंति १७ इमंधर्मंकुरवोजानताशुध्वस्तेधर्मेपरिषत्संप्रदुष्येत् ॥ इमांचेत्पूर्वंकितवोऽग्लहिष्यदीशोऽभविष्यदपराजितात्मा १८ स्वप्नेयथै
तद्धिजितंधनंस्यादेवंमन्येयस्यदीव्यत्यनीशः ॥ गांधारराजस्यवचोनिशम्यधर्मादस्मात्कुरवोमाऽपयात १९ ॥ दुर्योधनउवाच ॥ भीमस्यवाक्येतद्वदेवार्जुनस्य
स्थितोऽहंवैयमयोश्चैवमेव ॥ युधिष्ठिरंतेप्रवदन्त्वनीशमथोदास्यान्मोक्ष्यसेयाज्ञसेनि २० ॥ अर्जुनउवाच ॥ ईशोराजापूर्वमासीद्ग्लहेनःकुन्तीसुतोधर्मराजोमहात्मा ॥
ईशस्त्वयंकस्यपराजितात्मातज्जानीध्वंकुरवःसर्वएव २१ ॥ वैशंपायनउवाच ॥ ततोराज्ञोधृतराष्ट्रस्यगेहेगोमायुरुच्चैर्व्याहरदग्निहोत्रे ॥ तंरासभाःप्रत्यभाषंतराज
न्समन्ततःपक्षिणश्चैवरौद्राः २२ तंवैशब्दंविदुरस्तत्त्ववेदीशुश्रावघोरंसुबलात्मजाच ॥ भीष्मोद्रोणोगौतमश्चापिविद्वान्स्वस्तिस्वस्तीत्यपिचैवाहुरुच्चैः २३ ततोगां
धारीविदुरश्चापिविद्वांस्तमुत्पातंघोरमालक्ष्यराज्ञे ॥ निवेदयामासतुरार्तवत्तदाततोराजावाक्यमिदंबभाषे २४ ॥ धृतराष्ट्रउवाच ॥ हतोऽसिदुर्योधनमंदबुद्धेय
स्त्वंसभायांकुरुपुंगवानाम् ॥ स्त्रियंसमाभाषसिदुर्विनीतविशेषतोद्रौपदींधर्मपत्नीम् २५ एवमुक्त्वाधृतराष्ट्रोमनीषीहितान्वेषीबांधवानामपायात् ॥ कृष्णांपांचाली
मब्रवीत्सांत्वपूर्वंविमृश्यैतत्प्रज्ञयातत्त्वबुद्धिः २६ ॥ धृतराष्ट्रउवाच ॥ वरंवृणीष्वपांचालिमत्तोयदभिवांछसि ॥ वधूनांहिविशिष्टामेत्वंधर्मपरमासती २७ ॥ द्रौपद्यु
वाच ॥ ददासिचेद्वरंमह्यंवृणोमिभरतर्षभ ॥ सर्वधर्मानुगःश्रीमानदासोऽस्तुयुधिष्ठिरः २८ मनस्विनमजानन्तोमैवंब्रूयुःकुमारकाः ॥ एषवैदासपुत्रोहिप्रतिविंध्यंममात्म
जम् २९ राजपुत्रःपुराभूत्वायथानान्यःपुमान्क्वचित् ॥ राजभिर्लालितस्यास्यनयुक्तादासपुत्रता ३० ॥ ॥ ॥

धनमाभारुजितंतद्वदित्यर्थः 'यस्यैतेतस्यतद्धनम्'इतिस्मृतिस्तु दासभावेऽर्जितंधनंस्वामिगामीत्याह नतुततःप्राक्तनमपीति माऽपयातमागच्छत १९ । २० । २१ अग्निहोत्रेगृहाग्निसमीपे २२ सुब
लात्मजागांधारी २३ । २४ । २५ । २६ । २७ । २८ प्रतिविंध्यंयुधिष्ठिरसुतम् २९ । ३० ॥ ॥

स्ववशानपराधीनान् ३१ । ३२ । ३३ वरमादातुंनोत्सहे यतोऽनर्हा ३४ अनर्हत्वमेवाह एकमिति ३५ पापीयांसोदासभावेननीचाः वेत्स्यंतितिलप्स्यंति । विपुलंलाभइत्यस्यरूपम् ३६ ॥ इति सभा० नी० भा० एकसप्ततितमोऽध्यायः ॥ ७१ ॥ ॥ यानइति १ । २ अप्लवेनौकाहीने अप्रतिष्ठेअगाधे अंभसीवांभसिविपत्समुद्रे ३ । ४ ज्योतींषिलोकप्रकाशकानिअपत्यंकर्मविद्याचेति । यतो यस्माद्धेतोस्ततोज्योतिस्त्रयात्प्रजाःस्थावरजंगमाःसृष्टाः अयंभावः कर्मोपास्तिप्राप्यंलोकद्वयमपत्यप्राप्यश्चायंलोकः । तथाचश्रुतिः । 'सोऽयंलोकःपुत्रेणैवजय्योनान्येनकर्मणापितृलोकोविद्यया देवलोकः'इति । विद्याउपासना पितृलोकःस्वर्गः देवलोकोब्रह्मलोकः ५ मरणानंतरमेवान्येवज्योतींष्युपकुर्वतीत्याह अमेध्येइति । अमेध्येअशुचौ ६ तन्नइति । नःदाराणामितिसंबंधः तत्परलोकीयमप

॥ धृतराष्ट्रउवाच ॥ एवंभवतुकल्याणियथात्वमभिभाषसे ॥ द्वितीयंतेवरंभद्रेददामिवरयस्वह ॥ मनोहिमेवितरतिनैकंत्वंवरमर्हसि ३१ ॥ द्रौपद्युवाच ॥ सरथौ सधनुष्कौचभीमसेनधनंजयौ ॥ यमौचवरयेराजन्नदासान्स्ववशानहम् ३२ ॥ धृतराष्ट्रउवाच ॥ तथाऽस्तुतेमहाभागेयथात्वंनंदिनीच्छसि ॥ तृतीयंवरयास्मत्तो नासिद्वाभ्यांसुसंस्कृता ॥ त्वंहिसर्वस्नुषाणांमेश्रेयसीधर्मचारिणी ३३ ॥ द्रौपद्युवाच ॥ लोभोधर्मस्यनाशायभगवन्नाहमुत्सहे ॥ अनर्हावरमादातुंतृतीयंराज सत्तम ३४ एकमाहुर्वैश्यवरंद्वौतुक्षत्रस्त्रियोवरौ ॥ त्रयस्तुराज्ञोराजेंद्रब्राह्मणस्यशतंवराः ३५ पापीयांसइमेभूत्वासंतीर्णाःपतयोमम ॥ वेत्स्यंतिचैवभद्राणिराजन्पुण्ये नकर्मणा ३६ ॥ ॥ इतिश्रीमहाभारतेसभापर्वणिद्यूतपर्वणिद्रौपदीवरलाभेएकसप्ततितमोऽध्यायः ॥ ७१ ॥ ॥ कर्णउवाच ॥ यानःश्रुतामनुष्येषुस्त्रियो रूपेणसंमताः ॥ तासामेतादृशंकर्मनकस्याश्चनशुश्रुम १ क्रोधाविष्टेषुपार्थेषुधार्तराष्ट्रेषुचाप्यति ॥ द्रौपदीपांडुपुत्राणांकृष्णाशांतिरिहाभवत् २ अप्लवेंभसिमग्नाना मप्रतिष्ठेनिमज्जताम् ॥ पांचालीपांडुपुत्राणांनौरेषापारगाऽभवत् ३ ॥ वैशंपायनउवाच ॥ तद्वैश्रुत्वाभीमसेनःकुरुमध्येत्यमर्षणः ॥ स्त्रीगतिःपांडुपुत्राणामित्युवाच सुदुर्मनाः ४ ॥ भीमउवाच ॥ त्रीणिज्योतींषिपुरुषइतिवैदेवलोऽब्रवीत् ॥ अपत्यंकर्मविद्याचयतःसृष्टाःप्रजास्ततः ५ अमेध्येवैगतप्राणेशून्येज्ञातिभिरुज्झिते ॥ देहेत्रितयमेवैतत्पुरुषस्योपयुज्यते ६ तन्नोज्योतिरभिहतंदाराणामभिमर्शनात् ॥ धनंजयकथंस्वित्स्यादपत्यमभिमृष्टजम् ७ ॥ अर्जुनउवाच ॥ नचैवोक्तानचानुक्ता हीनतःपरुषागिरः ॥ भारतप्रतिजल्पंतिसदात्तूत्तमपूरुषाः ८ स्मरंतिसुकृतान्येवनवैराणिकृतान्यपि ॥ संतःप्रतिविजानन्तोलब्धसंभावनाःस्वयम् ९ ॥ भीमउ वाच ॥ इहैवैतांस्तूरासर्वान्हन्मिशत्रून्समागतान् ॥ अथनिष्क्रम्यराजेन्द्रसमूलान्हन्मिभारत १० ॥ ॥ ॥ ॥

त्यादिकंज्योतिरस्मदीयानांदाराणामभिमर्शनादभिहतम् अभितःसर्वतोहतंगतंज्ञातमस्माभिरित्यर्थः । अभिहितमितिपाठेओहाङ्गतावित्यस्यरूपम् । यःसंसदिपरदारान्स्प्रष्टुंनत्रपते सविविक्तेऽ वश्यंपारदारिकःस्यादेवेतिभावः । एवंसर्वान्निंदित्वाकर्णंसमुद्दिश्याह धनंजयेति । तथाचाभिमृष्टजं परैःअभिमृष्टेभ्योदारेभ्योजातमपत्यंकथंस्वित्स्यात् संकरजत्वान्नीचकर्मकृदेवस्यात् । सूतबी जाद्वीरोत्पत्तेरसंभवात् कंसवत्कर्णोऽप्यसुरबीजोद्भवः क्रूरकर्मकरत्वादितिभावः ७ हीनतोहीनैःप्रतिजल्पंतिप्रत्युत्तरयंति ८ प्रतिविजानंतः कृतस्यप्रतीकारंजानंतः लब्धसंभावनाःप्राप्तपूजाः ९ इहैवैतांस्तूरासर्वान् तूरात्वरया त्वरतेःक्विपिज्वरत्वरेत्युपधावकारयोरूठ् । एतान्स्तुतानित्यपपाठः । निष्क्रम्यइतःस्थानादितिशेषः समूलान् कोशदेशदुर्गादिसहितान् १० ॥ ॥

विवदितेनविवादेन ११ । १२ । १३ स्रोतोभ्योनिर्गममार्गेभ्यः १४ । १५ जोषंतूष्णींआस्त्रउपविश १६ । १७ ॥ इतिसभापर्वणिनीलकंठीयेभारतभावदीपेद्विसप्ततितमोऽध्यायः ७२ ॥
राजन्निति १ अरिष्टंनिर्विघ्नम् २ । ३ । ४ यतइति । शांतिरेवबुद्धेःफलमित्यर्थः अदारुणिकाष्ठभिन्नेपाषाणादौ मृदुरेववाच्यइत्यर्थः ५ बाधनेऽपिसर्वाहंत्वमाह नेति ६ संतइति प्रत्युपका

किन्नोविवदितेनेहकिमुक्तेनचभारत ॥ अद्यैवैतान्निहन्मीहप्रशाधिपृथिवीमिमाम् ११ इत्युक्त्वाभीमसेनस्तुकनिष्ठैर्भ्रातृभिःसह ॥ मृगमध्येयथासिंहोमुहुर्मुहुरुद
क्षत १२ सांत्व्यमानोवीक्षमाणःपार्थेनाक्लिष्टकर्मणा ॥ खिद्यत्येवमहाबाहुरन्तर्दाहेनवीर्यवान् १३ क्रुद्धस्यतस्यस्रोतोभ्यःकर्णादिभ्योनराधिप ॥ सधूमःसस्फु
लिंगार्चिःपावकःसमजायत १४ भ्रुकुटीकृतदुष्प्रेक्ष्यमभवत्तस्यतन्मुखम् ॥ युगान्तकालेसंप्राप्तेकृतान्तस्येवरूपिणः १५ युधिष्ठिरस्तमावार्यबाहुनाबाहुशालिनम् ॥
मैवमित्यब्रवीच्चैनंजोषमास्वेतिभारत १६ निवार्यचमहाबाहुंकोपसंरक्तलोचनम् ॥ पितरंसमुपातिष्ठद्धृतराष्ट्रंकृतांजलिः १७ ॥ इतिश्रीमहाभारतेसभापर्वणि
द्यूतपर्वणिभीमक्रोधेद्विसप्ततितमोऽध्यायः ॥ ७२ ॥ युधिष्ठिरउवाच ॥ राजन्किंकरवामस्तेप्रशाध्यस्मांस्त्वमीश्वरः ॥ नित्यंहिस्थातुमिच्छामस्तवभारतशास
ने १ ॥ धृतराष्ट्रउवाच ॥ अजातशत्रोभद्रंतेअरिष्टंस्वस्तिगच्छत ॥ अनुज्ञाताःसहधनाःस्वराज्यमनुशासत २ इदंचैवावबोद्धव्यंवृद्धस्यममशासनम् ॥ मया
निगदितंसर्वंपथ्यंनिःश्रेयसंपरम् ३ वेत्थत्वंतातधर्माणांगतिंसूक्ष्मांयुधिष्ठिर ॥ विनीतोऽसिमहाप्राज्ञवृद्धानांपर्युपासिता ४ यतोबुद्धिस्ततःशांतिःप्रशमंगच्छभा
रत ॥ नादारुणिपतेच्छस्त्रंदारुण्येतन्निपात्यते ५ नवैराण्यभिजानंतिगुणान्पश्यंतिनागुणान् ॥ विरोधंनाधिगच्छंतियेतउत्तमपूरुषाः ६ स्मरंतिसुकृतान्ये
वनवैराणिकृतान्यपि ॥ संतःपरार्थंकुर्वाणानावेक्षन्तेप्रतिक्रियाम् ७ संवादेपरुषाण्याहुर्युधिष्ठिरनराधमाः ॥ प्रत्याहुर्मध्यमास्त्वेतेऽनुक्ताःपरुषमुत्तरम् ८ नचोक्तानैव
चानुक्तास्त्वहिताःपरुषागिरः ॥ प्रतिजल्पंतिवैधीराःसदातूत्तमपूरुषाः ९ स्मरंतिसुकृतान्येवनवैराणिकृतान्यपि ॥ संतःप्रतिविजानंतोलब्ध्वाप्रत्ययमात्मनः १०
असंभिन्नार्थमर्यादाःसाधवःप्रियदर्शनाः ॥ तथाचरितमार्येणत्वयाऽस्मिन्सत्समागमे ११ दुर्योधनस्यपारुष्यंतत्तातहृदिमाकृथाः ॥ मातरंचैवगांधारींमांचत्वंगुण
कांक्षया १२ उपस्थितंवृद्धमंधंपितरंपश्यभारत ॥ प्रेक्षापूर्वंमयाद्यूतमिदमासीदुपेक्षितम् १३ मित्राणिद्रष्टुकामेनपुत्राणांचबलाबलम् ॥ अशोच्याःकुरवोराजन्येषां
त्वमनुशासिता १४ मंत्रीचविदुरोधीमान्सर्वशास्त्रविशारदः ॥ त्वयिधर्मोऽर्जुनेधैर्यंभीमसेनेपराक्रमः १५ श्रद्धाचगुरुशुश्रूषायमयोःपुरुषाग्र्ययोः ॥ अजातशत्रोभ
द्रंतेखांडवप्रस्थमाविश ॥ भ्रातृभिस्तेऽस्तुसौभ्रात्रंधर्मेतेधीयतांमनः १६ ॥ ॥ ॥

राशयाउपकारंनकुर्वंतीत्यर्थः ७ अधममध्यमोत्तमानांकलहप्रसंगेवृत्तमाहसंवादेइति ८ दुर्वचोभिरुक्ताअनुक्तावासंतोऽहितादुःखकर्त्रीः यतःपरुषाःमर्मच्छिदस्तादृशीर्गिरः ९ संतइति । आत्मौपम्येन
परस्यापिदुःखंमाभूदितिजानंतइत्यर्थः १० । ११ । १२ । १३ । १४ । १५ भ्रातृभिर्दुर्योधनादिभिः १६ ॥ ॥ ॥

सर्वंसमयंकृत्वामदुक्तंयत्तत्तथैवास्त्वितिप्रतिज्ञाय १७ । १८ ॥ इतिसभापर्वणिनैलकंठीये भारतभावदीपेत्रिसप्ततितमोऽध्यायः ॥ ७३ ॥ ॥ अनुज्ञातानिति १ धृतराष्ट्रेणयथाप्रतिज्ञंयुद्धद्यूतेकृतेऽपि पुरुषकाराद्बलवत्तरंदैवंकौरवान्सर्वभूपक्षयहेतौअनुद्यूतेप्रावर्तयदित्याह अनुज्ञातानिति २ भरतश्रेष्ठोभरतस्यदुर्योधनस्यहृष्टयाश्रेष्ठःप्रशस्यतमोदुःशासनः ३ स्थविरोवृद्धइतिसाधिक्षेपमुक्तं शत्रुसात्शत्रुवशं गमयदगमयत्प्रापितवान् ४ पांडवान्प्रतिप्रतिकर्तुं ५ । ६ त्वयाइदंकिंनश्रुतमितिकाकाक्षान्वयोयोजना अपितुश्रुतमेव ७ पुरायुद्धात्युद्धमकृत्वेत्यर्थः बलाद्युद्धेनवायेअहितंकुर्वंति तेनि

॥ वैशंपायनउवाच ॥ इत्युक्तोभरतश्रेष्ठधर्मराजोयुधिष्ठिरः ॥ कृत्वाऽर्थसमयंसर्वंप्रतस्थेभ्रातृभिःसह १७ तेरथान्मेघसंकाशानास्थायसहकृष्णया ॥ प्रययुर्हृष्टमनसइंद्रप्रस्थंपुरोत्तमम् १८ ॥ इतिश्रीमहाभारतेसभापर्वणिद्यूतपर्वणिधृतराष्ट्रवरप्रदानपूर्वकमिंद्रप्रस्थंप्रतियुधिष्ठिरगमनेत्रिसप्ततितमोऽध्यायः ॥ ७३ ॥ ॥ समाप्तंचद्यूतपर्व ॥ ॥ अथानुद्यूतपर्व ॥ ॥ जनमेजयउवाच ॥ ॥ अनुज्ञातांस्तान्विदित्वासरत्नधनसंचयान् ॥ पांडवान्धार्तराष्ट्राणांकथमासीन्मनस्तदा १ वैशंपायनउवाच ॥ ॥ अनुज्ञातांस्तान्विदित्वाधृतराष्ट्रेणधीमता ॥ राजन्दुःशासनःक्षिप्रंजगामभ्रातरंप्रति २ दुर्योधनंसमासाद्यसामात्यंभरतर्षभ ॥ दुःखार्तोभरतश्रेष्ठइदंवचनमब्रवीत् ३ ॥ दुःशासनउवाच ॥ ॥ दुःखेनैतत्समानीतंस्थविरोनाशयत्यसौ ॥ शत्रुसाद्गमयद्द्रव्यंतद्बुध्यध्वंमहारथाः ४ अथदुर्योधनःकर्णःशकुनिश्चापिसौबलः ॥ मिथःसंगम्यसहिताःपांडवान्प्रतिमानिनः ५ वैचित्रवीर्यंराजानंधृतराष्ट्रंमनीषिणम् ॥ अभिगम्यत्वरायुक्ताःश्लक्ष्णंवचनमब्रुवन् ६ ॥ दुर्योधनउवाच ॥ नत्वयेदंश्रुतंराजन्यज्जगादबृहस्पतिः ॥ शक्रस्यनीतिंप्रवदन्विद्वान्देवपुरोहितः ७ सर्वोपायैर्निहन्तव्याःशत्रवःशत्रुसूदन ॥ पुरायुद्धाद्बलाद्वाऽपिप्रकुर्वंतितवाहितम् ८ तेवयंपांडवधनैःसर्वान्संपूज्यपार्थिवान् ॥ यदितान्योधयिष्यामःकिंवैनःपरिहास्यति ९ अहीनाशीविषान्क्रुद्धान्नाशायसमुपस्थितान् ॥ कृत्वाकण्ठेचपृष्ठेचकःसमुत्स्रष्टुमर्हति १० आत्तशस्त्रारथगताःकुपितास्तातपांडवाः ॥ निःशेषंवःकरिष्यंतिकुद्धाह्याशीविषाइव ११ सन्नद्धोह्यर्जुनोयातिविधृत्यपरमेषुधी ॥ गांडिवंमुहुरादत्तेनिःश्वसंश्चनिरीक्षते १२ गदांगुर्वींसमुद्यम्यत्वरितश्चवृकोदरः ॥ स्वरथंयोजयित्वाऽऽशुनिर्यातइतिनःश्रुतम् १३ नकुलःखड्गमादायचर्मचाप्यर्धचंद्रवत् ॥ सहदेवश्चराजाचचक्रुराकारमिंगितैः १४ तेत्वास्थायरथान्सर्वेबहुशस्त्रपरिच्छदान् ॥ अभिघ्नंतोरथव्रातान्सेनायोगायनिर्ययुः १५ नक्षंस्यंतेतथाऽस्माभिर्जातुविप्रकृताहिते ॥ द्रौपद्याश्चपरिक्लेशंकस्तेषांक्षंतुमर्हति १६ पुनर्दीव्यामभद्रंतेवनवासायपांडवैः ॥ एवमेतान्वशेकर्तुंशक्ष्यामःपुरुषर्षभ १७ तेवाद्वादशवर्षाणिवयंवाद्यूतनिर्जिताः ॥ प्रविशेममहारण्यमजिनैःप्रतिवासिताः १८ ॥ ॥ ॥ ॥ ॥ ॥

हंतव्याइतियोजना ८ तान्पांडवान्परिहास्यतिनंक्ष्यति ९ । १० । ११ परमेषुधीश्रेष्ठौनिषंगौ १२ । १३ आकारमभिप्रायमिंगितैश्चेष्टितैः चक्रुःआविश्चक्रुः कृविक्षेपेइत्यस्यरूपम् १४ सेनायोगायसैन्यमेलनाय १५ नक्षंस्यंतेनक्षमांकरिष्यंते जातुकदाचित् विप्रकृताःविकारंप्रापिताः तेषांमध्ये १६ । १७ । १८ ॥ ॥ ॥

सजनेनसमानजनेनाज्ञाताः १९ । २० सविद्यामक्षवशीकरणविद्यासहिताम् २१ सारवद्बलवत् २२ । २३ व्यध्वगतान्दूरगतान् २४ वैश्यापुत्रोयुयुत्सुः २५ । २६ अकामानःद्यूतमनिच्छतां सताम् २७ ॥ इतिसभापर्वणिनीलकंठीयेभारतभावदीपेचतुःसप्ततितमोऽध्यायः ॥ ७४ ॥ ॥ अथेति १ । २ । ३ मतिमाभिमंस्थाः अभिमतांमाकुरु ४ धर्मेदुह्योधयेत् ५ । ६ । ७ त्वन्ने

त्रयोदशंसजनेनअज्ञाताःप्रतिवत्सरम् ॥ ज्ञाताश्चपुनरन्यानिवनेवर्षाणिद्वादश १९ निवसेमवयंतेवातथाद्यूतंप्रवर्त्ततांम् ॥ अक्षानुप्त्वापुनर्द्यूतमिदंकुर्वन्तुपांडवाः २० एतत्कृत्यतमंराजन्नस्माकंभरतर्षभ ॥ अयंहिशकुनिर्वेदसविद्यामक्षसंपदम् २१ दृढमूलावयंराज्येमित्राणिपरिगृह्यच ॥ सारवद्विपुलंसैन्यंसत्कृत्यचदुरासदम् २२ तेचत्रयोदशंवर्षंपारयिष्यंतिचेद्व्रतम् ॥ जेष्यामस्तान्वयंराजन्रोचतांतेपरंतप २३ ॥ धृतराष्ट्रउवाच ॥ तूर्णंप्रत्यानयस्वैतान्कामंव्यध्वगतानपि ॥ आगच्छन्तुपुनर्द्यूतमिदंकुर्वन्तुपांडवाः २४ ॥ वैशंपायनउवाच ॥ ततोद्रोणःसोमदत्तोबाल्हीकश्चैवगौतमः ॥ विदुरोद्रोणपुत्रश्चवैश्यापुत्रश्चवीर्यवान् २५ भूरिश्रवाःशांतनवोविकर्णश्चमहारथः ॥ माद्यूतमित्यभाषंतशमोऽस्त्वितिचसर्वशः २६ अकामानांचसर्वेषांसुहृदामर्थदर्शिनाम् ॥ अकरोत्पांडवाह्वानंधृतराष्ट्रःसुतप्रियः २७ ॥ ॥ इतिश्रीमहाभारतेसभापर्वणिअनुद्यूतपर्वणियुधिष्ठिरप्रत्यानयनेचतुःसप्ततितमोऽध्यायः ॥ ७४ ॥ ॥ वैशंपायनउवाच ॥ अथाब्रवीन्महाराजधृतराष्ट्रंजनेश्वरम् ॥ पुत्रहार्दाद्धर्मयुक्तागांधारीशोककर्शिता १ जातेदुर्योधनेक्षत्तामहामतिरभाषत ॥ नीयतांपरलोकायसाध्वयंकुलपांसनः २ व्यनदज्जातमात्रोहिगोमायुरिवभारत ॥ अंतोनूनंकुलस्यास्यकुरवस्तन्निबोधत ३ मानिमज्जीःस्वदोषेणवहाप्सुत्वंहिभारत ॥ माबालानामशिष्टानामभिमंस्थामतिंप्रभो ४ माकुलस्यक्षयेघोरेकारणंत्वंभविष्यसि ॥ बद्धंसेतुंकोऽनुभिंद्याद्धमेच्छांतंचपावकम् ५ शमेस्थितान्कोऽनुपार्थान्कोपयेद्भरतर्षभ ॥ स्मरन्तंत्वामाजमीढस्मारयिष्याम्यहंपुनः ६ शास्त्रंनशास्तिदुर्बुद्धिंश्रेयसेचेतरायच ॥ नवैवृद्धोबालमतिर्भवेद्राजन्कथंचन ७ त्वन्नेत्राःसंतुतेपुत्रामात्वांदीर्णाःप्रहासिषुः ॥ तस्मादयंमद्वचनात्त्यज्यतांकुलपांसनः ८ तथातेनकृतंराजन्पुत्रस्नेहान्नराधिप ॥ तस्यप्राप्तंफलंविद्धिकुलांतकरणाययत् ९ शमेनधर्मेणनयेनयुक्तायातेबुद्धिःसाऽस्तुतेमाप्रमादीः ॥ प्रध्वंसिनीक्रूरसमाहिताश्रीर्मृदुप्रौढागच्छतिपुत्रपौत्रान् १० अथाब्रवीन्महाराजोगांधारींधर्मदर्शिनीम् ॥ अन्तःकामंकुलस्यास्तुनशक्नोमिनिवारितुम् ११ यथेच्छंतितथैवास्तुप्रत्यागच्छंतुपांडवाः ॥ पुनर्द्यूतंचकुर्वंतुमामकाःपांडवैःसह १२ ॥ ॥ इतिश्रीमहाभारतेसभापर्वणिअनुद्यूतपर्वणिगांधारीवाक्येपंचसप्ततितमोऽध्यायः ७५ ॥ ॥ ॥ ॥ ॥ ॥ ॥ ॥

त्रास्त्वमेवनेतायेषांतेत्वन्नेत्राः दीर्णास्त्वत्तोभिन्नमर्यादाःसंतःप्रहासिषुः जीवितत्यागेनेतिशेषः ८ । ९ माप्रमादीरनवहितोमाभूः मृदुप्रौढामृदुपुसमाहितासतिप्रौढाभूत्वा १० अंतोनाशः कामंयथेष्टम् ११ । १२ ॥ इतिसभापर्वणिनीलकंठीये भारतभावदीपेपंचसप्ततितमोऽध्यायः ॥ ७५ ॥ ॥ ॥ ॥

म.भा.टी० ॥ ६२ ॥ सभा० २ अ० ॥ ७६ ॥

ततइति १ । २ । ३ । ४ असंभवेइति धृतराष्ट्रमुद्दिश्योक्तम् ५ । ६ । ७ यथोपजोषं यथासुखम् ८ पूजितमिष्टम् ९ । १० । ११ । १२ । १३ । १४ व्यवसायेन निश्चयेन १५ संवेगादति शयात् १६ एनंदुर्योधनं हेभरतर्षभहेधृतराष्ट्र १७ न्हियाकार्पण्यदोषाभिहतइतिलज्जया धर्मसंयोगात्तीर्थाघटनजात् १८ । १९ । २० गजाश्वादिकंबहुधेनूकंबहुदोग्ध्रीकंपणीकृतमितिशेषः २१

॥ वैशंपायनउवाच ॥ ततोव्यध्वगतंपार्थंप्रातिकामीयुधिष्ठिरम् ॥ उवाचवचनाद्राज्ञोधृतराष्ट्रस्यधीमतः १ उपास्तीर्णासभाराजन्नक्षानुप्त्वायुधिष्ठिर ॥ एहि पांडवदीव्येतिपितात्वाऽऽहेतिभारत २ ॥ युधिष्ठिरउवाच ॥ धातुर्नियोगाद्भूतानिप्राप्नुवंतिशुभाशुभम् ॥ ननिवृत्तिस्तयोरस्तिदेवितव्यंपुनर्यदि ३ अक्षद्यूतेसमाह्वानंनियोगात्स्थविरस्यच ॥ जानन्नपिक्षयकरंनातिक्रमितुमुत्सहे ४ वैशंपायनउवाच ॥ असंभवेहेममयस्यजंतोस्तथाऽपिरामोलुलुभेमृगाय ॥ प्रायःसमासन्नपराभवाणांधियोविपर्यस्ततराभवंति ५ इतिब्रुवन्निववृतेभ्रातृभिःसहपांडवः ॥ जानंश्चशकुनेर्मायांपार्थोद्यूतमियात्पुनः ६ विविशुस्तेसभांतांतुपुनरेवमहारथाः ॥ व्यथयंतिस्मचेतांसिसुहृदांभरतर्षभाः ७ यथोपजोषमासीनाःपुनर्द्यूतप्रवृत्तये ॥ सर्वलोकविनाशायदैवेनोपनिपीडिताः ८ ॥ शकुनिरुवाच ॥ अमुंचत्स्थविरोयद्वोधनंपूजितमेवतत् ॥ महाधनंग्लहंत्वेकंशृणुभोभरतर्षभ ९ वयंवाद्वादशाब्दानियुष्माभिर्द्यूतनिर्जिताः ॥ प्रविशेममहारण्यंरौरवाजिनवाससः १० त्रयोदशंचसजनेअज्ञाताःपरिवत्सरम् ॥ ज्ञाताश्चपुनरन्यानिवनेवर्षाणिद्वादश ११ अस्माभिर्निर्जितायूयंवनेद्वादशवत्सरान् ॥ वसध्वंकृष्णयासार्धमजिनैःप्रतिवासिताः १२ त्रयोदशंचसजनेअज्ञाताःपरिवत्सरम् ॥ ज्ञाताश्चपुनरन्यानिवनेवर्षाणिद्वादश १३ त्रयोदशेचनिर्वृत्तेपुनरेवयथोचितम् ॥ स्वराज्यंप्रतिपत्तव्यमितरैरथवेतरैः १४ अनेनव्यवसायेनसहास्माभिर्युधिष्ठिर ॥ अक्षानुप्त्वापुनर्द्यूतमेहिदीव्यस्वभारत १५ अथसभ्याःसभामध्येसमुच्छ्रितकरास्तदा ॥ ऊचुरुद्विग्नमनसःसंवेगात्सर्वएवहि १६ ॥ सभ्याऊचुः ॥ अहोधिग्बांधवानैनंबोधयंतिमहद्भयम् ॥ बुद्ध्याबुद्ध्येन्नवाबुद्ध्येदयंवैभरतर्षभ १७ ॥ वैशंपायनउवाच ॥ जनप्रवादान्सुबहूनृशृण्वन्नपिनराधिपः ॥ ह्रियाचधर्मसंयोगात्पार्थोद्यूतमियात्पुनः १८ जानन्नपिमहाबुद्धिःपुनर्द्यूतमवर्तयत् ॥ अप्यासन्नोविनाशःस्यात्कुरूणामितिचिंतयन् १९ ॥ युधिष्ठिरउवाच ॥ कथंवैमद्विधोराजास्वधर्ममनुपालयन् ॥ आहूतोविनिवर्तेतदीव्यामिशकुनेत्वया २० ॥ शकुनिरुवाच ॥ गवाश्वंबहुधेनूकमपर्यंतमजाविकम् ॥ गजाःकोशोहिरण्यंचदासीदासाश्चसर्वशः २१ एषनोग्लहएवैकोवनवासायपांडवाः ॥ यूयंवयंवाविजितावसेमवनमाश्रिताः २२ त्रयोदशंचवैवर्षमज्ञाताःसजनेतथा ॥ अनेनव्यवसायेनदीव्यामपुरुषर्षभाः २३ समुत्क्षेपेणचैकेनवनवासायभारत ॥ प्रतिजग्राहतंपार्थोग्लहंजग्राहसौबलः ॥ जितमित्येवशकुनिर्युधिष्ठिरमभाषत २४ ॥ ॥ इतिश्रीमहाभारते सभापर्वणिअनुद्यूतपर्वणिपुनर्युधिष्ठिरपराभवेषट्सप्ततितमोऽध्यायः ॥ ७६ ॥ ॥ ॥ ॥ ॥ ॥

संप्रत्येकएवपणइत्याह एषइति २२ । २३ समुत्क्षेपेणएकेनैवचनापक्षेपेण सकृद्द्याहृतमात्रेणेत्यर्थः । प्रतिजग्राह तंग्लहमंगीचकार ततःसौबलोग्लहंजग्राह पाशंपातितवान् २४ ॥ इतिसभापर्वणिनीलकंठीयेभारतभावदीपेषट्सप्ततितमोऽध्यायः ॥ ७६ ॥ ॥ ॥ ॥ ॥ ॥ ॥

ततइति । दीक्षाव्रतग्रहणं तत्संजातंयेषांतेदीक्षिताः १ । २ पांडोःस्त्रियौपाण्डौ ऊङुतइत्यूङंतात्स्त्रीभ्योढगितिढकि तयोरपत्यानिपांडवेयाः ३ समैःसर्वैर्वर्त्मभिर्मार्गैःअस्थलैः आर्गतृ भिरतिसंकीर्णत्वात्स्थलहीनैः संप्रयाताअस्मान्प्रतीतिशेषः । सर्वेऽद्यदेवाअनुकुलाइत्यर्थः । गुणैःश्रीमत्त्वादिभिर्ज्येष्ठास्तथाश्रेष्ठावयसा । अतएवश्रेयांसःप्रशस्यतराः ४ । ५ प्रहा सिषुः सभायांदुर्योधनंजलेपतितंदृष्ट्वाहासंकृतवंतः ६ सन्नाहानुष्णीषकवचकटिबंधादीन् । भानुमंतिसुवर्णतंतुमयत्वाद्दीप्तिमंति । विवास्यंतांपरिधाप्यंतां । रुरुःकृष्णमृगः ७. ईदृशाअ स्मत्सदृशाः अफलाःनिर्वीर्याः ८ इदंचेति यत्इवेतिच्छेदः । यदिदंरौरववासः । आहवेषुयज्ञेषु यान्येवसंग्रामनामानितानियज्ञनामानीतियास्कः । ईदृशानांदीक्षितानाम्भिवपांडवा

॥ वैशंपायनउवाच ॥ ततःपराजिताःपार्थावनवासायदीक्षिताः ॥ अजिनान्युत्तरीयाणिजगृहुश्चयथाक्रमम् १ अजिनैःसंवृतान्दृष्ट्वाहृतराज्यानरिंदमान् ॥ प्रस्थि तान्वनवासायततोदुःशासनोऽब्रवीत् २ प्रवृत्तंधार्त्तराष्ट्रस्यचक्रंराज्ञोमहात्मनः ॥ पराजिताःपांडवेयाविपत्तिंपरमांगताः ३ अद्यदेवाःसंप्रयाताःसमैर्वर्त्मभिरस्थलैः ॥ गुणज्येष्ठास्तथाश्रेष्ठाःश्रेयांसोयद्वयंपरैः ४ नरकंपातिताःपार्थादीर्घकालमनंतकम् ॥ सुखाच्चहीनाराज्याच्चविनष्टाःशाश्वतीःसमाः ५ धनेनमत्तायेतेस्मधार्तराष्ट्रान्प्र हासिषुः ॥ तेनिर्जिताहृतधनावनमेष्यंतिपांडवाः ६ चित्रान्सन्नाहानवमुंचंतुचैषांवासांसिदिव्यानिचभानुमंति ॥ विवास्यंतांरुरुचर्माणिसर्वेयथाग्लहंसौबलस्याभ्यु पेताः ७ नसंतिलोकेषुपुमांसईदृशाइत्येवयेभावितबुद्धयःसदा ॥ ज्ञास्यंतितेऽऽत्मानमिमेऽद्यपांडवाविपर्ययेषण्ढतिलाइवाफलाः ८ इदंहिवासोयदिवेदृशानांमनस्वि नांरौरवमाहवेषु ॥ अदीक्षितानामजिनानियद्वद्बलीयसांपश्यतपांडवानाम् ९ महाप्राज्ञःसौमकिर्यज्ञसेनःकन्यांपांचालींपांडवेभ्यःप्रदाय ॥ अकार्षीद्वैसुकृतंनेहकिंचि त्क्लीबाःपार्थाःपतयोयाज्ञसेन्याः १० सूक्ष्मप्रावारानजिनोत्तरीयान्दृष्ट्वाऽरण्येनिर्धनानप्रतिष्ठान् ॥ कांत्वंप्रीतिंलप्स्यसेयाज्ञसेनिपतिंवृणीष्वेहयमन्यमिच्छसि ११ एतेहिसर्वेकुरवःसमेताःक्षान्तादान्ताःसुद्रविणोपपन्नाः ॥ एषांवृणीष्वैकतमंपतित्वेनत्वांनयेत्कालविपर्ययोऽयम् १२ यथाऽफलाःषण्ढतिलायथाचर्ममयामृगाः ॥ तथैवपांडवाःसर्वेयथाकाकयवाअपि १३ किंपांडवांस्तेपतितानुपास्यमोघःश्रमःषंढतिलानुपास्य ॥ एवंनृशंसःपरुषाणिपार्थानश्रावयद्धृतराष्ट्रस्यपुत्रः १४ तद्वैश्रु त्वाभीमसेनोऽत्यमर्षीनिर्भर्त्स्योच्चैःसन्निगृह्यैवरोषात् ॥ उवाचचैनंसहसैवोपगम्यसिंहोयथाहैमवतःशृगालम् १५ ॥ भीमसेनउवाच ॥ क्रूरपापजनैर्जुष्टमकृतार्थंप्रभा षसे ॥ गांधारविद्ययाहित्वंराजमध्येविकत्थसे १६ यथातुदसिमर्माणिवाक्शरैरिहनोभृशम् ॥ तथास्मारयितातेऽहंकृन्तन्मर्माणिसंयुगे १७ येचत्वामनुवर्त्तन्ते क्रोधलोभवशानुगाः ॥ गोप्तारःसानुबंधांस्तान्नेताऽस्मियमसादनम् १८ ॥ ॥ ॥

नांदृश्यते तच्चतद्वत्पश्यत । यद्वददीक्षितानांकैवर्त्तादीनामजिनानीतियोजना । अदीक्षायामपिदीक्षितवासांसिवसानाःकैवर्त्तकवद्दृश्यंतइत्यर्थः ९ यज्ञसेनोद्रुपदः १० सूक्ष्मप्रावा रांस्तुच्छपरिधानीयवस्त्रान् । अप्रतिष्ठान् हतस्थानान् ११ कालविपर्ययःक्लेशकालःत्वांननयेन्नकर्षेत् । नत्वांतपेदित्यपिपाठः १२ काकयवानिस्तंडुलंतृणधान्यं १३ । १४ । १५ गां धारस्यशकुनेर्विद्यया । नतुबाहुबलेनेतिभावः १६ स्मारयितास्मारयिष्यामि १७ सानुबंधान्सपुत्रबान्धवान् १८ ॥ ॥ ॥ ॥

अजिनैर्विवासितमाच्छादितं तावन्मात्रयासंपत्त्यास्तहराज्याद्बहिष्कृतमित्यर्थः । धर्मेणनिबद्धोनिरुद्धोमार्गो रिपुमर्दनारंभोयस्यतं । मधुपर्केगौगौरितित्रिर्निवेदितायागोर्वधउत्सर्गश्चदृष्टः तत्सामान्यादंतकरूपायातिथयेनिवेदिताःपांडवपशवउत्सृष्टास्तेपुनर्वयंमृत्युमुखात्प्रमुक्ता इत्युत्सृष्टमात्राएववेगेनपलायंते पुनरस्मानयंमावधिष्टेतितेषांपरिहासेनव्याकुलीकरणायपुनराव्हानंक्रियतेगौगौरिति । मृत्युभयात्पशुवत्प्राणभयात्पलायंबहतिपांडवानांकातरत्वसूचकोऽयमुपहासः । अस्योत्तरंद्रोणपर्वणि भीमसेनोवक्ष्यति । येऽस्मान्पूर्वमनृ

॥ वैशंपायनउवाच ॥ एवंब्रुवाणमजिनैर्विवासितंदुःशासनस्तंपरिनृत्यतिस्म ॥ मध्येकुरूणांधर्मनिबद्धमार्गंगौगौरितिस्माह्वयन्मुक्तलज्जः १९ ॥ भीमसेनउवाच ॥
नृशंसपरुषंवक्तुंशक्यंदुःशासनत्वया ॥ निकृत्याहिधनंलब्ध्वाकोविकत्थितुमर्हति २० मैवस्मसुकृताँल्लोकान्गच्छेत्पार्थोवृकोदरः ॥ यदिवक्षोहितेभित्वानपिबेच्छोणितंरणे २१ धार्त्तराष्ट्रान्रणेहत्वामिषतांसर्वधन्विनाम् ॥ शमंगंताऽस्मिनचिरात्सत्यमेतद्ब्रवीमिते २२ ॥ वैशंपायनउवाच ॥ तस्यराजासिंहगतेःसखेलंदुर्योधनोभीमसेनस्यहर्षात् ॥ गतिंस्वगत्याऽनुचकारमन्दोनिर्गच्छतांपांडवानांसभायाः २३ नैतावताकृतमित्यब्रवीत्तंवृकोदरःसन्निवृत्तार्धकायः ॥ शीघ्रंहित्वांनिहतंसानुबंधंसंस्मार्याहंप्रतिवक्ष्यामिमूढ २४ एवंसमीक्ष्यात्मनिचावमानंनियम्यमन्युंबलवान्समानी ॥ राजानुगःसंसदिकौरवाणांविनिष्क्रामन्वाक्यमुवाचभीमः २५ ॥ भीमसेनउवाच ॥ अहंदुर्योधनंहंताकर्णंहंताधनंजयः ॥ शकुनिंचाक्षकितवंसहदेवोहनिष्यति २६ इदंचभूयोवक्ष्यामिसभामध्येबृहद्वचः ॥ सत्यंदेवाःकरिष्यन्तियन्नोयुद्धंभविष्यति २७ सुयोधनमिमंपापंहन्ताऽस्मिगदयायुधि ॥ शिरःपादेनचास्याहमधिष्ठास्यामिभूतले २८ वाक्यशूरस्यचैवास्यपरुषस्यदुरात्मनः ॥ दुःशासनस्यरुधिरंपाताऽस्मिमृगराडिव२९ ॥अर्जुनउवाच ॥ नैवंवाचाव्यवसितंभीमविज्ञायतेसताम् ॥ इतश्चतुर्दशेवर्षेद्रष्टारोयद्भविष्यति ३० ॥ भीमसेनउवाच ॥ दुर्योधनस्यकर्णस्यशकुनेश्चदुरात्मनः ॥ दुःशासनचतुर्थानांभूमिःपास्यतिशोणितम् ३१ ॥ अर्जुनउवाच ॥ असूयितारंद्रष्टारंप्रवक्तारंविकत्थनम् ॥ भीमसेननियोगात्तेहन्ताऽहंकर्णमाहवे ३२ अर्जुनःप्रतिजानीतेभीमस्यप्रियकाम्यया ॥ कर्णंकर्णानुगांश्चैवरणेहंताऽस्मिपत्रिभिः ३३ येचान्येप्रतियोत्स्यंतिबुद्धिमोहेनमांनृपाः ॥ तांश्चसर्वानहंबाणैर्नेताऽस्मियमसादनम् ३४ चलेद्धिहिमवान्स्थानान्निष्प्रभःस्याद्दिवाकरः ॥ शैत्यंसोमात्प्रणश्येतमत्सत्यंविचलेद्यदि ३५ नप्रदास्यतिचेद्राज्यमितोवर्षेचतुर्दशे ॥ दुर्योधनोऽभिसत्कृत्यसत्यमेतद्भविष्यति ३६ ॥ वैशंपायनउवाच ॥ इत्युक्तवतिपार्थेतुश्रीमान्माद्रवतीसुतः ॥ प्रगृह्यविपुलंबाहुंसहदेवःप्रतापवान् ३७

त्यंतिमुहुर्गौरितिगौरिति ॥ तान्वयंप्रतिनृत्यामः पुनर्गौरितिगौरिति'इति । उत्सृष्टान्पशूनिवभीषयितुमाव्हयंतोयेऽस्मान्पूर्वंप्रनृत्यंति तानेवयुद्धेविदारितान्दृष्ट्वानृत्यामइतितदर्थः १९ । २० । २१ मिषतांपश्यतां २२ । २३ प्रतिवक्ष्यामि अस्यपरिहासस्योत्तरमितिशेषः २४ आत्मनिचित्ते २५ । २६ । २७ । २८ परुषस्यकर्कशस्य २९ व्यवसितंचिकीर्षितंद्रष्टारःद्रक्ष्यामः ३० । ३१ द्रष्टारमुत्तेजकं प्रवक्तारंकुबुद्धेः ३२ । ३३ । ३४ । ३५ । ३६ । ३७ ॥ ॥ ॥ ॥ ॥ ॥ ॥

३८ । ३९ । ४० । ४१ । ४२ । ४३ । ४४ । ४५ । ४६ ॥ ॥ इतिसभापर्वणिनीलकंठीयेभारतभावदीपेसप्तसप्ततितमोऽध्यायः ॥ ७७ ॥ ॥ आमंत्रयामीति १ । २ द्रष्टाऽस्मिद्रक्ष्यामि ३

सौबलस्यवधंप्रेप्सुरिदंवचनमब्रवीत् ॥ क्रोधसंरक्तनयनोनिःश्वसन्निवपन्नगः ३८ ॥ सहदेवउवाच ॥ अक्षान्यान्मन्यसेमूढगांधाराणांयशोहर ॥ नैतेऽक्षानिशिता
बाणास्त्वयैतेसमरेवृताः ३९ यथाचैवोक्तवान्भीमस्त्वामुद्दिश्यसबांधवम् ॥ कर्त्ताऽहंकर्मणस्तस्यकुरुकार्याणिसर्वशः ४० हन्ताऽस्मितरसायुद्धेत्वामेवेहसबांधवम् ॥
यदिस्थास्यसिसंग्रामेक्षत्रधर्मेणसौबल ४१ सहदेववचःश्रुत्वानकुलोऽपिविशांपते ॥ दर्शनीयतमोनॄणामिदंवचनमब्रवीत् ॥ ४२ ॥ नकुलउवाच ॥ ॥
सुतेयंयज्ञसेनस्यद्यूतेऽस्मिन्धृतराष्ट्रजैः ॥ यैर्वाचःश्रावितारूक्षाःस्थितैर्दुर्योधनप्रिये ॥ ४३ तान्धार्त्तराष्ट्रान्दुर्वृत्तान्मुमूर्षून्कालनोदितान् ॥ गमयिष्यामिभूयिष्ठा
नहंवैवस्वतक्षयम् ४४ निदेशाद्धर्मराजस्यद्रौपद्याःपदवींचरन् ॥ निर्धार्तराष्ट्रांपृथिवींकर्त्ताऽस्मिनचिरादिव ४५ ॥ वैशंपायनउवाच ॥ ॥ एवंतेपुरुषव्याघ्राः
सर्वेव्यायतबाहवः ॥ प्रतिज्ञाबहुलाःकृत्वाधृतराष्ट्रमुपागमन् ४६ ॥ इतिश्रीमहाभारतेसभापर्वणिअनुद्यूतपर्वणिपांडवप्रतिज्ञाकरणेसप्तसप्ततितमोऽध्यायः॥७७॥
॥ ॥ युधिष्ठिरउवाच ॥ ॥ आमंत्रयामिभरतांस्तथावृद्धंपितामहम् ॥ राजानंसोमदत्तंचमहाराजंचबाल्हिकम् १ द्रोणंकृपंनृपांश्चान्यानश्वत्थामानमेवच ॥
विदुरंधृतराष्ट्रंचधार्त्तराष्ट्रांश्चसर्वशः २ युयुत्सुंसंजयंचैवतथैवान्यान्सभासदः ॥ सर्वानामंत्र्यगच्छामिद्रष्टाऽस्मिपुनरेत्यवः ३ ॥ वैशंपायनउवाच ॥ ॥ नचकिंचि
दथोचुस्तंह्रियासन्नायुधिष्ठिरम् ॥ मनोभिरेवकल्याणंदध्युस्तेतस्यधीमतः ४ ॥ विदुरउवाच ॥ ॥ आर्यापृथाराजपुत्रीनारण्यंगन्तुमर्हति ॥ सुकुमारीचवृद्धाच
नित्यंचैवसुखोचिता ५ इहवत्स्यतिकल्याणीसत्कृताममवेश्मनि ॥ इतिपार्थाविजानीध्वमगदंवोऽस्तुसर्वशः ६ ॥ पांडवाऊचुः ॥ तथेत्युक्त्वाब्रुवन्सर्वेयथानोवदसेऽ
नघ ॥ त्वंपितृव्यःपितृसमोवयंचत्वत्परायणाः ७ यथाऽऽज्ञापयसेविद्वंस्त्वंहिनःपरमोगुरुः ॥ यच्चान्यदपिकर्त्तव्यंतद्विधत्स्वमहामते ८ ॥ विदुरउवाच ॥ ॥
युधिष्ठिरविजानीहिममेदंभरतर्षभ ॥ नाधर्मेणजितःकश्चिद्व्यथतेवैपराजये ९ त्वंवैधर्मंविजानीषेयुद्धेजेताधनंजयः ॥ हंताऽरीणांभीमसेनोनकुलस्त्वर्थसंग्रही १० संय
न्तासहदेवस्तुधौम्योब्रह्मविदुत्तमः ॥ धर्मार्थकुशलाचैवद्रौपदीधर्मचारिणी ११ अन्योन्यस्यप्रियाःसर्वेतथैवप्रियदर्शनाः ॥ परैरभेद्याःसंतुष्टाःकोवोनस्पृहयेदिह १२
एषवैसर्वकल्याणःसमाधिस्तवभारत ॥ नैनंशत्रुर्विषहतेशक्रेणापिसमोऽप्युत १३ हिमवत्यनुशिष्टोऽसिमेरुसावर्णिनापुरा ॥ द्वैपायनेनकृष्णेननगरेवारणावते १४
भृगुतुंगेचरामेणदृषद्वत्यांचशंभुना ॥ अश्रौषीरसितस्यापिमहर्षेरंजनंप्रति १५ कल्माषीतीरसंस्थस्यगतस्त्वंशिष्यतांभृगोः ॥ द्रष्टासदानारदस्तेधौम्यस्तेऽयंपुरोहि
तः १६ माहासीःसांपरायेत्वंबुद्धिंतामृषिपूजिताम् ॥ पूरूरवसमैलंत्वंबुद्ध्याजयसिपांडव १७ ॥ ॥ ॥ ॥

आसन्नाःनम्राः ४ । ५ अगदमारोग्यम् ६ । ७ । ८ । ममेतमिति शेषः ९ । १० । ११ । १२ समाधिर्मनःस्वास्थ्यकरोनियमः १३ । १४ । १५ । १६ माहासीर्मात्यज सांपरायेपरलोकविषये १७

विधारणेनियमने १८विसर्गेदानेसंयमेवशीकरणे । पूर्वश्लोकाद्धृतमनाइत्यनुकृष्ययोज्यं । आत्मप्रदानं सर्वहितार्थंशरीरादेर्व्यापारणं । उपजीवनंजीवनहेतुत्वं । ऐन्द्रेइतिलोकपालगुणान्पंचभूतगुणांश्च सर्वसंपत्तिहेतून्जयादीन्प्राप्नुहीत्यर्थः १९ । २० । २१ । २२ । २३ । २४ ॥ ॥ इतिसभापर्वणिनीलकंठीयेभारतभावदीपेअष्टसप्ततितमोऽध्यायः ॥ ७८ ॥ तस्मिन्निति १ । २ । ३ । ४ । ५ अरिष्टंनिर्विघ्नं मद

शक्त्याजयसिराज्ञोन्यानृषीनूधर्मोपसेवया ॥ ऐन्द्रेजयेधृतमनायाम्येकोपविधारणे १८ तथाविसर्गेकौबेरेवारुणेचैवसंयमे ॥ आत्मप्रदानंसौम्यत्वमद्भ्यश्चैवोपजीवनम् १९ भूमेःक्षमाचतेजश्चसमग्रंसूर्यमंडलात् ॥ वायोर्बलंप्राप्नुहित्वंभूतेभ्यश्चात्मसंपदम् २० अगदंवोऽस्तुभद्रंवोद्रष्टाऽस्मिपुनरागतान् ॥ आपद्धर्मार्थकृच्छ्रेषुसर्वकार्येषुवापुनः २१ यथावत्प्रतिपद्येथाःकालेकालेयुधिष्ठिर ॥ आपृष्टोऽसीहकौन्तेयस्वस्तिप्राप्नुहिभारत २२ कृतार्थंस्वस्तिमंतंत्वांद्रक्ष्यामःपुनरागतम् ॥ नहिवोवृजिनंकिंचिद्वेदकश्चित्पुराकृतम् २३ ॥ वैशंपायनउवाच ॥ एवमुक्तस्तथेत्युक्त्वापांडवःसत्यविक्रमः ॥ भीष्मद्रोणौनमस्कृत्यप्रातिष्ठतयुधिष्ठिरः २४ इतिश्रीमहाभारतेसभापर्वणिअनुद्यूतपर्वणियुधिष्ठिरवनप्रस्थानेऽष्टसप्ततितमोऽध्यायः ७८ ॥ ॥ वैशंपायनउवाच ॥ तस्मिन्संप्रस्थितेकृष्णापृथांप्राप्ययशस्विनीम् ॥ अपृच्छद्भृशदुःखार्त्तायाश्चान्यास्तत्रयोषितः १ यथार्हंवंदनाश्लेषान्कृत्वागन्तुमियेषसा ॥ ततोनिनादःसुमहान्पांडवान्तःपुरेऽभवत् २ कुन्तीचभृशसंतप्ताद्रौपदींप्रेक्ष्यगच्छतीम् ॥ शोकविह्वलयावाचाकृच्छ्राद्वचनमब्रवीत् ३ वत्सेशोकोनतेकार्यःप्राप्येदंव्यसनंमहत् ॥ स्त्रीधर्माणामभिज्ञासिशीलाचारवतीतथा ४ नत्वांसन्देष्टुमर्हामिभर्तॄन्प्रतिशुचिस्मिते ॥ साध्वीगुणसमापन्नाभूषितंतेकुलद्वयम् ५ सभाग्याःकुरवश्चेमेयेनदग्धास्त्वयाऽनघे ॥ अरिष्टंव्रजपंथानंमदनुध्यानबृंहिता ६ भाविन्यर्थेहिसत्स्त्रीणांवैकृतंनोपजायते ॥ गुरुधर्माभिगुप्ताचश्रेयःक्षिप्रमवाप्स्यसि ७ सहदेवश्चमेपुत्रःसदाऽवेक्ष्योवनेवसन् ॥ यथेदंव्यसनंप्राप्यनायंसीदेन्महामतिः ८ तथेत्युक्त्वातुसादेवीस्रवन्नेत्रजलाविला ॥ शोणिताक्तैकवसनामुक्तकेशीविनिर्ययौ ९ तांक्रोशंतींपृथादुःखादनुवव्राजगच्छतीम् ॥ अथापश्यत्सुतान्सर्वान्हृताभरणवाससः १० रुरुचर्मावृततनून्ह्रियाकिंचिदवाङ्मुखान् ॥ परैःपरीतान्संहृष्टैःसुहृद्भिश्चानुशोचितान् ११ तदवस्थान्सुतान्सर्वानुपसृत्यातिवत्सला ॥ स्वजमानाऽवदच्छोकात्तत्तद्विलपतीबहु १२ ॥ कुन्त्युवाच ॥ कथंसद्धर्मचारित्रान्वृत्तस्थितिविभूषितान् ॥ अक्षुद्रान्दृढभक्तांश्चदैवतेज्यापरान्सदा १३ व्यसनंवःसमभ्यागात्कोऽयंविधिविपर्ययः ॥ कस्यापध्यानजंचेदमागःपश्यामिवोधिया १४ स्यात्तुमद्भाग्यदोषोऽयंयाऽहंयुष्मानजीजनम् ॥ दुःखायासभुजोऽत्यर्थंयुक्तानप्युत्तमैर्गुणैः १५

नुध्यानबृंहिता स्त्रीगुणेनपातिव्रत्येनयुक्ताऽपि मातृगुणेनवात्सल्येनाभिवर्द्धिता भर्तृषुभक्तिस्नेहवतीभवेतिभावः ६ । ७ । ८ शोणिताक्तैकवसनारजस्वला ९ । १० । ११ स्वजमानाआलिंगमाना १२ । १३ अपध्यानजंक्रोधजम् १४ । १५ ॥ ॥ ॥ ॥ ॥ ॥

ऋद्धिविनाकृताः संपद्विहीनाः । वृद्धीतिपाठेऽपिसएवार्थः १६ शतशृंगातपर्वतात् १७ पुत्राधिपुत्रविषयांमनःपीडाम् १८ । १९ अभिसंधिताद्दृता मह्यंमम २० भोपुत्रकाःवोयु
ष्मान्नविहास्ये २१ असुधर्मेप्राणधारणे अंतवति विनाशवति प्रमादतः पांडोरिवममांतःकिंनुनैवविहितः २२ । २३ अनादिनिधनमिति । द्वारकावासिन्नुपाधिमति उत्पत्तिनाशयोर्निरा
करणम् अनुपाधौकारणोपाधौवातयोरप्रसक्तेः । अतएवोत्पत्तौचतुर्भुजंरूपमेववसुदेवेनदृष्टं । यत्तु'शरीरंवासुदेवस्यरामस्यचमहात्मनः । अर्जुनोदाहयामासपुरुषैराप्तकारिभिः' इति

कथंवत्स्यथदुर्गेषुवनेऋद्धिविनाकृताः ॥ वीर्यसत्वबलोत्साहतेजोभिरकृशाःकृशाः १६ यद्येतदेवमज्ञास्यंवनेवासोहिवोध्रुवम् ॥ शतशृंगान्मृतेपांडौनागमिष्यंगजा
ह्वयम् १७ धन्यंवःपितरंमन्येतपोमेधान्वितंतथा ॥ यःपुत्राधिमसंप्राप्यस्वर्गेच्छामकरोत्प्रियाम् १८ धन्यांचातींद्रियज्ञानामिमांप्राप्तांपरांगतिम् ॥ मन्येतुमाद्रीं
धर्मज्ञांकल्याणींसर्वथैवतु १९ रत्यामत्याचगत्याचययाऽहमभिसंधिता ॥ जीवितप्रियतांमह्यंधिङ्मांसंक्लेशभागिनीम् २० पुत्रकानविहास्येवःकृच्छ्रलब्धान्प्रिया
न्सतः ॥ साऽहंयास्यामिहिवनंहाकृष्णेकिंजहासिमाम् २१ अंतवत्यसुधर्मेऽस्मिन्धात्राकिंनुप्रमादतः ॥ ममांतोनैवविहितस्तेनायुर्नजहातिमाम् २२ हाकृष्ण
द्वारकावासिन्क्वासिसंकर्षणानुज ॥ कस्मान्नत्रायसेदुःखान्मांचेमांश्चनरोत्तमान् २३ अनादिनिधनंयेत्वामनुध्यायंतिवैनराः ॥ तांस्त्वंपासीत्ययंवादःसगतोव्यर्थतां
कथम् २४ इमेसद्धर्ममाहात्म्ययशोवीर्यानुवर्तिनः ॥ नार्हन्तिव्यसनंभोक्तुंनन्वेषांक्रियतांदया २५ सेयंनीत्यर्थविज्ञेषुभीष्मद्रोणकृपादिषु ॥ स्थितेषुकुलनाथेषुकथ
मापदुपागता २६ हापांडोहामहाराजक्वासिकिंसमुपेक्षसे ॥ पुत्रान्विवास्यतःसाधूनरिभिर्द्यूतनिर्जितान् २७ सहदेवनिवर्तस्वननुत्वमसिमेप्रियः ॥ शरीरादपि
माद्रेयमांमात्याक्षीःकुपुत्रवत् २८ व्रजंतुभ्रातरस्तेऽमीयदिसत्याभिसंधिनः ॥ मत्परित्राणजंधर्ममिहैवत्वमवाप्नुहि २९ ॥ वैशंपायनउवाच ॥ एवंविलपतींकुंती
मभिवाद्यप्रणम्यच ॥ पांडवाविगतानंदावनायैवप्रवव्रजुः ३० विदुरश्चापितामार्तांकुंतीमाश्वास्यहेतुभिः ॥ प्रावेशयद्गृहंक्षत्तास्वयमार्ततरःशनैः ३१ धार्त्तराष्ट्र
स्त्रियस्ताश्चनिखिलेनोपलभ्यतत् ॥ गमनंपरिकर्षंचकृष्णायाद्यूतमंडले ३२ रुरुदुःसुस्वनंसर्वाविनिंदंत्यःकुरून्भृशम् ॥ दध्युश्चसुचिरंकालंकरासक्तमुखांबुजाः ३३
राजाचधृतराष्ट्रस्तुपुत्राणामनयंतदा ॥ ध्यायन्नुद्विग्नहृदयोनशांतिमधिजग्मिवान् ३४ सचिन्तयन्ननेकाग्रःशोकव्याकुलचेतनः ॥ क्षत्तुःसंप्रेषयामासशीघ्रमागम्य
तामिति ३५ ततोजगामविदुरोधृतराष्ट्रनिवेशनम् ॥ तंपर्यपृच्छत्संविग्नोधृतराष्ट्रोजनाधिपः ३६ ॥ ॥ इतिश्रीमहाभारतेसभापर्वणिअनुद्यूतपर्वणिद्रौपदीकुंतीसंवा
देएकोनाशीतितमोऽध्यायः ॥७९॥ ॥ ॥ ॥ वैशंपायनउवाच ॥ तमागतमथोराजाविदुरंदीर्घदर्शिनम् ॥ साशंकइवपप्रच्छधृतराष्ट्रोऽम्बिकासुतः १

शरीरदाहवचनं तदनुत्पत्तिवचनविरोधात्तिरोभावमात्राभिप्रायम् २४ । २५ । २६ । २७ । २८ । २९ । ३० हेतुभिर्दैवप्राबल्यादिप्रतिपादकैर्वचनैः ३१ । ३२ । ३३ । ३४ अनेका
ग्रोव्याकुलचित्तः ३५ । ३६ ॥ ॥ इतिश्रीमहाभारतेसभापर्वणिनीलकंठीयेभारतभावदीपेएकोनाशीतितमोऽध्यायः ७९ ॥ ॥ ॥ ॥ तमागतमिति १ ॥

२ शंसकथय ३ । ४ । ५ । ६ । ७ याम्यानियमदैवतानि ८ । ९ । १० घृणीदयावान् ११ । १२ । १३ । १४ । १५ असक्ताः परस्परमलग्नाः १६ । १७ । १८ । १९

धृतराष्ट्रउवाच ॥ ॥ कथंगच्छतिकौन्तेयोधर्मपुत्रोयुधिष्ठिरः ॥ भीमसेनःसव्यसाचीमाद्रीपुत्रौचपांडवौ २ धौम्यश्चैवकथंक्षत्तर्द्रौपदीचयशस्विनी ॥ श्रोतुमिच्छाम्यहंसर्वंतेषांशंसविचेष्टितम् ३ ॥ विदुरउवाच ॥ वस्त्रेणसंवृत्यमुखंकुंतीपुत्रोयुधिष्ठिरः ॥ बाहूविशालौसंपश्यन्भीमोगच्छतिपांडवः ४ सिकतावपन्सव्यसाचीराजानमनुगच्छति ॥ माद्रीपुत्रःसहदेवोमुखमालिप्यगच्छति ५ पांसूपलिप्तसर्वांगोनकुलश्चित्तविह्वलः ॥ दर्शनीयतमोलोकेराजानमनुगच्छति ६ कृष्णातुकेशैःप्रच्छाद्यमुखमायतलोचना ॥ दर्शनीयाप्ररुदतीराजानमनुगच्छति ७ धौम्योरौद्राणिसामानियाम्यानिचविशांपते ॥ गायन्गच्छतिमार्गेषुकुशानादायपाणिना ८ ॥ धृतराष्ट्रउवाच ॥ ॥ विविधानीहरूपाणिकृत्वागच्छंतिपांडवाः ॥ तन्ममाचक्ष्वविदुरकस्मादेवंव्रजंतिते ९ ॥ विदुरउवाच ॥ निकृतस्यापितेपुत्रैर्हृतेराज्येधनेषुच ॥ नधर्माच्चलतेबुद्धिर्धर्मराजस्यधीमतः १० योऽसौराजाघृणीनित्यंधार्त्तराष्ट्रेषुभारत ॥ निकृत्याभ्रंशितःक्रोधान्नोन्मीलयतिलोचने ११ नाऽहंजनंनिर्दहेयंदृष्ट्वाघोरेणचक्षुषा ॥ सपिधायमुखंराजातस्माद्गच्छतिपांडवः १२ यथाचभीमोव्रजतितन्मेनिगदतःशृणु ॥ बाह्वोर्बलेनास्तिसमोममेतिभरतर्षभ १३ बाहूविशालौकृत्वाऽसौतेनभीमोऽपिगच्छति ॥ बाहूविदर्शयन्राजन्बाहुद्रविणदर्पितः १४ चिकीर्षन्कर्मशत्रुभ्योबाहुद्रव्यानुरूपतः ॥ प्रादिशन्शरसंपातान्कुंतीपुत्रोऽर्जुनस्तदा १५ सिकतावपन्सव्यसाचीराजानमनुगच्छति ॥ असक्ताःसिकतास्तस्ययथासंप्रतिभारत ॥ असक्तंशरवर्षाणितथामोक्ष्यतिशत्रुषु १६ नमेकश्चिद्विजानीयान्मुखमद्येतिभारत ॥ मुखमालिप्यतेनासौसहदेवोऽपिगच्छति १७ नाहंमनांस्यादददेयंमार्गेस्त्रीणामितिप्रभो ॥ पांसूपलिप्तसर्वांगोनकुलस्तेनगच्छति १८ एकवस्त्राप्ररुदतीमुक्तकेशीरजस्वला ॥ शोणितेनाक्तवसनाद्रौपदीवाक्यमब्रवीत् १९ यत्कृतेऽहमिदंप्राप्तातेषांवर्षेचतुर्दशे ॥ हतपत्योहतसुताहतबंधुजनप्रियाः २० बहुशोणितदिग्धांग्योमुक्तकेश्योरजस्वलाः ॥ एवंकृतोदकाभार्याःप्रवेक्ष्यंतिगजाह्वयम् २१ कृत्वातुनैर्ऋतान्दर्भान्धीरोधौम्यःपुरोहितः ॥ सामानिगायन्याम्यानिपुरतोयातिभारत २२ हतेषुभरतेष्वाजौकुरूणांगुरवस्तदा ॥ एवंसामानिगास्यंतीत्युक्त्वाधौम्योऽपिगच्छति २३ हाहागच्छंतिनोनाथाःसमवेक्षध्वमीदृशम् ॥ अहोधिक्कुरुवृद्धानांबालानामिवचेष्टितम् २४ राष्ट्रेभ्यःपांडुदायादाँल्लोभान्निर्वासयंतिये ॥ अनाथाःस्मवयंसर्वेवियुक्ताःपांडुनंदनैः २५ दुर्विनातेषुलुब्धेषुकाप्रीतिःकौरवेषुनः ॥ इतिपौराःसुदुःखार्त्ताःक्रोशंतिस्मपुनःपुनः २६ एवमाकारलिंगैस्तेव्यवसायंमनोगतम् ॥ कथयंतश्चकौन्तेयावनंजग्मुर्मनस्विनः २७ एवंतेषुनराग्र्येषुनिर्यत्सुगजसाह्वयात् ॥ अनभ्रेविद्युतश्चासन्भूमिश्चसमकंपत २८ ॥ ॥ ॥ ॥

हतपत्योहतभर्तृकाः २० । २१ नैर्ऋतान्निर्ऋतिकोणगान् २२ । २३ । २४ । २५ । २६ व्यवसायंनिश्चयम् २७ निर्यत्सुगच्छत्सु २८ ॥ ॥ ॥ ॥

२९ प्रत्याहरंति नगरसमीपेप्रेतमांसास्थ्यादीन्यानयंति प्रतिकूलंभषंतिवा ३० । ३१ । ३२ । ३३।३४ ब्राह्मींश्रियमणिमाद्यैश्वर्यं सर्वेषुलोकेषुकामचारम् ३५ द्वीपमाश्रयम् ३६ । ३७ । ३८ सराजकान्राजसमूहसहितान् ३९ । ४० । ४१ । ४२ । ४३ । ४४ देवदत्तोदेवैर्दत्तः साध्वसोभयंमूर्तिमत् ४५ । ४६ संगमःसंग्रामः सृष्टप्राणःप्राणत्यागेनापीत्यर्थः परममनंतम् ४७ । ४८ नैतदेतावताकृतंएत

राहुरग्रसदादित्यमपर्वणिविशांपते ॥ उल्काचाप्यपसव्येनपुरंकृत्वाव्यशीर्यत २९ प्रत्याहरंतिक्रव्यादागृध्रगोमायुवायसाः ॥ देवायतनचैत्येषुप्राकाराट्टालकेषुच ३०
एवमेतेमहोत्पाताःप्रादुरासन्दुरासदाः ॥ भरतानामभावायराजन्दुर्मंत्रितेतव ३१ ॥ वैशंपायनउवाच ॥ एवंप्रवदतोरेवतयोस्तत्रविशांपते ॥ धृतराष्ट्रस्यराज्ञश्वविदुर
स्यचधीमतः ३२ नारदश्वसभामध्येकुरूणामग्रतःस्थितः॥ महर्षिभिःपरिवृतोरौद्रंवाक्यमुवाचह ३३ अतश्चतुर्दशेवर्षेविनंक्ष्यन्तीहकौरवाः॥ दुर्योधनापराधेनभीमार्जु
नबलेनच ३४ इत्युक्त्वादिवमाक्रम्यक्षिप्रमंतरधीयत ॥ ब्राह्मींश्रियंसुविपुलांबिभ्रद्देवर्षिसत्तमः ३५ ततोदुर्योधनःकर्णःशकुनिश्चापिसौबलः द्रोणंद्वीपममन्यंतराज्यं
चास्मैन्यवेदयन् ३६ अथाब्रवीत्ततोद्रोणोदुर्योधनममर्षणम् ॥ दुःशासनंचकर्णंचसर्वानेवचभारतान् ३७ अवध्यान्पांडवान्प्राहुर्देवपुत्रान्द्विजातयः ॥ अहंवै
शरणंप्राप्तान्वर्त्तमानोयथाबलम् ३८ गन्तासर्वात्मनाभक्त्याधार्त्तराष्ट्रान्सराजकान् ॥ नोत्सहेयंपरित्यक्तुंदैवंहिबलवत्तरम् ३९ धर्मतःपांडुपुत्रावैवनंगच्छंतिनि
र्जिताः ॥ तेचद्वादशवर्षाणिवनेवत्स्यंतिपांडवाः ४० चरितब्रह्मचर्याश्चक्रोधामर्षवशानुगाः ॥ वैरंनिर्यातयिष्यंतिमहद्दुःखायपांडवाः ४१ मयाचभ्रंशितोराजन्द्रुपदः
सखिविग्रहे ॥ पुत्रार्थमयजद्राजावधायममभारत ४२ याजोपयाजतपसापुत्रंलेभेसपावकात् ॥ धृष्टद्युम्नंद्रौपदींचवेदीमध्यात्सुमध्यमाम् ४३ धृष्टद्युम्नस्तुपा
र्थानांस्यालःसंबंधतोमतः ॥ पांडवानांप्रियरतस्तस्मान्मांभयमाविशत् ४४ ज्वालावर्णोदेवदत्तोधनुष्मान्कवचीशरी ॥ मर्त्यधर्मतयातस्माद्द्यमेसाध्वसोमहान् ४५
गतोहिपक्षतांतेषांपार्षतःपरवीरहा ॥ रथातिरथसंख्यायांयोऽग्रणीरर्जुनोयुवा ४६ सृष्टप्राणोभृशतरंतेनचेत्संगमोमम ॥ किमन्यद्दुःखमधिकंपरमंभुविकौर
वाः ४७ धृष्टद्युम्नोद्रोणमृत्युरितिविप्रथितंवचः ॥ मद्वधायश्रुतोऽप्येषलोकेचाप्यतिविश्रुतः ४८ सोऽयंनूनमनुप्राप्तस्त्वत्कृतेकालउत्तमः ॥ त्वरितंकुरुतश्रेयो
नैतदेतावताकृतम् ४९ मुहूर्तंसुखमेवैतत्तालच्छायेवहैमनी ॥ यजध्वंचमहायज्ञैर्भोगानश्नीतदत्तच ५० इतश्चतुर्दशेवर्षेमहत्प्राप्स्यथवैशसम् ॥ द्रोणस्यवच
नंश्रुत्वाधृतराष्ट्रोऽब्रवीदिदम् ५१ सम्यगाहगुरुःक्षत्तरुपावर्तयपांडवान् ॥ यदितेननिवर्तन्तेसत्कृतायांतुपांडवाः ॥ सशस्त्ररथपादाताभोगवंतश्चपुत्रकाः ५२ ॥ ॥
इतिश्रीमहाभारतेसभापर्वणि अनुद्यूतपर्वणि विदुरधृतराष्ट्रद्रोणवाक्ये अशीतितमोऽध्यायः ॥ ८० ॥ ॥

च्छ्रेयःकल्याणं नैतावतापांडवनिर्वासनमात्रेणकृतंभवति ४९ हैमनी हेमंतसंबंधिनी ५० वैशसंनाशम् ५१ । ५२ ॥ ॥ इतिसभापर्वणिनीलकंठीयेभारतभावदीपे अशीतितमोऽध्यायः ॥ ८० ॥

वनंगतेष्विति १ । २ । ३ युद्धशौण्डैर्युद्धेदक्षैः ४ । ५ । ६ । ७ अवाचीनानिविपरीतानि ८ । ९ । १० । ११ । १२ । १३ । १४ । १५ । १६ । १७ । १८ शेषंहतावशेषं कतिपयानामेकस्यवाजीवनं

॥ वैशंपायनउवाच ॥ वनंगतेषुपार्थेषुनिर्जितेषुदुरोदरे ॥ धृतराष्ट्रंमहाराजतदाचिन्तासमाविशत् १ तंचिंतयानमासीनंधृतराष्ट्रंजनेश्वरम् ॥ निःश्व
संतमनेकाग्रमितिहोवाचसंजयः २ ॥ संजयउवाच ॥ अवाप्यवसुसंपूर्णांवसुधांवसुधाधिप ॥ प्रव्राज्यपांडवान्राज्याद्राजन्किमनुशोचसि ३ ॥ धृतरा
ष्ट्रउवाच ॥ अशोच्यत्वंकुतस्तेषांयेषांवैरंभविष्यति ॥ पांडवैर्युद्धशौण्डैर्हिबलवद्भिर्महारथैः ४ ॥ संजयउवाच ॥ तवेदंसुकृतंराजन्महद्वैरमुपस्थितम् ॥
विनाशोयेनलोकस्यसानुबन्धोभविष्यति ५ वार्यमाणोहिभीष्मेणद्रोणेनविदुरेणच ॥ पांडवानांप्रियांभार्यांद्रौपदींधर्मचारिणीम् ६ प्राहिणोदानयेहेतिपु
त्रोदुर्योधनस्तव ॥ सूतपुत्रंसुमंदात्मानिर्लज्जःप्रातिकामिनम् ७ यस्मैदेवाःप्रयच्छंतिपुरुषायपराभवम् ॥ बुद्धिंतस्यापकर्षंतिसोऽवाचीनानिपश्यति ८
बुद्धौकलुषभूतायांविनाशेसमुपस्थिते ॥ अनयोनयसंकाशोहृदयान्नापसर्पति ९ अनर्थाश्चार्थरूपेणअर्थाश्चानर्थरूपिणः ॥ उत्तिष्ठंतिविनाशायनूनंत
च्चास्यरोचते १० नकालोदंडमुद्यम्यशिरःकृन्ततिकस्यचित् ॥ कालस्यबलमेतावद्विपरीतार्थदर्शनम् ११ आसादितमिदंघोरंतुमुलंलोमहर्षणम् ॥ पांचा
लीमपकर्षद्भिःसभामध्येतपस्विनीम् १२ अयोनिजांरूपवतींकुलेजातांविभावसोः ॥ कोनुतांसर्वधर्मज्ञांपरिभूययशस्विनीम् १३ पर्यानयेत्सभामध्येविना
दुर्द्यूतदेविनम् ॥ स्त्रीधर्मिणीवरारोहाशोणितेनपरिप्लुता १४ एकवस्त्राऽथपांचालीपांडवानभ्यवैक्षत ॥ हृतस्वान्हृतराज्यांश्चहृतवस्त्रान्हृतश्रियः १५
विहीनान्सर्वकामेभ्योदासभावमुपागतान् ॥ धर्मपाशपरिक्षिप्तानशक्तानिवविक्रमे १६ क्रुद्धांचानर्हतींकृष्णांदुःखितांकुरुसंसदि ॥ दुर्योधनश्चकर्णश्चकटुका
न्यभ्यभाषताम् १७ इतिसर्वमिदंराजन्नाकुलंप्रतिभातिमे ॥ धृतराष्ट्रउवाच ॥ तस्याःकृपणचक्षुर्भ्यांप्रदह्येतापिमेदिनी १८ अपिशेषंभवेदद्यपुत्रा
णांममसंजय ॥ भरतानांस्त्रियःसर्वागांधार्यासहसंगताः १९ प्राक्रोशन्भैरवंतत्रदृष्ट्वाकृष्णांसभागताम् ॥ धर्मिष्ठांधर्मपत्नींचरूपयौवनशालिनीम् २०
प्रजाभिःसहसंगम्यह्यनुशोचंतिनित्यशः ॥ अग्निहोत्राणिसायाह्नेनचाहूयंतसर्वशः २१ ब्राह्मणाःकुपिताश्चासन्द्रौपद्याःपरिकर्षणे ॥ आसीन्निष्ठानकोघो
रोनिर्घातश्चमहानभूत् २२ दिवउल्काश्चापतन्तराहुश्चार्कमुपाग्रसत् ॥ अपर्वणिमहाघोरंप्रजानांजनयन्भयम् २३ तथैवरथशालासुप्रादुरासीद्धुताशनः ॥
ध्वजाश्चापिव्यशीर्यंतभरतानामभूतये २४ दुर्योधनस्याग्निहोत्रेप्राक्रोशन्भैरवंशिवाः ॥ तास्तदाप्रत्यभाषंतरासभाःसर्वतोदिशः २५ प्रातिष्ठतततोभीष्मोद्रोणे
नसहसंजय ॥ कृपश्चसोमदत्तश्चबाल्हीकश्चप्रहामनाः २६ ॥ ॥ ॥ ॥

भविष्यतीर्थः १९ । २० । २१ निष्ठानकःप्रलयदुन्दुभिश्चण्डवातइत्यर्थः । निष्ठानकइतिपाठेऽपिसएवार्थः । निर्घातोवज्रसब्दः २२ । २३ । २४ शिवाः शृगालाः २५ । २६

२६ अनुज्ञासिषमनुज्ञातवान् अडभावआर्षः पाठांतरेतुसुगमम् २७ । २८ । २९ । ३० । ३१ । ३२ । ३३ । ३४ । ३५ । ३६ । ३७ । ३८ । ३९ ॥ ॥ इतिश्रीमत्पदवाक्यमाणमर्यादाधुरंधर
चतुर्धरवंशावतंसश्रीगोविंदसूरिसूनुश्रीनीलकंठविरचिते भारतभावदीपे सभापर्वार्थप्रकाशे एकाशीतितमोऽध्यायः ॥ ८१ ॥ ॥ ॥ ॥

ततोऽहमब्रुवंतत्रविदुरेणप्रचोदितः ॥ वरंददानिकृष्णायैकांक्षितंयद्यदिच्छति २७ अवृणोत्तत्रपांचालीपांडवानामदासताम् ॥ सरथान्सधनुष्कांश्चाप्यनुज्ञासिषम
प्यहम् २८ अथाब्रवीन्महाप्राज्ञोविदुरःसर्वधर्मवित् ॥ एतदंतास्तुभरतायद्वःकृष्णासभांगता २९ यैषापांचालराजस्यसुतासाश्रीरनुत्तमा ॥ पांचालीपांडवानेता
न्दैवसृष्टोपसर्पति ३० तस्याःपार्थाःपरिक्लेशंनक्षंस्यंतेह्यमर्षणाः ॥ वृष्णयोवामहेष्वासाःपंचालावामहारथाः ३१ तेनसत्याभिसंधेनवासुदेवेनरक्षिताः ॥ आगमिष्य
तिबीभत्सुःपंचालैःपरिवारितः ३२ तेषांमध्येमहेष्वासोभीमसेनोमहाबलः ॥ आगमिष्यतिधुन्वानोगदांदंडमिवांतकः ३३ ततोगांडीवनिर्घोषंश्रुत्वापार्थस्यधी
मतः ॥ गदावेगंचभीमस्यनालंसोढुंनराधिपाः ३४ तत्रमेरोचतेनित्यंपार्थैःसामनविग्रहः ॥ कुरुभ्योहिसदामन्येपांडवान्बलवत्तरान् ३५ तथाहिबलवान्राजाजरा
संधोमहाद्युतिः ॥ बाहुप्रहरणेनैवभीमेननिहतोयुधि ३६ तस्यतेशमएवास्तुपांडवैर्भरतर्षभ ॥ उभयोःपक्षयोर्युक्तंक्रियतामविशंकया ३७ एवंकृतेमहाराजपरंश्रेयस्त्व
माप्स्यसि ॥ एवंगावल्गणेक्षत्ताधर्मार्थसहितंवचः ३८ उक्तवान्नगृहीतंवैमयापुत्रहितैषिणा ३९ ॥ इतिश्रीमहाभारतेशतसाहस्र्यांसंहितायांवैयासक्यांसभापर्वणिअ
नुद्यूतपर्वणिधृतराष्ट्रसंजयसंवादेएकाशीतितमोऽध्यायः ॥ ८१ ॥ ॥ समाप्तमनुद्यूतपर्व ॥ सभापर्वसमाप्तम् ॥ एतत्सर्वंसभापर्वमयाऽख्यातंमहर्षयः ॥ अध्या
याःसप्ततिर्ज्ञेयास्तथाद्वौचात्रसंख्यया ॥ १ ॥ श्लोकानांद्वेसहस्रेतुसप्तश्लोकशतानिच ॥ श्लोकाश्चैकादशतथापर्वण्यस्मिन्प्रकीर्त्तिताः ॥ २ ॥ अस्यानंतरमारण्यकं
पर्वभविष्यति ॥ तस्यायमाद्यःश्लोकः ॥ जनमेजयउवाच ॥ एवंद्यूतजिताःपार्थाःकोपिताश्चदुरात्मभिः ॥ धार्त्तराष्ट्रैःसहामात्यैर्निकृत्याद्विजसत्तम ॥ १ ॥ अथास्मि
न्पर्वणिवृत्तांताः ॥ मयाभिगमनम् ॥ सभानिर्माणम् ॥ सभाप्रवेशः ॥ नारदागमनम् ॥ कच्चित्प्रश्नः ॥ देवसभावर्णनम् ॥ राजसूयमंत्रः ॥ जरासंधोत्पत्तिः ॥ जरा
संधवधः ॥ राजमोक्षणम् ॥ दिग्विजयः ॥ राजसूयः ॥ राज्ञामागमनम् ॥ बल्याहरणम् ॥ राज्ञांनियोगः ॥ अर्घाभिहरणम् ॥ शिशुपालकोपः ॥ शिशुपाल
वधः ॥ यज्ञसमाप्तिः ॥ वासुदेवगमनम् ॥ दुर्योधननिवासः ॥ सभायांदुर्योधनावहासः ॥ दुर्योधनामर्षः ॥ दुर्योधनचिंताः ॥ धृतराष्ट्रमंत्रः ॥ पांडवाह्वानम् ॥
पांडवपराजयः ॥ द्यूतेनराज्यहरणम् ॥ ॥ द्रौपदीप्रकर्षणम् ॥ द्रौपदीवरप्रदानम् ॥ अनुद्यूतम् ॥ पांडवपराजयः ॥ वनप्रस्थानमिति ॥ श्रीकृष्णा०

॥ अत्रापिपूर्वपूर्वलिपिकरप्रमादादिनाऽध्यायाधिक्यंश्लोकाधिक्यंचदृश्यते परंकुत्राधिक्यंजातंतन्निश्चयोनभवति ॥

॥ इति श्रीमहाभारते सभापर्वं समाप्तम् ॥